METZLER MUSIK CHRONIK

vom frühen Mittelalter
bis zur Gegenwart

von Arnold Feil

Verlag J. B. Metzler
Stuttgart · Weimar

Gedruckt mit Unterstützung der Gerda Henkel Stiftung, Düsseldorf

Die Deutsche Bibliothek – CIP-Einheitsaufnahme

Feil, Arnold:
Metzler Musik Chronik vom frühen Mittelalter bis zur Gegenwart
von Arnold Feil. – Stuttgart ; Weimar : Metzler, 1993
ISBN 3-476-00929-7
NE: HST

Gedruckt auf säure- und chlorfreiem, alterungsbeständigem Papier

ISBN 3-476-00929-7

Satz: J. Boy, Brennberg
Druck: Druck-Partner Rübelmann, Hemsbach
Printed in Germany

Verlag J. B. Metzler Stuttgart · Weimar

EIN VERLAG DER SPEKTRUM FACHVERLAGE GMBH

Dem Andenken
der Eltern

und der Lehrer
Else Rehberg (1900–1970)
Siegfried Hermelink (1914–1975)
Thrasybulos G. Georgiades (1907–1977)
Fritz Ernst (1905–1963)
Walther Bulst (1899–1986)
Ewald Jammers (1897–1981)
Walter Gerstenberg (1904–1988)
Sol Babitz (1911–1982)

und für Heinrich Buhr

Inhaltsverzeichnis

RENAISSANCE

BAROCK

DIE MUSIKALISCHE FRÜHROMANTIK

DIE WIENER KLASSIKER

DIE MUSIKALISCHE HOCHROMANTIK

MODERNE MUSIK

NEUE MUSIK

MUSIK IN DER GEGENWART

Inhaltsverzeichnis chronologisch

Vorwort

Im Grunde genommen sind nur musikalische Werke »Fakten der Musikgeschichte«. Dementsprechend sollte eine »Musikgeschichte« eigentlich nur von diesen berichten. So sind denn auch in diesem Buche meist nur die einzelnen Werke aufgeführt, und zwar in chronologischer Folge. Der Leser findet das Werk, das er sucht, also unter der Jahreszahl der Entstehung (manchmal auch der ersten Drucklegung oder der Uraufführung). Wenn man dieses Jahr nicht weiß, muß man das Werk im Register unter dem Namen des Komponisten suchen, und dann wird man es im Buche an seinem Ort in seiner Zeit finden.

Ein Werk hat seinen Ort aber nicht nur in der Chronologie, sondern auch in Zusammenhängen. Deshalb gehen, jeweils nach Epochen getrennt, den Daten und Werken Abschnitte voraus, in denen historische und gattungsmäßige Zusammenhänge dargestellt sind. Diese Zusammenhänge allerdings sehen sich von verschiedenen Gesichtspunkten aus eventuell verschieden an. In solchen Fällen ist der Historiker dann gezwungen, ein und dieselbe Epoche einmal aus diesem, ein andermal aus jenem Zusammenhang zu sehen und zu interpretieren. Dementsprechend ist hier der Zeitraum zwischen rund 1430 und 1600 zweimal behandelt, einmal im Zusammenhang der endgültigen Ausprägung der Vokalpolyphonie und einmal im Zusammenhang der Entstehung der Instrumentalkomposition. Ebenso ist der Zeitraum zwischen rund 1750 und 1830 einmal dargestellt unter dem Gesichtspunkt der früh- und dann der hochromantischen Vorstellung von Musik als Tonsprache und ein zweites Mal als die Zeit der Wiener Klassiker. Und Franz Schubert erscheint mit einem Teil seiner Werke im Zusammenhang der Wiener Klassiker, mit einem andern Teil im Zusammenhang der musikalischen Hochromantik.

Das Prinzip der reinen Chronologie der Werke ist also zweimal durchbrochen. Um das auszugleichen, sind vorne als ein zweites Inhaltsverzeichnis alle verzeichneten Werke in einer Tabelle streng chronologisch zusammengestellt. Diese Tabelle wird auf ihre Weise die erstaunliche Vielfalt der Erscheinungen zeigen und die manchmal noch erstaunlichere Verschiedenheit des Gleichzeitigen.

Der Begriff Werk ist mehrdeutig. Man nennt z. B. jedes der Madrigalbücher von Monteverdi ein Werk, aber auch jedes einzelne Madrigal daraus, oder Beethovens op. 59 und jedes einzelne der drei Streichquartette daraus. Hier sind in der Regel die Opera, also die Sammlungen, verzeichnet und nicht die einzelnen Werke. Im Gegensatz dazu werden aber auch manchmal Einzelwerke zu Gruppen zusammengestellt, wenn dadurch Zusammenhänge und Eigenheiten besser deutlich werden können als bei der Nennung und Beschreibung jedes einzelnen Werks, z.B. bei den Sinfonien Joseph Haydns. Dies verstößt zwar gegen den gebotenen Respekt vor der Individualität des einzelnen Werkes, aber die musikgeschichtliche Zielrichtung dieses Buchs verlangt nun einmal solche Zusammenschlüsse – wie sie auf der anderen Seite verbietet, jedes Werk zu verzeichnen, das einen Platz in der Musikgeschichte hat oder verdient.

Obwohl das Buch sich an den Werken als den eigentlichen Fakten der Musikgeschichte orientiert, findet man bei vielen »Werkartikeln« nur wenig zum Werk selbst. Der Grund liegt nicht in der Schwierigkeit, über Meisterwerke etwas Substanzielles zu sagen – obgleich dies in der Tat schwer ist – sondern darin, daß der Gegenstand des Buches die Musikgeschichte als Zusammenhang ist, und diesen gilt es darzustellen, auch aus der Perspektive der Werke. Freilich, denjenigen, der beim Stichwort »Zusammenhang« nur an »Einflüsse« denkt, den muß ich enttäuschen.

Schließlich: Biographien sowie gattungsgeschichtliche und musiksoziologische Ausführungen als solche fehlen; sie sind in einem, vor allem auf Werke konzentrierten Buch nur schlecht unterzubringen. Trotzdem sind selbstverständlich die notwendigen biographischen Fakten verzeichnet und wird immer wieder auf die gleichsam quer durch die Musikgeschichte laufenden Zusammenhänge, welche die musikalischen Gattungen und die Soziologie der Musik, der Musiker und des Musiklebens stiften, hingewiesen, nur eben jeweils bei den einzelnen »Werkartikeln«.

Die unlösbaren Probleme der riesigen Stoffmenge einerseits und der ungleichen Teilmengen in den verschiedenen Epochen andererseits, aber auch das Problem des unterschiedlichen Interesses der Benutzer an den einzelnen Epochen, diese Probleme sind hier etwas anders gelöst als sonst in vergleichbaren »Musikgeschichten«. Die Überlegung nämlich, daß allgemein die Kenntnis der neueren Musikgeschichte größer ist als die der älteren, und daß bestimmte historische Fakten und Zusammenhänge wohl bekannt sind, während man von vielen anderen fast nichts weiß, auch die Überlegung, daß jedermann sich über das weithin Bekannte leicht informieren kann aber oft nur schwer über das auch nur ein wenig abseits Liegende – diese Überlegungen haben mich veranlaßt, den Gleichheitsgrundsatz, der ja vielleicht auch in der Geschichtsschreibung gelten könnte, einmal zu verlassen, ja auf Ausgewogenheit in der Berücksichtigung der Fakten zu verzichten: es sollte Platz gewonnen werden für einiges, das wesentlich zur Sache gehört, aber sonst meist nicht oder nicht hinreichend berücksichtigt wird.

Bei den überragenden Persönlichkeiten der Musikgeschichte ist jeweils einmal den Lebensdaten der Geburts- und Sterbeort beigegeben, nämlich dort, wo ihr Name zum ersten Mal im Kopf eines »Werkartikels« vorkommt.

In Werktiteln und Textzitaten ist die Schreibung weder überall original beibehalten noch überall normalisiert. Ein Quellenwerk ist das Buch nicht! Manchmal allerdings steckt hinter einer bestimmten Schreibweise auch eine bestimmte Tendenz des Musikhistorikers. So etwa sind bis in die Zeit der Wiener Klassiker »Sinfonie« und »Fantasie« stets in der Schreibweise der italienischen Gattungstradition geschrieben. Weil das Bewußtsein von dieser aber im 19. Jahrhundert verlorengeht, schreibt man dann vornehmlich »Symphonie« und »Phantasie« – und hinter diesen Bezeichnungen steht eine Weltanschauung, die man orthographisch abbilden sollte.

Auf die wissenschaftliche Diskussion einzelner Fakten und auf Anmerkungen ist verzichtet. Das Buch richtet sich an die Kenner und Liebhaber der Musik. Die Literaturhinweise und das ausführliche Literaturverzeichnis können indessen den Interessierten auf den Weg zur eigenen Weiterarbeit leiten.

ZWISCHEN ANTIKE UND MITTELALTER

I.
Zur Musik des nördlichen Europas zwischen Antike und Mittelalter

1. Vorüberlegungen

Die abendländische Musik im engeren Sinne, nämlich die Polyphonie, ist gegenüber allen anderen Musikkulturen der Welt dadurch gekennzeichnet, daß ihre Werke in einem notenschriftlichen Verfahren entstehen, daß sie »verfaßt« werden, daß also immer neue Kompositionen entstehen, die mit immer neu gedachten Erscheinungsformen des Musikalischen einen geschichtlichen Prozeß ausmachen: Nur das Abendland hat eine Musikgeschichte in dem Sinne, wie die Neuzeit Geschichte (gegenüber den bloß vergangenen Zeiten) denkt. Dieser geschichtliche Prozeß ist wiederum wesentlich bestimmt von dem Spannungsverhältnis zwischen Musikdenken und praktischer Musikübung – und die Tradition abendländischen Musikdenkens geht über die Römer auf das Musikdenken der griechischen Antike zurück. Dabei sind nicht die einzelnen Gegenstände musiktheoretischer Überlegungen wichtig. Deren Begriffe hat man ja, weil wegen der zeitlichen Distanz keine musikalischen Vorstellungen mehr damit zu verbinden waren, zum größten Teil mißverstanden oder umgedeutet, nämlich mehr oder minder willkürlich für eigene Überlegungen zur Musik verwendet. Wichtiger aber auch als die Übernahme bestimmter Termini war die Möglichkeit und sind die Folgen des Musikdenkens an sich. Platon etwa bezeichnet Tonarten als »Harmoniai« – und bei der Übernahme der griechischen Tonartennamen für die Gregorianischen Tonarten ist nahezu alles durcheinandergeraten. Aber diese »Übertragungsfehler« haben keinen Schaden angerichtet. Wenn man für die Charakterisierung der griechischen Tonarten durch ihre Namen keine Entsprechung in den eigenen musikalischen Vorstellungen mehr kannte, um so freier konnte man jene Namen als Namen für eigene Vorstellungen verwenden – und der notwendigen Legitimation aus der Tradition war allemal Genüge getan. Daß viel später Mißverständnisse des Musikdenkens der Renaissance über den Zusammenhang von Sprache und Musik im antiken griechischen Drama eine neue musikalische Gattung, nämlich die Oper, initiiert haben, weiß man, aber in der Regel unterschätzt man dabei – vor allem, wenn die Betonung auf »Mißverständnis« liegt – die Tradition eben des Denkens von Musik seit der Antike und den hohen Belang, welcher allein schon der Möglichkeit der Berufung auf diese Tradition für die geistige Legitimation zukommt, der Legitimation selbst noch der Gattung Oper am Ende des 15. und Beginn des 16. Jahrhunderts.

Wenn in der abendländischen Musiktheorie die musikalische Praxis zum Bewußtsein ihrer selbst, zur Besinnung auf die Voraussetzungen des Bestehenden, des lebendig Geübten, und zur Erkenntnis von Möglichkeiten einer Weiterbildung des Bestehenden kommt, wie es Dahlhaus (1967) formuliert hat, dann geschieht dies unter Berufung auf die antike Musiktheorie, unter Einsatz ihres Begriffsapparates und in Fortsetzung des Nachdenkens über den Widerschein von Gott und Welt, Mensch und Kosmos in den Voraussetzungen zur Musik und in der Kunst der Musik selbst. Hierin ist das Abendland der Antike gleichsam musikalisch verbunden.

Die Musik der Antike ist untergegangen. Von der Musik der ersten Jahrhunderte der entstehenden Polyphonie (9.-12. Jahrhundert) können wir kaum eine Vorstellung gewinnen. Immerhin aber gibt es aus beiden Perioden nicht wenig zu berichten. Die – fast möchte man unsinnig sagen: langen – Jahrhunderte zwischen der ausgehenden Antike und dem hohen Mittelalter, die Jahrhunderte der Völkerwanderung und des frühen Mittelalters, sie sind jedoch für die Musikgeschichte eine terra incognita. Man kann zwar hören und lesen, die Gregorianik sei die Musik des ersten Jahrtausends (obwohl auch über die Gregorianik Näheres erst aus dem 9. Jahrhundert, also erst aus dem beginnenden Hochmittelalter, zu uns dringt), aber jedermann weiß, daß alle Menschen zu allen Zeiten Musik haben, spielen und singen, und natürlich nicht nur Kirchenmusik. Wir müssen vielmehr annehmen, daß in dem ungeheuren – keinesfalls nur »politisch« zu verstehenden – Prozeß der Entstehung des Abendlandes aus der Antike unter dem Druck der keltischen, der germanischen und der slawischen Völker die Musik eine keineswegs geringe Rolle gespielt hat, ja daß im Sturm der Völkerwanderung musikalische Ereignisse stattgefunden haben, die höchste Bedeutung für die spätere abendländische Musik erlangen sollten. Allein, bei all dem sind wir auf Vermutungen angewiesen und auf Rückschlüsse von Ereignissen späterer Zeit, die wir mit dem wenigen Bekannten aus der Frühzeit in Beziehung setzen müssen; die wenigen uns bekannten Tatsachen selbst sprechen je für sich nicht deutlich genug; erst in einem System von Bezügen musikalischer Vorstellungen können wir sie sinnvoll erkennen. Ich will das an einem außermusikalischen Beispiel verdeutlichen.

Das Bild der germanischen Stämme und Völkerschaften ist in vielem höchst ungenau und es hat sich in den Jahrhunderten der Völkerwanderung vielfach gewandelt, auch ist die Abgrenzung etwa der Kelten von den anderen Völkern keineswegs eindeutig und durchaus umstritten. Dennoch spricht man von »den Germanen«, und wir schließen uns trotz aller Bedenken diesem Usus an. Die Germanen also hatten, wie man weiß, eine ausgedehnte und bedeutende Literatur. Die großen Heldenepen, deren Blütezeit – wie man aus den geschichtlichen Ereignissen, die ihren Sagenstoffen zugrunde liegen, schließen kann – zwischen dem 4. und dem 8. Jahrhundert liegt, wurden erst im 13. Jahrhundert – nicht »verfaßt«, sondern aufgezeichnet. Die Germanen hatten zwar eine Schrift, die Runenschrift, diese diente aber als Inschriften- und nicht als Schreibschrift, denn es galt ihnen als Frevel, die Dichtungen der Väter aufzuschreiben, d.h. anders als mündlich zu überliefern. Wir wissen das nur aus römischen Quellen und nur von der gallischen Literatur, aber wir haben Grund, anzunehmen, daß, was dort berichtet ist, auch für die Germanen gilt. Von dem »magnus numerus versuum«, von der großen Menge an Dichtung der gallischen Druiden etwa, ist uns als einzige Kunde geblieben: »neque fas esse existimant ea litteris mandare, cum in reliquis fere rebus publicis privatisque rationibus Graecis litteris utantur« (»Sie halten es nämlich für Frevel, diese Texte der Schrift anzuvertrauen, obwohl sie sich sonst in öffentlichen wie privaten Dingen durchaus der griechischen Schrift bedienen«). (Bulst 1954) Anders die Römer. Ihre Schriftzeichen (litterae) dienten auch zum Schreiben im modernen Sinne, sie kannten daher schriftlich verfaßte und zur Leselektüre bestimmte Texte, sie haben das, was man seither Literatur nennt, gleichsam erfunden. Geht man von der Herkunft des Terminus Literatur aus, so hatten die Germanen also keine Literatur, denn »mündliche Literatur« ist, wie man sieht, eine Contradictio in adjecto. Trotzdem gibt es kein anderes Wort, weil das Mittelalter ein lateinisches Mittelalter gewesen ist und Vorstellung und Begriff von Dichtung am schriftlichen Verfassen von Literatur in lateinischer Sprache und nach dem Vorbild der lateinischen Antike ausgebildet und erst später auf Texte in den Nationalsprachen und auf Gattungen ausgedehnt hat, die nicht schriftlich verfaßt und zum Lesen bestimmt, sondern im Zusammenhang mündlich lebender Dichtung entstanden und zu überliefern waren (Lieder, Spruchdichtung etc.). Nur von daher ist Otfried von Weißenburgs Vorrede zu seiner *Evangelienharmonie* (um 870) zu verstehen, in der er das Unternehmen als solches, nämlich zum ersten Mal in deutscher Sprache zu schreiben und zu dichten, rechtfertigt und die ungeheuren Schwierigkeiten erklärt (etwa so: wer »Mond« schreibt oder liest, hat bis dahin stets und ausschließlich »luna« geschrieben oder gelesen; und so kann es passieren, daß Otfried anstelle des deutschen »der Mond« lateinisch feminin schreibt »diu Mond«); diese Widmungs-Vorrede an Liutbert, den Bischof von Mainz, gerichtet, ist die »Gründungsurkunde der deutschen Sprache als einer Schriftsprache«. Man sieht, wer von Schrift, Schriftlichkeit, Literatur bei Römern und Germanen spricht, hat zu berücksichtigen, daß und was hier und dort verschiedenen Sinn hat, und daß und wie beides sinnvoll in Bezug gesetzt werden muß, wenn mit der deutschen von der europäischen Literatur des lateinischen Mittelalters die Rede sein soll.

Der Musikhistoriker hat in vergleichbaren Zusammenhängen ähnliche Überlegungen anzustellen. Alle Menschen singen und spielen, das heißt alle Musikkulturen kennen die Phänomene Vokal- und Instrumentalmusik, oder einfach ausgedrückt: alle Menschen singen nicht nur, sie haben auch Musikinstrumente, und so gibt es Musiken, die genuin vokal, und solche, die genuin instrumental sind. Die Bedeutung der

Musikinstrumente für die Entstehung der verschiedenen musikalischen Kulturen ist aber hier und dort verschieden. Dabei ist folgendes zu bedenken: Bei der Ausbildung von Tonsystemen (die die Grundlage einer jeden Musikkultur bilden) ist die Ausbildung von Tonbeziehungen als Festlegung einzelner Töne mit bestimmten Funktionen und als Festlegung ihrer gegenseitigen Beziehungen, d. h. die Festlegung von Grund- und Ecktönen und ihren Intervallen für die Bildung musikalischer Zusammenhänge grundlegend wichtig. Die schwierigen Probleme solcher Festlegungen treten aber erst in Erscheinung und erhalten Bedeutung beim Bau von Musikinstrumenten, denn erst der Instrumentenbauer muß das allgemeine musikalische Wissen, das sonst nur zu Bewußtsein kommt, wo Musiktheorie betrieben wird, in Maßeinheiten, in Längen von Rohren und Saiten und in Abstände von Grifflöchern und von Bünden umsetzen. In Musikkulturen mit dominanter Vokalmusik bevorzugt man Instrumente mit beliebig veränderbarer Tonhöhe (etwa griffbrettlose Streichinstrumente und Blasinstrumente, die »Zwischen«- und Schleiftöne erlauben, aber auch die Geige), weil sie sich der Variabilität der gesungenen Tonhöhen und Tonbeziehungen leichter anpassen. In Musikkulturen mit dominanter Instrumentalmusik dagegen bestimmen die Instrumente die Tonsysteme, und man bevorzugt hier deshalb Instrumente mit festliegenden Tonhöhen (etwa Leiern und Harfen, Stab- und Gongspiele, Hörner und Trompeten, aber auch gebundene Streichinstrumente und Klaviere). Wo in solchen von Instrumenten beherrschten Musikkulturen Hörner und Trompeten die wichtigsten Instrumente sind (aus welchen Gründen auch immer), ist das Tonsystem durch die Naturtöne bzw. durch die Töne der natürlichen Obertonreihe, die auf diesen Instrumenten allein hervorgebracht werden können (solange keine Löcher gebohrt oder Ventile eingebaut sind), bestimmt, und mit ihnen ist der gesamte Tonvorrat (der freilich immer nur eine Auswahl aus dem Obertonvorrat ist) auf Stufen festgelegt.

Trompeten- und Horninstrumente nun kannten die Römer wie die Germanen. Während die Römer sie aber ausschließlich als Signalinstrumente und im militärischen Bereich verwendet, ihnen für die allgemeine Musikausübung jedoch keine größere Bedeutung eingeräumt haben, scheinen sie in der Musik der Germanen die dominierende Rolle gespielt und die germanische Musik weitgehend bestimmt zu haben, und zwar mit allen Konsequenzen vom Tonsystem über die Klanglichkeit der Musik bis zur Melodiebildung und zur Tonvorstellung auch im vokalen Bereich.

Im Grunde erscheint das auch heute durchaus natürlich und leicht einsehbar: Das Instrumentenspiel mit Blechblasinstrumenten und in Blaskapellen charakterisiert eine nordeuropäische Musikalität bis auf den heutigen Tag, der Belcanto eine mediterrane; die guten Geigen bauen die Italiener, die guten Klaviere die Nordeuropäer; die besten Sänger sind Italiener, aber Blechbläser haben sich schon die Römer aus Germanien geholt (so berichtet Ammianus Marcellinus im 4. Jahrhundert); und über die Unfähigkeit und offensichtlich auch Unwilligkeit der Germanen, Melodien eines mediterranen Melos zu lernen und angemessen vorzutragen, klagen römische Schriftsteller aller Jahrhunderte immer wieder. Die engräumigen, in immer neuen Wendungen sich behende bewegenden Melodien dieses mediterranen Melos, die oft nur an wenigen melodischen Fixpunkten aufgehängt zu sein scheinen, und deren eigentliches musikalisches Geschehen sich mit dem melodischen Band zwischen diesen Aufhängepunkten jenseits aller gestuften Tonschritte abspielt, solche Melodien – wie sie dann deutlich ausgeprägt in Gregorianischen Gradualien begegnen – konnten damals und können heute Nordeuropäer nicht in ihren eigentümlichen und wesentlichen Zügen auffassen. Man versuche es einmal selbst und singe z. B. einer Italienerin oder einem Griechen nach, was sie bei der Arbeit vor sich hin singen, und man wird bemerken, daß, was wir nachsingen, bestenfalls das melodische Gerüst ist, also nur das, *zwischen* dem sich erst abspielt, was die Melodie eigentlich ausmacht und unverwechselbar italienisch oder griechisch, eben mediterran erscheinen läßt. Unsere eigenen Melodien »gehen« da ganz anders, gestuft, in vielen und oft verhältnismäßig großen Sprüngen, stets von Klängen und Klangfolgen mitbestimmt, und oft genug im Refrain auf Jodelsilben gesungen: »Rosestock, Holderblüt, Wenn i mein Dienderl sieh. Lacht mer vor lauter Freud 's Herzerl im Leib. Lalala, lalala, falalalalalalala...« (Text nach Erk/Böhme).

Solche Betrachtungen sind hier nur scheinbar abwegig. In Wirklichkeit reflektieren sie die Verschiedenheit zweier Musikkulturen, um die wenigen Zeugnisse von deren Begegnung zur Zeit der Völkerwanderung und im Zusammenhang der Christianisierung der Germanen zu eigenen Erfahrungen mit den musikalischen Grundeinstellungen dieser großen Bereiche Europas in Beziehung setzen zu können. Nur dann nämlich können diese Zeugnisse über ihre an sich irrelevante Faktizität hinaus Aussagekraft gewinnen für den, der Musik als Geschichte begreifen will.

Aufgrund der Quellenlage kann man von der Musik der Völkerwanderungszeit eine Vorstellung nur gewinnen für die germanische Musik, was immer das auch sei bei der Vielzahl und Vielfalt der Stämme und Völkerschaften. Doch ist die Annahme berechtigt, daß das, was wir von germanischer Musik wissen, in gewisser Weise charakteristisch ist für die Musik des gesamten Kulturkreises nördlich der Alpen, den man gewöhnlich einen germanischen nennt, und über den und von dem aus die großen Bewegungen der Völker in den Mittelmeerraum gelangt sind. Ähnlich eingeschränkt sind unsere Kenntnisse dann in der Zeit des frühen Mittelalters. Was wir wissen, gilt in erster Linie einer deutschen Musik, aber wir dürfen annehmen, daß diese in gewisser Weise die Prozesse spiegelt, die sich in jener Zeit überhaupt zwischen Nordeuropa und dem Mittelmeerraum musikalisch abgespielt haben.

2. Quellen

Unsere Quellen für die Kenntnis der germanischen Musik sind: Reste des Instrumentariums, Mythen, bildliche Darstellungen und literarische Quellen.

a) BODENFUNDE: Von der Bronzezeit (die im nordeuropäischen Raum vom 16. bis zum 6. Jahrhundert v. Chr. dauert) bis in die Zeit der Wikinger/Normannen (8.-11. Jahrhundert) reichen die – im Vergleich zum Mittelmeerbecken verhältnismäßig spärlichen – Funde an Musikinstrumenten (meist Bruchstücke) von Leiern und Harfen, Knochenflöten und Hörnern bis zu den hochentwickelten Luren, die in überraschend großer Zahl in Jütland, im südlichen Skandinavien und in Norddeutschland gefunden worden sind.

b) MYTHEN: Die in den Mythen der Germanen gefaßte Wirklichkeit von Welt ist uns kaum mehr verständlich, weil ihre Kultur versunken ist und – anders als die der griechisch-römischen Antike – nur wenige Spuren, die uns als solche bekannt und bewußt sind, hinterlassen hat. Von den Einflechtungen von Musik und Musikalischem, von Musiken und Instrumenten in germanische Mythen sei deshalb lediglich eine hier herausgegriffen: Das Musikinstrument, das Odins (Wotans) Sohn Heimdall, von dem das Menschengeschlecht abstammt und von dem es seine wichtigsten Gaben erhalten hat, besitzt, ist ein Horn, das Gjallarhorn (Gellhorn), das lauttönende, dessen Ton man bis in die fernsten Welten hört, mit dem er den Tag der Götterdämmerung verkünden wird. Die für die germanische Musik charakteristische Dominanz des Naturtoninstruments und seines Klangs ist also im Mythos ursprünglich verankert.

c) BILDLICHE DARSTELLUNGEN von Instrumenten, meist im Zusammenhang von Darstellungen in kultischen Handlungen, reichen von der frühen Bronzezeit bis – in letzten Ausläufern – in hochmittelalterliche Handschriften-Illustrationen und in die Kapitell- und Portalplastik romanischer und frühgotischer Kirchenbauten Frankreichs und Deutschlands.

d) LITERARISCHE QUELLEN setzen erst mit römischen Schriftstellern ein, die allesamt nicht besonders viel aussagen, aber mit den Missionsberichten bis ins 10. Jahrhundert reichen. Die Quellen des frühen Mittelalters sind jedoch von der Musikwissenschaft noch nicht ausgeschöpft, es fehlt etwa die systematische Durchsicht und Aufarbeitung der *Acta Sanctorum* und der *Monumenta Germaniae Historica* unter musikhistorischem Gesichtspunkt.

3. Das Instrumentarium

Nach den vorgenannten Quellen sind BLASINSTRUMENTE nach Verbreitung, Chronologie und Beschreibung die charakteristischen Zeugnisse germanischer Musik: Zuerst seit etwa 1400 v. Chr. in Mecklenburg, Jütland und auf den dänischen Inseln und in Südskandinavien nachgewiesene Tierhörner, z. T. mit bronzenen Beschlägen, Schalltuben oder Mundstücken. Mit dem raschen Fortschritt in der Technik des Bronzegusses entstehen den Tierhörnern nachgebildete Instrumente und schließlich, zur Zeit der höchsten Entwicklungsstufe dieser Technik zwischen 1100 und 600 v. Chr., jene s-förmig geschwungenen LUREN, wie die letzte Ausgestaltung der Hörner genannt wird, denen das griechisch-römische Altertum an Form, technisch vollendeter Herstellung und Klangwirkung kaum etwas entgegenzustellen hat (Niemeyer 1955). Die für jene Zeit keineswegs seltenen Funde von Luren (ca. 50 Instrumente sind bekannt, zum größeren Teil aus Dänemark, zum kleineren aus Norddeutschland, Norwegen und Schweden) zeigen merkwürdige Besonderheiten: Luren sind meist zu zweien gefunden worden, sie sind (entsprechend der Anordnung der Hörner beim Tier) jeweils symmetrisch zueinander gebaut und sie sind im Gleichklang aufeinander abgestimmt. Dementsprechend sind auf den bildlichen Darstellungen nie einzelne Spieler, sondern stets zwei oder vier gezeigt, die sicherlich gemeinsam und kaum nur unisono, sondern eine Klänge umspielende Musik geblasen haben, wie wir sie auch sonst von Naturtoninstrumenten, etwa von Alphörnern, kennen. In der Eisenzeit verschwinden die Luren, Hörner bleiben im Gebrauch; ihr Fortleben in den Cornua alpina südgermanischer Bergbewoher ist vielfach literarisch belegt; mit den germanischen Blechbläsern bei römischen Legionen, von denen Ammianus Marcellinus (4. Jh.) berichtet; mit der Tuba (Alphorn) der *Nonsberger Märtyrerberichte* (397) und Ekkehards IV. von St. Gallen († um 1060) und vielleicht auch mit den Olifanten (aus dem Orient stammende, im 10./11. Jahrhundert im Abendland gebrauchte Signalhörner aus Elfenbein), die, vor allem auch mit ihrer sagenhaften Reichweite, in den germanischen Heldenliedern eine Rolle spielen. Zwei erst 1639 und 1714 in Gallehus bei Tondern (Nordschleswig; heute dänisch) gefundene mit reichem Bilder- und Runenschmuck versehene goldene Prunkhörner des 5. Jahrhunderts v. Chr. sind verloren. Von anderen Blasinstrumenten zeugen erst wieder und nur die nicht sehr zahlreichen Funde von Knochenflöten der Wikingerzeit (8.-11. Jh.), die zum Teil mit Grifflöchern versehen sind, und von denen man einzelne noch spielen kann. Diese Instrumente geben (Salmen 1972) verläßliche Anhaltspunkte für die Vermutung, daß auf ihnen das Spiel »mit diatonisch abgestimmten Tonfolgen«, also eine »aus dem Bereich des prämusikalischen Getöns herausführende Musik« möglich war.

An SAITENINSTRUMENTEN sind von den (allerdings nicht direkt hierher gehörigen) Abbildungen auf illyrisch-hallstattzeitlichen Urnen (7. Jh. v. Chr.; einfache Leiern) bis zu den Funden des 7. (Harfen, Leiern) und des 8. Jahrhunderts (Stege von Leiern) und den Abbildungen in Handschriften des 9. (verloren; die Abbildungen bei M. Gerbert, *De cantu et musica sacra,* 1774: chytara teutonica, chytara anglica) nur LEIERN und HARFEN verschiedener Arten bekannt, also nur Instrumente mit mehreren Saiten (bis zu 7) und unveränderlicher Tonhöhe der einzelnen Saite; sie werden mit der rechten Hand gezupft, mit der linken aber nicht abgegriffen (mit Ausnahme der keltischen Crwth, einer Streichleier mit Griffbrett: vielleicht das Instrument der keltischen Barden). Wenige und verhältnismäßig späte literarische Quellen (4. bis 6. Jahrhundert) bezeugen, daß der Vortrag von Heldenepen durch solche Instrumente begleitet wurde. Rang und Bedeutung dieser Zupfinstrumente werden sowohl daran deutlich, daß sie offenbar als auszeichnende Grabbeigaben galten, als auch aus der Tatsache, daß auf den das Mittelalter in seinem figürlichen Bildschmuck wesentlich bestimmenden Darstellungen des Königs David dieser nicht mit der antiken Harfe, sondern mit einer nordeuropäischen Leier abgebildet ist, mit eben dem Instrument, das sich im Wappen Irlands bis heute findet. Von anderen Saiteninstrumenten fehlen Zeugnisse.

4. Sängerstand und Gesang

Im Gegensatz zu den Kelten scheinen die Germanen in früherer Zeit keinen eigenen Sängerstand gehabt zu haben, der wie die keltischen Barden eine selbständige Funktion in der Gesellschaft und damit zusammenhängend einen eigenen, und zwar einen hohen sozialen Status innegehabt hätte. Pflege und Überlieferung der gesungenen Dichtung und der Kunst ihrer Begleitung auf der Leier oder der Harfe waren allen Musikern und allen Gebildeten als Aufgabe gestellt. Erst seit dem 6. Jahrhundert berichten Quellen von Hofsängern und ihrem Stande und im englischen *Beowolf* (8. oder 9. Jh.) ist der Skop (oder Skof) lebendig als der Sänger geschildert, der als Ritter unter den Rittern mit Schwert und Schild lebt, ähnlich den späteren Skalden an den Fürstenhöfen Norwegens und Islands im 9. bis 13. Jahrhundert.

Mit dem Auseinanderstreben der germanischen Stämme und mit der einsetzenden eigenen Entwicklung eines jeden Stammes, vor allem aber mit der Durchsetzung des Christentums geht die Zeit einer gemeingermanischen Kultur in Dichtung und Musik zu Ende. Zeugnis dieses Endes und damit der gemeinsamen mündlichen Literatur und Musik und zugleich Zeugnis eines versuchten Auffangens in der Schriftlichkeit ist der Bericht Einhards (*Vita Caroli Magni*), Karl der Große habe alte Lieder, die die Taten der Vorfahren singen, aufzeichnen lassen, um die Erinnerung daran zu bewahren. Die Handschriften sind verschollen; die Behauptung, Ludwig der Fromme habe sie verbrennen lassen, ist offenbar eine Legende des 19. Jahrhunderts. Die Stoffe sind indes durch die Dichtungen der Spielleute überliefert, das heißt weiterhin in mündlicher Überlieferung bewahrt worden (die Stoffe dabei keinesfalls als abstrakte Sujets, sondern selbstverständlich in »Dichtungen« gefaßt), nur eben jetzt von Sängern eines niederen sozialen Standes. Dann allerdings im 12. und 13. Jahrhundert dringen die »alten Lieder« wieder nach oben, und nun werden sie von den bedeutendsten Dichtern der Zeit der Staufer, in der großen Zeit der deutschen Dichtung des Mittelalters neu, und das heißt jetzt: *schriftlich,* gefaßt in den großen Heldenepen des *Nibelungenliedes* (um 1200; unbekannter Dichter unter dem Mäzenat des Wolfger, des Bischofs von Passau und später von Aquileja), der *Kudrun* (um 1230; spielmännisch auf höchster Ebene) und in anderen Heldenepen, aber auch in vielen der zahlreichen höfischen Epen, in denen allerdings neben der germanischen Überlieferung keltische, französische und spanische Überlieferungen eine gewisse Bedeutung erlangen. Trotz ihrer Schriftlichkeit werden diese Dichtungen, Helden- wie Volksepen, immer und überall wie eh und je *mündlich,* und das heißt: mehr oder minder kunstvoll *gesungen* vorgetragen und locker instrumental begleitet. »Beim Vortrag der mittelhochdeutschen strophischen Epen hat der Sänger Strophenmodelle wiederholt. Die älteste bekannte Epenmelodie gehört zu Otfrieds *Evangelienbuch* (um 870); die Melodie umfaßt ein Langzeilenpaar und ist verhältnismäßig schlicht. Bedeutend reicher ist das zum *Nibelungenlied* gehörende vierzeilige Modell, das jüngst aus Kontrafakturen zurückgewonnen werden konnte, sowie das Melodiemodell zu Albrecht von Scharfenbergs *Titurel* (14. Jh.), das wohl auch schon zu Wolfram von Eschenbachs gleichnamigem Epos gehört. Aus dem späten Mittelalter ist noch das Melodiemodell zu des Michel Beheim Reimchronik *Das Buch von den Wienern* bekannt. Seit dem 15. Jahrhundert lebt der Epengesang nur noch im Bereich der Volksmusik, als Bänkelgesang bis ins 19. Jahrhundert fort.« (RLex[12])

Die Berichte über Carmina antiqua, die die Mythen der Germanen und ihre Heldensagen singen, setzen mit Tacitus († nach 116; *Germania, Annales, Historia*) ein. Über andere Gesänge der Germanen ist so gut wie nichts bekannt. Für den Vortrag gebraucht Tacitus einmal das Adjektiv »barditus«, das noch nicht verläßlich zutreffend übersetzt ist.

Auffallend wie der Reichtum an musikalischen Begriffen im Deutschen ist freilich die sprachlich sorgfältige Unterscheidung des Althochdeutschen zwischen den musikalischen Fachausdrücken leich (gotisch laiks; später mit der Bedeutung: Leich) = gespielte Melodie, leod = gesungene Melodie, und, beiden übergeordnet, wisa = Weise. Welche Schlüsse aus den Begriffen und ihrer Unterscheidung für die ältere Zeit zu ziehen sind, ist einstweilen noch fraglich.

Auffallend ist ferner, daß und wie die Singart der Völker des Nordens von allen Schriftstellern, von Tacitus bis zu den Missionaren karolingischer Zeit, immer wieder als besonders merkwürdig und in besonderer Weise unbeholfen geschildert wird. Das reicht vom »fröhlichen Gesang oder Lärmen« (Tacitus, 2. Jh.) über »rauhe Lieder in geformten Worten«, die dem Gekreisch von Krähen vergleichbar seien (Julian Apostata, 4. Jh.), bis zum Vergleich eines Gesangs von Alemannen mit dem Gepolter eines den Berg herabrollenden Lastwagens. Interessanter allerdings, weil reicher an Information, sind Berichte wie der folgende: »Unter den Nationen Europas waren es vorzüglich die Germanen oder Gallier, die sich immer wieder bemühten, die Süßigkeit dieses Gesanges [der Gregorianischen Melodien] zu lernen. Sie waren aber durchaus nicht imstande, ihn unverderbt zu bewahren, teils weil sie leichtsinnig Eigenes in die Gregorianischen Gesänge einmischten, teils wegen ihrer natürlichen Wildheit. Denn ihre rohen wie Donner brüllenden Stimmen sind keiner sanften Modulation fähig, weil ihre an den Trunk gewöhnten Kehlen jene Biegungen, die eine zartere Melodie erfordert, gar nicht hergegeben hätten« – so Johannes Diakonus in seiner *Vita des Papstes Gregors des Großen* († 604), verfaßt um 870. Bemerkenswert ist an diesem Zeugnis und an ähnlichen entsprechenden, daß sie fast alle von dem sprechen, was man in der Literatur »Chorgesang« nennt, und kaum eines vom »Einzelgesang«. Offenbar sangen die Nordländer öfter und lieber gemeinsam und zusammen als einzeln – und das muß nicht bloß ein soziales Phänomen sein, es kann auch ein musikalisches dahinterstecken, eine Musik nämlich, die, obwohl nicht mehrstimmig, erst zu ihrer eigentlichen Wirkung und Schönheit gelangt, wenn sie von mehreren zusammen gemacht wird. (Man denke in diesem Zusammenhang auch an das Zusammenmusizieren von je zwei oder vier Luren.) »Aus alle dem kann man sicher schließen, daß die Germanen einen eigenständigen Musikstil besessen haben, der sich von dem römischen scharf unterschied« (Niemeyer 1955).

5. Musikalische Überlieferung

Im Zusammenhang der Beschreibung und Betrachtung der Quellen zur germanischen Musik, oder richtiger: der Musik des nördlichen Europas, muß man nun erörtern, ob nicht auch die musikalische Überlieferung späterer Zeiten mit bestimmten Erscheinungen hilfreich sein kann, das verhältnismäßig unscharfe Bild der Historie genauer zu zeichnen, vielleicht auch zu ergänzen, auf jeden Fall aber besser sichtbar und verständlich zu machen.

a) Die germanische Musik ist verklungen wie alle ältere Musik, die allein in mündlicher Überlieferung existierte. Die Frage ist, ob es möglich sein könnte, aus musikalischen Überlieferungen einigen Aufschluß oder die Ahnung einer musikalischen Vorstellung zu gewinnen, wenn man alte Musizierpraktiken untersucht oder in älterem Volksliedgut gleichsam nach ältesten Schichten gräbt. Die Volksliedforschung bejaht diese Frage, und der Musikhistoriker muß – bei aller Skepsis gegenüber historischen Aussagen einer empirischen Wissenschaft, die es nicht mit einem im engeren Sinne »historischen Gegenstand« und überhaupt nicht mit einem »Gegenstand« zu tun hat – dankbar sein für den Versuch der Aufhellung eines weiten Feldes der Geschichte, das sonst im Dunkel bleiben müßte.

In Kinderliedern und Kindersegen, die eintönig auf Quint, Sext und Terz gesungen werden wie das vielleicht bekannteste von allen: »Heile, heile Segen, drei Tage Regen, drei Tage Schnee, dann tut's nimmer weh« (oder: »drei Tage Sonnenschein, dann wird's wieder heile sein«), sieht die Volksliedforschung als in bodenständiger Musik älteste Schichten unserer musikalischen Vergangenheit bis in die Gegenwart bewahrt. Eigentümlichkeiten in der Melodiebildung ältester deutscher Volkslieder und ein Zusammenhang mit, bis vor kurzem in Westfalen noch gängigen pentatonischen Kinderliedern (*d – e – g – c,* mit Tonika *c*), also mit ältesten musikalischen Schichten, sind greifbar.

b) Zu diesen einstimmig-melodischen Eigentümlichkeiten anscheinend uralter Herkunft in deutscher und offenbar auch germanischer Musik gesellt sich eine andere, die an unserem volkstümlichen Singen deutlich wird. Sie ist zuerst wohl den Volksliedforschern in der Mitte des 18. Jahrhunderts um Herder und Goethe als charakteristisch für die deutsche Musik aufgefallen. Johann Friedrich Reichardt (1752-1814) hat sie in einer programmatischen Vorrede zu seinen einstimmigen (!) *Frohen Liedern für Deutsche Männer* (Berlin 1781) vor-

trefflich beschrieben. Er hat nämlich erkannt, daß viele unserer Volkslieder, »in die jeder, der nur Ohren und Kehle hat, gleich einstimmen kann«, dadurch gekennzeichnet sind, daß sie
1. »sehr leicht eine zweite Stimme zulassen, wohl gar dazu einladen«, daß
2. die zweite Stimme keine andern Intervalle benützt als die »mitklingenden« der Terz, Quint und Oktav, daß
3. diese Intervalle bevorzugte Intervalle der Naturtoninstrumente und ihrer Musik sind. Mit all dem ist gesagt, daß
4. diese alte eigentümliche Zweistimmigkeit vieler unserer Volkslieder mit den beschriebenen Kennzeichen für das Verständnis unseres »erlernten Systems« – das meint: unseres Tonsystems und des Systems der »zusammenklingenden Harmonie«, das heißt des mehrstimmigen musikalischen Satzes – »allen Aufschluß« gibt. Dabei ist weniger die Zweistimmigkeit, bei der es sich ja gar nicht um eine echte Stimmigkeit, sondern nur um einfaches Parallelen-Singen handelt, so aufschlußreich als vielmehr die Tendenz, das linear-melodische Element durch die Intervalle der Begleitstimme in der Dimension des Klangs zu bereichern, gleichsam die zweidimensionale Melodie in den dreidimensionalen Raum des Klangs, des harmonischen Zusammenklangs zu stellen.

c) PARALLELEN-SINGEN

Parallelen-Singen begegnet öfter in europäischer Volksmusik, etwa an verschiedenen Stellen auf dem Balkan. Beim Vergleich ist indessen Vorsicht geboten. Zu unterscheiden sind nämlich nicht nur die anderen Begleitintervalle – häufig große Sekunden als Hauptbegleitintervall bei gleichzeitigem Zurücktreten oder gar Fehlen von Quint und Oktav (etwa in Bulgarien südwestlich von Sofia) – sondern vor allem die mit ihnen sich äußernde ganz andere musikalische Intention: Dort soll die Melodie nicht zum Klang hin erweitert und dafür in ihrer melodisch-linearen Tendenz abgeschwächt, sie soll vielmehr gerade in der melodischen Tendenz durch die parallel und eng mitgeführte zweite Stimme verstärkt, ja verdoppelt, das heißt als Melodie und nur als Melodie deutlicher und schöner vernehmbar gemacht werden. (Man bedenke, daß auch wir das Phänomen der den Einzelton verstärkenden Sekundparallele kennen und anwenden: im Triller.)

Im Gegensatz zu dieser vor allem in Volksmusik des Balkans begegnenden Art melodieverstärkenden »zweistimmigen« Singens scheinen Formen volkstümlicher »Zwei-« oder gar »Vielstimmigkeit«, die in Nordeuropa, etwa in Island und auf den Färöern (Inselgruppe zwischen Schottland und Island) anzutreffen und deren Hauptintervalle Terzen und Quinten sind, eher das Melodische ins dreidimensional Klangliche zu rücken und damit eine andere musikalische Grundhaltung anzuzeigen. Im nördlichen Zentrum alter germanischer Kultur und in Rückzugsgebieten der christlich-germanischen Kultur haben sich offenbar Reste älterer Schichten einer nordeuropäischen Musikkultur erhalten.

Von den Orkaden, den damals norwegischen Orkney-Inseln vor der Nordspitze Schottlands, ist in der Universitätsbibliothek Uppsala ein Zeugnis dieser volkstümlichen Mehrstimmigkeit sogar schriftlich erhalten (nach Bukofzer aus der 2. Hälfte des 13. Jh.s): Ein vornehmlich in Terzen einhergehender zweistimmiger *Hymnus »Nobilis, humilis, Magne«* auf den hl. Magnus († 1115), den Schutzpatron dieser Inseln.

d) Ob sich zu all dem die vereinzelten Nachrichten aus mittelalterlichen Theoretiker-Quellen fügen, darüber ist sich die Musikwissenschaft nicht einig.

Jedenfalls berichtet der aus Wales stammende Giraldus Cambrensis (1147-1223) in seiner *Descriptio Cambriae* (1198), daß die Briten seiner Zeit mit so vielerlei Stimmen sängen wie Sänger da seien und ihre Stimmen mit den Melodien der Instrumente vereinten. »Der eine brummt die untere, der andere singt dazu die obere Stimme, und das tun sie in weniger kunstgemäßer Weise als aus der ihnen eigenen alten Gewohnheit, die ihnen durch lange Übung zur andern Natur geworden ist. Denn diese Art und Weise hat im Volk so tief Wurzel geschlagen, daß kaum irgendeine Melodie so einfach, wie sie ist, sondern stets in einer gewissen Mehrstimmigkeit gesungen wird. Und was noch erstaunlicher ist – selbst ihre Kinder machen es so, wenn sie singen. Aber nicht alle Engländer singen in dieser Art, sondern nur die des Nordens, und ich glaube, sie bekamen diese Kunst zuerst ebenso wie ihre Sprache von den Dänen und Norwegern, die so oft ihr Land besetzten und es so lange in Besitz hatten.«

Ähnlich berichtet der englische Mönch Walter Odington (14. Jh.) von einem volksmäßigen »süßen Zwillingsgesang in Terzen« und nennt ihn »antiquissimum«. Das Zeugnis des Odington erhält dadurch Gewicht, daß auch er es ist, der die Technik des Stimmtauschkanons beschreibt, die in die komponierte polyphone Musik hinüberreicht. Damit ist von einem Theoretiker die Brücke zwischen der bodenständigen Musizierpraxis und der – in jener Zeit noch immer neuen – Polyphonie geschlagen.

e) Zu nennen ist sodann eine vokale Musizierweise, die zwar auch nur noch in Rückzugsgebieten des nordeuropäischen Kulturraums begegnet, vornehmlich in Alpenländern, die dort aber weit verbreitet ist, das JODELN. Dabei handelt es sich um eine textlose (!), offensichtlich das »harmonische Getön« von Naturtoninstrumenten nachahmende vokale Klang-Musik.

f) Zum Jodeln gibt es nahe verwandte Instrumentalmusiken. Hier ist zuerst die Klang-Musik der ALPHÖRNER zu nennen. Alphorn und Alphornmusiken begegnen zwar nicht überall, wo man jodelt, jedoch nur dort, wo man auch jodelt. Man hat deshalb einen Zusammenhang zwischen beiden Musiken gesehen (allerdings auch bestritten).

g) Sodann muß man in solchem Zusammenhang auch an die Musik schwedischer Spielleute in der Provinz Uppland denken, deren Instrument, die NYCKELHARPA, eine Schlüsselfidel mit Resonanzsaiten und einem Mechanismus zum Abgreifen der Spielsaiten ist: ein Melodieinstrument zum Klanginstrument verfremdet. Dementsprechend ist die Musik gekennzeichnet durch eine weitgespannte, in Akkordbrechungen Klänge umspielende, durch eine nicht melodisch-lineare, sondern harmonisch-klangliche Melodik. Die umspielten Klänge stehen im Wechselklangverhältnis.

Weder vom Jodeln und der Alphornmusik noch von dieser schwedischen Spielmannsmusik kann man behaupten, sie seien frühmittelalterliche oder noch ältere Musiken, oder kann man beweisen, daß sie mit solchen unmittelbar zusammenhängen. Aber diese Musiken spiegeln an sich, mit ihren Musizierweisen und mit den zugrunde liegenden musikalischen Vorstellungen Züge, die jener verklungenen Musik des nordeuropäischen Kulturraumes eigen gewesen sein müssen.

h) In diesem Zusammenhang muß noch ein Musikinstrument Erwähnung finden, zu dem die Nordeuropäer ein anderes und näheres Verhältnis haben als alle anderen Völker, die GLOCKE: Man denke an die Beiaards in den Niederlanden, die Carillons im Norden Frankreichs, an die besonderen Weisen des Läutens in England und nicht zuletzt an die deutschen »Glocken der Heimat«. Für Glockenstücke in der Kunstmusik denke man an Senfls sechsstimmige *Mottete »Das Glockengeläut zu Speier«* oder an Byrds berühmten *Variationenzyklus »The Bells«.*

i) Dieselben musikalischen Techniken, die in volkstümlichen Musizierweisen wirksam sind, schlagen in besonderen Fällen in komponierter Musik gleichsam durch. Das älteste und bekannteste, vielleicht auch das schönste Beispiel ist der *Sommerkanon »Sumer is icumen in«,* der in einer englischen Handschrift der Zeit um 1240 überliefert ist. Die Musikwissenschaft hat immer wieder erwogen, ob das Stück nicht später datiert werden müsse, weil die musikalische Kompositionstechnik der Zeit der Notre Dame-Schule noch keine solchen Kanons kenne. Bei diesen Überlegungen hat man übersehen, daß es sich gar nicht um einen Kanon im späteren polyphonen Sinne handelt, sondern um ein Wechselklangstück, dessen Oberstimmen im Stimmtausch, also nur scheinbar kanonisch, geführt sind. Der *Sommerkanon* »funktioniert« wie unsere volkstümlichen einfachen Kanons (z. B.: *»Froh zu sein, bedarf es wenig«):* auch diese umspielen mit vertauschbaren kurzen Floskeln lediglich Klänge, die im Wechselklangverhältnis stehen, – und jedermann, der in solchen Klängen gleichsam zu Hause ist, kann mitsingen und mitspielen, sich innerhalb des alle Beteiligten umschließenden Klangs bewegen, wie das im Grunde ja auch bei Jodlermusik möglich ist. Wer freilich in solcher Musik nicht zu Hause ist, etwa ein Araber oder auch ein Grieche, der wird staunend das »harmonische Getön« und die (scheinbare) »Kunst« derer bewundern, die da ohne Noten und ohne Verabredung mitmachen.

j) Damit ist die Brücke von bodenständigen Musizierpraktiken zur komponierten polyphonen Musik geschlagen. Und diese Brücke, zusammen mit der Tatsache, daß die schriftlichen Zeugnisse des Mittelalters zeitlich weit auseinanderliegen (*Sommerkanon* ca. 1240, Walter Odington 14. Jh.), spricht gegen die in der Musikwissenschaft immer wiederholte Darstellung einer »Neuartigkeit des Vollklangs mit Terzen und Sexten«, die sich mit der Komposition allmählich herangebildet und später in volkstümlichen Praktiken einen Niederschlag gefunden haben soll. Es kann nur umgekehrt gewesen sein! Das bodenständige musikalische Element hat sich auch beim denkenden und schriftlichen Verfertigen von Musik, das heißt in der »Wissenschaft« von der »Compositio«, die primär der Harmonie geistiger Ordnung und nicht der sinnenhaften Schönheit der Musik verpflichtet war, durchgesetzt, und zwar nicht zuletzt über das, im Mittelalter als geistige Haltung hoch angesehene Moment des Beharrens im Althergebrachten, nicht zuletzt über die Musik des Volks, das Tradition am höchsten hält. Die »Neigung zum strömenden Vollklang mit Terzen und Sexten« beschreibt Besseler (1949-51) als englischen Beitrag zur Polyphonie um 1300, wirkend auf dem Kontinent bei der Vorbereitung der Ars nova, und kurz vor 1430 als »Anstoß zur Entstehung der kontinentalen Fauxbourdontechnik, die als Grundkraft in die niederländische Musik einging«. Was bei Besseler nur vorsichtig angedeutet ist, nämlich die Eigenständigkeit der Entwicklung der Komposition in England und die stärkere Verwurzelung dieser Entwicklung in einem bodenständigen Musikbewußtsein, hat Ernst Apfel in *Studien zur Satztechnik der mittelalterlichen englischen Musik* (1959) und danach in verschiedenem Zusammenhang bewiesen und mehrfach beschrieben.

k) Hier muß schließlich noch auf eine merkwürdige Erscheinung des musikgeschichtlichen Verlaufs hingewiesen werden: Noch im späten Mittelalter wird auf deutschem Boden, übrigens auch in Polen, eine mehrstimmige Praxis geübt, die abseits von der großen Kunstmusik der Zeit steht und auf eine frühere geschichtliche Stufe zurückzugehen scheint. Diese Tatsache spiegelt sich zunächst in der bis ins 16. Jahrhundert hineinreichenden Überlieferung von vokalen Quellen mit überwiegend zweistimmigen Stücken, deren satztechnische Merkmale, wie Göllner (1961) gezeigt hat, auf alte organale Techniken der Zeit *vor* dem 12. Jahrhundert weisen. Aber auch auf einem anderen Gebiet hat man eine gewisse Rückständigkeit der mehrstimmigen Musik im spätmittelalterlichen Deutschland bemerkt: In den ältesten deutschen Orgeltabulaturen, die seit dem ersten Drittel des 15. Jahrhunderts überliefert sind, begegnet eine Satzstruktur, welche weit hinter den Zeitpunkt ihrer Niederschrift, nämlich auf die Anfänge der Mehrstimmigkeit zurückweist. Beide Erscheinungen sind weder einstimmig noch eigentlich mehrstimmig; hier ist vielmehr auf eine mit dem Wort verbundene vokale und auf eine mit dem Spiel zusammenhängende instrumentale Weise jeweils eine gegebene Melodie *klanglich* ausgeführt. Daß beide Erscheinungen auf deutschem Boden begegnen, ist offenbar nicht zufällig sondern charakteristisch: hier haben sich bis ins späte Mittelalter eine musikalische Vorstellung und ihre musizierpraktischen Erscheinungsformen in *Formen früher Mehrstimmigkeit* (Göllner 1961) erhalten, die sie ursprünglich mit hervorgerufen haben. Aus ihrer Verwurzelung und ihrem Beharrungsvermögen darf und kann man auf hohes Alter der zugrundeliegenden musikalischen Grundverfassung schließen.

l) Faßt man die Erkenntnisse zusammen, die aus Quellen und Resten, aus historischen Dokumenten und aus teilweise noch wirksamer musikalischer Überlieferung, die vor allem aus der zusammenschauenden Interpretation vieler Einzelheiten zu gewinnen sind, so ergibt sich »als Eigenart der deutschen Musik eine Vorliebe für Instrumentalmusik, für Mehrstimmigkeit und für Blasinstrumente schon in der Vorgeschichte« (Besseler 1967). Unsere Kenntnis vom dominierenden Instrumentarium und die Schlüsse, die aus ihm für das resultierende Tonmaterial (die Töne der natürlichen Obertonreihe) als Grundlage des Tonsystems zu ziehen sind, fügen sich also ungezwungen zu Spuren einer Musik, die sich in ältesten Schichten des Volkslieds und in volkstümlichen Musizierweisen erhalten haben, und ebenso zu den Nachrichten über Musik, Musikalität und Musikanschauung der Völker des nördlichen Kulturkreises. Bringt man schließlich dieses Material mit den Erfahrungen in Zusammenhang, die die musikalische Volks- und Völkerkunde mit der Erforschung von außereuropäischen Musikkulturen und europäischen Volksmusiken gemacht hat, welche ähnliche Merkmale aufweisen und deren Erscheinungen ähnlich zu beschreiben sind, so ergibt sich für den Bereich des nördlichen Europas und der germanischen Musik die Vorstellung einer Musikkultur, deren Musik ursprünglich

1. primär instrumental-klanglich gewesen ist,
2. deren Tonsystem auf der natürlichen Obertonreihe (die im Tonvorrat der Naturhörner und Naturtrompeten, den wichtigsten Instrumenten dieser Kultur, gegeben ist) beruhte,
3. deren bevorzugte Leiter die Dur-Reihe des Hexachords gewesen ist, und
4. deren Klanglichkeit aus dem Wechsel von Klängen, vor allem über der ersten, fünften und vierten Stufe dieser Dur-Reihe, lebte.

Die Musik, die das aus dem Mittelmeerraum nach Norden vordringende Christentum mit dem Gregorianischen Choral mitbrachte, oder die den aus dem nördlichen Kulturkreis in den Mittelmeerraum vordringenden Völkern entgegenkam: eine einstimmige, primär vokal-linear-melodische Musik; diese Musik stieß also auf eine im Grunde andersartige, nämlich auf eine primär instrumental-klanglich-vielstimmige Musik. Der Zusammenstoß geschah jedoch unter anderen Bedingungen als sonst bei einer Begegnung verschiedener Musikkulturen, denn er geschah im Zusammenhang der Christianisierung dieser Völker und in der geschichtlichen Stunde der Begegnung »junger« Völker mit der Antike: Aus dieser Begegnung von zwei Kulturen ist eine neue dritte entstanden, das Abendland, und im Bereich der Musik die Polyphonie. Der Ort der musikalischen Auseinandersetzung war der christliche Gottesdienst, der Anlaß die Notwendigkeit des Singens in der Liturgie, die Notwendigkeit des musikalischen Erklingens von Texten in der gottesdienstlichen Handlung.

MITTELALTER

II.
Die Liturgie der Kirche und die einstimmige liturgische Musik

1. Kurze Geschichte der Liturgie und der liturgischen Musik des christlichen Gottesdienstes bis ins Mittelalter

Das Neue Testament gibt keine Anweisungen für den Aufbau des christlichen Gottesdienstes, es enthält aber Elemente, die später für diesen von Bedeutung werden sollten, wie Bekenntnisformeln, Doxologien, Segensformeln, das liturgische Amen, Cantica. Man wird deshalb zunächst eine Linie der Kontinuität vom Synagogengottesdienst her annehmen dürfen; allerdings gehen die Annahmen über dessen Einfluß und dann über die Einwirkungen aus dem Bereich hellenistischer Mysterienkulte und heidnischer Opferkulte in der Liturgiewissenschaft weit auseinander. Der starke Wille zu neuen kultischen Formen ist jedoch in der Ausprägung und Entwicklung einer besonderen christlichen Mahlfeier zu sehen, die alsbald zum eigentlichen christlichen Gottesdienst wird und eine Zeitlang bleibt: Die Mahlfeier ist Grund und Ziel aller Versammlungen. Daß dabei gottesdienstliches Singen eine wichtige Rolle spielt, ist selbstverständlich. Die Gemeinde singt PSALMEN, HYMNEN (Lobgesänge) und ODEN (Geistliche Lieder).

Selbstverständlich ist aber auch, daß man Schriftlesungen und gemeinsame Gebete vorträgt und Rede und Gegenrede der Liturgen und zwischen dem Liturgen und der Gemeinde spricht – jedoch nicht im Sprechtonfall, sondern auf eine Art und Weise, durch die Vortrag und Sprechen aus dem Bereich der Umgangs- und Alltagssprache herausgenommen und auf eine Stufe liturgischen Erklingens erhoben werden. Musik steht hier in Funktion, sie dient der liturgisch-rhetorischen Darstellung von Text. Damit ist Musik im christlichen Gottesdienst von allem Anfang an bestimmt als Faktor beim Vortrag liturgischer Texte, also beim liturgischen Sprechen und als Lob- und Gemeindegesang. Überall, wo frühchristliche Musik beschrieben oder greifbar wird, handelt es sich um wortgebundene, ausschließlich vokale und einstimmige Musik, die bei aller Bindung an Vorbilder und (oft recht verschiedene) lokale Traditionen doch ganz neu und anders gewesen sein und gewirkt haben muß. Unübersehbar ist sodann, daß alle liturgischen Texte zunächst *Prosa*texte sind.

Von Anfang an steht die christliche GOTTESDIENSTMUSIK im Gegensatz zur allgemeinen musikalischen Praxis, die sonst selbstverständlich und überall auch mit Instrumentalmusik rechnet. Von Anfang an stehen somit bewahrende und fortschrittliche Kräfte bei der Ausbildung und Gestaltung der christlichen Liturgie und mit ihr einer christlichen Gottesdienstmusik gegeneinander – und trotzdem beruft man sich schon zu Zeiten, da die christliche Liturgie und in ihr viel Neues noch im Entstehen begriffen ist, auf geheiligte Überlieferung. Mitte des 3. Jahrhunderts verfügt Papst Stephan I. (254-257): »Nihil innovetur nisi quod traditum est« (»Es wird nichts neu eingeführt, es sei denn durch Tradition gedeckt«). Hundert Jahre später aber klagt der hl. Hieronymus über die Kirche: »Man baut jetzt Kirchen mit inkrustierten Marmorwänden, mit riesigen Säulen, die von kostbaren Kapitellen geschmückt sind; die Türen tragen Schmuck aus Ebenholz und Silber. Ich tadle das gar nicht unbedingt..., aber im Grunde gibt es doch eine andere Vorschrift: Christus in den Armen zu kleiden.« Musikalisch entspricht den »inkrustierten Marmorwänden« die reichere Ausgestaltung der hohen Kirchenfeste mit Musiken, die Gründung von Sängerschulen und die systematische Durchformung der Liturgie, während gleichzeitig volkstümliche Impulse, die zuvor direkt auf den geistlichen Gesang eingewirkt haben, in Randgebiete der Liturgie verwiesen werden (Gülke 1957). Die Gründe sind folgende:

Im Jahr 313 erläßt Kaiser Constantin I., der Große (306-337), das sogenannte Toleranzedikt und 325 beruft er das Konzil von Nicea ein. Die Religions- und Kirchenpolitik des Kaisers führt zu einer grundlegenden Wandlung des Verhältnisses von Kirche und Staat, die im Jahre 380 unter Kaiser Theodosius in die Erhebung des Christentums zur Staatsreligion mündet. Diese Wandlung ist von tiefem Einfluß auf die Entwicklung der Liturgie, denn nun geht es darum, dem christlichen Kultus ein Gewand zu geben, das seiner neuen Bedeutung im öffentlichen Leben des Reiches entspricht. Man beginnt den Bau der Laterankirche als einer großen und zugleich repräsentativen Gemeinde- und Bischofskirche in Rom, man umkleidet die alte Liturgie mit prunkvollem Zeremoniell nach dem Vorbild antiker Kulte und des kaiserlichen Hofzeremoniells in Byzanz, man gewandet die Priester mit Hofgewändern. Daß bei solchen Veränderungen auch die Musik als Faktor der Liturgie sich verändert, ist ebenso anzunehmen, wie man die Richtung annehmen kann, aus der die stärksten Einflüsse kommen: vom süd-östlichen Rand des Mittelmeerbeckens, aus Byzanz, das seit 330 als »Konstantinopel« Hauptstadt des Römischen Reichs und Sitz des Kaisers mit großer Hofhaltung und dem ausgeprägtesten Zeremoniell ist.

In dieser Zeit beginnt Wulfila (griech.: Ulfilas; seit 341 Bischof der Westgoten), die Westgoten zu missionieren. Damit begründet er das arianisch-germanische Christentum, das alsbald alle in den Mittelmeerraum eingewanderten ostgermanischen Stämme ergreift. Das ist der Beginn von Begegnung und Auseinandersetzung von germanischer Kultur, Sprache und Musik mit der Kultur im griechisch-römischen Raum des Mittelmeerbeckens, und zwar unter dem Einfluß des Christentums.

In den großen Bereichen der westlichen Kirchen kristallisieren sich eigene Formen der Messfeier heraus: die nordafrikanisch-römische Liturgie, die mailändische, die gallikanische in Frankreich und die mozarabische in Spanien. In allen setzt sich das Lateinische als Kultsprache und damit als Kultursprache der westlichen Welt durch – in Rom (gegen das Griechische) am spätesten, nämlich erst gegen Ende des 4. Jahrhunderts.

um 360 **Hilarius von Poitiers** (um 315-367): **Liber Hymnorum**

Der hl. Hilarius, Bischof von Poitiers und Kirchenlehrer, ist der älteste namentlich bekannte Dichter lateinischer Hymnen. Von seinem *Liber Hymnorum* sind nur drei Fragmente bekannt. Im ersten ist die Bestimmung dieser Art von zu singender kirchlicher Dichtung genannt: Weil das gallische Volk sich beim Singen ungelehrig (indocilis) zeige, wolle er dies Singen mit seinen Hymnen fördern und üben.

386 **Ambrosius von Mailand** (339-397): **Hymnen**

Der hl. Ambrosius, seit 374 Bischof von Mailand und einer der für die Theologie im Mittelalter so wichtigen Kirchenlehrer, führt in seiner Gemeinde eine neue Art des Singens in der Kirche ein: Wie er selbst, sein Schüler, der hl. Augustinus, und auch andere Quellen bezeugen, führt Ambrosius seine *Hymnen* als religiöse Kampflieder ein – dem protestantischen Kirchenlied des 16. Jahrhunderts nicht unähnlich – und mit ihnen eine offenbar damals neue Art des Singens. Dabei singt erstens das *ganze* Volk, und es singt zweitens *antiphonisch,* nämlich »more orientialium partium«, »nach der Art der Völker des Orients«. Wohin der »mos orientalium partium« weist, ist nicht sicher ausgemacht, doch nimmt man an, daß im syrischen Kirchengesang und besonders in den Hymnen des hl. Ephrem, des Syrers (um 310-373), die Vorbilder des Ambrosius zu suchen sind. Vorbilder jedenfalls für die Art des Singens, ob auch für die Musik selbst, für die »Melodien«, das muß offenbleiben. Schließlich darf man nicht vergessen, daß die Hymnen des Ambrosius mit Sprache und Musik der Spätantike zugehören, die Überlieferung für uns aber erst im hohen Mittelalter einsetzt. Schon für die Texte ist nämlich festzuhalten: Falls allein die Hymnen des Ambrosius das älteste mailändische Hymnar gebildet haben sollten, so findet es sich doch in dieser ursprünglichen Zusammensetzung handschriftlich überhaupt nicht mehr; die ältesten mailändischen Hymnare enthalten zwar alle Hymnen des Ambrosius, und sie allein alle uns bekannten zusammen, jedoch zusammen mit einer weit überwiegenden Zahl viel jüngerer Hymnen. Erst recht ist für die Musik festzuhalten, daß die Überlieferung der Melodien frühestens im hohen Mittelalter fixiert wird und greifbar ist, das heißt zu einer Zeit, in der das ursprüngliche mediterrane Melos des (erst viel später so genannten) Gregorianischen Chorals sich unter dem Einfluß der nordeuropäischen Musik längst zum »mittelalterlichen

Choral« verwandelt hat. Selbst die Angaben des Augustinus zum musikalischen Rhythmus dieser Melodien, die ganz in der Tradition der antiken Musiktheorie stehen, sind keineswegs eindeutig, weil nicht geklärt ist, ob Längen und Kürzen des antiken Versmaßes, von denen Augustinus mit einer uns nicht mehr nachzuvollziehenden Selbstverständlichkeit spricht und die *quantitäts*metrisch aufzufassen sind, den Längen und Kürzen unserer musikalischen Betonungs-Rhythmik so selbstverständlich gleichzusetzen sind, wie man meist annimmt.

Die Neuerungen des Ambrosius einerseits und seine Hymnen andererseits leiten – modern gesprochen – ein neues Zeitalter der Kirchenmusik ein. Mit ihnen setzt nämlich eine riesige Produktion von Hymnen ein, woraus man auf einen ungeheuren Bedarf schließen kann. Die Hymnen entstehen teils mit literarischer, meist aber mit rein liturgischer Intention (im ersten Fall dann meist unter dem Verfassernamen, im zweiten stets anonym). Mit den Hymnen nimmt die nach Zahl, im Verständnis der Zeit und auch nach dem inneren Gewicht bedeutendste Gattung der lateinischen Literatur des Mittelalters ihren Anfang, der »Literatur«, die selbstverständlich zum *Singen* gedacht ist. Zu den Hymnen in einem weiteren Sinne zählt man auch die späteren Gattungen Tropus, Sequenz und Reimoffizium. Die Zahl der bekannten Hymnen im weiteren Sinne beträgt etwa 35 000. Wie viele verlorengegangen sind, ist kaum zu schätzen. Die Überlieferung geschieht in Hymnaren, das heißt in Büchern, die den Schatz dieser Art Kirchenlieder eines bestimmten Orts wie in einem Gesangbuch vereinen. Das älteste erhaltene Hymnar mit Neumen (und zwar mit diastematischen) ist das *Hymnar von Moissac* aus der Zeit um 1000. Die musikalische Überlieferung wird also erst sehr spät schriftlich; dementsprechend sind Rückschlüsse auf ältere Melodien oder auch auf ältere Fassungen von Melodien – weil sie nur aus jüngerer Zeit schriftlich überliefert sind – sehr vorsichtig zu ziehen. Auf der anderen Seite darf man nie vergessen, daß das *Text*repertoire der Hymnen des Mittelalters ein *musikalisches* Repertoire ist, denn Hymnen sind immer, also auch dort, wo sie primär in einer literarischen Tradition stehen, *Gesangs*texte. Das bedeutet praktisch: Das riesige Repertoire der wichtigsten Gattung der Kirchenmusik eines ganzen Zeitalters ist, seit es außer Gebrauch gekommen ist, verloren, aber es ist stets und überall mitzudenken, wo von Musik des Mittelalters und von ihrer Geschichte die Rede ist.

Von den vielen Hymnen, die im Lauf der Jahrhunderte unter Ambrosius' Namen stehen, sind nur 12 tatsächlich von ihm, zwei weitere mit großer Wahrscheinlichkeit. (Das *Te deum laudamus,* der sogenannte *Ambrosianische Lobgesang,* hat mit Ambrosius nichts zu tun; er stammt vielleicht aus dem Griechischen; nach dem Zeugnis der Ordensregeln des hl. Benedikt von Nursia und des Caesarius von Arles ist er in der ersten Hälfte des 6. Jahrhunderts in Italien und Südfrankreich verbreitet.)

vor 395 Aurelius Augustinus († 430): Psalmus contra partem Donati

Die Vorstellung, daß der hl. Augustinus (der aus der römischen Provinz Africa stammt und dort in Hippo Regius, dem bedeutenden Handelshafen in der Nähe von Karthago, im heutigen Algier bei Annba gelegen, seit 396 Bischof ist) in der Geschichte der abendländischen Literatur und Musik eine Rolle spielt, ist befremdlich. Aber Augustinus ist ein Schüler des Ambrosius, und also hat er von diesem auch gelernt »Kriegslieder« zu schreiben, denn so etwas ähnliches sind diese Hymnen und auch der *Psalmus contra partem Donati.* Davon abgesehen, ist dieser »Psalmus« der älteste erhaltene nicht metrisch, sondern durch Silbenzählung organisierte Text im Abendland: die Verszeile ist hier weder von einem metrischen Schema, d. h. von einer Ordnung von langen und kurzen Silben (wie in der Antike), noch von einem Betonungsschema, d. h. von einer Ordnung betonter und unbetonter Silben (wie später im Abendland), sondern allein von der Anzahl der Silben (hier je 8 Silben in 2 Halbzeilen) bestimmt; man spricht daher von »silbenzählender Dichtung«. Dieser *Psalmus contra partem Donati* hat eine für die Musikgeschichte der Zeit höchst wichtige Entstehungsgeschichte – und ist überhaupt für Sprache, Dichtung und Musik des Abendlandes von höchster Bedeutung.

Sowohl die Hymnen des Ambrosius als auch der *Psalmus contra partem Donati* des Augustinus (und ebenso alle ihre Vorbilder wie alle dann nach ihnen entstehenden Texte) sind, wie schon wiederholt gesagt, Gesangstexte. Das meint nicht Texte, die zu »vertonen« wären, sondern Texte, deren Sprache und Form einen musikalischen Faktor für den Vortrag bereits enthalten oder jedenfalls definieren. Diese Texte werden, obwohl lateinisch (das ist: in der Schrift- und Amtssprache) verfaßt, *vom Volk* gesungen; sie gehen zwar auf antike Vorbilder zurück, aber sie werden nicht nur wegen ihres Inhalts, sondern auch wegen ihrer sprachlichen, und das ist hier zugleich: wegen ihrer musikalischen Gestalt, und nach ihrer Wirkung von den Zeitgenossen als provokativ neu verstanden und aufgenommen. Für uns ist der musikalische Faktor gleichsam wie der Duft- und Geschmacksstoff aus einem zu alten Wein entwichen. Aber die Geschichte dieser Texte lehrt, daß hier wie an kaum einer anderen Stelle der Übergang von der Antike zum Mittelalter in seinen Anfängen zu vermuten ist, der Übergang nicht nur im Sprachlichen, sondern gerade auch im Musikalischen. Mehr freilich als diese Vermutung haben wir nicht. Aber der *Text* ist immerhin erhalten, und wenn wir von seinem Erklingen auch absehen müssen – was bei Gesangstexten allerdings im Grunde widersinnig ist –, so können wir doch außer dem Inhalt die sprachliche Struktur sehen und erkennen. Eine vergleichbare Erkenntnis von der *Musik* ist ausgeschlossen, weil sie nicht aufgezeichnet ist, und weil aus der Aufzeichnung der Gregorianik 500 bis 600 Jahre später Rückschlüsse höchst gewagt, wenn nicht unmöglich sind. Trotzdem ist, bei der allgemeinen musikalischen Situation im Mittelmeerbecken und bei dem unlösbaren Zusammenhang von Sprache und Musik in diesen Texten, entsprechend der grundlegenden Wandlung im Sprachlichen eine ebensolche im Musikalischen anzunehmen – und diese ist für die Musik des Abendlandes von höchster Relevanz.

Die ältesten bekannten Hymnendichter nach Hilarius und Ambrosius sind Prudentius († nach 405; Spanier), Paulinus von Nola (353/354-431; Franzose; nichts erhalten), Sedulius (zweites Viertel 5. Jahrhundert; wahrscheinlich Italiener), Gelasius (Papst 492-496; aus der Provinz Africa stammend; nichts erhalten), Ennodius (473/474-521; Südfranzose).

In den Jahrhunderten des untergehenden Römischen Reichs spielen im sich verbreitenden Christentum konkurrierende Richtungen eine erhebliche Rolle. Von den vielen – wir würden heute sagen: – Sekten ist die bedeutendste die der Arianer, der bis ins 7. Jahrhundert viele der christlichen Germanen angehören, am längsten die Langobarden, in deren Hauptstadt Mailand Ambrosius Bischof ist. Die Hymnen des Ambrosius sind deshalb Glaubenskampflieder gegen die Arianer. Eine »Sekte« von ähnlich großer kirchlicher wie allgemein politischer Bedeutung ist die der Donatisten, der Anhänger des Bischofs Donatus von Karthago zu Anfang des 4. Jahrhunderts. Sie beunruhigen vom 4. bis ins 7. Jahrhundert die ganze Provinz Africa und ihren Mittelpunkt Karthago. Die Landessprache dieser Provinz war damals das Punische, von dem Augustinus als vom »sonus noster« wie von seiner Muttersprache spricht. Die Donatisten führen nun ihren Kirchenkampf nicht zuletzt mit einer besonderen Art von volkssprachlichen Kampfliedern, bei denen ein Vorsänger einen Text zeilenweise (und in den ersten Buchstaben der Zeilen mit dem Alphabet fortschreitend) vorsingt, und das Volk nach jeder Zeile mit einem Kehrvers antwortet. Und diese Art des Kampfliedes übernimmt Augustinus von den Donatisten, um damit gegen sie zu kämpfen. Sowohl aus der Bestimmung des *Psalmus* als auch Augustinus' Worten: »dergleichen man abecedarische Psalmen heißt«, ergibt sich, daß Augustinus nichts Neues, bis dahin Unerhörtes erfunden, wohl aber, daß er für den Kirchengesang seiner Kirche etwas neu eingeführt hat.

5. Jahrhundert

Von Rom aus gewinnt die Liturgie des Papstgottesdienstes, wie er an bestimmten Festtagen abwechselnd in den Stationskirchen gehalten wird, zunehmend an Bedeutung. Für diese repräsentativen römischen sogenannten Stationsgottesdienste beginnt man alsbald Textbücher anzulegen, und zwar für die einzelnen Funktionen innerhalb der Liturgie und ihre Träger getrennt. Das Sacramentar enthält die Texte für den Celebranten, der das Messopfer vollzieht; Epistolarium und Evangeliarium enthalten die Lesungen der Messe für die Lektoren von Epistel und Evangelium (später zusammengefaßt im Lectionar); das Cantatorium (später Graduale) die vom Kantor musikalisch-solistisch vorzutragenden Texte (Graduale, Tractus, Alleluia etc.); das Antiphonale die Texte für die Schola, den Chor. Der Ablauf des Ganzen ist im Ordo (später im Missale) verzeichnet. Die ältesten erhaltenen Bücher dieser Art stammen aus dem 7. Jahrhundert, doch geht ein großer Teil ihres Textbestandes auf das 5. Jahrhundert zurück. Diese Bücher, die mit ihren verschiedenen Fassungen das Werden wie die Verfestigung der römischen Liturgie dokumentieren und durch viele von Rom exportierte Abschriften weithin wirksam werden, enthalten zum Teil schon denselben Grundcorpus von Texten wie das spätere *Missale Romanum*, das noch bis 1969 gegolten hat. Keines dieser Bücher aber enthält irgendeinen Hinweis auf Musik: *Daß* die Texte in der Liturgie »musikalisch« vorzutragen waren, und *wie* dies zu geschehen hatte, war ebenso selbstverständlich wie die mündliche musikalische Überlieferung. Deshalb sind diese *Text*bücher *musikalische* Quellen – aus dieser Zeit zudem die einzigen.

nach 496 **Chlodwig I.** (um 466-511) **tritt zum Christentum über**

Aufgrund eines Gelöbnisses, das er seiner Frau, der burgundischen Königstochter Chrodechilde, einer eifrigen römisch-katholischen Christin, gegeben hat (»... Wenn Dein Gott mir zum Siege verhilft...«), tritt Chlodwig (aus dem Geschlecht der Merowinger; der Gründer des Frankenreichs) nach dem Sieg über die Alemannen mit seinem ganzen Volk zum römisch-katholischen Christentum über. Dies ist ein Ereignis nicht nur von kirchlicher, sondern von weltgeschichtlicher Bedeutung, denn der Arianismus der Ostgermanen ist damit zum Untergang verurteilt, der Sieg des römischen Zweiges der christlichen Kirche im Abendland gesichert. Der Weg zur Übernahme des Erbes der Antike, zum »Heiligen Römischen Reich Deutscher Nation«, zur Synthese der mediterranen mit der nordeuropäisch-germanischen Kultur – und damit der Musik – ist angebahnt.

nach 500 Benedikt von Nursia (um 480-547?): Regula Sancti Benedicti (Benediktinerordensregel)

An dieser Regel, die der Gründer des Benediktinerordens und seines Stammklosters Monte Cassino bei Neapel, verfaßt hat, festigt sich und mit ihr verbreitet sich der Benediktinerorden, mit dem sich das abendländische Mönchstum durchsetzt. Die Regel enthält – wie bereits ältere Ordensregeln, etwa die des Caesarius von Arles (470/71-542) – genaue Anweisungen für das Stundengebet der Mönche, in dem neben Textlesung und Psalmodie die Hymnodie mit fast derselben Bedeutung erscheint. Diese Regel und dann die vielen nach ihrem Vorbild verfaßten fördern den Usus und seine Verbreitung, in der Liturgie der Kirche paraliturgische Texte antiphonisch zu singen. Unter der Devise »ora et labora« übernehmen die Benediktiner und an sie anschließend das Klosterwesen des europäischen Mittelalters die Aufgabe, gleichsam stellvertretend für die Menschen »ohn' Unterlaß Gott zu singen, zu loben, anzubeten«, den Gottesdienst zu leisten und das geistige Leben der Menschheit zu führen in Kunst und Wissenschaft. In den Klöstern vereinigen sich höchstes Ansehen und ein hoher sozialer Status mit der größten geistlich-intellektuellen und mit der stärksten wirtschaftlichen Kraft; dadurch werden sie überall zu Mittelpunkten des Lebens, und zwar vor den Städten. Man weiß um die Problematik dieser Position in Staat und Gesellschaft, um den Mißbrauch der wirtschaftlichen Kraft als politische Macht, um Niedergang und Neuerstehen des Mönchstums und Klosterlebens, man darf über all dem aber nicht vergessen, daß die europäische Kultur des Mittelalters weitgehend eine klösterliche ist und auch im weltlichen Bereich weitgehend von den Klöstern getragen wird. Dabei ist für die Musikgeschichte zu bedenken, daß allein in der Verbindung der mönchischen Verpflichtungen zum Singen und zur Wissenschaft die Voraussetzung für das Entstehen der abendländischen Musik als einer polyphonen komponierten Musik gegeben ist. Nur so ist zu verstehen, daß und warum die Polyphonie sich am Gregorianischen Choral, also an der vokal einstimmigen liturgischen Musik und an den sekundären liturgischen Texten von Tropus und Sequenz, daß sie sich »theoretisch und schriftlich«, nämlich im gesungenen Gottesdienst und in den Gelehrten- und Schreibstuben der Klöster entwickelt.

um 600 Gregor der Große (Papst von 590-604): Reform von Liturgie und liturgischer Musik

Es ist die Überlieferung einer *späteren* Zeit, die Gregor mit der »Erfindung« oder mit der Sammlung von Melodien, auf jeden Fall mit einer Reform der liturgischen Musik, des Chorals, und damit zusammenhängend mit der Gründung einer Schola cantorum in Rom in Verbindung bringt, die Überlieferung einer Zeit nämlich, die den Namen des großen Papstes und Kirchenvaters als Gewähr für ihre eigene Autorität und Authentizität benötigt und benutzt. Für die Durchsetzung der römischen Liturgie und liturgischen Musik, und zwar endlich und einheitlich im *ganzen* Frankenreich mit Hilfe der Königsmacht werden die liturgischen Bücher gleichsam mit diesem Gütesiegel der Tradition versehen (zuerst in England bald nach 700), wobei dieses »Gütesiegel« noch an Bedeutung gewinnt, als man, vom 9. Jahrhundert an, in diesen Büchern auch das musikalische Element aufzuzeichnen beginnt, nämlich mit Neumen. Seither ist Gregor der Große stets abgebildet als Benediktinermönch (der er gewesen und, nach der Überlieferung, auch als Papst geblieben ist), der einem Schreiber (selbstverständlich ebenfalls einem Mönch) diktiert, was ihm die Taube auf seiner Schulter, der Heilige Geist, ins Ohr singt. Und dieser Schreiber schreibt Neumen.

Ob Gregor der Große mit der Musik in der Liturgie tatsächlich etwas zu tun hat, ist also ungewiß; daß er für die Vereinheitlichung, Stabilisierung und Durchsetzung der römischen Liturgie allgemein tätig gewesen ist, ist anzunehmen. Vielleicht sind die wichtigsten Schritte erst unter einem seiner weniger berühmten Nachfolger getan worden. Näheres – jedenfalls soweit es die Musik betrifft – kann man nicht ausmachen. Wir wissen nur von einer einzigen eine musikalische Sache betreffenden Entscheidung, nämlich von dem Verbot, daß Diakone das Graduale singen: Dieses musikalisch-solistisch-virtuose »Intermezzo« zwischen den Lesungen des Lehrgottesdienstes muß dem Berufsmusiker, dem Cantor, vorbehalten bleiben.

Seit der Zeit Gregors des Großen ist ein Prozeß der Vereinheitlichung der Liturgie und damit der liturgischen Musik in Gang, der freilich »erst seit dem Bündnis der Kirche mit der karolingischen Universalmonarchie systematisch betrieben« wird (Handschin 1948). An diesem Prozeß sind im Laufe der Jahrhunderte viele Menschen, Gruppen und Gruppierungen beteiligt, so daß er sich in vielen verschiedenen Büchern und immer wieder neuen Fassungen niederschlägt, und zwar so, daß es uns heute – zumal der größere Teil der Quellen verlorengegangen ist – kaum mehr gelingen kann, alles bis ins Detail aufzuklären. Zwar ist es der Choralwissenschaft gelungen, hinter dem Choral, der im 9. Jahrhundert spärlich, reicher erst seit dem 10./11. Jahrhundert schriftlich überliefert wird, eine ältere Fassung des Repertoires zu entdecken, doch das Verhältnis der beiden Fassungen ist nicht mehr sicher zu bestimmen. Von den verschiedenen Hypothesen zur gegenseitigen Abhängigkeit des Altrömischen und des Gregorianischen Chorals hat die radikalere Interpretation von Helmut Hucke die höchste Wahrscheinlichkeit: Ihr zufolge ist der Altrömische Gesang der traditionelle Gesang Roms, und der Gregorianische Gesang ist eine Umformung dieses Altrömischen, die sich auf fränkischem Gebiet zwischen Rhein und Loire vollzieht in der Zeit, in der die von den Karolingern vorgeschriebene römische Liturgie umgeformt wird (Huglo 1967). Jedenfalls scheint festzustehen, daß die Altrömische Fassung nicht – wie man bis vor kurzem angenommen hat – eine »verderbte« Fassung der überlieferten Gesänge darstellt, sondern vielmehr ein früh greifbares Stadium Gregorianischer Überlieferung.

Wahrscheinlich wichtiger als Gregors liturgische Reformen ist sein politischer Weitblick: Er erkennt die umwälzende Bedeutung der nordeuropäischen Völker für die Entstehung einer neuen, jetzt abendländischen Welt und die Wichtigkeit der Kirche für diese Entwicklung. Dementsprechend schickt er den Benediktiner Augustinus († 604) nach England, wo er 597 Bischof und 601 Primas mit Sitz in Canterbury, wo er zum »Apostel der Angelsachsen« wird. Dieser Schritt nach England ist von größter Bedeutung für das nördliche Europa, weil dessen weitere Missionierung dann weitgehend von England, also bereits von nordeuropäisch-germanischem Boden aus erfolgen kann, allerdings unter strenger Anbindung an Rom sowohl in kirchenpolitischer als in liturgischer Hinsicht:

Durch das germanische Langobardenreich in Oberitalien (568-774), das sich zeitweise bis in die Herzogtümer Spoleto und Benevent erstreckt und dem Exarchat von Ravenna benachbart ist, besteht außerdem ständiger Kontakt zwischen dem germanischen Norden und Byzanz und seiner Kultur. – Von hoher kultureller, also nicht allein politischer Bedeutung ist sodann dies: Im Laufe des 7. Jahrhunderts treten die Langobarden vom Arianismus zum römischen Katholizismus über, was den Ausgleich mit den Römern und mit den Franken begünstigt und zugleich das Interesse vom östlichen Mittelmeer weg und auf Italien selbst lenkt.

719 **Papst Gregor II.** (715-731)

beauftragt den angelsächsischen Benediktiner Winfrid/Bonifatius (672 oder 675-754) mit der Missionierung Deutschlands und nimmt 722 die diplomatischen Beziehungen zu Karl Martell auf, 751 krönt Bonifatius im Auftrag des Papstes Zacharias den Sohn Karl Martells, Pippin III., den Jüngeren (»den Kurzen«), in Soissons zum König. 754 zieht Papst Stephan II. als erster Papst über die Alpen, um beim Frankenkönig Unterstützung gegen die Langobarden zu erlangen. Er wird von Chrodegang, dem Bischof von Metz, als Gesandtem Pippins geleitet. Pippin gibt dem Papst ein Schutzversprechen; der Papst krönt ihn noch einmal zum König in St. Denis und überträgt ihm die Würde und die Pflicht des »Patricius Romanorum«, die bisher der Exarch von Ravenna getragen hat. Der Papst unterstellt sich damit dem Schutz des Fränkischen Königs und macht ihn, den Nordeuropäer, zum Verteidiger des Apostels Petrus, wodurch der abgeschlossene Vertrag über das Völkerrecht hinaus zum religiösen Weiheakt erhoben wird – liturgisch dokumentiert durch die Übernahme der römischen Liturgie anstelle der gallikanischen in die Fränkische Kirche. Damit wird der angebahnte Prozeß der Übernahme der römischen Liturgie mit Text und Musik im Frankenreich von der Königsmacht aufgenommen und von nun an mit den königlichen Machtmitteln durchgesetzt.

Dieses Durchsetzen geschieht freilich nicht in einem geschlossenen und gefestigten Staatswesen, sondern – vor allem im östlichen und nördlichen Frankenreich – in einem unruhigen und vielfach geteilten Land, dessen Stämme einigermaßen selbständig und keineswegs in einer »Deutschen Nation« integriert sind. Die Missionierung, die Einführung einer neuen Kirchenorganisation und die Festigung einer übergeordneten staatlichen Autorität müssen also gleichzeitig verlaufen; die gegenseitige Annäherung der verschiedenen germanischen Völkerschaften und ihre Eingliederung in das neue »Heilige Römische Reich Deutscher Nation« werden dementsprechend im Zusammenhang von Missionierung und kirchlicher Vereinheitlichung betrieben, diese wiederum werden zugleich machtpolitisch erzwungen; Kirche und Staat sind weder getrennt noch verbunden, sie sind eins. Die Folge davon ist eine Integration zusammenhanglos nebeneinander siedelnder Stämme in übergreifende Formen von Herrschaft, die ein allmähliches Aufgeben des vormaligen eng begrenzten Sippendenkens bewirken. Mit den Trägern einer alles umgreifenden weltlichen wie geistlichen Herrschaft, die als Vertreter einer römisch-fränkischen Reichs- und Kirchenidee wirken, ziehen ein neuer Geist, ein verändertes Sozialgefüge, neue Künste und neue Techniken ein. Die Wandlung von einer (abgesehen von den Runenzeichen) schriftlos vorzeitlichen Kultur zu einer die lateinische Schrift, christliche Liturgie und Gesänge erlernenden erbringt eine nachhaltig umprägende, auf den entwickelteren Westen Europas ausgerichtete Neuorientierung (Salmen 1972).

785/786 Papst Hadrian I. (772-795)

schickt auf Bitten Karls des Großen ein Sacramentar ins Frankenreich (enthaltend ein älteres Gottesdienstformular aus der Zeit um 735 unter Papst Gregor III.). Dieses *Hadrianum* beeinflußt die Entwicklung der Liturgie mehr als alle liturgischen Bücher bis dahin.

um 790 Karl der Große (768-814)

erbittet aus Rom zwei Mönche für die Mithilfe bei der Verbreitung der römischen Liturgie und der Gregorianischen Gesangsweise; wie Ekkehard IV. von St. Gallen – allerdings erst im 11. Jahrhundert – berichtet, soll der eine von beiden, mit Namen Romanus (!), die nach ihm benannten Romanus-Buchstaben (litterae significativae) erfunden haben, die in Neumenhandschriften der Bereiche St. Gallen, Metz, Chartres im 9. bis 11. Jahrhundert begegnen und mit deren Hilfe die Zeichenhaftigkeit der Neumen erhöht werden soll. Sollte die Zuschreibung dieser »Erfindung« an einen römischen Mönch des 9. Jahrhunderts auch nicht tatsächlich zutreffen, so ist sie doch signifikant für die praktische musikalische Situation des 9. und noch des 11. Jahrhunderts.

9. Jahrhundert

Im 9. Jahrhundert geht die Führung bei der Entwicklung, beim Ausbau und bei der Vereinheitlichung der Liturgie und damit auch in der Überlieferung des Gregorianischen Chorals an den Norden über. Erst im Reformjahrhundert Gregors VII. (1073-1085) wird sie wieder an Rom zurückfallen.

Nach dem Zeugnis des Walahfrid Strabo (seit 838 Abt des Klosters Reichenau/Bodensee) bemerkt König Pippin gelegentlich der Feste, die beim Besuch Papst Stephans II. 754 im Frankenland stattfinden, Widersprüche zwischen dem Vortrag der päpstlichen und der fränkischen Sänger und gibt daraufhin Anweisung, allein die *römischen* Fassungen zu lehren. Um für diesen Unterricht sichere Unterlagen zu beschaffen, erbittet er von Papst Paul I. (757-767) ein Antiphonar und ein Responsoriale, die er nach Rouen bringen läßt. Dort gründet er nach dem Muster der römischen Schola cantorum unter der Leitung seines Bruders, des Erzbischofs Remigius, eine Gesangsschule. Einen Vorschlag des Papstes, fränkische Geistliche studienhalber nach Rom zu schicken, nimmt Pippin an. Weit größere Wichtigkeit gewinnt die von Pippin unter Bischof Chrodegangs Leitung gestellte Sängerschule von Metz. Chrodegang war 753 selbst in Rom gewesen und hat dort »die beglaubigte Singart« an der Quelle studiert. Schon zu Pippins Zeiten erlangt die Metzer Schule großes Ansehen, der Gesang an Chrodegangs Kathedrale wird dem der römischen Gesangsschule für gleich erachtet. Auch zu St. Gallen und Reichenau, im Kloster St. Emeran zu Regensburg und an anderen Orten pflegt man den Gesang im wesentlichen nach Metzer Muster.

Neben diesen Sängerschulen, die gleichsam indirekt von Rom aus gegründet und mit Büchern und Gesangslehrern versorgt werden, werden andere, zum Beispiel in Tours, von England aus gegründet und versorgt, was indessen, da auch England von Rom aus missioniert worden ist, keinen großen Unterschied macht. Alle Sängerschulen erlangen – bei dieser politischen und kirchenpolitischen Konstellation wie selbstverständlich – rasch große und weitreichende Bedeutung, und zwar neben der musikalischen eine allgemein politische und kulturelle Bedeutung, aber auch umgekehrt: neben der allgemein politischen und kulturellen die musikalische.

> Von Ansgar (801-865; Benediktiner aus Corbie; seit 831 Bischof, seit 834 Erzbischof von Hamburg/Bremen; der »Apostel des Nordens«) wird berichtet, daß er tagaus tagein vom Waschen und Ankleiden bis zum Abend ein von ihm festgelegtes Proprium sang und seine Brüder zum Mitsingen anhielt. Aber noch zweihundert Jahre später muß Adam von Bremen († um 1081), einer seiner Nachfolger, berichten: »Ecce illa ferocissima Danorum sive Nortmannorum aut Sueonum natio, quae iuxta verba beati Gregorii, nihil aliud scivit nisi barbarum frendere, iam dudum novit in Dei laudibus alleluia respondere« (»ursprünglich konnte sein Volk nur barbarisch knir-

schen und krächzen, jetzt endlich hat es gelernt, auch gregorianisch zu singen«). Hier ist nicht nur eine heidnische Sprache und Musik gegenüber einer kultivierten als barbarisch bezeichnet (wie die Griechen alle nicht griechisch Sprechenden »Barbaren« genannt haben), sondern auch eine Grund- und Wesensverschiedenheit in der Art des Sprechens und Singens dieser Nordländer gegenüber der Vokalität des Lateinischen und der Latinität des Gregorianischen Chorals beschrieben. Daß ein arabischer Reisender, der Kaufmann und Gesandte At-Tartusch aus Cordoba in Spanien, um 970 dann nichts Besseres zu berichten weiß, als daß die Schleswiger schlimmer sängen als Hunde bellen, ist nun nicht mehr verwunderlich.

In den neugegründeten und aufblühenden Sängerschulen und zugleich mit ihnen, also im Norden des Reiches, wohin sich die zentrale Gewalt und das innere Gewicht, das heißt die Führung im »Römischen Reich« verlagert haben, entsteht und entwickelt sich mit dem Lehrgegenstand Musik und zugleich an ihm eine neue Musiktheorie. Sie knüpft nicht nur aus mittelalterlichem Traditionsbewußtsein selbstverständlich und weitgehend an die spätantike Musiktheorie an, vor allem an die des Boethius (um 480-524), sondern auch, weil kein anderer musiktheoretischer Begriffsapparat und kein anderes Vokabular zur Verfügung stehen, und schließlich, weil die Beschreibung eines tatsächlich und völlig Neuen, das zugleich ein ursprünglich Eigenes ist, dem mittelalterlichen Denken die größten Schwierigkeiten bereitet und deshalb für die Darstellung um so mehr der Anlehnung an ein Vorbild bedarf. Erster Gegenstand von Reflexion und Lehre der Musiktheorie ist selbstverständlich der Gregorianische Choral, das zwar eingeführte und verbindlich vorgeschriebene, aber noch immer einigermaßen fremde musikalische Idiom, das man lernen muß, das man aber zugleich theoretisch erfassen will. Zweiter Gegenstand der Reflexion ist sodann die Musik als solche, wobei in diese Reflexion das eigene musikalische Bewußtsein relevant einfließt. So ist in der Musiktheorie des Mittelalters die Doppelung von Spekulation über Musik, die sich zu einer »zur Musik hin aufgelösten Theologie« entwickelt (Gülke), und von Erfassung und Durchdringung der eigenen lebendigen Musik und Musikübung von Anfang an angelegt.

um 800 Alcuin (um 730-804): Lehrbuch der Artes liberales

Alcuin, ein Engländer aus Northumberland, der Hoftheologe, Berater und Freund Karls des Großen, steht am Anfang einer selbständigen mittelalterlichen Musiktheorie und -gelehrsamkeit. Er erklärt in dem Kapitel seines *Lehrbuchs der Artes liberales,* das der Musik gewidmet ist, pragmatisch 8 Tonarten, die er in 4 authentische und 4 plagale teilt. (Das meint praktisch: in Haupt- und Nebentonarten, die sich durch die Lage des Grund- und des Finaltons innerhalb der Tonleiter, konkret durch die verschiedene Lage der Melodien innerhalb des Gesamt-Ambitus der Tonart unterscheiden.)

Die Namen »authentisch« und »plagal« belegen, daß die Tonartenlehre, welche die römischen Sänger im Zusammenhang mit ihrer praktischen Unterweisung ihren fränkischen Schülern vermitteln, aus der östlichen Kirche stammt. Wahrscheinlich ist sie von syrischen Sängern schon früh aufgestellt worden, weil die altgriechische Tonartennomenklatur längst verloren war. So haben sich die Sänger des Ostens frei von jeder spekulativen oder historisierenden Anwandlung eine neue hergestellt, welche die Tonarten einfach zählt und in hohe und tiefe teilt. In der Aachener Pfalz-Schule, an der Alcuin tätig ist, lernen die Knaben praktisch, die liturgischen Lesungen vorzutragen, und auch den Kunstgesang, den Rhythmus, die antike Metrik – und die Musiktheorie mit ihrer Tonartenlehre. Statt aber den von Alcuin vorgezeichneten Weg der theoretischen Durchdringung der gleichzeitigen Kunstübung fortzusetzen, leiten seine Nachfolger, indem sie das antike Gut lehren, die von Boethius ausgehende Spekulation über eine tote Kunst in den Wissenschaftsbereich hinüber. Freilich muß das wohl gefügte System des Boethius (um 480-524) auf die nach tieferer Erkenntnis lechzende Zeit auch einen so starken Zauber ausgeübt haben, daß sie seinen gegenwartsfremden Charakter unbeachtet ließ. Und also handeln seither alle Schriften über Musik von Quarten-, Quinten- und Oktavengattungen in der Art der Antike und vom griechischen Tonsystem (dessen Stufen im besten Falle lateinische Namen erhalten). Praktisch bedeutet das, daß der ganze technische Apparat der alten Musiksprache an die liturgische Musik angelegt wird; die Nähe der Mathematik im Quadrivium wie das Vorbild von Boethius veranlassen stets lange Auseinandersetzungen über rein mathematische aber musikalisch unfruchtbare Dinge, und bald erobert sich eine abstrakte Musikwissenschaft das Übergewicht in der Schätzung der gelehrten auf Kosten der lebendigen Musikpflege. Zahlreiche Theorien und Ausdrücke aus der gleichzeitigen byzantinischen Theorie lassen zudem erkennen, daß die damals im Westen lebenden griechischen Mönche und Musiker auf die Lateiner von Einfluß sind, ja selbst aus der arabischen Theorie dringen Elemente in die mittelalterliche Musikwissenschaft (Wagner 1924).

um 850 **Aurelianus Reomensis** (9. Jahrhundert): **Lehrschrift »Musica disciplina«**

Das beschriebene zwiespältige Wesen der mittelalterlichen Musiktheorie offenbart sich bereits hier bei diesem unmittelbaren Nachfolger des Alcuin, einem Benediktinermönch aus dem Kloster Réomé im Bistum Langres. Während der erste Teil der *Musica disciplina* kritiklos aus Boethius, Cassiodor, Isidor von Sevilla und Alcuin zusammengeschrieben ist, gibt der zweite wichtige Aufschlüsse, nämlich mit den praktischen Regeln Einblick in die kirchengesangliche Tagesarbeit, welche die römischen Sänger in den Gesangsschulen der fränkischen Klöster leisten. Deutlich wird die durchaus empirische Behandlung an der dem Altertum und seiner Theorie unbekannten Behandlung von Finales, von Schlußtönen von Gesängen, die hier offenbar eine musikalische Wichtigkeit haben, die sie dort nie hatten. Mit diesen tonartlich bestimmten bzw. die Tonart bestimmenden Finales, ihrer Benennung und Ordnung ist für die abendländische Musik ein Weg betreten, der von der modalen Unbestimmtheit der melodischen Linien zur Tonalität führen wird. Die Finalis wird nämlich schon in den jüngeren liturgischen Gesängen aus der Ziel- und Endnote eines Gesangs zu einer die Melodie an ihren entscheidenden Stellen beherrschenden Hauptnote, welche den inneren Zusammenschluß ihrer Teile ermöglicht.

> Die melodische Eigenart der Kirchentöne zu erfassen, das heißt das fremde Melos ins eigene Tonsystem mit seiner diatonisch gestuften Skala einzufügen, es zu adaptieren und die Adaption zu befestigen und zu begründen, das ist die Hauptaufgabe der Musiktheoretiker der folgenden Jahrhunderte, nämlich derer, die den Choral praktisch »bearbeiten« und ihn zugleich theoretisch zu erfassen trachten. Dabei wird man sich der Musik als eines möglichen Gegenstandes für das manipulierende Denken bewußt. Man begreift die Tonarten als Systematisierungen bestimmter melodischer Vokabulare, die je für sich charakteristisch sind. Die einzelnen tonartlichen Charaktere, die »Töne«, die »modi«, werden sodann seit dem anonymen Traktat *Alia musica* (9. Jahrhundert) mit alten griechischen Tonartnamen (wie sie bei Boethius überliefert sind) benannt und, nicht ohne Gewalt, in das System der dann »klassisch« werdenden Tonartenreihe der Musik des Mittelalters gepreßt.

Damit mündet – jedenfalls im Hinblick auf das Ganze – die selbständige Geschichte der Liturgie und der einstimmigen liturgischen Musik in die Geschichte der abendländischen Musik als in die Geschichte der Polyphonie. Von nun an ist nämlich die liturgische Einstimmigkeit für die abendländische Musikgeschichte nur noch dadurch von Belang, daß aus ihr die Melodien stammen, an denen die Polyphonie sich entwickelt, die Cantus firmi. »Nur noch dadurch von Belang« – man kann die abendländische Musik darstellen als Geschichte der Cantus firmus-Bearbeitung, und man muß sehen, daß die Polyphonie somit als eine ursprünglich vokale musikalische Erscheinung definiert ist, als eine Erscheinung, die ihre Wurzeln in der Liturgie des christlichen Gottesdienstes und in ihrer Musik hat, also im Funktionalen eines bestimmten traditionsbedingten Tuns. Daß es »daneben« jederzeit und überall »weltliche« Musik gegeben hat und instrumentale, ist selbstverständlich wie das menschliche Leben selbst, und daß diese Musik, vor allem durch jene, die sie machen, die Musiker, ihren Einfluß auf die Geschichte und die Entwicklung der polyphonen Musik stets hatte und hat, ebenso. Aber der Geist, der durch diese Geschichte zu wehen und die Entwicklung der musikalischen Komposition und Kunst fortzutreiben scheint, bleibt von diesem »daneben« – jedenfalls zunächst – unberührt. Man kann das Werden der abendländischen Musik *auch* darstellen als eine Auseinandersetzung von *Musik und Sprache* – ja vielleicht kann man sie sinnvoll *nur* so darstellen (Georgiades 1954).

2. Vorüberlegungen zur Musik

Der Gregorianische Choral gehört ursprünglich zu dem großen Bereich »mündlicher Musik«. Dementsprechend steht er, obwohl er stets auch zeitbedingte und damit historisch zu beschreibende Einzelzüge aufweist, seinem Wesen nach außerhalb der Musikgeschichte, insofern diese die Geschichte der komponierten polyphonen Musik ist. Da sich aber die Polyphonie am Gregorianischen Choral entwickelt, ist dieser notwendig auch in einer Geschichte der polyphonen Musik darzustellen.

Die Melodien des Gregorianischen Chorals sind nicht im uns geläufigen Sinne komponiert; sie gehören ebensowenig zur Kunstmusik wie zur Volksmusik; für sie gilt, daß sie ursprünglich in einer mündlichen Überlieferung entstehen, leben und tradiert werden, und daß man sie, jedenfalls ursprünglich, nur dort und dann aufschreiben muß, wo die Überlieferung besondere Schwierigkeiten bereitet, gefährdet ist oder verändert werden soll, etwa bei der

Christianisierung der Germanen im frühen Mittelalter oder in der Reformation.

Der Gregorianische Choral ist an die Funktionen gebunden, die er in Gottesdienst und Liturgie zu erfüllen hat, und nur von daher ist er in seinem Wesen zu begreifen: er ist – wiederum: ursprünglich – gar keine eigenständig musikalische Erscheinung, sondern nur musikalischer Faktor beim Erklingen von Sprache in Gottesdienst und Liturgie; er erhält Sinn und Gehalt in besonderer Weise vom Text, dem er umgekehrt seine liturgische Funktion erst ermöglicht.

3. Der Gregorianische Choral

»Leiturgia bezeichnet im klassischen Griechisch ein im Interesse des Volkes unternommenes öffentliches Werk« (RLex[12]). Heute bezeichnet man mit Liturgie die Handlung im Meßgottesdienst der Kirche. Diese Handlung wird von *allen* getragen und, jedenfalls ursprünglich, auch von allen gemeinsam *vollzogen*, die daran teilnehmen; sie ist an liturgische Texte gebunden, die je nach dem Inhalt und nach ihrer Funktion im Ablauf des Gottesdienstes von verschiedenen Personen oder Gruppen für alle vernehmbar vorgetragen werden müssen. (Die sogenannte »stille hl. Messe«, die Missa lecta, ist ein Abusus von Liturgie; sie ist erst im 10. Jahrhundert aufgekommen und hat sich dann mit einer Frömmigkeit verbreitet, die den öffentlichen Gottesdienst scheut oder verachtet.) Um die Texte in einer Kirche vernehmbar vortragen zu können (man denke etwa an eine Basilika wie *San Apollinare in Classe* bei Ravenna oder an einen unserer großen Dome) und zudem so, daß sie nicht als persönlicher Ausdruck eines Subjekts, sondern mit Verbindlichkeit für die vielen Teilnehmenden wahrzunehmen sind, dazu muß die Sprache über den Bereich des Sprechtonfalls und über die Alltagssprache hinaus in den Bereich liturgischen Sprechens erhoben werden: mit Hilfe eines musikalischen Faktors werden liturgische Texte zu liturgischem Erklingen gebracht. Der musikalische Faktor ist dabei nach Text und Funktion in der Liturgie und nach dem Vortragenden jeweils verschieden wirksam. In den Lections-, Orations- und Psalmtönen wirkt er nur schwach (wobei er in erster Linie Satzbau und Satzgliederung, keinesfalls den Bedeutungsgehalt des Textes verdeutlicht: man spricht von »syntaktischer Melodik«), bei Graduale, Tractus und Alleluia hingegen dominiert die Musik in ausschweifender solistisch virtuoser Melodik. Im Kyrie, das ursprünglich das ganze Volk gesungen hat, ist die Musik anders sprachlich wirksam als in der Psalmodie von Introitus, Offertorium und Communio, die die Schola, also ein separater Chor, zu den Prozessionen des Einzugs der Priesterschaft, des Darbringens und dann des Empfangs der Opfergaben durch die Gemeinde singt. So gesehen ist die gängige Definition des Gregorianischen Chorals: »Der einstimmige liturgische Gesang der römisch-katholischen Kirche« zwar nicht falsch, aber sie wird der Sache von ihrem Wesen her nicht gerecht. Zutreffender ist folgende Definition (angelehnt an die Überlegungen dazu von Ewald Jammers): Gregorianischer Choral ist die Musik der Textaussprache in der Liturgie der römisch-katholischen Kirche.

Für das musikalische Phänomen des Gregorianischen Chorals ist von Bedeutung, daß der christliche Kult sich im Einflußbereich orientalischer Kulte, des jüdischen, später des römischen Kults und der Kulte, die in Rom praktiziert werden, entwickelt. Wollen wir uns von seinem Melos, das mit der Antike vergangen, also nicht mehr überliefert ist, eine Vorstellung verschaffen, so müssen wir lebende Musiken aufsuchen, die für die Musik des in gewisser Weise geschlossenen Kulturraums des Mittelmeerbeckens, aus dem das Christentum kommt, zeugen können, und zwar so, daß wir in ihnen noch heute Züge jener Musik zu sehen vermögen, die untergegangen ist, die aber offensichtlich damals durch eben diese mediterrane Musikkultur charakteristisch geprägt gewesen sein muß. Es ist vor allem die arabische Musik mit ihrer vokal-linearen, melismatisch schweifenden Melodik, die wir heranziehen und hier zur Kenntnis nehmen müssen. Die Gregorianik selbst nämlich läßt ihre ursprüngliche Melodik kaum mehr erkennen. Im Laufe der Geschichte hat sich ihr Melos auf dem Boden einer anders gearteten Musikkultur und bei Menschen einer völlig anderen Musikalität, nämlich bei den Völkern des Nordens – hat sich ihr Melos unter dem Einfluß einer mehr vom Klang als von der Melodie bestimmten Musik gänzlich verändert. »Vielleicht darf hier von einer ersten erkennbaren Leistung der europäischen Musikgeschichte überhaupt gesprochen werden« (Pfaff 1972): Das mediterran-antike musikalische Idiom wird zu einem nordeuropäisch-mittelalterlichen verändert, das man freilich, um die nach damaligem Bewußtsein allein rechtfertigende Tradition dennoch zu manifestieren, in eben jener Zeit des Wandels, nämlich im 8./9. Jahrhundert, mit den liturgischen Reformen Gregors des Großen in Verbindung bringt, damit rechtfertigt und als Cantus Gregorianus durch diesen hohen Namen gleichsam heiligt.

Man weiß vom Widerstand, den die Germanen der neuen und fremden Religion leisten, und man weiß von den Schwierigkeiten, die die Einführung und Durchsetzung des christlichen Gottesdienstes mit seiner Liturgie bereiten. Die fränkischen Könige müssen immer wieder mit dem ganzen Nachdruck der königlichen, seit 800 der kaiserlichen Macht und Gewalt, Edikte erlassen, durch welche die eigens in Italien für das nördliche Missionsgebiet angefertigten liturgischen Bücher und mit ihnen die liturgischen Formulare für einzig gültig erklärt und zum alleinigen Gebrauch befohlen werden.

Indessen ist der Widerstand gegen die römische Liturgie wohl in erster Linie ein Widerstand gegen die Art und Weise des Vortrags ihrer Texte. Das mediterrane linear-melodische musikalische Idiom befremdet die neu missionierten Germanen so sehr, daß sie nicht nur die größten Schwierigkeiten beim Erlernen haben, wie wir vor allem von römischen Schriftstellern wissen, sondern daß sie beginnen, es umzuformen. Offenbar stößt hier die mündliche Überlieferung an ihre Grenze, und also setzt die Schriftlichkeit ein – mit allen Konsequenzen.

Es sind Mönche in den Schreibstuben fränkischer Klöster, die aus Akzentzeichen antiker Schriften und in Entsprechung zu cheironomischen Zeichen (das sind Handzeichen, mit denen der Kantor den Sängern einen Melodieverlauf anzeigt) am Beginn des 9. Jahrhunderts die Neumen entwickeln und einführen. Diese Zeichen (nicht Noten!) über dem Text rufen dem Sänger den musikalischen Zusammenhang und Verlauf in Erinnerung, in dem er seinen Text vorzutragen hat; sie sind Gedächtnisstütze und Erinnerungszeichen für jemanden, der den melodischen Verlauf gelernt hat und kennt, aber nicht oder nicht mehr beherrscht; sie müssen deshalb keinesfalls jede einzelne Note und jedes Intervall fixieren, sie zeichnen vielmehr den Melodie*verlauf* in kurzen Teilen, in melodischen Floskeln und in bestimmten Wendungen sinnfällig nach – und zugleich vor. Damit kann die Tradition des Singens von Texten einigermaßen gewährleistet werden. Damit ist allerdings zugleich auch eine Möglichkeit gegeben, diese Tradition zu verändern, und diese Möglichkeit wird genutzt.

Mit der Übernahme der Führung im »Heiligen Römischen Reich« durch die »Deutsche Nation« und mit der Verlagerung des Schwerpunkts im Abendland vom Mittelmeerbecken in das nördliche Europa gerät die christliche Religion, die Staatsreligion, und mit ihr ihre Liturgie im Missionsgebiet selbst (das der Norden im 9. Jahrhundert noch durchaus ist, man denke an die Bekehrung der Sachsen) unter den Einfluß eines anderen und neuen Denkens und Glaubens, werden beide, Religion und Liturgie, um- und neugestaltet: In der Epoche der fränkisch-deutschen Führung innerhalb der abendländischen Liturgiegeschichte, von Gregor dem Großen bis zu Gregor VII. (6.-11. Jahrhundert), entsteht aus dem Wettbewerb verschiedener liturgischer Traditionen eine Mischfassung der Liturgie, die alsbald nach Italien und Rom zurück- und vordringt und auch dort bestimmend wird. »Eine neue liturgische Geistigkeit, die bestimmt ist vor allem von allegorischen Erklärungen der Riten und der Texte beginnt vom Frankenreich aus ihren Siegeszug« (Klauser 1949).

Was die Liturgiewissenschaft für die Wandlungen der Liturgie beschreibt, müssen wir ähnlich für deren musikalische Seite annehmen. Erst in jenen Jahrhunderten bildet sich auf fränkischem Boden zwischen Rhein und Loire aus verschiedenen älteren Traditionen das, was man seither Gregorianischen Choral nennt, was der Choralforscher Ewald Jammers (1954) aber sachlich richtiger den »mittelalterlichen Choral« genannt hat. Die neue Möglichkeit der schriftlichen Fixierung des melodischen Elements (durch Neumen) wirkt dabei in der Durchdringung und Definierung des melodischen Materials mit und bietet zugleich die Handhabe zur Veränderung von Melodien und auch zur Durchsetzung neuer Fassungen gegen ältere Traditionen. Nur von daher ist zu verstehen, daß und warum in der Folgezeit neumierte liturgische Bücher gerade in Italien, wo – im Ursprungsland! – die mündliche Tradition des alten Melos kaum gefährdet ist, so zahlreich begegnen: Was sie überliefern, ist ein *neuer* Choral mit sorgfältig diatonisierter Melodik – und gerade wegen seiner, der mediterranen Melodievorstellung entsprechenden ungewohnten Stufung bis in jede Floskel (wodurch das melodische Fließen aufgehalten wird) setzen sich in Italien am ehesten solche Neumierungen durch, aus denen die Tonhöhenverhältnisse aller Töne und Intervalle abzulesen sind, nämlich diastematische Neumen (das sind Neumen mit Tonhöhendifferenzierung, jedoch ohne Linien) und Neumen auf Linien. Freilich verdrängt der Zwang zur genauen Festlegung alle nicht genau fixierbaren Zwischenwerte, etwa feinere Stufungen der Tonhöhen. Zum letzten Mal sichtbar sind solche Zwischenwerte in den noch heute in unseren Choralbüchern gedruckten Choral-Zeichen Pressus, Salicus, Strophicus und Quilisma (Zierneumen), und im Cephalicus und Epiphonus (liqueszente Neumen), die allesamt ursprünglich nicht Einzeltöne, sondern besondere Vortragsweisen einzelner Töne durch mehrere Töne anzeigen, von denen wir zwar wissen, die wir aber nicht mehr adäquat musikalisch realisieren können. Immerhin, im Notenbild sind sie bis heute erhalten, und mit ihnen dringt ein letzter Schein einer sonst verlorengegangenen Art von Melodik des Chorals bis in die heutigen liturgischen Bücher.

Mit der geschilderten Zerpflückung linearmelodischer Ganzheiten und Zusammenhänge des mediterranen »vorgregorianischen« Melos bei seiner Anpassung an Tonsystem und musikalische Grundhaltung des nordeuropäischen Musikkulturkreises, dessen gesamter Tonvorrat gestuft erfaßt ist und der keine Zwischenstufen zuläßt, damit hängt zusammen die Entstehung von Tropus und Sequenz. Manche Kyrie- und erst recht viele Alleluia-Melodien sind – mit bis zu hundert Tönen auf eine Silbe – so weit geschwungen (Notker Balbulus spricht von melodiae longissimae), daß sie nach der »viva-voce-Methode« (so Beda Venerabilis, der irische Mönch, 672/73-735) kaum zu erlernen sind, es sei denn, man bedient sich eines mnemotechnischen Hilfsmittels, nämlich der Unterlegung von Text, mit dessen Hilfe die Melodien leichter zu behalten sind, vor allem, wenn der Text gereimt oder metrisch gebunden ist. Daß gerade dabei ganzheitlich-melodische Gestalten in Einzeltöne zerlegt werden, ist deutlich, denn die Tendenz ist ursprünglich: für jeden Ton eine Silbe (Notkers Lehrer Iso: »singulae motus cantilenae singulas syllabas debent habere«). Die aus einer Notwendigkeit für die Überlieferung des musikalischen Elements der Liturgie entstehenden Tropen und deren Sonderfall für die Alleluia-Melismen, die Sequenzen, bilden in der Liturgie ein neues Element, denn mit ihnen dringen neue und freie Texte ein. Das bedeutet: mit ihnen, die in der Regel an die liturgischen Texte anknüpfen und sie kommentieren oder illustrierend fortführen, legt sich über den liturgischen Grundtext eine zweite Schicht, ihn gleichsam bei sich selbst interpretierend:

Kyrie – *cunctipotens genitor deus omnicreator* – eleison.

Hier ist das Einfallstor für jene allegorischen Erklärungen der Texte und der Riten, von denen der Liturgiker Theodor Klauser (1949) sprach, die sich vom Frankenreich verbreiten und mit der Liturgie die Religion selbst entscheidend verändern. Denn TROPUS (griech. tropos = lat. modus = dt. Art und Weise), das ist als eine Art und Weise des Vortrags christlich-liturgischer Gesänge zugleich eine Interpretation des fremden Geistesgutes. Hier, in einer neuen *Text*schicht, finden wir auch das Einfallstor für eine neue *Musik*, die den Text auf andere Weise faßt, nämlich nicht mehr nur ihm dienend, sondern ihn für eigenständig musikalische Vorgänge gleichsam benutzend: Mit Tropen und Sequenzen – die, obwohl einstimmige vokale Phänomene, wahrscheinlich schon von ihrem Ursprung her etwas mit dem Instrumentalen zu tun haben (vgl. Jammers 1962) – findet die Mehrstimmigkeit des Organums Eingang in die Liturgie: an der Aufgabe der musikalischen Interpretation liturgischer Textausschnitte entsteht die mehrstimmige Komposition. Damit ist – modern gesprochen – für die europäisch-abendländische Musik die entscheidende Weiche gestellt.

Ähnlich wie mit den Hymnen im 4./5. Jahrhundert setzt mit den neuen Textgattungen von Tropus und Sequenz im 9./10. Jahrhundert eine rege, fast unübersehbar vielfältige dichterische und musikalische Produktion ein, die reichste des ganzen Mittelalters. Tropiert werden sowohl die Gesänge des Ordinariums der Messe als auch die des Propriums. Ursprünglich sind Tropen stets Prosa, alsbald aber machen sich metrisch gebundene und gereimte Formen breit, entwickelt sich der Tropus zur dichterischen Kunstform, für die St. Gallen ein Zentrum wird, das mit Tuotilo († um 913) den bedeutendsten mit Namen bekannten Meister hervorbringt. – Seit der Liturgiereform des Trienter Konzils (1545-1563) sind in der römischen Kirche Tropen verboten, doch tragen manche Meßgesänge bis heute Namen von ihnen früher zugehörigen Tropen, z. B. *Kyrie Deus sempiterne* (3. Messe) oder *Kyrie Cunctipotens Genitor Deus* (4. Messe).

Sequenz nennt man seit dem 8./9. Jahrhundert in Gallien die melismatisch ausschweifende Melodie (Jubilus), die an die Alleluia-Melodie anknüpft und auf die Schlußsilbe *a* der Wiederholung des Alleluia-Rufs nach dem Versus zu singen ist. Von dort geht der Name auf die diesen Melodie-Anhängseln unterlegten Texte (Prosa ad sequentiam) über. Die Entstehung der Sequenz liegt im Dunkeln, vor allem, wenn man Notker Balbulus von St. Gallen (um 840-912) nicht mehr glauben will, der im Vorwort seiner eigenen Sammlung von Sequenzen (*Liber Ymnorum* 881-884) berichtet, er habe – angeregt von einem im Jahre 850/851 vor den Normannen aus dem Kloster Jumièges bei Rouen in Nordfrankreich nach St. Gallen geflüchteten Klosterbruder – Jubilus-Melodien, die dem Gedächtnis so große Schwierigkeiten bereiteten, mit Text versehen, und zwar jeden Ton des Jubilus mit einer Silbe. – Die klassische Sequenz besteht aus einer Einleitung, einer beliebigen Zahl von Doppelstrophen und einer Schlußwendung. Sie stellt gewissermaßen den Hymnus der Messe dar (denn Hymnen gehören nur in Stundengottesdienste), unterscheidet sich aber wesentlich von den Hymnen durch die wechselnde Form der Strophen und deren Verdoppelung und durch die melodische und rhythmische Struktur. – Im 11. Jahrhundert verselbständigt sich die sogenannte jüngere Sequenz als Dichtungsgattung, es entstehen metrisch gebundene, silbenzählende und gereimte Sequenzen. Dem entsprechen musikalisch die Lösung der Beziehung zum Gregorianischen Alleluia und neue selbständige Kompositionen. Die weite Verbreitung und unkontrollierte Verwendung von Sequenzen im Mittelalter und noch in der Renaissance – man rechnet mit einem Gesamtbestand von über 5000 Texten – beschneidet das Trienter Konzil (1545-1563) radikal, nämlich auf vier im ganzen Kirchenjahr: *Victimae paschali laudes* (Wipo) zum Osterfest, *Veni sancte spiritus* (Stephen Langton zugeschrieben) zum Pfingstfest, *Lauda Sion salvatorem* (Thomas von Aquin) zum Fronleichnamsfest und *Dies irae* (Thomas von Celano) in der Totenmesse; seit 1727 gehört als fünfte Sequenz noch das *Stabat mater dolorosa* (Jacopone da Todi) zum Fest der Sieben Schmerzen Mariae dazu; das II. Vaticanum hat das *Dies irae* aus dem Requiem wieder verbannt. In einzelnen Diözesen und Orden bleiben in Sondertraditionen noch einige andere Sequenzen in Gebrauch – insgesamt der unbedeutende Rest einer Gattung, die neben der Hymnendichtung den am tiefsten gehenden Einfluß auf das Denken und Dichten des europäischen Mittelalters hat und damit die Entstehung des in besonderer Weise abendländischen Christentums befördert, die Entstehung des Christentums ebenso wie die Entstehung der Polyphonie als der im engeren Sinne abendländischen Musik.

III.
Die Entstehung der Polyphonie: 800-1430

1. Vorüberlegungen

»Das Frankenreich der Merowinger und Karolinger erschreckt durch die chaotisch anmutende Mischung seiner Elemente: der Bevölkerung, der Kultur, der Sitten. Latinisierte Kelten, Germanen, Byzantiner, Syrier; Reste antiker Tempel, Nachahmungen östlicher Kuppelbauten, Säulen, aus denen dämonische Köpfe blicken; Heilige mit schier hemmungslosem Zorn, mörderische Barbarenkönige, die dichten und das Alphabet ergänzen: das ist der Ausgangsort der abendländischen Staatenwelt und Kultur – und auch der Musik.« Was Ewald Jammers (1962) hier drastisch formuliert hat, sollte man stets bedenken, wenn man bewundernd vor Denkmälern romanischer Bau- und Bildhauerkunst steht oder Buchmalereien des hohen Mittelalters betrachtet, aber auch, wenn man sich der polyphonen Musik des Mittelalters zu nähern versucht, vielmehr den Anfängen jener Kunst, von der man gesagt hat, sie könne eher als die anderen Künste für das Abendland zeugen.

Die Epoche der Musikgeschichte, in der die ersten Zeugnisse der Polyphonie begegnen, die karolingische Zeit, gewinnt – mögen heute diese ältesten Denkmäler auch »primitiv« scheinen – Bedeutung, wenn man bedenkt, daß es sich um den Anfang der abendländischen Musik im engeren Sinne handelt. »Wenn man mich fragte, was nach meiner Ansicht die abendländische Welt von der afrikanischen und asiatischen unterscheidet, antwortete ich ohne Zweifel: die Polyphonie!« Was der französische Dichter Georges Duhamel (1946) hier »ohne Zweifel« sagt, mag befremden, zumindest überraschen – es ist richtig! Die Polyphonie, das heißt die komponierte, also an Schrift gebundene mehrstimmige Musik, bei der trotz der Bindung im Klang jeder einzelnen Stimme melodische Bedeutung zukommt, ist mit der abendländischen Kultur entstanden und bis in die neueste Zeit auf Europa beschränkt geblieben. Polyphonie ist das eigentliche Kennzeichen abendländischer Musik, und mit der Polyphonie unterscheidet sich das Abendland in besonderer Weise und prinzipiell von allen anderen Musikkulturen der Welt. Dies gilt, obwohl die europäische Polyphonie nur ein Sonderfall von Mehrstimmigkeit ist. Es gibt nämlich nicht-polyphone mehrstimmige Musiken auch außerhalb Europas. Deshalb sollte man zwischen Mehrstimmigkeit, die überall vorkommen kann, und Polyphonie, die eine allein europäische Erscheinung ist, unterscheiden (obwohl das eine Wort die Übersetzung des anderen ist), oder auch zwischen nicht-polyphoner Mehrstimmigkeit und Polyphonie. Oder aber man sollte für den ersten Fall beide Termini ganz vermeiden und statt dessen von »klanglichen musikalischen Erscheinungen« oder von »Zusammenklangsmusiken« sprechen.

Der Begriff Mehrstimmigkeit legt nämlich nahe, diese von einer vermeintlich vorher und ursprünglich vorhandenen Einstimmigkeit abzuleiten, sie als deren Weiterentwicklung und als eine höhere Entwicklungsstufe der Musik über die Einstimmigkeit hinaus zu betrachten. Diese weit verbreitete Annahme ist aber unhaltbar, sie ist durch Erfahrungen mit außereuropäischen Musiken und mit europäischen Volksmusiken, sowie durch Forschungen der Ethnologie und Musikethnologie widerlegt. Man unterscheidet vielmehr zweckmäßigerweise zwischen den »primären Klangformen« (Ficker 1929) von genuin vokal-melodisch-linearen Musiken (z. B. arabische Musik; Volksmusiken des südlichen Mittelmeerbeckens: etwa Griechenlands) und von genuin instrumental-klanglichen Musiken (z. B. Musik Indonesiens; Volksmusik der Alpenländer), also zwischen Musiken, deren Grundelement entweder das Melodische oder der Klang ist, und bei denen das jeweils andere Element sekundär erscheint. Und man beschreibt Erscheinungen, die sich als Mischungen oder Überlagerungen verschiedener Musikkulturen weder hier noch dort eindeutig subsumieren lassen, dennoch am besten von einer der beiden »primären Klangformen« aus, nämlich von der im gegebenen Falle wahrscheinlich ursprünglichen. Die sachlich unzutreffende Gleichsetzung Mehrstimmigkeit = Polyphonie ist allerdings für Europa umgangssprachlich geworden, und man kann sich kaum gegen sie durchsetzen; sie ist auch in diesem Buch nicht konsequent vermieden.

Anschließend an solche Überlegungen stellt sich nun ganz neu die Frage, wie es in Europa, wo – wollte man der gängigen Musikgeschichtsschreibung vertrauen – bis ins 9. Jahrhundert allein die einstimmig-vokal-melodisch-lineare Musik des Gregorianischen Chorals »geherrscht« haben soll, zur Entstehung der Polyphonie kommen konnte. Die scheinbar selbstverständliche und einfache Antwort lautet zwar: durch Fortentwicklung der Einstimmigkeit zur Mehrstimmigkeit. Die damit behauptete Entwicklung ist indessen – wie schon gesagt – weder historisch nachzuweisen noch auch nur anzunehmen. Nach allen Erfahrungen mit Musik und ihrer Geschichte sind für die Beantwortung dieser Frage vielmehr neue Überlegungen anzustellen, und diese haben von der – ebenfalls schon wiederholt erwähnten – Beobachtung auszugehen, daß beim Eindringen der Völker des nördlichen Europas in den Mittelmeerraum während der Völkerwanderung und bei der Christianisierung dieser Völker zwei Kulturen mit von Grund auf verschiedenen Musiken einander begegnet, ja aufeinandergeprallt sind. Die Begegnung des nördlichen Kulturkreises mit dem mediterranen bildet auch in der Musikgeschichte den entscheidenden Einschnitt: hier beginnt die abendländische Musik.

2. Das alte Organum

Der Beginn der abendländischen Musik im engeren Sinn, nämlich der Polyphonie, ist weder an musikalischen Denkmälern noch einfach systematisch darzustellen, er ist vielmehr allein aus sekundären Quellen zu erschließen. Diese seien im folgenden chronologisch angeführt, so als seien sie Daten zur Musikgeschichte wie später die Werke – was sie aber nicht sind. Der Weg bis dorthin, wo man von Werken der Musik sprechen kann, von »Opusmusik«, wie H. H. Eggebrecht gesagt hat, ist es noch weit. Trotzdem wäre es falsch, das, was wir von den Anfängen wissen, für primitiv zu halten und damit abzutun. Umgekehrt: in den Anfängen gilt es die Wurzeln aufzudecken und zu sehen, konkret im sogenannten alten Organum.

2. Hälfte des 9. Jahrhunderts: Die Musica Enchiriadis und ihre Traktatgruppe

Die ersten Denkmäler der Organum genannten ältesten Form abendländischer Polyphonie sind als Beispiele in Musiktraktaten überliefert. Das ist merkwürdig und charakteristisch zugleich. In diesen Traktaten reflektieren die Verfasser, fränkische Mönche, die Musik anders, als man sie durch Jahrhunderte reflektiert hat, nämlich nicht mehr rein theoretisch, sondern jetzt in erster Linie anhand von Beobachtungen an der eigenen erklingenden Musik und – modern gesprochen – anhand von Überlegungen zu deren aktuellen Problemen.

Die ältesten Traktate gehören zu einer Traktatgruppe, deren Beschreibungsweise und Texte zusammenhängen oder aufeinander zurückgehen. Die gemeinsame Hauptquelle ist die *Musica Enchiriadis* (von griech. Enchiridion = Handbuch), ein wahrscheinlich in Hunderten von Abschriften (von denen etwa 50 erhalten sind) über ganz Europa verbreiteter musiktheoretischer Traktat eines unbekannten Verfassers aus der 2. Hälfte des 9. Jahrhunderts. (Früher hat man den Traktat Hucbald von St. Amand, gest. 930, zugeschrieben.) Der *Musica Enchiriadis* sind meistens beigegeben die *Scolica Enchiriadis* (von griech. scholion = Auslegung), die als Ganzes nach der *Musica Enchiriadis* zusammengestellt sind, und die deren Texte und Beispiele in einem fiktiven Dialog auslegen.

Mit dem Begriff ORGANUM ist in den Traktaten merkwürdigerweise Verschiedenes benannt: 1. Die Art, mehrstimmig zu musizieren, und das Ergebnis davon, das »Stück«, wie wir sagen würden. 2. Die eine der beiden an dieser Musik beteiligten Stimmen: organum = vox organalis, das ist die Gegenstimme zur Gregorianischen Melodie, die vox principalis heißt. 3. Die für das Organum-Singen wichtigsten Intervalle, nämlich die Quart und die Quint. 4. Die menschliche Stimme ebenso wie das Instrument, auch die Orgel (griech. organon = lat. organum/instrumentum = dt. Werkzeug/Instrument). »Organizare« kann dementsprechend heißen: »ein Instrument spielen« *und* »nach Art der ›Gattung‹ Organum die Begleitstimme zu einer Gregorianischen Melodie singen oder spielen.« Was der Traktat fast beiläufig erwähnt, ist somit schon im Gattungsnamen und in der Stimmbezeichnung gegeben, nämlich die Mitwirkung von Instrumenten beim mehrstimmigen Vortrag Gregorianischer Melodien, oder – vielleicht zutreffender – das Nicht-Unterscheiden von »vokal« und »instrumental« beim Organum.

Bemerkenswert ist sodann, daß in der *Musica Enchiriadis* eine Art Ausbreitung der Gregorianischen Melodie im Klangraum beschrieben ist, wenn sie nämlich auf verschiedenen Tonstufen (in Quint- und Oktavlagen) »sich wiederholt«, das heißt gleichzeitig wie auf mehreren Etagen eines Klangraums gesungen und gespielt wird.

Die *Musica Enchiriadis* lehrt das »ORGANUM VEL DIAPHONIA CANTILENA« als besondere Art der Ausführung von Gregorianischen Melodien. Die Texte und Melodien der Beispiele sind meist die von Tropen, sie entstammen also dem neuen Repertoire jener gleichsam sekundären liturgischen Gesänge, die in eben jener Zeit die Liturgie und die liturgischen Texte samt ihren Gregorianischen Melodien zu überlagern beginnen; die Texte gehören zu Gattungen der Gregorianik, die chorischen Vortrag verlangen.

Zwei Arten von organalem Vortrag Gregorianischer Melodien sind beschrieben: ein Organum in der Quint und ein Organum in der Quart. Das QUINTORGANUM wird beschrieben als selbstverständliches Parallel-Singen und -Spielen in Quinten und Oktaven entsprechend den verschiedenen Stimm- und Instrumentenlagen,

> etwa »wenn eine männliche Stimme gleichzeitig mit einer Knabenstimme das Organum singt. Dabei können sowohl menschliche Stimmen als auch Stimmen von beliebigen Instrumenten miteinander vermischt werden, nicht nur je zwei und zwei, sondern auch je drei und drei, unter der Voraussetzung, daß drei auf einmal erklingenden Stimmen (die die Gregorianische Melodie singen oder spielen) ebensoviele als Organum antworten.« Was hier beschrieben ist, nannte die Musiktheorie damals und nennt man heute »Paraphonie«. Sie »ergibt sich im Singen für jedes Lebensalter so natürlich, daß sie nicht kunstmäßig gelehrt werden muß« (*Musica Enchiriadis*). »Paraphonie« ist zwar ein mehrstimmiges musikalisches Phänomen, aber kein polyphones, nicht einmal eo ipso eine Vorform dazu. Deshalb verwundert es, daß die Verfasser der *Musica Enchiriadis* und der umliegenden Traktate das Phänomen im Zusammenhang ihrer Lehre vom Organum so behandeln, als hätte dieses Quintorganum vom Wesen der Sache her etwas mit dem Quartorganum zu tun, in dem dann tatsächlich eine Art Polyphonie beschrieben und die Musik schriftlich erfaßt ist. In den Abhandlungen dieser Traktate spiegelt sich indessen zunächst und vor allem der in jener Zeit einsetzende Prozeß des bewußten Erfassens einer bis dahin selbstverständlichen und unbewußten musikalischen Praxis. Er ist wahrscheinlich ausgelöst worden von der Erkenntnis der Anders- und Fremdartigkeit des Gregorianischen Chorals und von der Beobachtung, daß dessen primär vokale Musik bei der Adaptation sich selbst, aber auch das bodenständige musikalische Idiom verändert hat. Während solche musikalischen »Ereignisse« bewußt reflektiert und als Lehre vom Organum theoretisch erfaßt werden, wird zugleich die Möglichkeit der Abbildung, also der bildhaften Darstellung inmitten von geschriebener Sprache, der musikalischen Phänomene Klang (mit seinen Tonstufen als den Linien des Schreibfeldes) und musikalisch erklingende Sprache (auf diesen Linien als melodisch auf und nieder wandernder Text geschrieben) entdeckt. Damit ist die Voraussetzung entdeckt für die alsbald einsetzenden Versuche der schriftlichen Manipulation des musikalischen Phänomens: für die Komposition.

Diese SCHRIFTFORM (s. Abb. und Notenbeispiel auf folgender Seite) ist nicht eigentlich eine Notation, sondern eben eine Descriptio = Abzeichnung von (nun) bewußt erfahrenen und in der theoretischen Erörterung erfaßten musikalischen Vorgängen. Zur Fixierung der Tonhöhen und der Intervalle werden die Zwischenräume, in die der Text geschrieben ist (also nicht die Linien), »verschlüsselt«, und zwar mit sogenannten Dasia-Zeichen, die aus griechischen Prosodie-Zeichen abgeleitet zu sein scheinen. Außerdem werden in manchen Beispielen mit *t* (= tonus) und *s* (= semitonus) Ganz- und Halbtonschritte markiert. Mit dem raffiniert ausgeklügelten System dieser Zeichen ist sowohl das zugrundeliegende Tonsystem erfaßt als auch den melodischen Gegebenheiten der Modi (Tetrachord der Finales und seine Wiederholung im Abstand erst der Quint) und dem klanglichen Prinzip des »organalen Respondierens« Rechnung getragen; zudem ist eine bestimmte Intervallkonstellation sichtbar gemacht, nämlich die Inconsonantia des Tritonus (zwischen der 3. Stufe jedes Tetrachords und der 2. des nächsthöheren), die für bestimmte musikalische Verläufe maßgebend ist, die ihrerseits das Auseinander- oder Zusammengehen der Stimmen, also die Stimmigkeit, die Mehr-Stimmigkeit, zur Folge haben.

Für das QUARTORGANUM geben die *Musica Enchiriadis* und ihre Traktatgruppe Regeln, wie die Vox organalis (das ist die Begleitstimme) ihre Vox principalis (das ist die Gregorianische Melodie) zu »begleiten« habe, und zwar als Unterstimme.

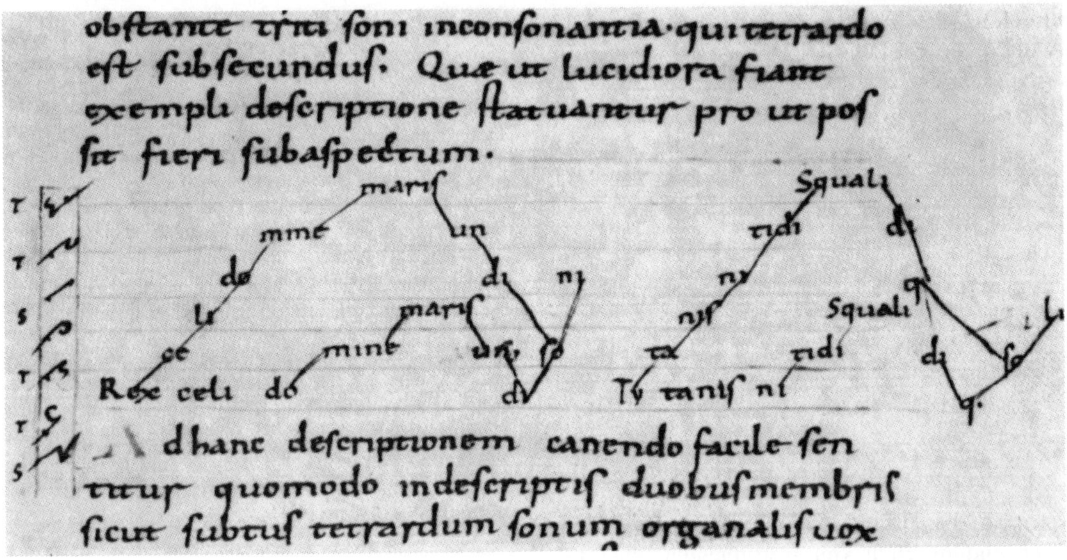
obstante trita soni inconsonantia· qui tetrardo est subsecundus· Quae ut lucidiora fiant exempli descriptione statuantur pro ut possit fieri subaspectum.

Rex celi domine maris undisoni
Tytanis nitidi squalidique soli

Ad hanc descriptionem canendo facile sentitur quomodo in descriptis duobus membris sicut subtus tetrardum sonum organalis uox

(nach Gülke 1975)

Aus den Erklärungen und aus den Beispielen der *Musica Enchiriadis* für das QUARTORGANUM ist, zusammengefaßt, folgendes zu entnehmen:
1. Organum (und zwar Quint- wie Quartorganum) ist eine besondere Art des Vortrags von ausgewählten Abschnitten Gregorianischer Melodien in festlichen Gottesdiensten.
2. Grundlage ist also eine Gregorianische Melodie, die »organaliter« vorzutragen ist – die aber im entstehenden musikalischen Gebilde, im Organum, gleichsam aufgeht.
3. Es handelt sich beim Organum nicht um musikalische Komposition, sondern um eine Improvisationspraxis, wie sie in offenbar volksläufigen mehrstimmigen Singarten begegnet, welche keiner Notation bedürfen.
4. Diese Musik ist ihrem Wesen nach nicht solistisch; sie deshalb chorisch zu nennen, ist sachlich unzutreffend. Was dann? Die Frage ist offen.
5. Die vorzutragende Gregorianische Melodie ist ihres ursprünglichen musikalischen, nämlich ihres linear-melodischen Charakters beraubt, sie ist kaum mehr als Melodie wahrnehmbar. Ihre textlich-musikalische Sinngliederung in Abschnitte (membra) bestimmt aber dennoch das Organum in seinem Aufbau und in seinem klanglichen Geschehen.
6. Im Zusammenhang mit den Hexachorden *c-a, g-e, f-d* sind Klangräume gebildet, in welche das Organum abschnittsweise (je nach dem Verlauf der zugrundeliegenden Gregorianischen Melodie) eingebettet ist, und deren Grenzen nicht ohne weiteres überschritten werden dürfen. Die Hexachordgrundtöne *c, g* und *f* treten mit der Funktion von Borduntönen in Erscheinung.
7. Wichtigstes melodisches Begleitintervall ist die Quart. Für die melodische Abschnittsbildung und in gewisser Weise für die Melodien, vor allem aber für die Bestimmung der Qualität der Klänge und Klangbereiche ist hingegen die Sext das wichtigste Intervall, nämlich mit den die Dur-Reihen *c-a, g-e* (mit *h*), *f-d* (mit *b*) umschließenden Sextintervallen.

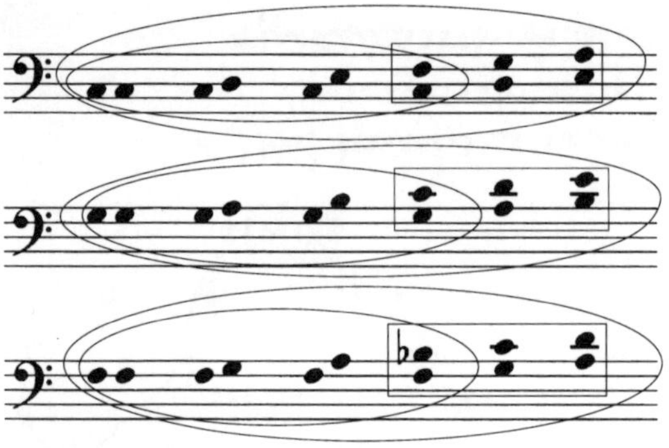

(nach Georgiades 1954)

8. Grundgegebenheiten sind das Parallelensingen, die Verdoppelungspraxis (durch Quinten, Oktaven, Duodezimen, Doppeloktaven usw.), die Verwendung auch von Instrumenten, die Stützung der Klänge und Klangbereiche auf Borduntöne.

Die LITURGISCHE FUNKTION der Organa ist eine feierliche Gestaltung der Liturgie der Messe oder des Offiziums des Festtages, zu dem der Cantus firmus-Text gehört. Die Stellung des Organums innerhalb der Liturgie ist durch den Cantus firmus bestimmt. Man kann das Organum, genauer: den organalen Vortrag Gregorianischer Melodien, als eine ART VON TROPIERUNG verstehen, bei der die mehrstimmige Ausführung die einstimmige Grundmelodie tropiert wie der Tropustext den ursprünglichen liturgischen Text. Dann freilich kann man überhaupt die Polyphonie der folgenden Jahrhunderte unter der Vorstellung des Tropierens sehen, denn stets ist die Aufgabe ein und dieselbe: der Vortrag Gregorianischer Melodien auf mehrstimmige Weise. Dabei stützt sich die mehrstimmige Art und Weise wiederum auf die Gregorianische Melodie als auf einen Cantus firmus, das heißt als auf eine gegebene Grundlage. Das bedeutet praktisch, daß der Usus des nichtpolyphonen mehrstimmigen Musizierens an das melodische Element des Chorals gebunden wird, wodurch überraschend Probleme für die Zusammenklangsfolgen entstehen. Diese aus einer neuen Musik resultierenden Probleme werden von der Musiktheorie reflektiert und mit praktischen Lösungsmöglichkeiten in REGELN gefaßt. In diesen REGELN liegen die Anfänge abendländischer Polyphonie, das heißt die Anfänge abendländischer Komposition, die an ihrem ältesten Zeugnis, der *Musica Enchiriadis,* in ihrem Grund erkennbar werden.

984-994 Orgel in der Kathedrale von Winchester/England

Die Zeugnisse der Musiktraktate von den Anfängen der Polyphonie im zweistimmigen Organum werden gleichsam ergänzt durch ein »praktisches« Zeugnis, nämlich durch den Bericht von einer Orgel im Dom zu Winchester in England. Diese Orgel soll außergewöhnlich groß gewesen sein. In 2 Werken mit 26 Bälgen hat sie bei einem Umfang von 2 Oktaven + 1 Quint insgesamt 400 Pfeifen, also mehrere für jeden einzelnen Ton. Sie ist – so die Beschreibung – eine »Doppelorgel«, die von zwei Spielern zugleich gespielt wird. Was man darauf spielt, ist nicht gesagt. Aber man darf wohl annehmen, daß sie zum Organum gebraucht wird, wobei man sich denken kann, daß ein Werk für die Vox principalis, das andere für die Vox organalis eines Quartorganums gedacht ist. (Körte 1973)

Anfang des 11. Jahrhunderts Winchester Tropar

Die ältesten praktischen Denkmäler polyphoner Musik, die wir kennen, sind die 174 Organa von Winchester/England im sogenannten *Winchester Tropar* vom Beginn des 11. Jahrhunderts. (Neben ihnen besitzen wir aus dem 11. Jahrhundert nur wenige Stücke, die zumeist als Nachträge in Sammelhandschriften vorwiegend literarischen Inhalts überliefert sind.) Der *Winchester Tropar* ist im Bestand seiner liturgischen Melodien von dem jüngeren Repertoire aus St. Martial in Limoges und auch von dem aus Santiago de Compostela deutlich verschieden, jedoch mit dem des *Magnus liber organi* eng verwandt. Die Musik ist in einer kleinen Gebrauchshandschrift (eigentlich kein Troparium, sondern ein Cantatorium, also ein Buch, in dem Gesänge für den Vorsänger zusammengestellt sind) in linienlosen a-diastematischen Neumen aufgezeichnet, und zwar nicht in Partitur; die »Begleitstimmen« stehen vielmehr an anderer Stelle der Handschrift für sich allein, ohne ihre liturgischen Grundmelodien. Deshalb ist die Entzifferung und Übertragung in moderne Notenschrift (jedenfalls zu einem größeren Teil) erst vor kurzem gelungen durch sorgfältiges Vergleichen mit denselben liturgischen Stücken in anderen Überlieferungen. Wie in der *Musica Enchiriadis* sind die Organa von Winchester Begleitstimmen der Principalis und an deren Verlauf und tonalen Ambitus gebunden; dem entsprechend haben sie keine Lagenfreiheit, vielmehr wird ihre Lage für jede Wendung von neuem durch die Bewegung der Gregorianischen Grundmelodie in ihren Abschnitten festgelegt. Sie sind also nicht vom Einzelklang her konzipiert und nicht im späteren Sinn kontrapunktisch, sie sind vielmehr auf den Zielton des jeweiligen Abschnitts der Grundmelodie hin ausgerichtet und dadurch einer horizontalen Bewegung unterworfen. – Dem Stil von Winchester stehen die Organa des Codex Chartres 4 sowie der Vatikanischen Handschriften aus Fleury nahe (Holschneider 1968).

1025/26 Guido von Arezzo († 1050): Micrologus de disciplina artis musicae

Im ersten Traktat nach der Traktatgruppe der *Musica Enchiriadis,* der sich mit dem Organum beschäftigt, beschreibt und lehrt Guido von Arezzo dasselbe wie die *Musica Enchiriadis*, allerdings auf etwas andere Weise, weil er sich weder des gleichen Systems für die Begründung der Intervallik noch der Dasia-Notation bedient und deshalb seine Regeln für die Führung der »Begleitstimme« im Organum anders begründen muß.

Bekannt ist Guido von Arezzo aber vor allem durch die ihm zugeschriebenen Erfindungen der Solmisation, der sogenannten Guidonischen Hand (einer Gedächtnishilfe beim Lernen der Lage der Ganz- und Halbtonschritte) und des Vierliniensystems für die Notenschrift mit Verschlüsselung einer *c*- (gelb) und einer *f*-Linie (rot). Das eigentlich Merkwürdige und Charakteristische an dieser letzten Erfindung ist indessen die Erfindung des Notenkopfes. Dadurch ist nämlich 1. für die Notierung, d. i. für die schriftliche Fixierung, das Phänomen der musikalisch erklingenden Sprache aufgelöst in eine musikalische Komponente, die allein das Erklingen zu repräsentieren scheint, und in eine sprachliche Komponente, die den Text getrennt wie eine Art Lesetext wiedergibt (d. h. wie einen Text, der nicht zu singen ist). Dadurch ist 2. das Element des Melodischen unabhängig vom Text sichtbar dargestellt, jedoch in viele einzelne »Punkte« (lateinisch punctus = Note) zerlegt und damit seines linear-melodischen Zusammenhangs und also seines eigentümlichen musikalischen Charakters beraubt. Nach dieser Erfindung ist es möglich, die auf dem Pergament eingeritzten Linien nicht mehr in Trägerfunktion für den Text und als Symbole für die Stufung in der Anordnung des Tonvorrats und der Intervalle anzusehen, sondern sie als Noten-Linien zu benutzen und die Notenpunkte jetzt unter, auf oder über den Linien zu plazieren (statt bisher die Textsilben auf den Linien). Diese Erfindung signalisiert das mögliche Heraustrennen des musikalischen Faktors aus der Einheit im Erklingen der liturgischen Sprache und damit die Möglichkeit, ihn für sich zu handhaben.

3. Das neue Organum

um 1100 Mailänder Traktat »Ad organum faciendum«

Die nächste Quelle aus jener ältesten Zeit der Polyphonie ist der *Mailänder Traktat »Ad organum faciendum«;* in ihm ist der Usus einer offensichtlich anderen Art von Organum beschrieben und in Regeln gefaßt. Es scheint, daß es sich bei dem älteren und dem jüngeren Organum um zwei verschiedene Arten von Musik handelt, die in keinem Abhängigkeitsverhältnis zueinander stehen. Das alte Organum trug chorische Gregorianische Gesänge vor (Sequenzen, Antiphonen), das neue hingegen solistische (Alleluia, Responsorien, Gradualia, Benedicamus domino). Jetzt ist das Organum nicht mehr abschnittsweise und entsprechend den Abschnitten seiner Gregorianischen Melodie an bestimmte Klänge und Klangbereiche über den Hexachordgrundtönen *c, g* und *f* gebunden, sondern die organale Gegenstimme (nun meist *unter* dem Cantus firmus gelegen) wechselt den Klang von Ton zu Ton des Cantus firmus, wobei freilich auch hier dessen Membra die Gliederung des Ganzen bestimmen. Der Cantus wird im Wechsel von Quint, Quart und Oktav »begleitet« (wobei diese Intervalle dann für Klänge und Klangzusammensetzungen stehen), und zwar jeweils bis zur »Copulatio«, das heißt bis zu einem Gliederungspunkt der Klangfolge, für den dann nur Einklang und Oktave zugelassen sind. »Hier begegnet zum ersten Mal Mehrstimmigkeit als Setzen von Klängen und als Geschehen mehrerer Stimmen« (Eggebrecht/Zaminer 1970). Voraussetzung für dieses Verfahren ist nun, daß der Cantus firmus aufgeschrieben ist, damit der Sänger ihn lesen und vom Geschriebenen ausgehend seine »Begleitung« erfinden bzw. entsprechend den Regeln einrichten kann. Es handelt sich also auch hier noch keineswegs um Komposition im Sinne von »Niederschrift von Musik als Satz«, wohl aber im Sinne von »Entwerfen von Musik aufgrund einer geschriebenen Stimme und nach bekannten Regeln.«

Anfang des 12. Jahrhunderts Johannes Cotto: Gegenbewegungsregel

Zur selben Zeit, aber nicht im Umkreis des *Mailänder Traktats,* finden wir bei Johannes Affligemensis, auch genannt Johannes Cotto, ebenfalls das neue Organum beschrieben und dabei für die Fortschreitungen im »Gerüstsatz« zum erstenmal die Regel formuliert, die für den polyphonen Satz der europäischen Mehrstimmigkeit dann grundlegende Bedeutung erlangen sollte, die Gegenbewegungsregel: Wenn die Stimme, von der der Satz ausgeht, steigt, dann muß die Gegenstimme fallen und umgekehrt. Wie sie fallen oder steigen muß, das bestimmen die sich ausbildenden Regeln des Kontrapunkts.

1. Hälfte des 12. Jahrhunderts

Der *Mailänder Traktat* ist wie die *Musica Enchiriadis* Mittelpunkt einer Traktatgruppe. In einer dieser gegenüber jüngeren Traktatgruppe findet man deren Lehre weitergebildet. Dabei ist die gemeinsame Grundlage gelegt für zwei sich auseinanderentwickelnde und dann in Praxis und Lehre streng geschiedene Ausführungsweisen der organalen Mehrstimmigkeit. Nach der einen Art »begleitet« die Gegenstimme den Cantus firmus Ton für Ton (abgesehen von wenigen Zwischentönen und von den Abschnitts-Schlußmelismen), nach der anderen wird die Gegenstimme über gedehnten Cantus-Tönen jeweils stark koloriert. Unter dem gemeinsamen Oberbegriff Organum nennt man die Ton-gegen-Ton-Ausführung Discantus, die mit der kolorierten Oberstimme (Melisma gegen Einzelton) Organum.

Zur selben Organum-Praxis und Lehrtradition, die die genannte jüngere Traktatgruppe spiegelt, gehört auch noch der spätere *Vatikanische Organum-Traktat* (2. Viertel des 13. Jahrhunderts), der mit den älteren »Organum«-Stücken des *Magnus liber organi* eng verwandt ist. Rudolf von Ficker (1932) und Frieder Zaminer (1959) haben den Traktat veröffentlicht und eingehend gewürdigt.

12. Jahrhundert
Die sogenannte St. Martial-Schule

Anders als Paris und die Kathedrale Notre Dame ist die Abtei von Saint Martial in Limoges (südöstlich von Poitiers) nicht der Entstehungsort der unter ihrem Namen überlieferten Mehrstimmigkeit, sondern der Sammelort einer Reihe wichtiger Handschriften, die viele mehrstimmige Musikstücke ein und desselben Typus enthalten, was dazu veranlaßt hat, hinter diesen Stücken den Zusammenhang einer »Schule« zu vermuten. Die älteste der vier Handschriften stammt noch aus dem 11. Jahrhundert, die beiden mittleren entstammen dem 12., die letzte bereits dem 13. Jahrhundert. Sie überliefern in aquitanischen Neumen 92 ein- und 95 zweistimmige Stücke, meist neuartige Strophenlieder (z. T. Benedicamus-Tropen) mit einfachem bis sehr kunstvollem Strophenbau und ebensolchen Reimordnungen, allgemeinen geistlichen oder weltlichen Inhalts, Versus genannt. Es handelt sich dabei um eine am Rande der Liturgie liegende Art von Unterhaltungskunst der Kleriker, wie man heute vielleicht sagen kann. Die einstimmigen Melodien sind »ein sprechender Beleg für die neue erregte Melodik, wie sie um 1100 in Südfrankreich einsetzt und für die monodische Blütezeit des 12. Jahrhunderts, das ja auch die Entstehung der Troubadourlyrik sieht, bezeichnend ist. Beide, Saint Martial und provenzalischer Minnesang, sind Äußerungen eines höheren Lebensstiles der sie tragenden Stände, des Adels und der Geistlichkeit« (Stäblein 1963).

Die zweistimmigen Stücke sind sehr verschieden, teils im Note-gegen-Note-Satz, teils melismenreich in der Gegenstimme, teils altertümlich für die Zeit (mit Parallelen), teils modern. Man hat bisher allgemein angenommen, daß die Organum-Stücke der Notre Dame-Schule – die Organum-Stücke, nicht die Notre Dame-Musik überhaupt – durch Weiterbildung der St. Martial-Kunst entstanden seien, und man hat sich für diese Annahme auf gemeinsame Merkmale gestützt wie etwa weitgespannte Melismen über gedehnten Cantus firmus-Tönen und Verwendung derselben Konkordanzen. Aber diese Kriterien sind, wie Zaminer (1959) gezeigt hat, alle zu allgemein, so daß der Schluß auf eine direkte Abhängigkeit nicht hinreichend begründet zu sein scheint. Von besonderer Bedeutung ist, daß bei mehreren Benedicamus-Tropen (und zwar schon in der ältesten Handschrift) der Versus über die in breiten Noten auseinandergezogene Benedicamus-Melodie gesetzt, also die zweite Stimme auch mit einem zweiten Text versehen ist. Man kann diesen »superponierenden Tropus« (Stäblein) als eine Vorform der Motette bezeichnen, aber nur als *Vor*form deshalb, weil hier die mehrfache Textierung nicht musikalisch wahrgenommen, nämlich für die musikalische Gestaltung der zweiten Stimme herangezogen ist.

um 1140 Jacobus-Liturgie im Codex Calixtinus

Eine fälschlich dem Papst Calixtus II. († 1124) zugeschriebene Handschrift enthält in mehreren Abteilungen die Texte für die Jacobus-Liturgie in Santiago de Compostela, dem St. Jacobus-Wallfahrtsort in Galizien/Nordspanien, und in einem Anhang etwa 20 mehrstimmige Stücke (notiert mit mittelfranzösischen Neumen auf vier Linien). Deren Stellung in der Geschichte der Mehrstimmigkeit ist ungeklärt.

4. Die Notre Dame-Epoche: Paris um 1200

Das 11. und 12. Jahrhundert gehören, trotz vielen Bemühens der Musikwissenschaft, noch immer zu der am wenigsten bekannten Zeit in der Geschichte der Polyphonie. Wenn man diese Unkenntnis mit der Tatsache in Verbindung bringt, daß in jener Zeit und noch auf Jahrhunderte hinaus die mehrstimmigen Stücke der Zahl nach und gemessen an der gesamten musikalischen Überlieferung eigentlich kaum nennenswert sind, gälte also allein die Quantität als Maßstab, so müßte man mit Gülke (1975) einmal zugespitzt sagen, daß die Musik des Mittelalters eben doch für im Grunde *einstimmig* zu halten ist, und man könnte die geringe Kenntnis von der Mehrstimmigkeit für ausreichend und alles weitere Bemühen für überflüssig halten. Gegen solche Einwände ist indessen zu bedenken, daß wir mit der Darstellung der mehrstimmigen Musik und ihrer Entfaltung zur Polyphonie in jenen frühen Jahrhunderten der europäischen Musikgeschichte im engeren Sinne und in einer besonderen Weise Geschichte der Musik schreiben, nämlich als Geschichte unseres BEGRIFFS VON MUSIK überhaupt, der in jener Zeit, ausgehend von den neuen Möglichkeiten der geschriebenen polyphonen Komposition, neu gedacht wird. Davon abgesehen ist dennoch die Annahme oder gar die Behauptung, daß die Werke der Notre Dame-Schule in Paris Abschluß und Höhepunkt einer Entwicklung der Musik von Jahrhunderten seien, rein hypothetisch und, wie Gülke (1975) mit Recht betont, in dieser suggestiven Formulierung unzutreffend. Obwohl man sich beim Überblick über die Anfänge des mehrstimmigen Komponierens in Theorie und Praxis dem faszinierenden Eindruck der Schlüssigkeit, mit der ein Schritt dem anderen folgt, und der Konsequenz, mit der die Erfahrungen gewonnen, die Freiräume eröffnet werden, deren es bedurfte, um unter den gegebenen Bedingungen mehrstimmige Musik in Gang zu setzen –, obwohl man sich diesem Eindruck nicht entziehen kann, ist es dennoch so, daß wir keinerlei »Entwicklungslinien ziehen«, kaum die vermuteten oder erkennbaren »Entwicklungen« durchgehend verfolgen können. Kurz gesagt: wir haben keinen Maßstab, mit dem die Notre Dame-Epoche als ein Höhepunkt zu messen wäre. Dafür fehlt es schon an einer Grundvoraussetzung, nämlich daß uns die Werke *als Werke* faßbar sind, daß die Musik historisch sinnvoll realisierbar und damit als Musik überhaupt wahrnehmbar ist. Das aber ist nicht der Fall. Daß Aufführungen von Organa der Notre Dame-Schule erhebliche Schwierigkeiten bereiten und noch immer mehr in den Bereich des Experiments als in den wirklicher Aufführungen fallen, hat gewichtige Gründe. Wir haben in ihnen eben *nicht* »Werke« (opera) im späteren Sinne des Begriffs, keine Niederschriften von Musik als Kompositionen von Komponisten vor uns, ja es ist fraglich, ob wir in und mit diesen Organa (oder auch nur in einigen von ihnen) überhaupt die »KOMPOSITIONSSTUFE« für erreicht halten dürfen.

Diese Frage ist vor allem deshalb zu stellen, weil bei aller Bindung an Kompositions-, das sind hier Konsonanz- und Fortschreitungsregeln, viele Organa (und zwar auch noch aus der Zeit nach 1200 und von der Art, wie sie der *Magnus liber organi* zum überwiegenden Teil überliefert) eben doch aus dem Stegreif auszuführen sind, wenn nur der Cantus firmus notiert ist, »über« dem man singen kann. Freilich, dann muß man sich fragen, wozu überhaupt eine schriftliche Fixierung? Offensichtlich will man die neu entwickelte NOTENSCHRIFT in einer neuen Funktion gebrauchen und Musik niederschreiben, die ohne Hilfe der Notenschrift, also auch ohne Notierung des Cantus firmus, nicht zu realisieren wäre. Man hat über die Notenschrift das Prinzip der Komposition entdeckt, und das gilt es nun zu nutzen. Daß dabei zunächst und auch noch einige Zeit lang *auch* aufgeschrieben wird, was ebensogut aus dem Stegreif ausgeführt werden könnte, das sollte nicht allzusehr verwundern. Zu bedenken ist aber in jedem Falle, was alles die Notenschrift vom erklingenden musikalischen Phänomen abbildet und was nicht. Nicht, daß diese Notation unvollkommen wäre; sie ist – wie im Grunde alle Notation – ihrer Musik völlig adäquat, indem sie aufzeichnet, was vorgezeichnet werden muß, damit jene richtig erklinge, jedenfalls was für die Ausführenden von damals vorgezeichnet werden mußte. Der *direkte* Schluß von der Notenschrift auf die Musik ist – wie bei allen Notationen – für jemanden, der die Musik nicht schon kennt, also etwa für uns Heutige, nicht eo ipso möglich.

2. Viertel des 13. Jahrhunderts
Der Vatikanische Organumtraktat

Dieser Traktat lehrt mit einer Fülle von Beispielen, wie nach bestimmten Regeln Gegenstimmen zu notierten Cantus firmus-Melodien zu erfinden bzw. aus dem Stegreif auszuführen sind. Der Traktat spiegelt, wie Ficker (1932) und Zaminer (1959) gezeigt haben, einerseits eine Organumpraxis und Lehrtradition, die auf die jüngere Traktatgruppe nach dem *Mailänder Traktat* zurückgeht, andererseits lehrt er eine Organumpraxis, wie sie sich noch in den ältesten überlieferten Aufzeichnungen des *Magnus liber organi* findet. Er lehrt sowohl die melismatische Satzbildung und gibt dem Organizator zahlreiche Melodieformeln für bestimmte Wendungen an die Hand, als auch die Bildung von (erst später so genannten) Discantus-Abschnitten, in denen Cantus und Organum-Stimme gemeinsam Ton für Ton (oder mit nur wenigen kurzen Melismen der Organalstimme) fortschreiten. Daß der Organizator sich hier offenbar nicht pedantisch an bestimmte Fortschreitungsregeln halten muß (was beim Vergleich der Beispiele des Traktats mit den Musikdenkmälern der Zeit zu sehen ist), ist geradezu ein Beweis dafür, daß es ihm auf etwas anderes *mehr* ankommt, nämlich auf eine wohlgeformte Melodie. So wie der Cantor eine zusammenhängende Melodie singt, so bemüht sich auch der Organizator seinerseits, eine einheitliche Melodie zu gestalten. Zwar entfaltet sich die Organum-Melodie, hier richtiger: die Discantus-Melodie, nicht frei, im großen Bogen, sondern gleichsam nur stockend und in ständiger Rücksicht auf den Cantus, aber unverkennbar liegt in ihr ein Drang, über die einzelnen Schritte hinaus Zusammenhänge zu gestalten, sich als Melodie neben der Choralmelodie zu behaupten. Es ist daher ganz folgerichtig, daß man alsbald dazu übergeht, eine solche Organum-Melodie als »discantus«, das heißt als »Gegenstimme« zu bezeichnen (Zaminer 1959). Folgerichtig ist sodann, daß hier – soviel man weiß zum ersten Male – Abschnitte begegnen, die über die aus dem Stegreif auszuführende übliche Art des Organizierens eines Discantus hinausgehen, die *komponiert* sind, das heißt: für deren Ausführung eine notenschriftliche Fixierung conditio sine qua non ist.

Nur folgerichtig ist schließlich, daß für solche komponierten Discantus-Stücke, in denen Cantor und Organizator im Verlauf gemeinsam fortschreiten müssen, eine andere Art der Zeitgliederung notwendig wird, als sie für die melismatischen Organum-Stücke nötig ist, bei denen der Organizator führt und den Cantor mit einfachen Winken zu den Fortschreitungen bewegt, je nachdem, wie er die einzelnen Abschnitte melodisch ausbildet. In Discantus-Stücken müssen sich beide Stimmen einem gemeinsamen Maß der Zeit unterordnen, das praktisch-musikalisch als »Schlagzeit« wirksam wird. Es wird also nötig, dem Rhythmus mehr Aufmerksamkeit als bisher zu schenken. Wenn man nun das bisher aus dem Stegreif erfundene und vorgetragene Organum auch aufzuschreiben versucht, stellt sich sofort auch die Frage nach der schriftlichen Darstellung des Discantus-*Rhythmus*. Dabei stellt sich alsbald heraus, daß der Rhythmus im Prinzip einfach ist, und daß bestimmte melodische Ligaturen immer mit dem gleichen Rhythmus zusammentreffen; dies wirkt als Anregung auf die Notierungspraxis, und man legt von nun an den Ligaturen eine besondere rhythmische Bedeutung bei. Damit wird eine rational faßbare und bei der Komposition von vornherein festzulegende Rhythmik möglich: von jetzt an gibt es einen rein musikalischen, das heißt weder der Sprache noch dem Tanz entlehnten, für sich faßbaren musikalischen Rhythmus, das heißt der Rhythmus ist jetzt nicht mehr im musikalischen Gesamtphänomen aufgehoben, sondern er tritt als selbständiger und selbständig zu komponierender Faktor auf. Hat man einmal das Prinzip gefunden, so fordert gleichsam die Notenschrift selbst – und nicht etwa die bloße Klangvorstellung – die konsequente Ausbildung eines Systems: So entsteht das System der sogenannten modalen Rhythmik und, damit zusammenhängend, das der MODAL-NOTATION. Im *Vatikanischen Organumtraktat,* der eine Lehrschrift für die Praxis ist und keine notationstechnischen Probleme erörtert, zeigt die Notation allerdings noch keine Ausbildung auf eine rhythmische Präzisierung der Notenschrift hin. Anders in den Quellen zur Musik der Notre Dame-Schule.

Von der Notation wie vom musikalischen Satz her stellen die Discantus-Stücke Abschnitte einer *neuen* Musik her, an denen das Interesse der Musiker in besonderer Weise haftet oder sich entzündet, die sie zu immer neuen Kompositionen, auch im Austausch mit älteren, anregen. Diese Abschnitte und ihre Neu- oder Austauschkompositionen nannte man – so jedenfalls berichtet als Zeuge der sogenannten Anonymus IV – CLAUSULAE SIVE PUNCTA. Aus ihnen geht alsbald die MOTETTE hervor.

1160/80-1230/50 Notre Dame-Schule

Nach dem Bericht eines Engländers, des sogenannten Anonymus IV (nach 1272), wirkt um 1200 in Paris an der Kathedralkirche Notre Dame (Baubeginn der heutigen Kirche 1163) ein Kreis von Musikern, dessen Hauptmeister der ältere Magister Leoninus und der jüngere Magister

Perotinus Magnus sind. Zum ersten Mal ist hier eine Weltkirche und nicht eine Klosterschule musikalisches Zentrum, und zum ersten Mal gewinnt eine Musik über den engeren Kreis ihres Entstehungsortes hinaus Bedeutung: sie wird in der ganzen damaligen Welt bewundert.

vor 1200 Leoninus: Magnus liber organi

Leoninus, den seine Zeitgenossen »Optimus Organista« nennen, verfaßt den *Magnus liber organi de gradali et antiphonario,* einen Zyklus für das ganze Kirchenjahr von zweistimmigen Organa über Responsorium-Melodien von Messe und Offizium als Cantus firmi (Graduale, Alleluia in der Messe; Responsorium in der Matutin bzw. Vesper und bei Prozessionen). Leoninus verwendet also nicht mehr nur Tropen- und Sequenzen-Melodien als Cantus firmi. In diesen Organa sind zwei verschiedene Setzweisen angewendet – wenn die kompositionstechnischen Begriffe Satz und Setzweise hier überhaupt schon angebracht sind. Bei den syllabisch textierten Partien des Cantus firmus kommen auf jeden Cantus firmus-Ton ausgedehnte, rhythmisch freie Melismen. Bei den ursprünglich mehr melismatischen Cantus firmus-Partien dagegen herrscht der Satz Note gegen Note vor oder ein Satz, bei dem zu den Tönen des bewegten rhythmisierten Cantus firmus nur kurze Oberstimmenmelismen gehören. Diese Abschnitte heißen Discantus-Partien; jene melismatischen, rhythmisch freien heißen Organum-Partien. In den Discantus-Partien begegnet zum ersten Mal modale Rhythmik.

um 1200 Perotinus Magnus

Perotinus, der jüngere Meister, den die Zeitgenossen noch mehr zu bewundern scheinen als Leoninus, arbeitet den *Magnus liber organi* weitgehend um. Während er in den organalen Partien nur wenig ändert, ersetzt er fast alle Discantus-Partien durch vor allem rhythmisch straffere Neukompositionen, die ihm den Namen »Optimus Discantor« einbringen. Diese Ersatzkompositionen heißen Clausulae.

Unter den Kompositionen Perotins begegnen zum ersten Mal in der europäischen Musikgeschichte polyphone Stücke mit mehr als zwei Stimmen, die vom Anonymus IV eigens erwähnten und als »Quadrupla optima« apostrophierten vierstimmigen *Organa »Viderunt omnes«* (Graduale vom Weihnachtsfest) und »*Sederunt principes*« (Graduale vom Fest des hl. Stephan am Tag nach Weihnachten), 30 dreistimmige *Organa* und 17 dreistimmige *Klauseln,* dazu 3 vierstimmige und zahlreiche dreistimmige *Conductus.*

Voraussetzungen für diese Stücke sind – wie beschrieben – die Notenschrift, die Rhythmisierung aller Stimmen, die Möglichkeit der notenschriftlichen Fixierung dieser Rhythmik und – die Komposition als Verfahren der »Vor-Schrift« von Musik überhaupt. Was aber ist zu komponieren und wie? Die Frage ist mit: »Musik in musikalischem Satz!« nicht beantwortet, weil es bis dahin nicht eigentlich musikalischen »Satz« und daraus resultierende »Kompositionen« gibt. Wie wir gesehen haben, erschöpft sich das Melodische in den Organum-Stücken im Grunde, oder zumindest weitgehend, in der Fixierung einer jeweils auch aus dem Stegreif auszuführenden primär melodisch geführten Stimme, für deren klangliche Bindung und die Bindung an den Cantus firmus (in den Ausgangs- und Zielintervallen von dessen einzelnen Membra) allerdings jene Konsonanz- und Fortschreitungsregeln gelten, die auch in den Discantus-Stücken für die Bildung der mit dem Cantus fortschreitenden Gegenstimme maßgeblich sind. Für die Organum-Technik ist nun Dreistimmigkeit insofern ausgeschlossen, als man zu einer freien Stimme unter denselben Fortschreitungsregeln nicht ohne weiteres eine weitere Stimme frei gestalten oder gar »setzen« kann, und auch für die Discantus-Technik ist mit den Regeln des zweistimmigen Stegreifsatzes oder auch des komponierten Satzes Note gegen Note kaum Möglichkeit gegeben – es sei denn, man könnte das Melodische im Klanglichen binden und das Klangliche im Melodischen aufgehen lassen und also Organum- und Discantus-Technik in gewisser Weise miteinander verbinden. Die drei- und vor allem die vierstimmigen Organa zeigen diese Lösung; ihre Stimmen zeigen statt einer linear-melodischen, am Idiom der Gregorianik orientierten, eine vom Klanglichen und von der Klangumspielung bestimmte Tendenz; »Colores« nennt man die weitgehend formelhaften, rhythmisch-melodisch fixierten Floskeln, mit denen weder ein rein organaler noch ein reiner Discantus-Satz zu komponieren ist, mit denen vielmehr einem neuen mehrstimmigen musikalischen Geschehen ein »Grundhabitus« (Gülke) zu geben ist, der nun aber über das rein Klangliche hinausreicht und auf einen »echten« polyphonen Satz hinweist. Die in den Organum-Partien dieser Stücke extrem lang liegenden Einzeltöne des Cantus firmus (bis weit über 100 Takte einer modernen Übertragung) bestimmen Klangräume, die in diesen Einzeltönen als Borduntönen – später würde man sagen als Orgelpunkten – Grund und Stütze haben. Die zugehörigen Klänge werden von den Stimmen erfüllt und umspielt. Anders als in polyphonen Stücken späterer Machart ist dementsprechend der »Satz« keineswegs so polyphon, nämlich in seiner Stimmigkeit verbindlich, daß man nicht eine Stimme weglassen oder, was charakteristischer ist, aus dem Stegreif eine Stimme hinzufügen könnte: Ähnlich wie beim *Sommerkanon* kann jeder nach kurzem Einhören mitmachen, nämlich ohne Noten eine weitere Stimme mitsingen oder -spielen, weil keine Stimme im Sinne späterer Polyphonie selbständig zu führen ist. Dem kommt entgegen, daß die Stimmen keinen anderen Text als den des Cantus firmus vorzutragen haben, was praktisch bedeutet, daß sie auf lange Strecken in Hunderten von Umspielungsfloskeln nur eine einzige Silbe vortragen. Sie »deklamieren« also im Grunde textlos. Dementsprechend wirken diese großen Werke keineswegs als vokal-polyphone Sätze, sondern als klangliche Gebilde. Und dementsprechend kommen diese Riesenwerke auch bei Aufführungen allein durch vier Sänger, also rein vokal-solistisch, überhaupt nicht zur Geltung – und das, obwohl die zugrundeliegenden Gregorianischen Melodien aus solistischen Gattungen stammen. Wie könnte aber auch ein einzelner Sänger einen Bordunton halten bzw. musikalisch sinnvoll ausführen? Die Mitwirkung von Instrumenten, vor allem eines Orgelinstruments für die Liegetöne, und die Ausführung durch ein Ensemble, wenn auch nicht durch einen größeren Chor, scheint deshalb von der Intention her geboten.

Der ORT für diese Organa ist die Messe an hohen Festtagen und innerhalb der Liturgie der Messe die Stelle, an der die Musik sowieso über den Text dominiert, nämlich im Graduale, jedenfalls vornehmlich dort.

Die merkwürdige Tatsache, daß an jenem Punkt der Musikgeschichte, da mit Notenschrift, autonomer musikalischer Rhythmik und rhythmischer Differenzierung in der Notenschrift für eine Mehrstimmigkeit im Sinne der Polyphonie und für deren »com-positio« die Voraussetzungen geschaffen sind, daß an jenem Punkt und in den ersten großen Versuchen, diese Möglichkeiten »ins Werk zu setzen«, sich offenbar ein uraltes Element der Musik als dominant durchsetzt, nämlich das Element des KLANGS in KLANGRÄUMEN, diese merkwürdige Tatsache ist nicht nur historisch von größter Bedeutung (wie sich dann bei der Beobachtung und Beschreibung des Fortgangs der Geschichte der musikalischen Komposition zeigen wird), in dieser Tatsache ist auch die Ursache für die ungeheure Wirkung und damit Bedeutung dieser ersten »Werke« in ihrer eigenen Zeit zu sehen. Man bewundert sie während des ganzen 13. Jahrhunderts und noch im 14.: Jacobus von Lüttich etwa (um 1260 bis nach 1330) hört in Paris noch die alten Organa, und er beklagt in seinem *Speculum musicae* um 1323, daß die »moderni cantores« die »Cantus antiquos organices« verschmähen; bis ins 14. Jahrhundert hinein schreibt man diese Werke immer wieder ab, wahrscheinlich weniger als auszuführende Kompositionen in für Aufführungen bestimmten Handschriften, denn als Dokumente sowohl einer Musik, die in der neuen Musik des späteren 13. Jahrhunderts wirksam ist oder sein kann, als auch einer Möglichkeit, diese in besonderer Weise altertümliche, nämlich Altes bewahrende Musik auf die neue Weise aufzuzeichnen und damit zu erhalten.

Die wichtigsten Quellen für die Notre Dame-Schule stammen weder aus der Zeit der Entstehung ihrer Musik noch aus Paris. Die Handschriften sind im Format zu klein und bei aller Schönheit des Schriftbildes zu wenig präzis geschrieben, als daß mehrere Sänger und Spieler gemeinsam daraus musizieren könnten. Zudem zeigen sie auch keine Gebrauchsspuren. Die Werke sind in Partitur notiert, dabei alle Stimmen fast immer so verschlüsselt, daß sie im Raum einer Oktav zusammengedrängt erscheinen. Die Notenschrift ist im Grunde die der liturgischen Bücher: die Quadratnotation, die hier allerdings mit bestimmten Anordnungen von Ligaturen (das sind Verbindungen von zwei oder mehreren einzelnen Noten in zusammengesetzten Zeichen) und mit Ligaturenketten (die nach den Regeln der Modus-Lehre zu lesen und aufzulösen sind) auch den musikalischen Rhythmus bezeichnet: MODAL-NOTATION.

Neben den Organa tritt um 1200 eine neue Gattung hervor, die für die Entwicklung des musikalischen Satzes besondere Bedeutung erlangen soll, die im Gegensatz zur Motette aber nicht weiterbestehen, sondern in anderen Gattungen aufgehen wird: der mehrstimmige CONDUCTUS. Als Conductus (= wörtl. Geleitgesang) werden im 12. Jahrhundert geistliche und weltliche *ein*stimmige lateinische Lieder mit »rhythmischem«, meist strophischem Text bezeichnet, die zum Beispiel den Auftritt einer Person im Geistlichen Drama oder in der Liturgie der Messe den Weg des Diakons zum Lesepult begleiten, schließlich auch Gesänge, mit denen eine Bürgerschaft einen Herrscher vor den Toren der Stadt begrüßt und mit denen sie ihn in die Stadt geleitet. Um 1200 findet jedoch eine nicht hinreichend geklärte Wandlung des Begriffs statt. Seit der Notre Dame-Zeit ist Conductus die Bezeichnung einer Gattung der *mehr*stimmigen Mustik mit folgenden Merkmalen: anstelle eines liturgischen Cantus firmus liegt eine Melodie zugrunde, die auf eine textliche Vorlage feierlichen Charakters und geistlichen oder weltlichen Inhalts neu erfunden ist.

5. Ars antiqua: 1230-1320

Die Epoche der Ars antiqua ist von der Notre Dame-Epoche einerseits und von der Epoche der Ars nova andererseits eingeschlossen. Die Epochenbezeichnung »Ars antiqua« kommt zusammen mit der der »Ars nova« und als deren Gegenbegriff erst um 1320 in Paris auf. Die Ars antiqua ist gekennzeichnet durch die Entstehung und Ausbildung der Motette als der ersten Polyphonie in einem engeren Sinne des Wortes, sowie durch die damit in Zusammenhang stehende Umbildung der modal zu lesenden Quadratnotation in die (schwarze) Mensuralnotation.

Die MOTETTE entsteht aus dem Organum dadurch, daß dessen Stimmen mit eigenen neuunterlegten Texten als Einzelstimmen wahrnehmbar gemacht werden. So unterlegt man etwa der Oberstimme (Duplum) der Discantus-Partie eines zweistimmigen Organums aus dem *Magnus liber* einen lateinischen rhythmischen Text, der den Text des Cantus firmus ähnlich wie ein Tropus paraphrasiert. So leben 30 der 102 Klauseln im Klausel-Fascikel der Notre Dame-Handschrift Wolfenbüttel 628 in Motetten weiter, und etwa ein Drittel der 70 Motetten in der Florentiner Notre Dame-Handschrift geht auf Klauseln zurück, die in derselben Handschrift an anderer Stelle aufgezeichnet sind. Eine solche neu textierte Stimme in einem Discantus-Satz nennt man Motetus (statt wie bisher Duplum), und von dieser Bezeichnung geht der Name etwa um 1240 in die Gattungsbezeichnung über. Die dritte und die vierte Stimme heißen weiterhin Triplum und Quadruplum. Die Gregorianische Grundmelodie oder, seltener, die an ihre Stelle als Satzfundament tretende frei erfundene Melodie heißt Tenor, »quia discantum tenet et fundat«, »weil er den Discantus hält und fundiert«. Gelegentlich kommen auch die Bezeichnungen Cantus prius factus und Cantus firmus vor, doch bürgert sich der letzte Terminus erst seit den italienischen Kontrapunktlehrbüchern des 18. Jahrhunderts ein und wird erst von der neueren Musikwissenschaft zum Terminus technicus erhoben. Das Wort »Motetus« ist die latinisierte Form des französischen Wortes »Motet«, das wahrscheinlich vom altfranzösischen »mot« = Wort abzuleiten ist. Die hinter dem Wort »Motetus« und seiner musikalischen Verwendung stehende Vorstellung ist wohl diese: Erst die Sprache, erst das Wort des Textes, und zwar eines selbständig vorzutragenden Textes, macht die Stimme eines mehrstimmigen Stücks zur selbständigen Stimme und damit das Stück zu einem polyphonen Satz, welcher dann von diesen seinen Stimmen und seiner neuen Stimmigkeit seinen Namen erhält. Wenn das so ist, dann liegt es nahe, daß man *jede* Stimme mit einem *eigenen* Text versieht, weil man sie selbständig führen und für sich hörbar machen möchte, und daß man die Selbständigkeit der Stimmen innerhalb der Komposition bei der Aufzeichnung auch im Schriftbild sichtbar erscheinen läßt: In der Tat ist die für das 13. Jahrhundert charakteristische musikalische Gattung die dreistimmige Motette mit zwei verschiedenen Texten in Motetus und Triplum, die wegen der *zwei* zum Cantus firmus-Text hinzutretenden Texte so genannte DOPPELMOTETTE. Ein Beispiel:

TENOR: Ausschnitt »Domino« aus dem »Benedicamus domino«

MOTETUS: »Ave gloriosa mater salvatoris. Ave speciosa virgo flos pudoris. Ave lux iocosa thalamus splendoris. Ave speciosa salus pecatoris...«

TRIPLUM: »Ave virgo regia, mater clementiae. Ave plena gratia regina gloriae. Genetrix egregia prolis eximiae quae sedes in gloria coelestis curiae. Regis coeli regia mater et filia. Castrum pudiciae stellaque prae via...«

In einer anderen Fassung *zusätzlich* eine Stimme mit dem normannischen Text: »Duce creature virgine Marie chaste nette et pure es sans vilenie; parvus est la dure mort a ceaus finie. Ki humeine figure ont la dreite vie...« (nach Besseler/Gülke 1973)

Häufig sind die TEXTE auch in der Sprache verschieden, etwa der eine lateinisch und der andere französisch, beide aber – jedenfalls in der ersten Phase der Motettenkomposition – immer auf den Text des dem Ganzen zugrundeliegenden Gregorianischen Cantus firmus bezogen. Die Stimmen sind in ihrer musikalischen Faktur, vor allem in ihrem Bewegungsduktus, voneinander verschieden und dementsprechend in der Regel in verschiedenen rhythmischen Modi der Modalnotation aufgezeichnet. Sie sind stets in Stimmen (also nicht wie die Organa der Notre Dame-Schule in Partitur) jedoch gemeinsam auf dem Lesefeld einer Seite notiert: der Cantus = Tenor als Fundament und Bezugsgrund des Satzes unten über die ganze Breite der Seite geschrieben, darüber in Spalten der Motetus auf der einen Hälfte der Seite, das Triplum auf der anderen. Wenn die Vorstellung von Stimme und Stimmigkeit im musikalischen Satz so zutrifft, dann geht die Komposition nicht nur in jedem Falle und völlig selbstverständlich von einem Cantus prius factus aus, sie schichtet auch Stimme auf Stimme, so daß das Ganze als Ganzes gleichsam erst sekundär entsteht und keineswegs – zunächst wohl nicht einmal in der Vorstellung – vorgegeben ist (Gülke, 1975: »additive Struktur des Satzes«). Dem genau entsprechend sind viele Motetten bekannt, die in verschiedenen Handschriften bei gleichem Satz von Tenor und Motetus mit verschiedenen Tripla überliefert sind; dem entsprechend kann man sodann zu jeder Motette jederzeit eine weitere Stimme hinzukomponieren oder eine vorhandene durch eine neu komponierte ersetzen. Der erhaltene Gesamtbestand an Motetten zwischen etwa 1190 und 1270 beträgt rund 360 Stücke (Tischler 1987). Anonym wie die Werke sind, ist die Überlieferung: meist in umfangreichen Sammelhandschriften.

Mit der zunehmenden Verselbständigung der Texte in den Motetten und mit der wachsenden Zahl der nicht mehr auf Notre Dame-Klauseln zurückgehenden sondern neu komponierten Stücke wächst das Repertoire aus dem geistlichen Bereich hinüber in den weltlichen. Dennoch bleiben noch weitgehend Gregorianische Cantus als Tenores in Gebrauch, allerdings wird ihr Text meist nicht mehr ausgeschrieben, sondern nur mehr mit einem Stichwort verzeichnet, und die Oberstimmentexte nehmen immer häufiger keinerlei Bezug mehr auf ihn. Der Gregorianische Cantus bildet nicht nur technisch die Grundlage der Komposition, er garantiert vor allem – und das ist für die Zeit selbst das Wichtigere – die notwendige Bindung des Neuen an die Tradition und des Weltlichen an das Geistliche.

Der Vorstellung von Stimme und Stimmigkeit entspricht auch die Art der Aufführung der Motetten. Wie wir vor allem aus zahlreichen Bildzeugnissen wissen, sind die Stimmen in der Regel einfach oder höchstens doppelt besetzt, wobei Vokalstimmen und Instrumente, und zwar möglichst Instrumente verschiedenen Klangcharakters, zusammenwirken, so daß in einer Art »Spaltklang« (Besseler) jede einzelne Stimme der Komposition hörbar werden kann. Vokales und Instrumentales sind an der musikalischen Faktur allerdings nicht zu unterscheiden.

Mit der neuen Kunst des Komponierens und ihrer Voraussetzung, nämlich der Bindung an die Schrift, ist der gesellschaftliche Ort dieser Musik gegeben. Anders ausgedrückt: die Notenschrift und die musikalische Kompositionstechnik, vielmehr die geistige Tat der Entdeckung und Erfindung, also des Denkens neuer, in der Natur der Musik weder »vorgesehener« noch »angelegter« Möglichkeiten zum Entwerfen und Machen von Musik, bestimmt den Ort im Bereich des Geistigen. Diese Kunst ist (und soll für Jahrhunderte bleiben) eine Kunst derer, die erstens lesen und schreiben können, und die zweitens in dieser Kunst erzogen und gebildet sind (»sapientium societas«, »valentes cantores et layci sapientes«; »die Gemeinde der Wissenden«, »potente Musiker und wissende Laien«, so Jacobus von Lüttich), sie ist damit eine Kunst besonders der Klöster und Klosterschulen aber auch der Universitäten und der höfischen Stände. Diese Kunst der komponierten Musik lebt auf einem gesellschaftlich eng begrenzten Feld als ein schmaler Bereich von Musik neben jenem großen und weiten Bereich der Musik *aller* Menschen einer Musikkultur, den es selbstverständlich immer gab und gibt, und der damals mitnichten ausschließlich Volksmusik im heutigen engen Sinn des Begriffs umfaßt, zu dem vielmehr alle in mündlicher Überlieferung lebende Musik gehört, vom Wiegen- und Kinderlied und vom Tanzlied bis zum Kirchenlied, von der Tanzbodenmusik und der höfischen Tanzmeistermusik bis zur höfischen Festmusik und zur »freien« Instrumentalmusik auf der Orgel in der Kirche.

Obwohl die neue Motette in einem neuen Sinne komponiert ist und damit jetzt Werkcharakter hat, bleibt sie doch in aller Regel anonym, denn um Opera von Komponisten, um »Opus-Musik« (Eggebrecht), handelt es sich keinesfalls. Die Namen, die wir aus jener Zeit kennen, sind noch immer vornehmlich die von Theoretikern, und diese befassen sich selbstverständlich zuerst mit Problemen der Notation und der Notenschrift, die noch immer die Hauptprobleme der Komposition sind. An erster Stelle ist hier Johannes de Garlandia der Ältere (um 1240) zu nennen, dann Jacobus von Lüttich (um 1260 – nach 1330), dessen spätes *Speculum musicae* um 1323 noch einmal die Kunst der Notre Dame-Schule und der frühen Ars antiqua mit beredten Worten gegen die Ars nova verteidigt. Sein Werk ist ein Gegenstück zu den »Summae« der Scholastik und definiert dementsprechend den Musikbegriff der Zeit sorgfältig; dieser Musiktraktat ist der umfangreichste des ganzen Mittelalters. Von höchster Bedeutung ist sodann Franco von Kölns *Ars cantus mensurabilis* (um 1280), die, obwohl im Grunde auch »nur« ein Notationstraktat, in gewisser Weise den Ausgangspunkt für die neue Theorie der Mehrstimmigkeit bildet, die deshalb bis ins 15. Jahrhundert immer wieder abgeschrieben, zitiert und kommentiert wird.

Freilich bedeutet aufs Ganze gesehen die »FRANCONISCHE NOTATION« auch den Wendepunkt in der Entwicklung unserer Notenschrift, denn hier ist der Weg zur Eindeutigkeit des einzelnen Zeichens zum erstenmal konsequent eingeschlagen, außerdem ist hier zum erstenmal die »Takteinheit« (Perfectio) als solche beschrieben und in ihrer Funktion für die Regelung der Konsonanzverhältnisse erkannt: »utendum est semper concordantiis in principio perfectionis« (»am Beginn einer Takteinheit muß man immer eine der Concordanzen verwenden«). Der Franzose Petrus de Cruce treibt diese Entwicklung im letzten Drittel des 13. Jahrhunderts weiter: In Motetten des sogenannten PETRUS DE CRUCE-STILS findet man in den Tripla andere Unterteilungen der Brevis als bisher; jetzt sind nicht mehr nur drei, sondern vier und mehr Semibreves auf eine Brevis möglich, und damit erhält die Oberstimme eine neue Beweglichkeit und andere Möglichkeiten der Melodiebildung.

Zu den wichtigsten THEORETIKERN gehört schließlich Johannes de Grocheo (13./14. Jh.) in Paris, der anders als fast alle Musiktheoretiker vor und nach ihm auf die *praktische* Musikübung seiner Zeit eingeht und dabei eine Art Musiksoziologie der verbreiteten Gattungen und der Instrumente gibt, wobei er eine sonst nirgendwo begegnende Dreiteilung der Musik einführt: die einstimmig-umgangsmäßige Musik, die komponierte Polyphonie und die Gregorianik. Grocheo beschreibt damit die Umfelder der Musik, ihre »sozialen Regelkreise« (Gülke), und er läßt zugleich erkennen, daß sich diese zu seiner Zeit verändern und daß die neue Kunst in neuer Weise elitär geprägt ist.

Von besonderer Bedeutung ist schließlich der Engländer Walter Odington, nicht nur weil er um 1320 wichtige Probleme der Übergangszeit von der Ars antiqua zur Ars nova erörtert, sondern auch, weil er über die englische Musik und ihre Eigenheiten und Sondertraditionen berichtet, die dann in den heraufziehenden Jahrhunderten der Ausbildung der Polyphonie tiefgreifenden Einfluß gewinnen sollen. Er ist es, der als erster den Hinweis gibt, daß große und kleine Terzen, obwohl sie nicht zu den perfekten Konsonanzen gehören, »von den meisten« für konsonant gehalten werden, jedenfalls für »lieblich klingend«.

Die in der Notre Dame-Epoche neben den Organa und Klauseln wichtige Gattung des mehrstimmigen CONDUCTUS tritt in der Ars antiqua zurück, weil ihr Prinzip des gemeinsamen Textvortrags und der Gleichartigkeit der Stimmen dem der motettischen Polyphonie entgegengesetzt ist. (Konsequenterweise sind die wenigen Conductus in den Motetten-Handschriften auch weiterhin in Partitur notiert.) Der ebenfalls bereits im Notre Dame-Repertoir begegnende für Instrumente bestimmte (und ebenfalls meist in Partitur notierte) HOQUETUS lebt indessen weiter. – Im Satz dem Conductus ähnlich, jedoch mit der Hauptstimme nicht in der Unter- sondern in der Mittelstimme, eintextig und – deshalb – meist in Partitur notiert, sind die ältesten volkssprachlichen »Lieder« in polyphoner dreistimmiger Komposition, die sich im 13. Jahrhundert als Gattung verbreiten und die man RONDEL (RONDEAU) nennt. Von 16 solchen Stücken kennen wir sogar den Komponisten – weil Adam de la Halle (1237/45-1287/1306), der Dichter des berühmten *Jeu de Robin et de Marion,* als Trouvère so bekannt ist, daß ihm schon in seiner Zeit die Ehre einer Gesamtausgabe seiner Werke zuteil wird. Die anderen Gattungen von LIED und TANZ: Rondeau, Virelai, Ballade, Estampie, und alle anderen höfischen Danses werden ebensowenig wie die Kunst der Trouvères mehrstimmig komponiert, sie werden in aller Regel nicht einmal aufgezeichnet, sie leben vielmehr als Kunstmusik neben der volkstümlichen Musik im großen Bereich »mündlicher Musik«.

Zu bemerken ist schließlich, daß sich im 13. Jahrhundert ALTE UMGANGSMÄßIGE FORMEN mehrstimmigen nicht-polyphonen Musizierens mit der Polyphonie verbinden, und zwar besonders dann, wenn volkssprachliche Texte dies nahelegen, und dort, wo – wie offenbar in England – sich der Bereich der komponierten Musik nicht ganz so weit von dem der mündlichen Kunstmusik und der Volksmusik entfernt hat. Hier treten melodische Praktiken, die beim Musizieren in Klangräumen und über Wechselklängen üblich sind, in Kompositionen als (schein-)polyphone Techniken in Erscheinung: Beim Stimmtausch findet zwischen zwei oder auch mehreren Stimmen gleicher Lage abschnittsweise ein Austausch der Melodienteile statt: *a b a b a*

a b a b a b

Dieses Verfahren wird von der zeitgenössischen Theorie als typisch für eine GATTUNG RONDELLUS beschrieben, etwa von Johannes de Garlandia d. Ä. (um 1240 in Frankreich) oder von Walter Odington (um 1320 in England): »Rondellus, id est cantus rotabilis vel circumductus«.

Bei der ROTA (Rotulum; deutsch: Radel) erscheint ein nahe verwandtes Verfahren. Hier wird eine Melodie so geführt, daß sie in ihren Anfang zurückkehrt und (beliebig oft) wiederholt werden kann. Wichtiger als die Melodierückführung ist aber der Bau. Die Abschnitte gehören mit gleichlangen Teilen jeweils bestimmten Klängen (später »Harmonien«) zu, die im Wechselverhältnis stehen. Wenn man hier eine Stimme mit mehreren Sängern derart singt, daß man entsprechend einer zugehörigen Kanon-Anweisung nacheinander in bestimmten Abständen einsetzt, dann entsteht ein unendlicher Kanon, der freilich nicht auf einer linear-polyphonen Technik, sondern auf einer klanglich-mehrstimmigen Praxis beruht. Das berühmteste Stück, in dem diese Technik – die, wie wir gesehen haben, in den Oberstimmenkomplexen der großen Notre Dame-Organa zum ersten Mal schriftlich aufscheint – angewandt ist, und das gleichzeitig wie eine Komposition gemacht zu sein scheint, ist der englische *Sommerkanon »Sumer is icumen in«*, von dem schon mehrfach die Rede war.

Wie man auf der Abbildung der folgenden Seite sieht, ist die Oberstimme nur einmal notiert. Aber sie hat einen Canon (lat. Canon = Regel, Anweisung, Vorschrift) vorgeschrieben, das ist eine Anweisung zur Auflösung der Notierung für die praktische Ausführung des Geschriebenen: »Hanc rotam cantare possint quatuor socii« (»Dieses Singradel können vier Freunde zusammen singen«). Im *Sommerkanon* und in den zahlreichen verwandten Stücken des 13. und 14. Jahrhunderts – wie in dem Frühlingslied *»Veris ad imperia, eya«* oder auch in der dreistimmigen *Doppelmotette »Homo luge! – Homo miserabilis – Brumas e mors«* (um zwei in gewisser Weise extreme Beispiele zu nennen) – schlagen Elemente aus dem Urgrund der Musikkultur in die schriftliche Komposition durch.

Man kann im Motetten-REPERTOIRE der Ars antiqua einen älteren Teil, entstanden in den mittleren Jahrzehnten des 13. Jahrhunderts, und einen jüngeren, entstanden zwischen etwa 1280 und 1320, unterscheiden. Den älteren Teil verbindet man gewöhnlich mit den Namen Franco von Köln (13. Jh.) und Adam de la Halle (um 1237/45-1287/1306), und dies, obwohl von jenem gar keine Musik erhalten und dieser als Trouvère in die Musikgeschichte eingegangen ist. Aber Francos verbreiteter Mensuraltraktat *Ars cantus mensurabilis* fungiert als eine Art Haupt-Lehrbuch der Epoche, und Adam ist einer der wenigen namentlich bekannten Komponisten, weil seine 5 dreistimmigen Motetten und 16 dreistimmigen Rondeaux in einer Art von Gesamtausgabe des Dichters enthalten sind. Den jüngeren Teil verbindet man gewöhnlich mit Petrus de Cruce (letztes Drittel des 13. Jahrhunderts). Musikalisch unterscheiden sich die Motetten des JÜNGEREN REPERTOIRES von denen des älteren vor allem im Rhythmus der Oberstimmen und in der Bewegungsart. Die Voraussetzungen für diese Veränderungen waren in der Notenschrift zu schaffen, nämlich mit neuen Möglichkeiten, die zeitliche Komponente der Musik schriftlich zu fixieren und damit sichtbar zu machen, also ein System der Notierung des

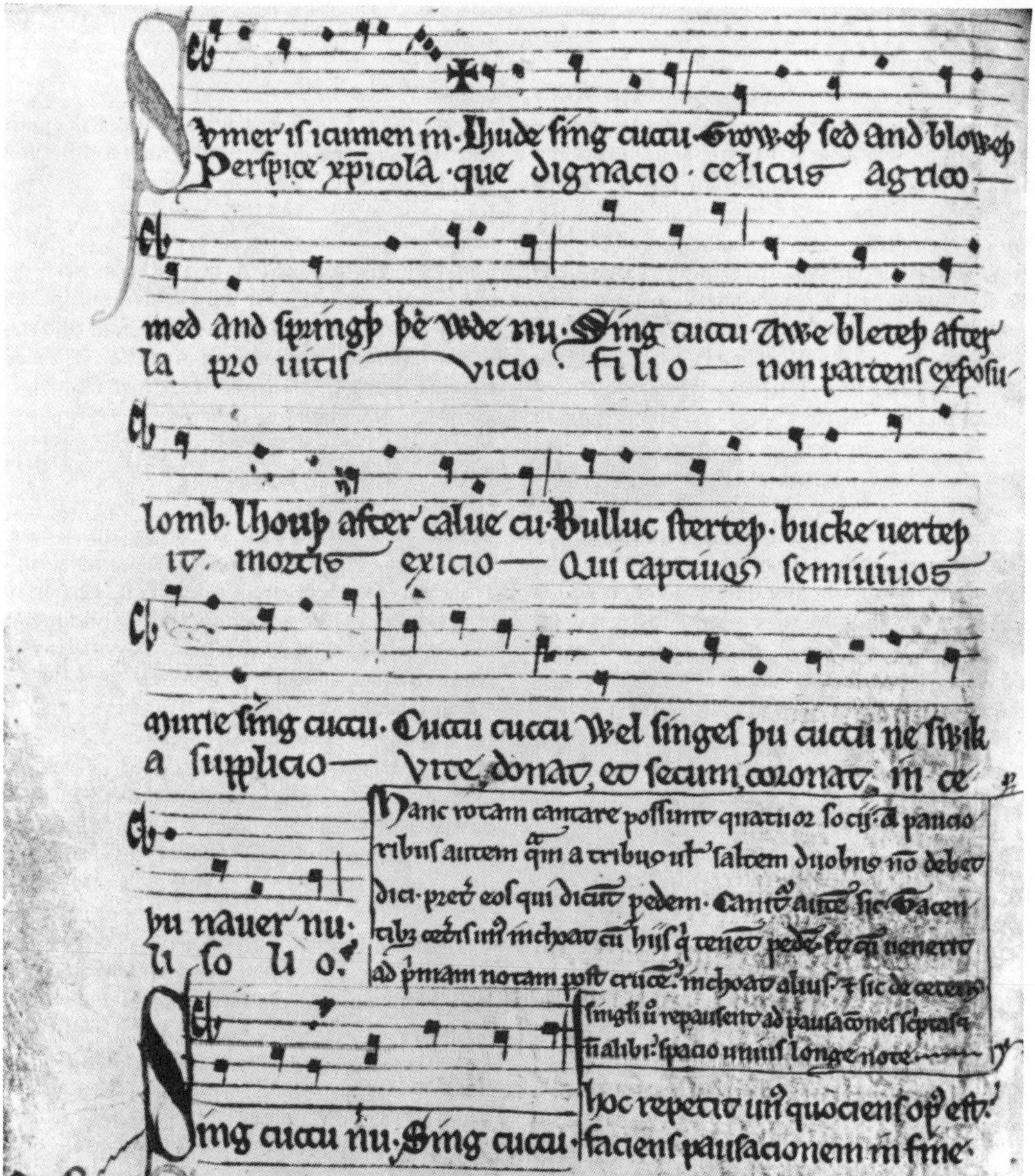

(nach: dtv-Alas zur Musik, 1977)

Rhythmus zu entwickeln. Die QUADRAT-NOTATION in Verbindung mit der MODUS-LEHRE der Ars antiqua war eine Art Gruppennotation, bei der der Wert der Einzelnote nur aus bestimmten Konstellationen von Noten abzulesen ist. Mit ihrer Hilfe war es nicht möglich, die größere Beweglichkeit im Triplum der Motetten des späteren 13. Jahrhunderts notenschriftlich wiederzugeben und den Wünschen und Möglichkeiten neuer Komposition im Hinblick auf eine differenziertere Rhythmik nachzukommen. Dazu wird – jetzt erst und zugleich jetzt endlich – notwendig, der Einzelnote einen bestimmten Wert zu geben.

Man sieht, die Probleme musikalischer Komposition hängen unmittelbar an denen der Notenschrift – übrigens nicht nur damals, sondern immer, nur nicht immer gleich deutlich erkennbar –, und so ist es eher selbstverständlich als erstaunlich, daß die mit dem 14. Jahrhundert in Frankreich anhebende neue Epoche der Musikgeschichte ihren Namen »Ars nova« von der neuen Art der Notation erhält und keineswegs schon von einer »Neuen Musik«.

6. Ars nova: das 14. Jahrhundert in Frankreich

»ARS NOVA«, »Neue Kunst«, – wir denken dabei ganz selbstverständlich, nämlich von unserer eigenen Kunstanschauung ausgehend, an eine Erscheinung, die der der »Neuen Musik« des 20. Jahrhunderts vergleichbar ist. Aber weder darf man »Ars« ohne weiteres mit »Kunst« übersetzen, noch darf man die Komponisten des 14. Jahrhunderts zu »Neutönern« ernennen. »Ars nova« ist hier nur der Titel eines Notationstraktats von Philippe de Vitry (1291-1361), in dem neue Möglichkeiten zur Notierung vor allem der rhythmischen Komponente der Musik beschrieben sind. In der neueren Musikgeschichtsschreibung hat Hugo Riemann den Begriff »Ars nova« dann als Epochenbegriff verwendet. Außer im Titel von Philippe de Vitrys Traktat kommt die Kennzeichnung »neu« noch vor im Titel eines Traktats (1321) des Pariser Mathematikers und Musikers Johannes de Muris. Sodann nimmt im 7. Buch seines *Speculum musicae* (um 1323) Jacobus von Lüttich Stellung gegen »moderni cantores« und »aliqui nunc novi«; und schließlich nennt eine Bulle zur Kirchenmusik, die Papst Johannes XXII. 1324/25 in Avignon erläßt, »novellae scholae discipuli«.

Aus historischer Sicht neu ist in dieser Epoche vor allem, daß wir zum erstenmal großen KOMPONISTEN als Personen begegnen, und daß deren Namen sogleich zum Inbegriff ihrer Epoche werden: Philippe de Vitry und Guillaume de Machaut, zu denen sich Johannes de Muris als Theoretiker gesellt. Dem 13 Jahre jüngeren Petrarca erscheint Philippe de Vitry verehrungswürdig als universaler Geist; für die Werke des Guillaume de Machaut werden schon zu seinen Lebzeiten Sammel-Handschriften angelegt und zum Teil prachtvoll ausgestattet. Neu ist sodann die Ausbildung einer Art von musikalischem NATIONALSTIL, nämlich einer ausgeprägt eigenen Art von Musik in Frankreich, zu der die in derselben Zeit in Italien gleichermaßen selbständig ausgeprägte Art der Trecento-Musik in keiner Beziehung steht. Verschieden wie die Musik ist das REPERTOIRE und die ÜBERLIEFERUNG in Frankreich und Italien. Merkwürdig ist sodann die Tatsache, daß man Frankreich und Italien ZENTREN des musikalischen Lebens und der Entwicklung der polyphonen Komposition nennen kann, daß man aber gleichzeitig von Randgebieten, ja Randländern sprechen muß, die ohne erkennbare eigene kompositorische Aktivitäten bleiben wie England, Deutschland, Polen und Spanien. Von anderen Ländern ist kaum etwas oder nichts mehr bekannt, weil die Quellen fehlen – wobei die Tatsache des Fehlens von Quellen selbst von einer gewissen Bedeutung sein kann, freilich nicht sein muß. Während zum Beispiel das blühende Musikleben am Hofe von Aragón seit etwa 1350 spurlos vergangen zu sein scheint, zeugt von der Musik am Hofe von Cypern eine Handschrift mit 226 Stücken, die sich französische Musiker dort zwischen 1413 und 1434 angelegt haben; sie ist eine der wichtigsten Quellen für die französische Musik, allerdings erst der Spätzeit innerhalb dieser Epoche.

Das 14. Jahrhundert ist im *»Herbst des Mittelalters«* (Huizinga 1919/1924) ein vornehmlich weltliches Jahrhundert, anders als das 13.

und mehr als später das 15. Jahrhundert, und auch die Residenz der Päpste in Avignon von 1309 bis 1376 und dann noch von Gegenpäpsten bis 1417 beeinflußt die allgemeine Geisteshaltung nur wenig. Die spätmittelalterliche französische Feudalkultur ist seit der Thronfolge des Hauses Valois 1328 eher auf eine romantische Erneuerung des Rittertums und des Minnesangs gestimmt, und in der Übereinstimmung damit liegt der Ruhm des berühmtesten Musikers der Zeit, des »Dichtermusikers« Guillaume de Machaut begründet: Mehr als die Hälfte der überlieferten französischen mehrstimmigen Stücke stammt von ihm. Im musikalischen REPERTOIRE dominieren die Motetten und die weltlichen Lied- und Refrainformen von Ballade, Rondeau und Virelai. Zugleich allerdings begegnen hier die ersten Vertonungen von Stücken des Ordinarium Missae.

Wichtigste Gattung der Musik ist wie zur Zeit der Ars antiqua auch in der Ars nova die MOTETTE und zwar mit dem aus dem 13. Jahrhundert stammenden Typus der dreistimmigen DOPPELMOTETTE mit zwei verschiedenen Texten in Motetus und Triplum, meist beide lateinisch, weniger häufig beide französisch, nur noch selten lateinisch und französisch nebeneinander. Konstruktionsgrundlage ist der Tenor, dessen Melodie noch immer meist ein Bruchstück einer Gregorianischen Weise ist. Ist die Motette vierstimmig, so tritt neben den Tenor in derselben Lage ein Contratenor; die satztechnische Funktion des Contratenors ist im Motettensatz und im Cantilenensatz jedoch verschieden (Apfel).

Eine ebenso wichtige wie merkwürdige Eigentümlichkeit vieler Sätze der französischen Ars nova ist, daß sie nach dem Bauprinzip der ISOPERIODIK oder der ISORHYTHMIK angelegt sind.

»Wer mehrstimmige Stücke komponieren will, muß zuerst den Tenor einrichten und ihm modus und mensura geben, denn der wichtigere Teil des Ganzen muß zuerst geformt werden, weil erst danach die anderen Teile geformt werden durch seine Vermittlung« (Johannes de Grocheo). Bei isoperiodischer Bauweise geschieht die Einrichtung des Tenors so: Zuerst wird ein erster Abschnitt der Tenor-Melodie mit längeren Notenwerten in bestimmter Weise rhythmisiert. Diese Rhythmisierung wird sodann auf die folgenden Melodieabschnitte des Tenors übertragen, so daß identische rhythmische Perioden mit verschiedener Melodik entstehen. Den rhythmisch fixierten Abschnitt nennt man »talea« (nach französisch taille = Abschnitt). Da die Motetten der Ars nova im allgemeinen von großer Ausdehnung sind, sind die liturgischen Cantus firmi oft zu kurz, um den ganzen Tenor eines Stücks zu bilden. Der Tenor setzt sich dann aus Wiederholungen des Cantus firmus zusammen. Eine solche Wiederholung des Cantus firmus nennt man »color«. »Color« und »talea«, Wiederholung der Melodie und Wiederholung rhythmischer Abschnitte, kommen häufig zusammen vor. Es ist jedoch nicht nötig, daß sie sich auch decken.

Eine Motette, bei der nur der Tenor in rhythmisch identische Perioden gegliedert ist, oder bei der außer der Gliederung im Tenor die Anlage zu solcher Gliederung im Oberbau der anderen Stimmen zu finden ist, nennt man *isoperiodisch.* Eine Motette, bei der der Oberbau ebenso wie der Tenor sich aus rhythmisch identischen, melodisch und im Zusammenklang aber verschiedenen Teilen zusammensetzt, nennt man *isorhythmisch.* Die Isorhythmik, die durch Verkürzung der Notenwerte bei der Wiederholung, rückläufige Wiederholung der Perioden und andere Kunstfertigkeiten kompliziert wird, ist ein konstruktives Element der Komposition, man kann sie nicht hören. Welche Bedeutung aber gerade dem Konstruktiven in jener Zeit beigemessen wird, ist daran zu erkennen, daß man bis ins 15. Jahrhundert Motetten für besondere Anlässe, etwa »STAATSMOTETTEN«, bis ins 16. Jahrhundert isorhythmisch anlegt, obwohl Isorhythmie im 15. und 16. Jahrhundert sonst nicht mehr verwendet wird (Dammann 1953; Dunning 1969).

Ein besonderer Zug ist sodann das Höfische, das in BALLADEN, RONDEAUX und den VIRELAIS zur Geltung kommt. Diese drei verschiedenen, durch den Refrain aber verwandten dichterischen Gattungen sind musikalisch als *eine* Gattung der Mehrstimmigkeit anzusehen. Friedrich Ludwig hat sie »französische Balladenform« genannt, Arnold Schering »Diskantlied«, Jacques Handschin »Cantilena«. Der Satz wird als »Liedsatz« oder als »Cantilenensatz« (Besseler) bezeichnet. Die Ausführung geschieht in der Regel durch eine Singstimme – meist wohl eine falsettierende Männerstimme – und zwei begleitende Instrumente.

Aus dem 14. Jahrhundert stammen die ersten vollständigen Vertonungen des ORDINARIUM MISSAE (Kyrie, Gloria, Credo, Sanctus, Agnus Dei): als wahrscheinlich älteste die dreistimmige *Messe von Tournai* (nach dem Aufbewahrungsort der Handschrift benannt) aus der 1. Hälfte des Jahrhunderts, als bedeutendste die vierstimmige *Messe von Machaut* (1364).

Die zusammenhängende Vertonung des Ordinarium Missae, die im 15. Jahrhundert die Kirchenmusik bestimmen wird, ist als Folge eines Wandels in der Liturgie zu verstehen. Die Messe verliert in dieser Zeit mehr und mehr den Charakter einer Liturgie, das heißt einer öffentlichen Handlung der Gemeinde mit dem Liturgen. Die Liturgie wird dem Priester allein überlassen, die Missa lecta, die »Stille Messe«, kommt auf. Dadurch wird der Sängerchor seiner Aufgabe bei der liturgischen Handlung beraubt; er konzentriert sich auf die von der Liturgie nun in gewisser Weise losgelöste selbständige »musikalische Messe«.

Die Notenschrift der Ars nova ist die ausgebildete französische Mensuralnotation, deren System bei Philippe de Vitry und Johannes de Muris systematisch behandelt ist. In den Oberstimmen herrschen die Notenwerte Minima und Semiminima. Die zweifache Unterteilung der Notenwerte ist gleichberechtigt mit der dreifachen. Zur Kennzeichnung der für die bewegten Oberstimmen besonders wichtigen Verhältnisse in »Tempus« und »Prolatio« werden Zeichen eingeführt, auf die noch unsere heutigen Taktvorzeichnungen C und ¢ (nämlich Halbkreis und Halbkreis mit einem Punkt) zurückgehen. Der vorübergehende Wechsel von einem dreizeitigen in einen zweizeitigen Rhythmus (und umgekehrt) wird durch Colorierung, durch eine andere Farbe der Noten (meist rot) gekennzeichnet.

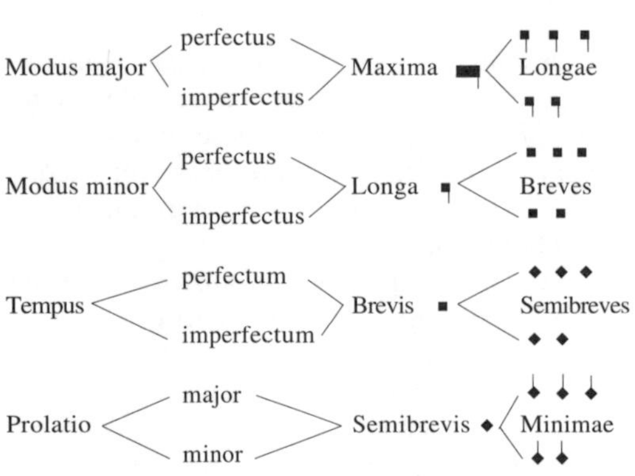

Mit diesem System der notenschriftlichen Aufzeichnung der zeitlichen Komponente der Musik ist die Möglichkeit der Fixierung und damit der Komposition des musikalischen Rhythmus gegeben. Gleichzeitig ist damit aber auch eine Verarmung programmiert, weil von nun an alle freien Zeitgliederungen, die sich diesem System nicht unterordnen lassen, für die Kunstmusik (und später in deren Schatten überhaupt für die Musik) verloren gehen. Andererseits allerdings tut sich ein neuer Reichtum von Möglichkeiten auf, weil der Zeitfaktor in der Musik nun komponierbar, nämlich unabhängig von Tradition und Usus der musikalischen Praxis und der Überlieferung in musikalischen Überlegungen als Element der Komposition einsetzbar wird. Hier beginnt der Prozeß, durch den sich die europäische Kunstmusik am weitesten von allen anderen Musiken der Welt trennen sollte, nämlich im Reichtum – und zugleich in der Armut der Rhythmik.

1309-1376 Papstresidenz in Avignon

Papst Clemens V. verlegt, eingeschüchtert vom absolutistisch herrschenden französischen König Philipp IV., dem Schönen, den Sitz der Kurie nach Avignon (1415/17 Residenz auch von Gegenpäpsten; »Babylonische Gefangenschaft der Kirche«) und beginnt eine prächtige, ja luxuriöse Hofhaltung (»man lebt wie Gott in Frankreich«), mit der Avignon zum Mittelpunkt des französischen Musiklebens wird.

um 1316 Musikeinlagen im »Roman de Fauvel«

Der *Roman de Fauvel* ist eine politisch-satirische Rügedichtung vom falben Hengst (oder Esel?), in dem allerlei Laster verkörpert sind. Die zwei Teile (1310 und 1314) sind in mehreren Manuskripten überliefert, von denen eines (geschrieben um 1316) 130 musikalische Einlagen enthält, darunter 34 mehrstimmige Sätze und unter diesen fünf Motetten von Philippe de Vitry.

nach 1320 Philippe de Vitry (1291-1361): Notationstraktat »Ars nova«

Anders als bei Johannes de Muris sind in diesem, mit den Worten »Ars nova« beginnenden Notationstraktat die Probleme der Komposition als Probleme der Notierung behandelt. Der Verfasser interessiert sich nicht mehr für die alte Frage nach »Musik und Zahl« und auch nicht mehr für die »Klassifikation der Musik« (»Musicae tria sunt genera: mundanum, humanum, instrumentale«) sondern für die des musikalischen Kunstwerks. Damit weist er den Weg für eine neue, realistische Musiktheorie. – Nach diesem Traktat hat zuerst Hugo Riemann die ganze Epoche in Frankreich »Ars nova« benannt.

1321 Johannes de Muris (um 1295 – nach 1351): Musiktraktat »Notitia artis musicae (Ars novae musicae)«

Der Titel ist nur der des ersten Teils eines mehrteiligen Traktats. Hier beschreibt ein Lehrer der vom Numerus beherrschten Fächer des Quadriviums in den Septem Artes Liberales, nämlich der seit 1321 an der Sorbonne lehrende Professor für Mathematik und Theorie der Musik Johannes de Muris, die Bindung der Musik an Zahl und Zahlenverhältnisse. Dabei überhöht er die Weltsicht des Mittelalters noch einmal, und zwar im Anschluß an Boethius, also an die Tradition, trotzdem aber auf durchaus neue, zeitgemäße Weise. Der zweite Teil des Traktats mit dem Titel »Musica practica« gibt, jedenfalls im Entwurf, ein vollständiges System der musikalischen Zeitordnung, wobei er die Teilung von Longa und Brevis in zwei kleinere Notenwerte nun als gleichberechtigt neben der Dreiteilung konstatiert.

1324 Guillaume de Machaut (* bei Reims zwischen 1300 und 1305, † Reims 1377): Motette »Bone pastor Guillerme – Bone pastor qui pastores – Bone pastor«

Das erste im engeren Sinne datierbare Werk Machauts (von etwa 140 Werken) – und der abendländischen Musik überhaupt.

1324/25 Papst Johannes XXII. (1316-1334): Bulle »Docta sanctorum« zur Kirchenmusik

Mit diesem Erlaß versucht der Nachfolger von Clemens V., der Ausbreitung der mehrstimmigen Musik in der Liturgie Einhalt zu gebieten. Seit dem Konzil von Lyon 1274 schon verstummen die Klagen nicht mehr, daß die mehrstimmige Musik den einstimmigen Gesang der Kirche verdränge, während doch allein Gregorianische Weisen den Text in seiner liturgischen Funktion zur Geltung kommen lassen und ihn verständlich machen, in den mehrstimmigen Kompositionen hingegen der Text nicht zu verstehen ist. »... Die Kirchenmusik soll nach alter guter Tradition in unversehrter Reinheit wiederhergestellt werden; für die Festtage sind jedoch [mehrstimmige] Gesänge in vollkommenen Konsonanzen angängig und angenehm.« Das also ist entscheidend, daß hier kirchlich verwendbare Mehrstimmigkeit zugelassen wird, jedoch für bestimmte Anlässe und unter bestimmten Bedingungen. Dadurch, daß der Papst dieses Decretale in die große Decretaliensammlung aufnimmt, verschafft er ihm einen Nachdruck, der bis in die Vorberatungen zur kirchenmusikalischen Reform des Tridentinums (allerdings nicht mehr in dessen Beschlüsse) hineinreicht.

1364 Krönung Karls V., des Weisen, zum französischen König in Reims

Wahrscheinlich zu diesem Anlaß entsteht die *Messe* von Machaut, der erste zusammenhängende große Ordinarium-Zyklus der Musikgeschichte und zugleich eines der großen Kunstwerke des Jahrhunderts. Im hohen Anlaß liegt sicherlich auch der Grund für die in jener Zeit außergewöhnliche Vierstimmigkeit und für die ebenfalls ganz außergewöhnliche Ausdehnung des Werks – wodurch nach dem Verständnis der Zeit auch das innere Gewicht gegeben ist.

Wie kein mittelalterliches Stück Musik hat die *Messe von Machaut* im 20. Jahrhundert Aufmerksamkeit gewinnen und auf die Musik des Mittelalters lenken können. Auch ist an den zahlreichen Aufführungsversuchen von den 30er Jahren an (z. B. Ensemble »Pro musica antiqua« unter Safford Cape) bis zu denen der 50er Jahre, von denen man zum erstenmal annehmen konnte, daß ihnen eine gewisse Gültigkeit der Interpretation zukommt (Alfred Deller mit seinem Ensemble), der Fortschritt in der Beschäftigung und in der Kraft der Vorstellung für diese zunächst so fremde Musik zu erkennen.

1377 Doppelballade auf den Tod von Guillaume de Machaut

Auf den Tod dieses größten Musikers seiner Zeit und zugleich eines der Großen der französischen Literatur schreibt F. Andrieu im Spätstil Machauts eine *Doppelballade »Armes – O flour«* (Text von E. Dechamps). Damit beginnt die französische Spätzeit des musikalischen 14. Jahrhunderts.

7. Trecento: das 14. Jahrhundert in Italien

In Italien findet man – von Beispielen in Musiktraktaten abgesehen – mehrstimmige Musik zum ersten Mal im 14. Jahrhundert. Gleichzeitig mit der Ars nova in Frankreich, jedoch davon ganz unabhängig, blüht hier eine WELTLICHE MUSIK, die durch Freude an einer weiträumigen ausdrucksstarken »cantabilità« und durch übersichtliche und vor allem sehr »harmonisch« klingende Zusammenklangsfolgen gekennzeichnet ist. Sie ist vokal empfunden, aber doch wohl von Sängern und Instrumentalisten gemeinsam aufzuführen. Ihr fehlt das Konstruktive, das als charakteristischer Zug der französischen Ars nova-Musik angesehen werden muß. Man findet hier fast keine Motetten. Die vom Tenor-Cantus firmus ausgehende Bauweise fehlt, ebenso fehlen Mehrtextigkeit und Isorhythmie.

Die geistige und menschliche Haltung, die der italienischen Trecento-Musik zugrunde liegt, scheint weniger der Gotik als der Renaissance zuzugehören. Freilich ist ihre Zeit auch die einer neuen (von einer Art Bürgertum geschaffenen und behaupteten) wirtschaftlichen und politischen Macht der ehrgeizig aufstrebenden Stadtstaaten Mittel- und Oberitaliens, die Zeit der neuen Kunst eines Giotto (1266-1337) und seiner Schule und einer neuen Literatur, die zwar noch unter dem Einfluß Dantes (1265-1321) steht, aber mit Petrarca (1304-1374) und Boccaccio (1313-1375) selbständig wird und höchste Bedeutung erlangt. Auf der anderen Seite weisen die musikalische Satztechnik und die Tonalität der Trecento-Musik, und zwar gerade auch in den Werken des Francesco Landino, zurück auf die mittelalterlichen Techniken und die tonale Grundlage des Parallel-Organums und auf das damit zusammenhängende freie Diskantieren.

Ebenso schnell wie diese weltfreudige Kunst, der so gar nichts »Mittelalterliches« anzuhaften scheint, aufblüht, verschwindet sie wieder; am Ende des Jahrhunderts ist die italienische Musik ganz unter französischen Einfluß geraten.

Die Hauptgattungen der Trecento-Musik sind MADRIGAL, BALLATA und CACCIA, volkstümliche italienische Dichtungsformen mit Refrain, die Ballata zunächst auch getanzt. Am Beginn des Jahrhunderts ist das Madrigal, nach der Mitte die Ballata die wichtigste musikalische Gattung.

Das MADRIGAL hat in der Regel zwei annähernd gleich bewegte Stimmen. Der – von Ausnahmen abgesehen – gemeinsame italienische Text kann die verschiedensten Inhalte haben: Hirten- und Liebeslyrik, Politisches und Satirisches. Die Ableitung des Namens »Madrigal« ist nicht geklärt (von mandra = Herde; oder von matricalis = mütterlich, heimatlich, der Muttersprache verbunden; oder von materialis = weltlich, im Gegensatz zu moralis = geistlich). Mit dem Madrigal des 16. Jahrhunderts hat das Madrigal des Trecento keinen direkten Zusammenhang.

Die CACCIA hat drei Stimmen: Über einem frei erfundenen Tenorfundament (kein Cantus firmus!) bilden die Oberstimmen auf den selben Text einen Kanon. Die Texte schildern Jagd- oder Marktszenen oder andere Begebenheiten des täglichen Lebens in lebhafter realistischer Darstellung. Ob der Name »Caccia« (= Jagd) von der Textgattung bzw. den Textvorwürfen oder von der Musik (wegen der »fuga« der Oberstimmen) abzuleiten ist, ist nicht geklärt. Mit der Chace der französischen Ars nova (drei kanonisch geführte Stimmen ohne Tenorfundament) hat die Caccia nichts zu tun.

Die BALLATA mit einer lebhaft bewegten kantablen Oberstimme über ein oder zwei ruhigeren jedoch durchaus auch kantablen Unterstimmen (kein Cantus firmus!) entspricht als Form dem französischen Virelai, nicht der französischen Ballade. Sie ist bereits im 13. Jahrhundert in Italien, jedoch als einstimmiges Lied zur Begleitung eines Reigentanzes, verbreitet. Gegen Ende des 14. Jahrhunderts erscheint sie mehr und mehr stilisiert und im *drei*stimmigen Satz, dem französischen Kantilenen-Satz (Tenor und Kontratenor mit melodisch führender Oberstimme) verwandt.

Man kann im italienischen Trecento drei GENERATIONEN von Musikern unterscheiden, von denen die letzte jedoch schon in die Zeit des Übergangs zum 15. Jahrhundert gehört, durch den französischen Einfluß gekennzeichnet ist und die Kunst der Niederländer mit vorbereitet. Zur *ersten* Generation – mit dem Zentrum in Florenz – zählt man die Musiker, die das zweistimmige Madrigal und die dreistimmige Caccia pflegen. Die bedeutendsten sind Giovanno da Cascia (auch Giovanni da Firenze) und Jacopo da Bologna. Der Hauptmeister der *zweiten* Generation ist der zu seiner Zeit schon weltberühmte blinde Organist Francesco Landino (oder Landini; * Fiesole um 1335, † Florenz 1397), wohl der bedeutendste Musiker der ganzen Epoche. In dieser zweiten Generation herrscht die Ballata vor, was bereits auf einen gewissen französischen Einfluß weist, der dann die dritte Generation bestimmen soll. Neben Landino sind zu nennen Bartolino da Padua, Ghirardello da Firenze, Lorenzo da Firenze, auch Niccolò da Perugia. Zur *dritten* Generation gehören Paolo Tenorista (Paolo da Firenze), Andrea da Firenze und Niccolò Zachario (Magister Zacharias).

Die HAUPTQUELLE für die Musik des Trecento ist der (nicht vor 1420 geschriebene) prachtvoll ausgestattete *Squarcialupi-Codex* in Florenz (benannt nach einem Besitzer im 15. Jahrhundert). Er enthält 354 weltliche Werke, das ist über zwei Drittel des bekannten Repertoires der Zeit, geordnet nach Komponisten in chronologischer Folge. – Eigentümlichkeiten der italienischen MENSURALNOTATION des Trecento (Theorie: Marchettus von Padua, *Pomerium*) sind die Notierung auf 6 statt auf 5 Linien und die besondere Art der Brevis-Unterteilung, mit der rhythmische Möglichkeiten gegeben sind, die die französische Mensuralmusik nicht kennt.

8. Das späte 14. Jahrhundert in Frankreich und Italien

Der Übergang zum 15. Jahrhundert und dann zu den Niederländern ist weder ausreichend erforscht noch musikalisch befriedigend interpretiert. Italien scheint im ausgehenden Trecento zunehmend unter französischen Einfluß zu geraten; Johannes Ciconia aus Lüttich (um 1335-1411), der erste Niederländer, der in Italien begegnet, pflegt jedenfalls in Padua eine neue Kirchenmusik vor allem mit Motetten französischer Machart. Nach Ciconia als der wahrscheinlich maßgebenden Gestalt nennt Besseler (1952) die ganze Übergangszeit »EPOCHE CICONIA«. – In Frankreich werden die durch Philippe de Vitry und Guillaume de Machaut geprägten Gattungen und Satztechniken der (meist isorhythmischen) MOTETTE und der französischen BALLADE, sowie des RONDEAU und des VIRELAI weiter gepflegt. Die Ballade tritt jedoch als »DISKANTLIED« in den Vordergrund und verdrängt die Motette vom Platz der wichtigsten Gattung mehrstimmiger Musik.

Seit der Rückkehr des Papstes und seiner Hofkapelle von Avignon nach Rom 1376 schwindet der geistliche Einfluß auf die französische Mehrstimmigkeit, vor allem im Süden. Gleichzeitig verlagert sich das Schwergewicht der Musikpflege nach Paris und an den Hof der französischen Könige, wo die hervorragenden Hofkapellen Karls V. (1364-1380) und Karls VI. (1380-1422) die besten Musiker an sich ziehen. In den chaotischen Zuständen, die nach der Niederlage der Franzosen durch die Engländer in der Schlacht bei Azincourt 1415 einreißen, geht die königliche Kapelle jedoch unter. Alsbald freilich ersteht ein neues und bedeutenderes musikalisches Zentrum am Hofe der Herzöge von BURGUND, wo unter Philipp dem Guten (1419-1467) und Karl dem Kühnen (1467-1477) die abendländische Kunst überhaupt einen Mittelpunkt findet und die Musik zu neuer Blüte gelangt. Italienische und französische musikalische Elemente beginnen sich in der Komposition zu mischen. Hinzu kommt ein englisches Element, das am Beginn des 15. Jahrhunderts die Musik entscheidend beeinflußt.

Die wichtigsten QUELLEN für die Übergangszeit sowohl italienischer als auch französischer Musik sind die Handschriften Chantilly (113 mehrstimmige Sätze) und für die geistliche Musik Apt (rund 50 Stücke). – Die MENSURALNOTATION ist zu einem praktikablen Instrument der Komposition ausgereift – freilich jetzt auch durch eine Menge von Zeichen und Hilfszeichen sehr kompliziert.

9. Das 14. und das beginnende 15. Jahrhundert in England und in Deutschland

Wie schon angedeutet, ist der Anteil der englischen Musik an der Entstehung der abendländischen Polyphonie von grundlegender Bedeutung, und dies nicht nur obwohl, sondern weil England im 13. und 14. Jahrhundert gleichsam abseits der großen Entwicklung bei der Ausbildung mehrstimmiger Komposition steht. Es bewahrt dadurch nämlich Elemente einer älteren Stufe der Musik in einer offenbar mehr vorläufigen mehrstimmigen Praxis, die als Konsonanzen Terzen und Sexten und für die Tonartbildung die Töne der Dur-Reihe *c-a* nicht nur zuläßt, sondern gar bevorzugt. Diese Elemente sowohl der Klanglichkeit als der Melodik sollen dann im 15. Jahrhundert bei der Berührung englischer und französischer Musik fruchtbar werden für ein neues musikalisches Denken und für eine neue musikalische Komposition, und zwar so stark, daß man wieder von einer »Ars nova« sprechen wird.

Während im 14. Jahrhundert in Frankreich und Italien die weltliche Musik im Vordergrund steht, sind aus England fast ausschließlich geistliche Werke überliefert. Den Hauptteil bilden Vertonungen des ORDINARIUM DER MESSE, jedoch mit Ausnahme des Kyrie, das in England im 14. Jahrhundert wohl noch vom Volk gesungen wird. Meist tragen alle Stimmen denselben Text vor, es werden aber auch – besonders in den textreichen Stücken des Ordinarium Missae Gloria und Credo – verschiedene Teile des einen Textes gleichzeitig von verschiedenen Stimmen vorgetragen (z. B. im Credo: »in unum deum« und »patrem omnipotentem«). Der Cantus firmus begegnet nicht mehr nur im Tenor, sondern auch in Mittelstimmen, in der Oberstimme oder gar durch die Stimmen wandernd. Die Stücke werden noch häufig wie einst die Organa der Notre Dame-Schule – die freilich im 14. Jahrhundert in England noch abgeschrieben werden, also nicht vergessen sind – in Partitur (statt in Stimmen getrennt) notiert. Neben altertümlichen Stücken wie ORGANA begegnen durchaus auch solche neuester Machart, vor allem aber Stücke mit englischen Eigenheiten wie STIMMTAUSCH-MOTETTEN und RONDELLI in der Art, die schon Walter Odington beschrieben hat. Französische und englische Musik sind also durchaus verschieden, und dementsprechend wird ihre Satztechnik auch von den französischen und den englischen Theoretikern grundlegend verschieden gelehrt, wie vor anderen Ernst Apfel (1955, 1959) im einzelnen nachgewiesen hat.

Die am weitesten verbreitete Setzart in England ist eine eigentümlich konservative, die auf volkstümliche Musizierweisen zurückgeht. Terzen- und Sextenparallelen, die von Quint-Oktav-Klängen ausgehen und wieder in solche münden, bestimmen die Klanglichkeit des Satzes und bringen ein fortdrängendes und zugleich die Klangzentren verbindendes Moment hinein. Diese in England »FABURDEN« und später in Frankreich »FAUXBOURDON« genannte Satztechnik wird im 14. Jahrhundert in England als improvisatorische Praxis der Ausführung von liturgischen Weisen geübt (der sogenannte englische Diskant), wie mehrere Theoretiker beschreiben. Sie begegnet um 1430 zum erstenmal in Kompositionen des Festlandes, und zwar bei Dufay.

Die HAUPTQUELLE der englischen Musik zwischen 1360 und 1440 ist das Old Hall-Manuskript, in dem rund 150 Stücke (drei- und vierstimmige Messen-Sätze, Motetten und Antiphonen; wohl das Repertoire der Chapel Royal) von Leonel, Forest und anderen Meistern der Englischen Schule, darunter auch eine (isorhythmische) Motette von Dunstable, überliefert sind. Zweite wichtige Quelle sind die Trienter Codices, deren Hauptinhalt zwar Kompositionen der Niederländer sind, die aber auch 30 Stücke von Dunstable, 10 von Leonel und zahlreiche von anderen Komponisten der Englischen Schule enthalten.

Wenige mehrstimmige Stücke sind auch aus DEUTSCHLAND überliefert: in der Liederhandschrift aus Kloster Mondsee, die man dem Mönch von Salzburg (um 1400) zuschreibt, und von Oswald von Wolkenstein (um 1377-1445); sie hängen in besonderer Weise mit dem einstimmigen deutschen Lied zusammen und weisen in ihrer Machart auf das mehrstimmige deutsche Tenorlied des 15. Jahrhunderts voraus. – Auch im OSTEN kennt man die modernen Formen: ein Absenker der Epoche Ciconia entfaltet sich in den 1420er Jahren am polnischen Königshof in KRAKAU mit italienischer wie mit einheimischer Musik.

IV. Die Ausbildung der Vokalpolyphonie im Niederländischen Zeitalter der Musik: 1430 bis etwa 1550

1. Vorüberlegungen zur Renaissance in der Musik

Keineswegs ist der Begriff »Renaissance« für die Musikgeschichte so selbstverständlich verwendbar, wie man meinen möchte. Dies kann schon allein damit deutlich werden, daß viele, ja wahrscheinlich die meisten im Zusammenhang von Renaissance in der Musik sofort an die neue Gattung Oper denken, nicht aber so ohne weiteres an Palestrina. Die Sache steckt voller Probleme, und diese faßt am besten F. Blume zusammen (1963):

> »Den Begriff der ›Renaissance‹ als Bezeichnung für eine Epoche der Kultur- und Geistesgeschichte aufrechtzuerhalten, bleibt, allen Bedenken und Einwänden zum Trotz, guter Grund. Burckhardts Kernsatz bleibt zu Recht bestehen: ›Die Renaissance wäre nicht die hohe weltgeschichtliche Notwendigkeit gewesen, die sie war, wenn man so leicht von ihr abstrahieren könnte‹. Jedoch wäre es verfehlt, sie allein aus der Wiedererweckung der Antike ableiten zu wollen; für die Geschichte der Musik insbesondere verlöre der Begriff damit viel von seiner Brauchbarkeit, weil eine entschiedene Hinwendung der Kompositionspraxis zu (wahren oder vermeintlichen) Grundsätzen des griechisch-römischen Altertums erst seit der Mitte des 16. Jahrhunderts zu beobachten ist. Schon Burckhardt hat gesehen, daß die Renaissance nur durch ›ihr enges Bündnis mit dem neben ihr vorhandenen italienischen Volksgeist die abendländische Welt bezwungen hat‹. Ob es das Bündnis allein mit dem ›italienischen Volksgeist‹ war, durch das die wiedererweckte Antike das Abendland bezwungen hat, ist vielfach bestritten worden und muß von der Seite der Musikgeschichte aus entschieden bestritten werden... Den Schlüssel zu der Frage, wann in der Geschichte der Musik die Renaissance begonnen habe, liefert das Selbstverständnis der Zeit, das als spontane Reaktion, ja als heftige Opposition gegen eine als ›barbarisch‹ empfundene Vergangenheit zutage tritt. Im 15. Jahrhundert beginnen die Musiker wie die Literaten und die bildenden Künstler, ihr Zeitalter als ein ›neues‹, sich selbst als Vertreter einer ›neuen‹ Kunst zu empfinden. Mehr oder minder deutlich kommt dabei der Gedanke der gemeinsamen Wiedergeburt der Künste nach der ›lacuna‹ [»Lücke«] des 5. bis 14. Jahrhunderts, nach dem ›medio evo‹ [»Mittelalter«] zum Vorschein.«

2. Gruppierungen der Musiker und der Überlieferung

(In der linken Spalte sind die Großen der Musikgeschichte verzeichnet, in der rechten weitere Musiker von Rang sowie die wichtigsten Quellen und Drucker.)

A. 15. Jahrhundert, erste Hälfte: Die sogenannte Burgundische Epoche

Dunstable (um 1380-1453)	Die Meister des Old Hall-Manuskripts (1360-1440)
Binchois (um 1400-1460)	
Dufay (um 1400-1474)	Oswald von Wolkenstein (um 1377-1445)

15. Jahrhundert, zweite Hälfte

Busnois († 1492)	Sammelhandschriften:
Ockeghem (um 1425-1496/97)	Trienter Codices (um 1440-1480)
	Lochamer-Liederbuch (1452-1460)
	Glogauer Lieder- und Musikbuch (um 1480)

15. Jahrhundert, Ende, bis 16. Jahrhundert, Anfang, zugleich die erste große Epoche der Deutschen Musik

Josquin (um 1440-1521/24)
Obrecht (1450/51-1505)
Isaac (um 1450-1517)
Gombert († um 1556)

Adam von Fulda (um 1445-1505)
Alexander Agricola (um 1446-1506)
Heinrich Finck (1444/45-1527)
Paul Hofhaimer (1459-1537)
Thomas Stoltzer (1480/85-1526)
Ludwig Senfl (um 1486-1542/43)
Georg Rhaw (1488-1548)
Sixtus Dietrich (1492/94-1548)
Johann Walter (1496-1570)

B. 16. Jahrhundert, erste Hälfte

Willaert (1480/90-1562)
Janequin (um 1485-1558)
Cristóbal de Morales (um 1500-1553)

Das 16. Jahrhundert und die Römische Schule

A. Gabrieli (um 1510-1568)
Cyprian de Rore (1516-1565)
Philippe de Monte (1521-1603)
Palestrina (um 1525-1594)
Orlando di Lasso (um 1532-1594)
Th. L. de Victoria (um 1549-1611)

Goudimel (um 1514-1572)
Baïf (1532-1589)
Sammeldrucke der großen Offizinen in Venedig (Petrucci, seit 1501), Augsburg (Oeglin, seit 1507), Mainz (P. Schöffer, seit 1512), Paris (Attaingnant, seit 1528), Antwerpen (T. Susato, seit 1543)
Liederbücher, etwa von Forster (seit 1539)

C. 16. Jahrhundert, zweite Hälfte, bis 17. Jahrhundert, Anfang

Marenzio (1553-1599)
G. Gabrieli (1554/57-1612/13)
Gastoldi (um 1550-1622)
Sweelinck (1562-1621)
Monteverdi (1567-1643)

Handl/Gallus (1550-1591)
Lechner (um 1553-1606)
Haßler (1564-1612)
Demantius (1567-1643)

D. Elisabethanische und Shakespeare-Zeit in England: 1560-1610

Byrd (1543-1623)
Morley (1557-1602)
Dowland (1562-1626)
Wilbye (1574-1638)
Weelkes (um 1575-1623)
Orlando Gibbons (1583-1625)

3. Von der sogenannten Burgundischen Epoche zum 16. Jahrhundert

a) Die Musiktheorie des 15. und 16. Jahrhunderts und die neuere Musikgeschichtsschreibung nennen übereinstimmend John Dunstable den »Quell und Ursprung« der Musik um 1400, weil er in jener Zeit eine »Ars nova« (Tinctoris) prägt und durchsetzt und der Entwicklung der Komposition Richtung gibt. Das bedeutet viel, wenn man bedenkt, wie kompliziert am Beginn des 15. Jahrhunderts die musikalische Situation ist, und wie viele und welche Einflüsse allerorten wirksam sind. Zwar kann man niemals für das Ende einer und für den Beginn der folgenden Epoche der Musikgeschichte ein bestimmtes Datum als das allein gültige angeben, darf man niemals einem einzigen Meister die Verantwortung für eine Revolution in der Kunst anlasten, aber hier muß und kann man mit Tinctoris (1477) sagen, Dunstable ragt aus seiner Zeit »wie ein Gipfel« heraus, und es kann kein Zweifel darüber bestehen, daß er, der größte englische Komponist vor William Byrd, es ist, der vor allen anderen die Musik der folgenden Epoche beeinflußt, daß durch ihn die »contenance angloise« (»die englische Art«) weit ins 15. Jahrhundert hineinreicht.

Es sind zwei KOMPONISTENGENERATIONEN um Ockeghem und um Josquin Desprez, deren Tätigkeit sich von der zweiten Hälfte des 15. Jahrhunderts bis zum Anfang des 16. erstreckt. Als man auf dem Kontinent die traditionsverhaftete, in einer gewissen Volkstümlichkeit verbleibende Haltung der englischen Komponisten übernimmt, deutet man sie im Sinne der aus dem 14. Jahrhundert abgeleiteten kontinentalen Tradition um: man kehrt wieder zu einer mehr tektonischen Satzbauweise zurück. Im Sinne von Georgiades' Darstellung der Musikgeschichte unter der Überschrift »Musik und Sprache« (1954) kann man das so sagen: In die englische, mehr »als Darstellung des Menschen« zu verstehende Musik werden Elemente einer Musik hineingetragen, die »als eigenständiges Ornament« zu verstehen sind. Doch wird es noch ein Jahrhundert dauern, nämlich bis zu Palestrina und Lasso, bis die Synthese erreicht wird. Oder dasselbe noch einmal anders: Dunstables Musik als Summe und zugleich schöpferische Neugestaltung der englischen Tradition stellt mehr eine Forderung als eine Erfüllung dar, die Forderung nach mehrstimmig musikalischer Verwirklichung der natürlich deklamierten Sprache. Die Erfüllung dieser Forderung durch Palestrina und Lasso ist aber nur möglich auf Grund der musikalisch konstruktiven Arbeit der Niederländer.

Wie die meisten der hervorragenden Musiker der Epoche 1430-1600 stammen Dufay und seine berühmten Zeitgenossen aus dem seit dem Ende des 14. Jahrhunderts zum HERZOGTUM BURGUND (Hauptstadt: Dijon) gehörenden flämisch-wallonischen Grenzgebiet, wo die Grafschaft Hennegau (Hauptstadt: Mons) zusammen mit dem Bistum Cambrai (Westgrenze: Schelde) durch Jahrhunderte die nordwestlichste Provinz des Reiches gewesen ist; die Einwohner dieses Gebiets sind daher nicht als Franzosen, sondern als wallonische Niederländer anzusehen. Besseler (1931) hat deshalb plausibel machen können, daß es sachlich richtiger ist, diese Musiker nicht als erste Schule der »Niederländer« zu bezeichnen, sondern sie für sich zu betrachten und im Zusammenhang einer eigenen »Burgundischen Epoche« zu behandeln. Denn was hier in Erscheinung tritt, ist mehr als eine »Schule«, die dann von einer anderen abgelöst wird, es ist ein Zeitalter von starker Eigenart, dessen Ausstrahlung in Burgund selbst wie in den Nachbarländern bis zur Jahrhundertwende und darüber hinaus reicht. Niemand hat das so gut dargestellt wie Huizinga (1919/24) für die Kultur allgemein und Besseler (1931) und, daran anschließend, Gülke für die Musikgeschichte. Dieses glänzende Zeitalter ist zugleich das eines schrecklichen Krieges, des »hundertjährigen Krieges« zwischen Frankreich und England (1339-1453). Im Zuge dieser kriegerischen Auseinandersetzung findet allerdings durch die Anwesenheit der Engländer und englischer Hofhaltungen auf dem Festland eine Begegnung der Kulturen statt, die zu einem intensiven Austausch führt, und dieser soll für die Musik – und zwar für die Musik mehr als für alle anderen Künste – von Bedeutung werden: Zum anderen Mal befruchtet die englische Musik, die, wie gesagt, ältere und den Ursprüngen nähere musikalische Schichten bewahrt hat, die französische Komposition, in der die Möglichkeit eines von der Realität in gewisser Weise abstrahierenden musikalischen Denkens weit, vielleicht zu weit genutzt worden ist.

b) »... nonnulla vetusta Carmina ignotae auctoritatis ...« »Ich habe im übrigen einige alte Stücke unbekannter Herkunft, die man apokryph [heute wohl: anonym] nennt, in Händen gehalten – so nichtssagend und so geistlos komponiert, daß sie das Ohr mehr beleidigten als erfreuten. Ja, überhaupt gibt es, worüber ich mich nicht genug wundern kann, Kompositionen, die von Gebildeten als hörenswert erachtet werden können, erst seit 40 Jahren; in dieser Zeit aber – um von unzähligen Chorsängern, die höchst anmutig singen, ganz zu schweigen – gibt es zahllose vorzügliche Komponisten, vielleicht durch die Macht eines himmlischen Einflusses oder als Folge beständiger Übung, wie Johannes Okeghem, Johannes Regis, Antonius Busnois, Firminus Caron, Guillelmus Faugues, die sich rühmen, Johannes Dunstable, Egidius Binchois und Guillelmus Dufay, die unlängst verstorben sind, als Lehrer in dieser göttlichen Kunst gehabt zu haben« (Übersetzung U. Kielmann). Zu seinem eigenen Erstaunen bemerkt hier Johannes Tinctoris im Jahr 1477 (Prolog zum *Liber de arte contrapuncti*), daß ältere Kompositionen – gemeint sind französische Kantilenensätze des 14. und frühen 15. Jahrhunderts – ihm und seinen Zeitgenossen der 2. Hälfte des 15. Jahrhunderts ganz und gar unerträglich geworden sind, und er behauptet hier tatsächlich, erst seit etwa 40 Jahren, also rund seit 1430, werde eine für gebildete Ohren hörenswerte Musik geschrieben. An anderer Stelle (Prolog zu *Proportionale musices,* um 1474) spricht Tinctoris in bezug auf den Aufschwung und grundlegenden Wandel der Musik am Beginn seines Jahrhunderts gar von einer »Ars nova«, und er sagt auch dort, im Grunde läge deren Ursprung in der Englischen Schule und bei Dunstable, und Dufay und Binchois, seine Zeitgenossen in Frankreich, griffen ja nur auf, was jene begonnen hätten. Also seien seine, des Tinctoris Zeitgenossen in der zweiten Hälfte des 15. Jahrhunderts, welche er »Moderni« nennt, nur Nachfolger: »So ergibt es sich, daß in dieser Zeit die Mittel unserer Musik einen so wundersamen Zuwachs erfuhren, daß es eine neue Kunst zu geben scheint. Ursprung und Quelle dieser, um sie so zu nennen, Ars nova sollen bei den Engländern gelegen haben, als deren Haupt Dunstable herausragte. Dessen Zeitgenossen in Frankreich waren Dufay und Binchois, denen die nächste Generation unmittelbar folgte, nämlich Okeghem, Busnois, Regis und Caron, die besten Komponisten von allen, die ich hörte« (Übersetzung U. Kielmann).

Tinctoris, der bedeutendste Musiktheoretiker des 15. Jahrhunderts, bringt also die neue Epoche der Musikgeschichte mit einer Art von »Eingreifen der Engländer« und nicht bloß mit der Person Dunstables in Verbindung, das heißt mit der englischen Tradition und nicht allein mit dem Genie ihres größten Meisters, auch wenn erst dieser, aber dieser vor allen anderen, musikalisch »formuliert«, was das Wesen dieser englischen Tradition ausmacht: Hier kehrt mit einer neuen Freiheit der musikalischen Komposition alles »Musikalische« gleichsam wieder, dringt in den Satz ein und wendet damit dessen Künstlichkeit und Konstruktivität zu einer Art kunstvoller Natürlichkeit.

Satzgrundlage ist und bleibt weiterhin in den meisten Sätzen ein Cantus firmus und im Satzgefüge der Tenor, beide bleiben aber nicht mehr notwendig aneinander gebunden. Vielmehr kann der Cantus firmus auch in anderen Stimmen liegen oder sich anderen Stimmen mitteilen, auch andere Stimmen durchdringen. Im nun neu anhebenden Prozeß der Entwicklung des polyphonen Satzes spielt jetzt die erste und entscheidende Rolle eine neue Melodik der Einzelstimme, die einerseits den Cantus firmus mit seinen einzelnen Tönen unter vielen »eigenen« melodischen Tönen in sich aufnimmt (man spricht von Kolorierung des Cantus firmus), andererseits sich vom Cantus firmus als von einem ursprünglich linear-melodischen Element durchdringen läßt, ohne ganz in diesem aufzugehen. Soll die melodische Wirkung des Cantus firmus sich auf solche Weise dem ganzen Satz mitteilen, so liegt es dann auch nahe, statt der fünf verschiedenen Gregorianischen Melodien für die fünf Teile eines Mess-Zyklus allen Teilen eine einzige Gregorianische Melodie als Cantus firmus zugrunde zu legen: der Zusammenhang der Teile müßte stärker, und vor allem er könnte musikalischer werden. Kein Wunder, daß nun auch an Stelle des Gregorianischen Cantus firmus Lieder auftauchen, die im Satz die Funktion eines Cantus prius factus übernehmen. Da bei der Melodik außerdem ein – manchmal geradezu italienisch anmutendes – Element des Vokalen und schließlich die Kraft einer melodischen Tonalität wirksam werden, gewinnt die melodische Linie einen besonderen neuen vokalen Zug und mit ihm eine Geschmeidigkeit, die die Stimme – und alsbald den ganzen Satz – in eine Art natürlichen Fließens bringt. Zu dieser Vokalisierung trägt schließlich eine gewisse Versprachlichung der Melodik bei, wenn bei Einsätzen und Neueinsätzen der Stimmen melodische Motive verwendet werden, die, wie Hugo Riemann gesagt hat, »wortgezeugt« sind, das heißt, bei denen sich mit der deutlichen Wortdeklamation kurze und einprägsame musikalische Motive sinnfällig verbinden – Motive, die sich mit demselben Text in verschiedenen Stimmen wiederholen und den Satz so in einem neuen Sinne mehrstimmig erscheinen lassen:

An die Stelle der Mehrtextigkeit als Signum der Mehrstimmigkeit tritt jetzt bei nur *einem* Text in *allen* Stimmen (der Cantus firmus wird nicht mehr mit seinem eigenen, sondern mit dem Text der anderen Stimmen vorgetragen) die Signierung der Einzelstimme durch musikalische Mittel, das heißt durch sinnfällige melodische Mittel und durch solche der Stimmführung im Verband aller Stimmen. Zweierlei liegt dabei offenbar nahe: ein aufführungstechnisches und ein kompositionstechnisches Moment. Wenn die einzelnen Stimmen jeweils denselben Text vortragen und zugleich in ihrem melodischen Duktus einander angeglichen werden, weil sie alle gleichberechtigt sein sollen, dann muß sich für das Erklingen die Tendenz vom Spaltklang (d. h. der klanglichen Differenzierung der einzelnen Stimmen durch deutlich verschiedene Besetzung, vor allem mit verschiedenen Instrumenten) weg und zu einer anderen Tendenz wenden, nämlich hin zum Verschmelzungsklang und schließlich zur vollkommenen Vokalisierung.

Damit ist das Problem der UNTERSCHEIDBARKEIT DER STIMMEN voneinander als ein Grundproblem der Polyphonie neu gestellt, und die Lösung kann nicht mehr nur aufführungspraktisch, sie muß kompositorisch erfolgen. Wie kann man, so lautet das Problem jetzt, die Stimmen eines polyphonen Satzes einander angleichen und denselben Stimmführungsregeln unterwerfen und sie doch erkennbar getrennt musikalisch führen? Die Lösung lautet: im KANON. Die Niederländer haben dieses Mittel denn auch viel angewandt und ausgebaut, sie haben aber auch eingesehen, daß damit dem musikalischen Satz wieder das Netz einer Konstruktion übergeworfen und die Einzelstimme im Grunde ihrer Selbständigkeit wieder beraubt ist. Sie haben entdeckt, daß der Zweck erreicht ist, wenn der Hörer den Einsatz jeder Stimme getrennt von dem der anderen Stimme hören kann, und daß es nur der Wiederholung dieser Wahrnehmung der verschiedenen Stimmen-Einsätze bedarf, um das Hörbewußtsein vom polyphonen Satz auch auf Dauer zu gewährleisten: Imitation ist das Mittel, Durchimitation das Ziel. So jedenfalls stellt sich uns Heutigen der Weg dar, den die Kompositionen der Niederländer hin zum sogenannten A CAPPELLA-STIL des 16. Jahrhunderts abzustecken scheinen.

Voraussetzung für die neue melodische STIMMFÜHRUNG und STIMMIGKEIT im Satz ist freilich, daß die Organisation des Satzganzen darauf eingeht, nämlich mit einer neuen Kontrapunktik das Zusammen der Stimmen neu regelt, und zwar so, daß die einzelne Stimme in ihrer melodischen Entfaltung möglichst wenig behindert, auf der anderen Seite aber zugleich eine klangliche Entfaltung des Ganzen gefördert wird. Die neue Klangvorstellung ist dabei bestimmt von dem, was man meist (nach Besseler) den »englischen Vollklang« nennt, der, äußerlich betrachtet, Terzen und Sexten bevorzugt und deshalb in wohlklingenden Akkorden auf längeren Strecken dahinfließt. Im »englischen Vollklang« ist der musikalische Satz im Grunde klanglich aufgefaßt, und dies äußert sich darin, daß zwischen den Klängen der Kadenzpunkte Verbindungen im klanglichen Bereich bestehen oder hergestellt werden. Damit dehnt sich die klangliche Organisation vom jeweils selbständigen – um nicht zu sagen: isolierten – Kadenzgeschehen an den mit dem Text gegebenen Abschnittsgrenzen auf den ganzen musikalischen Satz aus: es entsteht ein neuer Kontrapunkt. Sein Kennzeichen ist die Verbindung einer selbständigen Melodik der Einzelstimme mit einer selbständigen Klang-Organisation des Satzganzen; weder sind die Zusammenklänge und Zusammenklangsfolgen nur Zufallsprodukte der Stimmführung, noch führen die Stimmen lediglich aus, was die Klanglichkeit des Satzes – später wird man sagen: seine Harmonik – verlangt. Melodik und Klanglichkeit liegen im Widerstreit bei der gemeinsamen Aufgabe, Text als polyphone

Komposition vorzutragen. Diese wie jene hat ihre Bedingungen. Die melodische Tonalität ist der einstimmigen Gregorianik und ihren vielfältigen Tonarten verpflichtet, die Klanglichkeit der uralten Tradition der nichtkomponierten, nämlich usuellen Mehrstimmigkeit. Diese hat in Klang- oder Akkordfeldern und ihren Nachbarschaftsbeziehungen Bedingungen, deren Respektierung sie für den komponierten mehrstimmigen Satz fordert. Den Satz, in dem die gegen- und miteinander wirkenden musikalischen Kräfte ausgeglichen sind, beschreibt Johannes Tinctoris (*Liber de arte contrapuncti*) so: »... omnes partes rei factae sive tres, sive quattuor, sive plures sint, sibi mutuo obligentur, ita quod ordo lexque concordantiarum cuiuslibet partis erga singulas et omnes observari debeat« – »... alle Stimmen einer Komposition, seien es drei, vier oder mehr, sind sich gegenseitig verpflichtet, und zwar so, daß Ordnung und Regel der Zusammenklänge gewahrt werden von jeder Stimme gegen jede einzelne andere und gegenüber allen«: Die nahezu vollkommene Definition des polyphonen Verfahrens.

In einem musikalischen Satz von gleichberechtigten Stimmen, die je für sich melodisch gedacht und nicht nur an Kadenzpunkten, sondern im Satzganzen klanglich gebunden sind, erhält die Bezugsebene für die Dissonanzbehandlung besondere Bedeutung, und diese kommt bei der vordringenden Klanglichkeit im »englischen Vollklang« der *tiefsten* Stimme zu. Diese nämlich entscheidet über die Verwandtschaft der Klänge und ihr gegenseitiges Verhältnis, und das bedeutet in der Komposition: über die Dissonanz-Konsonanz-Verhältnisse. Während bisher der komponierte Satz in der Regel dreistimmig war und eine Stimme in der tiefen Lage fehlte, geht die Tendenz nun zum vierstimmigen Satz mit einem Contratenor bassus. Im dreistimmigen Satz war der Contratenor eine Stimme im Lagenbereich des Tenors, einmal über, einmal unter ihm, keiner Lage fest zugewiesen. Sobald sich der Contratenor nun aber im vierstimmigen Satz in einen hohen und einen tiefen Contratenor (Contratenor altus und Contratenor bassus) spaltet, ist die tiefe Stimmlage gleichsam endgültig besetzt, und damit die Möglichkeit gegeben, das Satzgefüge jederzeit auf den Satzgrund in der Tiefe zu beziehen.

Parallel mit der Entwicklung der Satztechnik geht die des Instrumentariums im Wechsel der Besetzung: Nun bilden das Instrumentarium und die einzelnen Instrumentenfamilien die Bassregion aus. Allerdings erst die Generation Ockeghems entdeckt die eigentlichen Bass-Wirkungen, nun aber auf so elementare Weise, daß plötzlich eine neue Klangwelt aufbricht und deshalb der gesamte Instrumentenvorrat veränderten Forderungen angepaßt werden muß.

Alle die hier in Kürze beschriebenen Faktoren versuchen die Musiker nun, ein jeder auf seine Weise, zur Geltung zu bringen und zugleich mit traditionellen Zügen der Komposition zu verbinden, wobei die nach der Musikanschauung der Zeit ideell und konstruktiv rechtfertigenden Kompositionselemente, nämlich die Cantus firmus-Technik und die Isorhythmie durchaus festgehalten werden: bis ins 16. Jahrhundert werden Motetten und Messen-Sätze für besondere und hohe Anlässe (etwa »Staatsmotetten«) isorhythmisch angelegt, und über Cantus firmi arbeitet man weiter – durch Jahrhunderte! Hier ist in der ersten Hälfte des 15. Jahrhunderts ein Weg angebahnt, der in der Musik der a cappella-Polyphonie des 16. Jahrhunderts sein Ziel finden sollte. Die Komponisten des sogenannten Niederländischen Zeitalters der Musik sind es, die alles gleichsam zusammen und zum Ausgleich bringen, die das, was wir so selbstverständlich »Abendländische Polyphonie« nennen, in eineinhalb Jahrhunderten erst geschaffen bzw. vollends ausgebildet haben.

c) Mit den Veränderungen in der Komposition stehen in Wechselwirkung Veränderungen im Repertoire und in den musikalischen Gattungen. Während des ausgehenden musikalischen Mittelalters, nämlich im 14. Jahrhundert, hat ja überraschender Weise auch in Frankreich, wie vorher schon in Italien, die weltliche Kunst das Übergewicht bekommen. Anders freilich in England. Zugleich waren die Gattungen der Komposition deutlich voneinander zu unterscheiden. Beides ändert sich im beginnenden 15. Jahrhundert: Weltlich und Geistlich halten sich die Waage; die Unterschiede der Gattungen und ihrer Kompositionseigentümlichkeiten treten zurück hinter eine allgemeine Tendenz zum durchorganisierten polyphonen Satz. Daneben breiten sich allerdings Einflüsse nichtkomponierter Musiken aus: Im Bereich der Melodik tendiert das Allgemein-Vokale zum Liedhaften, im Bereich des mehrstimmigen Ganzen das Allgemein-Klangliche zum Harmonischen. Weit verbreitete weltliche Lieder – um nicht gleich zu sagen: Schlager – dringen in die Kirchenmusik ein und verdrängen Gregorianische Cantus firmi in ihrer Funktion als Cantus prius facti.

Die französische Ballade des späten 14. Jahrhunderts nimmt italienische und englische Elemente auf – und wandelt sich im 15. Jahrhundert doch zur typisch französischen Chanson – was praktisch heißt: von einer von Berufsmusikern auszuführenden Kunst zu einer Gesellschaftskunst. Die mehrstimmige französische Chanson des 15. und 16. Jahrhunderts ist eine der wichtigen Gattungen der europäischen Musikgeschichte. Im Musizieren vereint sie aristokratische Liebhaber (auch Frauen) und Berufsmusiker. Zu den wichtigeren Komponisten gehören neben Dufay und Binchois Baude Cordier, Grenon, Lebertoul, Hugho und Arnold de Lantins, etwas später Busnois und Hayne van Ghizeghem. Das Schaffen von Ockeghem, der in näherer Beziehung zu Binchois steht, eröffnet und prägt erst die folgende Phase der Chanson-Komposition.

In der Konstruktion grundsätzlich gleich, nur weniger Oberstimmen-betont ist der Satz der Motette. Die Spannweite zwischen älterer Art und neuerer ist zum Anfang des Jahrhunderts noch groß, schwindet aber langsam. Die ältere, in Isorhythmie erstarrte Motette meist weltlichen, festlichen, repräsentativen, seltener liturgischen Inhalts, lebt zwar noch fort, doch tritt sie zurück gegenüber einem Typ von geringerem Anspruch, kleinerem Umfang und schlichterer Haltung: Die hier vorherrschenden Gebets- und Marientexte kennzeichnen diesen als eine Art geistlicher Hausmusik. Diese sogenannte Liedmotette, der das Öffentlich-Repräsentative fernliegt, erscheint als Verbindungsglied zwischen liturgischer und gesellschaftlicher Kunst mit beiden gleichermaßen verwandt.

Wie die Motette ist die Messe gearbeitet. Dementsprechend kommen auch hier die neuen musikalischen Tendenzen zur Geltung. Das Interesse verlagert sich von der Komposition einzelner Messen-Sätze auf die von Mess-Zyklen. Die Bewältigung der größeren Zusammenhänge geschieht durch musikalische Mittel, die auf neue Weise sinnfällig werden lassen, was kompositorisch geschieht: *ein* Cantus firmus oder *ein* Cantus prius factus für *alle* Teile des Zyklus; Melodisierung der Stimmen und Angleichung in Imitationen; Annäherung der Teile durch motivische Verwandtschaft unter den Imitationselementen. Ziel ist eine *musikalische* Einheit des Mess-Zyklus, die »musikalische Messe«: die mehrstimmige Vertonung des Ordinarium Missae (Kyrie, Gloria, Credo, Sanctus mit Benedictus, Agnus dei) als selbständiges Kunstwerk.

4. Die nationalen Komponenten in der Musik der ersten Hälfte des 16. Jahrhunderts

In der Musik des 16. Jahrhunderts begegnen zum erstenmal in der Musikgeschichte Elemente, die auf bestimmte nationale Komponenten hinweisen – wenn man einmal von der nicht einwandfrei zu definierenden Italianità der Musik des Trecento absieht. Mit diesen nationalen Elementen taucht eine neue und, wie man weiß, fürderhin höchst wichtige aber auch durchaus schwierige Problematik für die Musikgeschichte und die Musikgeschichtsschreibung auf. Ludwig Finscher (1964) hat sie einleuchtend dargestellt – und doch zugleich darauf hingewiesen, daß bestimmte Voraussetzungen für die Lösung dieser Problematik, jedenfalls für das 16. Jahrhundert, gar nicht gegeben sind. »Vorbemerkung. ›Vom Anteil der Völker an der mittelalterlichen Musikgeschichte zu sprechen, dies setzt voraus, daß man die mittelalterliche Musikgeschichte kennt‹ (Handschin 1932). Die nationalen Komponenten in der Musik des 16. Jahrhunderts zu erkennen, zu beschreiben, zu deuten und in das Gesamtbild dieser Musik einzuordnen, setzt voraus, daß wir die überlieferte Musik des befragten Zeitraums kennen, daß wir die räumliche und zeitliche Gliederung ihrer Entwicklung wie ihre ästhetische und soziologische Schichtung überschauen, und daß wir das methodische Handwerkszeug besitzen, um sie historisch verstehend und musikalisch analysierend in ihre Komponenten zerlegen zu können, nach deren nationalem Teil hier gefragt werden soll. Von den genannten Voraussetzungen ist heute selbst die erste, von der aus alle anderen erst zu schaffen wären, noch kaum erfüllt…«

5. Daten bis 1500

Vorbemerkung

Im chronologischen Abriß soll diese »Musikgeschichte« vorgehen, nämlich nach Daten von Werken und herausragenden musikgeschichtlichen Ereignissen, und das eigentlich von Anfang an. Aus der Tatsache nun, daß für die Musikgeschichte vor dem 15. Jahrhundert kaum Daten in aufeinanderfolgenden Jahreszahlen gegeben werden können, kann man schließen, daß in der älteren Musikgeschichte die Werke eine andere Daseinsweise haben, als sie unsere moderne Vorstellung vom individuellen Kunstwerk nahelegt: Werke entstehen damals nicht per se und werden auch kaum per se verstanden. Ihre Entstehung ist vielmehr so selbstverständlich und so eng an Gelegenheiten, ihr Dasein an Funktionen im Leben der Gesellschaft und der Menschen, ihr Wesen an Gattungsnormen gebunden, daß sie kaum als Individuen erscheinen und also auch in dieser »Musikgeschichte« nicht als solche mit Daten aufscheinen können. Werke und Daten sind deshalb in der Regel nur dann gegeben, wenn man zufällig einmal den Anlaß für die Entstehung eines Musikwerks kennt und datieren kann, – oder sie stehen als vom Verfasser für seine Darstellung der Musikgeschichte ausgewählte Beispiele für besondere musikalische Merkmale oder für besondere Anlässe.

1417 **Johann Tapissier** († 1408): **Motette »Eya dulcis – Vale placens« und Johannes Carmen** (15. Jahrhundert): **Motette »Venite adoremus – Salve sancta aeterna trinitas«,** beide vierstimmig

Beide *Motetten* sind geschrieben zur Feier der Papstwahl Martins V. auf dem Konzil zu Konstanz (1414-1418), es sind also »Staatsmotetten«.

1426 **Guillaume Dufay** (* um 1400, † Cambrai 1474): **Motette »Apostolo glorioso« – »Cum tua doctrina«,** fünfstimmig

Geschrieben für den Erzbischof Malatesta zur Domweihe in Patras. Mindestens von 1420 bis 1426 steht Dufay im Dienst des Hofes der Malatesta (einer italienischen Dynastenfamilie der Romagna) in Rimini und Pesaro; hier entfaltet sich sein Schaffen.

um 1426-1428 **Guillaume Dufay** (um 1400-1474): **Missa »Sancti Jacobi«,** drei- bis vierstimmig

In der abschließenden *Postkommunio* dieses *Mess-Zyklus,* der außer den fünf Stücken des Ordinarium Missae auch fünf Stücke des zugehörigen Proprium Missae enthält, sind für den dreistimmigen Satz nur zwei Stimmen notiert. Für die dritte gilt folgende Kanon-Anweisung (in leoninischen Hexametern):

> »Sí trinúm querás / a súmmo tólle figúras
> Ét simul íncipitó / dyatéssaron ínsubeúndo.«
> »Wenn du die dritte Stimme haben willst, so nimm die Wendungen der Oberstimme und beginne gleichzeitig in der Quart darunter.«

Demnach ist die Mittelstimme als Verdoppelung des Diskants in der Unterquart auszuführen. Eine Kanonanweisung wie diese kommt sonst nicht mehr vor. Mit diesem Stück ist eine dem Ursprung nach englische improvisatorische »Satz«-Technik, die eine besondere Klanglichkeit zum Ergebnis hat – oder richtiger: die aus einer besonderen klanglichen Vorstellung von Musik in England entspringt – für das Verfahren der schriftlichen Komposition gewonnen. Vereinfacht ausgedrückt: der englische Faburden wird zum Fauxbourdon in der Komposition des Festlandes. Zur Bedeutung in Dufays Lebenswerk kann man mit Besseler (1954) sagen: »So folgt unmittelbar auf den Eindruck Italiens die ebenso entscheidende Bekanntschaft mit englischer Musik. Diese beiden Grundkräfte, schon in den 1420er Jahren schöpferisch erlebt, führten zu jener Neugestaltung der Polyphonie, die mit dem Begriff des ›niederländischen Zeitalters‹ verknüpft ist.«

um 1430 **Guillaume Dufay** (um 1400-1474): **Hymnen-Zyklus per totum annum**

12 Offiziums-Hymnen für das Proprium de Tempore, 6 für das Proprium Sanctorum und 3 für das Commune Sanctorum (also für die drei Hauptrubriken des Antiphonale), geschrieben wahrscheinlich für die päpstliche Kapelle in Rom, vielleicht aber auch erst 1434/35 für die Kapelle des Hofs von Savoyen. Da beim Vortrag von Hymnen im Stundengottesdienst mit Alternatim-Vortrag zu rechnen ist, vertont Dufay nur die geradzahligen Strophen mehrstimmig, weil die ungeradzahligen choraliter vorgetragen werden. – Die ursprünglich dreistimmigen Sätze werden um 1500 für das Repertoire der Cappella Sistina noch einmal abgeschrieben und dabei, wie es damals (übrigens noch bis ins 18. Jahrhundert) ganz und gar üblich ist, zum Teil neu bearbeitet, nämlich mit einer vierten Stimme versehen: »Contra au Fauxbourdon«.

um 1430 **Guillaume Dufay** (um 1400-1474): **Chanson »Helas, ma dame par amours«,** dreistimmig

Es ist die Chanson, der Liedsatz mit einer führenden Oberstimme, die in den 1430er Jahren eine neue und ganz eigenartige Grundfarbe in die weltliche Musik, ja in die Musik überhaupt bringt. Dufay knüpft in seinem Lied-Satz zwar durchaus an die (oft so vertrackt wirkende aber dennoch) hoch expressive spätgotische Liedkunst der Ars nova und ihrer Folgezeit an, aber seine Melodik scheint jetzt wie von einem Harmoniegefühl getragen und das Satzganze wie in einer die Einheit suchenden Tendenz gebunden: Jetzt stehen die Klänge nicht mehr wie unverbunden nebeneinander, sie scheinen vielmehr in Bewegung zu geraten und gleichzeitig eine Art von innerem Zusammenhalt zu finden, der wie harmonische Tonalität einleuchten will. Das *Rondeau »Helas, ma dame«* ist ein besonders schönes Beispiel für diese Tendenz – und »an sich« ein wundervolles Stück.

1430 **Gilles Binchois** (* Mons um 1400, † Saignes 1460) **wird Mitglied der burgundischen Hofkapelle Herzog Philipps des Guten**

Binchois' Wirken und Schaffen fällt in die Regierungszeit Philipps des Guten von Burgund (1419-1467). Unter der Herrschaft dieses bedeutendsten unter den vier berühmten Burgunder-Herzögen, des »Grand Duc d'Occident«, des »Sonnenfürsten«, wie ihn seine Untertanen nennen, erlebt der burgundische Staat eine hohe Blütezeit, ja, er wird kurz zu einer Art Mittelpunkt des spätmittelalterlichen Europas. Bei den ebenso zahlreichen wie glänzenden Hoffesten – als bekanntestes sei das »Fasanenbankett« zu Lille 1453 genannt – ist es die Aufgabe der (nach dem Rang ihrer Instrumente in das Hofgefüge eingeordneten) Spielleute, mit weltlicher Musik aufzuwarten. Den täglichen liturgischen Dienst versehen die Mitglieder der (ebenfalls sozial gegliederten) herzoglichen Hofkapelle. Die Komponisten unter den Chapelains (die den obersten Rang in der Kapelle innehaben) sind außerdem verpflichtet, Meßzyklen und Motetten zu den hohen kirchlichen Feiertagen zu schreiben. Diese Aufgabe hindert sie aber keineswegs, sich vor allem der weltlichen Liedkunst zu widmen, ja einige scheinen auf diesem Gebiet mehr zu tun als auf jenem – was etwa das Werk von Binchois beweist. Wenngleich Binchois eine erhebliche Zahl von liturgischen Werken komponiert, wozu er, wie gesagt, als Chapelain der herzoglichen Kapelle verpflichtet ist, so geht er in die Musikgeschichte des 15. Jahrhunderts doch als *der* Chanson-Komponist ein. Seine Kantilenen-Sätze veranlassen jedenfalls den Dichter der Ockeghemschen *Déploration sur la mort de Binchois,* ihn »den Vater der Fröhlichkeit« zu nennen.

1433 **Guillaume Dufay** (um 1400-1474): **Motette »Supremum est mortalium bonum«,** dreistimmig

Im Jahr 1433 unterzeichnen Papst Eugen IV. und der deutsche König Sigismund den Vertrag von Viterbo. Dufay schreibt aus Anlaß der Vertragsunterzeichnung ein glänzendes, festliches Werk, eine sogenannte »Staatsmotette«, worin er die von der Gattung her eigentlich selbstverständlich zugehörige Isorhythmie nur noch im Tenor einsetzt: zu jener Zeit hält sich Dufay bereits nicht mehr an die strengen Bedingungen der Tradition für die Kompositionstechnik. Er erlaubt sich vielmehr Zwischenspiele in freiem »Fauxbourdon«, was zu jener Zeit »moderner« ist als die alte konstruktivistische Isorhythmie. Um die Bedeutung des historischen Anlasses zu unterstreichen, deklamiert Dufay die Namen EUGENIUS ET REX SIGISMUNDUS musikalisch in auszuhaltenden vollen Akkorden.

1436 **Guillaume Dufay** (um 1400-1474): **Domweih-Motette »Nuper rosarum flores«,** vierstimmig

Bei der Weihe des von Brunelleschi vollendeten Doms zu Florenz am 25. März 1436 »ist eine Künstlerschaft anwesend, wie sie keine Stadt der Welt seit dem Ende des perikleischen Zeitalters in Athen mehr gesehen hat: Brunelleschi und Ghiberti, Fra Angelico und Filippo Lippi, Luca della Robbia und Michelozzo, Alberti und Donatello, und unter den Musikern eben Dufay. Bei der Planung des Dombaus ist auch an die Musik gedacht worden: Für die zukünftige Dommusik hat man zwei Emporen vorgesehen, deren bildnerischen Schmuck Luca della Robbia und Donatello ausführen sollten.« Dieser Bericht (Dammann 1964) regt zu musikalisch interessanten Überlegungen an:

> Bei einem Werk wie dem Dufays zu einem solchen Anlaß und für ein solches Gebäude liegt, so ist die allgemeine Meinung, eine Überlegung wie die folgende nahe, nämlich Dufays Motette mit diesem Bauwerk zu vergleichen. Kann man nicht, so möchte man meinen, die klar voneinander abgesetzten großen (horizontalen) Bauteile des Doms in den klar getrennten Gruppen von Dufays Komposition wiedererkennen, auch die scharfe Untergliederung der Flächen an den Außenwänden des Doms in Dufays Stimmführung, die jede Stimme deutlich von der anderen absetzt? Wenn man solche Vergleiche zwischen Musik und Architektur auch nicht sehr weit treiben kann, man möchte doch glauben, daß hier und dort dieselben stilistischen Grundhaltungen wirksam sind. Nun, die klaren Abgrenzungen in der Architektur sind in der Tat aus einem romanisch-italienischen Formgefühl zu erklären, welches sich auch in Dufays Schaffen auswirkt. Ob solche Überlegungen indessen wirklich nützlich sind, nämlich ob sie zum *musikalischen* Verständnis der Komposition etwas beitragen, das ist nicht ausgemacht. Zwar scheint es leicht, auch eine »Musikgeschichte« mit schönen Bildern zu schmücken, durchaus auch mit einem des Doms von Florenz, aber es ist schwer, viel schwerer als man glaubt, die Verbindung zur Musik über allgemeine Formulierungen, die eine sogenannte stilistische Grundhaltung betreffen, hinaus so zu beschreiben, daß sie für das einzelne Werk und für seine Interpretation relevant wird. Die viel beschworene »wechselseitige Erhellung der Künste« ist eben keineswegs so selbstverständlich, wie man sie sich wünscht. Weiter führen da schon Überlegungen, wie sie G. Croll (1969) anstellt: »Die rege Bautätigkeit während der letzten Monate vor der Weihe des Doms hat Dufay an Ort und Stelle erlebt. Kannte er die Pläne, hat er sich für deren, nach mittelalterlichem Denken streng proportioniert gegliederte Zahlenverhältnisse interessiert, sich gar mit seiner Komposition danach gerichtet? Wir dürfen es annehmen. Aber noch ein anderes: Hat Dufay die Tatsache, daß zwei räumlich voneinander getrennte Musiker-Emporen für die Aufführung der Festmusik vorbereitet werden (also zur Verfügung stehen) sollten, hat er als beauftragter Komponist diese besondere Möglichkeit bei der Ausarbeitung seiner Domweih-Motette genutzt?« In der Tat liegen der Komposition »nach mittelalterlichem Denken streng proportioniert gegliederte Zahlenverhältnisse« zugrunde, die Ryschawy und Stoll (1988) detailliert nachweisen konnten. Ihre »Untersuchung zeigt die *Motette ›Nuper rosarum flores‹* als ein in sich geschlossenes Abbild des Denkgebäudes der Zeit. Alle Bereiche des Werkes – die konstruktive Gestaltung schließt den Text ein – spiegeln ein Ordnungsbewußtsein als höchsten Ausdruck von Schönheit in christlichem Glauben wider. In *Nuper rosarum flores* gelang Dufay eine zwingende Verschmelzung mathematischer Strukturen mit symbolischer Besetzung von Strukturzahlen. Beides sind Aspekte des Gehalts seiner Musik.« Die beiden Autoren müssen allerdings auch feststellen: »Der Mangel an Untersuchungen zum Gehalt von Musik des Mittelalters und der Renaissance erlaubt bisher keine verlässlichen Aussagen zur Entstehung und Verbreitung einer solchen Komponierweise. Wir können weder ihre Vorläufer benennen noch ihre Fortentwicklung nachvollziehen. Selbst was das Ausmaß einer solchen Praxis zur Zeit Dufays und seiner Zeitgenossen anbelangt, sind wir angewiesen auf periphere Quellen.«

Dufays Werk ist auf dem sehr alten Prinzip der Doppeltextigkeit der Motette gegründet. Der Tenortext lautet: »Terribilis est locus iste«. Das ist der Textbeginn der Introitus-Antiphon der Missa in Dedicationem Ecclesiae, ein Teil der Kirchweih-Meßliturgie also, und selbstverständlich legt Dufay mit dem Textincipit auch die Melodie des Gregorianischen Chorals zugrunde. Er setzt aber nicht nur *einen* Tenor, er legt vielmehr ein *doppeltes* Tenor-Fundament, in dem der Tenor primus (die vox principalis) in einer quasi-kanonischen Verdoppelung einen Tenor secundus aus sich entläßt. Mit anderen Worten: die Gregorianische Introitus-Melodie erklingt zweimal, als Kanon verdoppelt nach- und nebeneinander. Eine solche Verdoppelung des Tenors ist etwas Neues, und sie ist auch einmalig in Dufays Werk. Zwei Musiker-Emporen, zwei Motetten-Tenores: ist es nicht möglich oder gar notwendig, dies einander zuzuordnen? Es liegt wohl scheinbar nahe. Aber die Musikhistorie weiß, daß man erst zu Willaerts Zeit in Venedig, also nach 1527, die Teilung des Aufführungsapparates auf verschiedene Emporen einzuführen beginnt – erst in einer Zeit mit einem neuen Empfinden für eine neue Klanglichkeit der Musik. Die scheinbar naheliegende Vermutung ist also wahrscheinlich unzutreffend, die Frage nach wie vor offen.

1440 **Martin le Franc** (um 1410-1461): **Le Champion des Dames**

Manchmal können auch Werke der Literatur als Quellen für die Musikgeschichte von Bedeutung sein: In seinem *Le Champion des Dames* widmet Martin le Franc lange Abschnitte den Musikern und der Musik seiner Zeit. Auf einer Miniatur in einer der Handschriften des Werks sieht man Dufay und Binchois zusammen abgebildet. Dufay hat neben sich, wohl als Symbol des Kirchenmusikers, ein Portativ stehen, Binchois als Zeichen für den Komponisten vor allem weltlicher Musik eine Harfe. Sicher sind diese Zuordnungen von Instrumenten freilich nicht.

um 1440 **Gilles Binchois** (um 1440-1460): **Chansons**

»Cantilena est cantus parvus cui verba cuiuslibet materiae sed frequentius amatoriae supponuntur« (»Die Chanson ist ein einfaches Musikstück, dem Texte verschiedener Inhalte, meistens jedoch Liebeslieder unterlegt werden«), schreibt Johannes Tinctoris in seinem *Terminorum Musicae Diffinitorium* (1472/73). Wenn auch nur als »cantus parvus« bezeichnet – im Gegensatz zu Messe und Motette, die Tinctoris »cantus magnus« und »cantus mediocris« nennt –, nimmt die Chanson im 15. Jahrhundert und besonders am burgundischen Hofe doch die zentrale Stellung in der Komposition ein, und Binchois ist der Hauptmeister dieser Gattung: Neben Dufay ist er es, der das instrumental begleitete Sololied für die sogenannte burgundische Epoche zur Höhe der einflußreichsten Gattung führt.

um 1440 - um 1480 **Sieben Trienter Codices**

Sieben in Trient aufbewahrte Musikhandschriften des 15. Jahrhunderts sind die wichtigste Quelle und die umfangreichste Sammlung der Zeit an mehrstimmiger, meist geistlicher Musik; nicht das Repertoire einer bestimmten Kapelle oder eines bestimmten Ortes, sondern offensichtlich das Ergebnis einer Sammeltätigkeit: insgesamt 1864 Stücke aller Gattungen, notiert auf über 2000 Seiten (Papier) in bereits weißer Mensuralnotation (Verteilung der Stimmen nach Chorbuchnotation). Dreistimmigkeit herrscht vor, Vierstimmigkeit begegnet vor allem bei den Messen. Lateinische Texte überwiegen bei weitem; an volkssprachlichen begegnen (nach ihrer Häufigkeit) solche in französischer, deutscher, italienischer und englischer Sprache. Rund 40 Kompositionen sind ohne Text. Die wichtigsten Komponisten sind Binchois, Dufay, Dunstable und Leonel Power, wie denn überhaupt die jüngeren Codices besonders das Wirken der Englischen Schule und der Niederländischen Meister von Dufay bis Ockeghem spiegeln. Obrecht und Josquin erscheinen nicht mehr. – Eine 1. Gruppe der Codices ist um 1440 in Oberitalien geschrieben und umfaßt Stücke aus der Zeit 1420 bis 1440; eine 2. Gruppe ist 1444 bis 1465 in Trient geschrieben und umfaßt Stücke aus dem 2. Drittel des 15. Jahrhunderts; eine 3. Gruppe ist um 1480 ebenfalls in Trient geschrieben und umfaßt Stücke der Zeit 1460 bis 1480. – Guido Adler und seiner Wiener Schule der Musikwissenschaft, insbesondere Rudolf von Ficker und Alfred Orel, gebührt das Verdienst, durch 6 Auswahl-Bände innerhalb der *DTÖ* und durch eingehende Untersuchungen (meist in den *StzMW*) diese Quelle erschlossen zu haben.

Ob Musik-Sammelhandschriften als solche unter den Daten zur Musikgeschichte aufzuführen sind, ist eine Frage, mit der der »Opus-Charakter« von Musikwerken (Eggebrecht) in Frage steht. Mehr als in der Dichtung und in der bildenden Kunst ist und bleibt in der Musik das einzelne Werk seiner Gattung verhaftet. Es ist in der Regel weniger individuell anspruchsvoll, es ist, jedenfalls in der älteren Musikgeschichte, eigentlich nie mehr als »ein Stück Musik«. Und also hat man immer und zu allen Zeiten Musik-Stücke gesammelt oder gesammelt veröffentlicht in Sammel-Handschriften, Sammel-Drucken, Sammlungen und Zyklen.

um 1450 **Missae »L'homme armé«** von **Guillaume Dufay** (um 1400-1474) und **Johannes Ockeghem** (*um 1425, † Tours 1596/97), beide vierstimmig

Von den geistlichen und weltlichen Melodien, die im 15. und 16. Jahrhundert als Cantus firmi für Messkompositionen verwendet werden, erfreut sich die französische zu »*L'homme armé*« bei weitem der größten Beliebtheit. Die frühesten erhaltenen Messen über die »*L'homme armé*«-Melodie stammen von Dufay und Ockeghem und sind um 1450 entstanden. Beide Kompositionen basieren auf der zu jener Zeit »normalen« Tenor-Cantus firmus-Technik bei nahezu völlig freier Behandlung der anderen Stimmen. – Im ausgehenden 15. und beginnenden 16. Jahrhundert gibt es kaum einen Niederländischen Komponisten, der sich der Herausforderung, seine Kunstfertigkeit im Kontrapunkt an einer »*L'homme armé*«-Bearbeitung zu beweisen, entzieht.

1452-1460 Das Lochamer-Liederbuch

Das *Lochamer-Liederbuch* aus Nürnberg (heute in Berlin) ist zwar in erster Linie eine Quelle für das *ein*stimmige deutsche Lied, doch findet man unter seinen 46 Liedern auch zwei zu 2 Stimmen, sieben zu 3 Stimmen und eines ein- *und* dreistimmig. Es ist die erste umfangreichere Quelle für das deutsche Lied des 15. Jahrhunderts im süddeutschen Raum. Es enthält das Sing- und Spielrepertoire bürgerlicher Kunstliebhaber aus nahezu zwei Generationen. Zugleich dokumentiert es in seiner Mischung von »Lieblingsstücken« eines anzunehmenden Hausmusikzirkels den Übergang von einem primär schriftlosen usuellen Musizieren zu einem nach neuer Vorstellung »geregelten«. Die mehrstimmigen Sätze sind einfach, gemessen am Stand der Komposition in der Mitte des 15. Jahrhunderts gar rückständig, jedenfalls kunstarm. Einfache Zweistimmigkeit und »Übersingen« in Terzparallelen finden sich neben Sätzen, die auf Diskant-Tenor-Gerüsten beruhen. In einigen Stücken ist die Chansonkunst der Generation Dufays und Binchois' merkwürdig angeeignet und auf das deutsche Lied – das als Kernstimme des Satzes ja den Tenor hat – übertragen. Mittels Kontrafaktur und Intavolierung für Tasteninstrumente ist außerdem für das instrumentale Musizieren in einem Anhang auch der Anschluß an die hohe Kunst Frankreichs gesucht und gefunden (Salmen 1972). – Das bekannteste und wohl auch schönste der einstimmigen Lieder des *Lochamer-Liederbuchs* ist das »*All mein Gedanken die ich hab*«. – Die Handschrift ist schon zu ihrer Entstehungszeit mit dem *Fundamentum organisandi* von Conrad Paumann (1452) zusammengebunden worden. – Der Name »Lochamer-Liederbuch« stammt von einem der ersten Besitzer dieses »gesenngk püch«, Wolflein von Locham(m)er aus Nürnberg. – Ein Faksimile der Handschrift hat Konrad Ameln schon 1925 herausgegeben: gleichsam als Quelle des ältesten deutschen Liedguts für die musikalische Jugendbewegung.

1453 Guillaume Dufay (um 1400-1474): Klagemotette »O tres piteulx de tout espoir fontaine« zum »Fasanenbankett« Philipps des Guten zu Lille

Anlaß zu dieser *Lamentatio Sanctae Matris Ecclesiae Constantinopolitanae* ist der Fall Konstantinopels 1453 und ein Kreuzzugsplan Philipps des Guten von Burgund, der bei einem sogenannten Fasanenbankett beschworen werden soll. Über dieses Bankett sind wir durch die Beschreibungen zweier Augenzeugen bis in Einzelheiten unterrichtet. Weil damit die seltene Gelegenheit gegeben ist, einmal den historischen Ort für ein berühmtes Musikstück des späten Mittelalters zu bestimmen und sich von Anlaß und Vorgang ein Bild zu machen, sei hier (nach Sälzle 1959) zumindest einiges von diesem seinerzeit viel Aufsehen erregenden Fest berichtet:

> Alle Unternehmungen der Ritterschaft jener Tage, die kriegerische Handlungen, vorzüglich Kreuzzüge, betreffen, werden mit einer Feierlichkeit angekündigt, die in jedem Ritter Begeisterung, daran teilzunehmen, wachrufen soll. Man verbindet sich hierzu durch feierliche Versprechungen. Von derartigen Gelübden gilt als in besonderer Weise unverbrüchlich das auf den Pfau oder den Fasan. Will man diese Verbindlichkeit feierlich erklären, so ruft man die Ritter zu einem eigens dafür bereiteten festlichen Mahle zusammen, bei dem einer dieser Vögel, wenn auch gebraten, doch im Federschmuck auf einer goldenen oder silbernen Schüssel von einer Dame in den Saal gebracht wird. Jedem Ritter wird der Vogel dargereicht, damit er sein Gelübde über ihm ausspreche. Hierauf setzt man sich zum Essen. Wie alle diese Feste läuft auch das von Lille 1453 ab, das bald in ganz Europa berühmt wird. Die Pracht solcher Festmähler wird in der Regel durch pantomimische Vorstellungen erhöht, wozu bisweilen auch gesungen und getanzt wird. Eine der Belustigungen dieses Fasanenbanketts ist: Ein Riese tritt in den Saal, der mit kostbaren Teppichen behängt ist, die Darstellungen aus dem Leben des Hercules zeigen. Der Riese, einen Turban wie die Sarazenen von Granada auf dem Haupt und in der Linken eine mächtige Hellebarde, führt mit der rechten einen mit einer Seidenschabracke überdeckten Elefanten herein, auf dessen Rücken in einem schloßartigen Kastell, in lange Trauerkleider gehüllt, eine abgehärmte Dame sitzt. Sie, Sinnbild der Ecclesia Constantinopolitana, erhebt vor der Tafel des Herzogs eine lange, in Verse gefaßte Klage über das harte Schicksal, das sie unter den Ungläubigen ertragen muß, und sie beklagt sich über die Langsamkeit derer, die ihr

Hilfe schaffen und sie befreien sollen. Die geschilderte Klage der Ecclesia – es ist Dufays *Motette »O tres piteulx«*. Mit ihren beiden Texten, der lateinischen Klage »Alle, auch die treuesten Freunde haben mich verlassen« und dem französischen Tropus »O tres piteulx de tout espoir fontaine«, erweist sich Dufays *Lamentatio* als eine Art von Provokation für die Sache der christlichen Kirche. Das musikalische Gewand, in dem dies geschieht, man könnte es mit dem Wort »Verfremdungseffekt« erfassen: Als musikalische Komposition erscheint Dufays *Lamentatio* im Gewand einer hochmittelalterlichen lateinisch-französischen Doppelmotette mit Tenor-Cantus firmus, in einer Traditionsform also, die noch weiter zurückführt als die Florentiner *Domweih-Motette* von 1436. Man darf indessen mit Croll (1969) vermuten, daß sie gerade *damit* den beabsichtigten Eindruck gemacht hat.

1460 **Johannes Ockeghem** (um 1425-1496/97): **Déploration sur la mort de Binchois**

Die vierstimmige doppeltextige Motette auf den Tod von Gilles Binchois, die *Chanson-Motette »Mort, tu as navré« – »Miserere«* (Text vielleicht von Ockeghem selbst; mit vielen Nachrichten über das Leben des Binchois), ist Dufays *Klagemotette »O tres piteulx«* auf den Fall von Konstantinopel (zum Fasanenbankett von Lille 1453) verwandt. Ockeghem gehört zu den berühmtesten Künstlern seiner Zeit; er ist einer der Hauptmeister zwischen Dufay und der Generation Obrecht/Josquin. In seinen Messen, Motetten, Chansons und Kanons scheint sich – jedenfalls für den modernen Hörer – eine eher mittelalterlich-spätgotische Haltung zu äußern, der jegliche Tendenz zum Ideal der Ausgeglichenheit im Satz der Vokalpolyphonie abzugehen scheint. In Wirklichkeit aber ist gerade Ockeghem der Wegbereiter einer zukunftsweisenden Satztechnik: Zugunsten einer neuen Klanglichkeit und einer neuen Gleichberechtigung der Stimmen greift er die Vorherrschaft des Cantus firmus an und verändert die Hierarchie der Stimmen, sucht er neue Wege der Dissonanzbehandlung, versucht er neue Möglichkeiten zur Bildung von Zusammenhängen über weitere Strecken im Satz und der verschiedenen Sätze untereinander, etwa der Sätze einer Messe (*Missa Mi-Mi,* um 1470), überlegt er seine Technik im Hinblick auf das Ergebnis der Komposition, das den Hörer als Musik erreichen muß. Kurz: Ockeghem ist ein Neuerer in seiner Zeit, durchaus ein Musiker der Renaissance, auch wenn wir heute das nicht mehr so recht hören können.

um 1470 **Johannes Ockeghem** (um 1425-1496/97): **Missa Mi-Mi (Missa quarti toni),** vierstimmig

Die Messe hat ihren Namen von einem Quintfall *e-A* im Bass, mit dem alle fünf Sätze beginnen. (Im alten Hexachordum naturale war *e = mi,* im Hexachordum molle *A = mi.*) Eine weitere Übereinstimmung der Sätze ist allerdings nicht gegeben, auch kein Cantus firmus; die Stimmen wirken unter dauerndem Wechsel ihrer Bedeutsamkeit in freier Polyphonie zusammen; die Intention scheint – oder richtiger: scheint uns heute – aufs Musizieren selbst gerichtet zu sein (in einem kleinen a cappella-Chor): erst dann erschließt sich die Intensität dieser Musik aus der melodischen Kraft der Einzelstimme und der gegenseitigen Spannung der Linien. – Das Werk gehört wohl Ockeghems Reifezeit an und kann als repräsentativ für ihn selbst wie für seine Zeit gelten.

um 1470 **Johannes Ockeghem** (um 1425-1496/97): **Missa cuiusvis toni,** vierstimmig

Diese vielleicht berühmteste Messe Ockeghems hat die Eigentümlichkeit, daß sie, mit entsprechenden Schlüsseln und Vorzeichen versehen, in jedem der vier authentischen Kirchentöne gesungen werden kann. Ist, so muß man sich hier allerdings fragen, die Tonalität also von nur geringer Kraft und Bedeutung? Die Frage ist offen. – Der Nürnberger Drucker Petrejus nimmt die Messe 1539 in seinen *Liber quindecim Missarum* auf, wie es scheint jedoch mehr ihrer Kuriosität halber, als um die Praxis mit einem bedeutenden Werk zu bereichern (Wagner 1913). Ihm folgt Glarean, der einige Teile dieser Messe seinem *Dodekachordon* (1547) in didaktischer Absicht einverleibt.

um 1470 **Johannes Ockeghem** (um 1425-1496/97): **Missa Prolationum,** vierstimmig

Der Aufbau dieser Cantus firmus-losen Messe ruht auf abstrakt-konstruktiven Voraussetzungen: nur zwei Stimmen sind notiert, die anderen gehen aus diesen beiden durch Anweisungen (lateinisch: Canones) hervor, nämlich im Doppelkanon aufgrund wechselnder Mensurzeichen und Intervalle (vom Einklang bis zur Oktave). Das Werk läßt, wenn man allein auf die Konstruktion schaut, an J. S. Bachs späte kontrapunktische Werke denken; man hat es deshalb eine »Kunst der Fuge des 15. Jahrhunderts« genannt.

um 1470 Johannes Ockeghem (um 1425-1496/97): **Fuga trium vocum**

Das Stück ist mehrfach überliefert: als *Chanson »Prennez sur moy vostre exemple, amoureux«* bei Petrucci 1504 (*Canti numero cento cinquanta*) und in den Holzintarsien-Arbeiten im »Studiolo« der Herzogin Isabella d'Este im Schloß zu Mantua, sodann als Beispiel in Glareans *Dodekachordon* 1547 und in Traktaten von Sebald Heyden 1537 und Gregor Faber 1553. Es ist ein Quart-Sept-Kanon, der in einer einzigen Stimme mit Vorzeichen aber ohne Schlüssel notiert ist – und Ockeghems Interesse scheint nicht nur im Quart-Sept-Kanon, sondern gerade auch im Versuch der Notierung des Ganzen durch eine einzige Stimme mit Kanon-Anweisung zu liegen: also im Problem der Notation von Stimmigkeit des Satzes. Die Auflösung dieses Kanons ist seit dem 16. Jahrhundert strittig.

nach 1470 Officium Auleni / Aulen-Messe, dreistimmig

Dieses Werk eines sonst unbekannten Autors aus einer Breslauer Handschrift ist die älteste Messe deutscher Überlieferung und zugleich ein repräsentatives Werk der deutschen Musik der Dufay-Zeit. Deutsche Musik dieser Zeit wird nämlich gern gesehen als »rührend und innig in ihrer Eckigkeit und Unbeholfenheit«. Die *Aulen-Messe* gibt aber ein ganz anderes Bild, wie Birtner (1934) gezeigt hat: Die besonders innerhalb der Dreistimmigkeit eigentümliche Verbindung von melodischer Polyphonie mit einer bestimmt wirkenden klanglichen Disposition, oder anders: die Art, wie die melodische Bewegung in den Klang eingebettet ist, das läßt eine Verwandtschaft dieses deutschen Werkes mit gewissen Grundzügen englischen Schaffens erkennen.

1472/73 Johannes Tinctoris (* Nivelles um 1435, † 1511): **Terminorum Musicae Diffinitorium**

Das älteste Musiklexikon unserer Musikgeschichte und mit 299 Begriffsbestimmungen eine der wichtigen Hilfen für das Verständnis von Musik, Musikkultur und musikalischer Komposition im 15. Jahrhundert.

um 1474 Johannes Tinctoris (1435-1511): **Musiktraktat »Proportionale musices«**

Die mehrstimmige Kunst des späten Mittelalters läßt seit dem Hervortreten franko-flämischer Meister im zweiten Drittel des 15. Jahrhunderts – freilich mit englischen und italienischen Einflüssen – eine Entwicklung erkennen, die schon damals als aufregend neu angesehen wird: »Die [Ausdrucks-]Kraft unserer Musik«, heißt es im *Proportionale musices,* einem Traktat in drei Büchern über die Proportionslehre musikalischer Rhythmik, »hat einen so wunderbaren Zuwachs erfahren, daß sie wie eine neue Kunst [ars nova] erscheint – eine Kunst, deren Quelle und Ursprung, wenn ich so sagen kann, bei den Engländern und ihrem Hauptmeister Dunstable liegen soll. Ihre Zeitgenossen in Frankreich waren Dufay und Binchois, denen die Modernen Ockeghem, Busnois, Regis und Caron unmittelbar nachfolgten – die hervorragendsten von allen, die ich je in der Komposition gehört habe«. Tinctoris selbst und die von ihm genannten Meister gehören zu jener Reihe großer Musiker von Dufay († 1474) bis Lasso († 1594), die meist an ausländischen zumal italienischen Höfen wirken und die in zahllosen Werken schließlich den polyphonen Vokalstil schaffen, die a cappella-Polyphonie, deren Höhepunkt dann in der Mitte des 16. Jahrhunderts erreicht wird.

um 1475 Antoine Busnois († 1492): **Missa super »L'homme armé«** und **Missa »O crux lignum«,** beide vierstimmig

Zwar ist Busnois, der seit etwa 1465 im Dienste Karls des Kühnen von Burgund steht, zu seiner Zeit eher als Komponist französischer Chansons bekannt, aber seine beiden erhaltenen Messen gehören doch zu den charakteristischen kirchenmusikalischen Werken dieser eher weltlich orientierten Zeit. Die *Missa super »L'homme armé«* zeigt durch und durch das Raffinement der Schreibweise der Chansons von Busnois. Bei der *Missa »O crux lignum«* liegt der Cantus firmus in allen Teilen im Tenor, alle sind an ihn gebunden, Busnois versucht aber, ihnen zugleich auf andere Art Einheit zu geben, und zwar dadurch, daß er jeden Satz mit ein und demselben Oberstimmen-Duett eröffnet, das er mit einer Art Hauptmotiv, jedoch ohne Anlehnung an den Cantus firmus, charakteristisch formuliert: der Versuch der Durchorganisation einer ganzen Messe mit rein musikalischen Mitteln. Ebenso merkwürdig wie kennzeichnend für die Zeit ist sodann die Anwendung von proportionalen Verhältnissen der Notenwerte bei der Zurichtung des Cantus firmus für die verschiedenen Teile des Mess-Zyklus.

um 1475-1480 Canti carnascialeschi von Lorenzo I. de'Medici (1449-1492) und Heinrich Isaac (um 1450-1517)

Den Höhepunkt von Kunst- und Wissenschaftspflege in der älteren Linie der Medici bildet die Regierungszeit von Lorenzo I., genannt Il Magnifico. Für die Musikgeschichte ist er als ausübender Dilettant, als Dichter, Sammler und Mäzen von großer Bedeutung. Besonders augenfällig sind seine schöpferischen Leistungen bei der Veranstaltung von Festen und Festspielen der Renaissance, wobei man bedenken muß, daß es sich dabei im Sinne der Zeit um eine besondere Art von Kunstwerk handelt. Er ist es, der die alte Tradition des Feierns in der Stadt Florenz zur Zeit des Karnevals und des Calendimaggio neu belebt, er führt die großen festlichen, ja feierlichen Umzüge der »Trionfi« und der »Carri« ein, und zwar mit einer Pracht und mit einem Aufwand an Kunst, daß die volkstümliche Überlieferung ihn schließlich überhaupt als Urheber dieser Art von Festlichkeit und als Erfinder der dazu erklingenden Maskengesänge zu preisen beginnt. Nach der Beschreibung Vasaris ist es »besonders schön, von nach Tisch bis gegen drei oder vier Uhr nachts 25 oder 30 reich geschmückte Zweispänner mit ihren verkleideten und nach dem jeweiligen Gegenstand der Darstellung maskierten Leuten die Stadt durcheilen zu sehen; sechs oder acht in eine entsprechende Tracht gekleidete Pagen bei jedem, mit Fackeln in den Händen, deren Zahl mitunter 400 übersteigt und die die Nacht taghell erleuchtet.« Adel und Bürgertum, Dichter, gelehrte Humanisten, Musiker der medicaeischen Kapelle und das Volk, alle nehmen an diesen prachtvollen Aufzügen teil. Die berühmten *Canti* spielen auf die häufig satirische Bedeutung der »Mascherate« an, die den Zuhörern strophisch – mit allerdings in der Regel liederlichen Texten – mitgeteilt werden. Diese werden auf den »Carri« von Maskierten gesungen, welche Gestalten aus dem Florentiner Alltag darstellen, Handwerker, Gewerbetreibende mit den entsprechenden Abzeichen und charakteristischen Gerätschaften.

Zur ersten Periode, der ältesten und »goldenen« (etwa 1475 bis zum Tode Lorenzos 1492), gehören die *Canti carnascialeschi* des Volkes auf Texte des Herrschers selbst und vieler anderer. Ihr in Handwerkerkreisen spielender, lokal gefärbter Inhalt macht meist bestimmte Kreise von Leuten lächerlich oder spielt satirisch auf politische Ereignisse an. In der zweiten Periode (1492-1498) mit Savonarola als Hauptperson (die Medici waren 1494 aus Florenz vertrieben worden) wird der *Canto carnascialesco* in die Geschichte der Florentiner Signoria hineingezogen und durch die Parteigänger Savonarolas – fast möchte man sagen erbarmungslos – in die geistliche Lauda umgewandelt. An die Stelle der Umzüge und »Mascherate« und »Carri« treten Prozessionen. Der dritten Periode (1498-1515) gehören die Karnevalsfestlichkeiten an, die bis zur Rückkehr der Medici 1512 und zur Papstwahl Leos X., eines Sohnes von Lorenzo I., 1513 stattfinden. (Die Lustbarkeiten zum Karneval von 1513 beschreibt Vasari in seiner *Vita di Jacopo da Puntormo.*) – Lorenzo il Magnifico schreibt vermutlich um 1475-1480 seinen ersten *Canto carnascialesco »dei bericuocolai«* und übergibt ihn zur Komposition (dreistimmig; verloren) Heinrich Isaac, der zu jener Zeit offensichtlich schon in Florenz tätig ist. Ein Abglanz der einst so reichen Literatur der *Canti carnascialeschi* findet sich in den *11 Büchern Frottole* des Petrucci, und er leuchtet noch einmal auf bei Lasso und bei Horazio Vecchi (Ghisi 1952).

1477 Johannes Tinctoris (um 1435-1511): Liber de arte contrapuncti

Im umfangreichsten seiner Musiktraktate gibt Tinctoris eine ziemlich fortschrittliche Kontrapunktlehre, die er mit Beispielen von eigenen Kompositionen belegt. Auf Erklärungen zu Kon- und Dissonanzen und deren Behandlung folgen im Hauptteil eingehende Erörterungen über den Kontrapunkt Note gegen Note (contrapunctus simplex) und den Kontrapunkt eine Note gegen mehrere Noten (contrapunctus diminutus vel floridus) sowie innerhalb dieser beiden Kontrapunktgattungen über die Gegenüberstellung von Komposition (res facta) und Improvisation (super librum cantare).

um 1480 Das Glogauer Lieder- und Musikbuch

Die überragende Bedeutung des *Glogauer Lieder- und Musikbuches* besteht im Umfang und in der Universalität seines Repertoires, das eine spezifische Art von Musikpflege innerhalb eines bürgerlich-städtischen Gemeinwesens am Ausgang des Mittelalters spiegelt: Drei Stimmbücher (Discantus, Tenor, Contratenor; das früheste bekannte Beispiel für Notierung in Stimmbüchern) mit 294 meist dreistimmigen Stücken: 158 lateinische Gesänge, 70 deutsche Lieder, 3 Quodlibets, je ein italienisches und slawisches Lied, 61

Instrumentalstücke. Nicht die Qualität der Stücke sondern die Quelle als Ganzes macht den musikgeschichtlichen Wert aus, zumal das Äußere der Handschrift Rückschlüsse auf ihre Verwendung zuläßt. Das *Lochamer-* und das *Schedelsche Liederbuch* sind Liebhabersammlungen, die *Trienter Codices* sind wohl zu Archivzwecken angelegt, die Handschrift aus Glogau in Schlesien hingegen ist eine Musiksammlung, die für den praktischen Gebrauch gedacht und auf Initiative einer öffentlichen Institution, nämlich einer Lateinschule, angelegt ist (Väterlein 1981). Allem Anschein nach ist das Repertoire, durch dessen Vielfalt sich das *Glogauer Lieder- und Musikbuch* von den genannten anderen Handschriften unterscheidet, nicht oder nur zu einem kleinen Teil in Glogau entstanden, ja selbst für die Tatsache der Niederschrift an diesem Ort fehlt der sichere Nachweis. In der Glogauer Sammlung ist wie in einem Brennpunkt die geistliche und weltliche Musik des südost-mitteleuropäischen Raumes während der zweiten Hälfte des 15. Jahrhunderts zusammengefaßt – freilich mit einer gewissen zeitlichen Verzögerung, die durch die zu den damaligen europäischen Musikzentren periphere Lage Schlesiens begründet ist. Musikhistorisch steht dieses Repertoire, wie Hermann Zenck (1959) gesagt hat, am Beginn einer altdeutschen Musikepoche, die ihren Höhepunkt in der ersten Hälfte des 16. Jahrhunderts erreichen soll.

um 1480 und **1505** **Missae »Caput« von Johannes Ockeghem** (um 1425-1496/97) und von **Jacob Obrecht** (* wahrsch. Bergen op Zoom 1450/51, † Ferrara 1505), beide vierstimmig

Beide Messen sind über den im 15. Jahrhundert viel verwendeten Cantus firmus mit dem einzigen Schlüsselwort »Caput« gearbeitet. M. Bukofzer (1950) ist es gelungen, diesen Cantus firmus als das Schluß-Melisma des Responsoriums »Venit ad Simonem Petrum« (für Gründonnerstag Ad Mandatum; erhalten in gallikanischen Versionen des Graduale Sarisburiense) zu identifizieren und damit nachzuweisen, daß in der Praxis des 15. Jahrhunderts ein Choral-Cantus firmus nicht immer der Anfang einer Gregorianischen Melodie sein muß, daß vielmehr auch Teile von Melodien und Schlußwendungen oder Schlußmelismen verwendet werden. Das bedeutet nicht weniger als dies: Der Cantus firmus ist in einer solchen Meßkomposition sozusagen liturgisch neutral, er hat weder mit dem Ordinarium Missae, zu dessen Vertonung er ja »gehört«, noch überhaupt mit dem liturgischen Geschehen etwas zu tun. Er hat die Funktion der Rechtfertigung – um nicht zu sagen: der Heiligung – der musikalischen Darbietung von liturgischem Text aus der Herkunft des Textes und aus der Textfunktion verloren und ist jetzt nur noch – was er bisher nur *auch* war – Konstruktionsgrundlage der mehrstimmigen Komposition. – Obrecht übernimmt die Tenor-Struktur der Ockeghemschen Messe unverändert: ein einfacher Fall von Parodie.

um 1480 **Missae »Fortuna desperata«** von **Jacob Obrecht** (1450/51-1505) und von **Josquin Desprez** (* vielleicht Beaurevoir um 1440, † Condé 1521/24), beide vierstimmig

Josquins *Missa* erscheint zum erstenmal 1502 bei Petrucci in Venedig im Druck (*Misse Josquin*) und dann noch mehrmals in Italien wie in Deutschland, Obrechts *Missa* zum erstenmal 1503 bei Petrucci (*Misse Obreht*) und dann noch einmal in Basel. Beide sind Parodie-Messen, das heißt sie formen eine selbständige fremde Komposition zu einer neuen und anderen um. Beiden Messen, bei Obrecht wohl aus seiner späteren, bei Josquin aus seiner frühen Zeit stammend, liegt eine *Chanson »Fortuna desperata«* von Busnois zugrunde, die in einer dreistimmigen und in einer vierstimmigen Fassung überliefert und offenbar am Ende des 15. und am Beginn des 16. Jahrhunderts verbreitet und als Parodie-Vorlage beliebt ist (Gombosi 1925). Obrecht parodiert die vierstimmige, Josquin die dreistimmige Fassung. Das Parodieverfahren ist hochdifferenziert, wobei für beide Messen die freie Behandlung der von der Parodie-Vorlage übernommenen Stimmen charakteristisch ist. Wichtiger allerdings ist die Verwendung mehrerer Stimmen derselben Vorlage bei beiden Meistern, jedoch auf höchst unterschiedliche Weise. Josquin geht nämlich weiter als Obrecht und verwendet alle drei Stimmen der Vorlage. Das ist erheblich von Belang. Solange nämlich nur eine einzige Stimme aus der Vorlage in die Hauptteile der Messe übernommen wird, fungiert sie als Cantus prius factus und wird dadurch zum Hauptelement der zyklischen Einheit: die kontrapunktierenden Stimmen sind von ihm abhängig, durch ihn bedingt. Sobald aber verschiedene aus der Vorlage stammende Stimmen verwendet werden, verlieren sie diese Funktion, sie erfüllen vielmehr eine andere, eine Parodie-Funktion, weil sie so dem Komponisten freier für das neue Stück zur Verfügung stehen.

um 1480 **Guilelmus Monachus** (15. Jh.): **Traktat »De praeceptis artis musicae et practicae compendiosus libellus«**

Dieser Traktat des sonst nicht weiter bekannten Verfassers, der wahrscheinlich um 1480 in Italien schreibt, ergänzt die Kontrapunkt- bzw. Kompositionslehre der Zeit, vor allem hinsichtlich besonderer kontrapunktischer und improvisatorischer Praktiken. Der mittlere von den drei Teilen des Traktats ist besonders wichtig, weil er unter verschiedenen Arten mehrstimmiger improvisatorischer Techniken die des englischen Faburden und des Gymel beschreibt (Apfel 1981).

1484/87 **Motetten »Quis numerare queat«** von **Loyset Compère** (um 1450-1518) und von **Jacob Obrecht** (1450/51-1505), fünf- und sechsstimmig

Die Motette von Compère von 1484 besingt einen Friedensschluß von Bagnolo: sie ist eine »Staatsmotette«. Aus demselben Anlaß, jedoch erst zu den drei Jahre später in Ferrara stattfindenden Feierlichkeiten schreibt Obrecht eine Motette auf denselben Text. Der Vergleich beider Werke kann den merkwürdigen Dualismus anschaulich machen, der die Motetten-Komposition in der zweiten Hälfte des 15. Jahrhunderts beherrscht: es ist der zwischen einem mittelalterlichen, an Symbolen und an der Ordnungskraft von Zahlen und Zahlenverhältnissen festhaltenden Denken und einem Formwillen, für den gerade nicht mehr die Zahl sondern die Sprache, das Wort, die für die Komposition maßgebende Kraft ist. Die Tradition wird in der Tenor-Motette alten Stils bewahrt – und mit der alten Tenor-Motette wahrt man zugleich die Tradition. Auch Compères Motette zeigt diesen Zusammenhang. Zwar ist das metamusikalische Moment der Zahlhaftigkeit hier aus der Satzkonstruktion verschwunden, aber eine Art von Konstruktivität im Bau ist geblieben: Um das Gerüst zweier Stimmen mit kanonisch verdoppeltem Cantus firmus (die Friedensantiphon »Da pacem Domine in diebus nostris«) in Breven baut Compère einen lebendig beredten Satz, »die Rede eines Eifernden«, wie Ambros treffend gesagt hat. Von all dem Alten, das Compères Motette dennoch bestimmt, ist in Obrechts gleichnamiger Motette nichts mehr zu finden.

Für das in der Renaissance erwachende Bewußtsein von der Individualität des Künstlers, ja von der Künstlerpersönlichkeit – wie man später sagen wird –, sei hier einmal kurz die Frage der Bedeutung oder gar der historischen Größe erörtert, und zwar am Beispiel von Compère, einem Künstler wohl zweiten Ranges, jedenfalls neben Josquin. Dessen Gestalt nämlich beherrscht mit ihren Werken unsere Vorstellung vom späten 15. und frühen 16. Jahrhundert, und zwar mit Recht, denn Josquin gehört zu den wenigen ganz Großen, die im Grunde die abendländische Musiksprache geschaffen haben. Und trotzdem ist bemerkenswert, daß gerade seine Zeit eine so große Zahl von Komponisten hervorgebracht hat, deren Werke von höchster Qualität sind – und die fast alle aus dem verhältnismäßig kleinen Gebiet stammen, das heute Nordfrankreich und Südbelgien umfaßt. Wenn man diese Meister nun, wie wir es uns angewöhnt haben, als Meister zweiten Ranges bezeichnet, dann sollte man auch bedenken, daß dieses »zweitrangig« neben Josquin eigentlich ein nicht geringes Kompliment ist! Ihre Werke verdienen Beachtung und höchste Wertschätzung nicht nur *neben* Josquin, sondern durchaus *an sich selbst* und wegen ihrer eigenen Qualität und Schönheit. Und zu diesen Werken gehören gerade auch die des Loyset Compère.

1485 - um 1500 **Mensuralkodex Berlin 40 021**

Die Bedeutung dieses Kodex mit ca. 150 mehrstimmigen Sätzen (16 Messen und 9 andere Stücke zum Offizium, 11 Magnificat, 48 Cantica, Hymnen und Sequenzen, 75 Motetten und anderes) als Zeugnis für das Musikleben im deutschen Sprachraum des ausgehenden 15. Jahrhunderts kann man nicht leicht überbewerten. Was an früheren Quellen erhalten ist, spiegelt entweder den Usus einer kirchlichen Gemeinschaft, wie das *Glogauer Lieder- und Musikbuch,* der *Kodex St. Emmeran* oder die *Trienter Codices,* oder ist an Format und Inhalt als Dokument privaten Sammelns und Musizierens zu erkennen, wie das *Lochamer-* oder das *Schedelsche Liederbuch.* Mit der Gruppe der vier *Codices Berlin 40 021, Breslau 2016, Leipzig 1494* und *München 3154* haben wir dagegen Quellen vor uns, die nach Format und Anlage ganz offensichtlich private Sammlungen von »Lieblingsstücken« mit einem, alle Bereiche der mehrstimmigen Musik umfassenden Repertoire verbinden. Zwar bleibt der Sammler jeweils in der Anonymität, aber dadurch lenkt er die Aufmerksamkeit stärker auf die Quelle und das Repertoire und bezeugt damit die im späten 15. Jahrhundert allgemein im deutschen Sprachgebiet zunehmende Aufgeschlossenheit für das Neue in der Musik. So wächst der Kodex über die Bedeutung einer singulären Quelle für die meisten seiner Kompositionen weit hinaus (Zenck 1959; Just 1975).

1490 **Adam von Fulda** (um 1445-1505): **Traktat »De musica«** und **Werke**

Gemeinsam mit seinen Zeitgenossen Hermann Finck und Alexander Agricola macht Adam von Fulda kurz bevor die niederländisch-italienische Renaissance-Kunst auch die deutschen Kantoreien erreicht und erfüllt, noch einmal eine burgundisch-spätgotische Musik »im deutschen musikalischen Kolonialland« (Ehmann) heimisch, an die freilich die Torgau-Wittenberger Reformationsmusiker (in der Fortführung einer musikalischen »Sondergotik«) mit ihren Choralbearbeitungen dann anknüpfen werden. Adam von Fuldas Messe, die 7 Hymnen-Vertonungen und die wenigen anderen kleinen kirchenmusikalischen Werke zeigen bei liturgischem Gebrauchscharakter altertümlich strenge Bauformen mit Cantus firmus-Anlage, Kanonführungen, Doppel-Cantus firmus, und Parallelgängen. Ähnlich altertümlich und trotzdem von ähnlicher Wirkung auf die musiktheoretischen Vorstellungen der späteren Reformationsmusiker ist der (stark kompilatorische) *Traktat »De musica«.*

um 1490 **Heinrich Finck** (1444/45-1527), **Adam von Fulda** (um 1445-1505) **und andere: mehrstimmige Hymnen**

Die ausgedehnte Pflege, die der mehrstimmige Hymnus in der zweiten Hälfte des 15. Jahrhunderts in Deutschland erfährt, ist musikgeschichtlich auffallend: Zu einer Zeit, da die Hymnenkomposition in der burgundisch-niederländischen Überlieferung zurücktritt, blüht sie im deutschen Bereich auf und überschattet gar die frühprotestantische Liedbearbeitung des 16. Jahrhunderts. Das besondere Interesse der Deutschen für den mehrstimmigen Hymnus entspringt, wie Gerber (1935) meint, denselben Neigungen, die auch die erste Blüte ihrer weltlichen Liedbearbeitungen hervorbringen. Es ist ein offenbar ursprünglicher Hang zur – gemessen an der Motette – Bescheidenheit des Liedes und zum liedhaften Ausdruck. – Eine besondere Eigenart deutscher Hymnenvertonung liegt in der Verwendung zweier Cantus firmi. Es handelt sich dabei nicht um die Beigabe eines beliebigen zweiten Cantus firmus, der nur konstruktiv-formale Bedeutung hat (wie häufig die weltlichen Cantus firmi in geistlichen Werken der Niederländer), auch nicht um eine beliebige geistliche Melodie, die mit ihrem eigenen Text der Hymnen-Melodie beigesellt wird, sondern um die beziehungsvolle Koppelung einer meist liturgischen Weise mit dem Cantus primarius: dieser zweite Cantus firmus hat gleichsam tropierenden Charakter, und gerade in dieser inhaltlich-interpretierenden Bezogenheit der beiden Texte kann man eine spezifisch deutsche Eigenart erblicken. Eigentümlich deutsch ist sodann in allen diesen Werken die besondere Klangfülle, eine gewisse Schwere und eine Art Wucht des rhythmischen Schreitens, die trotzdem zu nur kurzen Phrasen und rasch aufeinander folgenden Kadenzen drängt. – Weil Hymnen zu den Stundengottesdiensten gehören, richtet sich ihr Vortrag nach den dortigen Gepflogenheiten: die ungeradzahligen Strophen werden choraliter, die geradzahligen figuraliter ausgeführt, wobei für den Figuralchor auch die Orgel oder ein Instrumentalensemble (möglichst farbiger Besetzung) eintreten kann.

1492-1500 **Franchinus Gaffurius** (1451-1522): **Trilogia gaffuriana:** Theorica musicae (1492), Practica musicae (1496), De harmonica musicorum instrumentorum (1500)

Die drei Traktate des Mailänder Domkapellmeisters sind wie ein vollständiger theoretisch-praktischer Kompositionslehrgang (wie man heute sagen würde) angelegt. Er beginnt mit der von den lateinischen Theoretikern durchgearbeiteten griechischen Musiktheorie und gelangt über den Gregorianischen Choral zur Lehre der Mensuralmusik, insbesondere zur Proportionenlehre. Die *Practica musicae* ist der originellste Teil, weil Gaffurio hier den Schüler gleich zur praktischen Anwendung der Regeln zu veranlassen sucht, und weil er alle Schwierigkeiten der Notation zu verschmähen und bereits Sinn für Akkord und neue Tonalität zu zeigen scheint, und all das, obwohl er sich in der Theorie selbstverständlich an die Modus-Lehre hält. Das dritte Buch bringt eine Annäherung der persönlichen Erfahrungen des Autors an die durch die Autorität des Bryennius (um 1320) gestützte klassische Theorie, allerdings fehlen auch hier nicht Bemerkungen wie die, daß die freien linearen Stimmen des niederländischen Kontrapunkts dem musikalischen Ausdruck nicht genügen könnten, solange sie nicht untereinander und mit dem Gesamtklang harmonierten. Gaffurio zielt also – so interpretiert ihn jedenfalls Sartori (1955) – bereits auf den Vertikalklang und auf eine harmonische Auffassung der Musik, für deren theoretische Festlegung erst 60 Jahre später Zarlino sorgen sollte.

1496/97 Heinrich Isaac (* um 1450, † Florenz 1517): Missa Carminum, vierstimmig, gedruckt in Wittenberg

Georg Rhaw veröffentlicht 1541 einen Sammelband mit 10 vierstimmigen Messen von 7 Komponisten, unter ihnen Isaac und Senfl. 6 Messen sind über damals verbreitete französische Chansons oder deutsche und niederländische Lieder gearbeitet. Während die anderen Komponisten allen Sätzen ihrer Messen ein und dieselbe Melodie zugrunde legen, verwendet Isaac in der *Missa Carminum* für jeden Satz ein anderes Lied (oder Teile aus Liedern; Ausnahme: der Cantus firmus des ersten Kyrie kehrt im Sanctus wieder). Mag diese Ausweitung der Cantus firmus-Technik in der Meßkomposition auch niederländischer Kompositionsvorstellung und -technik entspringen, sie kennzeichnet doch mit der Verwendung *deutscher* Lieder, u.a. von *»Innsbruck, ich muß dich lassen«* und *»Die Brünnlein, die da fließen, die muß man trinken«*, die Situation der Komposition und des Repertoires in Deutschland im frühen 16. Jahrhundert.

um 1500 Josquin Desprez (um 1440-1521/24): Vergil-Motetten

Die Texte »Fama, malum qua non aliud velocius ullum« (ein Bild der Gottheit Fama) und »Dulces exuviae, dum fata deusque sinebat« (der Todesmonolog der Dido) stammen aus dem vierten Buch von Vergils *Aeneis*. Beide Motetten zeigen das feine kontrapunktische Linienspiel der Blütezeit franko-niederländischer Musik; das Metrum des Textes findet keine Beachtung. Ist für *»Fama, malum«* die geistvolle musikalische Spiegelung des allegorischen Bildes in einer Fülle rhetorisch-figürlicher Züge bezeichnend, so ist die Musik zu *»Dulces exuviae«* erfüllt von der Melancholie der Verse. – »Die mehrstimmige Vertonung klassisch-lateinischer Dichtung um 1500«, die H. Osthoff (1954) untersucht, »ist das sinnfällige Beispiel für das Eindringen von Renaissance-Tendenzen in das Gebiet der Musik. Während die Anwendung des Begriffes ›Renaissance‹ auf den zentralen Bereich der polyphonen kirchlichen Tonkunst dieser Epoche mit grossen inneren Schwierigkeiten verknüpft ist und nur in begrenztem Masse möglich erscheint, kann der musikalische Vorstoß zur klassischen Latinität in Verbindung mit der Kulmination der humanistischen Welle um 1500 interpretiert werden. Dabei müssen aber in der Musik zwei Strömungen scharf auseinandergehalten werden: die formale, wesentlich auf die Bewältigung der metrischen Probleme abzielende Oden-Vertonung, welche von gelehrten deutschen Humanisten ihren Anstoß, ihre Zielrichtung und Methode empfängt, und andererseits eine zweifellos von Italien ausgehende, ihrem Wesen nach expressive Richtung, die, frei vom Zwang der Metrik, vor allem Kernstellen der altrömischen Epik in ihrem Ausdrucks- und Symbolgehalt musikalisch zu erfassen versucht.« – Unter den zahlreichen Vertonungen Vergils neigen die von Josquin zur letzteren Tendenz. Aus denen, die zur ersten neigen, ragen die von Paul Hofhaimer und Ludwig Senfl hervor, doch stammen diese erst aus den 1540er Jahren.

um 1500 Pierre de la Rue (* wahrsch. Tournai um 1460, † Courtrai 1518): Zwei Missae »L'homme armé«, beide vierstimmig

Seit Ambros (1862) gilt Pierre de la Rue als einer der großen niederländischen Meister, der in der Messen-Komposition seinem berühmteren Zeitgenossen Josquin ebenbürtig ist. La Rues Motetten allerdings sind einigermaßen unbekannt. Das mag daran liegen, daß nur wenige von ihnen im 16. Jahrhundert gedruckt werden; allerdings sind sie in vielen Handschriften über ganz Europa verbreitet. Obgleich La Rue sich häufig der imitierenden Setzweise bedient, ist Durchimitation keineswegs ein dominierendes Merkmal seiner Schreibart, sondern nur eine von verschiedenen kontrapunktischen Techniken, die er verwendet. Unter den ca. 30 Messen, die unter seinem Namen überliefert sind, findet sich eine Bearbeitung des berühmten französischen Liedes *»L'homme armé«*, die mit Sicherheit, und eine andere, die mit hoher Wahrscheinlichkeit sein Werk ist. Beide Messen sind um 1500 komponiert; die erste druckt Petrucci in Venedig 1503. Diese – wohl die Krönung seines Schaffens in früher Meisterschaft, wie Davison (1972) meint – dürfte von Josquins *Missa »L'homme armé« super voces musicales* angeregt sein, ja es scheint, als habe sich der Komponist vom Ehrgeiz leiten lassen, die kontrapunktische Brillanz von Josquins Bearbeitung zu übertreffen. Die zweite Messe ist eine reine Kanon-Messe, in welcher die Liedweise allein dem Tenor als Cantus firmus-Stimme übertragen ist. Im Gegensatz zur anderen *»L'homme armé«-Messe* beziehen hier die drei Nebenstimmen ihr melodisches Material also nicht vom Cantus firmus.

Das *Lied »L'homme armé«* entsteht wahrscheinlich in der Mitte des 15. Jahrhunderts als Kreuzfahrerlied (oder als eine Art politischen Lieds) im Bereich der Burgundischen

Kultur. Zwischen rund 1450 und 1630 erscheint es – fast muß man sagen: unzählige Male – als Cantus firmus vor allem von Meß-, selten von Chansonkompositionen. Worauf diese Beliebtheit beruht, ist ungeklärt.

um 1500-1530 Cancionero musical de Palacio

Die umfangreichste und wichtigste Handschrift mit spanischer weltlicher Mehrstimmigkeit, geschrieben im frühen 16. Jahrhundert für die Musiker des Königs Ferdinand des Katholischen oder des Herzogs Alba. – Cancionero nennt man im allgemeinen eine Sammlung von Gedichten eines oder mehrerer Dichter, auch aus verschiedenen Epochen, die für den Gesang bestimmt und wenigstens teilweise mit Noten versehen sind. Im besonderen versteht man unter Cancionero ein Liederbuch einer Dichter- oder Komponistengruppe, die an einem fürstlichen oder geistlichen Hofe wirkt. Der *Cancionero musical de Palacio* ist mit 551 Stücken, von denen 459 erhalten sind (ein Teil der Handschrift ist verloren), die Hauptquelle zum spanischen Villancico. Villancico ist eine poetisch-musikalische Form in Spanien, die wahrscheinlich auf eine der mittelalterlichen Refrainformen (Virelai, Ballade) zurückgeht. Die ursprünglich weltlichen vulgärsprachlichen Villancicos gehören wegen ihres volkstümlichen, jedoch stilisierten Inhalts trotz einfacher, meist drei- bis vierstimmiger Setzweise Note gegen Note zu den beliebtesten musikalischen Formen der spanischen Renaissance. Neben weltlichen Villancicos (die übrigens auch am Schluß von dramatischen Werken gesungen oder getanzt werden können) gibt es schon früh eine reiche Tradition von geistlichen Villancicos. Ihre Beliebtheit führt, trotz königlichen Verbots (1596), zur Einführung in die lateinische Liturgie: Bis ins 18. Jahrhundert werden an hohen Kirchenfesten, besonders an Weihnachten, geistliche Villancicos mit volkssprachlichem Text zwischen den Responsorien der Matutin, manchmal auch an Stelle des Offertoriums der Messe vorgetragen. – Außer dem mehrstimmig-vokalen Villancico findet man in Drucken von Musik für die Vihuela des 16. Jahrhunderts auch Villancicos in der Form von Sololiedern mit Instrumentalbegleitung. Bekannte Melodien von Villancicos dienen zudem auch immer wieder als Themen für Instrumentalvariationen.

6. Daten von 1501 an

1501 Ottaviano Petrucci (1466-1539) druckt in Venedig Harmonice Musices Odhekaton

Das erste und zugleich das schönste der 61 Druckwerke Petruccis zwischen 1501 und 1520 enthält 96 (dem Titel nach müßten es 100 sein) drei- und vierstimmige Stücke verschiedener Komponisten mit lateinischen, italienischen und französischen Texten. Mit diesem berühmten Druckwerk beginnt die erste große Epoche des Musikdrucks. Petrucci hatte am Hof in Urbino deutsche, mit beweglichen Lettern hergestellte Sprach-Druckwerke kennengelernt und beschlossen, das zugrunde liegende Druckverfahren für den Druck von Musiknoten zu übernehmen. Petrucci ist indessen *nicht* der Erfinder des Notentypendrucks. Diesen hat vielmehr der Ingolstädter Ulrich Hahn erfunden und bereits 1476 für ein Missale angewandt. Petruccis Verfahren vollzieht sich in drei Phasen: zuerst werden die Notenlinien gedruckt, dann darüber die Noten und zuletzt der Text (einschließlich Verzierungen, Initialen, Nummern und Seitenzahlen). Das Verfahren erlaubt besonders schöne Druckbilder, es verlangt aber auch besondere Sorgfalt bei der Herstellung und ist deshalb sehr teuer (weshalb Petrucci sich auch mit den Verlegern A. Scotto und N. da Rafael verbinden muß); es erlaubt zudem nur *eine* Stimme auf *einem* Liniensystem, also Ausgaben mehrstimmiger Musik nur in Stimmbuch- oder in Chorbuchnotation. Zwar läßt Petrucci sich sein Druckverfahren patentieren und von der Signoria Venedigs auf 20 Jahre schützen, aber er nützt dieses Privileg merkwürdigerweise nicht richtig aus, gibt vielmehr alsbald seine Firma in Venedig auf und verkauft seine Typen an Andrea Antico aus Motovun in Istrien. In der Zwischenzeit treten auch andere Drucker auf den Plan, die die publizistischen und vor allem die wirtschaftlichen Möglichkeiten des Musikdrucks erkennen, sich ebenfalls Privilegien ausstellen lassen und die Technik weiterentwickeln. Hier sind als die ersten zu nennen: in Italien Andrea Antico und die Familien Gardane und Scotto in Venedig und Jacopo Giunta in Rom; in Deutschland Erhart Oeglin in Augsburg, Peter Schöffer d. J. in Mainz und Egenolf in Frankfurt; in Frankreich Pierre Attaingnant; in den Niederlanden Symon Cock, G. Vissenaecken und Tilman Susato. – Die erste wichtige technische Neuerung ist der *einfache* Typendruck (im Gegensatz zum doppelten des Petrucci); sie stammt wahrscheinlich aus Frankreich von dem Schriftgießer Pierre Haultin; der Verleger Pierre Attaingnant setzt ihn seit 1528 als erster ein. Beim einfachen Typendruck ist der einzelne Notenkopf (bzw. jetzt bis zu drei Notenköpfen) mit seinem kleinen Ausschnitt aus dem Fünf-Liniensystem in einer Type kombiniert, und es reiht sich dann Ausschnitt mit Note an Ausschnitt mit Note. Die zweite technische Neuerung (die sich auf die Dauer als die wichtigere erweisen sollte) bringt die Erfindung des KUPFERSTICHS einer *ganzen Notenseite* durch Simone Verovio, der sie seit 1586 in Rom für Musikdrucke einsetzt.

Die Bedeutung des NOTENDRUCKS für die Entwicklung der Musik kann man nicht hoch genug einschätzen. Nun sind musikalische Kompositionen in Mengen und zu erschwinglichen Preisen unter die Leute zu bringen, kann sich komponierte Musik über die engen Zirkel der Musiker und derer, die mit den Artes liberales auch die Musik studiert haben, hinaus verbreiten. Freilich, das Notenlesen muß man allemal in einer Schule lernen, und so bleibt die Verbreitung nach wie vor begrenzt, aber in die Grenze ist jetzt das Bürgertum einbezogen. Und also nimmt die Musik einen neuen und ungeahnten Aufschwung und Fortgang, am meisten in den Gattungen, die zur sogenannten Hausmusik gehören. – Gedruckt wird, jedenfalls zunächst, durchaus das Bewährte. Petrucci zum Beispiel druckt gerade Werke, deren Entstehungszeit bis in die 80er Jahre des 15. Jahrhunderts zurückreicht, oder in Augsburg drucken Grimm und Wyrsung den *Liber selectarum cantionum* von 1520 mit Kompositionen aus der Hofkapelle Kaiser Maximilians I. Doch gerade darin zeigt sich ein Zug, der die neue Technik als industrielle Technik erkennen läßt: gedruckt wird, was verlangt wird. Und schon seit langem besteht beim musikliebenden Bürgertum ein Interesse an der höfischen Kunst, nur trat es bisher, weil es nicht anders als durch teure Handschriften zu befriedigen war, nicht hervor – um so mehr aber jetzt, da preiswerte Drucke angeboten werden.

ca. 1501-1505 **Josquin Desprez** (1440-1521/24): **Missa »Hercules Dux Ferrariae«**, vier- bis sechsstimmig

Der Name dieser Messe weist auf ein SOGGETTO CAVATO (von italienisch cavare = schöpfen, herausnehmen; soggetto = subjectum): Seit Guido von Arezzo die Solmisation erfunden, nämlich die Methode entwickelt hat, jeden Ton durch eine Silbe zu benennen, die seinen Ort im Tonsystem erkennbar macht, seitdem kann man eine einstimmige Melodie in Tonsilben = Solmisationssilben aufschreiben und nach ihnen »vom Blatt« absingen. Soggetto cavato nun ist ein musikalisches Subjectum, das gewonnen wird, indem Silben oder Buchstaben eines Namens oder eines Mottos als Solmisationssilben oder Tonbuchstaben gelesen und in Noten gesetzt werden. Die Folge ist, daß dann in diesem musikalischen Subjectum ein *Wort*sinn steckt beziehungsweise verborgen liegt. Der berühmteste Soggetto cavato älterer Zeit ist der unserer Missa, den Zarlino (1558) aufgedeckt hat: »Tenore ... cavato dalle vocali do queste parole«:

In der *Missa »Hercules Dux Ferrariae«* ist mit dem Soggetto cavato erstens die Grundlage der Komposition musikalisch thematisiert und zweitens eine Beziehung der Komposition zu einem Außermusikalischen hergestellt: Durch das Soggetto erst wird sie zur Huldigung an eine bestimmte Person, nämlich an den Herzog Ercole I. d'Este von Ferrara, während ihre Faktur allgemein (Kombination eines rigoros durchgeführten Cantus firmus-Prinzips mit verschiedenen »Künsten der Niederländer«) sie »nur« als fürstliche Repräsentationsmesse ausweist.

1502 **Misse Josquin,** gedruckt in Venedig

5 Messen Josquins: der erste »PERSONALDRUCK« (Druckwerk mit Kompositionen eines einzigen Komponisten; Gegensatz: »SAMMELDRUCK«) der Musikgeschichte, und zudem der erste von drei Messen-Drucken Josquins bei Petrucci.

1504 **Alexander Agricola** (1446-1506): **Missae Alexandri Agricolae,** vierstimmig, gedruckt in Venedig

Die schon von den Zeitgenossen erkannte hervorragende Bedeutung Alexander Agricolas spiegelt sich in der reichen Überlieferung seiner Werke, die von zahlreichen Handschriften des späten 15. und des frühen 16. Jahrhunderts bis zu Drucken von Petrucci, Newsidler, Heyden, Formschneÿder, Rhaw und Rotenbucher (1549) reicht. Agricola, der Zeitgenosse Heinrich Fincks und Adam von Fuldas, ist insofern eine exzeptionelle Erscheinung, als er, obgleich höchst wahrscheinlich deutscher Herkunft (mit dem Namen Ackermann), wie ein Niederländer in Italien und am burgundischen Hofe tätig ist. Man hat daher mit einigem

Recht sagen können, daß der Flame Heinrich Isaac eigentlich eher in die deutsche Musikgeschichte gehöre als der Deutsche Alexander Agricola. Von seinen Werken sind erhalten: 9 Messen, 2 einzelne Credo, etwa 25 Motetten und über 90 Chansons über französische, italienische und niederländische Texte. Der Messen-Druck Petruccis von 1504 enthält 5 vierstimmige Messen.

1504-1514 **11 Bücher Frottole** herausgegeben und gedruckt von Ottaviano Petrucci in Venedig

Gleich im ersten Jahr 1504 erscheinen drei der elf Bücher. Neben diesen Sammlungen Petruccis erscheinen zwischen 1510 und 1531 noch etwa 15 weitere von anderen Verlegern. – Frottola ist der Sammelbegriff für eine literarische Gattung einfacher, volkstümlich didaktisch-satyrischer Dichtungsformen, die in Italien im 14. Jahrhundert weit verbreitet sind. Dazu gehören die Ableger der Ballata: Ballatina, Barzeletta und Strambotto, die bewußt glatt-parodistische Oda, aber auch die durch Petrarca gleichsam geheiligten Sonette und Canzone. Verwandt sind ferner die Villotta und der Florentiner *Canto carnascialesco,* ferner die um 1500 noch immer lebendige Giustiniana (benannt nach dem venezianischen Dichter Leonardo Giustiniani, um 1388-1446). Sie alle beruhen ursprünglich auf sprachlicher Improvisation nach bestehenden einfachen Vers- und Reimschemata; sie werden alle selbstverständlich immer gesungen (»Poesia per musica«), meist mit instrumentaler Begleitung. Die Herkunft der Frottola mit ihren vielen Typen ist kaum geklärt. Sie scheint ihren Ursprung jedoch ziemlich tief zu haben, jedenfalls tiefer als die literarische und die musikalische Gattungsgeschichte normalerweise reichen, nämlich in veränderten Verhältnissen und einem veränderten Lebensgefühl des neuen Zeitalters der Renaissance nach dem »Herbst des Mittelalters« – und musikalisch in einer Entdeckung (richtiger wohl: in einer Wiederentdeckung) alter Quellen der Musik in den Bereichen volksmäßigen Singens und Musizierens. Frottolen sind jedoch keine Volkslieder, sie zeugen aber mit Text und Musik in der Nachahmung volkstümlicher Züge davon, daß und wie und wo ein neues gebildetes Bürgertum und eine sich neu verstehende Aristokratie vor allem der Städte Oberitaliens ihre Inspiration suchen. Dementsprechend volksmäßig ist der mehrstimmige musikalische Satz, nämlich in der Regel Note gegen Note und einfach akkordlich-harmonisch mit der Melodie in der Oberstimme und typischen Harmonieschritten im Baß. Er ist also dem sonst in dieser Zeit dominierenden Satz der Niederländer-Polyphonie geradezu entgegengesetzt. (Schwarz 1886: »Die Frottole rüttelten an den Grundpfeilern der polyphonen Gesangsmusik, indem sie dem Tenor die Melodie abnahmen und sie dem Discantus übertrugen.«) Dementsprechend vielfältig sind auch die aufführungspraktischen Möglichkeiten vom instrumental begleiteten Lied bis zur a cappella-Ausführung und zur reinen Instrumentalbearbeitung. »Es gibt keinen stärkeren Gegensatz als die eigentliche Frottola oder Oda und das Madrigal, vor allem das frühe Madrigal der Arcadelt und Verdelot in seiner Künstlichkeit und Konvention des Tones – des Tones, nicht etwa der künstlerischen Arbeit« (Einstein 1928). Und dennoch übt die Frottola den stärksten Einfluß auf die Gattung Madrigal und seine Komponisten aus, und das bedeutet: auf die polyphone Musik überhaupt. Aus dieser Quelle kommt nämlich einer der starken Zuflüsse neuer (und zugleich ursprünglich alter) musikalischer Kräfte für Klanglichkeit, Harmonik, Tonartlichkeit und Tonalitätsbewußtsein. Hier werden etwa – um nur eine Erscheinung zu nennen, freilich eine charakteristische – zum erstenmal die Schlüsse immer mit der Terz gebildet.

»Die Anfänge des homophonen Stils der klassischen vierstimmigen Frottola« – so die übliche musikgeschichtliche Einordnungsterminologie – liegen um 1450. Die berühmtesten Frottolisten sind Bartolomeo Tromboncino (um 1470-nach 1535) und Marco Cara († nach 1525), beide tätig am Hofe der Isabella d'Este zu Mantua. Von den »Niederländern«, die die Mode der Zeit mitmachen und Frottolen komponieren, sind vor anderen Josquin, Isaac und Compère zu nennen.

> Mag man fragen: Mode? Das beginnende 16. Jahrhundert ist geradezu gekennzeichnet durch Mode und Moden! Man lese nach bei Jacob Burckhardt (*Die Kultur der Renaissance in Italien,* 1860). Er sieht in den Moden und ihrem häufigen Wechsel »einen kulturgeschichtlichen Beleg für das rasche Leben Italiens in den Jahrzehnten um 1500.« Und auch Musiken können Moden unterliegen, bloße Modeerscheinungen sein.

1506 **Heinrich Isaac** (* um 1450, † Florenz 1517): **Missae,** gedruckt in Venedig

Isaac ist der hervorragendste deutsche Messen-Komponist um 1500, den man trotz seiner niederländischen Herkunft und seiner Wirksamkeit in Italien als Vertreter Deutscher Kunst in Anspruch nehmen darf, wie er auch schon im 16. Jahrhundert dafür in Anspruch genommen worden ist. Die große Zahl und die Eigenart seiner Messen, die durch Genialität der Erfindung wie durch die hochstehende künstlerische Auffassung sich in gleicher Weise auszeichnen, machen diese Werke seinem Hauptwerk, dem *Choralis Constantinus,* ebenbürtig. Isaac figuriert mit diesem Band von 5 *Messen* (»Charge de deuil«, »Misericordias domini«, »Quand jay au cor«, »La Spagna«, »Comme femme«) neben Josquin unter Petruccis Frühdrucken. Später haben ausschließlich Deutsche den Druck seiner Messen besorgt, da seine Tätigkeit in den Zentren deutscher Kultur der Zeit, in Innsbruck, Augsburg und Wien, den Ruf seiner Kunst in Deutschland verbreitet hatte: Graphaeus und Petrejus in Nürnberg, Rhaw in Wittenberg, freilich immer in Sammeldrucken (Zenck 1959, P. Wagner 1913).

1507 **Heinrich Isaac** (um 1450-1517): **Zwei »Staatsmotetten«** zur Eröffnung des Reichstages zu Konstanz

Für die musikalische Eröffnung des Reichstages sind zwei vierstimmige Motetten des kaiserlichen Hofkomponisten Heinrich Isaac bestimmt: »*Sancti spiritus adsit nobis gratia*« und »*Imperii proceres*«. Das erste Werk ist ein Gebet, das mit einer Anrufung des Heiligen Geistes beginnt. Dieser Beginn entspricht einer alten Gepflogenheit: »Also ist es breuchig und nach Wichtigkeit dess Heiligen Reichs Geschäfften und Notturft wol und löblich herpracht, das die anwesenden Churfürsten und Stånd, auch der Abwesenden Räth, Bottschafften und Gesandten uff benannten Morgen in der Kays. Majestatt Pallast erscheinen und Ihr Majestatt in die Kirchen begleiten, daselbst das Officium de S. Spiritu solenniter halten helffen, alsdann mit Ihr Majestatt auss der Kirchen auff das Rathaus zu ziehen«, wie es in einem Traktat über den Reichstag beschrieben ist. Die größer angelegte zweite Motette ist eine Begrüßung der Gäste. Daß die beiden Motetten zusammengehören, also eine zweiteilige Motette bilden, ist unwahrscheinlich.

1508 **Das 2. und das 1. Buch mehrstimmiger Lauden,** gedruckt in Venedig

Das 1. Buch, das *nach* dem 2. erschienen zu sein scheint, enthält 66 Kompositionen (davon 51 mit italienischem und 15 mit lateinischem Text) eines sonst nicht bekannten Innocentius Dammonis, das 2. Buch 60 Kompositionen (davon 23 mit italienischem, 31 mit lateinischem und 2 mit gemischtem lateinisch-italienischem Text) verschiedener Komponisten, wobei die beiden großen Männer der damaligen italienischen Musik, Bartolomeo Tromboncino (um 1470-nach 1535) und Marco Cara (2. Hälfte des 15. Jahrhunderts – nach 1525) am stärksten vertreten sind.

Nach Jeppesen (1935) ist die Lauda zu definieren als eine geistliche, nicht liturgisch gebundene, zum Gesang bestimmte Dichtung; sie ist volkstümlichen Charakters und meistens in der Volkssprache verfaßt. Die Tatsache, daß in Italien die außerkirchliche geistliche Dichtung sich im späten Mittelalter und in der Renaissance so reich wie sonst nirgendwo entfaltet, ist durch die besonderen politischen Verhältnisse des Landes zu erklären, in dem die Kirche zugleich den Staat, die Hierarchie und alles Offizielle verkörpert. Die Lauden-Dichtung, die bis auf Franz von Assisis *Sonnengesang* (1226) zurückgeht, findet, getragen von den religiösen Bewegungen, die im 12. und 13. Jahrhundert Umbrien aufwühlen, ihren wichtigsten Dichter in Jacopone da Todi (um 1230-1306), einem der großen Dichter Italiens. Von Umbrien geht in der zweiten Hälfte des 13. Jahrhunderts auch die fanatische Geißlerbewegung der »Disciplinati« oder »Flagellanti« aus, die in kurzer Zeit ganz Italien erfaßt. Durch diese »Disciplinati« wird das Lauden-Singen organisiert. Schon früher hat man sich zu religiösen Bruderschaften vereinigt, jedoch, wie es scheint, mehr vereinzelt. Jetzt, im 13. und 14. Jahrhundert, findet man aber »Compagnie de'Laudesi« in fast jedem größeren italienischen Ort, und das Zentrum scheint Florenz zu sein. – Nach Jeppesens Forschungen scheint sicher, daß man im Quattrocento Lauden auch einstimmig gesungen hat, daß aber dennoch in dieser Epoche die mehrstimmige Behandlung der Lauden im Vordergrund steht. Freilich, erst mit Petruccis Drucken haben wir das Material, aufgrund dessen die Frage im Ernst zu untersuchen ist.

Im Hinblick darauf, daß die Komponisten der bei Petrucci erscheinenden Lauden-Sammlungen fast alle auch eifrige Frottolen-Komponisten sind, nimmt es nicht wunder, wenn die musikalische Faktur mitunter ähnlich ist. Sie ist sowieso einfach, markiert, besonders durch die Oberstimme, die Zeilenschlüsse, wie sie überhaupt den Bau der Textstrophen musikalisch abbildet. So gut wie keiner der Texte ist durchkomponiert (in dem Sinne, daß für jede Phrase des Textes eine selbständige musikalische Phrase vorhanden wäre), die Kompositionen sind vielmehr fast ohne Ausnahme strophisch, und die meisten werden sogar mit auffallend wenigen musikalischen Phrasen bestritten: bei den frottolen-artigen Lauden wird oft nur die »Ripresa« komponiert, und die musikalischen Zeilen werden dann für den Bedarf der größeren Hauptstrophe wiederholt. Der Vortrag der wortgezeugten, stark deklamatorisch geprägten Sätze geschieht a cappella. – So einfach die Kunst der volkstümlichen mehrstimmigen Lauda ist, sie gehört doch als ein wesentliches Element in die italienische Musikgeschichte, die man für jene Zeit allerdings in der Regel nicht als italienische sondern als niederländische Musikgeschichte beschreibt. Es gibt nämlich eine ununterbrochene, allerdings wenig bekannte italienische Tradition, zu der die Lauden um 1500 gehören, und ohne die das Aufkommen des das 16. Jahrhundert am tiefsten prägenden Stils, des Palestrina-Stils rätselhaft, ja unerklärlich bliebe – so Knud Jeppesen, der den Palestrina-Stil gleichsam monographisch beschrieben hat (1925; 1935).

um 1510 Liederbuch des Arnt von Aich in Köln

Wohl um 1510 gibt der Kölner Drucker Arnt von Aich (= von Aachen) († um 1530) ein Liederbuch mit 75 vierstimmigen deutschen Tenor-Liedern heraus. Für keinen der Sätze ist ein Komponistennamen angegeben, doch kann man durch Vergleiche mit anderen Sammlungen zum Beispiel Isaac, Hofhaimer und Senfl ausmachen. Gudewill (1949-51) weist darauf hin, daß Arnt von Aich lediglich den Druck besorgt, daß er also nicht wie Peter Schöffer gleichzeitig die Tätigkeit des Herausgebers oder wie Hans Ott und Georg Forster die – von den Aufgaben des Druckers ja getrennte – Aufgabe des Sammlers und Bearbeiters versieht. Wahrscheinlich enthält das Liederbuch das weltliche Repertoire der Kapelle des Bischofs Friedrichs II. von Zollern, der in Augsburg residiert († 1505). Die Verbindung zu Augsburg scheint trotzdem nur locker zu sein. Auffallend ist dagegen die Konkordanzgemeinschaft mit den beiden anderen höfischen Sammlungen aus der ersten Hälfte des 16. Jahrhunderts, nämlich mit dem Liederbuch des Erhard Oeglin (1512), das das Repertoire der kaiserlichen Hofkapelle, und dem Liederbuch des Peter Schöffer (1513), das das der Kapelle Herzog Ulrichs von Württemberg enthält. Bei Annahme der Datierung »um 1510« ist das Liederbuch des Arnt von Aich das früheste der deutschen Liederbücher jener Zeit, in der diese Art von Sammlung eine so wichtige Rolle für die Musik in Deutschland spielt.

1510 **Canzoni nove,** gedruckt in Rom

Die erste Publikation von Frottolen, die nicht bei Petrucci erscheint, zeigt mit literarisch anspruchsvollen Texten eine neue Richtung. Der Geschmackswandel geht – eine für die Zeit charakteristische Erscheinung – auf eine einzelne Person zurück, auf Isabella d'Este (1474-1539), die 1490 nach Mantua heiratet, wo 1530 die Gonzagas in den Herzogsstand erhoben werden. Diese Frau ist die Verkörperung des Renaissance-Ideals einer vollendeten Dilettantin. Mit den Künstlern ihres Hofes weist sie den Künsten Richtung, indem sie ganz bestimmte Aufträge erteilt, etwa den Musikern bestimmte Texte zum Vertonen gibt. Durch sie wird Mantua zum Mittelpunkt der künstlerischen und humanistischen Bestrebungen der Zeit. Leonardo da Vinci und Tizian, Ariost und Bernardo Tasso, Josquin Desprez, Alexander Agricola und Luyset Compère huldigen ihr, und die wichtigsten Komponisten der emporgekommenen und von der Fürstin bevorzugten Gattung Frottola, Bartolomeo Tromboncino und Marco Cara, stehen in ihren Diensten.

1511 **Heinrich Finck** (1444/45-1527): **Missa »In summis«**

Diese sechs-, in Teilen sogar siebenstimmige Messe ist höchst wahrscheinlich für die Vermählung des württembergischen Herzogs Ulrich mit der Prinzessin Sabine von Bayern im März 1511 komponiert. Für den festlichen Anlaß sprechen die über die übliche Vierstimmigkeit hinausgehende Vielstimmigkeit und die Wahl eines choralen Ordinariums für den Cantus firmus. In dieser Messe vereinigen sich alte und neue Stilprinzipien: Noch dem 15. Jahrhundert verhaftet ist etwa die häufige Lang-Mensurierung des Cantus firmus, mehr dem 16. Jahrhundert die Ausbildung des Basses zum Fundament des Satzes. Diese Veränderungen im Satz gegenüber Fincks frühen Messen zeigen, wie sehr sich in der Zwischenzeit das Harmonie-Bewußtsein gewandelt hat. Interessant ist eine spätere Bearbeitung dieser Messe, in der das Kyrie tropiert und der langmensurierte Tenor im Credo in kleinere Notenwerte mit vollständiger Textunterlegung aufgelöst ist. Mit dieser Bearbeitung liegt nämlich eine, im Sinne der humanistischen Bestrebungen nach 1550 »versprachlichte« Fassung vor, die auf ihre Weise den Wandel der musikalischen Vorstellungen in Deutschland vom Beginn des 16. Jahrhunderts zu seiner Mitte hin verdeutlicht (Hoffmann-Erbrecht 1962). – Man hat von Heinrich Finck gesagt, er sei der erste Großmeister der deutschen Musik. Gleichgültig, ob das zutrifft oder nicht, wichtiger als diese Kennzeichnung ist, daß seine Werke (6 Messen oder Teile von Messen, 40 Motetten oder Motettenzyklen zum Proprium Missae, 24 Hymnen, 38 Lieder und textlose Sätze) zwar auffallend wenig überliefert sind, daß er zu seiner Zeit aber in höchstem Ansehen gestanden haben muß. Sein Großneffe Hermann Finck (1527-1558) kennzeichnet in seiner *Practica musica* (gedruckt bei Georg Rhaw in Wittenberg 1556) des alten Fincks Musik höchst treffend als »durus vero in stilo«, doch rühmt er zugleich, daß er »nicht nur nach seinem Ingenium, sondern auch von seiner

Ausbildung [also von seinem Können] her excellent sei.« Und wichtiger ist außerdem die Tatsache, daß Fincks Schaffenszeit von etwa 1465 bis in die 20er Jahre des 16. Jahrhunderts reicht, also von den Spätwerken Dufays bis zu denen Josquins. Schließlich ist Finck ein *europäischer* Musiker: Von 1491 bis 1510 ist er Kantor im Dienste des polnischen Königs in Krakau, von 1510 bis 1514 Hofkapellmeister in Stuttgart, danach als Komponist Mitglied der Hofkapelle Kaiser Maximilians; 1514 findet man ihn in Salzburg, 1527 ist er Hofkapellmeister Ferdinands I. Mit allen seinen Zeitgenossen von Adam von Fulda und Alexander Agricola bis zu den Jüngeren Stoltzer, Hofhaimer und Senfl, es ist doch Fincks Zeit, von der man mit Handschin (1948) sagen kann, darin werde die deutsche Musik »mündig«.

1512 Erhard Oeglin: Liederbuch

Erhard Oeglin, der Augsburger Drucker und Musikdrucker, stammt aus Reutlingen; weitere Lebensdaten sind nicht bekannt. Er ist der erste, der das Verfahren des Notendrucks mit beweglichen Typen von Petrucci in Venedig nach Deutschland übernimmt: seit 1507 in Augsburg. Wichtig ist vor anderen seiner Drucke sein Liederbuch von 1512, dessen erste 42 Nummern deutsche Lieder in vierstimmigen Sätzen sind. Man kann annehmen, es spiegle für die Gattung Deutsches Lied das Repertoire der kaiserlichen Hofkapelle Maximilians I. Das Buch ist übrigens mit Holzschnitten von Hans Burgkmair geschmückt.

1513-1536 Deutsche Liederbücher, herausgegeben von Peter Schöffer

Peter Schöffer d. J. (1475/80-1547), Schriftgießer und Drucker in Mainz, Worms, Straßburg, Venedig und Basel, ist einer der ersten und ein wichtiger deutscher Drucker und Musikdrucker, wichtig nicht nur dadurch, daß er von Arnolt Schlick *Tabulaturen etlicher Lobgesäng* (1512), drei Gesangbücher von Johann Walter (1525, 1534, 1537), vier Sammlungen von Sixt Dietrich (1534, 1535, 1537, 1539) druckt, sondern vor allem dadurch, daß er zwischen 1513 und 1536 mehrere Sammlungen deutscher Lieder in vierstimmigen Sätzen herausgibt. Sie gehen zum großen Teil auf das Repertoire an deutschen Liedern der Stuttgarter Hofkapelle des Herzogs Ulrich von Württemberg zurück und gehören zu den reichen Quellen der deutschen bürgerlichen Musikkultur der 1. Hälfte des 16. Jahrhunderts.

1516 Ludwig Senfl (* Basel um 1486, † München 1542/43): Motette »Sancte pater«, sechsstimmig

Das Werk ist die frühest datierbare von Senfls Motetten. Die Dichtung – übrigens kunstvoll gefügte Distichen – stammt wohl von dem damals berühmten Schweizer Humanisten Joachim von Watt (Vadianus; 1484-1551), und wenn diese Vermutung zutrifft, dann kennen wir auch die Gelegenheit, für die die Motette komponiert ist: es muß der Gregorstag (12. März) des Jahres 1516 sein und der Auftraggeber Gregor Valentinian, der Vizekapellmeister der Hofkapelle. Senfl findet diese feierlich-klangvolle Prunkmotette, die auf einem kanonisch verdoppelten Cantus firmus aufgebaut ist, vier Jahre später für würdig, in dem von ihm selbst redigierten *Liber selectarum cantionum* (Augsburg 1520) neben Isaacs *Kaiser-Motette »Virgo prudentissima«* und Josquins *Motette »Benedicta es, coelorum regina«* zu stehen. Es ist in der Tat auch ein herrliches Werk, »und das Linienspiel der kontrapunktierenden Stimmen, getragen von starkem Bewegungsdrang und phantasievoller Ausformung, scheint unerschöpflich« (Gerstenberg).

1517 Ornitoparchus (* um 1490): Lehrtraktat »Musicae activae micrologus«, gedruckt in Leipzig

Dieser *Micrologus* überragt in der stofflichen Breite seiner vier Bücher alle Traktate seiner Zeit. Vor allem mit dem vierten Buch über den Kontrapunkt, in dem Compositio und Sortisatio, d.h. schriftliche und improvisierte Komposition, einander gegenübergestellt sind, geht er mit vielen interessanten Einzelheiten, die vor allem praktisch-musikalischen Überlegungen entspringen, weit über den Rahmen eines Schullehrbuchs hinaus. Zweierlei sei herausgegriffen: Ornitoparch bringt als erster den musikalischen Rhythmus und seine Schwerpunktsordnungen in Verbindung mit der Auf-und-ab-Bewegung des Kapellmeisters mit einer Notenrolle, wie sie seit alters beim mehrstimmigen Musizieren geübt wird. Und dann rät er dem Anfänger in der Komposition, doch nicht nur ihm, sich fürs schriftliche Komponieren der Scala decemlinealis zu bedienen, wie sie auf der Tabula compositoria, dem Komponier-Tisch, auf einer Schieferplatte eingeritzt ist. Das heißt praktisch: man schreibt die Komposition mit Kreide in eine Zehnlinien-Partitur, wodurch das ganze Stück übersichtlich und in seiner Lage im Tonraum deutlich erkennbar wird. Wenn die Tafel vollgeschrieben ist, werden die Stimmen herausgeschrieben, so weit wie das Stück gediehen ist, dann wird das bis dahin Geschriebene ausgewischt und auf der Tabula compositoria in der Scala decemlinealis in Partitur weiterkomponiert, bis die Tafel wieder voll ist, und so weiter. Die Komposition existiert also schließlich nur in den Stimmen und nicht mehr in Partitur.

Die 4. Auflage des *Micrologus* erscheint 1521. Unter dem Titel *De arte cantandi micrologus* erscheint es 1533 in Köln (2. Auflage 1535). Eine Übersetzung ins Englische durch John Dowland erscheint 1609 in London. Man sieht: ein vielgelesenes Buch.

1519 **Georg Rhaw** (auch Rhau; * Eisfeld 1488, † Wittenberg 1548): **Missa de Sancto Spiritu,** zwölfstimmig

Das Werk, das die Zeitgenossen und noch Michael Praetorius (im *Syntagma musicum* 1619) rühmen, ist zur feierlichen Eröffnung der Disputation zwischen Luther und Eck in Leipzig komponiert. Es ist nicht erhalten, dennoch macht der Anlaß es wert, daß man seiner und seines Komponisten gedenkt. Bei derselben Gelegenheit bringt Rhaw außerdem die *Pfingstsequenz »Veni sancte spiritus«* und ein *Te deum* mit Sängern und Instrumentisten zur Aufführung, beide Werke wohl ebenfalls von seiner Komposition aber ebenfalls nicht erhalten. – Das Wittenberg des Reformationszeitalters ist nicht nur der Mittelpunkt des Luthertums und der altprotestantischen Geisteswelt, sondern auch der umfassenden Bemühungen um die Ordnung, Bereitstellung und Drucklegung musikalischer Werke für den Gottesdienst der jungen Kirche. Das Monopol des Wittenberger Musikdrucks besitzt Georg Rhaw, seit 1523 in Wittenberg, ein Mann von universaler Bildung, hohen künstlerischen Fähigkeiten (1518-1520 ist er Leipziger Thomaskantor) – und verlegerischem Instinkt: er gibt die Erstdrucke von Luthers *Großem Katechismus* und der *Augsburger Konfession* und, von ihm selbst redigiert, *Andachtsbücher* mit Illustrationen von Lucas Cranach heraus. In großzügiger Planung schafft er, teils in Sammelwerken, teils in Veröffentlichungen von Werken einzelner Komponisten (Sixt Dietrich, Balthasar Resinarius, Johann Walter) die Grundlagen für die gesamte liturgische Musica figuralis innerhalb der jungen protestantischen Kirche, wobei besonders bemerkenswert ist, daß die *lateinischen* Gesänge darin breiten Raum einnehmen.

1519/1520 **Auflösung der Hofkapelle Kaiser Maximilians I.**

Das MUSIKLEBEN in Deutschland beruht in der zweiten Hälfte des 15. Jahrhunderts und im beginnenden 16. auf dem Wechselspiel von Hofkapellen, Domkantoreien und bürgerlichen Liebhaberkreisen, deren Einfluß in Deutschland fast noch schwerer wiegt als in den Niederlanden. Mittelpunkt ist die Hofkapelle Maximilians I. Ohne festen Sitz wandert sie mit dem Hoflager des Kaisers zwischen Wien, Innsbruck, Augsburg, Konstanz, auch anderen Städten, hin und her und kann so der bürgerlichen und bodenständig-kirchlichen Musik weithin Anregung geben. Ähnlich wirken in ihrem landschaftlichen Umkreis die Hofkapellen der Territorialherren, besonders die kurpfälzische in Heidelberg und die württembergische in Stuttgart, und in Mitteldeutschland die Torgauer Kantorei des sächsischen Kurfürsten, die während der Reformation ihre Hauptrolle spielt. Besseler (1931) und Zenck (1959) stellen diese Epoche der deutschen Musikgeschichte anschaulich dar: Durch die Heirat Maximilians mit Maria von Burgund, der Tochter Karls des Kühnen, kommt das große burgundische Erbe, kommen vor allem die Niederlande an das Reich – und damit öffnet sich für Deutschland der Zugang zur burgundisch-niederländischen Musikkultur. Nach dem frühen Tod Marias (1482) führt Maximilian die Vormundschaft für seinen Sohn Philipp den Schönen und damit auch die Regentschaft in den Niederlanden, verwaltet er also auch die alte burgundische Hofkapelle, deren Einrichtungen und künstlerisches Niveau er jetzt genau kennenlernt: sie wird zum Vorbild für seine kaiserlich-deutsche Hofkapelle. Die burgundische Hofkapelle geht 1493, als Maximilian deutscher Kaiser wird, in den Hofstaat Philipps des Schönen über, und Maximilian gründet eine eigene Hofkapelle – die freilich nach seinem Tode (1519) wieder aufgelöst wird, weil sein Nachfolger Karl V. nun wieder die burgundische Hofkapelle übernimmt. Durch die dynastischen Beziehungen des Hauses Österreich zu Burgund und Spanien also ist der Einstrom burgundisch-niederländischer Musik nach Deutschland und damit die Einwirkung der europäisch führenden Musikkultur des Westens und Südens auf das vergleichsweise zurückgebliebene Deutschland außerordentlich: die weitgehende Rezeption der burgundisch-niederländischen Polyphonie der Obrecht-Josquin-Gomberg-Generation wird für die deutsche Musik entscheidend. Burgundisch-niederländische Musik aber ist zu jener Zeit des beginnenden 16. Jahrhunderts in besonderer Weise spätmittelalterlich, darin aber gerade der deutschen Musik der Zeit tief verwandt. Freilich, die starke und eigenmächtige musikalische Atmosphäre in der deutschen Musiklandschaft verwandelt auch wiederum das, was da aus dem Westen herüberkommt. Und so findet, indem sie ihre Anregungen von draußen umformt, die deutsche Musik gleichsam zu sich selbst. »Wenn es der Zweck gewesen wäre, mannigfaltiges Leben zu gründen: niemals gab es eine größere, lebensvollere Mannigfaltigkeit als in Deutschland in der zweiten Hälfte des 15. Jahrhunderts.« Was Ranke für die Geschichte allgemein formuliert, gilt in besonderer Weise für die Musik.

1520 **Liber selectarum cantionum quas vulgo Mutetas appellant 6, 5 et 4 vocum,** gedruckt in Augsburg

Als Heinrich Isaac, Hofkomponist Kaiser Maximilians, sich 1512 nach Florenz zurückzieht, übernimmt wahrscheinlich Ludwig Senfl, sein bedeutendster Schüler, die Vertretung; nach Isaacs Tod 1517 jedenfalls wird Senfl sein Nachfolger – freilich nur bis zur Auflösung der Kapelle nach dem Tod des Kaisers 1519. Um 1520 tut Senfl sich in Augsburg mit Konrad Peutinger, Sigmund Grimm und Mark Wyrsung zusammen, um dem Andenken Maximilians, des großen Förderers und Anregers der Künste, mit dem *Liber selectarum cantionum* ein musikalisches Denkmal zu errichten: Eine repräsentative Sammlung von 24 Motetten der großen Meister der Generation Josquins und Isaacs, ein Musikdruck, der zu den schönsten des 16. Jahrhunderts zählt. Es liegt nahe anzunehmen, daß die in diesem Druck enthaltenen Werke von Obrecht, Mouton, Josquin, Isaac und Senfl zum bevorzugten Repertoire der jetzt ja aufgelösten maximilianischen Hofkapelle gehörten. Mit einem (von klassischen Zitaten strotzenden) Vorwort widmen die Verleger die Ausgabe dem aus Augsburg stammenden Fürstbischof von Salzburg und ehemaligen Kanzler Maximilians, Matthäus Lang (der einmal in Landshut als Chorknabe gedient hat und selber komponiert). – Die Eröffnung des *Liber* mit Isaacs *Motette »Optime divino date munero pastor ovili«* hat außer der Huldigung des Herausgebers Senfl an seinen verstorbenen Lehrmeister noch einen anderen Grund: Die Motette ist eine »Staatsmotette«, und zwar für den Besuch der Obedienz-Gesandtschaft des Fürstbischofs Lang beim damals neu inthronisierten Papst Leo X. im Dezember 1513. Musikalisch gehört sie deshalb zum (damals für »Staatsmotetten« noch immer verbindlichen, obgleich völlig überholten) Typus der Tenor-Motette. Sie ist über zwei Cantus firmi gearbeitet (»Da pacem« und »Sacerdos et pontifex«), die beide in jeder der beiden Partes der Motette vollständig zitiert werden.

Wie Josquin, Mouton und andere Meister seiner Zeit wird auch Isaac von dem allgemeinen Strom der Motettenkomposition getragen, dessen Ziel es ist, den Stimmenverband zu homogenisieren und die verschiedenen überkommenen Typen der Gattung als Setzweisen in einem einzigen Motettenstil zu vereinigen. Während wir aber – so führt Just (1965) aus – bei Josquin und anderen beobachten, wie der Verlauf zugleich rational disponiert und vom Wort her gefaßt wird, scheint Isaac grundsätzlich eher die wenig oder unregelmäßig gegliederte, melodisch-musikalische Einheit des Ganzen anzustreben. Von Bedeutung ist dabei, daß sich die Motetten (von wenigen Ausnahmen abgesehen) an den Text zum zugehörigen Cantus prius factus anlehnen und damit den Charakter einer Choralbearbeitung annehmen. Außerdem wird der Choral hier zu natürlich fließenden Melodien und rhythmisch abgerundeten Zeilen verarbeitet, die unmerklich in freie Bewegung übergehen können – der Choral nimmt gleichsam menschliches Wesen an und wendet sich den Begleitstimmen zu, sie gleichzeitig umgekehrt zu sich heraufhebend.

1520 **Josquin Desprez** (um 1440-1521/24): **Aucunes chansons nouvelles**

Als Kaiser Karl V. sich im September 1520 in den Niederlanden aufhält, überreicht der greise Josquin dem jungen musikbegeisterten Monarchen eine Sammlung und erhält dafür ein stattliches Geldgeschenk. Wir wissen freilich nur von der Tatsache als solcher, die Sammlung selbst ist nicht bekannt, auch nicht, was sie enthielt. Trotzdem ist an diesem Datum eine Reflexion über die Chanson angebracht, nämlich über die alte Gattung (trotz des Titels »neue Chansons«) am Beginn eines neuen musikalischen Jahrhunderts (Blume). Der weltliche Stil Josquins unterscheidet sich in seinen rein musikalischen Eigenschaften kaum vom geistlichen, einigermaßen abweichend jedoch zeigt sich das Verhältnis von Wort und Ton. Ist es ein besonderes Kennzeichen der geistlichen Motettenkunst Josquins, daß hier dem Wort eine hohe Bedeutung zukommt und dem Komponisten dessen Umsetzung in Musik als wesentliche Aufgabe zufällt, so tritt diese Verbundenheit bei weltlichen Werken weniger hervor. Vorhanden ist sie zwar auch hier, doch wenn sie weniger stark erscheint, so liegt es an den Texten, nicht an der Komposition. Die französischen Chanson-Texte der Zeit um 1500 sind Gesellschaftskunst, meist Spielereien aus gesellschaftlicher Konvention, sie atmen den Geist der spät-burgundischen Hofkultur. Josquins Musik dagegen ist bereits vom Atem der neuen Zeit beseelt, freilich trotzdem Unterhaltungskunst, Lied zur Tafel oder zur vornehmen Unterhaltung zu singen. Anders als in den Motetten tritt daher in den Chansons bei Josquin (wie bei allen seinen Zeitgenossen) die formale Eleganz hervor, so als sei sie eine Art Selbstzweck. Die Bedingungen für die Gattung Chanson scheinen sich allerdings am Beginn des 16. Jahrhunderts auch wesentlich zu verändern, anders nämlich wäre nicht zu verstehen, daß und mit welcher Macht die aus dem Boden der Musik des Volkes hervorgewachsenen Gattungen Frottola, Villanella und Madrigal in die Kunstmusik eindringen und die Chanson verdrängen können.

vor 1521/24 **Josquin Desprez** (um 1440-1521/24): **Missa »Pange lingua«** und **Missa »Da pacem«,** beide vierstimmig

Beide Messen sind offensichtlich Spätwerke Josquins, nicht weil sie erst verhältnismäßig spät im Druck erscheinen: 1539 durch Hans Ott (bei Formschneyder) in Nürnberg in einem Sammeldruck *Missae XIII,* sondern weil ihr Stil – wie man zu sagen pflegt – sie in enger Nachbarschaft zu Spätwerken Josquins erscheinen läßt. Die *Missa »Pange lingua«* ist, so hat Ambros (1862) gesagt, »eines jener Kunstwerke, die gleich Sternen durch alle folgenden Zeiten leuchten«; Ambros, der als erster die entscheidende Wandlung vom Stil der Ockeghemschen Spätgotik zu einer neuen Vorstellung von Musik als Polyphonie erkannt hat – und es war eine geschichtliche Tat, daß er es gewagt hat, Josquin in diesem historischen Prozeß nicht als Vorläufer Palestrinas sondern als Meister von eigenem Rang darzustellen. Der Name *Missa »Pange lingua«* weist auf die Beziehung zu dem mittelalterlichen, noch heute in der Liturgie gebräuchlichen Fronleichnams-Hymnus, dessen erster Melodieabschnitt das Motivmaterial zu den Anfängen sämtlicher Teile der Messe liefert. Dasselbe gilt für die *Missa »Da pacem«* über die Gregorianische Friedensbitte vom Schluß der Messe – nach deren Text und Weise übrigens Martin Luther sein *»Verleih uns Frieden gnädiglich«* bildet: seine Melodie ist eine Umgestaltung und Erweiterung der Gregorianischen. In Anbetracht dessen kann man wohl sagen, Josquins Messe sei ebenso für den katholischen wie für den protestantischen Gottesdienst geeignet.

um 1523/24 **Ludwig Senfl** (um 1486-1542/43): Autobiographisches **Lied »Lust hab' ich ghabt zuer Musica«**

Ludwig Senfls rund 250 mehrstimmige deutsche Lieder gehören zu den wichtigsten Quellen für das, was damals unter dem weiten Begriff Lied läuft und gesungen wird. Die ganze Fülle des Lebens: die Feste der Renaissance-Höfe wie die der bürgerlichen Leute, die religiöse Besinnung einer den Glaubensdingen aufgeschlossenen Zeit, die Freude an geselligem Beisammensein bei Jagd und Tanz, im Bad oder beim Kartenspiel, und Liebeslust und -leid, auch biedere, gutgemeinte Spruchweisheit – all das gerinnt bei Senfl und in seiner Zeit zu mehrstimmigen deutschen Liedern. An Texten ist es ein großer und mannigfaltiger Reichtum, der den Betrachter freilich vor eine Fülle von Fragen stellt (Geering/Altwegg 1938): nach den Verfassern oder der Herkunft, nach der Zeit ihrer Vertonung und so der Stellung im Gesamtwerk des Komponisten, nach ihrer Gattungszugehörigkeit usw. Bei der Untersuchung dieser Fragen ist es dann allerdings möglich, die Geschichte des deutschen Lieder im Übergang vom Mittelalter zur Neuzeit zu erhellen und somit den ziemlich unbestimmten Begriffen »Volkslied«, »Gesellschaftslied«, »Hofweise« u. ä. schärferen Umriß oder gar eindeutigen Inhalt zu geben und Stilarten und Verwendungsweisen besser zu beschreiben. – Es ist eindeutig, daß Senfls *Lied »Lust hab' ich ghabt zuer Musica«* von seiner eigenen musikalischen Ausbildung spricht und seinem Lehrer Isaac Dank abstattet. Die Verfasserschaft steht hier also nicht in Frage. Aber wenn, um ein anderes Beispiel zu nennen, in dem *Lied »Lust mag mein Herz«* mit einem kunstvollen Doppelakrostichon auf die Vermählung eines ungarischen Fürstenpaares der Fürst selbst in der ersten Person spricht, dann beweist das keinesfalls dessen Autorschaft. Das Abwägen von einzelpersönlichem Gehalt und allgemein-gesellschaftlicher Bedeutung ist also immer geboten. Wie die Musik ist in der Regel auch die Dichtung bestelltes Werk, jene beim Hofkomponisten, diese beim Hofpoeten. – Senfls Gedicht ist akrostichisch derart, daß die Anfangsbuchstaben des jeweils ersten Wortes der jeweils ersten Zeile aller 12 Strophen aneinandergereiht den Namen LUDWIG SENNFL ergeben.

1524 **Johann Walter d. Ä.** (1496-1570): **Geystliche gesangk Buchleyn,** gedruckt von Joseph Klug in Wittenberg

Die beiden ältesten und zugleich wichtigsten, weil unmittelbar auf Luther zurückgehenden und von ihm mit Vorreden versehenen GESANGBÜCHER der Reformationszeit sind das *Klugsche* (Wittenberg 1529) und das *Babstsche Gesangbuch* (Leipzig 1545). Vor diesen beiden Gesangbüchern (im engeren Sinne, nämlich mit einstimmigen Weisen) hat derselbe Klug in Wittenberg bereits 1524 das *Chor*-Gesangbuch von Johann Walter gedruckt. Es enthält in drei- bis fünfstimmigen Sätzen 30 *Deutsche Lieder* (in 38 Sätzen) und 5 lateinische Stücke. Daß Luther sein erstes Gesangbuch seinem Freunde Johann Walter, dem Stadtkantor in Torgau, dem besten Musiker, den er damals in einiger Nähe erreichen kann, zur Bearbeitung in *mehr*stimmigen Sätzen gibt, statt es mit *ein*stimmigen Melodien zu veröffentlichen, ist sicherlich nicht ohne Bedeutung; man gewinnt den Eindruck, daß ihm für den Kirchengebrauch an der *mehr*stimmigen Ausführung ursprünglich am meisten gelegen war.

In seiner Vorrede schreibt Luther: »Daß geistliche Lieder singen, gut und Gott angenehm sei, acht ich sei keinem Christen verborgen, dieweil jedermann, nicht allein das Exempel der Propheten und Könige im Alten Testament (die mit Singen und Klingen, mit Dichten und allerlei Saitenspiel Gott gelobt haben), sondern auch solcher Brauch, sonderlich mit Psalmen, gemeiner Christenheit von Anfang kund ist. Ja auch St. Paulus solches 1. Cor. 14 einsetzt, und den Colossern gebeut, von Herzen dem Herrn singen geistliche Lieder und Psalmen, auf daß dadurch Gottes Wort und Christliche Lehre, auf allerlei Weise getrieben und geübt werden. – Demnach habe ich auch, samt ettlichen andern, zum guten Anfang, und Ursach zu geben denen, die es besser vermögen, ettliche geistliche Lieder zusammen bracht, das heilige Evangelion, so itzt von Gottes Gnaden wieder aufgangen ist, zu treiben und in Schwang zu bringen, daß wir auch uns möchten rühmen, wie Moses in seinem Gesang tut, Exo. 15. Daß Christus unser Lob und Gesang sei, und nichts wissen sollen zu singen noch zu sagen, denn Jesum Christum unsern Heiland, wie Paulus sagt. 1. Cor. 2. – Und sind dazu auch in vier Stimmen gebracht, nicht aus anderer Ursach, denn daß ich gern wollte, die Jugend, die doch sonst soll und muß in der Musica und andern rechten Künsten erzogen werden, etwas hätte, damit sie der Buhllieder und fleischlichen Gesänge loß würde und an derselben statt etwas Heilsames lernete, und also das Gute mit Lust, wie den Jungen gebührt, einginge. Auch daß ich nicht der Meinung bin, daß durchs Evangelion sollten alle Künste zu Boden geschlagen werden und vergehen, wie ettliche Abergeistliche vorgeben, sondern ich wollt alle Künste, sonderlich die Musica, gern sehen im Dienst des, der sie gegeben und geschaffen hat.«

1524-1526 **Thomas Stoltzer** (1480/85-1526): **Vier Psalm-Motetten nach Luthers Übersetzung**

Seit 1522 ist Thomas Stoltzer Kapellmeister am ungarischen Hof in Ofen unter König Ludwig II. Die Hofkapelle untersteht direkt der Königin Maria, einer Tochter Philipps des Schönen, die auf Veranlassung ihrer Tante Margareta von Österreich hervorragend musikalisch ausgebildet worden ist. Die Königin, die Stoltzer engagiert hat, nimmt Einfluß auf sein Schaffen und gibt die Anregung zur Vertonung von vier großen Psalmen in der Übersetzung Martin Luthers (Ps. 37, 86, 13, 12). Diese Psalm-Motetten sind wahrscheinlich die frühesten geistlichen Werke größeren Zuschnitts auf Texte in einer Nationalsprache.

vor 1530 **Ludwig Senfl** (um 1486-1542/43): **Missa dominicalis super »L'homme armé«,** vierstimmig

Die hervorragende Stellung Heinrich Isaacs in der Geschichte der Meß-Komposition vermag nicht die Tatsache aus der Welt zu schaffen, daß die Mehrzahl der deutschen Komponisten des 16. Jahrhunderts die Gattung Messe weniger aus künstlerischen Gründen als in Erfüllung amtlicher Obliegenheiten pflegt. Auch Meister nichtdeutscher Herkunft, die an deutschen Fürstenhöfen wirken, schreiben hier lieber Motetten, Hymnen und geistliche Lieder, von den weltlichen Liedern ganz abgesehen. Ebenso greift Ludwig Senfl in die Entwicklung der Gattung Messe viel weniger bestimmend ein als sein Lehrer Isaac. Aber einige seiner Messen sind doch höchst charakteristisch, gerade die *Missa dominicalis super »L'homme armé«*. Senfl löst nämlich hier ein anderes Problem als Josquin in seiner *Missa »L'homme armé« super voces musicales,* an welche die unumschränkte Herrschaft der Chanson-Weise im Tenor von Senfls Messe erinnert: er versucht das Kunststück, über den Tenor mit der »L'homme armé«-Melodie einen Discant zu setzen, der die liturgische Choral-Melodie des gesamten Officium maius dominicale nahezu notengetreu wiedergibt. Senfl verbindet also die Komposition einer polyphonen Cantus firmus-Messe mit dem Gregorianischen Ordinarium. Mit dieser Verbindung so heterogener Elemente wie Chanson und Choral zeigt Senfl außerdem, und zwar, worauf P. Wagner (1913) aufmerksam gemacht hat, deutlicher als manches andere Phänomen des Wechsels es zeigt, daß die Auffassung der Niederländer von den künstlerischen Problemen der Zeit in Deutschland noch um die Mitte des 16. Jahrhunderts ungeschwächt in Geltung ist.

vor 1530 **Ludwig Senfl** (um 1486-1542/43): **Missa super »Nisi dominus«,** vierstimmig

Die Messe ist für Hans Jakob Fugger komponiert. Senfl sendet sie 1533 an Luther, dem er schon 1530 die *Motetten »Non moriar«, »In pace in idipsum«* und die für den Reichstag zu Augsburg *»Ecce quam bonum«* übersandt hat. In der Komposition der *Missa super »Nisi dominus«* nach der fünfstimmigen *Psalmmotette »Nisi dominus«* wirkt das ältere Parodieverfahren nach, das hinsichtlich der musikalischen Substanz etwas selbständiger war. Man kann geradezu nachfühlen, daß und wie Senfl sich nur schweren Herzens und nur der neuen Mode zuliebe von der alten Cantus firmus-Technik lossagt. Denn diese kommt mit ihren frei kontrapunktierenden Stimmen den Sängern entgegen – und Senfl ist Altist. In der Komposition zeichnet er dementsprechend den Alt aus, indem er ihm ein um das andere Mal virtuose Aufgaben überträgt, welche ihm – so kann man hier wohl schon einmal sagen – als Mittel zur Darstellung seelischer Erregtheit dienen: auch Senfl sucht neue Formen des musikalischen Ausdrucks. – Die *Messe* erscheint 1541 bei Georg Rhaw in Wittenberg in einem Sammeldruck *Opus decem Missarum.*

> Das Germanische Nationalmuseum in Nürnberg verwahrt ein Tenor-Stimmbuch mit Motetten, Messen und deutschen Liedern, darunter Senfls *Missa super »Nisi dominus«* und die fünfstimmige *Psalmmotette »Nisi dominus«,* die Parodie-Vorlage für die Messe. Der Schreiber des Stimmbuchs ist Johann Walter. Auf dem Titelblatt findet sich ein handschriftlicher Eintrag Martin Luthers: »hat myr verehret meyn guter freund herr Johann Walther Componist Musice zu torgau 1530 dem Gott genad.«

vor 1530 **Ludwig Senfl** (um 1486-1542/43): Zwei **Marien-Motetten »Mater digna dei«** und **»Ave rosa sine spinis«,** beide fünfstimmig

Schon zu Lebzeiten steht Ludwig Senfl als Motettenkomponist im Schatten des Liedmeisters – so jedenfalls könnte meinen, wer allein von der Zahl der im 16. Jahrhundert im Druck veröffentlichten Werke Senfls ausgeht. Diese Bevorzugung des Liedes läßt sich indessen leicht erklären, nämlich soziologisch: Der Kreis der an Liedern in deutscher Sprache Interessierten ist ungleich größer, blüht doch gerade damals im gehobenen städtischen Bürgertum ein geselliges Musizieren, das auf Literatur dieser und verwandter Art angewiesen ist. Und dennoch kann kein Zweifel daran bestehen, daß das hohe Ansehen, dessen sich Senfl bei seinen Zeitgenossen erfreut, in erster Linie dem Komponisten von Motetten und nicht dem von Liedern gilt: um 1540 wird er »in musica totius Germaniae nunc princeps« genannt. In einer der Hauptquellen für Senfls Schaffen, einem der prachtvollen Codices der Bayerischen Staatsbibliothek München, aus dem schon Senfls Kapelle gesungen hat, folgen die beiden *Marien-Motetten* unmittelbar aufeinander. Dem äußeren entspricht ein innerer Zusammenhang. Beide sind Huldigungen der Jungfrau und als solche durchaus vergleichbar den schönsten Bildern der zeitgenössischen Malerei, man denke an Hans Holbein, Burgkmair, Urs Graf. In diesem Sinne hat Ambros (1862) denn auch zu *»Ave rosa sine spinis«* gesagt, da sei nun wirklich »Maria im Rosenhaag«.

> »Der Text der sechsstrophigen Mariendichtung tropiert den Englischen Gruß in Form eines Akrostichons. Der Tenor der zweiteiligen Motette verwendet eine *Chanson-Melodie ›Comme femme‹* des Alexander Agricola, die bereits Josquin seiner *Motette ›Stabat mater‹* zugrunde gelegt hatte. Senfl übernimmt die Stimme notengetreu in derselben Augmentation. Dieser Lehn-Tenor ist die Achse der Komposition inmitten der vier neu erfundenen Gegenstimmen. Er ist wegen der starken Augmentation nicht mehr als Melodie auffaßbar, aber er bildet das tragende konstruktive Gerüst. Josquins Komposition hat Senfl zweifellos als Vorbild gedient. Sie ist ein klares, klassisch-ebenmäßiges Werk der ›Renaissance‹, charakterisiert durch Ruhe und Klarheit in allen Faktoren. Anders als bei Josquin ist Senfls Satz von außerordentlicher harmonischer Dichte, wechseln die Klänge schneller, so daß keiner mit größerer Bedeutung hervortritt und sich niemals Ruhe einstellt. Die terzverwandten und parallelen Tonarten sind eigentümlich betont, die harmonische Entfal-

tung ist unruhig. Der Klang als solcher und die Freude daran haben primäre Bedeutung, weniger die Linie; er ist dicht, üppig und erfüllt. Senfls Satz drängt die primär lineare Erfindung zugunsten einer festen, bestimmten Harmonik in den Hintergrund, erst auf ihrer Grundlage ist er linear entwickelt« (Zenck 1959).

1534 und **1544** **Der erste Teil 121 newe Lieder** und **115 guter newer Liedlein mit 4, 5, 6 Stimmen**, herausgegeben von Hans Ott

Das geistliche und weltliche mehrstimmige deutsche Lied mit Tenor-Cantus firmus des 15. und 16. Jahrhunderts ist, wie an anderer Stelle schon gesagt, der erste eigenständige und zugleich bedeutende Beitrag Deutschlands zur Musik Europas – bis dahin gehört Deutschland nämlich zu den »Randländern«. Wie sehr sich die deutsche Eigenart in dieser Kompositionsgattung ausprägt, kann der Vergleich mit den Formen der nationalsprachlichen Mehrstimmigkeit Italiens und Frankreichs zeigen. Etwa 100 Jahre dauert die Blüte des deutschen Tenor-Liedes; sie beginnt um die Mitte des 15. Jahrhunderts, erreicht mit den Liedern Ludwig Senfls ihren Höhepunkt und geht bald nach Senfls Tod (1542 oder 1543) zu Ende. Hans Otts Liederbuch von 1534 eröffnet die Reihe der gedruckten Sammlungen. Bis dahin haben Glaubensspaltung und Türkenkriege die Tätigkeit der deutschen Notendrucker gehemmt, nun aber wagt der Nürnberger »Buchführer« Hans Ott zum ersten Mal seit Arnt von Aichs Liederbuch (um 1510) wieder den Druck solcher Unterhaltungskunst, und er wählt für seine Ausgabe (von einem anonym überlieferten Satz abgesehen) Lieder dreier namhafter zeitgenössischer Komponisten: Arnold von Bruck, Ludwig Senfl und Wilhelm Breitengrasser. Unter den Liedern Senfls in dieser Sammlung findet sich das berühmte *Das Gläut zu Speyer: Gling glang – Nun kumbt all – Mur, mir, maun,* ein sechsstimmiger klanglicher Satz, der ein Glockengeläute nachahmt. Sein Text, dessen Autor wir nicht kennen, ist an Witz und Lautmalerei der genialen Musik ebenbürtig (Gerstenberg).

Unter den Liedersammlungen des 16. Jahrhunderts möchte man die beiden Drucke mit zusammen 236 Liedern, die Ott 1534 und 1544 in Nürnberg erscheinen läßt, wegen ihres hohen künstlerischen Werts eigentlich an die erste Stelle stellen, aber sie werden nach Umfang und geschichtlicher Bedeutung doch von Georg Forsters fünfteiliger Sammlung, die 1539-1556 ebenfalls in Nürnberg erscheint, übertroffen. – Hans Ott (um 1500-1546) ist einer der bedeutenden Nürnberger Verleger und Musikverleger. Auf seine und des Petrejus (1497-1550) verlegerische Initiative geht die Bedeutung von Nürnberg als Musikverlagsstadt im 16. Jahrhundert zurück. Sein Drucker ist Hieronymus Formschneyder (+ Nürnberg 1556), wohl der beste und bedeutendste Drucker und Musikdrucker in Nürnberg. Formschneyder arbeitet für Dürer, für Heinrich Finck (1536) und für Ludwig Senfl (1534, 1537); sein musikalisches Hauptwerk ist Isaacs *Choralis Constantinus* (*I* 1550, *II* und *III* 1555).

1535 **Gassenhawerlin und Reutterliedlin,** erschienen bei Christian Egenolff in Frankfurt am Main

Im Rahmen der umfangreichen Tätigkeit, die Christian Egenolf in der Zeit von 1530 bis 1555 in Frankfurt am Main als Drucker entfaltet, nimmt der Musikdruck nur einen kleinen Raum ein. Immerhin ist er der erste, der in Deutschland die P. Haultinschen Notentypen für den einfachen Noten-Typendruck verwendet. Vermutlich gibt Egenolff seine Liedersammlungen selbst heraus, jedenfalls kann ein anderer Herausgeber nicht nachgewiesen werden. Format und Ausstattung der Drucke lassen darauf schließen, daß sie in erster Linie für studentische Kreise bestimmt sind. Diese Sammlung von 1535 mit 77 vierstimmigen Liedern enthält neben einer Reihe von jüngeren Sätzen, die in den beiden Teilen der Sammlung jeweils am Anfang stehen, eine große Zahl von Sätzen, die auch in älteren Drucken vorkommen, die meisten im Liederbuch des Arnt von Aich (um 1510). Bei all diesen handelt es sich um Tenor-Lieder über Hofweisen. Die von Egenolff in den ersten Gruppen der *Gassenhawerlin und Reutterliedlin* genannten Komponisten Hans Heugel, Ludwig Senfl, Hans Fritz, Andreas Silvanus, Balthasar Arthopius, Thomas Sporer, Sixt Dietrich und Matthias Greiter stammen fast alle aus Südwestdeutschland und der Schweiz. Demnach sind wohl auch die restlichen anonymen Komponisten in diesen Ländern zu suchen. Ihrer Faktur nach reichen die Bearbeitungen vom einfachen Satz Note gegen Note bis zu breiter angelegten Lied-Motetten, zu diesen allerdings erst in einer erst nach 1544 unter dem selben Titel erscheinenden weiteren Sammlung (H. Chr. Müller 1970).

1539 **Harmoniae poeticae Pauli Hofhaimeri & Ludovici Senflij,** gedruckt in Nürnberg

Ein eigenartiges Zeugnis des deutschen Humanismus ist diese Sammlung von 43 mehrstimmigen Vertonungen antiker Texte (Horaz, Ovid, Martial, Properz, Prudentius u. a.), davon 34 von Paul Hofhaimer und 9 von Ludwig Senfl (ein Satz von Hofhaimer begonnen und von Senfl zu Ende gebracht; Widmung an Kardinal Matthäus Lang, Bischof von Salzburg; vorangestellt ein Brief Hofhaimers an Dionisio Memmo, seinen Schüler, den späteren Marcus-Organisten in Venedig). Man vermutet, daß Hofhaimer über der Komposition der Sätze für diese Sammlung gestorben ist und daß Senfl die Herausgabe betrieben und die Redaktion übernommen hat, um einen Wunsch des verstorbenen Freundes zu erfüllen. Hofhaimers lateinische Oden sind die einzigen seiner Kompositionen, die (als eine Art Schulliteratur) nie ganz in Vergessenheit geraten, und dies, obwohl sie seine am wenigsten charakteristischen Kompositionen sind – mit denen er nur einer humanistischen Mode, in mehrstimmigen Sätzen syllabisch in antiken Metren zu deklamieren, Tribut zollt. In gewisser Weise kann man das auch von Senfl sagen: Seine lateinischen Oden (insgesamt 40 Sätze in drei Drucken von 1534, 1539, 1552) gehen zurück auf den seinerzeit berühmten Humanisten Konrad Celtis, für dessen Vorlesungen sein Schüler Petrus Tritonius Horazische und andere antike Texte nach ihrem Versmaß in vierstimmige syllabisch-akkordliche Sätze bringen mußte. Diese Sätze gefallen alsbald nicht mehr recht, und so bittet Tritonius Isaac und, als dieser ablehnt, Senfl darum, die Texte unter Beibehaltung seiner Melodien neu vierstimmig zu setzen, und Senfl tut das tatsächlich.

1539-1556 5 Sammlungen **Frische alte und newe Teutsche Liedlein,** herausgegeben von **Georg Forster,** erschienen in Nürnberg

Die Liederbücher des Nürnberger Arztes und Musikliebhabers Georg Forster (1510-1586) sind in besonderer Weise Denkmäler deutscher bürgerlicher Musikkultur der Reformationszeit: Wie in einem Sammelbecken fließt hier die Überlieferung des deutschen Tenor-Liedes von den frühen Zeiten im *Glogauer Liederbuch* um 1480 bis zu den späten im 2. Drittel des 16. Jahrhunderts zusammen. Teil I enthält vor allem Hofweisen-Sätze älterer Komponisten, Teil II (1540) überwiegend Volkslieder und volkstümliche Lieder in meist schlicht akkordischem Satz; Forster bezeichnet sie als »zum Singen am füglichsten« (instrumentale Ausführung ist aber nirgends ausgeschlossen). Teil III (1549), mit zahlreichen Beiträgen von Forster selbst und von seinen Heidelberger Freunden Jobst vom Brandt, Othmayr und Zirler, kann man als »Heidelberger Liederbuch« bezeichnen. Den Grundstock von Teil IV (1556) bildet die Sammlung eines weiteren Heidelberger Freundes, Dietrich Schwarz von Haselbach; Jobst vom Brandt ist mit 14 weiteren Liedern vertreten. Die fünfstimmigen Sätze des fünften Teils (1556) ergänzen in gewisser Weise die vierstimmigen von Teil IV. Unter den insgesamt 380 Sätzen von 50 Komponisten (unter ihnen immerhin Senfl, Isaac, Hofhaimer und Stoltzer) sind viele, in denen echte Volkslieder gefaßt sind – und so gehört Forsters Sammlung zugleich zu den wichtigen Quellen des älteren deutschen Volksliedes. Arnim/Brentano und Uhland schöpfen für ihre Volkslied-Sammlungen ebenso aus dieser Quelle wie Liliencron und Böhme. Immerhin sind Forsters *Frische Teutsche Liedlein* die Quelle für so berühmte Stücke wie Isaacs *Innsbrucklied* (Teil I), das anonyme »*Ich sag ade*« (Teil II) und Othmayrs »*Wohlauf, gut Gsell*« (Teil III).

Ähnliche Sammlungen mehrstimmiger deutscher Lieder (ebenfalls meist Tenor-Lieder in vierstimmigen Sätzen) bringen die Verleger, Drucker und Musikdrucker Erhard Oeglin in Augsburg (1512), Peter Schöffer d. J. in Mainz (1513-1536), Hans Ott mit Hieronymus Formschneyder (1534-1544) und Montanus & Neuber in Nürnberg heraus. Hierher gehören auch die *Gassenhawerlin und Reutterliedlin* des Frankfurter Druckers Christian Egenolff (1535). Forsters Drucker Johann Montanus (Berg; † 1563) und Ulrich Neuber († 1571) sind übrigens assoziiert. Ihre Offizin ist die größte in Nürnberg und, obgleich eigentlich auf theologische Literatur spezialisiert, für die Musik von höchster Bedeutung: ihre Sammeldrucke enthalten über 900 Kompositionen von Josquin, Gombert, Clemens non Papa, Lasso und von vielen anderen, und ihre Sammlungen deutscher Tenor-Lieder gehören zu den Hauptquellen der deutschen bürgerlichen Musikkultur des 16. Jahrhunderts.

1542 Sacrorum Hymnorum Liber primus, herausgegeben und gedruckt von Georg Rhaw in Wittenberg, und
1545 Sixtus Dietrich (1492/94-1548): **Novum opus musicum tres tomos sacrorum Hymnorum continens,** gedruckt in Wittenberg

Die Hymnensammlung von Sixt Dietrich von 1545 (mit 122 Sätzen) ist wahrscheinlich der Liber secundus zur Hymnensammlung *Sacrorum Hymnorum Liber primus* (mit 134 Sätzen), die Georg Rhaw 1542 in Wittenberg herausgebracht hat und zu der kein anderer Liber secundus nachweisbar ist. Damit steht der jungen protestantischen Kirche ein großer Schatz lateinischer Hymnen für den gottesdienstlichen Gebrauch zur Verfügung, in dem die besondere Tradition der Hymnen-Vertonung in Deutschland – durchaus in Luthers Sinn – gewahrt und aufgenommen ist. Die Komponisten in der älteren Sammlung sind Heinrich Finck und Thomas Stoltzer mit 22 und 39 Sätzen, dann mit jeweils nur wenigen Sätzen Josquin, Isaac und Obrecht, Senfl und Arnold von Bruck, Johann Walter und mehrere, sonst unbekannte deutsche Meister.

Wir folgen Hermann Zencks Studie in seiner Ausgabe von 1942: »Die Blüte der mehrstimmigen Musik, die sich in Deutschland in der Wende vom Spätmittelalter zur Reformation neben der bildenden Kunst der Dürer-Zeit entfaltet, erwächst aus dem Zusammenwirken einer Fülle künstlerischer Persönlichkeiten, die seit der Mitte des 15. Jahrhunderts nahe beieinander geboren werden. Gelten auch Adam von Fulda (* um 1445), Heinrich Finck (* 1444/45), Paul Hofhaimer (* 1459), Thomas Stoltzer (* 1480/85) und Ludwig Senfl (* um 1486) als die eigentlichen Repräsentanten, so formt doch gerade die Vielzahl und individuelle Eigenart der eher sekundären Meister, vor allem in der Generation Ludwig Senfls, das charakteristische Bild jener deutschen Blütezeit wesentlich mit. Zu der altersmäßig bedingten Verschiedenheit kommt – zumal bei dieser Generation der in den 1480/90er Jahren Geborenen – die landschaftliche und stammesmäßige hinzu: neben den süddeutschen Hans Kotter (* um 1480), Hans Buchner (* 1483), Benedict Ducis (* um 1485), Thomas Sporer (* um 1490), Lorenz Lemlin (* um 1495) und Leonhard Paminger (* 1495) erscheinen in Mitteldeutschland Martin Agricola (* um 1446), Balthasar Resinarius (* um 1486), Georg Rhaw (* 1488) und Johann Walter (* 1496). Vielgestaltigkeit und Spannungsreichtum des Schaffens gehören so von Anfang an zu den Wesenszügen der deutschen musikgeschichtlichen Entwicklung, die von den ja durchaus nationalen Tendenzen von Luthers Reformationswerk eine nicht unerhebliche Steigerung erfahren. Zugleich aber ist es die lange vorbereitete, fruchtbare Begegnung der deutschen Musiker mit der Kunst ihrer großen niederländischen Zeitgenossen, allen voran Heinrich Isaac und Josquin Desprez, in der die eigenen Schaffenskräfte entbunden werden. Der gewichtigste Anteil an der Blüte der deutschen Musik dieser Zeit gehört dem alemannisch-schwäbischen Südwesten des Reiches, insbesondere der oberrheinischen Musiklandschaft, die in gleichsam natürlicher Verbundenheit die Gebiete der deutschen Schweiz und des Elsaß mit umfaßt. Und dahinein gehört Sixt Dietrich.«

1544 Johann Walter d. Ä. (1496-1570): **Psalm-Motette** zur Einweihung der evangelischen Schloßkirche in Torgau, gedruckt in Wittenberg

Am 3. Oktober 1544 wird in Torgau an der Elbe die neue Schloßkirche eingeweiht: der erste protestantische Kirchenbau. Luther hält die Predigt, in der sich der für sein Gottesdienst-Verständnis grundlegende Satz findet: »... daß darin nichts anders geschehe, denn daß unser lieber Herr selbst mit uns rede durch sein heiliges Wort, und wir wiederumb mit ihm reden durch Gebet und Lobgesang.« Johann Walter d. Ä., der Torgauer Kantor, Luthers Freund, komponiert für diese Feier eine kunstvolle siebenstimmige *Huldigungsmotette* über Psalm 119, in die in zwei Stimmen Huldigungsrufe für den Kurfürsten sowie für Luther und für Melanchthon eingeflochten sind: *Cantiones septem vocum, in laudem Dei omnipotentis et Evangelii eius, quod sub illustrissimo Principe, D. Joanne Friderico Duce Saxoniae Electore etc., per Reverendum D. Doctorem Martinum Lutherum et D. Philippum Melanchthonem e tenebris in lucem erutum ac propagatum est.* – Zeugnis von der Aufbauarbeit Johann Walters als des wohl ältesten protestantischen Kantors geben die 5 sogenannten *Torgauer Walter-Handschriften.* Sie enthalten neben Werken Walters, die auch gedruckt erscheinen, zahlreiche anonyme Stücke, von denen manche noch Walter zuzuweisen sind, ferner seine 8 *Magnificat* im Falsobordone-Satz sowie 2 *Passionen* Walters, dazu einige anonyme Modellsätze für Psalm-Vertonungen. Insgesamt geben sie ein umfassendes Bild vom Repertoire der Torgauer Kantorei und damit einer jungen evangelischen Gemeinde.

1547 **Caspar Othmayr** (1515-1553): **Symbola Illustrissimorum Principum,** gedruckt in Nürnberg

34 motettische Sätze zu fünf Stimmen, allesamt vertonte »Wahlsprüche« von Fürsten und hochgestellten Persönlichkeiten der Zeit; Widmung an Kurfürst Friedrich II. von der Pfalz, der lange Zeit Othmayrs Mentor ist: Othmayr wirkt vermutlich von 1527 bis 1542 zunächst als Sänger, später als Kapellmeister am kurpfälzischen Hof in Heidelberg. Othmayr ist nach Senfl der wohl beste Meister des deutschen Liedes – und doch kommt sein Werk nicht recht zur Geltung. Die Gründe dafür liegen nicht in Othmayrs Eigenart, sondern in der musikgeschichtlichen Entwicklung, die nach der Mitte des 16. Jahrhunderts über die bis dahin im deutschen Kunstlied herrschenden Grundsätze hinweggeht: Als Othmayr stirbt, ist in der Epoche der deutschen polyphonen Lied-Bearbeitung der Höhepunkt überschritten.

1550 und **1555** **Heinrich Isaac** (um 1450-1517): **Choralis Constantinus I** und **II/III,** gedruckt in Nürnberg

Isaacs *Choralis Constantinus,* eine Sammlung von 99 Propriums-Zyklen in vierstimmigen Sätzen für das ganze Kirchenjahr, galt bis vor kurzem als ein in sich abgeschlossenes gewaltiges Werk, des kaiserlichen Hofkapellmeisters und seiner Stellung würdig. Dieses Werk, so hieß es, habe den Komponisten bis zu seinem Tode beschäftigt. Als Beleg dafür zitierte man eine Anmerkung im dritten Teil innerhalb einer Sequenz zum Fest der hl. Ursula: »Additio Ludovico Senfls quia hic Isaac obiit mortem.« Damit lag es nahe, in Ludwig Senfl, dem großen Schüler Isaacs, den Vollender des *Choralis Constantinus* zu sehen. Dieser Sachverhalt konnte jedoch durch die Arbeiten von G. Pätzig (1962) korrigiert werden. Nur den zweiten der drei 1550/55 gedruckten Teile hat Isaac 1508/09 im Auftrag des Konstanzer Domkapitels komponiert, und nur hier hat er für die Feste und deren »Formulare« und Gregorianische Melodien ein Konstanzer Missale als liturgische Grundlage benutzt. Die Teile I und III dagegen enthalten die von Isaac für die kaiserliche Hofkapelle in Wien komponierten Meß-Proprien, und ihre liturgische Grundlage ist ein Passauer Graduale (*Graduale Pataviense)* von 1511, das seinerzeit für Passau, Freising und Wien gültig war. Eine Beziehung Senfls zum Schaffen Isaacs besteht also nicht für den Konstanzer Teil des Ganzen, wohl aber für das Repertoire der Wiener Hofkapelle, das Senfl nach Isaacs Tod offenbar ergänzt hat. Trotzdem darf man annehmen, daß die Anregung, das Konstanzer Werk mit anderen Propriums-Vertonungen Isaacs zu einem choralen Jahres-Zyklus zusammenzustellen und unter dem Gesamttitel *Choralis Constantinus* zu drucken, von Senfl kam. Der Druck hat sich jedoch aus nicht mehr bekannten Gründen erheblich verzögert. Erst rund 40 Jahre nach seiner Entstehung erscheint das Hauptwerk Isaacs, gleichsam als ein spätes musikalisches Gegenstück zu den von Kaiser Maximilian angeregten Bilderzyklen Hans Burgkmairs (*Triumphzug Kaiser Maximilians*) und Albrecht Dürers (*Gebetbuch Kaiser Maximilians*) und zu des Kaisers eigenen Werken, dem Epos *Theuerdank* und der Prosadichtung *Weißkunig* (Besseler 1931).

Neben den Drucken ist für das Werk Heinrich Isaacs und Ludwig Senfls, ja für das gesamte musikalische Werk im Umkreis der beiden Meister und der kaiserlichen Hofkapelle, die handschriftliche Überlieferung in Berliner, Münchener und Wiener Quellen wichtig. – Anton von Webern hat mit einer Teiledition des *Choralis Constantinus* in den *DTÖ* 1906 bei Guido Adler in Wien im Fach Musikwissenschaft promoviert.

RENAISSANCE

V. Die Blütezeit der klassischen a cappella-Polyphonie: die 2. Hälfte des 16. Jahrhunderts

1. Das Werden der abendländischen Polyphonie »am Ziel«

Wie mit allen klassischen Epochen hat man sich auch mit der der »klassischen Vokalpolyphonie« in vielen Abhandlungen befaßt, die freilich oft genug erstaunlich belanglos sind, wenn man die Werke der Epoche selbst ins Auge faßt. Für die Palestrina-Zeit allerdings liegen von seiten der Musikwissenschaft Untersuchungen vor, die sich tiefschürfend auf die Musik einlassen. Sie sind hier nicht zu referieren, aber es ist in besonderer Weise auf sie hinzuweisen. Wie kein musikalischer Satz in der langen Geschichte musikalischer Satztechnik ist nämlich der Palestrina-Satz untersucht und dargestellt worden und also intellektuell rezipierbar. Der Grund ist, daß keine andere Setzweise so ausgereift und abgeklärt erscheint wie diese am Ziel des langen Werdensprozesses der Polyphonie seit dem 9. Jahrhundert. Für ihre Erforschung ist an erster Stelle Knud Jeppesen zu nennen mit seinem grundlegenden Werk *Der Palestrina-Stil und die Dissonanz* (1925). Wir folgen seiner Einführung für das *Kontrapunkt-Lehrbuch* (1930/35) weitgehend:

»Mit dem 16. Jahrhundert ersteht die *Blütezeit* der *Chorpolyphonie.* Diese Kunstform, die während der vorhergehenden Jahrhunderte am eifrigsten von Engländern, Franzosen und Niederländern kultiviert wurde, verpflanzt sich nach Italien und gelangt, vorbereitet durch große Meister, wie besonders Josquin des Prez, hier zu ihrer höchsten Blüte durch die Römische Schule, durch Palestrina und seine Schüler, oder durch Meister anderer Nationen (z. B. die Spanier Morales und Victoria oder den Niederländer Orlandus Lassus), die in Italien gelernt haben, dem Land, wo sich nun im Laufe der folgenden Jahrhunderte das Wesentlichste innerhalb der Musik ereignet. – Betrachtet man die Kunst dieses Höhepunktes, der zwischen 1560-1590 liegt, und vergleicht sie mit der Musik aus dem letzten Teil des 15. Jahrhunderts, so nimmt man natürlich bedeutende Verschiedenheiten wahr. Am wenigsten in Bezug auf die *Form;* man benutzt hier so ungefähr die gleichen Formen: die großen kunstreichen Messen, in welchen die Komponisten alle Seiten ihrer wundervollen Technik entfalten konnten, die für Kirche und Kammermusik bestimmten Motetten, in denen man die Kunst der feinen Details pflegte, und schließlich die weltlichen Lieder, Chansons, italienische Frottolen und Madrigale, auch deutsche Lieder. In dieser letzteren Gruppe trat technische Feinheit vor der Forderung eines volkstümlichen Geschmacks öfters zurück, dafür gedeihen hier aber die Experimente; weitaus der größte Teil der Elemente, die damals das Neue innerhalb der Musik bedeuteten und die zu Trägern der weiteren Entwicklung werden sollten, begegnet uns hier zum erstenmal. – Der wesentliche Unterschied zwischen diesen beiden Entwicklungsstufen innerhalb der gleichen Strömung äußert sich also vielmehr im *Inhalt* als in der Form. Wirkt die Harmonik des 15. Jahrhunderts nicht selten ein wenig asketisch und dünn – man findet hier noch deutliche Spuren der Quinten- und Oktavenherrschaft des vorhergehenden Jahrhunderts –, so sind die Kompositionen aus der Blütezeit der Vokalpolyphonie *in klanglicher Beziehung* von einer Fülle und Mannigfaltigkeit getragen, die das Vollkommene erreicht. Leere Quinten und Oktaven sind wenigstens stark zurückgedrängt und werden jedenfalls nicht aus rein klanglichen Gründen gewählt, sondern sind, wenn sie vorkommen, immer durch Bewegungen der Melodie, durch Stimmführung, Imitation oder ähnliches motiviert. Wenn ich Imitation erwähne, muß ich hinzufügen, daß dieses am Ende des 15. Jahrhunderts weniger reich und konsequent angewandte Prinzip (nach welchem die Stimmen einander nachahmen, indem sie eine nach der anderen dasselbe Thema bringen) im Laufe des

16. Jahrhunderts eine Hauptrolle innerhalb des musikalischen Aufbaus zu spielen beginnt und in der ersten Hälfte des 16. Jahrhunderts bisweilen mit beinahe pedantischer Halsstarrigkeit gehandhabt wird, auf welche gewisse Tendenzen bei Palestrina wie bei anderen Komponisten aus dem späteren 16. Jahrhundert natürlich und wohltuend zu reagieren scheinen. – Vor allen Dingen muß hier die *Stellung zur Dissonanz* erwähnt werden«, deren Behandlung im polyphonen Satz Jeppesen besonders untersucht hat (1925). »Das 16. Jahrhundert hat bezüglich der Dissonanzen aber noch einen weiteren Gewinn aufzuweisen, aus welchem allerdings erst das folgende Jahrhundert den vollen Nutzen zieht, nämlich: die Dissonanz im Dienste des dichterischen Ausdrucks, als Symbol des Leidenschaftlichen. Dies hängt mit einem Entwicklungsfaktor zusammen, der, wie vielleicht kein zweiter, die Geschichte der Musik beeinflußte.

Man hat bereits wiederholt versucht, die *Entstehung des Palestrina-Stils* zu erklären. Am bekanntesten ist Hugo Riemanns Hypothese, die aus der Annahme heraus, daß die meiste Musik des 15. Jahrhunderts für Instrumente bestimmt war, schließt, die Entwicklung beruhe darauf, daß man allmählich zur vokalen Ausführung der Musikwerke überging, wobei sich verschiedene sogenannte ›Instrumentalismen‹ (Wendungen, die Riemann als für Instrumente gedacht auffaßt) unpraktisch erwiesen, da sie der Natur der menschlichen Stimme nicht entsprachen; je größere Geltung die Singstimme in der Entwicklung erlangte, desto mehr verdrängte sie die Instrumentalismen, bis diese schließlich ganz verschwanden. Es ist möglich, aber keineswegs sicher, daß Riemann Recht hat, wenn er einen Teil der Musik des 15. Jahrhunderts für Instrumentalmusik annimmt. Höchst fraglich ist jedenfalls, ob man damals vokale und instrumentale Setzweise überhaupt genauer auseinanderhielt. Heutzutage können wir uns Musik ohne eine solche Trennung allerdings nur schwer vorstellen; wir laufen aber Gefahr, uns eines Anachronismus schuldig zu machen«, wenn wir unsere Vorstellungen auf diesem Gebiet auf eine Epoche übertragen, welche wahrscheinlich andere besessen hat.

»Weit eher scheint *die Stellung zum Wort* die treibende Kraft bei der Entstehung des Palestrina-Stils gewesen zu sein. Während die Textbehandlung im 15. Jahrhundert meistens von auffälliger Nachlässigkeit geprägt ist und nur vereinzelt der Gebrauch kraftvoller, unzweideutiger Tonmalerei als Ausdrucksmittel in der europäischen Musik vor 1500 nachgewiesen werden kann, bringt das 16. Jahrhundert eine einschneidende Wandlung dieser Sachlage mit sich. Die Strömung geht allem Anschein nach hauptsächlich vom Madrigal (zweifellos doch durch die Frottole vorbereitet), der Hauptform der weltlichen italienischen Musik des 16. Jahrhunderts, aus... Entscheidend für die Entwicklung wirkt dann die fanatisch humanistische Einstellung der damaligen Zeit, die das Studium der antiken Schriftsteller und Musiktheoretiker so demonstrativ in den Vordergrund stellt. Hier hörte man nun von dem wundersamen Einfluß, den die Musik im Altertum auf die Gemüter ausübte, und unter den Gelehrten entstand das Schlagwort: ›dare spirito vivo alle parole‹ (›den Worten durch Töne lebendigen Geist verleihen‹). Man begann sich auf alle erdenkliche Weise anzustrengen, um das Madrigal im Sinne dieser Parole zu gestalten, die Ergebnisse waren aber anfangs von seltsamer und recht äußerlicher Beschaffenheit. Wenn in Gedichten z.B. von Auf- oder Niedersteigen die Rede war, unternahm man in der Musik gewissenhaft die entsprechenden Bewegungen der Tonleiter. Man verfügte noch nicht über die notwendigen musikalischen Ausdrucksmittel, aber man erstrebte sie unaufhörlich und lernte jedenfalls einen tiefen Respekt vor dem Wort. Von nun an war es nicht mehr denkbar, daß die Textunterlage dem Sänger einfach überlassen wurde. Im Gegenteil, alles Wesentliche wurde genau vorgeschrieben und die Musik so komponiert, daß der Text unbehindert zur vollen Geltung kommen konnte. Papst Marcellus' II. berühmte Mahnung, die am Karfreitag 1555 an die päpstlichen Sänger erging und die Wahl eines mit dem düsteren Charakter dieses Feiertags übereinstimmenden Chorwerkes (sowie die weitestgehenden Rücksichten auf deutliche Textaussprache) forderte, bildet in Verbindung mit den auf ähnlichen Gesichtspunkten basierenden reformatorischen Bestrebungen des

Tridentiner Konzils interessante Äußerungen des allgemeinen Willens, die Musik dem Worte untertan zu machen. Diese Tendenz pflanzt sich vom Madrigal, wo sie sich zuerst deutlicher bemerkbar macht, weiter auf die kirchliche Musik fort und äußert sich hier – jedenfalls bei mehr konservativen Meistern wie z. B. Palestrina – hauptsächlich in feinfühligerer Deklamation und tieferer Ehrfurcht vor den Worten. Doch hat sicher neben der Frottole und dem Madrigal auch die gleichzeitig mit der Frottole in Italien blühende volkstümliche Laude auf die spätere Entwicklung der kirchlichen Musik direkt eingewirkt.

Das 16. Jahrhundert zeigt für das Originale, das den modernen, romantisch beeinflußten Begriffen nach mit der Definition des Genies eng verknüpft ist, wenig Sinn. Das Ideal der Komponisten war, ihre Kunst so zu gestalten, daß so viele wie möglich sie verstehen und sich über sie freuen konnten. Kein Wunder, daß einer Epoche, die diesen Anschauungen huldigte, als höchste Blüte Palestrina entsprang. Mit Recht hat die Nachwelt ihn ›den großen Nachahmer der Natur‹ genannt, spricht doch aus allen seinen Werken eine geniale Art Natürlichkeit, ein sicheres Gefühl für den einmaligen, allen verständlichen, kurz den klassischen Ausdruck. Seine Kunst will Allgemeinheit und ist von tiefer Freude über die Entfaltung und Erfüllung des Gesetzes getragen. Nur wenig kümmert sie sich um Neues, das Alte ist ihr ewig neu. Ihr Wesen ist Vertiefung; experimentierendes Erweitern der Kunstmittel hingegen liegt ihr fern. Sie ist der vollkommene, geniale Ausdruck der ›musica communa‹, jener Strömung innerhalb der Musik des 16. Jahrhunderts, die sich der Vorzeit zuwendet, aber auf ihre Art ein ebenso wichtiger und typischer Faktor der musikalischen Kunst dieser Zeit ist, wie die mehr vorwärts orientierte Ausdrucksrichtung ›*La musica reservata*‹ (mit welchem Namen sie um die Mitte des Jahrhunderts der Niederländer Coclicus taufte).

Im 16. Jahrhundert machten sich also zwei Strömungen geltend: eine mehr gegen die Vorzeit orientierte ›musica communa‹, die in besonderem Maße in der Kirchenmusik ausgeprägt war und in Palestrina ihren vornehmsten Vertreter besaß, und auf der anderen Seite die weltliche Musik und die vom Madrigal stärker beeinflußte Kirchenmusik mit ihrem deutlich betonten Willen zum Ausdruck. Diese letztere Richtung bereitet die Musik des 17. Jahrhunderts und mit ihr die neuen Formen vor: die Oper, die Solokantate, das Concerto und wie sie nur heißen mögen. – Man ist geneigt gewesen, die Ereignisse, die sich um 1600 abspielten, als eine radikale Umwälzung innerhalb der Musik zu betrachten. Revolution bedeuten sie aber mehr in ihren Tendenzen als in ihren anfänglichen Erscheinungsweisen. Denn die musikalische Situation am Ende des 16. und Anfang des 17. Jahrhunderts zeigt bei näherer Betrachtung einen ziemlich ebenen Übergang aus der einen Zustandsform in die andere.« Soweit Knud Jeppesen, der beste Kenner dieser Materie.

Es sollte auffallen: Das Wort Renaissance kommt in dieser musikgeschichtlichen Bestandsaufnahme überhaupt nicht vor, obwohl doch von der Musik in dem Zeitalter die Rede ist, das man sonst Renaissance nennt. Nun, die Musikgeschichte kennt tatsächlich keine Renaissance wie die anderen Künste. Ihre Epochen sind durch die Zielsetzungen und durch das Erreichen der Ziele gesetzt, die das Werden der abendländischen Polyphonie bestimmen. Und bei diesem Werden liegen die großen, die tiefgreifenden Einschnitte um 1200, um 1430 und um 1600, und kein auch nur annähernd vergleichbarer Einschnitt liegt dazwischen. Dennoch kennt auch die Musikgeschichte ein Renaissancephänomen: die Oper. Indessen mag man deren Vorüberlegungen und ersten Versuche bei der Florentiner Camerata in der zweiten Hälfte des 16. Jahrhunderts auch noch zur Renaissance rechnen, diejenigen Werke, die tatsächlich dann die Anfänge der Gattung Oper bilden, in denen die musikalische Idee der Oper tatsächlich ins Werk gesetzt ist, sind die Opern Claudio Monteverdis, und diese entstehen am Anfang des 17. Jahrhunderts und bilden den Beginn des musikalischen Barockzeitalters, und zwar im engeren Sinn.

2. Daten

1527 Adrian Willaert (* wahrscheinlich Brügge um 1480/90, † Venedig 1562) wird Kapellmeister an San Marco in Venedig

Nur wenige Daten der Musikgeschichte tragen so deutlich das Signum eines Aufbruchs wie das Jahr 1527, in dem Adrian Willaert seine Kapellmeisterstelle am Hof des Erzbischofs Ippolito von Ferrara mit der des ersten Kapellmeisters der Republik von San Marco vertauscht. Überlegt man, etwa beim Betrachten der zahllosen großen Werke der bildenden Künste, was alles sich im 16. Jahrhundert in Venedig abspielt an öffentlichen und privaten Festivitäten, und daß all das von Musik begleitet ist: die Wahl des Dogen, die alljährlich wiederholte Vermählung des Dogen und damit der Stadt mit dem Meere, die zahllosen Staatsverträge, Empfänge für erlauchte Gäste, Hochzeiten in den Familien der Honoratioren, aber auch die selbstverständlich zu feiernden Feste des Jahres bzw. des Kirchenjahres, überlegt man all das, so mag man die Menge der Musik ahnen, die gemacht wird – und die Menge dessen, was davon verloren ist. In nahezu alles Geschehen der Stadt ist der Kapellmeister von San Marco gleichsam musikalisch involviert, weil, wie Dunning (1969) ausführt, in Venedig die Staatsrepräsentation nicht nur örtlich, sondern auch ideell unmittelbar mit dem Staatsheiligtum und der Hauskapelle des Dogen, San Marco, verbunden ist, und weil alle in der Stadt aufgeführte Musik, von Willaert bis Giovanni Gabrieli, in gewissem Sinne im Dienst, nämlich im Dienst für das Ansehen der Republik steht, selbst die Musik der Kirche und der allgemeinen religiösen Andacht.

vor 1528 John Taverner (um 1490-1545): Missa »Gloria tibi Trinitas«, sechsstimmig

Als meisterhafter Kontrapunktiker zählt John Taverner zu den besten Komponisten seiner Generation. Zwar ist er nie am englischen Königshof tätig, doch sind seine musikalischen Fähigkeiten gleichwertig neben die der größten seiner Zeitgenossen am Hof Heinrichs VIII. zu stellen. Da Taverner ernstlich in die Streitigkeiten der Reformation verwickelt ist, die das Cardinal College (heute Christ Church College) in Oxford schwer erschüttern und 1528 ihren Höhepunkt erreichen, muß man annehmen, daß er den größten Teil seiner lateinischen Kirchenmusik vor seiner Übersiedlung nach Oxford (1528) geschrieben hat. Allerdings erwähnen die Statuten des neuen College ausdrücklich bestimmte Texte, die täglich im Gottesdienst zu singen sind, darunter auch Antiphonen an die Trinität. Obwohl Taverner viele der religiösen Wandlungen im Leben Englands in dieser Zeit miterlebt, die sich aus dem Bruch Heinrichs VIII. mit Rom ergeben, trägt er offenbar doch nichts zum musikalischen Repertoire eines neuen nationalsprachlichen Gottesdienstes bei. – Die *Missa »Gloria tibi Trinitas«* ist gearbeitet über die *Antiphon »Gloria tibi Trinitas«* In festo SS. Trinitatis aus dem *Antiphonale Sarisburiense.* In ihrem Benedictus erklingt bei der Stelle »(qui venit) in nomine (domini)« im Medius, der zweitobersten Stimme des hier nur vierstimmigen Satzes, die Melodie der Antiphon zum einzigen Mal zusammenhängend und ruhig in großen Notenwerten, während die anderen Stimmen lebhaft kontrapunktieren. Mit instrumentalen Übertragungen dieses anscheinend besonders beliebten Vokalsatzes beginnt die lange Reihe fortan originär instrumentaler »In nomine-Kompositionen«, für die offenbar John Taverner selbst um 1540 den Anfang macht.

1528 Pierre Attaingnant (um 1494-1552) druckt in Paris Chansons nouvelles en musique a 4 parties

Mit dieser nur noch inkomplett erhaltenen Sammlung (2 Stimmbücher fehlen) eröffnet der erste und zunächst wichtigste Pariser VERLEGER und DRUCKER seine Tätigkeit. Attaingnant druckt mit Notentypen des Stechers und Schriftgießers Pierre Haultin, der (höchst wahrscheinlich) die beweglichen Typen für den einfachen Notendruck (im Gegensatz zum doppelten des Petrucci in Venedig seit 1501) um 1525 in Paris erfunden hat. Typen von Haultin, bei denen die Note mit dem dazugehörigen Teil des Liniensystems in einem Druckstempel vereinigt ist, verwenden auch die Drucker Jacques Moderne in Lyon und Tilman Susato in Antwerpen und dann Nicolas Du Chemin und Adrien Le Roy mit Robert Ballard in Paris, die Attaingnants Konkurrenten werden und mit ihm in schärfsten Wettbewerb treten. Mit Attaingnant und mit diesem Wettbewerb setzt eine fieberhaft zu nennende Publikationstätigkeit ein: zwischen 1528 und 1552 bringt Attaingnant allein über 50 Sammlungen heraus mit ca. 30 Messen und 300 Motetten, mit Magnificat, Psalmvertonungen und Passionen, mit an die 2000 Chansons, 5 Tanzsammlungen, 2 Lautentabulaturen, 10 Tabulaturen für Tasteninstrumente und 2 Sammlungen für Flöte. Die Werke stammen von rund 150 Komponisten, angefangen von den großen Niederländern Josquin und Willaert über Janequin (dessen Hauptverleger Attaingnant ist) zu nicht weiter bekannten Pariser Musikern, die ihm die mehrstimmigen Bearbeitungen für seine Tanzsammlungen anfertigen. Mit Attaingants Drucken verbreitet sich die französische Chanson über ganz Europa, und damit tritt das musikalische Frankreich in eine neue und nachhaltig wirkende Wechselbeziehung zu Italien und Deutschland. Daß dort in unzählig vielen Sammlungen einerseits französische Cansons, freilich nicht nur von französischen sondern in der Mehrzahl von einheimischen Komponisten auftauchen, und andererseits in Paris wie in Antwerpen immer wieder italienische Madrigale der in Italien arbeitenden Niederländer und der Italiener gedruckt werden, das kennzeichnet die musikalische Situation dieses Jahrhunderts in besonderer Weise.

um 1528 **Clément Janequin** (* Châtelleraut um 1485, † Paris 1558): **Chansons de Maïstre C. Janequin nouvellement et correctement imprimeez,** gedruckt in Paris

Gleich Janequins erste Sammlung mit Chansons enthält die Stücke, die ihn vor anderen weltberühmt machen: *Le Chant des oiseaux, La Guerre, La Chasse, L'alouette.* – Die Maximen für die vokale polyphone Komposition, die das ganze 16. Jahrhundert beherrschen und alsbald für das Madrigal in Italien formuliert werden: »imitar le parole«, sie ist hier auf typisch französische Weise schon erfüllt, dadurch nämlich, daß mit Wortklang, Sprachdeklamation und raffiniertem musikalischem Rhythmus im Verband eines polyphonen Satzes die klingende Natur oder die klingende Erscheinung von Vorgängen nachgeahmt, wie musikalisch-impressionistisch gemalt werden.

Ob man hier bereits von Programmusik sprechen darf, ist füglich zu bezweifeln, denn dieser Terminus gehört erst ins 19. Jahrhundert, wo er als Gegenposition für den ebenfalls erst im 19. Jahrhundert entstehenden und erst hier sinnvoll zu verwendenden Begriff Absolute Musik aufgestellt wird. In einem besonderen Sinne freilich handelt es sich sehr wohl um das, was die Komponisten späterer Programmmusiken aufnehmen und raffiniert einsetzen, und was deshalb seitdem auch mit demselben Wort Programmusik benannt wird: um das Phänomen einer naiven musikalisch-klanglichen Nachahmung von Geräuschen der Natur und des Lebens, vom Donner über das Rollen von Rädern bis zum Hennengegacker und zum Marktgeschrei.

1530 **Madrigali di diversi Musici, libro primo de la Serena,** gedruckt in Rom

Dies ist die erste Publikation, in der im Titel der Gattungsname »Madrigal« verwendet ist. Das neue Madrigal des 16. Jahrhunderts geht aus der Vereinigung von italienischer Madrigaldichtung und niederländisch-kontrapunktischer musikalischer Satzart hervor: auf keinem anderen Gebiet sind die Niederländer so durchaus italianisiert worden wie auf dem des Madrigals (Blume). Das Zeitalter greift das Madrigal gleichsam begierig auf und bildet es zur weltlichen Hauptgattung der Musik aus. Mit den an der Motette ausgebildeten Mitteln des a cappella-Satzes wird die eindringliche und sinnfällige Wiedergabe der Texte (neben Petrarca vor allem Bembo, Tasso, Ariost, Guarini, dann aber auch viele ganz unbedeutende Dichter) erstrebt und erreicht.

Mit dem Madrigal des Trecento hat das des 16. Jahrhunderts nur den Namen gemeinsam, wenn man von der Tatsache absieht, daß hier wie dort die madrigalischen Dichtungen Petrarcas und Boccaccios die entscheidenden Anregungen geben. (»Madrigal« ist eine aus der italienischen Dichtung des 14. Jahrhunderts stammende lyrische Gattung, ursprünglich einstrophig mit 6 bis 15 Versen, Sieben- mit Elfsilbern frei mischend, mit ländlichen oder Motiven der Schäferdichtung.)

»Imitazione delle parole«, die »Nachahmung der Wörter«, ist für den Musiker des 16. Jahrhunderts das, was für den zeitgenössischen Dichter die Nachahmung der Natur bedeutet; das Wort ist dem Musiker die Natur. Nachahmung umfaßt dabei Gestalt und Sinn des einzelnen Wortes ebenso wie von Sätzen und Perioden bzw. Gestalt und Sinn des Ganzen. Soziologisch gesehen ist das Madrigal eine exklusive Gattung, in der sich die hohe Gesellschaft der vielen literarischen Zirkel und der Adels- und Fürstenhöfe besonders Oberitaliens gespiegelt finden möchte. Der Bedarf ist groß, und die neuen Drucktechniken ermöglichen schnelle und weite Verbreitung. Was Wunder, daß sich alle Komponisten, und eben auch die bedeutendsten, der Gattung zuwenden.

Man unterscheidet gewöhnlich drei Generationen von Madrigalkomponisten des 16. Jahrhunderts in Italien: die erste Generation bis rund 1550 mit dem Niederländer Arcadelt, dem Italiener Festa und dem Franzosen Verdelot als Hauptmeistern; die zweite Generation bis rund 1580 mit Willaert, Andrea Gabrieli, de Rore, de Monte, Palestrina und Lasso; die dritte Generation bis rund 1620 mit Marenzio, Gesualdo und Monteverdi. – In England erlebt das Madrigal in Elisabethanischer Zeit – und das ist zugleich Shakespeares Zeit –

eine eigene späte Blüte, die viel länger anhält als die in Italien. Die Hauptmeister der »English Madrigal School« sind Byrd, Morley, Dowland, Weelkes, Tomkins, Wilbye und Orlando Gibbons. – In Deutschland schreiben vor anderen diejenigen Musiker italienische Madrigale, die am Anfang des neuen, des italienischen Zeitalters der Musik an der Quelle, nämlich in Venedig, studieren: Hans Leo Hassler und Heinrich Schütz.

1535 Philippe Verdelot (1509-1552): **1. Buch vierstimmiger Madrigale,** gedruckt in Venedig

Mehr als bei anderen Komponisten lassen Verdelots Madrigale (9 Bücher) zunächst die Nähe der Frottola erkennen, und zwar sowohl klanglich als auch rhythmisch. Aber es ist auch Verdelot, der die musikalische Wortausdeutung als Stilmittel in Richtung auf sogenannte Madrigalismen vorantreibt. Daß Adrian Willaert bereits 1536 22 Madrigale Verdelots, für Singstimme und Lautenbegleitung bearbeitet, herausgibt, zeigt dessen Bedeutung und Wertschätzung bei seinen Zeitgenossen.

1537 Canzone Villanesche alla Napolitana, gedruckt in Neapel

Ähnlich wie mit den Frottolen, die Petrucci 1504 in Venedig zu veröffentlichen beginnt, ergreift jetzt mit den Villanellen (hier der erste Druck der neuen Gattung) eine neue musikalische Mode Italien und bald die übrige musikalische Welt. Villanella, Villanesca, meist aber Canzon villanesca alla Napolitana heißt das in Neapel, also im Süden, beheimatete lebhafte, ursprünglich einstimmige, dann volkstümlich-mehrstimmige Strophenlied mit ungekünstelten Texten (Liebeslieder im Dialekt) im schlichten, meist dreistimmigen Satz. Mit seiner Tendenz zur Parodie der niederen Stände entwickelt es sich alsbald zu einer hoch stilisierten Form der italienischen Kunstmusik (dann zunehmend vierstimmig mit der Melodie im Tenor statt in der Oberstimme), und das – soziologisch interessant – trotz der Herkunft und gerade mit dem Namen Villanella=Bauernliedchen. Das parodistische Element tritt musikalisch im grotesken Wechsel der Stil-Ebenen der Komposition hervor, wobei die niedere gern durch Quintenparallelen als Nachahmung einer improvisierten Mehrstimmigkeit charakterisiert ist. Wie die Frottola steht die Villanella zunächst natürlicherweise im Gegensatz zur herrschenden Polyphonie und zur Kunstform des Madrigals und beeinflußt beide doch tiefgreifend – oder umgekehrt: Seit die volkstümliche Villanesca alla Napolitana sich dem Stil des Madrigals nähert und für dasselbe städtische oder höfische Publikum geschrieben wird, verliert sie ihre typisch süditalienischen Merkmale und wird »international«. Nun verbreitet sie sich als Villanella (oder »Napolitana«) über ganz Italien, ja über ganz Europa, und übertrifft das Madrigal an Verbreitung und Einfluß, und die bedeutendsten Komponisten nehmen sich der unscheinbaren Gattung an.

vor 1539 Jacob Arcadelt (um 1500-1568): **1. Buch vierstimmiger Madrigale,** gedruckt in Venedig

Arcadelts musikalischer Satz bleibt meist vierstimmig mit einem Übergewicht der Oberstimme über die anderen Stimmen des Satzes. Wohlklang, musikalischer Ausdruck und die Art der Wortausdeutung weisen in Richtung »Musica reservata«. Die Beliebtheit der ersten Sammlung Arcadelts und, von ihr ausgehend der Gattung Madrigal überhaupt in den folgenden rund hundert Jahren, beweist ihr Absatz: Bis 1654 (!) erscheinen 40 Auflagen; die Auflage von 1627 gibt Claudio Monteverdi heraus; von der ersten Auflage ist kein Exemplar mehr erhalten, das erste erhaltene stammt von der zweiten Auflage aus demselben Jahr wie die erste.

1539 Adrian Willaert (1480/90-1562): **1. Buch vierstimmiger Motetten,** gedruckt in Venedig

Nach Anzahl und Bedeutung bilden die vierstimmigen Motetten das Zentrum von Willaerts Schaffen. – Eine erste vierstimmige Motette von Willaert war bereits 1519 in einem Sammeldruck bei Petrucci in Venedig erschienen.

1542 Cipriano de Rore (* Mecheln oder Machelen 1516, † Parma 1565): **1. Buch fünfstimmiger Madrigale,** gedruckt in Venedig

Schon de Rores erste Veröffentlichung weist ihn als reifen, als bedeutenden Meister aus, als Meister freilich der Schule Willaerts.

1543-1544 Balthasar Resinarius (um 1486-1544): Responsorien und Choralbearbeitungen, gedruckt in Wittenberg

Seit 1543 schon wirkt der zur lutherischen Lehre konvertierte Priester als Pfarrer in Böhmisch-Leipa, bis er zu komponieren beginnt und 1543 eine Sammlung von 80 vierstimmigen Responsorien und einer Passion und 1544 eine von 30 deutschen Choralbearbeitungen für 3 und 4 Stimmen herausbringt. Obwohl die im Leben des Resinarius späten Werke mit ihrer Meisterschaft auf verlorene frühere Kompositionen schließen lassen, ist doch anzunehmen, daß erst die Verbindung mit dem Wittenberger Theologenkreis und dem Verleger Georg Rhaw diese ungewöhnliche Produktion angeregt hat. Resinarius gehört zu den großen Meistern der jungen evangelischen Kirchenmusik – und dies trotz ganz merkwürdiger Archaismen in seinem Satz.

1544 Cristóbal de Morales (* wahrsch. Sevilla um 1500, † Málaga 1553): Missarum libri I, II, gedruckt in Rom und zugleich in Venedig

Die spanische Musikgeschichte des 16. Jahrhunderts spielt sich gewissermaßen auf zwei Schauplätzen ab, an den Höfen, Adelshäusern, Kathedralen und Klöstern der iberischen Halbinsel selbst und an der päpstlichen Kapelle in Rom. Auf die letztere nehmen seit dem ausgehenden 15. Jahrhundert spanische Musiker zunehmend Einfluß, sie sind neben den Niederländern die bestimmenden Kräfte und zusammen mit diesen die Meister, die den Grund zur Römischen Schule legen, und sie stellen auch dann, als nach der Mitte des Jahrhunderts Musiker italienischer Herkunft (wie Palestrina) in die führenden Positionen kommen, doch noch eine Reihe eindrucksvoller Persönlichkeiten neben die Italiener. In seiner Zeit ist Morales der führende Meister Spaniens, aber er ist von 1535 bis 1545 Mitglied der päpstlichen Kapelle in Rom. Seine Werke erscheinen in allen großen Musikdruckereien Europas, und sein Ruhm erstreckt sich um die Jahrhundertmitte über Europa hinaus bis nach Mexico: Morales ist der erste spanische Musiker, ja in gewisser Weise der erste Musiker überhaupt von Weltruhm. Zwischen Josquin Desprez und Palestrina steht Morales einerseits mit Satztechnik und Konstruktionsprinzipien den Niederländern, etwa Gombert, nahe, andererseits hat man ihn einen Kunstbruder Palestrinas genannt.

1544 Cipriani Musici Eccelentissimi cum quibusdam aliis doctis Authoribus Motectorum… Liber Primus quinque Vocum, gedruckt in Venedig

Eine im 16. Jahrhundert vielgeübte Praxis ist das Verfahren, Musikdrucken, die sich durch ihren Titel als Individualdrucke eines Meisters ausweisen, doch auch Werke anderer Komponisten beizufügen. Mag es sich bei diesen zugefügten Werken um Kompositionen aus der Schule des im Titel angeführten Meisters handeln oder auch nur verlegerische Rücksicht die Art und den Umfang der Hinzufügung bestimmt haben, die hinzugefügten Werke laufen jedenfalls heute Gefahr, bloß als Füllsel angesehen und vernachlässigt zu werden (Meier 1976). Nur 7 der 24 Motetten dieses Drucks stammen von Cipriano de Rore (1516-1565), dem im Titel genannten Meister, die anderen von elf verschiedenen Komponisten, unter ihnen Adrian Willaert.

1545 Adrian Willaert (1480/90-1562): Canzone Villanesche alla Napolitana, gedruckt in Venedig

Diese Strophenlieder mit Refrain in volkstümlich schlagkräftigen, rhythmisch profilierten, nach Melodik und Klanglichkeit typisch italienischen Sätzen von hinreißender Eleganz sind, wie W. Gerstenberg (1968) gesagt hat, »Willaerts Bekenntnis zu einer tänzerisch beschwingten, zugleich idealisierenden Popularmusik.«

1545-1563 Trienter Konzil (Tridentinum)

Das 19. Allgemeine Konzil der Römischen Kirchen soll ursprünglich die durch Luthers Protestation hervorgerufene Kirchenspaltung wieder beseitigen. Dafür aber ist es zu spät einberufen, es kann nur mehr die Gegenreformation einleiten. In der dritten Tagungsperiode von Januar 1562 bis Dezember 1563 sind auch liturgische Reformen Beratungsgegenstände, doch werden infolge des eiligen Abschlusses eine Reihe dieser liturgischen Reformen dem Papst zur späteren Erledigung überlassen. Zu diesen gehören die Reformen, die die Kirchenmusik betreffen, und zwar vom Gregorianischen Choral bis zur Polyphonie der Messenkomposition (1614/15 *Editio Medicaea*; 1562/63 Palestrina: *Missa Papae Marcelli*). – Zwar ist es in der katholischen Kirchenmusik-Geschichtsschreibung weithin üblich, die Konzilsvorlage über die Kirchenmusik als Dekret des Konzils zu zitieren, aber ein solches Dekret ist nie verabschiedet worden. Das Konzil hat vielmehr nur einen einzigen Satz über »musica eae« in das Dekret über die Heiligkeit des Hauses Gottes aufgenommen, und dieser besagt lediglich, daß laszive Tenores nicht gesungen oder von der Orgel gespielt werden sollen. Das ist alles. Man sollte indessen das Gewicht der bloßen Tatsache bedenken, daß auf jenem Konzil, das den Christenglauben neu zu dogmatisieren sich anschickt, selbstverständlich liturgische Fragen behandelt werden und in diesem Zusammenhang selbstverständlich Fragen um das Erklingen des liturgischen Worts, also der sogenannten Kirchenmusik. Daß man diese Fragen dann aber doch nicht zu Ende behandelt, weil man sie im Grunde für von den Glaubensfragen verschieden und deshalb für getrennt zu verhandeln hält, auch das ist bedenkenswert, denn es ist für das Verständnis dessen, was Kirchenmusik soll, von entscheidender Wichtigkeit. Ein mittelalterliches Konzil hätte diese Fragen weder vertagt noch der Entscheidung allein des Papstes überlassen...

1546 **Adrian Willaert** (1480/90-1562): **1. Buch fünfstimmiger Madrigale,** gedruckt in Venedig

Schon in seinem ersten Madrigalbuch zeigt sich Willaerts Bestreben, die neue Gattung, bei aller neuen Tendenz zum musikalischen Ausdruck und zur Wortausdeutung, durch einen mehr motettischen Satz in die, der Gattung Madrigal ja fehlende Tradition der alten Polyphonie einzubinden.

1547 **Glareanus** (1488-1563): **Musiktraktat »Dodekachordon«**

Glarean ist von Haus aus kein Musiktheoretiker sondern – wie wir heute sagen würden – Literaturprofessor. Sein Lebenslauf ist für seine Zeit höchst charakteristisch: Der gebürtige Schweizer aus dem Kanton Glarus mit dem Namen Heinrich Lariti wird 1512 auf dem Reichstag zu Köln von Kaiser Maximilian I. zum Poeta laureatus gekrönt, seit 1514 ist er Lehrer des Lateinischen und Griechischen an der Universität in Basel, seit 1529 in Freiburg im Breisgau, seit 1530 daselbst Professor für Poetik. Zunächst ist er ein Anhänger Luthers und Freund Zwinglis, dann aber gerät er unter den Einfluß des Erasmus und wird zum scharfen Gegner der Reformation. – Sein Hauptwerk, das *Dodekachordon,* entsteht zwischen 1519 und 1539, wird aber erst 1547 in Basel gedruckt; es ist der insgesamt komplexen und schwierigen Materie der Tonartenlehre gewidmet. Eine Melodie und erst recht einen mehrstimmigen Satz in der Zugehörigkeit zu einer Tonart, zu einem Modus, zu bestimmen, ist eine Schwierigkeit, die immer wieder in Musiktraktaten behandelt wird, zumal die Tonartlichkeit der Modi selbst und besonders ihre Verbindlichkeit für die mehrstimmige Komposition keineswegs immer und überall gleich gesehen werden. Die beiden Modi »jonisch« und »aeolisch«, die Glarean dem alten System der Kirchentöne hinzufügt, spielen keineswegs eine Hauptrolle, aber sie erlauben die tonartliche Deutung von Kompositionen, die man bisher modal nicht festlegen konnte. Glareans Lehre von der Zwölfzahl der Tonarten hat sich keineswegs gleich und überall durchgesetzt. Zarlino greift sie auf, ordnet die Tonarten allerdings anders und zählt anders.

um 1550 **Die Römische Schule**

Aus den musikalischen Vorstellungen, die Palestrina mit seinen Werken am stärksten ausprägt, ja gleichsam endgültig – jedoch durchaus als Personalstil – formuliert, entsteht um die Mitte des Jahrhunderts in Rom für geistliche Werke ein dem Palestrina-Stil nächst verwandter Kompositionsstil, den eine Gruppe von Komponisten ausbildet, die man gewöhnlich unter dem Namen Römische Schule zusammenfaßt, weil sie als Cappellsänger oder -komponisten in Rom (und damit im direkten Umkreis Palestrinas) tätig sind. Man unterscheidet gewöhnlich eine ältere Gruppe mit Costanzo Festa (um 1480-1545), Giov. Animuccia (um 1514-1571; Palestrinas Amtsvorgänger als Kapellmeister an St. Peter), Clemens non Papa (1510/15-1555/56), Cristóbal Morales (um 1500-1553), Bartolomé Escobedo (um 1515-1563), und eine jüngere Gruppe mit Giovanni Maria Nanino (um 1544/45-1607), Felice Anerio (um 1560-1614), Francesco Suriano (1549-1621) und Tomás Luis de Victoria (um 1549-1611). Im Kompositionsstil dieser Römischen Schule, der sich mit den genannten Meistern, wenn sie in ihre Heimat zurückkehren oder in anderen Städten kirchenmusikalische Ämter antreten, über Europa verbreitet, fließt das Erbe der Niederländer mit einem, aus offenbar alter bodenständig italienischer Tradition stammenden Gefühl für Klanglichkeit zusammen. Aus diesem Schul-Stil (und nicht eigentlich aus Palestrinas Personalstil) entstehen der sogenannte Strenge Stil (stilus gravis) und später die sogenannte Prima prattica der neuen Epoche der Musikgeschichte.

1550 **Adrian Willaert** (1480/90-1562): **Salmi spezzati,** gedruckt in Venedig in einer Sammlung von Vesperpsalmen Willaerts und Jachets von Mantua

Diese Sammlung enthält außer Willaerts *Salmi spezzati* (8 doppelchörige Stücke) zwei weitere Abteilungen: 1. *Salmi a versi con le sue Risposte,* das sind 12 vollständige Psalmen, deren einzelne Verse als jeweils in sich abgeschlossene vierstimmige Stücke gesetzt sind; 6 davon sind von Willaert und Jachet von Mantua (um 1495-um 1559) gemeinsam komponiert. Diese Psalmen können ein- oder doppelchörig aufgeführt werden. 2. *Salmi a versi senza Risposte,* das sind 11 Psalmen von Jachet von Mantua, M. Jan und Heinrich Scaffen ohne vierstimmig gesetzte »Antworten des Gegenchors«; sie sind von einem vierstimmigen Chor alternierend mit gregorianisch gesungenen Versen, vielleicht auch mit Orgel, vorzutragen.

Die Doppelchörigkeit hat ihren Grund zuerst in der – wie man an diesem Druck sehen kann, durchaus variablen – Praxis des Alternatim-Vortrags von Psalmen im Vespergottesdienst. Sie hat einen zweiten Grund darin, daß Willaert und seine Zeitgenossen verbreitete oberitalienische Chorpraktiken älterer Tradition für eine spezielle chor-dialogische »maniera« gewinnen wollen. Seit der Jahrhundertwende hat sich nämlich offenbar ein besonderer Chor-Klangstil ausgebreitet, der in mehrchörigen Kompositionen älterer Meister aus Padua, Treviso, Bergamo und Venedig nachgewiesen ist und auch in vierstimmigen Lauden und Frottolen komponiert begegnet, der aber von Haus aus eine mehr volkstümliche chorische Improvisationspraxis gewesen zu sein scheint. Hieraus entstehende achtstimmige Kompositionen sind weder als erweitert vierstimmig (durch Verdoppelung der vier Stimmlagen) noch als real achtstimmig (mit wechselnder Gruppierung von Stimmgruppen) anzusehen, sie sind vielmehr von vornherein doppelchörig, nämlich mit zwei vierstimmigen Chören angelegt. Und eben das beschreibt Zarlino 1558 als Technik des »Coro spezzato«. Aus diesen Erscheinungen geht der maßgebliche Einfluß der unverbrauchten harmonischen und klanglichen Substanz Italiens, wie sie in den Lauden und Frottolen eben zu Willaerts Zeit noch lebendig ist, hervor, und es ist einleuchtend, daß unter solchen Umständen die plastische Fülle akkordischer »Homophonie« in den doppelchörigen Psalmen einen breiten Raum einnimmt. Wie ein treibendes Ferment durchwirken jetzt die mittels chromatischer Töne ermöglichten dominantischen Bezüge das Stimmengefüge und offenbaren damit die geschichtlich folgenreiche Entwicklung einer Art von »Schwerkraft der Harmonik« und der »Klang-Materie«. Diese »Klang-Materie« erhält durch die zahlreichen grundtönigen Bässe ein wirkliches »Schwergewicht«, so daß die linear-melodische Bewegung der Stimmen oft von der Baß-Region wie aufgesogen erscheint. Diesem Prozeß entspricht die neue klangliche Faktur. Denn in der Führung der einzelnen Stimmen in ihrem melodischen Eigenwuchs und ihrer energischen linearen Geschlossenheit ist die stimmige Vorstellung des niederländischen Kontrapunkts zwar gewahrt, aber im Geiste raumhafter italienischer Musikalität gleichsam verklanglicht und damit musikalisch versinnlicht (Zenck 1949). Bei diesem Prozeß des Ein- und Umschmelzens entstehen Probleme und Möglichkeiten in einer aufbrechenden Spannung zwischen Kontrapunkt und Klang, zwischen niederländisch-polymelodischer und italienisch-harmonischer Konzeption des musikalischen Satzes. In Willaerts *Salmi spezzati* ist diese Spannung gleichsam thematisch-ausdrücklich gefaßt und zum erstenmal zum Gestaltungsprinzip erhoben.

Von den großen Theoretikern des Jahrhunderts gehen besonders Zarlino und Vicentino auf die Mehrchörigkeit ein – und obwohl die Instrumentalmusik durchaus nicht zu ihren Gegenständen gehört, so sind ihre Ausführungen mittelbar doch auch für die spätere instrumentale Mehrchörigkeit Giovanni Gabrielis aufschlußreich. Zarlino und Vicentino haben für ihre Beschreibungen von Mehrchörigkeit nämlich die mehrchörige Technik Willaerts vor Augen, deren Satz-Besonderheiten in der Anschlußweise beider Chöre und in der Führung der Bässe als der grundlegenden Stimmen bei Vereinigung der Chöre liegen. Ihre Regeln jedoch entsprechen im wesentlichen auch den Verhältnissen in der Doppelchörigkeit der beiden Gabrieli und Schützens, der noch in seinem späten *Deutschen Magnificat* (1671) die mehrchörige Technik anwendet. Mit den Werken dieser Musiker erreicht die Mehrchörigkeit ihren Höhepunkt – und damit geht die Zeit der schöpferischen Verwendung dieses Satz-Prinzips in gewisser Weise zu Ende, selbst wenn auch später noch Mehrchörigkeit verwendet wird.

um 1550 **Thomas Tallis** (um 1505-1585): **Short Service,** vierstimmig

Als einer der ersten Komponisten des neuen anglikanischen Service und des Anthem muß Tallis (er ist seit 1537 Gentleman of the Chapel Royal) seinen Stil ändern – um nicht zu sagen: verfälschen –, um wenigstens bis zu einem gewissen Grad dem herrschenden Bedarf nach einfacher, homophoner Chormusik in englischer Sprache nachzukommen. Service nennt man die unveränderlichen, mehrstimmig komponierten Teile der nationalsprachlichen anglikanischen Liturgie, die die englische Reformation aus der Römischen Messe und dem Römischen Stundengebet übernimmt und im Book of Common Prayer 1549 kodifiziert. Tallis' *Short Service* (bestehend aus Venite, Te deum, Benedictus, Kyrie, Credo, Sanctus, Gloria, Magnificat, Nunc dimittis) bringt den Text bis auf einige ausgezierte Kadenzen im syllabischen Satz – aber trotz dieser schwerwiegenden Einschränkung erlebt die um die Mitte des 16. Jahrhunderts komponierte und 1641 zum ersten Mal gedruckte Musik mehr als vier Jahrhunderte lebendiger Praxis und ist bis heute in englischen Kirchen zu hören. Tallis' bedeutendere Werke gehören allerdings zu seiner lateinischen Kirchenmusik, die er in den späten 1520er Jahren schreibt. Hier entwickelt er seine kontrapunktischen Fähigkeiten in einer reichen und ausdrucksvollen Polyphonie, wie sie von Komponisten wie Cornyshe, Fairfax, Sturton und Ludford ausgeprägt war. Denn vor der Auflösung der Klöster und vor der allgemeinen kirchlichen Umwälzung seit dem Bruch mit Rom durch Heinrich VIII. sind die Chöre zahlreich und leistungsfähig.

Im Gegensatz zu seinem Schüler William Byrd scheint Tallis wenig Interesse an weltlicher Musik zu haben. Auch stirbt er zu früh, um Beginn und Entwicklung der englischen Madrigalkunst noch mitzuerleben. Allerdings sollte man nicht vergessen, daß Tallis' wenige Kompositionen für Tasteninstrumente innerhalb ihrer Gattungen zu den besten der Zeit gehören. – William Byrds rührende musikalische Huldigung von 1585 an seinen verstorbenen Lehrer, das *Lied »Ye sacred Muses«* mit Violenbegleitung, ist mehr als ein klingendes Epitaph: es hört sich an wie der Ausklang eines langen und bedeutenden Kapitels der englischen Musikgeschichte.

1552 **Adrianus Petit Coclico** (1499/1500-1562): **Musica reservata. Consolationes piae ex psalmis Davidicis,** Motettensammlung, und **Musiktraktat »Compendium musices«,** beide gedruckt in Nürnberg

Bei Coclico, einem gebürtigen Niederländer, der behauptet, ein Schüler Josquins zu sein, begegnet zum erstenmal der Begriff »Musica reservata« (von mittellateinisch reservare = vorbehalten). Er kann nicht als Terminus im strengen Sinne gelten, denn eine förmliche Definition (wie etwa: »Musica reservata est…«) begegnet in keiner der heute bekannten Quellen. Verschiedene Wendungen weisen jedoch darauf hin, daß es sich um ein bei Musikern und Musikkennern des späteren 16. und frühen 17. Jahrhunderts verbreitetes Schlagwort handelt.

Der gemeinsame Bedeutungskern des einen, mit verschiedenen Namen Gemeinten ist etwa: »eine ungewöhnliche Musik«. Als Bestimmungsmerkmale werden teils Merkmale musikalischer, teils musiksoziologischer Art genannt, beides zuweilen ineinanderfließend (Meier 1976).

1554 **Costanzo Festa** (um 1480-1545): **Magnificat** in allen acht Tönen für vier Stimmen, gedruckt in Venedig

Erst neun Jahre nach dem Tod Festas erscheint dieser erste Individualdruck unter seinem Namen, dann aber verbreitet sich sein Ruf als der des ältesten Kontrapunktikers italienischer Herkunft, als des ersten Italieners, der im Zeitalter der Niederländer Motetten schreibt, – während der Ruhm seiner frühen Madrigale merkwürdigerweise rasch verblaßt. 1583 noch druckt Berg, Lassos Hausdrucker in München, Festas achtstimmige doppelchörige *Litaneien,* 1596 Mutius in Rom sein berühmtes vierstimmiges *Tedeum* (und zwar zusammen mit Werken von Palestrina und Lasso), das die Päpstliche Kapelle bis heute bei besonders festlichen Anlässen des Vatikans singt. (Das Werk ist übrigens doppelchörig aber nur vierstimmig, so daß die beiden Chöre sich abwechseln müssen und sich nur am Schluß kurz zur Achtstimmigkeit vereinigen.)

1554 **Giovanni Pierluigi da Palestrina** (* Palestrina um 1525, † Rom 1594): **1. Buch der Messen,** gedruckt in Rom

Der Druck enthält vier vierstimmige Messen und eine fünfstimmige, er ist Papst Julius III. gewidmet und wird eingeleitet von der für diesen bestimmten fünfstimmigen *Huldigungsmesse »Ecce Sacerdos magnus«.* Dieses Opus ist (abgesehen vom *1. Messen-Buch* des paduanischen Komponisten Gaspar de Albertis von 1549) die erste gedruckte Messen-Sammlung, die den Namen eines einzelnen italienischen Meisters trägt, und es hat solchen Rang, daß sein Urheber sich damit gleichsam für das höchste kirchenmusikalische Amt qualifiziert, wie Jeppesen (1962) es formuliert. Bis 1601 folgen 12 weitere Messen-Bücher bei verschiedenen Verlegern und fast alle in mehreren Auflagen, die letzten 6 herausgegeben von Palestrinas Sohn Iginio. Was Palestrinas Stil auszeichnet, ist in seinen Messen besonders deutlich: Der scheinbar unverwickelte, in Wirklichkeit aber höchst komplizierte und sorgfältig ausbalancierte Ablauf seines musikalischen Satzes kommt der Vertonung lateinischer Prosa schlechthin entgegen; hier vermag die mehrstimmige Kunstmusik zum ersten Mal, Sprache in ihrem natürlichen Fluß und so, als sei dies selbstverständlich, wiederzugeben. Lebendig und plastisch wirkt das Nebeneinander und Miteinander der Stimmen und Stimmengruppen, von denen jede für sich sinngemäß deklamiert, deren Akzente aber beim Zusammenklingen an verschiedenen Stellen liegen, so daß sie sich bisweilen gegenseitig aufheben. Das musikalische Ausgangsmaterial entstammt meist dem Gregorianischen Choral, wobei Palestrina die jeweilige Melodie entweder als Cantus firmus durchführt oder, was häufiger ist, nur anklingen läßt und dann in Imitationen frei weiterführt. Viele Messen sind nach dem sogenannten Parodieverfahren gearbeitet: aus einem einzigen Motettensatz eigener oder fremder Komposition entsteht eine ganze Messe, in der jeder Satz eine Umbildung des Ausgangsstücks ist, so wie es die neuen Textworte verlangen.

1555 **Orlando di Lasso** (* Mons/Hennegau um 1532, † München 1594): **1. Buch fünfstimmiger Madrigale,** gedruckt in Venedig, und **Madrigali, Villanesche, Canzoni francesi e Motetti a 4 voci,** gedruckt in Antwerpen

Es ist höchst bezeichnend, daß Lassos erste im Druck erscheinende Werke Beiträge zur Gesellschaftsmusik der Zeit sind, die Palestrinas zur Kirchenmusik – und daß Lasso damit sofort durchschlagenden Erfolg hat: Vom *1. Madrigalbuch* erscheinen bis 1586 28 weitere Auflagen und Nachdrucke, vom zweiten Werk noch im selben Jahr ein Nachdruck.

1555 **Giovanni Pierluigi da Palestrina** (um 1525-1594): **1. Buch vierstimmiger geistlicher Madrigale,** gedruckt in Rom

Obwohl zeit seines Lebens Kirchenmusiker trägt Palestrina mit rund 180 Madrigalen in verschiedenen Sammlungen (z. T. in mehreren Auflagen) zur damals modernsten und wichtigsten Gattung der weltlichen Polyphonie – die mit Madrigali spirituali allerdings auch in den geistlichen Bereich hineinreicht – herrliche Werke bei. Die meisten Madrigale Palestrinas erscheinen nicht in Individual- sondern in Sammeldrucken. Eine 10. Auflage des *1. Madrigalbuchs* erscheint 1605. Das letzte Werk, das Palestrina selbst zum Druck befördert, ist 1594 sein *2. Buch geistlicher Madrigale.* – Palestrinas Madrigale unterscheiden sich von denen seiner Zeitgenossen dadurch, daß sie den Wortausdruck weniger in besonderen melodischen oder harmonischen Wendungen und Madrigalismen suchen als im fließenden Deklamieren eines insgesamt sprachlich bestimmten musikalischen Satzes.

1555 **Nicola Vicentino** (1511-1576): **Abhandlung »L'antica musica ridotta alla moderna pratica«**

Das berühmte Werk des Willaert-Schülers steht nicht etwa trotz, sondern gerade wegen seines historisierenden Titels in besonderer Weise für die Kompositionslehre des 16. Jahrhunderts: »Die antike Musik, für die moderne Praxis dienlich gemacht.« Vicentino behandelt viele zuvor noch in keinem Musiktraktat angeschnittene Probleme und außerdem die »praktische Theorie« nicht als einen Komplex geheiligter Regeln und Verfahren, sondern mit dem Ziel der Anpassung von Mitteln an Zwecke. Bereits 1546 veröffentlicht Vicentino bei Scotto in Venedig ein *Buch fünfstimmiger Madrigale,* »composti al nuovo modo«, in denen er ähnlich wie dann in seinem theoretischen Werk experimentell versucht, die Tongeschlechter der antiken Musik (diatonisch, chromatisch und enharmonisch), jedenfalls so wie er sie versteht, für die praktische Komposition wiederzugewinnen. Daß Vicentino dabei weit über die Möglichkeiten des Komponierens wie des Hörens seiner Zeit hinausschießt, ebenso wie er mit seinem theoretischen Versuch des Anknüpfens an die Vorstellungen wie an die Technik der versunkenen antiken Musikkultur scheitern muß, dies festzustellen ist richtig und wichtig, wichtiger aber ist, die dahinter stehende Intention zu erkennen, die nicht die eines Phantasten, sondern eines zeitgenössischen Komponisten ist: Mit dem vorwärts strebenden Optimismus des Erfindens und Entdeckens (Zenck) lehrt Vicentino, es komme bei der Komposition von Madrigalen weniger auf die alte Regelhaftigkeit an, etwa auf pedantisches Festhalten an der einmal gewählten Tonart, als darauf, daß die Musik dem Text Leben und Atem verleiht, und daß dessen Leidenschaften und Empfindungen, bittere wie sanfte, heitere wie wehmütige, zum Ausdruck kommen.

1556 Der sogenannte **Cancionero de Upsala: Villancicos de diversos autores** zu 2-5 Stimmen, gedruckt in Venedig

Diese einzige gedruckte Quelle für das riesige Repertoire des spanischen Villancico enthält 48 kastilische, 4 katalanische und 2 portugiesische Stücke in meist anonymen Sätzen. Die Komposition hält sich in einem homophon gegründeten aber von Imitationen durchwebten Satz ähnlich den italienischen Frottolen, von denen der Villancico jedoch nicht unbedingt beeinflußt sein muß.

1556 **Orlando di Lasso** (um 1532-1594): **1. Buch Motetten zu 5 und 6 Stimmen,** gedruckt in Antwerpen

Mit ihrem vom Wort ausgehenden und ganz der Wortausdeutung dienenden Charakter bezeichnen Lassos Motetten den Höhepunkt der Gattung Chor-Motette alten Stils (Lowinsky 1937): »Mit Lassos Motetten tut sich eine Welt auf von einer Größe, Macht und Schönheit, die den höchsten Gipfel dessen bedeutet, was auszudrücken die Motette jemals vermocht hat.« Gleich Lassos erste Sammlung von 1556 ist von einer erstaunlichen Vielfalt – von eben der Vielfalt, die den Komponisten schlechthin kennzeichnet. Durch die Widmung an den Bischof von Arras ist das Buch eine Art von politischer Huldigung an Karl V. und an die Verfechter des katholischen Glaubens in seinem Umkreis, also ein Stück Gegenreformation. Trotzdem nehmen eben diese Motetten im Repertoire der protestantischen Kantoreien bis weit ins 17. Jahrhundert hinein einen hervorragenden Platz ein.

1556 **Orlando di Lasso** (um 1532-1594) wird **Mitglied der Münchener Hofkapelle**

Die Münchener Hofkapelle des kunstsinnigen Herzogs Albrechts V. von Bayern und später seines Sohnes Wilhelms V. hat zu ihrer Zeit internationalen Rang. 1564, in dem Jahr, in dem Lasso vom Tenoristen der Kapelle zu ihrem Leiter aufsteigt, begleitet sie den Herzog zur Königskrönung Maximilians II. nach Prag und Frankfurt. Für diese Reise ist überliefert, daß Andrea Gabrieli aus Venedig dabei gewesen ist. Ob man daraus schließen kann, daß Andrea wie später sein Neffe Giovanni Gabrieli eine Zeitlang der Münchener Hofkapelle angehört hat, ist zweifelhaft. Auf jeden Fall aber belegt diese Tatsache die seit Willaert traditionell guten Beziehungen zwischen der Venezianischen Schule und der deutschen Musikwelt dieser Tage. – Die Ära Lasso bedeutet den ersten und zugleich den lange nicht überbotenen Höhepunkt der Münchener Musikkultur; vier Jahrzehnte von Lassos Wirken drücken ihr den Stempel auf und bringen der bayerischen Residenz den Ruf eines europäischen Musikzentrums ein.

1556/57 **Jacobus Clemens non Papa** (1510/15-1555/56): **4 Bücher Souterliedekens,** dreistimmig, gedruckt in Antwerpen

1540 erscheint in Antwerpen eine Sammlung von 158 überwiegend holländischen Volksliedern, denen Psalmtexte in gereimten Versen unterlegt sind: Souterliedekens = flämisch Psalmenliederchen. (Da bei den Melodien die Anfangszeilen ihrer ursprünglich weltlichen Texte notiert sind, ist die Sammlung zugleich eine Hauptquelle für das niederländische Volkslied des 15. und 16. Jahrhunderts.) Die Sammlung verbreitet sich rasch und weit. 1556/57 erscheinen in vier Büchern die Bearbeitungen von Clemens non Papa zu drei Stimmen mit der Volksweise im Tenor, 1561 Bearbeitungen von seinem Schüler Gherardellus Mes zu vier Stimmen. Diese Bearbeitungen haben Einfluß auf Goudimels *Psaumes de David,* die 1565 in Genf herauskommen.

1558 **Gioseffo Zarlino** (1517-1590): **Musiktraktat »Istitutioni harmoniche«**

Zarlino, seit 1541 in Venedig Schüler Willaerts, seit 1565 als Nachfolger von Cipriano de Rore Kapellmeister an San Marco, ist der bedeutendste Musiktheoretiker des 16. Jahrhunderts. In diesem seinem Hauptwerk sind die musikalischen Grundlagen der Zeit umfassend dargestellt, alle folgende Theorie beruft und stützt sich darauf. Eine Zusammenfassung in Tabellenform gibt G. M. Artusi in seiner *L'Arte del Contrapunto ridotta in tavola* (2 Teile 1586-1589). Zarlinos Lehre ist ein geschlossenes System, in dem die »parte contemplativa«, die Wissenschaft von den Konsonanzen und ihren natürlichen Voraussetzungen, der »parte prattica«, der Kunst des Komponierens, zugrunde gelegt ist. In der Frage der Tonarten folgt Zarlino Glarean, der den alten Gregorianischen Modi das Jonische und das Aeolische hinzugefügt hat, doch zählt er anders, nämlich mit dem authentischen Jonischen auf C beginnend und das Aeolische nach dem Mixolydischen anfügend. (Die neue Zählung findet sich allerdings erst in der 3. Auflage der *Istitutioni* von 1573.) Zarlinos Kontrapunktlehre – das zentrale Thema des Buchs – beruht auf der Praxis der Generation seiner Lehrer, insbesondere Willaerts. Es ist die Lehre einer in den Modi gebundenen linearen vokalen Polyphonie, bei der die Harmonie aus dem gleichzeitigen Erklingen melodisch selbständig geführter Stimmen resultiert. Zarlino gibt freilich nur den Grundansatz einer Kompositionslehre und läßt, was die Renaissance als eigentliches Problem der Komposition, ja der Musik überhaupt angesehen hat, unberücksichtigt: das Problem von Musik und Sprache, oder enger: das Problem des Wortausdrucks als Musik.

1558-1595 **Jaches de Wert** (1535-1596): **11 Bücher fünfstimmiger Madrigale,** gedruckt in Venedig

Der Niederländer Jaches de Wert (italienisch: Giaches de Wert) seit 1565 Maestro di Capella am Hofe der Gonzaga in Mantua, ist einer der produktivsten Komponisten der 2. Hälfte des 16. Jahrhunderts in Norditalien. Die ganze Entwicklung von der klassischen Vokalpolyphonie zur Monodie, die er nicht unwesentlich mitbestimmt, spiegelt sich in seinen *11 Büchern fünfstimmiger Madrigale.* Findet man in den frühen Madrigalen noch charakteristische Züge der älteren Schule der Niederländer, so in den späteren Tendenzen zum lyrischen Ausdruck und zum dramatischen und konzertierenden Madrigal, das der Monodie mit den Boden bereitet. Gastoldi ist ein Schüler von Jaches. Aber der wichtigste von ihm beeinflußte Meister ist kein Geringerer als Monteverdi – der ihm freilich auch sechs Jahre lang als Geiger und Sänger am Hof in Mantua untersteht.

vor 1559 **Orlando di Lasso** (um 1532-1594): **Prophetiae Sibyllarum 4 vocibus, chromatico more confectae**

Obwohl erst 1600 in München gedruckt, stammen diese eigenartigen 12 Stücke mit einem Einleitungsstück sicherlich aus einer früheren Zeit Lassos, vielleicht sogar schon aus Neapel. Wie bald darauf die *Bußpsalmen,* behält Lassos Dienstherr in München, Herzog Albrecht V., das Werk sich selbst vor und läßt es, als höchstes Zeichen der Wertschätzung, in einer mehrbändigen Prachthandschrift notieren und durch Hans Mielich illuminieren. Wohl unter der Hand läßt Lasso die *Sibyllen* jedoch 1574 seinem Pariser Freund, dem Verleger Le Roy, zukommen, der sie Karl IX. in Teilen vorführen läßt. Der französische König ist hingerissen und gibt Befehl, das Werk sofort zu drucken. Daraus wird aber nichts, denn Karl stirbt wenige Monate danach – und der Bayernherzog wird wohl auf seinem Vorrecht bestanden haben. Die Texte in lateinischen Hexametern sind freie Nachdichtungen der alten Texte: Überall finden sich Anklänge an die biblischen Prophetien des Jeremias, an Daniel, an Jesaia und an Evangelienworte. Dadurch erhält das Werk einen kirchlichen Zusammenhang, obwohl es sicherlich als freie häusliche Erbauungsmusik für geistliche und höfische Kreise gedacht ist.

1559 **Orlando di Lasso** (um 1532-1594): **Bußpsalmen** (Psalmi Davidis poenitentiales)

Im sicheren Wissen um die Bedeutung und Größe Lassos und um den Reichtum seiner Intention läßt Herzog Albrecht V. von Bayern seinem Auftragswerk die größte Ehre angedeihen durch die Aufzeichnung in einer mehrbändigen Prachthandschrift mit Miniaturen des damals in München hochberühmten Malers Hans Mielich. (Auf den Miniaturen ist wiederholt Lasso selbst und seine Hofkapelle dargestellt.) Das Werk wird zunächst für den persönlichen Gebrauch des Herzogs geheimgehalten, dann aber doch 1584 bei A. Berg in München gedruckt. Der am Hof in München lebende und mit vielen Einzelheiten über Lasso berichtende niederländische Humanist Samuel Quickelberg (1529-1568) beschreibt in einem handschriftlichen Kommentar die *Bußpsalmen* als eine Musik mit besonders intensiver Textausdeutung und nennt sie deshalb »Musica reservata«.

> Die Sieben Bußpsalmen, die Psalmen 6, 32, 38, 51, 102, 130 und 143 (nach der Zählung der Vulgata, der Lasso folgt: 6, 31, 37, 50, 101, 129 und 142), sind eine im 16. Jahrhundert besonders beliebte Psalmengruppe. Luther gibt sie 1517 verdeutscht und mit einer für das Volk bestimmten Auslegung heraus; aus seiner Übersetzung ragt das *»Aus tiefer Not schrei ich zu Dir«* heraus. Auf musikalischem Gebiet spiegelt sich die Beliebtheit der Bußpsalmen im 16. Jahrhundert in der Tatsache von 19 erhaltenen Vertonungen des ganzen Zyklus aus der Zeit zwischen 1564 und 1615.

In einer Erklärung zu den Miniaturen der erwähnten Prachthandschrift wird hervorgehoben, daß der Komponist sich »in höchst angemessener Weise mit klagendem und jammerndem Tonfall nach Bedarf dem Gegenstand und den Worten anpaßt, indem er die Kraft der einzelnen Affekte ausdrückt und den Gegenstand so, wie wenn er sich wirklich abspielte, vor Augen stellt, so daß man im Zweifel sein kann, ob eher die Süße der Affekte den klagenden Tönen zum Schmuck gereicht oder die klagenden Töne der Süße der Affekte.« Das Ideal ist, wie man sieht, »Ausdruck und Veranschaulichung«, wie Handschin (1948) formuliert, der dann fortfährt:

»Wir müssen gestehen, daß wir etwas erstaunt sind, daß das theoretische Bewußtsein des 16. Jahrhunderts auf diese Dinge einen solchen Nachdruck legt, da *uns* die Musik jener Zeit im allgemeinen nicht so affekthaft oder textnachahmend erscheint. Wir müssen uns sagen: entweder ist hier eine weit objektivere Art Ausdruckshaftigkeit gemeint, als wir sie voraussetzen, oder wir sind durch die spätere Entwicklung in dieser Hinsicht an ›stärkeren Tabak‹ gewöhnt, oder aber wir müssen für das 16. Jahrhundert eine gewisse Diskrepanz zwischen dem Kunstideal der Theorie und der praktischen Kunst annehmen, wobei sich das erstere eher in der Musik des 17. Jahrhunderts als in der des 16. spiegeln würde. Vielleicht gilt jeder dieser Erklärungsversuche in beschränktem Maße. Zu unserer Verwunderung bezeichnet Vincenzo Galilei, dessen Ideal ausgeprägt nach der Monodie ausgerichtet ist, sogar Palestrina [und wir ergänzen: sogar Lasso] als ›großen Naturnachahmer‹, was uns die Frage nahelegt, ob etwa für Galilei ›Komponist‹ schon eo ipso mit ›Naturnachahmer‹ gleichbedeutend ist, oder ob er sich hier einfach vor der anerkannten Berühmtheit Palestrinas [und Lassos] beugt... Es ist, wie wenn man damals die Naturnachahmung zum Schlagwort gemacht und sich also gefürchtet hätte, ihm nicht zu huldigen, wie im 19. Jahrhundert dem sogenannten Fortschritt«.

Lassos *Bußpsalmen* sind »singulis modis redditi«, d. h. in Kirchentonarten komponiert, und zwar so, daß der erste Psalm im ersten Ton, der zweite im zweiten komponiert ist usw. Damit ist die Systematik der Tonarten den Texten auferlegt – und also die gesamte Lehre von der Affektbestimmtheit der Musik durch den Text in Frage gestellt: Nicht der dem Text zugrundeliegende bzw. im Text ausgedrückte Affekt kann hier den Komponisten für die Wahl der Tonart bestimmen, diese ist ihm vielmehr durch die systematische Reihung der Kirchentöne vorgegeben, der er hier, aus welchen Gründen auch immer, folgt oder folgen muß, die ihn aber offensichtlich nicht hindert, trotz der Einschränkung gute (und das heißt auch: dem Text-Affekt entsprechende) Musik zu machen. Anders: der den Tonarten üblicherweise zugeschriebene musikalische Affekt ist offenbar nicht von so gravierender Bedeutung. – Den sieben *Bußpsalmmotetten* ist eine *Motette »Laudate Dominum«* (Ps. 148 und 150) als achte und im achten Kirchenton angefügt. – Lassos *Bußpsalmen* lösen mit ihrer Wiederentdeckung 1838 eine Art Lasso-Renaissance aus.

1559 **Adrian Willaert** (1480/90-1562): **Musica Nova,** Motetten und Madrigale, vierstimmig, gedruckt in Venedig

Gegen Ende seines Lebens vereinigt Willaert Werke aus den Hauptgattungen seiner Kunst, nämlich Motetten und Madrigale, in einem repräsentativen Druck unter dem Titel »Musica nova«. Dieser Titel wird zwar seit 1540 im Umkreis Willaerts öfter verwendet, aber er ist damals wie heute umstritten, denn ein Teil der Werke ist schon früher entstanden, wenn auch noch nicht gedruckt. Der Zusammenschluß von Motetten und Madrigalen ist allerdings völlig neu: gleichsam vor aller Augen verbindet Willaert die bis dahin sorgfältig getrennten Hemisphären der Musik. Noch einmal entfaltet sich hier, so W. Gerstenberg (1968), die dunkle Klangpracht, die Willaerts Musik auszeichnet, bekennt sich die Motette gleichsam archaisierend zum Prinzip der Cantus firmus-Komposition und zum Kanon – und doch zugleich zu den Satzprinzipien der neuen Zeit, indem sie das Spiel der polyphon geführten Stimmen zugunsten der deklamatorischen Plastik einschränkt. Und nun ist auch der Anspruch des weltlichen Madrigals entsprechend hoch, übrigens schon vom Text her. Denn Willaert greift zweihundert Jahre zurück und verwendet ausschließlich Texte Petrarcas (1304-1374). Dabei haben die letzten vier Madrigale dem Text entsprechend den Charakter von Dialogen. Ihr siebenstimmiger Satz erlaubt die subtile Bildung freier Stimmkombinationen und erweckt so die Illusion realer Doppelchörigkeit, die de facto nicht gegeben ist.

1560 Sammlung von Anthems »Certaine notes set forthe in foure and three partes, to be sung at the Morning Communion and Evening Praier«

Dies ist die erste Sammlung von Kirchenmusik in englischer Sprache, die der Londoner Verleger John Day herausgibt. Sie enthält 20 Anthems verschiedener Komponisten.

Nicht nur in der katholischen Kirche und im Zusammenhang mit den liturgischen Reformen des Tridentinums breitet sich die Forderung an die polyphone Kirchenkomposition aus, den Text doch wieder verstehbar vorzutragen, sondern gerade auch in den protestantischen Kirchen, in denen das musikalisch vorgetragene Wort der Schrift ja liturgisches Wort werden soll, also mehr sein muß als nur Schmuck des liturgischen Geschehens. Dieser Forderung entspricht die nach Einführung der Volkssprache in die Liturgie, damit aber zugleich die nach Abschaffung der lateinischen Motette und nach Ersatz für diese in volkssprachlicher geistlicher Chormusik ohne strenge liturgische Bindung. In England kommt diesen Forderungen das Anthem nach. Zwar taucht der Name Anthem erst in der Mitte des 17. Jahrhunderts auf, aber die Gattung hat ihre Anfänge in handschriftlichen Sammlungen der Mitte des 16. Jahrhunderts und in diesem ersten Druck. – In einzelnen Fällen hat man lateinische Motetten zu Anthems umgearbeitet: Thomas Tallis' (um 1505-1585) *Motette »O sacrum convivium«* aus der 1575 zusammen mit W. Byrd herausgegebenen *Sammlung »Cantiones sacrae«* zu *»I call and cry«*, und W. Byrds *Motette »Civitas sancti tui«* aus seiner eigenen *Sammlung »Cantiones sacrae«* von 1589 zu *»Bow thine ear«*.

1562/63 **Giovanni Pierluigi da Palestrina** (um 1525-1594): **Missa Papae Marcelli,** sechsstimmig, gedruckt in Rom 1567

Die berühmte Messe erscheint im 2. Buch von Palestrinas Messen, das (ebenso wie auch das dritte) König Philipp II. von Spanien gewidmet ist. Daß die *Marcellus-Messe* mit den kirchenmusikalischen Reformplänen des Trienter Konzils zusammenhängt, steht außer Frage. Wie es jedoch im einzelnen um die in ihrem Kern wohl historische Begebenheit ihrer Entstehung steht, ist nicht hinreichend geklärt, nicht einmal, wie sie mit dem Namen des Papstes Marcellus' II. zu verbinden ist, der 1555 nur wenige Wochen lang Papst war. Deshalb ist auch die Vermutung, die Messe sei schon 1555 entstanden, fraglich. Zwar soll sich dieser Papst mit dem Gedanken getragen haben, die polyphone Kirchenmusik aus dem Meßgottesdienst zu verbannen, weil sie dem Text in seiner liturgischen Funktion nicht gerecht werde, weil sie ihn oft unverstehbar mache und dadurch den Sinn der Liturgie schlechthin in Frage stelle, aber einen Antrag in dieser Richtung hat anscheinend – freilich nach langer Vorbereitung, Beratung und Erprobung (man traf sich etwa, »um einige Messen durchzusingen und dabei zu prüfen, ob man den Text verstehen könne, so wie es dem hohen Herrn gefiel«) – einen Antrag hat erst Papst Pius IV. vorbereitet. Palestrina nun soll mit einigen seiner Messen die zuständige Kommission davon überzeugt haben, daß es durchaus möglich ist, trotz kunstreicher Struktur so zu komponieren, daß der Text klar verständlich bleibt und die Musik doch auch für sich würdig und andachtsvoll wirkt. Eben davon soll auch der Kardinal Rodolfo Pio die Gegner der polyphonen Kirchenmusik auf dem Konzil durch Kompositionen Palestrinas überzeugt haben. Ob und wieweit dies alles (nach den verhältnismäßig späten Berichten aus dem beginnenden 17. Jahrhundert) sachlich so zutrifft, ist, wie gesagt, nicht mehr sicher auszumachen. Jedenfalls knüpft sich an die *Marcellus-Messe* als an Palestrinas berühmtestes Werk die Legende vom »Retter der Kirchenmusik«, die Jahrhunderte bis in unsere Zeit fasziniert hat.

In gewisser Weise ist Palestrina der berühmteste Musiker der europäischen Musikgeschichte überhaupt. Zum ersten Mal verfallen bei ihm musikalische Werke und der Name ihres Meisters nicht der Vergänglichkeit, die sonst die Musik auch berühmter Komponisten untergehen und die Namen alsbald vergessen läßt. (Seit dem Beginn des 19. Jahrhunderts allerdings ist die Situation neu und anders.) Palestrinas Musik und ihr Stil – dieser freilich mehr in der Ausprägung der Römischen Schule um 1550 denn als Personalstil – werden vielmehr kanonisiert, nämlich für die katholische Kirchenmusik als verbindlich erklärt, so daß von nun an neben dem jeweils zeitgenössischen Stil eigens für die katholische Kirchenmusik der Palestrina-Stil – oder was man dann jeweils dafür hielt oder so benannte – weitergepflegt wird. Damit ist zwar die polyphone Kirchenmusik gleichsam gerettet, zugleich aber sind für die Kirchenkomposition Bedingungen gestellt, und zwar aus einer bestimmten historischen Situation für alle folgenden Zeiten: ein tiefer Eingriff in die Lebensweise der Musik und damit in die Musikgeschichte. Man bedenke, daß etwa J. S. Bach Palestrina bearbeitet hat, daß man vom Palestrina-Stil des 18. Jahrhunderts spricht, daß J. J. Fux sich für sein (zusammen mit Rameaus Harmonielehre eine neue Epoche der Musiktheorie einleitendes) Kontrapunktlehrbuch auf Palestrina beruft, daß das historische Zeitalter der Musik am Beginn des 19. Jahrhunderts mit einer Palestrina-Renaissance einsetzt, und last not least, daß die neuere Musikwissenschaft zum ersten Mal dem zentralen Problem des historischen musikalischen Satzes am Palestrina-Satz nachgeht, nämlich mit Knud Jeppesens *Der Palestrina-Stil und die Dissonanz* (1923/25).

1563 **Gallus Dreßler** (1533-zwischen 1580 und 1589): **Musiktraktat »Musica poetica«**

Unter den zahlreichen musiktheoretischen Abhandlungen Dreßlers (seit 1558 Kantor in Magdeburg, seit 1575 evangelischer Diakon in Zerbst) ist die *Musica poetica* die wichtigste. In der Vorrede des handschriftlichen Traktats erklärt er ausführlich deren Platz im damaligen Schulunterricht: Die *Musica poetica* soll dem Schüler die »ratio componendi novas harmonias« vermitteln und ihn befähigen, Kompositionen zu beurteilen, Fehler zu berichtigen und sicher zu singen. An dem Beispiel bewährter Meister soll er sich die Stilmittel aneignen, er soll also Vorbilder nachahmen. Die Werke des Clemens non Papa und Lassos stehen unter den praktischen Beispielen voran. In Lasso verehrt Dreßler den Meister, dem es nach seiner Meinung wie keinem sonst gelingt, den Text adäquat musikalisch zu fassen.

1563 **Giovanni Pierluigi da Palestrina** (um 1525-1594): **1. Buch der vierstimmigen Motetten,** gedruckt in Rom

Dieses erste *Motetten-Buch* Palestrinas (ihm folgt nur *ein* weiteres mit vierstimmigen Motetten 1581) ist zusammen mit dem *4. Buch der fünfstimmigen Motetten* (1583/84) Palestrinas größter Erfolg, was die Verbreitung in Drucken anlangt: bis 1622 erscheinen 12 Auflagen. Diese Motetten gehören außerdem zu den am meisten gesungenen von Palestrina, was sicherlich nicht nur mit ihrer bei aller Einfachheit und Klarheit – einer italienischen »limpidezza« –, mit ihrer klanglichen Schönheit und Fülle, sondern auch mit ihrer expressiven Haltung zusammenhängt. Hier ist der Inbegriff dessen, was man »motettischen Satz« nennt, verwirklicht, der Inbegriff der Setzart, die in Jahrhunderten ausgearbeitet worden und ausgereift ist und die nun den polyphonen Satz schlechthin bestimmt.

Hier ist in der Tat das Werden der abendländischen Polyphonie »am Ziel« – und in eben diesem historischen Moment steckt sich ein neues musikalisches Denken mit neuen Möglichkeiten ein neues Ziel. Auf dem Höhepunkt linear-melodischen kontrapunktischen Denkens erscheint die Vision eines klanglich-harmonisch zu denkenden kontrapunktischen Satzes, und tatsächlich gehört dieser Vision die ganze Intensität des kommenden Zeitalters. Freilich ist für das Neue auch jetzt erst die Voraussetzung gegeben, ist der Übergang von den Kirchentönen als tonartlicher Grundlage des musikalischen Satzes zur Dur-Moll-Tonalität weitgehend vorbereitet (Hermelink 1960).

1563 **Giulio Schiavetti** (eigentlich Julije Skjavetić; † um 1565): **Madrigali a 4 et 5 voci Nuovamente composti,** gedruckt bei Scotto in Venedig

Von dieser Sammlung mit 25 Madrigalen sind nur drei Stimmbücher überliefert. Aber aus einer Sammelpublikation von 1562 (*I dolci et harmoniosi concenti Libro II,* gedruckt in Venedig) kennen wir zwei fünfstimmige Madrigale des in Dalmatien geborenen Kroaten, und mit ihnen tritt uns ein Komponist entgegen, der in seiner Kunst auf der Höhe der Zeit ist – wie etwa ein Vergleich mit Madrigalen auf dieselben Texte von Cipriano de Rore und Lasso belegt (Kos 1975).

Die Meinung, daß, was Rand-Europa zu sein scheint, weil unser Blick es nicht genügend scharf erfaßt, auch nur am Rande mitbekomme, was im Zentrum geschieht, ist ebenso falsch wie weit verbreitet. Man bedenke vielmehr, daß die Adria ein »venezianisches Meer« ist, in dessen östlichem Teil, in Dalmatien, dem kroatischen Küstenstreifen dieses Meeres, italienische und südslawische Kultur seit Jahrhunderten zusammenfließen und sich gegenseitig befruchten. Die Bevölkerungsdichte ist im Binnenland freilich geringer, Wohlstand oder Reichtum sind viel bescheidener, und die direkte Nachbarschaft der Türken, die durch Jahrhunderte Südslawien immer wieder mit Krieg und Raub überziehen, das alles sind Gründe für eine bescheidenere Produktion und für eine höchst lückenhafte Überlieferung. Aber diese Produktion ist auf der Höhe der Zeit, und die wenigen erhaltenen Denkmäler lassen es erkennen. Zu nennen sind außer Skjavetić und vor anderen: Andrea Antico (* um 1470/80) aus Motovun in Istrien, der, selbst Komponist, einer der frühen und wichtigen Drucker in Venedig und Rom ist, und Andrija Patricij (Andrea Patricio), ein erstklassiger Madrigalist, der mit 4 vierstimmigen Stücken in der Sammelpublikation *Il primo libro de Villotte a 4 voci* vertreten ist, die Antonio Barges, ein Schüler Willaerts, 1550 bei Gardane in Venedig herausgibt.

1564 **Orlando di Lasso** (um 1532-1594): **1. Buch französischer Chansons zu 4 Stimmen,** gedruckt in Antwerpen

Mitnichten sind dies Lassos erste Chansons; in Sammeldrucken ist er mit Werken dieser Gattung schon seit 1555 vertreten. »Was Lasso hier an Witz, Grazie, sogar munterer Frivolität in beneidenswerter Leichtigkeit produziert hat, bedeutet vielleicht den allereigensten, den genialsten Lasso« (Moser 1920). In der Tat schreibt kein Komponist der Zeit leicht wie Lasso, beherrscht keiner wie er alle Gattungen der Vokalmusik so in Vollendung. – Übrigens ist auf dem Titelblatt dieses Druckes Lasso zum erstenmal als Kapellmeister bezeichnet.

1565 **Andrea Gabrieli** (* Venedig um 1510, † das. 1586): **Sacrae Cantiones: 1. Buch fünfstimmiger Motetten,** gedruckt in Venedig und dem Herzog Albrecht V. von Bayern gewidmet

1565 **Claude Goudimel** (um 1514-1572): **Hugenotten-Psalter: Les pseaulmes mis en rime françoise par Clément Marot et Th. de Bèze à 4 parties,** gedruckt in Genf

1551 tritt Goudimel als Korrektor und künstlerischer Mitarbeiter – wie man heute sagen würde – in die Offizin des bedeutenden Pariser Musikdruckers Du Chemin ein. Im selben Jahr wendet er sich einer Kompositionsgattung zu, die fortan den Hauptteil seines Schaffens ausmacht, den Psalm-Motetten auf französische Texte von Clément Marot. Zuerst entsteht eine stattliche Reihe durchkomponierter *Psalmen,* dann komponiert Goudimel den ganzen *Davidischen Psalter* strophisch und schließlich faßt er den Text vierstimmig im einfachen Satz Note gegen Note. Von diesen drei verschiedenen Arten setzt sich die letzte, obwohl ursprünglich nur für den häuslichen Gebrauch bestimmt, alsbald in reformierten Gemeinden durch, sie verbreitet sich weit und wird in viele Sprachen übersetzt. Die erste deutsche Fassung stammt von A. Lobwasser, Leipzig 1573. Durch sie wird Cornelius Becker zu einer Neuübersetzung angeregt, die dann Calvisius, Schein und Schütz mehrstimmig vertonen. Goudimel benützt die Melodien des *Genfer Psalters;* seine Sätze sind nach dem Versmaß des Textes zu deklamieren, also nicht durch musikalische Rhythmik bestimmt, ähnlich wie dann auch der *Beckersche Psalter* von Schütz.

1566 und **1573** **Claudio Merulo** (* Correggio 1533, † Parma 1604): **1° Libro de Madrigali 5 v.,** gedruckt im eigenen Musikverlag in Venedig, und **Missarum 5 v. Liber I,** gedruckt bei Gardane in Venedig

Als Vokalkomponist ist Merulo weder hinreichend gewürdigt noch untersucht, doch scheint er, der als Markus-Organist (1566-1584) und Anreger einer neuen Orgelmusik berühmt ist, auch auf diesem Gebiet eine bedeutende Stellung unter den Meistern der Venezianischen Schule einzunehmen. Sowohl in seinen weltlichen als auch in seinen kirchlichen Werken herrschen meisterhafte Satztechnik und innige Ausdruckskraft.

1567 **Orlando di Lasso** (um 1532-1594): **Newe teutsche Liedlein zu 5 Stimmen,** gedruckt in München

Gegenüber der Tradition des deutschen Liedes seit Ludwig Senfl, die Lasso gut gekannt haben muß (wie schon die Texte zeigen, darunter übrigens auch immer wieder protestantische), zeigt sich in dieser seiner ersten Sammlung deutscher Lieder eine Tendenz zur Romanisierung der Gattung. Und trotzdem sind diese Lieder *deutsche* Lieder, wie sie kein Deutscher hätte besser schreiben können. Was Wunder, wenn man sich da die Frage stellt, wie es möglich sein kann, daß Lasso italienische Villanellen besser als alle Italiener, französische Chansons besser als die Franzosen, deutsche Lieder besser als die Deutschen schreibt. Ist es allein das Genie? Offenbar.

1570 **Jean-Antoine de Baïf** (1532-1589) gründet in Paris die **Académie de Poésie et de Musique**

Baïf und seine Freunde der Dichtergruppe »Pléiade« gründen zusammen mit Musikern und Musikliebhabern eine freie, also von Staat und Kirche unabhängige Institution nach dem Vorbild der italienischen Akademien, die als Zentren humanistischen Denkens und Bemühens bekannt und in besonderer Weise für die Renaissance charakteristisch sind. Ihr Interesse gilt nicht zuerst der Antike, sondern der eigenen Gegenwart, hier der französischen Sprache, für die man aus dem Studium der alten Sprachen Erkenntnis und Nutzen für eine Erneuerung ziehen will. Man schreibt französische Verse so, als sei das Französische (wie das Griechische und Lateinische) eine quantitierende Sprache, indem man betonte Silben wie lange, unbetonte wie kurze Silben im Vers behandelt: Vers mesurés à l'antique. Sollen diese Verse nun wie die entsprechenden antiken musikalisch vorgetragen werden, so sind sie zu vertonen – wie anders als mit den einzig zur Verfügung stehenden kompositorischen Mitteln der gegenwärtigen Musik, wobei freilich der Rhythmus den antiken Versmaßen zu unterwerfen und die Deklamation in seinen Dienst zu stellen ist. Aus den Vers mesurés entsteht in einfachen homorhythmischen Sätzen eine Musique mesurée. Von den Komponisten, die Stücke dieser Art schreiben, sind außer Baïf selbst Claude le Jeune und Orlando di Lasso zu nennen. Die Wirkung ist zwar zunächst gering, auf die Dauer aber doch nachhaltig; nicht nur spürt man in manchen Airs de cours und in vielen Stücken des Ballet de cour im 17. Jahrhundert antike Metren durch die musikalische Rhythmik hindurch, auch die Art und Weise der Abweichung des französischen Rézitatif vom italienischen Recitativo in der Oper hat ihren Grund mit in der Orientierung der französischen dichterischen Sprachhaltung an Vers et musique mesurés.

Das Interesse bei der am Beginn des 16. Jahrhunderts vor allem in Deutschland gepflegten humanistischen Odenkomposition liegt dagegen beim Vortrag antiker Texte in der ihnen eigenen Metrik; hier werden vor allem Verse von Horaz und Ovid für den Schulgebrauch in einfache Sätze Note gegen Note gefaßt. Die französische humanistische Musik unterscheidet sich also dadurch von den Versuchen der deutschen Humanisten, daß diese nur ein pädagogisches Ziel haben, während man in Frankreich eine neue Kunst im Auge hat.

Wichtig an diesen und ähnlichen Erscheinungen im 16. Jahrhundert ist einerseits die Tatsache der gleichsam musikalischen Beschäftigung mit der Antike und mit den Problemen ihrer musikalisch lebendigen Vergegenwärtigung – und zwar während nahezu des ganzen Jahrhunderts und an verschiedenen Orten –, andererseits die Tatsache, daß die musikalische Rhythmik der Zeit solche Experimente überhaupt erlaubt, weil sie (noch) nicht in einem Akzent-Stufen-Takt verfestigt ist.

1571 **Andrea Gabrieli** (um 1510-1586): **Greghesche et Giustiniane a 3 voci**, gedruckt in Venedig

GREGHESCHE: im 16. Jahrhundert in Venetien verbreitete mehrstimmige Musikstücke auf volkstümlich-komische Texte in einem italienisch-griechischen Mischdialekt, den Villanellen der Zeit verwandt. GIUSTINIANE: nach dem venezianischen Dichter Leonardo Giustiniani (1388-1446) benannte scherzhaft pointierte Liebeslieder (begleitete Sololieder mit ausgezierter Singstimme) des 15. Jahrhunderts und dann villanellenartige Stücke des 16. Jahrhunderts. Die Stücke dieser Sammlung des Andrea Gabrieli sind geistvoll mit naturalistischen Klängen durchsetzt, einige davon erinnern an Charakterstudien und Typen der Commedia dell'arte. Ähnlich verweist die Verwendung von Wörtern der Umgangssprache, das Nachäffen von Stotterern und anderes auf die Madrigalkomödie. Die Typen der Giustiniane, besonders aber der Greghesche, die Gabrieli auf die komischen, in levantinischem Dialektgemisch geschriebenen Texte seines Freundes Antonio Molino, des Verlegers, komponiert, soll er allerdings selbst erfunden und neu eingeführt haben.

1573 **Orlando di Lasso** (um 1532-1594): Der sogenannte **Viersprachendruck**

Der bei A. Berg in München erscheinende und vier Gebrüdern Fugger gewidmete Druck enthält je 6 vierstimmige Lieder (Chansons, Madrigale) und je einen achtstimmigen Dialog in lateinischer, deutscher, französischer und italienischer Sprache. Die Zusammenstellung der jeweils höchst charakteristischen Stücke ist vorzüglich. Drucke mit Kompositionen in verschiedenen Sprachen sind bei Lasso indessen keine Seltenheit. Man kennt allein 6 Drucke mit Vertonungen von lateinischen, italienischen und deutschen Texten in ein- und derselben Ausgabe. Und trotzdem ist der sogenannte Viersprachendruck nicht nur eine Ausnahme, sondern eine, den Komponisten auf besondere Weise charakterisierende Sache: Selbst in jener Zeit, in der Komponisten aller Länder in allen Ländern arbeiten, ist Lasso ein Unikum.

1573-1576 **Orlando di Lasso** (um 1532-1594): **Patrocinium musices I – V,** gedruckt in München

Die vom Bayernherzog Wilhelm angeregte repräsentative und dementsprechend prächtig ausgestattete Sammlung von Kirchenmusik verschiedener Art zu vier bis acht Stimmen enthält: I Motetten 1573; II Messen 1574; III Officia für die hohen Feste des Kirchenjahres 1574; IV Matthäus-Passion und Lektionen 1575; V Magnificat 1576. 7 weitere Bände unter demselben Reihentitel gehen nicht mehr auf Herzog Wilhelm und Lasso zurück und enthalten auch Kompositionen anderer Komponisten. Der zweite Teil der Sammlung ist Lassos erste selbständige Veröffentlichung von Messen. 1577 allerdings veröffentlicht er in

Paris bei Roy & Ballard dann gleich 18 Messen auf einmal, und von da an kommen alle paar Jahre neue Messen in Nürnberg, Paris, Mailand, Venedig heraus, manche in Prachtausgaben. Daß Lasso jedoch auch schon vor 1574 Messen komponiert hat, nämlich für den Gebrauch seiner Kapelle, ist ebenso selbstverständlich wie die alte und noch immer durchaus normale Form der Überlieferung in handschriftlichen Chorbüchern. Für die Verbreitung und damit in gewisser Weise für die musikgeschichtliche Bedeutung erlangen freilich in jener Zeit die Drucke zunehmend größeres Gewicht. – Die weitverbreitete, auf der Kenntnis nur weniger Messen beruhende Meinung, daß Lasso in der Meß-Komposition weit hinter Palestrina zurückbleibe (»mehr als das Genie des Lassus schaut aus ihnen der satzgewandte Niederländer heraus«), muß, nachdem Lassos Messen nun in der neuen Gesamtausgabe veröffentlicht sind, wohl revidiert werden: Auch in dieser Gattung ist Lasso nur anders als sein großer Zeitgenosse italienisch-römischer Herkunft – obschon man vielleicht sagen kann, seine Tendenz, die kirchlichen Formen mit den Möglichkeiten der weltlichen Polyphonie zu durchdringen, sei der Palestrinas eben doch entgegengesetzt.

1576-1579 **Jacob Regnart** (1540-1599): **Kurtzweilige teutsche Lieder zu 3 Stimmen, nach Art der Neapolitanen oder welschen Villanellen,** 3 Teile, gedruckt in Nürnberg

Unter den deutschen Sammlungen von Gesellschaftsliedern nach italienischem Vorbild findet diese die größte Verbreitung, vielleicht weil ihre Lieder weniger kunstvoll und anspruchsvoll sind als die entsprechenden deutschen Tricinien etwa von Ivo de Vento und Leonhard Lechner. Die Kunstlosigkeit aber gerade betont Regnart selbst im Vorwort: »Wiß, daß es sich durchaus nit schickt, Mit Villanellen hoch zu prangen Und dardurch wollen Preyß erlangen, Würd sein vergebens und umbsunst, An andre Ort gehört die Kunst.« Ihrer weiten Verbreitung und Popularität wegen werden diese Lieder vielfach auch bearbeitet. Lechner zum Beispiel, der selbst mehrere Sammlungen *Newe teutsche Lieder nach Art der welschen Villanellen* herausgibt (dreistimmig, Nürnberg 1576 und 1577; vier- und fünfstimmig Nürnberg 1577 und 1582), bringt 21 Villanellen aus dem 1. und 2. Teil von Regnarts Sammlung fünfstimmig bearbeitet 1579 in Nürnberg heraus. Der erste Teil von Regnarts Sammlung erscheint 1576 in Nürnberg, der zweite 1578, der dritte 1579; alle drei Teile zusammen erscheinen 1583 in München – und alle jeweils in mehreren Auflagen.

1577 **Cipriano de Rore** (1516-1565): **Sämtliche Madrigale zu 4 Stimmen in Partitur,** gedruckt in Venedig

Madrigale werden normalerweise in Stimmbüchern oder Chorbüchern geschrieben oder gedruckt, ein Partiturdruck ist völlig ungewöhnlich. Er findet eine Erklärung nur in der Berühmtheit des Komponisten und darin, daß seine Werke schon damals als Muster ihrer Gattung, als von klassischem Rang angesehen werden.

1577 **Francisco de Salinas** (1513-1590): **De musica libri septem,** gedruckt in Salamanca

Von allen Musiktraktaten, die im 16. Jahrhundert gedruckt werden, beruht keiner auf einer gründlicheren Kenntnis sowohl der alten als auch der modernen Quellen als jener des blinden spanischen Organisten und Musiktheoretikers Francisco de Salinas: Sein Musiktraktat *De musica* ist das Seitenstück zu den Schriften Zarlinos in Italien. Salinas studiert 23 Jahre in Italien und beschäftigt sich dort nicht nur mit der Kunst-, sondern auch mit Volksmusik und liest griechische, römische und die zeitgenössischen Theoretiker. Dementsprechend gehört sein Traktat eher zur »Musica theoretica«: er beschäftigt sich *nicht* mit praktischen Fragen der Komposition und der Aufführung von Musik – und trotzdem soll und kann er sowohl dem Musiker als auch dem Gelehrten dienstbar sein. So widmet er z. B. der Stimmung der »imperfekten« praktischen Instrumente mehr Raum als der der theoretisch »perfekten« Instrumente, weil er Musiker und Instrumentenbauer davon abhalten will, sich allein aufs Gehör zu verlassen. Die selbständigsten Teile des Traktats sind die Bücher V bis VII, welche den ersten Versuch der zusammenfassenden Darstellung einer Rhythmuslehre enthalten. Dabei erweist sich Salinas als Humanist insofern, als er sich bemüht, die alten Lehren von Metrum, Rhythmus und Vers auf die moderne Dichtung und Musik anzuwenden, und zwar in erster Linie auf die Einstimmigkeit, auch des Volkslieds, die er – für seine Epoche interessant genug – in gewisser Weise höher schätzt als die Mehrstimmigkeit.

1578-1579 Giovanni Pierluigi da Palestrina (um 1525-1594): **9 fünfstimmige Messen** für den Herzog Guglielmo Gonzaga und seine Kirche S. Barbara in Mantua

Diese Messen sind die einzigen Werke Palestrinas, deren Entstehungszeit genau bekannt ist: November 1578 bis April 1579. Es sind sogenannte Alternatim-Messen, d. h. solche, bei denen nur ein Teil des Ordinarium-Textes polyphon vertont ist. (Die anderen Teile müssen choraliter gesungen oder durch liturgisches Orgelspiel ersetzt werden.) Sie sind als einzige Palestrinas für eine andere Liturgie als die römische komponiert; ihre Cantus firmi entstammen nicht dem Gregorianischen Choral, sondern einem speziellen Kyriale für die 1562-1565 neu erbaute Kirche S. Barbara in Mantua, das der Herzog selbst in einer Art privater Choralreform redigiert hat. Die Tatsache, daß Palestrina die Melodien dieses Kyriales dem römischen einverleiben will, an dessen Redaktion er ja offiziell mitzuwirken hat, läßt eventuell darauf schließen, daß die musikalischen Vorstellungen Guglielmos mit denen Palestrinas einigermaßen übereinstimmen – und so muß man wohl folgern, daß Palestrina an einer echten Reform des Gregorianischen Chorals nicht eigentlich gelegen war. – Die *9 Messen* sind eigentümlich und besonders bemerkenswert durch die Phantasie, mit der innerhalb so enger Rahmen immer und immer wieder neue und geistvolle Variationen und Kombinationen derselben Sogetti erfunden werden; sie bilden gewissermaßen, meint Jeppesen (1962), Palestrinas »Kunst der Fuge«.

1580 Luca Marenzio (* Cocaglio bei Brescia 1553/54, † Rom 1599): **1. Buch fünfstimmiger Madrigale,** gedruckt in Venedig

Marenzio beginnt, bezeichnenderweise, mit *fünf*stimmigen Madrigalen: die *Fünf*stimmigkeit hat sich zu seiner Zeit als eine Art von Norm durchgesetzt. Selbst ein späterer Gegner der Madrigalkunst, Pietro della Valle, lobt diese frühen Werke Marenzios: dies sei »das erste Buch im madrigalischen Stil, das die Stimmen in schöner ›Melodie‹ gehen läßt.«

1581 Vincenzo Galilei (um 1520-1591): **Dialogo della musica antica et della moderna,** gedruckt in Florenz (2. Aufl. 1602)

Vincenzo Galilei, der Vater des Astronomen Galileo Galilei, ist von Haus aus Lautenist. Er lebt in Pisa, dann in Florenz in gelehrten Kreisen, die sich im Sinne der Renaissance mit der Antike und dabei auch mit deren Musik und mit der Möglichkeit ihrer Wiederbelebung als gegenwärtige Musik befassen: Galilei ist ein wichtiges Mitglied der Florentiner Camerata. Die Probleme, die dabei erörtert werden, reichen von Tonsystem und Temperierung über Stimmung der Instrumente und Tonarten bis zur Vertonung von Text – und damit zum Problem Polyphonie-Monodie. (Der Text ist »la cosa importantissima e principale dell'arte musicale«: Galilei rät allen Musikern, ins Theater zu gehen, um von den Schauspielern das ausdrucksvolle Sprechen zu lernen.) Galilei, der als Lautenist und Madrigalist ebenso wie als Musiktheoretiker ursprünglich traditionell gebunden ist, wandelt sich in langjährigem Studium und in zehnjährigem wissenschaftlichen Briefwechsel mit dem in Rom lebenden Humanisten Girolamo Mei (1519-1594) über den genannten Problemen zum Protagonisten einer neuen Art von musikalischem Ausdruck, nämlich zur monodischen Musik: Sein *Dialogo* wird als das Manifest der neuen monodischen Musik angesehen. – Im Anhang des *Dialogo* veröffentlicht Galilei die 3 antiken *Mesomedes-Hymnen,* deren Entzifferung allerdings erst im 19. Jahrhundert gelingt.

1581 Philippe de Monte (* Mecheln 1521, † Prag 1603): **4. Buch vierstimmiger Madrigale, 10. Buch fünfstimmiger Madrigale, 1. Buch fünfstimmiger geistlicher Madrigale,** alles gedruckt in Venedig

Drei Veröffentlichungen in einem Jahr: man kann ahnen, wie fleißig Philippe de Monte als Komponist ist – gewissermaßen neben seinem Amt als Hofkapellmeister des Kaisers. Wenn man sodann bedenkt, daß im 16. Jahrhundert das Ansehen eines Meisters immer auch am Umfang seines Werkes (wie das Gewicht repräsentativer Werke immer auch an ihrer Ausdehnung) gemessen wird, dann leuchtet ein, was uns heute ein wenig verwundert, daß nämlich und warum Philippe de Monte in seiner Zeit völlig selbstverständlich neben Palestrina und Lasso zu den größten Meistern gerechnet wird.

1583 Andrea Gabrieli (um 1510-1586): **Psalmi Davidici a 6 voci** (Die sieben Bußpsalmen), gedruckt in Venedig

An diesen Stücken wird die Besonderheit von Andrea Gabrielis mehr klanglich und an farbigen Kontrasten orientiertem musikalischem Satz gegenüber dem Palestrinasatz besonders deutlich, weil sich hier auf Kosten imitatorischer Partien kurze Abschnitte mit eng aufeinander folgenden Einsätzen ausgeprägter Motive zu einem vielgliedrigen Satz von großer Farbigkeit zusammenfügen: Von hier führt der Weg zu Giovanni Gabrielis geistlicher Musik und weiter zu Heinrich Schütz.

1584 Luca Marenzio (1553/54-1599): **1. Buch dreistimmiger Villanelle,** gedruckt in Venedig

Marenzio, »der führende Madrigalkomponist seiner Zeit«, veröffentlicht bis 1587 fünf *Bücher Villanelle* – Villanelle wie Madrigale: die Verschiedenheit der Herkunft der Gattungen scheint vergessen. Allerdings fehlt diesen ungezwungenen und graziösen Werken jetzt auch all das »Volkstümliche«, das die Gattung Villanella so lange ausgezeichnet hat, und statt dessen erscheint der Satz jetzt einfach und schlicht als ein abgeklärter polyphoner Satz.

1585 Luca Marenzio (1553/54-1599): **1. Buch vierstimmiger Madrigale,** gedruckt in Venedig

Dieses erste Buch *vier*stimmiger Madrigale bleibt Marenzios einzige Sammlung mit ausschließlich *vier*stimmigen Kompositionen. Der Satz für vier Stimmen gilt zur Zeit Marenzios nämlich als altertümlich: jetzt schreibt man für fünf, oft auch für sechs und mehr Stimmen, die freilich ihre, zu Beginn des Jahrhunderts noch ausgeprägten Einzelfunktionen im Satz weitgehend verloren haben: die Stimmen sind nun nicht mehr nur gleichberechtigt, sondern auch gleichartig. Lediglich der Baß tritt in den Kadenzen durch die ihm eigenen Quint- und Quartschritte noch als besonders hervor. Wenn Marenzio nun 1585 zur älteren Schreibweise für vier Stimmen zurückkehrt, so bedeutet das nicht, daß er auch die ältere Satztechnik wieder aufgreift. Nein, seine vierstimmigen Madrigale unterscheiden sich nur in Nuancen von den fünf- und sechsstimmigen, das charakteristische Wechselspiel homophoner und polyphoner Partien scheint hier nur zugunsten einer Dominanz polyphon-kontrapunktischer Schreibweise zurückgedrängt, jedoch keineswegs gänzlich aufgegeben zu sein.

1585 Eröffnung des Teatro Olimpico in Vicenza

Mit diesem herrlichen Bau des Andrea Palladio (1508-1580) – nach dem Vorbild antiker römischer Theater entworfen und dementsprechend mit einem festen architektonischen Bühnenprospekt versehen – wird der erste überdachte, also auch bei schlechtem Wetter bespielbare Theaterbau der Welt eröffnet: ein Ereignis von höchster kulturgeschichtlicher Bedeutung. Das Eröffnungsstück ist Sophokles' *Edippo Tiranno.* Die Vertonung der Chöre übernimmt Andrea Gabrieli, der Verständlichkeit halber im einfachen Satz Note gegen Note (gedruckt 1588 in Venedig: *Chori in Musica... sopra li chori della Tragedia di Edippo Tiranno*). Mit der Theatermusik, wie sie die Florentiner Camerata zur selben Zeit als Monodie versucht, hat Andrea Gabrielis Musik nichts zu tun.

1586 Lukas Osiander (1534-1604): **Fünffzig Geistliche Lieder und Psalmen. Mit 4 Stimmen...,** gedruckt in Nürnberg

Der ganze Titel lautet: *Fünffzig Geistliche Lieder und Psalmen. Mit vier Stimmen auff Contrapunctsweise (f. die Schulen und Kirchen im löblichen Fürstenthumb Würtenberg) also gesetzt, das ein gantze Christl. Gemein durchauß mitsingen kan.* Im Gesamtwerk des bekannten württembergischen Theologen sind die musikalischen Werke nur Parerga, gleichwohl höchst wichtig. Sie sind, wie Ulrich Siegele (^{2}1962) vortrefflich beschreibt, »ein Kompromiss des Theologen von Beruf und Musikers aus Neigung. Sein Ziel war, das chorale Singen der ganzen Gemeinde als Lobpreis Gottes zu fördern und zugleich die Figuralmusik als Zierde des Gesanges zu erhalten. Die apologetische Dedikation des Werkes [an die Schulmeister in den Städten Württembergs] formuliert die satztechnischen und aufführungspraktischen Grundlagen des ›Kantionalsatzes‹: Choral im Diskant, Diskant und Baß als übergeordnetes Gerüst des Satzes, gemeinsame Deklamation aller Stimmen (und dadurch Betonung der Zeilengliederung), Vollständigkeit des Klangs vor kontrapunktischer Richtigkeit; Hervortreten der Oberstimme, Zurücktreten der Mittelstimmen, Regulierung des Zeitmasses nach der Gemeinde.

So konstituierte Osiander (vielfältig vorgebildete Setzweisen in Hugenottenpsalter und reformatorischer Kirchenliedbearbeitung, Falsobordone der Psalmodie, Humanistenode und Villanelle aufgreifend) eine neue Gattung: die Autorität des Kirchenmannes sicherte die Verbreitung dieser musikalischen ›Konkordienformel‹. Über Jahrhunderte hinweg, später vom Orgelbegleitsatz repräsentiert, ist sie bis zur Gegenwart in Kraft geblieben. Der Theologe Osiander hat in der evangelischen Kirche Gemeindemusik und Kunstmusik getrennt.«

1586-1591 Jacobus Gallus Carniolus (1550-1591): Opus musicum in 4 Teilen, gedruckt in Prag

Eines der großen musikalischen Werke der Gegenreformation stammt von dem Slowenen Jacob Petelin (1574-79 Mitglied der kaiserlichen Hofkapelle unter Philippe de Monte und Jacob Regnart in Wien; seit 1579 Kapellmeister beim Erzbischof von Olmütz; seit 1585, offenbar auf eigenen Wunsch, Regens chori an einer kleineren Kirche in Prag), den die Deutschen Handl nennen, dessen Werke nahezu komplett gedruckt erscheinen (und zwar in Prag) unter dem latinisierten Namen Gallus dictus Carniolus (Handl, der Krainer). Die vierteilige große Sammlung *Opus musicum* enthält 374 *lateinische Motetten* (445 Einzelsätze), vier- bis achtstimmig, für die Sonn- und Feiertage des Kirchenjahres und dementsprechend geordnet, darunter *Lamentationes Jeremiae* und drei *Figuralpassionen* nach einer Evangelienharmonie, die in Deutschland seit Obrecht-Longheval gebräuchlich ist. Im Gegensatz zur strengen liturgischen Bindung steht die musikalische Freiheit: Nur in wenigen Fällen knüpft Gallus an die gregorianische Weise an; das Prinzip der Cantus firmus-Bearbeitung ist als Prinzip verlassen. In geradezu leidenschaftlicher Hingabe an die religiöse Summa der Texte von Antiphonen, Responsorien, Psalmen und Hymnen des Offiziums, wie sie das Tridentinum wieder neu verbindlich gemacht hat, verwandelt Gallus diese in den vielfarbigen Wohllaut eines a cappella-Chorsatzes, der, bei aller satztechnischen Strenge, eher vom Klang her gedacht zu sein scheint als vom Linear-Polyphonen. Damit weist Gallus in die Zukunft, allerdings auch mit seiner Neigung zur neueren Dur-Moll-Tonalität, mit der experimentierend-genialischen Anwendung der am Madrigal erprobten Affektchromatik, aber auch mit einer oft merkwürdigen, manchmal archaisch wirkenden Härte des Satzes und seiner Klanglichkeit.

1587 Andrea (um 1510-1586) und Giovanni (1554/57-1612/13) Gabrieli: Concerti... per voci et stromenti mit 6 bis 16 Stimmen, nach dem Tode des Andrea von Giovanni Gabrieli herausgegeben in Venedig

Wichtiger als Andrea Gabrielis Organistentätigkeit an San Marco in Venedig, die in Orgelkompositionen ihren Niederschlag findet, ist sein über dieses Amt hinausreichendes Wirken. Für das hohe Ansehen, das er als Komponist genießt, zeugen vor allem die Aufträge zur Komposition von Festmusiken bei Staatsbesuchen und anderen bedeutsamen Anlässen im kirchlichen und politischen Leben der Republik Venedig. Nicht zuletzt ist die Sammlung, die Giovanni nach dem Tode seines Oheims herausgibt, ein Zeugnis dafür: die posthume Achtungsbezeichnung für einen großen Mann. Vermutlich trägt Jakob Fugger, Baron von Kirchberg an der Iller und Weißenhorn in Oberschwaben, dem die Sammlung gewidmet ist, die Druckkosten. – Die in dieser Sammlung vereinigte mehrchörige geistliche und weltliche Festmusik ist in hohem Grade musikalisch zukunftsweisend: In der Verknüpfung hoher und tiefer Chöre und, damit zusammenhängend, in den wechselnden Stimmkombinationen geht Andrea Gabrieli weit über die Möglichkeiten der mehrchörigen Musik seiner Vorgänger und Zeitgenossen hinaus. Vor allem die Besetzung mit Instrumenten wird bei ihm zum wesentlichen Faktor des musikalischen Satzes. Besetzungsangaben sind zwar in den Werken selbst nicht enthalten, doch hat man für das siebenstimmige *Judica me* aus dieser Sammlung Besetzungshinweise gefunden, die zeigen, was zu vermuten war, daß nämlich die Teilung in Singstimmen (Cantus firmus) und Instrumente (die übrigen Parte), ohne ausdrücklich festgelegt zu sein, im Satz nach kompositorisch-strukturellen Gesichtspunkten vorgenommen ist. – Zum ersten Mal erscheint in diesem Druck der Begriff »Concerto« im Titel eines Musikwerks. Aber die Bezeichnung scheint lediglich auf das gerade in diesem Werk notwendige Zusammenwirken von Instrumenten und Singstimmen hinzuweisen, vielleicht aber auch nur – oder zugleich – auf die Vereinigung geistlicher und weltlicher Kompositionen.

1587, 1590, 1592 Claudio Monteverdi (* Cremona 1567, † Venedig 1643): 1. bis 3. Buch fünfstimmiger Madrigale, gedruckt in Venedig

Monteverdi beginnt bereits 1582, Sammlungen eigener Kompositionen zu veröffentlichen (*Can-*

tiunculae sacrae 3 vocum; es folgen 1583 *Madrigali spirituali 4 vocum,* nur Baß-Stimme erhalten, und 1584 *Canzonette a tre voci*), doch treten diese Veröffentlichungen hinter denen der Madrigalbücher zurück. In allen frühen Publikationen bis zum *2. Madrigalbuch* bezeichnet sich Monteverdi ausdrücklich als Schüler von Marc' Antonio Ingenieri, und in allen erweist er sich auch als seinem Lehrer und der Tradition des niederländisch-italienischen Renaissance-Madrigals eng verbunden. Trotzdem ist festzuhalten, daß die Werke der ersten drei Madrigalbücher durchaus erkennen lassen, wie bei Monteverdi neu und anders musikalische Substanz gewinnt, was die Gattung Madrigal an Einflüssen von Villanella und Canzonette aufgenommen hat, und was an Neuem bei Marenzio in der konstruktiven Bindung der vokalpolyphonen Satzstruktur gleichsam hängengeblieben war.

1588 **William Byrd** (* Lincolnshire 1543, † Stondon Massey/Essex 1623): **Psalmes, Sonets & Songs for 5 parts**

Die Sammlung enthält 10 englische Psalm-Vertonungen und 2 englische Trauermotetten, dann 24 weltliche Kompositionen für eine Singstimme und Instrumentalquartett (vermutlich Violen). Die englische Sondertradition ihres Stils läßt sich bis etwa 1540 zurückverfolgen; sie steht möglicherweise mit einer ähnlichen Satzart deutscher Lieder bei Isaac und Senfl in Verbindung. Doch Ableitungen hin, Einflüsse her, die Werke sind von Byrd und lassen das Genie ihres Schöpfers spüren: das ist an ihnen das Schöne, dadurch sind sie ausgezeichnet.

1588 **Marc' Antonio Ingegneri** (um 1547-1592): **Responsoria Hebdomadae sanctae 4 vocum,** gedruckt in Venedig

Die *27 Responsorien für die Karwoche* sind lange für ein Werk Palestrinas, zumindest der Römischen Schule gehalten worden, so traditionell und streng und so gut ist ihr Satz, und man muß Ingegneri in der Tat zu den besten Komponisten im letzten Drittel des 16. Jahrhunderts zählen, als Kirchenmusik- wie als Madrigal-Komponist. Monteverdi hat sich nicht nur einmal, sondern in vieren seiner ersten Veröffentlichungen als Schüler Ingegneris bekannt.

1588 **Musica transalpina. Madrigals translated of 4, 5 and 6 parts,** hrsg. von Nicholas Yonge († London 1619), gedruckt in London

»Certain Italian Madrigals, chosen out of divers excellent authors, translated most of them five years ago by a Gentleman for his private delight.« Dieser Sammelband eines Liebhabers oder einer Liebhabergesellschaft, zusammengestellt nach dem Vorbild ähnlicher Sammlungen des Antwerpener Druckers Phalése, verbreitet sich rasch und befriedigt »endlich« den Bedarf der Musikliebhaber Londons, *der* Musikstadt Englands, und er weckt zugleich neuen und stärkeren Bedarf, den nicht nur Yonge (mit einem zweiten Band der *Musica transalpina* 1597) sondern auch Thomas Morley als fruchtbarer Komponist und als kluger Geschäftsmann (mit seinen Sammlungen 1593/94 und 1597/98) zu befriedigen sucht. Im 1. Band der *Musica transalpina* finden sich Kompositionen der besten Niederländer und Italiener, außerdem 14 Stücke des in London lebenden Italieners Alfonso Ferrabosco d. Ä. (1543-1588) und eines von William Byrd. – Ein Kennzeichen der englischen Musik zur Shakespeare-Zeit ist die Antinomie, die sich gerade in der *Musica transalpina* offenbart: In keinem anderen außeritalienischen Land wird das klassische italienische Madrigal so entschlossen aufgenommen wie in England, doch »aus dieser intensiven Rezeption des italienischen Vorbilds in das englische Empfinden wächst an der Schwelle des Barockzeitalters eine höchst eigenartige Spätrenaissanceblüte« (Blume 1963): Italienische Madrigale werden in zahlreichen Handschriften verbreitet, in die Landessprache übersetzt, gedruckt, auf Violen gespielt; Luca Marenzio ist das allseits verehrte Vorbild, Ferrabosco der Vermittler. »Und doch bedeutet die für England neuartige Gattung mehr Abschluß als Beginn einer musikalischen Epoche« (Braun 1977).

1589 **Andrea Gabrieli** (um 1510-1586): **Madrigali e Ricercari a 4,** gedruckt in Venedig

Die Instrumentalmusik Andrea Gabrielis hat eine merkliche Tendenz, die Bindung an den polyphonen Satz, wie er vor allem durch die Motette repräsentiert ist, zu lösen und zu eigenständigen instrumentalen Strukturbildungen und Anlagetypen vorzudringen. Diese Tendenz ist in den Ensemble-Ricercari, von denen diese Sammlung hier die erste ist, besonders stark.

1589/90 Jacobus Gallus Carniolus (1550-1591): Harmoniae morales, 3 Bücher weltlicher lateinischer Madrigale, gedruckt in Prag

Italienische Madrigale in lateinischer Sprache – ein Widerspruch in sich. Aber Gallus publiziert auf Rat von Freunden und eigentlich gegen seine Überzeugung 3 Bücher mit 53 Stücken (vierstimmig), die trotz des lateinischen Textes alle möglichen, in italienischen Madrigalen üblichen sprachlichen und musikalischen Madrigalismen aufweisen, vom Hühnergegacker und Vogelruf bis zur Sprachspielerei und zum Spott über unangebrachte Kritik an Gallus' Werken: *Harmoniarum Moralium, quibus Heroica, Facetiae, Naturalia, Quodlibetica, tum facta fictaque poetica etc. admixta sunt.* Gallus' Bruder bringt 1596 (2. Aufl. 1603) in Nürnberg aus dem Nachlaß noch einmal 47 lateinische Madrigale zu 5, 6 und 8 Stimmen heraus: *Moralia Jacobi Handl Carnioli ... 5, 6 et 8 vocum tam seriis quam festivis cantibus voluptati humanae accomodatae.*

1589 Intermedien zur Fürstenhochzeit in Florenz

»Einst pflegte man Intermedien für die Komödie zu machen, jetzt macht man die Komödie für die Intermedien«, so kennzeichnet ein Zeitgenosse im Jahre 1565 die Bedeutung, die den Intermedien, die ja eigentlich nur Zwischenspiele zwischen Akten von Theaterstücken oder auch zwischen den Gängen eines zeremoniellen Festmahls sein sollen, zugewachsen ist. Insbesondere in Florenz legen die Mediceer für ihre Hochzeitsfeste 1539, 1565, 1579, 1585 und 1589 den Hauptwert auf interessante, gute und reich ausgestattete Intermedien und beauftragen dementsprechend bedeutende Leute mit der Konzeption, 1589 etwa den Grafen Bardi, den Mentor der Camerata Fiorentina. Der Hauptanteil der Ausführung von Bardis Ideen liegt freilich in den Händen professioneller Künstler: des Dichters Ottavio Rinuccini, der Komponisten Christofano Malvezzi und Luca Marenzio. Neben ihnen sind als Dichter Bardi selbst, Giovanni Battista Strozzi und Laura Giudiccioni, als Komponisten wiederum Bardi, ferner Antonio Archilei, Jacopo Peri, Giulio Caccini und Emilio De' Cavalieri tätig. Von ihnen stammen die eigentlichen Sologesänge – denn bei den drei Stücken von Malvezzi handelt es sich um sogenannte »abgeleitete Monodien«, d. h. um mehrstimmige Madrigale, deren Oberstimme gesungen, deren andere Stimmen, obwohl ursprünglich mit Text versehen, aber gespielt werden. Die übrigen Stücke von Archilei, Peri, Caccini und Cavalieri dürften wohl solistisch konzipiert sein, jedoch eher als Gesangsvirtuosenstücke und kaum mit dem Blickpunkt der späteren Monodie. Weder bilden die sechs Intermedien dieses Festes einen Zusammenhang noch die einzelnen Musikstücke eines jeden; jeweils vier bis fünf Stücke verschiedener Komponisten sind lediglich textlich zusammengehalten durch je ein mythologisches Thema. Die Themen sind: *Harmonie der Sphären – Wettgesang der Musen und Pieriden – Kampf Apollos mit dem Drachen Python – Prophezeihung des Goldenen Zeitalters und der Schrecken der Hölle – Arion wird vom Delphin gerettet – Harmonie und Rhythmus steigen zur Erde herab.* Aus diesem Aufbau erklärt sich die auffällige und höchst reizvolle Vielfalt des Ganzen von madrigalesken Stücken über Canzonetten und Villanellen bis zu Monodien, also vom Traditionellen bis zum Neuen in der Musik der Zeit, vom Volkstümlichen bis zum Artifiziellen, von der Klangpracht bis zum verhaltenen Gesang. Diese Intermedien sind also nicht eigentlich im Zusammenhang der Frühgeschichte der Oper zu sehen, sondern als Höhepunkt einer Kunstform, die im Mittelpunkt des höfischen Festes der Renaissance steht. – Die Geschichte der Gattung Intermedium ist damit nicht zu Ende, doch geht sie auf sehr verschiedenen Wegen weiter: Das Intermezzo kann zur Sinfonia, zum Ballett oder zur geschlossenen Rahmenhandlung, aber es kann auch zur ebenbürtigen Parallelaktion werden, etwa im Ordensdrama, wo ein Schauspiel und eine Oper aktweise abwechselnd gespielt werden können. Zum berühmtesten Beispiel des Intermezzos als Oper ist schließlich Pergolesis *La serva padrona* von 1733 geworden.

1589 und 1591 William Byrd (1543-1623): Cantiones sacrae I und II

Die meisten Werke Byrds, darunter auch seine Messen, werden nur handschriftlich verbreitet oder, wie etwa diese beiden Sammlungen, im Geheimen gedruckt, weil die Veröffentlichung von Werken eines Katholiken im damaligen England nicht möglich ist. Wenn trotzdem Werke Byrds erscheinen, und zwar nach allem, was wir wissen, allein aufgrund seines Ansehens, so belegt das allein schon ihren Rang. Die beiden Sammlungen enthalten 28 fünfstimmige und 13 fünf- und 8 sechsstimmige Motetten vokalpolyphoner Tradition.

1591 Giovanni Gastoldi (um 1550-1622): **Balletti a 5 voci per cantare, sonare & ballare,** gedruckt in Venedig

BALLETTO oder auch BALLO nennt hier einen heiteren und graziösen Tanz, der aus der instrumentalen Musik des 16. Jahrhunderts stammt und nahezu unverändert und unstilisiert in die des 17. Jahrhunderts mündet, um 1600 aber als Tanz*lied* in Mode ist, und zwar so sehr, daß vorübergehend selbst das Madrigal in seiner allgemeinen Beliebtheit an zweiter Stelle rangieren muß. Diesen Typus Balletto oder Ballo als Tanzlied mit Refrain auf die Silben Fa-la-la-la (daher der Name Fa-la-la-Lieder) prägt Gastoldi mit den Stücken dieser Sammlung aus. Damit wird er berühmt und macht weithin Schule. Einzelne Stücke daraus gehören zu den bekanntesten jener Zeit überhaupt, einige davon sind bis heute selbst in deutschen Liederbüchern zu finden, etwa *An hellen Tagen* (als *In dir ist Freude* im Evangelischen Kirchengesangbuch) und *Fahren wir froh im Nachen.* Schon Michael Praetorius bringt im *Syntagma musicum III* (1619) diese Lieder mit den zur Karnevalszeit in Italien beliebten Maskentänzen in Verbindung. In dieser Sammlung *Balletti* trägt jede Nummer einen Titel, der den Namen einer Person oder eines Typs angibt (z. B. *Lo Scherzino* oder *Il Contento*). Es ist demnach anzunehmen, daß die Lieder auch als Begleitung zu pantomimischen Tänzen gesungen wurden. Durch diese Titel sind die Balletti unmittelbar mit den Madrigalkomödien Vecchis, Banchieris und Croces verwandt (Arnold 1955). Gastoldis bedeutendste Nachahmer sind in Deutschland Haßler, Staden und Schein, in England Morley, in Italien Vecchi und Monteverdi. Die Beliebtheit dieser Sammlung, die übrigens dem Herzog Vincenzo Gonzaga von Mantua gewidmet ist, belegt die Tatsache von 10 Auflagen bis 1613 (die erste deutsche 1600 in Nürnberg).

1591 Adam Gumpelzhaimer (1559-1625): **Compendium musicae… a M. Heinrico Fabro,** gedruckt in Augsburg

Heinrich Fabers (vor 1500-1552) seinerzeit sehr bekanntes Lehrwerk von 1548 gibt Gumpelzhaimer zweisprachig heraus. Bis 1681 erscheinen 13 Auflagen: es ist eines der beliebtesten Musiklehrbücher in den süddeutschen Stadt- und Klosterschulen. Sein pädagogischer Zweck bestimmt auch die von 1591 an erscheinenden Kompositionen Gumpelzhaimers, zumal jene, die Jacob Regnart folgen (später in den zwei Teilen des *Lustgärtleins* zusammengefaßt: 55 deutsche und lateinische geistliche Tricinen »nach art der welschen Villanellen«), aber auch die, die sich Haßlers *Canzonetten* (1590) anschließen. Das vierstimmige Passionsstück *Jesu Kreuz, Leiden und Pein* und das vierstimmige Trostlied *Lob Gott getrost mit Singen* sind Kernstücke älterer wie jüngerer Chorliedersammlungen und hervorragende Beispiele von Gumpelzhaimers Liedkomposition, neben der die Cantus firmus-gebundenen Choralsätze nur eine untergeordnete Rolle spielen. Ambros (1862-82) hat gesagt, Gumpelzhaimer sei zwar »mit Gallus geistig verwandt, aber in der Handhabung der Harmonie entschieden geistreicher, mannigfaltiger und kräftiger« – und das will etwas heißen.

1592-1622 Lodovico Zacconi (1555-1627): **Prattica di musica… si al compositore per compore… si anco al cantore per assicurarsi in tutte le cose cantabili**

Das Werk nimmt unter den theoretischen Werken des 16. Jahrhunderts insofern eine Sonderstellung ein, als Zacconi – über Musiktheorie und Kontrapunktlehre, also über das, was sonst behandelt wird, weit hinausgehend – Einblick in die *Praxis* des musikalischen Handwerks gibt: von Umfang und Spielweise von Instrumenten über das Taktschlagen in mensuraler Musik bis zur Art und Weise der Ausführung vokaler Partien. Zacconi unterscheidet zum ersten Mal zwischen der geschriebenen und der vorgetragenen Komposition und lehrt, daß der Musiker beidem gerecht zu werden habe. Für die Musik der »antichi«, der für seine Zeit alten Meister wie Ockeghem, Josquin, Isaac, Senfl, gilt, daß sie so auszuführen ist, wie sie niedergeschrieben ist. Die »vecchi«, die älteren Meister seiner Zeit wie Willaert und Cipriano de Rore, haben sodann entdeckt, daß die Musik gewinnt, wenn die Komposition für die aktuelle Situation des Vortrags Möglichkeiten und Freiheiten einkalkuliert und gewährt. Die »moderni« seiner Zeit schließlich rechnen mit einer neuen Vortragsart, denn das Publikum findet keinen Gefallen mehr an Sängern oder Spielern, die sich nicht auf die freie Ausschmückung ihrer Partien verstehen, wobei die Ausschmückung im wesentlichen aus verschiedenen Arten des Diminuierens besteht.

1593 Leonhard Lechner (* im Etschtal um 1553, † Stuttgart 1601): Historie der Passion

Lechners *Historie der Passion* ist eine sogenannte Figuralpassion, ein vierstimmig motettisch durchkomponierter Passionsbericht mit deutschem Text, der entgegen dem gesungenen Titel »aus dem Evangelisten Johanne« eine Evangelienharmonie ist, wie man sie schon in früheren Passionsmusiken verwendet hat. Lechner ist neben Haßler und zwischen Senfl und Schütz wohl der bedeutendste deutsche Musiker, jedenfalls der beste Meister der deutschen Lasso-Schule: »ein gewaltiger Componist und Musicus«, wie ihm der Rat der Stadt Nürnberg 1577 bescheinigt. Mit seinen Messen (zu 5 und 6 Stimmen, Nürnberg 1584) und Motetten (zu 4 bis 6 Stimmen, Nürnberg 1575) schließt er an die niederländische Tradition an, mit *Newen teutschen Liedern nach Art der welschen Villanellen* (in mehreren Sammlungen seit 1576) an die italienische Gesellschaftsmusik der Zeit, mit prachtvollen mehrchörigen Werken (noch *vor* den Veröffentlichungen der beiden Gabrielis) an die venezianische Tradition, und doch ist Lechner selbständig in allem. Die *Historie der Passion* ist »›nach dem alten lateinischen Kirchenchoral‹ komponiert; dieser Passionston wandert in Lechners Komposition von einer Stimme in die andere und klingt immer wieder an, im Gegensatz zu den andern deutschen Figuralpassionen, die den Passionston nicht verwenden. Schließt sich hierin Lechner eng an die liturgische Tradition an, so gestaltet er auf der anderen Seite um so freier: alle Stilmittel (bis hin zu Madrigalismen) werden eingesetzt, um die Leidensgeschichte einprägsam darzustellen« (Ameln 1960).

1593 und 1594 Thomas Morley (* wahrsch. London 1557, † daselbst 1602): Canzonets to 3 voyces und Madrigals to 4 voyces, gedruckt in London

Mit diesen beiden Büchern leichter und heiterer Madrigale italienischen Zuschnitts setzt Morley gleichsam die Norm für die englische Madrigalkomposition der folgenden Zeit – und zwar auf so hohem Niveau, daß Spötter dann sagen werden, die schönsten italienischen Madrigale seien die englischen der »English Madrigal School«.

1594 Orlando di Lasso (um 1532-1594): Lagrime di San Pietro, Geistliche Madrigale zu 7 Stimmen

Die Dedikation an Papst Clemens VIII. ist sechs Wochen vor Lassos Tod datiert; das Werk erscheint posthum 1595 in München. Von der im Druck nachgestellten siebenstimmigen *Motette »Vide homo, quae pro te patior«* sagt der Promotor der Reform der katholischen Kirchenmusik im 19. Jahrhundert Karl Proske: »Ein Wunder christlicher Wahrheit und Schönheit.« – An diesem Zyklus von siebenstimmigen geistlichen Madrigalen wird, wie überhaupt am Spätwerk, deutlich, daß Lasso den Weg, der bei den jüngeren Venezianern in den konzertierenden Dialog von Klanggruppen mündet, nicht mitgeht, daß er also eine der Haupttendenzen des späteren 16. Jahrhunderts nicht mehr mitverfolgt (Boetticher 1955).

Als im Jahre 1585, 16 Jahre nach dem Tod des Textdichters L. Tansillo, dessen Fragment der *Bußtränen* im Druck erscheint, löst das Werk eine eigene Gattung madrigalischer Dichtung aus, und alsbald tritt eine ganze Reihe von Nachahmern hervor, unter ihnen Tasso mit seinen berühmten *Lagrime di Maria Vergine* und *Lagrime di Gesù Christo.* Der Gegenstand von Tansillos Dichtung deutet übrigens auf ein Hauptinteresse des eben einsetzenden Barockzeitalters hin – man denke an die später zahlreichen Behandlungen des Themas in der bildenden Kunst –, aber diese frühe Ausführung bleibt doch noch ganz im Manierismus ihrer Zeit. Bedenkt man dies, so wird der Abstand um so deutlicher, der Lassos gleichsam zeitlose Musik von ihrer Textvorlage, einer zeitverhafteten Dichtung, trennt.

1594-1596 und 1611 Don Carlo Gesualdo, Fürst von Venosa (um 1560-1613): 6 Bücher fünfstimmiger Madrigale, gedruckt in Ferrara und Genua

Von den rund 150 fünfstimmigen Madrigalen Gesualdos bleiben die der ersten vier Bücher (1594-1596; entstanden aber wohl schon vor 1594) durchaus der Tradition der Gattung und dem Ideal einer »Musica reservata« verhaftet. Erst in den Werken der 1611 erschienenen Bücher 5 und 6 setzen sich Gesualdos genial-pathologische – wie man immer wieder gesagt hat – musikalische Vorstellungen durch. Anders als Vicentino experimentiert Gesualdo nicht mit neuen fremden Tongeschlechtern, sondern er setzt die Chromatik im Dienst eines fast schrankenlos zu nennenden

Ausdrucks ein. Dabei geht er mit der Chromatisierung der Stimmen weit über Marenzio und Monteverdi hinaus, insofern er etwas, das bisher Aufführungs-Usus gewesen sein mag, in die Komposition überträgt, also eine harmonische Funktionalisierung des Chromas (in einem uns heute geradezu modern anmutenden Sinne) in Kauf nimmt, ja herbeiführt. Trotzdem ist Gesualdos Musik in ihrer Zeit nicht »moderne Musik«, weil sich in dieser Zeit das Neue auf dem Gebiet der Monodie abspielt, und anders als sein Freund Luzzasco Luzzaschi wagt Gesualdo den Schritt in diese Richtung nicht. Andererseits beweist der spätere Partiturdruck seiner Madrigale (1613) ein besonderes Interesse am Studium dieser Werke, denn Partiturdrucke sind damals sehr ungewöhnlich. – Gesualdos Kunst läßt sich, so rätselhaft, ja geradezu abseitig sie auf den ersten Blick erscheinen mag, verstehen als ein musikalischer Manierismus im Umkreis der Dichter Torquato Tasso (1544-1595) und Giambattista Marino (1569-1625), als die vielleicht einzige, zumindest als die konsequenteste Ausprägung, die der Manierismus in der Musik überhaupt gefunden hat, und zwar im konkreten musikalischen Detail wie im Ganzen des musikalischen Kunstwerks. Als ein musikalischer Manierismus aber ist Gesualdos späte Musik eine letzte Überfeinerung von Entwicklungen des 16. Jahrhunderts, ein Ende, kein Anfang. Ob sie für ihre Zeit so charakteristisch ist, wie man meist anzunehmen geneigt ist, ist deshalb zu bezweifeln. – 1960 hat I. Strawinsky zwei Stücke aus dem 5. und eines aus dem 6. Madrigalbuch von 1611 »bearbeitet«: *Monumentum pro Gesualdo di Venosa ad CD annum.*

1596 **Hans Leo Haßler** (* Nürnberg 1564, † Frankfurt a. Main 1612): **Madrigali zu 5-6 Stimmen** und **Neue Teutsche gesang nach art der welschen Madrigalien und Canzonetten zu 4-8 Stimmen,** beides gedruckt in Augsburg

In ein und demselben Jahr veröffentlicht Haßler eine Sammlung in niederländisch-italienischer Tradition aus der Schule Lassos und eine Sammlung, deren Stücke zwar durchaus dieselbe Hand verraten, die aber durch Hinüberleitung in die Tradition des deutschen Liedes sich in besonderer Weise für die Geschichte der *deutschen* Musik als zukunftsträchtig erweisen.

1596-1598 **Luca Marenzio** (1553/54-1599) **am polnischen Hof**

Zwischen Polen und Italien bestehen seit dem 14. und bis ins 18. Jahrhundert nahe musikalische Beziehungen. Als König Sigismund III. seinen Hof 1596 von Krakau nach Warschau verlegt, holt er sich aus Italien einen der berühmtesten Musiker seiner Zeit: Luca Marenzio.

1597 **John Dowland** (* Dalkey 1562 oder Westminster um 1562, † London 1626): **The First Booke of Songes or Ayres of foure Partes with Tableture for Lute,** gedruckt in London

Dowlands *Erstes Buch englischer Lauten-Lieder* ist ein riesiger Erfolg, wie fünf Auflagen in 16 Jahren beweisen. Offensichtlich besteht in der sich neu ordnenden Gesellschaft im England jener Zeit und im aufblühenden Bürgertum ein großer Bedarf an »Hausmusik«, wie wir heute sagen würden, die im geselligen Kreise ebenso wie allein oder zu zweit zu musizieren ist. Schon das Druckbild der Ausgabe läßt dies erkennen: Auf gegenüberliegenden Seiten ist links die Komposition im Satz für eine Singstimme (Cantus in Mensuralnotation) und Laute (in Tabulatur) abgedruckt, rechts stehen drei weitere Stimmen eines madrigalähnlichen Satzes, und zwar in der Anordnung auf dem Blatt so, daß von den um einen kleinen Tisch sitzenden Sängern ein jeder seinen Part gerade vor sich hat und also lesen und vom Blatt absingen kann, ohne den Kopf verdrehen zu müssen – für den Fall, daß man das links (mit seiner Oberstimme und der Lautenbegleitung) als Lauten-Lied abgedruckte Stück wie ein Madrigal mehrstimmig singen und spielen möchte.

John Dowland ist der größte Lautenvirtuose seiner Zeit und zugleich der bedeutendste Komponist für die Laute. Die Fülle seiner musikalischen Formen und sein Reichtum an musikalischem Ausdruck sind überwältigend. Da finden sich neben leidenschaftlich schwermütigen Werken (etwa *Forlorne Hope Fancy*) und melancholischen Stücken (etwa *Dowland semper dolens*) solche mit heiteren, ja mit komischen Zügen, auch mit Anspielungen auf Personen (etwa *My Lady Hunsdon's Puffe* oder *Mrs. Winter's Jump*). Dabei vermischen sich Tanz- mit Variationenformen, strenge Imitationsformen mit frei toccatenhaften Zügen, da werden traditionelle Tanzmodelle zu Charakterstücken und Stimmungsbildern benutzt (etwa *Melancholy Galliard*).

Und trotzdem beruht Dowlands eigentliche musikgeschichtliche Bedeutung nicht auf seinen Instrumentalkompositionen sondern auf seinen *87 Liedern oder Ayres* für eine Melodiestimme und Laute mit Begleitung einer Baßviole (gelegentlich mit einer obligaten Diskantviole). Diese Lieder sind die ersten ihrer Art. In der zeitgenössischen englischen aber auch in der festländischen Musik kann man ihnen nichts Gleichwertiges gegenüberstellen, ja neben ihnen wirken selbst die Kompositionen Caccinis und der anderen Monodisten des frühen 17. Jahrhunderts eigentümlich steif. Auch die Begleitsätze der französischen Lieder, etwa aus der Schule Batailles und Guédrons, sind nicht zu vergleichen mit dem Satz Dowlands, der nur scheinbar eine »Begleitung« ist, vielmehr in flutendem Kontrapunkt jeder Wendung der melodieführenden Stimme und ihres Textes nachspürt, oft allerdings auch streckenlang die Führung im Lied dem Instrument anvertraut. Hier ist die Aufgabe des neuen Zeitalters der Musikgeschichte, nämlich die gleichberechtigte Verbindung von Vokal und Instrumental, am Anfang der Epoche wie im Handstreich gelöst.

> Zwar gibt es schon unter den Kompositionen der spanischen Vihuelisten des früheren 16. Jahrhunderts Lieder für eine Singstimme mit Instrumentalbegleitung, aber ihre Setzweise und Melodik sind mit der Dowlands nicht zu vergleichen.

Das AYRE ist in gewisser Weise *die* musikalische Gattung der englischen Musik der Elisabethanischen Zeit. Sie ist die englische Lösung jenes schon genannten Problems, das die Musik um 1600 in ganz Europa beherrscht, des Problems einer neuen sinnvollen Textvertonung. Im englischen AYRE hat weder die Musik noch der Text die Oberhand im Satz, vielmehr herrschen beide gemeinsam, sich gegenseitig aufbauend.

1597 **Giovanni Gabrieli** (1554/57-1612/13): **Sacrae symphoniae I** mit 6-16 Stimmen, vokal und instrumental, gedruckt in Venedig

Wie in Willaerts Sammlung *Musica nova* von 1559 zum ersten Mal die Hauptgattungen der geistlichen und der weltlichen Polyphonie, Motette und Madrigal, in *einer* Sammlung vereinigt werden, so vereinigt Gabrieli hier zum ersten Mal vokale und instrumentale Werke gleichberechtigt miteinander: 44 Motetten mit 6-16 Stimmen, 16 Canzoni und Sonaten mit 8-15 Stimmen, darunter die berühmte *Sonata pian e forte,* das erste Werk der europäischen Musik, in dem der Komponist Angaben macht, welche die Dynamik nicht nur als Mittel der Aus- und Aufführung, sondern als Strukturelement der Komposition erkennen lassen. – Die Sammlung ist übrigens den Brüdern Fugger in Augsburg gewidmet und beweist damit ein weiteres Mal die engen Beziehungen zwischen Deutschland und Italien um 1600.

1597 **Thomas Morley** (1557-1602): **A plain and easie Introduction to Practicall Musicke**

Das Buch, in drei Teilen und in Dialogform angelegt, ist als praktisches Lehrbuch der Komposition gedacht, und als solches gehört es zu den wichtigsten und besten seiner Zeit. Freilich, der Verfasser ist auch – ein einzigartiger Fall in der europäischen Musikgeschichte – einer der bedeutendsten Komponisten seiner Zeit, zudem ein Schüler des großen William Byrd, dem das Werk gewidmet ist. Zwar werden Gaffori, Glarean und Zarlino, also Meister der niederländisch-italienischen Tradition wie zur Gewährleistung zitiert, aber der Lehrstoff und die Art seiner Behandlung verraten die eigenen englischen Voraussetzungen und Bedürfnisse. So findet man hier manches, das andernorts nicht oder nicht gleich eindeutig beschrieben ist, etwa daß und wie der Komponist beim Komponieren zuerst auf den Tonraum, in dem er die Komposition ansiedeln will, einzugehen hat, nämlich wie er die diese Parameter einschränkende Schlüsselung der verschiedenen Stimmen festzulegen hat, um die klanglichen Voraussetzungen für die gewählte Tonart zu schaffen – für die Tonart, die nicht allein, jedenfalls in dieser Zeit nicht mehr allein, im Zusammenhang der traditionellen Lehre von den Kirchentonarten zu sehen und zu verstehen ist (Hermelink 1960).

1597 **Orazio Vecchi** (1550-1605): **L'Amfiparnasso, comedia harmonica,** gedruckt in Venedig

Wenn das traditionsreiche polyphone Madrigal unter den Maximen »imitar le parole« und »imitatione della natura« sich den einfachen heiteren, den locker plappernden Liedtypen, die von der norditalienischen Frottola oder von der süditalienischen Villanella abstammen, zuwendet und mit diesen neue und charakteristische Typen von Stücken wie Canzonette, Balletti und dergleichen gleichsam zeugt, dann liegt es wohl nahe, von hier aus auch einmal auf das Feld des Theaters, der italienischen Stegreifkomödie, also der Commedia dell'arte zu gehen und die dort herrschende Kunst der Charakterisierung von Menschentypen mit musikalischen Mitteln zu versuchen. Es ist Orazio Vecchi, der mit seinem Vorsatz künstlerischer Arbeit: »dilettare col ridicolo« die Madrigal-Komödie schafft. Seine *Comedia harmonica* wird 1594 in Modena uraufgeführt, ein Stück bestehend aus einem Prolog und 13 Szenen in drei Akten, in denen alle wichtigen Figuren der Commedia dell'arte vorkommen: der alte und dennoch verliebte Pantalone, die schöne Kurtisane Hortensia, der pedantische Dottore Gratiano, der ruhmredige Capitano Cardone, Lucio und Isabella, Lelio und Nisa, der gefräßige Pedrolino und noch viele andere – drei Akte, in denen alle diese vorkommen aber nicht auftreten. Denn das Ganze läuft nicht als Theaterspiel ab, sondern im konzertanten Vortrag von lauter einzelnen fünfstimmigen Madrigalen, die die Individualisierung der Personen und die dramatische Handlung des Textes in den Rahmen der polyphonen Gattung binden. (Freilich, eine Pantomime zur Musik darf man sich wohl vorstellen.) Insofern sollte man die Madrigal-Komödie nicht als einen Vorläufer der Oper sehen sondern eher so: *L'Amfiparnasso* ist ein höchst originelles, ja ein geniales Stück, mit dem die reife polyphone Kunst der späten Renaissance hinter die Linie der Ausdrucksmöglichkeiten für die »affetti delle parole« auf heitere Art einen Schlußpunkt setzt. – Madrigal-Komödien schreiben auch A. Banchieri, A. Striggio, G. Croce, um wenigstens die wichtigsten Namen zu nennen.

1597 und **1598** **Canzonets to 4 voyces** und **Madrigals to 5 voyces celected out of the best approved Italian Authors,** gedruckt in London

Wie Yonge mit den beiden Ausgaben der *Musica transalpina* 1588 und 1597 und Watson mit der Marenzio-Sammlung *Italian Madrigals Englished* 1590 gibt hier Thomas Morley in zwei Sammlungen italienische Madrigale in englischer Bearbeitung heraus. Die genannten fünf Sammlungen enthalten zusammen rund 150 Madrigale, Canzonetten und Ballette – mehr als je ein einzelner englischer Komponist geschrieben hat, wobei man sich für die richtige Einschätzung allerdings auch klar machen muß, daß z. B. Philippe de Monte allein mehr Madrigale geschrieben hat als alle englischen Komponisten zusammen.

1598 und **1609** **John Wilbye** (* Diss 1574, † Colchester 1638): **First Set** und **Second Set of Madrigals** für 3 bis 6 Stimmen, gedruckt in London

Von den Meistern der »English Madrigal School« schreibt Wilbye die leichtesten und lieblichsten Stücke, und doch hat er in seiner zweiten Folge zugleich die am weitestreichenden Neuerungen des Madrigals in England. Stücke wie das vierstimmige *Flora gave me fairest flowers* aus der ersten und das fünfstimmige *Sweet honey-sucking bees* aus der zweiten Folge sind weltberühmte Stücke, im 17. Jahrhundert und im 18. ebenso wie im 19. und im 20., wo sie zum ständigen Repertoire nicht nur unserer Madrigal-Chöre, sondern eines jeden Chors in den angelsächsischen Ländern gehören.

1600 **Giovanni Maria Artusi** (1540-1613): Abhandlung **L'Artusi overo delle Imperfettioni della musica moderna**

Der gelehrige, konservative und streitbare Schüler Zarlinos gibt 1588-1589 ein Kontrapunktlehrbuch heraus, in dem die Lehre von Zarlinos *Istitutioni harmoniche* (1558), nur wenig modernisiert und in Tabellenform zusammengefaßt, dargeboten ist: *L'Arte del contrapunto.* Aber nicht dieses Buch, sondern Kontroversen machen Artusi berühmt: 1. die Auseinandersetzung mit Monteverdi, 2. die posthume Polemik gegen Zarlino, 3. der Streit mit Botrigari, 4. die frühe Polemik gegen Vincenzo Galilei. Die musikgeschichtlich wichtigste dieser Kontroversen ist die mit Monteverdi. Obwohl bis zuletzt ein überzeugter Anhänger der »Prima prattica«, söhnt Artusi sich in seinen letzten Lebensjahren mit Monteverdi aus, ja er ringt sich sogar zur Hochschätzung seines großen Antipoden durch. – Artusi greift Monteverdi in drei Streitschriften an, deren Veröffentlichung sich über sieben Jahre erstreckt: *L'Artusi overo delle Imperfettioni della musica moderna,* Bd. I 1600, Bd. II (mit dem Titel *Considerazioni musicali*) 1603; *Discorso musicale di Antonio Braccino da Todi,* 1606 (nicht erhalten); *Discorso secondo musicale di Antonio Braccino da Todi per la Dichiarazione,* 1608. In den ersten dieser Schriften werden neun Madrigale Monteverdis (aus den damals noch unveröffentlichten Madrigalbüchern IV und V – erschienen 1603 und 1605 – sowie aus den 1607 publizierten *Scherzi musicali*) in Einzelheiten ihrer fortschrittlichen Dissonanzbehandlung und experimentellen Rhythmik einer in gehässigem Ton gehaltenen Kritik unterzogen. Monteverdi erwidert Artusi dreimal: 1. in einem (nicht erhaltenen, aber bei Artusi in Bruchstücken zitierten) Brief eines »Ottuso Accademico«, nicht vor 1603; 2. in der Vorrede zum 5. Madrigalbuch, 1605; 3. durch die ausführliche, jene Vorrede kommentierende »Dichiarazione« seines Bruders Giulio Cesare Monteverdi in den *Scherzi musicali* von 1607.

Diese weltberühmten Kontroversen eines scheinbar Konservativen gegen den Fortschritt, oder der Theorie gegen die Praxis, wie man auch gerne und vorschnell sagt, erscheint uns heute im Grunde merkwürdig – was man freilich nicht so gerne zugibt. Handschin allerdings hat dieses Unbehagen trefflich formuliert (1948), wobei er weniger direkt an Artusi und Monteverdi denkt als an die Diskussionen der Wende um 1600: »Wir müssen gestehen, daß wir erstaunt sind, daß das theoretische Bewußtsein des 16. Jahrhunderts auf diese Dinge einen solchen Nachdruck legt, da *uns* die Musik jener Zeit im allgemeinen nicht so affekthaft oder textnachahmend erscheint.« Um Text und musikalischen Affekt dreht sich nämlich im Grunde alles. »Wir müssen uns sagen: entweder ist hier eine weit objektivere Art Ausdruckshaftigkeit gemeint, als wie wir sie voraussetzen, oder wir sind durch die spätere Entwicklung in dieser Hinsicht an ›stärkeren Tabak‹ gewöhnt, oder aber wir müssen für das 16. Jahrhundert eine gewisse Diskrepanz zwischen dem Kunstideal der Theorie und der praktischen Kunst annehmen, wobei sich das erstere eher in der Musik des 17. Jahrhunderts als in der des 16. spiegeln würde. Zu unserer Verwunderung bezeichnet V. Galilei, dessen Ideal ausgeprägt nach der Monodie ausgerichtet ist, sogar Palestrina als ›großen Naturnachahmer‹, was uns die Frage nahelegt, ob etwa für Galilei ›Komponist‹ schon *eo ipso* mit ›Naturnachahmer‹ gleichbedeutend ist, oder ob er sich hier einfach vor der anerkannten Berühmtheit Palestrinas beugt. Es ist, wie wenn man damals die Naturnachahmung zum Schlagwort gemacht und sich also gefürchtet hätte, ihm nicht zu huldigen, wie im 19. Jahrhundert dem sogenannten Fortschritt.«

1601 **Hans Leo Haßler** (1564-1612): **Lustgarten Neuer Teutscher Gesäng, Balletti, Gaillarden und Intraden,** gedruckt in Nürnberg, dem Kurfürsten Friedrich von der Pfalz gewidmet

Die Anregung zu dieser Sammlung (von 4-, 5-, 6- und 8-stimmigen Stücken) so ganz und gar *deutscher* Musik kommt direkt aus Italien, von Gastoldi und Vecchi, und wie die seinerzeit weltberühmten Vertreter des italienischen Gesellschaftsliedes alle heißen. Trotz Villanella, Canzone und Balletto sind aber die Lieder von Haßlers *Lustgarten* keineswegs bloße Anleihen bei Italien, vielmehr sind in ihnen ältere italienische *und* deutsche Formen zu etwas Neuem verschmolzen, das in Strophenliedern, mit inniger Melodik, mit kadenzfreudiger Harmonik und tänzerischer Rhythmik ausgesprochen deutsch anmutet. Damit können die Lieder des *Lustgartens* zu Urbildern für das gesellige deutsche studentische Lied im 17. Jahrhundert und kann die Sammlung zu einer der einflußreichsten in der Geschichte des deutschen Liedes überhaupt werden. Die bekanntesten Beispiele daraus sind *All Lust und Freud, Mein Lieb will mit mir kriegen* und *Mein Gmüt ist mir verwirret.* Letzteres ist alsbald parodiert worden in *Herzlich tut mich verlangen* und später in *O Haupt voll Blut und Wunden.*

1601 **The Triumphes of Oriana,** herausgegeben von Thomas Morley, gedruckt in London

In diesem Sammeldruck mit Huldigungsmadrigalen von 23 englischen Komponisten auf Elisabeth I. (1533-1603), »die jungfräuliche Königin«, schließen alle Madrigale mit dem Refrain »Then sang the Shepherds and Nymphs of Diana: Long live fair Oriana!« Damit knüpft der Herausgeber Thomas Morley an die venezianische Sammlung *Il Trionfo di Dori* von 1592 an, und mit seinem eigenen Beitrag parodiert und »veredelt« er das in England bereits aus der *Musica transalpina* (1588) bekannte *»Dori«-Madrigal* von Giovanni Croce (um 1557-1609), einem späten Madrigalisten der Venezianischen Schule. Das Wagnis dieser Anthologie aufgrund einer ja doch schwachen Lokaltradition für diese Art von Musik ist eine für die Elisabethanische Zeit charakteristische Kühnheit – die von ihrem Erfolg freilich gerechtfertigt wird.

1601 **Luzzasco Luzzaschi** (um 1545-1607): **Madrigali per cantare et sonare a uno e doi e tre Soprani,** gedruckt in Rom

Luzzaschi fängt an wie alle seine Zeitgenossen: mit Madrigalen (7 Bücher 1571-1604). In diesen geht er zwar von der polyphonen Satzstruktur nach dem Vorbild der Willaert-Schule aus, aber er treibt die Gattung in ihren Möglichkeiten auch voran, indem er die Kontrapunktik einschränkt, die Chromatik verstärkt, die Dramatik durch Intensivierung des musikalischen Wortausdrucks und der Wortausdeutung verschärft. Seine Vertonung etwa von Dantes *»Quivi sospiri«* (im 2. Madrigalbuch 1576) gehört zu den dramatischsten Madrigalen der Zeit. In den Madrigalen von 1601 aber geht Luzzaschi einen ganz anderen Weg: Diese Madrigale sind Soli, Duette und Trios mit Cembalobegleitung, bei denen reich verzierte Sopranstimmen – und zwar verziert weniger zur Steigerung des Ausdrucks als zur Demonstration von Virtuosität – als Oberstimmen eines Madrigalsatzes erscheinen, dessen weitere Stimmen im polyphonen Instrumentalsatz stecken, der also alles andere ist als ein Begleitsatz, als ein simpler Generalbaßsatz, – und der doch gerade damit für die Anfänge der Kompositionstechnik des Generalbaßsatzes charakteristisch und wichtig ist.

1602 **Pierre Guédron** (um 1565-um 1620): **Airs de cour à quatre et cinq parties,** gedruckt in Paris

Pierre Guédron, Lautenist am Hof der Königin von Frankreich, ist der bedeutendste Komponist weltlicher Vokalmusik in Frankreich in eben der Zeit, in der sich die begleitete Einstimmigkeit entwickelt. Seine *Airs de cour* existieren meistens (wie dann fast alle Airs, die in den ersten Jahrzehnten des 17. Jahrhunderts veröffentlicht werden) in zwei Fassungen: eine in syllabischer Mehrstimmigkeit, die andere für eine Singstimme mit Lautenbegleitung.

1604 **Orlando di Lasso** (um 1532-1594): **Magnum Opus Musicum**

Lassos Söhne Ferdinand und Rudolph (Rudolph seit 1585 Mitglied der Bayerischen Hofkapelle seines Vaters) unternehmen den Versuch einer Gesamtausgabe der Motetten ihres Vaters. In 6 Stimmbüchern erscheinen 516 Stücke (ohne die Zyklen) bei A. Bergs Nachfolger Nikolaus Heinrich in München im Druck.

1605 **Tomás Luis de Victoria** (1549-1611): **Officium defunctorum,** sechsstimmig, gedruckt in Madrid

Victoria, einer der großen spanischen Komponisten, ist einer der großen Vertreter der *Römischen Schule.* Anders als Palestrina komponiert er verhältnismäßig wenig (20 Messen, 52 Motetten, 37 Hymnen, 18 Magnificat), aber alles veröffentlicht er in repräsentativen Ausgaben der königlichen Druckerei in Madrid. Wie alle spanischen Komponisten seiner Zeit schreibt er nur liturgische Musik. Diese Musik für eine Totenmesse, »sein letztes und krönendes Werk« (Stevenson), gilt der Prinzessin Margarete, Tochter Kaiser Maximilians II., die in dem Kloster gelebt hat, in dem Victoria Kaplan ist.

1605 **Claudio Monteverdi** (1567-1643): **5. Buch fünfstimmiger Madrigale,** gedruckt in Venedig

Monteverdis *5. Madrigalbuch* enthält wieder eine Fülle von Stücken im Stil der vorangegangenen Madrigalbücher, aber es ist bedeutsam vor allem dadurch, daß hier zum ersten Mal das »Madrigale concertato« und das Solo-Madrigal mit Generalbaß auftauchen. Hiermit ist der Weg vom im Wesentlichen noch polyphon orientierten a cappella-Madrigal zu dem mit einem bezifferten Baß versehenen und die traditionelle Fünfstimmigkeit verlassenden Madrigal beschritten. Aber auch der Umstand, daß zugleich mit dem ersten Generalbaß-Madrigal sechs- und neunstimmige Madrigale auftreten, macht das *5. Madrigalbuch* zum hervorragenden Dokument in Monteverdis Lebenswerk und in der allgemeinen Musikgeschichte. – In seiner Vorrede geht Monteverdi auf Angriffe des Musiktheoretikers Artusi ein. Dieser hatte in seiner Abhandlung *L'Artusi overo delle Imperfettioni della musica moderna* (1600/1603) neun noch nicht gedruckt veröffentlichte Madrigale Monteverdis wegen ihrer Dissonanzbehandlung und Rhythmik scharf kritisiert. In Monteverdis Erwiderung fällt zum ersten Mal der Begriff »Seconda prattica«, den Monteverdis Bruder Giulio Cesare in seiner ausführlichen, diese Vorrede kommentierenden »Dichiarazione« (»Erklärung«) im Vorwort der *Scherzi musicali* (1607) sofort aufgreift. Über alle Polemik hinaus entwerfen die beiden Monteverdis damit das Konzept einer »Seconda prattica«, die sich von der »Prima prattica« der älteren Kunst durch einen anderen, neuen und in neuer Weise engen Anschluß der Musik an das Textwort unterscheidet. Der Schluß der Vorrede zum *5. Madrigalbuch* lautet: »... e credete che il moderno compositore fabbrica sopra li fondamenti della verità«; es ist die Maxime einer neuen Kunst, die, indem sie das Vokale mit dem Instrumentalen verbindet, mit der Monodie ins Generalbaßzeitalter und in die Oper mündet.

1605 **William Byrd** (1543-1623): **3 Messen zu 3, 4 und 5 Stimmen,** gedruckt in London

Wahrscheinlich 1605 druckt wahrscheinlich Thomas East (Este) in London Byrds *3 Messen* – die eigentlich gar nicht gedruckt werden dürfen, weil sie »katholische Werke« sind, die deshalb in aller Heimlichkeit nur erscheinen können. Und dabei handelt es sich um Werke des allerhöchsten Ranges, schlechthin klassisch in ihrer Vokalpolyphonie, und im musikalischen Ausdruck von einem ganz eigenartigen Adel.

1606 **Leonhard Lechner** (um 1553-1606): **Das erst und ander Kapitel des Hohenliedes Salomonis** und **Deutsche Sprüche von Leben und Tod**

In einer handschriftlich überlieferten Sammlung *Newe Gaistliche und weltliche Teutsche Gesang* von 1606 sind unter anderen Werken diese beiden höchst merkwürdigen Motettenzyklen überliefert. Der Textdichter ist unbekannt, doch ist es ein Dichter von Rang, und seine starke Bildersprache kommt – ähnlich wie in der guten italienischen Madrigaldichtung – den Intentionen des Komponisten entgegen. Diese deutschen Motettenzyklen sind in der madrigalischen Anschaulichkeit der Textinterpretation, in der Kraft des musikalischen Ausdrucks, in Ernst und Feierlichkeit des Gestus zugleich schlicht und groß, einfach schön und höchst eindrucksvoll. In Werken wie diesen – vergleichbar etwa auch die *Passion nach dem Evangelisten Johannes* von Christoph Demantius (1631) – hat die deutsche evangelische Kirchenmusik, ja die deutsche Musik überhaupt, vor und neben Heinrich Schütz ihr Bestes hervorgebracht.

1611 oder **1612** **Heinrich Schütz** (* Köstritz 1585, † Dresden 1672): **Italienische Madrigale,** gedruckt in Venedig

Von 1609 bis 1613 ist Heinrich Schütz mit einem Stipendium des Landgrafen Moritz von Hessen in Venedig Schüler von Giovanni Gabrieli. Gabrieli hat die Gewohnheit, allen seinen Meisterschülern zum Studienabschluß eine Aufgabe zu stellen, und zwar offenbar allen dieselbe: ein Buch fünfstimmiger Madrigale im strengen Satz a cappella. So beginnt der Deutsche Heinrich Schütz – als später italienischer Madrigalist. Das Buch enthält 18 fünfstimmige Madrigale und ein achtstimmiges. Zwar sagt der Titel »Il primo libro«, aber ein »Secondo libro« hat Schütz nicht mehr herausgebracht. Der größere Teil der Texte stammt von zwei damals ganz modernen Dichtern: zehn von Giambattista Marino, fünf aus Battista Guarinis für die Entwicklung des barocken Schäferspiels und für das späte Madrigal wichtigen *Drama »Il pastor fido«*. Der Text des letzten, des achtstimmigen Madrigals mit einer Huldigung an den Landgrafen von Hessen könnte vielleicht von Schütz selbst stammen. Von Schützens Musik sagt der wohl beste Kenner des italienischen Madrigals, Alfred Einstein (1928): »Es gibt kaum ein kühneres, weniger schulmäßiges, charakteristischeres Werk von Schütz. Gerade das Moderato des Ausdrucks scheint ihm hier verpöhnt, das Excessive, Überschwangvolle zum Prinzip erhoben; das sprengende Gefühl bedient sich der stärksten, freiesten Mittel der Deklamation, des Motivkontrastes, der Harmonik: ein unmittelbares Vorbild – so manches Vorbildliche sich auch bei Andrea und Giovanni Gabrieli, Gesualdo di Venosa, Monteverdi, Marenzio findet – ist kaum nachzuweisen; diese Stücke sind gestalteter, weniger spielerisch, verwobener, tiefer als alles Italienische.«

1613 **Domenico Pietro Cerone** (1566-1625): Spanischer Musiktraktat **El Melopeo y Maestro,** gedruckt in Neapel

Palestrina und die Vollendung seines Stils üben, wie Nino Pirotta (1957) in dem faszinierenden Artikel *»Italien«* in *MGG* ausführt, einen tiefen Einfluß auch außerhalb des Kreises der zur Römischen Schule gehörenden Musiker aus. Durch den Traditionalismus der Cappella Sistina kommt es zu einem Jahrhunderte andauernden zähen Festhalten an einem Stil »alla Palestrina« (genannt auch »stilo grave« oder »stilo antico«), in dem einige äußerliche Merkmale von Palestrinas Musik und Technik weiterleben, und der als Prototyp eines religiösen Musikstils auch in Zeiten veränderten Geschmacks und im Grunde anderer Musiken fortzugelten scheint. Ein Beispiel dafür, wie die Kodifizierung von Palestrinas »Stil« in einer Art von »Poetik« Gestalt annimmt, ist der *Melopeo y Maestro* des Domenico Pietro Cerone aus Bergamo. Hierfür ist aber nur bis zu einem gewissen Grade der von der Gegenreformation verursachte Konformismus verantwortlich, mehr eine Tendenz zum Manierismus, die in der zweiten Hälfte des 16. Jahrhunderts in der Musik nicht weniger hervortritt als in den anderen Künsten.

> Aber wie man in der Literatur dazu neigt, Poetik und Rhetorik zu verwechseln, so neigt auch die Musik zur Schaffung eines eigenen Repertoires rhetorischer Bilder oder Metaphern. Nichts anderes sind tatsächlich die sogenannten Madrigalismen und die beschrei-

benden »spunti« (»Stichwörter«), mit denen man versucht, ein anderes ästhetisches Streben der Zeit zu verwirklichen: die Nachahmung der Natur. Obwohl diese Madrigalismen sich praktisch in graphischen Symbolen oder in figürlichen Analogien ausdrücken, deren Beziehung zur Wirklichkeit der Natur rein konventionell ist, so muß man sich doch vor einem a priori negativen Urteil über diese musikalischen Idiogramme hüten: ihr Ursprung ist älter als das 16. Jahrhundert. Obwohl aus einer rationalistischen Haltung entstanden, muß ihnen durch fortwährende Wiederholung eine Art Fähigkeit zugewachsen sein, im Hörer assoziative Reaktionen auszulösen und zu Mitteln der Vergegenwärtigung von Ausdruck zu werden. Was während der zweiten Hälfte des 16. Jahrhunderts, während dieser Periode intensiver musikalischer Aktivität in den zahlreichen Kapellen, die in allen Städten von einiger Bedeutung entstehen, an den Höfen, in den Akademien und in Dilettantenkreisen heranreift, das bildet den Übergang von einer konstruktiven Auffassung der Musik zu einer neuen Haltung, bei der der Hauptakzent auf dem Ausdruck der Affekte liegt.

1613 Don Gesualdo, Fürst von Venosa (um 1560-1613): Partitura delli sei libri de' Madrigali a 5 voci, hrsg. v. Simone Molinaro, gedruckt in Genua

Daß im Todesjahr Gesualdos ein anderer, der selbst ein fruchtbarer Komponist ist, Simone Molinaro (um 1565-um 1615), Gesualdos *6 Bücher Madrigale* (1594-1611) als Partiturdruck und mit Taktstrichen versehen herausgibt, ist in mehrfacher Hinsicht merkwürdig: zunächst schon als, in damaliger Zeit ganz und gar unüblicher Partiturdruck, der ein auffallendes Interesse am Studium von Gesualdos Komposition signalisiert, dann aber als späte Referenz gegenüber einer untergehenden musikalischen Gattung. Innerhalb des uns überlieferten Repertoires mehrstimmiger Vokalmusik des 16. Jahrhunderts gehören Gesualdos Werke zu den Werken, die auch den modernen Hörer fesseln, obwohl sie ungewöhnlich schwer zu hören und zu verstehen sind. Dies ist einmal begründet im Wesen des Madrigals selbst als einer Gattung, die – jedenfalls zunächst und im Grunde weit entfernt ist von aller Volkstümlichkeit – für musikalisch höher gebildete und musikalischen Neuerungen aufgeschlossene Hörer bestimmt und somit bereits zur Zeit ihrer Blüte für verhältnismäßig enge Kreise, etwa von »Akademien« (deren eine Gesualdo selbst mitbegründet), »reserviert« ist. Sodann erklärt sich die Schwierigkeit des Zugangs für damals wie für heute auch aus Gesualdos eigenartiger historischer Stellung: Bei seinem Auftreten hat das Madrigal bereits eine reiche und gefestigte Tradition, in der sich allerdings seit etwa 1560 eine Tendenz zur Steigerung des musikalischen Ausdrucks durch stärkere Verwendung von Dissonanzen und von Chromatik abzeichnet. Hinter Gesualdo steht also die Madrigalkunst von Willaert bis Marenzio, und zwar als nach wie vor lebendige Überlieferung. Diese historische Situation scheint nun zwar eine gewisse Ähnlichkeit mit der des späten 19. Jahrhunderts zu haben, eine konkrete Betrachtung kompositorischer Einzelheiten aber lenkt den Blick gerade wieder zurück auf die, neben den sogenannten Kühnheiten eher mehr als weniger beachtenswerten konservativen Züge von Gesualdos Komposition, und damit auf deren eigentlichen historischen Ort, nämlich auf eine Art von musikalischem Manierismus der ausgehenden Renaissance.

1614/1615 Editio Medicaea des römischen Graduales

Das Konzil von Trient beschließt in seiner 3. Sitzungsperiode unter den kirchenmusikalischen Reformen auch eine Reform des Gregorianischen Chorals, um ihn von Überwucherungen zu befreien, und um die Einheitlichkeit des liturgischen Gesangs wiederherzustellen. Mit dieser Aufgabe wird eine Gruppe wichtiger Musiker der Zeit, unter ihnen Palestrina, beauftragt; sie soll eine Vorlage für eine Reformausgabe des Römischen Graduales erarbeiten. Palestrina scheint an dieser Aufgabe jedoch nicht mitgearbeitet zu haben; die Vorlage geht vielmehr auf Anerio und Suriano zurück. Das Resultat, die *Editio Medicaea* (Dominicale 1614, Sanctuarium 1615), so genannt nach der medicaeischen Druckerei in Rom, ist eines von vielen Werken, die die liturgisch-kirchenmusikalischen Reformen der nach-tridentinischen Zeit hervorbringen und die allesamt das Verständnis für die Eigenart der historischen Liturgie und des Gregorianischen Gesangs vermissen lassen. Trotzdem wird die *Editio Medicaea* im 19. Jahrhundert zunächst noch einmal Grundlage für die Arbeiten Franz Xaver Haberls und seines Kreises an einer neuen Choralausgabe. Erst die zum ersten Mal für die ganze Römische Kirche verbindliche Ausgabe der *Editio Vaticana* (seit 1903/05) verdrängt die *Editio Medicaea* wie alle anderen Ausgaben.

1619 **Johannes Kepler** (1571-1630): **Harmonices mundi Libri V,** gedruckt in Linz

Man weiß, daß das Abendland nicht nur in seinem Mittelalter sondern noch weit bis in die Neuzeit hinein an dem Gedanken festhält, daß die Harmonie der Musik mit der Harmonie der Welt korrespondiere, daß Musik auf eigenartige Weise Sphärenharmonien wiedergebe, hörbar mache. »Die Sonne tönt nach alter Weise«, läßt Goethe im *»Prolog im Himmel«* zum *Faust I* den Erzengel Raphael sagen, und Goethe rechnet gewiß selbstverständlich damit, daß jedermann weiß und versteht, was mit dieser mythischen Rede gesagt ist. Wir heute indessen wissen das nicht mehr, ja uns ist die Fähigkeit verlorengegangen, überhaupt zu verstehen, wie Menschen früher Musik denken konnten, wenn man sie im Zusammenhang einer Harmonie der Welt denken mußte. Weil jedoch dieses uns fremde Musikverständnis von hoher Bedeutung ist oder jedenfalls früher gewesen ist – daß es dann auch heute noch für das Verstehen alter Musiken eine Bedingung sei, kann man nicht ohne weiteres behaupten –, deshalb muß es selbst in einer »Musikgeschichte«, die an Werken orientiert ist, aufscheinen, und zwar wenigstens mit diesem einen Werk.

Johannes Kepler, der große Astronom, durch den das kopernikanische Weltsystem erst seine entscheidende Vervollkommnung erfährt, sieht die Welt mehr mit den Augen des musischen Menschen als mit denen des Naturwissenschaftlers und scheut sich nicht, die damals feststehenden Grundlagen der Musik auch kosmisch zu begründen, z. B. das Dur-Moll-System, welches er aus den Erde-Venus-Intervallen herleitet, die die Grundlage seiner Planetenakkorde bilden. In der Existenz einer derart umfassenden Harmonie erblickt Kepler zugleich einen Gottesbeweis, für dessen Offenbarung er am Ende der *Harmonices mundi* Gott Dank abstattet.

1631 **Christoph Demantius** (1567-1643): **Deutsche Passion nach dem Evangelisten S. Johanne,** gedruckt in Freiberg/Sachsen

Unter den deutschen Komponisten der Generation vor Schütz, Schein und Scheidt gehört Demantius neben Haßler und Lechner zu den wirklich eigenartigen und selbständigen. Innerhalb seines Werkes, das je zur Hälfte der weltlichen und der evangelischen Kirchenmusik gehört, trägt die *Johannespassion* Züge eines Spätwerks, und trotzdem kann man diese Züge für den ganzen Demantius als charakteristisch ansehen: Aus alter Form und alter Technik sucht ein phantasievoller Komponist den Ausdruck einer neuen evangelischen Frömmigkeit in einer neuen Epoche der deutschen Musik. Erinnert man sich, daß die Lebensdaten des Demantius denen von Monteverdi genau entsprechen, und bedenkt man den Unterschied ihrer Musiken, dann kann man einmal wieder erkennen, wie verschieden die Wege sind, die aus dem musikalischen 16. Jahrhundert, das der Renaissance zugehört, ins 17. Jahrhundert führen, das wir zum Barock zählen.

1642 und **1644** **Johannes Eccard** (1553-1611) und **Johann Stobaeus** (1580-1646): **Erster** und **Ander Teil der Preußischen Festlieder zu 5-8 Stimmen**, gedruckt in Elbing und Königsberg

Wie ist der protestantische Gottesdienst an Festen auszuschmücken, wenn keine lateinischen Messen und Motetten gesungen werden sollen, der Gemeindechoral aber den *gewöhnlichen* Gottesdienst bestimmt ist und die Kirchenkantate als Gattung noch nicht zur Verfügung steht? Durch Kantionalsätze! Das sind mehrstimmige Sätze, in denen der Choral in besonderer Weise bearbeitet ist, oder durch deutsche Motetten – vom Orgelspiel einmal abgesehen. Johannes Eccard, ein Schüler Lassos in München und von 1580 bis 1608 Musiker, dann Kapellmeister beim Preußischen Administrator in Königsberg, versucht anderes, indem er entweder den Satz mit der Choralmelodie in der Oberstimme motettisch-polyphon gleichsam solide unterbaut (so in den *Geistlichen Liedern auf den Choral,* fünfstimmig, 2 Teile, Königsberg 1597), oder indem er die Oberstimmen motettisch-polyphoner Sätze so liedhaft gestaltet, daß sie wie Choralmelodien erscheinen (so in den *Preußischen Festliedern*). In den *Preußischen Festliedern* stellt Stobaeus Kompositionen seines Lehrers Eccard mit eigenen zusammen. Die Sammlung hat seit Carl von Winterfeld (1843-47) hohes Ansehen und findet noch einmal weite Verbreitung, zumal man in den Sätzen Eccards und in ihrer Verbindung von Choralmelodik und obligatem Satz ein Vorbild für den Bachschen Choralsatz sehen kann.

1687 Orlando di Lasso (um 1532-1594): **Missa »Jager«,** gedruckt in Paris

Fast 100 Jahre nach seinem Tod erscheint noch einmal ein Werk Lassos im Druck: so berühmt ist dieser Mann noch bis in das folgende Jahrhundert hinein. – »Missa Jager« (»Jägermesse«, »Missa venatorum« – nicht zu verwechseln mit der »Hubertus-Messe« des 19. Jahrhunderts, die gar keine richtige Messe ist) nannte man eine möglichst konzentrierte Vertonung des Ordinarium Missae zum Gebrauch bei einer »Missa sicca«, einer Messe ohne Abendmahlssakrament – die also auch keine richtige Messe ist.

VI. Das Aufstreben der Instrumentalmusik zur polyphonen Komposition und die erste Epoche einer selbständigen komponierten Instrumentalmusik: 1430 bis 1640

1. Zur sogenannten ältesten Instrumentalmusik

Im ersten Jahrgang 1918-1919 des *Archivs für Musikwissenschaft* hat Johannes Wolf eine Arbeit veröffentlicht: *Die Tänze des Mittelalters. Eine Untersuchung des Wesens der ältesten Instrumentalmusik.* Wolf macht hier den Versuch, »einmal den Bestand der ältesten zweifellos instrumentalen Denkmäler festzustellen und an ihrer Hand das Wesen der alten Spielmannskunst zu ergründen. Schon lange war sich der Forscher darüber klar, daß es sich bei der mittelalterlichen Instrumentalmusik um keine unbedeutende Praxis handeln kann. Sprechen auch die damaligen Vertreter wissenschaftlicher Erkenntnis, die Männer der Kirche, in verständlichem Gegensatz zur Weltlichkeit und zu dem ungebundenen Wesen des Spielmannstums, das noch so manche heidnische Erinnerung festhielt, nur mit großer Zurückhaltung von der weltlichen Kunst, so erfahren wir doch von ihrer Pflege in Klöstern, z. B. in St. Gallen, wo nach dem Zeugnisse Ekkehards TUOTILO alle Arten Instrumente meisterte und die Söhne der Adligen in ihrem Spiel unterwies. Vagantenlieder wie die CAMBRIDGER LIEDER werfen so manches helle Licht auf die instrumentale Praxis ... Den gleichen Eindruck gewinnen wir aus den Anführungen der Theoretiker. Nur kühl berühren zwar anfangs z. B. NOTKER, die MUSICA ENCHIRIADIS und JOHANNES COTTO den Gegenstand. Bald aber wächst das Interesse. Im 13. Jahrhundert weist bereits JOHANNES DE GARLANDIA auf die größere Beweglichkeit der Instrumentalmelodien hin; bei dem englischen Anonymus [IV, 13. Jahrh.] stehen wir schon einer reich entwickelten instrumentalen Praxis mit weit ausgreifenden Läufen und eigener Notation gegenüber, und HIERONYMUS DE MORAVIA weiß für die Hauptinstrumente, die Rubebe und besonders die Vielle eine ganze Reihe Stimmungen unter Berücksichtigung der Erfordernisse der Volksmusik namhaft zu machen. Dann aber kommt uns um die Wende des Jahrhunderts jener einzig dastehende Traktat des JOHANNES DE GROCHEO, der, für gebildete Laien geschrieben, plötzlich die Instrumentenkunst mit ihren Formen DUCTIA und STANTIPES [beides Arten der ESTAMPIE: ähnlich wie die Sequenz auf dem Prinzip fortschreitender Wiederholung beruhende Formen in der weltlichen, vornehmlich der instrumentalen Musik des 13./14. Jahrhunderts] in den Mittelpunkt alles Interesses rückt und die Vielle zum Hauptausdrucksmittel jeglicher musikalischen Übung stempelt. – Nunmehr sind wir in der Lage, an Hand von Praxis und Theorie klar zu urteilen. Lassen wir einmal alle jene hypothetischen Fälle, in denen Stimmen und Instrumente gleichzeitig oder abwechselnd wirken, beiseite, verzichten wir auch auf die Heranziehung der in ihrer ligierten Schreibung sicherlich instrumental deutbaren Tenöre, soweit uns ihr instrumentaler Charakter nicht anderweitig belegt ist, und beschränken uns ganz auf das überlieferte Tanzmaterial...«

Wolf untersucht nun aus fünf Handschriften 20 Stücke und vier Bruchstücke, die er alle veröffentlicht, dazu noch wenige andere an anderer Stelle veröffentlichte Stücke, und kommt dann zu folgendem Schluß: »Fassen wir die Untersuchungsergebnisse der behandelten Denkmäler unter einheitlichen Gesichtspunkten zusammen, so können wir folgende Charakteristika der Instrumentalmusik des 13. bis 14. Jahrhunderts«, so heißt es hier nun einschränkend, »feststellen:

1. das Überwiegen der Durtonart,
2. die kolorierte Form der Melodien und die rhythmische Zerlegung langer Noten,
3. das Aufstellen kurzer Motive, die sequenzartig weitergesponnen und bald auf derselben,

bald auf anderen Stufen wiederholt werden,
4. das durch mehrfache Wiederholung starke Betonen der Quarte und Quinte als melodische Intervalle,
5. die straffe Periodisierung und das Entsprechen ganzer Abschnitte mit Halb- und Ganzschluß,
6. die Neigung zur Suitenbildung.«

Johannes Wolfs Veröffentlichung, seine Untersuchung und ihr Ergebnis sind berühmt geworden, denn das Problem der Tänze des Mittelalters und des Wesens der ältesten Instrumentalmusik schien damit gelöst. Die Musikwissenschaft wäre es auch gerne zufrieden gewesen, wenn nicht die bestimmten Artikel in Wolfs Überschrift: »*Die* Tänze *des* Mittelalters« und »*Das* Wesen *der* ältesten Instrumentalmusik« eben doch anstößig wären.

Zwar ist seit 1918/19 eine ganze Anzahl von weiteren Tänzen des Mittelalters entdeckt worden, aber immer noch ist ihre Zahl verschwindend klein, wenn man bedenkt, was es in Jahrhunderten an Tanzmusik gegeben haben muß, damit die Menschen ihre Feste feiern konnten, und damit bei all den Gelegenheiten zum Tanz aufgespielt werden konnte, bei denen üblicherweise bei allen Menschen und in allen Gesellschaften zum Tanz aufgespielt wird, von der Hochzeit bis zur Kirchweih, um nur zwei von den wichtigeren Gelegenheiten zu nennen. Was uns erhalten ist, sind also nicht *die* Tänze des Mittelalters, sondern es sind einige Tänze, die zufällig erhalten geblieben sind aus einem riesigen Repertoire, oder richtiger: aus großen Repertoires verschiedener Zeiten und Gegenden, weil zufällig einmal einer, der des Schreibens und zugleich der Musik kundig war, etwas von dem aufgeschrieben hat, was sonst einzig und allein unter Musikern und Spielleuten bekannt war und in mündlicher Überlieferung, also nicht-schriftlich und in gewisser Weise auch nicht-öffentlich überliefert wurde. Man muß sich das etwa so vorstellen:

> Ein Mönch, der in der Schreibstube seines Klosters als Notenschreiber tätig ist, bekommt Heimaturlaub, um seine jüngste Schwester zu trauen. Bei der Hochzeitsfeier nach der Trauung hört er gute Musik von einem guten einheimischen Musiker, die ihm auch in der Stille des Klosters nicht mehr aus dem Kopf geht. Den Sonntag darauf darf sein Nachbar am Schreibpult nach Hause fahren. Dessen Bruder ist Musiker von Beruf. Der kennt die neue Weise vielleicht noch nicht. Da schreibt der erste Bruder dem zweiten aus dem Gedächtnis in Noten nieder, was er gehört hat, damit dieser es schwarz auf weiß habe, lesen, abspielen, üben und dann dort seinem Bruder, dem Musiker, vorspielen und weitergeben könne – mündlich natürlich, denn der Musiker kann ja doch nicht lesen, auch nicht Noten. Für seinen Mitbruder im Kloster schreibt also unser erster Mönch ein oder zwei, vielleicht auch ein paar Stücke auf ein zufällig leer gebliebenes Blatt Pergament – und so sind uns heute ein paar Stücke Tanzmusik des Mittelalters überliefert, wenn das Blatt die Zeiten überdauert hat, als Bucheinband vielleicht: Alle Quellen mündlicher Tanz- und Instrumentalmusik lassen gleichermaßen die Zufälligkeit der Überlieferung erkennen.

Wer sich der älteren INSTRUMENTALMUSIK zuwendet, muß also zuerst bedenken, wie die sogenannte ältere Instrumentalmusik seinerzeit gelebt hat und überliefert worden ist, wie Instrumentalmusik in mündlicher Überlieferung überhaupt lebt und überliefert wird, und das bedeutet, er muß sich der instrumentalen Volksmusik zuwenden, also auch sein *historisches* Problem zunächst aus dem Blickwinkel der musikalischen *Volkskunde* betrachten, wie dies Felix Hoerburger in seinem grundlegenden Buche *Musica vulgaris. Lebensgesetze der instrumentalen Volksmusik* (1966) gelehrt hat. Volksläufige Tanz- und Instrumentalmusik ist nämlich, überspitzt gesagt, nicht in erster Linie musikalische Substanz sondern musikalische Funktion, so daß wir nur eine Hälfte der Sache sehen, wenn wir sie »ästhetisch« hören. So müssen wir auch als Historiker berücksichtigen, daß das Volk über die mißachtete instrumentale Volksmusik immer ganz anders gedacht hat und denkt als die alte Musiktheorie oder heute die gelehrten Vertreter der Volksliedkunde und der Musikwissenschaft.

Indessen: hier in diesem Buche sollen ja Daten zur abendländischen Kunstmusik versammelt werden und nicht zur Volksmusik! Der Einwand ist richtig und trifft doch nicht zu: Die instrumentale *Kunst*musik hat vor der Mitte des 15. Jahrhunderts mit der *Volks*musik gemein, daß sie nur in mündlicher Überlieferung lebt, daß sie nicht komponiert – im Sinne von »schriftlich verfaßt« – ist. Deshalb ist sie auch nicht polyphon, kann sie nicht polyphon sein, oder richtiger umgekehrt: weil sie nicht polyphon ist oder sein kann (es sei denn klanglich-vielstimmig), bedarf sie weder zu ihrer »Komposition« noch zu ihrer Überlieferung der Schriftlichkeit, die Überlieferung »funktioniert« vielmehr »auch so«, wie bei aller nichtschriftlichen Musik der Welt. (Der Terminus »Komposition« ist hier sachlich unzutreffend; man sollte besser sagen: zu ihrer »Erfindung« – wenn dieser Terminus nicht aus der musikalischen Vorstellung des 19. Jahrhunderts mit »Einfall« verbunden wäre.) Weil somit die Instrumentalmusik in mündlicher Tradition, sei sie *Volks-* sei sie *Kunst*musik, keine »Denkmäler der Tonkunst« hinterläßt, es sei denn zufällig, kann sie in einer »Musikgeschichte« nicht eigentlich erscheinen. Daß es sie trotzdem immer gegeben hat und gibt, daß sie also stets mitzudenken ist, wo Musikgeschichte gedacht wird, ist festzuhalten – festzuhalten als erstes! Und als zweites dies: daß das Instrumentale trotzdem auch und gerade in der abendländischen, schriftlich komponierten und polyphonen Musik und ihrer ganzen Geschichte lebt und webt und wirkt, und zwar einerseits als instrumentaler Faktor des grundlegenden musikalischen Bewußtseins und andererseits bei der Ausführung von Kunstmusiken über mitwirkende Instrumentalisten und Instrumente als Einfluß auf die Werke, ihre Aufführung und auf das musikalische Hören. Das scheint selbstverständlich – und ist *so* selbstverständlich, daß man über diese Wirkung und über den Einfluß des Instrumentalen durchs bloße Mitwirken von Instrumenten bei Aufführungen von Vokalkompositionen verhältnismäßig wenig weiß. Dieses Wissen ist dennoch in gewisser Weise die Voraussetzung für die Betrachtung und Beschreibung des geschichtlichen Vorgangs, den es hier zu fassen und darzustellen gilt, und für die Erkenntnis seiner Bedeutung im Ganzen der abendländischen Musik. Ich meine den Vorgang des Aufstrebens der selbständigen Instrumentalmusik in den Stand der musikalischen Komposition zwischen rund 1430 und 1600.

2. Grundsätzliche Überlegungen zu den Bedingungen des musikalisch Instrumentalen und zu den Konsequenzen für die instrumentale Komposition

Die hier mit lockerem Strich zu ziehenden Linien zu einer Soziologie des praktischen Musikers – das ist: des Instrumentalmusikers, denn den Sänger nennt man merkwürdigerweise nicht Musiker – und davon ausgehend einer SOZIOLOGIE DER INSTRUMENTALMUSIK sind nur Grundlinien zu einer allgemeinen Musiksoziologie, in der das hier lediglich Skizzierte auszuführen und stark zu differenzieren wäre. Aber diese Linien müssen, weil sie *Grund*linien sind, gezogen werden, damit überhaupt verständlich werden kann, warum die Instrumentalmusik als instrumentale *Komposition* erst so spät in die Musikgeschichte eintritt, und warum die Folgen dieses Eintritts so tiefgreifend sind.

DAS MUSIKALISCH INSTRUMENTALE ist in erster Linie, und zwar gleichermaßen im Bereich der Volks- wie der Kunstmusik, durch Bedingungen bestimmt, welche menschliche Veranlagungen, die sozialen Bindungen des Menschen und die instrumentale Technik stellen, und es wirkt mit diesen Bedingungen in die Musik, und zwar wiederum in die Volks- wie in die Kunstmusik, in die mündlich tradierte ebenso wie in die komponierte. Der Musiker ergreift ja doch seinen Beruf und übt ihn aus, weil er eine besondere Begabung dazu hat, weil er, wie die Leute sagen, musikalisch ist und »geschickte Finger« für das Instrumentenspiel hat. Diese Begabung allein schon läßt den Musiker in der großen Zahl der Menschen auffallen, und wenn er sie dann ausbildet und schließlich einsetzt und den Musikerberuf ausübt, fällt er erst recht auf, denn er fällt mit dem, was er tut, aus fast allen Tätigkeiten und Gepflogenheiten fast aller Menschen heraus: Der viele Fleiß, den der Musiker zum Üben aufbringen muß, ist nicht für etwas Nützliches aufgebracht, sondern bloß für's Spiel; der Musiker arbeitet in der Regel, wenn die andern nicht arbeiten, und damit diese in ihrer Freizeit ein Vergnügen haben; der Musiker darf zwar selbst Freude an seinem Spiel haben, und er hat sie auch meist, aber er verlangt trotzdem ein Honorar dafür. Die Gründe für die allgemein menschliche und für die soziale Sonderstellung des Musikers liegen also im Besonderen seiner Tätigkeit, nämlich daß er *spielt,* und zwar *von Berufs wegen.* Jeder Musiker ist in den Augen der Leute ein Sonderling, und rasch ist er – und zwar um so rascher, je besser er ist – ein »Teufelskerl«, was ja nicht zu allen Zeiten eine völlig harmlose Bezeichnung ist. Man sieht, Spielfreude des Menschen und Virtuosität des Spielers, die im Musiker gleichsam exemplarisch vereint sind, sie gehören von Grund auf zum musikalisch Instrumentalen und sie kennzeichnen den Musiker.

Eine – hier nicht näher zu erörternde – Folge seiner Wesensart und seines besonderen Sozialstatus' ist, daß der Musiker für seine sozialen Bindungen gleichsam zwangsläufig auf Seinesgleichen angewiesen ist, daß er sich aus der Öffentlichkeit, für die er spielt, immer wieder zurückziehen muß in einen engeren Kreis, nämlich in den Kreis derer, die dasselbe Handwerk als Kunst/Kunstfertigkeit betreiben und, unter Ausschluß der Öffentlichkeit, bewahren und lehren: Von jeher und überall sind Musiker ständisch organisiert, in ZÜNFTEN. DIE STÄNDISCHE ORGANISATION und ihre sichernde und abschirmende Funktion bringen wiederum Bedingungen mit sich. Man macht sie sich meist an den folgenden, allgemein bekannten Gegenüberstellungen klar. Das europäische Mittelalter etwa unterscheidet deutlich – wenn auch in der Terminologie, im Begrifflichen und in Einzelheiten sachlich, örtlich und zeitlich schwankend – zwischen dem gebildeten/gelehrten Musiker und dem Spielmann, zwischen dem MUSICUS THEORICUS und dem MUSICUS PRACTICUS, zwischen dem MUSICUS ARTIFICIALIS und dem MUSICUS NATURALIS, zwischen MUSICUS und CANTOR einerseits und HISTRIO und JOCULATOR andererseits. Die einzelnen Bezeichnungen in diesen Paarungen erweisen sich sowohl in etymologischer als auch in soziologischer Hinsicht als grundsätzlich voneinander verschieden. Während der Musicus theoricus kraft seiner Gelehrsamkeit zum Kreise der Weisen und Seher gehört und akademische Würden erlangen kann, werden dem nieder eingestuften Musicus practicus keine tieferen Einblicke in die Musik zugebilligt; seine gesellschaftliche Stellung ist zuweilen lediglich gleich der eines Possenreißers. Dementsprechend ist der reine Praktiker in der Regel des Lesens und Schreibens unkundig – in der Regel, aber keineswegs immer, denn man braucht immer und überall auch reine Praktiker zur Mitwirkung bei Aufführungen von (schriftlich verfaßten und also nach Noten zu spielenden) Kompositionen, man braucht Musiker, Instrumentalisten, die lesen können, solche, denen man sehr wohl Einblick in die hohe Musik zutrauen kann – wenn auch nicht zubilligen darf.

Der MUSICUS PRACTICUS ist also oft selbst dort, wo seine Tätigkeit den Bereich der hohen, komponierten Musik berührt, zurückgewiesen. Das bedeutet, er ist gewiesen in seinen eigenen Bereich, den er deshalb selbständig halten muß und hält, er ist sozial in seine Standesgrenzen gewiesen und musikalisch in den Bereich des autonom Instrumentalen, in dem das Instrument und seine Technik einerseits und das Umgangsmäßige andererseits (also ein eher Musikalisches und das mehr gesellschaftlich Funktionale) dominieren, in den Bereich, dem Volksmusik, Spielmusik, Tanz- und Unterhaltungsmusik und instrumentale Improvisation so naheliegen, daß auch alle Instrumental*komposition* zunächst *davon* ihren Ausgang nehmen wird.

Eine Mittelstellung zwischen dem gebildeten/gelehrten Musiker und dem Musicus practicus nehmen übrigens die beiden Musiker ein, die der Kirche im engeren Sinne dienen, der CANTOR PER ARTEM und der ORGANIST, und so scheint es geradezu natürlich, daß durch sie die Instrumentalmusik mit der komponierten Musik verbunden wird, durch sie und durch ihr Instrument: die Orgel.

Wenn nun der Instrumentalmusiker aus den ihm gesetzten Grenzen und den damit gegebenen Möglichkeiten hinaus zur KOMPOSITION drängt, wenn das Instrumentale gleichsam Gegenstand schriftlicher musikalischer Komposition werden und sich dabei doch selbst bewahren soll, dann muß die Grundlage alles musikalisch Instrumentalen, nämlich das instrumental Spielerische, als Voraussetzung gewahrt bleiben *und* in die Komposition *als solche* eingehen.

Das hat erhebliche Konsequenzen: a) Die KOMPOSITION hat dann nicht nur Grenzen und Möglichkeiten des einzelnen Instruments zu berücksichtigen, sondern vor allem den Spielvorgang. Das heißt, der Vorgang des schriftlichen Komponierens kann nicht direkt auf ein erdachtes Musikalisches gerichtet sein, dieses gleichsam abstrakt notieren und das Problem der klanglichen Realisierung als ein anderes Problem hintanstellen. Der Vorgang des Komponierens muß vielmehr den Spielvorgang als solchen kennen, von ihm ausgehen – und ihn zugleich zum Gegenstand der Komposition machen: Der ursprünglich rein usuelle Spielvorgang muß zum eigentlichen Gegenstand der Komposition werden, zum Gegenstand einer musikalisch denkenden und schriftlich sich niederschlagenden Manipulation des instrumentalen Phänomens.

b) Die NOTATION muß dementsprechend eine spezifisch instrumentale Notation sein, die beim Lesen und Abspielen den Spielvorgang als solchen auslöst, und zwar direkt. Notiert wird nicht, wie in der Komposition und mit der Notation bis dahin, das musikalische Ergebnis, wobei dem Spieler überlassen bleibt, wie er dieses zum Erklingen bringt, notiert wird jetzt vielmehr, *was* der Spieler *wie* auf seinem Instrument zu spielen, konkret: zu *greifen* hat, damit die intendierte Musik erklinge.

c) Dementsprechend müssen für die verschiedenen Instrumente verschiedene INSTRUMENTALNOTATIONEN – denn das sind Griffschriften – entwickelt und verwendet werden: die TABULATUREN. Und in den Tabulaturen sind die höchst verschiedenen Instrumententypen, Instrumentalstimmungen und, nicht zuletzt, die in verschiedenen Ländern und Gegenden durchaus verschiedenen Spielarten, das heißt die lokalen Traditionen und Schulen der jeweiligen instrumentalen Technik zu berücksichtigen. Deshalb unterscheiden sich nicht nur die Orgeltabulaturen von den Lautentabulaturen u.s.w., sondern auch die deutschen Orgeltabulaturen und Lautentabulaturen von den italienischen und den französischen, die süddeutschen von den norddeutschen, die ältere deutsche von der jüngeren deutschen Orgeltabulatur u.s.w.

Schließlich, die vielleicht wichtigste Folge davon: daß dem Musicus practicus im Mittelalter zwar die Mitwirkung bei der Aufführung polyphoner Kunstmusik zugemutet wird, ihm die Mitwirkung bei deren Komposition aber versagt bleibt, ist diese: Ohne Komposition gibt es keine MEHRSTIMMIGKEIT im Sinne von Polyphonie, kein geregeltes Mit- und Nebeneinander von mehreren, je für sich melodisch selbständig geführten Stimmen. Ohne Komposition gibt es Mehrstimmigkeit nur als gemeinsames Ausführen von vorgegebenen Klängen oder abgesteckten Klangfolgen oder als Improvisation über liegenbleibenden Tönen oder Klängen (Bordunen) oder in der einfachen Verdoppelung von Melodien. Für den Instrumentalisten als Einzelspieler mit Flöte, Schalmei oder Fidel oder mit einem anderen reinen Melodieinstrument ist das Problem nicht relevant. Solche Instrumentalisten in der Gruppe füllen zu allen Zeiten ihre Melodien gleichsam gegenseitig auf, ohne daß daraus Polyphonie entstünde, und die Spieler mit Dudelsack oder Drehleier können gar nicht anders als »zwei-« oder »drei-« oder »vierstimmig« musizieren, je nachdem, wie viele dauernd mitklingende Pfeifen oder Saiten (Bordune) ihr Instrument trägt. »Viel-stimmig« im engeren Sinne des Wortes, also polyphon, sind diese Musiken allerdings nie, können sie in den letztgenannten Fällen schon von den Instrumenten her gar nicht sein. Wohl aber können die Organisten, Clavecinisten und Lautenisten und Gitarristen auf ihren Instrumenten polyphon spielen, polyphone Sätze realisieren, und zwar gerade auch als *Einzelspieler*.

Hier taucht nun ein Problem auf, das wir heute nicht mehr kennen, uns nicht einmal mehr vorstellen können, das für das ausgehende Mittelalter und die heraufziehende Renaissance aber offenbar *das* Problem instrumentaler Polyphonie gewesen ist: das Problem der MEHR-STIMMIGKEIT, ausgeführt durch *einen* Menschen. Was wir heute für ein schwieriges und höchst heikles Problem halten, ob man eine vokale Melodie von einem Instrument vortragen lassen kann, oder ob man eine Instrumentalmelodie textieren und singen darf, auch ob und wann man Instrumente zur Verstärkung von Vokalpartien heranziehen darf, dieses Problem kennt man in jener Zeit nicht. Gleichgültig, ob Singstimme oder Instrumentalstimme, beides ist VOX, und diese VOCES können in der Regel füreinander eintreten. Aber die *verschiedenen* Voces einer polyphonen Komposition, die obligaten Stimmen, sie müssen *als solche* hörbar, wahrnehmbar werden und bleiben. Es

ist um 1450, d. h. in der Zeit, in der man beginnt, eine Komposition als Instrumentalkomposition zu denken, noch nicht lange genug her, nein: die Zeit ist noch gar nicht vorüber, in der man (wenn nicht immer, so doch oft; wenn nicht immer praktisch, so doch in der Komposition ideell und in der Notation stets sichtbar) jede Stimme mit einem eigenen Text versieht, damit sie die notwendige Selbständigkeit als Stimme habe und bewahre, weil man im Grunde nur dann einen Satz für mehrstimmig im Sinne von polyphon halten kann. Mehrstimmigkeit als Polyphonie ist die Möglichkeit der musikalischen Verwirklichung des Einzelmenschen als eines solchen im Gesamt einer Vielstimmigkeit, die zwar erst in der Realisierung der Komposition entsteht, diese Realisierung aber schon im voraus bindet: alle Einzelnen lassen zusammen das Ganze entstehen, in das jeder einzelne gebunden ist. »Alle«, das können nicht beliebig viele sein. »Das Ganze« ist nicht ein Präexistentes. »Die Verwirklichung« geschieht nach Noten, das heißt in der Realisierung der vor-geschriebenen Komposition als der Fixierung des individuellen musikalischen Werkes; die Komposition ist ein obligater Satz, drei-, vier-, fünf-stimmig, und dementsprechend müssen drei oder vier oder fünf »Stimmen«, Menschen-Stimmen oder Instrumenten-Stimmen (auch zusammen; das Problem der Verdoppelung ist hier jetzt ohne Belang) zusammenwirken, jeder zugleich für sich musizierend, um den Satz, die Komposition, gemeinsam zustande zu bringen. Und nun das Ereignis: Das soll jetzt auf einmal *einer allein*, ein Instrumentalist noch dazu, auf einem *einzigen* Instrument zustandebringen können und dürfen? Wenn wir heute diese Bedenken der Zeit zu verstehen suchen, wenn wir das Erstaunen bedenken, das über dieser unerhörten Möglichkeit für die Polyphonie sich erhebt, dann verstehen wir plötzlich das Interesse des Geistes der Renaissance an diesem Problem, und wir ahnen, woher die Kräfte kommen, die die selbständige Instrumentalmusik in jener Zeit mit solcher Macht emporkommen lassen. Zugleich verstehen wir dann auch, daß die Anfänge der Instrumentalkomposition notwendig an Instrumente geknüpft sind, die mehrstimmiges Spiel erlauben, und nicht an Flöten, Schalmeien und Fideln, nicht einmal an instrumentale Chöre. Und wir begreifen ebenso, daß sich die instrumentale Komposition aus den Versuchen schriftlicher Fixierung von Spielabläufen entwickelt – und aus der Adaptation von Vokalkompositionen auf Instrumente, aus sogenannten INTAVOLIERUNGEN.

Freilich, wenn das Instrumentale als Selbständiges dabei bewahrt werden und zugleich neu herauskommen soll, dann muß auch die neue Instrumentalkomposition die alten und eigentlichen Aufgaben der Instrumentalmusik zuerst berücksichtigen und mit Kompositionen, das ist jetzt neu: mit »Werken«, bedenken. Diese Aufgaben lassen sich in vier Gruppen zusammenfassen: VORSPIEL und ERÖFFNUNGSMUSIK, ZWISCHENMUSIK und MUSIK ZUR UNTERHALTUNG, MUSIK ZU TANZ UND BEWEGUNG, INSTRUMENTALBEGLEITUNG zu Vokalstimmen. Die neue Instrumentalkomposition muß sodann neben dem Instrumental-Spezifischen das jeweils Lokal-Spezifische zu wahren trachten.

In der Mitte des 15. Jahrhunderts – mit wenigen Vorläufern in der ersten Hälfte – setzt in Deutschland die Komposition für Orgel ein mit Lehrschriften für das polyphone Orgelspiel (FUNDAMENTBÜCHER) und mit TABULATUREN; sie enthalten Anweisungen und Beispiele für

1. PRÄLUDIEREN: in freier Form, meist mit viel Laufwerk über Orgelpunkten (Bordunen),
2. BEARBEITUNG EINES CANTUS FIRMUS: Gregorianische Melodien und Lieder werden verziert, die Verzierungs- und Diminutionsformeln werden für die verschiedenen Intervallschritte einzeln aufgeführt und eingeübt; Gregorianische Melodien und Lieder werden sodann in mehrstimmiger Bearbeitung gelehrt, wobei meist über der Melodie in langen Notenwerten in der linken Hand die rechte Hand eine Oberstimme in formelhaften Verzierungen spielt. Der Unterschied der Stimmen (Cantus firmus in Haltetönen erstarrt, die Gegenstimme in Formeln stereotyp) mildert sich allerdings bald: die Cantus firmus-Melodien gewinnen ihre melodischen Züge zurück und die Oberstimmen beginnen Gegenmelodien auszubilden.
3. ABSETZEN: mehrstimmige vokale Kompositionen werden aus den Stimmbüchern, in denen sie mensural notiert sind, »in Tabulatur abgesetzt« = umgeschrieben und arran-

giert, nämlich spielbar gemacht und den Ansprüchen des Instrumentenklangs und dem instrumentalen Gestus angepaßt.

4. ANWEISUNGEN für die »Improvisation« von Tänzen im Hinblick auf die Komposition, also auf Polyphonie.

Zusammengefaßt: Im 15. Jahrhundert, genauer: von 1450 an, tritt die Instrumentalmusik selbständig mit Kompositionen in die abendländische Musikgeschichte ein, und zwar erstens mit einem spezifisch instrumentalen Verfahren der mehrstimmigen Cantus firmus-Bearbeitung, wobei sie sich auf dasselbe Repertoire geistlicher und weltlicher Tenor-Cantus firmi stützt wie die gleichzeitige Vokalkomposition; zweitens mit ausgesprochenen Instrumentalstücken. Entsprechend den Bedingungen des Instrumentalen und entsprechend der daraus resultierenden Andersartigkeit des Kompositionsverfahrens wird eine neue und andere Art der Notation verwendet, die den Instrumenten und ihren Spielweisen adäquat sein muß. Die neuen Instrumentalkompositionen sind in der Regel nicht mit Vokalkompositionen zusammen, sondern in eigenen Quellen gesammelt. Das Verfahren der Kolorierung von Melodien, der Bearbeitung von Cantus firmi und von Liedern und von Tänzen wird in eigenen Lehrbüchern gelehrt, die man FUNDAMENTA, Fundamentbücher, nennt, und in denen Spielanweisung und Komposition stets nahe beieinander liegen oder ineinander übergehen. Während im Repertoire an Instrumentalkompositionen zunächst die intavolierten, d.h. fürs Instrument abgesetzten Vokalkompositionen überwiegen – also nicht die »echten« Instrumentalkompositionen –, setzen sich doch alsbald zunehmend reine Instrumentalformen durch: PRAELUDIUM, TOCCATA und VARIATIONENZYKLUS, RICERCARE, FANTASIE und SONATE – und die Geschichte der Instrumentalmusik im engeren Sinne beginnt.

3. Daten bis 1550

14. Jahrhundert Robertsbridge-Fragment

Vor der Mitte des 14. Jahrhunderts sind Instrumentalstücke nur gelegentlich in Handschriften mit Vokalmusik überliefert, und zwar entweder eingestreut oder in Anhängen. Im Robertsbridge-Fragment liegt zum ersten Mal ein für sich selbständiger Komplex von Orgelkompositionen vor. Das Fragment besteht nur aus zwei Pergamentseiten, die einem Register aus der Abtei Robertsbridge beigebunden sind. – Für die Herkunft ist wegen der Nähe zur Musik des *Roman de Fauvel* (1310/14) eher an Frankreich als an England zu denken. Neben instrumentalen Tänzen (Estampien) enthält das Fragment instrumentale Bearbeitungen (= Intavolierungen) dreier französischer Motetten der Ars nova. Die Notation ist die der älteren deutschen Orgeltabulatur – die also nicht der Herkunft, sondern ihrer späteren Verbreitung wegen diesen Namen trägt. (Bei diesem Fragment ist allerdings auch die Kenntnis der italienischen Trecento-Notation nötig, um die Oberstimme lesen zu können.)

um 1420 Instrumentalmusik im Codex Faenza

Die Biblioteca Comunale zu Faenza in Oberitalien bewahrt eine Sammelhandschrift des 15. Jahrhunderts, deren erster Teil (um 1420) die umfangreichste und wichtigste Quelle für die Tastenmusik vom Anfang des 15. Jahrhunderts ist. Die Sammlung von über 150 Orgelstücken ist planmäßig angelegt; sie enthält Intavolierungen französischer und italienischer Vorlagen der Ars nova- und der Trecento-Musik, darunter von Machaut und Landino, sowie liturgische Orgelstücke über Cantus firmi aus Offizium und Messe, darunter zwei Missa brevis-Zyklen. – Mit den liturgischen Stücken ist eine offenbar verbreitete Praxis des Alternatimvortrags von Meßgesängen unter Einbeziehung der Orgel belegt, mit der man dann auch in Deutschland, und seit dieser Zeit generell, rechnen muß. Die Notation der Stücke gleicht der späteren Klaviernotation mehr als einer Tabulatur, weil jeweils zwei (Sechs-Linien-) Systeme zusammengehören, also auch der Tenor in Noten notiert werden kann anstatt mit Buchstaben, und weil das Notenbild hier zum erstenmal mit senkrechten Strichen durch beide Systeme gegliedert ist, innerhalb derer die Zuordnung der Stimmen, besser: der zusammenhängenden Einzel-Spielabläufe, zu ihren Tenor-Tönen möglich ist und die Notenwerte in gewisser Weise absolute Geltung haben (Kugler 1972).

1450-1470 Buxheimer Orgelbuch

H. R. Zöbeley hat 1964 das *Buxheimer Orgelbuch* beschrieben und untersucht und dabei Überlegungen zur frühen Instrumentalmusik angestellt. Da das *Buxheimer Orgelbuch* keine Jahreszahl enthält, sind wir bezüglich seiner Entstehungszeit auf Vermutungen angewiesen, aber auch über den Entstehungsort läßt sich nichts Bestimmtes sagen. Es ist indessen anzunehmen, daß das Orgelbuch im Umkreis Konrad Paumanns in Nürnberg oder München entstanden ist. Für Nürnberg spricht die enge Verbindung zum *Lochamer-* und zum *Schedel-Liederbuch.* Der früheste Termin für die Abfassung oder Niederschrift liegt um 1450, der späteste nach 1470. Das *Buxheimer Orgelbuch* ist die reichhaltigste Quelle für die Orgelmusik des 15. Jahrhunderts; es enthält ca. 250 Stücke: 109 deutsche Liedbearbeitungen, 55 französische, 7 italienische, 51 lateinische Stücke, 27 freie Instrumentalstücke, ferner 4 Fundamenta, davon das erste und vierte von Paumann. Die Notation ist dieselbe wie im *Fundamentum organisandi,* die ältere deutsche Orgeltabulatur. Konrad Paumann ist die zentrale Gestalt unter den Musikern des *Buxheimer Orgelbuchs.* Außer den wenigen direkt genannten Komponisten, unter denen sich Binchois und Ciconia finden, lassen sich durch Konkordanzen 12 weitere nachweisen, unter ihnen die berühmtesten der Epoche, Dufay und Dunstable, ferner der Mönch von Salzburg und Oswald von Wolkenstein.

Anders als man erwarten möchte, läßt sich die Frage nach den eigenständig instrumentalen Merkmalen der ORGELMUSIK weniger gut und zutreffend anhand des an sich viel reicheren Bestandes an Orgeltabulaturen des *16.* Jahrhunderts verfolgen, weil in diesem späteren Zeitraum die Aneignung des musikalischen Satzes der Kunstmusik bereits eine Voraussetzung des Orgelspiel ist. Man muß vielmehr, wenn man das spezifisch Instrumentale ins Auge fassen will, das Hervorbringen von Musik auf der Orgel in einem Stadium der Orgelmusikgeschichte aufsuchen, das noch nicht vom kunstvollen musikalischen Satz geprägt ist. Eine Untersuchung der Musik des *Buxheimer Orgelbuchs* verspricht deshalb eher, die Faktur der frühen Orgelmusik zu erfassen, in die zwar Techniken und Wendungen der Kunstmusik eingedrungen sind, hinter der aber noch keine einheitliche Satzvorstellung steht. Deshalb ist es notwendig, zunächst auf das Verhältnis von genuin-instrumentalem SPIELVORGANG und AUFZEICHNUNG einzugehen. Man muß sich nämlich fragen, ob nicht das Besondere der instrumentalen Notierungsweise verloren geht, wenn man die Tabulatur ohne weiteres in den Zusammenhang der abendländischen Notation einreiht, oder wenn man durch die präsumptive Anordnung der einzelnen Schriftarten gleichsam die Entwicklung vom Einfacheren zum Komplizierteren darlegt. Zu oft fehlt die scharfe Trennung zwischen der Niederschrift von Kunstmusik, der das PRINZIP VON KOMPOSITION zugrunde liegt, und der Niederschrift von Orgelmusik, die auf STEGREIFAUSFÜHRUNG beruht und in unmittelbarem Zusammenhang mit dem Hervorbringen von Musik steht.

Die völlige Durchdringung der Stegreifausführung von Orgelmusik mit der Satztechnik der Kunstmusik beendet im 16. Jahrhundert einen zusammenhängenden Abschnitt in der Geschichte der Orgelmusik. Das *Buxheimer Orgelbuch* zeigt dabei den Übergang von der älteren zur jüngeren Spieltechnik. Die ältere, im ersten Teil der Handschrift erkennbare, besteht vorwiegend in den primär klanglichen, zum kompakten Orgelmixturklang in Wechselbeziehung stehenden Spielvorgängen. Im zweiten, ca. 20 Jahre später aufgezeichneten Teil ist dann das Zurücktreten der orgelmäßigen Techniken zugunsten der kompositorischen Rationalisierung des Orgelspiels zu beobachten. Die hauptsächlich aus horizontalen Spielvorgängen bestehende Technik des ersten Teils gehört somit als bloße Umspielung und Verlängerung des blockartigen Mixturklangs noch in den Bereich des musikalischen Mittelalters. Mit dem Eindringen einer einheitlichen Satzvorstellung in die Orgelmusik um 1470 ist dann die Auflösung des Orgelmixturklangs in Einzelregister verbunden, da die klangliche Anlage des mittelalterlichen Instruments den neuen Gegebenheiten und Vorstellungen nicht mehr entspricht. Und nun führt mit der spieltechnischen Erfassung des musikalischen Satzes die Orgelmusik und mit ihr die Instrumentalmusik überhaupt in die Nähe der sprachgebundenen, der großen Kunstmusik.

1448 Tabulatur des Adam Ileborgh aus Stendal

Die Aufzeichnungen von Orgelmusik in zahlreichen kleineren fragmentarischen deutschen Quellen des 15. Jahrhunderts – sie reichen von Norddeutschland bis Oberbayern – zeigen eine damals offenbar weit verbreitete handwerklich-instrumentale Praxis, die sich eine eigene Notenschrift geschaffen hat, und zwar eine Notenschrift, die über die Verbindung der theoretischen Spielanweisungen in unmittelbarem Zusammenhang mit dem Instrument und dem Orgelspiel steht. Aus diesem Zusammenhang entsteht die neuere Instrumentalnotation und mit ihr eine neue Musik. Ileborghs Orgelbuch enthält 5 Praeambula und 3 Bearbeitungen des deutschen *Tenor-Liedes »Frowe al myn hoffen an dyr lyed«*. In diesen drei Bearbeitungen führt, wie Kugler (1975) trefflich darstellt, die spielerische Experimentierfreudigkeit der Musiker – aber wohl auch die Untauglichkeit der verwendeten deutschen Tabulaturschrift, alle Spielversuche des Superius korrekt wiederzugeben – zu merkwürdigen Ergebnissen, nämlich immer wieder in ein stereotypes Wiederholen bestimmter Formeln. Dabei ist aber zu berücksichtigen, daß es sich hier ja nicht um Kompositionen im engeren Sinne handelt, sondern – wie man zutreffender sagen sollte – um Aufschreibversuche, und daß der Ursprung der frühen Orgelmusik, für die die *Tabulatur des Adam Ileborgh* eines der wichtigsten Zeugnisse ist, im handwerklichen Umgang mit Regeln und mit Formelmaterial liegt.

1452 **Konrad Paumann** (* Nürnberg 1410/15, † München 1473): **Fundamentum organisandi**

Zwischen 1452 und 1460 schreiben sich einige Musiker und Musikliebhaber in Nürnberg ein Liederbuch zusammen, das dann einem Nürnberger Bürger namens Wolfheim von Lochamer gehören sollte: das *Lochamer Liederbuch,* die erste umfangreiche Quelle deutscher Lieder im 15. Jahrhundert. Spätestens 1455 wird diesem Liederbuch ein anderes Büchlein beigebunden: *Fundamentum organisandi Magistri Conradi Paumanns Ceci de Nürenberga Anno 1452.* Nach Art der für die schriftliche Komposition üblichen Lehrbücher (Diskantlehren) erklärt Paumann hier, wie der Organist »diskantiert«, d. h. wie er zu einer gegebenen Stimme, zu einem Cantus firmus, eine zweite Stimme – nun aber nicht setzt = komponiert = schreibt, sondern instrumental improvisiert, allerdings so, als ob sie gesetzt und dann instrumental verziert sei. Der Lehrgang ist wie in der schriftlichen Kompositionslehre systematisch. Jede Bewegungsart wird einzeln behandelt: ASCENSUS und DESCENSUS jeweils in den verschiedenen Intervallen; liegende Töne; Schluß- und Klauselbildungen. Das Ziel ist, einen Tenor-Cantus firmus zweistimmig zu bearbeiten, und zwar orgelmäßig.

Hier ist nun zu bedenken, daß in der Beschreibung »orgelmäßig bearbeiten« für die herrschende Tradition im 15. Jahrhundert ein Widerspruch steckt. Wenn ein Cantus firmus »bearbeitet« wird, dann wird er nach den Satzregeln »punctus contra punctum« gesetzt = komponiert, so daß das Ergebnis eine RES FACTA (modern gesprochen: ein Werk) ist. Wird ein Cantus firmus aber »orgelmäßig« vorgetragen, dann meint das: »auf instrumentale Art«, und das bedeutet: dem herrschenden Usus entsprechend instrumental-improvisatorisch. Im ersten Falle ist der Bearbeiter der gelehrte MUSICUS, der die RES FACIENDA zur RES FACTA macht, indem er die Musik schriftlich ausarbeitet und in Notenschrift ein für allemal fixiert. Im zweiten Falle ist der Bearbeiter der CANTOR, der den Cantus firmus spielend ausführt, und das bedeutet: ihn jedes Mal neu spielt = »umspielt«. Was dabei musikalisch entsteht, ist also in einem ganz anderen Sinne eine Bearbeitung wie bei schriftlicher Komposition, weil keine Res facta entsteht, die als solche wiederholbar wäre. »Orgelmäßig bearbeiten« bringt nun das Verschiedene zusammen, indem die spielerische Bearbeitung des Organisten wie ein komponierter Satz, wie eine RES FACTA erscheint (wenn auch instrumental umspielt vorgetragen), und umgekehrt die RES FACTA wie spielerisch improvisiert. Das *Fundamentum organisandi,* das dies lehrt, ist also ein »Lehrbuch für die Kunst, über einem gegebenen Cantus eine Stimme zu organisieren«, ein modernes, der Instrumentalpraxis gewidmetes Seitenstück zu den ORGANUM-TRAKTATEN des Mittelalters. Arnold Schering, der die FUNDAMENTBÜCHER so beschreibt (1914), stützt sich dafür auf die spätere Definition von Hans Buchner (1483-1538). »Buchner, der sich stark an die Sprache der Theoretiker anlehnt, hat aber«, wie Zöbeley (1964) richtigstellt, »den musikalischen Satz als Voraussetzung für das Orgelspiel im Auge, und nicht den anschaulichen genuin-instrumentalen Spielvorgang, wie ihn das *Fundamentum organisandi* und später das *Buxheimer Orgelbuch* darlegen. Scherings Bezeichnung des FUNDAMENTUM als Seitenstück zu den ORGANUM-TRAKTATEN des Mittelalters hat insofern etwas für sich, als beide Darstellungen von Ausführungsweisen mehrstimmiger Musik sind: In den mittelalterlichen ORGANUM-TRAKTATEN wird aber nur die Regel, das Allgemeine, formuliert, das allen Ausführungen übergeordnet ist. Im FUNDAMENTUM des 15. Jahrhunderts dagegen werden hauptsächlich fertige mehrstimmige Wendungen gegeben und systematisch angeordnet, die das Besondere eines Ablaufs festhalten. Der entscheidende Unterschied liegt – was Schering übersieht – darin, daß es sich bei den FUNDAMENTA um *mehr*-stimmige Musik handelt, die von *einem* Musiker ausgeführt wird, während das Organum des Mittelalters aus zwei getrennten Einzelfunktionen, nämlich der des Cantors, der die Gregorianische Melodie vorträgt, und der des Organizators, der die Gegenstimme singt, besteht. ORGANUM und FUNDAMENTUM gehören in so verschiedene geschichtliche Situationen, daß es nicht zweckmäßig erscheint, eines der beiden Phänomene zur Erklärung des anderen zu Hilfe zu nehmen.

Deshalb scheint die etwas eigenartig klingende Umschreibung, die Zöbeley vorschlägt, das, was das FUNDAMENTBUCH lehrt, besser zu treffen: »Ausführungsweise von Musik anhand der Klaviatur« – denn es handelt sich um »die Projektion des kompakten Orgelklangs in die zeitliche Dimension und um die Aufspaltung dieses Klangs in anschauliche horizontale Spielvorgänge.« Die Spielvorgänge sind in den Übungsbeispielen in Form von Klauselabläufen aufgezeichnet. Das Freie des Spielvorgangs schrumpft gleichsam auf die für das Zustandekommen des Klangwechsels notwendigen »Griffe« zusammen. Durch den musikalischen Satz ist der Spieler aber andererseits in der Lage, echte mehrstimmige Musik als einzelner Musiker aus dem Stegreif auszuführen. – Paumann bedient sich im *Fundamentum organisandi* einer neuen besonderen Art der Notation: nur die Oberstimme, d. h. die neue instrumental diskantierende Stimme ist auf Linien und mit mensuralen Notenzeichen notiert, die Unterstimme hingegen mit Buchstaben und mit rhythmischen Hilfszeichen. Man nennt diese Notation die ÄLTERE DEUTSCHE ORGELTABULATUR. Die vielen Einzelbeispiele sind durch einige Beispielstücke ergänzt. – Außer dem *Fundamentum organisandi* sind unter Paumanns Namen noch ein etwas älteres *Fundamentbuch* überliefert und zwei weitere *Fundamenta* (um 1460) innerhalb des *Buxheimer Orgelbuchs.* Keines allerdings enthält einen ganz geschlossenen und vollständigen systematisch-ditaktischen Lehrgang.

1507-1508 **4 Bücher Intavolatura di Liuto,** gedruckt in Venedig

Es scheint, als spiele sich das Wichtigste, das in der italienischen Musik um 1500 geschieht, in der nordöstlichen Ecke der Halbinsel, in Venetien, ab, jedenfalls was die originäre Musikkultur betrifft. Rom ist zwar schon die musikalische Hauptstadt Italiens und der ganzen damaligen Kulturwelt, aber die Residenz der Renaissance-Päpste ist darüber hinaus international orientiert. Musikalisch wird sie von der Cappella Sistina beherrscht, wo zu dieser Zeit die »Oltramontani«, die von jenseits der Alpen Kommenden, das Sagen haben. In Venetien dagegen hat die bodenständige italienische Musikkultur des Cinquecento ihr Zentrum. Hier wird durch die volkstümliche Literatur der Frottola der Weg gebahnt für die wichtigste Erscheinung der Folgezeit, für das Madrigal, und hier wird der Boden bereitet für die Zarlinosche Musiktheorie, »eine der vornehmsten Blüten italienischen Geistes überhaupt.« Hierhin, auf den Venetischen Kulturbereich, hat man endlich den Blick zu richten, wenn von den Anfängen der komponierten Instrumentalmusik in Italien die Rede ist. So sind die frühesten bekannten gedruckten Quellen italienischer Instrumentalmusik die *4 Bücher Intavolatura di Liuto,* welche Ottaviano Petrucci in Venedig von 1507 bis 1508 veröffentlicht, zugleich die ältesten Quellen der Lautenmusik. Denn aus dem Mittelalter und aus der frühen Renaissance gibt es keine Stücke für Laute.

Im 16. Jahrhundert allerdings wird die LAUTE zum Lieblingsinstrument, und zwar aller Stände. Sie ist das Instrument der Aristokratie: von einem Edelmann wird selbstverständlich erwartet, daß er das Lautenspiel beherrscht und sich selbst zur Rezitation wie zum Gesang begleiten kann. Dem humanistischen Gelehrten gilt die Laute als »Orphenica lira«, als modernes Pendant zu den Zupfinstrumenten des Altertums und zudem als geeignetes Instrument, um Untersuchungen zu akustischen und musikalischen Problemen vorzunehmen, die die Zeit beschäftigen, vor allem zur Stimmung und zur Temperatur. Schließlich singt und spielt man auch in den Bürgerhäusern mit Lauten, und sie ist das bevorzugte Instrument der Tanzmusik im kleinen Kreis. – Mit der Entwicklung und Entfaltung der selbständigen Instrumentalmusik im 16. Jahrhundert erfährt das LAUTENSPIEL eine besondere Blüte. Davon zeugen die zahlreichen Handschriften und Drucke mit Lautenmusik aus dieser Zeit, die Weiterentwicklung der »klassischen« sechschörigen (elfsaitigen) Laute sowie die Ausbildung einer besonderen Griffschrift für Lautenkompositionen, der sogenannten LAUTENTABULATUR, die sich bis ins 18. Jahrhundert hinein hält. Den verschiedenen Varianten dieser Lautentabulaturschrift gemeinsam ist die Verwendung der üblichen Noten- und Pausenzeichen als rhythmische Wertzeichen über der eigentlichen Griffschrift. (Man unterscheidet die deutsche, die italienische, welche mit der spanischen verwandt ist, und die französische Lautentabulaturschrift, die unter anderem auch in England, Ungarn, Polen und Schweden benutzt wird.) Während die deutsche Lautentabulatur keine Linien verwendet, sondern für jede Griffstelle ein eigenes Zahlen- oder Buchstabenzeichen vorsieht, benutzen die beiden anderen Griffschriften für die Darstellung der Chöre des Instruments Liniensysteme, auf denen mit Zahlen (Italien) oder Buchstaben (Frankreich) die jeweils zu greifenden Bünde des betreffenden Saitenchors markiert werden.

Wichtiger als die Gemeinsamkeiten und Unterschiede in der Notation sind die des REPERTOIRES. Zunächst übernimmt die Lautenmusik wie auch die Tastenmusik der Zeit überall das Repertoire der vorherrschenden Vokalmusik: Vokalsätze von Motetten und Liedern aller polyphoner Arten werden in Tabulatur gesetzt, intavoliert, wobei die Oberstimme meist »koloriert«, nämlich in kleinere Notenwerte instrumentalen Figurenwerks aufgelöst und verziert wird. Daneben entstehen und verbreiten sich alsbald typische »freie« Instrumentalkompositionen wie Praeludia, Variationen und (meist imitatorisch gearbeitete) Fantasien (mit der englischen Sonderform der Fancy), außerdem viele verschiedene Tanzstücke, deren wichtigste sind: Pavana (ein geradtaktiger feierlich-gravitätisch schreitender Tanz), Gaillarde (ein ungeradtaktiger ausgelassen rascher Tanz), Allemande, Courante, Saltarello (schneller Springtanz im Drei- oder Sechsachteltakt) und Passamezzo.

1511 **Arnolt Schlick** (um 1455-1525): **Spiegel der Orgelmacher und Organisten,** gedruckt in Speyer

Dieses erste gedruckte Werk über Orgelbau und Orgelspiel in deutscher Sprache gibt in zehn Kapiteln umfassend Anordnungen und Anregungen für alle Gebiete des Orgelbaus. Die Mensur der Pfeifen, die Zusammensetzung und Bearbeitung des Metalls, die Wahl der Register, die Zusammenstellung der Mixturen, die notwendige Beschaffenheit von Lade, Wind und Bälgen, die Art der Stimmung, Ermahnungen und Vorschläge zur Wahl des geeigneten Ortes für die Aufstellung der Orgel, all das wird grundlegend besprochen und erwogen. Schlick vermittelt ein Bild orgelbautechnischer und organistischer Praktiken, wie sie in der ersten Hälfte des 16. Jahrhunderts im süd- und südwestdeutschen Raum angewendet werden.

1511 **Sebastian Virdung** (* um 1465): **Musica getutscht,** gedruckt in Basel und versehen mit Holzschnitten von Urs Graf

Die Bedeutung der *Musica getutscht* (= gedeutscht) erhellt allein aus der Tatsache, daß sie 1529 ins Französische, 1536 ins Lateinische, 1568 ins Flämische übersetzt wird, und zugleich ist damit die Aktualität dieses Traktats bis in die 2. Hälfte des 16. Jahrhunderts belegt. Er ist aber von *besonderer* Bedeutung für die *deutsche* Musikgeschichte, weil hier unter ihrem Gesichtspunkt Fragen des Instrumentenbaus, der Musikikonographie, der Klassifikation der Musikinstrumente, der Technik des Intavolierens, der Musiksoziologie und der Musikauffassung behandelt sind.

1512 und **1520** **Arnolt Schlick** (um 1455-1525): **Tabulaturen Etlicher lobgesang und lidlein uff die orgeln und lauten,** gedruckt in Mainz

Diese erste gedruckte deutsche Orgeltabulatur enthält zuerst eine lange und ausführliche Vorrede (Sinn der Tabulatur; Verteidigung gegen Virdung, Einordnung der Stücke; Register) dann 9 Orgelsätze zu drei und vier Stimmen, 12 Lautensätze mit »zwo Stimmen zu zwicken und eine zu singen« und 3 Lautensätze »mit dreien Stimmen zu zwicken«. Alle Stücke sind Originalkompositionen Schlicks (also keine Intavolierungen von bekannten Vokalsätzen), wobei er sich mit gewissen Zügen seiner instrumentalen Komposition (etwa mit Imitationen) an die Technik vokaler Komposition anlehnt. Dieselbe Tendenz zeigt sich verstärkt in einem in einer Trienter Handschrift überlieferten Alterswerk, entstanden anläßlich der Kaiserkrönung Karls V. in Aachen 1520: 8 Kompositionen über den Versikel »Gaude dei genetrix«, dazu 1 Bicinium und 1 zehnstimmiger Satz über »Ascendo ad patrem meum«. Schlicks Wort im Widmungsschreiben, er gebe »Unerhörtes«, mag sich sowohl auf das zehnstimmige Stück beziehen als auch im besonderen auf die 8 drei- bis fünfstimmigen kanonischen Diskantiersätze über »Gaude dei genetrix«: Schlick will diese Stücke als Anweisung verstanden haben, wie man einen Cantus firmus ausführen kann, und zwar instrumental, jedoch in Anlehnung an den Vokalsatz: »Welchen verss ich acht mal gesetzt, doch keins dem andern gleich, Sunder yedes mal ander Contrapunct, auch uff yede Compositz eigen Regel funden und gemacht, die do gewiss sein, leichtlich alldenn chorgesang uff die art zu setzen.« Also wieder eine Art »Fundamentum«, bei dem allerdings der Gesichtspunkt des kunstvollen *Vokal*satzes, also der Komposition im bisherigen Sinne, besonders hervortritt. Die Stücke selbst sind einerseits kompliziert-kontrapunktisch und andererseits voll von urtümlichen orgelmäßigen Praktiken.

Merkwürdig ist und bleibt, jedenfalls auf den ersten Blick, daß bei Schlick wie auch sonst bei den deutschen Orgelmeistern der ersten Hälfte des 16. Jahrhunderts die Zahl der überlieferten Stücke ebenso klein wie der verkündete Ruhm der Meister groß ist. Die Erklärung dieser Diskrepanz ist indessen einfach: Am Anfang des 16. Jahrhunderts gilt im Bereich des Instrumentalen noch immer die aus dem Stegreif unmittelbar hervorgehende Musik mehr als die schriftlich ausgearbeitete Komposition, durch die und in der die Freiheit des Instrumentalspiels als in einer für den Musiker eigentlich unerträglichen Weise eingeschränkt empfunden wird. Damit freilich ist die Aufgabe nur um so schärfer gestellt: polyphone Komposition als *Instrumental*komposition, und zwar – jedenfalls im hier noch im Vordergrund stehenden Bereich der Musik für Tasten- und für Lauteninstrumente – für den Einzelspieler. Und gerade hierbei ist Arnolt Schlick einer der wichtigen Musiker.

1513-1532 Hans Kotter (um 1480-1541): **Tabulaturbuch**

Das große *Tabulaturbuch,* das Kotter, ein Schüler von Paul Hofhaimer, für den Basler Magister Bonifacius Amerbach anlegt, trägt auf dem Titelblatt die Jahreszahl 1513, und das letzte im Zusammenhang eingetragene Stück die von 1532. In Notation und Anordnung der Stimmen entspricht die Kottersche Tabulatur der Kleberschen (1524), aber aus einigen Besonderheiten muß man auf eine größere Nähe zu Cembalo und Clavichord als zur Orgel schließen. Hier beginnt sich, meint Merian (1927), ein eigener Klavierstil vom Orgelstil zu sondern, wozu hauptsächlich die Tanzsätze beitragen, an denen dieser Klavierstil dann auch am raschesten Bedeutung gewinnt. Kotter vermittelt also (neben Kleber und Buchner) zwischen der an Paumann anschließenden Hofhaimer-Schule und den späteren sogenannten Koloristen von Ammerbach bis Woltz.
Dem Kotterschen *Tabulaturbuch* vorangestellt ist ein Fundamentbuch, das allerdings keine Lehre der Kunst des »Absetzens« oder des instrumentalen Setzens gibt, sondern lediglich über Namen, Formen und Werte der Claves und der Pausae, über die Anwendung der Semitonia und Murdantes u. ä. unterrichtet. – Von den 63 Stücken bei Kotter sind 10 freie Sätze, 46 intavolierte weltliche und geistliche Lieder (deutsche, lateinische, französische, niederländische; daneben ein *Salve Regina*) und 8 Tanzsätze, darunter 4, welche auf der Basse Dance-Melodie *La Spagna (Il re di Spagna)* beruhen. Den größten Teil der Stücke hat Kotter selbst intavoliert und wohl auch komponiert. Die nachweisbaren Vokalvorlagen stammen von Isaac, Josquin und Barbireau. Für die originalen Instrumentalkompositionen sind Hofhaimer, Buchner und Hans Weck genannt.

um 1515 und **1523 Hans Judenkunig** (um 1450-1526): **Utilis et compendiaria introductio ... et Lutinae et quos vulgo Geyggen nominant,** gedruckt in Wien, und **Ain schone kunstliche underweisung... auff der Lautten und Geyggen,** gedruckt daselbst

Diese Lehrbüchlein zum Selbstunterricht im Lautenspiel und allem, was dazu gehört, sind mit ihren Stücken zugleich die ersten Lautentabulaturwerke im deutschen Sprachraum. Judenkunig, aus Württemberg stammend, lebt seit spätestens 1518 als »Lutenist« in Wien, jedoch ist keine Beziehung zur Hofkapelle Kaiser Maximilians I. nachweisbar. Die knappen instruktiven Anweisungen erinnern an die frühen Lautentraktate der Offizin des Petrucci. Die 20 dreistimmig abgesetzten *Horazischen Oden* des Petrus Tritonius in der ersten Sammlung dienen als Übungsstücke. Außer einem zweistimmigen Hoftanz enthält das Buch dann vor allem zwei- und dreistimmige Sätze, aus deutschen Liedern abgesetzt (*Madonna Katerina; Christ ist erstanden; Ich traw; Zart schönste fraw; Nach lust; Nach willen dein; Zucht ehr und lob; Von edler art; Hast du mich genummen; Wo soll ich mich hin keren*). Diese Stücke sind wichtige Zeugnisse für die Art der Umschrift vokaler Sätze auf die Laute im frühen 16. Jahrhundert, außerdem für den verbreiteten Usus des Transponierens beim Absetzen und für den Fingersatz beim Lautenspiel. *Ain schone kunstliche underweisung* erweitert das Repertoire um mehrere zwei- und dreistimmige Fundamentalstücke. Charakteristisch für die Ausbildung einer spezifischen Lautenmusik sind die vorangestellten *Priameln (Praeambula)*, an denen Judenkunig das Spiel in fünf Lagen demonstriert. Eine beigefügte *Pavana alla Venetiana* und eine *Kolata alla spagnola* sind dem Libro quarto der *Intabolatura de lauto* des Joanambrosio Dalza (gedruckt 1508 bei Petrucci) entnommen. – Judenkunigs Notation ist die deutsche Lautentabulatur. – Die »GEYGGE«, für die beide Lehrbücher gleichermaßen gelten sollen, ist einem beigefügten Holzschnitt zufolge ein Streichinstrument des italienischen Violentyps. Das bis an die Knie hinabreichende Instrument zeigt 6 Saiten und 7 Bünde, entspricht also der Laute wahrscheinlich auch hinsichtlich der Stimmung. Zu streichende Lauten und Gitarren (Vihuela) sind damals verbreitet.

1517 **Andrea Antico da Montona** (um 1480-nach 1539): **Frottole intabulate da sonare Organi. Libro primo,** gedruckt in Rom.

»... Alles beachtet darf wohl gesagt werden, daß dieser Druck die älteste bisher bekannte italienische Quelle ausdrücklich für die Orgel bestimmter Musik ist. Sechs Jahre später folgt dann als nächstes Glied der Kette die in Venedig 1523 gedruckte Sammlung *Recerchari, Motetti, Canzoni. Libro primo* des hochbedeutenden Marco Antonio Cavazzoni, des Meisters, der an Seite des etwa ein Jahrhundert jüngeren Girolamo Frescobaldi wohl schlechthin die interessanteste Persönlichkeit der ganzen italienischen Orgelmusik ist« (Jeppesen 1943). Anticos Sammlung enthält 26 Stücke, wovon die meisten mit Komponistennamen versehen sind: Bartolomio Tromboncino (19), Marcheto Carra (4), Michael Vicentino (1). Die Art der Instrumentalisierung der vokalen Vorlage zeigt große Nähe zur gleichzeitigen Vokalmusik, nämlich ausgesprochen lineare Tendenz bei freilich erheblich freierer Dissonanzbehandlung. Die Frage, ob diese intavolierten Frottolen tatsächlich allein für die Orgel oder eventuell auch für das Cembalo bestimmt sind, ist schwer zu entscheiden. Zwar nennt der Titel die Orgel, auf dem Titelblatt ist jedoch ein Cembalo abgebildet. Untersucht man die Schreibweise der Bearbeitung näher, wie es Jeppesen (1943) getan hat, »dann scheinen Züge, die auf die Orgel hinweisen, zu überwiegen. Wäre die Sammlung speziell für Cembalo geschrieben, könnte man z. B. erwarten, daß längere Töne der vokalen Vorlage durch Tonwiederholungen oder andere schnellere Bewegungen ersetzt würden, weil der Cembaloton sich bei ausgedehnten Klängen nicht geltend machen kann. Aber im Gegenteil: man trifft öfter auf Fälle, wo Tonwiederholungen der Vorlage zu längeren Tönen zusammengefaßt sind.« – Die Notation ist die italienische Klavier- und Orgeltabulatur, eine Notierungsweise, die unserer modernen Klaviernotation ähnlich ist. – Der Autor Andrea Antico, zugleich einer der bedeutenden Drucker aus der Schule des Petrucci, stammt aus Motovun (deshalb: da Montona) im meist von Kroaten bewohnten Gebiet Istriens, das damals zu Venedig gehört.

um 1520 **Hans Buchner** (1483-1538): **Fundamentbuch**

Das Fundamentbuch als besonderer Typ des Lehrbuchs von Spiel und Komposition scheint nicht nur auf deutschem Boden entstanden, sondern auch auf den deutschen Sprachraum beschränkt geblieben zu sein, es fehlt jedenfalls in England und in Italien, wo doch mit dem *Robertsbridge-Fragment* (14. Jahrhundert) und mit dem *Codex Faenza* (von 1420) die ältesten Denkmäler der Orgelmusik überhaupt zu finden sind. Ihren Höhepunkt erreicht die Tradition der Fundamentbücher, die schließlich den Gesamtbereich der Tasten- und der Lautenmusik umfaßt, mit dem großangelegten *Fundamentbuch Hans Buchners.* Dessen Hauptgegenstand ist der musikalische Satz als Voraussetzung für das Orgelspiel. Eben das lehren im Prinzip auch die älteren Fundamentbücher. Dennoch ist Buchners Verfahren charakteristisch verschieden: Dort entstand durch die instrumentale Adaption der Vorlage ein neues, den originalen Verlauf der Stimmen frei umschreibendes Instrumentalstück, bei Buchner hingegen ist das Verfahren auf die bloße Übertragung der ursprünglichen Stimmen in die Tabulatur zusammengeschrumpft. Trotzdem sind die Hauptgegenstände der Unterweisung auch bei Buchner die Erstellung einer Art von Gerüstsatz und dann dessen instrumentale Auffüllung. – *Buchners Fundamentbuch* angehängt ist eine Sammlung von etwa 150 liturgischen Orgelstücken für Gottesdienste der Hochfeste des Kirchenjahres, etwa zur Hälfte drei-, dann vier- und seltener zwei- und fünfstimmig.

um 1523 **Marco Antonio Cavazzoni** (um 1490-nach 1570): **Recerchari, Motetti, Canzoni. Libro primo** für Orgel, gedruckt in Venedig

Man kann sich kaum vorstellen, wie stark die Instrumentalmusik des 16. Jahrhunderts sozial aufstrebt, und wie sehr man auf einmal, vor allem in der gebildeten Gesellschaft, den bedeutenden Orgelspieler schätzt. In Italien ist der erste Meister von solcher neuen Bedeutung M. A. Cavazzoni. – Die 8 Stücke von Cavazzonis Druck sind 2 Ricercari, 2 intavolierte Motetten und 4 intavolierte Chansons. Das weitaus Interessanteste sind die beiden großen – in Betracht der damals üblichen Dimensionen geradezu gewaltigen – Ricercari: Sie sind nicht nur dadurch merkwürdig, daß sie die ältesten – jedenfalls bisher bekannten – Orgel-Ricercari überhaupt sind, sondern daß sie zugleich wirklich künstlerisch gelungene Lösungen des Problems einer großen einheitlichen instrumentalen Form sind, wie Jeppesen (1943) gezeigt hat.

Die Gattung, die ein bevorzugt Neues in der Orgelmusik vermittelt, ist das Ricercare. Im ersten Drittel des 16. Jahrhunderts und so eben bei M. A. Cavazzoni ist das Orgel-Ricercar ein vollgriffiges, auf einem Klang-Plan beruhendes Stück, dem streng durchgeführte Thematik fehlt. Später wird der Name Ricercare auf einen stimmigen Satz angewendet. Dieser besteht aus längeren Imitationszügen über wenige, aber deutlich greifbare Themen, er entspricht also der Kompositionsart der abschnittsweise durchimitierten Motette, wahrt dabei aber die Bedeutung als »Intonation« (Vorspiel auf eine bestimmte Tonart hin), die das frühe Ricercare für Laute ausgeprägt hat. In dieser Art entwickelt sich das IMITATIONS-RICERCAR – indem es oft nur *ein* Sogetto, auch in Vergrößerungen und Verkleinerungen, durchführt – zu einer Vorform der FUGE (freilich ohne die für die FUGE charakteristischen Zwischenspiele auszubilden): die Bezeichnung RICERCARE und FUGE sind eine Zeitlang gleichbedeutend. In dieser Ausprägung hat die Gattung bis zu Bachs *Musikalischem Opfer* Geschichte gemacht. – Die Bezeichnung CANZONE begegnet hier zum erstenmal. Cavazzonis *Canzonen* haben aber kaum Verbindung zu den Stücken, die man später, bei Giovanni Gabrieli und Frescobaldi, CANZONEN nennen wird.

1524 **Leonhard Kleber** (um 1495-1556): **Tabulaturbuch**

Das Tabulaturbuch des (wahrscheinlich zum Kreis um Paul Hofhaimer gehörenden) württembergischen Organisten Leonhard Kleber ist wegen der Vielzahl der darin vertretenen Meister ein besonderes Zeugnis für die Orgelpraxis der Epoche: der Cantus firmus-gebundene, imitierende, reich verzierte und »verklausulierte« Orgelsatz hat sich hier von der Gebundenheit an den Vokalsatz gelöst, ohne schon dem Manierismus der späteren sogenannten Koloristen verfallen zu sein. Von den 112 Stücken sind 19 freie Sätze, 87 intavolierte weltliche und geistliche Liedsätze (meist deutsche aber auch lateinische, französische, italienische und niederländische), ein Lehrstück und 5 Tanzsätze. Als Komponisten der Vokalvorlagen lassen sich nachweisen: Adam von Fulda, Anton Brumel, Heinrich Isaac, Ludwig Senfl, Jacobus Barbireau, Heinrich Finck, Josquin Desprez. Die Komponisten der Orgelstücke sind Paul Hofhaimer, Hans Buchner, Hans Kotter, Ulrich Steigleder d. Ä., Othmar Luscinius, Hans Weck und Jörg Schapf. Kleber selbst ist als Intavolator und als Komponist vertreten. Besonders interessant ist die Gruppe der freien Spielstücke, die als Praeludium, Praeambulum, Praeambalon oder Finale bezeichnet sind. Ein Titel wie »Finale in re seu praeambalon« weist darauf hin, daß Stücke dieser Art dem Organisten im Gottesdienst als Vor- und Nachspiele zu größeren Ensemblekompositionen, Messensätzen oder Motetten dienen.

Dazu ist, wie Kugler (1975) gezeigt hat, anzunehmen, daß bei der GATTUNG DER FREIEN SPIELSTÜCKE nur Modelle aufgeschrieben werden, und zwar nach drei Grundtypen: a) toccatenartige Stücke; b) Akkordgriff-Praeludien; c) Stücke mit fortlaufender Bewegung und melodiebetontem Duktus. Charakteristisch für den Typus a, der sich andeutungsweise schon im *Buxheimer Orgelbuch* und dann ausgeprägt bei Kleber findet, ist das Abwechseln von vollen Klanggriffen und skalenmäßigem Laufwerk. Der Spieler setzt mit einigen Klängen (meist ein Hauptklang mit seinem Ober- und Unterquintklang) die Grundpfeiler eines bestimmten Tonart-Raumes und füllt die Zwischenräume mit raschen Läufen aus. Das Akkordgriff-Praeludium (Typus b) besteht aus ruhigen Klangfolgen in langen Notenwerten, deren Einzelklänge der Spieler nur durch kleine Floskeln verbindet: Akkorde sind am Anfang des 16. Jahrhunderts offensichtlich ein Phänomen von noch unverbrauchter, urtümlicher Frische. Die Praeludien vom Typus c sind stimmig im Sinne der Vokalpolyphonie gearbeitet.

um 1525 **Fridolin Sicher** (1490-1546): **Tabulaturbuch**

Sichers musikalische Hinterlassenschaft besteht aus einem handschriftlichen Liederbuch und der sogenannten *Sicherschen Tabulatur,* die zwischen 1503 und 1531 angelegt ist und neben wenigen Werken von Sicher selbst vor allem Orgelbearbeitungen, »Absetzungen«, fremder geistlicher und weltlicher Vokalsätze enthält, insgesamt 176 Stücke in älterer deutscher Orgeltabulatur. Wie in allen Tabulaturbüchern sind die Intavolierungen am stärksten vertreten und erst mit Abstand folgen Praeludien und freie Stücke, liturgische Stücke und Tänze.

Ein Wort zu den TÄNZEN IN TABULATURBÜCHERN überhaupt: In den älteren dominiert ein Typus, der sich schon im *Buxheimer Orgelbuch* findet, und bei dem die Tanzmelodie bearbeitet ist wie ein Cantus firmus. Die jüngeren Tabulaturbücher der sogenannten Koloristen hingegen bieten ihre Tänze in akkordischem Satz, der den Tanzrhythmus hervortreten läßt. Merkwürdig ist bei der gesamten Überlieferung von Tänzen in Instrumentalbearbeitungen, daß immer wieder Sätze vorkommen, in denen offensichtlich sehr alte spielmännische Praktiken durchschlagen, etwa wenn (wie z.B. im *Kochersperger Spanieler* in der *Kotterschen Tabulatur*) der Orgelspieler die Tanzmelodie als Baß in der linken Spielhand hat und dazu mit der rechten einen zweistimmigen »Satz« in parallelen Quarten spielt, so daß immer wieder Quint-Oktav-Klangfolgen entstehen. Die zugrundeliegende Technik ist so urtümlich und so weit entfernt von der hohen Satzkunst, daß sie eigentlich keiner Aufzeichnung bedürfte und im Tabulaturbuch fehl am Platze ist; aber hier schlägt die alte Spielpraxis in die neue Spiel-Komponier-Praxis des Instrumentalisten hinüber.

1529 **Martin Agricola** (1486-1556): **Musica instrumentalis deudsch,** gedruckt in Wittenberg

Der vollständige Titel des Werkchens lautet: *»Musica instrumentalis deudsch ynn welcher begriffen ist, wie man nach dem gesange auf mancherley Pfeiffen lernen soll. Auch wie auf die Orgel, Harffen, Lauten, Geigen und allerley Instrument und Seytenspiel nach der recht gegründeten Tabelthur sey abzusetzen.«* Mit dem Ehrgeiz, eine allgemeine Musiklehre in deutscher Sprache zu schreiben und sie als Unterrichtsliteratur sowohl für das Fach Musik als auch für das Fach Deutsch einzuführen, schreibt der evangelische Schulkantor in Magdeburg und Freund Luthers und seines Kreises mehrere Bändchen Musiktheorie, von denen dieses wohl das wichtigste ist, weil es den Gegenstand Instrumentalmusik – bei aller Unvollständigkeit und Unvollkommenheit – zu umfassen sucht (und weil es interessant bebildert ist). Der deutsche Text ist in der ersten Auflage in Knittelversen abgefaßt; eine Ausgabe von 1545 ist völlig neu bearbeitet und stark erweitert.

1529 **Pierre Attaingnant** (um 1494-1552): **Tres breve et familiere introduction pour entendre et apprendre… luths** und **Dix-huit basses dances garnies de recoupes … luths**

Die ältesten gedruckten LAUTENTABULATURBÜCHER in Italien, Deutschland und Frankreich stellen zwar nicht den Beginn einer Kunst des Lautenspiels überhaupt dar, doch geht man wohl nicht fehl in der Annahme, daß die Laute ohne die Entwicklung der Drucktechnik mit beweglichen Typen und die damit verbundene relativ preisgünstige Herstellung von Spielmaterial niemals solche Verbreitung gefunden hätte. Und man darf wohl auch annehmen, daß die Art und Weise der Notierung von Lautenmusik die Kompositionstechnik beeinflußt, wie sich andererseits am Ende des 16. Jahrhunderts nur diejenige Notationsform behaupten kann, die die größtmögliche Kompatibilität bietet: Es ist die FRANZÖSISCHE LAUTENTABULATUR, bei der die Saiten durch Linien dargestellt und die abzugreifenden Bünde durch Buchstaben bezeichnet werden. Dieses System verwendet für den Druck zum erstenmal der große Pariser Drucker Pierre Attaingnant. Die Zielgruppe seiner Tabulaturbücher sind nicht-berufsmäßige LAUTENSPIELER adeliger, studentischer und bürgerlicher Kreise. Ihnen wird hier Spielmaterial bereitgestellt, das das Musizieren im kleinen Kreis (solistisch; Singstimme oder Soloinstrument mit Laute; mehrere Lauten) ermöglicht. Daß in erster Linie der Dilettant als Liebhaber von Lautenmusik angesprochen werden soll, geht u. a. daraus hervor, daß die Tabulaturbücher in der Regel zugleich als Lehrwerke eingerichtet sind oder Abschnitte enthalten, die das Selbststudium des Lautenspiels und der Bearbeitung von anderen Musiken für dieses Instrument ermöglichen. Und gerade solche Werke bringen die französischen Verleger heraus, allen voran Attaingnant. Die beiden *Drucke von 1529* enthalten in der Hauptsache zwei- und dreistimmige Tänze, dazu Chanson-Bearbeitungen und Chansons für eine Singstimme mit Lautenbegleitung. Die Chanson-Bearbeitungen sind dreistimmig gesetzt, wobei im Gegensatz zu entsprechenden Ausgaben in Deutschland die Melodie stets in der Oberstimme liegt. Die Tänze sind ausgeprägt oberstimmenbetont; ihre Begleitung besteht zum Teil aus leeren Baßchören, was vermuten läßt, daß hier Spielpraktiken des 15. Jahrhunderts übernommen sind. Neben den einsätzigen Reigentänzen Haulberroys, Branle und Pavane sind vor allem die meist dreiteiligen Basses danses (Hoftänze bzw. geschrittene und nicht gesprungene Tänze) bemerkenswert. Dieselben Tanzmelodien erscheinen 1530 bei Attaingnant in einer Ausgabe für vier Instrumente. Die musikalischen Bearbeiter sind hier wie dort nicht genannt; selten taucht einmal ein Kürzel P. B. auf.

um 1531 **Pierre Attaingnant** (um 1494-1552): **Tabulature pour le jeu d'orgues… sur le plain chant de Cunctipotens et Kyrie Fons** und **Magnificat sur le huit tons avec Te deum laudamus et deux preludes** und **Treze motetz musicaulx avec une prelude**

Diese drei Publikationen sind die einzigen Quellen französischer geistlicher Orgelmusik des 16. Jahrhunderts. Der erste Druck enthält zwei Orgelmessen, von denen die zweite – anders als sonst üblich – auch das Credo enthält. Der zweite Druck enthält ein aus 15 kurzen Teilen bestehendes Te deum sowie das früheste bekannte Beispiel des vollständigen Magnificat in allen acht Kirchentönen. Im dritten Druck bietet Attaingnant Intavolierungen von Motetten, wobei der Vokalsatz als eine Art Gerüstsatz wie üblich durch instrumentales Figurenwerk aufgefüllt ist. Der Satz der französischen Stücke läßt sich, wie Kugler (1975) zeigt, sowohl gegenüber der liturgischen Orgelmusik in Deutschland, also z. B. Schlick und Buchner, als auch gegenüber der Italiens als von anderer Art abgrenzen.

um 1531 **Pierre Attaingnant** (um 1494-1552): **Quatorze Gaillardes, neuf Pavennes, sept Branles et deux Basses Dances en la tabulature**

Dies ist vermutlich die erste Tanzsammlung des Pariser Druckers, die für das Cembalo gedacht ist.

1535 **Don Luis de Milán** (um 1500-nach 1561): **Libro de música de vihuela de mano: intitulato El Maestro,** gedruckt in Valencia

Miláns *El Maestro* ist die erste von sieben zwischen 1535 und 1576 in Spanien gedruckten Tabulaturen (mit insgesamt etwa 700 Stücken) für die Vihuela de mano und zugleich die erste in Spanien erscheinende Tabulatur überhaupt. Das Werk dient, wie auch die anderen Vihuela-Tabulaturen, zuerst dem Selbstunterricht. Von den 72 Stücken der Sammlung sind 44 Fantasias, die vom Einfachen zum Schwierigen fortschreiten. Die anderen repräsentieren das Fantasie-Ricercar der Zeit um 1530: zweistimmige Polyphonie einfacher Machart wechselt mit Partien im Satz Note gegen Note drei- und vierstimmig. An diese Schreibart des Milán knüpfen Narváez und die späteren Vihuelisten indessen *nicht* an, sie scheint nämlich eine späte Verfeinerung eines älteren Stils mit stark improvisatorischen Zügen zu sein. *El Maestro* ist übrigens die einzige spanische Tabulatur des 16. Jahrhunderts, die keine Intavolierungen von Vokalkompositionen enthält.

Die VIHUELA DE MANO (auch nur Vihuela genannt) ist im 16. und im 17. Jahrhundert in Spanien das der Laute in Deutschland und Frankreich entsprechende Instrument der Kunstmusik, eine Gitarre mit fünf bis sieben Saiten. Gegen Ende des 16. Jahrhunderts verliert sie ihre hervorragende Stellung an die Tasteninstrumente und die VIOLA DA GAMBA – und doch beginnt gleichzeitig die Blüte der Musik für GITARRE: Als die kunstreiche Literatur für die VIHUELA DE MANO am Ende des 16. Jahrhunderts verfällt, blüht die volkstümlichere für GITARRE (damals mit nur vier Saiten und vier Bünden) im 17. Jahrhundert auf.

1535 und **1542/43** **Silvestro Ganassi** (* 1492): **Opera intitulata Fontegara** und **Regula Rubertina I und II,** beides gedruckt in Venedig

Die erste von den beiden berühmten Instrumentallehren des Ganassi, der Hofmusiker beim Dogen und Instrumentist an S. Marco in Venedig ist, ist eine Anweisung für das Blockflötenspiel auf einer Flöte mit acht Grifflöchern, wobei die darin enthaltene Diminutionslehre jedoch auch für Spieler anderer Instrumente, ja selbst für Sänger gedacht ist. Die zweite ist ein Lehrbuch des Spiels auf der VIOLA MIT BÜNDEN, das zugleich einen Überblick über alle Gebiete der damaligen GAMBENPRAXIS gibt. Ganassis Anweisungen zum Vibratospiel und zur Bogenführung, sein differenziertes, individuell angelegtes Griffsystem sowie seine Übungsstücke und Solo-Ricercari zeigen eine bis ins Feinste gehende Kenntnis des Instruments. So ist sein Buch nicht nur für Anfänger sondern durchaus auch für Virtuosen geschrieben, und deshalb bleibt es über seine Zeit hinaus berühmt, weit bis ins 17. Jahrhundert hinein.

1536 **Francesco da Milano** (eigentlich Francesco Canova da Milano; 1497-1543): **Intabolatura di Liuto di diversi..,** gedruckt in Venedig

Es sind vor allem venezianische Drucke, welche die italienische Lautenmusik des 16. Jahrhunderts überliefern. Überblickt man die meist nur lückenhaft bekannten Lebensdaten der Meister, die in diesen Drucken vertreten sind, so ergibt sich etwa diese Folge von Namen in GENERATIONEN:
I. vermutlich um 1470 geboren: Francesco Spinacino, Vincenzo Capirola;
II. 1497 geboren: Francesco da Milano;
III. um 1540 geboren: Cesare Negri, Giulio Barbetta; in der zweiten Hälfte des Jahrhunderts lebend, Geburtsdaten jedoch unbekannt: Giovanni Antonio Terzi und Santino Garsi da Parma;
IV. um 1565 geboren: Simone Molinaro.
Aus diesen vielen Meistern ragt Francesco da Milano heraus, ist er doch in besonderer Weise als Violist/Lautenist/Komponist der Typ des neuen Musiker-Komponisten, der jetzt – ein charakteri-

stischer Zug der Renaissance – den Künstlern der anderen Künste gleichrangig erscheint: Ein Nachdruck dieses Drucks trägt den Titel *Intabolatura da lauto del divino M. Fr. da Milano.*

Das REPERTOIRE DER LAUTENMUSIK zeigt – genau wie das der Musik für Tasteninstrumente – drei Arten von Stücken: 1. Stücke improvisatorischen Charakters, vor allem PRAELUDIA; 2. Mehrstimmige imitierende und KONTRAPUNKTISCHE SÄTZE, deren Vorbilder Vokalkompositionen sind; 3. TÄNZE. Stücke der ersten Gruppe, also die oft weit ausgreifenden freien PRAELUDIA, werden zu Beginn des Jahrhunderts, etwa in den Tabulaturen von Spinacino und Capirola, RICERCARE genannt. Später wird dieser Terminus auch für Stücke der zweiten Art verwendet. Als weiterer Begriff für die mehrstimmigen Sätze setzt sich Francesco da Milanos FANTASIA durch. Ebenso wie RICERCARE soll dieser Begriff erkennen lassen, daß die Musik gleichsam frei erfunden ist, daß es sich also nicht um eine Übertragung handelt. Während Francesco aus der weltlichen Vokalmusik die neuesten Kompositionen zu intavolieren pflegt, wählt er bei der geistlichen Musik meist Werke von Meistern der älteren Generation aus. Die weltlichen Intavolierungen sind nur wenig, die geistlichen dagegen in der Regel stark verziert, vermutlich eines langsameren Duktus bzw. Tempos wegen. – Unter den Tänzen überwiegen diejenigen im Dreiertakt und unter diesen wiederum die Galliarden. Ursprünglich der Nachtanz zur langsamen Pavane, wird die Galliarde im 16. Jahrhundert mehr und mehr zum selbständigen Tanz, ja zum Modetanz. Aber nicht alle Galliarden aus den Lautentabulaturen der Zeit sind wirklich zum Tanz bestimmt. Mit imitatorischen Einwürfen durchsetzt und koloriert sind viele Kompositionen im Galliarden-Rhythmus wohl eher als Musik zur Tafel, bei der Ausfahrt oder auch in der Badestube gedacht. Die Titel nennen häufig Damen, denen die einzelnen Stücke dann wohl gewidmet sind (*La Cesarina, La Mutia*), sie enthalten manchmal aber auch Anspielungen wie *La ne mente per la gola* (»Sie ist ein Lügenmaul«).

1536 **Adrian Willaert** (1480/90-1562): **Intavolierungen von Madrigalen Verdelots,** 22 Stücke für Singstimme mit Lautenbegleitung, gedruckt in Venedig

Daß ein Niederländer alter Schule Werke der neuesten Gattung sogleich für den Gebrauch mit einem Instrument bearbeitet, scheint zunächst erstaunlich. Aber es zeigt auf besondere Weise die Bedeutung des Instrumentalen für die Haus- und Kammermusik der Zeit, und zwar sowohl für den Komponisten als auch für die musikalisch-gesellschaftliche Situation und deren Bedarf. Wenn man, wie hier, von einer bestimmten Bedeutung des Instrumentalen spricht für »die Zeit«, dann muß man bedenken – und man darf es nie vergessen –, daß eben diese Zeit musikgeschichtlich die hohe Zeit der a cappella-Polyphonie ist.

1536-1549 **Hans Neusidler** (1508-1563): **8 Lautenbücher,** sämtlich gedruckt in Nürnberg

Neusidlers Lautenbücher sind insgesamt die reichhaltigste Quelle der deutschen Lautenmusik in der ersten Hälfte des 16. Jahrhunderts. Sie enthalten Stücke verschiedenster musikalischer Eigenart und aller Schwierigkeitsgrade. Im 1. Teil des Buches von 1536 (*Ein newgeordent Künstlich Lautenbuch*) überwiegen die Bearbeitungen deutscher Liedsätze; sie gehören offensichtlich zum gängigen Repertoire der zeitgenössischen deutschen Lautenisten; eine Anzahl davon finden sich schon bei Judenkunig. Die übrigen Bücher betonen die deutschen Lieder weniger und bringen mehr französische Chansons. Motetten sind besonders im 2. Teil von 1536 und im 3. Teil von 1544 (*Das dritt Buch. Ein New künstlich Lauten Buch*) intavoliert; in diesen beiden Büchern fehlen die sonst üblichen deutschen und welschen Tänze; Präludien findet man nur wenige. Den Wandel des Zeitgeschmacks zeigt 1549 *Das Ander Buch. Ein new künstlich Lautenbuch,* bei dem erstmalig italienische Madrigale hervortreten.

Wie der um 1520 in Wien lebende Hans Judenkunig ist Neusidler ein Lautenmeister, der in Nürnberg im Dienst des städtischen Bürgertums steht. Das hier herrschende Milieu zwischen höfischer Kultur und ländlicher Derbheit spiegeln vor allem seine Tänze, und zwar durchaus differenziert, wie man schon an den Titeln der Stücke ablesen kann. In humanistischer Beflissenheit, vielleicht auch weil es Mode ist, übernimmt Neusidler gerne eleganteres »welsches« Musiziergut, auch wenn er offenbar nicht alles so recht versteht, wenn etwa PASSA MESA oder PASSAMEZZO bei ihm als »Wascha mesa« erscheint, oder französische Chanson-Texte bis zur Unkenntlichkeit entstellt werden. So handelt es sich bei dieser Musik keineswegs um gleichsam unantastbare Kunst mit hohem Bildungswert, sondern um GEBRAUCHSMUSIK FÜR SPIEL UND UNTERHALTUNG. Dementsprechend ist es müßig, bei solcher Musik nach einer einzigen originalen und verbindlichen KLANGFORM zu fragen: Sie ist für den bestimmt, der sie zu spielen weiß oder zu spielen hat, und der richtet sie sich allemal auf sein Instrument und für seinen Zweck zu. Um das anschaulich werden zu lassen, bedenke man einmal dies: Wer kennt die Originalpartituren Johann Straußscher Walzer? Obwohl selbstverständlich als Ensemblemusik gedacht, sind sie doch alle zuerst in Klavierfassungen erschienen. Ebensowenig wie man diese Walzer deshalb als Klaviertänze ansprechen und spielen wird (obwohl es möglich und erlaubt ist!), muß man die Tänze der Neusidlerschen Sammlungen streng und ausschließlich als LAUTENTÄNZE ansehen. Zwar sind sie für das am meisten verbreitete Hausinstrument der Zeit, nämlich für die Laute, eingerichtet – oft genug übrigens mehr schlecht als recht – aber sie sind gedacht als Tanzmusik für jeden Zweck und für alle Instrumente, und man hat sie dementsprechend immer bearbeitet, auch für Ensembles, wie wir etwa auch aus vielen Bildzeugnissen der Zeit erfahren. Unter solchen Voraussetzungen ist die Wiedergabe auf dem Cembalo statt auf der Laute selbstverständlich erlaubt, ja sie ist von hohem Reiz. Einerseits verfremdet sie die Vorlage wenig, weil der Klang der gezupften Saite erhalten bleibt, und weil Klavier- und Lautensatz historisch verwandt sind. Andererseits steigert das Cembalo die Wirkung durch seine Klangfülle, die vielleicht sogar daran erinnern mag, daß damals oft zwei und mehr Lauten zusammen geschlagen werden. Und schließlich erinnert das Cembalo über seine Register, wenn man sie geschickt anwendet, an das farbige und abwechslungsreiche Instrumentarium der Zeit um 1500, in dem Bläser und Streicher, Trommel und Dudelsack und Drehleier zusammenmusizieren. Anregungen dazu geben die Tänze selbst, wenn etwa Neusidler zur klanglichen und allgemeinen Charakterisierung des berühmten *Judentanzes* schreibt: »Er muss gar behend geschlagen werden, sonst laut er nit wol.« Hier muß die Laute zudem in den sogenannten »Leyrerzug« umgestimmt werden, sie soll nämlich die Drehleier nachahmen, bei der die Melodie dauernd von ein und demselben Baßton »begleitet« wird. Sicherlich ist dabei aber auch an das urtümliche – in diesem Stück außerdem exotisch gefärbte – Spiel von Flöte und Trommel gedacht, das wir auf Tanzbildern der Zeit oft genug dargestellt finden. Dieses Vorbild lebt auch sonst in vielen Tänzen mit lebhaft verzierten Oberstimmen und trägen Bässen, zu denen jener bekannte *Wascha mesa* zählt. Die Rolle der Trommel übernimmt bei der Laute übrigens das »Durchstreichen«, d. h. der Schlag des Daumens über alle Saiten. – Typisch für das 16. Jahrhundert und gerade aus Neusidlers Sammlungen zu entnehmen ist schließlich die übliche ZUSAMMENSTELLUNG VON JE ZWEI TÄNZEN ZU EINEM TANZPAAR, dessen erster Tanz im geraden Takt steht, und also zu »gehen« ist, und dessen zweiter im ungeraden Takt und also zu »hupfen«. Geschickte Spieler spielen deshalb aus denselben Noten den einen im geraden, den anderen im ungeraden Takt. Diese Praxis nennt man »SPIELMÄNNISCHE REDUKTION«. Der erste Tanz heißt Vortanz oder Schreittanz, der zweite Nachtanz oder Springtanz, auch Hupfauf.

Ist Neusidler ein »bedeutender« KOMPONIST? Ist seine Musik so »bedeutend«, daß sie in einer Darstellung der Musikgeschichte des 16. Jahrhunderts so viel Raum einnehmen darf? Die Frage ist, so gestellt, nicht zu beantworten. Sie muß vielmehr in einem größeren Zusammenhang gesehen und erörtert werden. Das tut etwa Dorfmüller (1967), dem wir uns durchaus anschließen: »Obwohl wir wissen, daß die Geschichte der Laute bis in die frühesten Kulturen zurückreicht, ist uns ihre Musik bis zum Beginn der Neuzeit so gut wie verborgen; erst zu Anfang des 16. Jahrhunderts wird sie in den ersten Tabulaturdrucken greifbar. Aber auch das geschieht zögernd. Wir wissen nicht, welche Zweige der Lautenpraxis vielleicht noch jahrzehntelang abseits von der Tabulaturüberlieferung fortlaufen. So bleibt das Woher und Wohin einzelner Erscheinungen oft im Dunkeln. Umso wichtiger ist eine genaue Behandlung der frühen Tabulaturen, zumal die meisten älteren um solchen Überblick bemühten Versuche der Musikwissenschaft revisionsbedürftig sind. Heute weiß man, daß die Vokalmusik durchaus nicht alles beherrschte, sondern daß im Spätmittelalter vokale und instrumentale Musikpraxis eng ineinandergriffen. Ferner ist es bloße Behauptung, daß das Lautenspiel vor der Ära der Tabulaturen nicht künstlerisch gewesen sei. Wohl war es anders als das spätere, aber es hatte seinen festen Platz in einer Musikübung, der man wohl künstlerisches Niveau zubilligen muß. Schon deshalb ist es von musikhistorischem Interesse.«

1538 **Luis de Narváez** (um 1500-nach 1550): **Los seys libros del Delphin de música de cifras para vihuela,** gedruckt in Valladolid

Der *Delphin de música* ist von den sieben gedruckten Tabulaturen für Vihuela de mano in Spanien die bekannteste und, jedenfalls in einzelnen Fantasias, die am meisten nachgedruckte. Sie enthält: 14 Fantasias, 9 Intavolierungen von Vokalkompositionen, 2 Romances, 5 Villancicos (davon 2 als Variationenfolgen), 5 weitere Variationenfolgen und eine Baja de contrapunto, die figurierte Bearbeitung einer Tanzweise. Von besonderer musikhistorischer Bedeutung sind die sieben Folgen von DIFERENCIAS (Variationen), denn offenbar gehören die Spanier zu den ersten, die die Variation bewußt als eine Art selbständiger Gattung pflegen, im Gegensatz zur nur gelegentlichen Verwendung der Variationstechnik in Werken anderer Gattungen. Der *Delphin de música* enthält zwei Arten von DIFERENCIAS: aufeinanderfolgende Kompositionen mit gleichem Cantus firmus und Kompositionsfolgen nach gleichen harmonischen Modellen.

nach 1540 John Taverner (um 1490-1545) und andere: **In nomine-Kompositionen**

Im 16. und 17. Jahrhundert tragen, vor allem in England, viele Instrumentalkompositionen die Überschrift »in nomine«. Sie gehen direkt oder indirekt zurück auf die sechsstimmige *Missa »Gloria tibi Trinitas«* von John Taverner, in deren vierstimmigem Benedictus bei den Worten »(qui venit) in nomine (domini)« der der ganzen Komposition zugrundeliegende Cantus firmus (die Antiphon »Gloria tibi Trinitas« in Festo Sanctissimae Trinitatis nach dem Antiphonale Sarisburiense) zusammenhängend in gleich langen großen Notenwerten erklingt, während die anderen Stimmen in lebhaftem Rhythmus kontrapunktieren. Dieser vokale Satz wird – aus welchen Gründen auch immer – alsbald so berühmt und beliebt, daß er wieder und wieder bearbeitet wird, und zwar instrumental, ja daß er eine eigene Gattung instrumentaler Komposition anzuregen vermag: Mit ihm beginnt eine lange Reihe fortan originär instrumentaler IN NOMINE-KOMPOSITIONEN, die zunächst außer ihrem Namen auch Eigentümlichkeiten von Taverners Messen-Satz übernehmen, manchmal sogar dessen kontrapunktische Anfänge, die sich aber dann völlig verselbständigen. Taverner selbst bearbeitet diesen seinen Vokalsatz für Violen-Ensemble zu 4 bis 5 Stimmen, für Laute, für Orgel und für Cembalo. – Das »IN NOMINE«, dessen kirchliche Bindung alsbald abreißt, ist die erste eigentlich instrumentale, von der Liturgie und vom Tanz unabhängige Kompositionsgattung der englischen Musik. Zunächst bestehen in der Machart kaum Unterschiede zur vokalen Cantus firmus-Motette, doch beginnt schon um die Mitte des 16. Jahrhunderts ein Prozeß zunehmender Instrumentalisierung, ähnlich wie bei der englischen Sonderform der Fantasia, der Fancy. Die meisten der über 150 überlieferten IN NOMINE-KOMPOSITIONEN stammen aus der Zeit zwischen 1560 und 1610. Fast alle englischen Komponisten von Rang schreiben IN NOMINE-KOMPOSITIONEN, jedenfalls Werke dieses Namens, auch wenn kein Zusammenhang mit dem ursprünglich zugrundeliegenden Cantus firmus mehr besteht.

um 1540 Johannes von Lublin (1. Hälfte 16. Jahrhundert): **Orgeltabulatur**

Mit ihren rund 250 Stücken (dazu ein Fundamentum, dem Buchnerschen verwandt, jedoch mit *vier*stimmigen Beispielen) ist die Tabulatur des Jan von Lublin die umfangreichste Orgeltabulatur des 16. Jahrhunderts überhaupt, zugleich das wichtigste Zeugnis für die Internationalität auch der europäischen Instrumentalmusik des beginnenden 16. Jahrhunderts und schließlich für die engen Beziehungen zwischen der polnischen Musik und der deutschen, der italienischen und der französischen. Die Tabulatur ist zwischen 1537 und 1548 in Kraśnik geschrieben (Notation in der älteren deutschen Orgeltabulatur). Sie enthält intavolierte Sätze von Finck, Stoltzer, Senfl, Janequin, Jacotin, Sandrin, Josquin Desprez, Gombert, Willaert, Verdelot, Festa, Cavazzoni u. a.; sie ist die einzige Quelle für Kompositionen des Nikolaus von Krakau. Neben Intavolierungen und freien Instrumentalkompositionen von Meistern anderer Länder stehen polnische Lieder, instrumentale Sätze (darunter 21 Praeambula) und Tänze. Ein großer Teil der Stücke dient liturgischen Zwecken: zahlreiche Kyrie über verschiedene Cantus firmi, Gloria, Credo, Sanctus und Agnus in Orgelbearbeitungen, auch Introitus-Sätze und Sequenzen, darunter so berühmte wie Lauda Sion Salvatorem und Victimae paschali laudes. Hymnen und Antiphonen weisen auf die Beteiligung der Orgel auch beim klösterlichen Stundengebet hin. – Zwei andere Orgeltabulaturen aus Polen, die sogenannte *Krakauer Tabulatur* von 1548 und die sogenannte *Warschauer Tabulatur des Martin Leopolita,* sind heute verschollen.

1543 Girolamo Cavazzoni (um 1510-nach 1565): **Intavolatura cioè Recercari, Canzoni, Himni, Magnificati** und **Intabolatura d'organo cioè Misse, Himni, Magnificat. Libro secondo,** beide gedruckt in Venedig

Die beiden Drucke (ob auch der zweite schon 1543 erschienen ist, ist nicht ganz sicher) enthalten neben 4 Ricercari und 2 Canzoni 3 Orgelmessen, 12 Hymnen und 4 Magnificat. Die Messen und die Magnificats sind, wie Orgelmessen stets, für alternatim-Vortrag angelegt. Bemerkenswert ist die Freiheit, mit der G. Cavazzoni, übrigens ein Sohn des M. A. Cavazzoni, die choralen Melodievorlagen behandelt, wie sich ähnlich eine Tendenz zur Linearität und zur abschnittsweisen

Imitation in seinen Ricercari zeigt, die die Gattung in jenen Jahren neu zu definieren scheinen.

»Ähnlich wie Michelangelo fühlt er sich nicht mehr als Diener einer geheiligten Tradition, sondern als SOUVERÄNER KÜNSTLER, der über den Stoff eigenmächtig verfügt und ihn nach Gutdünken umwandelt.« Ob, was Apel (1967) hier so schön formuliert, auch so zutrifft, ist fraglich. Denn die Hinwendung des Instrumentalmusikers zur Vokalpolyphonie muß man nicht unbedingt als Ausdruck der Freiheit des Künstlers, kann man durchaus auch als eine Rückwendung verstehen. Aus der Perspektive aber gerade des Instrumentalmusikers kann dieser Rückgriff auf die gleichsam geheiligte Tradition der Vokalpolyphonie allerdings auch kühn genannt werden und damit der Vorstellung vom Renaissancekünstler durchaus entsprechen.

um 1550 - um 1650 Die **Familie Tieffenbrucker** tätig als **Lauten- und Violenmacher**

Die von ihrer Stammheimat, dem Weiler Tiefenbruck bei Füssen aus in Italien, Frankreich und Deutschland sich verzweigende Sippe der Tieffenbrucker baut Zupf- und Streichinstrumente mannigfacher Art, doch wird sie eigentlich berühmt durch ihre Lauten; damit begründet sie die berühmt werdende venezianische und paduanische Lautenbaukunst. Der berühmteste aus der Sippe, Kaspar Tieffenbrucker (um 1514-1571), beeinflußt die gesamte Entwicklung des Lauten- aber auch des Violenbaus; wahrscheinlich wirkt er an der Formgebung der aus der Fülle der spätmittelalterlichen Streichinstrumente herauswachsenden VIOLINEN-FAMILIE entscheidend mit. Jedenfalls zählt man um die Mitte des 16. Jahrhunderts, als die (etwa um 1530 erstmals nachzuweisende) Bezeichnung »VIOLINE« aufkommt, und die ersten Violinen neuer Bauart gebaut werden, die Tieffenbrucker zu den besten Meistern der damals lebenden Instrumentenbauergeneration.

In der Blütezeit der Lautenmusik im 16. und 17. Jahrhundert sind als Sonderformen auch THEORBE und CHITARRONE gebräuchlich, die außer den Spielsaiten mehrere parallel dazu aber neben dem Griffbrett verlaufende (also nicht abzugreifende) Baßsaiten haben. Diese münden in einen eigenen, an den Hauptwirbelkasten angesetzten Wirbelkasten. Der CHITARRONE ist durch einen kleineren Corpus und ein längeres Verbindungsstück zwischen den beiden Wirbelkästen, die THEORBE durch einen normal großen Corpus und ein kürzeres Verbindungsstück gekennzeichnet.

um 1550 Orgeltabulatur aus Rovato in Oberitalien

Eine erst 1972 aufgetauchte und von M. L. Göllner (1982) beschriebene Orgeltabulatur norditalienischer Herkunft verdient zunächst Aufmerksamkeit dadurch, daß sie um die Mitte des 16. Jahrhunderts zu datieren ist, also in eine Zeit, aus der erst wenige Quellen, Drucke wie Handschriften, erhalten sind. Sie gibt sodann Einblick in eine oberitalienische Organistenwerkstatt just in der Zeit, in der die Tastenmusik beginnt, neben der Vokalkomposition eigene Wege zu gehen. Weil diese Handschrift außerdem in unmittelbarer Umgebung großer Meister dieser neuen Musik entsteht, sind die verschiedenen Versuche und Probleme, die aus der Art ihrer Aufzeichnung sichtbar werden, von besonderem Interesse. Wir haben es hier nämlich in gewisser Weise nicht mit fertigen Kompositionen zu tun, sondern mit einer Stufe der Komposition, welche der unaufgeschriebenen Praxis des Instrumentalspiels noch nahe ist, und daher eher die Entstehung der Stücke aus Spielvorgängen sichtbar macht, als ein Res facta erkennen läßt. Wie schon in bekannten Sammlungen, etwa den *G. Cavazzoni-Drucken von 1543* oder den Handschriften von Castell'Arquato, setzt sich der Inhalt (32 Stücke) auch hier aus sehr verschiedenartigen Stücken zusammen. In der Hauptsache sind es Intavolierungen von Chansons, Madrigalen und Motetten (deren Vorlagen nur selten angegeben, die aber meist ausfindig zu machen sind), daneben kommen aber auch verschiedene instrumentale Gattungen vor: Messen-Bearbeitungen, Ricercari, Intonationen. Tanzsätze indessen fehlen.

4. Daten von 1551 an

1551 Intabulatura nova di varie sorte di balli, gedruckt in Venedig

In dieser frühen italienischen Sammlung von Tänzen für »Arpichordi, Clavicembali, Spinette e Manachordi« ist von den älteren Tanztypen nur noch die Galliarde vertreten, während nun als Haupttanz der Passamezzo erscheint, und zwar sofort als Passamezzo antico und als Passamezzo moderno. Was sich in Sammlungen von Attaingnant findet, trifft man auch hier, einen neuartigen durch volle Akkordgriffe gekennzeichneten Klaviersatz, der mit vielen »Unreinheiten« des Satzes in auffallendem Gegensatz steht zu den gleichzeitigen Bestrebungen, auch instrumentaliter den Satzregeln der Vokalpolyphonie zu folgen. Ob man daraus mit Apel (1967) ohne weiteres auf *anspruchslose* GEBRAUCHSMUSIK schließen kann, ist fraglich. Vielleicht manifestiert sich hier eher etwas von dem, das die Instrumentalmusik als Musik für Tasteninstrumente in die neue Art von Komposition einzubringen hat, in die Komposition, die nicht mehr Vokalpolyphonie, aber trotzdem Polyphonie ist.

1551 **Adrien Le Roy** (um 1520-1598): **1er livre de tabulature de luth, contenant plusieurs motetz, chansons, fantasies, pavanes,** gedruckt in Paris

Le Roy ist, obwohl scheinbar »nur« Musikverleger (seit 1551 mit Robert Ballard in Paris assoziiert), einer der Großen der französischen Musikgeschichte und von tiefgreifendem Einfluß auf die Musik und das Musikleben seiner Zeit. Während der Hochblüte der Vokalpolyphonie begünstigt er, der ein naher Freund von Orlando di Lasso ist (den er übrigens von München nach Paris an den Hof zu holen versucht), das Aufsteigen des Air aus volksnahen musikalischen Bereichen in die Sphäre der Kunstmusik, nämlich das Aufkommen des daraus hervorgehenden LAUTENLIEDES, das sich seit etwa der Mitte des 16. Jahrhunderts in gedruckten Sammlungen (bei Attaingnant und Phalèse) verbreitet – und dem Le Roy und Ballard mit ihrem *Livre d'airs de Cour mis sur le luth* seinen Namen geben. Seine Hauptbedeutung hat Le Roy indessen wohl als Instrumentalist, und zwar gleichermaßen als Intavolator, Komponist von selbständiger Instrumentalmusik und als Lehrer mit etwa 12 Büchern von Werken für Laute, Gitarre und Cister und mit einem Lehrwerk, von dem man sagt, es sei das eingehendste der vielen in jener Zeit im Druck erschienenen (nur in zwei englischen Ausgaben erhalten): *A brief and plaine instruction...*, London 1568 und 1574.

1553 **Diego Ortiz** (um 1525-nach 1570): **Tratado de glosas sobre clausulas y otros generos de puntos en la musica de Violones,** in einer spanischen und zugleich in einer italienischen Ausgabe gedruckt in Rom

Der *Tratado* des Diego Ortiz ist ein Lehrbuch des Streichinstrumentenspiels und nicht nur, wie man manchmal liest, eines der Ornamentik, Aufführungspraxis und Improvisation. Zunächst teilt Ortiz 4 Recercadas für Baß-Viola solo mit, und zwar als Übungen für Lernende. Uns heute zeigen sie die Art der damals bei Berufsmusikern selbstverständlich vorausgesetzten Spieltechnik. 6 weitere Recercadas, die den alten Bassa danza-Tenor *»La Spagna«* benutzen, zeigen, wie man über einem Cantus firmus Melodien improvisiert. 8 Recercadas über »Tenores italianos« sind Variationensätze auf der Grundlage von italienischen Passamezzo-Bässen; sie demonstrieren einen damals offenbar modernen IMPROVISATIONSSTIL: Variationen über aneinandergereihte Dreiklänge, welche die Töne der Passamezzo-Bässe als Grundtöne der Akkorde verwenden. Ortiz teilt sodann Beispiele für die Diminution eines Madrigals und einer Chanson mit. Einen Eindruck von dem kontrapunktischen Wissen und Können, das Ortiz bei den Instrumentisten seiner Zeit voraussetzt, vermitteln schließlich zwei Beispiele, in denen eine improvisierte fünfte Stimme dem originalen vierstimmigen Satz hinzugefügt wird.

nach 1553-um 1610 The Mulliner Book

Bei der englischen MUSIK FÜR TASTENINSTRUMENTE des 16. und beginnenden 17. Jahrhunderts sollte man, so Kugler (1975), zwei Bereiche auseinanderhalten, auch wenn sie miteinander verflochten sind, die liturgische Musik der sogenannten Tudor-Organisten und die vorwiegend für Kielinstrumente bestimmte Musik der sogenannten Virginalisten. Hauptquelle für die Musik der *Early Tudor Organ Music* (so der Titel einer Denkmäler-Publikation) ist The *Mulliner Book,* eine umfangreiche Handschrift (134 Stücke von 17 Komponisten, darunter Redford, Th. Tallis, W. Blitheman, J. Taverner, Tye), die ein sonst nicht weiter bekannter Thomas Mulliner angelegt und geschrieben hat. Eine genaue Datierung der Handschrift ist nicht möglich, weil sich ihre Entstehung offenbar über einen längeren Zeitraum erstreckt: sie überliefert Musik aus sechs Jahrzehnten. »Ihr Inhalt ist mannigfaltig und verschiedenartig genug und gibt einen Überblick über das Ganze der englischen Musik um die Mitte des 16. Jahrhunderts« (Gerstenberg 1954).

Bei näherer Betrachtung erweist sich die bisher vielfach übliche Deklaration der Musik des *Mulliner Books* als Virginal-Musik als unzutreffend. Denn dem besaiteten Tasteninstrument gehören offensichtlich von Haus aus lediglich die Tanzstücke zu, vielleicht auch noch die Übertragungen von Madrigalen und ähnlichen Sätzen, doch treten diese an Zahl und innerem Gewicht hinter die überragende Fülle der Cantus firmus-gebundenen Bearbeitungen zurück, deren Ausführung den lückenlos tragenden und verbindenden Klang der Orgel verlangt. Einzelne dieser Sätze sind zudem korrekt nur dann zu spielen, wenn eine Stimme dem Pedal zugewiesen wird. Betont man den Orgelcharakter der Sammlung dieserart, so hebt sich die entschiedene Wendung zum Virginal im elisabethanischen Zeitalter um so deutlicher davon ab. – Unter den Meistern der *Early Tudor Organ Music* ist an erster Stelle John Redford zu nennen. Da von Redford mehr Orgelmusik als von irgendeinem seiner Zeitgenossen überliefert ist, sieht man in ihm meist das Haupt einer Schule, zumal er auch der einzige Organist ist, der alle frühen englischen Stile zu beherrschen scheint. Die Quellen erweisen außerdem, daß er viel bewundert und nachgeahmt worden ist. Seiner geschichtlichen Stellung nach ist Redford durchaus mit Paul Hofhaimer zu vergleichen. Der Anteil des urtümlichen Stegreifspiels ist bei ihm nämlich verhältnismäßig hoch zu veranschlagen. Von der mit Quintenbeziehungen durchorganisierten Tonalität, wie sie sich in der ersten Hälfte des 16. Jahrhunderts auf dem Kontinent, vor allem in Italien regt, ist, so Kugler (1975), in der gleichzeitigen englischen Tastenmusik nichts zu spüren.

Unter den Werken der jüngeren Meister im *Mulliner Book* ragen die wenigen von Thomas Tallis (um 1505-1585) hervor, dem Lehrer von William Byrd, der allerdings in erster Linie durch seine Vokalmusik bekannt und berühmt ist.

1555 **Juan Bermudo** (um 1510- um 1565): **Declaración de instrumentos musicales,** gedruckt in Ossuna/Spanien

Da Bermudo, einer der bedeutenden Musiktheoretiker Spaniens im 16. Jahrhundert, meint, daß die meisten Musiker seines Landes die Hauptwerke der großen Musik nicht hinreichend kennen, weil sie die Kunst des Intavolierens für Tasteninstrumente oder für Laute nicht beherrschen, nimmt er sich vor, in seinen Lehrwerken – das erste, ebenfalls unter dem Titel *Declaración de instrumentos,* ist bereits 1549 erschienen – leicht verständliche Anweisungen zu geben, damit jene Musiker geistliche und weltliche polyphone Kompositionen auf ihren Instrumenten spielen können. Schon aus dieser zunächst naiv scheinenden Zielsetzung ist zu ersehen, wie sehr sich Bermudo im 16. Jahrhundert von der entsprechenden deutschen Theorie des 15. Jahrhunderts unterscheidet. Wie verschieden die Ausgangspunkte sind, zeigt sich am besten dort, wo Bermudo es als wichtigstes Ziel seiner Unterweisung bezeichnet, Motetten und andere imitatorische Stücke aus dem Stegreif zu spielen, denn er verlangt dort expressis verbis, die vokale Polyphonie auf dem Instrument als solche nachzuahmen. Und er verlangt beim Intavolieren die Musik der Meister gerade *nicht* instrumental zu adaptieren, sie gerade *nicht* mit Glosas (Spielformeln zur Umschreibung und Auflösung längerer Notenwerte) zu versehen, er unterbindet also geradezu die genuin tastenmäßige Spielart. Im wichtigsten *Vierten Buch* ist dementsprechend behauptet, die grundlegende Voraussetzung auch für das Spiel von instrumentalen Fantasien sei die Beherrschung des Vokalsatzes – und diesen lerne man am besten beim Intavolieren, freilich unter strengster Beachtung des originalen Satzes. Dazu gibt Bermudo ein Beispiel, das den Anfang eines mehrstimmigen Stücks in Partitur und in Zifferntabulatur so untereinander angeordnet zeigt, daß die Partiturstriche in die Tabulaturstriche übergehen. Dem fortgeschrittenen Spieler rät er dann, direkt aus dem Chorbuch zu musizieren, also die zwar auf einem Lesefeld jedoch getrennt notierten Stimmen »zusammenzulesen«, wobei als Hilfe zunächst auch im Chorbuch Tactusstriche angebracht werden können. Dieser Anweisung entsprechend sind die 5 dem Werk beigegebenen Hymnensätze und die 4 freien Sätze in Einzelstimmen notiert, aber Bermudo bemerkt ausdrücklich, »daß es sich um Instrumental- und nicht um Vokalmusik handle«. Diese *Hymnen* erweisen Bermudo übrigens, so meint jedenfalls W. Apel (1967), als einen höchst beachtenswerten, etwas genialisch absonderlichen Orgelmeister.

1559 **Adrian Willaert** (1480/90-1562) und andere Meister: **1. Buch Fantasie, Recercari, Contrapunti a tre voci,** gedruckt in Venedig

Willaert gehört zu den ersten »traditionellen« Komponisten, die als Nicht-Instrumentalisten die an der *Vokal*musik entstandene und entwickelte Technik der Komposition auf *Instrumental*musik anwenden, – und sofort verändert sich das SATZBILD: Das Prinzip der abschnittsweisen Durchimitation, aus der Motette auf das Ricercare übertragen, verändert dessen Charakter vom frei instrumental-intonierend Improvisatorischen (für den Einzelspieler und das Soloinstrument) zum streng-stimmigen IMITATIONS-RICERCAR (nun für Ensemble und dementsprechend in Stimmbüchern statt wie bisher in Tabulatur gedruckt). Dieses wird man dann das »klassische Ricercar« nennen, und dieses wird als Typ fortwirken.

1563 **Orlando di Lasso** (um 1532-1594): Die ersten gedruckten **Lautentabulaturen** von Werken Lassos erscheinen in Rom und in Löwen im Druck.

1565 **Fray Thomás de Santa María** (1510/20-1570): **Arte de tañer Fantasia,** gedruckt in Valladolid/Spanien

Der *Erste Teil* des über Spanien hinaus berühmten Lehrwerks befaßt sich ausführlich mit dem Spiel auf Tasteninstrumenten, besonders auf dem Clavichord: De Santa Maria ist tief in das Wesen und die eigentümliche Klanglichkeit des Clavichords eingedrungen und geht deshalb das höchst heikle Problem des Anschlags bei diesem Instrument wie niemand sonst an. Seine Lehre des Fingersatzes, auch der Verwendung des Daumens und der Art des Unter- und Übersetzens der Finger, gilt als sehr fortschrittlich. Der *Zweite Teil* ist eine praktische Harmonie- und Kontrapunktlehre – freilich im Hinblick auf einen improvisierten und dennoch strengen Satz. Die beigegebenen Kompositionen, hauptsächlich Fantasias und Fabordones als Lehrbeispiele, sind gediegene Stücke, aber kein einziges ist instrumentaliter verändert oder verziert.

1567 und **1574** **Claudio Merulo** (1533-1604): **Ricercari d'intavolatura d'organo libro primo,** gedruckt in Venedig (2. Auflage 1605), und **Primo libro de' Ricercari da cantare a 4,** gedruckt in Venedig (II 1607; III 1608)

Merulo ist, obwohl »nur« Instrumentalmusiker, einer der berühmten Musiker seiner Zeit: Seit 1557 ist er als Nachfolger von Parabosco zweiter Organist an San Marco in Venedig, 1566 bis 1584 daselbst als Nachfolger von Padovano erster Organist, während Andrea Gabrieli zweiter Organist wird. Seit 1586 steht Merulo im Dienste des Herzogs von Parma. Die drei Bücher *Ricercari da cantare* richten sich nach der Aussage der Widmungen ausdrücklich an Organisten, sie sind also trotz ihres Titels Instrumentalwerke.

1568 **Vincenzo Galilei** (um 1520-1591): **Fronimo. Dialogo nel quale si contengono le vere et necessarie regole del intavolare la musica nel liuto,** gedruckt in Venedig

Galilei (der Vater des Astronomen) ist von Haus aus Lautenist, und doch wird er als Musiktheoretiker bekannt, nämlich in der großen Auseinandersetzung über das Problem Polyphonie – Monodie mit seinem *Dialogo della musica antica et della moderna* von 1581. Sicherlich nicht ebenso wichtig wie dieses Manifest der neuen Musik des späten 16. Jahrhunderts, aber musikhistorisch doch höchst interessant ist sein *Fronimo* (»Fronimo« ist ein Personenname, kein musikalischer Terminus). Dieser frühere *Dialogo* ist nämlich eine maßgebliche Quelle für die Bearbeitungsverfahren in italienischen Lautentabulaturen. In seinen eigenen Lautentranskriptionen, die in den *Intavolature de lauto, madrigali e ricercate libro primo,* Rom 1563, und in den beiden Ausgaben des *Fronimo* (2. erweiterte Ausgabe Venedig 1584) erscheinen, bemüht sich Galilei ganz offensichtlich, die vokale Komposition gewissenhaft zu reproduzieren und ihre lineare Beschaffenheit auch für die Instrumentalbearbeitung zu erhalten.

Interessant sind sodann die in einem Exemplar der ersten Ausgabe des *Fronimo* handschriftlich überlieferten Bearbeitungen von einigen damals beliebten Madrigalen für eine Singstimme mit Lauten-»Begleitung«, also klassische Vokalsätze in vokal-instrumentalen Zurichtungen. Sie gehören zu den damals sich häufenden Vorboten einer neuen Zeit mit neuen musikalischen Möglichkeiten und Denkformen.

1571 und **1575** **Elias Nicolaus Ammerbach** (um 1530-1597): **Orgel- und Instrument-Tabulatur** und **Ein new kunstlich Tabulaturbuch,** beide gedruckt in Leipzig

Ammerbach, Thomas-Organist in Leipzig, setzt die Überlieferung der frühen deutschen Tabulaturen, die mit Paumanns *Fundamentum organisandi* handschriftlich begonnen hat, nun mit gedruckten Werken fort und schließt sie ab, wobei er sich erstmals der *neueren* deutschen Orgel- und Klaviertabulatur bedient. Seine beiden Veröffentlichungen sind zugleich eine Art von Auffangbecken für eine Fülle von Liedern, deren Weisen sich in keinen anderen Quellen finden, so daß diese *Tabulaturen* gleichzeitig Quellen zur Geschichte des Liedes sind. Geradezu einmalige Bedeutung gewinnen, wie Kugler (1975) darstellt, die Tabulaturbücher der Koloristen und Ammerbachs aber durch die vielen Tänze, deren Reichhaltigkeit und verschiedene nationale Herkunft erstaunt und kulturhistorisch von großem Interesse ist. Natürlich dominiert die Zusammenstellung eines Tanzes im geraden Takt mit einem Nachtanz im Dreier-Takt, der meist nur eine geringfügig veränderte Wiederholung des Tanzes in der Proportio tripla ist.

um 1575-um 1665 Die Cembalobauerfamilie Ruckers in Antwerpen

Die für den Cembalobau wichtigen Mitglieder der Familie Ruckers sind: Johannes d. Ä. (um 1550-1597/99) und seine Söhne Johannes d. J. (1578-1643) und Andreas d. Ä. (1579- um 1654); Andreas d. J. (1607- nach 1667) und Christoffel (? – ?). Die Instrumente der Ruckers waren und sind bis auf den heutigen Tag berühmt vor allen anderen als die besten Ausprägungen eines bestimmten CEMBALOTYPS, nämlich des NIEDERLÄNDISCHEN, mit seiner Fülle, Tragfähigkeit und Farbigkeit des Klangs und seinem unvergleichlich lieblichen silbrigen Ton.

1577 Bernhard Schmid d. Ä. (1535-1592): Zwei Bücher einer neuen künstlichen Tabulatur auf Orgel und Instrument, gedruckt in Straßburg

Das erste Buch des Straßburger Organisten enthält abgesetzt 20 lateinische Motetten (18 von Lasso, 1 von Crecquillon, 1 von Richafort), das zweite 28 geistliche und weltliche Gesänge (von Lasso, Crecquillon, Zirler, Rogier, Clemens non Papa, Arcadelt, Berchem, Ferrabosco, Godard, de Rore und Meiland) auf deutsche, französische und italienische Texte, ferner 5 Passamezzi und 13 kurze Tänze. Schmid zählt man unter den Orgelmeistern zu den »KOLORISTEN«. Was diesen Begriff und die »Sache«, die dahintersteckt, anbelangt, so gibt dazu Schmid selbst in seinem Vorwort einigen Aufschluß: »Darnach hab ich die Motetten und stuck so im gantzen werck einverleibt mit geringen Coloraturen gezieret, nit der meinung das ich die verständigen Organisten eben an mein Colloraturen wölle binden, sondern einem jetlichen sein verbesserung frei lassen und allein wie gemelt der angehenden jungen Instrumentisten halber angesehen worden...« Die Intavolierungen noch dieser Bücher Schmids d. Ä. sind also nicht als Orgelkompositionen im späteren und engeren Sinne anzusehen, sondern nach wie vor als MODELLE, nach denen man vokale Kompositionen als Orgelstücke »kolorieren« kann.

1578 Antonio de Cabezón (wahrsch. 1510-1566): Obras de musica para tecla, arpa y vihuela (= Werke für Tasteninstrument, Harfe und Laute), gedruckt in Madrid

Antonios Sohn und Nachfolger als Organist am Kaiserlichen Hofe in Spanien schreibt die Instrumentalstücke seines berühmten Vaters auf – an dessen Leben sich wegen seiner Blindheit viele legendäre Geschichten knüpfen, ähnlich wie an die seiner ebenfalls blinden älteren deutschen Berufskollegen Paumann und Schlik –, sammelt und ordnet sie und gibt sie zwölf Jahre nach des Vaters Tod im Druck heraus. Den Inhalt der Sammlung (rund 250 Stücke) bilden in progressiver Ordnung zwei- und dreistimmige Übungsstücke »para principantes« (für Anfänger), die in ihrer Einfachheit gerade auch den heutigen Spieler und Instrumentallehrer interessieren könnten, denn sie sind das Ergebnis einer Kunstauffassung, nach der die *Freiheit* des Stegreifspiels nur durch die feste *Bindung* an die Spiel- und an die Satzregeln zu gewinnen und zu erhalten ist. Die Notation ist die zwar besonders unanschauliche, aber für diesen Zweck besonders geeignete spanische Zifferntabulatur, bei der für jede Stimme des Satzes eine Linie vorgesehen ist, auf welche Ziffern geschrieben werden, die jeweils einen bestimmten Ton der Tastatur des Instruments meinen, so daß nur konsequent geführte Einzelstimmen, aber keine freistimmigen Akkordgriffe darstellbar sind, – eine höchst interessante Art der Instrumentalschrift im Zeitalter der Vokalpolyphonie! Auf die Übungsstücke folgen Diferencias (Variationen) und Glosas, Hymnenbearbeitungen, die berühmten Tientos (Ricercari), Übertragungen von Motetten Josquins und anderer Niederländer und bis zu sechsstimmige Motetten von Cabezón selbst. – Im Jahre 1554 hält sich Cabezón anläßlich der Hochzeit Philipps II. mit Maria Tudor, einer Tochter Heinrichs VIII. und der Katharina von Aragón, mehrere Monate mit der ganzen Hofkapelle in England auf. Hierbei treten die spanischen Musiker in so intensiven Austausch mit ihren englischen Kollegen, vor allem mit den Klavier- und Orgelspielern, daß die Musikgeschichtsforschung die Frage, wer von wem beeinflußt worden sei, nicht mehr eindeutig beantworten kann.

1581 Balet comique de la Royne: Choreographie (»Ordonnances géométriques«) von dem Italiener Baltazarini, Musik von Lambert de Beaulieu und Jacques Salmon

Zwischen ungefähr 1580 und 1660 ist das Theater am französischen Hof beherrscht von einer Gattung, in der Elemente des höfischen Festes mit Elementen des Maskenspiels verbunden sind, und die man Ballet de cour (Hofballett) nennt. Das *Balet comique de la Royne* ist das älteste erhaltene Stück dieser Gattung.

Beim BALLETT DE COUR handelt es sich um ein prachtvoll ausgestattetes, hoch stilisiertes Ballett-Spiel von höchstem Anspruch, mit mythologischem Stoff, allegorischem Charakter und einer pantomimisch darzustellenden Leitidee. Trotzdem ist dem BALLETT DE COUR zunächst ein dilettantischer Grundzug der aristokratischen Gesellschaft eigen, und zwar so stark, daß man nicht nur keine oder nur wenige Berufstänzer heranzuziehen pflegt, sondern daß selbst der König oft zu den Tänzern zählt: Man weiß, daß Ludwig XIV. in vielen Balletten mitgewirkt und dafür viele Proben auf sich genommen hat. Nach der Epoche des Sonnenkönigs verändert sich das BALLETT DE COUR zur Vorführung von professionellen Ausführenden, die man gegen Eintrittsgeld besucht, die also zumindest halb-öffentlich wird. Diese Wandlung führt zum Aufstieg der TANZKUNST in der Sonderform des BALLETTS.

Wichtig für das alte BALLETT DE COUR sind die ästhetischen Bestrebungen von Baïfs ACADÉMIE DE POÉSIE ET DE MUSIQUE. Mit dem ersten erhaltenen Beispiel jedenfalls, mit dem *Balet comique de la Royne,* wird eine Tradition des Akademismus begründet, die sich im 17. Jahrhundert erhält und erst von der italienischen Welle des Luigi Rossi und des Jean-Baptiste Lully im Sinne des rhetorisch-affekthaften italienischen Barocks überspült wird: die französische Oper behält ein klassizistisches Gepräge, auch als das Barockzeitalter zum Durchbruch gelangt. Es ist, stellt Blume trefflich fest, höchst bezeichnend, daß in Frankreich zwar eine TRAGÉDIE LYRIQUE, aber keine OPERA SERIA entsteht.

1587 Andrea Gabrieli (um 1510-1586) und **Giovanni Gabrieli** (1554/57-1612/ 13): **Concerti di A. e di G. Gabrieli… per voci et stromenti** zu 6 bis 16 Stimmen, nach dem Tode Andreas von Giovanni herausgegeben in Venedig

Diese Sammlung von *Concerti* weist in eine bestimmte Richtung, nämlich zur venezianischen Mehrchörigkeit. Die Verbindung von Instrumenten und Singstimmen, wie sie hier unter der Bezeichnung »Concerto« geschieht, trifft nämlich ganz besonders für eine bestimmte Kompositionsweise zu, die mit Venedig und Oberitalien eng verknüpft ist und sowohl geistliche als auch weltliche Musik umfaßt: die MEHRCHÖRIGKEIT. Diese Mehrchörigkeit ist hier vokal-instrumental gemischt. St. Kunze hat *Die Entstehung des Concertoprinzips im Spätwerk Giovanni Gabrielis* (1964) geklärt: »Nicht allein der gegenüber dem vier- bzw. fünfstimmigen Satz wesentlich ausgeweitete Umfang vor allem der Diskant- und Baßstimmen ist es, der die Teilnahme der Instrumente bei der Ausführung der Mehrchörigkeit« – oder wie man vielleicht verdeutlichend sagen kann: bei der Ausführung mehrchöriger *Vokal*-Werke – »nahelegt, ja, zum Teil notwendig macht, sondern auch die Konzeption dieser Musik, die auf glänzende, festliche Klangwirkung und klangliches Spiel hinzielt.« Auf neue Weise wichtig sind hier also zwei Faktoren, ein musikalischer: die KLANGLICHKEIT, und ein musikhistorisch-soziologischer: die FESTLICHKEIT im großen Rahmen.

Zur Sache und zum Begriff CONCERTO führt Kunze weiter aus: »Überall dort, wo sich im 16. Jahrhundert die Bezeichnung ›CONCERTO‹ findet, handelt es sich in irgendeiner Form um das Zusammenwirken von Singstimmen und Instrumenten, selbst wenn dies nicht ausdrücklich angegeben ist. So meint das Wort häufig nur allgemein ›Ensemble, Kapelle‹, ›concertare‹ dementsprechend einfach ›ausführen‹ oder auch ›verteilen, arrangieren‹. Gelegentlich begegnet ›CONCERTO‹ im Sinne von ›Aufführung‹ unter Beteiligung von Instrumenten und Singstimmen. Da bei ›CONCERTO‹ in jedem Fall das *Zusammenwirken* im Vordergrund steht, kommt diese Bezeichnung für Musik mit Tasteninstrumenten nie in Gebrauch. Zum ersten Mal im Titel eines Musikwerks erscheint das Wort in den *Concerti di A. e di G. Gabrieli* von 1587. Aber auch hier weist die Bezeichnung lediglich auf das gerade in diesem Werk notwendige Zusammenwirken von Instrumenten und Singstimmen und vielleicht auf die Vereinigung geistlicher und weltlicher Kompositionen. Es ist festzuhalten, daß ›CONCERTO‹ im 16. Jahrhundert kein Terminus ist, dem ein kompositionstechnisch faßbarer Sachverhalt entspricht. Dies ändert sich erst um 1600, und L. Viadana scheint mit seinen *Concerti ecclesiastici* von 1602 der erste zu sein, der ›CONCERTO‹ für eine bestimmte Kompositionsgattung in Anspruch nimmt. Erst mit dem Gebrauch von ›CONCERTO‹ als Gattungsbezeichnung, selbst wenn daneben die ursprüngliche allgemeine Bedeutung noch lange lebendig bleibt, wird die Benennung auch auf geistliche Musik übertragen.«

1588 **Thoinot Arbeau** (1519-um 1595): **Orchésographie, traité... des danses,** gedruckt in Langres

Die Wichtigkeit dieses TANZTRAKTATES liegt teils in seinen kulturgeschichtlich höchst interessanten Mitteilungen über Tanz-, Fecht- und Gesellschaftssitten des ausgehenden 16. Jahrhunderts in Frankreich, teils in der Tanzlehre selbst, für die Musikgeschichte selbstverständlich in den musikalischen Bemerkungen dazu. Arbeau beschreibt eingehend die Musik und die Ausführung folgender TÄNZE: Branle, Allemande, Canarie, Pavane, Gaillarde, Moresca, Volte, Matassin, Trihoris. Für die Basse danse und den Tourdion ist er neben Arena (*Ad suos compagnones studiantes,* 1529) der wichtigste Theoretiker des Jahrhunderts. Zahlreiche Notenbeispiele und Abbildungen illustrieren das Buch. – Für die TANZLEHRE als solche ist Arbeau wichtig dadurch, daß er die älteren umständlichen choreographischen Beschreibungen durch ein einfaches System von Buchstaben – fast möchte man sagen: durch eine Art Tabulatur – ersetzt und damit eine übersichtliche Anleitung für die Schrittfolgen schafft.

vor 1591 und **vor 1620** **William Byrd** (1543- 1623): **The Battell** und **The Bells** für Cembalo

Von William Byrd sind rund 140 Stücke für Tasteninstrumente erhalten, davon der größte Teil in zwei großen handschriftlichen Sammlungen englischer Virginal-Musik, nämlich in *My Ladye Nevell's Book* (geschrieben vor 1591; 42 Stücke) und im *Fitzwilliam Virginal Book* (geschrieben vor 1620; 71 Stücke). Das berühmteste Stück der ersten Sammlung *The Battell (Die Schlacht)* ist ein Zyklus von kurzen Stücken, die wie Bilder vorüberziehen: Marsch der Fußtruppe, Reiter (als Kanon), Trompetensignale aus verschiedenen Stellungen, Anmarsch zum Gefecht usw. Diese »Szenenbilder«, alle in C-dur, sind von zwei stolzen Ecksätzen in G-dur eingerahmt, die den Tanz der damaligen Gesellschaft repräsentieren: ein Eröffnungsstück in der Art einer Entrata vor der Schlacht (*The march bevor the battle*) und eine Gagliarde für den Sieg (*The gaillarde for the victorie*) (Speckner). Unter den im 16. Jahrhundert häufiger komponierten »naiven Programmusiken« der Gattung Battaglia ist diese die bedeutendste – und nirgendwo kann so deutlich werden, welche Qualität eine solche malende Musik haben kann, und wie verschieden diese Art der Programmusik von der des 19. Jahrhunderts ist.

Von ganz anderer Art ist die Variationenfolge *The Bells:* Getragen von einem Ostinato (Ground) aus nur zwei Tönen (*C – D*) entfalten sich unter der Vorstellung eines Glockengeläuts kanonartige Tongeflechte, Bandornamenten gleich – so lebt die Klanglichkeit wieder auf, die die Musik des englischen Mittelalters ausgezeichnet hat. Zugrunde liegt ein Klangprinzip, dessen Klänge nicht in einem harmonisch-funktionalen sondern in einem Wechselklangverhältnis stehen: Hauptklang-Nebenklang, wobei im herrschenden Dreiertakt – alle Variationen über Grounds stehen im Dreiertakt – der Hauptklang zwei, der Nebenklang eine Zählzeit beansprucht. Was wir hier vor uns haben, ist ältestes musikalisches Gut im Gewande neuer Musik; eines der großen Werke der abendländischen Musik, wo sie pure Instrumentalmusik ist.

1593 **Intonationi d'organo di Andrea Gabrieli et di Giovanni suo nepote,** gedruckt in Venedig

Mit INTONAZIONI leitet der Organist üblicherweise die Einsätze von Chorkompositionen ein. Sie haben in der Regel keinen Bezug zur einzuleitenden Komposition, wohl aber stark ausgeprägte virtuose Züge, womit sie die Orgel als Instrument zur Geltung bringen und zudem die Fertigkeit des Spielers. Ihr musikalischer Ausgangspunkt ist meist eine Folge von Akkorden, welche die eine Hand spielt, während die andere sie mit Passagen und Verzierungen ausführt, auffüllt, schmückt. In der Anlage sind die Stücke also den deutschen PRAEAMBULA verwandt. – Es ist merkwürdig, daß Giovanni Gabrieli, obwohl den größten Teil seines Lebens als Organist tätig, nicht viel für die Orgel geschrieben zu haben scheint. Ob der Grund dafür in der Nähe zu seinem Onkel Andrea Gabrieli zu suchen ist, dem er in der Orgelkomposition bis in Einzelheiten der Schreibweise gleicht, oder darin, daß er ein weniger virtuoser Spieler oder gar ein weniger gewandter Komponist ist, das ist nicht auszumachen. Aber vielleicht kann man sagen, daß eben auch für die beiden Gabrieli und ihre Orgelkomposition Geltung hat, was für die Orgelmusik jener Zeit überhaupt noch weitgehend gilt – und das, obwohl gerade jetzt sich eine instrumenten-spezifische Orgelkomposition herausbildet –, daß sie nämlich noch mehr Spiel und Spielvorgang denn schriftlich auszuarbeitende Komposition ist.

1593-1609 Girolamo Diruta (um 1554-nach 1610): **Il Transilvano. Dialogo sopra il vero di sonar organi e istromenti da penna,** 1. Teil Venedig 1593, 2. Teil daselbst 1609

Das Buch trägt den Namen dessen, dem es gewidmet ist. »Il Transilvano« ist der Fürst von Siebenbürgen, damals Sigismund Barthory, ein bedeutender Heerführer, der sein Land von der Türkenherrschaft befreit hat. Diruta, Organist in Venedig, schreibt sein Buch wahrscheinlich im Auftrag und für den persönlichen Gebrauch des Fürsten, der ein großer Musikliebhaber ist und italienische Musiker in seinen Diensten hat. *Il Transilvano* ist eine SCHULE FÜR DAS INSTRUMENTALSPIEL auf Orgel, Cembalo und Clavichord in der damals (und bis ins 18. Jahrhundert) beliebten Dialogform, wobei es Diruta besonders auf die Unterschiede der Instrumente und ihrer Spielweisen ankommt, und zwar vom Anschlag über den Fingersatz und die Verzierungen bis zu den Gattungen, die sich für dieses oder jenes Instrument schicken oder nicht schicken, und bis zu den verschiedenen Arten der adäquaten Intavolierung. Freilich, was im *Transilvano* steht, steht auch schon in anderen Lehrwerken des 16. Jahrhunderts. Wenn diese Diruta also auch zuvorkommen, so bleibt *Il Transilvano* doch die erste umfassende – jedenfalls der Intention nach umfassende – Orgel-, Cembalo- und Clavichord-Schule. Sie ist außerdem durch ihre zahlreichen Beispiele aus den bedeutendsten Meistern der Zeit wichtig, ja man hat gar von einer »Beispielsammlung« gesprochen.

1597 Giovanni Gabrieli (1554/57-1612/1613): **Sacrae Symphoniae I zu 6 bis 15 Stimmen,** gedruckt in Venedig (Teil II 1615)

44 Vokal- und 16 Instrumentalkompositionen, darunter die achtstimmige doppelchörige *Sonata pian & forte,* das wohl berühmteste Stück nicht nur Giovanni Gabrielis sondern überhaupt der instrumentalen Ensemblemusik seiner Zeit – das berühmteste Stück, obwohl ein so frühes.

1598-1604 Claudio Merulo (1533-1604): **Toccate d'intavolatura d'organo libro primo,** gedruckt in Rom (**libro secondo,** daselbst 1604)

Die TOCCATA für das Tasteninstrument (im 16. Jahrhundert auch für die Laute) »ist das kompositorisch nachgebildete Improvisieren in Erprobung, Ausnutzung und Darstellung der Spielmöglichkeiten des Instruments und in Darbietung, auch Übung der Kunst des Spielers« (Eggebrecht 1967). Ihre Ausformung findet die TOCCATA in der zweiten Hälfte des 16. Jahrhunderts in Italien, wo sie, ähnlich wie die kürzeren *Intonazioni d'organo,* etwa der Gabrieli (1593), die Aufgabe des Intonierens im Gottesdienst hat. Hier bei Merulo ist indessen der Charakter der Improvisation weitgehend aufgegeben und mit der Einfügung motettisch-imitatorisch gearbeiteter Abschnitte eine festere Form gefunden: virtuose Passagen und fließende Läufe wechseln mit ruhig fugierten Abschnitten ab – wodurch im Grunde der Keim gelegt ist für die Trennung von Toccata und Fuge. Über Merulos besonders elegante Diminution und Ornamentik berichtet höchst interessant sein Schüler Diruta in seinem *Il Transilvano* (1593-1609).

um 1600-1610 Blütezeit der altenglischen Lautenmusik

Eine Blütezeit englischer Lautenmusik fällt zusammen mit dem Ende der Elisabethanischen Epoche: In der Nachbarschaft der Virginalisten entfalten die J. und R. Dowland, Ph. Rosseter, Th. Morley, Th. Campion, F. Pilkington, J. Cooper und andere eine hohe Kunst der Lautenmusik mit frei instrumentalen Stücken, Tänzen und Variationen, aber auch mit früh-monodischen Liedern. Eine der Hauptquellen (in Cambridge) hat vor anderem ganz spezifisch englische Ostinato-Stücke (*The Trumpets call, The Bells*), Hornpipes und Charakterstücke (*Image of melancholey* und ähnliche Stücke eines gewissen »DOLOROSA- UND LACHRIMAE-STILS«), aber auch viele Stücke, welche fremde Einflüsse zeigen, etwa vom italienischen Madrigal, wo es in exzessiver Chromatik schwelgt (*Chromatic Pavana*), oder von der deutschen Lautenmusik etwa Hans Newsidlers. Die wichtigsten Quellen erscheinen zwischen 1596 und den 1620er Jahren in London im Druck. Aus der großen Zahl der Komponisten ragt John Dowland weit heraus.

um 1600 bis 1621 Hauptwirkungszeit von Jan Pieterszoon Sweelinck (* Deventer 1562, † Amsterdam 1621) **in Amsterdam**

Zwar werden alle Vokalwerke Sweelincks zu seinen Lebzeiten gedruckt, nicht aber ein einziges seiner Instrumentalwerke, also keines der Werke, mit denen er sich in die Reihe der großen Meister der abendländischen Musikgeschichte einreiht. Als berühmter Orgelmeister wirkt er besonders auf die deutschen Organistenschulen ein. Scheidt, Scheidemann, J. Prätorius d. J., Schildt, Siefert rühmen sich, seine Schüler zu sein; über sie und deren Schüler wirkt er bis hin zu J. S. Bach. Seine zahlreichen Werke für Tasteninstrumente – Orgel und Klavier lassen sich bei ihm nicht gut auseinanderhalten – gehören in ihrer eigenartigen Frische und Schönheit zu den bedeutendsten und, etwa in den Variationszyklen über weltliche Lieder, zu den liebenswürdigsten der Zeit und zugleich zu den großen Werken, mit denen die Instrumentalmusik ihre erste große Epoche abschließt und mit denen die zweite große Epoche beginnt.

1603 **Besardus** (Jean Baptiste Besard; um 1567-um 1625): **Thesaurus harmonicus divini Laurencini Romani,** gedruckt in Köln

Die 10 Teile der riesigen Sammlung enthalten 403 Lautenstücke, darunter 38 Sätze von Besardus selbst und viele von den besten Meistern der Zeit: fast ein Kompendium der Lautenmusik und ihrer Technik damaliger Zeit. Besondere Bedeutung kommt Besardus für die Verbreitung der Air de cour zu, die er als erster in Deutschland in Tabulaturen aufnimmt, wobei er interessanterweise in einigen Fällen auf den separaten Gesangspart verzichtet und die Melodie in den Lautenpart einbezieht. – Mátyás Seiber (1905-1960) hat eine Reihe von Stücken aus dem *Thesaurus* für Streichorchester bearbeitet und zu einer *Besardo-Suite über Musik des 16. Jahrhunderts* zusammengestellt (1940).

1604 **John Dowland** (1562/63-1625/26): **Lachrymae or seven teares figured in Seaven passionate Pavens,** gedruckt in London

Dowland ist wohl der größte Lautenist seiner Zeit, und die Kenner seiner Kompositionen halten diese für die schönsten ihrer Art. Wie in Dowland's Vokalmusik kehrt auch hier ein Ton leidenschaftlicher Schwermut immer wieder: die *Pavane »Semper Dowland semper dolens«* und die sieben *Lachrymae-Pavanen* mögen als Beispiele stehen. Freilich gibt es auch heitere Stücke, und diese sind dann heiterer, und zwar in einem tiefen Sinne, als alles Vergleichbare von Zeitgenossen (*Lady Rich's Galliard; Mr. George Whitehead's Almand; Mistress Nichol's Almand*).

1607 **Bernhard Schmid d. J.** (1567-1625): **TabulaturBuch,** gedruckt in Straßburg

Das Hauptkontingent der ausländischen Tänze in deutschen Tabulaturen stellt eigentlich immer Italien; Frankreich, Spanien, Polen, Ungarn, England liefern nur Beiträge. Wie sehr überhaupt italienische Musik Mode ist, zeigt unter den vielen Tabulaturbüchern gerade dieses mit seinen Präludien (nach A. und G. Gabrieli), Toccaten (nach beiden Gabrieli, Diruta, Merulo), Motetten (nach Tresti, Erbach, Haßler, Aichinger u. a.), Canzonetten und Madrigalen (nach Haßler, de Rore u. a.) und Fugen oder (wie es die Italiener nennen:) Canzoni alla Francese 4 voc. (nach Maschera, G. Gabrieli u. a.) neben 2 italienischen Passamezzi »mit unterschiedlichen Variationibus« und 12 Galliarden. (Deutsche Tänze fehlen.) Die beiden großen Passamezzi, jeweils mit einem Salterello als Nachtanz, sind für die Geschichte der Tanzmusik besonders interessant, weil sie koloriert sind, und weil die Koloratur hier in den Dienst der Variation tritt.

1610 **Robert Dowland** (um 1591-1641): **Varietie of Lute-Lessons: viz. Fantasies, Pauins, Galliards, Almaines, Corantoes, and Volts: selected out of the approved Authors, as well beyond the seas as of our owne Country** und **A Musicall Banquet Furnished with a Varietie of delicious Ayres,** beides gedruckt in London

Die beiden Sammlungen versammeln Stücke vieler Komponisten aus verschiedenen Ländern, und Robert Dowlands eigener Beitrag ist lediglich eine Pavane und Galliarde im ersten Buch. Dieses enthält von jeder der im Titel erwähnten Tanzformen sieben Stücke, außerdem Bemerkungen über das Lautenspiel von Besardus und von John Dowland, dem Vater des Herausgebers dieser beiden Werke. Das *Musicall Banquet* ist die erste englische Publikation italienischer Monodien – und sofort gibt die ausgeschriebene »Begleitung« zu den Gesängen die schönsten Beispiele dafür, zu welcher Klangfülle ein tüchtiger englischer Lautenist die spärlich bezifferten Bässe der italienischen Ausgaben erwecken kann.

1611 **Robert Ballard d. J.** (um 1575- um 1645): **Premier Livre de Luth,** gedruckt in Paris

Gleiche Bedeutung wie die Offizin Attaingnants am Anfang des 16. Jahrhunderts hat in der zweiten Hälfte und bis weit in das 17. Jahrhundert hinein das Verlagshaus von Adrien Le Roy und Robert Ballard (Vater). Ausgestattet mit allen königlichen Privilegien, sind sie vor jeder ernsthaften Konkurrenz geschützt und können Jahr für Jahr neue Drucke auf den Markt bringen. Besonders hervorzuheben sind die zahlreichen Ausgaben von Werken Orlando di Lassos, mit dem Adrien Le Roy persönlich befreundet ist, sowie die vielen Tabulaturbücher für Gitarre, Cister und Laute. Denn Adrien Le Roy (um 1520-1598) ist nicht nur der künstlerische Leiter der gemeinsamen Offizin, sondern selbst ein berühmter Lautenist. Sowohl durch die Herausgabe von Airs de cour als auch vor allem durch seine (allerdings nur in englischen Übersetzungen erhaltenen) Unterrichtswerke übt er nachhaltig Einfluß aus. Robert Ballard nun, der Sohn des Verlegers, ein Schüler des Adrien Le Roy, steht als Lautenist in Diensten der Königin Maria d'Este, unterrichtet den jungen Ludwig XIII. und nimmt bei Hof an den Aufführungen der Balets de cour teil. Er repräsentiert einen Lautenstil, der in seinem Wechsel zwischen vollgriffigen Akkorden und scheinpolyphonen Akkordbrechungen schon hinweist auf die spätere Pariser Lautenistenschule um Denis Gaultier, der die Lautentechnik des 17. und 18. Jahrhunderts entscheidend bestimmen wird.

1612/13 und **1614** **Parthenia, or the Maidenhead of the first Musicke that ever was printed for the Virginalls. Composed by three famous Masters: William Byrd, Dr. John Bull and Orlando Gibbons,** 2 Teile, gedruckt in London

Bis zum Ende des 16. Jahrhunderts erscheint in England kaum etwas an Instrumentalmusik gedruckt: wer ein Tasteninstrument spielt, muß sich auf handschriftliche Kopien für seine Musik verlassen. *Parthenia* ist die erste Sammlung gedruckter Instrumentalmusik in England und, zusammen mit dem Schwesterwerk *Parthenia In-Violata* um 1614, die einzige für die Virginalmusik. Ein Grund für den Mangel an gedruckten Noten für Tasteninstrumente liegt vermutlich in den technischen Schwierigkeiten des Notendrucks mit beweglichen Typen. Zwar stellt das Kupferstich-Verfahren eine vorzügliche Lösung dar (was z. B. viele von Frescobaldis Klaviersammlungen zeigen), doch hat dieses sich im frühen 17. Jahrhundert in England noch nicht durchgesetzt. Außer 8 Stücken von William Byrd (1543-1623) enthält die erste *Parthenia* 7 von John Bull (um 1562-1628) und 6 von Orlando Gibbons (1583-1625), also ausschließlich Stücke der drei unbestritten größten und berühmtesten Meister der Virginalmusik, die mit insgesamt 150, 150 bis 170 und 59 Originalkompositionen für das Virginal auch das meiste dazu beigetragen haben. – John Bulls Virginalmusik bildet den Höhepunkt dessen, was die englischen Virginalisten in Bezug auf Fingerfertigkeit verlangen, in musikalischer Hinsicht aber erreicht sie kaum die Höhe der Musik von Byrd und auch nicht derjenigen von Orlando Gibbons. Aber die charakteristischen Merkmale gerade von Bulls Stil kann man dann in der Klaviermusik von Sweelinck und Scheidt verfolgen, um nur zwei von den Komponisten des 17. Jahrhunderts zu nennen, die von John Bull beeinflußt sind. Orlando Gibbons, möglicherweise der Herausgeber der Sammlung, ist der vielleicht meistgerühmte Organist und Virginalist seiner Zeit: »the best hand in England«, wie man sagt. Seine Kompositionen für das Virginal sind in 40 verschiedenen Handschriften enthalten, sie sind also weit verbreitet.

1615 **Giovanni Gabrieli** (1554/57-1612/13): **Canzoni e Sonate ... per sonar con ogni Sorte de Instrumenti,** gedruckt in Venedig

Die 21 Stücke zu 3 bis 22 Stimmen dieser Sammlung sind Schlüsselwerke für eine neue Musik, obgleich sie durchaus auch noch der Zeit angehören, aus der ihr Komponist stammt. Es besteht kein Zweifel, daß die Schaffung einer selbständigen instrumentalen ENSEMBLEMUSIK durch G. Gabrieli nicht ohne tiefgreifende Wandlung in der Auffassung von Musik überhaupt möglich ist, der wiederum eine Veränderung der kompositionstechnischen Gegebenheiten entspricht. Diese hat St. Kunze (1963) zutreffend beschrieben: »Gabrieli knüpft an den musikalischen Satz an, der während des 16. Jahrhunderts an Hand der Sprache entstanden war, insbesondere aber an eine spezifisch venezianisch-oberitalienische Tradition der Mehrchörigkeit, die mehr als die übrige Musik des 16. Jahrhunderts rein musikalischen Gesetzen gehorcht. Diese decken sich zum Teil mit denen, die dann auch für die Instrumentalmusik von Belang sind.«

Mit der KONZEPTION REIN INSTRUMENTALER MUSIK treten andersartige Aufgaben für den Komponisten auf. Während mit dem kontinuierlich fortlaufenden und auch so vertonten Text zugleich die musikalische Einheit gegeben und gewährleistet war, muß sie in rein instrumentaler Musik, sofern sie die sprachgebundene Musik nicht nachahmen will, durch rein musikalische Mittel erst geschaffen werden. Man kann daher viele Merkmale der Kompositionstechnik G. Gabrielis, die aus dieser Notwendigkeit zur Herstellung einer in einem neuen und engeren Sinn *musikalischen* Einheit begreiflich sind, als instrumentale Merkmale bezeichnen, z. B. das dynamisch zielstrebige Element, durch das die Musik G. Gabrielis in hohem Maße bestimmt wird, aber auch den Rhythmus, der hier zum ersten Mal als selbständiger Faktor der Komposition eingesetzt und mit einer melodischen Zielstrebigkeit verbunden ist. Die vornehmlich aus der Musik für Tasteninstrumente stammende spezifisch instrumentale Kolorierung bewirkt sodann eine neue Beweglichkeit des Satzes und trägt dazu bei, dem musikalischen Ablauf melodischen Zusammenhang zu verleihen. Wesentliches Merkmal des Instrumentalsatzes G. Gabrielis (das sich in der gesamten früheren Musik *nicht* findet) ist sodann die Einführung von einprägsamen musikalischen Wendungen mit individuellem Charakter. Die klangliche Zentrierung auf den Grundklang, die beherrschende Rolle der V-I-Beziehung und ein neues Akkordbewußtsein bilden schließlich die Voraussetzung für die Tonalität im späteren Sinn, für die sogenannte neuere Tonalität, die hier ihre ersten Ausprägungen in der Kunstmusik findet. Mit Gabrieli vollzieht sich also der Umschwung im musikalischen Denken zu einer »rein musikalischen« Konzeption, welche die spätere Musik ermöglicht – selbst wenn keine offenkundigen Zusammenhänge bestehen, weil Gabrieli in der Komposition mehrchöriger Instrumentalmusik keine wirkliche Nachfolge, kaum Nachahmer gefunden hat. Monteverdi und Schütz, um die beiden wichtigsten Musiker unmittelbar nach Gabrieli zu nennen, schreiben keine selbständige Instrumentalmusik, vielmehr ist ihre Musik, wenn auch in neuer Weise, wieder an die Sprache gebunden. Was freilich den neuen instrumentalen, den *tektonischen* Geist betrifft, treten Monteverdi und vor allem Schütz durchaus Gabrielis Erbe an.

1615 und **1627** **Girolamo Frescobaldi** (* Ferrara 1583, † Rom 1643): **Toccate e Partite d'intavolatura di Cimbalo, Libro primo,** gedruckt in Rom (5. Auflage 1637) und **Il secondo Libro di Toccate canzone, versi d'hinni, magnificat, gagliarde correnti et altre partite d'intavolatura di cembalo et organo,** gedruckt in Rom

Italien kennt zu dieser Zeit zwei SCHULEN DER TASTENMUSIK: die primär organistische Oberitaliens und die primär cembalistische Süditaliens. Die oberitalienische Tradition nimmt den Sänger und seine musikalische Vorstellung zum Vorbild und ahmt beides auf der Orgel nach – und ahmt die Orgel auf dem Cembalo nach. Die süditalienische Tradition, die (über den Hof in Neapel) der spanischen verbunden ist, nimmt Arpa und Vihuela zum Vorbild, ahmt sie auf dem Cembalo und ahmt das Cembalo auf der Orgel nach. Oberitalien spielt demnach gebunden, Süditalien abgesetzt. Frescobaldi nun steht einerseits stärker in der spanisch-süditalienischen Tradition, doch eignet er ihr andererseits die Erfahrungen Monteverdis an und bleibt damit seiner oberitalienischen Herkunft treu. Man muß also bei Frescobaldi zwischen verschiedenen Grundtypen unterscheiden, und zwar was die Satzstruktur wie die praktisch musikalische Ausführung der Stücke anlangt (Dürr/Siegele 1966). – Frescobaldi schafft (ähnlich wie Bach) keine neuen Formen, nützt die übernommenen aber bis an die Grenze aus und prägt sie auch um. Am kontrapunktischen Gefüge, wie es die vokalen Vorbilder zeigen, hält er freilich fest, wobei das Vorbild für die Toccata das Madrigal ist – bei einer neuen Art von Sangbarkeit der instrumentalen Einzelstimme. Frescobaldis Vorliebe für Chromatik und harmonisches Raffinement ist genährt vom späten Madrigal, mit dem er als Schüler Luzzaschis aufgewachsen ist. Aber diese Chromatik führt er vom Artistisch-Genießerischen hinüber in den affektbestimmten Ausdruck, und diese Wandlung reicht von der heiteren Ausgelassenheit in Tänzen bis zu einer Art Religiosität in den *Fiori musicali:* man hat sie Frescobaldis barockste Leistung genannt. – Den neuen Affekt in der Instrumentalmusik zu entdecken, ihm bis in Einzelheiten nachzuspüren und ihn instrumental-musikalisch zu verwirklichen, ist nun die Aufgabe des Interpreten, die ihm der Komponist selbst gleichsam aufbürdet (Vorrede zu den *Capricci* 1624). Zum ersten Mal in ganzer Tiefe und Bedeutung findet sich dieser neue Ausdruck in den 11 Toccaten des *Zweiten Buches* (1627), die Frescobaldi selbst als neuartig von seinem übrigen Werk abhebt, und die auch die Zeitgenossen völlig überrascht als neu empfinden. Während die 11 Toccaten des *Ersten Buches* (1615) in ihrer schwer zugänglichen Mischung von Logik und Phantastik und in ihrer unruhigen Kleingliedrigkeit noch die Musikalität der Spätrenaissance zu spiegeln scheinen, scheinen die des *Zweiten Buches* nach Form und Affekt dem Barock zuzugehören: Frescobaldis Klavierwerk stellt in gewisser Weise den Abschluß der gesamten instrumentalen Bestrebungen der Renaissance dar und erfüllt zugleich die Forderungen des Barocks, für den es eine wesentliche Voraussetzung bildet.

1617 Johann Woltz († 1618): Nova Musices Organicae Tabulatura, gedruckt in Basel

Der erste Teil der *Woltzschen Tabulatur* enthält 85 lateinische Stücke »der berühmtesten Componisten und Organisten« (vorwiegend nach mehrchörigen Werken der beiden Gabrieli, von Haßler, Merulo u. a.). Woltz reduziert die bis zu 19stimmigen Kompositionen auf vierstimmige Auszüge, wobei er Klauseln, Imitationen, Synkopen und andere charakteristische Wendungen zu erhalten sucht. Im zweiten Teil finden sich 53 vier- bis achtstimmige Chorsätze von Haßler, Franck, M. Prätorius, Gallus und anderen. Der dritte Teil mit 77 Kompositionen von Maschera, Merulo und anderen sieht aus wie eine formengeschichtliche Beispielsammlung der Canzona alla francese. Von den insgesamt 215 Stücken sind nur 5 im Stil der älteren »Koloristen« »koloriert«: Die erstrebte »besondere gantz neuwe und leichte art zu schlagen« erreicht Woltz durch weitgehenden Verzicht auf »Koloraturen« und durch die Abwertung der Mittelstimmen, die zur Erleichterung auch wegbleiben können. Mit 77 Nummern beträgt der Anteil originaler Instrumentalsätze, die Woltz eigentlich hat »gantz lassen wollen«, über ein Drittel der Tabulatur. – Man sagt, Woltz zeige das Ende der »Koloristenzeit« in der deutschen Orgelmusik und zugleich das Verlangen nach einer neuen und jetzt originalen Orgelmusik an.

In der Tat zeichnet sich um das Jahr 1600 eine ORGELMUSIK *im speziellen Sinne* ab. Um diese Zeit beginnen nämlich die Tasteninstrumente in den Vordergrund der Musikpflege zu rücken, wofür *ein* Grund ist, daß von jetzt an ihre Beherrschung zum unentbehrlichen Rüstzeug jedes Kapellmeisters gehören muß. Im Zusammenhang damit gelangt der Stand des Kirchen- und Kammerorganisten zu höherem Ansehen. Im 16. Jahrhundert ist der Organist ja in der Regel nur ein Handwerker, für dessen Handwerk zwar die Kenntnis der Tabulaturschrift, nicht aber die der Notenschrift oder gar der Gesetze musikalischer Vokalkomposition Voraussetzung ist, ganz im Gegensatz zu den Kapellmeistern und den Kapellsängern, die – heute würde man sagen: akademisch – gebildete Musiker sind und als solche Musik machen, welche mehr ist als nur Spiel, und die komponieren. Seit dem Ende des 16. Jahrhunderts tritt nun in Zusammenhang mit dem endgültigen Aufstreben der Instrumentalmusik zur Komposition eine Wende ein: Die »seconda prattica« erfordert die Beherrschung des »CLAVIERS«, des »ISTROMENTO PERFETTO«, das künftig als Generalbaßinstrument die Grundlage gleichsam der gesamten Musik bildet. Da gleichzeitig die Gesangskunst zur bloß virtuosen Technik herunterkommt, die vom Sänger keine gründlichen musikalischen Kenntnisse mehr verlangt, ist es nicht verwunderlich, daß hinfort vor anderen die Organisten als Komponisten in Erscheinung treten. *Sie* sind es, die an den Fürstenhöfen und in den Städten den ungeheuren Bedarf an Gelegenheitskompositionen decken, vielfach auch die gottesdienstliche Gebrauchsmusik schreiben, während die Kantoren oft genug zu bloßen Vorsängern herabsinken: Im 17. Jahrhundert und noch darüber hinaus gehört bei den meisten Organisten (wenige Meister, etwa Froberger, ausgenommen) nur ein Bruchteil ihres Schaffens der Musik für Tasteninstrumente oder gar speziell der liturgischen Orgelmusik, weil ihr Hauptinteresse anderen Gattungen gilt, der Oper, dem Oratorium, der geistlichen und weltlichen Kantate, der instrumentalen Ensemblemusik. Wenn man dennoch Tastenmusik komponiert, dann geschieht dies zunehmend mehr für didaktische Zwecke oder für den Gebrauch des Liebhabers, der jetzt an Stelle der Laute das Tasteninstrument zu bevorzugen beginnt.

vor 1620 The Fitzwilliam Virginal Book

Die 440 Seiten umfassende Handschrift ist die größte und berühmteste Sammlung ihrer Art, zugleich eine der bedeutendsten Anthologien der Musikgeschichte überhaupt. Sie enthält 297 Stücke für Tasteninstrumente, die meisten offensichtlich für das Virginal, doch können auch einige für Orgel geschrieben sein. Sie geben einen Querschnitt aller Typen englischer Tastenmusik aus der Zeit zwischen etwa 1562 und 1612 wieder. Die meisten Kompositionen tragen den Namen des Verfassers und das Jahr der Entstehung. Zu den Komponisten gehören die meisten der berühmten Autoren englischer Musik aus der Elisabethanischen und Jakobinischen Aera, darunter W. Blitheman, John Bull, William Byrd, John Dowland, G. und R. Farnaby, Orlando Gibbons, R. Johnson, Thomas Morley, J. Mundy (Munday), M. Peerson, P. Philips, F. Richardson, Thomas Tallis, Chr. Tye. Außerdem enthält das Buch einige Stücke nichtenglischer Meister, z. B. von Sweelinck, auch einige Transkriptionen von ausländischen Komponisten, z. B. G. Caccinis *Amarilli,* und eine größere Anzahl anonymer Stücke. Die Kompositionen umfassen Fantasien, Pavanen, Galliarden, Allemanden, Couranten, Gigues und andere Tänze, viele Variationen-Sätze über Ostinati, Grounds und zeitgenössische volkstümliche Lieder und Melodien, schließlich zahlreiche anmutige Genre-Stücke.

Um die Bedeutung der Sammlung einschätzen zu können, muß man sich außer ihrem Umfang und ihrem Repertoire klar machen, was hier wirklich grundlegend neu ist. Zum ersten Mal in der Geschichte der abendländischen Musik ist eine Epoche gleichermaßen durch ihre Instrumentalmusik wie durch ihre Vokalmusik von Bedeutung: das sogenannte Goldene Zeitalter der englischen Musik zwischen rund 1585 und 1625, gleich glanzvoll durch die Tastenmusik seiner Virginalisten wie durch seine Vokalkompositionen samt aller Madrigale der »English Madrigal School«. Dem widerspricht nicht, daß die meisten gedruckten Publikationen der Zeit, in welcher der Notendruck schließlich höchst »modern« war, Vokalmusik enthalten, und die Musik für Tasteninstrumente so gut wie ausschließlich in Handschriften überliefert ist. Diese Handschriften enthalten nämlich zusammen mehr als 700 Stücke, und mit ihnen und in ihnen ist eine reife instrumentengerechte Musik-Sprache ausgebildet, wie sie nirgendwo sonst in Europa zu jener Zeit erreicht ist, unerschöpflich in ihrer Mannigfaltigkeit und bis heute frisch wie am ersten Tag. Zu ihren Komponisten gehören die bedeutendsten des Landes. Ihr Einfluß ist kaum abzuschätzen und nicht nur wirksam in der Klaviermusik von Sweelinck, John Bulls niederländischem Freund, und bei den norddeutschen Meistern wie Samuel Scheidt, sondern auch bei den entfernten Großen wie Frescobaldi in Italien und Correa de Arauxo in Spanien. Unter den Stücken finden sich die berühmtesten der Zeit, etwa William Byrds riesiger repräsentativer Variationenzyklus *The Bells.*

Das VIRGINAL ist wie das CEMBALO und das SPINETT ein Kielklavier. Es unterscheidet sich von beiden weder nach dem Instrumententyp: es ist eine Art mechanischer Laute (rahmenloser allseits geschlossener Holzcorpus mit angehängter Mechanik), noch nach der Tonerzeugung: die Saiten werden über eine Mechanik mittels Federkielen (oder kleinen Lederkeilen oder heute durch Kunststoffblättchen) angerissen. Das Virginal unterscheidet sich allein nach der äußeren Form: das CEMBALO hat Flügelform (daher der Name Kiel*flügel*), das SPINETT ist annähernd dreieckig oder trapezförmig, das VIRGINAL ist rechteckig. (Die äußere Form hat allerdings durchaus Rückwirkungen auf das Instrument, und zwar dadurch, daß die Saiten verschieden auf den Spieltisch zulaufen, und die Mechanik, vor allem im Hinblick auf den Anreißpunkt der Saiten, darauf Rücksicht nehmen muß.) Die Instrumente klingen also im Grunde gleich oder jedenfalls sehr ähnlich; sie gestatten dem Spieler weder Dynamik noch Ausdruck bei der Tonerzeugung im Anschlag: beides muß er durch andere, durch musikalische Mittel im engeren Sinne ersetzen – und darin sind verschiedene Charakteristika der Klaviermusik dieser Zeit und des ganzen folgenden Zeitalters begründet. – Die ältesten VIRGINALE kennt man aus England vom Anfang des 16. Jahrhunderts, die besten aus den Niederlanden vom Anfang des 17. Jahrhunderts und von der Familie Ruckers. Der Name Virginal ist von lateinisch virgula = Stäbchen, Docke, abgeleitet; er ist zuerst bei Virdung 1511 belegt. In Elisabethanischer Zeit, der Blütezeit der Virginalmusik, hat man den Namen gerne vom lateinischen virgo = Jungfrau abgeleitet und auf »die jungfräuliche Königin«, Elisabeth I., bezogen, was sich in den Titeln verschiedener Sammlungen spiegelt, etwa: *Parthenia, or The Maidenhead of the first musicke that was printed for the Virginalls...* (1612/13). – Das Virginal ist in England vom 14. bis ins 17. Jahrhundert als Hausmusikinstrument beliebt, besonders auch in der königlichen Familie der Tudors.

1621-1627 **Samuel Scheidt** (* Halle 1587, † daselbst 1654): **Ludi musici,** 4 Bände, gedruckt in Hamburg

Von dieser Sammlung Scheidts mit vier- bis siebenstimmigen Tänzen und Liedbearbeitungen für Orchester mit Generalbaß ist nur der erste Band mit 32 ganz modern »in gratias... potissimum Violistarum« (so das Titelblatt) geschriebenen Sätzen erhalten, in denen kontrapunktische Satzkunst, also ein konservatives Element, mit konzertierenden, also modernen Elementen verbunden ist. Sie geben »ein Spiegelbild der weltlichen Hofmusik« ihrer Zeit (Mahrenholz).

1623 **Jehan Titelouze** (1563/64-1633): **Hymnes de l'Eglise pour toucher sur l'orgue, avec les fugues et recherches sur leur plain-chant,** gedruckt in Paris

Aus der Zeit um 1600 kennt man aus Frankreich keine bedeutenden Organisten; Titelouze (vielleicht englischer Herkunft, seit 1585 Organist in Rouen) ist der erste, der dann aus einer längeren Reihe zu nennen ist; seinem Werk kommt deshalb in der Geschichte der französischen Orgelmusik ein wichtiger Platz zu. Den *Hymnes* liegen 12 Hymnenmelodien zugrunde; jedes Stück bildet einen Zyklus von drei oder vier Versetten. Obwohl der Titel vermuten läßt, daß die Sammlung drei Formen enthält, und zwar ein Praeludium, dem der Hymnus als Cantus firmus zugrunde liegt, die Fuge und das Ricercar, zeigen die fugierten Versetten übereinstimmend kontrapunktische Struktur, so daß die doppelte Bezeichnung im Titel: »Fuge und Ricercar« nicht recht verständlich ist. Der Satz wurzelt in der Tradition der Mehrstimmigkeit des 16. Jahrhunderts; die vornehmlich linearen Recherches (Ricercari) leben noch ganz aus dem Geist der Motette. Die Faktur, welche die Stücke eindeutig für die Orgel bestimmt, weist Titelouze als Kenner der französischen Orgel und ihrer klanglichen Möglichkeiten aus: Zungenstimmen im Pedal und volles Werk im Manual und verschiedene Disposition des Hauptwerks und des Rückpositivs.

1624 **Samuel Scheidt** (1587-1654): **Tabulatura nova,** drei Teile, gedruckt in Hamburg

Samuel Scheidt, Schüler des berühmten Sweelinck und Hoforganist und Hofkomponist in Halle, ist einer der großen deutschen protestantischen Kirchenmusiker des 17. Jahrhunderts und schafft sein sicherlich bedeutendstes, jedenfalls am weitesten verbreitetes Werk doch als Klavierwerk: Die *Tabulatura nova* ist »das einzige große, nach dem Vorbild niederländischer Tastenspielkunst geschaffene Werk in Deutschland« (Riedel 1962). Während die beiden ersten Bände weltliche und geistliche Werke mischen, ist der dritte eine Art von »Kompendium der Orgelmusik der lutherischen Kirche für Messe und Vesper« (Mahrenholz). Die Teile enthalten im einzelnen: I. Variationenreihen über 3 weltliche und 4 geistliche Melodien, 3 Fantasien, 2 Couranten, Passamezzo-Variationen, Canones aliquot; II. Variationenreihen über 4 geistliche und 3 weltliche Melodien, 1 Fantasie, 2 Fugen, 1 Echo, 1 Toccata; III. Kyrie und Gloria, Credo, Psalmus sub communione, 6 Hymnen, 9 Magnificat, 2 Stücke »Modus ludendi pleno organo«. – Mit dem Titel *Tabulatura nova* ist eine bestimmte ART DER NOTATION bezeichnet, nämlich die Notation in einzelnen Stimmen in Partituranordnung anstatt die der deutschen Orgeltabulatur; Scheidt rechnet also – das geht aus dieser für den Instrumentalisten von damals einigermaßen »abstrakten« Partituranordnung hervor – selbstverständlich damit, daß der Musiker nicht direkt aus seiner Ausgabe spielt, sondern sich jedes Werk erst in eine ihm, seinem Instrument und seiner Spielweise adäquate Tabulatur ab- und umsetzt. – Mit Scheidts *Tabulatura nova* beginnen 1892 die *Denkmäler deutscher Tonkunst* zu erscheinen, von Johannes Brahms überschwenglich begrüßt.

1624 und **1627** **Johann Ulrich Steigleder** (1593-1635): **Ricercar Tabulatura,** gedruckt in Stuttgart, und **Tabulatur Buch Darinnen daß Vatter unser auff 2, 3 und 4 Stimmen componirt, und viertzig mal varirt würdt,** gedruckt in Straßburg

»Die 12 Ricercare der *ersten Tabulatur,* ›studierender Jugend zu Gefallen‹ in Druck ausgefertigt [nämlich vom Komponisten selbst in Kupfer gestochen] durchschreiten«, wie U. Siegele (1965) die vielleicht nicht hochbedeutende aber höchst charakteristische Sammlung präzise beschreibt, »zweimal den Kreis der Tonarten *d, e, F, G, a, C.* 5 vierstimmige eröffnen, 7 dreistimmige beschließen den Zyklus. Auf der einen Seite stehen Fantasien Sweelinckschen Ausmaßes über zwei und drei ›sogetti‹. Sie augmentieren die Themen zum Cantus firmus und diminuieren sie bis zur Spielfigur, wechseln in Stimmigkeit und Lage, glänzen in virginalistischer Virtuosität. Ihnen treten elegante Canzonen konziser Faktur gegenüber. Das markiert Spannweite und Vielfalt der Sammlung. Die 40 Variationen der *zweiten Tabulatur* hat Steigleder ›zu gleicher Anreizung‹ des Lesers komponiert, ›um etwas nachzusinnen, wie solche Variationes in gehöriger und gebührender musicalischer Harmonia sich mit einander vergleichen‹ (Dedication). Sie bearbeiten das Kirchenlied teils als ›Fantasia‹ oder in ›Fugen Manier‹, meist als Cantus firmus-Satz. Die abschließende *Toccata* ausgenommen, treten klavieristische Spielfiguren und rhythmische Kontraste allenthalben zurück. Mensurspaltung sondert einzig kolorierte Stimmen. Diese Tendenz gipfelt in der einheitlichen Figuration dreier

Stücke. Der Titel der Variation deckt nicht nur allein die wechselnde Bearbeitung desselben Kirchenliedes, vielmehr auch die Wiederaufnahme von Satzpartikeln innerhalb einer Variation und von einer Variation zur anderen, ja das Aufgreifen von Modellen anderer Komponisten (H. Buchner, J. P. Sweelinck, H. L. Haßler, M. Praetorius, S. Scheidt). Hiervon hat jenes Ingrediens das kompositionstechnische Kompendium Steigleders eigentümlich und nachhaltig getönt, das aus der Fundamenttradition (und damit vielleicht aus der Familientradition) ihm zugewachsen ist. Sein ›Kunstbuch‹ stellt sich dar als spätes Vermächtnis der organistischen Choralbearbeitung des deutschen Südwestens.« – Steigleders *Ricercar Tabulatura* ist eines der frühesten Beispiele in Deutschland für die Notation von Tastenmusik auf zwei Fünf- oder Sechsliniensystemen, also so, wie wir es heute für »normal« halten, was damals aber de facto eine neue Art der Notation von Instrumentalmusik bzw. Klaviermusik ist.

1626 **Francisco Correa de Arauxo** (1575/80-1655): **Libro de tientos y discursos de Música Práctica y Theórica de Organo intitulato Facultad Orgánica,** gedruckt in Alcalá

Das einzige überlieferte Werk des Correa de Arauxo (Organist portugiesischer Herkunft in Sevilla und Segovia) ist zu seiner Zeit ebenso berühmt, wie sein Vorwort heute von musikhistorischem Belang ist. Außer den Tientos und der Abhandlung enthält das Buch eine *Prosa del Santissimo Sacramento* und verschiedene Choralmelodien mit »GLOSSAS«, d. h. mit Verzierungen und Variationen.

1627 **Adam Jarzębski** (vor 1590, † 1648): **Canzoni e concerti a due, tre e quattro voci con basso continuo**

Jarzębski, »Adam, Violinist aus Polen« oder »Adam, der polnische Violinist«, ist seit 1612 Geiger in der Kapelle des Brandenburger Kurfürsten, seit 1621 Mitglied der königlichen Kapelle in Warschau. Die handschriftliche Sammlung seiner *Canzoni...* in der Stadtbibliothek Breslau enthält in 5 Stimmbüchern 28 Stücke, von denen 5 überschrieben sind mit Canzon, 23 mit Concerto; davon sind 13 zwei-, 10 drei- und 5 vierstimmig. Bei einem Teil der Stücke handelt es sich um instrumentale Bearbeitungen von Motetten von Palestrina, Lasso, Merulo, G. Gabrieli. Ein Teil der Stücke trägt merkwürdigerweise Namen, die von deutschen Städtenamen abgeleitet sind: *Berlinesa, Spondesa, Königsberga, Norimberga.* Charakteristisch für Jarzębskis Bearbeitungen ist ihre instrumental-ornamentale Melodik, deren Duktus deutlich italienische Einflüsse zeigt – kein Wunder bei den nahen polnisch-italienischen musikalischen Beziehungen jener Zeit. Bei aller Nähe des Italienischen sind die Werke jedoch nach Rhythmik, Duktus und Ton charakteristisch polnisch. Gegenüber den früheren selbständigen polnischen Instrumentalwerken eines Diomedes Cato und M. Zieński bedeuten die des Adam Jarzębski einen wirklichen Fortschritt, zudem haben sie für die polnische Kammermusik der Zeit als völlig allein stehendes Denkmal außergewöhnliche Bedeutung. Doch von dieser Quellensituation einmal abgesehen, handelt es sich einfach um gute Musik, und man hält Jarzębski sicherlich zu Recht für den bedeutendsten polnischen Komponisten des 17. Jahrhunderts.

1628 **Girolamo Frescobaldi** (1583-1643): **Il primo libro delle canzoni,** zu 1 bis 4 Stimmen mit Generalbaß, 5 Stimmbücher, gedruckt in Rom

Frescobaldi schöpft in seinem einzigen Buch mit Instrumentalcanzonen alle Möglichkeit aus, instrumentale Stimmen und verschiedene Stimmenkombinationen über einem Baßfundament musizieren zu lassen: Canto solo, Basso solo, 2 Canti, 2 Bassi, Canto e Basso, 2 Bassi e Canto, 2 Canti e Basso, 2 Canti e 2 Bassi, Canto, Alto, Tenore, Basso, und am Schluß Spinettina e Violino und schließlich Spinettina sola. Einige dieser Besetzungen bleiben in der Literatur des 17. Jahrhunderts Einzelfälle. Um so mehr kennzeichnen sie Frescobaldis experimentierfreudigen Geist: die Idee der obligaten Verwendung des Klaviers in der Kammermusik soll erst wieder anfangs des 18. Jahrhunderts aufgegriffen werden. – Übrigens bringt ein gewisser B. Grassi die Stücke für die noch im selben Jahr erscheinende zweite Auflage in Partitur und fügt einige weitere Canzoni und 3 Toccaten hinzu. Ein Teilneudruck der ersten Auflage, also wieder in Stimmbüchern, und wiederum durch neue Stücke ergänzt, erscheint 1634 in Venedig.

1635 **Girolamo Frescobaldi** (1583-1643): **Fiori musicali,** gedruckt in Venedig

Mit seinem letzten und berühmtesten Werk wendet sich Frescobaldi ganz der LITURGISCHEN ORGELMUSIK für den Messgottesdienst zu. Die *Fiori musicali* enthalten 3 Orgelmessen, und zwar eine

»della Domenica«, eine »delli Apostoli« und eine »della Madonna«. Liturgisch sind diese Messen völlig ungewöhnlich: Vom Ordinarium behält Frescobaldi nur ein Stück bei, das Kyrie. Zu diesem treten freie Kompositionen, die an fünf Stellen der Liturgie erklingen sollen, nämlich vor der Messe, zwischen Epistel und Graduale, nach dem Credo, während der Wandlung und nach der Communio. Im Druck folgen dann noch zwei Capriccii (*»Bergamesca«* und *»Girolmeta«*), die kaum für den Schluß der Messe gedacht sein können. In diesen »Toccaten« anstelle der Propriums-Stücke der Messe reiht Frescobaldi mehrere Teile so aneinander, daß man an deren jeweiligem Ende schließen, also die Toccata, etwa aus liturgischen Gründen, jederzeit, also schon vor dem notierten Schluß abbrechen kann. Die Frage, ob das Werk dann nicht zum Fragment wird, ist falsch gestellt, nämlich im Hinblick auf eine Vorstellung von Werk, die hier so nicht zutrifft. Noch immer rangiert die FUNKTION DER MUSIK wie des einzelnen Stücks vor dem WERKCHARAKTER.

1644 **Samuel Scheidt** (1587-1654): **LXX Symphonien auff Concerten-manir,** gedruckt in Breslau und Leipzig

70 Symphonien (= Klingstücke) mit je 10 Nummern für jede der damals gebräuchlichen sieben Tonarten und über 100 geistliche Madrigale (jetzt verschollen) bietet Scheidt schon vor ihrem Erscheinen im Druck fürstlichen Gönnern an: schier unfaßbare Mengen von Musik! Die *Symphonien* führen den Ansatz der *Ludi musici* von 1621 formal weiter und gehen auch inhaltlich über diese hinaus. Die Kompositionen jeder Zehnergruppe der sieben Modi sind von ganz verschiedener Art; sie zeigen auf ihre Weise die Vielfalt, welche der sogenannte konzertierende Stil in jener Zeit umschließt.

1650 **Samuel Scheidt** (1587-1654): **Görlitzer Tabulaturbuch**

Scheidts letztes im Druck erscheinendes Werk, das üblicherweise nach dem Druckort benannte Görlitzer *Tabulatur-Buch. Hundert geistliche Lieder und Psalmen... für die Herren Organisten* ist eine Sammlung von vierstimmigen Orgelchorälen, »solches noch nie mit allen und jeden an Fest- und Sonntagen gewöhnlichen [deutschen Kirchenliedern] geschehen, viel weniger zum gemeinen Gebrauch in öffentlichen Druck gegeben worden.« Die Sätze sind »mit solchen Bässen und Mittelpartien... der gestalt componiret, als weder von anderen, deren Arbeit ich zur Hand gehabt, noch von mir selbsten vorher geschehen.« Es handelt sich um Orgelsätze, die alternatim mit dem Gemeindegesang zu spielen sind, *nicht* um Begleitsätze zum Gemeindegesang: Das uns ganz und gar Selbstverständliche erscheint hier ganz neu, daß nämlich die Orgel, ein Instrument, Strophen eines Kirchenliedes oder Psalms, die die Gemeinde im Gottesdienst singt, übernimmt, daß also Text gespielt wird. Nirgendwo sonst kann gleichermaßen deutlich werden, daß die abendländische Instrumentalmusik jetzt die Würde erlangt hat, wie die Vokalmusik zu reden – die Würde der an der Sprache entstandenen und entwickelten polyphonen Komposition. Nun, man kann das auch einfacher sehen, nämlich von den Bedingungen aus, und doch ist die historische Bedeutung dieselbe: Beim Darniederliegen des Chorwesens am Ende des dreißigjährigen Krieges ist der Einsatz der Orgel anstelle des Chores von größter Bedeutung, und zwar gerade für das – im protestantischen Gottesdienst freilich schon länger übliche – Alternatim-Musizieren der oft langen Choräle, in denen die Gemeinde ja gemeinsam betet, indem sie singt. Jetzt und damit gewinnt die Orgel erst ihre Bedeutung als Hauptinstrument, ja als unentbehrlich für den protestantischen Gottesdienst. Mahrenholz (1963) setzt das *Görlitzer Tabulaturbuch* in Parallele zu J. H. Scheins *Cantionale* von 1627.

1651 **The English Dancing Master for treble viol or violin,** hrsg. von John Playford d. Ä. in London

Zur Zeit Elisabeths I. von England, gegen Ende des 16. Jahrhunderts, kommen in der englischen Gesellschaft Tänze in Mode, die volkstümlichen Bräuchen entstammen und deshalb »Country Dances« genannt werden. Als diese im Laufe des 17. Jahrhunderts zu beherrschenden Formen des Gesellschaftstanzes avancieren, schwindet das Bewußtsein ihrer ländlichen Herkunft, und Franzosen und Deutsche übernehmen sie, den ursprünglichen Wortsinn mißachtend, als »Contre danse« und »Kontratanz«. Die reichste Quelle für Musik und Beschreibung der englischen Country Dances ist das Buch *The English Dancing Master,* das der Verleger John Playford d. Ä. 1651 in London herausgibt. Seine Söhne können bis 1728 nicht weniger als 18 stets erweiterte Auflagen auf den Markt bringen. Die darin aufgezeichneten Weisen sind ursprünglich und zunächst für den Tanzmeister bestimmt, den wir auf vielen zeitgenössischen Bildern mit der kleinen Tanzmeistergeige fungieren sehen; sie sind deshalb einstimmig notiert.

Diese dünne BESETZUNG mag zwar ihren tanzpädagogischen Zweck hinreichend erfüllen, bemüht man sich aber um die volle WIRKUNG DER MUSIK, so muß man sich eher an die Bilder von ländlichen und städtischen Tanzvergnügen halten, wie sie die Niederländer in der Malerei zu Hunderten gemalt, gestochen und gezeichnet haben, und auf denen fast immer Gruppen von Instrumentalisten zu sehen sind, die keinesfalls immer nur unisono musiziert haben dürften. Wenn wir nur wollen und sachkundig vorgehen, dann geben uns diese Bilder vielfältige Hinweise zur mehrstimmigen Ausführung der Melodien: Aus den zu vermutenden instrumentalen Klangvorstellungen des 16. Jahrhunderts und aus der Musizierübung der ländlichen Musiker in jener Zeit darf und muß man, wie Anna Barbara Speckner (1967) beschrieben, spielend verdeutlicht und in Ausgaben angegeben hat, für die Bearbeitung auf alte Satz- bzw. Spieltechniken mit ostinaten Bässen, Mixturen und Klangrückungen zurückgreifen, um die Tanzweisen zu beschwingterer Geltung zu bringen, als dies in akkordischen Sätzen möglich wäre, zumal mit Hilfe der Register des Cembalos durchaus Klangwirkungen von Dudelsack, Pfeifen, Trommeln, Fideln oder Bläsergruppen hervorzubringen sind.

um 1655 Denis Gaultier (1597/1603-1672): La rhétorique des dieux

Gaultier, bedeutendstes Mitglied einer französischen Musikerfamilie, ist der größte Meister der Lautenmusik in Frankreich im 17. Jahrhundert: er ist es, der die Entwicklung der Laute zum Soloinstrument schlechthin vorantreibt. Die reich illustrierte Prachthandschrift der Sammlung, die berühmt wird und seinen Namen bekannt macht, enthält 62 nach den 12 Modi angeordnete Lautenstücke.

BAROCK

VII.
Das Zeitalter der harmonischen Polyphonie oder **Das Generalbaßzeitalter: 1600 bis 1750**

1. Die neue Verbindung von »vokal« und »instrumental« und der »harmonische Kontrapunkt« im sogenannten Generalbaßsatz

Die abendländische Musik im engeren Sinne, die POLYPHONIE, entsteht aus der Verbindung der zwei »primären Klangformen« (Ficker 1929) bei der Begegnung von Völkern zweier verschiedener Kulturräume. Mit der Entwicklung des schriftlichen Verfahrens der Komposition geht der Prozeß einer Polyphonisierung einher, d.h. der zunehmenden Gewichtung des melodisch-linearen Elementes, also der STIMMEN, gegenüber dem klanglichen Element, dem ZUSAMMENKLANG. Mit der Bevorzugung des Melodischen nach dem Vorbild der Gregorianik setzt sich zugleich die Vorstellung einer zunehmenden Vokalisierung des kompositorischen Verfahrens durch: Die Stimmen sollen vokal gedacht und ausführbar sein, und zwar eine jede als MELODIE für sich, musikalisch selbständig und selbständig sinnvoll, und dies trotz der Tatsache, daß aus dem Miteinander der Melodien ja KLÄNGE entstehen, die ebenfalls für sich, also im klanglichen Bereich der Musik, sinnvoll sein müssen. Dieses »Muß« der musikalisch sinnvollen Bindung einer mehr-stimmigen Komposition im Bereich des Klanges ist nun abhängig von elementaren Gegebenheiten der europäischen Musikkultur: Es gibt verschiedene Klänge und verschiedene Konsonanzen und Dissonanzen und es gibt verschiedene Beziehungsverhältnisse zwischen diesen, und all das ist wirksam aufgrund der Gegebenheiten des Tonsystems und seiner Entwicklung nach der im Abendland herrschenden Vorstellung von Musik, und keine Kompositionsregel kann sich ohne weiteres über diese Gegebenheiten hinwegsetzen. Anders: das Problem des Ausgleichs zwischen dem melodischen und dem klanglichen Element der Musik ist ein Grundproblem *aller* Musik des Abendlandes, soweit sie polyphon gedacht ist. Sieht man dieses Problem – was sachlich und historisch zutreffend ist – zugleich als eines zwischen »vokal« und »instrumental«, dann kann man es auch in dieser oder jener Richtung beeinflussen, z.B. durch Bevorzugung oder Unterdrückung des instrumentalen Elementes. Eben dies geschieht.

Die musikalische Komposition hat bei der Entwicklung des polyphonen Satzes im 15. und 16. Jahrhundert das instrumentale Element weitgehend ausgeschieden. Freilich hat sich dieses dann gerächt, indem es die Instrumentalmusiker beflügelt hat, in eben dieser Zeit des 15. und 16. Jahrhunderts eine eigenständige INSTRUMENTALE POLYPHONIE zu entwickeln, und zwar zu einer der Vokalpolyphonie ebenbürtigen Höhe der Kunst. Die beiden vorausgegangenen Kapitel dieses Buches haben deshalb die verschiedenen Entwicklungszüge getrennt dargestellt. Nun steht die abendländische Musik um 1600 gleichsam an einer Schwelle, und die Frage ist zu stellen: »Wer vermöchte eine doppelchörige a cappella-Motette von einem der großen Meister der Vokalpolyphonie gegen eine doppelchörige Sonate von Giovanni Gabrieli aufzurechnen?« Und es stellt sich sofort eine zweite Frage: »Wie soll es denn nun weitergehen? Kann man denn das kunstvoll Getrennte nicht wieder oder auch neu miteinander verbinden? Ist denn – zugespitzt formuliert – die *Kunst der Komposition,* die sich von der *Natur des instrumentalen Spiels* als von einem natürlichen Faktor der Musik getrennt hat, nicht wieder an diese Wurzel des Musikalischen anzubinden?« Es ist möglich. Um 1600 ist dieser Prozeß der Wiedervereinigung von »vokal« und »instrumental« in vollem Gange, ist das Neue angebahnt.

Der neue MUSIKALISCHE SATZ beruht auf einer Art von klanglichem Fundament, nämlich auf der harmonischen Absteckung des Ganzen in dem die Harmonien und ihre Aufeinanderfolge festlegenden Generalbaß. Dieser Satz besteht sodann in dem, jene im Generalbaß prädisponierten Harmonien mehrstimmig ausführenden Oberstimmensatz, welcher melodisch-linear-kontrapunktisch zu führen ist. Im Generalbaßsatz sind also das instrumentale Element und die klangliche Seite der Musik einerseits und das vokalmelodische Element in der Kontrapunktik andererseits auf neue Weise miteinander verbunden. Diesen neuen musikalischen Satz nennt man Generalbaßsatz oder Satz des harmonischen Kontrapunktes (im Gegensatz zum Satz des Kontrapunktes der a cappella-Polyphonie). Nach diesem die Komposition des ganzen Zeitalters bestimmenden musikalischen Satz hat Hugo Riemann die Epoche, die man gemeinhin Barockzeitalter nennt, »Generalbaßzeitalter« genannt.

Mit dem Generalbaßsatz dringt endlich wieder nach oben in die Realität der Musik, was im 16. Jahrhundert durch die Dominanz der Kirchentonarten in der Komposition scheinbar endgültig unterdrückt war, nämlich das Empfinden für die ursprüngliche Grundlage der abendländischen Musik in einem klangräumlichen Denken und Gestalten. Aufgrund dessen bildet sich nun im Generalbaßzeitalter endgültig heraus, was »ganz natürlich« zu sein scheint und was doch nur im Grunde, nicht aber mit allen Konsequenzen »natürlich« ist, nämlich die Dur-Moll-Tonalität mit ihren Präferenzen für die Klänge der ersten, der fünften und der vierten Stufe der Tonleiter. Damit zusammen hängt die Ausbildung einer Harmonik, die sich an diesen Präferenzen orientiert und die klanglichen Verläufe der Kompositionen funktional zu steuern beginnt.

Ebenso bildet sich erst jetzt, nämlich mit der Präferenz des Instrumentalen in der Vorstellung von Musik, heraus, was uns ebenfalls »ewig« zu sein dünkt ohne es zu sein: das System der musikalischen Zeitgliederung als System des Gruppentaktes, der die zeitliche Dimension musikalischer Verläufe prädestiniert.

Was hier der Deutlichkeit halber vereinfacht dargestellt ist, vollzieht sich in Wirklichkeit in dem langen – gemessen an der bisherigen Entfaltung der abendländischen Polyphonie allerdings auch wieder kurz erscheinenden – Zeitraum von etwa 1550 bis etwa 1720, ohne daß man eo ipso von »Entwicklung« sprechen könnte. Und es vollzieht sich in den verschiedenen Räumen des Hauses der europäischen Musik durchaus differenziert, ohne daß man von grundsätzlichen Verschiedenheiten sprechen müßte. Wer an die Oper denkt oder an die evangelische Kirchenmusik, der weiß sofort, daß und welche Unterschiede die italienische und die deutsche Musik voneinander und beide von den Musiken der anderen europäischen Länder trennen. Aber bei allen Verschiedenheiten der musikalischen Gattungen ist und bleibt die Satzgrundlage in diesem Zeitalter stets und überall der Generalbaßsatz mit seinem harmonischen Kontrapunkt.

Aus den Überlegungen zum musikalischen Satz folgt für dessen Ausführung, daß die, den Weg der Harmonie für die ganze Komposition bestimmende durchlaufende Baßstimme, der Basso continuo, die wichtigste Partie ist, daß deshalb die Basso continuo-Stimme bei der Ausführung nicht allein von einem Instrument gespielt werden darf, sondern von mehreren gespielt werden muß (und zwar wenn möglich von Instrumenten verschiedener Klanglichkeit: gezupft, gestrichen und geblasen), damit sie auch gewiß ihrer Wichtigkeit entsprechend zu Gehör komme. Der Generalbaß ist deshalb immer mindestens zwei Instrumenten anvertraut. Sind es deren mehrere, dann sitzen sie nie in einer Gruppe beisammen, sondern die Einzelspieler sind über das Ensemble verteilt, und zwar derart, daß die anderen Stimmen jeweils direkten Kontakt zu einem Vertreter der Generalbaßpartie haben und halten können. Im Mittelpunkt des ganzen Ensembles steht das Cembalo mit dem Kapellmeister als Spieler. An seiner Seite spielen in der Regel ein Violoncellist und ein Kontrabassist, oft alle drei aus der einen Stimme auf dem Cembalo. Weitere Generalbaßspieler sind um das Cembalo herum verteilt. Nur die Spieler der anderen Stimmen stehen jeweils in Stimmgruppen beisammen. Alle Generalbaßspieler haben als Noten – als »Stimme« wie die Musiker sagen – den Basso continuo vor sich. Aus dieser »Stimme« improvisieren der Kapellmeister am Cembalo – und ebenso, wo vorhanden, ein Lautenist auf seine Weise – einen mehrstimmigen harmonischen Satz, der zwar in der Folge der Harmonien, nicht aber in der Stimmigkeit und Stimmführung mit dem komponierten polyphonen Satz, den die anderen Stimmen vortragen, wörtlich übereinstimmen muß. Die anderen, nicht mehrstimmig spielenden Generalbaßinstrumente bringen die Continuo-Stimme als solche, und das heißt: als wichtigste Stimme überhaupt, zur Geltung. – Die Leitung des Ensembles hat nicht ein Dirigent, in diese Funktion teilen sich vielmehr der KAPELLMEISTER am Cembalo (verantwortlich für den Generalbaß und für das Ganze) und der KONZERTMEISTER (verantwortlich für den Oberstimmensatz der anderen Spieler). Die Gewähr für den Zusammenhalt ist in erster Linie gegeben durch den Augenkontakt aller Spieler untereinander und dann durch den unmittelbaren Bezug eines jeden Spielers auf jeweils einen in der Nähe sitzenden Spieler der Generalbaßpartie. Die sogenannte DOPPELDIREKTION im Ensemble des Barockzeitalters funktioniert also aufgrund der Besonderheit der Aufstellung des Ensembles, die ihrerseits der Struktur des musikalischen Satzes entspricht, der, wie gesagt, ein Generalbaßsatz ist.

Was für den INSTRUMENTALSATZ gilt, gilt mutatis mutandis auch für den Vokalsatz: Auch bei scheinbar reinem CHORSATZ wirken in aller Regel Instrumente mit, wenn nicht in allen Stimmen, so doch auf jeden Fall beim Baß, damit der Satz sein Fundament hörbar und sichtbar habe. Wenn es uns heute auch befremden mag: zu einer Schützschen ebenso wie zu einer Bachschen Motette gehört allemal ein instrumentaler Generalbaß auf Orgel oder Cembalo mit einem Violoncello und/oder einem Kontrabaß.

2. Das Zeitalter der Monodie und der Oper

a) Die Oper ein Renaissance-Phänomen?

»... Man stosse sich nicht daran. Die Renaissance hatte bis dahin weder in der bildenden Kunst noch in der Musik eine genaue Kenntnis der alten Kunst zu Tage gefördert. Das Ideal, dem die begeisterten Vertreter der griechischen Kunst im 16. und 17. Jahrhundert nachhingen, glich mehr einem Phantome. Die Sänger sangen, die Instrumentisten spielten Musik in und aus dem Geiste der neuen Zeit, die Componisten konnten nur gewisse allgemeine Principien der Declamation und des natürlichen Ausdrucks verwirklichen. Warum sollten dann die auf der Bühne agirenden Personen antike Gewänder tragen? Wir modernen Zuschauer mit den archaisirenden, alterthümelnden Anforderungen belustigen uns gern über diese in Hoftracht oder in orientalischen Gewändern einherschreitenden antiken Götter und Heroen. Diese Gewänder sind die Hüllen für Personen, die in Dramen agiren, deren Stoff der Antike entnommen ist, die alte Namen führen, aber modern fühlen, sprechen und singen« (Adler 1896). In der Tat, das Interesse der Renaissance an Vergangenheit und Geschichte ist ein anderes Interesse als das unseres »historischen Zeitalters«, es galt viel mehr und zuerst der eigenen Zeit. Das Mittelalter war versunken. Ein neues Selbstbewußtsein des Menschen und ein neues Bild vom Menschen verlangen neue Formulierungen durch die Kunst, auch durch die Musik – und alle große Musik des 16. Jahrhunderts, in Italien früher, in Deutschland später, atmet, nach den Gattungen und ihrer Herkunft je und je verschieden, RENAISSANCEGEIST. Indessen, gehört die Oper – sieht man von den sogenannten Anfängen einmal ab – als musikalische Gattung überhaupt ins 16. Jahrhundert und zur Renaissance? Nein! Und dennoch ist sie – jedenfalls mit jenen Anfängen – ein Renaissance-Phänomen, gehört sie zur allgemeinen Kulturgeschichte der Renaissance, auch wenn die Gattung dann in besonderer Weise die Musikgeschichte des Barockzeitalters bestimmen sollte. Also sollte man die sogenannten Anfänge ein wenig mehr differenzieren und den naheliegenden Gedanken an eine »Entwicklung aus den Anfängen« zunächst einmal zurückstellen.

Die musikalische Gattung, die im 17. Jahrhundert innerhalb weniger Jahrzehnte zu dem vielbewunderten Phänomen des musikalischen und gesellschaftlichen Lebens, jedenfalls an Höfen und in Großstädten, werden sollte, sie ist hervorgegangen aus experimentierenden Überlegungen zur griechischen Tragödie. Solche haben Gelehrte und gebildete Adlige im Umkreis der für die Vermittlung der Antike, besonders Platons, so wichtigen FLORENTINER AKADEMIE noch in den letzten Jahrzehnten des 16. Jahrhunderts angestellt. Ob diese mit dem Wort »hervorgegangen aus« unterstellte »Entwicklung« tatsächlich stattgefunden hat, ist fraglich, doch legt das Zusammentreffen vieler Details diese Annahme nahe.

Die Leute der FLORENTINER CAMERATA wußten, daß im Theater der griechischen Antike die Sprache weder gesprochen noch gesungen vorgetragen wurde, daß sie vielmehr auf eine besondere, nicht mehr bekannte Weise erklungen ist. Deshalb konnte man sich bei Wiederaufführungsversuchen und bei Nachahmungen weder der eigenen Theatersprache noch der eigenen Musiksprache bedienen. Es kam vielmehr darauf an, eine Art musikalisch erklingender Sprache zu schaffen, allerdings ohne dabei die antiken Texte zu vertonen, was ja bedeutet hätte, die alten Texte einer neuen Musik zu unterwerfen. Man dichtete deshalb antikisierende Stücke – also neues Theater aus antikem Geist –, und das im direkten Hinblick auf die neue musikalische Möglichkeit der eigenen Zeit, auf den »stile recitativo«, auf die Monodie. Mit den, wie gesagt, durchaus auch praktische Versuche einschließenden Überlegungen der Camerata zum griechischen Theater ging sodann ein gelehrtes Interesse an der griechischen Musikanschauung der klassischen Zeit einher (und zwar mit allen rigorosen Forderungen, die man besonders bei Platon erhoben fand). Außerdem war damit eine gewisse Skepsis gegenüber der »traditionellen Musik« der eigenen Zeit und schließlich ein gewisses künstlerisch-avantgardistisches Interesse verbunden – und das alles im glänzenden Rahmen einer höchst exklusiven aristokratischen Gesellschaft, einer Musica reservata-Gesellschaft, wie man sagen kann. Oder anders: Was die Mitglieder der Camerata verband, waren 1. eine Gesellschaftsform, 2. eine gründliche Kenntnis des antiken Geisteslebens und seiner Erscheinungen, 3. eine Art Sehnsucht nach Wiederbelebung von dessen schönster Blüte, der griechischen Tragödie, in der Hoffnung auf Befruchtung des eigenen Geisteslebens, und schließlich 4. das Bemühen um die im Altgriechischen erkannte Einheit von Wort und Musik in der Sprache. Aber ebensosehr wie die Nachahmung des antiken Vorbildes, für die sie zwar theoretische aber keinerlei praktische Anhaltspunkte besaßen, reizte sie die Gelegenheit, die neue »monodische« Kompositionsweise, den ausdrucksgesättigten generalbaßbegleiteten Sologesang, in größeren textlichen Zusammenhängen zu erproben. Zu diesem Zweck schuf Rinuccini, einer der ihren, zwar über einen Stoff aus der antiken Mythologie, aber in engster Anlehnung an die damals modernste, mehr musikalisch-lyrische als dramatische Gattung der »Favola pastorale« seine *Dafne,* die Peri, ebenfalls Mitglied der Camerata, vertont hat, und zwar so, wie man sich die antike Praxis etwa dachte, in Wahrheit aber experimentierlustig im neuen »stile recitativo« – wenn dieses musikalische Auffassen von Sprache »Vertonen« zu nennen ist. Ob man das, was dabei herausgekommen ist, wirklich als die früheste italienische Oper ansehen, gar von einem Typus der lyrisch-monodischen Rezitativ-Oper sprechen kann, ist fraglich, auch wenn – oder gerade weil – in unmittelbarer zeitlicher Nachbarschaft in Rom, Mantua, Bologna und Turin ähnliche aber verschiedene Versuche aus dem nämlichen Renaissancegeist gemacht worden sind. Bei allem Respekt vor diesen Versuchen ist jedoch festzuhalten, was A. A. Abert (1962) treffend formuliert hat: Es gelang nur *einem* Komponisten, nämlich Claudio Monteverdi, Drama und Musik ineinander aufgehen zu lassen und damit jene neue musikalische Gattung zu schaffen, die OPER. Den OPERNTYP Peris und Caccinis – wenn man hier, wie gesagt, wirklich schon von einem Operntyp sprechen will – tastete er nicht an, er übernahm ihn aber auch nicht, er versetzte ihn vielmehr mit einem Mal aus dem Stadium des Experiments in die Vollkommenheit. Daß sich Monteverdi von den genannten Versuchen hat anregen lassen, sei trotzdem nicht bestritten, doch ist das dann auch wieder nur *eine* Sache. Daß er viele der zu seiner Zeit gleichsam in der Luft liegenden Möglichkeiten ergreift, um Neues mit Altem zu verbinden und die Vielfalt aus einer neuen Vorstellung zur Einheit zusammenzuschweißen, das ist die *andere* Sache – und das Ergebnis ist jene musikalische Gattung nun aus barockem und nicht mehr aus renaissancehaftem Geiste.

Die sogenannten ANFÄNGE DER OPER liegen also in einer Art Musica reservata-Kreis in

Florenz; die erste Oper, die den Namen verdient, Monteverdis *Orfeo,* entsteht jedoch in Mantua an einem Hofe; und das erste Opernhaus für ein größeres zahlendes Publikum öffnet seine Pforten in einer Großstadt, in Venedig 1637. Welche Unterschiede des sozialen Feldes dieser neuen Gattung! Wenn der erste Unterschied für weniger wichtig zu halten ist, weil die Verbindungsstränge von Florenz zu Monteverdi wahrscheinlich lockerer waren, als man der Entwicklung wegen gern annimmt, um so schwerer wiegt – so sollte man jedenfalls meinen – der zweite Unterschied: Oper als Hoftheater gegen Oper als Volkstheater! Offenbar fanden Hoch und Niedrig, Gebildet und Ungebildet im Theater – nicht allgemein im Theater, sondern gerade in der Oper, in dieser merkwürdigen neuen Form von Theater – eben das, was sie suchten. Das aber kann nicht allein kurzweilige Unterhaltung gewesen sein. Bei aller Wichtigkeit etwa des komischen Elements, das sich sofort in der venezianischen Oper einnistet und fortan fester Bestandteil eigentlich aller Oper bleibt, bei aller Bedeutung der Gesangskunst und des Sängertums für die Oper, schließlich bei aller Berücksichtigung der Neugierde des Publikums auf Handlungen und wie sie ausgehen, *keine* Barockoper brächte dem, der allein solches suchte, Befriedigung! Es *muß* die Musik gewesen sein, die Musik vor allem anderen, richtiger: die Musik in Verbindung mit allem anderen, die die Menschen angezogen, gefesselt, bewegt hat. Was es aber gewesen ist an der Musik, das verstehen wir heute kaum mehr, ja es ist kaum mehr zu beschreiben, am ehesten vielleicht noch negativ an neueren Theatererfahrungen mit späteren Barockopern: So herrlich jede einzelne Arie einer Barockoper, etwa von Händel, ist, die Aneinanderreihung unabsehbar vieler, lediglich durch kurze Rezitative voneinander getrennter Arien ermüdet bald, die Stücke werden ununterscheidbar, die Eindrücke verschwimmen. In musikalisch uninteressanten Rezitativen läuft die Handlung ab, die niemanden zu fesseln vermag; in textlich uninteressanten Arien hört man schöne Musikstücke, deren zugrundeliegende Verbindung von Sprache und Musik unbekannt ist oder nicht mehr einleuchtet. Wir hören Musikstücke, als handle es sich um sogenannte absolute Musik, eines nach dem anderen, eines schöner als das andere – und verstehen keines, weil wir vom Grund des Ganzen nichts mehr wissen.

Das *ist* so, und weil es nicht zu ändern ist, werden Barockopern, wann immer man heutzutage eine aufzuführen wagt, zusammengestrichen, die Rezitative so weit, daß gerade noch ein dünner Handlungsfaden erkennbar bleibt, von den Arien jedes Stück, das dem verwöhnten Geschmack nicht vollkommen entspricht. In der Aufführung reiht sich dann ohne innere Bindung eine musikalische Perle an die andere – und trotzdem erlahmt das Interesse, wenn nicht die Inszenierung für Aufmerksamkeit sorgt, und sei es durch immer neue »Gags«. Nun, an solchen »Gags« der Inszenierung war auch damals keine Opernaufführung arm: Was die Bühnentechnik vermocht hat – und die Bühnentechnik im Barock war hoch entwickelt! –, hat sie immer geboten, und ebenso wie die Leute gelacht haben über komische Einlagen, haben sie gestaunt, wenn Himmel und Hölle buchstäblich in Bewegung gesetzt waren. Und trotzdem war, was uns heute ganz unwichtig erscheint an der Barockoper, für das Interesse der Menschen des Zeitalters weder vom Komischen noch von der Technik zu verdrängen: erstens die ausführliche Handlung – und das, obwohl zumindest das Hoftheaterpublikum die Sujets aus Mythologie und Geschichte ja doch allesamt kannte – und zweitens die ausführliche Reflexion jeder Station der Handlung im Bereich der Empfindungen des Menschen. In der Oper wird, wie Peter Hacks einmal gesagt hat, Leben geübt; die *Barockoper ist Schule des Lebens und des Empfindens* für den von der Renaissance zu sich selbst befreiten Menschen; in der Oper werden dem Menschen Verhaltensnormen vorgeführt, die für die neue Freiheit Anhaltspunkte sein können; in der Oper sieht er sich umgekehrt in seinen Normen gespiegelt; die Oper ist in Kunst gefaßtes Leben: Wie verhält »man« sich in dieser oder jener Situation, wie hat »man« die Empfindung auszudrücken, d. h. menschlich zu gestalten in Wort, Gebärde und Stimme, die Empfindung in den vielen typischen oder typisierten Situationen des Lebens? Auf diese Fragen antworten die Helden der Oper, bescheiden im sprachlichen, reich im musikalischen Ausdruck. Jede Arie sagt eine bestimmte, in der Regel durch ein Stichwort ausgelöste Empfindung, jede Arie in der je und je individuellen Ausprägung der Situations-Typik und, bei hervorragenden Komponisten, im Überfluß darüber hinaus. Das Barockzeitalter, musikalisch allgemein charakterisiert durch die Ausprägung von Satztypen zu nahezu verbindlichen Normen, setzt mit seinen ARIENTYPEN gleichsam Maßstäbe, nämlich des Verhaltens und der Ausdrucksäußerung von Empfindungen, und darin liegt offenbar der Hauptgrund, jedenfalls im 17. Jahrhundert, für die Faszination, die die Barockoper auf die Menschen ausübt, im öffentlichen Opernhaus wie in der Hofoper.

b) Die Oper als Teil des höfischen Festes des Barocks

Spiegel menschlichen Daseins und Verhaltens ist die Barockoper sodann in besonderer Weise dort, wo sie selbst zu einem anderen Gesamtkunstwerk gehört, zu *dem* Kunstwerk des Zeitalters: zum HÖFISCHEN FEST. Hier wird in den bekannten mythologischen oder historischen Handlungen den Herrschern aller Arten immer wieder der Spiegel vorgehalten, in dem dann Großmut und Güte erscheinen als die Tugenden, die die Angesprochenen üben sollten. Und hier wird in aller dazugehörigen Aktion auf der Bühne höfisches Verhalten vorexerziert oder ganz konkret eingeübt, etwa am französischen Hofe, wo die Hofgesellschaft samt König nicht nur mitwirken konnte, wenn sie wollte, sondern tatsächlich auch immer mitgewirkt hat. Man muß freilich das höfische Fest als ein Ganzes, als ein großes Theater begreifen, in dem und mit dem der Mensch im Barock das Leben gleichsam »transzendiert«, als ein großes Ganzes, innerhalb dessen die Opernaufführung gleichsam nur ein Akt ist, zwar wegen der erwähnten Spiegel-Funktion ein wichtiger, aber doch nur ein Akt unter mehreren, die sich mit dem ganzen Fest in der Regel über längere Zeiträume erstrecken. Wir folgen für die Beschreibung und Deutung des höfischen Festes unter dem Gesichtspunkt der Musikgeschichte des Barockzeitalters trotzdem der mehr am Soziologischen und Kunsthistorischen interessierten Darstellung von Richard Alewyn und Karl Sälzle (1959), zumal die Kultur dieser Erscheinung nirgendwo so materialreich und so eindrucksvoll gewürdigt ist.

Jedes BAROCKE FEST ist eine ausgedehnte und ausgewogene Komposition aus vielen Elementen; jede Stunde hat ihr eigenes Gesicht, jeder Tag steht unter einer anderen Devise – und doch ist alles einer leitenden Idee verbunden: Tage, Wochen, Monate sind durchkomponiert, und alles, Lebendes und Totes, bis zum letzten Lakaien im Schloß und bis zum letzten Orangenbäumchen im Garten, ist nichts mehr als ein Teil eines großen Plans. Das ist keine Aufgabe für bloße Handwerker oder Beamte. An den großen Festen von Versailles haben Lully und Le Brun, Racine und Molière, Quinault und Benserade gearbeitet, die ersten Künstler des Landes. Anderswo haben Männer wie Rubens und Bernini, Velasquez und Calderon, Inigo Jones und Boucher, ja noch der Weimarer Goethe, ein gut Teil ihrer Kraft solchen Aufgaben gewidmet, die doch höchst vergänglich und nach unseren Begriffen unter der Würde des Genies sind. Das barocke Fest hat der Kunst ihre gewaltigsten Anstrengungen entlockt, und somit ist ein mächtiger Arm der künstlerischen Hervorbringung des Zeitalters auf diesem Felde rettungslos versickert. – An ANLÄSSEN gab es keinen Mangel: die Geburts-, Namens- und Todestage der fürstlichen Familie, eine Hochzeit, eine Genesung, ein auswärtiger Besuch, Friedensschlüsse, Staatsverträge, Einweihungen, Grundsteinlegungen, von dem kirchlichen Festkalender ganz zu schweigen. Das Fest ist nicht weniger als der Ausdruck eines gesellschaftlichen und politischen Anspruchs; in ihm erst erreicht die höfische Gesellschaft ihre gültige Form. Im Fest stellt sie dar, was sie sein möchte, was sie vielleicht zu sein glaubt, was sie in jedem Fall zu sein scheinen möchte. Es ist eine hochpathetische Demonstration, bei der die Gesellschaft alle die rhetorischen Metaphern, mit denen sie sich gern feiert, nun wirklich als Maske benutzt und diese Makerade in den Stand der Mythologie erhebt. Dann allerdings, als die höfische Kultur des Barocks der Neige sich nähert, verwandelt sich die Göttlichkeit des höfischen Menschen aus einem heroischen Anspruch in eine reizvolle Illusion. Die Maske ändert sich, aus Göttern und Helden werden Hirten und Bauern; man sucht nicht mehr die Erhöhung, sondern den Autausch des Selbst, man flieht ins Fremde, Ferne, Unverbindliche. Das ist das Fest des ROKOKOS, das neue Zauber entbindet: die Zauber, die später den Romantiker faszinieren werden, die Mächte des Rausches und des Traums, die Reize des Spiels und der Verwandlung. Das aber bedeutet, von der stolzen Höhe des hochbarocken Ethos aus gesehen, einen Abfall.

Zum Schluß dieser Überlegungen zur Oper im Barock muß ein Umstand Erwähnung finden, der selten bedacht wird, obwohl er gerade für die Musik bei aller Äußerlichkeit höchst relevant ist (wir folgen auch hier Alewyn und Sälzle, 1959): Der tiefste Einschnitt in der Geschichte des abendländischen Festes ist ein Vorgang, der sich freilich nicht mit einem Schlage, sondern allmählich vollzieht, der im 15. Jahrhundert schon zu beginnen und noch im 18. Jahrhundert nicht ganz abgeschlossen zu sein scheint, der aber mit dem Übergang von der Renaissance ins Barock in seine entscheidende Phase tritt: die VERLAGERUNG von ORT und ZEIT des FESTES. Die weltlichen Feste des Mittelalters und noch die der Renaissance hatten auf Straßen und öffentlichen Plätzen stattgefunden. Nun zieht sich das höfische Fest mehr und mehr aus der Öffentlichkeit zurück, während das alte Freiluftfest verkümmert und dem niederen Volke überlassen wird. Gleichzeitig mit der Verlagerung des Ortes verschiebt sich auch die Zeit des Festes vom Tage in die Nacht. Ermöglicht wird dieser Vorgang durch eine Voraussetzung, die nun zum ersten Male geschaffen wird: ein weltlicher FESTRAUM. Erst als mit dem barocken Schloßbau große weltliche Prachträume entstanden, und erst als man gelernt hatte, diese Räume entsprechend zu erhellen, nämlich mit Hilfe von Spiegeln, wurde die folgenschwere Entwicklung möglich, durch die die Festzeit vom Tage in die Nacht verlegt werden konnte. Mit der Verlegung in Räume werden zugleich andere Musiken möglich und nötig, mit anderen Instrumenten, in anderen Besetzungen, in anderer Lautstärke, in anderem Ton; die Oper etwa hat eine ihrer Voraussetzungen in der neuen Architektur des Barocks. Freilich, zwischen den Barockschlössern südlich und nördlich der Alpen, Frankreichs und Deutschlands, und zwischen den Theatern Venedigs und den Barocktheatern hierzulande bestehen erhebliche Unterschiede, in denen wir nationale Eigenheiten im großen Rahmen des Barockzeitalters zu sehen gelernt haben. Ähnliches ist bei der Musik und bei der Art und Weise ihrer Überlieferung und Darbietung zu konstatieren. Die frühe VENEZIANISCHE OPER etwa bietet noch immer ein bisher ungelöstes Rätsel: Wir besitzen zwar eine Menge handschriftlicher Partituren, aber meistens fehlen die Aufführungsmaterialien. Wo sind sie geblieben? Diese Situation kontrastiert stark mit jener der FRANZÖSISCHEN OPERN des 17. Jahrhunderts, von denen meistens Partituren, jedenfalls aber Klavierauszüge gedruckt worden sind, und deren Aufführungsmaterialien sich erhalten haben. Des Rätsels Lösung liegt in den AUFFÜHRUNGSGEWOHNHEITEN dort und hier. Das ORCHESTER der frühen Venezianischen Oper etwa war kleiner als das der französischen Oper. Die Venezianische Oper ist eine Art Volksoper, die in kleinen und miteinander konkurrierenden Theatern gespielt worden ist. Die französische Oper dagegen ist eine Hofoper, die mit viel Aufwand in großen Räumen aufgeführt wurde. Die Venezianische Oper war vorwiegend ein kommerzielles Unternehmen, bei dem die Starsänger und die Ausstattung weitaus mehr kosteten als das Begleitorchester, das meist ein klein besetztes Streicherensemble mit Continuoinstrumenten war. Viele Orchesterstimmen hat es da ganz bestimmt nicht gegeben, zumal jede Oper an jedem neuen Spielort für die dortigen Verhältnisse neu bearbeitet werden mußte, so daß es nicht nur zu kostspielig sondern auch gar nicht sinnvoll gewesen wäre, dauerhaftes Material herzustellen. Ganz anders am französischen Hof: hier gab es im Grunde nur den einen Aufführungsort, und Bearbeitungen waren nahezu ausgeschlossen; das Material war für den einen Ort hergestellt. Aus diesem Grunde ist es höchst schwierig, Venezianische Opern heute wieder aufzuführen, denn die Partituren lassen mit den Angaben fürs Detail viel zu wünschen übrig, so daß man sie stets bearbeiten muß, und für die Bearbeitung gibt es kaum Vorbilder.

c) Die »Monodie«

Noch einmal zurück zu den ersten Opernversuchen, die man – aus dem historischen Nachhinein – gerne wie eine definierte Aufgabenstellung beschreibt. Wenn die Florentiner Versuche die Anregung für den einfachen monodischen Gesang gewesen sind, woher sind dann die Anregungen für die Vielschichtigkeit und den Reichtum von Monteverdis Oper gekommen? Eine Quelle ist die *Rappresentazione sacra,* das geistliche außerliturgische Schauspiel in italienischer Sprache, das im Jahre 1600, als seine Zeit in Florenz eigentlich schon vorüber war, mit Cavalieris *Rappresentazione di Anima e di Corpo* in Rom noch einmal erheblich Furore gemacht hat. Zwar fehlen hier die theatralische Handlung und der dramatische Charakter, aber es wird viel Text monodisch vorgetragen, und die Einbeziehung volkstümlicher und madrigalesker Elemente bei den Chorsätzen und die Mischung des Ganzen ergeben eine Buntheit, wie sie zu dieser Zeit nur zu finden ist in der – *Madrigalkomödie,* jener anderen Quelle für die Oper Monteverdischen Zuschnitts. Hier handelt es sich zwar um Theaterstücke, aber sie sind als Madrigal-Zyklen mit Untermischung madrigalähnlicher illustrativer Sätze vertont, also ohne monodische Partien, die nach der Vorstellung jener, die das Vorbild des antiken Theaters im Sinne hatten, doch wichtiger sein und unvergleichlich viel mehr Raum einnehmen müßten als jene (bei Peri und Caccini durchaus vorkommenden) Chöre, die den Chören in der Tragödie der Alten entsprechen sollten.

Übrigens sollte man, allerdings mehr im Hinblick auf die Sujets und die Texte als auf die Musik, noch eine weitere Entsprechung bedenken, auf die Karl Vossler (1925) aufmerksam gemacht hat: Wenn man die melodramatischen Hirtengedichte der Italiener, den *Orfeo* des Polizian, das *Sacrificio* des Beccari, den *Aminta* des Tasso, den *Pastor fido* des Guarino, die *Dafne* und *Euridice* des Rinuccini betrachtet, so greift man mit Händen, wie die Landschaften, die Gestalten, die Handlungen und Ereignisse nichts anderes als arkadisch verschleiertes Christentum sind. Die Teufel der geistlichen Spiele des Mittelalters sind zu Faunen und Satyrn geworden, die Engel und Jungfrauen zu Nymphen, die Kirche zum Apollo- oder Dianatempel, die Hölle zu einem verzauberten Hain, die ganze Erde zu einer Weide für Schafe und Kühe, der Sündenfall zu einem Pfeilschuß Cupidos, das Gebet, die altumbrische Lauda, zu einer Arie, etwa an Diana: »Alma Dea, che l'arco tendi...« Es hat langer Übungen in spitzfindiger Symbolik bedurft, um diesen Doppelboden herzustellen, an dem Gesang und Musik ihre süße, wollüstig fromme Resonanz finden konnten...

Und noch einmal zurück zu den sogenannten Anfängen der Oper, nämlich zu den Experimenten der CAMERATA FIORENTINA von 1580. Zwar ist das 16. Jahrhundert allenthalben auf dem Wege zur Musik für den begleiteten Solisten, einerseits mit der humanistischen Forderung, die Musik müsse Dienerin des Textes sein, andererseits mit seiner breiten Literatur von Lautenliedern und mit seiner Praxis des Arrangements mehrstimmiger Vokalkompositionen, die Einstein »begleitete Monodie im uneigentlichen Sinne« oder »Vor- oder Pseudomonodie« genannt hat. Doch die Entstehung der »echten Monodie«, eng verbunden mit der Herausbildung des Generalbasses, der Oper und der Kantate, des Rezitativs und der Arie, findet in der gelehrten Beschäftigung mit der antiken Musik und in dem Willen, sie wiederzubeleben oder nachzuahmen, durchaus Anregung und die nötige Bestätigung. Die Grundgedanken, an deren Formulierungen vor anderen G. Mei, V. Galilei, G. Bardi und G. Caccini beteiligt sind, sind folgende: Wiederbelebung der ethischen Wirkungen der antiken Musik, ihrer »mirabili effetti«, die, wie man annimmt, darauf beruhten, daß jene Musik im Gegensatz zum überkommenen Kontrapunkt einstimmig gewesen ist und ganz der Verständlichkeit und der rhythmischen Form des Textes diente, welcher also damals, wie jetzt wieder, als »la cosa importantissima e principale dell'arte musicale« (Galilei) angesehen wurde. Das monodische Singen ist Nachahmung des affektgeladenen, in seelischer Erregtheit fluktuierenden, künstlich ins Schauspielerische gesteigerten Sprechens der italienischen Sprache: theatralisch zur Schau gestellte Bewegtheit des Rezitators, der, vom Text affiziert, seine Empfindungen so vortragen, so aussprechen will, daß der Hörer ebenfalls vom Text affiziert und innerlich bewegt wird. Vincenzo Galilei rät den Musikern, ins Theater zu gehen, um von den Schauspielern das ausdrucksvolle Sprechen zu lernen (Eggebrecht 1961).

Und noch etwas ist zu bedenken. »MONODIE« heißt wörtlich übersetzt »Allein-Gesang«. Zum Vortrag eines monodischen Stücks bedarf es jedoch *zweier* Musiker, und einer von ihnen singt nicht sondern spielt, und zwar den Generalbaß auf dem Cembalo, auf Laute oder Gitarre, also auf einem Instrument, das akkordliches und mehrstimmiges Spiel ermöglicht. Wenn wir heute es auch kaum mehr absonderlich finden, daß man zu einem »Solo-Gesang« auch einen Instrumentalisten braucht, für die Zeit um 1600 muß es von ungeheurer Bedeutung und Wirkung gewesen sein: daß musikalischer Satz nicht mehr kontrapunktischer Satz ist, daß im musikalischen Satz vokale und instrumentale Kompositionsfaktoren gleichzeitig und doch getrennt wirksam sein können, daß die Polyphonie auf eine Stimme mit einer Baßstimme als Gegenstimme und mit instrumentalen Stützakkorden »dazwischen« schrumpft. Wer in diesem Buche die Trennung der beiden Renaissance-Kapitel bemerkt und die Gründe dafür eingesehen hat, der kann die Tiefe des Einschnitts im Bewußtsein der Menschen um 1600 besser verstehen, die jetzt den alten hohen Namen Musik auf etwas anwenden sollen, das gleichsam alle Bedingungen bisheriger hoher Musik *nicht* erfüllt. »Nuove Musiche«, »Musica moderna«, »Seconda prattica«, diese und ähnliche Bezeichnungen sind dementsprechend für die Zeit um 1600 von viel größerer Tragweite als ältere Bezeichnungen wie »Ars nova« oder spätere wie »Neue Musik«, ebenso die entbrennenden Streite von größerer Heftigkeit und Tragweite als alle früheren und späteren Polemiken. Es war plötzlich in Frage gestellt, was vokal sei und was instrumental, welche Verbindlichkeit kontrapunktische Satzregeln hätten und welche Lizenzen zu erlauben wären, wie Konsonanz-Dissonanz-Verhältnisse zu »regeln« seien oder wie »frei« man sie behandeln könne, wenn sie doch nicht mehr kontrapunktisch gedacht, zu hören und zu verstehen, nämlich auf alle anderen Stimmen des Satzgefüges zu beziehen seien, sondern lediglich akkordbezogen. Gleichwohl, das Zeitalter des linearen Kontrapunkts war abgelaufen, das des harmonischen Kontrapunkts angebrochen – der freilich aus jenem erst noch zu entwickeln war. Auf alle Arten und Gattungen der Musik hat die Monodie ausgestrahlt; sie »bildet den Ausgangspunkt der gesamten modernen Musik«, wie Hugo Riemann gesagt hat. Ihre Errungenschaften gehen über in die Geschichte der Oper, des Oratoriums und der Kantate, des Geistlichen Konzerts, der Arie (auch des Liedes) und der Instrumentalsonate.

Doch so wie die Termini »Monodie« und »monodischer Stil« in DEUTSCHLAND während des 17. Jahrhunderts nicht zu finden sind, ist auch festzustellen, daß die Monodie im eigentlichen Sinne hier nur sehr zögernd Aufnahme findet. Der Gründe sind verschiedene, sei es, daß die deutsche Sprache zur Monodie zunächst weniger geeignet ist als die italienische, sei es, daß man der ästhetisch-psychologischen Auffassung der Musik eine noch immer mehr spekulative gegenüberstellt; sicherlich aber auch, weil man an dem überlieferten kontrapunktischen (motettischen) Satz als Fundament der Komposition noch lange festhält und die Dissonanzen in der Weise von »Figuren« (Lizenzen in Form gestalthafter Bildungen, gemessen am regulären kontrapunktischen Satz) behandelt. Und gerade dabei hält die Schütz-Zeit noch immer an dem musikalischen Ausdruck auch des Einzelwortes fest, was die Monodisten ja zu Gunsten des »esprimere o imitare tutto il concetto delle parole« jetzt scharf ablehnen. Das Ausdrücken der »parole separate« (z. B. hohe Töne bei dem Wort »Himmel«) sei ein »Irrtum« und »un modo d'imitare molto goffo, e troppo effettato«, heißt es bei G. B. Doni, aber ähnlich schon bei V. Galilei (Eggebrecht 1961).

3. Das Zeitalter des konzertierenden Stils

Wie im ersten Abschnitt der Einleitung zu diesem Kapitel zugespitzt dargestellt, kommt das entscheidend Neue bei dem großen Epocheneinschnitt in der Geschichte der abendländischen Musik um 1600 aus einem neuen Stellenwert der konzertierenden Instrumentalmusik (in der Konkurrenz zur bis dahin allein dominierenden vokalen Komposition). Wenn das so ist, dann müssen zwei Probleme vor anderen rangieren: das einer neuen Verbindung von »vokal« und »instrumental« und das der Bewahrung von genuin Instrumentalem in der nun vokal-instrumentalen Komposition. Vom ersten Problem war in den beiden vorausgehenden Abschnitten die Rede, vom zweiten im Einleitungsabschnitt zum Kapitel Instrumentalmusik, nämlich von dem, meist gar nicht als Problem bewußten der Realisierung eines polyphonen Satzes, also eines Satzes von *mehreren* »Stimmen«, durch *einen* Spieler. Deshalb sei jetzt hier das Augenmerk gerichtet auf zwei, sich in der Musik in besonderer Weise äußernde Eigenschaften des Menschen als Menschen, nämlich auf den Spieltrieb und auf die Freude am Wettkampf, denn aus beiden Eigenschaften erwachsen besondere Triebkräfte für das INSTRUMENTAL-MUSIKALISCHE. Oder anders: diese Eigenschaften bannt der Mensch in der Kunst vornehmlich als Musik, wo er beides miteinander verbinden kann, nämlich in den Gattungen, die er sich eben dazu schafft: in Konzert und Sonate.

Im CONCERTO GROSSO und im SOLOKONZERT des Barockzeitalters musizieren eine kleine Gruppe oder ein Einzelner zusammen mit einer großen Gruppe, zu der diese jedoch durchaus weiter gehören, aus der sie aber heraustreten können, weil sie bessere Spieler sind als die anderen, mehr zu »bieten« haben, mehr Möglichkeiten des Instrumentalspiels entfalten können. Der Begriff »Concerto« erklärt gerade dies, und zwar durchaus in beiden Möglichkeiten der terminologischen Ableitung, auf die Handschin (1948) aufmerksam gemacht und die er mit der Herkunft der Gattungsbezeichnung in Verbindung gebracht hat: »Wie wir dem neuen *Vocabulario* der italienischen Akademie entnehmen, geht das Hauptwort ›concerto‹ auf das Zeitwort ›concertare‹ (= in Übereinstimmung bringen) zurück, letzteres aber wohl auf das lateinische Eigenschaftswort ›certus‹ = gewiß: also nichts vom Wettstreit, vom ›Scharmützeln‹, wie es die Deutschen von M. Praetorius (in seinem *Syntagma III,* 1619) an aufgefaßt haben, welche auf das *lateinische* Wort ›concertare‹ = ›sich im Wettkampf messen‹ abstellen! Auch eine adverbiale Wendung wie ›in concerto‹ und das Zeitwort ›concertare‹ mit dem Partizipium ›concertato‹ hat *zunächst* diese allgemeine Bedeutung. Und doch sehen wir ›(in)concerto‹ und ›concertato‹ sehr bald, schon im frühen 17. Jahrhundert, in einem spezifischen Sinn angewandt. Es scheint, daß solche Ausdrücke, obgleich zunächst in einem allgemeinen Sinn gemeint, da aber praktisch im Zusammenhang mit einer neuen Art Musik angewandt, auf Grund davon eine speziellere Bedeutung erlangten. Die Musik, die bei den Venezianern unter einer solchen Bezeichnung steht, spielt Chöre, vokale wie instrumentale, gegeneinander aus; bei anderen ist es dann im 17. Jahrhundert eine Musik, die Gesang mit Instrumenten (sei es nur mit Basso continuo oder außerdem mit Melodieinstrumenten) verbindet und teilweise bereits solistischen Charakter aufweist. In dieser Weise könnte ›(in)concerto‹ und ›concertato‹ zur charakterisierenden Bezeichnung für die neue Musikart aufgerückt sein, einfach weil die neu aufgekommene Musikart mit dem neu aufgekommenen Terminus zusammenwuchs. Als aber dieser Sprachgebrauch zu den Deutschen drang, erklärten sie sich denselben in irregehendem Humanismus aus dem *lateinischen* Wort ›concertare‹, das auf den Wettstreit deutet.«

Ist der Begriff »SONATE« auch anderer Herkunft, so zeigt er am Beginn des 17. Jahrhunderts doch eine ähnliche Wandlung wie der des »Concerto«, nämlich eine zunehmende Einschränkung auf den instrumentalen Bereich der Musik und die zunehmend wichtiger werdende Bedeutung für konzertierende Elemente, hier freilich nicht im großen, sondern im solistischen Ensemble. Miteinander spielen, sich im Spiel messen und dabei im Rahmen eines als gesetzt vorgestellten Ganzen zu bleiben, *das* ist die musikalische Leidenschaft des Zeitalters. Dafür erfindet es die schönsten Spiel-Modelle (nicht »Formen«), für das ERSTE ALLEGRO im CONCERTO GROSSO, das man schematisch so darstellen kann:

Anfangs-Tutti –	Soli –	Tutti –	Soli –	Tutti –	… –	Schluß-Tutti
Concerto grosso –	Concertino –	Concerto grosso –	Concertino –	Concerto grosso –	… –	Concerto grosso
Eingangs-Ritornell –	Solo-Episode –	Ritornell –	Solo-Episode –	Ritornell –	… –	Schluß-Ritornell

Auch der am meisten gebrauchte SATZTYP für solistische instrumentales Musizieren im 17. und 18. Jahrhundert, die TRIOSONATE (Sonata a tre), schöpft ihren wesentlichen Reiz aus einem Gedanken instrumentalen Konzertierens, nämlich aus dem des Mit- und Gegeneinanders zweier Melodiestimmen derselben Stimmlage über einem Generalbaß als Fundament. Nicht Assoziationen zum aus Stimmen verschiedener Lage bestehenden polyphon ausgewogenen Satz werden hier wachgerufen, sondern solche zu einem abgelösten, in oft geradezu schwindelnder Höhe stattfindenden Duett zweier gleicher, aber konkurrierender Stimmen.

Für die Darstellung der vielfältigen Möglichkeiten von Konstellationen solchen Konzertierens – solcher »Kampf-Spiele«, möchte man sagen – erfindet das Zeitalter immer neue Varianten. Dabei ist die Satzart wichtiger als die »Form«. Man bedenke doch, daß ein »Zusammen« zweier Stimmen etwa homophon oder kanonisch verlaufen kann, ein »Gegeneinander« kontrapunktisch oder mit verschiedener Motivik, um nur zwei typische Beispiele zu nennen. Solche Varianten reichen nämlich über die beiden schulmäßig als »Hauptformen« gelehrten Modelle weit hinaus, über die KIRCHENSONATE, die mit einem langsamen Satz zu beginnen hat, und über die KAMMERSONATE, die nicht mit einem langsamen Satz beginnen darf. Wenn man für die »Form« unbedingt Typisches als solches bezeichnen will, dann kaum mehr als: Die TRIOSONATE umfaßt gewöhnlich vier Sätze. – Bei der ORGEL-TRIOSONATE ist das Konzertieren einem einzigen Spieler übertragen, der auf zwei Manualen und Pedal in einem dreistimmigen Satz zu realisieren hat, was »sonst« das solistische Ensemble von drei Spielern realisiert; man kann die Orgel-Triosonate also als eine Art von Abstraktion eines bestimmten musikalischen Denkens aufgrund der Möglichkeiten eines bestimmten Instruments (der Orgel) ansehen.

4. Das italienische Zeitalter der Musik und das Zeitalter der deutschen evangelischen Kirchenmusik

»Wir haben bereits an der Musik des 16. Jahrhunderts Elemente vermerkt, welche auf die des 17. vorausdeuten: die Mehrchörigkeit der Venezianer, die in pompöser Weise auch Instrumentalchöre einbezieht; die besondere Art Ausdruckskunst, die sich teilweise im Madrigal bemerkbar macht; das Auftreten von Sololiedern zur Laute, welches allerdings auch mit dem alten ›Diskantlied‹ zusammenhängt; das in die a cappella-Musik ein Element solistischen ›Konzertierens‹ hineintragende Verzierungswesen der Sänger; sowie innerhalb der Instrumentalmusik die Pflege der Variationen über einen Basso ostinato. Auch auf dem Gebiet der Harmonik hat das 16. Jahrhundert dem 17. weitgehend vorgegriffen: wir denken an die Zusammenfassung der Mehrstimmigkeit zu Komplexen und das Emporwachsen des Dreiklangs als Komplexgrundform; an die bereits einsetzende Verwendung von Harmonik im Dienste der Ausdruckshaftigkeit.« Liest man diese Sätze, mit denen Handschin (1948) sein Kapitel »Das 17. und 18. Jahrhundert« einleitet, so wird einem bewußt, daß und wie nicht allein das Neue des neuen Zeitalters der Musik, sondern durchaus das Wesentliche von Italien ausgeht, an Italien geknüpft ist und auch geknüpft bleibt. Denkt man indessen an das Ende dieses Zeitalters, so sieht man – so sehen jedenfalls wir Deutschen – dort *vor* allem Italienischen die großen Gestalten von Bach in Leipzig und von Händel in London. Nun, bei Handschin steht in der nämlichen, »Voraussetzungen« überschriebenen Einleitung auch dies: »Der Einschnitt um 1600 ist in plausibler Weise gegeben... Etwas problematischer erscheint mir der um 1750 angesetzte Einschnitt. Er besteht zwar als ein relativer, als ein grundlegender läßt er sich aber nur halten, wenn wir die Tätigkeit Bachs als zeitbestimmend ansehen. Sobald wir Bach aber in seiner relativen Isolierung sehen, müssen wir sagen, daß der Verlauf von der ersten Hälfte des 18. Jahrhunderts zur zweiten nicht weniger kontinuierlich ist als der zwischen den beiden Hälften des 16. Jahrhunderts. Wenn schon, dann gilt der große Einschnitt um 1750 wohl eher vom speziellen Standpunkt der deutschen Musikgeschichte als dem der europäischen. Ähnlich wie seinerzeit der Italiener Palestrina die transalpinen Traditionen der Polyphonie zusammenfaßte und dann Monteverdi ein Neues auf italienischer Grundlage schuf, faßte der Deutsche Mozart die Traditionen der Italiener zusammen, worauf mit Beethoven etwas Neues auf deutscher Grundlage einsetzte.« Man sieht, das Zeitalter, das an seinem Anfang ganz italienisch ist, ist es auch an seinem Ende, obschon die bestimmenden Komponisten dann keine Italiener, oder nicht mehr allein Italiener sind. Im KONZERT DER EUROPÄISCHEN NATIONEN, wie man gesagt hat, spielen jetzt viele mit, und ein jeder auf seine Weise. Und doch scheint dieses Konzert des Zeitalters ein italienisches Konzert zu sein und zu bleiben, weil die entscheidenden, die ganze Epoche bestimmenden Impulse von Italien ausgegangen und die Normen setzenden Gattungstraditionen dort begründet worden sind: man denke an Gabrieli und das Concerto, an Monteverdi und die Oper, an Carissimi und das Oratorium, an Frescobaldi und die Tastenmusik, last not least an die ältesten Meister einer selbständigen Violinmusik. Kein nationales musikalisches Phänomen ändert etwas daran; keiner der großen Musiker der einzelnen Länder kann sich frei von dieser Determination fühlen. Bachs Kantaten und Oratorien etwa, um nur ein Beispiel zu nennen, sind ohne die italienische Oper seiner Zeit undenkbar, und nicht wenige seiner Zeitgenossen haben das so stark herausgehört, daß sie an dieser Verbindung weltlich/geistlich glaubten Anstoß nehmen zu müssen.

Aber es gibt noch ein Zweites, das das musikalische Barockzeitalter in Wesenszügen bestimmt und das ebenfalls seine Ursache in der neuen Dominanz des Instrumentalen für die Komposition hat. In den Jahrhunderten der Entwicklung des polyphonen Satzes war das Verfahren der Komposition als eine vom Menschengeist erfundene Möglichkeit des Umgangs mit Musik in bestimmter Weise an den Träger des Geistes, die Sprache, gebunden. Diese Bindung wirkt nun in der Instrumentalkomposition eigentümlich weiter: Bei aller Betonung der Selbständigkeit des Instrumental-Musikalischen haben die Meister der Instrumentalmusik – so will es scheinen – kein höheres Ziel als deren VERSPRACHLICHUNG. Einerseits in der instrumentalen Nachahmung vokaler Vorbilder (Motette – Ricercar; Madrigal – Toccata), andererseits in der Applikation instrumentaler Techniken auf vokale Typen (Madrigale über Ostinati) sucht man die Annäherung der primär verschiedenen Bereiche, die man in der Monodie freilich kurzerhand zusammenkoppelt. Auch soll eine neue Art instrumentaler Motivik und daraus folgender motivischer Gestik Instrumentalmusik sprechend machen, sie jedenfalls so wirken lassen, als ob sie deklamiere. Dieser Tendenz kommt gleichsam von außen ein Umstand entgegen, der die Musik ebenso tief beeinflußt wie die Instrumentalisierung. Es ist das Ersetzen gregorianischer Melodien durch volkssprachige Kirchenlieder bei der motettischen Komposition wie bei der instrumentalen Choralbearbeitung. Ist der gregorianische Cantus firmus in der Komposition technisch eine Art Konstruktionsgrundlage, geistig eine Art Heiligung des Werkes, und muß er für die Erfüllung beider Funktionen nicht als solcher hörbar oder, falls man ihn hören kann, nicht mit seinem Text erkennbar sein, so kann man umgekehrt bei der Komposition über Kirchenlieder nicht vom Text absehen. Dieser bleibt dem Hörer nämlich auch dann als erklingende Sprache wahrnehmbar, wenn er in eine Komposition als Cantus firmus »eingebaut« ist: über die selbstverständlichen Assoziationen des Hörers zu den (in jener Zeit jedermann selbstverständlich bekannten) Texten ist die Komposition, und zwar gleichermaßen die vokale wie die instrumentale, inhaltlich bestimmt. Und dies kommt noch hinzu, daß sich Liedweise und Textinhalt mit der instrumental-musikalischen Motivik und Gestik verbinden und so eine neue Dimension für die Musik erschließen. Daß dieser Prozeß aufs engste mit der deutschen evangelischen Kirchenmusik verbunden ist, mit Heinrich Schütz und dann mit der deutschen Kantoren- und Organistentradition, ist deutlich. Deshalb spricht man für das musikalische Barockzeitalter, jedenfalls in Deutschland, auch zu Recht vom ZEITALTER DER DEUTSCHEN EVANGELISCHEN KIRCHENMUSIK. Heinrich Schütz am Anfang und Johann Sebastian Bach am Ende dieser Epoche und die vielen Meister hohen Ranges neben und zwischen ihnen schaffen eine neue Musik, die nicht mehr vokal oder instrumental, nicht mehr geistlich oder weltlich ist, sie rufen eine neue Musikanschauung hervor, die sich über ganz Europa verbreiten und überall Früchte bringen wird, seien diese auch hier und dort verschieden. Wo diese neue Musik singt, gebärdet sie sich zugleich instrumental, wo sie instrumental ist, scheint sie zu deklamieren.

5. Instrumente und Instrumentenbau

Mit der neuen Bedeutung der Instrumentalmusik geht ein Aufschwung des Musikinstrumentenbaus einher. Jetzt werden die Geigen, Cembali und Orgeln gebaut, die wir bis heute bewundern, oder richtiger: deren originalen Klang wir in unserer Zeit wieder zu bewundern gelernt haben. Denn daß mit den Zeiten sich die Klangvorstellungen verändern, daß also keineswegs immer bewundert worden ist, was wir als »bewundernswert« wiederentdeckt haben, ist klar: es gibt heute kaum mehr Instrumente in originalen Zuständen. Dafür verantwortlich ist indessen weniger der Zahn der Zeit als der Wandel des Geschmacks, dem man die Instrumente im Laufe der Jahrhunderte stets angepaßt hat. Noch in unserem Jahrhundert, das muß man immer wieder bedenken, hat man alte Orgeln modernisiert, denn erst die ORGELBEWEGUNG hat das Verständnis wachgerufen für den inneren Zusammenhang zwischen historischen Musiken und historischen Instrumenten und bei den Instrumenten selbst zwischen der KLANGVORSTELLUNG und der BAUWEISE. Man weiß um diese Problematik und kann doch nichts ändern, weil ja von den Voraussetzungen, die zu den Veränderungen geführt haben, zumindest eine nicht rückgängig zu machen ist: die der großen Säle. Daß mit den modernen, angepaßten Instrumenten grundlegende Interpretationsprobleme der alten Musik nicht mehr zu lösen sind, mag man an Geigen und Orgeln weniger deutlich erkennen können als am wichtigsten Instrument des Generalbaßzeitalters, am Cembalo. Weil von diesem Instrument tatsächlich nur wenige Exemplare die lange Zeit bis in unser Jahrhundert heil überstanden haben, galt es hier, historische Instrumente neu zu bauen – und das hat sich als schwierig herausgestellt, weil sich zwischen den Klangvorstellungen der Instrumentenbauer und den klanglichen Ergebnissen der Instrumente Differenzen auftaten, die erst langsam zu schließen waren: durch Erkenntnis von verlorengegangenen Selbstverständlichkeiten beim Instrumentenbau ebenso wie durch Adaptation unserer Hörerwartungen an die offenbar andere Klanglichkeit der »alten« Instrumente.

Eine merkwürdige Tatsache ist sodann, daß die Engländer, die Franzosen, die Italiener, die Deutschen für ihre Musikinstrumente besondere KLANGVORSTELLUNGEN entwickelt und geradezu als Nationaleigenschaften kultiviert und bis vor kurzem auch gepflegt haben. Dabei sind die Unterschiede so groß, daß wirkliche Kenner meinen, französische Orgelmusik sei nur auf französischen Orgeln, italienische nur auf italienischen usw. angemessen wiederzugeben. Mag auch hier der Purismus ungut sein, Gleichgültigkeit ist jedenfalls ebensowenig am Platze: Die adäquate Interpretation hat, wie gesagt, im Grunde das Instrument, an dessen Klanglichkeit der Komponist gedacht hat, zur Voraussetzung.

Bedeutende ORGELBAUER älterer Zeit sind: die Familie Antegnati, Antonius Wilde, Hans

Scherer, Esajas Compenius, Arp Schnitger, Eugen Casparini, Michael Engler, Johann Michael Röder, Joseph Gabler, Gottfried und Andreas Silbermann, Henri Clicquot, Aristide Cavaillé-Coll.

Die bedeutendsten CEMBALOBAUER älterer Zeit sind: in Antwerpen die Familie Ruckers zwischen 1575 und 1667; in Italien C. A. Baffo, D. Pisaurensis, J. B. Giusti, B. Cristofori; in Frankreich E. Blanchet, P. Taskin, J. Marius; in Deutschland Albert und Hieronymus Haß in Hamburg, J. H. Gräbner in Dresden, Gottfried Silbermann in Freiberg/Sachsen, Joh. Heinrich Silbermann in Straßburg; in England Tabel, Kirkman und Shudi.

Der wichtigste CEMBALOTYP Europas ist der, den die Familie Ruckers entwickelt hat, mit zwei Manualen, drei Registern *(8 ', 8 ', 4 ')* und Koppel. Die meisten Cembali sind damals jedoch nicht zwei- sondern einmanualig mit zwei 8'-Registern. Weiter verbreitet, nämlich wegen des geringeren Preises und des geringeren Platzbedarfs, ist indessen das CLAVICHORD, zumal es für Hausmusik und Partiturspiel besser geeignet ist als das Cembalo.

Die bedeutendsten GEIGENBAUER leben in Italien in Cremona, nämlich die Mitglieder der Familien Amati und Guarneri und als bedeutendster Geigenbauer überhaupt Antonio Stradivari (1644 oder 1648/49-1737).

6. Daten bis 1700

1576 - 1579 Jacob Regnart (um 1540-1599): Kurtzweilige teutsche Lieder zu 3 Stimmen, gedruckt in Nürnberg

Der Niederländer Regnart (seit 1582 Kapellmeister am Habsburger Hof in Innsbruck, seit 1598 am kaiserlichen Hof in Prag) ist einer der besten und der erfolgreichsten Meister des mehrstimmigen deutschen Liedes. Diese Sammlung, die ihm den größten Erfolg einträgt und unter den deutschen Gesellschaftsliedern der zweiten Hälfte des 16. Jahrhunderts die stärkste Verbreitung findet, zeigt gerade so, wie es der Titel ... *nach Art der Neapolitanen oder welschen Villanellen* verspricht, große Anpassung an die italienische Renaissancelyrik und an die echte italienische Villanelle. Regnart scheut nicht einmal davor zurück, Quintenparallelen zu gebrauchen, wie sie dort, um das Bäurische nachzuahmen, üblich sind. Das bekannteste Stück dieser Sammlung ist die deutsche *Villanelle »Venus, du und dein Kind«*.

um 1580 Beginn der Zusammenkünfte der Camerata Fiorentina im Hause des Grafen Bardi

Giovanni Bardi, Conte di Vernio (1534-1612), entstammt einer Florentiner Adelsfamilie; er ist Musiker insofern, als er selbst komponiert und musiktheoretische Abhandlungen verfaßt. Seit etwa 1580 treffen sich in seinem Hause Gelehrte, Musiker und musikalisch gebildete Adlige zu Gesprächen über die Musik der Antike und zu Überlegungen, wie diese eventuell wiederzugewinnen, vor allem aber wie sie mit ihrer Bedeutung für den Menschen und die Gesellschaft wiederzubeleben sei. Zu diesem Kreise, den Caccini in der Widmung seiner »Oper« *Euridice* (1600) an Bardi CAMERATA FIORENTINA nennt, gehören in der Anfangszeit Vincenzo Galilei, Emilio de' Cavalieri, Jacopo Peri, Giulio Caccini, Ottavio Rinuccini, Girolamo Mei und Piero Strozzi. Als Bardi 1592 das Amt eines Päpstlichen Kämmerers in Rom übernimmt, setzt Jacopo Corsi (1561-1604), ein Florentiner Edelmann, die Tradition der CAMERATA fort. Wie Bardi ist auch Corsi musikalisch hoch gebildet; zu Peris *Dafne* steuert er die beiden Schlußstücke bei; bei Aufführungen in seinem Hause wirkt er als Sänger und als Cembalist mit. In dem nun von ihm protegierten Kreis entsteht aus der Zusammenarbeit von Rinuccini (Text) und Peri (Musik) das erste »Melodrama« *Dafne* in verschiedenen Fassungen, mit deren Aufführungen in den Jahren 1595-1598 die Geschichte der CAMERATA in die der OPER einmündet.

In einer für die Spätrenaissance typischen Geisteshaltung stellt die CAMERATA den Theoretiker über den Komponisten und den ausübenden Musiker. Trotzdem tun, in Verwirklichung ihrer eigenen Theorien und nicht in Nachahmung irgendwelcher antiker Vorbilder, die Mitglieder den entscheidenden Schritt in die Praxis. Der neue Stil, den Caccini als ein »In armonia favellare« charakterisiert und der als STILE RECITATIVO in die Musikgeschichte eingeht, gewinnt seine Hauptbedeutung auf der Bühne. Die für die Vertonung bevorzugte dramatische Gattung ist das Hirtenspiel, in dem man die Illusion einer Welt von ursprünglicher Reinheit und Unschuld findet, einer Welt, welcher der von der Camerata gesuchte reine und natürliche Gesang adäquat sein mußte. Das Wesen der griechischen Musik nämlich ist nach Meinung der Camerata bestimmt durch ihre – keineswegs idyllische – Einfachheit. Damit entspricht sie dem natürlichen Gesang, »den die ländlichen Bauern, wenn sie die Felder bestellen, und die Hirten in der Wildnis und auf den Wiesen, wenn sie hinter ihren Herden herziehen, ausüben, um damit die Brustbeschwerden zu vertreiben, die die schwere und dauernde Mühsal ihnen bereitet« – so Vincenzo Galilei. Der Rückgriff auf die Antike erscheint also auch auf dem Gebiet der Musik als eine Rückkehr zur Natur, als welche etwa auch Giorgio Vasari die Renaissance in seinen bekannten Künstler-Biographien feiert. Im Gegensatz zu der Kompliziertheit der Polyphonie glaubt man, in den einfachen Formen der Monodie die Möglichkeit zum unmittelbaren Ausdruck des Empfindens gefunden zu haben; nur die Monodie wahrt den Eigenwert des Wortes, dem im Verhältnis zur Musik der Vorrang gebührt: »Der edelste, wichtigste und bedeutendste Teil der Musik sind die Begriffe des Geistes, ausgedrückt durch das Mittel der Wörter, und nicht der Zusammenklang der Stimmen, wie die modernen Praktiker sagen und glauben« – so wiederum Vincenzo Galilei. Daher hat sich die Musik dem Wort und der Rede möglichst anzupassen. Dieser Forderung kommt die Entwicklung der italienischen Dichtungssprache im 16. Jahrhundert entgegen, in der die musikalischen Qualitäten des Wortes in zunehmendem Maße als Stilmittel verwendet werden. Indem die Camerata, jedenfalls in der Theorie, die Forderung der Anpassung konsequent erfüllt, unterwirft sie die Musik zwar zunächst dem Sinn des Textes, dann aber vor allem der Aussprache des einzelnen Wortes. In dieser Forderung gipfelt das Programm des ganzen Kreises (Buck 1952).

1582 **Vincenzo Galilei** (um 1520-1591): **Die ersten Monodien** in Florenz

Nach P. Bardis Bericht trug Vincenzo Galilei (der Vater des Astronomen) 1582 den Mitgliedern der Florentiner Camerata eigene Kompositionen vor, indem er sich selbst auf der Viola begleitete. Diese Kompositionen (nicht erhalten) seien entstanden aufgrund seiner Überlegungen zur antiken Musik im *Dialogo della musica antica et della moderna* (Florenz 1581). Es seien Klagegesänge gewesen nach dem Vorbild der Klagelieder Jeremiae und der Klage des Ugolino in Dantes *Inferno.* (»Monodie« bedeutet schon in der Antike auch »Klagegesang«.)

1591 **Adam Gumpelzhaimer** (1559-1625): **Compendium musicae,** gedruckt in Augsburg

Von 1581 an ist Gumpelzhaimer mehr als 40 Jahre lang Kantor und Lehrer am protestantischen Annen-Gymnasium in Augsburg. Augsburg ist damals eine lebendige und reiche Stadt mit einem von den Fuggern geförderten Musikleben, das viele Anregungen aus Venedig bekommt. Dessen wichtigster Mann ist Hans Leo Haßler. Daß all dies nicht ohne Einfluß auf Gumpelzhaimer bleibt, ist klar. Er legt für sich und seine Kantorei z. B. zwei »Spartitura«-Sammlungen an mit rund 250 Kompositionen deutscher, niederländischer und italienischer Meister, in denen allerdings nur ein Bruchteil des Repertoires der Annen-Kantorei überliefert sein dürfte. Neben Haßler, Lechner, Erbach und Aichinger sind hier die Niederländer Lasso und Philippe de Monte, die Italiener A. und G. Gabrieli, Leone Leoni, Anerio und Viadana vertreten, um nur die Wichtigsten zu nennen. Sein *Compendium musicae,* das auf Heinrich Fabers *Compendiolum musicae* (1548) fußt, ist wahrscheinlich die erfolgreichste musikalische Elementarlehre ihrer Zeit überhaupt: acht Auflagen erscheinen zu Gumpelzhaimers Lebzeiten, fünf weitere folgen. – Der pädagogische Zweck bestimmt auch die von 1591 an erscheinenden verschiedenen Sammlungen von Kompositionen, die auf der einen Seite traditionsgebunden, auf der anderen aber auch »nach Art der welschen Villanellen« komponiert sind, wobei sie freilich eher an Haßler denn direkt an italienische Vorbilder anknüpfen. – Seine für die kirchenmusikalische Aufgabe der eigenen Kantorei bestimmten Kompositionen legt Gumpelzhaimer in zwei Büchern *Sacrum concentuum* (1601 und 1614) gesammelt vor.

1591 und **1594** **Giovanni Giacomo Gastoldi** (um 1550-1622): **Balletti,** gedruckt in Venedig

Monteverdis Kollege als Kirchenmusiker an S. Barbara in Mantua ist bis Ende 1608 G. G. Gastoldi – und zu dieser Zeit sind beide Künstler gewiß gleich berühmt. Denn Gastoldis *Balletti* sind wahrscheinlich die verbreitetsten und beliebtesten Musiken des ausgehenden 16. und beginnenden 17. Jahrhunderts überhaupt. Ihr Einfluß reicht weit, man kann ihn in Werken italienischer, deutscher und englischer Komponisten hören, und die spätere italienische Madrigalkomödie ist ohne sie nicht denkbar. Einer von Gastoldis *Balletti* ist übrigens zum deutschen evangelischen Kirchenlied geworden: *»L'inna-*

morata«, das berühmte *»An hellen Tagen«* (deutsche Übersetzung von Peter Cornelius), das 1598 in Erfurt in einem evangelischen Gesangbuch als *»In dir ist Freude«* auftaucht.

Der BALLETTO steht als *mehr*stimmiges Tanzlied dennoch in der Tradition des *ein*stimmigen Tanzliedes und zudem in der der instrumentalen Tanzmusik.

1595-1597/98 **Ottavio Rinuccini** (1563-1621) und **Jacopo Peri** (1561-1633): **La favola di Dafne** in Florenz

Nachdem Graf Bardi 1592 Florenz verlassen hat, setzt Jacopo Corsi die Tradition der Florentiner Camerata fort und sucht nun Folgerungen zu ziehen und zu Ergebnissen zu kommen. Weil die Monodien V. Galileis von 1582 offenbar nicht überzeugt haben, ebensowenig die Versuche Cavallieris von 1590 zu den Hirten-Intermedien in Tassos *Aminta* und zu *Il Satiro* und *La Disperazione di Fileno* (nach Laura Guidiccione; die Musiken sind sämtlich verloren), entsteht seit 1595 gemeinsam von Rinuccini und Peri, dem »gran maestro d'armonia per lo stile recitativo«, »ad uso delle scene e quivi fu recitata par primo suo saggio la *Dafne.*« Die *Favola pastorale* ist in Musik gesetzt »con poco numero di suoni, con brevità di scena e in piccola stanza recitata e privatamente cantata.« Die erste Aufführung, bei deren Inszenierung und Ausführung Jacopo Corsi selbst mitwirkt, findet im Frühjahr 1598 im Pallazzo Corsi in Florenz statt. Das Werk hat die größte Wirkung, gar bis nach Deutschland: auch Heinrich Schützens verlorene Oper *Dafne* geht, über die Übersetzung von Martin Opitz, auf Rinuccini zurück. – Auch wenn die Musik zu Rinuccinis und Peris *Dafne* bis auf Bruchstücke verloren ist, zählt man das Werk, seine Entstehung und seine Aufführung zu den renommiertesten Daten der abendländischen Musikgeschichte, denn man sieht darin gerne »die erste Oper überhaupt«.

1598 **Adriano Banchieri** (1568-1634): **Madrigalkomödie »La pazzia senile«** in Bologna

Mit diesem seinerzeit vielgespielten Stück *»Die alte Tollheit«* (bis 1621 in 6 Auflagen gedruckt) erweist sich Banchieri als höchst origineller Komponist, freilich in der Nachfolge des Orazio Vecchi und seines *Amfiparnasso* von 1597. Sonst aber ist er derjenige, der im Übergang von der Hochrenaissance zum Frühbarock gleichsam alles immer schon vorwegnimmt, als Theoretiker wie als Komponist: In den *Concerti ecclesiastici* (1595) wendet er zum ersten Mal das moderne Concerto-Prinzip auf die Motette großen Stils an und läßt für den ersten Chor eine separate Orgelstimme mitdrucken, und zwar in Form einer »Spartitura«, womit er Viadana (1602) gleichsam vorgreift. Banchieri verwendet – so scheint es – als erster dynamische Zeichen und macht Angaben über das Taktieren/Dirigieren (*Cartella musicale* 1615). 1596 veröffentlicht er als *Canzoni alla francese a 4* »Sonaten«, die nicht vom motettischen Satz her sondern unmittelbar instrumental gedacht sind.

1600 **Emilio De'Cavalieri** (1560-1602): **Rappresentazione di Anima e di Corpo** in Rom

Seit dem 15. Jahrhundert sind in Florenz Aufführungen von geistlichen nichtliturgischen Schauspielen in italienischer Sprache üblich, die man SACRE RAPPRESENTAZIONI nennt. Die Stoffe entstammen der Bibel oder der Heiligenlegende, werden aber mit weltlichen Episoden ausgestattet. Die Mitwirkenden, meist Kinder und Jugendliche, stellen in Kostümen und vor Kulissen die Personen der Handlung dar, wobei sie sich durchaus bewegen, gar tanzen, allerdings nicht wirklich zu agieren beginnen. Den musikalischen Anteil bilden hauptsächlich Canzonen und Lauden. Insgesamt ist die RAPPRESENTAZIONE SACRA eine typische Schöpfung der Renaissance und charakteristisch für das prunkvolle künstlerische Leben in Florenz. In die Tradition dieser Art von Schauspiel – und zwar als *späte* Blüte, denn das Interesse daran ist in der zweiten Hälfte des 16. Jahrhunderts geschwunden – gehört Cavalieris *Rappresentazione di Anima e di Corpo* (Text von Agostino Manni; für die Musik ist die Mitwirkung eines gewissen Dorisio Isorelli anzunehmen), die freilich auch in die Vorgeschichte des ORATORIUMS hineinragt, denn hier findet zum ersten Mal das neuitalienische Rezitativ, das später eines der Charakteristika des Oratoriums werden soll, im Bereich der volkssprachlichen geistlichen Musik Verwendung. Allerdings legt schon der Aufführungsort die Nähe zum Oratorium nahe: Die Uraufführung findet im Februar 1600 in Rom im *Oratorio della S. Maria in Vallicella* statt, wo der hl. Filippo Neri (der aus Florenz stammte) von 1575 bis zu seinem Tod 1595 seine – wie man sagen kann – berühmten *Essercici spirituali* (außerliturgische Abendandachten) abgehalten hat, bei denen die Musik eine so große Rolle spielte, daß daraus die Gattung ORATORIUM hervorgehen konnte – freilich unter dem Einfluß der gleichzeitig entstehenden Oper. Man nennt deshalb Cavalieris Werk auch manchmal eine geistliche Oper, aber für eine Oper, und sei es eine geistliche, fehlen ihm die durchgehende Handlung und jede Dramatik. Auf der anderen Seite legt die Bezeichnung »Rappresentazione« auch Verbindungen zur frühen Opernästhetik nahe, deren wichtigster Begriff »stile/genere rappresentativo« ist. Und schließlich sagt Peri in der Vorrede zu seiner *Euridice* (die im Herbst des selben Jahres in Florenz aufgeführt wird): »Von Herrn Emilio De'Cavaliere wurde uns, soweit ich weiß, früher als von jedem anderen in wunderbarer Erfindungsgabe unsere Musik auf der Bühne hören gemacht.« – Das Werk erscheint noch im Jahre 1600 bei Mutii in Rom im Druck mit einer langen Vorrede des Herausgebers Alessandro Guidotti, die detaillierte und höchst interessante »Anweisungen für die, die das vorliegende Werk singen und vorführen wollen«, enthält und »besondere Anweisungen für die, die das Stück mit Gesang und Instrumentenspiel aufführen wollen.«

1600 **Ottavio Rinuccini** (1563-1621) und **Jacopo Peri** (1561-1633): **L'Euridice. Dramma musicale** in Florenz

Weil die frühen Versuche der beiden Autoren, darunter die *Dafne* (1595-1597/98), bis auf Bruchstücke verloren sind, ist *L'Euridice* das erste erhaltene Werk, das ganz im »stile recitativo« komponiert ist – wie *Dafne* im arkadisch-pastoralen Milieu beheimatet und dennoch bereits ein »Dramma musicale« (Uraufführung am 6. Oktober 1600 im Palazzo Pitti oder im Teatro Mediceo degli Uffizi; gedruckt 1601 in Florenz und 1608 in Venedig). Mit ihm kehrt, so verkündet es der Prolog, die antike Tragödie ins Leben zurück: eindrucksvoller Beweis für den Ursprung der Oper aus Renaissance-Geist in dem Moment, in dem die neue Gattung beginnt, das *folgende* Zeitalter wesentlich zu bestimmen. – Mit einigen Stücken ist Caccini an der Komposition beteiligt, und das, obwohl er im selben Jahre denselben Text in Musik faßt (und in Florenz drucken läßt; Uraufführung allerdings erst 1602).

1601 **Giulio Caccini** (1550-1618): Abhandlung **Le Nuove Musiche**, gedruckt in Florenz

Während Vincenzo Galilei in seinem *Dialogo della musica antica et della moderna* (Florenz 1581) die Überlegungen der Florentiner Camerata zur antiken Musik und zu ihrer »Verwendbarkeit« für eine neue Musik theoretisch zusammenfaßt, führt Caccini als erster aus, wie die neue Monodie *praktisch* aus- und aufzuführen sei. Unter Berufung auf die »von Plato und anderen Philosophen so sehr gerühmte maniera«, bei der die Musik »in erster Linie Sprache und Rhythmus und erst in zweiter Linie Ton ist«, beschreibt er »la nobile maniera di cantare«, nämlich »die Weise, wie eine Singstimme zur Begleitung eines Saiteninstruments singt«: Es ist das »cantare con affetto«, gekennzeichnet als »gleichsam in Tönen zu erzählen«. Dabei gilt die Anweisung, »den Baßton festzuhalten« und »den Takt dem Affekt entsprechend zu schlagen, ohne sich einem geregelten Maß zu unterwerfen.« Die improvisatorischen Manieren des Gesangs sollen »nelle musiche affettuose« nur gebraucht werden, wenn der Inhalt der Worte es zuläßt oder fordert. »Dieses monodische Singen ist Nachahmung des affektgeladenen, in seelischer Erregtheit fluktuierenden, künstlich ins Schauspielerische gesteigerten Sprechens der italienischen Sprache: theatralisch zur Schau gestellte Bewegtheit des Rezitators, der, vom Gehalt des Textes affiziert, die Empfindungen ausdrücken will, als ob sie ihn selbst ganz erfüllten.«

> Gilt, was Eggebrecht (1961) so für die Monodie, für die frühe italienische Oper und für Monteverdi beschreibt, nicht ebenso für die italienische Oper des 19. Jahrhunderts und für Verdi? Nein, denn hier gilt das Interesse des Komponisten in erster Linie dem Affekt des Sprechens, des bewegten Aussprechens, im 19. Jahrhundert dagegen dem Ausdruck der Empfindungen der Seele über den Inhalt des Ausgesprochenen.

1601 **Bartholomäus Gesius** (1562-1613): **Geistliche deutsche Lieder D. Martin Lutheri... durchs ganze Jahr,** vier- und fünfstimmig, gedruckt in Frankfurt an der Oder

Seit März 1593 ist einer der wichtigen Meister der evangelischen Kirchenmusik in Deutschland Kantor an der Marienkirche in Frankfurt an der Oder: Bartholomäus Gesius. Im Mittelpunkt seines Schaffens, und zwar sowohl im Dienst der christlichen als auch der städtisch-bürgerlichen Gemeinde, steht das mehrstimmige Lied (a cappella; deutsch und lateinisch), brauchbar in Kirche und Schule. Gesius ist es, der in der Nachfolge von Lucas Osiander den KANTIONALSATZ mit der Choralweise in der Oberstimme, also einen traditionsgebundenen vokalen Kirchenliedsatz, in als Vorbilder wirkenden KANTIONALIEN verbreitet, »... daß solche Lieder... lieblich und nützlich anzuhören sein, wenn sie alternatim in Choro und Organo gebraucht werden, also, daß ein Knabe...

einen Vers in Organo mitsinge, darauf den andern Vers der Chorus musicus, und also jedermann neben dem Concentu auch die verständlichen Worte in gebräuchlicher und gewöhnlicher Melodie hören und mitsingen kann.«

1602 **Lodovico Viadana** (um 1560-1627): **Cento concerti ecclesiastici,** gedruckt in Venedig

Eigentlich sollte der Name »Barock« für die musikgeschichtliche Epoche zwischen rund 1600 und 1750 stutzig machen, denn er ist einfach aus der Kunstgeschichte übernommen, obwohl er über die Musik als Musik in dieser Epoche nichts aussagt. Aber »Barock« hat sich eingebürgert, – weil kein praktikabler musikgeschichtlicher Terminus zur Verfügung steht, jedenfalls keiner, der *alle* musikalischen Erscheinungen des Zeitalters deckt – keiner außer dem Terminus, den Hugo Riemann in seinem *Handbuch der Musikgeschichte* (1904-1913) eingeführt hat: GENERALBAßZEITALTER.

»... Nur den harmonischen Extrakt einer wirklichen Mehrstimmigkeit mochte man doch nicht ganz missen, und so erscheinen denn die neuen Sologesänge in der mageren Gestalt einer einzigen Gesangsstimme mit einem nur in weiten Abständen sich bewegenden Baß mit Andeutung der dem Spieler des Baßparts überlassenen harmonischen Ausfüllung, durch Ziffern. Die neue Epoche, welche damit anbricht, hat daher ihre eigentlich unterscheidende Signatur ganz speziell durch diesen *bezifferten Baß,* der bis zu ihrem Ende eine höchst bedeutsame Rolle spielt, obgleich die anfängliche schroffe Opposition gegen den Kontrapunkt bald genug ihr Ende fand. Das ist der Grund, die Epoche kurzweg als das GENERALBAßZEITALTER zu bezeichnen. Da das Fallenlassen dieser seltsamen Unvollständigkeit der Aufzeichnung und das Absterben der Fähigkeit, aufgrund eines bezifferten Basses so zu akkompagnieren, wie es die allmählich wieder immer mehr zu Ehren gekommene kontrapunktische Kunst erforderte, schließlich die gesamte Literatur dieser Epoche antiquierte, so steht dieselbe tatsächlich in der Geschichte als ein abgeschlossenes, gegen die Vergangenheit und ebenso gegen die Folgezeit auffallend kontrastierendes Sondergebiet da.«

Die verschiedenen musikalischen Erscheinungen des Zeitalters von der Oper über das Konzert bis zum Bach-Choral verbindet nun ein harmonisch-kontrapunktisches Satzprinzip, das Georgiades (1954) als erster GENERALBASSATZ genannt hat. Hierbei besteht für die am Satz beteiligten Elemente der Komposition eine Art von Aufgabenteilung: »Der tektonische Unterbau wird vom Baß getragen, er bildet das Gerüst der Zusammenklangsfolge und wird instrumental ausgeführt ... Der vokale – oder später auch instrumentale – Oberstimmenkomplex kann sich ... unbeschwert von der konstruktiven Aufgabe für das Zustandekommen des Satzes der Deutung des Wortes, dem Melodischen widmen, er kann dem Ausdruck dienen.« Gegenüber dem Setzen im alten Stil, nämlich nach dem Prinzip der intervallischen Bezogenheit der Töne, das die Stimmen von ihrem gegenseitigen Fortschreiten abhängig macht, ist der Generalbaßsatz durch eine doppelte Bezogenheit der Einzelstimme gekennzeichnet: einerseits bleibt die kontrapunktisch sinnvolle Stimmführung Grundlage der Satztechnik (mithin der Kontrapunkt als Satzlehre intakt), andererseits kann die Einzelstimme sich von dem Hintergrund der von den Generalbaßinstrumenten dargestellten Zusammenklangsfolge durch Besonderheiten der Stimmführung abheben. Diese Besonderheiten sind jetzt aber nicht mehr vom Kontrapunkt her zu erklären, sondern ihr Bezugssystem ist nun die Klangfolge. – Kriterien des Generalbaßsatzes, durch die er sich sowohl vom polyphonen Satz des 16. Jahrhunderts als auch von der neuen Musik des 18. Jahrhunderts abhebt, sind sodann die Gegliedertheit des Satzablaufs, die Vermischung der Gattungseigentümlichkeiten, die Freiheit der Oberstimme im Satzablauf, konstruktive Tonfolgen im Baß und schließlich die Supplementstimmen. All das ist, wie Haack (1974) gezeigt hat, zwar nicht die »Erfindung« – was freilich schon die zeitgenössische Legende berichtet – des Lodovico Viadana, des Kollegen von Claudio Monteverdi am Dom zu Mantua, wohl aber ist von ihm zu sagen, er habe gleich im ersten Anlauf diejenigen Gesetze gefunden, die für das Komponieren bis J. S. Bach und Pergolesi gültig bleiben sollten.

Dieses neue Komponieren veranschaulicht Viadana, der nicht als Theoretiker sondern als Praktiker wirkt, in durchaus verschiedenartiger Weise, nämlich verschieden in den Satzarten (je nach der gattungsmäßigen Ableitung der Satzkonstruktion für die verschiedene Stimmigkeit) an seinen zwei-, drei- und vierstimmigen *Concerti.* Denn obwohl die Soloconcerti mit 40 der 100 Nummern zahlenmäßig überwiegen, ist gerade deren Satztechnik auffallend konservativ – und gegenüber den Monodien der Florentiner und denen Monteverdis auffallend selbständig. Dabei ist freilich zu bedenken, daß es sich bei Viadana um *geistliche* Werke mit *lateinischem* Text handelt, für die aus diesen Gegebenheiten das Anknüpfen an die Tradition der alten Kontrapunktik geradezu eine Conditio sine qua non ist: die musikalische »Ergänzung« der Komposition in der Ausführung der Generalbaß-»Begleitung« muß der Tatsache Rechnung tragen, daß in geistlicher Musik mit lateinischem Text die Stimmführungsregeln des Kontrapunkts wirksam sind und, trotz der jetzt vorgängigen Harmoniebestimmtheit des Satz-Ganzen, weiter wirksam bleiben. Was sich hier bei Viadana – obwohl aus der improvisatorischen Praxis der instrumentalen Basso seguente-Begleitung zu a cappella-Werken stammend – zum ersten Mal als Werk manifestiert, wird bestimmend für die Komposition in der ganzen Epoche. – 1607 erscheint eine zweite, 1609 eine dritte Sammlung, 1613 eine Ausgabe von allen drei Sammlungen zusammen. Im Deutschland des 17. Jahrhunderts findet Viadanas neue Art zu komponieren besonderen Anklang. Sein erster Nachahmer ist Gregor Aichinger, der Viadanas *Concerti* wahrscheinlich schon vor ihrer Drucklegung kennenlernen konnte. – Viadanas Bedeutung für die Geschichte der Kunst der Komposition und konkret für die Entstehung des neuen »harmonischen Kontrapunkts« ist durchaus vergleichbar der Bedeutung von Caccini und Monteverdi für die Kunst des Singens und des dramatischen Ausdrucks. Doch ist der Irrtum, der Viadana zum »Erfinder des Basso continuo« gemacht hat, nicht nur seiner gerechten Beurteilung bis heute abträglich, sondern er hat auch verhindert, daß Viadanas übrige Kompositionen Aufmerksamkeit gefunden haben.

1603/1621 **Florilegium Portense**, herausgegeben von Erhard Bodenschatz, gedruckt in Leipzig

Florilegium Portense ist der Name einer Motettensammlung vom Anfang des 17. Jahrhunderts, die bis zum Ausgang des Barockzeitalters an den protestantischen Schulen und Kirchen Nord- und Mitteldeutschlands benutzt wird; noch J. S. Bach läßt als Thomaskantor neue Exemplare für die Thomas- und die Nikolaikirche in Leipzig anschaffen. Das Werk entsteht aus der Praxis des Schulgesangs im Gymnasium Schulpforta bei Naumburg an der Saale. Der dortige Kantor Erhard Bodenschatz (um 1565-1636) gibt diese »Blütenlese« der deutschen, italienischen und franko-flämischen Motettenliteratur der zweiten Hälfte des 16. und des anfangenden 17. Jahrhunderts heraus. Bereits seine Vorgänger, besonders Sethus Calvisius (1556-1615), haben Material dafür zusammengetragen. 1621 läßt Bodenschatz einen 2. Teil folgen (der zum ersten Mal *Florilegium portense* heißt; der erste Teil hat den Titel *Florilegium selectissimarum cantionum*). Beide Teile enthalten 271 Stücke, davon sind 26 anonym, die anderen stammen von 89 Komponisten. Über zwei Drittel der Motetten sind achtstimmig. Die meisten haben lateinischen, nur wenige deutschen Text. Insgesamt dominiert die achtstimmige doppelchörige Motette, und zwar älterer Art. Die neue Art des G. Gabrieli kommt nicht vor, ebenso fehlen geringstimmige geistliche Konzerte. Der Grund hierfür liegt gewiß zuerst in der Praxis des Singens in einer großen Internatsschule, sicherlich aber auch in einer gewissen Reserve der protestantischen mitteldeutschen Kantoren gegenüber der neuen italienischen Ausdrucksmusik.

1604 **Valentin Haußmann** (1565/70-vor 1614): **Neue Intraden zu 6 und 5 Stimmen**, gedruckt in Nürnberg

In Deutschland sind um und nach 1600 italienische Villanellen und Canzonetten eher neue Musik als es die Monodien sind. Jedenfalls finden sie, wie man aus der Menge der Produktion schließen kann, reißenden Absatz und also weite Verbreitung, was wiederum Rückschlüsse auf das Interesse, die Möglichkeiten und die Aktivitäten des deutschen Bürgertums der Städte, vor allem der Freien Reichsstädte, zuläßt. Unter denen, die sich zu eigenen Kompositionen in einer Art von Adaptation anregen lassen, ist der bedeutendste sicherlich Hans Leo Haßler. Unter denen aber, die für die Verbreitung der »Vorbilder« sorgen, ist Valentin Haußmann der aktivste. Wie kein anderer sorgt er mit Liedersammlungen für die Verbreitung dieser italienischen Musik in Deutschland. Kaum weniger wichtig ist Haußmann auf dem Gebiet der eigenständigen instrumentalen Ensemblemusik. In seinen Drucken von 1592 bis 1603 vereinigt er Tanzlieder und Instrumentaltänze, wobei er Stücke, »die es leiden wollten«, textiert, damit »im vermischten Stil [von] Instrument und Saitenspiel die Texte mit lieblicher Menschlicher Stimme frei anmutig eingesungen werden« können. Nach 1604 sind die Tänze nur für Instrumente bestimmt. Der Unterschied zwischen jenen und diesen im Hinblick auf die Möglichkeiten der Textunterlegung sind nicht geklärt. Die Melodien von Haußmanns Tänzen stammen nur zum Teil von ihm selbst, zum großen Teil sind sie von bekannten Tänzen übernommen, und zwar häufig von polnischen, wie er selbst angibt. Was aber als spezifisch polnisch anzusehen ist an diesen Melodien und Tänzen, das sagt er natürlich nicht – und das weiß man bis heute nicht genau.

Interessant ist noch dies, daß Haußmann eine Selbstverständlichkeit damaliger instrumentaler Praxis beim Tanzmusik-Machen anspricht, die, weil eben Selbstverständlichkeit, selten zur Sprache kommt: Im Vorwort zu seiner Sammlung *Venusgarten, darinnen 100 auserlesene ganz liebli-*

che, mehrenteils polnische Tänze (Nürnberg 1602) erklärt er, er habe absichtlich den NACHTANZ nicht ausgeschrieben, damit die Stücke nicht so gemein würden. Er stellt jedoch den Spielern anheim, entweder »dem polnischen Brauch im Nach-Tanz« (den er nicht näher beschreibt) zu folgen, oder die PROPORZ zu extemporieren, das heißt: das im geraden Takt notierte Stück einfach im ungeraden Takt zu spielen.

1605-1619 **Michael Praetorius** (eigentlich Schultheiß oder Schultze; 1571 oder 1572-1621): **Musikalische Werke**

Nach Herkunft und Werdegang gehört Michael Praetorius zu denjenigen Meistern der deutschen evangelischen Kirchenmusik, deren Werk in erster Linie das Erbe der Reformation bewahrt. Im Gegensatz zu den meisten seiner gleichgesinnten Zeitgenossen ist er aber dem Neuen, das aus Italien kommt, aufgeschlossen, ja er ist geradezu begierig danach und stets bereit zum Experiment damit, und er ist es, der dem protestantischen Norden Deutschlands die Kenntnis italienischer Musik vermittelt. Trotzdem bleibt nahezu sein ganzes Werk der Bearbeitung des evangelischen Kirchenlieds oder vorreformatorischer liturgischer Cantus firmi gewidmet. Am Beginn stehen die 9 Teile der *Musae Sioniae* (gedruckt an verschiedenen Orten zwischen 1605 und 1610), die fast ausschließlich Choralbearbeitungen enthalten, am Ende die *Polyhymnia Caduceatrix* (Wolfenbüttel 1619), eine ungemein vielfältige, ja umfassende Sammlung, die zugleich eine Art Beispielsammlung für den 3. Teil des *Syntagma musicum* ist: Praetorius versucht hier, durch Einteilung in »Arten und Manieren« die Vielfalt neuer Formen und Besetzungsmöglichkeiten systematisch zu erfassen. – Eine Sonderstellung im Werk des Praetorius nimmt die Sammlung *Terpsichorae* (Wolfenbüttel 1612) ein, eine Sammlung von Tänzen französischer Herkunft, deren Melodien der französische Tanzmeister und Kollege des Prätorius am Hof in Wolfenbüttel vermittelt hat. Praetorius ergänzt in den meisten Fällen Baß und Mittelstimmen, eine Anzahl von Sätzen übernimmt er auch mehr oder weniger vollständig. Ursprünglich ist die Sammlung als 5. Teil der *Musae Aoniae* einer weltlichen Parallelreihe zu den *Musae Sioniae,* gedacht, aber *Terpsichorae* bleibt das einzige weltliche Werk des Praetorius überhaupt: Eine herrlich farbige Sammlung von Ensemblemusik für Instrumente.

Der schönste und verbreitetste vierstimmige Satz für das *Weihnachtslied »Es ist ein Ros entsprungen«* stammt von Praetorius aus dem 6. Teil der Sammlung *Musae Sioniae* (1609); freilich ist dieser ebenso einfach scheinende wie kontrapunktisch sorgfältig gemachte Satz manchmal, nämlich in Klavierausgaben für Anfänger, vereinfacht wiedergegeben, wodurch er geradezu verfälscht wird: Aus einem vokal-polyphon gedachten Satz wird ein harmonisch-instrumentaler, was ganz und gar nicht im Sinne des Erfinders ist. – Für die musikalische Jugendbewegung, für die historische Musikwissenschaft und für eine neue evangelische Kirchenmusik mit der »Orgelbewegung« (seit 1910) erlangt Praetorius im 20. Jahrhundert noch einmal hohe Bedeutung.

1606 **Joachim Burmeister** (1564-1629): Kompositionslehre **Musica Poetica**

Drei Traktate Burmeisters fließen in einem vierten als umfassendem Lehrbuch zusammen, in der *Musica Poetica,* gedruckt in Rostock 1606. Hier ist die Musiklehre des 16. Jahrhunderts zusammengefaßt. Burmeister zeigt als MUSICA POETICA, wie eine Komposition gemacht wird, d.h. er baut eine systematische KOMPOSITIONSLEHRE von den Elementen bis zu den RHETORISCHEN FIGUREN der Musik auf, eingeschlossen ein Kapitel »De Analysi sive dispositione carminis musici«, in dem er an Lassos fünfstimmiger *Motette »In me transierunt«* eine Untersuchung des technischen, formalen und affektiv-rhetorischen Aufbaus einer Komposition dieses Typs durchführt. Mit dieser Werkinterpretation – wie wir heute sagen würden – und mit seiner Lehre von den musikalisch-rhetorischen Figuren wird Burmeister, obwohl er nicht der erste ist, der davon spricht, bahnbrechend: gleichsam unbewußt leitet er, der eigentlich der Lasso-Schule verbunden bleibt, das Barockzeitalter der Musik in Deutschland ein. Auf sein System von den musikalisch-rhetorischen Figuren und deren Anwendung stützen sich alle Theoretiker der musikalischen Oratorie im Barock, angefangen von Nucius (1613) und Herbst (1643) bis zu J. G. Walther (1708) und Heinichen (1728).

Im Lehrgebäude des Mittelalters gehört die Musik zu den SEPTEM ARTES LIBERALES, und dementsprechend fällt die Kompositionslehre in den Bereich der Wissenschaft und ist den anderen Wissenschaften nahe verwandt, unter ihnen vor allem der RHETORIK. Seit dem 15. Jahrhundert (mit Ansätzen im 14. Jahrhundert), also seit dem beginnenden Zeitalter der Niederländer, verwenden Komponisten in Vokalmusiken bei bestimmten Wörtern oder im Zusammenhang bestimmter Bedeutungen, etwa bei »descendit de coelis« oder bei »resurrexit tertia die... et ascendit in coelum«, besondere melodische Gestalten als eine Art von

Schmuck (*ornamentum, color, flos;* für den ersten Fall deutlich fallende, für den zweiten deutlich steigende melodische Bildungen) und erreichen damit eine gewisse Bildlichkeit der wortgebundenen Musik. Was lange üblich war, wird um 1600 für die alte Vokalpolyphonie und für die untergehende Setzart des linearen Kontrapunkts endlich formuliert und zugleich für die vokal-instrumentale Setzart des Generalbaßzeitalters neu gewonnen. Dementsprechend zählen von nun an zu den MUSIKALISCH-RHETORISCHEN FIGUREN auch Besonderheiten in der Dissonanzbehandlung, und schließlich beginnen jetzt auch die Instrumentalmusiker, sich bestimmter Figuren zu bedienen, um ihre Instrumentalmusik wie eine »Klangrede« bildhaft machen und damit dem vokalen Bereich annähern zu können.

Ein MUSIKALISCH-RHETORISCH FIGURIERTER SATZ hebt sich von der Fundamentalkomposition ebenso ab wie die »Oratio figurata« von der »Oratio propria« nach der Lehre der Rhetorik; die musikalisch-rhetorischen Figuren ermöglichen die Anbringung von Kunstgriffen, die in der Fundamentalkomposition nicht gestattet sind, z. B. Freiheiten in der Dissonanzbehandlung oder Wiederholungen, die nach den Regeln des Kontrapunktes zu vermeiden wären. Die Abgrenzung der musikalisch-rhetorischen Figuren im engeren Sinne von anderen musikalischen Figuren wird oft nicht deutlich genug gemacht. Die sogenannten »Figurae fundamentales« oder »Figurae principales«, wie etwa der regelmäßig vorbereitete und aufgelöste Vorhalt, die regelmäßig behandelte Durchgangs- und Wechselnote einschließlich der Cambiata, die Fuga als Durchimitierung, sie alle sind nämlich keine musikalisch-rhetorischen Figuren im engeren Sinne, wiewohl auch sie als »Colores« auftreten können.

Der reiche Schatz an musikalisch-rhetorischen FIGUREN ist in Gruppen zusammenzufassen: Figuren mit offenkundiger Bildhaftigkeit (die Gruppe der »Hypotyposis« mit ihren verwandten melodischen Figuren und Pausenfiguren), Wiederholungsfiguren (die Gruppe der »Emphasis« mit ihren Verwandten) und die Fuga-Figuren, außerdem (allerdings nur in bestimmten Konstellationen des Satzes) Satzfiguren und Manieren der Sänger und Instrumentalisten.

Arnold Schering (1908) und seine Schüler Brandes (1935) und Unger (1941) haben Sache und Begriff der musikalischen Figurenlehre wiederentdeckt, Arnold Schmitz hat sie zur Beschreibung der *Bildlichkeit der wortgebundenen Musik Johann Sebastian Bachs* (1950) als erster konsequent für die musikhistorische Interpretation angewendet. In ihrer Nachfolge hat man die Relevanz der Figuren für die musikalische Komposition weit überschätzt, und vor allem hat man nicht bemerkt, daß ein Mittel der Komposition, das *alle* Zeitgenossen gleichermaßen anwenden, kaum helfen kann, Besonderheiten oder gar die Größe *eines einzelnen* Komponisten, zum Beispiel Bachs, zu verstehen und zu interpretieren.

1607 **Claudio Monteverdi** (1567-1643): **Oper »L'Orfeo, favola in musica«** in Mantua

Die Kenner haben es schon immer gewußt: Monteverdis *Orfeo* markiert nicht nur einen Angelpunkt der Musikgeschichte, es ist ein Meisterwerk. Und doch hat keine der Bearbeitungen, mit denen man immer wieder versucht hat, das Werk zu neuem Leben zu erwecken, sich auf der modernen Opernbühne behaupten können. War jene Hochschätzung eine Überschätzung? Man konnte es meinen, bis 1975/76 der Wiener Nikolaus Harnoncourt (* 1929) und sein »Concentus musicus« zusammen mit dem genialen französischen Regisseur Jean-Pierre Ponelle (1932-1988) im Opernhaus Zürich mit einer gleichermaßen historisierenden wie modernisierenden Bearbeitung und Aufführung des Werks bewiesen haben, was 1637 schon Monteverdis Zeitgenosse Benedetto Ferrari (der erste Pächter des ersten öffentlichen Opernhauses in Venedig, also ein Fachmann) vom *Orfeo* gesagt hat: »Oracolo della musica.« Diesem Zürcher *Orfeo,* der die Welt aufhorchen ließ, folgten bis 1979 in Zürich vom selben Team Neubearbeitungen und Neuinszenierungen des *Ritorno d'Ulisse in patria* und der *Incoronazione di Poppea* von gleich überragender Qualität und weltweitem Echo, und seitdem haben und halten die drei großen Opern Monteverdis, obwohl 350 Jahre alt, ihren Platz im Repertoire des anspruchsvollen internationalen Operntheaters.

Um 1600 entsteht in Italien ein – wie man zu sagen pflegt – neuer musikalischer »Stil«, die MONODIE. Näher und wohl richtiger, nämlich aus der Intention der Erfinder beschrieben: Man erfindet eine neue Art, Sprache zu artikulieren, Text vorzutragen, nämlich eine Art, mit einfachen Mitteln des Gesangs über einer einfachen instrumental-musikalischen Grundlage zu *rezitieren.* Dabei soll das musikalische Moment nicht für sich von Belang sein, sondern nur der Steigerung des sprachlichen Ausdrucks dienen. Ausgangspunkt sind also Überlegungen zum Theater, nicht zur Musik. Eigene Experimente von Theaterleuten zusammen mit Musikern führen zwar nicht zu ernstzunehmenden Repliken des Theaters der Antike, wohl aber zu einer neuen Art musikalischer Sprachlichkeit für die antiken Stoffe, eben zu einer Art musikalischen Rezitierens über instrumentaler Grundlage. Für die Musiker freilich sind diese Ergebnisse höchst unbefriedigend, weil weder die vokale Seite noch die instrumentale kompositorisch auszubauen sind, und dies beim Höchststand musikalischer Komposition in jener Zeit. Da nun kommt Monteverdi und bildet keineswegs den ersten Höhepunkt einer »Entwicklung«, nein, er schafft die Oper, die zwar die Monodie als Voraussetzung hat, die es aber als musikalische Gattung bis dahin einfach nicht gegeben hat: die »Anfänge der Oper« gibt es nicht, sondern nur Voraussetzungen dazu, und dann eben die erste Oper, nämlich Monteverdis *Orfeo.*

Seit 1590 ist Monteverdi als »Suonatore di viola«, seit 1594 als »Cantore«, seit 1601 als »Maestro della musica« der Hofkapelle der Herzöge Gonzaga in MANTUA engagiert. Mantua gilt schon seit der Mitte des 15. Jahrhunderts und erst recht seit Isabella d'Este (1474-1539) als Zentrum der Kultur der Renaissance in Oberitalien. Von den Malern und den Bildhauern sei hier gar nicht die Rede. Hof- oder Domkapellmeister sind im 16. Jahrhundert unter anderen Giaches de Wert, Gastoldi, Viadana, also hochberühmte Männer, und Monteverdis unmittelbare Kollegen, der Hofkapellmeister Benedetto Pallavicino und der Lautenist Alessandro Striggio d. Ä. (der Vater von Monteverdis Librettisten) sind auch über Mantua hinaus bekannte Musiker. Monteverdi selbst ist nach dem Erscheinen seines *5. Madrigalbuchs* (1605) und aus der Aufsehen erregenden öffentlichen Kontroverse mit Artusi bekannt wie die berühmtesten Leute und zudem tatsächlich auf der Höhe seines Ruhms, und da kommt ihm wohl die Neigung der beiden Söhne des Herzogs, Francesco und Ferdinando, zum Theater gelegen: Zusammen mit Alessandro Striggio d. J., einem Mantuaner Hofbeamten und Musiker und Freund Monteverdis, hecken sie gemeinsam den Plan für einen neuen musikalischen Theaterversuch aus. Über die Wahl des Stoffs, der, beabsichtigt oder unbeabsichtigt, mit Jacopo Peris *Euridice* konkurriert (die Monteverdi 1600 bei einer Fürstenhochzeit in Florenz gehört haben muß), und über die Entstehung wissen wir nichts, wohl aber einiges über die Uraufführung am 24. Februar 1607 im Palazzo Ducale in Mantua vor den Mitgliedern der »Accadèmia degl'Invaghiti« (»Gesellschaft der Verliebten«). Francesco Gonzaga schreibt an seinen Bruder Ferdinando: »Die ›Favola‹ wurde mit soviel Freude für alle, die sie hörten, aufgeführt, daß der [regierende] Fürst [Vicenzo Gonzaga], obwohl er sie auch bei den Proben viele Male gehört hat, nicht zufrieden war, und deshalb angeordnet hat, daß sie noch einmal aufgeführt werde. Und das wird heute in Anwesenheit aller Damen der Stadt geschehen.« Rasch verbreitet sich die Kunde von dem neuen Stück und von seinem Erfolg. Alsbald spielt man es in Cremona, in Turin, in Florenz; 1609 erscheint eine Ausgabe des Werks in Partitur – damals ein ungewöhnliches Ereignis –, 1615 gar eine zweite Auflage dieses Drucks.

Was ist nun das Neue an Monteverdis *Orfeo* und das so ganz und gar Besondere? Daß Monteverdi alle Möglichkeiten der Musik seiner Zeit für gleichberechtigt hält, gleichberechtigt behandelt und anwendet und frei miteinander verbindet, daß er also den Mut zur *Vielfalt* der musikalischen Erscheinungen für *ein* Werk hat, ja daß er diese Vielfalt zum eigentlichen Gestaltungsprinzip erhebt, *das* ist das Neue. Im *Orfeo* fügen sich, meint Wolfgang Osthoff (1960), die getrennten Gattungen der Musik zu einer Art von dramatischem Fest zusammen. Neben dem Madrigal stehen Lied, Tanz und Florentinische Monodie, und das Orchester »spricht« selbständig, erfüllt aber auch eventuell »nur« Funktionen.

Zwei Beispiele: Die Oper beginnt mit einem »Toccata« überschriebenen Instrumentalstück, das zu einem Typus von Trompetenstücken gehört, den zu jener Zeit Trompetenchöre selbstverständlich nach gewissen, vom Instrumentarium bestimmten Improvisationsregeln spielen können und bei bestimmten Anlässen spielen: um die Ankunft eines Fürsten (zu dessen Begleitung das Trompeterkorps ja gehört) zu melden, um unter einer Menge für das, was kommt, Ruhe zu stiften, um die Aufmerksamkeit des Publikums in eine bestimmte Richtung und auf das zu erwartende Theatergeschehen zu lenken, usw. Dem genau entsprechend, nämlich aus der Funktion heraus, ist die *Toccata* zum Beginn des *Orfeo* dreimal zu spielen, was Monteverdi dann, wenn er das improvisatorisch-signalhafte Stück schon in Partitur bringt (allerdings ohne Pauken, die als Baßinstrumente der Trompetengruppe jedoch selbstverständlich dazugehören), auch ausdrücklich vorschreibt. Eine Instrumentalmusik bestimmter Art aber allgemeiner Verwendung wird hier für einen bestimmten Zweck auf eine besondere Art eingesetzt: die OUVERTÜRE ist geboren, nämlich das Instrumentalstück als Regel-Einleitung eines Theaterabends. Auch an anderer Stelle erfüllt der Orchesterpart lediglich Funktion, etwa gleich zu Beginn als Strophenzwischenspiel im *Prologo* der die Zuschauer begrüßenden und ihnen das Stück ansagenden allegorischen Figur der »Frau Musica«. Dazu kommt ebenfalls ein allbekanntes instrumental-improvisatorisches Verfahren zur Anwendung, dem aber nur hier eine bestimmende Rolle zugewiesen wird: die ostinatoartige Wiederholung eines Baßmotivs auf verschiedenen Etagen eines Klangs. Und noch andere Funktionen erfüllt das Orchester, nämlich die heitere Atmosphäre in der Welt der Hirten zu schaffen und sie gegen die düstere der Unterwelt abzuheben, und zwar durch verschiedene Arten von Musik in verschiedenen Arten von Klanglichkeit des Instrumentalparts. Was Stücke wie diese *Orfeo*-Ritornelle von harmonischen Ritornellen und Sinfonien der späteren Zeit unterscheidet, wird klar, wenn man sie sich lediglich als Baß notiert vorstellt, wie das schon wenig später in der Regel geschieht. Es bleibt dann nämlich nicht viel übrig, weil das Entscheidende nicht allein in der harmonischen Baßfortschreitung liegt, wie später etwa bei Cavalli häufig und auch in den späten Opern Monteverdis, sondern in der Ausführung der Oberstimme als Komposition, die der Improvisation damit enthoben ist. W. Osthoff (1960) faßt seine Beobachtungen so zusammen: »Die Instrumentalmusik des *Orfeo* beruht auf dem aus der Vokalität heraus gewachsenen Instrumentalsatz Giovanni Gabrielis, der noch ganz Res facta ist, nicht Improvisation, wogegen alle spätere Instrumentalmusik Monteverdis ihr Entscheidendes im Generalbaß hat, auch wenn die Oberstimmen ausgesetzt sein sollten. Dem Wesen nach gehört hier alles, was sich über der Baß-Stimme abspielt, nicht mehr in den Bereich der Komposition, sondern in den der jeweiligen Aufführung« – so will es die musikalische Auffassung des Generalbaß-Zeitalters.

Diese hier nur skizzierten instrumental-musikalischen Mittel setzt Monteverdi neben denen der Monodie, des Madrigals und des Tanzes ein zur Realisierung seiner, zusammen mit dem Textdichter Striggio entworfenen Theater-Vorstellung. Diese stellt Silke Leopold (1982) der von Rinuccini und Peri gegenüber: »Wo Rinuccini schildert, stellt Striggio dar; wo Rinuccinis Handlung über die Wirbel der dramatischen Entwicklung hinweggleitet, zielt Striggio geradewegs auf sie zu; wo Rinuccinis Szene den Hintergrund des Dialogs bildet, ist Striggios Dialog selbst die Szene. Wo schließlich der Text nicht hergibt, was die Szene darstellen könnte, tut Monteverdi ein Übriges und verlegt sie in die Komposition. – Monteverdis Vorliebe für eine musikalische Disposition des Handlungsablaufs, die charakteristisch ist für sein gesamtes dramatisches Werk, offenbart sich in der *Favola d'Orfeo* in der Vorliebe für symmetrische Gliederungen der Szenen. Und selbst dort, wo keine Symmetrie herrscht, zielt jeder Akt auf ein musikalisches Kernstück hin. Zum Teil sind diese Höhepunkte gerade jene dramatischen Situationen, die bei Rinuccini fehlen.« Der erste Akt etwa ist so stark zyklisch angelegt, daß man meint, er könne wieder in die Gesänge der Hirten münden, von denen er ausgegangen ist, ja der Symmetriepunkt ist im Text selbst angelegt, wenn der Hirte am Schluß der Szene Orfeo bittet, mit seiner Musik fortzufahren. Doch gleichsam bevor Orfeo Luft holen kann, schlägt mit dem Auftritt der Unglücksbotin das Ganze jäh um: »Ahi caso acerbo«. Der musikalische Gestus verschmilzt mit der Szene zu einem kaum schärfer vorstellbaren Gegensatz; eben noch »Scherzi e Carole«, Lebensfreude, Gesang und Tanz, jetzt das hochexpressive Rezitativ, jener Aufschrei, der wie ein Refrain die zweite Hälfte des Aktes beherrscht. Mit diesem Moment wird aus dem pastoralen Miteinander das individuelle Schicksal Orfeos, wird aus dem Hirtenspiel Oper.

1607 **Claudio Monteverdi** (1567-1643): **Scherzi musicali a tre voci... con la Dichiaratione di una lettera,** gedruckt in Venedig

17 jeweils aus Ritornell und Strophe zusammengesetzte *Tanzlieder* (zwei davon komponiert von Monteverdis Bruder Giulio Cesare) und ein *Balletto,* alles dreistimmig, – und doch diese Bedeutung in Monteverdis Werk: »Die Scherzi sind so etwas wie eine Überraschung, und man muß sie für ein künstlerisches Ereignis halten, das abseits der Logik in der Entwicklung des Komponisten steht« (Schrade 1964). Was ist an ihnen so Besonderes? Einfache Harmonik, Verzicht auf Chromatik und viele Dissonanzen, Vorherrschen der Oberstimme in einem homophon wirkenden Satz, pointierte Rhythmik mit ausgeprägtem Tanzcharakter, und vor allem die Einführung von Instrumentalritornellen und instrumentalen Zwischenspielen zwischen gesungene Strophen. Indessen, so besonders mag man das alles kaum nennen, wohl aber die Tatsache, daß Monteverdi die Anregung zu dieser Art »Canto alla francese in questo modo moderno« von der Frankreichreise mit seinem Herzog im Sommer 1599 mitgebracht hat. »Wer hat damit angefangen, diesen Canto alla francese auf lateinische und italienische Texte anzuwenden, vor ihm?« polemisiert Giulio Cesare, Monteverdis Bruder, der die *Scherzi musicali* herausgibt, in einem Begleitbrief, der »Dichiaratione di una lettera«. Diese »Erklärung« ist in ihrem Hauptteil eine ausführliche Interpretation von Monteverdis knappem Vorwort zum *5. Madrigalbuch* (1605), von jenem Manifest der »Seconda prattica«.

1608 **Marco da Gagliano** (1582-1643): **Oper »Dafne«** in Mantua

Marco da Gaglianos *Oper »Dafne«* ist wie Monteverdis *L'Arianna* für Hochzeitsfeierlichkeiten in Mantua 1608 geschrieben. Rinuccini erweitert dafür seinen ursprünglich für Peri geschriebenen Text, lockert ihn auf und verwandelt ihn aus einer dem INTERMEDIUM nahestehenden Fassung in eine dramatisch bewegte FAVOLA. Über die Art, wie dies schauspielerisch darzustellen sei, macht er in einer bemerkenswerten Vorrede ausführliche Angaben. Als eine Art Schwesterwerk zum *Orfeo* zeigt diese *Dafne* mithin, daß Monteverdi mit seinem Streben nach Dramatisierung und Musikalisierung der neuen Gattung nicht allein steht.

An diese Beobachtung knüpft A. A. Abert (1979) folgende weitere Überlegung: »Die allmählich anlaufende Opernproduktion fand zunächst in erster Linie in Florenz und Rom Heimstätten, wobei sich der Schwerpunkt der musikalischen Gestaltung verschiedenartig, aber allmählich zunehmend, vom fließenden Sprechgesang auf durchgeformte Ariosi und schließlich auf reguläre, geschlossene Formen verschob. Ein Fanal bedeutet in dieser Entwicklung die *Oper ›La Catena d'Adone‹* von Domenico Mazzocchi (1626). Hier erklärt der Komponist am Ende der Partitur, es seien viele ›mezz'arie‹ durch die Oper verstreut worden, die die Langeweile des Rezitativs (»il tedio del recitativo«) unterbrechen sollten. Bei diesen ›Halb-Arien‹ handelt es sich teils um Zwischengebilde zwischen Rezitativ und geschlossener Form, teils nur um kurze ariose Einschübe in den rezitativischen Fluß. Wichtig aber ist an dieser Äußerung vor allem die Abwendung von dem von Praktikern wie Theoretikern ehemals gleichermaßen vergötterten Ideal des Florentiner Sprechgesangs an sich, die sich für fast alle Opern der nächsten Jahre als symptomatisch erweisen sollte. – Daß auch Monteverdi nach den Werken des Jahres 1608 an der Weiterentwicklung der Oper tätigen Anteil genommen hat, ist bekannt, obwohl kein einziges seiner zwischen 1608 und den beiden Spätopern entstandenen Bühnenwerke erhalten ist. Wir sind darüber jedoch, teilweise sogar recht eingehend, durch den regen Briefwechsel unterrichtet, den er nach seinem Ausscheiden aus dem Dienst in Mantua von Venedig aus mit dem dortigen Hof unterhielt. Dieser dachte nicht daran, auf die Dienste seines früheren Hofkapellmeisters und nunmehrigen hochberühmten Kapellmeisters an San Marco in Venedig zu verzichten, und bombardierte ihn in den Jahren zwischen 1615 und 1630 oft geradezu mit Bitten um Ratschläge in musikalischen Dingen und mit größeren und kleineren Kompositionsaufträgen zu den verschiedensten festlichen Gelegenheiten... Die wichtigsten der in jener Zwischenzeit geschriebenen, aber nicht erhaltenen Opern Monteverdis sind: eine *Andromeda* (1617 [oder: 1618-1620?]), *La finta pazza Licori* (1627) und eine *Proserpina rapita* (1630, für den venezianischen Nobile Girolami Mocenigo); daneben spielen in dem Briefwechsel auch Intermedien, Ballette und andere kleinere Gelegenheitswerke eine große Rolle. Nach dem Tode des Herzogs Vincenzo II. von Mantua, des letzten Gonzaga, am 25. Dezember 1627, lockerten sich Monteverdis Beziehungen zum Mantuaner Hof rasch. Bei der Plünderung der Stadt im Mantuaner Erbfolgekrieg 1630 gingen auch des Meisters Partituren der letzten rund 15 Jahre verloren.«

1608 Claudio Monteverdi (1567-1643): **Oper »L'Arianna«** in Mantua

Der Erfolg von Monteverdis *Orfeo* ist so groß, die Wirkung so nachhaltig, daß der Herzog für das Hochzeitsfest des Thronfolgers, das im Karneval (also in der Spielzeit vor der Fastenzeit) 1608 gefeiert werden soll, seinem Hofkapellmeister eine neue Oper in Auftrag gibt. Vicenzo Gonzaga hat die Florentiner Fürstenhochzeit von 1600 mit der Aufführung von Peris *Euridice* in Erinnerung und will sie übertrumpfen: in Mantua sollen mehrere Theateraufführungen das Fest krönen, als bedeutendste Monteverdis neue *Oper »L'Arianna«. Tragedia del Sig. Ottavio Rinuccini, rappresentata in musica nelle reali nozze del...,* also, wie wir heute sagen würden, ein Schauspiel mit Musik, und zwar eine Tragödie mit Stoff aus dem Sagenkreis der Antike. Aus politischen Gründen muß die Hochzeit verschoben werden. Im Karneval führt man eine neue Oper – wenn man den Begriff schon gebrauchen soll, was durchaus fraglich ist – von Marco da Gagliano (1582-1643) auf: Rinuccinis *Dafne.* Vom 24. Mai bis zum 8. Juni wird die Hochzeit dann gefeiert, »halten Künstler aller Sparten«, wie Silke Leopold (1982) trefflich beschreibt, »die Hochzeitsgesellschaft in Atem. Hofbälle, Theaterstücke, Feuerwerke und andere Grandiositäten folgen einander auf dem Fuße: Am 28. Mai *L'Arianna,* am 29. Mai morgens ein Jagdausflug, abends eine Komödie, am 30. Mai Ausflüge, am 31. Mai ein nächtliches Fest auf dem See, am 1. Juni ein Hofball, am 2. Juni Guarinis *Komödie »L'Idropica«* mit Prolog und Intermedien von Gabriello Chiabrera, zu denen Monteverdi und vier weitere Komponisten die Musik schrieben, am 3. Juni ein Turnierspiel mit dem Titel *Il trionfo dell'onore,* am 4. Juni Rinuccinis *Ballo delle Ingrate,* am 5. Juni ein *Balletto d'Ifigenia;* Monteverdi wird sicherlich nicht der einzige gewesen sein, den die Vorbereitungen dieses Spektakels an den Rand der totalen Erschöpfung brachten.« Ob man daraus freilich schließen darf, die Oper sei wahrscheinlich nicht so geraten, daß sie den eigenen Ansprüchen des Komponisten genügen konnte, ist fraglich: Das Werk ist verloren – verloren bis auf ein einziges Stück daraus, den *Lamento d'Arianna.* Mit diesem Stück begründet Monteverdi eine eigene musikalische Gattung, die LAMENTO-KOMPOSITION, zu der viele Komponisten immer wieder neue Beiträge leisten. Dieses Stück jedenfalls wird in Windeseile weithin bekannt und zum berühmtesten Musikstück seiner Zeit überhaupt. Für Monteverdi ist es »das Herstück der Oper«; er publiziert es 1623 als selbständige Monodie (Singstimme mit Generalbaß), also aus der Oper herausgelöst; 1614 schon hat er es in sein *6. Madrigalbuch* aufgenommen, und zwar als eigene Bearbeitung zu einem fünfstimmigen Madrigal, und 1640/41 publiziert er es noch einmal in der Sammlung *Selva morale e spirituale* als Monodie, nämlich als geistliche Kontrafaktur: *Pianto della Madonna.* Von der Uraufführung der Oper *L'Arianna* haben wir wieder nur indirekte Zeugnisse, etwa einen Brief des Gesandten von Modena an seinen Dienstherrn: »Dann wurde die Oper aufgeführt, die vor dem Avemaria begann und bis in die dritte Abendstunde dauerte. Und es war die Geschichte von Ariadne und Theseus, und sie brachte in ihrem *Lamento in musica,* das von Violen und Violinen begleitet wurde, mit ihrem Unglück viele zum Weinen. Es trat auch ein Sänger mit Namen Rasi auf, der göttlich sang. Aber am besten waren Arianna und die Kastraten, und die anderen erschienen neben ihr wie nichts.«

Was nun ist das Besondere dieses *Lamento d'Arianna,* was unterscheidet diesen Klagegesang von denen aus dem *Orfeo,* was ist es, das die Menschen, wie bisher kein Musikstück jemals, in Bann schlägt? Leopold (1982) weist mit Recht darauf hin, daß hierbei durchaus Äußerliches eine Rolle spielt. »Kaum jemals zuvor war eine Oper vor einem so großen Publikum aufgeführt worden. Die schauspielerischen Fähigkeiten der Virginia Andreini trugen das Ihre zu dem großen Eindruck bei, den die Klage bei den Zuschauern hinterließ. Vor allem aber waren niemals zuvor Handlung, Szene und Musik zur Darstellung eines Einzelschicksals zu einer solchen Einheit verschmolzen wie in diesem auch ohne choreographische Anlage in sich geschlossenen Bild – vergleichbar höchstens Orfeos Bittgesang am Ufer des Letheflusses, ein Vergleich, den übrigens auch Monteverdi selbst zog: ›Arianna rührte die Herzen, weil sie eine Frau war, und Orfeo gleichermaßen, weil er ein Mann war [...] die Geschichte von Arianna bringt mich auf ein rechtes Lamento, die von Orfeo auf eine rechte Preghiera.‹« Ob Monteverdi damit auf eine Verschiedenheit der Individualisierung des musikalischen Ausdrucks hinweisen will, bleibe dahingestellt. Denn immerhin ist festzuhalten, daß es eben erst die Verdichtung des musikalischen Geschehens und die daraus resultierende unmittelbare emotionale Wirkung waren, die den *Orfeo* überhaupt zur Oper gemacht, nämlich über das musikalisch rezitierende Text-Theater erhoben haben. Im Vergleich mit Peris *Euridice,* die in gehobener Rhetorik stecken bleibt, stellt Monteverdi mit seinen Figuren im *Orfeo* lebende, wirklich leidende Menschen auf die Bühne: Man denke an das ergreifend herrliche, als schlichte Monodie gefaßte »Tu se' morta, mia vita, ed io respiro?« (»Du bist tot, mein Leben, und ich atme noch?«). Hier rufen spannungsvolle Intervallfolgen und dissonante Harmonien den Affekt des Schmerzes und der Trauer hervor. Dasselbe gilt für den *Lamento d'Arianna* – nur *ein* Passus in der Beschreibung gilt hier *nicht* mehr: »als schlichte Monodie gefaßt.« Jetzt ist der Ausdruck nämlich auf *neue* Weise affektiv, er überfällt den Hörer gleichsam. Wer hier nicht weint, hat kein Herz, auch wenn er, bewußt oder unbewußt, nicht mit dem Individuum Arianna weint, sondern über die schlimme Wahrheit des Liebesschmerzes, der zum Menschsein gehört – und hier in der mythischen Figur der Arianna »dargestellt« ist. Wenn die Zeitgenossen den *Lamento* einhellig das beste und wahrste Stück Theatermusik nennen, dann nicht deshalb, weil es ein individuelles Schicksal auf so schöne Weise beweinenswert macht, sondern weil es menschliche Wahrheit auf so schöne Weise musikalisch formuliert. Nur deshalb auch ist möglich, daß in der Kontrafaktur anstelle von Arianna auf dem Felsen um den Geliebten jetzt Maria zu Füßen des Kreuzes um ihren Sohn klagt.

1609 Johann Hermann Schein (1586-1630): Venus Kräntzlein oder Neue weltliche Lieder 5 vocum, gedruckt in Wittenberg

Es gibt ein ebenso witzig wie didaktisch geschickt gemachtes Lehrbüchlein der Musikgeschichte von Hermann Halbig: *Musikgeschichte – leicht gemacht. Hundert Merkblätter* (1942). Dort findet man die folgende Zusammenstellung:

*	15	85	Sch	ütz
		86		ein
		87		eidt

Was mnemotechnisch so geschickt gemacht ist und dem, der es einmal gesehen hat, unvergeßlich bleibt, suggeriert jedoch zugleich, es handle sich bei den nahe beieinander Geborenen auch um gleich anzusehende und gleich hoch zu achtende Meister. Das aber ist nicht der Fall; zwischen ihnen liegen Welten. Erstens ist Scheidt als Instrumentalmusiker, der er vorwiegend ist, gleichsam ein Musiker von anderer Art, jedenfalls von anderer musikalischer Herkunft und von anderem Interesse, und zweitens kann man, bei allem Respekt, Schütz und Schein nicht in einem Atem nennen. Schütz ist gleichsam einer der Baumeister der abendländischen Musikgeschichte, Schein ist einer der großen Kompilatoren seiner Zeit. Zwar vermitteln beide dem nördlichen Europa und besonders der deutschen Musik mit ihrer für jene Zeit altertümlichen polyphonen Tradition die moderne Musik Italiens, dabei entsteht aber bei Schein eine bunt zu nennende Mischung, bei Schütz hingegen prinzipiell Neues. Und dennoch ist Scheins Vermittlerrolle von hoher Bedeutung, vor allem für die Entwicklung der deutschen evangelischen Kirchenmusik und der geselligen Musik für das im Frühkapitalismus aufblühende Bürgertum der Städte, insbesondere der freien Reichsstädte. Schein sagt dies selbst im Vorwort seiner Sammlung von Orchestersuiten *Banchetto musicale... Padovanen, Gagliarden, Correnten und Allemanden 5 vocum* – (Leipzig 1617; 20 Suiten, welche »in Tono und inventione einander fein respondieren«, also Variationensuiten nach dem Vorbild von Paul Peuerl, *Neue Padovan...*, 1611): »beides, christlicher Andacht bei Verrichtung des Gottesdienstes und auch ziemlicher [geziemender] Ergötzlichkeit bei ehrlichen Zusammenkünften, alternis vicibus [abwechselnd] zu dienen.« Aus seinen vielen weltlichen gedruckten Sammlungen ragt die erste heraus, *Venus Kräntzlein oder Neue weltliche Lieder 5 vocum* (15 Chorlieder zusammen mit 4 instrumentalen Intraden, 2 Gagliarden und 2 Canzonen), aus den geistlichen Sammlungen, die 26 Madrigale des *Israels Brünnleins 5 vocum* (Leipzig 1623), vor allem aber die *Opella nova* (erster Teil Leipzig 1618, zweiter Teil Freiberg 1626). In diesen »Geistlichen Concerten mit 3, 4 und 5 Stimmen samt Generalbaß auf jetzo gebräuchliche italienische Invention« überträgt Schein schon vor Schütz und Scheidt das solistische Vokalkonzert auf die deutsche Choralbearbeitung. Dabei verweist er im Vorwort (zur weiteren Instruktion des Benützers über die neue Art) interessanterweise auf Lodovico Viadanas drei Hefte *Concerti ecclesiastici* (1613). – J. H. Schein ist übrigens als Thomaskantor in Leipzig (von 1616 an) einer der Vorgänger J. S. Bachs.

1610 Claudio Monteverdi (1567-1643): Missa »In illo tempore« und Marien-Vesper, gedruckt in Venedig

1610 publiziert Monteverdi in einem einzigen Druck eine sechsstimmige Messe »ad Ecclesiarum Choros« und eine mehrstimmige Vertonung der Gesänge zum Vespergottesdienst an Marienfeiertagen zusammen mit einer siebenstimmigen Fassung des Magnificats. Gewidmet ist dieser Druck der Heiligen Jungfrau Maria und dem Papst Paul V., einem Exponenten der Gegenreformation.

Die *Messe* ist nicht über einen eigenen Cantus firmus gearbeitet, sie ist vielmehr eine »Parodie-Messe«, das heißt sie ist aus einer sechsstimmigen *Motette »In illo tempore«* von Nicolas Gombert (vor 1500-um 1556) entwickelt. Monteverdi wählt dazu aus Gomberts Motette zehn »Fughe« aus (»Themen«, »Motive«, welche der Basso continuo-Stimme des Erstdrucks, in einer Tabelle zusammengestellt, beigegeben sind), die er kontrapunktisch verarbeitet, und zwar strenger und kunstvoller als Gombert, obwohl ihm auch durchaus Modernismen unterlaufen. Daß Monteverdi mit dieser bedeutendsten seiner drei erhaltenen Messen sich an einen Niederländer anlehnt und nicht an Palestrina, den größten Meister der Mess-Komposition im 16. Jahrhundert, ist höchst bezeichnend: »Monteverdi, der große Neuerer, setzt, genau besehen, nicht Palestrina, den Vollender, fort. Was wäre da auch fortzusetzen? Monteverdi knüpft vielmehr an jene früheren musikalischen Gegebenheiten an, die auch Palestrina vorgefunden hatte, er zog«, so kann man mit Georgiades (1954) sagen, »aus den gleichen Voraussetzungen andere Folgerungen«. Wesentliches Bauelement für die Musik vor Palestrina war eine gewisse Tektonik, und einen Zug von Tektonik finden wir auch bei Monteverdi, etwa wenn er feste melodische und rhythmische Formeln in einer Stimme auf verschiedenen Stufen wiederholt, besonders in der Baßstimme. Diese tektonische Bauweise wirkt sich aber auch in der Deutung der Sprache aus, und hier zeigt sich, daß Monteverdis Musik anders spricht als die Palestrinas: »Das Wort«, so Georgiades, »überzeugt hier nicht als frei gesprochenes Wort. Hier wird es mehr eingehämmert. Man vermeint [um nicht zu sagen: man befürchtet], die starre metrisch-wuchtige Vortragsweise des Mittelalters möchte wieder aufleben. Und doch ist Monteverdis *Messe* nicht als bloß rückwärts gewandt anzusprechen. Das gleichsam gehämmerte Dogma hängt wohl mit dem Geist der Gegenreformation und der Religionskriege zusammen. Auch wenn man davon absieht, erscheint diese Deutung der Sprache nicht nur altertümlich; sie ist nicht als ein Unvermögen zu verstehen. In ihr schwingt etwas Neues, das jetzt das Bewußtsein des Musikers erfüllt, das jetzt die Gemüter bewegt: Hier schimmert etwas von der *Bedeutsamkeit* des Vorganges auf, auf den die Worte hinweisen. In dieser Musik regt sich eine Kraft, die über den einzelnen Satz hinausführt. Es entsteht eine dynamische Spannung, ein Drang nach Zusammenfassung«. Diese neue Haltung dem Wort gegenüber, die sich in der Komposition eigentümlich dem Alten verbindet, bedeutet nun auch in liturgischer Hinsicht eine neue Freiheit: »Man strebt mehr nach Verwirklichung des Bedeutungsgehaltes, damit aber auch nach Verwirklichung des subjektiven Ausdrucks. Die Musik, die in ihrer stetigen Auseinandersetzung mit dem Wort als dem Urphänomen des Geistigen groß geworden war, hatte jetzt die Reife erreicht, die ihr erlaubte, vom deutschen Wort her erneuert zu werden.« Heinrich Schütz ist, gerade als Deutscher, der legitime Schüler des Italieners Monteverdi. Oder anders: Das anbrechende neue Zeitalter der Musik ist zugleich ein italienisches *und* ein deutsches.

Ob man die *Marien-Vesper* liturgisch verwenden kann oder ob sie ein »Konzertstück« ist, wenn auch ein geistliches, darüber streiten die Gelehrten. Die Ursache der Differenz ist diese: Die Vesper, der Abendgottesdienst im Stundengebet (Officium) der Katholischen Kirche, beginnt nach kurzen stillen Gebeten mit der Anrufung des Vorsängers (in einem bestimmten liturgischen Ton): »Deus in adiutorium meum intende« (»Gott, komm mir zu Hilfe«), worauf die Teilnehmer am Gottesdienst (in einem entsprechenden liturgischen Ton) antworten: »Domine ad adiuvandum me festina« (»Herr, eile, mir zu helfen«). Mit dieser Antwort erst beginnt Monteverdis Komposition, woraus man schließen kann, daß die solistische Anrufung vorauszugehen hat. In der Liturgie der Vesper werden nun fünf Psalmen in verschiedenen liturgischen Tönen (»Psalmtönen«) gesungen. Jeder Psalm wird von einer Antiphon eingerahmt, und zwar jeder von einer eigenen, die seinem Psalmton entspricht. Während der Text der Antiphonen einen wichtigen Gedanken des jeweiligen Psalms in den Vordergrund stellt oder einen Bezug zum Festtag herstellt, verleiht die Melodie dem Psalmton tonartliche Geschlossenheit und eine je eigene Würde. In Monteverdis *Marien-Vesper* sind nun zwar die fünf Psalmen vertont, aber die Antiphonen fehlen. Zwischen die Psalmen setzt Monteverdi statt der Antiphonen Vokalkonzerte mit neuen Texten. Die Konzeption, so darf man also wohl annehmen, geht davon aus, daß die Vokalkonzerte die Antiphonen ersetzen, daß also Monteverdis *Marien-Vesper* nicht unbedingt in die Liturgie einzufügen ist – denn es möchte überflüssig erscheinen, die Vokalkonzerte zu musizieren, wenn die Antiphonen, was in einer zu vollziehenden Liturgie Bedingung wäre, gesungen würden. Aber vielleicht hat das Werk eher »politischen« als praktischen Charakter und ist nach einem theologischen Programm im Geiste der Gegenreformation zusammengestellt. Die Frage bleibe hier offen.

Die musikalische Bedeutung der *Marien-Vesper* liegt wohl zuerst darin, daß Monteverdi nun auch in einem kirchenmusikalischen Werk die Vielfalt der musikalischen Stile im Italien des beginnenden 17. Jahrhunderts zusammenfaßt und gleichsam neu ordnet, nämlich neu durchdenkt im Hinblick auf die musikalische Fassung liturgischer Texte. So gesehen wirkt die *Marien-Vesper* wie eine Sammlung geistlicher Musik, aus der der Geist der Gegenreformation sprüht – schon gleich in der Einleitung: Den alten liturgischen Ton, zugleich feierlich und demütig, deutet Monteverdi um in einen festlichen Gesang »Domine...«, der, unterlegt mit der Einleitungs-Toccata seiner *Oper »Orfeo«*, Gott mit geradezu frenetischer Heftigkeit anruft. Die Vokalkonzerte zwischen den Psalmvertonungen öffnen die herrlichste neue Musik der Zeit, ja Monteverdi wagt, eine achtstimmige Instrumentalkanzone als *»Sonata sopra Sancta Maria, ora pro nobis«* (also über die gegorianische Melodie einer Litanei) zwischen die liturgischen Stücke zu schieben, nämlich zwischen den *Hymnus »Ave maris stella«* (dessen einzelne Strophen durch jedesmal verschieden besetzte instrumentale Ritornelle voneinander getrennt sind) und das *Magnificat.* Kein Wunder, dieser Einbruch des Neuen in die Kirchenmusik hat folgenschwere Bedeutung für die ganze Epoche: an ihrem Beginn schon erreicht sie mit der *Marien-Vesper* eine Höhe, die sie erst nach 120 Jahren und auf deutschem evangelischem Boden wieder erreichen soll, mit Bachs *h-moll-Messe.*

Ob diese *Messe* und die *Vesper* zu Monteverdis Zeit erklungen sind, wissen wir nicht. Ja, selbst die Frage, für wen oder für welche Institution das Ganze gedacht sein könnte, ist nicht zu beantworten. Doch daß es sich um ein Ganzes handelt, ist durch die Tatsache nahegelegt, daß der Cantus firmus der *Messe* (nach der *Motette* von Gombert) »In illo tempore loquente Jesu« die Lesung der Messe an Marienfesten ist, jedenfalls in den Gebetbüchern zur privaten Verwendung. Und was die liturgische Verwendung der Vesper anlangt, so muß man immerhin auch bedenken, daß damals in vielen Hofkapellen und auch in vielen Privatkapellen, etwa der Rosenkranzbruderschaften, durchaus auch andere Musik erklungen ist, als die vatikanischen Vorschriften es eigentlich für die Liturgie verlangt haben. Kurz, auch die Fragen ür wen, wann und wie müssen einstweilen offen bleiben.

1611 **Paul Peuerl** (um 1570/80-nach 1625): **Neue Padovan, Intrada, Däntz und Gagliarden mit 4 Stimmen,** gedruckt in Nürnberg

Schon seit dieser ersten von mehreren Sammlungen gilt Peuerl als Hauptvertreter einer damals neuen besonderen Art von zyklischer Instrumentalmusik für Orchester, nämlich der Variationensuite, in der alle Tänze als Variationen eines Grundtanzes miteinander verwandt sind. – Mit seinen 12 Liedsätzen der Sammlung mit dem merkwürdigen Titel *Weltspiegel, das ist: Neue deutsche Gesäng... mit 5 Stimmen,* Nürnberg 1613, neigt Peuerl einerseits zu Balletto, Madrigal und venezianischer Mehrchörigkeit, andererseits zur Motette, zum Hofweisen-Satz und zum Bergreihen. Ein Stück aus dieser Sammlung ist berühmt geworden dadurch, daß Walther Lipphardt es in die *Gesellige Zeit,* in *das* Chorliederbuch der Jugendmusikbewegung aufgenommen hat: *O Musica, du edle Kunst.*

1611 oder **1612** **Heinrich Schütz** (* Köstritz bei Gera in Thüringen 1585, † Dresden 1672): **Il primo libro de madrigali,** gedruckt in Venedig

Heinrich Schütz, Kind wohlhabender Eltern des gehobenen sächsischen Bürgertums in Köstritz (seit 1591 in Weißenfels), ist zum Jurastudium bestimmt und hält auch noch an diesem Vorhaben fest, als er aus Italien zurückkehrt. Landgraf Moritz der Gelehrte von Hessen-Kassel (1572-1632), an Bildung eine Ausnahmeerscheinung unter den Fürsten seiner Zeit, macht den Kasseler Hof zu einem Mittelpunkt kulturellen Lebens in seinem Lande. 1599 holt er sich den jungen Schütz als Diskantisten in die Kasseler Kantorei und läßt ihn von deren Leiter Georg Otto (1550-1618) unterrichten. 1609 schickt er ihn mit einem Stipendium zunächst für ein Jahr und dann für zwei weitere Jahre zur Ausbildung bei Giovanni Gabrieli nach Venedig.

Venedig ist um 1600 der bevorzugte Ausbildungsort für Kompositionsschüler, gerade aus dem Norden. Adrian Willaert, der Begründer der VENEZIANISCHEN SCHULE, selbst Niederländer und seit 1527 Kapellmeister an Venedigs Hauptkirche San Marco, hatte Bekanntschaft mit häufig in die Lagunenstadt kommenden deutschen Großkaufleuten geschlossen, die sich alsbald als Kunstkenner und Mäzene erwiesen. Hans Jakob Fugger aus Augsburg, der Enkel Jakob Fuggers des Reichen, ist wohl der einflußreichste unter ihnen gewesen. Cipriano de Rore, Willaerts Nachfolger im Kapellmeisteramt an San Marco, hat diese Verbindungen weiter gepflegt, indem er dem Herzog Albrecht V. von Bayern und Angehörigen von Augsburger Familien Kompositionen gewidmet hat. Andrea Gabrieli hingegen bereiste Deutschland und Böhmen, pflegte die Verbindungen zu Orlando di Lasso und vertiefte so die Beziehungen seines Lehrers Willaert zu Deutschland. Ob allerdings Andrea Gabrieli sogar eine Zeitlang der Münchner Hofkapelle angehört hat, ist zweifelhaft. Immerhin zählte er 1562 zu dem musikalischen Gefolge, das unter der Leitung von Orlando di Lasso den Herzog von Bayern zur Kaiserkrönung Maximilians II. nach Frankfurt am Main begleitet hat. Also ist Giovanni Gabrieli, Andreas Neffe, als er nach München kommt, kein Fremder. Nach mehrjähriger Zugehörigkeit zur Münchner Hofkapelle kehrt er (vermutlich) 1579 nach Venedig zurück. In der Zwischenzeit hat er sich in Deutschland die Grundlagen seines Ruhms geschaffen, des Ruhms, der nördlich der Alpen stets gefestigter sein sollte als im Heimatland Italien. – Hans Leo Haßler und wenig später Gregor Aichinger nützen als erste deutsche Musiker die gute Verbindung nach Venedig, um dort an Ort und Stelle zu lernen. Sie werden von den Fuggern nach Venedig geschickt, Haßler zu Andrea Gabrieli, Aichinger vermutlich bereits zu beiden Gabrielis. Weitere Schüler kommen dann zu Giovanni Gabrieli aus Dänemark. Über keinen Aufenthalt von Schülern des weltberühmten Gabrieli aber sind wir so gut unterrichtet wie über den von Heinrich Schütz (Schmalzriedt 1972).

Erst in Venedig lernt Schütz die ganzen Schwierigkeiten kennen, die wirklich gute KOMPOSITION macht. Umso mehr konzentriert er sich mit Energie und Fleiß auf sein Studium, so »daß nach dreien Jahren (und ein Jahr zuvor ehe ich aus Italia wieder zurückgereist) ich mein Erstes Musikalisches Werklein, in italienischer Sprache, mit sonderbarem Lobe der damals fürnehmsten Musicorum zu Venedig, daselbst habe drucken lassen, und von daraus Herrn Landgraf Moritzen (dem ich's auch zu unterthänigster Danksagung dedicirt) zugeschickt habe...« Weiter berichtet Schütz, daß ihn sein »Präceptor« Giovanni Gabrieli sowie der Kapellmeister an San Marco, Giulio Cesare Martinengo, im Verein mit weiteren bedeutenden Musikern Venedigs aufgrund seines Madrigaldruckes aufgefordert hätten, noch ein weiteres Jahr in Venedig zu bleiben, ein Jahr, das dann allerdings sein Vater zu finanzieren hat. Schütz entschließt sich dazu und kehrt 1612 oder 1613 wieder nach Deutschland zurück. In der Zwischenzeit ist allerdings auch sein Lehrer Gabrieli gestorben. – Noch einmal geht Schütz nach Venedig: 1628/29, wo in der Zwischenzeit Claudio Monteverdi Kapellmeister an San Marco geworden ist. Als Schütz 1629 als Frucht dieses zweiten venezianischen Aufenthalts den 1. Teil seiner *Symphoniae sacrae* in Venedig veröffentlicht, spricht er in seiner an den Kurprinzen Johann Georg I. von Sachsen adressierten Widmung von seinem ehemaligen Lehrer wiederum in den höchsten Worten.

Schützens op. 1 (das heißt damals: das erste *gedruckte* Werk) ist also eine Art Gesellenstück – und ein Meisterwerk zugleich: eines der schönsten Madrigalbücher jener an hervorragenden

Werken gewiß nicht armen Zeit. Es enthält 19 italienische Madrigale (18 fünfstimmig, eines achtstimmig doppelchörig), deren Texte von verschiedenen Dichtern der Zeit auch von vielen anderen Komponisten vertont werden. So modern das Werk ist, es ist zugleich auch altertümlich, denn man muß durchaus die Frage stellen, warum Gabrieli seine Schüler in einer Zeit, in der die Komposition von Madrigalen ohne Generalbaß längst unüblich geworden ist, reine a cappella-Madrigale komponieren läßt. Auf diese Frage gibt Schütz selbst Antwort in der Vorrede zu seiner *Geistlichen Chormusik* von 1648: »... Weil es aber gleichwohl an dem auch bei allen in guten Schulen erzogenen Musicis außer Zweifel ist, daß in dem schwersten Studio Contrapuncti niemand andere Arten der Composition in guter Ordnung angehen und dieselbigen gebührlich handeln oder tractiren könne, er habe sich denn vorher in dem Stylo *ohne* den Bassum Continuum genugsam geübt und daneben die zu einer Regulirten Composition notwendige Requisita wohl eingeholt, alsda (unter andern) sind die Dispositiones modorum; Fugae simplices, mixtae, inversae; Contrapunctum duplex; Differentia Styli in arte Musica diversi; Modulatio vocum; Connexio subiectorum, etc. und dergleichen Dinge mehr, wovon die gelehrten Theorici weitläufig schreiben und in Schola practica die Studiosi Contrapuncti mit lebendiger Stimme unterrichtet werden.« Schütz nennt hier, wie man sieht, und wie Schmalzriedt (1972) eingehend untersucht, einige »Requisita«, die zu einer REGULIRTEN COMPOSITION notwendig sind. Darunter versteht er die Komposition, die nach lehr- und erlernbaren Regeln in geordneter Reihenfolge vonstatten geht, nämlich handwerklich von Stufe zu Stufe schreitet und ihre Vollkommenheit schließlich aus der gebührlichen Beachtung der Summe aller Regeln ableitet. Eben darüber schreiben – neben dem üblichen mündlichen Unterricht – die gelehrten Theorici »weitläufig«: ihre Bücher stellen nach Schützens Ansicht weit mehr kompositorische Handwerkslehren für den »Musicus poeticus« dar, als man geneigt ist anzunehmen. Die Fundamente ihres Komponistenberufes legen Schütz und seine Mitschüler in Italien, in dem Land, das er die rechte »Musicalische Hohe Schule« nennt; es erscheint also legitim, sein Gesellenstück, jenes *Erste Madrigalbuch,* ganz aus der italienischen Tradition zu verstehen. – Ein der Titelfassung zufolge geplantes Zweites Madrigalbuch hat Schütz nicht mehr herausgegeben.

Schützens *Italienische Madrigale* stehen zugleich am Ende der großen Zeit der Renaissance-Musik und der a cappella-Komposition wie am Beginn des musikalischen Barockzeitalters – freilich nicht der Generalbaßpolyphonie. Sie sind deshalb dort *und* hier behandelt.

1612/14 Melchior Vulpius (um 1570-1615): Deutsche sonntägliche evangelische Sprüche für 4 und mehr Stimmen, 2 Teile, gedruckt in Jena

Wie Reckow (1968) plastisch darstellt, kann der Weimarer Schulmann, Kantor und Komponist Melchior Vulpius in der musikgeschichtlich ereignisreichen Zeit um und nach 1600 für den Inbegriff des reinen Bewahrers stehen, jedenfalls in Deutschland. Trotzdem finden die vielfältigen kompositorischen Anregungen des beginnenden 17. Jahrhunderts auch in seinem Werk ihren Niederschlag. Die mehrchörige Anlage etwa von vielen seiner bis zu achtzehnstimmigen *Cantiones sacrae* (Jena 1602) zeigt dies ebenso wie die wachsende Bevorzugung dominantisch-harmonischer Bildungen. Und trotzdem sind jene Züge in seinem Werk von musikgeschichtlich größerer Bedeutung, welche auf die reformatorischen Bemühungen um eine schlichte und »auch an denen Orten, da die Cantoreien schwach«, leicht aufführbare Kirchenmusik zurückweisen. Mit rund 400 Kantionalsätzen und fast 200 Motetten steuert Vulpius einen wichtigen Beitrag zum Standardrepertoire der Kirchen- und Schulchöre seiner Zeit bei, d. h. zum Repertoire der jungen evangelischen Kirche in Deutschland. Außerdem ist er mit 35 Kirchenliedmelodien »einer ihrer gesegnetsten Melodisten«, wie Moser gesagt hat.

1614 Erste Opernaufführung außerhalb Italiens

Die Nachricht von Monteverdis neuem Theater mit Musik verbreitet sich rasch und dringt über die Grenzen Italiens nach Deutschland. Der Fürsterzbischof von Salzburg Marcus Sitticus (Sohn des Grafen von Hohenems und einer Italienerin aus dem Hause Borromeo) greift die Anregung aus seinen Beziehungen zu Mantua auf und führt, wie Herbert Seifert nachweisen konnte, im Karneval 1614 (und bis 1619 mit sechs weiteren Wiederholungen) Monteverdis *Orfeo* in Salzburg auf. 1616 folgt, vermutlich auf Anregung aus Bologna, eine *Andromeda,* deren Musik wahrscheinlich von Girolamo Giacobbi stammt.

Die erste Aufführung einer italienischen Oper im nördlicheren Deutschland ist wohl die der »Opera musicale« *Il Paride* des Dresdener Hofkapellmeisters Giovanni Andrea Bontempi (um 1624-1705) im Riesensaal des Kurfürstlichen Schlosses in Dresden am 3. November 1662. Die Aufführung ist Bestandteil eines höfischen Festes anläßlich der Vermählung der Tochter des Kurfürsten. Bontempis Oper ist lediglich der erste

Abend einer Trilogie um den Trojanischen Krieg; nach jedem Akt wird ein Ballett getanzt, welches »das Spiel zieret. Es hat als solches nach 9 Uhr angefangen und sich nach 2 Uhr morgens frühe geendet.« In gewisser Weise ist die Aufführung von Bontempis Oper in Parallele zu setzen zu der von Schützens *Dafne* zur Vermählungsfeier einer anderen sächsischen Kurfürstentochter in Torgau 1627.

1614 Claudio Monteverdi (1567-1643): 6. Madrigalbuch, gedruckt in Venedig

Im August 1613 wird Monteverdi zum »Maestro di Cappella della Sereniss. Sig.ª di Venetia in S. Marco« ernannt. Im folgenden Jahr veröffentlicht er sein *6. Madrigalbuch.*Wie reimen sich das neue geistliche Amt und die neue weltliche Publikation zusammen, vor allem wenn man bedenkt, daß der neue Domkapellmeister alle Hände voll zu tun hat, um die Domkapelle wieder zu dem Ensemble zu machen, das dem Renommée der Stadt – Venedig ist damals der musikalische Mittelpunkt der Welt – entspricht?

Monteverdis ARBEITSVERHÄLTNISSE IN VENEDIG stellt W. Konold (1986) anschaulich dar. Ihm unterstehen der Vizekapellmeister, zwei Organisten, etwa 30 Sänger und etwa 20 Instrumentalisten. Zwar bestreitet diese Kapelle den täglichen, vor allem den sonntäglichen und festtäglichen musikalischen Kirchendienst am Dom und außerdem den Dienst für die großen Feste des Stadtstaates, aber sonst scheint es in Venedig nicht genug Musiker gegeben zu haben, um die musikalischen Wünsche der anderen Kirchen, der Bruderschaften und der Patrizierhäuser zu befriedigen, – und so spielen die Musiker der Domkapelle mehr in der Stadt herum als an ihrem Dienstort. Also muß Monteverdi organisatorisch »durchgreifen«, wenn er seine Vorstellung einer regulierten Kirchenmusik an S. Marco in Realität umsetzen will. Und außerdem hat er kleinere und größere kirchenmusikalische Werke für die verschiedensten Anlässe zu komponieren, einzustudieren und aufzuführen: Messen, Motetten und anderes (das er nur zum Teil 1640/41 in der Sammlung *Selva morale e spirituale* zusammenfaßt und veröffentlicht), um tatsächlich hier Fuß zu fassen. Daß ihm daneben noch Zeit bleibt für die Madrigalkomposition, ist unwahrscheinlich. Also müssen die Kompositionen des *6. Madrigalbuchs* wohl in der Zeit der Arbeitslosigkeit in Cremona 1612/13 oder noch früher entstanden sein.

Nach der Zusammenstellung und nach der Verschiedenheit der Stücke kann man das *6. Madrigalbuch* eine Sammlung des Übergangs nennen. Es enthält traditionelle a cappella-Madrigale und daneben moderne Generalbaß-Madrigale mit »Concertato« bezeichnet. Anders als die vorhergehenden Sammlungen enthält das *6. Madrigalbuch* nur verhältnismäßig wenige kurze Einzelstücke, daneben aber einen – wie man vielleicht sagen kann – »Zyklus«, nämlich die sechsteilige *Sestina »Incenerite spoglie«* mit dem Untertitel »Lagrime d'amante al sepolcro dell'amata« und dann die Neufassung des *Lamento d'Arianna* (1608) in ein fünfstimmiges Madrigal. Daran nun üben Zeitgenossen heftig Kritik. Denn die Frage liegt tatsächlich nahe, ob es der polyphonen Fassung gegenüber der monodischen nicht an Intensität des Ausdrucks mangle. Kaum, weil das Ganze in der Madrigalfassung eher konziser wirkt! Die Individualität der persönlichen Empfindung freilich wird durch den fünfstimmigen Satz aufgehoben, dafür aber werden andere Möglichkeiten eröffnet: Der extravertierte szenische Gestus verwandelt sich mittels des madrigalischen Satzes in eine kaum weniger dramatische, jedoch mehr von der Musik her bestimmte Seelenschilderung.

1614/15, 1618, 1619 Michael Praetorius (1571/72-1621): Syntagma musicum I-III, gedruckt in Wittenberg

Praetorius ist einer der hervorragenden deutschen Musiker seiner Zeit; sein Schaffen hat maßgebende Bedeutung für die evangelische Kirchenmusik am Beginn des 17. Jahrhunderts. Trotzdem kennt ihn die Nachwelt eher als Theoretiker denn durch seine Kompositionen. Teil I des *Syntagma musicum* ist ein lateinischer Traktat, bestehend aus einer Geschichte des einstimmigen Kirchengesangs von den Anfängen bis zur Reformationszeit und einem historischen Abriß der »Musica extra ecclesiam«. Der zweite Band *»De Organographia«* enthält eine ausführliche Beschreibung aller zur Zeit des Praetorius gebräuchlichen Instrumente, dazu die Mitteilung der »Dispositiones etlicher vornehmen Orgeln Werck in Deutschland«. Ein Bildanhang (gedruckt 1620) ergänzt das für das Studium der Instrumentalpraxis jener Zeit ungemein wertvolle Werk.

Nach den Angaben des Praetorius in diesem zweiten Band hat Wilibald Gurlitt zusammen mit dem Orgelbauer O. Walcker im Freiburger Musikwissenschaftlichen Institut eine »PRAETORIUS-ORGEL« gebaut, die Karl Straube 1921 eingeweiht hat. An diesem historischen Versuch und an der *»Freiburger Tagung für deutsche Orgelkunst«* 1926 hat sich, nach den Anfängen um 1910 im Elsaß, die »ORGELBEWEGUNG« neu entzündet.

Die terminologischen und aufführungspraktischen Hinweise des dritten Teils sind vor allem dadurch aufschlußreich, daß sie in enger Verbindung zu Kompositionen des Spätwerks, besonders der *Polyhymnia Caduceatrix,* stehen. – Für die Zeitgenossen des Praetorius vermitteln seine theoretischen Werke freilich in erster Linie die Bekanntschaft mit den Errungenschaften der italienischen »Neoterici«: mit der Generalbaß-Praxis, der Einrichtung und Aufstellung von Kapellchören, dem Verzierungswesen im Sologesang (Dadelsen 1956).

1616 **Johann Staden** (1581-1634): **Harmoniae sacrae**, gedruckt in Nürnberg

Vielseitig in seinen Kompositionen und in der Aufnahmebereitschaft für Neues gehört der Nürnberger Sebaldus-Organist (seit 1618) zu den wichtigen Meistern seiner Zeit, besonders der Nürnberger Schule (H. Chr. Haiden, Melchior Franck, J. Jeep). Mit seinen etwa 65 weltlichen und 180 geistlichen Liedern führt er die Kunst Leonhard Lechners und vor allem Hans Leo Haßlers fort, wobei seine Melodik volkstümlicher ist und seine Stimmführung und Rhythmik einfacher. Diese Harmoniae sacrae von 1616 sind das musikgeschichtlich wichtigste Werk Stadens. Die ersten 21 Stücke sind fünf- bis achtstimmige Motetten nach dem Vorbild Lassos. Ein »Appendice« bringt 6 Werke zu zwei bis fünf Stimmen mit Generalbaß, zum Teil auch mit Instrumentalbegleitung, im Stil von Viadana. Diese Stücke gehören (zusammen mit Gregor Aichingers *Cantiones ecclesiasticae* 1607/1609, Michael Praetorius' *Urania* 1613, Hermann Scheins *Opella Nova I* 1618 und Schützens *Psalmen Davids* 1619) zu den frühesten geistlichen Konzerten Deutschlands. – Außer denjenigen Instrumentalsätzen, die er seinen Sammlungen weltlicher Lieder beigibt, publiziert Staden nahezu 200 Instrumentalsätze für Ensemble in drei Sammlungen (wobei Haßlers *Lustgarten* von 1601 sein Vorbild ist): *Neue Pavanen, Gagliarden, Couranten, Balletten, Intraden und Canzonen* 1618, *Opusculum novum* 1625, *Operum musicorum posthumorum* 1643 – alles schönste Musik!

1619 **Claudio Monteverdi** (1567-1643): **7. Madrigalbuch**, gedruckt in Venedig

Nach einer Pause von fünf Jahren läßt Monteverdi wieder einen stattlichen Band mit 33 Kompositionen verschiedener Art erscheinen, von der Monodie »in genere rappresentativo e si canta senza battuta« (die berühmte *»Lettera amorosa«* mit der *»Partenza amorosa«*) und vom generalbaßbegleiteten Solomadrigal über 16 Stücke in Triobesetzung (»Kammerduette« für 2 Singstimmen und Generalbaß) bis zum großen, schon aus dem Jahre 1615 stammenden *Ballo concert con voci ed istrumenti à 5 se piace »Tirsi & Clori«.* Und all das steht unter der programmatischen Überschrift *»Concerto. Settimo libro de Madrigali à 1, 2, 3, 4, & 6 voci«,* – mit anderen Worten: alles ist geboten außer dem klassischen fünfstimmigen Madrigal.

1619 **Heinrich Schütz** (1585-1672): **Psalmen Davids,** gedruckt in Dresden

Als erstes Werk in deutscher Sprache publiziert Schütz *Psalmen Davids samt etlichen Motetten und Concerten mit acht und mehr Stimmen.... (Erster Teil... Opus Secundum).* Das Werk umfaßt insgesamt 26 Stücke (SWV 22-47).

In einem ausführlichen Vorwort geht Schütz auf verschiedene AUFFÜHRUNGSTECHNISCHE PROBLEME ein, zunächst auf die Unterscheidung zwischen FAVORIT- und CAPELL-SÄNGERN: Unter Favorit-Sängern versteht er ausgesuchte Kräfte, die der Kapellmeister »aufs beste und lieblichste anstellen soll.« Sie führen die solistischen Aufgaben aus und können auch zu einem tragenden Favorit-Chor zusammentreten, der zumeist »nur von vier Sängern [besetzt] ist.« Favorit-Sänger pflegen also die monodische Einzel- und Ensemble-Kunst, in ihren Händen liegt die musikalische Handlung der Werke. Die Capell-Sänger dagegen befinden sich auf einem niedrigeren Ausbildungsstand oder haben weniger gute Stimmen; sie treten vornehmlich zu Chören zusammen, die »stark bestimmet« sind und der Tutti-Wirkung dienen. Aus der Spannung von Favorit- und Capell-Chor und den vielfältigen Möglichkeiten der Zuordnung beider Gruppen leben viele Kompositionen dieses Sammelwerkes. Das Wesen der Capell-Chöre muß indessen genauer bedacht werden, der zweite Teil des Werktitels lautet nämlich: »Neben andern zweien Capellen, daß dero etliche auf drei und vier Chor nach Belieben gebraucht werden können.« Im Originaldruck für den Basso continuo steht zudem über dem zweiten Stück: *»Warum toben die Heiden. à 8. ò 16. con due Capelle.«* Dieselbe Bezeichnung findet sich in gleichliegenden Fällen. Aus diesen Worten geht eine gewisse Beliebigkeit der Capell-Chöre hervor. Im dritten Abschnitt seines Vorwortes rechnet Schütz selbst damit, die Capell-Gruppen fortzulassen. Also kann man dasselbe Werk (ohne Capell-Chöre) achtstimmig und (mit Capell-Chören) sechzehnstimmig musizieren, d. h. den Capell-Chören haftet der Charakter des Zusätzlichen an, sie dienen zum »starken Getön« und zur »Pracht« dadurch, daß sie die zentralen Favorit-Chöre klanglich nach oben und unten kühn umgreifen. In einem solchen Falle nun begegnen extreme Lagen, die nicht mehr von Sängern zu erreichen sind, so daß man sich mit INSTRUMENTEN behelfen muß. Der Komponist schlägt daher im vierten Abschnitt seiner Anweisungen vor: »Die Capellen, so mit hohen Stimmen gesetzet, sind meistenteils auf Zinken und andere Instrumente gerichtet«. Aus diesem Sachverhalt geht hervor, daß Schütz die Besetzung dieser mehrchörigen Werke durchaus frei gehandhabt wissen will »nach Gelegenheit einer jeden Capell und Qualitäten der Personen.« Freilich, in jedem Falle sollen die Chöre sich weniger durch Klang*stärke* als durch die Klang*farbe* voneinander unterscheiden – ein venezianisches Erbe. Unerläßlich ist schließlich, daß der RAUM wesentlich mitspielt: Der Mehrchörigkeit liegt ein architektonisches Prinzip zugrunde, d. h. der barocke Raum soll in Klang gesetzt werden. Dazu wird es notwendig, die Teilchöre auseinanderzuziehen und sie gegeneinander anmusizieren zu lassen. Ein Letztes: Die Sänger, vorab die Favoriten, und ebenso die Spieler der Melodie- und Generalbaß-Instrumente sollen sich, freilich erst wenn sie es gelernt haben, ermutigen lassen, durch Anbringen von improvisierten (eher wohl von abgesprochenen) Verzierungen die Musik zu »schmücken«, damit den »Affekt« zu verdichten und ihre »Kunst« zu steigern, denn das ist im Sinne der Zeit. – Schließlich sollte man die Mahnung Schützens im sechsten Absatz seines Vorwortes befolgen, wo er dazu auffordert, »sich im Takt ja nicht [zu] übereilen, sondern dergestalt die Mitte halten, daß die Worte von den Sängern verständlich rezitiert und [von den Hörern] vernommen werden mögen.« – All das, worauf Schütz selbst mit solcher Ausführlichkeit hinweist, sind nicht »rein aufführungspraktische Fragen«, es handelt sich vielmehr um eine Art von Parameter der Musik.

Außer in Sammlungen hat Schütz auch zahlreiche Psalmen einzeln vertont und publiziert.

1620 Ivan Lukačić (Giovanni Lucacich; 1587-1648): **Sacrae Cantiones 1-5 voc.**, gedruckt in Venedig

Die Sammlung enthält 27 ein- bis fünfstimmige Kompositionen für verschiedene Stimmen (Soli und Chor) mit Generalbaß, vom geistlichen Konzert bis zur Motette, ursprünglich allem Anschein nach für den Gebrauch an der Kathedrale in Split bestimmt, wo Lukačić seit 1618 Domkapellmeister ist. – Lukačić ist der begabteste unter den älteren Komponisten kroatischer Abstammung, deren Namen und Werke bis jetzt bekannt geworden sind. Zusammen mit den gedruckten Kompositionen seines seit 1614 in Hvar in Dalmatien tätigen Kollegen und Zeitgenossen Cecchini (um 1580-1644) vermitteln seine Arbeiten ein Bild von der Musik des Frühbarocks in Dalmatien.

1622 Vinco Jelić (1596-1636): **Parnassia militia concentuum 1-4 voc.**, gedruckt in Straßburg

Ivan Lukačić ebenbürtig, doch nicht wie dieser in der Heimat, sondern als musikalischer Emigrant in Graz und dann in Straßburg und Passau tätig, ist Jelić einer der bedeutendsten Musiker Kroatiens. Seine Sammlung *Parnassia militia* (28 Kompositionen, davon 24 geistliche Konzerte von 1 bis 4 Stimmen mit Generalbaß) bestätigt, daß er an der frühbarocken konzertanten Monodie orientiert ist. Von seinen beiden anderen gedruckten Opera (*Arion primus sacrorum concentuum,* Straßburg 1628, *Arion secundus,* Straßburg 1628; beide nur unvollständig erhalten) scheint das erste in den Mitteln weniger modern und im künstlerischen Ausdruck sparsamer zu sein als die Sammlung von 1622.

1623 Melchior Franck (um 1580-1639): **Newes Liebliches musicalisches Lustgärtlein und 40 newe deutsche lustige Tänze,** gedruckt in Coburg

Am Anfang des 17. Jahrhunderts sind viele deutsche Komponisten von erstaunlichem Fleiß. Unter ihnen ist Melchior Franck, der Coburger Hofkapellmeister, der fleißigste, zudem wahrscheinlich der vielseitigste. Während Praetorius gegenüber dem Neuen seiner Zeit aufgeschlossen ist, bleibt Franck eigentümlich konservativ; manchmal möchte man meinen, er sei ein Zeitgenosse Lassos und nicht Monteverdis. Liegt der Schwerpunkt seines Schaffens auch bei der Kirchenmusik, so pflegt er doch wie die meisten seiner Zeitgenossen, Schütz freilich ausgenommen, mit Liebe das mehrstimmige deutsche weltliche Lied und dann die instrumentale Ensemblemusik, die deutsche Orchestersuite. – Eines seiner schönsten Lieder ist in unserem Jahrhundert durch die musikalische Jugendbewegung wiederbelebt worden, das vierstimmige *»Kommt ihr Gspielen«* in der *Geselligen Zeit.*

1624 Claudio Monteverdi (1567-1643): **Il Combattimento di Tancredi e di Clorinda** in Venedig

Der Verbindungsfaden zwischen den frühen und den späten Opern Monteverdis – nur diese sind ja erhalten – ist, wie A. A. Abert (1979) gezeigt hat, so dünn, daß es scheint, als stünden die Werke wie unvermittelt gegeneinander. Dem ist aber nicht so, es fehlen nur die Zwischenglieder – bis auf wenige Ausnahmen. Deren wichtigste ist der *Combattimento,* den Monteverdi 1638 im *8. Madrigalbuch* unter den *»Madrigali guerrieri ed amorosi«* veröffentlicht. Dieses seltsame Mittelding zwischen Opernszene und oratorischer Kantate wird aber bereits 1624 in Venedig aufgeführt. Es verdankt, den Ausführungen Monteverdis im Vorwort zum *8. Madrigalbuch* zufolge, seine Entstehung der theoretischen Überlegung von der Notwendigkeit, neben dem bisher in der Musik allein gebrauchten »genere molle« und »temperato« (der sanften und der gemäßigten Ausdrucksweise) auch das »concitato genere« (die erregte Sprechweise) zur Geltung zu bringen. Dazu scheint dem Komponisten die Szene des Kampfes zwischen Tancred und Clorinda, die Tasso im 12. Gesang seines *Befreiten Jerusalems* schildert, mit ihren Gegensätzen zwischen Kampfgetöse und Pausen der Erschöpfung, zwischen Wut und Seligkeit besonders geeignet. Das, was als »Stile concitato« in die Geschichte eingeht und in der musikalischen Untermalung erregter, vor allem kriegerischer Vorgänge besteht, ist jedoch nur eine Begleiterscheinung des Neuen, das Monteverdi mit diesem kleinen, halbdramatischen Werk schafft. Wichtig ist vielmehr die Rolle, welche die Instrumentalmusik spielt, jedoch nicht mit selbständigen Sinfonien oder Ritornellen, sondern in unmittelbarer Verbindung mit den Singstimmen.

Die *»Madrigali guerrieri ed amorosi«* im *8. Madrigalbuch* sind die einzigen erhaltenen weltlichen Werke Monteverdis aus der Nachbarschaft der späten Opern. Die opernhaften Kompositionen darunter stammen jedoch schon aus einer früheren Zeit. Allerdings ist dabei musikgeschichtlich zu bedenken, daß sich der Schwerpunkt der Opernkomposition in jenen späten Jahren Monteverdis bereits nach Rom verlagert hat, wo Stefano Landi (*Il San Alessio* 1632), Michel Angelo Rossi (*Erminia sul Giordano* 1633) und Loreto Vittori (*Galatea* 1639) mit ihren Erstlingen die Anregungen der sehr frühen *Catena d'Adone* von Domenico Mazzocchi von 1626 bereits aufgegriffen haben und weiterführen, freilich auf höchst verschiedene Weise – denn das, was die Entwicklung später kennzeichnen soll: Typen von Opern, das gibt es zu dieser Zeit noch nicht.

1625 **Francesca Caccini** (1587-ca. 1640): **Ballett-Oper »La liberatione di Ruggiero dall' isola d'Alcina«** in Florenz

Unter der die Künste fördernden Regentschaft der Medici in Florenz wird es sogar einer Frau möglich, ihr musikalisches Talent auch als Komponistin zu entfalten: Die Tochter des berühmten Giulio Caccini wird nicht nur als Sängerin über Italien hinaus bekannt, sie beginnt 1614 zu komponieren, anfangs eher höfische Unterhaltungsmusik der Zeit, dann aber auch Opern. Geht sie dabei auch auf dem Weg ihres Vaters und in dessen Opernnachfolge, so sind ihre Werke nichtsdestotrotz selbständig und beachtenswert.

1625 **Heinrich Scheidemann** (um 1596-1663) **wird Organist an der Katharinenkirche in Hamburg**

Scheidemann ist ein Schüler von Sweelinck, und als solcher ist er in ganz Norddeutschland ebenso bekannt wie als Orgellehrer und Orgelsachverständiger. Seine Kompositionen gehören nach ihrer Zahl sowohl als nach ihrer Bedeutung zu den besten Leistungen der norddeutschen Sweelinck-Schule. Ihre stilbildende Wirkung auf die norddeutsche Orgelmusik reicht bis zu Buxtehude. – Unter Scheidemanns Choralbearbeitungen, dem Mittelpunkt seines Werks, finden sich neben den vorherrschenden Orgelchorälen mit planem Cantus firmus bereits jene beiden Typen ausgeprägt, die in der Kunst der norddeutschen Choralbearbeitung im weiteren Verlauf des 17. Jahrhunderts die wichtigsten werden sollen: erstens der vierstimmige »monodische« ORGELCHORAL, bei dem die im Diskant liegende Choralmelodie auf einem Solomanual (in der Regel das Rückpositiv) vorgetragen und dabei affektvoll koloriert wird (über einer generalbaßartigen Begleitung der Unterstimmen), und zweitens die CHORALFANTASIE für zwei Manuale und Pedal, in der die Möglichkeit des verschiedenen Zusammenwirkens der farblich stark kontrastierenden Werke in den norddeutschen Barockorgeln, für die also die Möglichkeiten des Instruments musikalisch bestimmend sind (Fock 1963).

1625 **Heinrich Schütz** (1585-1672): **Cantiones sacrae**, gedruckt in Freiberg/Sachsen

Im Jahre 1625 gibt Schütz als sein Opus 4 eine Sammlung von 40 lateinischen Motetten für 4 Stimmen (1 für 3 Stimmen) »cum basso ad Organum« (ad libitum, teils aber auch obligat) heraus (SWV 53-93), sein expressivstes und dem Gehalt der Texte nach einheitlichstes geistliches Vokalwerk. Die Texte stammen überwiegend aus einem 1553 zum ersten Mal erschienenen Gebetbuch *Precationes* ... des lutherischen Theologen in Frankfurt an der Oder Andreas Musculus (1514-1581). Dementsprechend sind die Kompositionen nach Diktion, Gesanglichkeit und Struktur mehr für die private Andacht als für den öffentlichen Gottesdienst gedacht – vielleicht kann man sagen, sie seien anspruchsvolle geistliche Kammermusik. – Einige Cantiones nennt Schütz in der Widmung an den Fürsten von Eggenberg »pridem inchoatas« und verweist auf die »partim veterem, partim novam canendi rationem«, und dem »benevoli lectori« verrät er, daß der Verleger ihn gedrängt habe, einen »Bassum generalem« vorzusehen: »... Bassum... generalem mihi extorsit.« Einmal dazu gezwungen, fügt Schütz dann »in calce«, am Schluß, noch Sätze hinzu, in denen die von ihm eigentlich *nicht* vorgesehene Continuo-Stimme dann doch eine wesentliche Rolle spielt. Damit sind nicht die *»Tischgesänge«* (Nr. 36-40) gemeint, sondern *»Ecce advocatus«* (Nr. 32) und vor allem der *6. Psalm* (Nr. 33-35), der wohl das modernste Stück der Sammlung ist. – Schütz stellt also selbst einen während der Arbeit an den Motetten erfolgten Stilwandel fest und nennt Anfang und Ende dieser Entwicklung: einerseits die »cantiones pridem inchoatas«, die den »stilus antiquus« vertreten, die also wie alte Chorpolyphonie geschrieben sind und am besten *ohne* Generalbaß musiziert werden, und andererseits die den Generalbaß *fordernden* Konzerte für Solostimmen. Schütz beginnt also nach dem Abschluß seiner Studien bei Giovanni Gabrieli durchaus als Modernist, doch mit der Besinnung auf die Erfordernisse des protestantischen Gottesdienstes klärt sich seine Haltung gleichsam ab: sein Weg führt von der Freiheit zum Gesetz, wie Friedrich Blume gesagt hat.

1627 **Heinrich Schütz** (1585-1672): **Oper »Daphne«** in Torgau

Schützens einzige Oper *Daphne* ist verloren. Von ihr ist nur noch bekannt, daß es sie gegeben hat, daß der Text eine Übersetzung von Rinuccinis *Dafne* durch Martin Opitz war, und daß sie 1627 in Torgau aufgeführt worden ist. Also ist auch hier nichts weiter zu berichten. Aber ist sonst auch nichts weiter zu sagen? Immerhin ist diese Oper, wenn es sie gegeben hat, die erste deutsche Oper überhaupt, stammt die Komposition von Heinrich Schütz, der doch *der* Musiker deutscher Sprache ist und zudem in Italien zur Zeit der ersten Opern studiert hat. Man müßte wenigstens versuchen, sich eine Vorstellung zu machen, was zu sagen wäre, wenn...

Martin Gregor-Dellin hat in seinem Buch *Heinrich Schütz. Sein Leben, sein Werk, seine Zeit* (1984) den Versuch gewagt und ein Bild entworfen, dem der Musikhistoriker kaum ein paar Striche hinzufügen kann, Striche, die hier weniger wichtig sind als die Farbe, die uns immerhin ahnen läßt, worauf es ankommt.

> Daß das theatralische Werk von Schütz, meint Eggebrecht (1959), nicht gedruckt worden und deshalb insgesamt verlorengegangen ist, könne kein bloßer Zufall sein. Schütz habe die weltliche Musik nur als »Nebenwerk« angesehen, und es bestehe kein Zweifel, daß er auf diesem Gebiet die italienischen Vorbilder nicht annähernd erreicht habe: Jene seelische Erregtheit, jenes Fluktuieren und Agieren der Musik, jene Expressionen von Klage und Schmerz, deren Ziel das Menschliche des Menschen geworden war, müßten dem verschlossen bleiben, der so wie Schütz das Kreatürliche noch als Schöpfung Gottes glauben konnte. Indessen, bei allem Respekt vor Schützens tief religiöser Haltung scheint es doch fraglich, ob man beim Werk eines Hofkapellmeisters in Dresden, der für *alle* Musik von der Intrada, die ein höfisches Fest einleitet, bis zur Oper, die es krönt, verantwortlich ist, für den gesamten weltlichen Bereich einfach von »Nebenwerk« sprechen darf. Und »daß kein Zweifel bestehe« über die Qualität von Werken des großen Heinrich Schütz, die verloren sind, daran sollte man vielleicht doch besser Zweifel hegen. Was schließlich die Menge des Verlorenen anlangt, sollten wir uns keinen Illusionen hingeben, sie ist erheblich.

1628/1661 **Heinrich Schütz** (1585-1672): **Der Beckersche Psalter**, gedruckt in Freiberg/Sachsen und Dresden

1602 veröffentlicht der Leipziger Theologieprofessor Cornelius Becker (1561-1604) einen *Psalter Davids gesangweise, auf die in der Lutherischen Kirche gewöhnlichen Melodien,* mit dem der *Hugenottenpsalter* (deutsch von Ambrosius Lobwasser; erschienen 1573; kritisiert als »Augapfel und Sirene des Calvinismus«) zurückgedrängt werden soll – was nicht gelingt. Schütz hat zunächst nur im Sinn, für die »Hauß-Musik« und für das Früh- und Abendgebet seiner Kapellknaben in Dresden einige Psalmen Beckers mit Weisen und einfachen vierstimmigen Sätzen zu versehen. Als er aber gedrängt wird, und als er sich nach dem Tod seiner Frau 1625 für geraume Zeit zur Arbeit an größeren Werken unfähig fühlt, macht er sich an die Arbeit – und versieht doch nur 88 von den 150 Psalmen mit Melodien und vierstimmigen Sätzen »nach gemeiner Contrapunct-Art« und verweist für die restlichen auf andere Sätze mit gleicher metrischer Struktur. 1661 legt Schütz eine komplettierte und im alten Bestand durchgehend überarbeitete Neufassung vor, in gewisser Weise ein neues und selbständiges Werk (SWV 97-256). In der Zeit, als Schütz die Urfassung des *Beckerschen Psalters* schreibt, hat er als Komponist den Grad von Meisterschaft erreicht, der sich in den *Psalmen Davids* (1619), der *Auferstehungs-Historie* (1623) und den *Cantiones sacrae* (1625) manifestiert. Wenn er Jahrzehnte später in die Werksubstanz eingreift, dann kann es sich kaum darum handeln, Mißlungenes zu korrigieren, sondern nur darum, eine andere Konzeption zur Geltung zu bringen.

Schützens *Beckerscher Psalter* steht zwischen dem GEMEINDECHORAL einerseits und dem vierstimmigen CANTIONALSATZ andererseits eigentümlich als Zwischenglied. Schütz will sich »erstlich nach Art der alten Kirchengesänge richten und doch auch nach heutiger Musik akkomodieren.« Aus dieser doppelten Bindung entstehen Komplikationen. So heißt es 1628 im Vorwort »An den gutherzigen Leser«, es gehe »doch damit nicht allerdings [in allen Dingen] ohne Difficulteten [Schwierigkeiten] ab«, und zwar gerade dort, wo das Hauptinteresse liegt, nämlich bei der »Übersetzung [der deutschen Sprache] in die Musik.« Cornelius Beckers Texte sind wie Kirchenlieder versifiziert, in Strophen gefaßt und gereimt; sie sollen wie Kirchenlieder, als Dichtung erkennbar, strophisch abgesungen werden. Dem geht Schütz nach, indem er für die zeitliche Gliederung seiner Melodien und Sätze dem Vers- und Strophenbau und auch dem Sprachduktus des Textes den Vorrang gibt und die musikalische zeitliche Ordnung hintan stellt, etwa schon in der Notierungsweise. »Fürs Andere habe ich anstatt der Pausen mich der Strichlein zu Ende eines jeglichen Versleins darum gebrauchen sollen, weil doch in derogleichen Genere compositionis die Pausen nicht eigentlich observiret werden, ja, solche Arien oder Melodien ohne Takt viel anmutiger nach Anleitung der Worte gesungen werden können.« Im Kirchenlied sind nämlich die Zäsuren zwischen den Verszeilen Atemzäsuren, keine musikalisch meß- und notierbaren Pausen, und der gesamte Zeitablauf unterliegt dem Text und seiner Singweise. Damit ist die musikalische Rhythmik im Grunde außer Kraft gesetzt, mit ihr aber sind Grundpfeiler der musikalischen Satztechnik, nämlich die Gesetzmäßigkeiten der Konsonanz- und Dissonanzbehandlung, die an das Schwer/Leicht der musikalischen Rhythmik gebunden sind, gefährdet. Schützens *Beckerscher Psalter* stellt also eine Interpretation des Genus CANTIONALSATZ dar, und zwar mit den Mitteln einer hochentwickelten Satzkunst: die Stücke sind FIGURALMUSIK für den *Kantoreigebrauch.* Figuralmusik: darin liegt der Grund dafür, daß die Melodien dieser unübertroffenen Sätze sich im *Gemeindegesang* nicht haben einbürgern können.

1629 **Heinrich Schütz** (1585-1672): **Symphoniae sacrae I**, gedruckt in Venedig

Die Frucht von Schützens zweitem Studienaufenthalt in Venedig 1628/29 sind 20 lateinische geistliche Konzerte (nach Texten der Schrift Alten und Neuen Testaments) für 3 bis 6 Stimmen (Singstimmen und obligate Instrumente) und Generalbaß, die er merkwürdigerweise als »Opus Ecclesiasticum Secundum« bei Gardano in Venedig drucken läßt und dem Kronprinzen Johann Georg II. von Sachsen widmet (SWV 257-276). In der Vorrede heißt es: »Als ich zu Venedig bei meinen Freunden einkehrte, erkannte ich, daß der musikalische Kompositionsstil sich einigermaßen gewandelt habe und man teilweise von den alten Gesetzen abgewichen war, indem man den modernen Ohren durch einen neuen Kitzel zu schmeicheln suchte. Ich habe nun Geist und Kraft daran gesetzt, um mit meinem Fleiß etwas in dieser neuen Kompositionsart hervorzubringen, damit Ihr die kennenlernen könnt.« Schütz weiß offenbar, so meint jedenfalls Gregor-Dellin (1984), daß er seine Aufgabe nicht erfüllen kann ohne Eintauchen in die große musikalische Welt seiner Zeit, ohne innere Erneuerung und ohne Berücksichtigung aller Strömungen, die sich im Zeitalter regen. Daher der Nachdruck, mit dem er auf seiner geplanten Reise besteht.

Als Schütz im Spätsommer 1628 in Venedig ankommt, findet er die Verhältnisse dort vor allem dadurch verändert, daß seit 1613 Claudio Monteverdi als Kapellmeister an San Marco das höchste Musikeramt in Venedig innehat. Daß Schütz längst von Monteverdi entscheidend beeinflußt ist und jetzt an Ort und Stelle noch einmal beeinflußt wird, ist keine Frage, wohl aber, ob er, wie man lesen kann, tatsächlich zu Monteverdi in die Schule gegangen ist. Wir wissen nämlich kaum etwas aus Schützens Jahr in der Weltstadt der Musik damaliger Zeit.

Der musikalische Satz in den *Symphoniae sacrae I* ist abwechslungsreich, vielfarbig und ausgesprochen konzertant, da er über die Begleitung hinaus selbständig ist. Er erweitert sich übrigens auch zu Einleitungen, von nur einigen Takten bis zu ganzen Sinfonien, oder zu Zwischenspielen, die thematisch abgrenzen oder verbinden. Ein enger Zusammenhang mit den *Cantiones sacrae* ist gewahrt, der in Italien beobachtete »Stile concitato« allerdings stark modifiziert und, wie Gregor-Dellin zutreffend beschreibt, ins Schützische übersetzt.

1632 Eröffnung des Teatro Barberino in Rom

Von Anfang an spielt man in Rom in Adels- und Kardinalspalästen viel und differenziert Operntheater, wobei trotz der Vorherrschaft geistlicher Themen die Unterschiede geistlich/weltlich und szenisches Oratorium/Oper nicht immer deutlich sind. Ihren Durchbruch erlebt die Römische Oper mit der Errichtung eines Theaters im Bereich des neuen Palazzo Barberini. Nach zeitgenössischen Berichten finden dort 3000 Besucher Platz, ein öffentliches Operntheater scheint es aber trotzdem nicht zu sein – doch wer sonst als eine Art von Öffentlichkeit könnte es dann füllen? In diesem Theater vollzieht sich die Wandlung von der intimen Oper der Anfänge der Gattung zur Ausstattungs- und Maschinenoper des Barockzeitalters. Zur Eröffnung spielt man *Il Sant'Alessio,* ein dreiaktiges *Dramma musicale* von Stefano Landi (um 1590-1639) mit dem Text von G. Rospigliosi, dem späteren Papst Clemens IX., und kein Geringerer als der große G. L. Bernini besorgt die Inszenierung, bei der es an Maschinen- und an anderen barocken Theatereffekten nicht mangelt. – Der Fortgang der Operngeschichte Roms ist vielfältig, doch dem von Venedig und Neapel unvergleichbar: viele bedeutende Komponisten arbeiten vorübergehend in Rom, bringen hier auch das eine oder andere Werk heraus, aber keiner läßt sich dort auf Dauer nieder.

1636 **Heinrich Schütz** (1585-1672): **Musikalische Exequien**, gedruckt in Dresden

Mit der Einreihung der *Musikalischen Exequien* (Musik zum Gesamtritus einer Beerdigung) in die Reihe seiner mit Opuszahl versehenen Veröffentlichungen kennzeichnet Schütz auch dieses Werk als ein »Hauptwerk«. In dieser Reihe steht es als op. 7 zwischen dem *Primo libro de Madrigali* (op. 1, 1611) und den 1657 als op. 13 erschienenen *Zwölf geistlichen Gesängen* in der Mitte, und das nicht nur äußerlich: hier vereinigt Schütz alle Techniken seiner Vokalkunst in einem Werk. Solistisches Konzertieren in wechselnden Stimmkombinationen verbindet sich mit verschiedenen Ausprägungen motettischer ein- und mehrchöriger Satzart. Und im Zusammentreffen von Bibelwort und Kirchenliedbearbeitung begegnen sich deutsche Kantoreitradition und italienische Satzkunst.

1. Teil: *Concert in Form einer teutschen Begräbniß-Missa* (sechsstimmig; SWV 279):
   [Erster Teil:] *»Nacket bin ich vom Mutterleibe kommen«*
   [Zweiter Teil:] *»Also hat Gott die Welt geliebt«*
2. Teil: *Parentationsmotette* (Motette für die Totenfeier)
   »Herr, wenn ich nur dich habe« (achtstimmig; SWV 280)
3. Teil: *Canticum Beati Simeonis* (achtstimmig; SWV 281):
   Chorus I: *»Herr nun lässest du deinen Diener in Frieden fahren«*
   Chorus II: *»Selig sind die Toten, die in dem Herren sterben«*

Die Aufgabe der Komposition stellt sich für Schütz hier in besonderer Weise, weil nämlich der Auftraggeber für das Werk, Schützens in Gera residierender Landesvater Graf Heinrich Posthumus Reuß, nicht nur die Texte für diese seine Begräbnismusik selbst bis ins einzelne festgelegt hat, sondern auch dem Komponisten Vorschriften für die Übersetzung in die Musik (so Schützens Ausdrucksweise!) macht. – Das Werk wird wahrscheinlich seinem Auftraggeber zu dessen Lebzeiten schon einmal vorgeführt. Die erste öffentliche Aufführung findet dann freilich erst 1636 bei der Beerdigung statt. Schütz publiziert seine Trauermusik alsbald, weil sie wohl zugleich für die kirchenmusikalische Praxis bestimmt und deshalb in Stimmen und mit Aufführungshinweisen versehen ist. Ob das Werk allerdings je in seinem Jahrhundert wieder als Ganzes in einem Begräbnisgottesdienst erklingen konnte, ist zweifelhaft. Nur wenige Kapellen oder Kantoreien im protestantischen Deutschland dürften auf der Höhe des Dreißigjährigen Krieges über die Anzahl an Solisten und Chorsängern verfügt haben, die das (allem Anschein nach im Hinblick auf die Geraer Kapellverhältnisse konzipierte) Werk erfordert (Horn 1973).

Außer den *Musikalischen Exequien* sind 6 weitere Trauermusiken von Schütz überliefert, die zwischen 1620 und 1657 entstehen und vom fünfstimmigen solistischen Konzert (SWV 94) über sechsstimmige Motetten (SWV 95, 277, 432/433) bis zum achtstimmigen Doppelchorsatz (SWV 464) reichen. Das bedeutendste Stück unter diesen ist die *Motette »Das ist je gewißlich wahr«* (sechsstimmig; SWV 277; eine Frühfassung der Motette über denselben Text in der *Geistlichen Chormusik* von 1648, SWV 388) auf den Tod von Schützens Freund Johann Hermann Schein.

1636/37 Marin Mersenne (1588-1648): Traktat »Harmonie universelle«, 2 Bände, gedruckt in Paris

Mersenne ist ein hochgebildeter und mit den in seiner Zeit aktuellen Problemen des Denkens und der Wissenschaft durch und durch vertrauter Gelehrter. Mit Descartes ist er eng befreundet, mit den wichtigsten Männern seiner Zeit steht er in regem Briefverkehr. Seine Werke, in denen er die Welt als universalen Mechanismus zu erklären versucht, sind Muster für das theologisch bestimmte geistige Klima in den Anfängen der modernen Wissenschaft. Und trotzdem bestimmen musiktheoretische Überlegungen den Grundzug seiner Arbeit. Insofern ist die *Harmonie universelle,* sein Hauptwerk, nicht nur eine reiche Quelle für die Musiktheorie und Musikinstrumentenkunde, sondern vor allem für die Musikanschauung im frühen musikalischen Barockzeitalter.

1636, 1639 Heinrich Schütz (1585-1672): Kleine geistliche Konzerte I und II, gedruckt in Leipzig

Mitten im Dreißigjährigen Krieg publiziert Schütz eine Sammlung von geistlichen Konzerten in zwei Teilen, 24 und 31 Stücke für 1 bis 5 Stimmen mit Generalbaß (SWV 282-305 und 306-337). Im Vorwort des ersten Teils schreibt er: »Welcher Gestalt unter andern freien Künsten auch die löbliche Musik von den anhaltenden gefährlichen Kriegs-Läuften in unserm lieben Vaterlande Deutscher Nation nicht allein in großes Abnehmen geraten, sondern an manchem Ort ganz niedergelegt« worden sei, das habe er auch schon an einigen seiner eigenen Werke erfahren, mit denen er mangels Verleger zurückstehen müsse. So habe er sich denn entschlossen, damit sein ihm von Gott verliehenes Talent nicht ganz »sitzen bleibe«, etliche kleine Konzerte herauszugeben. Schütz bezeugt hier selbst, daß diese Werke aus Kriegsverhältnissen entstanden sind. Daher verzichtet er für sie im Gegensatz zu den *Symphoniae sacrae* auf obligate Instrumente, daher beschränkt er sich in der Stimmenzahl, daher bleibt ihre Form knapp und gedrängt, daher scheint ihre Wortauslegung aus tiefer Erschütterung zu kommen. Die Texte sind Psalmverse, Evangelien- und Epistel-Sprüche, Kirchenlieder und Meditationen. Die Musik verbindet die ungebundene affektgetriebene »Oratorie« südlicher Monodie mit nordischer Polyphonie. Wenn Schütz das erste seiner *Kleinen geistlichen Konzerte »Eile mich, Gott, zu erretten«* (SWV 282), worin er der italienischen Monodie am nächsten kommt, auch demonstrativ überschreibt: »In Stylo Oratorio«, so geht er doch davon sofort wieder ab, und das will gewiß etwas heißen. Worauf es ihm ankommt, ist ja doch gerade ein »Oratorisches«, nämlich ein atmendes Sprechen mit demonstrativen musikalischen Akzenten, ein redendes Singen, das von Andacht und protestantischer Nachdenklichkeit getragen ist. Wenn man an den oft schwierig zu singenden Sätzen etwas hervorheben will, dann, so formuliert es Gregor-Dellin (1984), ihre Einheit in der Vielfalt, den fast unmerkbaren aber in besonderer Weise wirksamen Gegensatz von Deklamation und musikalischer Textur, die weitgehend instrumental bestimmt zu sein scheint. Die Spannweite der Konzerte ist groß. Sie reicht vom tiefen Ernst des *Konzerts für drei Bässe »Himmel und Erde vergehen«* (SWV 300) bis zur tröstlichen Schönheit des vierstimmigen *»Ein Kind ist uns geboren«* (SWV 302). Und allem, meint Gregor-Dellin, hafte etwas von tragischer Vergeblichkeit an.

1637 Johann Jacob Froberger (1616-1667) wird Hoforganist in Wien

Frobergers Vater Basilius ist seit 1599 Mitglied der Hofkapelle in Stuttgart, wo man auf »italienische, engelländische und französische Art« musiziert, und wo die Notenbibliothek reiches Material von Josquin bis Leonhard Lechner (seit 1594 Stuttgarter Hofkapellmeister) enthält: gute Voraussetzungen für eine vielseitige Ausbildung des jungen Musikers. 1637 wird Froberger Hoforganist in Wien, von wo er aber schon bald nach Rom zu einem Studienaufenthalt bei Frescobaldi beurlaubt wird, um die italienische Musik zu lernen. Als er 1641 wieder in Wien nachweisbar wird, ist er bereits, offenbar durch viele Reisen (wie später durch Freundschaften mit wichtigen Leuten), ein weltberühmter Mann. So unstet wie sein Leben, so vielseitig ist seine Musik, zwar nicht in den Werken – es sind nur rund 100 Klavierstücke und 2 Vokalkompositionen erhalten – wohl aber in der Apperzeption und Verbindung aller möglichen Einflüsse aus der Instrumentalmusik seiner Zeit.

Ob Froberger als der Schöpfer der KLAVIERSUITE gelten kann, wie man meist annimmt, ist umstritten. Die Suite jedenfalls, die wir nach dem Vorbild der Bachzeit in ihrer Anordnung für verbindlich, ja für selbstverständlich halten – nämlich mit in der Regel 6 Sätzen in der festliegenden Reihenfolge: Praeludium, Allemande, Corrente, Sarabande, »freier Satz« (Menuett oder etwas anderes), Gigue – diese Suite in dieser »klassischen Ordnung« geht so nicht auf Froberger zurück. Seine Suitensätze sind anders angeordnet oder stehen einzeln.

1637 Eröffnung des Teatro San Cassiano in Venedig

Der Theorbist und Komponist, Librettist und Impresario Benedetto Ferrari (1597/1604-1681) und der Sänger und Komponist Francesco Manelli (um 1595-1667) eröffnen 1637 in Venedig das erste öffentliche Opernhaus der Welt – eine Tat von welthistorischer, nicht nur von musikalischer Bedeutung, wie die Geschichte gezeigt hat.

Ein reicher Adliger hatte nahe der Kirche San Cassiano (die Opernhäuser heißen zunächst alle nach der jeweils benachbarten Kirche) in der Zeit niedriger Holzpreise als Geldanlage ein Schauspielhaus gebaut, das er, leicht umgebaut, jetzt den beiden vermietet. Diese sind also Pächter – und verpachten weiter: die Spielgenehmigungen, die Kulissen, die Requisiten, die Kostüme, usw. Im Vorwort des gedruckten Textbuches heißt das dann, die mitwirkenden Künstler trügen die Kosten gemeinsam. Alle am »Spiel« Beteiligten sind in einer Hierarchie voneinander abhängig, und also sind alle gleichermaßen an der Vermeidung von Verlusten, ja schon von Risiken interessiert, nämlich durch Erfolge beim Publikum und für die Kasse: von Anfang an sind private öffentliche Opernhäuser in besonderer Weise von ihrem Publikum, seinem Geschmack und seinen Vorlieben abhängig. Mag das für das Theater und seine Möglichkeiten überhaupt kaum bemerkenswert scheinen, der Unterschied zu Hofopern und staatlich subventionierten Opernhäusern, der dabei entsteht, ist nicht zu unterschätzen – und doch von geringerer Bedeutung, als man aus soziologischer Sicht annehmen könnte.

Ferrari (Text) und Manelli (Musik) haben Glück. Ihre Oper *L'Andromeda* (nur das gedruckte Textbuch ist erhalten) wird ein voller Erfolg, und sie können für die Stagione (Spielzeit) des kommenden Jahres eine weitere Oper vorbereiten, die Favola *La Maga Fulminata.* Auch diese Oper wird ein Erfolg und der Erfolg steckt andere an. Wie Pilze schießen Opernhäuser aus dem Boden: 1639 SS. Giovanni e Paolo, 1640 S. Moisè, 1641 Teatro Novissimo, 1649 SS. Apostoli, 1651 S. Apollinare, 1678 S. Giovanni Crisostomo. Manche schließen bald wieder, weil sich der Erfolg nicht einstellt oder dem Privatunternehmer das Geld ausgeht, manche können sich aber auch durch geschickte »Politik« der IMPRESARII, die ja für den eigenen Gewinn arbeiten, lange halten. Wichtigste Einnahmequelle ist die Dauervermietung von LOGEN an Personen und Familien, weniger wichtig ist der Verkauf von EINZELKARTEN, der jedoch immer gegeben ist.

Die Aufführungen sind bekannt für die Pracht ihrer BÜHNENBILDER und die mit großem Aufwand ausgestattete szenische Maschinerie. Die SÄNGER erhalten hohe Gagen und werden oft von außerhalb Venedigs herbeigeholt. Das ORCHESTER aber ist klein, der CHOR von geringer Bedeutung. Die ersten Komponisten, die für diese Opernhäuser komponieren, sind ohnehin schon in Venedig tätig, vor allem die Organisten und Maestri di Cappella von S. Marco. Monteverdi etwa überarbeitet seine *Arianna* und schreibt außerdem in den fünf auf 1638 folgenden Jahren mehrere neue Werke. Später sind G. Rovetta, P. F. Cavalli, G. Legrenzi und G. B. Rovettino die wichtigsten Komponisten für die Theater. Ein überlieferter Kontrakt Cavallis mit dem Impresario Faustini zeigt, daß ein Komponist im Normalfall 400 Dukaten für ein Werk (einschließlich Leitung der Proben und der Erstaufführung) erhält. Da diese Summe dem jährlichen Gehalt des Maestro di Cappella an S. Marco gleichkommt, überrascht es nicht, daß die Kirchenmusik in Venedig in jener Zeit verfällt.

Die Opernkomponisten Venedigs dieser Zeit, die VENEZIANER, bilden eine »Schule«, für die man allgemein dies als charakteristisch ansieht: die Fülle der geschlossenen Sologesangsnummern vom Strophenlied über die Arie bis zum Duett und Terzett, und die Vorliebe für das, was man viel später Belcanto nennen wird, was hier eher als »nobile maniera di cantare« zu beschreiben ist – wobei sich die MANIERA, wie die Musikgeschichte lehrt, in den verschiedenen italienischen Hauptstädten der Musik so verschieden entwickelt, daß die Zeit selbst von Dialekten des Gesangs sprechen kann: »Cantar sodo« oder »Cantar alla romana«, »Cantar d'affetto« oder »Cantar napoletana«, »Cantar passagiato« oder »Cantar alla lombarda« (so die Beschreibung bei Christoph Bernhard, dem Schüler Heinrich Schützens). Hauptform für den Sologesang ist, wenn auch nicht von Anfang an, die ARIE, zunächst meist über Bass-Ostinati gebaut, alsbald meist in der sogenannten Da capo-Form (A B A, mit frei ausgeziertem dritten Teil) sowohl als Continuo- als auch als orchesterbegleitete Arie, oft mit konzertierenden Instrumenten. Mit der sich anbahnenden nahezu absoluten Herrschaft der Sänger über die Operntheater steht in scharfem Kontrast die Hintanstellung des Orchesters (und damit auch des Orchesterparts), für das üblicherweise »am Schluß« das Geld nicht mehr reicht. Aber dieser Schaden für das einzelne Werk ist aus damaliger Sicht gering, weil ohnehin für jeden neuen Spielort mit anderen Sängern und mit anderen Gegebenheiten des Ensembles, des Theaters, der Technik alles neu bearbeitet wird, so daß sowieso immer alles für Um- und Neubearbeitungen offen ist, offen bleiben muß: Der BAROCKOPER, ja der Oper überhaupt, fehlt der Werkcharakter, der sonst musikalische Kompositionen kennzeichnet.

Durch das ganze 17. Jahrhundert hindurch bleibt Venedig *die* Opernstadt, obwohl die »Führung« – wie die Musikhistoriker gerne sagen – alsbald auf Rom und um die Jahrhundertwende auf Neapel übergeht. A. Scarlatti und die NEAPOLITANER setzen indessen nur fort, was in Venedig begonnen worden ist, und die Veränderungen haben ihre Ursache eher im anderen Naturell und Dialekt der Menschen in Neapel als in einer bestimmten künstlerischen Tendenz.

1638 **Claudio Monteverdi** (1567-1643): **8. Madrigalbuch**, gedruckt in Venedig

Der Titel von Monteverdis *6. Madrigalbuch* (1614) lautete noch: »Il sesto libro de Madrigali a cinque voci«, obschon es nicht mehr nur fünfstimmige Madrigale enthielt. Der Titel des *7. Madrigalbuchs* (1619) gibt genaue Auskunft: »Settimo libro de Madrigali a 1, 2, 3, 4 ed sei voci, con altri generi de canti«. Und nun lautet der Titel des *8. Madrigalbuchs:* »Madrigali guerrieri ed amorosi con alcuni opuscoli in genere rappresentativo, che saranno per brevi episodii frà i canti senza gesto. Libro ottavo« (»Kriegs- und Liebesmadrigale einschließlich einiger Stücke für szenische Darstellung, die in kurzen Episoden in die Gesänge ohne Gestik eingefügt sind«). Tatsächlich trennt das Inhaltsverzeichnis in der Basso continuo-Stimme (1.) »Canti guerrieri« und (2.) »Canti amorosi«. Neben den *jetzt* üblichen solistischen und den *noch* üblichen polyphonen Kompositionen enthält der Band auch Werke »in stilo rappresentativo«, also zur theatralischen Aufführung. Diese sind allerdings zum Teil schon Jahrzehnte alt, wie der *Ballo dell'Ingrate,* der neben der *Oper »Arianna«* beim Hochzeitsfest 1608 in Mantua aufgeführt worden ist, und der *Combattimento di Tancredi e di Clorinda* von 1624. Ob man Monteverdi die Absicht unterstellen kann, er habe mit dieser umfangreichen Sammlung gleichsam eine Summe seiner weltlichen Vokalmusik ziehen wollen, bleibe dahingestellt, ebenso, ob man das Gesamt des *8. Madrigalbuchs* eventuell als solches ansehen, gar »in stilo rappresentativo« zur Aufführung bringen kann.

Ein eigenartiges, vielleicht das bedeutendste, jedenfalls ein zukunftsträchtiges Stück im *8. Madrigalbuch* ist das dreiteilige *Lamento della Ninfa,* das einerseits in der Lamento-Tradition steht, von Monteverdi auch als »Rappresentativo« bezeichnet ist (womit allerdings eher eine Charakterisierung gegeben als eine Forderung nach Darstellung auf der Bühne erhoben sein dürfte), das andererseits in seinem Mittelteil *»Amor diceva«,* dem eigentlichen Klagegesang der Nymphe, über dem Ostinato (mit 34 Wiederholungen) eines fallenden Quartbasses in Moll (*a – g – f – e*) als Konstruktionsgerüst gebaut ist, das also eine neue Verbindung zwischen Gerüstbau über einem Ostinato und Lamento-Komposition schafft: Im Gegenüber von starrem, instrumental-harmonisch *un*funktionellem Ostinato und freier Expressivität der Stimmen entfaltet sich eine so unsägliche Traurigkeit und in ihr und mit ihr ein solcher Zauber dieses Stücks, daß man glaubt, bei aller Bindung in der strukturellen Grundlage der Freiheit schlechthin inne zu werden – und das unter dem zum ironischen Kommentar herabgesetzten Refrain »Miserella ai più no, no / Tanto giel soffrir non può« (»Ach die Arme, solches Leid kann sie nicht mehr ertragen«). Übrigens weist Monteverdi im Vorwort auf eine Besonderheit in der Notation des Stücks hin und damit vielleicht auf seine Eigentümlichkeit überhaupt: »Die drei Stimmen [der Rahmenerzählung] sind in Stimmbüchern gedruckt, weil sie im festen, mit der Hand geschlagenen Tempo gesungen werden sollen; die anderen drei Stimmen, die mit schwacher Stimme die Nymphe bemitleiden, sind in Partitur notiert, damit sie ihrer Klage folgen können, die im Zeitmaß ihres Seelenzustandes [tempo dell'affetto dell'animo] und nicht im festen Tempo gesungen werden soll.« – Wolfgang Osthoff (1960) hat die »Erfindung« dieser Art von Ostinatokomposition im Umkreis der Venezianischen Schule Monteverdis und ihre historischen Voraussetzungen untersucht und auf die weitreichenden Folgen (bei allen Veränderungen) bis hin zum *»Cruzifixus«* in Bachs *h-moll-Messe,* gar bis zu Strawinskys *Ballett »Orphée«* (1948) aufmerksam gemacht.

Selten deutlich zeigt das *8. Madrigalbuch,* wie zu jener Zeit das klassische Madrigal sich in so viele verschiedene Formen auflöst, und daß Monteverdi selbst, der an dem Auflösungsprozeß ja mit wirkt, in Bedrängnis gerät, wenn er die Disposition dieses Buchs plausibel machen will und dafür der Begriffstrias Teatro-Camera-Ballo mit der anderen Guerriera-Amorosa-Rappresentativa zu begegnen versucht. Aber die Rechnung geht nicht auf; *hier* ist »Madrigal« nur noch Sammelname für »weltliche Musik«. – 1651 veröffentlicht der Verleger Alessandro Vincenti nachgelassene Werke Monteverdis unter dem Titel *Madrigali e Canzonette a due e tre voci... Libro nono.*

1638-1650 **Heinrich Albert** (1604-1651): **Arien,** 8 Teile, gedruckt in Königsberg

»Alberts Muse ist die Lieblingsmuse seines ganzen Zeitalters«, weiß noch 1790 Ludwig Gerber im *Historisch-biographischen Lexikon der Tonkünstler* zu rühmen. In der Tat finden Alberts *Arien*, rund 190 Stücke, in vielen Auflagen (und durch vielfache Nachahmung) weiteste Verbreitung: Albert ist für die Entwicklung des DEUTSCHEN BAROCKLIEDES die zentrale Erscheinung, nämlich zwischen den noch an Villanelle und Canzonette orientierten Werken von Johann Hermann Schein und denen des »Klassikers der Gattung«, Adam Krieger. Monodische und polyphone musikalische Fassungen der Texte halten sich bei Albert die Waage, doch nehmen bezeichnenderweise die polyphonen Arien vom 4. Teil der Sammlung an zu: Alberts Neigung gilt doch eher der »prima« als der »seconda prattica« (im Gefolge von Caccini und Monteverdi). – »Polyphone Arien, monodische Lieder«? LIEDER nennt man Alberts ein- und mehrstimmige Stücke wohl deshalb, weil die zugrundeliegenden geistlichen (etwa ein Drittel) und weltlichen TEXTE literarisch Lieder sind, was meint, daß die Texte auf musikalische Weise vorzutragen sind. Diese »Lied-Texte« stammen fast alle aus dem »Königsberger Dichterkreis«, zum überwiegenden Teil von Simon Dach, und sie verdanken, wie man wohl sagen darf, ein gut Teil ihrer Wirkung und Verbreitung erst den Albertschen Vertonungen. ARIEN nennt man die Stücke, selbst wenn sie oberstimmenbetonte Chorlieder sind, nach der kompositorischen Arbeit, das heißt aus der Tatsache, daß sie in der Tradition polyphoner Komposition stehen, die damals für das, was man in einem ursprünglichen Sinne Lied nennt, nicht zuständig ist: Jedes Lied hat seine Weise. »Komponiert« wird es ganz selbstverständlich zur Arie. Lied und Komposition schließen sich gewissermaßen aus: »komponiertes Lied« ist ein Widerspruch in sich. Insofern gehören Alberts »Lieder« nicht in die Geschichte der Gattung Lied sondern zur »Barockmusik«, freilich auf jener Seite, auf der diese sich volkstümlich melodisch gibt, und deshalb sind sie auch in der Geschichte der »Arie an sich« Fremdkörper.

1639 **Andreas Hammerschmidt** (1611/1612-1675) **wird Organist an St. Johannis in Zittau**

Wenn fleißig zu komponieren, und zwar auf handwerklich hohem Niveau, für die deutschen evangelischen Kirchenmusiker im 17. Jahrhundert eine Art Ehrensache ist, dann verdient Hammerschmidt hohe Ehren. Dementsprechend findet er noch postum in den *Musikalischen Discursen* von Johannes Beer (1719) einen Verteidiger gegen solche, die ihn geschmäht haben oder noch schmähen: Es ist der Meister »nach seinem von Gott empfangenen Talent zu judizieren«; dem ist aber bis heute nur zum Teil entsprochen worden, denn »was die Ehre Gottes betrifft«, so hat Hammerschmidt nach Beers Meinung mehr getan »als tausend Operisten«. »Er ist auch, welches das höchste Stück seines unsterblichen Ruhmes, derjenige, welcher die Musik fast in allen Dorfkirchen usque in hunc diem erhalten, welches tausend Künstler mit ihren Sprüngen und Kontrafugen nicht zu tun vermögen... Dieser Punkt solle ihm billig als ein unverwelkliches Lorbeerblatt in den Kranz seines immergrünen Nachruhms eingeflochten und von keinem neidischen Zahn der Zeiten bis zum Ende der Welt verletzet werden.« – Nach dem Vorbild von Heinrich Schütz schreibt Hammerschmidt seine sich im 17. Jahrhundert weit verbreitenden Kirchenwerke, von denen vor anderen diese zu nennen sind: *Musikalische Andachten* (fünf Teile 1639-1652/53), *Dialoge. Oder Gespräche zwischen Gott und einer gläubigen Seele* (zwei Teile 1645), *Musicalische* (2. Teil: *Geistliche*) *Gespräche über die Evangelia* (1655/56), *Fest-, Buß- und Dankeslieder* (1658/59).

1640/41 **Claudio Monteverdi** (1567-1643): Sammlung kirchenmusikalischer Werke **Selva morale e spirituale**, gedruckt in Venedig

Seit 1613 ist Monteverdi Domkapellmeister an S. Marco in Venedig. Zu seinen selbstverständlichen Dienstpflichten gehört die Komposition von Kirchenmusik. Da muß im Lauf der Jahre viel zusammengekommen sein, sehr viel. Einen kleinen Teil davon läßt Monteverdi selbst in dieser späten Sammlung (Selva = Wald = literarisch für Sammlung verschiedener Sachen ohne besondere Anordnung) drucken, nicht um sich damit ein Denkmal zu setzen, sondern um der kirchenmusikalischen Praxis bewährte, brauchbare Stücke zur Verfügung zu stellen: monodische, konzertierende, polyphone, mehrchörige Stücke in bunter Mischung, einzelne Texte auch in verschiedenen musikalischen Fassungen. Umrahmt sind die lateinischen liturgischen Kompositionen von 4 italienischen Kompositionen mit moralisierenden Texten und 2 nichtliturgischen geistlichen Kontrafakturen, deren letztere der *Pianto della Madonna sopra il Lamento d'Arianna* ist.

1640-1655 **Johann Erasmus Kindermann** (1616-1655) **Organist an St. Egidien in Nürnberg**

Nürnberg ist im 17. Jahrhundert eine reiche und angesehene Stadt mit beachtlichem Musikleben, das allerhand Anregung aus Italien bekommt, wenn seine jungen Musiker nach Studienjahren von dort in die Heimat zurückkehren. Zu diesen gehört Erasmus Kindermann, seit 1640 Organist an St. Egidien. Diese Kirche gehört in der Hierarchie der Nürnberger Kirchen zu den unteren (St. Sebald und St. Lorenz sind die höchsten), aber Kindermann kann nicht aufrücken, weil die anderen Stellen besetzt sind. Übrigens rangiert an den Nürnberger Kirchen – wie in Lübeck, aber sonst nirgendwo – der Organist *vor* dem Kantor. Schließlich ist als Nürnberger Besonderheit in der Musikgeschichte des 17. Jahrhunderts dies zu vermerken: Über Generationen hinweg bestehen Lehrer-Schüler-Verhältnisse, so daß man von der Nürnberger Schule des 17. Jahrhunderts spricht, in deren Mittelpunkt Erasmus Kindermann steht. Kindermanns Lehrer ist Johann Staden (Organist zuerst an St. Sebald, dann an St. Lorenz), ein Mitschüler ist J. Th. Staden (St. Lorenz); Kindermanns Schüler sind H. Schwemmer (Frauenkirche) und G. K. Wecker (St. Sebald), deren Schüler Johann Krieger und Johann Pachelbel (St. Sebald). Kindermanns Schaffen ist reich und vielfältig. Es reicht im instrumentalen Bereich von der Orgelmusik in der Nachfolge von Samuel Scheidt (*Harmonia organica* 1645) über die Ensemblemusik (*Deliciae studiosorum,* 4 Teile, 1640-1643) bis zur Violinsonate (*Canzoni. Sonatae. Una, duobus, tribus & quatuor Violis cum Basso generali,* 2 Teile, 1653); im vokalen Bereich von der Motette mit und ohne Generalbaß über große *Choralkonzerte* (z. B. über *»Wachet auf, ruft uns die Stimme«)*, die Vorläufer der späteren Kirchenkantate sind, zu geistlichen Konzerten ähnlich denen von Heinrich Schütz und zu Liedern/Arien in der Vorläuferschaft von Heinrich Albert. Kurz, zwischen Johann Staden und Johann Pachelbel ist Kindermann Nürnbergs weitaus bedeutendste musikalische Persönlichkeit (Samuel 1958).

Dieser letzte Satz freilich irritiert uns heute, und wir sind geneigt zu fragen: »Wer ist schon Erasmus Kindermann in der Musikgeschichte des Abendlandes?« Und wenn Nürnberg, wie gesagt, ein bemerkenswertes Musikleben hat, »sind dann nicht andere Namen zu nennen als der von Kindermann?« Ja, Hans Leo Haßler und Johann Pachelbel, die zu den Großen der europäischen Musik gehören! Und wieso sind dann Kindermann und seinesgleichen überhaupt erwähnenswert? Weil die Musik für den Alltag des Menschen nicht nur von Genies gemacht wird, ja, weil unsere vom 19. Jahrhundert geprägte Ansicht vom Künstler als Genie, das allein die Geschichte mache, nicht nur richtig, sondern auch falsch ist. Wo die Musiker und ihre Musik den Menschen helfen beim Gotteslob und ihnen dienen zur Gemütsergötzung, dort muß dies geschehen sonntags wie werktags, und kann nicht alle Tage geschehen durch musikalische Genies: In der musikalischen Kultur des Barockzeitalters in Deutschland bilden die Werke der Organisten und Kantoren der protestantischen Kirchen gleichsam den Humus, jene Werke der sogenannten Kleinmeister. Zu ihrer Zeit genießen sie hohe Achtung, und zwar durchaus auch von seiten ihrer größeren und bedeutenderen Kollegen. Warum sollten wir sie nicht auch achten?

1640-1670 Carissimi und die Hochblüte des Oratoriums in Italien

Anders als die Oper geht das ORATORIUM nicht aus Überlegungen und Experimenten hervor, sondern aus verschiedenen Arten von Gebetsgottesdiensten, die in Rom am Beginn des 17. Jahrhunderts üblich und verbreitet sind, die aber im Grunde alle auf die *Esercizi dell'Oratorio* des hl. Filippo Neri (1515-1595) zurückgehen. Neri hatte zunächst in seinem Zimmer, dann in einem größeren Raum und nach Gründung der *Congregazione dei Preti dell'Oratorio* 1575 in einem großen Saal bei der neuen Kirche S. Maria in Vallicella, den man Oratorio (Betsaal) nannte, die einfachen, meist armen Leute zu Gebetsstunden versammelt. Dabei ließ er zunächst gemeinsam ein Gebet sprechen, hielt dann in schlichtem und liebenswürdigem Ton eine kurze Ansprache, auf die eine freie Aussprache der Anwesenden folgte; zum Schluß ließ er religiöse Lieder anstimmen und animierte überhaupt zum geistlichen Musizieren. Solcher Art Esercizi werden alsbald populär und finden verbreitet Nachahmung. Was das Musikalische anlangt, so handelt es sich im Grunde um improvisierte Aufführungen, an denen die ganze Schar der Gläubigen nach Gebet und Predigt teilnimmt. Mit Hilfe von Kunstverständigen unter den Gläubigen wird die Ausführung jedoch nach und nach bereichert und bildet schließlich eine Art geistlichen Konzerts. In diesem Stadium nehmen die LAUDEN, die man hier singt, unter dem Eindruck der Predigten, die dazu offenbar anregen, dialogisch-erzählende Form an. Die Musik geht von der strophischen Wiederholung, die die meisten Texte von Liedern ja verlangen, ab, um dem Dialog folgen zu können. Aus dem Dialogisieren entsteht Erzählung, aus dieser Handlung, wobei monodische Musik den Gestalten Individualität und Charakter gibt. Um den Hörern die Kenntnis der historischen Erzählung, über die Reden der SOLILOQUENTEN hinaus, zu vermitteln, wird diese einem Solisten, dem TESTO, anvertraut. Mehrstimmig verbleiben die Auftritte der Menge und betrachtende Partien. Der stufenweise Übergang von den Lauden zum Oratorium ist belegt in den *10 Sammlungen Filip-*

pinischer Lauden von 1563-1600 und im *Teatro armonico spirituale dei Madrigali* (Rom 1619) von G. F. Anerio. Diese Tradition ist die des ORATORIO VOLGARE, der volkssprachlichen Wurzel der späteren musikalischen Gattung Oratorium. Neben diesem Oratorio volgare entsteht aus liturgischen Bräuchen mit lateinischen Dialogen, dialogischen Lauden und konzertierenden Motetten eine andere Tradition, die des ORATORIO LATINO.

Im Oratorio der Brüderschaft des SS. Crocefisso in Rom, das vornehmlich vom Adel und von kultivierten Leuten besucht wird, finden jeden Freitag in der Fastenzeit Versammlungen statt; in ihnen gibt es wie bei den Filippinischen Esercizi nach dem Gebet und der Ansprache den Concentus musicus. Hier werden jedoch anstelle von Lauden in der Vulgärsprache lateinische Motetten gesungen, deren Text mit der Predigt in Zusammenhang steht und die Evangelienlesung des Tages erläutert, – und hier findet, wie es Damilano (1962) darstellt, die Wandlung von der Andacht mit Motetten zum Oratorium statt, die man gegen 1639 als abgeschlossen ansehen kann.

Beide Traditionen von Oratorium entwickeln sich aufeinander zu, die musikalische Ausprägung geschieht in Rom in den Werken der A. Diruta, T. Massucci, M. Marazzoli. Komponisten anderer Städte (vor anderen Bologna und Modena) tragen einiges bei. Trotzdem, aus all diesen »Entwicklungen«, die Tagliavini (1962) beschreibt, dem wir folgen, hätte nicht das kristallisieren können, was als eine der großen und wichtigen Gattungen der Musik die Folgezeit mit bestimmen sollte. Erst ein großer Musiker hat mit überragenden Werken gleichsam definiert, was man fortan ORATORIUM (anfangs allerdings auch noch HISTORIA) nennen sollte: Giacomo Carissimi (* Marino/Rom 1605, † Rom 1674; seit 1630 Kapellmeister am Collegium Germanicum-Hungaricum in Rom). Der Schwerpunkt der *16 Oratorien* Carissimis liegt in ihren Chören; einfach homophon und trotzdem vielfältig nach den verschiedenen Situationen und Affekten, rhythmisch durch den sprachlichen Akzent geregelt, nehmen sie lebhaften Anteil an der dramatischen Handlung. In den solistischen Partien ist das Rezitativ-Arioso mannigfaltig und von dramatischer Kraft; geschlossene arienförmige Gebilde sind selten. Die Texte, deren Verfasser unbekannt sind, sind aus Schrifttexten und frei erfundenen Partien in der Regel so wirkungsvoll zusammengesetzt, daß man an Opernlibretti erinnert ist.

Als Komponisten der Gattung sind neben Carissimi in Rom B. Graziani und F. Foggia zu nennen. – In der Folgezeit, in der zunehmend das Oratorio volgare bevorzugt wird, vollzieht sich eine Veränderung, die sich in der Auswahl der Texte (Bevorzugung von Stoffen aus dem Alten Testament) und musikalisch in einer Annäherung an die Neapolitanische Oper zeigt. Tiefergreifend als A. Spagnas Schriften zum Oratorium (Rom 1706) wirken die »Reformen«, die von A. Zeno und dann von P. Metastasio (1698-1782), also von Textdichtern ausgehen. Im 17. Jahrhundert wird Metastasio, der seine Oratorienlibretti als COMPONIMENTI SACRI oder AZIONE SACRE herausgibt, bevorzugt. Seine Sprache und seine spannungsgeladenen Handlungen bilden die Voraussetzung und die Gewähr für das Weiterleben des italienischen Oratoriums, von Caldara bis J. Chr. Bach, von G. Reutter und G. Porsile bis zu Mozart.

1641 **Francesco Cavalli** (1602-1676): **Oper »La Didone«** in Venedig

Fast sein ganzes Leben verbringt Cavalli im Dienste von San Marco in Venedig: 1617 tritt er als Sänger in die Kapelle, die unter Monteverdis Leitung steht, 1640 wird er zweiter, 1665 erster Organist, 1668 Kapellmeister. Und trotzdem ist er (mit 42 Werken, von denen 27 in Venedig in Partitur erhalten sind) bekannt und berühmt als *der Opern*komponist seiner Zeit neben Monteverdi. In vielen Jahren erscheinen gleichzeitig auf zwei verschiedenen Bühnen Venedigs zwei neue Opern von ihm, im Jahre 1651 gar fünf. Das Publikum der Zeit ist wie von einem Operntaumel ergriffen: jahrelang spielen in Venedig vier Operntheater gleichzeitig. Kein Wunder, daß sämtliche Komponisten von einigem Rang neben ihren sonstigen (meist kirchenmusikalischen) Ämtern sich als Opernkomponisten betätigen, angefangen von Monteverdi. – Das beste Werk aus Cavallis erster, noch stark durch Experimentieren gekennzeichneter Periode ist *La Didone* (nach G. F. Busenello). Hier zeigen sich, wie A.A. Abert beschreibt, Nähe und Unterschied zu Cavallis Lehrer: Monteverdi erfaßt dramatische Charaktere und führt sie mit Konsequenz durch; Cavalli geht es, psychologisch weniger konsequent, um dramatische Situationen. In seiner zweiten Schaffensperiode wendet sich Cavalli, wahrscheinlich unter dem Druck des Publikumsgeschmacks von dem ab, was ihn am meisten mit Monteverdi verbunden hat, nämlich von dem die Oper weithin bestimmenden ausdrucksstarken rezitativischen Monolog. Jetzt neigt sich das »Ausdrucksrezitativ« zur Arie hin – und das verbleibende »Handlungsrezitativ« sinkt ins nüchterne »secco« herab: Musik und Drama trennen sich, vielleicht der tiefste Einschnitt in der Operngeschichte.

1641 Claudio Monteverdi (1567-1643): Oper »Il ritorno d'Ulisse in patria« in Venedig

Man kann, wie A. A. Abert (1968) gezeigt hat, aus Moanteverdis Briefen eine Art Opernästhetik herauslesen. Deren Grundforderungen sind: Prüfung des Textes und Identifikation mit ihm; Wahrheit und Natürlichkeit der Gestalten, damit sie den Komponisten zur Wiedergabe wahrer Empfindungen bewegen können; Mannigfaltigkeit und Abwechslung; und als wichtigstes Mittel musikalischer Ausdeutung die Nachahmung innerer wie äußerer Vorgänge durch Tonmalerei. Was uns zu verstehen schwerfällt, rückt allerdings Monteverdi selbst zurecht, wenn er 1616 an A. Striggio schreibt, er könne »die Sprache der Winde nicht imitieren, weil sie nicht sprechen. Wie soll ich da Mitgefühl erregen? Arianna bewegte die Hörer, weil sie eine Frau war; ebenso ergriff Orfeo die Zuhörer, weil er ein Mann war – und kein Wind...« Es ist nun charakteristisch, daß sich diese Grundsätze sowohl auf den *Orfeo* als auf die späteren Opern anwenden lassen, was nicht weniger bedeutet als dies: Monteverdis Anschauung von der Oper bleibt während seines ganzen Schaffens, also rund 35 Jahre hindurch, und während der ganzen ersten Phase der selbständigen Ausbildung der neuen Gattung Oper grundsätzlich gleich. Was sich allerdings verändert, ist die musikalische Realisierung, so stark, daß man sich manchmal fragen möchte, ob jene und diese Werke vom selben Meister stammen.

»Da ist die Karnevalszeit, die alle Ausländer anlockt und selbst die Bürger der Stadt in Atem hält, die doch gewohnt sind, sie jedes Jahr zu genießen, nach des Jahres Arbeit in öffentlichen oder privaten Geschäften. Den Anfang machen die Operntheater mit unglaublichem Pomp und Aufwand; das ist nicht geringer als das, was an verschiedenen Orten fürstliche Herrlichkeit zuwege bringt – mit dem einzigen Unterschied, daß der Genuß, den die Fürsten mit Freigebigkeit offerieren, in Venedig ein Geschäft ist und nicht ebenso glanzvoll gestaltet werden kann wie bei den Festen, mit denen die Fürsten oft Geburten und Hochzeiten feiern, um ihre eigene Herrlichkeit besser zur Schau zu stellen.« Nichts kann die Bedeutung des Jahres 1637 mit der Eröffnung des ersten öffentlichen Operntheaters für die Geschichte der Oper treffender beschreiben als diese Notiz aus Cristoforo Ivanovichs Theatergeschichte Venedigs in seiner 1681 veröffentlichten Sammelpublikation *Minerva al tavolino.* Ist der Erfolg einer Hofoper an der Ehre abzulesen, die der Fürst damit einlegt, so bemißt sich der Erfolg einer öffentlichen Oper nach der Zahl der Aufführungen und dem Geld, das in der Kasse klingelt. Und schließlich die Zusammensetzung des Publikums: bei der Hofoper geladene Gäste aus Adel und Klerus, allenfalls bei der zweiten oder dritten Aufführung vornehme Bürger der Residenzstadt, im öffentlichen Operntheater dagegen Angehörige der Patrizierfamilien in den auf Dauer gemieteten Logen, auf der Galerie und im Parkett aber jedermann, der die 4 Lire Eintritt bezahlt – im wahrsten Wortsinn ohne Ansehen der Person, denn die Sitte des Maskentragens auch im Theater während der Karnevalszeit hebt, wie Ivanovich berichtet, die sozialen Schranken auf.

Die Kluft zwischen Monteverdis frühen und späten Opern besteht also wahrscheinlich zuvörderst – so Silke Leopold (1982), deren glänzender Darstellung wir hier folgen – in den unterschiedlichen Bedingungen, die er bei der Komposition zu berücksichtigen hat. Zudem ist, wie gesagt, in den zwanziger und dreißiger Jahren auch anderswo die Entwicklung nicht stehen geblieben. Das Zentrum des Interesses an der neuen Gattung hat sich von Florenz nach Rom verlagert, wo die Familie Barberini seit dem Ende der zwanziger Jahre immer neue Werke in Auftrag gibt. Was davon im Druck erscheint, kennt Monteverdi bestimmt; was nicht, schildern ihm sicherlich die Mitglieder der römischen Operntruppen. Die neue musikdramatische Herausforderung reizt jedenfalls den über Siebzigjährigen nach Jahren der Abstinenz offenbar derart, daß er mit kaum vorstellbarem Schaffensdrang in drei Jahren drei Opern komponiert: 1640 *Il ritorno d'Ulisse in patria* (Text von G. Badoaro; Uraufführung im Teatro Guastavillani in Bologna dann im Teatro S. Cassiano in Venedig 1641), 1641 *Le nozze di Enea con Lavinia* (Text von G. Badoaro; Uraufführung im Teatro SS. Giovanni e Paolo in Venedig), deren Musik verloren ist, und 1642 *L'Incoronazione di Poppea* (Text von G. Busenello; Uraufführung daselbst).

Die Echtheit der *Ritorno d'Ulisse*-Partitur in der Wiener Nationalbibliothek ist ebenso oft behauptet wie angezweifelt worden. Hauptargument für die Zweifel war die Abweichung des Notentextes vom Libretto: fünf Akte hier, drei Akte in der Partitur, zudem ein anderer Prolog und Schluß. Daß Wolfgang Osthoff später nicht weniger als sieben voneinander abweichende Librettoversionen nachweisen konnte, entkräftet dieses einzige handfeste Argument. Die verworrene Quellenlage zeigt aber auch, welchen Veränderungen ein solches Bühnenstück für die Öffentlichkeit ausgesetzt war bzw. ist. Anders als bei Madrigalen und bei der *Favola d'Orfeo,* wo nichts anderes als ein von Monteverdi selbst besorgter Druck vorliegt, kann man bei den späten Opern für kommerzielle Bühnen keine »Fassung letzter Hand« ausmachen. Es hieße den

Charakter solcher »Gebrauchsmusik« auch verkennen, wenn man sich auf die Suche nach *einer* »authentischen Fassung« begäbe.

Monteverdis *Ulisse* enthält eine Menge Chöre, von dreistimmigen bis zu achtstimmigen. Selbst wenn man bedenkt, daß »Coro« in jener Zeit »Ensemble« bedeutet, daß also höchstens acht Chorsänger auf der Bühne stehen, heißt dies doch, einen beträchtlichen Aufwand treiben, der nur mit Hilfe jener Einsatzbereitschaft zu finanzieren ist, die jener schon zitierte Ivanovich an den Initiatoren des Operntheaters so zu loben weiß. Auch der Orchestersatz ist hier noch fünfstimmig. – Der szenographische Aufwand steht dem musikalischen nicht nach: Die Dekoration wechselt von Penelopes Palast zu einem Waldstück, zum Strand und zum offenen Meer; da wird ein Schiff in Stein verwandelt, da fliegt ein Adler über die Bühne, da tut die Erde sich auf, um Ulisse zu verschlingen und alsbald wieder freizugeben. Der Verlauf der Handlung wirkt geradezu wie ein Modell jener neuen Dramaturgie, in der die große dramatische Linie einer bunten Folge unterschiedlichster Szenen geopfert wird. Die unterschiedlichen jedoch miteinander verbundenen Handlungsfäden behandelt Monteverdi musikalisch unterschiedlich. Den ernsten Personen komponiert er hauptsächlich Rezitative, den heiteren vorzugsweise Tripeltakt-Arien und den Göttern alle Arten von »künstlicher Deklamation«. Monteverdis Hauptinteresse aber scheint den aus der rezitativischen Deklamation hinausdrängenden Ensembles zu gelten. Die Auftrittsszenen Penelopes und Ulisses, Telemacos Erschrecken, als sich der Bettler in den Vater verwandelt, die Versuche des Ulisse, Penelope von seiner Identität zu überzeugen, all diese Szenen sind von derselben musikalischen Ausdrucks- und Überzeugungskraft, die wir aus den frühen Opern kennen, in der Musik freilich ergänzt und verstärkt durch die kompositorischen Errungenschaften und neuen Möglichkeiten der dazwischen entstandenen Madrigalbücher.

Il ritorno d'Ulisse hat, wie Badoaro ein Jahr später berichtet, außerordentlichen Erfolg und wird oft gespielt; mit diesem Stück beginnt in gewisser Weise das, was wir Opernrepertoire nennen. Was aber den Zuschauern am besten gefällt, sind nicht der Held Ulisse und seine standhaft treue Gattin Penelope, es sind vielmehr die komischen Figuren, etwa der lächerliche Iro. Die Venezianer lassen sich zwar auch wie die Mantuaner durch die *Arianna* zu Tränen rühren, aber noch lieber lachen sie über den gefräßigen, stotternden Gnom. Auch in dieser Hinsicht nimmt die Operngeschichte von Monteverdi ihren Ausgang – und ihren Lauf, den oft genug der Publikumsgeschmack lenkt.

In seinen Untersuchungen zum *Dramatischen Spätwerk Claudio Monteverdis* (1960) hat Wolfgang Osthoff Monteverdis Musiksprache vor allem anhand der *Incoronazione* detailliert beschrieben. Wir können dem hier nicht weiter folgen. Aber Osthoffs abschließender Hinweis auf die Echtheitsfrage aus musikhistorischer Sicht sei doch zitiert: »Aus diesen Beispielen der Satzstruktur läßt sich nur der Schluß ziehen, daß die Musik des *Ritorno* von dem Meister der *Incoronazione di Poppea* stammt. Die dramatische Haltung beider Werke ist die gleiche. Dennoch ist der *Ritorno* noch in Vielem Vorstufe zu dem reifen Spätwerk, vor allem ist die nicht weiter analysierbare schöpferische Kraft der Erfindung in der *Incoronazione* ungleich stärker. Das aber ist kein Grund, die Echtheit des *Ritorno* anzuzweifeln; Schwankungen der Inspiration finden sich bei allen großen Meistern. Ungeachtet dessen kündet sich auf vielen Seiten des *Ritorno* schon die musikdramatische Wirklichkeit an, die uns mit der *Incoronazione di Poppea* vollgültig entgegentritt.«

1641 Thomas Selle (1599-1663) wird Kantor in Hamburg

Im Sommer 1641 folgt der »Chori musici Director« von Itzehoe einem Ruf an das Johannaeum in Hamburg. 1642 unterbreitet er dem Rat der Hansestadt eingehende Pläne, welche die Voraussetzungen für eine der Bedeutung Hamburgs angemessene Kirchenmusik schaffen sollen. Wenige Monate später schon beschließen die Behörden, ein Konvikt für acht, später auch zehn besoldete Sänger einzurichten, das instrumentale Ensemble zu vergrößern und mehr Schüler als bisher zur Kirchenmusik heranzuziehen. Hamburgs Kirchenmusik kommt auf die Höhe. – Obwohl sich Selle bewußt ist, daß »heutigen Tages der Stilus modulandi varius ist«, gehört seine Liebe nicht mehr der alten Motette sondern dem neuen Konzert, wo »der Text als Anima harmoniae von Männiglichen besser vernommen« werde als dort. Das hohe Ansehen Selles ist schon zu seiner Zeit dokumentiert in der höchst beachtlichen handschriftlichen Sammlung seiner *Opera omnia* (Vorwort datiert 1653 und, nach einer Revision, 1663) in 16 Stimmbüchern und 3 Tabulaturbänden, enthaltend 282 Kompositionen, nämlich vier Teile mit 89 lateinischen Werken, drei Teile mit 188 deutschen Werken und einen Anhang mit 4 *Historien* und einer *Huldigungsmusik*.

1641 Franz Tunder (1614-1667) wird Organist an St. Marien in Lübeck

18jährig schon wird Tunder Organist der Hofkapelle in Gottorf (Schleswig) als Nachfolger des Frescobaldi-Schülers J. Heckelauer. 1641 übernimmt er als Nachfolger des in der Generation der deutschen Sweelinck-Schüler hochangesehenen P. Hasse das Organistenamt an St. Marien in Lübeck. In der Marienkirche findet Tunder eine durch F. Stellhagen großzügig umgebaute und wenige Wochen zuvor von H. Scheidemann abgenommene große, dreimanualige Orgel vor, auf der er bald mit außer-gottesdienstlichen Orgelvorträgen beginnt. Jedenfalls berichtet er bereits 1646 von seinen »Abendspielen« als einer festen Einrichtung an jedem Donnerstag Abend. (Erst Buxtehude verlegt die Abendmusiken auf Sonntage.) Außerdem muß Tunder der Bürgerschaft, etwa wenn sie zur Börse geht, »zum Vergnügen und zur Zeit-Kürzung etwas auf der Orgel vorspielen, um sich bei der Bürgerschaft beliebt zu machen...« Die nicht ganz eindeutigen Quellenzeugnisse darf man wohl mit Geck (1966) dahingehend deuten, daß neben das (offenkundig auf niederländischen Brauch zurückgehende) zwanglose Orgelspiel, unter anderem vor Börsenbeginn, schon bald vokal-instrumentale, als feste Einrichtung von der Kaufmannschaft subventionierte Abendmusiken treten. In ihnen scheint Tunder den Schwerpunkt zunehmend von der Orgel- auf die Ensemblemusik zu verlegen, um außerhalb des Gottesdienstes einem aufgeschlossenen Publikum auch die modernen Gattungen der Sonate, der Aria und des geistlichen Konzerts vorführen zu können. – Die 1660 in Hamburg unter anderem vom Jacobi-Organisten M. Weckmann ins Leben gerufenen Aufführungen des Collegium musicum bieten dazu einen Parallelfall. Wenn Dietrich Buxtehude den Höhe- und Endpunkt einer spezifisch norddeutschen Musikkultur des 17. Jahrhunderts markiert, so bergen Werk und Persönlichkeit seines unmittelbaren Amtsvorgängers Tunder fast alle der zur Erreichung dieses Endpunkts unerläßlichen Voraussetzungen in sich. Tunder fixiert die soziale Stellung des hanseatischen Organisten im späteren 17. Jahrhundert als die eines Künstlers, der nicht so sehr kraft seines Amtes auf die Wahrung kontinuierlicher liturgischer und musikalischer Tradition bedacht ist, wie er über eigene Initiativen die jeweils neue Musik einer aufgeschlossenen Patrizierschicht gegen »accidentielle« Vergütung bekannt zu machen trachtet. Damit verwandelt er das Standesbild des hinter dem Kantor zurücktretenden Organisten in das eines kompositorisch befähigten Virtuosen, der, als der eigentliche Gewährsmann des musikliebenden Bürgertums, den akademisch gebildeten Kantor an Ansehen zu übertreffen beginnt. Bach pilgert nicht zu norddeutschen Kantoren, sondern zu norddeutschen Organisten: zu Buxtehude, Reincken, Böhm. Voraussetzung für diese Entwicklung ist freilich, daß die Musik aus ihrer allein gottesdienstlich-liturgischen Funktion gelöst wird, wie Tunder dies durch die Orgelstunden vor der Börse und in konzertanten Abendmusiken anstrebt. Seine Werke, vor allem Geistliche Konzerte und Orgelwerke, gehören bis heute zum festen Bestand altevangelischer Kirchenmusik.

1642 Claudio Monteverdi (1567-1643): Oper »L'Incoronazione di Poppea« in Venedig

Die geradezu barocke Kriminalgeschichte von Poppaea Sabina und Kaiser Nero, der sie sich zur Gemahlin gemacht und gekrönt hat, ist durch Tacitus und durch ein dem Seneca zugeschriebenes Drama überliefert. Monteverdis gelehrter Librettist Giovanni Busenello (1598-1659) erzählt sie anschaulich. Der Text ist ein Meisterwerk der Dramaturgie, ideales Objekt der Vertonung durch einen Komponisten von der Vielseitigkeit Monteverdis. Wie sich da logischer Realismus, Eingriffe des Deus ex machina und burleskes Szenenspiel zum Kunstwerk verbinden, das hat seinesgleichen nur in den besten Arbeiten – des englischen Zeitgenossen William Shakespeare (Stuckenschmidt). Dementsprechend ist das Unterfangen, das Ganze auf die Bühne zu bringen, auch ein Kunststück für sich. Denn die Gelehrten streiten sich, wie dies einerseits historisch treu, andererseits als aktuelles Operntheater zu machen sei. Die Praxis der frühbarocken Oper kennt schließlich gerade das nicht, was alle *unsere* Künstler aus der Praxis *unserer* Zeit als Conditio sine qua non erwarten, namlich präzise Angaben von der Besetzung des Orchesters bis zur realen Ausführung der Gesangsparte. Was hier aber an Notentext überliefert ist, bedarf der Interpretation in einem viel weiteren Sinne, als wir ihn heute diesem Wort beilegen, denn Interpretation bedeutet 1642, als im Herbst im Teatro Grimano bei der Kirche SS. Giovanni e Paolo in Venedig die *Incoronazione di Poppea* zur ersten Aufführung kommt, weitgehend Improvisation, Improvisation freilich nach damals jedermann am Theater bekannten Regeln. Weil diese Regeln nun damals jedermann bekannt waren, hat man sie nicht aufschreiben, hat man nur die Res facta, die Komposition an sich, notieren müssen, deren Überführung in das intendierte Erklingen dann regelhafte improvisatorische Selbstverständlichkeit der Zeit war. Also muß heute derjenige wissen, was man damals wie gemacht hat, der das Unternehmen einer Aufführung wagt.

Zwischen *Il ritorno d'Ulisse in patria* und *L'Incoronazione di Poppea*, den beiden Spätwerken, bestehen, obwohl beide die typischen Züge ihres Komponisten tragen, erhebliche Unterschiede, und beide zusammen unterscheiden sich vom frühen *Orfeo* erheblich. Zunächst in der Gattung: Das Werk von 1607 ist eine FAVOLA PASTORALE, die späten Werke sind DRAMME PER MUSICA. Im *Orfeo* führt die lyrische Gesamtatmosphäre zu großen statischen, stimmungshaften Bildern, aus denen die leidenschaftlichen Ausbrüche des Orfeo gleichsam herausfallen. Im *Ulisse* sind dagegen viele Figuren zwar einzeln gefaßt, aber sie bleiben der Typik von Theaterfiguren verhaftet. Anders in der *Poppea*. Das Liebespaar Nerone und Poppea, die beiden verlassenen Ottone und Ottavia, der Philosoph Seneca, die Zofe Drusilla, die beiden Ammen und der lustige Page, ja, auch die beiden Soldaten von Neros Wache, sie alle sind zwar typische Opernfiguren des 17. Jahrhunderts, aber außerdem sind sie Menschen, denen durch Monteverdis Musik zeitlos Leben verliehen ist. Daß ihm dies bei den Gestalten des *Ulisse* nicht im selben Maße gelungen ist, ist wohl mehr Schuld des Librettisten – es sei denn, man wollte doch sagen, zwischen den beiden Opern bestehe ein qualitativer Unterschied. Freilich richtet sich Busenellos Libretto auch an ein ganz anderes, an ein gemischtes, um nicht zu sagen: an ein sensationslüsternes Publikum, das anstelle einer ›Favola‹ ein ›Dramma‹, anstelle von lyrischen Betrachtungen scharf kontrastierende Ereignisse und anstelle von Emanationen höherer Sphären Menschen von Fleisch und Blut verlangt.

Und die Musik? Sie ist hinreißend! Das freilich braucht man dem, der sie kennt, nicht zu sagen, und dem, der sie nicht kennt, redet man davon wie dem Hungrigen von der Speisenkarte. Ist nicht mehr zu sagen? Etwa, was dazu veranlassen könnte, Monteverdis Opern als musikalisches Theater in einem ganz besonderen Sinne zu bezeichnen und sie darin den Opern Mozarts – und *nur* den Opern Mozarts – zu vergleichen? Man kann das erklären, doch kaum, ohne ins Detail gehende musikalisch-strukturanalytische Beobachtungen an den Werken selbst und an denen von Monteverdis Zeitgenossen anzustellen. Wolfgang Osthoff (1960, 1969, u.ö.) hat das getan. Ein Beispiel:

> Im 1. Akt ist die 3. Szene eine Abschiedsszene zwischen Nero und Poppea: »Signor, deh, non partire« (»Herr, ach bitte, geh nicht fort«). In einem Mittelstück lautet der Text dann so:
>
> *Nerone:*
> Non temer, tu stai meco a tutte l'hore,
> splendor negl'occhi, e Deità nel core.
> Se ben io vò,
> pur teco io stò,
> il cor dalle tue stelle
> mai mai non si disvelle,
> Io non posso da te viver disgiunto
> se non si smembra la unità dal punto.
>
> *Poppea:*
> Tornerai?
>
> *Nerone:*
> Tornerò.
>
> *Nero:*
> Fürchte nichts, du bist bei mir zu jeder Stunde,
> Glanz in den Augen und Göttin in meinem Herzen.
> Wenn ich auch gehe,
> Bleibe ich dennoch bei dir.
> Mein Herz kann niemals
> aus deinen Augen gerissen werden.
> Ich kann nicht leben, wenn ich von dir getrennt bin,
> so wie die Einheit nicht geteilt werden kann.
>
> *Poppea:*
> Kommst du wieder?
>
> *Nero:*
> Ich werde wiederkommen!

So aber, nämlich mit Poppeas Frage und Neros Antwort unmittelbar aufeinanderfolgend am Schluß des Duetts, *so* vertont Monteverdi Busenellos Text *nicht*. Vielmehr läßt er Poppea Neros Worte schon nach der zweiten Textzeile mit der Frage »Tornerai?« unterbrechen, ohne daß Nero antworten könnte, und Poppea wiederholt ihre Frage nach je zwei Textzeilen, und zwar jedes Mal intensiver, nämlich melodisch intensiviert und auf immer höherer Tonstufe. Poppea fragt insgesamt viermal, und das so, daß ihre frei handelnde, ihrem Gegenüber ins Wort fallende Aktivität seine Antwort »Tornerò« nicht einfach zur Folge hat, sondern sie geradezu herbeizwingt: Wir alle erleben Theaterhandlung musikalisch.

Ein anderes Beispiel: Monteverdi baut das, vor allem melodisch unsäglich schöne Schlußduett, wohl das bekannteste Stück der Oper: »Pur ti miro, pur ti godo«, (»Ich blicke dich an, ich freue mich an dir«) über dem konstruktiven Gerüst eines aus der Instrumentalmusik stammenden, oft gebrauchten, fallenden, ostinat wiederholten Quartbasses (*g-fis-e-d*) und führt die Singstimmen darüber in einer herrlichen Freiheit ganz aus dem Geist seiner neuen Vorstellung von Theater. Seinerzeit sind Stücke mit diesem Dur-Quartbaß ein Eros-Topos par excellence, besonders in der von Monteverdi geprägten venezianischen Musik. Diesen Bezug können wir heute nicht mehr wahrnehmen. Wohl aber können wir hören, daß und wie das Duett der beiden Liebenden mit Motiven in musikalischen Perioden gebaut ist, und zwar so, daß diese im Grunde instrumental kurzen Motive einen anlaufenden, drängenden Charakter annehmen dadurch, daß sie mit ihrem Text gleichsam immer wieder auf das Verbum zustürzen: »Pur ti *mi*ro, pur ti *go*do, pur ti *strin*go, pur t'an*no*do.« (»... ich umarme dich, ich binde dich fest«). Bei den folgenden negativen Umschreibungen aber: »Più non peno, più non moro« (»Ich leide nicht mehr, ich sterbe nicht mehr«) ändert Monteverdi die Haltung: er bringt über den vier Baßtönen eine einzige melodische Bewegung in Gang, die das *h'* eng umschwingt. Dieser Wechsel ist nicht vom Sprachmetrum her zu erklären, er ist vielmehr ein rein *musikalisches* Mittel des *Dramatikers,* nämlich zur Sichtbarmachung einer körperlichen Gebärde, einer Geste als Mittel zur musikalischen Realisierung von Theater.

Aus einer neuen Verbindung von instrumental und vokal entsteht um 1600 in Italien eine neue Musik. Monteverdi ist ihr Hauptzeuge. Seine Werke, obwohl den Anfang machend, gehören nicht nur zu den größten Werken der Epoche, sondern der abendländischen Musikgeschichte überhaupt.

1644 **Sigmund Theophil Staden** (1607-1655): **Singspiel »Seelewig«** in Nürnberg

Zwischen 1641 und 1649 gibt der Nürnberger Dichter Georg Philipp Harsdörffer (1607-1658) in 8 Teilen *Frauenzimmer-Gesprächsspiele* heraus. Darin findet sich im 4. Teil (1644) das geistliche *Waldgedicht, oder Freudenspiel, genannt SEELEWIG.* Neun der 300 Gesprächsspiele enthalten Musik, ausschließlich von S. Th. Staden (einem der Söhne von Johann Staden d. Ä.), seit 1634 Organist an St. Lorenz in Nürnberg: einstimmige strophische Lieder mit Generalbaß und mit instrumentalen Zwischenspielen. *Seelewig* ist dagegen durchkomponiert. Den Rezitativen fehlt allerdings die italienische Freiheit der Deklamation wie der Dissonanzbehandlung zur Gestaltung von musikalischem Ausdruck, und die Arien sind strophische Lieder, wie es sie schon in den früheren deutschen Schuldramen gegeben hat und wie man sie fünfzig Jahre später noch in den Singspielen von Johann Philipp Krieger wiederfinden kann. Das Stück ist ein allegorisches Schäferspiel mit schwacher Musik zum gelehrt-bürgerlichen Zeitvertreib. Wenig genug, zugegeben. Aber immerhin handelt es sich um die erste erhaltene deutsche Oper – wenn man das Oper nennen kann.

1644 **Barbara Strozzi** (1619-nach 1664): **1. Madrigalbuch** (2- bis 5-stimmig), gedruckt in Venedig

Im Venedig Monteverdis und der frühen Oper ist Giulio Strozzi (1583-1660), ein bekannter Literat und Dichter, auch als Librettist hoch geschätzt. Monteverdi (*La Finta pazza Licori,* 1627, und *Proserpina rapita,* 1630; beide verloren), F. Manelli, F. Sacrati (*La Finta pazza,* 1641, eine der seinerzeit bekanntesten »komischen« Opern) und F. Cavalli schreiben bahnbrechende Opern nach seinen Libretti. Strozzi hat eine Adoptivtochter: Barbara Strozzi, die erste Frau, von der man – nach heutigem Wissen – sagen kann, sie sei nicht nur Cembalistin und Sängerin sondern Komponistin von Beruf gewesen. Zwischen 1644 und 1664 veröffentlicht sie acht Bände mit eigenen Madrigalen, Kantaten, Arien und Duetten, insgesamt über 100 Werke, meist wohl Auftragskompositionen: damals bekannt und geschätzt – heute ein Schatz, den es zu heben gilt.

1646-1687 **Jean-Baptiste Lully** (* Florenz 1632, † Paris 1687) **am Hofe Ludwigs XIV.**

Es ist vielleicht kaum besonders bemerkenswert, aber sachlich eben doch nicht ohne Belang: Der größte französische Komponist des 17. Jahrhunderts ist ursprünglich ein Italiener. 1646 kommt der junge Giovanni Battista Lulli als »Garçon de chambre« an den französischen Hof. Bald wechselt er ins Orchester, und zwar als Geiger, 1652 wird er Leiter der Hofkapelle und des von ihm gegründeten königlichen Kammerorchesters, 1653 Hofkomponist. Seit 1669 ist Lully zugleich Leiter der »Königlichen Musikakademie«, d.h. der Oper, und damit der unumschränkte Herrscher des französischen Musiklebens seiner Zeit. Seit Dezember 1681 darf er sich zudem mit dem Titel eines »Secrétaire du Roi« schmücken, was die Erhebung in den Adelsstand bedeutet. Unterstützt von seinem Textdichter Philipp Quinault (1635-1688; französischer Dramatiker, der kurz vor Molière die Erneuerung der Komödie anbahnt) wird Lully binnen kurzem zum ersten wirklichen Meister der Oper in Frankreich, die er zu einer Art Nationaloper ausbildet, indem er Elemente als fixe Bestandteile einführt, die fortan die französische Vorstellung von Oper bestimmen: starke Betonung des Orchester-Instrumentalen beim Theater, vor allem mit der gravitätischen FRANZÖSISCHEN OUVERTÜRE (Grave – fugiertes Allegro – Grave) und mit den Einschüben von Instrumentaltänzen, Tanzszenen und Balletten in die Handlung. In dieser Musik, in ihrem

Ton und Charakter, vor allem in ihrer eigentümlichen Bewegungsart, findet sich die Gesellschaft am Hofe des »Sonnenkönigs« so gespiegelt, daß sie, einschließlich des Königs, bereit ist, in Lullys Musiktheater leibhaftig, nämlich tanzend, mitzuwirken. Ausschlaggebend für Lullys Erfolg ist freilich dann, daß er die an das Sprechtheater – und zwar in der Qualität von Corneille und Racine und dann von Molière – gewöhnten Franzosen nicht mit schlechten Texten und unverständlicher Singerei in ungebundener Sprache belästigt, sondern daß er gute Texte derart in Versen vertont, daß die Musik (mit dauerndem Taktwechsel) die Verse als solche zur Wirkung kommen läßt: Das französisch deklamierende Rezitativ überwiegt bei weitem die ariosen Teile (Airs). Lullys Opern bestehen zudem nicht aus einzelnen »Nummern«, sondern aus Szenen, die einmal in sich selbst einen lückenlosen Zusammenhang aufweisen und die sodann in ihrer Aufeinanderfolge soviel wie möglich verbunden werden. – Das, was Lully und Quinault gemeinsam schaffen, die TRAGÉDIE LYRIQUE, auch TRAGÉDIE EN MUSIQUE, anerkennen die französischen Zeitgenossen als eine Form des Theaters, die der Tragödie ihres großen Sprechtheaters ebenbürtig ist – im Gegensatz zur italienischen Oper, die sie ablehnen, jedenfalls zunächst. Freilich hat die Tragédie lyrique auch nach antikem Vorbild 5 Akte, stammen ihre Stoffe aus der Mythologie und Geschichte des Klassischen Altertums, sind die Texte in Alexandrinern und fünffüßigen Jamben abgefaßt, ist der Orchestersatz abwechslungsreich farbig instrumentiert – wenn das nicht alles französisch ist ...

Ganz und gar untypisch für das Barockzeitalter einerseits, andererseits aber höchst charakteristisch für die Stellung der Musik am Hofe Ludwigs XIV., des »Sonnenkönigs«, ist die Überlieferung der Werke Lullys: Sie werden gedruckt, wie sie entstehen, jedoch auf verschiedene Weise; Autographe gibt es fast keine; die Abschriften spielen eine geringere Rolle als sonst. Die Bühnenwerke, die Lully in den Jahren 1679 bis 1687 schreibt, erscheinen mit königlichem Privileg für ganz Frankreich jeweils im Jahre ihrer Entstehung bei dem Pariser Musikdrucker und Verleger Ballard in Form von Partituren (in Folioformat), die nach dem Typendruckverfahren hergestellt sind. Es handelt sich um folgende Werke:

Bellérophon	(tragédie)	1679
Proserpine	(tragédie)	1680
Le Triomphe de l'Amour	(ballet royal)	1681
Persée	(tragédie)	1682
Phaéton	(tragédie)	1683
Amadis	(tragédie)	1684
Roland	(tragédie)	1685
L'Idylle sur la Paix	(pastorale)	1685
Ballet du Temple de la Paix		1685
Armide	(tragédie)	1686
Acis et Galathée	(pastorale héroïque)	1686
Achille et Polixène	(tragédie)	1687

(Lullys letztes Werk; nur der erste Akt stammt von ihm, alles übrige von seinem Mitarbeiter Pascal Collasse.)

Anders die Bühnenwerke, die Lully von 1672 an, dem Jahr, in dem er das ursprünglich Perrin erteilte Opernprivileg erwirbt, bis zum *Bellérophon* schreibt. Sie erscheinen in gedruckter Partitur erst nach seinem Tod und zum Teil fast ein halbes Jahrhundert nach ihrer Entstehung:

Les Festes de l'Amour et de Bacchus	(pastorale)	1672	1717
Cadmus et Hermione	(tragédie)	1673	1719
Thésée	(tragédie)	1675	1688
Le Carnaval	(mascarade)	1675	1720
Atys	(tragédie)	1676	1689
Isis	(tragédie)	1677	1719
Psyché	(tragédie)	1678	1720

Alle genannten Ausgaben sind vollständige Partituren. – Mit dem Jahre 1708 beginnt die Drucklegung eines großen Teiles von Lullys Tragédies in Partituren, die, im übrigen vollständig, von den vierstimmigen Chören und den fünf- und vierstimmigen Orchestersätzen nur die beiden Außenstimmen enthalten. Diese reduzierten Partituren (im Folioformat) sind im Gegensatz zu den vollständigen Partituren im Kupferstichverfahren hergestellt:

Alceste	(1674)	1708
Atys	(1676)	1708
Phaéton	(1683)	1709
Roland	(1685)	1709
Persée	(1682)	1710
Armide	(1686)	1710
Thésée	(1675)	1711
Amadis	(1684)	1711
Bellérophon	(1679)	1714

Selbst bei der geradezu unheimlichen Arbeitskraft seines Meisters hätte dieses Riesenwerk nicht entstehen können ohne die Voraussetzungen und besonderen Bedingungen am Hofe des »Sonnenkönigs«, ohne den Zusammenhang des französischen Absolutismus mit der Kultur des französischen Klassizismus dieser Zeit, vor allem im Bereich des Sprechtheaters, und mit der Tradition des französischen Hoftanzes als eines Balletts der Hofgesellschaft. Freilich wäre es auch nicht möglich gewesen, wenn nicht Lully wie sein König ein absoluter Herrscher geworden wäre im Reich der französischen Musik. Denn seine Art des Musiktheaters ist so »französisch«, daß sie nirgendwo zu übernehmen war. Deshalb, und nicht aus musikalischem Unverständnis oder aus

Arroganz sind seine Opern außerhalb Frankreichs nahezu unbekannt. Was hingegen übertragbar war, hat man auch sofort übernommen: die ORCHESTERSUITE als Folge von Tänzen verschiedenen Charakters mit einer Französischen Ouvertüre als Einleitung. Das hat man sich angeeignet und dabei den eigenen Vorstellungen angepaßt, denn in Deutschland und überhaupt in den anderen Ländern Europas hat man damals anders getanzt und also andere Varianten der verbreiteten Tanztypen verwendet als am französischen Hof. Und also sind selbst unter der überreichen Suitenliteratur des 17. Jahrhunderts die Suiten des Lully einzigartig und unverwechselbar.

1647, 1650 Heinrich Schütz (1585-1672): Symphoniae sacrae II und III, gedruckt in Dresden

In den Stimmbüchern »Bassus ad Organum« und »Bassus pro Violone« zu den *Symphoniae sacrae II* schreibt Schütz folgende Erinnerung »Ad Benevolum Lectorem«: »Günstiger lieber Leser, es ist ihm hier nicht vorzuenthalten, welcher Gestalt im Jahre 1629, als ich zum andernmal nach Italien gekommen bin und mich eine Zeitlang dort aufgehalten, auf die dazumal daselbst angetroffene gebräuchliche musikalische Art ein lateinisches Werklein von einer, zwei und dreien Vokalstimmen samt zugeordneten zwei Violinen oder dergleichen Instrumenten... aufgesetzt und unter dem Titel *Symphoniae Sacrae* zu Venedig habe auflegen und drucken lassen.« Da diese lateinischen Konzerte (SWV 257-276) bald darauf auch in Deutschland »in guten Wert gehalten, auch an etlichen vornehmen Orten mit deutschen Texten anstatt des lateinischen ganz hindurch unterleget fleißig musizieret« worden sind, sei ihm »dies ein besonderer Anreiz« gewesen, »dergleichen Werklein auch in unserer Deutschen Muttersprache zu versuchen«; demnach habe er »nach unternommenem Anfange dasselbige... mit Göttlicher Hülfe endlich verfertiget«. Aber von einer sofortigen Veröffentlichung hätten ihnen nicht nur »die noch immerfort in unserm lieben Vaterlande anhaltende erbärmliche und der Musik... widrige Zeiten, sondern auch, und zwar vornehmlich, die darinnen bei dem meisten Teil noch verborgen gebliebene heutige italienische Manier... (wodurch doch nach des scharfsinnigen Herrn Claudio Monteverdi's Meinung... die Musik nunmehr zu ihrer endlichen Vollkommenheit gelangt sein soll)... nicht wenig abgehalten.« Schütz beschreibt hier die gestellte Aufgabe, nämlich: moderne aber italienischsprachige Musik nun aus der deutschen Sprache neu zu machen. An dieser Aufgabe arbeitet er, wie man von Frühfassungen einzelner Werke weiß, schon seit langem, er beginnt aber erst jetzt zu publizieren. Insofern gehören die beiden Teile der *Symphoniae sacrae II* (op. 10, 1647) und *III* (op. 12, 1650) zusammen: 27 und 21 deutsche geistliche Konzerte für 3 bis 5 und für 5 bis 8 Stimmen (Singstimmen und Instrumente) mit Generalbaß (SWV 341-367 und 398-418). Interessant ist, daß Schütz mit je einem Stück in beiden Sammlungen direkt an italienische Vorbilder anknüpft: Für das *Konzert »Es steh Gott auf«* (SWV 356) merkt er »ad Benevolum Lectorem« an, er sei hier »des Herrn Claudio Monteverdi's *Madrigal ›Armato il cor‹* sowohl als auch einer seiner *Ciacona [›Zefiro torna‹]* mit zwei Tenor-Stimmen in etwas wenigem nachgegangen.« (Die Stücke stammen aus den *Scherzi musicali* von 1632.) Und in den *Symphoniae sacrae III* ist das *Konzert »O Jesu süß, wer dein gedenkt«* (SWV 406a/406) als *»Super ›Lilium convallium‹ Alexandri Grandis«* gekennzeichnet. Das mag eine nur für Eingeweihte zu entschlüsselnde Huldigung sein, aber Schütz weiß gut, was er dem Süden verdankt, und wie lange auch die Begegnung mit Monteverdi zurückliegen mag, sein ins »Oratorische« drängender Einfluß, sein Vorbild, das Wunderwerk seiner *Marienvesper* sind für manche großen Konzerte im dritten Teil der *Symphoniae sacrae* noch wirksam. Das erste Stück aus dem zweiten Teil, das *Konzert »Mein Herz ist bereit«* (SWV 341), ist übrigens eine Komposition der *deutschen* Übersetzung eines Textes, den Schütz als erstes Stück im ersten Teil *lateinisch* vertont hat: das *Konzert »Paratum cor meum«* (SWV 257).

1648 Heinrich Schütz (1585-1672): Geistliche Chormusik

Und sei es auch vermessen, dies zu sagen, man kann sich dem Eindruck kaum entziehen, Schütz finde erst in der *Geistlichen Chormusik* ganz zu sich selbst, erst hier gelinge ihm ganz, das Wort der Schrift in der Sprache Martin Luthers ins musikalische Erklingen zu bringen. Voraussetzung dafür ist die Durchdringung der Musiksprache mit Wesenszügen der deutschen Sprache. Das bedeutet konkret die *musikalische* Anerkennung des *sprachlichen* Phänomens, daß im Deutschen (anders als im Lateinischen) die Betonung des Wortes an die Wurzelsilbe des Worts gebunden ist und daß dies in besonderer Weise den Ausdruck bestimmt. Indem Schütz der gleichsam materialen Gestalt, den Betonungen, dem Akzentspiel und der damit zusammenhängenden Sprachmelodie der deutschen Prosa nachgeht, dringt er mit *musikalischen* Mitteln in die Tiefe von *deren* Singehalt vor, verschafft er dem Wort Einprägsamkeit in einer von der *Musik* gegebenen neuen *Sprach*gewalt. Die musikalischen Voraussetzungen dafür erläutert Schütz auf seine Weise in der eingehenden Vorrede, die wir ihrer Wichtigkeit wegen im neuen Zusammenhang (und jetzt in der freien Umschrift von Gregor-Dellin, 1984) wiederholen; es gibt keinen besseren Quellentext zu dieser Musik:

»Es ist bekannt und liegt auf der Hand, daß – nachdem der über den Bassum continuum konzertierende Stil aus Italien uns Deutschen zu Gesicht kam – derselbe gar sehr von uns geliebt worden ist und daher auch mehr Nachfolger bekommen hat, als vorher jemals ein Kompositionsstil hatte, wovon die verschiedenen in den Buchläden befindlichen musikalischen Werke genug Zeugnis geben. Nun tadle ich solches Beginnen keineswegs, sondern bemerke vielmehr auch unter unserer deutschen Nation allerhand zum Musikberuf wohlgeschickte und geneigte Begabungen, denen ich ihr Lob gern gönne und selbst zu geben willens bin. Weil es aber gleichwohl bei allen in guten Schulen erzogenen Musikern außer Zweifel ist, daß in dem schwersten Kontrapunkt-Studium niemand andre Arten der Komposition gut vorbereitet in Angriff nehmen und gebührend behandeln kann, er habe sich denn vorher im Stil *ohne* den Bassum continuum genug geübt und das zu einer geordneten Komposition notwendige Rüstzeug eingeholt – als da unter andern sind: Die Dispositiones modorum (vorherige Entscheidung der Tonartwahl); Fugae simplices, mixtae, inversae (Gänge, versetzt, in der Wiederholung und Imitation, auch rückläufig); Contrapunctum duplex (Austausch und Auswechslung der Stimmen gegeneinander); Differentia Styli in Arte Musica diversa (Unterscheidung der Stileigentümlichkeiten); Modulatio vocum (Stimm- und Melodieführung, Beachtung des Klangs); Connexio subiectorum (Zusammengang mehrerer melodischer Stimmen) und dergleichen mehr –, Rüstzeug, sage ich, ohne das bei erfahrenen Komponisten keine einzige Komposition bestehen oder doch nicht viel höher als einer tauben Nuß wert geschätzt werden kann, also bin ich hierdurch veranlaßt worden, dergleichen Werke ohne Bassum continuum wieder anzugehen und damit vielleicht etliche, insonderheit aber angehende deutsche Komponisten anzufrischen, daß – ehe sie zu dem konzertierenden Stil schreiten – sie vorher diese harte Nuß (worin der rechte Kern und das rechte Fundament eines guten Kontrapunkts zu suchen ist) aufbeißen und darin ihre erste Probe ablegen möchten. Ist es doch auch in Italien, also auf der rechten musikalischen Hohen Schule, wo ich in meiner Jugend erstmals mein Fundament in diesem Beruf zu legen begann, der Brauch gewesen, daß die Anfangenden jedesmal erst geist- oder weltliche Werke ohne den Bassum continuum ausgearbeitet und vorgelegt haben, wie denn dort solche gute Ordnung vermutlich noch heute beachtet wird. Wobei meine zum besseren Verständnis der Musik wie auch zur Vermehrung des Ruhms unserer Nation wohlgemeinte Mahnung überhaupt von jedermann als in bester Absicht und zu niemands Verkleinerung gemeint verstanden werden möge.« Es folgen einige Sätze über die Ausführung der *Geistlichen Chormusik,* die Schütz verständigen Musikern anheimstellt.

»Womit ich dann zugleich hiermit öffentlich protestiert und gebeten haben will«, fährt er fort, »daß niemand das, was hier bedacht worden ist, dahin auslegen wolle, als ob ich dieses oder ein einziges meiner musikalischen Werke jemandem zur Beachtung oder gewissermaßen als Modell vorstellen oder empfehlen wollte (deren Geringfügigkeit ich gern eingestehe), sondern ich will vielmehr jedermann an die allervornehmsten Komponisten, gleichsam an die kanonisierten italienischen und anderen alten und neuen klassischen Autoren hiermit gewiesen haben, da deren vortreffliche und unvergleichliche Werke denjenigen, die sie sich neu setzen und mit Fleiß darin umsehen werden, sowohl in dem einen wie dem andern Stil als ein helles Licht voranleuchten und sie auf den rechten Weg zum Studium des Kontrapunkts führen können. Wie denn überdies ich noch der Hoffnung lebe, auch bereits davon Nachricht besitze, daß ein mir wohlbekannter, sowohl in Theorie als in Praxis hocherfahrener Musiker demnächst einen diesbezüglichen Traktat ans Tageslicht werde kommen lassen, der hierzu insonderheit uns Deutschen auch sehr zuträglich und nutzbar wird sein können: worum ich, wenn es dazu käme, dem allgemeinen Musikstudium zuliebe mich mit Fleiß zu kümmern dann nicht unterlassen will.« (Der ihm wohlbekannte Musiker ist nicht sein Schüler Christoph Bernhard mit seiner Kompositionslehre, sondern wahrscheinlich der Italiener Marco Scacchi, den Schütz als einen der großen Kontrapunktlehrer seiner Zeit schätzt. Wie Schützens eigene Kompositionslehre durch Christoph Bernhard erscheint die Scacchis durch seinen Schüler Angelo Berardi.)

So, sagt die musikwissenschaftliche Schütz-Forschung (Gudewill 1965), bilde das Werk von Schütz die letzte Erfüllung der Bestrebungen Luthers, verkörpere sich in ihm der protestantisch-humanistische Begriff des »Musicus poeticus« in seiner höchsten Vollendung. Trotzdem – aber vielleicht auch deswegen – ist der Eindruck einer gewissen Einseitigkeit nicht zu verdrängen, weil Schütz fast ausschließlich geistliche Vokalmusik komponiert und hierbei die Bibel als Textgrundlage bevorzugt; freie geistliche Dichtungen, liturgische Texte im engeren Sinne und Kirchenlieder kommen kaum vor. Und wieweit es sich bei

Schützens geistlicher Vokalmusik um Musik für den Gottesdienst handelt, ist eine noch nicht geklärte Frage. Immerhin nimmt von allen Sammlungen nur die *Geistliche Chormusik* eine gewisse Rücksicht auf das De tempore des Kirchenjahres, ja in gewisser Weise stellt die *Geistliche Chormusik* ein Motetten-Repertoire dar. Wie seine Zeitgenossen ist Schütz der Überzeugung, daß Motetten kraft ihrer inneren Harmonie dem Menschen den Weg zu weisen vermögen, auf dem eine vom Krieg verwüstete Welt »zum harmonischen Ebenbild Gottes wieder erneuert werden kann« (Schmalzriedt 1972).

Wer jemals Schütz im Chor gesungen hat, der hat gewiß zuerst eine Motette aus der *Geistlichen Chormusik* gesungen, und seither wird er den Schrifttext in Luthers Wort hören als erklingendes Wort durch Heinrich Schützens Musik. Doch a propos »gesungen«: Zwar ist es, seit die musikalische Jugendbewegung Schütz wiederentdeckt und als evangelische Kirchenmusik bekanntgemacht hat, üblich, diese Motetten a cappella zu singen, in jedem Fall historisch richtig ist es aber nicht. Man nehme nur den Titel der Sammlung wörtlich: *Musicalia ad Chorum Sacrum, Das ist: Geistliche Chor-Music Mit 5, 6, 7 Stimmen, beides, vocaliter und instrumentaliter zu gebrauchen, aufgesetzet durch Heinrich Schütz. Erster Teil. Opus undecimum.* – Die *Geistliche Chormusik* besteht aus 27 Motetten in 29 Stücken (SWV 369-397), weil zwei Motetten aus prima und secunda pars bestehen (1/2 und 3/4). Das Prinzip der Anordnung ist, wie seinerzeit üblich, das zunehmender Stimmenzahl: je 12 zu 5 und 6 Stimmen, 5 zu 7 Stimmen. Die Texte sind den Schriften Alten und Neuen Testaments entnommen, z. T. auch Kirchenlieder. Nr. 27 *»Der Engel sprach zu den Hirten«* ist eine deutsche Bearbeitung des *Concerto »Angelus ad pastores ait«* von Andrea Gabrieli.

1649 **Marc'Antonio Cesti** (1623-1669): **Oper »Orontea«** in Venedig

Zum Karneval 1649 in Venedig schreibt Cesti seine erste Oper, und gleich diese wird zu einer der meistgespielten Opern der Zeit: bis 1686 folgen 22 Einstudierungen an anderen Bühnen. *Orontea* ist eines der vier Opernlibretti, die der damals bekannte italienische Komödiendichter G. A. Cicognini verfaßt. Er übernimmt dafür aus dem spanischen Theater seiner Zeit die dramatischen Intrigen, die enge Verbindung ernster und komischer Szenen und die Schnelle der wechselnden Dialoge, also Elemente einer neu wirkenden Dramaturgie. Dementsprechend trennen er und Cesti Rezitativ und Arie anders und mehr als Monteverdi, geben sie den Hauptpersonen kürzere und mehr liedhafte Arien, stellen sie die Personen verschiedenen Standes in der Handlung auf eine Stufe, jedenfalls musikalisch. Das vereinfacht gerade auch komplizierte Handlungen – an denen freilich die Leute damals offensichtlich ihre Freude hatten. Allerdings konnten sie auch mehr verstehen als wir heute, weil viele Szenen sicherlich direkte Anspielungen auf zeitgenössische Ereignisse und bekannte Personen enthielten. Auf der anderen Seite haben aber auch viele Szenen ihren Reiz per se, und zwar so ausgeprägt und mit solchem Anklang beim Publikum, daß Librettisten und Komponisten sie gerne öfter mal wieder „einsetzten". Damit entsteht das, was die Barockoper dann in besonderer Weise kennzeichnen soll, die TYPISCHE OPERNSZENE.

1651 **Marc'Antonio Cesti** (1623-1669): **Oper »L'Alessandro vincitor di se stesso«** in Venedig

Auch diese Oper Cestis (nach Francesco Sbarra) ist erfolgreich; sie erlebt in verschiedenen Städten Italiens zahlreiche Aufführungen, dringt gar bis ins ferne München vor. Wie in fast allen Fällen der damaligen Operngeschichte bringt jede neue Aufführung mehr oder weniger starke Änderungen mit sich, die vom Autor selbst, oft aber auch von den lokalen Operntruppen zur Anpassung an die veränderten örtlichen Verhältnisse vorgenommen werden. Welche Fassung für welche Stadt oder für welchen Hof geschrieben ist, läßt sich nur an den meist allein erhaltenen, gedruckten Libretti entscheiden.

Die Frage nach der allgemeinen Bedeutung des hier plötzlich in der Oper auftretenden Alexander-Motivs ist so interessant, daß sie hier (im Anschluß an Untersuchungen von W. Osthoff 1960) im Hinblick auf die allgemeine Geschichte der Oper einmal ausführlich referiert sei; sie deutet nämlich auf einen Wandel der Haltung für die VENEZIANISCHE OPER hin. Osthoff hebt hervor, daß man in der Forschung bisher andere Einschnitte für die frühvenezianische Operngeschichte hervorgehoben hat, etwa den Schritt von der mythologischen Ausstattungsoper römischen Stils der Ferrari, Manelli usw. zu »historischen« Stoffen bei Busenello, Badoaro, Cavalli, Monteverdi, oder die Ablösung einer aristokratischen (Monteverdi, Cavalli) durch eine demokratische Partei, deren Hauptvertreter Cesti sei. Deutungen dieser Art sind indessen nicht haltbar. Wie unterschiedlichen Quellen auch die Stoffe frühvenezianischer Opern entstammen mögen, so stark ist doch ihre Zusammengehörigkeit. Erinnert sei nur an die Thematik von Verwandlung und Verkleidung, die in

Venedig in Fülle vorkommt und die ja eine ganz andere Realität (Karneval!) im Theater spiegelt als die immer wieder angeführte, aber ganz andere Bereiche berührende Intrigentechnik gerissener Librettisten. Aus der Zusammengehörigkeit, nicht aus der Verschiedenheit entspringen die vielen Einzelmotive, welche die frühvenezianische Oper charakterisieren und dann doch die ganze Gattung Oper durchdringen. Die ersten vierzig Jahre Venezianischer Oper gehören jedenfalls zu den großen Kapiteln des europäischen Theaters, neben denen die vorausgehenden Florentiner Versuche und die folgenden Römischen Prunkdarbietungen blaß anmuten. – Bis 1651 wirkt in Venedig also die Haltung Monteverdis weiter, und es ist sicherlich kein Zufall, daß in eben diesem Jahr sein letztes *Madrigalbuch* (das 9.) posthum herauskommt und die *Incoronazione* zum letzten Mal öffentlich aufgeführt wird (in Neapel). Über die »Virtù« Nerones und Poppeas siegt mit Cestis *Alessandro* die echte Tugend des seine Leidenschaften beherrschenden Königs; mit der Entwicklung eines Opernideals an den europäischen Fürstenhöfen verliert das Venezianische Theater seine charakteristischen Züge und entwickelt sich auf jenen internationalen Operntyp zu, für den Neapel dann bald tonangebend wird. – Bei Cestis *Alessandro* handelt es sich allerdings erst einmal um den Einbruch eines einzelnen Stücks eines neuen Typs, nicht schon gleich um eine Wendung in der Librettistik. Römische Stoffe werden auch weiterhin benützt, in der Zeit des Abwehrkampfes gegen die Türken sogar bevorzugt. Aber hier stehen wir bereits vor der eigentümlichen Verschmelzung einer Art von Römer-Bewußtsein mit dem entstehenden höfischen Opernideal. – Ungeachtet der im Libretto vollzogenen Abkehr von der frühvenezianischen Oper ist die Musik des *Alessandro* wie kein anderes Werk Cestis noch mit der großen Tradition verknüpft.

Etwas anderes: Wenn man nach den Hauptkennzeichen frühvenezianischer OPERNMUSIK fragt, so ist in erster Linie die OSTINATOTECHNIK zu nennen. Hier sind allerdings jene aus dem 16. Jahrhundert übernommenen ausgedehnten, melodisch und rhythmisch gleichsam amorphen Strophenbässe in der Art von Romanesca und Ruggiero u.a. zu unterscheiden von den neuen Kurz-Ostinati wie Ciaconna und Passacaglia. Spielen jene in der Oper seit ihren Anfängen eine große Rolle, so treten diese erst in der Venezianischen Oper auf, ja sie sind wahrscheinlich als Errungenschaft Monteverdis anzusehen. Diese Kurz-Ostinati sind in zweierlei Hinsicht bedeutsam. Erstens bewirkt ihre stereotype Kadenzwiederholung eine vorher nicht gekannte harmonische Stabilität des musikalischen Satzes und ihr streng durchgeführter Rhythmus einen gleichmäßigen Zeitablauf. Zweitens kann sich von diesem klanglich und bewegungsmäßig gleichbleibenden Hintergrund der Affektgesang des Darstellers um so freier und selbständiger abheben, was die Aktion auf der Bühne ungemein erleichtert und belebt. Außerdem befördern die Kurz-Ostinati wegen ihrer rhythmischen Haltung entscheidend die Ausbildung des metrischen Gruppentaktes, der 150 Jahre später die musikalische Realisierung des Mozart-Theaters als entscheidende Voraussetzung ermöglichen wird. Kurz-Ostinati prägen also die Venezianische Oper seit Monteverdi, aber man hat bisher übersehen, daß dieses musikalische Phänomen sich mit einem dramatischen berührt, worauf denn auch viele frühvenezianische Librettisten in ihren Vorreden hinweisen, und zwar mit einer spanischen Erscheinung. CIACONNA und PASSACAGLIA, die Hauptformen der Kurz-Ostinato-Technik, sind nämlich ursprünglich spanische Gattungen (wenn sie auch erst in Italien die dann bekannten Gestalten annehmen), und diese Pasos forzados sind in der Venezianischen Oper nicht nur konstitutiv für geschlossene Nummern, sondern sie beginnen auch, bei besonderen, für die Handlung bedeutsamen Stellen, das Rezitativ zu durchsetzen. – Man sieht, wie nützlich genaue satztechnische Beobachtungen sind, denn nur sie können belegen, wie eine bestimmte Technik Cestis unmittelbar auf Monteverdi zurückgeht, aber auch, wie Cesti eine neue »psychologische Arbeit« in der Oper mit Hilfe von musikalischen Techniken betreibt.

1652 **Philipp Friedrich Böddecker** (1607-1683) **wird Stiftsorganist in Stuttgart**

Der Schüler seines Vaters und Ulrich Steigleders in Stuttgart kehrt nach Anstellungen in Darmstadt, Durlach und Straßburg wieder in seine Heimat zurück, wo er bis an sein Lebensende wirkt. Seine Kompositionen sind höchst liebenswürdige Zeugnisse für die Rezeption italienischer Musik in der deutschen evangelischen Kirchenmusik, etwa das vortreffliche *Weihnachtskonzert „Natus est Jesus«*, in das drei Strophen von »Josef, lieber Josef mein« eingearbeitet sind.

1654 **Marc'Antonio Cesti** (1623-1669): **Oper »Cleopatra«** zur Eröffnung des neuen Opernhauses in Innsbruck

1646 übernimmt ein »Opernfan« die Regierung in Tirol: der 18jährige Erzherzog Ferdinand Carl von Habsburg. Wie sein Vater heiratet er eine Medici, und die Theaterleidenschaft potenziert sich. In Innsbruck baut er 1652-1654 gegenüber dem »Comedihaus« in Venezianischem Fachwerkstil ein neues Hoftheater, das erste freistehende Opernhaus im deutschen Sprachraum – und zum ersten Mal mit einem fest engagierten Ensemble für Oper und Schauspiel. Aus Italien holt er sich Anregungen und Künstler, allen voran Marc'Antonio Cesti, den bedeutendsten Vertreter der Italienischen Oper neben Cavalli. Trotz der festen Bindung in Innsbruck und gleichzeitig in Rom an der päpstlichen Kapelle (als Sänger) hat und behält Cesti die engsten Beziehungen zu den Theaterstädten Italiens, vor allem zu Venedig. Hier debütiert er 1649 höchst erfolgreich mit *L'Orontea* (nach Cicognini), hier führt er 1651 bereits *Il Cesare amante* (nach Varottari) auf, den er als *Cleopatra* für Innsbruck zur fürstlichen Oper umarbeitet und entsprechend mit lokalen fürstlichen Bezügen ausstattet. Sein Ruhm dringt alsbald über die Grenzen: Als Cavalli zögert, erwägt der französische Hof, Cesti den Auftrag für die Festoper zu den Vermählungsfeierlichkeiten Ludwigs XIV. im Jahre 1660 zu erteilen.

Cestis frühe Opern zeigen ihn, was die Dramatik anlangt, im Gefolge Cavallis. Seine *La Dori ovvero La Schiara Fedele* etwa (nach Apollini; Innsbruck 1657, Florenz 1661), aber auch noch seine letzte *Oper »Il Pomo d'Oro«* (nach Sbarra; Festoper für Wien 1668) enthalten lange Cavallische Ausdrucks-Rezitative. Trotzdem verlegt Cesti den Schwerpunkt von der Dramatik der Handlung, die sich vornehmlich in großen rezitativischen Monologen abspielt, auf musikalische Zusammenhänge, nämlich auf Arien, ja auf eine Art von Arienzyklen, zu denen er manche Szene ausbaut in dem Bemühen, der Arie Anteil an der dramatischen Handlung einzuräumen – wie er umgekehrt (ebenfalls nach Cavallis Vorbild) Rezitative mit ariosen Einschüben durchsetzt. Wenn Monteverdi, so hat es A. A. Abert formuliert, dramatische Charaktere darstellt, Cavalli dagegen dramatische Situationen, so schafft Cesti in erster Linie musikalische Szenen. Man sieht: in den Werken der Meister kristallisiert die Gattung Oper.

1655 **Matthias Weckmann** (1621-1674) **wird Organist an St. Jacobi in Hamburg**

Seine musikalische Ausbildung erhält Weckmann als Diskantist an der Dresdener Hofkapelle unter Heinrich Schütz. Dieser schickt ihn 1637 für drei Jahre nach Hamburg, damit er sich bei Jacob Praetorius d.J. (1586-1651) im Orgelspiel ausbilden lasse und gleichzeitig Gelegenheit nehme, »die praetorianische Ernsthaftigkeit mit einer scheidemannischen Lieblichkeit zu mäßigen« (Mattheson). 1655 wird er als Organist und Kirchenschreiber an St. Jacobi und (nebenamtlich) an St. Gertrudis nach Hamburg berufen; Th. Selle, H. Scheidemann und J. Schop haben das Probespiel auf der berühmten Jacobi-Orgel abgenommen; das Protokoll davon ist ein wichtiges zeit- und standesgeschichtliches Dokument. Um 1660 gründet Weckmann auf Betreiben angesehener Bürger ein Collegium musicum, das donnerstags im Remter des Domes, zeitweilig mit 50 Spielern, probt. – Von den beiden engsten und zugleich bedeutendsten Schütz-Schülern, Christoph Bernhard und Weckmann, nimmt ersterer eher die italienische, letzterer eher die deutsche Komponente im kompositorischen Schaffen des Lehrers auf. Unberührt von der in seiner norddeutschen Umgebung spürbaren Neigung, die Kirchenliedweise bei Orgelwerken zu kolorieren und wie eine Art von Lied-Monodie in einem fließenden Oberstimmensatz zu fassen, betreibt Weckmann hartnäckig Kontrapunktik, bei der er den in langen Notenwerten vorgetragenen Cantus firmus gern mit kanonisch oder ricercarhaft geführten Gegenstimmen begleitet. Diese strenge, nur gelegentlich aufgelockerte Cantus firmus-Behandlung greift J. S. Bach im 3. Teil seiner *Clavier-Übung* und in den *Canonischen Veränderungen über »Vom Himmel hoch«* auf (Geck 1968).

1656 **Jean-Baptiste Lully** (1632-1687) **gründet das Eliteorchester »Les petits violons«**

Seit dem Ende des 16. Jahrhunderts gehört am französischen Hof das Ensemble »Les 24 violon du roy« nicht mehr zur »Écurie« (zum »Stall«), sondern zur »Kammer«, und nun bildet sich daraus ein echtes Orchester, das die Entrées de ballet und die Tanzsuiten bei Hofe spielt und bei der Hofkirchenmusik mitwirkt. In dieses Ensemble wird der junge Italiener Lulli alsbald aufgenommen, 1652 wird er dessen Leiter, 1653 wird er zum »Compositeur de la musique instrumentale« ernannt, dessen Aufgabe es ist, »Symphonies« und Tänze zu schreiben, also Instrumentalmusik. Mit dem Erfolg wachsen die Ansprüche. Der König unterstützt den Ehrgeiz des jungen Mannes, der alsbald ein Eliteorchester gründen kann, »Les petits violons«, dessen Ruf den des alten großen Orchesters binnen kurzer Zeit übertrifft. Besonders gerühmt wird die rhythmische Präzision und die Klarheit der Einstudierungen Lullys, dessen spätere instrumentale Kompositionstechnik sicherlich wesentlich auf den Erfahrungen beruht, die er als Gründer und Leiter dieses Eliteensembles gewonnen hat.

1657 Heinrich Schütz (1585-1672): Zwölf Geistliche Gesänge, gedruckt in Dresden

Zwölf Geistliche Gesänge mit vier Stimmen, die Heinrich Schütz »in seinen Neben-Stunden aufgesetzet«, selbst aber nicht veröffentlicht hat, sind von dem kurfürstlich sächsischen Organisten Christoph Kittel »zusammen getragen« und mit Schützens Erlaubnis im Jahre 1657 als op. 13 »zum öffentlichen Druck befördert« worden.

1. *Kyrie Gott Vater in Ewigkeit* (SWV 420)
2. *Das deutsche Gloria in excelsis* (SWV 421)
3. *Der Nicänische Glaube* (SWV 422)
4. *Die Worte der Einsetzung des heiligen Abendmahls* (SWV 423)
5. *Der 111. Psalm* (SWV 424)
6. *»Dank sagen wir alle Gott«* (SWV 425)
7. *Das deutsche Magnificat* (SWV 426)
8. *Des Hl. Bernhards Freuden-Gesang* (SWV 427)
9. *Die deutsche gemeine Litanei* (SWV 428)
10. *Das Benedicite vor dem Essen* (SWV 429)
11. *Das Deo gratias nach dem Essen* (SWV 430)
12. *»Christe fac ut sapiam«* (SWV 431)

Nach der Angabe im Titel sind die Stücke für »kleine Kantoreien zum Chor« bestimmt, und obwohl ein Bassus continuus beigegeben ist, betont Kittel im Begleitwort, »daß diese Komposition für einen völligen Chor auch ohne die Orgel vocaliter und instrumentaliter zu musiciren eigentlich gemeint und eingerichtet, daher auch der Bassus continuus nicht aus Not sondern nur nach Belieben dabei zu gebrauchen« sei. – Unter den zwölf Tonsätzen bilden sechs *»die Meß«,* nämlich das deutsche Kyrie, Gloria und Credo sowie die Einsetzungsworte und der 111. Psalm, »zu singen, wenn man das Sacrament empfehet.« Auch die deutsche *Sequenz »Dank sagen wir alle Gott«* (»Grates nunc omnes reddamus«), die ursprünglich dem Weihnachtsfest zugeordnet war, ist durch die Änderung des Textes »der uns *mit seiner Geburt* hat erleuchtet« in *»mit seinem Wort«* als ein allgemein durchs ganze Kirchenjahr verwendbarer Gesang in Sachsen üblich. Darauf folgen 6 weitere Stücke, als erstes *Das deutsche Magnificat,* das im Vespergottesdienst gesungen wird. Trotz dieses verschiedenartigen Inhalts der Sammlung haben die Werke eines gemeinsam, es sind liturgische Stücke, die entweder in der Messe, der Vesper, den Betstunden, oder als Gebete bei Tisch und vor dem Unterricht der Schüler ihren Platz haben. Ihre Texte und – soweit sie als Cantus firmi verwendet werden – die Melodien stimmen mit den in Agende und Gesangbuch überlieferten Fassungen überein. Die Frage, ob die Anweisungen für das Ausführen der Tonsätze von Schütz stammen oder von Kittel, ist nur insoweit von Bedeutung, als es sich um Aufführungspraxis handelt; für die liturgische Verwendung waren beide gebunden an die Gottesdienstordnung der Schloßkirche und die durch Verordnungen der Kurfürsten bestimmte Tradition der Hofkapelle, die auch die Aufführungspraxis weitgehend geregelt haben. – Um »späte Gelegenheitswerke« (Moser) scheint es sich nicht zu handeln. Vielmehr gehören Werke wie diese *Zwölf Geistlichen Gesänge* zu den Aufgaben des Hofkapellmeisters, der verpflichtet war, für den Gottesdienst in der Hofkirche auch schlichte Sätze zur Liturgie zu komponieren, und das hat Schütz kaum erst im hohen Alter getan.

1657, 1667 Adam Krieger (1634-1666): Arien und Neue Arien, gedruckt in Leipzig und Dresden

Wie bei Heinrich Alberts *Arien* (1638-1650) ist auch hier »Arie« ein Sammelbegriff für verschiedene Arten der Musikalisierung von liedhaften Texten, reichend vom Strophenlied mit Instrumentalritornell über einfache Duette und Terzette bis hin zu kantatenähnlichen, ja opernartigen Ensemblestücken mit bis zu fünf Stimmen. Jede Sammlung enthält 50 Stücke. Während in der frühen Reihe das einstimmige Strophenlied mit 45 Nummern überwiegt, bieten die *Neuen Arien* außerdem 15 Ensemblestücke mit 2 bis 5 Stimmen. Die Komposition ist konzise, das Ganze oft wie aus einem Guß. Die Texte, meist von Krieger selbst, können, vor allem im 2. Teil, oft neben der gehobenen Lyrik ihrer Zeit bestehen; die Arien selbst gehören zur beliebtesten Musik ihrer Zeit.

nach 1657 Christoph Bernhard (1628-1692): Tractatus compositionis augmentatus und Von der Singe-Kunst oder Manier

Daß, wie und wie lange alte und neue Musik im 17. Jahrhundert nebeneinander gebraucht und komponiert werden, beschreibt Christoph Bernhard (seit 1649 Kapellsänger in Dresden; 1664-1674 Kantor an St. Jacobi in Hamburg; dann wieder in Dresden, und zwar seit 1681 als Kapellmeister) in seinem *Tractatus,* einem, wie Robert Haas (1928) gesagt hat, »Deutschen Gutachten« zur Situation: Bernhard scheidet die Musik in zwei große Gruppen, die des »Stylus gravis« oder »antiquus« und die des »Stylus luxurians« oder »modernus«. Der alte Stil ist der, »welcher aus nicht allzu geschwinden Noten, wenig Arten des Gebrauchs der Dissonanzen besteht und nicht so sehr den Text als die Harmonie in acht nimmt«; in ihm ist »Harmonia Orationis Domina«. Hingegen wird der »Contrapunctus luxurians« erklärt als derjenige, »welcher aus teils ziemlich geschwinden Noten, seltsamen Sprüngen, so die Affekten zu bewegen geschickt sind, mehr Arten des Gebrauchs der Dissonanzen oder mehr ›Figuris Melopoeticis‹, welche andere ›Licentias‹ nennen, mehr aus guter Aria, so zum Texte sich zum besten reimet, besteht«. Dieser moderne Stil zerfällt wieder in die gewöhnliche Gebrauchsart (»communis«), in der Oratio und Harmonia gleichberechtigt seien, und in den Theaterstil (»theatralis«), der erfunden sei, »eine Rede in Musik fürzustellen«. Hier ist »Oratio Harmoniae Domina absolutissima«.

Diese *Kompositionslehre Heinrich Schützens in der Fassung seines Schülers Christoph Bernhard,* wie J. Müller-Blattau (1926) den *Tractatus* genannt hat, ist von solcher Bedeutung für die MUSIKALISCHE KOMPOSITION IM BAROCKZEITALTER, daß wir hier ausführlich darauf einzugehen haben. Sie beginnt mit der Generaldefinition: »Die Composition ist eine Wissenschaft, aus wohl gegeneinander gesetzten Con- und Dissonantiis einen harmonischen Contrapunkt zu setzen«, d. h. sie beginnt mit der Kontrapunktlehre als Fundament aller Komposition, nach wie vor. Neben der gesanglichen Führung der Stimmen in Erfüllung der tonartlichen Bedingungen ist das Grundprinzip der Komposition die intervallische Reguliertheit des Satzes im Kontrapunkt: dem gesamten mehrstimmigen Geschehen liegen die Konsonanzen zu Grunde, »die da sind die Seele der Harmonie.« Dissonanzen werden beim Komponieren stets in Bezug zu Konsonanzen gebracht und gesetzt, zum Beispiel als »Vorhalt«, der sich in eine Konsonanz auflöst, oder als »Durchgang« von einer Konsonanz zur anderen oder als »geschwind durchlaufende Töne« oder als »Nebennote« des vor oder nachher erklingenden Tones oder als »Vorwegnahme« eines im folgenden Klang konsonierenden Tones oder als Dissonanz, die, bevor die Auflösung erfolgt, ungewöhnlich »verlängert« oder »unterteilt« ist oder sich erst noch einmal »verändert«, usw. Solche dissonierenden Bildungen nennt Bernhard »Figuren«: »Figuram nenne ich eine gewisse [ganz bestimmte] Art, die Dissonanzen zu gebrauchen, daß dieselben nicht allein nicht widerlich, sondern [zu Folge ihrer Messung an den Konsonanzen] annehmlich werden und des Componisten Kunst an den Tag legen«. Der FIGURENLEHRE nun, als einem wesentlichen Teil der Kompositions-Wissenschaft, gilt ein eigener Abschnitt, der die Kontrapunktlehre ergänzt und erweitert; hier werden typische Gestaltungsweisen des musikalischen Satzes gelehrt, und zwar in der Weise, daß jedesmal deren Name und Definition angeführt und Beispiele gegeben werden. (Zum ersten Mal systematisch ausgebaut findet man die Lehre von den musikalischen Figuren in Burmeisters *Musica poetica* von 1606).

In seiner ebenfalls nur handschriftlich überlieferten Abhandlung *Von der Singekunst* beschreibt Bernhard sodann drei DIALEKTE DES MUSIKALISCHEN VORTRAGS (Dürr und Siegele 1966): »Cantar sodo« oder »Cantar alla romana«, »Cantar d'affetto« oder »Cantar alla napoletana« und »Cantar passagiato« oder »Cantar alla lombarda«. Bernhards Bezeichnungen deuten darauf hin, daß seine drei MANIEREN lokalisiert werden können: sie sind »auch nach den Orten, wo eine [jedwede] Art beliebet wird, benamset« und Rom, Neapel und Mailand zugeordnet – ohne daß hierdurch, das »beliebet« zeigt es an, die Kenntnis und Verwendung der beiden anderen Manieren an diesen Orten ausgeschlossen wäre. Es ist bezeichnend, daß Gesangstraditionen außerhalb Italiens für die »Singekunst« keine Rolle spielen – zumindest nicht für Bernhard und für an italienischen Vorbildern orientierte deutsche Hofkapellen, wie z. B. Schützens Kapelle in Dresden.

Die einfachste Maniera nennt Bernhard CANTAR SODO oder die »nur bei den Noten verbleibende Art«. Sie ist »der übrigen Grund«. Obwohl sie nach heutigen Begriffen keineswegs »bei den Noten verbleibt«, ist sie tatsächlich die einfachste Art zu singen. (Einen Notentext völlig unverändert vorzutragen, war einem Musiker des 17. Jahrhunderts unvorstellbar!) Das »Cantar sodo« ist Sängern vorbehalten, die wegen ihres »zum Passagieren nicht dienlichen Halses« und weil sie den Text nicht verstehen, die beiden anderen Arten nicht brauchen. Bernhard verbirgt seine offenbare Geringschätzung dieser Manier in dem Hinweis: Wer so singt, könne dennoch ein guter Sänger sein. Das »Cantar sodo« schließt ein: dynamische Veränderungen, Triller und Kadenzverzierungen, »Anticipazioni delle sillabe« – die Vorwegnahme des Textes bei gleichzeitiger Veränderung der Melodie. – Das CANTAR D'AFFETTO unterscheidet sich vom »Cantar sodo« vornehmlich darin, daß es das Verständnis des Textes voraussetzt. Die Melodie wird, je nach dem Affekt des Textes, in verschiedener Weise verändert und verziert. Diese Manier ist die Singart des »Stile recitativo«, des Berichts und der Handlungsteile in der Oper: Die Worte sollen verständlich bleiben, Passagen sind daher selten – der Affekt der Worte soll klar zum Ausdruck kommen, der Vortrag kann somit reich an Akzenten und Manieren sein. Das Verlangen nach einem verständlichen Text schließt selbstverständlich das nach einer korrekten

Aussprache ein. Für das Lateinische fordert Bernhard hier: »Sollte aber jemanden belieben, das Latein auf Italienisch auszusprechen, wie nunmehro die meisten Sänger gewohnet, so hielte ich solches aus erheblichen Ursachen ... nicht nur für zulässig, sondern auch recht und ratsam.« – Das CANTAR PASSAGIATO endlich, »eine Art zu singen, in welcher man nicht bei den angetroffenen Noten verbleibt, sondern dieselben verändert«, ist dem »Stile rappresentativo«, dem Madrigalisch-Ariosen und dem Concerto verbunden. Es führt in das »Cantar d'affetto«, dessen Prinzipien weiterhin gelten, Passagen und Diminutionen und vor den »Haupt-Finalen«, im Sinne einer ausgezierten Fermate, längere Koloraturen ein. Dabei werden Sprünge durch Skalen und Figuren ausgefüllt, liegenbleibende und repetierte Töne in umspielende Fiorituren aufgelöst. Passagen werden vom Komponisten häufig gefordert und dann ausgeschrieben – von H. Schütz wie von Monteverdi. Solche ausgeschriebenen Passagen bedeuten aber nicht, daß die Kompositionen nicht auch außerdem noch durch weitere Akzente und Kadenzformeln auszuzieren seien. Wahrscheinlich sind solche ausgeschriebenen Passagen überdies nur als Vorschlag, nicht als verbindlich anzusehen. Der doppelte Abdruck der *Arie »Possente spirto«* im Erstdruck von Monteverdis *Orfeo,* einmal reich passagiert und einmal unverziert, könnte ein Hinweis darauf sein.

Mit diesem »deutschen Gutachten« zur musikalischen Situation ist Christoph Bernhard einer der wichtigen Zeugen seiner Zeit, gewiß mehr als mit seinen Kompositionen, die freilich trotzdem zum Besten gehören, das die Generation Tunder, Weckmann hervorgebracht hat.

um 1660 **Janez Krstnik Dolar** (Joannes Baptista Tolar; um 1620-1673): **Messen**

Der in Kamnik/Slowenien geborene Komponist wirkt in Laibach/Ljubljana, der Hauptstadt seines Heimatlandes, in Passau und, seit 1661, in Wien als Leiter der Kapelle an der Jesuitenkirche Am Hof. Ist er auch in erster Linie als einer der Vertreter des Wiener Kreises der Kirchenmusik seiner Zeit bekannt, so hat er doch – nach Gabriel Plautzius (um 1590-1641) – die größte Bedeutung für die Musikkultur Sloweniens im Hochbarock. Außer durch gut und interessant gearbeitete Messen ist er durch seine instrumentalen *Balletti a 4 und a 5* und *Sonate a 10 und a 13* nach Art der italienischen vielstimmigen Canzonen bekanntgeworden.

1660/1662 **Francesco Cavalli** (1602-1676): **Oper »L'Ercole Amante«** in Paris

Cavallis Ruhm als Opernkomponist dringt über Venedig hinaus (obwohl er, ganz anders als Cesti, in Venedig ein stetiges Leben führt); der französische Hof beauftragt ihn mit der Komposition und Aufführung einer Oper für das Hochzeitsfest Ludwigs XIV. in Paris. Der französische Hof? Nein, sondern der Kardinal Mazarin. Dieser ist nämlich ein Italiener, der schon in Rom bei Kardinal Barberini Opernaufführungen arrangiert hat und seit 1645 für Gastspiele italienischer Operntruppen in Paris sorgt, wobei Cavalli bereits 1646 mit *L'Egisto* (1643) bekannt wird. Cavalli nimmt den Auftrag nur zögernd an, zieht seine Zusage wieder zurück und reist doch im Sommer 1660 nach Frankreich, wo er sofort mit der Komposition des Textes von Francesco Buti beginnt. Äußerer Umstände wegen verzögert sich jedoch die Aufführung. Einstweilen führt man seinen *Il Serse* (1654) auf. Am 7. Februar 1662 endlich ist es soweit: in einem neuen, von dem Architekten Vigarini in den Tuilerien erbauten Theater kommt es zur glanzvollen Uraufführung. Und nun tritt etwas für Cavalli Schlimmes, für die Oper der Zeit jedoch höchst Charakteristisches ein: Die von Lully nach dem Brauch der Französischen Oper eingefügten Ballette, bei denen der König und die Königin höchst persönlich mittanzen, erringen den Haupterfolg und die Pracht der Ausstattung und das Raffinement der Inszenierung samt Bühnentechnik übertönen gleichsam die zurückhaltende Ausdrucksmusik Cavallis. Folge: die Italienische Oper hat in Frankreich ausgespielt. Ludwig XIV. und Lully (Mazarin war 1661 gestorben) bringen die eigenständige französische Theatertradition zur Geltung und sorgen für die Entwicklung einer eigenen französischen Art von Oper.

1664 **Heinrich Schütz** (1585-1672): **Weihnachtshistorie**, gedruckt in Dresden

Zu seiner *Historia, der freuden- und gnadenreichen Geburt Gottes und Mariens Sohn, Jesu Christi, unsers Einigen Mittlers, Erlösers und Seligmachers,* wie der schöne Titel zur Weihnachtshistorie (SWV 435) lautet, stellt Schütz den Text zusammen aus Lukas 1-21 und Matthäus 1-23 mit Lukas 2, 40 als Anhang. Diese Zusammenstellung ist vor Schütz nicht belegt, wohl aber danach, nämlich durch Bachs *Weihnachtsoratorium.* Die mehr epischen Teile des Evangelistenberichtes setzt Schütz als einfaches generalbaßbegleitetes Rezitativ. Das, was die Einzelpersonen und Personengruppen innerhalb dieses Berichtes zu sagen haben, faßt er in acht »Intermedien« als kleine geistliche Konzerte für Einzelstimmen mit obligaten Instrumenten. »Die Menge der Engel«, die »Sinfonia« zu Beginn und der »Beschluß« sind Chöre. Tonale Grundlage des Werkes ist F-dur, die Tonart der alten Hirten- und Weihnachtslieder und der weihnachtlichen Lektionen, deren Formeln im Evangelistenrezitativ überall erkennbar sind und sich häufig zu nahezu liedhaften Melodiezügen zusammenfügen. Das verleiht der *Weihnachtshistorie* nicht zuletzt ihr volkstümliches Gepräge. Gelegentlich wird die Deklamation aber auch durch textausdeutende musikalisch-rhetorische Figuren unterbrochen, am eindrucksvollsten wohl durch die Anwendung der Lamento-Chromatik bei der Schilderung des Kindermordes zu Bethlehem. Genial als Erfindung und zu hören einfach hinreißend: Schütz zeichnet den Engel (der in Bachs *Weihnachtsoratorium* nur ein einziges Mal zu Wort kommt) als zentrale Gestalt des Geschehens aus. Wer im 7. und erst recht im 8. »Intermedium« das »Stehe auf Joseph, auf auf Joseph!« jemals richtig wahrgenommen hat, der wird niemals mehr zweifeln, daß Gottes Engel Menschen auferwecken können. Und der Schlußchor »Dank sagen wir alle Gott unserm Herrn Christo, der uns mit seiner Geburt...« ist Dank, Lob und Preis schlechthin. Für die Beschreibung dessen, was hier musikalisch geschieht, versagen die üblichen Beschreibungsweisen der Musikwissenschaft, etwa die des sogenannten Wort-Ton-Verhältnisses oder auch diejenige über etwas, das »musikalisch zum Ausdruck gebracht« würde. Hier darf man, hier muß man wohl sagen: Das Wort der Schrift wird im musikalischen Erklingen durch Heinrich Schütz gleichsam leibhaftig; *das* ist im Geiste Luthers Musik der Reformation.

Schützens *Weihnachtshistorie* (SWV 435, 435a, 435b) ist, wie das Titelblatt der 1664 gedruckten Evangelistenpartie ausweist, auf »gnädigste Anordnung« des sächsischen Kurfürsten Johann Georg II. entstanden. Der Auftrag mag bald nach dem Regierungsantritt des Fürsten, 1656, ergangen sein. Jedenfalls ist für das Jahr 1660 eine Aufführung bezeugt. Noch 1656 hat Johann Georg die kurprinzliche mit der kurfürstlichen Kapelle vereinigt und damit ein Ensemble von beachtlicher Stärke geschaffen, das rasch zu europäischem Ansehen aufsteigen sollte. Wie kein zweites Werk Schützens spiegelt die *Weihnachtshistorie* die reichen, ja einzigartigen Möglichkeiten, die sich nun für den Hofkapellmeister ergeben. Die außerordentlichen Anforderungen veranlassen Schütz, sich bei der Drucklegung auf die Evangelistenpartie zu beschränken, die 10 Konzerte (die Rahmensätze und die 8 »Intermedien«) aber zurückzubehalten, »alldieweil er vermerket, daß außer Fürstlichen wohlbestallten Kapellen solche seine Inventionen schwerlich ihren gebührenden Effekt anderswo erreichen würden.« Um Abschriften der 10 Konzerte kann man sich »bewerben« (Hofmann 1970).

Bereits 1623 läßt Schütz in Dresden als op. 3 drucken: *Historia der fröhlichen und siegreichen Auferstehung unsers einigen Erlösers und Seligmachers Jesu Christi, in die Musik übersetzet durch Heinrich Schützen* (»Auferstehungshistorie«, SWV 50) für Soli, Chor und Instrumente mit Generalbaß. Hier sind die Rezitative noch nicht rhythmisiert, die Partien der Soliloquenten zweistimmig zu einem Generalbaß gesetzt, wobei man die jeweils andere Stimme auch mit einem Instrument besetzen oder gar weglassen kann, wie Schütz in seinem Vorwort selbst anweist.

1664-1674 **Jean-Baptiste Lully** (1632-1687) und **Jean-Baptiste Molière** (1622-1673): **Comédie-Ballets für Versailles**

1661 beginnt Ludwig XIV., das von seinem Vater Ludwig XIII. erbaute ländliche Jagdschloß in Versailles großzügig umzubauen. In Abständen begibt er sich selbst nach Versailles, um den Fortgang der Bauarbeiten zu inspizieren. Jeder seiner Besuche dort ist ein Vorgeschmack auf das künftige Leben in dem riesigen Schloß unter der reinsten absolutistischen Herrschaft Europas, jeder Empfang gerät zum Fest. Der Dichter-Chronist Jean Loret berichtet von den »Plaisirs de l'Ile enchantée«, die jeweils mehrere Tage dauern und in deren Verlauf am 8. Mai 1664 die Ballett-Komödie *Princesse d'Elide* von Molière aufgeführt wird mit der Musik von Lully, der damals bereits Oberleiter der königlichen Musik ist. Die Zusammenarbeit der »deux grands Baptistes« feiert Triumphe. Von Lullys 14 *Comédie Ballets* entstehen 10 zu Texten von Molière, 1 von Molière gemeinsam mit Corneille, 2 von Quinault, 1 von Racine. Das bekannteste davon ist *Le bourgeois gentilhomme* (Chambord 1670; Molière).

In unserem Jahrhundert hat Hugo von Hofmannsthal den *Bürger als Edelmann* bearbeitet, Richard Strauss hat dazu eine Musik geschrieben. Aus dem gemeinsamen Werk entsteht später (1916) die *Oper »Ariadne auf Naxos«.*

1665/66 **Heinrich Schütz** (1585-1672): **Passionen nach Lukas, Johannes und Matthäus**

Zu den großen Alterswerken von Heinrich Schütz gehören die drei *Passionen nach Lukas* (begonnen 1653, aufgeführt 1666; SWV 480), *Johannes* (1666, mit einer Frühfassung von 1665; SWV 481/481a) und *Matthäus* (1666; SWV 479). Die Titel lauten jeweils: »Historia des Leidens und Sterbens unsers Herrn und Heilandes Jesu Christi nach dem Evangelisten St....« Den Leidensbericht trägt ein »Evangelista« einstimmig unbegleitet vor. Die in die Erzählung eingelassenen Chöre der Jünger, der Juden, des Volkes, der Kriegsknechte (Turbae) sind für vierstimmigen Chor a cappella gesetzt; das Ganze wird eingeleitet und beschlossen von je einem großen motettischen Chorsatz zu vier Stimmen: »Introitus« (»Das Leiden unseres Herrn Jesu Christi, wie uns das beschreibt der hl. Evangeliste...«) und »Beschluß« (große Doxologie). Diese drei *Passionen* stehen in der ungebrochenen, von protestantischen und katholischen Komponisten in gleicher Weise bezeugten Tradition der biblisch-liturgischen Leidensverkündigung der Westkirche. In dem Moment, da in Deutschland oratorische Passion und Passions-Oratorium die streng liturgisch-biblische Form der Passion zu verdrängen beginnen, verknüpft Schütz nochmals alle Fäden der früheren Passions-Vertonungen miteinander. Die Bedeutung von Schützens *Passionen* liegt daher nicht, wie allzu oft und allzu einseitig gesagt worden ist, in der Dramatisierung des Passionsstils, sondern im Gegenteil in einer für das Schützsche Alterswerk bezeichnenden liturgischen und zugleich zutiefst evangelischen Reduktion aller äußeren madrigalistischen und monodisch-affektiven Elemente auf die knappste Wortgestaltung und Wortprägung (Fischer 1966).

Man darf sich keiner Illusion hingeben: Schütz hat, anders als Bach, heutzutage nur eine kleine Gemeinde, er wird nicht von breiteren Schichten getragen. Das hängt teils mit der geschichtlichen, speziell der musikgeschichtlichen Konstellation, teils aber auch mit der Eigenart seines Werkes zusammen. Als er stirbt, ist seine Musik schon veraltet. Die neuen musikalischen Tendenzen der Zeit sind unvereinbar mit seinem Werk; sie bewirken, daß es schnell und gründlich in Vergessenheit gerät. Erst im 19. Jahrhundert wird Schütz wiederentdeckt, und zwar durch die musikgeschichtliche Forschung von Carl von Winterfeld (1834) bis Philipp Spitta (1885). Verbreitung allerdings findet er erst im 20. Jahrhundert durch die musikalische Jugendbewegung, die ihrerseits eine Schütz-Bewegung auslöst. Und doch kann sich das Werk im Konzertsaal nicht durchsetzen, kaum in der evangelischen Kirche. Es ist vielmehr als »alte Musik« in den Bereich eines gewissen Eklektizismus geraten – der freilich viel zu eng ist für seine Größe. Aber war Schützens Musik denn jemals, also auch zu ihrer eigenen Zeit, für Musiker wie Hörer etwas musikalisch Selbstverständliches? Kann sie es überhaupt sein? Die Frage ist im Ernst zu stellen, eine schwierige Frage der Musikästhetik, an der selbst Adorno gestrauchelt ist mit der Meinung, Schütz gehöre nicht zu denen, die das Standardwerk *Die großen Deutschen* vereinigen soll.

1668 Dietrich Buxtehude (1637-1707) wird Organist an St. Marien in Lübeck

Nach dem Tode des damals weithin berühmten Marien-Organisten Franz Tunder (1667) bewirbt sich Dietrich Buxtehude um dessen Nachfolge (die aber wohl schon vorher mit Tunder selbst vereinbart ist) und wird am 11. April 1668 gewählt. Mit dem Organistenamt an St. Marien in Lübeck erhält er das für den gesamten Ostseeraum maßgebliche kirchenmusikalische Amt, das er bis zu seinem Tod, also 39 Jahre lang, innehat. Wie Blume in seinem zusammenfassenden *MGG*-Artikel (1952) eindrücklich beschreibt, erfährt man nichts von Reisen, nicht einmal von auswärtigem Orgelspiel, von Orgel-Abnahmen und dergleichen, wie es sonst bei den Organisten der Zeit reichlich der Fall zu sein pflegt. Jahraus, jahrein erfüllt Buxtehude sein Organistenamt, komponiert und veranstaltet Aufführungen – für einen Mann seines Ruhms und seines Zeitalters ein fast unwahrscheinlich seßhaftes Dasein. Die gottesdienstlichen Aufgaben des Marien-Organisten sind nicht sehr umfangreich. Es handelt sich vor allem um präludierendes und postludierendes Spiel (Choralbegleitung ist in Lübeck damals nicht üblich), freies Spiel zur Kommunion und dergleichen. Zu Kompositionen für den Gottesdienst scheint Buxtehude nicht verpflichtet zu sein; größere Musiken zum Gottesdienst sind nämlich Sache des Kantors, der dafür den Lettner zur Verfügung hat – und bei der großen Entfernung des Lettners von der Orgelempore in St. Marien ist damit der Organist an der Hauptorgel von dieser Musik gleichsam abgeschnitten. Hauptaufgabe des Organisten sind dagegen die »Abendmusiken«, die seit 1646 belegt, vermutlich aber älteren Ursprungs und aus Bedürfnissen der »commerziierenden Zünfte« hervorgegangen sind. Es scheint, daß der Organist außerdem für Versammlungen der Kaufleute zu anderen Zeiten, zum Beispiel vormittags vor der Börse, zu spielen und Musik verschiedener Besetzungen aufzuführen hat: vermutlich komponiert Buxtehude die meisten seiner erhaltenen Werke für solche Zwecke. Die »Abendmusiken« verlegt er von den bis dahin üblichen Wochentagen auf die beiden letzten Trinitatis-Sonntage und den 2., 3. und 4. Advent und gestaltet sie alsbald zu »starken Musiken« aus, für die im Laufe der Jahre zwei Emporen neben der Orgelempore ausgebaut und Instrumente angeschafft werden. Im übrigen entspricht die Stellung des Marien-Organisten der eines »Director musices«, wenn auch in Lübeck dieser Titel nicht gebräuchlich ist: Er hat für Musik zu öffentlichen Festlichkeiten zu sorgen, wird von den patrizischen Familien mit Aufführungen beauftragt und komponiert für sie Hochzeits-Carmina oder Begräbnisgesänge. – Wie weit Buxtehudes Werk über Lübeck hinausreicht, ist nicht hinlänglich untersucht. Man darf aber annehmen, daß die Vokalkompositionen sich mehr in dem nordischen Umkreis, die Orgelwerke mehr über Nord- und Mitteldeutschland verbreiten. – Buxtehude ist zu seiner Zeit als Orgellehrer berühmt und gesucht; sein bedeutendster Schüler ist Nikolaus Bruhns (1665-1697). Verbleiben auch die meisten Schüler im norddeutschen Raum, so gelangt doch ein starker Einfluß Buxtehudeschen Geistes über Werckmeister, J. G. Walther und J. S. Bach nach Mitteldeutschland. Als Gesamtwerk gehört das – übrigens von Philipp Spitta wiederentdeckte – Schaffen Buxtehudes zum wertvollsten Bestand altevangelischer Kirchenmusik.

Buxtehude ist zu seinen Lebzeiten so berühmt, daß junge Musiker zu ihm wallfahren; freilich ist auch seine Stelle wie kaum eine andere begehrt. Sie zu erreichen ist aber an eine Bedingung geknüpft: der Nachfolger muß Buxtehudes Tochter heiraten. Als Mattheson und Händel 1703 von Hamburg nach Lübeck reisen, »um dem vortrefflichen Organisten D. Buxtehude einen künftigen Nachfolger auszumachen«, hören sie den Meister und »bespielen daselbst fast alle Orgeln und Clavizimbel. Aber weil eine Heiratsbedingung bei der Sache vorgeschlagen wurde, wozu keiner von uns die geringste Lust bezeugte, schieden wir, nach vielen empfangenen Ehrenbezeugungen und genossenen Lustbarkeiten von dannen.« Im Oktober 1705 zieht J. S. Bach aus Arnstadt nach Lübeck, wo er nach seiner eigenen Aussage versucht, »daselbst ein und anderes in seiner Kunst zu begreifen.« Aber auch er kann sich nicht entschließen, den begehrten Posten mit der Heirat der Jungfer Anna Margaretha zu erkaufen.

1668 **Marc'Antonio Cesti** (1623-1669): **Oper »Il Pomo d'Oro, Festa teatrale«** in Wien

Abschluß und Höhepunkt der seit 1666 andauernden Hochzeitsfeierlichkeiten Kaiser Leopolds I. mit der spanischen Infantin Margherita in Wien ist die *Prunkoper »Il Pomo d'Oro«* nach dem Text des Hofdichters Francesco Sbarra und mit der Musik von Cesti, der seit 1666 Vizehofkapellmeister in Wien ist. R. Alewyn und K. Sälzle (1959) haben dieses Fest und die Aufführung seiner Oper als eines der großartigen Ereignisse in der *Epoche des höfischen Festes* ausführlich beschrieben, nämlich als ganz besonderes Beispiel für das *Große Welttheater,* das das Zeitalter gleichsam selber spielt, von dessen Vorstellung es jedenfalls bestimmt ist.

Hier wird die Sage vom Streit der Juno, Venus und Minerva um den Apfel der Eris, aus dem der Trojanische Krieg entstand, zu einem ungeheuerlichen, Himmel, Erde und Unterwelt umspannenden Kompliment für die junge Gattin des Kaisers ausgebaut, und das Theaterstück, das auf diese Weise in imponierender Unabhängigkeit von der Sagenüberlieferung entsteht, wird der Rahmen zu dem großartigsten Schaugepränge, das jemals auf einer europäischen Bühne gezeigt werden sollte. Von der Pracht der Bühnenbilder, die der kaiserliche Hofarchitekt Lodovico Ottavio Burnacini entwirft, kann man sich einen Begriff machen, wenn man die Kupferstiche studiert, die Matthäus Küsel davon gefertigt hat. Hier ist der Satz zu verstehen, daß »die Bretter die Welt bedeuten«. Wenn es zutrifft, daß dieses Werk, wie Quellen berichten, »ein ganzes Jahr durch, die Woche drei mal, mit Zulassung aller Leute, präsentiret worden ist«, wäre damit eine *Hof*oper nach der Art einer venezianischen *Stadt*oper der Öffentlichkeit dargeboten worden. Gleichzeitig würde sich damit der beispiellose Ruhm dieses Werkes erklären, der sich in Deutschland in zwei hochwertigen Übersetzungen spiegelt (Weimar 1669, Nürnberg 1672): keine andere Oper hat vergleichbares Aufsehen erregt (Braun 1981). Freilich, zur Verlebendigung des Mythos zum gegebenen Anlaß muß im Theater, und durchaus auch in der Hofoper etwas kommen, was die Leute staunen läßt. Zur Erhöhung des szenischen Reizes dienen deshalb Flugmaschinen und Kunstgerüste, die in einem separaten, neben dem Libretto gedruckten Büchlein, das die Inhaltsangabe in deutscher Sprache bringt, verzeichnet sind. Die verschiedenen szenischen Bilder und Einzelvorgänge werden – so hat es G. Adler im Vorwort zur Neuausgabe der Oper in den *DTÖ* beschrieben (1896) – zu einer bunten Folge ohne jeden inneren Zusammenhang vereinigt. Der Librettist bedient sich der Maschinen und Intrigen, um ein künstliches Netz herzustellen, das Götter und Menschen umfängt. Die Götter sind Puppen mit Räderwerk; bei den Menschen tritt wenigstens die Absicht hervor, Gemüt und Verstand wirken zu lassen. Festszenen, rührende Szenen, komische Einlagen – alles stolpert über- und durcheinander und es ist fast wie ein Wunder, daß dabei in die fünf »Handlungen« und die 67 »Auftritte« – in den venezianischen Opern sind Akte mit 20

Szenen nicht selten! – soviel Ordnung gebracht ist, daß man sich zur Not zurechtfinden kann. Für den Hörer der damaligen Zeit allerdings dürfte der Faden leichter zu finden gewesen sein, denn hier, wie wahrscheinlich auch sonst in der frühvenezianischen Oper, ist anzunehmen, daß die Handlung Anspielungen auf zeitgenössische Ereignisse enthält, die die Hörer kennen.

Während in der älteren Venezianischen Oper die Rezitative zu den eigentlich ausdrucksstarken Teilen der Oper gehören und Monteverdi neue künstlerische Ausdrucksmittel gerade für das Rezitativ erfindet, gehören kunstvolle begleitete Rezitative in den Opern Cestis und seiner Zeitgenossen zu den Ausnahmen. Um so abwechslungsreicher sind die Arien, von den Chören, die bei Cesti noch häufiger begegnen, ganz zu schweigen.

1669 **Johann Kaspar Kerll** (1627-1693): **Delectus Sacrarum Cantionum,** gedruckt in München

Ein weithin berühmter Mann seiner Zeit ist der Münchner Hofkapellmeister (1656-1673) und spätere Wiener Hoforganist (1677-1692) J. K. Kerll, einerseits durch seine Opern für den Münchner Hof (mindestens 9 an der Zahl; alle verloren), andererseits durch seine archaisierenden Meßkompositionen (*Missae Sex a IV, V, VI vocum, cum Instrumentis concertantibus et vocibus in Ripieno,* München 1689), schließlich durch seine Orgelmusik (*Modulatio Organica super Magnificat octo ecclesiasticis tonis respondens,* München 1686). Besondere Bedeutung kommt den in der Sammlung *Delectus Sacrarum Cantionum a II, III, IV, V vocum cum adjunctis instrumentis* (op. 1, München 1669, dem Bayernherzog gewidmet) vereinigten geistlichen Konzerten zu: Riedel (1958) beschreibt sie als in ihrer Haltung vornehmlich durch Carissimi bestimmt, zugleich aber dem Schützschen Vorbild verpflichtet.

1670 **Jacques Champion de Chambonnières** (1601/02-1672): **2 Bücher Pièces de clavecin**

Mag die Benennung auch ein wenig abgegriffen scheinen, es ist doch viel Richtiges daran: Chambonnières ist der Stammvater der französischen Clavecinisten. Zu seinen zahlreichen Schülern gehören oder von ihm beeinflußt arbeiten die berühmtesten Meister der Klaviermusik in Frankreich von Robert Cambert (1627-1677) über Jean-Henri d'Anglebert (1628-1691) und Louis Couperin (1626-1661) bis zu François Couperin (1668-1733). Sie alle sind an der Ausprägung einer Art von Klaviermusik beteiligt, die mehreres miteinander verbindet, das nicht eo ipso zusammengehört: Instrumentalmusik, polyphon, für einen Spieler (also verbunden mit technischem Können, ja Virtuosität), an einem Instrument, und zwar am Cembalo mit seinem farbigen, auf Instrumenten der französischen Bauart zarten, zwar nicht rasch verklingenden, aber in der Lautstärke schnell abnehmenden Klang. Das Letztere führt – weil der Cembaloton über den Anschlag ja nicht zu modulieren ist – zur Erfindung von besonderen Arten der Tongebung, nämlich zu sogenannten »Verzierungen« der Komposition oder »Manieren« des Spiels, und darin überschlägt sich die Erfindungskraft der Franzosen; hier liegt die Hauptbesonderheit der Clavecinisten. – Bei der Vermittlung des französischen Stils der Klaviermusik nach Deutschland spielt J. J. Froberger eine wichtige Rolle. – Vom Gesamtwerk Chambonnières' besitzen wir sicherlich nur einen Bruchteil, und zwar ausnahmslos Clavecin-Suiten, gereiht nach Ordnungsprinzipien, die völlig selbständig neben denen der deutschen Suiten stehen und sich mit diesen kaum vergleichen lassen. Die einzelnen Tanztypen sind verhältnismäßig wenig ausgeprägt; Giguen, Couranten und Canaries sind oft zum Verwechseln ähnlich; und verschiedene Spielarten ein und desselben Tanztyps kommen durchaus nebeneinander vor: »Courante gaie« und »grave«, »Sarabande gaie« und »grave«. Programmstücke sind bei Chambonnières noch nicht zu finden; beigefügte Titel sind selten und, wo sie vorkommen, lediglich als Etiketten zu deuten, sei es im Sinne einer Datierung, einer Widmung oder nur einfach einer Erkennungsmarke.

Daß die Clavecinkunst des Chambonnières' und damit der gesamten älteren französischen Schule der Clavecinisten einfach als bodenständig französisch gelten kann, ist nicht anzunehmen. Wahrscheinlich sind Einflüsse der englischen Virginalisten und vor allem der gleichzeitigen Lautenmusik nicht auszuschließen.

Ein Teil vom Reiz dieser Musik ist dem heutigen Hörer verschlossen: er liegt in der Verschiedenheit der Tonarten und in den Schattierungen von Modulationen, die nur in Erscheinung treten, wenn das Instrument »französisch gestimmt« ist, also nicht, wie heute allgemein üblich, »gleichschwebend«: gerade die Schwebungen und ihre Verschiedenheit zeichnen bestimmte Intervalle und melodische und harmonische Wendungen und mit ihnen die Tonartencharaktere aus – *haben* die Tonarten einmal ausgezeichnet, bis sich die, das Zusammenmusizieren freilich stark erleichternde, wohltemperierte Stimmung durchgesetzt hat.

1670 Johann Christoph Pezel(ius) (1639-1694): Hora decima musicorum Lipsiensium oder Musicalische Arbeit zum Ab-blasen

Kaum glaublich, wie Johann Christoph Pezel – eigentlich »nur« ein Stadtpfeifer, doch zu seiner Zeit schon gepriesen als »gelehrter Kunstpfeifer« und als berühmter »Musicus der Stadt Budissin [Bautzen]« (seit 1681) – kaum glaublich, wie Pezel die künstlerisch, vor allem aber gesellschaftlich engen Grenzen seines Standes zu überschreiten und sich in den Rang der beachtenswerten Meister seiner Zeit zu erheben vermag. Mit 40 *Bläsersonaten* (für 2 Cornette und 3 Trombonen) in dieser ersten Sammlung führt Pezel die Gattung des Abblasestücks zu einer künstlerischen Höhe, die nur G. Reiches *Quadricinien* von 1696 halten können. Die Sonaten weisen mit ihrem Klang zwar auf ihre Herkunft aus der Praxis des Choralblasens und der Intraden hin, sie lassen jedoch diese Vorbilder durch motettenartigen Satz, Motivvielfalt, reiche kontrapunktische Kleinarbeit (mit oft sehr freien Stimmführungen) und durch Einbeziehung mehrchörigen, gelegentlich auch solistischen Konzertierens weit zurück. Die unterschiedliche, im allgemeinen aber hohe Satzzahl (5 bis 11, in zwei Fällen 16 und 17) aller Sammlungen Pezels scheint auf lockere Zusammenstellung für beliebiges Auswahl-Musizieren hinzudeuten. Tatsächlich aber trifft das nur für einen Teil der Suiten zu. In vielen anderen sind nämlich die motivischen Beziehungen zwischen den Sätzen reich und differenziert; ja diese können kunstvoll verschränkt sein und eine gesamte, z.B. zehnsätzige Suite einschließlich des Einleitungssatzes erfassen.

1671 Heinrich Schütz (1585-1672): »Schwanengesang«

In dem kurzen Lebenslauf, den der kurfürstliche Oberhofprediger D. Martin Geier 1672 verfaßt, steht, daß Schütz in seinen letzten Lebensjahren »auch noch immer stattliche Kompositionen über etliche Psalmen Davids, sonderlich den 119.« geschrieben habe. Außerdem ist aus drei verschiedenen Quellen bekannt, daß Schütz offenbar vorhatte, den *»119. Psalm in 11 Stücken nebst dem Anhange des 100. Psalms ›Jauchzet dem Herrn‹ und eines deutschen Magnificats ›Meine Seele erhebt den Herrn‹*, mit 8 Stimmen auf 2 Chören über die gewöhnlichen Kirchen-Intonationen« zu veröffentlichen »unter dem Titel des Schwahn-Gesangs (zweifelsohne, weil er solchen [den 119. Psalm] für sein letztes [Werk] gehalten)« (SWV 482-494).

Der 119. Psalm, »Des Christen Güldenes ABC«, wie Luther gesagt hat, ist mit 176 Versen von allen Psalmen der längste, er bedarf deshalb für die musikalische Komposition einer besonderen Zurichung des Textes. Anders als im *Beckerschen Psalter* 1628/1661 (SWV 97-256) wendet Schütz jetzt ein Aufteilungsverfahren an, nach dem aus dem ganzen Psalm 11 Motetten entstehen. Diese seien, sagt er, in der alten Dresdener Schloßkirche »auf denen beiden [1662 neu eingezogenen] über dem Altar, einander gegenüber, erbauten zwei schönen musikalischen Chören [gemeint sind Choremporen] von 8 guten Stimmen mit 2 Orgeln« aufzuführen. Daß damit jede größere Besetzung, auch unter Hinzunahme von Instrumenten, ausgeschlossen sei, ist nicht anzunehmen. Leider sind die Stimmen von Cantus und Tenor des zweiten Chors verloren. Aber neuere Ergänzungen machen das Werk durchaus aufführbar. Ob es indessen im 17. Jahrhundert auch nur ein einziges Mal aufgeführt worden ist, ist zu bezweifeln.

Vom Inhalt des Textes wie von der Faktur her heben sich die beiden Werke des »Anhangs«, der *100. Psalm* (SWV 493) und das *Deutsche Magnificat* (SWV 494) von den *11 Motetten des 119. Psalms* ab. *»Jauchzet dem Herrn alle Welt«* ist eine Festmusik für den Einweihungsgottesdienst der erneuerten Schloßkirche in Dresden im Jahre 1662. Der funkelnde Glanz dieser Motette wird in den 11 Stücken zum *119. Psalm* weder angestrebt noch erreicht; Umfang, Doppelchörigkeit (jeder Chor »in eine Orgel«), Altar-Intonationen, Bindung an einen Psalmton und separate Gestaltung des *»Ehre sei dem Vater«* sind indessen gemeinsame Merkmale.

Einen geradezu klassisch zu nennenden Ausgleich zwischen einem modernen einfachen Konzert und einer Motette im alten imitatorischen Stil bildet das *Deutsche Magnificat*. Der alte Schütz stellt dieses schlichte, in der vollkommenen Synthese von Akkordik und Stimmenbewegung besonders eindrückliche Stück wohl mit Bedacht an das Ende des Zyklus, nämlich als Abschluß und zur Vollendung auch seiner ganzen Lebensarbeit: Alle vorhandenen Stimmen tragen am Schluß Schützens Unterschrift in Form seines Monogramms: »HSC« (Heinricus Sagittarius Capellae Magister), und unter der letzten Zeile der Stimme »Bassus secundi Chori« steht außerdem von Schützens eigener Hand »FINIS« – die feierliche Deklaration der Vollendung eines Lebenswerkes. Eines der einsam großen Werke der abendländischen Musik. Und doch muß man sagen, daß es seltsam altmodisch ist für seine Zeit, nämlich wenige Jahre *vor* J. S. Bachs Geburt, und wenige Jahre *nach* dem Beginn der großen Zeit der Dresdener Oper – für die sich Schütz kaum interessiert, ganz im Gegensatz zu Bach.

1672 Jean-Baptiste Lully (1632-1687): Gründung der Académie royale de musique

Seit Sommer 1669 gibt es in Paris eine vom König privilegierte »Académie d'Opera, ou représentations de musique en langue française«, die mit Werken wie *Pomone* oder *Les Peines et les plaisirs de l'amour* von Robert Cambert erhebliches Aufsehen erregt. Als der Inhaber des Privilegs in Schwierigkeiten gerät, kauft Lully ihm dieses ab und gründet 1672 eine neue »Académie royal de musique« für Aufführungen »composés tant en vers françois qu'autres langues étrangères pareils et semblables aux Académies d'Italie« (»komponiert in Versen entweder französischer oder anderer Sprachen, gleich oder ähnlich wie in den Italienischen Akademien«). Mit seiner ersten großen Oper (Tragédie lyrique; Text von Quinault; 27. April 1673) *Cadmus et Hermione* hat Lully durchschlagenden Erfolg. Der begeisterte König stellt dem Komponisten im Anschluß an diese Premiere als neuen Theaterraum die Salle du Palais-Royal, in der bisher Molières Theatertruppe gespielt hat, zur Verfügung. Und nun entstehen Jahr um Jahr die 12 großen Opern Lullys.

1673 Johann Theile (1646-1724): Pars prima Missarum... Juxta veterem Contrapuncti stylum, gedruckt in Frankfurt am Main und Leipzig

Als Haupt einer nord- und mitteldeutschen Kontrapunktiker-Schule nennt man ihn »Vater des Kontrapunkts« (*Unterricht von einigen gedoppleten Contrapuncten* um 1670; *Musicalisches Kunstbuch* 1691). – Theiles Versuch zur Schaffung eines kirchenmusikalischen Corpus von Werken im Stile antico, für das diese *Pars prima Missarum* von 1673 steht, ist programmatisch zu verstehen. Es ist der Versuch einer *historischen* Neuorientierung der Kirchenmusik, wie er erst von der über ein Jahrhundert später einsetzenden Palestrina-Renaissance aufgenommen werden soll. Daß Theile zugleich zu den Vätern der deutschen Oper zu rechnen ist (er ist an der Errichtung der Hamburger Oper maßgeblich beteiligt; zu ihrer Eröffnung im Haus am Gänsemarkt 1678 schreibt er das *Singspiel »Der erschaffene, gefallene und aufgerichtete Mensch«*) ist nur scheinbar ein Widerspruch: Nichts vermöchte besser die Neigung des Barockzeitalters zur Spekulation und Reflexion einerseits und zur Sinnenfreude andererseits zu zeigen.

um 1676 Heinrich Ignaz Franz Biber (1644-1704): »Mysterien-Sonaten« für Violine solo, gedruckt in Salzburg

Seit 1679 ist der Böhme H. I. F. Biber Vizekapellmeister, seit 1684 Kapellmeister am Hof des Fürsterzbischofs in Salzburg, und er erfüllt alle mit diesem Amt versehenen Aufgaben von der Kirchenmusik über die Musik zu Schuldramen und die Kammermusik bei Hofe bis hin zur Oper. International berühmt aber ist Biber als Geigenvirtuose und -komponist. Als Schüler Johann Heinrich Schmelzers (um 1623-1680) in Wien setzt er eine, zwar von Italien angeregte, aber doch spezifisch deutsche Tradition des Violinspiels fort und durch. Deren Eigentümlichkeiten sind das bis dahin ungebräuchliche Spiel in höheren Lagen (bis zur 7. Lage), mit vielen Doppelgriffen und oft unter Anwendung der Skordatura (das heißt mit anderen Stimmungen der Saiten der Geige als der üblichen Quint-Stimmung). Die berühmten *Mysterien-Sonaten* oder *Rosenkranz-Sonaten* sind keine Programmusiken, sondern Kirchenstücke zu den »XV Sacra Mysteria« der liturgischen Rosenkranzfeiern, die in katholischen Ländern im Oktober stattfinden. Die nachfolgende *Passacaglia* ist für das »Schutzengelfest« bestimmt. Die Besonderheit von Bibers *Mysterien-Sonaten* wird am besten deutlich im Vergleich mit Johann Kuhnaus *Biblischen Historien,* die echte naiv malende Programmusik sind. Die Bibers Originaldruck beigegebenen Vignetten bestimmen im Bereich der bildenden Kunst denselben Grundton, den die Sonaten als Musik anschlagen.

1678-1738 Oper in Hamburg

Die GESCHICHTE DER OPER ist – wie an anderer Stelle ausführlich behandelt – ein besonderes Kapitel in der Sozialgeschichte der Musik, und die Geschichte der Barockoper gibt darin besonderen Aufschluß. Obwohl die Gattung Oper weder ein Produkt bürgerlichen noch höfischen Geistes ist und deshalb keine verschiedenen Arten auseinanderzuhalten sind, so zeigt die Operngeschichte dennoch – und zwar aus leicht einzusehenden Gründen der Finanzierung dieser teuren Kunstform – alsbald Unterschiede je nach dem Standort der Opernhäuser an Höfen oder in Städten ohne Hof. Ist die ursprüngliche Funktion der Oper als eine Form von Theater auch dort und hier dieselbe und ist die Abhängigkeit vom Erfolg beim jeweiligen Publikum gleichermaßen gegeben, so bewirken die sich auseinander entwickelnden sekundären, jedoch maßgebenden Funktionen, nämlich der Repräsentation dort und der Unterhaltung hier, auseinandertreibende Tendenzen. Das ist eindrucksvoll zu beobachten an der Geschichte der Oper in Hamburg, die vor anderen durch die Arbeiten von W. Braun aufgedeckt worden ist (1981, 1987); sie sei hier als wenig bekanntes, aber wichtiges Kapitel der deutschen Musikgeschichte ausführlicher referiert. In Hamburg bemühen sich Bürger der Stadt, Freunde des Theaters und Musiker um die Mitte des 17. Jahrhunderts um die Errichtung eines ständigen, eines »stehenden« Opernhauses, dessen Aufführungen wie in Venedig gegen entsprechendes Entgelt den Musikfreunden aus allen Schichten und Klassen offenstehen soll. Hamburg ist eine reiche Stadtrepublik, und es finden sich Handelsherren und Reeder, kapitalkräftige Unternehmer, auch Diplomaten und Wissenschaftler, die während der frühen Jahre die Geldmittel für eine Hamburger Oper bereitstellen (von 1679 an eine Aktiengesellschaft). Einig ist man sich über die bürgerlich-demokratische Form einer Volksoper, die den höfischen Theatern, den »Brutstätten des Lasters« – dem Theater haftet dieses Odium immer an –, also den Schaubühnen der Kastraten und Primadonnen nicht gleichen soll, und in Hamburg sind die Erfolgsaussichten eines solchen Unternehmens durchaus günstig. Trotzdem gibt es schon vor der Eröffnung Einsprüche und heftige Gegenwehr von Hamburger Klerikern, der Lutherisch-Orthodoxen und der Pietisten, so daß die Theaterfreunde nach einer beiderseits annehmbaren Lösung suchen müssen. Als Direktor beruft man den geschäftstüchtigen und beim Bürgertum hoch angesehenen Kaufmann und Senator Gerhard Schott. Ihm zur Seite stellt man einen theologischen Berater, den Lizentiaten Lüttgens, und einen musikalischen Sachwalter, den Organisten Johann Adam Reincken. Unter der Leitung dieser integren Persönlichkeiten wird im Jahre 1678 das GROßE HAUS am GÄNSEMARKT als erste bürgerliche öffentliche Oper in deutschen Landen eröffnet: Mit dem musikalischen Paradiesspiel *Adam und Eva oder Der erschaffene, gefallene und aufgerichtete Mensch* von Johann Theile (1646-1724), einer Art Singspiel mit moralisch-erzieherischer Tendenz. Diese Tendenz des künstlerischen Programms lockert sich freilich bald; neben die biblischen Singspiele treten mythologische und historische Stoffe – und das Opernwesen reißt ein: 1681 schon bricht ein Hamburger Opernstreit aus durch eine öffentlich verbreitete Schrift *Theatromania oder Die Werke der Finsternis,* die der Hamburger Hauptpastor Anton Reiser, ein Freund des Pietisten Jakob Philipp Spener, verfaßt hat. Reiser meint, in den Opern agiere Satanas persönlich, und schreckt auch nicht davor zurück, das Proletariat der Hafenviertel gegen die Oper zu mobilisieren. Die Anhänger der Oper setzen sich mit sachlichen Argumenten zur Wehr und fordern allgemein anerkannte Kapazitäten des geistig-kulturellen Lebens zur Begutachtung und Stellungnahme auf, gar den großen Leibniz, der sich *für* die Oper ausspricht. Nachdem auch Hinrich Elmenhorst, Hamburger Pastor und Dichter, sich positiv zu Wort meldet, kann die geplante Schließung des Theaters abgewendet werden – einstweilen jedenfalls. Aber Gefahr droht auch von einer anderen Seite, nämlich vom Publikum, dessen einfach disponierter und durch Götter- und Heldensagen wenig zu beeindruckender Teil auch hier verlangt, was im Theater in deutscher Sprache immer üblich gewesen ist, nämlich das derbe und possenhafte Element, für das eine »lustige Person« nicht fehlen darf. Angesichts dieser Gefahren und mit mittleren musikalischen Talenten entwickelt sich die Hamburger Oper nicht, bis Joh. Sigismund Kusser (1660-1727; französisch beeinflußt von Lully, italienisch von A. Steffani) 1693 die Leitung am Gänsemarkt übernimmt. Er kommt aus Braunschweig (also von einer Hofoper) mit der Intention, den Hamburger Opernbetrieb nach französischem Vorbild (also nach dem Vorbild eines Hofes) umzustellen, auch führt er »fremde« Werke auf, gar in der jeweiligen Originalsprache. Ein interessanter Spielplan, mustergültige Aufführungen und prachtvolle Ausstattungen finden allgemein Bewunderung und weithin Anerkennung – außer bei denen, die die immensen Defizite zu zahlen haben. Kusser resigniert nach drei Jahren, weil ihm das Geld für seine Opernpläne ausgeht. Merkwürdigerweise bedeutet das aber nicht Niedergang sondern Aufschwung, weil nämlich von 1696 an der Nachfolger Reinhard Keiser (1674-1739) die Entwicklung, den Aufstieg, freilich dann auch den Niedergang der Oper am Gänsemarkt begleitet, ihn in den wichtigen Phasen selbst bestimmt. Er ist ein Musiker von hohen Graden, den manche Zeitgenossen als den Größten unter den Deutschen bezeichnen. Wie Kusser kommt Keiser aus Braunschweig, ist er ein besonderer Kenner und Freund der französischen Musik. Über Kusser hinaus aber reicht seine Fähigkeit zur Zusammenfassung aktueller musikalischer Schreibarten und Gestaltungsweisen von Theater: wie niemand sonst versteht er, den galanten Stil mit italienischen, von der Affektenlehre angeregten Elementen anzureichern, die Kunst des »dolce cantabile« zu anmutiger Süße deutscher Liebeslieder zu verwandeln. Keiser wird zur herausragenden Persönlichkeit der deutschen Oper dieser Zeit und die Hamburger Oper am Gänsemarkt damit erstmals zu einem Institut, das nationale Musikkultur auf dem Gebiete des Musiktheaters verwirklicht. Die herausragenden Werke sind 1701 *Störtebecker,* 1706 *Masagniello* und 1707 *Der angenehme Betrug oder Der Car-*

neval von Venedig, ein Stück, das auch plattdeutsch textierte Lieder enthält, die alsbald als Flugblätter gedruckt und auf der Straße verkauft werden, also weite Verbreitung finden. Die Popularität der Keiserschen Opern ist groß, aber die Herausforderung ihrer ironisch-kritischen Texte, ihrer komischen Szenen, der drastisch derbe Charakter ihrer Polemik ist selbst in den antiken Stoffen und Bildern so aggressiv, daß die Gegenpartei der Patrizier, bürgerlichen Senatoren und des konservativen Klerus zu einem neuen Angriff auf die Gänsemarkt-Oper antreten, mit dem Erfolg, daß sie, jedenfalls vorübergehend, geschlossen wird. Seit 1702 ist Keiser Mitpächter des Hauses, freilich erfolglos, und damit beginnt schon die Periode des Verfalls, den auch andere Musiker von Rang durch sporadische Mitarbeit nicht aufhalten können: Johann Mattheson schaltet sich 16jährig als Tenor, später auch als Komponist und Dirigent ein; Händel bringt auf der Hamburgischen Bühne seine Erstlingsopern *Almira* und *Nero* (1705, beide in deutscher Sprache) heraus; auch für den jungen Christoph Graupner bleibt die Gänsemarkt-Oper nur Lehrzeit und Durchgang (5 Opern zwischen 1707 und 1709); ebenso zieht der 20jährige J. A. Hasse aus dem benachbarten Bergedorf nach kurzer Mitwirkung auswärtige Entwicklungsmöglichkeiten vor. Keiser selbst versucht es noch einmal mit einer anderen Art von Oper, nämlich mit volkstümlichen Hamburger Singspielen im Typus der Lokalposse. Diese Stücke sind als Opern oder Singspiele in vielfach erprobten komischen Szenen angelegt – und arten hier, verselbständigt, aus zu wahren Exzessen des Komisch-Drastischen in Text, Szenerie und Musik. Trotz Erfolgen (etwa 1726 *Der lächerliche Prinz Jodelet*) sinkt Keisers Stern. 1722 übernimmt Telemann die Leitung der Oper am Gänsemarkt und engagiert sich sehr, indem er sowohl an die heitere Tradition des Hauses mit Singspielen anknüpft (1725 *Pimpinone*), als auch ernste Opern nach deutschen historischen Stoffen schreibt (1728 *Emma und Eginhard*). Aber auch er kann den Verfall nicht aufhalten, er kündigt 1738. So gehört die Zukunft nur noch fahrenden Operntruppen. 1750 wird das Haus am Gänsemarkt geschlossen, das Grundstück verkauft, das traditionsreiche Gebäude abgerissen – und 1765 schon riskiert Konrad Ackermann, der Prinzipal einer Wandertruppe, ein neues Komödienhaus zu eröffnen. 1767 kommt Lessing mit hochfliegenden Plänen nach Hamburg, arbeitet als Kritiker und Dramaturg und hofft, am Aufbau eines deutschen Nationaltheaters mitwirken zu können. Doch alle Bemühungen schlagen fehl; die Rivalitäten und Intrigen der agierenden Schauspieler und Theaterleiter, die fast alle aus Wanderbühnen kommen, die Polemik des Klerus und die Launenhaftigkeit der bürgerlichen Mäzene verhindern den Aufstieg des Unternehmens. Auch die Aufführung der *Minna von Barnhelm* (1767) vermag nicht, die Lage zu ändern. 1769 verläßt Lessing die Stadt. Sein Ziel, ein deutsches Nationaltheater, hat er nicht erreicht, ebenso wie 30 Jahre zuvor in Hamburg die Bestrebungen zur Entwicklung einer nationalen Oper in deutscher Sprache gescheitert waren.

Auch dies ist freilich zu bedenken: Die Oper ist eine italienische Kunstform, und als solche ist sie im Norden nie akzeptiert worden. Auch bereitet ihre Verdeutschung die größten Schwierigkeiten und muß im 17. Jahrhundert immer wieder von neuem versucht werden; es gibt keine Rezepte, nicht einmal Leitbilder. Dennoch finden wir die Spuren von mehr als 200 »Singe=Spielen« an etwa 25 Orten, an Höfen oder in Städten Frankens, Sachsens, Thüringens, Niedersachsens, des Küstenbereichs von Nord- und Ostsee bis hoch ins Baltikum. Eine nach kaufmännischen Gesichtspunkten geleitete Oper aber besteht allein in Hamburg auf längere Zeit, ständig bedroht von Verboten und vom Bankrott.

1679 Johann Heinrich Schmelzer (um 1623-1680) wird Hofkapellmeister in Wien

Schmelzer ist der Hauptmeister der altösterreichischen Geigerschule vor Biber und zugleich der bedeutendste Wiener Ballettkomponist des 17. Jahrhunderts. Innerhalb der vorwiegend von venezianischen Meistern getragenen Wiener Hofkunst seiner Zeit verkörpert er eine Art heimischen Elementes: Er folgt zwar italienischen und französischen Anregungen und Vorbildern, nimmt aber zugleich österreichisch-bayerische Melodik in seine Tänze auf, die er zu Balletten und Suiten vereinigt. Für die Verwendung seiner *Balletti* ist vor allem an die Faschingszeit zu denken mit Veranstaltungen wie »Wirtschaften«, »Bauernhochzeiten«, »Königreiche«, Turniere, oder sie bilden Tanzeinlagen oder Aktschlüsse bei Opernaufführungen, auf deren Handlung sie sich nicht unbedingt beziehen müssen.

1680-1725 Johann Philipp Krieger (1649-1725) Hofkapellmeister in Weißenfels

Zu seiner Zeit gehöre Krieger zu den führenden deutschen Komponisten, sagt man. Immerhin, er ist 45 Jahre lang Weißenfelser Hofkapellmeister, führt seine Kapelle auf das höchste Niveau einer deutschen Hofmusik, und er ist ein immens fleißiger Komponist. Das Verzeichnis der Werke, die er von 1684 an in der Weißenfelser Schloßkirche aufführt, nennt rund 2000 eigene Werke, 225 seines Bruders, 475 von anderen deutschen und von italienischen Komponisten. Der größte Teil seines Schaffens sind Kirchenkantaten. Während Bach fünf Jahrgänge, also etwa 325 Kantaten komponiert und Buxtehude rund 400, sind es bei Krieger rund 2000. Davon sind allerdings nur 80 erhalten. Von 1680 bis 1715 leitet Krieger die damals wichtige Weißenfelser Oper, die zeit ihres Bestehens (um 1650-1736) nur deutsche Opern aufführt, darunter gewiß viele von Krieger; doch alle sind verloren. Es existiert lediglich eine in zwei Teilen gedruckte *Sammlung von Arien,* die freilich eher zur Geschichte des Strophenliedes und der volkstümlichen Melodik in der Kunstmusik gehören als zur Operngeschichte – es sei denn, sie gehörten gerade damit in die *deutsche* Operngeschichte. Um so mehr verwundern diese Arien, als Krieger zwei Jahre in Venedig und Rom gewesen war, um Komposition zu studieren. – Wichtig ist Krieger indessen tatsächlich durch zwei Sammlungen mit 24 *Triosonaten* (1688, 1693), in denen er an entsprechende Sammlungen Bibers (1676) und Rosenmüllers (1682) anknüpft, und durch die 6 Suiten *Lustige Feldmusik* (1704), die zur Gattung der Ouvertüren-Suite nach französischem Vorbild gehören. »Dieweil er lebet, hat er einen größern Namen denn andere tausend; und, nach seinem Tode, bleibt ihm derselbe Name«, meint Mattheson.

1681-1700 **Arcangelo Corelli** (* Fusignano/ Faenza 1653, † Rom 1713): **Triosonaten und Violinsonaten op. 1-5**

Corelli wird schon zu Lebzeiten als eine Art Klassiker geradezu verehrt. Seit 1682 amtiert er als »Maestro di Musica« in Rom in höchsten Stellungen der römischen Gesellschaft. Im Gegensatz zu nahezu allen Musikern seiner Zeit ist Corellis Werk begrenzt auf Instrumentalmusik, außerdem veröffentlicht er nur weniges. Die Drucke beginnen mit Triosonaten: 1681 läßt er *12 Kirchensonaten à tre op. 1* mit Orgel, 1685 *12 Kammersonaten op. 2* mit Cembalo erscheinen. 1689 und 1694 folgen zwei ebensolche Serien *op. 3* und *op. 4,* 1700 die berühmten *12 Sonaten op. 5,* davon 6 für die Kirche und 6 für die Kammer, unter den letzteren das Schlußstück (Nr. 12) mit den *Variationen über »La Folia«* (einen spanischen, mit dem Passamezzo antico und der Romanesca verwandten Tanz, der als Satzmodell Grundlage für viele Variationenzyklen vom 16. bis ins 20. Jahrhundert ist). Mit diesen Triosonaten und Violinsonaten faßt Corelli eine lange Entwicklung der Violinmusik im 17. Jahrhundert gleichsam zusammen: eine Codifizierung des Violinspiels um 1700, welche lange eine gewisse Gültigkeit behält. Von Corellis Vorbild angeregt erscheinen in den folgenden Jahrzehnten viele Violinsonaten-Sammlungen von den wichtigsten Meistern der Zeit, von Albinoni (*op. 4, op. 6*), Vivaldi (*op. 2*), Geminiani (*op. 1, op. 4*), Veracini (*op. 1, op. 2*), Tartini (*op. 1, op. 2*) und Locatelli (*op. 6*).

1682 **Johann Sigismund Kusser** (1660-1727): **Suitensammlung »Composition de Musique…«**, gedruckt in Stuttgart

»Ist ein guter Mann in seiner Kunst und Wissenschaft, führt aber mehr Stücke von andern als von sich selber auf. Nun ist dieses nicht zu schelten, denn ich schwerlich glaube, daß er oder viele andere werden z.e. dem Lully oder andern bekannten Componisten gleichkommen«, heißt es in einem Stuttgarter Aktenstück (Kussers Vater ist seit 1674 Musikdirektor an der Stiftskirche in Stuttgart), und weiter: »… sonsten erhält er seinen Respect sehr wohl bei denen Musicis und ist ein capabler Mann, eine Musik zu dirigieren.« Demnach scheint Kusser zu seiner Zeit eher als Dirigent und Orchestererzieher bekannt und gesucht zu sein denn als Komponist, der er aber doch auch ist. Gerade als solcher hat er nämlich viel zu vermitteln, das damals in Deutschland gesucht ist: den Stil der Musik und die Musizierweise des Lully, dessen Schüler Kusser zwischen 1674 und 1682 gewesen zu sein scheint. Im Vorwort seines wohl wichtigsten Werkes, der Suitensammlung *Composition de Musique, Suivant la Méthode Françoise contenant Six Ouvertures de Théâtre accompagnées de plusieurs Airs* (dem Herzog von Württemberg gewidmet) betont Kusser, daß er sich bewußt an die Schreibweise des »fameux Baptiste« – also Lully – anschließe, »dessen Werke zum Geschenk des Vergnügens für alle Höfe Europas wurden. Ich habe mich bemüht seine Methode zu befolgen und, soviel es mir möglich war, in seine feine Kompositionsart einzustimmen.« – Von Kussers zahlreichen Opern aus seiner Zeit an der neugegründeten Oper in Braunschweig-Wolfenbüttel (1690) und an der Hamburger Oper (1694) ist außer zwei Arien-Sammlungen (Hamburg 1695, Stuttgart 1700) nichts erhalten.

1682 **Georg Muffat** (1653-1704): **Armonico tributo**, gedruckt in Salzburg

»Als ich manche Verschiedenheit bemerkte, komponierte ich etliche von diesen Konzerten, so in

Herrn Arcangelo Corellis Wohnung [in Rom] probiert worden, und auf dessen Approbation, ebenso wie vor längerer Zeit nach meiner Rückkehr aus Frankreich als Erster die Lullysche Ballett-Art. Also habe ich von diesen hierzulande noch unbekannten Harmonien noch einige Probestücke als Erster nach Deutschland gebracht«, so Muffat selbst in der Vorrede zum *Florilegium secundum* (1698). Seine ersten fünf Versuche im neuen italienischen Stil des Concertos veröffentlicht Muffat im *Armonico tributo* 1682 unter dem traditionellen Titel »Sonate di camera a pocchi ò a molti stromenti«. Die Früchte seiner französischen Studien sind schon in den beiden Teilen des *Florilegium* von 1695 und 1698 (112 Stücke für vier- bis fünfstimmiges Orchester) erschienen. Muffats Bedeutung als Komponist reicht aber über die Vermittlung des italienischen und französischen Stils weit hinaus: In der versuchten Synthese zwischen Suiten-, Sonaten- und Fugenelementen bereitet er, so erklärt Federhofer (1961), den sogenannten GEMISCHTEN STIL/GESCHMACK vor, der im 18. Jahrhundert eine große Rolle spielen wird. Muffat ist außerdem der Verfasser einer ausführlichen *Generalbaßlehre*.

1682 **Johann Rosenmüller** (um 1619-1684) **wird Hofkapellmeister in Wolfenbüttel**

Unter den drei musikgeschichtlich bedeutsamsten und kompositorisch fruchtbarsten deutschen Meistern der zweiten Hälfte des 17. Jahrhunderts: Rosenmüller, Buxtehude, Pachelbel, ist Rosenmüller der bei seinen Zeitgenossen populärste. Zwar ist der *eine* Brennpunkt seines Schaffens, seine Suiten- und Sonatenkunst, durch die Vermittlung Matthesons und Scheibes bis in die Gegenwart lebendig geblieben, seine geistlichen Vokalwerke aber, der *andere* Brennpunkt, haben selbst Zelter (mit der Berliner Singakademie) und Carl von Winterfeld und auch später andere Musiker nicht wieder in das Blickfeld von Praxis und Forschung rücken können. Nachdem Rosenmüller schon in seinen Leipziger Suiten (vor 1655) eine der nord- und mitteldeutschen Musizierhaltung ungewohnte Klangsinnlichkeit entfaltet, gerät er vollends in Venedig (seit 1658) in den Bann der Klanglichkeit italienischer Instrumentalmusik, die ihn freilich nunmehr vor Probleme der formalen Gestaltung stellt: Aus der Suite wird die Sonate. – Bei seinen Zeitgenossen allerdings erfreut sich Rosenmüller besonders als Komponist von Kirchenmusik der größten Beliebtheit. Erhalten sind außer den gedruckten *Kernsprüchen* (2 Bände, 1648/52) rund 175 Kompositionen. Diese *Kernsprüche* freilich, konzertant-motettisch oder locker homophon gefügte Sätze auf vorwiegend deutsche Bibel- oder Andachtstexte, erheben sich kaum über den Durchschnitt des »Kleinen geistlichen Konzerts«, wie es die Zeit allgemein als für einfachste Verhältnisse berechnete Gebrauchsliteratur verwendet. Dagegen ragen unter den in Italien entstandenen großbesetzten lateinischen *Konzerten* (zu denen sich zwei *Messen* im Stile antico gesellen) die Ordinarium- und Psalmvertonungen hervor: imponierende Zeugnisse einer deutschen Musik, für die das Vorbild der italienischen Musik bestimmend geworden ist (Geck 1963).

1683 **Henry Purcell** (* London 1659, † das. 1695): **12 Sonatas of III parts**, gedruckt in London

Die großen Epochen der englischen Musikgeschichte sind das Mittelalter und die Elisabethanische Zeit, nicht aber das musikalische Barockzeitalter. Und dennoch kennt man die Namen Dunstable, Byrd, Morley – um nur die wichtigsten zu nennen – kaum, wohl aber den des »Orpheus brittanicus«: Henry Purcell. Nun, man kennt seinen Namen; von seiner Musik kennt man, jedenfalls auf dem Kontinent, nur wenig. Das hängt damit zusammen, daß Purcell ausgesprochen englische musikalische Gattungen pflegt, und daß er eine Eigenheit englischer Musik charakteristisch ausprägt, nämlich die nicht ganz einfache Verbindung zwischen einheimischen musikalischen Traditionen und italienischem »Wunsch-Einfluß«. Bei Handschin (1948) kann man lesen, Purcell könne als der englische Mozart gelten, insofern er in der Melodik den Italienern nachstrebe, und als der englische Bach, insofern er noch in selbstverständlicher Weise in der alten Kontrapunktik verwurzelt sei. Was das letzte anbelangt, bemerkt Handschin, »daß der Kontrapunkt Purcells in der Dissonanzbehandlung ungebundener ist als der Händels oder Bachs. Er hat etwas Herbes, Ungeglättetes, das ihn durch Byrd hindurch mit Josquin und dem Mittelalter verbindet. Übrigens beobachten wir etwas Ähnliches auch an Monteverdi, wo dieser die polyphone Schreibweise anwendet. Es ist also, wie wenn die vollkommene Ausglättung des Kontrapunkts im Palestrina-Stil nicht überall rezipiert worden wäre. Ihre Rezeption in Deutschland scheint treuer gewesen zu sein als in England.« Dafür die treffendsten Beispiele bieten Purcells wahrscheinlich bedeutendste Werke überhaupt, nämlich seine *Fantasien für Streicher* (für drei- und vierstimmiges Violen-Ensemble, 1680) und dann die beiden gedruckten Sammlungen von 1683 und 1697: *12 Sonatas of III parts* und *10 Sonatas in IV parts.* Sie verbinden musikalischen Reichtum und Schönheit mit individuellem musikalischem Ausdruck bei fließender Melodik und klanglichem Wohllaut. Außer diesen Sammlungen sind noch 2 *In nomine-Kompositionen* (sechs- und siebenstimmig) für Instrumentalensembles zu nennen, auch 8 Suiten und andere Stücke für Klavier und Orgel, davon 12 gedruckt in *Musick's Hand-Maid II,* London 1689.

1683-1721 »Ära Alessandro Scarlatti« der Barockoper **in Neapel**

Seit 1653 ist in Neapel die Oper eine ständige Einrichtung mit dem Zentrum im Teatro S. Bartolomeo (erbaut 1620). Im Herbst 1683 verpflichten neue Pächter dieses Theaters eine Truppe von neun Sängern (darunter zwei Buffonisten »per Vecchia« und »per Gobbo«), fünf Instrumentalisten und einen Kopisten unter Leitung von Alessandro Scarlatti. Die Truppe bringt außer Werken von Scarlatti selbst auch solche anderer Komponisten heraus (dabei Übernahmen aus anderen Städten, selbstverständlich für Neapel bearbeitet). Im Herbst 1684 wird Scarlatti zum Kapellmeister der Vizeköniglichen Kapelle ernannt; hier wirkt er mit zwei Unterbrechungen bis zu seinem Tode – aber seit 1716 verblaßt sein Ruhm; 1721 wird zum letzten Mal eine Oper von ihm in Neapel aufgeführt: *La Griselda* (nach A. Zeno).

Man bezeichnet Alessandro Scarlatti (* Palermo 1660, † Neapel 1725) gerne als Schulhaupt der sogenannten NEAPOLITANISCHEN OPERNSCHULE, zu der man Händel und den jungen Gluck und unter den sogenannten »Neuneapolitanern« sogar Mozart (jedenfalls mit seinen Opere serie) zählt. Wenn aber in der Kunst »Schule eine bestimmte, von einer Persönlichkeit geprägte Richtung« ist, dann ist der Begriff »Neapolitanische Schule« falsch. Denn nicht eine bestimmte Richtung, sondern eine musikalische Gattung, und nicht ein Künstler, sondern der Ort und die von ihm ausgehende ansteckende Vorliebe für die Gattung machen die Tradition aus, zu der die Komponisten und die Werke gehören, die man gewöhnlich unter diesem Schulnamen zusammenfaßt, ohne ihre Verschiedenheit zu sehen. Ebensowenig wie A. Scarlatti nachweisbar Schüler von Rossi und Carissimi in Rom gewesen ist, ist er der Lehrer von Leo, Vinci und Durante. Lediglich Hasse kann man seinen Schüler nennen – aber mehr als A. Scarlatti hat Metastasio, der große Librettist, Hasse in Neapel beeindruckt und beeinflußt. Die sogenannte Metastasianische Oper ist das Ergebnis der Begegnung Metastasio – Hasse, und diesen Typus der Opera seria des 18. Jahrhunderts identifiziert man, falsch vereinfacht, mit »der« Neapolitanischen Oper und bringt ihn mit A. Scarlatti in Verbindung, mit dem er jedoch nur wenig zu tun hat. – Zwar schreibt A. Scarlatti nach eigenem Zeugnis 114 *Opern* (knapp 90 sind dem Titel nach bekannt; die meisten sind verloren) und viele Intermezzi und Serenate, Oratorien und kirchliche Vokalwerke, aber im Zentrum seines Schaffens steht die *Cantata da camera* mit über 800 Werken, z.T. allerhöchsten Ranges: eine dem 17. Jahrhundert zu- und dem »Neapolitanertum« der Oper ganz abgewandte Gattung. – A. Scarlatti ist, obwohl erst 1660 geboren, tief in der kontrapunktischen Schreibweise älterer Art verwurzelt, was ihn indessen nicht hindert, in der Gesangsstimme eine edle und ausdrucksvolle Melodik zur Geltung zu bringen (Handschin 1948). Und dann reichen die Wurzeln seiner Opernkomposition in das noch von Monteverdi bestimmte Zeitalter zurück, in dem die Musik, noch fern von jeder Schematisierung, den Text in mannigfachen Formen faßt und ihm auf vielfältige Weise nachgeht. Am deutlichsten wird das in Scarlattis Rezitativen, in denen deklamatorische und ariose Elemente nicht musikalisch auseinanderklaffen, sondern eng verbunden sind, und in denen der musiksprachliche Charakter des älteren Rezitativs noch erhalten ist. – Alessandro Scarlatti ist der Vater von Domenico Scarlatti.

1685 Henry Purcell (1659-1695): **Krönungsanthem: »My Heart is inditing«**

Aus den mehr als 60 *Anthems* (etwa 20 mit Orchester, die anderen mit Orgel) Henry Purcells (die fast alle vor 1685 entstehen) ragt das zur Krönung des englischen Königs Jacobs II. hervor: eindrucksvolles Beispiel einer barocken Fest- und Prunkmusik. Hier sind Bestandteile vom Typ des älteren FULL ANTHEM (mit polyphonem Satz nach dem Vorbild des 16. Jahrhunderts, vom Chor vorzutragen) ebenso aufgenommen wie solche vom jüngeren VERSE ANTHEM (mit eingestreuten solistischen vokalen wie instrumentalen Partien), und das Ganze, versehen mit einer Orchester-Sinfonie als Einleitung, ist gerade eine Art Kantate – in England im Geburtsjahr Händels und Bachs.

Die Instrumentalisten meinen, Purcells Instrumentalmusik stehe zu Unrecht im Schatten seiner Vokalmusik; die Chorleiter und Sänger meinen das Gegenteil. Sicher ist wohl, daß, jedenfalls auf dem Kontinent, Purcells über 100 weltliche und 17 *geistliche Sololieder* und von den nahezu 30 *Oden* die seiner späten Jahre mehr Beachtung verdienten.

1686 Marin Marais (1656-1728): 1. Buch »Pièces de viole«

Marais hat Lully zum Lehrer, den Erneuerer des Ballet de Cour und Begründer der spezifisch französischen Oper. Sein Lieblingsinstrument, die Gambe, lernt er jedoch bei einem gewissen Monsieur de Sainte-Colombe, der in der zweiten Hälfte des 17. Jahrhunderts als höchste Autorität für dieses Instrument gilt. Ihm widmet Marais einen großartigen *Tombeau,* mit dem die Feinheit der klassischen französischen Kammermusik beginnt, indem er über den Konversationston weit hinausgeht, den man in der vornehmen Gesellschaft damals dort liebt. Unter den Augen Lullys noch wird Marais »Batteur de mesure« und hat das Orchester der Académie Royale de Musique zu dirigieren, das Lully gegründet hat, und an der Marais seit der Gründung als Solo-Gambist wirkt. Mit 23 Jahren ist er »Ordinaire de la Chambre du Roy pour la viole«, und er bleibt Hofgambist auch noch bei Ludwig XV. Das überlieferte Œuvre von Marais ist umfangreich: fünf Bücher *Pièces de viole* 1686 bis 1725, außerdem 1692 *Pièces on trio pour le flûtes, violon e dessus de viole* und 1723 *La gamme et autres morceaux de simphonie pour le violon, la viole et le clavecin.*

1689 Nicolaus Bruhns (1665-1697) wird Organist am Dom in Husum

Bruhns ist der Lieblingsschüler des damals berühmtesten Organisten in Deutschland, nämlich Buxtehudes, und er ist selbst ein weithin bekannter Virtuose. Wenn er will, kann er viele gute Stellen haben, aber er bleibt trotz aller Verlockungen, vor allem aus Kiel, Husum treu (das am Ende des 17. Jahrhunderts als Residenz- und Handelsstadt in kommerzieller und kultureller Hochblüte steht). Außerdem findet Bruhns durch kunstverständige Prediger, tüchtige Kantoren und Stadtmusikanten Anerkennung und Unterstützung. »Leider aber währte diese Freude nicht lange, indem ihn der Tod schon im 31. Lebensjahr hinwegraffte, von jedermann bedauret, daß ein solcher trefflicher Meister in seiner Profession, auch vertragsamer Mann nicht länger leben sollen.« Bruhns gehört zu jener großen Gruppe deutscher Kantoren, die nicht in der Aufnahme neuer Elemente in die Komposition, sondern in der Erfüllung des Überlieferten ihre eigentliche Aufgabe sehen. So bleiben seine *Kantaten* im Grunde geistliche Vokalkonzerte in liturgischer Bindung: Aus Elementen des Schützschen Konzerts entsteht eine Art früher protestantischer Kantate auf der Grundlage von Bibeltext, Choral und geistlich-madrigalischer Dichtung – wobei sich, das muß man so sagen, eine neue Vorstellung von musikalischer Textexegese in der protestantischen Kirchenmusik entwickelt. – Die wenigen erhaltenen *Orgelwerke* Bruhns' sind Toccaten nach dem Vorbild und nach der Machart von Buxtehude; sorgfältig konstruierte Fugenabschnitte wechseln mit breit angelegten toccatenhaften Partien ab.

1689 Henry Purcell (1659-1695): Oper »Dido and Aeneas« in London

Für England kann man von einer Geschichte der Oper im 17. Jahrhundert eigentlich nicht sprechen, erst recht nicht von einer Entwicklung hin zu Purcells Oper. In England ist das Theater, auch dort, wo es nicht reines Sprechtheater sondern Theater mit Musik ist, kein Musiktheater: Die literarische Gattung MASQUE (MASK) – dem französischen Ballet de cour verwandt –, zu der Aufzugsmusiken, Tänze, zur Laute gesungene Lieder, auch madrigalische Chöre als wesentliche Bestandteile gehören, hat diese Musiken dennoch lediglich in Begleitfunktion, als »Schmuck-Stücke«, die mit der Sache selbst, diesem Theater als einem festlichen Spiel, nicht direkt zu tun haben. Dementsprechend sind von Masques immer nur Texte, nie aber geschlossene Musiken wie bei Opern überliefert. Insofern ist Purcells einzige *Oper »Dido and Aeneas«* eine Genietat! Angeregt von der italienischen Oper und unter dem Einfluß der französischen Theatermusik seiner Zeit schafft Purcell selbständig »englisches Musiktheater«: französisch in der Ouvertüre und in den Tänzen, italienisch in den Rezitativen und bis zu einem gewissen Grade auch in den Arien, englisch in den Chören, und alles aus dem Reichtum von Purcells Musikalität und von hoher Sensibilität für die Möglichkeiten und die Grenzen der Musikalisierung des Englischen. Von den übrigen Theatermusiken Purcells nennt man fünf Semi-Operas: *»The Prophetess, or the History of Dioclesian«* (1690), *»King Arthur, or the British Worthy«* (1691), *»The Fairy Queen«* (1692), *»The Indian Queen«* (1695), *»The Tempest, or the Enchanted Island«* (1695?). Hier tritt in Bearbeitungen Shakespeares und anderer Dramen aus der zweiten Hälfte des Jahrhunderts die Musik so weit in den Vordergrund, daß die Werke eher wie Opern mit gesprochenem Dialog wirken denn wie Dramen mit Musik, was sie jedoch nach wie vor sind. Bei seinen weiteren rund 40 Bühnenwerken kehrt Purcell gleichsam wieder in den Schutz des Dramas zurück.

1689 Agostino Steffani (1654-1728): Oper »Enrico Leone« in Hannover

Die Premiere ist zugleich die festliche Eröffnungsvorstellung des von Herzog Ernst August neu erbauten Opernhauses und eine politische Kundgebung zum Abschluß des »Hannoverschen Vergleichs« zwischen Brandenburg, Celle, Wolfenbüttel und Hannover. Vom neuen Haus sagt man damals: »Das Leipziger wol das pouvreste, das Hamburgische das weitläufigste, das Braunschweigische das vollkommenste, und das Hannoversche das schönste.« Die Bühne ist 28 m tief, ungefähr zwei Drittel der Gesamtlänge des Baus. Die Möglichkeiten der Dekorationen und Maschinen sind vielfältig; eine Besonderheit ist »Das Meer«. Das Orchester sitzt vor der Bühne auf der Höhe des Zuschauerraums, abgetrennt lediglich durch eine Schranke. – Steffani, ein Italiener, gehört zu den merkwürdigsten Persönlichkeiten des an Sonderlingen ja nicht armen Barockzeitalters der Musik. Er ist zugleich Musiker, Geistlicher und Diplomat. In der Musikgeschichte hat er einen Namen durch seine rund 100 schönen und vor allem kontrapunktisch gut gearbeiteten *Kammerduette mit Generalbass.* In seiner Zeit ist er eher berühmt durch seine etwa 20 *Opern,* in denen er die italienische Grundhaltung mit französischen Elementen der Musiksprache durchsetzt. Die Voraussetzung dazu ist in Hannover mit italienischen Sängern und einem nach dem Vorbild Lullys französisch (und zum Teil mit Franzosen) besetzten Orchester gegeben. Über die Grenzen der Gattung Oper hinausgehende Bedeutung erhalten diese Werke dementsprechend durch die Herausbildung eines italienisch-französisch VERMISCHTEN GESCHMACKS, der für die musikalische Sprache der deutschen Meister des Spätbarocks grundlegend wichtig werden sollte, besonders für Händel und Telemann.

um 1690 Johann Caspar Ferdinand Fischer (um 1665-1746) wird Hofkapellmeister des Markgrafen von Baden

Der gebürtige Böhme ist in Rastatt, wohin der Markgraf von Baden im Jahre 1716 seinen Hof verlegt, nicht nur Kapellmeister sondern auch Organist und Klavierspieler, »denn bemeldter Capellmeister doch, seiner Profession gemäß, es zum besten versteht.« Fischer gilt für die Klaviersuite als der wichtigste Mittler zwischen Froberger und Bach. Er selbst sagt von der Bestimmung seiner Suiten, es handle sich bei dieser »etwas stilleren Musik um allein auf das Clavichordium oder Instrument eingerichte Parthyen.« Von den Orgelwerken ist die, *Ariadne Musica* genannte Sammlung von Praeludien, Fugen und Ricercaren (1702) eine Art Vorläufer von Bachs *Wohltemperiertem Klavier.* Fischer erprobt hier die von Andreas Werckmeister geforderte gleichschwebende Temperatur in 20 kurzen Stücken.

1693-1720 Oper am Brühl in Leipzig

Angesichts des Wohlstandes der Bürgerschaft und des Interesses der vielen musikfreudigen Studenten scheint die Voraussetzung für die Gründung einer Oper in Leipzig günstig. 1692 erteilt der sächsische Kurfürst auf Ansuchen seinem Dresdner Vizekapellmeister Nicolaus Adam Strungk (1640-1700; von Haus aus Geiger) »und seinen Consorten« (ein Jurist, ein italienischer Theaterbau- und Bühnentechniker, Frau Strungk) für 10 Jahre die Lizenz, in Leipzig während der Messezeiten »ein teutsches Singspiel auf seine und seiner Consorten Spesen« durch »frembde Musicos« zu »präsentieren«. Am 8. Mai 1693 wird das neu erbaute Opernhaus am Brühl mit Strungks *Alceste* eröffnet (nicht erhalten; offenbar in Anlehnung an italienische Vorbilder; 1680 hatte Strungk schon einmal eine *Alceste* komponiert, jedoch in Anlehnung an das französische Vorbild von Quinault und Lully). Auch die Opern der Folgezeit stammen meist von Strungk – der schon in Hamburg an der Gänsemarkt-Oper zu jenen gehört hat, die an der Ausbildung einer deutschen Opernkunst interessiert waren, aber das Problem der musikalischen Anverwandlung des italienischen wie auch des französischen Vorbildes nicht lösen konnten. *Darin* liegt der tiefere Grund, daß das Leipziger Opernhaus sich noch weniger halten konnte als das viel berühmtere Hamburger. Auch Telemann, der die Leitung 1702 übernimmt, die engere Verbindung mit dem Collegium Musicum der Universität herstellt und das Haus auch noch nach seinem Weggang mit Werken versorgt, kann den Niedergang nicht aufhalten. 1720 wird das Theater geschlossen.

1695 Johann Pachelbel (1653-1706) wird Organist an St. Sebald in Nürnberg

Unter den ORGELMEISTERN der deutschen evangelischen Kirchenmusik im 17. Jahrhundert unterscheidet man gewöhnlich drei Schulen: die norddeutsche, die auf Sweelinck zurückgeht und deren Hauptvertreter in der Generation vor J. S. Bach Dietrich Buxtehude ist, die süddeutsche Schule, die sich auf Frescobaldi zurückführt und deren Hauptmeister vor Bach Johann Kaspar Kerll ist, und schließlich die mitteldeutsche Schule, die auf Heinrich Schütz und Samuel Scheidt zurückgeht, und deren wichtigster Meister Johann Pachelbel ist. Ähnlich wie Buxtehude wirkt Pachelbel, zwar nicht direkt wohl aber indirekt. auf Johann Sebastian Bach als Organisten ein. – Pachelbel, in Nürnberg geboren, ist Organist in Wien, Eisenach, Erfurt, Stuttgart, Gotha und seit 1695 an St. Sebald in Nürnberg. Seine Orgelwerke zeichnen sich durch Einfallsreichtum und eine Art natürlicher Frische aus. Von Bedeutung sind vor anderem seine CHORALVARIATIONEN, wo bei allen Veränderungskünsten der Cantus stets deutlich vernehmbar bleibt, dann seine ARIA-VARIATIONEN, bei denen unter Beibehaltung von Baß und Harmoniefolge das ariose Melodiethema zum Teil bis an die Grenze der Erkennbarkeit spielerisch aufgelöst wird, während in den CHACONNEN über dem Baß- und Harmoniemodell in abgestuft sich steigernden Bewegungsgraden jeweils ein neuer Spielgedanke durchgeführt ist: Beim Hören hat man den Eindruck, es sei die Instrumentalmusik schlechthin. Pachelbels besondere Art des ORGELCHORALS mit zeilenweise vorimitierender Durchführung der Melodie erlangt als Typus der Choralbearbeitung weitreichende Bedeutung.

1698 Georg Böhm (1661-1733) wird Organist an St. Johannis in Lüneburg

Böhms Stellung im Umkreis jener Generation, deren Werk unmittelbar auf Bach hinführt und deshalb in der Gesamtlinie des musikgeschichtlichen Ablaufs an entscheidendem Platz steht, beruht auf drei Leistungen: auf der Klaviersuite, der Choralbearbeitung für Orgel und der Kantate. Trotzdem ist als Böhms Hauptgebiet die CHORALPARTITA zu nennen. Hier ergeht er sich – aus unserer Sicht: in der Mitte zwischen Buxtehude und Pachelbel – in frei ausschwingender, die Kernmelodie schon in der Grundgestalt variierender Behandlung des Chorals, in der Zerlegung von Melodieverläufen, im Ausspinnen von Tonleiterfiguren und instrumentalen Wendungen zu motivischen Bestandteilen, in der freien Verwendung der Imitation, im Heranziehen von Elementen der weltlichen Klaviersuite usw. Im freien Umgang mit all dem gibt Böhm der Choralpartita eine eigene, zuweilen eigenwillige Prägung, aber diese ist musikalisch so stark, daß sie Folgen hat: auch J. S. Bach kann sich ihr nicht entziehen.

1698-1704 Marc-Antoine Charpentier (wohl um 1634-1704): Kirchenmusik in der Sainte Chapelle zu Paris

Das ist schon eine Musikerbiographie, die nachdenkenswert ist: Um Maler zu werden, geht Charpentier nach Italien. Dort sattelt er um zur Musik und wird in Rom Schüler von Carissimi, dem großen Meister des Oratoriums. Seit 1672 ist er offiziell als Mitarbeiter von Molière genannt, für den er Bühnenmusiken schreibt, u. a. die zum *Eingebildeten Kranken* (1672/73). Daß er dabei in Konflikt mit Lully gerät, ist selbstverständlich, und dieser weiß ihn auch zu bekämpfen. Aber Molière und, nach dessen Tod (1673), die Truppe der Comédie française bleiben ihm verbunden und der Hof interessiert sich für ihn, vor allem für seine Kirchenmusik. 1698 wird er, obwohl gar nicht Kleriker, Kapellmeister der Knaben an der Sainte Chapelle unter der Bedingung, daß er für alle Anlässe die polyphone Kirchenmusik schreibe. Nun, er verbindet auch trefflich die gute italienische Tradition polyphoner Kirchenmusik mit dem neuen festlich hohen Ton, der die französische Musik seiner Zeit – unter dem prägenden Einfluß des (Italieners) Lully – kennzeichnet. – Die »Erkennungsmelodie« der Eurovisionssendungen des europäischen Fernsehens stammt von Charpentier, nämlich aus einem *Tedeum* (D-dur, frühe 1690er Jahre) zu Ehren eines Zwischensieges Frankreichs im Spanischen Erbfolgekrieg, in dem u. a. die Kurpfalz und mit ihr das Heidelberger Schloß grausam zerstört worden sind. Ein Tedeum als politische Musik? Kaum! Aber Kirchenmusik im Dienste der Staatsraison, und das ganz selbstverständlich.

1700 Johann Kuhnau (1660-1722): Biblische Historien für Klavier, gedruckt in Leipzig

Kuhnau wirkt seit 1684 in Leipzig als Rechtsanwalt und zugleich als Organist der Thomaskirche. Als 1701 der Thomaskantor Johann Schelle stirbt, wählt ihn der Rat der Stadt aus vier Bewerbern ohne weiteres aus, so gut schon ist sein Ruf als Musiker in Leipzig.

> Die Aufgaben des THOMASKANTORS bestehen damals im Gesangsunterricht in den vier oberen Klassen und im wissenschaftlichen Unterricht in Tertia und Quarta der Thomasschule. Vor allem obliegt ihm die Leitung der Kirchenmusik in der Thomas- und in der Nicolaikirche, seit 1711 auch in der Peterskirche. Außerdem hat der Kantor bei großen Leichenbegängnissen für die Musik zu sorgen und selbst zu dirigieren. Daneben führt er die Aufsicht über die Organisten der Thomas- und Nicolaikirche sowie über die Stadtpfeifer und Kunstgeiger. Als »Director Chori Musici« ist Kuhnau verpflichtet, bei den vierteljährlichen großen »Orationen« und bei den Universitätsfeierlichkeiten in der Paulinerkirche die Musik zu stellen. Seit 1711 werden auch hier re-

gelmäßig Gottesdienste eingerichtet. Für alle diese Gelegenheiten soll Kuhnau die Kompositionen meistens selbst liefern und nur selten auf fremde Stücke zurückgreifen, so daß in diesen Jahren eine Vielzahl von Kirchenstücken entstehen. In diese Zeit fällt außerdem eine ganze Reihe festlich zu begehender Ereignisse, u. a. 1704 die Einweihung des »Anatomischen Theaters« der Universität, 1706 der Friede zwischen Schweden und Sachsen, 1709 das dreihundertjährige Jubiläum der Universität, 1717 die Zweihundertjahrfeier der Reformation. Sonst freilich bedeutet die Übernahme des Kantorates für Kuhnau eine Folge von Verdruß und Schwierigkeiten: Die Thomasschule befindet sich unter dem gelehrten, aber wenig energischen Rektor J. H. Ernesti († 1729) in keinem erfreulichen Zustand. Die Disziplin der Schüler läßt viel zu wünschen übrig; ihre Stimmen entsprechen nicht Kuhnaus musikalischen Vorstellungen. Alle Reformversuche, die er in mehreren Denkschriften darlegt, scheitern jedoch an der Interesselosigkeit des Rats der Stadt. Viel Abbruch tut der Kirchenmusik außerdem die bei den Leipziger Bürgern sehr beliebte Oper, durch die Kuhnau vor allem die bisher bei der Kirchenmusik mitwirkenden Studenten verliert. Zudem erwächst ihm ein gefährlicher Nebenbuhler in dem jungen Telemann, seit 1701 Jurastudent in Leipzig, der nebenbei Opern für Leipzig und Weißenfels liefert, ein studentisches Collegium musicum gründet, 1704 auch Organist und Musikdirektor an der Neuen Kirche wird. Nicht nur, daß der geniale junge Musiker die Studenten mehr zu begeistern weiß als der gelehrte und bereits kränkelnde Kuhnau, der Bürgermeister Romanus greift sogar in die Rechte des Thomaskantors ein und beauftragt Telemann mit der Lieferung von Kirchenstücken für die Thomaskirche. Und alle Proteste Kuhnaus gegen die Tätigkeit des »neuen Organisten, ... der die hiesigen Opern machet«, bleiben ungehört. – Ein schwieriges Leben, ein schwieriger Mann? Kuhnau ist jedenfalls, wie F. W. Riedel (1958) treffend beschreibt, eine der merkwürdigsten Persönlichkeiten in der deutschen Musikgeschichte des Spätbarocks. Unter den Leipziger Thomaskantoren nur Calvisius vergleichbar, gehört er in die Reihe jener Universalgelehrten, die im Zeitalter Leibnizens in den Kreisen des Adels, der Geistlichkeit und des Bürgertums vielfach anzutreffen sind. Scheibe zählt ihn mit Keiser, Telemann und Händel zu den vier größten deutschen Komponisten.

Mag Kuhnaus Hauptwerk auch der Kirchenmusik gehören, musikgeschichtliche Bedeutung hat er als Klavierkomponist. Ob er freilich auch als der Begründer der Klaviersonate anzusehen ist, für den ihn viele halten, weil er als einer der Ersten die Bezeichnung »Sonate« gebraucht, die bis dahin nur in der instrumentalen Ensemblemusik üblich war, ist zweifelhaft. Diese Begriffsübertragung wird damals nämlich allenthalben praktiziert, und im übrigen unterscheiden sich Kuhnaus »Sonaten« kaum von den mehrteiligen Toccaten, Praeludien und Capriccen Frobergers, Georg Muffats oder der norddeutschen Meister um Reincken und Buxtehude. Wichtig ist Kuhnau vielmehr durch seine naiv-programmatischen *Biblischen Historien für Klaiver* und durch den Umstand, daß er derartige Kompositionen jetzt im Druck erscheinen läßt und deshalb eine stärkere Breitenwirkung erreicht, als handschriftlich weitergegebene Stücke sie hätten. Kuhnau wendet sich als erster mit seinen Veröffentlichungen an jene Kreise bürgerlicher Liebhaber, in deren häuslicher Musikpflege die Tasteninstrumente jetzt anstelle der Zupfinstrumente die führende Rolle einnehmen. Er hat erkannt, »was der große Kreis der deutschen Klavierspieler um 1700 hören und erleben will. Darum werden seine Klavierbücher in Deutschland förmlich zum Signal einer nunmehr einsetzenden Verlegertätigkeit« (Schering). Fortan steht die Klaviermusik im Mittelpunkt des Liebhabermusizierens, was selbstverständlich ein Anwachsen der Produktion von Kompositionen für Tasteninstrumente zur Folge hat. Daß die letzten Angebote Kuhnauscher Klavierbücher durch seine Verleger zeitlich schon in die Nähe der Veröffentlichung von C. Ph. E. Bachs *Preußischen Sonaten* (1742) fallen, zeigt auf besondere Weise die musikgeschichtliche Situation: um 1700 nähert sich das musikalische Barockzeitalter schon seinem Ende.

1700-1717 Friedrich Erhard Niedt (1674-1708): Musikalische Handleitung

Die um 1700 und in der ersten Hälfte des 18. Jahrhunderts noch zahlreich gedruckt erscheinenden Anweisungen zum Generalbaß sind, wie schon aus ihren Titeln hervorgeht, musikalische Satz-, d.h. Kompositionslehren. Die von Friedrich Erhard Niedt, die J. S. Bach im Unterricht benützt, heißt z. B.:

> »Musikalische Handleitung oder gründlicher Unterricht, vermittelst welchen ein Liebhaber der edlen Musik in kurzer Zeit sich soweit perfektionieren kann, daß er nicht allein den Generalbaß nach denen gesetzten deutlichen und wenigen Regeln fertig spielen, sondern auch folglich allerlei Sachen selbst komponieren und ein rechtschaffener Organist und Musicus heißen könne. 1. Teil handelt vom Generalbaß, denselben schlechtweg zu spielen. Hamburg 1700. – Handleitung zur Variation, wie man den Generalbaß und darüber gesetzte

Zahlen variieren, artige Inventiones machen und aus einem schlechten [schlichten] Generalbaß Praeludia, Ciaconen, Allemanden, Couranten, Sarabanden, Menuetten, Giquen und dergleichen leichtlich verfertigen könne, samt andern nötigen Instruktionen. Hamburg 1706. – Musikalischer Handleitung dritter und letzter Teil, handelnd vom Kontrapunkt, Kanon, Motetten, Choral, Rezitativstilo und Cavaten. Opus posthumum. Zum Druck befördert von Mattheson. Hamburg 1717.«

Der Unterricht geht vom Instrumentalspiel aus, vom Generalbaß-Spielen, also vom vollstimmigen Satz, *nicht* von der Ein- oder Zweistimmigkeit zur Vielstimmigkeit fortschreitend.

Versteht man unter SATZ das, was der Komponist in Notenschrift niederlegt, also die Komposition im engsten Sinne, dann ist SATZLEHRE als KOMPOSITIONSLEHRE definiert. Während heute als Kompositionslehre die verschiedenen Fächer Harmonielehre, Kontrapunkt, Formenlehre, Melodielehre usw. zusammen gelten, gibt es bis ins 18. Jahrhundert immer nur *eine,* nicht in Teilgebiete aufzugliedernde Satzlehre. Diese ist eine Handwerkslehre, wie die Komposition ein Handwerk, eine Kunstfertigkeit ist. Sie ist die Lehre von dem herrschenden Satz, keine kontrapunktische oder harmonische, sondern *die* Satzlehre der jeweiligen Kompositionstechnik. Da Kompositionsunterricht immer auf der persönlichen, mündlichen Unterweisung des Schülers durch den Lehrer, auf dem Vormachen und Abschauen beruht, findet die Satzlehre bis zum Beginn des 18. Jahrhunderts ihren Niederschlag in Lehrbüchern nicht in dem Maße wie die Musiktheorie seit dem 18. Jahrhundert, die keine Satzlehre im engeren Sinne mehr ist.

Die Tradition der SATZLEHRBÜCHER reicht von den Diskanttraktaten des Mittelalters bis zu den Generalbaßlehren der Bach-Zeit. Diese Satzlehren sind – vom Standpunkt dessen, der den Satz erfassen will, gleichgültig ob lehrend, lernend oder nachvollziehend – stets mit Mängeln behaftet, deren Ursache einerseits darin liegt, daß sich eine echte, dichte Tradition dieser Literatur nicht bilden konnte, weil infolge des mündlichen Unterrichts ein wirkliches Bedürfnis nicht vorlag, andererseits darin, daß der Komplex Komponieren – Komposition nur im Unterricht, nicht aber in der Systematik eines Lehrbuches auszubreiten ist. Man kann jedoch feststellen, daß alle echten Satzlehren im Grunde immer zum Ziele hatten, die Komposition von Grund auf bis zu Ende zu lehren, daß sie nie nur ein Teilgebiet der Satzlehre, wie etwa die heutige Kontrapunkt- oder Harmonielehre, behandeln wollen. Auch wenn sie, wie häufig, in spekulativen Erörterungen über die Musik und ihr Material, also im einleitenden, mehr theoretischen Teil stecken bleiben oder nur einen Abschnitt des Lehrgebäudes behandeln, stets ist doch die unauflösliche Einheit selbstverständliche Voraussetzung der Lehre.

Insofern ist Niedts *Handleitung* noch eine Satzlehre, J. J. Fuxens *Gradus ad Parnassum* (1725) hingegen nicht mehr (Feil 1955, 1957).

7. Daten von 1701 an

1701 Gründung der Academia Philharmonicorum zu Laibach/Ljubljana in Slowenien

Den Beitrag zur Entwicklung der Musik, den zu jener Zeit Adel und Bürgertum in Slowenien leisten, und die musikalischen Verhältnisse, die hier am Ende des 17. und am Anfang des 18. Jahrhunderts herrschen, beleuchtet das Wirken einer Einrichtung mit dem Namen *Academia Philharmonicorum.* Nach der Vereinssatzung ist ihr Hauptzweck die Unterhaltung ihrer Mitglieder durch »harmonisches Musizieren«. Vor ihrer offiziellen Gründung setzt sich die *Academia Philharmonicorum* nur aus Musiksachverständigen (»musices periti«) zusammen, denen sich aber dann, wie es in der Satzung heißt, auch Musikliebhaber zugesellen. Die Akademiemitglieder musizieren bei besonderen Gelegenheiten, auch in der Domkirche, doch widmen sie sich vornehmlich der weltlichen Musik mit internen und öffentlichen Veranstaltungen und legen damit den Grundstein für das öffentliche Konzert in Slowenien. Leider löst sich die *Academia* um die Jahrhundertmitte wieder auf, ein letztes Mal wird sie 1769 erwähnt. Gewiß wird auch dann noch musiziert, und nicht nur an den Höfen des Adels – wo sich allerdings die Bedingungen für die Musikpflege infolge seiner wirtschaftlichen Entmachtung erheblich verschlechtern – sondern auch in Bürgerhäusern. Doch weder hier noch dort kann von einer ständigen Musikpflege die Rede sein, weil das Bürgertum noch nicht imstande ist, die Rolle zu übernehmen, die ihm der Adel allmählich abtritt (Cvetko 1975).

1702 Vincent Lübeck (1654 oder 1656-1740) wird Organist an der Nicolaikirche in Hamburg

Seit 1675 ist Vincent Lübeck Organist in Stade, wo Arp Schnitger 1679 die heute noch erhaltene herrliche Orgel vollendet. Hier erwirbt er sich sein hohes Ansehen als Spieler, Lehrer und Orgelsachverständiger. An der Nicolaikirche in Hamburg kommt Vincent Lübeck wieder an ein Werk von Arp Schnitger, und zwar an sein größtes. Dazu schreibt Mattheson (Vorwort zu F. E. Niedts *Musikalischer Handleitung,* 1700 ff.): »Diese ungemeine Orgel ist anno 1686 von Arp Schnitger verfertiget, und hat auch einen ungemeinen Organisten. Was soll man aber von einem genug-berühmten Mann viel Rühmens machen. Ich darf nur Vincent Lübeck nennen, so ist der ganze Panegyricus fertig.« Nur verhältnismäßig wenige Werke sind von Lübeck überliefert (darunter eine *Clavier-Übung,* gedruckt in Hamburg 1728); sie weisen ihn als einen der besten Vertreter der norddeutschen Organistenschule aus. Oft zeigen sie bei virtuoser Klangfreudigkeit eigentümlich empfindsame Züge.

1703 **Sébastien de Brossard** (1655-1730): **Dictionnaire de musique**

Das erste französische Musiklexikon geht hervor aus einem kurzen musikalischen Glossar, das der Komponist Brossard seiner Sammlung *Élévations et motets* (1695) vorangestellt hat. Bezeichnend für die moderne Grundhaltung ist die Aufmerksamkeit, die der Verfasser den zu seiner Zeit aufkommenden neuen Affekt- und Tempobezeichnungen schenkt. Der unausgeführte Plan eines bio-bibliographischen Lexikons, von dem er selbst berichtet, findet immerhin im 3. Appendix des *Dictionnaire* seinen Niederschlag: »et un catalogue de plus de 900 auteurs qui ont écrit sur la musique...« An dieses Verzeichnis knüpft Johann Gottfried Walther für sein *Musicalisches Lexikon* (1732) an.

1705 **Georg Friedrich Händel** (* Halle 1685, † London 1759): **Oper »Almira«** in Hamburg

Manche sagen, Musiker stammten immer von Musikern ab. Und die Originalgenies? Bach ist ein Beispiel für die erste Gruppe, Händel eines für die (kleinere) zweite. Erst 1693/94, anläßlich eines Besuches beim kunstliebenden Herzog Johann Adolph in Weißenfels, soll man den Vater Georg Händel, seines Zeichens Amtschirurg von Giebichenstein und fürstlich sächsischer und kurfürstlich brandenburgischer Leibchirurg, auf die außerordentliche musikalische Begabung seines Sohnes aufmerksam gemacht haben. Daraufhin gibt er den Jungen beim Organisten der Marienkirche in Halle, Friedrich Wilhelm Zachow (1663-1712), in Musikunterricht. Dort lernt der Knabe Klavier und Geige spielen und mit dem Generalbaßspiel auf den Klavierinstrumenten die musikalische Komposition. Die Ausbildung ist offenbar solide, sonst trüge man nicht 1702 dem Studenten der Juristerei die vakant gewordene Organistenstelle am (reformierten) Dom in Halle an, sonst könnte der junge Mann, der 1703 Halle, die Universität und sein Organistenamt hinter sich läßt und »in die Welt« zieht, nicht gleich bei Reinhard Keiser am Theater in Hamburg als Geiger, alsbald als Cembalist (nämlich als Generalbaßspieler, der, zusammen mit dem Konzertmeister, das Ensemble zu leiten hat) Anstellung finden. Hier, für das Theater am Gänsemarkt in Hamburg, schreibt Händel seine erste Oper *Der in Kronen erlangte Glückswechsel, oder: Almira, Königin von Castilien,* und zwar in enger Zusammenarbeit mit Johann Mattheson, dem Händel 1703 auf der Orgelempore der Hamburger Magdalenenkirche zum ersten Mal begegnet und mit dem ihn eine lebenslange Freundschaft verbinden soll (freilich stets auch eine gewisse Rivalität: 1704 sollen sich die beiden gar duelliert haben!). Mattheson führt Händel in die Opernkomposition ein. Das deutsche Libretto von F. Ch. Feustking basiert auf einer italienischen Vorlage *L'Amira* von G. Pancieri (Venedig 1691; Musik von G. Boniventi), die Feustking in einer Braunschweiger Bearbeitung von 1703 (Musik von R. Fedeli) verwendet, sowie auf dem Libretto *Almira, Königin von Castilien* (Weißenfels 1704; Musik wahrscheinlich von Keiser). Die Uraufführung 1705 ist ein großer Erfolg: etwa 20 Wiederholungen; Wiederaufnahme (mit allerdings nur einer Wiederholung) Anfang 1732 mit mehreren Einlagenummern von Telemann; Auftrag für eine neue Oper: *Die durch Blut und Mord erlangte Liebe, oder: Nero* (HWV 2; Musik nicht erhalten). Bei deren Uraufführung 1705 gibt Mattheson »unter allgemeinem Beifall« den Nero, als letzte seiner zahlreichen Bühnenrollen, bevor er als Opernsänger vom Theater Abschied nimmt. Das Libretto, wieder von Feustking, ist schwach, und Menantes meint: »... Wie soll ein Musikus was Schönes machen, wenn er keine schöne Worte hat? Darum hat man bei Componirung der Opera *Nero* nicht unbillig geklagt: Es sey kein Geist in der Poesie, und man habe einen Verdruß, solche in Music zu setzen.« Nach drei Aufführungen zieht Händel sich von der Oper am Gänsemarkt zurück und beginnt eine Italienreise vorzubereiten (Herbst 1706 bis Frühjahr 1710), auf die er die Partitur seiner *Almira* freilich mitnimmt, um sie dort gegebenenfalls oder auch notfalls ausschlachten zu können: Kein Komponist »leiht« so viel bei sich und anderen aus wie Händel – was damals ganz und gar üblich ist –, hier 12 von 74 Nummern für 25 neue Stücke.

1706, 1724, 1728 Jean-Philipp Rameau (* Dijon 1683, † Paris 1764): 3 Bücher Pièces de clavecin, gedruckt in Paris

Rameau – den Namen kennt jeder. Aber kaum einer kann konkrete musikalische Vorstellungen damit verbinden, jedenfalls in Deutschland. Dabei ist Rameau nicht nur vielseitig und schon deshalb wichtig, er gehört auch mit den Hauptgebieten seines Schaffens zu den Großen seiner Zeit, also nicht allein der *französischen* Musikgeschichte: als Opernkomponist, als Komponist von Cembalomusik und als Musiktheoretiker, und all das nicht weil, sondern obwohl er in mancher Hinsicht zwischen den Epochen steht. Oder wohl richtiger gesagt: weil er am Ende einer Epoche, zu der er noch ganz zu gehören scheint, Kompositionselemente ausarbeitet, die die neue Epoche verwenden wird, als hätte sie selbst sie hervorgebracht, und weil er Gedanken vordenkt, deren grundlegende Bedeutung erst später erfaßt wird. Mit seiner Lehre von der Harmonie ist Rameau der Vordenker der anbrechenden Epoche, mit seiner Cembalomusik einer der späten Meister des französischen musikalischen Barockzeitalters. Die drei Bücher *Pièces de clavecin* (insgesamt 50 Stücke) erscheinen noch, bevor Rameau seine erste Oper schreibt. Das zweite und dritte Buch enthalten außer Tänzen noch Rondeaux und Stücke mit eigentümlich fantastischen Namen. Das reicht von *»La Poule«* (*»Die Henne«*) und *»Tambourin«,* Stücken heiter naiv malender Programmusik, bis zu Charakterstücken, die wie die Arien der Barockoper bestimmte und typische Affektlagen oder Personen besonderer Art musikalisch charakterisieren: *»Les Tendres Plaintes«* (*»Die zarten Klagen«*), *»La Joyeuse«* (*»Die Fröhliche«*) oder *»Les Cyclopes«.* – Das 1741 in Paris erscheinende Buch *Pièces de clavecin en concerts* enthält (der Titel ist ganz wörtlich zu nehmen) trotz seiner Besetzung für Cembalo, Violine oder Flöte (oder zweite Violine) und Gambe nicht etwa barocke Triosonaten, sondern Musik für Cembalo solo und zwei begleitende Melodieinstrumente. Die Art der Stücke ist dieselbe wie in den Klavierbüchern.

1707 Georg Friedrich Händel (1685-1759): Geistliches Konzert »Dixit Dominus« (HWV 232)

Innerhalb von Händels Gesamtwerk ist der 109. (nach Luthers Zählung der 110.) *Psalm »Dixit Dominus«* die umfangreichste, wohl auch die bedeutendste lateinische Kirchenmusik. Obgleich Händel die Komposition noch in Hamburg begonnen hat, steht sie doch mit Händels erster Italienreise in Zusammenhang. Denn während seines Rom-Aufenthalts stellt er die Komposition im April 1707 fertig, vermutlich als Auftragswerk des Kardinals Carlo Colonna für einen Vesper-Gottesdienst zum Fest der Madonna del Carmine am 16. Juli. Händel zeigt sich hier noch stark gebunden an eine typisch deutsche polyphone Schreibweise, wie er sie wohl bei seinem Lehrer Zachow gelernt hat. Wie nirgends sonst wird in diesem Werk deutlich, daß Händel und Bach aus *einer* Tradition stammen. Erst später wird die »réunion des goûts« Händels Idiom durch italienische, englische und französische Einflüsse internationalisieren. Und doch meldet sich schon hier in der Bildhaftigkeit der Tonsprache, in der »bemerkenswerten Beherrschung der großen Form« (Wenzel) Händels Personal-Stil: Der *Psalm »Dixit Dominus«* ist nicht bloß ein Jugendwerk. (R. M.)

1707 Georg Friedrich Händel (1685-1759): Oper »Rodrigo« in Florenz

Im Januar 1707 kommt Händel nach Rom, wo er in den Residenzen der Kardinäle Carlo Colonna, Benedetto Pamphilj und Pietro Ottoboni sowie des Fürsten Francesco Ruspoli auftritt, und zwar während gesellig-künstlerischer Veranstaltungen, die unter dem Namen »Accademia« oder »Conversazione« regelmäßig stattfinden. In Rom macht er auch die Bekanntschaft mit wichtigsten Musikern seines Zeitalters, mit Arcangelo Corelli, Alessandro und Domenico Scarlatti, auch Agostino Steffani. 1707 und 1708 wohnt Händel jeweils einige Monate beim Fürsten Ruspoli und arbeitet für ihn: es entsteht eine große Zahl italienischer Kantaten, die meist bei den an den Sonntagnachmittagen stattfindenden »Conversazioni« aufgeführt werden. Im Sommer 1707 entsteht auch sein erstes Oratorium *Il Trionfo del Tempo e del Disinganno* (HWV 46; Text von Benedetto Pamphilj; Uraufführung: Juni 1707; Neubearbeitungen: London 1737 und 1757). Bei den Proben unter Leitung von Corelli kommt es zu jener von Mattheson überlieferten Auseinandersetzung zwischen Händel und Corelli über die Interpretationsunterschiede von italienischer und französischer Musik. Händel hat zunächst eine Einleitung in Form einer französischen Ouvertüre vorgesehen, mit deren Aufführungsstil die italienischen Musiker unter Corelli indessen nicht vertraut sind; darauf schreibt Händel eine »Sinfonia, die mehr nach dem italienischen Stil schmeckte.« Ebenfalls im Sommer 1707 in Rom entsteht, wahrscheinlich als Auftragswerk des Principe Ferdinando de'Medici, Händels erste italienische Oper *Vincer se stesso è la maggior vittoria,* die man in späterer Zeit nach der Hauptpartie *Rodri-*

go nennt (HWV 5; Text von einem unbekannten Autor nach einer Vorlage *Il duello d'amore e di vendetta* von F. Silvani). Die Uraufführung findet im Herbst 1707 als private Veranstaltung in Florenz, wahrscheinlich im Palazzo Pitti, statt. Mit *Rodrigo* beginnt die lange Reihe von Händels italienischen Opern: 35 Werke zwischen 1707 und 1741.

Ursprünglich ist die GATTUNG OPER gedacht als ein Theater, bei dem, entsprechend der antiken Tragödie, die Sprache musikalisch vorgetragen wird, bei dem die Musik also lediglich Faktor des Erklingens von Sprache, für sich selbst aber nichts sein soll – es sei denn in ausgesprochen musikalischen Einlagen. Zu Händels Zeit dominiert hingegen die Musik, feiert sie im »schönen Gesang«, im zierlichen Belcanto, Triumphe, ja dieser gerät mit dem Star-Unwesen der Sänger für das Publikum zur Hauptsache, während das eigentliche Theater mit seinen dramatischen Vorgängen einigermaßen zur Schablone erstarrt. Von größerem Interesse ist nur noch die Ausstattung, sind Bühne, Kulissen, Kostüme und vor allem Maschinen-Effekte, von denen der berühmte »Deus ex machina« ja sprichwörtlich wird. Nachdem die erste große Blütezeit der Oper in Venedig ihren Mittelpunkt hatte, verlagerte sich der Schwerpunkt alsbald nach Rom, und jetzt, zu Händels Zeit, liegt er in Neapel: Die Neapolitanische Oper triumphiert gleichsam über Europa; gegen die italienische Sprache und die italienische Gesangsart auf den Bühnen können sich national-eigenständige Opernbestrebungen lange Zeit entweder gar nicht oder nur mühsam durchsetzen.

Der Deutsche Händel nun schließt sich ganz unbefangen den Prinzipien der italienischen Oper seiner Zeit auf. Der Gedanke, eigene, neue Wege bewußt zu suchen und zu gehen, bei denen dem gesungenen Drama sich eine veränderte Entwicklungsrichtung öffnen könnte – wie es Gluck später mit seinen sogenannten Reformopern tun wird –, dieser Gedanke beschäftigt Händel offenbar nicht. Was er kraft seines Genies innerhalb des übernommenen und zäh festgehaltenen Typus der barocken Opera seria jedoch an Eigenem einbringt, das ist von höchster Bedeutung: Die Beseelung der flachen italienischen »Homophonie« aus musikalischem Empfinden zu herrlich weitatmiger Melodik, ferner die Charakterisierung der dramatischen Aktion auf schlagkräftige Weise, und zwar vermöge des Reichtums an Ausdrucksmitteln, der sich durch die Verschmelzung eher italienisch-monodischer mit eher deutsch-polyphoner Satztechnik zu ergeben scheint. Bei aller barocken Typik der Theaterfiguren mit ihren fast stereotypen Texten und bei aller Beschränkung auf bestimmte Möglichkeiten des musikalischen Affekts ihrer Arien – die Händel im Grunde unangetastet läßt – vertieft er den musikalischen Ausdruck derart, daß auch uns heute seine Musik anrühren kann, obwohl wir doch die Musik der folgenden Epochen kennen und lieben, in der jene Typik mit ihren Beschränkungen zurückgelassen und der Mensch als subjektiv empfindendes und als frei handelndes Wesen musikalisch dargestellt wird.

1707-1712 Johann Sebastian Bach (* Eisenach 1685, † Leipzig 1750): Frühe Kirchenkantaten

Für die Beschreibung und Interpretation von Leben und Werk J. S. Bachs, insbesondere für die Kantaten, folgen wir weithin den Arbeiten der bekannten Bach-Forscher Georg von Dadelsen und Alfred Dürr. – Was von Bachs Kantaten auf uns gekommen ist, ist nur ein Bruchteil dessen, was er komponiert hat. Während der von Carl Philipp Emanuel Bach und Johann Friedrich Agricola abgefaßte Nekrolog von 5 Kirchenkantaten-Jahrgängen spricht, die Bach hinterlassen habe, kennen wir heute nur noch drei von ihnen in annähernder Vollständigkeit und außerdem nur noch einige versprengte Teile; fast zwei Jahrgänge, also rund zwei Fünftel seines geistlichen Kantatenschaffens, sind verloren. Noch empfindlicher sind die Verluste bei den weltlichen Kantaten, bei denen die Zahl der nachweisbar verschollenen Werke die Zahl der erhaltenen übersteigt. Man wird daher bei allen Aussagen über Bachs Kantaten eine gewisse Unsicherheit, die durch den verminderten Bestand verursacht ist, berücksichtigen müssen. – Die frühesten erhaltenen Kantaten Bachs stammen aus seiner Mühlhausener Zeit. Sie gehören zum Typus der älteren vor-Neumeisterschen Kirchenkantate, ihnen fehlen also noch Rezitative und die Arien des Neapolitanischen Operntypus. An Kantaten dieses älteren Typus sind erhalten: *Aus der Tiefe rufe ich* (BWV 131; 1707/08), *Gottes Zeit ist die allerbeste Zeit* (*»Actus tragicus«,* BWV 106; höchstwahrscheinlich 1707), *Gott ist mein König* (BWV 71; 1708), *Der Herr denket an uns* (BWV 196; 1708), *Christ lag in Todes Banden* (BWV 4; um 1708, vor 1714), *Nach dir, Herr, verlanget mich* (BWV 150 [Echtheit angezweifelt]; um 1708/1709). Sieht man von der reinen Choralkantate *Christ lag in Todes Banden* (BWV 4) ab, so dominiert in jenen frühen Werken das Bibelwort, das durch die Zutat von Choral und freier Dichtung interpretiert wird, so daß man den Typus vom Text her als »tropierende Spruchkantate« bezeichnen kann.

1708 Johann Gottfried Walther (1684-1748): Praecepta der Musicalischen Composition

Seit 1707 gibt Walther dem musikalisch hoch begabten Prinzen Johann Ernst von Weimar, dem Neffen des regierenden Herzogs Wilhelm Ernst, Klavier-, später dann auch Kompositionsunterricht, für den wohl seine *Praecepta der Musicalischen Composition* entstehen, die er 1708 seinem Schüler widmet. Den Stoff dazu hat er aus der deutschen Musiklehre des 17. Jahrhunderts »entlehnet und zusammengetragen« und zu einem praktischen Abriß der musikalischen Elementarlehre und der Kompositionslehre (»Musica poetica«) verarbeitet. Um eine Drucklegung dieser *Praecepta* bemüht sich Walther offenbar nicht. Ursache dafür mag sein, daß er in dem Werk hauptsächlich die Grundlage für den eigenen Kompositionsunterricht sieht, vielleicht aber auch, daß ein großer Teil des Inhalts in sein schriftstellerisches Hauptwerk eingearbeitet wird, mit dessen Vorbereitung er bald nach der Fertigstellung der *Praecepta* beginnt: in sein *Musicalisches Lexikon* (1732). (Breig 1968)

1708-1717 Johann Sebastian Bach (1685-1750): Weimarer Orgelwerke

Zwischen 1708 und 1717 in Weimar bildet sich Bachs orgelmusikalische Sprache vollends aus, sowohl für die an den evangelischen Choral gebundenen Formen als auch für die sogenannten »freien Orgelstücke«. Hier legt er das *Orgelbüchlein* an, hier entsteht die Mehrzahl der großen Präludien, Toccaten, Fantasien und Fugen. Einige Stücke freilich stammen schon aus Arnstadt (so vermutlich das meistgespielte Orgelstück Bachs überhaupt: die *d-moll-Toccata,* BWV 565) oder aus Mühlhausen, wenige entstehen dann in Köthen (so vermutlich die berühmte *c-moll-Passacaglia,* BWV 582), einige erst in der späten Leipziger Zeit. Von nicht wenigen Stücken ist die Echtheit angezweifelt. Eine Chronologie des gesamten Orgelwerks kann man nicht herstellen; die Überlieferung läßt es nicht zu. – Bach ist als Musiker von Haus aus Organist. Seine erste Anstellung findet er 1703 in Weimar zwar als Geiger, dann aber ist er Organist, zuerst an der Neuen Kirche in Arnstadt (1703-1707), dann an St. Blasius in Mühlhausen (1707-1708); 1708 wird er auf die attraktive Stelle des Hoforganisten nach Weimar berufen, 1714 wird er hier zum Konzertmeister ernannt, jedoch unter Beibehaltung seiner Position als Hoforganist. Nach Köthen geht Bach 1717 indessen als Hofkapellmeister – weg von der Orgel. Obwohl er zu dieser Zeit einer der berühmten Orgel- und Cembalospieler ist (in das Jahr 1717 fällt der Wettstreit mit dem französischen Virtuosen Louis Marchand in Dresden), wendet er sich nun einer neuen Aufgabe zu. Doch von Weimar aus breitet sich Bachs Ruhm als Orgelspieler, Orgellehrer und Orgelkomponist aus, wird er zu Orgelproben und -gutachten bei Orgelneubauten und -umbauten allenthalben gerufen; hier strömen die Schüler ihm von nah und fern zu. Freilich, Bach unternimmt auch allerhand, um die verschiedenen Traditionen der Orgelmusik kennenzulernen und sich anzueignen. »Außer Frobergern, Kerll und Pachelbel, hat er die Werke von Frescobaldi, dem Badenschen Capellmeister Fischer, Strunck, einigen alten guten französischen, Buxtehude, Reinken, Bruhnsen und dem Lüneburgischen Organisten Böhmen geliebt und studirt« (C. Ph. E. Bach an Forkel). In Lüneburg ist er möglicherweise noch Schüler des alten Georg Böhm. »Von Lüneburg reiste er zuweilen«, wie der Nekrolog berichtet, »nach Hamburg, um den damals berühmten Organisten an der Catharinenkirche Johann Adam Reinken zu hören.« Von Arnstadt aus pilgert er 1705/06 zu Dietrich Buxtehude nach Lübeck. Von tiefgreifender Bedeutung ist sodann in Weimar Bachs Begegnung mit Werken von Vivaldi und mit dem modernen italienischen Concerto-Prinzip, vor allem mit Vivaldis *L'Estro armonico op. 3* von 1712, aus dem er mehrere Konzerte für Orgel bearbeitet, um Möglichkeiten der Ensemble-Musik für den Einzelspieler auf der Orgel zu gewinnen.

Die Grundlage von Bachs Satztechnik ist der Generalbaß, jene lebendig fließende, durch das Verhältnis zur kontinuierlich fortschreitenden Baßlinie geregelte Abfolge von Harmonien, wie sie seit dem 17. Jahrhundert das Rückgrat der musikalischen Komposition bildet. Doch ist seine musikalische Sprache wesentlich bereichert durch die Aufnahme aller entscheidenden Errungenschaften aus früheren Epochen und aus seiner eigenen Zeit. Im Grunde jedoch ist sie bestimmt von der Vorstellung einer streng gearbeiteten Vielstimmigkeit. Die Fuge hat durch Bach ihre endgültige Prägung erhalten. Sie ist als Gattung – wenn man die Fuge einmal eine Gattung nennen darf – die reinste Verwirklichung seiner Denkweise und befruchtet als Idee sein ganzes Schaffen. Unerschöpflich ist die Mannigfaltigkeit ihres Aufbaus. Die Führung der Einzelstimme zeigt der überkommenen Polyphonie gegenüber neue Züge: sie erscheint harmonisch durchtränkt und trägt ornamentales Figurenwerk als wesentlichen Bestandteil. Das Bachsche Fugenthema ist eine instrumentale Neuinterpretation des alten, von der Sprache her geformten Subjekts (Soggetto) der a cappella-Motette. Seine musikalische Ausdeutung wird durch die Harmonik unterstützt, deren fortzeugende Kraft stets den Untergrund bildet. In den FREIEN INSTRUMENTALSÄTZEN für Orgel oder für Cembalo stellt die Ausbreitung harmonischer Klangflächen oft das eigentliche Gestaltungsprinzip dar. Die von Vorgängern und Zeitgenossen ausgebildeten Gattungen Präludium, Toccata, Sonate und Concert erfüllt Bach mit neuem Sinn.

Schließlich verdankt der Großteil von Bachs Orgelwerken seine Entstehung dem gottesdienstlichen Bedarf, und ihr Formenreichtum und ihre Gedankenfülle stehen ganz in Dienst und Tradition altlutherischer Frömmigkeit. Gilt dies in besonderem Maß für die Stücke, denen der evangelische Choral zugrunde liegt, so atmen doch die freien Fugen und Präludien denselben Geist, wie denn überhaupt die verbreitete Anwendung der modernen Antithese geistlich/weltlich auf jene Zeit und insbesondere auf die Musik Bachs sachlich unzutreffend ist. Es bedeutet für Bach mehr als nur die Weitergabe überlieferter Lehrsätze, wenn er seinen Schülern ins Heft diktiert, es »soll wie aller Musik, also auch des Generalbasses Finis und Endursache anders nicht, als zu Gottes Ehre und Recreation des Gemüts sein. Wo dieses nicht in acht genommen wird, da ist keine eigentliche Musik, sondern ein teuflisches Geplärr und Geleier.« Ob Bach, wie in seinen kirchlichen Werken, protestantische Glaubensgewißheit verkündet oder, wie in den Suiten und Konzerten, das gesellschaftliche Weltbild höfischer Prägung darstellt, oder ob er mit den kontrapunktischen Lehrwerken der Spätzeit an die Grenzen mystischer Spekulation rührt, stets bleibt die starke, festgegründete Persönlichkeit des großen Mannes spürbar. Sein Werk, und darin nicht zuletzt sein Orgelwerk, trägt die Grundzüge seines Wesens: Innigkeit des Gemütes und Herzensfrömmigkeit (Hermelink 1957).

1708-1717 (1740) Johann Sebastian Bach (1685-1750): Orgelbüchlein

Bachs Neigung, eine musikalische Idee im großen Zyklus darzustellen, tritt mit dem *Orgelbüchlein* zum ersten Mal hervor. Seine Absicht ist auf einen kompletten »Jahrgang« von Kirchenliedbearbeitungen gerichtet, ein vollständiges Orgel-Choralbuch mit 164 Sätzen. Allein seinem Umfang nach überträfe dieser Plan alle bekannten früheren Sammlungen von Orgelchorälen, jedoch die Ausführung bleibt stecken: nur 46 Choräle werden komponiert. So stellt das *Orgelbüchlein* zusammen mit den gleichzeitig 1714-1716 in Weimar geschaffenen Kantaten den Torso einer kirchenmusikalischen Gesamtkonzeption dar, die Bach von früh an verfolgt: das Konzept einer »regulierten Kirchenmusik zu Gottes Ehren«, wie er sie in seinem Mühlhäuser Abschiedsgesuch von 1708 als »Endzweck«, als sein künstlerisches Ziel, bezeichnet. In Weimar legt Bach also die Sammlung an, indem er auf 182 Seiten eines Bandes im Queroktav-Format 164 Choräle zu 161 Kirchenliedern mit ihren Überschriften einträgt und dabei den ganzen Raum des Bandes im voraus einteilt, nämlich für die meisten Stücke eine, für wenige zwei Seiten Notentext vorsieht. Die frühen Eintragungen stammen aus Weimar, die spätesten wahrscheinlich erst aus der Leipziger Zeit. Man sollte demnach nicht vom Weimarer, sondern vom *Weimar/Köthen/Leipziger Orgelbüchlein* sprechen. Die Schrift ist oft eng, fast alles nur auf zwei Systemen zusammengeschrieben; die Schlüsse von *Gelobet seist du Jesu Christ* und von *Christe du Lamm Gottes* sind aus Platzmangel in deutscher Orgeltabulatur notiert. Zu Anfang gibt es fast keine Auslassungen, später werden leere Seiten immer häufiger. Der Grund: als Bach 1717 mit ungnädigem Abschied seines seitherigen Landesherrn an den reformierten Hof nach Köthen als »Magister capellae« geht, hat er in seiner neuen Stellung mit Kirchenmusik und mit Orgel amtlich nichts mehr zu tun, dafür aber um so mehr mit Kammermusik und Cembalo; die Weimarer Orgelperiode ist abgeschlossen, das Orgelbüchlein bleibt liegen.

Der vollständige Titel der Sammlung lautet: »Orgel-Büchlein / Worinne einem anfahenden Organisten Anleitung gegeben wird, auff allerhand Arth einen Choral durchzuführen, anbey auch sich im Pedalstudio zu habilitiren, indem in solchen darinne befindlichen Choralen das Pedal gantz obligat tractiret wird. / Dem Höchsten Gott allein zu Ehren, Dem Nechsten, draus sich zu belehren./ Autore Joanne Sebast: Bach/ p. t. Capellae Magistri / S. P. R. Anhaltini-Cotheniensis.« Den liturgischen Charakter der Sammlung verrät dieser lehrhaft-fromme Titel nicht, aber er stellt das *Orgelbüchlein* den in Köthen entstehenden didaktisch-systematischen Klaviersammlungen an die Seite: dem *Klavier-Büchlein* für Wilhelm Friedemann Bach (1720), dem *Wohltemperierten Klavier I* (1722) und vor allem den *Inventionen und Sinfonien* (1723). Ebenso wie die *Inventionen* soll das *Orgelbüchlein* zugleich Schule des Instrumentalspiels und Kompositionslehre sein, Kompositionslehre aber nicht im methodischen Sinne als System von Regeln und Vorschriften, sondern als künstlerisches Vorbild in Beispielen und Mustern. – Die Choralbearbeitungen zeichnen sich durch ein gemeinsames Merkmal aus: die Darstellungsweise des Cantus firmus. Die Choralmelodie erscheint meist im vierstimmigen Satz als dessen Oberstimme; sie wird ohne Unterbrechung durch Zwischenspiele in einem Zuge vorgetragen. Damit entspricht der ORGELBÜCHLEIN-CHORAL dem vokalen Vorbild des Kantionalsatzes. Hinzu kommt aber eine instrumental-motivische Durchgestaltung, die der Vokalsatz nicht kennt: ein frei erfundenes instrumentales Motiv oder eine Motivverbindung wird imitierend oder sequenzierend durch die Begleitstimmen geführt.

Schon Philipp Spitta hatte mit Nachdruck auf die Bedeutung von Bachs *Orgelbüchlein* hingewiesen. Aber es ist erst Albert Schweitzer (1908) gewesen, der dem *Orgelbüchlein* seinen Rang zugewiesen hat: »Im eigentlichen Choralvorspiel [Schweitzer spricht von Choral-*Vorspiel;* es scheint indessen besser, nämlich der Sache mehr entsprechend, von *Orgel-Choral* zu sprechen] scheint Bach zunächst die von Pachelbel, Böhm, Buxtehude und Reinken überkommenen Formen gepflegt zu haben. Gegen das Ende der Weimarer Zeit aber wird er seinen Meistern gegenüber selbständig und stellt einen eigenen Typus auf: das Choralvorspiel des *Orgelbüchleins*... Damit hat Bach das Ideal des Choralvorspiels aufgestellt und verwirklicht... Das *Orgelbüchlein* hat also nicht nur eine Bedeutung im Rahmen der Entwicklung des Choralvorspiels, sondern es ist eines der größten Ereignisse in der Musik überhaupt. Nie zuvor hatte jemand Texte so in reine Musik hineingezwungen; später unternahm es niemand mehr mit so einfachen Mitteln. Zugleich tritt in diesem Werke das Wesen der Bachschen Kunst zum ersten Male klar zutage. Er findet keine Befriedigung in der klanglichen Vollendung der Form, sonst hätte er sich in den Formen und Formeln seiner Lehrer im Choralvorspiel weiter bewegt. Sein Streben geht weiter: Er ringt nach plastischem Gedankenausdruck und kommt dazu, sich eine Tonsprache zu schaffen. Die Elemente einer solchen Sprache liegen im *Orgelbüchlein* vor: Die charakteristischen Motive der verschiedenen Choräle entsprechen ebenso vielen Ausdrücken für Gefühle und Bilder, die Bach in Tönen wiederzugeben sich getraut. Darum ist das *Orgelbüchlein* das Wörterbuch der Bachschen Tonsprache. Von hier muß man ausgehen, wenn man verstehen will, was er in den Themen der Kantaten und Passionen ausdrücken will. Weil man die Bedeutung des *Orgelbüchleins* nicht erkannte, blieb der Grundcharakter der Bachschen Kunst fast bis in die allerletzte Zeit dunkel und strittig.«

1709 Eröffnung des Kärntnertortheaters in Wien

In Wien, der Kaiserstadt, ist die Oper ausschließlich Hofoper (im Redoutensaal der Hofburg), und auch als der Magistrat der Stadt um ein kaiserliches Privileg zur Errichtung eines »steinernen Theaters« an der Stadtmauer nächst dem Kärntnertore (an der Stelle des heutigen Hotels Sacher) eingibt, also zur Errichtung eines Stadttheaters für die Leute (anstelle der feuergefährlichen hölzernen Komödienhütten, die Theatertruppen auf verschiedenen Plätzen der inneren Stadt aufgestellt hatten), da schließt dieses Privileg die Oper aus. Dementsprechend geben die »wällischen Komödianten«, an die das Theater zunächst verpachtet ist, nur italienische Komödien, und die Leute bekommen weiterhin nicht, was sie wünschen: deutsche Stücke und Stücke mit Musik. Das ändert sich, als 1712 Joseph Anton Stranitzky (1676-1726) mit seiner Truppe das Haus übernimmt. Neben italienischen spielt er nun vor allem deutsche Komödien, die er nach dem französischen Vorbild des Vaudeville mit Musik und Gesang ausstattet. Bis dahin hatte Stranitzky Volkskomödien gespielt mit dem Hanswurst als wichtigster (und beim großen Publikum beliebtester) Person. Stranitzkys Hanswurst ist ein einfältig-pfiffiger Salzburger Bauer in Tracht und mit hohem grünen Spitzhut; er ist dem älteren deutschen Hanswurst und dem Harlekin der Commedia dell'arte nur noch entfernt verwandt. Dementsprechend sind Stranitzkys Späße und Stücke von anderer Art als die der später in Norddeutschland von Gottsched so heftig bekämpften Autoren. Bei ihm geht die Tendenz auf Parodie und Satire, auf etwas, das dem Wiener Singspiel dann als Hauptmerkmal anhaften wird – und womit Stranitzky eine Tradition begründet, die bis zu Nestroy reicht.

1709 **Georg Friedrich Händel** (1685-1759): **Oper »Agrippina«** in Venedig

Mit *Agrippina* erringt Händel seinen ersten großen Erfolg als Opernkomponist. Das von Kardinal Vincenzo Grimani, dem Vizekönig von Neapel, für das von seiner Familie unterhaltene Teatro San Giovanni Grisostomo in Venedig verfaßte Textbuch ist eines der wenigen originalen Opernlibretti, die Händel vertont. Während der Spielzeit 1709/1710 erlebt die Oper in Venedig 27 Aufführungen. In Neapel wird das Werk 1713, in Hamburg während der Jahre 1718 bis 1722 und in Wien 1719 mehrfach nachgespielt. Aus *Agrippina* stammt auch die erste Musik Händels, die in England erklingt: Bei ihrem Londoner Debut am 6. Dezember 1710 in der Oper *Pirro e Demetrio* von Alessandro Scarlatti singt Francesca Vanini-Boschi als Einlage die Arie (Nr. 12) »Hò un non sò che nel chor«, die sich dann unter verschiedenen englischen Texten in England weit verbreitet.

Für Händels Parodieverfahren – das heißt: für die Umarbeitung/Zurichtung einer vorhandenen Musik mit einem anderen Text für einen anderen Zweck – bietet die Musik zu *Agrippina* einen umfangreichen Beleg: Zahlreiche Sätze gehen auf andere Werke der italienischen Zeit zurück, aber auch spätere Kompositionen, vor allem eine Reihe von Oratorien, zeigen, welche Nachwirkung diese Oper als Anregungsquelle auf Händels Werk hat (Baselt 1978).

1710-1712 Georg Friedrich Händel (1685-1759) Hofkapellmeister in Hannover

Mit dem Erfolg seiner Oper *Agrippina* in Venedig wird Händel nun auch in Deutschland als »Maestro« anerkannt: man beginnt sich für ihn zu interessieren, Herzog Jan Wellem in Düsseldorf etwa, aber Hannover »erwirbt« den jungen Meister (für ein Jahresgehalt von 1000 Talern). Das Opernhaus in Hannover ist derzeit eines der größten und prachtvollsten Bühnen Deutschlands. Trotzdem ist Händels Aufenthalt in Hannover nur kurz. Der Earl of Manchester, Gesandter des Hofes von St. James in Venedig, der die Uraufführung der *Agrippina* erlebt hat, deutet an, daß die italienische Oper in London, eben in ihren ersten Anfängen, einen jungen Maestro brauchen könne. Der Oberstallmeister des Hofes in Hannover, Baron Kielmannsegg, befürwortet deshalb einen Urlaub des jungen Mannes nach England: es kann ja nicht schaden, der Londoner Gesellschaft, die noch erhebliche Widerstände gegen einen deutschen Thronfolger hat, durch einen besonders begabten Musiker einige Ablenkung zu verschaffen. Händel reist schon im Herbst 1710 wieder aus Hannover ab; erst im Sommer war er angekommen. In London führt er sich mit seinem *Rinaldo* ein: ein durchschlagender Erfolg. Nach dem Ende der Opernsaison 1710/11 kehrt er nach Hannover zurück; im Herbst 1712 wird er es wieder verlassen, diesmal endgültig.

1711 Georg Friedrich Händel (1685-1759): Oper »Rinaldo« in London

Rinaldo entsteht im Auftrag englischer Theaterunternehmer während Händels erstem Londoner Aufenthalt. Der Text von Aaron Hill, dem Pächter des Haymarket Theatre's, gehört zu den wenigen originalen Opernlibretti, die Händel vertont. Die Uraufführung am 24. Februar 1711 findet beim Londoner Publikum und bei der Presse außerordentliches Interesse – vor allem wegen der glänzenden Bühnenausstattung mit lebendigen Vögeln, feuerspeienden Drachen und Flugmaschinen. Die Berichte würdigen freilich auch Händels virtuose Cembalo-Improvisationen bei der Aufführung. Bis zum Ende der Saison (in London spielt man, anders als in Italien, von Oktober oder November bis Juni durchgehend) wird *Rinaldo* fünfzehnmal gegeben. Es scheint, daß dieser Erfolg dem Durchschnittserfolg, den italienische Opern um 1710 in London haben, entspricht. Als Händel die Oper 1731 unter den veränderten Bedingungen seiner zweiten Opernakademie wiederaufnehmen will, wird eine Neufassung erforderlich. Händel verändert die Partitur hinsichtlich der Stimmlage einzelner Partien und fügt eine Reihe von Gesängen hinzu, die er zum Teil neu komponiert. Die Autoren säubern überdies die Handlung von den allzu spektakulären Maschineneffekten, die in der ersten Fassung nicht nur gelobt sondern auch kritisiert worden sind, und machen auch die Schlußlösung glaubhafter.

In einer Monographie über Händels *Rinaldo* stellt R. Kubik (1982) Überlegungen zu Dingen an, die in der Musikgeschichtsschreibung gewöhnlich übergangen, übertrieben oder unzulänglich dargestellt werden, nämlich zur BEDEUTUNG DER METAPHER FÜR DIE BAROCKOPER und zum Verfahren der Komposition. »Im Kunstdenken der Händelzeit kommt der Metaphorik eine Schlüsselposition zu. Ihr Wesen ist die Bestrebung, Unsichtbares oder Abstraktes in bildhafte Anschaulichkeit zu kleiden. Flemming (1933) hat von der ›Verleiblichung des Gefühls in der Sphäre der Bildhaftigkeit‹ gesprochen. Der spezifische Realismus der Barockoper besteht nun darin, daß sie die Bildinhalte der Metapher sinnlich darstellt. Diese Bildinhalte stehen für die Affekte, welche Kern, Mittel und Ziel der Opernhandlung sind. Dadurch wird die Metapher zur eigentlichen Realitätsebene der Barockoper. Nun beansprucht die Metapher in ihrer Gleichnishaftigkeit keinen substantiellen Eigenwert: sie steht für etwas, das sie nicht ist. Deshalb wirkt die Realitätsebene der Barockoper so irreal, weil sie uns dauernd mit Anschaulichkeiten konfrontiert, die gar nicht sich selbst meinen: Ein ›Flimmern und Schillern‹ entsteht ›aus einer Jagd von Anschaulichkeiten ohne Wirklichkeits- und Selbstwert‹ (Flemming). Ein Beispiel möge das Gesagte erläutern: die erste Arie im *Rinaldo* entwächst dem Bedürfnis des Goffredo, seine Getreuen, die ihm unter vielen Gefahren ins Heilige Land gefolgt sind, zu mutiger Haltung im bevorstehenden Kampf zu ermuntern. Der faktische Sinneseindruck aber ist die mit dichterischen und musikalischen Mitteln intendierte bildhafte Darstellung von abschüssigen Berghängen, bzw. wie jemand von ihnen herabpurzelt, wie er stolpert und strauchelt. Die

Metapher bezieht sich auf die Mühsale, die man auf sich nehmen muß, um den Ruhmestempel (dieser selbst ist bereits eine Metapher) zu erreichen, der oben auf einem gefährlichen Berg steht. Die Bedeutung ist klar. Sinnliche Realität ist aber das, was wir hören. Und das hat keinerlei Eigenwert, denn es stellt den Bildinhalt der Metapher dar. In derselben dramaturgischen und affektiven Situation wären ja auch andere Metaphern möglich, um das Gemeinte zu repräsentieren. Andere Metaphern aber würden andere musikalische Gestalten, andere sinnliche Realitäten nach sich ziehen, obwohl der Gegenstand selbst gleichgeblieben wäre. Die Gleichnishaftigkeit von Kunst erfüllt sich in hohem Maße in der besonderen Metaphorik der Barockoper. Der Wille zur Selbstdarstellung von Kunst erwirkt die dominierende Position der Metapher.« So stützt sich denn etwa die Hälfte aller Arien im *Rinaldo* auf Metaphern. Die andere Hälfte kommt ohne die Vermittlungsrolle von Gleichnissen aus, indem sie die Affekte unmittelbar musikalisch darstellt.

»Im Autograph des *Rinaldo* findet Händels Arbeitsweise ihren sinnfälligen Niederschlag im graphischen Ausdruck seiner Handschrift. Zuerst schreibt Händel den Text der Rezitative [also ohne Musik], von den Musiknummern den Baß und eine instrumentale oder (untextierte) vokale Melodiestimme. In einem zweiten Arbeitsgang ›füllt er vollends alles aus‹, und als ein Drittes wären noch Korrekturen denkbar. Die Textierung der Arien wird oft nachträglich vorgenommen: Händel schreibt nämlich die Achtel- und Sechzehntelnoten der Singstimme zunächst als Einzelnoten mit Fähnchen. Bei der Wortunterlegung werden dann die durch die Textierung bedingten Verbalkungen, als Korrektur sichtbar, ausgeführt. Auch die Kompositionsweise der Rezitative ist im Manuskript erkennbar: Der Text ist sauber und gleichmäßig fortlaufend geschrieben; die später über die betreffenden Silben in charakteristisch schräger ›Schnellschrift‹ gesetzten Noten haben deshalb keine ihren Längenwerten entsprechenden Abstände. Werden Noten korrigiert, so geschieht dies für sich allein, ohne auch die Wörter neu zu schreiben.«

Schließlich stellt Kubik interessante operngeschichtliche Untersuchungen zu den verschiedenen Fassungen des *Rinaldo* an, die allgemein-operngeschichtlich interessant und belangvoll sind. Zu Händels Zeit wird *Rinaldo* vielfach inszeniert, sowohl in London als auch auf dem Kontinent (Hamburg, Neapel). Dabei haben wir es im Grunde mit drei Fassungen zu tun (London 1711 und 1731, Neapel 1718), die erheblich voneinander abweichen – und zugleich als Repräsentanten bestimmter theatralischer Tendenzen beschrieben werden können: »Die Erstfassung ist eine Zauberoper, bei welcher die Maschineneffekte, Zauberkünste, Verwandlungen, Feuerwerke etc. absolut im Mittelpunkt stehen; dafür werden unlogische und inkonsequente Züge der Handlung ohne weiteres in Kauf genommen. Nicht alle begonnenen Konflikte werden auch zu Ende geführt; Truppenaufmärsche, Aufzüge mit Triumphwagen und dergleichen spielen eine große Rolle; Ballett eine kleine. Am Schluß steht ein etwas gewaltsames lieto fine, von dem man nicht sicher sagen kann, ob es moralisierend-propagandistisch gemeint, der Opera seria-Konvention verpflichtet, oder einfach nur ungeschickt ist. – In Neapel beginnt man zwar mit Maschineneffekten (schon im Prolog), verläßt aber im Lauf der Handlung zusehends diese Ebene und verlagert die Konflikte in den zwischenmenschlichen Bereich: als Motive treten Liebe und Eifersucht auf, die Haupthandlung wird zur Intrige. Inwieweit der Aufführungsort (der Große Saal im Königlichen Palast) bei der Eliminierung allzu krasser Zaubereffekte eine Rolle spielt, läßt sich nicht mit Sicherheit sagen; gewiß hat er keine Versenkung bzw. Auftrittsmöglichkeit aus dem Boden, wie es aus einigen Regiebemerkungen zu schließen ist. Da aber einige – und nicht die einfachsten – Zauberszenen gemacht werden, kann man annehmen, daß die Abstriche in diesem Bereich vor allem künstlerische Absichten spiegeln. Die Überbetonung des Zauberbereichs scheint ja eine spezifisch englische Theatertradition zu sein. In Neapel hingegen wird mit der Gewichtsverlagerung auf eine Eifersuchtsintrige und durch die Einführung von Buffoszenen offensichtlich die lokale Theatertradition wirksam.« – Gegenüber den Fassungen von 1711 und 1718 ist die Londoner Fassung von 1731 zunächst beträchtlich gekürzt. Die Eingriffe betreffen vor allem den III. Akt; die Zaubereien werden kaum eingeschränkt, viel weniger jedenfalls als allgemein angenommen. Hingegen werden die Massenszenen sowie das Ballett ganz gestrichen. »Alle Handlungen werden zu Ende geführt, die endgültige Auseinandersetzung findet nun auf zwei existenziell verschiedenen Ebenen statt: christliche Tapferkeit (Rinaldo) gegen heidnische Zauberei (Armidas Zauberwald). Es scheint, daß die dramaturgischen Veränderungen unabhängig von äußeren Umständen vorgenommen werden, getragen vom Willen, die offenkundigen Schwächen des ersten Librettos zu beseitigen. Trotzdem ist die späte Londoner Fassung noch mehr und noch konsequenter ›Zauberoper‹ als die Urfassung.« Alles in allem »kommt man nicht umhin, eine ›stille Reform‹ zu konstatieren, die in den zwanzig Jahren seit der Erstfassung offenbar stattgehabt hat. Inwieweit hier *Rinaldo* ein Einzelfall ist, oder ob in der gesamten späten Opernproduktion Händels die Tendenzen der Reformisten spürbar sind, ob hier einfach nur Theaterpraktiker Ungereimtheiten beseitigen, oder ob es sich hier um Einflüsse, oder um grundsätzliche – auch theoretisch reflektierte – Überlegungen handelt, das muß offenbleiben.«

1711 und 1728 Johann David Heinichen (1683-1729): Generalbaßschule

Als 1711 in Hamburg die *Neu erfundene und gründliche Anweisung ... zu vollkommener Erlernung des General-Basses* erscheint, befindet sich der Verfasser in Venedig, verkehrt im Mäzenatenkreis um die Sängerin Angioletta Bianchi, hat Umgang mit Vivaldi, Gasparini, Biffi u. a., schreibt italienische Kantaten und Opern. 1716 verpflichtet ihn dort der Sohn Augusts des Starken als Kapellmeister nach Dresden, wo Heinichen auf die reichste Musikpflege und die besten Leute stößt, freilich an Italien orientiert. Dort schreibt er seine Generalbaßschule neu: *Der General-Baß in der Composition, oder: Neue und gründliche Anweisung...* (Dresden 1728) – neu und so kühn, daß J. A. Hiller später zu berichten weiß, Heinichen habe auf dem Sterbebett die Sünden wider die Reinheit des Satzes, die er in der Neufassung seines Buches begangen habe, bereut und seine »italienische Lehre« widerrufen. Nun, zunächst sind beide Bücher Generalbaßlehren. »Und was heißt endlich Generalbaßspielen anders, als zu der einzigen vorgelegten Baßstimme die übrigen Stimmen einer vollständigen Harmonie ex tempore erdenken oder dazukomponieren? ... So darf man nur überhaupt erwägen, daß uns der Generalbaß eben wie die Komposition selbst zu völliger Untersuchung des ganzen musikalischen Gebäudes anführe.« GENERALBAẞLEHRE ist also Kompositionslehre, die vom Instrumentalspiel ausgeht und den musikalischen Satz harmonisch-polyphon entstehen läßt. Wie dies zu geschehen hat, ist freilich in verschiedenen Ländern und bei verschiedenen Gattungen verschieden. »Bei Ende dieser Lehre fällt noch eine wichtige Frage vor, nämlich: ob alle oben gegebenen Exempel nicht könnten vollstimmiger traktiert werden, oder: ob der Generalbaß überall bei dergleichen vierstimmigem Accompagnement notwendig verbleiben müsse. Hierauf gründlich zu antworten, so ist bekannt, daß die alte Welt den Generalbaß... sehr schwachstimmig traktierte... In folgenden Zeiten... wurde das vierstimmige Accompagnement mehr Mode, welches man zwar anfänglich für beide Hände gleich teilte..., um hierdurch die Künste eines wohlregulierten Quattro zu zeigen (gleichwie noch heutzutage in gewissen Fällen und sonderlich auf Orgeln bei schwacher Musik von berühmten Meistern praktiziert wird). Weil aber diese Art nicht überall und sonderlich bei nachgehends (wider die Lehre der Alten) eingeführtem Gebrauch sehr geschwinder Bässe nicht applikabel war: also wurde dieses vierstimmige Accompagnement für die Hände ungleich eingeteilt, nämlich drei Stimmen für die rechte Hand und die einzige Baßstimme für die linke... Dieses letztere nun ist heutigentags das gebräuchlichste und fundamentalste Accompagnement, welches man allen Anfängern zu lehren pflegt«. Die Könner nämlich dürfen mehr: »Bei einem sehr vollstimmigen Accompagnement aber sind alle diese Regeln [des vierstimmigen Satzes] von Natur so unmöglich wie unnötig zu observieren, weil die Menge der Stimmen alle dergleichen Fehler den Ohren versteckt.« Diese Beschreibung Heinichens wirft Licht auf die Generalbaßpraxis in Italien, die sich von der deutschen derselben Zeit wesentlich unterscheidet. Noch 1782 tadelt Kirnberger (*Gedanken über die verschiedenen Lehrarten in der Komposition als Vorbereitung zur Fugenkenntnis*): »Heinichen hat unstreitig in diesem Fache am gründlichsten gelehrt, wiewohl seine Lehren durch wenigere und allgemeinere Regeln hätten bestimmt werden können, und seine Regeln, besonders die über das Accompagnement des mehr als vierstimmigen Satzes, selbst von jemandem, der in den Grundsätzen fest ist, geprüft sein wollen.« Und erst recht tadeln Fux und Mizler (*Gradus ad Parnassum* 1725/1742): »Wer jetzt den Generalbaß ein halb Jahr gelernt, der fängt auch gleich an, nach Willkür zu komponieren.« Beide denken dabei wohl in erster Linie an den »italienischen Generalbaß«, der keine solide Grundlage für das musikalische Handwerk mehr sein kann – bei solcher Betonung der äußersten Stimme der rechten Hand und dieser Vernachlässigung des polyphonen Gewebes der Mittelstimmen.

1712 Antonio Vivaldi (* wahrsch. Venedig 1678, † Wien 1741): L'Estro Armonico op. 3 (12 Konzerte), gedruckt in Amsterdam

Das allgemein die Zeit musikalisch bestimmende Prinzip des Konzertierens auf die Spitze zu treiben, nämlich ins Solokonzert, versuchen sich viele Meister des späteren 17. Jahrhunderts; als den ältesten nennt man meist Giuseppe Torelli (1658-1709), doch scheint erst Vivaldi der Durchbruch zu gelingen. Erst er tut den entscheidenden Schritt zum großen Solokonzert, »eine damals ganz neue Art von musikalischen Stücken« (Quantz). Seine erste, als op. 3 veröffentlichte Sammlung von Konzerten, *L'Estro Armonico* (»Harmonische Eingebung« oder »Genius der Harmonie«) enthält unter 12 Konzerten

2 Konzerte für 4 Violinen und ein Violoncello (Nr. 7, 10),
2 Konzerte für 4 Violinen (Nr. 1, 4),
2 Konzerte für 2 Violinen und ein Violoncello (Nr. 2, 11),
2 Konzerte für 2 Violinen (Nr. 5, 8),
4 Konzerte für 1 Violine (Nr. 3, 6, 9, 12).

Manche haben noch Concerto grosso-Charakter, manche sind »moderne« Solokonzerte. Die Sätze sind in scharf profilierte Tutti und Soli gegliedert, wobei das einleitende Ritornell oft zu einem eindrucksvollen Vorspiel ausgeweitet wird. Die Themen sind plastisch und prägnant. Oft tritt der Solist mit einem vom Orchester abweichenden neuen Thema ein, bisweilen wiederholt er das Orchester-Ritornell mit leichten Veränderungen. Violintechnisch stellen die frühen Konzerte noch bescheidene Anforderungen, die sich jedoch bald bis zur Virtuosität steigern, besonders in bezug auf hohe Lagen und rasche Saitenwechsel. – Jahrzehnte hindurch gilt Vivaldis Konzerttyp in ganz Europa als maßgebend; erst in den 1730er Jahren macht sich ein anderer Typus nach P. Locatelli und G. Tartini geltend, ohne freilich Vivaldis Beliebtheit Abbruch zu tun.

In seiner Zeit sind Vivaldis Konzerte weithin als das Neueste vom Neuen bekannt, ja berühmt, und kein Geringerer als J. S. Bach findet sie so interessant, daß er sechs von ihnen bearbeitet bzw. zu eigenen Werken umarbeitet. Was kann ihn dabei so interessieren? Einmal die Zuspitzung des konzertierenden Prinzips im Solokonzert – die er freilich noch weiter treibt, indem er die Vivaldischen Ensemble-Konzerte in Werke für die Orgel solo (BWV 593, 596) oder für Klavier solo (BWV 972, 976, 978) umsetzt. (Bach bearbeitet übrigens auch Stücke aus Vivaldis op. 4 und op. 7 und auch Konzerte anderer italienischer Meister, um sich den neuen »italiönischen Stylum« anzueignen.) Sodann aber dürfte Bach Vivaldis instrumentale Gestik, seine Arbeit mit Motiven und Motivvarianten fesseln, denn darin liegen ungeheure Möglichkeiten für eine Art von Versprachlichung der Instrumentalmusik aus genuin instrumental-musikalischen Elementen. Den entscheidenden Schritt vom bei Vivaldi oft ermüdend ununterbrochenen spielerischen Gestikulieren zum echten musikalischen Deklamieren (aufgrund von struktureller Arbeit beim Einbauen instrumentaler Motive mit ihren Variationen und Ableitungen in einen harmonisch scharf profilierten Satz), diesen Schritt tut erst Bach – wobei man aber der Gerechtigkeit halber und bei allem Respekt vor Bach sagen muß, daß dieser Schritt ohne Vivaldis Konzerte als Voraussetzung kaum denkbar ist. Strawinskys Satz: »Vivaldi wird viel zu hoch eingeschätzt – ein langweiliger Kerl, der dieselbe Form so oft wieder komponieren konnte«, ist wohl richtig, wenn er auch Vivaldis historische Bedeutung sträflich außer acht läßt.

Die längste Zeit seines Lebens, nämlich von 1703 bis 1740, ist Vivaldi Musikmeister am Ospedale della Pietà, einer der vier seinerzeit berühmten Findlingsherbergen Venedigs. Dort gibt er Violinunterricht und leitet das aus lauter Mädchen bestehende Orchester, mit dem er seine neuen Werke ausprobiert und öffentlich auftritt. Als berühmter Mann ist er freilich viel mit anderem beschäftigt, etwa mit der Komposition von Opern für alle größeren Städte der Welt, auch ist er viel und manchmal jahrelang auf Reisen, etwa um seine engen Beziehungen zu Dresden zu pflegen, wo sein Schüler Johann Georg Pisendel, einer der damals wichtigen deutschen Geigenvirtuosen (für den Bach möglicherweise seine Violin-Solosonaten schreibt), Konzertmeister ist und sich seit 1717 besonders für Vivaldis Werke in Deutschland einsetzt. Vivaldi ist unbeschreiblich fleißig: das Werkverzeichnis nennt etwa 770 Kompositionen, nahezu 50 Opern (von denen 21 erhalten sind), 344 Solokonzerte, 81 Konzerte für zwei und mehrere Instrumente.

1712-1760 Christoph Graupner (1683-1760) Hofkapellmeister in Darmstadt

»Der [Thomas-]Cantor Johann Schelle hatte viele Liebe für mich, und weil er meinen natürlichen Trieb zur Musik vermerkte, gab er mir selbst auf dem Clavier, auch zu einer besseren Art im Singen, noch weitere und gründlichere Anleitung.« Danach studiert Graupner bei Heinichen und Kuhnau (seit 1701). Für letzteren beginnt er eine Arbeit, die er auch später für sich selbst fortsetzt: er kopiert fleißig fremde Werke – und legt damit den Grund für seine weitreichende Kenntnis der zeitgenössischen Musik. In Leipzig schließt er Freundschaft mit Telemann. Von 1707 an ist Graupner Cembalist an der Hamburger Oper unter Reinhard Keiser, bis ihn 1709 der Landgraf von Hessen-Darmstadt als Vize-Hofkapellmeister nach Darmstadt beruft. 1712 rückt er in das Amt des Hofkapellmeisters auf und widmet sich zunächst ganz der Oper, seit 1719 aber ausschließlich der Kirchen-, Orchester- und Kammermusik. In seinen Opern folgt Graupner dem Hamburger Stil Keisers. Die Kirchenkantaten sind fast ausnahmslos in der neuen, seit Erdmann Neumeister üblichen Form mit Rezitativen und Arien geschrieben, enthalten aber regelmäßig motettenartige Chöre, Chor-Arien und Choräle von der einfachsten Form bis zu den anspruchsvollsten Choralbearbeitungen. Bei den Konzerten überwiegen die Concerti grossi mit meist originellen Concertino-Besetzungen (überwiegend Bläser als Solisten) über die 18 Solokonzerte, von denen nur 3 für Streichinstrumente geschrieben sind, alle anderen für Bläser. In seinen Ouvertüren-Suiten schließt sich Graupner ebenso wie in seinen Klavierwerken vor allem an Telemann an. – Wenn man bedenkt, daß Graupner einerseits noch ein Schüler des alten Thomaskantors Schelle (1648-1701) ist, daß er andererseits aber mit seinen Sinfonien an die Sinfonien der »Mannheimer Sinfoniker« heranreicht, dann kann man ermessen, wie sehr dieser Musiker mit seinem Werk dem großen Wandel von Musik und Musikverständnis in seiner Zeit ausgeliefert ist.

1722/23 bewirbt sich Graupner, nach Telemanns Verzicht, um das Thomaskantorat in Leipzig, wo man auch durchaus geneigt ist, ihn zu nehmen. Sein Landgraf jedoch verbessert seine Einkünfte so, daß Graupner verzichtet. Die Probekompositionen für Leipzig und der Briefwechsel mit den Behörden sind erhalten (Noack 1956). So müssen die Leipziger in Gottes Namen jenen Johann Sebastian Bach als Thomaskantor nehmen...

1713 **Georg Friedrich Händel** (1685-1759): **Te Deum** für den Frieden von Utrecht

Der Spanische Erbfolgekrieg wird mit dem Frieden von Utrecht beendet. Musik soll das Ereignis feiern. Händel erhält, wohl als Geste gegenüber seinem Hannoverschen Kurfürsten, den man in London nun als Thronfolger akzeptiert, den Auftrag und schreibt das *Utrecht Tedeum* (HWV 278) und ein *Jubilate* (HWV 279), beide in englischer Sprache. Am 7. Juli 1713 werden die Werke in der St. Paul's Cathedral aufgeführt. Es ist ein Staatsakt. Händels Teilnahme ist der erste Schritt zur endgültigen Einbeziehung in das englische Leben. Händels Werk huldigt übrigens zugleich einem anderen großen Meister, nämlich Henry Purcell, dessen *Tedeum* von 1694 er sich zum Vorbild genommen hat. In den folgenden Jahren werden die beiden Kompositionen abwechselnd aufgeführt.

1713-1730 **François Couperin le Grand** (* Paris 1668, † das. 1733): **4 Bücher Pièces de clavecin**, gedruckt in Paris

Seine über 240 *Cembalostücke* publiziert Couperin zu 27 »Ordres« zusammengefaßt in 4 Büchern. Hier kommt Couperin wie sonst nirgendwo als Neuerer zur Geltung trotz der engen Bindung an seine Vorgänger unter den französischen Clavecinisten. Zwar schreibt Couperin wie jene Sammelwerke, also Suiten, doch geht er über deren tonartliche Bindungen hinaus und verselbständigt zunehmend das Einzelstück, indem er es zu einer Art von selbständigem Programmstück erhebt. Die Wirkung dieses Vorgangs auf seine Zeitgenossen (und auch auf die Klavierkomposition in Frankreich bis zu den Impressionisten) ist stark – und sollte doch auch nicht überschätzt werden, jedenfalls nicht in der Bedeutung der Titel der Sätze für die Musik selbst: Weder sind die Stücke – von Ausnahmen abgesehen – nur naiv malende Programmusik, noch weisen die Titel auf Empfindungen hin, die beim Hören auszulösen wären (wie dann bei C. Ph. E. Bach), noch sind sie Programmusiken im Sinne des 19. Jahrhunderts. Meist sind die Titel nichts anderes als verschleierte Widmungen oder einfach Etiketten. Viel wichtiger sind der Reichtum und die Vielfalt der Einfälle und ihrer kompositorischen Fassung, die Bedeutung des Instrumental-Spielerischen einerseits, der Kunst der Charakterisierung musikalischer Gedanken andererseits. *Dadurch* ist Couperin groß und berühmt geworden, *hier* ist er ein Neuerer. Das mag dem Clavecinwerk die überragende Stellung gegeben, zugleich aber auch bewirkt haben, daß Couperin, ganz und gar zu Unrecht, nur als Clavecinkomponist in Erinnerung geblieben ist.

Couperin ist von 1685 bis 1723 Organist an der Kirche Saint Gervais und außerdem seit 1693 Hoforganist Ludwigs XIV. in Versailles, zugleich Lehrer der Prinzen daselbst. Ein großer Teil seines Werks gehört der Kirchenmusik, und aus dieser sind hervorzuheben zwei *Orgelmessen* und die *Leçons de ténèbres à une et deux voix* (Paris um 1714) mit Generalbaß über die *Lamentationes Jeremiae* für die Karwoche. Hier scheinen die zum Teil zugrundeliegenden Gregorianischen Melodien den Stücken zu ihrem Ausdruck zu verhelfen. – Nicht vergessen sollte man auch die Kammermusik und schließlich das Lehrbuch *L'art de toucher le clavecin* von 1716. – Die *Orgelmessen* (gedruckt 1690 in Paris) zeigen in ihrer Faktur die Übernahme von einerseits kammermusikalisch solistischen Besetzungsstrukturen, andererseits von solchen der Ensemblemusik und zugleich ihre Verbindung in originären Orgelmusiktypen. Voraussetzung dafür ist freilich der Aufbau der französischen Orgel jener Zeit, in der in der Regel ein großes und ein kleines Werk derselben Disposition für Soli verwendet und zum Tutti gekoppelt werden können (Siegele).

1714 **Arcangelo Corelli** (1653-1713): **12 Concerti grossi op. 6**, gedruckt in Amsterdam

Corelli hat den Typus des CONCERTO GROSSO nicht erfunden. Dieser bildet sich im letzten Drittel des 17. Jahrhunderts gleichzeitig an verschiedenen Orten heraus. Corellis Verdienst ist die Konsolidierung dieses vor 1700 aufführungspraktisch wohl noch mit Elementen der Improvisation durchsetzten Anlagetypus durch strenge Faktur und den inneren Reichtum der nach langer Erprobung im *Opus 6* zusammengefaßten Arbeiten. Das dem Kurfürsten Johann Friedrich von der Pfalz gewidmete Opus bringt Corelli kurz vor seinem Tode noch soweit in Ordnung, daß man es dann postum veröffentlichen kann, »die reinste Erfüllung einer eben in Corelli vollendeten und abgeklärten Tradition, die Quintessenz der imposanten Entwicklung in der italienischen Instrumentalmusik seit 1600... Kein italienischer Meister jener Zeit erreicht die aristokratische Würde des Corellischen Stils, das Pathos, die elegische Ausdruckshaltung seiner Kantilene, die edle Schönheit seines Streicherklangs.«

Die Werke, die Paumgartner (1952) so hymnisch beschreibt, sind in der Tat klassische Meisterwerke. Warum sie heutzutage, außer von auf »Alte Musik« spezialisierten Ensembles, kaum mehr gespielt werden, kann zu denken geben. Wahrscheinlich sind sie technisch nicht anspruchsvoll genug; man muß sie scheinbar nicht proben oder gar studieren. Musikalisch allerdings sind sie eher *zu* anspruchsvoll – was man freilich nicht auf den ersten Blick sehen kann.

Der Begriff CONCERTO GROSSO meint zunächst nur ein größeres Instrumental-Ensemble, das ein kleineres für solistische Aufgaben einschließt: das CONCERTINO. Von hier ist der Begriff auf den »Stylum« der »Concerti grossi« übergegangen. Im »Tutti« spielen alle, im »Concertino« nur die »Soli«, das sind bei Corelli stets 2 Violinen und 1 Violoncello. Es wechselt also ein vollbesetzter vierstimmiger Satz ab mit einem solistisch besetzten dreistimmigen. Dadurch ist – soziologisch interessant und wichtig – ermöglicht, daß eine große Zahl weniger guter Spieler mit einigen wenigen herausragenden Spielern zusammen musiziert, ohne daß diese von jenen getrennt wären. Kaum verständlich ist uns heute, daß und wie man Concerti grossi von Corelli in Rom in riesiger Besetzung im Freien gespielt hat, nämlich mit bis zu 150 Musikern. Dies nämlich berichten verschiedene Quellen, darunter der Deutsche Georg Muffat, der 1681/82 in Rom studiert.

Die Konzerte Nr. 1-8, »da chiesa«, haben vier bis sieben Sätze, das Konzert Nr. 8 g-moll, überschrieben »fatto per la notte di Natale«, schließt als Weihnachtskonzert mit einer Pastorale. In den *Concerti da camera* (Nr. 9-12) folgen wie in einer Suite mehrere Tanzsätze aufeinander, die von einem Preludio genannten Satz eingeleitet werden.

1714-1716 **Johann Sebastian Bach** (1685-1750): **Kirchenkantaten der Weimarer Zeit**

Am 24. März 1714 ernennt der Weimarer Herzog Wilhelm Ernst seinen bisherigen Organisten und Kammermusikus Bach zum Konzertmeister mit der Auflage, den kränkelnden Kapellmeister Johann Samuel Drese durch monatliche Komposition und Aufführung eigener Kantaten zu entlasten. Und nun komponiert Bach bis zum Tode Dreses (1716) in der Regel alle 4 Wochen eine neue Kantate und weicht nur dann von diesem Plan ab, wenn er den Turnus des Vorjahres, nämlich die Komposition mehrerer Kantaten zum selben Sonntag des Kirchenjahres vermeiden will; sein Ziel ist offensichtlich ein lückenloser Kantatenzyklus innerhalb von vier Jahren.

Erhalten sind aus jener Zeit folgende Kantaten:
1714: BWV *182, 12, 172, 21, 54, 199, 61, 152.*
1715: BWV *(18?), 80a, 31, 165, 185, 161, 162, 163, 132.*
1716: BWV *155, 70a, 186a, 147a.*

Die Texte stammen zum großen Teil von Salomon Franck. Musikalisch ist die Übernahme der italienischen Art von Rezitativ und Arie vollzogen. Rezitativ und Arie haben zu Bachs Zeit ja schon eine hundertjährige Geschichte hinter sich, und dies hat die Folge einer weitgehenden Typisierung. Obwohl Bach niemals dem Formschematismus seiner Zeitgenossen verfällt, ist doch auch er im Grunde von dem Kanon der Möglichkeiten seiner Zeit bestimmt.

Die einfachste und am häufigsten verwendete Art des REZITATIVS ist die des Recitativo secco: ein zwar rhythmisch korrekt im C-Takt notierter, aber stets frei vorzutragender Sprechgesang, harmonisch gestützt von einem Generalbaß einfachster Art. Obwohl Bach das Recitativo secco ganz im Sinne seiner Zeit verwendet, scheinen doch seine Rezitative ausdrucksvoll und der Sprache angemessen zu sein wie keine sonst. – Die ARIE hat zu Bachs Zeit ihren sprachlichen Ursprung weit hinter sich gelassen und ist durch Einfluß vor allem der Neapolitanischen Oper zur hochstilisierten, kunstvollen, bisweilen bravourösen Gesangsglanznummer entwickelt, in der der Sänger seine Kunst (und seine Gesangstechnik) zur Geltung bringen soll und kann. In ihrem Aufbau herrscht krassester Schematismus: die sogenannte DA CAPO-FORM A-B-A. Charakteristisch für die Arie der Bach-Zeit ist die Gleichstellung von Instrument und Singstimme, die, zumal bei Besetzung mit einem obligaten, nämlich selbständig konzertierenden Instrument, zu einem wechselseitigen Konzertieren von Sänger und Instrumentalisten führt so, als ob beide konzertierten und beide ein und denselben Text vortrügen. Außerordentlich mannigfaltig sind sodann die CHORSÄTZE, denen nicht mehr Bibelworte sondern freie Dichtungen zugrunde liegen. Und schließlich der CHORAL: War er schon in den frühesten Kantaten Bachs mancherlei Verbindungen mit ariosen und chorischen Sätzen eingegangen, so ergibt sich in denen der Neumeister-Zeit die Möglichkeit des Hinzutretens zu einer Arie. (Die Verbindung mit einem Rezitativ wagt Bach erst in seiner Leipziger Zeit.) Charakteristisch für Bachs Weimarer Kantaten ist sodann und besonders das textlose instrumentale Choralzitat innerhalb einer Arie. Das Kirchenlied, dessen Text der Gemeinde selbstverständlich bekannt ist, tritt also als Auslegung zum Text der Arie hinzu. – Mit dem Abschluß seines Weimarer Kantatenschaffens sind die Werk- und Satzformen der Kantate Bachs im wesentlichen festgelegt.

1715-1736 Georg Friedrich Händel (1685- 1759): »Wasser-Musik«

Unter dem Titel *Water-Music* faßt man heute drei voneinander unabhängige Orchestersuiten verschiedener Besetzung zusammen:

Suite I in F-dur für 2 Oboen und Fagott, 2 Hörner, 4st. Streicher, Generalbaß (HWV 348; entstanden: London ca. 1715): Französische Ouvertüre + 9 Sätze

Suite II in D-dur für 2 Oboen und Fagott, 2 Hörner, 2 Trompeten (+ Pauken, nicht notiert), 4st. Streicher, Generalbaß (HWV 349; entstanden: London ca. 1717): 5 Sätze

Suite III in G-dur für Flauto piccolo, Querflöte, 2 Oboen (+ Fagott, nicht notiert), 4st. Streicher, Generalbaß (HWV 350; entstanden: London ca. 1736?): 7 Sätze

Von diesen 3 Suiten läßt sich nur die mittlere dokumentarisch mit einer königlichen Wasserfahrt auf der Themse zwischen Whitehall und Chelsea am 17. Juli 1717 in Verbindung bringen. Die Verbindung der beiden anderen Suiten zu königlichen Wasserfahrten auf der Themse am 22. August 1715 und am 26. April 1736 sind nicht zu belegen. Alle 3 Suiten sind Freilichtmusiken. Für diese sind traditionell starke Besetzung in drastisch wechselnder Instrumentation, klangliche Prachtentfaltung, Einfachheit und Verständlichkeit in den melodischen und satztechnischen Mitteln und lockere bzw. freie Satzfolge typisch. Bei dieser Beschreibung könnte man annehmen, die einzelnen Stücke sowohl als auch die Suiten selbst seien verhältnismäßig uncharakteristisch. Das Gegenteil ist jedoch der Fall! Nicht umsonst erfreut sich diese herrliche und ewig jung scheinende Musik der größten Beliebtheit, und außerdem scheint sie wie kein anderes Instrumentalwerk ihren Meister zu charakterisieren. – Die Geschichte von der Versöhnung Händels mit König Georg I., dem er in Hannover in gewisser Weise vertragsbrüchig geworden war, anläßlich der ersten Wassermusikfahrt ist erfunden.

1716 Johann Heinrich Buttstett (1666-1727): Traktat »Ut Mi Sol... Tota Musica« gegen Mattheson, gedruckt in Erfurt

36 Jahre lang hat Heinrich Buttstett, Schüler von Johann Pachelbel, das Amt des Organisten an der Predigerkirche, der evangelischen Hauptkirche von Erfurt, inne, daneben aber auch das an einer katholischen Kirche (vielleicht St. Severi). Voller Stolz berichtet er von dieser Doppeltätigkeit in der Widmung seines Traktats, den er vorstellt als »Erstling meiner musikalischen Wissenschaft, so ich nunmehro 25 Jahr, sonder Ruhm zu melden, bei Catholisch und Lutherischen Gottesdienst, wie auch sonsten, exerciret.« Eine solche Doppelstellung dürfte unter den Musikern seines Umkreises einzigartig sein. – Als Komponist überragt Buttstett kaum den Durchschnitt der thüringisch-sächsischen Meister seines Alters, deren Niveau freilich auf beachtlicher Höhe liegt. Auch sein Buch erhebt ihn nicht in den Rang eines bedeutenden Musiktheoretikers. Aber Buttstett ist ein Beispiel dafür, wie ein an und für sich nicht überragender Mensch ausersehen sein kann, an seinem verzweifelten Widerstande die Gewalt der geschichtlichen Vorgänge sichtbar zu machen, die gleichsam über ihn hinwegbrausen. Sein Traktat, obwohl wenig selbständig, polemisch und oft zusammenhanglos, hat hervorragende geschichtliche Bedeutung dadurch, daß sich in ihm das Erbe der Jahrhunderte gegen eine Revolution aufbäumt. Buttstett läßt sich nämlich mit Mattheson in eine Kontroverse ein, und das ist das Ereignis, das seinem Leben Bedeutung verleiht: Der geradezu heldenmütige Kampf, durch den er den verlorenen Posten einer absterbenden Überlieferung gegen die modisch galante Musik, den »liderlichen Kram in der Kirche« und gegen die lä-

sterlichen Angriffe auf altgeheiligte Anschauungen zu verteidigen versucht, die eben in dem vielgewandten und vielbelesenen Sekretär des britischen Gesandten in Hamburg, Johann Mattheson, einen ungemein gefährlichen Wortführer gefunden haben. Mattheson hat, nach allerlei journalistischer und sonstiger Schriftstellerei, »mit Macht« angefangen, »Musicam didacticam et theoricam schriftlich zu treiben«, und er hat 1713 seine musikalische Erstlingsschrift *Das neueröffnete Orchester* als ein Manifest in die Welt gesetzt. Buttstett, der sich an den Wurzeln seiner Überzeugungen getroffen fühlt, erwidert 1716 mit seiner Schrift *Ut Mi Sol, Re Fa La, Tota Musica et Harmonia Aeterna.* Er tut es mit dem Gewicht eines profunden Wissens, freilich auch mit der Schwerfälligkeit des zunftbeengten »gelahrten Musicus«, der noch sagen kann: »So ist demnach die Musica eine scientia«, und der für die Definition des »Musicus perfectus« noch Robert Fludd, also das beginnende 17. Jahrhundert zitiert: »perfectus qui non partes musicae componit, sed veram earum rationem reddere potest.« Die »ABC-Schützerei« des *Neueröffneten Orchesters* muß einen solchen Mann aufbringen: »So habe ich bei solchen Umständen nicht schweigen können, sondern bin vielmehr genötigt worden, die Feder zu ergreifen, um nicht allein die Antiquité und meine Kunstgenossen zu defendiren, als auch einen richtigen Weg zur wahren Musik zu zeigen.« Freilich, so wenig die absterbende Anschauung eines Jahrtausends der anbrechenden Revolution widerstehen kann, so wenig ist Buttstett seinem Gegner gewachsen. Von dem weltmännisch-leichtfertigen Ton, dem Witz und der Brillanz des aufgeklärten Hamburger Galanthomme sticht die doktrinäre Autoritätstreue des Erfurter Schulmeisters seltsam ab, und nichts bezeichnet den Geist der beiden Verfasser deutlicher, als daß der eine sein Buch der Maitresse Augusts des Starken von Sachsen widmet, der andere das seine dem Erzbischof von Mainz, seinem Landesherrn. (Erfurt gehört damals zum Bistum Mainz; die Stadt hat acht evangelische und acht katholische Kirchen.) Mattheson repliziert 1717 schlagfertig mit seinem zweiten Musiktraktat *Das Beschützte Orchester* und zerpflückt darin seinen Gegner so unbarmherzig, daß dessen »Öffentliche Erklärung« von 1718 wirkungslos verhallt. Die geschichtliche Bedeutung dieser Kontroverse ist trotzdem außerordentlich.

Buttstett wurzelt noch tief in quadrivialen und theologischen Vorstellungen. Für ihn ist das Grundwesen der Musik, aus dem alles Weitere fließt, die »Harmonia aeterna«. Ihre Verwirklichung im Endlichen besteht in den Zahlenproportionen des menschlichen Körpers wie der musikalischen Intervalle und Rhythmen. In der Abbildung der transzendenten Harmonie liegt das Wesen der Musik. Daß dieses »ab aeterno in aeternum« sei, »der Engel Zeitvertreib und Dienst, die himmlische Wollust, der Vorschmack der ewigen Freuden und das Ehrenkleid des unschätzbaren Wortes Gottes«, das sind – nun aber Matthesons, nicht Buttstetts Worte. In gewisser Weise sind sich die beiden Kontrahenten nämlich doch einig. Für Mattheson ist, was da zur Debatte steht, allerdings eine Sache des Meinens, für Buttstett Dogma, Grundfeste der Weltanschauung. Und so sehen wir zu J. S. Bachs Lebenszeit noch das mittelalterliche Paradigma des Denkens lebendig, wenn auch kaum mehr wirksam, aber doch noch in Kontroverse mit der neuen Zeit, und also noch nicht erledigt.

1717-1723 Johann Sebastian Bach (1685-1750): Kantaten der Köthener Zeit

Das Fehlen einer kirchenmusikalischen Verpflichtung hat die Folge, daß Bach in Köthen fast ausschließlich weltliche Kantaten komponiert. Weltliche Kantaten werden regelmäßig zweimal im Jahr aufgeführt, zu Neujahr und zum Geburtstag des Fürsten. Einige dieser Kantaten sind erhalten, zu einigen ist lediglich der Text überliefert, einige sind ganz verschollen und lassen sich nur aus der allgemeinen Gepflogenheit von Kantatenaufführungen am Köthener Hofe erschließen. Der bevorzugte Textdichter für diese Kantaten ist Christian Friedrich Hunold, der unter dem Pseudonym Menantes schreibt. Bachs Köthener Glückwunschkantaten gehören meist zum Typus der SERENATA. Darunter versteht jene Zeit eine Art Kurzoper mit bescheidener dramatischer Handlung, deren szenische Darstellung zwar möglich, aber nicht Bedingung ist.

Im Zusammenhang mit Bachs weltlichen Kantaten – freilich nicht nur mit den weltlichen Kantaten – taucht immer wieder die Frage nach der Qualität von deren TEXTEN auf, um nicht zu sagen die Frage: »Wie konnten derart schlechte Texte Bach zu so herrlicher Musik inspirieren?« Für die Antwort ist wohl zuerst zu prüfen, ob die Texte tatsächlich so miserabel sind, wie sie uns heute vorkommen, und ob es angebracht und sinnvoll ist, daß wir hier unsere eigenen ästhetischen Maßstäbe anlegen. Wir sind ja doch gewöhnt, die Qualität von Literatur nach anderen Kategorien zu beurteilen als vor 250 Jahren. Wir fragen in erster Linie nach der Originalität und Individualität, auch nach Abhängigkeiten, und ob diese als solche zu hören und zu verstehen sind. Dagegen fällt es uns schwer, die Sensibilität für eine Dichtung aufzubringen, die sich ausschweifend in unoriginellen rhetorischen Wendungen ergeht und den größten Wert darauf legt, Anspielungen zu erfinden und Zusammenhänge zu entwickeln. Wer käme heute auf die Idee, zur Geburtstagsfeier selbst eines herrschaftlichen Kindes die Geschichte von »Hercules auf dem Scheidewege« zu erzählen und dazu die »Wollust« und die »Tugend« als Personen auftreten zu lassen? Damals aber gehören die Berufung auf Mythen und auf die Geschichte und die Formulierungen solcher Berufung in standardisierten Bildern und Floskeln zum selbstverständlichen und im Bewußtsein der Zeit notwendigen Ritual. Insofern sollte man heute die befremdlichen Texte nicht gleich als unverständlich abtun, sondern versuchen, ihren ungewohnten Beziehungsreichtum aufzudecken und den Ausführenden bei Proben und den Hörern in Programmheften verstehbar darzustellen.

1718 Georg Friedrich Händel (1685-1759): **Masque »Acis and Galatea«** in Cannons, England

In Cannons (1717-1719) hat Händel Kontakt zu einer Kunst-Avantgarde, die die Vorherrschaft der italienischen Oper brechen will zugunsten eines englischsprachigen Musiktheaters. Dabei besinnt man sich auf die alte Tradition der »Masque«, die sich nach Purcells Tod zu einer Art Kurzoper entwickelt hat, meist klassischen und pastoralen Inhalts, manchmal mit einer komischen Nebenhandlung. Zum Kreis von Cannons gehört auch John Gay, der spätere Librettist der *Beggar's Opera.* Dieser Gay ist es, der als Hauptautor das Libretto zu *Acis and Galatea* (HWV 49) verfaßt. Das Sujet (aus Ovids *Metamorphosen)* ist Händel allerdings bekannt: 1708 hat er in Neapel eine *Serenata »Aci, Galatea e Polifemo«* (HWV 72) komponiert. Die erste Aufführung des englischen Werkes findet wahrscheinlich im Sommer 1718 in Cannons statt. Zu dieser Zeit ist die Kapelle des Duke of Chandos noch im Aufbau, wie die sparsame Besetzung des Werkes vermuten läßt. Aus der Not macht Händel allerdings eine Tugend, wobei ihm freilich die Dichtung entgegenkommt: Kurze Rezitative und Arientexte mit farbigen Worten und anschaulichen Metaphern beflügeln die Komposition, so daß die Leichtigkeit der Ovidschen Vorlage durchschimmern kann.

Merkwürdiger Weise wechselt die Gattungsbezeichnung: 1718 ist in einem Brief von »a little opera« die Rede; 1731 bei einer Aufführung in London wird das Stück szenisch gegeben unter der Bezeichnung »Pastoral«. In den folgenden Jahren läßt sich Händel im Umgang mit *Acis and Galatea,* wie damals üblich, von den Aufführungsgegebenheiten bestimmen: Nach den Bedürfnissen der Sänger werden neue Nummern hineingenommen, andere gestrichen, wieder andere transponiert. 1732 erstellt er gar für eine englisch/italienische Truppe des King's Theatre eine gemischt-sprachige Fassung, für die er in einigen Nummern auf das erwähnte neapolitanische Parallelwerk von 1708 zurückgreift und von diesem die Gattungsbezeichnung »Serenata« leiht. Für Londoner Aufführungen von Dezember 1739 bis März 1740 teilt Händel das Werk in zwei Akte und kombiniert es mit der *Caecilien-Ode,* zwei nicht bestimmbaren *Concerti grossi* aus *op. 6* und einem unbekannten *Orgelkonzert.* Unter Händels Leitung wird *Acis and Galatea* zum letzten Mal im Januar 1742 in Dublin gegeben: eine englische Version unter der Bezeichnung »Masque«. – Überblickt man diese Werk-Geschichte, so kann deutlich werden, wie anders damals die Vorstellung von der Gültigkeit eines fertigen Werks der Kunst ist, und daß unsere Vorstellung von der Einzigartigkeit des Kunstwerks und von der Unantastbarkeit seiner endgültigen Fassung offenbar neueren Datums ist.

Von der Popularität des Werkes zeugen viele Aufführungen durch Zeitgenossen, ja zu Händels Lebzeiten ist *Acis and Galatea* überhaupt sein meistgespieltes Werk. Und von dem hohen Ruf, den es auch später noch genießt, künden schließlich Mozarts Bearbeitung (KV 566) für die Wiener Händel-Aufführungen des Barons van Swieten im Jahre 1788 und Mendelssohns Bearbeitung für die Berliner Singakademie von 1828. (R. M.)

1718-1721 Johann Sebastian Bach (1685-1750): **6 Brandenburgische Konzerte**

Der prägnante Titel »Brandenburgische Konzerte« stammt von Philipp Spitta (1873). Bach selbst nennt sein Werk schlicht »Concerts avec plusieurs instruments«. Von diesen Konzerten fertigt er eine Reinschrift an und widmet sie unter dem 24. März 1721 dem Markgrafen Christian Ludwig von Brandenburg, dem jüngsten Sohn des Großen Kurfürsten. Bach war ihm vermutlich 1719 begegnet, als er in Berlin den für Köthen bestellten neuen Kielflügel in Empfang nahm. Bei dieser Gelegenheit hat vermutlich der Fürst den Wunsch geäußert, weitere Werke Bachs kennenzulernen. Für die Konzerte nimmt Bach jedoch keine Rücksicht auf die Berliner Verhältnisse, sondern ausschließlich auf die Köthener Kapelle.

Concerto 1 F-dur: Corno da caccia I, II (Naturhörner), 3 Oboen, Fagott; Violino piccolo

concertato; Streicher (= Violino I, Violino II, Viola, Violoncello); Generalbass (= Violone und Cembalo).
Concerto 2 F-dur: Tromba, Flauto dolce (= Blockflöte), Oboe; Streicher; Generalbass.
Concerto 3 G-dur: Streicher in der Besetzung und Gruppierung: Violino I, Viola I, Violoncello I; Violino II, Viola II, Violoncello II; Violino III, Viola III, Violoncello III; Generalbass.
Concerto 4 G-dur: Violino principale; Flauto dolce (= Blockflöte) I, II; Streicher; Generalbass.
Concerto 5 D-dur: Flauto traverso, Violino principale, Cembalo concertato; Streicher (Violino, Viola, Violoncello, Violone); Generalbass.
Concerto 6 B-dur: Viola da braccio I, II; Viola da gamba I, II; Violoncello; Generalbass.

Wenn irgendwo der Begriff »Einheit in der Mannigfaltigkeit« Anwendung verdient, dann bei diesen sechs Werken, von denen ein jedes eine Welt für sich und doch alle sechs zusammen ein Gesamtwerk zu sein scheinen. – Die *Brandenburgischen Konzerte* (BWV 1046-1051) sind eine späte Frucht der italienischen Gattung Concerto grosso, die Bach freilich ungleich freier abwandelt, als das je ein anderer Komponist getan hat. Dennoch haftet diesen Werken nichts »Überreifes« an, sie wirken im Gegenteil eigentümlich neu und jung bis auf den heutigen Tag. – Das entscheidende Gestaltungselement ist, der Herkunft entsprechend, selbstverständlich der Gegensatz von Tutti und Solo. Neu aber sind die Freiheit und die Vielfalt, mit denen dieses Element angewendet ist: neben herkömmlichen continuo- und streicherbegleiteten Solopartien gibt es solche, an denen alle Instrumente gleichberechtigt beteiligt sind. Die Instrumentation geht über alles bisher Bekannte hinaus: im 1. Konzert finden wir zum ersten Mal in der Musik konzertierende Hörner; das 2. Konzert ist das einzige überlieferte Werk, in dem eine hohe f-Trompete verwendet wird; das 5. kann man vielleicht das erste Klavierkonzert nennen, das wir kennen; auch für die Besetzung des 3., 4. und 6. Konzertes gibt es keine Vorbilder; ihre originelle, ja geradezu extreme Instrumentation ist immer bewundert worden – und sie kann die Wichtigkeit der klanglichen Komponente für Werk und Wiedergabe ahnen lassen, der man allerdings erst in jüngster Zeit wieder genügend Aufmerksamkeit schenkt.

um 1718-um 1725 Johann Sebastian Bach (1685-1750): 4 Orchester-Ouvertüren

Wann und zu welchen Anlässen Bachs Orchester-Ouvertüren (BWV 1066-1069) entstanden sind, ist nicht bekannt. Durch die innere Gewichtung des beherrschenden Einleitungssatzes, der Ouvertüre (von der die ganze Suite ihren Namen hat), und durch deren Ausdehnung auf die Hälfte des Gesamtwerkes, hebt Bach seine Orchester-Suiten aus der Sphäre höfischer Unterhaltung und der »Tafelmusik« heraus, in deren Tradition sie eigentlich stehen, und macht sie zu Festmusiken von unvergleichlicher Größe und Pracht. Wie schon bei Lully findet sich in diesen Orchester-Ouvertüren ein konzertierendes Element durch den Einbau solistischer Partien: In der *1. Suite in C-dur* ist es das klassische »Trio« Lullys, 2 Oboen und 1 Fagott; in der *2. in h-moll* dominiert die zu Bachs Zeit zum Modeinstrument aufsteigende Traversflöte; in der *3.* und in der *4., beide in D-dur,* sind es 3 Trompeten mit Pauken. – Einer der bekanntesten und berühmtesten Instrumentalsätze Bachs überhaupt, das einzigartige *Air,* stammt aus der *3. Suite in D-dur.* Es ist ein »italienisches Adagio«, das Bach als einzigen Satz der Vivaldischen Stilrichtung in diese »französische Umgebung« stellt. Dieser stilistische Kontrast gibt seiner weit ausschwingenden Melodie zusätzlich einen gewissen Zauber.

Karwoche 1719 Passionsoratorium von Barthold Heinrich Brockes in Vertonungen von Händel, Telemann, Keiser und Mattheson in Hamburg

Bereits im frühen Mittelalter ist es üblich, die vier Evangelienberichte von der Passion Christi in der Liturgie der Karwoche in dramatisch gesteigerter Art und Weise vorzutragen. Man verteilt den Passionsbericht auf verschiedene »Rollen« und läßt die Worte des Evangelisten (»Historicus«), der sprechenden Einzelpersonen, nämlich Jesus, Petrus, Pilatus usw. (»Soliloquenten«) und der Volksmenge (»Turba«) von verschiedenen Kantoren in verschiedener Tonhöhe singen. Als in späteren Jahrhunderten auch die Möglichkeiten der polyphonen Komposition zur Verfügung stehen, verwendet man auch sie zur weiteren Charakteristik. Allerdings behalten in diesen Vertonungen, die ja in ein liturgisches Geschehen gehören, der Text und die schlichten Melodieformeln des rezitierenden »Evangelien-Tons« die Oberhand über die musikalische Bearbeitung. Nur in den »Turbae« sowie in den Einleitungs- und Schlußsätzen, durch die man den Passionsbericht einzurahmen pflegt, kann sich die Musik reicher entfalten. So eignet den Passionsvertonungen noch lange eine gewisse Kargheit der musikalischen Mittel, ja gegenüber den großen, primär musikalisch bestimmten Formen der Kirchenmusik, der Messe und der Motette, nehmen sie sich fast dürftig aus.

Ein Wandel tritt im Laufe des 17. Jahrhunderts ein, als Oper, Oratorium und Kantate geschaffen werden. Ihre neuen Möglichkeiten: die vom Generalbaß begleitete Monodie, die Arie, auch mit konzertierenden Instrumenten, die konzertanten Chorsätze und die polyphonen Choralbearbeitungen werden bald auch für die Passionsvertonungen genutzt. Im Zusammenhang mit diesen Möglichkeiten entsteht – ähnlich wie in der Oper – ein neues Interesse an einer Art von musikalischer Psychologie: Die Zeit findet besonders Gefallen an jenen musikalischen Sätzen, welche die verschiedenen Gemütsverfassungen, in die der Hörer etwa durch den Passionsbericht versetzt wird, isolieren und musikalisch eingehend behandeln, um sie auf solche Weise deutlich hervorzukehren. Die Arie ist der Prototyp dieses charakteristisch ausdeutenden musikalischen Verfahrens: ein einziger Affekt wird in einer geschlossenen Form überzeugend ausgedrückt. Zugleich übernimmt die Passion von der Oper und vom Oratorium das Vorbild der großen und anspruchsvollen dramatischen Form. Um diese neuen Mittel recht anwenden zu können, muß nun allerdings der überkommene Passionstext ergänzt werden. Zunächst verwendet man dafür andere Bibelworte, später fügt man mehr und mehr frei gedichtete betrachtende Lyrik ein und verknüpft sie mit Versen aus Passionschorälen, die entweder einstimmig von der Gemeinde selbst oder in einem schlichten vierstimmigen Satz vom Chor (in Vertretung der Gemeinde) gesungen werden. In einem solchen Passionstext sind also der Evangelienbericht, freie lyrische Betrachtungen und Gesangbuchstrophen zu einer geschlossenen Dichtung miteinander verbunden.

Das Nebeneinander dieser verschiedenen Textschichten, das sich auch in Bachs Passionen findet, wird indessen durchaus nicht als die beste Lösung angesehen. Nach dem Vorbild der gänzlich frei gedichteten Kantatentexte Erdmann Neumeisters gehen verschiedene Textdichter daran, den Evangelienbericht zu poetisieren und auf Bibeltexte und Gesangbuchverse zu verzichten. Den berühmtesten Text dieser Art schreibt der Hamburger Ratsherr Barthold Heinrich Brockes (1680-1747) unter dem Titel *Der für die Sünde der Welt gemarterte und sterbende Jesus.* Aus der alten liturgischen Gattung Passionsbericht wird damit ein Oratorium, ein geistliches Erbauungsstück, das in der Liturgie keinen Platz mehr hat. Zahlreiche Zeitgenossen Bachs komponieren diese Brockes-Passion. Wie beliebt sie ist, zeigt allein schon die Aufführung der vier seinerzeit bekannten Vertonungen dieses einen Textes von Händel, Telemann, Reinhard Keiser und Johann Mattheson, die man den Hamburgern an vier verschiedenen Tagen der Karwoche des Jahres 1719 darbietet. – Händels *Brockes-Passion* ist bereits 1716/17 entstanden. In Hamburg wird sie zwischen 1719 und 1724 fünfmal aufgeführt. Das Werk scheint, wie zahlreiche Abschriften belegen, nicht unerhebliche Nachwirkung in Deutschland zu haben, die bis in die Zeit der Wiener Klassiker reicht: auch Haydn besaß, als Geschenk der englischen Königin, eine Partiturabschrift. – Übrigens existieren damals sogar Passions-Pasticci, aus den Vertonungen von Keiser, Telemann und Händel zusammengestellt, die offenbar sehr beliebt sind und die anscheinend nicht einmal J. S. Bach verachtet. (Händel-Hdb. 1984)

1719, 1729 Gründung von Händels erster und zweiter Royal Academy of Music in London

Das an Triumphen und Katastrophen reiche Opernabenteuer Händels beginnt mit der Gründung der »Opernakademie« im Jahre 1719. Diese »Akademie« ist nichts anderes als eine Opern-Aktiengesellschaft, die vom König mit 1000 Pfund subventioniert wird. Der erfahrene Theatermann Heidegger, ein gebürtiger Schweizer, ist der geschäftliche und technische Manager, die musikalischen Direktoren sind Attilio Ariosti, Giovanni Bononcini und eben Händel. Ihnen ist großzügig Vollmacht gegeben, die besten italienischen Stimmen auf dem Kontinent zu engagieren: Die berühmten Sängerinnen Cuzzoni und Bordoni werden hier auftreten, die gefeierten Kastraten Senisino und Farinelli und andere zeitgenössische Stars. Am 2. April 1720 findet die Eröffnung der ersten Saison statt mit Giovanni Portas (um 1690-1755) Oper *Numitore,* am 27. April geht zum ersten Mal eine Oper Händels über die Bühne: *Radamisto* (HWV 12; neun Wiederholungen; weitere Aufführungen in London 1720, 1721, 1728; in Hamburg unter dem Titel *Zenobia* 1722, 1723, 1724, 1726 und 1736). Der Start im King's Theatre am Haymarket läßt an Erfolg nichts zu wünschen übrig. Händel schreibt zwischen 1720 und 1728 14 Opern für das Unternehmen, darunter *Giulio Cesare in Egitto* (HWV 17) und *Tamerlano* (HWV 18). Trotzdem geht nicht alles gut. Es entspinnen sich Intrigen und Parteienkämpfe, welche die »Akademie« schwer gefährden. Geschäftlich kurz vor dem Ende, erhält die »Akademie« indes den tödlichen Stoß von völlig unerwarteter Seite: Der Literat John Gay und der aus Berlin nach London verschlagene Musiker Johann Christopher Pepusch bringen am 29. Januar 1728 im Lincoln's Inn Fields Theatre unter dem Titel *The Beggar's Opera* ein im Londoner Unterweltmilieu handelndes Singspiel heraus, das zugleich das politisch-gesellschaftliche Leben der Zeit und die seriöse Oper satirisch glossiert. Das aggressiv-pikante Stück zieht in dem kleinen Vorstadttheater die gute Gesellschaft Londons in Scharen an. Händels Oper ist für die Snobs schlagartig uninteressant.

Doch bereits in der nächsten Spielzeit treten Heidegger und Händel mit einem neuen Opernunternehmen, das sie nun alleine tragen, an die Öffentlichkeit. Die Aufmerksamkeit des Publikums wendet sich ihnen wieder zu. Bis 1732 hält sich dies Unternehmen leidlich am Leben. Da gibt es eine abermalige Krise. Etwa mit Jahresbeginn 1733 führt die wachsende Opposition gegen Händels Oper (die unter der Protektion des Königs steht) zur Gründung eines (vom Prince of Wales unterstützten) Konkurrenzunternehmens, nämlich der »Opera of Nobility« mit Nicola Porpora als Komponisten und Dirigenten im Lincoln's Inn Fields Theatre. Die neue Konkurrenz macht Händel schwer zu schaffen. Ein Teil des Personals geht über, auch Heidegger springt ab – und vermietet das Haymarket Theatre an die Gegenpartei. Daraufhin mietet der unentwegte Händel auf eigene Rechnung das Haus am Covent Garden, wo er am 9. November 1734 eine neue Saison eröffnet mit der Aufführung von *Il Pastor fido* (HWV 8 c) mit *Terpsicore* (HWV 8 b) als Prolog. Unter Aufbietung aller seiner Kräfte, unaufhörlich Neues produzierend und aufführend, versucht Händel nun durch vier Spielzeiten den alsbald wieder drohenden Ruin aufzuhalten. 1737 aber sind der gesundheitliche und der finanzielle Zusammenbruch da. Und dennoch: nach einer Kur in Aachen im September und Oktober dieses Jahres bringt Händel, der sich wieder mit Heidegger versöhnen und verbinden kann, am alten Platz, nämlich im Haymarket Theatre, noch einmal Opern heraus, seine letzten, denn inzwischen hat eine andere Werkgattung ihn eingenommen: von jetzt an gilt sein Hauptinteresse dem Oratorium (Puetter 1983).

1719-1749 Gottfried Heinrich Stölzel (1690-1749) Hofkapellmeister am Gothaisch-Altenburgischen Hof

Daß Stölzel einer der bekannten Musiker seiner Zeit ist, beweist Lorenz Mizler in einer »Nachricht« seiner »Musicalischen Societät«, in der er die damals berühmtesten Komponisten Deutschlands in folgender Reihe aufzählt: »Hasse, Händel, Telemann, die beiden Grauns, Stölzel, Bach, Pisendel, Quantz und Bümler«. Nun, Bach jedenfalls kennt diesen Stölzel und schätzt ihn so, daß er dessen *Suite in g-moll* in das *Klavierbüchlein für Friedemann Bach* aufnimmt und das an vierter Stelle stehende Menuett um ein eigenes Trio erweitert. Bachs hochgeschätzter Zerbster Kollege Johann Friedrich Fasch nennt Stölzel in seiner Autobiographie gar einen »Hertzens Freund«. Stölzels Werke, vor allem die Kirchenmusik und die Opern, werden auch außerhalb Mitteldeutschlands aufgeführt; Scheibe hört 1751 Stölzelsche Oratorien sogar in Kopenhagen. Jedenfalls gehört Stölzel zu den wesentlichen Erscheinungen am Ausgang des deutschen Spätbarocks, mit konservativen, selbstverständlich aber auch mit zeitgemäßen, nämlich dem musikalischen Wandel jener Zeit nachgehenden Stücken.

um 1720 Johann Sebastian Bach (1685-1750): 3 Sonaten und 3 Partiten für Violine solo

Der Titel von Bachs autographem Manuskript lautet: »Sei Solo à Violino senza Basso accompagnato. Libro Primo. da Joh: Seb: Bach. ao 1720.« Bach verwendet demnach den Ausdruck »Solo« als zusammenfassenden Begriff für Sonaten und Partiten (BWV 1001-1006). Die Bezeichnung »senza Basso accompagnato« sagt, daß der in der damaligen Zeit übliche, weil im Grunde notwendige Generalbaß fehlt, daß die Sonaten und Partiten also der Violine allein vorbehalten sind – eine Besetzung, die in der zeitgenössischen Musikpraxis zwar nicht unbekannt, aber auch nicht üblich ist. Die Angabe »Libro Primo« auf dem Autograph läßt auf einen zweiten Band schließen, womit aber nur die Suiten für Violoncello solo gemeint sein könnten. Die Jahresangabe »ao 1720« verweist den Zyklus in Bachs Köthener Schaffensperiode, seine Wurzeln jedoch reichen weit zurück: sie lassen den lebendigen Einfluß der altdeutschen Geigenschule erkennen. – Der Gesamtzyklus ist so angelegt, daß jeder viersätzigen *Sonata* eine mehrsätzige *Partita* folgt. Die *Sonaten* sind nach dem Typ der italienischen Sonata da chiesa gebaut. Sie werden jeweils von einem langsamen Satz eröffnet, dann folgt eine Fuge. Die dritten Sätze sind von eher lyrischem, die Schlußsätze von mehr konzertant-virtuosem Charakter. Die *Partiten* folgen dem zeitgenössischen Brauch der Reihung von Tanzsätzen, nach dem Allemande und Courante den Anfang machen, es sei denn, es geht ein Präludium voraus. Die berühmte *Chaconne* (ein Tanzsatz im auftaktigen 3/4 Takt mit Variationen) ist der Schlußsatz der zweiten *Partita in d-moll.* – Bach schreibt das Werk vielleicht für Johann Georg Pisendel, den er aus seiner Weimarer Zeit als hervorragenden Geiger (Schüler von Torelli) kennt. – Die herrlichen Stücke sind für alle Geiger von jeher (Erstausgabe 1805!) Ansporn und Verführung zugleich. – Das eigentliche Wesen dieser Werke verkennend, nämlich die Übertragung eines harmonisch-polyphonen musikalischen Satzes auf das eigentlich nur für einstimmiges Spiel gedachte Instrument, haben Mendelssohn und Schumann wohl verkannt, als der erste die *Chaconne* und der zweite den ganzen Zyklus mit Klavierbegleitungen versehen haben. – Das *Praeludium der E-dur-Partita* verwendet Bach, für Orchester mit Pauken und Trompeten und obligater Orgel bearbeitet, als *Sinfonia* in den *Kirchenkantaten 29* und *120 a.*

um 1720 **Johann Sebastian Bach** (1685-1750): **Violinkonzerte a-moll** und **E-dur** und **Konzert d-moll für 2 Violinen**

Die meisten und schönsten Möglichkeiten instrumentalen Musizierens in größerem Ensemble bietet das Concerto, denn das Fruchtbare liegt im Prinzip des Konzertierens im Mit- und Gegeneinander ungleicher Gruppen des Ensembles, seien es »Concerto grosso« und »Concertino«, seien es »Tutti« und »Solo«. Die Begriffe »Tutti« und »Solo«, die dem Solokonzert zugehören, meinen ja nicht allein Unterschiede des Klangs und der Spielweise, sondern auch Unterschiede der in ihnen gleichsam verkörperten, miteinander konzertierenden Individualitäten. – Der Begriff Concerto ist zwar alt, er stammt aus dem 16. Jahrhundert, aber die Gattung Konzert entsteht erst gegen Ende des 17. Jahrhunderts, und zwar am frühesten und zugleich am eindrucksvollsten in der Literatur für Violine, für die G. Torelli, A. Corelli, A. Vivaldi die ersten bedeutenden Werke geschrieben haben. Bach hat Zeit seines Lebens für die Gattung Concerto reges Interesse, und er wendet deren Möglichkeiten in vielen Spielarten, selbst in Kantaten, an, beginnend mit den Orgelbearbeitungen Vivaldischer Violinkonzerte über die Violinkonzerte bis zum *Italienischen Konzert* (BWV 971). In diesem großen Rahmen nehmen die drei *Violinkonzerte* (BWV 1041-1043) aus Bachs Köthener Zeit den ersten Rang ein. Bach selbst hat sie übrigens später zu *Klavierkonzerten* umgearbeitet (BWV 1058, 1054, 1062).

um 1720 **Johann Sebastian Bach** (1685-1750): **6 Suiten für Violoncello solo**

Wie die *Sonaten und Partiten für Violine solo* sind wohl auch diese *Suiten* (BWV 1007-1012) in Köthen entstanden, und zwar wahrscheinlich für Ferdinand Christian Abel, der als Gambist und Violoncellist der Hofkapelle angehört, also Bachs Kollege ist. Die *6. Suite* ist für ein heute nicht mehr gebrauchtes fünfsaitiges Instrument geschrieben; es handelt sich wahrscheinlich um ein zur Familie der Viola da braccio gehörendes Instrument, das aber wie ein Violoncello gespielt wird. Die *5. Suite* bearbeitet Bach später für die Laute (BWV 995). – Die *Suiten* beginnen jeweils mit einem großangelegten Prélude und folgen dann der traditionellen Suiten-Satzfolge Allemande – Courante – Sarabande – Gigue, wobei zwischen die beiden letzten Tänze jeweils andere Tänze (Menuett I und II, Bourrée I und II, Gavotte I und II) eingeschoben sind. – In ihrer Art sind die *Suiten für Violoncello solo* ebenso vollendet – und anspruchsvoll! – wie die Stücke für Violine solo. Trotzdem sind sie im Grunde unbekannt geblieben, bis Pablo Casals sie wiederentdeckt und in vorbildlich wirkenden Interpretationen (Schallplattenaufnahmen 1936 bis 1939) verbreitet hat.

um 1720 **Jan Dismas Zelenka** (1679-1745): **Orchesterwerke für die Hofkapelle in Dresden**

Eine regelrechte Komponistenkarriere verderben August der Starke und sein Sohn ihrem so hochbegabten, aber querköpfigen Kontrabassisten der Hofkapelle (seit 1711). Trotzdem nützen sie ihn, vor allem für kirchenmusikalische Aufgaben, gründlich aus. Der fortschrittlichere Komponist scheint Zelenka jedoch in seiner weltlichen Orchestermusik zu sein. Was seine Werke noch immer anziehend, ja faszinierend macht, ist nicht so sehr die perfekte Beherrschung traditioneller Polyphonie (verbunden mit italienischer Kantabilität) wie ein geradezu heftig zu nennender Subjektivismus. Daß der konventionsfeindliche Komponist einer Art rudimentärer *Orchestersuite* programmatisch den Titel »Hipocondrie« gibt, und daß er *5 Capricci* schreibt, statt Suiten im halben Dutzend wie die meisten Komponisten, wundert schon nicht mehr. Über das CAPRICCO als Gattung vermerkt Mattheson übrigens maliziös: »Die Capricci lassen sich nicht wohl beschreiben. Der eine hat diese, der andere jene Einfälle. Je wunderlicher und außerordentlicher sie sind, je mehr verdienen sie ihren Namen...« Bei Zelenka sind es unschematisch aneinandergereihte Sätze, oft mit Namen von Tänzen versehen, die man aus der Suite kennt. Aber unter diesen Namen tauchen plötzlich auch ganz fremde auf, und manche Sätze erinnern an Volkstänze aus Zelenkas tschechischer Heimat.

Noch in einem weiteren Punkt ist die Orchestermusik Zelenkas etwas Besonderes. Zelenka tritt 1711 in eine Kapelle ein, der Spitzenkönner ihres Instruments angehören, und entsprechend hoch sieht er die spieltechnischen Anforderungen geschraubt. Seine Partner sind Musiker vom Range eines Johann Georg Pisendel (von 1712 an in Dresden), eines Jean-Baptiste Volumier, dem Pisendel als erster Geiger und Konzertmeister folgt, eines Francesco Maria Veracini (1717-22 in Dresden), weiterhin die Oboisten François le Riche und sein Schüler Johann Christian Richter, der Cembalist Christian Petzold, der komponierende Lautenist Silvius Leopold Weiß (von 1717 an in Dresden), der Konstrukteur und Virtuose des hackbrettartigen Instruments »Pantaleon«, Pantaleon Hebenstreit (von 1714 an in Dresden). Diese alle sind die Solisten, die Zelenka zur Verfügung stehen. Hinzu kommen die gleichfalls vorzüglichen Hoftrompeter, und 1711 werden noch 2 Hornisten aus Böhmen engagiert: Eine Hofkapelle wie diese gibt es in ganz Europa nicht mehr, und für diese schreibt Zelenka die entsprechende Musik.

1720 Georg Friedrich Händel (1675-1759): Erste Sammlung von Suiten für Cembalo, gedruckt in London

Händel komponiert den überwiegenden Teil seiner Cembalomusik bis 1720 und fügt später nur noch einzelne Werke als Unterrichtsliteratur hinzu. 1720 publiziert er *8 Suites de Pièces pour le Clavecin* (HWV 426-433; entstanden zwischen 1710 und 1720; Auswahl durch Händel selbst), wohl seine reifste Musik für das Cembalo. Auch fast alle in späteren Sammlungen erscheinenden Cembalowerke sind vor 1720 entstanden, wobei diese Sammlungen sämtlich ohne Händels Einverständnis durch Verleger aus nicht immer zuverlässigen Quellen herausgegeben werden. Im Vorwort seiner eigenen Sammlung von 1720 kündigt Händel einen *Second Volume* an, der jedoch erst 1733 bei Walsh in London erscheint. Von den neun Werken dieses *Second Volume* (HWV 434-442) sind sechs schon 1721 und alle neun schon 1727 in »Raubdrucken« erschienen.

Die Bedeutung von Händels *Cembalo-Suiten,* ja seiner Cembalo-Musik überhaupt, und die Schwierigkeiten, mit denen man bei ihnen rechnen muß, beschreibt Steglich (1955) zutreffend so: »Wie kommt es, daß diese Klaviersuiten, die wahrhaftig zu den Gipfelwerken der Klaviermusik gehören, von unsern Klavierspielern in Haus und Konzertsaal längst nicht dementsprechend gewürdigt werden? Weil die Händelsche Notierung heute in mancher Beziehung gar nicht mehr ohne weiteres im Sinne Händels verstanden wird! Gewiß ist die erste Vorbedingung des rechten Verständnisses, daß sich der Spieler die unverfälschten Händelschen Noten, den sogenannten ›Urtext‹ vornimmt. Aber das genügt nicht. Denn vieles, was den damaligen Klavieristen selbstverständlich war, ist es dem heutigen nicht mehr. Nicht einmal die Tonhöhen- und Tondauerverhältnisse sind dem ›URTEXT‹ ohne Kenntnis des damaligen Brauches immer zu entnehmen; ebensowenig das, was die Töne und Tonfolgen erst zu Händelscher Musik macht: ihr Charakter, ihre lebendige Bewegung. So muß der ›Urtext‹ ergänzt werden durch den Versuch, ihn recht verständlich zu machen.

Zum sprechenden und singenden, bildenden und bauenden VORTRAG gehören eine deutliche, bildhafte Aussprache und eine plastische, nicht nur teilende, vielmehr auch zusammenschließende, aufbauende Gliederung; Artikulierung und Phrasierung nennt das der Fachmann. Die aber werden nicht von außen an-nuanciert, sie erwachsen natürlicherweise von innen her, und zwar erwachsen sie damals, da sogar steinerne Mauern und philosophische Systeme ohne Affektenlehre undenkbar waren, aus dem affektgeladenen Innern. Weder um empfindsame Stimmung noch um kaltrechnerische Objektivität ist es dieser Musik zu tun, sie will ausdrucksvoll bewegte und geprägte Gestalt. Und bedeutsamer als Lautheitsunterschiede, die beim sinnvollen inwendigen Mitsingen soweit nötig von selber kommen, sind für ihren artikulierten, plastischen, vom rhythmischen Fluß der Taktbewegung getragenen Vortrag *Tondauerunterschiede,* abgestuft nach den musikalischen Beziehungen und Gehalten der Töne. Das ist eine *›verlorengegangene Selbstverständlichkeit‹.*«

1720-1745 Die Dresdner Hofkirchenmusik unter Heinichen und Zelenka

Das Repertoire der Dresdner Hofkirchenmusik unter der Leitung von Johann David Heinichen (1683-1729) und Jan Dismas Zelenka (1679-1745), das W. Horn eingehend untersucht hat (1987), umfaßt eine Fülle von zeitgenössischen Kompositionen: von Fux, Reutter, Oettl, Reinhardt; von Poppe, Reichenauer; Caldara, Francesco Conti; Antonio Lotti; Baliani, Bioni; A. Scarlatti, Mancini, Sarti, Durante; J. G. Harrer; Fasch, Eberlin, Breunich, Teller; »Giovanni Pisani«. Die Reihe der Komponisten und ihrer Werke mag verwirren, doch läßt sich nur dann eine Vorstellung von der Vielfalt wie von den Kristallisationspunkten der katholischen Kirchenmusik im frühen 18. Jahrhundert gewinnen, wenn man sich auch den vermeintlich oder tatsächlich unbedeutenden Gestalten zuwendet. – Die Dresdner Hofkirchenmusik verdankt ihre Entstehung und erste Blüte besonders politischen Umständen (August der Starke war 1697 zum Katholizismus übergetreten, um König von Polen werden zu können): sie wächst nicht langsam in langen Jahren, vielmehr stehen die verantwortlichen Hofmusiker, der Kapellmeister Heinichen und der erst später zum »Kirchen-Compositeur« avancierte Kontrabassist Zelenka, vor der Aufgabe, binnen kurzer Zeit ein Repertoire zu schaffen, das eines prunkliebenden kurfürstlichen Hofes würdig ist. Was unter diesen Bedingungen in kurzer Zeit zusammengetragen wird, kann gleichsam historische Authentizität und Aktualität beanspruchen. Das Repertoire spiegelt die kirchliche Gebrauchsmusik in doppelter Weise: es zeigt, welche Werke gebraucht werden und welche Werke man für brauchbar hält. Aktuell sind nach wie vor konzertierende Kompositionen aus Bologna für die Vesper, selbst wenn sie fünfzig Jahre alt sind; aktuell sind Wiener Messen von kurzer oder mittlerer Länge; aktuell sind schließlich große Kyrie-Gloria-Messen, insbesondere aus Neapel, aber auch aus Oberitalien und Wien. Da der Brauch, nur Kyrie und Gloria in mehrstimmiger Komposition, die anderen Teile aber choraliter vorzutragen, im Dresdner Gottesdienst offenkundig nicht herrscht, müssen Heinichen und Zelenka diese Kyrie-Gloria-Messen »verlängern«, was ein höchst merkwürdiges Verfahren zu sein scheint, damals aber, wie Horn festgestellt hat, üblich ist:

> Ein und derselbe liturgische Text kann auf die mannigfaltigste Weise vertont werden. Messen etwa unterscheiden sich nicht nur hinsichtlich ihrer Ausdehnung und in den Anforderungen an Spieler und Sänger, sondern auch in den verwendeten Formen und Satztechniken. Je nach Anlaß, Ort und Zeit der Entstehung eines Werkes kann dieses verschiedene Gestalt annehmen. Angesichts solcher »Fremdbestimmtheit« der Komposition für den katholischen Gottesdienst in der ersten Hälfte des 18. Jahrhunderts erscheint es entsprechend schwierig, selbst den zentralen Begriff »Messe« als musikalisch substantiierten Gattungs- oder Formbegriff zu fassen. Im 18. Jahrhundert kristallisiert um den Begriff »Messe« vielmehr ein Konglomerat von musikalischen Gebilden, die oft nur den Text gemeinsam haben: Je enger die Verbindungen der Kirchenmusik zur zeitgleichen Komposition für die Kammer und das Theater sind, desto stärker werden die Spezifika einer musikalischen Gattung »Messe« überlagert von Fragen des formalen Aufbaus von Chorsätzen und Arien oder von Fragen der Behandlung der konzertierenden Instrumente und der solistischen Singstimmen. Und diese Fragen weisen über den engeren Bereich der Gattung »Messe«, ja der Kirchenmusik insgesamt hinaus. Pointiert gesagt: Die Kenntnis des Kompositionsverfahrens für eine Triosonate kann zum Verständnis einer Messen-Arie Caldaras eventuell mehr beitragen als die Kenntnis von Messen Palestrinas und seiner Nachahmer.

1721-1767 Georg Philipp Telemann (*Magdeburg 1681, † Hamburg 1767) Musikdirektor der Stadt Hamburg und Kantor am Johanneum

Nicht bestritten: Telemann hat viel geschrieben. Ihn deshalb einen Vielschreiber zu heißen, ihn also im Grunde abzuurteilen, ist ungerecht. Niemand kennt das Gesamtwerk, kaum jemand so viel davon, daß er sich ein solches Urteil erlauben dürfte. Und von dem, was viele kennen, ist alles phantasievoll erfunden und flüssig geschrieben. Gewiß, mit seinen großen Zeitgenossen Bach und Händel, mit denen ihn lebenslange Freundschaften verbinden (Telemann ist der Taufpate von Carl Philipp Emanuel Bach), ist er nicht zu vergleichen. Aber warum auch? Georg von Dadelsen (1981) hat das schön dargestellt.

> »Vergleiche haben etwas Gewaltsames, zumal zwischen Künstlern. Denn das ›ideale Kunstwerk‹, an dem ihre Leistungen zu messen wären, ist eine Fiktion. Und doch können wir unser Urteil nicht anders bilden als durch Vergleiche. Nur müssen wir wissen, daß es sich bei Kunstwerken um den Vergleich zwischen relativen Größen handelt, ohne daß wir ein absolutes Maß besäßen. Allzu schnell schlägt uns die Methode, Eigenarten am Gegensatz zu verdeutlichen, ein Schnippchen. Aus dem historischen Nebeneinander, das erst die Fülle der Kunst verbürgt, werden Gegenbilder, polarisiert auch im Rang: als ob die Größe des Einen erst durch die Belanglosigkeit des Anderen recht erwiesen werden könnte. Bach und Händel in einem Atemzuge zu nennen, gilt manchem Musiker als Sakrileg – geschweige denn Bach und Telemann. Im Licht der ja nicht zu bestreitenden Tatsache, daß es nicht nur Unterschiede des Stiles sondern auch des Ranges gibt, soll dann die eigene Urteilsfähigkeit um so heller strahlen. Doch ist unser Urteil richtig? Ist es unveränderlich? Der durch die Zeiten wechselnde Rang der drei nahezu gleichaltrigen, in Mitteldeutschland geborenen Bach, Händel und Telemann, wäre ein lohnendes Objekt für die Rezeptionsforschung; er sollte uns skeptisch stimmen.

Daß Ruhm und Nachruhm wechselhafte Verbündete sind, dafür ist Telemann das beste Beispiel. Als er 1767 im Alter von 86 Jahren stirbt, ist er der berühmteste und geachtetste deutsche Musiker weit und breit, und er ist das bereits ein halbes Jahrhundert lang. Bach wäre, wenn man ihn befragt hätte, sicher bescheiden hinter dem erfolgreicheren Telemann zurückgetreten, und niemandem wäre es eingefallen, ihn mit Telemann auf die gleiche Stufe zu stellen. Telemanns Ansehen als größter deutscher Komponist seiner Zeit ist unbestritten. Doch um so schneller vergeht sein Ruhm. Über der Musik Haydns und Glucks vergißt man schnell seine Werke, und die bürgerliche Musikkultur des 19. Jahrhunderts löscht dann auch das Andenken an seinen Namen. Erst sehr spät, in den 20er Jahren unseres Jahrhunderts, setzt die Renaissance der Musik Telemanns ein, nachdem die Musikwissenschaft schon in den Jahren vor dem ersten Weltkrieg eine Reihe von Neuausgaben bereitgestellt hat.

Das neu erwachte Interesse an der Musik des Generalbaß-Zeitalters und an dessen Musizierformen, ein vor allem in der Jugend verbreitetes Unbehagen am Konzertbetrieb und die Suche nach ›spielbarer‹, auch vom Laien angemessen auszuführender Musik begünstigen die Renaissance Telemanns, rücken sie aber auch sogleich ins Zwielicht. Denn damals wie heute ist die Musik Telemanns mancherlei Mißverständnissen ausgesetzt, deren gefährlichstes ist, daß sie leicht zu spielen sei: ›the poor man's Bach.‹ Man lasse sich nicht von der äußerlich unkomplizierten, instrumenten- und stimmgerechten Faktur seiner Sätze täuschen. Sie haben es in sich, vor allem was den effektvollen Vortrag angeht. Telemann rechnet mit dem wachen, dem selbständigen Spieler, dem er die Gelegenheit gibt, Witz und Laune zu zeigen. Und wer dabei die Pointen verdirbt, ist im wahrsten Sinne ein Spielverderber. Der rhythmische Charme, die Treffsicherheit seines Stils wollen mit dem nötigen Geschmack herausgearbeitet werden. Bereits dem zeitgenössischen Spieler dürfte es nicht leichtgefallen sein, hier überall zu folgen. Denn Telemanns Musik ist polyglott. Sie gibt sich hier italienisch, dort französisch und macht bei den polnischen Tänzen Anleihen. Kein Wunder, daß es diesen musikalischen Weltmann in die damals weltoffenste Stadt Deutschlands, nach Hamburg zieht.

Hinsichtlich der Lebensumstände teilt Telemann manches mit Händel: die Berufswahl gegen den Widerstand der Familie, das Interesse an der Oper und am musikalischen Unternehmertum. Wo Telemann hinkommt, als Student in Leipzig, später als Musikdirektor in Frankfurt und in Hamburg, richtet er Collegia musica ein. Er hat die Fähigkeit, überall Musiziergemeinschaften zu bilden, und es mag sein, daß sich hierin eine gewisse Verwandtschaft mit den Protagonisten der Musikalischen Jugendbewegung der 20er Jahre in unserem Jahrhundert zeigt. Aber diese Collegia sollen das aufstrebende Bürgertum nicht nur zum Musizieren anregen, sondern sie sollen es zugleich mit der jeweils modernsten Musik bekannt machen. Mit seiner Musikalienzeitschrift *Der getreue Musikmeister* (1728/29), dem *Harmonischen Gottesdienst* (1725/26 und 1731/32), den *Singe-, Spiel- und Generalbaß-Übungen* (1733/34) und den drei Teilen seiner *Musique de Table* (1733) wird er zum Popularisator der neuen Musik seiner Zeit in Deutschland. Auch seine Opern-Unternehmungen, ebenfalls schon in seiner Leipziger Studentenzeit beginnend, zielen in diese Richtung.

Trotz all dem verbindet ihn auch einiges mit Bach: die höfischen Stellungen und die städtisch-kirchlichen Ämter, eine vielköpfige Familie mit ihren Freuden und Sorgen. Und doch ist alles ganz anders. Nicht, daß er seine Ziele weniger energisch verfolgt als Händel, auch nicht, daß er seine Amtspflichten weniger ernstnimmt als Bach. Aber er ist verbindlich und weiß sich überall Freunde und Mithelfer zu schaffen: ein diplomatisches Naturtalent. Das zeigt sich auch beim Wechsel seiner verschiedenen Stellungen: nirgends scheidet er im Streit. Im Gegenteil, sowohl in Eisenach (1706-1712) als auch in Frankfurt (1712-1721) tut man sich etwas zugute, die freundschaftlichen Beziehungen mit dem inzwischen in günstigere Stellungen Avancierten aufrecht zu erhalten. Daß er, wie Bach, von einem Souverän ›wegen seiner halsstarrigen Bezeugung und zu erzwingenden Dimission‹ arretiert und ›mit angezeigter Ungnade‹ entlassen würde, ist undenkbar: er findet stets einen für beide Seiten profitablen Ausweg. Seine Amtspflichten erfüllt er, soweit es sich um die Bereitstellung der Kirchenmusik in Frankfurt und später in Hamburg handelt, gewissenhaft. Von der Kantorenpflicht allerdings, an der Schule Lateinstunden zu geben, läßt er sich in Hamburg sogleich vertraglich befreien, und von den ein bis zwei Singstunden, die er täglich zu halten hat, dispensiert er sich offenbar meist selbst. Der berühmte Hamburger Hauptprediger Goeze, der nach Telemanns Tod die Verhandlungen mit dem Nachfolger Philipp Emanuel Bach zu führen hat, bemerkt hierzu: ›Ich habe besonders darauf gedrungen, daß der Neuerwählte angehalten werden möchte, die Singestunden der Schulordnung gemäß zu halten, als welche Telemanns Zeit seines ganzen Amtes auf eine unverantwortliche Art negligiret, ohngeachtet er jährlich 1624 Reichstaler Salarium aus der Cämmerei dafür gezogen hat.‹ Telemann ein pflichtvergessener Kantor? – das wäre eine arge Verzeichnung! Das Kollegium, das ihn berufen hatte, wußte sehr genau, daß man mit ihm keinen Kantor, sondern einen Musikdirektor gewinnen würde. Man wollte am Ruhm des großen Musikers teilhaben und ließ ihm die Freiheiten, die er begehrte. Telemanns pädagogischer Impetus war auf lohnendere Aufgaben als auf das Abhalten pflichtgemäßer Singestunden gerichtet.«

Als Musikdirektor der Stadt Hamburg obliegt es Telemann, die Kirchenmusik in den fünf Hauptkirchen zu bestreiten, in denen im Wechsel jeden Sonntag vor und nach der Predigt je eine vollständige neue Kantate zu singen ist. Für die Fastenzeit muß er nach Hamburger Tradition in jedem Jahr eine Passion komponieren, die nacheinander in allen Kirchen aufgeführt wird. Hinzu kommt, daß in keiner anderen deutschen Stadt die Zahl der Gelegenheiten so groß ist, für die der Musikdirektor eine repräsentative Musik zu schreiben hat. So ist es kein Wunder, wenn die Zahl der Kompositionen ins fast Unermeßliche steigt: man rechnet mit 1400 *Kantaten* und 46 *Passions-Oratorien.* Denn Telemann ist bemüht, mit jedem Jahr etwas Neues zu bieten, und er schafft auch Kontraste zwischen nebeneinander aufgeführten Jahrgängen von Kantaten. Bei all dem geht es ihm nicht wie J.S. Bach um tiefsinnige gedankliche Durchdringung und eine hintergründige musikalische Interpretation des Textes. Als routinierter Opernkomponist, der er ja auch ist, beherrscht er wie kaum jemand die ganze Skala des musikalischen Ausdrucks und setzt seine Mittel dementsprechend ein. Auf der anderen Seite weiß er dort, wo es der Text nahelegt, schlichter und liedhafter zu komponieren als Bach. Telemann gehört zugleich zur letzten Generation der großen Barockkomponisten wie zur ersten Generation derer, die eine neue Musik initiieren.

In jedem der 46 Hamburger Amtsjahre führt Telemann eine neue *Passion* auf. Diese Werke zeigen die zunehmende Durchdringung der gottesdienstlichen Passion, in die zunächst nur Choralverse und Bibelsprüche als Betrachtungen eingeschoben worden sind, mit Elementen des (von Hunold und Brockes, also ebenfalls in Hamburg geschaffenen) Passions-Oratoriums. – Neben seinen gottesdienstlichen *Passionen* komponiert Telemann zahlreiche außerhalb des Gottesdienstes aufzuführende *Passions-Oratorien.* Die bekanntesten unter ihnen sind die *Passion nach Brockes* und das von ihm selbst gedichtete *Selige Erwägen,* das in Hamburg mindestens seit 1728 regelmäßig öffentlich aufgeführt wird; noch in den Jahren 1751 bis 1765 lassen sich nicht weniger als 65 Aufführungen in Hamburg nachweisen. Die für besondere Gelegenheiten geschriebenen Kirchenkompositionen unterscheiden sich kaum von den Kantaten, auch wenn sie ihrer größeren Ausdehnung wegen oft als Oratorien bezeichnet werden. – Aus der großen Zahl von Telemanns weltlichen Kantaten stammen übrigens die beiden Werke, mit denen er in unserer Zeit am meisten bekannt ist: von 1737 die *Kanarienvogel-Kantate* und die nicht mehr datierbare, nur in einer späteren Umarbeitung überlieferte *Schulmeister-Kantate.* – Romain Rollands These, daß Telemann der deutschen Musik »Ströme frischer Luft« zugeführt und damit den Stilwandel des 18. Jahrhunderts eingeleitet habe, bezieht sich in erster Linie auf die Instrumentalmusik, mit der Telemann im 20. Jahrhundert auch die weiteste Verbreitung gefunden hat. Wie kein anderer hat er komponiert, was man heute »Gebrauchsmusik« nennt, Musik für Kenner und Liebhaber *und* für die Alltäglichkeit des Musizierens. Dementsprechend antwortet Telemann auf die Frage, ob die Kunst dem Naturell oder dieses jener vorzuziehen sei, so: »Die Kunst ohne Naturell verlanget nur bei Kennern, als etwas Mühsames, ihren Wert; das Naturell aber, ohne Kunst, kann einer Menge Menschen, öfters auch Kennern, gefallen; woraus sich der Vorzug dieses vor jener erweiset. Doch ist es am besten, wenn das Naturell der Kunst vorgehet sie hernach beide verknüpfet werden.«

> Ein Letztes zu Telemanns Hamburger Arbeitsbedingungen (etwa im Gegensatz zu denen Bachs in Leipzig): Im Sommer 1723 schreibt er an einen Frankfurter Freund: »Was inzwischen die Musik dort bergunter gehet, das klettert sie hier hinauf, und glaube ich nicht, daß irgendwo ein solcher Ort als Hamburg zu finden, der den Geist eines in dieser Wissenschaft Arbeitenden mehr aufmuntern kann. Hierzu träget ein großes bei, daß außer den anwesenden vielen Standespersonen auch die ersten Männer der Stadt, ja das ganze Ratscollegium sich den öffentlichen Konzerten nicht entziehen; item die vernünftigen Urteile vieler Kenner und kluger Leute geben Gelegenheit dazu, nicht weniger die Opera, welche itzo im höchsten Flor ist und endlich der nervus rerum gerenderum, der hier bei den Liebhabern nicht fest angewachsen ist.«

1722 **Johann Sebastian Bach** (1685-1750): **Das Wohltemperierte Klavier (1. Teil)**

Neben seinen Verpflichtungen als Hofkapellmeister und Hofkomponist widmet Bach sich in Köthen verstärkt der Lehrtätigkeit und Werken für den Unterricht, und zwar offensichtlich nach einem wohlüberlegten umfassenden Erziehungsplan. So entstehen bis 1723 die »Anleitungen« des *Orgelbüchleins* (jedenfalls in Teilen), der *Klavierbüchlein für Friedemann Bach* und für *Anna Magdalena Bach,* der *Französischen* und der *Englischen Suiten* und der *Inventionen und Sinfonien.* Lehrziel dieser »Anleitungen« ist, Vorbilder zu schaffen und zu deren handwerklich treuer Nachahmung anzuleiten. Diesem Zweck dient auch die Sammlung von Praeludien und Fugen des *Wohltemperierten Klaviers* (BWV 846-

869), dessen Titel lautet: »Das Wohl temperirte Clavier. oder Praeludia, und Fugen durch alle Tone und Semitonia [d. h. auf allen diatonischen und chromatischen Stufen der Tonleiter], so wohl tertiam majorem oder Ut Re Mi anlangend, als auch tertiam minorem oder Re Mi Fa betreffend [d. h. sowohl in Dur als auch in Moll]. Zum Nutzen und Gebrauch der Lehrbegierigen Musicalischen Jugend, als auch derer in diesem studio schon habil seyenden besonderen Zeitvertreib aufgesetzet und verfertiget von Johann Sebastian Bach. p. [pro] t. [tempore] Hochf[ürstlich]. Anhalt-Cöthenischen Capel-Meister und Directore derer Cammer-Musiquen. Anno 1722.«

Daß man von allen Tönen und Halbtönen aus Dur- und Molltonleitern bilden und daß man Stücke in allen Tonarten komponieren kann, ist zu Bachs Zeit noch nicht selbstverständlich, denn erst in dieser Zeit beginnt sich die von Andreas Werckmeister (*Musicalische Temperatur,* Frankfurt 1686/87 und Leipzig 1691) vorgeschlagene »wohltemperierte Stimmung« durchzusetzen.

Eine Temperierung, das heißt der Ausgleich eines natürlichen Fehlers in unserem Tonsystem, ist unumgänglich, weil zwischen dem Ton, den man nach sieben Oktavschritten aufwärts, und dem, den man vom selben Ausgangston aus nach zwölf Quintschritten aufwärts erreicht, ein Unterschied besteht, obwohl beide Töne ein und derselbe Ton sein sollten. Also ist ein nach reinen Quinten gestimmtes Instrument nicht »oktavenrein«, und dieser Fehler muß über eine »Temperierung« ausgeglichen werden. Die verschiedenen Arten der Temperierung unterscheiden sich darin, wie sie diesen Fehler ausgleichen. In verschiedenen Zeiten hat man diesen Ausgleich auf verschiedene Weise gesucht. Die heutzutage übliche gleichschwebend temperierte Stimmung verteilt den Fehler gleichmäßig auf alle Intervalle innerhalb einer Oktav. Zu Bachs Zeit verwendet man allerdings zunächst nicht die ganz gleichschwebend-temperierte, sondern eine noch ein wenig ungleichschwebend-temperierte Stimmung, bei der zwar »den Wölfen [besonders schlecht klingenden Intervallen] der Rachen in etwa zugestopft war«, wie J. G. Neidhardt 1706 schreibt, bei der aber trotzdem die Tonarten mit vier und mehr Vorzeichen noch immer zu Gunsten der gebräuchlicheren vernachlässigt werden. Immerhin werden jetzt Spiel und Komposition in allen Tonarten möglich. So verwendet Johann Caspar Ferdinand Fischer in seiner 1715 (vielleicht auch schon 1702) gedruckten *Ariadne Musica,* einer Sammlung von kleinen Präludien und Fugen für die Orgel, 20 Tonarten, während Johann Matthesson in seiner 1719 erschienenen Sammlung *Exemplarische Organistenprobe* erstmalig Generalbass-Beispiele in allen 24 Dur- und Moll-Tonarten gibt.

Diese Versuche übertrifft Bachs *Wohltemperiertes Klavier* darin, daß hier *alle* Tonarten verwendet sind, und zwar gleichberechtigt, und daß außerdem die »Beispiele« nicht lehrhaft erscheinen, sondern daß jedes einzelne Stück ein Kunstwerk von höchstem Rang ist: die didaktische Zielsetzung tritt zurück hinter das einzelne Stück als selbständiges Kunstwerk und hinter das geschlossene Werk als Ganzes, zu dem Bach hier 24 Praeludien und Fugen zusammenschließt so, als wolle er den alten harmonischen Kosmos noch einmal fassen: »... dort war mir zuerst, bey vollkommener Gemüthsruhe und ohne äußere Zerstreuung, ein Begriff von Eurem Großmeister geworden. Ich sprach's mir aus: als wenn die ewige Harmonie sich mit sich selbst unterhielte, wie sich's etwa in Gottes Busen, kurz vor der Weltschöpfung, möchte zugetragen haben. So bewegte sich's auch in meinem Innern, und es war mir, als wenn ich weder Ohren, am wenigsten Augen, und weiter keine übrigen Sinne besäße noch brauchte.« – so Goethe an seinen Freund Zelter am 21. Juni 1827, nachdem ihm der Organist von Berka aus dem *Wohltemperierten Klavier* vorgespielt hatte.

Seit der Einführung der gleichschwebenden Temperatur besteht kein realer Unterschied zwischen den Tonarten mehr, da alle Halbtöne denselben Abstand voneinander haben. Auch die absolute Tonhöhe (die Höhe des Stimmtons, des »Normal-A«) spielt dabei keine Rolle, weil diese an verschiedenen Orten und in verschiedenen Zeiten durchaus verschieden und in den letzten zweihundert Jahren mehrfach gestiegen ist, ohne daß die Vorstellung vom Charakter der Tonarten dadurch berührt worden wäre. Der Unterschied besteht aber sehr wohl, und zwar in der Vorstellung, so wie ja auch Musik nicht einfach das ist, was wir real hören, nicht das akustische Phänomen, sondern das, was wir in der Vorstellung »zusammenhören«. Und diese Vorstellung nun ist von der Natur, der Kultur, vor allem aber von der Geschichte bestimmt, etwa so: Man kann eine lange Ahnenreihe für den Charakter der dorischen Tonart aufstellen, die in d-moll übergegangen ist; auch eine für das D-dur der Violinmusik als der Tonart, in der die Streicher am meisten Glanz entfalten; für g-moll als Tonart, in der das Barockzeitalter Pomp und Repräsentation auszudrücken liebte; G-dur ist die bevorzugte Pastoraltonart im Süden, F-dur im Norden. All das sind Kennzeichen, aber keine ein für allemal feststehenden Attribute einer Tonart. Trotzdem genügt manchmal ein einziges Werk in einer bestimmten Tonart, um uns zu suggerieren, das Stück bestimme die Tonart wie die Tonart das Stück, also beide bestimmten gegenseitig ihren Charakter, z. B. Bachs *Hohe Messe* das h-moll, Beethovens *Eroica* das Es-dur, Beethovens *5. Sinfonie* das c-moll usw. Es wäre nun schön, wenn man sagen könnte, Bach habe als erster in allen 24 Tonarten komponiert und damit diesen Tonarten für alle Zeiten den Stempel aufgedrückt; aber so einfach läßt sich dies *nicht* sagen. Die Frage, welchen Zusammenhang ein Präludium und eine Fuge mit der betreffenden Tonart haben, in der sie stehen, muß deshalb für jede einzelne Nummer des *Wohltemperierten Klaviers* gesondert überlegt werden.

Wir stellen heute an jedes zyklische Werk die Forderung, daß seine Teile (Sätze) unbeschadet ihrer Selbständigkeit sich zu einer höheren Einheit verbinden müssen, mag es sich um die Sätze einer Suite, eines Konzerts, einer Sonate oder einer Sinfonie, oder um Präludium und Fuge handeln. Diese uns selbstverständlich erscheinende Forderung ist indessen in den einzelnen Gattungen und zu verschiedenen Zeiten sehr verschieden erfüllt worden. In den Orgel-Formen von Buxtehude und seinen Zeitgenossen etwa ist die Einheit in der Regel so, daß es unmöglich erscheint, die toccatenhaften und die fugierten Teile zu trennen, weil sie zu einem Ganzen zu verschmelzen scheinen. Als aber Präludium und Fuge auseinander treten, ist zunächst dieselbe Tonart das einzige zusammenhaltende Band. Freilich gibt es auch die andere Verbindung, nämlich die motivische Verbindung beider Sätze; aber anders als man vermuten möchte, ist sie höchst selten. Und in der Tat kann ein innerer Zusammenhang durchaus auch ohne motivische Verbindung glaubhaft sein: wenn nämlich das Präludium der Vorbereitung auf die Fuge dient – ein Zusammenhang, den wir bei fast allen Präludien und Fugen des *Wohltemperierten Klaviers* finden, freilich meist ohne ihn »materialiter« belegen oder gar beweisen zu können.

Man muß sich fragen, warum Bach dieses Werk, das doch schon zu seinen Lebzeiten in seinem weiteren Schüler- und Freundeskreis eine gewisse Berühmtheit erlangt hatte, nicht zum Druck gegeben hat. Wahrscheinlich hat er befürchtet, daß der Verkauf in einer Zeit, in welcher der Empfindsame und der Galante Stil bereits alles gelten, Schwierigkeit bereitet. Doch ist in dem Halbjahrhundert nach seinem Tode der Ruhm des *Wohltemperierten Klaviers* bereits so groß geworden, daß zu Beginn des 19. Jahrhunderts, in den Jahren 1800 bis 1802, nicht weniger als drei deutsche Verleger das Werk im Druck herausgeben: Hoffmeister & Kühnel in Leipzig, Simrock in Bonn und Nägeli in Zürich (Keller 1965).

1722, 1724 **François Couperin le Grand** (1668-1733): **Concerts Royaux** und **Nouveaux Concerts,** gedruckt in Paris

Nicht ganz so weit verzweigt wie die Familie Bach, aber wie diese von zentraler Bedeutung für die Musikgeschichte ihres Landes ist die Dynastie der Couperins, die zwischen 1626 und 1680 zwölf Musiker von Rang hervorbringt. Das musikalische Talent wird zuerst offenbar bei drei Brüdern: Louis (1626-1661), François (1630-nach 1708) und Charles (1638-1679). Dem Jüngsten wird am 10. November 1668 als einziges Kind ein Sohn geboren, François. Dessen Begabung gibt schon im Kindesalter Anlaß zu besonderen Hoffnungen: die Stelle seines Vaters wird ihm für den Tag der Vollendung seines 18. Lebensjahres vertraglich zugesichert. 1690 veröffentlicht er als erste Komposition *Pièces d'orgue*. 1693 wählt ihn der König zu einem der vier Organisten der Chapelle du Roi. – Couperins *Concerts Royaux* werden in den sonntäglichen Kammerkonzerten am Hofe Ludwigs XIV. in den Jahren 1714 und 1715 gespielt. Couperin wirkt dabei am Cembalo mit. Er steht in diesen Jahren auf der Höhe seines Ruhms. Der Ehrentitel »le Grand« ist keineswegs eine moderne Zutat, die ihn nur von den anderen Mitgliedern der Musikerfamilie Couperin unterscheiden soll, sondern er stammt schon aus den ersten Jahren des 18. Jahrhunderts, als Couperin Widmungen und ehrende Adressen von Musikern aus ganz Frankreich empfängt. Seine Werke werden auch im Ausland stark beachtet. J. S. Bach etwa bearbeitet ein Trio Couperins als *Aria* für die Orgel (BWV 587) und Anna Magdalena Bach schreibt sich *»Les Moissoneurs«* aus dem zweiten Buch der *Pièces de Clavecin* in ihr Notenbuch von 1725.

1722 erscheinen die ersten 4 *Concerts Royaux* im Druck, nach Tonarten von *G* aus im Quintenzirkel steigend angeordnet. Es handelt sich um Tanzfolgen, denen jeweils ein Prélude vorangestellt ist. Elemente der Ballett- und Theatertänze französischer, besonders Lullyscher Tradition sind hier mit satztechnischen Eigentümlichkeiten der italienischen Triosonate, insbesondere der Corellis, verschmolzen, dessen Werke bei ihrem Bekanntwerden in Frankreich besonders bei den jüngeren Musikern Sensation machen. Der ariose Stil der Oper, die zunehmende Rücksicht auf die Bedürfnisse des Instrumentalvirtuosen, der ästhetische Reiz der Hochstilisierung geläufiger Tanzmodelle und schließlich die der Herrschaft des Generalbasses unterworfene kontrapunktische Technik, all das ist hier zu einer Einheit verschmolzen, die die französischen Musiker fasziniert. In den ersten vier *Concerts* macht Couperin den italienischen Einfluß nicht nur durch die

Stücke selbst, sondern auch durch eine Gegenüberstellung sichtbar: in der *4. Suite* steht eine *Courante françoise* gegen eine *Courante à l'italienne.*

Der große Erfolg der ersten *Concerts Royaux* veranlaßt Couperin, mehrere früher geschriebene italienische Violinsonaten jeweils mit einer französischen Suite zu verbinden. Als die Sammlung 1726 im Druck erscheint, erhält sie den sprechenden Titel *Les Nations.* Kurz zuvor hat Couperin zwei große *Triosonaten (L'Apothéose de Corelli* und *L'Apothéose de Lully)* zu Ehren der beiden Großen der französischen und italienischen Musik geschrieben und eine davon mit den weiteren *Concerts Royaux* unter dem Titel *Les Goûts Réunis* in Druck gegeben. Daß es ihm darum geht, sich als Meister beider Stile zu erweisen und zugleich zu zeigen, daß sie nicht miteinander unvereinbar seien, zeigt das Vorwort der neuen Sammlung. Beiden Drucken der *Concerts Royaux* ist die particellartige Zusammenfassung der Stimmen auf zwei Klaviersystemen gemeinsam. Couperin räumt denn auch die Möglichkeit ein, die Stücke auf dem Cembalo allein vorzutragen, läßt aber auch Violinen, Flöten, Violen und Fagotte zu. Das Ziel der reichen Instrumentalbesetzung ist wohl weniger die Farbigkeit des Klangs als die Möglichkeit zu großer Mannigfaltigkeit im Wechsel der Affekte.

Der Umstand, daß hier Klangbild und Vortragsweise in so hohem Maße dem Geschmack und Vermögen der Ausführenden überlassen bleiben, bringt manchen Musiker unserer Tage in Konflikt mit seinem Verlangen nach historischer Treue. Indessen sollten Spieler und Hörer nicht vergessen, daß für das 18. Jahrhundert die Variabilität an sich hohes Interesse hat, und daß als oberstes Kriterium der Geschmack gilt – der Geschmack zwar nicht des Einzelnen, wohl aber des (nicht sehr weiten) Kreises der Kenner und Liebhaber und keinesfalls einer, mit dem man einer Menge des Publikums und, damit zusammenhängend, einer Mode gerecht wird.

1722-1758 Johann Friedrich Fasch (1688-1758) Hofkapellmeister in Zerbst

Fasch entstammt einer in Thüringen weit verzweigten Familie von Theologen und Musikern. 1701 bezieht er die Thomasschule in Leipzig und wird Schüler des eben neu ernannten Kantors Kuhnau. Allerdings scheint ihn dessen Leipziger »Konkurrent« Telemann mehr anzuregen. Jedenfalls gründet er nach Telemann das »Zweite ordinaire Collegium musicum« und kommt mit diesem und einer weihnachtlichen Kirchenmusik in der Universitätskirche sogar seinem Lehrer Kuhnau in die Quere. Nach Wanderjahren, die ihn 1713 zu Graupner nach Darmstadt und 1721 an den Hof des Grafen Morzin in Lukaveč führen (wo später der junge Haydn Kapellmeister sein wird), folgt er 1722 dem Ruf auf die Hofkapellmeisterstelle in Zerbst. Hier wird er seßhaft und widmet seine ganze Kraft dem regen künstlerischen Leben der kleinen Residenz. In Zerbst werden keine Opern mehr von ihm verlangt, sondern Orchester- und Kammermusik, vor allem aber Kirchenmusik – über deren Texte und Komposition er mit der orthodoxen Geistlichkeit von Zerbst in erhebliche Konflikte gerät. Dennoch schreibt er *7 Jahrgänge Kirchenkantaten.* Daß bei Fasch hie und da Züge »empfindsamer Musik« vorkommen, kann nicht darüber hinwegtäuschen, daß er in einer sich wandelnden Zeit im Grunde ein Komponist alter barocker Art und Schreibart bleibt. Nicht umsonst genießt er das Ansehen J. S. Bachs.

1723 Johann Sebastian Bach (1685-1750): Inventionen und Sinfonien

Daß und wie Klavierunterricht zu Bachs Zeit zugleich Kompositionsunterricht ist, dafür sind die *Inventionen und Sinfonien* ein noch schöneres Zeugnis als das *Wohltemperierte Klavier,* mit dessen erstem Teil sie in enger zeitlicher Nachbarschaft entstehen. Als »Praeambula« und »Fantasien« trägt sie Bach zunächst in das *Klavierbüchlein* von Wilhelm Friedemann ein: je 15 zwei- und dreistimmige Stücke in den 15 damals gebräuchlichen Dur- und Moll-Tonarten. Wenig später stellt er eine Reinschrift her, wobei er an vielen Stellen verbessert und einige Stücke auch erweitert. Die zweistimmigen nennt er jetzt »Inventionen«, die dreistimmigen »Sinfonien«. Der Titel lautet: »Auffrichtige Anleitung, Wormit denen Liebhabern des *Clavires,* besonders aber denen Lehrbegierigen, eine deütliche Art gezeiget wird, nicht alleine mit 2 Stimmen reine spielen zu lernen, sondern auch bey weiteren *progressen* mit dreyen *obligaten Partien* richtig und wohl zu verfahren, anbey auch zugleich gute *inventiones* nicht alleine zu bekommen, sondern auch selbige wohl durchzuführen, am allermeisten aber eine *cantable* Art im Spielen zu erlangen, und darneben einen starcken Vorschmack von der *Composition* zu überkommen. Verfertiget von Joh. Seb. Bach. Hochfürstlich Anhalt-Cöthenischen Capellmeister Anno Christi 1723.« Der Titel erläutert den pädagogischen Zweck: die Stücke sind als Anleitung für den Lehrbegierigen, das heißt den Klavierschüler, zu verstehen und sollen dazu führen, Sätze mit zwei und drei selbständigen Stimmen spielen zu lernen. Aber nicht nur technisch korrekt soll der Schüler die einzelnen Stimmen spielen, er soll sie vielmehr, wie Bach ausdrücklich betont, cantabel, also wie Gesangsmelodien vortragen. Das Mittel hierzu ist die richtige Artikulation, das heißt Bindung des Zusammengehörigen, Betonen der melodischen Hauptnoten, richtiges Absetzen und Neubeginnen, als hätte man seinen Atem wie der Sänger bei einer Arie einzuteilen. Gerade hierfür wünschten wir uns freilich heute nähere Hinweise im Notentext selbst, der ausgesprochen karg mit den Zeichen versehen ist, die solches andeuten sollen: Bach wird seine Hinweise beim Unterricht mündlich gegeben haben. Die wenigen Artikulationsbögen, die die Reinschrift vom Jahre 1723 enthält (in den Inventionen 3, 9 und 15) sind offenbar bei einer solchen Unterweisung eingetragen worden, und man muß sie als schnell hingeworfene, keineswegs systematisch gesetzte Hilfszeichen verstehen. – Das Werk soll daneben – und das ist eigentlich das Wichtigere – einen »Vorschmack von der Komposition« vermitteln. Es zeigt einmal, was »gute Inventiones« sind: Erfindungen im Sinne von Themen nämlich, die sich zu mehrstimmiger Verarbeitung eignen.

1723-1724 Johann Sebastian Bach (1685-1750): Kirchenkantaten: Der Leipziger Jahrgang I

Der erste Leipziger Jahrgang beginnt mit Bachs Amtseinführung am 1. Sonntag nach Trinitatis 1723, und auch in den folgenden Jahren scheint Bach mit seinen Kantatenjahrgängen diesem gegenüber dem Kirchenjahr um ein halbes Jahr verschobenen Turnus zu folgen.

Die Erfordernisse und Möglichkeiten des Amtes, das Bach 1723 übernimmt, sind, wie u.a. A. Dürr (1971) darstellt, etwa diese: Die Kirchenkantate hat ihren festen Platz im Sonn- und Festtäglichen Hauptgottesdienst, dem »Amt«, nach der Verlesung des Evangeliums und vor dem Gesang des Lutherschen Glaubensliedes »Wir glauben all an einen Gott«. Ist die Kantate zweiteilig, so wird der zweite Teil nach Beendigung des Kanzeldienstes und zur Austeilung des Abendmahls musiziert. Außerdem musiziert man geistliche Kantaten zu besonderen Anlässen, etwa zur Kirchweihe. – Das Angebot an Sonntags-Gottesdiensten in Leipzig ist reichhaltig. Bevor das »Amt« um 7 Uhr beginnt, ist bereits die »Mette« gehalten worden; und nach dem »Amt« folgt schon um 1/2 12 Uhr die »Mittagspredigt«. Da in jener Zeit Predigten von mehr als einer Stunde keine Seltenheit sind, da ferner in jedem »Amt« auch Abendmahlsfeier (mit manchmal recht großer Beteiligung) gehalten wird, bleibt für eine einteilige Kantate die Zeit einer knappen halben Stunde (die Bach auch kaum einmal überschreitet). – Als wichtigster Träger der Kirchenmusik in den Leipziger Hauptkirchen steht der Chor der Thomasschule zur Verfügung. Aus Bachs Eingabe von 1730 an den Leipziger Rat erfahren wir hierzu nähere Einzelheiten. Die 55 Schüler sind in vier Kantoreien aufgeteilt, von denen vornehmlich die erste zum Musizieren von Kantaten herangezogen wird. Diese beiden Kantoreien versehen ihren Dienst in sonntäglichem Wechsel in der Thomas- und der Nikolaikirche, der eigentlichen Hauptkirche, während die dritte Kantorei in der Neuen Kirche nur Motetten und die vierte in der Peterskirche lediglich einstimmig Choräle zu singen hat. Die zahlenmäßige Stärke der ersten Kantorei wird selten über je 3 Sänger in Sopran, Alt, Tenor und Baß, insgesamt also 12, hinausgehen, wobei der erste jeder Stimmlage als »Concertist« die Solopartien zu singen hat, während die beiden anderen als »Ripienisten« in den chorischen Partien einfallen. Hinzu kommen die Instrumentisten, die sich aus den 4 Stadtpfeifern, 3 Kunstgeigern und einem Gesellen zusammensetzen. Da diese jedoch selbst für die bescheidenste Besetzung nicht ausreichen, müssen immer wieder Studenten oder ältere Thomaner einspringen. Der Organist, der gleichfalls gebraucht wird, ist ohnedies da. Das bedeutet einen Aufführungsapparat von etwa 20 Sängern, 18 Instrumentisten, dem Organisten und Bach selbst als Dirigenten, zusammen demnach rund 40 Personen. Mehr Hilfskräfte mag Bach zu besonderen Anlässen ausnahmsweise zur Verfügung haben, nicht aber zu den regelmäßigen Sonntagsmusiken – und oft genug wird er gezwungen gewesen sein, sich mit weniger Ausführenden zufrieden zu geben.

Bach ist offenbar zu Beginn seiner Leipziger Tätigkeit bestrebt, mit der ersten Kantorei der Thomaner ausschließlich Kantaten eigener Komposition aufzuführen, und auch später scheint er davon nur selten Ausnahmen zu machen. Das bedeutet, daß er in den ersten Jahren Woche für Woche ein neues Werk komponieren, in Stimmen ausschreiben lassen und einstudieren muß, zumal er nur gelegentlich auf Weimarer Kompositionen zurückgreifen kann.

Die im ersten Amtsjahr aufgeführten Kantaten, die Bach zu einem Jahrgang – man nennt ihn den *Ersten Leipziger Jahrgang* – zusammenfaßt, sind die folgenden, die hier einzeln aufgezählt sind, weil eine jede ein Werk von abendländischem Rang ist:
1723: BWV *75, 76, 21, 24, 185, 167, 147, 186, 136, 105, 46, 179, 199, 69a, 77, 25, 119, 138, 95, 148, 48, 162, 109, 89, 163 (?), 194, 60, 90, 70, 61, 63, 40, 64.*

1724: BWV *190, 153, 65, 154, 155, 73, 81, 83, 144, 181, 18, 23, 182, 4, 66, 134, 67, 104, 12, 166, 86, 37, 44, 172, 59 (?), 173, 184, 194, 165 (?).*

Die Frage nach den Dichtern der ersten Leipziger Kantatenjahrgänge Bachs ist noch ungeklärt. – Die Arbeitslast des ersten Leipziger Jahres ist für Bach ungeheuer. Als unentbehrliche Helfer nicht allein beim Einstudieren, sondern schon beim Kopieren der Stimmen stehen ihm dabei ältere Thomaner zur Seite, allen voran ein Neffe seines Vorgängers, der Thomasschüler Johann Andreas Kuhnau, der von 1723 bis Ende 1725 fast die Hälfte der Kantaten in Stimmen ausschreibt oder auszuschreiben hilft.

1723 ff. **Georg Philipp Telemann** (1681-1767): **Kapitänsmusiken für die Hamburger Bürgerwache**

Die Hauptleute (Kapitäne) der Hamburger Bürgerwache (eines Respekt heischenden, gut organisierten Heeres) feiern alljährlich einmal öffentlich ein »Fest- und Freudenmahl«, um zusammen mit der Bürgerschaft den Frieden zu preisen und bei dieser Gelegenheit die Notwendigkeit der militärischen Ausgaben dafür deutlich zu machen. Telemann komponiert durch Jahrzehnte hindurch jedes Jahr für diesen Anlaß ein *Oratorio und Serenata,* nämlich eine mehr geistliche und eine mehr weltliche Kantate von je etwa 20 Nummern mit Chören, Rezitativen und Arien. Die Texte sind beschaulich, nicht dramatisch, der Inhalt kreist in ausgedehnten Betrachtungen allegorischer Figuren (Segen, Friede, Dankbarkeit, Tapferkeit, aber auch Neid, Mißgunst usw.) ständig um Wohlstand und Glück Hamburgs und um die notwendige Bereitschaft, diese zu verteidigen. Einförmigkeit vermeidet Telemann durch Wechsel zwischen Chören und Solonummern und durch Abwechslung in der Besetzung. Die Musik ist nach zeitgenössischem Geschmack einfach gemacht. Trompeten und Pauken geben festlichen Glanz. Die Stücke werden dann merkwürdigerweise auch bei anderen Gelegenheiten und in anderen Städten aufgeführt. Die 36 nachweisbaren *Kapitänsmusiken* enthalten insgesamt über 1500 Musikstücke. Es ist schon so, daß Telemann sehr viel komponiert hat...

1723-1734 (?) **Johann Sebastian Bach** (1685-1750): **7 Motetten**

Jesu, meine Freude, Motette (BWV 227) für fünfstimmigen Chor (mit Instrumenten und Generalbaß), wohl zum Gedächtnisgottesdienst für die Frau Oberpostmeisterin Kees am 18. Juli 1723.

Fürchte dich nicht, ich bin bei dir, Motette (BWV 228) für zwei vierstimmige Chöre (mit Instrumenten und Generalbaß), wahrscheinlich für den Gedächtnisgottesdienst für die Frau des Stadthauptmanns Winkler am 4. Februar 1726.

Singet dem Herrn ein neues Lied, Motette (BWV 225) für zwei vierstimmige Chöre (mit Instrumenten und Generalbaß); Anlaß (sicherlich kein Trauerfall) und Entstehungszeit (wohl um 1726/27) unbekannt.

Der Geist hilft unserer Schwachheit auf, Motette (BWV 226) für zwei vierstimmige Chöre (mit Instrumenten und Generalbaß), zur Beerdigung des Thomasschul-Rektors J. H. Ernesti am 24. Oktober 1729.

Komm, Jesu komm, Motette (BWV 229) für zwei vierstimmige Chöre (mit Instrumenten und Generalbaß); Anlaß und Entstehungszeit (vor 1731/32) unbekannt.

Lobet den Herrn, alle Heiden, Motette (BWV 230) für vierstimmigen Chor (aufgegliedert in Favorit- und Capellchor und Generalbaß); Anlaß und Entstehungszeit unbekannt; Echtheit angezweifelt.

O Jesu Christ, mein's Lebens Licht, Motette (BWV 118) für vierstimmigen Chor und Instrumente; Anlaß und Entstehungszeit (um 1736/37) der ersten Fassung unbekannt (zweite Fassung zur Trauerfeier für den Reichsgrafen und Gouverneur der Stadt Leipzig J. F. von Flemming im Oktober 1740); wegen der obligaten Instrumentalstimmen manchmal statt unter die Motetten unter die Kantaten gezählt.

Zu Bachs Zeit ist die alte hohe Gattung Motette nahezu verdrängt von der modernen Kantate, die sich aus der Oper herleitet. Motetten musiziert man fast nur noch aus alten Sammlungen, etwa aus dem *Florilegium Portense* (1618), wenn man für einen besonderen Anlaß noch einmal eine solche braucht. Nur selten erhält deshalb der Kantor den Auftrag, eine neue Motette zu komponieren, vornehmlich zu Begräbnissen. – Das Charakteristische der Renaissance-Motette hat darin bestanden, daß ein Text, in einzelne Abschnitte zerlegt, chorisch in polyphon-imitatorischem Satz vorgetragen wird, wobei jeder einzelne Textabschnitt die seinem Inhalt und seiner Deklamation entsprechende musikalische Formung erfährt. Die so gewonnene Reihungsform wird in der evangelischen Kantorenpraxis des 17. Jahrhunderts nun mit dem Kirchenlied verbunden – was Bach gleichsam begierig aufgreift und auf die verschiedenste Weise anwendet. Instrumente sind, sofern nicht liturgische Vorschriften entgegenstehen, keineswegs ausgeschlossen, doch werden sie nicht obligat, sondern stets nur mit den Singstimmen geführt (A. Dürr 1960/61).

1723-1742 Johann Sebastian Bach (1685-1750): Die weltlichen Kantaten der Leipziger Zeit

Obwohl die ersten Leipziger Amtsjahre vor allem dem kirchenmusikalischen Schaffen dienen, komponiert Bach in dieser Zeit doch auch eine Reihe weltlicher Kantaten. Die Anlässe dazu sind verschieden, etwa studentische Veranstaltungen (BWV 205, 207, 36b, 198), festliche Begebenheiten adeliger oder wohlsituierter Bürgerfamilien (BWV 216, 210), Ereignisse im schulischen Leben der Thomaner (Anh. 18, Anh. 19, 36c) usw. Daneben pflegt Bach auch die Beziehungen zu den Höfen in Weißenfels (BWV 249a) und Köthen (BWV 36a, 244a) weiter. – Die weltlichen Kantaten sind in zwei Gruppen zu teilen, in das »Dramma per musica« und in die eigentliche »Cantata«. Zur ersten Gruppe gehört *Hercules auf dem Scheidewege* (BWV 213), zur zweiten *Von der Vergnügsamkeit* (BWV 204). Eine Mittelstellung nehmen die *Caffee-Kantate* (BWV 211) und die *Bauern-Kantate* (BWV 212) ein, die beide zwar als »Cantata« bezeichnet sind, aber eine Art von Handlung haben.

»Dramma per musica« ist in Italien die übliche Bezeichnung für eine Oper. Sind Bachs Werke dieses Namens nun kleine Opern und die KLEINEN WELTLICHEN KANTATEN Singspiele nur ohne Verkleidung und ohne Schaubühne? Dadelsen hat die Frage feinsinnig erörtert (1988): »Einige der Bachschen Huldigungs- und Glückwunschserenaden, aber auch andere weltliche Kantaten werden bisweilen szenisch aufgeführt. Besonders beliebt für solche Drapierungen sind die *Bauern-Kantate* und die *Caffee-Kantate.* Vielleicht darf man darauf warten, daß einer unserer modernen Regisseure die *Bauern-Kantate* als soziales Reformstück ›aktualisiert‹. Aber das wird schwer sein. Selbst wenn man die Texte umdichtete: Bachs Musik, so wie sie ist, widersetzt sich solcher Dramatisierung. Sie ist gerade in den Huldigungs- und Glückwunschkantaten durch und durch undramatisch. Es fehlen die Konflikte, es fehlt die Spannung als das Grundelement aller DRAMATIK. Da ist nichts im Text, das die Handlung vorantreibt, das zur Entscheidung zwingt, zur Entscheidung, die sowohl nach der einen als auch nach der anderen Seite ausschlagen könnte. Nichts, was Charaktere erstarken oder zusammenbrechen ließe. Was soll man von einem Hercules am Scheidewege halten, dem die Dame ›Wollust‹ nur ein Scheingeplänkel vorführen darf, weil der hier gemeinte elfjährige sächsische Kurprinz gar keine andere Wahl hat, als sich für die Dame ›Tugend‹ zu entscheiden: als würdiger Enkel Augusts des Starken! Aber Ironie lag sowohl dem Textdichter Picander als auch Bach fern. Diesen Gelegenheitstexten fehlt der für eine dramatische Musik nötige Ernst. Die wirkliche, nicht die fingierte Situation braucht Bach, um seine Musik dramatisch inszenieren zu können. Daß er das kann, ja, daß er das mit unübertroffener Wirkung tut, zeigen seine beiden Passionen. Die Passionstexte der Evangelisten, Texte von höchster dramatischer Intensität, sind zunächst vorgegeben. Auch die weitere dramaturgische Zubereitung durch Einschaltung betrachtender Arien und antwortender Choralstrophen sind zunächst ein Werk des Librettisten. Wie weit Bach darauf Einfluß nimmt, wissen wir nicht. Aber er nützt mit seiner Musik alle dramatischen Möglichkeiten des Textes aus und verstärkt sie zu unwiderstehlicher Kraft. Man braucht nur an die Gerichtsszene in der *Johannespassion,* an die Gefangennahme Christi am Schluß des ersten Teils der *Matthäuspassion* zu erinnern. In seinen Messen tritt Bachs Streben nach Dramatik ebenfalls deutlich hervor, nämlich in der Art, wie er bereits vorhandene Musik, Sätze aus geistlichen und weltlichen Kantaten, für den neuen Zweck zusammenstellt und herrichtet. Jede Möglichkeit, die der Meßtext für spannungsreiche Kontraste bietet, nutzt er dabei aus. Den Wechsel der Affekte weiß er dramatisch zu inszenieren. Das dramatische Geschick Bachs wird besonders deutlich, wenn man beobachtet, wie diese einstigen Kantatensätze im neuen Zusammenhang an Eindruckskraft gewinnen. Um sich zu dramatischer Musik, zu dramatischen Wirkungen inspirieren zu lassen, braucht Bach also den ernsten, den geistlichen Text. Ob ein gutes Libretto einer Opera seria ihn ebenfalls zu solchen dramaturgisch überzeugenden Lösungen hätte inspirieren können, wissen wir nicht. Daß ihn die menschlichen Leidenschaften, die Intrigen ehrgeiziger Höflinge, die Eifersüchteleien und die Schmerzen unglücklicher Liebhaber ebenso hätten bewegen und zu höchstem Schöpfertum hätten antreiben können wie das fundamentale Geschehen der Passionsgeschichte: man darf es bezweifeln. Und man darf diesen Zweifel haben, obwohl überliefert ist, daß Bach Opern kennt, ja, daß er immer wieder Opern besucht. Daß Bach während seiner Leipziger Zeit öfters nach Dresden fährt, um Opern zu hören, die ›schönen Dresdner Liederchen‹, wie er sie scherzhaft nennt, wissen wir von Forkel, dem es Philipp Emanuel Bach berichtet hat. Aber Dresden bietet Bach nicht die einzigen Möglichkeiten, Opern kennenzulernen. Wir vergessen meist, daß zu Anfang des 18. Jahrhunderts fast in jeder deutschen Residenz Opern oder opernähnliche Serenaden oder Singspiele zu hören sind. Dazu kommen die Gastspiele reisender Operntruppen, vor allem in den Handelsstädten, aber auch – damals wie heute – in den angesehenen Badeorten. Von den

Opern, die an deutschen Fürstenhöfen und in den Bürgerstädten aufgeführt werden, kennt Bach mindestens einige der wichtigsten. Daß er am 13. September 1731 in Dresden bei der Premiere von Hasses *Cleofide* dabei ist, machen sowohl die überlieferten Daten wahrscheinlich als auch manche Anklänge an diese Oper in Bachs Huldigungsmusiken der nachfolgenden Jahre, in jenen ›Drammi per musica‹, deren Musik später ins *Weihnachts-Oratorium* übergeht.«

1724 Johann Sebastian Bach (1685-1750): Johannespassion

Bach hat, wenn wir dem Bericht über seinen musikalischen Nachlaß vertrauen dürfen, insgesamt fünf Passionsmusiken komponiert. Nur zwei davon, die *Johannespassion* und die *Matthäuspassion,* sind erhalten geblieben. Von einer dritten, der Markuspassion, ist nur der Text erhalten; auch lassen sich einige ihrer Sätze rekonstruieren. Die beiden weiteren aber sind gänzlich verloren. So schmerzlich dieser Verlust auch ist: daß damit Werke des Ranges der beiden erhaltenen Passionen untergegangen wären, muß man nicht annehmen, wie Dadelsen (1964) ausführt, dem wir hier folgen. Denn Bach selbst hat diese anderen Passionen vernachlässigt. Während er sowohl die *Johannespassion* als auch die *Matthäuspassion* bis an sein Lebensende immer wieder aufführt, läßt er die übrigen später offenbar unbeachtet – soweit er sie nicht überhaupt auflöst, nämlich ihre wertvollsten Sätze in andere Werke übernimmt. So hätte die Auswahl, welche die Geschichte getroffen hat, wahrscheinlich die Zustimmung Bachs selbst gefunden. Sie hat mit zu jenem einzigartigen historischen Verdichtungsprozeß beigetragen, demzufolge wir heute die Summe der über ein Jahrtausend reichenden Passionsvertonungen schließlich in zwei Werken verkörpert finden: eben in der *Matthäus-* und der *Johannespassion.*

Bach knüpft mit der *Johannespassion* an den Text des Passionsoratoriums *Der für die Sünde der Welt gemarterte und sterbende Jesus* von Barthold Heinrich Brockes an. Aber im Grunde verbindet ihn wenig damit. In den Leipziger Kirchen gehört die Passionsmusik nämlich noch fest zur Liturgie der Karfreitagsvesper. Sie muß deshalb den vollständigen und unveränderten Evangelientext enthalten, der nun allerdings durch freie Dichtung und Choralstrophen oratorienhaft auszugestalten ist. Bachs Amtsvorgänger Johann Kuhnau hat diese musikalisch reicheren Passionsaufführungen 1721 in den Leipziger Hauptkirchen eingeführt, und Bach benutzt die erste Gelegenheit, diese junge Tradition mit einem eigenen Werk fortzusetzen. Daß er dieses bereits mehr oder weniger fertig aus Köthen mitbringt, ist unwahrscheinlich. Wahrscheinlich komponiert er es erst in den Wochen vor der ersten Aufführung, die am Karfreitag 1724 in der Nicolaikirche stattfindet. In den lutherischen Kirchen hat während der sechswöchentlichen Fastenzeit vom Aschermittwoch bis zum Karfreitag jegliche Figuralmusik zu schweigen. Es ist dies also die Zeit im Kirchenjahr, in der sich der Kantor am ehesten einer größeren Arbeit widmen kann.

An zwei Stellen ergänzt Bach den Bericht des Johannes: Die Worte nach dem Hahnenschrei und die Schilderung des Erdbebens sind dem Matthäus-Evangelium entnommen. Dabei geht es Bach offensichtlich darum, die musikalische Kraft der Evangelienworte selbst auskomponieren zu können. Übrigens lehnt er sich in solcher Auswahl der musikalisch wirkungsvollsten Berichtsstellen an die für Passionsvertonungen lange gebräuchlichen »Passionsharmonien« an, an Zusammenstellungen der Passionsgeschichte aus den verschiedenen Evangelien. Bei einer späteren Aufführung hat er diese der strengsten liturgischen Auffassung vielleicht widersprechenden Texte vorübergehend ausgeschieden, sie aber schließlich doch wieder aufgenommen. – Die Bachsche Partitur und das Leipziger Aufführungsmaterial, die beide erhalten sind, geben uns noch weitere interessante Aufschlüsse über die verschiedenen Änderungen, die das Werk bei mindestens vier, wenn nicht mehr Aufführungen erfährt. Bei den späteren Aufführungen stellt Bach jedoch die ursprüngliche Form wieder her. Diese Rückkehr zum ursprünglichen Text widerspricht seiner Gewohnheit, eine einmal getroffene Änderung nicht wieder rückgängig zu machen, sie beweist damit aber den Rang dieser ersten Fassung, sie ist ein authentischer Beweis, daß hier ein jedes Stück notwendig an seinem Platze steht.

1724-1725 Johann Sebastian Bach (1685-1750): Kirchenkantaten: Der Leipziger Jahrgang II

Einer alten Leipziger Tradition folgend, legt Bach den Kantaten seines zweiten Jahrgangs protestantische Kirchenlieder zugrunde. Musikalisch läßt sich dieses Verfahren auf die Liedvariation »per omnes versus« zurückführen, aber auch von theologischer Seite war der Kirchenmusiker des 17. Jahrhunderts durch die in jener Zeit nicht seltenen »Liederpredigten« auf die Vertonung von Chorälen gewiesen.

> Im Zeitalter der lutherischen Orthodoxie herrschte gemeinhin »Perikopenzwang«, der es dem Geistlichen zur Pflicht machte, der »Amtspredigt« die Evangelienlesung des Tages als Text zugrunde zu legen. Der Pfarrer

hatte also Jahr für Jahr über dieselben Texte zu predigen und suchte der drohenden Gefahr der Eintönigkeit dadurch zu begegnen, daß er seinen Predigtjahrgängen ein – im Rahmen der durch die Lesung gebotenen Möglichkeiten – wechselndes Thema gab. Die »emblematische« Predigt blüht, in der die Auslegung auf ein Sinnbild bezogen wird, das sich aus dem Text ergibt, die also zum Beispiel Jesus ein ganzes Jahr hindurch als den besten Handwerksmann preist. Ein anderer Weg, Abwechslung zu erreichen, ist die »Liederpredigt«. So schreibt der Pastor der Leipziger Thomaskirche Johann Benedikt Carpzov im Jahre 1690, er habe im vergangenen Jahr neben der Erklärung des jeweiligen Sonntagsevangeliums »jedes Mal ein gut, schön, alt evangelisches und lutherisches Lied... erkläret, auch die Verfügung getan, das erklärte Lied in öffentlicher Gemeinde gleich nach geendigter Predigt anzustimmen.« Im kommenden Jahre wolle er es ebenso halten, »Welches der berühmte Musicus, Herr Johann Schelle, wohlverordneter Director Chori Musici unserer Leipzigischen Kirchen, andächtigen Zuhörern desto lieblicher und begieriger zu hören machen wird, indem er jedwedes Lied in eine anmutige Musik zu bringen, und solche vor der Predigt, ehe der Christliche Glaube gesungen wird, hören zu lassen, ganz willig sich erboten.« Ob Bachs Jahrgang der Choralkantaten auf eine ähnliche Zusammenarbeit mit einem Prediger zurückzuführen ist oder ohne speziellen Anlaß der Tradition Schelles folgt, hat sich bislang nicht ermitteln lassen. Freilich setzt Bach nicht nur die Tradition fort, er verändert sie auch. Denn indem die Texte im Sinne der modernen Kantate umgedichtet werden, wird aus dem Liedtext selbst bereits eine Predigt, in die oft Beziehungen zum Evangelientext eingearbeitet sind.

Die sogenannten Choralkantaten reichen nicht ganz bis zum Ende des Jahrgangs; sie brechen an Ostern 1725 ab:

1724: BWV *20, 2, 7, 135, 10, 93, 107, 178, 94, 101, 113, 33, 78, 99, 8, 130, 114, 96, 5, 180, 38, 115, 139, 26, 116, 62, 91, 121, 133, 122.*

1725: BWV *41, 123, 124, 3, 111, 92, 125, 126, 127, 1, 4* (Wiederaufführung).

Den Beschluß bilden Kantaten in der üblichen Form, und zwar zunächst BWV *249, 6, 42, 85,* danach die 9 Kantaten nach Texten der Marianne von Ziegler BWV *103, 108, 87, 128, 183, 74, 68, 175, 176.*

Wer die Texte der Choralkantaten aus den Kirchenliedern in die von Bach vertonte Fassung umgedichtet hat, ist nicht bekannt. Das Verfahren der Umformung ist im Grunde immer dasselbe: Erster Satz: Choral, Strophe 1 (unverändert). Zweiter bis vorletzter Satz: Umdichtung der zweiten bis vorletzten Strophe des Chorals zu Arien oder Rezitativen; dabei auch gelegentlich Beibehaltung von Choralzeilen oder ganzen Choralstrophen im ursprünglichen Wortlaut; Straffung oder Dehnung des Textes je nach der Strophenzahl des Chorals. Letzter Satz: Choral, letzte Strophe (unverändert). – Der textlichen Anlage entspricht die musikalische: Eingangs- und Schlußsatz bewahren die Liedweise unverändert, jener in Form eines groß angelegten Choralchorsatzes, meist mit sinfonischer Einleitung und Zeilenzwischenspielen des Orchesters sowie selbständiger Führung der Instrumente auch in den Chorpartien, dieser als schlicht-vierstimmiger Schlußchoral. Die Mittelsätze entfernen sich weiter, manchmal sogar ganz vom gegebenen Choral.

Erstaunlich lang, nämlich bis 1957/58, als Alfred Dürr und Georg von Dadelsen die Chronologie der Kantaten Bachs aufklären konnten, war man mit Philipp Spitta (1873-80) allgemein der Meinung, die Choralkantaten stammten bis auf wenige Ausnahmen aus den vierziger Jahren, sie seien also späte Werke von besonderer Reife, sie bildeten gar den krönenden Abschluß von Bachs Kantatenschaffen. Merkwürdig ist dabei weniger der Irrtum in der Chronologie der Werke (die immerhin um 20 Jahre vorzudatieren sind!) als die Tatsache, daß dieser Irrtum nicht nur möglich war, sondern nahezuliegen scheint. In der Tat ist in diesen Choralkantaten etwas ausgeprägt, was man durchaus als Summa oder jedenfalls als Ziel der Bachschen Komposition ansprechen kann, und zwar durchaus auch angesichts der Tatsache, daß Bach dieses Ziel bereits in seinen ersten Leipziger Jahren erreicht. In gewisser Weise hat das auch Spitta schon gesehen. Es ist schon ihm aufgefallen, daß diese Choralkantaten und besonders ihre Eingangschöre den Orgelchorälen des Weimar-Köthen-Leipziger *Orgelbüchleins* sehr nahe stehen. »... So geschah es mit den instrumentalen, so auch mit vocalen Tonformen. Soweit letztere mit dem Choral zusammenhängen, waren sie indessen in Bachs Orgelmusik gleichsam latent. Das poetische Element, welches dem Orgelchoral wesentlich ist, drängte bei weiterem Ausbau desselben in die Vocalmusik naturgemäß hinüber... Nun ist ein vocal-instrumentales Tonbild da, aber es erschöpft nur eine Strophe des Chorals; das gespielte Tonwerk sog seine Nahrung aus dem Choral als Ganzem. Ein letzter zum höchsten führender Schritt blieb möglich: die Idee des Mit- und Ineinanders der reinen Musik nach Maßgabe des Verhältnisses, welches die jetzt leibhaftig mitwirkende Poesie an die Hand gab, in eine Idee des Nacheinanders umzuwandeln, und den ganzen Choral, der zum rein instrumentalen Tonbild gleichsam verdichtet war, in seinen einzelnen Strophen ausführlich zu behandeln. So mußte die Choralfantasie am Anfang wieder nur ein Teil des Ganzen werden; die Choralcantate an sich ist die volle Blütenkrone, jene nur ein glänzendes Blatt derselben. Aber doch hat die Choralfantasie den Stil der ganzen Cantate bestimmt... In der Choralcantate tritt uns die letzte, denkbar höchste Entwicklung des Orgelchorals entgegen.« – Sieht man von den Schlußfolgerungen Spittas im Hinblick auf eine »Entwicklung« Bachs und seines »Stils« ab, die man heute so nicht mehr ziehen kann, so ist hier eindeutig beschrieben, worauf es ankommt, und was die Choralkantaten in Bachs Vokalschaffen tatsächlich am schönsten zeigen: Die Vokalisierung des Instrumental-Musikalischen und die Durchdringung der Vokalmusik mit den »sprechenden Möglichkeiten des Instrumentalen«, wie sie die instrumentale Komposition der letzten 150 Jahre im Generalbaßzeitalter ausgearbeitet und entfaltet hat.

1724-1727 Georg Friedrich Händel (1685-1759): Neun deutsche Arien

Zwischen Ende 1724 und Anfang 1727 vertont Händel neun Texte aus der Gedichtsammlung *Irdisches Vergnügen in Gott* von Barthold Heinrich Brockes (2. Auflage Hamburg 1724). Die Arien entstehen in loser Folge; sie sind in einem einzigen Gesamtautograph überliefert, das keine Reinschrift ist; sie sind dennoch von Händel nicht als Zyklus gedacht. Diese *Neun deutschen Arien* (für Sopran, ein obligates Instrument in Sopranlage und Generalbaß; HWV 202-210), übrigens die letzten Texte deutscher Sprache, die Händel vertont, gehören zum Schönsten in der Vokalmusik des späten Barocks überhaupt, so intim sind sie einerseits, so hinreißend händelsch andererseits.

1724-1740 Johann Sebastian Bach (1685-1750): Kirchenkantaten außerhalb der Leipziger Jahrgänge I bis V

Aus der Zeit nach 1728-1729 sind nur noch vereinzelte Kirchenkantaten Bachs überliefert. Man kann zwar nicht sicher sagen, ob wenig oder viel verloren ist, aber es ist durchaus denkbar, daß Bach sich nicht mehr besonders für die Kantatenkomposition interessiert, als er eine genügend große Zahl für seinen Kirchendienst zur Verfügung hat. Die Kantaten, die dennoch in jenen Jahren entstehen, haben besondere Gründe, etwa den, einen vorhandenen Jahrgang, der Lücken hat, zu vervollständigen. Sodann entsteht eine Reihe von Kantaten im Parodie-Verfahren. Wenn nämlich bei einer Glückwunsch-, Hochzeits- oder Trauermusik die Aufgabe des Werkes mit dem einmaligen Erklingen erfüllt, es aber eigentlich zu schade ist, die Musik einfach wegzulegen – von der vielen Arbeit für ein einziges Mal ganz abgesehen –, wenn der Komponist die einmal komponierte Musik also wiederverwenden will, dann bietet sich die Umarbeitung an, die geistliche Parodie, die das Werk im Rahmen des Kirchenjahres wieder aufführbar macht. Schließlich gibt es eine Gruppe von Choralkantaten, die sich von den 1724/25 komponierten dadurch unterscheiden, daß in ihnen der Kirchenliedtext durch alle Strophen und damit durch alle Kantatensätze unverändert beibehalten wird, obgleich die Mittelsätze nicht als Choralbearbeitungen sondern als Arien oder Rezitative vertont sind. Die Anfänge dieser Gruppe reichen ins Jahr 1724 zurück. Später freilich kommen solche Werke häufiger vor und, wie es scheint, keineswegs als Verlegenheitslösungen. Einige von ihnen sind Nachkompositionen zum Jahrgang II (1724/25) und einige sind ohne Bestimmung überliefert, wobei man nicht weiß, ob Bach mit ihnen Werke »per ogni tempo« im Sinn hat (die man also zu jeder Zeit des Kirchenjahres verwenden kann), oder ob wir es hier mit Mängeln in der Überlieferung zu tun haben. Vergessen darf man letztlich nicht, daß Bach verpflichtet ist, auch Kirchenkantaten für außergewöhnliche Anlässe zu schreiben, etwa für den Ratswechsel, für Trauungen, Trauerfeiern, Orgelweihen und anderes, und daß er das selbstverständlich tut.

um 1725 Antonio Vivaldi (1678-1741): 4 Konzerte aus op. 8: »Die vier Jahreszeiten«, gedruckt in Amsterdam

Le Quattro Stagioni sind die bekanntesten Werke Vivaldis überhaupt. Sie sind in einem ursprünglichen und naiven, nämlich in einem malenden Sinne Programmusik. Noch eine Reihe anderer Kompositionen von Vivaldi (etwa 30) ist an außermusikalischen Bildern orientiert, an Vogelgesang, Meeressturm und Nacht, aber auch an bestimmten Gemütshaltungen. Doch nur diese vier Stücke hat Vivaldi selbst durch Gedichte (Sonette) »erklärt«. Es liegt also nahe, hier von Programmusik zu sprechen. Und dennoch ist Vorsicht geboten: Dieser Begriff ist durch eine besondere Art der Symphonik des 19. Jahrhunderts so festgelegt, daß seine Anwendung auf Vivaldis Musik nur Mißverständnisse hervorruft. Diese *Jahreszeiten* bieten nämlich weder eine zusammenhängende Handlung noch spiegeln sie bestimmte Seelenzustände, wie sie von Jahreszeiten in der Seele des Menschen hervorgerufen werden können. Sie bestehen vielmehr aus lose aneinandergereihten musikalischen Bildern, wie sie für diesen Stoff seinerzeit häufig, ja typisch sind. Und trotzdem nehmen Vivaldis Genreszenen in der Geschichte der musikalischen Darstellung von Bildern einen besonderen Platz ein, und zwar durch die Präzisierung der musikalischen Malerei in den zugehörigen Gedichten.

1725 **Georg Philipp Telemann** (1681-1767): **Intermezzo »Pimpinone«** in Hamburg

Telemann, seit 1721 Städtischer Musikdirektor in Hamburg und in erster Linie für die Kirchenmusik zuständig, hat schon in seiner Leipziger Zeit keine Skrupel, als Kirchenmusiker enge Beziehungen zur Oper zu unterhalten. Als Anfang der 20er Jahre die Oper am Hamburger Gänsemarkt wieder einmal in Schwierigkeiten ist, übernimmt er 1722 die Leitung des Hauses. Dabei gelingt es ihm nicht nur, das Haus für anderthalb Jahrzehnte vor dem Ruin zu bewahren, sondern er führt es auch zu einer letzten Blüte, wobei er neben eigenen Opern und Intermezzi Werke Händels und Keisers zur Aufführung bringt. Es scheint, als stehe Telemann mit der Musik zu seinen Opern am meisten in der »neuen Zeit« seiner Zeit, und es scheint auch, als ob dies gerade in dem *Intermezzo »Pimpinone, oder: die ungleiche Heirat«* von 1725 der Fall sei. Hört man diese Musik, so meint man zunächst, Pergolesis *La serva padrona* von 1733 sei hier deutsch vorweggenommen, und also sei die Opera buffa (im engeren Sinne) nicht Pergolesis, sondern Telemanns Erfindung. So heiter und flink nämlich ist diese Musik mit ihrem plappernden Text und ihrer wendigen Motivik im Orchestersatz. Doch bei näherem Hinhören erweist sich eben diese Musik als zwar im Ton »galant« und witzig, in ihrem musiktheatralischen Gebaren aber von Pergolesis Theatermusik weit entfernt.

Interessant ist, daß neun der zwölf geschlossenen Gesangsnummern mit italienischem Text vorzutragen sind, die anderen mit deutschem. Es scheint, daß sich für die Sänger das Italienische als »Sing-« und das Deutsche als »Rezitationssprache« eher anbietet. Die Musik singt und springt zwischen den beiden Sprachen mit herrlicher Leichtigkeit hin und her – und tendiert zugleich zu einer dritten, nämlich zum Französischen, wie es für Telemann typisch ist. – Es ist anzunehmen, daß Telemanns *Pimpinone* 1725 bei einer Aufführung von Händels *Tamerlano* als Intermezzo zwischen die Akte der Opera seria eingeschoben worden ist.

11.2.1725 **Johann Sebastian Bach** (1685-1750): **Kirchenkantate 127 »Herr Jesu Christ, wahr' Mensch und Gott«**

Man hat immer wieder gesagt, diese Kantate zum Sonntag Estomihi (Quinquagesimae = Sonntag vor Aschermittwoch) aus Bachs zweitem Leipziger Kantatenjahrgang gehöre zu seinen tiefsinnigsten Werken. Vielleicht liegt der Grund darin, daß man sie lange Zeit wie die meisten sogenannten Choralkantaten für ein Spätwerk gehalten hat, vielleicht auch darin, daß Bach hier im Eingangs-Chor drei Kirchenlieder gleichzeitig durchführt (*»Christe du Lamm Gottes«, »Herr Jesu Christ, wahr' Mensch und Gott«)* beziehungsweise zitiert (*»O Haupt voll Blut und Wunden«),* und daß er die den Choral-Cantus firmus *»Herr Jesu Christ, wahr' Mensch und Gott«* durchführenden motettischen Partien kunstvoll in einen Konzertsatz einfügt. Doch scheint der Eindruck eher daher zu rühren, daß Bach hier, konsequent wie selten sonst, durch die instrumental-motivische Übernahme der ersten Melodiezeile des Choral-Cantus firmus in den Orchesterpart das Ganze zum Deklamieren, man möchte sagen zum Beten bringt: »Der Name des Herrn Jesu Christ, der wahrer Mensch und wahrer Gott ist, wird ununterbrochen angerufen« (Smend 1949) – und das in einem Einleitungs-*Chor,* den man zu Recht eine Einleitungs-*Sinfonia* genannt hat.

1725/26 **Georg Philipp Telemann** (1681-1767): **Der Harmonische Gottesdienst**, gedruckt in Hamburg

1725/26 ist Telemann längst einer der bedeutenden Kantatenkomponisten seiner Zeit. Schon in seinen Leipziger Studienjahren und während seiner Amtszeit in Sorau, Eisenach und Frankfurt a. M. hat er eine Menge von Kirchenkantaten komponiert, die nun bei den deutschen Kantoren in Abschriften von Hand zu Hand gehen. In Hamburg hat sich sein Aufgabenbereich in dieser Hinsicht zudem noch erweitert, denn hier wird nicht nur vor sondern auch nach der Predigt jeweils eine ganze Kantate aufgeführt. Als nun Telemanns Hamburger Dichterfreunde, der Ratsherr Brockes und der Gymnasialprofessor Richey, der Meinung sind, »daß das Publikum ein solches Werk wohl aufnehmen würde«, und weil Telemann mit seinem untrüglichen praktischen Sinn das Bedürfnis vieler Kantoren nach leicht auszuführenden Kirchenkantaten geradezu spürt, beginnt er *Den Harmonischen Gottesdienst* zu veröffentlichen, 72 Solokantaten für eine Singstimme, ein Instrument und Generalbaß. Wegen ihrer

Kürze und ihrer einfachen Besetzung pflegt Telemann selbst diese Kantaten nach der Predigt aufzuführen – zumal ein Teil seiner Musiker schon während der Predigt geht, um am selben Vormittag noch in einer anderen Kirche Musik machen zu können. – Von besonderem Interesse sind Telemanns Anmerkungen zur Aufführungspraxis im »Vorbericht« dieser Ausgabe.

1725-1727 **Johann Sebastian Bach** (1685-1750): **Kirchenkantaten: Der Leipziger Kantatenjahrgang III**

In der vorliegenden Fassung, nämlich so, wie er aus Carl Philipp Emanuel Bachs Nachlaß überliefert ist, kann der dritte Leipziger Kantatenjahrgang nicht das Ergebnis kontinuierlicher, innerhalb Jahresfrist abgeschlossener Kantatenkomposition sein. Wie die zeitliche fehlt die formale Geschlossenheit; keinerlei Neigung zu zyklischem Zusammenschluß nach einem übergeordneten Gesichtspunkt ist ersichtlich. Musikalisch fällt die Herübernahme älterer Instrumentalsätze auf, die als Einleitungssinfonien, auch als Chöre und Arien mit neu hineinkomponiertem Vokalpart Verwendung finden. In Zusammenhang damit steht die häufige Heranziehung der obligaten Orgel, und zwar nicht nur in entlehnten Instrumentalsätzen als Ersatz für ein anderes konzertierendes Instrument, sondern auch in neu geschaffenen Vokalsätzen. Man hat diese Kantaten mit obligater Orgel früher mit Philipp Spitta in die Jahre nach 1730 datiert und mit einem Umbau der Orgel in der Thomaskirche in Verbindung gebracht. Bach wollte außerdem, so glaubte man, seinen beiden ältesten Söhnen Gelegenheit geben, sich als Orgelspieler hervorzutun. Tatsächlich aber sind die meisten dieser Werke schon 1726 aufgeführt worden, vielleicht als Bewährungsprobe für den sechzehnjährigen Friedemann, doch läßt sich diese Absicht nicht belegen. Es ist daher nicht auszuschließen, daß Bach doch durch klangliche Erwägungen zu diesen ORGELKANTATEN geführt worden ist (A. Dürr 1971).

1727 **Georg Friedrich Händel** (1685-1759): **4 Coronation Anthems**

Im Juni 1727 stirbt der englische König Georg I., der als Georg Ludwig auch Kurfürst von Hannover war, und der auf Anraten seines Hofkapellmeisters Agostino Steffani Händel 1710 nach Hannover engagiert hatte. Sein Sohn Georg II. wünscht, daß Händel, der seit Februar 1723 offiziell »Composer of Musick for his Majesty's Chapel Royal« ist, die von der Tradition vorgeschriebenen Coronation Anthems für die Krönung im Oktober in der Westminster Abbey schreibe. Händel komponiert *4 Anthems* (Texte aus dem Neuen Testament und dem Psalter): *Zadok the Priest* (HWV 258; zur Salbung), *Let thy hand be strengthened* (HWV 259; zur Anerkennung, als erstes aufgeführt), *The King shall rejoice* (HWV 260; zur Krönung), *My heart is inditing* (HWV 261; zur Krönung der Königin). Die Zahl der Mitwirkenden ist groß; trotz verschiedentlich abweichender Angaben muß man mit 40 Sängern (außer den Chorknaben) und etwa 90 Instrumentalisten rechnen. Noch 1761, als wieder ein englischer König gekrönt wird, erinnert man sich an die Feierlichkeiten von 1727 und an die damalige »Erste Musikaufführung in großem Stil«. Die Möglichkeit der großen Besetzung nutzt Händel natürlich aus, zumal ihm und seiner Musik die Texte, die dreimal in Halleluja-Akklamationen münden, auch entgegenkommen.

ANTHEM nennt man seit der ersten Hälfte des 16. Jahrhunderts motetten- oder kantatenartige Vertonungen englischer Texte, die meistens in Morgen- und Abendgottesdiensten und vor allem bei Krönungen englischer Könige gesungen werden. Seit Elisabethanischer Zeit und William Byrd unterscheidet man das Full-Anthem, das chorisch, und zwar meist a cappella musiziert wird, vom Verse-Anthem, dessen Chorpartien von solistischen Partien, meist mit Orgel oder Violenbegleitung, unterbrochen werden. Im 17. Jahrhundert nähert sich die Anthem-Komposition der konzertanten Kantate, besonders bei Henry Purcell. Händel schreibt insgesamt zwischen 30 und 40 Anthems.

1728 **John Gay** (1685-1732) und **Johann Christoph Pepusch** (1667-1752): **Ballad-Opera »The Beggar's Opera«** in London

In der BALLAD-OPERA, der englischen Form des Singspiels – genauer: des heiteren Schauspiels mit eingestreuten Liedern und kurzen Musiknummern, etwa Märschen – sind am Beginn des 18. Jahrhunderts Gesellschaftskritik, politische Satire und burleske Parodie des ernsten Theaters gang und gäbe. Als in dieser Zeit die italienische Opera seria nach England, das heißt nach London, kommt, wird sie sofort aufs Korn genommen: eine Parodie auf Mancinis *L'Idaspe fedele* (London 1710) wird 1719 unter dem Titel *Harlequin Hydaspes* aufgeführt; die Liedweisen darin sind nicht nur aus Mancinis Werken entlehnt, sondern auch aus anderen italienischen Opern, die zu jener Zeit in London gespielt werden, darunter Händels *Rinaldo* (1711) und *Amadigi di Gaula* (1715). Mit volkstümlichen Melodien verschiedener Komponisten und aus verschiedenen Sammlungen (also nicht ohne weiteres mit Volksweisen) für ihre Lieder arbeiten auch Gay und Pepusch in ihrer *Beggar's Opera,* die am 19. Januar 1728 im Lincoln's Inn Fields Theater, einer Londoner Vorstadtbühne, über die Bretter geht und ein Welterfolg wird – freilich nicht zuletzt dadurch, daß Bert Brecht und Kurt Weill die *Beggar's Opera* 1928 für ihre *Dreigroschenoper* aufgreifen. John Gay versteht es, für das Volkstheater des Unternehmers John Rich ein massenwirksames Stück zu schreiben, das in der polemischen Tendenz mit der öffentlichen Meinung des Bürgertums übereinstimmt und deshalb sofort Anklang findet. Was sich da auf der Bühne abspielt, ist unerhört! Wo war es je zugelassen, daß ein Bettlerkönig als Held erscheint, wo, daß Henker, dümmliche Polizisten, Huren und Zuhälter die Nebenrollen spielen? Die Texte sind witzig, derb und frech, doppeldeutig und eindeutig zugleich, respektlos und herausfordernd. Für die Musik ist Johann Christoph Pepusch verantwortlich, ein aus Berlin stammender Musiker, der mit frühen musikhistorischen Interessen und als Gründer des »Concert of Ancient Music« und der »Madrigal Society« von nachhaltigem Einfluß auf das englische Musikleben ist, verantwortlich jedoch nur insofern, als er eine humorvolle französische Ouvertüre beisteuert und den Generalbass für die Songs schreibt. Ob seine Mitwirkung über das hinausgeht, ist zweifelhaft. Der Heiterkeitserfolg der *Beggar's Opera* ist gleichsam umfassend, denn er ergreift das ganze Opernpublikum – und Händels »Royal Academy of Music« muß schließen. Die *Beggar's Opera* löst eine kurze Blütezeit der BALLAD-OPERA aus: bis 1736 entstehen über 80 Werke, die allerdings nicht alle auch aufgeführt werden, nicht alle auch Erfolg haben, nicht einmal Gays Fortsetzung der *Beggar's Opera* mit dem Titel *Polly* (1729), die zunächst verboten und dann erst 1777 aufgeführt wird.

1728-1729 Johann Sebastian Bach (1675-1750): Kirchenkantaten: Die Leipziger Jahrgänge IV und V

Für Bachs Kirchenkantatenjahrgänge IV und V gibt es nur wenige Anhaltspunkte. Die einzige hinreichend deutliche Spur führt zu einem Zyklus von Kantatentexten, den Henrici/Picander 1728 veröffentlicht. Im Vorwort kündigt er an:

> »Ich habe solches Vorhaben desto lieber unternommen, weil ich mir schmeicheln darf, daß vielleicht der Mangel der poetischen Anmuth durch die Lieblichkeit des unvergleichlichen Herrn Capell-Meisters, *Bachs,* dürfte ersetzet, und diese Lieder in den Haupt-Kirchen des andächtigen Leipzigs angestimmet werden.«

Diese Vorrede ist datiert am 24. Juni 1728, und dieses Datum deutet auf Bachs Jahrgangseinteilung, die, entsprechend seinem Amtsantritt, am 1. Sonntag nach Trinitatis beginnt. Es gibt also keinen Anlaß zu zweifeln, daß Bach den Jahrgang wirklich vertont hat. Schon 1727 scheint Bach mit *Ich bin vergnügt mit meinem Glücke* (BWV 84) einen Picander-Text vertont zu haben. Nimmt man an, daß die übrigen nachweisbaren Stücke im Verlauf des üblichen Jahrgangsturnus komponiert worden sind, so ergibt sich folgende Anordnung:

1728: BWV *149, 188, 197a,*
1729: BWV *171, 156, 159, Ich bin ein Pilgrim auf der Welt* (ohne BWV-Nummer; bis auf wenige Takte verschollen), *145, 174* (datiert: 1729).

In musikalischer Hinsicht schließt sich, was erhalten ist, ohne Bruch an den Jahrgang III an, insbesondere weil Bach die Neigung, instrumentale Einleitungssinfonien aus älteren Instrumentalkompositionen zu übernehmen, beibehält (A. Dürr 1971).

1728, 1732 Georg Philipp Telemann (1681-1767): 12 Methodische Sonaten, gedruckt in Hamburg

Sonate Metodiche à Violino Solo o Flauto traverso Opera XIII heißt das 1728 erscheinende Heft mit 6 Sonaten. Das 1732 erscheinende zweite ist überschrieben *Continuation des Sonates Methodiques à Flûte traverse ou à Violon.* Die Variante in der Reihenfolge der genannten Instrumente ist nicht ohne Belang: für das erste Heft besteht ein Übergewicht der Violine, für das zweite eines der Flöte. Die historische Bedeutung dieser *12 Sonaten* beruht, abgesehen von ihrem musikalischen Wert, in der Eigenschaft, auf die Telemann mit der Bezeichnung »methodisch« abzielt. Die Sonaten »werden denen sehr nützlich sein können, so der sangbaren Maniren sich befleißigen wollen.« Telemann legt nämlich die Soli der langsamen Sätze in doppelter Ausführung vor, auf der ersten Zeile den simplen, auf der zweiten Zeile den mit Auszierungen bekleideten »Gesang«. Der Vergleich beider Lesarten soll den Musikliebhaber, dem es an berufsmäßiger Anleitung fehlt, zu wachsender Einsicht verhelfen, wie ein »platter Gesang« durch (französische) »wesentliche Maniren« und (italienische) »willkürliche Veränderungen [Umspielungen] der simplen Intervalle« gefälliger zu machen sei, und wie er seinen Geschmack, beides gegeneinander auszuwechseln, allmählich vervollkommnen könne.

Telemann ist nicht der erste, der solche virtuose Improvisationskunst der musikalischen

Laienwelt spielfertig darbietet. Johann Jakob Walther steigert 1688 die Reprisen seiner Suitensätze im *Hortus chelicus* durch deutsche Mehrgriffigkeit, Corelli umkleidet die Adagios seiner Soloviolinsonate *Opus V* (1700) mit auf- und abwogenden Passagen. Telemann allerdings ist der erste und ein gewichtiger Repräsentant des neuen deutschen »vermischten Stiles«, dessen »literarische« Propaganda sich später Quantz angelegen sein läßt. Liest man dessen grundlegende Stilkapitel VIII und IX und besonders XII bis XV, so vermeint man Telemanns »methodische« Stücke als Grundlage seiner Darlegungen zu spüren.

Ein Wort noch zu Telemanns Auszierungen, welche Herausgeber von Neuausgaben anderer Sonaten ja manchmal nachahmen: Jeder Versuch in dieser Richtung ist wohl lobenswert, aber dabei ist doch immer zu bedenken, daß die ausgezierten Lehrstücke Telemanns und der anderen, besonders Corellis, als Anleitung zur *Improvisation* gedacht sind, als Lehrstücke also, an denen sich, als an einzelnen Beispielen von Meistern, die Phantasie des angehenden Virtuosen entzünden soll. Es widerspricht demnach der Intention jener Autoren wie dem Sinn improvisatorischer Technik allgemein, wenn heute unter Berufung auf jene Vorbilder dem Originaltext verzierte Fassungen gedruckt beigegeben werden, weil jede schriftliche Festlegung das spontan schöpferische Element, an das eigentlich appelliert werden soll, lähmt, ja meist von vornherein ausschaltet. Das ist ein zentrales Problem, das sich übrigens im Prinzip auch bei jeder schriftlichen Generalbaßaussetzung stellt, und das unlösbar ist.

1729 Johann Sebastian Bach (1685-1750): Matthäuspassion in Leipzig

Als Bach 1723 sein Amt als Thomaskantor in Leipzig antritt, muß er im Zusammenhang des Anstellungsvertrages einen Revers unterschreiben, daß er »Zu Beybehaltung guter Ordnung in denen Kirchen die *Music* dergestalt einrichten« wird, daß sie »nicht zulang währen und also beschaffen seyn möge, damit sie nicht *opern*hafftig herauskomme, sondern die Zuhörer vielmehr zur Andacht aufmuntere.« Der Typus der oratorischen Passion, in der der Evangelientext mit interpretierend eingesetzten Choralstrophen, anderen Bibeltexten und freien geistlichen Dichtungen vermischt wird, ist den Leipzigern zwar seit Kuhnaus *Markuspassion* von 1721 geläufig. Was aber aus einer solchen Textkompilation an dramatischer Vergegenwärtigung und an Deutung des Passionsgeschehens zu gewinnen ist, das lernen sie nun erst, und kaum zu ihrer ungetrübten Freude, aus Bachs Passionsoratorien kennen. Als Bach 1729, vielleicht auch schon 1727, daran geht, der *Johannes-* die *Matthäuspassion* folgen zu lassen, nützt er die Möglichkeiten seiner neuen Stellung, um den Plan einer großen Karfreitagsmusik so zu verwirklichen, wie er ihm vorschwebt. Nun kann er von seinem Leipziger Textdichter Henrici/Picander einen Text erbitten, der sich in einen Gesamtplan aus biblischem Bericht, Choralstrophen und freier Dichtung einfügt. Hat er bei der *Johannespassion* sich noch mit relativ bescheidenen technischen Mitteln begnügen müssen, so verfügt er nun über Kräfte, die er kennt und die ihn kennen und die ihm zudem gerade am Karfreitag vollzählig zur Verfügung stehen. So kann er es wagen, ein schon äußerlich monumentales Werk mit zwei vollständigen Instrumental- und Vokalchören (besetzt vermutlich mit etwa 24 Sängern und 34 Instrumentalisten) zu konzipieren, das mit seiner viereinhalbstündigen Aufführungsdauer die Grenzen selbst eines besonders feierlichen Gottesdienstes des 18. Jahrhunderts sprengt. Nach ihrer ersten Aufführung am Karfreitag, den 15. April 1729 (wenn nicht, wie gesagt, schon 1727), arbeitet Bach das Werk zwar mehrfach um, aber er greift dabei nicht annähernd so tief ein wie bei den Umarbeitungen der *Johannespassion.*

Aus den Voraussetzungen und der Entstehungsgeschichte der *Matthäuspassion* wird deutlich, daß die Größe dieses Werks nicht erst in der musikalischen Komposition, sondern schon in der Verbindung verschiedener Textbereiche durch den Komponisten selbst liegt. Vorgegeben und unantastbar ist der Passionsbericht des Matthäus. Bach teilt ihn, da in der Mitte des Werkes Raum für die Karfreitags-Predigt bleiben muß, in zwei Teile. Dem beziehungsreichen Ineinander von Bericht, Anteilnahme und Reflexion im Text entspricht die musikalische Komposition. Die doppelchörige Anlage, wohl durch die Architektur der Thomaskirche mit ihren zwei Emporen angeregt, wird konsequent zur räumlichen und zugleich symbolischen Verdeutlichung des Geschehens genutzt. Während die Chöre der Jünger dem ersten Chor zugeteilt sind, singen die Schriftgelehrten und Pharisäer in realer Doppelchörigkeit und treten nur dort zur Vierstimmigkeit zusammen, wo sie zur Unmenschlichkeit fanatisiert sind (»Lass ihn kreuzigen«; »Sein Blut komme über uns«) oder wo sie zum ersten Mal erschauernd die Wahrheit spüren (»Wahrlich, dieser ist Gottes Sohn gewesen«). Stets zur symbolischen Einheit der ganzen Gemeinde zusammengefaßt, erscheinen beide Chöre in den Chorälen, real doppelchörig hingegen werden sie für alle die Texte eingesetzt, die dialogisch angelegt sind. – Die Partie des Evangelisten ist, der Tradition entsprechend, einem Tenor als Secco-Rezitativ zugeteilt; sie ist freilich hier nirgends mehr »secco«, vielmehr hat sie all die Dramatik, die man in der Barockoper in der Regel vermißt: auch Bachs Secco-Rezitative sind reine Wunderwerke. Leuchtend heben sich von diesen Rezitativen die Worte Jesu ab, die von Streicher-Akkorden wie von einer Gloriole umgeben sind. Wenn diese Gloriole der Streicherbegleitung bei den Worten »Mein Gott, mein Gott, warum hast du mich verlassen?« plötzlich ausbleibt, ist der Hörer in der Tiefe des Fühlens und Denkens getroffen: Was wir *musikalisch* erfahren, *ist* Gottverlassenheit (Finscher 1964).

Die PASSIONEN und KIRCHENKANTATEN Bachs, die vom evangelischen Kirchenlied ausgehen und gleichsam wieder zu ihm zurückkehren, sind in ihrer Zeit dem Amt der Verkündigung als Fortsetzung der Predigt dienstbar, sie haben also liturgische Funktion, aber sie sind nicht selbst Verkündigung. Diese Musiken sind also weit davon entfernt, Zutat, Schmuck, Zierde eines – modern gesagt: – lebendig gestalteten Gottesdienstes zu sein; ihre Aufgabe ist zu ihrer Zeit viel weniger Erbauung als Belehrung; wer diese Musik hörte, der Gottesdienstteilnehmer der Thomasgemeinde in Leipzig, kam kaum auf den Gedanken, daß er im Gottesdienst auch einen Kunstgenuß habe. Mit der Musik Bachscher Passionen und Kirchenkantaten ist nun aber im Laufe der Zeit eine eigentümliche Wandlung eingetreten. Der Mensch von heute kann sie weder als Ergänzung oder Fortsetzung der Predigt, noch sonst in liturgischer Funktion wahrnehmen, er hört sie, jedenfalls in aller Regel, »ästhetisch«, als Kunstwerke. Und: trotzdem haben diese Werke an Wirksamkeit gewonnen, indem sie die Anziehungs- und Ausstrahlungskraft großer Kunstwerke gewonnen haben (Feil 1978).

um 1730 **Johann Sebastian Bach** (1685-1750): **Konzerte für 1 bis 4 Klaviere und Orchester**

Im Frühjahr 1729 beginnt Bachs Verbindung mit dem von Telemann gegründeten Leipziger Collegium musicum, das er zunächst bis Sommer 1737 und dann nochmals von Oktober 1739 bis mindestens 1741 leitet. Die Konzertveranstaltungen dieses Ensembles in den Räumen des Cafetiers Zimmermann bilden den Rahmen für ein Wiederaufleben von Bachs Umgang mit dem Instrumentalkonzert, wobei nun auch in größerem Maße das Cembalo als konzertierendes Instrument einbezogen wird. Eine besondere Akzentuierung erhält die Praxis der Jahre zwischen 1729 und 1733/1734 dadurch, daß die beiden ältesten Söhne Bachs, Wilhelm Friedemann und Carl Philipp Emanuel, noch im Elternhaus wohnen und sich an den Aufführungen des Collegium musicum beteiligen können. Indessen, von den 13 Cembalokonzerten Bachs ist aller Wahrscheinlichkeit nach nur eines, nämlich das *Konzert C-dur für 2 Cembali* (BWV 1061), eine Originalkomposition, alle übrigen hat Bach nach Violin- oder Oboenkonzerten bearbeitet. Die verbreitete Ansicht, Bach sei der Begründer des Klavierkonzerts, ist also nicht ohne weiteres aufrechtzuerhalten – auch nicht mit dem *5. Brandenburgischen Konzert,* das ja trotz der Dominanz des Cembalos doch eher ein Konzert für drei konzertierende Instrumente ist, wobei das Cembalo zugleich die Aufgabe des Continuo-Cembalos wahrzunehmen hat.

1730 **Georg Friedrich Händel** (1685-1759): **Oper »Partenope«** in London

Am 29. Januar 1728 geht im Londoner Lincoln's Inn Fields Theatre *The Beggar's Opera* von Gay und Pepusch in Szene. Der Erfolg ist so groß, daß Händels Academy nach wenigen Monaten schließen muß: der 1. Juni 1728 ist das Ende der letzten Spielzeit. Händel gibt trotzdem nicht auf. Ende Januar 1729 reist er nach Italien, um neue Sänger zu verpflichten. Dabei entgeht ihm selbstverständlich nicht, daß die italienische Oper sich in dieser Zeit verändert, daß die Italiener sich um größere Eingängigkeit des Melodischen und um eine Vereinfachung des Orchestersatzes bemühen. Zur Eröffnung seiner zweiten Royal Academy of Music und der neuen Saison im Haymarket Theatre am 2. Dezember 1729 schreibt Händel eine neue *Oper »Lotario«,* der indessen nur geringer Erfolg beschieden ist. Daraufhin schreibt er sofort ein neues Werk. Am 12. Februar 1730 ist die Partitur der *Partenope* fertig, und zwölf Tage später findet die Uraufführung statt. Das Libretto von Silvio Stampiglia (der eine zeitlang als kaiserlicher Hofdichter in Wien gewirkt hat) ist schon mehrmals komponiert worden, zum ersten Mal von Luigi Manchia 1699 für Neapel und dann im Laufe eines halben Jahrhunderts nicht weniger als sechzehn Mal, unter anderem von Caldara, Vivaldi, Porpora und Vinci. In Händels Musik findet sich kaum mehr etwas von dem pathetisch-heroischen Zug, der seine Opern bisher bestimmt hat: die Neuerungen Italiens sind in seinen eigenen Stil eingeschmolzen. Trotzdem ist der Erfolg gering, jedenfalls nicht so groß, wie Händel es erhofft hat, was jedoch weder am Text noch an der Musik liegt. Vielmehr ist der Kastrat Bernacchi, obwohl ihm ein großer Ruf vorausgeht, den Schwierigkeiten der Partie nicht gewachsen.

Man muß sich die Londoner, doch nicht nur die Londoner Theaterverhältnisse und Opernaufführungen der Händel-Zeit ähnlich vorstellen wie die unseren. Damals wie heute legt man auf den Aufwand für Dekor und Ausstattung großen Wert, viel mehr Wert legt man allerdings auf das Auftreten berühmter Sänger, für die man bereitwillig die höchsten Gagen zahlt. Dementsprechend liegt damals das Hauptgewicht einer neuen Oper und überhaupt bei Opernaufführungen bei den Arien, in denen die Primadonnen und Kastraten glänzen. Deshalb schiebt sich die Bühne so weit in den Zuschauerraum hinein, daß der Sänger bei seinen Arien direkt vor dem Publikum steht. Dadurch ist er zwar höchst undramatisch von seinem bühnenmäßigen Umfeld getrennt, aber dieser Mangel wird ausgeglichen durch die Möglichkeiten der Aktion, vor allem der Gestik, mit denen er jetzt alle in den Arien enthaltenen musikalischen Affekte direkt vor dem Publikum sichtbar ausbreiten kann. Diese Gestik ist damals zwar ganz und gar in Konventionen festgelegt, aber dennoch vermögen das Können und der Geschmack der Künstler als Sänger und Darsteller die Lebendigkeit und die Besonderheit der einzelnen Werke und der einzelnen Aufführungen zu gewährleisten.

Partenope wird im Februar 1730 noch einmal und im März fünfmal wiederholt. 1731 erscheint die Oper in Braunschweig, im folgenden Jahr in Wolfenbüttel, 1733 und 1736 in Hamburg. Hier macht man übrigens etwas Bemerkenswertes: Reinhard Keiser komponiert die Rezitative neu, und zwar in *deutscher* Sprache, damit das deutsche Publikum den Text verstehen und damit der Handlung folgen kann. Die Arien von Händels Komposition beläßt man selbstverständlich italienisch: was *sie* zu »sagen« haben, macht die Musik allemal deutlich. Man macht hier also *nicht,* was in aller Regel bei heutigen Händel-Aufführungen gemacht wird: man kürzt die Rezitative, sondern man faßt sie in eine verständliche Sprache. So können die Hörer der Handlung folgen und die Musik gerade auch der Arien besser verstehen, nämlich inhaltlich handlungsmäßig begründet, und nicht nur als »reine Musik«.

1731 Johann Sebastian Bach (1685-1750): Erster Teil der Klavierübung: 6 Partiten

Es kennzeichnet die wirtschaftliche Lage im immer noch unter den Folgen des Dreißigjährigen Krieges leidenden Deutschlands in der ersten Hälfte des 18. Jahrhunderts, daß Bach erst mit 41 Jahren an die Druckveröffentlichung von Werken denken kann: Im Herbst 1726 läßt er die *Partita I* erscheinen und widmet sie als »die erste Frucht, die meine Saiten bringen«, dem eben geborenen Erbprinzen Emanuel Ludwig von Anhalt-Köthen. Von 1727 bis 1730 folgen einzeln fünf weitere *Partiten.* 1731 endlich erscheinen alle *6 Partiten* zusammen als *Erster Teil der Klavierübung* (BWV 825-830): »Clavir Übung bestehend in Praeludien, Allemanden, Couranten, Sarabanden, Giguen, Menuetten, und andern Galanterien; Denen Liebhabern zur Gemüths Ergoetzung verfertiget von Johann Sebastian Bach Hochfürstl: Sächsisch-Weisenfelsischen würklichen Capellmeistern und Directore Chori Musici Lipsiensis. OPUS 1. In Verlegung des Autoris. 1731.« Über die Entstehungsgeschichte dieser Klaviersuiten-Sammlung sind wir nur mangelhaft unterrichtet, doch ist anzunehmen, daß sie später als die der sogenannten *Englischen* und *Französischen Suiten* komponiert ist, obwohl eine Urform der *Partiten III und IV* sich schon im zweiten *Notenbuch für Anna Magdalena Bach* von 1725 findet. Die Sammlung eröffnet ein neues Stadium der Klaviersuiten-Komposition Bachs und markiert zugleich den Gipfelpunkt der Gattung überhaupt. Bis auf die 2., die nur aus 6 Sätzen besteht, haben die Partiten 7 Sätze, bei denen auf ein großes Eröffnungsstück (Praeludium, Sinfonia, Fantasia, Ouvertüre, Praeambulum, Toccata) die Tanzsätze folgen.

1731-1763 »Ära Hasse« der Barockoper in Dresden

Johann Adolf Hasse (* Bergedorf 1699, † Venedig 1783) ist der glanzvollste Name seiner Zeit. Hasse ist weit über die Grenzen Deutschlands hinaus berühmt und wird in Italien nicht weniger vergöttert als in Deutschland. »Die Epoche, die wir als Zeitalter Bachs und Händels bezeichnen, trägt für die Zeitgenossen den Stempel Hasses. Die beiden Genannten treten in der Kenntnis und im Urteil der Zeitgenossen weit hinter dem ›Caro Sassone‹, wie Hasse in Italien genannt wird, zurück, ja Bach ist damals – jedenfalls aus der Perspektive der europäischen Musikgeschichte gesehen – nicht mehr als eine deutsche Provinzgröße. Diese bekannte, aber nicht, jedenfalls in Deutschland nicht, gern anerkannte Tatsache muß man sich vor Augen halten, wenn man sich anschickt, das Werk Hasses zu würdigen« (Vetter 1925). Hasse ist ein deutscher Musiker und in Deutschland lernt er, jedenfalls zunächst, die Komposition, nämlich in Hamburg und in Braunschweig, – und doch sagt man von ihm, er sei der eigentliche Repräsentant der *italienischsten* (und zugleich wichtigsten) Gattung im »italienischen Zeitalter der Musik«: der Opera seria. Das Phänomen ist und bleibt merkwürdig, obwohl man allerhand zu seiner Klärung anführen kann.

Zu Dresden: Eine im Laufe des 17. Jahrhunderts zur Blüte gelangte italienische Opernpflege in Dresden wird im Jahre 1694 jäh abgebrochen, als der sächsische Kurfürst Friedrich August I. (genannt der Starke; zugleich König von Polen, als solcher jedoch August II.) bei Regierungsantritt alle italienischen Musiker entläßt. Er ist ein leidenschaftlicher Parteigänger französischen Kunstgeschmacks und es dauert reichlich zwei Jahrzehnte, bis er sich seinem Sohn und Thronfolger zuliebe, einem nicht weniger leidenschaftlichen Bewunderer *italienischer* Kultur, zur Wiedereinrichtung einer Italienischen Oper entschließt. Nach dem Engagement der Kapellmeister Antonio Lotti und Johann David Heinichen sowie einer Reihe von Elitesängern und einiger Orchestermusiker kommt es von 1717 an wieder zu hervorragenden Opernaufführungen, die zwei Jahre später durch die Eröffnung eines neuen Opernhauses noch besonderen Glanz erhalten. Die neuerliche Entlassung der Sänger im Jahr 1720 bedeutet nur eine Unterbrechung, kein Ende, zu sehr engagiert sich neben dem Kurprinzen dessen junge Gemahlin, eine Wiener Kaiserstochter. Mit neuen, jungen Sängern und unter Leitung von Giovanni Ristori werden neue Opern einstudiert. Allein, es scheint noch an der entscheidenden Kapellmeisterpersönlichkeit zu fehlen. Lotti kehrt nach Venedig zurück, Heinichen kränkelt, und Ristori, »Compositeur der Kleinen oder Polnischen Capellmusik« und musikalischer Leiter der italienischen Schauspieltruppe des Hofes, wird nicht in die engere Wahl gezogen. Man findet die gesuchte Persönlichkeit in Johann Adolf Hasse, und die aufsehenerregende Vorstellung von dessen *Cleofide* 1731 (mit Faustina Bordoni-Hasse in der Titelrolle) gibt den Auftakt zu einer drei Jahrzehnte währenden Ära höchster Blüte der italienischen Opernkunst am Hof in Dresden. Voraussetzung dafür ist freilich zugleich, daß der bedeutendste deutsche Geiger seiner Zeit, der in Deutschland, Frankreich und Italien gleichermaßen geschulte Johann Georg Pisendel (1687-1755), seit 1712 als Violinist und seit 1728 als Konzertmeister der Dresdener Hofkapelle wirkt. Seiner Tätigkeit verdankt die Kapelle ihren damals europäischen Ruhm. Er bemüht sich in der Auswahl und Erziehung der Streicher um eine einheitliche Schule, bezeichnet die Stimmen mit dynamischen Angaben und sorgt für gleiche Stricharten. Und schließlich ist ihm, der in Venedig Schüler Vivaldis gewesen ist, die nach 1717 einsetzende Pflege der Werke Vivaldis in Dresden zu verdanken.

Das für Sachsen katastrophale Ende des Siebenjährigen Krieges, der Tod Augusts des Starken und der seines Thronfolgers Friedrich Christian, und alles innerhalb weniger Monate des Jahres 1763, setzen in Dresden wie mit einem Schlag den Schlußpunkt unter die Barockoper und zugleich den Schlußpunkt unter die Hofoper im engeren Sinne. Die folgenden Jahrzehnte stehen, völlig verschieden, im Zeichen einer vom Hof subventionierten privaten Impresa, und im Repertoire dominiert die Opera buffa, bis die ersten romantischen Tendenzen Einfluß gewinnen, die von den späteren Dresdner Kapellmeistern Francesco Morlacchi, Carl Maria von Weber und Carl Gottlieb Reißiger sowohl italienischer- als auch deutscherseits vertreten und gepflegt werden. Somit ist die Dresdner Opernepoche zur Zeit der sächsisch-polnischen Doppelherrschaft gleichbedeutend mit einer Epoche der Opera seria, die man zutreffend als »Ära Hasse« bezeichnen kann (Landmann 1985).

Zu Hasses Verbindung mit Metastasio: In Neapel, wohin Hasse 1722 zieht, um bei Alessandro Scarlatti zu lernen, stößt er auf Pietro Metastasio. Im Gefolge des Dichters, in dem er *seinen* Librettisten findet, bekennt Hasse sich zum Geist der Aufklärung, wobei er es meisterhaft versteht, für seine Opern barocke und rokokohaft empfindsame Züge zu einer Einheit zu verschmelzen. So wird er zum Abgott seines Zeitalters, dem er offenbar aus dem Herzen spricht – mit dem sein Werk dann freilich auch versinkt. »Seinem Zeitalter aus dem Herzen...«? Hasses Schaffen erstreckt sich über fast 60 Jahre tiefgreifender Wandlungen der Menschen, ihres Denkens, ihrer Welt, der Künste, der Musik – und uns will scheinen, keine Spur davon zeichne sich in Hasses Werk ab, töne in seiner Musik an. Vielleicht liegt hier der Grund für das vollkommene Vergessen, vor dem ihn weder die Qualität seiner Musik noch die seiner Texte bewahren konnte.

Pietro Metastasio (* Rom 1698, † Wien 1782) ist einer der bedeutendsten, nein, einer der berühmtesten Dichter seiner Zeit. Nach einem kometenhaften Aufstieg in Neapel beruft ihn 1730 der Kaiser als Hofpoeten, als »Poeta Caesario«, nach Wien. Seine Libretti, *Dramma* oder *Dramma per musica* genannt, sind mit so ungewöhnlichem Sprach- und Formgefühl geschrieben, daß man meint, man könne sie unverändert als Schauspiele aufführen (und man hat sie seinerzeit auch aufgeführt), und andererseits mit solcher Einfühlung in die Möglichkeiten musikalischer Komposition, daß die bedeutendsten Opernkomponisten des Jahrhunderts sie vertonen, von Vinci und Leo, Händel, Hasse und Jommelli, über Piccini und Gluck bis hin zu Mozart und, wenn auch nur mit einzelnen Szenen, zu Beethoven und Schubert. Das Zeitalter ist so versessen auf das Theater des Metastasio, daß immer wieder neue Vertonungen derselben Stücke verlangt und geliefert, daß seine nur 27 Libretti zu

Hunderten von Opern verarbeitet werden, und das, obwohl im Prinzip des Vorgehens und in der Anlage ein Stück dem anderen gleicht wie ein Ei dem anderen. Der Typik der Personen (stets entweder ganz tugend- oder durch und durch lasterhaft) entspricht ein Schematismus in der Führung der stets dreiaktigen Handlung. Abgesehen von wenigen Ausnahmen, in denen die Handlung allein dazu dient, die Seelenstärke des Titelhelden erstrahlen zu lassen, geht es immer um die Schicksale zweier oder dreier Liebespaare, die, durch unglückliche Umstände oder Intrigen mannigfach verwirrt, zum Schluß durch das Eingreifen edelmütiger Freunde oder durch seltsame Enthüllungen und daraus zu ziehende Folgerungen zum Guten gewendet werden. Metastasio meidet Sujets aus dem Mythos, wie sie in der gleichzeitigen französischen Oper bevorzugt werden, und wählt, wohl weil er Verliebte und Götter nicht für glaubhaft genug hält, lieber historische Stoffe aus der Antike. Er meidet auch allegorische Figuren, die – in der französischen Oper sehr beliebt – als personifizierte »Begriffe« (z. B. Fortuna als Göttin des Glücks) über die Bühne wandeln, und er meidet offenbar Chöre und Ballette, weil sie als Ausstattungsnummern meist mit dem Auftritt allegorischer Figuren zu kombinieren sind. Metastasio konzentriert sein Interesse vielmehr auf die Gesangssolisten. Zur Handlung, die sich im (meist aus reimlosen Versen wechselnder Länge bestehenden) Rezitativ abspielt, gesellt sich als Träger des eigentlichen musikalischen Elements ein gleichfalls stereotyp verwendetes »seelisches Geschehen« der handelnden Personen: in der Regel ihr Schwanken zwischen Pflicht und Liebe. Dieser Konflikt gibt nicht nur den Hauptakteuren, sondern im Miterleben auch den Nebenfiguren Anlaß zu den verschiedensten Empfindungsäußerungen in Arien – und obendrein den Sängern jeweils am Szenenende die Möglichkeit eines effektvollen Abgangs. Die Zahl und Stärke der Affekte nun ist zwar durch die Rücksicht auf die alles beherrschende Konvention des Lebens beschränkt, Metastasios große Kunst besteht aber gerade darin, mit seinen Wut- und Rache-, Schlacht- und Triumph-, Liebes- und Klage-Arien (meistens in der Fassung einer »Gleichnisarie«) Typen von Stücken geschaffen zu haben, die offenbar den Komponisten wie dem Publikum der Zeit aus der Seele sprechen – dem Publikum einer Zeit, die eben zu jener Zeit bereits abgelaufen ist. Die »Metastasianische Oper« – bezeichnender Weise ist die Gattung hier nach dem Librettisten und nicht nach einem Komponisten benannt – wird von vielen Seiten her angegriffen, von der Opera buffa, von Glucks Reformoper und vom Singspiel.

Zur Opera seria: Man hat die Opera seria des Typs, den Metastasio und Hasse ausgeprägt und, kurz gesagt, auf die Spitze getrieben haben, als *das* Kunstwerk des Rationalismus bezeichnet, und A. A. Abert (1956) hat dessen Ausprägung scharf umrissen. Verherrlicht Metastasio zum Entzücken seiner Zeitgenossen die auf Vernunft gegründete und innerhalb der gesellschaftlichen Konvention wirkende Tugend mit eleganten, aber formelhaft wiederkehrenden Worten an typischen Gestalten im Rahmen typischer Situationen, so gewinnt Hasse die Bewunderung seiner Zeit dadurch, daß er das Kunstwerk des gefeierten Dichters mit musikalischen Mitteln erhöht aber nicht verdeckt. Wie im Libretto ist auch im musikalischen Ablauf alles formal schematisch festgelegt, von der dreisätzigen italienischen Einleitungs-Sinfonia mit ihren typischen Satzcharakteren bis zum lärmenden homophonen Schluß-»Coro«, vom nur selten, nämlich in psychologisch kritischen Situationen der Handlung bzw. des Helden, von Accompagnati durchbrochenen Secco-Rezitativ bis zur meist als Szenenschluß fungierenden Da capo-Arie, deren konventionelle fünfteilige Form (I: a, b-II-I: a, b mit Verzierungen) Hasse vom späten Scarlatti und dessen Nachfolgern übernimmt, und die für den größten Teil seines Schaffens bestimmend bleibt. Mit dem formalen Schematismus geht eine eng an die Typik der dichterischen Situationen gebundene Typik des musikalischen Ausdrucks Hand in Hand. In Metastasios wohlgeordneter aufgeklärter Welt darf es auch musikalisch keine Überraschungen geben. Wie die Dramen Metastasios trotz ihrer aus der antiken Geschichte gewählten Stoffe Spiegelbilder ihrer eigenen Zeit sind, so sind die Hasseschen Arientypen in erster Linie musikalische Satztypen aus eben dieser Zeit zwischen Barock und Rokoko, Typen, die sich dementsprechend auch in aller anderen Musik des Meisters finden. Wie Metastasio niemals Empfindungen bestimmter Personen, sondern immer nur »Affekte an sich« dichtet, nämlich wie »man« in dieser oder jener Situation empfindet oder zu empfinden, d. h. sich zu benehmen hat, so können Affekte auch im Charakter von Sonaten- oder Sinfoniesätzen erscheinen.

Metastasio und Hasse stehen übrigens in einem engeren Verhältnis als sonst Librettist und Komponist, und außerdem begegnet hier der seltene Fall, daß der Dichter auf die Komposition Einfluß nimmt. Für den *Attilio Regolo* in Dresden 1750 etwa schreibt Metastasio ausführlich an Hasse – und nimmt damit Glucks sogenannte Opernreform vorweg – wegen der Anwendung des Recitativo accompagnato, richtiger gesagt: über die dramaturgische Ökonomie in der Anwendung des Accompagnatos, und das ist bezeichnend, denn das Rezitativ, ob secco oder accompagnato, ist ja – poetisch gesehen – nichts anderes als das musikalisierte Sprechdrama. Also spricht Metastasio nicht von den musikalisch interessanten Teilen seines Dramas, den Arien, obwohl diese natürlich als die lyrischen Brennpunkte und als Affektverdichtungen die Oper musikalisch bestimmen, Musik bleibt ihm vielmehr etwas Akzidentielles. Zwar erwartet er von Hasses Musik die Verdeutlichung der Charaktere, doch bleibt sie für ihn Ornament und Einkleidung, die nicht die eigentlichen Gesichtszüge der Personen ausmachen, – eine versteckte, doch unüberhörbare Einschränkung, mit der Metastasio sich gleichsam zu erkennen gibt: ihm geht es um ein musikalisiertes Sprechtheater, nicht um Oper. Und auch hieran ist zu sehen, daß von Metastasios und Hasses Opera seria kein Weg zum Musiktheater Mozarts führt.

Zu Hasses Werk: Von den rund 80 Opern ist keine durch Bedeutung oder Anlaß der Komposition vor den anderen hervorzuheben; damals galten sie wohl auch schon alle als ziemlich gleichbedeutend, und heute ist bei der nur lückenhaften Kenntnis des Gesamtwerks kaum eine wertende Entscheidung zu treffen. Dennoch ist einiges bemerkenswert, etwa daß Hasse alle Texte Metastasios vertont hat; oder daß er mit seinen Intermezzi (9 sind erhalten, einige sind verlorengegangen), vor allem mit *La serva scaltra ovvero la moglie a forza* (Neapel 1729), von größerer musikgeschichtlicher Bedeutung ist als gemeinhin angenommen: sie haben dem jungen Pergolesi unmittelbar zum Vorbild für das Werk gedient, in dem man den Anfang der Opera buffa, jedenfalls im engeren Sinne, sieht, für *La serva padrona* (1733). Und 1771, anläßlich der Fürstenhochzeit des Erzherzogs Ferdinand mit einer Modeneser Prinzessin in Mailand, stößt Hasse mit seinem letzten Werk, der *Festoper »Il Ruggiero«* (Aufführung am 16. Oktober), auf den jungen Mozart mit der *Serenata (Festa) teatrale »Ascanio in Alba«* (Aufführung am 17. Oktober), worüber Leopold Mozart zu berichten weiß: »Mir ist leid, die Serenata des Wolfgang hat die Opera vom Hasse so niedergeschlagen, daß ich es nicht beschreiben kann.«

Zum Dresdner Opernpublikum: Für die Angehörigen des königlich-polnischen und kurfürstlich-sächsischen Hofes, welche zunächst die überwiegende Mehrzahl der Opernbesucher ausmachen, werden keineswegs allein zu den festlichen Premieren sondern auch für die weiteren Vorstellungen Sitzverteilungspläne für die Oper erarbeitet, aus denen sich je nach der Plazierung der einzelnen Person ihre Stellung in der Hof-Rangordnung ablesen läßt. Weiterhin wissen wir durch Fürstenau (1861/62), daß in der ersten Hälfte des 18. Jahrhunderts Theaterkarten nicht allein an den Adel oder an in Dresden weilende Fremde sondern auch an bürgerliche Besucher zu den Vorstellungen im Dresdener Opernhaus kostenlos durch das Oberhofmarschallamt verteilt werden, soweit es sich nicht um besondere Hoffestlichkeiten sondern um Normalvorstellungen, also um Reprisen, handelt. Für das allgemeine Publikum sind in Dresden seit 1754 Eintrittskarten gegen Geld nachweisbar, wobei man die Parterreplätze hinter den für den Hof reservierten Sitzen (also im heutigen Sinne: das Parkett) im Theater des Grafen Brühl auf dem Walle mit einem Taler am teuersten bezahlen mußte. Dahinter sind Bänke aufgestellt, für die 16 Groschen aufzubringen sind und für die Galerie immerhin noch 12 Groschen. Setzt man die Höhe dieser Eintrittspreise in Vergleich zum realen Arbeitslohn etwa eines Handwerkers, dann muß man zu dem Schluß kommen, daß sie nicht eben gering sind. Auch die Preisbildung beim Mingottischen Theater kann nicht gerade als volkstümlich bezeichnet werden: Eine Loge im 1. oder 2. Rang kostete auf die ganze Saison 24 Ducaten, für einen Abend 2 Ducaten, ein Billett darin 16 Groschen. Eine Loge im 3. Rang kostete für die Saison 12 Ducaten, für einen Abend 1 Ducaten, ein Billett darin 12 Groschen. Ein Billett in die Logen Nummer 1 bis 4 und 11 bis 14 des 3. Ranges und in das Parterre kostete 16 Groschen. Bereits 1746 nämlich war Pietro Mingotti die Konzession erteilt worden, »im Zwinger ein hölzernes Theater zu bauen und während der Monate Juli und August darin zu spielen.« Fürstenau kommentiert das so: Diese dem Publikum zum ersten Male gegen Zahlung gebotenen Opernvorstellungen bezeichnen für die Dresdener Theaterzustände eine Epoche. Bis jetzt waren die Opern nur als Hoffestlichkeiten betrachtet worden, zu denen das Publikum gewissermaßen als Gast eingeladen war, also keine selbständige Stimme oder eigenes Urteil geltend machen konnte, sondern dem Geschmacke des hohen Wirtes huldigen mußte. Jetzt traten andere Verhältnisse ein... Die Dresdener lernten nun auch andere Musiker, als den »göttlichen Sachsen«, nämlich Hasse, kennen. Was nun das Publikum selbst anlangt, so hören wir von Joseph Riepel, dem bekannten Musiktheoretiker, über die Dresdener Opernbesuche während seiner musikalischen Lehrzeit von 1740 bis 1745 dies: »Wenn ich Gelegenheit hätte, noch eine Oper aufführen zu sehen, wünschte ich zugleich schöne Arien, schöne Stimmen, harmonische Auszierungen, mit drunter wundervolle Kehlen, überhaupt eine Musik – kurz, wie ich sie von 1740 fünf Jahre hindurch zu Dresden gehört habe. Ich war im Opernhaus nur oft ungehalten, daß Zuhörer vor, hinter und neben mir immer ganz begeistert murmelten. Einer fing bald so zu ächzen an: ›Ach! welche Zauberkraft schleicht sich in meine Brust!‹ Ein Andrer: ›Wie vollkommen ist nicht das Lebhafte mit der Zärtlichkeit verbunden!‹ Ein Dritter: ›Man höre das beweglich Bittende! Itzt das feurig Drohende! Wieder das Prächtige und Erhabene!‹ Der Vierte: ›Ein sanft und süßes Gefühl durchströmet alle meine Adern! Das Herz wird hingerissen, ich werde ganz Empfindung! Man wird zu lauter Ohr!‹ u.s.f. nachdem nämlich die abwechselnden Gemütsregungen vorkamen. Sie hatten freilich recht; allein ich ward dadurch gestört, zugleich auf die schöne Begleitung, die natürliche Einteilung, und den äußern Schmuck der unbeschreiblichen Tonkunst genau Acht zu geben.« Das Interessante an diesem Bericht ist die Schilderung der offenbar spontanen Wirkung des Musiktheater-Erlebnisses beim Dresdener Publikum, das hier ja ein bürgerliches ist, sonst könnte Riepel nicht als Gewährsmann in den erwähnten Vorstellungen sitzen. Wichtig ist sodann festzuhalten, daß das Bürgertum in Dresden vom Opernbesuch nicht ausgeschlossen, daß vielmehr der Theaterbau von vornherein für den Mitbesuch bürgerlichen Publikums konzipiert ist, und – daß die Musik offenbar den Leuten aus dem Herzen klingt (Viertel 1985). J. S. Bach freilich, der sicherlich öfter in Dresden und in der Oper gewesen ist, als wir wissen, »um Dresdener Liederchen zu hören«, ihm dürfte Hasses Musik eher merkwürdig geklungen haben.

Was hier für Dresden beschrieben ist, gilt allgemein für die Hofopernhäuser der zweiten Hälfte des 17. und des 18. Jahrhunderts: Wenn jemand eine Oper besuchen will, hat er nahezu jederzeit die Möglichkeit, denn gerade die Hofopern haben fast immer freien Kartenverkauf für die vielen Plätze, die bei vielen Vorstellungen vom Hof nicht benötigt werden, und oft genug wird »jedermann auf des Hofes Unkosten gratis eingelassen.«

1732 Johann Gottfried Walther (1684-1748): Musicalisches Lexikon

Das erste Musiklexikon in deutscher Sprache entsteht in Anknüpfung an das *Dictionaire de musique* von Brossard (1703), aus dessen Revision und Erweiterung die Sachartikel hervorgehen, während Brossards angehängter *Catalogue de plus de 900 auteurs...*, in dem er »aber nur die bloßen Namen der musicorum theoreticorum... hingesetzet, ohne zu melden, wer sie gewesen, und was sie geschrieben«, Walther dazu anregt, in ein Musiklexikon zum ersten Mal auch Personenartikel aufzunehmen. Da Walther seine umfangreichen Literaturstudien durch Anfragen bei lebenden Musikern ergänzt, sind die biographischen Artikel von hohem Quellenwert. Doch werden sie in ihrer Bedeutung übertroffen von den terminologischen Partien, in denen fast 3000 »gebräuchliche musicalische Kunst- oder dahin gehörige Wörter« erklärt werden. Da das Lexikon ein Stadium der musikalischen Fachsprache repräsentiert, das noch durch die Zugehörigkeit der Musik zu den Artes liberales gekennzeichnet ist, muß es seit der Jahrhundertmitte, als die musikalische Terminologie auf die neue Grundlage der Schönen Künste gestellt wird, als unvollständig und veraltet gelten. Erst das gegen Ende des 18. Jahrhunderts sich steigernde Interesse an der Geschichte der Musik bringt eine neuerliche Wertschätzung. Die biographischen Artikel Walthers werden (zusammen mit seinen Einzeichnungen in sein Handexemplar) zur Grundlage von E. L. Gerbers *Historisch-biographischem Lexikon der Tonkünstler* (1790-1792). – In seinem Wirken als Komponist, Theoretiker und Lexikograph erscheint Walther als Repräsentant der Spätzeit der mitteldeutschen protestantischen Tradition in Musiklehre und -praxis.

1732-1752 Georg Friedrich Händel (1685-1759): Die großen Oratorien

Seit 1732 überwiegt in Händels Schaffen das Oratorium: zwischen 1732 (*Esther*) und 1752 (*Jephta*) entstehen 20 Werke dieser Gattung, die meisten geistlich mit englischen Texten, alle von höchstem Rang. Im Gegensatz zur aristokratischen italienischen Oper stützen sich die Oratorienaufführungen auf ein breites bürgerliches Publikum und auf eine andere Art von Mitwirkenden, nämlich auf eine bürgerliche Sängerschaft in großen Chören. »Das Volk« im späteren Sinne ist das freilich nicht, vielmehr sind es dessen obere und begüterte Schichten. Und trotzdem wendet sich Händel in den großen Oratorien an das Volk als an die ganze Nation, und so wird es auch, besonders nach dem patriotischen Erfolg des *Judas Maccabaeus* (1747), allgemein empfunden. Jetzt erst hat Händel sein Publikum gefunden, und dieses bleibt ihm, von einigen Schwankungen abgesehen, im Grunde treu bis zum Schluß, es liebt ihn gar und würdigt ihn als hochberühmten Besitz: man ist stolz auf ihn wie auf eine nationale Institution, die man in Gedichten und auf fliegenden Blättern, in Broschüren und in musikgeschichtlichen Abhandlungen zu huldigen weiß. Mit dem Volk als Hauptmitwirkendem sind natürlich dann die musikalische Virtuosität und künstlerische Spitzenleistungen – wie man heute zu sagen pflegt – ausgeschlossen. Auf der anderen Seite gehen diese Mitwirkenden aber ohne selbstsüchtige Forderungen mit dem Komponisten, der wiederum seinen künstlerischen Vorstellungen deshalb ganz anders folgen kann als im Opernbetrieb. – Weniger abhängig ist Händel beim Oratorium sodann vom Theaterbetrieb mit seinen Modeströmungen, wenn es um die Texte geht. Nun kann er sich die Gestalten und das Geschehen selbst aussuchen, vor allem aus dem Alten Testament, das ihm besonders nahe zu liegen scheint. Und das Ergebnis? Schlechter als die Opernlibretti sind die vielgescholtenen Oratorientexte nicht, die ihm unbedeutende Dichter zusammenschreiben. Und für uns heute sind beide Arten von Text gleich ungenießbar. Ob freilich Neutextierungen milderten, was, nur wenn man es *liest,* kaum aber wenn man es *gesungen hört,* geradezu anstößig schwach wirkt, das muß füglich bezweifelt werden. – So selbstverständlich szenische Aufführungen dieser bilder- und affektenreichen Oratorien für Händel sind, die Kirche hat dennoch etwas dagegen: Der puritanische Bischof zum Beispiel verbietet als Dekan der königlichen Kapelle die Mitwirkung der Chorknaben bei einer Aufführung des Oratoriums *Esther* in einem öffentlichen Opernhaus. Also muß man die Aktion des Theaters auf eine Art szenischer Umrahmung beschränken: »Das Bühnenhaus dekoriert und illuminiert auf neue und besondere Weise«, heißt es etwa in einer Tagebuchnotiz zu einer Aufführung des Oratoriums *Deborah* im März 1733 im King's Theatre am Haymarket – des Oratoriums, das immerhin als Überschrift trägt: »Oratorio or Sacred Drama, in English...«

Als Händel sich dem ORATORIUM zuwendet, ist die musikalische Gattung längst definiert, und zwar in verschiedenen Traditionen auf verschiedene Weise: Das italienische Oratorium durch Carissimi, das ältere lutherisch-deutsche durch Heinrich Schütz, das jüngere deutsche durch J. S. Bach, um nur die drei Namen zu nennen, deren einschlägige Werke zwar nicht allein, aber vor anderen den Rang des Definitiven in der Gattung einnehmen. Und dennoch schafft Händel die Gattung noch einmal neu, nämlich aus der *englischen* Vorstellung und Tradition von Chorgesang. Zugleich gibt Händel damit den Anstoß zur Pflege des Oratoriums auf breiter Basis im 18. und im 19. Jahrhundert, wobei die Welle der Begeisterung von England auf den Kontinent überschlägt und Joseph Haydn der wichtigste Mittler ist.

Händels *20 große Oratorien* sind:

Esther, Oratorio in three acts (2. Fassung; HWV 50 b; London, King's Theatre am Haymarket: Mai 1732)

Deborah, Oratorio in three acts (HWV 51; London, King's Theatre am Haymarket: März 1733)

Athalia, Oratorio in three acts (nach *Athalie* von Racine, 1691; HWV 52; Oxford, Sheldonian Theatre: Juli 1733)

Saul, Oratorio in three acts (HWV 53; London, King's Theatre am Haymarket: Januar 1739)

Israel in Egypt (Exodus), Oratorio in three parts (HWV 54; London, King's Theatre am Haymarket: April 1739)

L'Allegro, il Penseroso ed il Moderato, Oratorio in three parts (nach John Milton, 1632; HWV 55; London, Theatre Royal, Lincoln's Inn Fields: Februar 1740)

Messiah, Oratorio in three parts (HWV 56; Dublin, Music Hall, Fishamble Street: April 1742, bearbeitet von Mozart 1789)

Samson, Oratorio in three acts (nach *Samson Agonistes* und anderen Werken von John Milton; HWV 57; London, Theatre Royal, Covent Garden: Februar 1743)

Semele, Oratorio in three acts (nach der *Oper »Semele«* von John Eccles, 1706; HWV 58; London, Theatre Royal, Covent Garden: Februar 1744)

Joseph and his Brethren, Oratorio in three parts (HWV 59; London Theatre Royal, Covent Garden: März 1744)

Hercules, A Musical Drama (Oratorio) in three acts (nach Sophokles und Ovid; HWV 60; London, King's Theatre am Haymarket: Januar 1745)

Belshazzar, Oratorio in three acts (HWV 61; London, King's Theatre am Haymarket: März 1745)

Occasional Oratorio, Oratorio in three parts (nach der Psalm-Übersetzung von John Milton und Texten von Edmund Spenser; HWV 62; London, Theatre Royal, Covent Garden: Februar 1746)

Judas Maccabaeus, Oratorio in three acts (HWV 63; London, Theatre Royal, Covent Garden: April 1747)

Joshua, Oratorio in three acts (HWV 64; London, Theatre Royal, Covent Garden: März 1748)

Alexander Balus, Oratorio in three acts (HWV 65; London, Theatre Royal, Covent Garden: März 1748)

Susanna, Oratorio in three acts (HWV 66; London, Theatre Royal, Covent Garden: Februar 1749)

Solomon, Oratorio in three acts (HWV 67; London, Theatre Royal, Covent Garden: März 1749)

Theodora, Oratorio in three parts (nach *The Martyrdom of Theodora and Didymus* von Robert Boyle 1687; HWV 68; London, Theatre Royal, Covent Garden: März 1750)

Jephta, Oratorio in three acts (HWV 70; London, Theatre Royal, Covent Garden: Februar 1752)

Zu diesen *Oratorien* gehören in gewisser Weise auch die beiden *Oden:*

Alexander's Feast or The Power of Musick, Ode in Honour of St. Cecilia in two parts (HWV 75; London, Theatre Royal, Covent

Garden: Februar 1736; bearbeitet von Mozart 1790)

From Harmony, from heav'nly Harmony, Ode for St. Cecilia's Day (HWV 76; London, Theatre Royal, Lincoln's Inn Fields: November 1739; bearbeitet von Mozart 1790)

1733 Johann Sebastian Bach (1685-1750): h-moll-Messe

Bachs *h-moll-Messe* (BWV 232) ist nicht in einem Zuge entstanden, ja, die Entstehungszeiten der Teile liegen so weit auseinander, daß man gemeint hat, das Werk sei gar keine musikalische Einheit, vielmehr habe die spätere Zusammenstellung liturgisch und musikalisch selbständiger Stücke in einem Sammelband ein einziges Werk nur suggeriert. Dem ist aber nicht so: es handelt sich *doch* um ein geschlossenes Werk, dessen Teile freilich zu verschiedenen Zeiten entstanden sind, nämlich zwischen 1724 und 1747/49. Dies nun ist im Zeitalter Bachs nichts, was weiter verwundern muß, denn für jene Zeit ist und bleibt jedes Werk immer zugleich »Werkstück«. Trotzdem bleibt die Chronologie der Messe merkwürdig, jedenfalls die der Quelle(n):

Ende 1724	Entstehung des *Sanctus* als selbständige Komposition.
1733	Entstehung der *»Missa« (Kyrie* und *Gloria*): 1. Teil der autographen Partitur des vollständigen Werks (Hauptquelle A).
um 1747/49	Entstehung des *Symbolum Nicaenum (Credo)* und Eintragung in einen 2. Teil der Hauptquelle A; dann Eintragung des *Sanctus;* Entstehung und Eintragung der Sätze *Osanna* bis *Dona nobis pacem.* Danach buchbinderische Vereinigung der beiden Hälften der Handschrift unter Einfügung von vier Titelblättern für die einzelnen Teile.

Der wichtigste Termin innerhalb dieser Chronologie ist der von 1733: Am 27. Juli 1733 übersendet Bach dem sächsischen Kurfürsten einen handschriftlichen Stimmensatz von *Kyrie* und *Gloria* seiner *h-moll-Messe.* »Ew. Königlichen Hoheit überreiche in tieffster Devotion gegenwärtige geringe Arbeit von derjenigen Wißenschafft, welche ich in der Musique erlanget, mit ganz unterthänigster Bitte, Sie wollen dieselbe nicht nach der schlechten Composition, sonder nach dero Welt berühmten Clemenz mit gnädigsten Augen anzusehen und mich darbey in dero mächtigste Protection zu nehmen geruhen.« Nicht Titelsucht, sondern das Verlangen, seine Position zu festigen und möglichen Anfeindungen den Stachel zu nehmen, gebietet Bach damals, Unterstützung am Dresdner Hof zu suchen, und deshalb bittet er Friedrich August II. um den Titel eines Hofkompositeurs. Doch drei Jahre muß Bach warten, bis ihm – nach einer erneuten Eingabe – endlich der ersehnte Titel verliehen wird. Zu einer engeren arbeitsmäßigen Bindung an den Dresdner Hof kommt es freilich auch dann nicht. – Offensichtlich bietet sich Bach in den folgenden Jahren keine Gelegenheit, das *Kyrie* und das *Gloria* in Leipzig in seiner Thomaskirche aufzuführen. Mit einer Dauer von mehr als einer Stunde ist diese »Missa brevis« für einen gewöhnlichen Sonntagsgottesdienst freilich auch zu lang. Immerhin greift Bach drei Sätze, nämlich das *Gloria in excelsis* und (umtextiert) das *Domine deus* und das *Cum sancto spiritu* noch einmal für die kirchenmusikalische Praxis auf, als er sie zwischen etwa 1743 und etwa 1746 zu einer lateinischen Weihnachtskantate *Gloria in excelsis deo* (BWV 191) zusammenstellt. – Mehrere Jahre später, um 1747/1749, erweitert Bach seine »Missa brevis« zur »Missa tota«. Das *Sanctus* (nach lutherischer Liturgie nur das »Sanctus« und das »Pleni sunt coeli«) hat er bereits 1724 für einen Weihnachtsgottesdienst geschaffen. Um die restlichen Teile des katholischen Messordinariums, nämlich das (nach lutherischem Brauch als »Symbolum Nicaenum« bezeichnete) *Credo* und die bei ihm zu einem vierten Teil zusammengefaßten Stücke *Osanna, Benedictus, Agnus dei* und *Dona nobis pacem,* ergänzt Bach die Messe erst in seinen letzten Lebensjahren. Für diese letzte Lebenszeit freilich fehlt der Anlaß für die Komposition, gar ein Auftrag. So scheint die Entstehung mit den zusammenfassenden und sichtenden Arbeiten zusammenzuhängen, die Bach seit der Mitte der 30er Jahre offenbar mehr und mehr beschäftigen.

Konnte es bei der *h-moll-Messe* wirklich nur darum gehen, einen Sammelband von »Cantica quaedam« zusammenzustellen? Man vermag die letzten Arbeiten daran und die Zusammenstellung kaum anders zu deuten, als daß Bach damit seinen Beitrag zur alten großen Tradition abendländischer Meßkomposition leisten wollte. Daß es kein »katholisches« Werk ist, zeigen schon die Abweichungen vom Text des Missale Romanum und von der traditionellen fünfteiligen Gliederung, und doch ist auch diese Messe nicht anders als im Sinne des alten katholischen Mess-Ordinariums zu verstehen. – Die *h-moll-Messe* ist das letzte große Kirchenwerk Bachs. Wenn wir den Schriftformen der Handschrift trauen dürfen, beschäftigt sie ihn zugleich mit seinen Arbeiten am *Musikalischen Opfer* und an der *Kunst der Fuge:* Den in einem gewissen Grade »abstrakten«, nicht unmittelbar auf Aufführung zielenden kontrapunktisch-spekulativen Werken stellt er sein letztes großes Vokalwerk an die Seite (Dadelsen 1958). Solche Beobachtungen und Überlegungen sind keineswegs hinfällig durch die Tatsache, daß viele Stücke der *h-moll-Messe,* mehr oder minder stark überarbeitet, über das sogenannte Parodieverfahren aus vorliegenden Sätzen geistlicher wie weltlicher Kantaten gewonnen sind. Im Gegenteil! Aus der handwerklichen Tradition der Komposition als einer Ars musica, nach der jedes Stück auch als Werkstück anzusehen ist, das man immer und immer wieder neuen Verwendungen zuführen kann, zieht der alte Bach die Konsequenz, jedenfalls auch *die* Konsequenz, daß ein vorhandenes Werk durch Überarbeitung und durch Übernahme in ein größeres und höheres Werk eine Art abschließender Reife bekommen kann. So jedenfalls erscheinen uns die wohlbekannten Stücke am neuen Ort.

1733 **Giovanni Battista Pergolesi** (* Jesi 1710, † Pozzuoli 1736): **Intermezzo »La serva padrona«** in Neapel

Der 28. August des Jahres 1733 ist für Neapel ein Feiertag: der Geburtstag der Kaiserin Elisabeth Christine (Gemahlin Karls VI., Mutter der Maria Theresia) wird festlich begangen, und zwar auf Neapels bedeutendster Bühne, dem Teatro S. Bartolomeo, mit der Aufführung einer neuen Oper *Il prigionero superbo,* der dritten Opera seria des 23jährigen Pergolesi. Die beiden Zwischenakte des dreiaktigen Werkes werden nach dem Brauch der Zeit durch ein heiteres Intermezzo ausgefüllt, dessen einfache, dem Repertoire der Commedia dell'arte entnommene Handlung in (wohltuendem) Gegensatz zu der hochpathetischen Haupt- und Staatsaktion des musikalischen Dramas steht. Dieses Intermezzo ist *La serva padrona.*

INTERMEZZO ist die Bezeichnung für die in Italien im 15. Jahrhundert aufgekommene Zwischenaktunterhaltung, die wahrscheinlich von den Rappresentazioni sacre ihren Ausgang nimmt und bald in die Aufführungen von Schauspielen, vor allem Komödien, eindringt. Dabei handelt es sich anfangs um Pantomimen oder Maskeraden, Tänze oder Musikstücke, die mit dem Hauptstück nicht oder nur in loser Verbindung stehen, es aber manchmal so beherrschen, daß sie, was die Dichter wiederholt beklagen, das ganze Interesse des Publikums auf sich ziehen. Die Intermezzi in der italienischen Oper des 17. Jahrhunderts zeigen noch häufig mythologische Szenen, auch Tänze, seit der Mitte des Jahrhunderts aber zunehmend komische Einlagen. In der klassizistischen Tragédie lyrique Frankreichs erscheinen Intermezzi dagegen nur als Balletteinlagen, die man dem Inhalt des Hauptstücks anzupassen sucht. Bezeichnend ist, daß in der Londoner Oper, in der seit 1710 die italienische Sprache herrscht, das Englische nur noch im Intermezzo geduldet wird. Die komischen Elemente der Intermezzi durchwuchern häufig das Libretto der Opera seria so, daß der eigentliche Charakter der Oper überdeckt wird. Die von Zeno und Metastasio getragene »Reform« – eine Opernreform *vor* Gluck! – merzt nun diese fremden Elemente in den für Wien und andere deutsche Höfe geschriebenen Werken aus. In Italien aber bleiben sie im Schwange, meist in burlesken Duo-Szenen für Sopran (Dienstmagd) und Baßbuffo (der alte Hagestolz). Wegen ihrer Unabhängigkeit von der Haupthandlung werden diese Szenen nicht selten aus einer Oper in eine andere übernommen. Auch der Plural »Intermezzi« wird zur Bezeichnung eines einzigen Werkes mit abgeschlossener Handlung gebraucht, weil es sich oft um zwei oder mehrere Zwischenaktszenen handelt, die zusammengehören. Das historisch bedeutsamste, nein, das überhaupt bedeutendste Werk dieser Gattung ist *La serva padrona* von Pergolesi; mit ihm setzt die *eigentliche* Geschichte der OPERA BUFFA ein.

Il prigionero superbo hat, wie Pergolesis Opere serie fast alle, beim Publikum nur geringen Erfolg, während das zweiteilige Intermezzo stürmischen Beifall erringt: an den folgenden Abenden wird das Intermezzo losgelöst von dem tragischen Rahmenstück wiederholt, und es erfreut sich bald in ganz Italien großer und wachsender Beliebtheit, in Italien und außerhalb: 1736 schon wird *La serva padrona* in Graz, 1740 in Dresden, 1746 in Wien und Paris aufgeführt; doch der eigentliche Erfolg kommt erst – durch den berühmtesten Streit der an Streitereien nicht armen Operngeschichte, durch den Pariser BUFFONISTENSTREIT:

Anfang August 1752 bringen italienische Schauspieler Pergolesis Intermezzo in Gegenwart des Königs und des ganzen Hofes an der Pariser Großen Oper zur Aufführung. Die Wirkung ist ungeheuer. Paris teilt sich in zwei Parteien, die nach der damaligen Sitte ihre Ansichten mit der Feder wie mit dem Degen vertreten. »Buffonist« oder »Antibuffonist« heißt die Losung, ähnlich wie es wenige Jahrzehnte später »Gluckist« oder »Piccinist« heißen wird. Eine ganze Literatur entsteht zu Gunsten der *Serva padrona,* deren Urheber Rousseau, LaHarpe, Grimm, Diderot und andere namhafte Enzyklopädisten sind. Selbst die allmächtige Mme de Pompadour und die Familie des Königs ergreifen Partei in diesem Streit, der erst ein Ende findet, als die italienische Komödiantentruppe auf Befehl Ludwigs XV. kurzerhand aus Paris ausgewiesen wird. Doch selbst nach dieser Niederlage geben sich die Buffonisten nicht geschlagen: Pierre Baurans übersetzt und bearbeitet *La serva padrona* für die französische Bühne und bringt die neue Fassung unter dem Titel *La Servante Maîtresse* am 14. August 1754 an der Pariser Comedie Italienne zur Aufführung. In dieser veränderten Fassung (einige Nummern sind hinzukomponiert; das Rezitativ des Originals ist durch gesprochenen Dialog ersetzt; die Personen der Komödie haben neue Namen) übt das Werk bestimmenden Einfluß auf die französische Musik der Folgezeit aus. Eine neue Gattung entsteht, die auf Einfachheit, Anmut und Natürlichkeit gestellte Opéra comique der Rousseau, Duni, Monsigny und Gretry.

Pergolesis heiteres Werk verdankt seine Wirkung zum guten Teil dem im Volkston gehaltenen lebensvollen Text des neapolitanischen Dichters G. A. Federico, der ihn einem bekannten Spiel der COMMEDIA DELL'ARTE entnommen hat.

> Der Text zieht seine Wirkung aus zwei Lustspielmotiven, aus der Übertölpelung der Person von Stand durch die an Geist und Witz überlegene Person aus dem Volk, und aus dem beliebten Verkleidungseffekt. Gestützt auf diese einfachen Mittel ist das Libretto des Erfolges bei allen Hörern aller Zeiten sicher.

Trotzdem ist festzustellen, daß der Erfolg von *La serva padrona* nicht in erster Linie auf Text und Handlung sondern auf der Musik beruht: Pergolesis *Musik* ist das eigentlich Neue, was man etwa bei einem Vergleich mit Paisiellos Vertonung desselben Textes (1781) erfahren kann: gegenüber Paisiellos Musik ist die fast 50 Jahre ältere des Pergolesi geradezu modern. Zum ersten Mal steht hier die Musik im Dienste des Textes in der Weise, daß nicht die Affekte der handelnden Personen, auch nicht ihre Affektwechsel als solche musikalisch erfaßt und dargestellt werden, sondern daß die *Handlung selbst,* daß die *Aktionen* der handelnden Personen auf der Bühne *musikalisch erfaßt* sind. Damit ist die Aufmerksamkeit des Zuschauers und Zuhörers auf eine Weise in Anspruch genommen, die das Musiktheater bis dahin nicht gekannt hat: man macht musikalisch die Aktion mit. Etwa bei der ersten Arie des Uberto:

»Aspettare,	»Warten -
e non venire;	und nicht kommen;
Stare a letto,	im Bett liegen -
e non dormire;	und nicht schlafen;
Ben servire,	gut dienen -
e non gradire;	und keinen Dank empfangen;
Son tre cose	sind drei Gründe
da morire!«	zu sterben!«

> Pergolesi erfaßt diese Worte nicht als stehenden *Affekt,* sondern als *Geschehen. So* die Wirklichkeit sehen, bedeutet, sie als etwas Unberechenbares erfassen, denn die Situation ändert sich von Augenblick zu Augenblick, nicht vorhersehbar; sie entsteht aus der Wechselwirkung zwischen Person und Ereignis (Georgiades 1954).
>
> 1. A s p e t t a r e : man wartet, lange, gespannt.
> 2. e n o n v e n i r e : Es tritt plötzlich, ruckartig, durch die Feststellung des Nicht-Kommens, eine neue Situation ein.

Was Pergolesi, dem Gesetz der Handlung auf der Bühne folgend, hier zum ersten Mal musikalisch realisiert, das wird der junge Mozart aufgreifen. Insofern ist Pergolesi in einem tieferen Sinne ein Vor-Klassiker als alle anderen sogenannten Vorklassiker. Wie Pergolesi ist Mozart tief geprägt von der Vorstellung vom Theater der italienischen Commedia dell'arte, und wie jener sucht er die musikalischen Mittel zu ihrer Realisierung in einem besonderen musikalischen Satz. Während Pergolesi aber eher die Bühnen-Aktion musikalisch *mitvollzieht,* bildet Mozart die Aktion als Musik *vor;* dazu sind seine Mittel aus der Musik selbst genommen. Bei Pergolesi spielt allerdings etwas eine Rolle, das Mozart nicht mehr zu interessieren braucht: das Moment der Parodie der Opera seria und ihres hohen aber hohl gewordenen Pathos'. Zur Darstellung von Ubertos Unentschlossenheit etwa verwendet Pergolesi das stets nur an entscheidenden Stellen der Opera seria gebrauchte hochdramatische, vom Orchester begleitete Accompagnato-Rezitativ, und in der folgenden Arie läßt er bei den an sich wenig schauerlichen Worten »Uberto, sieh dich vor!« mit allen Mitteln der Opera seria eine Geistererscheinung, eine Ombra-Szene, erstehen. So etwas hat Mozart dann nicht mehr nötig, so etwas entspricht nicht mehr seiner Vorstellung von Oper als musikalischem Theater – und doch macht er die eine oder andere Arie gerade so wie Pergolesi, z. B. die des Dr. Bartolo im 1. Akt des *Figaro.*

1733 **Georg Philipp Telemann** (1681-1767): **»Tafelmusik«**, gedruckt in Hamburg

Telemanns *Musique de Table,* 1732 vom Komponisten zur Subskription ausgeschrieben (die Subskriptionsliste umfaßt 186 Namen – darunter Händel – mit 206 Bestellungen, davon 56 aus dem Ausland) und 1733 in Hamburg erschienen, ist wohl das prominenteste, sicher das erfolgreichste jener großangelegten Sammelwerke, in denen sich beim Übergang von der höfischen zur bürgerlichen Musikkultur die Traditionen eines

Jahrhunderts sammeln und ihnen zugleich die Tendenzen der neuen Zeit anverwandelt werden. Seine historische Bedeutung liegt in dieser Schlüsselstellung, die zugleich die Schlüsselstellung des Komponisten im Stilwandel des ersten Jahrhundertdrittels spiegelt. Nach Umfang und innerem Gewicht zählt die *Tafelmusik* zu den bedeutendsten Instrumentalwerken des ausgehenden Barocks und zu jenen Werken des Komponisten, die sich entschieden über die bloß zeitgemäße »Unterhaltungsmusik« erheben und Telemanns Zeitruhm verständlich machen. Die barocke Neigung und der barocke Anspruch zum Enzyklopädischen trifft hier zusammen mit dem Gedanken einer Synthese der herrschenden italienischen und französischen Nationalstile und dem Wunsch nach einem neuen, universalen »goût«.

Die *Musique de Table* besteht aus drei »Productionen«, die im großen Ganzen gleich, im Detail und in der Instrumentation aber planmäßig differenziert sind. Die Ordnung der sechs Stücke jeder »Production« ist symmetrisch: eine französische Ouvertüren-Suite mit Grave-Einleitung, fugiertem Allegro und vier bis sechs Tanzsätzen und eine tonartlich entsprechende kurze »Conclusion« in gleich starker Besetzung bilden einen Rahmen; ein italienisches Konzert für verschiedene Solo-Instrumente und Streichorchester ist das Mittelstück; vor dem Konzert steht ein Quartett, nach dem Konzert folgt eine Trio- oder eine generalbaßbegleitete Solosonate. Damit entspricht Telemann einerseits dem Gebrauchszweck einer »Tafelmusik« für bürgerliche und höfische Feste, andererseits nimmt er die Möglichkeit wahr, sein Ideal einer Synthese der verschiedenen Möglichkeiten von instrumentaler Ensemblemusik einmal in einem großen Werk ausgedehnt zu realisieren.

> Die Frage sei einmal gestellt: Was eigentlich erwartet das Publikum von 1733 von einer *Musique de Table,* die es so zahlreich subskribiert? Der bürgerliche Käufer nimmt durch den Erwerb der *Tafelmusik* gleichsam teil an einer mitteldeutschen Fürstentafel, während sich die Fürsten Telemanns Arbeiten durch Verträge als »Compositeur von Hause aus« sichern. Telemann hat in diesem Fall keine Präsenz-Pflicht bei Hofe und kann deshalb mehrere Höfe (Dresden, Gotha, Darmstadt und Eisenach) gleichzeitig mit Abschriften seiner Werke bedienen. Und der Apotheker oder der Kaufmann in Hagen in der Mark oder sonstwo in der Provinz weiß mit dem Erwerb der *Musique de Table* nun eben auch, was bei Hofe musiziert wird: Hier werden die gesellschaftlichen Barrieren erstaunlich durchbrochen, und dies immerhin zwanzig Jahre, bevor sich das bürgerliche Publikum wenigstens per Buch, nämlich in Quantzens *Flötenschule,* beim Flöten- und Kompositionslehrer des preußischen Königs Rat in Geschmacksfragen holen kann. Dies allerdings auch zu einer Zeit, da Bachs *Brandenburgische Konzerte* in Berlin und die *h-moll-Messe* in Dresden zu verstauben beginnen, ja da die meisten »Highlights« der barocken »E-Musik«, die heute allbekannt sind, für die Allgemeinheit noch durchaus »unerhört« sind (R. Goebel).

1733 ff. Georg Friedrich Händel (1685-1759): Orgelkonzerte

»Bei der Aufführung seiner Oratorien *Esther* und *Deborah* schenkt er der Öffentlichkeit auch noch eine Art Musik, von welcher man ihn den Erfinder nennen kann, nämlich das Orgelkonzert. Man wußte, daß er auf diesem Instrument in der Welt kaum seinesgleichen hatte, und es konnte ihm nicht unbekannt sein, daß er auf demselben eine Art zu spielen besaß, welche sich wenigstens durch den Reiz der Neuheit empfahl...« Was John Hawkins, der berühmte Musikhistoriker und Zeitgenosse Händels, in seiner *General history of the science and praxis of music,* London 1776, über Händel und die Orgel mit fachlicher Kompetenz festhält, dient als Hauptquelle für Händels Orgelkonzerte. Hawkins erkennt den besonderen Rang dieser Werke, die Händel selbst als »Zwischenaktmusiken« in Oratorien einzubauen pflegt. Die Resonanz auf diese Werke ist seinerzeit ungeheuer. Händels Verleger John Walsh nutzt die Konjunktur 1738 zur Veröffentlichung der ersten Serie von *6 Konzerten* als *Opus 4* (HWV 289-294). Eine zweite Serie mit *6 Konzerten* (HWV 295-300) erscheint 1740, eine dritte Serie, wiederum mit *6 Konzerten* (HWV 306-311), als *Opus 7* erst 1761. Alle diese Konzerte haben trotz ihrer Zwischenakt-Funktion einen in gewisser Weise intimen Charakter, der wohl mit dem Orgeltyp zusammenhängt, den Händel in England vorfindet, nämlich den der englischen Kammerorgel mit einem Manual und sieben oder acht Registern jedoch ohne Pedal (in HWV 306 allerdings findet sich einmal ein Hinweis Händels auf ein Pedal). – Andere Orgelmusik ist von Händel nicht überliefert.

1733-1746 Valentin Rathgeber (1682-1750): »Augsburger Tafelconfect«

1733, 1737 und 1746 läßt der Banzer Benediktinerpater Valentin Rathgeber anonym bei J. J. Lotter in Augsburg in drei »Trachten« (= Mengenmaß: was einer auf einmal bei Tisch auftragen kann) eine Sammlung von insgesamt 42 Stücken erscheinen unter dem Titel *Ohren-vergnügliches und Gemüth-ergötzendes Tafel-Confect; beste-*

hend in kurtzweiligen Sing- und Tafel-Stücken von 1, 2 oder 3 Stimmen mit einem Clavier, oder Violoncello zu accompagniren. Zur angenehmen Zeit-Vertreib und Aufmunterung melancholischen Humeurs. (Die 4. »Tracht«, ebenfalls 1746 bei Lotter in Augsburg erschienen, deren Musik eher zum »galanten Stil« neigt, stammt von einem Augsburger Kantor J. C. Seyfert). Die Sammlung enthält eine Fülle von Stücken für häusliches und geselliges Musizieren vom einfachen volkstümlichen Strophenlied (nicht Volkslied!) über ein- und mehrstimmige Quodlibets bis zu mehrstimmigen und kantatenhaft mehrteiligen Liedern an der Schwelle zum Singspiel und bis zum instrumental begleiteten Lied nach dem Vorbild Adam Kriegers. Sie spiegelt die Musizierfreudigkeit, wie sie in süddeutschen Studentenkollegien, bei Klosteraufwartungen und anderen Festivitäten damals herrscht, und zwar mit einer Frische und Lebensnähe, die durchaus mehr ist als »triviale Munterkeit«. Gewiß, Rathgeber ist ein Spaßmacher, auch wenn er zwischendurch einmal, ohne den leichten Ton zu verlassen, die Hoffnung, die Geduld oder das gute Gewissen preist. Aber er ist auch mehr als das, nämlich ein Vertreter musikalischen Humors, wie man ihn in dieser Art und von diesem Format in der Geschichte der deutschen Musik nur selten findet.

Eine Zeitlang setzt die Drucküberlieferung solcher Sammlungen, von denen das *Augsburger Tafelconfect* die bedeutendste ist, aus. Aber die Jahrzehnte von Schwartzens *Musae Teutonicae* (Königsberg 1705/06) bis zum *Tafelconfect* sind trotzdem keine liederlose Zeit. Das zeigen Handschriften wie das *Liederbuch Kammerers* von 1715 (Ulm), die *Musikalische Rüstkammer* von 1719 (Leipzig), das *Sing- und Spielbuch Eberhards von Oeynhausen* 1725/34 (Westfalen), die *Danziger Liederhandschrift* von 1727, später das *Ostracher Liederbuch* (um 1750). Doch das Versiegen der Drucke ist so auffallend und merkwürdig, daß schon aus diesem Grunde die Augsburger Veröffentlichung hervorsticht. Man wird dem *Tafelconfect* nämlich weder gerecht, wenn man es nur als Ausläufer der alten Quodlibet- und Ensembleliedpraxis betrachtet, noch wenn man es mit den Rokokoliedern etwa des Sperontes oder des *Ostracher Liederbuchs* in Zusammenhang bringt. Denn wurzelt das *Tafelconfect* auch mit vielen Zügen im älteren deutschen Lied, mit den entscheidenden Elementen seines Stils gehört es durchaus in die Musiksphäre des süddeutschen Hochbarocks. (H. Osthoff 1948) – Nebenbei: Die Melodien der beiden Lieder, die J. S. Bach in der letzten seiner *Goldbergvariationen* verwendet, kommen auch unter dem *Augsburger Tafelconfect* vor.

1733-1760 Jean-Philippe Rameau (1683-1764): 28 französische Opern und Ballette

Rameau ist der vielseitigste, produktivste und klügste Kopf unter den französischen Musikern seines Zeitalters, als Komponist der bedeutendste seiner Generation in Frankreich. Findet auch keine seiner Opern Aufnahme im Ausland, so wirkt doch kein anderer französischer Musiker des 18. Jahrhunderts, ausgenommen vielleicht Gretry, so über die Grenzen Frankreichs hinaus. – Geht Rameau in der Behandlung des Rezitativs wie der Arie (französisch: »récitatif pathétique« und »Air«) von Lully aus, aber nicht weit darüber hinaus, interessieren ihn vokale Ensembles und Chöre verhältnismäßig wenig, so übertrifft er in den *Divertissements* mit Gesang und Tanz, die bei ihm zu jedem Opernakt gehören, alles Bisherige und alles Zeitgenössische. Von den *Symphonies de dance* gehören manche zu Ballets figurés, wo eine Gruppe eine Episode des Stoffs zu »figurieren« hat. Sie folgen eng den wechselnden Geschehnissen der Handlung, diktieren aber die Bewegungen der Tänzer musikalisch durch Ineinandergreifen der Instrumente und rhythmische Prägnanz. Übrigens gehört bei Rameau noch wie bei Lully an den Schluß der Oper eine *Chaconne,* jedoch hat sie bei ihm nur noch den Namen mit der alten Tanzgattung gemein. – Rameaus vielleicht am meisten bemerkenswerte Leistung ist die selbständige Behandlung des Orchesters und die Rolle, die er dem selbständigen Orchesterstück innerhalb der Oper zuweist. Waren einzelne selbständige Orchesterstücke in der Oper schon seit Lully, Campra und Destouches üblich, so werden bei Rameau die Schlachtgemälde, die Seestürme, die Ungeheuer- und Gewitterschilderungen und anderes nun zur Regel, sie werden vor allem durch reiche Nutzung der Orchesterfarben dargestellt und erlangen damit den Charakter selbständiger Programmusik – ganz und gar im Sinne des neu angebrochenen musikalischen Zeitalters und seiner Musikanschauung. Dem genau entsprechend sind auch manche von Rameaus Ouvertüren dadurch, daß sie Material aus der späteren Oper prononciert vorausnehmen, Programm-Ouvertüren. Freilich, das Neue bei Rameau liegt nicht in den Einzelheiten, sondern in der Art, wie er Vorhandenes ein- und umarbeitet. Nahezu alle Errungenschaften der nun anbrechenden Zeit haben hier ihre Wurzel, und dennoch gehören Rameaus Bühnenwerke in erster Linie zur Barockoper, nämlich nach der zugrundeliegenden Theaterhaltung: Die Handlung selbst bleibt nämlich nebensächlich; nur wie sie erzählt wird, ist wichtig. Die Sprache ist nicht die natürliche von lebendigen Menschen, sondern die ihrer Rhetorik, und diese Rhetorik läßt die Akteure in

Affekten ohne psychologische Tiefe und in musikalisch nur schwer nachvollziehbaren Abbildern dieser Affekte erstarren.

Zu einer Aufführung von *Castor et Pollux* im Jahr 1980 schreibt äußerst aufschlußreich ein Rezensent (H. J. Herborth in *DIE ZEIT*): »Und so wird in dieser Aufführung erkennbar, wie anders szenische Musik im Frankreich der zweiten Hälfte des 18. Jahrhunderts verstanden wurde trotz oder gerade wegen des starken Einflusses der Italiener: da gibt es nur kurze Phasen, in denen man sich auf ein durchlaufendes und entsprechend zählbares Takt-Raster einhört, bald schon wird es gestört, die sprachlichen Versmuster diktieren jetzt die Akzente, und die sind immer wieder neu verlagert. Vor allem in den Rezitativen ist der Vorrang des Deklamatorischen offenkundig, aber nicht im Sinne einer sprachmusikalischen Linie von einer Kadenz zur nächsten, sondern eher als musikalisierte Rezitation eines poetischen Versmaßes. Oder: Daß da nicht immer wieder jemand eine umfangreiche Arie sänge mit Affekten und Effekten, mit ›Da Capo‹ und großer belcantistischer Pracht wie etwa bei Händel oder Vivaldi, war bekannt. Daß aber weit mehr noch als alle gesangstechnischen Kunstfertigkeiten einer ›geläufigen Gurgel‹ deren Vertrautheit mit der außerordentlich vielschichtigen und raffinierten Verzierungskunst vorausgesetzt werden sollte; daß beispielsweise in den ›Vorschlägen‹, also den vor die Hauptnote gesetzten Hinführungstönen, oder in den ›Vorhalten‹, den am Ende vor der Auflösung wie eine Art Warteschleife eingefügten, manchmal wie ›falsch‹ klingenden, aber nicht als Dissonanz gewerteten Stör-Tönen sich Schärfungen und Verdichtungen ergeben, die einer Linie einen Charakter verleihen, eine Stimmungsnuance, einen Ausdruck; daß gerade in diesen Accessoires höchste Präzision vonnöten ist, keine schlamperte Improvisation, sondern ein exaktes Wissen und unerhörtes Können erforderlich sind – dies ohrenfällig gemacht zu haben, ist das Verdienst dieser für unsere künftige Beschäftigung mit eben jener Musik zweifellos richtungsweisenden, um nicht zu sagen: verbindlichen Aufführung...« (Musikalische Leitung: Nikolaus Harnoncourt; Inszenierung: Horst Zankl; Bühnenbild: Erich Wonder). »Oper als Schau-Theater für denkende Wesen also. Impulse in dieser Richtung tun – beim Jupiter – dieser so hartnäckig an der routinierten Herz- und Schmerzgebärde festhaltenden Theatergattung eigentlich immer, zur Zeit aber besonders gut. Daß eine Barock-Oper plötzlich gar nicht mehr so weit von uns entfernt in irgendwelchen artifiziellen Höhen hängt, ist die eine Folge. Daß eine andere es sein könnte, daß auch die Nachlaß-Verweser an den großen und kleinen Staatstheatern die Impulse aufgreifen, gehört noch in den Bereich der Utopie.«

Die wichtigsten seiner Opern sind: *Hippolyte et Aricie* (1733), *Les Indes galantes* (1735), *Castor et Pollux* (1737), *Les fêtes d'Hébé* (1739), *Dardanus* (1739, rev. 1744), *Les surprises de l'amour* (1748, rev. 1759), *Daphnis et Églé* (1753), *Les Boréades* (1764).

1734-um 1738 **Johann Sebastian Bach** (1685-1750): **Die Oratorien zu Weihnachten, Ostern und Himmelfahrt**

Mit der Hinwendung zum Oratorium ist Bach offenbar bemüht, durch engere Bindung an das in der Evangelienlesung des Gottesdienstes berichtete Geschehen der Kirchenmusik ein neues Gebiet zu erschließen. Ob er dabei nur an die drei erhaltenen Werke denkt, oder ob wir Verluste zu beklagen haben (eventuell ein Pfingst-Oratorium), oder ob ihn andere Gründe an der Fortsetzung hindern, wissen wir nicht.

Weihnachten 1734 bis Epiphanias 1735: *Weihnachts-Oratorium* (BWV 248)
um Ostern 1738 (als Überarbeitung der Osterkantate *Kommt, gehet und eilet* von 1725): *Oster-Oratorium* (BWV 249)
Himmelfahrt 1735: *Himmelfahrts-Oratorium* (BWV 11)

Im Gottesdienst stehen diese Werke an Stelle der Kantate, unterscheiden sich jedoch von dieser durch eine geschlossene Handlung. Während die Oratorien zu Ostern und Himmelfahrt jeweils den Raum einer Kantate einnehmen, erstreckt sich das *Weihnachts-Oratorium* über sechs einzelne Gottesdienste von Weihnachten bis Epiphanias. Trotzdem liegt ihm inhaltlich die Weihnachtsgeschichte als eine geschlossene Handlung zugrunde. Die Textdichter sind nicht bekannt, doch darf man Henrici/Picander annehmen. Hinsichtlich der Musik gehören die drei Oratorien zu den weitgehend aus vorhandenen Kompositionen, nämlich über das Parodieverfahren gewonnenen und zusammengestellten Werken. Davon also, daß mit der Parodie eine Wertminderung einhergehe, kann keine Rede sein.

1735 **Johann Sebastian Bach** (1685-1750): **Zweiter Teil der Klavierübung: Italienisches Konzert** und **Französische Ouvertüre (Partita h-moll)**

»Zweyter Theil der Clavier Übung bestehend in einem Concerto nach Italiaenischen Gusto und einer Ouverture nach Französischer Art: vor ein Clavizymbel mit zweyen Manualen. Denen Liebhabern zur Gemüths-Ergötzung verfertiget von ...« Mit den beiden Stücken des *Zweiten Teils der Klavierübung,* die Bach zwar ohne Angabe des Jahres aber nachweislich 1735 veröffentlicht, überträgt er je ein Musterbeispiel der beiden Hauptformen der damaligen italienischen und französischen Orchestermusik auf das Klavier. Im *Konzert* (BWV 971) läßt er nach italienischem Vorbild einen vollen, gleichsam orchestralen Klang mit einem zarten, solistischen Konzertieren abwechseln – in der Notierung gekennzeichnet durch die Vorschriften *forte* und *piano,* womit zugleich die Manuale des Cembalos gekennzeichnet sind. In der *Ouvertüre* (BWV 831), die in einigen Sätzen auch diesen Gegensatz verwertet, folgen dem festlichen Eröffnungsstück, der eigentlichen Ouvertüre, einige französische Tanzsätze und ein den forte-piano-Gegensatz, den die Manuale ermöglichen, besonders reizvoll nutzendes »Echo«.

1735 **Giovanni Battista Pergolesi** (1710-1736): **Opera seria »L'Olimpiade«** in Rom

Pergolesis letzte Opera seria (nach Metastasio) nimmt eine merkwürdige Sonderstellung innerhalb der Neapolitanischen Opera seria-Tradition ein. Zugrunde liegt offenbar eine neue Vorstellung von der Aufgabe der Musik in der Oper und bei der Darstellung vom Ausdruck des Menschen. Die Neigung zu liedhafter Gestaltung und ausgesprochen schlichter Melodik, die eigenwillige Akzentuierung des Textes durch freizügige Wortumstellungen und die Hervorkehrung empfindsamer Züge geben den Arien einen Ton echten Gefühls, wie er der Opera seria sonst fremd ist, und einen fast kammermusikalischen Charakter.

1736 **Giovanni Battista Pergolesi** (1710-1736): **Stabat mater**

Das Vorbild zu Pergolesis *Stabat mater* (für Sopran, Alt, Streicher und Generalbaß) ist Alessandro Scarlattis Vertonung desselben Textes für dieselbe Besetzung. Die Berichte, daß das *Stabat mater* nach Pergolesis Tod von L. Leo fertiggestellt worden sei, sind Legende. Richtig aber ist, daß Pergolesi, wohl aus Zeitnot, nicht weniger als 11 der 13 Nummern seines *Stabat mater* aus einem *Dies irae* von 1731 übernommen und nur umtextiert hat: nur die Nummern 1 und 8 sind Originalsätze für das neue Werk. Übrigens hat man nicht zu allen Zeiten dieses beliebte, ja weltberühmte Stück für ein Meisterwerk gehalten, und zwar gerade dann nicht, wenn man die Barockoper von Pergolesis Zeit vor Augen und Ohren hatte. Forkel und Wilhelm Heinse etwa haben dazu gegensätzliche Meinungen vertreten.

Wie selten an einem Werk kann man an Pergolesis *Stabat mater* rezeptionsgeschichtliche mit musikgeschichtlichen Überlegungen verbinden. Der »Respekt vor dem Wort«, den die katholische Kirchenmusik des 17. Jahrhunderts so zur Schau getragen hat, schwindet im 18. Jahrhundert. Viele Formen sind »vermusikalisiert«, doch »instrumental intentioniert« ist die hochkonzertante Kirchenmusik im allgemeinen keineswegs in dem Maße, wie es ihr nachgesagt wird. Auch jetzt handelt es sich bei inspirierten Komponisten um Ausdrucksmusik, wobei die Ausdruckssphäre allerdings eine andere ist, weil die Intention vom *Wort*ausdruck in den *Empfindungs*ausdruck verlagert ist. Bis zum Erdrücken der eigenen Empfindung des Hörers werden die Bilder der Anteilnahme in die liturgischen Texte eingebracht und in die Seele des Hörers eingedrückt. Das Streben nach Ausdruck nun verleitet zu Übertreibungen, namentlich wenn das ohnehin ästhetisch anfechtbare Prinzip der Rührung angesteuert wird, oder wenn süßliche Melodiegänge und Seufzermotive oder volksmäßige musikalische Elemente (wie im weihnachtlichen Pastorale oder in manchen Salve regina) vordringlich werden. Man sieht, hier ist von einer künstlerisch gehobenen Ausdrucksmusik die Rede, die jedoch gleichzeitig liturgische Korrektheit zu wahren hat, und daß sich da ein tiefes liturgisches Problem auftut: Die Musik beginnt, sich vor die Liturgie zu schieben und den Menschen von dort ins Gefühlsmäßig-Fromme abzulenken (Ursprung 1931). Daß es sich um eine Ablenkung von der eigentlichen Sache handelt, vergißt man gerne bei der Süße von Pergolesis Musik.

Schon das Zeitalter liebte seinen Pergolesi zu sehr: von 7 Opere serie, die Hucke im *MGG*-Artikel (1980) verzeichnet, sind nur 4 echt, von 17 Kammerkantaten nur 5 oder 6, von über 100 einzelnen Messensätzen bestenfalls 3, usw.. Diese außergewöhnliche Zahl falscher Zuschreibungen ist in der Musikgeschichte einmalig. Als Ursachen nennt Hucke erstens, daß das Publikum von den Werken Pergolesis fasziniert ist. Wahrscheinlich wird bis zum Ende des 18. Jahrhunderts keine Musik so häufig überliefert wie *La serva padrona,* das *Stabat mater* und das eine der beiden echten *Salve regina.* Zweitens, daß ausgerechnet Rousseau sich als Prophet von Pergolesi gebärdet. Allerdings ist die Vorstellung, daß die Pergolesi-Begeisterung erst mit Rousseau und mit dem Pariser Buffonistenstreit 1752 beginne, falsch. Drittens: Pergolesi wirkt schon in Neapel anders nach als Alessandro Scarlatti, nämlich unmittelbar. Insbesondere der für das *Stabat mater* bezeichnende empfindsame Ton wirkt in Neapel geradezu stilbildend, etwa für das Spätwerk des Leonardo Leo. Viertens verbreitet sich Pergolesis Ruhm schnell über Neapel hinaus. Die *Serva padrona* wird von reisenden Operntruppen durch ganz Europa getragen, aber auch eine Reihe von Kirchenwerken ist schnell über Neapel hinaus bekannt. J. S. Bach zum Beispiel bearbeitet das *Stabat mater* für eine Aufführung in der Thomaskirche zwischen 1740 und 1750, und zwar gründlich. Seine Bearbeitung wird bei den Modernisten seiner Zeit, etwa bei Johann Adolf Scheibe, allerdings schwerlich Anklang gefunden haben, wird doch dem Werk hier gerade das genommen, was die Bewunderer Pergolesis an ihm rühmen, seine schlichte Natürlichkeit. Um so interessanter ist die Bearbeitung für die Nachwelt als Dokument an der Grenze zwischen den Stilen, zwischen vollstimmig gedachter Polyphonie und naiv natürlicher Homophonie. Zugleich wird das stark individualisierte, empfindsame Werk durch Bachs Bearbeitung – zwar nicht völlig aber doch annäherungsweise – herausgehoben aus der Sphäre des kammermusikalisch Privaten und gewandelt zur barocken protestantischen (!) Kirchenkantate über den Psalm 51: »Nimm meine Schuld von mir« (A. Dürr 1968). Schließlich hängt fünftens die Verbreitung der *Serva padrona* zusammen mit einer Veränderung in der Entwicklung des Repertoiretheaters. Und parallel dazu spielt eine Rolle, daß jetzt ein Kirchenwerk wie das *Stabat mater* nicht mehr nur von einem Chor in der Kirche vorgetragen werden kann, daß man es jetzt vielmehr auch zu Hause als Kammermusik musiziert: die Art der Überlieferung bezeugt den Gebrauch durch Liebhaber. Die Pergolesi-Begeisterung hängt also *auch* zusammen mit dem Wandel der europäischen und zugleich mit der Herausbildung einer neuen bürgerlichen Musikkultur.

Die weiteste Verbreitung in Deutschland findet das *Stabat mater* übrigens in zwei Einrichtungen von Johann Adam Hiller aus dem Jahre 1774 für Klavier und von 1776 für Stimmen und Instrumente mit einem pietistisch eingefärbten Text von Klopstock (beginnend mit einer hinzugefügten »Voraus-Strophe«: »Jesus Christus hängt am Kreuze«). So wird es nicht nur in Hillers »Liebhaberkonzerten« aufgeführt, so findet es auch als »Passionsmusik« oder »Passions-Cantate« Eingang in den evangelischen Gottesdienst. Damit stellt sich nun die Rezeptionslinie vollends als eine Kette von Mißverständnissen dar: Protestantische Kritiker messen ein älteres katholisches Werk, das keine liturgische Musik im engeren Sinne ist, an ihrem neu entwickelten Ideal der wahren Kirchenmusik (de Ruiter 1990). Und auf der anderen Seite vertont Franz Schubert den Klopstockschen (evangelischen) Text 1816 als eine Art Oratorium für das katholische Wien (D 383).

1736 **Sperontes** (eigentlich Johann Sigismund Scholze; 1705-1750): **Singende Muse an der Pleisse**, gedruckt in Leipzig

Der vollständige Titel dieser Sammlung lautet: *Sperontes Singende Muse an der Pleisse in zweimal 50 Oden der neuesten und besten musikalischen Stücke mit den darzu gehörigen Melodien zu beliebter Clavier-Übung und Gemüths-Ergötzung. Nebst einem Anhange aus J. C. Günthers Gedichten.* Eine erste Fortsetzung in zweimal 25 Oden erscheint in Leipzig 1742, eine zweite 1743, eine dritte 1745; alle vier Teile zusammen erscheinen in Breslau 1751. Die erste Sammlung enthält 100 Gedichte und 68 Musikstücke; alle Sammlungen zusammen 248 Musikstücke, und zwar von verschiedenster Art. Dabei überwiegen die einstimmigen Strophenlieder mit Generalbaß-Begleitung. Die Melodien sind nicht zu den Texten erfunden, sondern die Texte sind vorhandenen Melodien unterlegt. Die Herkunft sowohl als auch der Grund für die riesige Verbreitung dieser Sammlungen sind in einem in dieser Zeit aufbrechenden musikalischen Zwischenreich zu suchen und zu finden, nämlich dort, wo das echte Volkslied zum ulkigen »Studentenlied« verkommt, wo gleichzeitig in der Gattung Lied die hohe Komposition zum Lied im Umgangston heruntersinkt. Die *Singende Muse an der Pleisse* ist ein Produkt, das früher den durchaus kunstvollen Sammlungen Heinrich Alberts und Adam Kriegers hätte entsprechen müssen, und das nun in die Sphäre der Verbreitung von Einblattdrucken und fliegenden Blättern gerät. Zur gleichen Zeit greifen Volkskomiker, wie etwa der Wiener Kurz-Bernardon (1717-1784), für ihre Volksstücke auf dieses Material zurück. Kein Wunder, daß die kritische Musiktheorie sich dieses neuen, ihr unbegreiflichen Phänomens annimmt: J. A. Scheibe, F. W. Marpurg, L. Mizler, J. Chr. Gottsched und wie sie alle heißen, treten in die Erörterung der Frage ein: »Was ist Volkslied?«, und wenig später beginnt Herder Volkslieder zu sammeln – weil er sie untergehen sieht. Was hier als musikalisches Phänomen in Erscheinung tritt, hat seinen Grund in den großen sozialen Umwälzungen des Revolutionsjahrhunderts, in dem viele Menschen, konfrontiert mit völlig neuen Gegebenheiten von der Industrialisierung bis zu den Völkerwanderungen in deren Gefolge, entwurzelt, aber auch sich ihres Menschseins in neuer Weise bewußt werden. – Daß dementsprechend in dieser Zeit viele Sammlungen ähnlicher Art entstehen, darf man fast natürlich nennen. Sperontes' *Singende*

Muse an der Pleisse ist nur die berühmteste von allen.

1736, 1739 Georg Friedrich Händel (1685-1759): »Alexanderfest« und Cäcilienode

Das Fest der heiligen Cäcilie am 22. November wird zu Händels Zeit in England traditionell mit Musik gefeiert. Aus diesem Anlaß komponiert Händel *Alexander's Feast or the Power of Musick, Ode in Honour of St. Cecilia in two parts,* oft abgekürzt nur *»Cäcilien-Ode«* genannt, von John Dryden (Textfassung von Newburgh Hamilton; HWV 75; London, Theatre Royal, Covent Garden: 19. Februar 1736; 4 Wiederholungen). Warum Händel die Ode freilich in den folgenden Jahren immer wieder aufführt, jedoch, von der einzigen Ausnahme 1739 abgesehen, nie am Cäcilientag, ist unklar. Händel führt das Werk stets oratorisch auf, also auf dem Theater, in Kostümen und mit szenischen Andeutungen, und er koppelt es stets mit anderen Werken, um eine abendfüllende Aufführungsdauer zu erreichen, in der Regel mit einem Orgelkonzert (oder einem anderen Instrumentalwerk) und mit einer italienischen Kantate. Anstelle der Kantate komponiert Händel für die Aufführung 1739 auf einen Text derselben Autoren die sogenannte kleine Cäcilienode *From Harmony, from heav'nly Harmony, Ode for St. Cecilia's Day* (HWV 76; London, Theatre Royal, Lincoln's Inn Fields: 22. November 1739).

1790 bearbeitet Mozart beide Werke Händels (KV 591 und 592; deutscher Text von C. W. Ramler). Damals gibt es in Wien einen Kreis von Aristokraten, denen besonders die Pflege älterer Musik am Herzen liegt. Sein Haupt ist Gottfried van Swieten, Präfekt der Hofbibliothek, ein großer Verehrer Händels. 1788 schon gibt er Mozart den Auftrag, *Acis and Galathea* für eine Aufführung einzurichten, 1789 den *Messias,* 1790 unsere beiden Werke. Alle Bearbeitungen entstehen für bestimmte Aufführungen. Mozart folgt dabei selbstverständlich der barocken Tradition, daß eine Kantate oder ein Oratorium – darin der Oper ähnlich – für jede Aufführung eigens eingerichtet wird. Aber Mozarts Bearbeitungen sind aus solchem Usus allein nicht hinreichend zu erklären. Während die Kraft und der Fluß der Händelschen Chormusik zu Mozarts Zeit längst unumstritten sind und Händels kontrapunktische Kunst als erhaben gilt, empfindet man die instrumentale Ausführung seiner Arien bereits als holprig, jedenfalls als nicht genügend sorgfältig. Um die thematischen Einfälle besser hervortreten zu lassen, um die Grundstimmung zu verdeutlichen, um den Fluß zu wahren, scheinen Mozart deshalb Ergänzungen geboten. Die Holzbläser, die er, meist als Stimmverdopplungen, hinzusetzt (darunter auch Klarinetten, die Händel noch nicht kannte), betonen die pastorale Grundstimmung und entsprechen zugleich dem Klang des »klassischen« Orchesters. Gelegentlich scheint Mozart der Händelsche Satz der Arien aber auch zu dünn und zu karg. Hier fügt er Instrumente als obligate Stimmen ein. Insgesamt geht Mozart jedoch behutsam vor, ja es scheint ihm darauf anzukommen, seine Kunst in den Dienst Händels zu stellen (Holschneider 1973).

1736-1800 Ära der Barockoper in St. Petersburg

Trotz aller nationalen Tendenzen ist »Oper« in der zweiten Hälfte des 18. Jahrhunderts im Grunde noch immer »italienische Oper« (mit Ausnahme von Frankreich, das freilich auch italienisch infiziert ist), nämlich Opera seria für hohe und festliche Anlässe, Opera buffa »nur« zur Unterhaltung. So erobert sich die Barockoper unter den auf glanzvolle Hofhaltung bedachten Nachfolgerinnen Peters I. im Petersburger Hoftheater ihre letzte Bastion im europäischen höfischen Leben, denn in noch stärkerem Maße als an den westeuropäischen Höfen wird die Opera seria in Rußland zu höfischen Huldigungsakten monumentalisiert, zum glanzvollen Symbol des absolutistischen Staates. Für die musikalische Entwicklung Rußlands allerdings, nämlich für die Entstehung und Entfaltung eines russischen musikalischen Idioms, hat dies keinerlei Bedeutung. – Die von der Zarin Anna Iwanowna 1735 verpflichtete italienische Operntruppe bringt 1736 anläßlich des Geburtstags der Herrscherin Francesco Arajas Oper *La forza dell' Amore e dell'Odio* (Uraufführung 1734 in Mailand) zur Aufführung: der Beginn des Petersburger Hof-Operntheaters. Im letzten Drittel des Jahrhunderts steigt der Ruhm dieses Theaters zu Weltruhm, als Katharina II. nacheinander diese Italiener als Theaterdirektoren engagiert: B. Galuppi (1765-1768), T. Traëtta (1768-1775), C. Paisiello (1776-1784), G. Sarti (1784-1787) und D. Cimarosa (1787-1791). Gleichzeitig werden von Theatertruppen in Liebhabertheatern außer italienischen (1773 Pergolesi, *La serva padrona*) französische Opern (z. B. von Grétry und Philidor) gespielt, seit den 1750er Jahren auch Opern auf russische Texte (1755 *Cefal i Prokris* von Francesco Araja, einem Italiener, nach einem Libretto von Aleksandr P. Sumarokow).

1737 Johann Sebastian Bach (1685-1750): Dritter Teil der Klavierübung: Präludium und Fuge Es-dur, Choralbearbeitungen, 4 Duette

»Dritter Theil der Clavier Übung bestehend in verschiedenen Vorspielen über die Catechismus- und andere Gesaenge, vor die Orgel: Denen Liebhabern, und besonders denen Kennern von dergleichen Arbeit, zur Gemüths Ergezung verfertiget von Johann Sebastian Bach, Koenigl. Pohlnischen, und Churfürstl. Saechs. Hoff-Compositeur Capellmeister, und Directore Chori Musici in Leipzig. In Verlegung des Authoris.« Als Erscheinungsjahr ist 1737 bezeugt, wenn auch nicht auf dem Titelblatt. Es scheint, daß die Werke eigens für diesen Druck komponiert worden sind. – Clavier meint in jener Zeit nicht wie heute »Pianoforte«, sondern Tastatur und, davon abgeleitet, Tasteninstrument, also gleichermaßen Clavichord, Cembalo und Orgel. Bachs *Klavierübung* enthält als umfassende Sammlung deshalb nicht nur Klaviermusik (im neueren Sinne) verschiedener Gattungen und verschiedener nationaler Stile, sondern auch typische Orgelmusik, nämlich ein Orgel-Präludium mit Fuge und Choralbearbeitungen. (Ob man auch die vermutlich um 1727 komponierten 6 *Orgelsonaten* BWV 525-530 im Zusammenhang der *Klavierübung* sehen darf, bleibe dahingestellt; in ihnen überträgt Bach das Prinzip der Triosonate auf die Orgel: Rechte Hand – Oberwerk, linke Hand – Hauptwerk, Füße – Pedalwerk.) Daß der der Orgel gewidmete *Dritte Teil der Klavierübung* auch noch 4 zweistimmige Klavierstücke (BWV 802-805) in Form großer Inventionen (Steglich), *Duette* betitelt, enthält, erklärt man allgemein als Versehen. – Diese Sammlung von *Choralbearbeitungen* (BWV 669-689) ist schon Bachs zweite. Behandelt das *Orgelbüchlein* die CANTICA DE TEMPORE, die in der Ordnung des Kirchenjahres gruppierten Lieder, so hat es das Werk hier mit den KATECHISMUSLIEDERN zu tun. Unter diesen versteht man damals eine Sammlung der klassischen Lieder über die Hauptstücke des christlichen Glaubens, die in keinem Gesangbuch fehlen. Die Ordnung ist dieselbe wie im Lutherschen Katechismus. Den Grundstock bilden die Luther-Lieder *Dies sind die heiligen zehn Gebot, Wir glauben all an einen Gott, Vater unser im Himmelreich, Christ unser Herr zum Jordan kam, Jesus Christus unser Heiland* (Abendmahlslied) und *Aus tiefer Not schrei ich zu dir* (Beichtlied). Diesen Katechismus in Luther-Liedern wählt Bach sich zum musikalischen Vorwurf. Um das Dogma vollständig zu haben, schickt er den fünf Hauptstücken das an die Trinität gerichtete *Kyrie* und *Gloria* des Leipziger Gottesdienstes voraus, nämlich die drei Hymnen *Kyrie Gott Vater, Kyrie Gott Sohn, Kyrie Gott Heiliger Geist,* und das Dreifaltigkeitslied *Allein Gott in der Höh sei Ehr',* das letztere trinitarisch selbstverständlich in drei Versionen. Luther hat aber einen *Großen* und einen *Kleinen Katechismus* verfaßt; im *Großen* legt er das Wesen des Dogmas dar, im *Kleinen* redet er zu den Kindern. Bach tut dasselbe und bietet von jedem Choral (mit Ausnahme von *Allein Gott in der Höh sei Ehr'*) eine große und eine kleine Bearbeitung. Das Ganze wird durch das majestätische *Es-dur-Präludium* eingeleitet und durch die zugehörige herrliche *Tripelfuge* beschlossen (BWV 552).

1737-1740 Johann Adolph Scheibe (1708-1776): Hamburger Wochenzeitung Critischer Musikus

»Eine Musik nämlich, die nicht die geringsten Spuren der Sachen zeiget, von der sie handelt..., und die endlich ganz andere Vorstellungen wirket, als sie natürlicherweise wirken soll, ist allemal abgeschmackt und ein untrügliches Merkmal des niederträchtigen und stumpfen Geistes ihres Verfassers.« Gewiß, der Satz hat in der Nachahmungsästhetik der französischen Aufklärung keine schlechte Legitimation. Trotzdem ist er erstaunlich, in der Zeit J. S. Bachs nämlich: man wende ihn einmal auf dessen *Wohltemperiertes Klavier* an... Aber wir müssen wohl einsehen, daß in jener Zeit eher J. S. Bach als unzeitgemäß zu gelten hat denn Scheibe. Dieser gehört jedenfalls zu der Phalanx junger Kritiker, die um die Mitte des 18. Jahrhunderts den Durchbruch einer neuen Musikanschauung betreiben und eine neue literarische Gattung begründen, den MUSIKJOURNALISMUS, mit Spürsinn für die Tendenzen der Zeit, mit Talent zum Schreiben, mit Mut zur Polemik, etwa auch gegen Bach.

Im 6. Stück des *Critischen Musikus* vom 14. Mai 1737 veröffentlicht Scheibe einen anonymen, unmißverständlich gegen Bach als Komponisten gerichteten Angriff, der, von allem Persönlichen und Einmaligen abgesehen, für die völlig gewandelte Musikanschauung einer neuen Zeit symptomatisch ist, indem der »Kunst« die »Natur« als Ideal entgegengestellt wird. Es kommt zu einer Kontroverse. Magister J. A. Birnbaum († 1748) verteidigt Bach (Januar 1738 in Scheibes Zeitschrift; April 1738 abgedruckt in Mizlers *Musikalischer Bibliothek*), jedoch schwächlich und unter Verkennung des eigentlichen Problems. Scheibes Replik (März 1738) und Birnbaums als Broschüre 1738 erschienene Duplik schleppen die Angelegenheit hin. Daß Scheibe später (1739) Bachschen Kompositionen Anerkennung ausspricht, ist als höfliche Geste gemeint, doch geschichtlich von geringerer Wichtigkeit. Die Tatsache aber, daß Bach von der jüngeren Generation als Vertreter einer veralteten und zu Ende gehenden Kunst betrachtet wird, ist historisch von höchstem Belang (Blume).

1737-1750 Johann Sebastian Bach (1685-1750): Späte Sammlungen von Choralbearbeitungen für Orgel

Zwar entsteht nur ein kleiner Teil der Choralbearbeitungen in Leipzig, aber als Bach in der letzten Periode seines Schaffens ältere verstreute Arbeiten sammelt, noch einmal durchsieht und überarbeitet, da stellt er nicht weniger als vier Sammlungen mit Orgelchorälen zusammen, von denen drei im Druck erscheinen, die vierte wohl deshalb nicht mehr, weil Bach über der Redaktion stirbt:

Dritter Teil der Clavier-Übung (BWV 669-689, 1737);
Sechs Choräle von verschiedener Art... (die sogenannten Schübler-Choräle BWV 645-650, gedruckt zwischen 1746 und 1750);
Einige canonische Veränderungen über das Weihnachtslied: »Vom Himmel hoch, da komm' ich her« (BWV 769, entstanden 1746/47);
Achtzehn Choräle von verschiedener Art (BWV 651-668, Niederschrift der Druckvorlage 1747 bis 1749).

Die erste und die dritte Sammlung sind hier in eigenen »Artikeln« behandelt. Die zweite würdigt knapp und schön Jakob Adlung in seiner *Anleitung zu der musikalischen Gelahrtheit* (Erfurt 1758): »Er hat schöne Chorale gesetzt, da er noch Hoforganist in Weimar war; solches auch nach der Zeit als Kapellmeister in Köthen, und zuletzt als Musikdirector in Leipzig fleißig fortgesetzt... Wie er noch lebe in seinen Kindern,... kann hier nicht anders, als mit wenig Worten angemerkt werden, damit ich nicht die Hauptsache aus der Acht lasse. Nehmlich es herrscht in seinen Choralen sehr viel Kunst, deren die meisten geschrieben ausgegeben worden; aber in den letzten Jahren sind doch einige in Kupfer heraus kommen; als *6 Chorale von verschiedener Art* auf einer Orgel mit 2 Clavieren und Pedal; im Verlag Jo. Georg Schüblers, zu Zelle, am Thüringer Walde; ferner: *Vom Himmel hoch da komm ich her,* 2 Clav. und Ped. 4 Blat in fol. in Schmids Verlag zu Nürnberg u.s.f. Ich breche ab, und sage mehr nicht, als daß diejenigen Recht zu haben scheinen, welche viel Künstler gehört, aber doch alle bekennen, es sey nur ein Bach in der Welt gewesen; und ich thue noch hinzu, daß die bachischen Schuhe wenigen gerecht sind.«

Man muß fragen, was Bach zur Veröffentlichung dieser *Sechs Choräle* bewogen haben kann, von denen fünf keine Originalkompositionen sondern Übertragungen aus Kantaten sind. Wohl sind damals Arrangements beliebter Stücke aus Opern und Oratorien keine Seltenheit, ein Novum aber sind Übertragungen aus Kirchenkantaten. Hofft Bach für diese melodiösen und leicht verständlichen und dementsprechend beliebten Choräle auf einen größeren Absatz, als ihm der *Dritte Teil der Clavier-Übung* Jahre zuvor gebracht hat? Offenbar will er sich an ein größeres Publikum wenden. Deshalb wählt er aus seinen Leipziger Kantaten solche Sätze aus, die sich besonders gut triomäßig auf der Orgel wiedergeben lassen.

Die Niederschrift der *Achtzehn Choräle* fällt in die letzten Lebenswochen Bachs. Die früher so energischen Schriftzüge werden unsicher, zittrig; am Schluß des fünfzehnten Chorals muß Bach die Feder einem andern übergeben, der nach seinem Diktat weiterschreibt. Der letzte Choral *»Vor deinen Thron tret' ich hiemit«* (BWV 668) bricht im sechsundzwanzigsten Takte ab. Eine vollständige Fassung ist aber in mehreren Abschriften und in der kurz nach Bachs Tode im Druck erschienenen *Kunst der Fuge* (dort mit dem Text »Wenn wir in höchsten Nöten sein«) überliefert. Nach deren gedruckter Vorrede soll Bach diesen Orgelchoral als sein letztes Werk »einem seiner Freunde« vom Sterbebett aus in die Feder diktiert haben. Demnach wäre dies sein »Schwanengesang«. Betrachtet man das Stück nüchtern, so handelt es sich um eine Orgelmotette Pachelbelscher Prägung, um ein Seitenstück zu der kleinen Bearbeitung von *»Aus tiefer Not schrei' ich zu dir«* (BWV 687) aus dem *Dritten Teil der Clavier-Übung*. Man kann über das Stück aber auch tiefsinnig reflektieren, und zwar gerade, wenn man vom musikalischen Satz ausgeht, wie Georgiades (1954) es getan hat: »Die geschichtliche Dimension tritt uns in Bachs Musik als Gegenwärtiges entgegen; die verschiedenen historischen Stufen der Auseinandersetzung des musikalischen Klanges mit dem Wort spiegeln sich hier wider... Aus vier Zeilen besteht der Text, aus ebenso vielen die Melodie. Ihnen entsprechen die Teile des Choralvorspiels. Es ist vierstimmig. Die drei Unterstimmen beginnen hintereinander mit der ersten Melodiezeile in kurzen Notenwerten. Erst nachdem die drei Unterstimmen begonnen haben, erklingt in der Oberstimme die Melodie in langen Notenwerten, wie man sie singen würde, während die drei Unterstimmen weiterhin fortgesponnen werden. So wie der erste Teil sind auch die anderen Teile ausgeführt. Bei diesen tritt nur noch hinzu, daß, während jeweils die Melodiezeile in der Oberstimme erklingt, die drei Unterstimmen gleichzeitig melodisches Material auch der vorausgegangenen Zeilen mitverarbeiten. Aber damit werden im Geiste auch textlich die verschiedenen Zeilen gleichzeitig vorgetragen, so daß uns hier der Gehalt des Chorals verdichtet entgegentritt – ein Vorgang, der mit dem natürlichen Sprechen unvereinbar ist«, den allein die Musik, nein, allein die abendländische Polyphonie ermöglicht.

um 1738/39 Johann Sebastian Bach (1685-1750): 4 »kleine« lateinische Messen

»Im Vordergrunde von Bachs späterer Kompositionstätigkeit stehen dessen lateinische Messen. Er hat [einschließlich der *h-moll-Messe*] deren 5 geschrieben. Die erste Frage ist, ob und in welcher Art dieselben mit dem protestantischen Gottesdienst zusammenhängen.« Spittas Frage (1873-80) ist die nach der liturgischen Tradition zu Bachs Zeit in Leipzig, die noch immer von einer Agende aus dem Jahre 1540 bestimmt ist. Diese Agende gesteht den einzelnen Gemeinden in Kursachsen viel liturgische Freiheit zu, eine Freiheit, die Luther in seiner Vorrede zum *Wittenberger Gesangbuch* von 1524 selbst ausdrücklich betont: »Auch bin ich nicht der Meinung, daß durchs Evangelion sollten alle Künste zu Boden geschlagen werden und vergehen, wie etliche Abergeistlichen vorgeben, sondern ich wollt alle Künste, sonderlich die Musika, gerne sehen im Dienst des, der sie geben und geschaffen hat.« Es ist also durchaus lutherisch, wenn protestantische Gottesdienstformen Bezüge zur alten katholischen Messe aufweisen. Diese Bezüge äußern sich (nach Spitta) »in dem Gebrauch des Glöckchens bei der Konsekration von Brot und Wein für das Heilige Abendmahl, in der Beibehaltung von Meßgewändern und Chorhemden für die fungierenden Geistlichen und Chorknaben, teils in der fortgesetzten Pflege der Originalformen gewisser Teile des katholischen Kultus und, im Zusammenhange damit, einem ausgedehnteren Gebrauche der lateinischen Sprache.« Als eine Fortsetzung liturgischer Originalformen will Bach also sicherlich seine *4 »kleinen« Messen* (BWV 233-236) verstanden wissen, wenngleich er in ihnen ebenso wie in der großen *h-moll-Messe* die chorale Form der alten Missa zur barocken Figuralmusik weiterentwickelt. Daß diese *»kleinen« Messen* sowohl in den von Bach musikalisch betreuten Hauptkirchen Leipzigs als auch am katholischen Dresdener Hof aufgeführt werden können, ist für den Komponisten gewiß günstig, denn er muß ja, seit er am 19. November 1736 endlich zum »Compositeur bey der Königlichen Hof Capelle« ernannt worden ist, Kirchen- und Orchestermusik für den Kurfürsten schreiben. – Neuerdings bezeichnet man die *4 »kleinen« Messen* als »lutherische Messen«, allerdings nur aus terminologischen Gründen: Die bisher üblichen Bezeichnungen für diese Werke (»Missae breves«, »kleine« oder »kurze Messen«) meinen nämlich einen anderen Typus, und zwar eine knappe Vertonung des *ganzen* Ordinarium Missae anstatt der, wie hier, sehr ausführlichen Vertonung nur des Kyrie und des Gloria, die man im lutherischen Bereich ebenfalls als »Missae« bezeichnet (deshalb auch so die Titel der *4 Messen*) (Dadelsen 1982).

1738-1742 Johann Sebastian Bach (1685-1750): Das Wohltemperierte Klavier (2. Teil)

»Des Wohltemperierten Klaviers 2. Teil« heißt das Werk in einer 1781 entstandenen Abschrift. Die erhaltene unvollständige Niederschrift von Bachs Hand trägt keinen Titel. Sie überliefert die Sammlung in einer wohl um 1740 abgeschlossenen Fassung, die jedoch, wie man aus Abweichungen in Abschriften von Bachs Schülern Kirnberger und Altnikol schließen kann, später noch Veränderungen erfahren hat. Die beiden Teile des *Wohltemperierten Klaviers* sind im Abstand von knapp 20 Jahren entstanden, stammen also aus verschiedenen Schaffensperioden: Die erste Sammlung von 1722 (BWV 846-869) gehört in die Reihe der »Anleitungen« der Köthener Zeit, die zweite (BWV 870-893) in die späten Leipziger Jahre, das heißt in die Zeit des Sammelns, Sichtens, Ausfeilens und Vollendens des Geschaffenen. Als Johann Nikolaus Forkel 1802 zu beschreiben versucht, daß Bach »alle 24 Tonarten sein« nannte, daß er mit ihnen machte, »was er wollte«, und weiter: daß er »die entferntesten so leicht und so natürlich miteinander« verband »wie die nächsten«, so daß »man glaubte, er habe nur im inneren Kreise einer einzigen Tonart moduliert«, da nennt er als Beispiel nicht das *Wohltemperierte Klavier* sondern die wohl um 1720 entstandene *Chromatische Fantasie* (BWV 903), in der – vor allem in den Rezitativ-Abschnitten – »phantastische« Klangfolgen dominieren, für welche sich das neue Musikverständnis im ausgehenden 18. und frühen 19. Jahrhundert besonders interessierte. Und trotzdem fesseln auch damals an Bachs Werken und am *Wohltemperierten Klavier* in der Regel weniger das Ausschöpfen der Möglichkeiten von Klängen und Klangfolgen, auch nicht die zu dieser Zeit aufs Ganze gesehen nicht mehr problematischen Fragen der Temperierung, sondern vielmehr die hohe Kunst der polyphonen Satztechnik, um derentwillen Robert Schumann dann vom »Tiefkombinatorischen« in den Werken Bachs spricht. Von nun an sind Bachs Fugen eine Art von Richtmaß für die »Fugenform« – die es gar nicht gibt.

Die 48 FUGEN des *Wohltemperierten Klaviers* zeigen eine solche Vielfalt, daß man weder von einer Form noch von einer Gattung sprechen kann, sondern bestenfalls von einem kompositorischen (Durchführungs-)Prinzip. Anders als etwa in den *Cembalo-Suiten,* bei denen den einzelnen Sätzen über die Anlage hinaus ein typischer, aus der Tradition verständlicher Rhythmus, ein zwar im einzelnen variables aber doch grundsätzlich festliegendes Tempo und ein bestimmter Charakter eignet, ist hier nur ein Verfahrensschema gegeben: die viel berufene Strenge des Fugenbaus liegt weniger in allgemein verbindlichen Regeln als vielmehr in der musikalisch folgerichtigen Durchführung der für den Einzelfall gewählten Gesetzmäßigkeit. Dem Komponisten ist dabei die Zahl der Stimmen ebenso freigestellt wie die Anlage mit ein oder mehreren Themen und Gegenthemen und deren Verhältnis zueinander, vor allem in der Reihenfolge wie im Intervallabstand der Stimmeneinsätze oder die Anwendung besonderer Kunstgriffe. Dem entspricht, daß jede Analyse unbefriedigend bleibt, die nicht den weitgehend vom Thema geprägten besonderen Charakter des Einzelstücks zu bestimmen vermag.

Die Mannigfaltigkeit der Fugen wird indessen durch die der PRAELUDIEN noch übertroffen. Das hat seinen Grund in der Gattungsgeschichte, nach der Praeludien eigentlich immer der Improvisation offen stehen, weil Praeludieren im Grunde immer eine bestimmte – allerdings nach Gelegenheiten und Gegebenheiten verschieden bestimmte – Art von Improvisieren meint. Das Praeludium gehört zu den untereinander verwandten freien Instrumentalsätzen wie die Fantasia und die Toccata.

Es ist Johann Sebastian Bach, der die seitdem geläufige VERBINDUNG von Praeludium und Fuge in seinem *Wohltemperierten Klavier* ausprägt, um nicht zu sagen fixiert (beziehungsweise in den nicht lange davor entstandenen entsprechenden Kompositionen für Klavier oder Orgel). Unter den Traditionen, die er dabei aufnimmt, ist neben der schon bei Johann Kaspar Ferdinand Fischer auf die Verbindung von Praeludium und Fuge reduzierten Versetten-Komposition vor allem die norddeutsche Toccaten-Fuge als eine oft freie Verbindung von eigentlich toccatenhaften Elementen mit solchen der Fuge zu nennen, die sich im Toccaten-Schaffen auch des jungen Bach für Orgel und Klavier aufgenommen findet.

1738-1757 Domenico Scarlatti (* Neapel 1685, † Madrid 1757): **Cembalo-Sonaten**

Man könnte meinen, Domenico Scarlatti sei nichts anderes als Cembalist und schreibe nichts anderes als Cembalo-Sonaten. Mitnichten! Er ist zunächst ein ganz normaler italienischer Barockkomponist, der wie sein Vater Alessandro Scarlatti in erster Linie Kirchenmusik und Opern schreibt, letztere vornehmlich für Neapel und Venedig. 1701 jedenfalls ist Scarlatti Organist an der Kapelle des (spanischen) Vizekönigs von Neapel. 1702 findet man ihn kurz in Florenz, dann wieder in Neapel, 1705 in Venedig, 1709 bis 1714 in Rom, und zwar als Kapellmeister der Königin Maria Casimira von Polen, für deren kleines eigenes Theater er Opern schreibt. Als die Königin 1714 Rom verläßt, wechselt Scarlatti als Kapellmeister zum Portugiesischen Gesandten, ist daneben aber auch beim Vatikan tätig und 1715 bis 1719 Kapellmeister der Capella Giulia. In dieser Zeit schreibt er seine letzten Opern, und zwar für das Teatro Capranica in Rom. 1719 kündigt er aus unbekannten Gründen – er gehe nach England. In Wirklichkeit findet man ihn 1720 am Hof in Lissabon, wo er die stattliche Hofkapelle (angeblich 30 bis 40 Sänger und ebenso viele Instrumentalisten) leitet und die Kinder des Königs unterrichtet – und dabei auf das besondere Interesse der Infantin Maria Barbara stößt. Als diese 1729 den spanischen Thronfolger Ferdinand heiratet, nimmt sie Scarlatti mit an den spanischen Hof, wo er hinfort tatsächlich nur mehr der königliche Cembalist und Klavierlehrer zu sein scheint: Alle überlieferten 555 *Cembalo-Sonaten* sind offenbar für Maria Barbara geschrieben (die ältesten wohl noch in Portugal). Sie sind überliefert in umfangreichen handschriftlichen Sammlungen, die zwischen 1742 und 1752-1757 angelegt werden, die größte (15 Bände mit 496 Werken) und wichtigste für den Gebrauch der Königin Maria Barbara. 1738 bereits gibt Scarlatti selbst 30 Sonaten als *Essercizi per Gravicembalo* (Gravicembalo manchmal italienisch für Cembalo) zum Druck. Die Zahl der posthumen Drucke bis ins 19. Jahrhundert ist nicht gering, so daß man schließen darf, Scarlattis Sonaten seien nie ganz in Vergessenheit geraten. Einer seiner großen Verehrer jedenfalls ist Johannes Brahms. Ob Scarlatti mit seinen Sonaten indessen auch nachhaltig »gewirkt« hat, das ist wohl zu bezweifeln.

Die unerhörte Vielfältigkeit des 18. Jahrhunderts hat die Folge, daß der andrängende »Neue Stil« bald bei dieser bald bei jener Nation, bald auf diesem bald auf jenem Gebiet zum Durchbruch kommt. In Italien wird die Sonate früher als in Deutschland Zentralform der Klaviermusik, aber die »klassische« italienische Klaviersonate, wie sie Domenico Scarlatti prägt, unterscheidet sich zunächst durch ihre unmittelbare Nähe zum Barock von der Lösung, die auf deutschem Boden erzielt wird; hier muß die Sonate erst durch »Empfindsamkeit« und »Sturm und Drang« hindurchgehen. Solche für die deutsche Kunst überhaupt bezeichnenden Umwege bleiben Italien erspart (Gerstenberg 1933). Deshalb ist es auch nur aus deutscher Sicht eine Frage, ob Scarlatti ein barocker, ein nachbarocker oder ein vorklassischer Komponist ist. Mit einigem Abstand indessen kann man sehen, daß er – zugegeben: wie kaum sonst einer in seiner Zeit – ein Mensch sui generis ist. Wie Burney in seiner *General History of Music* (1776-1789) berichtet, sieht Scarlatti das auch selbst so: »Scarlatti sagte öfter ..., er wisse recht gut, daß er in seinen Klavierstücken alle Regeln der Komposition beiseite gesetzt habe, doch frage er sich auch, inwiefern seine Abweichungen von diesen Regeln das Ohr beleidigten. Und auf die verneinende Antwort fuhr er fort, er glaube, es gäbe fast keine andere Regel, worauf ein Mann von Genie zu achten habe, als diese: dem einzigen Sinn, dessen Gegenstand die Musik ist, nicht zu mißfallen. (Anmerkung von Burney: Scarlatti war der Erste, der es gewagt hat, in seinen Kompositionen der Phantasie dadurch freies Feld zu geben, daß er die engen Schranken der ängstlichen Regeln niedertrat...) Er pflegte zu sagen, es bedürfe keines Flügels [keines Cembalos], um Albertis und verschiedener anderer neuer Komponisten Musik zu spielen, weil solche auf irgend einem anderen Instrumente ebenso gut, wo nicht besser ausgedrückt werden könnte; aber, da die Natur ihm zehn Finger gegeben habe, und sein Instrument für alle diese Beschäftigung hätte, so sähe er keine Ursache, warum er sie nicht auch alle zehn gebrauchen solle.« Richtig verstanden heißt das, Scarlattis Sonaten sind mehr gekennzeichnet durch das Cembalo, seine bestimmte Klanglichkeit und seine Möglichkeiten (2 Manuale mit 3 Registern und Koppel) einerseits, sowie durch den Klangsinn, die Phantasie und die verschiedenen Seiten des Spieltriebes seines Virtuosen andererseits – mehr durch all dies als durch die Tradition der polyphonen Komposition.

Was wir heute unter SONATE verstehen, hat mit den *Sonaten* Scarlattis nichts zu tun. Scarlattis *Sonaten* (selten auch *Toccaten* genannt) sind fast immer einsätzig, sie bilden also keine Zyklen; der Einzelsatz ist in aller Regel zweiteilig. Die Verbindung zum Generalbaßsatz scheint oft ganz aufgehoben. Was die Sonaten manchmal an überraschend freier Harmonik bieten, ist vor allem Freude am Klang und am klanglichen Experiment, nicht schon gleich an neuen Möglichkeiten für die Strukturbildung im Bereich des Satzes. Nähe zu den Charakterstücken der gleichzeitigen französischen und zu den »Empfindungsstücken« der deutschen Cembalomusik bestehen merkwürdigerweise nicht (Kirkpatrick 1963).

1739 **Georg Friedrich Händel** (1685-1759): **Oratorium »Israel in Egypt«** in London

Das Jahr 1737 ist Händels Krisen-Jahr. Aber schon das folgende Jahr zeigt ihn wieder auf der Höhe seiner Kraft. Es entstehen die *Oratorien »Saul«* (HWV 53) und *»Israel in Egypt«* (HWV 54; nach Bibelworten aus dem Buch »Exodus« und den Psalmen 105 und 106). *Israel in Egypt* ist weitgehend doppelchörig angelegt, Rezitative, Duette und Arien sind gegenüber den Chorsätzen in der Minderzahl, weshalb das Werk schlechthin als Chor-Oratorium gilt. Ursprünglich hat Händel den Plan, dem Ganzen *The Lamentation of Israelites for the Death of Joseph: The sons of Israel do mourn* – eine Bearbeitung des *Funeral Anthems »The way of Zion do mourn«* (HWV 264) – voranzustellen, doch läßt er ihn wieder fallen. – Die Uraufführung am 4. April 1739 im Londoner King's Theatre ist ein Mißerfolg, der uns Heutigen unverständlich ist. Denn Händels Umgang mit den Kompositionstechniken seiner Zeit erscheint gerade hier vielfältig, phantasievoll, ja virtuos. Vom Chor-Rezitativ über kontrastreiche Akklamationen und Doppelchörigkeit bis zu komplex gestalteten Fugen reichen die Mittel, mit denen er eine unerhörte Bildhaftigkeit und Schlagkraft der Chöre erreicht. Geschickt benutzt er dabei andere Werke, um Material zu gewinnen, angefangen beim *Choral »Christ lag in Todesbanden«* über eigene Werke bis zu Kompositionen von Strungk, Rameau, Kerll, Erba, Urio und Zachow, und besonders häufig macht er bei Alessandro Stradellas *Serenata »Qual prodigio è ch'io miri«* Anleihen. Romain Rolland (1910) läßt sich zu Händels – damals übrigens zeitüblicher – Arbeitsweise so aus: »Wenn hier Platz dafür wäre, das zu studieren, was oberflächliche Leser seine ›Plagiate‹ nennen – ganz besonders, indem sie *Israel in Egypt* als Beispiel anführen, in dem die ›Anleihen‹ am herausforderndsten sind –, müßte man schnell erkennen, daß Händel mit dem Genie des Sehers aus der Tiefe dieser musikalischen Themen ihre verborgene Seele, von deren Dasein der ursprüngliche Schöpfer nicht einmal eine Ahnung hatte, ans Licht beschworen hat. Sein Auge und sein Ohr brauchte es, um in der *Serenata* von Stradella die Möglichkeiten der Sintflut der Bibel zu erkennen. Jeder legt ein Kunstwerk aus nach der ihm, dem Genießenden, nicht dem Kunstwerk eigentümlichen Natur, und so kann es vorkommen, daß nicht der Schöpfer selbst die reichste Vorstellung produziert. Händel steht als Beispiel für diese Tatsache. Er gestaltete nicht allein *seine* Musik, sehr häufig gestaltete er auch die anderer. Stradella und Erba waren für ihn das – mag auch der Vergleich erniedrigend sein –, was für Leonardo die Flamme des Herdes und die Risse der Mauer waren, aus denen er lebende Gestalten sah. Händel hörte im Gitarrengezirpe Stradellas das Sausen des Sturmes«. (R. M.)

1739 und **1740** **Johann Mattheson** (1681-1764): **Der Vollkommene Capellmeister** und **Grundlage einer Ehren-Pforte**, beides gedruckt in Hamburg

Der Vollkommene Capellmeister. Das ist Gründliche Anzeige aller derjenigen Sachen, die einer wissen... muß, der einer Capelle ... vorstehen will ist eine Enzyklopädie der gesamten Musikpraxis seiner Zeit, und die *Grundlage einer Ehren-Pforte* ist die wichtigste Quelle für die meisten Musikerbiographien jener Zeit. Wissensfülle, Schärfe des Urteils, Talent zum Schreiben zeichnen Mattheson aus – und verführen ihn zu einer kaum mehr überschaubaren Menge von Produktionen. Daß er, wie man lesen kann, »der ebenbürtige Partner Bachs, Händels und Telemanns« sei, ist freundlich übertrieben, kaum, daß er der »bedeutendste Kritiker, Ästhetiker, Polemiker, ja Enzyklopädist der deutschen Musikgeschichte des 18. Jahrhunderts« ist. Als einer der Ersten, die den musikalischen Journalismus als eine Art literarischer Gattung betreiben, gewinnt er, freilich in einer dafür auch besonders aufgeschlossenen Zeit, Einfluß wie niemand vor ihm, kaum einer nach ihm. Haydn hat den *Vollkommenen Capellmeister* unter seinen Büchern stehen, Goethe liest ihn noch, Zelter schöpft daraus noch 1819 Anregung. – Von seinem ersten, oft als revolutionär bezeichneten Werk, dem *Neu-eröffneten Orchester* (gedruckt in Hamburg 1713), bis zum *Vollkommenen Capellmeister* wandeln sich Matthesons Ansichten erheblich. Gehört er mit dem ersten noch dem Barock-Zeitalter an (Reinhard Keiser ist hier sein »Premier homme du monde«), so hier der Epoche, deren Musik »schon galanter« sei, weil sich der »Geschmack« gewandelt habe. Der »vermischte Geschmack« ist sein Ziel, in dem alter und neuer Stil je nach der Ausdruckslage anzuwenden sind. – Was den Komponisten Mattheson anlangt, so gilt wohl Burney's Urteil (1773): »Dieser gute Mann war mehr mit Pedanterie und wunderlichen Einfällen begabt als mit wahrem Genie.« Manche Zeitgenossen allerdings sehen das anders. Lorenz Mizler etwa rechnet Mattheson zu den »celeberrimis in Germania Melothetis«, die er in dieser Reihenfolge nennt: Mattheson, J. S. Bach, Georg Heinrich Bümler.

1740 **Georg Friedrich Händel** (1685-1759): **12 Concerti grossi op. 6**, gedruckt in London

Fast will es scheinen, als habe Händel sich nach dem schlimmen gesundheitlichen Zusammenbruch 1737 geradezu mit Lust auf die Komposition und auf die Veröffentlichung von Instrumentalwerken gestürzt. Seit 1738 erscheinen folgende Werke im Druck:

1. Erste Serie von 6 Orgelkonzerten (op. 4): *Six Concertos for the Harpsichord or Organ* (Oktober 1738; HWV 289-294)
2. Dritte Sammlung von Triosonaten (op. 5): *Seven Sonatas or Trios for two Violins or German Flutes with a Thorough Bass for the Harpsichord or Violoncello* (1739; HWV 396-402)
3. 12 Concerti grossi (op. 6): *Twelve Grand Concertos in Seven Parts for Four Violins, a Tenor Violin, a Violoncello with a Through Bass for the Harpsichord* (April 1740; HWV 319-330)
4. Zweite Serie von 6 Orgelkonzerten: *A Second Set of Six Concertos for the Harpsichord or Organ* (1740; HWV 295-300)
5. Drei Orchesterkonzerte in: *Select Harmony Fourth Collection. Six Concertos in Seven Parts for Violins and other Instruments Composed by Mr. Handel, Tartini and Veracini...* Nr. I, Nr. II, Nr. III (1740; HWV 318, 301: Oboenkonzert Nr. 1, 302: Oboenkonzert Nr. 2)

Nach der künstlerischen Bedeutung stehen unter diesen Werken die im September/Oktober 1739 entstandenen *12 Concerti grossi op. 6* an erster Stelle. Zwar hat Händel schon einmal eine Sammlung von *6 Concerti grossi* publiziert, nämlich 1734 als *Opus 3* (HWV 312-317; bekannt auch unter dem Beinamen »Oboenkonzerte« wegen der Mitwirkung von 2 Oboen im Concertino), doch sind die neueren trotz desselben Namens ziemlich anders: sie sind lange nicht so »italienisch«.

Das CONCERTO GROSSO hat seit seinen Anfängen bei Alessandro Stradella eine erste wirkliche Ausprägung erfahren durch Arcangelo Corelli. Weniger die von dem Deutschen Georg Muffat voller Bewunderung beschriebenen *Concerti grossi* Corellis aus dem Jahre 1682 repräsentieren diese Sonderform des barocken Orchesterkonzerts als vielmehr Corellis berühmte *Concerti grossi op. 6* von 1714. Bei aller Vielgestaltigkeit im einzelnen – Corelli hat noch die Vielsätzigkeit im Gegensatz zu der durch Antonio Vivaldi in seinen Werken *op. 3* und *op. 8* für das Concerto verbindlich gemachten klassischen Dreisätzigkeit – ist das Wesen der Concerto grosso-Besetzung durch Corelli eindeutig gemacht: dem RIPIENO (Tutti) des vollen Orchester steht als CONCERTINO ein kleines Orchester gegenüber, richtiger wohl: ein kleines Ensemble von Solisten, welches sich nach Art der Triosonate aus 2 Violinen, Violoncello und Generalbaß (der letztere vom Cembalo ausgeführt) zusammensetzt. Die mannigfachen Möglichkeiten des Konzertierens, des musikalischen Rivalisierens, eines Zusammenspiels von Vielen, die nicht ganz so gut sind, mit Wenigen, die die besseren Spieler sind, diese Möglichkeiten, die sich aus der typisch barocken Vorstellung des Concerto grosso-Begriffs erschließen, lernt Händel in Italien, also in frühen Jahren seines Schaffens kennen. Jetzt in England realisiert er sie auf seine Weise, ganz anders als Johann Sebastian Bach, nämlich viel mehr nach dem italienischen Vorbild – und doch ganz eigen: die *Concerti grossi op. 6* von Händel sind unverwechselbar.

1741 **Georg Friedrich Händel** (1685-1759): **Oper »Deidamia«** in London

Merkwürdig: während ganz Europa im 17. Jahrhundert von der neuen Gattung Oper wie von einem ansteckenden Fieber befallen wird, scheinen die Engländer immun zu sein; sie, die vom Sprechtheater Verwöhnten, haben an der Art von »Halboper« (»Semi-opera«), zu der Henry Purcell ein Meisterwerk wie *The fairy Queen* (1692) beigesteuert hat, offensichtlich genug. Als aber am Beginn des 18. Jahrhunderts italienische Operntruppen nach London kommen, bricht wie über Nacht eine Begeisterung für die italienische Opera seria aus – die Händel sich dann seit 1711 zunutze macht und die ihn beflügelt, in 30 Jahren 37 Opern zu schreiben und zur Aufführung zu bringen, darunter auch die Höhepunkte der ersten Royal Academy of Music im Haymarket Theatre, die vielleicht bedeutendsten Werke der Gattung überhaupt: *Giulio Cesare in Egitto* (1724), *Tamerlano* (1724) und *Rodelinde, Regina de' Langobardi* (1725). Aber die Opernbegeisterung der Engländer zeitigt auch Nebenwirkungen wie in Italien: Streitereien unter allen Beteiligten, den Besitzern und Managern der Theater, den Komponisten, den Sängern – vor allem aber unter dem Publikum, das seine Freude außer am Theater selbst auch am Streit darüber hat. Solches und – freilich – die beachtliche Konkurrenz bringen, wie man weiß, 1728/29 selbst die von einer Gruppe adeliger Liebhaber gegründete und vom König subventionierte Royal Academy of Music in Schwierigkeiten, erst recht 1737 Händel selbst mit seinem eigenen Operntheater am Covent Garden, ja sie führen ihn an den Rand des Ruins. (Ist Händels finanzielle Lage auch mehrmals sehr bedrängt, so gibt es doch keine Quellen dafür, daß er je ganz bankrott gewesen sei.) Als dann nach der Wiedervereinigung mit seinem Impressario Heidegger und der Rückkehr ins King's Theatre am Haymarket drei neue Opern nur wenig Erfolg haben, *Faramondo* (Libretto nach Apostolo Zeno; 1738), *Serse* (1738; darin als Auftrittsarie des Titelhelden, Nr. 2 Arioso Larghetto: *»Ombra mai fu«*, jenes Stück, das als *»Largo von Händel«* berühmt und beliebt ist) und *Deidamia,* da gibt Händel auf: Als auch *Deidamia,* von deren Aufführungseinnahmen er sich eine Minderung seiner Schuldenlast erhofft hat, nach nur drei Vorstellungen vom Spielplan abgesetzt werden muß, läßt er dieses reife heitere Werk seine letzte Oper sein. Charles Burney, der große Musikhistoriker, rühmt in seiner Gedächtnisschrift von 1785 die *Deidamia:* »Die Totalsumme wertvoller Arien in dieser Oper ist so beträchtlich, daß man das Werk, obwohl der erste Akt dem zweiten und dieser dem dritten überlegen ist, den glücklichsten seiner dramatischen Erzeugnisse zurechnen darf. Und wenn man sich erinnert, daß von seinen frühesten in Deutschland und Italien gesetzten Opern abgesehen, dieses das 36ste italienische Drama war, welches er für die englische Bühne in Musik gesetzt hat, so muß die Schnelligkeit und Stärke seiner Erfindung Erstaunen erregen! Die Arien dieser letzten Oper *Deidamia* kontrastieren so sehr in Schreibart, Zweck und Ausschmückung wie diejenigen, welche er dreißig Jahre früher komponiert hat; und hierin namentlich erscheinen Händels Kräfte größer als die irgend eines andern bändereichen Opernkomponisten, den ich kenne. Bei der Betrachtung der Partituren von Hasse, Graun, Galuppi, Perez, Piccinni und Sacchini findet man unzählige schöne Arien, aber nicht jene planmäßige Mannigfaltigkeit der Gegenstände, wie bei Händel.« Und Friedrich Chrysander, der Biograph Händels, ergänzt: »Weit entfernt daher, Händels langes und mit so vielen Widerwärtigkeiten verbundenes Verweilen bei der italienischen Oper für fruchtlos oder gar für verfehlt zu erklären (wie geschehen ist), wird meine Darstellung überall – ich hoffe unabsichtlich wie absichtlich – den Beweis geführt haben, daß er den völlig richtigen Weg ging, den einzigen Weg, auf welchem er sich selber treu bleiben und endlich das werden konnte, was zu werden für ihn wie für die Tonkunst entscheidend war. Für ihn wie für den großen Briten [gemeint ist Shakespeare] war die Bühne und was an diesen Mittelpunkt grenzte, der naturgemäße Wirkungsplatz. Händel war hier mit Shakespeare wesentlich in gleicher Lage. Man darf sich durch seine Kämpfe gegen die Oper nicht beirren lassen: er ging nie eigentlich von der Bühne ab, sondern nur darüber hinaus, wie es seine Kunst, die Tonkunst, zu ihrer Vollendung erforderte.« – Heute wird *Deidamia* auch unter dem Titel *Achill unter den Mädchen* aufgeführt.

wohl 1742 Johann Sebastian Bach (1675-1750): Vierter Teil der Klavierübung: Goldberg-Variationen

»Clavier Übung bestehend in einer Aria mit verschiedenen Veränderungen vors Clavicimbal mit 2 Manualen. Denen Liebhabern zur Gemüths-Ergetzung verfertiget...«, gedruckt bei Balthasar Schmid in Nürnberg. Die *Aria mit verschiedenen Veränderungen,* auch *Goldberg-Variationen* genannt (BWV 988), komponiert Bach, wie Forkel (1802) berichtet, auf Wunsch des ehemaligen russischen Gesandten, des kunstsinnigen Reichsgrafen Hermann Carl von Kayserlingk, den er am Dresdener Hof kennengelernt hat. 1742 hält sich der Graf häufiger in Leipzig auf, wo er seinen Schützling, den aus Königsberg stammenden Johann Gottlieb Goldberg (1727-1756), von Bach unterrichten läßt. Wie Forkel erzählt, kränkelte der Graf viel und hatte dann schlaflose Nächte: »Goldberg, der bei ihm im Hause wohnte, mußte in solchen Zeiten in einem Nebenzimmer die Nacht zubringen, um ihm während der Schlaflosigkeit etwas vorzuspielen. Einst äußerte der Graf gegen Bach, daß er gern einige Clavierstücke für seinen Goldberg haben möchte, die so sanften und etwas muntern Charakters wären, daß er dadurch in seinen schlaflosen Nächten ein wenig aufgeheitert werden könnte. Bach glaubte, diesen Wunsch am besten durch Variationen erfüllen zu können, die er bisher, der stets gleichen Grundharmonie wegen, für eine undankbare Arbeit gehalten hatte.« Der Graf »konnte sich nicht satt daran hören, und lange Zeit hindurch hieß es nun, wenn schlaflose Nächte kamen: Lieber Goldberg, spiele mir doch eine von meinen Variationen. Bach ist vielleicht nie für eine seiner Arbeiten so belohnt worden, wie für diese. Der Graf machte ihm ein Geschenk mit einem goldenen Becher, welcher mit 100 Louisd'or angefüllt war.«

Die *Goldberg-Variationen* sind weit mehr als ein Stück praktischer (und offenbar wirksamer) Musiktherapie, auch mehr als eine Musik »sanften und etwas muntern Charakters«. Sie gehören zu den großen Variationenzyklen der abendländischen Musikgeschichte. In ihnen erprobt Bach seine ganze »Compositions-Wissenschaft« am Verfahren der Variation. Jede dritte Variation ist ein Kanon; der zweite Teil (nicht als solcher bezeichnet, aber dennoch deutlich neu einsetzend) beginnt mit einer französischen Ouvertüre. Fülle und Reichtum des Musikalischen entstammen einerseits der instrumentalen Phantasie beim immer neuen Spielen ein und desselben, andererseits der angestrengtesten Reflexion auf das Ausgangsmaterial und auf die Möglichkeiten und Grenzen musikalischer Logik in verändernder Komposition. Von der *Aria,* die sich bereits im *Klavierbüchlein für Anna Magdalena Bach* findet, geht der Zyklus aus, zu ihr kehrt er zurück. Die Variationen haben es aber eigentlich nicht mit der *Aria* als (melodischem) Thema zu tun, sondern fast nur mit der Baß-Konfiguration: ein großes Beispiel der alten Art des Baß-Variationenzyklus. – »Dieses Werk gleich beim ersten Hören zu lieben, ist unmöglich. Man muß sich erst hineinfinden und mit dem Bach der letzten Periode sich zu der Höhe hinauf arbeiten, auf welcher man von der Stimmführung nicht mehr natürlichen Klangreiz verlangt, sondern in dem Sich-Ausleben in absoluter Freiheit der Bewegung Freude und Befriedigung findet. Einmal dahin gelangt, erfaßt man auch die sanfte, tröstende Heiterkeit, die aus diesen scheinbar so künstlichen Stücken herauslächelt. In der letzten Variation wandelt sich die Heiterkeit zu lustigem Lachen. Zwei Volkslieder treiben sich darin herum: ›*Kraut und Rüben haben mich vertrieben. Hätt mein Mutter Fleisch gekocht, so wär ich länger blieben*‹ und ›*Ich bin so lang nicht bei dir gewest; ruck her, ruck her, ruck her.*‹ Der alte Bach kommt also auf das QUODLIBET zurück, an welchem seine Vorfahren, wenn sie sich auf dem großen Familientage trafen, sich so weidlich ergötzt hatten. – Von allen Werken des Meisters nähert sich keines dem modernen Klavierstil so wie dieses. Die vorletzte und die vorvorletzte Variation würde jeder Unbefangene, schon rein nach dem äußeren Notenbild, unter die letzten Klavierwerke Beethovens versetzen, wenn die Bachsche Autorschaft nicht feststünde« (Albert Schweitzer 1908).

1742 Georg Friedrich Händel (1685-1759): Oratorium »Messiah« in Dublin

»Unter diejenigen Hauptwerke der Tonkunst, von denen nicht bloß Musiker und Musikfreunde, sondern alle gebildeten Menschen etwas wissen müssen, gehört an erster Stelle der *Messias,* Händels bedeutendstes Oratorium... Mit einer so gleichbleibenden, vielseitigen Kraft wie seinen *Messias* hat Händel kaum ein zweites Oratorium durchgeführt. Der größte Teil der Chöre sind Treffer und fesselnde poetische Originalleistungen, die Krone unter ihnen das weltberühmte *Hallelujah,* das mächtigste Tonstück aller Zeiten, die Frucht einer Inspiration, von der Händel mit den Worten des Apostels Paulus gesagt hat: ›Ob ich im Leibe gewesen bin oder außer dem Leibe, ich weiß es nicht, Gott weiß es.‹« Heutzutage wird man zögern, so starke Worte einzusetzen wie Hermann Kretzschmar, der bekannte Musikhistoriker, am Ende des 19. Jahrhunderts (im Vorwort zu einem Klavierauszug). Und dennoch muß man zugeben: Händels Messias gehört zu den berühmtesten Musikstücken der Welt, und dennoch muß man fragen: bei welchem Musikstück außer Händels *Hallelujah* – es sei denn bei einer Nationalhymne – erheben sich die Hörer, seit die Musik sie 1743 zum ersten Mal hochgerissen hat, bis zum heutigen Tage? Um so erstaunlicher ist die Geschichte der Entstehung des *Messias* und seiner Verbreitung, jedenfalls in den ersten Jahrzehnten: Das Werk ist wahrscheinlich eine Art Auftragskomposition dreier Dubliner Wohltätigkeitsorganisationen. Es entsteht in der unglaublich kurzen Zeit vom 22. August bis zum 14. September 1741. Die Uraufführung findet in Dublin am 13. April 1742 statt. Der Reinerlös des Konzerts in der überfüllten Dubliner Neale's Musick Hall, also nicht in einer Kirche, beträgt 400 Pfund; er kommt ganz den auftraggebenden Organisationen zugute; erst die zweite Aufführung am 3. Juni 1742 geht zu Händels Gunsten. Die ersten Londoner Aufführungen finden im März 1742 im King's Theatre in Covent Garden statt, die nächsten im Februar 1744 und im April 1745, wobei die Ankündigung jedes Mal lautet »A new sacred oratorio«, der Titel »Messiah« also vermieden ist. Der Erfolg ist mäßig. Seinen Durchbruch erzielt der *Messias* erst mit einer Aufführung am 1. Mai 1750 zum Besten des Londoner Foundling Hospitals. Dort wird es von 1752 an alljährlich (oft auch mehrmals jährlich) aufgeführt, übrigens in erstaunlich großer Besetzung: 14 Violinen, 6 Violen, 3 Violoncelli, 2 Kontrabässe, je 4 Oboen und Fagotte, je 2 Hörner und Trompeten, Pauken; sowie neben »The children of the King's Chapel« im Chor etwa 12 Tenöre und Bässe. Bis zu seinem Tod führt Händel den *Messias* vierunddreißig Mal zum Besten des Findlingshospitals auf.

Das aus dem Alten und Neuen Testament zusammengestellte Textbuch, das in seiner kontemplativen Haltung eine Sonderstellung unter Händels Oratorientexten einnimmt, stammt von Charles Jennens. Dieser benutzt die Weissagung der Propheten des Alten Testaments über das Kommen des Messias als Ankündigung und Erläuterung der Ereignisse, über die von den Evangelisten des Neuen Testaments berichtet wird; Texte »von außen« fehlen.

Mehr episch-erzählend als dramatisch-agierend gelangt in Händels *Messias* Christi Weg durch die Zeit zur Darstellung, wie gesagt, mit lauter Textstellen der Heiligen Schrift, die freilich geradezu raffiniert angeordnet sind. Das Wirken Christi wird in ehrfürchtiger und dankbarer Betrachtung kommentiert und nachvollzogen, um Ansporn für gutes Tun in seiner Nachfolge und damit in der Gegenwart zu sein. So wird der Weg des Messias zum Weg der Christenheit und schließlich der Menschheit zu Gott: Das irdische Heilswerk ist noch nicht vollendet, die frühe Christenheit fällt mit der gegenwärtigen zusammen. »Ich würde bedauern... wenn ich meine Zuhörer nur unterhalten hätte – ich wünschte, sie zu bessern!«, soll Händel einen Hörer zurechtgewiesen haben, der ihm nur Komplimente machen wollte. Es ist also ein aktives Christentum, das Händel, entsprechend seiner eigenen Natur, propagiert, das seinem *Messias* die mitreißende Dynamik verleiht. Dieser ethische Impetus ist dem Komponisten wohl bewußt. Die Ausnahmestellung in Händels Schaffen jedenfalls läßt dies vermuten. Erstens zögert er offenbar, entgegen seinen sonstigen Gepflogenheiten, aus dem *Messias* Stücke in andere Werke zu übernehmen. Zweitens wird das Oratorium zu seinen Lebzeiten, selbst als es in London Popularität erlangt hat, nicht gedruckt; Händel gibt das Notenmaterial ausschließlich für Wohltätigkeitsaufführungen heraus.

Klopstock und Herder, Hiller und Mozart, und dann im 19. Jahrhundert Robert Franz sind um Übersetzungen und Aufführungen bemüht. – Die von Charles Burney begeistert beschriebene Aufführung zur Händel-Zentenarfeier 1785 in London ist der Anlaß zu einem *Messias*-Kult – wie man sagen muß – in England, der am Beginn des 19. Jahrhunderts nach Deutschland hinüberschlägt und hier die Oratorienpflege des ganzen Jahrhunderts wesentlich bestimmt. (R. M.)

1746/47 **Johann Sebastian Bach** (1685-1750): **Einige canonische Veränderungen über das Weihnachtslied: Vom Himmel hoch, da komm ich her für die Orgel mit 2 Clavieren und dem Pedal**

Im Jahre 1738 gründet Lorenz Christoph Mizler (1711-1778), ein Schüler Bachs, mit Unterstützung des Grafen G. de Lucchesini und des Ansbacher Hofkapellmeisters G. H. Bümler in Leipzig unter dem Namen »Societät der musikalischen Wissenschaften« eine Gesellschaft mit dem Zweck, die Musik durch Erforschung ihrer rationalen Grundlagen zu verbessern und zu heben; diese Gesellschaft nimmt daher nur Komponisten und Wissenschaftler auf. Bach ist das vierzehnte Mitglied; als letztes der insgesamt 20 Mitglieder nimmt Mizler 1755 Leopold Mozart auf. Als Bach sich nach längerem Zögern zum Eintritt bewegen läßt, liefert er zum Einstand zwei Arbeiten, die Gelehrsamkeit und Kunst verbinden: einen dreifachen sechsstimmigen *Canon* (BWV 1076) und diese *Orgelvariationen über »Vom Himmel hoch«* (BWV 769). Der Zyklus steht würdig neben den beiden anderen Alterswerken Bachs, dem *Musikalischen Opfer* und der *Kunst der Fuge;* wie diesen haften ihm Züge des Abstrakten an. Dieser Charakter tritt in der für die »Societät« (vermutlich 1748 bei Schmid in Nürnberg) gestochenen Ausgabe noch besonders hervor, weil dort die ersten drei Kanons nicht ausgeschrieben, sondern mit nur einer Stimme und mit den Stichnoten für die später einsetzenden Stimmen notiert sind. Bach arbeitet die Komposition später noch zweimal um. – Igor Strawinsky hat das Werk 1955/56 für gemischten Chor und Orchester bearbeitet.

1747 Johann Sebastian Bach (1685-1750): Musikalisches Opfer

Nach dem Bericht von Wilhelm Friedemann Bach erzählt Forkel in seiner *Bach-Biographie* (1802) die denkwürdige Begegnung Bachs mit Friedrich II. in Potsdam am 7./8. Mai 1747 so:

> »Sein zweiter Sohn, Carl Philipp Emanuel, kam im Jahr 1740 in die Dienste Friedrichs des Großen. Der Ruf von der alles übertreffenden Kunst Johann Sebastians war in dieser Zeit so verbreitet, daß auch der König sehr oft davon reden und rühmen hörte. Er wurde dadurch begierig, einen so großen Künstler selbst zu hören und kennen zu lernen... Der König hatte um diese Zeit alle Abende ein Cammerconcert, worin er meistens selbst einige Concerte auf der Flöte blies. Eines Abends wurde ihm, als er eben seine Flöte zurecht machte, und seine Musiker schon versammelt waren, durch einen Officier der geschriebene Rapport von angekommenen Fremden gebracht. Mit der Flöte in der Hand übersah er das Papier, drehte sich aber sogleich gegen die versammelten Capellisten und sagte mit einer Art von Unruhe: *Meine Herren, der alte Bach ist gekommen!* Die Flöte wurde hierauf weggelegt, und der alte Bach, der in der Wohnung seines Sohns abgetreten war, sogleich auf das Schloß beordert... Der König gab für diesen Abend sein Flötenconcert auf, nötigte aber den damals schon sogenannten alten Bach, seine in mehrern Zimmern des Schlosses herumstehende Silbermannische Fortepiano zu probieren. Die Capellisten gingen von Zimmer zu Zimmer mit, und Bach mußte überall probieren und fantasieren. Nachdem er einige Zeit probiert und fantasiert hatte, bat er sich vom König ein Fugenthema aus, um es sogleich ohne alle Vorbereitung auszuführen. Der König bewunderte die gelehrte Art, mit welcher sein Thema so aus dem Stegreif durchgeführt wurde, und äußerte nun, vermutlich um zu sehen, wie weit eine solche Kunst getrieben werden könne, den Wunsch, auch eine Fuge mit 6 obligaten Stimmen zu hören. Weil aber nicht jedes Thema zu einer solchen Vollstimmigkeit geeignet ist, so wählte sich Bach selbst eines dazu, und führte es sogleich zur größten Verwunderung aller Anwesenden auf eine ebenso prachtvolle und gelehrte Art aus, wie er vorher mit dem Thema des Königs getan hatte... Nach seiner Zurückkunft nach Leipzig arbeitete er das vom König erhaltene Thema 3 und 6stimmig aus, fügte verschiedene kanonische Kunststücke darüber hinzu, ließ es unter dem Titel: *Musikalisches Opfer,* in Kupfer stechen, und dedicierte es dem Erfinder desselben.«

Der Bericht, den man durch die Widmungsvorrede und durch einen Bericht aus der *Berlinischen Zeitung* vom 11. Mai 1747 ergänzen kann, gibt ein Bild von der Entstehung des Werkes. Der junge Preußenkönig, musikalisch dem neuen Stil seiner Zeit, dem Stil der Hasse, Graun und der Bach-Söhne verschrieben, will den schon legendären großen Meister der Improvisation und des Kontrapunkts hören, er will gleichsam einen Blick in die Vergangenheit tun, indem er den berühmtesten Meister der längst veralteten Musik noch einmal sein Können zeigen läßt. Es muß Bach klar gewesen sein, daß er hier kaum mehr als vollgültiger Musiker seiner Zeit geschätzt werden konnte – dennoch lobt er höflich das königliche Thema, obwohl es als Fugenthema ziemlich ungeeignet ist. Vielleicht hat der musikkundige König ein derart schwieriges Thema gestellt, um zu sehen, wie sich Bach aus der Affäre ziehen würde, vielleicht hat er sich aber auch nichts Besonders dabei gedacht, denn das »Thema regium« gehört einem verbreiteten Themen-Typ der Bach-Zeit an, vielleicht war auch Bachs Sohn, der königliche Hofcembalist, bei der Formulierung des Themas behilflich; wir wissen es nicht. Die Antwort des Komponisten jedenfalls ist ebenso genial wie raffiniert: er hat eine nahezu unlösbare Aufgabe bekommen und er beantwortet sie mit einer nahezu unlösbaren Aufgabe für den Flöte spielenden König. Die Triosonate ist auf der damaligen Flöte kaum spielbar; es ist also unwahrscheinlich, daß Friedrich die Sonate selbst gespielt hat; für seinen Hofflötisten Johann Joachim Quantz freilich dürfte sie eine interessante Aufgabe gewesen sein.

Weit weniger bekannt als die oft geschilderte Begegnung zwischen dem großen König und dem großen Musiker ist das Werk selbst. Das 19. Jahrhundert weiß nicht viel damit anzufangen. Man bewundert es wohl respektvoll, sieht aber das

Ganze, allenfalls mit Ausnahme der Triosonate, als Ergebnis einseitig theoretischer, fast abstrakter Spekulation, geeignet eher zu Lehrzwecken als zum Musikmachen. Anders das 20. Jahrhundert, man denke nur an Anton von Weberns Bearbeitung des sechsstimmigen *Ricercars* (1934/35) oder an die erneute Wiederbelebung Bachscher Musik aus den Überlegungen zu ihrem originalen Klangbild durch Sol Babitz, Nikolaus Harnoncourt und andere seit den 1960er Jahren. – Das *Musikalische Opfer* (BWV 1079) gehört zu den wenigen Werken, die der Komponist selbst im Druck veröffentlicht. Zu diesem Glücksfall gesellt sich noch der, daß auch das von ihm durchgesehene Dedikationsexemplar erhalten ist. Trotzdem bestehen Zweifel, ob die Reihenfolge der Stücke, die der Druck bietet, von Bach so gedacht ist. Vielleicht sind die Stücke in der Eile der Drucklegung durcheinander geraten? Wie dem auch sei, die Einheit des Ganzen als die *eines* Werkes ist zu bezweifeln. Die einzelnen Stücke sind:

Ricercare (a 3);
Canon perpetuus super thema regium (Kanon zwischen Sopran und Baß mit dem Thema regium als Cantus firmus im Tenor);
5 Canones diversi super thema regium (denkbar verschieden in Faktur und Klanggestalt);
Fuga Canonica in Epidiapente (strenger groß angelegter Kanon zweier Oberstimmen über einem freien Generalbaß);
Ricercare a 6 (das Herzstück des Ganzen);
Canon a 2 (»Quaerendo invenietis« – »Suchend wirst Du finden«: »Rätselkanon«, bei dem die zweite Stimme in der ersten zu suchen ist, nämlich die Umkehrung eine Sept tiefer, nach zweieinhalb Takten einsetzend);
Canon a 4 (im Einklang, eine Stimme in Baßlage);
Triosonate (Largo – Allegro – Andante – Allegro; für Flauto traverso, Violine und Generalbaß; das bekannteste Stück des Werks: im einigermaßen modern-galanten Stil der Zeit geschrieben und also wohl dem König wie heute dem Publikum am meisten eingehend; Druck in Stimmen, Generalbaß nicht ausgearbeitet);
Canone perpetuo (strenger, groß angelegter zweiteiliger Kanon zweier Oberstimmen über einem freien Generalbaß).

Besetzungsangaben fehlen weitgehend, weshalb man, vor allem an den beiden *Ricercari,* immer wieder Bearbeitungs- und Instrumentationsversuche gemacht hat (aus denen der Anton von Weberns hervorragt). Neuerdings glaubt man jedoch aus den vorhandenen Angaben (Flauto traverso, 2 Violinen) und aus den musikalischen Gegebenheiten und Erfordernissen (Cembalo und Violoncello als Generalbaßinstrumente, Umfang der Instrumente) durchaus Bachsche Besetzungsvorstellungen realisieren zu können. – Es fällt auf, daß sich unter den 13 Stücken des Werks zwei *Ricercari* befinden, obwohl diese Gattung fugierter Stücke zu Bachs Zeit längst außer Gebrauch ist. Bach nennt indessen die dreistimmige und die sechsstimmige Fuge (denn es handelt sich de facto um Fugen für Cembalo) wohl nur aus äußeren Gründen so, weil die Buchstaben des Wortes Ricercar sich zu einem Akrostichon fügen: »*R*egis *I*ussu *C*antio *E*t *R*eliqua *C*anonica *A*rte *R*esoluta«, das denn auch wie eine Überschrift über dem ersten Stück steht. – Das sechsstimmige *Ricercare,* die »Preußische Fuge«, wie Bach selbst das Stück in einem Brief nennt, halten schon die Zeitgenossen, soweit sie überhaupt noch Interesse am Schaffen Bachs haben, für das Kernstück des Werks. Mit ihm erfüllt Bach nachträglich den Wunsch des Königs, das Thema auch in einer Fuge mit sechs obligaten Stimmen behandelt zu sehen, dem er in Sanssouci aus dem Stegreif aber wohl nicht hat entsprechen wollen, weil es sich wegen der in seinem zweiten Teil gehäuften Chromatik dazu wenig eignet. Bach selbst mißt dem Stück offenbar hohen Wert bei. Heute gilt es in gewisser Weise als die höchste Offenbarung Bachscher Instrumentalkomposition überhaupt. Denn hier dominiert nicht, wie in den vorausgehenden Kanons, eine themaführende Stimme, sondern alle sechs sind gleichwertig und haben gleichen Anteil am Zustandekommen der dichten, nur an wenigen Stellen vorübergehend aufgelockerten Polyphonie. Deshalb ist das Stück auch mit sechs Einzelstimmen besetzt leichter zu hören und zu verstehen, als wenn es auf dem Cembalo vorgetragen wird – für das es allerdings wohl gedacht ist.

1747 **Antoine Forqueray** (1672-1745): **Pièces de viole avec la Basse continue**

In der Tradition des Hofes von Versailles wachsen beide auf, jene großen Virtuosen der Viola da gamba: Marin Marais und Antoine Forqueray. Doch sie sind Konkurrenten als Virtuosen und als Komponisten, obwohl Forqueray 16 Jahre jünger ist als Marais. Als Wunderkind schon spielt Forqueray bei Hof vor; Ludwig XIV. nimmt ihn unter seine Pagen auf. Mit 17 wird er »Musiker der königlichen Kammer«. Auch in der Gesellschaft hat der junge Virtuose großen Erfolg; zu seinen Schülern zählt der Herzog von Orléans. 1752 schreibt der jüngere Daquin in seinen Briefen über die Künste unter Ludwig XV., Forqueray lasse seine Neigung zur oberitalienischen Violinschule von Bologna und Venedig in seinen Kompositionen erkennen, denn er ahme alles, was die Italiener bis zu Corelli hin auf der Violine vorführten, auf der Gambe nach. Trotz dieser italienischen Neigung stehen die Werke in der französischen Tradition. Allerdings lassen die Schwierigkeiten der Suiten aus den *Pièces de viole avec la Basse continue,* die der Sohn Jean-Baptiste-Antoine Forqueray 1747 veröffentlicht, schon die Zeitgenossen vermuten, nur die beiden Forquerays selbst könnten diese Werke spielen. Deshalb ist es auch weiters nicht verwunderlich, daß sie mit dem Aussterben des Instruments sofort vergessen werden – bis man sie heutzutage wiederentdeckt hat und wieder zu bewundern lernt, obwohl sie für den modernen Hörer einigermaßen ungewöhnlich sind mit ihren vielen »Seufzern«, den langsamen und schnellen Trillern, den vielen Arpeggien und plötzlichen dynamischen Schwellern. Gerade mit diesen »Verzierungen« aber, die hier keine Zutaten sind, sondern in eigenartiger Weise zur Substanz zu gehören scheinen und die deshalb bei Forqueray wie bei Marais auch mit Sorgfalt notiert bzw. bezeichnet sind, gerade damit sind diese Suiten vorbildlich für die französische Musik des späten 17. und beginnenden 18. Jahrhunderts. Freilich, erst durch die konsequente Ausführung dieser alten Musik so, wie sie erklingend gedacht ist, öffnet sich ihr Reichtum und wird die musikalische Welt des Hofs von Versailles in ihrer Künstlichkeit und Vornehmheit erkennbar.

1749 **Georg Friedrich Händel** (1685-1759): **Feuerwerksmusik**

Anläßlich der Feiern zum Aachener Frieden, der 1748 den österreichischen Erbfolgekrieg beendet, soll 1749 im Londoner Green Park (St. Jame's Upper Park) ein großer öffentlicher Festakt mit Feuerwerk stattfinden, mit dessen Veranstaltung zwei Bologneser Feuerwerksexperten beauftragt sind. Händel wird verpflichtet, eine Festmusik zu schreiben, die auf Wunsch König Georgs II. nur von »kriegerischen« Instrumenten, d. h. von Trompeten mit Pauken und Oboen mit Fagotten, also ohne Streicher, gespielt werden soll, und für die der Theaterarchitekt G. N. Servandoni eine eigene Bühne zu bauen hat. Händel hat jedoch eine durchaus eigene Vorstellung von der für seine Musik geeigneten Instrumentation und weigert sich zunächst, nur Bläser einzusetzen. Erst im letzten Moment läßt er sich überreden, die königlichen Wünsche zu respektieren. Dementsprechend richtet er seine Partitur in der 1. Fassung nur für Bläser und Pauken ein (jedenfalls in der Ouvertüre) und vermerkt die Zahl der benötigten Instrumente jeweils »per parte« im Autograph: Oboe I: 12, Oboe II: 8, Oboe III: 4; Fagott I: 8, Fagott II: 4; Horn I, II, III: je 3; Trompete I, II, III: je 3; Pauken: 3; Kontrabaß. In der Ouvertüre spielen also mindestens 58 Musiker, aber kaum 100, wie die Londoner Presse berichtet. Händel ist jedoch nach wie vor darauf bedacht, für Konzertzwecke Streicher einzusetzen, und fügt daher später auch in der Ouvertüre Streicherstimmen hinzu. In dieser überarbeiteten Form mit Bläsern *und* Streichern wird das Werk bald darauf veröffentlicht. Schon bei einer konzertanten Aufführung im Mai 1749 in der Kapelle des Foundling Hospital's erklingt wahrscheinlich diese Fassung, nämlich die, in der die *Feuerwerksmusik* heute allgemein bekannt ist. und die sicherlich Händels ursprünglicher Intention am meisten entspricht.

Die für die Feier im Green Park bestimmte Erstfassung für Bläser wird am 21. April 1749 vor 12 000 Zuhörern öffentlich geprobt, bevor am 27. abends das große Ereignis stattfindet. Das Feuerwerk erweist sich als Fehlschlag, Händels Musik jedoch macht großen Eindruck. Wie aus einigen mit Abbildungen versehenen Veröffentlichungen hervorgeht, ist das Ganze so geplant, daß »After a grand Overture of Warlike Instruments, composed by Mr. Handel, a Signal is given for the Commencement of the Firework, which opens by a Royal Salute of 101 Brass Ordnance.« Die vielfach vermutete Abfolge, nach der vor Beginn des Feuerwerks die Ouvertüre und danach die Sätze 2 bis 4 als musikalische Ausgestaltung allegorischer Feuerwerksfiguren gespielt wurden, während die beiden Menuette den Ausklang bildeten, ist nicht verbürgt (Baselt 1986). – Vielleicht darf man mit Friedenthal (1959) sagen: Händels *Feuerwerksmusik* ist mehr als musikalische Illumination zu einem bengalischen Feuer, sie ist eine musikalische Friedensfeier mit einem würdigen, »La Paix« betitelten *Largo alla Siciliano* von der Art der *Pastorale* im *Messias.* Das ist kein einfacher Vergleich, sondern der höchste, der sich innerhalb von Händels Werk denken läßt. Und das ist nicht wenig.

1749/50 **Johann Sebastian Bach** (1685-1750): **Die Kunst der Fuge**

Über der Arbeit am *Musikalischen Opfer* mag Bach zu dem Entschluß gekommen sein, das, was er hier etwas planlos unternommen hat, in neuer Gestalt planvoll durchzuführen (zumal Vorarbeiten für das neue Werk seit den frühen 1740er Jahren vorlagen): ein ganzes Werk über ein einziges Thema, ein Variationenwerk. Es ist Johann Nikolaus Forkel, der als erster *Die Kunst der Fuge* (BWV 1080) einen Variationenzyklus nennt: »Das Werk besteht übrigens aus Variationen im Großen. Die Absicht des Verfassers war nämlich, anschaulich zu machen, was möglicher Weise über ein Fugenthema gemacht werden könne. Die

Variationen, welche sämtlich vollständige Fugen über einerlei Thema sind, werden hier Contrapunkte genannt.« Das neue Werk soll die Lehre von der Fuge praktisch darstellen. Der Titel, obwohl nicht sicher von Bach herrührend, bezeichnet genau den Charakter der Sammlung. Freilich ist hier das Wort »Kunst« nicht in seiner modernen, erst im 19. Jahrhundert aufkommenden Bedeutung zu nehmen, »Kunst« heißt hier vielmehr Entwurf, Aufstellung, Demonstration von Möglichkeiten. Der ganze Titel ist demnach zu umschreiben mit »Aufstellung von möglichen Gestalten des kontrapunktischen, fugierenden Satzes.« Bach schafft damit ein Denkmal für eine Setzweise, die durch Jahrhunderte Inbegriff der gebundenen, strengen Komposition war. Deshalb auch die zu seiner Zeit beinahe schon historische Art der Notation in großen Werten und in Clavier-Partitur. – Was als Prinzip für die einzelne, auf dem Verfahren der Fuge beruhende Komposition gilt, nämlich alle Stimmen aus einer einheitlichen Substanz abzuleiten, macht Bach hier zur Idee eines ganzen Werkes. Damit ist in gewisser Weise die Hörbarkeit eingeschränkt und die Frage aufgeworfen, für wen das Werk gedacht und wie es musikalisch zu realisieren ist. Weil Bach stirbt, bevor die Druckarbeiten abgeschlossen sind, fehlt die Vorrede. Aber es ist auch so zweifelsfrei, daß Bach wie beim *Dritten Teil der Klavierübung* an die »Kenner von dergleichen Arbeit« denkt. »Kenner« meint dabei freilich nicht jemanden, der diese Musik bloß hört – womöglich das Ganze in einem Zuge – und ihre strenge Eintönigkeit bestaunt, »Kenner« meint vielmehr jemanden, der sich in die musikalischen Gegebenheiten zu vertiefen bereit und in der Lage ist. Dies hat zur Voraussetzung oder zur Folge: Studium der Partitur und eigenes Spielen. Damit ist das Problem des adäquaten Instruments berührt. Die Art der Notation bestimmt die *Kunst der Fuge* eindeutig für ein Klavierinstrument. Trotzdem ist es falsch, wie beim *Wohltemperierten Klavier* von einem Klavierwerk zu sprechen, vielmehr ist das Wesentliche eher getroffen, wenn man sagt, die *Kunst der Fuge* sei ein Werk, das man sich am besten an einem Klavierinstrument vergegenwärtigt. Dementsprechend ist dann weiter zu sagen, daß Bearbeitungen für andere Instrumente zwar nicht prinzipiell auszuschließen aber auch nicht ohne weiteres gutzuheißen sind, weil sie im Grunde mit einem Nur-Hörer rechnen, statt mit dem studierenden Spieler, der spielt *und* sieht, sieht *und* hört, und so das Werk als Komposition, seine musikalische Struktur, nachzuvollziehen vermag. – Die *Kunst der Fuge* widerspricht zudem der üblichen Vorstellung vom geschlossenen, obwohl aus verschiedenen Einzelsätzen bestehenden Werk. Wie die instrumentale Besetzung liegt auch die Satzfolge nicht wie sonst fest, weshalb auch bei Aufführungen häufig die Reihenfolge der Sätze differiert. Ursache ist indessen nicht allein die nicht zu verstehende Verschiedenheit der Anordnung zwischen Bachs Autograph und dem unter seiner Aufsicht entstehenden Druck, Ursache ist vielmehr die für uns nur schwer zu akzeptierende Tatsache, daß Bach offensichtlich keine endgültige und verbindliche Ordnung der einzelnen Stücke zu einem großen einheitlichen Werk-Ganzen im Sinne hat. Muß der Ausführende trotzdem eine Anordnung festlegen, so sind verschiedene Möglichkeiten denkbar: nach fortschreitender kontrapunktischer Kompliziertheit, oder nach immer weitergehender Abwandlung des ursprünglichen Themas, oder nach irgendwelchen Symmetrien. Aber welche äußere Ordnung auch immer, sie kann nie zu einer geschlossenen Wiedergabe des Werks verpflichten, sie bleibt gegenüber der Konzeption immer von sekundärer Bedeutung (Schlötterer-Traimer 1966).

Über die Tatsache, daß das Werk nicht vollendet ist, berichtet Forkel (1802): »Die vorletzte Fuge hat 3 Themata; im dritten gibt sich der Componist namentlich durch *b a c h* zu erkennen. Diese Fuge wurde aber durch die Augenkrankheit des Verfassers unterbrochen, und konnte, da seine Operation unglücklich ausfiel, nicht vollendet werden. Sonst soll er Willens gewesen sein, in der allerletzten Fuge 4 Themata zu nehmen, sie in allen 4 Stimmen umzukehren, und sein großes Werk damit zu beschließen. Alle die in diesem Werke vorkommenden verschiedenen Gattungen von Fugen über einerlei Hauptsatz, haben übrigens das gemeinschaftliche Verdienst, daß alle Stimmen darin gehörig singen, und keine weniger als die andere. – Zum Ersatz des Fehlenden an der letztern Fuge ist dem Werke am Schluß der 4stimmig ausgearbeitete Choral: *Wenn wir in höchsten Nöten sind* etc. beigefügt worden. Bach hat ihn in seiner Blindheit, wenige Tage vor seinem Ende seinem Schwiegersohn Altnikol [recte: einem seiner Freunde] in die Feder dictiert. Von der in diesem Choral liegenden Kunst will ich nichts sagen; sie war dem Verf. desselben so geläufig geworden, daß er sie auch in der Krankheit ausüben konnte. Aber der darin liegende Ausdruck von frommer Ergebung und Andacht hat mich stets ergriffen, so oft ich ihn gespielt habe, so daß ich kaum sagen kann, was ich lieber entbehren wollte, diesen Choral, oder das Ende der letztern Fuge.«

um 1750 Die Ostracher Liederhandschrift

Vielleicht ist es ein Schüler der evangelischen Klosterschule in Blaubeuren, der sich nach dem Vorbild von Studentenliederbüchern seiner Zeit eine Sammlung anlegt, die er nach dem Gehör aufschreibt: den Text in oberschwäbischer Mundart, auch dann, wenn er eigentlich hochdeutsch ist, die Melodien ohne alle Begleitung oder glättende Bearbeitung gerade so, wie er sie offenbar erklingen hört. Unter den insgesamt 51 Liedern (sukzessive eingetragen, also nicht systematisch geordnet) sind volkstümliche Lieder selten, solche persönlichen Charakters, also etwa Liebeslieder, fehlen überhaupt. Die meisten Lieder sind lehrhaft oder mit Bildungsgut von Fremdwörtern und französischen oder lateinischen Zitaten gespickt: Studentenlieder, zu singen in geselliger Runde. Trinklieder fehlen dementsprechend natürlich nicht. Einen gewichtigen Platz unter den geselligen Liedern nehmen sodann die Quodlibets ein, zumeist längere Gesangsstücke, in denen ohne Rücksicht auf Logik und Sinn ganze Lieder oder Teile von Liedern nach Belieben, oft assoziativ, aneinandergereiht werden, nicht selten unter Einfügung rezitativischer Partien meist parodistischen Charakters. Die Sammlung ist der von Valentin Rathgebers *Augsburger Tafelkonfekt* (1733-1746) inhaltlich und auch in den Melodien verwandt (die dort freilich mit Generalbaß versehen und also kunstvoll musikalisch bearbeitet sind). Trotzdem oder gerade deshalb ist das *Ostracher Liederbuch* für den Musikhistoriker besonders interessant. Die Melodien geben nämlich Aufschluß über die Entwicklung des Liedes in Süddeutschland, d.h. in einem Gebiet, das zunächst ein Randgebiet der Geschichte des Liedes zu sein scheint, dann aber, nämlich am Ende des Jahrhunderts und mit Johann Rudolf Zumsteeg, einen bedeutenden Beitrag zur Entwicklung des deutschen Liedes leisten soll. So führt denn diese Handschrift von den letzten Nachklängen des musikalischen Barockzeitalters über dem Volkslied nachkomponierte Lieder im Sinne der norddeutschen Liedästhetik und über Zumsteeg bis in die Nähe von Franz Schubert, der Zumsteeg ja bewundert und nachahmt. (W. Dürr)

1751 **Francesco Saverio Geminiani** (1687-1762): **The Art of Playing on the Violin op. 9**, gedruckt in London

In die Reihe der italienischen Musiker, die im Barockzeitalter Europa mit ihrer Musik zu überschwemmen scheinen, gehört Geminiani, ein Schüler Corellis, einer der berühmten Geiger seiner Zeit: 1714 ist er in London zu finden, 1749 bis 1755 in Paris, später in Dublin. Wichtiger – jedenfalls für uns heute – als durch seine Kompositionen (24 *Violinsonaten; 6 Violoncellosonaten; 24 Concerti grossi,* darunter *»La Follia«* nach Corellis *Sonata op. 5, 12*) ist Geminiani durch seine Lehrwerke, aus denen seine *Violinschule* herausragt. Sie ist zwar nicht so ausführlich wie diejenige von Leopold Mozart (1756), aber sie verbindet überaus geschickt die spieltechnischen Anweisungen für das Instrument mit denen für die Vortragspraxis. Viele Übungen für technische Einzelheiten und 12 sorgfältig bezeichnete *Sonatensätze* gewähren wichtigen Einblick in die damalige Spielpraxis. Rein vom Geigerischen her gesehen ist Geminianis Werk in gewisser Weise grundlegend für die Technik des modernen Violinspiels.

1752 **Georg Friedrich Händel** (1685-1759): **Oratorium »Jephtha«** in London

Vor 1650 hat Giacomo Carissimi in seinem auf einer lateinischen Nachdichtung fußenden *Oratorium »Jephte«* den Stoff verarbeitet. Händel ist mit diesem Werk gut vertraut, wie Übernahmen in sein *Oratorium »Samson«* (1743) belegen. Doch läßt er sich für seinen *Jephtha* vor allem von Meßsätzen des böhmischen Komponisten František Vaclav Habermann (1706-1783) anregen. *Jephtha* ist Händels letztes Oratorium; die Erblindung hindert ihn daran, neue Werke (Bearbeitungen ausgenommen) in Angriff zu nehmen.

Als Librettisten wählt Händel den schon mehrfach herangezogenen Doctor Divinitatis Thomas Morell, der den Bibeltext (in Anlehnung an verschiedene Dichter) im Sinne einer Familientragödie dramatisiert. Er erweitert dabei das Bibel-Personal um einige Personen und gibt Jephtas Tochter, wohl als Verweis auf ihre griechische Schicksalsschwester Iphigenie, den ähnlich klingenden Namen Iphis. Die Parallele zur Atridensage liegt ohnehin auf der Hand – wie ja das Thema des Menschenopfers das 18. Jahrhundert überhaupt sehr bewegt: Glucks beide *Iphigenien,* die *Tauridische* von Goethe und Mozarts *Idomeneo* sind dafür berühmte Beispiele. – Bewegend gestaltet Händel den Helden: ein von Gott und den Menschen Verlassener. Händel schafft dafür eine Musik der Einsamkeit, des Verstummens vor Leid. Wie in einer antiken Tragödie schaut der Chor auf Jephthas Fall und deutet seine Verstrickung in Schuld als Schicksal, dessen Sinn menschliches Denken nicht zu erfassen vermag. Lakonische Kadenzen auf ein von Händel selbst eingefügtes Pope-Zitat konstatieren mehr, als daß sie erklären: »Whatever is, is right.«

Eine rezeptionsgeschichtliche Marginalie darf nicht verschwiegen werden: Im Jahr 1941 gibt Hermann Stephani eine Neubearbeitung des Oratoriums unter dem Titel »Das Opfer« heraus. Sie gibt vor, »überpersönlich, übervolklich und überzeitlich« zu sein, leistet aber faktisch durch Tilgung jedes Hinweises auf die alttestamentliche Vorlage der nationalsozialistischen Weltanschauung fatal Vorschub. Nicht einmal vor Händelschen Oratorien haben die Nazis haltgemacht. (R. M.)

1753-1769 »Ära Jommelli« der Barockoper in Stuttgart

Niccolò Jommelli (1714-1774) gehört zu den vielen italienischen Musikern, die während des 18. Jahrhunderts in Deutschland und Österreich wirken. Die Anzahl und vor allem die Bedeutung dieser Musiker für das damalige Musikleben ist so groß, daß die Musikhistoriker manchmal von »Deutschlands italienischer Zeit« sprechen. 1753 erreichen Jommelli drei Angebote für das Amt des Hofkapellmeisters: aus Mannheim, aus Lissabon und aus Stuttgart. Er entscheidet sich für Stuttgart, obwohl es hinsichtlich der bestehenden Arbeitsmöglichkeiten keineswegs den Vorzug verdient. Aber der Komponist ist sich hier der vollen Unterstützung des theaterbesessenen Herzogs Karl Eugen von Württemberg sicher, und tatsächlich stattet ihn dieser derart mit Vollmachten und finanziellen Mitteln aus, daß Jommelli Stuttgart zu einem Opernzentrum von europäischer Bedeutung machen kann. Fünfzehn Jahre dauert die Ära Jommelli mit 20 Opern, die aber zum größeren Teil verschollen oder nur in späteren Bearbeitungen erhalten sind. Bevorzugter Librettist ist Metastasio. Viermal vertont Jommelli Operntexte von Mattia Verazi, dem Hofdichter Karl Eugens, mit dem er schon vor seiner Stuttgarter Zeit zusammengearbeitet hat, und der vermutlich auf seine Empfehlung hin nach Stuttgart berufen wird. Verazi schreibt auch den Text zu Jommellis letzter Stuttgarter *Oper »Fetonte«*. Jommelli hat dasselbe Sujet bereits 1753 für Stuttgart vertont, jedoch nach einem »durchaus italienischen Text« von Villati. Der zweite *Fetonte* wird 1768 im Schloßtheater in Ludwigsburg aufgeführt, und hier geht Jommelli andere Wege als bisher bei seinen Texten von Metastasio, hier folgt er auf einmal dem französischen Vorbild: Chöre, Ballette und Ensembles sind in die Szene integriert; Duette, Trios und Quartette stehen neben Solo-Arien; die dramatische Handlung beginnt gewissermaßen schon in der Ouvertüre; es gibt mehr Aufmärsche und Massenszenen als je in Metastasios Stücken (341 Soldaten und 86 Pferde in der Schlußszene). Während Metastasio beim Zuschauer an die Moral appelliert und ihn in eine Umgebung der Schönheit und Vornehmheit entführt, versetzt Verazi ihn in eine Welt von Schrecken, Zerstörung und Tod. Metastasio beharrt auf eindeutigen Charakteren. Verazis Figuren sind gleichermaßen zum Guten und Bösen fähig, und ihr Leben und Handeln ist ständig in Aufruhr, weil die Impulse, denen sie ausgesetzt sind, einander widersprechen. Nun, vielleicht schafft Verazi seine widersprüchlichen Charaktere, weil Jommelli gerade solche haben will? Wie schon in *Didone abbandonata* 1747 in Rom (nach Metastasio; später auch in Stuttgart) und in *Demofoonte* 1743 in Padua (nach Metastasio; später auch in Stuttgart) haben im *Fetonte* gerade diejenigen Szenen, in denen die Helden mit ihren Gefühlen kämpfen, die großartigste Musik. Abt Vogler, der berühmte Zeitgenosse, schreibt: »Zuweilen flog er kühn über seinen Dichter hinweg...; er sprach ohne Wörter, und ließ die Instrumente fortdeklamieren, wenn der Dichter schwieg.« Das weist auf das neue Zeitalter der Musik im 18. Jahrhundert hin, das seinen Niederschlag eben auch in Opern Jommellis findet. Ob man diese deshalb schon als REFORMOPERN bezeichnen kann, wie es die Musikgeschichtsschreibung gelegentlich tut, ist zu bezweifeln. Im Grunde seiner Musik ist und bleibt Jommelli dem Barock und seiner musikalischen Opernästhetik verhaftet.

Jommelli versteht es, organisatorisch das Stuttgarter Theater mit dem Neuesten und Interessantesten der Zeit auszustatten. Als Orchesterleiter verpflichtet er erstrangige Musiker wie P. Nardini und A. Lolli; 1758 gliedert er der Oper ein Ballett unter Leitung von François Sauveterre an; als glückliche Ergänzung seiner »Opernreform« gibt er 1760 bis 1767 J. G. Noverre die Möglichkeit eines getanzten Dramas (»ballet en action«) als Zwischenakte, aber in einem inneren Zusammenhang zu eigenen Opern. – Meinungsverschiedenheiten mit Herzog Karl Eugen führen 1769 zur Demission; Jommelli kehrt nach Neapel zurück. Er hat mit dem Portugiesischen Königshof in Lissabon einen Vertrag, der die Aufführung seiner Stuttgarter Opern in Lissabon regelt, wobei die Werke selbstverständlich vom aufführenden Kapellmeister Da Silva für die dortigen Aufführungsbedingungen bearbeitet werden (Weber 1986).

Die einen schätzen Jommelli als »italienischen Gluck«, den anderen ist er, der Italiener, »zu deutsch«. Wie dem auch sei, Jommelli ist einer der Großen der Barockoper, freilich in sehr später Zeit. Wenn Schubart, seit 1787 Hofdichter und Direktor des Schauspiels und der *deutschen* Oper in Stuttgart, ihn rühmt als »ersten Komponisten in der Welt«, dann muß man das nicht wörtlich nehmen, auch wenn es in einer bestimmten Hinsicht ernst gemeint ist, ebenso ernst wie jene andere zutreffende Charakterisierung: »Er studiert seinen Dichter, verbessert ihn oft, kennt die Sänger, das Orchester, die Hörer mit ihren Launen, selbst den Ort, wo er seine Opern aufführt, nach den Wirkungen des Schalls [der Akustik] und schmilzt sie durch die genauesten Verabredungen mit Maschinist, Dekorateur und Ballettmeister in ein großes Ganzes zusammen, das des kältesten Hörers Herz und Geist himmelan lüpft.«

1758 Jakob Adlung (1699-1762): Traktat »Anleitung zu der musikalischen Gelahrtheit«, gedruckt in Erfurt

Diese *Anleitung* und außerdem Adlungs *Musica mechanica organoedi* gehören zu den wichtigen Quellenwerken der Bach-Zeit, zumal sie schon damals hohes Interesse finden. Immerhin erscheint das erstgenannte Werk mit einer Vorrede des Eisenacher Johann Ernst Bach und dann in einer zweiten Auflage 1783, herausgegeben von Johann Adam Hiller, und wird das zweite, obgleich schon 1726 abgeschlossen, nach Adlungs Tod von Johann Friedrich Agricola mit einer Vorrede versehen und von Johann Lorenz Albrecht 1768 zum Druck befördert. E. Valentin (1949-51) charakterisiert Adlung treffend: »Seine Verwurzelung im mitteldeutschen Kulturraum und in der Anschauungswelt seiner Zeit machen Adlung zu einer der charaktervollsten Gestalten des 18. Jahrhunderts und des Erwachens seiner bürgerlichen Kräfte.« Adlung ist als Nachfolger von Buttstedt Organist an der Predigerkirche in Erfurt. Das meiste, das wir über den Orgelbau und über Orgeln der Bach-Zeit wissen, wissen wir von ihm.

1795 Johann Ernst Altenburg (1734-1801): Versuch einer Anleitung zur heroisch-musikalischen Trompeter- und Pauker-Kunst

Auch dieses Buch gehört in die Reihe der großen *Versuche* des 18. Jahrhunderts, auch sein Autor gerät, obwohl in einer althergebrachten und hochgeschätzten Kunst zu voller Fertigkeit gebildet, zwischen die Mühlsteine zweier Zeitalter. Das niedergehende Barockzeitalter nimmt die »adeliche Blaskunst«, die es soeben erst zur prunkvollen Höhe entwickelt hat, mit in den Niedergang. »Das bläserische Quellenwerk, das Altenburg schon Jahrzehnte vor seinem Erscheinen fertiggestellt hat und vergeblich in Druck zu bringen sucht, ist das bedeutendste Zeugnis der alten Trompeterkunst. Mit Gelehrsamkeit, praktischem Sachverstand, scharfsinniger Gliederung und schlagfertiger Polemik wird am Ende einer großen Überlieferung das jahrhundertelang gehütete bläserische Zunftgeheimnis gelüftet, von der geschichtlichen Begründung der Kunst, den Zunftordnungen, dem Bau der Instrumente, dem Unterrichtsgang bis zur Einrichtung der Bläserstücke und zur Aufführungspraxis, so daß Gerber dem Verfasser in seinem *Tonkünstlerlexikon* [*GNTL* 1812] seine ›ganze Hochachtung‹ schenkt und ihn ›eine seltene und außerordentliche Erscheinung unter seinen Kunstverwandten‹ nennt« (Ehmann 1949-51).

Das in der ersten Hälfte des 18. Jahrhunderts heraufziehende neue Zeitalter der Musik hat für den Trompeter alter Schule und für seine künstlerische Fertigkeit keinen ebenbürtigen Platz mehr. Nur wegen des neuen Musikgeschmacks? Im Jahre 1749 erläßt der Papst eine Enzyklika »Annus qui«, mit der er Trompeten und Pauken als Militärinstrumente in der Kirchenmusik für unzulässig erklärt. In der k. u. k. Monarchie ignoriert man die Enzyklika zunächst. Als der Papst aber Anfang 1754 interveniert, unterzeichnet die Kaiserin Maria Theresia ein Reskript, »daß in allen groß- und kleinen Kirchen dero Residenz Stadt Wien sowohl in als vor der Stadt die Pauken und Trompeten bei abzuhaltenden Kirchenmusiken, ingleichen auch bei Prozessionen« nicht mehr verwendet werden dürfen. Das Verbot stößt auf den Widerstand des Kirchenvolks und wird zunächst nicht eingehalten, dann aber doch durchgesetzt – bis die Genesung der Kaiserin von einer schweren Krankheit den Anlaß zu einem neuen Reskript gibt, welches das Verbot des ersten mildert insofern, als Trompeten und Pauken »für das Künftige bei allen Prozessionen zu gebrauchen« sind, allerdings unter Bedingung einer besonderen Erlaubnis vom Ordinariat. Obwohl diese Verbote in den Kirchen nicht streng eingehalten werden, hinterlassen sie in der Musikpraxis tiefe Spuren. Mit diesen Verboten nämlich wird die Tradition der reichen Gattung barocker Trompetenstücke und Trompetenarien mit melodisch-linear geführten und reich kolorierten Trompeten-Oberstimmen abgeschnitten und damit dem Stand der Clarinbläser das eigentlich interessante Aufgabengebiet entzogen. (Clarin ist kein Instrument, sondern die Bezeichnung der hohen Lage der Trompete vom 8. Teilton an aufwärts; die Trompeter dieser hohen Lagen nannte man Clarinbläser.) Nach der Aufhebung des Verbots sind zwar sicherlich noch ausgebildete Clarinbläser am Leben, aber ein Nachwuchs für sie kann sich in der Zwischenzeit nicht mehr bilden, ist es doch kaum denkbar, daß man in den Jahren 1754-67 in den kirchlichen Musikinstitutionen junge Trompeter ausbildet, wenn die Kirche ihre Dienste nicht mehr benötigt. Damit ist die hohe Zeit der Musik mit konzertierenden Trompeten vorüber, und sie kommt nicht wieder, zumal das in eben dieser Zeit entstehende Orchester neuen Typs zur Homogenität des Klangs strebt, den weichen Hörnerklang bevorzugt und hinfort den schmetternden Klang der Trompete vermeidet. (Sehnal 1980)

DIE MUSIKALISCHE FRÜHROMANTIK

VIII.
Das Ende des Zeitalters der Polyphonie und der Übergang zu einer Musik mit neuem Interesse: 1730 bis 1820

Die musikalische Frühromantik im *18. Jahrhundert* einsetzend, dem Barockzeitalter der Musik *direkt* folgend, *vor* der Wiener Klassik? Eine solche Einteilung muß eingehend erörtert werden.

1. Überlegungen zur Bedeutung und zur Benennung dieser Epoche und zur Epochenbezeichnung »Frühromantik« statt »Vorklassik«

Sieht man in der Geschichte der abendländischen Musik gleichsam eine Aufgabe und ihre Lösung, nämlich die Ausbildung der Polyphonie, durch die und in der die »primären Klangformen« (Ficker 1929) des Vokal-Melodischen und des Instrumental-Klanglichen in einem historischen Prozeß zum Ausgleich kommen, indem sie sich durchdringen, dann geht diese Geschichte mit dem musikalischen Barockzeitalter zu Ende. Denn dieses löst im harmonisch-kontrapunktischen Generalbaßsatz die gestellte Aufgabe gleichsam abschließend. Alles Nachfolgende erscheint dann als Nachspiel, als großartiges Nachspiel freilich, weil die musikalische Denkkraft des abendländischen Menschen sich, nachdem der »Entwicklungsdruck« gewichen ist und alle Möglichkeiten zur Verfügung stehen, nunmehr frei entfalten kann, frei wie nie zuvor. Denn mit der Aufklärung geht die Bindung und mit dieser das sichere Bewußtsein einer Weltordnung verloren, in der die Musik ihren Platz im Mittelpunkt hat. Zu Ende geht im heraufkommenden Industriezeitalter mit der Entwurzelung und Umschichtung großer Menschenmassen allerdings auch die naturgegebene Selbstverständlichkeit der Verwurzelung und Bindung alles Musikalischen in sozialen Bindungen des Menschen und in Funktionen seines Lebens in der Gesellschaft.

Wohin aber kann eine Entwicklung gehen bei solchen Veränderungen im bis dahin als ewig festgefügt verstandenen Fundament? Jedenfalls nicht gleichermaßen in eine neue Epoche wie sonst bei Epochenübergängen in der Musikgeschichte, sondern wohl nur zu einem neuen, anderen Denken dessen, was das ist: Musik. Bis ins 18. Jahrhundert war Musik mit allen ihren Bindungen und Bedingungen eine Sache per se, auch dort, wo sie gleichsam im Dienst stand, als Kirchenmusik etwa, wo sie Text zum Erklingen bringen mußte, oder auch als Tanzmusik. Wichtiger war stets, daß sie Funktion erfüllte, als daß sie Wirkung hatte. Das nun ändert sich jetzt. Was immer schon *eine Seite* des Musikalischen, *eine Möglichkeit* war, die man selbstverständlich immer nutzen konnte und genutzt hat, nämlich Musik als Ausdruck, das rückt jetzt in den Mittelpunkt, und zwar so, daß *nun* auf die Grundfrage nach Sinn und Wesen der Musik eine Antwort möglich wird, die bis dahin *so* nicht möglich gewesen ist: »Musik ist die Tonsprache menschlicher Empfindung ... Die Musik ist das reine Organ des Gefühls.« Es ist Richard Wagner, der *so* ausspricht (*Oper und Drama* 1851), was im allgemeinen musikalischen Bewußtsein seiner Zeit längst auskristallisiert war – und wovon die Anfänge, und zwar keineswegs unbedeutende oder kaum sichtbare Anfänge, im *18. Jahrhundert* wirksam sind. So gesehen liegen also Ursprung und Anfänge der musikalischen Romantik im 18. und nicht im 19. Jahrhundert, und so ist es nur konsequent, die auf das Barockzeitalter folgende musikalische Epoche eine Frühe Romantik zu nennen.

Dieser Gedanke einer frühen Romantik im 18. Jahrhundert ist in der Musikgeschichtsschreibung keineswegs neu. Er findet sich zum Beispiel in Barry S. Brooks Überlegungen zu *Sturm und Drang and the Romantic Period in Music* (1970): »the Sturm und Drang is part of a continuous thread of early romantic thought that leads directly, through Beethoven, into the nineteenth century.« Und angelegt findet sich dieser Gedanke auch schon bei Schering in der Einteilung seiner *Tabellen zur Musikgeschichte* und ausgeführt von H. J. Moser für die 5. Auflage (1962) dieser *Tabellen.* Dort ist »Das dritte Zeitalter« in drei Abschnitte gegliedert, von denen der zweite überschrieben ist: »Musik als gestalteter individueller Gefühlsausdruck: Romantik (von etwa 1740 bis um 1912).« In dieser Überschrift ist, wie mir scheint, die die Epoche bestimmende Intention und mit ihr der für den Musikhistoriker entscheidende Gesichtspunkt genannt. Leider fehlt, weil das Buch keine Textteile hat, die Begründung; sie sei nun hier von uns aus versucht.

Hinter unseren Überlegungen stecken eine *Einsicht* und eine *Überlegung,* die beide darzustellen sind – freilich nicht allein in diesem Abschnitt, sondern im ganzen Fortgang des Buches –, dahinter steckt aber auch eine bestimmte *Absicht.*

Die Einsicht. Alles Neue, welches Musik und Musikdenken und das allgemeine Bewußtsein von Musik in der jüngsten Neuzeit und bis in die Gegenwart *wesentlich* bestimmt – das meint: *im Grunde* bestimmt und nicht bloß an der Oberfläche und in den Erscheinungsformen –, all das Neue ist nicht im 19. Jahrhundert und beim scheinbar allbekannten Übergang von der Klassik zur Romantik, sondern im 18. Jahrhundert gedacht und zum ersten Mal versucht worden, und es hat seine Ursache sehr tief. Arnold Gehlen, der Anthropologe, hat das so formuliert (1957): »Es gibt wahrscheinlich doch nur zwei kulturgeschichtlich wirklich entscheidende Zäsuren: den prähistorischen Übergang von der Jägerkultur zur Seßhaftigkeit und den modernen zum Industrialismus. In beiden Fällen war die geistige und moralische Revolution offenbar total... Denn es handelte sich keineswegs bloß um eine Transformation des Wirtschaftsgebahrens, sondern um eine so vollständige Umstrukturierung aller Einstellungen, daß nichts unergriffen blieb.« Dieser Übergang ist ein Prozeß, der im 18. Jahrhundert einsetzt und bis heute fortdauert, ein Prozeß, den die Kunst mit ihren grundlegenden Veränderungen im 18. und 19. Jahrhundert und seitdem mit der Vielfalt ihrer Phänomene selbständig formuliert.

Die Überlegung. Was Musik sei oder zu sein habe, ist damals neu gedacht und formuliert worden: Sprache des Unaussprechlichen, Ausdrucksmittel der Empfindung des Subjekts. Das hat mit Irrationalität nichts zu tun. Die frühe Romantik sucht vielmehr, die Vernunft mit dem Vernunftlosen (das meint: mit den dem Bewußtsein nicht zugänglichen Bereichen der menschlichen Seele) zu vermitteln, und sie versucht das auch oder gerade in der Musik, richtiger: in der Kunstmusik, deren »vernünftiges« Verfahren der Komposition sie der utopischen Forderung nach einer Sprache des Unaussprechlichen unterwirft. Als »Tonsprache«, wie man jetzt sagt, wird Musik zum Ausdrucksmittel der Empfindung des Subjekts. Und das gilt im wesentlichen so bis heute. Die Erscheinungsformen freilich der Tonsprache haben sich erheblich verändert. Im 18. Jahrhundert stehen zunächst nur die Idiome der Musik des untergehenden Zeitalters zur Verfügung. Die vielfältigen Versuche dann der Formulierung einer neuen Musiksprache oder, wie man sagen muß, neuer Musiksprachen, beschäftigen das 18. Jahrhundert in seiner zweiten Hälfte und das 19. Jahrhundert, und das 20. Jahrhundert schlägt sich keineswegs allein mit Fragen der Kompositionstechnik herum, sondern im Grunde immer noch und immer wieder mit dem alten Problem, ob es das überhaupt geben könne: Ausdruck als Musik.

Bisher hat die Musikgeschichtsschreibung sich vor allem an den äußeren Erscheinungsformen des Musikalischen und ihren Wandlungen orientiert, an den Stilen, und danach klassifiziert und periodisiert. Wenn es aber so ist, daß sich durch die Vielfalt der musikalischen Erscheinungen hindurch zwischen rund der Mitte des 18. und dem Beginn des 20. Jahrhunderts im Bereich der – modern gesagt: – Motivation *ein* Faden zieht, dann sollte dieser Faden gezeigt und die Tatsache als solche beim Namen genannt werden. Trotzdem soll es uns auf die Epochenbezeichnung »Die musikalische Frühromantik« für die Zeit zwischen rund 1730 und 1820 nicht ankommen, weil es uns überhaupt nicht auf Epochenbezeichnungen ankommt. Weil solche aber andererseits doch hilfreich sind, sollen hier Überlegungen angeregt werden, was diese meinen, erhellen oder eventuell auch verdunkeln. Weil, ich wiederhole es, die zweite Hälfte des 18. Jahrhunderts und die Epoche, die man traditionell Musikalische Romantik nennt, in ihren Grundintentionen weitgehend übereinstimmen, obwohl die Erscheinungsformen der Werke differieren – jedenfalls bei äußerlicher Betrachtung –, deshalb scheint uns die Benennung »Musikalische Frühromantik« in Entsprechung zur »Hochromantik« durchaus angemessen und für die Betrachtung der Musikgeschichte hilfreich zu sein, auf jeden Fall gescheiter als die irreführende Bezeichnung »Vorklassik«.

Die Absicht. Die Vorstellung vom Gänsemarsch der Stile ist unausrottbar. ANTIKE, MITTELALTER, RENAISSANCE, BAROCK, VORKLASSIK, KLASSIK, ROMANTIK, MODERNE, sie müssen, so glaubt man allgemein, aufeinander folgen, wie die Epochen der Erdgeschichte aufeinander folgen, die die Naturwissenschaften und die Evolutionstheorie uns vorstellen. Aber die Kunst als ein Phänomen des Geistes entwickelt sich nicht in vergleichbar natürlichen Prozessen. Konkret: Die beiden Epochen, die man gewöhnlich als Vorklassik und Romantik bezeichnet, sind tatsächlich nicht durch die Klassik voneinander getrennt, sondern sie folgen einander unmittelbar, sie sind eine einzige Epoche, während derer gleichzeitig und weitgehend unabhängig, jedenfalls was die Grundintention des Musikalischen anlangt, die sogenannte Klassik verläuft.

Die jüngere Forschung sieht dasselbe Problem aus etwas anderem Blickwinkel so (Neitzert 1990): Gemessen an der Bedeutung, welche die heutige Öffentlichkeit der Musik zumißt, ist es eigentlich verwunderlich, daß man den sogenannten Stilwandel im 18. Jahrhundert nicht hinreichend aus dem Blickwinkel einer ernsthaft an der Musik interessierten Soziologie untersucht. Im Übergang aus dem Barockzeitalter in die neue Zeit der Musik, oder anders ausgedrückt: aus dem Ambiente der Hofkultur in den Konzertsaal, dringen nämlich Maximen einer bürgerlichen (Arbeits-)Welt (Werkgedanke, Fortschrittsidee und das Prinzip der Arbeitsteilung) auch in die Sphäre der Kunst und intendieren grundlegend neue Setz- und Hörweisen. So entsteht in den wenigen Jahrzehnten zwischen etwa 1740 und 1800 bereits in Grundzügen der gesamte Bestand an Strukturen, Mechanismen und Organisationsformen, der das Musikleben bis heute wesentlich prägt.

Man kann aus den Überlegungen zum Problem »Musik und Romantik« freilich auch andere Schlüsse ziehen als wir, etwa wenn man für die Betrachtung die Akzente anders setzt, oder wenn man die Relevanz der historischen Fakten anders einschätzt. Carl Dahlhaus zum Beispiel beginnt eine seiner wichtigen Arbeiten zu diesem Problem (1980) so: »Mit dem Begriff der romantischen Musik oder der musikalischen Romantik verbindet sich in der Alltagssprache, also der ideengeschichtlich entscheidenden Sprache, eine Clichévorstellung, über die man sich, so verzerrend sie ist, nicht schweigend hinwegsetzen kann, weil sie so tief eingewurzelt ist, daß sie nahezu unausrottbar erscheint: die Vorstellung, daß sich die Musikalische Romantik als geschlossene Epoche zwischen der Klassik einerseits und der Neuen Musik des 20. Jahrhunderts andererseits« von beiden prinzipiell unterscheide. Also Respekt vor der in die Alltagssprache übernommenen Vorstellung! Jedoch ist, so Dahlhaus weiter, »der Gebrauch des Ausdrucks Romantik als Epochenbegriff ein Mißbrauch.« Hinwiederum räumt er ein: »Daß die Musik der Romantik – wie bereits der Empfindsamkeit und des Sturm und Drangs – eine Hörweise nahelegt, die Wackenroder als ›völlige Hingebung der Seele in diesen fortreißenden Strom der Empfindungen‹ beschrieb, ist eine – für die Epoche fundamentale – rezeptionsgeschichtliche Tatsache, gegen die ein ästhetisches Räsonnement, das sich auf die Logik musikalischer Formen beruft, nahezu machtlos bleibt.«

Und noch eines: Man muß es sich immer wieder neu klarmachen, daß das Werk J. S. Bachs und das von Mozart in ein und demselben Jahrhundert entstehen, und daß sie dennoch durch eine Welt getrennt sind, der *beide* Komponisten *nicht* angehören, die nicht einmal zwischen ihnen vermittelt. Und auch dies muß man sich klarmachen, daß die richtungweisenden Leute dieser dritten Epoche im 18. Jahrhundert nicht zu den Großen der Musikgeschichte des Abendlandes gehören, obwohl das, was sie musikalisch denken und in Werke fassen, die Grundlagen der Musik umwälzt.

2. Die Musik im Dienste eines neuen Ausdrucksbedürfnisses des Menschen für seine Empfindungen; Musik als »Tonsprache«: erste romantische Züge in der Musik

Bei Handschin in der *Musikgeschichte* (1948) stehen diese gescheiten Sätze: »Nachdem ich, einem mutmaßlichen Wunsch des geneigten Lesers entsprechend, Bach in dieser Darstellung verhältnismäßig viel Raum gewidmet habe, muß ich bekennen, daß ich als Historiker ein schlechtes Gewissen habe: denn nach diesem Unterkapitel habe ich den Faden genau dort wieder aufzugreifen, wo ich ihn liegenließ.« Es ist nämlich »der angeblich so tiefe musikgeschichtliche Einschnitt um Bachs Todesjahr 1750 mehr oder weniger ein Mythus; denn es hat sich in Wirklichkeit nicht ein Umschwung von Bach zur Klassik abgespielt, sondern es haben nur Dinge, die schon zu Bachs Lebzeiten vorhanden waren, unabhängig von Bach ihre weitere Entfaltung genommen.« Welche Dinge? Der Historiker sucht die Antwort auf diese Frage zuerst in Fakten, etwa darin: Schon im Sommer 1749 empfiehlt der sächsische Premierminister Graf Brühl seinen in Italien ausgebildeten und mit dem »heutigen brillanten Gusto der Musik bestens bekannten« Hauskapellmeister Joh. Gottlob Harrer als Nachfolger Bachs nach Leipzig. »In unschönem Eifer«, wie Gurlitt (1949) formuliert, »fand am 8. Juni 1749 vor dem Publikum des ›Großen Konzerts‹ auch schon die ›Proba zum künftigen Cantorat zu St. Thomae, wenn der Capellmeister und Cantor Herr Sebast. Bach versterben sollte, mit größtem Applausu‹ statt. Bach, der unzeitgemäße Thomaskantor, die ›alte Perücke‹, wurde durch einen Vertreter des zeitgemäßen höfisch-welschen Geistes, der neuen musikalischen Empfindsamkeit einer ›sanften und rührenden Melodie‹ im Stil von Hasse und Graun abgelöst. Es ist das der Weg, den Bachs jüngster Sohn, Johann Christian, gehen sollte, indem er katholischer Domorganist in Mailand, ›galanter‹ Modekomponist von Opern und Sinfonien in London und auch als Klavierkomponist von Einfluß auf den jungen Mozart wurde.« Doch nicht allein der jüngste, 1735 geborene Sohn, auch die älteren gehen diesen Weg, unter ihnen Carl Philipp Emanuel (* 1714), der in Werken *und* theoretisch formuliert, was die Stunde geschlagen hat. Und der zweite Nachfolger Bachs im Thomaskantorat, Friedrich Doles, verwirft »diejenigen Kirchenmusiken, welche nur künstliche Fugen enthalten oder fugenartig und zu ängstlich nach den strengen Regeln und Künsteleien des doppelten Kontrapunkts ausgearbeitet sind«, sie seien »bloß Kunstwerke des Verstandes und belustigten allenfalls die Kenner«, und er fügt hinzu: »Fern sei es von mir, der ich ein Schüler des seligen Sebastian Bachs bin und selbst viel im Fugenstil komponiert habe, die höhere Tonsetzkunst herabzuwürdigen oder gar zu verwerfen: Nein! Ich mißbillige nur deren unschickliche Anwendung. Wenn ich eine Versammlung gelehrter Tonkünstler zu Zuhörern habe, so würde ich mich freilich gern mit einer tief durchdachten Fuge auf der Orgel etc. hören lassen, aber nicht so in der Kirchenmusik bei der öffentlichen Gottesverehrung und in der Absicht, ungelehrte Zuhörer zu rühren.«

Man wird sich die Stichwörter merken müssen: »bloß Kunstwerke des Verstandes« und »die Absicht, ungelehrte Zuhörer zu rühren.« Zum ersteren kann man etwa an folgendes erinnern: Carl Philipp Emanuel Bach hat nach seines Vaters Tod den Vertrieb der Originalausgabe der *Kunst der Fuge* übernommen. Um überhaupt einige Exemplare absetzen zu können, setzt er den Preis von 5 Thalern auf 4 herab; dann läßt er das Werk mit einer neuen ausführlichen Vorrede des berühmten Friedrich Wilhelm Marpurg versehen und bietet sie auf der Ostermesse 1752 in Leipzig feil. Als er bis Herbst 1756 nicht mehr als 30 Exemplare verkaufen kann, gibt er die Sache auf und bietet die kupfernen Stichplatten »für einen billigen Preis« öffentlich an, um wenigstens den Wert des Metalls noch zu erlösen. Die Zeit einer »Kunst der Fuge« ist abgelaufen; als das Werk entsteht und erscheinen soll, vermag man es »bloß« noch für ein »Kunstwerk des Verstandes« zu halten. Für die neue Zeit, die längst angebrochen ist, muß »aus einer guten musikalischen Seele« kommen, was Musik sein und heißen soll.

»Man begreift noch, wie ein Mann von Genie auf Erfindungen kommt, wenn er etwas vor sich hat, daran er sich halten kann; wo er aber selbst nicht sagen kann, was er machen will, oder was das Werk, das er sich zu machen vorsetzt, eigentlich sein soll, da arbeitet er bloß auf gutes Glück. Daher kommt es, daß die meisten Stücke dieser Art nichts anders sind, als ein wohlklingendes Geräusch, das stürmend oder sanft in das Gehör fällt. Dieses zu vermeiden, tut der Tonsetzer wohl, wenn er sich allemal den Charakter einer Person, oder eine Situation, eine Leidenschaft bestimmt vorstellt, und seine Phantasie so lang anspannt, bis er eine in diesen Umständen sich befindende Person glaubt reden zu hören. Er kann sich dadurch helfen, daß er pathetische, feurige, oder sanfte, zärtliche Stellen aus Dichtern aussucht und in einem sich dazu schickenden Ton deklamiert, und alsdenn in dieser Empfindung sein Tonstück entwirft. Er muß dabei nie vergessen, daß die Musik, in der nicht irgend eine Leidenschaft oder Empfindung sich in einer verständlichen Sprache äußert, nichts als ein bloßes Geräusch sei.« Der das schreibt, ist nicht irgendeiner, es ist Joh. Philipp Kirnberger (1721-1783) in Joh. Georg Sulzers *Allgemeiner Theorie der Schönen Künste* (1771-1774), dem deutschen Gegenstück zu Diderots *Encyclopédie* (1751-1772), im *Artikel »Instrumentalmusik«*. Es ist Bachs prominentester Schüler, der da die meisten Instrumentalwerke seines verehrten und gepriesenen Lehrers von Grund auf verwirft, weil er eine im Grunde andere Vorstellung von Musik hat. Freilich, er findet seine neue Vorstellung von Musik *auch* von einem Bach formuliert, aber von einem jungen: von Carl Philipp Emanuel, dem Hofcembalisten Friedrichs des Großen und Altersgenossen Glucks, der vor anderen zum Repräsentanten des neuen Zeitalters der Musik geworden war. »Die Möglichkeit, Charakter und Ausdruck in Sonaten zu bringen, beweisen eine Menge leichter und schwerer Claviersonaten unseres Hamburger Bachs. Die mehresten derselben sind so sprechend, daß man nicht Töne, sondern eine verständliche Sprache zu vernehmen glaubt, die unsere Einbildung und Empfindung in Bewegung setzt und unterhält« (Kirnberger bei Sulzer). Man spiele und höre solche Musik, und man wird bemerken, wie sie das Neue bezeugt. *»Carl Philipp Emanuel Bachs Empfindungen«* kann jetzt die Überschrift einer *Klavierfantasie* lauten (1787), und man darf der künstlerischen Absicht trauen, die sich darin kundtut. Die 27 Jahre spätere Bezeichnung Beethovens »... und durchaus mit Empfindung und Ausdruck« über der *Klaviersonate op. 90* appelliert an Empfindungs- und Ausdrucksvermögen des *Spielers;* »Carl Philipp Emanuel Bachs Empfindungen« aber meint die Versenkung des Spielers in das persönliche Empfinden des *Komponisten.* Nicht was *jeder* empfinden könnte, sondern was *er* empfunden und in Töne gebannt hat, ist nachzuvollziehen. Insofern liest sich der Titel als Titel wie die Rechtfertigung einer Komposition, deren Ereignisse sich der Allgemeinverständlichkeit eigentlich entziehen. Um so wichtiger, ja entscheidend ist, daß die Empfindung, die ein Musiker mitteilt, *von ihm selbst gefühlt* wird, gleichgültig, ob sie im eigenen Erlebnis wurzelt oder durch *Sympathie,* durch Versetzung in die Affekte eines anderen, entsteht. Die zentrale Kategorie ist Sympathie (Dahlhaus 1972).

Dennoch gilt für die musikalische Ausdrucksästhetik die Forderung Daniel Schubarts, der Komponist solle »seine Ichheit in der Musik heraustreiben.« Im Barockzeitalter war der Mensch gleichsam der Gegenstand, der von der Musik her bewegt worden ist. Im Verlauf des 18. Jahrhunderts kommt es zur Umkehrung dieses Verhältnisses: jetzt ist die Musik gleichsam der Gegenstand, dem der Mensch als Subjekt seine individuellen Empfindungen anvertraut. Dort herrschte ein Affekt, der das, was ein Subjekt einem anderen angetan hat, in typischer Weise zu einem allgemeintypischen Ausdruck zu bringen hatte – wobei freilich schon die Subjekte selbst »Typen« sind. Hier hingegen liegt der Ausgangspunkt, der Grund des Tuns und Erleidens, in der Gestimmtheit der Subjekte. Weder das Typische noch ein Objektives haben hier Raum. Was C. Ph. E. Bach heraufbeschwört, ist mit Friedrich Rochlitz »kurz zu sagen: die Herrschaft oder doch das Bürgerrecht der individuellen Eigentümlichkeiten und wechselnden Stimmungen des Meisters in dem Instrumentenspiel und in der Komposition für Instrumente.« Alles wird damit von dem momentan-individuellen Zustand der Seele, von ihrem Gestimmtsein abhängig.

Dasselbe noch einmal anders beschrieben: Von unserer heutigen Position aus nach rückwärts gesehen, gilt es klarzumachen, daß der Gedanke, sich selbst in der Musik auszudrücken, erst im 18. Jahrhundert ins Bewußtsein tritt. Eggebrecht (1955) nennt ein Beispiel für viele andere, die man anführen könnte: »Wenn Hugo Riemann in seinen *Elementen der musikalischen Ästhetik* (1900) dogmatisiert: ›daß alle [!] Tongebung in erster Linie Ausdruck ist, der ... von dem Standpunkte des Subjekts aus zu werten ist, das seinem Empfinden diesen Ausdruck gibt‹, so ist demgegenüber hier nachzuweisen versucht, daß diese Wesensbestimmung der Musik eben *nicht* zu verallgemeinern ist, daß sie eben *nicht* für alle Musik gilt, daß sie vielmehr erst aus dem 18. Jahrhundert datiert.«

»Individueller Ausdruck« ist das Thema, das seit dem mittleren 18. und durch das ganze 19. und bis tief ins 20. Jahrhundert hinein variiert wird. Wenn es die Werke nicht selbst bezeugten, würden es die Komponisten belegen, die sich immer häufiger auch in Worten, ja literarisch äußern in der Absicht, Hinweise zu geben, damit ihre Empfindungen, welchen die Musik Ausdruck gibt, auch gewiß verstanden werden können und den rechten Widerhall finden. 1777 etwa erklärt Gluck einem Pariser Kritiker, der ihn angegriffen hat: »Ich nahm mir für meine Arbeit vor, den Gesang, der ja mit der Farbe [!] des Gefühls durchtränkt sein muß, so modifizierbar zu halten, daß er alle Nuancen des Ausdrucks wiederzugeben in der Lage ist, und ich bemühte mich, nicht nur die Stimme, sondern auch die Instrumente, alle Töne, selbst die Pausen, dem einzigen Zwecke dienstbar zu machen, der da heißt: Ausdruck. Worte und Gesang sollten so verbunden sein, ja so übereinstimmen, daß weder die Worte auf die Musik noch die Musik auf die Worte gemacht scheinen.« Das Konzept, das hinter Glucks Erläuterungen steckt, ist dieses (diesmal allerdings von einem anderen Autor formuliert): »Der größte Teil neuerer Theatermusik leidet an dem Fehler, daß sie die Vorgänge, die sich auf der Bühne abspielen, wiederholen will, anstatt ihrer eigentlichen Aufgabe nachzugehen, nämlich den Seelenzustand der handelnden Personen während jener Vorgänge zu tragen. Wenn die Bühne die Illusion eines Gewitters vortäuscht, so ist dieses Ereignis durch das Auge erschöpfend wahrgenommen. Fast alle Komponisten bemühen sich jedoch, das Gewitter in Tönen zu beschreiben, welches nicht nur eine unnötige und schwächere Wiederholung, sondern zugleich eine Versäumnis ihrer Aufgabe ist. Die Person auf der Bühne wird entweder von dem Gewitter seelisch beeinflußt, oder ihr Gemüt verweilt infolge von Gedanken, die es stärker in Anspruch nehmen, unbeirrt. Das Gewitter ist sichtbar und hörbar ohne Hilfe der Musik; was aber in der Seele des Menschen währenddessen vorgeht, das Unsichtbare und Unhörbare, das soll die Musik verständlich machen.« Daß Gluck als Opernkomponist eben diese Forderung im Auge hat und erfüllen will, das bestätigt (vielleicht nicht am eindringlichsten von seinen Werken, aber am deutlichsten) jene Szene aus der *Iphigénie en Tauride* von 1779, in der der Chor der Rachegöttinnen den Orest umtönt. Hier sind die Eumeniden keine Gestalten der Unterwelt mehr, sondern der lebendig gewordene Ausdruck von Orests schlechtem Gewissen. Orest singt: »Die Ruhe kehrt mir wieder«, während im Orchestersatz die lebhafteste Unruhe herrscht. Auf diesen Widerspruch hingewiesen, soll Gluck geantwortet haben: »Merken Sie denn nicht, daß Orest lügt? Wie kann er ruhig sein, er hat doch seine Mutter getötet!« Hier gibt also in einer Opernszene der Instrumentalpart den unausgesprochenen Regungen der handelnden Person musikalisch Ausdruck. Liegt es da nicht nahe, von hier aus den Faden einer Entwicklung der Oper und der Opernmusik zu Carl Maria von Weber und Richard Wagner, die beide in Gluck den großen Meister der Oper und ihr eigentliches Vorbild sehen, zu schlagen, vielleicht sogar weiter?

Folgen wir noch einmal jenem Autor, der gesagt hat, die Musik habe verständlich zu machen, was in der Seele des Menschen vorgeht: »... somit gelangen wir zu der Frage nach den Zielen der Tonkunst. Absolute Musik! Frei ist die Tonkunst geboren und frei zu werden ihre Bestimmung. Sie wird der vollständigste aller Naturwiderscheine werden durch die Ungebundenheit ihrer Unmaterialität. Selbst das dichterische Wort steht ihr an Unkörperlichkeit nach; sie kann sich zusammenballen und kann auseinanderfließen, die regloseste Ruhe und das lebhafteste Stürmen sein; sie hat die höchsten Höhen, die Menschen wahrnehmbar sind – welche andere Kunst hat das? –, und ihre Empfindung trifft die menschliche Brust mit jener Intensität, die vom ›Begriffe‹ unabhängig ist. Sie gibt ein Temperament wieder, ohne es zu beschreiben, mit der Beweglichkeit der Seele, mit der Lebendigkeit der aufeinanderfolgenden Momente; dort, wo der Maler oder der Bildhauer nur eine Seite oder einen Augenblick, eine ›Situation‹ darstellen kann und der Dichter ein Temperament und dessen Regungen mühsam durch aneinandergereihte Worte mitteilt. Darum sind Darstellung und Beschreibung nicht das Wesen der Tonkunst; somit sprechen wir die Ablehnung der Programm-Musik aus und gelangen zu der Frage nach den Zielen der Tonkunst. Absolute Musik!... Auf dem Bilde endet die Darstellung eines Sonnenunterganges mit dem Rahmen; die unbegrenzte Naturerscheinung erhält eine viereckige Abgrenzung; die einmal gewählte Zeichnung der Wolke steht für immer unveränderlich da. Die Musik kann sich erhellen, sich verdunkeln, sich verschieben und endlich verhauchen wie die Himmelserscheinung selbst, und der Instinkt bestimmt den schaffenden Musiker, diejenigen Töne zu verwenden, die in dem Innern des Menschen auf dieselbe Taste drücken und denselben Widerhall erwecken, wie die Vorgänge in der Natur.«

Wenn Musik ist, was sie demnach sein soll, dann kann sie nur reiner Widerhall des Unsichtbaren und Unhörbaren sein, das die menschliche Seele bewegt. Oder anders ausgedrückt: Die reine Empfindung des Herzens steigt auf als Musik, kann nur Ausdruck finden in der Ton-Sprache. Was der wahre Künstler in dieser Ton-Sprache ausdrückt, verstehen wir, weil es in unserer Seele einen Widerhall findet. Freilich, eine so reine Musik kann es nicht geben, denn dazu bedürfte es einer Freiheit, die die Musik dem Musiker nicht einräumt. Immer sind diese ja doch gebunden an die Regelhaftigkeit der Kompositionsverfahren, an die Konvention der traditionellen musiksprachlichen Mittel, aber auch an das überkommene Tonsystem und an die Technik des Instrumentariums, das ihnen zur Verfügung steht; sie sind niemals eigentlich frei, jedenfalls nicht frei genug, um die Musik auf jene Höhe zu führen, auf der sie überhaupt erst sein kann, was sie nach der Vorstellung dieses Autors sein muß. »Solche Befreiungslust erfüllte deshalb einen Beethoven, den romantischen Revolutionsmenschen, daß er einen kleinen Schritt in der Zurückführung der Musik zu ihrer höheren Natur aufstieg; einen kleinen Schritt in der großen Aufgabe, einen großen Schritt auf seinem eigenen Weg. Die ganz absolute Musik hat er nicht erreicht, aber in einzelnen Augenblicken geahnt, wie in der Introduktion zur Fuge der *Hammerklavier-Sonate*. Überhaupt kamen die Tondichter in den vorbereitenden und vermittelnden Sätzen (Vorspielen und Übergängen) der wahren Natur der Musik am nächsten, wo sie glaubten, die symmetrischen Verhältnisse außer acht lassen zu dürfen und selbst unbewußt frei aufzuatmen schienen ... Neben Beethoven ist Bach der ›Ur-Musik‹ am verwandtesten. Seine Orgelfantasien (und nicht die Fugen) haben unzweifelhaft einen starken Zug von Landschaftlichem (dem architektonisch Entgegenstehenden), von Eingebungen, die man ›Mensch und Natur‹ überschreiben möchte; bei ihm gestaltet es sich am unbefangensten, weil er noch über seine Vorgänger hinwegschritt – wenn er sie auch bewunderte und sogar benutzte –, und weil ihm die noch junge Errungenschaft der temperierten Stimmung vorläufig unendlich neue Möglichkeiten erstehen ließ. – Darum sind Bach und Beethoven als ein Anfang aufzufassen und nicht als unzuübertreffende Abgeschlossenheiten. Unübertrefflich werden wahrscheinlich ihr Geist und ihre Empfindung bleiben; und das bestätigt wiederum, daß die Empfindung und der Geist durch den Wechsel der Zeiten an Wert nichts einbüßen, und daß derjenige, der ihre höchsten Höhen ersteigt, jederzeit über die Menge ragen wird. Was aber noch überstiegen werden soll, ist ihre Ausdrucksform und ihre Freiheit.«

Es ist Ferruccio Busoni (1866-1924), der den Begriff Musik so zu definieren, so neu zu fassen versucht. Die wichtige Schrift, aus der ich zitiere, erschien 1907 in Triest, dann 1916 im Insel-Verlag, »dem Musiker in Worten Rainer Maria Rilke gewidmet.« Die Vorstellung, die zugrunde liegt, ist die einer neuen Musik. *Entwurf einer neuen Ästhetik der Tonkunst* heißt der kühne Versuch. Er mündet in die

Forderung: »Nehmen wir uns doch vor, die Musik ihrem Urwesen zurückzuführen; befreien wir sie von architektonischen, akustischen und ästhetischen Dogmen; lassen wir sie reine Erfindung und Empfindung sein, in Harmonien, in Formen und Klangfarben (denn Erfindung und Empfindung sind nicht allein ein Vorrecht der Melodie); lassen wir sie der Linie des Regenbogens folgen und mit den Wolken um die Wette Sonnenstrahlen brechen; sie sei nichts anderes als die Natur in der menschlichen Seele abgespiegelt und von ihr wieder zurückgestrahlt.« Mag Busonis *Entwurf einer neuen Ästhetik der Tonkunst* als Utopie erscheinen, seine Visionen haben sich in Neuer Musik tatsächlich in wesentlichen Punkten verwirklicht. Doch davon soll hier noch nicht die Rede sein. Aber man wird schon hier, gerade hier, die Frage stellen müssen: war Musik nicht immer schon, ist Musik nicht natürlicherweise Ausdruck innerer Bewegung, die im anderen Menschen gleichgestimmte Saiten zum Schwingen bringt und deshalb als Ausdruck empfunden wird? Gewiß ist Ausdruck immer und überall, gleichsam natürlicherweise ein Element der Musik, aber keineswegs immer stand das Ausdrucksbedürfnis des Menschen, und zwar des einzelnen Menschen, stand *das subjektive Ausdrucksbedürfnis* im Mittelpunkt seines musikalischen Interesses, und keinesfalls muß Musik ausdrucksvoll sein, damit wir sie verstehen können oder damit sie gut erscheint. Die innere Beteiligung des Musikers, eine innere Bewegung, die nach außen, nach Mitteilung, nach Ausdruck drängt, ist eine mögliche Ursache der Musik, aber keine notwendige Voraussetzung. Dies ist am leichtesten einzusehen, wenn man auch in diesem Zusammenhang wieder bedenkt, daß Musik ursprünglich an Funktionen des Lebens gebunden ist, und daß die Aufgabe des Musikers darin besteht, diese Funktion zu erfüllen und zur Geltung zu bringen, und zwar unabhängig von seiner Person. Mit Recht erwähnt Busoni die Bindungen selbst so großer Meister wie Bach und Beethoven. Wenn er darin aber einen Mangel sieht, wenn er Bach für unfrei hält, wo er Fugen komponiert, ja wenn er es für ausgeschlossen hält, in der Fuge das Wesen der Musik zu erfüllen, so ist Busoni offenbar befangen in einem Aspekt des Musikalischen, der *keine* zeitlose Gültigkeit hat, so hoch auch sein Anspruch ist. Wir spüren, ja wir wissen: gerade die Musik Bachs, so fest sie in der Tradition ihrer Zeit gebunden ist, findet im autonom Musikalischen Genüge und Vollendung. Selbstverständlich läßt sie mit jedem Ton, in jeder Wendung Bachs Geist erkennen. Aber was an Ausdruck in ihr ist, was sie an Ausdruck gibt, das ist übersubjektiv, und die Behauptung, daß sie Bachs persönliche Empfindungen spiegle, ist abzulehnen. Alle Interpretationsversuche in dieser Richtung sind fehlgeschlagen und müssen fehlschlagen, weil sie von der falschen Voraussetzung ausgehen, daß die Musikauffassung, die den romantischen Künstler bestimmt und die die subjektive Empfindung als den eigentlichen Gegenstand der Musik sieht, auch für die Musik des Generalbaßzeitalters und besonders Bachs gelten müsse.

Zu Bachs Lebzeiten ist indessen das neue Zeitalter der Musik schon angebrochen. Keiner faßt das auch in Worten so trefflich wie Carl Philipp Emanuel Bach in seinem deshalb so berühmten *Versuch über die wahre Art das Clavier zu spielen* (1753-1762). Und hier nun finden wir Formulierungen, die sich schon denen Busonis zuzuneigen scheinen, denen sich umgekehrt Busonis Formulierungen in seinem »Manifest voller romantischer Visionen« (Stuckenschmidt) bemerkenswert annähern: »Indem ein Musikus nicht anders rühren kann, er sei denn selbst gerührt, so muss er notwendig sich selbst in alle Affekte setzen können, welche er bei seinen Zuhörern erregen will. Er gibt ihnen seine Empfindungen zu verstehen und bewegt sie solchergestalt am besten zur Mit-Empfindung.« Aber auch bei anderen Kronzeugen des Umbruchs der Musikauffassung im 18. Jahrhundert, etwa bei Daniel Schubart in den *Ideen zu einer Ästhetik der Tonkunst,* finden wir die Wechselwirkung zwischen Musik und empfindender Seele mit einem Vergleich beschrieben, den auch Busoni rund anderthalb Jahrhunderte später wählt: »Das Herz ist gleichsam der Resonanzboden des großen Tonkünstlers«, es ist »mit so zarten Saiten bespannt, daß sie von jeder harmonischen Berührung zusammen klingen«.

Versuchen wir zusammenzufassen und zu reflektieren, welches Bild der neueren Musikgeschichte sich nach Quellen und nach solchen Überlegungen abzuzeichnen beginnt, und ob und wie es auszuführen oder zu korrigieren ist.

1. Es ist offenbar ein und dieselbe Vorstellung von dem, was Musik sein oder leisten müsse, die Carl Philipp Emanuel Bach in der Mitte des 18. Jahrhunderts und Ferruccio Busoni am Beginn des 20. Jahrhunderts – um nur die zwei bedeutendsten Leute zu nennen – gewinnen, wenn sie ihre Grundintention im Hinblick auf die Musik bedenken.
2. Diese Grundintention und die davon bestimmten Vorstellungen sind offenbar von denen der vorausgehenden musikgeschichtlichen Epoche des sogenannten Barockzeitalters verschieden. Ob sie von der auf die Musikalische Hochromantik folgenden Epoche verschieden sind, wird zu prüfen sein.
3. Zuvor ist jedoch zu prüfen, ob diese Grundintention und die davon bestimmten Vorstellungen die Menschen, besonders die Musiker, während des *ganzen* Zeitraums bestimmen und ob immer in derselben Weise. Dann nämlich wäre dieser Zeitraum 1730 bis 1920 als *eine einzige* musikgeschichtliche Epoche zu verstehen, und dies bei aller Verschiedenheit der – wie man dann zu sagen hätte – äußeren Erscheinungsformen der Werke. Gegebenenfalls wäre dann auch zu fragen, ob diese eine große musikgeschichtliche Epoche sinnvoll – oder bescheidener: allgemeinen Vorstellungen entsprechend – als »Die Romantik in der Musik« zu bezeichnen ist.
4. Insbesondere ist aber zu prüfen, wie es sich dann mit der sogenannten Wiener Klassik verhält, die ja gegebenenfalls dieser musikalischen Romantik nicht vorausginge, wie man gemeinhin annimmt, sondern in ihren Zeitraum hineinfiele, von ihr umschlossen würde, jedenfalls gleichzeitig verliefe. Denn das scheint schon auf den ersten Blick deutlich, daß nämlich die Grundintention, die Carl Philipp Emanuel Bach und Ferruccio Busoni für jene große Epoche an deren Anfang und an deren Ende nennen, daß diese Grundintention für Haydn, Mozart und Beethoven nicht und für Schubert nicht uneingeschränkt gelten kann: offensichtlich unterscheiden sich die Wiener Klassiker und Schubert in einem tiefen Sinn von den Musikern der Romantik – und das bedeutet dann auch: von ihren Zeitgenossen.
5. Wenn sich nun musikalische Romantik und Wiener Klassik im Grunde unterscheiden, und zwar trotz weitgehender Übereinstimmung in den äußeren Erscheinungsformen der Werke, dann ist zwischen rund 1780 und 1830 eine musikalische Situation gegeben, für die *verschiedene* Grundintentionen des Musikalischen und daraus resultierend *verschiedene* musikalische Vorstellungen *gleichzeitig* anzunehmen sind, und zwar jenseits aller Verschiedenheiten der großen Gattungs-, National- und Personalstile. Diese Annahme nun ist von höchster Bedeutung für das Verständnis von Musik ebenso wie für das der in Frage stehenden musikgeschichtlichen Epoche.
6. Festzuhalten ist sodann, daß bei einer solchen Sicht der Musikgeschichte die sogenannte Vorklassik einfach entfällt, – was aus verschiedenen Gründen nur gut sein kann.
7. Festzuhalten ist schließlich, daß noch mit keinem Wort von den Voraussetzungen für die beobachteten Wandlungen der Musik die Rede gewesen ist, und zwar im Bereich der Lebensverhältnisse der Menschen und damit zusammenhängend der Bedingungen von Kunst und Musik.

Doch kehren wir von der Formulierung provozierender Thesen zu Überlegungen zurück: In Wien, der Stadt Haydns, Mozarts und Beethovens, wächst auf, lebt und lernt Franz Schubert, den man gerne den romantischen Klassiker nennt. Im Herbst 1828 meldet er, der viele herrliche Werke geschrieben hat, sich bei dem seinerzeit bekannten Theorielehrer Simon Sechter, dem späteren Lehrer Anton Bruckners, zum Unterricht im Kontrapunkt (als der Grundlage der musikalischen Satzkunst) an und absolviert tatsächlich die erste Stunde, kurz ehe ihn der Tod hinwegrafft. Merkwürdig und eindringlich beleuchtet diese Tatsache die Situation: So gewiß die Wiener Klassiker eine eigene Kompositionstechnik ausgeprägt haben, um ihre besonderen musikalischen Vorstellungen verwirklichen zu können, so gewiß ist diese Technik kein der bisherigen Komposition vergleichbares Verfahren. Man kann diese Art der Komposition offenbar anwenden, ohne den Kontrapunkt zu beherrschen. Sie ist – trotzdem und deshalb – nicht eigentlich lehr- und lernbar. Sie unterscheidet sich prinzipiell von den Kompositionstechniken der Zeitgenossen. Keiner der großen Romantiker in der Musik kann sich deshalb auf einen der Wiener Klassiker als Lehrer berufen. Lehrer der Romantiker sind vielmehr jene Musiker, die wir üblicherweise zu den sogenannten Vorklassikern zählen, auch wenn sie Zeitgenossen der Wiener Klassiker sind, jene Meister, die in der Nachfolge der »Mannheimer«, der »Wiener« oder der »Norddeutschen Schule« Kompositionstechniken für den neuen Ausdruck in der Musik lehren. Gewiß bewundern die Romantiker die Wiener Klassiker. Gegenstand ihrer Bewunderung aber ist vor allem ihre Größe als solche und die Ausstrahlungskraft ihrer Musik, besonders die von Beethovens Musik, auch die Klassizität einiger weniger Werke, die man immer wieder aufführt, während die große Zahl in Vergessenheit gerät. Gewiß, man bewundert sie, aber man folgt ihnen im Grunde nicht nach. Verwunderlich ist das übrigens nicht. Denn eben *das* Problem, das seit der Mitte des 18. Jahrhunderts alle Musiker *mehr* beschäftigt als die Wiener Klassiker, das Problem des subjektiven Ausdrucks der Empfindung durch die Musik, das treiben andere weiter voran, das lösen andere anders, besser.

Dazu Richard Wagner: »Ich habe, wie Sie sich entsinnen, einmal die Glucksche Ouvertüre zu *Iphigenie in Aulis* deshalb als Muster hingestellt, weil hier der Meister mit dem sichersten Gefühle von der Natur des vorliegenden Problems es am glücklichsten verstand, den *Wechsel der Stimmungen* und ihrer Gegensätze (der Ouvertürenform gemäß) nicht aber die (in dieser Form unmögliche) *Entwicklung* als Eröffnung seinem Drama voran zu stellen. Daß die großen Meister der Folgezeit hierin eine Beschränkung empfanden, sehen wir deutlich namentlich an den Beethovenschen Ouvertüren.« Gluck ist das erklärte Vorbild der meisten Romantiker, von Weber und Berlioz über Richard Wagner bis zu Richard Strauss. Aus einer tiefen inneren Übereinstimmung pflegen sie Glucks Werke und bearbeiten sie immer wieder, um sie zu erhalten, um daran zu lernen und um die eigenen Absichten zu legimitieren. Als Richard Wagner 1854 Glucks eben erwähnte Ouvertüre zu *Iphigenie in Aulis,* die bei der Aufführung auf dem Theater direkt in die erste Szene mündet, mit einem Konzertschluß versieht, legt er weiter dar, wie er das Werk versteht und welche Konsequenzen er aus diesem Verständnis ziehen muß: »Der ganze Inhalt der Gluckschen Ouvertüre erschien mir daher folgender: 1. ein Motiv des Anrufes aus schmerzlichem, nagendem Herzensleiden; 2. ein Motiv der Gewalt, der gebieterischen übermächtigen Forderung; 3. ein Motiv der Anmut, der jungfräulichen Zartheit; 4. ein Motiv des schmerzlichen, qualvollen Mitleidens. Die ganze Ausdehnung der Ouvertüre füllt nun nichts anderes als der fortgesetzte, durch wenige abgeleitete Nebenmotive verbundene Wechsel dieser Hauptmotive, sodaß, als endlich der Vorhang sich hebt und Agamemnon mit dem ersten Motive die grausame Göttin anruft, wir in das Mitgefühl an einem erhebenden tragischen Konflikt versetzt sind, dessen Entwicklung aus bestimmten dramatischen Motiven wir zu erwarten haben. Daß Gluck dieser Ouvertüre keinen Schluß gab, zeugt somit nicht nur von einer ihr zu Grunde liegenden dichterischen Absicht, sondern namentlich von des Meisters höchster künstlerischer Weisheit, die genau Das kannte, was einzig durch ein Instrumentaltonstück darzustellen ist.« Den Gedanken, daß gerade die Instrumentalmusik fähig sei, den Hörer in das Mitgefühl an einem seelischen Geschehen zu versetzen, führt Wagner übrigens an anderem Orte (*Oper und Drama*) näher aus: »Das Orchester besitzt unleugbar ein Sprachvermögen ... Dieses haben wir dahin zu bezeichnen, daß es *das Vermögen der Kundgebung des Unaussprechlichen* ist ... So verdichtet sich die Tonsprache eines Instrumentes unmöglich zu einem Ausdrucke, der nur dem Organe des Verstandes, der Wortsprache, erreichbar ist: sondern sie spricht, als reines Organ des Gefühles, gerade nur das aus, was der Wortsprache an sich unaussprechlich ist, und von unsrem verstandesmenschlichen Standpunkte aus angesehen also schlechthin das Unaussprechliche. Daß dieses Unaussprechliche nicht ein an sich Unaussprechliches, sondern eben nur dem Organe unsres Verstandes unaussprechlich, somit also nicht nur ein Gedachtes, sondern ein Wirkliches ist, das tun ja eben ganz deutlich die Instrumente des Orchesters kund, von denen jedes für sich es klar und verständlich ausspricht.« Wagner fährt dann fort und spricht von der »Ahnung«, in der sich die unaussprechliche Empfindung offenbare: »In der Hervorbringung solcher Stimmungen [Ahnungen] hat die absolute Instrumentalsprache sich bisher bereits als allvermögend bewährt; denn gerade die Anregung unbestimmter, ahnungsvoller Empfindungen war ihre eigentümlichste Wirkung, die freilich überall da zur Schwäche werden mußte, wo sie die angeregten Empfindungen auch deutlich bestimmen wollte … In der sogenannten ›Tonmalerei‹ nämlich hat diese Kunst ihren Ausdruck, der sich nicht mehr an das Gefühl, sondern an die Phantasie wendet, empfindlich erkältet, und jeder wird diesen Eindruck deutlich wahrnehmen, der auf ein Beethovensches Tonstück eine Mendelssohnsche oder gar eine Berliozsche Orchesterkomposition hört. Dennoch ist nicht zu leugnen, daß dieser Entwicklungsgang ein notwendiger war, und die bestimmte Wendung zur Tonmalerei aus aufrichtigeren Motiven hervorging als z. B. die Rückkehr zum fugierten Stile Bachs. Namentlich ist aber auch nicht zu verkennen, daß das sinnliche Vermögen der Instrumentalsprache durch die Tonmalerei ungemein gesteigert und bereichert worden ist. – Erkennen wir nun, daß dieses Vermögen nicht nur in das Unermeßliche gesteigert, sondern seinem Ausdrucke zugleich das Erkältende vollständig benommen werden kann, wenn der Tonmaler statt an die Phantasie sich wieder an das Gefühl wenden darf.« Wagner macht hier eindrucksvoll klar, daß die sogenannte absolute Musik und die Programmusik, sofern diese sich nicht nur an die Phantasie wendet, im selben Grunde wurzeln, nämlich im Ausdrucksbedürfnis des romantischen Musikers, das sich lediglich verschieden dartut, einmal mehr das Äußerlich-Sinnfällige, einmal mehr das Innerlich-Sinnfällige hervorhebend. Die Programmusik also wird ebenso wie die (lediglich im Gegensatz dazu so benannte) absolute Musik aufgefaßt als *Tonsprache*. Das, was man durch diese Sprache mitteilt, ist ein Gefühlserlebnis, und dieses ist häufig in eine poetische Form gefaßt. Robert Schumanns Schriften lassen ebenso wie die anderer schriftstellernder Musiker keinen Zweifel, daß die innere Beziehung zwischen Musik und mehr oder minder poetisch gefaßtem Erlebnis außer Frage steht. Nur lieben die deutschen Romantiker nicht die fast naturalistische Deutlichkeit des Berlioz, auch nicht das expansive Format, dem Franz Liszt zustrebt. Ihre Kunst ist mehr bürgerlicher Art, dem Intimen, Heimlichen, Versonnenen zugewandt. Alle diese Erscheinungen aber beruhen einheitlich auf der romantischen Auffassung der Musik als einer Sprache der Töne, einer Sprache, die jedem Innenvorgang unmittelbar zu folgen vermag. Solche Tonsprache ist nicht Selbstzweck, sondern sie will etwas ausdrücken, sie ist Mittel der Ausdrucksgestaltung, das heißt: von etwas anderem, von etwas an sich Außermusikalischem. Dieses an sich Außermusikalische ist eine Gefühlsbewegung, und aus dem Charakter der Gefühlsbewegung ergibt sich das Organisationsprinzip des musikalischen Materials. Was Paul Bekker (1926) so als kennzeichnend für die romantische Epoche beschreibt, gilt uneingeschränkt auch für die folgende Zeit: für den musikalischen Expressionismus und seine Nachfolge bis in unsere Tage. Auch dort ist die Musik in erster Linie ein Mittel der Gestaltung von subjektivem Ausdruck, also von etwas an sich Außermusikalischem. Dieses ist auch dann eine Gefühlsbewegung, und aus deren Charakter ergibt sich auch dort das Organisationsprinzip des musikalischen Materials. In eben dem Maße, in dem sich die Gefühlsbewegungen und die Art und Weise ihrer Äußerung durch die Jahrzehnte wandeln, wandelt sich das Organisationsprinzip des Materials, nicht anders. Immer gleich aber bleibt der Antrieb, aus dem die Musiker seit jenem Paradigmenwechsel im 18. Jahrhundert schaffen: Der Mensch mit seiner Freude und seinem Schmerz sucht und findet Ausdruck für diese Empfindungen in der Musik, die ihm also zur Mittlerin seines Daseinsgefühls und zur Erlebniskünderin wird (Bekker).

Indessen, gewandelt haben sich im 18. Jahrhundert aber auch die Voraussetzungen zur Musik in den Bedingungen des Musiklebens. Davon ist nun zu sprechen.

3. Die Verschiebung der sozialen Grundlagen des Musiklebens und der Musik im beginnenden Industriezeitalter

»Es gibt wahrscheinlich doch nur zwei kulturgeschichtlich wirklich entscheidende Zäsuren: den prähistorischen Übergang von der Jägerkultur zur Seßhaftigkeit und den modernen zum Industrialismus. In beiden Fällen war die geistige und moralische Revolution offenbar total.« Wir haben diese Feststellung schon einmal zitiert und wiederholen sie dennoch, »denn es handelte sich keineswegs bloß um eine Transformation des Wirtschaftsgebarens, sondern um eine so vollständige Umstrukturierung aller Einstellungen, daß nichts unergriffen blieb.« Den »säkularen Horizont«, den Arnold Gehlen (1957) so entwirft, haben wir hier nicht zu erörtern. Aber wer Musikgeschichte der Neuzeit bedenkt, muß mitbedenken, daß sich mit der Veränderung der Welt des Menschen die Bedingungen für seine Musik ändern – das Verbum »ändern« im Präsens geschrieben, denn der im 18. Jahrhundert massiv einsetzende Prozeß dauert noch heute an. An diesem Veränderungsprozeß ist für die Musik und Musikgeschichte Verschiedenes wichtig und durchaus auf verschiedene Weise. Das Wichtigste zuerst:

Das Verhältnis der beiden Bereiche mündliche und schriftliche Musik und ihr Mengenverhältnis erfahren erhebliche Störung und tiefgreifende Veränderung durch die im 18. Jahrhundert einsetzende grundlegende Wandlung der Gesellschaft im heraufkommenden Industriezeitalter. Das Volk reagiert sofort und zuerst an seiner gleichsam empfindlichsten Stelle, dort nämlich, wo es sich in besonderer Weise auszudrücken gewohnt ist, im Bereich seiner Musik. Wir wissen von dieser Reaktion nur indirekt aber zweifelsfrei, und zwar aus den in jener Zeit anhebenden Klagen, daß das Volkslied untergehe, und aus dem einsetzenden Eifer zu sammeln, was damals verlorenzugehen begann, also vor allem von und durch Herder, nicht zuletzt aber aus seinerzeit neuen und eigenartigen Versuchen und Bemühungen von Musikern und Dichtern, welche die Musikgeschichtsschreibung in den »Berliner Liederschulen« zusammenzufassen pflegt. Wenn deren Wortführer in Aufsätzen und in den Vorreden zu ihren Liedersammlungen mit dem größten Nachdruck immer wiederholen, es käme, kurz gesagt, nun darauf an, »Lieder im Volkston« zu schreiben, so deutet dies auf einen Wandel. Karl Wilhelm Ramler (1725-1798) und Christian Gottfried Krause (1719-1770) etwa beschreiben im Vorbericht zu der ersten Sammlung (*Oden mit Melodien,* Berlin 1753), die weite Verbreitung und großen Anklang findet, knapp ein neues städtisches Bürgertum, das auf neue Art gesellig lebt und Gesellschaft hält, und sie berichten, daß dieses Bürgertum zwar scheinbar nichts als Opernarien (gemeint sind die Opern-Schlager der jeweiligen Saison) hören will, in Wirklichkeit aber einer Musik bedarf, die es offenbar nicht, genauer: nicht mehr hat, daß es Lieder braucht, einfach zu singen und doch nicht simpel. Lied und Liedkomposition befinden sich in der zweiten Hälfte des 18. Jahrhunderts also in dieser Situation: Es besteht ein neuer und großer Bedarf an einer Musik, die der rasch wachsenden Gesellschaft in den Städten Ersatz für das mit der mündlichen musikalischen Überlieferung Verlorengehende sein kann.

Im Bereich dessen, was man den musikalischen Besitz des Volkes nennen kann, verändern sich also die Verhältnisse. Was durch Jahrhunderte selbstverständlicher Besitz war, schwindet; in neuen gesellschaftlichen Bindungen entstehen neue musikalische Bedürfnisse; sich neu bildende Schichten der Gesellschaft verteilen gleichsam die Anteile auch am Kulturgut neu. Das Volk, sofern es in neuen gesellschaftlichen Verhältnissen lebt und also von seinen Wurzeln abgeschnitten ist, geht eigentlich leer aus, zehrt aber zunächst noch von dem mitgeführten »musikalischen Volksgut«. Das neue Bürgertum entfaltet ein eigenes Musikleben, die sogenannte bürgerliche Musikkultur, und schafft damit die Voraussetzung für die Übernahme der Verpflichtung gegenüber der hohen Kunst vom Adel; zunächst Zirkel von Kennern und Liebhabern, dann Konzertgesellschaften, schließlich das Publikum, sie alle pflegen – wie man jetzt sagt – von nun an Kunst und Musik, schaffen Institutionen dafür, bringen sie in die Formen dessen, was man dann »Musikleben« nennen wird, wie wir es bis auf den heutigen Tag kennen.

Die Musiker bekommen neue Auftraggeber; die neuen Auftraggeber halten sich auf neue Weise ihre Künstler. Der Musiker tritt aus seiner Jahrhunderte alten Stellung heraus und entwickelt ein neues Selbstbewußtsein, insbesondere von seiner Ausnahme-Stellung in der Gesellschaft. Die Gesellschaft wiederum schafft sich ein neues Bild vom Künstler, vom »schöpferischen Menschen« – eine Bezeichnung, die J. S. Bach noch für blasphemisch gehalten hätte. Der Musikerstand teilt sich anders als bisher, nämlich in produzierende und reproduzierende Künstler, wobei der Einfluß der reproduzierenden, vor allem der Virtuosen, später der Stars, ständig wächst. Die Komponisten hingegen geraten zunehmend in die Vereinzelung, oft in die Vereinsamung, also in die Isolation von der Gesellschaft, für die sie schreiben. Im Gegensatz zum Zeitalter des Barocks erscheint die Epoche jetzt nicht mehr als eine Summe schicksalhaft versammelter künstlerischer Persönlichkeiten, deren Individualitäten *einem* künstlerischen Gesetz gehorchen (Gerstenberg 1953), sondern umgekehrt scheinen die Künstler jetzt unabhängig von Gesetzen frei zu schaffen, die künstlerische Aufgabe als je einzelne und subjektiv zu lösen – was zur Folge hat, daß die Lösungen jetzt oftmals mehr voneinander abweichen als je in der Musikgeschichte zuvor. In einem neuen Sinne wird deshalb in dieser Epoche die musikalische Kunstgeschichte zur Künstlergeschichte, tritt der Individualstil vor den Epochenstil, bilden sich selbst die neuen Nationalstile als Überhöhungen von charakteristischen Personalidiomen aus.

4. Die musikalischen Folgen dieser Verschiebungen

Die Folgen der beschriebenen gesellschaftlichen und sozialen Umwälzungen und der Wandlungen im Denken sind unabsehbar und doch fast alle wohl bekannt. Aus der neuen Musik des 18. Jahrhunderts gehen die meisten der Gattungen, Formen, Stile, Musizierpraktiken hervor, die die musikalischen Vorstellungen bis heute bestimmen. Nicht die Wiener Klassiker und nicht die Romantiker des 19. Jahrhunderts bringen sie hervor und entwickeln sie, sondern die Musiker der zweiten Hälfte des 18. Jahrhunderts: SINFONIE und KONZERT, die kammermusikalischen Formen und die Formen der Hausmusik vom KLAVIERSTÜCK bis zum LIED – und die alten großen Gattungen, soweit sie nicht untergehen, erfahren ihre tiefgreifenden Veränderungen im 18. Jahrhundert, vor allem die OPER. In dieser Zeit auch entsteht, was die musikalische Komposition der ganzen folgenden Zeit bestimmen wird, jene neue Möglichkeit zum Bau von ausgedehnten und gewichtigen Einzelsätzen: der SONATENSATZ, und zwar als ANLAGETYPUS mit drei Hauptteilen und als GESTALTUNGSPRINZIP mit zweierlei (oft gegensätzlich konzipiertem) Material, das in einer Art Prozeß durchzuführen und danach wiederzugewinnen ist. An Werken, die nach diesem Prinzip konzipiert sind, kristallisieren (ähnlich wie im Barockzeitalter an der Ouvertüre) fast alle instrumentalen Gattungen ihre drei- und vier-, manchmal auch mehrsätzigen zyklischen Formen an. Daß dieser Anlagetypus der sogenannten SONATENFORM weder in Wien noch in Berlin noch in Mannheim noch in Mailand noch sonstwo als solcher »erfunden« worden ist (wie allerdings verschiedene musikhistorische Forschungsrichtungen jeweils eine Zeitlang zugespitzt behauptet haben), ist richtig; auch daß sein Umriß auf die italienische SINFONIA und SONATA, wie sie seit etwa 1720 üblich ist, zurückgeht. Daß er sich aber »langsam aus barocken Ansätzen heraus entwickelt habe«, ist zwar eine verbreitete Lehrmeinung, jedoch keine historische Gegebenheit. Das 18. Jahrhundert ist nicht durch allmähliche Übergänge oder evolutionäre Entwicklungen gekennzeichnet, sondern durch Revolutionen – auch in der Musik. Daß sich diese Revolutionen auch der Musik freilich in langen Prozessen angebahnt und daß sie die Welt wie die Kunst nicht von heute auf morgen umgewälzt haben, bleibt unbestritten. Dennoch, wenn auch, was in der Musik des 18. Jahrhunderts geschieht, sich auf verschiedenen Gebieten und unabhängig voneinander an verschiedenen Orten anbahnt, so sind doch die Geschehnisse nicht anders denn als revolutionär zu verstehen, als Revolution, die kommen mußte, und zu der sich alle lebendigen Geister überall bekannt haben, wenn die Mittel und Wege, sie zu verwirklichen, auch selbstverständlich verschieden gewesen sind, je nach den lokalen und sozialen Gegebenheiten.

Ein Beispiel: Voraussetzung dafür, daß der Böhme Johann Stamitz seine genialen Ideen für eine neue Art der Orchestermusik in die Wirklichkeit umsetzen kann, sind die enormen Möglichkeiten am neuen Mannheimer Hof des für die Künste und besonders für die Musik aufgeschlossenen und ehrgeizigen Kurfürsten Karl Theodor von der Pfalz. Stamitz' Musik und die seiner Schule ist also, jedenfalls zuerst, geschrieben für einen Hof. Das meiste Aufsehen aber erregt sie im aufblühenden städtischen Musikleben von Paris und London, wo man sich auf diese Werke stürzt, als habe man sie lange erwartet. Tatsächlich muß man annehmen, daß diese Art, Musik zu machen, damals gleichsam in der Luft liegt, denn nicht nur in Wien und in Mailand schreiben die berühmten Leute wie Monn und Sammartini, und wie sie alle heißen, ähnliche Orchestermusiken, auch in der fernen Republik Dubrovnik (fern freilich nur von Deutschland aus, keineswegs von Venedig!) schreibt Luka Sorkočević um 1760 Sinfonien, in denen dieselben musikalischen Mittel und Effekte und Probleme erprobt sind wie bei den »*Mannheimern*«, in Wien und in Mailand.

Oder: Weit von Italien entfernt und an norddeutsche Traditionen im Schülerkreis von J. S. Bach gebunden, arbeiten die Musiker der *Berliner Schule* ihre Sinfonien und Konzerte zwar strenger, verfallen sie nicht so bald wie die »*Mannheimer*« in einen »vermanirierten Mannheimer goût«, aber doch sind sie erfüllt von dem Gedanken einer neuen Musik, die Neues auszusagen hat, und zwar in allen Bereichen des Musikalischen.

Die neuere Musikgeschichtsschreibung hat mehr Wert auf die Unterschiede in den Strömungen oder Schulen der Neuen Musik im 18. Jahrhundert gelegt als auf die Beschreibung des alle beherrschenden ästhetischen Grundansatzes, auch hat sie die Schulen zu numerieren und die verschiedenen Stile, mehr oder weniger überzeugend, mit Namen zu nennen versucht, damit man die Vielfalt der Erscheinungen besser auseinanderhalten kann. (Indessen bürgert sich oft, was bloß zur Unterscheidung gedacht ist, als Etikett ein – und dann kann es vorkommen, daß man in einer »Musikgeschichte« Mozart mit seinen italienischen Opern unter den Meistern der Neuneapolitanischen Schule suchen muß, und man findet ihn dort sogar.) »Galanter« und »Empfindsamer Stil« bilden die beiden Teilaspekte des »musikalischen Rokokos«. Dementsprechend finden sich in der Musiklehre – vor allem bei Quantz – neben den »galanten« Stilbestimmungen andere ästhetische Begriffe, die das neue Ideal der Natürlichkeit, Wahrheit und edlen Einfalt (so Mattheson schon *vor* Winckelmann), des beseelten Gesangs, der Rührung des menschlichen Herzens zum Inhalt haben, und insgesamt die Forderung nach dem Ausdruck reiner menschlicher Empfindungen umschreiben. Der Begriff des »vermischten Geschmacks«, zunächst nur als deutsche Vermittlung der fremden Einflüsse und als Überwindung der Nationalstile gemeint, bedeutet zugleich ein erstes Verständnis der Musik als einer allgemeinen, universellen Sprache. Aus dem Gedankengut des »Galanten Stils« entwickeln sich, unter Aufnahme »aufgeklärter« englischer und französischer Einflüsse im Musik-Denken, die Ideen der »Empfindsamkeit« und des musikalischen »Sturm und Drangs« und bereiten die neue kunsttheoretische Grundlegung der folgenden Zeit – und der Romantik vor: Quantz und C. Ph. E. Bach in ihren *Versuchen* verwenden das Wort »galant« – obwohl damals ein Modewort – zur Kennzeichnung eines Grundzuges der kompositorisch neuen »freyen Schreibart«. Diese ist dabei bewußt abgesetzt von der gebundenen oder gelehrten Schreibart des Hochbarocks und J. S. Bachs. Quantz' und des jungen Bachs ästhetische Forderungen zielen auf Deutlichkeit und Klarheit, Zierlichkeit, Anmut und Gefälligkeit der Musik – der Musik aber jetzt als einer subjektiven »ausdrucksvollen Klangrede« des Komponisten und Interpreten. Gegenüber der älteren Auffassung vom einheitlichen Affekt eines Tonstücks soll jetzt die Musik durch angenehme Mannigfaltigkeit überraschen. Ausgeprägte Führung einer kantablen Melodie über harmonisch unselbständigen Begleitstimmen, kleine und kleinste Symmetriebildungen und Motivwiederholungen, kontrastierende Dynamik, kleine Formen, das alles sind Merkmale des »Galanten Stils«.

Seine wichtigsten Komponisten in der ersten Generation sind – oft allerdings nur mit einzelnen Werken oder Werkgruppen – in Frankreich François Couperin le Grand, in Italien Domenico Scarlatti, in Deutschland Keiser und Telemann. Zu einer zweiten Generation, in der die zärtlich-elegische Komponente stärker hervortritt, gehören u. a. Pergolesi, Sammartini, Galuppi sowie unter den Norddeutschen die Gebrüder Graun, Quantz, auch C. Ph. E. Bach. Doch läßt sich keiner dieser Komponisten unter der Bestimmung »Galanter Stil« *ganz* erfassen. Die expressive Melodik mancher langsamen Sätze, die sich ausbreitende Seufzermotivik, die vielen Dur-Moll-Rückungen und die Ausweichungen in entlegene Tonarten, der Schwung und die freieren Bögen vieler thematischer Bildungen, sie zeigen oft einen etwas anderen, mehr gefühlsbetonten Ausdruckswillen an, der als »Empfindsamer Stil« in und neben dem »Galanten Stil« bemerkbar wird, ihn zurückdrängt (Schnaus 1967). »Galanter« und »Empfindsamer Stil« schließen sich also nicht aus, man kann von zwei Stilhälften des Rokokos sprechen (Bücken), ja von zwei Seiten *einer* Grundhaltung.

5. Die wichtigsten Musikstädte und musikalischen »Schulen« der zweiten Hälfte des 18. Jahrhunderts

Die Musikkultur der Weltstädte angemessen zu beschreiben, ist bis zur Mitte des 19. Jahrhunderts schwierig, weil nicht feststeht, ob die öffentlichen Ereignisse, die in der Regel allein dokumentarisch belegt sind, überhaupt die entscheidenden Vorgänge sind, und in welchem Maße es andererseits auf die Privatinitiative für Oper und Konzert ankommt, über die es nur spärliche Zeugnisse gibt. Von den Hauskonzerten des Hochadels im ausgehenden 18. Jahrhundert bis zu den Soiréen in den Pariser Salons der Juli-Monarchie etwa erstreckt sich nämlich eine musikalische Privatkultur, die sich den späteren bürgerlich geprägten Kategorien entzieht, welche ja nur noch zwischen öffentlichem Konzertwesen und familiärer Hausmusik unterscheiden. Jene alte musikalische Privatkultur aber ist die Musikkultur, von der Haydn und Beethoven in Wien ebenso getragen werden wie später noch Chopin in Paris. Solche Überlegungen (Dahlhaus 1982) sind für alle musikalischen Weltstädte des späteren 18. und des 19. Jahrhunderts anzustellen, so verschieden die Verhältnisse auch sind. Hier seien nur die für den Fortgang der Musikgeschichte wichtigsten Städte und musikalischen »Schulen« angeführt und auch sie nur mit historisch besonders bedeutungsvollen Fakten bzw. Entwicklungen. Für nähere Einzelheiten konsultiere man die ausführlichen Städte-Artikel in *MGG,* auf denen im übrigen auch die Ausführungen hier weitgehend beruhen.

Berlin

Die Zeitgenossen sehen um die Mitte des 18. Jahrhunderts in einem Kreis von Komponisten am Hofe Friedrichs II., des Großen (1712-1786), eine Art »Berliner Schule« oder »Norddeutsche Schule« und in Carl Heinrich Graun deren Schulhaupt. Zu diesem Kreis gehören der aufgeschlossene ältere Johann Gottlieb Graun, der konservativere Quantz, die jüngeren Komponisten Schaffrath, Benda, C. Ph. E. Bach, Nichelmann sowie Marpurg und Kirnberger. Vor diesen allen ist jedoch der jüngere K. H. Graun zu nennen, zu seiner Zeit neben Hasse der Hauptrepräsentant der modischen italienischen Oper in Deutschland, wobei er, entsprechend der strengen norddeutschen Tradition im Einflußkreis der Schüler J. S. Bachs, einen eigenen zwar italianisierenden, aber doch in erster Linie polyphon durchsetzten Stil der Opernkomposition entwickelt. Den Bedürfnissen des musikalischen Lebens an Friedrichs Hof entsprechend dominiert in der Produktion der »Berliner« jedoch neben Sinfonie und Konzert (Konzertmeister und Erzieher des Orchesters ist der ältere J. G. Graun) die Kammermusik, wobei dafür wiederum C. Ph. E. Bach und Quantz vor den anderen Meistern zu nennen sind. Kennzeichnend für sie sind die für jene Zeit besonders solide »Arbeit« der

Komposition bei trotzdem melodisch gefälliger und rührend »empfindsamer« oder »galanter Schreibart« und das Bestreben, die neue Tendenz der Musik auch theoretisch zu fassen, um sie lehrend zu verbreiten: Aus der »Berliner Schule« gehen die bedeutendsten Lehrwerke der Zeit hervor; die beiden *Versuche* von Quantz (1752) und C. Ph. E. Bach (1753) und Kirnbergers *Kunst des reinen Satzes* (1771 ff.).

Der Hof Friedrichs des Großen ist freilich unter den Höfen seiner Zeit eine Ausnahme insofern, als hier die Tendenzen wirksam sein können und sogar gefördert werden, die als bürgerliche Tendenzen die Zeit mit bestimmen. Freilich, der Hof als Zentrum der bürgerlichen Kultur der Empfindsamkeit, darin liegt ein Widerspruch. Und dieser hat in der Tat seinen Niederschlag, nämlich darin, daß ein Mann wie Carl Heinrich Graun, Komponist italienischer Opern mit allem Aufwand der Zeit, zugleich zu jenen gehört, die seit 1753 Ramler und Krause, die Begründer der »Berliner Liederschule«, unterstützen bei der Herausgabe von Sammlungen, welche mit einfach gemachten Liedern den neuen Bedarf an volksmäßiger Musik für das neue Bürgertum der Städte, nicht zuletzt Berlins, decken sollen.

Über Anfänge eines bürgerlichen Konzertlebens in Berlin hört man zuerst um die Mitte des Jahrhunderts, als die »Musikübende Gesellschaft« 1755 Carl Heinrich Grauns *Passionsoratorium »Der Tod Jesu«* zur Uraufführung bringt, das von da an für über 100 Jahre in Berlin zu *der* Karfreitags-Musik wird. 1783 gründet Joh. Fr. Reichardt nach Pariser Vorbild »Concerts spirituels«, zu deren öffentlichen Aufführungen zum ersten Mal gedruckte Einführungen in die Programme erscheinen.

London

Der wichtige Unterschied zwischen London und den anderen europäischen Hauptstädten besteht im 18. Jahrhundert im Reichtum und in der Mannigfaltigkeit seines *öffentlichen* Konzertlebens. Die im 17. Jahrhundert von Bannister, Britton und anderen eingeschlagene, Beispiel gebende Richtung des Konzertwesens wird von ihren Nachfolgern im 18. Jahrhundert weiter eingehalten. Zu großer Popularität gelangen vor allem die Subskriptionskonzerte, die dem englischen Musikleben dieser Zeit nicht nur in London, sondern im gesamten Königreich sein charakteristisches Gepräge geben. Als Thomas Britton 1714 stirbt, ist Lœillet bereits seinem Beispiel mit Subskriptionskonzerten im eigenen Hause gefolgt, und so geht es weiter. Von den Gesellschaften und Veranstaltern seien nur wenige und unter diesen vor allem diejenigen genannt, die in der europäischen Musikgeschichte durch Haydn und Mozart in Erinnerung geblieben sind: Philharmonic Society (gegr. 1728), Academy of Ancient Music (1710-1792), Bach-Abel-Concerts (1765-1781/82), Solomon's Concerts (gegr. 1784). Alle diese Konzertreihen leben von zeitüblichen Mischprogrammen, in denen Orchesterwerke und Kammermusik auf mannigfaltige Weise mit Vokalmusik, Sologesängen, mit Glees, Madrigalen usw. abwechseln. Die eigentlich aufregenden musikalischen Ereignisse finden in London jedoch im *Theater* statt: Mit dem durchschlagenden Erfolg der *Beggar's Opera* beginnt 1728 eine eigenständige Entwicklung der englischen Oper, obwohl die italienische gleichzeitig durchaus weiterlebt. 1763 etwa kommt Johann Christian Bach aus Mailand nach London, um hier *italienische* Opern zur Aufführung zu bringen.

Mailand

Wüßte man's nicht aus der Biographie Mozarts, man könnte es den bekannten zeitgenössischen Reiseberichten der Burney, De Brosses und Moratin entnehmen, die alle gleichermaßen den hohen Stand der mailändischen Bühnen und die Theaterleidenschaft der Bürger bezeugen. Aber die großen öffentlichen Theater genügen den Ansprüchen der Mailänder nicht. Neben diesen entstehen kleine anspruchsvolle Privattheater in den Palazzi Taverna, Borromeo, Pertusati, Giulini, Grianta, Diletti und Isimbaldi, ja die Vorliebe für das Theater greift auch auf Klöster über, wie die neue musikalische Geschmacksrichtung auch vor den mailändischen Kirchen nicht haltmacht. Selbst im Dom vermischen jetzt die Kapellmeister alle Stilmittel der Kirchenmusik und des Theaters.

Wenn die öffentlichen Theater zur Fastenzeit schließen, pflegt der Adel nach alter Tradition »Concerti di Quaresima« zu veranstalten. Diese Konzerte werden nun charakteristisch und bringen der Stadt den Titel »patria della musica strumentale« ein. Für eben solche Privatkonzerte in seinem Haus beruft Graf Litta Johann Christian Bach, nimmt ihn bei sich auf und veranlaßt ihn zu konvertieren; er vermittelt seine Ernennung zum Domorganisten und beauftragt ihn mit Kompositionen. – Giovanni Battista Sammartini, obwohl Kirchenmusiker, kann sich den Luxus erlauben, Instrumentalkonzerte im Freien aufzuführen, ganz in der Art moderner Volkskonzerte. Sein Orchester (mit dem er auch in den Nachbarstädten Cremona und Mantua auftritt) umfaßt 60 Instrumentalisten, darunter als ersten Cellisten und als ersten Contrabassisten Vater und Sohn Boccherini. An der »Schule Sammartini«, die geradezu eine musikalische Bewegung in Gang setzt, partizipieren keine Geringeren als Christoph Willibald Gluck und Mozart. Ihren gleichsam natürlichen Sitz findet diese Bewegung in der 1758 gegründeten Academia Filarmonica, deren Mitglieder einen Jahresbeitrag zahlen und – Instrumentalwerke komponieren müssen.

Das Jahr 1778 bringt die Eröffnung des Teatro della Scala – für Mailand ein neues Symbol, bis in unsere Zeit.

Mannheim

»Die Höfe Europas werden von einem Taumel erfaßt... Da ist ein kleines Land, ihm wird die ganze Steuerlast aus den Adern gepumpt, um ein Schloß von Ausmaßen zu errichten, die der Wahnwitz diktiert zu haben scheint, einen Park anzulegen mit Marmorbildern und Wasserkünsten, eine Oper zu unterhalten mit kostspieligen italienischen Kastraten und Primadonnen, mit Orchester und Ballett, Dekorationen und Maschinen, um eine Mätresse auszustatten und dieser Feste zu geben, über die der *Mercure Galant* berichten und ganz Europa erstaunen machen wird. Ein paar Jahre oder Jahrzehnte, und das Land ist von der unnatürlichen Anstrengung erschöpft, vielleicht für Generationen. Es sinkt zurück, von Schulden erdrückt. Die Oper ist geschlossen, die fremden Sänger sind entlassen, die Schlösser verfallen, die Gärten verwildern. Die fürstliche Tafel ist wieder karg, der Adel speist zu Hause. Der Schwarm der Gäste hat sich an den Nachbarhof verzogen, wo für die nächsten Jahre die große Welt sich ein Stelldichein gibt. Bis eines Tages das Land sich erholt hat oder neue Geldquellen fündig geworden sind und ein junger Fürst den Thron besteigt, dem Ehrgeiz oder Leichtsinn keine Ruhe lassen, bis wiederum die Ersparnisse eines strengeren Regiments in Jubel und Trubel verstreut sind. Das ist die Geschichte aller mittleren, kleineren und kleinsten Höfe des Rokokos.« Was Richard Alewyn (1959) so beschreibt, es könnte für Mannheim geschrieben sein. 1720 verlegt der Kurfürst von der Pfalz Karl III. Philipp, müde, das von den Franzosen 1689 und von einem Blitzschlag 1692 zerstörte Heidelberger Schloß noch einmal aufzubauen, seine Residenz nach Mannheim. Damit setzt dort plötzlich eine rege Bautätigkeit ein: wie aus dem Nichts entsteht eine große Residenzstadt. Mittelpunkt ist das neue Schloß, die größte barocke Schloßanlage Deutschlands. 1742 feiert man die Hochzeit des Kurprinzen Karl Theodor (1724-1799; seit 1743 Kurfürst von der Pfalz, seit 1778 auch von Bayern) mit einem großen barocken Fest, dessen Höhepunkt die Einweihung des von Alessandro Bibiena erbauten kurfürstlichen Opernhauses (1795 abgebrannt) mit einem *Dramma per musica »Meride«* des Hofkapellmeisters Carlo L. P. Grua (um 1695-1773) ist. Bei dieser Hochzeitsfeier erregt der neu engagierte Violinvirtuose Johann Stamitz einiges Aufsehen. Als überaus kunstsinniger Kurfürst macht Karl Theodor Mannheim nicht nur zum Mittelpunkt der Kurpfalz, sondern auch zu einem Musikzentrum von europäischem Rang und von so eigener Art, daß von hier aus die europäische Musikgeschichte einen für die Zukunft der Instrumentalmusik entscheidenden Impuls empfängt: Mannheim wird zum »Paradies der Tonkünstler« (F. H. Jacobi). Die meiste Bewunderung ruft das außergewöhnlich stark und gut besetzte Orchester hervor, dem es »kein Orchester in der Welt zuvor gleich getan« (Schubart). Burney erscheint es wie »eine Armee von Generälen, gleich geschickt, einen Plan zu einer

Schlacht zu entwerfen als darin zu fechten«. Dieses Musikerkollegium, schon zu seiner Zeit als »Mannheimer Schule« gerühmt, ist seit den Veröffentlichungen von Friedrich Walter (1898) und von Hugo Riemann in den *DTB* (1902-1907) und in seiner *Musikgeschichte* (1904-1913) unter dieser Bezeichnung wieder bekannt geworden. Das Stammpersonal wird zwar von Hofmusikern Karl Philipps und ihren nachwachsenden Söhnen gebildet, aber den europäischen Ruhm und den Rang einer Schule verdankt die Mannheimer Hofkapelle den aus den österreichischen Erblanden neu gewonnenen Mitgliedern: Johann Stamitz, seit 1741 in Mannheim, seit 1745 Konzertmeister und Musikdirektor; Franz Xaver Richter, 1747 bis 1768 in Mannheim als Sänger, Violinist und Hofkompositeur; Ignaz Holzbauer, seit 1753 erster Hofkapellmeister; Anton Filtz, seit 1754 Hofcellist. Daneben wirken einflußreich die Italiener Toëschi (seit 1742) und Danzi (seit 1745). Von ihren Schülern ragen durch Können und Stellung bald der Konzertmeister Cannabich und der Vicekapellmeister Ritschel hervor. Franz Beck und Ernst Eichner, in Mannheim geboren und ausgebildet, finden außerhalb Mannheims Anstellung. Carl und Anton Stamitz, Johanns Söhne, gehören bis 1770 der Hofkapelle an. Im letzten Jahrzehnt der Mannheimer Glanzzeit erscheint der vielseitige und eigenwillige Abbé Vogler, der 1775 als Vicekapellmeister seine »Mannheimer Tonschule«, die man vielleicht die erste deutsche Musikhochschule nennen kann, eröffnet und bis 1778 namhafte Schüler unterrichtet: Peter Winter, Joseph Martin Kraus, Bernhard Anselm Weber, Peter Ritter und Franz Danzi. Diese tragen dann das Erbe der »Mannheimer Schule« an andere Höfe weiter.

Karl Theodor läßt alle Zweige und Gattungen der Musik mit Sorgfalt pflegen, und zwar im Winterhalbjahr in Mannheim, im Sommer in Schwetzingen, seltener in Oggersheim, der Residenz der Kurfürstin jenseits des Rheins. Im Vordergrund des höfischen Interesses steht das Theater: Opera seria und Opera buffa, Ballett und Pantomime. In der Regel studiert man in der Carnevals-Stagione eine Opera seria neu ein, die man dann bei den zu feiernden Festen des Jahres (z.B. bei den Namenstagen der Kurfürstenfamilie) wiederholt. Opere buffe werden seit 1753 im Sommer in Schwetzingen gespielt, meist von reisenden Ensembles. Den Bürgern der Stadt ist, von Ausnahmen abgesehen, der Zugang gegen Eintrittsgeld erlaubt. – Und doch geht der große Einfluß Mannheims von der Instrumentalmusik und von der Spielkultur seines Orchesters aus. »Sein Forte ist ein Donner, sein Crescendo ein Katarakt, sein Diminuendo ein in der Ferne hinplätschernder Kristallfluß, sein Piano ein Frühlingshauch« (Schubart). Als habe man darauf gewartet, verbreiten sich die »Sinfonien der Pfalz-bayerischen Schule« (Riemann) über ganz Europa. Man spielt sie in Paris wie in London und überall, denn wie nirgendwo sonst unter den vielfältigen Versuchen für eine neue Instrumentalmusik in Orchesterbesetzung sind von den »Mannheimern« die Probleme, die zu jener Zeit allerorten in der Luft liegen, elegant und überzeugend gelöst worden.

Die musikalische Glanzzeit Mannheims findet ein jähes Ende, als 1778 Bayern durch Erbfolge an Karl Theodor fällt und der Hof nach München übersiedelt – übersiedeln kann, denn in Mannheim ist der Kurfürst trotz der Sparmaßnahmen der letzten Jahre praktisch bankrott. Das Abschiedsgeschenk an Mannheim ist die Übergabe des 1776 erbauten »Nationaltheaters« an die Bürgerschaft und die Gründung einer Nationalbühne 1778. Der Intendant dieses ersten deutschen, vom Hof unabhängigen Theaters, Wolfgang Heribert Reichsfreiherr von Dalberg, vermag mit ausgezeichneten Schauspielern, darunter August Wilhelm Iffland, eine Blütezeit zu beschwören: die Epoche der klassischen Schauspielkunst (13.1.1782 Uraufführung von Schillers *Die Räuber*). Gleichzeitig beginnen die Mannheimer ein städtischen Musikleben zu entwickeln: 1779 werden die »Liebhaberkonzerte« gegründet, die in den »Akademie-Konzerten« bis heute fortleben.

Paris

Seit dem Beginn des 18. Jahrhunderts, also schon zu Lebzeiten Ludwigs XIV., intensiviert sich in Paris das Musikleben, und zwar gerade im breiteren Publikum, das sich zunehmend auch für die neue aus Italien und Deutschland kommende Musik zu interessieren beginnt. 1725 erhält Anne Danican-Philidor, der ältere Halbbruder des Opernkomponisten, vom König das Privileg, an kirchlichen Feiertagen, an denen die Theater nicht spielen dürfen, im Schweizersaale der Tuilerien Konzerte zu veranstalten, in denen Instrumental- und geistliche Gesangsmusik zum Vortrag kommt; es sind deren 24 im Jahr. Dieses erste ständige Musikunternehmen wird für mehr als 60 Jahre zu einer nationalen Einrichtung. Das »Concert spirituel« macht nämlich vor allem Musiker aus der Provinz bekannt, allerdings auch ausländische Komponisten. Im Laufe des Jahrhunderts kommen neben Vivaldi und Corelli Geminiani, Bononcini, Alberti, Jommelli, Pergolesi und Boccherini, aus London J. Chr. Bach und aus Deutschland Telemann, J. Stamitz, Händel, Hasse, Holzbauer, Dittersdorf, Cannabich, Wagenseil, Haydn und Mozart zur Aufführung. Neben dieser langlebigen festen Institution – noch Mozart schreibt 1778 seine *Pariser Sinfonie* (KV 297) für das »Concert spirituel« – spielen jeweils für kürzere Zeit andere Konzertreihen, meist in Privathäusern, eine Rolle, von denen das »Concert de musique« das beste ist, das der General-Steuerpächter de La Populinière von 1731 bis 1762 unterhält: Hier spielt F. Couperin Cembalo, hier leiten Rameau, J. Stamitz und Gossec abwechselnd das Orchester, hier empfängt der Hausherr nicht nur vornehme Herrschaften, sondern auch Musiker, einheimische und ausländische. Der Einfluß von J. Stamitz auf die Entwicklung der Sinfonie in Frankreich und auf Gossec ist bekannt, hier hat er seinen Ausgangspunkt.

Zwar bleibt Versailles bis zur Mitte des Jahrhunderts das Zentrum der geistlichen Musik, doch hat diese auch in der Hauptstadt ihren Platz, sei es im »Concert spirituel«, sei es in den Kirchen der Stadt. Freilich, das eigentlich aufregende musikalische Geschehen spielt sich im Paris des 18. Jahrhunderts auf dem Gebiet der Oper ab, die keineswegs mehr allein eine Oper des Hofes ist, um die sich vielmehr das aufkommende bürgerliche Publikum versammelt, weil es dort den neuen Geist der Zeit am schönsten versinnlicht findet. Zwar hält sich an der Académie royale de musique die Tradition von Lully, daneben aber entwickelt sich eine Bühnengattung, die schon vor dem Tode Ludwigs XIV. (1715) den Geist der Régence, also des Nach-Barocks, atmet, nämlich die Ballettoper (Opéra ballet). Mit Begeisterung nimmt das Pariser Publikum die neue Gattung auf, deren Italianismen sich auf die ernste Oper auswirken. Dennoch geht seit Beginn des Jahrhunderts der Streit um eine französische oder eine italienische Musik in der Oper weiter, und zwar mit unerhörten Vorwürfen: die »Lullystes« werfen Rameau Italianismen vor..., und so wird es denn auch bald ernst: im »Buffonistenstreit«, der »Querelle des Bouffons«. Er wird entfacht durch die Aufführung der *Serva padrona* von Pergolesi am 1. August 1752 in der Opéra. Die Enzyklopädisten, die bisher zu Rameau standen, sehen sich veranlaßt, jetzt mit Rousseau für eine leichtere, einfachere, für eine »natürliche« Kunst einzutreten. Nun, so anregend Rousseaus Gedanken sind, seine Musik überzeugt nicht: *Le Devin du village* 1752 ist nett aber belanglos. Dementsprechend führt seine Auffassung von einer neuen Art von Musiktheater nicht zur Erneuerung der Opéra (an der man weiterhin alte, teilweise auf den Zeitgeschmack gebrachte Werke spielt), und dementsprechend ist es auch nicht verwunderlich, daß das Publikum reif wird für eine Theaterrevolution. Sie bricht 1774 los, als Gluck unter der Protektion der (aus Wien stammenden) Königin Marie Antoinette seine *Iphigénie en Aulide* aufführt. Zwar wird er als Neuerer gefeiert, aber eben dadurch erregt nun auch er einen Streit, nämlich zwischen seinen Anhängern und dem Lager der Königin und den Anhängern der italienischen Musik, die unter Leitung der Dubarry von Piccini vertreten werden. Durchaus der bessere Dramatiker als Rameau, erzielt Gluck jedoch in Paris lebhafte Erfolge mit seinen weiteren Opern – aber zusammen mit Piccini führen Sacchini und Salieri gegen Gluck den Kampf um die italienische Musik auch nicht ohne Erfolge weiter.

Indessen integriert sich die Reform Glucks, die als Gegengewicht gegen die Italiener in gewisser Weise notwendig geworden war, mit der französischen Tradition, und dieser Vorgang wird erleichtert durch das Aufkommen der Opéra comique, die um 1769 die Opéra in den Schatten zu stellen beginnt. In Nachahmung der Italiener, die der König 1697 vertrieben hatte, ist die Opéra comique anfänglich zwar nur eine Art Jahrmarktbelustigung (die sich seit 1715 allerdings legal auf dem Markt von Saint Germain installiert hat). Als nun aber die italienischen Komödianten 1716 wieder zurückgerufen werden, gibt es plötzlich zwei Bühnen, wo Theater mit Musik gemacht wird: das Théâtre de la Foire und die Comédie Italienne. Das letztere muß zwar nach einem Bankrott 1745 wieder schließen, es öffnet aber gerade wieder in der Zeit der »Querelle des Bouffons« und wirkt damit neu in die Diskussion.

Nun also steht der auf Rameau eingeschworenen Académie Royale de Musique, der Pflegestätte der konservativen französischen »Opera seria«, der Tragédie lyrique, eine Comédie Italienne gegenüber, die sich 1762 mit der Opéra comique vereinigt. Aus dieser Vereinigung erklären sich übrigens die Begriffe: die Comédie Italienne ist ebensowenig nur eine Komödie, wie die Opéra comique eine Oper oder nur komisch ist. Zunächst fungiert die Bezeichnung Opéra comique, mit der sich das in seiner Existenz ständig bedrohte Volkstheater »de la foire« schmückt, als eine Art Schutzschild, das die Truppe dem Konkurrenzneid und den Intrigen des königlichen Schauspiels entziehen soll. Ein Wechsel des Genres ist damit keineswegs verbunden, zumal ja doch schon seit langem in die Stücke Musiknummern, nämlich Tänze und Lieder, sogenannte Vaudevilles, eingelegt werden – wie später zwischen die Musikstücke der Oper Dialoge. Vom Jahrmarkt »de la foire« bringt die Opéra comique allerdings eine derbe Realistik, die befreiende Respektlosigkeit und die oft satirische Schärfe der Handlung mit, und mit dieser die schlagende Simplizität ihrer Musiknummern. Das Publikum kennt die Texte seiner Vaudevilles und singt diese oft genug gleich von Anfang an mit. (Dieser lebendige Kontakt zwischen Bühne und Publikum prägt noch das in Mozarts *Entführung* ausdrücklich so bezeichnete »Vaudeville-Finale«, in dem zum Schluß jeder der Mitwirkenden mit einer eigenen Strophe seinen Beitrag zur Moral von der Geschichte gibt, ehe man das Ganze mit einem gemeinsamen Chor schließt.) Diese »mit kleinen Arien bereicherte Komödie« (= comédie mêlée d'ariettes) gerät allmählich in den Bannkreis der Oper bzw. des Singspiels, nämlich zuerst organisatorisch durch ein vom König verordnetes Unterstellungsverhältnis und dann künstlerisch durch die Verbreiterung der musikalischen Palette, mit der sich allerdings sofort die kritische Schärfe der Handlungen zu mildern beginnt. Durch Charles-Simon Favarts (1710-1792) Singspiele (u. a. *Bastien et Bastienne*) wird das Institut mit allen damit verbundenen Vor- und Nachteilen »hoffähig«, und in den Werken der Duni, Philidor und Monsigny etabliert sich die Opéra comique endgültig als eigene Gattung, in der wichtige Elemente der italienischen Opera buffa mit französischen Traditionen des Singspiels bzw. des Volkstheaters verbunden sind. Ihre Popularität dankt sie dabei durchaus beiden – und dem immer noch deutlichen Gegensatz zur Repräsentationskunst der Académie Royale de Musique. Beiden Opernformen freilich scheint der ihnen jeweils gesetzte Rahmen Differenzierungen zu verwehren, die im Schauspiel zumindest seit Diderot selbstverständlich sind. Hier bedarf es einer »sensibilité«, die nicht in der Antinomie der Gattungen befangen bleibt, hier bedarf es einer Phantasie, die aus dem engeren Anschluß an das Wort und aus den gesteigerten musikalischen Ansprüchen neue Möglichkeiten zu erschließen imstande ist. Beides hat André-Ernest Grétry (1741-1813), dessen Werke die Opéra comique nun endgültig zu definieren scheinen.

Wien

In der Mitte des 18. Jahrhunderts wirken sich die schwierige politische Lage und die Sparmaßnahmen, zu denen Kriege die Kaiserin Maria Theresia zwingen, erheblich auf das Musikleben aus; die kaiserliche Hofkapelle verliert ihre zentrale Stelle und dann ihren internationalen Rang, wie wir heute sagen würden. An guten Leuten mangelt es trotzdem nicht, doch wirken sie nicht mehr in offizieller Funktion, sondern meist im freien Verhältnis des Hofkomponisten (wie Wagenseil und Gluck, später noch Mozart). Zu nennen sind Holzbauer, Monn, Starzer, Aspelmayr, Ditters von Dittersdorf, Umlauff, Hofmann, Stadler, Hoffmeister, Wölfl, Eberl, die Mozart-Schüler

Süßmayr und Hummel, der für Beethoven so wichtige Förster, sowie die bedeutende tschechische Kolonie mit Kauer, Vaňhal (Wanhal), Koželuch, Štěpán (Steffan), P. und A. Wranitzky, Krommer, Vitásek, Gyrowetz, Voříšek (Worzischek). Mehr für den Bereich der Kirchenmusik sind zu nennen Wagenseil, Monn, Hofmann, Bonno, Aspelmayr, Gaßmann und Starzer, die tatsächlich eine Art Entwicklung von Fux und Caldara zu den Gebrauchsmessen der Zeit der Wiener Klassiker führen. Ob man aber angesichts dieser Zahl der Namen und der damit angedeuteten Menge der Werke guter Musik historisch zutreffend sagen kann, die Wiener Klassiker, deren hohe Zeit 1781 in Wien einsetzt, hätten »mit ihren Spitzenleistungen auf den Leistungen der bodenständigen Tradition und des zeitgenössischen Schaffens auf bauen« können, ist zu bezweifeln. So einfach sind soziologische Betrachtungs- und Beschreibungsweisen nicht in den Bereich der Kunst zu übertragen. Die Klassiker sind nicht »lediglich besser« als die sogenannten Vorklassiker, wie es die angeführte Beschreibungsweise nahelegt. Ihre Musik ist vielmehr von Grund auf verschieden, nämlich von der Intention her und dementsprechend auch in der Kompositionstechnik, was durchaus erkennbar sein kann, wenn man in der Beschreibung über gemeinsame Grundlagen hinaus zum Wesentlichen vordringt. Zu bestreiten ist freilich nicht, daß die gemeinsame Affinität zu bestimmten Elementen des Volkstümlichen in Melodik und Harmonik, ein Charakteristikum der Wiener Musik seit jener Zeit, gewisse äußere Ähnlichkeiten mit sich bringt. Aber daraus schon eine nahe Verwandtschaft abzuleiten, führt musikalisch in die Irre. Auch dies ist nicht zu bestreiten, daß das Volksschauspiel, in dem die Musik eine Rolle spielt, in Wien eine starke Tradition hat, auch nicht, daß die volksläufige Tanzmusik auf hohem Niveau durchaus von Bedeutung für die Kunstmusik ist. Trotzdem ist auch hier zu sagen, daß nicht schon aus jeder Gemeinsamkeit ein »Einfluß« anzunehmen ist, es sei denn, man verstünde unter »Einfluß« schon jede Assoziation im Bereich des musikalischen Materials.

Von hoher Bedeutung ist Wien in den 50er und 60er Jahren des 18. Jahrhunderts durch Glucks Wirken zusammen mit dem Hoftheaterintendanten Durazzo und dem Librettisten Calzabigi, die mit ihren sogenannten Reformopern eine neue Art von Musiktheater heraufführen – und das neben Hasse und Metastasio und Traëtta und Porpora, die alle auch im Wien jener Zeit wirken.

Ein entscheidender Wandel im Musikleben und damit auch in den Voraussetzungen für Musik und Komposition bahnt sich in Wien, ähnlich wie in den anderen Metropolen, durch die Entstehung eines öffentlichen Konzertwesens an. Den Anfang macht die 1771 von F. L. Gaßmann gegründete Tonkünstler-Sozietät (eine Art Nachfolgerin der aufgelösten Nikolai-Bruderschaft), welche zugunsten ihrer Pensionskasse jedes Jahr zu Weihnachten und Fasten öffentliche Konzerte veranstaltet. Von einigen kurzlebigen, wenn auch nicht unbedeutenden Unternehmungen von Dilettanten und Professionellen abgesehen, ist dann der nächste Meilenstein 1812 die Gründung der »Gesellschaft der Musikfreunde des österreichischen Kaiserstaates«, einer Vereinigung von Liebhabern mit hohem künstlerischem Anspruch, die in der »Gesellschaft der Musikfreunde« bis heute weiterlebt und das Musikleben Wiens weitgehend bestimmt.

6. Daten

1722-1760 Jean-Philippe Rameau (1683-1764): Musiktheoretische Schriften

Mit dem Ende des Generalbaßzeitalters in der ersten Hälfte des 18. Jahrhunderts gerät die musikalische Komposition als Handwerk, mit der Aufklärung die Kompositionslehre als Handwerkslehre in die Krise. Letzteres spiegelt sich in der neuen Diskussion des alten Problems Praxis/Theorie, ersteres in der grundlegenden Wandlung der alten einheitlichen Satzlehre (letzte Beispiele: Niedt und Kirnberger) in eine neue Lehre von separat zu behandelnden Teilgebieten der musikalischen Komposition, die da sind Harmonielehre, Kontrapunkt, Formenlehre und, von scheinbar geringerer Bedeutung, Melodie- und Rhythmuslehre. Die ersten, die daraus Konsequenzen ziehen, sind Rameau (1722) für das, was man später Harmonielehre nennen wird, Fux (1725) für den Kontrapunkt, Riepel (1752) für das Gebiet, das später die sogenannte Formenlehre einschließen wird. Das Phänomen, daß der Generalbaßsatz aufhört, Satz einer harmonischen Polyphonie zu sein, daß er statt dessen akkordisch verstanden und gehandhabt wird, hat die Folge eines neuen Denkens musikalischer Zusammenhänge und ihrer Gesetzmäßigkeiten. Dem fortschreitenden Wissen um die Logik von Akkordverbindungen können die Erklärungsmodelle aus dem Generalbaßsatz ebensowenig mehr genügen wie die bisher übliche Generalbaßbezifferung, es wird ein neues Denken in Akkorden und Akkordverbindungen notwendig, und eine neue Bezeichnungsweise für beides. Den Anfang macht Rameau mit seinen musiktheoretischen Hauptschriften von 1722 an: *Traité de l'harmonie reduite à ses principes naturels,* Paris 1722; *Nouveau système de musique théorique,* Paris 1726; *Dissertation sur les différentes méthodes d'accompagnement pour le clavecin ou pour l'orgue...,* Paris 1732; *Génération harmonique, ou Traité de musique théorique et pratique,* Paris 1737; *Démonstration du principe de l'harmonie, servant de base à tout l'art musique théorique et pratique,* Paris 1750; *Code de musique pratique...,* Paris 1760.

Die Begriffe Grundakkord und Fundamentalbaß sowie die Erkenntnis der Umkehrungsmöglichkeiten und der Funktionen der Akkorde gehen auf Rameau zurück. Seine Theorien gelangen durch d'Alembert und die Übersetzungen Marpurgs nach Deutschland, werden hier aber teilweise abgelehnt (z. B. von J. S. Bach), weil man hier die Harmonie noch immer als Ergebnis des musikalischen Satzes, als im Prozeß des musikalischen Satzes entstehend, ansieht.

1725 **Johann Joseph Fux** (1660-1741): **Gradus ad Parnassum,** gedruckt in Wien. Deutsche Übersetzung von Lorenz Mizler, Leipzig 1742

Fux, ein Bauernsohn aus der Oststeiermark, ist seit 1694 Organist an der Schottenkirche, seit 1698 Hofkompositor, seit 1713 Vicehofkapellmeister, seit 1715 Hofkapellmeister am Kaiserlichen Hof in Wien: das Wunder der Karriere einer genialen musikalischen Begabung. 1723 erhält Fux den Auftrag, für den Besuch Kaiser Karls VI. in Prag die Festoper *Costanza e Fortezza, Festa teatrale* (Text von Pariati; Dekoration von Galli-Bibiena) zu schreiben, der offizielle Höhepunkt eines reichen Komponistenlebens. Sein musikalischer Stil ist gekennzeichnet dadurch, daß Fux nach Geist und Technik in erster Linie Kirchenmusiker ist, und außerdem dadurch, daß er auf merkwürdige Weise zugleich Traditionalist *und* Modernist ist, daß er die sinnliche Fülle der Neapolitanischen Oper in einem pathetischen Ton bindet. Schon zu Lebzeiten ist Fux auch berühmt als Lehrer. Zu seinen Schülern zählen die für den süddeutsch-österreichischen Raum wichtigsten Leute der folgenden Generation: Wagenseil, Muffat, Zelenka (dessen Schüler wiederum Joseph Riepel ist). Als Musiktheoretiker schließlich ist Fux berühmt wie keiner vor ihm und keiner nach ihm.

Bis heute lernen die meisten Schüler der musikalischen Komposition ihren Kontrapunkt nach Fuxens *Gradus ad Parnassum* – ihren Kontrapunkt, nicht den musikalischen Satz. Entgegen der weit verbreiteten Meinung bietet Fux mit seinem Lehrbuch nämlich keine Satzlehre, weder eine für seine Zeit – denn deren Satz ist der Generalbaßsatz – noch eine für alle künftigen Setzweisen – denn diese ändern sich ja doch mit den Zeiten. Und »Grundzüge des Tonsatzes, wie sie aus der natürlichen Beschaffenheit der Töne sich ergeben und deshalb allezeit Gültigkeit haben«, gibt es nicht, auch wenn Paul Hindemith in seiner *Unterweisung im Tonsatz* (1937) gerade dies behauptet und sich dabei auf Fux beruft. Fux will »die ersten Gründe«, *nicht* aber die *ganze* Setzkunst lehren, er will zur eigentlichen Satzlehre nur einen rechten Grund legen: »Bei einer freien Komposition kommt es gar nicht vor, daß eine Reihe von Takten auf diese Art [der Übungen des *Gradus*] gesetzt wird: Denn diese Lektionen sind nicht zum Gebrauch, sondern nur zur Übung erfunden. Gleich wie einer, der lesen kann, nicht mehr buchstabiert, also werden auch diese Gattungen des Kontrapunkts bloß zum Lernen vorgeschrieben.« Fux lehrt »den Kontrapunkt« als bloße *Voraussetzung* für die »gemeine Komposition«, denn so nennt er den »Satz« im Gegensatz zum »bloßen Kontrapunkt«. Er bedient sich dabei »einer neuen, gewissen und bisher noch nie in so deutlicher Ordnung an das Licht gebrachten Art«, wie der Titel in der Mizlerschen Übersetzung sagt. Dabei liegt das Neue in der Aufschlüsselung des bis dahin als Einheit gelehrten musikalischen Satzes, im Herauslösen eines Bestandteils aus dem Satzganzen und in seiner Verselbständigung als eigenem Lehrgegenstand. Denn erst durch die Isolierung des Kontrapunkts vom Satz wird die neue, von der herrschenden Satzlehre unabhängige Lehrweise möglich. *Ein* Element des Satzes wird als eine Grundlage »der Komposition« behandelt, gleichgültig, welcher Satzweise sich »die Komposition« sonst bedient. Von diesem abstrakten Kontrapunkt kann Mizler sagen, darin lägen »die ersten Anfangsgründe der Komposition, die alle Zeit sein und bleiben müssen«, während Setzweise und »Gusto« sich wandeln. Mit seiner Hilfe soll eine zum Komponieren notwendige Fertigkeit, Note gegen Note zu setzen, geübt, keineswegs aber das Komponieren selbst erlernt werden. Als bloße »Übung« behalten diese Lektionen ihre Gültigkeit über die Zeiten und über den Wandel der Setzweisen hinweg, als bloße Übungen können, ja müssen sie von der jeweiligen Harmonik absehen, ebenso wie sie auf ein rhythmisches Leben in der ersten bis vierten »Art« verzichten und sich in der ersten bis fünften an einen musikalisch abstrakten, an einen selbsterfundenen »Cantus firmus« klammern können. Als bloße Übungen können sie deshalb auch nicht »zum Gebrauch« dienen, nirgendwo, nicht einmal im Palestrinastil, auf den sich Fux doch beruft. Weil Fux in seinem *Gradus ad Parnassum* keine Satzlehre bietet, kann er mit ein- und zweistimmigen Übungen beginnen. Fux zeigt sich in seinem *Gradus ad Parnassum* also gerade nicht als konservativ oder gar rückschrittlich, wie man ihm vorgeworfen hat. Er tut im Grunde das gleiche wie sein jüngerer Zeitgenosse Rameau, der aus derselben Situation der Komposition dieselben Folgerungen zieht und sich von Fux nur dadurch unterscheidet, daß er ein anderes Produkt der Auflösung des Satzes aufgreift und für sich lehrt, die Harmonie.

In der Folgezeit tritt ein, was Fux weder beabsichtigt noch erwartet hat. Der *Gradus ad Parnassum* tritt, obwohl nur Übungsbuch für eine bestimmte Fertigkeit, die Nachfolge der aussterbenden Satzlehrbücher an, ja er überflügelt alle Werke dieser Art an Bedeutung infolge seiner Geschlossenheit, die wiederum eine Folge der beschriebenen Abstraktion ist. Seit dieser Zeit bedeutet Kompositionsunterricht weniger Handwerkslehre als Übung gewisser Fertigkeiten, die für das nicht mehr erlernbare, weil nicht mehr auf einer verbindlichen Setzweise beruhende Komponieren eine nützliche, wenn auch keineswegs unbedingt notwendige Voraussetzung sind. Fuxens *Gradus ad Parnassum* zeigt auf besondere Weise und zum ersten Mal das Ende jenes steten Werdens des musikalischen Satzes an, das zwischen 1700 und 1750 zum Abschluß kommt. Er steht trotz aller traditionellen Züge nicht so sehr am Ende jener vergehenden Epoche wie am Beginn der neuen. In ihm haben wir den Anfang der neuen Musiklehre zu sehen (Feil 1957). Daß sich Paul Hindemith für seine *Unterweisung im Tonsatz* (1937) ausdrücklich auf Fux beruft, ist so erstaunlich also nicht.

um 1730 Giovanni Battista Sammartini (1700/1701-1775): Sinfonien

Auch dies ist kennzeichnend für die Zeit der neuen Musik im 18. Jahrhundert: Sammartini verbringt sein ganzes Leben als *Kirchen*musiker in Mailand, weltberühmt aber, nämlich bewundert gleichermaßen in Wien, Paris und London, wird er mit *weltlicher* Instrumentalmusik, besonders mit seinen Sinfonien. Diese formulieren auf eine italienische Art, was allerorten in Europa in dieser Zeit musikalisch in der Luft liegt. Und so ist es denn kein Wunder, daß der italienische Musikhistoriker Fausto Torrefranca für Sammartini die Erfindung der Sinfonie neuen Typs (mit der Sonatenanlage im ersten Allegro und mit der viersätzigen Anlage des ganzen Zyklus) in Anspruch nimmt, obwohl Hugo Riemann diese Erfindung bereits Johann Stamitz und den »Mannheimern« zugeschrieben hat und Guido Adler den Wienern Monn und Wagenseil und ihrer Wiener Schule. – Johann Christian Bach und Gluck waren Schüler bei Sammartini.

1733-1764 Wilhelm Friedemann Bach (1710-1784) Organist in Dresden und Halle

Der Zwiespalt, der schon dem Vater Bach zu schaffen macht, sich durch dessen starke Persönlichkeit jedoch fruchtbar auswirkt, zerstört Friedemanns Leben: So lange er sich in der Tradition und der Pflicht des Organistenamtes halten und dieses, wie in Dresden bis 1764, mit dem freien Schaffen für höfische Bedürfnisse verbinden kann, komponiert er fleißig und gut und erlangt als ausübender Musiker Berühmtheit. In der Enge des bürgerlich-kirchlichen Musikwesens von Halle aber (seit 1746) fehlt ihm der Antrieb. Als Organist ist Friedemann Bach der führende Künstler seiner Zeit. Als Komponist räumt man ihm zwar einen hohen Rang ein, aber viele seiner Kantaten können nicht über das Abrutschen ins Sentimentale hinwegtäuschen, das die Gattung in der zweiten Hälfte des 18. Jahrhunderts untergehen läßt. Eher Bedeutung hat seine Klavier- und Kammermusik. Die in den 1730er Jahren entstehenden Klaviersonaten bilden den Anfang der neueren Sonate in Deutschland, jedenfalls in der Norddeutschen Schule. Sie nehmen Carl Philipp Emanuels Sonaten von 1739 ff. vieles vorweg, und seine Fantasien stehen eher über denen des Bruders. Alle Klavierwerke atmen den Geist des empfindsamen Zeitalters, alles ist Sprache des fühlenden Herzens, so sehr, daß die Komposition den Überdruck des Gefühls kaum zu fassen vermag.

1738-1767 Carl Philipp Emanuel Bach (1714-1788) Cembalist bei Friedrich dem Großen

»Ich, Carl Philipp Emanuel Bach, bin 1714 im März, in Weimar geboren. Mein seliger Vater war Johann Sebastian, Kapellmeister einiger Höfe, und zuletzt Musikdirektor in Leipzig. Meine Mutter war Maria Barbara Bachin, jüngste Tochter von Johann Michael Bachen, einem gründlichen Komponisten. Nach geendigten Schulstudien auf der Leipziger Thomasschule, habe ich die Rechte sowohl in Leipzig als nachher in Frankfurt an der Oder studiert, und dabei am letztern Orte sowohl eine musikalische Akademie als auch alle damals vorfallenden öffentlichen Musiken bei Feierlichkeiten dirigiert und komponiert. In der Komposition und im Clavierspielen habe ich nie einen andern Lehrmeister gehabt als meinen Vater. Als ich 1738 meine akademischen Jahre endigte und nach Berlin ging, bekam ich eine sehr vorteilhafte Gelegenheit einen jungen Herrn in fremde Länder zu führen: ein unvermuteter gnädiger Ruf zum damaligen Kronprinzen von Preußen, jetzigen König, nach Ruppin, machte, daß meine vorhabende Reise rückgängig wurde. Gewisse Umstände machten jedoch, daß ich erst 1740 bei Antritt der Regierung Sr. preußischen Majestät förmlich in Dessen Dienste trat, und die Gnade hatte, das erste Flötensolo, was Sie als König spielten, in Charlottenburg mit dem Flügel ganz allein zu begleiten. Von dieser Zeit an, bis 1767 im November, bin ich beständig in preußischen Diensten gewesen, ohngeachtet ich ein paarmal Gelegenheit hatte, vorteilhaften Rufen anderswohin zu folgen. Se. Majestät waren so gnädig, alles dieses durch eine ansehnliche Zulage meines Gehaltes zu vereiteln. 1767 erhielte ich die Vocation nach Hamburg, als Musikdirektor an die Stelle des seligen Herrn Kapellmeisters Telemanns. Ich erhielte nach wiederholter alleruntertänigster Vorstellung, meinen Abschied vom Könige, und die Schwester des Königes, der Prinzessin Amalia von Preußen Hoheit, taten mir die Gnade, mich zu Höchstdero Kapellmeister bei meiner Abreise zu ernennen.« Diese Selbstbiographie schreibt Bach für den Hamburger Verleger Bode, der Burney's *Tagebücher einer musikalischen Reise* in deutscher Übersetzung herausbringt (1772/73). Bode fügt sie anstelle der Ausführungen Burney's in den Text ein. Sie bedarf indessen sowohl einer *Ergänzung* als auch einer *Erklärung.*

Die *Ergänzung.* Statt auf Empfehlung seines Vaters einen jungen Livländer auf Studienreisen zu begleiten, nimmt Bach 1738 eine unvorhergesehene Berufung nach Ruppin an den Hof des jugendlichen Kronprinzen Friedrich von Preußen an. Seine Verbindung zu Friedrichs Kapelle, die sich meist in Rheinsberg aufhält und in der neben Quantz die Brüder Graun tonangebend sind, ist zunächst lose. Erst 1740 wird sie mit dem Regierungsantritt Friedrichs II. enger. Damals entstehen seine dem König gewidmeten *Preußischen Sonaten* für Cembalo (Wq 48). Im nächsten Jahr nennt ihn der Etat unter den »anno 1741 zugekommenen Capellbedienten« als Kammercembalisten, wobei er mit einem Gehalt von 300 Gulden zunächst zu den bescheidener besoldeten Musikern gehört. Bei den fast allabendlichen Kammerkonzerten des Königs in den Schlössern zu Berlin und Potsdam übernimmt Bach die Begleitung am Cembalo im Wechsel mit dem zweiten Cembalisten. Daneben gibt er bei Hofe Klavierunterricht, so dem jungen Herzog Karl Eugen von Württemberg, der an Friedrichs Hof erzogen wird, und dem er 1743 seine *Württembergischen Sonaten* (Wq 49) zueignet. Seine besseren Schüler aus der Berliner Zeit aber sind sein eigener hochbegabter Bruder Johann Christian Bach, der 1750-1754 in seinem Berliner Hause lebt, ehe er nach Mailand geht, Johann Abraham Peter Schulz, den er wie den jungen Fasch ganz bei sich aufnimmt, und schließlich Friedrich Wilhelm Rust. Mit der Veröffentlichung seines *Versuchs über die wahre Art das Clavier zu spielen* (Berlin 1753 und 1762) ist er der berühmteste Klavierpädagoge seiner Zeit. Im Kreis der preußischen Hofmusik fühlt sich Bach nicht so recht wohl, zumal der König seine überragende Bedeutung im Grunde nicht erkennt. Mehr und mehr beengen ihn auch die allzu bescheidenen Vorstellungen der musikalischen »Berliner Schule«. Trotzdem geht deren Einfluß – Bach steht mit Sulzer, Krause und Kirnberger ja in dauernder persönlicher Verbindung – auch an seinen Werken nicht spurlos vorüber. Andere Anregungen kommen aus dem Kreis um des Königs Schwester Anna Amalia, einer Schülerin von Kirnberger, deren musikalische Interessen namentlich älterer Musik gelten. Sie verleiht Bach, der ihr 1760 seine *Klaviersonaten mit veränderten Reprisen* (Wq 50) widmet, 1767 den Titel ihres Kapellmeisters. In *Charakterstücken für Klavier,* mit denen er seinen Berliner Bekannten musikalische Miniaturen nach französischem Vorbild liefert, erscheinen schließlich Einzelpersonen der bürgerlichen Gesellschaft der Stadt musikalisch abgebildet, zu der er gehört, über die hinaus er aber das ganze Zeitalter zu bewegen scheint.

Die *Erklärung.* Zu seiner Zeit und in Deutschland versteht keiner wie dieser Berliner Bach, was in der Musikgeschichte die Stunde geschlagen hat, wagt keiner wie er, diese Erkenntnis in musikalische Werke umzusetzen, kommt beim Versuch der »theoretischen« Formulierung des Neuen keiner so weit wie er. Was im *Versuch über die wahre Art das Clavier zu spielen* (1753/62) ausgeführt ist, liest sich in der zitierten Selbstbiographie wie eine Quinta essentia: »Mein Hauptstudium ist besonders in den letzten Jahren dahin gerichtet gewesen, auf dem Clavier [= Cembalo] ohngeachtet des Mangels an Aushaltung, so viel möglich sangbar zu spielen und dafür zu setzen. Es ist diese Sache nicht so gar leicht, wenn man das Ohr nicht zu leer lassen, und die edle Einfalt des Gesanges durch zu vieles Geräusch nicht verderben will. – Mich deucht, die Musik müsse vornehmlich das Herz rühren, und dahin bringt es ein Clavierspieler nie durch bloßes Poltern, Trommeln und Harpeggiren, wenigstens bei mir nicht.« Was hier bemerkenswert ist, ist nicht in erster Linie die »edle Einfalt« – man denkt natürlich an Winckelmann 1755 –, die von allzuviel »Geräusch« verdorben wird, auch nicht, daß hier der *Instrumentalist* aufgefordert ist, »soviel möglich *sangbar* zu spielen«, und dies obwohl der angerissene Ton des Cembalos (im Gegensatz zum gesungenen, gestrichenen oder geblasenen Ton) nicht trägt, bemerkenswert ist vielmehr vor allem anderen, was Bach hier als das Eigentliche der Musik hervorhebt: »sie muß vornehmlich das Herz rühren«, und wie er dies als das eigentlich Neue der neuen Musik hervorhebt: »besonders in den letzten Jahren dahin gerichtet«. Bach formuliert damit die neue Musikauffassung, nämlich, wie man sofort sieht, die der musikalischen Romantik, also eigentlich die einer musikgeschichtlich viel späteren Zeit – und man versteht nun, warum wir hier in diesem Buche die Epoche, die Carl Philipp Emanuel Bach so charakterisiert, kennzeichnen als Zeitalter des Übergangs zu einer Musik mit einem neuen Interesse.

um 1740 Mathias Georg Monn (1717-1750): Sinfonien

»Eine D-Dur-Sinfonie von Monn aus dem Jahre 1740 bringt als erstes uns bekanntes Beispiel zwischen dem zweiten und dem Schlußsatz ein Menuett, ohne daß freilich die Viersätzigkeit damit in Wien gleich zur Regel geworden wäre. Selbst Haydn hat in seinen ersten Sinfonien noch geschwankt. Wichtiger aber als die Frage, ob das Menuett in Wien oder in Mannheim zuerst in die Sinfonie eingefügt wurde, ist die schon bei Monn stark hervortretende, von Wagenseil zum Grundsatz erhobene Neigung, in den ersten Allegros die Reprise vollständig, ohne Verkürzung, zu gestalten und damit die stark betonte Dreiteiligkeit des ersten Satzes. Auch der Gegensatz von Haupt- und Seitenthema ist bereits vorhanden, nur tragen die Seitenthemen noch keinen Gesangscharakter, sondern sind meist kurzatmige, oft imitatorisch behandelte Gebilde, die in ihrem Pianocharakter und ihrer schwächeren Besetzung noch deutlich auf das alte Konzert hinweisen. Im allgemeinen ist Monn ein merkwürdig halbschüriges Talent. Konservativ im guten Sinne ist seine geist- und lebensvolle Fugenarbeit, im schlimmen Sinn sein ausgesprochenes Italienertum in den Allegrothemen und seine altväterischen, von Schematismus nicht freien Durchführungen. Fortschrittlichen Geist atmen dagegen zum Beispiel die kecken, volkstümlichen Themen seiner Schlußsätze und von seinen langsamen besonders die als Einleitung gedachten Adagios. Aus diesen, zum Teil harmonisch ganz außerordentlich kühnen Sätzen spricht entschieden ein Stürmer und Dränger. Sie schlagen die Brücke von den Graves der alten französischen Ouvertüre zu den tiefsinnigen Einleitungen J. Haydns hinüber. Auch ein Zug zum Dramatischen fehlt nicht, er hat sogar bisweilen schon zu der für Haydn und Beethoven wichtigen Einführung des Instrumentalrezitativs geführt.« Wie Hermann Abert (1923) hier vorführt, gewinnt Monn, immerhin das Schulhaupt der Wiener Komponisten, erst in zusammenhängender Betrachtung mit seinen Zeitgenossen die Bedeutung, die ihm zukommt, nämlich »den mozartischen Stil in völlig organisierter Gestalt ausgebildet zu haben« (Racek).

Sind musikwissenschaftliche Feststellungen wie die hier zitierten von Abert und Racek heute auch nur noch schwer zu akzeptieren, weil sie von einer kaum mehr einleuchtenden Vorstellung von Entwicklung ausgehen (»schon Monn...«; »... schlagen die Brücke zu Haydn«) und weil sie mit Wertungen gespickt sind, die wir für unangemessen halten (»konservativ im guten Sinne...«; »... im schlimmen Sinne Italienertum«), auch weil sie in apodiktischem Ton irreführende Halbwahrheiten vorführen (im Grunde habe Monn den mozartschen Stil entwickelt), – mutatis mutandis beschreiben sie den historischen Sachverhalt doch einigermaßen zutreffend.

1742 Eröffnung des neuen königlichen Opernhauses in Berlin

Unmittelbar nach seinem Regierungsantritt gibt Friedrich II. 1740 Befehl zum Bau eines neuen Opernhauses. Sein Kapellmeister und Hofkomponist Carl Heinrich Graun verpflichtet aus Italien ein eigenes Sänger-Ensemble, mit dem schon 1741 seine *Rodelinda* im Komödiensaal des Schlosses in Szene geht. Am 7. Dezember 1742 findet dann die feierliche Eröffnung der Oper Unter den Linden mit Grauns *Caesare e Cleopatra* (Text von Botarelli nach Corneille) statt. In den Monaten November bis März spielt man in der Folge zweimal wöchentlich. Für jede Spielzeit werden zwei Novitäten angesetzt, die zumeist Graun in der Manier der Opera seria komponiert: in 15 Jahren 27 Opern. Die erste Blütezeit endet 1756 mit Grauns letzter Oper *Merope*. Eine zweite kurze Blüte erlebt das Haus, als 1775 Joh. Friedrich Reichardt auf den Kapellmeisterposten berufen wird. Dann allerdings folgt ein

Einschnitt. König Friedrich Wilhelm II. weist dem Theaterdirektor Doebbelin das Französische Komödienhaus am Gendarmenmarkt zu, das 1786 als Nationaltheater mit königlicher Subvention eröffnet wird, gleichsam als Haus des deutschen Singspiels. Dagegen dient die 1786/1787 umgebaute Lindenoper nun der Italienischen Oper. Intrigen führen 1791 zum Rücktritt Reichardts, zumal ihm mit Vincenzo Righini ein italienischer Kapellmeister übergeordnet wird. Aber auch der kann nichts retten, der Niedergang der Italienischen Oper in Berlin ist nicht aufzuhalten. Durch den Einmarsch der Franzosen erhält sie 1806 ihren Todesstoß. Das Nationaltheater dagegen spielt in seinem von Langhans neu erbauten Haus (seit 1802) weiter.

1742-1787 Carl Philipp Emanuel Bach (1714-1788): **Klaviersonaten** und **Klavierstücke**

Zwar seien »die Namen Graun und Quantz zu Berlin heilig«, werde »mehr darauf geschworen als auf Luther und Calvin«, konstatiert Burney 1772, aber er sagt auch: »Von allen Tonmeistern, welche seit länger als dreißig Jahren in preußischen Diensten gestanden, haben vielleicht nur zwei, nämlich Carl Philipp Emanuel Bach und Franz Benda, ganz allein den Mut gehabt, selbst original zu sein; die übrigen sind Nachahmer.« Bach bekennt zwar, wie schon zitiert, in seiner Selbstbiographie (1773): »In der Komposition und im Clavierspielen habe ich nie einen andern Lehrmeister gehabt als meinen Vater,« aber das gerade fällt schwer, aus seiner Musik herauszuhören. Bis zu des Vaters Zeit nämlich hat das Geschehen im musikalischen Satz sich vornehmlich in der musikalischen Horizontalen, kontrapunktisch, entwickelt. Kulmination der Satzkunst war die »deutsche Fuge«, jenes strenge Denken in selbständig laufenden, gleichwohl zu harmonischer Gleichzeitigkeit sich zusammenfindenden Stimmen. Aber längst schon waren die Italiener gekommen und die Franzosen, jene mit ihren »blos das Ohr küzelnden Melodien«, diese mit ihrer Anrufung der Vernunft und der Forderung nach einer »natürlichen« Musik – und aller Kontrapunkt, alle »deutsche Fuge« war längst zurückgewichen. Allen voran gerät Carl Philipp Emanuel in den Bann des Neuen, in Leipzig schon, auch in Dresden, vor allem aber seit 1740 in Berlin. Dem dortigen Avantgarde-Zirkel, dem »Donnerstagsclubbe«, gehören Lessing, Ramler und Sulzer und die Musiker Agricola und Graun an. »Kurz alles, was zu den Musen und freyen Künsten gehört, gesellt sich täglich zueinander.« Und hier werden die Reizwörter der Zeit diskutiert: »Ausdruck« und »Empfindung«.

Anteil an der großen Umwälzung in der Musik im 18. Jahrhundert hat übrigens auch das Instrumentarium, das sich gerade jetzt erheblich verändert. Vor allem die Entwicklung und Umgestaltung des Cembalos zum Fortepiano/Hammerklavier verweist auf neue ästhetische Prinzipien, die nach einer anderen Klanglichkeit und nach Modulationsfähigkeit im Klanglichen verlangen. Freilich hat man auch schon vorher für bestimmte Musiken das Clavichord bevorzugt, dessen Ton ja variabel ist. Carl Philipp Emanuel dazu: »Ich glaube aber doch, daß ein gutes Clavichord, ausgenommen [= abgesehen davon] daß es seinen schwächeren Ton hat, alle Schönheiten mit jenem [gemeint ist das Fortepiano] gemein und überdem noch die Bebung und das Tragen des Tones voraushat, weil ich nach dem Anschlag noch jeder Note einen Druck geben kann.« Diese Beschreibung ist trefflich – und hören kann man die Faszination der Zeit für die verschiedene Klanglichkeit ihrer Klaviere nirgendwo so deutlich wie in C. Ph. E. Bachs *Konzert für Cembalo und Fortepiano mit Orchester* (gedruckt 1788 in Hamburg; Wq 47).

Was das Klavierspiel anlangt, geht es nicht in erster Linie darum, Virtuosität durch »die fertigsten Finger« zu zeigen, vielmehr »lehret die Erfahrung, wie die geschwinden Spieler zwar durch ihre Finger das Gesicht in Verwunderung setzen, der empfindlichen Seele eines Zuhörers aber gar nichts zu tun geben.« *Darum* geht es allerdings: »Aus der Seele muß man spielen und nicht wie ein abgerichteter Vogel.« *Dies* zu lehren, veröffentlicht Philipp Emanuel Bach 1753 bis 1762 seinen *Versuch über die wahre Art das Clavier zu spielen,* der deshalb auch eher eine Ästhetik und allgemeine Musiklehre seiner Zeit ist als eine Schule des Klavierspiels.

1742 erscheinen in Nürnberg die sechs nach der Widmung an Friedrich II. sogenannten *Preußischen Sonaten* (Wq 48), 1744 ebenfalls in Nürnberg die sechs *Württembergischen Sonaten* (dem Herzog Karl Eugen von Württemberg gewidmet; Wq 49), und mit diesen Sonaten beginnt eine fast unübersehbare Reihe von Klavierkompositionen, die mit den sechs Sammlungen der *Clavier-Sonaten für Kenner und Liebhaber* (1779-1787; Wq 55-59, 61) bis in die Zeit der Wiener Klassiker hineinreicht. In der Tat ist dieser oder jener (vor allem langsame) Satz aus Klaviersonaten Haydns, Mozarts und sogar Beethovens auf den ersten Blick mit einem Satz C. Ph. E. Bachs zu verwechseln, etwa wenn der Satz wie eine von Bachs ziellos schweifenden Fantasien beginnt und den Zusammenhang vermissen zu lassen scheint. Indessen ziehen die Wiener Klassiker solcher »Fantastik« doch den durch erkennbare Gliederung und wahrnehmbare Rückbeziehungen gestalteten Zusammenhang vor, und zwar kompositorisch-konstruktiv mittels Bauprinzipien, die auch C. Ph. E. Bach versucht, aber nicht konsequent verfolgt. Warum nicht? Weil seine musikalische Intention in eine andere Richtung geht als die der Wiener Klassiker, deren Vorbild er eben doch nur auf den ersten Blick ist.

Eines von C. Ph. E. Bachs berühmten Klavierstücken, eine *Freie Fantasie fürs Clavier* aus dem Jahre 1787 (Wq 67), trägt im Druck einer Fassung als *Clavier-Fantasie mit Begleitung einer Violine* (Wq 80) die Überschrift »Carl Philipp Emanuel Bachs Empfindungen«, ein anderes heißt gar *Abschied von meinem Silbermannschen Claviere, in einem Rondo* (Wq 66, 1781; vom Empfänger des Instrumentes gibt es ein entsprechendes Charakterstück als Antwort). Nirgendwo kann man den neuen Endzweck der Musik im neuen Zeitalter deutlicher ablesen als an diesen Überschriften: Jetzt gilt es, Leidenschaften zu erregen und zu besänftigen, und im Verfolg eines rührenden, den empfindsamen Menschen anrührenden musikalischen Geschehens den Verstand zu beschäftigen. Das beschreibt er selbst so (*Versuch* ... I, § 13): »Indem ein Musikus nicht anders rühren kann, er sei denn selbst gerührt; so muß er notwendig sich selbst in alle Affekte setzen können, welche er bei seinen Zuhörern erregen will; er gibt ihnen seine Empfindungen zu verstehen und bewegt sie solchergestalt am besten zur Mit-Empfindung. Bei matten und traurigen Stellen wird er matt und traurig. Man sieht und hört es ihm an. Dieses geschieht ebenfalls bei heftigen, lustigen und andern Arten von Gedanken, wo er sich alsdenn in diese Affekte setzet. Kaum, daß er einen stillt, so erregt er einen andern, folglich wechselt er beständig mit Leidenschaften ab. Diese Schuldigkeit beobachtet er überhaupt bei Stücken, welche ausdrückend gesetzt sind, sie mögen von ihm selbst oder von jemandem anders herrühren; im letztern Falle muß er dieselben Leidenschaften bei sich empfinden, welche der Urheber des fremden Stücks bei dessen Verfertigung hatte. Besonders aber kann ein Clavieriste vorzüglich auf allerlei Art sich der Gemüter seiner Zuhörer durch Fantasien aus dem Kopfe bemeistern.« Es sind die Kontraste, die dynamisch, harmonisch, in Tempo und Charakter, die Zeitgenossen faszinieren – und uns heute kalt lassen. Wahrscheinlich aus diesem Grund: Was Carl Philipp Emanuel Bach zum ersten Mal als musikalische Komposition realisiert, nämlich musikalischen Kontrast an sich, das interessiert alsbald nicht mehr, weil die Möglichkeit des Kontrastes innerhalb von *einem* Stück von den Komponisten der Zeit alsbald aus dem Bereich des musikalisch Fantastischen herausgenommen und in den Bereich musikalischer Strukturbildung übernommen wird: Das Zeitalter der Sonate als Strukturprinzip bricht an.

um 1750 Giuseppe Tartini (1692-1770): Violinsonaten und -konzerte

Von den über 130 *Violinkonzerten* Tartinis hat sich eines bis in unsere Zeit im Repertoire der Geiger erhalten, das in d-moll (nach Dounias, 1935, aus der dritten Schaffensperiode nach 1750), von den vielleicht 170 *Violinsonaten* mit Generalbaß eine, die sogenannte *»Teufelstrillersonate«*. Das ist an sich erstaunlich, und hat seinen Grund kaum in der angesehenen Stellung Tartinis als Konzertmeister des seinerzeit berühmten und guten Orchesters an St. Antonio in Padua (seit 1721) und auch nicht in seiner Berühmtheit als Haupt der bis ins 19. Jahrhundert hinein bekannten »Tartini-Schule«, wohl auch nicht in der Tatsache, daß Leopold Mozart Tartini offenbar schätzt, denn er bringt in seiner *Violinschule* (1756) Beispiele von ihm. Das hat seinen Grund vielmehr in der Tatsache, daß Tartini wie damals kaum ein anderer Komponist unter den Violinisten den neuen musikalischen Vorstellungen mit seiner schwärmerisch-emotionalen Haltung Ausdruck zu verleihen vermag, so starken und so persönlichen Ausdruck, daß sein »Ton« – trotz einer gewissen Simplizität in der Faktur der Werke – bis heute fasziniert. Ganz und gar nicht verwunderlich hingegen ist – jedenfalls wenn man es recht versteht –, daß Tartini diese seine Ausdrucksmusik mit Überschriften versieht oder daß er ihr Texte unterlegt, die er sogar verschlüsselt schreibt: einerseits sollen sie erklären, andererseits dürfen sie das einfache musikalische Hören nicht beeinträchtigen. Ist das ein Vorgriff auf die musikalische Romantik mit ihren Charakterstücken und Programm-Versuchen? Nein, deren Anfang.

1750-1778 Friedrich Wilhelm Marpurg (1718-1795): Musiktheoretische und kritische Schriften

Ob Marpurg »einer der größten musikalischen Theoretiker in ganz Europa« ist, wie Schubart meint, dem »die Musik in allen ihren Teilen, keinen ausgeschlossen, so unendlich viel zu danken hat«, wie Gerber schreibt, bleibe dahingestellt. Jedenfalls nimmt Marpurg unter dem Einfluß von Voltaire, Maupertuis, d'Alembert und Rameau, mit denen er während eines mehrjährigen Aufenthaltes in Frankreich engen Kontakt pflegt, die Überlegungen der französischen Aufklärung auf und faßt sie neu für die deutsche Musiktheorie: *Herrn d'Alemberts ... systematische Einleitung in die musikalische Setzkunst, nach den Lehrsätzen des Herrn Rameau. Aus dem Französischen übersetzt und mit Anmerkungen vermehret* (Leipzig 1757; leicht gekürzte Ausgabe von d'Alemberts

Élémens de musique théorique et practique, Paris 1752). Diese Übersetzung ist Marpurgs wichtigstes Werk, wichtiger als die zahlreichen eigenständigen Schriften. – Für seine musikästhetischen Überlegungen ist Charles Batteux (1713-1780) das Vorbild, weshalb er das Problem der Nachahmung der Natur und der Empfindung als Ausdruck der menschlichen Natur auf französisch aufklärerische Weise behandelt. Die größte Wirkung hat Marpurg indessen wohl als Musikjournalist »a man of the world, polite, accessible, and communicative« (Burney). Seine wichtigsten eigenen Schriften sind: *Abhandlung von der Fuge,* 2 Teile (1753/54, ^{2}1806), *Handbuch bey dem Generalbasse und der Composition,* 3 Teile (1755-1758; Anhang 1760; ^{2}1762); *Der critische Musicus an der Spree* (1749/50), *Historisch-kritische Beyträge zur Aufnahme der Musik* (1754-1778), *Kritische Briefe über die Tonkunst mit kleinen Klavierstücken und Singoden,* 3 Teile (1760-1764). – Als Komponist ist Marpurg eher unbedeutend, obwohl in seinen kleinen Liedern »überall Frische, Anmut und wirkliches Talent« sich hören lassen, wie Hermann Kretzschmar (1911) meint.

1751-1759 Jean Le Ronde d'Alembert (1717-1783): Musikartikel in Diderots Encyclopédie

D'Alembert, einer der Großen der französischen Enzyklopädisten und überhaupt der Aufklärung, ist von Haus aus Physiker und Mathematiker. Er ist befreundet mit Diderot und er ist (bis 1759) dessen Mitarbeiter bei der Herausgabe der *Encyclopédie* (35 Bände, 1751-1780). Deren Einleitung, die Einteilung und systematische Übersicht der Wissenschaften sowie die physikalischen, mathematischen und ein großer Teil der philosophischen Artikel sowie die Musikartikel stammen von d'Alembert. Als Musikästhetiker ist d'Alembert vom französischen Rationalismus bestimmt, wie sein *Discours préliminaire de l'encyclopédie* (1751), das »Kompendium der Aufklärung«, zeigt. Für ihn gilt die »Nachahmung der Natur« als Grundsatz, die auf der Behauptung von Ähnlichkeiten der Phantasievorstellung des Künstlers mit seinen Sinneswahrnehmungen beruht. Mithin überträgt sich die musikalische Nachahmung nicht unmittelbar auf den Hörer, vielmehr ist es so, daß dieser, indem er sich an die Ähnlichkeit der musikalischen Nachahmung mit einer realen Vorstellung erinnert, durch Zwischenschaltung von Gedächtnis und Intellekt einen Sachverhalt musikalisch versteht. – Von d'Alemberts späteren Schriften sind die *Réflexions sur la théorie de la musique* (1777) vor den anderen bemerkenswert. In ihnen wird die Musik mit der Sprache verglichen, wobei Rousseaus Vorstellung einer Ursprache anklingt. Merkwürdig ist, daß d'Alembert die Musik eine unvollkommene Sprache nennt, weil sie der Ergänzung durch Handlung, Geste und Tanz bedürfe. Die *Élémens de musique théorique et practique suivant les principes de M. Rameau* (1752) bringt Friedrich Wilhelm Marpurg 1757 deutsch heraus, womit er viel für die Verbreitung der Ideen Rameaus in Deutschland tut.

1752 Jean-Jacques Rousseau (1712-1778): Singspiel »Le Devin du village« in Fontainebleau

Erfolge, zumal solche auf dem Theater, brauchen ihre Stunde. Als Pergolesis *La serva padrona* 1743 zum ersten Mal in Paris gespielt wird, bleibt sie nahezu unbeachtet. Als eine neu eintreffende italienische Truppe sie neun Jahre später abermals aufführt, erntet sie tosenden Applaus, und ihre Anhänger, die »Buffoni«, können einer Kunstpolemik den Namen geben, die die Öffentlichkeit zeitweise mehr beschäftigt als die politischen Tagesereignisse: der Buffonisten-Streit. Bis zu ihrer Abschiedsvorstellung am 7. März 1754 füllen die Italiener mit insgesamt 12 Stücken und je zwei- bis dreimal in der Woche spielend die Kassen ihres Theaters – und erregen die Gemüter, vorab dasjenige des eben 40jährigen Rousseau. Dieser sorgt nicht nur für die Druckausgabe der *Serva padrona* (und der *Zingara* von Rinaldo), sondern er schreibt auch das französische Gegenstück: *Le Devin du village* (*Der Dorfwahrsager*), dessen Harmlosigkeit man nicht belächeln sollte, ohne seine Wirkung zu bedenken.

> Am 18. Oktober 1752 findet in Fontainebleau im Schloßtheater die Uraufführung statt, von der der *Mercure de France* berichtet: »Ein neues Intermezzo, dessen Text und Musik von Herrn Rousseau sind, ... hatte einen ebenso glänzenden wie vollständigen Erfolg. Der Dichter läßt ein bäuerliches Liebespaar nicht nur nach ihrer Grammatik, sondern auch nach ihrer Sprache reden, und der Komponist gibt eine neue Gattung der Tonkunst, die schlicht, naiv und von einem dem Gegenstande angemessenen Ausdruck ist. Fachleute bewunderten vornehmlich den Geschmack und die Reize, die er in der Begleitung zu offenbaren das Geheimnis fand, und diese Begleitung ist in ihrer Art in hohen Graden neu für unser Land. Der Erfolg des *Dorfwahrsagers* in Fontainebleau gibt den Liebhabern der Kunst die Hoffnung, daß auch die Oper in Paris nicht säumen wird, das Stück auf ihren Brettern zu geben.« Dazu Rousseau selbst, der Aufklärer,

der die aufklärerische Welt ins Wanken bringt dadurch, daß er das Recht der fühlenden Seele verkündet und damit die Rangordnung von Vernunft und Affekt umkehrt, in seinen *Confessions:* »... Die Freude, so viele Zuhörer zu bewegen, rührte mich selber bis zu Tränen, und als ich beim ersten Duett gewahrte, daß meine Augen nicht allein naß wurden, konnte ich sie nicht mehr zurückhalten. Ich habe wohl Stücke einen größeren Überschwang von Bewunderern erregen, niemals aber eine so vollständige, so süße, so rührende Trunkenheit in einem ganzen Theater herrschen sehen, und noch dazu am Hofe und am Tage der ersten Vorstellung.«

Die Karriere des Stücks ist erstaunlich. Kaum ein Jahr nach der Uraufführung wird es mit einer Parodie beehrt (deren Libretto später Mozarts *Singspiel »Bastien und Bastienne«* zu Grunde gelegt werden soll), nicht zu reden von schnell folgenden Aufführungen in vielen anderen Städten. Das Libretto wird in fast alle europäischen Sprachen übersetzt. Kein Wunder, daß der durch Pergolesis *La serva padrona* 1752 ausgelöste Buffonisten-Streit, an dem Rousseau auf der Seite des Barons Grimm und der Enzyklopädisten durch scharf formulierte Schriften lebhaft Anteil nimmt, durch *Le Devin du village* angeheizt wird. Mitglieder der Opéra verbrennen *Rousseau en effigie* im Hofe des Theaters und planen sogar – wenigstens behauptet Rousseau dies in seinen *Confessions* – ihn zu ermorden, um die Ehre ihrer künstlerischen Tradition zu rächen... Man kann den Gedanken nicht unterdrücken: Was für eine Zeit, für die ein Theaterereignis eine solche Rolle spielen kann. Die Antwort überrascht – oder sie überrascht gerade nicht: es ist die Zeit, welche die französische Revolution vorbereitet.

1752 **J. C. Standfuß** († um 1759): **Singspiel »Der Teufel ist los oder Die verwandelten Weiber«** in Leipzig

In London hat 1731/32 eine Ballad opera riesigen Erfolg: *The Devil to Pay or The Wives Metamorphos'd,* eine derbe, mit phantastischen Motiven durchsetzte Ehestandskomödie (Text von Ch. Coffey nach einem Bühnenstück von Ph. Jevon, 1683; die Musik arrangiert und komponiert von einem gewissen Seedo). J. F. Schönemann, Prinzipal einer Theatertruppe, bringt das Werk 1743 in deutscher Übersetzung mit der englischen Originalmusik in Berlin heraus: ebenfalls ein großer Erfolg – und Schönemann leitet damit absichtslos eine Art deutscher Singspielbewegung ein, die über Hiller zu C. M. von Weber führt und die musikalische Romantik mit in Gang setzt. Der Erfolg macht die Konkurrenz, den Leipziger Theaterunternehmer H. G. Koch, aufmerksam. Dieser läßt den Text von dem mit Lessing befreundeten Dichter Chr. F. Weiße bearbeiten, die Musik vom Kapellmeister seiner Truppe, J. C. Standfuß, und er bringt das Ganze 1752 in Leipzig heraus. Das Publikum ist wie verzaubert und hell begeistert, und Gottsched tobt. Ein Zeitgenosse berichtet: »Die drolligen und niedrigkomischen Arien sind besser geglückt als die gesetzteren und ernsthaften.. Er [Standfuß] war indessen der Erste, der unter den Deutschen diese Bahn mit Glück betrat.« 1766 bearbeitet Johann Adam Hiller das Stück musikalisch neu, wobei er sich einerseits auf Standfuß' Nummernfolge stützt, andererseits das Ganze erheblich erweitert und dabei französische Elemente aufnimmt. Auch diesmal ein Erfolg, und so wird Leipzig zum Ausgangs- und Mittelpunkt der Singspielpflege in Deutschland (Schering).

1752 **Johann Joachim Quantz** (1697-1773): **Versuch einer Anweisung, die Flöte traversière zu spielen**
1753/1762 **Carl Philipp Emanuel Bach** (1714-1788): **Versuch über die wahre Art das Clavier zu spielen,** 1. und 2. Teil
1756 **Leopold Mozart** (1719-1787): **Versuch einer gründlichen Violinschule**

Keineswegs ist die Ästhetik von jeher und selbstverständlich ein Zweig der Philosophie, sie wird vielmehr erst im 18. Jahrhundert als eigenständige philosophische Disziplin begründet, und das Gründungswerk ist Alexander Gottlieb Baumgartens *Aestetica,* die 1750-1758 erscheint. Baumgarten versteht Ästhetik als allgemeine Theorie der sinnlichen Erkenntnis und bezieht den Bereich des Empfindens und Fühlens in den Zusammenhang der Philosophie ein. Damit ist gewissermaßen auch philosophisch legitimiert, was bei der Kunst der Musik in dieser Zeit in den Mittelpunkt des Interesses rückt: jetzt hat die Musik als Sprache der Empfindungen die Aufgabe, »viele Affeckten kurtz hinter einander zu erregen und zu stillen.« Dies nun kann – bei allem Respekt vor den anderen Gattungen der Musik – am besten und wirksamsten geschehen in der freien Fantasie am Klavier: »Das Fantasieren ohne Takt scheint überhaupt zur Ausdrückung der Affekte besonders geschickt zu sein, weil jede Takt-Art eine Art von Zwang mit sich führt. Man sieht wenigstens aus den Recitativen mit einer Begleitung, daß das Tempo und die Takt-Arten oft verändert werden müssen, um viele Affekte kurz hinter einander zu erregen und zu stillen.« Diese Sätze stammen aus Carl Philipp Emanuel Bachs

Versuch über die wahre Art das Clavier zu spielen mit Exempeln und achtzehn Probe-Stücken in sechs Sonaten erläutert von C. P. E. Bach, Königl. Preuß. Cammer-Musikus, Berlin in Verlegung des Auctoris 1753 (^{4}1787) und ... *Zweyter Theil, in welchem die Lehre von dem Accompagnement und der freyen Fantasie abgehandelt wird. In Verlegung des Auctoris.* Berlin 1762 (^{2}1797). Dieses Werk ist, wie schon gesagt, keine Klavierschule im modernen Sinne, vielmehr eine Ästhetik der Musik des mittleren 18. Jahrhunderts, d.h. der hier einsetzenden neuen Ära der Musik, eine Ästhetik freilich, die – den *Fundamentbüchern* aus der Zeit der ersten komponierten Instrumentalmusik durchaus verwandt – vom Instrumentalspiel ausgeht, nämlich vom Menschen, der das Instrument spielt und dabei »singend denkend« Musik entstehen läßt, wobei er neue Möglichkeiten des menschlich-individuellen Empfindens in die Wirklichkeit von Musik als Kunst einbringt. Zugleich weist das ganz Persönliche von C. Ph. E. Bachs Tonsprache, zumal in den späten Klavierwerken, und zwar in der musikalischen Substanz wie in der Ausbildung einer eigenen Klaviertechnik, auf die Klaviermusik der Romantik voraus. (E. F. Schmid 1949-1951).

Leopold Mozarts *Versuch einer gründlichen Violinschule... in Verlegung des Autoris,* Augsburg 1756 (also im Geburtsjahr von Wolfgang Amadeus Mozart erschienen), ist mehr als Philipp Emanuels *Versuch* eine wirkliche Schule des Violinspiels, weil Leopold Mozart viel mehr als Bach vom Impetus des Lehrens beherrscht ist. Am Beginn seiner Vorrede meint er, es habe für die Violine »noch keine Anweisung zum Vorschein kommen wollen«, er also sei mit *seiner* Violinschule der erste auf diesem Gebiete. Das stimmt zwar nicht, denn es gibt schon zahlreiche Violinschulen zu dieser Zeit, aber er hat doch recht, denn keine von diesen ist im selben Sinne zugleich eine allgemeine Musiklehre ihrer Zeit und als solche von Belang. Nun, heutzutage geigt man anders, als es hier gelehrt wird, hält man schon das Instrument und den Bogen anders. Daß aber manche von Leopold Mozarts Regeln überzeitlich gültig sind, belegt nicht nur der planvolle Aufbau des Ganzen, sondern auch viel Geschmackliches, das sich jeder Streicher in Bezug auf die Wiedergabe, zumindest der Werke Wolfgang Amadeus Mozarts, zur Richtschnur nehmen sollte – so des Vaters Kampf gegen das ewige Vibrato: »Weil nun aber das Tremolo [gemeint ist hier das Vibrato] nicht rein in einem Tone, sondern schwebend klinget; so würde man eben darum fehlen, wenn man jede Note mit dem Tremolo abspielen wollte. Es gibt schon solche Spieler, die bei jeder Note beständig zittern, als wenn sie das immerwährende Fieber hätten.« Also ist Mozarts *Violinschule* gerade auch für unsere Zeit, in der man die Aufführungspraxis alter Musiken als wesentlich wiederentdeckt hat, wichtig. – Das Werk findet in vielen Auflagen (1769, 1770, 1787, 1791, 1800, 1804 u.s.w.) und durch Übersetzungen weite Verbreitung, wobei die späteren Auflagen entsprechend den Veränderungen in den allgemeinen musikalischen Verhältnissen nicht unerheblich verändert sind. Ein Beispiel: Nach Leopold Mozart soll man nicht nur richtig, sondern vor allem im richtigen Affekt spielen, nämlich so, »daß man selbst davon gerührt werde.« In einer Auflage von 1804 aber heißt es: Der wahre Effekt »beruht auf der Schönheit des Vortrags und auf dem Ausdruck in demselben«, und unter Ausdruck versteht der Bearbeiter »das, was die innere Empfindung ausspricht.« In dieser Umformulierung des Schlüsselbegriffs tritt wieder einmal der Wandel vom *typischen Affekt* zum *subjektiven Empfinden* hervor, der Schritt vom durch die Tradition *typischer Verhaltensweisen* geprägten Erlebnis zum *subjektiven Erlebnis* aus allein *subjektiver Empfindung.*

Obwohl noch Mitglied der Hofkapelle Augusts des Starken in Dresden und Warschau, unterrichtet Johann Joachim Quantz schon seit 1728 den Kronprinzen Friedrich von Preußen im Flötenspiel. 1741 beruft der nunmehrige König Friedrich II. Quantz unter so vorteilhaften Bedingungen an seinen Hof, wie sie selten einem Musiker jener Zeit geboten werden: 2000 Taler Jahressold auf Lebenszeit, Honorierung jeder Komposition, völlige Unabhängigkeit von der Kapelle, ausschließliche Verwendung im privaten Kammermusik-Ensemble des Königs. Quantz hat den König täglich zu unterrichten, Kompositionen zu liefern und die abendlichen Hauskonzerte zu leiten, in denen unter anderen C. Ph. E. Bach und F. Benda mitwirken, braucht aber selbst nur mitzuspielen, wenn eine zweite Flöte verlangt wird. Quantz begleitet den König zusammen mit einigen weiteren Musikern auch auf Feldzügen. Konzertreisen und Einladungen an andere Höfe schlägt er indessen aus und bleibt für den Rest seines Lebens in Potsdam und Berlin. Das Musikleben Berlins bietet ihm Anregung genug, und sein *Versuch* (1752), *Sechs Duette* (1759) und *Kirchenmelodien* zu Texten von Gellert (1760) sind die einzigen Werke, mit denen er in seiner Berliner Zeit an die Öffentlichkeit tritt.

Nachhaltigen Einfluß auf seine Zeit übt Quantz durch seinen *Versuch einer Anweisung, die Flöte traversière zu spielen* aus. Diese umfassendste Instrumentalschule des 18. Jahrhunderts ist mehr als ein Lehrbuch des Flötenspiels: nur 40 von 334 Seiten sind der Querflöte und ihrem Spiel gewidmet, der Rest beschäftigt sich mit allgemeinen Fragen des musikalischen Geschmacks, der musikalischen Bildung und der

Aufführungspraxis. Sie sind nach Quantzens eigenen Worten aus der Beobachtung der musikalischen Praxis und aus dem Gedankenaustausch mit Pisendel, dem Geiger und Konzertmeister in Dresden, erwachsen. Doch kennt Quantz selbstverständlich die theoretischen Schriften zur Musikanschauung seiner Zeit von Heinichen, Scheibe, Mattheson und vor allem von seinem Berliner Freund Christian Gottfried Krause (1719-1770; *Von der musikalischen Poesie,* 1753). In seinen eigenen Überlegungen zur Musik stellt Quantz den »Verstand«, den er mit der gearbeiteten Polyphonie älterer Machart verbindet, dem »Herzen« gegenüber, das gleichsam homophon zu komponieren sei. Ähnlich unterscheidet er Affekt und Ausdruck, die freilich zu verbinden seien. Sein Ziel ist eine mannigfaltige Musik »vermischten Geschmacks«, die alte und neue Schreibart zu verbinden und im ausdrucksvollen Vortrag sprechend zu sein hat. Daß dabei für den Flötisten die Verzierungskunst eine besondere Rolle spielt, ist klar. Quantzens Regeln für diese Kunst sind allerdings zeitgebunden und zum Teil persönliche Auffassung, sie gelten zudem nur für den »Galanten Stil« der Berliner Schule. Seine Ausführungen zur allgemeinen Aufführungspraxis jedoch gelten für die gesamte europäische Musik seiner Zeit, und außerdem sind viele seiner Erörterungen über Musikerziehung, Berufswahl und Eignung des Instrumentisten und seine Stellung im Orchester sowie seine Bemerkungen zum Musikerleben und zur Aufgabe des Komponisten und des Interpreten im Hinblick darauf allgemeingültig.

Fazit: Die drei großen *Versuche* aus der Mitte des 18. Jahrhunderts sind weniger Instrumentalschulen als Quellen für die Musikanschauung einer Zeit, in der diese Wandlungen unterworfen ist wie nie zuvor. Fast noch deutlicher als die Musikwerke selbst – die uns heute ja leider kaum mehr anzusprechen vermögen – sagen diese Lehrwerke von der Veränderung der Musik als Folge einer veränderten Musikanschauung. Und die Tendenz weist auf die musikalische Romantik, ja diese hört man hier schon vorformuliert, die Romantik – nicht die Klassik.

1752-1768 **Joseph Riepel** (1709-1782): **Anfangsgründe zur musikalischen Setzkunst,** 5 Teile

Zur Hohen Schule der Kompositionslehre gehört das Werk des Thurn- und Taxisschen Kammermusikers Joseph Riepel wohl nicht (der sich rühmt, von 1740 bis 1745 in Dresden Schüler von Johann Dismas Zelenka gewesen zu sein). Aber alle zeitgenössischen Fachleute bescheinigen ihm, daß er als erster Probleme behandelt, die bis dahin noch keiner behandelt hat, wie aktuell sie auch sind: »Riepel war der erste (und ist auch der mir bisher einzige bekannte Theorist), der diese Gegenstände ausführlich behandelt hat. Das erste Kapitel seiner *Anfangsgründe zur musikalischen Setzkunst* enthält die Taktordnung, oder das Verhältnis des Umfangs der Teile der Melodie; in den drei folgenden Kapiteln hingegen ist die Tonordnung, das ist das Verhältnis der Teile der Melodie in Ansehung ihrer Endigungen, abgehandelt, und diese vier Kapitel verbreiten über diese Gegenstände, die damals theoretisch betrachtet noch ganz in Dunkelheit gehüllt waren, die ersten Strahlen des Lichts.« Der dies schreibt, ist Heinrich Christoph Koch, der 1782, also zur Zeit der Wiener Klassiker, mit seinem *Versuch einer Anleitung zur Komposition* direkt an Riepel anknüpft. »Das Verhältnis der Teile der Melodie [des Satzes]« oder, wie die Zeit auch sagt, »der Rhythmus der Teile im Satzbau«, und ihre Verbindung zum Ganzen, das sind die Hauptgegenstände der Kompositionslehren von Riepel und von Koch, es sind offenbar *die* Probleme des neuen musikalischen Satzes in der Mitte des 18. Jahrhunderts. Aus der Sicht der Lehre des Generalbaßsatzes sind sie freilich unverständlich, wie noch Kirnberger 1781 in seiner konservativen *Kunst des reinen Satzes in der Musik* (II, 139) formuliert: »Eine Folge solcher Abschnitte, deren keiner als der letzte in den Hauptton [Tonika] schließt, macht ein einziges Tonstück aus. Würde man aber einen oder mehr Abschnitte, ehe man am Ende des Tonstückes ist, durch einen Schluß in den Hauptton endigen, so würde man nicht mehr eine einzige Melodie [Absatz] haben, sondern ein Tonstück, das aus zwei oder mehr ähnlichen Melodien zusammengesetzt ist... Ganz schlecht aber ist die Art einiger Komponisten, die gleich anfangs eines Stückes nach zwei oder vier Takten wieder in der Haupttonika schließen, folglich wieder da stehen, wo sie angefangen haben.« Kirnberger erfaßt als das Wesentliche des neuen Satzes die Kleingliedrigkeit und Kurzatmigkeit, das bloße Aneinanderreihen ohne Einheit. Für die *alte* Technik galt (Sulzer, *Allgemeine Theorie der schönen Künste, Artikel »Baß«*): »Es erhellt hieraus, daß in der heutigen Musik der Baß die wichtigste Partie sei, welcher alle Stimmen untergeordnet sind; eigentlich entstehen sie aus dem Basse, weil der Gesang keinen Hauptton angeben kann, der nicht in der Harmonie des Basses begründet ist. Wenn der Tonsetzer die Folge der Baßtöne gut gewählt und die Töne der obern Stimmen regelmäßig daraus hergeleitet hat, so ist sein Satz rein.« Was gilt für die *neue* Technik? Riepel kann keine ebenso gültige Regel aufstellen wie Kirnberger. Seine Komposition gleicht einem Legespiel – das Kirnberger in seiner Anleitung, mit Würfeln zu komponieren (*Der allzeit fertige Polonoisen- und Menuettenkomponist,* 1757), ja auch tatsächlich als Spiel formuliert. Ist der Generalbaßsatz gleichsam zerbrochen – Riepel läßt einen Meister der alten Schule über die jungen Komponisten sagen: »Ach jawohl! sie suchen alles so klein zu verschnitzeln« –, so gilt es beim Zusammensetzen der Bruchstücke, das Problem der Einheit zu lösen. Kirnbergers Schüler J. A. P. Schulz formuliert die Aufgabe im *Artikel »Melodie«* (das meint: musikalischen Satz) bei Sulzer so: »Ein Ganzes, das aus lauter kleinen, gleich großen, aber sonst verschiedentlich gebildeten Gliedern besteht, ist nicht faßlich genug; die Menge der Teile verwirrt. Darum müssen mehrere kleine Glieder in größere gruppiert, und aus kleinen Gruppen große Hauptgruppen zusammengesetzt werden. Dieses ist für alle Werke des Geschmacks, die aus vielen kleinen Teilen zusammengesetzt sind, eine notwendige Forderung. In der Melodie [im musikalischen Satz] also müssen aus mehreren Takten größere Glieder oder Einschnitte, und aus mehreren Einschnitten Hauptglieder oder Perioden gebildet werden. Wird dieses alles richtig nach einem guten Ebenmaß beobachtet, so ist die Melodie [der Satz] allemal angenehm.« Der *Bau* der Komposition, ausgehend von kurzen melodisch bestimmten Gliedern und bei erst nachfolgender einfacher harmonischer Gestaltung, *das* ist das neue Problem. Deshalb lautet der Titel von Riepels erstem Teil *De Rhythmopoeia oder Von der Taktordnung,* deshalb kommt Riepel bei der Notierung seiner Beispiele in der Regel mit nur einem System aus; der Baß ist nicht mehr Grundlage der Komposition. Man sieht zudem, daß das Wort Rhythmus hier anders gebraucht ist als heute: »Rhythmopoie« ist die Lehre von den Einschnitten in der Musik und von den Verhältnissen der Teile untereinander, die Lehre von der »Taktordnung«. Nach der Terminologie der Zeit ist nämlich eine Taktgruppe von 4 Takten ein »Rhythmus von 4 Takten«. Und dieser »Rhythmus im musikalischen Satz« ist von nun an der erste und wichtigste Gegenstand der musikalischen Komposition – auch bei den Wiener Klassikern, deren Taktgruppenrhythmus wir als Parameter der musikalischen Komposition hören können und sollen (Feil 1955).

1753 und **1755** **Oden mit Melodien I und II,** Berlin. Beginn der **Berliner Liederschule**

Das Wirken der sogenannten Berliner Liederschule, die nach der Mitte des 18. Jahrhunderts so viel von sich reden macht, beginnt mit einer Sammlung *Oden mit Melodien,* deren zwei Teile Carl Wilhelm Ramler und Christian Gottfried Krause in Berlin herausgeben. Die Sammlung enthält zweimal 31 Lieder, zum größten Teil zweistimmig mit Singstimme und einfachem unbeziffertem Baß. Der Sammlung voraus geht ein Vorbericht, in dem sich die folgenden Sätze finden: »Schon jetzt sieht man, daß unsere Landsleute nicht mehr trinken, um sich zu berauschen, und nicht mehr unmäßig essen. Wir fangen in unseren Hauptstädten an, artige Gesellschaften zu halten. Wir leben gesellig. Wir gehen spazieren in Alleen, in Feldern, in Gärten. Und was ist bei diesen Gelegenheiten natürlicher, als daß man singt? Man will aber keine ernsthaften Lieder singen, denn man ist zusammengekommen, seinen Ernst zu unterbrechen. – Die Lieder sollen artig, fein, naiv sein, nicht so poetisch, daß sie die schöne Sängerin nicht verstehen kann, auch nicht so leicht und fließend, daß sie kein witziger Kopf lesen mag…

Wir Deutsche studieren jetzt die Musik überall; doch in manchen großen Städten will man nichts als Opern-Arien hören. In diesen Arien herrscht aber nicht der Gesang [= Melodie], der sich in ein leichtes Scherzlied schickt, das von jedem Munde ohne Mühe angestimmt und auch ohne Flügel und ohne Begleitung anderer Instrumente gesungen werden könnte. Wenn unsere Componisten singend ihre Lieder componieren, ohne das Clavier dabei zu gebrauchen und ohne daran zu denken, daß noch ein Baß hinzukommen soll: so wird der Geschmack am Singen unter unserer Nation bald allgemeiner werden und überall Lust und gesellige Fröhlichkeit einführen.«

In diesen Sätzen ist die Rede: 1. von Hauptstädten und großen Städten und davon, daß die Menschen in diesen Städten anfangen, Gesellschaften zu halten und auf damals offenbar neue Weise gesellig zu leben; 2. daß man in diesen neuen Gesellschaften »natürlicher Weise« singen möchte. Es ist 3. beklagt, daß es an Liedern fehlt, die sich zum Singen bei solchen Gelegenheiten eignen, und es ist 4. ausgeführt, wie solche Lieder beschaffen sein sollen. Schließlich ist 5. festgestellt, daß man in manchen Städten nichts als Opern-Arien hören will, und daß dieses Nichts-anderes-hören-Wollen mit dem beklagten Mangel an Liedern zusammenhängt. In dieser Vorrede einer Liedersammlung des Jahres 1753 ist also die Rede von dem sozialen Phänomen einer neuen Gesellschaft in den großen Städten und von einem damit zusammenhängenden musikalischen Phänomen. Diese neue Gesellschaft »unserer großen Städte und Hauptstädte« hat etwas nicht, was sie braucht, und dieses muß man schaffen. Es ist ein Bedarf entstanden, ein neuer Bedarf; dieser muß gedeckt werden.

Wie aber muß Musik beschaffen sein, jetzt richtiger: komponiert sein, die den Vielen Ersatz zu sein hat für die verlorengegangene? Man versucht es zunächst mit deren Nachahmung. Aber die Einsicht in die Unmöglichkeit, durch Anwendung von Kunst (der Komposition nämlich) etwas zu schaffen, was nicht Kunst sein darf (weil es volksmäßig sein soll), läßt alsbald jegliches Bemühen erlahmen. Also geht man den naheliegenden Weg, nämlich für die musikalisch nicht Gebildeten einfachere Kunstmusik zu produzieren, Kunstmusik auf niedrigerer Stufe. Und das ist – Trivialmusik: Der Anfang vom Elend unserer modernen Trennung in E-Musik und U-Musik liegt im 18. Jahrhundert; diese Trennung ist eine Folge des beschriebenen Paradigmenwechsels im Bereich der Musik.

1754/55 **Baldassare Galuppi** (1706-1785): **Opere buffe »Il filosofo di campagna«, »Le nozze«** und **»La diavolessa«** nach Goldoni in Venedig

Galuppi gilt um die Mitte des 18. Jahrhunderts als europäische Berühmtheit; die Zarin Katharina II. kann ihn von Venedig nur für drei Jahre nach St. Petersburg »ausleihen« (1765-1768). Berühmt ist der Marcus-Kapellmeister indessen nicht durch seine Kirchenmusik, sondern durch seine über 100 Opern, und unter diesen durch seine Opere buffe. Deren Erfolg kommt freilich zum guten Teil dem Glücksfall der Texte zu, die seit 1749 (*L'Arcadia in Brenta*) von Carlo Goldoni (1707-1793), dem großen italienischen Komödiendichter, stammen. Der erste Höhepunkt dieser Kooperation ist das Dreigestirn der oben genannten Opern (Bollert). Aber die Musik Galuppis ist auch an sich originell, was H. Abert (1923) treffend beschreibt. Manche ihrer Merkmale gehören zwar schon zur Venezianischen Oper des 17. Jahrhunderts, etwa die eigentümliche Verbindung von Drastik und Kürze, die von der Neapolitanischen Redseligkeit merklich absticht, aber bei ihm gerät alles zu einem besonders heiteren Originalstil. Voraussetzungen hierfür sind die Volkssprache und die Volksmusik, wenn auch auf andere Weise als bei den Neapolitanern. – Daß sich auf dem Gebiet der Buffo-Oper Venedig neben Neapel eine gewisse Selbständigkeit bewahren kann, verdankt es allein Galuppi – und doch werden dessen Opern seit 1773 kaum mehr gespielt, ohne daß man weiß warum.

um 1755 **Georg Christoph Wagenseil** (1715-1777): **Sinfonien**

Wagenseil, ein Schüler von J. J. Fux, seit 1739 Hofkomponist am kaiserlichen Hof in Wien, gilt als einer der bedeutenderen unter den sogenannten Vorklassikern. Seine »Verdienste um die Entwicklung der Sinfoni« bestehen außer in der Befestigung der Dreiteiligkeit des ersten Allegros (Exposition, Durchführung, Reprise – ohne daß diese Anlage und die Bezeichnungen damals schon kodifiziert wären) in der Verstärkung eines mehr volkstümlichen Tons der Themen und für die Tanzsätze und schließlich in einer sorgfältigeren Durchführungsarbeit. Von Wagenseils annähernd 100 Sinfonien werden seit 1755 immer wieder welche in Sammeldrucken in Paris, London und im Haag gedruckt, seine Wirkung reicht also weit.

1755 **Karl Heinrich Graun** (1703/04-1759): **Passionskantate »Der Tod Jesu«** in Berlin

Der Text der »Kantate« (die Bezeichnung im Erstdruck Leipzig 1760, doch lassen Umfang und Anspruch des Werks auch die Bezeichnung »Passionsoratorium« zu) stammt von K. W. Ramler, dem Mitbegründer der sogenannten Berliner Liederschule, nach einem Entwurf der Prinzessin Anna Amalia, der Schwester Friedrichs des Großen. Er ist eine Passionsdichtung im Geiste der Aufklärung, weder der altlutherischen Orthodoxie noch pietistischen Strömungen verpflichtet, sondern der Aufklärung und der Empfindsamkeit. Die Heilsgeschichte von Christi Passion verschwindet nahezu völlig vor dem »Tugendhelden« Jesus, dessen menschliche Züge im Vordergrund stehen, weil sie nachempfunden werden sollen: die Dichtung ist auf eine Vertonung im »Empfindsamen Stil« angelegt. Ramlers Text und Grauns Musik entsprechen einem Zeitdenken und -empfinden, das in dieser Art bis tief ins 19. Jahrhundert hinein reicht: Grauns *Der Tod Jesu* erlebt mehr Aufführungen als jede vergleichbare Komposition, Bachs *Matthäuspassion* eingeschlossen. Zwischen 1807 und 1858, und auf Wunsch König Wilhelms I. auch zwischen 1866 und 1884 wird das Werk an jedem Karfreitag von der Berliner Singakademie aufgeführt.

1755 **Karl Heinrich Graun** (1703/04-1759) und **König Friedrich II. von Preußen** (1712-1786): **Oper »Montezuma«** in Berlin

Das Libretto, vom Hofpoeten Tagliazucchi in italienische Verse gebracht, stammt wirklich vom jungen König selbst: er schreibt (in französischer Prosa), was er (noch) ist und (schon) denkt – eines der ganz seltenen Theaterdokumente, wo Illusion und politische Realität direkt etwas miteinander zu tun haben. Prinz Friedrich und seine jugendliche Utopie von der human-aufklärerischen Freiheit im Antimachiavell: »gibt es doch für den Menschen kein Glück als im Menschen selbst«; die Überzeugung vom König als dem ersten Diener des Staates; der Liberalismus, die Toleranz gegen den Fremden und die daraus abzuleitende umgekehrte Kriegsargumentation des scheinbar Getäuschten – er hat es in das Szenarium der Eroberung Mexicos durch den Spanier Fernando Cortez verpackt. Mit dem Libretto für seine Oper schreibt sich Friedrich zugleich sein Alibi: Ein Jahr nach der Uraufführung beginnt er den Siebenjährigen Krieg, der Preußen die Position einer Großmacht sichern wird. Was Carl Heinrich Graun, der Komponist, in Dresden und Braunschweig und später auf seinen Akquisitionsreisen durch Italien von Vivaldi und Tartini, von Scarlatti und Jommelli gelernt hat, hier ist es zu einer norddeutschen Barockoper voller italienischer bravouröser Koloratur-da-capo-Arien geworden. *Montezuma* ist wahrscheinlich die interessanteste von Grauns 27 Opern für Berlin (H. J. Herborth).

um 1757 **Johann Stamitz** (1717-1757): **Six Symphonies op. 3**, gedruckt in Paris

Seit 1741 steht Johann Stamitz, aus Böhmen stammend, im Dienste des kurpfälzischen Hofes in Mannheim, seit 1750 als »Instrumental-Music-Director«. Mit seinem *Opus 3* beginnen seine Sinfonien gedruckt zu erscheinen, die seinen Ruhm, damals wie heute, vor allen seinen anderen Werken ausmachen. Das 18. Jahrhundert sieht in Johann Stamitz in erster Linie den Schöpfer eines neuen Orchesterstils, erst in zweiter Linie den Komponisten, in dessen Werken ein neuer Instrumentalstil für den Orchestersatz zum Durchbruch kommt. »Kein Orchester der Welt hat es je in der Aufführung dem Mannheimer zuvor getan... Sein Forte ist ein Donner, sein Crescendo ein Katarakt, sein Diminuendo ein in der Ferne hinplätschernder Krystallfluß, sein Piano ein Frühlingshauch.« (Schubart) In den Konzerten war es, »wo Stamitz zuerst über die Grenzen der gewöhnlichen Opernouvertüren hinwegschritt, die bis dahin bei dem Theater gleichsam nur als Rufer im Dienst standen, um durch ein ‚Aufgeschaut!' für die auftretenden Sänger Stille und Aufmerksamkeit zu erhalten... Hier ist der Geburtsort des *crescendo* und *diminuendo* und hier war es, wo man bemerkte, daß das *piano* sowohl als das *forte* musikalische Farben sind, die so gut ihre Schattierungen haben als Rot oder Blau in der Malerei.« So Charles Burney (1771/73). Wenn man damals von der »Mannheimer Schule« spricht, dann ist nicht (wie später seit Hugo Riemann) von den Mannheimer Komponisten die Rede, sondern von den Violinschülern von Johann Stamitz und den Orchesterspielern, die durch die Schule des Mannheimer Orchesters gegangen sind. Das Abwechslungsreiche, Farbige, Überraschende im Mannheimer Orchesterstil hängt freilich eng mit einem neuen Kompositionsstil zusammen, und dieser entspricht den Forderungen des höfischen und des bürgerlichen Konzertsaales, dessen Entwicklung in dieser Epoche ihren Anfang nimmt, wie Stamitz vor allem bei seinen Besuchen in Paris bestätigt findet. Auf instrumentalem Gebiete pflegt Stamitz vor allem die Erweiterung der Orchesterfarben; die Klarinette spielt bei ihm zum erstenmal eine Rolle; die Instrumentierung dient vor allem einer lebendigen, oft überraschenden Dynamik. Die neue Kompositionsweise mit motivischer Arbeit, das neue Klangideal, dem das Cembalo fremd ist, und die zum Teil den harmonischen Hintergrund gebenden Bläser machen den Basso continuo überflüssig. Die Melodik ist frisch, die Rhythmik prägnant, als Anlagetypus (»Form«) beginnt sich das herauszukristallisieren, was man später »Sonatenanlage« (»Sonatenform«) nennen wird (Feil 1955). Die Harmonik ist einfach und eindeutig. Konstruktionsgrundlage ist meist das sogenannte »Gerüstbauprinzip« (Georgiades). Aus den resultierenden Symmetriebildungen entsteht die »Rhythmik der Satzglieder«, die zu ihrem Teil das Problem der Einheit in der Mannigfaltigkeit der vielen kurzen Teile zu lösen hilft. Die langsamen Sätze sind in der Regel schlicht und gesanglich. Stamitz läßt als erster den Menuett-Satz zur Regel werden, und zwar an dritter Stelle der vier Sinfoniesätze. Die Finalsätze sind oft als Sonatensätze angelegt, dabei meist in sprudelnd heiterem Ton gehalten. Man pflegt zu sagen, aus einer Synthese der an verschiedenen Stellen Europas fast gleichzeitig auftauchenden neuen Elemente instrumentaler Schreibweise gewänne Stamitz als erster einen einheitlichen Stil. Insofern hat es schon seine Berechtigung, wenn man den »Mannheimern« für die Entstehung und Entwicklung des neuen Orchesterstils im 18. Jahrhundert den ersten Rang zuerkennt.

Als Hugo Riemann Stamitz und die »Mannheimer« entdeckt hatte und in den *DTB* zu veröffentlichen begann, hat er bestimmte Eigentümlichkeiten des Satzes, die schon als »Mannheimer Manieren« bekannt waren und, sicherlich mit Recht, kritisiert worden sind (Leopold Mozart spricht 1777 vom »vermanirirten Mannheimer goût«), beschrieben und mit je charakteristischen Namen wie »Vorhang«, »Walze«, »Rakete«, »Vögelchen« usw. gekennzeichnet. Im Anschluß an Riemanns Entdeckung hat sich zwischen ihm, Fausto Torrefranca, einem italienischen Musikhistoriker, und Guido Adler, dem Wiener, ein Prioritätenstreit um die »Erfindung« der Sonatensatz-Anlage mit zwei kontrastierenden Themen und des Sonaten-Zyklus mit vier Sätzen und dem Menuett an dritter Stelle entzündet: Stamitz oder Sammartini oder Monn und Wagenseil? Der Streit ist beendet. Man weiß heute, daß jenes Neue damals gleichsam in der Luft lag und um die Jahrhundertmitte sich allerorten in Kompositionen niederzuschlagen begann. Gleichwohl steht Stamitz' Musik über dem Niveau der Werke seiner Generation, und sicherlich deshalb hat sie so tiefen Einfluß auf die Musik der folgenden Zeit und gerade der Wiener Klassiker gewonnen.

Jenes Neue treibt allerdings auch eigenartige Blüten: Offenbar versuchen sich daran Leute, die gar nicht richtig komponieren können. Wir wissen das alle zumindest aus einer Parodie, nämlich aus W. A. Mozarts *»Ein musikalischer Spass«* (so von ihm selbst 1787 in sein Werkverzeichnis eingetragen; KV 522; die verbreitete Bezeichnung »Dorfmusikantensextett« ist irreführend, weil es sich erstens um eine Sinfonie handelt und nicht um ein Kammermusikwerk in Sextettbesetzung, und weil zweitens nicht die Ausführenden karikiert werden sollen sondern der Komponist). Mozart verhöhnt damit den Dilettantismus in der Komposition, angefangen mit der falschen Notation der (transponierend zu schreibenden) Hörner, über den falschen Gebrauch des Taktgruppenrhythmus (im Gerüstbausatz) im ersten Satz bis zum völlig schiefen Ausdruck und der mißglückten Partie der ersten Geigen (einer Solovioline?) im Adagio cantabile, dem am raffiniertesten komisch gemachten Satz des Ganzen.

1757 **Johann Philipp Kirnberger** (1721-1783): **Anleitung mit Würfeln zu komponieren**

Der allzeit fertige Polonoisen- und Menuettenkomponist heißt ein kleines Büchlein, das Kirnberger (nach Gerbers Zeugnis von 1739 bis 1741 Schüler J. S. Bachs »sowohl im Klavierspielen als in der Komposition«) 1757 in Berlin drucken läßt und mit folgender Erklärung versieht: »Die Noten, welche auf den nachfolgenden wenigen Blättern erscheinen, sind der Stoff zu einer unzähligen Menge von Polonoisen, Menuetten und dazu gehörigen Trios. Ein jeder, der nur Würfel und Zahlen kennt, und Noten abschreiben kann, ist fähig, sich daraus so viele der genannten kleinen Stücke vermittels eines oder zweier Würfel zu komponieren als er nur verlangt.«

»Man verfährt damit also: Hat man mit einem Würfel eine Zahl geworfen, so sucht man in den Tabellen ... die Zahl auf, welche man geworfen hat, ... und schreibt den darunter stehenden Takt hin. Auf diese Art wird bei jedem Wurfe ein Takt, und mit sechs oder acht Würfen der erste Teil einer Polonoise, eines Menuetts oder Trios fertig...« »Einem wirklich Kompositionsverständigen wird zum wenigsten die in diesen Tabellen vorkommende so mannigfaltige Ausbildung eben derselben Harmonie über einerlei Grundstimme nicht ganz zuwider sein. Ein angehender Tonsetzer kann vielleicht daraus einigen Vorteil zur Sammlung eines Vorrats von Veränderungen der musikalischen Figuren ziehen.« »Sollte aber, dieser treuherzigen Anzeige ungeachtet, dennoch jemand sich finden, welcher diese Kleinigkeit mit einem spöttischen Lächeln beehren wollte: so gesteht der Verfasser aufrichtig, daß er selbst der erste gewesen, welcher recht herzlich gelacht hat, als ihm, nach einigen schlaflosen Nächten, die Verbesserung und Ausführung dieses Unternehmens, dessen Erfindung ihm nur sehr unvollkommen zu Händen gekommen, so gut gelungen war.«

»Dieses musikalische Spielwerk« beruht darauf, daß der Baß, der im echten Generalbaßsatz den harmonischen Ablauf repräsentiert, und das Stimmengewebe, das diesen Ablauf polyphon verwirklicht, sich voneinander gelöst haben. Ja, von Stimmen kann eigentlich gar keine Rede mehr sein, auch nicht von einer »Oberstimme oder Melodie«, denn diese entsteht aus aneinandergereihten Floskeln. Um die Floskeln aneinandersetzen zu können, müssen diese eine gewisse Selbständigkeit und Geschlossenheit besitzen, damit sie einerseits unabhängig voneinander verstanden werden können, andererseits ihre Nachbarfloskeln nicht beeinträchtigen. Die Floskeln müssen nicht mehr dem Verlauf einer Stimme unter-, sondern einander zugeordnet werden. Darin entsteht jedoch ein neues Kompositionsprinzip, das nicht lediglich um einer Spielerei willen erfaßt worden sein kann, sondern das tiefe Wurzeln im Satz haben muß: In Kirnbergers »Spielerei« wird der grundlegende Wandel manifest, der sich in der Mitte des 18. Jahrhunderts vollzieht. Kirnberger erkennt, welche Möglichkeiten sich damit eröffnen, aber er fürchtet zugleich Willkür und Verwahrlosung, der, wie er glaubt, nur im »reinen Satz« zu steuern ist. Sein Hauptwerk ist *Die Kunst des reinen Satzes in der Musik* (1771 ff.), eine konservative Lehre der Generalbaßpolyphonie der Bach-Zeit, wenn auch durchsetzt mit Elementen jener Satztechnik, deren Probleme der Anlaß für die Entstehung dieses großen Werkes sind (Feil 1955).

Anleitungen, mit Würfeln zu komponieren, wie diese von Kirnberger begegnen in der zweiten Hälfte des 18. Jahrhunderts häufiger, auch Mozart hat man mehrfach eine solche unterzuschieben versucht (KV 294 d).

um 1760 **Luka Sorkočević** (1734-1789): **7 Sinfonien**

Das Schaffen von Luka Sorkočević, der als Sohn einer Patrizierfamilie in Dubrovnik geboren wird und dort als Diplomat der damals selbständigen Republik lebt, fällt in die 60er Jahre des 18. Jahrhunderts. Seine musikalische Ausbildung erhält er in Dubrovnik selbst und dann in Rom bei Rinaldo di Capua. Seine Aufmerksamkeit gilt besonders der Orchestermusik, und zwar der Sinfonie in der damals modernsten Form der Gattung. Wie Sammartini und durchaus ähnlich den »Mannheimern« setzt er die Mittel einer neuen Orchesterbehandlung ein, behandelt er die Probleme eines neuen, nicht mehr generalbaßmäßigen, sondern oberstimmenbetonten und auf orchestrale Wirkungen angelegten Satzes: Das Interesse des Hörers wird zuerst auf das Orchester, dann auf den »Rhythmus der Satzteile« und schließlich auf die Anlage des Ganzen gelenkt, auf die »Form«. Bei der hier üblichen Dreisätzigkeit sind damit die ersten Sätze die interessantesten.

1760 **Ignaz Holzbauer** (1711-1783): **Oratorium »La Betulia liberata«** in Mannheim

Wie an allen Höfen bildet auch am kurpfälzischen Hof zu Mannheim die Kirchenmusik in festlich gestalteten Gottesdiensten und Oratorienaufführungen einen festen Bestandteil des höfischen Musiklebens. Holzbauers *La Betulia liberata* ist das Oratorium für den Karfreitag des Jahres 1760 (Wiederaufführung 1774). Der Text von Metastasio (»Azione sacra in 2 parti«; die Judith-Geschichte aus dem Alten Testament, konzipiert für eine Vertonung mit 6 Solisten, Chor und Orchester; geschrieben für Karfreitag 1734 in Wien; mehrfach vertont, u. a. von W. A. Mozart 1771: KV 118) ist der eines italienischen Oratoriums neapolitanischen Stils, richtiger: der einer geistlichen Opera seria mit Rezitativen, welche die Handlung tragen, und Da capo-Arien betrachtenden Inhalts, dazu Chöre und Orchesterstücke. Die Musik ist ausgesprochen schön und wahrlich nicht unbedeutend, wenn man sie adäquat aufführt – und wenn man sie nicht an Händel oder Mozart mißt. Manchmal klingt sie eigentümlich »alt«, manchmal wieder ganz »modern«. Ob freilich mehr italienisch oder mehr deutsch, das ist kaum zu unterscheiden: ein Charakteristikum jener Zeit.

um 1760 **Amandus Ivančič** (Ivanschiz; um 1720/25-um 1780): **Sinfonien**

Was die Musikgeschichtsschreibung in der Regel als auf Mannheim und Wien konzentriert darstellt, den sinfonischen Stil der sogenannten Vorklassik, das ist, wie schon gesagt, in Wirklichkeit die verbreitete Schreibart einer neuen instrumentalen Orchester-Ensemblemusik, mit der allerorten experimentiert wird: wie in den genannten Zentren von den bekannten Komponisten so in Italien (Sammartini), in Kroatien/Dalmatien (Sorkočević) und in Slowenien/Steiermark. Amandus Ivančič, ein wohl aus Slowenien stammender, als Paulinermönch in Graz lebender Musiker und Organist, schreibt viel, vor allem Kirchenmusik in der neapolitanischen Art, musikgeschichtlich von Bedeutung aber ist er wahrscheinlich mehr durch seine etwa 20 »vorklassischen« Sinfonien, die seinerzeit weit verbreitet sind, die sich zum Beispiel auch im Archiv des Fürsten Esterházy in Eisenstadt, also bei Joseph Haydn, finden.

1760-1779 **Johann Christian Bach** (1735-1782): **Opere serie**

So gefährlich es ist, biographische Daten von Künstlern eo ipso für Daten der Kunstgeschichte zu halten, im Falle von J. S. Bachs jüngstem Sohn kennzeichnen sie doch in besonderer Weise die Epoche. Johann Christian Bach wird 1735 in Leipzig (als elftes von dreizehn Kindern aus Bachs zweiter Ehe mit Anna Magdalena Wülcken) geboren und erhält seine erste musikalische Ausbildung unter den Augen des Vaters. Nach dessen Tod kommt der Fünfzehnjährige zu seinem zweitältesten Bruder Carl Philipp Emanuel nach Berlin. Dort unterliegt er dem Einfluß der maßgebenden Komponisten Norddeutschlands mit ihrer Musik »freier Schreibart« unter der ästhetischen Forderung der Mannigfaltigkeit im Zierlichen, Anmutigen, Galanten, in der ausdrucksvoll-empfindsamen Klangrede. 1756 geht er nach Italien, wo er mit dem Stipendium eines reichen Gönners, des Grafen Litta in Mailand, 1757 Schüler des damals berühmten und einflußreichen Padre Martini (1706-1784) wird. Als Litta ihm 1760 die Organistenstelle am Mailänder Dom vermitteln kann, tritt Bach zum Katholizismus über – ein Sohn Johann Sebastian Bachs wird Katholik. Aber sein Interesse gilt nicht der Kirchenmusik sondern der italienischen Oper. 1760 kommt sein *Artaserse* in Turin, 1761 sein *Catone in Utica* in Neapel heraus. Gleichzeitig knüpft er Beziehungen zu London an, dessen reiches Musikleben jener Zeit ihn lockt. 1762 bietet man ihm, der schon jetzt und hier als Opernkomponist bekannt ist, die Komponisten-Stelle am King's Theatre an (1763 *Orione*). Er folgt dem Ruf, bleibt aber nicht allein Opernkomponist, sondern entwickelt gleichzeitig vielfältige Tätigkeiten bei Hofe und in der Stadt London, wo er seit 1764 zusammen mit Carl Friedrich Abel (1723-1787), dem Sohn eines Köthener Kammermusikers, die Bach-Abel-Konzerte veranstaltet, die bald weithin bekannt werden. Auch am Mannheimer Hof führt er Opern auf, auch in Paris. Freilich, »das Zärtliche und Verliebte gelang ihm besser als das Hohe Tragische« (Schubart), und so hat er mit seiner Instrumentalmusik nachhaltigere Wirkung als mit seinen elf Opern, vor allem mit seinen rund 90 Sinfonien und – über seinen Einfluß auf den jungen Mozart, dem er 1764 in London und 1778 noch einmal in Paris begegnet. Wie sein Lebenslauf die wichtigsten Musikstädte Europas (Wien allerdings ausgenommen) berührt, sind seine Werke Beiträge zu den wichtigsten Strömungen seiner Zeit, von der Mailänder Kirchenmusik über die neu-neapolitanischen Opern bis zu den Sinfonie-Experimenten zwischen Sammartini in Mailand und Stamitz in Mannheim. So weit nach E. F. Schmid (1949-1951) die Skizze der biographischen Sachverhalte und ihrer musikgeschichtlichen Bezüge.

Wenn man daraus nun ableitet, Johann Christian Bach sei der typische »Vorklassiker« und dementsprechend an der »Heranbildung des neuen Stils der klassischen Epoche« entscheidend beteiligt, er sei der Vorläufer Mozarts (und Mozart sein Fortsetzer, nur mit mehr Genie), dann ist diese Ableitung, so einfach sie zu sein scheint, falsch, und zwar wegen der Vereinfachung. Gewiß, bei flüchtigem Hören und oberflächlicher Betrachtung mag man Bachs und Mozarts Musik unter einem einzigen »Stil der klassischen Epoche« subsumieren können; sie sind in der Tat *äußerlich* erstaunlich ähnlich, im *Grunde* aber nicht. Mozart schreibt am 28. Februar 1778 aus Mannheim an seinen Vater: »Ich habe auch zu einer Übung die Aria ›Non sò d'onde viene etc.‹ [KV 294; Text von Metastasio aus *Olimpiade*], die so schön vom Bach komponiert ist [London 1769], gemacht, aus der Ursach, weil ich die vom Bach so gut kenne, weil sie mir so gefällt, und immer in Ohren ist; denn ich hab' versuchen wollen, ob ich nicht ungeacht diesen allen im Stande bin, eine Aria zu machen, die derselben vom Bach gar nicht gleicht? – Sie sieht ihr auch gar nicht, gar nicht gleich.« Mozarts durchaus positiver Beziehung zur Komposition J. Chr. Bachs einerseits steht andererseits die sichere Meinung gegenüber, daß sich beide Arien nicht gleichen. Deutlich klingt aus Mozarts Worten die Absicht, für sich selbst mit Bach in Wettbewerb zu treten. Stefan Kunze (1965) hat Mozarts »Übung« und ihr Vorbild einander gegenübergestellt und Übereinstimmung und Differenz sorgfältig beschrieben. Mit dieser Arie vollzieht Mozart in Mannheim 1778 die endgültige Abkehr von der Komposition mit schon vorgebildeten Satzmodellen. Interessant genug, daß diese Wende gerade durch Johann Christian Bach ausgelöst wird. Übrigens hat Mozart schon einmal einen Fortschritt in seiner Entwicklung der Anregung durch Johann Christian Bach zu verdanken: In den frühen 1770er Jahren arbeitet er, unter Assistenz des Vaters, Klaviersonaten Bachs zu Klavierkonzerten um (KV 107, 1-3). Maria Bieler (1988) hat gezeigt, daß es Mozart dabei auf den Gegensatz von Sonate und Konzert, jeweils nicht als Form sondern als Prinzip der Satzgestaltung verstanden, ankommt, und daß seine erste wirkliche Annäherung an die Gattung Konzert auf einem in zweifacher Weise indirekten Weg geschieht, nämlich über Werke fremder Komponisten (auch die sogenannten *Pasticcio-Konzerte* von 1767 gehen auf fremde Sonaten zurück) und über die ganz andere Gattung, über die Sonate. (M. B.)

1761 Gründung des »The Noblemen's and Gentlemen's Catch Club« in London

Lange vor der Gründungswelle von Gesangvereinen in Deutschland gründen die Engländer um die Mitte des 18. Jahrhunderts Vereine, von denen der hier angeführte einer der aktivsten ist. In diesen Vereinen treffen sich die Mitglieder, gewöhnlich zwischen 50 und 100, regelmäßig zu allseitiger Unterhaltung: zum Essen und Trinken, zu Tagesgesprächen, zum Rauchen, und einfach auch nur zur Gemeinsamkeit in freundschaftlicher Atmosphäre – was beim gemeinschaftlichen Singen dann seinen höchsten Ausdruck findet. Wichtigste Gattung ist dabei das GLEE – wenn man denn das »Glee« überhaupt als musikalische Gattung bezeichnen kann, denn alle Versuche einer Definition der meist dreistimmigen homophonen, aber sonst erheblich differierenden Stücke führen in die Bereiche der musikalischen Soziologie: Das gesellschaftliche Phänomen der Unterhaltung mit und durch Musik in geselligen Vereinigungen, *das* ist der eigentlich wichtige Faktor, nicht die Musik. Die Zahl der publizierten Stücke in der Blütezeit des GLEE zwischen der Mitte des 18. und dem Beginn des 19. Jahrhunderts schätzt man auf etwa 25.000, womit die Wichtigkeit der »Gattung« im Musikleben des Bürgertums eindrücklich belegt ist. Anfänglich stammen die Mitglieder aus den oberen Klassen, in relativ kurzer Zeit aber gelangt die Institution dieser Vereine auch in weitere Schichten der Bevölkerung.

Eine gegen Ende des 18. Jahrhunderts einsetzende Überproduktion und eine Verflachung des GLEE in der Komposition führt zum Aussterben der Gattung, vielleicht auch eine Änderung der gesellschaftlichen Verhältnisse, welche dieser Form des geselligen Vergnügens nicht mehr bedürfen und sich andere Formen schaffen.

1762 **Christoph Willibald Gluck** (* Erasbach/Oberpfalz 1714, † Wien 1787): erste »Reformoper« **»Orfeo ed Euridice«** in Wien

Glucks Größe und Bedeutung ist am schönsten gewürdigt durch Hermann Abert in der Mozart-Biographie (1923): »Das Problem, das unter allen Umständen gelöst werden muß, soll der Opera seria überhaupt noch eine Zukunft beschieden sein, lautet: Wiedervereinigung von Drama und Musik in der Oper, und zwar dadurch, daß den dramatischen Partien wieder musikalisches, den musikalischen dramatisches Blut zugeführt wird. Daß das Heil letzten Endes nur von einer Beseitigung der bisherigen Librettistik, als der Wurzel allen Übels, kommen kann, kommt erst Gluck und seinem Dichter Calzabigi zum Bewußtsein.« Was die beiden sich vornehmen, ist ein um so kühneres Unterfangen, als Wien der Wohnsitz des alten hochberühmten kaiserlichen Hofpoeten Pietro Metastasio und gerade zu jener Zeit auch die Zufluchtstätte von dessen bedeutendstem Komponisten Johann Adolf Hasse, also eine Hochburg der traditionellen Opernanschauung ist. Um so verblüffender ist die Wirkung der neuen Oper, die am 5. Oktober 1762 über die Bühne des Burgtheaters in Wien geht. Hier mußte man aus dem Titel zunächst auf ein Werk ganz im Rahmen des Herkommens schließen, denn die Orpheus-Sage gehört zu den beliebtesten Opernstoffen des 17. und 18. Jahrhunderts, und außerdem ist Gluck als Komponist zahlreicher italienischer Opern traditionellen Stils bekannt. Im Gegensatz zur herrschenden Metastasianischen Libretto-Tradition, die gewöhnlich sechs Personen aber keine Chöre verlangt, tritt hier nämlich außer den Titelhelden nur eine einzige Figur auf, Gott Amor; dafür fordert der Dichter Calzabigi aber nach dem Vorbild der französischen Oper zahlreiche Chöre, die teils als Betrachter des Geschehens, teils als Gegenspieler der Helden erscheinen und deren jeder seine Szene zugleich erweitert und zusammenfaßt. Anstelle der durch ein Netz von Intrigen ineinander verwobenen Handlung und Nebenhandlung Metastasios setzt Calzabigi das einfache geradlinige Geschehen der Sage. Lediglich das »lieto fine«, die Wiedererweckung Euridices durch Amor ist ein Zugeständnis an den auf freudige Rührung, nicht auf Erschütterung durch einen tragischen Ausgang eingestellten Zeitgeschmack. Orpheus aber, der Träger des Geschehens, handelt nicht wie die Helden Metastasios nach dem gesellschaftlichen Sittengesetz des Ancien régime, sondern nach dem Gesetz der Menschlichkeit. Ein dergestalt auf wenige große Ereignisse und den Sieg einer Idee abgestimmtes Drama bar jeder modischen Umkleidung ist für das Publikum neu – stellt aber auch Gluck vor eine ganz neue Aufgabe. Nun genügt es nicht mehr, schemenhaften Gestalten hie und da einmal statt der herkömmlich typischen Arie einen wahren Leidenschaftsausbruch oder eine im neuen Sinn echte Gefühlsäußerung in den Mund zu legen – man muß vielmehr die Welt dieser Gestalten überhaupt verlassen und eine neue Welt der Wahrhaftigkeit und Einfachheit schaffen. Glucks Orfeo ist kein Opernheld alten Schlages, der Arien von herkömmlicher Form und feststehendem Affekt singt. Er ergießt seinen Schmerz vielmehr in Liedstrophen voller Empfindung und bezwingt auch die Furien nicht mit Koloraturen, sondern durch ein im wahrsten Sinne des Wortes »bezauberndes«, deutsche Liedhaftigkeit und italienische Kantabilität verbindendes Flehen von musikalisch denkbar einfacher Art. Daß Gluck in der ganzen Oper die bisher in der Gattung übliche Cembalo-Begleitung der Secco-Rezitative dem Streichorchester überträgt, ist ein weiteres Zeichen seiner grundsätzlichen Abwendung vom Typ der italienischen Oper alten Stils.

Ist man in Wien von Glucks *Orfeo* auch zunächst mehr befremdet als entzückt, so kann man sich doch auf die Dauer seiner Wirkung nicht entziehen. Bald erwirbt sich die Oper Heimatrecht in Deutschland, auch auf den Bühnen Londons und in den nordischen Ländern, nicht aber in Italien, wo der alte Operntyp zu tief verwurzelt ist und die junge Opera buffa mit ganz anderen Vorstellungen von Musiktheater herumspukt. Für Paris bearbeitet Gluck den *Orfeo ed Euridice* zwölf Jahre später, den Anforderungen der dortigen Großen Oper entsprechend, neu und in französischer Sprache, und erringt damit einen rauschenden Erfolg.

Seither hat es sich in der Praxis eingebürgert, Wiener und Pariser Fassung miteinander zu mischen, was keiner von ihnen zum Vorteil gereicht und auch durchaus nicht im Sinne des Komponisten ist. (A. A. Abert 1962) Die wichtigste Änderung ist, daß Gluck die Titelrolle umbesetzt, so daß sie jetzt von einem Tenor statt von einem Kastraten (oder von einem Alt) gesungen werden kann. Diese »Transposition« hat allerdings erhebliche Konsequenzen für die gesamten Tonartenverhältnisse, und dadurch verliert das Werk an musikalisch-dramatischer Eindringlichkeit.

Den Ausgangspunkt und das Ziel seiner Opernreform beschreibt Gluck ausführlich in der Vorrede zur gedruckten Partitur seiner zweiten »Reformoper« »*Alceste*« (1767).

1765 Die Landesstände in Laibach/Ljubljana, Slowenien, erbauen ein Theater mit 800 Plätzen für Schauspiel und Oper

Ein altes Inventar von 1620 läßt vermuten, in Laibach/Ljubljana sei die erste Oper bereits am Anfang der 20er Jahre des 17. Jahrhunderts gegeben worden: *Euridice* von Caccini. Dies ist allerdings ebensowenig sicher nachzuweisen wie die vielen zu vermutenden Opernvorstellungen der folgenden Jahrzehnte; es fehlen einfach die Quellen. – In einer Situation, die, wie in der Mitte des 18. Jahrhunderts überall, durch ein Suchen nach Neuem gekennzeichnet ist, treffen wir in Slowenien italienische Operngesellschaften an, die auch in Nordkroatien und Dalmatien spielen. Nach 1765 treten sie in Ljubljana in dem neuen Ständischen Theater auf, das für den vorgesehenen Besuch Kaiser Franz' I. im selben Jahr errichtet wird. Nach 1779 finden dann in Ljubljana Jahr für Jahr Gastspiele auch deutscher Theatergesellschaften statt, was durchaus im Einklang mit der Absicht der zentralistischen Behörden steht, nämlich den Einfluß der italienischen Oper zurückzudrängen: man gibt Singspiele und italienische Opern in deutscher Übersetzung. Das Publikum aber gibt bis gegen Ende des 18. und noch zu Anfang des 19. Jahrhunderts der italienischen Oper den Vorzug und dies nicht nur in Ljubljana, sondern auch in Zagreb/Kroatien, wo ebenso neben den italienischen deutsche Gesellschaften zu Gast sind. – Die Anregung, sich auf der Bühne der slowenischen Sprache zu bedienen, kommt von Baron Sigismund Zois von Edelstein (1747-1819), einem der wichtigen Männer der slowenischen Aufklärung, der die Programmpolitik des Ständischen Theaters wesentlich beeinflußt. Auf ihn sind noch die um 1790 von Theaterliebhabern aus Ljubljana gegebenen Stücke in slowenischer Sprache zurückzuführen. Möglicherweise gab es zu diesen auch Musik, was jedoch wiederum durch Quellen nicht zu belegen ist (Cvetko 1975).

1767 Christoph Willibald Gluck (1714-1787): zweite »Reformoper« »Alceste« in Wien

Orfeo ed Euridice 1762 war der erste Schritt auf einem neuen Wege, den Gluck nun, Calzabigis »Reformkonzept« konsequent verfolgend, weitergeht. Welche Ideen die beiden leiten, hat Gluck, wohl zusammen mit Calzabigi, in der (italienischen) Vorrede zur 1769 gedruckten Partitur der *Alceste* formuliert:

> »Als ich es unternahm, die Oper *Alceste* in Musik zu setzen, war es meine Absicht, all die Mißbräuche, welche die falsch angebrachte Eitelkeit der Sänger und die allzu große Gefälligkeit der Komponisten in die italienische Oper eingeführt hatten, sorgfältig zu vermeiden; Mißbräuche, die eines der schönsten und prächtigsten Schauspiele zum langweiligsten und lächerlichsten herabgewürdigt haben. Ich suchte daher, die Musik zu ihrer wahren Bestimmung zurückzuführen, d.h. die Dichtung zu unterstützen, um den Ausdruck der Gefühle und das Interesse der Situationen zu verstärken, ohne die Handlung zu unterbrechen oder durch unnütze Verzierungen zu entstellen. Ich glaubte, die Musik müsse für die Poesie das sein, was die Lebhaftigkeit der Farben und eine glückliche Mischung von Schatten und Licht für eine fehlerfreie und wohlgeordnete Zeichnung sind, welche nur dazu dienen, die Figuren zu beleben, ohne die Umrisse zu verändern. Ich wollte weder den Darsteller im Feuer des Dialogs aufhalten, damit er ein langweiliges Ritornell abwarte, noch ihn mitten im Wort auf einem günstigen Vokal Halt machen lassen, damit er in einem langen Lauf mit der Beweglichkeit seiner schönen Stimme prunken könne oder darauf achten müsse, bis ihm das Orchester Zeit gibt, für eine lange Kadenz den Atem zu schöpfen. Ich glaubte auch, nicht über die zweite Hälfte einer Arie rasch hinweg gehen zu dürfen, wenn gerade diese die leidenschaftlichste und wichtigste ist, nur um regelmäßig vier Mal die Worte der Arie wiederholen zu können. Ebenso wenig erlaubte ich mir, die Arie dort zu schließen, wo der Sinn nicht endet, nur um dem Sänger Gelegenheit zu verschaffen, seine Fertigkeit im Variieren einer Stelle zeigen zu können. Genug, ich wollte alle jene Mißbräuche verbannen, gegen welche der gesunde Menschen-

verstand und der wahre Geschmack schon vor langem vergebens kämpfen. Ich bin außerdem der Meinung, daß die Ouvertüre den Zuhörer auf den Charakter der Handlung, die man darzustellen gedenkt, vorbereiten und ihm den Inhalt derselben andeuten solle; daß die Instrumente immer nur im Verhältnis zu dem Grade des Interesses und der Leidenschaften angewandt werden dürfen, und daß man vermeiden soll, im Dialog einen großen Zwischenraum zwischen dem Rezitativ und der Arie zu lassen, um nicht sinnwidrig die Periode zu unterbrechen und den Gesang und das Feuer der Scenen am unrechten Ort zu stören. Ferner glaubte ich, einen großen Teil meiner Bemühungen auf die Erziehung einer edlen Einfachheit verwenden zu sollen; daher vermied ich auch, auf Kosten der Klarheit mit Schwierigkeiten zu prunken. Ich habe niemals auf die Erfindung eines neuen Gedankens einen besonderen Wert gelegt, wenn er nicht ganz natürlich der Situation und dem Ausdruck angemessen war. Endlich glaubte ich, zu Gunsten der Wirkung selbst die Regel opfern zu müssen.« Stolz bemerkt er dann am Schluß: »Im Falle eines Erfolges würde mir der Ruhm bleiben, den ersten Stein bewegt zu haben« – zu einer neuen Oper in einem neuen Zeitalter der Musik.

Nun werden Empfindung, Stimmung, Ausdruck des einzelnen Menschen, wird die Sprache des Herzens der Ton-Sprache der Musik übertragen, deren oberste Maximen nun sind: Natürlichkeit, edle Einfachheit der Erfindung, Farbigkeit im Klanglichen und eine Art von Psychologie des Musikalischen im Hinblick auf den Hörer. Die »Reform«, in deren Mittelpunkt *Alceste* steht, ist äußerlich eine Reaktion auf den Metastianismus, und sie entspringt dem um die Mitte des Jahrhunderts hervortretenden Verlangen nach Verschmelzung des italienischen und des französischen Opernstils. Gleichzeitig schreitet Calzabigi, der Schüler Rousseaus und der Enzyklopädisten, von der Konvention zur Natur, von der höfischen Floskel zur Wahrheit, von der kleinlichen Intrige zur Größe des Menschlichen. Es ist symptomatisch, daß er dabei gerade zum Alceste-Stoff greift. Hier kann er nämlich statt verkleideter Venezianer und französischer Höflinge (wie in den Alceste-Libretti von Aureli und Quinault) zeitlose Gestalten auf die Bühne bringen, – denen allerdings erst Glucks Musik zu Wahrheit und Größe verhilft.

Rousseau, den Gluck 1774 um eine Stellungnahme zu Calzabigis Drama bittet, bemerkt, daß nur zwei Affekte darin herrschen: Trauer und Schrecken, und er tadelt den über zwei Akte sich erstreckenden Todeskampf der Heldin. Schlimmer geht Forkel mit Gluck ins Gericht: »Das, was der Herr Ritter edle Einfalt zu nennen beliebt, ist nach unserm Bedünken nichts anders, als eine armselige, leere und nackende, oder noch eigentlicher zu reden, unedle Einfalt, die aus einem Mangel an Kunst und Wissen entsteht; sie ist wie die dumme Einfalt der gemeinen Leute gegen die edle Simplicität in dem Betragen und Reden feiner und würdiger Personen; die Gluckische Gattung von edler Einfalt gleicht der unserer Schänken-Virtuosen, die zwar Einfalt genug, aber auch zugleich viel Ekelhaftes in sich hat... Der ganze Einfall des Herrn Ritters, die Musik auf seine Art zu ihrer eigentlichen und wahren Bestimmung zurück zu führen, beweist augenscheinlich, daß er in die innere Natur seiner Kunst noch nicht tief eingedrungen ist. Wäre dieses, so würde er wenigstens einmal in seinem Leben gefühlt oder bemerkt haben, daß eine schöne aneinander hängende, mit allen Reizen der schönen edlen Einfalt geschmückte Melodie, mit zweckmäßiger Beibehaltung der melodischen Figuren und Melismen, gerade das ist, was in dem Herzen der Zuhörer alle die Empfindungen und Gefühle erregen kann, die zum tiefern Eindruck der poetischen Vorstellungen nötig sind, und würde nicht, statt Mißbräuche auszurotten, beinahe die ganze Kunst vernichtet haben.« Das sind harte Worte, die sich freilich eher gegen das Zeitalter und seine Grundströmung als gegen den Komponisten richten, der dieser Strömung ihren Lauf verschafft.

Für Paris 1776 arbeitet Gluck die Oper nach der Übersetzung von Le Blanc du Roullet um.

»Am 23. April drängte sich« – nach einem zeitgenössischen Bericht – »im Saal der Académie royale de musique ein ebenso zahlreiches wie brillantes Publicum; die Königin Marie Antoinette, die Beschützerin Glucks, der Graf Artois nebst Gemahlin waren in der königlichen Loge zugegen, und die reichen Toiletten des Hofstaates decorierten die Logen des ersten Balcons. Aber auf allen Gesichtern zeigte sich eine fieberhafte Spannung. Der Name Gluck flog von Mund zu Mund. Wird die Oper gefallen, wird sie Fiasco machen? fragte man mit einem Interesse, als hinge vom Erfolg das Schicksal des Staates ab. Es waren ja die Zeiten des zweiten musikalischen Krieges; die Parteiwut hatte alle Classen der Gesellschaft ergriffen und sogar sonst für Musik gleichgültige Personen zu eifrigen Melomanen umgewandelt. ‚Hie Gluck!' – ‚Hie Italien!' scholl es als Kriegsgeschrei der Parteien. Da standen nun die Vorkämpfer für den Fortschritt, die wütenden Zukunftsmusiker, der Abbé Arnaud und der Herr v. Chabanon, der Literat Suard nebst der ganzen Suite aus dem Café de Foix, mit drohenden

Blicken ihre Gegner messend: den glatten, ewig lächelnden Laharpe, den hageren Marmontel, welcher mit Harpagusaugen die Bilanc der möglichen Einnahme im Voraus berechnete. Aus dem Parterre lugte das verbissene Gesicht des Philosophen à la mode und Musikkenners par excellence, J. J. Rousseau, hervor, und in einer Loge erkannte man den geckenhaften Melchior Grimm in seinen geschminkten Wangen und mit den hervortretenden wasserblauen Augen. Das waren die Leute, die über Tod und Leben zu Gericht saßen; lauter bekannte Persönlichkeiten, deren Theaterartikel mit Begierde verschlungen wurden... Es ist nicht zu leugnen, die *Alceste* war bei ihrem ersten Debüt gründlich durchgefallen... Den nachfolgenden Vorstellungen erging es nicht besser. Gluck suchte durch Änderungen, so zum Beispiel durch Einführung des Herkules, sein Werk zu heben. Am 12. Mai erschien die *Alceste* in verändertem Costume. Das Haus war gefüllt wie bei der ersten Vorstellung. Die Partei des Ritter Gluck hatte eine Verstärkung von Hülfstruppen herbeigeführt – doch vergeblich; man fand, daß weder das Gedicht noch die Musik etwas gewonnen hatte – die aufrichtigen Bewunderer des Werkes selbst waren mit den Änderungen am wenigsten zufrieden und zogen die erste Ausgabe der Oper vor. Man überarbeitete von neuem den dritten Akt. Als man am 31. Juli die Oper in neuer Gestalt, und zwar zum letzten Male in der Saison gab, wurde sie nicht nur sehr beklatscht, sondern am Schlusse stürmisch wieder-verlangt – was gegen den Gebrauch in diesem Theater ist, wo das Parterre sich niemals so ausdrücklich kundgibt.«

Endlich also geht in Erfüllung, was Gluck nach der ersten Aufführung seinen Freunden vorausgesagt hat: »*Alceste* wird noch vor Ablauf der Saison eine beliebte Oper werden.« Bis zum Jahre 1825 erscheint sie in Paris immer wieder im Repertoire, und nach 36 Jahren holt man sie wieder hervor. »Dabei haben die Herren Auber und Berlioz die Proben persönlich geleitet und der letzte sogar mehrmals selbst den Taktstock in die Hand genommen, um Tempi und Nuancen der Tradition gemäß einzustudieren.« Gluck verbindet das 18. und das 19. Jahrhundert wie sonst keiner.

1767 **Johann Adam Hiller** (1728-1804): **Singspiel »Lottchen am Hofe«** in Leipzig

Hillers Bearbeitung von Standfuß' *Der Teufel ist los* hat 1766 in Leipzig solchen Erfolg, daß er noch im selben Sommer einen zweiten Teil herausbringt: *Der lustige Schuster oder Der Teufel ist los, zweiter Teil* (darin nur 7 Nummern von Hiller, die anderen von Standfuß) und sich sogleich an eine neue Arbeit setzt, mit der er sich aus der Verstrickung im allzu Volkstümlichen zu lösen versucht. Es ist die »romantisch-comische Oper« *Lisuart und Dariolette oder Die Frage und die Antwort* (1766; Text von D. Schiebeler, der seinen Text selbst »romantisch« nennt, nach Favarts *La Fée Urgèle*), ein Versuch, für den Hiller die Grenze des Singspiels, d. h. des Schauspiels mit Liedern, weit überschreitet: für die Realisierung einer Deutschen National-Oper macht er Anleihen bei der Opera seria wie bei der Opera buffa, wobei er aber am gesprochenen Dialog festhält. Doch dieser Weg führt nicht zum Ziel. Näher kommt er ihm durch Anlehnung an die Opéra comique, mit *Lottchen am Hofe* (1767, Text von Weiße nach Favarts *Ninette à la cour*), womit der Typus erreicht ist, der sich fortan großer Beliebtheit erfreuen soll. So wird das Singspiel Jahrzehnte lang zu einem Hauptträger französischer Kultur auf deutschem Boden (H. Abert 1923) – und zugleich der Vorgänger der deutschen Spieloper. Hillers berühmtestes Stück ist freilich *Der Dorfbarbier* (Leipzig 1771; Text von C. F. Weiße nach Sédaine's *Blaise le savetier*).

1767/68 **Jean-Jacques Rousseau** (1712-1778): **Dictionnaire de musique** erscheint in Genf und Paris

Diderot und d'Alembert hatten für die Musikartikel zu ihrer *Encyklopédie* (1751-1782) ursprünglich Rameau vorgesehen, dann aber, weil Rameau abgesagt hat, Rousseau beauftragt. 356 Artikel verfaßt Rousseau in einem einzigen Jahr (1750). Seit 1754 ist er mit der Überarbeitung beschäftigt – und mit den Problemen eines Wörterbuchs und seinen Bedingungen: Ob dem Verfasser gestattet sein könne, mehr zu beabsichtigen als nur Definitionen und Sachinformationen.

Rousseaus *Dictionnaire* erscheint Ende 1767 (mit dem Erscheinungsdatum 1768) mit rund 900 Artikeln, für die er bei 317 auf seine eigenen zur *Enzyklopädie* zurückgreifen konnte, bei 17 auf Beiträge anderer Autoren. Mehr als sonst erweist sich Rousseau hier als Professioneller – der er in Sachen Musik eigentlich nie so ganz ist. Daß sein *Dictionnaire* schwer zu lesen und für den Benutzer als »Lexikon« nahezu unbrauchbar ist, hat indessen andere Gründe. Seine Denkweise führt ihn über die Stichwörter hinweg einerseits zu die Sachlichkeit weit überschreitenden Zusammenhängen, andererseits zu Nervenpunkten der Diskussion seiner Zeit über die Musik; einerseits geht es ihm immer darum, Problemzusammenhänge zu erfassen, nie darum, Bedeutungen unverrückbar festzuschreiben, andererseits sind Begriffe wie *Génie, Goût* u. ä. nicht triftiger zu behandeln, als es Rousseau getan hat, auch wenn er den Maßgaben eines Wörterbuchs für Definitionen ausweicht.

1768-1788 Carl Philipp Emanuel Bach (1714-1788) Musikdirektor in Hamburg

Bachs freundschaftliche Beziehung zu seinem hochverehrten Taufpaten Georg Philipp Telemann, der seit 1721 als Musikdirektor an den Hamburger Kirchen wirkt, macht ihm die Nachfolge in dieser Stellung, die 1767 durch Telemanns Tod vakant wird, begehrenswert. Sein Dienstherr, der Preußenkönig, läßt ihn trotz seiner Abneigung gegen den unbequemen »spiritus« des Meisters nur ungern ziehen. Erst »nach wiederholter allerunterthänigster Vorstellung« erhält er seinen Abschied, so daß er im März 1768 die wirtschaftlich und sozial wesentlich günstigere Hamburger Stelle antreten kann. Damit wird er Kantor am Gymnasium Joanneum und städtischer Musikdirektor an den fünf Hauptkirchen der Hansestadt. Die Singstunden an den Oberklassen des Joanneums läßt er sich meist durch einen seiner Sänger abnehmen. Dagegen nimmt die reich entwickelte Kirchenmusik seine Kraft weitgehend in Anspruch, wie die große Zahl seiner Kantaten und die Fülle seiner Oratorien, Motetten, Psalmvertonungen und geistlichen Chöre erweist. Bürgerkapitänsmusiken, weltliche Kantaten und Serenaden belegen außerdem seinen Anteil an der Repräsentationslust der Hansestadt. Daneben widmet er sich auch dem öffentlichen Konzertleben, wobei er im Konzertsaal auf dem Kamp nicht nur als gefeierter Solist am Klavier auftritt, sondern auch Oratorien und andere Werke der beliebtesten nord- und mitteldeutschen Meister seiner Zeit aufführt, von Graun und Hasse, Händel (*Messias* 1775) und J. S. Bach (*Credo* der *h-moll-Messe* 1786), aber auch von Gluck (*Orfeo* und *Alceste*) und Haydn (*Stabat mater*).

Von großer Bedeutung wird für Philipp Emanuel der Umgang mit dem Dichterkreis Klopstocks, Gerstenbergs, des Wandsbecker Boten Matthias Claudius und des Homer-Übersetzers Johann Heinrich Voß, mit dem er besonders durch den Meinungsaustausch über Fragen der Sinn-Poesie und der Programm-Musik verbunden ist. Sodann gewinnt er in lebhafter Geschäftskorrespondenz zu allen bedeutenden Orten des deutschen Musikalienmarkts Verbindungen. Darunter wird diejenige, die er zum Wiener Verlag Artaria anknüpft – gestützt auf Anregungen Gottfried van Swietens – besonders wichtig, weil sie geeignet ist, seine Werke dem Kreis der Wiener Klassiker nahezubringen. Für van Swieten schreibt er 1773 *Streichersinfonien* (Wq 182), ihm widmet er 1781 die dritte Sammlung *Klavier-Sonaten und Rondos für Kenner und Liebhaber* (Wq 57). Um diese Zeit tritt er in Briefwechsel mit Johann Nikolaus Forkel, dem er die wichtigsten Mitteilungen zur Biographie seines Vaters macht.

Aus dem Hamburger kirchenmusikalischen Schaffen, das im Ganzen einem eigenartigen »stile misto« unterliegt, heben sich zwei Werke heraus, die Passionskantate *Die letzten Leiden des Erlösers* (1770; Wq 233) und das Oratorium *Auferstehung und Himmelfahrt Jesu* (1777/78; Wq 240).

Ob man von diesem Oratorium Bachs sagen kann: »Größeres als dies hat Bach nicht geschaffen. Sein reicher Geist erhebt sich darin frei über die Grenzen und Formen fort, welche durch Herkommen, Tradition und gewohnheitsmäßige Arbeit so oft beengend und hemmend gewirkt haben«, bleibe dahingestellt. Immerhin hat Mozart das Werk 1788 in Wien aufgeführt, und Forkel berichtet: »Die Ausführung war desto vortrefflicher, da zwei Hauptproben vorher gegangen waren.« Der Text stammt von Karl Wilhelm Ramler, dem Haupt der Berliner Liederschule.

1768-1803 André-Ernest-Modeste Grétry (1741-1813): Opern

Mit über 60 Opern setzt Grétry die Bestrebungen fort, welche die Geschichte der Opéra comique in den Werken von Egidio-Romoaldo Duni (1708-1775) in Paris und von Gluck in Wien beherrschen, aber er stellt sie, auf dem Schaffen dieser Meister und auf dem seiner unmittelbaren Vorgänger François-André Philidor (1726-1795) und Pierre-Alexandre Monsigny (1729-1817) aufbauend, auf eine breitere Basis, wie Knepler (1961) zusammenfassend darstellt. Dabei darf man das Verdienst seiner Textdichter, vor allem Marmontels und Sedaines, nicht gering veranschlagen. Sie machen sich die für die Zeitgenossen so aufregenden Lehren Rousseaus und der Enzyklopädisten für die Opernbühne nutzbar. Einfachheit und Natürlichkeit, im Landleben (»Paysannières«), im bürgerlichen Alltag und im beschaulichen Familienleben dargestellt, sind höchste Tugenden, und dabei kommt das Bedürfnis der Zeit nach Rührung, ja nach Rührseligkeit nicht zu kurz. Daneben schaffen diese Dichter durch die Erweiterung des Stoffkreises ins Wunderbare, Exotische und Historische erst den Ausgangspunkt für den höheren Flug, den Grétrys Opern dann nehmen. Die Vorzüge seiner Texte weiß Grétry musikalisch zu nutzen. Nicht umsonst erringen gerade zwei Werke dieser neuen Textrichtung die nachhaltigsten Erfolge, *Zémire et Azor*

(1771) und *Richard Coeur-de-lion* (1784), die beide einen Siegeszug durch ganz Europa, ja bis in die Neue Welt antreten.

Seinen Zeitgenossen gilt Grétry als einer der fähigsten Komponisten, jedenfalls ist er höchst angesehen, zumal er sehr produktiv ist. Von 1768 bis zur Revolution schreibt Grétry für die Pariser Musikbühnen jährlich ein, zwei oder gar drei neue Stücke, die sich meist rasch und weit verbreiten. Zu seinen Arbeiten in den Revolutionsjahren zählen *Guillaume Tell* (1791), eine der bemerkenswertesten Opern der ganzen Epoche (in die später revolutionäre Gesänge eingelegt werden), *Joseph Barra* (1794), eine einaktige Oper, die die Heldentaten eines Kindes in den Revolutionskriegen feiert, *Denys le Tyran, maître d'école à Corinthe* (1794) und *Callias ou Nature et Patrie* (1794), zwei Opern mit antiken Stoffen und aktuellen Bezügen; ferner *La Rosière républicaine ou La Fête de la vertu* (1794) und als Beitrag zur revolutionären Gebrauchsmusik (die häufig seinen Opern volkstümliche Melodien entleiht) eine *Hymne zum Pflanzen des Freiheitsbaumes* (1799). Mit *La Rosière* nimmt sich der »liebenswürdige« Grétry eines radikalen Gegenwartsstoffes an: Das Rosenmädchen ist ausersehen, in einem neuen Kult die Göttin der Tugend darzustellen. Hinter der revolutionär-atheistischen Deftigkeit des Stoffes bleibt Grétrys Musik jedoch fühlbar zurück, neben dem wirksamen al fresco der Musik seiner jüngeren Zeitgenossen, neben ihrer stolzen, oft martialisch großen Gebärde, und neben dem Forte der musikalischen Volkstribunen, dem keiner sich entziehen soll, verharrt er als der höflich-zurückhaltende Kavalier des Ancien régime.

Als man Grétry im September 1813 zu Grabe trägt, ist die allgemeine Anteilnahme ebenso groß wie wenige Jahre zuvor beim Tode Haydns und später beim Tode Beethovens. Der Leonore-Librettist Bouilly und Méhul halten Gedenkreden. Einige Jahre später äußert sich Goethe über die Anfänge der deutschen Oper bzw. des Singspiels und spricht dabei Grétry, dem einzigen, den er namentlich nennt, besondere Wichtigkeit zu. Zur gleichen Zeit konstatiert C. M. von Weber in der Ankündigung einer eigenen Einstudierung von Grétrys *Raoul barbebleu (Herzog Blaubart;* 1789), »daß man von ihm eine eigene Kunstepoche in Frankreich berechnen kann, indem seine Melodieformen und Behandlung der dramatischen Musikstücke eine Art von feststehendem Typus für alle übrigen wurde, die die Gunst des Publikums besitzen wollten.« Und dennoch, im Vergleich zu der Menge der mit dem Namen Grétrys verbundenen Neuerungen, die stofflich von der romantischen Feerie und der sogenannten Schreckensoper über einen höchst unkonventionellen Realismus musikalischen Abbildens bis zu einer hohen Subtilität der Deklamation reichen, erscheinen die aufgeführten Bezugnahmen wie verwehte Spuren rasch verblaßter Berühmtheit: Grétry gehört zu jenen in der Geschichte der Künste nicht seltenen Wegbereitern, die für die Nachwelt in den Schatten derer geraten, denen sie den Weg gebahnt haben.

Aber man muß die Frage trotzdem – oder gerade deshalb stellen: War oder ist Grétry ein bedeutender Komponist? Noch bei H. Abert (1923) kann man lesen, Grétry habe von 1767 bis in die Napoleonische Zeit die Pariser Komische Oper mit einer glänzenden Reihe von Werken versorgt, die nicht nur in Frankreich sondern auch in Deutschland zu dauerndem Ruhme gelangt seien. Und bei Breitkopf & Härtel ist zwischen 1883 und 1937 eine (leider nicht vollständige) Gesamtausgabe seiner Werke erschienen. Er war ein weltberühmter Komponist – und ist es nicht mehr. Des ungeachtet muß man ihm die tiefste musikgeschichtliche Wirkung zuerkennen, die Abert so beschreibt: »Der wichtigste neue Stoffkreis war der romantische im Sinne der Zauberoper. (Im Grunde genommen trägt ja auch die alte Oper mit ihrer Vorliebe für das Wunderbare einen romantischen Charakter, zumal da, wo sie sich nicht antiker Stoffe bedient. Werke wie Glucks *Orfeo* und *Armide* stehen aber auch der ganzen Auffassung nach der Romantik besonders nahe.) Ein Werk, das durch seinen ungeheuren Erfolg in der Geschichte der Gattung geradezu Epoche gemacht und namentlich das deutsche Singspiel aufs Nachhaltigste befruchtet hat, war *Zémire et Azor* (1771), einer der Hauptahnen der späteren romantischen Oper, wenn auch der Unterschied gegen diese nicht übersehen werden darf. Denn auch dieses Märchen in Opernform ist noch ein unverkennbarer Absenker Rousseauschen Geistes, der sein erträumtes Ideal jetzt schon nicht mehr in den unverbildeten Kreisen der kleinen Leute sondern in einer reichen Phantasiewelt suchte. Dagegen ist wichtig das Hauptmotiv des Ganzen, die Erlösung eines fluchbeladenen Verzauberten durch die treue Liebe eines Mädchens, ein Motiv, das dann das deutsche Singspiel mit besonderer Vorliebe aufgegriffen und die spätere Oper geradezu in den Mittelpunkt ihrer Textwelt gestellt hat. Einen weiteren wichtigen Schritt tat Grétry mit seinem *Richard Coeur-de-lion* (1784) mit seiner abenteuerlichen Errettung des gefangenen Königs aus langer Kerkerhaft. Das ist der Typus der ‚Schreckensoper', die sich in der Revolutionszeit als Spiegelbild der blutigen Tagesereignisse besonderer Beliebtheit erfreute und noch in Beethovens *Fidelio* nachwirkt. Aber nicht nur diesen Neuerungen dankte Grétry seinen ungeheuren und lang anhaltenden Erfolg, sondern auch seiner eigentümlichen musikalischen Begabung. Er war weit vielseitiger als seine beiden Vorgänger und verstand es vor allem, der Gefühlssprache seiner Zeit einen im besten Sinne volkstümlichen und natürlichen Ausdruck zu geben.«

Mehr Aufsehen als mit seinen späten Opern erregt Grétry mit der Veröffentlichung seiner *Memoires ou Essais sur la musique,* 1789 (in 3 Bänden 1796/97), die in einer Mischung von Biographie, zeitgenössischer Musikgeschichte und Ästhetik nicht nur interessant sondern bedeutend ist, wie Gülke (1973) gezeigt hat. Gerade als Produkt der französischen Aufklärung ist das Buch wichtig, aber auch als ein frühes Beispiel dafür, daß die Komponisten jener neuen Zeit ästhetisch zu reflektieren verstehen – und daß sie ihre Kompositionen zu erklären versuchen, ja daß sie glauben, sie erklären zu müssen.

1769 Florian Leopold Gaßmann (1729-1774): Parodie-Oper »Opera seria« in Wien

Wie sehr die alternde Barockoper und ihre jüngeren Gegengattungen die Leute beschäftigen, die viel ins Theater gehen, kann man nicht zuletzt an den Parodien auf Erfolgsopern sehen, die damals (und noch bis weit ins 19. Jahrhundert) wie Pilze aus dem Boden schießen. Eine Parodie des Opernbetriebs überhaupt ist Gaßmanns *Opera buffa »Opera seria«,* zu der Calzabigi den Text geschrieben hat. – Gaßmann, seit 1763 Kapellmeister am Kärntnertortheater in Wien, ist übrigens der Hauptvertreter einer spezifisch wienerischen Ausprägung der Opera buffa, die vor allem in der Melodik und in der Orchesterbehandlung von der italienischen abweicht. Der Grund dafür ist das Zusammentreffen mit anderen Erscheinungen der Gattung, namentlich mit der französischen komischen Oper, aber auch mit spezifisch wienerischen Erscheinungen im Volkstheater und in der Volksmusik.

1770 Christoph Willibald Gluck (1714-1787): dritte »Reformoper« »Paride ed Elena« in Wien

Gluck schreibt durchaus Werke verschiedenen Charakters, auch innerhalb seiner »Reformopern«. *Paride ed Elena,* die dritte Oper zusammen mit Calzabigi steht zu den vorangehenden *Orfeo* und *Alceste* jedenfalls in einigem Gegensatz. Hier ist das Griechentum nicht mit der feierlichen Würde behandelt wie dort, sondern mit einem nahezu leichtfertigen Unterton. Vielleicht konnte Gluck sich daran nicht inspirieren, und ist deshalb das Werk trotz aller Schönheit im einzelnen nicht recht lebendig geworden.

Fesselnd allerdings ist Glucks Versuch, die Eigenart verschiedener Völker musikalisch zu charakterisieren (Vorwort zur gedruckten Partitur): »Ich habe mir Mühe gegeben, einen Farbenwechsel zu ersinnen, den ich in den verschiedenen Charakteren des phrygischen und spartanischen Volksstammes fand, indem ich dem unbeugsamen und rauhen Sinn des einen, den zarten und weichen des anderen gegenüberstellte. Darum glaubte ich, daß der Gesang, der in meiner Oper lediglich die Stelle der Deklamation vertritt, in der Helena die ihrer Nation angeborene Rauhheit nachahmen müsse; ebenso dachte ich, daß, weil ich diesen Charakter in der Musik festzuhalten suchte, man es mir nicht zum Fehler anrechnen würde, wenn ich mich je zuweilen bis zum Trivialen herabgelassen habe. Will man die Spur der Wahrheit verfolgen, so darf man nie vergessen, daß nach Maßgabe des vorliegenden Gegenstandes selbst die größten Schönheiten der Melodie und Harmonie zu Mängeln und Unvollkommenheiten werden können, wenn man sie am unrechten Orte gebraucht.« In besonderer Weise fortschrittlich ist in *Paride ed Elena* auch dies: Helena ist nicht statuenhaft gezeichnet wie Euridice oder Alceste, sondern sie zeigt eine geradezu psychologisch zu beschreibende Entwicklung vom spröden, abweisenden jungen Mädchen zur liebenden Frau, und man glaubt, dies auch musikalisch mitvollziehen zu können.

1771-1779 Johann Philipp Kirnberger (1721-1783): Lehrbuch Die Kunst des reinen Satzes in der Musik, 2 Teile

Nach Gerbers Zeugnis ist Kirnberger von 1739 bis 1741 Schüler J. S. Bachs. 1751 wird er Violinist in der königlichen Kapelle in Potsdam, wo er Kollege von C. Ph. E. Bach ist und mehrere Jahre lang kompositorische Studien bei K. H. Graun betreibt. Seit 1758 ist er Hofmusikus und zugleich musikalischer Berater der Prinzessin Anna Amalia, der Schwester Friedrichs des Großen. Kirnberger ist also musikalisch gleichsam doppelt getauft, bei J. S. Bach mit dem Wasser der alten kontrapunktischen Polyphonie und im Umkreis des Preußischen Hofes mit dem der neumodischen Musik. Diese führt er in gewisser Weise kompositorisch ad absurdum mit seiner Anleitung mit Würfeln zu komponieren (*Der allzeit fertige Polonoisen- und Menuettenkomponist,* 1757), die ihn selbst so erschreckt, daß er sich besinnt und eine Kompositionslehre der Setzart

J. S. Bachs verfaßt und den Titel entsprechend formuliert: *Die Kunst des reinen Satzes in der Musik, aus sichern Grundsätzen hergeleitet und mit deutlichen Beyspielen erläutert.*

Der Theoretiker Kirnberger beruft sich auf den Unterricht bei J. S. Bach. Wenn man deshalb seine Theorie auch nicht vorbehaltlos für diejenige Bachs nehmen muß, so beruht sie doch auf zwei eng zusammenhängenden Prinzipien, die nach dem Zeugnis verschiedener Gewährsleute in Bachs Unterricht grundlegend gewesen sind, auf der Entwicklung der kontrapunktischen Satztechnik aus dem vierstimmigen Choralsatz und dessen Figurierung, und auf dem Aufbau der Kompositionslehre aus der Generalbaßlehre. Diese Methode wird der harmonisch gegründeten Polyphonie des Generalbaßsatzes eher gerecht als die abstrakte Lehre von J. J. Fuxens *Gradus ad Parnassum* (1725). Hier bilden die Harmonie- und die Kontrapunktlehre noch eine Einheit. Deren harmonische Begründung und Baßbezogenheit weisen auf das zweite Prinzip hin, auf den Aufbau der Kompositionslehre aus dem Generalbaß*spiel,* wobei die Verbindung zur deutschen Orgelpraxis des ausgehenden Barocks (wie sie z.B. im zweiten Teil von Niedts *Musikalischer Handleitung* 1706 dargestellt ist) deutlich wird. Aus der gesteigerten Figurierung der Stimmen erwächst der reine kontrapunktische Satz. Selbst die Melodie erscheint als eine Funktion des Basses: »Es erhellt hieraus, daß in der heutigen Musik der Baß die wichtigste Parthie sei, welcher alle Stimmen untergeordnet sind; eigentlich entstehen sie aus dem Basse, weil der Gesang keinen Hauptton angeben kann, der nicht in der Harmonie des Basses begründet ist. Wenn der Tonsetzer die Folge der Baßtöne gut gewählt und die Töne der obern Stimmen regelmäßig daraus hergeleitet hat, so ist der Satz rein.« Diese letzten Sätze stammen zwar aus Sulzers *Allgemeiner Theorie der Schönen Künste* (1771-1774), zu der aber Kirnberger die musikalischen Artikel der Buchstaben *A* bis *I* beigesteuert hat. Sie betreffen den Generalbaßsatz und seine harmonische Polyphonie, den musikalischen Satz also, der schon zu J. S. Bachs Zeit seine Verbindlichkeit verloren hat, also nicht 1771 noch für »die heutige Musik« gelten kann, wie Kirnberger merkwürdigerweise schreibt. Die Diskrepanz ist evident: eine Kompositionslehre des Bach-Satzes ist im Jahre 1771 ein Widerspruch in sich – dafür aber um so mehr kennzeichnend für die höchst merkwürdige Erscheinung, daß die Zeit im Grunde nicht mehr weiß, wie eine Satzlehre für die Musik der eigenen Gegenwart eigentlich auszusehen hat (Feil 1955).

1773 **Anton Schweitzer** (1735-1787): **Deutsche Oper »Alceste«** in Weimar

Es ist keineswegs allein Gluck, der die Reform des musikalischen Theaters betreibt. In Deutschland ist sie zum Beispiel schon verbunden mit älteren Bemühungen um eine deutsche Oper nach dem Vorbild der italienischen (Oper am Gänsemarkt in Hamburg), um ein deutsches Singspiel (Hiller in Leipzig; aber auch Goethe), um ein deutsches Nationaltheater (Lessing in Hamburg; aber auch Wien), um eine deutsche National-Oper ernsten Charakters (Wieland in Weimar). Die meisten dieser Bemühungen schlagen fehl, obwohl einigen zunächst Erfolg beschieden ist. Sehr erfolgreich zum Beispiel ist die *Alceste* (der Stoff bereits von Lully, Händel, Gluck vertont), die Christoph Martin Wieland auf Anregung der Herzogin Anna Amalia von Sachsen-Weimar-Eisenach (der Tochter einer Schwester Friedrichs des Großen) verfaßt und dem Kapellmeister der Seilerschen Theatergesellschaft Anton Schweitzer zur Vertonung gibt. Was an Wieland/ Schweitzers *Alceste* wirkungsvoll ist, folgt italienischen Vorbildern, und was deutsch sein soll, ist trocken und akademisch. Das Ganze ist trotz aller gut gemeinten Nuancen auf einen einzigen Ton gestimmt, auf den der Klage, von Trauer und Verzweiflung: Alles schwelgt in edlen und großen Empfindungen – wie es das Zeitalter freilich liebt! Mozart hört Schweitzers *Alceste* im Dezember 1778 in München; *sein* Urteil ist vernichtend. Aus einer anderen Vorstellung von Musiktheater als die ist, die den breiten Erfolg des Werks trägt, urteilt *er*: »Nun wird zu München die traurige *Alceste* von Schweitzer aufgeführt! – Das Beste nebst einigen Anfängen, Mittelpassagen und Schlüssen einiger Arien ist der Anfang des Rezitativs ‚Oh Jugendzeit!'... Das Schlechteste aber, nebst dem stärksten [= größten] Teil der Opera ist ganz gewiß die Ouvertüre.« Trotzdem findet das Werk weithin Verbreitung und Anklang so, daß die Nachwelt das nicht mehr verstehen kann; sie neigt zu der Feststellung Friedrich Walters (1898) »Mit einem *Günther von Schwarzburg* [Oper von Holzbauer, Mannheim 1777] oder einer *Rosemunde* [letzte Oper von Schweitzer, ebenfalls mit Text von Wieland, Mannheim 1780] ließ sich allerdings keine neue Epoche des Operngeschmacks heraufführen. Die Anregungen, die Mozart in Mannheim fand, lagen mehr auf dem Gebiete der Konzertmusik.«

Zur Aufführung am kurpfälzischen Hof in Mannheim 1775 schafft der wichtigste Modelleur der pfälzischen Porzellanmanufaktur in Frankenthal, Franz Conrad Linck, eine Gruppe, die den entscheidend wichtigen Augenblick des Dramas festhält. Diese Porzellangruppe belegt nicht nur das Zusammenwirken der verschiedenen Künste bei der Aufgabe der Gestaltung eines höfischen Festes unter einem Thema, sie zeigt auch den eigenartigen, aber durchaus der Denkweise der Zeit entsprechenden Versuch, den entscheidenden Moment in einem zeitlichen Ablauf zu bannen, das Zeitliche gleichsam räumlich festzuhalten: Zwar ein altes Problem der bildenden Künste, hier aber neu gedacht und konzipiert, nämlich durchaus in einem frühen romantischen Sinn im Hinblick auf die Künste (Hortschansky).

1774 **Christoph Willibald Gluck** (1714-1787): vierte »Reformoper« **»Iphigénie en Aulide«** in Paris

In den drei Werken auf Texte von Calzabigi (*Orfeo ed Euridice,* Wien 1762; *Alceste,* Wien 1767; *Paride ed Elena,* Wien 1770) hat Gluck, obwohl in Wien für die Oper gleichsam auf italienischem Boden stehend, das typisch italienische Übermaß an Musik reduziert und dafür die Oper mit Elementen aus der französischen Tradition, nämlich mit Ballett- und Chorszenen anzureichern begonnen. Jetzt beabsichtigt er, das typisch französische Übermaß an reinen Schauszenen zu reduzieren und Text und Musik von der im Französischen üblichen strengen Herrschaft des Verses und seines Metrums zu befreien. Die beiden nationalen Opernstile sollen sich, gemäß den Maximen der neuen Zeit, im Zeichen von Natur und Humanität zu einer Art von übernationalem Kunstwerk vereinen. Ganz in diesem Sinn bearbeitet Du Roullet Racines *Tragödie »Iphigénie en Aulide«* – und die Leitsterne der Reform leuchten auch hier: Einheit, Wahrheit und Natürlichkeit der Empfindung und des Ausdrucks. Was in *Orfeo* und in *Alceste* in monumentalen Bildern nebeneinander steht, löst Gluck hier in ein Widerspiel der Charaktere und Empfindungen auf, wobei sein Streben nach theatralischer Monumentalität und gleichzeitig nach Realismus zum ersten Mal ins Gleichgewicht zu kommen scheint. – Die Uraufführung 1774 in Paris ist ein großer Erfolg. Gluck hat damit die Hochburg der Gattung Französische Oper erobert und zögert nun nicht, diesen Sieg auszunutzen: Sofort arbeitet er seinen *Orfeo* für Paris um (Übersetzung von P. L. Moline) und läßt ihn noch im August desselben Jahres in Paris aufführen. Nun steht Gluck im Mittelpunkt des Pariser Geisteslebens, von Rousseau anerkannt, in den Salons geehrt und bewundert, von Librettisten mit Angeboten verfolgt, von Malern und Bildhauern umworben, ja, es taucht der Plan einer endgültigen Übersiedlung nach Paris und der festen Bindung an die Académie royale auf. Aber Gluck muß zurück nach Wien, wo ihn Maria Theresia im Oktober 1774 endlich zum »Wirklichen k. k. Hofcompositeur« mit einem Gehalt von 2000 Gulden jährlich ernennt. In Wien macht sich Gluck wieder sofort an die Arbeit, nämlich an die Umarbeitung der *Alceste* für Paris, wobei diesmal Du Roullet den Text übersetzen soll. Die Reihe der Wiederholungen der *Iphigénie en Aulide* findet übrigens nach der Premiere ein frühes Ende, weil die Académie royale nach dem Tode Ludwigs XV. für mehrere Wochen geschlossen wird. Im Januar 1775 wird das Stück aber wieder aufgenommen, allerdings in einer nicht unerheblich veränderten Form. Eine dritte Wiederaufnahme folgt im Winter 1777/78 – und 1782 erlebt das Werk die 100. Aufführung.

1847 bearbeitet Richard Wagner, einer der großen Verehrer Glucks im 19. Jahrhundert, das Werk und versieht es dabei mit einem anderen Schluß, durch den die tragische Konsequenz betont und die vor dem Altar kniende Iphigenie von der erscheinenden Göttin Diana »zu seeligem Los« (nämlich nach Tauris) entführt wird. »Wäre Wagners Bearbeitung nicht musikalisch so eigenmächtig, man müßte ihr allein wegen dieser Änderung den Vorzug geben« (R. Gerber 1950).

1775 **Georg Benda** (1722-1795): **Melodramen »Ariadne auf Naxos«** in Gotha und **»Medea«** in Leipzig

Im Gegensatz zu seinem Bruder Franz Benda (1709-1786), dem Konzertmeister Friedrichs des Großen, gehört Georg Benda zu den entschiedenen Bejahern der Tendenzen der neuen Epoche, ja er ist es, der der Epoche eines ihrer eigentlichen Ausdrucksmittel gibt: das Melodram. Angeregt von Rousseau (*Pygmalion*), entbrannt für die Idee eines Deutschen Nationaltheaters und überzeugt von neuen Ausdrucksmöglichkeiten der Musik, schafft Benda eine Mischgattung von gesprochenem Schauspiel und Musik: die Musik erläutert mit ihren Ausdrucksmöglichkeiten das gesprochene Wort und schließt damit Bereiche der Empfindung auf, die weder das Sprechtheater allein noch die Musik allein erreichen können. Bendas Werke erregen unter den experimentierfreudigen deutschen Komponisten der Zeit einen Sturm der Begeisterung und finden sogleich Nachahmung (Neefe, Reichardt, Vogler, Winter, Zumsteeg). Dabei halten sich alle, mit der Stoffwahl angefangen, an die Vorbilder, ohne deren Monumentalität und Geschlossenheit zu erreichen. Bei den Ästhetikern und Dichtern stößt die Mischgattung – um nicht zu sagen: Zwittergattung – allerdings vielfach auf Ablehnung. Selbst Goethe, der 1778 mit *Proserpina* (als »Einschaltung« in seine burleske *Komödie »Triumph der Empfindsamkeit«*) einen hervorragenden Beitrag dazu leistet (Musik von Siegmund Freiherr von Seckendorf), macht sich zehn Jahre später unter dem Eindruck der vielen epigonalen Nachahmungen über die »schale Sentimentalität« lustig (A. A. Abert 1962).

1777 **Christoph Willibald Gluck** (1714-1787): fünfte »Reformoper« **»Armide«** in Paris

Die Wirkung von Glucks Pariser Erfolgen (*Iphigénie en Aulide; Orphée)* und Mißerfolgen (*Cythère assiégée,* eine Opéra comique von 1759; *Alceste* bei den ersten Aufführungen) reicht tief. Nicht allein das Opernpublikum, die ganze geistige Welt der Stadt diskutiert das unerhört Neue – und spaltet sich in zwei Parteien, eine für Gluck und eine neue Art von Oper, und eine, in der sich die französischen Traditionalisten und die Anhänger der Italienischen Oper unter Führung von Piccini zusammenfinden. Im Lager der ersten steht die Königin Marie Antoinette, im Lager der zweiten die Dubarry. Diesen Nicola Piccinni (1728-1800), einen routinierten, aber durchaus einfallsreichen »Neapolitaner« – sein Meisterwerk ist die Opera buffa *La buona figliuola* (1760) – lassen die Traditionalisten 1776 eigens aus Rom kommen, um ihn gegen Gluck einzusetzen. Und sie täuschen sich nicht in der Annahme, mit ihm einen italienischen Melodiker par excellance dem vermeintlichen Zerstörer des Melos entgegenzustellen: Piccinni besteht mit seinen französischen Opern, die allesamt große, allerdings nicht nachhaltige Erfolge werden, die Feuerprobe, die ihm als solche freilich erst während der Arbeit an seiner ersten französischen Oper *Roland* bewußt wird, die er nach einem (von Marmontel bearbeiteten) alten Text von Lullys Textdichter Quinault schreibt. Auch Gluck vertont mit *Armide* einen fast 100 Jahre alten Text von Quinault (verfaßt für Lully, nach einer Episode aus Torquato Tassos *La Gerusalemme liberata*), und zwar unbearbeitet, denn er will den Vorwurf entkräften, die Erfolge seiner Opern seien Erfolge lediglich der modernen und guten Texte und nicht einer neuen Musik. Freilich, Glucks Musik ist in der Tat auch nicht eigentlich eine neue Musik, sondern »nur« Musik aus einem neuen Geist, »nur« aus einer veränderten Einstellung zur Aufgabe. Diesem Programm nun kommt Quinaults Libretto, weil es gerade von der Art ist, die Gluck zu reformieren im Begriffe steht, *nicht* entgegen. Also müßte Glucks Versuch mit dem alten Text scheitern – wenn er nicht die Titelheldin ganz anders darstellen könnte als alle Opernkomponisten alle Hauptgestalten bisher, nämlich in einer Art von psychologischer Entwicklung, die musikalisch vor sich geht und vom Hörer musikalisch zu erleben und nachzuvollziehen ist. Dementsprechend löst der Erfolg der Uraufführung in der Académie royale de musique eine schlimme Kampagne des Für und Wider, von Hymnen, Kritiken und Pamphleten aus. Gluck selbst beteiligt sich daran und rechnet mit seinen Gegnern in einem Ton ab, der an Deutlichkeit nichts zu wünschen übrig läßt. Dem »Rivalen« Piccinni jedoch, der arglos in die Rolle eines »Gegenpapstes« gedrängt worden ist und den Vorgängen konsterniert gegenübersteht, zollt Gluck uneingeschränkt Achtung.

Die übliche Parodie darauf, *L'opéra de province,* die ein Vierteljahr später herauskommt, richtet sich im Grunde gegen die gesamte ernste Oper als solche, bezieht aber zugleich die speziell gegen Gluck erhobenen Vorwürfe mangelnder Kantabilität und zu aufdringlicher Orchestrierung in die Handlung ein. Die Atmosphäre bleibt weiterhin erhitzt, da man ja den großen Schlag der Gegenpartei, Piccinnis Oper *Roland,* noch zu erwarten hat. Ihre Aufführung am 27. Januar 1778 wird ebenfalls ein Erfolg – der allerdings den kriegerischen Literaten keine neuen Gesichtspunkte liefert. So verläuft der Kampf der Parteien allmählich in kleinliches Gezänk und schließlich im Sand.

1777 **Ignaz Holzbauer** (1711-1783): **Deutsche Oper »Günther von Schwarzburg«** in Mannheim

Deutsche Oper? Eine Opera seria mit deutschem Text, »die plumpe Parodie auf Metastasio« (Dent 1922), und die Musik ziemlich italienisch. Einer freilich, der etwas vom Metier versteht, schreibt dies: »Nun auf die Opera, ganz kurz. Die Musik von Holzbauer ist sehr schön. Die Poesie ist nicht wert einer solchen Musik. Am meisten wundert mich, daß ein so alter Mann wie Holzbauer noch so viel Geist hat; denn das ist nicht zu glauben, was in der Musik für Feuer ist.« Mozarts überströmendes Lob (Brief vom 14.11.1777) verwundert – und ist nur aus seiner Hochstimmung in jenen Tagen in Mannheim zu verstehen. Das Urteil der Kenner neigt nämlich sonst zur Relativierung der Qualität des Werkes, wie sie Kretzschmar ausgesprochen hat (1902): »Trotz aller Abzüge ergibt sich aber, daß Holzbauers *Günther* [Text im Auftrag von Kurfürst Karl Theodor von Anton Klein] zu den bedeutendsten Opern gehört, die im 18. Jahrhundert von Deutschen geschrieben worden sind… Wichtiger noch ist er als Orientierungsdenkmal, indem er der nur mit Gluck und Mozart bekannten Gegenwart zeigt, wie es mit der deutschen Oper in der Zeit dieser Meister eigentlich stand: Wir waren beim besten Willen und bei den günstigsten Verhältnissen zu einem nationalen Musikdrama noch nicht reif. Unter die Männer aber und unter die Werke, die uns weiterbrachten, gehören Holzbauer und sein *Günther von Schwarzburg*. Mit dieser Empfindung ist der *Günther* auch seinerzeit aufgenommen worden.« In der Tat belegen zahlreiche Aufführungen die Bedeutung dieser Oper, der wir heute freilich nur mehr historische Bedeutung beizumessen vermögen, weil sie uns nur noch im Schatten von Mozarts Opern erscheint. Übrigens: nach dem Wegzug des Mannheimer Hofes nach München widmet sich Holzbauer wieder ganz der *italienischen* Oper ...

1778 **Maciej Kamieński** (1734-1821): **Erstes polnisches Singspiel »Glück im Unglück«** in Warschau

Nachdem ein älteres Theater abgebrannt war, werden unter dem kunstsinnigen König Stanislaus August Poniatowski (1764-1795) seit 1765 in Warschau in einem neuen Haus Opern aufgeführt, und zwar von französischen und italienischen Truppen. Im Sommer 1778 geht mit *Nędza uszczęśliwiona* (*Glück im Unglück* oder auch *Beglückte Not*) von M. Kamieński (Text von Boguławski nach Bohomolec) zum ersten Mal ein Stück mit einem original polnischen Libretto über die Bühne: ein Stück, von dem man sagt, es sei die erste polnische Nationaloper. Ihm folgen bald weitere, denen allen ein starker folkloristisch-nationaler polnischer Charakter in Handlung und Musik eigen ist (Lissa 1962). Von nun an soll durch das ganze 19. Jahrhundert in Warschau die Oper den Mittelpunkt des Musiklebens bilden, zumal verschiedene Versuche, ein ständiges Symphonieorchester zu gründen, immer wieder scheitern.

1778 **Ignaz Umlauf** (1746-1796): **Singspiel »Die Bergknappen«** zur Eröffnung des Deutschen Nationalsingspiels im Burgtheater in Wien

Zwar hat das deutsche Singspiel Wiener Ausprägung andere Wurzeln als das Leipziger, aber die Grundtendenz ist dieselbe, nämlich die zu einem musikalischen Theater deutscher Sprache, hervorgehend aus einheimischen volkstümlichen Traditionen.

Die sich lange anbahnende Entwicklung beobachtet Kaiser Joseph II. aufmerksam, und zwar besonders am »Volkstheater«, das sich im Kärntnertortheater eingebürgert hat, und 1776 gibt er – ganz im Sinne eines aufgeklärten Absolutismus – Weisung, das »Theater nächst der Burg« als ein »Nationaltheater« umzugestalten. Dazu unterstellt er das bisher von privaten Pächtern geführte Haus der Hofadministration und schickt einen Wiener Schauspieler namens J. H. F. Müller nach Leipzig und Berlin, damit er sich die dortige Singspielkultur anschaue. Müller gerät an die falschen Leute, nämlich an Anhänger Gottscheds, die das Theater bekämpfen. Dementsprechend berichtet er in Wien – und der Kaiser tut doch, was er für richtig hält. Joseph II. ist musikalisch kein Laie, sondern durchaus ein Fachmann, und so erteilt er Weisungen, die dem Wiener Singspiel eine Richtung ermöglichen, mit der es sich vom Singspiel Hillers unterscheidet. Die Mitglieder des Nationalsingspiels »sollten lauter wahre musikalische Virtuosen und keine Liedersänger sein«, womit eine grundsätzlich andere ästhetische Orientierung gegeben ist als in Leipzig, wo Hiller und seine Anhänger immer wieder Schauspiele mit Musik schreiben, deren Melodien als »Lieder im Volkston« den »Schein des Bekannten« wahren und das Publikum zum Mitsingen animieren.

Daß sich auf Wiener Boden eine andere musikalische Entwicklung durchsetzt als in Leipzig, Berlin oder Weimar, offenbart schon die Eröffnung der Saison 1778, ebenso die weitere Gattungsgeschichte mit den Werken von Umlauff über Gluck, Dittersdorf, Haydn bis zu Mozart. Am 16. Januar 1778 ist es soweit: Im Burgtheater wird das Singspiel *Die Bergknappen* von Ignaz Umlauff zur feierlichen Uraufführung gebracht. Alle Details, die sich um den Textdichter, den Komponisten, die Einstudierung und die Uraufführung gruppieren, bestätigen den besonderen Charakter des Wiener Singspiels in der Europäischen Musikgeschichte. Als Libretto hat man einen Text des Wiener Dramaturgen und Regisseurs Johann Gottlieb Stephanie d. J. ausgewählt, eines Librettisten, der zwar ein Günstling des Kaisers, aber doch ein durchaus befähigter Protagonist des Singspiels ist. Im Laufe der Jahre schreibt Stephanie die Libretti zu hervorragenden Partituren von Umlauff, Starzer, Dittersdorf – und nicht zuletzt von Mozarts *Entführung aus dem Serail*, mit der das Wiener Nationalsingspiel 1782 seinen Höhepunkt erreicht. Umlauffs *Bergknappen* erhalten viel Applaus, obwohl sie von höchst eigenwilliger Komposition und in ihrer Eigenart nur aus den besonderen Traditionen in Wien zu verstehen sind. Die musikalische Gestaltung der Hauptfiguren folgt nämlich Vorbildern der Opera buffa – *und* der Opera seria. Hauptkennzeichen für Umlauffs Komposition ist die Mischung verschiedener Elemente, die sich jedoch, von Ausnahmen abgesehen, alle dem Primat des Volksstücks unterordnen. Während der folgenden Jahre komponiert Umlauff weitere Volkssingspiele für das Wiener Ensemble: *Die schöne Schusterin* (1779), *Das Irrlicht oder Endlich fand er sie* (1782), *Die glücklichen Jäger* (1786) u. a. Deren Libretti folgen stets der Wiener Tradition, stellen Berufsgruppen oder Zünfte in den Mittelpunkt. Entsprechend volkstümlich faßt Umlauff die Lied- und Couplet-Melodien, obwohl er sich auch nicht geniert, seinen Sängerinnen hie und da Koloraturarien abzuverlangen.

Freilich, die musikalische Qualität ist so, daß man fragen mag, ob man es hier wirklich und inwiefern man es hier mit hoher Kunst des Musiktheaters zu tun hat, die nur mangels Genie zu einfach geraten ist. Mozarts Urteil (Brief vom 6.10.1781) legt diese Frage jedenfalls nahe: »Der Umlauff muss auch mit seiner fertigen Opera warten [weil man eine Glucksche zuvor noch einstudiert] – die er in einem Jahr geschrieben hat; – Sie dürfen aber nicht glauben, dass sie deswegen gut ist (unter uns gesagt), weil er ein ganzes Jahr dazu gebraucht hat. Diese Opera (aber unter uns) hätte ich immer für eine Arbeit von 14 bis 15 Tagen gehalten. Besonders da der Mann so viele Opern muss *auswendig* gelernt haben! – Und da hat er sich ja nichts als niedersetzen dürfen – und – er hat es gewiss so gemacht – man hört es ja! – Sie müssen wissen..., dass er mich invitirt hat, damit er mir seine Opera darf hören lassen... Ich habe unter der Hand gehört, dass er gesagt habe: Das ist gewiss, der Mozart hat den Teufel im Kopf, im Leib und in den Fingern – er hat mir meine Opera gespielt (die so miserable geschrieben ist, dass ich sie selbst fast nicht lesen kann), als wenn er sie selbst komponiert hätte.«

Und wie geht die Geschichte des Wiener Singspiels weiter? Nach Florian Leopold Gaßmanns Tod 1774 ernennt Joseph II. seinen Vorzugskomponisten Antonio Salieri zum Hofkomponisten (1788 auch zum Hofkapellmeister) und zugleich zum musikalischen Leiter des Burgtheaters. Damit beginnt eine neue Entwicklung, in der die Opera buffa *vor* dem Singspiel rangiert und zum Dramma giocoso tendiert. Freilich, nur kurze Zeit später dominiert wieder das Singspiel, nämlich mit den Werken von Karl Ditters von Dittersdorf, die zur Attraktion Wiens werden. Nach Texten von Stephanie d. J. schreibt Dittersdorf in der Tat Meisterwerke der Gattung – und der Erfolg von *Doktor und Apotheker* (1786) übertrifft den von Mozarts *Figaro* bei weitem ... Damit hat das Wiener Singspiel dem mitteldeutschen den Rang abgelaufen.

1778/79 **Johann Gottfried Herder** (1744-1803): **Sammlung »Volkslieder«**

Hat das Volk seine Lieder noch? »Keinen Augenblick Zweifel!, will ich wenigstens aus Liebe zur Nation sagen: Aber sie liegen so tief, sind so verachtet und entfernet, hangen so am äußersten Ende des Untergangs und ewigen Verlustes. – Eben hier und deswegen ist dieser Versuch gewagt mit dem Hauptzweck, daß andre mehr und glücklichere wagen: aber ja mit Eifer, Mühe, jetzt! – Wir sind eben am äußersten Rand des Abhanges: ein halb Jahrhundert noch, und es ist zu spät!« So Herder. Seine erste, 1773 abgeschlossene Sammlung hat er 1775 zum Druck gegeben aber zurückgezogen. Unter dem Titel *Alte Volkslieder* enthielt sie in zwei Teilen neben »Nordischen Liedern« hauptsächlich englische Gedichte in Originalsprache und Übersetzung. Auf Drängen von Freunden überarbeitet er sein Manuskript und läßt es 1778 und 1779 in zwei Bänden erscheinen. Diese Sammlung trägt den Titel *Volkslieder.* Eine dritte, revidierte Ausgabe bereitet Herder jahrelang vor, doch erst nach seinem Tod wird sie von seiner Frau und Johannes von Müller zu Ende geführt; 1807 erscheint sie unter dem berühmt gewordenen Titel *Stimmen der Völker in Liedern.* – Weniger in der Qualität der ausgewählten Lieder als in der Tatsache, daß Herder damit der Initiator der Volksliedforschung wird, liegt der Wert dieser Sammlungen. Neben den Texten interessieren die Vorbemerkungen zu den einzelnen Teilen. Dort ist nämlich jene Überzeugung vom Wert der Volkspoesie ausgesprochen, von der man meint, erst die Romantiker hätten sie entdeckt. Poesie »lebte im Ohr des Volks [interessant, er nennt *das Hören* vor dem musikalischen Tun!], auf den Lippen und der Harfe lebendiger Sänger: sie sang Geschichte, Begebenheit, Geheimnis, Wunder und Zeichen: sie war die Blume der Eigenheit eines Volks, seiner Sprache und seines Landes, seiner Geschäfte und Vorurteile, seiner Leidenschaften und Anmaßungen, seiner Musik und Seele«, heißt es in der Vorrede zum zweiten Teil der *Volkslieder.* Noch ist Herders Definition einigermaßen unbestimmt, aber gerade dadurch kann er die Anregung für die folgende Generation geben.

Herders Sammlung ist ein merkwürdiges Nebeneinander von Volksliedern, Strophen aus Homer, Liedern aus Dramen von Shakespeare, Gedichten Ossians, Goethes und Claudius'. Lieder von Heinrich Albert und Simon Dach bis hin zu einem Gedicht von Opitz werden als Beispiele für deutsche Volkspoesie genannt. Herder gibt bei den einzelnen Gedichten die Quellen an und fügt einige kritische Bemerkungen bei, denn immer ist ihm der »wahre Ausdruck der Empfindung und der ganzen Seele« für die Aufnahme entscheidend, nicht die Entstehung des Liedes aus dem Volke, gleichsam aus der poetischen Volksseele, wie dann später Arnim und Brentano angenommen haben, – was sie freilich nicht daran hinderte, ihre Vorlagen zu bearbeiten. Antrieb für Herder ist weder romantische Schwärmerei noch poetisch-literarisches Interesse, sondern seine Erkenntnis der Musik als »einer Kunst der Menschheit« und der Tatsache, daß die Musik für den Menschen lebenswichtige Funktionen zu erfüllen hat und erfüllt und auch weiterhin erfüllen muß, wenn nicht humane Substanz verlorengehen soll. Herder hat tieferes Verständnis für die Musik als die weitaus meisten universalen Denker seiner Zeit. Das beruht nicht in erster Linie auf seiner musikalischen Begabung, sondern auf seiner Konzeption der Weltgeschichte als Geschichte des Menschen und der Bildung, Musik gilt ihm nicht als Sonderfach, sondern als Herzstück der Geschichte wie der Erziehung: »Durch Musik ist unser Geschlecht humanisiert worden; durch Musik wird es noch humanisieret. Orpheus' Leier hat mehr getan als Herkules' Keule.« Herder spricht zudem die Idee einer »verstehenden Musikgeschichte« aus: »Wir würden in einer pragmatischen Geschichte der Tonkunst, ehe wir urteilen, zu verstehen suchen.« Anstatt z.B. Mythen über Musik und Zauber zu verlachen, solle man von der Psychologie aus Licht auf sie werfen. Man untersuche die Veränderungen: »andere Nationen teilten und teilen die Skala anders«: Leute mit verschiedenem »Körperbau und Charakter« lieben verschiedene Tempi; »unser Ohr wird anders gestimmt mit den Zeiten.« Diese Mannigfaltigkeit sei jedoch nicht unbegrenzt, sondern an bleibende Ordnungen der Musik, des Menschen, des Weltalls gebunden. Geschichte ist ihm nicht gelehrte Kunde von der Vergangenheit, sondern Erforschung des begangenen und zu begehenden Weges. Herder begreift das geschichtliche Werden und seine Einbindung in kulturelle Zusammenhänge tiefer als die fortschrittsgläubigen Musikhistoriker seiner Zeit, Burney und Hawkins, Gerber und Forkel. Wie kaum jemand sonst stellt er zur Musik und zum Menschen Überlegungen an, die von der Akustik und der Gehörswahrnehmung über die Verschiedenheiten der Musiken der Völker zu ästhetischen Problemen der neueren europäischen Musik reichen, etwa der Oper (Gluck gegenüber der Barockoper) oder der Instrumentalmusik (Musik als Widerhall der Empfindung gegenüber deklamierender und gebärdensprachlicher Musik): Herder gehört zu den Großen der Musikwissenschaft – aber »das Fach« weiß es nicht.

Bleibt die Frage, warum Herder, wenn er schon Volkslieder sammelt, nur die Texte aufschreibt und nicht die Musik. Weil er es für selbstverständlich hält, daß diese Lieder nicht als Texte vorgetragen, sondern nur als Lieder gesungen werden – wie, weiß ohnehin jedermann. Ja, das hält er für so selbstverständlich, daß er es für überflüssig hält, den – so würden wir heute sagen: – musikalischen Faktor des Erklingens zu notieren. Und auf *den* Gedanken kommt er nicht, daß sich dieser musikalische Faktor der Lieder gleichsam verflüchtigen könnte. Nun, zu seiner Zeit war das Volkslied immerhin *so* lebendig *doch* noch!

1779 **Christoph Willibald Gluck** (1714-1787): sechste »Reformoper« **»Iphigénie en Tauride«** in Paris

Bei der Uraufführung seiner letzten großen Oper in der Académie royale de musique erlebt Gluck den größten Erfolg seines Schaffens und Lebens. Der junge Dichter N. F. Guillard hat unter Mitwirkung Du Roullets das vortreffliche Textbuch nach einem französischen Drama verfaßt. (Übrigens: sechs Wochen zuvor war in Weimar Goethes *Iphigenie auf Tauris* zum ersten Mal aufgeführt worden. Aber wenn noch in der ersten Hälfte des 19. Jahrhunderts von einer *Iphigenie* die Rede ist, dann denkt jedermann zuerst an Gluck und nicht an Goethe.) Obwohl in neuerer Zeit sträflich vernachlässigt, ist Glucks *Iphigenie auf Tauris* wohl sein bedeutendstes Werk. Die alte Fabel ist wieder auf die kürzeste Form gebracht; die Erkennungsszene der Geschwister erschüttert gerade durch ihre lapidare Kürze. Am größten aber zeigt sich Gluck wohl in der Szene, in der Orest zusammenbricht und die Chöre der Eumeniden ihn umtönen (ein Gegenstück zu den Furienchören im *Orfeo* und zu der Orakelszene in *Alceste*): hier gelingt ihm, alles Äußerliche zu überwinden. Die Eumeniden sind nämlich nicht mehr Gestalten der Unterwelt sondern der lebendig gewordene Ausdruck des schlechten Gewissens des Orest. Orest singt: »Die Ruhe kehret mir zurück«, während das Orchester die lebhafteste Unruhe malt. Man hat Gluck auf diesen Widerspruch hingewiesen – und seine ungeduldige Antwort war: »Merkst du denn nicht, daß Orest lügt? Wie kann er ruhig sein, er hat doch seinen Bruder getötet!« Es ist dies der erste Fall in der Musikgeschichte, daß das Orchester als Träger des Unbewußten erscheint, daß es also Gefühlsregungen ausdrückt, die den handelnden Personen selbst noch nicht klar, weil sie noch nicht ausgesprochen sind (Brandl 1948). Wer hier an Richard Wagner denkt, irrt nicht.

Carl Dahlhaus (1974) hat gezeigt, daß »in Glucks *Iphigenie auf Tauris,* ›dem klassischen musikalischen Drama‹, aus dem Gegensatz zwischen Ethos und Pathos (wie ihn Schillers Schüler Körner in seinem Ästhetik-Entwurf formuliert hat) die tragende Idee des Werkes erwächst: eines Werkes, dessen innere Handlung als Aufhebung des Pathos, unter dem Orest leidet, durch das Ethos, von dem Iphigenie erfüllt ist, umschrieben werden kann. Das Pathos des Orest unterscheidet sich – und die Differenz ist grundlegend für eine Bestimmung der geschichtlichen Stellung des Werkes – von den Affekten, die im spätbarocken und im Metastasianischen Operntypus den Gegenstand musikalischer Rhetorik bilden, sowohl durch seine Begründung als auch durch seine Funktion im Drama. Erscheint in der älteren Oper die Intrige – die man als dramatische Technik keineswegs gering schätzen darf – als bewegendes Moment: als Ursprung von Situationen, die zur Ausbreitung von Affekten herausfordern, so ist das Pathos des Orest vom Schicksal verhängt. Und es ist der Gegensatz zwischen Intrige und Schicksal, der am deutlichsten die Kluft bezeichnet, die sich zwischen der barocken und der klassischen Idee des musikalischen Dramas auftut. Das Pathos des Gluckschen Orest ist ihm allein zu eigen; die Affekte aber, von denen Händels Giulio Cesare hin- und hergerissen wird, sind von der Person, der sie durch die Gunst oder Ungunst der Intrige zufallen, prinzipiell ablösbar: Es ist nahezu gleichgültig, ob es Caesar oder ein anderer ist, der einer amourösen Arie eine martialische folgen läßt – der Kontrast ‚in abstracto' ist entscheidend. Dem Wechsel und jähen Umschlag der Affekte in der älteren Oper steht bei Gluck also eine ‚Monotonie' des Pathos gegenüber, die auch von manchen Zeitgenossen – von Rousseau und Arteaga – in Calzabigis Text zur *Alceste* getadelt worden war. Dagegen ist es ein ‚Ton', der in den immer wieder anderen Situationen und ‚leidenschaftlichen Zuständen', denen Iphigenie ausgesetzt ist, das identisch festgehaltene Moment bildet: Die Einheit des Charakters realisiert sich hier musikalisch in der Einheit eines ‚Tons'. A. A. Abert sprach von Glucks ‚hymnischem Liedton'; andererseits könnte man, um die stilistische Charakteristik durch eine ideengeschichtliche zu ergänzen, die Melodik Iphigenies, in der gleichsam der Geist eines ganzen Zeitalters in Töne gefaßt erscheint, als Ausprägung eines ‚Humanitätstones' bezeichnen. Die Handlung und die Musik – und das macht den Kairos des Werkes aus – stimmen zusammen mit der musikgeschichtlichen Situation, die Glucks späte Dramen repräsentieren.«

1781 **Johann Adam Hiller** (1728-1804) **wird Gewandhauskapellmeister in Leipzig**

In den 40er Jahren des 18. Jahrhunderts gehen die zu Telemanns und J. S. Bachs Zeiten in Leipzig blühenden studentischen Collegia musica ein. Hauptursache ist die Konkurrenz eines von der Kaufmannschaft gegründeten Konzertunternehmens. 1743 wird »von 16 Personen sowohl adeligen als bürgerlichen Standes das ›Große Concert‹ angelegt, wobei jede Person jährlich zur Erhaltung desselben 20 Thaler... erlegen muß. Die Anzahl der Musicirenden ist gleichfalls 16 auserlesene Personen.« Als durch die Wirren des Siebenjährigen Krieges das »Große Konzert« in Leipzig 1756 zum Erliegen kommt, übernimmt Hiller 1762 auf Drängen einiger Liebhaber die Direktion eines Subskriptionskonzerts, dem weitere Veranstaltungen unmittelbar folgen. In dieser schwierigen Zeit löst er die ihm gestellten organisatorischen und künstlerischen Aufgaben so umsichtig, daß man ihm nach Friedensschluß (1763) die Leitung des wiedereröffneten »Großen Konzerts« überträgt. Von nun an wird er »auf ein halbes Jahrhundert der gute Genius der Leipziger Musik« (Schering). Mit einem Orchester, das ursprünglich nur aus 24 Musikern besteht, nach und nach aber vergrößert wird, bringt er neben eigenen Kompositionen, zahlreichen zeitgenössischen Sinfonien und Instrumentalkonzerten auch verschiedene Opern von Hasse (ohne szenische Darstellung) zur Aufführung. Hillers Bestreben, die Vokalmusik stärker in seinen Programmen zu berücksichtigen, stößt allerdings mangels guter einheimischer Kräfte zunehmend auf Schwierigkeiten.

Um dem abzuhelfen, gründet Hiller eine Singschule: »das deutsche Volk singen zu lehren«, später eine »Knabensingschule«, die sich bald zu einer dreiklassigen Musikschule für Jugendliche, Knaben und Mädchen, entwickelt. Aus seiner pädagogischen Praxis heraus entsteht eine Reihe von Gesangs-Schulwerken, die in ihrer durchdachten Methodik für Deutschland neuartig sind und bis weit ins 19. Jahrhundert hinein wirksam bleiben. Später sucht er den Gesang auch an den allgemeinen Schulen zu verbessern und gibt 1792 seine *Kurze und erleichterte Anweisung zum Singen* heraus. Im Anschluß an die Musikschule gründet er 1775 die »Musikübende Gesellschaft«, die sich aus Schülern, Liebhabern und Berufsmusikern zusammensetzt und jährlich 30 Konzerte veranstaltet.

1775 richtet Hiller für die Fastenzeit »Concerts spirituels« nach französischem Vorbild ein, in denen er Motetten, geistliche Chöre, Messen und Oratorien zur Aufführung bringt. Da sich die behelfsmäßigen Konzerträume bald als unzureichend erweisen, drängt er auf die Einrichtung einer repräsentativen Aufführungsstätte, nämlich im Gewandhaus. 1781 wird Hiller zum Gewandhauskapellmeister ernannt.

Obwohl Hiller nach 1760 das Konzertleben Leipzigs bestimmt und organisiert, findet er die Zeit, sich ausgiebig seiner umfangreichen musikschriftstellerischen und kompositorischen Tätigkeit zu widmen. 1766/67-1770 erscheinen seine *Wöchentlichen Nachrichten und Anmerkungen die Musik betreffend,* mit denen er den Typus der modernen Musikzeitung begründet. Später veröffentlicht er neben Werken pädagogischen und ästhetischen Inhalts zahlreiche Einzelausgaben wichtiger Kompositionen von Graun, Hasse, Händel, Haydn, Pergolesi und anderen, die er, wie seinerzeit üblich, mit »Verbesserungen« versieht. – 1789 wird Hiller Thomaskantor. Mit ihm zieht ein neuer Geist der Aufklärung und der religiösen Toleranz in die alte Thomasschule ein.

1781 Johann Friedrich Reichardt (1752-1814): Frohe Lieder für deutsche Männer

Reichardt ist einer der bedeutenden und produktiven Liederkomponisten des 18. Jahrhunderts. Zur eigentlichen Entfaltung kommt sein Talent von 1794 an, nämlich bei eingehenderer Beschäftigung mit Texten Goethes und Schillers. Bei deren Komposition findet er den Übergang zum modernen Klavierlied. Nun wird die Begleitung selbständig, die Melodie greift aus, der Ausdruck gewinnt Innerlichkeit und Mannigfaltigkeit. Damit legt er den Grund zu neuen Möglichkeiten der Gattung Lied, hierin beruht seine musikhistorische Bedeutung.

In Reichardts Schaffen nehmen aber die viel früher entstandenen *Frohen Lieder für deutsche Männer* von 1781 eine wichtigere Stellung ein. Die Sammlung enthält 12 Melodien zu Gedichten von Herder (5), Claudius (2), Reichardt (2), Simon Dach, Klopstock und Goethe, nur Melodien ohne Begleitung. In dem chronologischen Verzeichnis von Reichardts Werken, das 1782 im *Musikalischen Kunstmagazin* erscheint, setzt er dem Titel noch die Worte hinzu »Ein Versuch in Liedern im Volkston, in frohen Gesellschaften ohne Begleitung zu singen.« In der elf Seiten langen Vorrede entwickelt Reichardt eine Theorie des volkstümlichen Gesangs in eigenartiger aber eindrucksvoller Weise. Die wichtigsten Stellen sind diese:

»Liedermelodien, in die jeder, der nur Ohren und Kehle hat, gleich einstimmen soll, müssen für sich ohne alle Begleitung bestehen können, müssen in der einfachsten Folge der Töne, in der bestimmtesten Bewegung, in der genauesten Übereinstimmung der Einschnitte und Abschnitte usw. gerade die Weise – wie es Herder treffender nennt, als man sonst nur die Melodie des Liedes benannte, – die Weise des Liedes so treffen, daß man die Melodie, weiß man sie einmal, nicht ohne die Worte, die Worte nicht ohne die Melodie mehr denken kann; daß die Melodie für die Worte alles, nichts für sich allein sein will. Eine solche Melodie wird allemal – um es dem Künstler mit einem Worte zu sagen, den wahren Charakter des Einklangs (Unisono) haben, also keiner zusammenklingenden Harmonie bedürfen oder auch nur Zulaß gestatten... Noch ein Wort von Volksliedern. Sie sind wahrlich das, worauf der wahre Künstler, der die Irrwege seiner Kunst zu ahnen anfängt, wie der Seemann auf den Polarstern achtet und woher er am meisten für seinen Gewinn beobachtet. Nur solche Melodien wie das Schweizer Lied: ‚Es hätt' e' Buur e' Töchterli' [über das Beethoven Variationen geschrieben hat, WoO 64] sind wahre ursprüngliche Volksmelodien, und die regen und rühren auch gleich die ganze fühlende Welt, das sind wahre Orpheusgesänge.«

Darin, daß diese Melodien ohne Begleitung aufgezeichnet sind, sind sie einmalig. Leider sind sie aber nicht von der Qualität, die man erwarten möchte. Friedlaender (1902) meint: »Die Probe auf's Exempel bestehen die *Frohen Lieder* recht schlecht. Die Mehrzahl von ihnen ist nicht einfach, sondern trivial, nicht kernig, sondern hanebüchen, nicht gemütvoll, sondern platt. Reichardt selbst ist auch auf diese Versuche nicht mehr zurückgekommen.« Zu diesem Urteil, so berechtigt es sein mag, ist indessen zweierlei zu sagen: Die Mangelhaftigkeit von Reichardts Liedern sollte man nicht so simpel beklagen und einfach der mangelnden Begabung anlasten, vielmehr sollte man bedenken, daß die gestellte Aufgabe im Grunde unlösbar ist, nämlich als Künstler und mit den Mitteln der Kunst etwas zu verfassen, das volkstümlich kunstlos zu sein hat. Und schließlich sollte man dies bedenken: Auch wenn diese Musik an sich ohne große Bedeutung ist, so sind die Ursachen und die Überlegungen, die zu ihr geführt haben, von höchstem Interesse für die Musikgeschichte, denn sie bezeichnen die musikalische Situation in Deutschland auf ganz besondere Weise und in eben den Jahren, in denen die Wiener Klassik sich vollends erhebt.

1782 Johann Abraham Peter Schulz (1747-1800): Lieder im Volkston

»Unter den norddeutschen Musikern, die im letzten Viertel des 18. Jahrhunderts das volkstümliche Lied begründen, nimmt Joh. Abraham Peter Schulz die hervorragende Stelle ein. Er tritt nicht nur mit Bewußtsein für eine möglichst schlichte Behandlung des Liedes ‚beym Clavier' ein und macht theoretisch dafür Propaganda, sondern seine eigentümliche Begabung befähigt ihn auch, musterhafte Beispiele zu geben. Der Form nach knüpft er an die Berliner Liederschule der 50er und 60er Jahre an, die den Grundsatz aufgestellt hatte, das Lied müsse auch der Begleitung entbehren können. Während aber kaum ein Vertreter jener Schule eine auf sich selbst gestellte Melodie erfunden hat, die zugleich schön ist, vermag Schulz' reichere Musikernatur für seine Weisen warme Töne und Wohllaut zu finden. Nach dieser Richtung hin setzt er die Tradition der Hamburger Meister der ersten Hälfte des Jahrhunderts fort: Wie Reinhard Keiser, Telemann (in seinen besten Schöpfungen) und Görner bildet auch Schulz seine Melodie nicht wie für ein beliebiges Orchesterinstrument, sondern aus den Textworten heraus. Allerdings streift er in dem Bestreben, einfach zu sein, manchmal das Triviale. Seiner innersten Natur nach ist er aber durchaus vornehm« (Friedlaender 1902). Schulz' Erstlingswerk *Gesänge am Clavier* erscheint 1779, 1782 folgt der erste Teil der berühmten *Lieder im Volkston* (II 1785, III 1790). Unter den Dichtern der 24 Lieder des ersten Teils nimmt Bürger mit 12 Nummern die erste Stelle ein, es folgen Bock (7), Voß (6), Stolberg (4), Hölty (4), Overbeck (3), Claudius (2), Döring (2), Jacobi, Miller, Gleim, Kospoth. 1785 folgt eine »Zweyte, verbesserte Auflage«, die 41 Lieder enthält. Ihr »Vorbericht« (datiert: Berlin, November 1784) wird weithin bekannt, denn er enthält eine Art Glaubensbekenntnis des Komponisten – das heute freilich nur noch als Zeitdokument interessiert. Unter den Zeitdokumenten gehört es allerdings zu den wichtigsten:

> »... In allen diesen Liedern ist und bleibt mein Bestreben, mehr volksmäßig als kunstmäßig zu singen, nämlich so, daß auch ungeübte Liebhaber des Gesanges, sobald es ihnen nicht ganz und gar an Stimme fehlt, solche leicht nachsingen und auswendig behalten können. Zu dem Ende habe ich nur solche Texte aus unsern besten Liederdichtern gewählt, die mir zu diesem Volksgesange gemacht zu sein scheinen, und mich in den Melodien selbst der höchsten Simplicität und Faßlichkeit beflissen, ja auf alle Weise den Schein des Bekannten darinzubringen gesucht, weil ich aus Erfahrung weiß, wie sehr dieser Schein dem Volksliede zu seiner schnellen Empfehlung dienlich, ja notwendig ist. In diesem Schein des Bekannten liegt das ganze Geheimnis des Volkstons; nur muß man ihn mit dem Bekannten selbst nicht verwechseln; dieses erweckt in allen Künstlern Überdruß; jener hingegen hat in der Theorie des Volkslieds, als ein Mittel, es dem Ohre lebendig und schnell faßlich zu machen, Ort und Stelle, und wird von dem Komponisten oft mit Mühe, oft vergebens gesucht. – Denn nur durch eine frappante Ähnlichkeit des musikalischen mit dem poetischen Tone des Liedes; durch eine Melodie, deren Fortschreitung sich nie über den Gang des Textes erhebt, noch unter ihm singt, die, wie ein Kleid dem Körper, sich der Declamation und dem Metro der Worte anschmiegt, die außerdem in sehr sangbaren Intervallen, in einem allen Stimmen angemessenem Umfang, und in den allerleichtesten Modulationen fortfließt..., erhält das Lied den Schein, von welchem hier die Rede ist, den Schein des Ungesuchten, des Kunstlosen, des Bekannten, mit einem Worte, den Volkston, wodurch er sich dem Ohre so schnell und unaufhörlich zurückkehrend, einprägt. – Und das ist doch der Endzweck des Liederkomponisten, wenn er seinem einzigen rechtmäßigen Vorsatz bei dieser Kompositionsgattung, gute Liedertexte allgemein bekannt zu machen, getreu bleiben will. Nicht seine Melodien, sondern durch sie sollen bloß die Worte des guten Liederdichters allgemein und durch den Gesang erhöhte Aufmerksamkeit erregen, leichtern Eingang zum Gedächtnis und zum Herzen finden, zum öfteren Wiederholen derselben Lust erwecken, und so mit dem Reize des Gesanges verbunden, ein unschätzbarer Beitrag zu den Annehmlichkeiten der Gesellschaft und des menschlichen Lebens werden. Er wird daher alle unnütze Ziereien sowohl in der Melodie, als in der Begleitung, allen Ritornellen- und Zwischenspielkram, wodurch die Aufmerksamkeit von der Hauptsache auf Nebendinge, von den Worten auf den Musikus gezogen wird, und die nur selten von Bedeutung sein können, als dem Liede schädliche Überflüssigkeiten verwerfen, die seinem guten Vorsatz gerade entgegenwirken. Doch machen Theatergesänge hiervon mit Recht eine Ausnahme, weil die Aufmerksamkeit des Zuhörers während der Ritornellen mit der Situation beschäftigt ist, und dadurch von demselben nicht abgezogen wird. Ich habe deren einige zur Abwechslung diesen Liedern beigefügt; doch nur solche, deren Gesang sich nie, oder doch wenig über den Volkston erhebt.«

Im dritten Teil der *Lieder im Volkston* (1790) findet sich das ebenso schlichte und schöne wie bekannte und sogar heute noch gesungene *»Der Mond ist aufgegangen«* nach Matthias Claudius:

einer der ganz seltenen Glücksfälle, daß ein Lied eines Komponisten zum Volkslied im engeren Sinne des Wortes geworden ist.

1782-1793 Heinrich Christoph Koch (1749-1816): Versuch einer Anleitung zur Komposition, 3 Teile

Mit dem Titel schon knüpft der Rudolstädter Kammermusiker Heinrich Christoph Koch an die großen *Versuche* Quantzens, C. Ph. E. Bachs und L. Mozarts aus der Jahrhundertmitte an, die alle drei mehr als bloße Instrumentalschulen sind: auf dem Spiele steht die *ganze* Musik. Dementsprechend versucht Koch, die lehrbaren Gegenstände der Komposition mit den auf »Kunstgefühl, Geschmack und Genie« gründenden ästhetischen Gesichtspunkten seiner Zeit, des Zeitalters der Empfindsamkeit, zu verbinden, die er in höchst bezeichnender Weise behandelt. Was die kompositionstechnischen Probleme im engeren Sinne anlangt, knüpft Koch expressis verbis an Riepels *Anfangsgründe zur musikalischen Setzkunst* (1752-1768) an. Freilich hat sich die bei Riepel erstmals beschriebene Kompositionstechnik inzwischen durchgesetzt und ihre Meister gefunden. Deshalb glaubt Koch, seinen Stoff wieder altmodisch systematisieren, nämlich mit einer Akkordlehre und dem Kontrapunkt beginnen zu sollen, um dann erst das eigentlich Wichtige, die Lehre von der »Melodie«, als angewandte Kompositionslehre folgen zu lassen. Hier nun lehrt Koch den musikalischen Satzbau genau wie Riepel aus selbständigen Einzelteilen. »Die engen Sätze, die in dem vierten Takte ihre Vollständigkeit erreichen«, die »Vierer«, sind die Grundbausteine, aus denen Koch seine Stücke baut. Bei Riepel war der Satz noch so locker, daß er auf Ordnung in hohem Maße angewiesen war. Bei Koch ergibt sich die Ordnung durch die fast ausschließliche Verwendung von schon symmetrischen Teilen beinahe selbstverständlich. Die Grundlage des Satzes jedoch ist bei Riepel und bei Koch dieselbe. Es ist daher nicht möglich, Kochs *Kompositionslehre* zur Unterstützung der Theorie der »Periode« heranzuziehen, wie es Hugo Riemann versucht hat, und ebensowenig für die Grundlagen musikalischer Formen der Wiener Klassik (Budday 1983). Bei allem Respekt vor Koch und vor seinem Versuch der Beschreibung der Grundstruktur des Satzes seiner Zeit in der »Taktordnung«, und bei aller Betonung der Wichtigkeit des hier Beschriebenen auch für die Satztechnik der Wiener Klassiker, davon, daß diese hier in eine Lehre gefaßt sei, kann keine Rede sein. Auch wenn Koch Haydn in wenigen Beispielen zutreffend zitiert, hinter dessen Musik *und* musikalischer Technik bleibt er weit zurück (Feil 1955).

1783 Gioacchino Albertini (1749-1812): Oper »Don Juan albo Ukarany libertyn« (»Don Giovanni ossia Il dissoluto punito«) in Warschau

Als letzter königlicher Kapellmeister in Warschau und einer der hervorragenden Vertreter des Warschauer Musiklebens in der zweiten Hälfte des 18. Jahrhunderts nimmt der Italiener Albertini einen wichtigen Platz in der polnischen Musikgeschichte ein, als Theaterkomponist von internationalem Format und durchaus bemerkenswertem Erfolg auf polnischen, italienischen, deutschen und englischen Bühnen. Wiewohl er als musikalische Persönlichkeit nicht stark genug ist, um eine dauerhafte Spur in der Musikgeschichte zu hinterlassen, ein Komponist von Rang innerhalb seiner Zeit ist er sicherlich. Von seinen sieben Bühnenwerken, teils Opere serie teils Intermezzi, ist sein *Don Giovanni,* Opera semiseria in 3 Akten, wohl das bedeutendste. Allein die Tatsache, daß es an die zwanzig Jahre der Konkurrenz von Mozarts gleichnamigem Meisterwerk standhalten kann, zeugt für seine Qualität.

1784 Giovanni Paisiello (1740-1816): Opera buffa »Il Rè Teodoro in Venezia« in Wien

Paisiello, seit 1776 Hofkapellmeister in St. Petersburg, wird 1784 zum Hofkapellmeister und Hofkomponisten an den Hof von Neapel verpflichtet. Dort schreibt er seine berühmtesten Opern und erreicht den Gipfel seines Ruhms mit dem Rührstück *Nina ossia La Pazza per amore* (1789). Seine Reise von St. Petersburg nach Neapel unterbricht er in Warschau, wo er sein Oratorium *La Passione di Gesù Cristo* (1783) aufführt, und in Wien, wo er im Auftrag Kaiser Josephs II. in kürzester Zeit seine erfolgreichste Oper schreibt und im Burgtheater zur Aufführung bringt: *Il Rè Teodoro in Venezia* (Text von G. B. Casti nach Voltaires *Candide*).

Zusammen mit Piccini (1728-1800), Guglielmi (1728-1804) und Cimarosa (1749-1801) bildet Paisiello die letzte Generation der »Neapolitanischen Schule«. Im Kreise dieser Komponisten, mit deren Werken der Glanz der süditalienischen Oper noch einmal durch ganz Europa, von Neapel bis Kopenhagen, von Paris bis Moskau, strahlt, ist Paisiello wohl der bedeutendste, außerdem mit über 100 Opern wahrscheinlich der fruchtbarste. –

Man kann es sich heute kaum mehr vorstellen, wie viele Opern im 18. Jahrhundert geschrieben, auch nicht wie viele Libretti x-mal vertont worden sind, schon gar nicht, wie der musikalische Schaffensprozeß vor sich geht, wenn ein Komponist durch viele Jahre hindurch jährlich mehrere Opern schreibt. Müssen wir in Anbetracht dieser Gegebenheiten nicht unsere Vorstellungen von Musik und vom musikalischen Kunstwerk revidieren? Sicherlich, doch sind zuvor Fragen zu beantworten, die man allerdings noch nicht beantworten kann, weil für das Prinzipielle die alten und unsere heutigen Vorstellungen von Musik, musikalischem Theater, musikalischer Komposition offensichtlich zu weit auseinander liegen, und weil man praktisch einfach zu wenige Werke kennt. Trotzdem stellen sich diese Fragen, und zwar neuerdings besonders hartnäckig, weil wir durch beherzte E-Musikabteilungen von Rundfunkanstalten und Plattenfirmen und durch mutige Theater bisher völlig unbekannte Stücke zu hören bekommen, die merkwürdig bekannt-unbekannt anmuten – und Mozart zu relativieren scheinen. Zwar neigen wir zu einem Lächeln, wenn Historiker Mozart zu den späten »Neapolitanern« stellen, aber das Lächeln vergeht, wenn wir beim Anhören etwa von *Il Rè Teodoro* plötzlich Paisiello nicht mehr von Mozart unterscheiden können, und zwar deshalb, weil sich die Musiken in zu vielen Details zum Verwechseln ähnlich sind. In der Tat ist es Paisiello vor anderen, der, wie H. Abert gezeigt hat (1918/19), die Musiksprache der Opera buffa so ausbildet, daß Mozart gleichsam nur zugreifen muß. Also ist Mozart doch ein »Neapolitaner«, besteht ein Unterschied nur in der Qualität? Gerade der Vergleich mit Paisiello macht deutlich, wie weit Mozart trotz aller äußerlich stilistischen Anlehnung innerlich von der italienischen Opera buffa abgerückt ist. Wohl benutzt er ihre Bausteine ausgiebig – aber für einen ganz anderen Neubau. Seine Dramatik hat es mit dem Reichtum eines lebendigen Theaters zu tun, nicht mit der bloß geistvollen Variierung festliegender Charakter- und Situationstypen, die auf national-italienischem Boden erwachsen sind und dort beheimatet bleiben. Es ist kein Zufall, daß Mozarts italienische Opern in Italien weniger Resonanz finden als andernorts.

1784 Gründung der **École Royale de Chant et de Déclamation** in Paris

Zwar haben die Italiener die ältesten KONSERVATORIEN, die Franzosen aber haben das berühmteste. Seit dem 16. Jahrhundert entstehen in Italien Waisenhäuser (= Conservatorio), deren Zöglinge eine musikalische Ausbildung für den Musikernachwuchs der Kirche bekommen, in Neapel etwa das *Conservatorio Santa Maria di Loreto* (1537) und das *Conservatorio della Pietà dei Turchini* (1583), in Venedig, wo diese Häuser den Hospitälern angegliedert sind und deshalb anders heißen, etwa das *Ospedale San Salvatore degli Incurabili* (1517-1777) und das *Ospedale della Pietà* (1346; langjähriger Direktor: A. Vivaldi). Diese Anstalten widmen sich im späten 17. und im 18. Jahrhundert zunehmend der Ausbildung des Nachwuchses für die Oper. Die Franzosen gründen 1784 in Paris eine entsprechende Anstalt: *École Royale de Chant et de Déclamation.* Aber schon 1793 wird diese *École* zum *Institut National de Musique* erweitert (seit 1795 unter dem Namen *Conservatoire Nationale de Musique*) und damit in ihrer Aufgabenstellung wesentlich verändert: Von nun an werden hier von den jeweils renommiertesten Komponisten, Musikern, Sängern einer Zeit, die in eine Studienkommission berufen werden, Normen entwickelt und gesetzt, nach denen die Ausbildung zu erfolgen hat und nach deren Maßstab der begehrte Grand Prix de Rome für eine neue Komposition vergeben wird. Bei allem Respekt vor dem Pariser Conservatoire, seinen Meistern und seinen Normen muß man doch feststellen, daß diese Normen für die wirklich Begabten unter dem Nachwuchs nie ein Hindernis waren, daß sie sich aber sehr wohl für die Verbreitung und Vertiefung des Verständnisses von Musik allgemein als äußerst hinderlich erwiesen haben.

Die ursprünglich bedeutendste deutsche »Musikhochschule« (dieser Name erscheint zum ersten Mal 1869 für die Berliner Hochschule für Musik) gründet Felix Mendelssohn Bartholdy, und zwar durchaus nach dem Vorbild des Pariser Conservatoires, 1843 in Leipzig.

1784 **Antonio Salieri** (1750-1825): **Oper »Les Danaides«** in Paris

Zwar italienischer Herkunft, aber seit 1766 in der Schule von Gaßmann in Wien – ist und bleibt Salieri italienischer Opernkomponist (»einer der letzten großen Spätneapolitaner«), auch als Anhänger Glucks (seit 1769). Seine Opernmusik zeigt »Wahrheit und Ausdruck und große Kunst in der Behandlung der leidenschaftlichen Accente der Rede« (Gerber *NTL*). Die »Avvertimenti« (besondere Anweisungen) in autographen Partituren erweisen den reflektierenden Künstler: zu Recht ist Salieri seit den 80er Jahren in Wien ein gesuchter und gerühmter Kompositionslehrer (Beethoven und Schubert sind nur seine berühmtesten Schüler) und nicht nur als Hofkapellmeister (1788-1824) ist er geschätzt und geachtet, durchaus auch als Freund, etwa von Joseph

Haydn, dessen späte Wiener Oratorienaufführungen er leitet. – Der Tragédie lyrique *Les Danaides* liegt ein Libretto von Du Roullet und Tschudy nach Calzabigi zu Grunde, womit allein schon die Nähe zu Gluck bezeichnet wäre. Aber die Oper wird 1784 in Paris im Théâtre de l'Académie royale de musique unter Glucks Namen aufgeführt und hat großen Erfolg, und erst nach der zwölften Vorstellung wird bekannt, daß Salieri der Komponist ist. Als Anhänger der Gluckschen Reformoper wird Salieri also bekannt und berühmt, und das ist nicht nur für ihn selbst von Belang, sondern überhaupt für die Geschichte der Oper in der zweiten Hälfte des 18. und am Beginn des 19. Jahrhunderts.

In jüngerer Zeit ist die Erinnerung an Salieri wieder aufgelebt durch das Theaterstück *Amadeus* des Engländers Peter Shaffer und vor allem durch dessen Verfilmung von Miloś Forman (1984). Zur Story dies: Gerüchte von der Vergiftung Mozarts, die nach seinem Tode da und dort entstanden waren, verstummen bald, leben aber 30 Jahre später wieder auf. Diesmal wird Salieri als möglicher Täter mit Mozart in Verbindung gebracht. 1824 schreibt Beethovens Neffe Karl in das Konversationsheft: »Salieri behauptet, er habe Mozart vergiftet«. Schindler, Beethovens Faktotum, fügt jedoch hinzu: »Er phantasiert stets... er will das beichten.« Nach Salieris Tod (am 7. Mai 1825) notiert der Neffe: »Man sagt auch jetzt sehr stark, daß Salieri Mozarts Mörder ist.« Es ist indessen unwahrscheinlich, daß Beethoven dieses Gerücht geglaubt hat.

1786 Carl Ditters von Dittersdorf (1739-1799): Singspiel »Doktor und Apotheker« in Wien

Das Musikleben Wiens zur Zeit der Wiener Klassiker ist zumindest ebenso durch die Vielzahl der Komponisten und die Verschiedenheit von deren Musiken bestimmt wie durch Haydn, Mozart und Beethoven. Diese sind, wie Noack einmal gesagt hat, »nicht von Zwergen, sondern von hochgewachsenen Genossen umgeben, von denen einzelne heute, in unserer musikalisch ärmeren Gegenwart, vielleicht als Größen ersten Ranges gelten würden.« Ob man Dittersdorf tatsächlich eine Größe nennen kann, bleibe dahingestellt. Aber jedenfalls ist er nicht nur ein fruchtbarer Komponist (über 100 Sinfonien, viele Kammermusik; über 40 Bühnenwerke) sondern auch unter Kollegen hochgeachtet, und er ist erfolgreich. Der Publikumserfolg von *Doktor und Apotheker* jedenfalls übertrifft den von Mozarts *Figaro* zunächst einmal weit. Für die deutsche Oper ist Dittersdorf und nicht Mozart der Mann des Tages.

Dittersdorf kommt 1786 nach Wien, um in den Konzerten der Tonkünstlersocietät sein *Oratorium »Hiob«* aufzuführen. Zugleich bringt er in zwei Konzerten *12 charakterisierte* [d. h. Programm-] *Sinfonien* nach Ovids *Metamorphosen* zur Aufführung. Alsbald stellt sich ein Opernauftrag ein, nämlich für das *Singspiel »Doktor und Apotheker«* (Text von Stephanie d. J.). Der Erfolg ist wohlbegründet: schon der Text ist ein geschickt dem damaligen Geschmack des Wiener Publikums angepaßtes Gemisch aus Motiven und Typen aus der Opera buffa mit solchen aus dem einheimischen Singspiel, und am Stil der Wiener Singspielmusik ändert Dittersdorf nichts.

1787 und 1795/96 Wilhelm Heinse (1746-1803): Romane Ardinghello und Hildegard von Hohenthal

Ardinghello und die glücklichen Inseln. Eine Italiänische Geschichte aus dem sechzehnten Jahrhundert, dieser Roman, nach einem Italienaufenthalt entstanden und 1787 erschienen, ist Heinses bedeutendstes Werk. Er verhilft ihm zu plötzlicher Berühmtheit. Zugleich ist er eines der wichtigsten Zeugnisse für einen neuen Geniekult – und das große Vorbild zahlloser Künstlerromane. Heinse läßt seinen Helden außergewöhnlich, meist übermenschlich, bisweilen gar dämonisch erscheinen und mit der faszinierenden Ausstrahlung des Universalgenies: Ardinghello ist Maler, Dichter und Musiker, Gelehrter, Pirat und Gründer eines utopischen Staates. Die in ihm verkörperte »jungdeutsche« Verehrung der Sinnenlust und die Schein-Antinomie eines »Kampfes der Geschlechter« werden für das Denken von vielen vorbildlich, für Richard Wagner z. B. als Grundgedanke seiner ersten auf die Bühne gelangenden Oper, des 1835/36 entstandenen *Liebesverbots.*

Die Musik ist »Ausdruck des inneren Seins«: »Seine Empfindungen von sich atmen«, »Leidenschaften von sich strömen«, »Töne aus der Seele holen«; die in solche Formulierungen gefaßte Musikanschauung durchzieht Heinses Roman *Hildegard von Hohenthal* wie ein Cantus firmus. Musik ist die sinnlichste Verkörperung des individuellen Ichs: »Wir stoßen einen Teil von dem Leben aus, das in uns ist«, und die ganze Handlung demonstriert diese Musikanschauung. – Zusammen mit diesem entwickeln etwa 80 Romane zwischen 1775 und 1795 im erzählerischen Medium eine empfindsame Ästhetik, die den virulenten romantischen Ideen der Zeit vollends zum Durchbruch verhilft. R. E. Müller (1989) macht dafür »empfindsame Topoi« dingfest, die die Hauptbestandteile dieser Musikästhetik sind, etwa das »schmelzende Adagio« und das »treue Clavier«.

1788-1801 Johann Nikolaus Forkel (1749-1818): Allgemeine Geschichte der Musik, 2 Bände, gedruckt in Leipzig

In gewisser Weise ist die MUSIKWISSENSCHAFT ein Fach, das schon die alten Griechen, etwa durch Pythagoras, betrieben haben, und das über die Musiktheorie des Mittelalters, über die Kompositionslehre der Renaissance und des Barocks und schließlich über die neuerdings so genannte Systematische Musikwissenschaft bis heute betrieben wird. Im engeren Sinne jedoch ist die Musikwissenschaft eine Kunstwissenschaft im Rahmen der historischen Wissenschaften: die »Kunstgeschichte der Musik«. Ihr Begründer ist Johann Nikolaus Forkel, seit 1779 Universitätsmusikdirektor in Göttingen. Die Musikwissenschaft ist also eine *junge* Wissenschaft, jedoch nicht weil, wie der Gemeinplatz sagt, die Theorie der Praxis nachhinkt, sondern weil zum ersten Mal im 18. Jahrhundert in Erscheinung tritt, was die Musik bis dahin *nicht* bestimmt hat, seitdem aber *wesentlich* bestimmt: die Musik*geschichte*. Seit Händels Oratorien weiter aufgeführt werden, obwohl jüngere Meister neue Oratorien komponieren, etwa Joseph Haydn, seit man nicht nur die Erinnerung an J. S. Bach pflegt, sondern seine Werke wiederbelebt, seitdem ist mit einem neuen Bewußtsein von der Musik ein neues Zeitalter ihrer Geschichte angebrochen, ihr historisches Zeitalter, und Forkel ist einer der ersten, die das erkennen und aus der Erkenntnis Folgerungen ziehen.

Der Nachdruck von Forkels Tätigkeit liegt auf den drei Gebieten Musiktheorie, Musikgeschichte und Musikkritik. Als Historiker betont Forkel, in Übereinstimmung mit der Göttinger universalhistorischen Schule, den gemeingeschichtlichen Zusammenhang der Musikgeschichte, übernimmt jedoch von der Aufklärung die Idee der zunehmenden allmählichen Vervollkommnung der Musik im Lauf ihrer Geschichte. Diese Idee verwehrt ihm freilich oft die notwendige sachliche Einstellung, etwa zur Musik der Antike, deren Ablehnung ihm vielfach zum Vorwurf gemacht wird (u. a. von Ambros). Andererseits erkennt Forkel innerhalb des scheinbar unendlichen Fortschritts durchaus Hoch- und Tiefpunkte. Diese seine Einstellung, die besonders an seiner Beurteilung des Verhältnisses der Universal- zur Nationalgeschichte anschaulich wird, macht nun »den Einbruch historischen Denkens in die aufklärerische Dogmatik« sichtbar: Nicht *seine* Gegenwart sieht er als Gipfel der musikalischen Entwicklung, sondern die Epoche J. S. Bachs, dessen Biographie (ursprünglich als krönender Abschluß des dritten Bandes der Musikgeschichte gedacht) ihm Gelegenheit ist, sein eigenes Musikerideal, nämlich das höchst romantische des Originalgenies, an der Person Bachs zu demonstrieren. Wie in der allgemeinen Geistesgeschichte als später Vertreter der Aufklärung und wie als erster moderner Musikwissenschaftler, so nimmt Forkel auch als Bach-Biograph eine Schlüsselstellung ein: als letzter, der noch aus der unmittelbaren Überlieferung der ihm befreundeten ältesten Bach-Söhne schöpft, und als erster, der die Wiederentdeckung Bachs vorbereiten hilft.

Neben der *Allgemeinen Geschichte der Musik* und der *Bach-Biographie* von 1802 sind von Bedeutung Forkels *Allgemeine Literatur der Musik* (1792), die, von unzureichenden Versuchen abgesehen, erste musikwissenschaftliche Bibliographie (mit über 3000 Titeln), und die zusammen mit dem Wiener Joseph von Sonnleithner geplante Publikation von *Denkmalen der Tonkunst,* die nicht zustande gekommen ist, weil 1805 französische Soldaten die bereits gestochenen Druckplatten des ersten Bandes zu Kugeln umschmelzen – und Forkel damit völlig entmutigen.

1789-1794 Die Pariser Oper in der französischen Revolution

Eine Geschichte der Musik in Frankreich, besonders in Paris, während der Zeit der großen Revolution ist nicht geschrieben und sie wird auch nicht leicht zu schreiben sein. Immerhin berichtet Knepler (1961) vieles, von der Oper etwa dies: Die Zahl der Stücke mit Musik, die während der Revolution auf die Pariser Bühnen kommen, ist groß; in den fünf Jahren zwischen der Erstürmung der Bastille (14. Juli 1789) und der Hinrichtung Robespierres (28. Juli 1794) sind es mindestens 165 von über 30 Komponisten. Den Theatern mit alter Tradition reiht sich dabei eine Zahl von neueren an, so das Théâtre Beaujolais, das Théâtre Montansier, das Théâtre de la Cité, die im Lauf der fünf Jahre ungefähr je zehn Premieren haben. Die Palette reicht von der ernsten Oper bis zur musikalischen Posse, vom aktuellen Ereignis bis zur antiken Geschichte und zu exotischen Vorwürfen. Wie weit die politischen Ereignisse sich in diesen Stücken niederschlagen, ist schwer zu sagen. Seit etwa 1791 jedenfalls werden royalistische Stücke auf Pariser Bühnen von der revolutionären Behörde nicht mehr geduldet. Und auch dies scheint festzustehen, daß das Neue, dem der revolutionäre Sturm die Tore des Operntheaters geöffnet hat, von größerer Bedeutung ist, als man bisher angenommen hat.

um 1790 **Nikolaus Betscher** (1745-1811): **Kirchenmusik** für die Reichsabtei Rot an der Rot in Oberschwaben

Die Landschaft zwischen Alpen und Schwäbischer Alb, zwischen Donau, Iller und Bodensee, wird – fernab von jeder landesherrschaftlichen Residenz – bestimmt durch zahlreiche Klöster der Benediktiner und Prämonstratenser. Zeitgleich mit dem beginnenden barocken Um- und Neubau der Klöster im 16. Jahrhundert erfährt die Musikpflege, die in den Orden seit alters tief verwurzelt ist, eine Bereicherung durch den neuen konzertanten Stil italienischen Ursprungs, dessen von Pauken und Trompeten gekrönte Festlichkeit wir noch heute zu vernehmen meinen, wenn wir eine dieser Barockkirchen auch nur betreten. Die Komponisten dieser Klöster schreiben Musik für die Kirche und für die Geselligkeit im Kloster. Zur »Kirche« gehören neben Messen Kompositionen für das Proprium, das Offizium und für außerliturgische kirchliche Gelegenheiten. Die Musik zur »Geselligkeit«, vor allem Kammermusik und Lieder, aber auch konzertante Orchestermusik, steht an Vielfalt der der höfischen Residenzen kaum nach. Anregungen für die Klostermusik gehen in erster Linie vom fürsterzbischöflichen Salzburg aus, dessen Benediktiner-Universität das Ausbildungszentrum der oberschwäbischen Klöster ist. Die Vielfalt der Kunst und der Kunstausübung findet ihr Ende nach außen hin mit der Säkularisation 1803, nach innen durch die grundlegenden politischen, konfessionellen und ästhetischen Verschiebungen dieser Zeit. Erst die Wiederbelebung der Barockmusik seit den 20er Jahren unseres Jahrhunderts bereitet den Boden für eine neue Wertschätzung auch der oberschwäbischen Klostermusik, besonders ihrer zum Teil wunderbaren Orgeln. Von den Klöstern sind vor anderen zu nennen Marchtal, Ochsenhausen, Ottobeuren, Rot an der Rot, Schussenried und Weingarten, von den Komponisten Isfried Kayser (1712-1771), Ernest Weinrauch (1730-1793), Nikolaus Betscher (1745-1811), Meingosus Gaelle (1732-1816), Sixt Bachmann (1754-1825). – Anders als die prominenten Kirchenbauten ist die musikalische Hinterlassenschaft der Konvente nach deren Auflösung in Vergessenheit geraten, sind die Namen von deren Komponisten nicht in die Musikgeschichte eingegangen. Einer dieser – wie man so sagt: zu Unrecht vergessenen – Komponisten ist Nikolaus Betscher, der seit 1789 Abt in Rot an der Rot ist. Von ihm sind etwa 40 Kompositionen (zum Teil allerdings nur fragmentarisch) erhalten: 11 *Messen,* 2 *Requiems,* 16 weitere *lateinische* und *deutsche Vokalwerke* sowie eine Anzahl von *Wallfahrtsliedern.* 23 Manuskripte sind datiert, beginnend mit einer *Missa in G* von 1774 bis zu einer *Missa in C* von 1794.

Man muß sich das vergegenwärtigen: Musik ist im Leben und im Veranstaltungsgefüge solcher oberschwäbischen Klöster gleichsam allgegenwärtig. Gesungen und gespielt wird nicht nur in der Kirche, sondern auch »in conventu«, d. h. im Kreis der Konventualen und ihrer Gäste. Werden in der Kirche – selbstverständlich abgesehen vom Chorgebet – vor allem orchesterbegleitete Kirchenwerke aufgeführt, erklingen »in conventu« vornehmlich gesellige Gesänge und instrumentale Kammermusik. Zum Repertoire steuern in den meisten Konventen die hauseigenen Komponisten ihre Werke bei. – Nicht nur die Noten, auch die Musikinstrumente sind in der Regel auf den Emporen der Kirchen untergebracht, von wo auch musiziert wird. Neben Streichinstrumenten werden in den orchesterbegleiteten Messen Oboen, Hörner und bald nach ihrem Aufkommen auch Klarinetten eingesetzt. Auch Pauken und Trompeten, die in der Kirche mancherorts als weltlich beargwöhnt werden und keineswegs unumstritten sind, gehören in den oberschwäbischen Klöstern zur Klangausstattung der Kirchenmusik an hohen Festen. – Die Verlagerung der musikalischen Aktivitäten aus dem Chorraum, wo der Konvent gregorianisch singt, auf die Westempore der Kirche entspricht übrigens einem Zug der Zeit: In der räumlichen Entfernung der Musik vom Altar durch die Verlegung des Aufführungsortes zeigt sich eine gewisse Emanzipation der Kirchenmusik vom gottesdienstlichen Vollzug. So wenig die Kirchenmusik der oberschwäbischen Klöster zur Zeit Nikolaus Betschers in ihren liturgischen Funktionen aufgeht, so wenig entspricht sie andererseits dem, was die Religiosität damals von angemessener Kirchenmusik erwartet, will sie doch – im Zeitalter der Empfindsamkeit geradezu altmodisch – weniger Stimulans zu religiöser Hingabe und andächtiger Versenkung sein, als hörbare und wirksame Verherrlichung Gottes und Steigerung des öffentlichen Kultus. (Faber, Haug)

1790 **Johann Georg Albrechtsberger** (1736-1809): **Gründliche Anweisung zur Composition** (2. Aufl. Leipzig 1818)

Seit 1772 ist Albrechtsberger zweiter, seit 1791 erster Hoforganist und, als Nachfolger Mozarts, Kapellmeister-Adjunkt an St. Stephan, seit 1793 Domkapellmeister. Er ist also einer der wichtigen Musiker im Wien der Zeit Haydns, Mozarts und Beethovens – und als Komponist doch von geringer Bedeutung. Freilich, Gerber (*GNTL*) läßt ihm »den von Haydn selbst bestätigten Ruhm« zukommen, »unter anderen Wiener Meistern der beste Lehrer der Komposition zu sein.« Nun, Beethoven, den der alte Haydn kaum mehr praktisch unterrichtet hat, geht tatsächlich 1794/95 zu Albrechtsberger in die Lehre (später außerdem noch zu Schenk und Salieri).

Aber da muß man doch fragen, was das junge Genie bei dem alten Routinier hat lernen können? Technik wohl, wie sie zur Realisierung auch der genialsten Vorstellungen schlicht Voraussetzung ist. Aber nur Technik? Man hat gesagt, die beiden großen Ströme der Vokalpolyphonie (von Palestrina über J. J. Fux) und der Instrumentalpolyphonie (von Bach über Kirnberger) gingen in Albrechtsberger ein und durch ihn hindurch; *er* sei es, der den Stilzusammenhang stifte, welcher von Fux und Monn bis zu Beethovens späten Quartetten reiche, also die Wiener Klassik von ihren barocken Keimen bis zu ihrer Spätstufe umfasse. Was sich so plausibel anhört, entspricht jedoch keiner Realität. Eher das, was Seyfried, Beethovens Adjunkt, über Albrechtsberger sagt: »Der sogenannte galante Stil konnte nie seine eigentliche Sphäre sein«, und was er ironisch hinzufügt: Albrechtsberger »habe gar kein Verdienst dabei, daß er gute Fugen mache, denn ihm falle kein Gedanke ein, der sich nicht zum doppelten Kontrapunkt brauchen ließe.« Also hat Beethoven zwar wirklich Technik bei Albrechtsberger gelernt, aber für die kompositorische Realisierung seiner eigenen Vorstellungen mußte er doch bei Haydn in die Lehre gehen – freilich im Selbststudium. Deshalb kann man Beethoven nicht ohne weiteres in einem Atemzug mit Albrechtsberger und mit dessen anderen Schülern nennen, mit Carl Czerny, Ferdinand Ries, Joseph Eybler, Johann Nepomuk Hummel, Ignaz Umlauff, Joseph Weigl. Nicht, weil man diese einfach abqualifizieren dürfte oder könnte, sondern weil sie andere musikalische Vorstellungen haben und realisieren, nämlich solche, für die man tatsächlich das Handwerk bei Albrechtsberger lernen kann. Sie alle gehören, obwohl Zeitgenossen der Wiener Klassiker, einer anderen musikgeschichtlichen Epoche an, die man ebensowenig »Wiener Klassik« wie »Vorklassik« nennen kann und deshalb auch nicht so nennen sollte.

1790 **François-Joseph Gossec** (1734-1829): **»Te deum«** für die »Fête de la Fédération« in Paris

In Zeiten welthistorischer Umbrüche und kunstgeschichtlicher Veränderungen ohnegleichen umfaßt ein Leben von 95 Jahren, wie es Gossec beschieden ist, unfaßbar viel. Als Sinfoniker, der er in erster Linie ist, geht er noch auf frischen Spuren des Johann Stamitz und gelangt dann in über 60 Werken so weit, daß man ihn (wegen seiner besonderen Orchesterbehandlung) einen Vorläufer von Berlioz nennt. Mit der Organisation der Pariser »Concerts des amateurs« seit 1769 und in der Leitung der »Concerts spirituels« seit 1773 arbeitet er für das anbrechende bürgerliche Zeitalter der Musik; als Direktor der École royal de Chant seit 1784 unterrichtet er im alten Königreich, als diese Schule 1795 im Conservatoire aufgeht, in der neuen Republik. Als Opernkomponist versucht er zunächst die Tradition der Tragédie lyrique aus der Nachfolge Glucks zu erneuern (*Thésée,* nach Quinault, 1782), wendet sich aber bald der bürgerlich-sentimentalen Oper zu (*Rosine ou l'Epouse abandonnée,* nach Gersin, 1786). Eigentlich bekannt und berühmt wird Gossec jedoch erst mit seinen Revolutionsmusiken – die das Volk schätzen und an denen es teilhaben können soll, meist Freiluftmusiken für Bläser und stark besetztes Schlagzeug. Das für die »Fête de la Fédération« geschriebene *Te deum* z.B. ist für einen dreistimmigen Männerchor geschrieben, der 1200 Sänger mit 300 Blasinstrumenten und Schlagzeug vereinigen soll. Die liturgischen Verse sind zwar ziemlich schlicht, wenn auch mit expressiver Tendenz vertont, aber das Orchester spielt höchst merkwürdige Zwischenspiele, Tänze und Kriegsmärsche zwischen die Gesänge hinein. Die *Marche lugubre* für Blasinstrumente und gedämpfte Trommeln ist ein kurzes, aber ergreifend ausdrucksvolles Stück; sie dient vielen Trauermärschen des 19. Jahrhunderts als Muster. Als Gossec schließlich den Ehrgeiz hat, seinen alten Opernstil mit dem seiner neuen Revolutionsmusiken zu verbinden, nämlich im *L'Offrande à la Liberté* (1792), einer Dramatisierung der *Marseillaise,* da hat er noch einmal einen großen und auch einigermaßen dauerhaften Erfolg (Wangermée 1956).

1790 **Johann Baptist Novak** (um 1756-1833): **Bühnenmusik zu einer slowenischen Fassung von Beaumarchais' »Der tolle Tag«** in Laibach/Ljubljana, Slowenien

Ta veseli dan ali Matiček se ženi: Der tolle Tag oder Matičeks Hochzeit ist eine slowenische Umdichtung des berühmten *Figaro* von Beaumarchais (1784) durch A. T. Linhart, ähnlich wie da Ponte's *Figaro* (1786), jedoch nicht als Libretto, sondern als Schauspiel, für das allerdings von vornherein größere Musikstücke vorgesehen sind. Novaks Musik ist von Mozarts nicht immer auf Anhieb zu unterscheiden. Zeitgeist also sowohl im Stück als auch in der Musik, und zwar in einer der kleineren Hauptstädte des Vielvölkerstaates der Habsburger Monarchie. Gegen Ende des Jahrhunderts und am Beginn des 19. steht jedoch in Slowenien die Reproduktion der Werke der Zeitgenossen von außerhalb im Vordergrund, und die einheimische Produktion hat keinerlei größere Erfolge aufzuweisen, weil es keine kreativ ausgeprägten Autoren gibt, und weil die Geistesumwelt damals in Slowenien dafür noch nicht vorbereitet ist (Cvetko).

1791 Gründung der Singakademie in Berlin

Von entscheidender Bedeutung für die Berliner Musik und Musikgeschichte sind die von Carl Friedrich Christian Fasch seit 1790 im Hause Milow abgehaltenen Singübungen, aus denen 1791 ein Singverein hervorgeht. Dessen Bedeutung liegt zunächst in der Zusammenfassung breiter musikinteressierter Kreise, dann aber in der Pflege von Meisterwerken. 1793 siedelt der Chor in die Räume der Akademie der Künste über und erhält dabei den Namen »Singakademie«. Seit 1827 hat die »Singakademie« ein eigenes Haus am Kastanienwäldchen gegenüber der Staatsoper, und seitdem finden regelmäßig Abonnementskonzerte statt. Hier auch findet 1829 die denkwürdige erste Wiederaufführung von Bachs *Matthäuspassion* unter Felix Mendelssohn Bartholdy statt, 1834/35 folgt die erste Gesamtaufführung der *h-moll-Messe.*

1791-1805 Johann Rudolf Zumsteeg (1760-1802): **Balladen und Lieder**

Alfred Einsteins interessantes, ja fesselndes Buch *Die Romantik in der Musik* (1950) hat ein Kapitel »Der romantische Klassiker: Schubert«, wo nach der Zwischenüberschrift »Schuberts Lied« dies zu lesen ist: »Ein Gegensatz tut sich auf zwischen Norddeutschland, etwa mit J. A. P. Schulz und J. Fr. Reichardt, die das echte Strophenlied pflegen – und dem erstgenannten gelingen in der Tat feine und wundersame Dinge – und den Österreichern Haydn und Mozart, deren Gebilde von ihren strengen Gegnern, als zu instrumental empfunden, überhaupt nicht als Lieder anerkannt werden. Wo der Norden dem Lied zu wenig Musik mitgab, gab der Süden ein Übermaß; oder vielmehr: für Haydn und Mozart war der Dichter noch der Untergebene des Musikers, der Lieferant des Textes, an den Musik gehängt wurde. Und da der Dichter ihnen gleichgültig war, so ist es Zufall, wenn sie einmal an einen großen gerieten: Haydn etwa an Shakespeare oder Mozart an Goethe. In beiden Fällen entstanden keine Lieder, sondern instrumental untermalte *Szenen,* besonders denkwürdig das kleine Meisterwerk Mozarts *Das Veilchen,* halb Kanzonette, halb lyrisches ›Melodram‹. Denn auch von einer anderen, neuen Kunstgattung wurde das deutsche Lied berührt, dem wirklichen Melodram, in dem das gesprochene Wort, meist als pathetischer Monolog, in der Art eines Recitativo accompagnato orchestral untermalt wurde: das Orchester gab die Akzente des Gefühls, den szenischen Hintergrund: Sonnenaufgang, Gewitter und Sturm, pastorale Freundlichkeiten. Aus der Mischung von Melodram und Lied entstand die Ballade, deren erster größerer Vertreter, der Stuttgarter Joh. Rud. Zumsteeg, tiefen und merkwürdig lange dauernden Eindruck auf Schubert gemacht hat. – Aber es ist der einzige uns nachweisbare starke Einfluß auf den Schöpfer des Liedes: Franz Schubert. Noch mehr vielleicht als auf dem Gebiet des Instrumentalen zeigt sich hier das Glück seiner historischen Stellung. Er ist hineingeboren in die größte Zeit der deutschen Literatur: er erbt Klopstock und Hölty, er ist der jüngere Zeitgenosse Goethes und Schillers, er erlebt die Revolution der literarischen Romantik, von Tieck, den beiden Schlegel, Novalis bis zu Heinrich Heine; und die Romantik erschließt ihm durch ihre Übersetzungen ein Stück Weltliteratur: Ossian, Petrarca, Shakespeare, Cibber, Walter Scott. Auch was seine Wiener Freunde ihm als Texte liefern, ist doch immer ein würdiges Echo der Erregung dieser hochgestimmten Zeit. Er hat über sechshundert Lieder und Gesänge geschrieben, unter denen eine ganze Reihe die endgültige Lösung des Problems ›Lied‹ darstellen: denn wie jede zusammengesetzte, komplexe Kunstgattung *ist* das Lied ein Problem, kaum weniger als die Oper, und in jedem Fall hat der Komponist das Equilibrium zwischen Melodie und Begleitung, zwischen Gefühl und Schilderung zu finden. – Schuberts Lied ist klassisch und romantisch zugleich: auf keinem anderen Gebiet ist man mehr berechtigt, ihn den romantischen Klassiker zu heißen.« Dies Letztere soll uns an anderer Stelle beschäftigen, hier zuvor die Frage nach dem »einzigen uns nachweisbaren starken Einfluß« (Zumsteegs) auf den »Schöpfer des Liedes«.

Zumsteeg ist ein interessanter Mann. Von der gemeinsamen Schulzeit in Stuttgart an verbindet ihn eine lebenslange Freundschaft mit Schiller. Seit 1781 ist er in Stuttgart bei Hofe angestellt (seit 1793 in der Funktion eines Hofkapellmeisters), wo er die Ära der italienischen, nämlich der Jommellischen Oper, zu beenden vermag, allerdings weniger mit seinen zahlreichen eigenen

Bühnenwerken als dadurch, daß er die Stuttgarter Oper für Mozart öffnet. Weithin bekannt wird Zumsteeg erst, als er 1791 mit der Veröffentlichung von *Balladen* beginnt, und dann, als Breitkopf & Härtel im Jahre 1800 beginnen, eine repräsentative Auswahl von *Kleinen Balladen und Liedern* herauszugeben (7 Hefte mit 168 Kompositionen; 1800-1805). Für diese Werke Zumsteegs ist von Belang, daß er zur sogenannten SCHWÄBISCHEN LIEDERSCHULE gehört, die sich im Bereich des Musikalischen von der Wiener Liedkomposition der Zeit kaum unterscheidet, wohl aber in dem der Texte. Und hier nun scheint der junge Schubert geradezu zur SCHWÄBISCHEN LIEDERSCHULE zu gehören (W. Dürr 1987).

In seinen *Aufzeichungen über meinen Verkehr mit Franz Schubert* berichtet Josef von Spaun, Schubert habe Ende März 1811 »mehrere Päcke Zumsteegscher Lieder vor sich und sagte mir, daß ihn diese Lieder auf das tiefste ergreifen. ›Hören Sie‹, sagte er, ›einmal das Lied, das ich hier habe‹, und da sang er mit schon halb brechender Stimme *Colma,* dann zeigte er mir *Die Erwartung* (die *Maria Stuart*), den *Ritter Toggenburg* etc. Er sagte, er könne tagelang in diesen Liedern schwelgen. Dieser Vorliebe in seiner Jugend verdanken wir wohl auch die Richtung, die Schubert genommen, und doch wie wenig war er Nachahmer, und wie selbständig der Weg, den er verfolgte. Er hatte damals schon ein paar Lieder versucht, so z. B. *Hagars Klage.* Er wollte Zumsteegs Lied, das ihm sehr gefiel, in anderer Weise setzen.« Dreierlei ist wichtig in diesem Bericht. Zuerst die Tatsache, daß Schubert von den Liedern Zumsteegs »auf das Tiefste ergriffen« ist, zweitens der Hinweis, daß er *Hagars Klage* in anderer Weise setzen will. Tatsächlich entsteht Schuberts Vertonung von *Hagars Klage* (D 5) in jenem März 1811. Drittens, und das ist wohl Spauns wichtigster Hinweis, verdanken wir offenbar Zumsteeg »die Richtung, die Schubert genommen.«

Zumsteegs Balladen-Komposition ist von einer damals neuen und ganz eigenen Art. Er orientiert sich an der Kantate, genauer: an der im 18. Jahrhundert beliebten italienischen Solokantate, geschrieben in der Regel für einen Sänger, begleitet vom Generalbaß. In diesen Kantaten wird ein kurzer, novellistischer Handlungsablauf in einer Folge kleiner Sätze im Wechsel von Rezitativen und Arien dargestellt. Anders freilich als in diesen Kantaten, die oft wie kleine Singspiele erscheinen, deren einzelne Sätze den von der Bühne her vertrauten Satztypen folgen, ergibt sich für Zumsteeg die innere Gestalt seiner kleinen Balladen-Sätze aus der poetischen Form: Auf die Rezitative folgen keine streng gebauten Arien sondern freie Ariosi, und diese faszinieren auch den jungen Franz Schubert, der nicht Neues erfindet, sondern am Vorhandenen weiterarbeitet.

1792 Domenico Cimarosa (1749-1801): Opera buffa »Il matrimonio segreto« in Wien

Zu den zahlreichen Italienern, die in der zweiten Hälfte des 18. Jahrhunderts international so berühmt sind, daß sie die Zarin Katharina II. an ihre Hofoper nach St. Petersburg holt, gehört auch Cimarosa. 1787 tritt er dort die Nachfolge Paisiellos an, muß aber 1791 seiner Gesundheit wegen die Stelle wieder aufgeben. Freilich lockt auch das Angebot Kaiser Leopolds II. nach Wien, wo bis dahin schon elf Opern Cimarosas aufgeführt worden sind. Hier schreibt er *Die heimliche Ehe* (Text von G. Bertati), sein bestes Werk und eines der berühmten seiner Zeit. Bei der Uraufführung im Burgtheater ist der Beifall so groß, daß auf Wunsch des Kaisers die ganze Oper wiederholt wird. In Neapel, wohin Cimarosa 1793 zurückkehrt, wird mit 67 Aufführungen der Wiener Erfolg noch übertroffen. Bis heute steht das Werk auf den Spielplänen der Opernhäuser der Welt – und in Italien rangiert es an Beliebtheit weit vor Mozarts Opern. Eduard Hanslick bewundert Cimarosas »fabelhaft leichte, aber meisterlich geschulte und vom Geschmack geleitete Hand.« Und der Unterschied zu Mozart? Zwar ähneln sich die Stile, vor allem in der schlagfertig kurzen Motivik und Rhythmik, und die Wirkung scheint bei oberflächlichem Hören nahezu gleich. Aber was bei Cimarosa Spiel als Spiel ist und nicht mehr, ist bei Mozart eingesenkt in die Tiefe des Menschlichen und gezeichnet von der Tragik des Wissens um die Zeitlichkeit des Spiels wie des Lebens, und dementsprechend hat der musikalische Satz eine anders strukturierte Tiefendimension.

1792 Claude Joseph Rouget de l'Isle (1760-1836): La Marseillaise

In der Nacht vom 24. zum 25. April 1792 in Straßburg schreibt der Pionieroffizier Rouget de l'Isle (de Lisle) Text und Musik zu einem französischen Revolutions- und Freiheitsgesang. Das Lied wird als »Le chant de guerre pour l'armée du Rhin« in Straßburg gedruckt und am 30.7.1792 von einem Marseiller Freiwilligenbataillon beim Einmarsch in Paris gesungen. Von daher hat es seinen Namen. Auf die Melodie der *Marseillaise* (die durchaus melodisches und allgemeinmusikalisches Zeitgut enthält) ist die *Arbeiter-Marseillaise »Wohlan, wer Recht und Arbeit achtet«* als Kampflied der Sozialdemokratie 1864 von Jakob Audorf (1835-1898) gedichtet. In gewisser Weise gilt die *Marseillaise* als Revolutionslied schlechthin, und zwar eher als die ebenfalls in Frankreich 1871 entstehende *Internatio-*

nale. Dementsprechend wird sie immer wieder in der Kunstmusik als solche zitiert, bei Schumann, Wagner, Tschaikowsky u. ö.

Stefan Zweig (1881-1942) hat in *Sternstunden der Menschheit. Fünf historische Miniaturen* (1927) einen *Essay »Das Genie einer Nacht«* Rouget und der Marseillaise gewidmet und sie dabei als eines der großen Musikstücke der Menschheit gewürdigt, indem er das Unbegreifliche des schöpferischen Augenblicks darzustellen versucht.

1792-1797 Giovanni Battista Viotti (1755-1824): Violinkonzert a-moll, Nr. 22

Viotti rühmt sich, Schüler von Pugnani (1731-1798) zu sein, also der besten italienischen Geigerschule seiner Zeit zuzugehören. Dementsprechend macht er seine Karriere zunächst als durch ganz Europa reisender Violinvirtuose. Doch zieht er sich bald vom öffentlichen Konzertieren zurück, lebt in Paris, London, Hamburg, wo sein Hauptinteresse offensichtlich der Oper gilt. Zwar hat Viotti kaum Schüler, aber sein Einfluß reicht weit, gar bis zu Beethovens Violinkonzert, so verschieden dessen Grundhaltung auch ist. Von seinen zahlreichen *Violinkonzerten* ist das in *a-moll* (Nr. 22) wegen seiner frühromantisch stimmungshaften Verhaltenheit bei den Geigern bis heute beliebt. Nicht umsonst schreibt Brahms (an Clara Schumann): »Das *a-moll Konzert* von Viotti ist meine ganz besondere Schwärmerei... Es ist ein Prachtstück von einer merkwürdigen Freiheit in der Erfindung; als ob er phantasiere, klingt es und ist alles meisterlich gedacht und gemacht.« Obwohl Brahmsens eigenes Violinkonzert äußerlich dem von Beethoven erstaunlich nahekommt, steht es im Bereich des Stimmungs- und Empfindungshaften doch Viotti näher.

1793 Jean François Lesueur (1760-1837): Oper »La Caverne« in Paris

Seit der Gründung des Conservatoire 1795 ist Lesueur dort Lehrer (seit 1818 Professor für Komposition), und als solcher schreibt er viele und wichtige musiktheoretische und musikästhetische Abhandlungen, die sich einerseits anhören, als sollten sie Glucks Reformideen wiederholen, andererseits, als wolle Lesueur die Grundlagen der Musikauffassung der musikalischen Romantik programmatisch formulieren, und zwar gerade im Hinblick auf die Oper: Die Musik soll in engem Zusammenhang mit den Gefühlen der im Drama handelnden Personen stehen und schildernden Charakter haben. Die *Opéra comique »La Caverne ou Le Repentir«* (nach *Gil Blas* von Lesage) erringt trotz der turbulenten Zeitereignisse (die Aufführung findet kaum einen Monat nach der Hinrichtung Ludwigs XVI. statt) stürmischen Erfolg und erlebt mehr als 100 Aufführungen in nicht ganz 15 Monaten. – Lesueurs beste Schüler gehören zu den bedeutendsten französischen Komponisten des 19. Jahrhunderts: Charles Gounod und Georg Bizet.

1794 Gründung der Philharmonischen Gesellschaft in Laibach/Ljubljana, Slowenien

In der Musikgeschichte Mitteleuropas stellt das organisierte Musikleben in Laibach/Ljubljana ein eigenartiges Phänomen dar. Ljubljana war nämlich nie Hauptstadt eines Staates oder Sitz eines Fürstenhofes. Es war wohl die Hauptstadt des Herzogtums Krain als Teil der Österreichischen Monarchie, aber erst heute ist es Hauptstadt der Republik Slowenien. Abhängig von Zeiten größerer oder geringerer Autonomie fiel ihm nichtsdestotrotz zeitweilig eine bedeutende Rolle zu, die es sich, wie Kuret (1990) eindrücklich beschreibt, zur Entfaltung von Kunst und Wissenschaft nutzbar zu machen wußte. So ist die 1794 gegründete »Philharmonische Gesellschaft« in den ersten 30 Jahren ihres Bestehens Trägerin des Musiklebens im Mittelpunkt des Landes. Zwar pflegt das Ständische Theater noch immer vornehmlich die italienische Opera buffa, das Konzertleben aber entwickelt sich ganz im stilistischen Umfeld der Wiener Klassiker. 1800 macht die Gesellschaft Joseph Haydn, 1819 Ludwig van Beethoven zu Ehrenmitgliedern. Als im April 1816 Franz Schubert »unterthänigst bittet, ihm die erledigte Musik-Direktor-Stelle zu Laibach in Gnaden zu verleihen«, nimmt auch die Direktion der »Philharmonischen Gesellschaft« Stellung. Aber Schubert wird wegen seines jugendlichen Alters, mangelnder Erfahrung und, weil er noch unbekannt ist, nicht genommen.

1796 Meingosus Gaelle (1752-1816): Komische Oper »Adams und Evas Erschaffung« in Weingarten

Das älteste erhaltene Werk des Meingosus Gaelle, seit 1771 Benediktiner im Kloster Weingarten in Oberschwaben, ist eine Liedersammlung *Das Unschuldige Vergnügen* von 1777, geschrieben, als Gaelle Student der Salzburger Universität ist. Im Amt eines Chorregenten des Klosters Weingarten entstehen dann zwischen 1786 und 1792 für den dortigen Gottesdienst bestimmte Kirchenwerke: *Offertorien, Hymnen,* ein *Salve Regina,* ein *Magnificat* und ein *Dixit Maria.* Daneben haben sich aus diesen Jahren Bearbeitungen Gaelles von Kirchenwerken zeitgenössischer Komponisten wie Dittersdorf, Koželuch und Pleyel erhalten, um nur die bekanntesten zu nennen. Zwischen 1807 und 1810 entstehen sodann zahlreiche, meist für Männerstimmen mit Instrumentalbegleitung gesetzte *Lieder* und *Kantaten.* Freilich, Gaelle ist Dilettant, er komponiert aus Liebhaberei, und also wendet sich seine Musik nicht an ein öffentliches Publikum, sie hat ihren Ort vielmehr im Leben der klösterlichen Gemeinschaft, der er als Mönch angehört.

Das einzige erhaltene musikdramatische Werk – wenn man es einmal so nennen darf – von Gaelle ist seine *Komische Oper »Adams und Evas Erschaffung«* nach dem in Singspielform verfaßten Mundartstück *Die Schöpfung* des Obermarchtaler Prämonstratenserpaters Sebastian Sailer (1714-1777). Die dramatischen Stücke Sailers – außer der *Schöpfung* ist von ihm eine ganze Reihe weiterer Singspiele erhalten – finden in der zweiten Hälfte des 18. Jahrhunderts in Drucken wie in Handschriften weite Verbreitung. Dementsprechend kennen wir von der *Schöpfung* verschiedene textliche und musikalische Fassungen: das Stück wird bis ins späte 18. Jahrhundert hinein immer wieder neu bearbeitet, wobei man mitunter sehr frei über den Stoff verfügt – aber man spielt in jener Zeit auch oft und gern Theater bei sehr verschiedenen Anlässen. Wichtigstes Element in dieser Oper ist deshalb das gesprochene Wort in melodramatischen Rezitativen, erst an zweiter Stelle rangieren die Arien. So ist Gaelles *Schöpfung* zu verstehen als »eine musikalische Komödie, dem Abt zu Ehren in Szene gesetzt von den Weingartener Musen«, also ein spätes Beispiel für jene musikalischen Festtagskomödien, die im 18. Jahrhundert gepflegt werden, wie in Weingarten so allerorten in den großen Klöstern des südlichen deutschen Sprachraums.

1796 **Johann Baptist Schenk** (1753-1836): **Deutsches Singspiel »Der Dorfbarbier«** in Wien

»Alles unser Bemühen daher, uns im Einfachen und Beschränkten abzuschließen, ging verloren, als Mozart auftrat. *Die Entführung aus dem Serail* schlug alles nieder, und es ist auf dem Theater von unserm so sorgsam gearbeiteten Stück niemals die Rede gewesen.« Was Goethe im November 1787 aus Rom berichtet, trifft so nicht zu. Zwar sieht er sein Bemühen um eine deutsche Oper durch Mozart überholt, sieht er, daß mit der *Entführung,* obwohl »nur« ein deutsches Singspiel, eine neue Art von musikalischem Theater geschaffen ist, die fortan naive Singspiele gleichsam ausschließt, aber mit dieser Ansicht steht Goethe ziemlich allein. Schenk etwa – bei dem übrigens der junge Beethoven 1793 Unterricht nimmt – versucht in seinen 1785 bis 1802 entstehenden Singspielen (von denen *Das Singspiel ohne Titel,* Wien 1790, und *Achmet und Almanzine,* Wien 1795, wie Mozarts *Entführung* zur Tradition der »Türkenoper« gehören) nach wie vor, für eine »deutsche Oper« Elemente der italienischen und der französischen Oper mit bodenständigen Elementen zu verbinden (Federhofer). Nun, der Erfolg gibt seiner Arbeit Recht; sein berühmtestes Stück, *Der Dorfbarbier,* wird (ähnlich wie dessen »Verwandte«: *Doktor und Apotheker* von Dittersdorf, 1786, *Der Tyroler-Wastl* von Haibel, 1796, und *Das Donauweibchen* von Kauer, 1798) zum Erfolgsstück mit über 300 Aufführungen bis 1820 allein in Wien. Hinter diesem Publikumserfolg bleibt der von Mozarts deutschen Opern weit zurück.

Aber Friedrich Treitschke, der Mit-Autor des Textes zu Beethovens *Fidelio,* rühmt auch noch 1841 den *Dorfbarbier,* »in dem der furchtsam bescheidene Komponist herrliche Melodien mit reinem, klarem Satze verband.« Solches freilich läßt uns heute fragen: Weiß Treitschke, was er da sagt, oder versteht er nicht genug von Musik? Wie kann man nach Mozarts *Entführung* und Beethovens *Fidelio* den *Dorfbarbier* so loben? Nun, vielleicht ist *unser* Blickwinkel falsch, aus dem *wir* die musikalische Wirklichkeit der Zeit zwischen rund 1780 und 1830 *ein*fach sehen, die doch *zwei*fach ist. Der Unterschied zwischen Schenks und Mozarts Opern ist keineswegs nur einer der Qualität, es ist auch ein prinzipieller Unterschied in der Auffassung vom musikalischen Theater. Die Zeitgenossen also erleben eine Doppelung, und sie finden offensichtlich nichts bei dieser Gleichzeitigkeit des Verschiedenen, die *uns* nur deshalb so sehr stört, weil wir allzu gern meinen, immer und überall müsse sich, könne sich nur eines aus dem anderen entwickeln, schlössen sich so verschiedene Erscheinungen wie Schenks und Mozarts Singspiele gegenseitig aus. Das aber ist nicht eo ipso der Fall.

1797 **Luigi Cherubini** (1760-1842): **Große Oper »Médée«** in Paris

Unter Cherubinis rund 30 teils italienischen, teils französischen Opern ist *Médée* (Text von F. B. Hoffmann; mit gesprochenem Dialog, wie zu jener Zeit in der Opéra comique üblich) wohl die bedeutendste, außerdem die einzige, die heute noch auf Opernspielplänen erscheint. Im Geiste

Glucks versucht Cherubini die Schlangennatur der Zauberin, die warmen Gefühle der Liebenden und Mutter, den leidenschaftlichen Rachetrieb gegen den untreuen Mann und gegen die Nebenbuhlerin, die Trauer der Verstoßenen, die Seelenqual der Mörderin ihrer Kinder, also die verschiedensten Empfindungen mit musikalischen Mitteln zu malen. Zu diesem Zweck zieht er alle Register der (Gluckschen) Opernkomposition: Lyrische und leidenschaftliche Solonummern wechseln mit reichen Chor- und Ensembleszenen, Instrumentalsätze reichen vom Gewitter bis zum Abbild der inneren Unrast der Heldin. Brahms, den Hans von Bülow einmal »den Erben Luigis und Ludwigs« (also Cherubinis und Beethovens) genannt haben soll, hält Cherubinis *Médée* für »das Höchste in dramatischer Musik.«

»Cherubini und Spontini sind ideale Schüler Glucks, und beide, Spontini mit seiner pompösen Behandlung der Blechbläser und seinen Napoleonischen Rhythmen noch mehr als der feinere Cherubini, begründen den Begriff der ›Großen Oper‹, der dann in der Geschichte der romantischen Oper des 19. Jahrhunderts eine ebenso verhängnisvolle wie fruchtbare Rolle spielen sollte. Auf jeden Fall: die Romantik ändert die Stellung des Komponisten zur Oper; sie spezialisiert den Opernkomponisten, weil sie die Gattung Oper *ernster* nimmt als das 18. Jahrhundert. Das trifft zu selbst auf Italien, das Land der Erfindung der Oper, das Land, in dem Oper endemisch ist, und in dem der Übergang zur neuen Zeit sich ohne die revolutionären Erregungen vollzieht wie in Frankreich oder Deutschland. Im 18. Jahrhundert ist Gluck das einzige Beispiel einer solchen Spezialisierung; denn im allgemeinen wird vom Opernkomponisten erwartet, daß er auch Kirchenmusik, Sinfonisches und Kammermusik produziere – und in Venedig sind sowieso die Markuskapellmeister die fruchtbarsten Opernkomponisten. Umgekehrt verlangt man vom Sinfoniker, daß die Komposition einer Oper auch bei ihm nur des Auftrags bedürfe. Händel, Jommelli, Hasse, J. Chr. Bach, Rameau sind mehr oder minder typische Beispiele. Das ändert sich mit dem 19. Jahrhundert. Es ist das Mißverständnis der Stunde, die für die Oper geschlagen hat, und es sind Selbsttäuschungen, wenn so viele Musiker der Romantik ›auch eine Oper‹ komponieren oder komponieren wollen, wenn Mendelssohn eine *Loreley* beginnt, die er nicht vollendet, Brahms sich mit Opernplänen trägt, die er wohlweislich nicht verwirklicht. Indes Meyerbeer seine Weltklugheit auch darin beweist, daß er nie daran denkt, seine Kräfte etwa an eine Sinfonie zu verschwenden; und Verdi oder Wagner entweder nie einen Ausflug in das ihnen fremde Gebiet machen, oder es manchmal zu büßen haben, wenn sie es dennoch tun, wie Wagner mit *Eine Faust-Ouvertüre* oder dem *Kaisermarsch.*«

Was Einstein (1950) hier knapp beschreibt, ist vielfach bedenkenswert. Erstens nach der Chronologie: Cherubini ist nur vier Jahre jünger als Mozart, aber zehn Jahre älter als Beethoven, gar 26 älter als Weber. Zweitens nach Ausbildung, Werdegang und Eigenart: Die Gediegenheit des musikalischen Satzes und besonders die Kontrapunktik verdankt Cherubini seiner Ausbildung bei Sarti in Venedig, wo er zunächst nur Kirchenmusik schreibt. 1787 übersiedelt er nach Paris und wendet sich der französischen Oper zu. Dabei gelangt er zu einem Stil, der gekennzeichnet ist durch eine viel reichere Ausgestaltung des Orchesterapparates mit motivischer Arbeit und farbiger Instrumentation. Drittens nach der Beziehung zu den Wiener Klassikern: 1805/06 folgt Cherubini einer Einladung nach Wien. Auf der Reise dahin über Mannheim, Berlin und Prag begegnet er Paër, Weber, Duport und Righini. In Wien besucht er Haydn, um ihm im Auftrag der Lehrer des Pariser Conservatoires eine eigens geprägte Medaille zu überreichen, und er besucht Beethoven, der ihn bewundert, gar unter allen Zeitgenossen für den bedeutendsten hält.

1806 bringt Cherubini in Wien eine neue Oper *Faniska* (nach einem italienischen Libretto in deutscher Übersetzung von Leopold von Sonnleithner) heraus, und zwar mit großem Erfolg. Das Stück bleibt bis 1810 auf dem Spielplan und wird häufig nachgespielt – außer in Frankreich und Italien. Die Nachwirkung reicht bis zu Franz Schubert, dessen frühe *Quintett-Ouvertüre* von 1811 (D 8) offensichtlich nach Cherubinis *Faniska*-Ouvertüre gearbeitet ist (Chusid 1962).

Ob überhaupt und wieweit Cherubinis *Médée* und *Faniska* zur Gattung der »Revolutions- und Schreckensoper« zu zählen sind, bleibe dahingestellt, sicherlich aber *Les deux journées* (Paris 1800), in Deutschland seit der Mannheimer Aufführung 1802 bekannt als *Der Wasserträger.*

Cherubinis Alterswerk neigt sich wieder der Kirchenmusik zu, und zwar mit hervorragenden Werken. Als Direktor des Conservatoire (seit 1821) gewinnt er tiefgreifenden Einfluß auf die Ausbildung von Generationen französischer Musiker.

1797 **Heinrich Wackenroder** (1773-1798) und **Ludwig Tieck** (1773-1853): **Herzensergießungen eines kunstliebenden Klosterbruders**

Gegen Ende des 18. Jahrhunderts wird sowohl für die Literatur als auch für die Musik die Frage des Romantischen immer öfter erörtert, und um

1800 sind deutsche Dichtung und Musik durchtränkt mit romantischen Ideen. Friedrich Schlegel läßt 1799 seine *Lucinde* erscheinen und beginnt etwa 1800 mit der Abfassung seiner für die ganze romantische Kunstanschauung grundlegend wichtigen *Fragmente.* 1797 gibt Tieck zusammen mit Wackenroder anonym dessen *Herzensergießungen* heraus (die *Das merkwürdige musikalische Leben des Tonkünstlers Joseph Berglinger* enthalten), ein Büchlein, das wie wenige andere den Gedanken- und Sprachschatz der Romantik beflügelt. Tieck selbst läßt von 1797 an in rascher Folge seinen *Gestiefelten Kater, Sternbald, Musikalische Leiden und Freuden* und *Phantasus* erscheinen, außerdem von Wackenroder posthum *Phantasien über die Kunst für Freunde der Kunst,* alle mehr oder weniger von dem romantischen Gedanken der engen Verflechtung, ja der Einheit der Künste und von der Überzeugung eines Vorrangs der Musik durchdrungen (Blume 1963). Im *Berglinger* wendet sich Wackenroder einer zeitgenössischen, problematischen und scheiternden Künstlerexistenz zu, und diese Erzählung wird als Modell dienen für nahezu alle späteren Künstlererzählungen, zumal für die Tiecks und E. Th. A. Hoffmanns, und sie wird also die Vorstellung des 19. Jahrhunderts vom Künstlertum tief beeinflussen.

1798 **Ferdinand Kauer** (1751-1831): **Märchen-Oper** **»Das Donauweibchen«** in Wien

Wien hat nicht nur eine *große* Operntradition sondern auch eine *breite,* nämlich im Wiener Volkstheater, dessen Tradition für die Wiener Klassiker einerseits, für das Wiener Singspiel andererseits und schließlich für das Wiener Volksstück im beginnenden 19. Jahrhundert (Raimund, Nestroy) höchst relevant ist. In der Blütezeit des Wiener Singspiels um 1800 schreiben, um nur die Wichtigsten zu nennen, Umlauf, Schenk, Dittersdorf, Wenzel Müller und Kauer, viele mehr oder weniger gepflegte Stücke, die sich, wenn sie Erfolg haben, jahrzehntelang im Repertoire halten – und der Erfolg stellt sich ein, wenn die Stücke beim Publikum des Leopoldstädter Theaters, des beliebtesten Vorstadttheaters in Wien in jenen Tagen, Anklang finden. Einer der wichtigen Komponisten, jedenfalls einer der fruchtbarsten, sicherlich aber einer der erfolgreichsten ist Ferdinand Kauer, erfolgreich vor allem mit seiner volkstümlich-romantischen Märchen-Oper *Das Donauweibchen* (Text von Hensler), in der der später von Fouqué (1811), E. Th. A. Hoffmann (1816) und A. Lortzing (1845) bearbeitete Undine-Stoff mit dem dann von Eduard Mörike gefaßten von *Der schönen Lau* (aus dem *Stuttgarter Hutzelmännlein,* 1853) verbunden ist. Ob man das Stück, das durch drei Jahrzehnte viele Opernbühnen in Deutschland beherrscht, weil es sich allgemein der größten Beliebtheit erfreut, epochemachend nennen darf – es enthält immerhin alle Ingredienzien der romantischen Oper –, wird allgemein bezweifelt, weil die Musik, von guten melodischen Einfällen abgesehen, schwach sei. Schon die zeitgenössische Kritik verhält sich, wie allerdings bei allen Produktionen des Leopoldstädter Theaters, ablehnend. Immerhin heißt es bei Gerber (*NTL*): »Von seinen Kompositionen können sich die Liebhaber sicher ebenso viel Vergnügen versprechen, als ihnen nur immer eins der neuern Wiener und Anderer Produkte gewähren kann, mit welcher Versicherung ich zugleich das vor 12 Jahren im alten Lexikon gefällte Urteil in Absicht derselben gänzlich widerrufe, da mich seitdem mehrere neuere Werke von ihm eines Besseren belehrt haben...«

Kauer gehört zu der unübersehbar großen Schar von Komponisten, die meist gleichzeitig auf vielen Gebieten tätig sind, um den offenbar riesigen Bedarf der Weltstadt Wien an Musik zu decken. Unter ihnen spielen die aus Böhmen und Mähren stammenden Musiker die größte Rolle. Knepler (1961) gibt eine Liste mit den wichtigsten Namen in tschechischer und zugleich in der in Wien gebräuchlichen Schreibweise:

Josef Antonin Štěpán	
Joseph Anton Steffan	1726-1797
Jan Křtitel Vaňhal	
Johann Baptist Wanhal	1739-1813
Václav Pichl	
Wenzel Pichl	1741-1805
Leopold Antonín Koželuh	
Leopold Anton Kozeluch	1747-1818
Emanuel Alois Förster	1748-1823
Ferdinand Kauer	1751-1831
Pavel Vranický	
Paul Wranitzky	1756-1808
František Kramář	
Franz Krommer	1759-1831
Antonín Vranický	
Anton Wranitzky	1761-1820
Vojtěch Jírovec	
Adalbert Gyrowetz	1763-1850
Wenzel Müller	1767-1835
Joseph Drechsler	1782-1852
Simon Sechter	1788-1867
Jan Václav Voříšek	
Johann Hugo Worzischek	1791-1825

Und Knepler (1961) fährt fort: »Den Einfluß dieser Komponisten auf das österreichische Musikleben umfassend einzuschätzen, ist vorläufig noch nicht möglich«, doch haben sie »an der erstaunlich umfangreichen Produktion der Zeit großen Anteil: Pichl hat über 700 Werke geschrieben, Kauer mehr als 100

Opern, Wenzel Müller mehr als 200 Bühnenmusiken. Von Vaňhal sind allein 100 Symphonien bekannt, von Pichl 89; Koželuh hat allein 57 Klaviertrios geschrieben, von Antonín Vranický gibt es 15 Violinkonzerte und so weiter.« Dementsprechend ist ihr Einfluß, ist der böhmisch-mährische Einfluß auf die Wiener Musik dieser Zeit kaum zu überschätzen, zumal alle diese Autoren gute Komponisten sind.

1798-1848 **Allgemeine Musikalische Zeitung** in Leipzig, herausgegeben von Friedrich Rochlitz

Als in der zweiten Hälfte der 1790er Jahre das Verlagshaus Breitkopf & Härtel in Leipzig in wirtschaftlichen Schwierigkeiten steckt, überlegt der seit 1795 allein verantwortliche einfallsreiche Gottfried Christoph Härtel (1763-1827) zwei ungewöhnliche Maßnahmen: die Herausgabe von Gesamtausgaben der Werke einzelner Meister und die Gründung einer Musikzeitung. 1798 erscheint, im Typendruck auf Büttenpapier, das erste Heft der *Oeuvres complettes de W. A. Mozart* und das erste Heft der ersten Musikzeitschrift im modernen Sinne, der *Allgemeinen Musikalischen Zeitung,* für die Härtel Johann Friedrich Rochlitz (1769-1842) als Schriftleiter gewinnen kann. Während die Gesamtausgaben von Mozart und Haydn, dann von Clementi, Dussek, Cramer und Daniel Steibelt nicht recht vorankommen, findet die *AMZ* alsbald weite Verbreitung und erhebliche Bedeutung für das Musikleben. Rochlitz genießt nämlich hohes Ansehen, das er sich gleichsam zwischen den Zeiten, zwischen den Wiener Klassikern einerseits und der gleichzeitig aufblühenden musikalischen Romantik andererseits, durch gutes Urteil und flüssigen Stil erwirbt. Er weiß um die Größe Bachs, er verehrt Beethoven (der ihn umgekehrt hoch schätzt), er ist mit C. M. von Weber von Jugend auf befreundet und er schreibt die Texte für Oratorien von Spohr (*Die letzten Dinge,* 1825/26; *Des Heilands letzte Stunden,* 1834/35). 1824 gibt er eine Sammlung *Für Freunde der Tonkunst* heraus, meist Aufsätze aus der *AMZ* (deren Redaktion er 1819 niedergelegt hat). Goethe schreibt darüber eine Rezension – und kaum irgendwo ist der Mensch jener Tage, zwischen romantischer Empfindsamkeit und aufgeklärtem Intellektualismus, in einer höchst schwierigen Welt, zwischen Krieg und Frieden, so schön charakterisiert wie hier Friedrich Rochlitz durch Goethe. – Die bedeutendsten Mitarbeiter, die Rochlitz für die *AMZ* gewinnen kann, sind Johann Carl Friedrich Triest und E. Th . A. Hoffmann. Die wichtigste Abhandlung des ersteren sind die *»Bemerkungen über die Ausbildung der Tonkunst in Deutschland im achtzehnten Jahrhundert«* (*AMZ* 1801), die Hoffmanns ist die Rezension von Beethovens *Fünfter Sinfonie* (*AMZ* 1810).

1799-1824 **Joseph Elsner** (1769-1854) **Kapellmeister am Nationaltheater in Warschau**

Elsner ist musikgeschichtlich eigentlich nur bekannt als der Lehrer von Chopin. Das aber ist ungerecht, denn er hat große Verdienste um das Musikleben in Warschau und um die polnische Musik am Anfang des 19. Jahrhunderts. Von 1799 bis 1824 ist Elsner Kapellmeister am Nationaltheater in Warschau, und als solcher schreibt er 20 *Opern,* die stilistisch den französischen von Paër und Simon Mayr nahestehen. 1815 gründet Elsner eine Schule für Gesang und Deklamation, aus der 1821 das Warschauer Konservatorium hervorgeht.

DIE WIENER KLASSIKER

IX.
Haydn, Mozart und Beethoven – und Franz Schubert: 1755/1781 bis 1828

1. Überlegungen zur Epochenbezeichnung »Klassik«

Es sollte auffallen: die Epochenbezeichnung heißt hier weder »Klassik« noch »Wiener Klassik« sondern »Die Wiener Klassiker«. Zwar spricht man umgangsmäßig von »der Klassik«, aber man meint damit in der Regel ganz selbstverständlich die Wiener Klassiker Haydn, Mozart und Beethoven und manchmal auch »den Klassiker Schubert«. Und kaum jemand nennt Jan Voříšek, um nur einen Meister zu nennen, einen »Klassiker«, ebensowenig wie Carl Maria von Weber, obwohl beider Lebenszeiten (1791-1825; 1786-1826) in die Zeit der Wiener Klassiker hineinfallen. Zwar sind sie Zeitgenossen der Wiener Klassiker, aber sie gehören einer anderen Epoche an. Um diese Merkwürdigkeit der Musikgeschichte um 1800 bewußt zu machen, rücken wir in dieser »Musikgeschichte« die beiden Epochen, die man üblicherweise »Vorklassik« und »Romantik« nennt und deutlich voneinander trennt, zueinander als »Musikalische Früh-« und »Musikalische Hochromantik«. Damit allerdings rücken wir gleichzeitig die Wiener Klassiker in eine Art Außenseiterposition.

»Es gibt keine ›klassische‹ Stilepoche der Musikgeschichte, sondern nur eine ›klassisch-romantische‹, innerhalb derer mit ›klassisch‹ bestimmte Erscheinungsformen allenfalls Phasen bezeichnet werden können.« Soweit wir Blume im *Artikel »Klassik«* in *MGG* (1958) auch folgen wollen, hier können wir es nicht, denn das für das Verständnis unserer Musik grundlegend wichtige Problem Klassik/Romantik wird durch diese Erfindung einer »klassisch-romantischen Epoche« eher verdunkelt als erhellt. Trotzdem: »Die Anfänge dessen, was die Musikgeschichtsschreibung als Klassik bezeichnet, reichen zurück bis vor die Mitte des 18. Jahrhunderts, bis in die Generation Johann Sebastian Bachs. Der Beginn der klassisch-romantischen Stilperiode ist... durch den bewußten Bruch mit den hochgesteigerten kompositorischen Techniken des ausgehenden Barocks gekennzeichnet.« Wie Blume sehen wir den tiefsten Einschnitt der neueren Musikgeschichte in der ersten Hälfte des 18. Jahrhunderts, anders als er aber sehen wir daraus nicht eine gleichsam allgemeine »klassisch-romantische Stilperiode« hervorgehen, sondern... Jedenfalls nicht die »Vorklassik«! Denn was damals musikalisch in Werken, musikalisch-theoretisch in Abhandlungen, musikalisch-ästhetisch in Literatur neu geschaffen und formuliert worden ist, das war nicht und nirgends als »Vor-« gedacht, sondern als grundlegend neu. Und das Neue ist von der Art, daß wir es nur aus den Vorstellungen verstehen und nur mit Worten beschreiben können, die die Romantik an die Hand gegeben hat, die Romantik und nicht die Klassik! Aus diesem Grunde scheint es sachlich angemessener, die Epoche von etwa 1730 an nicht als »Vorklassik«, d. h. als Noch-nicht-Klassik, abzuqualifizieren, sondern sie ihrem innersten Anliegen entsprechend zu benennen. Und da bietet sich die Bezeichnung »Musikalische Frühromantik« wie von selbst an, die Epochenbezeichnung der nahezu gleichzeitigen Literatur, jedenfalls in Deutschland.

Wenn wir also einerseits die musikalische Romantik nicht, wie gemeinhin üblich, als die der musikalischen Klassik folgende Epoche der Musikgeschichte verstehen, oder anders gesagt: wenn wir die Romantiker nicht selbstverständlich in der Nachfolge der Wiener Klassiker sehen, wenn wir aber andererseits die Einheit einer einzigen klassisch-romantischen Epoche bestreiten, wie stellt sich dann, so muß man nun fragen, die Entwicklung der Musikgeschichte am Übergang vom 18. in das 19. Jahrhundert dar? Wir sehen hier einmal von der Problematik einer Vorstellung von

Entwicklung in der Geschichte ab und lassen es genug sein mit dem wiederholten Verweis auf die einfache Tatsache, daß Weber, der große Romantiker, ein Zeitgenosse noch des alten Haydn, und daß er *vor* Beethoven gestorben ist. Wir formulieren statt dessen die Frage um: Wenn zwei musikalische Epochen gleichzeitig verlaufen, dann muß es in ein und derselben Zeit zweierlei Musiken geben. Kann das sein? Nun, wer weiß besser als der Mensch von heute, daß das wohl sein kann. Und noch einmal anders gefragt: Unterscheiden sich die Musiken Webers und Beethovens, um beim Beispiel zu bleiben, wirklich so grundsätzlich, daß man sie zwei verschiedenen musikalischen Epochen zurechnen muß? Ja, wenn man ihre Grundhaltungen richtig versteht! Und das, obwohl die äußeren musikalischen Erscheinungen durchaus verwandt sind. Für die Beantwortung dieser Frage, die ich verstehen möchte als die *eine* Frage nach der Grundintention des Musikalischen bei den Wiener Klassikern, und für die Diskussion der einstweilen gegebenen Antworten gehe ich noch einmal von der Überlegung aus »Was ist eigentlich romantisch?« Nun aber schließe ich mich den Überlegungen eines Germanisten an, nämlich Arthur Henkels (1967), und zwar dort, wo er dieselbe Frage stellt, sie aber als Literaturhistoriker zu beantworten sucht, freilich als einer, der von Haus aus Musikhistoriker ist. Denn »Historians of literature and art have long taken for granted the simultaneous existence of classical and romantic tendencies throughout the period that music historians often divide in two so meticulously«, wie Barry S. Brook in seiner ebenso originellen wie aufschlußreichen Studie *Sturm und Drang and the Romantic Period in Music* (1970) festgestellt hat.

2. »Was eigentlich ist romantisch?«

»Zauber« – das ist ein romantisches Haupt-Wort. Wollten wir uns einmal einer Assoziation überlassen, die sich bei dem Begriff »romantisch« einstellt, so könnte sie so aussehen: »Blick von den Bergen weit ins Land, der Zauber einer grün-goldenen Landschaft, die in der Ferne verschwimmt, abendlich, schon fallen die Schatten. Die Geheimnisse der Wälder, mondüberglänzt schweigen sie oder tönen von murmelndem Bach belebt. Lieder zur Laute, am Feuer ins Dunkel gesungen, nächtliche Musik vor dem Fenster der Geliebten. Genrebilder von Picknicks im Grünen. Der Eros der flüchtigen Begegnung, unter traurigen, wissenden Blicken. Im Waldesdämmer die Töne des Waldhorns, zur Jagd verlockend und auch zum Eindringen in die Geheimnisse der Zauberwälder. – Wir wollen es mit solchen Bildern genug sein lassen. Sie ließen sich ergänzen und ergäben wohl dann eine Phänomenologie der romantischen ›Stimmung‹. Wer so auf die Frage ›Was ist eigentlich romantisch?‹ antwortete, müßte sich aber wohl vornehmlich als Leser Eichendorffs zu erkennen geben. Denn in seinen Romanen und Erzählungen hat Eichendorff das selig-unselige Bild vom Wald der Welt als romantischen Mythos befestigt. In gewisser Weise hat Eichendorff mit seinen Romanen, vor allem mit *Ahnung und Gegenwart,* das erfüllt, was die Frühromantik für den Roman, als die romantische Gattung schlechthin, theoretisch gefordert hatte. In seiner Zeitschrift *Athenaeum* hatte Friedrich Schlegel einen Brief über den Roman veröffentlicht. Da hieß es, nach seiner Ansicht sei »eben das romantisch, was uns einen sentimentalen Stoff in einer phantastischen Form darstellt.« Und dieses Sentimentale ist das, »was uns anspricht, wo das Gefühl herrscht, und zwar nicht ein sinnliches, sondern das geistige…«, es sei »der heilige Hauch, der uns in den Tönen der Musik berührt. Er läßt sich nicht gewaltsam fassen und mechanisch greifen, aber er läßt sich freundlich locken von sterblicher Schönheit und in sie verhüllen; und auch die Zauberworte der Poesie können von seiner Kraft durchdrungen und beseelt werden.« Da haben wir fast eine vollständige Poetik des Romantischen durch einen Romantiker, die in der Vokabel ›Zauberwort‹ gipfelt. Eichendorff wird sie später wieder aufnehmen in seinen berühmten Versen [*»Wünschelrute«* aus *Ahnung und Gegenwart*]:

›Schläft ein Lied in allen Dingen,
Die da träumen fort und fort,
Und die Welt hebt an zu singen,
Triffst du nur das Zauberwort.‹

Von hier aus könnten wir versuchen, unsere Frage zu beantworten. Wir könnten versuchen, zu definieren, was dieses ›geistige Gefühl‹ ist, von dem Schlegel spricht, was gemeint ist, wenn das poetische Wort als magisches genommen wird, was das geforderte Musikalische sei, was der ›heilige Hauch‹. – Wir wollen einen anderen Weg gehen, wir wollen aus jenem Zitat Friedrich Schlegels nur festhalten, daß die frühromantische Generation bereits sich um diese Poetik des Romantischen bemühte. Und wir wollen zunächst die Frage stellen, wie es dazu kam, daß sich diese um 1770 geborene Generation von Intellektuellen und Dichtern selbst als romantische verstanden hat« (Henkel 1967).

Kehren wir von den Überlegungen des Literaturhistorikers zu den eigenen für die Musikgeschichte zurück und prüfen wir, ob unsere Fragen Antworten aus der nämlichen Richtung finden könnten. Durchaus, meine ich, wenn wir uns auf alle möglichen Musiker der zweiten Hälfte des 18. und des beginnenden 19. Jahrhunderts beschränkten – nicht aber, wenn wir an die Wiener Klassiker denken. Weder Schlegels noch Eichendorffs »Zauberwort« löst Haydns, Mozarts, Beethovens Musik aus; in dem hier beschworenen Sinne hebt in *ihren* Werken die Welt *nicht* an zu singen. Offenbar ist ihre Vorstellungswelt eine andere, ist sie von einer anderen Seite her bestimmt. Von welcher Seite und wie?

Die Antwort fällt hier schwer, doch nicht weil die Sache, die Musik der Wiener Klassiker, sie verweigerte, sondern weil die sonst hilfreichen Formulierungen aus Literatur, Philosophie, Ästhetik, ja selbst aus der Musiktheorie fehlen. Fast alles, was damals zur Musik und über Musik geschrieben wird, ist orientiert an »der Musik der Zeit«, und »die Musik der Zeit« ist für die Menschen um 1800 keineswegs allein, ja nicht einmal in erster Linie die von Haydn, Mozart und Beethoven. Man übersieht das gerne, obwohl es so wichtig ist. Vielleicht ist wieder einmal Goethe ein gutes Beispiel: Es war mitnichten die Musik der Wiener Klassiker, die sein Bewußtsein und sein Urteil bestimmt hat, und das nicht deshalb, weil er in einer früheren Zeit aufgewachsen ist oder weil seine musikalischen Freunde und Berater in der Produktion ihrer Zeit nicht auf dem Laufenden gewesen wären. Aus der musikalischen Sicht Goethes und seines Kreises lag das, was die Wiener Klassiker schrieben, nicht im Blickfeld sondern nur am Rande des Blickfeldes, und Goethes Bewunderung für Beethoven ändert an dieser Tatsache wenig. Seine Ablehnung Schuberts beleuchtet sie besser. Es sind andere, deren Musik und musikalische Grundintention die Vorstellungen und das Bewußtsein derer bestimmen, die über Musik reflektieren und schreiben, es sind diejenigen, die wir üblicherweise in der Musikgeschichte zu den Vorklassikern oder zu den Romantikern zählen, obwohl sie Zeitgenossen der Wiener Klassiker sind. Von ihnen ist im vorhergehenden Kapitel »Die musikalische Frühromantik« und im nachfolgenden »Die musikalische Hochromantik« die Rede.

Eines allerdings kann man jetzt schon sehen: es handelt sich nicht nur um ein Problem der Qualität. Wir nennen die Wiener Klassiker nicht allein deswegen Klassiker, weil sie bessere Komponisten sind als ihre Zeitgenossen, sondern weil sie – entgegen dem einfachen Augen-/Ohrenschein – etwas grundlegend Anderes machen als jene.

3. Die Grundintention des Musikalischen, gedacht bei Schiller und seinem Freund und Schüler Christian Gottfried Körner

Wie nun ist die Grundintention des Musikalischen zu beschreiben, in der sich Haydn, Mozart und Beethoven von ihren Zeitgenossen unterscheiden, und die ihre Musik so bestimmt, daß wir hier diese und nur diese klassisch nennen wollen? Zwar gibt die zeitgenössische Literatur, Ästhetik und Musiktheorie *dazu* kaum etwas an die Hand – aber doch nicht nichts, wie sich herausstellt, wenn man etwa Friedrich Schiller befragt, der für Fragen der Ästhetik seiner Zeit vor anderen »zuständig« ist. Aber Schiller verstand offenbar wenig von Musik und hütete sich dementsprechend klugerweise: »Wegen Zelters musikalischer Verdienste kann ich, da ich die Sache nicht verstehe, mit Dir nicht rechten. Nach meinem Gefühle aber ist er ein Meister in derjenigen Composition, wo die Musik sich der Poesie als Begleiterin anschmiegt.« Derjenige, an den Schiller im Juli 1803 dies schreibt, ist indessen ein in hohem Maße Musikverständiger: Christian Gottfried Körner (1756-1831), der Vater des Dichters Theodor Körner. (Das Folgende weitgehend nach den einschlägigen Studien von Seifert 1960; vgl. auch de Ruiter 1989.) Dieser ist ein vertrauter und einflußreicher Freund Schillers, mit dem der Dichter in einem ausgedehnten Briefwechsel alle ihm wichtigen poetischen und vor allem ästhetischen Fragen erörtert. Von Körner veröffentlicht Schiller in den *Horen* (Jg. 1795, 5. Stück) einen Aufsatz, der ursprünglich »Über das Ideal des Charakters in der musikalischen Darstellung« heißen sollte, dann aber nach einer Umarbeitung auf Schillers Wunsch hin unter dem Titel erscheint: »Über Charakterdarstellung in der Musik.« Schiller ist von dem Aufsatz begeistert (Brief an Körner vom 2.5.1795): »Nur ein paar Worte für heute, um Dir zu sagen, daß Dein Aufsatz mir große Freude gemacht hat. Er enthält herrliche Ideen, die so fruchtbar als neu sind und mich doppelt freuen, da sie dem, was ich über die Kunst überhaupt bei mir festgesetzt habe, so unerwartet begegnen...« Körner erörtert hier, vor anderem, die Frage, auf welche Weise die Musik sich aus einer bloßen »Ausdruckskunst« in »darstellende Kunst« verwandle, was ihr innere Notwendigkeit und höchst künstlerische Würde verleihe, und er beantwortet die Frage mit der Erörterung einer Darstellung von »Charakter in der Musik«: Der Charakter, sagt er, ist das »Eigentümliche oder Unterscheidende in einer Sache, wodurch sie sich von andern ihrer Art auszeichnet... Demnach ist die genaue Bemerkung des Charakteristischen ein Hauptteil der Kunst... So muß jeder... Künstler die Charaktere der Dinge bezeichnen können.« Dementsprechend sind der »Ausdruck oder die Abbildung sittlicher Charaktere« als »das wichtigste Geschäft der Kunst« bezeichnet, weil »unter den mannigfaltigen Gegenständen der Schönen Künste die Charaktere denkender Wesen ohne Zweifel die wichtigsten« sind. Mit dieser Beziehung des Charakters, insbesondere des sittlichen oder moralischen Charakters, auf die Kunst greift Körner einen Schlüsselbegriff der deutschen Musikästhetik auf, indem er an Sulzers *Allgemeine Theorie der schönen Künste,* Artikel *»Charakter«,* anknüpft, wo diese Beziehung freilich unter dem Aspekt des Vernunft-Idealismus und allein für die Dichtkunst hergestellt ist. Erst Körner bezieht die Musik in die Überlegungen zur Charakterdarstellung als Aufgabe der Künste ein, wobei er den Charakterbegriff umdeutet: »Charakter ist das eigentlich Darstellungswürdige in allen Künsten«, also hat auch die Musik, soll sie als Schöne Kunst wirken, Charakter darzustellen – Charakter als *»eine Reihe von menschlichen Handlungen einem herrschenden Willen subordiniert.«* Durch die Darstellung eines Charakters in der Kunst wird die menschliche sittliche Freiheit (die für Körner zugleich ästhetisch ist) versinnlicht, *»die Kraft, welche gegen alle Einwirkungen der Außenwelt und gegen alle innern Stürme der Leidenschaft ihre Unabhängigkeit behauptet.«*

Darstellung von Leidenschaften oder auch der Empfindungen des Menschen als eines Subjekts ist also für Körner *nicht* das Ziel der Musik; sein Aufsatz ist eine Absage sowohl an die alte Affektenlehre als auch an die gesamte neue Nachahmungsästhetik. Freilich wird man nun sofort fragen, was dann das eigentlich musikalisch Darstellbare und Darstellungswürdige sei, das auch in der Musik »die Würde der menschlichen Natur erscheinen« läßt? Die Antwort lautet: Der Charakter des Kunstwerks hat »das Unendliche... in einer Anschauung darzustellen«, und zwar je und je »charakteristisch«. Wo die Musik »charakteristisch« darstellt, erhält sie innere Notwendigkeit und höchste Würde, weil sie sich damit auf das Ideal des Menschen bezieht, soweit er ein freies Wesen ist. Musikalische Charakterdarstellung bedeutet damit nicht, daß die Musik zu Gunsten der »höchsten Würde« ihre spezifischen Eigenarten sinnlicher Natur aufgibt, sondern daß ihre sinnliche und ihre geistige Seite miteinander im Einklang sind. Welche Art von Musik Körner meint, sagt er so: »Die Musik würde das Ideal eines Charakters so wenig als irgendeinen andern Gegenstand darstellen können, wenn der Vorwurf gegründet wäre, daß sie für sich allein uns nichts Bestimmtes zu denken gebe. Noch jetzt aber ist dies eine herrschende Meinung bei einem großen Teile des Publikums. Noch immer hält man Poesie, Schauspiel oder Tanz für nötig, um jenen Mangel an Bestimmtheit zu ergänzen, und wo die Musik als selbständige Kunst auftritt, verkennt man den Sinn ihrer Produkte, weil er sich nicht in Worte und Gestalten übertragen läßt.« Körner gebraucht da weder den Terminus »Instrumentalmusik« noch den Begriff der »absoluten Musik«, aber mit der Distanzierung von jeder außermusikalischen Bindung bezieht er sich unverkennbar auf sie. Das ist ein Novum in der Musikästhetik, und diese musikästhetische Wendung kann nur mit der veränderten musikgeschichtlichen Situation in Zusammenhang gebracht werden. Wenn Körner sich also nachdrücklich auf die Instrumentalmusik, das meint hier: auf die nur durch sich selbst wirkende Musik, bezieht, so hat er – das zeigen seine Überlegungen zum Problem der Einheit des Kunstwerks in der Verbindung mit Charakterdarstellung – die musikalischen Satz- und Bauprinzipien im Sinne, welche die Wiener Klassiker entwickelt haben. Zwar führt Körner das nicht aus, aber es ist evident; nur hier ist ja doch »die Kunst keinem fremden Zwecke dienstbar;« nur hier »ist sie selbst ihr eigener Zweck.« Dies alles ist nicht allgemein gedacht, sondern im Hinblick auf die Kunst von Körners eigener Zeit: »In dieser Periode der Kunstgeschichte sind Tanz, Musik und Poesie nicht Mittel zu irgend einem Zweck, sondern Zweck an sich selbst. Sie sind freie Produkte der menschlichen Natur in den Momenten des höhern Lebens. Was in ihnen erscheint, ist nicht bloß das Persönliche des Künstlers. Ein Schritt weiter und er fühlt auch den Beruf, aus seiner Person herauszugehen und ein für sich bestehendes Werk zu schaffen. Einem Gedanken, den die Begeisterung in ihm erzeugt, will er außerhalb seiner eignen Phantasie Realität geben. Er begnügt sich nicht, die festliche Stimmung, in der er sich selbst fühlt, um sich zu verbreiten, sondern die Ideenwelt seines Publikums soll auch durch seine Schöpfung bereichert werden. Dies ist die Periode der Darstellung.«

Halten wir fest: »nicht Mittel zu irgend einem Zweck«, »ein Schritt weiter...«, »ein für sich bestehendes Werk«, »Realität außerhalb der eignen Phantasie«, »nicht die festliche Stimmung, sondern die Ideenwelt bereichern.« Wenn wir im folgenden Abschnitt versuchen, an zwei Werken von Mozart und Beethoven gleichsam musikalisch zu verifizieren, was bei Körner – und das heißt: stellvertretend für Schiller – im Hinblick auf die Musik gedacht und erörtert ist, dann werden wir uns für die Beschreibung des musikalisch Verstandenen an diese Begriffe erinnern und daran, daß »es das Sinnliche in der Erscheinung ist, was die Einbildungskraft des Betrachters leitet, aber nicht insofern es mannigfaltig, sondern insofern es bestimmt ist.« Voraussetzung dafür ist freilich, daß ästhetische und kompositionstechnische Momente ineinandergreifen, und das tun sie in dieser Zeit.

4. Beispiel: Mozart, *Le nozze di Figaro,* Arie des Figaro *»Non più andrai«*

Der erste Akt von Mozarts *Figaro* schließt mit der berühmten *Arie des Figaro »Non più andrai, farfallone amoroso«* (»Du streichst nicht mehr wie ein verliebter Schmetterling umher«; in der verbreiteten Übersetzung von Hermann Levi: »Nun vergiß leises Flehn, süßes Kosen«). Eine moderne Inhaltsangabe sagt darüber: »Seinen Ärger darüber [daß der Graf mit einer List für Figaros Hochzeit mit Susanna einen Aufschub erzwingt] läßt Figaro nun seinerseits an Cherubino aus, den er mit der Schilderung der künftigen ›Freuden‹ des Offiziersstandes nicht wenig erschreckt.« Also, denkt man, ist eine Arie mit einer durch den Text oder auch nur durch ein einzelnes Textwort ausgelösten musikalischen Schilderung einer bestimmten Stimmungslage oder Gemütsverfassung zu erwarten, die Arie einer Hauptperson der Handlung, wie man sie aus vielen Opern der Zeit kennt, eine Arie, während der die Handlung stillsteht. Doch diese Erwartung trügt. Das Stück ist erstens ein *Zwei*-Personen-Stück (nämlich für Figaro *und* Cherubino; die andern schauen zu), so daß man sich fragen muß, ob es sich überhaupt um eine »Arie« handelt. Und das Stück schildert zweitens mitnichten eine Stimmung oder eine

Empfindung, es steckt vielmehr voller »action«, und diese geht von der Musik aus, nicht vom Text. (Das Stück war damals übrigens bekannt und berühmt wie ein Schlager; Mozart selbst zitiert es im *Don Giovanni.*) Hier ist nicht der Ort für eine eingehende Analyse, aber auf einige seiner Besonderheiten sei im Zusammenhang mit der Frage nach der Besonderheit der Musik der Wiener Klassiker doch hingewiesen, zumal das Stück, mit Körner gesprochen, höchst »charakteristisch« ist.

Eine erste Merkwürdigkeit: Auf die Frage, wie das Stück beginne, wird jeder antworten oder singen:

also den auftaktigen Beginn des – nun sagen wir einmal: Liedes oder Liedchens. Aber wenn dieser auftaktige Einsatz der Singstimme kommt, hat das Stück bereits begonnen, nämlich volltaktig mit einem forte-Akkord auf Eins, aus dem eine unscheinbare piano-Begleitungsfigur nach Art von Alberti-Bässen bereits hervorgegangen ist. Der eigentliche Anfang des Stücks erfolgt also in eine bereits laufende Begleitung hinein. Zu bemerken ist schließlich, daß eine Gruppe von Instrumenten sich weder an den Begleitsatz (volltaktig einsetzend mit Takt 1) noch an die Singstimme (auftaktig einsetzend zu Takt 2) hält, sondern von beiden unabhängig volltaktig mit der Eins des *zweiten* Taktes beginnt:

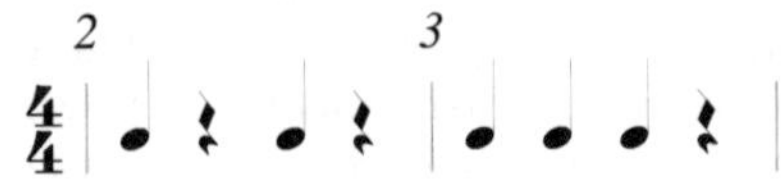

sich mit diesem Rhythmus aber einigermaßen für sich und im Hintergrund hält. Trotzdem ist dieser Rhythmus unüberhörbar, denn wer könnte überhören, daß es sich hier um die knappste denkbare Formulierung eines Militärmarsches handelt. Das Stück beginnt also für seine Begleitung, für seine Singstimme im Vordergrund und für seinen Marsch im Hintergrund mit drei verschiedenen Einsätzen, und für jede Schicht der Komposition gelten verschiedene Verlaufsqualitäten: Der Marsch hält natürlich einen 4/4-Takt in Zweitaktgruppierungen, das »Liedchen« des Figaro »geht« (trotz der Notierung im 4/4-Takt) im 2/4-Takt und in Viertaktgruppen dieses 2/4-Taktes, und der Begleitungshintergrund verläuft in rhythmisch gleichsam indifferent laufenden Achteln, wobei sich ebenfalls Zweitaktgruppen bilden, die jedoch mit denen des Marsches nicht übereinstimmen:

Wer diese Differenzierung des musikalischen Satzes nicht sofort aufzufassen vermag, für den wiederholt Mozart das Ganze alsbald: Nach dem überraschend einsetzenden auftaktigen Unisono (Takt 6), also nach der radikalen Aufhebung aller so sorgfältig eingefädelten Differenzierungen ins Unisono, treten die musikalischen Schichten wieder auseinander, als sei nichts gewesen (Takt 8). Noch einmal das Unisono; noch einmal das Wieder-auseinander-Fallen, und dann ist Schluß: Generalpause Takt 13 auf Vier. Wäre Mozarts Komposition fragmentarisch überliefert und bräche hier ab, niemand könnte wissen, wie es weitergeht. Anders ausgedrückt: an dieser Stelle kann der Hörer für das Folgende keine bestimmte Hörerwartung haben, er kann nicht anders denn gespannt sein, wie es weitergehe; er muß sich überraschen lassen. Und in der Tat, die Fortsetzung ist schlechthin überraschend: Eine Art Orchester-Tutti im forte überfällt ihn, mit dem vollen Takt einsetzend, in einem ausgeprägt geschlossenen, melodisch steigenden, keine Satzschichten unterscheidenden zweitaktigen Gebilde. Figaro selbst scheint überrascht zu sein; statt seines stereotypen kurzen Auftakts von zwei Noten im letzten Taktviertel singt er (auf denselben Text wie zu Anfang) einen zwei Viertel langen Auftakt, wobei er sich melodisch an das Orchester-Tutti anzulehnen versucht. Doch ehe Figaro seine zwei Takte zu Ende gesungen hat, fährt ihm das forte-Tutti über den Mund (»fidelt ihm die beiden letzten Silben vom Munde«, würde Leopold Mozart diesen »Satzfehler« beschrieben haben; »Takterstickung« nennt man ihn in der zeitgenössischen Theorie): beide, Orchester-Tutti und Figaro, agieren musikalisch im Satz, als wären beide Personen, die allerdings nichts miteinander zu tun haben:

Ähnlich wie mit diesem Überfall eines forte-Tuttis hier in Takt 14 überrascht Mozart seinen Hörer an der Parallelstelle Takt 43 (»Tra guerrieri poffar Bacco« / »Unter fluchenden Kamraden«), wo eine Art abstrakter Militärmusik mit Trompeten und Pauken hereinbricht und den Figaro statt Melodie »Trompete singen« läßt, und dann in Takt 89 (»Cherubino alla vittoria« / »Cherubino auf zum Siege«), wo – der Militärmarsch sich endgültig durchsetzt. Vorher freilich war es schon einmal soweit: auf das Stichwort »fango« / »marschieren« setzt der Marsch gleichsam leibhaftig ein, nach Gestus und Besetzung ein typischer Militärmarsch dieser Zeit, – und Figaros »Lied« bleibt zurück. So schnell, fragt sich der Hörer, ist also alles verloren? Nein! Der Orchestersatz, wiederum so, als sei er Person im Spiel und wolle es nicht dulden, fährt (Takt 69: »all orecchio fan fischiar. Non più andrai« / »um das Ohr. Nun vergiß«) noch einmal wie der Blitz aus heiterem Himmel dazwischen und verscheucht alle Militärmusik – mit einer einzigen Wendung der Violinen, achtmal wiederholt. Das freilich kann nicht taugen. Und also kehrt der Marsch wieder (Takt 89), zwar piano anhebend, diesmal aber durch Trompeten und Pauken verstärkt, und also setzt er sich jetzt durch. Die Arie, die als eine Art »Lied« des Figaro, von einem Militärmarsch nur leise konterkariert, begonnen hat, schließt als Marsch, der alle Personen militärisch abgehen läßt (Regieanweisung: »Partono tutti alla militare«). Also schließt das Stück anders, als es begonnen hat. Damit steht nichts Geringeres als die Einheit des Kunstwerks, eines Kunstwerks der Klassik, in Frage.

Was ist das für eine Arie? Was drückt ihre Musik aus? Auf diese Frage muß man redlicher Weise antworten: »Nichts!« Denn Mozarts Musik schildert nichts, malt nichts, untermalt nichts, begleitet nichts, sie drückt nichts aus. Statt dessen führt sie selbst die Aktion des Theaters, *die Musik, nicht der Text:* die Musik selbst ist das Spiel. Dabei entsteht die Einheit. Diese Musik ist »charakteristisch«.

5. Beispiel: Beethoven, *3. Klavierkonzert c-moll op. 37, Erster Satz*

»Soll die Musik auf alles Verzicht tun, was andere Künste durch Charakter-Darstellung gewinnen, so muß in dem Eigentümlichen dieser Kunst ein Grund dazu vorhanden sein. Und dies bedarf einer besonderen Untersuchung. – Die Musik würde das Ideal eines Charakters so wenig als irgend einen andern Gegenstand darstellen können, wenn der Vorwurf gegründet wäre, daß sie für sich allein uns nichts Bestimmtes zu denken gebe. Noch jetzt aber ist dies eine herrschende Meinung bei einem großen Teile des Publikums. Noch immer hält man Poesie, Schauspiel oder Tanz für nötig, um jenen Mangel an Bestimmtheit zu ergänzen, und wo die Musik als selbständige Kunst auftritt, verkennt man den Sinn ihrer Produkte, weil er sich nicht in Worte und Gestalten übertragen läßt«, so Schillers Freund Körner (nach Seifert 1960. Wollen wir für diese Auffassung von der Musik die Probe aufs Exempel machen, so müssen wir ein Stück »absoluter Musik« betrachten: Wir wählen den ersten Satz aus Beethovens drittem Klavierkonzert (1800).

Das Hauptthema – der Begriff ist hier in einem mehr als nur formalen Sinn verstanden – wird zu Beginn der Exposition ohne jegliche Einleitung aufgestellt. Die ersten vier Takte bilden seinen Kernpunkt; ihn wahrhaft zu begreifen, ist die Voraussetzung zum Verständnis des ganzen Satzes (Osthoff 1965). Was als Einheit wahrzunehmen ist und wie aus einem Guß zu sein scheint, ist in Wirklichkeit aus drei verschiedenen Elementen zusammengesetzt, aus einem aufsteigenden Dreiklangsmotiv (a), einem fallenden Skalenmotiv (b) und einem Paukenmotiv (c):

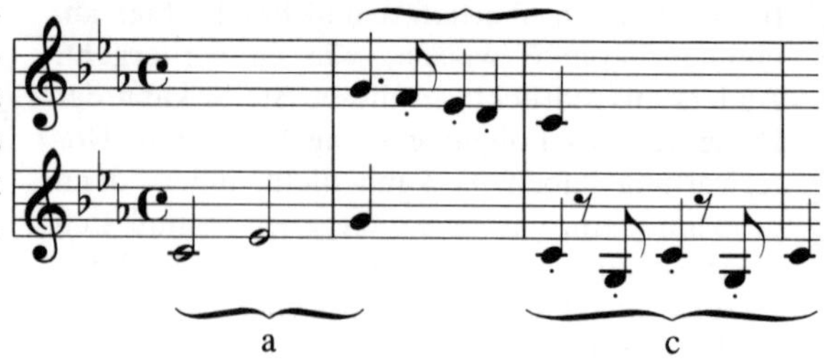

Jedes der drei Motive ist, wie man sieht, im Grunde zweitaktig, kann für sich bestehen, kommt tatsächlich im Verlauf des Satzes auch für sich allein vor und kann mit anderen Motiven verbunden werden. Trotzdem wirken diese Motive – höchst beethovenisch – zunächst wie zu einer unlösbaren Einheit zusammengeschweißt. Außer ihrer sofort ins Ohr fallenden melodischen Verschiedenheit haben die drei Motive auch ausgeprägt verschiedene rhythmische Konturen, und zwar so, daß sie auch bei veränderter Melodik allein auf Grund ihres Rhythmus überall als Motive aus dem Hauptthema wiederzuerkennen sind. Von diesen Motiven verdient das Paukenmotiv besonderes Interesse. (Beethoven arbeitet öfter mit Paukenmotiven, zum Beispiel im zweiten Satz der Vierten Sinfonie oder im ersten Satz des Violinkonzerts, und immer spielt das Paukenmotiv die entscheidende Rolle.) Merkwürdig ist freilich, daß es schon bei der nachsatzartigen Wiederholung des Hauptthemas (Takt 5-8) seine Pauken-Melodik einbüßt und daß es bei der alsbald einsetzenden Verarbeitung des Hauptthemas (Takt 24 ff.) von einer Weiterführung des Skalenmotivs verdrängt wird. Damit Beethoven die Orchesterexposition mit dem Paukenmotiv schließen kann, muß er es deshalb gleichsam erst wieder suchen und sowohl seine melodische Struktur als auch seine rhythmisch-metrische Position wiedergewinnen (Takt 94 ff.).

Wie die Wiederholung der Exposition (T. 111/112) beginnt auch die Durchführung (T. 249/250) mit dem Solisten und der konzentriert-herrischen Geste der drei aufsteigenden unisono-Läufe. Aber anders als dort münden diese Läufe jetzt nicht in das Hauptthema, sondern in das Paukenmotiv, das in immer neuen Varianten durch die ganze Durchführung gleichsam von der Tutti-Seite her den Dialogpartner für den Solisten bildet, das Paukenmotiv und nicht das Hauptthema. Und – hier zum ersten Mal ist das Paukenmotiv auch tatsächlich der Pauke, und zwar solistisch, anvertraut (T. 292/3 – 294/5). Freilich hat es hier nicht seine Grundgestalt sondern mündet mit dem letzten Schritt statt in den Tonika-Ton in den Dominant-Ton, aber es hat hier auch eine bestimmte Funktion zu erfüllen, nämlich den Anschluß der Reprise an die Durchführung vorzubereiten – pianissimo gewiß, aber unüberhörbar! Was für ein musikalisches Ereignis ist diese Stelle, wenn das für den Satz in Hauptthema und Verarbeitung zentral wichtige Motiv als Motiv der Pauke seinen Ursprung, über den es vom ersten Erklingen an keinen Zweifel gibt, gleichsam vor unseren Ohren sucht und findet, welche »Charakter-Darstellung in der Musik«. Noch ein Wort zum »Charakter«. Das Stück ist ein Solistenkonzert. Zu den Charakteristika des Solistenkonzerts gehört die Solokadenz und – was Beethoven als Problem der Komposition offenbar besonders interessiert und wofür er mit jedem Konzert eine neue Lösung findet – zu den Charakteristika des Solokonzerts gehört die Klärung des Verhältnisses von Solo und Tutti beim Wiedereintritt des Tutti nach der Kadenz. In diesem Konzert meldet sich das Tutti mit der Pauke und dem Paukenmotiv zu Wort (Takt 481 ff.) und wie in der Durchführung im Dialog! Denn nirgendwo, so meint man jetzt sicher zu wissen, ist Musik so sprechend wie hier. Und *was* spricht sie? Nichts als Musik! Hören wir auf Körner und durch ihn auf Schiller, gerade in diesem Punkt: »... auch verliert das Bild der Phantasie dadurch nichts an Bestimmtheit, daß man es nicht durch *Worte* beschreiben kann.«

6. Die Grundintention des Musikalischen bei Haydn, Mozart und Beethoven

Auch für ein Stück reiner Instrumentalmusik kann man – wie das vorausgehende Beispiel belegt – an der Komposition zeigen (freilich nicht an jeder ebenso einleuchtend wie hier), daß und wie der musikalische Verlauf etwas Handlungsmäßiges hat, daß in der Komposition etwas »passiert«, was der Hörer hörend erlebt. »In der schönen Haltung [!] eines musikalischen Stücks malt sich die schönere einer sittlich gestimmten Seele«, sagt Schiller (*Über Matthisons Gedichte*). Der entscheidende Gedanke ist ihm dabei, daß der Musiker zwar die Form schafft und dadurch »das Gemüt zu einer gewissen Empfindungsart und zur Aufnahme gewisser Ideen [!]« stimmt, daß es aber »der Einbildungskraft des Zuhörers« überlassen bleiben muß, einen Inhalt zu dieser Form zu finden. Damit wird jede Musik ausgeschlossen, die das Empfinden des Zuhörers auf eine allzu bestimmte Weise lenkt und damit seine Autonomie als Mitgestalter einschränkt. Gleichzeitig wird auch jede Musik ausgeschlossen, die darauf angelegt ist, bestimmte Inhalte durch Nachahmung oder Schilderung unmittelbar zum Ausdruck zu bringen. Die Nachahmung der Natur oder der Affekte, die von der Ästhetik des Barocks und noch des Aufklärungszeitalters als Hauptgegenstand der Musik aufgefaßt worden ist, wird also verworfen.

7. Die Grundintention des Musikalischen bei Franz Schubert: »Der Klassiker Schubert«

Und Franz Schubert? Warum wird er hier zu den Klassikern gezählt, gerade hier, wo behauptet ist, die sogenannte Klassik in der Musik sei auf die Wiener Klassiker Haydn, Mozart und Beethoven einzuschränken. Ist Schubert denn nicht der Romantiker schlechthin? Gewiß, Romantiker auch, aber nicht durchweg, und gerade dort nicht, wo er *der* ist, den wir als großen Schubert kennen.

Manche verbreitete Meinung über den »Liederfürsten« erscheint, wenn man sie ernstlich bedenkt, wenig zutreffend. »Schubert oder die Melodie« (womit völlig irreführend suggeriert ist, was an Schuberts Musik fesselt, sei schöne Melodie und sonst nichts) kann man ja ebenso lesen wie die nur scheinbar fachmännische, in Wirklichkeit unzureichende Kennzeichnung seines musikalischen Satzes als homophon oder auch den, Wissen nur vortäuschenden, oft wiederholten Tadel, Schubert habe seinen Kontrapunkt nicht beherrscht. Gewiß ist *Der Lindenbaum* zum Volkslied geworden. Daß Schuberts Vertonung aber im Mittelteil die Passage enthält: »Die kalten Winde bliesen... ich wendete mich nicht«, und daß diese ganz und gar unmelodiöse Stelle ins Volkslied (das erst Friedrich Silcher mit seiner Männerchor-Bearbeitung initiiert hat) einfach nicht zu übernehmen war, wird kaum irgendwo erwähnt. Sollte man nicht einmal fragen, was von Schubert eigentlich sonst noch zum Volkslied geworden ist? Jedenfalls nicht *»Das Wandern ist des Müllers Lust«*! Wer wollte auch Schuberts Lied ohne Begleitung des Klaviers singen und seine Freude daran haben? Da taugt die allbekannte Volksweise von Carl Friedrich Zöllner besser. Mir scheint, Schubert charakterisiere eher anderes: In einem im April 1930 im Wiener Rundfunk gesendeten Dialog zwischen Alban Berg (dem Schüler Arnold Schönbergs und Komponisten der Oper *Wozzeck*) und einem Gegner der Atonalen beruft sich Berg zur Verteidigung seiner »reichlich verkrausten und verzackten Melodik« unter anderem auf Schubert und zieht *Letzte Hoffnung, Wasserflut* und *Der stürmische Morgen* aus der *Winterreise* heran. Mögen die zitierten Beispiele extrem scheinen, die Tatsache, daß Alban Berg sich überhaupt auf Schubert und auf späte Werke berufen kann, gibt zu denken. Schubert als den romantischen Melodiker hinzustellen oder ihn mit einer vermeintlich durchgängigen Volkstümlichkeit in die Nähe der Musiker zu rücken, die für das Lied eine Art Volkston gesucht und gefunden haben, das geht nicht an.

Wo immer im Zusammenhang von Schuberts Liedern von der Klavierbegleitung die Rede ist, spricht man von ihrem malenden und poetisierenden Wesen. Daß damit ein wichtiger Zug vieler seiner Lieder angesprochen ist, sei nicht bestritten, wohl aber, daß damit alles Wesentliche erfaßt sei. Uns scheint vielmehr, daß schon die isolierte Betrachtung einer »Klavierbegleitung« in Schuberts Liedern falsch sei, weil sie von dem, was Schubert offensichtlich gewollt und realisiert hat, ablenkt. Schuberts Lied-Satz besteht – jedenfalls in den Liedern der großen Zyklen und in denen, die man nennen wird, wenn es gilt, Schubert als Schubert zu bezeichnen – nicht wie ein homophoner Satz aus Melodie und Begleitung, er ist vielmehr ein Satz des »obligaten Accompagnements«, wie Beethoven im Hinblick auf seinen eigenen musikalischen Satz gesagt hat. Und Schubert ist für seine Vorstellung vom musikalischen Satz in gewisser Weise ein Schüler Beethovens. Das belegt auch dies: Um sich – wie er selbst schreibt (31. März 1824) – »den Weg zu bahnen zur großen Sinfonie« (womit keine bestimmte Sinfonie gemeint ist, sondern die Gattung), schreibt Schubert Streichquartette und ein größeres Kammermusikwerk für Streicher und Bläser, nimmt er sich Beethoven zum Vorbild, doch wählt er als Modell für sein *Oktett* keines von dessen späten Werken, deren Entstehung und Veröffentlichung er miterlebt, sondern das *Septett op. 20* von 1799/1800. Dazu dürfte ihn vor allem dies bestimmt haben: die Einsichtigkeit des musikalischen Verfahrens. Hier nämlich, am frühen Beispiel, scheint Beethovens Technik des Satzbaus noch ganz durchschaubar zu sein; hier glaubt Schubert im Verfahren des Nachkomponierens am ehesten lernen zu können, was ihm satztechnisch wichtig ist. Die Aufgabe, bei der wir Schubert hier sehen, kann man so beschreiben: Es gilt, die Erfahrung und die Technik der polyphonen abendländischen Komposition einzubringen und sie für den Satz in *der* Gattung nutzbar zu machen, die Schuberts Hauptinteresse hat. Das Lied der zweiten Hälfte des 18. Jahrhunderts hatte, da der konsequente Versuch mit reiner unbegleiteter Einstimmigkeit fehlgeschlagen war, eine Art von Homophonie ausgebildet, in der die Melodie dominiert und jegliche Begleitung, völlig untergeordnet, nur stützt oder füllt. Der mehrstimmig-musikalische Satz war in diesen Liedern gleichsam reduziert auf eine Oberstimme, weil für die anderen Stimmen die Selbständigkeit aufgegeben war. Die Folge der

Harmonien in Stützakkorden ergab, selbst wenn sie für den Instrumentalisten in einfache Begleitfigurationen aufgelöst erschien, keinen mehrstimmig-musikalischen Satz im engeren Sinne mehr. Wo nun nur das übriggeblieben ist, was sich »der einsichtige Tonsetzer oder auch schon das geübte Ohr beim einstimmigen Singen hinzu denkt«, wo Mehrstimmigkeit zur simplen Homophonie geschrumpft ist, kann man von musikalischem Satz, von dem also, was die abendländische Kunst als Musik hervorgebracht hat, kaum mehr sprechen. Die Aufgabe lautet für Schubert also: Musikalischer Satz in der Tradition der Polyphonie als Lied, also *ein* Satz für die Verbindung von liedhafter Singstimme mit einem Instrumentalpart.

Freilich hatten auch Mozart und Beethoven dieses Problem gekannt, aber sie hatten mit nur wenigen Liedern wenig zu seiner Lösung beigetragen und die Tradition der Gattung aus dem 18. Jahrhundert nicht wirksam verändern können. Sicherlich mit Recht klagt Reichardt 1796 (in der Vorrede zur Sammlung *Lieder geselliger Freude*), daß er von Haydn und Mozart keine Kompositionen aufzunehmen fand; es bleibe ihm unbegreiflich, »wie diese vortrefflichen Männer einerseits unsere besten Dichter so wenig benutzt, andererseits das Lied so gar nicht nach seiner eigentlichen Natur bearbeitet haben.« Liedkomposition also kann Schubert bei Mozart und Beethoven kaum bewundern, hier gibt es für ihn nichts zu lernen. Er muß zur Erprobung dessen, was er an instrumentaler Technik in vielen Jahren den Klassikern abschaut und sich aneignet, er muß für Versuche einer neuen Kompositionstechnik im Hinblick auf das Lied ohne Vorbilder seiner Heroen bleiben oder aber sich andere Muster suchen – Muster, an Hand derer er arbeiten, die er bearbeiten, die er verwandeln kann. Solche findet und bewundert der junge Schubert in den Balladen des Stuttgarter Hofkapellmeisters Johann Rudolf Zumsteeg. Und trotzdem bleibt bestehen, daß Schuberts musikalische Grundintention nicht von diesem bestimmt ist sondern »von Beethovens Genie«.

Schließlich dies: Wäre das Wesentliche an Schuberts Liedern in den Melodien, in den malenden Klavierbegleitungen und in der Farbigkeit der Harmonik beschlossen, läge sein musikalisches Interesse allein oder vor allem am Ausdruck der Empfindung, dann müßte man gerechterweise feststellen, daß viele seiner Nachfolger, bestimmt aber Schumann und Brahms, all das besser und schöner gemacht, dieses Interesse viel weiter verfolgt und getrieben und daß sie eigentlich mehr erreicht haben. Schubert bliebe das Verdienst, das Lied als romantisches Klavierlied ausgeprägt und als erster gepflegt zu haben. Auf die erreichbare Höhe der Kunst hätten es aber erst diejenigen geführt, die Schuberts Anfänge weiterentwickelt haben. *So* steht es zwar wörtlich nirgendwo, aber aus dem meisten Geschriebenen ist eben dies herauszulesen – obwohl man es besser wissen kann und weiß: Schumann ist nicht besser als Schubert sondern anders, Schumanns Lieder sind keine Weiterentwicklungen von Schuberts Liedern. Der Gedanke, daß die Gattung Lied sich bei Schubert noch in einem frühen Stadium ihrer Entwicklung befinde, ist absurd.

Zwar übernehmen Schuberts Nachfolger seine kompositorischen Mittel und entwickeln sie weiter, und Schumanns und seiner Zeitgenossen und Nachfolger Harmonik ist tatsächlich differenzierter, überhaupt interessanter als die Schuberts, denn für Schubert steht harmonischer Reichtum nicht im Vordergrund seines Interesses bei der Liedkomposition, wohl aber für Schumann und seine Nachfolger. Also sehr wohl Entwicklung! Aber diese Entwicklung ist eine von Parametern musikalischer Komposition, von Mitteln zum Zweck. Der Zweck selbst hingegen wird nicht fortentwickelt, er ist hier und dort nur grundverschieden.

Man kann sich das klarmachen an Überlegungen zu Wort und Begriff »vertonen/Vertonung«. Der einfachste Fall von Textvertonung ist der, daß ein für sich selbst bescheidener musikalischer Faktor dazu verhilft, daß ein Text gesungen werden kann, zum Beispiel beim Kirchenlied. Ein anderer Fall ist der, wenn der Komponist die im Text gleichsam eingeschlossene »Weise des Lieds«, wie Herder sagt, befreit. Goethe beschreibt dies für Zelters Komposition seiner Texte so: »Sie sind sogleich mit meinen Liedern identisch; die Musik nimmt nur wie ein einströmendes Gas den Luftballon mit in die Höhe.« Ein Schritt weiter, und der Musiker taucht den Text musikalisch in die Empfindung oder Stimmung, welche dieser nahelegt oder auslöst: die Vertonung leiht dem Text Flügel des Gesanges. In dieser Art von Vertonung sieht man in der Regel den Inbegriff von Lied, und man denkt dabei an die herrlichsten Werke der musikalischen Romantik, etwa an Eichendorffs *Mondnacht* in der Vertonung Robert Schumanns. Ein weiterer Fall von Vertonung liegt schließlich dann vor, wenn die Musik eine Dimension des Textes vernehmbar macht, die unvertont gar nicht sinnlich in Erscheinung träte. In all diesen Fällen tritt durch die Vertonung Musik zum Text hinzu, sei es, um ihn über den Sprechtonfall hinaus ins Erklingen zu bringen, sei es, um ihn zu bereichern, gar zu überhöhen, – den Text, der aber als Text und für sich bestehen bleibt, der also bleibt, was er war und ist, den die Musik allein und selbständig nicht vertreten kann.

Anders bei Franz Schubert. Im *Jahrbuch »Der blaue Reiter«* hat Arnold Schönberg 1912 dies geschrieben: »Ich war vor ein paar Jahren tief beschämt, als ich entdeckte, daß ich bei einigen mir wohlbekannten Schubert-Liedern gar keine Ahnung davon hatte, was in dem zugrundeliegenden Gedicht eigentlich vorgehe. Als ich aber dann die Gedichte gelesen hatte, stellte sich für mich heraus, daß ich dadurch für das Verständnis dieser Lieder gar nichts gewonnen hatte, da ich nicht im geringsten durch sie genötigt war, meine Auffassung des musikalischen Vortrags zu ändern. Im Gegenteil: es zeigte sich mir, daß ich, ohne das Gedicht zu kennen, den Inhalt, den wirklichen Inhalt, sogar vielleicht tiefer erfaßt hatte, als wenn ich an der Oberfläche der eigentlichen Wortgedanken haften geblieben wäre... So hatte ich die Schubert-Lieder samt der Dichtung bloß aus der Musik heraus vollständig vernommen.« »Der wirklich Inhalt« (vielleicht könnte man noch deutlicher sagen: »der wirksame Inhalt«) des Gedichtes in Schuberts Komposition ist also, wie Schönberg eindrucksvoll beschreibt, der Niederschlag einer zwar aus dem Gedicht gewonnenen und es einschließenden, aber von Anfang an *musikalisch* gerichteten Vorstellung. Schönberg erfaßte mit der Musik den Sinn des Gedichtes ebenso deutlich oder gar deutlicher als durch den Text. Also kann Schuberts Musik nicht *nach* dem Text entstanden sein, Text und Musik müssen vielmehr *gemeinsam* in *einem* Grund wurzeln, der *vor* der Ausformung des Textes liegt. Schubert »vertont« also nicht im üblichen und engeren Sinne des Wortes, auch »deutet« er den Text nicht durch Untermalung des Details oder dadurch, daß er das Ganze in einer gewissen Stimmung hält – das alles spielt *auch* eine, zumeist aber eine durchaus untergeordnete Rolle in seiner Komposition –, er setzt vielmehr eine Vorstellung, die er aus dem Gedicht gewonnen hat, in Musik um. Damit schafft er *den Text,* indem er ihn komponiert, neu, gleichsam noch einmal, und zwar jetzt aus dem Grunde der Musik: er schafft Lyrik als musikalische Struktur (Georgiades 1967). Die allgemeinen musikalischen Vorstellungen, die ihn dabei leiten, sind denen der Wiener Klassiker näher als denen der Romantiker, der gleichzeitigen wie der späteren. Das ist der Grund, aus dem wir hier Schubert mehr in die Nähe Haydns, Mozarts und Beethovens rücken als in die der romantischen Liedkomponisten – zu denen er freilich *auch* gehört.

8. Weitere Überlegungen zur Epochenbezeichnung »Klassik«

Man nennt ein Kunstwerk klassisch, wo man ihm Vorbildlichkeit und Gültigkeit über Zeiten hinweg zuerkennt. Kann man das aber überhaupt, dem Werk *einer* Zeit Vorbildlichkeit, also eine Art von Verbindlichkeit für *andere* Zeiten und ihre Werke zubilligen? Warum nennt man nur Haydn, Mozart und Beethoven Klassiker? Warum schränkt die Musikgeschichtsschreibung den Epochen- oder Stilbegriff »Klassik« auf Wien und in Wien auf drei Meister ein? Immerhin nennen Guido Adler und seine Wiener Schule der Musikwissenschaft Bach und Händel »Altklassiker«. Auch findet man hie und da Haydns, Mozarts und Beethovens Epoche als Klassizismus bezeichnet. Die Problematik ist schwierig, und wir gehen ihr hier nicht nach. Aber festhalten müssen wir, daß die Musikgeschichte mit dem Ehrennamen Klassiker nicht nur Haydns, Mozarts und Beethovens Rang würdigt, sondern daß zugleich eine bestimmte Musik mit einer bestimmten Eigenart gemeint ist, wenn man von der Musik der Wiener Klassiker spricht. Und diese besondere Art ist keinesfalls die Eigenart der Musik einer Epoche mit *allen* Zeitgenossen.

Wann und wo »Klassik« und »Klassiker« für Haydn, Mozart und Beethoven in der Musikgeschichtsschreibung zum ersten Mal auftaucht, ist nicht mehr anzugeben. Ihre Bedeutung haben diese Begriffe jedenfalls gewonnen in einem Prozeß der Bewußtwerdung der Verschiedenheit musikalischer Grundintentionen und in der Ausbildung eines Antagonismus zwischen Romantik und Klassik. Wort und Begriff »romantisch« werden jedenfalls früh, schon vor 1800 verwendet, »klassisch« hingegen erst später.

9. Das musikalische Satzprinzip des »obligaten Accompagnements« und das Durchführungsprinzip der »Sonate«

Wenn, wie hier behauptet, die Wiener Klassiker und, jedenfalls in wesentlichen Teilen seines Werkes, Franz Schubert aus einer Grundvorstellung von Musik heraus schaffen, die anders ist als die ihrer Vorgänger, Zeitgenossen und Nachfolger, und wenn ihre Werke nur äußerlich denen der anderen Meister ihrer Zeit ähneln, wenn sie nicht nur einfach besser als jene sind sondern anders, dann ist anzunehmen, daß ihr MUSIKALISCHER SATZ, ihre Kompositionsweise, verschieden ist. In der Beschreibung dieser Verschiedenheit tut sich die Musikwissenschaft von jeher schwer, weil es für die Beschreibung des Satzes an einem sachlich zutreffenden Begriffsapparat fehlt. Dies ist einerseits merkwürdig, denn die Musiktheorie des 19. und die Musikwissenschaft des 19. und 20. Jahrhunderts scheinen sich für nahezu alles auf einen normativen Wert der Werke der Wiener Klassiker zu berufen. Andererseits ist es keineswegs merkwürdig, weil bei näherem Zusehen die musikalischen Vorstellungen nahezu der gesamten Musiktheorie und der Musikwissenschaft an Werken der musikalischen Romantik, der frühen wie der hohen, gewonnen sind, und die Wiener Klassiker nur als eine Art von Berufungsinstanz beschworen werden. Berlioz etwa hat für seine *Instrumentationslehre* (1844) als ersten Kronzeugen Carl Maria von Weber, als zweiten Gluck, und dann erst kommt Beethoven. Und Hugo Riemanns Musiktheorie ist aus der Musik Max Regers und aus davon abgeleiteten Überlegungen gewonnen, und das nicht allein für die (Funktions-)Harmonik, sondern durchaus auch für die musikalische Rhythmik und Metrik.

Im Grunde kennt die Musikwissenschaft für die Beschreibung musikalischer Setzweisen nur die Kategorien homophon und polyphon. HOMOPHON nennt man einen Satz, bei dem eine Stimme führt, während die anderen Stimmen lediglich begleiten, wobei sie die mit der führenden Stimme prädisponierte Harmonie entfalten. Jedermann weiß, daß die meisten einfacheren Lieder, jedenfalls die meisten unserer Volkslieder, so beschaffen sind, und daß deshalb jeder einigermaßen geschickte Spieler von Klavier, Gitarre oder Harmonika solche Lieder auch ohne Noten »begleiten« kann, wenn er nur die Melodie kennt. Musiktheoretisch zuständig für den homophonen Satz ist das Fach Harmonielehre, und nur dort, wo wegen einer gewissen Stimmigkeit (etwa zur Vermeidung von falschen Parallelen) Stimmführungsprobleme auftauchen, haben kontrapunktische Regeln zu greifen.

KONTRAPUNKTISCH nennt man einen Satz, bei dem keine Stimme führt und keine begleitet, bei dem vielmehr alle Stimmen gleichermaßen selbständig geführt sind, oder jedenfalls geführt sein sollen, der also primär »stimmig« gedacht ist. Für die Orientierung der Stimmigkeit in klanglicher Hinsicht sind zwei Möglichkeiten gegeben, nämlich die, bei der ein melodisch-lineares Moment primär, der resultierende Zusammenklang hingegen sekundär ist, und die, bei der umgekehrt die Harmonie vorgängig, etwa in einem Generalbaß fixiert ist, während die Stimmen die so festgelegte klanglich-harmonische Progression kontrapunktisch auszuführen haben. Im ersten Fall spricht man von linearem, im zweiten von harmonischem Kontrapunkt. Die besten Muster für den ersten Fall findet man bei Palestrina, für den zweiten bei Bach.

Der musikalische Satz der Wiener Klassiker nun ist weder homophon noch kontrapunktisch. Zwar schreiben Haydn, Mozart, Beethoven und Schubert oft rein homophon, seltener rein kontrapunktisch, sei es in ganzen Werken, sei es in Abschnitten innerhalb von Werken, aber im Grunde ist ihr Satz weder aus homophoner noch aus kontrapunktischer Denkungsart zu verstehen und zu beschreiben. Beethoven selbst hat seinen Satz einmal beschrieben als den eines »OBLIGATEN ACCOMPAGNEMENTS«.

Am 2. April des Jahres 1800 gibt Beethoven in Wien im Hofburgtheater eine »musikalische Akademie«, in der er mit neuen Kompositionen hervortreten und auf sich aufmerksam machen will. Hier bringt er seine *Erste Sinfonie* zur Uraufführung und sein *Septett op. 20* für Streicher und Bläser. Im Dezember desselben Jahres bietet er diese Werke (zusammen mit anderen) dem Leipziger Verleger Hoffmeister an. Im Begleitbrief schreibt er: »Ich will in Kürze also hersetzen, was der Hr. Bruder von mir haben können. 1. Ein Septett per il Violino, Viola, Violoncello, Contrabasso, Clarinetto, Corno, Fagotto, – tutti obligati, (ich kann gar nichts Unobligates schreiben, weil ich schon mit einem obligaten Accompagnement auf die Welt gekommen bin). Dieses Septett hat sehr gefallen... 2. eine große Sinfonie mit vollständigem Orchester...«

»Ich kann gar nichts Unobligates schreiben...«: Beethoven beschreibt hier seine musikalische Kompositionsart als die eines »OBLIGATEN ACCOMPAGNEMENTS«. Dieser Begriff nun enthält in sich einen Widerspruch. »Accompagnement« meint nämlich zu Beethovens Zeit »Begleitung«, z. B. eine Stimme oder mehrere Stimmen, die eine Hauptstimme lediglich begleiten, die man also weglassen kann, ohne der Musik der Hauptstimme wesentlich zu schaden. »Obligat« hingegen meint (H. Chr. Koch: *Musikalisches Lexikon,* 1802): »Die jetzige Bedeutung dieses Kunstwortes, nach welcher man unter einer obligaten Stimme eine solche Stimme eines Tonstückes verstehet, die entweder in dem Verfolge desselben hier und da in kurzen melodischen Sätzen den Hauptgesang führt, oder die mit dem Hauptgesange so verbunden ist, daß sie, ohne das Tonstück zu verstümmeln, nicht weggelassen werden kann, hat ihren Grund in der ältern Musik, in welcher alles ... gebunden gearbeitet war. Weil nun eine obligate oder gebundene Stimme... nicht ausgelassen werden kann, ohne den ganzen Zusammenhang der Harmonie zu zerstören, so hat man den Ausdruck obligat auch auf solche Stimmen in Tonstücken nach der freien Schreibart übertragen, die zur Darstellung des ganzen Zusammenhanges eines Tongemäldes unumgänglich notwendig sind.« Beethovens Beschreibung seiner Kompositionsart mit »obligates Accompagnement« meint also eine »freie Schreibart« (d. h. eine nichtkontrapunktische Schreibart), bei der keine Stimme des Satzes wegzulassen ist, ohne daß das Satzganze Schaden nimmt. *Alle* Stimmen, obschon sie nicht kontrapunktisch geführt sind, und obschon der Satz eine Hauptstimme hat, sind doch mehr als nur Begleitung, eine jede gehört wesentlich zum Ganzen, aus dem man sie nicht lösen kann, weil einerseits sie selbst dann nicht mehr bestehen könnte, weil andererseits das Satzganze dann als solches zerstört würde. Der Satz ist hier also nicht nur in selbständig geführten, aber aufeinander bezogenen Stimmen komponiert, sondern er ist in auseinanderzuhaltenden Ebenen gedacht. Diese Satz-Ebenen sind durchaus so zusammengebaut, wie es das Wort Com-positio sagt, und auch der Hörer hat die Aufgabe, das Divergierende zusammen-zuhören. Dasselbe anders: Im Vorgang eines musikalisch mitwirkenden Hörens entsteht aus dem Spiel die musikalische Gestalt in der Wahrnehmung (gleichgültig, ob wir uns unserer Aktivität dabei bewußt sind oder nicht).

Bisher war nicht die Rede vom MUSIKALISCHEN RHYTHMUS und von der Notwendigkeit, auch diesen zu komponieren. Zunächst ist die Zeitgestalt der Musik immer und überall ein Problem der musikalischen Komposition. In besonderer Weise ist sie ein Problem jedoch seit dem großen Epochenschnitt der Musikgeschichte im 18. Jahrhundert, weil mit dem Verlust der zusammenhaltenden Kraft im harmonisch-kontrapunktischen Satz des Generalbaßzeitalters dieser Satz gleichsam zerfallen ist. In der Tat beginnen in der neuen Musik des 18. Jahrhunderts kurze, an Kadenzformeln gebundene instrumental-melodische Wendungen die Hauptrolle im Satz zu spielen, und zwar so, daß man meinen kann, er sei wie ein Puzzle zusammengesetzt. Niemand hat dieses Zusammensetzen treffender beschrieben als Kirnberger in seiner Anleitung mit Würfeln zu komponieren (*Der allzeit fertige Polonoisen- und Menuettenkomponist,* Berlin 1757). Bei diesem Spiel freilich ist der Floskelsatz noch durch einen vorgegebenen Generalbaß zusammengehalten und auf Perioden von je acht Takten streng begrenzt. Wenn aber diese Klammer im harmonischen und diese Begrenzung im zeitlichen Verlauf fehlen, dann geht der Zusammenhang verloren und mit ihm die Möglichkeit, das Ganze als Ganzes aufzufassen. Statt dessen fesseln den Hörer dann die Vielzahl und die Vielfalt der Einzelglieder, die ihn zwar immer wieder überraschen, die er aber kaum sinnvoll zu verbinden vermag und über die und für die er keine musikalisch sinnvolle Hörerwartung aufbauen kann – keine außer der auf immer Neues, das, so jedenfalls der alsbald ermüdete Höreindruck, immer das Alte ist. Damit ist eine Grundlage des Kunstwerks aufgegeben, jedenfalls angetastet: die EINHEIT IN DER MANNIGFALTIGKEIT. Kein Zufall, daß die Kunsttheorie des Zeitalters kaum ein Problem intensiver behandelt als eben dieses, das auch die Musiker aufgreifen, freilich auf ihre Art, nämlich so, als laute es: Einheit *trotz* der Mannigfaltigkeit. Ihre wichtigsten Mittel sind dabei erstens eine neue Ordnung im musikalischen Satzbau und zweitens eine neue Art, zwischen Satzteilen Beziehungen herzustellen. Das erste Problem sehen sie als eines musikalischer Rhythmik, das zweite als eines sogenannter motivischer Arbeit. Für beides ist das Arbeitsmaterial eine Art von Baustein des musikalischen Satzes: die Taktgruppe von (in aller Regel) vier Takten, die die zeitgenössische Theorie in Anlehnung an die Rhetorik und im Hinblick auf die »Musik als Klangrede« »Satz« nennt.

Unter musikalischer Rhythmik verstehen wir heute etwas anderes als die Musiker um 1800. Bei Koch im *Musikalischen Lexikon* (1802) findet man diese Bestimmung des Begriffs: »Rhythmus. Dieses griechische Wort bezeichnet in der Musik nicht allein das Verhältnis der Tonfüße, aus welchen die verschiedenen Arten des Taktes bestehen, sondern auch hauptsächlich [!] das Verhältnis, welches die einzelnen melodischen Teile oder Sätze... untereinander haben... Sogar die Griechen... hielten demnach die äußere Form musikalischer Sätze für wichtiger als den Inhalt selbst. So wenig in einer ausgebildeten Musik der Rhythmus diesen Vorzug vor dem Inhalte der Gedanken oder vor dem Ausdrucke behaupten kann, so ist es dennoch außer Zweifel, daß in der Musik so wie in der Dichtkunst die Gedanken oder melodischen Teile, die ein gutes rhythmisches Verhältnis haben, viel gewinnen, und besonders an Lebhaftigkeit. Soll aber die rhythmische Beschaffenheit der Perioden diese Deutlichkeit und Lebhaftigkeit bewirken, so müssen sich nicht allein die Tonfüße auf leicht fühlbare Verhältnisse gründen, sondern es muß auch das Verhältnis der daraus verbundenen melodischen Teile oder Sätze... mit Leichtigkeit gefaßt werden können. Daher muß das Verhältnis der verbundenen Glieder oder Takte nicht bald gleich bald ungleich, oder gleichsam durcheinander geworfen sein, denn sobald die verbundene Anzahl der Tonfüße zu vielartig in Ansehung ihrer Verhältnisse ist, so wird die aus den einzelnen Sätzen verbundene Periode nicht faßlich genug; die Vergleichung ihrer Teile erfordert zuviel Aufmerksamkeit, die das Vergnügen an dem Ganzen mehr verhindert, als dazu beförderlich ist. Von der Anwendung des Rhythmus, die man in der Musik insbesondere mit dem Ausdrucke Taktordnung bezeichnet, handeln [hier in Kochs *Lexikon*] die Artikel *Absatz, Einschnitt, Metrum* und *Taktordnung.*« Und unter *Taktordnung* findet man dies: »Taktordnung bezeichnet denjenigen wissenschaftlichen Teil der Melodie [der musikalischen Satzbildung], welcher den Tonsetzer lehret, die Teile der Melodie in Ansehung ihres Umfanges unter sich in ein gutes Verhältnis zu bringen, oder die Perioden dergestalt zu verbinden, daß die Folge ihrer Teile für unser Gefühl ein angenehmes Verhältnis des Umfanges haben... Man siehet hieraus, daß die melodischen Perioden, wenn das Ganze eine angenehme Wirkung tun soll, ebenso wenig wie die Perioden eines Gedichts aus lauter einzelnen Sätzen von einerlei Verbindungsart zusammengesetzt werden können, sondern daß eine gewisse Mannigfaltigkeit dabei stattfinden müsse...«

Was Koch hier unter RHYTHMUS und TAKTORDNUNG abhandelt und was er als »wissenschaftlichen Teil der Melodie«, nämlich der Satzlehre, beschreibt, gehört später in der Musiktheorie zum Bereich der sogenannten FORMENLEHRE. Was seinerzeit Ordnung in den Verlauf von Zeit bringen sollte und deshalb RHYTHMUS genannt wurde, wird dann zum Anlagetyp und schließlich zur »Form«, die als solche vorgegeben und zu erfüllen ist, und deren Teile untereinander in keinem Verhältnis lebendiger Zeit, also eines Rhythmus, mehr stehen oder jedenfalls zu stehen brauchen. Die Vorstellung von Bewegung und von Tun – »Die TAKTORDNUNG... lehret den Tonsetzer, die Teile der Melodie... unter sich in ein gutes Verhältnis zu bringen« – verändert sich zur Vorstellung von einem FORM-INHALT-PROBLEM.

Worauf es in der Komposition nun praktisch ankommt, ist erstens die Taktgruppe als solche (das Element), zweitens das Verhältnis der Taktgruppen untereinander (ihr Rhythmus), drittens die Bildung von Perioden, d. h. von Zusammenschlüssen mehrerer Taktgruppen zu einer höheren Einheit (zur »Periode«). (Dazu Koch im *Musikalischen Lexikon:* »Periode. Ein Kunstwort, welches aus der Redekunst entlehnt ist und die Vereinigung verschiedener Sätze, das ist verschiedener solcher einzelnen melodischen Teile bezeichnet, die an sich einen vollständigen Sinn bezeichnen, durch ihre Vereinigung aber eine Idee, oder vielmehr den Ausdruck einer Empfindung in einem gewissen Grade von Vollständigkeit darstellen.«) Worauf es in der Komposition nun praktisch ankommt, ist viertens die Zusammenstellung mehrerer Perioden zu noch einmal übergeordneten Einheiten, in diesem Falle jetzt zu dem, was wir heute allein noch »Satz« nennen. Mit allen diesen Gegenständen befaßt sich die Musiktheorie der Zeit, befassen sich jedenfalls ihre wichtigen Vertreter, neben Koch Joseph Riepel und Johann Philipp Kirnberger, der zugleich der Gewährsmann für Johann Georg Sulzer ist. Jedoch mehr als das, was man (historisch) »Anfangsgründe der musikalischen Setzkunst« nennen kann, geben sie alle nicht. Zwar zeigen sie die Problemfelder und sind insofern durchaus kompetent. Insofern sie aber Sachverhalte verabsolutieren und Regeln setzen, erweisen sie sich als nicht hinreichend kompetent: Die Komponisten und ihre Werke zeigen in ihrer reinen Experimentierfreude ein Spektrum von Möglichkeiten, das keine Kompositionslehre spiegeln kann, übrigens auch keine geschriebene musikalische Lehre bis dahin spiegeln sollte. Traditionell war die Beschreibung von Formverläufen und anderen Gattungsspezifika bis ins 18. Jahrhundert kein Gegenstand der Musiktheorie sondern einer der Praxis: es wurde beim Kompositionsunterricht darüber gesprochen, aber man schrieb nicht darüber. In den romanischen Ländern setzt sich jedoch in der Folge der französischen Enzyklopädisten eine neue, dem Rationalismus verpflichtete Betrachtungsweise durch, in der man den Dingen eher durch Beobachtung auf den Grund zu kommen sucht als durch theoretische Spekulation. Diesem modernen »esprit d'observation« (»Beobachtungsgeist«) verdanken wir die ältesten Schilderungen der Sonatensatzform, auf die Siegfried Schmalzriedt (1985) aufmerksam gemacht hat: Francesco Galeazzi, *Elementi teorico-prattici di musica* (Bd. II Rom 1796) und: Anton Reicha, *Traité de haute composition musicale* (Paris 1826). In Deutschland hingegen findet man bis ins 20. Jahrhundert kein Wort über die Sonatensatzanlage geschrieben, nämlich bis zu Alfred Richters *Lehre von der Form in der Musik* (Leipzig 1904) und bis zur normativen Kodifizierung der Termini Exposition, Durchführung und Reprise in Hugo Leichtentritts weitverbreiteter *Musikalischer Formenlehre* (Leipzig 1911).

In Kompositionen hingegen findet man den Anlagetypus des Sonatensatzes – also den durch einen Doppelstrich zweigeteilten Satz mit den drei Teilen Exposition, Durchführung und Reprise und zwei im Tonfall verschiedenen Gruppen von Material in der Exposition – seit der Mitte des 18. Jahrhunderts weit verbreitet, freilich mit erheblichen Varianten, was die Intention für die einzelnen Bestandteile und für die Verlaufspläne betrifft. Die Geschichte der neueren Sonate im 18. Jahrhundert und des Anlagetypus »Sonatenform« kann man trotz der Arbeiten von Feil (1955), Ritzel (1968), Rosen (1980) und Schmalzriedt (1979-1981, 1983) noch keinesfalls für endgültig geklärt halten. Immerhin ist festzuhalten, daß es vor anderen die »Mannheimer« sind, die besonders in Sinfonien entschieden jenen Typus ausbilden, der sich als der am meisten zukunftsträchtige erweisen soll, jenen gerade als »Form« skizzierten, der mit seinen Möglichkeiten den Wiener Klassikern (im Gefolge der »Mannheimer«) jedoch als eine Art Bau- und Durchführungs*prinzip* dient, während ihre Zeitgenossen und Nachfolger ihn tatsächlich eher als »Form« benützen, in die Inhalt zu füllen ist, wobei diese Form durchaus verschiedene Inhalte zu fassen und zu konturieren vermag. Übrigens sind es ebenfalls die »Mannheimer«, die diesen Sonatensatztyp als »Erstes Allegro« in die SONATE und in die SINFONIE als in die großen Gebilde aus vier (seltener drei) im Charakter verschiedenen Einzelsätzen einbringen und dort ebenfalls entschieden zum Anlagetypus ausbauen. Es scheint, als eigne sich kein anderes Anlagemodell gleich gut, um der Gefahr der Unüberschaubarkeit kurzgliedriger und mannigfaltiger Zusammenhänge zu begegnen, keines gleich gut für die Aufstellung, Entwicklung und Durchführung musikalischer Gedanken, wie sie das 18. Jahrhundert neu zu denken begonnen hat.

Freilich findet man in Kompositionen auch gegenläufige Tendenzen, etwa zum freien Fantasieren, zur Freiheit in der Satzbildung jenseits aller »Taktordnungen«, ja sogar zur Freiheit des Rhythmus ohne Taktstriche, man findet Tendenzen, die vor anderen C. Ph. E. Bach in seinen Klavierwerken verfolgt und ausbildet und in seinem *Versuch* (1753-1762) zwar nicht musiktheoretisch begründet, aber aus einer neuen Gefühlsästhetik erklärt und verteidigt.

Das bisher Gesagte gleicht eher einer Skizze als einem Bild. *Die Krise der Barockmusik* (Gerstenberg 1953), seit 1720 allenthalben spürbar und reflektiert, bringt eine solche Flut von theoretisch-ästhetischen Schriften hervor, daß man unmöglich alles berücksichtigen kann, auch keineswegs alles berücksichtigen muß, um zu wissen, was eigentlich geschieht. Festhalten muß man indessen, daß die Kompositionen der Kompositionslehre nicht widersprechen, daß sie jedoch über das dort Behandelte weit hinausgehen, und zwar nicht nur im Bereich der später so bezeichneten Form sondern auch im Bereich des Rhythmus, das ist: in der Arbeit am kleinen Element, an der Taktgruppe. Oder anders und eher zutreffend formuliert: Von der Realität der musikalischen Komposition in jener experimentierfreudigen Umbruchzeit zeigen und erklären die Kompositions*lehren* nur wenig, so wenig, daß man davon kaum als von Grundlagen musikalischer Formen der Wiener Klassik (Budday 1983) sprechen kann. Die *Kompositionen* aber sprechen deutlich.

Zwar befassen sich Riepel, Koch und Kirnberger eingehend mit der »Tonordnung« innerhalb der Taktgruppe und zeigen damit auf ein höchst eigenartiges Problem der Satzbildung, nämlich auf das fortwährende Kadenzieren durch geschlossene Taktgruppen, ohne daß dadurch im eigentlichen Sinne kadenziert, nämlich geschlossen würde. Aber diese Theoretiker beschreiben das (in Kompositionen vor allem von Sonaten- und Sinfoniesätzen des neuen Typs) am meisten angewandte Verfahren des Aneinanderhängens von Satzgliedern nicht. Bei diesem Verfahren (auf das Georgiades, 1950, als erster aufmerksam gemacht, das Feil, 1955, als erster beschrieben, für das Georgiades später wenig glücklich den Begriff »Gerüstbauprinzip« verwendet hat) handelt es sich, bei scheinbarer Ähnlichkeit, um etwas anderes als um die von Hugo Riemann so genannte »Satzkette«. Schreibt man mehrere harmonisch in sich geschlossene Viertaktgruppen nacheinander, so steht, jeweils nach kürzesten kadenzierenden Verläufen, an den Grenzen der Taktgruppen immer wieder eine Tonika neben der nächsten Tonika, was Kirnberger (1771) so geißelt: »Ganz schlecht aber ist die Art einiger Komponisten, die gleich anfangs eines Stückes nach zwei oder vier Takten wieder in der Haupttonika schließen, folglich wieder da stehen, wo sie angefangen haben.« Schematisch dargestellt sieht ein solcher Verbund von Viertaktern so aus:

1 2 3 4 ' 5 6 7 8 ' 9 10 11 12 ' 13 14 15 16 '

T D T T D T T D T T D T

Dies zu vermeiden, verwenden die Wiener Klassiker nach dem Vorbild der »Mannheimer« bei gleichbleibender Viertaktigkeit eine andere harmonische Progression, nämlich diese:

```
1 2 3 4   5 6 7 8   9 10 11 12 ....   w x y z ||
└──────┘  └──────┘  └──────────┘      └───────┘
T      D  T      D  T          D      T       T
        ‿         ‿             ‿
```

Hierbei ist ein jedes Satzglied, um harmonisch vollständig zu werden, auf das folgende angewiesen. Denn anders als im zuerst aufgezeichneten Verbund wird der Schritt von der Dominante zur Tonika, der einen »vollkommenen Ruhepunkt des Geistes« (Koch) zur Folge hat, nicht *innerhalb der Taktgruppe* vollzogen, sondern *über deren Grenze hinweg.* Eine der Folgen dieses Satzverbandes ist, daß dabei und dadurch eine Art musikalischer Metrik entsteht, weil die Leicht-Schwer-Verhältnisse des musikalischen Rhythmus von der Ebene des Taktes auf die der Taktgruppen und damit auf eine andere Konstruktionsebene hinübergreifen.

Wenn man nun, wie es Johann Stamitz wohl als erster tut, jedenfalls als erster konsequent, die Verschiedenheit der Viertaktgruppe, nämlich als Bauglied mit und als Bauglied ohne Binnenkadenz, nutzt, dann hat das wegen der Verschiebung in den harmonisch-rhythmischen Verhältnissen, trotz gleichbleibender Viertaktrhythmik, erhebliche Folgen für die Rhythmik im Gesamtverlauf eines Satzes, also für das, was nach Meinung jedenfalls der zeitgenössischen Theoretiker beim Satzbau an erster Stelle zu beachten, weil von »hauptsächlicher Bedeutung« ist. Die gegebenen Möglichkeiten nutzen, wie gesagt, in erster Linie die »Mannheimer« und, um wenigstens einen weiteren zu nennen, Johann Christian Bach in London. Diese Möglichkeiten machen sich aber vor allem dann die Wiener Klassiker zu einem der wichtigen Mittel ihrer Komposition, indem sie das Übergreifen-Lassen bestimmter rhythmischer Kompositionselemente von einer Konstruktionsebene auf eine andere zu einer Art Technik ausbauen (Feil 1955 u.ö.).

10. Einschränkung

In den folgenden Abschnitten wird empfindlich bemerkbar werden, was bisher schon gestört haben mag: daß nicht jedes Werk, nicht einmal jedes Werk von Belang, aufgeführt werden kann. Für die Opern Hasses und Händels wird man das gerade noch einsehen und akzeptieren, aber auch für die Sinfonien Beethovens? Die zunehmende Individualisierung des einzelnen Werks, die aus der neuen Musikanschauung des 18. Jahrhunderts resultiert, verlangt im Grunde dessen individuelle Behandlung, und zwar auch in einer allgemeinen »Musikgeschichte«, denn diese Individualisierung ist ja ein Charakteristikum der Epoche. Aber jedermann wird die Gefahr sehen, die dann kaum zu bannen ist: daß man wegen der Fülle der Daten den Faden der Musikgeschichte verliert. Trotzdem bleibt der Einwand bestehen. »*Ein* Mensch – das ist die Menschheit!«, hat Bert Brecht gesagt, und ich wage, den herausfordernden Satz zu variieren: »*Ein* Werk – das ist die abendländische Musik!« Das aber ist in praxi so einfach nicht, wie es als Postulat gedacht und geschrieben ist. Haydn hat über 80 Streichquartette geschrieben, und ein jedes von ihnen ist wert, hier für sich zu erscheinen. Das aber ist nicht möglich, wohl auch nicht sinnvoll, denn durchaus können einzelne Werke oder Werkgruppen andere vertreten. So geschieht es hier wie überall. Indessen soll die übliche Betrachtungsweise, die sich für besonders historisch hält, ohne es zu sein, hier *nicht* einreißen, nämlich die, die auch Larsen und Robbins Landon (Artikel »*Haydn*« in *MGG*) geißeln: »Ebenso flach blieb die Auffassung von Haydns geschichtlicher Bedeutung. Die siegreiche Evolutionstheorie paßte ihn in ihre Vorstellung von dem Werden der klassisch-romantischen Musik ein, die ihn vornehmlich als Vorstufe zu Beethoven betrachtet wissen wollte. Wo Haydn von den nachbeethovenschen Normen abwich, sprach man von etwas ›noch nicht‹ Erreichtem. Wie es ihm gelungen sei, eine Brücke vom Barock zur Klassik zu schlagen, und worauf er seinen Anspruch auf den ihm gerne gewährten Titel eines ›Vaters der Sinfonie‹ oder dergleichen gründe, das blieb ziemlich rätselhaft. ›Ob Haydn für seine erste Symphonie Muster vorgelegen und welche, hat er uns vergessen zu sagen‹, heißt es recht einfach bei seinem verdienten Biographen Pohl.«

11. Die Klaviermusik der Wiener Klassiker von August Gerstmeier

Wenn im Generalbaß-Zeitalter von Sonate die Rede ist (Kirchen- oder Kammersonate), so hat das Klavierinstrument dabei überwiegend klangstützende Begleitfunktion. In den Sonaten von Corelli und Händel stehen die Melodieinstrumente solistisch im Vordergrund. Dieses Verhältnis kehrt sich etwa um die Mitte des 18. Jahrhunderts um: Das Klavier übernimmt die Führung im musikalischen Geschehen, und die Melodieinstrumente (Flöte oder Violine) treten begleitend zurück. Wenn in den frühesten Sonaten Mozarts ein Melodieinstrument hinzukomponiert ist (etwa in den *Pariser Sonaten* KV 6-9, vor 1764), so mit dem Zusatz »qui peuvent se jouer avec l'accompagnement de violon«, d. h. die Violine stellt hier ein bloßes ad libitum dar und kann auch wegfallen, ohne dadurch die Komposition als geschlossenes Sinngefüge wesentlich zu beeinträchtigen. Mit anderen Worten: Bei derartigen Stücken handelt es sich genau genommen um Klaviersonaten, die lediglich durch ein oder mehrere Melodieinstrumente besetzungsmäßig und klanglich erweitert sind. Die Klaviersonate etabliert sich auch unter dem Deckmantel begleitender Melodieinstrumente als selbständige Gattung. Was die Gattung betrifft, so ist sowohl in spieltechnischer wie inhaltlicher Hinsicht der Adressatenkreis erkennbar. Sie wendet sich zunächst an den Liebhaber. Die naive Musizierfreude ist vorherrschend. Bezeichnenderweise verwendet Haydn für seine Klaviersonaten gelegentlich den Begriff »Divertimento«, so auch für eine Reihe von Werken für Klavier bzw. Cembalo mit Begleitung von 2 Violinen und Violoncello (das er mit »Basso« bezeichnet), die fast ausnahmslos in C-dur stehen (Hob. XIV / 3, 4, 7, 8, 9). Daß in vielen Werken mit der Bezeichnung »Divertimento« Einfachheit und kompositorische Meisterschaft zusammenfallen, spricht keineswegs gegen diese Zuordnung. Bei Beethoven freilich verschieben sich die Gewichte: Die wachsende Bedeutung, die bei ihm der Klaviersonate zukommt, erfaßt auch die aus ihr abgeleiteten und zu ihrem Gefolge gehörigen Formen der Violinsonate, der Sonate für Violoncello und das Klaviertrio.

Neben der veränderten Rolle des Klaviers im Vergleich zur Musik des Generalbaßzeitalters ist die inhaltliche Veränderung des Begriffs »Sonate« von noch größerer Bedeutung. Übernommen wird von der Sonate früherer Prägung die Mehrsätzigkeit, also das Zyklische, und die Beziehung zum Tanz. Der Anteil, den die frühere Sonate an der Suite hat, entspricht etwa dem der neuen Sonate am Divertimento. Das Menuett ist selbstverständlicher Bestandteil der frühen Sonaten Haydns. Neu aber ist die musikalische Haltung. Die musikalische »Form« wird von einem neuen Geist bestimmt, der in der sogenannten SONATEN(HAUPTSATZ)FORM seine ureigenste musikalische Gestalt findet. Darunter ist eine kompositorische Verfahrensweise zu verstehen, wie sie in der Regel für den Eröffnungssatz einer Sonate charakteristisch ist.

Obwohl davon schon die Rede gewesen ist, muß das wichtigste Modell für den Bau musikalischer Sätze zur Zeit der Wiener Klassiker noch näher beschrieben und erörtert werden. Es besteht zunächst aus zwei Teilen, wobei Teil 1 in der Grundtonart beginnt und in der Dominanttonart schließt, während Teil 2 wieder in die Grundtonart zurückführt. Beide Teile sind mit je einem Wiederholungszeichen versehen. Bis dahin deckt sich der Sonatensatz mit dem Bau des Tanzsatzes der Suite. Die fortschreitende Abwandlung gegenüber dem Tanzsatz alter Prägung ist vor allem an drei Punkten festzumachen.

1. Auf das eröffnende Thema folgt nach dem Erreichen der Dominante häufig ein 2. The-

ma, das auch diese Nebentonart repräsentiert. Dadurch gewinnt die Dominante einen größeren Raum und vor allem größeres Gewicht. Sie stellt dem 1. Thema ein 2. gegenüber. Der eröffnende Tonikabereich wird »Hauptsatz« genannt, der folgende Dominantbereich »Seitensatz«. Der Gesamtkomplex bis zum Wiederholungszeichen des 1. Teils heißt »Exposition«.
2. Der erste Abschnitt von Teil 2 bringt charakteristische Elemente aus der Exposition, gliedert sie neu und führt sie durch entferntere tonartliche Räume. In einer Rückmodulation wird schließlich die Grundtonart wieder angepeilt. Dieser Abschnitt heißt »Durchführung«.
3. Der Beginn des zweiten Abschnitts von Teil 2 fällt zusammen mit dem Wiedereintritt des Hauptthemas in der Grundtonart. Nach diesem Ereignis wird der ganze Abschnitt benannt: »Reprise«. Nun folgt die Musik im Prinzip dem Verlauf der Exposition, allerdings mit dem bemerkenswerten Unterschied, daß der Seitensatz jetzt nicht in der Dominante steht, sondern in der Ausgangstonart bleibt, in der auch der ganze Satz schließt. Die Reprise bringt also gegenüber der Exposition eine Einebnung bzw. Glättung des harmonischen Gefälles. Die in der Exposition aufgebaute Polarisierung der harmonischen Stufen (I-V) führt in der Durchführung gleichsam zu einer dramatischen Entladung, auf die in der Reprise eine Auflösung in den einheitlichen harmonischen Raum folgt.

Schon in der tonartlichen Disposition des Sonatensatzes leuchtet der Geist der Musik der Wiener Klassiker auf: 1. Aufbau von dramatischer Spannung (Exposition), 2. Austragung der Spannung (Durchführung) und 3. Herstellung einer harmonischen Lösung (Reprise). In diesem Dreischritt spiegelt sich die immanent dramatische Natur und, untrennbar damit verknüpft, der Wille zu einer glücklichen Lösung der Konflikte. Im Sonatensatz wird diese Haltung als musikalischer Prozeß verwirklicht. Aber auch außerhalb der Sonate stoßen wir in der Musik der Wiener Klassiker immer wieder auf diesen Grundriß.

Die Umgestaltung vom Tanzsatz zum Sonatensatz vollzieht sich graduell und schrittweise. Haydn und Beethoven bilden die Eckpunkte der Entwicklung. Im 1. Satz von Haydns *Sonate in C-dur* (Hob. XVI/7) wird die Dominante erst zum Ende des 1. Teils erreicht, so daß hier von einem Seitensatz noch keine Rede sein kann. Und doch ist im 2. Teil mit seiner sechstaktigen Rückleitung und seiner siebentaktigen »Reprise« der harmonische Bau des Sonatensatzes bereits zu erkennen. Der Eröffnungssatz der folgenden *Sonate in G-dur* (Hob. XVI/8) hingegen ist schon ein vollgültiger Sonatensatz. Bei Beethoven wird der tonartliche und thematische Prozeß dramatisch zugespitzt. Die Reprise wird, vor allem auch durch die Art ihrer Vorbereitung (z. B. in der *c-moll-Sonate op. 111,* 1. Satz, T. 84-92), zum zentralen Ereignis des ganzen Satzes. Beethoven, der als Bühnendramatiker eher glücklos war, erweist sich in der Instrumentalmusik als Meister der dramatischen Disposition.

Was das Tasteninstrument der Wiener Klassiker betrifft, so zeigt sich der stilistische Wandel auch in einem neuen Klangideal. Zweifellos sind die frühen Klaviersonaten von Haydn noch für das Cembalo geschrieben. Die Bezeichnung »Pianoforte« taucht bei ihm erstmals in einer Sammlung von drei zweisätzigen Sonaten auf, die 1784 veröffentlicht werden (*Trois Sonates pour le Pianoforte*). Im letzten Viertel des 18. Jahrhunderts verlieren Clavichord und Cembalo ihre Vorherrschaft an das Hammerklavier. Durch die Möglichkeit der Anschlagsnuancierung steht das neue Instrument dem Clavichord nahe. Der von Anton Walter (1752-1826) gebaute Flügel Mozarts hat mit Leder überzogene Hämmerchen und erzeugt einen glockenhell schwingenden, schlanken Ton, der an das ungarische Cymbal erinnert. Beethovens Konzertflügel bringt gegenüber Mozarts Instrument eine beträchtliche Erweiterung des Ambitus (von fünf auf sieben Oktaven) und der Klang ist fülliger und orchestraler, wodurch die Kompositionsvorstellung Beethovens dann selbstverständlich in wesentlichen Zügen mitbestimmt wird.

Zu den Klavierwerken Joseph Haydns

Von den 11 im Haydn-Verzeichnis von Hoboken (1957) verzeichneten echten *Klavierkonzerten* Haydns wird heute fast nur noch das in *D-dur* (Hob. XVIII/11) von »vor 1782« gespielt.
Von Haydns *Klaviersonaten* sind über 60 bekannt, allerdings nicht alle überliefert. In ihnen zeigt sich eine großartig zu nennende Entwicklung, in der Haydn, wie Christa Landon (1964-66) ausführt, die Partita-Divertimento-Galanterie der Zeit abstreift und zu einem völlig neuen Klavierstil kommt und zu einer solchen inhaltlichen Vertiefung der Klaviersona-

te, daß nur mehr Beethoven als Fortsetzer denkbar scheint. – Eine chronologische Folge der Sonaten Haydns, vor allem der Frühwerke, kann nicht mit Sicherheit festgelegt werden, ja selbst für die Feststellung der Echtheit der frühen Sonaten fehlen wesentliche Voraussetzungen. Außerdem fehlt ein umfassender Gesamtkatalog der Klaviermusik dieser Zeit: ein solcher Katalog (wie er von Jan LaRue für die Sinfonien des 18. Jahrhunderts bereits angelegt worden ist) wäre ein wichtiger Beitrag zur Erforschung des Gesamtbildes der Entwicklung der klassischen Sonate. Es genügt nämlich nicht, festzustellen, daß der junge Haydn den lokalen Einflüssen, z. B. eines Wagenseil, ausgesetzt war und später von C. Ph. E. Bach die nachhaltigsten Eindrücke und Impulse empfangen hat. Hier ist noch ein weites Gebiet der Forschung offen.

Der Weg Haydns von der anspruchslosen Partita der 1750er Jahre bis zu den reifen Werken der Londoner Zeit kann mit Sicherheit nur an Hand nachweislicher Daten verfolgt werden: Dieser dokumentierte Weg führt über die Sturm-und-Drang-Werke, über die 1773 komponierten und dem Fürsten Esterházy gewidmeten Sonaten (Hob. XVI/21-26, die den Stil der vorangegangenen Sonaten nicht unbedingt fortsetzen), über die Sonaten von »Anno 1776« (Hob. XVI/27-32), gefolgt von den 1780 bei Artaria in Wien erschienenen (Hob. XVI/35-39 mit 20) und den 1784 von Bossler in Speyer gedruckten *3 Sonaten* (Hob. XVI/40-42), über die zweisätzige von Breitkopf in Leipzig 1789 veröffentlichte *C-dur-Sonate* (Hob. XVI/48) und die für Marianne von Genzinger 1789/90 geschriebene *Es-dur-Sonate* (Hob. XVI/49), die vielleicht ein wenig die Mozartsche Sphäre streift, bis zu den letzten *3 Sonaten* (Hob. XVI/50-52), von denen vor allem die *C-dur-Sonate* einen Bogen zu Beethoven spannt, während der erste Satz der *D-dur-Sonate* bereits Schubertsche Melodik vorausnimmt. Die chronologische Reihenfolge dieser letzten Sonaten kann allerdings nicht endgültig festgelegt, aber es kann angenommen werden, daß alle drei während der zweiten Londoner Reise Haydns entstanden sind. Das erhaltene Autograph der *Es-dur-Sonate* (Hob. XVI/52) trägt das Datum 1794 – also desselben Jahres, in dem Beethoven an seinen *Klaviertrios op. 1* und wahrscheinlich auch an seinen *Klaviersonaten op. 2* arbeitet. Vielleicht Haydns bedeutendstes Klavierwerk überhaupt sind die (autograph mit »Sonata« überschriebenen) *f-moll-Variationen* (Hob. XVII/6) von 1793.

Joseph Haydns Beitrag zur Klaviermusik der Wiener Klassiker ist, wie man sieht, von erstaunlichem Umfang – und man sollte sich vielleicht dabei dessen erinnern, was Hermann Abert 1920 in einer Rezension des ersten Bandes der alten Gesamtausgabe durch Päsler geschrieben hat: »Es ging bisher mit den Sonaten wie mit den Sinfonien: man pflegte sich mit rührender Anhänglichkeit bisher nur an eine kleine Zahl ›bewährter‹ Stücke zu halten. Die Anschauung aber, daß der Klavierkomponist Haydn ein überwundener Standpunkt sei, ist entschieden mehr zielbewußt als richtig.«

Die frühen KLAVIERSONATEN sind überwiegend dreisätzig. Bei diesen Stücken handelt es sich um Spielmusik und weniger um Ausdrucksmusik: Unerwartete Wendungen sorgen immer wieder für Frische und Spontaneität – und für Überraschungen. So fallen im Schlußpresto der *Sonate in D-dur* (Hob. XVI/14) die regelmäßige Taktperiodik und der Bau der musikalischen Glieder auseinander. Am Beginn steht ein fünftaktiges Sätzchen, das sich aus 2 + 3 Takten zusammensetzt. Der abrupten trugschlüssigen Öffnung folgt, durch eine Pause getrennt, eine rückführende Kadenz zur Grundstufe. Erscheint der erste Zweitakter wie ein übermütiger Springinsfeld (man beachte das kurze, auftaktig gesetzte Achtel der linken Hand, das gleich anschließend in das trugschlüssige Viertel mündet), so wird im folgenden Dreitakter durch eine bedächtig gesetzte, ruhig stufenweise absteigende Baßlinie die Harmonik zum Grundton zurückgelenkt:

Die beiden Außenstimmen der Takte 4/5 sind die zeitlich und tonräumlich auseinandergezogene absteigende Terzenkette der Oberstimmen von Takt 1/2. Das Gegenüberstellen von Ungleichem, das bei näherem Zusehen doch syntaktisch aufeinander bezogen ist, schafft eine Art von dramatischem Dialog. Erst am Ende des Satzes taucht das zweitaktige Eröffnungsglied in der anfänglichen Lage und Gestalt wieder auf:

In mehreren Ansätzen mündet es in den charakteristischen Trugschluß, aus dem es keinen Ausweg zu geben scheint, bis schließlich beim dritten Anlauf der Zweitakter in einer wie erlösend wirkenden Kadenz zum abrundenden Viertakter zusammengeschlossen wird. Dieses spekulative Spiel mit den Bauelementen läßt den Hörer die musikalische Form nicht als Vorgeformtes erfassen, sondern als einen dramatischen, d. h. augenblicklich und gegenwärtig sich vollziehenden Entwicklungsprozeß.

Bemerkenswert sind die drei *Sonaten in Es-, D-* und *As-dur* (Hob. XVI/45, 19, 46) aus den späten 60er Jahren, die in ihrer großräumigen Anlage und Dreisätzigkeit ohne Menuett ähnlich wie ein Konzert angelegt zu sein scheinen. Schon Larsen hat auf die Nähe der *As-dur-Sonate* zu J. S. Bachs *Italienischem Konzert* hingewiesen. In diesen Werken zeigt sich eine ausdruckshafte Seite, die dann in der *c-moll-Sonate* (Hob. XVI/20) von 1771 (?) deutlich hervortritt und den Einfluß der Klaviermusik C. Ph. E. Bachs erkennen läßt. In keinem der vorausgehenden Stücke finden sich dynamische Vortragsbezeichnungen in dieser Differenziertheit wie im 1. Satz dieser Sonate. Ungeachtet der Vollgriffigkeit, wie sie in den letzten *Sonaten in Es-dur* und *C-dur* (Hob. XVI/52, 50) zu finden ist, bevorzugt Haydn den scharf gezeichneten zweistimmigen Klaviersatz, der an die Beweglichkeit und Schlankheit der Sonaten Domenico Scarlattis erinnert. Als Eigenheit sei das Verfahren der »Doppelvariation« erwähnt, das gelegentlich in Sonatensätzen, vor allem aber in den *f-moll-Variationen* (Hob. XVII/6; 1793) zur Anwendung kommt. Hierbei werden zwei selbständige musikalische Abschnitte, die sich besonders durch einen Wechsel des Tongeschlechts voneinander unterscheiden, jeweils abwechselnd variiert, wodurch eine Art Rondovariation entsteht (A, B, A', B', A", B" ...).

Die KLAVIERKONZERTE stehen im Werk Haydns eher am Rande. »Klavier« ist hier durchaus noch als Sammelbezeichnung für »Tasteninstrument« zu verstehen und umfaßt Orgel, Cembalo und Hammerklavier. Bei sieben Konzerten entspricht der Tonumfang des Soloparts dem des Orgelmanuals, bei drei Konzerten dem des Cembalos. Die kompositorische Anlage der Konzerte ist trotz des Aufbaus nach dem Sonatenprinzip weniger durch einen dramatischen Wechsel zwischen Solo und Orchester bestimmt als durch ein Alternieren, wie es dem Konzert des Generalbaßzeitalters entspricht.

Die wichtigsten Klavierwerke Mozarts

Aus den 23 KONZERTEN:

KV 271 *Konzert in Es,* 1777 (*»Jeunehomme-Konzert«,* weil Mozart es für eine französische Pianistin namens Jeunehomme geschrieben hat)
KV 414 *Konzert in A,* 1782
KV 450 *Konzert in B,* 1784
KV 453 *Konzert in G,* 1784
KV 456 *Konzert in B,* 1784
KV 459 *Konzert in F,* 1784
KV 466 *Konzert in d,* 1785
KV 467 *Konzert in C,* 1785
KV 482 *Konzert in Es,* 1785
KV 488 *Konzert in A,* 1786
KV 491 *Konzert in c,* 1786
KV 503 *Konzert in C,* 1786
KV 537 *Konzert in D,* 1788 (*»Krönungskonzert«,* weil Mozart es während der Krönungsfeierlichkeiten in Frankfurt am Main 1790 gespielt hat)
KV 595 *Konzert in B,* 1791

Aus den 23 SONATEN und den FANTASIEN:

KV 283 *Sonate in G,* Salzburg 1774
KV 284 *Sonate in D,* München 1775 (*»Dürnitz-Sonate«,* weil für einen Herrn Dürnitz in München komponiert)
KV 309 *Sonate in C,* Mannheim 1777
KV 310 *Sonate in a,* Paris 1778
KV 311 *Sonate in D,* Mannheim 1777
KV 330 *Sonate in C,* Paris 1778
KV 331 *Sonate in A,* Paris 1778 (mit dem Variationensatz am Anfang und dem *»Alla Turca«* am Schluß)
KV 332 *Sonate in F,* Paris 1778
KV 333 *Sonate in B,* Paris 1778
KV 457 *Sonate in c,* Wien 1784 (in der Erstausgabe von 1785 ist der Sonate die *c-moll-Fantasie* KV 475 als Einleitung vorangestellt)
KV 545 *Sonate in C,* Wien 1778 (in Mozarts eigenhändigem »Verzeichnis aller meiner Werke« eingetragen als »Eine kleine KlavierSonate für Anfänger«)
KV 576 *Sonate in D,* Wien 1789

Aus der VIERHÄNDIGEN KLAVIERMUSIK:

KV 358 *Sonate in B,* Salzburg 1774
KV 448 *Sonate in D für 2 Klaviere,* Wien 1781
KV 497 *Sonate in F,* Wien 1786
KV 501 *Andante mit 5 Variationen in G,* Wien 1786
KV 521 *Sonate in C,* Wien 1787
KV 426 *Fuge in c für 2 Klaviere,* Wien 1783 (von Mozart 1788 für Streichorchester arrangiert und mit einer Einleitung versehen: KV 546)

Man sieht, im Werk Mozarts (wie dann auch im Werk Beethovens) nimmt die Klaviermusik einen gewichtigeren Platz ein als in dem Haydns. Für die Sonate bevorzugt Mozart wie Haydn den dreisätzigen Typ. Der Bau zeigt schon in der frühen Serie KV 279-284 deutlich die Anlage des Sonatensatzes. Das Satzbild zeigt stärkere Kontraste als bei Haydn. Und doch – und dies verbindet beide Komponisten – überwiegt der spielfreudige, divertimentohafte Ton. Der Zug ins Dramatische, der dem Sonatenprinzip innewohnt, tritt eher in den vierhändigen Werken hervor, besonders in den *Sonaten in D-dur* (KV 448), *F-dur* (KV 497) und *C-dur* (KV 521).

In der Gattung des KONZERTS jedoch liegt unbestritten der Schwerpunkt der Mozartschen Komposition für das Klavier. Schon als Kind fesselt ihn diese Gattung: 1767 arbeitet er, zusammen mit dem Vater, Sonatensätze verschiedener Komponisten (Eckard, Honauer, Raupach und Schobert) zu *Konzertsätzen mit Orchester* (Streicher mit Oboen und Hörnern) um: KV 37 und 39-41. 1772 arrangiert er drei *Sonaten* von Johann Christian Bach für Klavier und Orchestertrio (KV 107), ein Jahr später schreibt er sein erstes eigenes *Klavierkonzert D-dur* KV 175. Insgesamt komponiert Mozart *23 Solokonzerte,* dazu ein *Konzert für zwei* und eines *für drei Klaviere* (Es-dur KV 365; F-dur KV 242). Das Konzert gehört nicht zuletzt deshalb zu Mozarts bevorzugter Gattung, weil es durch das lebendige Ineinander von Ritornell- und Sonatenprinzip dem kombinationsfreudigen Komponisten Möglichkeiten der Gestaltung eröffnet, die er geradezu lustvoll ausspielt. Was diese Werke auszeichnet, ist das besondere Verhältnis zwischen Solist und Orchester. Das Klavier ist hier eher als privilegiertes Orchesterinstrument anzusehen, sozusagen ausgestattet mit erweiterten Kompetenzen, als säße der Solist lieber inmitten des Orchesters. Er erweist sich nämlich als geselliger Musiker. Dementsprechend spielt das Klavier, das doch ein Akkordinstrument par excellence ist, oft über weite Strecken einstimmig, um sich im Dialog den solistisch hervortretenden Melodieinstrumenten (und hier vorzugsweise den Holzbläsern) gleichwertig anzupassen. Hieraus resultiert der immer wieder geradezu kammermusikalische Charakter. Andererseits stehen die Konzerte allerdings auch der Welt der Oper nahe: Die Ecksätze atmen oft den Geist von Ensemble-Szenen, und die Mittelsätze ähneln vielfach Arien, jedenfalls in der musikalischen Haltung. – Wie in den Sonaten stoßen wir auch in den Konzerten nur auf zwei Moll-Werke (*d-moll* KV 466 und *c-moll* KV 491), und doch entfaltet Mozart in dieser Gattung neben der sprühenden Agilität und Gelenkigkeit und neben der festlich-glanzvollen Haltung des Konzertierens oft einen Ton ernster Leidenschaft (erstmals im langsamen Satz des *Konzerts Es-dur* KV 271). Es ist, als wollte er hier eine Gegenwelt aufdecken – und zugleich einer Einseitigkeit des Ausdrucks entgegenwirken. Umgekehrt gilt, je ernster und drückender die Grundhaltung, um so inniger, verklärter und von gleichsam unberührbarer Entrücktheit erscheint dann die Musik der darin auftauchenden Dur-Bezirke (so z. B. im Dialog zwischen Flöte und Fagott in der C-dur-Episode des langsamen Satzes im *Es-dur-Konzert* KV 482). Im letzten *Konzert (B-dur* KV 595) wird ein sich selbst genügendes, gänzlich unprätentiöses Spiel entfaltet: Über der vollkommenen Souveränität liegt etwas Herbstliches.

Die wichtigsten Klavierwerke Beethovens

1. *Klavierkonzert in C,* op. 15, 1795-1798, Fürstin Barbara Odescalchi gewidmet;
2. *Klavierkonzert in B,* op. 19, 1794/95, Carl Nicklas Edlem von Nickelsberg gewidmet;
3. *Klavierkonzert in c,* op. 37, 1800-1802, Prinz Louis Ferdinand von Preußen gewidmet;
4. *Klavierkonzert in G,* op. 58, 1805/06, Erzherzog Rudolph von Österreich gewidmet;
5. *Klavierkonzert in Es,* op. 73, 1809, Erzherzog Rudolph von Österreich gewidmet.

op. 2 *3 Sonaten in f, A, C,* 1795, Joseph Haydn gewidmet;
op. 7 *Sonate in Es,* 1796/97, Gräfin Babette von Keglevics gewidmet;
op. 10 *3 Sonaten in c, F, D,* 1796-1798, Gräfin Anna Margarete von Browne gewidmet;
op. 13 *Sonate pathétique in c,* 1798/99, Fürst Carl von Lichnowsky gewidmet;
op. 14 *2 Sonaten in E, G,* 1798/99, Baronin Josefine von Braun gewidmet;
op. 22 *Klaviersonate in B,* 1799/1800, Graf Johann Georg von Browne gewidmet;

op. 26 *Klaviersonate in As,* 1800/01, Fürst Carl von Lichnowsky gewidmet;
op. 27, Nr. 1 *Sonata quasi una Fantasia in Es,* 1800/01, Fürstin Josefine von Liechtenstein gewidmet;
op. 27, Nr. 2 *Sonata quasi una Fantasia in fis (»Mondscheinsonate«),* 1801, Gräfin Giulietta Guiccardi gewidmet;
op. 28 *Sonate in D,* 1801, Joseph Edlem von Sonnenfels gewidmet;
op. 31 *3 Sonaten in G, d, Es,* 1801/02 (Nr. 2: *»Sturm-Sonate«*);
op. 53 *Sonate in C (»Waldstein-Sonate«),* 1803/04, Graf Ferdinand von Waldstein gewidmet;
op. 54 *Sonate in F,* 1804;
op. 57 *Sonate in f (»Appassionata«),* 1804/05, Graf Franz von Brunsvik gewidmet;
op. 78 *Sonate in Fis,* 1809, Gräfin Therese von Brunsvik gewidmet;
op. 81a *Sonate in Es (»Das Lebewohl – Les Adieux«),* 1809/10, Erzherzog Rudolph von Österreich gewidmet;
op. 90 *Sonate in e,* 1814, Graf Moritz Lichnowsky gewidmet;
op. 106 *Große Sonate für das Hammerklavier in B,* 1817/18, Erzherzog Rudolph von Österreich gewidmet;
op. 109 *Sonate in E,* 1820, Maximiliane Brentano gewidmet;
op. 110 *Sonate in As,* 1821;
op. 111 *Sonate in c,* 1821/22, Erzherzog Rudolph von Österreich gewidmet.

6 Variationen in F, op. 34, 1802, Fürstin Barbara Odescalchi gewidmet;
15 Variationen in Es (»Eroica-Variationen«), op. 35, 1802, Graf Moritz Lichnowsky gewidmet;
32 Variationen in c, WoO 80, 1806;
33 Veränderungen in C über einen Walzer von Anton Diabelli, op. 120, 1819-1823, Antonie Brentano gewidmet;
Rondo a capriccio in G (»Die Wut über den verlornen Groschen«), op. 129, zwischen 1795 und 1798;
7 Bagatellen op. 33, 1802;
Klavierstück (Bagatelle WoO 57) *in a* (*»Für Elise«*?), 1810;
11 Bagatellen op. 119, 1820-1822;
6 Bagatellen op. 126, 1823.

Bei Beethoven rückt die KLAVIERSONATE ins Zentrum des kompositorischen Schaffens. Den *32 Sonaten* (die Bonner Jugendwerke nicht mitgezählt) kommt im Gesamtwerk eine herausragende Stellung zu. Rein äußerlich betrachtet fällt die Vollgriffigkeit und die erstaunliche Zunahme der Vortragsbezeichnungen auf: Die Musik wird von einer zuvor nicht bekannten »Dynamisierung« erfaßt. Gleich in der *1. Sonate (f-moll,* op. 2) stürmt die Musik auf die Dominante zu, auf der sie innehält, um wie von einem neuen Ausgangspunkt aus fortzufahren. Hier ist das Vorbild des Sturm-und-Drang-Komponisten C. Ph. E. Bach spürbar. Man vergleiche nur den Beginn von dessen *f-moll-Sonate* aus der *3. Sammlung »Für Kenner und Liebhaber«* (1781; Wq 57, 6) mit dem Beginn der *1. Sonate* Beethovens. – Bei Beethoven zeigt sich wohl am deutlichsten, daß es sich bei der Sonatenform nicht eigentlich um eine Form im architektonischen Sinn des Wortes handelt, sondern vielmehr um einen dynamischen Entwicklungsprozeß der Musik. Die frühen Sonaten sind viersätzig, wobei in der zweiten und dritten *Sonate* das Menuett durch das raschere Scherzo ersetzt wird. Allerdings: spätestens in der *c-moll-Sonate op. 13* wird der Wille erkennbar, die standardisierte Form des Sonatentyps zu überwinden, und vollends in der *Sonata quasi una fantasia op. 27 Nr. 1* sucht Beethoven nach neuen Gliederungsmöglichkeiten. – Für die Bezeichnungen *»Pathétique«, »Mondscheinsonate«* oder *»Appassionata«* läßt sich die Autorschaft Beethovens nicht nachweisen, und doch sind alle diese Bezeichnungen symptomatisch. In ihnen artikuliert sich eine veränderte Haltung der Musik: Sie ist nicht mehr absichtsloses Spiel; sie nimmt bekenntnishafte Züge an; seit Beethoven spüren wir geradezu physisch die Schwerkraft der Person in der Musik. Die ethischen und poetischen Implikationen verändern den »Ton« der Musik – sie wird »bedeutend«, und dies gehört von nun an zu ihrer Aura.

Ungeachtet der Vielfalt in der musikalischen Konzeption der jeweiligen Sonaten bleibt das »GESTALTUNGSPRINZIP SONATE« für Beethoven prinzipiell gültig. Erstmals in der *»Appassionata« op. 57* verzichtet er auf die Wiederholung der Teile, die voranstürmende Musik widersetzt sich gleichsam dieser Konvention. In der *»Hammerklaviersonate« op. 106* bezieht Beethoven die Fuge in das Sonatenkonzept ein. Doch zeigt sich hier eine Problematik (auf die August Halm mit besonderem Nachdruck hingewiesen hat): Der Wiener Klassiker denkt melodisch in kadenzharmonisch gegliederten und geschlossenen Taktperioden, die dem kontinuierlich-linearen Fluß der polyphonen Formen entgegenstehen. Insofern ist Beethovens Ringen um die Fuge nur allzu verständlich.

Neben den Sonaten sind die VARIATIONEN zu erwähnen, in denen Beethoven als der große Improvisator in Erscheinung tritt. Stellvertretend für die wichtigen Zyklen sei auf die *33 Variationen über einen Walzer von Anton Diabelli op. 120* hingewiesen, in denen bei zunehmender Entfernung vom Ausgang oft nur noch ein assoziativer und strukturell loser Bezug zum Thema bemerkbar bleibt. Vor dem Ende dieses Riesenwerkes steht gar eine Fuge (Var. XXXII), die schließlich förmlich birst und zerstiebt. Aber aus diesem »gestaltlosen« Zustand steigt wieder das Anfangsthema gleichsam verklärt und verwandelt in die edle Form des Menuetts empor – um sich in ornamentalen Figurationen zu verlieren. Dieses Beispiel verdeutlicht, daß Beethoven auch Variationen nicht bloß als eine Reihe figurativer Abwandlungen versteht sondern als Entwicklungsmöglichkeit in dramatischer Hinsicht.

Wenn die einzelnen Variationen des Diabelli-Zyklus in Bezug auf das gegebene Thema einen ausgeprägten Eigencharakter gewinnen, so könnte man Beethovens *Bagatellen op. 33, 119* und *126* geradezu als Charakterstücke bezeichnen. Sie bilden als für sich stehende, fein gezeichnete Miniaturen ein Gegengewicht zu den großen zyklischen Formen.

Im Unterschied zu den Konzerten Mozarts tritt das Klavier in den fünf SOLOKONZERTEN Beethovens weniger *mit* dem Orchester als *gegen* das Orchester an, was den Werken einen Zug ins Heroische verleiht. In den beiden letzten Konzerten zeigt sich dies gleich zu Beginn: Das *vierte Konzert* wird mit einem Monolog des Klaviers eröffnet, das dem Orchester das Thema vorgibt. Im *fünften Konzert* reißt das Klavier gleich nach dem eröffnenden Orchesterschlag das Geschehen an sich und bestimmt in einer auskomponierten Solokadenz (am Anfang!) den Eintritt der Einleitungsakkorde selbst. Einerseits bildet das Klavier mit oft symphonischer Vollgriffigkeit ein klangliches Gegengewicht zum Orchester als Ganzem, andererseits aber wird es auch immer wieder dem Orchester einverleibt und bildet mit ihm eine sinfonische Einheit. Dies rückt die Konzerte, besonders seit dem *dritten Klavierkonzert,* in die Nähe der Sinfonien. Beethoven versammelt darin gleichsam die Extreme: Das Heftige und Rauhe steht neben dem Zarten und Zerbrechlichen, Humor neben Melancholie, Sinnlichkeit neben Entrücktheit. In der Bewältigung dieser Spannungen erweist sich Beethoven als genuin klassischer Komponist.

12. Die Klaviermusik Franz Schuberts

In Walter Georgiis bekanntem Buch *Klaviermusik* (1950) trägt das hier zutreffende Kapitel die Überschrift »Weber, Schubert, Mendelssohn«, während das vorausgehende, auf »Beethoven« folgende Kapitel überschrieben ist: »Clementi. Die Gefolgsmänner der Klassiker und die Frühromantik. Virtuosen- und Salonmusik. Das lyrische Klavierstück zu Beginn des 19. Jahrhunderts«. Sicherlich ist die »Frühromantik« und »Das lyrische Klavierstück zu Beginn des 19. Jahrhunderts« *vor* Schubert richtig gesehen. Aber Schubert eingeordnet zwischen Weber und Mendelssohn? Freilich, wenn man ihn nicht da einordnete, wo und wie die Geburtsdaten (1786, 1797, 1809) es nahelegen, wo dann? Bei den Wiener Klassikern! Wen diese Zuordnung stört, der müßte Schubert für die Klaviermusik ein eigenes Kapitel einräumen, wobei die Reihenfolge der Kapitel dann allerdings heißen müßte: »Beethoven«, »Schubert«, »Weber und Mendelssohn«. Damit rückte Schubert aber in die Position des Übergangs im Verlauf einer Entwicklung – in die er sicher *nicht* gehört. Schuberts Klaviermusik läßt sich in der Tat überhaupt nicht rubrizieren, wohl aber in ihren Wesenszügen beschreiben am Verhältnis zu Beethoven, wie es Walther Dürr (1973/77) unternommen hat, dem wir hier weitgehend folgen.

Daß Schubert und Beethoven sich gekannt haben, steht außer Zweifel (auch wenn die Berichte darüber eigenartig diffus sind), doch scheinen die Beziehungen nicht eben eng gewesen zu sein. Dafür lassen sich verschiedene Erklärungen geben. Zunächst darf man da wohl an Schuberts »Timidität und Komodität«

– wie Schindler das in einem Brief an Schubert selbst nennt – denken. Dann aber decken sich die Lebenskreise beider auch nur teilweise: Schubert meidet den hohen Adel Wiens zeit seines Lebens; er ist ein bewußt bürgerlicher Komponist, der zwar auch adelige Freunde hat, aber nur, wenn diese sein Lebensmilieu zu dem ihren machen. Und schließlich, nicht nach Beethovens Weise will Schubert arbeiten, er will neben ihm, unabhängig von ihm, Neues schaffen. Schon in jungen Jahren hat er zu seinem Freund Spaun gesagt: »Heimlich im Stillen hoffe ich wohl selbst noch etwas aus mir machen zu können, aber wer vermag nach Beethoven noch etwas zu machen?«

In der Leipziger *Allgemeinen Musikalischen Zeitung* vom 1. März 1826 findet man wohl aus der Feder Gottfried Wilhelm Finks – eine ausführliche Rezension von Schuberts *Klaviersonate in a* op. 42 (D 845) vom Frühjahr 1825. Sie beginnt mit allgemeinen Überlegungen: »Es führen jetzt viele Musikstücke den Namen Phantasie, an denen die Phantasie sehr wenigen oder gar keinen Anteil hat, und die man nur so tauft, weil der Name gut klingt und weil das Geisteskind, wie wild Wasser nach allen Seiten auslaufend, in keine gesetzliche Form sich hat fügen wollen. Hier führt einmal, umgekehrt, ein Musikstück den Namen Sonate, an dem die Phantasie ganz offenbar den größten und entscheidendsten Anteil hat, und das wohl jenen Namen nur führt, weil es dieselben Abteilungen, überhaupt denselben Zuschnitt hat, wie die Sonate, übrigens aber, dem Ausdruck und der Technik nach, zwar in rühmlicher Einheit beharrt, aber in den abgesteckten Grenzen sich so frei und eigen, so keck und mitunter auch so sonderbar bewegt, daß es nicht mit Unrecht Phantasie heißen könnte. In dieser letzten Hinsicht kann es wohl nur mit den größesten und freiesten Sonaten Beethovens verglichen werden. Wir verdanken dies ungemein anziehende und auch wahrhaft gehaltvolle Werk Herrn Franz Schubert; wie wir hören, einem noch jungen Künstler von Wien in Wien.« Es handelt sich um Schuberts erste unter dem Titel *»Première Grande Sonate pour le Piano-Forte«* im Druck erschienene Klaviersonate, und sie ist – sehr ungewöhnlich und sicherlich nicht zufällig – dem Erzherzog Rudolph, dem Schüler Beethovens, gewidmet.

Die Auseinandersetzung mit dem in der Rezension angesprochenen Modell des Sonatensatzes hat Schuberts Schaffen bei Sonatensätzen seit jeher bestimmt. Seine frühen derartigen Kompositionen bis 1813, meist Streichquartette, verzichten gänzlich auf die strenge Ordnung des Modells. In den folgenden Jahren und besonders in den zahlreichen, teils vollständig ausgeführten, teils Fragment gebliebenen Klaviersonaten scheint sich Schubert dem Modell des Sonatensatzes als einem unausweichlichen Schema zu unterwerfen. Dabei gelten ihm anfangs, um 1815, noch Mozarts und Haydns Sonaten als Vorbild, später dann ist es fraglos Beethoven. Aber Schubert sucht neue Möglichkeiten. Wie sehr ihm dabei an Originalität liegt, zeigt eine Äußerung in einem Brief an Leopold von Sonnleithner, vermutlich vom Januar 1823. Wahrscheinlich hatte man Schubert damals aufgefordert, für ein Konzert der Wiener Gesellschaft der Musikfreunde ein Vokalquartett zu schreiben. Schubert lehnt ab: »Sie wissen selbst, wie es mit der Aufnahme der spätern Quartetten stand; die Leute haben es genug. Es könnte mir freilich vielleicht gelingen, eine neue Form zu erfinden, doch kann man auf so etwas nicht sicher rechnen. Da mir aber mein künftiges Schicksal doch etwas am Herzen liegt, so werden Sie... wohl selbst gestehen müssen, daß ich mit Sicherheit vorwärts gehen muß, und keineswegs mich der so ehrenvollen Aufforderung unterziehen kann...« Zweierlei also sucht Schubert vor allem: eine »neue Form«, und »vorwärts« zu gehen.

Das Streben nach einer Befreiung von überlieferten Modellen ist sicher auch kennzeichnend für Schuberts innere Beziehung zu Beethoven. Nicht so sehr die Furcht vor der unmittelbaren Übernahme musikalischer Einfälle Beethovens bewegt ihn, es geht ihm vielmehr darum, »nach Beethoven«, das heißt: nach der durch Beethoven vollendeten Ausgestaltung des Sonatensatzes, »eine neue Form zu finden«. Erst als ihm dies erreicht zu sein scheint, gibt er eine Klaviersonate zum Druck, eben jene *a-moll-Sonate,* und zwar, wie gesagt, als *»Première Grande Sonate«,* obwohl er bis dahin schon 16 Sonaten (nach der Zählung von Költsch 1927) geschrieben hat (wovon allerdings ein Teil nicht zu Ende komponiert ist).

Also lohnt es sich, diese *a-moll-Sonate* genauer anzusehen, die »dieselben Abteilungen, überhaupt denselben äußern Zuschnitt« zu haben scheint, der von einer Sonate zu erwarten ist. Dürr führt diese Untersuchung an allen vier Sätzen durch und kommt dann für den ersten zu diesem Schluß: Der erste Satz der Sonate zielt also nicht, wie das Formmodell, mit dem Schubert sich 1817-1818 so intensiv auseinandergesetzt hat, auf das dialektische Spiel der Gegensätze, sondern auf die spielerische Verkettung verschiedener, aus einer einzigen Keimzelle gewonnener Elemente. Und der weitere Verlauf des Satzes bestätigt diesen Eindruck: Die Durchführung, sonst Ort der Vielfalt, beschränkt sich ausschließlich auf die Ausspinnung und immer wieder neue Beleuchtung des Hauptthemas. Der Satz zeigt somit zwar durchaus die »Abteilungen« des Sonatenhauptsatzes, bildet diesen aber zu etwas Eigenem um; er ist im Grund monothematisch – und so kann er auch auf eine eigentliche »Durchführung« verzichten. Er ist deshalb auch (wieder) nur zweiteilig, und nur der Umfang des dem Hauptthema gewidmeten Abschnittes zu Beginn des zweiten Teils läßt ihn dreiteilig erscheinen. Anders als in manchen frühen Klaviersonaten liegt dem Satz jedoch eine klare tonale Entwicklung zugrunde: Alle wichtigen Abschnitte sind auf die Grundtonart bezogen, das Haupt- und das Seitenthema, die »Durchführung«, die Reprise und die Coda. Dagegen ist das Thema selbst modulatorisch angelegt und gibt so Gelegenheit, es immer neu zu beleuchten und zu färben. Schubert hat so zweifellos eine neue Form gefunden. Das alte Modell ist nur noch Gerüst, entstanden ist ein »Klavierstück«, an dem »die Phantasie ganz offenbar den größten und entscheidendsten Anteil hat.«

In seinen letzten Klaviersonaten war übrigens Beethoven schon ähnliche Wege gegangen. Die ersten Sätze der *Klaviersonaten op. 101, 109* und *110* sind deutlicher als bei Schubert monothematisch konzipierte »Klavierstücke«, für die ebenfalls das herkömmliche Gerüst nicht mehr gilt. Und auch dort, wo deutlich markierte »Abteilungen« noch den äußeren Anschein einer Sonate erwecken sollen, wie in der *Klaviersonate op. 111,* schrumpft ein »zweites Thema« zu einem allenfalls in der »Reprise« weiter ausgeführten rhapsodischen Einwurf. Schubert mag also durchaus auch für seine freien Sonaten von Beethovens Vorbild angeregt sein – einem Modell folgt er dabei aber kaum, schon deshalb nicht, weil sich in Beethovens letzten Sonaten ein Modell, das als solches zur Wiederholung zwänge, nicht ausprägt.

Als Schubert in ersten Sätzen das Prinzip des Sonatensatzes auf sein äußeres Gerüst reduziert, aus diesen Sätzen aber im Grunde freie Klavierstücke macht, stellt er zugleich den *zyklischen* Charakter der Sonate, der weitgehend durch die Verbindlichkeit des Modells gegeben ist, in Frage. Wenn er dennoch den Zyklus als solchen bewahren will, muß er die Sätze neu aneinander binden. Dabei greift er auf ein Verfahren zurück, das er für die *Wandererfantasie* (*op. 15,* D 760, 1822) entwickelt hat: auf die Rückführung aller Sätze auf einen gemeinsamen Grundgedanken, der, im ersten Satz ausgeführt, in den folgenden Sätzen dem jeweiligen Satz-Charakter entsprechend neu dargestellt wird. Hierfür hat er bei Beethoven freilich kein Vorbild. Bei diesem ist, auch wo die einzelnen Sätze monothematisch sind, die Satzfolge vom Prinzip des Kontrastes bestimmt, der gegenüber dem zyklischen Modell der Sonate sogar noch verschärft erscheint. Das gilt sowohl für den Charakter (in der *Sonate op. 101* etwa: »innigste Empfindung« – »marschmäßig« – »sehnsuchtsvoll« – »mit Entschlossenheit«) als auch für den Satztyp (Liedsatz – Marsch – rhapsodische Introduktion – fugierter Satz). Aber Schubert verfolgt seinen mit der *»Première Grande Sonate«* eingeschlagenen Weg nicht weiter – auch wenn er die 1827 erscheinende *Sonate in G* op. 78 (D 894) in der Erstausgabe als *»Fantasie oder Sonate«* bezeichnet, und der Rezensent der Leipziger *Allgemeinen Musikalischen Zeitung* sie prompt mit der *a-moll-Sonate* (und auch mit Beethoven »in dessen späteren Arbeiten für dies Instrument«) vergleicht. Schubert kehrt vielmehr zum dialektischen Modell der Klaviersonate zurück; es scheint, als stelle sich ihm seine Lösung des »Problems Sonate« als nichts anderes denn als Experiment dar. Und trotzdem zieht er Konsequenzen: Will er nicht wieder Sonaten herkömmlicher Art schreiben, dann muß er die Sätze der Sonate aus ihrem zyklischen Verband lösen und tatsächlich »Klavierstücke« komponieren. Zwar bietet er solche den Verlegern dann in Gruppen zu je vier Kompositionen an, aber gleichzeitig schreibt er an Schott nach Mainz (21. Februar 1828), er besitze »Vier Impromptu's fürs Pianoforte allein, welche *jedes einzeln oder alle vier zusammen* erscheinen können.« Interessant ist dabei, daß gerade die vier hier gemeinten *Impromptus,* als sie 1839 bei Diabelli in Wien als op. 142 (D 935) erscheinen, dann für eine Sonate gehalten werden, die der Verleger nur deshalb zu vier einzelnen Klavierstücken gemacht habe, weil sie sich so besser verkauften. Dementsprechend meint Robert Schumann in seiner Rezension in der *Neuen Zeitschrift für Musik:* »Doch glaub' ich kaum, daß Schubert diese Sätze wirklich ›Impromptus‹ überschrieben: der erste ist so offenbar der erste Satz einer Sonate, so vollkommen ausgeführt und abgeschlossen, daß gar kein Zweifel aufkommen kann. Das zweite *Impromptu* halte ich für den zweiten Satz derselben Sonate... man könnte vielleicht das vierte *Impromptu* als das Finale betrachten.« Nun ist das erste *Impromptu* auch wirklich deutlicher nur zweiteilig als die *a-moll-Sonate.* Es zeigt sich also, daß die charakteristischen Kompositionsmerkmale der Sonate im Klavierstück wiederkehren, aber freier, ungebundener, weil nun gelöst von der Bindung an die alten »Abteilungen«. Daß ein solches freies Klavierstück dann nur zehn Jahre später als »so offenbar der erste Satz einer Sonate« verstanden werden kann, ist bezeichnend für die Entwicklung der Sonate zu Beginn des 19. Jahrhunderts.

Schubert verfolgt also in seinen Klavierstücken – und das gilt gleichermaßen für die kleinen Charakterstücke der *Moments musicaux* (D 780) – Kompositionsprinzipien der *a-moll-Sonate* weiter, verzichtet dabei jedoch auf die zyklische Bindung mehrerer Sätze. In der Komposition von Sonaten hingegen ändert er das Modell nun nicht grundsätzlich, erweitert es aber derart, daß jede der einzelnen »Abteilungen« fast als Klavierstück für sich gelten könnte. So umfaßt etwa in der *Sonate in B* (D 960) vom September 1828, der dritten der drei letzten Sonaten, der Hauptsatz der Exposition 47 Takte, der Seitensatz 32 und der besonders ausgearbeitete Schlußsatz 46 Takte. Dabei tritt wie in der *a-moll-Sonate* der Kontrastgedanke zurück gegenüber dem Streben nach Einheitlichkeit in Charakter und Affekt des Satzes. Vor allem aber zeigt sich dieses Streben nach einer neuen Art von Einheit im Satz in einem tonalen Plan, in dem schon im Thema angedeutete mediantische Beziehungen an die Stelle der älteren Ordnung treten: sie bestimmen den Hauptsatz als Ganzes (Fortführung des Themas in *Ges*), das Verhältnis zum Seitensatz (in *fis*) und das der Schlußgruppe (in *F*) zur Durchführung (in *cis*).

Ähnlichen Erweiterungen der einzelnen »Abteilungen« der Sonate begegnen wir nun allerdings auch wieder bei Beethoven: in früheren Sonaten, etwa der *»Waldstein-Sonate«*, ausgeprägter noch in der *»Hammerklaviersonate«*. Einheitlichkeit des Affekts jedoch wie in Schuberts Sonate findet man bei Beethoven nur in seinen monothematischen Sätzen. Die Wege beider sind einander ähnlich, sie verlaufen parallel – es ist aber nicht mehr der eine durch den anderen vorgezeichnet. Dennoch ist es vielleicht nicht nur ein Zufall, daß die erste der »größesten und freiesten Sonaten Beethovens«, seine *Sonate op. 101,* zum erstenmal als erstes Heft jener Sammlung *»Museum für Klaviermusik«* erscheint, deren neuntes Heft dann Schuberts *»Fantasie oder Sonate« in G op. 78* (D 894) enthalten soll.

Das *Schubert-Werkverzeichnis von Deutsch* (1978) nennt *27 Klaviersonaten* Schuberts einschließlich aller Fragmente. Davon sind die wichtigsten (in chronologischer Folge):

a-moll	D 537, 1817, Erstausgabe: ca. 1852 als *»7. Sonate...«* op. post. 164
As-dur	D 557, 1817, EA: AGA 1888
Es-dur	D 568, 1817, EA: 1829 als *»Troisième Grande Sonate...«* op. post. 122
H-dur	D 575, 1817, EA: 1846 als *»Grande Sonate...«* op. post. 147
A-dur	D 664, 1819 oder 1825, EA: 1829 als *»Sonate pour le Piano-Forte...«* op. post. 120
a-moll	D 784, 1823, EA: 1839 als *»Grande Sonate...«* op. post. 143
C-dur	D 840, 1825, 1. u. 2. Satz vollständig, 3. u. 4. Fragment, EA: 1861 als *»Reliquie. Letzte Sonate (unvollendet)...«*
a-moll	D 845, 1825, EA: 1826 als *»Première Grande Sonate...«* op. 42
D-dur	D 850, 1825, EA: 1826 als *»Seconde Grande Sonate...«* op. 53

G-dur, D 894, 1826, EA: 1827 als *»Fantasie, Andante, Menuetto und Allegretto für das Piano-Forte allein...«* op. 78, in der Reihe *»Museum für Klaviermusik«,* 9. Heft, mit dem Kopftitel *»Fantasie oder: Sonate«.*

c-moll, D 958, *A-dur,* D 959, *B-dur,* D 960 } September 1828, EA: 1839 als *»Franz Schubert's allerletzte Composition. Drei grosse Sonaten für das Pianoforte Herrn Robert Schumann in Leipzig gewidmet von den Verlegern.«*

13. Daten bis 1800

um 1755 **Joseph Haydn** (* Rohrau an der Leitha/Niederösterreich 1732, † Wien 1809): **Die frühen Streichquartette op. 1, op. 2, op. 3**

Über die ersten *Streichquartette* Haydns gibt es fast nur Ungewisses zu sagen. Man weiß nicht genau, wann und wo sie entstanden, auch nicht, ob es Haydns erste Kompositionen dieser Art sind. Daß Haydn sie für die Streichquartett-Übungen des Barons Fürnberg in Weinzierl (bei Wieselburg/Niederösterreich) geschrieben hat, ist zwar anzunehmen, aber nicht sicher nachzuweisen. Ob es sich überhaupt um Streichquartette im späteren Sinne handelt oder nicht eher um Divertimenti, ist strittig. Immerhin erscheinen sie in der ersten Gesamtausgabe von Haydns Streichquartetten 1802 bei Pleyel in Paris, und diese Ausgabe dient bei der Aufstellung der Quartette in Haydns »Verzeichnis aller derjenigen Kompositionen, welche ich mich beiläufig erinnere von meinem 18ten bis in das 73te Jahr verfertiget zu haben« als Grundlage. Aber dieses von Haydns Faktotum Elßler 1805 geschriebene und von Haydn gutgeheißene »Verzeichnis« hat sich als nicht ganz zuverlässig erwiesen. Zweifelhaft ist der Musikwissenschaft schließlich, ob diese frühen Kompositionen des jungen Haydn schon als Werke der »Wiener Klassik« ernstzunehmen sind. Dies nun ist meines Erachtens gerade *nicht* zweifelhaft. Natürlich handelt es sich um Werke eines noch jungen und verhältnismäßig unerfahrenen Komponisten, und selbstverständlich halten sie einem Vergleich mit reifen Werken Haydns nicht stand, wenn es um das innere Gewicht geht. Auch baut Haydn die kompositorische Technik zur Realisierung seiner musikalischen Vorstellungen in einem langen Leben an vielen Werken aus und vervollkommnet sie schließlich. Dennoch ist festzustellen: schon diese frühen Werke sind in jeglicher Hinsicht *ganzer* Haydn, und Haydn ist bereits hier *ganz* Wiener Klassiker. Dem widerspricht weder, daß die *Quartette* des *op. 1* und *op. 2* fünfsätzig sind (Presto oder Allegro – Menuetto – Adagio – Menuetto – Schluß-Presto), noch daß der Satz nicht eigentlich vierstimmig ist, weil sich die Viola noch nicht emanzipiert hat, noch die Tatsache, daß manche dieser Quartette auch als Sinfonien begegnen, und schon gar nicht die Verschiedenheit der Benennung von einzelnen Werken in verschiedenen Quellen: Quattro, Quatuor, Divertimento, Divertimento da Camera, Kassation, Notturno usw. Dem widerspricht *auch* nicht, daß Haydns musikalischer Tonfall und viele Elemente seiner Technik denen seiner italienisch-österreichisch-süddeutschen Zeitgenossen von Boccherini bis Dittersdorf nahe verwandt sind.

Dafür sprechen – worauf Georgiades (1951) als erster aufmerksam gemacht hat, und zwar gerade am 1. Satz von Haydns *Streichquartett B-dur op. 1, Nr. 1* – kompositionstechnische »Manipulationen« an nur scheinbar wie bei den Zeitgenossen verlaufenden Sätzen. Sie reichen von einfachen, jedoch höchst absichtsvollen »Entgegensetzungen«, wie ich das einmal nennen will, – das erste Thema beginnt im Akkord aufsteigend, das zweite im Akkord fallend; das erste im unisono, das zweite mit harmonischer Begleitung – bis zu raffinierten Verschiebungen bestimmter Wendungen: Zunächst erfolgt der Schritt von der Dominante zur Tonika im jeweils vierten, die Taktgruppe schließenden Takt von der ersten zur zweiten Takthälfte. In den die Exposition schließenden Takten hingegen erfolgt dieser Schritt über die Taktgrenze hinweg, nämlich von der zweiten Takthälfte des vorausgehenden zur ersten Takthälfte des folgenden Taktes, somit zur Eins des letzten Taktes der letzten Viertaktgruppe. Also wird erst hier der Tonika-Akkord schlußkräftig. Zu diesen Entgegensetzungen im harmonischen Hintergrund der Komposition gehört im melodisch-rhythmischen Vordergrund die motivische Arbeit, und zwar so, daß bis Takt 16 alle Figuren auftaktig sind, von Takt 17 bis Takt 20 dagegen volltaktig, danach wieder auftaktig. Dies geschieht im musikalischen Vortrag so, daß die Artikulation wechselt, und zwar strukturell, nämlich das Spiel der Achtel rhythmisch substantiell verändernd:

Man sieht, daß eine Art von Arbeit am oder im musikalischen Satz, und zwar koordiniert in allen Schichten und mit allen Mitteln, beim Hören zu einer Art von Widerstreit der musikalischen Gesten führt, der aus einer bewußt aufgebauten Hörerwartung (Auftaktigkeit: Takt 1-16) und aus ihrer Unterbrechung, bzw. dann aus dem Aufbau einer neuen und anderen Hörerwartung (Volltaktigkeit: Takt 17-20) entsteht, zu einem Widerstreit, der sich erst in den letzten vier Takten klärt. Das Hin-und-Her der Motive hängt mit ihrer metrischen Unfestigkeit, mit ihrem labilen Verhältnis zum Takt als Zeitabsteckung zusammen und mit dem harmonisch unfesten Boden des Ganzen, weil die Zuordnung des harmonischen Leicht – Schwer (Dominante – Tonika) zur Zeitordnung ebenfalls zunächst uneindeutig ist, schließlich aber zur Eindeutigkeit geführt wird.

»Die geistige Tat des Klassikers«, so Georgiades (1951), »ist die Zerlegung der bis dahin vermeintlichen Einheit von rhythmisch-tonlicher Gestalt und metrischer Gewichtsverteilung in zwei selbständige, gesondert zu handhabende Größen. Dadurch hat der Geist eine neue Stufe im Erfassen von musikalischem Sinn erreicht, ein neues Verhältnis zur Welt als Musik gewonnen; dadurch hat sich die Satztechnik verwandeln müssen, darauf ist das Non prius auditum der Wiener klassischen Musik zurückzuführen. Diese Haltung wird hier, im *ersten Streichquartett* Haydns [*B-dur op. 1, Nr. 1*], mit solcher Eindeutigkeit, Zielstrebigkeit, Überzeugungskraft verwirklicht, wie wir sie in der sogenannten vorklassischen Musik vergeblich suchen würden. Ja, es scheint, daß das übermütige Spiel mit den musikalischen Gedanken, das wir bei ›Vorklassikern‹ finden, noch den Charakter des Zufälligen trägt, daß es für die Klassiker nichts mehr als eine bloße Anregung bedeutet; daß die umwälzend neue Denkweise nur die Wiener Klassiker kennzeichnet. Es wäre vielleicht denkbar, daß sie erst durch dieses Quartett eingeleitet wurde.«

Hiergegen versucht man nun verschiedenes einzuwenden: Zufall bei dem einen Stück; oder: dergleichen gibt es auch bei anderen Komponisten dieser Zeit; oder: wir kennen die Einflüsse nicht gut genug. Zu den Einflüssen ist zu sagen, daß Haydn, anders als Mozart, als Knabe und Jugendlicher kaum Einflüssen von Belang ausgesetzt ist. Von den berühmten »Mannheimern« kennt er wahrscheinlich gar nichts, und für die Musik der Wiener Meister seiner Zeit gilt, was Larsen und Landon in *MGG* (1956) schreiben: »Es wirken weiterhin wohl noch einige Musiker von Bedeutung (Wagenseil, Gottlieb Muffat u.a.), aber die alte Zeit war unmißverständlich vorbei, und die neue Generation war sich lange noch nicht bewußt, wohin der Weg führen sollte. Kleinere Begabungen (Predieri, Porsile, Bonno) bekleideten Stellungen als Hofkapellmeister bzw. Hofkompositoren. Die Hofmusik wurde eingeschränkt, die Aufwendungen für sie wurden stark herabgesetzt. Die Musik im Stephansdom, die Haydn zehn Jahre hindurch miterlebte, hatte entschieden konservative Züge. Es wurden a cappella-Messen von Fux und Palotta, konzertierende Messen und Motetten von Caldara, Tuma, Ziani, Bonno, Wagenseil u.a.m. geboten. Auch bei Reutters eigener, zwar glanzvoller aber ziemlich leerer Musik hat Haydn oft mitwirken müssen. Seine Stellung als Domkapellmeister scheint Reutter nicht allzu ernst genommen, sondern den Hofdienst bevorzugt zu haben... Ein in den Grundzügen übereinstimmender Bericht bei Griesinger (1810) und Dies (1810) läßt Reutter sich darüber lustig machen, daß der Bursche sich im vielstimmigen Satz versuche, ohne den zweistimmigen zu beherrschen. Einen planmäßigen Unterricht in Komposition hat Haydn anscheinend weder im Kapellhaus noch irgendwann später gehabt. Von allen großen Komponisten ist er vielleicht mehr als irgendein anderer Autodidakt.« Autodidakt ja, zugleich aber Originalgenie wie keines mehr in der Musikgeschichte!

Und Haydns Verhältnis zur neuen musikalischen Denkungsart seiner Zeit, um nicht zu sagen: zum Zeitgeschmack, für welchen der »Ausdruck der Empfindung« vor allem anderen rangiert? Auch dem kommt er anders nach als seine Zeitgenossen. Man betrachte z. B. das *Adagio* aus dem *Streichquartett op. 1, Nr. 1,* wie da eine Art instrumentaler Arie eingerahmt ist von einer Einleitung und einem Nachspiel, die für diese »Arie« eine »Bühne« schaffen, womit Haydn die Vorstellung von Theater evoziert, nämlich die eines Gegenübers, also einer Distanz, die den Hörer *gerade nicht* so ohne weiteres zur Mitempfindung zwingt. Oder man betrachte für diese merkwürdig distanzierende Haltung in einem durchaus vom Ausdruck bestimmten Satz des *Adagio* aus dem *Es-dur-Streichquartett op. 2, Nr. 2,* oder ganz anders und doch ähnlich distanziert die berühmte sogenannte »Serenade«, das *Andante cantabile* aus dem *F-dur-Streichquartett op. 3, Nr. 5.* Dieses hinreißende Stück schlägt einen Ton an, den die Zeit liebt und der, zugegeben, öfter vorkommt, doch nirgendwo gleich zwingend *und* distanziert wie hier bei Haydn. Stammte diese »Serenade« tatsächlich von Roman Hoffstetter, einem Haydn verehrenden Klosterbruder aus Amorbach im Odenwald, wie behauptet wird, man müßte der Gerechtigkeit halber auch diesem Manne Genialität zusprechen und ihm den entsprechenden Rang in der Musikgeschichte einräumen, was man indessen weder tut noch zu tun geneigt ist. Wenn Haydns Biograph Dies (1810) aus Haydns Zeit und nächster Umgebung hingegen berichtet: »Er schrieb im neunzehnten Jahr seines Alters Quartette, die ihn als ein gründliches Genie bei den Liebhabern der Tonkunst bekannt machten«, dann mag man die Genauigkeit der Zeitangabe in Zweifel ziehen, kaum aber die Aussage über den Eindruck, den die Werke auf die Zeitgenossen gemacht haben.

Die Behauptung, die *Streichquartette op. 3* stammten nicht von Haydn sondern von Roman Hoffstetter (1742-1815), ist nicht stichhaltig begründet (Zuntz 1986).

seit 1759 Joseph Haydn (1732-1809): Erste Sinfonien

»Im Jahre 1759 wurde Haydn in Wien bei dem Grafen Morzin als Musikdirektor mit 200 Gulden Gehalt, freier Wohnung und Kost an der Offizianten-Tafel angestellt. Hier genoß er endlich des Glücks einer sorgenfreien Existenz; es ging ihm ganz gut. Der Winter wurde in Wien und der Sommer in Böhmen, in der Nähe von Pilsen, zugebracht« (Griesinger 1810). Die Bedingungen sind gut, aber schon 1760 sieht sich der Graf gezwungen, wegen finanzieller Schwierigkeiten die Kapelle aufzulösen und seinen jungen Kammerkomponisten und Musikdirektor wieder zu entlassen. In diesem Jahr beim Grafen Morzin wendet sich Haydn der anderen Gattung zu, die ihn sein Leben lang interessieren soll, der Sinfonie.

Doch diese GATTUNG SINFONIE, von der wir heute so selbstverständlich sprechen, die gibt es zu Haydns Zeit eigentlich noch gar nicht, ja man kann sagen, Haydn habe sie erst geschaffen. Dies ist freilich zugleich falsch und richtig. Zunächst ist der Begriff uralt, in einer langen Begriffsgeschichte jedoch von höchst verschiedener Bedeutung. Um die Mitte des 17. Jahrhunderts konkretisiert er sich in einer Art von Sonderbedeutung für Instrumentalstücke, die in Opern, Oratorien und Kantaten als Vor- und Zwischenspiele fungieren. Insbesondere verwendet man seit dem Ende des 17. Jahrhunderts und seit Alessandro Scarlatti den Namen »Sinfonia« für die zunehmend standardisierten dreiteiligen Vorspiele zu italienischen Opern. Diese OPERNSINFONIE löst sich im 18. Jahrhundert von der Oper und beginnt, sich gattungsmäßig zu verselbständigen und in der orchestralen Ensemblemusik die Orchestersuite, die französische Ouvertüre und das Concerto grosso zu verdrängen. In der Mitte des 18. Jahrhunderts nennt man die Stücke, die auf dem Hauptexperimentierfeld der Orchestermusik entstehen, allerorten »Sinfonia«, gleichgültig, wie sie beschaffen sind, ob norddeutsch empfindsam oder italienisch lärmend oder wie immer, ob ein- oder fünfsätzig, ob von der Opernouvertüre oder von der Orchestersuite abstammend. Die Meister sind diejenigen, die man »Vorklassiker« zu nennen pflegt: von Sammartini in Mailand über die Wiener zwischen Wagenseil und Dittersdorf bis zu den »Mannheimern« mit Johann Stamitz an der Spitze und bis nach London zu Johann Christian Bach. Was Haydn an Werken dieser Meister und Schulen kennt, ist sicherlich wenig, und von denen, die das »Problem Sinfonia« schon gelöst haben, und zwar gerade so, wie er es dann auch lösen wird, von den »Mannheimern«, kennt Haydn wahrscheinlich gar nichts. Deren Sinfonien sind, wie bereits erklärt, in der Regel bereits viersätzig, nämlich mit einem langsamen und empfindsamen Satz an zweiter Stelle und einem Menuett, also einem Tanzsatz, an dritter Stelle, und mit der Anlage des ersten Satzes nach dem Modell des (erst viel später so benannten) Sonatenhauptsatzes und des letzten nach dem des Rondos. So gesehen hat Haydn also nichts erfunden, nicht einmal etwas neu gemacht. Und dennoch kann man sagen, erst Haydn habe die Sinfonie zu dem gemacht, was sie werden sollte.

Wenn die Definition zutrifft, die Rosen (1983) gebraucht: »Stil ist eine Art und Weise, die Mittel einer Sprache zu meistern und auszuschöpfen«, dann hat die neue musikalische Zeit der Mitte des 18. Jahrhunderts *keinen* Stil, weil sie nicht *eine* Sprache hat, sondern *mehrere,* weil sie niemanden hat, der *alle* zur Verfügung stehenden musikalischen Mittel meistert oder gar auszuschöpfen versteht. Dann allerdings kommen Gluck und Haydn und schaffen sich eigene Stile, indem sie, was sie an Möglichkeiten vorfinden, für ihre ausgeprägt eigenen musikalischen Vorstellungen sichten, sieben und nutzen, und zwar so, daß man sagen muß: *sie* meistern die Mittel, die sie gebrauchen, und sie schöpfen sie auch aus. Mit ihren Werken setzen sie durch die größere Kraft der Intention und die höhere Präzision des musikalischen Denkens bestimmte Möglichkeiten durch: ihre Personalstile werden zu Vorbildern für die beiden – wie man sagen muß – wichtigsten Ausprägungen des Epochenstils, nämlich für die der Empfindsamkeit und für die der sogenannten Wiener klassischen Musik.

Gluck, so kann man bei Rosen (1983) lesen, wird meistens als genialer Komponist mit erstaunlich mangelhafter Technik beschrieben. Nun, es wäre interessant, einmal zu fragen, ob diese »Mängel« nicht vielleicht weniger auf Lücken in Glucks kompositorischer Ausrüstung zurückgehen als vielmehr auf das, was er innerhalb des historischen Augenblicks seiner Epoche zu erreichen sucht? Zu Haydn allerdings kann man in *MGG* (Artikel *»Symphonie«* von Jan LaRue) lesen: »Man würde vermuten, daß die musikalische Herkunft der zwei großen Genies der Klassik [gemeint sind Haydn und Mozart] sowie deren Abstand von den zeitgenössischen Komponisten durch das zunehmende Studium dieser klassischen Nebenmeister geklärt werden könnte. In Wirklichkeit aber betont die nähere Kenntnis der Werke von Komponisten wie Dittersdorf oder Vanhal den verblüffenden Qualitätsunterschied zwischen kleineren Talenten und den schöpferischen Gipfelpunkten Haydns und Mozarts. Jede Symphonie dieser beiden Meister enthält eine nicht enden wollende Fülle von faszinierenden Momenten, die ihrer Zeitgenossen hingegen bieten nur vereinzelt Augenblicke echter Originalität und überzeugender Ausdruckskraft, und selbst eine Summe der besten Merkmale aus hunderten ihrer Werke ergibt nicht annähernd den in einem einzigen reifen Werk der beiden großen Meister enthaltenen Erfindungsreichtum.«

Was LaRue hier beschreibt, geht von der selbstverständlichen Voraussetzung aus, daß zwischen Haydn und seinen Zeitgenossen lediglich ein »verblüffender Qualitätsunterschied« bestehe. Wir hingegen verstehen, wie in der Einleitung zu diesem Kapitel eingehend erörtert, den Unterschied gerade nicht nur als einen der Qualität sondern als einen prinzipiellen: Die einfachen musiksprachlichen Mittel sind zwar dort und hier dieselben, aber die die Komposition bestimmenden Vorstellungen von Musik sind verschieden, und dementsprechend werden die gleichen Mittel dort und hier in durchaus verschiedener Absicht eingesetzt, nämlich verschieden im Hinblick auf die Möglichkeiten der musikalischen Vorstellungskraft, die es im Hörer anzuregen gilt. Man kann auch – vielleicht ein wenig hochtrabend formuliert – sagen: der Wahrheitsgehalt ist dort und hier verschieden. In vielen vielen Werken, die jedoch alle aus einer einzigen, bestimmten und gleichbleibenden Grundvorstellung kommen, schafft Haydn das, was man unter dem Begriff Sinfonie verstehen soll, in immer wieder *verschiedenen* Werken den *einen* neuen Begriff Sinfonie. Und das belegen nicht erst seine späteren Werke und auch nicht allein die ganze Reihe der Sinfonien, das lassen schon die ersten erkennen.

1761-1790 Joseph Haydn (1732-1809) Kapellmeister bei den Fürsten Esterházy

Dadurch, daß Graf Morzin seinen erst 1759 engagierten Kapellmeister Haydn schon wieder entlassen muß, steht dieser wieder auf der Straße. Aber er hat auch wieder Glück und findet alsbald eine neue Stelle – oder: sein Ansehen ist 1760 schon so groß, daß ein Mann wie der Fürst Paul Anton Esterházy von Galántha (1711-1762) ihn für seine Hauskapelle engagiert. Der Anstellungsvertrag (»Convention und Verhaltens-Norma«) vom 1. Mai 1761 ist erhalten: Haydn wird Vizekapellmeister, weil der erste Kapellmeister Gregor Joseph Werner (1693-1766) seines Alters wegen einen jungen Mann an seiner Seite braucht, und er wird Haus-Offizier (Uniformträger); er hat zu komponieren, was sein Fürst verlangt, aber er darf seine Kompositionen weder abschreiben lassen noch weitergeben (eine Vorschrift, der der Fürst allerdings wenig Beachtung schenkt); er ist verantwortlich für die Kapelle und ihre Musiker; verantwortlich auch für die Sänger, »damit sie dasjenige, was sie in Wien mit vieler Mühe und Spesen von vornehmen Meistern erlernt haben, auf dem Lande nicht abermals vergessen«; er muß auch als Instrumentalist zur Verfügung stehen. Der Vertrag gilt für wenigstens 3 Jahre mit halbjähriger Kündigungsfrist für Haydn. Das Gehalt beträgt 400 Gulden jährlich plus einen halben Gulden Tageskostgeld, falls Haydn nicht am Offizierstisch ißt; die Oberkapellmeisterstelle ist in Aussicht gestellt (und Haydn erhält sie auch nach dem Tode Werners). Wie man sieht, ist Haydns Wirkungskreis im Schloß Esterházy in Eisenstadt, einer kleinen Barockstadt im Burgenland, wo zur Zeit von Haydns Anstellung der Fürst Esterházy seinen ständigen Wohnsitz hat, ziemlich umfangreich. Haydn hat die verschiedensten Arten von musikalischen Darbietungen (Tafel-, Orchester-, Kammer- und Opernmusik) nicht nur zu leiten, sondern hierfür auch Kompositionen zu schaffen. Daneben muß er Noten und Instrumente verwalten, mit den Sängern korrepetieren, und ist schließlich auch mit der Rechtsprechung bei Streitigkeiten seiner Untergebenen betraut. Vergegenwärtigt man sich alle die verantwortungsvollen Aufgaben, welche damit dem jungen Musiker anvertraut sind, so erledigt sich von selbst die gedankenlose Rede vom »fürstlichen Bedienten«. Haydn bekleidet als Hausoffizier eines der mächtigsten und begütertsten Fürsten Österreich-Ungarns eine angesehene Stellung; nach den Begriffen der Zeit vor der französischen Revolution hat er damit schon in jungen Jahren auf der sozialen Rangleiter eine hohe Stufe erreicht (Geiringer 1932). – Die Haydn unterstellte Kapelle besteht in der ersten Zeit aus 5 Streichern, 5 Holzbläsern, 2 Hornisten und 6 Sängern. Außerdem können im Bedarfsfalle aus der fürstlichen Feld-(Militär-)musik noch weitere Bläser herangezogen werden. Als Fürst Paul Anton im März 1762 stirbt und sein Nachfolger Fürst Nikolaus (mit dem Beinamen »der Prachtliebende«; 1714-1790) alsbald Haydns Gehalt von 400 auf 600 Gulden erhöht, wird auch das Orchester durch Neuanstellung von 2 Streichern erweitert.

In die ersten Jahre von Haydns Wirken in Eisenstadt fällt die Komposition zahlreicher Orchester-, Kammermusik-, Kirchen- und Bühnenwerke. Besonders begünstigen die neuen Verhältnisse aber sein sinfonisches Schaffen. »Ich konnte als Chef des Orchesters«, so Haydn später zu Griesinger, »Versuche machen, beobachten, was den Eindruck hervorbringt und was ihn schwächt, also verbessern, zusetzen, wegschneiden, wagen.« Äußere Möglichkeiten und innere Anlage treffen hier zusammen und ermöglichen Haydn die schrittweise Eroberung der Instrumentalform, die später die höchste werden soll, der Sinfonie.

Haydns erster fürstlicher Brotherr, Paul Anton, hat, statt zum Ungarn erzogen zu werden, nur deutsche und französische Ausbildung genossen. Er ist ein hochgebildeter Mann und Freund aller Künste, spielt Geige und Violoncello. Als er 1750 als kaiserlicher Gesandter in Italien weilt, wird er mit dem Opernleben Roms und Neapels bekannt. Tief beeindruckt legt er sich eine reichhaltige Notensammlung zu, um das Musikleben seiner Residenz in Eisenstadt zu beleben. 1759 schickt er den Violinisten Luigi Tomasini und den Tenoristen Carl Friberth auf eine Studienreise nach Italien. Im Gewächshaus des Schloßparks richtet er ein Theater ein. Kurz vor dessen Eröffnung freilich stirbt er. Sein Nachfolger, Fürst Nikolaus, »der Pachtliebende«, hat, als er sein Amt antritt, hohe Ideen und viele Pläne. Vom Standpunkt der ungarischen Nationalisten aus gilt er als reaktionärer Magnat, der seine Zeit und Energie und seinen unermeßlichen Reichtum nicht in den Dienst der national-ungarischen Politik stellt, sondern sich nur um das Gedeihen seines eigenen »Reiches« kümmert. Gerade damit aber wird das »Esterházysche Feenreich« mit seinen Schlössern, seinem Theater und nicht zuletzt mit der von Haydn geleiteten Musik als ein besonderes Kapitel in die ungarische Kulturgeschichte eingehen. Nur leider folgt der Fürst mit diesen hochfliegenden Plänen dem Zug seiner Zeit zum Größenwahn: Er baut sich südlich des Neusiedler Sees in einem sumpfigen Gebiet ein riesiges Barockschloß (1764-1768), das »Versailles Ungarns«, wie man sagt. Die neue Residenz Esterháza wird 1766, als der Hauptbau vollendet ist, bezogen, und nun muß Haydn endgültig aufs Land ziehen: nur wenige Wintermonate des Jahres weilt er in Eisenstadt, nur noch seltene Besuche führen ihn nach Wien. Umso erstaunlicher ist, daß Haydn in fast 25 Jahren keinen Versuch für einen Wechsel unternimmt. Offensichtlich bleibt er gern, und nicht nur, weil sein Fürst mit Zeichen der Anerkennung nicht geizt, sondern wohl auch, weil er die Arbeitsbedingungen und -möglichkeiten in Esterháza gut findet. »Niemand in meiner Nähe konnte mich an mir selbst irre machen und quälen, und so mußte ich original werden«, äußert er später zu Griesinger. Dies darf man nicht so auffassen, als wäre Haydn als Künstler von der musikalischen Entwicklung in der Welt abgeschnitten. Fürst Nikolaus, der Mitte der 70er Jahre zum Theaternarr wird und in seinem Theater Goethe, Lessing und Shakespeare aufführen läßt, sorgt auch immer wieder für neue Musikalien. Überdies steht Haydn brieflich und durch seine gelegentlichen Besuche durchaus mit Wien in Verbindung. Selbstverständlich spürt er die künstlerischen Bewegungen in der Welt – etwa die romantische Welle, welche unter dem Namen »Sturm und Drang« bekannt wird, und er gibt dieser seiner Beobachtung auch durchaus Raum in eigenen Werken.

Haydns Schaffen in Esterháza bewegt sich nur zunächst auf der in Eisenstadt eingeschlagenen Bahn weiter. Bald wachsen die verschiedenen Verpflichtungen, vor allem die des Theaterkapellmeisters, erheblich darüber hinaus. Haydn schreibt im Laufe der Jahre 5 *Messen* und mehrere kleine *Kirchenwerke.* Für das Esterházasche Theater komponiert er 11 *Opern* und einige, leider bis auf Bruchstücke verlorengegangene *Marionettenstücke.* Seinem Orchester widmet er rund 60 *Sinfonien,* und die Kammermusik wird mit etwa 40 *Streichquartetten,* über 150 *Kompositionen für Baryton* – für den persönlichen Gebrauch des Fürsten, der ein besonderer Liebhaber dieses Instrumentes ist – sowie mit zahlreichen sonstigen Stücken reich bedacht. Schließlich entstehen damals, vor allem unter dem Eindruck der Sonaten Carl Philipp Emanuel Bachs, 30 *Klaviersonaten.* – Marksteine in dieser innerlich reichen, äußerlich wenig bewegten Zeit sind selten. Mit der *Klaviersonate c-moll* des Jahres 1771 (Hob. XVI, 20) kommt in Haydns Schaffen jedoch ein Zug leidenschaftlicher Pathetik und frei geformter Phantastik, der Vorboten freilich schon in den 60er Jahren hat. Das Jahr 1772 bringt mit der *»Abschiedssinfonie«* (Nr. 45), der *»Trauersinfonie«* (Nr. 44) und den *»Sonnenquartetten«* (op. 20) den Höhepunkt dieser Bewegung in Haydns Leben, die man gar eine »romantische Krise« genannt hat.

Wie bekannt Haydn, der weitab lebende Komponist, in den 70er Jahren schon ist, geht aus vielerlei Fakten hervor, von denen hier nur wenige aufgeführt seien: 1776 erhält Haydn vom Hof in Wien den Auftrag für eine Oper (*La vera costanza* nach Goldoni; die Aufführung kommt allerdings nicht zustande); ebenfalls 1776 fordert man ihn auf, für ein Werk *Das gelehrte Österreich* eine kurze Selbstbiographie zu schreiben (die dann zu einer wichtigen Quelle werden soll); in diesen Jahren entstehen enge Beziehungen zu Verlagshäusern, melden sich Schüler, unter ihnen Ignaz Pleyel (1757-1831), der später als Verleger in Paris für Haydns Werk wichtig werden soll. – Wenn ein Ereignis aus der *Biographie* zu nennen ist, das Einfluß auf das *Werk* hat, dann die Freundschaft zu Mozart. Sie schlägt sich tatsächlich in Werken nieder, und nicht nur in denen, die man in diesem Zusammenhang immer wieder nennt, in den *Streichquartetten op. 33* von 1781 wie dann in Mozarts *»Haydn-Quartetten«* von 1782-1785. – Freilich, da ist auch der wachsende Ruhm: Bezeichnend dafür sind die am Beginn der 80er Jahre angeknüpften Beziehungen zu den Pariser Concerts Spirituels, die sich 1784 so weit verdichten, daß Haydn für sie 6 noch heute als *»Pariser Sinfonien«* (Nr. 82-87) bekannte Werke schreibt. Nur wenig später tritt Haydn mit dem Londoner Verleger W. Forster in Verbindung, der eine große Anzahl seiner Kompositionen, die in anderen Ländern überwiegend schon veröffentlicht sind, in England erstmalig herausgibt. Aus Spanien, dessen König Haydn durch Übersendung einer diamantenbesetzten goldenen Tabatiere ausgezeichnet hat, erhält er 1785 vom Domkapitel in Cádiz den Auftrag zu einer seiner eigenartigsten Schöpfungen: *Instrumentalmusik über die Sieben letzten Worte unseres Erlösers am Kreuze.* 1786 bewirbt sich schließlich Ferdinand IV., König von Neapel, um Werke Haydns und beauftragt ihn, Kompositionen für die Radleier, das von ihm so gern gespielte Mode-Instrument des Rokokos, zu schreiben (*5 Konzerte mit 2 obligaten Leiern;* Hob. VII h, Nr. 1-5). Wichtiger als dieser Auftrag ist allerdings, daß der König Haydn auffordert, nach Neapel zu kommen, und das in dem Moment, da die Möglichkeit dazu gegeben wäre:

Am 28. September 1790 stirbt Haydns Brotherr, Gönner und Freund Fürst Nikolaus Esterházy. Da sein Nachfolger, Fürst Anton, die Kapelle auflöst, ist Haydn nach fast dreißigjährigem Wirken in Diensten der Familie Esterházy plötzlich frei. Überdies wird ihm – charakteristischerweise unter der Bedingung, daß er sich weiterhin Fürstlich Esterházyscher Kapellmeister nenne – ein Jahresgehalt von 1400 Gulden belassen, so daß er aller materiellen Sorgen enthoben ist. Haydn verläßt fluchtartig – ein anderer Ausdruck kann für die hastige Abreise, bei der er Hab und Gut zurückläßt, kaum gebraucht werden – Esterháza und schlägt seinen Wohnsitz in Wien auf. Von drei Seiten werden nun dem berühmten Künstler verlockende Anträge unterbreitet: Fürst Grassalkovics sucht ihn als Leiter seiner Kapelle, König Ferdinand für Neapel, der Geiger Salomon für London zu gewinnen – und Haydn wählt, wie selbstverständlich, die Einladung nach London. Er verschließt sich allen gut gemeinten Einwänden seiner Freunde, auch Mozarts: am 15. Dezember 1790, kaum ein Vierteljahr nach dem Tod seines Dienstherrn, verläßt er Wien.

Man mag fragen, wozu das alles, wenn das Buch doch, wie gesagt, die Werke zum Gegenstand hat? Nun, für uns heute gehört zum Kunstwerk, damit man es überhaupt verstehen kann, das Wissen um seine Entstehung und seine Wirkungsgeschichte, beides freilich nur in Korrelation zur hörenden Erfahrung als dem eigentlichen Ort der Begegnung. Die

»zusätzlichen Informationen« dienen uns als Wegweiser zum Kunstwerk. Konkret bedeutet dies, daß wir aus der Geschichte des Lebens und Schaffens eines Komponisten und aus der Rezeptionsgeschichte seiner Werke Hilfen für das Verstehen gewinnen können. In unserm Falle: Einerseits ist Haydn in seiner Zeit nur einer von vielen, die mit dem eigenartig zerbrochenen musikalischen Material seiner Zeit experimentieren. Andererseits ist er wie kein anderer seiner Zeit originell, originell freilich nicht in erster Linie in dem, was man die musikalische Erfindung nennt (und worunter man meist nur die melodische Erfindung versteht), sondern in der Vorstellung von dem, was beim gegebenen Stand des Komponierens in dieser musikalischen Situation mit der »Musik als geistfähigem Material« (Hanslick) zu machen sei. Für die Realisierung seiner Vorstellungen hat Haydn nun in verschiedener Hinsicht besonders gute Voraussetzungen: Eine Herrschaft, die ihn und seine Kunst trägt; mit dieser Herrschaft und ihren Kreisen ein Publikum, das ihm zu folgen willens und in der Lage ist; bei sich selbst die Kraft und die Beharrlichkeit, die gestellte Aufgabe zu erfüllen, und sei es unter Einsatz ungewöhnlicher Mittel. Haydns eher beiläufig geäußerter und mehr auf die äußeren Umstände gemünzter, oben schon zitierter Satz: »Niemand in meiner Nähe konnte mich an mir selbst irre machen und quälen, und so mußte ich original werden«, dieser Satz ist also musikgeschichtlich von hoher Bedeutung. *Deshalb* hier eine Skizze der Welt, aus der er stammt, – der Welt, in der das entsteht, was wir »Wiener klassische Musik« nennen, was aber in Wirklichkeit die Musik der Wiener Klassiker, hier Joseph Haydns, ist, etwas, das Haydn selbst »original« nennt.

1762-1791 Joseph Haydn (1732-1809): 13 Opern

Schloß Esterháza hat ein zwar nicht großes aber auch nicht gerade kleines Theater, das mit den damals modernsten Bühneneinrichtungen ausgestattet ist. Dort kann man alles spielen, und das Theater wird auch tatsächlich reich bespielt. Seit den 70er Jahren wird das Ensemble durch das Engagement namhafter italienischer Sänger verstärkt. Der angewachsene Opernbetrieb bringt zusätzliche Aufgaben mit sich, die immer drückender auf Haydn als dem zuständigen Kapellmeister lasten: Von der Auswahl der Stücke, der Einstudierung der Rollen bis zum Dirigieren jeder Aufführung muß er alles selbst machen, zuweilen sogar eigenhändig Stimmen kopieren. Außerdem verleidet die Vorliebe der meisten fürstlichen Gäste für komische Opern zeitgenössischer italienischer Komponisten Haydns Arbeitsfreude; es kränkt ihn, daß man dieser schablonenhaften, weniger sorgfältig gearbeiteten Musik den Vorzug vor der seinen gibt. Innerhalb von 15 Jahren führt Haydn mehr als 80 Opern von Anfossi, Bianchi, Cimarosa, Gaßmann, Paisiello, Piccini, Sacchini, Salieri, Sarti, Righini, Traëtta, Zingarelli u. a. auf (Gesamtverzeichnis bei Altenburg 1982). Seit 1768 schaffen zudem ständig engagierte Schauspielertruppen ein Theaterleben von Rang: von Shakespeare *Hamlet, Macbeth, Othello, König Lear;* von Lessing *Emilia Galotti, Minna von Barnhelm;* von Goethe *Clavigo, Stella;* dazu ein Gastspiel des berühmten französischen Ballettkünstlers Noverre. Im Jahre 1776 gibt man wöchentlich zwei Vorstellungen, um die Mitte der 1780er Jahre während einer Theatersaison mehr als einhundert, und vornehmlich Opern. Als 1773 die Kaiserin Maria Theresia bei ihrem Besuch in Esterháza Haydns *Oper »L'infedeltà delusa«* hört, soll sie gesagt haben: »Wenn ich eine gute Oper hören will, gehe ich nach Esterháza.« Nun, mindestens seit 1776 und bis zur Auflösung der Operntruppe 1790 scheint Haydns Tätigkeit tatsächlich in erster Linie die eines professionellen Opernkapellmeisters zu sein: in 15 Jahren hat er 88 Premieren, darunter 6 von eigenen Werken. Damit steht das Theater in Esterháza dem Hoftheater in Wien kaum nach, ja man kann sagen (Bartha/Somfai 1960), zwischen 1776 und 1790 gehört die Bühne von Esterháza unter Haydns Leitung zu den Zentren der italienischen Opernkultur in Europa. – Diesem Bilde scheint Haydns Ansicht zu entsprechen, wenn er in der autobiographischen Skizze des Jahres 1776 seine eigene Erfolgsbilanz so beginnt

»Die Opern *Le Pescatrice*
L'incontro improviso
welche in Gegenwart Ihro k. k. Majestät sind aufgeführt worden.
L'infedeltà delusa

Das Oratorium *Il Ritorno die Tobia* in Wien aufgeführt.

Das *Stabat Mater,* über welches ich von einem guten Freund die Handschrift unsres großen Tonkünstlers Hasse mit unverdienten Lobsprüchen erhalten. Eben diese Handschrift werde ich zeit Lebens wie Gold aufbehalten; nicht des Inhalts sondern eines so würdigen Mannes wegen.«

Und dennoch scheint Haydn sich selbst als Opernkomponist nicht sehr geschätzt zu haben. Griesinger (1810) berichtet immerhin: »Er wußte es selbst nicht, wie berühmt er im Auslande war, und er erfuhr es nur zuweilen durch reisende Fremde, die ihn besuchten. Viele derselben, auch Gluck, rieten ihm, nach Italien und Frankreich zu reisen; aber seine Furchtsamkeit und seine beschränkte Lage hielten ihn zurück, und wenn er gegen seinen Fürsten ein Wort davon fallen ließ, so drückte ihm dieser ein Dutzend Dukaten in die Hand, und nun ließ er wieder alle solche Projekte fahren. Haydn glaubte selbst, daß er bei seinen guten Fundamenten im Gesang und in der Instrumental-Begleitung ein vorzüglicher Opernkompositeur geworden wäre, wenn er das Glück gehabt hätte, nach Italien zu kommen. Das schönste Zeugnis freilich von Haydns Selbsterkenntnis und Selbstbeschränkung im Hinblick auf die Gattung Oper ist der Brief, den er 1787 (?) nach Prag schreibt, als man ihn von dort um eine Oper angeht: »Sie verlangen eine Opera buffa von mir, recht herzlich gern, wenn Sie Lust haben, von meiner Singkomposition etwas für sich allein zu besitzen. Aber um sie auf dem Theater zu Prag aufzuführen, kann ich Ihnen diesfalls nicht dienen, weil alle meine Opern zu viel auf unser Personal (zu Esterháza in Ungarn) gebunden sind, und außerdem nie die Wirkung hervorbringen würden, die ich nach der Lokalität berechnet habe. Ganz was anders wäre es, wenn ich das unschätzbare Glück hätte, ein ganz neues Buch [= Libretto] für das dasige Theater zu komponieren. Aber auch da hätte ich noch viel zu wagen, indem der große Mozart schwerlich jemanden andern zur Seite haben kann. Denn könnt' ich jedem Musikfreunde, besonders aber den Großen, die unnachahmlichen Arbeiten Mozarts, so tief und mit einem solchen musikalischen Verstande, mit einer so großen Empfindung in die Seele prägen, als ich sie begreife und empfinde, so würden die Nationen wetteifern, ein solches Kleinod in ihren Ringmauern zu besitzen. Prag soll den teuern Mann fest halten – aber auch belohnen; denn ohne dieses ist die Geschichte großer Genien traurig, und gibt der Nachwelt wenig Aufmunterung zum fernern Bestreben; weswegen leider so viel hoffnungsvolle Geister darnieder liegen. Mich zürnet es daß dieser einzige Mozart noch nicht bei einem kaiserlichen oder königlichen Hofe engagiert ist! Verzeihen Sie, wenn ich aus dem Geleise komme; ich habe den Mann zu lieb.«

Indessen, es gehört die Komposition von Opern zu Haydns Dienstobliegenheiten, und zwar immer dann unumgänglich, wenn Festlichkeiten am eigenen Hofe anstehen, die mit dem »normalen« Theaterbetrieb nichts zu tun haben. Außer den in der folgenden Tabelle aufgeführten *Opern* komponiert Haydn noch eine Reihe von Werken für andere Anlässe des Theaters, von denen allerdings ein Teil verloren ist: 3 *Singspiele,* 5 *Opern für das Marionettentheater,* 5 *Schauspielmusiken,* 23 *italienische Arien mit Orchester* als Einlagestücke in Opern.

Die 13 erhaltenen *Opern* von Joseph Haydn sind (nach Hoboken):

1. *Acide,* Festa teatrale. Text von G. B. Migliavacca; komponiert für die Hochzeit des Grafen Anton Esterházy am 11. Januar 1763 in Eisenstadt.
2. *La Canterina* (Die Sängerin), Intermezzo in Musica. Textdichter unbekannt; komponiert 1766 wahrscheinlich für eine Festaufführung in Preßburg anläßlich des Besuchs der Kaiserin Maria Theresia in der damaligen ungarischen Haupt- und Krönungsstadt im Frühjahr 1767.
3. *Lo Speziale* (Der Apotheker), Dramma giocoso. Text von C. Goldoni; komponiert für eine Aufführung in Esterháza im Herbst 1768, wahrscheinlich zur Eröffnung des neuen Theaters.
4. *Le Pescatrici* (Die Fischerinnen), Dramma giocoso per musica. Text von C. Goldoni; komponiert für eine adelige Hochzeit in Esterháza am 16. September 1770.
5. *L'infedeltà delusa* (Die getäuschte Untreue), Burletta per musica. Text von M. Coltellini; komponiert für ein Fest am Namenstag der Fürstin-Mutter im Juli 1773 und für den Besuch der Kaiserin Maria Theresia in Esterháza im September 1773.
6. *L'incontro improviso* (Die unvermutete Begegnung), Dramma giocoso per musica. Text nach dem französischen Text von Glucks (1714-1787) Oper *La rencontre imprévue* ins Italienische übertragen von C. Friberth; komponiert für das Fest eines Besuches des Erzherzogs Ferdinand in Esterháza am 29. August 1775.
7. *Il Mondo della Luna* (Die Welt des Mondes), Dramma giocoso. Text von C. Goldoni; komponiert spätestens Anfang 1777 für die Hochzeit des zweiten Sohnes des Fürsten im August 1777.
8. *La vera Costanza* (Die wahre Beständigkeit), Dramma giocoso per musica. Text nach F. Puttini von P. Travaglia; komponiert wahrscheinlich im Auftrag der Wiener Hofoper (1776 oder erst) 1777/78. Eine Aufführung in Wien kommt jedoch nicht zustande. Uraufführung im Frühjahr 1779 in Esterháza (Wiederaufnahme 1785); sodann 1785 in Preßburg, 1789 in Pest, 1790 in Wien, 1791 in Paris, 1792 in Brünn.

8a. *Laurette,* Opéra comique mit Nummern aus *La vera Costanza,* jedoch in anderer Reihenfolge, ohne Rezitative und vermischt mit anderen Stücken von Haydns Komposition. Text nach dem Italienischen französisch von P. U. Dubuisson; arrangiert für Paris 1791.

9. *L'isola disabitata* (Die unbewohnte Insel), Azione teatrale in due parti. Text von P. Metastasio; komponiert für das Namensfest des Fürsten Nikolaus 1779.
10. *La fedeltà premiata* (Die belohnte Treue), Dramma giocoso per musica. Text nach dem Text zu *L'infedeltà fedele* (Die heite-

re Untreue) nach G. B. Lorenzi von D. Cimarosa; komponiert für die Einweihung des nach einem Brande neu erbauten Theaters in Esterháza im Oktober 1780.

11. *Orlando Paladino* (Ritter Roland), Dramma eroicocomico. Text von N. Porta; komponiert für das Fest am Besuch des russischen Großfürsten Paul in Esterháza im Herbst 1782, der aber nicht zustande kommt.
12. *Armida,* Dramma eroico. Text nach Tassos *Gerusalemme liberata* kompiliert von J. Durandi (?); komponiert für Esterháza 1783.
13. *L'anima del filosofo* (Orpheus-Stoff), Dramma per musica. Text von C. F. Badini; komponiert in London 1791 im Auftrage des Leiters des King's Theatre (Haymarket), das unter dem Protektorat des Prinzen von Wales steht. Aber das unter dem Protektorat des Königs stehende rivalisierende Pantheon-Theater intrigiert. Damit kommt die einzige Oper, die Haydn nicht für das Esterházasche, sondern für ein öffentliches Theater schreibt, nicht zur Aufführung. – Eine bei Breitkopf & Härtel in Leipzig 1806 unter dem Titel *Orfeo ed Euridice* erscheinende Opernpartitur gibt trotz zweier neuer Nummern nur einen Torso der ursprünglichen Oper.

1764-1786 Wolfgang Amadé Mozart (* Salzburg 1756, † Wien 1791): Sinfonien

Mozart hat rund 50 Sinfonien geschrieben, Beethoven 9, Haydn über 100. Sieht man die Gattung Sinfonie durch Beethoven definiert an, nämlich als großes Orchesterwerk, ohne besonderen Anlaß und Auftrag und für ein Publikum komponiert, das sich aus den engen Kreisen von Kennern und Liebhabern idealiter in die Menschheit wandelt, dann hat auch Mozart nicht mehr als drei Sinfonien geschrieben. Sieht man die Definition der Sinfonie aber für im späten 18. Jahrhundert gegeben, dann muß man Mozarts Produktion mit der Haydns vergleichen und bedenken, daß Haydns Sinfonien sich auf 36 Jahre verteilen, Mozarts auf 23 oder 24; daß Haydn seine erste Sinfonie mit 27 Jahren schreibt, Mozart mit 8 oder 9; daß Haydn mit seiner ersten Sinfonie Mozart nur um wenige Jahre voraus ist. Der Weg, der von Mozarts erster unschuldiger *Sinfonie* von London 1764/65 (KV 16) zur »Jupiter-Sinfonie« von 1788 (KV 551) führt, ist weiter als der von Haydns erster Sinfonie zur letzten Londoner, und man darf nicht vergessen, daß Haydn diese Londoner Sinfonien erst nach Mozarts Tod schreibt, durch Mozart beeinflußt und ermutigt. Wenn es eine »große Sinfonik« gibt, so ist es das Verdienst Haydns *und* Mozarts, Mozarts *und* Haydns – ihr Anteil ist nicht abzuwägen, denn Mozart hätte den Schritt zur »großen Sinfonie« nicht getan ohne Haydn und Haydn nicht ohne Mozart. Zwar gehen beide aus von der italienischen Sinfonia ihrer Zeit, aber in keinem Feld der Musikgeschichte erkennt man klarer das Wunder und die Macht der Persönlichkeit. – Mozart beginnt ganz italienisch, nämlich mit einer Sinfonik aus dem Geist der Opera buffa. Aber er hat Form und Geist dieser italienischen Sinfonik von einem italianisierten Deutschen, von Johann Christian Bach. Dessen Musik ist zwar kaum von besonderer Tiefe, aber sie ist auch niemals flach (wie häufig die der anderen italienischen Sinfoniker jener Zeit). Die Sinfonie ist ihm ein festliches Stück, aber er versagt sich niemals ganz den Seitenweg ins Stillere, Intime, reicher Empfundene. Und hier fühlt sich Mozart angesprochen. – In der Regel schreibt Mozart Sinfonien auf Vorrat für bevorstehende Reisen nach Italien, wo er sie für Eröffnung und Abschluß von Konzertveranstaltungen braucht. Wir brauchen der Entwicklung Mozarts in diesen Jahren, den wechselnden Eindrücken, denen er unterliegt oder widersteht, nicht im einzelnen zu folgen. Ihre Darstellung gehört zu den besonderen Meisterstücken der Monographie von Wyzewa-Saint Foix (1912). Festzuhalten ist aber eine Art Wendung im Jahr 1773/74 mit *3 Sinfonien:*

g-moll (KV 183, Salzburg Ende 1773)
C-dur (KV 200, Salzburg Anfang 1774)
A-dur (KV 201, Salzburg Anfang 1774).

Einstein meint, diese zeigten auf einer früheren Stufe und in einem engeren Rahmen die gleiche Vollendung wie Mozarts abschließende Trias der Sinfonien des Jahres 1788. Mag der Vergleich zu weit gehen, Wunderwerke sind diese frühen Sinfonien allemal, und das nicht nur, weil sie von einem 18jährigen Jüngling stammen, sondern an und für sich. Auch Mozart selbst befindet sie für so gut, daß er sie in seinen Wiener Jahren zur Wiederaufführung in seinen Akademien heranzieht.

Von den Sinfonien der folgenden Jahre seien drei herausgehoben, weil sie Namen tragen und deshalb bekannter sind:

Sinfonie D-dur, KV 297, Paris Juni 1778: *»Pariser Sinfonie«;*
Sinfonie D-dur, KV 385, Wien Juli 1782: *»Haffner-Sinfonie«;*
Sinfonie D-dur, KV 504, Wien Dezember 1786: *»Prager Sinfonie«* oder *»D-dur-Sinfonie ohne Menuett«.*

Zur *»Pariser Sinfonie«*: Im Sommer 1778 in Paris erhält Mozart durch den Directeur des Concert spirituel den Auftrag, für die Eröffnung dieser Konzerte am Fronleichnamstag eine Sinfonie zu komponieren. Mozart steht damit vor einer neuen Aufgabe, denn er muß sie natürlich im Pariser Stil und für das dort übliche große Orchester komponieren, und das bedeutet, er muß an die damals in Mode stehenden Sinfonien der »Mannheimer« anknüpfen – oder sich von diesen absetzen. Zu dem Problem schreibt Leopold Mozart am 29. Juni 1778 aus Salzburg an den Sohn: »Wenn ich nach den Steinmetzischen [gemeint sind die Stamitzschen] Sinfonien, die in Paris gestochen sind, urteilen soll, so müssen die Pariser Liebhaber von lärmenden Sinfonien sein. Alles ist Lärmen, das übrige Misch-masch, da und dort ein guter Gedanken am unrechten Ort ungeschickt angebracht.« Es ist nicht klar, ob Leopold mit diesem Urteil Johann Stamitz treffen will oder dessen Sohn Carl. Gleichviel, das Urteil ist ebenso glänzend wie ungerecht, wenn man die besten Leistungen der »Mannheimer Schule« kennt. Aber es ist in der Tat auch wahr, daß die Sinfonien der »Mannheimer Schule« in erster Linie für die neuen instrumentalen Möglichkeiten aus der technischen Qualität dieses Orchesters geschrieben sind. Nun, Mozart ist für seine Pariser Aufgabe durch seinen Aufenthalt in Mannheim gut vorbereitet; dort hat er bei den Sinfonien Holzbauers, Cannabichs und Toëschis gut aufgepaßt – und er tut dies ebenso in Paris, wo er Gelegenheit hat, Sinfonien von Gossec und Sterkel und Ouvertüren und andere Instrumentalsätze des alten Rameau zu hören. Dementsprechend ist seine neue Sinfonie jetzt »Mannheim-Pariserisch«. Den langsamen Satz muß Mozart übrigens zweimal komponieren (9. Juli 1778 an den Vater): »Das Andante hat aber nicht das Glück gehabt, ihn [den Direktor] zufrieden zu stellen. Er sagt, es sei zuviel Modulation darin. Und zu lang. Das kam aber daher, weil die Zuhörer vergessen hatten, einen so starken und anhaltenden Lärm mit Händeklatschen zu machen, wie bei dem ersten und letzten Stück. [Man klatscht also nach jedem Satz.] Denn das Andante hat *von mir,* von allen Kennern, Liebhabern und meisten Zuhörern den größten Beifall. Es ist just das Contraire was Le Gros sagt. Es ist ganz natürlich. Und kurz. Um ihn aber (und wie er behauptet mehrere) zu befriedigen, habe ich ein anderes gemacht. Jedes in seiner Art ist recht. Denn es hat jedes einen andern Caractère. Das letzte Stück, der letzte Satz gefällt mir aber noch besser... Den 15ten August, Mariä Himmelfahrt, wird die Sinfonie mit dem neuen Andante das 2te Mal aufgeführt werden...« (Das allgemein bekannte Andante ist das nachkomponierte.)

Zur *»Haffner-Sinfonie«* (KV 385): Im Sommer 1782 erhält Mozart durch seinen Vater den dringlichen Auftrag, der befreundeten Salzburger Familie Haffner, der er 1776 die berühmte Hochzeits-*Serenade in D-dur* (KV 250) gewidmet hatte, wieder eine Festmusik zu komponieren. Am 7. August ist das Werk fertig: Marcia (KV 408, Nr. 2), Allegro con spirito, Andante, zwei Menuette und Finale (Presto) – also eine Serenade. Als Mozart sie im Frühling des nächsten Jahres für eine seiner Wiener Akademien wieder vornimmt, ist er von ihrer Fülle und Pracht überrascht: »Die neue Haffner-Sinfonie hat mich ganz supprenirt. Denn ich wußte kein Wort mehr davon. Sie muß gewiß guten Effect machen«, und er nobilitiert sie zur Sinfonie durch Weglassung des Marsches und des einen Menuetts (das nun verloren ist) und durch Zusatz von Flöten und Klarinetten in den Ecksätzen. (Was uns heute ganz unbegreiflich ist, ist damals durchaus nicht ungewöhnlich: In zeitgenössischen fremden Bearbeitungen dieser Sinfonie sind der zweite und der vierte Satz durch Sätze der *»Pariser Sinfonie«* ersetzt.)

Zur *»Prager Sinfonie«* (KV 504): Ob die *Sinfonie* direkt für Prag komponiert ist, wohin Mozart im Dezember 1786 zu einer Aufführung des *Figaro* unter seiner Leitung eingeladen ist, oder allgemein für die Wintersaison 1786/87 oder vielleicht sogar im Hinblick auf eine lange geplante England-Reise, ist unentschieden. Die Uraufführung findet in Mozarts eigener Akademie am 19. Januar 1787 im Nationaltheater in Prag statt. Mozart erregt in diesem Konzert allerdings mehr Aufsehen durch sein Klavierspiel.

1765-1775 Joseph Haydn (1732-1809): Über 150 Kompositionen für Baryton

Baryton (Bariton) nennt man allgemein Instrumente, die in einer Instrumentenfamilie die Tenorlage vertreten, im besonderen eine Sonderform der Viola da gamba mit 6 bis 7 Spielsaiten (Darmsaiten) und 9 bis 28 Resonanzsaiten (Metallsaiten). Letztere verlaufen unter dem Griffbrett und durch den ausgehöhlten Hals des Instrumentes; sie schwingen bei bestimmten Tönen der gestrichenen Darmsaiten mit und geben so dem Streicherton eine eigentümliche Klanglichkeit. Das nur in Süddeutschland und Österreich und auch hier nur wenig verbreitete Instrument ist das Lieblingsinstrument des Fürsten Nikolaus Esterházy, der es wohl gut, doch wohl kaum wie ein Professioneller beherrscht. – Ob Haydn das Instrument besonders mag, ist zweifelhaft, denn es bedarf im Jahre 1765 der fürstlichen Ermahnung, »sich emsiger als bisher auf die Komposition zu legen, und besonders solche Stücke, die man auf der Gamba spielen mag, und wovon Wir noch sehr wenige gesehen haben, zu komponieren«. Dann freilich entstehen in rascher Folge zahllose Werke, meist Divertimenti in Triobesetzung (Baryton, Viola oder Violine, Violoncello), von erstaunlichem Erfindungsreichtum: »Eine Fülle von feingeschliffenen kleinen Kostbarkeiten« (Geiringer). Einige Werke entstehen wohl schon vor 1765, einige auch noch nach 1775, dem Jahr, in dem der Fürst sein musikalisches Hauptinteresse von der Kammermusik auf das italienische Operntheater verlegt. – Keines der Baryton-Trios erscheint zu Haydns Lebzeiten in der Originalfassung im Druck, wohl aber in den verschiedensten Bearbeitungen, weil damals wie heute kaum jemand das merkwürdige Instrument spielt.

1768 Joseph Haydn (1732-1809): »Applausus-Kantate« und »Applausus-Brief«

Zum 50. Jahrestag der Priesterweihe des Abtes Rainer Kollmann von Stift Zwettl/Niederösterreich am 17. April 1768 komponiert Haydn eine achtteilige lateinische *Gratulationskantate »Applausus«* (Hob. XXIVa, Nr. 6). Weil er weder bei der Einstudierung noch bei der Aufführung zugegen sein kann, fügt er der Übersendung der Partitur einen Brief bei, den sogenannten *»Applausus-Brief«*. Dieser Brief ist zwar nur eines von vielen Zeugnissen des 18. Jahrhunderts für die Aufführungspraxis der Zeit, durch die Autorität Joseph Haydns aber vielleicht eines der wichtigsten. Obwohl der Brief seit langem bekannt ist, werden seine Anweisungen nach wie vor kaum befolgt, auch nicht von Leuten mit berühmten Namen und autoritärem Anspruch in Sachen Aufführungspraxis alter Musik. Neben den aufführungspraktischen Angaben ist besonders interessant und wichtig Haydns Betonung der Tatsache, daß er weder die Personen noch den Ort der Aufführung kenne, und daß ihm deshalb die Komposition schwergefallen sei. Die Schlüsse, die für den Musikhistoriker (vor allem für den Editor alter Musikwerke) und für den praktischen Musiker daraus zu ziehen sind, hat Siegele im *Artikel »Vortrag«* in *MGG* (1968) formuliert: »Die Musik wird verfertigt im Hinblick auf den Vortrag (der integrierender Bestandteil der Musik ist), meist im Hinblick auf den Vortrag unter *bestimmten Gegebenheiten, in bestimmter Situation.* Mangelnde Kenntnis dieser Gegebenheiten empfindet der Komponist als unangenehm.« Nun wird Haydns Brief zitiert, und dann fährt Siegele fort: »Erst im Laufe des 19. Jahrhunderts vermag der Komponist eine *allgemeine* Situation ins Auge zu fassen.«

1772 Joseph Haydn (1732-1809): 6 Streichquartette op. 20

Bei der ländlichen Abgeschiedenheit der Residenz in Esterháza sind die zuweilen in Eisenstadt oder gar in Wien verbrachten Wintermonate für Haydn von höchster Bedeutung. In Wien nämlich sammelt er Anregungen, die er dann daheim verarbeitet. Vermutlich ist es der Baron Gottfried van Swieten, der Freund auch Mozarts, der Haydn schon damals mit Kompositionen von Händel und Bach bekannt macht. Wie später bei Mozart greift auch bei Haydn diese Anregung tief und schlägt sich in bedeutenden Experimenten nieder, am deutlichsten in einer Serie von *6 Streichquartetten* (Hob. III, 31-36; *»Sonnenquartette«* genannt nach einer Sonne im Zierrahmen des Titelblatts einer Ausgabe von Hummel 1779, von denen drei (Nr. 2, 5, 6) als Schlußsätze Fugen haben – als Finali veritable Fugen mit, so möchte man sagen, allem Drum und Dran. Ob mit diesen Werken Haydns »romantische musikalische ›Sturm-und-Drang‹-Krise« erreicht ist oder zu Ende geht, wie man gesagt hat, bleibe dahingestellt. An Krise allerdings darf man wohl denken, denn Haydn unterbricht nun die Komposition von Streichquartetten für nahezu zehn Jahre. Anscheinend wird ihm bei diesen Quartetten klar, daß seine Experimente zwar zu guten Werken führen, nicht aber zur vollendeten Realisierung seiner Vorstellung.

Daß an diesen Quartetten, und sogar an einem, das keine Fuge als Schlußsatz hat, viel zu lernen ist, hat z. B. Beethoven gewußt: das erste der *Quartette op. 20* hat er sich eigenhändig abgeschrieben.

1773-1775 Wolfgang Amadé Mozart (1756-1791): Die 5 Violinkonzerte

Mozart ist als Instrumentalist von Haus aus Geiger und nicht Pianist. Von November 1769 bis zum Bruch mit seinem Dienstherrn im Mai 1781 ist er einer der Konzertmeister der Hofkapelle des Fürsterzbischofs von Salzburg, an der Leopold Mozart seit 1763 Vizekapellmeister ist. Es kann also durchaus sein, daß Mozart die *5 Konzerte* für seinen eigenen Gebrauch schreibt, vielleicht aber auch für seinen 1. Konzertmeister Antonio Brunetti. Merkwürdig ist jedoch, daß vier der fünf Werke in einem Jahr entstehen, und die Tatsache, daß dann außer Einzelsätzen und Ersatzkompositionen (ein *Rondo-Allegro* KV 269, als neuer Schlußsatz für das *B-dur-Konzert;* ein neues *Adagio,* KV 261, zum *A-dur-Konzert,* »für den Brunetti, da ihm das eine zu studiert war«)

nichts mehr folgt. Offenbar ist Mozarts Verhältnis zur Violine mehr durch Pflicht als durch Neigung gekennzeichnet. Merkwürdig ist sodann, daß die *3 Konzerte* vom Herbst 1775 (KV 216: September; KV 218: Oktober; KV 219: Dezember) die beiden früheren (KV 207: bereits 1773; KV 211: Juni 1775) so weit überragen, und daß innerhalb der späteren Gruppe das *A-dur-Konzert* die beiden vorausgehenden so weit hinter sich läßt. Ob hier einmal, für Mozart eher untypisch, eine wirkliche Entwicklung zu beobachten ist, bleibe dahingestellt, ebenso, ob die Einflüsse tatsächlich so zu beschreiben sind, wie Abert (1923) es tut: »Von der älteren, Vivaldischen Form, die er ohne Zweifel noch in Italien kennenlernt, und die beim Konzertieren den Schwerpunkt auf die immer wiederkehrenden Tutti-Gedanken legt, ist zwar 1775 nicht viel mehr als die Dreisätzigkeit übriggeblieben, im übrigen hat der Einfluß sowohl der Arie, als des ersten Sonatensatzes Bau und innere Einrichtung merklich verändert. Dazu kommen Einwirkungen des französischen Violinkonzerts unter Giovanni Battista Viotti, das dem rein Technischen, Virtuosen einen breiten Raum vergönnt, und endlich, besonders in Deutschland, örtliche, in Mozarts Fall Wiener Einflüsse. So hat das Konzert allmählich einen sozusagen internationalen Charakter angenommen, der die weite Verbreitung dieser Kompositionen erklärt. – Mozart bringt der neuen Gattung die größte innere Anteilnahme entgegen. Das beweist besonders sein auch hier wieder stark hervortretendes Bestreben, in jedem einzelnen der Form wieder neue Seiten abzugewinnen und ihre Tragfähigkeit nach allen Seiten hin zu erproben.« In der Tat ist das *A-dur-Konzert,* um das bedeutendste herauszugreifen, in mehrfacher Hinsicht erstaunlich, etwa, um nur ein Beispiel zu nennen, in der Anlage des ersten Satzes nach einer Art Baukasten-Konstruktion bei gleichzeitiger Führung des Satzes im »obligaten Accompagnement« (Feil 1995). Musikalisches Geschehen dieser Art hat es in der Gattung Violinkonzert bis dahin nicht gegeben. Hier kann man zum Vergleich weder Boccherini noch Johann Christian Bach noch die Mannheimer Meister heranziehen. *Das hier* ist völlig neu! – Schlimm, daß unsere Violinsolisten, Konzertveranstalter und Musikhochschulen diese Meisterwerke nicht mehr gebührend hochhalten. – Das *Violinkonzert in D-dur* (KV 271a, Salzburg 1777) ist nur »von zweifelhafter Echtheit«. Das *Es-dur-Konzert* (KV 268) und das sogenannte *»Adelaide-Konzert«* in D-dur (KV Anh. 294a) haben als Unterschiebung bzw. als Fälschung zu gelten.

1779 **Wolfgang Amadé Mozart** (1756-1791): **Missa brevis C-dur (»Krönungsmesse«)**

Der Name »Krönungsmesse« stammt nicht von Mozart und hat nichts zu tun mit der Krönung des Gnadenbildes der Wallfahrtskirche zu Maria Plain, er stammt vielmehr aus einem Manuskript der Wiener Hofkapelle, weil die Messe dann zur Krönung Leopolds II. (1790) oder Franz' II. (1792) aufgeführt worden ist. Wahrscheinlich hat Mozart die Messe (datiert: Salzburg, 23. März 1779; KV 317) für das Osterfest im Dom zu Salzburg komponiert, wo sie jedenfalls ihre Uraufführung erlebt hat.

Salzburg 1779: Man muß sich vorstellen, Stadt und Land werden beherrscht vom Fürstbischof, nämlich von einem typischen Vertreter des aufgeklärten Despotismus, der kirchliche und weltliche Macht in effektiver Verwaltung zu einer beinahe omnipotenten Synthese zu verschmelzen weiß, von Hieronymus Colloredo, einem reformfreudigen Grafen aus Wien. Und ein Ergebnis seines um Schule und Kirche bemühten Reformeifers ist – im Zusammenhang mit der Abschaffung zahlreicher mittelalterlicher Bräuche und Mißbräuche – eine Liturgiereform zugunsten von biblischer Predigt und Volksgesang. Kurz soll eine Messe sein! Dies aber nicht aus amusischer kirchenfürstlicher Willkür, sondern aus aufgeklärt-pastoraler Sorge: um dem konzertanten Ausufern der Kirchenmusik nach dem Vorbild der barocken italienischen virtuosen Kunst mit Kastraten und Primadonnen zu wehren und die Kirchenmusik wieder der Liturgie unterzuordnen. Verlangt ist also formale Konzentration und doch festliche Feierlichkeit. »Diese Art der Komposition erfordert ein eigenes Studium« schreiben Vater und Sohn Mozart denn auch an Padre Martini nach Bologna (4.9.1776). Das Ergebnis ist die *Missa brevis in C-dur* mit der Besetzung einer Missa solemnis, nämlich mit Trompeten und Pauken, dem Zeichen herrschaftlicher Hoheit, das im Dom dem Erzbischof vorbehalten ist.

Mozart ist von Kindesbeinen an mit den Aufgaben der Kirchenmusik vertraut. Er ist zehn Jahre alt, als er sein erstes *Kyrie* (KV 33), zwölf, als er seine erste *Messe* schreibt (KV 49); siebzehn weitere folgen. Im Sommer 1791 entsteht das *Ave verum* (KV 618). Über seiner letzten Messe, dem *Requiem* (KV 626), stirbt er. Mehr als sechzig kirchenmusikalische Arbeiten – darunter, nicht zu vergessen, die *Vesperae solennes de confessore,* Salzburg 1780 (KV 339) – umfaßt das Werkverzeichnis. Offensichtlich sind seine *Messen* alles andere als nur »Amtsmusik« am Rande seines Schaffens. Wirklich?

Jedenfalls komponiert Mozart nach 1782/83, also nach der unvollendet gebliebenen (obwohl wahrscheinlich auf ein Gelöbnis zurückgehenden) *c-moll-Messe,* keine Messe mehr bis zu dem Auftragswerk des *Requiems.* Wenn sich in seinen *Messen,* wie man allgemein sagt, seine persönliche Aussage besonders stark offenbart (W. Senn), warum verstummt diese Aussage dann in den wichtigsten Jahren seines Schaffens? Oder trifft diese Behauptung der besonders »persönlichen Aussage« vielleicht *so* gar nicht zu? Hans Küng (1991) hat die Frage einmal gestellt und anders beantwortet: »Wie sieht die Verbindung von Musik und Glauben in dieser Mozartschen Musik aus? Nein, eine *Glaubensbotschaft* wie die Messen und Kantaten Bachs oder die Oratorien Händels, mit denen sich Mozart später auseinandersetzt, ist seine *Missa* nicht. Aber umgekehrt auch nicht eine Musik fromm-subjektiv erlebter *Andacht* wie dann bei Schubert; erst recht nicht eine romantische, angestrengt gewollte persönliche *Bekenntnismusik* im Sinne eines Anton Bruckner. Wohl aber ist diese *Messe,* in einer universalen Tonsprache komponiert, das Werk einer – aller Bigotterie abholden und doch wie selbstverständlich von der Gewißheit der Gnade lebenden – *aufgeklärten katholischen Frömmigkeit.* Aber nicht etwa nur eine Musik *beim* Gottesdienst liegt hier vor, sondern durchaus eine Musik *des* Gottesdienstes. Mozarts Frömmigkeits- und Musikideale sind nun einmal andere als die der Vorzeit und die der Nachzeit. In der ihr eigenen Perfektion bildet gerade seine Vertonung der Messe-Texte nicht nur den geistig-sinnenfrohen *Raum* für den Gottesdienst, nicht nur einen prunkvollen zugleich gemütvollen *Rahmen* und die festlich-fromme *Atmosphäre* (K. G. Fellerer). Nein, diese Musik ist die festlich *erklingende Liturgie selber* (A. Feil), die die Sache, eben den liturgischen Text, in höchster musikalischer Konzentration und kompositorischer Dichte zur Sprache bringt. Alles in allem also eine durchaus den Text auslegende liturgische Musik, ›exegetisierte Liturgie‹ (K. Hammer), die in ihrer Schönheit, Reinheit und Vollendung schon etwas von den freudigen Sphärenklängen der ewigen Glorie erahnen läßt: von der ›vita venturi saeculi‹, vom ›Leben der kommenden Welt‹, zu dem wir uns am Ende des Credos bekennen.«

Bleibt die Frage nach der Stellung der Mess-Komposition, ja der Kirchenmusik überhaupt in Mozarts Schaffen. Nun, *keine* Frage ist, daß Mozarts Messen alle anderen seiner Zeit weit überragen. Wohl aber ist zu fragen, ob wir Mozart den Rang, den wir ihm einräumen, auch dann einräumten, wenn wir von seinem Werk nichts anderes als die Messen hätten. Wir ahnten vielleicht seine Größe, aber wir könnten ihrer nicht so sicher sein. Dasselbe anders: Im Mittelpunkt von Mozarts musikalischem und kompositorischem Interesse stehen andere Gattungen, stehen die Oper und das Konzert, steht *nicht* die Messe, und das sowohl, weil der Geist der Zeit die liturgische Meß-Feier nicht hoch hält, als auch, weil die musikalische Gattung »Messe« in der 2. Hälfte des 18. Jahrhunderts mit ihrer Generalbaß-Bindung eigentümlich zurückgeblieben ist hinter den anderen Gattungen der Musik – als *liturgische* Musik zurückzubleiben begonnen hat: Was jetzt an »praktischer Kirchenmusik« gefragt ist, das beantworten von nun an mittlere Komponisten besser als die großen...

1781 **Joseph Haydn** (1732-1809): **6 Streichquartette op. 33**

Mit Brief vom 3. Dezember 1781 bietet Haydn dem Fürsten von Oettingen-Wallerstein (und in fast gleichlautenden Briefen auch Lavater in Zürich und dem Abt des Klosters Salem) 6 Streichquartette an: »... meine ganz neuen à quadro für 2 Violin, Alto, Violoncello concertante, Euer hochfürstlichen Durchlaucht auf Praenumeration à 6 Ducaten correct geschriebener [Noten] untertänigst anzuerbieten: sie sind auf eine ganz neue besondere Art, denn seit 10 Jahren habe keine geschrieben...«

Die *Quartette* (Hob. III, 37-42) heißen *»Russische Quartette«*, weil sie dem Großfürsten Paul, der 1781 mit seiner musikliebenden Gattin als »Graf und Gräfin von Norden« Wien besucht, gewidmet sind. Es ist nicht bekannt, wann und durch wen diese Widmung erfolgt ist. Die Quartette heißen auch *»Jungfern-Quartette«* nach einer Frauengestalt auf dem Titelkupfer einer Ausgabe von Hummel. Sie heißen schließlich auch *»Gli Scherzi«,* weil hier zum ersten Mal die Menuettsätze mit Scherzo oder Scherzando überschrieben sind. – Die Quartette erscheinen 1782 bei Artaria in Wien als op. 33.

Diese *Streichquartette op. 33* sind in gewisser Weise Haydns berühmteste Quartette überhaupt, weil sie, wie er selbst schreibt, auf eine »ganz neue besondere Art« komponiert sind. Mit dieser bemerkenswerten Behauptung will Haydn wohl sagen – so meint man seit Sandberger (1900/1921) allgemein –, jetzt und erst jetzt habe er erreicht, was er in Jahrzehnten und in zahllosen Werken gesucht habe, nämlich die Technik, die ihm endlich die Realisierung seiner musikalischen Vorstellungen ganz und restlos erlaubt: die Technik des obligaten Accompagnements über das Mittel der sogenannten durchbrochenen Arbeit. Schon für die Zeitgenossen ist das op. 33 das Werk, das Haydns Ruhm als Quartettkomponist und die Vorbildlichkeit seines spezifischen Quartettstils eigentlich begründet. Von den historisch interessanten Zeugnissen, die Finscher (1974), dem wir hier folgen, anführt, sei eines herausgegriffen, nämlich das des Stuttgarter Hofmusikers Johann Baptist Schaul, das um so erstaunlicher ist, als Schaul (ein konservativer Verehrer der italienischen Musik, vor allem Jommellis und Boccherinis) seine Bewunderung für Haydns Technik fast widerwillig eingesteht: »In Haydns Quartetten z. B. wer' ich immer das schöpferische Genie bewundern, das wie ein anderes Cameleon alle möglichen Gestalten anzunehmen weiß. Hat er einmal das Motiv eines Allegros bestimmt, so trägt er es auf hunderterlei Arten vor, indem er bald den Baß, bald den Alt, bald die zweite, oder die erste Violine, bald in Einem Nu, mit Einem Pinselstriche das Ganze verändert, und dennoch immer das Thema hervorleuchtet, so daß man nicht umhin kann, darüber zu erstaunen. Seine Adagio atmen immer Neuheit, überraschende Veränderung; seine unvergleichlichen Menuette sind voll Launen und Munterkeit. Und doch zieh' ich unseren Boccherini vor...«

»Über dem Rang und der gattungsgeschichtlichen Stellung von *op. 33* ist vielfach in Vergessenheit geraten, daß Haydns spätere Streichquartette vielfach über die selbst – und durchaus bewußt – geschaffene ›klassische‹ Formstruktur hinausführen. Für den auch weiterhin experimentierenden Haydn ist die Formstruktur – von der Zyklusbildung bis zur Ausformung des Details – immer wieder der Abstoßungspunkt für eine je individuelle Ausformung, für perfekteste Normerfüllung, der ein ironischer Beiklang nicht fehlt, bis zu fast vollständiger Formverweigerung – aber dies alles in der Regel auf der Ebene des reizvollen intellektuellen Spiels, des ›Witzes‹, wie die Zeitgenossen das nennen« (Konold 1982).

Die nach dem *op. 33* publizierten *Streichquartette* Haydns sind (nach Hoboken):

op. 50 die 6 *»Preußischen Quartette«,* komponiert 1787;
op. 54/55 die 6 *»Tost-Quartette«,* komponiert 1788 (?);
op. 64 die anderen 6 *»Tost-Quartette«,* komponiert 1790;
op. 71/74 die 6 *»Appony-Quartette«,* komponiert 1793;
op. 76 die 6 *»Erdödy-Quartette«,* komponiert 1797; darunter das berühmte *C-dur-Quartett* mit dem Variationen-Satz über die Melodievorlage der sogenannten *Kaiserhymne;*
op. 77 2 Quartette für den Fürsten Lobkowitz, komponiert 1799;
op. 103 2 Sätze (Andante grazioso und Menuetto ma non troppo presto) eines unvollendeten d-moll-Streichquartetts, von dem wahrscheinlich der erste und der letzte Satz fehlen. In den Stimmenausgaben sind nach dem Menuett die ersten 4 Takte der Sopranstimme von Haydns vierstimmigem *Gesang »Der Greis«* (Hob. XXVc: 6) abgedruckt mit der falschen Beischrift »Canon«. Eben diese 4 Takte läßt Haydn dann auf seine Visitenkarte drucken: »Hin ist alle meine Kraft. Alt und schwach bin ich.«

Ob die auf das *op. 33* folgenden *Quartette* »Neues« bringen oder eine weitere »Entwicklung« Haydns zeigen, scheint mir fraglich.

1781 Wolfgang Amadé Mozart (1756-1791): Opera seria »Idomeneo, Rè di Creta, ossia: Ilia ed Idamante« in München

Der Tradition entsprechend plant man in München für den Karneval 1781, richtiger: für die Stagione (Spielzeit) vor der Fastenzeit 1781, eine neue Oper. Sicherlich durch Fürsprache von alten Mannheimer Freunden, vielleicht aber auch durch den Kurfürsten Karl Theodor selbst, der sich seiner aus Mannheim erinnert, erhält Mozart den Auftrag. Obwohl für eine solche Scrittura (Opernauftrag) der Hof selbst nicht nur den Typus der Oper sondern auch den Stoff vorschreibt, hat D. Heartz (1981) überlegt, ob in diesem Falle nicht vielleicht Mozart selbst das Sujet (ein Vater-Sohn-Problem) und den Text ausgewählt habe. Textdichter ist der Salzburger Hofkaplan Giambattista Varesco. Sein Text geht auf ein französisches Libretto, den *Idoméné* von Danchet (der mit der Musik von Campra schon 1712 in Paris aufgeführt worden ist), zurück. Aus der Vorlage, einer fünfaktigen Tragédie lyrique, macht Varesco eine Opera seria im Stil Metastasios, die jedoch französisch angefärbt ist und vor allem Chöre enthält. Mozart macht sich über die Schwächen des Librettos, die zum großen Teil im Wesen der Gattung Opera seria liegen, keine Illusion. Das beweist der zähe Kampf, den er über den Vater als Mittelsmann, oft aber auch gegen ihn, mit seinem Librettisten führt. Diese unablässig verbessernde Bemühung zeigen seine zahlreichen Verbesserungen logischer, dramatischer und sprachlicher Art, sein Kampf gegen den Intendanten, seine Zusammenarbeit mit dem Ballettmeister, sein Studium mit den Sängern und mit dem Orchester. Mit *Idomeneo* beginnt Mozarts neue dramatische Ära, weil er zum ersten Mal in vollem Bewußtsein die Komposition einer Oper den dramatischen Gesetzen der Bühne unterstellt. Wichtigste Forderung ist ihm dabei die Kürze, die Knappheit, die dramatische Wirkung in der Prägnanz: nur wenn die Ereignisse rasch aufeinander folgen, entsteht Spannung. In keiner anderen seiner Opere serie sind die Rezitative, die Mozart durchaus als Träger der dramatischen Erzählung wenn nicht sogar der Handlung ansieht, so reich und in der Wirkung so dramatisch gearbeitet. Um so schwieriger ist es, auch die Wünsche der Sänger zu erfüllen. Als Raaff, der Sänger des Idomeneo, sich nach einigen Kürzungen nicht gehörig bedient findet, bleibt Mozart aber fest. »Als ob man in einem Quartetto nicht mehr reden als singen sollte!«, argumentiert er und meint damit im Gegensatz zum bravourösen Sologesang die mehr dem gesprochenen Wort angenäherte Diktion, die Verflechtung der Stimmen in der Gruppe. »Dergleichen Sachen versteht er gar nicht. Ich sagte nur: Liebster Freund!, wenn ich nur eine Note wüßte, die in diesen Quartetto zu ändern wäre, so würde ich es sogleich tun. Allein, ich bin noch mit keiner Sache in dieser Oper so zufrieden gewesen wie mit diesem Quartett; und hören Sie es nur einmal zusammen, dann werden Sie gewiß anders reden. Ich habe mir bei Ihren 2 Arien alle Mühe gegeben, Sie recht zu bedienen, werde es auch bei der dritten tun, und hoffe, es zustande zu bringen. Aber was Terzette und Quartette anbelangt, muß man dem Compositeur seinen freien Willen lassen. Darauf gab er sich zufrieden.« (27.12.1780; und Vater Leopold bestätigt, zu einem Quartett gehöre eben »Declamation und Action und keine große Singkunst«.) – An Mozarts Geburtstag 1781 findet die Generalprobe, zwei Tage später die Uraufführung statt (in dem 1751-1753 von Cuvilliés erbauten, später so genannten Residenztheater, das heute an einem neuen Ort innerhalb der Residenz wieder eingebaut ist). Man nimmt an, daß Christian Cannabich, der Konzertmeister, das Orchester angeführt hat, und daß Mozart selbst am Cembalo saß.

Die musikalische Vollendung von Mozarts *Idomeneo* unterliegt keinem Zweifel. Warum aber bleibt die Oper, jedenfalls in Deutschland, so gut wie vergessen? Ihre damalige Wirkung ist wohl zu sehr an die Münchner Verhältnisse gebunden; kein anderes Orchester ist ihr gewachsen; außerdem ist sie trotz der gewahrten Form der Opera seria für die damaligen Hörer zu ungewohnt, zu frei. Kein Wunder, daß Mozart alsbald versucht, die Oper durch Änderungen zu »verbessern«, wenn er sie für eine neue Aufführung einrichtet: für den Besuch des russischen Großfürsten Paul im Herbst 1781 in Wien und 1786 für eine Liebhaberaufführung im Palais des Grafen Auersperg. Freilich, eine »Verbesserung« gelingt ihm nicht. – Eine Einlage-Arie (Scena mit Rondo) *»Non più, tutto ascoltai – Non temer amato bene«* (mit Solovioline; KV 490; 10. März 1786) für die Liebhaberaufführung arbeitet Mozart im Dezember desselben Jahres für die englische Sängerin Nancy Storace, seine erste Susanna im *Figaro,* und für sich selbst um, nämlich für Soloklavier (KV 505).

Läßt man die Schauspielmusiken, Ballette, Entwürfe und Fragmente beiseite und sieht man die lateinische Schulkomödie *Apollo et Hyacintus* (1767, KV 38) als das erste Werk Mozarts für die Bühne an, so umfaßt die Gesamtreihe von Mozarts *Opern* 18 Werke.
Darunter nennt man »die sieben großen Opern Mozarts«:
Idomeneo (1781, KV 366) – Opera seria
Entführung (1782, KV 384) – Deutsches Singspiel
Figaro (1786, KV 492)
Don Giovanni (1787, KV 527)
Così fan tutte (1790, KV 588)
} – Opere buffe nach Da Ponte
Zauberflöte (1791, KV 620) – Deutsches Singspiel
Titus (1791, KV 621) – Opera seria

Von den davor entstandenen Opern sind die wichtigsten:
Bastien und Bastienne (1768, KV 50)
Mitridate, Rè di Ponto (1770, KV 87)
Ascanio in Alba (1771, KV 111)
Il sogno di Scipione (1772, KV 126)
Lucio Silla (1772, KV 135)
La finta giardiniera (1775, KV 196)
Il Rè pastore (1775, KV 208).

Man hat den *Idomeneo* mit einigem Recht eine Musik-Oper genannt, habe doch der Komponist das Stück so überquellend mit Musik bedacht, daß ihm die Zügel einer dramatisch planvollen Ökonomie entglitten seien. Das gibt zu denken. Bei aller Verschiedenheit wird man sich auch daran erinnern, daß im selben Jahr 1781 Schillers *Räuber* entstehen, und daß es des Dichters dezidierte Meinung ist, daß »auch die geistreichste Musik durch ihre Materie immer in einer größeren Affinität zu den Sinnen steht als die Bühne ästhetische Freiheit duldet«; daher müsse die Musik in ihrer höchsten Veredlung Gestalt werden, »denn durch die Form allein wird auf das Ganze des Menschen gewirkt«. Unter dieser Forderung steht der *Idomeneo* in der Tat. »An einem konventionellen Stoff hat sich Mozarts Phantasie entzündet; streng, starr und unverbindlich ist die Sprache des Librettos, in der sich die Aktion spiegelt. Die Musik aber huldigt der Freiheit eines Menschentums, das sie kunstvoll feiert. Diese Vision sollte die Gefahr, die Oper lediglich auf das Spiel kontrastierender Affekte zu reduzieren, in den Hintergrund drängen können« (Gerstenberg 1981).

1781-1784 Wolfgang Amadé Mozart (1756-1791): Die 3 großen Bläserserenaden

Ein großer Teil von Mozarts Werk (rund 100 Nummern) gehört zu dem Bereich, den man »Gesellschaftsmusik« nennen kann, von Tänzen und Märschen zu Divertimenti, Kassationen und Serenaden. In der Regel sind bestimmte Feste und Personen der Anlaß zur Komposition bzw. zum Kompositionsauftrag. Den Anlässen und ihren jeweiligen Aufführungsgegebenheiten entsprechend variieren die Gattung, die Besetzung, die Länge, der Schwierigkeitsgrad. Die Besetzung reicht etwa von der reinen Streicherbesetzung (*Divertimenti,* KV 136-138) über eigentümliche Mischbesetzungen (*Serenata notturna,* KV 239; *Haffner-Serenade,* KV 250) bis zur reinen Bläserbesetzung. In der Regel gehört zu einer Serenade auch ein Marsch als Auftritts- und Abgangsmusik. Das innere Gewicht dieser Stücke ist den Anlässen entsprechend meist freundlich und leicht, doch kommt es bisweilen auch zu gewichtigen und ernsten Stücken, wie etwa bei der *c-moll-Bläserserenade.* Überhaupt gehören die drei großen *Bläserserenaden* zu Mozarts bedeutendsten Instrumentalkompositionen:

> *Serenade Es-dur,* KV 375, für 2 Klarinetten, 2 Hörner, 2 Fagotte; 5 Sätze; Wien, Oktober 1781; um 2 Oboen erweitert: Wien 1782;
> *Serenade c-moll (»Nacht Musique«),* KV 388, für 2 Oboen, 2 Klarinetten, 2 Hörner, 2 Fagotte; 4 Sätze, dabei das »Menuetto in Canone«; Wien, 1782 (eine spätere Entstehung ist jedoch nicht auszuschließen); im Frühjahr 1787 arbeitet Mozart das Werk für Streichquintett (mit 2 Violen) um: KV 406;
> *Serenade B-dur,* KV 361, für 2 Oboen, 2 Klarinetten, 2 Bassetthörner, 4 Waldhörner, 2 Fagotte und Kontrabaß; 7 Sätze; Wien, 1784 (vielleicht aber auch schon im ersten Halbjahr 1781 in München und Wien); der Name »Gran Partita« stammt nicht von Mozart sondern aus späterer Zeit – ist aber so falsch nicht.

1782 Wolfgang Amadé Mozart (1756-1791): Deutsches Singspiel »Die Entführung aus dem Serail« in Wien

1787 im November berichtet Goethe von seiner italienischen Reise aus Rom. Dieser Bericht liest sich wie eine Lektion in Musikgeschichte des mittleren bis späteren 18. Jahrhunderts. Da ist von der Empfindsamkeit die Rede, welche die Jugend der Zeit vor allem anderen beherrscht, von der französischen Opéra comique, von der italienischen Opera buffa, vom deutschen Singspiel und schließlich und im Grunde von Goethes eigenem und höchst aktivem Bemühen um eine deutsche Oper, für die er aus all dem Schlüsse ziehen will, und konkret von seinen Versuchen zusammen mit dem Musiker Philipp Christoph Kayser (1755-1823), die, obwohl jener ein guter Musiker und auf der Höhe seiner Zeit ist, nicht so recht gelingen wollen – wie die Versuche andernorts auch nicht gelingen, es sei denn, wirklich geniale Musiker bestimmten neu, wie das zu sein habe, nämlich von der *Musik* aus zu sein habe, eine italienische Opera buffa oder ein Deutsches Singspiel. Jene hat Pergolesi 1733 geschaffen, dieses Mozart 1782 mit seiner *Entführung aus dem Serail.* Nun ein kurzer Auszug aus Goethes Bericht: »Man vergegenwärtige sich jene sehr unschuldige Zeit des deutschen Opernwesens, wo noch ein einfaches Intermezzo, wie die *Serva Padrona* von Pergolese, Eingang und Beifall fand. Damals nun poduzierte sich ein deutscher Buffo namens Berger mit einer hübschen, stattlichen, gewandten Frau, welche in deutschen Städten und Ortschaften, mit geringer Verkleidung und schwacher Musik, im Zimmer, mancherlei heiter aufregende Vorstellungen gaben, die denn freilich immer auf Betrug und Beschämung eines alten verliebten Gecken auslaufen mochten. – Ich hatte mir zu ihnen eine dritte mittlere, leicht zu besetzende Stimme gedacht, und so war denn schon vor Jahren das Singspiel *Scherz, List und Rache* entstanden, das ich an Kaysern nach Zürich schickte, welcher aber, als ein ernster, gewissenhafter Mann, das Werk zu redlich angriff und zu ausführlich behandelte. Ich selbst war ja schon über das Maß des Intermezzo hinausgegangen, und das kleinlich scheinende Subjekt hatt sich in so viele Singstücke entfaltet, daß selbst bei einer vorübergehenden sparsamen Musik drei Personen kaum mit der Darstellung wären zu Ende gekommen. Nun hatte Kayser die Arien ausführlich nach altem Schnitt behandelt, und man darf sagen stellenweise glücklich genug, wie nicht ohne Anmut des Ganzen. – Allein wie und wo sollte das zur Erscheinung kommen? Unglücklicherweise litt es, nach früheren Mäßigkeitsprinzipien, an einer Stimmenmagerkeit; es stieg nicht weiter als bis zum Terzett, und man hätte zuletzt die Theriaksbüchsen des Doktors gern beleben mögen, um einen Chor zu gewinnen. Alles unser Bemühen daher, uns im Einfachen und Beschränkten abzuschließen, ging verloren, als Mozart auftrat. *Die Entführung aus dem Serail* schlug alles nieder, und es ist auf dem Theater von unserm so sorgsam gearbeiteten Stück niemals die Rede gewesen…«

Soweit Goethe 1787 aus Rom. Aber die Lektion über die Voraussetzungen zu Mozarts *Entführung* muß noch weitergehen. Als Kaiser Joseph II. im Rahmen seiner Reformen 1776 das Hoftheater in Wien zum »Hof- und Nationaltheater« macht, schwebt ihm, der in der Bühne ein pädagogisches Instrument sieht, die Schöpfung der Deutschen Oper vor, des »National-Singspiels«, wie er es nennt. Im Jahre 1778 wird die erste deutsche »Operette«, *Die Bergknappen,* aufgeführt, ein in den musikalischen Stilen vermischtes Stück von Ignaz Umlauf. Es folgen Singspiele, die oft nur deutsche Bearbeitungen italienischer oder französischer Opern sind. Obgleich nun Joseph II. gute Sänger und Schauspieler anwirbt, befindet sich das »Deutsche National-Singspiel« doch bald in Not, weil es eben an *deutschen* Opern gebricht. Die norddeutschen Bestrebungen (J. A. Hiller u. a.) sind in Wien unbekannt, und die Anfänge in Süddeutschland (I. Holzbauer u. a.) können keinen Ersatz bieten für das, was sie verdrängen sollen, die italienische und die französische Oper. Hinzu kommt, daß die eigentlichen süddeutschen Vorläufer des deutschen Singspiels ja eigentlich nur Schwänke und Possen mit leichter Musik und volkstümlich einfachen einstimmigen Liedern sind.

Als Mozart im März 1781 nach Wien kommt, liegt das deutsche Singspiel also durchaus noch in den Anfängen – wenn man denn überhaupt von Anfängen sprechen kann: eigentlich gibt es weder das eine noch das andere, weder ein deutsches Singspiel noch eine deutsche Oper. Immerhin, Mozart selbst hat einen Beitrag zur Gattung geleistet, allerdings nach dem Typ eines französischen musikalischen Schäferspiels. Und wenn *Bastien und Bastienne* 1768 auch für eine Privataufführung (Auf der Landstraße 261 in Wien im Gartentheater des als Magnetiseur später weltberühmten Doktor Franz Anton Mesmer) gedacht war, jetzt, 1781/82, sind der Direktor des Hoftheaters, Graf Rosenberg, und auch der Kaiser geneigt, es mit Mozart als Komponisten für das »Deutsche National-Singspiel« zu versuchen.

Am 1. August 1781 berichtet Mozart seinem Vater: »Nun hat mir vorgestern der Junge Stephanie ein Buch zu schreiben gegeben [die Bearbeitung eines Textes von einem gewissen Christoph Friedrich Bretzner]. Das Buch ist ganz gut. Das Sujet ist türkisch und heißt *Belmont und Constanze oder Die Verführung aus dem Serail.* Die Sinfonie [= Ouvertüre], den Chor im ersten Akt und den Schlußchor werde ich mit türkischer Musik machen.« Mozart zählt nun die sechs Sänger auf, die darin singen sollen, erwähnt sodann, daß eine Arie der Constanze und das Schlußterzett des ersten Aktes – nach zwei Tagen! – schon fertig seien, und sagt schließlich, die Umstände dieser Oper erheiterten seinen Geist dermaßen, daß er mit der größten Begierde zu seinem Schreibtisch eile und mit größter Freude daran sitzen bleibe. Mozart macht sich also unverzüglich ans Werk, jedoch nicht nur mit der Komposition sondern auch mit dem Text. Zunächst verlangt er von Stephanie, daß er aus dem Monolog des Anfangs eine Arietta (Belmonte: »Hier soll ich dich denn sehen, Constanze«) mache. Dann wünscht er, daß nach dem Liedchen des Osmin (»Wer ein Liebchen hat gefunden«) anstatt des Gesprächs zwischen Osmin und Belmonte ein Duett folge: »Dieser Osmin hat aber im Originalbüchel das einzige Liedchen zu singen, und sonst nichts, außer in dem Terzett und Finale. Dieser hat also im ersten Akte eine Aria bekommen, und wird auch im zweiten noch eine haben. Die Aria [»Solche hergelaufne Laffen«] habe ich dem Herrn Stephanie ganz angegeben – und die Hauptsache der Musik davon war schon fertig, ehe Stephanie ein Wort davon wußte« (26. September 1781). Man sieht, keineswegs entsteht die Musik als simple »Vertonung« des Textes, sondern Text und Musik kommen *gemeinsam* aus der Vorstellung des Theaters und seiner Aktion, und wo Stephanie Mozarts diesbezüglicher *musikalischer* Vorstellung mit seinem Text nicht entspricht, muß sich der Textdichter dem Komponisten fügen.

Grundsätzlich führt Mozart über das Verhältnis von Text und Musik aus (Brief vom 13.10.1781): »… bei einer Opera muß schlechterdings die Poesie der Musik gehorsame Tochter sein. Warum gefallen denn die welschen komischen Opera überall? Mit all dem Elend, was das Buch anbelangt! Sogar in Paris, wovon ich selbst ein Zeuge war. Weil da ganz die Musik herrscht und man darüber alles vergißt. Umso mehr muß ja eine Oper gefallen, wo der Plan des Stückes gut ausgearbeitet, die Wörter aber nur bloß für die Musik geschrieben sind, und nicht hier und dort einem elenden Reime zu Gefallen (die doch, bei Gott, zum Wert einer theatralischen Vorstellung, es mag sein, was es wolle, gar nichts beitragen, wohl aber eher Schaden bringen) Worte setzen oder ganze Strophen, die dem Komponisten seine ganze Idee verderben. Die Herren, die so pedantisch zu Werke gehen, werden immer mitsamt der Musik zugrundegehen. Da ist es am besten, wenn ein guter

Komponist, der das Theater versteht und selbst etwas anzugeben imstande ist, und ein gescheiter Poet, als ein wahrer Phönix, zusammenkommen. Dann darf einem vor dem Beifalle des Unwissenden auch nicht bange sein.« Hier formuliert Mozart seine Vorstellung vom Theater, wie er sie in der *Entführung* zum ersten Mal verwirklicht und bis zur *Zauberflöte* beibehält. Das Libretto soll nicht mehr als das sprachliche Gerüst sein, gescheit aber nicht gestelzt, mit dem richtigen Sinn – eben fürs Theater. Und zum Bühnenspiel wird das Ganze erst durch den Komponisten. Durch *ihn* wird dem Libretto die neue Dimension zuteil, die erst die Wirklichkeit des musikalischen Theaters schafft.

Wenn man den zitierten Brief recht versteht, kann klar werden, daß und wie Mozarts Vorstellungen vom Verhältnis Text/Musik in Gegensatz stehen zu denen Glucks (formuliert etwa in der Vorrede zur *Alceste,* 1767). Gluck und Mozart sind aber befreundet, und man darf annehmen, daß sie auch übers Theater sprechen, über das, jeweils aus einem anderen musikalischen Grunde kommende Theater.

Apropos Theater: Oft genug spielt man auf unseren Bühnen Mozarts *Entführung* herunter zur Operette. Warum? Weil man übersieht, daß das Handlungsgerüst nicht über Belmonte und Osmin als Gegenspieler läuft – wie freilich auch Hermann Abert meint – sondern über Konstanze und Bassa Selim; daß die *Entführung* ein Stück der Aufklärung ist und von Emanzipation handelt. Dann nämlich erscheint Konstanze in ihrem wahren Rang, und die sonst so oft unverständlich bleibende *Arie »Martern aller Arten«* steht zu Recht im Brennpunkt der Handlung. Wie eine Heroine Lessingscher Größe fordert Konstanze mit unerhörter Souveränität vom Bassa die Humanitätsideale ein, von denen er in einem fort spricht und für die er sich feiern läßt, Konstanze, deren Schicksal doch in seinen Händen liegt. (Robert Maschka)

Uns heute erscheint ganz und gar unverständlich, daß Mozart die größten Schwierigkeiten hat, seine Oper auf die Bühne zu bringen. Angeblich sind die Sänger aufgewiegelt und geben vor, sie seien zwar mit ihren Rollen zufrieden, aber zu singen seien diese nicht. Nun, ist diese Behauptung der Sänger wirklich so unverständlich? Man bedenke doch, was sie bisher und sonst an Partien zu singen hatten! Und man denke an den Osmin! Zwar hat Mozart ihn nicht erfunden; Osmin hat durchaus Vorläufer und Verwandte in anderen Opern, angefangen vom Prototyp aller Türkenopern, dem *Soliman* von Hasse (1753). Aber trotzdem muß man sagen, Mozart habe diesen Osmin erschaffen: Er sorgt für Duette mit Belmonte, mit Blondchen, verschafft ihm zwei große Arien (»Solche hergelaufne Laffen« und »Ha, wie will ich triumphieren«) und läßt ihn im Schluß-Vaudeville, das doch alle glücklich und zufrieden vereinen soll, Vers und Thema durchbrechen. Freilich verrät gerade die musikalische Bewältigung dieses Ausbruchs Mozarts dramatische Meisterschaft. Etwas Vergleichbares hat es bisher in der Oper, mit Ausnahme von Pergolesis *La serva padrona* nicht gegeben.

Um die ernstlich gefährdete Uraufführung zu erreichen, greift der Kaiser ein. Sie findet am 16. Juli 1782 im Hofburgtheater statt – und wird in der ersten und auch noch in der, trotz aller Intrigen ausverkauften zweiten Vorstellung erheblich gestört. Dann aber ist der Widerstand gebrochen, Begeisterung schlägt durch. Am 6. August findet eine Aufführung auf Verlangen Glucks statt: »Gluck hat mir viele Komplimente darüber gemacht. Morgen speise ich bei ihm...« (7. August 1782). Im Laufe des Jahres wird die Oper noch sechzehn Mal gespielt. Der Erfolg in Prag ist nicht geringer als später der des *Figaro* und der des *Don Giovanni.* Die *Entführung* ist die erste Oper Mozarts und überhaupt der Musikgeschichte, der bleibender Erfolg beschieden ist.

»Nun habe ich keine geringe Arbeit. Bis Sonntag acht Tag muß meine Opera auf die Harmonie gesetzt sein, sonst kommt mir einer bevor und hat anstatt meiner den Profit davon; und soll nun eine neue Sinfonie auch machen! Wie wird das möglich sein! Sie glauben nicht, wie schwer es ist, so was auf die Harmonie zu setzen, daß es den Blasinstrumenten eigen ist, und doch dabei nichts von der Wirkung verloren geht. Je nun, ich muß die Nacht dazu nehmen, anderst kann es nicht gehen.« Wenn eine Oper Erfolg hat, verlangen die Leute, vor allem die Leute, die in Städten und Orten ohne Theater leben aber am Theater und seiner Musik interessiert sind, nach Bearbeitungen der neuesten Stücke für die ihnen gegebenen Besetzungs-Möglichkeiten, und diese sind *sehr* verschieden: Bearbeitungen nicht nur für Klavier, sondern vom Streichquartett bis zum Duo für zwei Flöten sind an der Tagesordnung, außerdem in der Mozart-Zeit die besondere Form der Bearbeitung für Bläserensembles, in Österreich »Harmoniemusik« oder einfach »Harmonie« genannt. Wie der zitierte Brief vom 20. Juli 1782 belegt, hat Mozart von seiner neuen Oper selbst eine »Harmoniemusik« arrangiert, ebenso wie später für seine anderen Opern. Leider sind diese Original-Harmoniemusiken aber nicht erhalten – mit Ausnahme der nach Figaros »Non più andrai«, die Mozart selbst bei der Tafelmusik im 2. Akt seines *Don Giovanni* zitiert. Die heute öfter gespielten Harmoniemusiken zur *Entführung* und zum *Figaro* stammen von Johann Nepomuk Wendt, der zu Mozarts Zeit als Oboist Mitglied des Hoforchesters ist.

1782/83 Wolfgang Amadé Mozart (1756-1791): c-moll-Messe

Zur letzten seiner insgesamt 18 *Messen* hat Mozart (KV 427; Sommer 1782 bis Mai 1783) die Sätze Kyrie, Gloria, Sanctus und Benedictus vollständig komponiert; zum Credo ist ein Entwurf bis zum Ende des »et incarnatus est« erhalten; die weiteren Teile des Credos und das Agnus Dei fehlen. Mozart hatte, ehe er verheiratet war, »in seinem Herzen versprochen«, wenn er Constanze als seine Frau nach Salzburg brächte, dort eine neu komponierte Messe aufzuführen. Aber er hat die *Messe* nicht zu Ende komponiert. Man weiß nicht, warum. Um so merkwürdiger ist dies angesichts der großzügigen Anlage des Ganzen: Als »Kantatenmesse« im Wechsel von monumentalen Chören und innig empfundenen oder strahlend bravourösen Solo- und Solo-Ensemble-Abschnitten scheint die Komposition ein Echo auf die Begegnung Mozarts mit Werken barocker Tradition, mit Oratorien von Händel und Fugenkompositionen von Bach zu sein, die er bei musikalischen Matineen im Kreise des Barons van Swieten in Wien kennengelernt hat. Die Uraufführung findet im Oktober 1783 in St. Peter in Salzburg statt, wobei Mozart die fehlenden Teile wahrscheinlich durch Teile aus anderen *Messen* ersetzt. Constanze singt eine der beiden Solopartien.

Im 19. Jahrhundert unternimmt man verschiedene Versuche, das Fragment zu ergänzen. Die erste komplettierte Fassung, in der das Werk Verbreitung findet und alsbald unter Mozarts *Messen* den höchsten Ruhm erobert, ist die von Alois Schmitt (1901).

Mozart arbeitet 1785 Teile der *c-moll-Messe* zu einer Kantate *»Davidde penitente«* (*»Der büßende David«;* KV 469) um, deren italienischer Text wahrscheinlich von Lorenzo da Ponte stammt. Die *Kantate* wird unter Mozarts Leitung in einem Konzert der Wiener Tonkünstler-Societät am 13. März 1785 im Burgtheater aufgeführt und am 15. März wiederholt; Mozart bewirbt sich damit um die Aufnahme in die Societät.

Die Musik von lateinischen Messe-Sätzen durch Unterlegung eines neuen italienischen Textes verändert zu einer Kantate, wenn auch zu einer geistlichen – wie steht es da um das vielberufene »Wort-Ton-Verhältnis«? Anders jedenfalls, als man es sich in der Musikanschauung des 19. Jahrhunderts vorstellt, daß nämlich die Musik den Bedeutungshintergrund der Worte hörbar machen müsse, daß sie Bekenntnischarakter habe, haben müsse, um überhaupt echte Musik zu sein. Diese empfindungsmäßig identifizierende Haltung fehlt Mozart (und den anderen Wiener Klassikern) ebenso, wie sie Bach gefehlt hat. Die Intention ist vielmehr, den *Text musikalisch* zum Erklingen zu bringen, und dem steht die Umtextierung in diesen Grenzen nicht entgegen.

1782-1785 Wolfgang Amadé Mozart (1756-1791): Die 6 Haydn gewidmeten Streichquartette

Nach einer Pause von neun Jahren beginnt Mozart 1782 wieder, Streichquartette zu schreiben, angeregt wahrscheinlich durch Haydns *Streichquartette op. 33* (1781/82). Diese Quartette machen auf Mozart tiefen Eindruck, und er lernt wieder einmal, diesmal aber als Meister vom Meister. Trotzdem sind die *Quartette,* die in den folgenden Jahren entstehen, und die Mozart Haydn dann widmen wird, nach seinen eigenen Worten »Frucht langer und mühsamer Arbeit«, und das scheint, wie die Kompositionsmanuskripte beweisen, durchaus der Wahrheit zu entsprechen: kaum andere Handschriften Mozarts zeigen so viele Rasuren, Verbesserungen und verworfene Anfänge, und auch die erheblichen Differenzen des Erstdrucks gegenüber den Autographen lassen auf intensive Arbeit Mozarts schließen.

- Nr. 1 *Streichquartett G-dur,* KV 387, komponiert Wien Dezember 1782 (*»Frühlingsquartett«);*
- Nr. 2 *Streichquartett d-moll,* KV 421, komponiert vermutlich Wien Juni 1783;
- Nr. 3 *Streichquartett B-dur,* KV 458, komponiert Wien November 1784 *(»Jagdquartett«);*
- Nr. 4 *Streichquartett Es-dur,* KV 428, komponiert angeblich Wien Juni-Juli 1783;
- Nr. 5 *Streichquartett A-dur,* KV 464, komponiert Wien Januar 1785;
- Nr. 6 *Streichquartett C-dur,* KV 465, komponiert Wien Januar 1785 *(»Dissonanzenquartett«).*

Die Quartette erscheinen bei Artaria in Wien im September 1785 als »Opus X« (wobei die Opus-Zahl wie bei allen Frühdrucken Mozarts willkürliche Zutat des Verlegers ist) mit einer herzlichen, von der Konvention erheblich abweichenden persönlichen Widmung an Haydn (die allerdings nur der ersten Auflage beigegeben ist).

Schon einen Tag nach der Eintragung des *C-dur-Quartetts* in das »Verzeichnis aller meiner Werke« am 15. Januar 1785 führt Mozart die sechs Werke Haydn und einigen Freunden vor. Einen Monat später, am 12. Februar 1785, werden die drei jüngeren der sechs Quartette wiederum im Beisein Haydns in Mozarts Wohnung wiederholt; die Ausführenden sind wahrscheinlich Leopold und Wolfgang Mozart und die Freiherrn

Anton und Bartholomäus Tinti, Logenbrüder Haydns in der Loge »Zur wahren Eintracht«. Haydn muß von diesem Hauskonzert tief ergriffen gewesen sein. Nach Leopold Mozarts glaubwürdigem Bericht hat er hier die berühmt gewordenen Worte gesprochen, die Leopold in einem Brief an seine Tochter Nannerl emphatisch unterstreicht: *»Ich sage Ihnen vor Gott, als ein ehrlicher Mann, Ihr Sohn ist der größte Componist, den ich von Person und dem Namen nach kenne: er hat Geschmack, und überdies die größte Compositionswissenschaft.«*

Das Echo in der Öffentlichkeit ist nicht ganz positiv. Eine Wiener Kritik vom Januar 1787 lautet z. B.: »Schade, daß Mozart sich in seinem künstlichen und wirklich schönen Satz, um ein neuer Schöpfer zu werden, zu hoch versteigt, wobei freilich Empfindung und Herz wenig gewinnen. Seine neuen Quartetten, die er Haydn dediziert hat, sind doch wohl zu stark gewürzt – und welcher Gaumen kann das lange aushalten?« Czerny berichtet dagegen, Beethoven habe gesagt »Das ist ein Werk! Da sagte Mozart der Welt: Seht was ich machen könnte, wenn für Euch die Zeit gekommen wäre!«

Einer der bedeutenden Musiktheoretiker der Zeit, der Franzose Jérôme Joseph de Momigny (1762-1842; *Cours complet d'harmonie et de composition,* 1803-1806) ist ein solcher Bewunderer Mozarts, daß ihm gerade das *d-moll-Quartett* geeignet scheint, daran seine Methode einer »analyse réfléchie des bons ouvrages pratiques« zu demonstrieren – sie umfaßt 144 Seiten seines Hauptwerks –, die jene tiefere Einsicht in das musikalische Kunstwerk liefern soll, welche einer allgemeinen Theorie bis dahin noch immer mangle. Momigny, so referiert Palm (1962), deutet den ersten Satz von Mozarts Streichquartett im Sinne einer dramatischen Szene, indem er ihm einen selbst verfaßten gereimten Text unterlegt, der dem antiken Sagenkreis um Dido und Äneas entstammt. Das Ganze ist als Szene konzipiert, deren Handlungsverlauf sich an den Tonbewegungen von Mozarts Komposition und an ihrer Expressivkraft orientiert. Didos Worte sind der 1. Violine unterlegt, die des Äneas dem Violoncello; der Notentext bleibt unangetastet. Der im Quartettsatz verwirklichten Dreiteiligkeit des klassischen Sonatenhauptsatzes folgt auch die Textgliederung: der Musikreprise entspricht eine Wortreprise. Prüft man die historischen Voraussetzungen von Momignys Analyse, so fällt einem das Phänomen der Parodie ein, doch entbehrt Momignys Verfahren der für die Parodie charakteristischen umformenden Nachahmung. Nicht Umformung nämlich und Sinnänderung ist Momignys Ziel, sondern Sinnverstärkung und Sinnverdeutlichung. Dabei sucht er seine Analogien nicht auf jene »urpersönlichen Erlebnisgrundlagen des Komponisten« zurückzuführen, die Arnold Schering (1936) für den »Schlüssel« seiner »esotherischen Programme« in Anspruch genommen hat. Momigny versucht vielmehr die Tatsache, daß Mozarts Musik einerseits sehr wohl Empfindungen weckt, mit der Tatsache zu verknüpfen, daß sie andererseits in hohem Maße ein Moment der Handlung musikalisch erkennen läßt. Ihm sei beim Hören, erklärt er sofort, Dido in den Sinn gekommen; die Höhe ihres Standes, ihre leidenschaftliche Liebe und die Größe ihres Unglücks hätten ihn bestimmt, sie zur Hauptperson seiner »analyse du style musical« zu machen. – So leicht abzulehnen, wie man vielleicht gern möchte, ist diese Interpretation Mozarts durch Momigny nicht. Und dennoch wird man den Eindruck nicht los, sie gehe eigentlich am Wesen der Musik vorbei.

1783 **Joseph Haydn** (1732-1809): **Violoncellokonzert**

Haydn komponiert zahlreiche *Konzerte* für die verschiedensten Instrumente, von der Violine bis zum Kontrabaß, von der Flöte bis zum Fagott, für Trompete und Horn. Viele davon sind verschollen, von den überlieferten sind nur einzelne bekannt, am bekanntesten wohl das *D-dur-Konzert für Violoncello und Orchester* (Hob. VIIb Nr. 2; 1783), daneben das *D-dur-Konzert für Klavier und Orchester* (Hob. XVIII Nr. 11; 1780-1783?) und das *G-dur-Violinkonzert* (Hob. VIIa Nr. 4; vor 1769). Offenbar hat Haydn – anders als Mozart – nur verhältnismäßig wenig kompositorisches Interesse an der Gattung Konzert, denn in der Tat zeigen die Werke weder seinen sonstigen Einfallsreichtum noch seine Experimentierfreude. Aber vielleicht vermögen Haydns Konzerte auch nur für uns Nachgeborene nicht aus dem Schatten von Mozarts Konzerten herauszutreten – und vielleicht sind sie einfach dem heutigen, auf Technik statt auf Musikalität ausgerichteten Geschmack im großen Musikbetrieb zu leicht, jedenfalls technisch nicht schwer genug.

1785/86 **Joseph Haydn** (1732-1809): **Die 6 sogenannten Pariser Sinfonien** (Nr. 82-87)

Die Statistik der Sinfonien Haydns ist interessant: die erste Sinfonie entsteht 1759; in den 60er Jahren komponiert Haydn rund 40, in den 70er Jahren rund 30, in den 80er Jahren rund 20 und in der ersten Hälfte der 90er Jahre 12 Sinfonien.

Das interpretiert man üblicherweise so: »Die Produktion geht zahlenmäßig zurück, während gleichzeitig Form und Inhalt eine ständige Erweiterung und Vertiefung erfahren.« Stimmt das, trifft der unterstellte Zusammenhang zwischen Produktion und Qualität wirklich zu? An anderer Stelle steht, die Werke würden immer individueller. Individueller? Hier entlarvt sich die Trivialität dieser Art von Beschreibung bzw. Darstellung: Wort und Begriff »individuell« kann man nicht steigern! Wer es dennoch tut, sagt im Grunde nichts – oder er meint etwas anderes. Was? Eben das, was die Vorstellung heute allgemein beherrscht: Entwicklung (Evolution). Aber wir wissen – oder können jedenfalls wissen –, daß mit dieser Vorstellung nur ein Teil der Wirklichkeit der Welt zu erfassen ist und die Wirklichkeit der Kunst überhaupt nicht, also auch nicht die Entwicklung Haydns, gar vom Kleinmeister zum Großmeister.

Die sogenannten *Pariser Sinfonien* (Nr. 82-87) und die ebenfalls für Paris bestimmten *Sinfonien Nr. 90-92* ragen aus den übrigen Sinfonien *nicht* deshalb heraus, weil sie auf einer höheren Entwicklungsstufe Haydns entstehen, sondern weil der Auftrag dazu aus der Metropole Paris mit ihren nahezu unbegrenzten musikalischen Möglichkeiten kommt, und weil Haydn in Paris mehr als andernorts in Konkurrenz zur gesamten europäischen Musikproduktion treten muß: Die besonderen Bedingungen sind es, die Haydn zum Besonderen veranlassen, zu »6 Prächtigen Sinfonien«, wie er selbst schreibt (8. April 1787). Haydn hat übrigens eine bestimmte »Ordnung der Sinfonien« im Sinn, nämlich Nr. 87, 85, 83, 84, 86, 82, die jedoch in keinem der Drucke (in Wien, London und Paris) übernommen ist. (Die üblich gewordene Numerierung ist die des Erstdrucks bei Artaria in Wien.)

In Paris hören im Januar 1780 die Concerts des Amateurs auf und werden durch das Concert de la Loge Olympique ersetzt. Im Auftrag eines Direktoriums bestellt der Finanzier dieser Konzertgesellschaft, der Graf d'Ogny, bei Haydn *6 Sinfonien,* die dieser 1785/86 komponiert und samt Verlagsrecht nach Paris verkauft (Nr. 82-87). 1788 bestellt dieselbe Loge Olympique in Paris noch einmal *3 Sinfonien* bei Haydn: Nr. 90-92. Die dritte dieser Sinfonien achtet Haydn selbst so hoch, daß er sie bei seiner Ernennung zum Ehrendoktor der Universität Oxford am 8. Juli 1791 daselbst aufführt. Von diesem Anlaß heißt das Werk *»Oxford-Sinfonie«.* – Als der Fürst von Oettingen-Wallerstein 1788 von Haydn 3 neue Sinfonien zu erhalten wünscht, die aber außer ihm niemand besitzen soll, antwortet Haydn, daß er »gegenwärtig die hohe Gnade nicht genießen kann, die 3 anverlangten Sinfonien zu machen, indem ich dermalen für Sr. Majestät den König von Neapel 6 Notturni und für meinen gnädigsten Fürsten eine neue Oper zu schreiben habe. Nach Vollendung aber dieser Werke werde ich mich äußerst befleißen, die 3 Sinfonien zu verfertigen...« Anderthalb Jahre später liefert Haydn *3 Sinfonien* ab, und zwar in einer für einen so hohen Auftraggeber ungewöhnlichen Form, nämlich in Stimmenabschriften – weil er die Partituren nach Paris an die Loge Olympique schickt: es sind die *Sinfonien Nr. 90-92.*

1786 Joseph Haydn (1732-1809): **Instrumentalmusik über die Sieben letzten Worte unseres Erlösers am Kreuze**

Komponiert 1785 im Auftrag des Domkapitels von Cádiz (Spanien); Uraufführung in der Karwoche 1786: 7 langsame Einzelsätze für großes Orchester (Hob. XX, 1), die Haydn *»Sonaten«* nennt. Voraus geht eine *Introduzione. Maestoso ed Adagio,* den Schluß bildet ein *Terremoto. Presto con tutta la forza.* Haydn selbst stellt alsbald einen Klavierauszug her, bearbeitet das Werk 1787 für Streichquartett, 1795/96 durch Textierung für Soli, Chor und Orchester (mit dem Text eines Domherrn aus Passau, den Haydn zusammen mit dem Baron van Swieten verbessert; der Text zum *Erdbeben* stammt aus K. W. Ramlers *Der Tod Jesu*). In einem wohl von Griesinger verfaßten und vom Baron van Swieten revidierten, aber von Haydn unterzeichneten Vorbericht zum Druck der Partitur der Vokalfassung (1801) heißt es: »Es sind ungefähr fünfzehn Jahre, daß ich von einem Domherrn zu Cádiz ersucht wurde, eine Instrumentalmusik auf die Sieben Worte Jesu am Kreuze zu verfertigen. Man pflegte damals alle Jahre während der Fastenzeit in der Hauptkirche zu Cádiz [recte: in einer Höhlenkirche Santa Cuera] ein Oratorium [das Wort meint hier: Gebetsstunde] aufzuführen, zu dessen verstärkter Wirkung folgende Anstalten nicht wenig beitragen mussten. Die Wände, Fenster und Pfeiler der Kirche waren nämlich mit schwarzem Tuche überzogen, und nur eine, in der Mitte hängende große Lampe erleuchtete das heilige Dunkel. Zur Mittagsstunde wurden alle Türen geschlossen; jetzt begann die Musik. Nach einem zweckmäßigen Vorspiele bestieg der Bischof die Kanzel, sprach eines der Sieben Worte aus [daß die Worte Jesu als Rezitative vorgetragen worden seien, stimmt wahrscheinlich nicht] und stellte seine Betrachtung darüber an. So wie sie geendigt war, stieg er von der Kanzel herab und fiel knieend vor dem Altare nieder. Diese Pause [!] wurde von der Musik ausgefüllt. Der Bischof betrat und verließ zum zweiten, drittenmale u. s. w. die Kanzel, und jedesmal fiel das Orchester nach dem Schlusse der Rede wieder ein. Dieser Darstellung [!] mußte meine Composition angemessen sein. Die Aufgabe, sieben Adagio's, wovon jedes gegen zehn Minuten dauern sollte, aufeinander folgen zu lassen, ohne den Zuhörer zu ermüden, war keine von den leichtesten; und ich fand bald, daß ich mich an den vorgeschriebenen Zeitraum nicht binden konnte. Die Musik war ursprünglich ohne Text, und in dieser Gestalt ist sie auch gedruckt worden...« Das eigenartige Werk – aber vielleicht Haydns Lieblingskomposition – findet sofort Anklang und wird viel aufgeführt. Ein Rezensent der bei Bossler in Speyer erscheinenden *Musikalischen Realzeitung* schreibt 1788: »Es ist sonst eine mißliche Sache um musikalische Charakterstücke, aber wer auch nur ein mittelmäßiges Gefühl hat, der wird es beinahe bei jeder Note erraten können, was der Tonsetzer damit ausdrücken wollte.« Hier ist gemeint, daß die Musik in *ihrer* Sprache ausdrückt, was die zugrunde liegenden Worte ausdrücken. Haydn selbst spricht von den Sieben Worten als vom »Inhalt der Sonaten« und läßt diese Worte deshalb in der Quartettfassung der Stimme der 1. Violine beidrucken. »Inhalt der Sonaten«, das ist klassisch gedacht, nicht romantisch, denn die Musik soll nicht spiegeln, was in der Seele des Menschen vorgeht, wenn er Jesu letzte Worte hört, sondern sie soll diese Worte selbst Musik werden lassen. Was der Hörer dann empfindet, ist eine andere Sache.

Das Werk steht in einer alten Tradition von Musiken für besondere Passionsandachten (ursprünglich natürlich mit liturgischen Lesungen der Passionsberichte, eventuell mit verteilten Rollen und durchaus auch gesungen), angefangen vom *Kirchenlied »Da Jesus an dem Kreuze stund«* und Ludwig Senfls Motette darüber, über Heinrich Schützens *Die Sieben Worte* bis zu K. W. Ramlers *Der Tod Jesu.*

1786 Wolfgang Amadé Mozart (1756-1791): Opera buffa »Le nozze di Figaro« in Wien

Die Hoffnung auf eine deutsche Oper, die der Kaiser wie das Theaterpublikum gleichermaßen hegen, erfüllt sich weder mit der Erhebung des Hoftheaters in Wien zum »Hof- und Nationaltheater« (1776), noch durch den Erfolg von Mozarts *Entführung* (1782), noch durch die Erfolge von Dittersdorfs *Doktor und Apotheker* (1786), Schenks *Dorfbarbier* (1796), Kauers *Donauweibchen* (1798) und wie die Stücke alle heißen, die zu ihrer Zeit Mozarts Erfolg in den Schatten stellen. Für das, was alle vom »Deutschen National-Singspiel« erwarten, ist Mozarts *Entführung* zu differenziert, sind die anderen Singspiele zu naiv. Am 7. Mai 1783 schreibt Mozart an den Vater: »... Nun hat die italienische Opera buffa allhier wieder angefangen und gefällt sehr. Der Buffo ist besonders gut. Er heißt Benuci [Mozarts erster Figaro, erster Leporello in Wien, erster Guglielmo]. Ich habe leicht ein 100, ja wohl mehr Bücheln [Libretti] durchgesehen, allein, ich habe fast kein einziges gefunden, mit welchem ich zufrieden sein könnte. Wenigstens müßte da und dort vieles verändert werden. Und wenn sich schon ein Dichter mit diesem abgeben will, so wird er vielleicht leichter ein ganz Neues machen. Und Neu ist es halt doch immer besser. – Wir haben hier einen gewissen Abate da Ponte als Poeten. Dieser hat nunmehr... im Theater rasend zu tun, muß *per obligo* ein ganz neues Büchel für den Salieri machen [*Il ricco d'un giorno*]. Das wird vor 2 Monaten nicht fertig werden. Dann hat er mir ein Neues zu machen versprochen. Wer weiß nun, ob er dann auch sein Wort halten kann – oder will! Sie wissen wohl, die Herren Italiener sind ins Gesicht sehr artig! Genug wir kennen sie! Ist er mit Salieri verstanden [verstehen sie sich, werden sie einig], so bekomme ich mein Lebtag keins – und ich möchte gar zu gerne mich auch in einer welschen Opera zeigen.« Also, die italienische Oper ist wieder eingerichtet, die Truppe anscheinend vielversprechend, die Position der Italiener durch die feste Anstellung da Pontes als Hofpoeten gestärkt, und Mozart ist begierig, endlich wieder eine Oper zu schreiben.

Lorenzo da Ponte ist als Emmanuele Conegliano 1749 im Ghetto von Ceneda im Veneto geboren, 1763 von einem Bischof da Ponte auf den Namen Lorenzo getauft, dann auf die Schule geschickt und 1773 zum Priester geweiht worden. In Venedig betreibt er ernsthaft literarische Studien und poetische Übungen – bis man ihn 1779 eines unpriesterlichen Lebenswandels wegen verjagt. Auf Umwegen kommt er 1781 nach Wien, wo er 1783 als Dichter der wiedererstandenen italienischen Oper und Nachfolger von Metastasio fest angestellt wird, und zwar auf Salieris Empfehlung. Sein weiteres Leben ist aufregend, freilich kaum so sehr, wie er sich bemüht, es in seinen *Memorie* (1823-27) darzustellen. Da Ponte stirbt 1838 in New York.

Während da Ponte in der dramatischen Kunst ein Anfänger ist, ist Mozart über Theaterversuche weit hinaus. In der *Entführung,* die auch im Libretto, jedenfalls weitgehend in der dramatischen Anlage, *sein* Werk ist, hat er – was ihm im *Idomeneo* trotz der gleichen dramatischen Bemühungen noch nicht gelungen war – das musikalische Theater ein für alle Mal erobert; Mozart ist im Musikalischen *und* im Dramatischen ein Meister; er weiß genau, was er will, weshalb die Tatsache umso mehr Gewicht hat, daß er selbst es ist, der das gemeinsame Werk mit da Ponte vorschlägt: *»La folle journée ou Le mariage de Figaro« (»Der tolle Tag oder Figaros Hochzeit«)* von Pierre Beaumarchais (1732-1799).

Das Stück bewegt nicht nur Paris sondern ganz Europa. 1781 wird es zum Druck eingereicht. 1783 wird es privat, 1784 öffentlich aufgeführt. Das Spiel, schon vor seinem Druck und seiner öffentlichen Aufführung in aller Munde, erhält eine politische Bedeutung ohnegleichen. Ludwig XVI., der es sich vorlesen läßt, erschrickt über die kühne Sprache, aber sein Verbot hilft nichts. In der *Hochzeit des Figaro* kündigt sich literarisch und auf der Bühne der Aufstand an, der 1789 losbricht. Napoléon nennt *Les noces de Figaro* »la révolution déja en action«. Auch Joseph II. ist, trotz aller seiner Toleranz, tief beunruhigt durch die Vorgänge, die die Entstehung und Veröffentlichung des Stücks in Paris begleiten – und läßt es verbieten. Aber Emanuel Schikaneder kündigt für den 3. Februar 1785 eine Aufführung im Kärntnertortheater an, darf dann freilich doch nicht spielen.

Mozart also gibt den Anstoß, aus dem französischen Vorbild eine italienische Oper zu machen, und da Ponte tut das Seine. Interessant, wie Leopold Mozart den Anteil seines Sohns am Werden des Textbuches einschätzt: »Ich kenne die pièce. Es ist ein sehr mühsames Stück und die Übersetzung aus dem Französischen hat sicher zu einer Opera frei müssen umgeändert werden, wenns für eine Opera Wirkung tun soll. Gott gebe, daß es in der Action gut ausfällt; an der Musik zweifle ich nicht. Das wird ihm [Wolfgang] eben vieles Laufen und Disputieren kosten, bis er das Buch so eingerichtet bekommt, wie er es zu seiner Absicht zu haben wünscht.« Mozart arbeitet von Herbst 1785 bis April 1786; die Uraufführung findet nach einigen Intrigen am 1. Mai 1786 im Hofburgtheater statt, die erste Aufführung in Prag im Dezember 1786.

Was bei da Ponte noch in den Bereich des Politischen, jedenfalls in den der sozialen Satire hineinreicht, das befreit Mozart weitgehend von seiner politischen Tendenz und rückt es in den Bereich geistvoller Menschlichkeit. Musikalisch schafft Mozart in den Gestalten seines Stücks lebendige, ihrer Freiheit bewußt gewordene, liebende Menschen. Da Pontes Libretto ist, wenn man vom politisch-sozialen Moment absieht, ein Liebesspiel in Bezirken jenseits des Erlaubten, begehrlich, beinahe frivol. Mozart bringt es, wie Greither (1956) schön sagt, durch seine Musik dahin, daß mehr als die Liebelei die Liebe zum Thema des musikalischen Dramas wird. *Le nozze di Figaro* ist *das* große Liebeslied der Bühne, die Verherrlichung der wissenden, ihrer Gefährdung innegewordenen Liebe, ihrer lebendigen Heiterkeit und ihres, das Leben erhöhenden Glanzes.

1786 Wolfgang Amadé Mozart (1756-1791): Streichquartett D-dur (KV 499)

Schon zwischen 1772 und 1773 komponiert Mozart Streichquartette. In die frühe Zeit gehören zwei Gruppen, zwölf im ganzen: KV 155-160, KV 168-173. Zwischen 1782 und 1785 entstehen die sechs Joseph Haydn gewidmeten *Quartette* (KV 387, 421, 458, 428, 464, 465), Mozarts Hauptwerke in dieser Gattung, 1789/90 dann die drei *»Preußischen Quartette«* (KV 575, 589, 590), und dazwischen das *»Hoffmeister-Quartett«* in D-dur (KV 499), so genannt, weil es im Jahr seiner Entstehung 1786 bei Hoffmeister in Wien erscheint. In der langen Pause zwischen September 1773 (KV 173) und Dezember 1782 (KV 387) entstehen zwar einige Quartette, aber solche mit Bläsern, die wegen ihrer gemischten Besetzung und wegen einer damit zusammenhängenden anderen Kompositionstradition aus der Gattung Kammermusik herausfallen. Was Mozart bewogen hat, ein einzelnes Streichquartett zu komponieren und, entgegen dem Brauch der Zeit, als Einzelwerk zu veröffentlichen, ist unbekannt.

Die Legende, das *D-dur-Quartett* sei wie später das *Requiem* für den Grafen Franz von Walsegg-Stuppach geschrieben, entbehrt aller Wahrscheinlichkeit. – Franz Anton Hoffmeister ist der aus Rottenburg am Neckar stammende Musikverleger, aus dessen dann 1800 in Leipzig gegründetem Verlag 1814 der Verlag C. F. Peters hervorgeht.

1786 Wolfgang Amadé Mozart (1756-1791): Sopran-Arie mit obligatem Klavier und Orchester: »Non temer, amato bene« (KV 505)

Unter dem 27. Dezember 1786 trägt Mozart in das »Verzeichnis aller meiner Werke« ein: *»Scena con Rondò* mit klavierSolo. Für Mad:selle Storace und mich.« Gemeint ist KV 505: *Szene mit Rondo »Ch'io mi scordi di te« – »Non temer, amato bene«,* die Neubearbeitung einer wenig älteren Komposition (*Scena con Rondo* für Tenor und obligate Violine und Orchester, KV 490; Text von Varesco), die Mozart für eine Liebhaber-Aufführung des *Idomeneo* im März 1786 in Wien nachkomponiert hat. – Ann (Nancy) Storace (1765-1817), halb englischer halb italienischer

Abstammung, kommt mit 19 Jahren von London als Primadonna nach Wien und wird Mozarts erste Susanna im *Figaro*. Für sie schreibt er diese *Scena con Rondo* mit obligatem Klavier, mit der sie sich vor ihrer Rückkehr nach London vom Wiener Publikum verabschiedet – für sie und für sich als Pianisten:

Diese Arie, ein unsäglich schönes Stück, steht hier als Beispiel für zahlreiche Werke einer Gattung, die heute nahezu in Vergessenheit geraten ist, für die »Konzertarie«, und dies, obwohl es den Terminus zu Mozarts Zeit und überhaupt im 18. Jahrhundert noch gar nicht gibt.

Vom Jahr 1765 an, in dem Mozarts erste erhaltene Gesangskomposition, die *Tenor-Arie »Va, dal furor portata«* (nach Metastasio, KV 21), entsteht, bis in sein letztes Lebensjahr schreibt Mozart in nicht allzu großen Abständen Gesangskompositionen mit Orchester als Einlagen in fremde Werke, was damals völlig üblich ist für Wiederaufführungen von Opern, besonders an anderen Theatern, in anderen Städten und mit anderen Sängern (von denen ja ein jeder für jede Oper gleichsam seine eigene Arie zu beanspruchen hat). Es sind überwiegend italienische Arien, aber auch wenige Ensembles, die meisten im Seria-Stil. Dazu kommen diejenigen Kompositionen, die Mozart für eigene dramatische Werke nachkomponiert. Hierher gehören sodann die sogenannten »Licenze«. Die »LICENZA« ist ein unentbehrlicher Bestandteil der höfischen Kunstgattung Opera seria. Sie bezeichnet »Rezitativ und Arie« (oft mit anschließendem Chor), durch die am Schluß oder innerhalb einer Oper ohne Zusammenhang mit der Handlung einem fürstlichen Herrn in allegorischer Form eine Huldigung ausgesprochen wird.

Die umfänglichste Gruppe innerhalb der Einzel-Arien bilden diejenigen Kompositionen, die Mozart für befreundete Sänger und Sängerinnen schreibt, entweder als Einlagen in fremde Opern oder als selbständige Arien bzw. Szenen. Nur die letztgenannten sind im eigentlichen Sinn als »KONZERTARIEN« zu bezeichnen, weil sie von vornherein nicht für die Bühne gedacht sind, und ihr dramatischer Gehalt in besonderer Weise durch konzertantes Gefüge eingefangen wird. Die Texte stammen vorwiegend aus Dramen Metastasios, somit aus der Seria. Meist handelt es sich dabei um sogenannte »Szenen«. Mit »SCENA« bezeichnet man innerhalb der Gesangskomposition eine durch gesteigerten Affekt und erhöhte dramatische Spannung eng zusammengehörige Folge von Rezitativ und Arie oder Duett. Die Regel ist der pathetische Monolog, als Accompagnato vertont, mit dem Abschluß durch die Arie. Einer »empfindsamen« Arie geht immer ein »pathetisches« Rezitativ voraus (J. A. Hiller 1780): »Wenn auf ein solch begleitetes Recitativ eine Arie oder Duett folgt, so nennt man es eine *Scena*, weil es insgeheim ein Monolog oder Dialog in einem Stücke ist, mit dessen Endigung sich auch eine Szene endigt.« Der musikalische Begriff der »Scena« deckt sich also nur zum Teil mit dem dramatischen.

1787 Wolfgang Amadé Mozart (1756-1791): **Dramma giocoso »Il dissoluto punito ossia Il Don Giovanni«**

Anfang Januar 1787 reist Mozart auf Einladung einer »Gesellschaft großer Kenner und Liebhaber« nach Prag: »denn hier wird von nichts gesprochen als vom – *Figaro;* nichts gespielt, geblasen, gesungen und gepfiffen als – *Figaro;* keine Opera besucht als – *Figaro* und ewig *Figaro;* gewiß große Ehre für mich.« Unter dem Eindruck des überwältigenden Erfolges seiner Oper und auch seines persönlichen Triumphes schließt Mozart mit Pasquale Bondini, dem Prinzipal des Gräflich Nostitzschen (deutschen) National-Theaters zu Prag einen Vertrag über eine neue Oper für die nächste Saison. Wieder in Wien, wendet er sich an da Ponte, wobei er diesem (angeblich) für die Wahl des Sujets freie Hand läßt. Bei der Komposition läßt Mozart sich dann Zeit, so viel Zeit, daß die Ouvertüre wahrscheinlich erst in der Nacht vor der Generalprobe fertig wird. Offenbar überschätzt Mozart die Fähigkeiten der Sänger und die Möglichkeiten des Prager Theaters, so daß der für die Uraufführung (die zugleich als Festaufführung zu Ehren des im Oktober in Prag weilenden Brautpaares Erzherzogin Maria Theresia und Prinz Anton Clemens von Sachsen dienen soll) festgesetzte Termin, der 14. Oktober, nicht einzuhalten ist. (An diesem Tag führt man unter Mozarts Leitung dann *Figaro* auf.) Nach mehrmaliger Verschiebung findet die Uraufführung endlich am 29. Oktober 1787 im Altstädter (deutschen) Nationaltheater (Ständetheater) in Prag statt, freilich jetzt ohne das fürstliche Paar, das längst abgereist ist. Der Erfolg ist überwältigend. Im Bericht der *Prager Oberpostamtszeitung* heißt es: »... Hr. Mozart dirigierte selbst, und als er ins Orchester trat, wurde ihm ein dreimaliger Jubel gegeben, welches auch bei seinem Austritte aus demselben geschah. Die Oper ist übrigens äußerst schwer zu exequieren und jeder bewundert dem ungeachtet die gute Vorstellung derselben nach so kurzer Studierzeit. Alles, Theater und Orchester, bot seine Kräfte auf, Mozarten zum Danke mit guter Exequierung zu belohnen. Es werden auch sehr viele Kosten durch mehrere Chöre und Dekoration erfordert, welches alles Herr Guardasoni glänzend hergestellt hat. Die außerordentliche Menge

Zuschauer bürgen für den allgemeinen Beifall.« – Die Nachrichten aus Prag, zunächst vom *Figaro* nun auch vom *Don Giovanni,* tun ihre Wirkung in Wien bei Hofe: Mozart wird am 7. Dezember 1787 zum Kaiserlichen Kammermusikus mit einem Jahresgehalt von 800 Gulden ernannt. (Gluck, der denselben Titel innehatte, allerdings mit einem Gehalt von 2000 Gulden jährlich, war am 15. November gestorben; Mozart ist gleichsam in seine Stelle eingerückt.) Diese Ernennung bedeutet für Mozart vermehrte Einkünfte und gesteigertes Prestige. Dennoch wäre es ihm angesichts der Wiener Intrigen schwergefallen, eine Aufführung seines *Don Giovanni* in Wien durchzusetzen, wenn nicht der Kaiser selbst die Aufführung befohlen hätte: sie findet am 7. Mai 1788 statt. Der Beifall ist hier nicht ebenso groß wie in Prag; die Stimmung in den hohen Kreisen ist offensichtlich gegen den *Don Giovanni* eingestellt – gegen Mozart, weil der allzu aufgeklärte Kaiser sein Verbündeter ist, gegen den Kaiser, weil er so etwas duldet (Braunbehrens 1986). Dennoch erlebt die Oper 1788 in Wien insgesamt 15 Wiederholungen. Für Wien und die dortigen Theaterverhältnisse arbeitet Mozart seine Oper in einigen Details um. Von einer »Wiener Fassung« und für diese von einer Fassung letzter Hand zu sprechen, ist jedoch falsch. Die ersten Aufführungen in deutscher Sprache finden 1789 in Mainz und in Frankfurt statt; französisch 1805 in Paris; englisch 1817 in London, 1825 in New York.

Entgegen dem allgemeinen Sprachgebrauch heißt die Oper nicht »Don Giovanni« und schon gar nicht »Don Juan« (mit welchem Titel das 19. Jahrhundert einen fremden Zug in die Hauptperson und in die Handlung bringt), sondern *Il dissoluto punito ossia Il Don Giovanni,* also »Der bestrafte Frevler oder Don Giovanni«, in dieser Reihenfolge. Diese Oper wird im Textbuch »Dramma giocoso« genannt, während Mozart sie im Verzeichnis seiner Werke »Opera buffa« nennt. Die Bezeichnung »Dramma giocoso« ist geblieben. Deren Definition freilich ist nicht einfach, weil mit der Übersetzung »scherzhaftes Spiel« nichts gewonnen ist. Bemerkenswert ist indessen, daß nicht »Commedia« dasteht, es sich also trotz »giocoso« nicht um ein Lustspiel handelt. Hier durchdringen einander das Heitere und das Ernste vielmehr so, daß über diesen oder jenen Charakter einer Person oder einer Szene eventuell nicht zu entscheiden ist – und eine Szene, in der Don Giovanni sich in einen »tragischen Konflikt« verstrickt, gibt es nicht: Immer »giocoso«, ist das Stück dennoch ständig ein »Dramma«! Das gilt zuerst für Don Giovanni selbst. Auf der einen Seite sprüht er vor Lebenslust und Heiterkeit und keineswegs nur vor erotischer Lust, auf der anderen Seite ist er als Mensch völlig anders als alle anderen Menschen, jedenfalls im Menschenbild damaliger Zeiten. Er ist keiner echten Empfindung fähig, ohne Liebe, von frevelhafter Rücksichtslosigkeit und gotteslästerlicher Überheblichkeit, zugleich freilich schlechthin verführerisch, weil von schöner Gestalt, elegant in der Erscheinung und stets standesgemäß höflich im Benehmen. Nicht *er* erobert die Frauen, geschweige denn daß er sie vergewaltigt, nein, *sie* erliegen ihm, ihm, der Liebe verspricht ohne zu lieben, ohne lieben zu können. Der Furor des Hasses der Donna Anna etwa hat seinen tieferen Grund in ihrem Zorn über sich selbst: daß sie dem Verführer erlegen ist. – Man hat überlegt, ob Don Giovanni ein Revolutionär sei oder ein Atheist. Das erste hat Ernst Bloch zurückgewiesen: »Bei diesem Lüstling von Revolte zu sprechen, gegen das Herkommen, das Muckertum, fürs Naturrecht der Leidenschaft, das scheint heillos und ohne Sinn.« Das zweite erörtert etwa Bert Brecht: »Don Juan ist kein Atheist im fortschrittlichen Sinn. Sein Unglaube ist nicht kämpferisch, indem er menschliche Aktionen fordert. Es ist einfach ein Mangel an Glauben. Da ist nicht eine andere Überzeugung, sondern keine Überzeugung.« Kein Atheist, sondern gottlos, also ohne Erlösung, furchtlos im Untergang. Wer ihm wie Donna Elvira sagt, er verschleudre sein Seelenheil, hat die inkommensurable Größe seiner Selbstherrlichkeit nicht begriffen.

Die in ihrem Kern offenbar spanische Fabel, die in geistlichen Spielen, in Stegreifkomödien, und, vor allem in Deutschland, auf dem Marionettentheater lebt, erhält um das Jahr 1630 in Spanien ihre erste Bühnenfassung, der viele verschiedene in allen Weltsprachen folgen. Die Oper bemächtigt sich der Fabel erst 1712: *Le festin de pierre* von einem gewissen Tellier. Gluck schreibt 1761 in Wien ein *Ballett »Don Juan oder Das steinerne Gastmahl«,* das Mozart gekannt haben muß. Ungewiß ist dies von der Oper Righini's *Il convitato di pietra ossia Il dissoluto* (Wien 1777). Als direkte Vorlage dient da Ponte eine Oper von Giuseppe Gazzaniga (Text von Bertati; Wien Dezember 1786 oder Januar 1787), doch stützt er sich im Grunde für den Text auf eine 150jährige Tradition – was Mozart für die Musik *nicht* kann. Er gibt – man kann's kaum anders sagen – zu diesem alten Sujet den Genieblitz seiner Komposition, die den krisenhaften historischen Augenblick der Berührung von Barock und Romantik markiert – und doch auch wieder *nicht* markiert. Soviele Bearbeitungen des Stoffs auch noch folgen, mit Mozarts *Don Giovanni* ist der Stoff wie zu Ende geformt; alle späteren Bearbeitungen sind von ihm abhängig, setzen ihn voraus, bewußt oder unbewußt.

Und was ist Mozarts Tat? Die Verkörperlichung der Menschen dieses Dramas durch die Musik! Denn leibhaftig sind sie nicht als Gestalten von da Pontes Stück, leibhaftig werden sie erst durch Mozarts Musik. Don Giovanni selbst etwa ist in seinem Lebenselement, in der Daseinsfreude und im Sinnlichen erfaßt, und dennoch musikalisch knapp behandelt. Kurz ist sein Hauptstück, die sogenannte *Champagner-Arie* (Nr. 12), kurz die Arie der Verführung *»Là ci darem la mano«* (Nr. 7), bei der er, der Verführer schlechthin, in Stil und Melodie sich einerseits seinem Opfer anpaßt, ihm andererseits den höheren Glanz *seiner* Welt vorspiegelt. Seine längsten Gesänge sind die neuerliche Betörung Donna Elviras (Terzett Nr. 15), das Ständchen vor der Zofe (Canzonetta Nr. 16) und seine Arie (Nr. 17) *»Metà di voi qua vadono«*. Wie einfach, dabei gewandt und durchtrieben, ist Zerlina, wie plump Masetto, wie adelig verhalten Donna Anna, wie leidenschaftlich Donna Elvira, wie unerbittlich der Komtur! Und all das erfährt man *musikalisch,* nicht durch den Text. Man vergleiche nur einmal den melodischen Duktus von Leporellos Auftritts-Arie *»Notte e giorno faticar«* (Nr. 1) mit dem des direkt anschließenden Auftritts der Donna Anna *»Non sperar, se non m'uccidi, ch'io ti lasci fuggir mai«*. Dort der kleine Mann, wie er leibt und lebt, hier die Dame von Adel, und beides *musikalisch* realisiert.

Auf Don Giovannis schließlichen Untergang folgt als Scena ultima ein Nachspiel, in dem Leporello und alle übrigen sich des gerechten Ausgangs und ihres nunmehr wieder unbedrohten Lebens freuen. In Mozarts Bearbeitung für die Wiener Aufführung 1788 ist diese letzte Szene weggelassen. Aus dramaturgischen Erwägungen? Greither (1956) erörtert die Frage schlüssig, wie mir scheint: »Der Streit, ob sie zu spielen sei, ist müßig, da, wie gesagt, die originale Fassung sie vorschreibt und die Wiener Kürzung unmaßgeblich ist. Vor allem aber gilt dies: Wer die Scena ultima streicht, hat Mozart schlecht verstanden, er zerstört den Charakter des ›Dramma giocoso‹. Denn es bezeichnet Mozart in besonderer Weise, daß er auf die Beschwörung einer jenseitigen Welt, auf den Untergang des Bösewichts ein heiteres Nachspiel folgen läßt. Niemand will weniger als er den Hörer mit dem Eindruck des Tragischen entlassen. Dieser soll vielmehr *ohne* Furcht und Mitleid in der Rolle des Beobachters sein und bleiben, und er kann dies um so mehr, als Don Giovanni ja nicht wegen Gottlosigkeit in die Hölle fährt, sondern gleichsam ›abstrakt‹ als ein Frevler, nein als der Frevler schlechthin – konkret freilich als ein böser adeliger Herr, was die Zuschauer zu Mozarts Zeit gewiß auch so verstanden haben. Kurz: man sollte für diesen Theaterabschluß eher an Bert Brecht und seine Theorie vom Theater denken als an die des Aristoteles. – Jeder tiefen Empfindung fähig und erfahren in allem, was das menschliche Herz zu leiden vermag, bleibt Mozart dem Leben zugewandt und frei von aller Sentimentalität, die immer ein ›Zuviel‹ oder ein ›Zulang‹ an Gefühl ist. Daß der Zeuge des Untergangs mit der Scena ultima dann heiter aus dem Spiel entlassen wird, sollte er Mozart freilich doch danken. Indem das ›giocoso‹ das ›Dramma‹ aufhebt, macht es das Wunder des *Don Giovanni* noch wunderbarer.«

Von allen Opern Mozarts ist *Don Giovanni* im 19. Jahrhundert die am häufigsten gespielte. *Figaro* und *Die Zauberflöte* folgen erst mit Abstand. Um den *Don Giovanni* ist eine besondere Spielart des Romantizismus in Mozarts Wirkungsgeschichte entstanden, und zwar mit erheblichen Auswirkungen in der europäischen Literatur. Von welcher Seite die Vorliebe für den *Don Juan* – wie man nun meist sagt – jedoch ausgeht, ob eher vom musikalischen Theater oder eher vom Libretto, ist kaum auszumachen. Jedenfalls hat als erster E. Th. A. Hoffmann dem »Dramma giocoso« in seiner Novelle *Don Juan* (1813) eine tragische Deutung angedeihen lassen – »und leider gibt es in Mozarts gesamter Wirkungsgeschichte keinen Zweiten, der das Mozart-Bild so nachdrücklich beeinflußt hat wie Hoffmann« (Kreutzer 1986). Und so befassen sich bis heute viele, allzu viele, beim *Don Giovanni/Don Juan* mit allem Möglichen – nur nicht mit Mozart. Bleiben freilich zwei »Außenseiter« zu nennen, die sich von dieser Oper in besonderer Weise inspiriert fanden: Eduard Mörike mit seinem *Mozart auf der Reise nach Prag* (1855) und Søren Kierkegaard, der im 1. Teil von *Entweder – Oder* (1843) eine Art ästhetischer Lebensform aus Mozarts Oper entwickelt, die ihm einmal zum grundlegenden Erlebnis geworden war.

1787-1791 Wolfgang Amadé Mozart (1756-1791): Streichquintette, Klarinettenquintett, Ein musikalischer Spaß, Eine kleine Nachtmusik

Mozart schreibt viele Quintette verschiedener Art; sie gehören in unterschiedliche Gattungstraditionen vom Divertimento bis zur Kammermusik im engeren Sinne, wobei die Übergänge fließend sind, wobei aber auch Differenzen bestehen, wo man sie nicht vermutet: Das Streichquintett ist z. B. nicht einfach ein erweitertes Streichquartett, es entstammt vielmehr einer anderen (freilich noch nicht hinreichend aufgeklärten) Gattungstradition. Auf der anderen Seite nimmt

Mozart selbst Übertragungen vor, wenn er etwa die *Serenade (»Nacht Musique«) für 8 Bläser c-moll* (KV 388) von 1782 im Jahre 1787 in ein Streichquintett (KV 406) umschreibt (wohl um mit diesem Werk und den beiden Quintetten vom April und Mai 1787 eine Dreiergruppe bilden zu können, die sich zur Subskription ausschreiben läßt). Die vier großen *Streichquintette* sind für 2 Violinen, 2 Violen und Violoncello komponiert (vielleicht im Hinblick auf den Violoncello spielenden Preußenkönig Friedrich Wilhelm II.):

C-dur, KV 515, Wien April 1787
g-moll, KV 516, Wien Mai 1787
D-dur, KV 593, Wien Dezember 1790
Es-dur, KV 614, Wien April 1791

Diese *Quintette* gehören zum Höchsten, das Mozart geschaffen hat. Selbst Einstein (1947) zögert hier, jedenfalls beim *g-moll-Quintett:* »Wir hassen, der Leser wird es bemerkt haben, Bilder und Gleichnisse; aber was hier vorgeht, ist vielleicht nur der Szene im Garten von Gethsemane zu vergleichen. Der Kelch mit dem bitteren Trank muß geleert werden, und die Jünger schlafen...« Dagegen nüchterner Richard Strauss: »Das vollkommenste Stück Instrumentalmusik!«

Ein Werk eigener Art, an Rang aber in die Reihe der größten Kammermusikwerke gehörend, ist das im September 1789 für den befreundeten Klarinettisten Anton Stadler entstehende *Klarinettenquintett* (Streichquartett + Klarinette; KV 581). Auch hierzu Einstein (1947): »Wenn irgendeines, so ist *das* ein Werk für die Kammer feinster Art, wenn auch die Klarinette als primus inter pares hervortritt und so behandelt ist, als ob Mozart ihren Reiz, den ›sanften süßen Hauch‹, ihre klare Tiefe, ihre Beweglichkeit als erster entdeckt hätte. Hier gibt es keinen Dualismus zwischen Solo und Begleitung, nur brüderlichen Wetteifer. Nicht umsonst ist der Ausdruck ›brüderlich‹ gebraucht – die Klarinette und die Bassetthörner haben für Mozart einen freimaurerischen Charakter gewonnen, wenn vielleicht auch nur aus äußerlichen Ursachen.« Die Klarinettenpartie ist übrigens ursprünglich für eine Bassetthorn-Art geschrieben (ebenso beim Klarinettenkonzert).

Mozart schreibt bei verschiedenen Gelegenheiten Werke besonderer Besetzung, und ein jedes ist in seiner Weise originell und bedeutend. Das originellste ist wohl das (wegen der vielen Mißtöne der Hörner fälschlich als »Dorfmusikantensextett« bezeichnete) Sextett *Ein musikalischer Spaß* vom Juni 1787 (KV 522), eine vollendete Parodie auf das Stümpertum in der Komposition. Für oder gegen wen Mozart das Stück schreibt, weiß man ebensowenig wie bei Mozarts wahrscheinlich bekanntestem Werk überhaupt, das er am 10. August 1787 in das »Verzeichnis aller meiner Werke« einträgt als *Eine kleine NachtMusik* (KV 525). Das Werk entsteht während der Arbeit am zweiten Akt des *Don Giovanni,* wir wissen aber nichts über irgendeine Aufführung. Und wir kennen das anscheinend ewig jugendfrische Werk nur in der Fassung mit vier Sätzen. Mozart schreibt in seinem Verzeichnis aber deutlich *»Eine kleine NachtMusik, bestehend in einem Allegro, Menuett und Trio. – Romance, Menuett und Trio und Finale.«* Wo das erste Menuett hingekommen ist, weiß man nicht.

1788 **Wolfgang Amadé Mozart** (1756-1791): **Die 3 letzten Sinfonien in Es-dur, g-moll und C-dur**

In nur zwei Sommermonaten des Jahres 1788 schreibt Mozart die letzten von seinen rund 50 *Sinfonien,* die drei großen in *Es-dur* (KV 543), *g-moll* (KV 550) und *C-dur* (KV 551). Sie sind sicherlich für geplante Subskriptionskonzerte bestimmt, die jedoch offenbar nicht zustande kommen. Mozart hört wahrscheinlich keines dieser Werke erklingen. In eben diesem Sommer 1788 gerät Mozart, wie wir aus Briefen wissen (ohne daß wir etwas über die Ursache erfahren), in solche finanziellen Schwierigkeiten, daß er sich daraus nicht mehr befreien kann, und tiefe Niedergeschlagenheit ihn ergreift. »Für den nun, der in den Kunstwerken großer Musiker lediglich den Niederschlag äußerer Lebensschicksale erblickt, muß die *Es-dur-Sinfonie* mit ihrer sich bis zum Übermut steigernden Daseinsfreude geradezu ein Rätsel sein. Wir sehen hier ganz deutlich, wie wenig die Welt der Phantasie, die Mozarts eigentliche Welt ist, mit der Sphäre des Alltags und seinen Sorgen zu schaffen hat. Es kommt ihm nicht in den Sinn, die Not seines äußeren Lebens ›in Musik zu setzen‹ und, wie der beliebte Ausdruck lautet, ›sich von der Seele zu schreiben.‹ Auch die *g-moll-Sinfonie* hat damit nichts zu tun: Die dunkeln Kräfte, die da am Werke sind, entstammen einer ganz anderen, höheren Wirklichkeit als der des Alltags und haben sein Inneres weit tiefer erschüttert als jene.« Wenn das so ist, wie Abert (1923) schreibt, wie ist dann diese höhere Wirklichkeit zu benennen, wie, wenn nicht musikalisch? Die Antwort lautet: Einzig adäquat ist sie *durch Mozarts Musik* benannt, und also kann keine Beschreibung umhin, von der Musik selbst zu sprechen. Zwar gehören bestimmte Informationen selbstverständlich zum Werk (nämlich die Angaben über Auftrag, Entstehung, erste Aufführung, zusammen mit den jeweiligen Bedingungen und Umständen und in gewisser Weise auch die Rezeptionsgeschichte), diese Daten und Fakten gehören aber nur *auch* zum Werk und betreffen nicht direkt die Sache selbst, nämlich die Musik. (Das ist das Dilemma aller Musikwissenschaft, wie ja auch dieses Buch zur Genüge demonstriert...) Auf jeden Fall sollte deshalb ein »Konzertführer« oder ein »Plattenhüllentext« in keine andere Richtung weisen als auf die Musik zu, d.h. keinesfalls auf etwas, das *hinter* dieser stünde als ihr »eigentlicher Inhalt«, als auf etwas, wovon die Musik lediglich die sinnliche Erscheinung sei. Aber wie beschreiben, was konkret im Werk musikalisch zu erfahren ist? Am ehesten als Beschreibung möglicher Aufgabenstellungen und der Bedingungen für die Komposition, etwa so:

SINFONIE – die große und repräsentative Gattung im öffentlichen Musikleben zu Mozarts Zeit wie heute; das schließt folgende Bedingungen ein:

POLYPHONIE – das Miteinander vieler Stimmen unter den gleichrangigen Forderungen nach Melodie, Harmonie und Stimmführung: das Andante der *Es-dur-* wie der *g-moll-Sinfonie* etwa beginnt imitatorisch, das Finale der *C-dur-Sinfonie* ist eine Art Fuge;

INSTRUMENTALITÄT in der Führung der Einzelstimme wie im Gestus des Ganzen nach dem Satzprinzip des »obligaten Accompagnements«: die *g-moll-Sinfonie* beginnt faktisch nicht mit dem ersten Thema, sondern mit einem Voraus der Begleitung, das Fugenthema des Finales der *C-dur-Sinfonie* hat von Anfang an eine Art Begleitung;

die ORCHESTERBESETZUNG – mit Funktion nicht nur für die Klangfarbe sondern vor allem für die instrumentale Charakteristik. Mozart verzichtet in der *g-moll-Sinfonie* gegenüber der Normalbesetzung einer Sinfonie in seiner Zeit auf Trompeten und Pauken, auf eine zweite Flöte und in der ursprünglichen Fassung des Werks auch auf Klarinetten;

die TONART – mit Funktion für die Melodik und einen typischen melodischen Charakter: die *Es-dur-Sinfonie* ist vom Beginn an ein typisches Es-dur-Stück; aber auch, damit zusammenhängend, für den »Ton« des Ganzen: g-moll ist eine Tonart, die Mozart besonders liebt, die er aber dennoch sparsam verwendet: die Tonart der Läuterung, der Verinnerlichung, der Liebesprüfung in Todesnähe;

die Charakterisierung der einzelnen SATZTYPEN im sinfonischen Rahmen: Außer dem ersten Satz sind in der *g-moll-Sinfonie* auch der zweite und sogar der vierte als Sonatensätze angelegt, und das Finale dabei so, daß die Durchführung nach dem Ansturm des Hauptthemas jeden geregelten Verlauf über den Haufen zu werfen scheint. Das Menuett ist (nach Melodik und vor allem nach seiner Rhythmik) »einer der streitbarsten Sätze, die auf Grund jener alten zierlichen Tanzform jemals gebildet worden sind« (Kretzschmar). Das Finale der *C-dur-Sinfonie* ist als eine Art Fuge ebenso untypisch – wie man zugleich den Eindruck hat, es sei das Finale schlechthin.

Mit solchen *musikalischen* Hinweisen ist dem Hörer mehr gedient als mit zweifelhaften biographischen »Parallelen«, freilich nur dann, wenn der Hörer auf Grund von Hörerfahrungen bestimmte musikalische Vorstellungen damit verbinden und eine gewisse Hörerwartung daraus entwickeln kann – und wenn er wirklich zuhört, nämlich bereit ist, das Allbekannte wieder neu zu erfahren.

Der Name »Jupiter-Sinfonie« für die *C-dur-Sinfonie* (KV 551) stammt nicht von Mozart sondern wahrscheinlich von Johann Peter Salomon, Haydns Londoner Konzertunternehmer, der ja auch Mozart nach London holen wollte.

1789/90 Wolfgang Amadé Mozart (1756-1791): Die 3 »Preußischen« Streichquartette

Streichquartett D-dur, KV 575, komponiert in Wien im Juni 1789;
Streichquartett B-dur, KV 589, komponiert in Wien im Mai 1790;
Streichquartett F-dur, KV 590, komponiert in Wien im Juni 1790.

Im April 1789 reist Mozart mit dem Fürsten Karl Lichnowsky über Prag, Dresden (wo er bei Hofe spielt und wo er Christian Gottfried Körner, dem Vater des Dichters und Freunde Schillers begegnet) und Leipzig (wo er auf der Thomas-Orgel improvisiert) nach Potsdam (wo er sich beim König melden läßt, aber nicht empfangen sondern an den Direktor der Kammermusik, den Cellisten Jean Pierre Duport, verwiesen wird). Wenige Tage später reist er wieder nach Leipzig. Dort gibt er am 12. Mai im Gewandhaus ein Konzert: »Von seiten des Beifalls und der Ehre glänzend genug, desto mägerer aber die Einnahme betreffend.« Er selbst spielt die *Klavierkonzerte B-dur* (KV 456) und *C-dur* (KV 503), wahrscheinlich auch die *Fantasie c-moll* (KV 475) und Variationen. Frau Josefina Duschek singt eine *Scene mit Rondo* (mit obligatem Klaiver; KV 505) und wahrscheinlich die für sie in Prag geschriebene *Scene* KV 528. Am 19. Mai trifft Mozart in Berlin ein, wo er abends mit Ludwig Tieck zusammentrifft, dann im Königlichen National-Theater am Gendarmenmarkt seine *Entführung aus dem Serail* hört, einige Tage danach ein Konzert seines damals neunjährigen Schülers Johann Nepomuk Hummel besucht, wo er am 26. Mai bei Hofe spielt. Bei dieser Gelegenheit erhält er vermutlich von König Friedrich Wilhelm II. den Auftrag für 6 Streichquartette und für Klaviersonaten für die Prinzessin Friederike Charlotte Ulrike Katharina. Offenbar beginnt Mozart gleich nach seiner Rückkehr nach Wien mit der Niederschrift des ersten Quartetts, wobei er auf ältere Entwürfe zurückgreift. Das vollendete Werk trägt er »im Junius, in Wien« als »Ein Quartett für 2 Violin, Viola e Violoncello. Für Seine Majestät den König in Preußen« in das »Verzeichnis aller meiner Werke« ein. Mozart wollte ursprünglich 6 Quartette für Friedrich Wilhelm II. schreiben und zusammen mit 6 leichten Klaviersonaten für die Prinzessin auf eigene Kosten bei Leopold Kozeluch in Wien stechen lassen; von dem üblichen Gnadengeschenk für die Dedikation der beiden Serien versprach er sich nämlich eine Verbesserung seiner verzweifelten wirtschaftlichen Lage. Das Beispiel Boccherinis, der seit 1787 als Preußischer Hofkapellmeister (zumindest zeitweise) in absentia ein Jahresgehalt bezieht und dafür Streichquartette und Quintette zu liefern hat, mag überdies die Hoffnung erweckt haben, durch die Lieferung von Streichquartetten eine engere Bindung an den kunstliebenden und großzügigen Preußischen Hof bewirken zu können. Die solistische Behandlung des Violoncellos in den drei Quartetten, vor allem im ersten, zeigt, wie sehr sich Mozart bemüht, den Geschmack des königlichen Cellisten zu treffen. – Den Plan, die Quartette dem König von Preußen zu widmen, muß Mozart dann aufgegeben haben, denn am 12. Juni 1790 schreibt er an Puchberg: »Nun bin ich gezwungen meine Quartetten, diese mühsame Arbeit um ein Spottgeld herzugeben, nur um in meinen Umständen Geld in die Hände zu bekommen.« Das letzte der drei Werke wird »im Junius« 1790 in das Werkverzeichnis eingetragen. Der Besuch in Berlin, auf den sich eine Dedikation hätte beziehen müssen, liegt schon zu weit zurück, und Mozart scheint keine Hoffnung mehr zu haben, in seiner schwierigen Lage drei weitere Quartette komponieren zu können.

Obwohl die drei *»Preußischen« Quartette* stilistisch – wie man so sagt – einfacher als die sechs Haydn gewidmeten Werke sind, haben sie Mozart offenbar kaum weniger »lunga e laboriosa fatica« bereitet; jedenfalls deutet das mehrfache Ansetzen zu den Finali der beiden ersten auf Schwierigkeiten noch bei der Niederschrift hin.

1790 **Wolfgang Amadé Mozart** (1756-1791): **Opera buffa »Così fan tutte ossia La scuola degli amanti«** in Wien

Die dritte Oper, die Lorenzo da Ponte und Mozart zusammen schreiben, und zwar (nach der erfolgreichen Wiederaufnahme des *Figaro* in Wien) im Auftrag Kaiser Josephs II., und die am 26. Januar 1790 in Wien im Hofburgtheater mit Erfolg (aber mit nur 9 Wiederholungen) uraufgeführt wird, steht im Werk Mozarts einzig da – als Theater auf dem Theater. Das Libretto hat, anders als das von *Figaro* und *Don Giovanni,* keine Vorbilder, es ist die freie Erfindung da Pontes. Verglichen mit den Libretti der beiden anderen Opern ist die Handlung gedrängter. Dreimal zwei einander wie geometrisch zugeordnete Figuren agieren mit vollkommener Sicherheit, so daß das Geschehen wie mit der Präzision eines Uhrwerks abläuft. In gewisser Weise erinnern die Personen in dieser Sicherheit gar an Marionetten: ihre Grazie liegt in der fehlenden Reflexion, ihre schwerelose Anmut in der Unwissenheit, daß sie eher bewegt werden, als daß sie sich selber bewegen.

> Zu diesem Spiel gehören freilich die Leichtigkeit, die Grazie, die Prägnanz und der Spott des italienischen Textes. Diese gingen – meint Greither (1956), dem wir, wie gesagt, für Mozarts Opern weitgehend folgen – in einer deutschen Übersetzung allerdings verloren. Mag sein. Trotzdem meine ich, gerade für das höchst raffinierte und in der Aktion oft sehr schnelle Spiel von *Così fan tutte* sei unbedingt nötig, daß man die Handlung verfolgen kann, und das ist nur möglich, wenn man den Text versteht. Wer aber der Handlung nicht folgen kann, kann auch Mozarts Musik im Grunde nicht folgen. Nicht, weil dieser mit dem Text der »Kommentar« fehlte – wie etwa ein Wagnerianer vermuten mag –, sondern weil ihr eigentliches Element, die musikalische Menschenführung in der Aktion auf der Bühne, für den Hörer zurücktritt hinter einem – zugegeben: herrlichen – *Nebeneffekt,* nämlich hinter einer allgemein musikalischen und vor allem melodischen Schönheit, von der wir so gern als von den »schönen Stellen« schwärmen.

Ausgangspunkt der Geschichte »Così fan tutte« ist eine Wette, das Mittel zum Zweck die Verkleidung mit Verwechslung, das Ganze ein Spiel. Gewiß ist das gängige Mittel der Verkleidung aus der Handlung nicht wegzudenken, aber der oft erhobene Einwand, die Schwestern hätten ihre Verlobten in jeder Verkleidung ja doch erkennen müssen, führt die *realistische* Forderung in eine Sphäre ein, in der die *Fiktion* herrscht. Daß die beiden ihre verkleideten Liebhaber *nicht* erkennen, ist nicht weniger glaubhaft als die ganze Handlung der Oper. Freilich, dieses Spiel kommt hier an eine Grenze, nämlich an die Grenze des Zerwürfnisses. Daß es dazu *nicht* kommt, liegt im Wesen der Wette beschlossen: schon sie ist ein Spiel, das nicht entzweien sondern weiser machen soll. Hier fällt das Gewicht auf die Verführung und ihre Rechtfertigung vor dem Gewissen und vor den Menschen – und damit auf das Wort. Don Giovanni rechtfertigt sein Handeln nicht, er agiert und verführt durch sein Wesen, die beiden Schwestern aber werden durch die Ereignisse verführt, deren Unverantwortlichkeit sie vor sich zu verantworten suchen. Das Argumentieren, das Abwägen der Bedenken und ihre Widerlegung fördert die innere Annäherung an Entschlüsse: man redet sich, unter Gleichgesinnten, in den Entschluß hinein. So da Ponte.

Mozart setzt seine Akzente anders. Wenn da Ponte auch Liebes-Arien dichtet wie etwa »Un aura amorosa« (»Ein Odem der Liebe«), so liegt das Gewicht bei ihm doch in der Verstrickung, im Spiel von Verstellung und Verführung, und Mozart folgt diesem Spiel, dem Theater auf dem Theater. Aus dem durchtriebenen Spiel des Librettos macht er aber in seiner Musikalisierung des Textes ein menschliches Spiel mit Verstellung und Verführung, ja mit Zorn und Enttäuschung, doch auch – nein, vor allem – mit Verzeihen und Liebe. Die Versöhnung am Ende ist vom Text her kaum verständlich, wohl aber von der Musik: Mozart läßt in das Spiel an den Grenzen des Erlaubten Ströme echten Gefühls fließen, *er* prägt *sein* Werk in der *wahren,* nicht in der falschen Münze der Liebe. Und trotzdem: Spiel bleibt Spiel, und also kann sich auch das Ganze wiederholen, und scheint der Schluß offen zu bleiben.

Am 20. Januar 1790 schreibt Mozart in einem Brief an seinen Freund und Nothelfer Michael Puchberg: »Morgen ist die erste Instrumental-Probe im Theater. Haydn wird mit mir hingehen. Erlauben es Ihre Geschäfte, und haben Sie vielleicht Lust, der Probe auch beizuwohnen, so brauchen Sie nichts als die Güte zu haben, sich Morgen Vormittag um *10 Uhr* bei mir einzufinden, so wollen wir denn alle zusammen gehen.« Man stelle sich das leibhaftig vor: Haydn geht mit Mozart ins Theater zu einer Probe von dessen neuester Oper, die Mozart selbst leiten wird; Haydn mit Mozart, der den Älteren anscheinend tatsächlich »Papa!« anzusprechen pflegt... – Und ein letztes: Hans Werner Henze soll einmal gesagt haben: »In den großen Zeiten der Kultur gibt es ein Feedback zwischen Autoren und Publikum. Im 18. Jahrhundert ging Mozart nach Italien, nach Neapel, um die Opera buffa zu studieren; die war damals eine Art politisches Kabarett. Und dann schrieb er *Così fan tutte* – danach war allerdings nichts mehr möglich...« Wie Henze das auch gemeint haben mag, Eduard Hanslick jedenfalls war eindeutig (*Rezension »Poetische Wüste und Rosenwasser«,* 1875): »Die grenzenlose Plattheit des Textbuches ist es, was Mozarts lieblicher Musik zu *Così fan tutte* überall den Garaus macht. Die Bildung unserer Zeit kann beim besten Willen damit keinen Vergleich mehr schließen... Ich halte *Così fan tutte* auf der Bühne nicht mehr für lebensfähig trotz der reizenden Einzelnummern, welche einzeln, im Konzertsaal, so bezaubernd wirken. Die Ursache liegt teils im Publikum, teils in dem Werke selbst. In *uns:* denn während des raschen Lebens- und Verbrennungsprozesses, den die Musik seit Mozart durchgemacht, haben wir neue, gesteigerte Bedürfnisse angenommen, sind durch Beethoven, Weber und ihre Nachfolger an eine stärkere, schärfere und lebhaftere Musik in der Oper gewöhnt worden. Das ist ein Naturprozeß, mit dem sich nicht rechten läßt. Mozart selbst hat uns mit *Don Juan, Figaro* und der *Zauberflöte* ungleich packendere Musik von höchster dramatischer Lebendigkeit gegeben; man kann doch unmöglich dasselbe Publikum, welches diesen Opern heute noch mit unersättlichem Entzücken zuströmt, für unmündig erklären, wenn es bei einem schwächeren Werke seines Lieblings kühl bleibt... Aber eine andere, tiefliegende Schuld ruht in dem *Werke* selbst und wurde gleich bei dessen Erscheinen aufs Bestimmteste empfunden und ausgesprochen. Der Referent für Bertuchs *Journal des Luxus und der Moden* schrieb im Jahre 1792 über die erste Aufführung dieser Oper in Berlin: ›Es ist wahrlich zu bedauern, daß unsere besten Komponisten meist immer ihr Talent und ihre Zeit an jämmerliche Sujets verschwenden‹...« Die Rezeptionsgeschichte von *Così fan tutte* ist, wie man schon an diesen beiden Beispielen sehen kann, verwirrend vielfältig, die Akzeptanz bis in unsere Zeit nicht sicher. Diese Oper beunruhigt eher, als daß sie bloß erfreut, und das, obwohl sie »nur« Spiel ist.

1791 **Wolfgang Amadé Mozart** (1756-1791): **Deutsches Singspiel »Die Zauberflöte«** in Wien

Am Freitag, den 30. September 1791, geht in Wien im Freihaus-Theater auf der Wieden Schikaneder/Mozarts *Zauberflöte* zum ersten Mal über die Bühne. Mozart dirigiert, Schikaneder spielt den Papageno. Der Beifall ist gering, steigert sich aber bei den Wiederholungen. Das Stück wird im Oktober 1791 24mal aufgeführt; im November 1792 kündigt Schikaneder die hundertste, im Oktober 1795 die zweihundertste Vorstellung an; im Oktober 1792 spielt man es in Prag (1794 auch tschechisch), 1793 in Frankfurt, München und Hamburg, 1794 in Berlin, 1795 in Mannheim usw. Am 7./8. Oktober schreibt Mozart an Constanze: »Eben komme ich von der Oper. Sie war eben so voll wie allzeit. Das Duetto *Mann und Weib etc.* und das Glöckchen-Spiel im ersten Akt wurde wie gewöhnlich wiederholt, auch im zweiten Akt das Knaben-Terzett. Was mich aber am meisten freut, ist der *Stille beifall!* Man sieht recht, wie sehr und immer mehr diese Oper steigt.«

Das Freihaus-Theater auf der Wieden war, obwohl ein Holzbau, ziemlich groß; es faßte 1000 Zuschauer und hatte eine Bühne von 10 Metern Breite und 18 Metern Tiefe. Es stand in einem der Innenhöfe des riesigen Wohnhauskomplexes des Starhembergischen sogenannten Freihauses auf der Wieden. Das Theater war 1787 eröffnet worden. Sein erster Pächter war der Schriftsteller und Schauspieler Johann Friedel zusammen mit seiner Lebensgefährtin Eleonore – der Frau Schikaneders. Als Friedel im Frühjahr 1789 stirbt, einigt sich Schikaneder mit der Alleinerbin, seiner eigenen Frau, und beide eröffnen am 12. Juli 1789 das Theater neu mit Schikaneders Erfolgsstück *Der dumme Gärtner.* – Bereits 1786 hatte Schikaneder ein kaiserliches Privileg für den Bau eines neuen Vorstadt-Theaters erhalten, das er aber erst viel später nützt: Am 13. Juni 1801 eröffnet er das neuerbaute und bis heute bespielte »Theater an der Wien« mit der Oper *Alexander* (nach einem eigenen Text) von Franz Teyber (1758-1810).

Emanuel Schikaneders (1751-1812) wechselhaftes und abenteuerliches Leben interessiert hier kaum, wohl aber, daß er ein hochbegabter Schauspieler (berühmt z. B. als Hamlet) und ein vielseitiger Theaterschriftsteller ist (1776: *Die Lyranten* [fahrende Musikanten] *oder Das lustige Elend,* ein Vorläufer von Nestroys *Lumpazivagabundus*). Schikaneder ist außerdem der Erfinder der Figur des »Dummen Anton« – freilich in Konkurrenz zum »Kasperl« des Leopoldstädter Theaters. Schikaneder ist schließlich ein zwar nicht wirtschaftlich, wohl aber künstlerisch erfolgreicher Theaterdirektor.

Das Textbuch der *Zauberflöte* hat so viele und verschiedene Einflüsse in sich aufgenommen, daß es erstaunlich ist, wie gut seine Elemente miteinander legiert sind. Man kennt die Quellen und interpretiert sie immer wieder neu und kommt doch zu keinem Schluß. So kann man dieses wunderbare Märchen immer wieder neu erzählen. – Zu den vornehmsten Verehrern der *Zauberflöte* zählt Goethe, der die dramatische Aktion bewundert und gesagt hat, es gehöre wohl mehr dazu, die Schönheit dieses Textbuches zu erkennen als über es herzufallen. Goethe war von der Oper so erfüllt, daß er 1798 einen *Zweiten Teil der Zauberflöte* entworfen hat (Gadamer 1967). Auch später noch hat das Werk ihn beschäftigt; wir wissen es von Eckermann (13. April 1823): »Wir sprachen sodann über den Text der *Zauberflöte,* wovon Goethe die Fortsetzung gemacht, aber noch keinen Komponisten gefunden hat, um den Gegenstand gehörig zu behandeln. Er gibt zu, daß der bekannte erste Teil voller Unwahrscheinlichkeiten und Spässe sei, die nicht jeder zurecht zu legen und zu würdigen wisse; aber man müsse doch auf alle Fälle dem Autor zugestehen, daß er im hohen Grade die Kunst verstanden habe, durch Kontraste zu wirken und große theatralische Effekte herbeizuführen.« – Auch Schikaneder hat einen zweiten Teil zur Zauberflöte geschrieben: *Das Labyrinth oder Der Kampf mit den Elementen.* Das Stück wird am 12. Juni 1798 in der Vertonung von Peter Winter ebenfalls im Freihaus-Theater auf der Wieden uraufgeführt. Diese Fortsetzung hat zunächst nicht weniger Erfolg als der erste Teil; sie wird im ersten Halbjahr 34mal gespielt.

Wie dem auch sei mit diesem merkwürdigen Märchen-Libretto, es ist jedenfalls erst Mozarts Musik, die den Gestalten Leben gibt und einer jeden ihre Charakteristik. Angefangen mit den drei Damen, die der Liebreiz des Jünglings erfaßt. Oder Papagenos Gesänge: das Höchste, was die deutsche Oper an schlichter, scheinbar dem Volkslied naher Sangbarkeit hervorgebracht hat. Oder die Königin der Nacht, deren Partie an eine große Opera seria-Partie erinnert: musikalisch glitzernd in gläsern-kalter Macht, von entrückter Unheimlichkeit. Oder Sarastro: Mozart am Rande des Pathos – wie Tamino in der sogenannten Bildnisarie am Rande allzu süßer Liebe. Doch all das wird nicht über Stimmungen und Empfindungen gewonnen, sondern über eine bei aller Schönheit handlungsfähig bleibende Musik.

Zwei Beispiele: Im *Duett »Bei Männern, welche Liebe fühlen«* (Nr. 7) singen Pamina, eine hohe Frau, und Papageno, ein einfacher Mann, gemeinsam. Die Musik beginnt – nach zwei zunächst rätselhaften, vom Schluß her dann aber in ihrem vorausdeutenden Sinn erkennbaren Takten – melodisch schlicht, in einfacher Taktart (2 x 3/8-Takt, notiert als *»unechter« 6/8-Takt*) und einfach periodisierend, so wie es Papageno zukommt, in dessen Ton Pamina einstimmt. Als der Text die beiden aber so weit führt, daß sie zu sagen wagen: »Mann und Weib und Weib und Mann reichen an die Gottheit an«, da bricht Pamina, die hohe Frau, in eine Koloratur aus und in einen *differenzierten 6/8-Takt,* der ihrer eigenen musikalischen Sphäre zugehört, und der das Wunder der liebenden Verbindung von Mann und Frau nun auf der angemessen *hohen* musikalischen Ebene preist. Mozarts sorgfältige Korrekturen bei der Niederschrift dieses nur scheinbar einfachen Stücks zeigen sinnfällig, daß es ihm eben *darauf* ankommt (Feil 1964). – Nun das sich wiederholende »Die Stunde schlägt« des Sarastro in der zweiten Hälfte des *Terzetts »Soll ich dich Teurer nicht mehr sehen?«* (Nr. 19) (Georgiades 1954). Die ganze

Nummer verläuft *piano*, mit Ausnahme des letzten »die Stunde schlägt« Sarastros. Selbst er, der Halbgott, der zuvor dreimal sein »die Stunde schlägt« (piano, alle zwei Takte chromatisch steigend: *b h c cis d*) verkündet hat, gerät nun angesichts der ungeheuren Spannung im Abschiedsschmerz der beiden jungen Menschen außer Fassung: er fällt schon nach *einem* Takt, also einen Takt *zu früh* nach dem bisherigen Verlauf, in höchster Lage, *forte* ein. Was daraufhin Pamina und Tamino zu singen vermögen, sind kaum mehr Koloraturen, es ist sprachloses Lallen. Und das letzte »Wir sehn uns wieder« des Sarastro, das nach jenem Offenbarwerden der Gottheit jetzt tröstet, erfüllt mit tiefer Zuversicht: im bejahenden Wissen um das Zeitliche, um das Vergängliche, das Tragische.

Bei der Gattung »Zauberoper«, die an Wiens Vorstadttheatern um 1790 im Schwange ist, spielt die Ausstattung eine so hervorragende Rolle, daß sie davon ihren Namen hat: »Maschinenkomödie«. »Herr Gayl, Theatermaler, und Herr Neßlthaler als Dekorateur schmeicheln sich, nach dem vorgeschriebenen Plan des Stücks mit möglichstem Künstlersfleiß gearbeitet zu haben«, verweist der Besetzungszettel der Uraufführung der *Zauberflöte* auf den Anteil des Ausstattungsteams – eine Seltenheit auf damaligen Theaterzetteln, welche auf die Sorgfalt deutet, die Schikaneder auch diesem Teil der Aufführung (Kulissen, Kostümen, Maschinerien) zuwendet.

Von ihrer Uraufführung an hat die *Zauberflöte* ihre Theaterwirkung immer auch aus den bildnerischen Möglichkeiten geschöpft, die das Szenarium bietet – und hat sie bildende Künstler angeregt, man denke nur an die Bühnenbild-Entwürfe von Karl Friedrich Schinkel vom Anfang des 19. Jahrhunderts oder an *Die Zauberflöte. Randzeichnungen zu Mozart's Handschrift* von Max Slevogt (1918/19), auch an die Bühnenbilder und Kostüme, die Oskar Kokoschka 1955/56 für die Salzburger Festspiele gemacht hat, schließlich durchaus auch an die schönen Scherenschnitte von Lotte Reiniger zu *Mozart. Die grossen Opern* (1987).

1791 Wolfgang Amadé Mozart (1756-1791): Requiem

In einem Brief aus Wien an den Vater in Salzburg vom 4. April 1787 schreibt Mozart: »Da der Tod, genau zu nehmen, der wahre Endzweck unseres Lebens ist, so habe ich mich seit ein paar Jahren mit diesem wahren, besten Freunde des Menschen so bekannt gemacht, daß sein Bild nicht allein nichts Schreckendes mehr für mich hat, sondern recht viel Beruhigendes und Tröstendes! Und ich danke meinem Gott, daß er mir das Glück gegönnt hat, mir die Gelegenheit – Sie verstehen mich – zu verschaffen, ihn als den *Schlüssel* zu unserer wahren Glückseeligkeit kennen zu lernen. Ich lege mich nie zu Bett ohne zu bedenken, daß ich vielleicht – so jung als ich bin – den andern Tag nicht mehr sein werde. Und es wird doch kein Mensch von allen, die mich kennen, sagen können, daß ich im Umgange mürrisch oder traurig wäre. Und für diese Glückseeligkeit danke ich alle Tage meinem Schöpfer und wünsche sie von Herzen Jedem meiner Mitmenschen. – Ich habe Ihnen in dem Briefe... schon über diesen Punkt – bei Gelegenheit des traurigen Todfalls meines liebsten besten Freundes Grafen von Hatzfeld – meine Denkungsart erklärt. Er war eben 31 Jahre alt: wie ich. Ich bedaure *ihn* nicht, aber wohl herzlich mich und alle, welche ihn so genau kannten wie ich.« Man sieht, Mozart ist – bei aller Neigung zum Lustigsein und zu vielen, oft albernen Späßen – ein ernster Mensch, voller Gottvertrauen, fromm, wenn auch nicht kirchenfromm, mit dem Tode wohl vertraut. So läßt ihn denn, wie es scheint, seit dem geheimnisumwitterten Auftrag eines »grauen Boten« im Juni 1791 der Gedanke, mit seinem *Requiem* die eigene Totenmesse zu schreiben, nicht mehr los. Man weiß das und man kann es nicht vergessen, und man weiß auch, daß *dies* die Bedeutung des Werkes *nicht* ausmacht. Auch weiß man, daß Mozart am 5. Dezember 1791 über der Arbeit am *Requiem* gestorben ist, und daß sein Schüler Franz Xaver Süßmayr (1766-1803) das Werk vollendet hat – ein unbedeutender Komponist eines der großen Werke der abendländischen Kirchenmusik, und zwar so, daß zwar der Philologe sehen kann, kaum aber der Hörer hören, was von Mozart komponiert ist und was von Süßmayr. Ein tiefschürfendes, tief ergreifendes Werk – voller Rätsel. »Opus summum viri summi« (»Das größte Werk eines sehr großen Mannes«) schreibt Johann Adam Hiller, der Leipziger Thomaskantor, über seine Abschrift des *Requiems*, das er 1792 in Leipzig aufführt.

In der *Neuen Mozart-Ausgabe* hat Leopold Nowak Mozarts *Requiem* (1965) neu ediert und in den Vorworten zu den beiden Bänden (*Mozarts Fragment* und *Mozarts Fragment mit den Ergänzungen von Eybler und Süßmayr*) die damit zusammenhängenden Fragen grundlegend erörtert. Dieser Erörterung schließen wir uns an. Die Frage nach der Entstehung des *Requiems* führt nach Schloß Stuppach bei Wiener-Neustadt. Dort lebt um die Wende vom 18. zum 19. Jahrhundert Franz Graf von Walsegg-Stuppach. Er ist ein begeisterter Musikliebhaber und spielt bei seinen Quartett-Abenden selbst Flöte oder Cello. Er hat außerdem die äußerst merkwürdige Gewohnheit, bei anerkannten Komponisten Werke zu bestellen, die er dann als seine eigenen ausgibt. Als am 14. Februar 1791 die Gattin des Grafen stirbt, kommt er auf die Idee, zu ihrem Andenken von Mozart ein Requiem komponieren zu lassen. Da der Graf, wie gewohnt, unerkannt zu bleiben wünscht, geschieht die Bestellung durch einen »grauen Boten«. Wichtiger als dieser Bote ist, daß der Auftrag Mozart zu einem Zeitpunkt erreicht, da er für den Text des Requiems besonders empfänglich ist. Mozart versieht nämlich seit kurzer Zeit, seit 9. Mai 1791, das Amt eines unbesoldeten stellvertretenden Kapellmeisters bei St. Stephan. Da mag es ihm günstig erscheinen, wieder einmal ein größeres Werk für die Kirchenmusik zu schreiben. Daß der Unbekannte mit der Bestellung gleichzeitig 50 Dukaten als erste Hälfte des Honorars auf den Tisch gelegt hat, muß Mozart zudem in seinen damaligen Verhältnissen auch willkommen sein. So nimmt er den Auftrag an, aller Wahrscheinlichkeit nach zu Beginn des Sommers 1791. Zu diesem Zeitpunkt jedenfalls beginnt er die Niederschrift. Diese Handschrift ist die einzige Quelle. Außer ihr gibt es nur noch ein Skizzenblatt, das freilich den Beweis liefert dafür, daß es Aufzeichnungen von Mozart für Süßmayr gegeben hat, die aber verlorengegangen sind.

Entsprechend dem Auftrag hat Mozart den durch das *Missale Romanum* gegebenen Text der Totenmesse zu vertonen. Er besteht aus folgenden Teilen:

I. Introitus »Requiem aeternam« mit unmittelbar anschließendem Kyrie.
II. Graduale »Requiem aeternam« mit Tractus »Absolve Domine« und der Sequenz »Dies irae«.
III. Offertorium »Domine Jesu« mit dem Versus »Hostias et preces«.
IV. Sanctus.
V. Benedictus.
VI. Agnus Dei mit der anschließenden Communio »Lux aeterna«.

Vom Graduale hat Mozart nur die Sequenz vertont. Da er aber das *Requiem* an sich unvollendet hinterließ – es fehlen Sanctus, Benedictus und Agnus ganz –, ist nicht auszuschließen, daß er auch noch das Graduale und den Tractus komponieren wollte, wenngleich das unwahrscheinlich ist. Daß er es nicht getan hat, entsprach nämlich durchaus einer Gepflogenheit seiner Zeit. Am Ende des 18. Jahrhunderts hat man in der Regel nur die Sequenz vertont, weil deren bilderreicher Text viel mehr Anreiz zu musikalischer Ausdeutung bietet als das Graduale und sein Tractus. Die Frage, wieweit Mozart für die *liturgische* Unvollständigkeit seines *Requiems* verantwortlich gemacht werden kann, ist damit beantwortet. Nicht beantwortet werden kann dagegen die Frage, in welcher Reihenfolge die Sätze entstanden sind. Die letzten sechs Monate in Mozarts Leben gehören ja doch der Komposition der *Zauberflöte* und der Krönungsoper für Prag *La Clemenza di Tito*. Daraus folgt, daß das *Requiem* kaum in einem Zuge sondern nur mit Unterbrechungen entstanden sein kann.

Nach Mozarts Tod ist eine der vordringlichen Sorgen Constanze Mozarts die Vollendung des *Requiems*. Der unbekannte Besteller hat immerhin eine Anzahlung geleistet, und ein zweiter Teil des Honorars ist zu erwarten. Doch wer soll das Werk vollenden?

Anscheinend wird als erster Joseph Eybler (1765-1846) gefragt. Er übernimmt am 21. Dezember 1791 das Fragment und erklärt: »Endes Unterzeichneter bekennet hiermit, daß ihm die verwittwete Frau Konstanzia Mozart das von ihrem seel. Herrn Gemahl angefangene Seelenamt zu vollenden anvertraut; derselbe erkläret sich [bereit], es bis auf die Mitte der künftigen Fastenszeit zu enden, und versichert zugleich, daß es weder abgeschrieben, noch in andere Hände als die der Frau Wittwe gegeben werden soll.« An diesen Vorgang kann sich Constanze 1827 allerdings nicht mehr erinnern. Eybler bekommt jedoch sehr wohl das Fragment von Constanze und beginnt mit der Arbeit, stellt diese jedoch bald ein. Constanze wendet sich daraufhin an andere Kollegen ihres verstorbenen Mannes, die aber einer nach dem anderen absagen. So kommt die Aufgabe denn an Süßmayr. Er ist Mozarts Schüler, hat bei den Rezitativen des *Titus* geholfen, auch hat der sterbenskranke Meister offenbar manches mit ihm über das *Requiem* gesprochen. So unbestimmt die Nachrichten sind hinsichtlich der Art und Weise und der Menge dessen, was Süßmayr von Mozart zum *Requiem* erhielt, so bestimmt ist die Tatsache, daß er das *Requiem* zu Ende gebracht hat. Nachdem Süßmayr seine Arbeit abgeschlossen und Kopien für Wien und Leipzig hergestellt hat, und nachdem auch Maximilian Stadler (1748-1833) mit zwei weiteren Abschriften zu Ende gelangt ist, wird die Partitur dem Grafen von Walsegg übergeben. Dieser fertigt nach seiner Gewohnheit selbst eine Abschrift an, versieht sie mit dem Titel »Requiem composto del Conte Walsegg« und läßt davon die Stimmen ausschreiben. Aus diesem Exemplar dirigiert er selbst am 14. Dezember 1793 in der Neuklosterkirche zu Wiener-Neustadt die erste öffentliche Aufführung in einer Totenmesse für seine verstorbene Gemahlin. Dieser Aufführung war indessen die Uraufführung durch den Baron van Swieten am 2. Januar 1793 in Wien, im Jahnschen Saal in der Himmelpfortgasse, schon vorausgegangen.

Bleibt die Frage: wie konnte Süßmayr dieses Riesenwerk zu Ende bringen? Joseph Eybler hatte seinen Versuch aufgegeben. Die

Gründe dafür können wir nur vermuten. Aber aus den im Fragment sichtbar gebliebenen Resten ist zu schließen, daß er sehr wohl imstande gewesen wäre, die Ergänzungen im Sinne Mozarts vorzunehmen. Anders stand es mit den neu zu komponierenden Teilen. Davor schreckte Eybler offenbar zurück. Über Süßmayrs kompositorische Fähigkeiten herrscht keine einheitliche Meinung. Festzuhalten ist jedoch, daß er sich damals sowohl mit Kirchenkompositionen als auch mit Opern und Singspielen schon einen Namen gemacht hatte. Auf die Frage, wie Süßmayr seine Arbeit durchgeführt hat, betont Stadler in seiner *Verteidigung der Echtheit des Mozartschen Requiems* (Wien 1826) mehrfach, Süßmayr habe sich genau an Mozarts Vorschrift gehalten, womit wohl gesagt sein soll, daß Süßmayr alle Motive Mozarts aufgegriffen und verwendet hat, kaum aber, daß ihre Durchführung im einzelnen nun genau so geschah, wie sie bei Mozart selbst geschehen wäre.

Die von Süßmayr hinzukomponierten Sätze sind ein unlösbares Problem der Mozart-Forschung, denn man wird kaum je ergründen können, ob diese oder jene Mozartsche Wendung von Süßmayr nur nachempfunden ist, oder ob nicht doch Mozart selbst sie ihm mitgeteilt oder gar in Skizzen hinterlassen, ihm also ihre Verwendung aufgetragen hat. Die Musikwissenschaft steht hier an einer Grenze – und muß sich mit Süßmayrs Arbeit abfinden, von der Johannes Brahms freilich kurz und bündig gesagt hat: »Er hat die Anlage Mozarts sorgsam kopiert und sie mit soviel Fleiß wie Pietät ergänzt.«

1791 **Wolfgang Amadé Mozart** (1756-1791): **Opera seria »La clemenza di Tito«** in Prag

Am 20. Februar 1790 stirbt Kaiser Joseph II., der Beweger der durchgreifenden Reformen des sogenannten »Josephinismus«. Nachfolger wird sein Bruder als Kaiser Leopold II. Zu den Feierlichkeiten der Kaiserkrönung reist Mozart im September 1790 nach Frankfurt am Main, wo er am 15. Oktober ein Konzert gibt. (Das bereits im Februar 1788 entstandene *Klavierkonzert D-dur,* KV 537, heißt nach dieser Aufführung in Frankfurt *»Krönungskonzert«.*) Aber Mozarts Hoffnungen auf eine größere Wirkung, auf Einnahmen und auf neue Aufträge erfüllen sich nicht. – Für die Feierlichkeiten der Krönung Leopolds zum König von Böhmen in Prag im Herbst 1791 bestellen die Böhmischen Landstände eine Festoper (d.h. der Tradition entsprechend eine Opera seria), und zwar gegen den Willen des Wiener Hofes bei Mozart. Der Auftrag ergeht Mitte Juli, die Aufführung findet am 6. September 1791 im (deutschen) Nationaltheater in Prag statt. Der Erfolg ist schwach; es folgen nur wenige Wiederholungen. Freilich, Mozart arbeitet in diesem Sommer eigentlich an der *Zauberflöte,* und so kann schon etwas dran sein an der Überlieferung, er habe für die Komposition des *Titus* nur wenig Zeit gehabt, – zumal der Quellenbefund erkennen läßt, daß die Secco-Rezitative Mozarts Schüler Franz Xaver Süßmayr geschrieben hat.

Die Böhmischen Landstände hatten auf *Titus* als Sujet und Text bestanden, wohl weil in der Figur des Titus die Idealfigur eines Imperators auf der Bühne darzustellen ist, der die Vorstellungen von einem aufgeklärten Monarchen verwirklicht, und dessen Darstellung dennoch zugleich als Lob des Herrschers verstanden werden kann, dem die Aufführung gewidmet ist. Das Libretto Metastasios war schon von einem Dutzend Komponisten vertont worden, darunter immerhin Gluck, Hasse, Jommelli, A. Scarlatti. Man kann also annehmen, das Textbuch sei sozusagen sakrosankt gewesen. Mozart hatte zudem von Metastasio auch schon *La Betulia liberata* (KV 118), *Il sogno di Scipione* (KV 126), *Il Rè pastore* (KV 208) unverändert komponiert. *La clemenza di Tito* aber wird nach seinem Urteil erst durch Caterino Mazzolà, der das Libretto für Mozart bearbeitet, zur »wahren Oper«. Allerdings geht die überaus wichtige Tendenz von Mazzolàs Bearbeitung sicherlich auf Mozarts Mitarbeit zurück: Ersatz der monotonen Folge von Rezitativen und Arien durch Sequenzen von Arien und Ensemblesätzen und Ausgestaltung der Aktschlüsse zu echten Finali. Eine derartige Umgestaltung erfordert freilich die Straffung der Handlung und eine stärkere Typisierung der Charaktere, vor allem aber erfordert sie eine Verschiebung des Handlungsschwergewichts der Szenen vom Rezitativ auf die Musiknummern. Dennoch, auch bei Mazzolà sind die Rezitative noch ausgedehnt genug, und auch bei ihm erklärt sich nur in ihnen die Handlungsweise des Titus, erklären sie »die ewige Lehre... für alle Menschen.« Und diese Lehre wird italienisch gesungen, und das bedeutet außerhalb Italiens: sie wird nur von wenigen verstanden. Was als »Lehrstück« gedacht ist, wird damit zum musikalisch-theatralischen Spektakel. Im Sinne Mozarts ist das aber nicht! Also sollte man auch heute noch riskieren, was schon Telemann in Hamburg bei Opern von Händel riskiert hat, nämlich die Rezitative in der Landessprache zu singen und die Gesangsnummern italienisch. Dabei entsteht zwar eine Art von Bruch, dieser aber ist nicht schlimmer als der des Verhältnisses Rezitativo secco/Arie, den man hinzunehmen gewohnt ist. Denn allemal gilt: Wenn der Mensch im Theater den Text, jedenfalls den die Handlung bestimmenden Text, nicht versteht, dann kann er auch die Musik nicht, oder doch nur ungenügend verstehen.

Das Libretto des *Titus* ist nach der Umarbeitung im Sinne Mozarts jetzt zwar annehmbar – aber es ist und bleibt das Libretto zu einer Opera seria, und die Opera seria ist im Jahre 1791 eine überholte Art von Oper, zudem eine, die Mozarts Vorstellung von Theater und Theatermusik kaum entspricht, ihr in gewisser Weise sogar entgegensteht. Die Figuren im *Titus* haben kein musikdramatisches Leben wie die des *Figaro* oder des *Don Giovanni.* Sie sind heroische Idealgestalten, die Musik vollzieht sich *an* ihnen, nicht sind sie selber Musik wie der Graf Almaviva oder wie Don Giovanni. Ihre Blässe und Schemenhaftigkeit verrät sich vor allem im Ensemble: sie handeln und singen nicht gegeneinander und sich dadurch steigernd, sondern nebeneinander; sie summieren sich, aber potenzieren sich nicht, wie Greither (1956) trefflich formuliert. Das musikalische Geschehen orientiert sich am Bildlich-Szenischen, das einen feststehenden Rahmen für wechselnde Personenkonstellationen abgibt. Aber Mozart verschränkt ingeniös die beiden nicht zu trennenden Bereiche, nämlich die Aktionen der Personen auf der Bühne und die bestimmende Katastrophe im Hintergrund des Geschehens, und er hebt sie gleichzeitig voneinander ab (Kunze 1984): Seine Opera seria deutet die dramatischen Umrisse an, ohne daraus eine musikalische Tragödie zu entwickeln, aber seine Musik haucht den Menschen in ihren Konflikten Leben ein.

1791-1795 Joseph Haydn (1732-1809): Die 12 Londoner Sinfonien (Nr. 93 bis Nr. 104)

Ein Bericht der *Berlinischen Musikalischen Zeitung* vom Sommer 1793 aus London schildert die dortigen Verhältnisse im Konzertbetrieb wünschenswert knapp und deutlich:

> »Das beste Concert in London ist dasjenige, wovon Salomon der Entrepreneur [Unternehmer] ist, und daher *Salomons-Concert* heißt. Es besteht aus 12 bis 16 Violinen, 4 Bratschen, 5 Violonzellen, 4 Contrabäßen, Flöten, Oboen, Fagotten, Hörnern, Trompeten und Pauken – in allem ungefähr 40 Personen. Der Saal worin es gehalten wird [die sogenannten *Hanover Square Rooms,* die 1775 Johann Christian Bach eröffnet hat], ist vielleicht etwas länger als der in der *›Stadt Paris‹* zu Berlin, aber breiter, besser decorirt und hat eine gewölbte Decke. Die Musik nimmt sich über alle Beschreibung schön darin aus. Das Orchester ist en amphitheatre geordnet. Salomon war immer ein guter Anführer, jetzt kann man sagen, daß er ein vortrefflicher ist. Vielleicht hat auch Haydn, der die zwei letzten Carnevale [Konzertsaison anfangs des Jahres] hier gewesen, und seine Sinfonien in Salomons Conzerte selbst dirigirt hat, das Seinige dazu beigetragen. In jedem Conzerte werden zwei, auch wohl drei Haydn'sche Sinfonien gespielt. Madame Mara singt zwei Arien; Signor Bruni, ein Castrat von der italienischen Oper, eben so viel; Viotti oder Salomon spielt ein Violinconzert. Außerdem wird gewöhnlich noch ein Conzert auf der Hoboe, Flöte Harfe oder auf dem Violonzell – ein Concerto-großo oder ein Quartett gespielt. Das ganze Concert ist in zwei Teile geteilt, fängt Abends um 8 Uhr an und ist um 11, halb 12 Uhr vorbei...
>
> Das zweite Concert in London ist das sogenannte *Professional-Concert,* weil 30 oder 32 Mitglieder von der musikalischen Profession die Entrepreneurs desselben sind. Es wird in dem nehmlichen Saale gehalten, den ich vorhin beschrieben habe, und hat im Ganzen dieselbe Einrichtung. Cramer ist einer von den Entrepreneurs und dirigirt das Conzert. Die vornehmsten Solospieler sind folgende: Dusseck, der hier große Sensation macht; Madame Dusseck (sonst Mlle. Cori) ist die erste Sängerin. Madame Storace [Mozarts erste Susanna im *Figaro* in Wien], gute Aktrice auf der englischen Bühne, singt auch hier... Außerdem kommen in diesem Concerte noch eine Art von drei-, vier- und fünfstimmigen Gesängen vor, die blos mit Clavierbegleitung gesungen und von den Engländern *Catches* und *Glee's* genennt werden. Man hört hier diese Stücke sehr gern, sie sind auch bisweilen sehr gut gemacht und nehmen sich im Zimmer nicht übel aus; in einem großen Saal aber klingen sie leer.
>
> Außer diesen Beiden Concerten gibt es verschiedene andere öffentliche Concerte, nehmlich *Ancient musik concert; Lady's concert; Tottenham court's road concert; Harrison's Concert* u.a.m., wo zum Teil alle Arten alter Musik und zum Teil auch Händelsche Sachen, oder auch blos *Catches* und *Glee's* u.s.w. aufgeführt werden, die alle stark besetzt sind und häufig genug frequentirt werden... Salomons, Cramers und alle andre öffentliche Subscriptions- und Benefizconcerte kosten nach Preuß. Gelde 5 1/2 Rthlr. die Person...«

Man sieht, in London gibt es am Ende des 18. Jahrhunderts mehrere Abonnements-Konzertreihen, etwas, das uns selbstverständlich ist, das damals aber durchaus ungewöhnlich war: Zu einer Zeit, als das Konzertleben auf dem Kontinent noch hauptsächlich durch den Adel bestimmt ist, bieten sich in der reichen Großstadt London fast moderne Verhältnisse. Neben Orchesterkonzerten und Opernaufführungen mit zeitgenössischer

Musik gibt es Kreise, die sich ausschließlich älterer Musik widmen, angeregt durch die noch durchaus lebendige Begeisterung der Engländer für die Musik Händels. So bilden gegen Ende des 18. Jahrhunderts Gedächtnisaufführungen des *Messias* in der Westminster Abbey mit manchmal 1000 Mitwirkenden gesellschaftliche Ereignisse ersten Ranges. Und, wie schon früher bei Händel selbst, bemüht man sich ständig, ausländische Künstler zu gewinnen und nach London zu holen.

Im Falle der Orchesterkonzerte werden diese Bemühungen Anfang der neunziger Jahre durch das Aufkommen zweier rivalisierender Unternehmer erheblich gefördert. Als Konkurrenz zu den *Professional-Concerts* gründet 1783 der bekannte Geigenvirtuose Johann Peter Salomon (1745-1815), ein gebürtiger Deutscher aus Bonn, eine eigene Subskriptionskonzert-Reihe, die sofort Erfolg hat. Salomon versucht Mozart und Haydn zu gewinnen, und Letzterer folgt der Einladung auch tatsächlich, als er nach dem Tod seines Dienstherrn und der Auflösung seiner Kapelle im Herbst 1790 frei ist. Am 2. Januar 1791 trifft Haydn in London ein. Der erste Vertrag mit Salomon lautet auf 300 englische Pfund Sterling für 6 neue Sinfonien, und 200 Pfund für deren Verlagsrechte, 300 Pfund für eine neue Oper, 200 Pfund für 20 kleinere Werke, und 200 Pfund Garantie auf ein Benefiz-Konzert, im Ganzen also 1200 Pfund. Die Konzerte werden auf zwei Jahre verteilt, zumal die Saison jeweils auf das Frühjahr beschränkt ist. Die Subskription selbst umfaßt je zwölf Konzerte, die im Jahre 1791 zwischen dem 11. März und dem 3. Juni, im folgenden Jahr vom 17. Februar bis 18. Mai stattfinden. In dieser Konzertreihe bilden die neuen Werke Haydns zwar die Hauptattraktion, sie sind aber keineswegs der einzige Anziehungspunkt. Denn damals knüpft das Publikum andere Erwartungen an ein Orchesterkonzert als heute. Nicht nur dauern die Konzerte im allgemeinen viel länger, sie bestehen auch aus einer Mischung von Werken verschiedener Gattungen und Besetzungen, wobei Vokaldarbietungen neben Instrumentalkonzerten und Sinfonien nicht fehlen dürfen. Bei diesen Konzerten gibt es keinen Dirigenten im heutigen Sinne. Entweder liegt die Führung beim Konzertmeister, in diesem Falle also bei Salomon, oder beim Spieler des Cembalos, oder bei beiden gemeinsam (Doppeldirektion). Das letztere ist wohl für die Aufführungen Haydns in London anzunehmen, also durchaus auch für diese Sinfonien, die gar keinen Generalbaß mehr haben oder brauchen. Immerhin ist eine autographe Cembalostimme zum Finale der *Sinfonie Nr. 98* überliefert, aus der Haydn nachweislich gespielt hat.

Wie aus einem Bericht der schon zitierten *Berlinischen Musikalischen Zeitung* hervorgeht, sind es keinesfalls nur die Londoner Sinfonien Haydns, die in den Salomon-Konzerten aufgeführt werden. In der ersten Saison seines Aufenthaltes müssen ältere Werke sogar in der Mehrzahl sein, denn in zwölf Konzerten werden nur zwei neue *Londoner Sinfonien* aufgeführt. (Immerhin dürften ja wohl auch sonst die meisten Werke Haydns dem Londoner Publikum noch nicht bekannt sein, so daß sie in diesem Sinne doch »neu« sind.) Im Frühjahr 1792 folgen dann die übrigen vier *Sinfonien,* die gemäß dem Vertrag mit Salomon für London neu komponiert sind.

Während Haydns zweitem Aufenthalt in der englischen Hauptstadt, der nach anderthalbjähriger Pause im Frühjahr 1794 zustande kommt und ebenfalls zwei Konzertsaisons umfaßt, entstehen die zweiten sechs *Londoner Sinfonien,* von denen je drei in den Jahren 1794 und 1795 aufgeführt werden, diejenigen des Jahres 1795 allerdings mit dem Orchester der *Opera-Concerts,* weil Salomon sein Orchester hat auflösen müssen.

Die zwölf zwischen 1791 und 1795 in London entstandenen und uraufgeführten *Sinfonien* Haydns sind in der Reihenfolge ihres Erscheinens im Druck in London:

1. *Sinfonie Nr. 97,* C-dur,
komponiert 1792, Aufführung: 3. oder 4. Mai 1792
2. *Sinfonie Nr. 93,* D-dur,
komponiert 1791, Aufführung: 17. Februar 1792
3. *Sinfonie Nr. 94,* G-dur,
komponiert 1791, Aufführung: 23. März 1792
»The Surprise« (*»Sinfonie mit dem Paukenschlag«*)
4. *Sinfonie Nr. 98,* B-dur,
komponiert 1792, Aufführung: 2. März 1792
5. *Sinfonie Nr. 95,* c-moll,
komponiert 1791, Aufführung: Frühjahr 1791
6. *Sinfonie Nr. 96,* D-dur,
komponiert 1791, Aufführung: 11. März 1791
»The Miracle«
7. *Sinfonie Nr. 104,* D-dur,
komponiert 1795, Aufführung: 13. April 1795
»Salomon« oder *»London«*
8. *Sinfonie Nr. 103,* Es-dur,
komponiert 1795, Aufführung: 2. März 1795
»Sinfonie mit dem Paukenwirbel«
9. *Sinfonie Nr. 102,* B-dur,
komponiert 1794, Aufführung: 2. Februar 1795
10. *Sinfonie Nr. 99,* Es-dur,
komponiert 1793, Aufführung: 10. Februar 1794
11. *Sinfonie Nr. 101,* D-dur,
komponiert 1793/94, Aufführung: 3. März 1794
»The Clock« (*»Die Uhr«*)

12. *Sinfonie Nr. 100,* G-dur,
komponiert 1793/94, Aufführung: 31. März 1794
»Militär-Sinfonie«

(Die Zählung von 93-104 geht auf die der unvollständigen alten Gesamtausgabe und auf E. Mandyczewski zurück. Die Namen sind zum Teil zeitgenössisch, doch nicht von Haydn.)

Die *12 Londoner Sinfonien* sind Abschluß und Höhepunkt von Haydns nahezu lebenslanger Arbeit an dieser Gattung. Sie entstehen – das muß man sich immer einmal wieder klarmachen – *nach* Mozarts letzten großen Sinfonien (und dann nach Mozarts Tod) und in den ersten Jahren des jungen Beethovens in Wien. Sie gehören in ihrer Zeit zum Größten schlechthin, und darin sind sich damals *alle* Kenner und Liebhaber einig. In einer Besprechung des Salomon-Konzerts vom März 1791 vergleicht ein Londoner Rezensent Haydn gar mit Shakespeare – ein für England wirklich unerhörter Vergleich. In der Tat, diese Sinfonien Haydns können als Inbegriff dessen verstanden werden, was wir als Vorstellung von Musik der Wiener Klassiker in uns tragen. Wir können und dürfen nämlich – wie Bockholdt (1987) zutreffend formuliert hat – »den Wortgebrauch ›Wiener klassische Musik‹ allemal vernünftig und sinnvoll finden, wenn wir aus dem Spektrum von Bedeutungen die folgenden drei festhalten: Reife, Allgemeinverständlichkeit, Anspruch.« Und eben diese drei Merkmale zeichnen Haydns *Londoner Sinfonien* in besonderer Weise aus, und nicht nur in Haydns Gesamtwerk sondern überhaupt im Ganzen der abendländischen Musikgeschichte.

Freilich, man hat nicht immer so gedacht; selbst diese Werke haben sich durch Wiederholungen schon in einem halben Jahrhundert so weit »abgenutzt«, daß Robert Schumann in einer Konzertkritik schreiben konnte: »Das Konzert des 28ten Januar [1841] war Haydn gewidmet. So Mannigfaltiges das Programm enthielt, so mag doch manchen der Abend ermüdet haben, und natürlich: denn Haydnsche Musik ist hier immer viel gespielt worden, und man kann nichts Neues mehr von ihm erfahren; er ist wie ein gewohnter Hausfreund, der immer gern und achtungsvoll empfangen wird; tieferes Interesse aber hat er für die Jetztzeit nicht mehr...« Bleibt die Frage, ob wir es heute besser wissen. So lange Generalmusikdirektoren diese Sinfonien noch immer als Programmfüller benutzen, und so lange Orchester meinen, »so etwas« müsse man nicht proben, so lange ist diese Frage mit Nein zu beantworten. Indessen, Robert Schumann und heutige Musiker so einfach für töricht zu erklären, das geht nicht an! Es sind nämlich nicht nur »Abnutzungserscheinungen« und mangelndes Interesse, die dem 19. Jahrhundert und uns als seinen Nachfahren Haydns Instrumentalmusik fern gerückt haben, es ist vielmehr ein Wandel in der Vorstellung von Musik, besonders von Instrumentalmusik und von deren Funktion im Musikleben. Im vorrückenden 19. Jahrhundert bekennt man sich zu dem Ideal der »ernsten«, der »absoluten« Musik, d.h. im Bereich der Symphonie – so die Schreibweise jetzt durchgehend – zum Monumentalwerk.

Haydn aber kennt die Vorstellung vom Monumentalwerk nicht, und so sind seine Sinfonien nicht nur kürzer als spätere Werke, sondern auch auf ganz andere Weise konzipiert. Sie zeichnen sich vor allem durch Knappheit und durch Sparsamkeit der Mittel aus. Hier sind den sonst üblichen starken »Ausdrucksmitteln« Grenzen gesetzt. Überhaupt wird vieles, das sich in der Musik Haydns rasch und unauffällig vollzieht, in der Musik der Folgezeit explizit gemacht, ausgedehnt, überdeutlich. Besonders die Harmonik spielt im allgemeinen eine ganz andere Rolle als in der Komposition des 19. Jahrhunderts. Ihn interessiert der harmonische Wechsel hauptsächlich im Verhältnis zur Satzstruktur, zum Rhythmus und zur Melodie, also als innerer Bestandteil der musikalischen Faktur und nicht als Ausdrucksmittel. Sucht man hier nach »kühnen Stellen« oder nach komplizierten harmonischen Wendungen, so stößt man bestenfalls auf Ausnahmen aber nicht auf die Substanz der Komposition. Ähnliches gilt für die formale Anlage. Wer von den üblichen Satzformen (Sonatenform, Rondo usw.) des 19. Jahrhunderts ausgeht, findet sich ständig gezwungen, die Sätze Haydns als Ausnahmen von der Regel zu beschreiben. Für Haydn geht die jeweilige Struktur, anders als später, aus den besonderen Eigenschaften der jeweiligen Musik hervor, sie kann vom einzelnen Satz nicht losgelöst werden und hat daher als bloße »Form« kein Eigenleben. Schließlich fehlt bei Haydn eines der Hauptmerkmale der späteren Symphonik, nämlich der tiefe, alles umfassende Ernst. Selbstverständlich sind seine Werke nicht unernst, aber in ihnen überwiegt ein oft sprudelnder, oft bäuerlich derber Humor. Daß dieser auch als solcher erkannt werden will, hebt etwa Haydns Biograph Griesinger (1810) besonders hervor: »Eine arglose Schalkheit, oder was die Britten Humour nennen, war ein Hauptzug in Haydns Charakter...« (Martinez-Göllner 1979). Ach, hätte Griesinger doch das nicht gesagt! Seitdem meint ein jeder, der Humor hat – und wer hätte denn keinen Humor! –, er verstünde Haydn, und zwar gerade in seiner Haupteigenschaft, in seinem Humor. Aber bei Griesinger steht nicht »Humor«, sondern »arglose Schalkheit, oder was die

Britten Humour nennen«, und das meint etwas anderes! – Hier liegt ein Problem, das mit dem einen der angeführten Merkmale der Musik der Wiener Klassiker zusammenhängt, mit dem »Anspruch« (Bockholdt 1987). Damit ist nämlich auch oder gerade gemeint, diese Musik sei von sich aus so geartet, daß sie vom Hörer wie vom Ausübenden die größte geistige Aktivität verlangt – und außerdem, daß eben diese Aktivität zu leisten heute schwerer ist als in früheren Zeiten. Wir können die Sprache dieser Musik zwar noch verstehen, aber nur, wenn wir sie einüben – und das müßte wohl anders geschehen, als es etwa in der heutigen Schulmusikpraxis geschieht. Nichtmetaphorisch, konkret-musikalisch gesagt: einen einfachen Kadenzvorgang zu vollziehen (grundlegend wichtig für das Verständnis Wiener klassischer Musik!), ist schon allein dadurch, daß ein Gebilde wie der *Tristan*-Akkord ersonnen worden ist, schwerer als zuvor, und durch alles, was danach noch kommen sollte, vollends zu einer wirklichen Aufgabe geworden.

Einiges bleibt nachzutragen, das nicht direkt mit den Werken zusammenhängt, aber trotzdem musikhistorisch von hoher Relevanz ist. *Erstens:* Haydn lebt immerhin bei seinen beiden England-»Reisen« zweimal eineinhalb Jahre in England, und das bedeutet, daß er, ein schließlich nicht mehr ganz junger Mann, ein Leben führen muß, das in schroffem Gegensatz zu dem steht, das er bis dahin geführt hat: keine Beschaulichkeit mehr des Daseins wie des Schaffens. Botstiber (Pohl 1875-1925) hat, gewiß mit Recht, das London des 18. Jahrhunderts in musikalischer Hinsicht mit dem New York des beginnenden 20. Jahrhunderts verglichen: Ein Konzert jagt das andere, eine Benefiz-Vorstellung die andere, und in allen Konzerten ist gleichsam alles möglich. Der Hunger der Veranstalter wie – angeblich – des Publikums nach immer neuen Werken ist unstillbar. Haydn muß deshalb in der Saison zahlreiche Konzerte dirigieren, also nicht nur die wöchentlichen Salomon-Konzerte, und er muß eine Produktivität entfalten, die durch die Menge der Werke nicht weniger überrascht als durch die Breite. Nach der Saison, im Sommer und im Herbst freilich lebt er erholsam, aber arbeitsam bei freundlichen Gastgebern auf dem Lande – und lernt auch fleißig Englisch!

Zweitens: Ruhm und Ehre, wie Haydn sie jetzt erfährt, übersteigen alles, was einem Musiker bis dahin jemals zuteil geworden ist: Im Juli 1791 verleiht die Universität Oxford auf Betreiben des Musikhistorikers Charles Burney Haydn ihre Ehrendoktorwürde. Die Promotion findet während eines dreitägigen Musikfestes statt, bei dem an jedem Abend ein oder zwei Werke Haydns aufgeführt werden, darunter (wahrscheinlich) auch die *Sinfonie G-dur Nr. 92,* die in späteren Abschriften von diesem Ereignis den Namen *»Oxford«* trägt. Und noch eine andere Ehrung widerfährt Haydn, die kaum je einem Künstler und schon gar nicht einem Musiker widerfahren ist: 1793 läßt Graf Karl Leonhard Harrach, der Grundherr von Haydns Geburtsort Rohrau, in seinem Park ein Denkmal errichten – der Graf dem Sohn eines Wagnermeisters.

Drittens: Der materielle Gewinn von Haydns Londoner Zeit ist erstaunlich; er beläuft sich auf rund 15000 Gulden, – der künstlerische, wie Haydn in seinem Tagebuch anmerkt, auf »768 Blatt neuer Komposition«, darunter die *12 Londoner Sinfonien.*

Viertens: Innerhalb des Londoner Musiklebens begegnet Haydn der starken Händel-Tradition und damit einer intensiven Pflege oratorischer Musik auf höchstem Niveau und außerhalb der Kirche. Im Mai 1791 findet in der Westminster-Abbey, wie damals schon seit Jahren üblich, eine Händel-Feier statt, bei der mit mehr als 1000 Mitwirkenden aufgeführt werden: *Esther, Saul, Judas Maccabäus* und *Messias.* Haydn sagt dazu: »Er ist der Meister von uns allen.«

Fünftens: Ende Oktober 1792 reist der junge Beethoven zum zweiten Mal nach Wien, um dort, gleichsam an der Quelle, die Komposition zu studieren. Sein Mentor, der Graf von Waldstein, schreibt ihm in sein Stammbuch: »Lieber Beethoven! Sie reisen itzt nach Wien zur Erfüllung ihrer so lange bestrittenen Wünsche. Mozart's Genius trauert noch und beweinet den Tod seines Zöglinges. Bei dem unerschöpflichen Hayden fand er Zuflucht, aber keine Beschäftigung; durch ihn wünscht er noch einmal mit jemanden vereinigt zu werden. Durch ununterbrochenen Fleiß erhalten Sie: *Mozart's Geist aus Haydens Händen.* Bonn d. 29ten Oct. 792. Ihr wahrer Freund Waldstein.« Ob Beethoven wirklich bei Haydn Unterricht erhalten hat, ist nicht mit Daten nachzuweisen. Immerhin berichtet 1796 ein *Jahrbuch der Tonkunst von Wien und Prag* u.a. über Beethoven dies: »... Ein redender Beweis einer wirklichen Kunstliebe ist, das er sich unserm unsterblichen Haydn übergeben hat, um in die heiligen Geheimnisse des Tonsatzes eingeweiht zu werden. Dieser große Meister hat ihn nun während seiner Abwesenheit unserm großen Albrechtsberger übergeben. Was ist da nicht alles zu erwarten, wenn ein so hohes Genie sich der Leitung solcher vortrefflichen Meister überläßt! Man hat schon mehrere schöne Sonaten von ihm, worunter sich seine letzteren besonders auszeichnen.« Diese *Klaviersonaten op. 2* sind Haydn gewidmet – und in ihnen beweist sich Beethoven als Schüler Haydns, ob er nun konkret bei Haydn Stunden gehabt hat oder nicht. Beethoven hat jedenfalls Haydn verstanden und sich dessen Vorstellung von Musik und von Komposition zu eigen gemacht (und Albrechtsberger für's rein Technische gleichsam benützt). Und Haydn hat dies gesehen und auch verstanden. Am 23. November 1793 schreibt er in einem Brief an den Kurfürsten Maximilian Franz in Bonn: »Euer Churfürstliche Durchlaucht! Ich nehme mir die Freiheit, Eurer Churfürstlichen Durchlaucht einige musikalische Stücke... von der Komposition meines lieben, mir gnädigst anvertrauten Schülers, Beethoven, untertänigst einzuschicken, welche, wie ich mir schmeichle, als ein empfehlender Beweis seines außer dem eigentlichen Studieren angewandten Fleißes von Eurer Churfürstlichen Durchlaucht gnädigst werden aufgenommen werden. Kenner und Nicht-Kenner müssen aus gegenwärtigen Stücken [- um welche Stücke es sich handelt, weiß man nicht –] unparteiisch eingestehen, daß Beethoven mit der Zeit die Stelle eines der größten Tonkünstler in Europa vertreten werde, und ich werde stolz sein, mich seinen Meister nennen zu können. Nur wünsche ich, daß er noch eine geraume Zeit bei mir verbleiben dürfe. – Weil nun einmal von Beethoven die Rede ist, so erlauben Eure Churfürstliche Durchlaucht, daß ich auch ein paar Worte von seinen ökonomischen Angelegenheiten sagen darf. Für das verflossene Jahr waren ihm 100 # [Dukaten] angewiesen. Daß diese Summe nicht hinreichend war, auch nur um bloß zu leben, daran sind Eure Churfürstliche Durchlaucht wohl selbst überzeugt; indessen mögen Höchstdieselben Ihre guten Ursachen gehabt haben, ihn mit einer so geringen Summe in die große Welt zu schicken...« Sicherlich, der Brief ist ein Bittbrief an Beethovens Landes- und ursprünglichen Dienstherrn. Aber dieser Brief sagt mehr, auch mehr als daß Haydn Beethovens Genie erkannt habe, er sagt, daß Haydn in der Tat Beethoven als geistigen Erben ansieht.

1795 Christian Gottfried Körner (1756-1831): Abhandlung »Über Charakterdarstellung in der Musik« in Schillers Zeitschrift »Horen«

Christian Gottfried Körner, der Vater des Dichters Theodor Körner, ein Freund Schillers, ist ein gebildeter und versierter musikalischer Dilettant, in philosophischer Hinsicht sicherlich wenig mehr als ein Epigone, aber als Musikästhetiker höchst originell, wie Seifert (1960) überzeugend dargestellt hat. Vor allem auf Grund persönlicher Beziehungen und ständigen gedanklichen Austausches mit den Weimarer Klassikern fängt Körner die Hauptströmungen des Kunstdenkens seiner Zeit wie im Brennspiegel ein und entwickelt auf Grund seiner nachgewiesenermaßen solide fundierten musikalischen Erfahrungen daraus eine spezielle Musikästhetik. 1795 erscheint, von Schiller angeregt, von Goethe gefördert und von so gegensätzlichen Köpfen wie Herder und Wilhelm von Humboldt positiv bewertet, in den *Horen* (Jg. 1795, 5. Stück) seine *Abhandlung »Über Charakterdarstellung in der Musik«.* Seine Gedanken kulminieren im Begriff der »Charakterdarstellung« durch autonome, von jeder Bindung an das Wort oder an den Tanz freie Musik, das heißt mit anderen Worten, durch Instrumentalmusik, wie sie vor allem als Sonate und Sinfonie von den Wiener Klassikern zu »klassischer Vollendung« gebracht wird. Körners Charakterbegriff entspricht deshalb sowohl der philosophisch-literarischen als auch der musikalischen Klassik. Er ist auf das allgemeinste ästhetische Prinzip jener Zeit, auf das des Gleichgewichts verschiedener Elemente, zurückzuführen und der Idee der schönen Humanität verpflichtet. Genauso entspricht die musikalische Charakterdarstellung, wie sie Körner versteht, zwar nicht der allgemeinen musikalischen Situation seiner Zeit, wohl aber der der Wiener Klassiker. Denn mit diesem Terminus wird die Tatsache beschrieben, daß deren Instrumentalmusik etwas darstellen kann, das zwar evident, aber nicht mit Worten und Begriffen zu beschreiben ist, dafür aber mit rein musikalischen Mitteln und ohne Bezug auf Außermusikalisches.

Körners *Abhandlung* als wichtigstes Zeugnis zeitgenössischer Musikästhetik enthebt im Grunde von der falschen Aufgabe, die Kategorien gleichsam frei zu erfinden, die für die Beschreibung von Musik der Wiener Klassiker notwendig sind. Denn was sonst steht hinter den üblicherweise verwendeten Kennzeichnungen wie Stil, Stileinheit, Stilanalyse, Entfaltung der Stilmöglichkeiten oder Form, Formwille, Gestaltungswille, Ordnung zum Ganzen oder innere Schlüssigkeit, Typik, Individualisierung? Nicht mehr und nicht weniger als die ästhetische Grund- und Hauptidee der in komplizierten Wechselprozessen sich gerade in jener Zeit unmittelbar vor der Jahrhundertwende herausbildenden Kunstanschauung des – sagen wir – klassischen deutschen Idealismus, mit ihrem Kulminationspunkt in Schillers *Briefen über die ästhetische Erziehung des Menschen:* die Idee des harmonischen Gleichgewichts, des Ausgleichs auch der widersprüchlichen Einzelelemente im Ganzen des Kunstwerks in einer Art von prozessualem Vorgehen, der Versöhnung von strenger Gesetzlichkeit und individueller Freiheit im Kunstschönen, besser: im Vollzug des Kunstwerkes. Freilich, Körners Schlüsselbegriff Charakterdarstellung ist uns heute völlig ungewöhnlich – und auch seine historische Bedeutung ist noch nicht ganz klar.

Hält man sich die Anteilnahme der Weimarer Freunde Körners an der Entstehung und Veröffentlichung dieses *Horen-Aufsatzes* vor Augen, und weiß man um die Zustimmung, die dieser nicht allein bei Schiller, sondern auch bei Goethe, Wilhelm von Humboldt, Herder und sogar Friedrich Schlegel gefunden hat, so nimmt es wunder, daß diese so wichtige musikästhetische Abhandlung keinen Einfluß auf die Folgezeit und deren ästhetische Bemühungen genommen hat und bald in Vergessenheit geraten ist. Zweifellos hängt diese Tatsache mit der geistesgeschichtlichen Situation um 1800 zusammen, die durch das unmittelbare »Nebeneinander von Hochklassik und Frühromantik« einerseits und die relativ »fortschrittliche« Rolle der Romantik gegenüber der Klassik andererseits gekennzeichnet ist. Dabei kommt es ja doch zu jener Distanzierung der jungen Generation von den als veraltet angesehenen klassischen Idealen und zur Konzentration der geistig führenden Köpfe im romantischen Lager, und das wirkt sich notwendig auch auf die Bewertung von Körners so ganz und gar klassischer Musikästhetik aus.

1796-1802 Joseph Haydn (1732-1809): Die 6 großen Messen

Seit 1794 ist Nikolaus II. regierender Fürst Esterházy. Er verlegt die Residenz von Esterháza in Ungarn wieder zurück nach Eisenstadt – weil von hier der Weg nach Wien kürzer ist. Nun hat Haydn wieder das Musikleben des Esterházy-Hofes zu leiten, aber mit weit weniger Pflichten als vor 1790. »Für meinen vierten Fürsten« muß er vor allem Werke der Kirchenmusik komponieren, deren Aufführungen seit 1802 allerdings der Vizekapellmeister Johann Nepomuk Fuchs leitet. (Die Kammermusik leitet Luigi Tomasini und die 1804 wieder aufgenommenen Opernvorstellungen Johann Nepomuk Hummel, ein Schüler Mozarts.) Haydn schreibt, so nimmt man jedenfalls an, insgesamt *14 Messen.* Von ihnen entstehen 8 vor der Verordnung Kaiser Josephs II. (von 1783) zur Einschränkung der feierlichen Gottesdienste, 6 danach. Zwischen der *»Mariazeller-Messe«* von 1782 und der ersten der *6 späten Messen* liegen vierzehn Jahre, eine auffallend lange Zeitspanne.

Die *6 großen Messen* Haydns sind (nach Hoboken):

Nr. 9 *Missa in Tempore belli, »Pauken-Messe«;* komponiert 1796. Griesinger (1810) berichtet: »Er setzte im Jahr 1796, als die Franzosen in Steiermark standen, eine Messe, welcher er den Titel: ›In tempore belli‹ gab.« Im Agnus Dei ist mit Trompeten und Pauken der Krieg gleichsam leibhaftig beschworen, die Bitte um Frieden um so inniger. (Man denke an das Agnus Dei von Beethovens *Missa solemnis* – allerdings auch daran, daß solche »Zitate« damals nicht unüblich sind!) Die Uraufführung findet in Wien in der Piaristenkirche in der Josephsstadt statt »unter Zusammenströmen einer ungeheuren Volksmenge, auch der vornehmsten Stände.« Ein gewisser Eipeldauer berichtet darüber (Pohl/Botstiber 1927): »... da hat der berühmte Haidn d'Musik dazu g'macht und da hab ich aus besonderer Gnad ein Antrebilliet aufn Chor kriegt, denn sonst hätten's mich in der Kirchen erdruckt. Herr Vetter, in keiner Predigt ist's noch so voll g'wesen, aber es ist auch der Müh werth g'wesen, Herr Vetter; denn so eine schöne Musik hab' ich noch in kein Theater g'hört.«

Nr. 10 *Missa St. Bernardi von Offida, »Heilig-Messe«;* komponiert 1796. Bernhard von Offida ist ein Kapuzinermönch, der 1795 seliggesprochen worden war und dessen Fest nahezu mit dem Namensfest der Fürstin Esterházy zusammenfiel, das am 13. September festlich zu begehen war.

Nr. 11 *Missa in Angustijs* (so Haydn in seinem Werkkatalog), *»Nelson-Messe«;* komponiert 1798. (Der Name soll von der Trompetenstelle im Benedictus herrühren, die die Ankunft des Herrn verkündigt wie den Sieg Nelsons bei Abukir am 1. August 1798. In England nennt man die Messe *»Coronation-Mass«.)*

Nr. 12 *»Theresien-Messe«;* komponiert 1799 (vielleicht auf Wunsch oder zu Ehren der Kaiserin Marie Therese, der zweiten Gemahlin Kaiser Franz' II., des letzten römischen Kaisers).

Nr. 13 *»Schöpfungs-Messe«;* komponiert 1801. (Der Name rührt von einem Zitat aus der *»Schöpfung«* im »Qui tollis« des Gloria. Johann Adam Hiller, seit 1789 Thomaskantor in Leipzig, soll zu einer eigenhändigen Abschrift die Bemerkung geschrieben haben: »Opus summum viri summi J. Haydn.«

Nr. 14 *»Harmonie-Messe«;* komponiert 1802. (Der Name ist wohl von der starken Bläserbesetzung, der »Harmoniemusik«, herzuleiten.)

Diese *6 großen Messen* Haydns sind Abschluß und Höhepunkt seiner Arbeit in dieser Gattung. Zwar schreibt er zu jener Zeit keine Sinfonien mehr, aber er bringt seinen sinfonischen Satz in die vielstimmige Komposition von Vokalmusik, gerade auch der Messen, ein. Trotzdem ist zu sagen, daß man Haydns Werk und Größe kaum von seinen Messen her verstehen kann. Sie streben keine besonders tiefe Deutung des Singgehalts an, sie werden vielmehr von der für Haydn selbstverständlichen frommen liturgisch-katholischen Tradition getragen. Mit dieser verbinden sie den Zug des Sonntäglich-Festlichen, des Fröhlich-Unterhaltenden, welcher der Erwartung des Kirchenbesuchers der damaligen Zeit, insbesondere in Wien unter dem aufgeklärten Kaiser Joseph II., entspricht. Dies verträgt sich durchaus mit der Tatsache, daß diese Messen für den liturgischen Gebrauch bestimmt sind. Dasselbe anders: Die genannten Eigenschaften sind solche der Musik, und diese will der einzelne Hörer in der Kirchenmusik finden, auch wenn er dort ja eigentlich dem liturgischen Geschehen folgt. Die Worte des Benedictus etwa »Gelobt sei, der da kommt im Namen des Herrn« schließen, für sich betrachtet, eine musikalische Deutung, wie sie Haydn im Benedictus der *»Nelson-Messe«* gibt, nicht eben aus – und ohne sich durch den liturgischen Zusammenhang gehindert zu fühlen, freut sich die damalige Gesellschaft offenbar über den Einfall mit den Trompeten und Pauken an dieser Stelle.

»Vergleicht man einige der italienischen Zeitgenossen, Vorgänger und Nachfolger Haydns, die in Wien lebenden ausgenommen, in ihrem Messen-Schaffen, etwa Valotti, Zingarelli, Fioravanti, so wird man bei aller Schätzung guter Werke dieser Meister nicht um die nüchterne Feststellung herumkommen, daß sie, trotz überraschender Gleichheit in den musiksprachlichen Mitteln, nirgendwo das Niveau der *6 großen Messen* Haydns erreichen, woraus ein beherzigenswerter Schluß resultiert: es sind nicht stilistische Kriterien, noch weniger Pioniertaten der Musikgeschichte, welche Haydns Vokalwerke über andere hinausheben, nicht die vielberufene ›Wiener Klassik‹ in ihrem schillernden Begriff, sondern die Qualität des Einfalls und die Qualität der Ausformung der Einfälle, nicht mehr als dieses; aber, indem es dieses ist, eben darin das Unerreichbare und Unvergleichbare« (Kantner 1982).

In der Aufführungsstatistik des 19. Jahrhunderts, soweit sie feststeht, rangieren die *Messen* Haydns weit hinter den *Oratorien.* Das darf indessen nicht zu dem Schluß verleiten, jene seien wenig aufgeführt worden. Eher trifft das Umgekehrte zu, wie lokalgeschichtliche Forschungen belegen: deren Aufführung war allerorten etwas so Selbstverständliches, daß darüber in der Regel nicht berichtet wurde. Selbst in der Blütezeit des Cäcilianismus ist die Pflege der Kirchenmusik Haydns niemals nachhaltig unterbrochen. Freilich, in Zeiten des Cäcilianismus sind es weniger die Haupt- als die Vorstadtkirchen, die die Kirchenmusik der Klassiker pflegen (Tank 1982).

1797 Joseph Haydn (1732-1809): Kaiserlied »Gott erhalte Franz den Kaiser«

In die ersten Tage des Jahres 1797 fällt die Entstehung des *Liedes »Gott erhalte«,* des *»Kaiserliedes«,* wie es bald genannt wird (Hob. XXVI a, 43). Die Anregung soll von Haydn selbst ausgegangen sein: Angeregt von der englischen Nationalhymne »God save the King« habe er sich wegen eines ähnlichen Liedes an seinen Freund und Gönner van Swieten gewendet, jener wiederum an den Präsidenten der Niederösterreichischen Landesregierung, Franz Grafen Saurau, den Gründer des Wiener freiwilligen Aufgebotes; Saurau habe den Vorschlag, der ihm besonders geeignet schien, die Anhänglichkeit an das Herrscherhaus zu stärken und die Kampfbegeisterung der Österreicher zu entfachen (!), aufgegriffen und dem Dichter Lorenz Leopold Haschka den Text aufgetragen. Saurau sorgte auch sehr geschickt für eine Inszenierung: Vor der ersten Aufführung, für welche er den 12. Februar, den Geburtstag des Kaisers Franz II., in Aussicht genommen hatte, ließ er es in den Musikalienhandlungen Wiens verkaufen und sorgte auch dafür, daß es in die Provinz kam. Als Ort der ersten Aufführung wählte Saurau das Burgtheater, wo eine Aufführung der Dittersdorfschen Oper *Der Doktor und der Apotheker* anläßlich des kaiserlichen Geburtstags angesetzt war, und vor der Oper sollte das Lied beim Erscheinen des Monarchen vom ganzen Publikum gesungen werden. Zu diesem Zweck wurden Text und Musik unter die Besucher des Theaters verteilt. Auch in anderen Städten (Graz, Prag, Leoben, Innsbruck, Triest) wurde das Lied am selben Abend unter großem Jubel gesungen. So war mit einem Schlage das Lied tatsächlich zu einer Volkshymne geworden (Pohl/Botstiber 1927).

Haydns *Kaiserlied* steht in einer Tradition von Musik, die in Österreich kurz nach der Französischen Revolution einsetzt. Hanslick (1869/70) nennt sie später »patriotisch« und zeichnet ihre Geschichte nach als ein Kapitel »politischer Musik«. Noch heute sind aus der großen Zahl von »Anlaß- oder Reportagekompositionen«, wie Wehmeyer (1983) sie nennt, einige bekannt: etwa Beethovens Opus 91 von 1813 *Wellingtons Sieg oder Die Schlacht bei Vittoria* und die Kantate zur Verherrlichung des Wiener Kongresses *Der glorreiche Augenblick,* op. 136 von 1814. Auch Schuberts Lied *Die Befreier Europas in Paris* (D 104), das den Einzug der Verbündeten in Paris am 13. März 1814 feiert, ist hier zu nennen; Schubert hat gar versucht, wie Haydn eine »Volkshymne« zu schreiben: *Am Geburtstage des Kaisers* (D 748; Januar 1822). Zu nennen ist neben vielem schließlich noch C. M. von Webers Komposition von Theodor Körners *Leyer und Schwerdt* vom Jahre 1814. Das Jahr 1818 allerdings bezeichnet das Ende der »politischen Musik« in Österreich; jetzt fällt Österreich, wie Hanslick sagt, in »unsagbare politische Verkommenheit«. Die Zeit einer politischen Musik scheint vorüber.

Es spricht für eine bestimmte Eigenart, für die Qualität und für die Popularität von Haydns Liedmelodie, die von zahlreichen Komponisten bis in die Gegenwart als Thema für Variationenwerke benützt worden ist, daß man ihr auch völlig andere Texte unterlegen kann und unterlegt hat. Noch 1797 erscheint Haydns Melodie etwa in Hamburg als *Gesellschafts-Lied... von Herrn Joseph Haydn* mit dem Text »Auf ihr Schwestern, auf ihr Brüder, die der Freundschaft Band umschließt« und um 1800 eben dort als *Volkslied für Hamburgs glückliche Bürger mit Musik von J. Haydn* (»Singt in jubelvollen Chören, vivat! Hamburg lebe hoch«) u.s.w. Als 1835 Kaiser Franz stirbt und Ferdinand I. die Nachfolge antritt, als 1848 Ferdinand abdankt und sein Neffe Franz Joseph den Thron besteigt, da wird die Frage des Textes zur Staatsaffäre, weil aus dem »Volkslied« in der Zwischenzeit eine »Hymne« geworden ist. Das Lied lebt also fort; es ist mit Tradition befrachtet, aus der Sicht des neuen Jahrhunderts sogar belastet, aber man kann sich nicht von ihm trennen. Am 11. August 1922 wird es mit dem aus dem Jahre 1841 stammenden Text »Deutschland, Deutschland über alles« von August Heinrich Hoffmann von Fallersleben (1798-1874) zur offiziellen *Nationalhymne der Republik Deutschland* erklärt; am 13. Dezember 1929 bestimmt man es mit einem Text von Ottokar Kernstock (»Sei gesegnet ohne Ende«) auch zur *Bundeshymne der Republik Österreich.* Die Regierungen in Deutschland wie in Österreich tragen damit zwar der Popularität von Haydns Lied Rechnung, aber sie treffen mit dieser Wahl eine Entscheidung, die politisch nicht unbedenklich ist: Daß der Text von Hoffmann von Fallersleben die Hymne des Habsburgischen Vielvölkerstaates zu einem »Lied der Deutschen« umformt, muß zu Spannungen führen. Mit der sogenannten *Kaiserhymne,* jenem »Volkslied« Haydns, hat freilich die neuere Geschichte der Nationalhymnen Deutschlands und Österreichs nichts mehr zu tun; die Geschichte des »Gott erhalte« ist 1918 zu Ende (Biba 1982) – nicht aber die des sogenannten *Deutschlandliedes:* Seit dem 6. Mai 1952 ist Haydns Lied *Nationalhymne der Bundesrepublik Deutschland;* bei amtlichen Anlässen wird die dritte Strophe des Textes von Hoffmann von Fallersleben gesungen.

Haydns Melodie geht zurück auf ein kroatisches Volkslied (»Vjutro rano se ja vstanem malo pred zorom«), das er wohl aus seiner Heimat, dem Burgenland, kannte, wo es bei der (seit dem 16. Jahrhundert dort in bester Nachbarschaft mit den deutschsprachigen Einwohnern lebenden) kroatischen Volksgruppe bis heute lebendig ist. Auch andere Melodien Haydns, vor allem Instrumentalthemen von späten Sinfonien, gehen auf burgenländisch-kroatische Volksmelodien zurück. – In seinem *Streichquartett C-dur* op. 76 Nr. 3 hat Haydn Variationen über dieses Lied geschrieben: ein wundervolles *Poco adagio, Cantabile,* das das Urbild eines Variationssatzes zu sein scheint. Von diesem Satz hat das Streichquartett seinen Namen »Kaiserquartett«. Die Frage, ob das »Kaiserlied« das Thema für den Variationensatz bildet oder ob dieses Thema durch Textierung erst zum »Kaiserlied« geworden ist, ist unentschieden; wahrscheinlicher ist letzteres.

1798 **Joseph Haydn** (1732-1809): **Oratorium »Die Schöpfung«** in Wien

Bei seinen Aufenthalten in London 1791/92 und 1794/95 lernt Haydn nicht nur Händels Oratorien kennen sondern auch die von diesen ausgehende Tradition (innerhalb der alten englischen Tradition des Chorgesanges). Im Mai 1791 nimmt er an einer großen Händel-Feier in der Westminster-Abbey teil und erlebt staunend die gewaltige Popularität der in der Landessprache komponierten und einem englischen musikalischen Idiom angenäherten Werke (Pohl/Botstiber 1927). Wahrscheinlich ist ihm hier der Gedanke gekommen, für seine Heimat etwas Ähnliches zu schaffen, deutschsprachig und musikalisch in einer Art Wiener Idiom, etwas, das gleichermaßen zum deutschen nationalen Besitz werden könnte, wie Händels Oratorien zum englischen geworden waren. Über die Anregung dazu berichtet Gottfried van Swieten, der Textdichter, 1799 in der *Allgemeinen musikalischen Zeitung.* Nach diesem Bericht nimmt Haydns Libretto – sieht man einmal vom Bibeltext ab – seinen Ausgang von John Miltons in englischen Blankversen verfaßtem englischen Gedicht *Paradise lost* (1674). Die daran anschließende englische Vorlage für Swieten, das Libretto »eines Ungenannten« ist nicht ermittelt. Swietens Libretto geht sodann in vielen Partien direkt auf den Schrifttext der Vulgata zurück. Aus ihr stammen Teile des Schöpfungsberichts in textgetreuer Fassung und einige Verse aus Psalm 18. Die Anlehnungen an Milton sind allerorten nachzuweisen. Wichtiger freilich als diese Übereinstimmungen sind die Unterschiede, Veränderungen und Zusätze. Die aus Miltons Epos übernommenen Verse, Bilder und Anregungen aus dem 7. Buch, in welches der Schöpfungsbericht eingebettet ist, erfahren eine teilweise tiefgreifende Umformulierung. Swietens Anteil daran ist, wie auch immer die unbekannte Zwischenform beschaffen gewesen sein mag, bedeutend. Dies zeigt ein Vergleich mit seinem Textbuch zu den *Jahreszeiten,* dessen sprachliche Gestimmtheit und bilderreiche Farbigkeit unbestreitbar auf denselben Autor weisen (Ravizza 1981). – Der Text wird viel gescholten, am härtesten von Schiller (in einem Brief von 1801 an Christian Gottfried Körner): »Am Neujahrsabend wurde die *Schöpfung* von Haydn aufgeführt, an der ich aber wenig Freude hatte, weil sie ein charakterloses Mischmasch ist.« Hat Schiller recht? Immerhin sagt Haydn, daß er wohl »schwerlich mehr ein so interessantes Buch [Libretto] antreffen werde.« Die Differenz zwischen beiden Aussagen hat ihren Grund wohl im verschiedenen Aspekt. Schiller sieht den Text als Text, Haydn als Libretto, das heißt als in Musik zu fassende Sprache. Und aus Haydns Sicht ist der Text vorzüglich und spricht nicht gegen sondern für seinen Autor: Swieten versteht etwas von Musik, das merkt man dem Text an. Außerdem enthält das für Haydn bestimmte Textbuch so viele deziidiert auf die Komposition eingehende Randbemerkungen Swietens, daß auch damit dessen musikalische Kenntnis bewiesen ist. Durch diese Randbemerkungen jedenfalls erhält das Verhältnis des Dichters zum Komponisten außergewöhnliche Züge, und es stellt sich die Frage, ob Haydn sich jenen Anregungen und Anweisungen wegen des gesellschaftlich hohen Standes des Barons oder aus Rücksicht auf einen wenig bequemen Charakter beugt, oder ob er ganz einfach die Richtigkeit und Trefflichkeit der Vorschläge einsieht. Denn Swieten ist mehr als nur ein begeisterungsfähiger und begüterter Dilettant. Sein Haus ist, obwohl er sich kein eigenes Orchester hält, einer der musikalischen Mittelpunkte des damaligen Wiens. Jeden Sonntag wird hier musiziert. Seit 1790 ist auch Haydn häufiger Gast, und schon 1782 ist Mozarts reger Verkehr im Palais van Swieten bezeugt: In einem Brief vom 10. April berichtet er seinem Vater von den sonntäglichen Besuchen und von der intensiven Pflege Bachscher und Händelscher Musik. Auch Beethoven zieht in jüngeren Jahren Nutzen aus dem Mäzenatentum dieses für die Musikkultur Wiens so wichtigen Mannes. – Und noch ein weiteres spricht dafür, daß Swieten auch für den Komponisten nicht irgendwer ist und sein Text nicht irgendein Text: Ist der Erfolg der *Schöpfung* auch unbestreitbar dem Komponisten zuzuschreiben, so scheinen sich andererseits im Text Züge niedergeschlagen zu haben, die eine Popularisierung fördern, die aber auch dazu führen, daß, zur größten Verwunderung Haydns, das Prager Konsistorium die Aufführung in der Kirche eines kleinen böhmischen Städtchens verbietet. In einem Antwortschreiben vom 24. Juli 1801 an den dortigen Schulrektor und Initiator der unter abenteuerlichen Umständen doch noch zustandekommenden Aufführung gibt Haydn seinem Befremden Ausdruck: »Zu meinem größten Erstaunen mußt' ich die daraus entstandene sonderbare Geschichte vernehmen, die in der Zeit-Epoche, in der wir leben, sicher dem Kopfe und Herzen des Urhebers davon wenig Ehre zu machen scheint... Seit jeher wurde die Schöpfung als das erhabenste, als das am meisten Ehrfurcht einflößende Bild für den Menschen angesehen. Dieses große Werk mit einer ihm angemessenen Musik zu begleiten, konnte sicher keine anderen Folgen haben, als diese heiligen Empfindungen in dem Herzen des Menschen zu erhöhen, und ihn in eine höchst empfindsame Lage für die Güte und Allmacht des Schöpfers hinzustimmen. – Und diese Erregung heiliger Gefühle sollte Entweihung der Kirche sein?« Was Haydn hier verwundert, wird aus der historischen Distanz verständlicher, und es erklärt das Mißtrauen jener kirchlichen Instanz. Der mögliche Einwand, den Autoren sei es nicht um diese Problematik sondern lediglich um die farbige Schilderung der Schöpfungsgeschichte gegangen, dieser Einwand wird spätestens an der Stelle entkräftet, wo das erste Menschenpaar in Schönheit und Erhabenheit sich vorstellt. Aber noch war die Zeit nicht vergessen, für die der Satz (zitiert etwa in der Kirchenkantate 31 von Bach) ausschließlich Geltung hatte: »Adam muß in uns verwesen, soll der neue Mensch genesen.« In Swieten/Haydns *Schöpfung* hört sich das indessen anders an: Erstens endet das Werk mit der Erschaffung der Menschen, und zweitens betont die Verherrlichung von Adam und Eva in ungetrübtem Optimismus ihr kreatürliches Sein. Sie bewegen sich nicht in der weltfremden Sphäre des Paradieses sondern in der diesseitigen als Mann und Frau. Und der Mensch wird gepriesen:

»Mit Würd' und Hoheit angetan,
Mit Schönheit, Stärk' und Mut begabt,
Gen Himmel aufgerichtet, steht der Mensch,
Ein Mann und König der Natur.
Die breit gewölbt' erhabne Stirn
Verkünd't der Weisheit tiefen Sinn,
Und aus dem hellen Blicke strahlt der Geist,
Des Schöpfers Hauch und Ebenbild.«

Hier spricht, bemerkt Ravizza (1981) zutreffend, der Geist der Aufklärung, der anstelle des mißliebigen Sündenfall-Dogmas den »aus seiner selbst verschuldeten Unmündigkeit« ausgegangenen Menschen zeigt. Als Symbol dieses aufgeklärten Geistes kann das Licht gelten, das sich in jenem berühmten Umschlag von c-moll nach C-dur am Ende der ersten Nummer von Haydns *Schöpfung* elementar Bahn bricht. Und mit der Schaffung des Lichtes ist im Text Swietens die Verbannung der dunklen Gegenwelt untrennbar verbunden:

die Kräfte sind gebannt, die Vernunft hat gesiegt. Und die »neue Welt« ist anthropozentrisch angelegt, dazu geschaffen, vom Menschen beherrscht, aber auch von ihm genossen zu werden: »Nun beut die Flur das frische Grün...« (Nr. 8).

Haydn äußert sich schriftlich nur höchst selten zu seiner künstlerischen Arbeit, und wenn, dann in trivialen Zusammenhängen von Termin- bis zu Honorarfragen. Einmal aber bricht er das Schweigen, wie Griesinger (1810) berichtet: »Erst als ich zur Hälfte in meiner Komposition vorgerückt war, merkte ich, daß sie geraten wäre. Ich war auch nie so fromm, als während der Zeit, da ich an der *Schöpfung* arbeitete. Täglich fiel ich auf meine Knie und bat Gott, daß er mir Kraft zur glücklichen Ausführung dieses Werkes verleihen möchte.« Was für ein Zeugnis ungebrochener Frömmigkeit! Und hier nun, gerade hier drängt sich – ob man will oder nicht – eine Assoziation auf, nämlich die zu Haydns ganz und gar ungebrochenem Verhältnis zur »naiven« Tonmalerei. Offensichtlich hat er zu den darin liegenden Möglichkeiten ein unbefangenes und enges Verhältnis, und das zu einer Zeit, in der das Verständnis für Tonmalerei schwindet. Goethe etwa antwortet (1818) auf die Frage, »welches denn die Grenzen der Nachahmung in der Tonkunst seien«: »Das Innere in Stimmung zu setzen, ohne die gemeinen äußeren Mittel zu brauchen, ist der Musik großes und edles Vorrecht.« Und E. Th. A. Hoffmann (1810) formuliert es geradezu apodiktisch: »Allerdings sind wir jetzt so ziemlich damit im Reinen, daß die Darstellung äußerer Gegenstände durch die Musik höchst geschmacklos und von der ästhetischen Beurteilung dessen, der sich solcher Aftermittel, Effekt zu erregen, bedient, wenig zu halten sei.« Sollte dieser letzte Satz absolut gemeint sein, dann müßte E. Th. A. Hoffmann die Musik in Haydns Oratorien geschmacklos finden – oder Hoffmann meint andere Musiker und eine andere Musik, eine Musik nämlich, die Seelengemälde malen und diese von Seele zu Seele übertragen will, Seelengemälde – die mit der naiven Tonmalerei Haydns *nicht* zu malen sind. Hoffmann meint die Romantiker seiner Zeit, zu denen er zwar Beethoven glaubt zählen zu können, nicht aber mehr Haydn. Haydns Musik ist aus der Sprache geschöpft, besser: Haydns Musik schafft Sprache musikalisch neu. Mit der Empfindung der Seele hat sie erst in zweiter Linie zu tun.

Die Wiener Klassiker tragen zur GATTUNG ORATORIUM wenig bei. Mozart läßt es bei frühen Versuchen bewenden, und Beethoven hinterläßt *Christus am Ölberge* (op. 85, 1803) als einziges derartiges Werk. Nur bei Haydn ist der Anteil gewichtig, bedingt allerdings eher durch einen Zufall. Sein erstes Oratorium *Il ritorno di Tobia* entsteht während der Jahre 1774/75 ganz in der Tradition jener italienischsprachigen Werke, die sowohl von österreichischen als von italienischen Komponisten für den kaiserlichen Hof geschrieben werden. Der Text (von Giovanni Gastone Boccherini, dem Bruder des Komponisten) folgt Metastasianischem Vorbild, ist in zwei Teile geteilt und basiert auf dem regelmäßigen Wechsel von Rezitativ und Arie, die sich je nach der szenischen Situation in Meditationen, Gebeten oder moralisierenden Betrachtungen ergehen. Chor-Nummern sind nur zwei vorgesehen, nämlich nur zum Abschluß der beiden Teile. Dieses Oratorium *Tobias* ist im Grunde auch ein vereinzeltes Werk, die beiden späten Oratorien hingegen sind sui generis.

Die Uraufführung der *Schöpfung* findet am 30. April 1798 im Palais Schwarzenberg am Neuen Markt in Wien statt. Der Andrang ist so groß, daß die Polizei den Weg zum Palais freihalten muß: Die gesamte musikalisch interessierte Wiener Gesellschaft ist versammelt. Der Eindruck ist tief. Am 27. März 1808 führt man die *Schöpfung* in italienischer Sprache (!) im großen Saal der alten Universität (heute Österr. Akademie der Wissenschaften) wieder auf – geradezu feierlich. Salieri dirigiert. Unter den vielen anwesenden Musikern ist auch Beethoven. Haydn wird hereingetragen, umjubelt. Eine der adeligen Damen legt ihm, damit er keinen Zug bekomme, ihren Schal um die Schultern. Diese Szene läßt Maria Josepha Hermenegild, Prinzessin Liechtenstein, die Gattin des Fürsten Nikolaus II. Esterházy, durch den Maler Wigand in einem wunderhübschen Aquarell auf einer hölzernen Kassette festhalten. Die Kassette schenkt sie Haydn, ihrem alten Kapellmeister, dem großen alten Mann der abendländischen Musik. Bei diesem Konzert sieht man Haydn zum letzten Mal in der Öffentlichkeit. Das Konzert wird am 12. April im Burgtheater wiederholt.

1798-1800 Ludwig van Beethoven (1770-1827): 6 Streichquartette op. 18

Die *Quartette* entstehen (z.T. unter Benutzung älterer Entwürfe) in den Jahren 1798 bis 1800, in denen u.a. auch das *Septett op. 20* und die *1. Sinfonie op. 21* entstehen. Die Originalausgabe (in Stimmen) erscheint in zwei Lieferungen in Leipzig und Frankfurt am Main im Juni und Oktober 1801. Ort und Datum der ersten öffentlichen Aufführung sind nicht bekannt. Die ersten Aufführungen überhaupt dürften im Hause des Widmungsträgers stattgefunden haben, beim Fürsten Franz Joseph Maximilian von Lobkowitz (1772-1816), dem großen und freigebigen Gönner

Beethovens, dem dieser außer diesen *Quartetten* noch folgende Werke widmet: *3.*, *5.* und *6. Sinfonie, Tripelkonzert, Streichquartett op. 74, Liederkreis »An die ferne Geliebte«.* – Bevor Beethoven es wagt, auch mit Werken der Kammermusik im engeren und hohen Sinne, also mit einer Serie von Streichquartetten, an die Öffentlichkeit zu gehen, hat er in Bonn und Wien schon eine Reihe von Kammermusikwerken geschrieben, mit deren serenadenhaftem Ton er eine Tradition gesellschaftlich gebundener Instrumentalmusik fortsetzt (*Serenaden op. 8* und *op. 25; Oktett op. 103; Bläsersextett op. 71; Sextett für Streicher und 2 Hörner op. 81 b*). Das *Septett* für Streicher und Bläser op. 20 von 1799/1800 ist das letzte Werk dieser Reihe. Und nun, meint Hübsch (1983), gelinge Beethoven der Durchbruch zum eigenen Stil plötzlich und scheinbar ohne Vorbereitung.

»Durchbruch zum eigenen Stil« – ich zweifle, ob die in diesem Ausdruck aufscheinende Betrachtungsweise, so verbreitet sie sein mag, Beethoven und seinen Werken gerecht wird. Denn die wichtigen Kategorien der Unterscheidung sind keineswegs in erster Linie die von »vor dem Durchbruch – nach dem Durchbruch«, »Jugendwerk – Alterswerk«, »Haupt- und Nebenwerk«, es sind vielmehr nach wie vor zuerst die alten Unterscheidungskategorien von niederem, mittlerem und hohem Stil und dann die der Rangfolge der Gattungen. Es sind also die Kategorien, die bis in Beethovens Zeit selbstverständlich soziologisch zu verstehen und anzuwenden sind, die allerdings, das muß man zugeben, von eben dieser Zeit an beginnen, »ästhetisch« verstanden zu werden. Zu Beethovens Zeit – stellt Knepler (1970) fest – gibt es durchaus Gattungen, die traditionellerweise nur im »niederen« oder »kleinen Stil« stehen, etwa Tänze. Das Streichquartett gehört damals aber bereits dem »hohen« oder »großen Stil« an. Auf der Grenze steht Beethovens *Septett op. 20.* Zwar bleibt es mit der gemischten Besetzung von Bläsern und Streichern in der älteren Tradition der Gesellschaftsmusik, doch nach seiner Machart kann es gleichsam den Anspruch erheben, zum »hohen Stil« zu gehören – und Beethoven scheint diesen Anspruch zu erheben, denn er ärgert sich über den Erfolg dieses Werkes, weil es der Erfolg einer Serenade ist. Kammermusik hingegen ist »Musica reservata« und in erster Linie gedacht für, aufgeführt vor, verstanden von: Kennern und Liebhabern, also von Leuten mit einer besonderen musikalischen Ausbildung, das bedeutet im Wien der frühen Beethoven-Zeit: von Leuten des Hofes und des Adels, aber auch des gehobenen Bürgertums. Und diese Leute verstehen diese »Musik hohen Stils« durchaus, vielleicht nicht jedes Werk beim ersten Hören, wohl aber »prinzipiell«, weil ihnen die hier angewandte musikalische Sprache vertraut ist. Das *Septett op. 20* ebenso wie die *Klaviertrios op. 1* oder, um noch ein weiteres Werk zu nennen, das *Quintett Es-dur op. 16* für Klavier und Bläser sind zwar als »Gesellschafts-« und »Hausmusik« nur »mittleren Stils«, aber sie sind ganz und gar Werke Beethovens und dies so charakteristisch, daß ein jeder sie an den ersten Takten als »Beethoven« erkennen kann. Sie sind auch, was die Satzstruktur angeht (nicht die Gesamtanlage, die Satztypen und ihre Folge, und auch nicht die Instrumentation), gleich gearbeitet wie die Werke des »hohen Stils«, nämlich im »Satz des obligaten Accompagnements«.

Wenn das alles so ist, dann sind für Beethovens *Streichquartette op. 18* Beobachtungen wie die über Einflüsse der »Mannheimer« (Nr. 4, 1. Satz) oder Mozarts (Nr. 5), aber auch die Feststellung, daß etwa das *6. Quartett* in manchen Zügen auf spätere Werke vorausweise, von geringerem Gewicht als Werkbetrachtungen und als Urteile aus der Rezeptionsgeschichte. Beides aber fehlt für dieses Opus nahezu ganz – es sei denn, man wertet die negative Anfangskritik aus. Dort heißt es: »Der Komponist muss ohne Zweifel sein eigenes Publikum haben, welches seine Quatuors abnimmt und Gefallen daran findet, denn sie kontrastieren mit Pleyels, Fränzls und anderer Quartetten zu sehr, um den Liebhabern dieser letzteren in Betreff des Geschmacks, Zuschnitts und der Ausführungsart gefallen zu können. Zwar mangelt es im Einzelnen nicht ganz an Stellen, welche den Schein des Gefälligen an sich haben; im Ganzen aber sind die Gedanken meistens bizarr, sie mögen nun aus einem eigenen, unwillkürlichen Humor geflossen, oder absichtlich so gesucht worden sein... Diese Quatuors werden mehr Sensation durch das Bizarre, Humoristische und Gesuchte in der Ausführung, als durch das Angenehme und Ungezwungene erregen, und daher nur von denjenigen, welche mit dem Kompositeur hierin sympathisieren, Beifall erhalten.« Ob diese Kritik sich tatsächlich auf die ersten drei *Streichquartette von op. 18* bezieht, ist nicht ganz sicher. Aber Kritiken mit diesem Tenor findet man in jenen Jahren immer wieder – und Beethoven hat sich um 1800 bereits daran gewöhnt. Um so mehr ist ihm die Bedeutung seines Unterfangens klar, im Wien Joseph Haydns mit Streichquartetten vor die Öffentlichkeit zu treten. An Carl Amenda, dem er eine Abschrift des ersten *Quartetts* bereits im Sommer 1799 geschenkt hatte, schreibt er kurz vor dem Erscheinen des Erstdrucks am 1. Juni 1801: »Dein Quartett gib ja nicht weiter, weil ich es sehr umgeändert habe, indem ich erst jetzt recht Quartetten zu schreiben weiß, was Du schon sehen wirst, wenn Du sie erhalten wirst.« – Über den letzten Satz des letzten *Quartetts* wird allerdings immer wieder geschrieben, weil er eine Überschrift hat, die man gern biographisch versteht: »La Malinconia«. Dahlhaus (1973) freilich weist – wie mir scheint, zutreffend – diesen Bezug zurück: Die Melancholie, die Beethoven in *op. 18, 6* in Töne faßt, ist nicht als Gemütszustand des Komponisten, als reale Niedergeschlagenheit aufzufassen, sondern vielmehr als »saturnisches« Temperament, dessen Charakterzüge in einer Tradition, die Jahrtausende zurückreicht, geprägt worden sind. »La Malinconia« muß historisch, durch einen Rückgriff auf die Tradition des Melancholiebegriffs, nicht biographisch durch Hypothesen über Zusammenhänge zwischen Kompositionsprozeß und trübsinnigen Stimmungen, interpretiert werden. – Während nach Dahlhaus feststeht, daß »La Malinconia« nur die langsame Introduktion zum Finalsatz des *B-dur-Quartetts* ist, nimmt Forchert (1974) als sicher an, daß der Malinconia-Titel nicht nur die langsame Einleitung meint sondern das gesamte Finale. Auf dem Hintergrund dieser These tritt das besondere Problem der Deutung des Satzes in Erscheinung, das darin besteht, im Adagio- wie auch in dem (in seinem Ausdruckscharakter so völlig andersartigen) Allegro-Teil die äußerlich zwar verschiedenen, im Wesen aber zusammengehörigen Darstellungen ein und derselben Zentralidee zu erkennen. – Wie dem auch sei, wir heutigen Hörer können jedenfalls mit einer Überschrift wie dieser, wenn sie *nicht* »psychologisch« gemeint ist, nichts anfangen, weil der Bildungszusammenhang der für Beethovens Hörer seiner Streichquartette noch selbstverständlich bestand, für uns nicht mehr besteht. Und trotzdem können wir die Musik – vielleicht in der Deutlichkeit der musikalischen Aussage ein wenig eingeschränkt – verstehen: sie spricht für sich.

1799-1802 Ludwig van Beethoven (1770-1827): 1. Sinfonie C-dur op. 21 und 2. Sinfonie D-dur op. 36

Im Jahre 1799 und bis Anfang 1800 arbeitet Beethoven an seiner *1. Sinfonie* (gleichzeitig am *Septett Es-dur op. 20* für Streicher und Bläser). Die Uraufführung unter Beethovens Leitung findet am 2. April 1800 in Wien im k. u. k. National-Theater nächst der Burg, im »Burgtheater«, statt, nämlich in der ersten vom Komponisten selbst veranstalteten »Akademie«, in der außerdem auch das *Septett* zum ersten Mal öffentlich aufgeführt wird. Ursprünglich wollte Beethoven die *Sinfonie,* wenn sie gedruckt würde, seinem ehemaligen Bonner Dienstherrn, dem letzten kurkölnischen Erzbischof Maximilian Franz widmen, der seit seiner Abdankung 1797 in der Nähe von Wien lebte; aber der Tod des Kurfürsten im Sommer 1801 vereitelt diese Absicht. Beethoven widmet das Werk nun dem Baron Gottfried van Swieten, dem Bewunderer Bachs und Händels und Freund Mozarts und Haydns, von dem er in seinen ersten Wiener Jahren mannigfache Förderung erfahren hat. Die Originalausgabe (in Stimmen) erscheint im Dezember 1801 in Wien und Leipzig, die erste Partitur-Ausgabe, für die damalige Zeit durchaus ungewöhnlich, bereits 1809 in London (von wo sie allerdings wegen der Kontinentalsperre nicht auf das Festland gelangen kann), die erste deutsche Partitur-Ausgabe im Frühjahr 1822 bei Simrock in Bonn. Über die Uraufführung berichtet die Leipziger *Allgemeine Musikalische Zeitung* im Oktober 1800: »Endlich bekam doch auch Herr Beethoven das Theater einmal, und dies war wahrscheinlich die interessanteste Akademie seit langer Zeit. Er spielte ein neues Konzert von seiner Komposition, das sehr viele Schönheiten hat – besonders die zwei ersten Sätze. Dann wurde ein Septett von ihm gegeben, das mit sehr viel Geschmack und Empfindung geschrieben ist. Er fantasierte dann meisterhaft, und am Ende wurde eine Sinfonie von seiner Komposition aufgeführt, worin sehr viel Kunst, Neuheit und Reichtum an Ideen war; nur waren die Blasinstrumente gar zu viel angewendet, so daß sie mehr Harmonie-, als ganze Orchestermusik war.«

Die *2. Sinfonie* entsteht 1801/1802, die Hauptarbeit geschieht im Sommer und Frühherbst 1802 in Heiligenstadt bei Wien, der Abschluß liegt kurz nach der Niederschrift des sogenannten *Heiligenstädter Testaments* vom 6. Oktober 1802. Die Uraufführung unter Beethovens Leitung findet am 5. April 1803 in Wien im Theater an der Wien statt in einem vom Komponisten selbst veranstalteten Konzert (mit erhöhten Eintrittspreisen!). In diesem Konzert kommen zur Aufführung die *1.* und die *2. Sinfonie,* das *3. Klavierkonzert* und das *Oratorium »Christus am Ölberg«.* Die *Sinfonie* ist (wie schon das op. 1) dem Fürsten Carl von Lichnowsky (1756-1814) gewidmet, dem Freunde Mozarts, von dem Beethoven 1805 in einem Brief schreibt: »er ist wirklich – was in diesem Stande wohl ein seltenes Beispiel ist – einer meiner treuesten Freunde und Beförderer meiner Kunst.« Wegen der ersten Aufführung der *2. Sinfonie* zugleich mit der Wiederaufführung der *1.* werden beide Werke sogleich miteinander verglichen. In der *Zeitung für die Elegante Welt* liest man darüber, die *1. Sinfonie* habe mehr Wert als die *2.,* »weil sie mit ungezwungener Leichtigkeit durchgeführt ist, während in der *2.* das Streben nach dem Neuen und Auffallenden schon mehr sichtbar ist...« Beiden Werken mangle es nicht »an auffallenden und brillanten Schönheiten«. Ähnliches steht in der Leipziger *Allgemeinen Musikalischen Zeitung* vom Januar 1805, die *2.* sei zu lang, zu schwierig, einiges überkünstlich, allzu bizarr, wild und grell. »Beethovens frühere und freundlichere *Sinfonie (C-dur),* die sehr schön ausgeführt wurde, ist ein Lieblingsstück des hiesigen Konzertpublikums: man hörte aber auch jene düstere mit aller Aufmerksamkeit, unverkennbarer Teilnahme und vielem Beifall.« Vollends erstrahlt die *1.* neben der *3. Sinfonie* als »eine herrliche Kunstschöpfung«. Aber es gibt auch abweichende Urteile: »Die *1. Sinfonie* hat anfangs offensichtlich die feineren Ohren beleidigt. Wo das Werk nicht in allgemeinen, wenig sagenden Sätzen gelobt wird, empfindet man es als bizarr, ungewöhnlich. Das wird sich freilich schon bald ändern. Angesichts der Originalität der folgenden Sinfonien, ihrer viel weitergehenden Unregelmäßigkeiten und Verstöße gegen den guten Geschmack hört man die *1.* schon bald als ein klassisches Exemplar der Gattung – man gewöhnt sich an sie und findet, daß sie sich schon neben der *2.* vergleichsweise harmlos ausnimmt.« Muten uns solche Urteile aus Beethovens Zeit auch merkwürdig an, eines haben sie unseren Urteilen voraus: sie gehen stets auf die Musik als solche ein, berichten Musikalisches von der Musik.

Beethoven beginnt seine *1. Sinfonie* mit einer langsamen Einleitung. Die historische Vorform der klassischen Sinfonie, deren Tradition Beethoven weiterführt, hatte einst als Ganzes Einleitungscharakter; sie war Ouvertüre (»Sinfonia«) der italienischen Oper. Daß eine Sinfonie selbst eingeleitet wird, ist ein Indiz ihrer Emanzipation. In seinem *Versuch einer Anleitung zur Komposition* bemerkt Heinrich Christoph Koch 1793, man pflege in neueren Sinfonien gemeiniglich dem ersten Allegro einen kurzen Einleitungssatz von langsamer Bewegung und ernsthaftem Charakter vorausgehen zu lassen. Er unterscheide sich vom Grave der französischen Ouvertüre dadurch, daß er weder eigentümliche Notenfiguren noch eine eigentümliche Taktart erfordere, daß er vielmehr in allen Taktarten erscheinen und von allen Notenfiguren Gebrauch machen könne, die dem Charakter des Ernsthaften entsprechen. Solcher Art haben Mozart und Haydn Sinfonien langsam eingeleitet. Die Einleitungen von Haydns späten *Londoner Sinfonien* etwa sind Musik vor der Musik. An dieses Vorbild knüpft Beethoven an, doch variiert er den Gedanken »Musik vor der Musik« in den neuen Gedanken eines »Entstehen-Lassens der Musik«. Sein Anfang mit einer Dissonanz ist desorientierend wie der Anblick eines symmetrisch angelegten Gartens aus der Sicht einer Nebenpforte. Der Hörer ist verwirrt, überrascht, er sucht die Mitte. H. Chr. Koch reflektiert den psychologischen Aspekt eines solchen Phänomens. Das Unerwartete, schreibt er, sei imstande, eine gewisse Aufmerksamkeit zu erregen. Es bewirke, daß der Hörer seine Vorempfindungen ablege oder abschwäche und sich der Empfindung überlasse, die die Komposition ausdrücken wolle. Mit Hilfe des Unerwarteten vermag also die Tonkunst, Hörer an sich zu locken. Koch meint, der langsame Anfang einer Sinfonie sei unerwartet genug, um dies zu bewirken. Beethoven jedoch geht noch einen Schritt weiter: er beginnt das Unerwartete unerwartet. Denn an sich fordern die Regeln der Einheit, daß ein jeder für sich als Ganzes stehende Satz eines jeden Tonstücks seine Haupttonart »sogleich bei dem Anfange des Satzes auf das deutlichste bezeichnet, und dem Ohr einprägt...« (Koch). Beethoven will mit dem neuen originellen Beginn jedoch nicht verblüffen oder schockieren sondern – ergreifen. Tatsächlich ergreift er den willigen Hörer fester, als Haydn und Mozart es je beabsichtigt haben. Und das nun ist das Moralische bei Beethoven, daß er uns zwingt, uns auf ihn einzulassen, auf ihn und auf sein musikalisches Denken – oder uns abzuwenden.

14. Daten von 1801 an

1801 Joseph Haydn (1732-1809): Oratorium »Die Jahreszeiten« in Wien

1726 bis 1730 erscheinen in London drei Teile (*Winter, Sommer, Frühling*) eines Gedichtes, das 1730 auch als ganzes erscheint, seine endgültige Gestalt allerdings erst 1745 erhält: *The Seasons* von James Thomson (1700-1748). Dieses Gedicht bedeutet den Anfang der Naturdichtung. Allerdings beschreibt der Dichter die Natur nicht so, wie sie sich dem Gemüt des empfindsamen Menschen zu offenbaren scheint, sondern so, wie der Mensch sie mit dem Verstand erfaßt, also im Sinne des Rousseauschen Gegensatzes von Natur und Kultur. Ebenfalls 1745 erscheint in Hamburg eine zweisprachige Ausgabe von Thomsons Gedicht mit einer deutschen Übersetzung von Barthold Heinrich Brockes (1680-1747; dessen damals berühmtes *Oratorium »Der für die Sünde der Welt gemarterte und sterbende Jesus«* von 1712 mehrere deutsche Komponisten von Keiser bis Händel vertonen). Brockes' Übersetzung ist die Grundlage für den Text, den Gottfried van Swieten, der schon den Text zur *Schöpfung* geschrieben hat, verfaßt, wobei er, etwa in der Beschreibung des Landlebens und in der Darstellung von dessen Beziehung zum Menschen, über Thomson hinaus selbständig weiterdichtet. Angeblich überrascht Swieten Haydn mit seinem neuen Oratorienplan; angeblich wehrt sich Haydn gegen den Text; angeblich fordert Swieten von Haydn bei der Komposition vor allem anderen Tonmalerei. Wie dem auch sei, daß der weltberühmte alte Haydn, nur weil es ein adeliger Liebhaber will, einen Text komponiert, den er schlecht oder auch nur schwach findet, daß ein Werk solchen Ranges gleichsam gegen den Willen des Komponisten entsteht, das ist höchst unwahrscheinlich. Verdächtig aber ist, daß damals wie heute dieselben Kritiker, die an der angeblich unzumutbaren Naivität herummäkeln, das Gute der Komposition, das sie nicht zu bestreiten wagen, ausgerechnet in der trefflichen Tonmalerei und fast nur darin sehen und beschreiben. Hier handelt es sich offenbar um ein Mißverständnis, ähnlich dem Mißverständnis der meisten Interpreten bei Beethovens *»Pastorale«*. Was Bockholdt (1981) für diese gesagt hat, gilt auch für Haydns Musik in seinen beiden späten *Oratorien:* Sie *schildert* nicht, was der Mensch in den Jahreszeiten erleben kann, sondern sie *ist* Erinnerung, das will sagen, sie *ist* Innewerden des Lebens im Jahrkreis. Ob man dann auch sagen kann oder darf: Erinnerung an eine Weltordnung, die dahin ist, das bleibe dahingestellt.

Daß Haydns Londoner Händel-Erlebnisse hinter den beiden großen Oratorien stehen, ist bekannt. Trotzdem ist der Charakter dieser Werke von dem der Händelschen Oratorien verschieden. Haydn hat das barocke Händelsche Pathos, die Größe der Konzeption und die geradlinige unvermischte Affektdarstellung durch die Mannigfaltigkeit des Ausdrucks und die Biegsamkeit seiner Tonsprache abgelöst. Zwar heben sich die Anschaulichkeit und die Frische der Naturbilder besonders heraus, doch sind sie nur *ein* Zug des Ganzen, freilich einer, der dem naiven Hörer ins Ohr springt. Ist in der *Schöpfung* alles auf Gott und seine Werke zentriert, so rückt die Darstellung in den *Jahreszeiten* dem irdischen Alltag nah und nimmt gelegentlich fast den Charakter eines Singspiels an. – In der Entwicklung der bürgerlichen Musikkultur des 19. Jahrhunderts spielen beide Werke eine besondere Rolle: sie werden zu Grundpfeilern des Repertoires, ja der Chorvereinigungstradition überhaupt. (Larsen/Landon 1956)

Am Freitag, den 24. April 1801, abends 6 1/2 Uhr findet nach zwei Generalproben, »wobei jedem honetten Mann der Zutritt gestattet war«, die Aufführung im Schwarzenbergschen Palais am Neuen Markt in Wien statt, die wieder in derselben Weise arrangiert ist wie die Uraufführung der *Schöpfung*. Wieder zahlt die adelige Liebhabergesellschaft die Kosten, die sich für das einzelne Mitglied auf 195 Gulden belaufen, wieder übernimmt der Fürst Schwarzenberg auf seine Rechnung die Kosten der Wache, der Hinwegräumung der Mehlstände und Säcke am Neuen Markt und die Kosten der Beleuchtung. Die Aufführung wird am 27. April und am 1. Mai im Palais Schwarzenberg wiederholt. Der Beifall ist groß, doch nicht so groß wie bei der *Schöpfung*, allerdings steigert er sich von Aufführung zu Aufführung. Am 2. Mai findet eine Aufführung im kleinen Kreise unter Haydns Leitung statt, der am nächsten Tag eine Aufführung der *Schöpfung* folgt. Die Gattin des Kaisers singt in beiden Werken die Sopranpartie; nach Haydns Versicherung hat sie »viel Geschmack und Ausdruck aber ein schwaches Organ«. Die erste öffentliche Aufführung findet am 29. Mai 1801 im Redoutensaal der Hofburg statt. »Es war nicht sehr voll und kaum über 700 Personen.« Die Kosten des Konzerts, dessen Einnahmen Haydn zufließen, werden von der adeligen Gesellschaft getragen, die außerdem ein Honorar von 600 Dukaten für Haydn aussetzt. Von den Anstrengungen der Arbeit der Komposition und von den Aufregungen um die Aufführungen scheint Haydn stark mitgenommen zu sein. In den folgenden Jahren, besonders in den letzten Monaten seines Lebens, kommt er immer wieder darauf zu sprechen, wie sehr ihn gerade die Komposition der *Jahreszeiten* Kräfte gekostet habe.

1802 **Heinrich Christoph Koch** (1749-1816): **Musikalisches Lexikon**

Im *Versuch einer Anleitung zur Komposition* (3 Teile, 1782-1793) versucht Koch, die lehrbaren Gegenstände der Tonkunst mit den auf »Kunstgefühl, Geschmack und Genie« gründenden ästhetischen Gesichtspunkten zu verbinden. So entsteht ein System der Komposition, das ein System der musikalischen Begriffe zur Folge hat. Deshalb ist Kochs *Musikalisches Lexikon,* welches den »durch die starken Fortschritte ganz unvollständig gewordenen technischen Inhalt« von J. G. Walthers *Lexikon* (1732) ersetzen soll, eines der wichtigsten Bücher seiner Art. Sein für die Zukunft richtungweisendes Begriffssystem knüpft noch einmal ausdrücklich an die alten Begriffe der Grammatik, Rhetorik und Poetik an, mit denen jetzt aber rein musikalische Sachverhalte und Regeln formuliert werden.

1802-1803 **Ludwig van Beethoven** (1770-1827): **Violinsonate A-dur op. 47** (»Kreutzer-Sonate«)

George Polgreen Bridgetower (1780-1860), ein aus Galizien stammender Engländer, ein Mulatte, ist einer der berühmten Geiger zu Beethovens Zeit. 1802/03 weilt er einige Monate in Dresden und dann in Wien, wo er öffentlich und in musikliebenden Häusern des Adels konzertiert. Der Fürst Lichnowsky macht ihn mit Beethoven bekannt. Für Bridgetower, und zwar für ein Konzert im Mai 1803, schreibt Beethoven seine *Violinsonate A-dur op. 47.* Das Werk wird erst im letzten Augenblick fertig; Bridgetower muß den Variationensatz aus Beethovens Manuskript spielen, weil keine Zeit zum Abschreiben mehr bleibt. Der erste Satz ist trotzdem, wie Skizzen belegen, das Ergebnis längerer Arbeit. Der letzte Satz gehört ursprünglich zur *Violinsonate A-dur op. 30, Nr. 1* von 1802, für die er aber nach Beethovens Ansicht zu virtuos ist. – Ursprünglich wollte Beethoven die Sonate Bridgetower widmen, doch wegen einer Streitigkeit widmet Beethoven sie kurzerhand einem anderen berühmten Geiger der an guten Geigern reichen Zeit – vielleicht kann man mit musikhistorisch höherer Relevanz sagen: der auf Geigenvirtuosen begierigen Zeit –, nämlich dem Franzosen Rodolphe Kreutzer (1766-1831).

Kreutzer, seit 1795 Professor im Violinspiel am neugegründeten Conservatoire in Paris, ist seit 1801 als Nachfolger von Rode Konzertmeister und seit 1816 Kapellmeister an der Großen Oper in Paris, außerdem ein fruchtbarer und erfolgreicher Komponist von Opern – die freilich samt und sonders vergessen sind. Allein seine *40 Études ou Caprices* für Violine, um 1807 entstanden, halten seinen Namen bis heute wach.

Mit der *»Kreutzer-Sonate«* schafft Beethoven die Violinsonate gleichsam neu, wie man schon an den neuen Formulierungen im Titel sehen kann: Seine *3 Sonaten op. 12* (1797/98), die *Sonaten a-moll op. 23* (1800), *F-dur op. 24* (1800 bis 1801; die sogenannte *»Frühlingssonate«*), die *3 Sonaten op. 30* (1802) und selbst noch die *Sonate G-dur op. 96* (1812) heißen ganz traditionell »Sonaten für Klavier und eine Violine« oder altertümlicher (op. 30) »Sonate für Klavier mit Begleitung einer Violine«. Für die *»Kreutzer-Sonate«* dagegen entwirft Beethoven einen neuen Titel »Sonata scritta in un stilo [durchgestrichen: »brillante«] molto concertante quasi come d'un Concerto«, was im Erstdruck (1805 bei Simrock) dann lautet: »Sonata per il Pian[o]-forte ed un Violino obligato, scritta in uno stilo molto concertante, quasi come d'un concerto.« (Violinstimme: »Violino obligato«). Bei den *Violoncello-Sonaten* lautet der Titel der beiden *Sonaten op. 5* (1796) »Deux Grandes Sonates pour le Clavecin ou Piano-Forte avec un Violoncello obligé«, der der großen *A-dur-Sonate op. 69* (1807) »Grande Sonate pour Pianoforte et Violoncelle«, entsprechend der der beiden *Sonaten op. 102* (1815). Gewiß soll man diese Variationen in der Titelei nicht überbewerten, aber sie machen doch auf etwas Neues aufmerksam, nämlich darauf, daß hier keine Partie mehr sich der anderen lediglich begleitend unterzuordnen hat, daß jetzt vielmehr zwei verschiedene Instrumentalisten je für sich mit ihrer ganzen Kunst, und zwar solistisch, gefordert sind, dies jedoch für ein *gemeinsam* zu vollziehendes Werk. Nun, so neu ist das nicht! Man kennt es von Sonaten des Barockzeitalters, die in besonderer Weise den Gedanken der Polyphonie verwirklichen, nämlich solistisch in einem Duo. Aber in der Zwischenzeit stand ja die »Versubjektivierung« des musikalischen Ausdrucks in der neuen Musik des 18. Jahrhunderts jener Art von Polyphonie entschieden entgegen. Und also ist die Tatsache, daß sie *hier* im Satz eines »obligaten Accompagnements« wieder aufersteht, schon von einiger Bedeutung – worauf Beethoven, wie gesagt, mit dem »quasi come d'un Concerto« in seinem Titel hinzuweisen versucht. »Sonate wie Konzert«, das meint nichts weniger als irgendeine neue Mischform, nein, es weist auf eine musikalische Haltung der *beiden* Solisten des *einen* Werkes hin. Nimmt man diese bestimmte musikalische Haltung ernst, die zur Verwirklichung von Beethovens Klavier-Violin- und Klavier-Violoncello-Sonaten notwendig ist und jene solistische Selbständigkeit und das Durchsetzungsvermögen für die »Obligatheit« des Accompagnements verlangt, dann versteht man auch, daß es sich hier um Ausprägungen einer besonderen Art von abendländischer Polyphonie handelt – und man wird vorsichtiger, wenn man die Sonaten der Romantik mit denen Beethovens vergleicht: jene sind von ganz anderer Art.

Gerade dies sagt die Kritik (Leipziger *Allgemeine Musikalische Zeitung* 1805): »Der Zusatz auf dem Titel: scritta. concerto, scheint wunderlich, anmaßend und prahlerisch; er sagt aber die Wahrheit, dient statt einer Vorrede, und bestimmt *das* Publikum so ziemlich, für welches dies seltsame Werk sein kann. Dies *seltsame* Werk, sag' ich: denn seltsam ist es in der Tat; und, genau genommen, haben wir noch nichts von der Art – oder vielmehr, noch nichts, das die Grenzen dieser Art so weit ausdehnte und dann auch wirklich so ausfüllete. Wie? das ist die andere Frage. Rez. glaubt, nach genauer Bekanntschaft mit dieser Komposition: man muß seine Kunstliebe nur auf einen gewissen Kreis des Gewöhnlichen eingeschränkt haben oder sehr gegen Beethoven eingenommen sein, wenn man dieses weit und breit ausgeführte Musikstück nicht als einen neuen Beweis anerkennet von des Künstlers großem Genie, seiner lebendigen, oft glühenden Phantasie und seiner ausgebreiteten Kenntnis der tiefern harmonischen Kunst; aber auch, man muß von einer Art des ästhetischen oder artistischen Terrorismus befangen oder für Beethoven bis zur Verblendung gewonnen sein, wenn man in diesem Werke nicht einen neuen, offenbaren Beleg davon findet, daß sich dieser Künstler seit einiger Zeit nun einmal kapriziere... vor allen Dingen nur immer ganz anders zu sein wie andre Leute...«

1803 Ludwig van Beethoven (1770-1827): 3. Sinfonie Es-dur op. 55, »Sinfonia eroica«

Das Werk entsteht zwischen Mai und November 1803; der Abschluß der Arbeit liegt erst Anfang 1804. Die erste öffentliche Aufführung findet unter Beethovens Leitung am 7. April 1805 im Theater an der Wien in einer »Akademie« des Geigers Franz Clement statt. Im Januar 1805 war das Werk bereits in einem Privatkonzert des Bankiers Würth und drei Tage später beim Fürsten Lobkowitz, dem Beethoven die Sinfonie dann widmen wird, in dessen Palais in Wien und von dessen eigenem Orchester aufgeführt worden. Die autographe Partitur ist verloren. Von der Abschrift, die Beethoven selbst zum Dirigieren benützt hat, lautet das Titelblatt ursprünglich: »Sinfonia grande/ intitolata Bonaparte/ del Sigr/ Louis van Beethoven.« Die Worte »intitolata Bonaparte« hat Beethoven selbst ausradiert, und zwar so heftig, daß dabei ein Loch ins Papier gerissen ist. Zu diesem Titelblatt, der Widmung und dem Namen der Sinfonie berichtet Beethovens Faktotum und Freund Anton Schindler das Folgende, leider wie häufig nicht ganz zuverlässig:

»Die Reinschrift der Partitur mit der Dedication an den ersten Consul der französischen Republik, die bloß aus den beiden Worten ›Napoleon Bonaparte‹ bestanden, sollte eben dem General Bernadotte zur Absendung nach Paris übergeben werden, als die Nachricht nach Wien kam, Napoleon Bonaparte habe sich zum Kaiser der Franzosen ausrufen lassen. Dem Tondichter ward diese Nachricht durch Graf Lichnowsky und Ferd. Ries überbracht. Kaum hatte er sie angehört, als er mit Hast diese Partitur ergriff, das Titelblatt abriß und sie mit Verwünschungen über den neuen Franzosen-Kaiser, ›den neuen Tyrannen‹, auf den Boden warf... Erst nach längerer Zeit hatte sich der heilige Zorn unseres demokratischen Tondichters, nicht ohne Zutun seiner Freunde, gelegt und sein aufgeregtes Gemüt ruhigen Betrachtungen über das Geschehene wieder Zugang verstattet. Er gab demnach zu, daß dieses neue Werk unter dem Titel *Sinfonia eroica* mit der darunter sich befindlichen Devise: *›Per festegiare il sovvenire d'un gran uomo‹* der Öffentlichkeit vorgelegt werden solle. Doch erfolgte die Herausgabe erst volle zwei Jahre nach diesem Vorgange. Aber mit der Bewunderung für Napoleon war es für alle Zeit aus, sie hatte sich in lauten Haß verwandelt; erst das tragische Ende des Kaisers auf St. Helena konnte Beethoven zur Versöhnung stimmen. Indeß auch in dieser Umstimmung hat es an sarkastischen Äußerungen in Bezug auf dieses welthistorische Ereignis nicht gefehlt, z. B. er habe zu dieser Katastrophe bereits die passende Musik komponiert – den Trauermarsch in der *Eroica* meinend. In der Deutung dieses Satzes ging er noch weiter, indem er in dem Motiv des Mittelsatzes in *C-dur* das Aufleuchten eines Hoffnungs-Sternes in den widrigen Schicksalen Napoleons (das Wiedererscheinen auf dem politischen Schauplatze 1815), weiterhin den kräftigsten Entschluß in der Seele des großen Helden, den Geschicken zu widerstehen, sehen wollte, bis der Augenblick der Ergebung kommt, der Held hinsinkt und sich wie jeder Sterbliche begraben läßt.«

Die Aufnahme des Werkes beim Publikum ist geteilt. Thayer (1866-1908) faßt die wichtigsten Berichte zusammen; sie sind interessant genug, sie hierher zu setzen:

»Czerny erinnerte sich, wie er Jahn erzählte, daß bei dieser Gelegenheit jemand von der Galerie rief: ›Ich gäb' noch einen Kreuzer, wenn's nur aufhört.‹ In diesem Ausrufe haben wir den Schlüssel zu der Tonart, in welcher die Sinfonie in den öffentlichen Berichten beurteilt wurde, welche jetzt zu den Kuriositäten der musikalischen Literatur gehören. So fand z.B. der oben angeführte Schriftsteller ›auch diesesmal gar keine Ursache, sein schon früher darüber gefälltes Urteil zu ändern. – Die Sinfonie würde unendlich gewinnen, wenn sich B. entschließen wollte, sie abzukürzen, und in das Ganze mehr Licht, Klarheit und Einheit zu bringen.‹ Der Korrespondent des *Freimüthigen* teilt die Zuhörerschaft in drei Teile. ›Die einen‹, sagt er, ›Beethovens ganz besondere Freunde, behaupten, gerade diese Sinfonie sei ein Meisterstück, das sei eben der wahre Styl für die höhere Musik, und wenn sie jetzt nicht gefällt, so komme das nur daher, weil das Publikum nicht kunstgebildet genug sei, alle diese hohen Schönheiten zu fassen; nach ein paar tausend Jahren aber würde sie ihre Wirkung nicht verfehlen. – Der andere Teil spricht dieser Arbeit schlechterdings allen Kunstwert ab und meint, darin sei ein ganz ungebändigtes Streben nach Auszeichnung und Sonderbarkeit sichtbar, das aber nirgends Schönheit oder wahre Erhabenheit und Kraft bewirkt hätte. Durch seltsame Modulationen und gewaltsame Übergänge, durch das Zusammenstellen der heterogensten Dinge, wenn z.B. ein Pastorale im größten Style durchgeführt wurde, durch eine Menge Risse in den Bässen, durch drei Hörner u.a.m.

könne zwar eine gewisse eben nicht wünschenswerte Originalität ohne viel Mühe gewonnen werden; aber nicht die Hervorbringung des bloß Ungewöhnlichen und Phantastischen, sondern des Schönen und Erhabenen sei es, wodurch sich das Genie beurkunde: Beethoven hatte selbst durch seine früheren Werke die Wahrheit dieses Satzes erwiesen. – Die dritte sehr kleine Partie steht in der Mitte; sie gesteht der Sinfonie manche Schönheiten zu, bekennt aber, daß der Zusammenhang oft ganz zerrissen scheint, und daß die unendliche Dauer dieser längsten, vielleicht auch schwierigsten aller Sinfonien selbst Kenner ermüde, dem bloßen Liebhaber aber unerträglich werde. Sie wünscht, daß H. v. B. seine anerkannten großen Talente verwenden möge, uns Werke zu schenken, die seinen beiden ersten *Sinfonien* aus *C* und *D* gleichen, seinem anmutigen *Septett* aus *Es,* dem geistreichen *Quintett* aus *D-dur* [C-dur?] und anderen seiner früheren Kompositionen, die B. immer in die Reihe der ersten Instrumentalkomponisten stellen werden. Sie fürchtet aber, wenn Beethoven auf diesem Wege fort wandelt, so werde er und das Publikum übel dabei fahren. Die Musik könne so bald dahin kommen, daß jeder, der nicht genau mit den Regeln und Schwierigkeiten der Kunst vertraut ist, schlechterdings gar keinen Genuß bei ihr finde, sondern durch eine Menge unzusammenhängender und überhäufter Ideen und einen fortwährenden Tumult aller Instrumente zu Boden gedrückt nur mit einem unangenehmen Gefühle der Ermattung den Konzertsaal verlasse. Das Publicum und H. v. Beethoven, der selbst dirigirte, waren an diesem Abende nicht miteinander zufrieden. Dem Publikum war die Sinfonie zu schwer, zu lang, und B. selbst zu unhöflich, weil er auch den beifallklatschenden Teil keines Kopfnickens würdigte. Beethoven im Gegenteile fand den Beifall nicht auszeichnend genug.‹«

Ob man diese Kritik einfach als uneinsichtig abtun darf, scheint mir zweifelhaft, ebenso, ob wir heute das Werk besser verstehen als die Hörer von damals, oder gar »richtig«, wie wir wohl glauben möchten, auch, ob wir heute die Tragweite von Beethovens musikalischen Ideen tatsächlich zutreffend einzuschätzen vermögen. Über *»Die Eroica«* ist viel geschrieben worden und wird viel geschrieben, über Beethovens Komposition dagegen verhältnismäßig wenig, so z. B. fast nichts über drei, wie mir scheint, durchaus bemerkenswerte Eigentümlichkeiten gleich am Anfang der Sinfonie, die der heutige Hörer als solche offenbar gar nicht mehr wahrzunehmen gewohnt ist, die Beethovens Zeitgenossen aber gerade als *im Grunde neu* erfaßt und eventuell auch als anstößig empfunden haben. Sie seien hier kurz angedeutet, um die Aufmerksamkeit des Lesers/Hörers wieder einmal mehr ins Innere der Komposition und damit des musikalischen Werks zu locken.

Fragt man einen Musikfreund nach dem Anfang der *»Eroica«,* so spielt, singt, pfeift er in aller Regel völlig selbstverständlich das Dreiklangsthema, also, wie man meint, die ersten vier Takte. Dem ist aber nicht so, vielmehr gehen zwei Takte voraus, die nichts als zwei forte-Akkord-Schläge des vollen Orchesters enthalten, nichts als das: die äußerste denkbare Konzentration einer Sinfonie-Einleitung, in der zugleich das in der abendländischen Musikgeschichte seit den großen Organa der Notre-Dame-Schule (um 1200) immer wiederkehrende Phänomen aufgegriffen ist, daß man vor ein großes Werk den Klang, aus dem es sich entfalten soll, wie ein großes Tor stellt, in der zugleich die Tradition eingefangen ist, Stücke in *Es-dur* mit ein oder zwei *Es-dur-*Voraus-Takten zu versehen. Also hat auch die *»Eroica«* wie die meisten sinfonischen Werke Beethovens eine Einleitung, freilich die knappste, die man sich denken kann, und von der Wilhelm Furtwängler doch gesagt haben soll: nur wer diese beiden Takte dirigieren/spielen kann, kann die ganze Sinfonie dirigieren/spielen. – Sodann ist merkwürdig, daß der Satz anstelle eines »Themas«, wie man es für ein Werk dieser Dimension (allein schon die riesige Dimension ist eine unerhörte Neuerung Beethovens) und nach der Sonatenanlage erwartet, nur ein viertöniges Motiv hat, das nicht selbst, sondern dessen *Verarbeitung* »das Thema des Satzes« ist. Damit dies sofort deutlich werde, »verfremdet« Beethoven das an sich simple Motiv, das tausendmal begegnet (das wir etwa aus des jungen Mozarts Ouvertüre zu *Bastien und Bastienne* kennen), indem er es anders artikuliert und melodisch anders fortführt, als es einem »natürlichen« musikalischen Gang entsprechen würde, nämlich zu einem Ton, der in *Es-dur* eigentlich gar nicht vorkommt, zum *Cis:*

Was Beethoven in einem Brief vom Oktober 1802 an Breitkopf & Härtel in Leipzig über seine beiden neuen Klaviervariationenwerke, die *F-dur-Variationen op. 34* und die *Eroica-Variationen Es-dur op. 35,* schreibt, es gilt mutatis mutandis auch für seine neue Sinfonie: » – ich habe zwei Werke Variationen gemacht,... beide sind auf einer wirklich ganz *neuen Manier* bearbeitet,... ich höre es sonst nur von andern sagen, wenn ich neue Ideen habe, indem ich es selbst niemals weiß, aber diesmal – muß ich Sie selbst versichern, daß die Manier in beiden Werken *ganz neu von mir ist.*« Erschöpfte sich die »neue Manier« im offenkundig Ungewohnten der Anlage, Beethoven hätte wohl darauf verzichtet, sie so sehr zu betonen. Die Frage ist vielmehr: Wie läßt sich die Disposition dieser Variationen einerseits aus dem besonderen kompositorischen Prinzip, das hier waltet, erklären, wie hängt sie andererseits mit der Idee der Variation zusammen? Wie verhält sich die ambivalente Gestalt des »Themas«, das kein Thema im üblichen Sinne ist, zum Werkganzen? Zu einer Antwort auf diese Fragen trägt die Entstehungsgeschichte wenig bei, und wichtiger als der Bezug zu den im selben Zeitraum entstandenen Werken ist der Zusammenhang von *op. 35* mit Beethovens anderen Bearbeitungen des Themas, zuletzt im Finale der *»Eroica«.* Was Kunze (1972) zu den *Eroica-Variationen op. 35* sagt, gilt, wiederum mutatis mutandis, auch für die *Sinfonia eroica:* Die »neue Manier« läßt sich als die Anwendung eines, jedenfalls im Rahmen der Gattung, neuartigen Prinzips des Komponierens kennzeichnen. Es dokumentiert sich in dem Verfahren der Darlegung und Zerlegung struktureller Elemente und ihrer mit neuem Konstruktionssinn erfüllten Zusammenfügung, mit der die Werkeinheit ausdrücklich und in individuellem Zugriff hergestellt, also nicht in einem fertig Gegebenen oder in einem als variables Verfahren Vorgeformten vorausgesetzt wird. Der musikalische Vorgang, der die Werkeinheit stiftet, übergreift die einzelnen Satzteile und die Sätze, das musikalische Geschehen ist jeweils auch auf das Ganze des Werks bezogen.

1804-1808 Ludwig van Beethoven (1770-1827): **5. Sinfonie c-moll op. 67**

Anfang 1804, gleich nach dem Abschluß der Arbeit an der *Eroica,* beginnt Beethoven mit der *c-moll-Sinfonie,* unterbricht die Arbeit aber für die Komposition des *G-dur-Klavierkonzerts,* der *B-dur-Sinfonie* und des *Violinkonzerts.* Die Hauptarbeit geschieht dann 1807, der Abschluß fällt ins Frühjahr 1808. Die Uraufführung erfolgt am 22. Dezember 1808 in Beethovens großer eigener »Akademie« im k. k. Theater an der Wien, in jenem Konzert, in dem zugleich uraufgeführt werden die *Pastorale,* mehrere Sätze der *C-dur-Messe,* die *Chorfantasie* und das *G-dur-Klavierkonzert.* Die Ausführung scheint ziemlich mangelhaft gewesen zu sein, zumal sich Beethoven bei den wenigen Proben auch noch mit dem Orchester verkracht hatte, und zwar offenbar gründlich. Das Echo in der Presse ist gleich Null. Und was die Zuhörer betrifft, so berichtet Johann Friedrich Reichardt: »Da haben wir denn auch in der bittersten Kälte von halb sieben bis halb elf ausgehalten und die Erfahrung bewährt gefunden, daß man auch des Guten – und mehr noch, des Starken – leicht zu viel haben kann... und es war nicht einmal von allen aufzuführenden Stücken, die alle voll der größten Schwierigkeiten waren, eine ganz vollständige Probe zu veranstalten, möglich geworden... [Die *Chorfantasie*] verunglückte in der Ausführung durch eine so komplette Verwirrung im Orchester, daß Beethoven in seinem heiligen Kunsteifer an kein Publikum und Lokal mehr dachte, sondern drein rief, aufzuhören und von vorne wieder anzufangen. Du kannst Dir denken, wie ich mit allen seinen Freunden dabei litt.« – Die *Fünfte* ist ursprünglich für den Grafen Oppersdorf bestimmt, dann aber, ebenso wie die *Pastorale,* dem Fürsten Franz Joseph von Lobkowitz und dem Grafen Andreas von Rasumowsky gemeinsam gewidmet.

Über Beethovens Sinfonien ist sehr viel geschrieben worden, wobei sich das meiste auffallend ähnelt. Das kann den Grund haben, daß eben zutrifft, was da geschrieben steht, und daß man nichts Neues erfinden will. Es kann aber auch den Grund haben, daß man über Beethovens Sinfonien kaum etwas Substantielles zu sagen weiß und man sich deshalb gleichsam notgedrungen immer wieder auf Altes, vielleicht sogar gern auf alte Klischees zurückzieht, zumal sie liebgewordene Vorstellungen bewahren. Ich bin sicher, daß es der letzte Grund ist, aus dem die meisten Versuche immer in dieselbe Richtung gehen, nämlich hin zur Interpretation der Werke aus der Lebensgeschichte des Meisters, und selbst als Kritiker muß ich zugeben, daß es ungleich einfacher ist, an unzulänglichen Vorbildern zu zeigen, wie man es besser nicht machen sollte, als es tatsächlich besser zu machen, nämlich die Werke als solche und aus sich selbst zu interpretieren. Es ist halt doch leichter, die Klischees wie Münzen im Automaten fallen zu lassen: Beethoven hat ein besonders schweres Leben, vor allem wegen des für einen Musiker tragischen Gehörleidens; Beethoven ist der moralische Mensch schlechthin; all dies prädestiniert ihn zu besonders ernster Musik. Beethoven ist selbstverständlich »weiter« als Haydn und Mozart, nämlich ebenso wie das 19. Jahrhundert »entwickelter« ist als das 18.; Beethoven entwickelt sich in seinen Werken: selbstverständlich ist jedes spätere Werk »reifer« als die vorausgehenden. Beethovens Sinfonien sind also Dokumente für etwas, das sie selbst nicht sind oder sein können. Und so weiter. Wenn auch allen diesen Behauptungen, die uns aus Werkbesprechungen und Programmeinführungen vertraut sind, etwas von Plausibilität anhaftet, bei näherem Zusehen schwindet sie. Man überlege doch einmal dies: Hätte Beethoven, wenn ihm sein Gehörleiden erspart geblieben wäre (oder wenn man es damals hätte operativ behandeln können, wie man es heute kann), dann anders komponiert, andere Musik, die *Fünfte,* die *»Schicksalssinfonie«,* vielleicht gar nicht und alle anderen anders? Oder man überlege, was Beethoven wohl geantwortet hätte auf die Frage, ob er meine, mit seiner *1. Sinfonie* von 1800 »weiter« zu sein als Haydn mit seiner letzten *Sinfonie* von 1795? Oder dies: Wir haben zwar Grund anzunehmen, daß Beethoven seine *8. Sinfonie* für besser gehalten hat als die später bekanntere und beliebtere *Siebte,* aber beide sind in den Jahren 1811/12 entstanden. Die Leipziger *Allgemeine Musikalische Zeitung* jedenfalls berichtet ganz nüchtern am 2. September 1812: »Beethoven hat wieder zwei neue Sinfonien geschrieben.« Davon, daß die *Achte* »weiter« sei als die *Siebte*, ist selbstverständlich keine Rede. Oder man bedenke in diesem Zusammenhang auch einmal ein anderes biographisches Faktum: Wenn der Kompositionsauftrag, der Mozart im Juli 1791 erreicht hat, statt auf ein Requiem auf eine Hochzeitskantate gelautet hätte (was durchaus denkbar ist), hätte Mozart ihn dann abgelehnt oder sich seiner mit einem nichtigen Werk entledigt? Beides ist nicht anzunehmen – und wir hätten als sein letztes Werk neben der *Zauberflöte* statt eines »tragischen«, das wir glauben, direkt mit seinem Tod in Verbindung bringen zu dürfen, ein heiteres. – Zurück zu Beethoven. Daß uns sein Schicksal bewegt, daß uns das sogenannte *Heiligenstädter Testament* vom 6. Oktober 1802 erschüttert, daß wir Beethoven für das Vorbild eines moralischen Menschen halten, daß wir ihn gar lieb haben, diesen einsamen Menschen, es ist gut und recht. Aber wir irren, wenn wir in seinen Werken nichts als das Leben unter diesem Schicksal suchen. Im Herbst des *Heiligenstädter Testaments* beendet Beethoven seine *2. Sinfonie,* schreibt er, um nur eine weitere Arbeit zu nennen, den Prestosatz, den er dann mit zwei im Frühjahr 1803 komponierten Sätzen zur *Violinsonate A-dur op. 47,* zur »Kreutzer-Sonate«, verbinden wird. Kurz: Komponieren ist Handwerk, auch für das Genie. Und sein Handwerk verrichtet der Mensch unbeeinflußt von seinem persönlichen Schicksal. Also fällt die Biographie in der Regel für die Interpretation des Kunstwerks aus, auch wenn alle Welt immer wieder das Gegenteil behauptet. Freilich, im Verlauf des 19. Jahrhunderts soll sich das bis zu einem gewissen Grade ändern. Dann werden engere Zusammenhänge zwischen Leben und Werk tatsächlich oft für Werke und ihre Interpretation interessant, manchmal sogar wichtig.

Bleibt allerdings die Frage: was statt dessen? Ich antworte mit Eduard Hanslick (1854), dessen Überlegungen zwar nicht, wie er gemeint hat, für *alle* Musiken *aller* Zeiten zutreffen, in gewisser Weise aber für die Musik der Wiener Klassiker (obwohl Ausgangspunkt für seine Überlegungen ja der Konflikt *seiner* Zeit zwischen »Programmusik« und »absoluter Musik« ist, der für die Wiener Klassiker *so* gar nicht existiert): »Wir sind bisher negativ zu Werke gegangen und haben lediglich die irrige Voraussetzung abzuwehren gesucht, daß das Schöne der Musik in dem Darstellen von Gefühlen geschehen könne. Nun haben wir den positiven Gehalt zu jenem Umriß hinzuzubringen, indem wir die Frage beantworten, welcher Natur das Schöne einer Tondichtung sei? *Es ist ein spezifisch Musikalisches.* Darunter verstehen wir ein Schönes, das unabhängig und unbedürftig eines von Außen her kommenden Inhaltes, einzig in den Tönen und ihrer künstlerischen Verbindung liegt. Die sinnvollen Beziehungen in sich reizvoller Klänge, ihr Zusammenstimmen und Widerstreben, ihr Fliehen und sich Erreichen, ihr Aufschwingen und Ersterben, – dies ist, was in freien Formen vor unser geistiges Anschauen tritt und als schön gefällt...« – »... Fragt es sich nun, was mit diesem Tonmaterial ausgedrückt werden soll, so lautet die Antwort: *Musikalische Ideen.* Eine vollständig zur Erscheinung gebrachte musikalische Idee aber ist bereits selbständiges Schöne, ist Selbstzweck und keineswegs erst wieder Mittel oder Material zur Darstellung von Gefühlen und Gedanken...«

»Tönend bewegte Formen« sind einzig und allein Inhalt und Gegenstand der Musik. »Musikalische Ideen«, »tönend bewegte Formen« – man sieht, hier schlummern erhebliche Probleme. Deshalb muß Hanslick auch fortfahren: »Es ist von außerordentlicher Schwierigkeit, dies selbständige Schöne in der Tonkunst, dies spezifisch Musikalische zu schildern... In der Musik ist Sinn und Folge, aber *musikalische;* sie ist eine Sprache, die wir sprechen und verstehen, jedoch zu *übersetzen* nicht im Stande sind. Es liegt eine tiefsinnige Erkenntnis darin, daß man auch in Tonwerken von ›Gedanken‹ spricht, und wie in der Rede unterscheidet da das geübte Urteil leicht echte Gedanken von bloßen Redensarten. Ebenso erkennen wir das vernünftig Abgeschlossene einer Tongruppe, indem wir sie einen ›Satz‹ nennen. Fühlen wir doch so genau, wie bei jeder logischen Periode, wo ihr Sinn zu Ende ist, obgleich die Wahrheit beider ganz inkommensurabel dasteht...« Soweit Hanslick.

Also: über Musik, oder besser: *zur* Musik, ist nur *Musikalisches* zu sagen. Beethovens Zeit selbst hätte eben dies unter dem Begriff »poetische Idee« getan, worunter man damals allerdings etwas anderes verstanden hat, als man heute meinen möchte. Wir sollten die »poetische Idee« aus historisch bestimmten strukturanalytischen Beobachtungen zu verstehen suchen, die freilich von der traditionellen Musikwissenschaft so wenig entwickelt und erprobt sind, daß es sich immer nur um Versuche handeln kann. Das muß man indessen keineswegs als Nachteil sehen, ist doch sowieso *jede* Interpretation eines Kunstwerkes auf besondere Weise mit dem Interpreten verbunden und also in jeder neuen Zeit wieder neu zu unternehmen, selbst oder gerade im Zeitalter der technischen Reproduzierbarkeit von Kunst.

Wie selten bei einem Musikstück ist der Beginn von Beethovens *5. Sinfonie* ein genialer Einfall, als Anfang einer Sinfonie in die vollkommene Form gebannt! So oder ähnlich liest man's oft. Aber man sollte fragen: Ist das wirklich so? Das Thema ist kein Thema sondern nur ein Motiv, und als solches ist es kein besonderer Einfall; es begegnet seit dem 15. Jahrhundert zigmal in zigfacher Variation (Beethoven selbst verwendet es im zur selben Zeit entstehenden *4. Klavierkonzert* im Kopfthema des ersten Satzes). Ob das Thema der *5. Sinfonie* nur aus dem ersten Motiv mit seinen vier Noten besteht oder erst zusammen mit den folgenden vier Noten zum Thema wird; ob es dann aus fünf Takten besteht (wie notiert; wobei allerdings der vierte Takt erst nachträglich eingefügt ist) oder nur aus dreien (wie man es hört); ob diese Anfangstakte metrisch zu unterscheiden sind, also leicht/schwer oder schwer/leicht zu spielen und zu hören, ob man Takt 6 überhaupt als selbständigen Takt hören kann; kurz: ob der Beginn, den man wie gemeißelt im Ohr zu haben glaubt, tatsächlich musikalisch eindeutig ist – das alles ist *nicht* eindeutig (und dementsprechend umstritten). Dabei hat Beethoven an der endgültigen Formulierung der Sinfonie und gerade auch dieses Anfangs lange und hart gearbeitet. Wollte man alle Skizzen, die aus fünf Jahren erhalten geblieben sind, anführen oder umschreiben, man könnte ein Buch füllen, und noch die Partitur scheint geradezu erkämpft zu sein. Sie zeigt fast auf jeder Seite Spuren eines Kampfes um die musikalischen Gedanken, ihre Verarbeitung, das Umsetzen in musikalische Struktur und ins Erklingen. Wenn das so ist, dann ist freilich anzunehmen, daß das Ergebnis dann nicht nur eindeutig zu sein scheint, sondern tatsächlich musikalisch eindeutig ist. Aber was ist in welcher Weise eindeutig? Heinrich Schenker (1925) hat das Dilemma treffend beschrieben (aus dem er freilich *den* Ausgang gefunden zu haben glaubt, der doch nur *sein* Ausgang ist): »Gesetzt den Fall, in des Meisters Phantasie hätte sich mit der Rhythmik des Motivs die Ideenverbindung eines an die Pforte pochenden Schicksals eingestellt, so waltet über dieses Pochen hinaus doch nur die Kunst ihres Amtes, nicht mehr das Schicksal. Und wollte man auch hermeneutisch deuten, es ringe Beethoven mit dem Schicksal den ganzen Satz entlang, so wäre am Ringen eben nicht nur das Schicksal allein beteiligt, sondern auch Beethoven, nicht aber allein der Mensch Beethoven, sondern mehr Beethoven der Musiker. Rang Beethoven also in Tönen, so genügt keine der Legenden und keine hermeneutische Deutung, um die Tonwelt zu erklären, wenn man nicht eben mit den Tönen so denkt und fühlt, wie sie gleichsam selbst denken. Wer es trotz allem noch immer schwer hätte, sich um der Legenden willen von dem musikalischen wie metrischen Unsinn zu trennen, brauchte schließlich nur daran zu denken, daß Beethoven zu gleicher Zeit eine ähnliche Tonwiederholung ja auch im *4. Klavierkonzert* auswirken ließ – war das etwa ein anderes Tor, an das das Schicksal gepocht oder hat es an dasselbe Tor nur anders gepocht? Nicht zu bestreiten ist indessen, daß die billige Einprägsamkeit des Motivs unserer Sinfonie schon vom ersten Erscheinen an die Liebe der Zuhörer erworben hat. Die sehr zahlreichen Wiederholungen waren ohne Zweifel die Hauptquelle des Genusses... Die Tonwiederholung war es denn auch, die die Legendenbildung herausgefordert hat. Man bringe sich aber in Erinnerung, wie z.B. Czerny – angeblich nach einer Äußerung Beethovens – das rhythmische Motiv dem Ruf der Goldammer nachgebildet findet, dagegen Schindler – auch angeblich nach einer Äußerung Beethovens – es auf die über dem Menschen waltende Schicksalsmacht bezieht (›So pocht das Schicksal an die Pforte‹), um sich über die völlige Wertlosigkeit solcher Deutungen ein Urteil zu bilden.« Soweit Heinrich Schenker.

Wenn all das so ist, dann gewinnt, wie man bemerken wird, die Geschichte der Beethoven-Deutung besonderes Interesse, und niemand hat das deutlicher gemacht und besser interpretiert als Arnold Schmitz in seinem Buch *Das romantische Beethovenbild. Darstellung und Kritik* (1927). Wenn man nun annehmen oder gar hoffen möchte, das Beethoven-Bild neuer Zeit sei anders oder gar substantieller als das des 19. Jahrhunderts, Walter Kempowski hat 1976 mit einem Hörspiel

Beethovens Fünfte das Gegenteil bewiesen. Sein Hörspiel ist mit dem Karl-Scuka-Preis des Südwestfunks Baden-Baden ausgezeichnet worden. Bei der Preisverleihung hat Carl Dahlhaus (s. Kempowski 1982) gesagt: »Zu behaupten, das Thema des Hörspiels sei die Geistesverfassung eines unsicher gewordenen Bildungsbürgertums, wäre zweifellos zu einfach. Das Hörspiel zielt vielmehr zugleich auf Beethovens Sinfonie, denn nicht allein im Notentext, im ›toten Buchstaben‹, ist ein musikalisches Werk aufbewahrt, sondern auch und vor allem im Bewußtsein, im ›lebendigen Geist‹ derer, die es hören und in verschiedener Weise verstehen. Anderthalb Jahrhunderte nach Beethovens Tod ist also, wenn man Kempowskis Hörspiel glauben darf, die Idee der absoluten Musik, einer Musik, deren Geist Form und deren Form Geist ist, in einem großen Teil des Publikums erloschen oder zu geringen Resten geschrumpft. Und ich halte das, was Kempowski gesammelt hat, für durchaus repräsentativ... – Freilich, bei der *Eroica* oder der *Pastorale* wäre Kempowskis Experiment schwieriger und bei der *Achten* wäre es unmöglich gewesen.«

Begonnen hat Dahlhaus übrigens mit einem »Geständnis«, das auch der Autor dieses Buches hätte ablegen können, ja ablegen müssen: »Ich habe, obwohl Musikhistoriker, Beethovens *Fünfte* seit Jahren nicht mehr gehört. Genauer: ich habe es vermieden, sie zu hören. Daß ich ihr aus dem Wege gegangen bin – und im Rückblick staune ich über die List des Unbewußten, mit der das gelang –, ist mir aber überhaupt erst durch Walter Kempowskis Hörspiel bewußt geworden; und zugleich glaube ich einige der Gründe entdeckt zu haben, die mich von Beethovens Werk, an dessen Größe ich natürlich ebenso wenig wie Kempowski zweifle, ferngehalten haben. Oder zweifeln wir doch? Ist die *Sinfonie* durch das, was ihr in den Reaktionen des Publikums tagtäglich widerfährt, beschädigt worden? Und gibt es Momente im Werk selbst, die zu dem Gerede herausfordern, das Kempowski gesammelt hat?«

Wenn wir es auch nicht wahrhaben wollen, Kunstwerke werden bei der Rezeption gleichsam angetastet, gar verletzt, oft verfälscht – wobei dieses »verfälscht« eine interpretatorische Behauptung ist, mit der man vorsichtig sein sollte. Beethovens *5. Sinfonie* jedenfalls zeigt, wie stark die Rezeptionsproblematik werden kann, so stark nämlich, daß keine noch so »sachgerechte« Interpretation sie mehr wegräumen und den Weg zum Werk ganz frei machen kann. Auf der anderen Seite wissen wir aber auch aus Erfahrung, welche Kraft Werke dieses Rangs für sich selbst haben.

1805/1814 **Ludwig van Beethoven** (1770–1827): **Oper »Fidelio«** (»Leonore«) in Wien

Im Oktober 1798 spielt Beethoven sein *1.* oder *2. Klavierkonzert* in einer »Akademie« des Opernsängers Ludwig Fischer, Mozarts erstem Osmin, im Freihaus-Theater auf der Wieden, wo Mozarts *Zauberflöte* zum ersten Mal über die Bretter gegangen ist. Der erfahrene Theaterdirektor dieses Hauses ist Schikaneder, und dieser erteilt Beethoven den Auftrag für die Eröffnungs-Oper seines geplanten neuen Theaters an der Wien. Beethoven beginnt mit der dafür vorgesehenen *Oper »Alexander«* (Text von Schikaneder), stellt die Arbeit aber nach kurzer Zeit ein. (Den Auftrag übernimmt Schikaneders Hauskomponist Franz Teyber, mit dessen Werk das neue Theater an der Wien 1801 eröffnet wird.) Im Herbst 1803 gibt Schikaneder Beethoven wieder ein Textbuch zur Komposition, nämlich zu einer *Zauberoper »Vestas Feuer«*. Wieder beginnt Beethoven die Komposition, stellt sie aber wieder nach kurzer Zeit ein. (Schikaneders Libretto komponiert diesmal Joseph Weigl; die Uraufführung findet am 7. August 1805 im Theater an der Wien statt.) Im Frühjahr 1804 beginnt Beethoven mit der Arbeit an einer anderen Oper, nämlich am *Fidelio*.

Keineswegs ist Beethoven das Theater fremd. In Bonn war er schließlich zuerst als Cembalist, dann als Bratschist im Orchester tätig, und dort spielte man das ganze damals gängige Repertoire, von Gluck, Georg Benda, Paisiello, Dittersdorf und Mozart bis zu den Franzosen Grétry und Momigny. Auch in Wien ist sein Verhältnis zur Oper durchaus positiv. Vom Frühjahr 1803 an wohnt Beethoven zudem im Theater an der Wien, also im Haus selbst, wo das Klima für eine Oper gewiß gut ist, wo übrigens gleichzeitig der berühmte Abbé Vogler wohnt und an seiner *Oper »Samori«* (nach Franz Xaver Huber, dem Textdichter von Beethovens *Oratorium »Christus am Ölberge«*) arbeitet. Der neue Eigentümer des Theaters, Baron von Braun, an den Schikaneder wegen finanzieller Schwierigkeiten hat verkaufen müssen, übernimmt dessen Aufforderung an Beethoven, eine Oper für sein Haus zu schreiben. »Beethoven ging mit Lust und Liebe an die Arbeit, die Mitte 1805 ziemlich zu Ende gelangte.« Von dieser Oper, die seine einzige bleiben soll, sagt Beethoven selbst, »dieses mein geistiges Kind hat mir vor allen anderen die größten Geburtsschmerzen, aber auch den größten Ärger gemacht«, deshalb sei es ihm auch am liebsten, zumal er sich damit gewiß die »Märtyrerkrone« verdient habe.

Beethovens Oper beruht auf dem Zeitstück *»Léonore ou l'amour conjugal«* von Jean-Nicolas Bouilly, das mit der Musik von Pierre Gaveaux (1760-1825) 1798 in Paris seine erste Aufführung erlebt hat. Der Stoff repräsentiert das in der Revolutionszeit beliebte Genre der »RETTUNGS- UND SCHRECKENSOPER« und behandelt angeblich eine wirkliche Begebenheit. Die Oper von Bouilly/Gaveaux, die zum Typus der Opéra comique (bei gesprochenem Dialog mit Musiknummern) gehört, hatte erheblichen Erfolg. Auf der Grundlage Bouillys entstand 1804 für Dresden die italienische *Opera semiseria »Leonora ossia L'amore conjugale«* von Ferdinando Paër (1771-1839). Die Textbearbeitung dieses Stücks für Beethoven stammt vom Hoftheatersekretär Joseph Sonnleithner, dem Bruder von Franz Schuberts Freund Leopold von Sonnleithner. Die Uraufführung der Oper mit dem Titel *»Fidelio«* (gegen den Willen Beethovens, der »Leonore« als Titel vorsieht) findet am 20. November 1805 statt (mit zwei Wiederholungen); sie ist ein Mißerfolg. Die zweite Fassung von 1806 findet hingegen Anklang. Eine erneute Umarbeitung nimmt Beethoven mit Hilfe des Theaterdichters und Regisseurs Friedrich Treitschke vor. Diese dritte nun endgültige Fassung wird zum ersten Mal am 23. Mai 1814 im Theater an der Wien aufgeführt, diesmal mit Erfolg.

> Der Mißerfolg der Uraufführung hat vor allem äußere Gründe. In der Zeitung *Der Freimüthige* vom 26. Dezember 1805 sind sie an erster Stelle berichtet: »Das Einrücken der Franzosen in Wien [im Zusammenhang des dritten sogenannten Koalitionskrieges] war für die Wiener eine Erscheinung, an die man sich anfangs gar nicht gewöhnen konnte, und es herrschte einige Wochen lang eine ganz ungewöhnliche Stille. Der Hof, die Hofstellen, die meisten großen Güterbesitzer hatten sich wegbegeben... Auch waren die Theater anfangs ganz leer; nach und nach erst fingen die Franzosen an, das Schauspiel zu besuchen, und sie sind es noch jetzt, welche die größte Anzahl der Zuschauer ausmachen. Man hat in den letzteren Zeiten wenig neues von Bedeutung gegeben. Eine neue Beethovensche Oper *Fidelio oder Die eheliche Liebe* gefiel nicht. Sie wurde nur einigemal aufgeführt und blieb gleich nach der ersten Vorstellung leer. Auch ist die Musik wirklich weit unter den Erwartungen, wozu sich Kenner und Liebhaber berechtigt glaubten. Die Melodien sowohl als die Charakteristik vermissen, so gesucht auch manches darin ist, doch jenen glücklichen, treffenden, unwiderstehlichen Ausdruck der Leidenschaft, der uns in Mozartschen und Cherubinischen Werken so unwiderstehlich ergreift. Die Musik hat einige hübsche Stellen, aber sie ist weit entfernt, ein vollkommenes, ja auch gelungenes Werk zu sein. Der Text, von Sonnleithner übersetzt, besteht aus einer Befreiungsgeschichte dergleichen seit Cherubinis *Deux journées* [Paris 1800] in die Mode gekommen sind.«

Seit Prieger (1908-1910) die erste Fassung ans Licht gebracht hat, lebt immer einmal wieder die Diskussion auf, ob diese Fassung nicht der dritten, die man allerorten spielt, vorzuziehen wäre. Kaum, denn Beethoven hat mit der endgültigen Fassung das Werk auf eine neue Stufe gehoben mit der einschneidenden und entscheidenden, mit der das Wesen des Ganzen betreffenden Umarbeitung der Kerkerszene am Beginn des 2. Aktes (Nr. 11: *Introduktion und Arie des Florestan*). Kunze (1988) hat das eingehend beschrieben. Die Szene besteht aus der Orchester-Einleitung in f-moll, die bei geöffnetem Vorhang zu erklingen hat, dem *Rezitativ »Gott! welch' Dunkel hier!...«* und der *Arie »In des Lebens Frühlingstagen«*. Der zweite Teil der Arie, der auffallenderweise in F-dur steht und tonartlich gegenüber der f-moll-Introduktion und dem As-dur-Adagio eine neue Dimension eröffnet, wird 1814 mit neuem Text neu komponiert. Sein Inhalt ist die Vision des Engels, der in Gestalt Leonorens Florestan ins »himmlische Reich« der Freiheit führt:

> »Und spür ich nicht linde, sanft säuselnde Luft?
> Und ist nicht mein Grab mir erhellet?
> Ich seh, wie ein Engel im rosigen Duft
> Sich tröstend zur Seite mir stellet,
> Ein Engel, Leonoren, der Gattin, so gleich,
> Der führt mich zur Freiheit ins himmlische Reich.«

Über die Singstimme schreibt Beethoven die der Gestimmtheit des F-dur-Teils genau entsprechende Anweisung: »In einer an Wahnsinn grenzenden, jedoch ruhigen Begeisterung.« Die Wendung zum Poco allegro in der Neukomposition entsteht gleichsam aus dem Nichts durch die unvermittelt eintretende »an Wahnsinn grenzende Begeisterung«, durch einen neuen seelischen Zustand. Den Anstoß bildet hier nicht mehr wie in der ersten Fassung das Erinnerungsbild Leonorens. In Florestans Wahn erscheint vielmehr »ein Engel«, an dem er Züge und Gestalt der Gattin erkennt. Er sieht nicht das reale aber als Abbild unwirkliche Bildnis, sondern er sieht die wirkliche aber irreale Gestalt des Engels, der mit der Gestalt Leonorens verschmilzt. Er sieht sie, wie sie sein wird, nicht wie sie war. Weil die Vision des Engels für Florestan den Charakter des Wirklichen hat, öffnet sich ihm das »himmlische Reich« der Freiheit durch den Engel, der Leonore ist. Die Vision nimmt vorweg, was dann wirklich geschieht.

Die *Ouvertüre* hat eine eigene Geschichte. Zur *1. Leonoren-Ouvertüre* (1805; op. post. 138) weiß Anton Schindler zu berichten: »Der Komponist hatte selbst kein rechtes Vertrauen dazu, war daher einverstanden, daß sie vorher von einem kleinen Orchester bei Fürst Lichnowsky versucht werde. Dort wurde sie von einer Kennerschar einstimmig für zu leicht und dem Inhalt des Werkes zu wenig bezeichnend gefunden, folglich beiseite gelegt und kam bei Lebzeiten Beethovens nimmermehr zum Vorschein.« – Die *2. Leonoren-Ouvertüre,* eine Weiterbearbeitung der ersten, schreibt Beethoven kurz vor der Uraufführung 1805. – Zur 2. Fassung arbeitet Beethoven diese *Ouvertüre* noch einmal erheblich um: mit der *3. Leonoren-Ouvertüre* geht die Oper am 29. März 1806 in Szene. – Zur 3. Fassung der Oper für die Wiederaufnahme 1814 schreibt Beethoven eine neue völlig andere, die *E-dur-Ouvertüre zur Oper »Fidelio«.* Die Komposition wird allerdings zur Premiere am 23. Mai 1814 nicht fertig (und durch die *Ouvertüre »Die Ruinen von Athen«,* op. 113, vertreten); sie erklingt erst zur zweiten Aufführung am 26. Mai, wie der Theaterzettel ausweist: »Die das vorige Mal wegen Hindernissen weggebliebene neue Ouvertüre dieser Oper wird heute zum ersten Mal vorgetragen werden.« – Warum, muß man sich fragen, jetzt, 1814, auf einmal eine so ganz andere, eine konventionelle, warum eine Singspiel-Ouvertüre vor diesem Riesenwerk anstelle der herrlichen *3. Leonoren-Ouvertüre?* Der Grund ist wohl der, daß Beethoven das Drama der Oper nicht schon vor der Oper abgehandelt haben will. Denn die *3. Leonoren-Ouvertüre* ist ein Stück selbständiger Instrumentalmusik, dessen »poetische Idee« die Idee der Oper selbst ist. Damit kann sie nach Beethovens Theatervorstellung die Funktion der Ouvertüre nicht mehr erfüllen, sie eröffnet nicht, sie nimmt vorweg. Übrigens hat Beethoven kein anderes Stück geschrieben, das wie dieses zugleich abstrakt und programmatisch konkret ist, so zugleich distanziert kühl und innig warm. Man denke an den nahezu atonalen Beginn einerseits und an das Zitat der Florestan-Arie in *As-dur* andererseits, oder auch an das Thema des Allegro der Ouvertüre, in dem eine ausdrücklich volltaktige Geste mit einer auftaktigen in einem einzigen Takt strukturbildend zusammengespannt ist.

Fidelio auf der Bühne: »ein Alptraum für jeden Theatermann, dem die holprigen Dialoge gleichsam im Wege liegen, der das Nebeneinander von Singspiel und Großer Oper zu überbrücken hat, aber ein Alptraum auch für jeden Theaterbesucher, der das modrige Melodram im 2. Akt ebenso fürchtet wie das wacklige Schlußtableau vor einer riesigen Festungskulisse: Staatsaktion aus dem Fundus, halb neapolitanisch, halb josephinisch« (Enzensberger). Was wunder, daß sich seit einiger Zeit Regisseure überlegen, ob man das Textproblem nicht durch hinzugesetzte, gleichsam externe Texte lösen könne. Für Bremen 1974 hat Nikolaus Lehnhoff Hans Magnus Enzensberger gewinnen können: »Seine vier litaneiartigen, aus Kurzsätzen bestehenden Gedichtstrophen, die jeweils vor einem der vier Abschnitte des Stücks rezitiert werden, erläutern zunächst die kommende Szene, Personen und Ort, deuten die Handlungs-Realität an, entlarven sie aber sofort im Sinne des epischen Theaters als bloße Bühnen-Realität – ›Nichts in der Oper ist das, was es zu sein scheint‹ – und decken dann die hinter dieser Realität liegenden, bleibenden und ständig, auch heute noch, wirksamen Hintergründe auf – ›Ist die Bastille nicht erstürmt worden? Ja, so scheint es. Aber die Gefängnisse sind geblieben.‹« – Für eine konzertante Aufführung in Hohenems 1986 hat Nikolaus Harnoncourt Walter Jens gewonnen, der den scheinbar nebensächlichen grauen Charakter des Rocco ernst nimmt: »... Grund genug, alles in allem, Rocco jene Gerechtigkeit widerfahren zu lassen, die man ihm, von Bouilly bis heute, vorenthalten hat – Grund genug aber auch, einen gewandelten, zur Einsicht, Vernunft und Reflexions-Kraft gelangten Menschen namens Roc oder Rocco als Erzähler der Moritat von Leonore und Florestan, Pizarro und Fernando fungieren zu lassen – einen Kerkermeister, der, Jahre nachdem sich die Gefängnisse geöffnet haben, jene Geschichte noch einmal erzählt, die nun seine eigene ist: Er, Rocco, der die Historie aus dem Abstand interpretiert, spielt jetzt den Protagonisten; der Gouverneur hingegen ist, gut Brechtisch, zu einer Note des meditierenden Gefängniswärters geworden – womit die Geschichte im Sinne des revolutionären Beethovenschen Humanitätsideals ihr schönstes, wenngleich irreales aber eben deshalb unaufgebbares Finale gefunden hätte: ›Konkrete Utopie‹ im Sinne Ernst Blochs« (*Programmheft Hohenems 1986*).

Man sieht, *Fidelio* kann durchaus über seine eigene Geschichte hinaus als Geschichte verstanden werden, freilich auch so (*Wiener Staatsoper aktuell,* März 1988): »Als im März 1938 das Ende des Ständestaats Österreich durch den Einmarsch der NS-Truppen markiert wurde, reagierte man auch ganz rasch in der Wiener Staatsoper: Die Nationalsozialisten, die es in allen künstlerischen und technischen Gruppen des Hauses gab und die nun die Leitung übernahmen, verfügten ein paar ›Schließtage‹ und eröffneten das ›gleichgeschaltete‹ Opernhaus am 17. März mit einer Galavorstellung des *Fidelio*... Und als am 27. März eine ›Festvorstellung aus Anlaß der Anwesenheit des Ministerpräsidenten Generalfeldmarschall Hermann Göring‹ in Szene ging, da hieß es in einer Kritik des *Völkischen*

Beobachters u.a.: ›*Fidelio*, das Hohelied der Gattenliebe, Treue und des heldenhaften, siegreichen Kampfes gegen Unrecht, Vergewaltigung und Unterdrückung, war in weiser Voraussicht gewählt worden, um der beglückenden Tatsache der Befreiung Österreichs das künstlerische Symbol gegenüberzustellen.‹ Und im selben Blatt wurde Pizarro, ›der unsympatische Gegenspieler, Intrigant und Wüterich‹, mit Kurt Schuschnigg verglichen. – Als im Oktober 1945 das Theater an der Wien als Ausweichquartier der zerstörten Staatsoper ebenfalls mit *Fidelio* wiedereröffnet wurde, wurden die Feindbilder einfach ausgewechselt. Nun war Pizarro der Inbegriff des ›deutschen Usurpators‹, und als Befreier wurden die alliierten Armeen gefeiert. Zehn Jahre später, als Karl Böhm die renovierte Oper mit der Beethoven-Oper ›einweihte‹, dürfte wohl die Mehrzahl im Publikum bei der Stelle ›Gott, welch ein Augenblick‹ an den Abzug der Sowjettruppen und der übrigen Besatzer gedacht haben. – Wer zu solchen Beispielen mit der These von der unpolitischen Kunst aufwartet, hat die Fakten gegen sich. Denn gerade Musik und noch mehr das Musiktheater wird stets in einem gesellschaftlichen Umfeld realisiert, das gerade jenes Publikum vereinnahmt, das sich selbst als ›unpolitisch‹ deklariert, weil es nur der Schönheit der Musik sein Leben weiht... Die Festaufführungen des *Fidelio* 1938 in der Wiener Staatsoper sind in diesem Sinn Beispiele, wie die Kunstszene politisch benutzt werden kann und benützt wird.«

1806 Ludwig van Beethoven (1770-1827): Die 3 Streichquartette op. 59

Am 27. Februar 1807 berichtet die Leipziger *Allgemeine Musikalische Zeitung* aus Wien: »Auch ziehen drei neue, sehr lange und schwierige Beethovensche Violinquartette, dem russischen Botschafter Grafen Rasumowsky zugeeignet, die Aufmerksamkeit aller Kenner an sich. Sie sind tief gedacht und trefflich gearbeitet, aber nicht allgemein faßlich – das dritte aus C-dur etwa ausgenommen.« Zwei Monate später berichtet dieselbe Zeitung: »In Wien gefallen Beethovens neueste schwere, aber gediegene Quartette immer mehr.« Beethoven plant diese Quartette seit Herbst 1804, die Hauptarbeit der Komposition geschieht in den Sommermonaten 1806. Sie erscheinen im Januar 1808 in Wien und Pest (in Stimmen; in Partitur erst 1830).

Graf (seit 1815 Fürst) Andreas Kyrillowitsch Rasumowsky (1752-1836) ist 1793 bis 1809 russischer Gesandter am österreichischen Hof. Danach lebt er als Privatier in Wien. Er ist ein bedeutender Kunstsammler und ein begeisterter Musikfreund, auch ein tüchtiger Geiger, ein Kenner und Liebhaber im höchsten Sinne des Wortes. Von 1808 bis 1816 hat er ein professionelles Streichquartett unter Leitung des bedeutenden und in Wien sehr bekannten Geigers Ignaz Schuppanzigh unter Vertrag, bei dessen Aufgaben die Pflege der Kammermusik Beethovens an erster Stelle steht. Als 1814 das Palais des Grafen mit allen Kunstschätzen einem Brand zum Opfer fällt, muß er die Gehaltszahlungen an sein Hausquartett einschränken und das Ensemble schließlich im Februar 1816 entlassen. Schuppanzigh geht mit Rasumowsky nach Rußland, läßt sich in St. Petersburg nieder, kehrt aber 1823 wieder nach Wien zurück. In Rußland setzt er sich nachdrücklich für Beethoven ein. (Nach seiner Rückkehr ist er einer der wichtigen Männer für Franz Schubert in Wien.) Dem Grafen Rasumowsky sind, zusammen mit dem Fürsten Lobkowitz, auch die *5.* und die *6. Sinfonie* gewidmet.

Wann, wo und durch wen die Quartette zum ersten Mal aufgeführt werden, wissen wir nicht, vermutlich vom Schuppanzigh-Quartett im Hause Rasumowsky im Spätherbst 1806. Von der ersten öffentlichen Aufführung ist nichts bekannt.

Im ersten und im zweiten der Quartette verwendet Beethoven jeweils ein russisches Lied, dort im letzten Satz, hier im dritten. Wahrscheinlich entnahm er diese Lieder der von Iwan Pratsch herausgegebenen *Sammlung russischer Volkslieder mit ihren Singweisen,* die in zwei Teilen 1790 und 1806 in St. Petersburg erschienen war. Die Übernahme der fremden Melodien hat sicherlich ihren Grund in einer Liebe des Grafen Rasumowsky für diese Lieder seiner Heimat. Die Melodie, die Beethoven für das Trio im dritten Satz des 2. Quartetts verwendet, ist die jenes Volkslieds, das das Volk in der Krönungsszene von Mussorgskis *Boris Godunow* (1874) singt.

Nicht nur die musikalische Öffentlichkeit, auch Beethovens Freunde finden die Quartette so neu und ungewöhnlich, daß sie sie zunächst nahezu verständnislos ablehnen. Czerny berichtet später: »Als Schuppanzigh das *Quartett Rasumowsky in F* zuerst spielte, lachten sie und glaubten, daß Beethoven sich einen Spaß machen wolle, und es gar nicht das versprochene Quartett sei.« Von einer Aufführung desselben Quartetts 1812 in Moskau wird ähnliche Verständnislosigkeit berichtet: Der seinerzeit weitbekannte und gewiß erfahrene Violoncellist Bernhard Romberg (1767-1841) soll die Noten beim ersten Mal auf den Boden geworfen haben und darauf herumgetrampelt sein, weil er sich durch den Anfang des zweiten Satzes, bei dem das Violoncello vier Takte lang solo einen Ton zu spielen hat, genarrt fühlte. Freilich, dieser repetierte eine Ton bildet in seiner bestimmten Rhythmisierung das »Thema« des Satzes (bzw. dessen erste Hälfte). Aber das konnte Romberg prima vista nicht und bei der Neuigkeit solcher Art von Themenbildung und -verarbeitung wohl zunächst überhaupt nicht verstehen – es fällt noch heute schwer.

Sehr wohl aber überschauen wir heute Beethovens Schaffen und können sehen, daß es in den Jahren 1804 bis 1808 schlechthin kulminiert: In einem Höhenflug ohnegleichen und in einem unbegreiflichen Arbeitsrausch bringt Beethoven in dichter Folge seine herrlichsten Werke hervor: Die *4.*, *5.* und *6. Sinfonie*, das *4. Klavierkonzert*, das *Violinkonzert*, unter den Klaviersonaten die *Waldsteinsonate* (op. 53) und die *Appassionata* (op. 57), die *Oper »Fidelio«* und, last not least, die *3 Streichquartette* op. 59, mit denen er die Gattung noch einmal neu zu definieren scheint. Schon bald nach der Komposition der *Klaviersonaten op. 31* (1801-1802) soll Beethoven gesagt haben: »Ich bin nur wenig zufrieden mit meinen bisherigen Arbeiten, von heute an will ich einen neuen Weg einschlagen.« Und im Oktober 1802 schreibt er an Breitkopf & Härtel: »Ich habe zwei Werke Variationen gemacht... beide sind auf eine ganz neue Manier bearbeitet, jedes auf eine andere verschiedene Art.« Was Beethoven selbst hier »neuen Weg« und »neue Manier« nennt, in der Kammermusik kommt es in den *Quartetten op. 59* zum Durchbruch und zur Vollendung. Man kann das an vielen Details »festmachen«, die gegenüber aller Tradition tatsächlich neu und in doppeltem Sinne unerhört sind.

Dazu Beispiele: a) Veränderungen im Anlagetyp (*Nr. 1:* Exposition ausdrücklich ohne Wiederholung; scheinbar unendliche Wiederholung, weil ohne zwingenden Schluß, der Folge Scherzo-Trio in *Nr. 2* und in der *4.*, später auch der *7. Sinfonie*). b) Themenbau (viele Themen schreiten diatonisch den Quart- oder Quintraum aus, im Auf- oder Abwärtsgang, zuweilen mit Leittonüberschreitungen nach oben oder unten: *Nr. 1*, erster Satz; *4. Sinfonie*, zweiter Satz; *Nr. 3:* Adagio wie nach dem Vorbild eines barocken Lamentos). c) Durchdringung des ganzen Satzverlaufs über eine variative Art der Behandlung von thematischem Material (in *Nr. 1* enthält das erste Thema im Keim alles, was sich im Laufe des Satzes thematisch entfalten wird). d) Unbefangenheit im Umgang mit dem Material (das »Thème russe« im dritten Satz von *Nr. 2* ist nicht als Lied sondern als bloßes musikalisches Material behandelt und geradezu rücksichtslos in ein Schein-Fugato gezwängt). e) Provozierende Unbefangenheit im Anspruch gegenüber dem Hörer (*Nr. 1* beginnt mit der Melodie im Baß und also mit einem Quartsextakkord: Dissonanz oder nicht?, der zweite Satz beginnt mit einem rhythmischen Motiv auf einem Ton: ein Rhythmus als Thema?).

Jedes Detail ist für sich interessant und auf seine Weise mitbestimmend für die Charakteristik seines Werkes. Und alle zusammen erklären doch nicht, was jeder ernsthafte Hörer immer wieder erfahren kann: die abgründige Tiefe dieser Werke – fernab von allem Beethovenschen Pathos. Auf seine Weise beschreibt das Neue an Beethovens *Rasumowsky-Quartetten* Johann Friedrich Reichardt im Bericht von einem Konzert bei der Gräfin Erdödy in Wien 1808: »... Es wurden drei Quartette, eins von Haydn, dann eins von Mozart und zuletzt eins von Beethoven gespielt, das letzte ganz besonders gut. Es war mir sehr interessant, in dieser Folge zu beobachten, wie die drei echten Humoristen [?] das Genre, so jeder nach seiner individuellen Natur, weiter ausgebildet haben... Haydn griff es aus der reinen, hellen Quelle seiner lieblichen, originellen Natur: an Naivität und heiterer Laune bleibt er daher auch immer der Einzige. Mozarts kräftigere Natur und reichere Fantasie griff weiter um sich und sprach in manchem Satz das Höchste und Tiefste seines inneren Wesens aus; er war auch selbst mehr exekutierender Virtuose und mutete daher den Spielern weit mehr zu, setzte auch mehr Wert in künstlich durchgeführte Arbeit und baute so auf Haydns lieblich phantastisches Gartenhaus seinen Palast. Beethoven hatte sich früh schon in diesen Palast eingewohnt, und so blieb ihm nur, um seine eigene Natur auch in eigenen Formen auszudrücken, der kühne, trotzige Turmbau, auf den so leicht keiner etwas setzen soll, ohne den Hals zu brechen. Mehrmalen ist mir dabei Michelangelos stolzer, kecker Gedanke eingefallen, das herrliche Pantheon als Kuppel auf seine Peterskirche zu setzen.«

1806 **Ludwig van Beethoven** (1770-1827): **Violinkonzert D-dur op. 61**

Der Überlieferung nach entsteht das *Violinkonzert* 1806 in erstaunlich kurzer Zeit, und zwar für den Konzertmeister des Orchesters im Theater an der Wien, Franz Clement (1780-1842), der es in seiner eigenen »Akademie« am 23. Dezember 1806 im Theater an der Wien zum ersten Mal aufführt. Das Werk ist im Erstdruck (1808) Beethovens Jugendfreund Stephan von Breuning gewidmet. Die Aufnahme in der Öffentlichkeit ist geteilt, und zwar interessanterweise zwischen den Kennern und dem Publikum, wie ein gewisser Nepomuk Möser in der *Wiener Theaterzeitung* berichtet (der ganz ähnlich die *Eroica* im *Freimüthigen* besprochen hat): »... Über Beethovens Konzert ist das Urteil von *Kennern* ungeteilt; es gesteht demselben manche Schönheit zu, bekennt aber, daß der Zusammenhang oft ganz zerrissen scheine, und daß die unendlichen Wiederholungen einiger gemeinen Stellen leicht ermüden könnten. Es sagt, daß Beethoven seine anerkannten großen Talente gehöriger verwenden und uns Werke schenken möge, die seinen ersten Sinfonien… gleichen… mehreren seiner frühern Kompositionen, die ihn immer in die Reihe der ersten Komponisten stellen werden. Man fürchtet aber zugleich, wenn Beethoven auf diesem Weg fortwandelt, so werde er und das Publikum übel dabei fahren. Die Musik könnte so bald dahin kommen, daß jeder, der nicht genau mit den Regeln und Schwierigkeiten der Kunst vertraut ist, schlechterdings gar keinen Genuß bei ihr finde, sondern durch eine Menge unzusammenhängender und überhäufter Ideen und einen fortwährenden Tumult einiger Instrumente, die den Eingang charakterisieren sollten [die Pauken!], zu Boden gedrückt, nur mit einem unangenehmen Gefühl der Ermattung das Konzert verlasse. Dem *Publikum* gefiel im Allgemeinen dieses Konzert…« Clement hat das Konzert wahrscheinlich nie mehr gespielt; nur wenige Geiger nehmen sich hinfort seiner an: Tomasini in Berlin 1812, Baillot in Paris 1828, Vieuxtemps in Wien 1833, Uhlrich in Leipzig 1836. Der erste Geiger, der den Rang des Werkes wirklich erkennt und sich ihm dann in besonderer Weise widmet, ist Joseph Joachim.

Die Musikgeschichtsschreibung lehrt, daß Beethovens *Violinkonzert,* anders als die Konzerte Mozarts, die aus der italienischen Tradition der Violinmusik hervorgehen, in einen französischen Traditionszusammenhang gehört. Dessen Hauptvertreter sind Rodolphe Kreutzer (1766-1831; ihm ist die *Kreutzer-Sonate* gewidmet), Pierre Baillot (1771-1842), Pierre Rode (1774-1830) und als wichtigster Mann der Italiener Giovanni Battista Viotti (1755-1824), der eigentliche Begründer der sogenannten französischen Violinistenschule.

Kann man die Frage stellen: »Gibt es ein Violinkonzert, von dem man sagen kann, es sei *das* Violinkonzert?« Die Antwort kann man sich jedenfalls vorstellen: »Das Beethovensche!« Wie kein anderes Werk in der an bedeutenden Werken wahrlich nicht armen Reihe der Violinkonzerte vermag dieses die Gattung selbst zu vertreten, scheint es diese zu prägen. Nirgendwo ist wie hier jedes Grundelement der Komposition wie ein für allemal formuliert und sind alle zugleich in einer vollendeten Konstruktion miteinander verbunden, die man, jeweils bei ungeschmälertem Genuß, hören kann, die man aber nicht hören muß. Die Themen sind herrlich schön. Der Violinpart ist einerseits solistisch hochvirtuos, andererseits ist er wunderbar in den Orchestersatz eingebettet. Der Orchestersatz ist nicht bloß Begleitung, sondern im hohen Sinne des Wortes ein »obligates Accompagnement«. Die Verbindung des gewichtig Allgemein-Verbindlichen im ersten Satz, des innig Subjektiv-Vorbildlichen im zweiten und des fast heiteren Gelöst-Seins im letzten Satz wirkt so ausgewogen, daß man das Ganze schon allein nach seinem äußeren Wirkungsbild klassisch zu nennen geneigt ist. Gegen all das will ich nichts, kann man nichts sagen. Und trotzdem drängen sich Einwände auf, weil man den Verdacht nicht unterdrücken kann, daß wir, was wir als unseren schönsten Besitz loben, nicht eigentlich kennen, weil wir es nicht eigentlich ernst nehmen. So einfach, wie es den Anschein hat, ist die Musik Beethovens selbst hier nicht, und was wir *einfach* im Gedächtnis haben, und glauben, selbstverständlich reproduzieren zu können, ist nur ein Abklatsch der Wirklichkeit des Werks. Handschin hat das in seiner *Musikgeschichte* (1948) aufs Korn genommen: Daß bei Beethoven »rein stilistisch eine gewisse Gefahr gegeben ist, enthüllt uns die vielleicht beste und gleichzeitig grausamste der Musikanekdoten, die es gibt und die wir hier wiedergeben wollen: Ein Parvenu von Berliner Kommerzienrat bat einst unter vielen Komplimenten den berühmten Geiger soundso, er möchte ihm die Ehre erweisen und bei ihm auftreten; es wäre so herrlich gewesen, wie der Herr Professor gespielt hätte (und nun trällerte der Kommerzienrat, indem er den mit einem Pfeil bezeichneten Weg der melodischen Verknüpfung einschlug):

1806, 1811/12, 1812 Ludwig van Beethoven (1770-1827): 4. Sinfonie B-dur op. 60, 7. Sinfonie A-dur op. 92, 8. Sinfonie F-dur op. 93

Zur *4. Sinfonie:* Im Sommer 1806 unterbricht Beethoven die Arbeit an der *c-moll-Sinfonie* zu Gunsten der *B-dur-Sinfonie* (und auch anderer Werke). Er bietet das Werk bereits im September 1806 dem Leipziger Verlagshaus Breitkopf & Härtel an, nimmt das Angebot aber am 18. November wieder zurück: »... die versprochene Sinfonie kann ich Ihnen noch nicht geben, weil ein vornehmer Herr sie von mir genommen, wo ich aber die Freiheit habe, sie in einem halben Jahr herauszugeben...« Der »vornehme Herr« ist Graf Franz Oppersdorff, der Widmungsträger des Werkes. Daß Beethoven, wie aus dem späteren Brief hervorgeht, die Publikation der Sinfonie verzögern muß (sie erscheint dann nicht bei Breitkopf & Härtel), liegt an dem Usus, einem Widmungsträger, der ein Honorar bezahlt, das Werk für eine gewisse Zeit zum ausschließlichen privaten Gebrauch zu überlassen.

Die *7. Sinfonie* entsteht, nach bis ins Jahr 1810 zurückzuverfolgenden Skizzen, von Herbst 1811 bis Juni 1812; am 13. Mai 1812 beginnt Beethoven mit der Niederschrift der Partitur. Die Mitteilung in einem Brief an Breitkopf & Härtel vom Mai 1812: »Ich schreibe drei neue Sinfonien, wovon eine bereits vollendet«, bezieht sich auf die *Siebte,* die *Achte* und eine weitere in d-moll. In dem sogenannten Petterschen Skizzenbuche finden sich zwischen Skizzen zum zweiten Satz der *Siebten* und zur *Achten* Planungsbemerkungen Beethovens: »2te Sinfonie Dmoll« und »Sinfonia in Dmoll – 3te Sinf.« Die erste Aufführung der *Siebten* (zusammen mit *Wellingtons Sieg oder Die Schlacht bei Vittoria* für Orchester, entstanden 1813 auf Anregung Johann Nepomuk Mälzels) findet erst am 8. Dezember 1813 in einer von Beethoven und Mälzel gemeinsam veranstalteten Wohltätigkeits-Akademie im Saal der Universität statt. Gewidmet ist das Werk dem Reichsgrafen von Fries, dem außerdem die *Violinsonaten op. 23* und *24* und das *Streichquintett op. 29* gewidmet sind (außerdem Haydns letztes *Streichquartett op. 103* und Franz Schuberts op. 2 *»Gretchen am Spinnrade«*).

Zur *8. Sinfonie:* Laut Datierung des Autographs beginnt Beethoven die Niederschrift im Oktober 1812 in Linz. Die ersten Arbeiten geschehen zusammen mit denen an der *7. Sinfonie,* die Hauptarbeit unmittelbar nach deren Abschluß. Das Werk trägt entgegen Beethovens Gewohnheit keine Widmung. Die erste Aufführung findet am 27. Februar 1814 in einer von Beethoven selbst veranstalteten »Akademie« im Großen Redoutensaale der Wiener Hofburg statt. Der Bericht der Leipziger *Allgemeinen Musikalischen Zeitung* enthält das vollständige Programm und einige kurze, treffende Bemerkungen:

> »1. Die neue mit so vielem Beifalle aufgenommene Sinfonie (A-dur) abermals. Die Aufnahme derselben war eben so lebhaft, als die ersteren Male; das Andante (a-moll), die Krone neuerer Instrumentalmusik, mußte, wie jederzeit, wiederholt werden.
> 2. Ein ganz neues italienisches Terzett (B-dur [op. 116]), schön vorgetragen von Mad. Milder-Hauptmann, Hrn. Siboni und Hrn. Weinmüller, ist anfangs ganz im italienischen Stil gedacht, endet aber mit einem feurigen Allegro in Beethovens eigener Manier. Es erhielt Beifall.
> 3. Eine ganz neue, noch nie gehörte Sinfonie (F-dur 3/4-Takt). Die größte Aufmerksamkeit der Zuhörer schien auf dies *neueste* Produkt der B.schen Muse gerichtet zu sein, und alles war in gespannter Erwartung, doch wurde diese, nach *einmaligem* Anhören, nicht hinlänglich befriedigt, und der Beifall, den es erhielt, nicht von jenem Enthusiasmus begleitet, wodurch ein Werk ausgezeichnet wird, welches allgemein gefällt; kurz, sie machte – wie die Italiener sagen – kein Furore. Referent ist der Meinung, die Ursache liege keineswegs in einer schwächeren oder weniger kunstvollen Bearbeitung: (denn auch hier, wie in allen B.schen Werken dieser Gattung, atmet jener eigentümliche Geist, wodurch sich seine Originalität stets behauptet:) sondern, teils in der nicht genug überlegten Berechnung, diese Sinfonie der in A-dur nachfolgen zu lassen, teils in der Übersättigung von schon so vielem genossenem Schönen und Trefflichen, wodurch natürlich eine Abspannung die Folge sein muß. Wird diese Sinfonie in Zukunft *allein* gegeben, so zweifeln wir keineswegs an dem günstigen Erfolge.
> 4. Zum Schluß wurde nochmals Wellington's Sieg in der Schlacht bei Vittoria gegeben, wovon der erste Teil: die Schlacht, wiederholt werden mußte. Die Ausführung ließ nichts zu wünschen übrig; auch war die Versammlung wieder sehr zahlreich.«

Eine von Beethovens eigenen Notizen gibt, interessant genug, eine Zahl von Mitwirkenden im Orchester: »Bei meiner letzten Musik im Großen Redouten-Saale hatten sie 18 Violin prim., 18 d. second, 14 Violen, 12 Violoncelle, 7 Contrebässe, 2 Contrefagotte.« Ob die Zahl der Zuhörer, die Schindler angibt, nämlich fünftausend, tatsächlich zutrifft, mag man bezweifeln. Viele sind es auf alle Fälle gewesen und dementsprechend der Reingewinn groß. Das freilich ist für Beethoven damals auch von besonderer Bedeutung.

Es gibt einen Witz, der nicht sonderlich intelligent zu sein scheint, aber doch scharfsinnig aufdeckt, was keiner so recht wahrhaben will: Einer fragt »Wie viele Sinfonien hat Beethoven geschrieben?«, und der andere antwortet »Drei: Die *Dritte,* die *Fünfte* und die *Neunte!«* In der Tat kennt jeder die genannten drei Sinfonien. Wer aber als Kenner und Liebhaber auf sich hält, bevorzugt die *Vierte* und die *Achte.* Diese sind weniger »für's große Publikum«, sie sind leiser, kaum in der Dynamik, aber im Anspruch; sie wirken weniger unmittelbar. Man sieht, wie hierbei zu bedenken ist, daß in der Wirkungsgeschichte eines musikalischen Werkes die ästhetische Unmittelbarkeit weniger eine den Zeitgenossen des Komponisten zufallende Prämisse ist als ein mühsam erzieltes Resultat (Dahlhaus 1979). Und weiter ist zu bedenken, daß Beethoven nicht für alle Werke dieselbe Wirkung im Sinne hat, natürlich nicht, daß er sich nicht immer schon gleich an die ganze Menschheit wendet, sondern oft, nein richtiger: meist, an ein ziemlich eng umschriebenes Publikum von Kennern und Liebhabern. Dementsprechend ärgert es ihn, wenn dieses Publikum weniger gute, jedenfalls nach seinem Urteil weniger gelungene Werke besseren vorzieht. Und man sieht schließlich, wie die Frage des Ranges einer Komposition durchaus unabhängig sein kann von der Wirkungsgeschichte und auch von der geschichtlichen Bedeutung.

Dazu noch eine Überlegung: »Der Begriff des Klassischen vereinigt in sich eine normative und eine geschichtliche Bedeutung, er bezeichnet einerseits das schlechthin Vollendete, Mustergültige, andererseits eine historische Stilkategorie, die aber keinen übergeschichtlichen Wertgedanken einzuschließen braucht.« An diese These des *Riemann-Lexikons* (Artikel *»Klassik«*) knüpft Gerstmeier (1987) Gedanken zur Wiener klassischen Musik, die er, unsere Überlegungen trefflich ergänzend, so einleitet: »Versteht man Klassik als Normbegriff und als Epochenbegriff, so lassen sich Fälle bestimmen, in denen beide Bestimmungsmomente zusammenfallen. Grundsätzlich aber bleibt festzustellen, daß der Normbegriff dem Epochenbegriff übergeordnet ist. Er gilt für Werke unterschiedlichster Epochen... Das Normative tritt dann hervor, wenn die Charakteristika der Epoche bestimmt werden. Sie können in reiner oder unvollkommener Ausprägung erscheinen. Dies sind dann normativ zu bestimmende Kriterien einer Epoche. Doch ist das Charakteristische nicht identisch mit einem absoluten Qualitätsbegriff, obgleich es selbst vollkommen oder weniger vollkommen hervortreten kann. Das Vollendete aber erscheint so nur im Werk, es ist einmalig, d.h. nicht jenseits des Werkes selbst nachweisbar; ›wir können mit dem Vollkommenen nicht schalten und walten wie wir wollen, wir sind genötigt, uns ihm hinzugeben, um uns selbst von ihm, erhöht und verbessert, wieder zu erhalten‹ (Goethe). Im folgenden wird nach der Charakterisierung des Wiener klassischen Stils gefragt, und zwar im Sinne der ›reinsten Ausprägung‹. Stil hat mit Form zu tun, und das Inhaltliche kennt in der Kunst kein von der Form losgelöstes Dasein. Wenn wir also Kunst als Inkarnation des menschlichen Geistes im Rahmen der sinnenhaft-materiellen Welt verstehen, so haben wir es ganz entschieden mit Fragen der Form zu tun. Wir fragen: *wie* tritt etwas in Erscheinung, welcher Art ist seine Plastik, wie ist es als Gegenstand organisiert, wie grenzt es sich von der umgebenden Natur ab? Aus der Perspektive des biologischen Sinnes bedeutet Kunst Abstraktion, Stilisierung, geradezu anorganische Starrheit gegenüber den Wellen der Geschichte. Dies ist Kunst, verstanden als Eingriff, als Einfall des schöpferischen Geistes in die Natur, als Hineintreiben des Geistes in die Materie und Herausstellen in der kubischen Form eines dorischen Tempels, des kolossalen Kuros, einer Motette Palestrinas, eines Eichendorff-Gedichtes, einer Picasso-Zeichnung. In diesem Sinne soll die Form an einem Werk Beethovens beleuchtet werden.« Und nun untersucht Gerstmeier eingehend einen einzelnen Sinfonien-Schlußsatz Beethovens und kommt trotz dieser Beschränkung zu folgendem weitreichendem Schluß: »Insofern sind die Schlüsse in den musikalischen Werken der Wiener klassischen Musik strukturell zwingend: Die Geschichte ist an ihrem Ende angelangt. Wenn die Erfahrung von Zeitlichkeit als etwas spezifisch Menschliches angesehen, und wenn die Austragung von Spannungen mit dem immerwährenden Ziel des harmonischen Ausgleichs als Spiegel des Daseins erfaßt wird, so darf die Musik der Wiener Klassik als vollkommenes Abbild des Menschseins gelten und neben dem Epochenbegriff auch den des Normativen in Anspruch nehmen.«

Was hier aufgrund der Untersuchung nur eines Sinfoniesatzes gesagt ist, das ist mutatis mutandis zu sagen auch über die hier angeführten drei großen *Sinfonien* und ihre Bedeutung: Obschon nicht von gleicher Wirkung wie die berühmteren, sind sie doch wie jene vollendet und stehen sie wie jene gleichermaßen für die Vorstellung von Normbegriff und von Epochenbegriff der Wiener Klassik.

Zur *Vierten:* Die meisten Werke Beethovens werden in der Presse zunächst mit einer gewissen Skepsis aufgenommen. So heißt es in der Leipziger *Allgmeinen Musikalischen Zeitung* im Januar 1808: »Beethovens Sinfonie aus B wurde [um Neujahr 1808] im hiesigen Liebhaber-Conzert unter der Direktion des Komponisten selbst wiederholt. Sie gefiel im Theater [bei der Uraufführung im Burgtheater in Wien] nicht besonders, hier erhielt sie vielen und, wie mich dünkt, verdienten Beifall; denn das erste Allegro ist sehr schön, feurig und harmonienreich gearbeitet, und auch Menuett und Trio haben einen eigenen originellen Charakter. Bei dem Adagio wäre vielleicht zu wünschen, daß der Gesang nicht so sehr auf die einzelnen Instrumente verteilt wäre.« Das gedehnte Zeitmaß des Adagios fordert eine offenbar ungewohnte Anstrengung des Hörers; immerhin trifft die Bemerkung über die besondere Art von durchbrochener Arbeit (Feil 1959), wenn auch in der Form des Tadels, ein charakteristisches Merkmal des Werkes. Andere Kritiker sind freilich weniger freundlich. In Kotzebues Zeitung *Der Freymüthige* heißt es am 14. Januar 1808: »Beethoven hat eine neue Sinfonie geschrieben, die höchstens seinen wütenden Verehrern, und eine Ouvertüre zu Collins *Coriolan,* die allgemein gefallen hat.« Wütende Verehrer? Auch Carl Maria von Weber gehört zu Beethovens »wütenden Verehrern« – das Wort hier einmal verstanden als: zu jenen Verehrern, die ab und zu in Wut fallen über »Bizarrerien« ihres geliebt-gefürchteten Meisters. Jedenfalls publiziert Weber 1809 eine *Traumerzählung,* die man allgemein auf die *4. Sinfonie* bezieht, obwohl direkte Übereinstimmungen fehlen. Was Weber dabei schildert, beschreibt in Wahrheit aber eher das Vorurteil, das er mitbringt, wenn er sie hört oder liest (Dahlhaus 1979).

Zur *Siebten:* »Betrachten wir also nunmehr die eigentlich musikalische Erscheinung, so wollen wir, daß wirklich die Art der Kunst Beethovens ans Licht tritt... Vielleicht nämlich dürfen wir hoffen, daß wir, auf die hilflosen unlogischen Gefühlssprünge endlich verzichtend, die uns so wenig weit trugen und immer zu Fall brachten, dagegen uns in der Reellität musikalischen Untersuchens und Lernens bescheidend und uns dabei kräftigend, einmal über die Musik selbst tiefere Aufschlüsse erhielten. Wissen wir nämlich aus Erfahrung und unmittelbar, daß Beethovens Musik in eigentümlicher Weise über das Musikalische hinausweist; wüßten wir ferner mittelbar, auf Grund genauen, verantwortlichen Betrachtens und verläßlichen Erkennens, welcher Art und von welcher Vollkommenheit in ihrer Art diese Musik ist, so dürften wir uns, aber erst dann, auch einmal vor die große Frage stellen.... Welchen Grad von Stärke und Vollkommenheit muß Musik erreichen, welcher Gattung muß sie sein, um ins menschliche Leben einzugreifen, es zu bestimmen, um selber ein Stück menschliches Leben zu werden? Wie kann Musik, ohne an einer vorhandenen Kultur teilzunehmen, ohne Symptom und Exponent einer solchen zu sein, selbst Kultur werden oder zu einer Kultur führen? ... Es hat keine Eile damit, solche Fragen zu beantworten; und täte es selbst dringend not: wir dürften doch keine Eile damit haben, da wir damit alles verderbten; haben wir doch schon übergenug verderbt durch Ungeduld und Mangel an Gründlichkeit.«

Dort C. M. von Weber über die *Vierte* allzu forsch, hier August Halm (1927) über Beethoven allgemein allzu zurückhaltend? Ich bestreite nicht, daß in beiden Fällen mehr über das Rezeptionsphänomen gesagt ist als über die Musik selbst. Aber es scheint ja doch so zu sein, daß für uns heute die Rezeptionsgeschichte einen Zugang zum Kunstwerk bildet, den wir direkt offenbar nicht mehr zu finden vermögen.

Seit Richard Wagner ist man gewöhnt, die *Siebte* als »Apotheose des Tanzes« anzusehen. (In seinem letzten Winter in Venedig hat der alte Richard Wagner eines Abends im Palazzo Vendramin zu Franz Liszts Spiel die Sinfonie getanzt!) Im Gegensatz hierzu hat man aber auch den »heroischen Charakter« des Werks hervorgehoben, der wahrscheinlich bei den ersten Aufführungen eher empfunden worden ist als der einer »Tanzsinfonie«. Wie dem auch sei, es steht jedenfalls fest, daß Beethoven keine Musik von reiner sinfonischem Charakter geschrieben hat, und niemals ist er beherrschter als hier, wo er sich scheinbar ganz an den Rhythmus verliert. Dies gilt für den ersten Satz ebenso wie für das Finale, diesen »absoluten Gipfel der Gestaltlosigkeit«, diese »absurde, maßlos ungebändigte« Musik, diesen »Taumel, in dem von Melos und Harmonie, von Klang und Hörbarkeit kaum noch eine Ahnung bleibt«, wie man tatsächlich gewettert hat. Dabei bewährt sich gerade hier Beethovens bändigende Kraft in besonderem Maße: In keinem anderen Werk sind alle Sätze so stark vom Rhythmus beherrscht, vor allem gibt es keinen zweiten langsamen Satz, in dem der Tanz des ersten sich in feierliches Schreiten wandelt – man denkt an eine Prozession, an eine Litanei. Freilich hängt für den Eindruck alles davon ab, ob der Interpret die gleiche Kraft der Bändigung besitzt und ob er *das Ganze* im Auge behält, das Ganze, das über alle Sätze hinweg greift: die innere Beziehung vom ersten bis zum letzten Satz. (Riezler 1951)

Zur *Achten:* Von den Eigentümlichkeiten dieser Sinfonie ist wohl als erste zu nennen, daß sie nicht eigentlich einen langsamen Satz hat (und an dritter Stelle ganz altmodisch ein »Tempo di Menuetto«), denn das Allegretto scherzando, das mit dem *Kanon* »ta ta ta... lieber Mälzel, leben Sie wohl, sehr wohl! Banner der Zeit, großer Metronom...« (WoO 162) zusammenhängt (ohne daß man genau weiß wie), ist kein »langsamer Satz«, freilich auch mehr als eben bloß ein »Scherzando«. Angesichts des von Beethoven mehrmals bekundeten Mißtrauens gegenüber jeder Art mechanischen Selbstlaufs kann nicht zweifelhaft sein, welches im Hinblick auf Mälzels Erfindung der »Gegenstand« seines »Scherzando« sein würde: der im Ticken des »musikalischen Chronometers« hörbar gemachte Zeitfluß; der gegen das in ihm geschehende Indifferente in kleinste Einheiten amorph aufgegliederte Zeitfluß. Und wenn der Satz, der mit dem »ta-ta-ta-ta« der Holzbläser beginnt, in einer Art von Rossini-Persiflage endet, dann wird klar, daß von vornherein mehr gemeint ist als nur die neue, von Beethoven als Möglichkeit zur genaueren Fixierung seiner Absichten begrüßte Erfindung des Metronoms. Andernfalls hätte Beethoven wohl kaum Anreiz und Möglichkeit gesehen, den Spaß zu so hohem Anspruch auszubauen und ihm Hintergründigkeit gerade dadurch zu geben, daß er bis an die Grenze heranspielt, jenseits derer der Spaß aufhört. Was Gülke (1977) derart scharfsinnig begonnen hat, schließt er so: »Es wäre eine lohnende Aufgabe, vom Allegretto ausgehend die Merkmale, Möglichkeiten und Grenzen einer Gesamtkonzeption der *8. Sinfonie* zu diskutieren, und genauer zu bestimmen, wie die Individualität ihrer Sätze und deren innere Einheit sich wechselseitig konstituieren.« Diese Aufgabe sehe ich freilich noch nicht erfüllt, nicht einmal Verwunderung kann ich beobachten über so einfache, aber m. E. doch wichtige Sachverhalte wie, daß der erste Satz hier zum ersten Mal direkt mit dem ersten Thema beginnt und dabei wie mit der Tür ins Haus fällt – und daß er so schließt wie er begonnen hat, als ob nichts geschehen sei; oder daß das melodische Thema am Beginn des zweiten Satzes bei seiner Wiederholung (Takt 5 ff.) anders im Takt sitzt als das erste Mal, ohne daß dies hörbar werden könnte: der notierte Takt entspricht offensichtlich nicht dem tatsächlich hörbaren und wirksamen Takt. Kurz: merkwürdig ist diese *8. Sinfonie*! Wahrlich ein Stück für Kenner und Liebhaber und kaum »für die Menschheit« – wenn denn die *Neunte* wirklich »für die Menschheit« gedacht sein sollte.

1807/08 **Ludwig van Beethoven** (1770-1827): **6. Sinfonie F-dur op. 68,** »Sinfonia pastorale«

Die ersten Spuren von Beethovens *Sinfonia pastorale* finden sich zwar schon in einem Skizzenbuch zur *3. Sinfonie,* aber das zentrale Skizzenbuch, fast kann man sagen: das Arbeitsbuch, für die *Sechste* stammt von 1808. Es ist wahrscheinlich, daß Beethoven die *6. Sinfonie* in relativ kurzer Zeit von Mitte 1807 bis Mitte 1808 komponiert, ganz im Gegensatz zur *Fünften,* die ihn durch mehrere Jahre beschäftigt. Zur Widmung schreibt Beethoven am 4. März 1809 an Breitkopf & Härtel nach Leipzig: »Beide Sinfonien [die *5.* und die *6.*] den beiden Herren zugleich, nämlich Sr. Excellenz dem Grafen Rasumowsky und Seiner Durchlaucht dem Fürsten Lobkowitz gewidmet.« (Der Fürst Lobkowitz gehört mit Erzherzog Rudolph und dem Fürsten Kinsky zu Beethovens Gönnern, die ihm 1809 ein Jahresgehalt von 4000 Gulden aussetzen, um seinen Weggang nach Kassel zum König von Westfalen, Jérôme Bonaparte, zu verhindern.) Die Uraufführung der *»Pastorale«* erfolgt am 22. Dezember 1808 unter Beethovens Leitung in einer musikalischen »Akademie« im Theater an der Wien. Das Programm umfaßt in der »Ersten Abteilung« die *6. Sinfonie* (auf dem Programmzettel als »No. 5« bezeichnet), *Szene und Arie »Ah perfido!«,* das *Gloria* aus der *C-dur-Messe* und das *G-dur-Klavierkonzert* mit Beethoven als Solisten, in der »Zweiten Abteilung« die *5. Sinfonie* (auf dem Programmzettel als »No. 6« bezeichnet), das *Sanctus* aus der *C-dur-Messe,* eine freie Fantasie Beethovens auf dem Klavier und die *Chorfantasie.* Das Konzert geht nur knapp an einem Fiasko vorbei. In der Beurteilung der Werke übt man Zurückhaltung, man ist ja auch, weil die Partituren nicht gedruckt vorliegen, auf den ersten Höreindruck angewiesen. Johann Friedrich Reichardt z. B. schreibt zur *»Pastorale«* kurz und unbestimmt: »Jede Nummer war ein sehr langer, vollkommen ausgeführter Satz voll lebhafter Malereien und glänzender Gedanken und Figuren.«

Unter Beethovens Sinfonien nimmt die *Sechste* dadurch eine Sonderstellung ein, daß sie als einzige nicht nur im Gesamttitel (wie die *»Eroica«*) sondern auch in den Satzüberschriften außermusikalische Bereiche nennt. Für diese Bereiche verwendet Beethoven die zusammenfassende Bezeichnung »Landleben«. Wenn Beethoven diese Überschriften gibt, dann sind wir legitimiert, das »Landleben« in der Musik auch wirklich aufzusuchen. Aber Beethovens Angaben enthalten eher mehr, als der bloße Hinweis »Landleben« vermuten läßt. Der vollständige Wortlaut in den Quellen ist nämlich: »Erinnerung(en) an das Landleben.« Ferner hat Beethoven die berühmt gewordene Formulierung geprägt: »Mehr Ausdruck der Empfindung als Malerei.« Wir brauchen diese Formulierung nicht weiters zu interpretieren, um zwei Dinge festhalten zu können, die von Bedeutung sind. Erstens: Beethoven sagt nicht, daß es sich um Ausdruck der Empfindung *statt* um Malerei, sondern daß es sich um beides, wenn auch um das erste mehr als um das zweite handelt. Und zweitens: Beethoven lenkt mit seiner Unterscheidung unser Augenmerk auf die keineswegs selbstverständliche Tatsache, daß in der *»Pastorale«* zwei verschiedene Realitätsbereiche enthalten sind. Der eine Bereich ist die reale Außenwelt, eben das »Landleben« in verschiedenen Erscheinungsformen, jene objektiv gegebene Welt, die durch »musikalische Malerei« eingefangen werden kann. Der andere Realitätsbereich, den Beethoven durch die Worte »Erinnerung« und »Ausdruck der Empfindung« charakterisiert und mit Nachdruck hervorhebt, umfaßt die Spiegelung dieses naturhaft Gegebenen im Subjekt. Das als Natur Gegebene einerseits und dessen subjektive Spiegelung – was immer man darunter verstehen mag – andererseits sind also nach des Komponisten eigener Aussage die beiden in der *»Pastorale«* wirksamen Realitätsschichten. Wenn wir die Satzüberschriften genau lesen, werden diese zu Fingerzeigen, die eine weitere Differenzierung ermöglichen. Von »Empfindungen« bzw. »Gefühlen« ist nur beim ersten bzw. beim letzten Satz die Rede. Und die Überschrift zum ersten Satz präzisiert noch mehr als die zum letzten. »Land« ist nämlich nicht Natur schlechthin, sondern auch, ohne daß es ausdrücklich gesagt werden muß, der Gegenbegriff zu »Stadt«; die »Ankunft auf dem Lande« setzt die Abreise aus der Stadt, der Gegenwelt im menschlichen Zusammenleben, voraus. (Es liegt nahe, hier an bekannte Tatsachen aus Beethovens Biographie zu denken.) Der Titel des ersten Satzes beinhaltet somit mehr noch als der des letzten Reaktion, Deutung, Spiegelung durch das Subjekt. Demgegenüber verweisen die Überschriften der mittleren Sätze ausschließlich und direkt auf etwas dem Subjekt von außen Begegnendes. In »Szene am Bach« – »Zusammensein der Landleute«, das heißt der anderen (im Tanz) – »Unwetter«, in diesen Titeln erscheint das Subjekt nicht. Anders ausgedrückt: mit den Mittelsätzen steht Beethovens *»Pastorale«* in der alten großen Tradition von rein »malenden«, um nicht zu sagen von »naiven« Programmmusiken, die vom Hennengegacker bis zum Kuckucksruf, vom murmelnden Bach bis zum Sturm, vom Dudelsack bis zur Hirtenweise in Tausenden von Stücken alles mögliche mit allen möglichen musikalischen Mitteln nachahmen. In *dieser* Hinsicht ist Beethoven keineswegs originell, ja musikgeschichtlich gesehen ist die *»Pastorale«* eher ein Abschluß als ein Neubeginn. Und doch steht die *»Pastorale«* auch *nicht* in dieser Reihe, denn Gegenstand ihrer Musik ist keinesfalls einfach die Natur – das Wort kommt in den vielen Varianten von Beethovens erläuternden Beischriften (in Skizzen, Partituren, Stimmen, Drucken) bezeichnender Weise nicht ein einziges Mal vor –, Beethoven nennt als Sujet vielmehr zusammenfassend »Land« oder »Landleben«, also einen Bereich des Menschen, und nicht einen Gegenbereich, in dem der Mensch nur *auch* vorkommt. Der von Beethoven gemeinte Mensch ist nicht ein erdichteter besonderer Mensch, dessen Empfindungen durch die Musik geschildert würden. Nein, die Musik ist hier Trägerin, Übermittlerin (»Ausdruck«, sagt Beethoven) von Empfindungen, die allgemein-menschliche sind und deshalb von jedem eigentlich auch ohne Überschriften gefühlt und verstanden werden können. Beethovens *»Pastorale« schildert* nicht, sie *ist* Erinnerung, Innewerden des Landlebens. »Wirkung auf's Gemüt« nennt Beethoven dieses Innewerden.

Dennoch bleibt zu fragen, wie das Wort »Malerei« zu verstehen ist. Denn Tonmalerei, d.h. Nachahmung, direkte Transposition von Außermusikalischem in Musik, enthält die *»Pastorale«* ja, wenngleich sparsam, durchaus eindeutig, etwa in den geräuschhaften Reibungen zwischen Kontrabässen und Violoncelli im Gewittersatz, sodann in den Vogelstimmen der »Szene am Bach«. Aber dieses Außermusikalische, »Naturhafte«, wird in der *»Pastorale«* weit häufiger als durch Tonmalerei und Nachahmung durch Analogie eingefangen. Ein Beispiel mag dies erläutern: Im langsamen Satz der *Symphonie fantastique* von Berlioz (1830) erzeugen vier in *as, b, c,* und *f* gestimmte Pauken, gleichzeitig gespielt, ein Geräusch, das wie Donnergrollen klingt, das Donner nachahmt. Im Gewittersatz der *»Pastorale«* prallen an einer Stelle (Takt 77/78) gegen die Erwartung zwei Dominanten aufeinander und erzeugen damit etwas einem unerwarteten Donnerschlag nicht im mindesten Ähnliches – in der Natur gibt es keine »Dominanten«! – aber musikalisch Analoges. – R. Bockholdts (1981) eingehende Beschreibung, ja hier muß man sagen: seine Interpretation der *»Pastorale«*, der wir gefolgt sind, mündet nun so: »Wenn es sich so verhält, daß Mensch und Natur die beiden Pole sind, zwischen denen sich diese Sinfonie ausspannt, so sehen wir im Satz ›Lustiges Zusammensein der Landleute‹ diese beiden Pole für einen kurzen glücklichen Augenblick zusammenfallen: Im Taumel des Tanzes sind Mensch (›Empfindung‹) und Natur (›Landleben‹) zu Einem verschmolzen. Das Naturereignis des Gewitters vernichtet dieses Glück, vernichtet den Menschen. Der von der Katastrophe verschonte, der überlebende Mensch wird der ihn umgebenden Natur aufs Neue inne, fühlt sich erneut in ihr geborgen, wie zu Beginn, aber in einem tieferen, versöhnteren Sinn: dankbar die Gottheit preisend nach seiner Errettung.«

Freilich, alsbald wird die *»Pastorale«* als Vorläufer der Programmsymphonien des 19. Jahrhunderts mißverstanden, wird sie als »ein bescheidener Berlioz« gehört, werden freilich auch die naiv mißverstehenden Hörer verhöhnt, etwa von David Friedrich Strauß kunstvoll in einem Sonett:

Hier also lieg ich an des Baches Rande,
Ich mein', ich hört' ihn über Kiesel rauschen. –
»Ich bitte, nicht die Scenen zu vertauschen;
Wir sind erst bei der Ankunft auf dem Lande.« –

Nun aber gilt's, in holdem Unverstande
Am Schlag der Nachtigall sich zu berauschen. –
»O nein, die Töne, die wir jetzt belauschen,
Sie sind des Kuckucks, dies mein Ohr zum Pfande!« –

Gewiß, sie sind des Kuckucks, diese Bauern!
Das tanzt wie Stiere! – »Wenn ich richtig deute,
Sind das schon Donner, die sich wild verschränken.

Dann merken Sie die Sonne nach den Schauern!« –
Ja, viel zu merken gibt der Meister heute;
Sonst gibt er mehr zu fühlen und zu denken.

Und wenn man Robert Schumann hört: »Daß Du die *Pastoral-Sinfonie* weniger liebst, weil sie Beethoven selbst so bezeichnet und damit der Phantasie eine Schranke gesetzt, scheint mir auf einem richtigen Gefühl zu beruhen«, dann mag man einsehen, daß die *»Pastorale«* keineswegs so selbstverständlich der musikalischen Romantik des 19. Jahrhunderts zugehört, wie die Schul-Meinung es gerne darstellt.

1809 1810 1811 **Ludwig van Beethoven** (1770-1827): **Streichquartette Es-dur op. 74** und **f-moll op. 95** und **Klaviertrio B-dur op. 97**

In Baden bei Wien im Sommer und Herbst 1809 schließt Beethoven die Arbeit am *5. Klavierkonzert* und an der *»Lebewohl«-Sonate op. 81a* ab und komponiert das *Es-dur-Quartett.* Ursprünglich ist das Quartett wohl gedacht als eines von mehreren in einer Gruppe. Es ist dem Fürsten Lobkowitz gewidmet, in dessen Haus es das Schuppanzigh-Quartett zum ersten Mal gespielt haben dürfte. Die Originalausgabe erscheint im November 1810 bei Breitkopf & Härtel. »Auch die noch späteren Quartette Beethovens« – gemeint ist: später als die aus *op. 59* von 1806 –, »denen jetzt kein Einsichtiger mehr Bewunderung und begeisterte Anerkennung versagt«, heißt es bei Theodor Frimmel noch 1926, »hatten lange gegen eine gewisse Stumpfheit zu kämpfen, die von den Spätwerken noch immer die heitere Unschuld des *Septetts* und anderer früher entstandener Werke verlangte.« Die Herkunft des Namens »Harfenquartett« ist unbekannt.

Das *f-moll-Quartett op. 95* entsteht von Sommer bis Herbst 1810 nach der im Juni mit der Ouvertüre beendeten *»Egmont«-Musik* und, so will es jedenfalls die Beethoven-Literatur, unter dem Eindruck der Abweisung von Beethovens Heiratsantrag an Therese Malfatti. Vor allem der erste Satz, vielleicht das unwirscheste Stück, das Beethoven überhaupt geschrieben hat, drücke, wie man sagt, eine Stimmung des Ernstes aus und bleibe allem spielenden Wesen fern. Immerhin verwendet Beethoven bei diesem Werk zweimal das Wort »serioso«, nämlich in der Überschrift über der Partitur »Quartett serioso... Dem Herrn von Zmeskall gewidmet und geschrieben im Monat Oktober von seinem Freunde LvBthvn« und in der Überschrift des zweiten Satzes »Allegro assai vivace, ma serioso«. Im Begleitbrief zur Übersendung der Originalausgabe im Dezember 1816 schreibt Beethoven besonders herzlich: »Hier, lieber Z[meskall], erhalten Sie meine freundschaftliche Widmung, die ich wünsche, daß Ihnen ein liebes Andenken unserer hier lange waltenden Freundschaft sein möge.« – Die erste öffentliche Aufführung findet in Wien im Mai 1814 durch das Schuppanzigh-Quartett statt.

Nach intensiver Vorarbeit 1810 schreibt Beethoven das *Klaviertrio B-dur op. 97* in kürzester Zeit nieder: vom 3. bis 26. März 1811. Bei der ersten öffentlichen Aufführung am 11. April 1814 – zuvor dürfte das Trio schon beim Erzherzog Rudolph, Beethovens Schüler, dem das Werk gewidmet ist, erklungen sein – in einer »Wohltätigkeits-Akademie« im Saale des Hotels »Zum Römischen Kaiser« spielt Schuppanzigh Violine, Joseph Linke Violoncello und Beethoven selbst Klavier – der taube Beethoven. Ignaz Moscheles erinnert sich dieser Uraufführung: »Bei wievielen Kompositionen steht das Wörtchen ›neu‹ am unrechten Platze! Doch bei Beethovens Kompositionen nie, und am wenigsten bei dieser, welche wieder voll Originalität ist. Sein Spiel, den Geist abgerechnet, befriedigte mich weniger, weil es keine Reinheit und Präzision hat; doch bemerkte ich viele Spuren eines großen Spieles, welches ich in seinen Kompositionen schon längst erkannt hatte.« Ähnlich wahrt auch der Rezensent der Zeitschrift *Der Sammler* eine gewisse Distanz: »... In jeder Hinsicht schön und originell... es folgt Schlag auf Schlag, und wer nicht ganz Kunstkenner ist, wird beinah durch die Menge der Schönheiten erdrückt.«

In einem Konversationsheft vom März 1827, kurz vor Beethovens Tod, findet sich von Schindler die Frage: »Sie sind heute recht wohl, da könnten wir wieder etwas poetisieren, z.B. vom B-dur-Trio, wo wir letzhin unterbrochen wurden.« Nach einigen anderen Eintragungen heißt es dann: »Ich bin sehr gespannt auf die Charakterisierung im B-Trio.« Beethoven scheint die Deutung Schindler überlassen zu haben, von dem einige törichte Sätze über das Werk aufgeschrieben sind. (Was Beethoven sagt, ist ja im Konversationsheft nicht aufgeschrieben!) Das Fazit der Unterredung scheint dann in Schindlers Worten zu stecken, die wohl im Sinne Beethovens gesprochen sind – und alle poetisierenden Deutungsversuche überflüssig erscheinen lassen: »Worte vermögen hier nichts, sie sind schlechte Diener des göttlichen Wortes, das die Musik ausspricht.«

1811-1816 Franz Schubert (* Wien-Lichtental 1797, † Wien 1828): Frühe Balladen

Das erzählende Lied, die Ballade, steht in Schuberts frühem Liedschaffen im Vordergrund: Der Zahl nach fast die Hälfte seiner Lieder, dem Umfang nach der überwiegende Teil gehört in jenen Jahren dieser Gattung an. Das liegt nicht nur an dem natürlichen Interesse, das der 14-16jährige Komponist, wie viele seines Alters, gerade der erzählenden Lyrik entgegenbringt, es liegt auch daran, daß Schubert an seinem Vorbild, dem Stuttgarter Hofkapellmeister Johann Rudolf Zumsteeg (1760-1802), dessen neue Art, einen Balladentext zu vertonen, fesselt. »Ende März 1811«, berichtet Schuberts Schulfreund Josef von Spaun, »besuchte ich ihn im Musikzimmer, wo ihm allein eine Stunde zu seiner Übung gegönnt war. Er hatte mehrere Päcke Zumsteegscher Lieder vor sich und sagte mir, daß ihn diese Lieder auf das tiefste ergreifen. ›Hören Sie‹, sagte er, ›einmal das Lied, das ich hier habe‹, und da sang er mit schon halb brechender Stimme *Kolma,* dann zeigte er mir *Die Erwartung,* (die *Maria Stuart*), den *Ritter Toggenburg* etc. Er sagte, er könne tagelang in diesen Liedern schwelgen. Dieser Vorliebe in seiner Jugend verdanken wir wohl auch die Richtung, die Schubert genommen… Er hatte damals schon ein paar Lieder versucht, so z.B. *Hagars Klage.* Er wollte Zumsteegs Lied, das ihm sehr gefiel, in anderer Weise setzen.« Was Schubert an Zumsteegs Balladen gefällt und was ihn veranlaßt, sich kompositorisch intensiv damit zu befassen, hat Walther Dürr (1987) sorgfältig beschrieben: Im Gegensatz zur zeitgenössischen Liedtheorie, die auch für die Ballade vom Prinzip des Strophenliedes ausgeht, hat Zumsteeg die Ballade durchkomponiert, der fortschreitenden Handlung musikalisch folgend. Dabei aber hat er den Text zergliedert: In sich zusammenhängende Textteile hat er als abgeschlossene musikalische Formen, wie kleine Lieder oder kleine Arien behandelt; die überleitenden Abschnitte komponiert er als Rezitativ. Die Ballade nähert sich so der Gattung der Solokantate mit Klavier. Schubert folgt dem Vorbild Zumsteegs zunächst so getreu, daß verschiedene seiner Balladen bis in das Jahr 1816 hinein wie nach Modellen von Zumsteeg komponiert erscheinen – und häufig findet man denn auch Schuberts Balladen in handschriftlichen zeitgenössischen Quellen als Kantaten bezeichnet. In dieser Weise, jedoch nicht unmittelbar nach Modell komponiert, ist Schuberts bedeutendste frühe Ballade *Der Taucher* (nach Schiller; D 77). An wenigen Werken – und an keinem seiner frühen – arbeitet Schubert so lange und so intensiv wie an diesem. Er beginnt die Komposition am 17. September 1813 und beendet die erste Niederschrift am 5. April 1814. Unmittelbar darauf unterzieht er sie einer gründlichen Revision und schließt diese im August 1814 ab. Die Arbeit an dem Lied ist damit aber noch nicht beendet; zu zwei wichtigen Abschnitten der zweiten Fassung sind aus den folgenden Monaten verschiedene Skizzen erhalten, die Schubert dann in eine dritte Fassung der Ballade einarbeitet, die er wahrscheinlich im Frühjahr 1815 beendet. Schuberts Revision betrifft drei Aspekte der Komposition: das Verhältnis von Arioso und Rezitativ, das instrumentale Zwischenspiel und Einzelheiten der Deklamation. Ein ähnliches Bemühen um Konsequenz in der Gegenüberstellung von Rezitativ und Arioso läßt sich in den beiden erhaltenen Fassungen der Ballade *Der Sänger* (nach Goethe; D 149) beobachten. Dort wie im *Taucher* hat dies zur Folge, daß das Rezitativ in der späteren Fassung an Raum gewinnt – und in beiden Fällen glaubten daher Verleger oder Editoren, der scheinbar musikalischeren früheren Fassung vor der späteren den Vorzug geben zu müssen. Dieselbe Kompositionsweise wie beim *Taucher* behält Schubert für spätere Balladen ähnlicher textlicher Faktur bei. Lieder wie die im August 1815 entstandene *Bürgschaft* (nach Schiller; D 246) und *Der Sänger* (nach Goethe; D 149) vom Februar 1815 sind nach dem gleichen Verfahren komponiert. Für kürzere Texte hingegen, Texte vor allem, die dem Typus der Volkslied-Ballade nahestehen, wählt Schubert später gern das Modell des Strophenliedes. Ein bezeichnendes Beispiel dafür ist *Der König in Thule* (D 367; Anfang 1816). Diese Ballade, die Goethe das Gretchen im *Faust* als Volkslied singen läßt, ist schon als Dichtung ganz auf den Vortrag als Strophenlied hin angelegt. – Spielt sich eine Begebenheit, die der Balladentext erzählt, vor dem Hintergrund eines Szenariums ab, das sich musikalisch darstellen läßt, dann versucht Schubert seit 1815, auch Balladen nach dem Typus des über einem einheitlichen Bewegungsverlauf »frei durchkomponierten« Liedes zu gestalten. Beispiele für diesen Balladentypus sind der im Oktober 1815 entstandene *Erlkönig* (nach Goethe; D 328) und *Der Zwerg* (nach Collin; D 771), wohl erst aus dem Jahre 1822. Im ersten Lied überträgt Schubert die Vorstellung des brausenden Ritts in die hämmernden Achteltriolen des Klavierparts, dem zweiten liegt das Bild des wogenden Meeres zugrunde. Wogende Sechzehnteltremoli verbinden sich mit einer (übrigens zahlreiche Kompositionen Schuberts bestimmenden) auftaktigen 3/8-Figur. In vielfältiger Weise reflektieren sich die musikalischen Elemente in Singstimme, Klavier-Mittelstimme und Baß: die auftaktige Figur wird von der Singstimme aufgegriffen; der Baß übernimmt von dieser ganze Melodie-Abschnitte; Arioses und Rezitativisches gehen gänzlich ineinander über; musikalische Deklamation und musikalischer Satz verbinden sich miteinander. Hier ist die Kompositionsweise des lyrischen Lieds auf die Ballade wieder zurückübertragen. (W. Dürr 1984)

1813-1817/18 Franz Schubert (1797-1828): 6 frühe Sinfonien

»Ganz ruhig und wenig beirrt durch das im Konvikte unvermeidliche Geplauder und Gepolter seiner Kameraden um ihn her, saß er am Schreibtischchen... und schrieb leicht und flüssig, ohne viele Korrekturen fort, als ob es gerad so und nicht anders sein müßte.« So beschreibt Schuberts Mitschüler im k. k. Stadtkonvikt in Wien, Albert Stadler, den komponierenden jungen Schubert. Das Autograph der ersten vollendeten *Sinfonie* (D-dur; D 82), deren Niederschrift am 28. Oktober 1813 beendet ist, scheint Stadlers Erinnerung zu bestätigen. Skizzen oder Entwürfe sind nicht überliefert, die Partitur zeigt nur wenige Spuren der Arbeit an der Komposition: mit unbegreiflicher Sicherheit schafft der sechzehnjährige Jüngling in der Nachbarschaft Beethovens ein Werk, das Beherrschung des sinfonischen Satzes und ganz persönliche Züge aufweist. Am 10. Dezember 1814 beginnt Schubert mit der Komposition seiner *Zweiten Sinfonie* (B-dur; D 125), die er am 24. März 1815 abschließt. Wenig später (24. Mai bis 19. Juli 1815) entsteht die *Dritte Sinfonie* (D-dur; D 200). Auch von diesen Werken sind keine kompositorischen Vorarbeiten bekannt. – Für keine dieser Sinfonien kennen wir den Anlaß der Entstehung und Ort und Datum der ersten Aufführungen. Man hat vermutet, daß Schubert die *Erste Sinfonie,* die er noch während seiner Konviktszeit begonnen hat, dem Direktor des Stadtkonvikts, Dr. Franz Innocenz Lang, widmen wollte; ein Beleg hierfür fehlt allerdings. Ein Stimmensatz der *Zweiten Sinfonie* dagegen, kopiert im Juni/Juli 1816, trägt auf dem Umschlag folgende Dedikation von der Hand eines Kopisten: »Große Sinfonie für das ganze Orgester in Musick gesetzt und Gewiedmet dem Herrn Lang Director am Kaiserl: Convict zu Wien von Franz Schubert.« – Für die ersten Aufführungen der *Ersten* und der *Zweiten Sinfonie* kann man zwar, obwohl Schubert im Schuljahr 1813/14 bereits die Lehrer-Bildungsanstalt, die »Normal-Hauptschule St. Anna«, besucht, noch das Stadtkonvikt annehmen, dessen Orchester Schubert und einige seiner Freunde lange angehörten. Aber schon für die *Zweite Sinfonie* kommt eher das aus den Streichquartett-Übungen bei Vater Schubert hervorgegangene Liebhaberorchester in Frage, das bis zum Herbst 1815 im Hause des Kaufmanns Franz Frischling musiziert und dort vielleicht auch Schuberts *Dritte Sinfonie* zum ersten Mal spielt. Die erste öffentliche Aufführung, allerdings nur des Finales, der *Dritten Sinfonie* findet am 2. Dezember 1860 im Redoutensaal in Wien durch den Hofkapellmeister Johann Herbeck statt. Es ist erst August Manns, der Freund des großen englischen Schubert-Forschers Sir George Grove, der in den Jahren 1877 und 1881 im Londoner Crystal Palace alle drei Sinfonien zum ersten Mal in öffentlichen Konzerten aufführt. – Im Herbst 1815 wird für die Proben das Haus Frischlings zu eng, so zieht man um in das Haus beim Schottenhof des Geigers (im Burgtheater-Orchester) Otto Hatwig. Dort werden wahrscheinlich Schuberts *Vierte* (c-moll, »Tragische Sinfonie«, 1816; D 417), *Fünfte* (B-dur, 1816; D 485) und *Sechste Sinfonie* (C-dur, 1817/18; D 589) zum ersten Mal aufgeführt, also von einem Liebhaberorchester, das allerdings von Professionellen durchsetzt ist, nach dessen wechselnder Besetzung sich Schubert freilich richten muß. In der *Fünften Sinfonie* weicht zum Beispiel die Orchesterbesetzung vom Üblichen ab: es fehlen eine zweite Flöte, die Klarinetten und die Trompeten mit den Pauken. Der Grund hierfür liegt sicherlich nur in den Gegebenheiten des privaten Ensembles, aber die Auswirkung auf das Ganze ist tiefgreifend: Der Charakter wird so anders, daß keine langsame Einleitung für das Allegro mehr möglich scheint, und schon damit ist der erste Schritt zu einer knapperen Fassung des sinfonischen Gedankens getan, der Weg ins aufwendige Pathos der großen Gattung vermieden. Diese *Fünfte Sinfonie* ist von den frühen die einzige ohne lange Stellen, die einzige, deren wesentliche Züge Grazie und Beschwingtheit, auch eine gewisse Natürlichkeit des Ausdrucks sind, ohne daß die ernsten Töne dadurch ausgeschlossen wären. – Merkwürdig ist, daß man in diesen sechs Werken zwischen 1813 und 1817/18 keine Entwicklung im engeren Sinne beobachten oder jedenfalls handfest beschreiben und die zweifellos vorhandenen starken Einflüsse Haydns und Mozarts tatsächlich zeigen kann, selbst nicht Einflüsse Beethovens, dessen Werke Schubert ja doch gleichsam entstehen sieht. Die *Fünfte* (B-dur; D 485) hinge direkt mit Mozarts *g-moll-Sinfonie* zusammen, sagt man, die *Vierte,* die *»Tragische«* (c-moll; D 417), gar mit Beethovens *c-moll-Sinfonie.* Und mit der *Sechsten* (C-dur; D 589) verrieten sich wahrnehmbar Zweifel, ob und wie Schubert weiter so in jugendlicher Weise vom Fundus der Tradition würde zehren können

(Gülke), auch Brüche und Risse durchzögen unbestreitbar den ersten Satz (Dürr). Und die Nähe Rossinis spüre man ungemein – und unangenehm. Das mag ja sein; man kann es hören; aber man muß nicht. Schubert selbst jedenfalls nennt die *Sechste* ganz unbefangen so, wie man damals ein großes Werk dieser Gattung eben nennt: »Große Sinfonie in C«. An der Komposition ist jedenfalls nicht nur nichts auszusetzen, nein, sie zeigt die Technik der Wiener Klassiker auf höchstem Niveau. (Eckle 1988) – Trotzdem, wenn Schubert im März 1824 in einem Brief schreibt, er komponiere verschiedene Sachen, um sich »den Weg zur großen Sinfonie zu bahnen«, dann scheinen die frühen Sinfonien wie nicht existent, so als schiene ihm der begangene Weg ein Irrweg zu sein – oder jedenfalls ein Weg, der nicht weiterführt. Anders kann man die triftige Aussage dieses Briefes nicht verstehen. Und so tut sich für die Nachgeborenen, die wissen, daß Schubert aus den folgenden Jahren seiner Krise zwischen 1818 und 1823 für die Gattung Sinfonie nur eine ganze Reihe von Fragmenten hinterlassen hat (darunter freilich die *»Unvollendete«*), eine Perspektive auf, die dem einzelnen frühen Werk zwar nicht zukommt, die für uns aber unvermeidlich ist. Indessen, was innerhalb von Schuberts Opus Jugendwerke sind, im Rahmen der Produktion der Zeit sind es allemal Meisterwerke. Und trotzdem wird man fragen müssen, ob Schuberts frühe *Sinfonien* wirklich »Große« Sinfonien sind und ob sie wirklich in der Nachfolge Beethovens stehen? In Schuberts Sinn offenbar nein! Denn eher trifft zu, was Gülke (1979) gesagt hat: »Sie zeigen den Weg Schuberts vom gekonnten Serienwerk der Klassik-Nachfolge zur sinfonischen Individuation, zu einer Konzeption, die dann jede Sinfonie als individuelle Entäußerung, als etwas je Einmaliges begreift.«

19. Oktober 1814 — »Der Geburtstag des deutschen Liedes« (Franz Schubert: »Gretchen am Spinnrade«)

Der 19. Oktober 1814 sei der Geburtstag des deutschen Liedes: An diesem Tage habe Franz Schubert *Gretchen am Spinnrade* (nach Goethe; op. 2; D 118) komponiert, »das erste selbständige, bedeutende Lied, das er schrieb.« Solches hört man oft, liest man immer wieder, es sagt und schreibt sich leicht. Abgesehen davon, daß gar nicht ausgemacht ist, ob Schubert dieses Lied gerade an diesem Tage komponiert hat – denn das Manuskript, das jenes Datum trägt, ist eine Reinschrift, d.h. eine Abschrift vom Kompositions-Manuskript, das verloren ist –, ganz abgesehen davon läßt sich die Behauptung dieses Geburtstages so nicht im Ernst aufrechterhalten. Aber etwas Wahres ist doch daran!

Systematisch und im einzelnen ist das hier nicht zu erörtern, es ist aber festzuhalten, daß wir die Gattung Lied und die Liedkomposition im 18. Jahrhundert in einer ganz eigentümlichen Situation finden. Es besteht nämlich seit kurzer Zeit ein neuer und großer Bedarf an einer Musik, die dem Bürgertum der Städte Ersatz für das mit der mündlichen musikalischen Überlieferung Verlorengehende sein kann, ein Bedarf vor allem an Liedern, die wir heute Volkslieder nennen. Mit Kompositionen ist dieser Bedarf an Volksmusik nicht zu decken. Aber in der musikgeschichtlich eigenartigen Situation jener Zeit ist zugleich die Möglichkeit angelegt, etwas zu tun, das zwar von der durch den Bedarf gestellten Aufgabe ablenkt, aber doch weiterführt, nämlich das eben jetzt neu entstehende, die Stelle des Volksliedes einnehmende einfach begleitete Lied ganz der Kunstmusik zu gewinnen, also der »Tyrannei der Volkstümlichkeit« in der Komposition ein Ende zu bereiten, und zwar durch konsequente Anwendung der Technik des mehrstimmigen musikalischen Satzes mit allen ihren Errungenschaften. Die Kunstmusik kennt ja schließlich die Gattung Lied, und nicht nur polyphon sondern sehr wohl auch einstimmig mit einfacher Begleitung (doch nicht im »Volkston«!), aber diese Gattung stand immer am Rande, damit allerdings auch an der Grenze zum musikalisch Umgangsmäßigen. Es ist Franz Schubert, der, aus dem neuen städtischen Bürgertum hervorgewachsen, die Kraft hat, zu vereinen, was unvereinbar scheint, nämlich abendländische Polyphonie und Lied, der das Neue in den Mittelpunkt musikalischen Denkens und Schaffens zu rücken vermag, der »Lyrik als musikalische Struktur« (Georgiades 1967) verwirklicht. Schubert gewinnt der europäischen Musik am Anfang des 19. Jahrhunderts noch einmal einen neuen Bereich, im Kunstlied. So gesehen, ist besser zu verstehen, was die zu Beginn zitierte Behauptung meint, Schubert habe das deutsche Lied geschaffen, obschon es deutsche Lieder natürlich immer gegeben hat.

Schubert ist, als einziger der Wiener Klassiker, in Wien geboren. In der Lehrersfamilie wurde, trotz äußerst beengter Lebens- und Wohnverhältnisse, viel gesungen und musiziert, die Kinder erhielten von früher Jugend an Unterricht auf mehreren Instrumenten, aber davon, daß eines Berufsmusiker werden sollte, war keine Rede. Schubert ist zunächst – man weiß es und vergißt es doch immer wieder – weder nach Ausbildung noch von Beruf Musiker, er ist Volksschullehrer. Selbst nachdem er 1818 seinen Lehrerberuf endgültig aufgegeben hat, ist er nach der Art seiner Tätigkeit als Musiker und Komponist keinem seiner Berufskollegen vergleichbar, vor allem deshalb: Er komponiert gleichsam nicht für andere, jedenfalls zunächst nicht und später in einem anderen Sinne als seine Kollegen, weil die Gattung, auf der der Schwerpunkt seines Interesses liegt, das Lied, kein Gegenstand öffentlicher Musikpflege ist, weil es für Lieder keine Kompositionsaufträge gibt, weil man in öffentlichen Konzerten zwar Werke der verschiedensten Gattungen aufführt und mischt, gewöhnlich aber keine Lieder vorträgt. Im privaten Kreise nur singt man sie, vielleicht auch in Konzerten mehr privaten Charakters; bei großen Konzerten hingegen werden sofort Bedenken laut. Ein Rezensent der musikalischen »Akademie« im großen Universitätssaale am 6. Mai 1827 berichtet: »... 2. *Im Freien,* Gedicht von Seidl, komponiert und am Klavier begleitet von Hrn. Schubert, gesungen von Hrn. Tietze. So schön die Komposition und der Vortrag waren, muß Ref. doch bemerken, daß das Lokal seiner Meinung nach für ein Lied, bei dem auch die feinsten Schattierungen nicht verloren gehen dürfen, zu groß sei. Im Zimmer müßte es sich viel besser ausnehmen.«

Bei Mozart und Betthoven, seinen Vorbildern, kann Schubert Liedkomposition kaum studiert haben. Für sie lag diese zu sehr am Rande des Interesses. Er muß also zur Erprobung dessen, was er an instrumentaler Technik in vielen Jahren den Klassikern abgeschaut und sich angeeignet hat, er muß für Versuche einer neuen Kompositionstechnik im besonderen Hinblick auf das Lied ohne Vorbilder seiner Heroen bleiben oder aber sich andere Muster suchen – Muster, an Hand derer er arbeiten, die er »bearbeiten«, die er verwandeln kann. Solche findet und bewundert der junge Schubert in den Balladen des Stuttgarter Hofkapellmeisters Johann Rudolf Zumsteeg (1760-1802), die bald nach 1800 weite Verbreitung finden, obwohl – oder gerade weil – sie dem herrschenden Ideal des Strophenliedes, des Einfachen und Volkstümlichen widersprechen. Schubert arbeitet bei der Aneignung der Zumsteegschen Vorbilder oft am einzelnen Lied und damit an seiner Kompositionstechnik lange, hart, hartnäckig, denn es gilt ihm ja tatsächlich, Neuland zu erobern.

Bedenkt man dies, dann rücken die am Anfang zitierten Kennzeichnungen für *Gretchen am Spinnrade* in ein anderes Licht. Mit diesem Lied findet Schuberts jahrelanges intensives Bemühen um eine – wie man vielleicht zusammenfassend sagen könnte – neue Definition der Gattung Lied durch eine neue musikalische Technik zum erstenmal wirklichen Erfolg in einem vollendeten Werk. Damit bricht eine neue Vorstellung von Musik durch und erlangt Gültigkeit, eine Vorstellung von Musik, deren Bedeutung für die Musikgeschichte, insbesondere des 19. Jahrhunderts, gar nicht zu überschätzen ist.

1815 Franz Schubert (1797-1828): Lied »Erlkönig«

Im Frühjahr 1816 wendet sich Schubert an Goethe, indem er ihm ein Heft seiner Lieder schickt. Den Begleitbrief verfaßt Schuberts Freund Josef von Spaun. Darin heißt es: »Der allgemeine Beifall... und der allgemeine Wunsch seiner Freunde bewogen endlich den bescheidenen Jüngling [Schubert], seine musikalische Laufbahn durch Herausgabe eines Teils seiner Kompositionen zu eröffnen... Eine auserwählte Sammlung von deutschen Liedern soll nun den Anfang machen, welchem größere Instrumental-Kompositionen folgen sollen. Sie wird aus 8 Hefte bestehen. Die ersten beiden (wovon das erste als Probe beiliegt) enthalten Dichtungen Euer Exzellenz, das dritte enthält Dichtungen von Schiller das 4te und 5te vom Klopfstock, das 6te vom Mathißon, Hölty, Salis etcetc., und das 7 und 8te enthalten Gesänge Ossians, welche letztere sich vor allen auszeichnen.« Das Heft enthält heute 16 Lieder (es waren ursprünglich mehr), darunter *Heidenröslein* (D 257; op. 3, 3), *Gretchen am Spinnrade* (D 118; op. 2), *Rastlose Liebe* (D 138; op. 5, 1) und *Erlkönig* (D 328; op. 1; komponiert im Spätherbst 1815; im Druck erschienen 1821).

Goethe schickt das Heft ohne eine Zeile zurück. Aber er hatte sich die Lieder angehört. Von Ende 1830 berichtet der Weimarer Schauspieler Eduard Genast: »Die Schröder-Devrient sang Goethe unter anderm auch die Schubert'sche Composition des *Erlkönig* vor, und obgleich er kein Freund von durchcomponirten Strophenliedern war, so ergriff ihn der hochdramatische Vortrag der unvergleichlichen Wilhelmine so gewaltig, daß er ihr Haupt in beide Hände nahm und sie mit den Worten: ›Haben Sie tausend Dank für diese großartige künstlerische Leistung!‹ auf die Stirn küßte. Dann fuhr er fort: ›Ich habe diese Composition früher einmal gehört, wo sie mir gar nicht zusagen wollte, aber *so* vorgetragen, gestaltet sich das Ganze zu einem sichtbaren Bild!« Man merke: Goethe kein Freund von »durchcomponirten Strophenliedern«; »aber *so* vorgetragen...«

Goethes Nicht-Antwort ist für Schubert eindeutig eine Niederlage. Aber diese macht den jungen Mann nicht irre. Als Schubert und seine Freunde einige Jahre später – wohl 1820 – endlich einen Verleger für seine Kompositionen, vor allem für seine Lieder suchen, da bieten sie als erstes den *Erlkönig* an. Leopold von Sonnleithner berichtet: »Wir beschlossen daher, einen Verleger für seine Werke zu suchen, wozu Schubert selbst in seiner naiven Einfachheit gar nicht geeignet war. Ich trug den *Erlkönig* dem Kunsthändler Tobias Haslinger und Anton Diabelli an; allein beide verweigerten die Herausgabe (selbst ohne Honorar), weil sie wegen der Unbekanntheit des Komponisten und wegen Schwierigkeit der Klavierbegleitung keinen lohnenden Erfolg erwarteten.« Mit anderen Liedern, etwa mit *Heidenröslein,* wäre zumindest der zweite Ablehnungsgrund hinfällig. Aber Schubert geht es gerade um den *Erlkönig*. Dieses und kein anderes Lied soll sein Opus 1 sein, das heißt: gedruckt werden, unter die Leute (auch die Fachleute!) kommen und ihn bekannt machen. Und was den Erfolg beim Publikum anlangt, so soll Schubert ja auch recht behalten, wie Sonnleithner weiter berichtet: »Durch diese Zurückweisung verletzt, entschlossen wir uns, die Herausgabe auf Schuberts Rechnung selbst zu veranstalten. Ich, Hüttenbrenner und noch 2 Kunstfreunde legten die Kosten des ersten Heftes aus Eigenem zusammen und ließen im Februar 1821 den *Erlkönig* stechen. Als mein Vater in einer Soirée bei uns mündlich ankündete, daß der *Erlkönig* zu haben sei, wurden an demselben Abende bei 100 Exemplare von den Anwesenden gekauft, und die Kosten des 2. Heftes waren gedeckt.«

Man kann also festhalten: Goethe (und sein musikalischer Kreis, wie man ergänzen muß) lehnt Schuberts *Erlkönig* ab. Schubert (und mit ihm sein Publikum) hält seinen *Erlkönig* für gut und für »charakteristisch«. Was kann der Grund sein für diesen Unterschied der Beurteilung? Der Grund kann weder in der Qualität der Komposition noch im mangelnden Verständnis Goethes liegen (Goethe war musikalisch hochgebildet!), er kann nur liegen in einer verschiedenen Auffassung von dem, was Lied sei.

Goethes *Erlkönig* gehört ursprünglich in sein Singspiel *Die Fischerin* (1782). Dort singt die Fischerin bei der Arbeit halb mechanisch das ihr vertraute Lied, etwa wie Gretchen sich den *König von Thule* vorsummt. Der *Erlkönig* gehört also zu den »Liedern, von denen man supponiret, daß der Singende sie irgendwo auswendig gelernt und sie nun in ein und der andern Situation anbringt. Diese können und müssen eigne, bestimmte und runde Melodien haben, die auffallen und jedermann leicht behält« (Goethe 1779). Corona Schröter, die Darstellerin der »Fischerin« bei der ersten Aufführung, hat dies erkannt und sich eine volksmäßig-anspruchslose, leicht nachzusingende Melodie von nur acht Takten geschaffen. »Die Wirkung des kleinen Musikstücks auf der Bühne ist ganz vortrefflich... und keine der späteren bedeutenderen Compositionen des Gedichts hat an gleicher Stelle ähnlichen Eindruck gemacht.« (Friedlaender 1896) *So* ist das Lied in Goethes Sinn, das ist nach seiner Vorstellung – und nach der Vorstellung der meisten seiner Zeitgenossen! – Lied. Dem genau entsprechend polemisiert Goethe gegen die andere Vorstellung von Lied: »Ich kann nicht begreifen, wie Beethoven und Spohr das Lied [Mignons *Sehnsucht*] gänzlich mißverstehen konnten, als sie es durchcomponirten«; und an anderer Stelle: »wie verwerflich alles sogenannte Durchcomponiren der Lieder ist, wodurch der allgemeine lyrische Charakter ganz aufgehoben und eine falsche Teilnahme am Einzelnen gefordert und erregt wird.« Dagegen sind Zelters Kompositionen – und dasselbe gilt für die von Reichardt – »sogleich mit meinen Liedern identisch; die Musik nimmt nur wie ein einströmendes Gas den Luftballon mit in die Höhe. Bei anderen Komponisten muß ich zuerst aufmerken, wie sie das Lied genommen, was sie daraus gemacht haben.« (an Zelter, 1829) Nun, an zwei Einzelheiten ist auch in Zelters und in Reichardts *Erlkönig* Teilnahme erregt: an den Reden des Erlkönigs und am Ruf des Knaben »Erlkönig hat mir ein Leids getan«. Der »allgemeine lyrische Charakter« freilich ist dadurch nicht aufgehoben, er ist lediglich in einer bestimmten Richtung ausgedehnt, nämlich ins Stimmungs- und Empfindungshafte.

Anders Schubert! Er legt seinen musikalischen Satz so an, daß die Textabschnitte, und zwar ein jeder für sich, frei deklamiert werden können. Der Klavierpart ist weder ein musikalischer Satz im engeren Sinne noch eine einfache Klavierbegleitung, und trotzdem hat er im Satzganzen eine eigene Funktion, nämlich die Funktion eines Fadens, der alles zusammenhält dadurch, daß alles auf ihm aufgezogen erscheint. Man kann die Klavierstimme nicht allein spielen und die Singstimme nicht allein singen (sehr wohl allerdings in den beiden »Liedern« des Erlkönigs), es geht einfach nicht, denn der Satz, in dem Klavierstimme und Singstimme verbunden sind, ist als solcher obligat. Obligat freilich ist dieser Satz weder im Sinne eines kontrapunktischen noch eines harmonischen Satzes, sondern im Sinne eines »obligaten Accompagnements«. *Das* ist es, was Schubert mit den Wiener Klassikern verbindet, das und die Vorstellung von Musik, die dahinter steht. Schubert legt das entscheidende Gewicht für seine Komposition nicht auf ein Moment der Empfindung, etwa auf »Leids«, sondern auf ein Moment der Handlung, hier auf das Verbum, das die tödliche Tat als vollzogen meldet. Ich spitze zu: In Takt 127 hat der Erlkönig das Kind tödlich geschlagen, und das Kind sagt es, und wir wissen, daß es geschehen ist. Doch wir wissen es nicht, weil das Kind es sagt, auch nicht, weil der Erzähler später lakonisch berichtet: »das Kind war tot«, wir wissen es vielmehr aus Schuberts Musik, die eben nicht »Leids« »gemalt« hat, sondern das »hat getan« hat tatsächlich werden lassen. Goethes Lied hat in Schuberts Lied seinen »allgemeinen lyrischen Charakter« verloren; unter Schuberts Händen ist Goethes Ballade zur Tragödie geworden – und wir, die Hörer, wohnen dieser Tragödie bei, und also »ergreift« uns Schubert (Feil 1990).

Gewiß, nicht alle Lieder Schuberts sind wie der *Erlkönig* komponiert und dementsprechend zu hören. Aber es sind sehr viel mehr, als man nach der üblichen Klassifizierung Schuberts als eines Romantikers und unter dem eigentümlichen Beschreibungs-Druck seiner Musik aus der damit zusammenhängenden Konvention annimmt. In seinem *Gretchen am Spinnrade* (1814; D 118), das Schubert als op. 2 veröffentlicht, hebt man zum Beispiel immer und immer wieder auf den in der Tat genialen Einfall der das Surren des Spinnrades nachahmenden Klavierbegleitung ab, auf das Urbild, möchte ich sagen, aller »malenden Klavierbegleitungen«. Davon aber, daß dieser Klavierpart mehr ist als bloße »Untermalung«, daß er nämlich ein vom Text gar nicht vorgesehenes *Geschehen* musikalisch faktisch macht und damit das Lied zur Szene, davon ist nur selten die Rede. Wir erleben in dieser Szene, daß das Spinnrad tatsächlich stehen bleibt; daß es nicht von allein wieder anläuft, natürlich nicht; daß also Gretchen es wieder antreten muß, – und daß sie, die beim Ausruf »und ach, sein Kuß!« außer sich geraten war, sich beim Wiederanspinnen fängt – und zugleich eine andere wird.

Übrigens ist Goethe derjenige Dichter, den Schubert am meisten vertont (über 70 Texte), dann folgt Schiller (über 40). Allerdings greift Schubert im Frühjahr 1811 bei seinen ersten Versuchen in der Liedkomposition gerade nach Texten von Schiller. Andererseits bedeutet sein erstes Goethe-Lied *Gretchen am Spinnrade* drei Jahre später den Durchbruch zu seiner ureigenen Leistung, nämlich *Lyrik als musikalische Struktur* zu realisieren. Von da an, so Georgiades (1967), »führt Goethe den lernenden Schubert.«

1816 **Ludwig van Beethoven** (1770-1827): **Liederkreis »An die ferne Geliebte«** op. 98

Die Aufschrift auf der Titelseite von Beethovens Autograph lautet: »An die entfernte Geliebte. Sechs Lieder von Aloys Jeitteles in Musik gesezt Von L. v. Beethoven. 1816 im Monath April.« Weder nennt Beethoven seinen Zyklus »Liederkreis« noch »An die ferne Geliebte«; beide Varianten des Titels tauchen vielmehr erst bei der Erstausgabe durch A. Steiner, Wien Oktober 1816, auf. Der Text der Lieder stammt von einem damals in Wien lebenden Brünner Medizinstudenten; der Komponist erhält ihn wahrscheinlich im Manuskript von dem jungen Dichter. Thayer macht darauf aufmerksam, daß der *Liederkreis* sicher nicht zufällig in einer Zeit entsteht, in der Beethoven an Ferdinand Ries schreibt: »Ich fand nur eine die ich wohl nie besitzen werde«. Wie dem auch sei, Beethoven findet bei der Komposition der schwärmerischen Texte des jungen Jeitteles zu einem neuen, eigenen Liedtypus, der gleich weit entfernt ist von den Vorbildern des vergangenen Jahrhunderts, vom »Odentypus« (dem die Mehrzahl der Beethovenschen Lieder verpflichtet ist) wie vom Typus des Arien-Liedes, dessen Muster seine *Adelaide* (nach Matthison; 1795/96; op. 46), aber auch das letzte der *Sechs Lieder von Gellert* (1803; op. 48), prägt. Und, nicht zu vergessen, als Beethoven diesen Zyklus schreibt, hat Schubert seine großen frühen Lieder schon geschrieben. – Der zyklische Charakter des *Liederkreises* ist durch die Dichtung vorgegeben. Die sechs Gedichte sind nicht nur aufeinander bezogen, sie sind selbst in Kreisform angeordnet. Das gilt für ihre metrisch-formale Konzeption, d.h. für den musikalischen Aspekt der Dichtung, die Kreisform gilt jedoch auch für die inhaltliche Konzeption des Ganzen.

Es ist nicht allgemein bewußt, daß Beethoven 79 Klavierlieder geschrieben hat (die Bearbeitungen ausländischer Lieder nicht eingerechnet), ebenso viele wie Mendelssohn, den man unter den Liederkomponisten des 19. Jahrhunderts mit an erster Stelle nennt. Aber Beethoven soll gesagt haben: »Ich schreibe nur nicht gern Lieder« (zu Rochlitz 1822). Wahrscheinlich darf man diesen Satz jedoch nicht so einfach nehmen, wie man dies in der Regel tut. Beethoven schreibt ja Lieder, offenbar aber hat er Schwierigkeiten, bei der Liedkomposition die Vorstellung von dem, was die Gattung verlangt, mit seiner Vorstellung von musikalischer Komposition zusammenzubringen. Deshalb weicht er, wie gesagt, entweder auf typische Modelle aus oder aber er experimentiert. Dies beginnt schon bei den Texten. Beethoven greift (1.) besonders gern nach Texten, in denen er ein primäres Reden findet, d.h. er sucht die dichterische Sprache, die sich der Prosa nähert, etwa mit Sätzen wie »Hoffen soll der Mensch, er frage nicht!« (Hier darf man auch an den von Beethoven stammenden Beginn des Vorspann-Textes im Finale der *9. Sinfonie* denken: »O Freunde, nicht diese Töne!«.) Sodann greift Beethoven (2.) aus Gedichten Stellen heraus und schließt sie zu neuen Strophen zusammen, die einen besonderen Aussagecharakter haben. So greift er aus dem Lehrgedicht *Urania* von Christoph

August Tiedge und aus dessen Erstem Gesang »Klagen des Zweiflers« die zweite, dritte und vierte Strophe heraus und komponiert sie 1805 (während der Arbeit am Terzett des 2. Aktes des *Fidelio*!) unter dem selbst erfundenen Titel *»An die Hoffnung«* (op. 32). 1813 komponiert er denselben Text noch einmal (op. 94) und nimmt dabei Tiedges erste Strophe hinzu, und zwar als Anfang mit der direkt gesprochenen Frage: »Ob ein Gott sei?« Noch deutlicher wird (3.) Beethovens Tendenz, sich seine Texte gleichsam anzueignen, an seinen Änderungen oder Hinzufügungen und unter diesen bei den häufigen Einschiebungen eines einfachen »Ja«, womit, wie man gesagt hat (Boettcher 1928), eine Art persönlichen Besitzergreifens geschieht, doch nicht im subjektiv empfindsamen Sinne, sondern im Sinne der Identifikation der klassischen Philosophie. Denn den Einschub »Ja« nützt Beethoven stets zur Hervorhebung eines Idealwortes, etwa: »Veredelung ist ihr Ziel, ja Ziel« (*Ruinen von Athen,* op. 113, 7), »Ja, meine Pflicht hab' ich getan« (*Fidelio,* 2. Akt: Arie des Florestan), »Ja, ein liebend Herz geweiht« (*An die ferne Geliebte*). Es ist dasselbe »Ja«, das wir mitunter von Beethovens Hand in den Exemplaren seiner Dichterausgaben – und Beethoven war ein fleißiger Leser! – an bestimmten Stellen beigefügt finden. So steht z. B. ein »Ja!« in Beethovens Ausgabe von Homers *Odyssee* neben den Schlußworten des achten Buches: »Denn fürwahr, nicht geringer als selbst ein leiblicher Bruder ist ein treuer Freund verständig und edler Gesinnung.« – So nahe hier auch die Texte, biographische Fakten und die Fakten der Werke aneinander rücken, den Experimentator Beethoven interessiert offenbar anderes mehr: ob und wie die musikalische Komposition lyrische Texte in eine handlungsmäßig gedachte Musik zu bringen vermag. Und im Zusammenhang einer solchen Überlegung spielt dann eine andere Frage die entscheidende Rolle: ob und wie hier Elemente *instrumentaler* Komposition einzusetzen sind. Dafür nun ist Beethovens *Liederkreis* das höchste Beispiel, weil Beethoven hier die Summe seiner Liedkunst zu ziehen scheint.

Die einzelnen Lieder des *Liederkreises* folgen verschiedenen Modellen des »variierten Strophenliedes«, wobei einmal das Stropenliedprinzip, ein andermal die Variation im Vordergrund steht. In der Verbindung der Lieder durch vermittelnde Überleitungstakte entsteht jedoch ein Zyklus von Kompositionen nach Art einer Kantate, der sich von Zumsteegs Balladen – einem anderen Versuch, aus der engen Vorstellung von Lied in der Goethe-Zeit herauszukommen – vor allem darin unterscheidet, daß die einzelnen Glieder nicht Ariosi sind, die dem Text im Detail nachgehen, sondern in sich festgefügte Strophenlieder. Was diese »Stropehnlied-Kantate« nun zum Zyklus macht, das bewirkt Beethoven mit Mitteln seiner Instrumentalmusik, und zwar in einer Weise, daß der Eindruck entstehen kann, als dominiere sogar das rein Instrumental-Musikalische. Dieser Eindruck trügt jedoch. Beim Versuch etwa, die Singstimme instrumental vorzutragen, wird dann unverständlich, weshalb diese nicht an den Variationen teilhat. Die Musik erhält erst aus dem poetischen Affekt heraus ihren Sinn; ohne Worte wird der Wechsel der musikalischen Charaktere der Lieder nicht plausibel. Dennoch ist offensichtlich, daß das Instrumentale wesentlichen Anteil am Zyklus als Zyklus hat, und daß und in welcher Weise Beethoven damit die »polyrhythmische Kompositionsweise« – wie Hans Georg Nägeli die neue Vorstellung von Lied in der Schubert-Zeit später nennen wird – wenn nicht vorwegnimmt, so doch vorbereitet (W. Dürr 1984).

nach 1818 Franz Schubert (1797-1828): Zweite Epoche seines Liedschaffens

Wie W. Dürr herausgestellt hat, lassen sich in Schuberts Liedschaffen zwei Epochen unterscheiden, wenn man die Texte betrachtet, die er zur Komposition wählt. Die *erste* reicht etwa bis in das Jahr 1817 und umfaßt der Zahl nach ungefähr zwei Drittel aller Lieder. In dieser Zeit vertont Schubert außer Schiller und Goethe Gedichte von Autoren wie Friedrich von Matthisson, Ludwig Kosegarten, Johann Gaudenz von Salis-Seewis, von Dichtern also, die, wie die zahlreichen Auflagen ihrer Gedichtbände zeigen, in jener Zeit hoch geschätzt sind, und die Schubert vermutlich schon während seiner Studienzeit im Wiener Stadtkonvikt kennenlernt. Die *zweite* Epoche beginnt um 1818. Schubert wendet sich von der modisch-empfindsamen Dichtung seiner Jugendzeit ab und der neuen Dichtung seiner Zeit, den Romantikern, zu, insbesondere den Gebrüdern Schlegel, aber auch Novalis, Rückert, Tieck. Angeregt wird Schubert dazu wahrscheinlich durch den Freundeskreis um Franz von Schober, dem er angehört und über den Josef von Spaun, ein anderer enger Freund Schuberts, später berichtet: »Der Umgang mit einem für Kunst so begeisterten, so fein gebildeten jungen Mann wie Schober, der selbst ein glücklicher Dichter war, konnte auf Schubert wohl nur höchst anregend und vorteilhaft wirken. Schobers Freunde wurden auch Schuberts Freunde, und ich bin überzeugt, daß das Zusammenleben mit diesem Kreise für Schubert viel vorteilhafter gewesen sei, als wenn er in einem Kreise von Musikern und Fachgenossen, die er übrigens auch nicht vernachlässigte, gelebt hätte.« In Schobers Kreis liest man gemeinsam nicht nur, wie man aus späteren Berichten weiß, Poesie, sondern vor allem Prosa, und sicherlich diskutiert man Probleme der Literaturtheorie: sie spielt in der frühen Romantik ja eine ebenso wichtige Rolle wie die Dichtung selbst. Durch den Dichter des *Schwestergrußes* (D 762), Franz Bruchmann, besteht eine lose Verbindung zwischen dem bedeutenden Theoretiker der Romantik, Friedrich Schlegel, und dem »Schober- und Schubert-Kreis« (wie Schlegel selbst ihn nennt).

Mit der Zuwendung zur Dichtung der Romantik ändert sich Schuberts Kompositionsweise, freilich nicht eo ipso so, daß man Schubert von nun an einfach einen musikalischen Romantiker nennen könnte. Was wir heute für selbstverständlich ansehen möchten, findet nämlich *so* nicht statt: eine Entwicklung von der musikalischen Klassik hin zur Romantik. Schubert ist und bleibt sui generis! Jetzt jedenfalls steht nicht mehr das Strophenlied – wie in den Jahren 1815/1816 – im Vordergrund seines Schaffens, sondern ein Liedtypus, in dem musikalische Strukturen die poetischen nachzeichnen, in dem Musik und Poesie weithin parallel zueinander verlaufen. Lieder dieser Art hat Schubert zwar schon früher geschrieben (man denke an *Gretchen am Spinnrade* und *Rastlose Liebe* vom Oktober 1814 und Mai 1815), sie verbinden sich jetzt aber zunehmend mit offenen, prozeßhaft gerichteten Texten.

Zu Goethes Dichtung hat Schubert in *beiden* Epochen seines Liedschaffens ein besonderes Verhältnis. Unter dem 13. Juni 1816 etwa notiert er in seinem Tagebuch, er habe die Lieder *Rastlose Liebe* (D 138) nach Goethe und *Amalia* (D 195) nach Schiller gesungen: »Ungeteilter Beifall ward jenem, diesem minderer. Obwohl ich selbst meine ›Rastlose Liebe‹ für gelungener halte als ›Amalia‹, so kann man doch nicht läugnen, daß Göthe's musikalisches Dichter-Genie viel zum Beifall wirkte.« Wenn Schubert der Dichtung und insbesondere der Goetheschen so viel Einfluß auf die Wirkung eines Liedes, das heißt aber: auf sein künstlerisches Gesamt-Erscheinungsbild, beimißt, dann ist es nicht verwunderlich, daß er von keinem Dichter so viel vertont wie von Goethe. Daran ändert sich auch nach 1818 nichts, zumal die Romantiker Goethe ja durchaus für einen der ihren halten, seinen *Roman »Wilhelm Meister«* gar für eine Paradigma romantischer Erzählkunst. Es sind denn auch gerade Lieder aus *Wilhelm Meister,* denen Schubert sich besonders zuwendet. Sowohl die Lieder des Harfners als auch die der Mignon stellt er zu kleinen Zyklen zusammen: die Lieder des Harfners 1822 als op. 12, die der Mignon 1827 als op. 62.

1819 **Franz Schubert** (1797-1828): **Klavierquintett A-dur** (D 667, »Forellenquintett«)

Für die Entwicklung und Entfaltung von Franz Schuberts Persönlichkeit und Werk sind seine Herkunft aus einfachen bürgerlichen Verhältnissen und sein bürgerlicher Lebenskreis von entscheidender Bedeutung; sein Leben verläuft anders, als es damals Komponisten gleichsam vorgeschrieben ist. Niemals erreicht er eine Anstellung als Komponist, selten nur erhält er Kompositionsaufträge. Zu den Kreisen, die Haydn, Mozart und Beethoven und ihre Kunst selbstverständlich getragen haben und noch mittragen, hat er kaum Verbindung. Die musikalische Gesellschaft indessen, in der Schubert lebt, für die er komponiert, hat sich eben angeschickt, das Erbe der Kunst vom höheren Adel zu übernehmen, und sie ist alles andere als anspruchslos, hier geschieht vielmehr in der Tat das, was man später »Pflege der Künste« nennen wird. Schuberts Publikum ist also nicht das des großen Konzerts und der Gattungen öffentlicher Musikpflege, jedenfalls zunächst nicht, es ist vielmehr ein Kreis von Freunden und die Schicht des Bürgertums, der diese entstammen. Dieser Kreis hat sich einen eigenen Bereich geschaffen, in dem er »musikalisch Gesellschaft hält«, in dem man viel liest und singt und vor allem Gesellschaftsspiele und Theater spielt, in dem man Hausmusik macht, für den man schreibt und komponiert.

Eine der wichtigen Personen dieses Freundeskreises ist der Sänger Johann Michael Vogl (1768-1840), der als erfahrener Künstler Schubert anregt und fördert. Vogl stammt aus Steyr in Oberösterreich. Die Reisen, auf die er in den Sommermonaten 1819, 1823 und 1825 Schubert mitnimmt, haben so ihr Ziel gleichsam selbstverständlich in Steyr. Vogl führt Schubert dort in die musikalischen Kreise der Stadt ein, vor allem in das Haus Paumgartner, wo regelmäßig Hauskonzerte stattfinden. Über Schuberts Beziehungen zu Steyr und zu Paumgartner berichtet Albert Stadler, Schuberts Freund, der selbst aus Steyr stammt; sein Bericht ist übrigens die einzige Quelle zur Entstehung des *»Forellenquintetts«:* »... Er schrieb es auf besonderes Ersuchen meines Freundes Sylvester Paumgartner, der über das köstliche Liedchen [*Die Forelle*] ganz entzückt war. Das Quintuor hatte nach seinem Wunsch die Gliederung und Instrumentierung des damals noch neuen Hummelschen Quintetts, recte Septuors, zu erhalten. Schubert war damit bald fertig...« Aus diesem Bericht geht hervor, daß das Werk nach dem Vorbild von Hummels *op. 74* (das 1816 als *Septett* und gleichzeitig als *Quintett* erschienen war) und daß es für einen Kreis von Liebhabern geschrieben ist. Das Letzte belegt auch die ursprüngliche Fassung, die vor kurzem mit der Stimmenabschrift Albert Stadlers wiederentdeckt (und in der *Neuen Schubert-Ausgabe* zum erstenmal veröffentlicht) worden ist: sie weicht von der bekannten Fassung dadurch ab, daß sie in einigen Partien der Violine und der Viola technisch weniger anspruchsvoll ist. Allerdings geht auch der Druck, den der Verleger Joseph Czerny im Frühjahr 1829 in Wien herausbringt, auf Schuberts Partitur zurück, und es ist anzunehmen, daß die Veränderungen gegenüber der ursprünglichen Fassung noch vom Komponisten selbst und nicht vom Verleger stammen. – Das *»Forellenquintett«* ist neben der *»Unvollendeten«* Schuberts bekannteste Instrumentalkomposition: es ist populär. Damit ist nicht weniger gesagt, als daß ein schlechthin vollkommenes Kunstwerk – denn das kann man hier sagen, auch wenn es in Schuberts Krisenjahren 1818 bis 1823 entstanden ist – sich zugleich der höchsten Beliebtheit erfreut. Darin liegt freilich auch die Gefahr von Mißverständnissen: Nicht jedes Werk, das wir wie dieses als »einen genialen Wurf« ansehen, ist gleich vollkommen, und wenn man das *»Forellenquintett«* für den ganzen Schubert nehmen möchte, hat man ihn mißverstanden, und zwar nicht nur, weil damit die ernsten Töne in seinem Opus überhört würden, sondern auch weil über dem Erlebnis einer gleichsam ewigen Jugendfrische dieses Stücks die Größe der reifen Werke übersehen wäre.

1819-1823 Ludwig van Beethoven (1770-1827): **Missa solemnis D-dur op. 123**

Die *Missa solemnis* ist ein Werk sui generis im Schaffen Beethovens wie in der Geschichte der Messkomposition. Allein die Tatsache, daß die liturgische Bezeichnung für das feierliche Hochamt hier auf eine einzelne Komposition als Name übergegangen ist, deutet darauf hin. 1823 vollendet, wird sie noch Jahrzehnte lang gemieden, wie erschreckt umgangen. Nun, in der Umgebung der frühen musikalischen Hochromantik und des Nazarenertums in der Kirchenmusik, des musikalischen Klassizismus und der Biedermeierlichkeit nimmt sich das Riesenwerk auch tatsächlich absonderlich aus. Die Uraufführung findet am 18. April 1824 auf Anregung des Fürsten Galitzin durch die Philharmonische Gesellschaft in St. Petersburg statt. Drei »Hymnen« daraus: Kyrie, Credo und Agnus Dei werden in Beethovens »Akademie« im k. k. Hoftheater nächst dem Kärntner Tore am 7. Mai 1824 aufgeführt (zusammen mit der *9. Sinfonie* und der *Ouvertüre »Die Weihe des Hauses«*). Die erste vollständige Aufführung in Österreich findet erst am 29. Juni 1830 in der kleinen Stadt Warnsdorf an der böhmisch-sächsischen Grenze durch den dortigen Schullehrer Johann Vinzenz Richter statt und die nächste Gesamtaufführung erst 1844 auf einem der Niederrheinischen Musikfeste. Noch Kretzschmar (1888) behandelt die *Missa solemnis* mit solchem Respekt, daß sich der Eindruck vordrängt, unter die Ehrfurcht sei durchaus auch Unbehagen gemischt. Immerhin steht dort der beachtenswerte Satz: »Dieses Werk verdient es, seine Epoche allein zu vertreten«, »seine Epoche« – womit jedoch nicht diejenige gemeint ist, die Weber, Spohr, E. Th. A. Hoffmann u. a. in eben jenen Jahren einläuten.

Die *Missa solemnis* ist ein »Gelegenheitswerk«. Es entspringt Beethovens Absicht, für die Inthronisation des Erzherzogs Rudolph, seines Schülers und Freundes, zum Erzbischof von Olmütz eine große Messe zu komponieren. »Der Tag, wo ein Hochamt von mir zu den Feierlichkeiten für J. K. H. soll aufgeführt werden, wird für mich der schönste meines Lebens sein«, schreibt Beethoven im Juni 1819, »und Gott wird mich erleuchten, daß meine schwachen Kräfte zur Verherrlichung dieses feierlichen Tages beitragen.« Rudolphs Wahl zum Kardinal erfolgte am 24. April, seine Ernennung zum Erzbischof am 4. Juni 1819. »Den Sommer von 1819 verlebte unser Meister wieder in Mödling«, berichtet Anton Schindler, Beethovens Faktotum und Freund. »Dort besuchte ich ihn häufig und sah die *Messe* fortschreiten, auch hörte ich ihn Zweifel äußern an der möglichen Beendigung... zum festgestellten Termin, weil jeder Satz unter der Hand eine viel größere Ausdehnung gewonnen hatte als es anfänglich im Plane gelegen...« So ist das Werk zu der am 20. März 1820 begangenen Einsetzungsfeier nicht fertig; die Abschlußarbeiten liegen erst in der Mitte des Jahres 1823; die gesamte Entstehungszeit des Werkes umfaßt somit viereinhalb Jahre.

Auf dem Titelblatt steht die Dedikation an den Erzherzog und Kardinal-Fürstbischof Rudolph, über der ersten Notenseite aber steht »Von Herzen – Möge es wieder – zu Herzen gehn!« Was für eine Brudergeste! Und zugleich der Schritt hinaus aus der Liturgie und der Kirche in eine befreite Frömmigkeit des Christenmenschen. War seine erste Meßkomposition, die *C-dur-Messe* (op. 86, 1807), durchaus eine »richtige« Kirchenmesse und, trotz gewisser Abweichungen vom Hergebrachten, durchaus für den gottesdienstlichen Gebrauch gemacht, so richtet sich die *Missa solemnis* an die im Grunde unbeschränkt gedachte Hörerschaft von Menschen »bonae voluntatis«. Des Katholiken Beethoven *Missa* ist so unitarisch-christlich wie die *h-moll-Messe* des Protestanten Bach. Es ist bezeichnend, daß schon die Uraufführung der *Missa solem-*

nis nicht in einer Kirche stattfindet. Ganz abgesehen von den in einer Kirche kaum zu erfüllenden Anforderungen, die das Werk für seine Aufführung stellt, sprengt die kolossale Ausdehnung der einzelnen Teile den liturgischen Rahmen. Paul Bekker (1911) notiert mit Recht, daß schon der äußere Umfang »eine gleichzeitige kirchliche Zeremonie nur als unbedeutende Unterbrechung erscheinen lasse und den Schwerpunkt des Gottesdienstes... der Musik zuweise.« Dasselbe gilt für die innere Dimension – die freilich nicht so leicht zu erfahren ist. Das musikalische 19. Jahrhundert jedenfalls hat lange gebraucht.

Beethoven komponiert jeden der fünf Teile der Messe als sinfonische Einheit durch, in freier, unmittelbar aus der Textinterpretation hergeleiteter Architektur. Aufs engste verbinden sich musikalischer Ausdruck, formale Artikulation und Wort-Exegese. Es ist Beethovens in den Instrumentalwerken, vorzüglich in den Sinfonien, ausgebildete spezifische Technik der musikalischen Arbeit, der motivischen Entwicklung und Durchführung, des obligaten Accompagnements, die in des Wortes wahrer Bedeutung das »geistig' Band« knüpft. Besonders hervorheben muß man die Instrumentation, die nichts weniger als »Kolorit« ist, nichts weniger als stimmungshaft. Als eine Art Ausdrucksträger – etwa mit der Bevorzugung orgelhafter Bläserklänge im Kyrie, mit den geteilten tiefen Streichern und Holzbläsern im Sanctus und im Benedictus-Präludium – ist der Instrumentalklang allemal auch formbildender Faktor. In gewissem Sinne kann man sogar die Abstufung zwischen dem Chor und den Solostimmen so sehen: Anders als Bach in der *h-moll-Messe* isoliert Beethoven die vier Soli nicht in Arien und Duetten aus dem geschlossenen Vokalverband, sondern er »instrumentiert« sie gleichsam als vokales Concertino gegenüber dem Chor-Tutti.

Mittelpunkt des Werkes ist das Credo, nicht nur formal und weil es als textreichster Teil auch der umfangreichste ist, sondern nach seinem inneren Gewicht. Hier sagt sich Beethoven am entschiedensten von allen Vorbildern los, um eine Art Confessio musikalisch zu verwirklichen. Georgiades (1954) formuliert das so: »Man versteht, daß bei dieser geistigen Haltung die Menschwerdung den Kern der Messe bilden muß. Sie eröffnet den Blick in das Geheimnis des Glaubens. Das ›Et incarnatus‹ wird durch das ›Qui propter‹ eingeführt. Schon das *Qui propter nos homines et propter nostram salutem,* ›Der für uns Menschen und um unseres Heiles willen‹, verbreitet eine bis zu dieser Stelle unbekannte Wärme. Ihre Quellen sind Innigkeit und Weihe des Augenblicks. Das gewaltige zweite *descendit de coelis,* das wiederum als Gegenwärtiges, vor unseren Augen unerwartet Entstehendes, unvermittelt geradezu hereinbricht, reißt den Vorhang auf. Man vernimmt die Worte der Menschwerdung, zunächst nur das *et incarnatus est de spiritu sancto ex Maria virgine.* Während Bach das *et homo factus est* unmittelbar noch innerhalb der gleichen Musiknummer anschließt, trennt es Beethoven in seiner Vertonung vom ›Et incarnatus‹. Er, der die Sprache als Handeln begreift, muß zwischen jener Rede, die das Geheimnis des Gottmenschen umschreibt, *Et incarnatus est de spiritu sancto ex Maria virgine,* und der anderen, die das einmalige diesseitig-historische Ereignis ausspricht, *et homo factus est,* streng unterscheiden.«

1819/22 und 1828 Franz Schubert (1797-1828): Messen in As-dur und Es-dur

»Meine Messe ist geendiget, und wird nächstens producirt werden; ich habe noch die alte Idee, sie dem Kaiser oder der Kaiserin zu weihen, da ich sie für gelungen halte« (7. Dezember 1822). Die *Messe in As* (D 678), von der Schubert hier spricht, ist die fünfte von seinen insgesamt sechs vollständig ausgeführten Messen. Im Jahre 1814 hat er seine erste *Messe* (F-dur, D 105) geschrieben, eine »Festmesse« zum hundertjährigen Bestehen der Lichtentaler Kirche in Wien. Ihre öffentliche Aufführung – die erste eines seiner Werke überhaupt – ist ein großer Erfolg. Im Laufe der nächsten beiden Jahre folgen drei *Messen* von kleinerem Umfang (D 167; D 324; D 452). (Hinzu kommen im Gesamtwerk eine *Deutsche Messe,* D 872, und ein *Deutsches Requiem,* D 621; sieben weitere *Messen,* die Fragment bleiben; außerdem zahlreiche *kleinere geistliche Werke,* darunter 25 liturgisch gebundene.) Die Komposition seiner großen, eigenhändig »Missa solemnis« betitelten *Messe in As* beginnt Schubert im November 1819 und schließt sie im September 1822 ab. Wie sich die Arbeit an dem umfangreichen Werk in den für Schubert ungewöhnlich großen Zeitraum von drei Jahren einfügt, läßt sich kaum sagen, weil er die einzelnen Sätze nicht wie sonst mit Datumsangaben versieht. Die Entstehung fällt jedenfalls in die Zeit intensiver Beschäftigung mit *Alfonso und Estrella* und *Fierabras.* (In demselben Zeitraum übrigens, 1818 bis 1823, arbeitet Beethoven an seiner *Missa solemnis.*) Die erste Aufführung findet vermutlich Ende 1822 oder 1823 in Wien statt; sie dürfte dem schwierigen, reich instrumentierten Werk nicht gerecht geworden sein, da Ferdinand Schubert »auf die Schulgehülfen und seine Lichtentaler Freunde angewiesen« war.

Schubert unterwirft die *As-dur-Messe* später in nahezu allen Teilen einer Um- und Neugestaltung, wie sie so tiefgreifend in seinem gesamten Schaffen sonst nicht mehr begegnet; sie ist erst Ende 1825/Anfang 1826 beendet. Die Gründe dafür sind nicht bekannt. Vielleicht ist es die Tatsache, daß er sich gerade mit diesem Werk um eine Bestallung bei Hofe bewerben will, vielleicht sind es die schlechten Erfahrungen bei der Erstaufführung und die Absicht, die auch für Berufsmusiker hohen Anforderungen zu reduzieren. Mehr Gewicht als die Konzession an die Aufführbarkeit hat jedoch sicherlich die rein musikalische Seite der Umgestaltung. Sie reicht von einzelnen Tönen, Takten, Partien bis zu ganzen Satzteilen und sie bewirkt eine Steigerung und Vertiefung des Ganzen. Vollständig neu komponiert Schubert die große *Fuge »Cum Sancto Spiritu«:* der neue Satz ist jetzt nach allen Regeln der kontrapunktischen Kunst gearbeitet – und nur noch halb so interessant wie der ursprüngliche. In diesem Zusammenhang ist erwähnenswert, daß Schubert sich in jener Zeit mit Werken von Bach und Händel beschäftigt.

In seiner *Es-dur-Messe* (D 950) – in verhältnismäßig kurzer Zeit im Sommer 1828 entstanden, wahrscheinlich als Auftrag der Kirchengemeinde in der Wiener Alser-Vorstadt – führt Schubert, was er in der *As-dur-Messe* angelegt hat, weiter und konsequent fort – und schafft ein Werk, das man kaum mit Worten würdig zu beschreiben vermag.

Schubert beschäftigt sich im Laufe seines Lebens immer und immer wieder mit Fragen um Tod, Unsterblichkeit und Erlösung. Die Liedertexte, die er wählt, zeigen dies ebenso deutlich wie seine freien geistlichen Kompositionen, Klopstocks deutsches *Stabat Mater* (D 383) etwa oder das unvollendete *Geistliche Drama »Lazarus, oder: Die Feier der Auferstehung«* (D 689, nach einem Text von August Hermann Niemeyer). Im Sommer 1825, als er mit seinem Sängerfreund Johann Michael Vogl durch Oberösterreich reist und mit ihm seine Lieder aus Walter Scotts Verserzählung *Das Fräulein vom See* (op. 52) aufführt, schreibt er an seine Eltern: »Besonders machten meine neuen Lieder... sehr viel Glück. Auch wunderte man sich sehr über meine Frömmigkeit, die ich in einer *Hymne an die hl. Jungfrau* ausgedrückt habe, und, wie es scheint, alle Gemüter ergreift und zur Andacht stimmt. Ich glaube, das kommt daher, weil ich mich zur Andacht nie forcire, und, außer wenn ich von ihr unwillkürlich übermannt werde, nie dergleichen Hymnen oder Gebete componire, dann aber ist sie auch gewöhnlich die rechte und wahre Andacht.« Man wundert sich über Schuberts unerwartete Frömmigkeit, denn er nimmt sonst nicht teil am religiösen Leben und spricht wenig über Religion; man wundert sich, daß es ihm möglich ist, ein Lied zu komponieren wie das berühmte *Ave Maria,* eben jene *Hymne an die hl. Jungfrau,* das Lied, das eigentlich prosaisch *Ellens dritter Gesang* heißt (D 839) und der Hilferuf eines verzweifelten Mädchens ist: »O Jungfrau, sieh der Jungfrau Sorgen, o Mutter, hör ein bittend Kind!«

Das »Höchste der Kunst«, es ist für Schubert zugleich Kunstfertigkeit und Bekenntnis. Beides zeigt er in beiden *Messen,* der in *As* wie der in *Es,* auf mannigfache Weise: zunächst und vor allem durch eine gleichsam sinfonische Konzeption. Die einzelnen Sätze sind breit disponiert und streben nach musikalischer Rundung, oft ohne Rücksichtnahme auf liturgische Konventionen und sogar unter Veränderung des Textes (W. Dürr 1983).

Für Schuberts Kirchenmusik ist eine gewisse Freizügigkeit in der Textbehandlung charakteristisch, die sich teils in Wiederholungen, teils in Textauslassungen zeigt. Besonders eindrucksvoll ist in der *Messe in As* die akkordisch-homophone Einfügung des Wortes »Credo« vor jedem Glaubensartikel. (Solche Messen gibt es schon früher; man nennt sie »Credo-Messen«.) Umgekehrt beschließt im Gloria das refrainartig wiederholte »Gratias agimus« der Solisten die einzelnen, in versartige Zeilen gegliederten Rufe des Chores. Hier und in anderen Fällen ist die freiere Version des Textes im Sinne einer rhythmisch-metrischen Diktion gestaltet, die ihrerseits in Wechselbeziehung steht zu der musikalischen Gliederung. Der Text in Schuberts *Messen* weicht an einigen Stellen aber auch vom *Missale Romanum* ab, freilich inkonsequent. So wird zum Beispiel das in der *As-dur-Messe* fehlende »genitum non factum...« in der *F-dur-Messe* (D 105) besonders betont. »Ex Maria Virgine« ist in der ersten Fassung der *As-dur-Messe* ausgelassen, in der zweiten Fassung eingefügt. In allen Messen jedoch fehlt – und dies ist die bedeutsamste und wohl auch in ihrer Konsequenz kaum als Versehen erklärbare Auslassung – im Credo der die Kirche betreffende Glaubensartikel »et unam sanctam catholicam et apostolicam Ecclesiam«, und die beiden folgenden Glaubensartikel sind verkürzt zusammengezogen zu: »Confiteor unum baptisma in remissionem peccatorum mortuorum.« Diese Änderungen des liturgischen Textes sollten indessen weder dogmatisch noch textkritisch überbewertet werden. Noch bis in die Mitte des 19. Jahrhunderts ist eine gewisse Freiheit, eine weniger streng verbindliche Vertonung des Meßtextes allgemein Usus. Erst 1894 tritt hier durch ein Dekret der Ritenkongregation eine

Änderung ein, welches verbietet, in liturgischen Texten Worte auszulassen, den Sinn der Sätze zu verändern oder auch nur Sinnzusammenhänge etwa durch Einschübe oder Pausen, auch durch gleichzeitigen Vortrag verschiedener Textpartien in den verschiedenen Stimmen zu gefährden. Schuberts Messen dürften deshalb in ihrer originalen Form in Gottesdiensten eigentlich nicht mehr aufgeführt werden. (Für Österreich gibt es angeblich eine Ausnahme.) Die Aspekte dieses vielschichtigen Problems sind teils bekannt, teils ungeklärt.

Schubert, der jüngere Zeitgenosse Beethovens, lebt und wirkt in der Stadt der Wiener Klassiker, und er steht ihnen geistig nah. Aber in seinen *Messen* kommt auch und gerade seine *romantische* Seite zur Geltung – und damit kann hier der Gegensatz zu Beethoven besonders deutlich in Erscheinung treten. Georgiades hat das in *Musik und Sprache* (1954) eindrucksvoll gezeigt und die Verschiedenheit zwischen den späteren *Messen* Schuberts und Beethovens *Missa solemnis* zu beschreiben versucht, wobei er die Frage erhellt sieht, wenn zweierlei berücksichtigt ist: die Geschichte der Gebrauchs-Messe in jener Zeit und die neue Gesellschaft, an die die Messe (als Gottesdienst) sich gleichsam wendet.

1820 **Franz Schubert** (1797-1828): **Streichquartett c-moll** (Fragment: »Quartettsatz«)

Schuberts frühe Streichquartette, zum Teil nur fragmentarisch erhalten, entstehen zwischen 1810/11 und 1816. Vornehmlich sind es Übungsstücke für das Musizieren im Familienkreis. Aber gerade an ihnen ist zu beobachten, welche Entwicklung der 14- bis 19jährige als Instrumentalkomponist durchläuft, wie er an Haydn und Mozart und an die Wiener Tradition anknüpft, wie er ebenso aber auch an italienischen Vorbildern seine Diktion und die Technik der Form schult. – Die Komposition des sogenannten *Quartettsatzes in c-moll* (D 703) im Dezember 1820 unterbricht eine mehrjährige Pause in Schuberts Streichquartettschaffen. Ist das *E-dur-Quartett* von 1816 (D 353) als Abschluß der Reihe von Jugendquartetten anzusehen, so rückt der *c-moll-Satz* an die berühmten späteren Quartette von 1824 bis 1826 heran, die von vornherein für Aufführungen durch das Schuppanzigh-Quartett vor Publikum gedacht sind. – Daß der sogenannte *Quartettsatz* als erster Satz eines viersätzigen Quartetts geplant ist, verrät die Überschrift »Quartetto« im Autograph und der angefangene zweite Satz, ein As-dur-Andante, das Schubert nach dem 41. Takt abbricht. Warum? Vielleicht hätte auch diesem Quartett das Ungleichgewicht früherer Zyklen gedroht, daß nämlich dem spannungsgeladenen ersten ein zu leichtgewichtiger zweiter Satz gefolgt wäre. Immerhin sehen wir, daß und wie Schubert in den letzten drei Quartetten gerade hier eine Veränderung herbeiführt und dem zweiten Satz jeweils besonderes Gewicht verleiht (Aderhold).

1821 **Franz Schubert** (1797-1828) **beginnt, Lieder im Druck zu veröffentlichen**

Um 1820 bemüht sich eine Gruppe von Schuberts Freunden, für das Lied *Erlkönig* (Goethe; Oktober 1815; D 328) einen Verleger zu finden, um endlich die Verbreitung von Schuberts Liedern auch durch Drucke in die Wege zu leiten. Als kein Verleger das Risiko übernehmen will, beschließen die Freunde, das Werk auf eigenes Risiko drucken zu lassen; der Verleger Diabelli übernimmt es nur in Kommission. Das Heft wird ein Verkaufsschlager (ebenso die folgenden Hefte) – und nun setzt der Verleger alles daran, die Rechte noch nachträglich zu erwerben, und zum Leidwesen der Freunde vermag er schließlich auch, Schubert dazu zu überreden. – Die Reihenfolge, in der Schubert seine eigenen Werke zum Druck gibt, und die Auswahl, die er selbst trifft, sind Ausdruck seines eigenen Urteils, und über dieses sollten sich weder Wissenschaft noch Praxis einfach hinwegsetzen. Nun kommen Schuberts Lieder in der Regel nicht einzeln heraus – die Hefte op. 1, *Erlkönig,* und op. 2, *Gretchen am Spinnrade,* sind Ausnahmen – sondern in Gruppen, meist drei oder vier in einem Heft. Bei der Zusammenstellung folgt Schubert deutlich erkennbaren Ordnungsprinzipien – erkennbar freilich nur dann, wenn diese Ordnung in der Neuausgabe bewahrt ist. Es sind, wie Walther Dürr (1986) gezeigt hat, drei Grundprinzipien, nach denen Schubert für seine zu veröffentlichenden Opera Lieder zu kleinen Zyklen, wie man vielleicht sagen könnte, zusammenstellt:

1. Lieder *eines* Dichters: 24 Liederhefte. Gelegentlich verbindet Schubert auch Lieder einer als zusammengehörig empfundenen Dichtergruppe, etwa Platens und Rückerts (so in op. 23 und 59). Dieses Ordnungsprinzip bestimmt bereits Schuberts ersten Publikationsplan von 1816 (den er damals jedoch nicht verwirklichen kann): Diese Liedersammlung, schreibt Josef von Spaun im Begleitbrief (17. April 1816) an Goethe, von dem man sich Unterstützung erhofft, »wird aus 8 Heften bestehen. Die ersten beiden... enthalten Dichtungen Euer Excellenz, das dritte enthält Dichtungen vom Schiller, das 4te und 5te vom Klopfstock...« Als Schubert dann fünf Jahre

später seine ersten Liederhefte tatsächlich herausbringt, greift er auf diesen Plan zurück: die Lieder der Opera 1 bis 3 und 5 nach Texten von Goethe entstammen dem ersten der damals vorbereiteten Hefte.

2. Der Komponist stellt Lieder für den Adressaten eines Liederheftes zusammen, also für den, dem es gewidmet ist: 15 Liederhefte. So lautet die Widmung bei op. 21, einem Heft mit Liedern von Johann Mayrhofer: »Dem Verfasser der Gedichte gewidmet von seinem Freunde Franz Schubert.« Manchmal ist es ein einzelnes Lied, das Schubert dem Adressaten bestimmt; gelegentlich hat auch dieser selbst sich die Lieder erbeten.

3. Der Komponist stellt Lieder zusammen, die inhaltlich aufeinander bezogen sind: 24 Liederhefte. Hierzu gehören die bekannten großen – und die weniger bekannten kleinen Liederzyklen (die *Harfner-Lieder* op. 12, die *Walter Scott-Lieder* op. 52, die *Mignon-Lieder* op. 62). Gelegentlich ist die Bindung musikalischer Art, nämlich im Sinne einer ähnlichen »Intonation« der Lieder. Meist jedoch scheinen Schubert inhaltliche Schwerpunkte wichtig zu sein, die bezeichnend sind für sein Denken und die verschiedenen Lieder gleichsam zusammenziehen, ohne daß sie sie schon im engeren Sinne zu Zyklen verbinden. Besonders ins Auge fällt in diesen kleinen Liedergruppen Schuberts Hinwendung zum Thema des Wanderers und zu dem des Überschreitens von Grenzen. Am meisten charakteristisch und am tiefsten eindrucksvoll ist diese Hinwendung beim *Liederheft op. 4* (erschienen 1821), in dem Schubert mit seinem berühmten – nicht zuletzt durch das Zitat in der *»Wandererfantasie«* berühmten – Lied *Der Wanderer* (nach Schmidt von Lübeck: »Ich komme vom Gebirge her«; 1816; D 489) Zacharias Werners *Morgenlied* (»Eh die Sonne früh aufersteht«; 1820; D 685) und Goethes *Wandrers Nachtlied* (»Der du von dem Himmel bist«; 1815; D 224) verbindet. Bei diesem Thema ist zudem, und nicht zuletzt, an die *Winterreise* zu denken.

Von seinen rund 650 Liedern gibt Schubert selbst rund 200 zum Druck, trifft dafür selbst die Auswahl – und oft genug gibt er in späten Jahren frühe Lieder heraus! – und überwacht den Druck in der Regel selbst. Allein dadurch findet nahezu ein Drittel seiner Lieder Verbreitung. Diese Verbreitungsart ist aber weder die einzige noch damals die wichtigste: wichtiger ist die Verbreitung durch Abschriften, und so haben wir hunderte und aberhunderte von Abschriften Schubertscher Lieder aus seiner Zeit, die eindrucksvoll bezeugen, wie verbreitet diese Lieder damals und bis weit ins 19. Jahrhundert hinein sind. In diesem Zusammenhang ist folgendes zu bedenken: Abschriften werden meist für einen bestimmten Sänger oder Anlaß angefertigt – mit der Folge, daß sie in aller Regel dann auch für diesen Sänger oder für diesen Anlaß »bearbeitet« werden. Unsere Vorstellung von der Alleingültigkeit eines Werkes in der »Fassung letzter Hand« ist für Schubert und seine Zeit und für die Gattung Lied also völlig unzutreffend. Ein Beispiel dazu: Von Schuberts vielleicht berühmtestem Lied *Die Forelle* (nach Schubart; 1816/1817; D 550) sind fünf Fassungen überliefert. Die 4. Fassung gibt Schubert selbst zum Druck. Danach schreibt er noch einmal eine neue Fassung. Die Fassungen 1 bis 4 haben kein Klaviervorspiel, erst die 5. Fassung hat eines, und zwar von Schubert selbst komponiert. Das allseits bekannte und gespielte ist aber nicht dieses, sondern eines, das der *Verleger* einem Neudruck der 4. Fassung aus eigener Initiative vorangestellt hat. Übrigens aus diesem Grund: Ein Klaviervorspiel zu improvisieren, damit der Sänger nicht frei einsetzen muß, ist damals für jeden Klavierspieler völlig selbstverständlich. Allerdings geht diese Fertigkeit in eben dieser Zeit verloren, und so gehen die Verleger dazu über, Klaviervorspiele von den Komponisten zu verlangen, oder sie eben selbst hinzuzufügen. Nun, die musikgeschichtliche Entwicklung kommt der Lösung dieses Problems sowieso entgegen: es entfällt ja bei allen durchkomponierten Liedern, und *diese* machen in Zukunft den Hauptteil der Werke in der Gattung Lied aus.

Schubert hat, wie gesagt, rund 650 Lieder komponiert, und höchstens 200 davon gehören ins heute gängige Repertoire, nämlich diejenigen der beiden ersten Bände von Max Friedlaenders Ausgabe in der Edition Peters seit 1871 und noch einige wenige aus deren sechs weiteren Bänden. Kaum jemand aber ist sich dessen bewußt, daß Friedlaenders Bände Auswahlbände sind, für die der Wunsch maßgeblich gewesen ist, daß der erste Band für sich, dann der erste und der zweite zusammen, dann der erste, zweite und dritte zusammen usw., jeweils eine repräsentative *Auswahl* aus Schuberts Liedschaffen darstellen. So ist zwar innerhalb eines Bandes die Reihenfolge der Lieder nach Schuberts Opus-Zahlen verbindlich, doch werden aus jedem Opus nur ein oder zwei Lieder ausgewählt und zahlreiche Opera ganz übersprungen. Die ausgelassenen – nämlich die nach dem Urteil des Verlegers weniger bedeutenden – Gesänge findet man dann, vielleicht, in den folgenden Bänden. Diese Anordnung spiegelt die Absicht, eine für den praktischen Gebrauch und für ein breites Publikum bestimmte Sammlung zu schaffen.

Die weite Verbreitung dieser Ausgabe, vor allem die ihres ersten Bandes, hat so sehr zu einer Verfestigung dieser Auswahl beigetragen, daß selbst neuere Ausgaben sie zwar erweitern, sie aber nicht grundsätzlich zu ändern wagen. Nur Mandyczewskis Ausgaben in der Nachfolge der alten Gesamtausgabe sind anders angelegt, doch auch sie entsprechen nicht Schuberts eigener Auswahl und Anordnung, die man als Vorstellung und Wille des Komponisten ja vielleicht doch auch berücksichtigen könnte...

1821 **Franz Schubert** (1797-1828): **Mehrstimmiger Gesang »Gesang der Geister über den Wassern«**

Unter Schuberts zahlreichen mehrstimmigen Gesängen nimmt Goethes *Gesang der Geister über den Wassern* für 8 Männerstimmen und Streichquintett (Dezember 1820 bis Februar 1821; D 714) eine herausragende Stellung ein: als Schuberts wohl bedeutendster Beitrag zur GATTUNG »CHORMUSIK« und als Werk zwischen mehrstimmigem Gesang und Männerchor. Deshalb sei es im Zusammenhang der musikhistorisch-musiksoziologisch höchst wichtigen Entwicklungen am Beginn des 19. Jahrhunderts eingehender, gleichsam als Exempel, behandelt. Ich folge dabei W. Dürr (1982) und Berke (1985).

> Schuberts mehrstimmige Gesänge entstehen zunächst in seinem Freundeskreis und für gesellige Treffen. Der Freund Anselm Hüttenbrenner berichtet darüber im Hinblick auf die Jahre 1815-1817: »In demselben Zeitraume, als Schubert und ich den Unterricht bei Salieri genossen, nahmen auch... daran Teil. Schubert, Aßmayr, Mozatti und ich verabredeten uns, jeden Donnerstag abends ein neues, von uns komponiertes Männerquartett bei dem uns dann freundlich bewirtenden Mozatti zu singen... Schubert achtete dieser Gelegenheitsstücklein sehr wenig, und es werden kaum sechs davon mehr existieren.« Hüttenbrenners letzte Angabe ist falsch. Es sind zahlreiche mehrstimmige Gesänge aus dieser Zeit von Schubert erhalten, manche gibt er selbst zum Druck, nicht wenige werden zu seinen Lebzeiten öffentlich aufgeführt. Sicher ist jedoch, daß der Anlaß, für den Schubert sie schreibt, diese Stücke prägt, und daß sich das in ihrer Ausführung spiegelt: Schuberts mehrstimmige Gesänge sind – mit wenigen Ausnahmen – nicht für den Chor bestimmt. Er schreibt seine Quartette, jedenfalls zunächst, eben für jene vier Freunde, die sich bei Mozatti treffen. Doch ist es gerade der gesellige Anlaß, der die Besetzung der Terzette und Quartette mit drei oder vier Solisten in Frage stellt: Wenn sich beispielsweise mehr als vier Freunde treffen, oder wenn die Stücke während der Unterrichtsstunden bei Salieri wiederholt werden, dann kann zweifellos mitsingen, wer dazu Lust hat. Es ist also im Grunde der Zufall, der darüber entscheidet, ob ein Gesang solistisch oder chorisch ausgeführt wird, und es ist auch der Zufall, der die Begleitung bestimmt: Wenn ein Instrument zur Verfügung steht, benutzt man es; wenn eine geschriebene Instrumentalstimme fehlt, wird sie improvisiert. Etwa ein Drittel von Schuberts mehrstimmigen Gesängen ist ohne Begleitung überliefert; von den anderen ist eine Anzahl zunächst ohne Begleitung geschrieben, doch fügt Schubert, wenn er sie zum Druck gibt, eine Instrumentalstimme hinzu, in der Regel für Klavier. Nicht selten erscheinen die Gesänge jedoch auch mit einer Gitarrenstimme »ad libitum«; diese stammt jedoch wohl nicht vom Komponisten, sondern von einem geübten Gitarristen, den wohl der Verleger beauftragt hat. Schuberts mehrstimmige Gesänge sind also »Gesellschafts-Musik«; Aufführungfreiheit ist ihr Kennzeichen.
>
> Indessen, zu Schuberts Zeit gibt es auch eine Art »Chorbewegung«, eine Bewegung nämlich zur Erhaltung und Erneuerung der im 18. Jahrhundert heruntergekommenen Chormusik und ihrer Übung. Aus ihr gehen die »Berliner Singakademie« (1791/1793) und das »Züricher Singinstitut« (1805) hervor, um nur die wichtigsten zu nennen. In diesen anspruchsvollen Institutionen des erstarkenden Bürgertums stehen musikalische Ziele im Vordergrund, hier überläßt man Besetzungsfragen nicht dem Zufall – und danach haben sich die Komponisten zu richten. In Wien gründet man 1812 eine, den genannten Singakademien zunächst durchaus vergleichbare »Gesellschaft der Musikfreunde des österreichischen Kaiserstaates«, die bald zur bestimmenden Kraft im Wiener Musikleben wird. Unter den regelmäßigen Veranstaltungen dieser Gesellschaft sind die großen öffentlichen »Akademien« die repräsentativen, die sogenannten »Abendunterhaltungen« haben dagegen eher privaten Charakter. Für die Programme ist der »Repräsentantenkörper« verantwortlich, dem Franz Schubert seit 1825 als »Ersatzmann«, seit 1827 als »wirkliches Mitglied« angehört. Kein Wunder, daß die Zahl seiner Werke auf den Programmen dieser Abendunterhaltungen nicht eben gering ist. Jedes Konzert dieser Art soll, so sagen es die Statuten, mit einem Trio, einem Streichquartett oder -quintett beginnen und mit einem Vokalquartett oder einem anderen kleinen Chorstück schließen. Chorsätze in öffentlichen Konzerten vor zahlendem Publikum: auf diese Weise gelangt der mehrstimmige Gesang zu neuer Bedeutung.

Schubert bearbeitet Goethes *Gesang der Geister über den Wassern* mehrfach, 1817 komponiert er ihn zum ersten Mal für vier Männerstimmen ohne

Begleitung (2. Bearbeitung, D 538; die 1. Bearbeitung, D 484, von 1816 ist ein Klavierlied). In diesem Quartett greift er, sicherlich unbewußt, auf eine Kompositionsweise zurück, die das 16. Jahrhundert im Madrigal ausgebildet hat. Wie im Madrigal nämlich wechseln homophone und polyphone Abschnitte ab, und wie dort folgt die Imitation der Kopfmotive keinem strengen Kanon, sie ist eher intendiert als ausgeführt, meist inspiriert von der Vorstellung einer freien Gegenbewegung. – Im Dezember 1820 und im Februar 1821 kehrt Schubert zu Goethes Text zurück. Wieder komponiert er ihn als mehrstimmigen Gesang. 1820 kommt er über Entwürfe nicht hinaus, 1821 führt er die Arbeit zu Ende (D 714). Und nun ist der madrigalisch-polyphone Stil wieder aufgegeben zu Gunsten einer mehr homophonen Setzart, bei der Schubert allerdings die acht Stimmen wie einen Doppelchor behandelt, indem er die vier tiefen Stimmen (Bässe) den vier hohen (Tenöre) gegenüberstellt, indem er aber vor allem den Instrumentalpart ganz dezidiert selbständig und nicht als Begleitung führt. Im Sinne der »neuen Polyphonie«, wie sie Hans Georg Nägeli für das »neue Lied« beschreibt, fügt sich zu Text und Gesang als dritter Faktor der instrumentale Part, hier der Satz von fünf Streichinstrumenten, unter denen dem Kontrabaß eine besondere Rolle zukommt: *er* eröffnet das Werk und schließt es, und zwar mit einem charakteristischen Schreitmotiv. Der Instrumentalpart determiniert die musikalische Struktur. – Ein Gelegenheitswerk wie die frühen mehrstimmigen Gesänge ist der *Gesang der Geister über den Wassern* nicht mehr. Wenige Wochen nach der Vollendung der Fassung für 8 Männerstimmen und Streichquintett läßt Schubert das Werk aufführen, doch nicht in einer »Abendunterhaltung« sondern in einer »Großen musikalischen Akademie« im Kärntnertor-Theater. Aber seine Erwartungen erfüllen sich nicht. Das Stück fällt durch; es stößt auf Unverständnis, beim Publikum wie bei der Kritik. So liest man in der Wiener *Allgemeinen Musikalischen Zeitung* nach einem uneingeschränkten Lob anderer in demselben Konzert aufgeführter Kompositionen Schuberts: »Dagegen wurde der achtstimmige Chor von Hrn. Schubert von dem Publikum als ein Akkumulat aller musikalischen Modulationen und Ausweichungen ohne Sinn, Ordnung und Zweck anerkannt. Der Tonsetzer gleicht in solchen Kompositionen einem Großfuhrmann, der achtspännig fährt und bald rechts, bald links lenkt, also ›ausweicht‹, dann umkehrt und dieses Spiel immerfort treibt, ohne auf eine Straße zu kommen.« Offensichtlich ist Schubert mit seiner Vorstellung, wie er »mit Sicherheit vorwärts zu gehen«, »eine neue Form zu finden« habe, für die Gattung »Chormusik« gescheitert. Vielleicht darf man deshalb dieses Scheitern einer hochbedeutenden Komposition allgemein musikgeschichtlich verstehen: Schubert bleibt als Klassiker gleichsam zurück, bewußt zurück in dem historischen Augenblick, da die romantische Bewegung als Chorbewegung wirklich aufzublühen beginnt.

1821-1828 »Schubertiaden« in Wien

»15. Dezember 1826: Ich gehe zu Spaun, wo eine große große Schubertiade ist... Die Gesellschaft ist ungeheuer... der Maler Kupelwieser und seine Frau, Grillparzer, Schober, Schwind, Mayrhofer und sein Hausherr Huber, der lange Huber, Derffel, Bauernfeld, Gahy (der herrlich mit Schubert à 4 mains spielte), Vogl, der fast 30 herrliche Lieder sang, Baron Schlechta und andere Hofkonzipisten und -sekretärs waren da... Nachdem das Musizieren aus ist, wird herrlich schnabeliert und dann getanzt. Doch bin ich gar nicht zum Courmachen aufgelegt. Ich tanze 2mal mit der Betty und 1mal mit jeder der Frauen v. Witteczek, Kurzrock und Pompe. Um 12 1/2 begleiten wir, nach herzlichem Abschiede von den Späunen und Enderes, Betty nach Hause, und gehen zum Anker, wo noch Schober, Schubert, Schwind, Derffel, Bauernfeld. Lustig. Nach Hause. Um 1 Uhr zu Bett.« So berichtet Franz von Hartmann, einer aus Schuberts Freundeskreis, in seinem Tagebuch von der ersten festlichen Schubertiade im Hause Josef von Spauns, die jene berühmte Sepia-Zeichnung von Moritz von Schwind aus dem Jahre 1868 (!) *Ein Schubert-Abend bei Josef von Spaun* wiedergibt. Zur ersten Schubertiade, von der wir wissen, hat Schubert auf den 30. Januar 1821 »14 seiner guten Bekannten« eingeladen. »... Da wurden eine Menge herrliche Lieder Schuberts von ihm selbst gespielt und gesungen, was bis nach 10 Uhr Abends dauerte. Hernach wurde Punsch getrunken, den einer aus der Gesellschaft gab, und da er sehr gut und in Menge da war, wurde die ohnedies schon fröhlich gestimmte Gesellschaft noch lustiger, so wurde es 3 Uhr Morgens als wir auseinander gingen. Du kannst dir denken wie angenehm mir der durch so viele Jahre entbehrte Genuß so vieler geistvoller Männer ist, der noch durch die Rückerinnerung an meine Studienjahre erhöht wird. Gerne lasse ich alles was man Unterhaltung nennt darum zurück« (Brief von Josef Huber). »Schubertiaden« nennt man in Schuberts Kreis gesellige Abende in befreundeten Familien, an denen ausschließlich Schubertsche Musik gemacht wird; wenn Damen dabei sind, erklingen auch Tänze, die Schubert, der selbst nicht tanzt, am Klavier spielt und oft improvisiert. Die Bedeutung dieser »Schubertiaden« für Schubert kann man, wie Hans-Jürgen Fröhlich (1978) sicherlich mit Recht meint, nicht hoch genug einschätzen. Die Gesellschaft von Freunden, Gönnern und Förderern, die sich mehr oder weniger regelmäßig in Wiener Bürgerhäusern trifft, ist sein Publikum. Ihm spielt er seine neuen Werke vor. Verwunderlich ist freilich, daß der angeblich scheue und zurückhaltende Franz Schubert eindeutig der Mittel- und Anziehungspunkt jenes kunstliebenden, gesellschaftlich breit gefächerten Zirkels ist, und daß man die abendlichen Veranstaltungen mit Musik und Tanz nach ihm benennt, obwohl diesen Versammlungen Maler, Dichter, Sänger und Schauspieler angehören, die nicht nur ehrgeiziger sind als Schubert sondern, wie z.B. Grillparzer, auch berühmter.

Schubert lebt aber auch in einem anderen Kreis, nämlich in einem, der »Leseabende« abhält. Da werden die schönsten Werke der Weltliteratur mitgebracht und mit verteilten Rollen vorgetragen: Homer und Äschylos, das *Nibelungenlied,* Dramen Shakespeares, Gedichte von Walter Scott, *Faust* und *Pandora* von Goethe. Auch die neueste zeitgenössische Literatur fehlt nicht, wobei die Dichter und Schriftsteller in der Runde ihre letzten Werke vortragen. Der geschätzteste Treffpunkt zu diesen »Lesungen« ist die Wohnung des Malers Mohn in einer Wiener Vorstadt. Hier, teilweise auch im Hinterzimmer des Gasthauses »Zur ungarischen Krone«, spielt sich das – von der Wiener Polizei mit höchstem Argwohn verfolgte, von ihren »Naderern« (Spitzeln) belauschte – geistige Leben dieser jungen Leute ab: Die Maler zeigen ihre Skizzen und Zeichnungen, Schubert setzt sich ans Klavier; niemand findet Zutritt, der nicht etwas beizutragen hat. Der Mittelpunkt dieser »Lesegesellschaft« ist Schuberts nächster Freund Franz von Schober. Wie sehr dieser den Kreis prägt, schreibt Spaun in seinen Erinnerungen: »Der Umgang mit einem für Kunst so begeisterten, so fein gebildeten jungen Mann wie Schober, der selbst ein sehr glücklicher Dichter war, konnte auf Schubert wohl nur höchst anregend und vorteilhaft wirken. Schobers Freunde wurden auch Schuberts Freunde, und ich bin überzeugt, daß das Zusammenleben mit diesem Kreise für Schubert viel vorteilhafter gewesen sei, als wenn er in einem Kreise von Musikern und Fachgenossen, die er übrigens auch nicht vernachlässigte, gelebt hätte.« Spauns Bemerkung zeigt, inwiefern dieser neue Kreis für Schuberts Liedschaffen von Bedeutung ist. Mit den »neuen Verhältnissen«, in denen Schubert nun lebt, ändert sich ja auch grundsätzlich die Wahl seiner Liedertexte. Hatte er zuvor neben Goethes und Schillers Gedichten vor allem Lieder von Kosegarten, Matthisson, Hölty und Klopstock vertont, Dichtungen also, mit denen er seit seiner Schulzeit vertraut war, so sind es nun Gedichte der Romantiker, der Brüder Schlegel und Novalis'. Indessen sind Schuberts »neue Verhältnisse« keineswegs stabil, der Freundeskreis von 1818 zerfällt bald wieder. Das liegt nicht zuletzt an den äußeren Verhältnissen. Im März 1820 wird Johann Chrisostomus Senn, einer der engsten Freunde, verhaftet. Er sei fähig, »für eine Idee zu sterben«, hat ein Student seinem Tagebuch anvertraut: Das ist für die Polizei Grund genug, ihn für verdächtig zu halten in dieser Zeit wachsender Repression als Folge der Karlsbader Beschlüsse von 1819. Im Schubert-Kreis spricht man von Plänen zu seiner »Befreiung aus den österreichischen Klauen« (so Bruchmann an Schober), aber sie führen zu nichts. Schuberts *Liederheft op. 23* (Platen: *»Die Liebe hat gelogen«;* Senn: *»Selige Welt«;* Senn: *»Schwanengesang«;* Schober: *»Schatzgräbers Begehr«*) ist wahrscheinlich ein Echo dieser Ereignisse.

1822 Franz Schubert (1797-1828): »Unvollendete Sinfonie« h-moll

Die letzte seiner sechs frühen Sinfonien überschreibt Schubert noch ungebrochen selbstbewußt mit »Große Sinfonie in C« (D 589). Das ist im Februar 1818. Dann bricht die Produktion, die in fünf Jahren sechs Sinfonien hervorgebracht hat, plötzlich ab. Schuberts Krisenjahre 1818 bis 1823 lassen ihn an dem bisher verfolgten Weg zweifeln (Aderhold, Dürr, Litschauer 1985). Von den vier Entwürfen zu Sinfonien dieser Jahre reicht einer (August 1821, D 729) mit der Einteilung des Manuskripts zwar bis zum Schlußstrich des vierten Satzes samt »Fine«, mit der Ausarbeitung aber nur für den ersten Satz 110 Takte weit. In einem anderen Entwurf (vom Herbst 1822, D 759) sind zwar die beiden ersten Sätze vollständig ausgeführt, im dritten Satz aber bricht die Partitur plötzlich ab. Der erste dieser beiden Entwürfe kommt selbst in gut gemachten Ausarbeitungen (Felix Weingartner 1934; Brian Newbould 1978) zu keiner Geltung: die Substanz vermag den schon aus dem geplanten Umfang resultierenden Anspruch nicht zu rechtfertigen. Der andere genannte Entwurf, die später sogenannte *»Unvollendete«,* dagegen ist in seinen beiden vollendeten Sätzen schlechthin vollkommen: das Wunder eines Torsos, von dem jeder musikalische Mensch völlig sicher »weiß«, so und nicht anders sei er gedacht und keine Fortsetzung denkbar – obwohl Schubert das folgende Scherzo in einer Klavierskizze 112 und in der Partitur 20 Takte weit geschrieben hat.

> Ob die ersten beiden Sätze der *»Unvollendeten«* freilich so »schön« sind, wie der Liebhaber gerne behauptet, ob sie in ihrer Stimmung so »lyrisch« – so harmlos sind, wie man sie gemeinhin interpretiert und hört, das ist zu be-

zweifeln. In Wirklichkeit gehören sie, wie Gülke (1966) gleichsam schonungslos beschreibt, zum Härtesten, zum Unbarmherzigsten, das die Wiener Klassik hervorgebracht hat. Es gibt nur wenige Werke aus dieser Epoche, in denen alle Vermittlung so völlig fehlt und die Idee des Stücks so konsequent und nahezu abstrakt hervortritt. Dem berühmten zweiten Thema des ersten Satzes z. B. wird keine Fortsetzung gegönnt, kein versöhnliches Fortspinnen, kein sorgsames Einweben in die Faktur des Ganzen; vielmehr verstummt es jäh – und in die Generalpause, zu der die Musik gleichsam erstarrt, bricht das harte Fortissimo-Sforzato des Tutti ein. Dem Zuhörer von heute kann man die Intention dieser Stelle schlechterdings nicht mehr nahebringen; er kann die Härte, die hier treffen soll und, unvorbereitet eintretend, alles formale Herkommen sprengt, nicht mehr nachempfinden. Einmal kennt er das Werk, und schon die Gewißheit, wie es weitergeht, ja daß es überhaupt weitergeht nach diesem Stillstand der Musik, schont ihn, weil sie ihm den Schock des Unerwarteten erspart, der hier komponiert ist. Zudem hat das hereinbrechende c-moll (in einem h-moll-Satz!) längst seinen »Stellenwert«, wie man so sagt: Das ungebändigt Gedachte wird im Nachhinein von der musikgeschichtlichen Erfahrung doch gebändigt.

Schubert schickt die nicht zu Ende geschriebene Partitur, wahrscheinlich im Zusammenhang mit der Verleihung der Ehrenmitgliedschaft im Steiermärkischen Musikverein, 1823 nach Graz, wozu er möglicherweise das letzte Blatt heraustrennt, das über die beiden bis dahin vollendeten Sätze hinausgeht. Die Partitur kommt so in den Besitz von Anselm Hüttenbrenner, einem Freund Schuberts und seit 1825 Vorstand des Vereins in Graz. Dieser übergibt sie 1865 in Wien Johann Herbeck, der das Werk mit dem Orchester der Gesellschaft der Musikfreunde aufführt. Eduard Hanslick ist Zeuge dieser Uraufführung und schreibt eine hymnische (»Wir zählen das neu aufgefundene Sinfonie-Fragment von Schubert zu seinen schönsten Instrumentalwerken«) aber im Grunde fade Kritik (»Dieser ganze Satz ist ein Melodienstrom, bei aller Kraft und Genialität so kristallhell, daß man jedes Steinchen auf dem Boden sehen kann«).

1822-1824 **Ludwig van Beethoven** (1770-1827): **9. Sinfonie d-moll op. 125**

Entwürfe zum ersten Satz und zum Scherzo der *9. Sinfonie* stammen schon aus dem Jahre 1817/18 (nicht aus älterer Zeit!). Beethoven nimmt diese Arbeiten im Herbst 1822 wieder auf, widmet sich im Jahr 1823 fast ganz dieser Sinfonie, vollendet sie im Februar 1824. Die Skizzen lassen, wie immer, harte und strenge, ja hartnäckige Arbeit erkennen, auch oder gerade an musikalischen Formulierungen, die in der Endfassung ganz einfach scheinen, wie etwa am »Freude-Thema«. Besondere Schwierigkeit – Schindler sagt: »einen selten bemerkten Kampf« – bereitet Beethoven die Überleitung zum letzten Satz und die Einführung der Vokalpartie. Ihr Text lautet zunächst »Laßt uns das Lied des unsterblichen Schillers singen: Freude, Freude, schöner Götterfunken. Moderato«, dann: »Baß: Nicht diese Töne, fröhlichere Freude! Freude!«, und schließlich: »O Freunde, nicht diese Töne! sondern laßt uns angenehmere anstimmen und freudenvollere.« Zu einer der vielen dazwischenliegenden Skizzen mit rezitativischen Seufzer-Vorhalten für diese Stelle schreibt Beethoven: »Nein dieses würde uns erinnern an unsern verzweiflungsvollen Zustand«, und gleich darauf: »etwas zärtlich«; die dabei stehenden Noten sind nicht zu entziffern. Dann wird zweimal das Thema des Adagios geschrieben und nach diesem das »Freude-Thema«; »es sieht so aus«, meint Thayer, »als habe er, als er dieses schrieb, nach dem verzweifelten Aufschrei zuerst das milde Adagio-Thema und dann erst das ›Freude-Thema‹ bringen wollen.«

Schillers *Ode »An die Freude«* zu vertonen, und zwar ganz, plant Beethoven schon in seiner letzten Bonner Zeit. Der Gedanke, das Gedicht für den Schlußsatz der *9. Sinfonie* zu benutzen, taucht zuerst in einem Skizzenheft von 1822 auf. Von den neun Strophen von Schillers Gedicht vertont Beethoven nicht ganz die Hälfte. Für die Auswahl leiten ihn, wie Thayer schön sagt, Demut vor Gott und Liebe zu den Menschen. Czerny erinnert sich übrigens an einen Ausspruch Beethovens: »Schillers Dichtungen sind für die Musik äußerst schwierig. Der Tonsetzer muß sich weit über den Dichter zu erheben wissen. Wer kann das bei Schiller. Da ist Goethe viel leichter.« – Über die Widmung des Werks ist Beethoven längere Zeit im Zweifel. Zunächst denkt er, wohl aus dem auch republikanisch zu verstehenden Geist des Werkes, an einen einfachen Mann, an seinen, aus einer befreundeten Bonner Familie stammenden Schüler und Freund Ferdinand Ries, aber er entscheidet sich doch für einen »großen Herrn«, nämlich für den preußischen König Friedrich Wilhelm III. – Die Uraufführung findet am 7. Mai 1824 in Beethovens großer »Akademie« im k. k. Hoftheater nächst dem Kärntnertore statt, bei der auch drei »Hymnen« uraufgeführt werden, nämlich Kyrie, Credo und Agnus Dei aus der *Missa solemnis*. Zur Einleitung des Konzerts erklingt die *Ouvertüre »Die Weihe des Hauses«*. (Das Konzert wird der großen Nachfrage wegen am 23. Mai 1824 »um die Mittagsstunde« mit etwas verändertem Programm im Redoutensaale wiederholt.) Das Theater ist überfüllt. Die Einnahmen bleiben indessen wegen der hohen Unkosten (vor allem für das Herausschreiben und Kopieren der Stimmen) weit hinter Beethovens Erwartungen zurück. Die kaiserliche Loge bleibt leer, denn das Kaiserpaar ist verreist; Erzherzog Rudolph weilt in Olmütz. Die Aufführung ist wegen der Schwierigkeit und Neuheit der Werke und wegen zu weniger Proben nur mittelmäßig. »Beethoven stand persönlich an der Spitze«, so Schindler, »die eigentliche Leitung des Orchesters wurde von Umlauf als Taktgeber und von Schuppanzigh an der ersten Violine besorgt.« Die Wirkung ist tief, der Beifall enthusiastisch. Beethoven freilich, der dem Publikum den Rücken zukehrt, hört ihn nicht. Da wendet ihn Frau Umlauf um, er verbeugt sich linkisch, und nun bricht ein Beifallssturm los, wie man ihn kaum je gehört hat. Die Rezensionen sind weniger hymnisch, zeugen aber von höchstem Respekt. Wer kann aber auch schon solche Werke beim ersten Hören so begreifen, daß er etwas Substantielles dazu schreiben kann? Bemerkenswert allerdings ist, daß mehrere Rezensenten eine gewisse Jugendlichkeit der Musik Beethovens hervorheben.

Uns hingegen scheint eher das hohe Pathos hervorhebenswert, das die *9. Sinfonie* beseelt, wie es schon die *Missa solemnis* beseelt hat und dort sogar in Worte gefaßt ist, nämlich in die Überschrift »Von Herzen – Möge es wieder – zu Herzen gehn!« über der ersten Notenseite der autographen Partitur. Hier aber ist dieses Pathos ausgedehnt in eine bestimmte Richtung, nämlich hin zu solcher Einfachheit einzelner und bestimmter musikalischer Formulierungen, daß jedermann die Musik, hat er sie einmal gehört, glaubt nachsingen zu können – was sich meist als Irrtum herausstellt –, und daß man die Melodie des »Freude-Themas« im letzten Satz nicht ohne den Text, den Text nicht ohne die Melodie denken kann. Wenn sich ein Leser hier an die Maximen der »Berliner Liederschule« erinnert fühlt, dann irrt er sich nicht. Doch kann man denselben Sachverhalt auch anders sehen: Zu den Bedingungen des monumentalen Stils gehört eine Simplizität, die es verträgt, mit Emphase vorgetragen zu werden, ohne in leere Rhetorik zu verfallen. Dabei denkt Dahlhaus (1987) gerade an die *9. Sinfonie,* wo die hochdifferenzierte musikalische Technik für ein spätes Werk Formulierungen hervorbringt – die in unserem Jahrhundert zu Schlagern werden konnten: zum *»Song of Joy«*. – Für eine Würdigung des Werkes schließen wir uns Walter Riezler (1951) an, weil es, wie mir scheint, nirgendwo würdiger beschrieben ist:

»Niemals ist durch ein einziges Werk eines großen Musikers die Welt, nicht nur die der Zeitgenossen sondern auch die Nachwelt, in eine solche Erregung versetzt worden wie durch Beethovens *9. Sinfonie.* Wie die Zeitgenossen zwischen ekstatischer Bewunderung und mit Scheu gemischter kritischer Ablehnung schwankten, so ist sich auch heute noch die Welt weder im Eindruck noch im Urteil einig. Auch was das Werk, abgesehen von seinem ›Wert‹ im Zusammenhang des Beethovenschen Schaffens, zu bedeuten habe, darüber gibt es keine Einigkeit. Zwar folgt heute wohl niemand mehr jener einst vielbesprochenen Auffassung Richard Wagners, wonach Beethoven mit dem Chorfinale der *Neunten* das Ende der reinen Instrumentalmusik proklamiert habe. Aber um so leidenschaftlicher wird heute darüber gestritten, ob dieses Werk ein Einzelfall sei und bleibe müsse oder ob mit ihm ein neuer Typus von Sinfonie geschaffen sei, ob also die zahlreichen ›Chorsinfonien‹, die in den letzten hundert Jahren entstanden sind, als legitime Nachfolge Beethovens auf dem Wege zu einer neuen Kunstform oder aber als bedenkliche, zum Scheitern verdammte Nachahmung einer genialen Einmaligkeit zu gelten hätten. – Eines ist zu wissen wichtig: die *9. Sinfonie* ist nicht nach einem von Anfang an feststehenden Plane entstanden. Beethoven war mit den Skizzen zu den drei ersten Sätzen bereits seit langem beschäftigt, als er noch nicht sicher wußte, ob er der Sinfonie ein instrumentales oder ein vokales Finale geben sollte. Noch aus dem Sommer 1823 sind Skizzen zu einem instrumentalen Finale erhalten. Nach langem Schwanken, auch noch in einer Zeit, da die Freudenmelodie (die keineswegs spontan gefunden war!) bereits feststand, entschloß er sich dazu, auf der Schillerschen Hymne das Finale aufzubauen. Was ihn schließlich dazu bewogen hat, wissen wir nicht.«

Bleibt die Frage der Einführung von Vokalstimmen in einen Sinfonie-Satz: Was hat es auf sich mit der Verbindung instrumental – vokal? Den vierten Satz »eröffnet eine instrumentale Einleitung, in der sich aus einer chaotisch niederprasselnden Figur des ganzen Orchesters (›Schreckensfanfare‹ hat sie Richard Wagner genannt) ein Rezitativ der Kontrabässe entwickelt, das – wenn wir es so deuten, wie es die Skizzen nahelegen – die Themen der drei ersten Sätze ablehnt und dann die Freudenmelodie als das Ersehnte proklamiert, worauf diese Melodie von den Bässen als Thema gebracht und vom Orchester dreimal steigernd variiert wird. Man erwartet weitere Variationen – an deren Stelle aber erklingt noch einmal, nun zu fürchterlicher Dissonanz (alle sieben Töne der Molltonleiter erklingen zugleich!) gesteigert, der erste Anfang des Satzes, und aus ihm löst sich wieder das Rezitativ, aber nun vom Solobaß auf die berühmten einfach schönen Worte gesungen: ›O Freunde, nicht diese Töne...‹ Das ist nun allerdings ein ›logischer Lapsus‹, denn diese ›angenehmeren und freudenvolleren Töne‹ hat man bereits ausgiebig und wiederholt vernommen, und was hier mit Worten abgelehnt wird, das war schon mit dem Instrumentalrezitativ erledigt und abgetan. Aber mit diesem ›Lapsus‹ war etwas unendlich Wichtiges gewonnen: die Einheit des ganzen Satzes, die organische Verbindung des instrumentalen und des vokalen Teils. Mit vollem Recht sagt Schenker (1925), daß der ›Schlüssel zum Verständnis des Finales einzig und allein in dem instrumentalen Vordersatz liege‹. Dieser ›Vordersatz‹ aber ist reine sinfonische Musik. Das einleitende Instrumental-Rezitativ ist [in Beethovens Musik übrigens] nichts Unerhörtes, wenn es auch allerdings hier in gewaltiger Steigerung der Dimension erscheint. Auch die Rückerinnerung an frühere Sätze gibt es anderswo, z. B. in der Sonate op. 101. Hier hat die Rückerinnerung den Zweck, die Einheit des ganzen Werkes, die durch das Hinzutreten der Singstimmen gefährdet ist, zu sichern. Die ersten drei Sätze sind im letzten zu Beginn noch gegenwärtig. Erst mit dem Beginn der Variationen verschwindet sie endgültig. Mit dem Rezitativ des Solobasses aber ist ein Bogen zurück zum Beginn des Finales, über die Zitate aus den drei ersten Sätzen hinweg, geschlagen und so das Finale mit diesen zu einer inneren Einheit verklammert.«

1822-1826 Ludwig van Beethoven (1770-1827): Die 5 letzten Streichquartette (Es-dur op. 127, B-dur op. 130, cis-moll op. 131, a-moll op. 132, F-dur op. 135) und Große Fuge B-dur (op. 133)

Das *erste* seiner letzten *Streichquartette* beginnt Beethoven im Mai 1822, doch kommt er bei der Arbeit zunächst kaum über Entwürfe hinaus. Im November desselben Jahres wendet sich der russische Fürst Nikolaus Galitzin (1795-1866) aus St. Petersburg an Beethoven, ob er bereit sei, für ihn »un, deux ou trois nouveaux Quatuors« zu schreiben, deren Widmung er »avec reconnaissance« annehmen wolle. Diese Anfrage – um einen Auftrag im engeren Sinne handelt es sich offenbar nicht – veranlaßt Beethoven zur Komposition der *Streichquartette op. 127, op. 130* und *op. 132* und zur Widmung an den Fürsten (dem auch die *Ouvertüre »Die Weihe des Hauses«,* op. 124, gewidmet ist, und der die erste Aufführung der *Missa solemnis* als geschlossenes Werk am 18. April 1824 in St. Petersburg veranlaßt). Im Sommer 1823 nimmt Beethoven die Arbeit am *Es-dur-Quartett* wieder auf, läßt sie aber, wegen der Beendigung der Arbeit an der *9. Sinfonie,* bis Sommer 1824 liegen und bringt sie erst im Februar 1825 zum Abschluß. Die erste, offenbar mißglückte Aufführung findet am 6. März 1825 in Wien durch das Schuppanzigh-Quartett statt. Davon berichtet die Leipziger *Allgemeine Musikalische Zeitung* als »Miscelle« 1825: »Bei Herrn Schuppanzigh's Abonnement-Quartetten wurde im Verlauf dieses Monats zum erstenmal ein neues Quatuor in Es von unserem Amphion [Sohn des Zeus, mythischer griechischer Sänger] Beethoven producirt, worüber die Meinungen getheilt sind, weil es vielleicht von den Wenigsten – Ref. will sich selbst nicht ausnehmen – verstanden und ganz erfaßt wurde. Es ist, man möchte sagen, sinfonieartig gearbeitet und höchst künstlich combinirt, will oftmals gehört, und auch von den Ausführenden bis ins kleinste Detail genau zusammen studiert sein.« Ähnlich erstaunt und reserviert berichtet Ludwig Rellstab in der Berliner *Allgemeinen Musikalischen Zeitung* (1825) und Gottfried Weber in der *Cäcilia* (1826). Diese Rezensenten sind keinesfalls ahnungslose Journalisten, sondern Leute vom Fach und von Rang. Ihre Rezensionen lehnen ja auch nicht ab, und schon gar nicht aus einer (nur in unserer Zeit immer wieder behaupteten) Tradition der Ablehnung alles Neuen durch die angeblich immer uneinsichtigen und unwilligen Zeitgenossen. Freilich signalisieren sie trotz aller Bewunderung einen Zwiespalt der Musik in ihrer Zeit: Wohl ist Beethoven der Größte, aber für die Zeitgenossen kann er kaum mehr sprechen. Durch nichts wird das deutlicher als durch Ludwig Rellstabs Satz: »Dank im Himmel, es ist noch genug Verbindung zwischen ihm und uns, daß wir eine gemeinsame Sprache für unsere Empfindungen haben.« – Die Originalausgabe in Stimmen erscheint als *op. 127* im März, die Partitur schon im Juni 1826 bei Schott in Mainz. Die Veröffentlichung eines solchen Werks auch in Partitur ist damals ganz ungewöhnlich und wird dementsprechend gewürdigt (Gottfried Weber in der *Cäcilia*): »In dieser Hinsicht ist es denn vor allem erfreulich, daß es uns nun auch in Partitur gegeben wird, in welcher Gestalt es sowohl dem Studium zugänglich, als auch als höchst dankenswerte Hilfe und Erleichterung bei der Aufführung erscheint, zumal bei der bedeutenden Schwierigkeit der Exekution. Jedenfalls wird das Nachsehen der Partitur manchen Spieler in manchem Falle zur Beruhigung dienen und zur Beseitigung mitunter drohender Zweifel darüber, ob hier oder da nicht etwa fehlgeschrieben oder fehlgegriffen worden; Zweifel welche, z.B. bei Stellen der vorstehend abgebildeten Art und *vielen* ähnlichen, gar leicht entstehen können.«

Als *zweites Quartett* entsteht 1825 das in *a-moll,* das im September 1827 (in Stimmen und Partitur) als *op. 132* bei Schlesinger in Berlin erscheint. Die erste öffentliche Aufführung durch das Schuppanzigh-Quartett findet am 6. November 1825 in einer Privat-»Akademie« von Joseph Linke, dem Violoncellisten des Schuppanzigh-Quartetts, in Wien statt. Auch hier ist die Reaktion reserviert. Der Berichterstatter der Leipziger *Allgemeinen Musikalischen Zeitung* weist dabei auf eine wichtige Unterscheidung im Publikum hin: »Was unser musikalischer Jean Paul hier gegeben hat, ist abermals groß, herrlich, ungewöhnlich, überraschend und originell, muß aber nicht nur öfters gehört, sondern ganz eigentlich studiert werden... Der vorherrschende düstere Charakter des Ganzen, eine, bei der mannigfaltigsten Ausarbeitung nicht zu beseitigende Einförmigkeit in dem sehr langen Adagio, welches mit seinem fremdartigen *H* in der *F*-Scala dem Komponisten im Fortschreiten fühlbare Fesseln anlegte, freilich aber auch ... einige Nebenumstände mochten die Ursache sein, weshalb dieses jüngste Geisteskind des unerschöpflich fruchtbaren Meisters nicht jene allgemeine Sensation machte, welche mehrere Auserwählte [!], die früheren Aufführungen in geschlossenen Familienzirkeln beigewohnt hatten, vorher verkündeten. Wie das zuletzt vor diesem erschienene Quartett (in *Es*) anfangs lau aufgenommen, dann erst begriffen, erkannt und nun den geschätztesten Meisterwerken beigezählt wurde, so wird es wohl auch diesem neuesten gehen...«

Der dritte Satz (Molto adagio) des *a-moll-Quartetts* trägt in der autographen Partitur von Beethovens Hand folgende Überschrift: »Heiliger Dankgesang eines Genesenen an die Gottheit in der lidischen Tonart. Nb: dieses Stück hat immer *h,* nie wie gewöhnlich *b.«* Diese Überschrift ist in die Originalausgaben in italienische Sprache übergegangen: »Canzona di ringraziamento offerta alla divinità da un guarito, in modo lidico.« Über dem D-dur-Teil (Andante, 3/8) steht in der Partitur: »Neue Kraft fühlend«, im Druck »Sentendo nuova forza«. Sodann ist über dem folgenden Molto adagio geschrieben: »Mit innigster Empfindung« bzw. »Con intimissimo sentimento«. Was Beethoven zur »lydischen Tonart« (5. Kirchenton; bei Beethoven ein F-dur ohne *b*) bewogen hat, ist nicht klar.

Als *drittes Quartett* entsteht von August bis November 1825 das in *B-dur,* das im Mai 1827 in Stimmen und Partitur bei Artaria in Wien als *op. 130* erscheint – allerdings mit einem anderen als dem ursprünglichen Schlußsatz (obwohl die Fuge bei Artaria schon gestochen war). Beethoven hat nämlich als Schlußsatz eine große Fuge komponiert, die der Verleger, und offenbar nicht er allein, als Schlußsatz für zu schwierig und zu gewichtig hält. Artaria – so berichtet Beethovens Bekannter Carl Holz – »stellte nun an mich die äußerst schwierige Aufgabe, Beethoven dahin zu bringen, anstatt der schwer faßlichen Fuge ein anderes, den Ausführenden wie dem Fassungsvermögen des Publikums zugänglicheres letztes Stück zu schreiben. Ich stellte nun Beethoven vor, daß diese Fuge ein außer dem Bereich der gewöhnlichen, ja selbst seiner neuesten ungewöhnlichen Quartettmusik liegendes Kunstwerk sei, daß es für sich allein abgesondert dastehen müsse, auch allerdings eine eigene Opuszahl verdiene. Artaria sei gern bereit, ein neues Finale besonders zu honorieren. Beethoven wollte Bedenkzeit, doch schon am folgenden Tage erhielt ich einen Brief, worin er sich bereit erklärte, den Wünschen zu entsprechen; für das neue Finale sollte ich 12 [muß heißen 15] Dukaten verlangen...« Das anstelle der Fuge im September 1826 neu komponierte *Finale. Allegro* (B-dur, 2/4) ist Beethovens letzte vollendete Komposition. Die *Fuge* erscheint für sich als *op. 133,* jedoch gleichzeitig mit *op. 130* im Mai 1827. Die Uraufführung mit der Fuge als Schlußsatz findet am 21. März 1826 in Wien statt, die erste Aufführung mit dem nachkomponierten neuen Schlußsatz am 22. April 1827, vier Wochen nach Beethovens Tod. Die Leipziger *Allgemeine Musikalische Zeitung* berichtet von der Uraufführung: »Am 21sten [März 1826], im Saale des [Musik-] Vereins, eine von Herrn Schuppanzigh zum Schluße der diesjährigen Abonnement-Quartetten veranstaltete Abendunterhaltung, worin vorkam: 1. Aus Haydn's Quartetten die Variationen über das Volkslied [gemeint ist die *Kaiserhymne*] ... 5. Das neueste Quartett von Beethoven in *B,* bestehend aus folgenden Sätzen: a. Allegro moderato;... f. Fuga. Der erste, dritte und fünfte Satz sind ernst, düster, mystisch, wohl auch mitunter bizarr, schroff und capriziös; der zweite und vierte voll von Mutwillen, Frohsinn und Schalkhaftigkeit; dabei hat sich der große Tonsetzer, der besonders in seinen jüngsten Arbeiten selten Maß und Ziel zu finden wußte, hier ungewöhnlich kurz und bündig ausgesprochen. Mit stürmischem Beifall wurde die Wiederholung beider Sätze verlangt. Aber den Sinn des fugierten Finale wagt Ref. nicht zu deuten: für ihn war es unverständlich, wie Chinesisch.«

Die Frage, wie es möglich sei, einen (gewichtigen) Schlußsatz durch einen (leichten) anderen zu ersetzen, beantwortet Riezler (1951) überzeugend, wie mir scheint: Auf den »hintergründigen« ersten Satz folgen Sätze leichteren Gewichts. Dann öffnet sich mit der Cavatina plötzlich eine jenseitige Ferne, und nun entstehen wie

Klüfte zwischen den Sätzen, die Beethoven dann, gleichsam im Nachhinein, durch die ungeheuerliche Fuge schließen will. Trotzdem ist das jetzige Finale kein Notbehelf, auch nicht die Korrektur eines Irrtums: Aus dem Vorhergehenden sind beide Möglichkeiten gegeben, die Steigerung und damit die Verlagerung des Schwerpunkts an den Schluß – die hohe Romantik dann liebt solches, wie die nicht eben seltenen Schlußfugen belegen –, oder die Entspannung in Heiterkeit, die freilich die Abgründe noch ahnen läßt. Jene Cavatina ist übrigens ein formal ganz frei gestaltetes Adagio molto espressivo, ein Stück, das Beethoven, wie er selbst sagt, »auch in der Rückerinnerung stets eine Thräne kostet.« Nie zuvor und nie mehr danach (außer bei Franz Schubert) sind Schlichtheit und Kunst, Innigkeit und abstrakte Ferne so in Eins verbunden wie in diesem kurzen Stück.

Die *Große Fuge B-dur op. 133* entsteht, wie gesagt, als Schlußsatz des *B-dur-Quartetts op. 130.* Doch Beethoven sondert sie dort aus und ersetzt sie durch das nachkomponierte *Finale. Allegro.* Die Überschrift »Overtura« über der Einleitung zur Fuge stand schon geschrieben, als der Satz noch den Schluß des *B-dur-Quartetts* bilden sollte. Bei der Veröffentlichung im Mai 1827 bei Artaria in Wien (gleichzeitig mit dem *Quartett op. 130*) ist das Werk dem Erzherzog Rudolph gewidmet. Die erste Aufführung der Fuge, und zwar noch als Schlußsatz des *B-dur-Quartetts,* findet durch das Schuppanzigh-Quartett am 21. März 1826 in Wien statt. – Im Sommer 1826 überträgt Beethoven die Fuge für Klavier zu vier Händen, weil ihm eine von ihm selbst in Auftrag gegebene Übertragung durch seinen an sich geschätzten Musikerkollegen Anton Halm (1789-1872) nicht gefällt.

In den Originalausgaben heißt der Titel übrigens »Grande Fugue, tantôt libre, tantôt recherchée«, also »bald frei, bald streng«, wie es ähnlich beim Beginn der Fuge im letzten Satz der *Klaviersonate B-dur op. 106* heißt: »Fuga a 3 voci, con alcune licenze«, also »mit einigen Freiheiten«. Man sagt, Beethoven wolle damit den Theoretiker-Pedanten den Vorwurf, er könne keine Fugen schreiben, schwächen. Ich meine eher, er will den Kennern unter den Spielern und Hörern sagen: »Erwartet keine Fuge, wie Ihr glaubt, sie erwarten zu müssen oder zu dürfen! Hört vielmehr, wofür ich das Kompositionsprinzip der Fuge jetzt einsetze (einsetzen muß)!«, vielleicht auch: »Hört lieber, was ich musikalisch zu sagen habe, wenn ich jetzt an Fuge denke.« (Denn »Fuge« ist eine Art von Präsentation und Durchführung eines Themas, also ein Kompositions*prinzip,* keine »Form«.) Immerhin ist der größte Teil dieser *Großen Fuge* tatsächlich »in echter Fugentechnik« geschrieben, aber eben nur ein Teil. Denn Beethovens *Große Fuge* ist nur in der Welt der Sonate denkbar und also mit keiner Fuge des Generalbaßzeitalters vergleichbar, wie immer sie gemacht sei. Die Teile sind aufeinander bezogen, nicht nebeneinander gestellt, sodaß sie nur im Zusammenhang des Ganzen zu begreifen sind. »Welche Besonnenheit, welche Kraft der Bändigung, wo die Gewalt des Ausdrucks über alle bisherige Musik hinaus, auch über die Beethovens bis zu diesem Werk, gesteigert ist!« (Riezler 1951)

Das *vierte* von Beethovens »letzten« *Quartetten* – wie gesagt: die *Große Fuge op. 133* zählt man üblicherweise *nicht* als selbständiges Quartett – ist das *Quartett in cis-moll op. 131,* wohl das bekannteste, vielleicht das bedeutendste von ihnen. Es entsteht unmittelbar nach Abschluß des *B-dur-Quartetts op. 130* in der ersten Hälfte des Jahres 1826 in erstaunlich kurzer Zeit. Es erscheint (in Stimmen und Partitur) bei Schott in Mainz (und Paris) im Juni 1827. Die Widmung an den Baron Joseph von Stutterheim hat persönliche Gründe: Der General hatte Beethovens Neffen Carl, sein Sorgenkind, nach dessen Selbstmordversuch eine Stelle in seinem Regiment verschafft. Eine öffentliche Aufführung zu Beethovens Lebzeiten ist nicht nachzuweisen.

Für die Aufnahme bei Kennern und Liebhabern, also nicht beim großen Publikum, für das diese Art von Werk nicht gedacht ist, sollen Auszüge aus der sehr langen und eingehenden Rezension durch Friedrich Rochlitz stehen, dem wohl bedeutendsten Musikkritiker seiner Zeit, in dessen eigener Leipziger *Allgemeinen Musikalischen Zeitung* (1828): »... Das Schwierige und Bedenkliche, jetzt über die letzten großen Werke Beethovens zu schreiben, liegt, sagten wir, teils in den *Umständen.* Beethoven ist entschieden der Held der musikalischen Welt in deren jetziger Periode; er ist dafür, und mit vollem Rechte, anerkannt und proklamiert von allen rechtmäßigen Wählern und selbst von denen, welche selbst in die Wahl kommen könnten; er ist es sogar (nachdem, was verlautet) einstimmig, wenn nicht in allen Richtungen seiner Kunsttätigkeit, so doch gewiß in der zur Instrumentalkomposition.« Teils liegt das Schwierige und Bedenkliche aber auch in den *Werken:* »... Beethoven schont auch nicht hinsichtlich seiner Ideen. Man hat ihn den Erfinder seiner Zeit in Hinsicht auf Musik genannt, und er ist es. Kaum aus dem Jünglingsalter geschritten, gab er nur Neues, ihm allein Zugehöriges, ihm Eigentümliches. Dies war gar nicht zu verkennen und ward von Niemand verkannt: es ward aber auch unaufhörlich und von nicht Wenigen vergötternd und ausschließend gepriesen, indes andere Vorzüge seiner Werke bei weitem nicht so vielen Beifall und nicht selten

> scharfen Tadel fanden. So wollte er nun auch vor Allem neu, überall neu, auch möglichst auffallend neu sein... So stehen die letzten seiner Werke, die großen nämlich – die *Messe,* die *Sinfonie,* die *Quartette* –, auch der Idee nach unter Allem, was diese Zeit uns sonst gebracht, ganz abgetrennt, fremd und isoliert da. Was hieraus folgt für die Beurteilung und den Genuß derselben noch in dieser Zeit: das liegt wieder so nahe, daß es nicht erst angeführt zu werden braucht... Der Meister hat die melodischen Grundideen, die ohnehin, als sämtlich ihm eigen und zum Teil sehr fremdartig, nicht leicht zu behalten sind, durch die jedoch und deren Hervorhebung im Vortrage das Ganze erst Folge, Zusammenhang, Deutlichkeit erhält – diese, sag' ich, hat Beethoven bald durch sehr künstliche Verarbeitung, bald durch launiges Zerstücken oder Versteckens-Spielen, bald durch vielerlei für sich wieder anziehende, pikante, nur allzusehr beschäftigende mithin auch ablenkende Gegen-, Zwischen-, Zu-sätze – dem Spieler, sie genugsam geltend zu machen, dem Zuhörer, sie herauszufinden und ihnen neben jenem zu folgen, nicht selten sehr erschwert...«

Das *Streichquartett F-dur op. 135* ist, sieht man von dem nachkomponierten *Finale* für das *B-dur-Quartett* ab, Beethovens letztes Werk. Es entsteht von Sommer bis Herbst 1826; der Beginn der Arbeit fällt noch mit den letzten Arbeiten am *cis-moll-Quartett* zusammen. Die von Beethoven diesmal selbst ausgeschriebenen Stimmen sind am 30. Oktober datiert. Die Originalausgabe (in Stimmen und Partitur) erscheint im September 1827 bei Schlesinger in Berlin (und Paris). Gewidmet ist das Quartett Johann Nepomuk Wolfmayer, einem wohlhabenden Tuchhändler in Wien, der ein eifriger Musikliebhaber und begeisterter Verehrer Beethovens ist und zudem bis zuletzt ein aufopferungsvoller Freund. Ursprünglich war ihm die Widmung des *cis-moll-Quartetts* zugedacht. Die erste Aufführung findet am 23. März 1828 in einem Gedächtniskonzert für Beethoven statt, das der Violoncellist des Schuppanzigh-Quartetts, Joseph Linke, im Musikvereinssaale in Wien veranstaltet. Die 1. Geige spielt dabei jedoch Joseph Böhm (1795-1876). Die schwierige Aufnahme auch dieses Quartetts beim Publikum spiegelt die Rezension, die Adolph Bernhard Marx 1829 in der von ihm gegründeten Berliner *Allgemeinen Musikalischen Zeitung* veröffentlicht. Marx ist Musiker, Musiktheoretiker und Musikforscher und einer der großen Verehrer Beethovens (Verfasser einer zweibändigen Beethoven-Biographie, die 1859 in Berlin erscheint). Und doch hat man den Eindruck, als rede Marx sich selbst ein, verstanden zu haben, was ihm im Grunde fremd ist: »So erscheint das vorliegende *Quartett* als wehmütige Erinnerung an eine entflohne schönre Zeit.«

> Die Rezension beginnt so: »Die neuesten *Quartette* Beethovens, und namentlich das hier genannte, sind jetzt die wichtigste, aber zugleich schwierigste Aufgabe für alle guten Quartettvereine. Immer mehr verhallen die Stoß-Seufzer und das Murren der Wenigen, die Beethoven nicht einmal verstehen *wollen,* unter den Ausrufen der allgemeinen Bewunderung; und es ist interessant zu vernehmen, wie sogar das *Pariser* Publikum mit Verehrung und bewunderndem Anteil sich dem tiefsinnigsten deutschen Tondichter zuwendet – natürlich mit ungleich mehr Emphase und Eclat sein Interesse kund gebend, als der mehr in sich gekehrte Deutsche. Dieser mag sich nie gern an der äußerlichen unbestimmten Bewunderung begnügen; und wenn unter uns noch so mancher Kunstfreund und Künstler sich gegen Beethovens neueste Werke zu sträuben scheint: so liegt es eben in der an sich edlen Unbefriedigung an einer nicht bis in die Tiefe dringenden Auffassung. – Bei einem in seiner Isolierung so ganz eigentümlich vollendeten Geiste gibt es in der Tat zwischen vollkommenem Verstehen und oberflächlichem Überhinfahren auch noch die Möglichkeit eines vollkommenen Mißverstehens. Das vorliegende Werk kann dies veranschaulichen. Wenn z. B. im Vivace ... diese Figur... in dreidoppelten Oktaven von der zweiten Geige, Bratsche und vom Violoncell über *fünfzigmal* hintereinander wiederholt wird als Begleitung einer eben so merkwürdigen Obermelodie: so muß dies ... widrig erscheinen, sobald man nicht eine höhere Idee erkannt hat, die allen seltsamen, scheinbar oft widersprechenden Zügen Bedeutung und Zusammenhang erteilt. Beethoven selbst hat in der letzten Zeit von sich bekannt (was seit länger als fünf Jahren in dieser Zeitung behauptet worden), daß er nicht leicht ein Stück ohne bestimmte Vorstellung, ohne klar gedachte Grundidee verfasse. Sobald man diese erkannt hat, verbreitet sie über das Ganze ein helles Licht, und man gewahrt die Folgerichtigkeit, die Einheit, die Harmonie der bis dahin disharmonisch erschienenen Züge. Der Inhalt der letzten Werke scheint innigst an die Subjektivität und an die besondre Lage Beethovens geknüpft...«

Der letzte Satz des *F-dur-Quartetts* trägt die Überschrift »Der schwer gefaßte Entschluß« und darunter eine Art Motto in zwei musikalischen Motiven:

Wie es zu dieser Überschrift über dieses Finale kommt, bleibt trotz vieler Erklärungsversuche unklar, ebenso der Zusammenhang mit dem *Kanon »Es muß sein«* (WoO 196) vom April 1826. Wichtiger ist die Beobachtung, daß Beethoven hier zwei einander musikalisch entgegengesetzte Motive (der Text selbst tut ja nichts zur Sache, er verbalisiert nur die *an sich musikalische* Entgegensetzung) zur Grundlage eines Satzes macht, anders: daß er (wieder einmal) zwei Motive in einem Satz gegeneinander führt, treffender: daß er das Gegeneinander zweier widerstrebender Motive zum Thema eines Satzes macht und daß er diese »poetische Idee« hier einmal in einem grimmigen Motto preisgibt.

Die *fünf letzten Quartette* vertreten – so sagt man – Beethovens letzten Stil. Sie führen in die tiefste Versenkung in die eigenen musikalischen Einfälle, oft beängstigend weit von den hergebrachten Regeln musikalischer Satztechnik entfernt. Jeder einzelne Satz aus diesen letzten Quartetten gibt – so hat man gesagt – mehr zu beobachten als ein ganzes Quartett der früheren Zeit. Indessen haben die letzten Quartette auch als Ganzheiten manche Züge gemeinsam: Sie sind nicht mehr im selben Sinne »Individuen«, wie es Beethovens Werke bis dahin waren, sie gehören vielmehr irgendwie zusammen, allerdings nicht so wie Haydns und Mozarts Serien von Quartetten oder Sinfonien, nämlich als verschiedene Exemplare *einer* Art, die in ihrer Grundform festgelegt ist. *Nun* ist es gerade umgekehrt: die Form der Sätze und Werke ist so mannigfaltig wie niemals zuvor dank einer (bis dahin unbekannten) Vielseitigkeit und Differenziertheit. Daß die Sätze jedoch weniger prägnant seien als früher, kann man *nicht* behaupten, und ebenso ist ihr innerer Zusammenhang trotz der oft schroffen Kontraste – man denke in *op. 130* an die Folge: Danza tedesca – Cavatina – Overtura – Fuge (oder nachkomponiertes Finale) – nicht schwächer als früher, wenn auch schwerer zu fassen. Was aber nicht mehr so klar und eindringlich in Erscheinung tritt, das ist das Werk als Ganzes in seiner Einmaligkeit. Die drei *Quartette op. 59* sind, obwohl in einem Jahr entstanden, untereinander so verschieden wie drei ausgeprägte »Persönlichkeiten«, bei jenen späten Quartetten dagegen führen Fäden von einem Werk zum anderen, doch nicht allein deshalb, weil der eine Beethoven sie geschaffen hat, oder weil sie, als in *einer* Zeit entstanden, »stilistisch« zusammengehören, auch nicht nur da, wo thematische Beziehungen festzustellen sind. Vielmehr durchdringt eine Art von »Welthintergrund« jeden Ton in solcher Intensität, daß demgegenüber die Grenzen, die ein Werk vom anderen trennen, nicht mehr die Macht haben wie früher (Riezler 1951).

1823 **Franz Schubert** (1797-1828): **Liederzyklus »Die schöne Müllerin«**

Nach einem Bericht, den Ludwig Rellstab (1799-1860), der Dichter auch Schubertscher Lieder, in seiner Biographie des Musikers Ludwig Berger (1777-1839) überliefert, ist der Text des Zyklus *Die schöne Müllerin* (D 795) aus einem geselligen LIEDERSPIEL in einem bürgerlichen Kreis von Kunstfreunden in Berlin hervorgegangen, an dem nicht nur mehrere Personen mitgespielt sondern auch mitgedichtet haben. Wilhelm Müllers von Berger angeregte Überarbeitung der Texte und ihre Zusammenfassung in einem Zyklus von 23 Gedichten entstand dann in den Jahren 1818-1820; sie erschien in Dessau im November 1820 (das Titelblatt trägt die Jahreszahl 1821) in einer Sammlung *Sieben und siebzig Gedichte aus den hinterlassenen Papieren eines reisenden Waldhornisten. Herausgegeben von Wilhelm Müller.* Der Zyklus *Die schöne Müllerin* eröffnet diese Sammlung.

> Wilhelm Müllers *Schöne Müllerin* hat ein Vorbild in einer Gruppe von Gedichten, die Goethe in seinen Gedichten veröffentlicht hat: *Der Edelknabe und die Müllerin, Der Junggesell und der Mühlbach, Der Müllerin Verrat* und *Der Müllerin Reue.* Diese Gedichtfolge Goethes war ziemlich bekannt und wohl auch oft dilettantisch nachgeahmt worden, so daß sie zu Wilhelm Müllers und Schuberts Zeit nicht mehr so recht ernst zu nehmen – oder aber ironisch zu behandeln war. Dem entspricht, daß Müller seinem Zyklus einen Prolog und einen Epilog beigibt, die beide keinen Zweifel an der gemeinten Ironie lassen: »Ich lad euch schöne Damen, kluge Herrn, Und die

ihr hört und schaut was Gutes gern, Zu einem funkelnagelneuen Spiel Im allerfunkelnagelneusten Stil; Schlicht ausgedrechselt, kunstlos zugestutzt, Mit edler deutscher Rohheit aufgeputzt...« Schubert hat diese Texte des Prologs und des Epilogs selbstverständlich gekannt und richtig verstanden – und seine musikalische Fassung des Zyklus selbst doch von dieser Ironie freigehalten. Wilhelm Müllers »Liederspiel« von der »schönen Müllerin« ist in Schuberts Vertonung verändert: Akzente sind anders gesetzt, andere Momente herausgehoben, und das, obwohl Schubert ja doch nichts hinzufügt. (Daß er drei schwache Gedichte unvertont läßt, hat damit nichts zu tun.) Schubert vertont den Zyklus wie ein großes Gedicht: Seine *Schöne Müllerin* ist eine große, polyrhythmische Ballade, wie Walther Dürr (1984) mit Hans Georg Nägelis Wort gesagt hat.

Für die Entstehung, die Überlieferung und die Drucklegung gibt W. Dürr in der *Neuen Schubert-Ausgabe* den neuesten Stand der Forschung:

> Am 30. November 1823 schreibt Schubert an Franz von Schober: »Ich habe seit der Oper nichts componirt, als ein paar Müllerlieder. Die Müllerlieder werden in 4 Heften erscheinen, mit Vignetten von Schwind. – Übrigens hoffe ich meine Gesundheit wieder zu erringen, und dieses wiedergefundene Gut wird mich so manches Leiden vergessen machen...« Die Oper, von der hier die Rede ist, ist sicherlich *Fierabras,* komponiert in der Zeit von Mai bis Oktober 1823. So beginnt Schubert die Komposition der »Müllerlieder« vermutlich nach der Beendigung des *Fierabras,* also im Oktober 1823, und schließt sie vor dem 30. November zumindest so weit ab, daß er mit dem Verleger nicht nur die Veröffentlichung des Zyklus sondern auch die Erscheinungsweise (in 4 Heften; de facto dann in 5 Heften) vereinbaren kann. Die beiden ersten Hefte erscheinen im Februar und März 1824, die drei folgenden erst nach längerer Pause im August. Der Erfolg scheint Schuberts Erwartungen nicht zu entsprechen. 1829 erwirbt die Firma Anton Diabelli & Co., Wien, die Rechte an dem Zyklus und gibt ihn ein Jahr später neu heraus. Diese Neuausgabe enthält zahlreiche Veränderungen des Notentextes, die weitgehend auf Johann Michael Vogl, Schuberts großen Sängerfreund, zurückgehen. Sie sind verschiedener Art: Melodische Formeln werden ausgeziert; die Deklamation, vor allem in mehr rezitativischen Abschnitten, ist geschärft, manche Akzente sind verschoben; Vortragszeichen, insbesondere Fermaten, sind hinzugesetzt. Andere Änderungen, wie etwa die Tilgung schwieriger Sprünge in der Singstimme nehmen sich in solchem Zusammenhang merkwürdig aus; sie rühren vermutlich vom Verleger her.

Die Frage, ob und inwiefern *Die schöne Müllerin* und *Winterreise* musikalisch Zyklen sind, die Lieder also eine Art musikalischen Zusammenhangs bilden und worin dieser dann bestehe, ist nicht leicht zu beantworten. Sicherlich stiftet in erster Linie der Text einen Zusammenhang. Der *Schönen Müllerin* liegt, weil der Gedichtzyklus, wie gesagt, aus einem Liederspiel hervorgegangen ist, eine Art Handlung zugrunde. Anders in der *Winterreise.* Sie enthält einzelne, untereinander nicht verbundene Lieder eines Burschen, der durch das vom Leichentuch des Schnees bedeckte Land mehr irrend als wandernd den Tod sucht. Während sich die Liebesgeschichte im ersten Zyklus selbst abspielt, ist sie im zweiten vorausgegangen. Dementsprechend ist hier der Zusammenhang lockerer, dort aus einer Art Verlauf fester. – In beiden Zyklen sind die Gedichte jeweils durch eine einzige sprechende Person zusammengehalten. Diese ist hier wie dort ein Wandernder. In der *Schönen Müllerin* lassen die beiden ersten Lieder den Müllersburschen wirklich wandern. Als er die Mühle blinken sieht, hält er an: *Halt!,* und nun beginnt die »Handlung« gleichsam am Ort. In der *Winterreise* hingegen durchzieht das Motiv des Wanderns oder Gehens den ganzen Zyklus, dafür aber fehlt ein Lied, das wie *Das Wandern* oder *Wohin?* ein Wanderlied ist oder zu sein scheint; hier ist gleichsam nur die Vorstellung des Wanderns assoziiert. Somit ist das musikalische Moment der Bewegung in beiden Zyklen wirksam, jedoch verschieden (Feil 1975).

> *Das Wandern* heißt das erste Lied der *Schönen Müllerin.* Es ist *das* deutsche Wanderlied geworden – aber nicht in Schuberts Vertonung sondern mit der allbekannten Melodie Carl Friedrich Zöllners (1800-1860): *»Das Wandern ist des Müllers Lust.«* Nach dieser Melodie kann man wandern. Was man für selbstverständlich hält, daß man auch auf Schuberts *Das Wandern* wandern kann, erweist sich dagegen als unmöglich. Richtet man seinen Schritt nach den Achteln des 2/4-Taktes, so kommt man ins Trippeln, richtet man ihn nach den Vierteln, dann wird ein Schreiten daraus. Allerdings macht schon dies, Schuberts Lied wandernd zu singen, keinen Spaß. Nicht daß die Melodie nicht lustig wäre. Aber sie hat Pausen, die man singend nicht überbrücken kann, die aber, obwohl »nur« Pausen, nicht ausgelassen werden können. Sie gehören zu Schuberts Melodie als Substanz. Sodann kann man diese Melodie nicht ohne Klavierbegleitung singen, weil Singstimme und Klavierpart so in einem musikalischen Satz verbunden sind, daß eines

ohne das andere keinen Sinn ergibt: Die Singstimme ist nicht bloße Melodie, der Klavierpart nicht bloße Begleitung, und beide sind gebunden im Text, den sie zu »musikalisieren« haben. Hans Georg Nägeli (1773-1836) hat dieses Miteinander 1817 »Polyrhythmie« genannt, »die in der Vocal-Kunst völlig so wichtig ist als in der Instrumental-Kunst die Polyphonie.« Es ist der Satz der Wiener Klassiker, den Beethoven mit dem scheinbar widersprüchlichen Begriff »obligates Accompagnement« gekennzeichnet hat.

Die schöne Müllerin ist ein Liederzyklus. Dementsprechend führt man in Konzerten die 20 Lieder heute in der Regel geschlossen auf, höchst selten ein einzelnes Lied daraus innerhalb eines gemischten Programms. Das war nicht immer so. Erst 1856 hat Julius von Stockhausen (1826-1906), einer der bekannten Sänger seiner Zeit, den Zyklus zum ersten Mal öffentlich als Zyklus vorgetragen. Noch in den 30er Jahren unseres Jahrhunderts konnte man einzelne Lieder aus Schuberts Liederzyklen oft, die ganzen Zyklen nur selten hören. Offenbar sah man bis dahin im Zyklus nichts anderes als eine Sammlung einzelner Lieder. Nun, »Liederzyklen« und »Liederkreise« sind auch exzeptionelle Erscheinungen in der Gattung Lied. Denn Gedichte und/oder Lieder miteinander zu verbinden, heißt ja doch, sie aufeinander zu beziehen, und das bedeutet praktisch, Elemente des Bezugs in die Lyrik zu bringen, die aus anderen Dichtungsgattungen stammen, etwa Elemente, die einen Handlungszusammenhang herstellen, oder solche, die die Lieder im Empfindungs- oder Stimmungsmäßigen zusammenschließen. Bezüge der ersten Art verbinden Schuberts beide Liederzyklen, solche der zweiten Art diejenigen der Romantiker.

1824, 1826 **Franz Schubert** (1797-1828): **Streichquartette a-moll** (D 804), **d-moll** (D 810; »Der Tod und das Mädchen«) und **G-dur** (D 887)

Es scheint, als befände sich Schubert im März 1824 in einer Art Schaffensrausch. Neben dem *Oktett in F-dur* (D 803) komponiert er zwei *Streichquartette,* das in *a-moll* und das in *d-moll.* Im Gegensatz zum *a-moll-Quartett,* das bald darauf in Wien im Druck erscheint, hält Schubert das *d-moll-Quartett* vorläufig zurück. Erst aus dem Jahre 1826 wird berichtet, daß man das *Quartett* probt, und daß Schubert dabei noch Korrekturen anbringt. Es erscheint erst 1831. Im Juli 1824 schreibt Schubert aus Zseliz an seinen Bruder Ferdinand: »Über Deine Quartetten-Gesellschaft wundere ich mich umsomehr, da Du den *Ignaz!!!* dazu bewegen vermochtest. Aber besser wird es sein, wenn Ihr Euch an andere Quartetten als die meinigen haltet, denn es ist nichts daran, außer daß sie vielleicht Dir gefallen, dem alles von mir gefällt.« Nimmt Schubert selbst seine Werke so wenig wichtig, die er »auf dem Wege zur großen Sinfonie« (Brief vom 31. März 1824) schreibt? Man kann es sich fast nicht denken – und schließt deshalb in der Regel auf einen geradezu verheerenden Mangel an Selbstbewußtsein bei Schubert. Dieser Schluß ist aber, wie viele Zeugnisse belegen, auch nicht zutreffend. Wie dem auch sei, mit dem *a-moll-Quartett* jedenfalls sehen wir Schubert in der Quartettkomposition auf einem neuen Wege (Wiener *Allgemeine Musikalische Zeitung* vom 27. März 1824): »Neues Quartett von Schubert. Diese Komposition muß man öfter hören um dieselbe gründlich beurteilen zu können.« Und auch die Freunde registrieren etwas Neues (Schwind an Schober am 14. März 1824): »Das Quartett von Schubert wurde aufgeführt, nach seiner Meinung etwas langsam, aber sehr rein und zart. Es ist im ganzen sehr weich, aber von der Art, daß einem Melodie bleibt wie von Liedern, ganz Empfindung und ganz ausgesprochen.«

Das *d-moll-Quartett* ist eines von Schuberts düsteren Werken: sämtliche Sätze stehen in Moll, nur der langsame mit den Variationen hat einen geradezu versöhnlich scheinenden Dur-Schluß. Aber die Düsternis ist verbunden mit einer Kraft, die an Beethoven gemahnt; der Anfang von Beethovens *c-moll-Sinfonie* ist kaum mächtiger als der von Schuberts *d-moll-Quartett.* Freilich zeigen schon die auf die erste Aufstellung des Motivs folgenden Takte, die sich nicht zum Hauptthema verdichten, im Piano ausbreiten und im Halbschluß Kommendes vorbereiten, daß die Struktur des Ganzen sehr anderer Art ist. – Das Thema des Variationensatzes ist nur mittelbar ein vokales; es entstammt zwar dem sieben Jahre zuvor entstandenen *Lied »Der Tod und das Mädchen«* (nach Claudius; op. 7, 3; D 531), Schubert entnimmt es aber allein der Klavierstimme. Anders als die Variationen zur *»Wandererfantasie«* (1822; D 760) sind die des Streichquartetts am Modell der Figural-Variation orientiert; jede einzelne von ihnen – der Epilog ausgenommen – erhält Gesicht und Rahmen durch die Melodie und den Harmonieverlauf des Themas. Hier freilich hat die enge Bindung an das Thema wohl auch einen besonderen Sinn: Was der Tod im Lied gleichsam orakelhaft verkündet, ist unabänderlich, in den Variationen hingegen geschieht eine Art von Auseinandersetzung mit der Botschaft (Aderhold 1979).

In jenen Wochen, in denen Beethoven die Arbeit am *cis-moll-Quartett op. 131* beendet, schreibt Schubert sein letztes *Quartett in G-dur* in elf Tagen (20. bis 30. Juni 1826). Die eilige, bisweilen flüchtige Niederschrift läßt keinerlei Skizzierung vermuten (während sich zu Beethovens Quartett ein umfangreiches Konvolut von Entwürfen erhalten hat). Der verschiedene Prozeß der Ausreifung macht erstaunen über die Gleichrangigkeit, mit der beide Werke als Annäherungen an die Grenze dessen erscheinen, was die Musik als Quartett-Kunst vermag. Was der 29jährige – gerafft auch in der kürzeren Dauer seiner Entwicklung – ansteuert, sucht er nicht in der Erweiterung des zyklischen Rahmens, im Gewinnen satzübergreifender Rhetorik sondern in der Bewältigung der ihm brüchig gewordenen thematischen Substanz. Der Prozeß, aus widerstreitenden Ansätzen zu Gestalten zu kommen, hat teil an der Konstitution des Satzbaus und verbindet als übergreifendes Moment alle vier Sätze. Dafür sinnfällig ist der vor allem den Ecksätzen eigene Wechsel der Dur- mit der Mollterz. Schubert stützt sich im ersten und letzten Satz auf das Sonatenschema, handhabt dieses jedoch nicht als Wettstreit gegensätzlicher Charaktere, sondern als Nebeneinander sich ergänzender Aktionsräume. Darin reiht sich Block auf Block einander ablösender Varianten. Variierte Reihung kennzeichnet auch den zweiten Satz, dessen ausgedehnt singende Cello-Melodien wohl Beruhigung, gar Frieden auszustrahlen vermöchten, wäre ihnen nicht der Affekt der Ruhelosigkeit in den Oberstimmenfiguren beigegeben. Mit den zweimaligen Ausbrüchen der Mittelteile – Affektentladungen in einer Chromatik, die jeder »geregelten« Modulation spottet – gerät alles aus den Fugen. Ähnliche Stürme hat Schubert nur noch im zweiten Satz der späten *A-dur-Klaviersonate* (D 959) entfacht. Beide Erfindungen sind nicht einfach des Kontrastes wegen erdacht, sie sollen vielmehr die äußersten Zeichen der Bedrohung dort setzen, wo die Kunst, über dem Vorschein eines im Gesang vorgestellten Glücks, menschliche Not zu verraten in der Lage ist. Im Satz von Schuberts *G-dur-Quartett* bricht sich indessen das Versöhnende dieses Vorscheins Bahn, in der E-dur-Wendung der Anfangsmelodie nicht nur, sondern auch in der ganz anderen Gewandung der begleitenden, hier zumeist mitgehenden Stimmen (Aderhold 1979).

1825 Franz Schubert (1797-1828): Große C-dur-Sinfonie

Am 31. März 1824 schreibt Schubert an seinen Freund Leopold Kupelwieser nach Rom einen, in seinem ersten Teil von großer Niedergeschlagenheit zeugenden Brief, den wir schon mehrmals erwähnt haben, wegen seiner Schlüssel-Bedeutung aber noch einmal zitieren müssen: »... In Liedern habe ich wenig Neues gemacht, dagegen versuchte ich mich in mehreren Instrumental-Sachen, denn ich componirte 2 Quartetten [a-moll und d-moll] für Violinen, Viola und Violoncelle u. ein Octett [F-dur] und will noch ein Quartetto schreiben [nicht ausgeführt], überhaupt will ich mir auf diese Art den Weg zur großen Sinfonie bahnen. – Das Neueste in Wien ist, daß Beethoven ein Concert gibt... Wenn Gott will, so bin auch ich gesonnen, künftiges Jahr ein ähnliches Concert zu geben...« Die Selbstverständlichkeit, mit der in den Jahren 1813 bis 1817/18 Schuberts erste sechs Sinfonien entstehen, ist dahin, ja diese Sinfonien zählen überhaupt nicht mehr, obwohl Schubert selbst die *6. Sinfonie* (D 589) noch mit »Große Sinfonie in C« überschrieben, sie also durchaus selbstbewußt so benannt hat, wie man damals Werke dieser hohen Gattung zu benennen pflegte. Aber auch der so ganz andere Weg, den er in den Jahren seiner Krise 1818 bis 1823 mit verschiedenen Versuchen, darunter mit der *h-moll-Sinfonie* (D 759), einzuschlagen versucht hat, scheint ihn nun nicht mehr weiterzuführen. Schubert sucht offenbar einen neuen Weg, und er arbeitet dafür im Sommer 1825 in Gmunden und Gastein an einer Sinfonie, von der er hofft, sie in der Wintersaison in Wien aufführen zu können. Aus der Aufführung wird nichts, aber eine Sinfonie wird im Frühjahr 1826 fertig. Die Dokumente für die Arbeit an einer Sinfonie von Gmunden/Gastein und die für die Entstehung der *Großen C-dur-Sinfonie* lassen, wenn man sie zusammennimmt, vermuten – allerdings bei unentschiedener Frage, wieso Schubert die autographe Partitur später dann selbst mit »März 1828« datiert –, daß Schuberts Arbeit 1825 eben der später so genannten *Großen C-dur-Sinfonie* (D 944) gilt, und daß es, entgegen früheren Annahmen, eine eigene Gmunden/Gasteiner Sinfonie nie gegeben hat. Die *Große C-dur-Sinfonie* jedenfalls ist, vom März 1824 und dem zitierten Brief aus gesehen, das nächste Stück der Gattung »Große Sinfonie«, und hier, so scheint es – jedenfalls zunächst –, findet Schubert einen neuen Weg gebahnt. Indessen bleibt einerseits die Kompositionstechnik durchaus diejenige des »obligaten Accompagnements«, die Schubert bei Beethoven abgeschaut und bis dahin in seinen Sinfonien unbefangen angewandt hat. Das kompositorische Problembewußtsein aber, das dort zugrunde liegt, das diese Technik verlangt, das dem jungen Schubert jedoch gefehlt hat, – in dem Moment, in dem es als fehlend bewußt wird, läßt es die Produktion erlahmen, entstehen für die Gattung Sinfonie nur noch Fragmente. Andererseits bringt der Lösungsversuch von 1825, also *nach* den Krisenjahren, nach Schuberts Vorstellung offenbar doch nicht den Durchbruch. Wie sonst wäre zu verstehen, daß diese *Große C-dur-Sinfonie* die einzige

Sinfonie bleibt, die er noch schreibt, daß er jedenfalls erst im September/Oktober 1828 noch einmal an ein neues Werk dieser Gattung denkt. Diese Skizzen (D 936A) allerdings greifen nun in neue Weiten, jedenfalls wenn man sie so interpretiert wie Gülke (1979): Noch in ihren Unausgeglichenheiten erscheint grell beleuchtet, was insgesamt in Schuberts reifem Werk an Aufbruch steckt – und an Möglichkeiten des Anschlusses an den späten Beethoven, welche später und von anderen nie mehr realisiert werden. Fast möchte man eine innere Stimmigkeit darin erblicken, daß es Schubert 1828 nicht mehr möglich ist, dieses Wagnis des mit nur musikalischen Mitteln kaum noch Sagbaren zum in sich gerundeten Werk »zurückzunehmen«. Nun, hier bei der *Großen C-dur-Sinfonie* und im Jahre 1825 finden wir erst einmal eine neue Flächigkeit in der zeitlichen Ausdehnung ausgebildet (man denke an die »himmlischen Längen« im letzten Satz) und eine neue Räumlichkeit durch eine Art von Schichtung im Orchestersatz (z. B. der Beginn des Allegros im ersten Satz) – aber all das scheint für Schubert der richtige Weg eben doch *nicht* zu sein.

In der Tat erweist sich Schuberts *Große C-dur-Sinfonie* als nicht zukunftsträchtig: Von ihr führt, anders als man es erwarten möchte, kein Weg über Weber und Spohr zu Mendelssohn und Schumann. Wir wissen das gerade von Schumann, der das Werk bei einem Besuch in Wien und bei Schuberts Bruder Ferdinand wiederentdeckt und am 21. März 1839 im Leipziger Gewandhaus durch Felix Mendelssohn Bartholdy zur ersten Aufführung gebracht hat. Er hat eben dies hervorgehoben, während er dem Werk in einem großen Aufsatz in seiner *Neuen Zeitschrift für Musik* huldigt: »Sag' ich es gleich offen: Wer diese Sinfonie nicht kennt, kennt noch wenig von Schubert, und dies mag nach dem, was Schubert bereits der Kunst geschenkt, als ein kaum glaubliches Lob angesehen werden... Hier ist, außer meisterlicher Technik der Komposition, noch Leben in allen Fasern, Kolorit bis in die feinste Abstufung, Bedeutung überall, schärfster Ausdruck des Einzelnen, und über das Ganze endlich eine Romantik ausgegossen, wie man sie schon anders woher bei Schubert kennt. Und diese himmlische Länge der Sinfonie, wie ein dicker Roman in vier Bänden etwa von Jean Paul, der auch niemals endigen kann und aus den besten Gründen zwar, um auch den Leser hinterher nachschaffen zu lassen. Wie erlabt dies, dies Gefühl von Reichtum überall, während man bei andern immer das Ende fürchten muß und so oft betrübt wird, getäuscht zu werden... Die Sinfonie hat denn unter uns gewirkt, wie nach den Beethoven'schen keine noch.« – Als die Sinfonie schon im Dezember 1839 in Leipzig zum zweiten Mal aufgeführt wird, und Schumann wieder den Proben beiwohnt, schreibt er an Clara Wieck, seine Braut: »Die ist Dir nicht zu beschreiben; das sind *Menschenstimmen,* alle Instrumente, und geistreich über die Maßen, und diese Instrumentation trotz Beethoven – auch diese Länge, diese himmlische Länge... Ich war ganz glücklich und wünschte nichts, als Du wärest mein Frau und ich könnte auch solche Sinfonien schreiben...« Freilich, nicht alle Musiker waren oder sind so begeistert. Mendelssohn jedenfalls mußte seinen Plan, die Sinfonie 1844 in London aufzuführen, aufgeben, weil die Musiker sich sogar belustigt zeigten, vor allem über den letzten Satz, und weil sie die Längen keineswegs so kurzweilig wie die eines Romans von Jean Paul finden konnten.

1827 **Franz Schubert** (1797-1828): **Liederzyklus »Winterreise«**

Die ersten 12 Gedichte von Wilhelm Müllers *Die Winterreise* erscheinen in der Sammlung *Urania. Taschenbuch auf das Jahr 1823.* Dieses *Taschenbuch* ist wahrscheinlich Schuberts Textvorlage für den ersten Teil seiner Komposition. Weitere 10 Gedichte des Zyklus erscheinen ebenfalls 1823 in den *Deutschen Blättern für Poesie, Literatur...* in Breslau. Schubert benutzt für seinen zweiten Teil nicht diese Ausgabe, sondern eine vollständige Veröffentlichung des Zyklus im 2. Bändchen der *Gedichte aus den hinterlassenen Papieren eines reisenden Waldhornisten. Herausgegeben von Wilhelm Müller* (»dem Meister des deutschen Gesanges Carl Maria von Weber als Pfand seiner Freundschaft und Verehrung gewidmet von dem Herausgeber«). Diese Sammlung erscheint 1824 in Dessau. Schubert vertont also zunächst die 12 Gedichte, die im *Taschenbuch Urania* erschienen sind, und bringt am Schluß seines Manuskriptes den Vermerk »Fine« an. Als er dann Müllers Zyklus vollständig vorliegen hat, vertont er die weiteren 12 Gedichte nacheinander als »Fortsetzung der Winterreise von Wilh. Müller« und numeriert sie im zweiten Teil des Manuskripts wiederum mit 1 bis 12.

Über die Entstehung der Komposition (D 911) berichtet Schuberts Freund Josef von Spaun: »Schubert wurde durch einige Zeit düsterer gestimmt und schien angegriffen. Auf meine Frage, was in ihm vorgehe, sagte er nur, ›nun, ihr werdet es bald hören und begreifen.‹ Eines Tages sagte er zu mir, ›komme heute zu Schober, ich werde euch einen Zyklus schauerlicher Lieder vorsingen. Ich bin begierig zu sehen, was ihr dazu sagt. Sie haben mich mehr angegriffen, als dieses je bei anderen Liedern der Fall war.‹ Er sang uns nun mit bewegter Stimme die ganze *Winterreise* durch. Wir waren über die düstere Stimmung dieser Lieder ganz verblüfft, und Schober sagte, es habe ihm nur ein Lied, *Der Lindenbaum,* gefallen. Schubert sagte hierauf nur, ›mir gefallen diese Lieder mehr als alle, und sie werden euch auch noch gefallen‹; und er hatte recht, bald waren wir begeistert von dem Eindruck der wehmütigen Lieder, die Vogl meisterhaft vortrug. – Schönere deutsche Lieder gibt es wohl nicht, und sie waren sein eigentlicher Schwanengesang. Er war von da an angegriffen, ohne daß jedoch sein Zustand Besorgnis erregend gewesen wäre... Ich halte es für unzweifelhaft, daß die Aufregung, in der er seine schönsten Lieder dichtete, daß insbesondere seine *Winterreise* seinen frühen Tod mitveranlaßten.«

Winterreise (Schubert nennt seinen Zyklus nicht wie Wilhelm Müller »Die Winterreise« sondern »Winterreise«) erscheint als op. 89 in zwei Abteilungen bei Tobias Haslinger in Wien. Der Verleger zeigt – wie damals üblich – das Erscheinen in der amtlichen *Wiener Zeitung* an, das des ersten Teils am 14. Januar 1828, das des zweiten am 30. Dezember 1828, also wenige Wochen nach Schuberts Tod. Das Echo in der musikalischen Öffentlichkeit ist stark und gut.

Bei den Abweichungen der Originalausgabe vom Autograph überraschen einige Transpositionen einzelner Lieder: *Wasserflut* ist von fis-moll im Manuskript nach e-moll im Druck transponiert, *Rast* von d-moll nach c-moll, *Einsamkeit* von d-moll nach h-moll, *Mut* von a-moll nach g-moll, *Der Leiermann* von h-moll nach a-moll. Man fragt sich, ob dem Ganzen denn kein Plan der Tonarten zugrunde liege, der dadurch völlig durcheinandergerät, und ob nicht eine Transposition des ganzen Zyklus der einzelner Lieder unbedingt vorzuziehen sei, wenn sie schon nicht zu umgehen ist. Sicherlich! Doch man fragt sich weiter, ob denn nicht jedes Lied *seine* Tonart habe oder gar verlange, und wie es zu verstehen sei, daß Schubert selbst so eklatant gegen den Tonart-Charakter seiner Lieder verstößt. Schließlich ist auch zu fragen, ob der Klavierpart nicht durch die Transposition eventuell so stark in klanglich andere Lagen des Instruments gerät, daß dadurch der Charakter des Ganzen verändert wird. Nun, auf einer autographen Kopie von *Des Müllers Blumen* aus der *Schönen Müllerin,* die das Lied in G-dur statt in A-dur überliefert, steht von Schuberts Hand: »NB Die Begleitung dieses Liedes kann füglich um eine Oktave höher gespielt werden. Franz Schubert.« So gewiß Schubert bestimmte Tonarten und auch bestimmte Tonarten-Relationen in seinen Zyklen im Auge hat, etwa, um nur ein Beispiel zu nennen, das Tritonus-Verhältnis des letzten Liedes zum ersten in der *Schönen Müllerin,* so sicher sind seine Lieder, von Ausnahmen abgesehen, transponierbar, weil sie aus der Verwurzelung in der Gattung »Lied« ebensowenig an eine einzige Stimmgattung wie an eine bestimmte Lage gebunden sind. Lied, das heißt vom Ursprung her: zu singen für jedermann; und das bedeutet für das Instrument und seine Begleitung: Anpassung an die Singstimme in der Stimmung des Instrumentes (etwa bei Lauten), in der Lage, in der Dynamik, in der Figuration (etwa in ihrer Dichte), kurz im gesamten »Spiel«. Wenn nun für Schuberts Lieder der musikalische Satz ebensowenig wie die Stimmung des Instrumentes verändert werden kann, so ist daraus keinesfalls zu schließen, daß sie deshalb nur zu singen sind, wenn die notierte Lage dem Sänger »paßt«. Man wird umgekehrt eher die notierte Tonart aufgeben, als auf eine normale Singlage verzichten. Hier ist die Wirksamkeit lebendiger Musikübung in uralter Tradition stärker als alle Tradition abendländischer Polyphonie, ihres Satzes und ihrer Tonarten. Lieder sind Lieder, auch wenn sie Kompositionen jener reifen Stufe europäischer Musik sind, die wir in Schuberts Werken erkennen (Feil 1975).

Die Schöne Müllerin hat eine Art Handlung, und Schubert vertont das einzelne Lied zugleich für sich *und* verbunden mit allen anderen durch musikalische Strukturen so, daß die Handlung in gewisser Weise auch als Musik zur Geltung kommt. Nicht daß er einen Handlungsablauf (gar wie in einer Oper) vertonte und die einzelnen Lieder direkt miteinander verknüpfte, er läßt vielmehr ein Moment musikalischer Komposition und klingender Realität, nämlich das der Bewegung, sich so deutlich durch das Ganze ziehen, daß der aufmerksame Hörer *erlebt* – gleichgültig, ob mehr intuitiv oder mehr bewußt –, wie er gleichsam mit der sprechenden Person, mit dem Müllersburschen, mitgeht und am Ende ein anderer Mensch ist als am Beginn. Anders in der *Winterreise.* Auch hier werden wir ergriffen, sind wir am Schluß verwandelt, aber auf andere Weise als dort. Im Text der *Winterreise* fehlt das Moment der Handlung, und Schubert richtet sich danach. In diesen Liedern umschreibt er musikalisch eine Art »Befindlichkeit«, und dazu ist ihm das wichtigste Mittel, daß er, dem Text entsprechend, die Bewegung in der Musik nun nicht vorwärts, sondern gleichsam im Kreise führt. Hier ist mit dem ersten Lied trotz »gehender Bewegung« – so die Tempo-Vorschrift im Autograph – nichts in Gang gesetzt, und selbst die Lieder, die dem Satztyp nach (2/4-Takt mit durchgehender Achtelunterteilung, ähnlich wie in den ersten Liedern der *Schönen Müllerin*) an das erste anknüpfen, nehmen keinesfalls die Bewegung auf um weiterzugehen. Dementsprechend ist die Bewegungsart auch anders gestuft und variiert als in der *Schönen Müllerin.* Diese Wanderschaft hat kein Ziel. Die zweite Zeile des ersten Liedes: »fremd zieh ich wieder aus«, gibt keine Richtung, sie ist kein

Wort zum Aufbruch, ihre Aussage ist vielmehr von genau derselben Art wie das eröffnende »Fremd bin ich eingezogen«. Tatendrang und Lust, auch nach der letzten Strophe noch weiterzusingen, gleichsam immer weiterzuwandern, weckt *Das Wandern,* das die *Schöne Müllerin* eröffnet; es duldet für den Schluß seines Nachspiels, das immer ein neues Vorspiel sein kann, weder ein Ritardando noch ein Diminuendo. Das erste Lied der *Winterreise, Gute Nacht,* dagegen schließt »diminuendo«, und das ist bei Schubert in der Regel: leiser und langsamer werden; es schließt, als sollte alles stehenbleiben. Kein Element musikalischer Komposition verleiht hier den durchlaufenden Achteln Aktivität, wie sie dort aus der differenzierten Satzstruktur erwächst. »Im Gegensatz zu den wirklichkeitsnah rauschenden und klappernden Grundcharakteristika der *Müller-Lieder* durchklingt das Motiv der Schritte aus dem einleitenden *›Gute Nacht‹* der *Winterreise* die Gesänge nur angedeutet. Alle Verbindungen liegen jetzt im Inneren, im Psychologischen« (Dietrich Fischer-Dieskau).

1827, 1828 **Franz Schubert** (1797-1828): **Klaviertrios Es-dur** (op. 100) **und B-dur** (op. 99)

Man kann überall lesen, Franz Schubert sei zu seiner Zeit ein nahezu unbekannter Komponist gewesen, unbekannt vor allem als Komponist von Instrumentalwerken. Die Geschichte der Veröffentlichung des *Es-dur-Klaviertrios* (D 929, op. 100) kann uns indessen eines Besseren belehren:

> Unter dem 9. Februar 1828 schreibt das schon damals weitbekannte und höchst renommierte Verlagshaus B. Schott's Söhne in Mainz an Herrn Franz Schubert in Wien: »Ew. Wohlgeboren sind uns bereits durch Ihre vortrefflich gearbeitete Kompositionen seit mehreren Jahren bekannt, und wir hegten auch schon früher den Wunsch, von Ihnen Arbeiten für unsern Verlag zu akquirieren, wenn wir nicht mit den Werken op. 121. 122. 123. 124. 125. 126. 127. 128. & 131 des seligen Beethoven, worunter manche sehr starke opus, zu lange Beschäftigung für unsere Arbeiter gehabt hätten. – Wir sind nun so frei, Sie um einige Werke für unsern Verlag zu ersuchen...« Und nun entwickelt sich ein interessanter Briefwechsel, dessen Ergebnis schließlich ist, daß – – – der junge Leipziger Verleger Heinrich Albert Probst, der Gründer des späteren Verlagshauses Kistner in Leipzig, das Werk übernimmt und im Dezember 1828, wenige Wochen nach Schuberts Tod, als op. 100 herausbringt.

So genau wir über die Geschichte der Drucklegung unterrichtet sind, über die Entstehung des Werkes im November 1827 wissen wir nichts. Die erste öffentliche Aufführung findet am 26. Dezember 1827 statt, die zweite in Schuberts erstem und einzigem großen Konzert mit nur eigenen Werken am 26. März 1828, am Jahrestag von Beethovens Tod, im Haus »Zum roten Igel, Unter den Tuchlauben«. Dieses Konzert ist »bei gedrängt vollem Saale« ein großer Erfolg: »Ungeheurer Beifall, gute Einnahme.«

> Es scheint, daß bei diesen Aufführungen im Freundeskreis Stimmen laut geworden sind, das Stück sei zu lang. Jedenfalls trägt Schubert in die Kopie, die er an den Verleger Probst nach Leipzig schickt (sie ist verloren), Kürzungen von insgesamt 100 Takten ein, auf die er im Begleitbrief besonders hinweist: »Die im letzten Stücke angezeigten Abkürzungen sind aufs genaueste zu beobachten.« Da alle späteren Ausgaben auf den Erstdruck zurückgehen, ist Schuberts ursprüngliche Fassung des Werks bis zum Erscheinen in der *Neuen Schubert-Ausgabe* (1975) unbekannt geblieben; hier ist das Werk zum erstenmal so gedruckt, wie es konzipiert ist. – Das Echo auf Schuberts Konzert in der Presse ist gering wegen des Paganini-Rummels, der Wien in diesen Wochen des Frühjahrs 1828 beherrscht. Die Leipziger *Allgemeine Musikalische Zeitung* hingegen berichtet am 7. Mai eingehend aus Wien: »... Gewährten alle diese in Vollendung ausgeführten Werke [Beethovens] einen unbeschreiblichen Ohrenschmaus [nämlich in einem Konzert zum Gedächtnis Beethovens im Musikvereins-Saal am 23. März, bei dem das *Streichquartett op. 135* zum erstenmal öffentlich aufgeführt wurde], so muß solches in einem beinahe nicht minderen Grade jener Soirée musicale nachgerühmt werden, die am 26sten in ebendemselben Lokale der wackere Schubert veranstaltete und aus der bedeutenden Zahl seiner meist gelungenen Arbeiten nachstehende zu Gehör brachte: ... 4. neues Trio.«

Das *B-dur-Trio* (D 898) trägt die Opus-Zahl 99; es erscheint erst 1836 bei A. Diabelli & Co. in Wien; das Autograph ist verschollen; über die Entstehung weiß man nichts. Allein aus der niedrigeren Opus-Zahl hat man geschlossen, das Werk sei vor dem *Es-dur-Trio op. 100* entstanden. Dem ist aber nicht so. Die Indizien sprechen eindeutig für die Annahme, daß Schubert das *B-dur-Trio* in der zweiten Hälfte des Aprils und im Mai 1828 kurz entschlossen (und wahrscheinlich in Eile) komponiert, um die Gelegenheit, die sich ihm überraschend bietet, nämlich gleich *zwei* Trios verlegt zu bekommen, nicht ungenützt vorübergehen zu lassen. Das *B-dur-Trio* ist also von der Situation des Komponisten aus gesehen das, was man gemeinhin einen Wurf nennt. Merkt man ihm das an? Die Frage ist offen, obwohl die beiden Trios immer wieder miteinander verglichen worden sind, verglichen gerade im Hinblick auf ihre je eigenartige Charakteristik. Von diesen Vergleichen ist der schönste der von Robert Schumann aus dem Jahre 1836; er steht in der *Neuen Zeitschrift für Musik* in einer Sammelbesprechung damals neu erschienener Trios als letzter Absatz: »Ein Blick auf das Trio von Schubert – und das erbärmliche Menschentreiben flieht zurück und die Welt glänzt wieder frisch. Ging doch schon vor etwa zehn Jahren ein Schubertsches Trio wie eine zürnende Himmelserscheinung über das damalige Musiktreiben hinweg; es war gerade sein hundertstes Werk, und kurz darauf, im November 1828, starb er. Das neuerschienene Trio scheint ein älteres. Im Stil verrät es durchaus keine frühere Periode [!] und mag kurz vor dem bekannten in Es-dur geschrieben sein [was Schumann aus den Opus-Zahlen schließt]. Innerlich unterscheiden sie sich aber wesentlich voneinander. Der erste Satz, der dort tiefer Zorn und wiederum überschwengliche Sehnsucht, ist in unserm anmutig, vertrauend, jungfräulich; das Adagio, das dort ein Seufzer, der sich bis zur Herzensangst steigern möchte, ist hier ein seliges Träumen, ein Auf- und Niederwallen schön menschlicher Empfindung. Die Scherzos ähneln sich; doch gebe ich dem im früher erschienenen zweiten Trio den Vorzug. Über die letzten Sätze entscheid' ich nicht. Mit einem Worte, das *Trio in Es-dur* ist mehr handelnd, männlich, dramatisch, unseres dagegen leidend, weiblich, lyrisch. Sei uns das hinterlassene Werk ein teures Vermächtnis! Die Zeit, so zahllos und so Schönes sie gebiert, einen Schubert bringt sie sobald nicht wieder.«

1828 **Franz Schubert** (1797-1828): **Streichquintett C-dur**

Einem Brief an den Leipziger Verleger Probst vom 2. Oktober 1828 zufolge hat Schubert zu dieser Zeit »ein Quintett für 2 Violinen, 1 Viola u. 2 Violoncello verfertigt«, das aber »dieser Tage erst probirt wird«. Schubert führt in diesem Brief das *Quintett* zusammen mit den drei *Klaviersonaten* (D 958-960) vom September 1828 und den *Heine-Liedern* aus dem später so genannten *»Schwanengesang«,* vermutlich ebenfalls vom September 1828, auf; das *Quintett* dürfte daher im selben Monat entstanden sein. Zum Streichquartett tritt hier nicht wie bei Mozarts Quintetten eine weitere Viola, sondern ein Violoncello, was aber keineswegs eine Verdüsterung des Klangs zur Folge hat, sondern eine Intensivierung, und dies in erster Linie durch die Spreizung der Violoncello-Lage in einen hohen und einen tiefen Klangbereich. – Schon der Anfang läßt Unerhörtes erwarten. Denn daß der Satz mit dem Hauptthema beginnt, kann der Hörer zunächst nicht wahrnehmen. Die ersten Akkorde schwanken seltsam zwischen C-dur und einem verminderten Septakkord über *c* und klingen eher nach einer langsamen Einleitung, doch davon ist keine Rede. Noch merkwürdiger ist der zweite Satz, vielleicht das geheimnisvollste Stück, das Schubert geschrieben hat. Sein erster Teil hebt in völliger Entrücktheit an, und wie er begonnen hat, schließt er auch – zum Schein, denn der versunkene Hörer wird durch einen Unisono-Triller aller fünf Instrumente mit einem Crescendo zum Fortissimo urplötzlich in eine völlig andere Welt gerissen: Mit einer Rückung ist der Satz, der in E-dur begonnen hat und auch schließen muß, auf einmal in f-moll und außerdem in einer anderen Bewegungsart. Für den Leser der Noten bleiben Takt und Zeitmaß zwar gleich, der Hörer aber glaubt schon bei den ersten heftigen Synkopen, eine Art von Allegro zu vernehmen. Nach einer Rückleitung, bei der man fürchten muß, die Musik bleibe stehen, kehrt der entrückte E-dur-Teil wieder. Aber Wiederholung ist in guten Kompositionen niemals die Wiederkehr des Gleichen – hier hat die Zeit wirklich nur *eine* Dimension. Der Durchgang durch das Chaos, wie man vielleicht sagen kann, und die Art von Schwerelosigkeit in diesem Satz, sie sind irreversibel. Und nun, auf der neuen Stufe eines Canto trasfigurato sind die Töne zwar dieselben, aber der Sinn ist neu. *Dieser* »Gesang« ist die erinnerte Vision seiner selbst; gleichsam erst im Innewerden des Gewesenseins findet er zu seiner eigenen höchsten Gestalt. – »Was Schubert im Adagio des *Quintetts* im Bewußtmachen und Umkreisen von Zeit gestaltet, ist einerseits antizipierte Todeserfahrung, ein visionärer Ausblick in das Drüben, das er so oft in Liedern beschworen hat, andererseits ein Wissen um die geschichtliche Stunde seiner Existenz: Schuberts Leben und Schaffen fällt in den Aufgang des ›historischen Zeitalters‹, das die Musik mehr als die anderen Künste treffen sollte« (Thomas 1990).

Was Schubert bewogen hat, seinen drei großen *Streichquartetten* ein *Quintett* folgen zu lassen, weiß man nicht. – Die Erstausgabe erscheint 1853 bei C. A. Spina in Wien. – Die erste öffentliche Aufführung findet 1850 in Wien in einem Konzert der Gesellschaft der Musikfreunde statt, und zwar durch das Quartett Josef Hellmesbergers mit Josef Stransky als zweitem Cellisten. – Merkwürdig ist, daß das Werk erst in letzter Zeit im Konzertsaal heimisch werden konnte.

1828 Franz Schubert (1797-1828): 14 Lieder nach Rellstab, Heine und Seidl (»Schwanengesang«)

Der unter dem Titel »*Schwanengesang*« bekannte Zyklus (D 957 und 965 A) stammt als Zyklus *nicht* von Schubert. Der Verleger Tobias Haslinger hat nach Schuberts Tod 14 Lieder aus der letzten Zeit zusammengestellt und die Veröffentlichung im Januar 1829 angezeigt:

»Pränumerations-Anzeige auf *Franz Schuberts Schwanen-Gesang,* mit Begleitung des Pianoforte. Seinen Gönnern und Freunden geweiht. *Letztes Werk...* Den zahlreichen Freunden seiner klassischen Muse werden unter obigem Titel *die letzten Blüten* seiner edlen Kraft geboten. Es sind jene Tondichtungen, die er im August 1828, kurz vor seinem Dahinscheiden geschrieben. Arbeiten, die auf das bewährendste den Beruf seiner reichbegabten Meisterschaft verkünden, so daß man versucht wird zu glauben, die Tüchtigkeit dieses im blühendsten Alter entschwundenen Genius habe sich mit dem rüstigsten Aufgebote aller Fülle und Macht noch einmal erhoben, um seinen Lieben eine recht preiswürdige Spende des Abschiedes zu hinterlassen...«

Die Ausgabe erscheint im Frühjahr 1829. Obschon im ganzen *kein* Zyklus, verbergen sich doch im *Schwanengesang* zwei kleinere »Zyklen«, wie sie Schubert bei der Zusammenstellung von Liedern eines Dichters oder einer bestimmten Grund-Thematik zur Veröffentlichung als Opera schon vielfach gebildet und wohl auch für diese Lieder vorgesehen hatte. Diese »Zyklen« im *Schwanengesang* sind: einer mit Liedern nach Gedichten von Ludwig Rellstab (zu dem vielleicht noch *Lebensmut,* Fragment, D 937, und *Herbst,* D 945, gehören sollten) und einer mit Liedern nach Gedichten von Heinrich Heine. Schuberts überhaupt letztes Lied *Die Taubenpost* (nach Johann Gabriel Seidl; D 965A) vom Oktober 1828 hat der Verleger (im Sinne von »Schwanengesang« = »letzte Blüten seines Schaffens«) den beiden kleineren »Zyklen« nach Rellstab und Heine hinzugefügt. Es besteht also *keine* »Einheit Schwanengesang«, weswegen man diese 7 + 6 + 1 Lieder (nach Rellstab + Heine + Seidl) auch nicht zusammen als *einen* Zyklus aufführen sollte.

Der letzten Äußerung, der »Ultima vox« eines Menschen mißt die Menschheit von jeher und überall besondere Bedeutung bei, erst recht dem »Schwanengesang« eines großen Künstlers: solche Werke gelten als tiefer, ernster, bedeutender denn alle anderen. Ob man das so einfach behaupten kann, ist fraglich, gerade auch bei Franz Schubert: Seine letzten Kompositionen sind *Der Hirt auf dem Felsen* (D 965) und *Die Taubenpost,* beide vom Oktober 1828, beide herrliche Lieder, doch kaum als krönender Abschluß von Schuberts Schaffen anzusehen. Aber für die Lieder etwa des Heine-Zyklus im *Schwanengesang* muß man der allgemeinen Meinung im Hinblick auf Schuberts »Ultima vox« doch wohl zustimmen. Wie dem auch sei, die Frage ist für den Musiker und Musikhistoriker weder philosophisch noch mit allgemeinen geistesgeschichtlichen Betrachtungen zu klären sondern nur am Werk selbst. Im Falle von Schuberts letzten Liedern hat Werner Thomas (1954) die Frage beantwortet mit einer eingehend interpretierenden Untersuchung des *Doppelgängers.* »›Schauder erweckend tritt uns *Der Doppelgänger* an. Höchst bezeichnend ist die Führung der unvollständigen, stets in unklarer Tiefe gehaltenen Akkorde der Begleitung, und der grausig über ihr schwebende Gesang bietet der Deklamation des Sängers höchst Ergreifendes.‹ Im Sprachidiom der jüngeren Romantiker versteht hier die [Leipziger] *Allgemeine Musikalische Zeitung* vom Oktober 1829 – ein Jahr nach Schuberts Tod – das Lied als Zeugnis romantischen Lebensgefühls, das sich gerne den zwielichtigen Grenzbezirken des Schauders und des Grausens hingibt. Die Eigenart der Begleitung, die Deklamationshaltung der Singstimme, der disparate Charakter des Ganzen sind als wesentliche Merkmale erkannt. Die Forschung hat diese Beobachtungen vertieft. Man wertete das Lied als psychologische, ja pathologische Expression. Man untersuchte die Harmonik, die Textbehandlung, die sogenannte Form, und glaubte, zukunftsweisende Ansätze zu sehen, die bei Brahms, Wolf, Wagner ausgeformt wurden. Treffen diese Erkenntnisse den Kern? Hat Schubert Elemente romantischer Ausdruckshaltung entdeckt und gewissermaßen Vokabular und Syntax für die späteren Liedmeister vorgeformt? Die folgende Studie stellt die Frage umgekehrt: Wie ist die Liedsprache Schuberts aus der Überlieferung zu begreifen? Ist sie nicht ebenso stark nach rückwärts wie nach vorwärts bezogen?«

»Es scheint vermessen, diese weitreichende Frage aus der analytischen Betrachtung eines einzigen Liedes anzugehen. Der Versuch gründet sich auf drei Voraussetzungen: 1. *Der Doppelgänger,* das letzte der sechs Lieder nach Texten von Heinrich Heine, ist im Todesjahr Schuberts – wohl zwischen Januar/Februar und September 1828 – entstanden und besitzt schon deshalb besonderes Gewicht. 2. Die Lieder nach Texten von Heine zeugen von einem tiefen persönlichen Betroffensein Schuberts, das sich – ähnlich der *Winterreise* – in einer geheimnisschweren, bis an formsprengende Grenzen führenden Diktion niederschlägt. 3. Trotz dieser Sonderart muß die Musiksprache des Liedes typisch für Schubert genannt werden. Parallele Gestaltungsprinzipien finden sich etwa im *Atlas,* ferner im *Leiermann* und anderen Liedern der *Winterreise;* ja es liegt nahe, zu Schuberts Erstlingen, etwa *Gretchen am Spinnrade,* die Brücke zu schlagen und damit Schuberts Sprache als Einheit zu begreifen. Sie zieht im *Doppelgänger* gleichsam die Summe ihrer vielfältigen Möglichkeiten.« Und nun gibt Thomas eine ganzheitliche Interpretation des einen Liedes durch genaue Beschreibung der einzelnen Sprachelemente, eine Interpretation, die als Beispiel für viele Lieder des späten Schubert stehen kann: für den »Klassiker Schubert«.

DIE MUSIKALISCHE HOCHROMANTIK

X.
Das 19. und das beginnende 20. Jahrhundert: etwa 1820 bis etwa 1920

1. Überlegungen zur Epochenbezeichnung »Romantik« für die Musikgeschichte

»Die Wörter ›romantisch‹ und ›Romantik‹, ursprünglich aus der Literatur des 18. Jahrhunderts stammend, gehören seit dem Beginn des 19. Jahrhunderts zum alltäglichen Wortschatz der Musik, ohne jemals eine ganz fest umrissene Bedeutung angenommen zu haben. Auch in der Musikgeschichtsschreibung haben sie sich fest eingebürgert, so vage ihr Gebrauch vom Anfang an bis zur Gegenwart geblieben ist, und so sehr zu bezweifeln ist, ob mit ihnen eigentlich ein Stil, eine Technik, ein Formenkanon oder eine allgemeine künstlerische Anschauungsweise, eine geistige Haltung bezeichnet wird. Gewiß scheint, daß sie zur Abgrenzung einer geschichtlichen Epoche ungeeignet sind.« Kaum kann man es deutlicher sagen als Blume im Artikel *»Romantik«* in *MGG* (1963), und doch erscheint »Die Romantik« allerorten nach wie vor als musikgeschichtlicher Epochenbegriff. Offenbar ist er nicht nur schwer durch einen anderen, gar einen geläufigeren, zu ersetzen, es muß auch etwas dran sein an diesem Begriff. Wie ich schon ausführlich darzustellen versucht habe, findet im 18. Jahrhundert ein großer Prozeß des Umdenkens von Musik statt, der sich im 19. und bis ins 20. Jahrhundert hinein fortsetzt, ein Prozeß, der die Musik aufsteigen läßt zum höchsten Rang im Kreis der Künste: In der Musik kommt jetzt das Unsagbare zur Sprache; sie vollendet, wo die Mittel der bildenden und redenden Künste an ihre Grenzen stoßen (Blume). Kein Wunder, daß diese »Umwertung aller Werte« – wie man versucht ist zu sagen – alles aus den Fugen geraten läßt.

Wann man, so Blume, angefangen hat, das Adjektiv romantisch mit Gattungs- oder Werktiteln im Sinne einer charakterisierenden Kennzeichnung zu verbinden, ist ungewiß. »Da es, mindestens zunächst, nicht den Sinn eines bestimmten Stils oder einer bestimmten Richtung hat, wird das auch schwer zu ermitteln sein. Begriffe wie ›romantische Oper‹, ›romantisches Lied‹, ›romantisches Klavierstück‹ und dergleichen entstammen erst dem späteren 19. Jahrhundert und sind als zusammenfassende historische Gruppen erst von der neueren Musikgeschichtsschreibung eingeführt worden. In der Frühzeit ist das Adjektiv mehr gelegentlich gebraucht worden, um damit etwas über den Inhalt oder den Charakter eines einzelnen Dicht- oder Musikwerks anzudeuten. Schiller hat seine *Jungfrau von Orléans* (1802) eine ›romantische Tragödie‹, Weber seinen *Freischütz* (1820) eine ›romantische Oper‹ genannt. In ähnlichem Sinne bezeichnet etwa Schiller in einem Brief an Goethe (28. Juni 1796) *Wilhelm Meisters Lehrjahre* als romantisch, und zwar mit Hinblick auf die seltsamen Begebenheiten und auf Gestalten wie Mignon und den Harfner. Zu dem hier vorwaltenden Grundton des Wortes im Sinne des Ungewöhnlichen, Anziehenden haben sich frühzeitig Nebentöne eingestellt: das Ritterliche, das Altertümliche, das Ursprünglich-Naive und Volkshafte, das Ferne und Märchenhafte, das Seltsame und Überraschende, bald auch das Nächtige, das Gespenstische, das Grausige und Furchtbare sind Gefühls- und Vorstellungsinhalte, die sich gern mit dem Begriff des Romantischen verbinden, ohne doch notwendigerweise immer vollständig oder zum überwiegenden Teil darin enthalten sein zu müssen. Gerade das macht ›das Romantische‹ so schwer faßbar, daß bald der eine, bald der andere Zug überwiegt und es zur Erfüllung des Begriffs durchaus genügt, wenn nur einer oder wenige dieser Inhalte vorhanden sind...«

Merkwürdige Vorstellung: einer oder mehrere Inhalte. Mir scheint, es sei *ein* Inhalt, *der eine Inhalt,* der in und trotz der Vielfalt der Erscheinungen überall »west« und damit nahelegt, uns gleichsam zwingt, auch das Verschiedenste romantisch zu nennen, wenn es den einen bestimmenden Zug zeigt. Diesen einen Zug hat niemand so treffend und knapp benannt wie Paul Bekker (1926): »Alle diese Erscheinungen ruhen auf der romantischen Auffassung der Musik als einer Sprache der Töne, einer Sprache, die jedem Innenvorgang, jedem Bewegungsakzent unmittelbar zu folgen vermag. Solche Tonsprache ist nicht Selbstzweck, sondern sie will etwas ausdrücken. Die romantische Musik wird demnach ein Mittel zur Ausdrucksgestaltung von etwas anderem, an sich Außermusikalischem. Dieses an sich Außermusikalische ist eine Gefühlsbewegung, und aus dem Charakter der Gefühlsbewegung ergibt sich das Organisationsprinzip der musikalischen Form.« Daß es gerade die Vielfalt der Formen, ja der musikalischen Erscheinungen überhaupt ist, die es so schwer macht, das Romantische in der Musik zu benennen, die Romantik in der Musik zu beschreiben, es leuchtet ein. Um so dringlicher stellt sich die Frage, ob es nicht doch auch an wenigen bestimmten Phänomenen aufzuzeigen wäre. Ich glaube ja, und ich will es versuchen, wobei ich Alfred Einstein in seinem hervorragenden Buch *Die Romantik in der Musik* (1950) folge, und zwar zuerst für die Frage nach den in dieser Zeit sich herausbildenden besonderen musikalischen Idiomen. Zuvor sei allerdings noch einmal eine Einschränkung überlegt und noch einmal die schon behandelte Frage »Schubert – Klassiker oder Romantiker?« aufgegriffen.

In einem Interview mit dem berühmten Pianisten Vladimir Horowitz (*KlassikAkzente* 8/9, 1989) finde ich folgende Sätze: »Klassisch, romantisch, modern, neoromantisch – diese Etiketten mögen für Musikwissenschaftler zweckmäßig sein, aber mit dem Komponieren und Aufführen von Musik haben sie nichts zu tun... Jede Musik ist Ausdruck von Gefühlen, und Gefühle verändern sich auch im Laufe von Jahrhunderten nicht... Seit meiner Jugend habe ich ein Leben lang Musik *aller* Epochen als romantisch angesehen. Natürlich gibt es eine objektive, mit dem Verstand erfaßbare Komponente in der Musik, die die formale Struktur betrifft; aber wenn es um die Aufführung geht, ist nicht Interpretation gefordert, sondern ein Prozeß subjektiver Neuschöpfung... Das Publikum reagiert nicht auf gedankliche Konzepte, sondern nur auf die Übermittlung von Gefühlen... Ist also nicht *alle* Musik romantisch? Und sollte ein Musiker nicht eher seinem Herzen folgen als gedanklichen Konzepten, wie klassische, romantische oder irgendeine andere Musik zu spielen sei?...« Diese Sätze sind erstaunlich, und trotzdem – nein: deshalb – sind sie bedenkenswert. Daß das Musikwerk nur im Augenblick der Interpretation leibhaftig werden kann und nur durch einen Ausführenden, der ein Mensch ist, daß also Urtext-Fetischismus oder andere musikalische Ideologien nicht eo ipso zu guter Musik führen, sei nicht bestritten. Aber der Künstler ist als solcher groß durch seine Kunst, nicht durch das, was er über Kunst sagt. Insofern könnte man vielleicht über die zitierten Sätze hinweggehen. Aber Künstlerpersönlichkeiten haben in der Regel eine starke Ausstrahlungskraft und stets eine besondere Anhängerschaft, und die meint: »*Der* muß es doch wissen!« Sicherlich, der Künstler weiß in der Regel, was er tut! Jedoch ist ein Unterschied zwischen dem Darbieten-Können von Kunst und dem sprachlichen Formulieren-Können von Wesentlichem über Kunstwerke und Kunst. Deshalb sind Bücher, Radio- oder Fernsehsendungen, in denen sich große Künstler über Kunst äußern, oft problematisch, weil das Publikum seinen Stars allzu gern glaubt, was immer sie sagen, während es demgegenüber von der Musikwissenschaft wenig hält. Deshalb sei der Leser hier noch einmal aufgefordert, mitzudenken und mitzuarbeiten, und sich dabei führen, nicht verführen zu lassen!

2. »Der Romantiker Schubert«

Alle wirklich großen Künstler und Kunstwerke entziehen sich der einfachen Rubrizierung – und Franz Schubert in besonderer Weise. Das hat seinen ersten Grund in der Tatsache, daß Schubert sich zwar in der Nachfolge Beethovens sieht und sich komponierend in die große Tradition der abendländischen Polyphonie stellt, daß er andererseits aber eine Gattung in den Mittelpunkt seines Schaffens rückt, die zwar zum Urbestand musikalischer Gattungen gehört, in der Geschichte der polyphonen Komposition aber immer am Rande stand und erst im Zusammenhang der Veränderungen des musikalischen Denkens im 18. Jahrhundert in die Mitte kompositorischen Interesses rückt. Was jetzt auch die hohe Musik ausdrücken soll, vermag sie besonders gut und schön im LIED auszudrücken, und in den anderen musikalischen Gattungen dann, wenn diese sich dem zuneigen, was das Lied zum Lied und zugleich zum besonderen Ausdrucksträger macht. Mutatis mutandis gilt dasselbe innerhalb der Instrumentalmusik für das KLAVIERSTÜCK. Was also Schuberts Gattungs-Interessen anlangt, neigt er mit dem Lied zur musikalischen Romantik, was sein kompositorisches Interesse anlangt, zu den Wiener Klassikern. Ich habe das in den Einleitungen zu den beiden vorausgehenden Kapiteln zu fassen und darzustellen versucht. So habe ich entgegen der allgemein üblichen Zuordnung Schubert für die Wiener Klassiker reklamiert, zugleich aber eingeräumt, er sei freilich *auch* und *trotzdem* ein Romantiker. Dann freilich bleibt die Frage: Mit welchen Werken und auf welche Weise?, denn die Werke des »Romantikers Schubert« müssen ja nun doch in *diesem* Kapitel unserer »Musikgeschichte« auftauchen.

Hier ist zuerst ein großer Teil seiner LIEDER zu nennen, nämlich all jene, welche nach ihrer Machart nicht polyphon sondern homophon sind, also diejenigen, bei denen Text, Singstimme und Klavierpart nicht, wie Nägeli es beschreibt, einen auf seine Weise polyphonen Satz ergeben, sondern bei denen eine textgeborene Melodie vom Instrument begleitet wird mit einfachen Harmonien, wie malend diese auch immer klavieristisch ausgeführt sein mögen. Solche Lieder reichen vom »Nahezu-Volkslied« wie z.B. das *Schweizerlied* (Goethe; D 559) und über schalkhafte Lieder wie *Liebhaber in allen Gestalten* (Goethe; D 558), beide von 1817, bis zu den drei Liedern des op. 81 (Rochlitz; D 904, 905, 903) *Alinde, An die Laute* und *Zur guten Nacht* aus dem Jahr der *Winterreise* 1827. Lieder dieses Typs gehören eigentlich in *dieses* Kapitel. Weil aber Schuberts Lieder generell im vorhergehenden Kapitel in Blöcken behandelt sind und weil aus ihrer riesigen Zahl (über 600) für unsere »Musikgeschichte« außer den Liederzyklen nur einige wenige einzeln anzuführen sind, findet der Leser Schuberts »romantische Lieder« trotzdem nicht hier, sondern im Kapitel »Die Wiener Klassiker«.

Daß die Komponisten neben und nach Schubert im Grunde nicht an dessen Liedkomposition anknüpfen sondern an die vor-schubertsche, läßt sich auch biographisch aufzeigen. Karl Loewe (1796-1869), ein Norddeutscher und ähnlich dem jüngeren Schubert völlig unabhängig, kennt – jedenfalls in der Zeit, da er die meisten seiner Lieder komponiert, also bis zu Beginn der Dreißiger Jahre – wohl kaum dessen Namen. Musikalisch ist Loewe sowohl mit der Zelter-Generation als auch mit den deutschen nach-schubertschen Komponisten verwandt und der Schul-Herkunft nach mit beiden verbunden; er steht wie ein Bindeglied zwischen ihnen: Loewe ist Schüler von Türk (1750-1813) in Halle, unterzieht sich einer Prüfung durch Zelter (1758-1832) und steht mit Weber (1786-1826) in Verbindung. Für seine Balladen-Komposition beruft er sich aber ausdrücklich auf Zumsteeg (1760-1802). Der norddeutsche Türk wiederum ist in Leipzig Schüler des – ebenfalls norddeutschen – Singspielkomponisten J. A. Hiller (1728-1804); Weber ist Schüler von Michael Haydn, den man unter die sogenannten Vorklassiker zählt, und von Abbé Vogler, der zur »Mannheimer Schule« gehört. Wie diese beiden Meister steht auch Zelter nicht in unmittelbarem Kontakt mit den musikalischen Ereignissen in Wien. Als Lehrer Mendelssohns (1809-1847) bestimmt er dessen Schulzugehörigkeit. Und weiter: Robert Schumann ist Klavierschüler des norddeutschen Friedrich Wieck (1785-1873) und studiert Komposition bei dem ebenfalls norddeutschen Heinrich Dorn (1800-1892), einem Schüler von Zelter. Kurz: die Wiener Klassiker und Franz Schubert, sie bilden keine Schule und keine Schulen, und alle, von denen wir meinen, sie hingen direkt von ihnen ab, sind nicht ihre Schüler; sie stehen in anderen Lehrer-Schüler-Verhältnissen.

Mit der gleichen Selbstverständlichkeit wie eine nicht geringe Zahl von Liedern ist von Schuberts KLAVIERSTÜCKEN nicht ein einziges für die Romantik zu reklamieren, denn keines ist vom selben romantischen Ausdruckswillen beseelt wie die Klavierstücke seiner Zeitgenossen: etwa die *Rhapsodien* und *Eklogen* von Václav Jan Tomášek (1774-1850) oder die *Impromptus* (1822; der Titel hier zum ersten Mal) von dessen Schüler Jan Václav Worzischek (1791-1825) und die seiner unmittelbaren Nachfolger. Deren LYRISCHE KLAVIERSTÜCKE nämlich – so nennt man jetzt die Gattung – sind in der musikalischen Grundsituation eher an die der Zeitgenossen Schuberts als an die von Schubert selbst angelehnt, wie schon der erste wirklich bedeutungsvolle Titel unmißverständlich sagt: *»Lieder ohne Worte«*. Ein solcher Titel ist für die zu Schuberts Zeit aufblühende musikalische Hochromantik ebenso charakteristisch wie für Schubert selbst undenkbar. Also wird man hier in diesem Kapitel vergeblich nach Schuberts Klavierstücken suchen: Sie sind nicht eo ipso die Vorgänger der berühmten kleineren Klavierstücke von Mendelssohn, Schumann und dann Brahms.

Ganz selbstverständlich jedoch gehören Schuberts BÜHNENWERKE in die Geschichte der ROMANTISCHEN OPER und damit in *dieses* Kapitel unserer »Musikgeschichte«, denn die für sie bestimmenden Vorstellungen von Theatermusik und von Musiktheater stammen – mit ihrem Ahnherrn Gluck – aus der musikalischen Frühromantik, und eben diese Vorstellungen bestimmen auch weitgehend die Vorstellungen von Oper im 19. Jahrhundert. Ob man für Schuberts Opern so schroff sagen kann, was Walther Vetter für seinen *Klassiker Schubert* (1953) formuliert hat, bleibe dahingestellt; ganz einfach von der Hand zu weisen ist es jedenfalls nicht: »Je genauer man die einzelnen Stücke von Schuberts *Opernschaffen* untersucht, desto unabweislicher drängt sich die Erkenntnis auf, daß es sich hier um Massenerzeugnisse, wenn freilich auch um schubertsche Massenerzeugnisse handelt, die jedoch nicht aus dem Mittelpunkte seines Schöpferdranges und seiner künstlerischen Phantasie stammen, sondern an der Peripherie seines Lebenswerkes erwachsen. Vielleicht erklärt sich die künstlerische und biographisch-psychologische Unbeträchtlichkeit dieser teilweise höchst umfangreichen Partituren außer aus Gründen spezifischer Veranlagung teilweise auch daraus, daß sich des Meisters erhitztes Arbeitstempo bei der musikalischen Bewältigung dieser zuweilen etwas merkwürdigen Textbücher nicht bewährte; vielleicht aber auch daraus, daß er bei seiner nicht selten sehr realistischen Einschätzung der gegebenen sozialen und wirtschaftlichen Verhältnisse klar erkannte, daß er zwar niemals als Lied-, wohl aber als erfolgreicher Opernkomponist finanziell auf einen grünen Zweig kommen könne. Auf solcher psychologischen Grundlage kann kein ausgeglichenes Kunstwerk entstehen. Sei dem, wie ihm wolle –, die Masse der Schubert-Opern verdient es, eingehender Sonderuntersuchungen unterworfen zu werden, aber sie verbietet eine ihrem Umfange auch nur einigermaßen entsprechende Darstellung in einer nach Form und Abrundung trachtenden Persönlichkeitswürdigung.«

3. Klassizismus in der Musik?

Der Begriff Klassizismus wird, wie man weiß, in der Kunst- und Musikwissenschaft verschieden und für Verschiedenes gebraucht. Die vorherrschende Bedeutung findet man bei Moser im *Musiklexikon* (1955): »Für die manieristische Abschwächung des Klassischen gebraucht man das Wort ›klassizistisch‹… mit dem Nebensinn des bloß Akademischen, ja des allzu Glatten.« Weniger negativ formuliert dasselbe Kurt Stephenson im *Riemann-Lexikon* (1967): »Klassizismus… formale Anlehnung… an klassische Vorbilder«, wobei der Sinn wechselt zwischen »schöpferischer Neugestaltung« und »epigonaler Nachahmung«. Meint das Wort Nachwirkungen der Antike, so kann es von daher in der Musik »nicht definiert werden«. Darum wird es mit »der Nachfolge der Wiener Klassiker« verbunden. (Im nichtdeutschen Schrifttum steht »classicism« übrigens in der Regel für »Klassik«.) Diesen Definitionen kommt keine Verbindlichkeit zu, weil der Begriff, genau wie der der Klassik, nach wie vor auf dreierlei Weise gebraucht wird, und zwar sowohl im positiven als auch im negativen Sinne: als Stilbegriff, als Epochenbegriff und als Allgemeinbegriff. Hier ist nicht der Ort, um den Klassizismus selbständig und eingehend als musikgeschichtliches Problem zu behandeln, aber überlegt muß er doch sein. F. Krummacher hat die Diskussion zusammengefaßt (1972): »Generell läßt sich sagen, daß im neueren deutschen Schrifttum ein ›Klassizismus‹ zwar auch in weiterem Sinn, vorab aber für Musik nach der Klassik benutzt wird. Dabei verbindet sich der Begriff kaum mit Schubert, weniger auch – und dann nicht pejorativ – mit Brahms, sondern primär mit Mendelssohn, der sogenannten Leipziger Schule und zum Teil dem späten Schumann. Als verbindende Bedeutung bleibt die der Anlehnung – mit konträren Akzenten freilich. Einerseits hat das Wort den Sinn von Regelhaftigkeit, Strenge, Klarheit oder Reinheit, andererseits paart es sich mit Epitheta wie kalt, glatt, leer oder formell, epigonal, akademisch, bis hin zu doktrinär oder regressiv. Dabei verfilzen sich also ästhetische und historische Kategorien zu einer Unschärfe, die das Wort selbst als Schlagwort untauglich macht. Was bleibt, ist der Ausdruck eines Urteils und meist eines Verdikts, das weitere Argumente entbehrlich machen soll, die gemeinte Sache aber eher verdeckt.« »Die genannte Sache«, das ist die Musik, die vom Schlagwort so lange verdeckt wird, wie sie nicht untersucht ist, etwa unter folgenden Fragen: Was an den Klassikern ist ihren Zeitgenossen und Nachfahren vorbildhaft? Was andererseits unterscheidet sie von jenen, die sie nachahmen? Worin verfehlt die Nachahmung das Vorbild? Und wenn verfehlt, dann aus mangelnder Einsicht, aus mangelndem Können – oder aus einer anderen Absicht? Im letzten Falle wäre das Urteil »verfehlt« falsch und müßte revidiert werden. »Wichtiger als bloßes Konstatieren von Vorbildern dürfte es für das Verständnis klassizistischer Musik sein, ihren prinzipiellen Konflikt zu durchschauen. Damit wäre Klassizismus auch von konkurrierenden Begriffen wie Romantik und Historismus – übrigens auch von Biedermeier und Manierismus – abzuheben. Wie verschieden auch die Bestimmungen der Romantik lauten, so intendieren sie vor allem doch Unterschiede zur Klassik, wogegen Klassizismus gerade die bewußte Rückbeziehung bezeichnet« – die Rückbeziehung auf klassische Vorbilder bei eigenem Inhalt, oder, um es mit anderen Worten zu sagen, bei veränderter Grundintention des Musikalischen: Die Romantik hat andere Intentionen im Hinblick auf das, was Musik soll – wie man vielleicht einmal sagen kann – und dies durchaus auch in ihrem ausgeprägten Hang zur Rückbeziehung. Denn um das, was man Historismus nennt, handelt es sich ja zunächst nicht, jedenfalls nicht in der musikalischen Komposition.

Aus solchen Überlegungen und weil man, wie gesagt, mit keiner einhelligen Bedeutung rechnen kann, scheint es mir zweckmäßig, nur solche musikalischen Phänomene klassizistisch zu nennen, bei denen aus einer romantischen Rückbeziehung die eigenen musikalischen Intentionen in das äußere Gewand von klassischen Vorbildern gefaßt sind. Der Meister, an den hier vor allen anderen zu denken ist, ist selbstverständlich Mendelssohn, doch ist er weder der einzige noch der erste. Vielmehr sind unter dem definierten Gesichtspunkt viele der Zeitgenossen Beethovens und Schuberts Klassizisten zu nennen, etwa der Slowene Leopold Ferdinand Schwerdt (* um 1770) oder Hummel (* 1778), Kreutzer (* 1780), Spohr (* 1784), Berwald (* 1796). Man sehe sich zum Beispiel deren Kammermusikwerke für Streicher und Bläser an, die nach dem Vorbild von Beethovens *Septett op. 20* gearbeitet sind und dieses doch grundsätzlich verfehlen, nein: die es im *Äußeren* trefflich nachahmen, die jedoch mit ihrer empfindsamen *Grundintention* etwas ganz anderes als Beethoven verfolgen: die klassizistisch zu nennenden Werke wahren nur den äußeren Schein klassischer Werke, hinter dem sie ein Neues und Anderes zur Geltung bringen, welches freilich schon die musikalische Romantik des 18. Jahrhunderts zu denken begonnen hat, womit sie aber in einer *eigenständigen* Kompositionsweise noch nicht zu durchschlagender Wirkung gekommen war.

4. Zur Entstehung musikalischer Nationalidiome

Es gehört zu jenen Spannungen, die für die Romantik so bezeichnend sind, daß mit der Vereinsamung des Schaffenden, mit seiner Loslösung aus der Gesellschaft und dem täglichen Leben der Gemeinschaft – einem Phänomen, von dem später noch die Rede sein soll – eine stärkere Bindung an das Nationale einhergeht. In der Romantik, so scheint es, entsteht etwas Wesentliches wie neu: ein Nationales in der Musik. Wenn auch Weber kaum der »deutscheste« aller Musiker ist, als den Wagner ihn gerühmt hat, so schlagen sein *Freischütz* und seine patriotischen Männerchöre doch unüberhörbar einen nationalen Ton an. Rossini ist in eigentümlicher Weise »italienischer« als Paisiello oder Cimarosa. Berlioz kehrt stärker als irgendeiner seiner Vorgänger die Neigung zum Deskriptiven heraus, die ein Wesenszug französischer Musik zu sein scheint. Und Richard Wagner, in der Wirkung der internationalste aller Komponisten, geht in der Betonung seines Deutschtums bis zum Chauvinismus. Kein Wunder, daß die Romantik im Lauf des 19. Jahrhunderts der Reihe nach alle Nationen für eigene Musiken auf den Plan ruft, von den größten bis zu den kleinsten, von Rußland, Böhmen, Ungarn und Polen bis nach Dänemark und Norwegen und weiter bis – bis die Bewegung, wie man jetzt sagen muß, im Provinziellen mündet. Und trotzdem ist festzuhalten: eine gesteigerte nationale Färbung wird zum wesentlichen Charakteristikum fast aller romantischen Musik.

Nun, national zu unterscheidende Musiken hat es immer schon gegeben, selbst in Zeiten, in denen ein universal anerkannter Stil, etwa der der Burgundischen Meister im 15. Jahrhundert, ganz Europa beherrschte. Man kann die nördlichen Burgunder aus Brügge, Gent und dem Hennegau von den gleichzeitigen Franzosen, Engländern, Deutschen und Italienern einigermaßen unterscheiden, doch eben nur einigermaßen, weil die Täuschung zu nahe liegt, schon für eine nationale Ausprägung zu halten, was nichts weiter ist als die der Schule eines in seinem Stil ausgeprägten Meisters. Im 16. Jahrhundert allerdings beginnen sich die Musiknationen zu scheiden und/oder zu bilden, doch entstehen weder regionale noch nationale Abgrenzungen. So wie die Neapolitanische Canzone in ganz Italien gleichsam absorbiert wird, so wandert die Chanson nach Italien, das Madrigal nach England, und besonders für die instrumentalen Formen gibt es keine Grenzen im engeren Sinn. Die »Schulen« für das Ricercar, ob es nun Fuge wie in Deutschland, Tiento wie in Spanien oder Fancy wie in England heißt, sind verschieden, aber der Geist und die Form sind dieselben.

Mit dem Beginn des 17. Jahrhunderts verwandelt sich die nationale Scheidung allerdings wieder und jetzt insofern, als zwei Nationen die musikalische Hegemonie in Europa gewinnen, und zwar so nachhaltig, daß es in den Anfängen des 18. Jahrhunderts im Bewußtsein Europas nur noch zwei Musiknationen zu geben scheint, die italienische und die französische. Und das ändert sich nicht so bald. Erst mit den Wiener Klassikern geht, mit Einstein gesprochen, die Hegemonie in der Europäischen Musik auf Deutschland über. Ob es damit freilich schon eo ipso eine »Deutsche Musik« gibt, ist fraglich. Dieser Begriff wäre dann nämlich abgeleitet von den höchst persönlichen Werken der drei großen Musiker, die man die Wiener Klassiker nennt, und diese Ableitung wäre historisch falsch. Man macht sich meist nicht klar, wie sehr schon das Haydnsche Quartett und die Haydnsche Sinfonie auf italienischer Grundlage und auf der kecken Amalgamierung volkstümlicher Melodik – böhmischer, slowenischer, kroatischer und allgemein alpenländischer – beruht. Ähnlich schwer ist es, bei Mozart, der sozusagen Musik aus Musik schafft, ein nationales Element (ein österreichisches?) herauszuschälen. Und wie viele Einflüsse hat Beethoven verarbeitet! Bei ihm hatten jedenfalls die Zeitgenossen das Gefühl, sich mit einer Originalität abfinden zu müssen, die sie weniger als deutsch denn als romantisch empfanden. Selbst die französischen Romantiker, unter ihnen etwa Victor Hugo, empfanden Beethoven keineswegs als spezifisch deutsch. Aber vielleicht ist der Prozeß der Nationalisierung der Musik im 19. Jahrhundert auch viel differenzierter zu denken, als man es gerne haben möchte, und eher mit einem weit zurückliegenden geschichtlichen Vorgang zu vergleichen, nämlich mit dem Prozeß der Verdrängung der universalen griechisch-römischen Götter durch provinziale Gottheiten: Deren Macht war regional begrenzt und wuchs nur selten über Grenzen hinaus. Die universalen Musikgötter sind Haydn, Mozart und Beethoven, und ihre Altäre bleiben verehrt und bekränzt. Aber neue, kleine, regionale, manchmal nur provinzielle Musikgottheiten tauchen neben ihnen auf und etablieren sich, wie es Einstein (1950) kühn formuliert.

Wie sehr die nationale Bewegung in der Musik mit der musikalischen Hochromantik verknüpft ist, läßt sich besonders deutlich am Beispiel Böhmens oder, wie wir für das 19. Jahrhundert sagen müssen, der Tschechei zeigen. Zwar gibt es vor der Zeit der Romantik keine wirklich tschechische Musik, aber es gibt eine große Zahl vortrefflicher böhmischer Musiker, die ihre Kunst und mit ihr ein gewisses National-Böhmisches nach allen Teilen Europas exportieren. Und doch kann man nirgendwo von einem böhmischen musikalischen Dialekt sprechen, ja selbst Johann Stamitz ist musikgeschichtlich eigentlich ein italienischer Meister – und Koželuch und Tomášek sind »Wiener« Musiker, wenn auch tschechischer Herkunft. Also ist offenbar anderes wichtiger.

Von den Einflüssen der geistigen Bewegung der Romantik ist bei der Bildung nationaler Musiken der politische Einfluß nicht zu trennen, ja er ist von der größten Bedeutung. Die freien, oder jedenfalls die in ihrem Selbstbewußtsein weniger stark unterdrückten kleineren Nationen, wie die Dänen und Norweger etwa, müssen weniger leidenschaftlich sein in der Ausprägung eines nationalen Stils als die Unterdrückten, etwa die vielen kleinen Nationen in der Donaumonarchie. Das tschechische Nationalgefühl zum Beispiel empfängt seine ersten künstlerischen Impulse in der Literatur, nämlich im 18. Jahrhundert durch Herder und durch die deutsche Frühromantik, und es ist gerade in deren Sinn, wenn schon in den 20er Jahren des 19. Jahrhunderts die ersten Sammlungen tschechischer Volkslieder erscheinen. Nun beginnt man, Lieder auf tschechische Texte zu schreiben; nun führt man, nach Webers Weggang von Prag, Opern in tschechischer Übersetzung auf; 1826 kommt die erste tschechische Oper auf die Bühne: *Der Drahtbinder* (Drátenic), von dem Komponisten der tschechischen Nationalhymne Franz Škroup (1801-1862); 1828 und 1835 folgen zwei weitere. Diese tschechischen Lieder und Opern sind aber von der deutschen und der französischen Romantik und vom deutschen Singspiel und von der französischen Opéra comique so tief beeinflußt, und sie stehen überdies so sehr unter der zwar falschen, aber durchaus romantisch gedachten Maxime, nach der eine Nationalmusik aus der einfachen Nachahmung des Volksliedes zu entwickeln sei, so sehr, daß man das Nationale an diesen Musiken nur sehr behutsam hinterfragen sollte... Denn Volksmusik, volkstümliche Musik oder auch »neutrale« Musiken zu »nationalen« Texten ergeben noch keine nationalen Lieder oder Opern.

Und schließlich dies: Alle nationalen Bestrebungen führen nicht weit, wenn sie nicht von überragenden Begabungen getragen werden, wie etwa die tschechische Musik von Smetana und Dvořák. Diese sind Beispiele für die Tatsache, daß nationale Meister nicht, wie die Phrase lautet, »aus dem Schoße des Volkstums herauswachsen«. Es ist vielmehr der überragende Einzelne, der dieses »Volkstümliche« musikalisch so ausformt, daß es im Bewußtsein der Vielen zum nationalen Faktor werden, und dann sogar in der politischen Auseinandersetzung benutzt werden kann, so, als sei es ein »Natürlich-Nationales«, was es gar nicht ist.

5. Das Genie und die Vielen

Sind es wirklich nur die wenigen ganz großen Künstler, die ausformen, was alle für das Gemeinsame ansehen? Ja und nein! Daß aus der Musikgeschichte des 19. Jahrhunderts nur noch wenige Namen und Werke bekannt sind, obwohl landauf, landab viele Musiker in unzählig vielen Werken immer wieder aufs neue – und durchaus auch in bedeutenden Kompositionen – das haben Wirklichkeit werden lassen, was die Zeitgenossen als *ihre* Musik erlebt und anerkannt haben, diese Tatsache ist insofern falsch oder jedenfalls irreführend, als mit ihr ein Charakteristikum der Zeit, nämlich die reiche und differenzierte Vielfalt der musikalischen Erscheinungen, aufgegeben bzw. verloren ist. Aber es gehört nun einmal zu den Kennzeichen gerade dieses Zeitalters, daß das Genie und das im engeren Sinne Originelle alles, was nicht genial und weniger oder gar nicht originell ist, in den Schatten stellt, und sei es noch so trefflich. Etwa: Von Goethes *Erlkönig* gibt es 131 Vertonungen, aber man kennt nur die von Schubert, bestenfalls noch die von Loewe (neuerdings vielleicht auch noch eine Bearbeitung für Violine solo von H. W. Ernst, die Gidon Kremer ausgegraben und als Kuriosum bekannt gemacht hat), und das, obwohl unter den vielen unbekannten Vertonungen wahre Perlen sind, wie z.B. eine von einem sonst ganz unbekannten Bernhard Klein (1793-1832) oder die von Joh. Friedrich Reichardt (1752-1814), die bis heute in manchen Schulbüchern als Exempel der Berliner Liederschule zu finden ist. Oder: In der 2. Hälfte des 19. Jahrhunderts gehören die Lieder von Robert Franz (1815-1892) ebenso zum Repertoire des deutschen Klavierliedes wie die von Schubert, Schumann und Brahms – und heute ist keines mehr geläufig. Oder: Selbst Kenner und Liebhaber unserer Tage kennen von Max Bruch nur mehr das *Violinkonzert in g-moll,* vielleicht auch nur das *Adagio* daraus, und das, obwohl Bruch seinerzeit mit seinen großen, an Mendelssohn anknüpfenden Chorwerken (*Das Lied von der Glocke,* 1879) viel aufgeführt und hoch geschätzt war. Oder: Von der vielfältigen deutschen Opernliteratur des mittleren und späteren 19. Jahrhunderts neben Richard Wagner hat sich, sieht man von wenigen Spielopern ab, nichts im Bühnenrepertoire gehalten. Weil nichts davon etwas taugt? Schon die bloße Vermutung ist unwahrscheinlich, und der Augenschein beweist, daß manches Werk, etwa von demselben Max Bruch die Oper *Die Loreley* (1862), durchaus zu Unrecht vergessen ist. Es war indessen Richard Wagners Werk, das mit seiner Ausstrahlungs- und Anziehungskraft wie ein Pol wirkte, so daß alles andere lediglich »circumpolar« erscheinen und niemals in den Mittelpunkt des Interesses rücken konnte, wie Theodor Kroyer in einem materialreichen Aufsatz *Die circumpolare Oper* (1919) gezeigt hat. Freilich, wenn das auch so ist, so hat der historisch nachdenkliche Betrachter der musikalischen Szene des 19. Jahrhunderts trotzdem die Pflicht zu der Überlegung, die ich so bezeichnen will: Wenn die Spitze der Pyramide auch der Ort ist, an dem wir uns orientieren, die Pyramide hat dennoch eine Basis, die man auch sehen muß. *Wie* man allerdings das eine mit dem anderen verbindet, zumal in einem Buche wie diesem, das mehr denn eine Materialsammlung sein soll, das bleibt eine Frage.

6. Der autonome Künstler und das autonome Kunstwerk

»Und die Welt hebt an zu singen, triffst du nur das Zauberwort« (Eichendorff). Dem neuen musikalischen Denken ist es kein Zweifel, daß die Wurzel aller Musik die Kraft aus einem »Urklang« zieht, der sich in einem geheimnisvollen Vorgang zu realem Klang umformen läßt: am schaffenden Künstler liegt es, ob er ihn zu erwecken und zu gestalten vermag. Eine unerklärliche Inspiration befähigt ihn dazu, im Werk auszusprechen, was ihm aus den Quellen des Unendlichen zuströmt, und diesen »Inhalt« aus der Kraft seines schöpferischen Vermögens zu gestalten: Das Empfangene durch das Medium seiner Persönlichkeit rein und ohne Rest in das Werk zu verströmen, das ist seine hohe Aufgabe. Dementsprechend hat sich der *nachschaffende* Künstler dem geschaffenen Werk unterzuordnen. Hier findet der Gedanke der »Werktreue«, vermutlich zum ersten Male, seinen Ausdruck und gleichzeitig seine tiefere Begründung; so wird die Kunst der Interpretation zum priesterlichen Dienst am Unendlichen. Jede Beimischung von anderen Motiven wie Anschauungen, Bildvorstellungen, Schilderungen, Erzählungen, von jedem Programm, schließlich aber auch von literarischen Texten verunreinigt das Kunstwerk, das im höchsten Falle zur »absoluten« (E. Th. A. Hoffmann) Musik wird. Daher steht, nun zum ersten Mal in der Geschichte, reine Instrumentalmusik über jeder anderen. Gelingt das, dann ist Musik »die romantischste aller Künste«, beinahe möchte man sagen: »allein echt romantisch, denn nur das Unendliche ist ihr Vorwurf« (E. Th. A. Hoffmann). Um sich aus ungeordneter Phantastik zu befreien und eine verständliche Sprache zu reden, bedarf jedoch der schaffende Künstler der kompositorischen Techniken und Formen, er bedarf sogar gewisser allgemeinverständlicher Symbole für Empfindungen oder Gehalte, die ihn davor bewahren, ins Sibyllinische zu versinken, wie man es so oft an den Spätwerken Beethovens getadelt hat. Damit aber entsteht für den romantischen Musiker das ständige Dilemma zwischen dem, was ihm durch die Inspiration als »reiner Inhalt« für sein Schaffen zufließt, und der »Form«, deren er zur Gestaltung des Kunstwerks bedarf. Um diesen Zwiespalt kreist im Grunde die ganze romantische Musikästhetik von den Anfängen in der Mitte des 18. Jahrhunderts bis zu Wagner, ja bis in die Gegenwart. Der Kult der künstlerischen Originalität wird so hoch getrieben, daß er sich überschlägt. Zur höchsten Aufgabe berufen und doch an das Gemeine gefesselt, nämlich der Realität verpflichtet, gerät der Künstler in Widerstreit mit sich selbst und mit der Welt, in der er lebt. Die Gesellschaft, der er als Künder ewiger Werte gegenübertritt und der er sich durch die (jetzt zunehmend für banal gehaltenen) Mittel der Konvention verständlich machen muß, versteht ihn nicht und verspottet ihn – wenn sie ihn nicht scheu verehrt. Er ist nicht mehr ihresgleichen, er ist aus dem Kreis getreten, in dem der Musiker bislang beheimatet war. E. Th. A. Hoffmanns Kapellmeister Kreisler steht »höllische Qualen« aus, als er mit der Oberflächlichkeit der bürgerlichen Gesellschaft zusammenstößt; er wehrt sich mit diabolischen Sarkasmen und besinnt sich auf seine Überlegenheit. Aber diese Gesellschaft duldet ihn nicht. Er flüchtet in die Einsamkeit und – in Bachs *Goldberg-Variationen*, das heißt in eine geliebte Vergangenheit.

7. Der neue Historismus in der Musik

... der Künstler flüchtet in eine geliebte Vergangenheit. Kann er das? Warum tut er es? Mit dem neuen Zeitalter der Musik, das im 18. Jahrhundert angebrochen ist, ändert sich, wie ich zu zeigen versucht habe, das Bewußtsein von Musik überhaupt, und in dem neuen Bewußtsein von Musik ist die Musik der Vergangenheit von völlig anderer Bedeutung als je zuvor. Niemand hat das so knapp und deutlich dargestellt wie Thr. Georgiades in der Einleitung zu *Musik und Sprache* (1954), jenem Buch, dem ich, wie keinem anderen im Grunde verpflichtet bin: »Geht man von der Erfahrung aus und fragt sich, was wir heute unter Musik verstehen, so findet man, daß wir ihr anders begegnen als unsere Vorfahren. Denn noch bis vor kurzer Zeit, bis zu der Zeit Beethovens oder Schuberts, galt als Musik im allgemeinen Bewußtsein so gut wie ausschließlich die jeweils zeitgenössische und jüngst vergangene. Seitdem ist es aber anders geworden; nach den Wiener Klassikern hat sich die Situation ruckartig geändert. Mendelssohn, Schumann und Brahms, Berlioz, Liszt und Wagner, später Richard Strauss, sie alle verkörperten im Bewußtsein ihrer Zeitgenossen nicht mehr die Musik schlechthin. Sie selbst widmeten sich auch der Interpretation der Musik der Vergangenheit. Von jetzt an betrachtete und vermittelte man die älteren Werke als ebenso gültige, gegenwärtige Musik wie die neu entstehenden. So war schon die Musikpflege des späteren 19. Jahrhunderts stark durch die Vergangenheit mitbestimmt. Im Verlauf des 20. Jahrhunderts änderte sich abermals die Situation zugunsten der älteren Musik. Und dies nicht nur im Konzertsaal: Erscheinungen wie die Jugendbewegung, die Volksliedpflege, die Hausmusikpflege haben dazu verholfen. Auch die musikhistorische Forschung hat das ihrige beigetragen. So ist im Verlauf der letzten 125 Jahre eine grundlegende Wandlung im musikalischen Bewußtsein vor sich gegangen, es hat eine Umwälzung des Begriffs Musik stattgefunden. Für den Musiker und Musikfreund von heute, ja selbst für den Komponisten bildet das zeitgenössische Schaffen nur einen geringen Teil dessen, was man als aktuelle Musik bezeichnen könnte. Denn heute erheben die Werke der Vergangenheit Anspruch auf Erklingen; sie stehen als wirkende Macht da. Dieser Drang, die Musik der Vergangenheit in das Bewußtsein von heute einzubeziehen, ist so mächtig geworden, daß nicht mehr die Rede sein kann von einem eklektizistischen Verhältnis zu gewissen vergangenen Zeiten oder von einem willkürlichen Herausholen bestimmter großer Komponisten und berühmter Werke oder von einer bloßen Sehnsucht nach dem Vergangenen. Man will mehr; man hat das Bedürfnis, die Musik in ihrer Totalität als Einheit zu begreifen – die gesamte Musik, die in uns lebt, die in uns zu leben berechtigt ist. Das ist aber *unsere* Musik, die unserer eigenen Vergangenheit und Gegenwart. Man will sich nicht mehr nur mit den zufälligen, schon zugänglichen Ausschnitten bescheiden. Man möchte alle Glieder ohne Lücke wiederherstellen und diese Reihe als Werden und Wechseln begreifen. Man möchte in dieser Totalität, in dieser genetisch zu verstehenden Einheit, den Inbegriff der Musik erblicken. Für den Menschen von früher war Musik etwas in gewissem Sinn zufällig Bestimmtes: das, was in seiner eigenen Gegenwart entstand. Der Begriff von Musik war statisch, er enthielt in sich nicht die Dimension des Werdens, der Zeit. Es ist verständlich, daß, wer über das Musikalische nachdenken wollte, zwar von dem zufällig gegebenen Ausschnitt ausging, bald aber davon und somit von jeder historischen Gegebenheit abstrahierte, um möglichst auf dem Wege der reinen Spekulation, als Philosoph, das musikalisch Wesentliche aufzusuchen. – Wie anders wird das musikalische Bewußtsein heute bestimmt! Indem die Musik als eine genetische Reihe, als ein Ganzes verstanden wird, gewinnt sie die Dimension der Zeit. Von diesem nunmehr notwendigen Faktor kann man nicht mehr absehen. Verbindliches über Musik läßt sich von jetzt an nur aussagen, indem man den eigentümlichen Beziehungen zwischen Bleibendem und Wechselndem nachgeht. Man entdeckt bald, daß Wesen und Werden inniger miteinander verquickt sind, als man in früheren naiveren und, wenn man so will, begnadeteren Zeiten ahnte; daß sie unlösbar miteinander verbunden sind. Man entdeckt, daß in dem Wesentlichen viel mehr Historisches steckt als früher vermutet, daß Musik geradezu nur als Werden darstellbar ist.«

8. Die neue Musikästhetik des 19. Jahrhunderts

Trotzdem träumt das musikalische 19. Jahrhundert von einer vollkommen »reinen« Musik, von der es meint, daß die Wiener Klassiker den Weg dorthin gebahnt hätten. Blume stellt die merkwürdigen Verschränkungen im Artikel *»Romantik«* in *MGG* (1963) ausführlich dar; wir folgen ihm weitgehend. Schon der Vergleich, den E. Th. A. Hoffmann zwischen Haydn, Mozart und Beethoven zieht, ist überaus instruktiv: Haydn steht vor der Pforte, die zur Romantik führt. Mozart hat, zu seiner Zeit unverstanden, die romantische Ära inauguriert; *Don Juan* (wie man jetzt sagt statt *Don Giovanni*) ist eine romantische Oper; die »hohe Romantik Mozarts« versteht freilich nur, wer »ältere, energische Werke« studiert hat; ihn führt Mozarts Musik »in die Tiefen des Geisterreichs«, zur »Ahnung des Unendlichen«. Erst Beethoven aber hat es vermocht, »das Reich des Ungeheuren und Unermeßlichen aufzuschließen«, in dessen Tönen »der Schmerz der unendlichen Sehnsucht... und jede Lust... hinsinkt und untergeht«; Beethovens Musik »erweckt eben jene unendliche Sehnsucht, welche das Wesen der Romantik ist.« Nur der Genius vermag die elementaren Formen der Musik in »magische Präparate« zu verwandeln, »denen er seine Zauberwelt entsteigen läßt«. Unter dem Einfluß dergestaltiger Auffassungen wird selbst Johann Sebastian Bach zum Mystiker und Gotiker romantisiert. Nun, für E. Th. A. Hoffmann konnte gelegentlich sogar Palestrina »romantisch« sein, und Bettina von Arnim konnte die Lieder Zelters und Reichardts als »aufgeklärte Musik« verwerfen. Auf der anderen Seite aber wird überraschend schnell eine Grenze gegen die neue Musik der eigenen Zeit gezogen, sobald sie als unorganisch, überspitzt, effekthascherisch, oder auch sobald sie als flach, gehaltlos, äußerlich empfunden wird. Karl Gustav Carus hat in Beethovens *Neunter Sinfonie* ein Zeichen des Niedergangs erblickt, Hoffmann das »Grelle und Bunte« in der *Missa solemnis* kritisiert. Erfüllt eine Komposition nicht die höchsten (und das heißt jetzt zugleich: die höchst subjektiven) Ansprüche des Kritikers, so ist schnell der Vorwurf des Epigonentums bei der Hand, ein Vorwurf, der in den Rezensionen von Schumann, Berlioz, Liszt, Wagner bis zu Hanslick und Hugo Wolf und anderen ständig wiederkehrt: er hat das 19. Jahrhundert vergiftet. »Der Kult der künstlerischen Originalität« – wir haben damit Blume (1963) schon einmal zitiert – »ist so hoch getrieben, daß er sich überschlägt und, als Radikalforderung formuliert, jede Wertskala zertrümmert... So geraten neu und alt, Enthusiasmus und Kritik, Ideal und Wirklichkeit, Gefühl und Verstand immer tiefer in unauflösbaren Widerspruch.« – Diese und andere, im Grunde antiromantische Tendenzen führen zum Zerfall der musikalischen Romantik und schließlich dazu, daß in Verbindung mit dem Subjektivismus des ästhetischen Urteils und der Autonomie des individuellen Künstlertums ein Zeitalter des maßlosen Selbstbewußtseins und damit der schrankenlosen Freiheit heraufzieht. Daß nur das Genie selbst berechtigt sei, sich das Gesetz zu geben, wird zum Glaubenssatz der Spätromantik. Von Richard Wagner bis Ferruccio Busoni und durchaus noch weiter bezeugen zahllose Schriften und Briefe schaffender Musiker, daß es einzig der freie künstlerische Wille des Individuums ist, der Richtung und Gestalt, Klangwelt und Formen, Aufführung und Verwendung der Werke bestimmt, und dem sich der Musik-Verbraucher ungefragt zu unterwerfen hat. Die musikalische Spätromantik ist ein Zeitalter unbegrenzter Möglichkeiten – allerdings auch des Musikdenkens, dem das Verbindende und alles Verbindliche abhanden gekommen ist.

Schließlich ist noch etwas zu bedenken, das zwar erst im 20. Jahrhundert zur Geltung kommen wird, das aber doch mit der Veränderung des Bewußtseins von Musik, die sich im 18. Jahrhundert anbahnt und im 19. vollzieht, zusammen gesehen werden kann. Bei aller Einheitlichkeit der musikalischen Vorstellungen bis zur großen Zeitenwende der Musik im 18./19. Jahrhundert war eine Unterscheidung doch immer gegeben, nämlich aus Gründen der sozialen Schichtungen, die Unterscheidung von lokalen, regionalen und nationalen Bedeutungen von Musikern, Musiken und musikalischen Verhältnissen. Diese soziologisch höchst wichtige Unterscheidung verliert durch die Allgegenwart aller Musik in den Medien an Relevanz. Wenn im Hörfunk und später dann im Fernsehen etwa mittags ein ländlicher Liederkranz und abends ein Philharmonischer Chor aus der Hauptstadt zu hören ist, dann muß man die Unvergleichbarkeit der Ensembles und ihrer »Leistungen« – so lautet jetzt auch für die Kunst der aus Technik, Sport und Leistungsgesellschaft übernommene, alles entscheidende Terminus – ausdrücklich betonen, unausgesprochen mit dem Ausdruck des Bedauerns, denn »von der Sache her« ist keine Legitimation mehr gegeben für den Unterschied und für das niedrigere Niveau von Komponisten, Kompositionen, Ensembles und Aufführungen rein regionaler Bedeutung, wenn alles in denselben Medien erscheint.

9. Der neue Musiker: Der Interpret

Vereinzelung und Vereinsamung des Komponisten, gesteigerte Subjektivität des Ausdrucks, Eigenwilligkeit der formalen Gestaltung, Durchbildung der instrumentalen Technik und Ausbildung einer hohen Instrumentalkultur, die neuen sozialen Verhältnisse im Musikleben, all das trägt dazu bei, daß sich gleichsam neben dem Musiker-Komponisten ein neuer Musiker herausbildet, der das Instrumentalspiel als solches kultiviert, sich damit in den Vordergrund der Musikszene spielt: Der Interpret. Betrachtet man die oft geradezu kultisch anmutenden Veranstaltungen des neuen Konzertlebens, so kann man sich des Eindrucks nicht erwehren, hierbei sei der Interpret wichtiger als der Komponist. – Zunächst ist die Interpretation Angelegenheit des Virtuosen, und zunächst sind die Virtuosen der Romantik die Komponisten virtuoser Musik zum eigenen Gebrauch. Es treten auf deutsche, französische, polnische, spanische, belgische, norwegische, englische, italienische Virtuosen, fast alle entweder der Geige oder dem Klavier zugewandt. Unter diesen Virtuosen sind zwei, deren Erscheinen weittragende geschichtliche Wirkung ausüben soll: Paganini (1782-1840) und Liszt (1811-1886). »Wir sind heute geneigt, die kulturelle Bedeutung des Virtuosentums zu unterschätzen, weil wir es nur noch als reproduktive Tätigkeit kennen. Echtes Virtuosentum aber, wie es in Paganini und Liszt lebendig war, ist schöpferisch. Es ist Kundgebung *improvisatorischen Formens,* das seine Wirkung auf den einen Augenblick der Vorführung konzentriert und dabei alle Reize des instrumentalen Klanges entfaltet. In der phantasievollen Enthüllung dieser Reize liegt der Zauber der virtuosen Darbietung, ihre magische Wirkung auf die Hörer. Die Fertigkeit als solche ist Nebensache, sie kommt erst zum Bewußtsein, wenn der Virtuose nicht mehr improvisiert, sondern an einem gegebenen Muster seine Künste zeigt. Wenn heute ein Geiger die *Capricen* von Paganini spielt, so ist das an sich eine sehr respektable Leistung, denn diese *Capricen* gehören zu den schwierigsten Werken der Violinliteratur. Mit dem Spiel Paganinis aber könnte auch die ideale Reproduktion niemals verglichen werden. Das Außerordentliche daran war nicht die Tatsache, daß Paganini diese Stücke spielen konnte, sondern daß er sie erst ermöglicht hat. In diesem Offenbarmachen unerahnbarer Reize des Instrumentes lag der Grund der Wirkung, lag die Ursache des Taumels, der die Menschen ergriff, wenn sie Paganini hörten. Aus seiner Geige sprach der Subjektivismus und die Dämonie der Romantik in unmittelbarer Entfesselung aller Bewegungskräfte des Klanges, aller Ausdrucksschattierungen des Gesanges, aller koloristischen Eigenheiten des Instrumentes.

Was Paganini für die Geige entdeckt hatte, übertrug Liszt auf das Klavier. Die Kunst Liszts beruht auf der Erkenntlichmachung der harmonisch modulatorischen und koloristischen Reize des Klaviers, auf der Umgestaltung des Klavierspiels also gemäß den spezifisch romantischen Stileigentümlichkeiten. Liszt war keine Einzelerscheinung, ihm nahe stand der Pole Chopin, von der älteren Generation der Mozart-Schüler Hummel, von den Jüngeren namentlich Thalberg. Aber Liszt war die expansivste Natur von allen. Er begnügte sich nicht mit dem Klavier, er ging von diesem aus weiter zum Orchester, auf das er nun die am Klavier gewonnenen harmonisch modulatorischen und koloristischen Anregungen übertrug.

Aus diesem virtuosen Spielanreiz ist das romantische Orchester zu erfassen. Es wurde zuerst in Frankreich ausgebildet durch den Liszt wesenhaft verwandten Berlioz. Auch Berlioz ist Virtuose, aber von vornherein Virtuose des Orchesters. Gleich Liszt empfängt er die tiefstwirkende Anregung von Paganini. Er entwickelt sie jedoch sofort kompositorisch weiter, und als Vorbild hierfür gilt ihm Beethoven. Die immaterielle Idee Beethovens verwandelt sich bei Berlioz in die gegenständliche Anschaulichkeit der *programmatischen* Idee. Sie wird zum gedanklichen Leitfaden des virtuosen Orchesterspiels.«

Diesen Ausführungen von Paul Bekker (1926) ist nichts hinzuzufügen, denn nirgendwo ist der eigentümlich neue Zug, der das Wesen der hochromantischen Musikkultur mit bestimmt, knapper und anschaulicher dargestellt. Man muß ja immerhin bedenken, daß es Instrumentalvirtuosentum immer und überall gegeben hat und gibt, wo das Instrumentenspiel hoch im Kurs steht. Und trotzdem schlägt das 19. Jahrhundert mit seinem Virtuosentum einen ganz neuen Ton an, wie Bekker beschreibt.

10. Der neue Musikbetrieb

Zu den wenigen hier erörterten Sonderproblemen für die Musik und die Musikkultur der Hochromantik gehören in praxi zahllose andere, die kaum gestreift werden können. Eines aber kann nicht unbehandelt bleiben: der Musikbetrieb, jedenfalls mit einigen seiner bestimmenden Züge. Im 19. Jahrhundert internationalisiert sich der Musikbetrieb im höchsten Grade, und doch leben sich die Nationen auseinander. Die private Musikpflege blüht, aber sie distanziert sich mehr und mehr vom zeitgenössischen Schaffen. Die öffentliche Musikpflege wird, besonders in Deutschland, zunehmend eine Angelegenheit des Staates und der Gemeinden.

Die seit J. A. P. Schulz, Zelter und Nägeli – um wenigstens die Wichtigsten zu nennen – erwachsenden Ansätze zu einer musikalischen Volkserziehung sind Zeugnisse ebenso der neuen Notwendigkeiten wie der besten Absichten, aber sie fruchten letzten Endes wenig. Das Bedürfnis nach leichter Unterhaltung für die – sieht man einmal von der Volksmusik ab – im Grunde musikalisch uninteressierten Schichten des Volkes ist und bleibt weit entfernt von dem Eifer, mit dem breite Kreise musikalischer Liebhaber und Berufsmusiker an der Pflege eines – freilich sich unaufhörlich einengenden – klassisch-romantischen Repertoires festhalten, und von der Überheblichkeit enger Zirkel, die im Experimentieren das Heil der Musik wiederzufinden hoffen, was immer sie sich auch unter diesem Heil vorstellen. Gegen Ende des Jahrhunderts stellt sich die Situation jedenfalls so dar: Veröden die einen in der Flachheit der Produkte einer neuen Schlagerindustrie, versanden die anderen in der Stereotypie des Herkömmlichen, so glauben die dritten den Umsturz vorzubereiten, ohne sich bewußt zu werden, daß sie, von ein paar Ausnahmen abgesehen, nichts anderes als eine Art von Neoromantik betreiben. Zu einer Zeit, da die Menschen die Musik aus den funktionalen Lebenszusammenhängen verlieren und scheinbaren Ersatz in Unterhaltungsmusiken suchen, wenden sich Apostel einer »Neuen Musik« an kleine Kreise von Intellektuellen und Professionellen und übersehen geflissentlich, wie sie dadurch den lebendigen Kreislauf von Produktion und Rezeption unterbinden. Das willige Dilettantentum, von der »Neuen Musik« nicht erfaßt und außer Beziehung zu ihr, versagt ihr die Gefolgschaft und wendet sich der Musik der Vergangenheit zu, so als sei dies die einzige – auch für die Gegenwart. So tut sich eine unheilvolle Kluft zwischen Komponisten und Publikum auf. – Die gleichsam hohepriesterliche Funktion, die sich in der frühen Hochromantik die Künstler selbst zugesprochen haben, entartet gegen Ende des 19. Jahrhunderts – und dann exzessiv im 20. Jahrhundert – zum Starkult, der die Musik überwuchert.

Die praktische Musikübung und der Unterricht laufen in ausgetretenen Pfaden weiter. Während die neugeschaffene Musik nach ihren geistigen und technischen Ansprüchen mehr und mehr dem Horizont des Durchschnittsmusikers wie des Dilettanten entschwindet, verfällt das Fundament des musikalischen Laien- und Kinderunterrichts, aus dem das Verständnis für das zeitgenössische Schaffen nachwachsen müßte. – Der schaffende Künstler, schon zu E. Th. A. Hoffmanns Zeiten zum Abgott oder zum Narren der Gesellschaft geworden, gibt sich das Flair des Bohemiens, oder er vertrocknet zum Musikbeamten an Konservatorien oder Musikhochschulen. – Der offizielle Musikbetrieb degeneriert zur Kulisse, hinter der sich eine fatale Leere verbirgt. Die romantische Epoche, die in ihren Anfängen durch die Einheit aller ihrer Kräfte und Erscheinungen überzeugt hat, scheint ihre Kraft verbraucht zu haben und sich aufzulösen – und das bei einem jetzt nahezu durchorganisierten Musikbetrieb.

Indessen ist aus dem Musikbetrieb des 19. Jahrhunderts auch etwas durchaus Positives zu berichten und nach Ursprung und Bedeutung zu überlegen, selbst wenn wir heutzutage diese Erscheinung wegen ihrer politischen Spätfolgen weniger positiv sehen, als man sie früher gerade aus ihrer politischen Motivation gesehen hat. Ich meine das Gesangvereinswesen.

11. Eine neue gesellschaftliche Bindung von Musik: Das Gesangvereinswesen

Wie in der Einleitung zum VIII. Kapitel beschrieben, verschieben sich mit der Änderung der sozialen Verhältnisse im beginnenden Industriezeitalter die Grundlagen auch des Musiklebens. Die in neuen Verhältnissen lebenden und sich in den aufblühenden Städten neu zu gesellschaftlichen Gruppen zusammenschließenden Menschen bedürfen neuer gesellschaftlicher Formen für die Gemeinsamkeit und – hier darf man einmal sagen: natürlicherweise – einer neuen Musik, die diese Gemeinsamkeit in ihren neuen Formen stiften kann. In diesem Moment der Geschichte nun gelangt eine neue Form gesellschaftlicher Verbindung zu höchster Bedeutung: der Verein. Im Verein sammeln sich Menschen zu einem bestimmten Zweck, binden sie sich unter einer bestimmten Idee, vor anderen Vereinen im Gesangverein und im Sportverein. »Das deutsche Lied« gilt es wiederzugewinnen und zu pflegen; »der deutsche Mann« soll Körper und Geist üben im Sport. In einem vaterländischen Geist der Freiheit schließen sich Menschen gemeinsamer Gesinnung, die sich gegenseitig Sangesbrüder, Sportsfreunde nennen, zusammen. Wie Pilze schießen seit 1820 die Vereine aus dem Boden. Jahn und Silcher sind die Männer der Stunde; vom vaterländischen und pädagogischen, besser: vom volksbildnerischen Gedanken getragen, binden sie das Volk neu. »Man führe durch ein Hundert schulgerechte Sänger mit mittelmäßigen Organen, wie sie die Natur gibt, einen gut gesetzten Chor aus, und man hat die Volksmajestät versinnbildlicht« – so Silchers Anreger und Freund, der Schweizer Hans Georg Nägeli, im Jahre 1809 in seiner *Pestalozzischen Gesangsbildungslehre.* Freilich, mit der sportlichen Übung ist zugleich die Ertüchtigung gegeben. Was kann dem musikalisch entsprechen? Wer singt schon aus gedruckten Liederbüchern, daheim am Herd, beim Spiel, in der geselligen Runde? Und kann man überhaupt beim Singen den Geist üben? Für die Anhänger Pestalozzis, für Nägeli und Silcher, ist das keine Frage. »Erst da«, so liest man in der *Pestalozzischen Gesangsbildungslehre* weiter, »beginnt das

Zeitalter der Musik, wo nicht bloß Repräsentanten die höhere Kunst ausüben – wo die höhere Kunst zum Gemeingut des Volkes, der Nation, ja der ganzen europäischen Zeitgenossenschaft geworden, wo die Menschheit selbst in das Element der Musik aufgenommen wird. Das wird nur möglich durch Beförderung des Chorgesanges.« Und hier nun tut Friedrich Silcher (1789-1860) den entscheidenden Schritt: mit seiner »Erfindung« der Volksmelodie, gefaßt in einen harmonischen, vollklingend vierstimmigen, ansprechend leichten musikalischen Satz, so leicht, daß auch der einfache Mann im Chor mitsingen kann, so anspruchsvoll, daß man doch üben, daß man im Verein »Singstunde« halten muß. Die Leute dürfen, können, müssen sich jetzt beim Altvertrauten engagieren. Sie »pflegen« – so heißt jetzt das Schlüsselwort – mit »dem deutschen Liede« etwas spezifisch Deutsches, sie wirken aktiv mit an dem, was sie als die deutsche Kultur hochhalten – auch in fremden Ländern in deutschen Gemeinden. Nicht zuletzt in den Gesangvereinen entstand, gedieh und blühte das deutsche Nationalbewußtsein des 19. Jahrhunderts; Friedrich Silcher hat es mit seinen Chorsätzen wie kaum einer sonst befördert.

Was am Beginn des 19. Jahrhunderts sich als primär soziales Phänomen zeigt, das in den Bereich von Kultur und Politik lediglich hinüberreicht, gewinnt später allerdings andere Züge. Das aufstrebende Bürgertum war zunächst einmal der großen Zeiten überdrüssig und froh, die Napoleonischen Kriege hinter sich zu haben, es war zudem unter dem politischen Druck der Restauration von der verantwortlichen Mitgestaltung des öffentlichen Lebens abgesperrt, ja es schmachtete unter Zensur und Polizeiaufsicht. Das Bürgertum war also gleichsam nach innen gedrängt, und man hat sich nach innen gewendet, und zwar gerade in der Musik, mit der »Hausmusik« und im Musikverein – und man hat doch gedacht und betrieben, was 1848 dann hervor und zum Ausbruch kommen sollte: Die Zeit des Biedermeiers ist zugleich die Zeit des »Vormärz« (1815-1848). – Am Ende des 19. Jahrhunderts ist aus dem Zug zum einigend Nationalen im Gesangvereinswesen allerdings ein zünftiger Nationalismus geworden, dessen sich in Deutschland nun »Der deutsche Männergesang« rühmt. In den anderen europäischen Ländern laufen die Entwicklungen ähnlich, wenn auch mit eigenartigen Unterschieden und eventuell zeitlich erheblich verschoben, doch zeigen alsbald und bis heute sämtliche Kulturstaaten der Welt im Wesentlichen das gleiche Bild. – Daß die Probleme der Musik als Kunst, der Gesellschaft mit ihren Künstlern, des Neuen mit dem Alten – um nur die wichtigsten zu nennen – dem Gesangvereinswesen und seinem Verhältnis zur Musik besonders zu schaffen gemacht, es niedergedrückt und als relevanten Faktor sozialen Zusammenlebens fast außer Kraft gesetzt haben, ist leicht einzusehen, zumal die Chorbewegung unter diesen Problemen bis heute leidet.

12. Das neue musikalische Phänomen der Unterhaltungsmusik

Und noch einmal ist ein musikalisches Phänomen, das sich im 18. Jahrhundert ankündigt und im 19. Jahrhundert hervortritt, von seiner Ursache in den gesellschaftlichen Veränderungen her zu überlegen, damit die Erscheinung selbst richtig zu würdigen ist und die Folgen abzusehen sind: das Phänomen der Unterhaltungsmusik – um nicht schon gleich von Trivialmusik zu sprechen.

Wenn ich recht sehe, dann ist in der Vorrede zur Sammlung *Oden mit Melodien,* deren ersten Teil Ramler und Krause 1753 herausgegeben haben und mit der das Wirken der sogenannten Berliner Liederschule beginnt, zum ersten Mal die Rede von dem sozialen Phänomen einer neuen Gesellschaft in den großen Städten und von einem damit zusammenhängenden musikalischen Phänomen. Diese neue Gesellschaft »unserer großen Städte und Hauptstädte« hat etwas nicht, was sie braucht, und dieses muß man schaffen. Es ist ein Bedarf entstanden, ein neuer Bedarf; dieser muß gedeckt werden. Was die Gesellschaft nicht hat, hat sie nicht mehr: Volksmusik. Im 18. Jahrhundert setzt ein Prozeß ein, der noch heute dauert, in Stadt und Land verschieden, in Ländern verschieden: die alte Volksmusik geht unter. Mit dem Erlöschen mündlicher musikalischer Traditionen im 18. Jahrhundert entsteht eine Lücke im Gesamt der Musik. In diese Lücke, die offenbar aus mündlicher musikalischer Tradition nicht mehr zu schließen ist, fließt nun komponierte Musik. Komponisten schreiben jetzt, um einen Bedarf zu decken, den sie bisher mit ihren Kompositionen nicht zu decken hatten. Komponierte Musik, die sich bis dahin nahezu ausschließlich an die wenigen musikalisch Gebildeten gewandt hat, muß auf einmal auch eintreten für jene andere Musik, die die Musik aller Menschen ist. Komponierte Musik muß die Funktion der Musik des Volkes nun zu einem Teil mit übernehmen. Wie aber muß Musik beschaffen sein, jetzt richtiger: komponiert sein, die den Vielen Ersatz zu sein hat für die verlorengehende? Man versucht es zunächst mit der Nachahmung des Verlorengehenden, etwa die Komponisten der Berliner Liederschule mit ihren Sammlungen. Aber die Einsicht in die Unmöglichkeit, durch Anwendung von Kunst (des Komponierens nämlich) etwas zu schaffen, was nicht Kunst sein darf, läßt alsbald jegliches Bemühen erlahmen. Also geht man den naheliegenden Weg, nämlich für die musikalisch Nichtgebildeten einfachere Kunstmusik zu produzieren, Kunstmusik auf niederer Stufe. Man kennt die Folgen, man ahnt die Ursachen, Genaueres weiß man freilich nicht. Oder kennt man die Gründe, die tieferen Gründe, die einen Louis Spohr, den Hofkapellmeister in Kassel, bewegen, einen Gesangverein zu gründen mit der erklärten Tendenz zur musikalischen Volksbildung, oder den Musikdirektor des Tübinger Stifts, Friedrich Silcher, mit Studenten und angehenden Theologen nicht nur Motetten und Oratorien sondern gerade auch Volkslieder zu singen? Weiß man, wie es möglich ist, daß die Wiener Kaffeehausmusikanten und Tanzgeiger Lanner und Strauß »Opera« komponieren (Lanner 208 mit Opus-Zahl versehene Werke, Johann Strauß Vater über 250), sie, die doch von Berufs wegen gar nicht im engeren Sinne komponieren können müssen, die in der musikalischen Komposition eigentlich Autodidakten sind? 1829, ein Jahr nach Schuberts Tod, wird Lanner »Musikdirektor der k. k. Redoutensäle«; seit 1832 veranstaltet er Promenadenkonzerte, für die er Eintrittsgeld verlangt, in denen er »immer auch ernste Musik spielt, soweit sie dem Begriff Unterhaltungsmusik noch entsprechen kann«. Schon seine Zeitgenossen sehen ihn und nicht seinen Hofkapellmeisterkollegen als den musikalischen Repräsentanten Wiens an. Wie ist das möglich? Welche gesellschaftlichen Veränderungen stecken dahinter, welche tiefgreifenden musikalischen? Wüßte man mehr, man wüßte mehr über unsere gegenwärtige musikalische Situation und eines ihrer brennenden Probleme, nämlich die Trennung zwischen U- und E-Musik, wie wir zu sagen pflegen. Wohlgemerkt, hier ist nicht von etwas Heruntergekommenem die Rede, im Gegenteil! Im Artikel *»Wien«* in *MGG* kann man schön zusammengefaßt lesen, was alle wissen, die meisten freilich ohne sich der Bedeutung bewußt zu sein: »Einzigartige Leistungen erbrachte das 19. Jahrhundert auf jenem Gebiet, das man im gemeinen Sprachgebrauch als ›Wiener Musik‹ schlechthin versteht: der Operette, des Wienerliedes, des Tanzes, speziell des Walzers. J. Lanner und Johann Strauß (Vater) erhoben die volkstümliche vorstädtische Unterhaltungsmusik auf das Niveau des Kunstwerkes. Den Höhepunkt der Entwicklung erreicht die Wienerische Musik zweifellos in dem ›Walzerkönig‹ Johann Strauß (Sohn), den als Komponisten und Dirigenten zwei Kontinente feierten und dessen musikalische Größe sowohl Wagner als Brahms neidlos anerkannten.«

13. Daten bis 1850

um 1800 **Dimitri Bortnjanski** (1751-1825): **Choralmelodie »Ich bete an die Macht der Liebe«**

Eines der beliebtesten Stücke aus dem reichen Schatz sogenannter romantischer Lieder, die wir heute eher zu den »Schnulzen« zu zählen geneigt sind, stammt nach seinem Text (G. Tersteegen, 1697-1769) aus einer hohen Zeit deutscher evangelischer Kirchenlieddichtung, musikalisch aus Rußland. Bortnjanski, den man schon zu seiner Zeit den »russischen Palestrina« nennt, ist von großem Einfluß auf die neuere russische Kirchenmusik, für die er das gefühlvolle italienische kirchenmusikalische Ideal seiner Zeit mit der orthodoxen Tradition verbindet – von Einfluß allerdings auch auf die deutsche evangelische Kirchenmusik, in deren *Altpreußischer Agende* von

1829 er mit verschiedenen Sätzen vertreten ist, und die er beim Militär im *Großen Zapfenstreich* mit eben diesem Lied vertritt. – Wenn dieses Lied tatsächlich für ein musikalisches Ideal seiner Zeit steht, wie man lesen kann, dann ist der Cäcilianismus – und zwar von Anfang an in epigonaler Verflachung – viel früher als wirksame Kraft anzunehmen, als man gemeinhin annimmt, nämlich bereits im letzten Viertel des 18. Jahrhunderts. Dann freilich sind auch Herders Schrift *Cäcilia* (1793), Wackenroders *Phantasien über die Kunst* (1799) und E. Th. A. Hoffmanns Aufsatz *Alte und neue Kirchenmusik* (1814) nicht mehr erstaunlich früh, dann nämlich gehören sie eben *jener* Romantik an, die schon das ausgehende 18. Jahrhundert musikalisch dominiert.

1801 Johann Karl Friedrich Triest: »Bemerkungen über die Ausbildung der Tonkunst in Deutschland im 18. Jahrhundert«

In der neueren Musikwissenschaft setzt sich die Erkenntnis durch, daß die Entstehung bestimmter Vorstellungen von Musik – um nicht gleich zu sagen: die Entstehung der neueren Musikästhetik – im beginnenden 19. Jahrhundert zusammenhängt mit dem damals ziemlich neuen und die denkenden Musiker erheblich beschäftigenden Phänomen der Rezeption einer alten Musik, nämlich der Musik von J. S. Bach. Weniger bekannt, aber mit Nachdruck zu nennen, sind hier Hans Georg Nägeli und der Stettiner Theologe J. K. F. Triest (?-?) mit seinen sich von Januar bis März 1801 über 13 Nummern der Leipziger *Allgemeinen Musikalischen Zeitung* hinziehenden *Bemerkungen über die Ausbildung der Tonkunst in Deutschland im 18. Jahrhundert.* Dahlhaus (1978) hat auf diese ästhetisch-geschichtsphilosophische Abhandlung aufmerksam gemacht, in der unter Rekurs auf Termini der Kantischen Ästhetik ein Begriff von Instrumentalmusik anvisiert wird, der der frühromantischen Idee der absoluten Musik nahekommt.

1801 ff. Musikvereine und Musikfeste in Deutschland

In allen »Musikgeschichten« ist ausführlich dargestellt, wie tief die Ideen der Französischen Revolution, der Demokratie und der Völkerverständigung Denken und Schaffen etwa Beethovens durchdringen, selten hingegen, daß diese Ideen in der in vielen Ländern auflebenden, für Deutschland aber in besonderer Weise charakteristischen, tiefen und breiten Bewegung der Musikvereine und Musikfeste lebendig und wirksam sind – nach Art und Weise freilich durchaus verschieden. Knepler (1961) hat, um einen Begriff vom Umfang dieser Bewegung zu geben, ohne Anspruch auf Vollständigkeit eine eindrucksvolle Liste von Vereinsgründungen und Musikfesten der beiden ersten Jahrzehnte des 19. Jahrhunderts zusammengestellt:

> »Im Jahre 1801 wird in Würzburg der Akademische Chor gegründet, 1802 die Leipziger Singakademie, 1804 der Singverein in Münster. 1806 entstehen Chöre in Erlangen, Dresden und Kassel. 1807 wird in Dresden die Dreißig'sche Singakademie ins Leben gerufen, 1808 gründet Zelter die Berliner Liedertafel, und 1810 veranstaltet Kantor Georg Friedrich Bischoff das erste deutsche Musikfest in Frankenhausen« in Thüringen, das 1811 wiederholt wird. »1813 bildet sich ein musikalischer Verein in Passau, 1814 der Gesangverein in Potsdam, 1815 die Singakademie in Bremen.« 1815 am Jahrestag der Völkerschlacht bei Leipzig findet das dritte Musikfest in Frankenhausen statt, bei dem Spohrs Tongemälde *Das befreite Deutschland* (1814) aufgeführt wird, 1817 das erste Niederrheinische Musikfest in Düsseldorf (angeregt von Elberfeld). »1816 schon veranstaltet Luise Reichardt, die Tochter des Komponisten, in Hamburg Aufführungen Händelscher Oratorien unter Mitwirkung von Musikfreunden aus Nachbarstädten, 1817 findet ein ähnliches Fest in Lübeck statt. Im gleichen Jahr entstehen die Singakademien in Chemnitz, in Schwäbisch-Hall, Elberfeld und Düsseldorf. 1818 werden der Verband der Elbstädte, ferner der Cäcilienverein in Frankfurt und die Magdeburger Liedertafel gegründet. 1819 entstehen ein Gesangverein in Hamburg, die Liedertafel in Breslau und der Gesangverein in Güstrow. 1820 veranstaltet Bischoff ein dreitägiges Musikfest in Helmstedt mit Mitwirkenden aus mehreren deutschen Städten, und in Quedlinburg findet ein ähnliches Fest statt. 1821 werden der städtische Musikverein zu Köln und die Liedertafel in Dessau ins Leben gerufen. Im dritten und vierten Jahrzehnt des Jahrhunderts folgen die Gründungen von Gesang- und Musikvereinen und die Veranstaltung von Musikfesten noch dichter aufeinander.« Im Jahre 1846 feiert man in Deutschland zwischen 50 und 60 Sängerfeste.

Spohr, Marschner, Loewe, Friedrich Schneider, Mendelssohn sind die wichtigsten aus einer stattlichen Zahl von Komponisten, die für Vereinigungen und Feste eine fast unübersehbare Menge von Chorstücken (vorwiegend für Männerchor), Oratorien und ähnlichen Werken schreiben. Besonders die Ereignisse der Jahre 1813/1814 regen die Produktion an. A. G. Methfessel schreibt

Kriegslieder mit Chören, Gottfried Weber, B. A. Weber, F. H. Himmel und Dutzende anderer Komponisten schreiben Lieder, die der Begeisterung der Stunde Ausdruck verleihen. Körners berühmte Gedichtfolge *Leyer und Schwert* wird ungezählte Male in Musik gesetzt. Dazu gibt es Schlachtensymphonien, Variationen über vaterländische Lieder, Sammlungen von Nationalmusiken der Russen (der Bundesgenossen gegen Napoleon) und vieles andere in großer Zahl, und zumindest *ein* Komponist hat in diesen Tagen auch tatsächlich Bedeutendes geschaffen: Carl Maria von Weber. Freilich, man darf die Bedeutung dieser Sänger- und Musikfestbewegung nicht nach dem rein künstlerischen Wert der Literatur beurteilen, die sie hervorbringt. Wichtiger ist die Plattform, die sich das Volk mit diesen Festen schafft: Hier besteht ein wirkender Kontakt zwischen den Leuten und ihrem Bedarf an Musik einerseits und den Komponisten andererseits; die Musik, die hier gemacht wird, sucht den unmittelbaren Lebensinteressen des Volkes Stimme zu geben. Dementsprechend sind die Programme der öffentlichen Konzerte – anspruchsvoller als heutzutage bei Sängerfesten, wenn zum Beispiel ein Musikfest des Jahres 1834 Webers *Leyer und Schwert,* Beethovens *Eroica* und Händels *Judas Maccabäus* im Programm vereinigt. Aufschlußreich schildert Mendelssohns Vater, worin er – und sicher nicht nur er – die Bedeutung des Musikfestes erblickt. Über das Düsseldorfer Musikfest des Jahres 1833 schreibt er: »Ein Musikfest am Rhein ist ein schönes und eigenes Ding; es ist ein Ereignis, nur von der Musik zu veranlassen und nur in diesem Lande möglich. Es gibt hier keinen Hof, keine Einmischung von oben, keinen General-Musikdirektor, kein kgl. Dies oder Jenes. Es ist ein wahres Volksfest, daher ich auch bis jetzt keinen Polizeimann bemerkt habe und der Magistrat die Wege bis zum Konzertsaal – er liegt außerhalb der Stadt – mit Feuerspritzen reichlich besprengen läßt.«

1802 Johann Nikolaus Forkel (1749-1818): »Über Johann Sebastian Bach's Leben, Kunst und Kunstwerke«

Als Forkel (seit 1779 in Göttingen Universitätsmusikdirektor und seit 1787 Ehrendoktor und damit im Range eines Professors) sich der Musikgeschichte als einer Wissenschaft zuwendet und 1788 eine *Allgemeine Geschichte der Musik* zu veröffentlichen beginnt, für die er als krönenden Abschluß des dritten Bandes die *Bach-Biographie* vorsieht, ist die Erinnerung an Bach fast erloschen, wird keines seiner Werke mehr öffentlich aufgeführt, nur noch von wenigen eigenbrötlerischen Liebhaberkreisen bewahrt und gespielt (von Kirnberger in Berlin, Neefe in Bonn, van Swieten in Wien, um die wichtigsten zu nennen). Aber das historische Zeitalter der Musik, das mit der Romantik angebrochen war, und der neue romantisch-patriotische Nationalismus entfachen langsam wieder das Interesse an Bach: »Dieses Unternehmen ist nicht nur der Kunst selbst in jedem Betrachte äußerst vorteilhaft, sondern muß auch mehr als irgendeines der Art zur Ehre des deutschen Namens gereichen. Die Werke, die uns Joh. Seb. Bach hinterlassen hat, sind ein unschätzbares National-Erbgut, dem kein anderes Volk etwas ähnliches entgegensetzen kann. Wer sie der Gefahr entreißt, durch fehlerhafte Abschriften entstellt zu werden, und so allmählich der Vergessenheit und dem Untergange entgegenzugehen, errichtet dem Künstler ein unvergängliches Denkmal, und erwirbt sich ein Verdienst um das Vaterland; und jeder, dem die Ehre des deutschen Namens etwas gilt, ist verpflichtet, ein solches patriotisches Unternehmen zu unterstützen, und soviel an ihm ist, zu befördern... Was ich in meiner Geschichte der Musik von Bach zu sagen habe, möchte vielleicht bloß von dem kleinen Kreise der Kunstgelehrten gelesen werden, und doch ist die Erhaltung des Andenkens an diesen großen Mann – man erlaube mir, es noch einmal zu wiederholen – nicht bloß Kunst-Angelegenheit – sie ist National-Angelegenheit.« So heißt es in der Vorrede und dementsprechend lautet der Untertitel des Büchleins »Für patriotische Verehrer echter musikalischer Kunst«. Forkels Büchlein (es hat kaum über 80 Seiten) nimmt in der Bach-Forschung und zugleich in der Musikgeschichtsschreibung eine Schlüsselstellung ein, weil der Autor einerseits als letzter aus der unmittelbaren Überlieferung der ihm befreundeten ältesten Söhne Bachs schöpfen kann, weil er andererseits als erster Vertreter der jungen Musikwissenschaft die neuen musikalischen Interessen des angebrochenen historischen Zeitalters zu wahren versteht.

Dies gilt auch dann, wenn die Einwände durchaus gelten müssen, daß Forkel historische Überlieferung mit eigener Interpretation ohne Kennzeichnung vermengt (Vorwurf Spittas), daß er die Möglichkeit, von den Söhnen Bachs biographisches Material zu erlangen, nicht besser ausschöpft (Vorwurf Terry's), besonders aber, daß er auch Bach selbst unter dem Gesichtspunkt des stetigen Fortschreitens sieht, was zu Fehlurteilen, hauptsächlich über die vor 1720 entstandenen Kompositionen Bachs geführt hat. – Zu bedenken ist schließlich, worauf Salmen (1966) wieder aufmerksam gemacht hat. Forkel schreibt: »Ausgemacht bleibt es, wenn die Kunst Kunst bleiben, und nicht immer mehr zu bloß zeitvertreibender Tändeley zurücksinken soll, so müssen überhaupt klassische

Kunstwerke mehr benutzt werden, als sie seit einiger Zeit benutzt worden sind. Bach, als der erste Klassiker, der je gewesen ist, und vielleicht je seyn wird, kann hierin unstreitig die besten Dienste leisten.« Dies ist wohl die erste Kennzeichnung Bachs als eines »Klassikers«, und zwar so verstanden, daß etwas, das man als historisch Gewesenes sich wieder aneignet, nun mit diesem Begriff, der das Mustergültige meint, bezeichnet wird.

1804 **Ivan Mane Jarnović** (* um 1740) **in St. Petersburg gestorben**

Die Leipziger *Allgemeine Musikalische Zeitung* berichtet am 9. Januar 1805: »Der berühmte Violinspieler Jarnowick (auch Giarnovichi) ist vor 2 Monaten in Petersburg gestorben. Bekanntlich war er einer der vorzüglichsten Virtuosen auf seinem Instrumente, das er besonders mit Genauigkeit, Anmuth und Zierlichkeit behandelte, ihm den reinsten und einschmeichelndsten Ton zu entlocken und eine Seele einzuhauchen wußte, welcher man sich mit Entzücken hingab.« Der gebürtige Kroate zählt mit Lolli, Pugnani, Rode und Viotti zu den besten europäischen Geigern vor Paganini, und seine etwa 20 Violinkonzerte gehören in der zweiten Hälfte des 18. Jahrhunderts zu den besten der Gattung, deren französische Ausprägung er mit geschaffen hat. Sein Ruhm reicht von Wien bis Berlin, von Paris bis St. Petersburg; von Burney bis Leopold Mozart bewundern ihn die besten Kenner seiner Zeit. Und warum ist er dann heute so ganz vergessen? Weil überhaupt die Violinmusik seiner Zeit vergessen, richtiger: von der späteren verdrängt worden ist. Die musikalische Hochromantik bringt nämlich ein Element, das ursprünglich gar nicht zur musikalischen Komposition sondern zur Aufführungspraxis gehört, in die Komposition der Violinmusik – vor allem und zuerst in die Violinmusik dann erst in die Klaviermusik – ein, das Element des virtuosen Spiels: Durch Paganini wird, was von Pugnani bis Jarnović selbstverständlich ist und deshalb nur anklingt, zur Sache an sich erhoben. Damit bricht ein neues Zeitalter nicht nur des Instrumentalspiels sondern der Instrumentalmusik an.

1804 **Ferdinando Paër** (1771-1839): **Oper »Leonora ossia L'amore coniugale«** in Dresden

1804 spielt man in Dresden *Leonora ossia L'amore coniugale* von Paër nach einer italienischen Bearbeitung von Bouillys Text durch Giacomo Cinti. 1805 kommt in Padua dasselbe Stück zur Aufführung mit der Musik von Giovanni Simone Mayr (Johannes Simon Mayr, 1763-1845), wobei das Libretto durch Gaetano Rossi jedoch auf einen Akt zusammengestrichen und in wichtigen Zügen so verändert ist, daß man die Vorlage kaum wiedererkennt. Paërs *Leonore* hat nicht wenig Erfolg. Man spielt sie 1806 in Wien, 1812 in Florenz, 1816 in Neapel. Von der Gattungstradition aus betrachtet ist sie weder Opéra comique noch Opera seria oder gar Opera buffa, eher »Opera semiseria« oder auch »Dramma eroicomico«, wie man bestimmte, aus der »Konkursmasse der Barockoper« hervorgegangene Mischgattungen eventuell nennen kann. Die Musik gilt als »hoch inspiriert, phantasievoll und kompositionstechnisch über alles Lob erhaben« (P. Maag). – Paër ist zu seiner Zeit ziemlich berühmt, wobei sein Ruhm auf über 40 Opern, vor allem aber auf wichtigen und einflußreichen Stellungen beruht. Seit 1798 ist er Kapellmeister am Kärntnertortheater in Wien, seit 1803 am Hoftheater in Dresden. Napoleon nimmt ihn 1806 mit nach Warschau und dann nach Paris, wo er seit 1812 als Nachfolger von Spontini Leiter der Italienischen Oper ist. In Wien lernt Paër Beethoven kennen, in Warschau streitet er sich mit E. Th. A. Hoffmann, in Paris muß er einem verhaßten Rivalen weichen: Rossini. Auch Biographien »machen Musikgeschichte«.

1804/05 **Jean Paul** (1763-1825): **Roman »Flegeljahre«**

Den stärksten Einfluß auf die gesamte romantische Bewegung, und zwar von ihren Anfängen an bis tief ins spätere 19. Jahrhundert und ganz besonders auf ihre Musikanschauung üben Jean Pauls Romane, Erzählungen und ästhetische Schriften aus, vor den anderen *Hesperus* (1795), *Titan* (1800-1803) und ganz besonders *Flegeljahre.* Sie sind durchtränkt mit Musik und übertreffen in ihrem schwärmerischen Enthusiasmus, ihrer hochgesteigerten Gefühlsseligkeit alles, was von anderen romantischen Schriftstellern über Musik gesagt worden ist (Blume 1963).

1804-10 **Johann Baptist Cramer** (1771-1858): **Klavieretüden**

Von den drei großen »C« des Klavierspiels und einer neuen Klaviertechnik ist Cramer der mittlere, zu seiner Zeit gleich berühmt wie der ältere Clementi und der jüngere Czerny, berühmt als Virtuose, als Lehrer und als Komponist – als Komponist vor allem von klavierpädagogischen Werken: *Etude pour le Pianoforte en 42 exercices dans les différents tons,* 1804, und *Suite de l'Etude en 42 exercices,* 1810. Nach einem Wort Robert Schumanns bringen diese Etüden das Charakteristische der Cramerschen Schule, »das allgemein Bildende für Hand und Kopf« in vollendeter Weise zur Geltung. Denn unerreicht ist schon zur Zeit ihres Erscheinens (und das macht den Unterschied zu Clementis Lehrmethode aus): der über die fingertechnischen Zwecke hinausreichende musikalische Wert dieser Stücke. Cramer hat der Gattung Etüde mit einer Art von Musikalisierung eine Richtung gewiesen, die ihr einen Platz in der Frühzeit des lyrischen Klavierstücks, insbesondere für die Vorgeschichte der Mendelssohnschen *Lieder ohne Worte* zuweist. In späteren Etüdensammlungen Cramers begegnet man nämlich mit Titeln versehenen Stücken wie *»Zufriedenheit«, »Traurige Gedanken«, »Der Bach«, »Der Nordwind«.* Längst ehe Hans von Bülow den Etüden Cramers durch seine Ausgabe Weltgeltung verschafft hat, hatte ihnen – und überhaupt der Klavierpädagogik ihres Meisters – Beethoven die höchste Anerkennung gezollt, indem er sie dem Klavierunterricht seines Neffen zugrundegelegt und sie dazu mit höchst instruktiven Anmerkungen versehen hat.

1805 **Hans Georg Nägeli** (1773-1836) **gründet das Zürcherische Singinstitut** und initiiert damit die Chorbewegung

Nägeli, eine der bedeutenden Gestalten des schweizerischen Geisteslebens im frühen 19. Jahrhundert, ist ein erstaunlich vielseitiger Mann: Komponist (fast 3000 Kompositionen), Musikverleger (der Verlag geht später an die Gebrüder Hug über), Musikschriftsteller, Musikpädagoge. Heute noch bekannt ist er dadurch, daß er Werke Beethovens verlegt und sich dabei »Verbesserungen« erlaubt hat, die Beethoven zu Wutausbrüchen veranlaßt haben. Sonst ist er nahezu vergessen – zu Unrecht, denn seine ästhetischen Schriften sind, entgegen Einsteins Verdikt, höchst aufschlußreich, und als Musikpädagoge ist er von größter Bedeutung. Tief angeregt von Pestalozzi setzt er dessen Ideen als Musiker in die Tat um und gründet 1805 mit 30 Sängern und einem eigenen Kinderchor das »Zürcherische Singinstitut« und bringt damit für den südwestdeutschen Raum die Bewegung in Gang, die, mit einigen Unterschieden, zur nahezu gleichen Zeit auch im nördlicheren Deutschland von Berlin aus und in Österreich von Wien aus in Gang kommt, die Bewegung der Chorvereinigungen. Gleichzeitig arbeitet Nägeli zur theoretischen Begründung eine *Gesangbildungslehre nach Pestalozzischen Grundsätzen pädagogisch begründet* aus (Bd. 1: 1809; Bd. 2: 1821; mehr nicht erschienen).

1809, mitten in den Wirren der napoleonischen Kriege, in einer Situation des Umbruchs aller sozialen und politischen Strukturen in Europa schreibt Nägeli einen flammenden Aufruf: »Erst da«, so liest man in seiner *Pestalozzischen Gesangbildungslehre,* »beginnt das Zeitalter der Musik, wo nicht blos Repräsentanten die höhere Kunst ausüben – wo die höhere Kunst zum Gemeingut des Volkes, der Nation, ja der ganzen europäischen Zeitgenossenschaft geworden, wo die Menschheit selbst in das Element der Musik aufgenommen wird. Das wird nur möglich durch Beförderung des Chorgesanges... Nehmt Scharen von Menschen, nehmt sie zu Hunderten, zu Tausenden, versucht es, sie in humane Wechselwirkung zu bringen, ... wo jeder Einzelne seine Persönlichkeit so wohl durch Empfindungs- als Wortausdruck freitätig ausübt, wo er zugleich von allen übrigen homogene Eindrücke empfängt, wo er sich seiner menschlichen Selbständigkeit und Mitständigkeit auf das intuitivste und vielfachste bewußt wird, ... wo er Liebe ausströmt und einhaucht, augenblicklich, mit jedem Atemzug – habt ihr etwas anderes als den Chorgesang? – Man führe durch ein Hundert schulgerechter Sänger mit mittelmäßigen Organen, wie sie die Natur gibt, einen gutbesetzten Chor aus, und man hat die Volksmajestät versinnlicht«. Zweierlei zeigt dieser Text: 1. Als Nägeli das schreibt, fehlt es an einer wirklichen, im Volk verwurzelten Tradition des Chorgesanges; dieser befindet sich in einem Zustand, der die Gründung neuer Chöre wie eine revolutionäre Tat erscheinen läßt; 2. Chorgesang hat damals nicht nur musikalische sondern auch, ja sogar in erster Linie, gesellschaftliche Aufgaben; in ihm spricht sich ein neues Bewußtsein aus, für das Musik nicht mehr ein Privileg der Höfe und der Kirche ist.

Gegen Ende des 18. Jahrhunderts ist der Chorgesang Gegenstand allgemeiner Unzufriedenheit. Die schlechten Zustände sollen indessen nicht andauern. Um den Verfall vor allem der Kirchenmusik aufzuhalten – weil die Schulchöre ihre Pflichten vernachlässigen –, bilden sich an zahlreichen Orten neue Chöre, meist wohl auf Initiative von Musikern, aber außerhalb der bewährten Institutionen, nämlich in Häusern des Bürgertums. So treffen sich 1791 in Berlin im Salon der Frau Sidonie Voitus Sängerinnen und Sänger, um unter der Leitung von Carl Friedrich Fasch (1736-1800) dessen sechzehnstimmige Messe zu studieren. Der Chor wird bald größer (1799 zählt er 94 Mitglieder) und nennt sich »Singakademie«. Man singt nun Oratorien von Händel, Motetten von Bach, Kirchenmusik mit und ohne Instrumentalbegleitung.

Als hätte die Berliner »Singakademie« ein Signal gegeben, folgen bald ähnliche Chöre in anderen Städten: 1805 zuerst in Zürich durch

Nägeli das »Singinstitut«, dann in Erlangen 1806, in Wien 1812 (daraus entsteht die »Gesellschaft der Musikfreunde«) und so weiter. Wie die »Singakademie« wenden sich die meisten »Singinstitute« der Kirchenmusik zu, und diese bleibt lange Zeit ihre vornehmste Aufgabe. (Man denke an die Aufführung der Bachschen *Matthäuspassion* durch die Berliner »Singakademie« 1829.) Es geht also in erster Linie um die Musik. Oft aber ist es auch der Wunsch nach geselligem Zusammensein, der zur Gründung einer solchen musikalischen Institution führt. So entsteht 1809, ein Jahr vor Nägelis Aufruf zur Gründung von Chören als Ausdruck der neuen Freiheiten und der »Volksmajestät«, unter der Direktion Karl Friedrich Zelters, damals Leiter der »Singakademie«, die »Berliner Liedertafel«. Nicht lange zuvor hatte Zelter sich an den späteren Chronisten der Liedertafel, Bornemann, gewandt: »Schwebte Ihnen nicht gestern Abend König Arthurs Tafelrunde vor? Wiedererwecken wollen wir das alte Sängerwesen. Nur kein Geklatsche voraus davon... Erst eine kleine Anzahl von fröhlichen Liedern von Kern und Kraft; die will ich suchen und setzen. Schaffen Sie, was noch sonst dazu gehört. Ermittlungen besonders, wie es bei der Tafelrunde gehalten worden. Liedertafel soll es bei uns heißen. Ein Meister mit zwölf Gesellen oder auch mit bis vierundzwanzig, läßt es sich zusammenbringen.« Das nun ist höchst bezeichnend für die »Liedertafel«, daß es zunächst darum geht, ihr ein Statut zu schaffen: 19 Paragraphen regeln den Status der Mitglieder und ihre Pflichten, allerdings auch die Möglichkeit, Gäste in die Tafelrunde aufzunehmen. Zelter an Goethe (26. Dezember 1808): »Zur Feier der Wiederkunft des Königs habe ich eine Liedertafel gestiftet: Eine Gesellschaft von 25 Männern, von denen der 25ste der gewählte Meister ist, versammelt sich monatlich einmal bei einem Abendmahle von zwei Gerichten und vergnügt sich an gefälligen Deutschen Gesängen. Die Mitglieder müssen entweder Dichter, Sänger oder Componisten sein. Wer ein neues Lied gedichtet oder componirt hat, lieset oder singt solches an der Tafel vor, oder läßt es singen.« Die Musik ist dieser Tafelrunde also nur Mittel zum Zweck, und der gesellige Anlaß spiegelt sich im Repertoire: man singt vornehmlich Stücke volkstümlichen Charakters zu Themen wie »Gesang und Wein«, meist nicht mehrstimmig sondern als Sololieder, zu denen der »Chor« einen Kehrreim hat im unisono. Später wandelt sich der Kreis von Dichtern, Komponisten und Sängern in einen wirklichen Männerchor; 1828 tritt Zelters »Liedertafel« zum erstenmal in einem öffentlichen Konzerte auf – mit 70 Sängern.

In der Einleitung zu einer *Gesangbildungslehre für den Männergesang* schreibt Nägeli 1817, daß »diese spezielle Kunst« eigentlich von Salzburg ausging, »wo Michael Haydn (in Verbindung mit dem Vocalkomponisten Hacker) der erste war, der, vermutlich aus Gefälligkeit für einige elegante junge Herren, eine Sammlung solcher... Lieder componirte.« Tatsächlich gibt dieser Salzburger Musiker und Verleger Benedikt Hacker seit etwa 1795 immer wieder *Gesänge zu 4 Männerstimmen ohne Instrumentalbegleitung, in Musik gesetzt von Herrn Johann Michael Haydn,* heraus, die in Österreich und besonders in Wien starkes Echo finden. Das belegen u.a. die frühesten Manuskripte, die uns – von Franz Schubert überliefert sind: seine mehrstimmigen Gesänge sind »Gesellschaftsmusik« ähnlich wie die der »Liedertafeln«.

Neben den »Liedertafeln« gibt es noch eine andere Bewegung zur Erneuerung der Chormusik, für die, wie für die Berliner »Singakademie«, *musikalische* Ziele im Vordergrund stehen. In Wien bildet sich im Anschluß an eine Aufführung des *Thimoteus* von Händel 1812 die »Gesellschaft der Musikfreunde des österreichischen Kaiserstaates« und diese Gesellschaft – von ihrer Entstehung her zunächst durchaus auch eine »Singakademie« – wird bald zur bestimmenden Kraft im bürgerlichen Musikleben der Residenzstadt. Anders als in zahlreichen ähnlichen Organisationen sind es hier jedoch weitgehend Berufsmusiker, die als Mitglieder der Gesellschaft und über ihre vielfältigen Organe Einfluß auf die Konzertprogramme nehmen, sowohl auf die großen öffentlichen »Akademien« als auch auf die »Abendunterhaltungen«, kleinere Konzerte halb privaten Charakters. In den Statuten dieser »Abendunterhaltungen« ist ihr Zweck festgelegt; es geht um »den Selbstbetrieb und Genuß der Musik und die Beförderung der Geselligkeit unter den Kunstliebhabern unserer Residenz-Stadt.« So überrascht es nicht, daß in den Programmen der »Abendunterhaltungen« mehrstimmige Gesänge eine dominierende Rolle einnehmen. Auf diese Weise aber, gesungen in einem Konzert und vor zahlendem Publikum, gelangt der mehrstimmige Gesang zu neuer Bedeutung. Er ergibt sich nicht mehr aus dem Zusammentreffen befreundeter Sänger, sondern wird »musikalische Gattung«, geeignet, in einem Kammerkonzert den Schluß zu bilden, und gleichen Ranges wie das Streichquartett. Schubert steuert zu diesen »Abendunterhaltungen« zahlreiche Vokalquartette bei, wobei das neue Prestige der Gattung natürlich auf ihre Faktur zurückwirkt: Seit Schubert gehören gesellige Chöre zu den hohen Aufgaben der Kunstmusik in den leichteren Genres; ihr Meister wird dann Brahms sein.

Die Chorbewegung, die 1805 mit der Gründung des »Zürcherischen Singinstituts« durch Nägeli ihren Anfang genommen hat, breitet sich schnell in der ganzen Schweiz und im schwäbisch-alemannischen Raum Südwestdeutschlands aus. 1834 zieht Nägeli nicht ohne Befriedigung sein erstes Resümee: »Als eine Thatsache der Cultur, die schon oft eine große genannt wurde, ist das nunmehr in der Schweiz vorhandene Gesangwesen öffentlich bekannt und anerkannt... Wir haben gegenwärtig in der Schweiz, die Alltagsschüler nicht gerechnet, wenigstens zwanzigtausend kunstgerecht zu nennende Figural-Sänger, welche Mitglieder von Orts-, Gemeinde- oder Cantons-Vereinen sind...« Diese Chöre üben sich zunächst vor allem an Volksmusik, mit dem Ziel jedoch, bald auch schwierigere Werke in ihr Repertoire aufzunehmen. Nägeli führt dies aus: »Mein Wille hingegen und mein künstlerischer Lebensplan war und ist: die gesammte Sängerwelt, so weit ich auf sie Einfluß habe oder gewinnen kann, vom Niedrigsten bis zum Höchsten, vom Volksliede bis zur Fuge und vom syllabischen Gesange bis zum melismatischen, ja bis zum Bravourgesange zu führen... Den Kennern der höhern Kunst verspreche ich, namentlich im Gebiete des mehr als vierstimmigen Gesanges, wenigstens dem Umfange nach, ziemlich Grossartiges.« Sind die Pläne und Hoffnungen auch zu hochfliegend, was Nägeli sachlich über die Schweiz berichtet, gilt bald für ganz Südwestdeutschland. In den kleinsten Dörfern bilden sich Chorvereinigungen, meist Männerchöre, und diese sind es, die fortan und bis heute das kulturelle und gesellschaftliche Leben auf dem Lande weitgehend bestimmen. Nur langsam jedoch breitet sich die Chorbewegung nach Norden und nach Osten aus, und dabei verändert sie ihren Charakter: Aus einer Bewegung, die von allen Schichten des Volkes getragen wird, die gerade auch auf dem Lande lebendig ist, wird, vor allem in den Städten, eine Institution des Bürgertums. In den Städten aber, in den kulturellen Zentren, verändert sich alsbald das Repertoire der Chorvereinigungen, es wird anspruchsvoll, es spiegelt den musikalischen Geschmack des Bürgertums. Nicht selten singt man dort nun Schuberts mehrstimmige Gesänge chorisch besetzt, aber sonst in ihrer Originalgestalt – freilich auch Übertragungen Schubertscher Sololieder für Männerchor, die im Südwesten Deutschlands besonders verbreitet sind, man denke an Friedrich Silchers Bearbeitung von Schuberts *Lindenbaum,* der erst durch diese Bearbeitung zum Volkslied geworden ist (Dürr 1982).

Nägelis Bestrebungen laufen den gleichzeitigen von A. F. J. Thibaut mit seiner Schrift *Über Reinheit der Tonkunst* (1825) diametral entgegen, jedenfalls nach der Meinung der Autoren, weil sie die Lösung der schwierigen musikalischen Probleme ihrer Zeit völlig verschieden angehen, verschieden in soziologischer Hinsicht.

1805-1808 **Achim von Arnim** (1781-1831) und **Clemens Brentano** (1778-1842): **Des Knaben Wunderhorn**

Obwohl *Des Knaben Wunderhorn* eher ein literarisches Kunstwerk denn eine Volksliedsammlung zu nennen ist (es enthält etwa auch eigene Lieder der »Verfasser«), belegt es dennoch auf seine Weise eindrücklich, was musikgeschichtlich von höchster Bedeutung ist: (1) Arnims Aufrufe im Hinblick auf die Sammlung und Brentanos gedruckte Zirkulare haben gewaltigen Erfolg; die Herausgeber sammeln »Lieder in die Tausende«, von denen sie nur einen Bruchteil aufnehmen können; also lebt zu jener Zeit noch eine riesige Menge von Liedern im Volk. (2) Der gemeinsame Plan einer Sammlung altdeutscher Lieder reicht zurück in das Jahr 1802, als die »Liederbrüder« Arnim und Brentano, »von tausend neuen Anklängen der Poesie berauscht«, den Rhein hinabziehen und Lieder, Romanzen, Sagen und Märchen sammeln. Freilich schöpfen sie auch aus vorhandenen Sammlungen, etwa aus Herders *Volksliedern* (1778/79). Ihr Interesse ist indes zuerst ein poetisches, und dementsprechend ist ihre Methode bei der Bearbeitung die von »Restauration und Ipsefacten«: im Vertrauen auf »die Wahrheit der Phantasie« entschließen sie sich immer wieder zur Rekonstruktion der verlorenen »Seinseinheit« durch die eigene Kunst. (3) Daß und wie in dieser »Seinseinheit« ein musikalischer Faktor wirksam ist – vielmehr: wirksam sein muß –, weil die Texte ja nur gesungen das sind, was man sie heißt: Lieder, das ist ihnen, wie damals allen, noch so selbstverständlich, daß man darüber kaum nachdenkt, die Weisen der Lieder jedenfalls nicht aufzeichnet, geschweige denn druckt. (Die Kirchengesangbücher der Zeit enthalten ja auch keine Melodien: allemal genugt der Hinweis »Zu singen nach der Weise...«). Auch Goethe, der Rezensent der Sammlung (*Jenaische Allgemeine Literaturzeitung* 1806), spricht dieses »Problem« an, ohne weiters darüber zu reflektieren.

Die Wirkungsgeschichte der Sammlung ist noch wenig erforscht. Zahlreiche Komponisten, unter ihnen Schumann, Brahms, Mahler, lassen sich von ihr zu neuen Melodien anregen; einige Texte (der rund 700 Liebes-, Wander-, Soldatenlieder, Abschiedsklagen, Balladen, geistlichen Lieder, Trinklieder, Gassenhauer, Abzählreime und Kinderverse) dringen ins Volk, werden von der Jugendbewegung in Liederbücher aufgenommen, sind – durch die Lesebücher der Schulen – noch heute lebendig (z.B. *»Guten Abend, gute Nacht«, »Schlaf, Kindlein schlaf«, »Wenn ich ein Vöglein wär«, »Es ist ein Schnitter, der heißt Tod«*).

Im Schaffen Arnims, Brentanos, Eichendorffs, Heines, der schwäbischen Romantiker und der gesamten Lyrik des 19. Jahrhunderts spiegelt sich tausendfältig der Klang- und Motivschatz des *Wunderhorns* – im Schaffen der Dichter, aber auch in Kompositionen und vor allem in der Musikanschauung der Zeit, die das Volksliedhafte für das Höchste in der Kunst hält. – Heinrich Heine erkennt in diesen Liedern ein anderes Deutschland als jenes, das ihn ins Pariser Exil gezwungen hat, und schreibt 1833 die zeitlos gültige Würdigung: »Dieses Buch kann ich nicht genug rühmen, es enthält die holdseligsten Blüten des deutschen Geistes, und wer das deutsche Volk von einer liebenswürdigen Seite kennenlernen will, der lese diese Volkslieder.« Lese? Singe! Aber wie, wenn die Weisen verklungen, verloren sind?

1806 Christian Friedrich Daniel Schubart (1739-1791): Ideen zu einer Ästhetik der Tonkunst (1784)

Gibt es neben Jean Paul und E. Th. A. Hoffmann noch einen dritten vielgelesenen Schriftsteller, der dazu beigetragen hat, Vorstellungswelt und Begriffssprache der musikalischen Romantik zu gestalten, so ist es der Musiker und Schriftsteller Schubart, dessen *Ideen zu einer Ästhetik der Tonkunst* (entstanden 1784 in der Haft auf dem Hohenasperg bei Ludwigsburg) erst 15 Jahre nach seinem Tode von seinem Sohn herausgegeben werden. Sie enthalten in nuce die gesamte romantische Musikanschauung und sind deshalb sowohl auf Jean Paul als auch auf E. Th. A. Hoffmann von stärkstem Einfluß.

seit 1806 George Onslow (1784-1853): 34 Streichquintette und 36 Streichquartette

Wenn man im Radio ein Streichquartett oder -quintett hört, das man nach dem ersten Eindruck für von Beethoven stammend halten möchte, für das sich aber beim Näher-hin-Hören Zweifel regen, dann ist die Wahrscheinlichkeit groß, daß es sich um ein Werk von George Onslow handelt. – Unter dem Eindruck der späten Werke Mozarts und der frühen Beethovens wendet sich Onslow nahezu ausschließlich der Kammermusik zu und das auf solche Weise, daß Riehl (1852) von dem Engländer-Franzosen sagt, seine Werke gehörten wesentlich der Geschichte der *deutschen* Musik an, und von seiner Schreibart, sie sei mehr Manier als Stil – während Robert Schumann sie für »würdig und eigentümlich« hält. Merkwürdig ist jedenfalls, daß Onslow Beethovens Ton gut trifft, ohne seine Schreibart des obligaten Accompagnements anzuwenden. Wohl zu Recht nennt man ihn deshalb einen Klassizisten. – Die Besetzung seiner Quintette schwankt, sie ist auch variabel zu handhaben. Eines seiner Streichquintette hat Onslow selbst zu einer Sinfonie umgearbeitet, einem anderen (Nr. 15, 1832) liegt ein Programm zugrunde.

1807 Etienne-Nicolas Méhul (1763-1817): Grand Opéra »Joseph« in Paris

Méhul ist neben Cherubini und Spontini der bedeutendste Komponist im Frankreich der Revolutionszeit. *Joseph in Ägypten* (Text von A. Duval) ist sein berühmtestes Werk, die einzige seiner Opern, die sich bis heute auf der Bühne gehalten hat, die zu allen Zeiten bewundert und gelobt wurde. Der verschiedentlich erhobene Vorwurf, gerade sie offenbare die dramatische Kraft ihres Schöpfers weniger eindeutig als frühere Werke der Gattung Opéra comique, besteht wohl zu Recht. Man wird die starke Anlehnung an die gereinigte comique-Sphäre des Cherubinischen *Wasserträgers* (1800) nicht leugnen können. Trotzdem scheint Méhul im *Joseph* das Resümee seines gesamten Schaffens zu ziehen, trotzdem lebt hier noch etwas von der Reinheit des Gluckschen Pathos.

1807 Gaspare Spontini (1774-1851): Grand Opéra »La Vestale« in Paris

Die Vestalin – wahrscheinlich die meistgespielte Oper ihrer Zeit – markiert auf besondere Weise die Schwelle, an der die ältere Oper aus romantischem Geist in die jüngere Oper aus demselben Geist übergeht. Noch stammt der Stoff aus der Antike, aber er ist weder metastasianisch verstanden noch bearbeitet, er ist vielmehr romantisiert. Daß die Opera seria sich in Paris und unter dem Druck der Opéra comique in die Grand Opéra verwandelt hat mit allem Aufgebot von Orchester und Chor und mit der Szenerie, die nicht mehr antikisch-dekorativ ist, daß sie sich stofflich und musikalisch verwandelt hat zur romantischen Oper, kaum ein Werk kann dies deutlicher zeigen als *Die Vestalin,* die Grand Opéra schlechthin (Text nach Winckelmann von V. J. Etienne de Jouy). Für uns heute ist dieser historische Ort Spontinis und seiner Oper freilich kaum mehr auszumachen; hinter Rossini und Weber, erst recht hinter Mozart und Wagner liegt er im Schatten – und doch kann er historisch relevant aufscheinen, nämlich in der Merkwürdigkeit der Chronologie: Im Jahr 1842, in dem Spontini Berlin verläßt, zieht Richard Wagner in Dresden ein, wo er im folgenden Jahr zum Königlich Sächsischen Hofkapellmeister ernannt wird.

Berühmt wie seine Werke, zugleich aber höchst umstritten ist dieser Spontini: ein Mann, der Mendelssohn und Meyerbeer als »deux Juifs Errants« (die beiden »ewigen Juden«) bezeichnet (Mendelssohns Musik dazu abtut mit »C'est de la Berliner Singakademie«) und Rossini und Donizetti als »Cochons« (Schweine), ein Mann, den der König von Preußen so hoch schätzt, daß er 1818 eine jährliche Aufführung von dessen *Vestalin* verfügt und ihn gegen alle Widerstände 1820 nach Berlin engagiert und 22 Jahre lang dort hält. Und Richard Wagner schreibt in einem Nachruf: »Verneigen wir uns tief und ehrfurchtsvoll vor dem Grabe des Schöpfers der *Vestalin*, des *Cortez* und der *Olympia*.«

Spontinis Schaffenszeit verläuft in drei Abschnitten. Bis 1802 ist er in Italien einer von vielen »Compositori scritturati«, der mit kurzfristigen Opernaufträgen von der Hand in den Mund lebt. 1804 bis 1820 lebt er in Paris, wo er sich zu einem Nachfahren Glucks entwickelt und damit – zusammen mit Cherubini – zum Protagonisten einer neuen Oper, der »Grand Opéra«, wird. Hier schreibt er seine Meisterwerke *La Vestale* (1807), *Fernand Cortez* (1809) und *Olimpie* (1819). Hier bringt er als Direktor des Théâtre de l'Imperatrice (der Fusion von Opéra-Italienne und Comédie française) in zwei Jahren 34 Opern von 19 Komponisten (an der Spitze Cimarosa und Mozart) in 418 Aufführungen heraus. 1820 bis 1842 ist er »Erster Capellmeister und General-Musikdirector« (der Titel hier zum ersten Male) in Berlin, vom König, aber auch von E. Th. A. Hoffmann verehrt, von Hofkreisen, aber auch von Rellstab gehaßt; hier läßt die Kraft seiner Komposition nach, während die organisatorische wächst (Neuaufstellung und Ausbau des Orchesters zu einem »modernen Klangkörper«); hier führt er am 6. Oktober 1838 seine *Vestalin* zum 100. Mal auf.

Offensichtlich geht mit Spontini eine Epoche der Oper, nämlich die der Vorherrschaft der italienischen und der italienisch beeinflußten französischen Oper endgültig zu Ende: »Sie und er gehören nun nicht mehr dem Leben sondern der Kunstgeschichte einzig an«, so Wagner im zitierten Nachruf, und 1879 in einem Gespräch: »Die lang ausgedehnte Form der italienischen Opernkomponisten wie Cherubini und Spontini, konnte nicht aus dem deutschen Singspiel hervorgehen, sie mußte in Italien entstehen... Hiervon haben Auber, Boieldieu und auch ich viel gelernt«, und »Mein Schlußchor im ersten Akt des *Lohengrin* z.B. stammt viel mehr von Spontini [ab] als von Weber.«

seit 1807 »Musikalische Akademien des Nationaltheater-Orchesters« in Mannheim

Im Mittelpunkt des regen Musiklebens der Stadt Mannheim stehen bis heute die sogenannten »Akademie-Konzerte«. Sie sind aus den 1779 (nach dem Wegzug des Kurpfälzischen Hofs nach München) gegründeten »Liebhaberkonzerten« hervorgegangen, die seit 1807 »Hofakademien« und seit 1918 »Musikalische Akademien des Nationaltheater-Orchesters« heißen.

1809 Ernst Theodor Amadeus Hoffmann (1776-1822): Erzählung »Ritter Gluck«

Was sich bei Jean Paul fachlich-musikalisch doch auf ziemlich unsicherem Boden bewegt, das findet eine sachliche, scharfsinnige, dennoch aber dichterisch gestaltete – dabei freilich ein wenig verklärte – Zusammenfassung bei E. Th. A. Hoffmann, dem Juristen, der Dichter, Zeichner, Kapellmeister und Komponist in einem ist. Auf die *Erzählung »Ritter Gluck«* folgen rasch aufeinander die *Kreisleriana* und viele Musikberichte, Rezensionen und anderes mehr. Sie ziehen sich von 1810 an über ein Jahrzehnt hin, vieles davon geht später in den *Serapionsbrüdern* auf. Zu den letzten Schriften, die etwas mit Musik zu tun haben, gehören die *Lebensansichten des Katers Murr nebst fragmentarischer Biographie des Kapellmeisters Kreisler* (Fragment, 1819-1822) und die *Nachträglichen Bemerkungen über Spontinis Oper »Olympia«* (1821). Enttäuschen auch Hoffmanns eigene Kompositionen ein wenig die Erwartungen, die man von seinen ästhetischen Ansichten her an sie stellen möchte, so ist es anderseits gerade er, der den Musikbegriff der Hochromantik für Deutschland (und von da aus auch für Frankreich), der das romantische musikalische Denken und Empfinden für das ganze 19. Jahrhundert entscheidend beeinflußt: So überspitzt und phantastisch, so hingebungsvoll und ironisch er sich auch geben mag, bei ihm kommt zum sprachlichen Ausdruck, was das Wesen der Romantik in der Musik ausmacht. Als Verfasser musikalischer Novellen wird Hoffmann gelegentlich erreicht, kaum übertroffen, als Musikrezensent wirkt er beispielgebend. Beides geht Hand in Hand. So ist es denn kein Zufall, daß Hoffmann in ein und derselben *Allgemeinen Musikalischen Zeitung* in Leipzig als Dichter (mit dem *Ritter Gluck*) und als Musik-Kritiker (mit der *Rezension von Beethovens 5. Sinfonie*, 1810) in Erscheinung tritt.

1810 Ernst Theodor Amadeus Hoffmann (1776-1822): Besprechung der 5. Sinfonie von Beethoven in der Leipziger Allgemeinen Musikalischen Zeitung

»Recensent hat eins der wichtigsten Werke *des* Meisters, dem als Instrumental-Componisten jetzt wohl keiner den ersten Rang bestreiten wird, vor sich; er ist durchdrungen von dem Gegenstande, worüber er sprechen soll, und niemand mag es ihm verargen, wenn er, die Grenzen der gewöhnlichen Beurteilungen überschreitend, alles das in Worte zu fassen strebt, was er bei jener Composition tief im Gemüte empfand. – Wenn von der Musik als einer selbständigen Kunst die Rede ist, sollte immer nur die Instrumental-Musik gemeint sein, welche jede Hilfe, jede Beimischung einer andern Kunst verschmähend, das eigentümliche, nur in ihr zu erkennende Wesen der Kunst rein ausspricht. Sie ist die romantischste aller Künste, – fast möchte man sagen, allein *rein* romantisch. – Orpheus' Lyra öffnete die Tore des Orkus. Die Musik schließt dem Menschen ein unbekanntes Reich auf; eine Welt, die nichts gemein hat mit der äußern Sinnenwelt, die ihn umgibt, und in der er alle durch Begriffe bestimmbaren Gefühle zurückläßt, um sich dem Unaussprechlichen hinzugeben. Wie wenig erkannten *die* Instrumental-Componisten dies eigentümliche Wesen der Musik, welche versuchten, jene bestimmbaren Empfindungen oder gar Begebenheiten darzustellen.« Hier ist, wie man schon an diesem kurzen Ausschnitt vom Beginn der Rezension Hoffmanns sehen kann, die romantische Metaphysik der Instrumentalmusik codifiziert (Dahlhaus 1984), und Hoffmann argumentiert dafür mit einer These der literarischen Romantik: »Beethovens Musik... erweckt jene unendliche Sehnsucht, die das Wesen der Romantik ist.« Mehr als von allen anderen Schriften Hoffmanns zur Musik – und mehr als von allen anderen musikästhetischen Schriften des 19. Jahrhunderts – geht von dieser Rezension eine Wirkung aus, die die Musikanschauung des Jahrhunderts überhaupt, besonders aber sein Verständnis Beethovens wesentlich bestimmt. Hoffmann greift die Ideen Wackenroders wie überhaupt der Musikästhetik des späteren 18. Jahrhunderts auf (am deutlichsten formuliert in den Musikartikeln in Sulzers *Allgemeiner Theorie der schönen Künste*, 1771-1774), die scheinbar objektlos bereitliegen (Dahlhaus), und bezieht sie auf ein Phänomen, nämlich auf die Beethovenschen Sinfonien, das diese kühnen Antizipationen scheinbar musikalisch real einlöst. – Hoffmanns Begriffe »Romantik« und »Klassik« meinen keine Benennung von Epochen oder von Stilen sondern Geisteshaltungen und die Vorbildhaftigkeit von Werken (Beethovens wie Palestrinas), gerade darin aber, daß Hoffmann Beethoven die romantischste musikalische Grundhaltung unterstellt, und zwar dem ganzen Beethoven und nicht nur einigen besonderen Werken, gerade darin mißversteht er Beethoven – und aus diesem Mißverständnis führt er das ganze Jahrhundert geradezu suggestiv in die Irre, weil er in seiner Zeit unter den vielen, die über Musik schreiben, der einzige ist, der wirklich schreiben kann. (Wobei Hoffmann sich beim Formulieren bis in Einzelheiten von Jean Paul abhängig erweist.) Hier ist nicht ein »klassisches« Werk einer »romantischen« Deutung unterworfen, sondern die Verschiedenheit der musikalischen Grundintention hier und dort nicht erkannt. Die Folgen sind verheerend: von nun an beruft sich alle Symphonik auf Beethoven, ohne zu überlegen, ob dasselbe gemeint ist.

1810 Erstes deutsches »Musikfest« in Frankenhausen/Thüringen

Trivial zu sagen und doch zu bedenken: das 19. Jahrhundert ist noch kein »Medien-Jahrhundert«. Wer damals nicht in einer Stadt mit eingespieltem Musikleben lebt und doch Musik hören will, der ist angewiesen auf die seit 1801 (s. d.) aufblühenden und sich über ganz Deutschland ausbreitenden, dabei aber immer regional gebunden bleibenden bürgerlichen »Musikfeste«. Veranstalter sind aktive Kantoren oder Musikdirektoren, allen voran Georg Friedrich Bischoff (1780-1841), Kantor in Frankenhausen (später in Hildesheim), dann Städtebündnisse zu diesem Zwecke und eigens dafür gegründete Vereine. – Von diesen »Musikfesten« unterscheiden sich die »Sängerfeste« (in Deutschland seit Dessau 1822 und Plochingen 1827) soziologisch wie künstlerisch.

1812 Gründung der Gesellschaft der Musikfreunde in Wien

Am 29. November 1812 findet in Wien das Gründungskonzert der *Gesellschaft der Musikfreunde* statt. Die zuvor losen Formationen von Musikern und Sängern und die unverbindliche Organisation von Konzerten sollen institutionalisiert werden. Im Anschluß an das Konzert setzen 507 Gründungsmitglieder in der provisorischen Vereinskanzlei im Palais Lobkowitz ihre Unterschrift unter die vorbereitete Erklärung zur Vereinsgründung. Weil die Berichte von dieser Vereinsgründung für die sozialen Verhältnisse im Konzertwesen Wiens zu Beethovens und des jungen Schuberts Zeit so besonders aufschlußreich sind, seien diese Quellentexte hier einmal in extenso zitiert.

»Seit jener denkwürdigen Aufführung der *Schöpfung* im Universitätssaale am 27. März 1808, womit das im November 1807 vom Bankier J. v. Häring gegründete ›adelige Liebhaber-Concert‹ seine Wirksamkeit abschloß und wobei Haydn in so ergreifender Weise von der Öffentlichkeit Abschied nahm, schien jedes Zusammenwirken von Musikfreunden in Wien ins Stocken geraten zu sein. Die einzelnen Kräfte zersplitterten nach allen Seiten hin und lebten nur noch in einzelnen musikalischen Familienkreisen fort. Verstummt waren längst die trefflichen Dilettanten-Musiken im Augarten unter Oberleitung des Vice-Präsidenten v. Kees; die Akademien bei van Swieten; die Privat-Konzerte des Bankier v. Würth, des Grafen v. Haugwitz. Und auch diese Konzerte waren nur für dazu geladene Gäste. Das zahlende Publikum im allgemeinen war angewiesen auf die bereits im Sinken begriffenen Augarten-Konzerte unter Schuppanzigh, an die jährlichen beiden Doppel-Aufführungen der Tonkünstler-Societät und an die wenigen Oratorien-Aufführungen im Theater an der Wien. Ganz Wien besaß kein der Musik ausschließlich gewidmetes Institut, keine musikalische Akademie, keine Gesellschaft von Musikliebhabern. Und doch war die vorzugsweise als musikalisch angesehene Stadt so überreich an Dilettanten im Gesang- und Instrumentenfache. – Der Drang, die vorhandenen Kräfte zu einem Ganzen zu vereinigen, mußte endlich doch zum Durchbruch kommen. Die erste Anregung dazu veranlaßte ein Privat-Konzert, das am 12. April 1812 unter dem Protektorate der ›adeligen Frauen‹ in dem neuerbauten Saale des Professors und Klavierfabrikanten Andreas Streicher zum Besten für Blinde und Augenkranke von Dilettanten gegeben wurde. Dieses Konzert fiel in jeder Hinsicht glänzend aus und erregte den lebhaften Wunsch, die zahlreichen Musikfreunde Wiens zu einem festen Verein zu verbinden, um die Pflege der musikalischen Kunst mit neuer Kraft zu beleben. Auch sollte der Verein durch seine Leistungen eine Quelle zur Unterstützung für Unglückliche werden. Noch in demselben Jahre ging dieser Wunsch in Erfüllung, und zwar... faßte der leitende Ausschuß der Frauen-Gesellschaft den Entschluß, die Bewohner Wiens durch ein großartiges Konzert, wo möglich nur von Dilettanten gegeben, zur Unterstützung der Notleidenden zu begeistern. Alle Voranstalten wurden nun insbesondere vom Grafen Moritz von Dietrichstein, damaligem Kassier der adeligen Frauen-Gesellschaft, und deren perpetuierlichem Sekretär Jos. Sonnleithner getroffen. Von Jos. Fürst Lobkowitz, Moritz Graf von Fries, Frau Marianne Gräfin von Dietrichstein und Fanny Freiin von Arnstein ergingen die Einladungen an die Musikfreunde zur Mitwirkung, und man hoffte, deren doch wenigstens gegen 400 zusammen zu bringen. Auf den Vorschlag Streichers wurde das Händelsche Oratorium: *Timotheus, oder die Gewalt der Musik,* mit vermehrter Instrumentirung von Mozart gewählt. Die Aufführung sollte im großen Redoutensaale stattfinden; doch überzeugte man sich bald, daß derselbe für diesen Zweck nicht ausreichen werde. Kaiser Franz bewilligte daher die Umgestaltung und festliche Ausschmückung der kaiserlichen Winterreitbahn in einen Konzertsaal und gestattete obendrein die Abhaltung der Orchesterproben im neuen Saale der kais. Hofburg und wohnte selbst mit seiner Familie mehreren Proben bei. Die Oberleitung hatte der kais. Hofkomponist Bernhard von Mosel übernommen; bei der ersten Violine dirigirte der Großhändler Tost (beide ebenfalls Dilettanten); am Klavier saß Streicher. Die Solo-Singpartien wurden vorgetragen von Frau v. Geymüller, den Fräuleins Barensfeld und Riedl, den Herren Raphael Kiesewetter, Dr. Ignaz v. Sonnleithner (am zweiten Tage Fürst Joseph von Lobkowitz), Soini und Hoffmann. Der Chor zählte 280, das Orchester 299, im Ganzen 590 Mitwirkende. Der größere Theil der Blasinstrumente und Kontrabässe war durch bezahlte Musiker, alles Übrige durch Dilettanten aus allen Ständen besetzt. So wurde das große Werk nach nur zwei vollständigen Proben in der Reitschule am 29. November und 3. Dezember, vormittags 12 Uhr, in Gegenwart des allerhöchsten Hofes und bei fünftausend Anwesenden mit außerordentlichem Beifall aufgeführt. Bei der zweiten Aufführung wurde nach dem Oratorium noch der *Vocalchor »Vor Dir, o Ewiger«* von Schulz gesungen und der erste Chor der zweiten Abteilung von *Timotheus* wiederholt. Die Einnahme der beiden Konzerte, welche der Kaiser, der auch die bedeutenden Unkosten der inneren Einrichtung des Saales bestritt, durch ein Geschenk von 1000 fl. vermehrte, betrug 29 093 fl. W. W. [= Gulden Wiener Währung] und 19 Dukaten. Die Ausgaben beliefen sich auf 3158 fl., so daß für den wohlthätigen Zweck als Rest 25 934 fl. W. W. übrig blieb« (Pohl 1871).

So weit die aufschlußreiche Vorgeschichte der Gründung der berühmten »GdM«. Zwar fehlen unter den vielen angeführten Namen die Beethovens und Schuberts, aber mit einem jeden anderen läßt sich die Verbindung zu ihnen herstellen. Übrigens ist der »Gesellschaft« von Anfang an auch die Aufgabe gestellt der Gründung eines Konservatoriums der Musik (als erster öffentlicher Musiklehranstalt) und einer Bibliothek mit Archiv, in dem Zeugnisse von Musik und Musikleben gesammelt werden sollen.

Das Programm des ersten Gesellschafts-Concerts im Winter 1815/16 sieht so aus: »Eine Sinfonie von Mozart in D-dur. Eine große Arie von Righini. Ein Rondo für das Piano-Forte von Hummel, mit Begleitung des Orchesters. Ein Chor aus Händels *Athalia.* Die Ouvertüre aus Cherubinis Oper: *Faniska.* Das erste Finale aus Salieris Oper: *Cäsar in Pharmacusa«.* Sollten wir heute bei diesem Programm fragen: »Ist das nicht allzu bunt?«, so lautet die Antwort für damals: »Nicht bunt genug!« Der Konzertausschuß der »Gesellschaft« beschließt jedenfalls wenig später, man solle, um der Eintönigkeit zu entgehen, nicht in ein und demselben Konzert drei größere Instrumentalstücke aufführen. Und zur Frage »Ist das nicht viel zu lang?« lautet die Antwort: »Kein Mensch muß ja diese vielen Stunden still auf seinem Platz sitzen bleiben.«

Von Interesse für die Musikgeschichte ist sodann die Programmstatistik. Schon von 1821 an sind Mozart, Beethoven und Schubert die drei nach Rossini meistaufgeführten Komponisten. 1821 stehen Mozart und Beethoven je sechsmal auf dem Programm, Schubert viermal. Von 1825 an rangiert Schubert als erster nach Rossini. Interessant ist sodann, daß Schubert seit 1825 stellvertretendes und seit 1827 ordentliches Mitglied des »Repräsentantenkörpers« der »GdM« ist, also des wichtigsten und einflußreichsten Gremiums des öffentlichen Musiklebens in Wien während der letzten Lebensjahre Beethovens und in der Zeit des Aufbruchs in eine neue musikalische Ära (Biba 1979).

1812 Johann Nepomuk Mälzel (1772-1838): Erfindung des Metronoms

Nach verschiedenen Versuchen anderer – denn nicht erst die Beethoven-Zeit hat sich für das Problem der Zeitmessung im Zusammenhang der Musik interessiert – gelingt dem Musiker und Mechaniker Mälzel (seit 1792 in Wien, seit 1808 Hofkammermechanist) endgültig die Erfindung des »musikalischen Chronometers« (patentiert und zuerst fabrikmäßig hergestellt in Paris), den man seit etwa 1815 Metronom nennt. Mälzel beschäftigt sich allerdings hauptsächlich mit der Konstruktion und Herstellung mechanischer Musikinstrumente, von denen das »Panharmonikon« (1805), eine Art Orchestrion, weite Verbreitung finden, gar berühmt werden soll durch die »Schlachtsymphonie«, die Beethoven auf Anregung und mit Hilfe Mälzels für diesen Apparat 1813 komponiert und, ebenfalls auf Anregung Mälzels, alsbald für Orchester einrichtet. Die Uraufführung dieses Orchesterstücks, das bekannt wird unter dem Titel *Wellingtons Sieg oder die Schlacht bei Vittoria* (op. 91), findet am 8. und 12. Dezember 1813 in einer von Mälzel und Beethoven gemeinsam veranstalteten Wohltätigkeits-Akademie im Universitätssaale statt (zusammen mit der *7. Sinfonie*), und zwar mit solchem Erfolg, daß Wiederholungen am 2. Januar und 27. Februar 1814 im Redoutensaal notwendig werden. Übrigens führt Mälzel zwischen den beiden Beethoven-Programmnummern dieses Konzerts einen Trompeter-Automaten mit Orchesterbegleitung vor in zwei eigens dafür von Dussek und Pleyel komponierten Märschen. Ganz offensichtlich ist das Interesse nicht nur des sensationslustigen Publikums sondern z.B. auch Beethovens an solchen technischen Wunderwerken, besser: an den Möglichkeiten der Technik, außerordentlich. Das Interesse am Metronom freilich hat einen tieferen Grund:

Schon einfache Beobachtungen geben höchst interessant Aufschluß zur leidigen Tempofrage: In Werken Bachs und Händels und ihrer Zeitgenossen findet man Tempoangaben nur selten. Woher wissen die Spieler dann, wie schnell ein Stück zu spielen ist? Sie lesen es am Gesamt-Notenbild ab, das dem geschulten Auge auf den ersten Blick zu erkennen gibt, ob das Stück zu einem bestimmten Typus von Stücken gehört und zu welchem. Und wie ein bestimmter Satztyp zu realisieren ist, das hat der Spieler im Unterricht und aus Erfahrung gelernt. Deshalb wird noch in Sulzers *Allgemeiner Theorie der Schönen Künste* (1771-1774) der Tempobezeichnung nur die Bedeutung der besonderen Modifikation des Bewegungscharakters, nämlich des typischen Zeitmaßes zuerkannt, welches an sich allein aus Notenformen, Taktvorzeichnung und Setzweise bestimmt werden kann. Noch bei Mozart, besonders in Messen und Opern, sind Tempobezeichnungen keineswegs die Regel, und wo sie stehen, deuten sie merkwürdigerweise meist auf Satztypen hin, für die der Kenner das richtige Tempo sowieso fände – oder aber sie weisen auf Modifikationen eben dieses typischen Tempos. Bei Beethoven hingegen fehlen Tempoangaben fast nie, und oft genug sind die »typischen« Angaben wie *allegro* oder *andante* mit besonderen Zusätzen versehen, die für den Einzelfall ein individuelles, also vom Typischen abweichendes Tempo signalisieren. Da freilich tauchen Schwierigkeiten auf. Beethoven nennt sie selbst. Am 19. Februar 1813 schreibt er an den Engländer George Thomson, mit dem er wegen seiner Bearbeitungen von Volksliedern (W.o.O. 153 ff.) korrespondiert (hier in deutscher Übersetzung): »Wenn in Zukunft bei den Melodien, die Sie in der Lage sind mir zum Komponieren zu schicken, Andantino dabei sein sollten, würde ich Sie bitten, mir anzugeben, ob dieses Andantino sich langsamer oder schneller versteht als Andante, da dieser Ausdruck wie viele andere in der Musik eine so ungewisse

Bedeutung hat, daß oftmals Andantino sich dem Allegro nähert und manches andere Mal fast wie Adagio gespielt wird.« Offensichtlich haben viele Tempoangaben zu Beethovens Zeit ihre bestimmte Bedeutung verloren, weil Musik jetzt allgemein kaum mehr in Stücken von typischen, sondern in Stücken von individuellen Ausprägungen formuliert wird, und weil für das individuelle Tempo besondere Angaben zu machen sind – für die jedoch keine hinreichenden »Begriffswörter« zur Verfügung stehen. Was Wunder, daß man wie gierig nach Mälzels Metronom greift, daß Beethoven seit etwa 1815 allmählich alle seine Werke metronomisiert und alsbald sogar Tabellen dazu veröffentlicht. Ende Dezember 1823 schreibt er einmal an Schott nach Mainz: »Die Metronomisierung [für op. 127] folgt nächstens. Warten Sie ja darauf. In unserem Jahrhundert ist dergleichen sicher nötig; auch habe ich Briefe von Berlin, daß die erste Aufführung der [7.] Sinfonie mit enthusiastischem Beifall vor sich gegangen ist, welches ich großenteils der Metronomisierung zuschreibe. Wir können beinahe keine *tempi ordinari* mehr haben, indem man sich nach den Ideen des freien Genius richten muß.« »Die Ideen des freien Genius« allerdings lassen sich über Metronomangaben weder präzisieren noch gar festlegen: ein Widerspruch in sich! Und so war Beethoven denn auch nicht glücklich mit seinen eigenen Angaben: »Hol' der Teufel allen Mechanismus!« (1826). Einen Teil seiner Angaben hat er übrigens später geändert – und ein nicht geringer Teil scheint einfach falsch zu sein. Warum, darüber sind sich die Gelehrten (und erst recht die Interpreten) nicht einig. Mir scheinen dafür zwei Fragen nicht hinreichend beantwortet zu sein: 1. Beethoven ist taub, er mißt seine Tempi also nach dem Ablauf der Musik vor dem *inneren* Ohr. Weicht ein solcher Ablauf nicht erheblich von dem beim normalen Spielen ab? 2. Beethoven macht die Metronomangaben häufig nicht für die Zählzeiten der Stücke sondern für die Bewegungseinheiten, wahrscheinlich auch manchmal für übergeordnete Werte, etwa für »Rhythmen von zwei Takten«. Erfahrungsgemäß resultieren aber bei praktischem Erproben die Metronomzahlen verschieden, je nachdem wie man, was man zählt – obwohl das theoretisch gar nicht sein kann.

Vom Frühjahr 1812 – so jedenfalls nach Schindlers Bericht – stammt ein *Kanon* Beethovens (WoO 162), dem vermutlich erst Ende 1817 folgender Text unterlegt wird: *»ta ta ta ta ... lieber Mälzel..., leben Sie wohl, sehr wohl! Banner der Zeit, großer Metronom...«* Von den viermal drei Takten dieses Kanons erscheinen die ersten drei als Beginn im zweiten Satz (Allegretto scherzando) der *8. Sinfonie* von 1812. Ob aber der Sinfoniesatz nach dem *Kanon* oder dieser nach jenem entstanden ist, und ob und wie die beiden schon 1812 mit Mälzel zusammenhängen, ist ungeklärt.

1813 **Gioacchino Rossini** (* Pesaro 1792, † Passy bei Paris 1868): **Opera buffa »L'italiana in Algeri«** in Venedig

Seine erste »Scrittura«, d.h. seinen ersten Opernauftrag, erhält Rossini 1810 vom venezianischen Teatro S. Mosè, (*La cambiale di matrimonio*), bereits 1813 schreibt er für die Mailänder Scala, und seine Erfolge machen die Impresarii Italiens aufmerksam, ja begierig. *Tancredi* (Text nach Voltaire von G. Rossi) und *L'italiana in Algeri* (Text von A. Anelli), beide 1813 für Venedig komponiert, lassen auch die Kenner im Publikum spüren: Rossini erhebt sich weit über die Mittelmäßigkeit, die sich damals auf den italienischen Bühnen breitmacht. Freilich, sein Erfolg zwingt ihn, viele Jahre lang das Leben eines typischen »Compositore scritturato« (Auftrags-Opern-Schreiber) zu führen: Er reist von Bühne zu Bühne, komponiert oft in kürzester Zeit und studiert seine Opern selbst an Ort und Stelle ein. Was wunder, daß sich die Werke bei aller Individualität fatal gleichen? Aber »Rossini« sind sie allemal!

Was das Kulinarische an Rossinis Musik ausmacht, ist einerseits das Übermaß an sinnlichen Reizen, andererseits der Verzicht darauf, den Hörer belehren zu wollen: »Ich werde stets unverbrüchlich an dem Glauben festhalten, daß die italienische Musik, insbesondere die Vokalmusik, durchaus absolut und ausdrucksvoll ist, niemals aber reflektierend.« (Rossini 1868 an Filippi). Der Genuß stellt sich ein durch Wiederholungen vertrauter Muster in immer neuer Nuancierung und durch Virtuosität: Kein »Rossini« ohne die obligatorischen Crescendi über einem ostinaten Grundschema, keiner ohne die stereotypen Harmoniefolgen und Melodieformeln, keiner ohne Demonstration geläufiger Gurgeln in glitzernden Koloraturen und ohne rasende Parlandi. In allem Schematismus der Musik zeigt sich jedoch eine unbändige Lust zum Spiel mit Tönen, zum Spiel um seiner selbst willen. Berlioz, Rossinis leidenschaftlicher Gegner, wirft ihm »melodischen Zynismus« und »Verachtung des dramatischen Ausdrucks und der dramatischen Forderungen« vor, tadelt aber damit gerade das, was Rossini will, den Vorrang der musikalischen Geste vor dem Inhalt. Der Schematismus der »Nummern« hilft ja gerade, die Autonomie der Musik zu wahren und dem Spiel inneren Halt zu verleihen, die Effekte günstig zu disponieren. Gerade *Die Italienerin in Algier* ist ein Muster wirkungsbewußter Disposition. Die Szenen folgen meist dem bewährten Aufbauschema. Ein Chor umreißt zu Beginn Stimmung und Ambiente; es folgt eine Soloszene oder ein Duett, in denen ein lyrisch-melodischer und ein flink-virtuoser Teil im Sinne einer Steigerung aufeinanderfolgen. Anschließend weitet sich die Szene zum mehrstimmigen Ensemble oder zum Finale mit Chor, wiederum als sich steigernde Folge mehrerer Teilabschnitte angelegt. Wichtig ist jeweils die Wiederholung der effektvollsten Partien, der schönsten Kantilene, der brillantesten Koloraturpassage; sie verdoppelt den Genuß durch Wiedererkennen.

Die Folgen solch raffinierter, konsequenter und musikalisch genial gemachter Musikdramaturgie bleiben nicht aus. Das Publikum gerät förmlich in Raserei. Rossinis Popularität ist grenzenlos und übertrifft zeitweilig die Mozarts. 1813 mit überwältigendem Erfolg in Venedig uraufgeführt, triumphiert *Die Italienerin* bereits drei Jahre später – als erste Oper Rossinis in Deutschland – in München, 1824 in Mexiko, 1842 in Oran/Algerien.

Alle »ehrlichen Künstler«, die in jedem Werk etwas Neues schaffen wollen, müssen sich von Rossinis Opern provoziert fühlen. Wagners Vorwurf an die italienische Oper seiner Zeit, Musik sei darin kein Mittel zum Zwecke des Dramas, sondern dieses diene umgekehrt nur als Mittel effektvoller Musikpräsentation, trifft zwar den Kern von Rossinis Ästhetik, wertet aber mit umgekehrten Vorzeichen. Und ausgerechnet Wagners philosophisches Vorbild Schopenhauer erblickt in der Autonomie von Rossinis Musik einen Vorzug (*Die Welt als Wille und Vorstellung*): »Wenn also die Musik zu sehr sich den Worten anzuschließen und nach den Begebenheiten zu modeln sucht, so ist sie bemüht, eine Sprache zu reden, welche nicht die ihre ist. Von diesem Fehler hat keiner sich so rein gehalten wie Rossini: daher spricht seine Musik so deutlich und rein ihre eigene Sprache, daß sie der Worte gar nicht bedarf...« Wagner dagegen sieht in Rossini den »ungemein geschickten Verfertiger künstlicher Blumen...«

1814 **John Field** (1782-1837): Erste **Nocturnes** für Klavier

Den Namen des irischen Komponisten kennt eigentlich jeder, obwohl man Musik von ihm nur selten hört. Daß er, ein Schüler Clementis und ähnlich diesem dann einer der berühmten Pianisten seiner Zeit, der »Erfinder« eines Typs von Klavierstück ist, den er »Nocturne« nennt (20 Stücke, allerdings nicht alle als »Nocturne« bezeichnet), und daß davon Chopin zu seinen *Nocturnes* (seit 1827) angeregt wird (zuvor, nämlich 1822, übrigens schon der Kroate Ferdo Livadić), das ist auch weithin bekannt. Was aber das Besondere an dieser Musik ist, das ist *nicht* allgemein bewußt, – obwohl es doch schon Robert Schumann in einer Rezension 1835 formuliert hat:

> »Dürft' ich, so würde ich ihm einen Kranz aus Mohnblumen und Abendviolen aufsetzen, denn er ist der Geliebte der Dämmerungsstunde, wenn die Sonne hinuntergegangen und das ewige Heimweh der Seelen erwacht. Soll ich die, die ihn kennen an die Stunden erinnern, wo sie noch länger hörten, als die Musik dauerte? Wollten sie etwas von diesen neuen Gedichten erfahren, soll ich sie wiederholen, was sie schon lange wissen, etwa das uralte Lied vom Herzen? -- Schlage nur eine Weltsaite an, und sie schwingt unendlich fort... Wie glücklich mag er vor seinem ersten Notturno gestanden haben: denn es war ganz sein, und niemand vor ihm hatte etwas Ähnliches gesprochen.« Und dann findet Schumann aus tiefer Einsicht in die Zusammenhänge und aus der Erkenntnis der geistigen und musikgeschichtlichen Situation seiner Zeit geradezu prophetisch anmutende Worte, so poetisch sie auch klingen: »So scheint es, als entschleiere nach und nach der Künstler das Bild der Natur für seine Kunst, im kleinen als Tag, im großen als Jahr, im größten als Zeit und Ewigkeit. Der kräftige Morgen gehört *Bach* und *Händel* an. Was sich *vor* ihnen geregt, waren nur Frühstimmen, Morgenahnungen, und oft recht kalte. Da führten *Mozart* und *Haydn* den Tag heran und das helle, lebendige Leben, das in der Sternennacht wiederum verstummte, welche *Beethoven* und *Franz Schubert* eröffneten. Nun sind jenen Hohepriestern noch Jüngere beigesellt. *Field* legt sein Opfer am Abend auf den Altar; was er spricht versteht nicht jeder, aber es stört keiner den blassen Jüngling, da er betet. In später Stunde arbeitet noch *Chopin,* wie in einer Nordscheinverklärung, aber die Gespensterzeit spukt schon neben ihm, die Nachtraubvögel sind los, und einzelne Abendfalter von früherher stürzen erkältet und ermattet nieder. – Wir wären am Ziel?...«

1815 **Michael Pamer** (1782-1827): **Wiener Walzer,** gedruckt in Wien

Zur Geschichte der Abendländischen Musik im engeren Sinne gehört die Volksmusik nicht, weil sie nicht im regelhaften und schriftlichen Verfahren der Komposition entsteht und keine »Opera« hervorbringt, die in historischen Quellen schriftlich festgehalten und überliefert werden; ihre Lebensweise ist die der mündlichen Überlieferung und der spielmännischen Tradition. Nichts desto trotz ist sie immer von Einfluß auf die Kunstmusik, und zwar besonders dann, wenn diese sich in Krisen- oder Umbruchzeiten befindet – so in der zweiten Hälfte des 18. Jahrhunderts und in den Anfängen des 19., als im Zusammenhang der großen Revolutionen sich die Umwälzungen der sozialen Voraussetzungen der Musik ereignen und tiefgreifende Folgen zeitigen.

Diese Veränderungen beschreibt für das Wiener Biedermeier später sehr anschaulich Franz Grillparzer in seiner *Novelle »Der arme Spielmann«* (1848), für ein bestimmtes Detail zum Beispiel so: »In Wien ist im Monat Juli ein eigentliches Volksfest, wenn je ein Fest diesen Namen verdient hat. Das Volk besucht es und gibt es selbst; und wenn Vornehmere dabei erscheinen, so können sie es nur als Glieder des Volkes. An diesem Tag feiert die Brigittenau ihre Kirchweihe. Da entsteht Aufruhr in der gutmütig-ruhigen Stadt. Die zu Wagen Gekommenen steigen aus und mischen sich unter die Fußgänger, Töne entfernter Tanzmusik schallen herüber, vom Jubel der Neuankommenden beantwortet. Und so fort und immer weiter, bis endlich der breite Hafen der Lust sich auftut und Wald und Wiese, Musik und Tanz, Wein und Schmaus, Schattenspiel und Seiltänzer, Erleuchtung und Feuerwerk sich zu einem Eldorado, einem eigentlichen Schlaraffenland vereinigen…«

Die Musik bei einem solchen Volksfest ist volkstümliche Unterhaltungs- und Tanzmusik; die Musiker sind professionelle Einheimische und fahrende Spielleute. Die beliebteste Besetzung ist 2 Violinen und ein kleiner Kontrabaß (genannt »Baßl«); der klangliche Zwischenraum wird manchmal mit einer Gitarre ausgefüllt, manchmal auch spielt die Gitarre anstelle des Basses. Mit einer solchen Besetzung kommen »schon immer« »Linzer Geiger« auf der Donau herab nach Wien und spielen hier zum Tanze auf – und lehren die einheimischen Musikanten.

Ein echtes Wiener Vorstadtkind und ein richtiger Wirtshausgeiger ist Michael Pamer, der in seinem Kreis als Virtuose gefeiert wird. Er ist Lehrer und Ansporn für die jüngere Generation, zu der Josef Lanner und Johann Strauß (Vater) gehören. Unter seinen Händen und in seinem Musizieren entsteht das, was dann als »Wiener Walzer« berühmt werden und um die Welt gehen wird. Dieser Pamer läßt seit 1815 bei verschiedenen Verlagen in Wien Walzer drucken, als handle es sich um Opera eines Komponisten. Das hat Folgen: Seine Schüler und Nachfolger, allen voran Lanner und Strauß Vater und Sohn, veröffentlichen Hunderte von Tänzen als Opera mit Opus-Nummern – und sind doch alle im Komponieren nur Autodidakten. Hier bricht ein neues Zeitalter der Musik an, denn sonst könnte man diese »Meister« zu Beethovens und Schuberts Zeit nicht »die wahren Repräsentanten der Wiener Musik« nennen, wie immer wieder geschieht. Pamer ist einer von vielen, deren Namen meist vergessen oder nur mehr »Zünftigen« geläufig sind: Johann Mayer, Vinzenz Stelzmüller, Franz Gruber, Hieronymus Payer, um nur ein paar von ihnen zu nennen, die Wiener Musiker (wie A. Weinmann, W. Boskowsky, E. Melkus) in neuer Zeit »ausgegraben« haben und wieder spielen. Die Musik verdient es, denn sie ist wie keine andere freundlich und liebenswürdig und in ihrem tänzerischen Schwung zwingend. (Die von der Musikwissenschaft viel berufenen melodischen Anklänge der Wiener Klassiker an alpenländische Volksmusik und Wiener Musik dürften meist Anleihen am Repertoire *dieser* Musikanten sein.) Und mit Knepler (1961) ist zu ergänzen: »Der große Vorzug der kleinen Wiener Meister besteht darin, daß in ihrem Werk ein nahtloser Übergang vom Volksschaffen zu allen Genres der Musik vollzogen ist. Es ist nur ein Spezialfall dieses Tatbestandes, daß auch zwischen Unterhaltungsmusik und ernster Musik keine unübersteigbaren Mauern bestanden. Ein Walzer von Pamer ist von einem Ländler, der von Volksmusikern gespielt wird, ununterscheidbar. Und zwischen seinen Tänzen und der Musik Schuberts klafft – trotz aller Wertunterschiede – kein Abgrund. ›Das Beste von Lanner klingt wie ein Nachklang aus Schubert‹, sagte Hanslick mit Recht. In den Zeitungen der zwanziger Jahre kann man Annoncen lesen, in denen Tanzmusik von Lanner, Strauß und Schubert gleichsam in einem Atem genannt wurde. Das war nicht bloß eine Äußerlichkeit. Die beiden Genres sprachen noch eine vergleichbare Sprache. Wer Schubert schätzte, brauchte sich beim Anhören Lannerscher Musik nicht zu schämen; ein Liebhaber Lannerscher Walzer konnte zumindest mit einem Teil des Schubertschen Werkes noch umgehen.«

1816 Ernst Theodor Amadeus Hoffmann (1776-1822): Zauberoper »Undine« in Berlin

E. Th. A. Hoffmann gehört in der musikalische »Hochromantik« genannten Epoche unter den deutschen Komponisten zu den ältesten: er ist acht Jahre vor Spohr und zehn Jahre vor Weber geboren, und mit *Undine* tritt er ein halbes Jahrzehnt vor Weber und seinem *Freischütz* auf den Plan. Hoffmanns Haupt- und Meisterwerk ist diese »Zauberoper in drei Aufzügen«. Das Stück hätte sich nach der eher beiläufig aufgenommenen Uraufführung im Berliner Schauspielhaus 1816 gewiß länger als ein Jahr (mit insgesamt 14 Vorstellungen) im Spielplan gehalten, wenn nicht ein Brand des Gebäudes weitere Wiederholungen verhindert hätte. Nachdem das Haus wieder aufgebaut war, hat man es mit Webers *Freischütz* wiedereröffnet – und dann ist von Hoffmanns *Undine* ebensowenig mehr die Rede gewesen wie seinerzeit von Goethes Singspielplänen nach Mozarts *Entführung,* obwohl Weber selbst den Wunsch ausgesprochen hat, es »möge Herr Hoffmann der Welt bald wieder etwas so Gediegenes als diese Oper schenken.«

»Als Komponist war E. Th. A. Hoffmann ein ›poeta minor‹, dessen klassizistische Mittel – formelhaft ausgedrückt – den romantischen Ideen, die ihm vorschwebten, nicht restlos gewachsen waren, und der nicht zufällig den kompositorischen Ehrgeiz in dem Augenblick begrub, in dem er mit der *Undine* einen Erfolg erzielte, dem die melancholische Empfindung, daß das eigentlich Gemeinte nicht erreicht wurde, beigemischt war.« Ob Dahlhaus' (1984) Diagnose ganz zutrifft, ist zweifelhaft. Man kann nämlich auch fragen, ob Hoffmanns Vorstellung von dem, was er will, ob eine »romantische Oper« überhaupt zu verwirklichen ist unter den Prämissen seiner eigenen Vorstellung von der Musik, ihrem Wesen, ihren Möglichkeiten. Zwar »ist die Musik in der Tat die einzige Kunst, über welche so selten in höherer Rücksicht gesprochen wird, welches wohl daher rührt, daß die Musiker in der Regel nicht schreiben können« – aber Hoffmann kann ja schreiben, und durchaus auch als Musiker, der er ja zunächst ist. Und als solcher schreibt er denn in den *Serapionsbrüdern* (1819-1821): »Ist nicht die Musik die geheimnisvolle Sprache eines fernen Geisterreichs, deren wunderbare Akzente in unserm Innern widerklingen, und ein höheres, intensiveres Leben erwecken? Alle Leidenschaften kämpfen schimmernd und glanzvoll gerüstet miteinander, und gehen unter in einer unaussprechlichen Sehnsucht, die unsere Brust erfüllt. Dies ist die unnennbare Wirkung der Instrumentalmusik. Aber nun soll die Musik ganz ins Leben treten, sie soll seine Erscheinungen ergreifen, und Wort und Tat schmückend, von bestimmten Leidenschaften und Handlungen sprechen. Kann man denn vom Gemeinen in herrlichen Worten reden? Kann denn die Musik etwas anderes verkünden als die Wunder jenes Landes, von dem sie zu uns herübertönt?« Im Vordergrund von Hoffmanns Musikauffassung steht, wie man sieht, die zeitgenössische Instrumentalmusik, die »jede Hilfe, jede Beimischung einer anderen Kunst verschmähend, das eigentliche, nur in ihr zu erkennende Wesen der Kunst rein ausspricht.« Diese ist die einzige Kunst, »die alle durch Begriffe bestimmbaren Gefühle zurückläßt, um sich dem Unaussprechlichen hinzugeben.« Von allen anderen Künsten, voran von der Sprachkunst, die stets etwas Bestimmtes darstellen und in Begriffe fassen und die dadurch immer an die »äußere Sinnenwelt« gebunden bleiben, unterscheidet sich die Musik also wesentlich. Diese Eigenart der Musik begründet denn auch das Problem, mit dem der Schriftsteller zu schaffen hat, will er etwas über ihr Wesen aussagen, – das Problem, in dem Komponisten und Dichter verbunden sind, wenn sie etwas Gemeinsames machen wollen: »Eine wahrhaft romantische Oper dichtet nur der geniale, begeisterte Dichter: denn nur dieser führt die wunderbaren Erscheinungen des Geisterreichs ins Leben; auf seinem Fittich schwingen wir uns über die Kluft, die uns sonst davon trennte, und einheimisch geworden in dem fremden Lande, glauben wir an die Wunder, die als notwendige Folgen der Einwirkungen höherer Natur auf unser Sein sichtbarlich geschehen... Also mein Freund, in der Oper soll die Einwirkung höherer Naturen auf uns sichtbarlich geschehen und so vor unseren Augen sich ein romantisches Sein erschließen, in dem auch die Sprache höher potenziert, oder vielmehr jenem fernen Reiche entnommen, d.h. Musik, Gesang ist, ja wo selbst Handlung und Situation in mächtigen Tönen und Klängen schwebend, uns gewaltiger ergreift und hinreißt.«

In der Oper also muß die unüberbrückbare Kluft zwischen dem Geisterreich, das allein im Erklingen der Musiksprache zu verstehen ist, und der Welt, die in der Wortsprache erscheint, überbrückt werden: das Unüberbrückbare überbrückt im »Zauberspiel«, das uns »gewaltig ergreift und hinreißt«. Zusammen mit dem Dichter Fouqué unternimmt Hoffmann in der *Undine* den Versuch, »die Erscheinungen des Geisterreichs ins Leben treten«, d.h. musikalisch erscheinen zu lassen, erscheinen zu lassen als Musik, die nichts gemein hat mit der »äußern Sinnenwelt« (dem Gegenstand der Sprache), die dem Menschen ein unbekanntes Reich aufschließt, die »Ahnungen« erweckt und »unaussprechliche Sehnsucht« nach dem »fernen Reich der Romantik«. Man sieht, Hoffmanns Versuch *kann* nicht gelingen, weil seine »Idee von der romantischen Oper« ein »Erreichen des Gemeinten« im Grunde unmöglich macht. Damit aber erweist sich *Undine* in ganz besonderer Weise als »Romantische Oper«, nämlich als vergeblicher Versuch, die ausgeuferte Vorstellung von Musik zu bejahen und gleichzeitig im begrenzten Werk zu fassen. – Sieht man das Problem so an, dann ist freilich Webers schon zitierter Satz fraglich, der da sagt, »Herr Hoffmann möge der Welt bald wieder etwas so Gediegenes als diese Oper schenken«. (Albrecht Dürr 1984)

1816 Johann Nepomuk Hummel (1778-1837): **Klavierseptett und -quintett d-moll op. 74,** gedruckt in Wien

Daß Hummel als Kind ein Schüler Mozarts war, braucht man nicht zu wissen, seine frühen Werke zeigen es deutlich genug; sie sprechen scheinbar Mozarts Sprache – bleiben aber von dessen Geist wie unberührt: sie benutzen nur Mozarts Wortschatz. Später schreibt Hummel für das Klavier wie alle seine reisenden Kollegen vor allem Virtuosen- und Salonmusik (zum Beispiel *La bella Capricciosa,* Polonaise, op. 55), doch gehört er mit Weber und Dussek zu den Vornehmsten in dieser Gesellschaft (Georgii 1950), ja *er* ist es, der die stärksten Anregungen für die Klavierkomposition an das 19. Jahrhundert gibt, und man kann sagen, daß er mit seinem brillanten Klavierstil tatsächlich in gewisser Weise eine Brücke von Mozart und Beethoven zu Chopin schlägt: Mit dem leidenschaftlich erregten, phantastischen Ton und mit der hochromantischen Diktion seiner besten Werke realisiert Hummel in Beethovens und Schuberts Zeit musikalische Vorstellungen, vor allem Klangwirkungen, die man üblicherweise erst der späten musikalischen Romantik zuschreibt. Sein Bestes gibt er wohl in der Kammermusik, und nicht zufällig dient eines von *seinen* Werken, das *Septett op. 74* (für Pf, Fl, Ob, Cor, Va, Vc, Kb; gleichzeitig erschienen als *Quintett* für Pf, V, Va, Vc, Kb), Franz Schubert als Vorbild für sein »Forellenquintett« (1819), und zwar von der Besetzung und von bestimmten Zügen der Machart her. Hummels eigentliche Rolle in Wien war aber doch die des Klavier*virtuosen.*

Carl Czerny berichtet in seiner Autobiographie, er habe auf einer der musikalischen Soiréen der Witwe Mozart zwischen 1801 und 1804 einen jungen Mann kennengelernt, dessen Äußeres ihm sofort aufgefallen sei: »Ein gemeines, unangenehmes Gesicht, mit dem er beständig zuckte, eine höchst geschmacklose Kleidung, lichtgrauer Überrock, scharlachrote lange Weste und blaue Beinkleider ließen irgendeinen Dorfschulmeister vermuten. Aber dagegen stachen sonderbar eine Menge kostbarer Brillantringe ab, die er fast an allen Fingern trug. Es wurde wie gewöhnlich musiziert, und endlich dieser junge Mann, der etwas über zwanzig Jahre alt sein mochte, aufgefordert, etwas zu spielen. Aber welch einen Meister hörte ich da! Obwohl ich damals schon oft Gelegenheit gehabt hatte, den Gelinek, Lipavsky, Wölfl und selbst Beethoven zu hören, schien mir das Spiel dieses so unscheinbaren Menschen eine neue Welt. Noch nie hatte ich so neue glänzende Schwierigkeiten [!], eine solche Reinheit, Eleganz und Zartheit des Vortrags und eine so geschmackvoll zusammengesetzte Fantasie gehört; und als er später einige Sonaten Mozarts mit Violine, wozu ihn Krommer [auf der Geige] akkompagnierte, vortrug, waren mir diese längst bekannten Tonstücke eine neue Welt. Da hieß es denn, es sei der junge Hummel, ehemals Mozarts Schüler und gegenwärtig aus London zurückkehrend, wo er lange Zeit Clementis Unterricht genossen hatte. Hummel war damals bereits, soweit die damaligen Instrumente es erlaubten, im Spiel schon auf der hohen Stufe, die ihn später so berühmt machte.«

Wie man sieht, hat Hummel in jener Zeit des beginnenden 19. Jahrhunderts eine wahre Mode der Virtuosität auf dem Klavier hervorgerufen – als er aber 1833 im Musikvereinssaal spielt, bleibt der Saal halb leer. Eduard Hanslick (1869/70) berichtet: »Eine neue sinnbestrickende Phase des Clavierspiels begann ihre Herrschaft. Das Publicum hatte von dem Zaubertranke der Jünglinge Liszt, Thalberg und Chopin gekostet.« Offenbar ist das Ende der virtuosen Jubeljahre gekommen: »Die Stürme der Revolution zogen drohend heran, endlich kamen die Märztage selbst. Sie schlugen wie ein Blitz in morsches Gebälk und schufen eine neue Welt. Thalberg glaubte es noch mit der Ungunst der Zeit aufnehmen zu können; allein das mildgleitende Öl seiner Passagen konnte die Wogen nicht mehr besänftigen. Am 3. Mai 1848 spielte Thalberg im Musikvereinssaal. Während seiner Schlußnummer hörte man verdächtiges Pfeifen und Sausen von der Straße her; das unruhig gewordene Publicum achtete nicht länger auf den Virtuosen und eilte hinaus, wo ein anderes, sehr kräftiges Concert eben im besten Zuge war und ein großes Publicum gratis amüsirte. Es war eine Serenade, die in der beliebten Form einer Katzenmusik der k. k. Polizeidirection in der selben Straße gebracht wurde. Diese politischen Pfiffe, die sich in Thalbergs perlende Passagen mischten, sie waren die wahre Begräbnismusik des Virtuosentums in Wien.« Nach 1848 blüht der Virtuosenjubel nicht mehr auf. »Das Jahr 1848 bildet die Grenzscheide zwischen dem alten und neuen Österreich – nicht bloß im politischen und socialen, auch im literarischen und künstlerischen Leben. Vom Jahre 1848 dürfen wir den Umschwung der musikalischen Verhältnisse in Österreich datieren.«

1816 Gioacchino Rossini (1792-1868): **Opera buffa »Il barbiere di Siviglia«** in Rom

Vielleicht ist Rossini wirklich »der Napoleon der Musik«, für den ihn seine Zeitgenossen halten. Denn wenn zu seinen Lebens- und Schaffenszeiten sich die europäische Musikgeschichte auch in

Wien mit Haydn, Mozart, Beethoven und Schubert merkwürdig zu versammeln scheint, so fließt diese Musikgeschichte dennoch gleichzeitig in verschiedenen und starken Strömen weiter – »an Wien vorbei« kann man nicht sagen, weil gerade dort Musikgeschichte *neben* den Wiener Klassikern geschieht – und dieses Weiterfließen kann man sich kaum deutlicher machen, als wenn man sich einmal die in dem einen Jahr 1816 nebeneinander entstehenden Werke zusammenstellt, von Beethoven und Schubert, von Weber, E. Th. A. Hoffmann und Spohr, von Cherubini und – eben von Rossini. – Rossini ist der letzte und vielleicht der größte Meister der Opera buffa, die er mit seinem *Barbier von Sevilla* zugleich auf den Höhepunkt und zum Schluß führt, und das, während er nur wenig später mit seinem letzten Bühnenwerk, der *Grand Opéra »Guillaume Tell«* (Paris 1829), der Großen Französischen Oper Bahn bricht. Freilich tritt er in beiden Bereichen auch ein reiches Erbe an, das ihn im Heiteren besonders zu inspirieren scheint.

Paisiello, Piccinni, Sarti und Cimarosa haben die volkstümlich-heitere Oper auf eine scheinbar nicht zu übersteigende Höhe geführt, und dies auf dreierlei Weise: in der durchweg komischen OPERA BUFFA, in dem durch Parti serie bereicherten DRAMMA GIOCOSO, und im RÜHRSTÜCK. Rossini komponiert in allen drei Arten. *L'italiana in Algeri* ist eine Opera buffa reinsten Wassers, spritzig und in fast jeder Szene zum Grotesken komisch; *Il barbiere di Siviglia* ist ein typisches Dramma giocoso (in *L'ingano felice,* 1812, und in *La cenerentola,* 1817, sind ernste Teile noch häufiger); *La gazza ladra* (1817) schließlich ist ein echtes Rührstück. Wirkliche Menschen stehen aber nur im *Barbiere* auf der Bühne, was jedoch Beaumarchais und nicht Sterbini, dem Librettisten, zu danken ist. Und trotzdem kann man nicht sagen, musikalisch seien die Rosina, Figaro, Almaviva und Bartolo als Individualisten gezeichnet, es ist vielmehr so, daß Rossinis immer wieder verwendete, auf die verschiedensten Charaktere angewendete Musik nur hier besonders gut zu passen scheint. Rossinis Figaro ist der letzte Erbe all jener listigen Dienergestalten, die von der Commedia dell'arte herkommend in italienischen Opere buffe auftreten – aber da Ponte/Mozarts »Se vuol ballare« (»Will der Herr Graf ein Tänzchen nun wagen«) ist ihm weder als Menschen noch musikalisch zuzutrauen. – Wie im vokalen zieht Rossini auch im instrumentalen Bereich alle von den italienischen Meistern ausgebildeten Register. Mit einem einzigen Orchestermotiv kann er ganze Szenenabschnitte gestalten. Ob er damit allerdings in jedem Fall der dramatischen Situation gerecht wird, das ist eine andere Frage. Aber Rossini will auch gar kein Dramatiker nach den Begriffen des 19. Jahrhunderts sein. Bei allen Neuerungen im Detail bleibt er irgendwie zum 18. Jahrhundert italienischer Prägung zurückgewandt.

Obwohl die Uraufführung des *Barbiere* am 20. Februar 1816 im Teatro di Torre Argentina in Rom zunächst ein skandalöser Mißerfolg wird (weil Anhänger Paisiellos, die das Theater füllen, die musikalische Neubearbeitung des Librettos, das auch ihr Meister vertont hatte, als Affront empfinden – und das trotz des veränderten Titels, der bei der Uraufführung lautet: »Almaviva, ossia L'inutile precauzione«), begreift das Publikum doch bald Witz, Charme und Schönheit dieses Werks, und Rossini wird damit rasch berühmt in ganz Europa. Diesen Ruhm bestärkt er seit 1820 durch sein persönliches Auftreten in den großen Musikstädten. Als er 1822 nach Wien kommt, verfällt die Stadt geradezu in einen Rossini-Taumel, obwohl er dort längst gut bekannt ist. Franz Schubert etwa schreibt schon 1819 (19. Mai) über Rossini von »alten Sachen«: »Neues gibts hier Weniges; wenn man was Gutes hört, so sind es immer alte Sachen. – Letzthin wurde bei uns *Otello* von Rossini gegeben. Außerm Radichi wurde alles recht gut exequirt. Diese Oper ist bei weitem besser, d.h. charakteristischer [!] als *Tancred.* Außerordentliches Genie kann man ihm nicht absprechen. Die Instrumentierung ist manchmal höchst originell, auch der Gesang ist es manchmal, und außer den gewöhnlichen italienischen Galoppaden und mehreren Reminiscenzen aus *Tancred.*« *Tancredi* war in Wien 1816 italienisch, 1818 deutsch gegeben worden, *L'italiana in Algeri* 1817 italienisch, *Otello* 1819 deutsch. Als vom 13. April bis 14. Juli 1822 der italienische Intendant Barbaja am Kärntnertortheater dann eine ganze Staggione unter Rossinis Leitung abhält und auch im Theater an der Wien Rossini-Opern gespielt werden, da gehen die Wiener sonst nirgendwo mehr hin.

Der Text des *Barbiere* (von Sterbini) geht zurück auf *Le Barbier de Séville* von Beaumarchais (Paris 1775); *Le Mariage de Figaro* (1784) ist eine Fortsetzung davon; eine weitere Fortsetzung kommt nach der Revolution in Paris heraus *La mère coupable* (1792). Die Handlung sowohl als auch die Personen dieser Stücke haben ihre »Vorfahren« in der Commedia dell'arte und »Verwandte« in Pergolesis *La Serva padrona.* – Den *Barbiere* haben außer Rossini neun weitere Komponisten vertont, unter ihnen F. Benda 1776, Paisiello 1782, J. A. P. Schulz 1786 (in Teilen), Isouard 1796.

1817-26 Muzio Clementi (1752-1832): Gradus ad Parnassum

Georg Knepler (1961) hat sie »gleichsam eine Gruppe von ›kleinen Wiener Klassikern‹« genannt, die Musiker, die zwischen 1790 und 1848 in Österreich, hauptsächlich in Wien, leben und arbeiten und neben Haydn, Beethoven und Schubert hoch geachtet sind:

Michael Haydn 1737-1806
Karl Ditters von Dittersdorf 1739-1799
Ignaz Umlauf 1746-1796
Maximilian Stadler 1748-1833
Muzio Clementi 1752-1832
Johann Schenk 1753-1836
Franz Anton Hoffmeister 1754-1812
Ignaz Pleyel 1757-1831
Joseph Eybler 1765-1846
Anton Eberl 1765-1807
Joseph Weigl 1766-1846
Franz Xaver Süßmayer 1766-1803
Joh. Baptist Cramer 1771-1858
Ignaz Xaver Seyfried 1776-1841
Joh. Baptist Gänsbacher 1778-1844
Joh. Nep. Hummel 1778-1837
Nikolaus von Krufft 1779-1818
Konradin Kreutzer 1780-1849
Anton Diabelli 1781-1858
Carl Czerny 1791-1857
Anselm Hüttenbrenner 1794-1868
Adolph Müller sen. 1801-1886
Benedikt Randhartinger 1802-1893

In allem Äußeren der Musik – das keinesfalls zu unterschätzen ist! – und durchaus auch im »Ton« stehen alle diese Meister Haydn, Mozart, Beethoven und Schubert nahe – und verfolgen doch andere Intentionen des Musikalischen, Intentionen, die nach ihrer Abkunft und wegen ihrer Tendenzen der musikalischen Romantik zuzuordnen sind. Eine dieser Tendenzen ist jene, auf einen neuen Typ des Musikers, auf den Virtuosen und Interpreten hin gerichtete, und einer von deren Hauptvertretern ist Muzio Clementi, der über seine Schüler tief ins 19. Jahrhundert hinein wirkt. Bei seinem Tode ist in der Leipziger *Allgemeinen Musikalischen Zeitung* zu lesen: »Er mag wohl als Vater der Pianofortemusik angesehen werden... Vor langer Zeit führte er die Schönheiten des Italienischen Gesanges in die Pianofortemusik ein, die durch Mannigfaltigkeit ihrer Verzierungen berechnet waren, die Kraft des Instrumentes hervorzulocken und sowohl den Geschmack als auch die Fertigkeit des Spielers zu bewähren.« Als Clementi in England öffentlich aufzutreten beginnt (1773), ist das Hammerklavier bereits als Konzertinstrument eingebürgert; J. Chr. Bach hat es schon seit 1768 gespielt. Für die Ausbildung der Klaviertechnik legt Clementi vor allem Wert auf das Spiel der Finger und die Unabhängigkeit der Hände. Doch 1806 äußert er zu seinem Schüler Berger, er habe sich in großer brillierender Fertigkeit und besonders in den vor ihm nicht gebräuchlichen Doppelgriffpassagen und extemporierten Ausführungen gefallen und sich erst später den gesangvolleren, edleren Stil im Vortrag durch aufmerksames Hören damaliger berühmter Sänger (!) angeeignet. Seine Technik gründet vor allem auf dem Tonleiter-Passagenspiel und auf der Präzision von Terzengängen, während Sprünge, Akkordspiel und komplizierte Figurationen ihm noch fremd sind. Hier haben seine Schüler Kalkbrenner, Moscheles und Herz und vor allem Franz Liszt einen ihm ursprünglich fremden Stil neu entwickelt. – Der *Gradus ad Parnassum ou l'art de jouer le Pianoforte, demonstré par Exercices dans le style sévère et dans le style élégant* (3 Teile) enthält übrigens auch Vortragsstudien und polyphone Stücke. Die Neuausgaben bringen allerdings meist nur noch die Etüden.

Zwar haben die Zeitgenossen, unter ihnen Beethoven und später Schumann, Clementi wegen seiner Klaviersonaten hoch geschätzt, aber Clementi deshalb neben Haydn und Beethoven, ja sogar *vor* diesen den »Vollender der klassischen Klaviersonate« zu nennen, ist ein merkwürdiger Irrtum, ein Irrtum freilich über das Wesen der Musik der Wiener Klassiker. – Die größten Erfolge hat Clementi zu seinen Lebzeiten übrigens als Komponist von *Sinfonien.* – Debussy huldigt dem *Gradus ad Parnassum* auf höchst liebenswürdig-ironische Weise im Eingangsstück *Doctor Gradus ad Parnassum* zu seiner Suite *The Children's Corner* (1906-1908).

ca. 1818 Anton Reicha (1770-1836): Cours de composition musicale ou Traité complet raisoné d'harmonie pratique, gedruckt in Paris

Der mit Beethoven gleichaltrige Böhme Anton Reicha, der in Bonn und später noch einmal in Wien mit Beethoven nahen Kontakt hat, ist heute noch bekannt und beliebt durch seine herrliche Bläser-Kammermusik, in der Musikgeschichte bedeutend aber ist er durch diese erste große Kompositionslehre des 19. Jahrhunderts. Mit Reicha (vor ihm in gewisser Weise allerdings schon mit Momigny und mit Gottfried Weber) beginnen die Versuche, die Erfahrung der Wiener klassischen Musik in der Kompositionslehre festzulegen und damit auch in der Lehre die Zeitlosigkeit dieser Musik zu postulieren. Hierin nun steckt ein Mißverständnis Reichas, dem freilich nicht er allein im 19. Jahrhundert erliegt. Reicha versucht erstens eine Kompositionslehre seiner Zeit; er glaubt zweitens, sie an Werken der Klassiker entwickeln zu sollen; er entwirft drittens seine Lehre als zeitloses System musikalischer Komposition. Man sieht den Widerspruch (denselben wie bei J. J. Fux und seinem *Gradus ad Parnassum* von 1725): die Kompositionslehre einer *bestimmten* Zeit als *zeitloses* System. Aber noch ein anderes ist hier merkwürdig. »Seine Zeit«: Reichas Zeit, ist zwar chronologisch die Zeit der Wiener Klassiker, aber »sonst« ist sie längst und überall die Zeit der musikalischen Romantik, und *deren* Grundvorstellungen von Musik und Komposition führen Reicha die Feder. – Seit 1818 ist Reicha als Nachfolger von Momigny Kompositionslehrer am Conservatoire in Paris, und in dieser Position bestimmt er in gewisser Weise die ganze folgende Zeit. Die französische Kompositionslehre erhält nämlich im 19. Jahrhundert durch ihre Bindung an das Pariser Conservatoire Nationale de Musique den Status einer akademischen Disziplin, und die Tatsache, daß ihre theoretischen Grundlagen in einer Form vermittelt werden, die das Conservatoire zur verbindlichen Lehrbasis proklamiert, erklärt die auffallende Einheitlichkeit, in der sie sich das ganze Jahrhundert über zeigt, eine Einheitlichkeit allerdings, deren Kehrseite eine immer deutlicher in Erscheinung tretende Unbeweglichkeit in Theorie und Praxis ist. Daß die »offizielle« Lehre die Verbindung zur Musik ihrer Zeit allmählich verliert, bildet am Ende des Jahrhunderts für Vincent d'Indy den Anstoß zu einem kritischen Gegenentwurf, der die Möglichkeiten einer »modernen« Kompositionslehre sichtbar werden läßt. – Reichas Lehrbuch wird in Deutschland durch eine Übersetzung von Carl Czerny (zweisprachig, Wien ca. 1834) bekannt.

1818 **Franz Xaver Gruber** (1787-1863): **Weihnachtslied »Stille Nacht, heilige Nacht«**

Die Fachleute unterscheiden, grob gesagt, zwischen echten und unechten Volksliedern, nämlich zwischen solchen, die zur Zeit der großen Veränderung des musikalischen Bewußtseins zwischen 1720 und 1820 längst volksläufig waren, und solchen, die seitdem auf eine Art komponiert worden sind, daß man meinen könnte, sie seien echte Volkslieder. Sie sind aber »Kunstprodukte«, auch wenn ihre Verfasser und Komponisten beteuern, sie hätten bei der Erfindung »dem Volk aufs Maul geschaut«. Ein berühmtes Beispiel ist das Weihnachtslied *»Stille Nacht, heilige Nacht«*: Für die Kirche zu Oberndorf an der Salzach schreibt der Volksschullehrer, Chorregent und Organist Franz Xaver Gruber auf einen Text des Kaplans Joseph Mohr ein neues Weihnachtslied, und dieses wird, jedenfalls im Süden des deutschen Sprachraums, zum beliebtesten Weihnachtslied überhaupt – trotz erheblicher Schlagseite hin zum Kitsch. Aber offenbar mag die Menge der Leute gerade das! Bezogen auf den Anlaß, nämlich die Mitternachtsmesse am Fest der Geburt Christi, und eingedenk der aufgeklärten Tradition ist der Text theologisch akzeptabel, und angesichts der alten Tradition, Siciliano-Rhythmik (6/8) und Pastoralmotive mit Weihnachten zu verknüpfen, scheint auch die Melodie durchaus angemessen, wenn sie auch mit ihrem fortwährenden Niedersetzen auf die zweite Takthälfte nicht besonders elegant ist. Doch das, was dieses Lied manchmal ärgerlich macht, liegt nicht an ihm selbst sondern am unangemessenen Gebrauch, z.B. als Signal für Weihnachten in Kaufhäusern. (Erste Veröffentlichung unter dem irreführenden Titel »Vier ächte Tyrolerlieder«, Dresden und Leipzig 1833.)

1818-66 **Karl Loewe** (1796-1869): **Balladen**

Wie viele sogenannte Kleinmeister des 19. Jahrhunderts hat Karl Loewe (seit 1821 Kantor, Gymnasialmusiklehrer und Städtischer Musikdirektor in Stettin) zwar keine gute Presse, aber die Leute lieben ihn. Zu seinen Instrumentalkompositionen formuliert Schumann wenig Schmeichelhaftes: »Die fürchterlich bekannten Figurationen«, zu seinen Oratorien nichts Besseres: »Pedanterie der Einfachheit«. Aber die Domäne seines Komponierens liegt auch auf einem anderen Gebiet, beim Lied nämlich, näher: bei der Ballade. Und hier schafft Loewe in über 300 Stücken (in fast 140 Opera) Meisterliches, von den *Drei Balladen op. 1* (Herder: *Edward;* Uhland: *Der Wirtin Töchterlein;* Goethe: *Erlkönig;* komponiert 1818; gedruckt wahrscheinlich 1824) bis zu *Tom der Reimer* (op. 135a; gedruckt 1867), und die frühen Werke sind so gut wie die späten. Loewe vergißt niemals, sagt Einstein (1950), daß die Ballade strophisch ist und bleiben muß, auch in der musikalischen Einkleidung, und er vergißt niemals, daß sie im volkstümlichen Urgrund wurzelt, im Unheimlichen und Phantastischen. Und eben diese Bereiche sind der Wurzelboden für eine echt romantische Musik.

> Loewes wohl bekannteste Ballade ist *Die Uhr* (op. 123 Nr. 3, Gedicht von Gabriel Seidl, gedruckt 1856). Kein Zweifel, das Gedicht ist sinnig, wenn auch nicht gerade tiefsinnig, und die Musik des Liedes entspricht dem genau. Nicht umsonst hat Karl Valentin, der große Münchner Komiker, in seinem *Sketch »Die Uhr von Loewe«* gerade dieses Kunstlied aufs Korn genommen: hier streift die Volkstüm-

lichkeit das Triviale. So leicht sich das sagt, so schwer sind die Konsequenzen abzuschätzen, nämlich im Bereich des Ästhetischen und in dem der Rezeption von Kunstwerken in der breiteren Öffentlichkeit. Denn diese breitere Öffentlichkeit, das Publikum – nein, einfacher und besser: die Leute – haben, auch wenn die Kenner das nur ungern einräumen, in gewisser Weise geradezu einen Anspruch auf Volkstümlichkeit, wenn nicht überall, so doch bei der Gattung Lied. Und außerdem ist die Frage unentschieden, ob Loewes Balladen durch ihren häufigen »Gebrauch« gleichsam heruntergekommen sind, oder ob es sich bei ihnen – ästhetisch gesprochen – um simple Kompositionen handelt, die zu Unrecht zu Berühmtheit gelangt sind.

Interessant für den geschichtlichen Zusammenhang in der ersten Hälfte des 19. Jahrhunderts ist, daß einerseits Loewe sich für seine Balladenkomposition ausdrücklich auf den schon 1760 geborenen Johann Rudolf Zumsteeg beruft, also auf denselben Meister, von dem Schubert seine ersten wesentlichen Eindrücke erfahren hat, daß aber andererseits Gustav Schilling (*Universal-Lexikon der Tonkunst,* Artikel *»Lied«,* 1835/38) meint, nur *einen* bedeutenden Liedkomponisten nennen zu können, der die Tradition der Ballade als eigenständige Gattung innerhalb der Gattung Lied fortführt, nämlich nur Karl Loewe.

1819 Louise Reichardt (1779-1826) gründet in Hamburg eine Musikschule für Frauen und einen Frauenchor

Die Tochter von Johann Friedrich Reichardt, dem Hofkapellmeister Friedrichs des Großen, singt nicht nur gut und spielt im häuslichen Kreis die Harfe, sie macht sich auch selbständig und zieht 1813 nach Hamburg, wo sie bei J. H. Clasing (1779-1829) Komposition studiert. Vor allem ihre Lieder »fanden durch ihre eigentümliche Tiefe einen allgemeinen Eingang und sind populärer geworden als die Reichardtschen«, wie man schon 1804 lesen kann. Ihre Musikschule und ihr Frauenchor werden zur Keimzelle eines Musikvereins, mit dem sie unter anderem Oratorien von Händel studiert und aufführt (Salmen 1963).

1819 Gaspare Spontini (1774-1851): Grand Opéra »Olympie« in Paris

Am 22. Dezember 1819 geht unter Viottis Leitung Spontinis dritte Große Oper *Olympie* in Paris in Szene. Der preußische König Friedrich Wilhelm III. ist anwesend. Am 14. Mai 1821, fünf Wochen vor Webers *Freischütz,* wird die Oper zum ersten Mal in Berlin gegeben, und sie wird zum Anlaß heftiger Streitereien zwischen »Klassizisten« und »Romantikern«, ja zwischen monarchischer Restauration und bürgerlichem Liberalismus. – Spontini kann seine Herkunft von Gluck, von der französischen heroischen Oper und von der späten neapolitanischen Opera seria nicht verleugnen: seine *Olympie* ist eine Art von Synthese untermischt mit einem Zug ins Kolossalische – und mit Anklängen an deutsche romantische Seelen- und Stimmungsmalerei. Aber trotz faszinierender Details und aufblitzender Farbigkeit bleibt diese musikalische Sprache eigentümlich rhetorisch: sie vermag nicht, über den äußeren zum inneren Ausdruck von Situation und Psyche vorzudringen (U. Schweikert).

1819 und 1821 Carl Maria von Weber (* Eutin 1786, † London 1826): »Aufforderung zum Tanz« und Konzertstück für Klavier und Orchester f-moll

Sensibel wie kein anderer hört Weber auf die Töne aus dem Urgrund seiner Zeit, wie kein anderer ist er mutig, das Gehörte auch real zum Erklingen zu bringen, und das bedeutet praktisch, die musikalische Komposition aus dem Stadium des Experimentierens und einer gewissen Unverbindlichkeit der Frühromantik in Deutschland herauszuführen. Daß er dabei auf schwierige, weil tiefgreifende Probleme stößt, erstaunt nicht. Umso mehr ist Weber zu bewundern, daß er sie löst, und zwar so, daß seine Lösungen richtungweisend werden: seine großen Werke erscheinen wie die Erstlinge einer neuen romantischen Musik. Mag man von den Problemen zuvörderst das der »musikalischen Form« – wie man zu sagen pflegt – nennen, ob es das schwierigste, gar das wichtigste Problem ist, ist zu bezweifeln. Allerdings schlägt die Form beim Hörer oft die ersten Assoziationsbrücken zu anderen Werken, und so stehen die Vorbilder der Wiener Klassiker fast allem Neuen immer gleich wieder im Wege, allem Eigenen, das so *im Grunde verschieden* ist, daß man es eigentlich nicht in die übernommenen Formen gießen sollte. Weber sieht dies und versucht dementsprechend kompositorisch zu handeln. Seine vier *Klaviersonaten* fließen, wie Bücken (1929) formuliert, geradezu über von innerem Reichtum und blendenden Einfällen – nur den Geist der Sonate darf man in ihnen nicht suchen. Die Sonate als solche ist hier gleichsam tödlich getroffen. Der Schwerpunkt von Webers prachtvollen Stücken liegt nicht in der Logik der Form, sondern im Gestalten aus einer inneren

Bildhaftigkeit. Dadurch aber wirken manche Sonatensätze wie Vorbilder für Nicht-mehr-Sonatensätze, etwa für die nun wirklich genial zu nennende *»Aufforderung zum Tanz« (Rondeau brillant Des-dur op. 65)*. Hier ist die junge Mode des Wiener-Walzer-Tanzens in einer Walzerfolge, geordnet nach der Anlage eines Rondos, aufgegriffen. Weber vermag aber nicht, das Ganze als bloße Folge von Tänzen, gewissermaßen ausdruckslos aufzufassen. Er fügt deshalb eine Einleitung und einen Schluß hinzu, in denen nach dem Vorbild naiv malender Programmusiken allein durch die Gestik der Motive und durch die Motivführung eine kleine Szene musikalisch dargestellt ist, eben eine Aufforderung zum Tanz bei einem Tanzvergnügen in bürgerlicher Gesellschaft. Das färbt die Walzerfolge ein und gibt ihr eine Art Hintergrund, den sie von sich aus nicht hat. (Weber hat dieses »Programm« seiner Braut in kurzen Sätzen angedeutet, als er ihr das ihr gewidmete Werk zum ersten Mal vorgespielt hat. Berlioz hat das Werk 1841 als Ballett-Einlage in eine *Freischütz*-Aufführung in Paris orchestriert.) Man kann das Beispiel für ein Muster nehmen: Hier ist nicht ein Programm komponiert, sondern eine Musik mit einem Programm hinterlegt, durch das sie eine empfindungsmäßige Tiefendimension gewinnt. Wir sehen also bei Weber musikalisch in Erscheinung treten, was alle Musiker seit langem beschäftigt, wofür sie aber schlüssige Lösungen nicht oder nur ausnahmsweise gefunden haben. Es ist das Problem, das das angehende Zeitalter der hohen Romantik weiter beschäftigen, das es geradezu charakterisieren wird, nämlich die Frage nach der Notwendigkeit, vielleicht auch nur nach dem simplen Nutzen von Programmen für das Musikverstehen – wenn nicht gar für das Sinn-Stiften für Musik. Die Frage war in der Mitte des 18. Jahrhunderts aufgetaucht, als sich Zweifel einstellten, ob eine Musik, die aus dem subjektiven Empfinden eines einzelnen (des Komponisten) entspringt, überhaupt von einem anderen Menschen (dem Hörer) nach-empfunden werden kann, und ob man diesem Nach-Empfinden Wege bahnen könne oder müsse.

Nach dem Bericht des Sohnes und ersten Biographen gab Weber beim ersten Vortrag seines *Konzertstücks für Klavier und Orchester f-moll op. 79* am 18. Juni 1821 (am Uraufführungstag des *Freischütz*) folgenden »Kommentar«:

> »Die Burgfrau sitzt auf dem Söller. – Sie schaut wehmütig in die Ferne hinaus. – Der Ritter ist seit Jahren im heiligen Lande. – Wird sie ihn wiedersehen? – Viele blutige Schlachten sind geschlagen. – Keine Botschaft von ihm, der ihr Alles ist. – Vergebens ihr Flehen zu Gott, vergebens ihre Sehnsucht nach dem hohen Herrn. – Endlich ergreift sie ein entsetzliches Gesicht. – Er liegt auf dem Schlachtfelde – verlassen von den Seinen – das Herzblut aus der Wunde rinnend. – Ach könnte ich ihm zur Seite sein – und wenigstens mit ihm sterben! – Sie sinkt bewußtlos und erschöpft hin. – Horch! Was klingt dort in der Ferne?! – Was glänzt dort im Walde im Sonnenschein? – Was kommt näher und näher? – Die stattlichen Ritter und Knappen alle mit dem Kreuzeszeichen – und wehenden Fahnen – und Volksjubel – und dort – er ist's! – und nun in seine Arme stürzend. – Welch ein Wogen der Liebe – welch ein endloses unbeschreibliches Glück. – Wie rauscht und weht es mit Wonne aus den Zweigen und Wellen – mit tausend Stimmen den Triumph treuer Minne verkündigend.«

Vor diesem seinem eigenen »Kommentar« hat Weber offenbar selbst Angst, er steht im Konflikt: einerseits das Bestreben, die Musik aus einer gewissen Abgesondertheit in die umfassende Sphäre der Künste und des Lebens hinaufzuheben, andererseits die Furcht, den Wert der Musik durch Bindungen an gedankliche, dichterische oder malerische Vorstellungen in ihrem Eigenwert zu schmälern. Weber spricht diesen Zwiespalt in einem Brief schon des Jahres 1815 deutlich aus: »Ich habe jetzt ein *Klavierkonzert in f-moll* im Plane, da aber die moll-Konzerte ohne bestimmte erweckende Idee beim Publikum selten wirken, so hat sich so ganz seltsam in mir unwillkürlich dem Ganzen eine Art Geschichte untergeschoben [!], nach deren Faden die Stücke sich reihen und ihren Charakter erhalten, und zwar so detailliert und gleichsam dramatisch, daß ich mich genötigt sehen werde, ihnen folgende Titel zu geben: ›Allegro, Trennung; Adagio, Klage; Finale, höchster Schmerz, Trost, Wiedersehen, Jubel‹. Da ich alle betitelten Tonbilder sehr hasse, so wird es mir höllisch sauer, mich selbst an diese Idee zu gewöhnen, und doch drängt sie sich mir unwiderstehlich immer wieder auf und will mich von ihrer Wirksamkeit überzeugen. Auf jeden Fall möchte ich an keinem Orte, wo man mich nicht schon kennt, damit zuerst auftreten, aus Furcht, verkannt und unter die musikalischen Charlatans gerechnet zu werden.« Webers Furcht siegt schließlich über die Neigung zum öffentlich preiszugebenden Programm, und das *f-moll-Konzert*, das sogenannte *Konzertstück*, wird – allerdings erst sechs Jahre später, nach seiner Vollendung kurz vor der Uraufführung des *Freischütz* – *ohne* programmatische Satzbezeichnungen gedruckt. – Der unbefangene Hörer unserer Tage, der nichts von Webers heimlichen programmatischen Gedanken weiß, wird kaum etwas vermissen oder eine Verstehenshilfe in Form eines Programms erwarten. Die Musik ist an sich eindeutig. Dazu freilich verhilft nun auch die Form des »Konzertstücks«, welche eine besondere Freiheit für einen besonderen Charakter der

Musik gewährt, die Freiheit nämlich zur musikalischen Abbildung von charakteristischen Situationen. Von diesem Gesichtspunkt aus läßt sich auch die Vorherrschaft des Klaviers und die auf die Einleitung und auf die verbindenden Teile reduzierte Funktion des Orchesters erklären. Der tiefere Grund dürfte aber sein, daß der Solist hier auf eine Weise »sprechen« kann, wie das Orchester es zu Webers Zeit und in Webers Sinn sonst noch nicht kann.

Zu Webers Musik außerhalb seiner Opern hat sich niemand so treffend und zugleich so knapp geäußert wie Einstein (1950): »An Universalität scheint Weber Mozart zu erreichen. Der thematische Katalog seiner Werke gleicht äußerlich dem Mozarts vollkommen, mit Messen und Offertorien, Opern und sonstigen dramatischen Arbeiten, Arien und Liedern, Chören, Sinfonien und Konzerten für Instrumente mancherlei Art, Sonaten und sonstiger Kammermusik für und mit Klavier, Märschen und Tänzen. Aber diese Universalität ist nur scheinbar...«

1820 **Niccolò Paganini** (* Genua 1782, † Nizza 1840): **24 Capricci per violino solo op. 1**

Obwohl eigentlich eine Hoffmanneske Figur, ist Paganini doch wohl der berühmteste Instrumentalmusiker überhaupt und wie nur selten einer von Einfluß auf seine Zeit und deren Vorstellung von Musik. Die Wirkung geht von seinem Spiel aus, eine fast noch stärkere von seiner Person. Seine Kompositionen dienen diesem Spiel und dieser Ausstrahlung. Trotzdem darf man sie nicht gering schätzen und auch nicht nur wegen ihrer technischen Schwierigkeiten bewundern: Niemand hat vor Paganini jemals gewagt, das virtuose Instrumentalspiel als solches und an und für sich zum Gegenstand musikalischer Komposition zu erheben. Die faszinierendsten Zeugnisse von Paganinis Spiel und damit von seiner Komposition sind die *24 Capricci*. Daneben sind eigentlich nur noch die beiden im Druck erschienenen *Violinkonzerte* zu nennen. Kennzeichen der Wirkung und Nachwirkung sind die schier zahllosen Kompositionen, die Paganini angeregt hat, angefangen mit Berlioz' *Harold en Italie,* einer Symphonie mit Solobratsche, die Paganini selbst spielen wollte (1834), bis zu Brahms' *Klaviervariationen über ein Thema von Paganini* (op. 35, 1862/63), um nur zwei wichtige und bekannte zu nennen.

Goethe am 13. November 1829 an seinen Freund Zelter, nachdem er im September Paganini in Weimar gehört hatte: »Mir kam gleich das erstemal vor wie Moses, der in Ägypten seine Künste vorschneidet, ja die Haut wollte mir jucken. Was die Aufmerksamkeit an diesem Virtuosen so in Beschlag nimmt, mag eine Vermischung sein des Grillenhaften mit der Sehnsucht nach Ungebundenheit. Es ist eine Manier aber ohne Manier; ein besonderes Einzelnes, aber kein Einziges, denn es führt wie ein Faden, der immer dünner wird, ins Nichts. Es leckert nach Musik, wie eine nachgemachte Auster gepfeffert und gesäuert verschluckt wird.«

1820 **Paris: Gründung einer Firma, die Claqueurs vermittelt**

Der Siegeszug der Gattung Grand Opéra in Paris fördert einen ebenso alten wie merkwürdigen Theaterberuf, den des Claqueurs, der gegen Freikarte und Honorar in der Oper klatscht oder pfeift, wann immer sein Arbeitgeber es von ihm verlangt. 1820 gründen zwei tüchtige Pariser Geschäftsleute eine Firma, die Claqueurs vermittelt: *Assurence Succès Dramatique.* Dirigiert werden die Profi-Klatscher vom Chef de Claque, der sie vor der Vorstellung in einem Café der Rue Favart einweist. Spezialisierung ist vorgesehen: die Pleureuse schluchzt an der entsprechenden Stelle, der Biseur ruft »Encore!«, der Rieur bricht auf Kommando in ansteckendes Lachen aus. – Erfolg oder Mißerfolg einer Oper können – jeder Theaterbesucher weiß das – von den Claqueurs abhängen, bei den Premieren jedenfalls, auf Dauer freilich kaum. Komische Manifestation einer neuen Ära des Theaters? Vielleicht. Wohl aber charakteristisch für die Pariser Oper des 19. Jahrhunderts.

1820 **Friedrich Schneider** (1786-1853): **Oratorium »Das Weltgericht«** in Leipzig

Die erste Hälfte des 19. Jahrhunderts zählt zu den an musikalischen Individualisten reichsten Zeiten der Musikgeschichte. Zu ihnen gehört als einer ihrer erfolgreichsten sogenannten Kleinmeister Johann Christian Friedrich Schneider (seit 1821 Hofkapellmeister in Dessau). Neben 16 Oratorien komponiert er Opern, Kantaten, Symphonien, Ouvertüren, Kammermusik, Klavierwerke und anderes. Berühmt aber wird er mit seinem zweiten Oratorium, *Das Weltgericht,* das seit seiner Uraufführung den Zeitgenossen fast zwei Jahrzehnte lang als das Oratorium schlechthin erscheint, und das in vieler Hinsicht auch tatsächlich als exemplarisch für die Gattung in diesem Zeitraum gelten kann (Geck 1967).

Daß Schneider mit seinem *Weltgericht* – einem der großen Stoffe der Oratoriengeschichte von Carissimi über Buxtehude und Telemann – einen neuen Oratorientyp (Schering 1911) schaffen kann, liegt nicht zuletzt am Text des Leipziger Dichters Johann August Apel. Selten bemüht sich ein Oratoriendichter so um sprachliches Niveau und gedankliche Tiefe, selten geht aber auch eine solche Menge unausgegorener metaphysischer Spekulationen in ein Libretto ein. Die musikalische Faktur zeigt ein geradezu buntes Bild. Nie zuvor hat es in einem Oratorium eine solche Vielfalt an Ausdrucksmitteln, Formen und Techniken gegeben. – Was Schneiders musikalische Vorbilder anlangt, so kommt den Anregungen von Gluck und von der französischen Oper seiner Zeit die größte Bedeutung zu: Cherubini, Méhul und Spontini sind offensichtlich seine Lieblingskomponisten. Dementsprechend finden wegen der gemeinsamen musikalischen Wurzeln viele Züge der aufblühenden romantischen Oper hier ihre oratorische Entsprechung (Kalisch/Kohlhase 1981).

1820 **Franz Schubert** (1797-1828): **Zauberspiel mit Musik »Die Zauberharfe«** in Wien

Im Sommer 1820 entscheidet die Intendanz des Theaters an der Wien, nicht ein Stück der Wintersaison zu wiederholen, sondern ein neues Werk vorzubereiten, ein »Zauberspiel«, ein Werk einer damals sehr beliebten Gattung. Das Libretto übernimmt Georg Edler von Hofmann, Nachfolger Treitschkes als Operndichter am Kärntnertortheater; er stützt sich dabei wahrscheinlich auf eine französische Vorlage. Um die Vorbereitung der Aufführung bemüht sich eine eigene Equipe des Theaters; von dieser geht die Einladung an Schubert aus, die Musik zu schreiben. Die erste Aufführung findet am 19. August 1820 statt. Nach nur 7 Wiederholungen wird das Stück abgesetzt. Die Gründe für das schnelle Verschwinden sind wohl im Werk selbst zu suchen, aber auch in der Theaterpraxis, die seinerzeit von einem schnellen Verbrauch immer neuer Produkte bestimmt ist. Es ist daher nicht verwunderlich, daß Schubert nichts tut, die *Zauberharfe* noch einmal zur Aufführung zu bringen, zumal auch seine besten Freunde sie nicht gerade mit Begeisterung aufnehmen. Außer dem unzureichenden Libretto und außer gewissen Schwächen, die viele Kritiker in der Musik finden, ist wohl ein Drittes verantwortlich für das völlige Verschwinden der *Zauberharfe* von der Bühne: die Gattung. Wie schon auf dem Theaterzettel zu lesen ist, handelt es sich um ein MELODRAM, das heißt um ein Bühnenwerk, das in wesentlichen Teilen aus einer höchst merkwürdigen Verbindung von gesprochenem Text und Musik besteht. Diese Gattung ist in Frankreich entstanden und hat sich in den letzten Jahrzehnten des 18. Jahrhunderts in Deutschland verbreitet.

In der *Zauberharfe* vermischen sich charakteristische Motive des FRANZÖSISCHEN MELODRAMS, ohne daß eines davon besonders hervorträte. Es handelt sich um ein ZAUBERSPIEL, doch ist es nicht nur das, auch die Themenkreise »Troubadour«, »Kampf um die Macht« und »Hindernisse der Liebe« klingen an, und nur das Motiv des Zauberwaldes ist ausgesprochen deutsch. Während in der Regel im französischen Melodram alle Motive im Hinblick auf ein bestimmtes Ziel verwendet werden, damit nämlich das Recht über das Unrecht siege und die Schwachen für ihre Leiden belohnt werden, führen bei Hofmann und Schubert Töne eines Musikinstruments, nämlich einer Zauberharfe, zum »lieto fine«, das Melodram der Aufklärung verwandelt sich im Geiste der Romantik. – Auch Schuberts *Rosamunde-Musik* (D 797; Uraufführung am 20. Dezember 1823 im Theater an der Wien) ist Musik zu einem Schauspiel: *Rosamunde, Fürstin von Zypern* von Helmina von Chézy.

1820-1845 **Franz Berwald** (1796-1868): **5 Symphonien**

Ausgerechnet mit Werken der Gattung Symphonie (die freilich die höchste der Lieblingsgattungen der Romantik ist) wird Franz Berwald (das wichtigste Mitglied einer in Deutschland und Schweden weitverzweigten Musikerfamilie) zum Initiator einer national-schwedischen Musik, obwohl diese Werke stilistisch den deutschen Symphonien von Spohr und Mendelssohn durchaus nahestehen. Aber das ist kein Widerspruch: Was sich zunächst nur als Personalstil von anderen Personalstilen abhebt, wird, wenn es nur »charakteristisch« genug ist, im Zeitalter des aufblühenden Nationalgefühls gern als Element eines allgemeinen nationalen Ausdrucks verstanden und vereinnahmt. Denn gerade in einem gewissen Nationalen sucht ja der Geist der Romantik seinen Ausdruck – und in merkwürdig aparten Titeln für im Grunde traditionelle Musiken, bei Berwald z.B. *»Symphonie sérieuse«* (1842), *»Symphonie capricieuse«* (1842), *»Symphonie singulière«* (1845).

1821 **Carl Maria von Weber** (1786-1826): **Romantische Oper »Der Freischütz«** in Berlin

Die Geschichte keiner deutschen Oper wird von so vielen Stimmen begleitet wie die von Webers *Freischütz*. Der Musikhistoriker Emil Vogel im Vorwort zu einem Klavierauszug von ca. 1900: »Die erste Vorstellung fand am 18. Juni 1821 [dem Jahres- und Gedenktag von Wellingtons und Blüchers Sieg über Napoleon 1815 bei Belle-Alliance] unter Leitung des Autors statt, und zwar als erste Oper in dem von Schinkel neu erbauten kgl. Schauspielhause [nach dem Brande neu erbaut; Eröffnung mit Goethes *Iphigenie* am 26. Mai 1821]. Sie ward für Weber, sowie für die deutsche Kunst überhaupt, zu einem Triumph ohne Gleichen! Schon die Ouvertüre errang so starke Stürme des Beifalls, daß sie in ihrer ganzen Ausdehnung wiederholt werden mußte. Die jauchzende Begeisterung des Hauses erreichte ihren Höhepunkt im 2. Akte bei der großen Scene Agathens: Der fortreißenden Gewalt dieser Musik vermochte Niemand zu widerstehen. Und als endlich der Vorhang nach dem 3. Akte gefallen war, erhob sich ein Jubel, wie er in der Theatergeschichte Deutschlands kein zweites Beispiel findet. Webers *Freischütz* wurde als nationale That gefeiert und immer wieder durch brausende Kundgebungen des Beifalls ausgezeichnet. Hingerissen durch die wahre Begeisterung und frische Erfindung des Werkes, fand sich das deutsche Volk im *Freischütz* wieder, wo, wie in keinem andern Werke jemals zuvor, die hauptsächlichsten Momente deutschen Empfindens zum vollendetsten künstlerischen Ausdruck gelangt waren. In seinem Texte in fast alle europäischen Sprachen übersetzt, eroberte sich Webers *Freischütz* in raschem Fluge die Opernbühnen der ganzen Welt. In keinem andern Lande aber hat der *Freischütz* so starken und zugleich so nachhaltigen Einfluß ausgeübt wie in Deutschland. Für die deutsche Nation, für die er geschaffen, bedeutet er ein Kleinod von unvergänglichem Werthe, dessen Glanz nicht vergehen wird, solange eine deutsche Kunst lebt.«

Für eine Aufführung des *Freischütz* an der Hamburger Staatsoper in der Spielzeit 1961/62 schreibt Theodor W. Adorno (1964) einen Essay *»Bilderwelt des Freischütz«*. Darin findet sich u.a. dies:

> »Mit größerem Recht als die *Meistersinger* gilt der *Freischütz* als deutsche Nationaloper. Denn das deutsche Element setzt sich darin nicht als solches, kompromittiert sich nicht durch nationalistische Gesinnung... Musikalisch wird man das spezifisch Deutsche der romantischen Oper eher im Verhältnis zum Österreichischen zu suchen haben. Sie spricht nicht, wie in erheblichem Maß selbst Schubert, das Idiom des Wiener Klassizismus. Der *Freischütz* hat nicht die reine Formimmanenz, nicht das sich in sich Zusammenschließende, Integrale der großen symphonischen Musik; er ist minder verpflichtend, geöffneter. Durch Fenster und Lücken strömt eine Luft herein, welche von der dichten Kulturlandschaft draußengehalten wird. Das verleiht der Partitur die Frische, die sie ohne viel Tonmalerei zur imaginären Sprache des Waldes macht. Nirgends schöner als in Agathens Rezitativ, zu den Worten ›Welch schöne Nacht‹, dort, wo sie hinaustritt auf den Altan. Bildet im letzten *Figaro*-Akt der gestirnte Himmel über dem Schloßpark noch ein sicheres Zelt über den Verwirrten und Liebenden, so tröstet der *Freischütz* durch Aufatmen: im Ungedeckten. – Mit Gluck teilt das Werk ein Exterritoriales, fast Traditionsloses. Beide bereiten den Ausbruch aus der zwangvollen Logik der Kunstmusik vor, den dann Berlioz vollzog, dessen Lieblinge nicht umsonst Gluck und Weber waren. In der Einheit des undistanziert Vertrauten und der Fremdheit zur Tradition ist der *Freischütz* überaus bürgerlich, darum wohl auch vom sich emanzipierenden deutschen Bürgertum unmittelbarer als seine Sache empfunden worden denn Beethoven oder Mozart. Man könnte sagen, der *Freischütz* sei das erste musikalische Werk großen Stils, das nicht länger in einen prästabilierten Stil fällt.«

Der berühmteste »Rezensent« und sicherlich der deutlichste ist Heinrich Heine (Brief aus Berlin vom 16. März 1822):

> »Haben Sie noch nicht Maria von Webers *Freischütz* gehört? Nein? Unglücklicher Mann! Aber haben Sie nicht wenigstens aus dieser Oper ›das Lied der Brautjungfern‹ oder ›den Jungfernkranz‹ gehört? Nein? Glücklicher Mann! – Wenn Sie vom Hallischen nach dem Oranienburger Tore, und vom Brandenburger nach dem Königs-Tore, ja selbst, wenn sie vom Unterbaum nach dem Köpenicker Tore gehen, hören Sie jetzt immer und ewig die selbe Melodie, das Lied aller Lieder – ›den Jungfernkranz‹... Bin ich mit noch so guter Laune des Morgens aufgestanden, so wird doch gleich alle meine Heiterkeit fortgeärgert, wenn schon früh die Schuljugend, den ›Jungfernkranz‹ zwitschernd, meinem Fenster vorbeizieht. Es dauert keine Stunde, und die Tochter meiner Wirtin steht auf mit ihrem ›Jungfernkranz‹. Ich höre meinen Barbier ›den Jungfernkranz‹ die Treppe heraufsingen. Die kleine Wäscherin kommt ›mit Lavendel, Myrt und Thymian‹. So gehts fort. Mein Kopf dröhnt. Ich kanns nicht aushalten, eile aus dem Hause und werfe mich mit meinem Ärger in eine Droschke. Gut, daß ich durch das Rädergerassel nicht singen höre. Bei ***li steig

ich ab. ›Ists Fräulein zu sprechen?‹ Der Diener läuft. ›Ja.‹ Die Tür fliegt auf. Die Holde sitzt am Pianoforte, und empfängt mich mit einem süßen: ›Wo bleibt der schmucke Freiersmann, Ich kann ihn kaum erwarten‹... – Sie begreifen jetzt, mein Lieber, warum ich Sie einen glücklichen Mann nannte, wenn sie jenes Lied noch nicht gehört haben. Doch glauben Sie nicht, daß die Melodie desselben wirklich schlecht ist. Im Gegenteil, sie hat eben durch ihre Vortrefflichkeit jene Popularität erlangt. Mais toujours perdrix? Sie verstehen mich. Der ganze *Freischütz* ist vortrefflich, und verdient gewiß jenes Interesse, womit er jetzt in ganz Deutschland aufgenommen wird. Hier ist er jetzt vielleicht schon zum 30sten Male gegeben, und noch immer wird es erstaunlich schwer, zu einer Vorstellung desselben gute Billette zu bekommen. In Wien, Dresden, Hamburg macht er ebenfalls furore. Dieses beweiset hinlänglich, daß man Unrecht hatte, zu glauben: als ob diese Oper hier nur durch die antispontinische Partei gehoben worden sei. *Antispontinische* Partei? Ich sehe, der Ausdruck befremdet Sie. Glauben Sie nicht, diese sei eine politische... Aber dafür sehen wir in Berlin oft einen ergötzlichen Parteikampf, den in der Musik. Wären Sie Ende des vorigen Sommers hier gewesen, hätten Sie es sich in der Gegenwart veranschaulichen können, wie einst in Paris der Streit der Gluckisten und Piccinnisten ungefähr ausgesehen haben mag.«

Merkwürdigerweise zeigt das moderne Regietheater für Webers *Freischütz* ganz besonderes Interesse, freilich ein gleichsam negatives: man macht sich über den Stoff und den Text lustig – und auf Weber hört man nicht. Dem allerdings versuchen Walter Felsenstein und Joachim Herz (1976) entgegen zu argumentieren:

»Es scheint heute Mode zu werden, den großen Durchbruch zum Humanen, der in dieser Oper, in ihren Menschen sich vollzieht, zu relativieren und mit lässiger Geste abzutun als einen ›kleinen Schritt nach vorn‹, gemessen an klassischer Utopie, gar das Libretto den Zeitläuften finsterer Reaktion, in denen es geschrieben wurde, innerlich zuzuordnen. Dem muß widersprochen werden. – Wer nicht die Worte allein liest, sondern auf die Musik hört, die deren Aussage erst unmißverständlich macht, wird zugeben müssen, daß hier nicht nur ein, durchaus bedeutsamer, Schritt getan wird von atavistischer Barbarei zu humanem Ethos, sondern daß im Jubel des Finales eine Kraft des Volkes sich manifestiert, die deutlich werden läßt, daß noch ganz andere ›Schritte‹ erwartet werden dürfen. Gefeiert wird der Glaube an einen Sinn, wie der Eremit, Mann des Volkes (eine neue Art des Deus ex machina, nämlich einer, der Souveränität und Würde von Unten erhält) und die Herrschenden belehrend, ihn bezeugt und in die Wirklichkeit herüberholt. Gleichsam außerhalb der Gesellschaft stehende Figur des Hoffens und Vertrauens, läßt er Hoffnung und Glauben der Agathe sich erfüllen: statt ›Alte Bräuche muß man ehren‹, wie eben noch gesagt wurde, preist die Musik den Elan einer zu sich selbst findenden Menschheit, und dem Fürsten bleibt nichts übrig, als geschwind ja und amen zu sagen, womit ›Des besten Königs Wink und Wille‹ auch hier noch einmal auf der Höhe der Zeit erscheinen, die in Wahrheit längst über ihn hinweggegangen ist.«

Webers *Freischütz* mit dem Text von Friedrich Kind (1768-1843) ist, wie man offensichtlich bei guten Autoren lesen kann, mehr als nur *die* liebenswerte romantische Oper, auch mehr als nur *die* deutsche Nationaloper (die als solche sich kaum die Opernbühnen der ganzen Welt hätte erobern können). Weber läutet vielmehr mit diesem Werk, in gewisser Weise schon mit der Ouvertüre, die hohe Zeit der musikalischen Romantik ein, »den Ausbruch aus der zwangvollen Logik der Kunstmusik«, um noch einmal Adorno (1964) zu zitieren. »Anstelle des Prinzips der integralen thematischen Arbeit, der entwickelnden Variation ist der Schwung getreten; aus der kompositorischen Verfahrungsweise ein Gestus geworden, mit dem die Musik sich vorträgt... Beethoven, der dynamische Komponist schlechthin, kennt eigentlich kaum etwas dem Verwandtes.« Und »der Webersche Schwung definiert in Wahrheit bereits die hundert Jahre spätere Reaktionsform von Richard Strauss.« – Was nach fast einem Jahrhundert des Denkens und praktischen Überlegens, des Experimentierens und Komponierens, ja des Ringens um ein im Grunde Neues in der Musik Weber hier im *Freischütz* gleichsam zur Kristallisation zwingt und welche Mittel er dazu einsetzt, ist ihm – modern gesprochen – »voll bewußt«, und er formuliert es in vielen Schriften. Von einem anderen formuliert findet es sich in der Nachschrift eines Gesprächs zwischen Weber und Joh. Christian Lobe (1797-1881), einem in der ersten Hälfte des 19. Jahrhunderts bekannten Musiktheoretiker, der diese Nachschrift später veröffentlicht hat. In diesem Gespräch spricht Weber alles Wichtige an, geradezu mit den Stichwörtern der Zeit: einer der großen Quellentexte zur Musik im 19. Jahrhundert.

LOBE: »Im *Freischütz* bewundere ich zunächst das Totale des Styls, des Tones oder wie ich es nennen soll. Es kommt mir vor, als gehöre jede Melodie, jeder Klang in dieser Oper eben *nur* in den *Freischütz* und als könnten sie unmöglich in einem andern Werke erscheinen.

Ich höre in diesen Tönen nicht blos den Ausdruck bestimmter Gefühle, sondern den Ausdruck von Gefühlen der und der bestimmten Person, ja ich höre sogar die Zeit mit, in welcher die Oper spielt und den Ort, an dem die Handlung vorgeht...« »Wohl dem *Freischütz*, wenn dem so ist«, erwiderte Weber, »aber eine solche Empfindung werden Sie bei meiner Oper nicht das erste Mal gehabt haben. Sie werden sich auch kein Stück aus dem *Don Juan* in die *Zauberflöte* versetzt denken können, oder aus dieser in jenen. Das Größte und Bewundernswürdigste in dieser Art hat meiner Ansicht nach Méhul in *Joseph in Ägypten* geleistet, denn in dieser Oper zeigt sich wahrhaft patriarchalisches Leben und orientalische Farbengebung. Ist es mir auch im *Freischütz* gelungen, einen durchgehenden Charakter festzuhalten, so verdanke ich es allerdings dem aufmerksamen Studium der großen Muster, die wir haben.« »So wäre es auch zu *erlernen*, einem so großen Werke, wie es eine Oper ist, einen Totalton zu geben?« fragte ich. »Gewiß«, antwortete Weber, »wenn das nöthige Talent da ist, versteht sich... Erwarten Sie von mir jetzt keine erschöpfende Auseinandersetzung; gern aber theile ich Ihnen mit, was ich darüber gedacht habe. Statt Totale oder Totalton wollen wir Charakter sagen oder noch besser charakteristischer Hauptton, wie sich auch die Maler ausdrücken und womit ich die Instrumentationsfarbe des Ganzen meine. Der Maler erkennt das, was der Landschaft zu den verschiedenen Zeiten das Eigenthümliche, den Charakter, ertheilt und versteht es, durch entsprechende Farbenmischung jenen charakteristischen Hauptton in sein Bild der Landschaft überzutragen, so daß dem Beschauer die Wahrheit der Darstellung sofort kenntlich entgegentritt.« »So hätte der Komponist mit *Klängen* wie der Maler mit *Farben* den Hauptcharakter seines Werkes hervorzubringen?« »Allerdings«, bestätigte Weber. »Sie wissen ja, daß man eine und die selbe Melodie auf unendlich verschiedene Weise instrumentiren und akkompagniren und ihr dadurch einen unendlich verschiedenen Ausdruck oder Charakter geben kann. Sie wissen, daß es möglich ist, dieselbe Melodie je nach der Instrumentation zu einer weichen oder harten, sanften oder stürmischen, hellen oder düstern zu machen, und Sie werden nun auch nicht mehr in Zweifel über das *Hauptmittel* sein, durch welches einem einzelnen Musikstücke oder einer ganzen großen Oper ein gewisser Hauptcharakter zu geben ist.« »Wenn der Hauptcharakter einer Oper z.B. rauhe Kraft sein sollte,« bemerkte ich, »so müßte jedes Tonstück, jede Melodie darin rauhkräftig instrumentirt sein?... Das ist Ihnen wunderbar gelungen,« sagte ich; »es überläuft mich bei manchen Tönen ein kalter Schauer.« Weber antwortete: »Ich habe lange und viel gesonnen und gedacht, welcher der rechte Hauptklang für dies Unheimliche sein möchte. Natürlich mußte es eine dunkele, düstere Klangfarbe sein, also die tiefsten Regionen der Violinen, Violen und Bässe, dann namentlich der tiefsten Töne der Clarinette, die mir ganz besonders geeignet zu sein scheinen zum Malen des Unheimlichen, ferner die klagenden Töne des Fagotts, die tiefsten Töne der Hörner, dumpfe Wirbel der Pauken oder einzelne dumpfe Paukenschläge. Wenn Sie die Partitur der Oper durchgehen, werden Sie kaum ein Stück finden, in welchem jene düstere Hauptfarbe *nicht* merkbar wäre, Sie werden sich überzeugen, daß die Bilder des Unheimlichen die bei weitem vorherrschenden sind, und es wird Ihnen deutlich werden, daß *sie* den Hauptcharakter der Oper geben.« »Je klarer mir das Verständnis des *Freischütz* wird,« fiel ich begeistert ein, »um so höher steigt meine Verwunderung für den Schöpfer desselben. Welche ungeheure Erfindungskraft gehört dazu, um eines Theils immer die gleichen Farben festzuhalten, andern Theils aber nicht blos der Monotonie zu entgehen, sondern in dem gegebenen Kreise sogar die höchste Mannichfaltigkeit zu gewähren!« »Allerdings,« erwiderte Weber, »darin glaube ich etwas geleistet zu haben. Man wird in dem dunkeln Hauptkolorit des Gedankens die mannichfaltigsten Nuancen und Farbenspiele sehen. Auch auf die Ouvertüre bilde ich mir etwas ein; wer zu hören versteht, wird die ganze Oper *in nuce* darin finden.« Das Gespräch kam auf den Ausdruck. Ich bemerkte, daß ich in so mancher Oper jenen Ausdruck vermisse, der mich sogleich in das vom Dichter vorgezeichnete Gefühl versetze und darin festhalte. »Können Sie sich etwa schwer nur in eines Anderen Lage und Gemüthsstimmung versetzen?« fragte Weber. »Das dürfte ich nicht sagen,« erwiderte ich,... »aber wenn ich etwas dergleichen in Musik übertragen will, fühle ich, daß es nicht in schlagender Kraft das ist, was es meiner Empfindung nach sein müßte.« »Deshalb dürfen Sie den Mut nicht verlieren,« sagte Weber. »Wie es der Künstler fühlt, bringt er es selten in voller Macht zur sinnlichen Darstellung... Wir dürfen die Schuld des kalt bleibenden Publikums nicht immer allein dem Künstler zuschreiben. Es giebt noch andere, nicht von ihm abhängende Ursachen dieser traurigen Erscheinung. Die Zeiten werden schwieriger für den Komponisten; *es wird jetzt zuviel Musik gemacht.* Das Publikum ist von Jugend auf zu sehr an sie gewöhnt, die Reizbarkeit dafür geht immer mehr verloren. Dasselbe Tonstück, das Sie heute unbewegt läßt, weil Ihr Ohr ganz tonsatt ist, würde Sie sehr ergreifen, wenn sie ein Jahr über gar keine Musik gehört hätten.« »Das ist wohl ein Grund mit,« wagte ich zu entgegnen, »aber kommt doch wieder ein Werk wie Ihr *Freischütz* z.B., welches die

Blasirtheit überwindet, und das ganze Publikum mächtig erregt? Ist das blos die unbewußte That des Genies oder kommen ihm bewußte Bestrebungen dabei zu Hilfe? Wer könnte das sicherer entscheiden als Sie!« setzte ICH mit bittend fragendem Blick auf ihn hinzu. »Entscheiden,« erwiderte WEBER, »wäre wohl zuviel verlangt. Was ich aber darüber denke und wie ich bei meiner Opernkomposition in dieser Beziehung verfahren, will ich Ihnen gern sagen. Für die Aufgabe, das in mir durch den Dichter hervorgerufene Gefühl so zu schildern und in eine solche musikalische Form zu fassen, daß es möglichst auf alle Zuhörer die gleiche und bestimmte Wirkung hervorbringe, habe ich zunächst drei Maximen; sie heißen: *Mitten in die Sache hinein, Festklammern* und *Konzentration.*« ... – ... Sagte WEBER, »Ich will Ihnen das Wort nennen, das *mir* zur Energie des Ausdrucks verhilft, es heißt – *Übertreibung*... Freilich ist Übertreibung ein großer Fehler, wenn sie von dem *Publikum* an dem Kunstwerk bemerkt wird. Aber dem *Künstler* ist sie ein hilfreicher Genius.« ... ER fuhr darauf fort: »Der Künstler ist in den Stunden des Schaffens in erhöhter, gereizter Stimmung. In Folge davon machen die Gedanken, die ihm kommen, einen tieferen Eindruck auf ihn und erscheinen ihm wirkungsmächtiger als sie in der That oft sind. Umgekehrt ist das Publikum vor einem neuen Kunstwerke noch in seiner gewöhnlichen, von Geschäften abgespannten Stimmung, und die Gedanken, die ihm vorgeführt werden, machen oft einen geringeren Eindruck auf dasselbe, erscheinen ihm wirkungsloser als sie vielleicht sind. ... Daran denke ich bei meinen Arbeiten, mißtraue der Stärke meiner Gedanken hinsichtlich der Wirkung auf mich, und *übertreibe* den Ausdruck etwas, suche ihn auf die glühendste Weise zu gestalten, überzeugt, daß das, was mir in der gereizten Stimmung vielleicht als zu stark und übertrieben erscheint, nicht so dem Zuhörer erscheint, sondern für ihn erst den Grad von Lebendigkeit erhält, der ihn in die verlangte Wärme und Mitempfindung zu versetzen vermag.« ... Wir kamen auf Harmonie und Modulation zu sprechen, und ICH bemerkte, daß beide Mittel mir im *Freischütz* überall so treffend mit dem inneren Gange der Gefühle übereinzutreffen schienen. »Wenigstens,« sagte WEBER, »habe ich es damit stets sehr ernst genommen, und nicht allein für jede Hauptstimmung die entsprechende Haupttonart zu treffen gesucht, sondern mich auch bemüht, mit der Modulation jeder modifizirten Regung darin treulich nachzufolgen.« ... »Bei dieser letzten Bemerkung,« sagte ICH, »fällt mir die Änderung ein, die Sie mit dem Text des *Freischütz* vorgenommen. Dürfte ich Sie wohl noch mit der Frage behelligen, warum Sie die zwei ersten Scenen, in denen zuerst der Eremit und sodann Agathe auftritt, weggelassen haben?... Sie hätten es gethan, um durch die Volksscene beim Vogelschießen eine lebendigere Introduktion und namentlich einen Anfangschor zu gewinnen.« »Und wenn dies mein Grund gewesen?« sagte WEBER. »Wenn ein dramatisches Werk einen bestimmten Land-, Zeit- und Sittenhintergrund hat, welcher die Handlung zum Theil mit motivirt, so ist es immer als eine gute Maxime gefunden worden, den Zuschauer gleich von vornherein in diese eigenthümliche Sphäre, der er sich hingeben und an die er glauben soll, zu versetzen...«

Man sieht, daß Weber hier anhand des *Freischütz* alle Probleme des Musikdenkens und der Komposition in der musikalischen Hochromantik anspricht. Kein anderer Text der Zeit sagt ebensoviel und gleich knapp.

Die Rezeptionsgeschichte des *Freischütz* und überhaupt der Werke Webers im 19. Jahrhundert, die man u.a. an den unfaßbar vielen verschiedenen Arrangements und Notenausgaben ablesen kann, sie belegt nun freilich nicht allein Richard Wagners pathetische Behauptung, daß nie ein »deutscherer Musiker« gelebt habe als Weber und daß nur »der Deutsche« in lieben könne, sie belegt vor allem seine Bedeutung für das Musikleben Europas im 19. Jahrhundert, und das, *obwohl* die Deutschen durchaus recht haben, wenn sie den *Freischütz* für ihre Nationaloper halten. Die vielen Drucke sind nämlich nicht in erster Linie unter nationalgeschichtlichem Gesichtspunkt ergiebig, sondern vor allem unter kultursoziologischem: sie lassen erkennen, wie der bürgerliche Musikbetrieb Werke und Teile von Werken nach seinen Bedürfnissen auswählt, arrangiert und trivialisiert, sie damit aber zugleich auch lebendig erhält. Nicht nur hat Weber sein Publikum – das bürgerliche Musikleben im 19. Jahrhundert hat auch durch Weber seine eigene Musik.

In Frankreich erscheint die deutscheste aller deutschen Opern zum ersten Mal 1824 in Paris im Théâtre Odéon, »freilich nicht in ihrer ursprünglichen Schönheit, sondern auf tausend Arten durch einen Arrangeur verstümmelt, ins Gemeine gezogen, gequält und beleidigt«, wie Berlioz in seinen Erinnerungen berichtet. François Castil-Blaze hat das Werk unter dem Titel *Robin des bois* neu arrangiert (ein Verfahren, das freilich bei musikdramatischen Werken damals gang und gäbe ist). »Dieser neue Stil, gegen den meine intolerante und ausschließliche Verehrung der großen Klassiker mich zuerst voreingenommen hatte, überraschte und entzückte mich in hohem Maße... Dieser Partitur entströmte... ein wildes Aroma, dessen köstliche Frische mich berauschte.« Die Poesie des *Freischütz* »ist voll von Bewegung, von Leidenschaft, von Kontrasten. Das Übernatürliche bringt darin eigentümliche, heftige Wirkungen hervor.« Die Musik Webers wird von der Generation der Jeune-France allgemein als Sensation empfunden. Victor Hugo begeistert sich nicht weniger als Berlioz; »alles, was sich Romantiker nennt, kommt zusammen, umjubelt mit Bravorufen die große Musik Webers« (Mönch 1972). Noch 15 Jahre später (1841) erweist Berlioz dem *Freischütz* eine Art Liebesdienst: Um zu verhindern, daß das Werk bei seiner Wiederaufnahme erneut entstellt wird, übernimmt er, und zwar *gegen* seinen ausdrücklichen Willen, jedoch in der Überzeugung, daß dies das kleinere Übel sei, die Aufgabe, die deutschen gesprochenen Dialoge in französische Rezitative zu übertragen. Und für die in der französischen Oper unverzichtbaren Balletteinlagen instrumentiert er Webers *Aufforderung zum Tanz.* Welche sinnentstellenden Veränderungen bei der Übertragung des Kindschen Textes ins Französische (durch Emilien Pacini) sich ergeben und welche verheerenden Folgen dies für die Musik hat, hat Bockholdt (1979) aufgezeigt. Und dennoch ist – rätselhafterweise, wie man wohl sagen muß –, der *Freischütz* die beliebteste und die am meisten gespielte deutsche Oper in Frankreich.

Zur Musik des *Freischütz* ist fast nichts musikalisch Relevantes geschrieben worden, und das trotz der kaum zu überschätzenden Bedeutung gerade dieser Musik: »Andererseits ist nicht zu übersehen, daß es ein Werk Webers ist, das die Vorstellung von musikalischer Elementareröffnung erstmals in einer Weise verwirklicht, die nicht wiederholbar scheint: zum Vorspann, zur Einleitung der *Freischütz*-Ouvertüre gibt es jahrzehntelang nichts Vergleichbares.« Dies hat M. H. Schmid in *Musik als Abbild. Studien zum Werk von Weber, Schumann und Wagner* (1981) gezeigt.

1821/22 Franz Schubert (1797-1828): Oper »Alfonso und Estrella«

Die Oper entsteht in engster Zusammenarbeit der Freunde Franz von Schober und Franz Schubert. »Unter allen... Opern hielt Schubert selbst *Alfonso und Estrella* für die gelungenste und am besten zur Darstellung geeignet«, schreibt ein anderer Freund wenige Monate nach Schuberts Tod. Schubert versucht immer wieder, die Oper auf die Bühne zu bringen: er reicht sie in Wien beim Kärntnertortheater ein, bittet Carl Maria von Weber um Vermittlung in Dresden und die ihm befreundete berühmte Sängerin Anna Milder-Hauptmann um Fürsprache in Berlin; schließlich hofft er auf eine Aufführung in Graz. Alle Pläne jedoch schlagen fehl. *Alfonso und Estrella* wird erst 1854 in Weimar uraufgeführt – von Franz Liszt. – Textbuch und Musik sind ästhetischen Prinzipien verpflichtet, die Ignaz von Mosel (1772-1844) 1813 in seinem *Versuch einer Ästhetik des dramatischen Tonsatzes* niedergelegt hat. Mosel ist ein persönlicher Gönner Schuberts; Schubert widmet ihm im Mai 1821 seine *Goethe-Lieder op. 3;* sie studieren gemeinsam Händelsche Partituren. – Mosel beruft sich wie Schuberts Lehrer Salieri auf Gluck. In seiner *Opernästhetik* fordert er, die Oper müsse als »lyrische Poesie« vor allem »auf das Herz, auf die Leidenschaft der Zuhörer« wirken; daher dürfe die Handlung nicht zu rasch fortschreiten und den Hörer nicht durch komplizierte Intrigen vom Wesentlichen ablenken; Mythologie und Geschichte sollen, wie in der Opera seria des 18. Jahrhunderts, die Stoffe liefern. Und der wesentliche Satz ist: Die Musik muß Ideen, nicht Worte ausdrücken.

> Man hat gesagt, Schuberts Musik an sich sei zu lyrisch, zu liedhaft für die Bühne. Nun, die Musik zu *Alfonso und Estrella* unterscheidet sich wesentlich von seinen Liedkompositionen. Dort nämlich folgt er zwar prinzipiell der Poesie, aber es entstehen aus musikalischem Denken die Lieder noch einmal neu als selbständig-musikalische Äquivalente für die Dichtung. In der Oper hingegen – und das hat Schubert bei Salieri gelernt – »vertont« die Musik den poetischen Affekt, die Empfindung des Dichters. Die Musik bildet die Poesie auf einfache Weise ab. Und so sind es überkommene Prinzipien der Komposition, die Schuberts Oper in hohem Maße der Musik des 18. Jahrhunderts verhaftet zeigen – im Gegensatz zu den gleichzeitig entstehenden, aber im Geist der Wiener Klassiker gedachten Liedern. Vor allem die in der Opernmusik weithin herrschende simple Periodizität erscheint liedhaft – liedhaft jedoch im Sinne der Melodik volkstümlicher Lieder von Komponisten wie Zelter und Reichardt, die den allgemeinen Begriff des Liedhaften ja viel nachdrücklicher geprägt haben als Schubert. Indessen, das Liedhafte als Grundlage für die Musik der Oper, das ist ein Widerspruch in sich.

Schubert übernimmt die Ouvertüre zu *Alfonso und Estrella* später für seine Musik zu dem Romantischen Schauspiel *Rosamunde, Königin von Zypern* der Helmina von Chézy (1823; D 797), also *nicht* die Ouvertüre zu dem »Zauberspiel mit Musik« *Die Zauberharfe* (1820; D 644), die freilich nach einer Tradition, die schon auf Schuberts Zeit zurückgeht, *»Rosamunde-Ouvertüre«* genannt wird.

1822 **Ferdo Livadić** (ursprünglich: Wiesner; 1799-1878): **Klaviermusik und Lieder**

Unter den Musikern Kroatiens, die zur »Illyrischen Bewegung« gehören und dort ihre eigentliche Funktion erfüllen, gibt es nicht viele Talente; immerhin sind neben Vatroslav Lisinski (1819-1854) doch diese zu nennen: Ferdo Livadić, der noch heute weit verbreitete volkstümliche patriotische Lieder geschrieben hat, Franjo Pokorni (1825-1859) und Fortunat Pintarić (1798-1867). Des letzteren an Mozart angelehnte Klavierkompositionen leben in Kroatien noch heute, vor allem als Unterrichtsliteratur, und Livadić ist durch ein *Notturno* von Bedeutung (der Titel »Notturno« hier wenige Jahre *nach* Field und *vor* Chopin). Livadićs Stück gehört neben denen von Tomášek und Worzischek um so mehr in die Reihe der *Lyrischen Klavierstücke Schuberts und seiner Vorgänger seit 1810* (W. Kahl 1921), als es im engeren Sinne aus Schuberts Umkreis stammt und dies auch erkennen läßt: Livadić ist wahrscheinlich ein Schüler von Schuberts Freund Anselm Hüttenbrenner in Graz gewesen. – Livadić hat außerdem viele *Klavierlieder* auf deutsche, kroatische und slowenische Texte geschrieben.

1822 **Carl Friedrich Zöllner** (1800-1860) **richtet in Leipzig ein »Musikalisches Institut« zur Pflege des Chorgesangs ein**

Die Männerchorbewegung im 19. Jahrhundert zeigt zeitlich nur geringe, lokal aber nicht unerhebliche Unterschiede. Als die führende Persönlichkeit in Mitteldeutschland ist Carl Friedrich Zöllner anzusehen. 1822 richtet er ein privates »Musikalisches Institut« ein, an dem vor allem der Chorgesang gepflegt werden soll, 1833 gründet er den ersten »Zöllner-Verein«, dem die Gründung zahlreicher weiterer von ihm betreuter Männergesangvereine folgt. In einer Veranstaltung zum hundertsten Geburtstag Schillers dirigiert er 20 Vereine; diese schließen sich nach seinem Tode zum Leipziger »Zöllnerbund« zusammen, der bis 1945 besteht. – Einige von Zöllners Männerchorliedern zählen zum Besten, das jene Zeit für die Gattung hervorgebracht hat. 1844 erscheint als sein op. 6 *Des Müllers Lust und Leid, 6 Gesänge aus Wilhelm Müllers »Die schöne Müllerin«*. Aus diesen Liedern ist *»Das Wandern ist des Müllers Lust«* zum Volkslied geworden – Zöllners Vertonung, nicht die von Schubert!

Ist Zöllner ein mitteldeutscher Mitstreiter von Friedrich Silcher? Ja und nein! Ja, weil er die Chorbewegung vorwärts treibt und den Chören Sätze aufgibt, die nicht so leicht sind, daß sie langweilen, und nicht so schwer, daß sie nicht zu realisieren wären; nein, weil er statt ans Volk an die Chorbewegung denkt und, anders als Silcher, nicht Volkslieder im Sinne hat sondern volkstümliche Lieder.

1823 **Franz Schubert** (1797-1828): **Oper »Fierabras«**

Schubert schließt sein letztes vollendetes Bühnenwerk, die »Heroisch-romantische Oper« *Fierabras* (was übersetzt heißt: »Wild mit dem Arm«; D 796), am 2. Oktober 1823 ab. Am 25. Oktober besucht er die Uraufführung von Webers *Euryanthe* im Kärntnertortheater, wo ihm auch die Aufführung seines eigenen neuen Werkes in Aussicht gestellt ist. Die geplante Aufführung des *Fierabras* kommt jedoch nicht zustande.

»Die Oper von Deinem Bruder«, schreibt Schubert an Leopold Kupelwieser, den Bruder des Librettisten, »wurde für unbrauchbar erklärt, und mithin meine Musik nicht in Ansprache genommen. Die Oper von Castelli, *Die Verschworenen,* ist in Berlin von einem dortigen Compositeur componirt, mit Beifall aufgenommen worden. Auf diese Art hätte ich also wieder zwei Opern umsonst componirt.« Es scheint geradezu Schuberts Schicksal zu sein, Opern umsonst zu komponieren. Nur zwei seiner zehn vollendeten Opern und Singspiele werden zu seinen Lebzeiten aufgeführt, und das sind Nebenwerke: das Melodram *Die Zauberharfe* (1820; D 644) und das kleine einaktige Singspiel *Die Zwillingsbrüder* (1819; D 647). Dabei legt Schubert auf seine Opern großen Wert. Als er im Februar 1828 Verbindung zu dem Mainzer Verleger Schott anzuknüpfen sucht, um seine Werke »im Auslande mehr zu verbreiten«, fügt er außer einer Liste der für den Verlag zur Publikation geeigneten Kompositionen noch die Sätze an: »Dies das Verzeichnis meiner fertigen Compositionen außer 3 Opern, einer Messe und einer Sinfonie. Diese letztern Compositionen zeige ich nur darum an, damit Sie mit meinem Streben nach dem Höchsten in der Kunst bekannt sind.« Schuberts erstes (unvollendet gebliebenes) Singspiel *Der Spiegelritter* (D 11) entsteht Ende 1811, es gehört zu Schuberts frühesten Werken. An seiner letzten (wieder unvollendet gebliebenen) Oper *Der Graf von Gleichen* (D 918) arbeitet er noch in seinem letzten Lebensjahr. Wie erklärt es sich nun, daß Schubert mit all diesen Werken so wenig Erfolg hat, ja, daß dieser bis heute allen seinen Opern versagt geblieben ist?

Gegen Ende des 18. Jahrhunderts ist der Boden unsicher geworden, auf dem sich die gewachsenen Gattungen der Oper, die ernste Opera seria und die heitere Opera buffa, entfaltet hatten. Die Opera seria verwandelt sich unter dem Einfluß Glucks und seiner Nachfolger – auch der französischen Revolutionsoper – und nimmt Elemente der Opera buffa auf. Gleichzeitig gewinnt die Opera buffa ernste Züge; man denke an Mozarts *Don Giovanni.* Mit der Opera buffa dringt gleichzeitig in Deutschland das Singspiel vor und entwickelt sich zu einer eigenständigen deutschen Form der Oper. Feste Orientierungspunkte gibt es also zu Schuberts Zeit für den Komponisten nicht mehr so ohne weiteres. In dieser Situation gewinnen für Schubert zwei Elemente Bedeutung. Das eine stammt aus dem deutschen Singspiel: Es ist überliefert, daß nur wenige Opern einen so nachhaltigen Eindruck auf den jungen Schubert hinterlassen haben wie die *Zauberflöte* – ein Singspiel der Vielfalt, in dem Lied und Arie, Rezitativ und gesprochener Dialog, Einfaches und Kompliziertes bis zum breit angelegten Ensemble nebeneinander stehen. Auf der anderen Seite ist es das Werk Glucks, insbesondere des französischen Gluck, das Schubert tief beeinflußt. Sein Freund Spaun berichtet von Schuberts Faszination bei einer Aufführung der *Iphigenie auf Tauris,* deren »Folge das eifrige Studium aller Gluckschen Partituren« gewesen sei. In diesem Studium wird Schubert unterstützt von seinem Lehrer Salieri, der in gewisser Weise zu den Bewahrern von Glucks Erbe in Wien gehört. Nimmt man nun beide Einflußbereiche zusammen, so ist es nur logisch, wenn es Schubert im Endeffekt geht um ein deutsches Singspiel oder um eine deutsche Oper nach dem Vorbild Glucks. Das bedeutet freilich, heterogene Elemente zusammenzubringen. Ein Weg zur Synthese bietet sich in der Begeisterung der Romantik für die Welt des Mittelalters, nämlich für eine Welt, in der Historisches und Wunderbares sich auf ähnliche Weise zu verbinden scheinen wie in den Sagen der Griechen, ohne daß der Autor damit schon auf die bestimmte Operngattung, die Opera seria, festgelegt wäre. Indessen sind die neuen Stoffe auch neu zu formen, und zwar entsprechend den Gluckschen Reformen. Diese verlangen Geradlinigkeit des Handlungsverlaufs, Vermeidung störender Intrigen, klare und einfache Sprache. Die Libretti dieses Zuschnitts erhofft sich Schubert von seinen Dichter-Freunden Johann Mayrhofer, Franz von Schober, Eduard von Bauernfeld. Aber diesen Freunden mangelt es wie Schubert an der Theatererfahrung, die notwendig ist, soll sich das neue Konzept auch bühnenwirksam erweisen. Zufriedengestellt hat Schubert denn auch wohl keines seiner Libretti. »Meister Franz ging es wie allen deutschen Compositeuren«, schreibt Eduard von Bauernfeld, »er sehnte sich sein Leben lang nach einem tüchtigen Operntext.«

Widersprüchliches miteinander zu verbinden, gilt es aber nicht nur auf der Ebene des Textes sondern auch auf der der Musik. Der hohe Anspruch, den Schuberts »Streben nach dem Höchsten in der Kunst« zu beweisen hat, läßt sich nur schwer vereinen mit der musikalischen Sprache des Singspiels, die vom Volkstümlichen geprägt sein soll. Schubert vermeidet daher jede Art von musikalischer Besonderheit und erst recht jedes Experiment. Darin unterscheiden sich seine Opern von seinen Liedern, unterscheidet sich sein Instrumentalsatz in den Opern von dem seiner Instrumentalmusik. Wenn Schuberts Intentionen auch deutlich sind und sein Konzept klar ist, in der Ausführung lösen sich die Widersprüche nicht, in den Libretti so wenig wie in der Musik. Darin liegt der Grund, weshalb bei aller Bewunderung für Schuberts so unmittelbar ansprechende Opernmusik eine gewisse Reserve der Theaterleute wie des Publikums nicht zu überwinden ist, und zwar gegenüber den reiferen Werken noch weniger als gegenüber den früheren, weil diese Widersprüche gerade mit dem wachsenden Anspruch hervortreten.

Als 1858 in Wien Ausschnitte aus *Fierabras* konzertant aufgeführt werden, zieht Eduard Hanslick Grundlinien einer folgenschweren Beurteilung: »Es wird... ein vollständiger Kindheitszustand des Publikums vorausgesetzt, und eine ebenso vollständige Resignation des Komponisten auf alles, was Poesie, Geschmack und Zusammenhang heißt.« Doch, muß man fragen, liegen dem Urteil Hanslicks, das der veränderten Sichtweise der fünfziger Jahre des 19. Jahrhunderts entstammt, überhaupt adäquate Kategorien für die Einschätzung einer so frühen deutschen Oper zu Grunde? Immerhin ist dies festzuhalten: *Fierabras* steht in der großen Reihe der deutschen romantischen Opern, und dies bedeutet ja gewiß nicht wenig, damit sind aber zugleich auch riesig hohe Ansprüche festgelegt. Diese Reihe beginnt mit E. Th. A. Hoffmanns *Undine* und Spohrs *Faust* (beide 1816), sie kulminiert in Webers *Freischütz* (1821), legt in der »Großen romantischen Oper« *Euryanthe* (1823) ihre dramaturgisch-musikalischen Risiken offen, findet in Marschners *Hans Heiling* (1833) eine musikalisch-dramatische Balance und geht mit Schumanns *Genoveva* und Richard Wagners »Romantischer Oper« *Lohengrin* (beide 1850) zu Ende. Das ist in der Tat eine stattliche Tradition, in der Schuberts *Fierabras* da steht, und doch zeigt gerade diese Reihe, wie problematisch die Gattung der deutschen romantischen Oper offenbar ist. Von den hier genannten acht Opern ist zweien unglaublicher Erfolg beschieden, einer weiteren ein guter, und von den anderen kennt man nur die Namen. Offensichtlich bedurften die skizzierten Schwierigkeiten für die Entstehung einer deutschen Oper in jener Zeit nicht allein der Reflexion, sondern vor allem der Praxis. Es mangelte ja nicht an Traktaten zur Opernreform, wohl aber an der Potenz, die Theorie in die Wirklichkeit durchschlagender Werke umzusetzen. Und hier nun kann man kaum umhin zu sagen, daß Schubert diese Art von musikalischer Potenz offenbar fehlte, daß Weber damit nur einmal zu vollem Erfolg kam, daß es erst Richard Wagner gewesen ist, der das Problem Deutsche romantische Oper zu lösen vermocht hat (Thomas 1985).

1823 und **1826** **Carl Maria von Weber** (1786-1826): **Opern »Euryanthe«** in Wien und **»Oberon«** in London

Niemand hat Weber und sein Werk so treffend charakterisiert wie Einstein (1950), niemand dessen historischen Ort so scharf gesehen und klar beschrieben, weswegen wir ihn wörtlich zitieren (mit wenigen Kürzungen). »Mit Grétry haben wir den Namen des Musikers genannt, der vielleicht am meisten beigetragen hat zur Verwandlung der Oper des 18. Jahrhunderts ins Romantische. Sein Comédie ballet *Zemire et Azor* (1771) spielt schon in einem ferneren Orient, in Persien, wo Feen noch ins Schicksal der Menschen eingreifen; und als ein deutscher Librettist vier Jahre später (1775) Marmontels Libretto dieser Oper für den Musiker Gotthilf von Baumgarten bearbeitete, erhielt es den Untertitel ›Romantisch-komische Oper‹. Es ist vielleicht das erstemal, daß der neue, so schicksalsvolle Begriff auf dem Gebiet der Oper wörtlich auftaucht. Und es ist nichts weniger als ein Zufall, daß der Stoff von *Zemire und Azor* nochmals aufgegriffen wurde, durch Louis Spohr (1819)... Die ›Romantische Oper‹ steht längst vor der Tür. Weber hat, jedenfalls für Deutschland, diese Tür geöffnet. Er ist noch ein Kind des 18. Jahrhunderts, um 16 Jahre jünger als Beethoven, sogar ein kurzes Jahr vor Beethoven gestorben; aber er scheint einer ganz anderen Gattung, einer *späteren* Gattung von Musikern anzugehören als die Klassiker und selbst als Schubert.« 1821 bringt Weber eine *deutsche* »Romantische Oper« in drei Aufzügen heraus, die Epoche machen soll: *Der Freischütz.* »Aber Webers Ehrgeiz ging höher, als eine Volksoper, wenn auch die erfolgreichste, geschaffen zu haben. Er wollte nach diesem romantischen Volksstück, die deutsche romantische Opera seria schaffen: kein ›Singspiel‹ mehr mit gesprochenem Dialog, sondern eine Volloper, eine – so lautet der Titel – ›Große heroisch-romantische Oper in drei Aufzügen‹. Es war die *Euryanthe,* bestellt durch Barbaja, den italienischen Impresario des Kärntnertortheaters in Wien, wo sie im Herbst 1823 zur Aufführung kam.«

»Es war ein Mißerfolg, und dieser Mißerfolg ist dem Werke überall und trotz aller Wiederbelebungsversuche treu geblieben. Die Schuld daran hat man der Textdichterin Helmina von Chézy aufgebürdet... Aber die Schuld liegt vielleicht nicht ganz am Text. Weber war mit diesem Werk seiner Zeit zu weit voraus – ein Beweis dafür die leidenschaftlich ablehnende Kritik, die selbst Kunstgenossen wie Schubert und Grillparzer an ihm übten... Trotzdem war es das Stoffliche, durch das zunächst Webers Phantasie in Schwingung versetzt wurde: ritterliches Mittelalter, und in dies Mittelalter spielt die Geisterwelt herein, wenn auch nicht ganz so handgreiflich wie im *Freischütz...* Aber die Oper ist nicht nur dekorativ; sie ist nicht nur die Verbindung des glanzvoll Chevaleresken mit dem Geheimnisvollen, die jedermann aus der Ouvertüre kennt. Die Durchbildung des Rezitativs – sorgfältiger im Psychologischen und Thematischen als in jeder gleichzeitigen ernsten Oper – gibt dem Werk eine neue musikalische Einheit; der Erregtheit, dem hohen Pathos dieses Rezitativs entspricht die Ekstase der Melodik an den dramatischen Höhepunkten... Es war ein neuer romantischer Ton in der Oper, und wenn das Publikum ihn nicht sofort erfaßte, so haben ihn die Musiker der folgenden Generation um so tiefer erfaßt. Kein Werk hat tieferen Eindruck auf den jungen Wagner gemacht; er fand in ihm alle Keime für die Opern seiner Dresdner Zeit, vom *Fliegenden Holländer* bis zum *Lohengrin,* dramatisch und musikalisch; man könnte ihn in dieser Zeit den Nutznießer der *Euryanthe* nennen.«

Und auch für Webers *Oberon* folgen wir Einsteins unübertroffener Beschreibung und Charakterisierung: »Weber hat nach der *Euryanthe* nur noch einen großen Beitrag für die Opernbühne geliefert, den *Oberon,* den er 1826 ein paar Monate vor seinem Tod in Covent Garden in London zur Aufführung brachte. Man braucht nur den Theaterzettel dieser Aufführung anzusehen, um den Charakter des Werks zu erkennen: *›Oberon: or The Elf-King's Oath;* with entirely new Music, Scenery, Machinery, Dresses and Decorations‹. Es war ein Ausstattungsstück, der Text – von James R. Planché – ein Konglomerat aus Wieland und Shakespeare, eine Art Duplikat der *Zauberflöte* nur ohne deren Ernst und tieferen Sinn. Es war wieder ein Singspiel mit gesprochenem Dialog, und Weber betrachtete von Anfang an die englische Fassung des Werkes nicht als die endgültige.«

»Was ihn zur Komposition reizte – denn er hatte die Wahl zwischen diesem *Oberon* und einem *Faust* –, war wieder das Kolorit des Werkes, das ›Kingdom of the Fairies‹, umwittert von zauberhaftem Duft; das Ritterliche; das Orientalische. Alles ist wieder kurz, schlagend und doch mit höchster Sorgfalt ausgeführt; und die Introduktion der Ouvertüre allein, in der jedes Instrument: Horn, Flöte und Klarinette, Trompeten im *ppp,* und das Quintett der Streicher mit Farben getönt ist, die keinem Zeitgenossen, auch nicht Berlioz, bekannt waren – diese Introduktion allein ist Zeugnis, daß ein neues Reich romantischen Klanges angebrochen war.«

Und doch ist auch dieser Oper Webers kein Erfolg beschieden, ebensowenig wie den Opern Franz Schuberts – und keiner weiß so recht warum. Denn allen Argumenten gegen die schlechten Texte und die miserable Dramaturgie (die aus einer unterschiedlichen Vorstellung von dem, was musikalisches Theater zu sein hat, herrührt) steht ja doch der Erfolg des *Freischütz* entgegen, für den alle diese Argumente im Grunde doch ebenso gelten...

1825 **Adrien Boieldieu** (1775-1834): **Opéra comique »La Dame Blanche«** in Paris

Als die Reihe der großen Italiener am Zarenhof in St. Petersburg abreißt, wird Boieldieu 1803 dort Nachfolger von Sarti. 1811 kehrt er nach Paris zurück – und findet dort andere Verhältnisse und andere Interessen. Man hat die »Revolutionsoper« mit ihren zwar dramatischen aber düsteren Stoffen satt und sehnt sich nach der Rückkehr zur Opéra comique, freilich jetzt französischer als zu Zeiten des dominierenden Einflusses der Italiener. Boieldieu erkennt die Gunst der Stunde. Ein romantischer Stoff, zurückhaltende Komik, eine feine Musik, lebendige Ensembles, ein gewisser nationaler Grundton durch Verwendung auch von Volksweisen: *Die weiße Dame* (Text nach W. Scott von dem genialen Eugène Scribe) wird ein nationaler Erfolg.

1825 **Anton Friedrich Justus Thibaut** (1774-1840): **»Über Reinheit der Tonkunst«**

Ihren geradezu klassisch zu nennenden Ausdruck finden die Gedanken der Bewegung – ja, man muß sagen: der Bewegung des Historismus innerhalb der Romantik in dem 1825 anonym erscheinenden Büchlein des Heidelberger Rechtsprofessors Thibaut *Über Reinheit der Tonkunst,* das fast ein Jahrhundert hindurch immer wieder neu aufgelegt wird. Thibaut enthält sich der Einseitigkeit bloßer kirchenmusikalischer Restaurationsforderungen und zieht den Kreis der »reinen« Musik im Sinne eines musikalischen Nazarenertums bemerkenswert weit: von Josquin bis zu Händel und Mozart. Seine Schrift ist das Ergebnis langen Umgangs mit den Werken, die er als einer der ersten in großem Stil sammelt und mit seinem Heidelberger Singkreis allwöchentlich aufzuführen pflegt. Zu den Gästen, die von Thibauts Singabenden tiefgreifende Anregungen erhalten, gehören Mendelssohn und Schumann.

In der Vorrede zur 3. Auflage des Büchleins (1851) findet sich dies: »Als die Schrift im Jahre 1825 zum erstenmal erschien, war sie eine Stimme in der Wüste, die zur musikalischen Buße rief und auf ein bisher verborgenes, Vielen ganz unbekanntes Reich der Töne hin- oder vielmehr zurückwies. Zwar haben damals einige Herren vom Handwerk sich sehr erzürnt darüber, daß ein ›Dilettant‹ und noch dazu ein gelehrter Jurist sich herausnahm, ihnen gehörig den Text zu lesen, ihre Verkehrtheiten zu strafen und über Dinge zu reden, die sie hätten wissen sollen, aber nicht wußten... Zwei Dinge sind es hauptsächlich, deren Bekämpfung sich durch die ganze Schrift hinzieht, an denen wir aber noch bis auf diesen Tag leiden. Das eine ist die *Unkenntniß der älteren Meisterwerke,* die in keiner anderen Kunst im gleichen Grade besteht. Während es sonst überall als eine sich von selbst verstehende Wahrheit gilt, daß nur der eine Wissenschaft oder Kunst recht verstehen und treiben kann, der ihren Entwicklungsgang, ihre Geschichte, die Haupterzeugnisse jeder Epoche kennt; während man z.B. sogar auf jeder Bürger- und Realschule Geschichte der deutschen Nationalliteratur gelehrt wissen will, hat jene Wahrheit allein in der Tonkunst bis jetzt noch nicht allgemeinere Anerkennung gefunden, und zwar, wie es scheint, am wenigsten bei den eigentlichen Musikern, insbesondere bei den bloßen Virtuosen, deren Unwissenheit meist eben so groß ist, als ihre Eitelkeit. In der Regel geht die Kenntniß nicht über die letzten fünfzig Jahre hinaus. Zählt man ja bereits Mozart's und Beethoven's Werke zu der ›alten‹ Musik, und erst neulich wies ein Theaterintendant die ihm vorgeschlagene Aufführung des *Don Juan* mit den Worten zurück: Bleiben Sie mir weg mit dem *alten Zeug!* Haydn, Gluck, Händel kennt man wohl noch etwas, aber selbst von je zehn Männern des Fachs hat kaum einer ihre Werke genauer angesehen, geschweige sorgfältig studirt. Was gar über diese Meister hinausliegt, ist fast gänzlich terra incognita. Um so höher ist Thibaut's Verdienst zu schätzen, da er eigentlich der erste war, der auf die Herrlichkeiten dieses unbekannten Landes öffentlich und nachdrücklich aufmerksam machte... Nicht das Alte an sich war ihm der Maßstab des Trefflichen, sondern er freute sich des Trefflichen, wo er es fand, und fragte nicht, von welchem Meister und aus welcher Zeit es stammte.«

Bei aller einleuchtenden Begründung für Thibauts musikalische Weltanschauung scheint mir hier ein wesentlicher Faktor zu fehlen, der musiksoziologische. Für die nach Thibauts Meinung verfahrene musikalische Situation seiner Zeit sind ja doch die tiefgreifenden Umschichtungen im sozialen Feld der Musik von höchster Relevanz, und so ist es denn ein Mangel, daß er keinen Gedanken darauf verschwendet, wie man musikalisch volksbildnerisch tätig werden könnte, nicht einmal dann, als er mit Hans Georg Nägeli und dessen gleichzeitigen Bestrebungen in Streit gerät.

1825/26 und **1836** **Ignaz Moscheles** (1794-1870): **Klavier-Etuden op. 70 und op. 95**

»Wenn das Klavier *das* Instrument der Romantik wurde, im Haus wie im Konzertsaal, als Organ des Intimsten wie der glänzendsten Schaustellung, so geht das natürlich zum Teil darauf zurück, daß Beethoven so viele Sonaten und Variationen, Kammermusik mit hervortretendem Klavier und fünf Klavierkonzerte geschrieben hat.« Zum Teil, bemerkt Einstein (1950), denn Beethovens Wirkung war ja kaum eine unmittelbare und allgemeine. Wir haben uns vielmehr bewußt zu machen, daß wir Musikgeschichte schreiben vom Standpunkt der Nachwelt aus; daß *uns* eventuell wichtig und bemerkenswert erscheint, was der Mitwelt gleichgültig war; daß *wir* uns oft mit Meistern beschäftigen, für die das Verständnis sich erst Jahrzehnte nach ihrem Tod eingestellt hat. Für die Zeitgenossen wichtiger als Beethoven und Schubert sind zum Beispiel Clementi und Hummel – Johann Nepomuk Hummel, einst Mozarts Hausgenosse und Schüler, das musikalische Idol der deutschen »Biedermeierzeit«, jener Zeit, in der das Bürgertum sich zu erholen suchte von den heroischen Schrecknissen der Napoleonischen Kriege, auch in der Kunst alles Aufregende, in unheimliche Tiefen führende vermieden haben wollte, und sich mit eleganter Glätte, anmutigem Witz, freundlicher Unterhaltung begnügte. Mendelssohn macht zwar über Hummels »Finger-Getummel« im Familienkreise seine Witze, aber von seiner eigenen Klaviermusik gehört vieles in eben diesen Rahmen. Hummel hat einmal selbst in einem Brief an Moscheles seine »Armut an neuen Wendungen« fürs Klavier beklagt und seine Mühe eingestanden, »mal ein ordentliches, ruhiges Stück zu machen.« Moscheles' Kompositionen sind gleichermaßen durch romantischen Ausdruckswillen, salonhafte Glätte und spielerische Brillanz gekennzeichnet, und das, obwohl sein großes Vorbild Beethoven ist. (1814 stellt Moscheles für Beethoven den Klavierauszug zum *Fidelio* her.) Als Moscheles Schumanns *fis-moll-Klaviersonate op. 11* (1835) rezensiert, da betont ausgerechnet er, Beethovens Zeit sei doch wohl abgelaufen. Nun, Moscheles' *Studien für Pianoforte op. 70* und die *Charakteristischen Studien für Pianoforte op. 95* verbinden denn auch die technische Übung mit romantischer Empfindung so stark, daß man, was da Etuden sind, eher als Stimmungsbilder oder Charakterstücke fürs Klavier bezeichnen möchte.

1825-49 **Frédéric Chopin** (* Zelazowa Wola/Warschau 1810, † Paris 1849): **Klavierwerke**

Zur Musikanschauung der Romantik gehört, daß sie ihre Realisierung in Extremen, eigentlich nur in Extremen, und seien diese auch einander entgegengesetzt, sucht und findet: etwa für die Klaviermusik in der Steigerung der Virtuosität in die nur mehr stupende Technik einerseits, im instrumentalen Rührstück andererseits; oder für die musikalische Komposition als solche in der Reduzierung einerseits auf Geige oder Klavier allein, andererseits in der Steigerung des Orchesters ins Riesige und ins Virtuose; oder in der gleichzeitigen Bestimmung einer und derselben Musik für den Salon und für den Ausdruck eines hohen Nationalbewußtseins in Revolutionszeiten. Man kennt und bestaunt das Extrem, aber man kann es kaum bewundern oder gar lieben, wenn nicht musikalischer Urgrund durchscheint. – In der bürgerlichen Gesellschaft mit ihren Konzerten und Gesellschaften, ihren Salons und Soiréen sind ganz bestimmte Typen von Musikern beheimatet, die meist weder zu den bedeutenden noch zu den erfreulichen Erscheinungen des Musiklebens gehören: die Modevirtuosen und Dutzendkomponisten, die Salonlöwen, deren Drängen auf Einladungen in die besten Salons und deren Betteln um gute Kritiken Heinrich Heine in Pariser Zeitungen ironisiert hat. Henri Herz (1803-1888) und Franz Hünten (1792-1878), die Robert Schumann ironisiert, gehören zu diesen Leuten, und Moscheles (1794-1870) und Thalberg (1812-1871) und wie sie alle heißen. Aber in dieser Sphäre lebt auch Frédéric Chopin, eines der Genies des Jahrhunderts (Schumann in der *NMZ* 1831: »Hut ab, ihr Herrn, ein Genie!«), Chopin, der von Ausnahmen abgesehen nichts anderes schreibt als Klaviermusik, zu musikalischer Substanz geronnene instrumentale Virtuosität: der polnisch geprägte Personalstil eines Pianisten verwandelt in die Schönheit von Klaviermusik schlechthin. Bei Chopin ist im Sinne der musikalischen Romantik nahezu alles charakteristisch: die Herkunft aus einer Nation, die aufs Neue Freiheit und Identität zu gewinnen sucht (Chopins Vater ist jedoch Franzose), und Chopins starke emotionale Bindung an diese Nation (obwohl er seit 1831 in Paris lebt); ein kurzes und von Krankheit gezeichnetes Leben (»il se mourait toute sa vie«, sagt Berlioz nach Chopins Tod); hohe Bedeutung der Liebesbeziehung zu einer der bedeutenden Frauen der Zeit, zu George Sand; Beziehungen zu den wichtigsten Künstlern der Zeit; früher Ruhm als Wunderkind, Anerkennung von seiten der besten Zeitgenossen, Weltruhm in den besten Jahren; starke Wirkung von Einflüssen (besonders von Bach und Berlioz, angeblich nur gering von Beethoven); einseitige Beschränkung auf das eigene Instrument; innerhalb der Klaviermusik fast einseitig zu nennende Beschränkung auf das sogenannte Klavierstück usw., usw. Man weiß das alles und kann doch nichts damit erklären. Chopins einzigartige Bedeutung beruht allein darauf, daß er von Anfang bis Ende ein origineller Musiker ist, ein Genie.

Robert Schumann, der einen großen Teil von Chopins Schaffen kritisch begleitet, betont die Meisterschaft schon für *op. 2 (Variationen über Mozarts »Là ci darem la mano« für Klavier und Orchester,* vor 1830; das *op. 1, Premier Rondeau c-moll,* war bereits 1825 erschienen – Beethoven könnte es gesehen haben...). Diese Meisterschaft wächst so rasch, daß es nach *op. 10,* der ersten Sammlung der *Etüden* (1829/32), kaum mehr Ungleichwertigkeiten und, merkwürdig zu sagen, auch keine Entwicklung mehr in Chopins Schaffen gibt. Und wiederum ist es Schumann, der gelegentlich einer Besprechung von Chopins beiden *Klavierkonzerten* (e-moll, op. 11, 1830; f-moll, op. 21, 1829/30) seine »starke originelle Nationalität« betont: »Und wie diese jetzt in schwarzen Trauergewändern geht, so ergreift sie uns am sinnenden Künstler noch heftiger... Wüßte der gewaltige, selbstherrschende Monarch im Norden«, der Zar Rußlands, »wie in Chopins Werken, in den einfachen Weisen seiner *Mazurken,* ihm ein gefährlicher Feind droht, er würde die Musik verbieten. Chopins Werke sind unter Blumen eingesenkte Kanonen.« Auf der anderen Seite aber ist auch wahr, daß die »nationalen« Kompositionen in Chopins Gesamtwerk nur einen Bruchteil ausmachen. Er hat 50 *Mazurken* komponiert und 16 *Polonaisen,* aber auch 22 *Walzer* und viele Stücke mit anderen Titeln. Sind sie jeweils polnisch oder wienerisch oder sonstwie national? Chopin liebt es, seine Phantasie an gegebene Rhythmen zu binden und auf dem Grunde solcher Rhythmen, die zugleich eigenartig und simpel sein können wie etwa beim Walzer, die leichtesten, blühendsten, phantastischsten musikalischen Gebilde zu bauen, und immer ist es Chopin, der spricht, nie das »Volk«. Und wieder können wir Schumann das Wort geben, nämlich mit der Besprechung der vier *Mazurken* op. 30 (1838): »Die Mazurka hat Chopin gleichfalls zur kleinen Kunstform hervorgehoben: so viele er geschrieben, so gleichen sich nur wenige. Irgendeinen poetischen Zug, etwas Neues in der Form oder im Ausdruck hat fast jede.« Und ebenso sieht Schumann, daß Chopins *Walzer* keine echten Wiener Walzer mehr sind: »Der *Walzer* [As-dur, op. 42, 1840] ist, wie seine früheren, ein Salonstück der nobelsten Art; sollte er ihn zum Tanz vorspielen, meinte Florestan, so müßten unter den Tänzerinnen die gute Hälfte wenigstens Komtessen sein. Er hat recht, der Walzer ist aristokratisch durch und durch.« Und so ist auch Chopins Polonaise persönlich durch und durch. Er benutzt den nationalen Tanz nicht wie Weber und Liszt ihn benutzen, zur Brillanz oder als charakteristische Maske, er »benutzt« ihn überhaupt nicht, er schafft ihn neu, und dabei stehen ihm Virtuosität, rhythmische Pracht, melodischer Glanz nicht im Dienste irgendeines tänzerischen Ausdrucks, sie dienen ihm vielmehr zu seinem höchst persönlichen Ausdruck. Es sollte nachdenklich machen, wie international Chopins Wirkung ist, damals wie heute, und der Grund liegt eher in seiner höchst individuellen Melodik und facettenreichen Harmonik als in einem erkennbar Nationalen. – Das gleiche gilt von den gegen 30 *Etüden,* die bis auf Ausnahmen in zwei Sammlungen vereinigt sind (op. 10, 1829-32, und op. 25, vor 1837). Es lassen sich Abhandlungen schreiben über ihre technischen Probleme, und trotzdem ist eine jede ein Stück herrlichster Musik in äußerster Konzentration. Über den »Inhalt« dieser Poesien Andeutungen zu machen, dazu läßt Chopin sich nicht herbei; es gibt weder Titel noch Überschriften bei ihm. Und wieder ist es Schumann, der in einer Anzeige von *op. 25,* dem 2. Heft der *Etüden,* über die erste in As-dur das schlechthin Treffende sagt: »... mehr ein Gedicht als eine Etüde«, und der über den Vortrag durch Chopin selbst (bei einem Besuch in Dresden und Leipzig im Sommer 1835 hat Chopin sie ihm und Mendelssohn vorgespielt) fortfährt: »Man irrt aber, wenn man meint, er hätte da jede der kleinen Noten deutlich hören lassen; es war mehr ein Wogen des As-dur-Akkordes, vom Pedal her und da von neuem in die Höhe gehoben: aber durch die Harmonien hindurch vernahm man in großen Tönen Melodie, wundersame, und nur in der Mitte trat einmal neben jenem Hauptgesang auch eine Tenorstimme aus den Akkorden deutlicher hervor.« Ebenso reine musikalische Poesie sind die *Préludes (*op. 28, vollendet 1838/39, und op. 45, 1841), diesmal ohne den Hintergedanken der technischen Übung und dennoch den *Études* irgendwie innerlich verwandt. Sie sollen von Bach angeregt sein wie die *Impromptus* von... Ob Chopin Schuberts *Impromptus* gekannt hat, ist jedenfalls nicht so sicher.

Ein Wort noch zu Chopins musikalischem Vortrag, zu seinem Spiel, in dem seine Komposition ihren Grund hat. Es muß bemerkenswert zurückhaltend gewesen sein, sparsam im Forte, ausdrucksstark und modulationsfähig im Kantablen, musikalisch und nicht technisch orientiert in den Tempi. Sein vielfach verkanntes Tempo rubato erweist sich in der Nachfolge von Mozarts Spielart als ein durchaus rhythmisches. Man versteht das recht erst aus dem Bericht seines Schülers Karol Mikuli (1819-1897): »Im Tempohalten war Chopin unerbittlich und es wird manchen überraschen zu erfahren, daß das Metronom bei ihm nicht vom Claviere kam. Selbst bei seinem so viel verleumdeten Tempo rubato spielte er immer eine, die begleitende Hand streng gemessen fort, während die andere, singende, entweder unentschlossen zögernd, oder aber wie in leidenschaftlicher Rede [!] mit einer gewissen ungeduldigen Heftigkeit früher einfallend und bewegter, die Wahrheit des musikalischen Ausdrucks von allen rhythmischen Fesseln frei machte.«
Und ein Letztes: Zum Einmaligen, ganz und gar Individuellen des Chopinschen Klavierstils gehört sein Gebrauch der Ornamente zur Verschönerung, Auflockerung und Bereicherung, ja zur Vertiefung des Klaviersatzes. Ihre Anwendung steigert er von der »Verzierung« zum die Komposition mitbestimmenden Faktor – und hier hat er seine Vorbilder eben doch in Beethoven und Schubert, bei denen zum ersten Mal instrumentale Verzierung zur Substanz geronnen und wie pures Gold erschienen war.

1826 Louis-Joseph-Ferdinand Hérold (1791-1833): Oper »Marie« in Paris

Zu seiner Zeit gehört Hérold (Schüler von Méhul) vielleicht nicht zu den Großen der französischen Musik, wohl aber zu den Hauptmeistern der Opéra comique, und als solcher trägt er nicht unerheblich dazu bei, daß die starken Einflüsse der italienischen Oper, besonders Rossinis, und der deutschen, besonders Webers, die französischen Opernbühnen und ihr Repertoire und das Schaffen dafür nicht ersticken – obschon diese Einflüsse in seiner Musik durchaus zu hören sind. Der pathetische und sentimentale Text (F. A. E. de Planard) zu *Almédon ou Le monde renversé,* später einfach *Marie* genannt, scheint Hérolds Vorstellung von Oper ganz zu entsprechen: wie sonst selten erweist er sich hier als wahrhaft dramatischer Musiker. In Deutschland wird er seinerzeit übrigens mit seinem *Ballett »Lydie, la fille mal gardée«* (1828) und mit seiner *Oper »Zampa«* (1831) bekannter als mit der sonst eigentlich aus seinem Werk herausragenden *Marie.*

1826 Felix Mendelssohn Bartholdy (* Hamburg 1809, † Leipzig 1847): Konzertouvertüre »Ein Sommernachtstraum«

Mehr als jede andere Epoche der Musikgeschichte ist die Hochromantik bestimmt vom »genialen Kunstwerk«, beherrscht von der Vorstellung, daß das Werk des Genies die Zeit und ihre Musik bestimme. Ein solcher »Wurf des Genies« ist Mendelssohns *Konzertouvertüre »Ein Sommernachtstraum«,* das Werk eines 17jährigen Jünglings. (Die weiteren 12 Stücke zu Shakespeares Stück entstehen erst 1842.) Obwohl Mendelssohn durch Zelter auf die großen Meister des Hochbarocks aufmerksam geworden war und er viel von ihrem Stil in den seinen aufgenommen hat, ist er durchaus ein Kind seiner Zeit, ein Bewunderer Beethovens und Verehrer Webers. So finden sich denn auch in seinen Jugendkompositionen seltsame Mischungen von altertümelnden Zügen und Elementen Beethovens und Webers. Aber alles Brodeln und Experimentieren kommt 1825 zu einem vorläufigen Ende mit dem *Oktett op. 20.* Nun hat Mendelssohn seinen Weg gefunden, nun stehen ihm die technischen Mittel zur Verfügung, nun kann er daran denken, das Stadium der Versuche zu verlassen und Neues zu wagen – und nun zeigt sich, daß das Neue an Mendelssohns Musik weniger in ihrer Expressivität liegt als in ihrer strukturellen Konsequenz im Verhältnis zur klassischen Satztechnik (Krummacher 1978). Wie zu einer malerischen Skizze sind in der *Sommernachtstraum-Ouvertüre* alle Bilder und musikalischen Empfindungen, die sich zur Welt der Feen und Elfen in Oberons Zauberreich einstellen, hingeworfen und leicht koloriert, und dann kontrastiert mit derben Strichen für das Rüpelspiel: »Nichts Schöneres für Musik kann gedacht werden«, schreibt Schumann in seiner Rezension 1844, obwohl er bei der Musik zum Schauspiel gewisse Vorbehalte anbringt, die allerdings die Zurückhaltung Mendelssohns gegenüber Shakespeares Text betreffen.

Mehr auf die Naturschilderung heben die Konzertouvertüren *Meeresstille und glückliche Fahrt* (op. 27, 1828) und *Die Hebriden (Fingalshöhle,* op. 26; ursprünglicher Titel *Die einsame Insel*) ab, von denen die letztere unmittelbar von den Natureindrücken einer Wanderung im Schottischen Hochland 1829 angeregt ist.

Um so merkwürdiger, daß Mendelssohn, wo er den musikalischen Ausdruck in einem engeren Sinne sucht, sich zunehmend gesicherter Formen und erprobter Mittel bedient, und das so sehr, daß mancher Kenner und Liebhaber, wenn er etwa im Radio eine Musik des beginnenden 19. Jahrhunderts hört, die er zwar kennt, aber nicht gleich erkennt, allemal überlegt: »Wenn's von Beethoven nicht ist, und von Berlioz oder Schumann noch nicht sein kann, dann stammt es wahrscheinlich von Mendelssohn!« Nun, an eine solche Überlegung kann man viele anregende Gedanken knüpfen, zumal wenn man die eigenartigen Tatsachen miteinander verbindet, die sich hier häufen: daß Mendelssohn, bevor er 1824 seine *Erste Symphonie* (c-moll, op. 11) herausgibt, schon *12 Streichersymphonien* komponiert und darin viel alte Musik ausprobiert hat; daß Beethoven diese *Symphonien* ebenso wie die frühen Geniestreiche des *Oktetts* und der *Sommernachtstraum-Ouvertüre* noch gesehen haben könnte; daß man Mendelssohn durchaus als Vollender der vorausgehenden Epoche, nämlich der frühen Romantik des 18. Jahrhunderts sehen kann; daß ihn dazu eher seine klassizistische Haltung denn der Mut des Neuerers befähigt.

Die Zeitgenossen Schumann, Liszt, Berlioz, Rossini, Chopin schätzen Mendelssohn alle hoch, Schumann insbesondere erscheint er als Ideal. Aber es sind viele Zeitströmungen (auch einander entgegengesetzte), die in Mendelssohns Werk zusammenfließen, und daher erklären sich denn auch die auseinandergehenden Urteile der ihm folgenden Generationen. Vielleicht aber kann man mit R. Gerlach (1972) den Schlüssel zu Mendelssohns Selbstverständnis und Ästhetik in einem Passus aus *Über Reinheit der Tonkunst* (1825) sehen, zumal er in Heidelberg zu Füßen von Thibaut gesessen hat: »Über Bildung durch Muster ... So prüfen und vergleichen wir denn, bis wir das eigentlich Classische gefunden haben, und damit erfolgt ein beglückender Stillstand;... Wenn der, welcher alles kennt, das Höchste und Untadelhafte voranstellt, um gleich damit dem Mittelmäßigen und Schlechten den Riegel vorzuschieben«, so liegt »nur darin... Verstand.« Und da ein verständiger Mann so handeln muß – so überzeugt sich Mendelssohn ohne Zweifel –, kann er als Komponist und späterer Dirigent aus Thibauts anschließend vorgebrachter Feststellung: »Allein im Fach der Musik fehlt gewöhnlich ein solcher Mentor...«, die Einsicht gewinnen, wessen in Zukunft sein Amt sei.

Die Musikwissenschaft hat sich mit Mendelssohn lange schwer getan: »Zu einer Diskussion über den Komponisten Mendelssohn, die wissenschaftlichen Charakter hat, in der also das durch Analysen begründete Argument und nicht der ästhetische Gemeinplatz vorherrscht, gibt es bisher nichts als verstreute Ansätze.« Was Dahlhaus (1974) zu Mendelssohns 125. Todestag feststellen mußte, kann man heute nicht mehr sagen. Krummachers Analysen (1978) haben gezeigt, »ob Mendelssohn von Verdikten wie Epigonalität, Konservativität oder Eklektizismus getroffen wird, oder ob seiner Musik die Prädikate der Neuartigkeit, Originalität und Synthese zukommen... Es ist nicht länger mehr möglich, mit Argumenten, die sich auf vorgeblich unanfechtbare Kriterien berufen, bloße Geschmacksurteile oder enttäuschte Emotionen zu bemänteln.«

1826/27 Gesellschaft zur Aufführung von Schauspielen und Opern in Laibach/Ljubljana, Slowenien

Als in der Spielzeit 1826/27 in Ljubljana die engagierten ausländischen Theatergesellschaften ausbleiben, die sonst regelmäßig Slowenien und Kroatien bespielen, springt eine einheimische »Gesellschaft zur Aufführung von Schauspielen und Opern« ein und führt mit Erfolg Singspiele und Opern verschiedener Komponisten auf (Boieldieu, d'Alayrac, Weigl, Weber, Isouard). Demnach sind also befähigte einheimische Kräfte vorhanden. Der Spielplan übrigens aller Theatergesellschaften unterscheidet sich nicht von dem der damaligen österreichischen Theater: nach wie vor sind italienische und französische Opern am beliebtesten, doch fehlen auch deutsche nicht. Den deutschen Komponisten wird allerdings im Theater kein so bevorzugter Platz eingeräumt wie im Konzertsaal.

1826-1860 Friedrich Silcher (1789-1860): 12 Hefte Volkslieder, gesammelt und für vier Männerstimmen gesetzt

Das erste von 12 Heften (im Stimmendruck) dieser grundlegenden Sammlung, die die deutsche Chorbewegung im 19. Jahrhundert tief bestimmen soll, erscheint zu Beethovens und Schuberts Lebenszeit – Silcher ist acht Jahre älter als Schubert. Seit 1817 (und bis 1859) ist Silcher (ein Schüler von Kreutzer und Hummel in Stuttgart) Universitätsmusikdirektor in Tübingen, zugleich daselbst Kantor am Evangelischen Stift und (seit 1822) am Katholischen Wilhelmstift. Zu seinen Schülern gehören Eduard Mörike, David

Friedrich Strauß, Theodor Vischer, Hermann Kurz, Wilhelm Hauff. Direkt oder indirekt ist Silcher in Tübingen beteiligt an der Gründung des »Sängerkranzes Harmonie« 1828/29, der »Akademischen Liedertafel« 1829, des »Oratorienvereins« 1839. Mit letzterem gibt er bis 1859 79 Konzerte und führt dabei auf: von Händel mehrere Oratorien (darunter *Messias* fünfmal, *Judas Makkabäus* viermal), von Bach die *Matthäuspassion* (unvollständig), von Mozart und Cherubini die *Requiem,* von Spohr *Die letzten Dinge,* zahlreiche Werke von Mendelssohn (*Elias* siebenmal, *Paulus* viermal). Daneben studiert Silcher Werke alter Meister, von Palestrina, Eccard, Haßler, auch Zeitgenössisches von Weber und Wagner. Durch seine Veröffentlichungen wirkt Silcher weltweit, über die soziale Komponente des Chorwesens bis in unsere Tage.

Es ist immer wieder bedenkenswert: das musikalische Bewußtsein heutiger musikalischer Kenner und Liebhaber scheint kaum von Volksmusik, fast ausschließlich von Kunstmusik bestimmt zu sein, und innerhalb dieser kaum von der Musik unserer Zeit, aber wesentlich von der Musik der Wiener Klassiker und des 19. Jahrhunderts, von den »Heroen der Tonkunst«, um es in der Sprache jener Zeit zu sagen. Schon an nicht ganz so bekannte Komponisten denkt man kaum, es sei denn, jemand hätte eine besondere Vorliebe (etwa für Lortzing oder für Grieg) oder dächte ein wenig abseits von der hohen Kunst (etwa an Lanner oder Strauß). Doch an Friedrich Silcher denkt kaum einer – ebensowenig wie jemand an den Turnvater Jahn denkt, wenn von der sogenannten politischen Geschichte in der ersten Hälfte des 19. Jahrhunderts die Rede ist. Aber Friedrich Silcher ist eine *Schlüsselfigur* in der Musikgeschichte, ja in der Geschichte des 19. Jahrhunderts überhaupt, und wer in ihm nur den liebenswerten Kleinmeister sieht, der verkennt seine Bedeutung. – Nicht bestritten, er ist ein Kleinmeister. Seine Instrumentalkompositionen und Klavierlieder belegen es aufs Freundlichste: Musik fürs Haus, für die heimische Kirche, für den Orchesterverein der Stadt, bescheiden im Anspruch, keineswegs so ganz bescheiden in der musikalischen Machart, durchaus anspruchsvoll für die Spieler, zu spielen im bürgerlichen Haus vom Bräutigam mit der Braut, von der Mutter mit der Tochter, am Tafelklavier im kleinen Raum des biedermeierlichen Wohnzimmers, das zwar nicht anspruchsvoll, aber durchaus mit Möbeln nach englischem oder französischem Geschmack ausgestattet ist Musik für die gebildeten Kreise jener Tage also, die der großen Zeiten überdrüssig sind und sich nach innen wenden.

Friedrich Silcher wird im Juni 1789 gerade in den Tagen der großen Revolution geboren; das neue Bewußtsein von Freiheit und von Nation trifft ihn in der Wiege; das sichere Bewußtsein, daß eine neue Zeit angebrochen ist, die Zeit, in der die Nationen ein neues Selbstverständnis und Zusammengehörigkeitsgefühl entwickeln und entfalten müssen. Dies geschieht freilich in dem Moment, in dem die alten Verbände des Volkslebens durch das anbrechende Industriezeitalter mit seinen Wanderungen und Umschichtungen großer Teile der Bevölkerung zu zerfallen beginnen und die Traditionen abreißen, in denen bis dahin selbstverständlich lebte, was man etwa immer schon für deutsch gehalten hat. Herder hat schon gewußt, wie sehr dieses das Volk Verbindende und das Volkstum Ausmachende im Volkslied gebunden war. Wie Herder wußte es Friedrich Silcher.

»... Ich habe seit geraumer Zeit angefangen, die besten alten Volkslieder mit ihren Melodien, teils aus dem Wunderhorn, Herder und anderen Sammlungen, teils aus dem Munde des Volks selbst, und zwar nicht ohne große Mühe, zu sammeln, um auch dieses Bedürfnis, das sich überall laut ausspricht, so zu befriedigen, wie es bis jetzt noch nicht geschehen ist, nämlich die Melodien dem Volke wieder veredelt, 4stimmig und zwar eben so einfach in ihren Mittelstimmen zu geben. Daß ich mich hinsichtlich der Wirkung derselben nicht getäuscht habe, beweist der Enthusiasmus, mit welchem diese Lieder, so oft ich sie bis jetzt habe singen lassen, von den Gebildetsten sowohl als von den untersten Volksklassen, aufgenommen worden sind.« (Brief Silchers von 1825). Silcher, der im Gegensatz zu Herder, Arnim und Brentano und wahrscheinlich als erster mit den Texten die Weisen notiert und sammelt, hat nicht für alle Lieder die Melodien – und so erfindet er welche: auch für ihn sind Volkslieder kein Gegenstand von Forschung und Wissenschaft, sondern lebendiges, der Phantasie nach wie vor anheim gegebenes Gut. Von den 144 Melodien der 12 Hefte *Volkslieder gesammelt...* stammen 43 von Silcher selbst; die bekanntesten davon sind die zu *»Ich weiß nicht, was soll es bedeuten«* (1838) und zu *»Ännchen von Tharau«* (1825), im ersten Falle also zu Heines *Loreley* (1823), einem »Kunst-Volkslied«, im zweiten zu einem Text von Simon Dach (1637), den Herder unter seine *Volkslieder* (1778/79) aufgenommen hatte und den Silcher von Herder übernimmt. Die Melodie zu Uhlands *»Gutem Kameraden«* stammt von einem anderen Volkslied: *»Ein schwarzbraunes Mädchen hat ein' Feldjäger lieb«;* für Silcher ist es noch völlig selbstverständlich, das alte Verfahren der Kontrafaktur anzuwenden, nämlich die Weise eines Textes für einen anderen Text als Weise zu übernehmen.

1826-86 **Franz Liszt** (* Raiding/Burgenland 1811, † Bayreuth 1886): **Klavierwerke**

Mit neun Jahren betritt er zum ersten Mal das Konzertpodium als Pianist, mit zehn Jahren erhält er Unterricht bei Czerny in Wien, der Fünfzehnjährige ist der verwöhnte Liebling der Pariser Salons und der Dreißigjährige wird Großherzoglicher Kapellmeister in Weimar. Umfangreiche Konzertreisen führen ihn durch ganz Europa. Aus seiner Verbindung mit der Gräfin d'Agoult stammt Cosima, die nachmalige Gattin Hans von Bülows und dann Richard Wagners. 1865 nimmt Liszt die niederen Weihen. Die letzten 20 Jahre seines Lebens gehören ganz der Komposition und einer umfangreichen Lehrtätigkeit, die weithin ausstrahlt: die berühmtesten Schüler seiner Spiel- und Lehrmethode sind die bedeutendsten Pianisten des Jahrhunderts, Bülow, d'Albert, Sauer, Ansorge, Lamond, Busoni, deren Einfluß weit in das 20. Jahrhundert hineinreicht. Als Haupt der »Neudeutschen Schule« fördert Liszt weltoffen und weitsichtig Richard Wagner und sein Werk, und also steht er, selbst ein Extrem musikalisch romantischen Denkens, zwischen den Extremen, zwischen Chopin, dem Nur-Klavier-Komponisten, und Wagner, dem Nur-Musikdramatiker. – Neben dem Kosmopolitismus seines äußeren Lebens sind dichterische, religiös bestimmte und pantheistisch-hymnische Züge – zum Teil sichtlich unter dem Einfluß der französischen Romantik – von Einfluß auf sein Denken und seine Musik. Kaum ein Werk bleibt ohne dichterischen Titel. Seine musikalische Erzählkunst auf dem Klavier ist indessen zugleich durch höchste Virtuosität gekennzeichnet, durch die passagenreiche Ausnutzung des gesamten Umfangs der Klaviatur und die Verdichtung der Klanglichkeit des Klaviers in Klangmassen – und alles auf den Effekt gestellt, dessen Zeitgebundenheit alsbald vieles verblassen läßt. Liszt schreibt für das Podium, für die Öffentlichkeit, und erst gegen Ende seines Schaffens schreibt er vereinzelte Stücke, die Monologe zu sein scheinen. Von ihm gibt es keine »Kinderszenen«, wohl aber viele »Morceaux de Salon«, keine »Kreisleriana«, aber lange Reihen von Opernparaphrasen nach Auber, Bellini, Donizetti, Meyerbeer, freilich auch nach Mozart und Verdi, nicht zu vergessen die Transskriptionen von Beethovens Sinfonien und von vielen Liedern Schuberts für Klavier solo: improvisatorisch-rhapsodische Aneignungen fremder Musiken zur Exhibition von pianistischer Bravour. Und trotzdem ist es falsch zu sagen, das Technische sei hier Selbstzweck. Nein, es ist nicht zu trennen von der Vorstellung des Schöpferischen im Sinne der musikalischen Hochromantik.

Zwei Beispiele: Als fünfzehnjähriger Knabe veröffentlicht Liszt eine *Étude pour le Pianoforte en 48 exercices dans tous les tons majeurs et mineurs* (op. 6, um 1826; nur 12 Stücke von den 48 sind erschienen), technische Studien im Stil Czernys, seines Lehrers. 1837 nimmt er sie nochmals vor, aber jetzt werden es die *Grandes Études,* die ein Kompendium nicht nur der neuen Technik, sondern auch der Lisztschen romantischen Poetik sind. Und 1853, in einer dritten Umarbeitung, deutet er nun endlich durch Überschriften für zehn von ihnen ihren poetischen Gehalt an: mit *Mazeppa* (später zur sinfonischen Dichtung benutzt), *Feux follets, Wilde Jagd, Harmonies du soir, Chasse-neige,* u.a. Schon aus diesen Überschriften hört man die Art von Liszts Romantik: es ist keine deutsche Romantik, sondern eine französische; nicht das Volkslied, Novalis, Mörike stehen hinter ihr, sondern Byron, Lamartine, Victor Hugo; französische Pathetik und Rhetorik. Es sind »impressions et poésies«, vermittelt durch literarische Eindrücke.

Ein anderes: Liszt zieht sich, noch bevor er sich von seinem Virtuosentum abwendet, gleichsam in die Natur zurück, und selbstverständlich zieht es ihn da zu besonders »romantischen« Gegenden, an den Rhein, in die Schweiz, nach Italien. Was er dort sieht, sieht er, der Musiker, aber zuerst – literarisch, und so entstehen sein *Album d'un voyageur* (1836-42) und seine *Années de pèlerinage* (1853-83) quasi als Umarbeitungen des Albums eines Reisenden.

Seit den späteren vierziger Jahren verstärkt sich der schon früher aufscheinende religiöse Zug, etwa mit dem anderen Heft *Harmonies poétiques et religieuses* (1853). Je älter Liszt wird, desto mehr tritt dieser Zug in den Vordergrund, man denke an die *Légendes* von 1863 (publiziert 1866), die den Heiligen Franziskus in reich ornamentierte musikalische Gloriolen stellen.

Aber in Liszt steckt auch ein musikalischer Revolutionär. Kein Romantiker weist so sehr in die Zukunft wie er – und am meisten dann, wenn er sein Programm von der Annäherung der Musik an die Poesie vergißt. So sind seine *Bravourstudien nach Paganini* (1840) – von Schumann ebenso wie die *Etüden* leider höchst oberflächlich, nachgerade feindselig besprochen – vielleicht sein bestes Werk, weil das »Mechanische« sich hier wie absichtslos in eine Art autonom musikalischer Poesie verwandelt. Oder das Kernstück der *Harmonies poétiques et religieuses: Pensée de morts* (mit der Überschrift »avec un profond sentiment d'ennuie«), es kann – übrigens ohne Vorzeichnungen für Takt- und Tonart – als Urbild einer expressionistischen Musik gelten. Reine Expression ist auch seine einzige *Klaviersonate* (h-moll; Anfang 1854; als Dank für die

Widmung der *C-dur-Fantasie* Robert Schumann dediziert), denn die Sonatenform sucht er hier gerade zu vermeiden: eine scheinbar improvisatorische, in Wirklichkeit aber planvoll aufgebaute und gegliederte Einheit, zugleich eine der wenigen Kompositionen, für die Liszt zur Polyphonie greift – zu einer rhetorischen Polyphonie freilich. Da scheint seine Hand schon glücklicher zu sein, wenn er sich an Bach entzündet, wie für die *Phantasie und Fuge über das Thema B-A-C-H* (um 1871) oder für die *Variationen über ein Motiv von Bach* (1864; über einen chromatischen Basso ostinato aus der *Kantate 12 »Weinen, Klagen«*). Diese Stücke wirken geradezu wie Gegenstücke zu den vielen des romantischen Kosmopoliten, des Reisenden Liszt, der verschiedenen Nationen und dabei keiner Nation angehört. Gemäß der Region seines Geburtsortes ist er allerdings Ungar, und er bringt diesem Zufall den glänzendsten Tribut in allen möglichen rhythmischen, melodischen und harmonischen Wendungen vor allem in den *Rhapsodies hongroises,* die seine populärsten Werke sind, sowohl in den ursprünglichen Klavierfassungen (1840-85) als auch in den vielfachen Arrangements. Was freilich echt ist an diesem »Ungarischen«, das ist eine andere Frage. Nach Béla Bartóks Meinung jedenfalls so gut wie nichts.

Liszt wirkt als Komponist und interpretierender Künstler bis weit ins 20. Jahrhundert; man weiß das, macht es sich aber meist nicht bewußt. Doch Busoni formuliert es einmal trefflich, als 1920 ein gewisser Kastner in einer Zeitschrift einen verehrungsvollen Gruß an Busoni, den großen Pionier moderner Musik, veröffentlicht, dabei aber dessen Lehrer Franz Liszt als Komponisten mit einigen Sätzen verächtlich macht. Busoni antwortet darauf (Kusche 1961): »Ihrem Aufsatz entnehme ich mit Befremden, wie Sie mit einer leichten Geste Liszt abwinken. Ich kenne Liszts Schwächen, aber ich verkenne nicht seine Stärke. Im letzten Grunde stammen wir alle von ihm – Wagner nicht ausgenommen – und verdanken ihm das Geringe, das wir vermögen. César Franck, Richard Strauss, Debussy, die vorletzten Russen insgesamt, sind Zweige seines Baumes. Darum sollte nicht in einem und demselben Satze Respighi gefeiert und Liszt abgelehnt werden. Eine *Faust-Symphonie,* eine *Heilige Elisabeth,* ein *Christus* – sie sind noch keinem Späteren geraten. *Les jeux d'eau* bleiben noch heute das Vorbild aller musikalischen Springbrunnen, die seitdem geflossen sind... Es kann kein Klavierspieler sich etwas vergeben, wenn er sich mit Liszt einer Meinung zeigt: es wäre denn, daß er als Musiker und Pianist Liszt überträfe. Ein solcher Klavierspieler ist mir aber bisher nicht vorgekommen; ich selbst bin mir der Distanz, die mich von jenem Großen trennt, respektvoll bewußt.«

In heutiger Zeit besteht die Gefahr, daß man Liszts Bedeutung überschätzt, weil man hinter der improvisatorischen Außenseite mancher Werke spekulative Formen- und Strukturprinzipien entdeckt hat. So umstritten die Stellung von Liszt im »imaginären Museum« der Musik sein mag, so fest ist ihr Platz in der Problemgeschichte des Komponierens – erst recht aber in der Sozialgeschichte der Musik und des Musikers.

1827 **Gründung des Musikvereins** in Agram/Zagreb, Kroatien

Mit der Gründung des »Musikvereins« in Agram/Zagreb, der »die Besorgung guter Musik-Werke, die Ermutigung zur Ausbildung des musikalischen Gefühls, die Hebung des Feingefühles durch die Genauigkeit der Aufführungen« (§ 1 der Vereinssatzung) zum Ziel hat, werden dem Musikleben in Zagreb neue Perspektiven eröffnet. Mit Hilfe seines Orchesters beginnt der »Musikverein«, Konzerte (das erste findet im April 1827 statt), Musikveranstaltungen und Unterhaltungen mit obligaten Musikeinlagen ins Werk zu setzen. Im Februar 1829 eröffnet er zudem eine Musikschule – aus der später die heutige Musikakademie hervorgeht. Wie in der Metropole Wien beginnt auch in den Landeshauptstädten mit dem bürgerlichen Zeitalter der Musik ein neues Zeitalter, das in besonderer Weise auch neue Musiken hervorbringen wird: die Nationalmusiken.

1827 **Gaetano Donizetti** (1797-1848): **Opern-Farsa »Le convenienze ed inconvenienze teatrali«** (»Viva la Mamma!«) in Neapel

Der erste Luxus, den sich Donizetti während seiner geplagten, arbeitsamen und ruhmreichen Karriere als Opernkomponist erlaubt, ist die Entscheidung, aus zwei populären kleinen Komödien eines gewissen Antonio Simeone Sografi: *Le convenienze teatrale (Die Annehmlichkeiten des Theaters;* komischer Einakter, 1794) und *Le inconvenienze teatrale (Die Unannehmlichkeiten des Theaters;* komischer Zweiakter, 1810) das Gerüst herauszuarbeiten für eine »Farsa«, für die er dann die unkomplizierte Partitur von *Viva la Mamma!* schreibt – und das in Beethovens Todesjahr. Donizetti, gerade 30 Jahre alt (wie Schubert) und berühmt (mehr als jener) bekommt von dem Mailändischen Impresario Domenico Barbaja (*zugleich* ein wichtiger Mann in Wien *und* Neapel) einen Vertrag, der ihn verpflichtet, für die Theater in Neapel in drei Jahren zwölf Opern zu schreiben bei einem Honorar von 200 Dukaten im Monat (hinzu kommen 50 Dukaten für die Position als Direktor des »Teatro Nuovo«). In Anbetracht dessen leistet er sich den Luxus, zu lächeln über die Lächerlichkeit und über die Dummheiten des Theaterambientes, in dem er gezwungen ist zu leben: *Le convenienze ed inconvenienze teatrali* ist eine vollkommene Parodie auf das Operntheater, angefangen mit der weiblichen Hauptrolle, die – ein Baßbuffo zu singen hat.

Die Gewohnheit, hie und da auf der Bühne die Theaterleute selbst lächerlich zu machen, hat Tradition seit der Antike, und die Oper hat ihre scharfzüngigen Zensoren seit dem Jahrhundert, in dem sie geboren wurde. Das 18. Jahrhundert hält freilich oft schon für künstlerische Manifestationen, was nur Unsitten des Theaters sind. Und da kommen einem sofort in Erinnerung Benedetto Marcello mit seiner kritisch-ironischen Schrift *Teatro alla moda* (Venedig um 1721) und Namen wie Apostolo Zeno, Metastasio, Goldoni, Gozzi, der Abbé Chiari, der Abbé Casti, Algarotti, Calzabigi, Verri und Muratori, um nur die Wichtigsten zu nennen. Und mit diesen Erinnerungen tauchen die komischen Darstellungen von kapriziösen und virtuosen Primadonnen und von Musikern auf, von den heuchlerischen und aufdringlichen Madri, den »Müttern« (»Il madro«: »*Der* Mutter«!) und vom tyrannischen Maestro di musica, stets ärmlich aussehend und schlecht angezogen; vom Librettisten mit dichterischen Ambitionen; vom Impresario, der ein Angeber und betrügerisch obendrein ist. Diesen stereotypen Figuren gesellt sich die Karikatur des fremden Sängers zu, den die Commedia dell'arte der Musik schon im 16. Jahrhundert ausgeliehen hat. Für Donizetti freilich ist es nicht nötig, sich einen historischen Hintergrund zu verschaffen, um die Wirklichkeit bewußt zu sehen, die er tagtäglich erleidet, außerdem bekommt er Anregungen auch aus musikalischen Werken, die zu seiner Zeit gespielt werden. Von den bekannten genügt es zu nennen: *Der Schauspieldirektor* von Mozart und *L'impresario in angustie* von Cimarosa, beide von 1786, weiter *Le Cantatrici villane* von Valentino Fioravanti von 1799 und *La Prova di un' opera seria* des Genuesen Francesco Grecco von 1805. (Barblan/Schnürlein 1963)

1827 Erstes deutsches Sängerfest
in Plochingen/Württemberg

Von den seit Frankenhausen 1810 aufblühenden und sich verbreitenden »Musikfesten« unterscheiden sich die »Sängerfeste« oder »Liederfeste«, wie man sie auch nennt, in künstlerischer wie in soziologischer Hinsicht. Hier treffen sich nicht bürgerliche Musikliebhaber, sondern Vereine, die Sangesfreunde und Gesinnungsfreunde zusammenschließen, die sich voreinander hören lassen und sich in ihrem Bestreben miteinander messen wollen. Nach verschiedenen kleineren und ganz regional bleibenden Sängerfesten findet das erste, das man ein Deutsches Sängerfest nennt, 1827 unter der Leitung von Friedrich Silcher in Plochingen (Württemberg) statt. Das nächste folgt bereits 1828 in Esslingen mit 500 Sängern. Seitdem werden Sängerfeste eine ständige Einrichtung: von 1827-1845 sind allein in Württemberg 31 Liederfeste zu verzeichnen. Nürnberg wartet seit 1832 mit einem jährlichen Gesangsfest auf (seit 1839 Fränkische Liederfeste). Das erste oberbayerische Sängerfest wird 1844 in Freising gefeiert, und auch in den übrigen deutschen Ländern setzen sich Feste der Gesangvereine durch. Das erste gesamtdeutsche Sängerfest findet 1845 in Würzburg statt. Für die Entwicklung aber wird erst das große Sängertreffen in Nürnberg 1861 bedeutungsvoll, erfolgt doch hier der Gründungsbeschluß des »Deutschen Sängerbundes« (Vollzug 1862 in Coburg, wo bereits 1860 das erste Deutsche Turnerfest und 1861 das erste Deutsche Schützenfest abgehalten worden war), dessen Zweck die Satzung in § 1 so formuliert: Das Streben »geht auf die Ausbildung und Veredlung des deutschen Männergesanges. Durch die dem deutschen Liede innewohnende einigende Kraft will auch der Deutsche Sängerbund in seinem Teile die nationale Zusammengehörigkeit der deutschen Stämme stärken und an der Einheit und Macht des deutschen Vaterlandes mitarbeiten.« Dementsprechend ist der nächste Zweck die Durchführung großer Bundesfeste (Dresden 1865, München 1874, Hamburg 1882, Wien 1890, Stuttgart 1896, Graz 1902, Breslau 1907, Nürnberg 1912, Hannover 1924, Wien 1928, Frankfurt am Main 1932, Breslau 1937). Auch der 1908 gegründete »Deutsche Arbeiter-Sängerbund« begeht seit 1928 (Hannover) Bundesfeste. – Die Fülle der seit etwa 1890 veranstalteten größeren und kleineren Chorfeste kann nicht darüber hinwegtäuschen, daß trotz zahlreicher Reformbestrebungen die ernsten Probleme soziologischer und künstlerischer Art auch auf den Festen nicht gelöst werden konnten. 1951 wird das erste deutsche Nachkriegs-Chorfest in Mainz durchgeführt (es folgen Stuttgart 1956, Essen 1962 usw.) und damit – in der völlig veränderten nationalen und sozialen Situation nicht unumstritten – die alte Tradition wieder aufgenommen.

1828 Daniel François Esprit Auber (1782-1871): Opéra comique »La muette de Portici« in Paris

Sein Vater ist noch Offizier unter Ludwig XVI.; er selbst stirbt während des Aufstandes der Commune in Paris, schon zu Lebzeiten nahezu vergessen. Sein Schaffen beginnt, als Grétrys Opern noch den Spielplan beherrschen und Boieldieu den ersten großen Erfolg mit *Johann von Paris* hat; es endet, als sich in Frankreich die Opern Gounods durchsetzen, die ersten Bühnenwerke Massenets aufgeführt werden und der Einfluß Richard Wagners sich zunehmend geltend macht. Anfang und Ende von Aubers künstlerischer Entwicklung sind heute der Vergessenheit anheimgefallen, aber man weiß, daß sein Werk einen Übergang darstellt, den wir kaum mehr wahrzunehmen vermögen, nämlich von der noch höfisch gebundenen Galanterie Boieldieus zum bürgerlichen »Amüsement« des zweiten Kaiserreichs – was schon in den Komischen Opern Adolphe Adams zu einer bedenklichen Verflachung führt und in den Persiflagen Offenbachs dann seine Karikatur erleben soll. Darüber Richard Wagner: »Jetzt herrscht der Bourgeois, der für seine schwere Plage des Tages sich am Abend amüsieren will.« Freilich, indem Auber an Grétry anknüpft, führt er die französische Große Oper auf einem ursprünglich von Gluck gewiesenen Weg weiter und mit der *Stummen von Portici* auf den Höhepunkt, der sich nicht bei Rossini und nicht bei Meyerbeer wiederholen wird. »Es muß«, so Richard Wagner, »etwas Besonderes, fast Dämonisches im Spiele sein«; er empfindet *Die Stumme von Portici* »als ein ganz vereinzeltes Moment, nicht nur in der Geschichte der französischen Opernmusik, sondern auch in der des Kunstschaffens Aubers selbst«, während *Fra Diavolo,* Aubers andere Oper, die die Zeiten überdauert (1830; Text ebenfalls von Eugène Scribe), ihm als »Groteske« erscheint. An anderer Stelle sagt Wagner (1871): »Die Pariser Große Oper... teilte sich uns immer nur noch im pathetischen Pomp der *Vestalin* usw. mit und erschien uns, alles in allem, mehr italienisch als französisch. In ihr herrscht Steife und Frost: der geheime Fluch des Steifen, Langweiligen lag auf diesem Genre. Aber dieses hörte nun plötzlich auf, als *Die Stumme* kam. Hier war eine große Oper.«

Obwohl Scribes Libretto die neutrale Gattungsbezeichnung Opéra trägt, ist es der Prototyp jener Texte, auf denen die Grand Opéra aufbauen wird, und die in der ersten Generation fast alle von Scribe und seinen Mitarbeitern stammen: *Robert le diable* 1831, *Les Huguenots* 1836, *Le Prophète* 1849, alle von Meyerbeer komponiert. Die Festigkeit des Typus und seine klare Abgrenzung gegen ältere Librettotypen lassen keinen Zweifel daran, daß mit der *Muette de Portici* etwas Neues beginnt, und daß dieses Neue primär eine Schöpfung Scribes ist. Die Strukturelemente dieses neuen Librettotypus sind: fünf kurze, möglichst ohne Verwandlung auskommende Akte; kurze Szenen, meist voll heftiger Aktion und in sich gesteigert; in scharfen Kontrasten gegeneinander abgesetzt und zu einem großen Tableau führend, in dem jeder Akt kulminiert; die Aktschlüsse sich steigernd bis zum alle Personen und szenischen Mittel aufbietenden Höhepunkt des letzten Finales. Dem neuen Librettotypus entspricht eine szenische Darstellung, die wiederum nicht ohne Vorbilder im Detail ist, die aber in der *Muette* mit dem Text und der Komposition zum ersten Mal sich zu dem Gesamteffekt verbindet, der für die Grand Opéra charakteristisch ist.

Ludwig Finscher hat dies faszinierend dargestellt (1982): »Die *Muette* ist das erste Werk, an dessen Produktion Librettist, Komponist, Regisseur und Ausstatter zusammenwirken, und in dem sie das Prinzip, Detailrealismus mit Ausstattungspomp und technischen Sensationen zu verbinden, zum ersten Mal ›voll‹ verwirklichen. Mediterrane Landschaft und neapolitanisches Volksleben, Trachten, Standeskostüme und Uniformen, Herrscherpalast und Fischerhütte werden mit Akribie rekonstruiert. Die Inszenierung, bis ins letzte Detail ausgearbeitet, wird in einem gedruckten Regiebuch (das zugleich als Inszenierungs-Vorschrift für andere Bühnen gedacht ist) festgehalten. Den Höhepunkt und die eigentliche Sensation der Aufführung bildet der Ausbruch des Vesuvs, der die Katastrophe des 5. Aktes krönt und sie zu einer Art Ikone der grandiosen Opernkatastrophe macht: die Nacht bricht an, eine Hauptperson stürzt sich ins Meer, der Vesuv bricht aus, das Volk sinkt auf die Knie und singt den Schlußchor. Mehr kann man von einem Opernfinale schwerlich verlangen, und das Tableau der erschütterten Menge – ein suggestives Identifikations-Angebot für die Menge im Zuschauerraum – im Anblick des alles verzehrenden und reinigenden Feuers hat sichtbar Operngeschichte gemacht, über Scribes und Meyerbeers *Prophète* bis zu Wagners *Götterdämmerung*. – Das Gemeinschaftswerk von Scribe, Delavigne und Auber zusammen mit den Theaterleuten in Regie und Ausstattung entsteht nicht voraussetzungslos, und sein ungeheurer Erfolg wie seine gattungskonstituierende Wirkung wären kaum erklärbar, wenn es nicht Ergebnis und vollkommene theatralische Umsetzung und Gestaltung einer vielschichtigen ideen- und kunstgeschichtlichen Situation wäre. Die eigentliche Basis der Grand Opéra ist das neue Geschichtsinteresse – genauer: das Interesse an Geschichte als Unterhaltung – in einer Gesellschaft, die im Zeitalter Napoleons die Geschichte nur allzu unmittelbar erlebt hat und sich nun in den Erinnerungen an diese aufregende Zeit komfortabel einrichtet, dieses Geschichtsinteresse ist z.B. die Voraussetzung für den Erfolg der Romane Walter Scotts in Paris, von dem die französische Oper schon vor der *Muette de Portici* profitiert hat. Zur grundlegenden Wirkung der Technik Walter Scotts und des historischen Romans in Frankreich, zur Wirkung der Poetik und Praxis des romantischen Sensationsdramas und zur Umschichtung des Publikums treten weitere, scheinbar periphere Einflüsse: Zu einer tiefgreifenden Wandlung der Sehgewohnheiten und der entsprechenden Erwartungen – wiederum verbunden mit der Umschichtung des Publikums – wirken das Pantomimetheater und die visuellen Sensationen der Boulevardtheater auf dem ›Boulevard du crime‹ mit der Erfindung des Dioramas zusammen. Die Grand Opéra macht sich diese Wandlung zunutze. 1818 wird in Gilbert de Pixérécourts *Le Belvedère* als Schlußbild der Ausbruch des Ätnas dargestellt – Vorläufer des Vesuvausbruchs in der *Muette de Portici;* 1821 in Charles Nodiers *Le Vampire* ein unheimlicher Friedhof im Mondlicht – Vorläufer der Kreuzgangszene in *Robert le diable.* 1822 eröffnen Daguerre und Charles Marie Bouton ihr Diorama-Haus mit einer Darstellung des Sarner Tals von Daguerre und dem Inneren der Trinity Chapel in der Canterbury Cathedral von Bouton; später folgen Bilder von Ruinen im Mondlicht, Ruinen im Nebel, dem Brand von Edinburgh, und spätestens 1830 läßt Daguerre die Dioramen mit Musik der entsprechenden Couleur locale untermalen. Illusion und Sensation, genossen und zugleich durchschaut, führen zu einer Rezeptionshaltung, ohne die die industriellen Momente der Grand Opéra, die Standardisierung ihrer Dramaturgie und ihre hochspezialisierten Produktionstechniken kaum denkbar wären. – Eng mit dem Sujet der *Muette* hängt schließlich eine weitere Voraussetzung für den Erfolg und die Folgen des Werkes zusammen, die Lockerung der Theaterzensur und ihre vorübergehende Aufhebung.« Schließlich darf nicht unerwähnt bleiben, daß das, was hier von der Tradition der Revolutionsoper in den großen Ensembleszenen und in den hintergründigen Liedern fortwirkt, tatsächlich im Sommer 1830 in Brüssel auch so revolutionierend wirkt: es läßt den Funken springen, der den erfolgreichen Kampf um die Unabhängigkeit Belgiens entfacht.

1828 **Felix** (1809-1847) und **Fanny** (1805-1847) **Mendelssohn Bartholdy: 12 Lieder op. 8**

Nicht nur Mendelssohns *Lieder ohne Worte* für Klavier, auch seine rund 70 Lieder *mit* Worten, also die zu singenden Lieder mit Klavierbegleitung, offenbaren sein Streben, dem Text nicht allzuviel zuzubilligen, weil – durchaus romantisch gedacht – die Musik auch instrumental eindeutig sei. Hier folgt Mendelssohn nicht dem sonst bewunderten Schubert sondern seinem Lehrer Zelter, der sich mit Goethe, seinem Freund, darin einig ist, daß die Musik nicht jeder Wendung des Textes »nachlaufen« dürfe; das Durchkomponieren lehnen beide ab. Goethes Einstellung erfährt man am schönsten aus seinen *Annalen* von 1801, in denen er einmal von einem Sänger berichtet, dem er den rechten Liedvortrag beizubringen suchte: »Er war unermüdet im Studieren des eigentlichsten Ausdrucks, der darin besteht, daß der Sänger nach *einer* Melodie die verschiedenste Bedeutung der einzelnen Strophen hervorzuheben...weiß... Denn bei der gelungenen Praxis überzeugte er sich, wie verwerflich alles sogenannte Durchkomponieren der Lieder sei, wodurch der allgemein lyrische Charakter ganz aufgehoben und eine falsche Teilnahme am Einzelnen gefordert und erregt wird.« Diesem Ideal von Liedkomposition huldigt Mendelssohn und knüpft damit – und das ist musikgeschichtlich von höchster Relevanz – an die Vorstellung von Lied des 18. Jahrhunderts an, gerade so, als ob es Schubert nicht gegeben hätte. Nun, Schubert hat in der Tat eine im Grunde andere Vorstellung von Lied als diese frühe romantische, und dennoch hat auch er viele Strophenlieder nach eben der Maxime komponiert, die Mendelssohn von Zelter und Goethe gelernt hat, also Lieder, deren Komposition nicht eine Polyphonie von Text, Melodie und Instrumentalpart realisiert (Nägeli), sondern die, bei schlichter Melodik und anmutiger Begleitung, für des Dichters »Lied« nichts anderes sein soll als, nach Goethes schönem Vergleich, das Gas für den Luftballon. Also knüpft Mendelssohn sehr wohl an Schubert an – und gleichzeitig *nicht* an, übertrifft er ihn gar, wie man zugeben muß, mit manchen seiner schönsten Lieder – und bleibt er andererseits von der Schubertschen Vorstellung einer Lyrik als *musikalischer* Struktur (Georgiades 1967) weit entfernt.

Von den *12 Liedern* (das 12. ist ein Duett), die als *op. 8* unter Felix' Namen erscheinen, stammen drei (Nr. 2, 3, 12) von Fanny Mendelssohn Bartholdy (seit 1829 verheiratet mit Wilhelm Hensel), der geliebten und verehrten Schwester des Komponisten, ebenso wie in *op. 9* (1830) Nr. 7, 10 und 12, und in *op. 34* (1836) Nr. 4. Daß Fanny in dieser frühen Zeit als Frau unter ihrem eigenen Namen Kompositionen veröffentlicht, ist damals offenbar unmöglich. Noch 1837, als ein in einer Sammlung des Verlegers Schlesinger veröffentlichtes Lied durchschlagenden Erfolg hat und Fanny an eigene Publikationen denkt, rät der Bruder ab mit der Begründung, »man soll es nur tun, wenn man als Autor sein Leben lang auftreten und dastehen wil.« 1846 allerdings beginnt Fanny Hensel eine Auswahl ihrer (über 400) Kompositionen herauszugeben, nunmehr mit ausdrücklicher Zustimmung ihres Bruders.

1828 Niccolò Paganini (1782-1840) in Wien

Nach seinen Erfolgen in Mailand 1813 gelangt Paganini zunächst zu nationaler Berühmtheit. Seit 1828 reist er aber durch ganz Europa, und seine Reisen werden Triumphzüge. Hanslick (1869/70) berichtet: »Paganini's erstes Concert in Wien fand am 29. März 1828 im großen Redoutensaal statt. Der ungewöhnlich hohe Eintrittspreis, vielleicht auch einiges zuwartende Mißtrauen mochte schuld sein, daß der Saal nur halb voll war. Aber der Eindruck spottete jeder Beschreibung. Augenzeugen erzählen uns, daß man stundenlang nach dem Concerte Gruppen in allen Straßen sah, welche nur über Paganini sprachen. Sein Concert hatte die Bedeutung eines großen Ereignisses erlangt. Die folgenden fünf Concerte Paganinis im großen Redoutensaal (dieser damals für Concerte noch selten benützten Räumlichkeit) waren überfüllt. F. von Seyfried erzählt, daß Hunderte in den angrenzenden Corridors lauschen mußten, ohne den großen Geiger selbst zu erblicken. Er selbst (Seyfried) sah die große Sofie Schröder, die keinen Platz mehr erhalten, auf den Stufen sitzen, die zum Concertsaal führen. Ganz Wien drehte sich in einem wahren Paganinischwindel: Kleider, Speisen, Frisuren wurden nach Paganini genannt. Man verkaufte Dosen und Stöcke mit seinem Porträt, prägte Medaillen zu seiner Erinnerung. Auch die letzte Weihe der Popularität, die Parodie, blieb für Paganini nicht aus; schon am 22. Mai 1828 spielte Wenzel Scholz am Wiednertheater den virtuosen Streicherl in der neuen Posse *Der falsche Virtuos oder das Concert auf der G-Seite.* Drei Jahre später (1831) erschien noch eine zweite parodierende Posse im Leopoldstätter Theater *Nicolo Zaganini, der große Virtuos,* worin Just in der Nachäffung des Gefeierten excellirte.« Auch Carl Czerny hört das Konzert Paganinis: »Vor acht Tagen gab Paganini – Violine – aus Italien sein erstes Konzert im großen Redoutensaale. Jede Beschreibung seines Spiels muß wie Märchen klingen. Wohl hat noch *kein* Künstler in der Welt auf seinem Instrument und in keiner Hinsicht soviel geleistet.« Gewiß, zum Instrumentalen gehört das Virtuose als Grundzug. Aber hier ist, was nur ein Faktor unter anderen sein kann, zum Wesentlichen erhoben und daraus eine neue Instrumentalkultur, eine Musikkultur des Virtuosentums gemacht. Und nun treten sie immer häufiger auf, deutsche, französische, polnische, spanische, belgische, norwegische, englische, italienische Virtuosen, fast alle entweder Virtuosen der Geige oder des Klaviers, selten anderer Instrumente. Unter diesen sind zwei, deren Erscheinen weittragende geschichtliche Wirkung hat, Paganini und Liszt.

Paul Bekker (1926) beschreibt das Phänomen so: »Wir sind heute geneigt, die kulturelle Bedeutung des Virtuosentums zu unterschätzen, weil wir es nur noch als reproduktive Tätigkeit kennen. Echtes Virtuosentum aber, wie es in Paganini und Liszt lebendig war, ist schöpferisch: es ist Kundgebung *improvisatorischen* Formens, das seine Wirkung auf den einen Augenblick der Vorführung konzentriert und dabei alle Reize des instrumentalen Klanges entfaltet. In der phantasievollen Enthüllung dieser Reize liegt der Zauber der virtuosen Darbietung, ihre magische Wirkung auf die Hörer. Die Fertigkeit als solche ist Nebensache, sie kommt erst zum Bewußtsein, wenn der Virtuose nicht mehr improvisiert, sondern an einem gegebenen Muster seine Künste zeigt. Wenn heute ein Geiger die *Capricci* (1820) von Paganini spielt, so ist das an sich eine sehr respektable Leistung, denn diese *Capricci* gehören zu den schwierigsten Werken der Violinliteratur. Mit dem Spiel Paganinis aber könnte auch die ideale Reproduktion niemals verglichen werden. Das Außerordentliche daran war nicht die Tatsache, daß Paganini diese Stücke spielen konnte, sondern daß er sie erst ermöglicht hat. In diesem Offenbarmachen unerahnbarer Reize des Instruments lag der Grund der Wirkung, lag die Ursache des Taumels, der die Menschen ergriff, wenn sie Paganini hörten. Aus seiner Geige sprach der Subjektivismus und die Dämonie der Romantik in unmittelbarer Entfesselung aller Bewegungskräfte des Klanges, aller Ausdrucksschattierungen des Gesanges, aller koloristischen Eigenheiten des Instrumentes. – Was Paganini für die Geige entdeckt hatte, übertrug Liszt auf das Klavier.« Und aus demselben »virtuosen Spielanreiz ist das romantische Orchester zu erfassen. Es wurde zuerst in Frankreich ausgebildet durch den Liszt wesenhaft verwandten Berlioz. Auch Berlioz ist Virtuose, aber von vornherein Virtuose des Orchesters.«

1829 Raphael Georg Kiesewetter (1773-1850): »Die Verdienste der Niederlaender um die Tonkunst«

In Wien gewinnt nach dem Ende der Napoleonischen Kriege die bürgerliche Musikpflege hervorragende Bedeutung. Zu den Familien, die regelmäßig Hauskonzerte veranstalten, gehört die des Hofkriegsrates Kiesewetter. Seit 1816 veranstaltet er bis gegen 1845 jährlich vier bis acht, später zwei historische Liebhaberkonzerte. Bei ihnen wirken unter der Klavierdirektion von J. H. Worzischek und des Schubert-Freundes J. Baptist Jenger »gewöhnlich Künstler vom Fach oder doch ausgezeichnete Dilettanten der Hauptstadt, ... Gesangschülerinnen der höheren Classe des ... Conservatoriums« mit, als Solisten Privatschülerinnen der Schwestern Nanette und Josephine Fröhlich und andere Freunde. Man singt vor allem Vokalmusik des 16. bis 18. Jahrhunderts. Im Zusammenhang damit entsteht eine umfangreiche Sammlung von Partituren alter Musik, die später Ambros für seine *Musikgeschichte* die Grundlage abgibt. Mit diesen Hauskonzerten knüpft Kiesewetter an van Swietens Barockmusikpflege an, andererseits unternimmt er darüber hinaus einen Vorstoß ins 16. Jahrhundert, durch den er sich als Repräsentant einer romantischen Musikerneuerungsbewegung mit Thibaut in Heidelberg, Baini in Rom, Winterfeld in Berlin, Proske in Regensburg und dem Freiherrn von Tucher in München in eine Linie stellt. Aus dem Interesse, das ihn diese historischen Konzerte veranstalten läßt, und aus der reichen Sammlung von Werken der »Alten« entstehen manche Pläne und viele musikwissenschaftliche Arbeiten, die von erstaunlicher Weit- und Einsicht in die Zusammenhänge der europäisch-abendländischen Musik, ihrer Wurzeln und ihres Werdens zeugen. Kiesewetter wollte »eine Geschichte der Musik von der Entstehung der harmonischen oder kontrapunktischen Kunst bis auf die neuere Zeit in Denkmälern herstellen«, er hat eine *Geschichte der europäisch-abendländischen oder unsrer heutigen Musik* (1834) verfaßt, aber auch ein Buch mit dem für die damalige Zeit geradezu aufregenden Titel *Die Musik der Araber, nach Original-Quellen dargestellt* (1842). Seine Studien über die »Niederländer« stehen am Anfang musikgeschichtlicher Forschung zu bestimmten Gebieten und Stilen, sie gehören zum klassischen Bestand früher musikhistorischer Arbeiten, vor allem aber sind sie Manifestationen eines neuen, eines historischen Bewußtseins von Musik – und das im Wien Beethovens und Schuberts.

1829 Josef Lanner (1801-1843) wird Hofballmusikdirektor in Wien.

Was bei Michael Pamer, dem Tanzgeiger der Wiener Vorstadt, angebahnt ist, bringen Josef Lanner und Johann Strauß (Vater) vollends zuwege: aus dem »Deutschen Tanz« und dem seit Jahrhunderten volkstümlichen »Ländler« schaffen sie den ballreifen Wiener Walzer, führen sie einen Modetanz aus der volkstümlichen Lustbarkeit in die Glorie kaiserlicher Hofbälle. Lanner, der Sohn eines Handschuhmachergesellen aus der Wiener Vorstadt St. Ulrich, musikalischer Autodidakt, aber offenbar ein sehr guter Geiger und Mitglied im kleinen Tanzensemble des Michael Pamer, steigt 1829 auf zum »Musikdirektor der k. k. Redoutensäle«. 1819 schon gründet er ein Trio mit den Brüdern Drahanek, bestehend aus 2 Violinen und Gitarre; es wird bald um eine Viola vermehrt, die Johann Strauß spielt, 1820 kommt ein Violoncello hinzu, und diesem Quintett hört Franz Schubert im »Café Rebhuhn« oft zu. 1824 wird das Ensemble zu einem Streichorchester, später zum vollen Orchester erweitert. Die rasch wachsende Beliebtheit Lanners macht bald eine Teilung des Orchesters nötig; Johann Strauß (Vater) wird zweiter Kapellmeister, tritt aber 1825 aus dem Lannerschen Verband aus und gründet ein eigenes Orchester. – Lanners erste Walzer sind eigentlich noch Ländler, nur reicher an Figuren und an harmonischem Wechsel; allmählich bildet er dann die Walzerkette mit Einleitung und Finale aus. Gerne unterlegt er seinen Walzern ein Programm, den Potpourris eine ausgedehnte Handlung. – Die meisten seiner 208 mit Opuszahlen versehenen, also gedruckten Werke sind Walzer, es folgen Galoppe, Ländler, Märsche, Potpourris.

> Als ersten Meister des Wiener Walzers nennt man Lanner einen »Repräsentanten des vormärzlichen Wiens«. Das kann, das muß man doppeldeutig verstehen: Die gewaltige Fülle der musikalischen Produktionen jener Jahre zwischen 1815 und 1848, die Zeit der rauschenden Erfolge Paganinis und Rossinis, das üppige Emporwachsen der Unterhaltungs- und Tanzmusik und die Blüte des Wiener Theaters, all das darf nicht darüber hinwegtäuschen, daß diese Zeit zwar eine langersehnte Friedenszeit ist, aber zugleich eine Zeit schlimmer Reaktion in Metternichs Polizeistaat.

1829 Gioacchino Rossini (1792-1868): Grand Opéra »Guillaume Tell« in Paris

Wilhelm Tell ist – so der Komponist selbst in einem Brief – »der Stolz und die Liebe des G. Rossini«, sicherlich auch deshalb, weil Rossini niemals so lange und so intensiv an einer Oper gearbeitet hat wie an dieser. Das Werk ist für die Grand Opéra in Paris komponiert, in der Rossini mit *Moise et Pharaon* (einer Umarbeitung von *Mosé in Egitto,* Neapel 1818) im März 1827 bereits einen ungewöhnlichen Erfolg zu verzeichnen hatte. Aus der Notwendigkeit, einerseits dem eigenen Stil, andererseits jenem der Grand Opéra gerecht zu werden, entsteht eine musikalisch-dramatische Synthese, welche die Vorzüge vereint, nämlich die vornehmlich melodisch-rhythmische Inspiration des Italieners Rossini mit der Vorliebe der französischen Oper für effektvolle musikalische Freskomalerei. Damit kommt Rossini den Intentionen seiner Textdichter Etienne de Jouy und Hipolytte Bis im Hinblick auf den Tell-Stoff (in Anlehnung an Schiller) gerade entgegen: Nie zuvor hat es eine Oper gegeben, in der das Volk so in den Mittelpunkt des musikalischen und dramatischen Geschehens gerückt ist wie hier, und daraus bestimmt sich die Musik weitgehend. Trotzdem ist die Uraufführung kein Erfolg, allerdings auch kein Mißerfolg, nämlich viel schlimmer: das Werk wird flau aufgenommen. Zwar schlagen dem französischen Publikum ganz neue Töne Rossinis entgegen, aber ehe man begreift, was sie bedeuten, werden sie von den noch neueren des Hector Berlioz übertönt und von der 1831 einsetzenden Meyerbeer-Mode verdrängt...

1829 **Wiederaufführung von Bachs Matthäuspassion** durch Felix Mendelssohn Bartholdy in der Berliner Singakademie

Weil die Noten nicht die Musik sind und die Musik als erklingendes Phänomen nichts Dauerndes hat, hat die Musik ihre Geschichte auf andere Weise als die anderen Künste (die Tanzkunst ausgenommen). Man kann sagen, bis an die Schwelle der neuesten Zeit, bis rund um 1800, hat die Musik überhaupt keine Geschichte, insofern bis dahin immer nur die jeweils zeitgenössische und die jüngst vergangene repräsentiert hat, was man unter Musik verstand. Vergangene Musiken waren weder für das allgemeine Bewußtsein von Musik noch für die jeweilige Komposition von Belang. Man hatte keinerlei Interesse an alten Musiken und kannte deshalb auch kein Problem alte Musik/neue Musik. Die Musikgeschichte kennt nur zwei Ausnahmen von diesem Grundsachverhalt: die Gregorianik und den Palestrinastil. In beiden Fällen waren indessen andere Ursachen wirksam als das historische Interesse – das 1829 scheinbar ganz plötzlich mit einer ersten bewußt historischen Aufführung in Erscheinung tritt und die Welt der abendländischen Musik grundlegend verändert. In Wirklichkeit war schon im 18. Jahrhundert mit der heraufkommenden Romantik ein historisches Interesse an der Musik erwacht und hatte als erstes zur Folge, daß eine bestimmte Musik trotz des Fortgangs der Musikgeschichte von keiner neuen Musik mehr verdrängt wurde, nicht einmal von neuen Werken derselben Gattung und desselben hohen Ranges: Händels Oratorien, dann Haydns Oratorien, die schon die Händelschen nicht mehr verdrängt haben. Dann sind es Beethovens Sinfonien, die nicht mehr vergehen und von keinen nachfolgenden Kompositionen mehr verdrängt werden – nicht mehr verdrängt aus der Aufführungsstatistik, vor allem aber nicht mehr aus dem Mittelpunkt eines allgemeinen musikalischen Bewußtseins, das nun *sie* zentral bestimmen. Nur von einer Seite droht diesen jetzt im Mittelpunkt stehenden Werken Konkurrenz, nämlich von der Seite anderer historischer Werke, die neu entdeckt und wiederaufgeführt werden und, falls ihnen hinreichend Rang und Bedeutung zukommen, ihrerseits gleichsam Anspruch auf einen Platz im musikalischen Bewußtsein erheben. Wenn man solches bedenkt, dann kann die Bedeutung dieser Wiederaufführung von Bachs *Matthäuspassion* hundert Jahre nach ihrer ersten Aufführung deutlich werden: mit diesem Ereignis wird der Eintritt der Musik in ihr historisches Zeitalter manifest.

Anders als das Werk Händels – richtiger: als Händels Oratorien in England – war das Werk Johann Sebastian Bachs durch die neue Musik des 18. Jahrhunderts verdrängt worden, und nur einzelne Schüler und besondere Liebhaber hielten im privaten Kreise die Erinnerung an Bach und seine Musik wach. Das Zentrum dieser Kreise war Berlin, wo die Prinzessin Anna Amalie von Preußen (eine Schwester Friedrichs II.), angeregt durch ihren Lehrer Johann Philipp Kirnberger, einen Schüler Bachs, sich in für ihre Zeit erstaunlichem Maße für alte Musik von Palestrina über Haßler bis J. S. Bach zu interessieren begann und eine Musikaliensammlung anlegte, die berühmte Amalien-Bibliothek. Zugleich stiftete die Prinzessin durch C. Ph. E. Bach und Kirnberger in Berlin eine Tradition der Pflege Bachscher Musik, die C. F. Fasch und Zelter aufgegriffen und in der Singakademie fortgeführt haben. In diese Tradition wächst Mendelssohn hinein. Der 14jährige bekommt zu Weihnachten 1823 von seiner Großmutter geschenkt, was er sich lange gewünscht hat, eine Partiturabschrift von Bachs *Matthäuspassion.* Daran entzündet sich der Gedanke der Wiederaufführung dieses Werkes, den Mendelssohn zusammen mit seinem Freund, dem Schauspieler und Sänger Eduard Devrient, gegen mannigfachen Widerstand der leitenden

Gremien der Berliner Singakademie durchsetzt, selbst gegen die erhebliche Skepsis ihres Leiters Zelter. Entgegen verbreiteter Ansicht liegt der Aufführung nicht eine erheblich retouchierte Fassung Zelters zugrunde, sondern eine Einrichtung von Mendelssohn selbst, für die er neben praktisch begründeten Strichen nur so behutsam Änderungen vornimmt, daß man seine Aufführung geradezu als werkgetreu bezeichnen muß (Krummacher).

Nach der Aufführung am 11. März (nicht am Karfreitag) sind Andrang und Begeisterung groß; von nun an ist Bach keine »verstaubte Perücke« mehr, sondern ein Großer im Bereich der Musik, für dessen Werk man sich zunehmend begeistert. Mendelssohn selbst hat das, wie Devrient berichtet, nicht wenig belustigt: »Daß es ein Komödiant und ein Judenjunge sein müssen, die den Leuten die größte christliche Musik wiederbringen!« – Die Wiederaufführung von Bachs *Matthäuspassion* ist nicht das einzige Verdienst Mendelssohns um alte Musik, man muß vielmehr feststellen, daß er wie kein anderer verstand, was die Stunde geschlagen hat: daß Musik von nun an nicht mehr von den Komponisten allein zu definieren ist, sondern von den Komponisten *gemeinsam* mit den Interpreten, auch wenn dadurch der Konflikt zwischen der Respektierung von Tradition und der Einsicht in den unentrinnbaren Wandel konstitutiv wird für alles neue musikalische Schaffen (Krummacher 1974). Als Komponist befaßt Mendelssohn sich seit 1827 vor allem mit Beethovens Spätwerk, als Interpret setzt er sich (bei den Rheinischen Musikfesten 1833 bis 1846, denen in Leipzig die sogenannten Historischen Konzerte im Gewandhaus 1837/39, 1840/41, 1846/47 entsprechen) in besonderer Weise für alte Musik ein, als Dirigent bringt er (am 21. März 1839 im Gewandhaus in Leipzig) das Meisterwerk der klassischen Moderne seiner Zeit – so würde man heute vielleicht sagen – zur Uraufführung, nämlich Schuberts große *C-dur-Sinfonie* (D 944).

Daß Mendelssohn mit seiner Bach-Aufführung weder alleiniger Vorreiter noch Einzelgänger ist, sondern durchaus einer Tendenz seiner Zeit folgt, sei mit ein paar weiteren Daten belegt: 1805 erscheinen bei Simrock in Bonn Bachs *Sonaten und Partiten für Violine solo* (BWV 1001-1006), 1811 das *Magnificat* (in Partitur); 1813 führt der Kiesewetter-Kreis in Wien das *Magnificat* auf, 1831 Loewe in Stettin die *Matthäuspassion.*

1829-1832 Felix Mendelssohn Bartholdy (1809-1847): »Lieder ohne Worte«

In einem Brief schreibt Mendelssohn: »Die Leute beklagen sich gewöhnlich, die Musik sei so vieldeutig; es sei so zweifelhaft, was sie sich dabei zu denken hätten, und die Worte verstände doch ein Jeder. Mir geht es aber gerade umgekehrt. Und nicht bloß mit ganzen Reden, auch mit einzelnen Worten; auch die scheinen mir so vieldeutig, so unbestimmt, so mißverständlich im Vergleich zu einer rechten Musik, die Einem die Seele erfüllt mit tausend besseren Dingen als Worten. Das, was mir eine Musik ausspricht, die ich liebe, sind mir nicht zu unbestimmte Gedanken, um sie in Worte zu fassen, sondern zu bestimmte...« Dementsprechend meint der Titel »Lieder ohne Worte« nichts Unbestimmtes. Ein Text, selbst eine Überschrift, meint Mendelssohn, würde nicht mehr erklären, als die Musik selbst sagt. Nun muß man aber doch fragen, ob es nicht gerade das Unausgesprochene, um nicht zu sagen Unverbindliche ist, das die *»Lieder ohne Worte«* zu den Lieblingsstücken des Biedermeiers macht. Dem Wunsch der Zeit, maßvoll zu leben und maßvoll zu erleben, kommen sie jedenfalls mehr als andere Werke der Zeit nach. »Ich habe nicht die Absicht, mehr der Art herauszugeben. Wenn's gar zu viel solches Gewürm zwischen Himmel und Erde gäbe, so möchte es am Ende keinem Menschen lieb sein. Und es wird jetzt wirklich eine zu große Menge Klaviermusik ähnlicher Art komponiert; man sollte wieder einmal einen anderen Ton anstimmen, meine ich!« Trotzdem kommt Mendelssohn immer wieder zu dieser Art von Klavierstück zurück. Hier erweist er sich als der große Meister der kleinen Form, hier ist er der Romantiker, als der er geliebt wird. Daß und auf welche Weise diese kleinen Meisterwerke hochromantisch sind, kann man sich verdeutlichen, wenn man sie im Ernst mit einem der Stücke vergleicht, mit denen sie gemeinhin – und als sei das selbstverständlich – in die eine Schublade »Romantisches Klavierstück« gesteckt werden: mit Schubertschen *Impromptus* und *Moments musicaux* und mit Beethovens späten *Bagatellen.*

Gattung und Name »Lieder ohne Worte« hat wahrscheinlich Mendelssohns Schwester Fanny erfunden, die selbst 1846/47 fünf Hefte veröffentlicht unter dem Titel *Lieder für das Pianoforte* (oder *Melodies for the Pianoforte*). Auch das 1. Heft (op. 19) von Felix' *Liedern ohne Worte* erscheint bei Novello in London unter dem Titel *Original Melodies for the Pianoforte.* – Bis 1845 läßt Mendelssohn weitere 5 Hefte mit je 6 Stücken erscheinen, 2 Hefte (op. 85 und op. 102) erscheinen erst nach seinem Tode. – Die poetischen Untertitel zu einigen Stücken stammen wahrscheinlich nicht von Mendelssohn.

um 1830 Carl Czerny (1791-1857): »Die Schule der Geläufigkeit«

Erstrebt Cramer – und nicht er allein im 19. Jahrhundert – eine Musikalisierung der Etüde, deren beste Stücke dann zu lyrischen Klavierstücken werden, so dienen Czernys Studienwerke zuerst dem Technischen als Selbstzweck, und *Die Schule der Geläufigkeit* ist sein Hauptwerk. Was dem von Cramer in einer musikalisch viel ergiebigeren Durchbildung dargebotenen Übungsstoff an Vielseitigkeit fehlt, das gerade macht den Vorzug von Czernys Studienwerken aus: die unerbittliche Konsequenz, mit der er jedem, dem Anfänger wie dem Virtuosen, seine Aufgaben stellt.

Im Vorwort zur *Schule der Geläufigkeit* formuliert Czerny das Ziel seiner Etüden: »Unter den unerläßlichen Eigenschaften, welche der Klavierspieler besitzen muß, wenn er sich über das Mittelmäßige emporheben will, ist die wahre und regelmäßige Geläufigkeit der Finger, auch in der schnellsten Bewegung, eine der notwendigsten, und bei jedem Schüler so frühzeitig als möglich zu entwickeln. Nur wenn dem Pianisten jeder Grad von Geschwindigkeit ungezwungen zu Gebote steht, wird er im Stande sein, auch die anderen Vortragsgattungen mit wahrer Vollendung auszuführen... Nachstehende Übungen haben ausschließlich den Zweck, diesen Zweig der Virtuosität zu entwickeln, zu vermehren, und auch für die Folge zu bewahren, wenn sie (nach vollendeter gründlicher Einübung derselben) in dem überall angezeigten sehr schnellen Tempo, mit Beobachtung aller Regeln des schönen und richtigen Vortrags, täglich vor allem Andern durchgespielt werden.« Tägliches Üben – seit Czerny ist es ein Gemeinplatz, daß höchste spieltechnische Perfektion nur durch härteste Arbeit zu erreichen ist. Man nimmt das hin, weil man glaubt, die Verkettung von Instrumentalspiel mit Arbeit und Askese sei vom Instrument diktiert, Künstler müßten leben und arbeiten wie Hochleistungssportler. Grete Wehmeyer hat in ihrem faszinierenden Buch *Carl Czerny und die Einzelhaft am Klavier oder Die Kunst der Fingerfertigkeit und die industrielle Arbeitsideologie* (1983) klargestellt, worum es sich handelt, was da los ist. Man macht sich nämlich meist nicht klar, daß diese Einstellung das Ergebnis der Entwicklung eines bestimmten Denkens ist (das übrigens schon im 18. Jahrhundert einsetzt). Die Anweisungen zu üben sind es, die mehr als vieles andere die Musikausübung verändern. Und man macht sich auch die tieferen Gründe meist nicht klar. Czerny ist als Lehrer nämlich *kein* moderner Trainer; seine Empfehlungen für den Unterricht sind ausgesprochen human und gütig. Was den nachfolgenden Generationen und uns heute bei ihm als unkünstlerischer Drill erscheint, kommt aber gar nicht von ihm – sondern aus den Lebens- und Arbeitsmaximen des Bürgertums, die Czerny allerdings in die Beschäftigung mit dem Klavier einführt. *Diese* sind es, die am Klavier trockene Arbeit, schmerzhafte Quälerei und Verzicht auf Freude fordern, und doch scheint gerade darin der Grund für Czernys Erfolg bei eben diesem Bürgertum bis heute zu liegen. Seine Systematisierung, sein Reglement, seine Anweisungen zur Arbeit und vor allem sein Vertrauen, daß auch in der Kunst alles lern- und übbar sei, all das leuchtete ein, weil man so etwas aus den anderen Bereichen des Lebens kannte und gewohnt war. Czernys Methode traf ihre Zielgruppe genau.

Czernys Verzeichnis gedruckter Kompositionen umfaßt 798 Nummern. Da er in erster Linie als Etüdenkomponist bekannt ist, vermutet man, daß die klaviertechnischen und -pädagogischen Werke den größten Anteil ausmachen. Das Gegenteil ist der Fall: nur rund 90 Nummern betreffen das Klavierspiel. Die verbleibenden rund 700 Nummern umfassen seine Werke »Im ernsten Styl« mit Sinfonien, Ouvertüren, Klavier- und Violinsonaten, Kammermusik und Kirchenmusik, und als Größte Gruppe – die Paraphrasen zu besonderen Anlässen und über Musiken anderer Komponisten: sie machen fast die Hälfte seines gesamten Œuvres aus.

Dort findet man den musikalischen Kommentar zu Tagesereignissen, persönliche Erinnerungen und Verarbeitungen beliebter Melodien der Zeit, angefangen mit Haydns *Kaiserhymne* über die neuesten Opernarien von Rossini bis Verdi zu den Bravourstücken der reisenden Virtuosen und den Singspielschlagern der jeweiligen Saison. Diese Kompositionen entstehen jeweils im Anschluß an Ereignisse, es sind musikalische Reportagen, für die man geradezu eine eigene Gattungsbezeichnung einführen könnte: »Anlaß- oder Reportagekompositionen«. Mit solchen *Paraphrasen* ist Czerny in der Tat eine Art von Musikreporter, und dementsprechend bezieht er von Anfang an in diese Art von Kompositionstätigkeit auch Ereignisse aus dem politischen Leben ein. (Übrigens ist das nachgerade nicht neu, Czerny steht hier in einer Tradition, die in Österreich kurz nach der Französischen Revolution begonnen hat.) Die Zahl der »politischen Stücke« ist indessen klein, weil seit spätestens 1818, dem Jahr, in dem er eigentlich erst zu komponieren beginnt, Österreich, wie Hanslick (1869/70) gesagt hat, in eine »unsagbare politische Verkommenheit« fällt:

der »Vormärz« läßt auch jede ernstzunehmende »politische Musik« verstummen.

Von dieser Musik Czernys hat nichts die Zeiten überdauert. Und trotzdem ist sein Name nicht nur durch seine klavierpädagogischen Werke erhalten geblieben: er ist bis heute bekannt durch die berühmten Ausgaben der Klavierwerke Bachs seit 1837, von Scarlatti 1839 und der Klaviersonaten Beethovens um 1850, ferner durch die französisch-deutsche Ausgabe der großen Kompositionslehre von Anton Reicha (1832) und durch den vierten Band seiner *Vollständigen theoretisch-practischen Pianoforte-Schule* (op. 500, 1839), der um 1846 unter folgendem Titel erscheint: *Die Kunst des Vortrags der älteren und neueren Clavierkompositionen, oder: Die Fortschritte bis zur neuesten Zeit. Supplement zur Großen Pianoforte-Schule.* Dort lautet die Überschrift des zweiten Kapitels »Über den richtigen Vortrag der sämtlichen Beethoven'schen Werke für das Piano allein« und die des dritten Kapitels »Über den richtigen Vortrag der sämtlichen Beethoven'schen Werke für das Piano mit Begleitung«.

Czerny hat viele berühmte Schüler, und diese geben viel Unterricht, allen voran Franz Liszt. Zu diesen Schülern gehören aber auch Hans von Bülow, Eugen d'Albert, Emil Sauer, Conrad Ansorge, Fréderic Lamond, Carl Tausig, Karl Klindworth, Isaac Albéniz – und der in der zweiten Hälfte des Jahrhunderts so berühmte und gesuchte Theodor Leschetizky. Und zu dessen Schülern gehören Ignaz Paderewsky, Alexander Brailowsky, Elly Ney, Arthur Schnabel und Egon Petri, um wenigstens die wichtigsten Namen zu nennen. Man sieht, die Czerny-Schule reicht über Schüler und Enkelschüler bis in unser Jahrhundert.

1830 François Auber (1782-1871): Oper »Fra Diavolo« in Paris

Die Inhaltsangabe der Oper beginnt so (Kloiber 1973): »Auf der Suche nach einer Räuberbande, die unter der Führung des berüchtigten Fra Diavolo in den Abruzzen ihr Unwesen treibt, hat der junge Offizier Lorenzo mit seinen römischen Dragonern in einem Wirtshaus bei Terracina Quartier bezogen und sich dort in die reizende Wirtstochter Zerline verliebt, die aber auf Wunsch ihres Vaters Matteo den reichen Pächterssohn Francesco aus dem Nachbardorf heiraten soll... Bald erscheint im Wirtshaus ein eleganter Kavalier namens Marquis von San Marco, der in Wirklichkeit niemand anderer als Fra Diavolo ist...« Wie geht es weiter? Jeder Opernfreund kann die Geschichte fortsetzen, auch ohne Aubers *Fra Diavolo oder Das Gasthaus bei Terracina* zu kennen. Es ist der Typus der Spieloper mit Musiknummern und gesprochenen Zwischentexten, den wir in Deutschland von Marschner und Lortzing kennen, hier jedoch ist er französisch: ein Meisterwerk, und zwar an sich *und* in der glücklichen Verbindung von Dramatisierung des Stoffs und musikalischer Charakterzeichnung der Figuren, des Titelhelden vor allem, aber auch der komischen Nebenrollen. Der Text ist von Augustin-Eugène Scribe (1791-1861), von dem auch die Texte zu den ähnlich erfolgreichen Opern *Die Stumme von Portici* (1828) von Auber, *Robert der Teufel* (1831), *Die Hugenotten* (1836) und *Der Prophet* (1849) von Meyerbeer und *Die weiße Dame* (1825) von Boieldieu stammen.

1830 Hector Berlioz (* Côte-Saint-André/Isère 1803, † Paris 1869): Symphonie fantastique

Erst Franz Liszt ist überzeugt von der »Notwendigkeit eines näheren Anschlusses der Musik im allgemeinen und der reinen Instrumentalmusik insbesondere an Poesie und Literatur«, vorzugsweise an »Meisterwerke der Literatur«, die die Musik mit ihren Mitteln weitergestalte. Der Komponist müsse »Ideen haben..., um die Kundgebung seiner Kunst in Bildern zu gruppieren, die durch einen poetischen oder philosophischen Faden untereinander verbunden sind: Dann ist das große Wort der ›Zukunftsmusik‹ erreicht« – erst Franz Liszt erhebt die Verbindung von Instrumentalmusik und Programm zum künstlerischen Prinzip. Berlioz hingegen macht, wie Dömling (1977) sorgfältig beschreibt, keineswegs aus der Verknüpfung von Musik und Programm ein Prinzip, er konsolidiert nicht etwa eine neue Gattung »Programmusik«, vielmehr gestaltet er in einer Reihe von Werken (die man vielleicht »Dramatische Symphonien« nennen könnte; sie stehen alle *zwischen* den Gattungen) immer wieder ein neues Verhältnis zwischen Musik und Text, und zwar quasi experimentell: in *Lélio ou Le retour à la vie* (das die Fortsetzung der *Symphonie fantastique* darstellende *Monodrama lyrique,* 1831/32) verbindet er die Musikstücke durch gesprochene Monologe; der Konzert-Symphonie *Harold en Italie* (1834) gibt er charakterisierende Satzüberschriften; *Roméo et Juliette (Symphonie dramatique,* 1839) baut er mit doppelter Exposition, vokal-instrumental; *La damnation de Faust (Légende dramatique,* 1845/46) tendiert zur konzertanten Oper. Und zur *Symphonie fantastique* gibt es – schier unglaublich – mehrere Versionen des Programms, und die Varianten sind offensichtlich ohne Rücksicht auf die Musik entstanden.

Zwischen den beiden letzten Varianten, die den späteren Druckausgaben der Partitur (1845 und 1855) beigegeben sind, besteht immerhin der Unterschied, daß die letzte die ganze Symphonie, und nicht nur die beiden Schlußsätze, als Vision im Opiumrausch deutet. Könnte man nicht schon daraus schließen, daß keineswegs das PROGRAMM zuerst dagewesen und die Symphonie danach geschrieben worden sein muß, man könnte es den unterschiedlichen Äußerungen von Berlioz zu der Frage entnehmen, ob dem Publikum das Programm in die Hand zu geben sei oder nicht. Fordert er einmal die Verteilung des Programms als »unerläßlich für das vollständige Verständnis des dramatischen Plans des Werkes«, so heißt es ein andermal, nämlich im Vorspann zur letzten Fassung, »streng genommen« könne »das Austeilen des Programms unterbleiben«, wenn die Titel der Sätze genannt würden: »Der Verfasser schmeichelt sich mit der Hoffnung, daß die Symphonie an und für sich und abgesehen von aller dramatischen Absicht ein musikalisches Interesse beanspruchen darf.«

Das PROGRAMM soll weder eine genaue Beschreibung der Musik sein noch ihre Erklärung; es soll nur das Verständnis des »instrumentalen Dramas«, das die *Symphonie fantastique* zugleich ist, erleichtern. »In der Tat handelt es sich keinesfalls darum – wie manche offenbar geglaubt haben –, hier eine genaue Reproduktion dessen zu geben, was der Komponist mit den Mitteln des Orchesters auszudrücken sich bemüht hatte. Genau das Gegenteil ist der Fall: Um die Lücken in der Entwicklung des dramatischen Gedankens zu füllen, die von der musikalischen Sprache notwendigerweise offengelassen werden, mußte er zur geschriebenen Prosa Zuflucht nehmen, um den Plan der Symphonie darzulegen und zu rechtfertigen. Der Verfasser weiß sehr wohl, daß die Musik weder das Wort noch die Kunst der Zeichnung zu ersetzen imstande sein wird.« Diesen Ausführungen von Berlioz selbst widerspricht nicht, daß die Anordnung im Titel ursprünglich ist: *Episode de la vie d'un artiste – Symphonie fantastique* und nicht umgekehrt. Die Fabel löst die Musik als Abbild der Empfindungen in der Seele des Künstlers aus, und später wird, um der Gefahr mangelnder Eindeutigkeit des musikalischen Ausdrucks der – ja schließlich subjektiven – Empfindungen des Künstlers zu begegnen, ein literarisches »Programm« verfaßt, das man dem Hörer als Wegweiser durch die Musik in die Hand drücken kann. Selten tritt die Problematik, die seinerzeit die Komponisten ebenso wie alle ernsthaft über Musik Nachdenkenden beschäftigt hat und noch ein Jahrhundert lang in Bann ziehen soll, so deutlich in Erscheinung, ist sie so deutlich formuliert wie hier bei Berlioz.

Berlioz' Bedeutung in der Musikgeschichte beruht indessen noch auf einem anderen Phänomen, das er aus der historischen musikalischen Situation seiner Zeit aufgreift, und zwar so, daß für die Zeitgenossen jener Eindruck entsteht, den Ferdinand Hiller noch 1880 so beschreibt: »Hector Berlioz gehört nicht in unser musikalisches Sonnensystem – er gehört nicht zu den Planeten, weder zu den großen noch zu den kleinen. Ein Komet war er, seine Erscheinung wird aber unvergessen bleiben.« Was kann das meinen, das mit so starken Worten auf Berlioz' musikgeschichtliche Bedeutung hinweist und diese Bedeutung so hochstuft? Bockholdt (1979) hat die Frage geklärt, indem er aufgezeigt hat, daß die Antwort allein aus Berlioz' INSTRUMENTATIONSKUNST (samt seiner *Instrumentationslehre* von 1844) *nicht* zu geben ist, daß die Fragestellung vielmehr auf das Verhältnis von musikalischem Satz und Orchestersatz zu präzisieren ist, auch oder gerade, wenn man von Berlioz' Definition der »Instrumentationskunst« ausgeht:

»Der Gebrauch dieser verschiedenen klingenden Elemente« – d.h. aller Instrumente – »und ihre Anwendung, sei es, um der Melodie, der Harmonie und dem Rhythmus Farbe zu geben, sei es, um Eindrücke sui generis hervorzubringen, mit oder ohne expressive Absicht, unabhängig von jeder Mitwirkung der drei anderen großen musikalischen Mächte« – nämlich Melodie, Harmonie und Rhythmus –, »macht die Kunst der Instrumentation aus.« Was Berlioz hier sagt, bedeutet offenbar nicht mehr und nicht weniger, als daß für ihn der materielle, vom Orchester produzierte Klang eine selbständige, den Faktoren Melodie, Harmonie und Rhythmus gleichberechtigte und von ihnen unabhängig wirksame Komponente der Musik ist. Das ist eine völlig neue Auffassung, und dementsprechend steht sie in krassem Widerspruch zu der traditionellen Ansicht, wie sie etwa in diesbezüglichen Formulierungen Hanslicks erscheint, ja wie sie Berlioz selber im ersten Teil seiner Definition (Instrumentation als »Farbgebung«) noch beschreibt und gelten läßt. An einer anderen Stelle (*À travers chants*) zählt Berlioz insgesamt neun Komponenten auf (»modes d'action«: »Wirkungsweisen«, auch »parties constitutives«: »konstitutive Bestandteile«), die nach seiner Ansicht die Musik ausmachen (wobei er es nicht für ausgeschlossen hält, daß im Lauf der Zeit noch weitere entdeckt werden). Die ersten sechs sind nicht außergewöhnlich: Melodie, Harmonie, Rhythmus – dieser erscheint ihm als der von allen Bestandteilen der Musik am wenigsten entwickelte –, Ausdruck, Modulation und Instrumentation. Interessant aber ist der nächste Punkt: »Le point de départ des sons«, »der Ausgangspunkt der Töne« (oder Klänge), wozu Berlioz folgende Erläuterung gibt: »Wenn man den Zuhörer in größerer oder in kleinerer Entfernung von den Aufführenden Platz nehmen läßt, und wenn man unter bestimmten Umständen die Instrumente voneinander entfernt, erzielt man Änderungen der musikalischen Wirkung, die noch nicht genügend beachtet worden sind.« (Der moderne Mensch hat hier übrigens allerhand Erfahrung: Bei der Fernsehübertragung etwa eines Symphoniekonzerts hört der Zuschauer immer das Instrument besonders, dessen Spieler gerade von der Kamera erfaßt und damit »hervorgehoben« wird; das »Hörbild« wird vom »Sehbild«, durch das die Distanzen zwischen Spieler und Hörer verändert werden, wesentlich beeinflußt.) Als letzte Punkte folgen: »le degré d'intensité des sons«, »der Intensitätsgrad des Erklingenden« und »la multiplicité des sons«, »die Vielheit des Erklingenden« oder, wie sich auch sagen läßt, die Wirkung der Masse.

Alle diese Komponenten sind nach Berlioz Komponenten der Musik selbst. Man sieht, für Berlioz' kompositorische Konzeption ist der materiell reale Klang strukturell wesentlich; Komposition ist für ihn eine Art Klangregie; der Komponist fungiert als Klangregisseur, er rechnet auch als Komponist ständig mit der klanglichen Realisierung, der Aufführung – als sei er ihr Dirigent.

Woher diese Vorstellungsweise? Berlioz nimmt auf der Opernbühne beheimatete Vorgänge aus der Oper heraus und verlegt sie in das Orchester und in die Orchestermusik; er tut so, als wäre das Orchesterpodium eine Opernbühne; er behandelt die Instrumente, als wären sie Akteure und Bühnenmusiker; er macht die Instrumentalmusik – gleichgültig, ob mit oder ohne Singstimmen – zu einem Abbild der Opernszene. Diese Konzeption ist bereits 1830 in der *Symphonie fantastique* verwirklicht.

Und ein letztes Besonderes hat Bockholdt (1973) für Berlioz endlich richtig verstehen gelehrt, das Phänomen der »Idée fixe«. In Berlioz' *Symphonie fantastique* ist das Entscheidende nicht so sehr, daß verschiedene aufeinanderfolgende Teile oder Sätze durch eine »Idée fixe« thematisch verbunden werden; eine solche Beschreibung des Sachverhalts ist zwar nicht falsch, aber nichtssagend, weil sie angesichts der vielen verschiedenartigen Formen thematischer Verbindung, die man aus der Musikgeschichte kennt, viel zu wenig spezifisch ist. Spezifisch für Berlioz ist vielmehr, daß verschiedene musikalische Komplexe eines Werkes, die zunächst getrennt auftreten, miteinander gekoppelt werden, oder anders gesagt, daß ein zunächst gesondert gehandhabtes Thema, die »Idée fixe«, in einen ebenfalls zunächst gesondert gehandhabten Satzzusammenhang verpflanzt wird. Es handelt sich dabei nicht um bloßes »Zitat«, da im Zitat das Zitierte nicht die zur Rede stehende Sache selbst, sondern etwas zu dieser »Herbeigerufenes«, also jedenfalls Sekundäres ist. Andererseits wird das verpflanzte Thema aber auch nicht zum Primären, zum »eigentlichen« Thema des Satzzusammenhangs, in den es verpflanzt ist. Das Kennzeichnende ist vielmehr, daß beide Komponenten ihre Präsenz bewahren und in ihrer Disparatheit *zusammen* die musikalische Situation konstituieren, – und das charakteristische Merkmal der so entstehenden Situation ist die RÄUMLICHKEIT. Darin, daß Berlioz diese für die musikalische Komposition gewonnen hat, liegt seine eigentliche musikgeschichtliche Bedeutung, in der Entdeckung und in der Realisierung der als Orchesterklang komponierten Räumlichkeit musikalischer Vorstellungen, für die ihm die raffinierteste Instrumentation und die konsequente Verwendung einer Art von Leitmotivtechnik Mittel zum Zweck sind.

1831 **Vincenzo Bellini** (1801-1835): **Oper »Norma«** in Mailand

Ob die Rede vom »Dreigestirn Rossini-Donizetti-Bellini« richtig ist, mag man bezweifeln. Obwohl Bellini an Rossini und dessen Vorgänger bewußt anknüpft, geht er doch andere und eigene Wege. Besonders in den vier Mailänder Opern *Il Pirata* (1827), *La Straniera* (1829), *La Sonnambula* (1831) und *Norma* (1831; Text von F. Romani) beschränkt er sich nirgendwo auf die nur liebliche Melodieerfindung, man könnte eher sagen, hier sei die Gesangslinie die Synthese eines auf eine einzige Stimme zusammengeführten vielstimmigen Gedankens, die Verschmelzung von verschiedenen, bisweilen sogar einander widerstreitenden Empfindungen. Hand in Hand damit geht eine neue Sinngebung von Arie und Rezitativ. Im Hinblick auf die große Szene der Norma am Beginn des 2. Aktes rügt dementsprechend ein Kritiker 1834, Norma singe im Rezitativ und rezitiere in der Arie. Unabsichtlich macht er Bellini damit das größte Kompliment und formuliert zugleich für ihn schon die musikalische Maxime »Verità!« von Giuseppe Verdi. Auch Richard Wagner hat das erkannt: »Hier, wo sich selbst die Dichtung zur tragischen Höhe der alten Griechen aufschwingt, erhöht diese Form, die Bellini dabei entschieden auch veredelt, nur den feierlichen und grandiosen Charakter des Ganzen.« Was wunders, daß Verdi in Bellini sein Vorbild sieht. Bellinis Vorbild aber ist Rossini, und Donizetti ist sein Freund: Es ist der starke Zusammenhang der Intentionen und Stile dieser Meister, der für die Gattung Oper in Italien eine stringente Entwicklung aus dem 18. ins 19. Jahrhundert zur

Folge hat. Und diese Entwicklung verleiht der italienischen romantischen Oper das innere Gewicht, durch das sie das musikalische 19. Jahrhundert dann als ganzes tiefgreifend prägen wird – völlig unabhängig von dem, was sich in derselben Zeit in Wien musikalisch ereignet: Mozart und Beethoven bleiben auf diese Entwicklung ohne Einfluß.

> Bei Schopenhauer (*Ästhetik der Dichtkunst*) kann man lesen: »Wie die Alten, so begnügen auch Manche der Neuen sich damit, durch die objektive Darstellung menschlichen Unglücks im Großen den Zuschauer in die beschriebene Stimmung zu versetzen; während Andere diese durch das Leiden bewirkte Umkehrung der Gesinnung am Helden selbst darstellen: Jene geben gleichsam nur die Prämissen, und überlassen die Konklusion dem Zuschauer; während diese die Konklusion oder die Moral der Fabel mitgeben, als Umkehrung der Gesinnung des Helden, auch wohl als Betrachtung im Munde des Chors, wie z.B. Schiller in der *Braut von Messina:* ›Das Leben ist der Güter höchstes nicht‹. Hier sei erwähnt, daß selten die echt tragische Wirkung, der Katastrophe, also die durch sie herbeigeführte Resignation und Geisteserhebung der Helden, so rein motiviert und deutlich ausgesprochen hervortritt, wie in der Oper *Norma,* wo sie eintritt in dem Duett ›Qual cor tradisti, qual cor perdisti‹, in welchem die Umwendung des Willens durch die plötzlich eintretende Ruhe der Musik deutlich bezeichnet wird. Überhaupt ist dieses Stück – ganz abgesehen von seiner vortrefflichen Musik, wie auch andererseits von der Diktion, welche nur die eines Operntextes sein darf, – und allein seinen Motiven und seiner innern Ökonomie nach betrachtet ein höchst vollkommenes Trauerspiel, ein wahres Muster tragischer Anlage der Motive, tragischer Fortschreitung der Handlung und tragischer Entwickelung, zusamt der über die Welt erhebenden Wirkung dieser auf die Gesinnung der Helden, welche dann auch auf den Zuschauer übergeht: ja, die hier erreichte Wirkung ist um so unverfänglicher und für das wahre Wesen des Trauerspiels bezeichnender, als keine Christen, noch christliche Gesinnungen darin vorkommen.«

1833 **Heinrich Marschner** (1795-1861): **Romantische Oper »Hans Heiling«** in Berlin

Eduard Devrient (1801-1877), der große Schauspieler und Sänger, hatte sein Libretto zu *Hans Heiling* (nach einer deutsch-böhmischen Sage) 1827 für seinen Freund Felix Mendelssohn Bartholdy verfaßt, aber dieser hat es abgelehnt, weil der Stoff, jedenfalls im Atmosphärischen, Webers *Freischütz* zu ähnlich sei. In der Tat ist die Nähe groß, aber auch die zu Wagners *Holländer.* Ob man deshalb schon gleich *Hans Heiling* und Webers *Euryanthe* als Bindeglied zwischen dem *Freischütz* (»als eigentlichem Beginn der deutschen romantischen Oper«) und Wagners *Holländer, Tannhäuser* und *Lohengrin* (»als Vollendung dieser Gattung«) ansehen kann, ist fraglich, denn die hinter dieser Formulierung stehende Entwicklungsvorstellung ist unangebracht. Alle diese Opern sind gleichermaßen im hohen Sinne romantische Opern, angefangen von den Sujets und Texten bis zu den Schwerpunkten der Musik. Deren erster liegt entsprechend der romantischen Grundhaltung der Komponisten überall im Allgemein-Atmosphärischen, deren zweiter in der Psychologie der Hauptfiguren. Die Thematik von Marschners *Hans Heiling,* welche die bis Weber übliche Kontrasthandlung in einer einzigen Gestalt vereinigt, die dann entsprechend kontrastreich-spannungsvoll musikalisch darzustellen ist, geht über Mozarts *Don Giovanni* als Vorbild zurück auf die Figurendramen des »Sturm und Drang«, angereichert allerdings durch die romantischen Elemente des Geisterhaften und des Übersinnlichen. – Von den 14 Opern Marschners sind von ähnlicher Bedeutung *Der Vampyr* (Leipzig 1828) und *Der Templer und die Jüdin* (Leipzig 1829).

1833 **Johann Nestroy** (1801-1862): **»Der böse Geist Lumpazivagabundus«,** Wiener Zauberposse mit Musik

»Vorgestern wurde zum ersten Male zum Vorteil des Herrn Nestroy ein von demselben verfaßtes Zauberstück in drei Akten unter dem Titel *Der böse Geist Lumpazivagabundus oder Das liederliche Kleeblatt* zur Aufführung gebracht... Die Handlung ist interessant und recht lebendig, der Dialog launig und insbesondere von allen indezenten Scherzen frei gehalten, welche uns leider so oft bei den neuesten Lokalpiècen als Surrogat echten Witzes aufgetischt werden, die Situationen sind gut angelegt und benützt, vorzüglich sind es aber mehrere der eingelegten Liedtexte, welche dieser Posse noch viele Wiederholungen zusichern dürften. Herrn Nestroys Lied über den Untergang der Welt, ein Scherz voll der witzigsten und zeitgemäßesten Pointen, machte Furore. Er wurde dabei fünfmal gerufen und gab die ersten Male stets neue Strophen zum besten. Das Parodieren des seriösen Operngesanges in dem Quodlibet-Terzette war köstlich und erregte stürmischen Beifall« (Bäuerles *Theaterzeitung,* 13. April 1833). Mit dem *Lumpazivagabundus* gelingt Nestroy der Durchbruch; das Stück erlebt in

Wien in zwei Jahren hundert, bis 1881 tausend Aufführungen. – Nestroy hat als Sänger angefangen, mit dem Sarastro im Kärntnertortheater 1822 und mit dem Kaspar 1823 in Amsterdam. Erst mit dem Engagement ans Theater an der Wien (1831; seit 1838 dann am Leopoldstädter Theater) beginnt seine Laufbahn als Volksschauspieler und Volksstückeschreiber, der vor allem für sich selbst – und für die einfachen Leute! – Zauberstücke und Possen schreibt und viele Stücke, die das zeitgenössische Theater bis hin zu Wagners *Tannhäuser* und *Lohengrin* parodieren und ironisieren (1857 und 1859). Die Wirkung beruht in erster Linie auf dem geschliffenen Dialog und den sarkastischen Aphorismen, wesentlich aber auch auf den stets satirischen Couplets und volkstümlichen Liedern, die Nestroy sich von befreundeten Wiener Komponisten, vor allem von Adolf Müller d. Ä. (1801-1886) schreiben läßt, und die er selbst vorträgt, oft durch improvisiert scheinende aktuelle Zugabe-Strophen ergänzt.

Wie an nur wenigen Erscheinungen der Kunst des 19. Jahrhunderts kann man an Nestroys Stücken verstehen lernen, eine wie schwere Zeit das sogenannte Biedermeier ist, das die Österreicher nicht umsonst lieber Vormärz nennen (1815-1848). Auf den Aufschwung der Befreiungskriege folgt die Enttäuschung der nachfolgenden Epoche. Man nimmt zunächst die Wendung mit fast fatalistischer Ergebenheit hin. Diese Lethargie verwandelt sich jedoch nach 1830 in weiten Kreisen der Bevölkerung in eine starke Teilnahme am Geschehen der Zeit. Zunächst aber finden die Menschen in der Kunst und in der Kunstausübung einen Ausgleich aus dem Widerspruch zwischen Ideal und Wirklichkeit. In Wien ist es vor allem das Theater, das die Menschen aller Gesellschaftsschichten in seinen Bann zieht; es muß als Ersatz für das vorenthaltene Leben herhalten, aber auch als Ventil für das erzwungene Abseitsstehen: eine Art von Theaterleidenschaft ergreift Alt und Jung. – Nicht minder erreicht die bildende Kunst Verbreitung und Popularität. Auch der Wiener Mode gelingt es jetzt, sich mit ihrer Eigenart gegenüber der englischen und der französischen Mode durchzusetzen. Besondere Berühmtheit erlangt sodann die Handwerkskunst der Wiener Tischler. Industrie und Technik erfahren allerdings stärkeren Aufschwung, Handwerk und Gewerbe dagegen einen gerade dadurch bedingten Niedergang. Die resultierenden Spannungen und Gegensätze können nicht gelöst werden, zeitigen vielmehr immer neue Erscheinungen, die zu Ursachen der Revolution werden. – In einer noch schlechteren Lage befinden sich freilich die unselbständigen Arbeiter. Sie sind in der Folge des industriellen Aufstiegs neben den bisherigen traditionsgebundenen Ständen, dem Adel, dem Bürgertum und der Bauernschaft zu einem eigenen aufgestiegen. Dieser vierte Stand setzt sich hauptsächlich aus Bauern zusammen, die in die Stadt gezogen sind, und aus Handwerkern, die sich im Konkurrenzkampf mit der Maschine nicht mehr behaupten können. Deren soziale Lage ist kaum vorstellbar schlecht. Aber auch den meisten Intellektuellen ist im Vormärz nur eine bescheidene gesellschaftliche Stellung eingeräumt. Sie leben meist kümmerlich und oft in unwürdigen Verhältnissen, denn die hohen Staatsstellen sind dem Adel vorbehalten, und der überwiegende Teil der Beamtenschaft ist unterbezahlt. In der schlechtesten sozialen Lage aber befinden sich die Studenten. Kein Wunder, daß sie neben den Arbeitern zu den Hauptträgern der Revolution werden.

All dem entsprechend spielen auf Nestroys Bühne Arbeiter und Studenten die Hauptrollen, Rollen mit Liedern, die für die große Kunstmusik der Zeit belanglos sein mögen, aber für die Menschen und ihre Zeit wichtig sind. Mit anderen Worten: zwischen den »Verhältnissen« und der Kunst jener Zeit klafft ein Zwiespalt, den wir heute in den Kunstwerken weder sehen noch hören. Entweder fehlt er dort, oder wir sehen und hören unzulänglich oder gar falsch. Wahrscheinlich ist das letztere der Fall, wie neuere Interpretationen und Überlegungen etwa zu Werk und Leben von Franz Schubert – der nur vier Jahre älter als Nestroy ist – gezeigt haben.

1834 **Konradin Kreutzer** (1780-1849): **Oper »Das Nachtlager von Granada«** in Wien

Der Übergang vom vorwiegend höfischen zum vorwiegend bürgerlichen Operntheater geht im 19. Jahrhundert rasch vonstatten. Dementsprechend wächst die Produktion von Opern stürmisch. Aus einer Quelle von 1857 geht hervor, daß es um die Jahrhundertmitte in Deutschland neben 23 Hofopernhäusern bereits etwa 100 städtische und andere ständige Theater gibt, an denen auch Opern gespielt werden, dazu noch etwa 70 wandernde Operngesellschaften. Diese nahezu 200 Theaterkompagnien spielen zwar mehr französische und italienische als deutsche Opern, dennoch sind, so hat man geschätzt, zwischen dem *Freischütz* (1821) und dem *Lohengrin* (1850) mindestens 500 deutsche Opern komponiert worden, von denen allerdings nicht alle ins Licht der Rampe kamen (Knepler 1961). Ist diese Tatsache schon an sich interessant, so ist noch interessanter der Aufschluß, den die Sujets und die Textbücher für die Geschichte des deutschen Geisteslebens und seinen komplizierten Zusammenhang mit der Politik geben. Man sollte sich zum Beispiel wundern über die vielen Herrschaften von adeligem Geblüt, die in so vielen Opern und Singspielen unerkannt als besonders gute Menschen unter den einfachen Leuten leben, – um dann doch erkannt zu werden. Man darf dieses Motiv in der Zeit des Vormärz nicht unterschätzen: zwei der größten Opernerfolge der ersten Jahrhunderthälfte stützen sich darauf, Flotows *Martha* (1847) und *Das Nachtlager von Granada,* wo ein Schütze, der allen Menschen Gutes tut, sich im letzten Finale als Habsburgischer Regent entpuppt. Mag das Werk auch verhältnismäßig schwach sein, es ist jedenfalls bei der Uraufführung im Josephstädter Theater in Wien, wo Kreutzer damals gerade Kapellmeister ist, ein Riesenerfolg und gehört seitdem zum eisernen Bestand aller Volksbühnen. – Im selben Jahr 1834 schreibt Kreutzer die Musik für Ferdinand Raimunds »romantisches Zaubermärchen« *Der Verschwender* (darin das berühmte *Hobellied* des Tischlers Valentin Holzwurm: *»Da streiten sich die Leut herum...«*).

Von besonderer musikgeschichtlicher Bedeutung ist Kreutzer durch seine zahlreichen Vertonungen von Texten Uhlands und des schwäbisch-romantischen Dichterkreises: »Bekanntlich hat sich Kreutzer... die Uhlandschen Lieder und Balladen mit besonderer Vorliebe zur Composition erwählt und den eigentümlichen Ton derselben oft mit großem Glücke getroffen. Es ist aber diese Vorliebe für Uhland mehr als ein bloß zufälliges Begegnen, sie bezeichnet uns den ganzen kunstgeschichtlichen Standpunkt, welchen Kreutzer eingenommen, und dieser ist in der Tat sehr nahe verwandt mit dem der ›Schwäbischen Dichterschule‹« (H. W. Riehl).

1834 **Robert Schumann** (* Zwickau 1810, † Endenich bei Bonn 1856) gründet die **Neue Zeitschrift für Musik**

Das Jahr 1831 bildet den ersten großen Einschnitt in Schumanns Leben. Sein erstes Werk, *Variationen über den Namen Abegg,* wird gedruckt, und seine erste Kritik, die Rezension von *Frédéric Chopins Werk II,* erscheint in der *Allgemeinen Musikalischen Zeitung:* sowohl als Komponist als auch als Schriftsteller tritt Schumann öffentlich hervor. In seinem Erstlingswerk, den *ABEGG-Variationen,* zeigt sich unverkennbar seine Genialität; das Werk gehört zu den Perlen allen guten Klavierrepertoires. Dasselbe kann man von Chopins op. 2, den *Variationen über »Là ci darem la mano« aus Mozarts Don Giovanni,* kaum sagen, obwohl Schumanns berühmte Kritik ihre Geltung behält, in der er mit dem kühnen Wort: »Hut ab, ihr Herren, ein Genie!« die Zukunft eines gleichaltrigen, noch völlig unbekannten Kollegen voraussagt. Diese prophetische Gabe ist bei Schumann einzigartig; viel später bewährt sie sich noch einmal: Mit seiner letzten öffentlichen Schrift *Neue Bahnen* heißt er den jungen Johannes Brahms als »starken Streiter« willkommen und verkündet seine Zukunft. Schumann selbst freilich hat in seiner Zeit niemanden, der *ihn* in solch erfrischender Vorbehaltlosigkeit für ein Genie erklärt... – Wir sind heute gewohnt, die Zeit Schumanns als eine Art goldener Epoche der romantischen Musik anzusehen. Da wirken ja die großen Genies Mendelssohn, Chopin und Liszt gleichzeitig neben ihm. Wenn man aber in Schumanns Schriften liest, kann man auf Sätze wie diesen stoßen: »Schimpf nicht auf die Gegenwart; die Vergangenheit muß doch auch einmal Gegenwart gewesen sein.« Wen oder was beschimpft man? *Ihm* jedenfalls behagt nicht, daß seine Gegenwart im Vergleich zur vorausgehenden Epoche Degenerationserscheinungen aufweisen soll. Die gute alte Zeit nennt er (*NZfM* 1834) »jenes schöne Kunstalter, das Mozart regierte und das zuerst Beethoven schüttelte, vielleicht nicht ohne Zustimmung seines Vorfürsten Wolfgang Amadeus«, und er fährt fort: »Später nahmen C. M. v. Weber und einige Ausländer den Königsthron ein. Als aber auch diese abgetreten, verwirrten sich die Völker mehr und mehr und wenden und strecken sich nun in einem unbequemen (klassisch romantischen) Halbschlaf.« Diesen unbequemen Zustand Halbschlaf charakterisiert Schumann auch konkret: »Auf der Bühne herrschte noch Rossini, auf Klavieren fast ausschließlich Herz und Hünten.« Rossini kennen wir, aber wer kennt heute noch Henri Herz (1803-1888) und Franz Hünten (1792-1878)? Und doch sind diese deutschen Komponisten aus der Pariser Pianistenschule mit Abstand Sieger in der damaligen Zeitmode – zu der Schumann die Ironie nicht unterdrücken kann: 1835 läßt er seinen Florestan sagen »Ja! erhält nicht der Stenograph Herz, der sein Herz nur in seinen Fingern hat – erhält dieser, sag' ich, nicht für ein Heft Variationen vierhundert Thaler und Marschner für den ganzen *Hans Heiling* kaum mehr? Noch einmal – es zuckt mir in allen Fingerspitzen.« Schumann selbst schreibt nicht für Geld, weswegen die Realität seiner Gegenwart auch keineswegs rosig ist. Davon zeugt etwa ein zeitgenössischer Bericht über das Auftreten Clara Schumanns in Berlin im Februar 1840 (wo Schumanns *2. Klaviersonate g-moll op. 22* auf dem Programm steht): »Bei der Schumann'schen Sonate, die Clara Wieck mit eigentümlicher Tiefe aufgefaßt, mußte man sich einen Teil des Publikums genau ansehen. Die meisten hörten mit Nas' und Mund und taten, als hätten sie die Ohren zu Haus gelassen; einige brummten in den Bart ›nichts,

nichts, neuromantisch! Muster nehmen an Clementi, Berger, Bernhard Klein!‹, andere hörte ich später noch ›Himmel, Hummel, Hammel‹ schreien. Eine Dame sprach von François Hünten und Henri Herz, von Pariser Knallbonbons und Weltschmerz.« Der Sache nach bezweifelt der Berichterstatter überhaupt den Sinn, »eine Klaviersonate dieses Schlags vor ein großes, gemischtes Publikum zu stellen..., auf den offenen, lauten Markt des Lebens paßten so zarte Blüten wie Mendelssohn, Chopin, Schumann nicht. Das Publikum wird sie zerpflücken, zerreißen und wegwerfen.« Denn, »um einem Werk die nötige Aufmerksamkeit zu schenken, verlangt das Volk berühmte Namen, oder das Werk selbst muß etwas ganz Absonderliches an sich haben – es muß imponieren.« Diese Gegenwart krankt also am Virtuosenkult, am Starkult, an derselben Krankheit wie unser Konzertleben heute. Was tut in einer solchen Gegenwart ein Mann vom Schlage Schumanns? Er gründet eine *Neue Zeitschrift für Musik,* und was er damit vorhat, ist der wirkliche Kampf für seine Ideale: »Greift an, daß es besser werde, greift an, daß die Poesie der Kunst wieder zu Ehren komme.« Und das Motto der Zeitschrift im Jahrgang 1835 lautet: »Unsere Gesinnung war vorweg festgestellt. Sie ist einfach, und diese: an die alte Zeit und ihre Werke mit allem Nachdruck zu erinnern, darauf aufmerksam zu machen, wie nur an so reinem Quell neue Kunstschönheiten gekräftigt werden können – sodann, die letzte Vergangenheit, die nur auf Steigerung äußerlicher Virtuosität ausging, als eine unkünstlerische zu bekämpfen, – endlich eine neue poetische Zeit vorzubereiten, beschleunigen zu helfen.« – Später gibt Schumann in der Einleitung zur Gesamtausgabe seiner Schriften eine kurze Reminiszenz: »Zu Ende des Jahres 1833 fand sich in Leipzig, allabendlich und wie zufällig, eine Anzahl meist jüngerer Musiker zusammen, zunächst zu geselliger Versammlung, nicht minder aber auch zum Austausch der Gedanken über die Kunst, die ihnen Speise und Trank des Lebens war – die Musik...« Es ist also scheinbar ein Verein von Künstlern und Kunstfreunden, der die *Neue Zeitschrift für Musik* herausgibt, das Organ der »Davidsbündler«, die gegen die »Philister« kämpfen. Dieser idealistische Bund ist indessen mehr oder minder eine phantasievolle Fiktion Schumanns, die »nur in dem Kopfe seines Stifters« besteht, und dementsprechend ist er bei der Herausgabe alsbald allein mit aller Arbeit (die er erst 1844 niederlegen wird). Indessen, die Zeitschrift floriert; die Überlegung, sie auch in Wien zu verbreiten, führt dazu, daß er 1838 dorthin reist – wo er Franz Schuberts Bruder Ferdinand besucht und bei ihm im Nachlaß die sensationelle Entdeckung der Großen *C-dur-Sinfonie* macht, von der er 1840 in seiner Zeitschrift berichtet. Die Wiener Pläne zerschlagen sich indessen. Nach Leipzig zurückgekehrt, ist Schumann durch den Erfolg seiner Zeitschrift zu einem Kulturpolitiker und Kunstkritiker von europäischem Rang geworden, viel berühmter jedenfalls als durch seine Kompositionen. – In seinen hochliterarischen Aufsätzen und Rezensionen verwendet er, um die Musik unter verschiedenen Gesichtspunkten betrachten zu können, drei Künstlercharaktere, die er sich ausgedacht hat: den feurigen, voranstürmenden Florestan, den sanften lyrischen Eusebius und den zwischen beiden vermittelnden Meister Raro. Es sind dies dieselben Figuren, die in vielen seiner Briefe und auch in manchen seiner Klavierwerke herumspuken.

1835 **Jacques François Fromental Élie Halévy** (1799-1862): **Oper »Die Jüdin«** in Paris

Manchmal machen schon schlichte Lebensdaten auf historische Beziehungen aufmerksam, die man kaum für möglich hält: Als 1833 Fétis, Komponist und Ahnherr der neueren Musikwissenschaft, vom Pariser an das neu gegründete Brüsseler Conservatoire wechselt, wird Halévy auf Vorschlag seines Freundes Cherubini zum Professor für Kontrapunkt und Fuge ernannt. 1836 wird er als Nachfolger von Anton Reicha, dem Wiener Freund Albrechtsbergers und Salieris, aber auch seines Altersgenossen Beethoven und sogar noch Haydns, zum Mitglied in der Académie des Beaux-Arts gewählt. Seine bedeutendsten Schüler sind Charles Gounod (1818-1893) und Georges Bizet (1838-1875). Was für eine Verbindung von Namen, ja von Zeitaltern! – Zu seiner Zeit ist Halévy eher bekannt durch seine zahlreichen Werke heiteren Charakters im Stil von Boieldieu als durch jene ernste, an starken Kontrasten reiche »Große Oper« im Stile Meyerbeers, die allein für die Nachwelt seinen Ruhm erhält: *La Juive* (Text von Scribe). Meyerbeer, ausgezeichnet mit einem sicheren Instinkt für die Erfordernisse der Zeit, hat ja nach Aubers *Muette de Portici* mit seinem *Robert le Diable* den Typ der »Grand opéra« recht eigentlich erst begründet, deren Musik R. Wagner boshaft als »Wirkung ohne Ursache« charakterisiert. Halévys *La Juive* nun (der Wagner vier längere Aufsätze in der *Gazette Musicale* und den *Bericht über eine neue Pariser Oper* widmet), seine *Guido et Ginevra* (1838), *La Drapier* (1840), *La Reine de Chypre* (1841; Klavierauszug von R. Wagner), *Charles VI* (1843) und *Lazzarone* (1844) sind ihrem Wesen nach getreue Kopien der Werke seines Vorbildes Meyerbeer. Wie dieser bedient er sich des historischen Sujets als Rahmen für glanzvolle Bilder, Massenszenen und Ballette, für religiöse

Prozessionen und irdische Leidenschaften. Und doch ist die musikalische Sprache von Halévy bei manchem Reizvollen und vieler Schönheiten fast monoton (Pfannkuch). Um so erstaunlicher, daß Richard Wagner bei aller Abneigung gegen die französische Oper Halévy doch für den letzten bedeutenden französischen Musiker hält und in *La Juive* »die deutlichsten und schönsten Spuren Beethovenschen Geistes« – was immer er in diesem Moment auch damit meint – sieht.

1835-44 **François-Joseph Fétis** (1784-1871): **Biographie universelle des musiciens**

In Frankreich und in Belgien, woher er stammt, kennt man Fétis als einen der bedeutenden Komponisten und wichtigen Musiktheoretiker der 1. Hälfte des 19. Jahrhunderts, in Brüssel vor allem als Direktor des 1833 neu gegründeten Conservatoire und als Hofkapellmeister. Von wirklich hoher Bedeutung ist er jedoch als einer der Begründer der neueren Musikwissenschaft. Seine zwei großen Hauptwerke sind: *Biographie universelle des musiciens et bibliographie générale de la musique,* 8 Bände, Brüssel 1835-1844, und *Histoire générale de la musique,* 5 Bände (nur bis ins 15. Jahrhundert reichend), Paris 1869-1876.

1836 **Adolphe Adam** (1803-1856): **Oper »Le Postillon de Lonjumeau«** in Paris

Kloiber (1973) beschreibt, worum es sich handelt: Das theaterwirksame Libretto des *Postillon* ist im vaudeville-artigen Genre auf den Ton gehobener Unterhaltung abgestimmt. Die geschickt zurechtgezimmerte Intrigenhandlung nach Art der Spielopern der Zeit (Musiknummern mit gesprochenem Zwischentext) enthält eine Reihe humorvoller Szenen, die dem bühnengewandten Komponisten (über 50 Opern des Typs der jüngeren Opéra comique) reichlich Gelegenheit zur Entfaltung seiner Begabung vor allem für musikalische Komik bieten. Einzelne Nummern, wie das *»Postillon-Lied«* oder Bijous *»Skalen-Arie«* zählen zu den populärsten Stücken der Opernliteratur überhaupt bis auf den heutigen Tag.

1836 **Michail Iwanowitsch Glinka** (1804-1857): **Oper »Ein Leben für den Zaren«** in St. Petersburg

Wie überall in Europa setzt auch in Rußland die Ausbildung und Entwicklung einer Nationalmusik erst im 19. Jahrhundert, erst in der Einflußsphäre der Romantik und erst unter dem Druck politischer Befreiungsbewegungen und nationaler Einigungsbestrebungen ein. Der »vaterländische Krieg« (Tolstoi) Russlands gegen Napoleon und Ideen der Französischen Revolution lösen die patriotische Bewegung aus, die politisch 1825 zum Dekabristen-Aufstand führt und allgemein zu einem neuen Bewußtsein von Heimat- und Vaterlandsliebe. Für den Musiker bedeutet dies, Verbindungen zum Volk herzustellen, nämlich von dessen Musik, die in Volkslied und Volkstanz ungebrochen in reicher Blüte steht, aufzunehmen, was aufzunehmen ist, Melodien, Rhythmen, Klangphänomene, oder sich durch diese zu Produktionen anregen zu lassen, die den Schein eines spezifisch Russischen haben. Glinka spitzt, was die Tendenz ist, zu: »Das Volk schafft die Musik; wir Musiker arrangieren sie nur.« Mit seinem Hauptwerk *Ein Leben für den Zaren* (zuerst unter dem Titel *Iwan Sussanjin;* Text von G. F. Rosen) wird er zum »Stammvater der russischen Musik«. Er selbst nennt das Stück mit seinem historischen Stoff eine »vaterländisch-heroisch-tragische Oper«, faktisch ist es, nach Absicht und Tendenz Webers *Freischütz* durchaus vergleichbar, eine Volksoper, insofern hier zum ersten Mal auf der Kaiserlichen Hofopernbühne russische Menschen aus dem Volk auftreten, und insofern hier zum ersten Mal aus hoher Kunstmusik Volks-Russisches tönt, und gar so viel, daß die adeligen Theaterbesucher von »Kutschermusik« sprechen – was heute nachgerade unverständlich ist, so italienisch klingt die Musik, jedenfalls nach dem ersten Ohrenschein. Mehr Volks-Russisches, jedenfalls für damalige Ohren, klingt aus *Ruslan und Ljudmila,* einer vielleicht Webers *Oberon* vergleichbaren Märchenoper nach Puschkin (1842), weshalb manche, etwa der spätere Kreis der »Fünf«, das jüngere Werk dem älteren vorziehen. Freilich, der Orchestersatz ist bei allen Anklängen an Russisches das zu jener Zeit allgemein-europäische Phänomen, das hier als russische Variation zum »Konzert der europäischen Nationen« erscheint.

Die bereits zitierte weit verbreitete, ja nachgerade übliche Benennung Glinkas als des »Vaters der russischen Musik« ist einzuschränken, denn mit W. A. Paschkewitsch (um 1742-1797) und J. I. Fomin (1761-1800) setzt bereits im letzten Viertel des 18. Jahrhunderts eine Tradition russischer Opern (z.T. nach Texten Katharinas II.) ein, die bei allem Anknüpfen an die italienische Operntradition von Anbeginn an russische Züge in ausgeprägt präromantischen Tendenzen (Ludolf Müller) hat. Und doch nennt man Glinka auch mit Recht so, weil im Grunde eben doch er es ist, der in der Musik den Grund für das legt, was dann als eigenständig russische Musik erscheinen soll. Zudem ist Glinka der erste russische Komponist von europäischem Rang.

1836 Giacomo Meyerbeer (* Berlin 1791, † Paris 1864): Grand Opéra »Les Huguenots« in Paris

Mit der italienischen Opera seria (einschließlich Kastratenpartie für die Hauptrolle) *Il Crociato in Egitto* (Text von G. Rossi) verschafft sich Meyerbeer 1824 unter den Opernkomponisten Europas einen Rang, mit der französischen Großen Oper *Robert le diable* (Text von Scribe und Delavigne) setzt er sich 1831 an deren Spitze. Meyerbeers Erfolg ist, wie Berlioz sagt, »ungeheuer und ohnegleichen«. – Schon Herkunft und Werdegang sind interessant genug: Sein Name ist eigentlich Jakob Liebmann Meyer Beer mit dem Rufnamen Meyer; er entstammt einer Berliner jüdischen Bankiersfamilie; als pianistisches Wunderkind bekommt er, wie Mendelssohn, Kompositionsunterricht bei Zelter. Sein Schaffen teilt man gewöhnlich in drei Abschnitte ein, in einen deutschen (bis 1816), einen italienischen (bis 1824) und einen französischen. Spätestens seit 1849, dem überwältigenden Erfolg von *Le Prophète* (Text von Scribe) gilt Meyerbeer seinen Zeitgenossen – und dies trotz aller Anfeindungen – als der unumschränkte Herrscher im Bereich der Grand Opéra. Ob der Grund dafür die Mischung italienischer, deutscher und französischer musikalischer Elemente ist, die man Meyerbeer je nach Gesinnung als Eklektizismus ankreidet oder als Stilsymbiose anlobt, ist fraglich. Jedenfalls scheint der Einsatz aller »musikalischen Machtmittel« (Einstein) und alles Opernwirksamen das Rezept des Erfolgs zu sein. Ist es da erstaunlich, fragt Einstein (1950), wenn auch die größten operndramatischen Wirkungen erzielt werden? Indessen, Meyerbeers Operntyp ist anti-national, jedenfalls nicht national genug; zwar bedient er sich aller Äußerlichkeiten der Romantik, aber er ist nicht romantisch genug. So wenden sich die besten Geister gegen ihn: Schumann mit einer Besprechung der *Hugenotten* (Text von Scribe und Deschamps) in der *Neuen Zeitschrift für Musik,* die zugleich eine künstlerische und eine moralische Vernichtung ist, und Wagner und Verdi überwinden den Typus der Grand Opéra *praktisch* – jeder auf seine Weise.

Die Meyerbeer-Mode löst die Rossini-Mode ab. Rossini wird als Komponist der Restauration abqualifiziert, wofür Heine sich eigens eine Antithese konstruiert: »... auf den Wogen Rossinischer Musik schaukeln sich am behaglichsten die individuellen Freuden und Leiden des Menschen; Liebe und Haß, Zärtlichkeit und Sehnsucht, Eifersucht und Schmollen. Alles ist hier das isolierte Gefühl eines Einzelnen; charakteristisch ist daher in der Musik Rossinis das Vorwalten der Melodie, welche immer der unmittelbare Ausdruck eines isolierten Empfindens ist [!]. Bei Meyerbeer hingegen finden wir die Oberherrschaft der Harmonie; in dem Strome der harmonischen Massen verklingen, ja versäufen die Melodien, wie die besonderen Empfindungen des einzelnen Menschen untergehen in dem Gesamtgefühl eines ganzen Volkes, und in diese harmonischen Ströme stürzt sich gern eine Seele, die von den Leiden und Freuden des ganzen Menschengeschlechts erfaßt ist und Partei ergriffen hat für die großen Fragen der Gesellschaft. Meyerbeers Musik ist mehr sozial als individuell... Rossinis Musik war angemessener für die Zeit der Restauration, wo, nach großen Kämpfen und Enttäuschungen, bei den blasierten Menschen der Sinn für ihre großen Gesamtinteressen in den Hintergrund zurückweichen mußte, und die Gefühle der Ichheit wieder in ihre legitimen Rechte eintreten konnten.« – Zwar trifft Heines Kennzeichnung Rossinis durchaus zu, doch dem *Guillaume Tell* geschieht damit Unrecht, und zwar so, daß Heine es auch mit seiner späteren Rückwendung zu Rossini – als es nämlich darum geht, ihn als Komponisten geistlicher Musik gegen den verhaßten Mendelssohn auszuspielen – nicht wieder gutmachen kann.

Die GRAND OPÉRA des mittleren 19. Jahrhunderts gilt auch heute noch als Inbegriff des »Spektakulären« in der Geschichte des Musiktheaters. So nimmt es nicht wunder, daß die Gattung zu einer Zeit, da die Musikgeschichte primär als Geschichte einer quasi autonomen Kunst betrachtet wurde, geradezu als suspekt erscheinen mußte. Solange die »Auffassung, daß die ›wahre Musik‹ in der ›reinen‹, der ›absoluten‹ Instrumentalmusik liege«, die Maßstäbe der Musikhistorie bestimmt hat, blieb auch die Gattung Oper »mit dem Odium behaftet, Musik für die minder Anspruchsvollen... zu sein« (Blume). Dies galt umso mehr für das Repertoire aus einer Epoche, die noch als so frisch empfunden wurde, daß sich ihr die meisten Historiker nur mit größter Vorsicht zu nähern wagten, und es galt für einen Entwicklungsstand des musikalischen Dramas, der gemeinhin als erledigt angesehen wurde, seit sich in der Wagner-Nachfolge der Glaube an eine Teleologie der Operngeschichte durchgesetzt hat. In diesem Zusammenhang ist zudem die Tatsache wichtig, daß zwei der bedeutendsten Komponisten der Grand Opéra jüdischer Herkunft sind, wodurch sich viele Ressentiments gegen die »eklektizistischen Züge dieser Geschmacksrichtung« erklären. – Bald nach der Jahrhundertwende beginnt die Grand Opéra, aus dem Repertoire der Opernhäuser zu verschwinden, in Frankreich früher als in Deutschland, wo erst der Nationalsozialismus sie endgültig verdammt hat. Dennoch ist der Untergang der Grand Opéra nicht politischen Entwicklungen zuzuschreiben. Diese dem 19. Jahrhundert zu sehr verhaftete Gattung der Oper war vielmehr überhaupt für das Verständnis des 20. Jahrhunderts überlebt. Allerdings ist merkwürdig, daß sie von der allgemeinen Tendenz der Wiederentdeckung des vergangenen Jahrhunderts kaum profitieren konnte: Sämtliche Versuche, das Repertoire der Grand Opéra wiederzubeleben und dauerhaft im modernen Opernbetrieb zu befestigen, sind gescheitert, am auffälligsten in Frankreich selbst, wo die meisten Opern-Interessenten nach wie vor Wagner und Verdi dem reichen eigenen Repertoire vorzuziehen scheinen. (Gerhard 1987)

Der Erfolg von *Robert le diable* 1831 bringt Meyerbeer von der Pariser Oper einen neuen Auftrag ein. Scribe schlägt »Die Sizilianische Vesper« vor, die später Verdi vertont, Meyerbeer zieht aber den französischen historischen Stoff vor. (In katholischen Ländern macht der Stoff der *Hugenotten* freilich erhebliche Umarbeitungen nötig...) Die Uraufführung, die erst mit drei Jahren Verspätung am 29. Februar 1836 in Paris stattfindet, ist ein Riesenerfolg. Angesichts des Erfolges, den die Oper 1842 auch in Berlin hat, ernennt König Friedrich Wilhelm IV. Meyerbeer als Nachfolger von Spontini zum Generalmusikdirektor und verleiht ihm den Orden pour le mérite (Friedensklasse).

1836 und **1838/39** **Robert Schumann** (1810-1856): **Kinderscenen op. 15** und **Fantasie C-dur op. 17**

Schumanns erste Schaffensperiode gehört ganz dem Klavier. Hier entstehen seine Werke wie aus dem Phantasieren am Instrument. Dieses Phantasieren ist aber mehr als nur Befriedigung des elementaren Musizier- und Spieltriebs, es ist ihm direktes Umsetzen von Gesichten und Erlebnissen in Musik. Vor dem Komponieren steht das Phantasieren, und gleich jenem ist dieses vor allem anderen Ausdruck des Innenlebens. Wie Schumanns Ästhetik in jedem Punkt die Beziehung zur Praxis, zur Lebendigkeit des Musizierens hat, so ist sein Komponieren, vor allem in der frühen Zeit, Reflex seines Erlebens, gleichsam musikalisches Tagebuch (Wörner 1949). In der zugrundeliegenden Musikanschauung begegnen wir außerdem jenem allgemein romantischen Streben, die Grenzen des einzelnen Kunstgebietes zu überschreiten. Wie Philipp Otto Runge in der Malerei zugleich musikalische und dichterische Wirkungen hervorzurufen sucht, wie Novalis dichtend die Macht der Musik beschwört, erstrebt Schumann die Verbindung der Musik mit dem Geist der Dichtung. Über den lyrischen Empfindungseindruck hinaus soll in der Musik ein poetisches Element lebendig sein, das die dichterische Einbildungskraft des Spielers wie des Hörers keinen Augenblick zur Ruhe kommen läßt (Dadelsen 1957). »So können wir den Titel ›Kinderscenen‹ nur für einen halten, der den Phantasiegang des Componisten bezeichnen sollte, seine Schöpfung aber so wenig Kindern zuwies, wie ein Pastorale für Hirten geschrieben ist.« Was Ludwig Rellstab in der Besprechung von Schumanns *Kinderscenen. Leichte Stücke für das Pianoforte* (in seiner Zeitschrift *Iris im Gebiete der Tonkunst* 1839) durchaus negativ meint, trifft des Komponisten Intention tatsächlich im Kern. Die *Kinderscenen* sind, heißt es auch in einem Brief Schumanns, »Rückspiegelungen eines Älteren für Ältere«, sie sind also keineswegs für Kinder gedacht. Trotzdem reagiert Schumann auf Rellstabs Kritik heftig (freilich nicht öffentlich; vgl. Appel, 1987): »Ungeschickteres und Bornierteres ist mir aber nicht leicht vorgekommen, als was Rellstab über meine *Kinderscenen* geschrieben. Der meint wohl, ich stelle mir ein schreiendes Kind hin und suche die Töne danach. Umgekehrt ist es. Doch leugne ich nicht, daß mir einige Kinderköpfe vorschwebten beim Componiren; die Überschriften aber entstanden natürlich später und sind eigentlich weiter nichts als feinere Fingerzeige für Vortrag und Auffassung.« Auf die mißverstandene Funktion der Überschrift reagiert Schumann wohl nicht zuletzt deshalb so gereizt, weil hier ein sensibler Punkt in der allgemeinen zeitgenössischen ästhetischen Diskussion angerührt ist. Danach *muß* Schumann auf dem Primat des komponierten Satzes vor der programmatischen Erläuterung bestehen: Das Klavierstück illustriert nicht mit musikalischen Mitteln die Überschrift, sondern diese lenkt umgekehrt die Assoziation des Spielers und des Hörers, um »Vortrag und Auffassung« auszurichten auf die Poetik des Musikalischen. Diese nun webt und wirkt in der Tat in allen Klavierwerken Schumanns gleichermaßen wunderbar, und sie gerade ist formuliert im Motto der großen *C-dur-Fantasie*, das über aller romantischen Musik stehen könnte, ja auch wirklich zu stehen scheint:

»Durch alle Töne tönet
Im buten Erdentraume
Ein leiser Ton gezogen
Für den, der heimlich lauschet.«

(Die Verse sind der Schluß eines Gedichtes *Die Gebüsche* von Friedrich Schlegel, das übrigens Franz Schubert 1819 vertont hat, D 646.)

Ein Wort zur *C-dur-Fantasie:* Bei aller Nähe zu Beethoven, nämlich in der höchst pathetischen Auseinandersetzung mit dessen Sonaten (»Der erste Satz ist wohl mein Passioniertestes, was ich je gemacht.«) und in Schumanns Zitat aus dessen *Liederkreis »An die ferne Geliebte«* gegen Ende des ersten Satzes der *Fantasie* (»Eine tiefe Klage um Dich!«), bei aller Nähe zu Beethoven ist dieser doch wohl geringeres Gewicht beizulegen als der Umbenennung der »Sonate« in »Fantasie« und der Änderung der ursprünglichen Satzüberschriften (»Ruinen«, »Triumphbogen«, »Sternenkranz«) in das Motto, das nun den »poetischen Ort« der Musik trifft, von dem diese Überschriften eher weggewiesen hätten.

1836, 1846 Felix Mendelssohn Bartholdy (1809-1847): Oratorien »Paulus« und »Elias«

Händels Oratorien und Bachs Passionen sind die Vorbilder für Mendelssohns eigene Oratorien. Das erste, *Paulus* (op. 36, nach Worten der Heiligen Schrift; Uraufführung 1836 auf dem Niederrheinischen Musikfest in Düsseldorf unter Mendelssohns Leitung), ist sowohl in der Wahl des Stoffs charakteristisch – es steht mit seinem Text auf der Grenze zwischen Judentum und Christentum – als auch in den musikalischen Mitteln: Bachs »Expressionismus«, Händels »Monumentalität«, altitalienischer Belcanto und empfindsames 19. Jahrhundert, all das ist vertreten. Nach eingehender Beratung mit theologischen Freunden entsteht das Werk, aufgebaut auf reines Bibelwort, aber ein Werk für den Konzertsaal; ein Werk mit fanatischen Turbae, mit Rezitativen, Ariosi, Cavatinen, Choralbearbeitungen, freien und strengen Chören, voll von melodischen, chorischen, orchestralen Schönheiten – aber, so Einstein (1950), stilistisch in einem sehr merkwürdigen Rahmen. – Einheitlicher und zugleich monumentaler ist das zweite Oratorium, *Elias* (op. 70, nach Worten des Alten Testaments; Uraufführung 1846 in Birmingham unter Mendelssohns Leitung).

Die beiden Werke stehen am Beginn und am Ende der letzten Schaffensperiode Mendelssohns. In beiden steht der Prophet, der den Abtrünnigen den Weg zur Rettung zeigt, im Mittelpunkt. In beiden Werken wendet sich das Volk gegen ihn, er wird in die Wüste geschickt – fast unterliegt er der Verzagtheit. Als junger Mann schreibt Mendelssohn einmal an Zelter (16.10.1830): »In Wien habe ich zwei kleine Kirchenmusiken fertig gemacht... Die Leute um mich herum waren so schrecklich lüderlich und nichtsnutzig, daß mir geistlich zumute wurde, und ich mich wie ein Theolog unter ihnen ausnahm...« Was der junge Mendelssohn halb scherzhaft meint, wird dem reifen Manne Ernst: Je »nichtsnutziger« ihm die Welt erscheint, desto »geistlicher« wird ihm zumute. Aber in die Vorstellung von der Lösung der Probleme durch den Gottesglauben mischt sich die Erkenntnis von der Einsamkeit derer, die den rechten Weg zu wissen glauben und ihn zu gehen versuchen.

Die Stoffe des *Paulus* und *Elias* und auch des Fragment gebliebenen *Christus* (als Fragment gedruckt als op. 97) lassen ahnen, daß Mendelssohn das Problem Judentum Christentum stärker beschäftigt, als der in diesem Punkte sonst schweigsame Mann ahnen läßt. Der Vater Abraham Mendelssohn hat aus der Toleranzlehre von Lessings *Nathan* die Konsequenz gezogen und seine Kinder in dem Glauben erziehen lassen, der nicht nur den gleichen Wahrheitsanspruch erheben durfte wie der jüdische, sondern die Kinder außerdem vor den Anfeindungen der Mitwelt bewahrt. Wer will es dem Vater verübeln, daß er dies mit den Argumenten seiner aufklärerischen Zeit tat? An Fanny schreibt der Vater zur Konfirmation: »Ob Gott ist? Was Gott sei? Ob ein Teil unserer selbst ewig sei? Und nachdem der andere Teil vergangen, fortlebe? Und wo? Und wie? Alles das weiß ich nicht und habe Dich deswegen nie etwas darüber gelehrt. Allein ich weiß, daß es in mir und Dir und in allen Menschen einen ewigen Hang zu allem Guten, Wahren und Rechten und ein Gewissen gibt, welches uns mahnt und leitet, wenn wir uns davon entfernen. Ich weiß es, glaube daran, lebe in diesem Glauben, und er ist meine Religion... Vor einigen tausend Jahren war die jüdische Form die herrschende, dann die heidnische, jetzt ist es die christliche... Du hast durch Ablegung Deines Glaubensbekenntnisses erfüllt, was die Gesellschaft von Dir fordert, und heißest eine Christin. Jetzt aber *sei,* was Deine Menschenpflicht von Dir fordert, sei wahr, treu, gut...« Felix Mendelssohn geht, was das Christsein betrifft, über das hinaus, was dem Vater nötig erscheint; er nimmt die reformierte Religion, in die er hineingetauft ist, so ernst, daß er sich zum Protestanten der Tat macht, auch in seiner Musik. Allein, die Musik scheint das so einfach nicht hinnehmen zu können, alles geht *zu* gut auf zwischen Bach und Beethoven, Choralkantate und Symphonie: Mendelssohns Fragen und Antworten an die Religion und seine musikalischen Antworten auf die Fragen der Musik seiner Zeit sind die eines Aufklärers, so wie die Fragen und Antworten des Vaters die eines Aufklärers waren. Wahrscheinlich können sie deshalb nicht so recht befriedigen, gerade in einem Oratorium.

Zehnmal ist Mendelssohn in seinem Leben in England; es ist in musikalischer Hinsicht seine Wahlheimat. In England findet er eine lebendige Händel-Tradition vor – die älteste Erscheinung des erst im 19. Jahrhundert ganz auflebenden musikalischen Historismus –, an der er lebhaften Anteil nimmt. Dabei tritt er energisch für eine gereinigte Neuausgabe der Werke Händels ein und lehnt die weitverbreiteten populären aber musikalisch willkürlichen Bearbeitungen durch Ignaz von Mosel ab. An den Verleger Simrock in Bonn schreibt er: »Sollte es nicht für einen Verleger jetzt wohl der Mühe wert sein, von einigen Haupt-Oratorien von Händel die Original-Partituren in Deutschland zu stechen? Ich hatte mir gedacht, ich würde dann zu dem Zwecke die Orgelstimmen machen; die müßten aber mit kleinen oder mit Noten von einer anderen Farbe in der Partitur stehen, sodaß man 1. den ganzen puren Händel hätte, wenn man wollte, 2. meine Orgelstimme dabei, wenn man sie wollte und eine Orgel hätte, und 3. in einem *Anhang* etwa die Orgelstimmen für Klarinetten, Fagotten und andere Blasinstrumente des jetzigen Orchesters arrangiert in Ermangelung der Orgel; dann hätte man doch endlich den wahren Händel in Deutschland, nicht einen, der erst in ›Mosel‹-Wasser getaucht ist und über und über begossen.« Aus solcher Einstellung resultiert Mendelssohns Neuausgabe von Händels *Israel in Ägypten.* Für solche Ansichten im Hinblick auf die Problematik »Alte Musik« und Neueditionen ist aber damals die Zeit noch nicht reif.

Chormusik mit Orchester, zumal als Oratorium, hat im 19. Jahrhundert ein Renommée, das heute nicht leicht mehr vorzustellen ist. In ihr scheint an Plätzen, wo es weder eine Oper noch regelmäßige Symphoniekonzerte gibt, eine letzte Verbindung zwischen der traditionell professionellen Kunst und dem neuen Chorgesang bürgerlicher Liebhaber möglich zu sein. Das Oratorium blüht, weil es eine Chance der Aufführung dort bietet, wo sonst kaum regelmäßig größere Werke erklingen. Außerdem bedeutet im Oratorium der Verzicht auf szenische Darstellung nicht nur eine Erleichterung der Aufführung gegenüber der Oper: Indem das Oratorium ohne direkte Realität der Bühne auskommt, scheint es zugleich an innerer Konzentration auf einen idealen Gehalt zu gewinnen, und wo es sich religiöser Stoffe oder gar biblischer Texte bedient, lassen sich die Schwierigkeiten umgehen, die aus der Suche nach geeigneten Libretti entstehen – man stützt sich einfach auf die Autorität christlicher Tradition (Krummacher).

1837 **Albert Lortzing** (1801-1851): **Deutsche Spieloper »Zar und Zimmermann oder Die beiden Peter«** in Leipzig

Lortzing sei Autodidakt, sagt man. Aber er ist ähnlich wie Weber im Theater aufgewachsen, und so weiß er, was die Leute mögen – und was einer deutschen Oper fehlt. Anknüpfend an die deutschen Singspiele von Hiller und Dittersdorf und an die französische Opéra comique, mit Mozart als Vorbild, und die mißglückten Versuche um Liederspiele und deutsche Vaudevilles vor Augen, schafft er mit sicherem Theaterinstinkt volkstümliche humorvolle Opern (nach eigenen Texten) und damit etwas völlig Neues: die DEUTSCHE SPIELOPER. Hier gilt die sinnfällige Darstellung einer Welt, in der das Denken und Fühlen dem der Leute, die gern ins Theater gehen, auf natürliche Weise entspricht, und musikalisch gilt die Einfachheit und Volkstümlichkeit, die auch in Arie und Duett sich am schlichten unsentimentalen Lied (nicht am Volkslied) orientiert. Von Lortzings zahlreichen Opern ist *Zar und Zimmermann* (ein vielfach komponierter Stoff nach einer wahren Geschichte) die erfolgreichste. Bis heute werden gerne und viel gespielt *Der Wildschütz oder Die Stimme der Natur* (Leipzig 1842), *Undine* (Magdeburg 1845) und *Der Waffenschmied von Worms* (Wien 1846).

1837-47 **Adolf Bernhard Marx** (1795-1866): **»Die Lehre von der musikalischen Komposition, praktisch-theoretisch«,** 4 Bände

Marxens *Kompositionslehre* ist für Deutschland wohl das wichtigste musiktheoretische Werk des 19. Jahrhunderts überhaupt. Es erscheint in vielen Auflagen immer wieder neu, von 1887 an in einer Bearbeitung durch Hugo Riemann. Generationen von Musikern lernen daraus. Wie kein anderes Werk steht es für eine neue Art von Musiktheorie, und zwar gerade mit den Konsequenzen aus der historischen Einsicht, daß die Trennung der Kompositionslehre in isolierte Teilgebiete nicht taugt, daß man die Komposition vielmehr aus musikalischen Grundelementen unvermischt und ungetrennt herauswachsen lassen soll.

Bedingt durch die bürgerliche Revolution beginnt um 1800 auch die Institutionalisierung der musikalischen Ausbildung. Die Orte dieser Ausbildung sind die neu gegründeten Konservatorien, voran das Pariser Conservatoire. Die sich jetzt nach den grundlegenden Neuerungen vom Anfang des 18. Jahrhunderts (Rameau, Fux, Riepel und Koch) noch einmal neu – und scheinbar endgültig – formierende Musiktheorie, im wesentlichen die noch heute gelehrten Disziplinen Kontrapunkt-, Harmonie-, Formen- und Instrumentationslehre, geht von zwei Voraussetzungen aus. Sie wird einerseits abgeleitet von fertigen Kompositionen, nämlich von Werken, die als beispielhaft und normativ angesehen werden. Andererseits gibt diese neue Theorie den traditionellen Anspruch der alten musikalischen Handwerkslehre nicht auf, nämlich eine »Lehre« zu sein. So empfiehlt sie sich als Grundlage des Unterrichts an den neuen Ausbildungsinstituten. Deren Funktion freilich schreibt nun auch den Lehrplan vor: den didaktisch einleuchtenden, systematischen, auf Vollständigkeit bedachten Aufbau. Aus dieser Situation ergibt sich erstens der nunmehr retrospektive Charakter der Musiktheorie, der im Verlauf des 19. Jahrhunderts immer deutlicher hervortritt. (Aus Hugo Riemanns *Großer Kompositionslehre* von 1902, die anleiten will, »musikalische Kunstwerke zu schaffen«, muß man schließen, man komponiere um die Jahrhundertwende noch immer wie zu Beethovens Zeit.) Aus dieser Situation ergibt sich zweitens die Tatsache, daß die Theorie eigentlich die Bezogenheit auf die Praxis aufgibt, indem sie von fertigen Werken ausgeht und diese verabsolutiert. Dafür steht sie im Zeichen eines bestimmten neuen Ansatzes, der früher in der Theorie eine untergeordnete Rolle gespielt hat, nämlich im Zeichen des Verstehens der Werke, »des Kunstwerks«. Marx, 1850 Mit-Begründer des »Stern'schen Konservatoriums« in Berlin, hat diese neue Aufgabe schon 1824 im ersten Jahrgang seiner *Berliner Allgemeinen Musikalischen Zeitung* und noch einmal 1841 in einer Streitschrift *Die alte Musiklehre im Streit mit unserer Zeit* formuliert. Die neue Epoche, als deren Wortführer er sich versteht, nennt er die »erkennende« – er ist ein guter Hegelianer. Später verliert sich der idealistische Ansatz zwar, aber Hugo Riemann bezeichnet die Analyse, also die Beobachtung und Beschreibung fertiger und vorbildlicher Werke, wie selbstverständlich als »den besten Teil« des Kompositionsstudiums. Diese Neuorientierung der Theorie hin auf die Erkenntnis des Kunstwerks erklärt sich nicht zuletzt daraus, daß der große Teil der nunmehr erklingenden und wirkenden Musik, und zwar einschließlich der Musik der Wiener Klassiker, Musik der Vergangenheit ist, und daß kein unmittelbares, nämlich zeitgenössisches Einverständnis mehr zwischen den Werken und ihrem Publikum besteht. Deshalb sucht die Theorie zu vermitteln, indem sie vornehmlich jene Phase der Musik kodifiziert, die allgemein als Norm aufgefaßt wird, die Musik der Wiener Klassiker. Noch in der Theorie des 18. Jahrhunderts wäre dieser Verstehens-Ansatz undenkbar gewesen (Kunze 1976).

Viel mehr Verbreitung als die *Kompositionslehre* hat Marxens Büchlein *Anleitung zum Vortrag Beethovenscher Klavierwerke* (1863) gefunden, von dem Hans von Bülow gesagt hat, es gehöre in jedes tüchtigen Musikers Hand oder vielmehr Kopf. Die zweibändige *Beethoven-Biographie* (1859) ist neben der großen von A. W. Thayer (5 Bde. 1866-1908) nicht von gleicher Bedeutung.

1840 Gründung der **Musical Antiquarian Society** in London

Stärker als auf dem Kontinent wirkt sich der neue Historismus in England aus, nämlich mit der Tendenz, aus der Besinnung auf die eigene künstlerische Vergangenheit Anregungen für die Gegenwart zu gewinnen. Das englische Musikleben, stets durch einen konservativen Grundzug gekennzeichnet, hat schon im 18. Jahrhundert Erscheinungen hervorgebracht, die der Pflege alter Musik dienten – und die man ohne Mühe der frühen romantischen Bewegung zurechnen kann. Seit 1710 besteht in London eine »Academy of Ancient Music«, seit 1741 die »Madrigal Society«, und in dieser Umgebung nimmt sich die 1840 begründete »Musical Antiquarian Society« kaum neuartig aus. Ihre Veröffentlichungen sind ausschließlich der älteren englischen Musik gewidmet, die auch vorher schon mit Neudrucken bedacht worden war, von der Elisabethanischen Glanzzeit bis zu Henry Purcell.

1840 Robert Schumanns »Lieder-Jahr«

Der erste große Abschnitt in Schumanns kompositorischem Leben ist der Klaviermusik gewidmet (op. 1-23 und 26). Noch im Sommer 1839 schreibt er (an Hirschbach): »Oder sind Sie vielleicht wie ich, der ich Gesangscomposition, solange ich lebe, nie für eine große Kunst gehalten? Doch sagen Sie niemandem davon!« Schon 1838 allerdings hatte er geklagt: »Das Klavier wird mir zu eng, ich höre bei meinen jetzigen Compositionen eine Menge Sachen, die ich kaum andeuten kann.« In der Tat, der Wandel ist tief und einschneidend, der ihn zwischen 1838 und 1840 vom Klavier- zum Liederkomponisten werden läßt, so tief, daß Schumann 1842 dann schreiben kann, im Liedschaffen habe er sein Bestes gegeben: »Ich getraue mich nicht, mehr versprechen zu können, als ich (gerade im Lied) geleistet.« Von Schumanns 250 Liedern sind knapp 140 in seinem »Lieder-Jahr« entstanden, einsetzend im Oktober 1839 und also keineswegs so selbstverständlich, wie man gemeinhin sagt, als seeliger Reflex auf die endliche Vereinigung (am 12.9.1840) mit der, gar im gerichtlichen Prozeß erkämpften geliebten Clara Wieck (1819-1896). – Wenn Schumanns Musikanschauung – so Gurlitt (1961) – um das »Poetische« kreist, wie es A. W. Schlegel als ein »Symbolisieren der Kunst« beschreibt, die für etwas Geistiges eine äußerliche Hülle sucht oder ein Äußeres auf ein unsichtbares Inneres bezieht, dann kann dieses musikalisch »Poetische« nicht nur in der Instrumental-, dann muß es auch in Vokalmusik wirksam werden können. Im Musikalischen nun trifft das »Poetische« nicht den Formenbau, sondern das Sinnbildliche, das sich nur einem lauschenden Hören erschließt, demjenigen, der sich hingibt, der sich hineinnehmen läßt in Empfindung und Stimmung der Musik, sei es, daß er für Instrumentalmusiken den Wegweisern der Überschriften folgt, sei es, daß er für Lieder die – so hat man gesagt – Nervenenden-Realität für den Text erfühlt, ohne den die Musik wesenlos bleibt. »Mensch und Musiker suchen sich immer gleichzeitig bei mir auszusprechen«: das subjektiv Persönliche der Musik Schumanns verknüpft in besonderer Weise das Künstlerische mit dem Menschlichen. – In den drei großen Liederzyklen *Lieder-Kreis* (zwölf Gesänge von J. von Eichendorff, op. 39), *Frauenliebe und Leben* (Lieder-Cyclus von A. von Chamisso, op. 42) und *Dichterliebe* (Lieder-Cyclus aus dem *Buch der Lieder* von Heinrich Heine, op. 48) kulminiert mit Schumanns Liederschaffen in gewisser Weise die musikalische Romantik überhaupt, hier findet sie ihre treffendsten Ausformungen, etwa in der *Mondnacht* aus dem *Lieder-Kreis* nach Eichendorff.

Niemand hat diesen Zyklus schöner beschrieben als Adorno (1960): »Schumanns *Lieder-Kreis* nach Eichendorff-Gedichten op. 39 ist einer der großen lyrischen Zyklen der Musik. Diese bilden, seit Schuberts *Müller-Liedern* und der *Winterreise* bis zu den *Georgeliedern* op. 15 von Schönberg, eine eigentümliche Form, welche die Gefahr allen Liedwesens, die Verniedlichung der Musik in genrehafte Kleinformate, bannt durch Konstruktion: das Ganze steigt aus dem Zusammenhang miniaturhafter Elemente auf. Der Rang des Schumannschen Zyklus ward so wenig je in Zweifel gezogen wie sein Zusammenhang mit der glücklichen Wahl großer Dichtung. Viele der bedeutendsten Eichendorff-Verse sind darunter, und die wenigen anderen haben durch besondere Eigentümlichkeiten die Komposition inspiriert. Mit Grund nennt man die Lieder kongenial. Das heißt aber nicht, daß sie den lyrischen Gehalt ihres Vorwurfs bloß wiederholten; dann wären sie, nach höchster künstlerischer Ökonomie, überflüssig. Sondern sie bringen ein Potential der Gedichte heraus, jene Transzendenz zum Gesang, die entspringt in der Bewegung über alles bildhaft und begrifflich Bestimmte hinweg, im Rauschen des Wortgefälles. Die Kürze der gewählten Texte – keine Komposition außer der gleichsam exterritorialen dritten ist von größerer Ausdehnung – erlaubt jeder einzelnen äußerste Präzision und schließt mechanische Wiederholung vorweg aus. Meist handelt es sich um variierte Strophenlieder, zuweilen um dreiteilige Liedformen nach dem Grundriß a-b-a, einigemale auch um ganz unkonventionelle, in einen Abgesang mündende Formen. Die Charaktere sind aufs genaueste gegeneinander ausgewogen, sei es durchs Mittel sich steigernder Kontraste, sei es durch verbindende Übergänge. Gerade die Profiliertheit der einzelnen Charaktere macht aber den Plan des Ganzen notwendig, wenn es nicht in Details sich zersplittern soll; die unausrottbare Frage, ob ein solcher Plan dem Komponisten bewußt war, ist gleichgültig gegenüber dem Komponierten. Wird immer wieder von Schumanns Formalismus geredet, so mag etwas daran sein, solange es um die überlieferten und ihm bereits entfremdeten Formen sich handelt; wo er sich eigene schafft, wie in seinen früheren Instrumental- und Vokalzyklen, bewährt er nicht nur den subtilsten Formsinn sondern obendrein einen von äußerster Originalität. Alban Berg hat, in seiner exemplarischen Analyse der *Träumerei* und ihrer Stellung in den *Kinderszenen,* zum erstenmal, zwingend, darauf aufmerksam gemacht. Der Aufbau der *Eichendorfflieder,* in vielem den *Kinderszenen* verwandt, erheischt ähnliche Einsicht, wenn man über die bloß wiederholende Beteuerung ihrer Schönheit hinausgelangen will.«

1840-83 **Henry Vieuxtemps** (1820-1881): **7 Violinkonzerte**

Zu Paganinis Zeit Geiger zu sein und zu bleiben – jedermann wird verstehen, daß es dazu einigen Mut braucht und: künstlerische Alternativen. Vieuxtemps hat beides aufgrund einer soliden Ausbildung, nämlich als Geiger durch Beriot (1802-1870), also die Viotti-Schule, in der die italienische Tradition mit der französischen verbunden ist, und als Musiker durch ernstgenommene Anregungen von Spohr in Kassel, Schumann in Leipzig, Simon Sechter in Wien (wo Vieuxtemps 1834 Beethovens fast vergessenes Violinkonzert zum ersten Mal wieder aufführt) und Reicha in Paris. So meint Schering (1905), man könne Vieuxtemps »als Konzertkomponist mit gewissen Einschränkungen Franz Liszt an die Seite stellen.«

1841-45 und 1850 Robert Schumann (1810-1856): Klavierkonzert a-moll und Violoncellokonzert a-moll

Ursprünglich in den Umkreis der Gattung »Fantasie« gehört ein Werk Schumanns, das wir heute anders kennen und nennen: das *Klavierkonzert a-moll op. 54.* Seine Entstehungsgeschichte klärt die Zusammenhänge. Der erste Satz wird 1841 komponiert. Clara spielt ihn gleich darauf in einer Privatprobe im Gewandhaus, und Schumann möchte das »Allegro affettuoso für Pianoforte mit Begleitung des Orchesters« als op. 48 herausgeben. Der Verleger lehnt jedoch ab. Erst im Mai und Juli 1845 entstehen dann die zwei weiteren Sätze – und sie runden das Werk zu einem der schönsten Klavierkonzerte überhaupt ab. Nach Beethovens großen Werken dieser Gattung gelingt es Schumann, einen ganz neuen Typus zu entwerfen, der bis heute nichts von seiner Frische, Kraft und Innigkeit verloren hat.

> Zu Schumanns Zeit hatten sich zwei Arten von Solokonzerten herausgebildet: Konzerte mit extrem virtuos-solistischem Anspruch, in denen das Orchester nur »das bloße Zusehen« hat, und Konzerte, in denen das Orchester in das musikalische Geschehen einbezogen wird, wobei durch motivische Verschlingung von Solo- und Orchesterpart *ein* musikalischer Satz entsteht. Gegen die erste Art richtet Schumann immer wieder scharfe Angriffe, die zweite ist zukunftweisend für ihn. Er fordert Konzerte, in denen das Orchester »die Szene kunstvoll durchwebe«. Andererseits spricht er in seinen eigenen Werken aber doch auch von »Begleitung« des Orchesters. Dieser Begriff meint bei ihm jedoch nicht eine von der Hauptsache ablösbare Schicht der Komposition. Das Orchester hat vielmehr die motivischen und klanglichen Entfaltungsmöglichkeiten des Klaviers zu erweitern: es konturiert dessen Linien, sättigt die Akkordik, es festigt die musikalischen Gestalten, es ergänzt die motivische Verästelung des Satzes, kurz: es soll mit dem Klavier zu einem untrennbaren Ganzen, zu einem homogen durchgeformten Klangkörper verschmelzen (Gerstmeier 1986).

Schumanns *Violinkonzert d-moll* (1853; zum erstenmal hrsg. von Georg Schünemann 1937; Uraufführung in einer Bearbeitung von Paul Hindemith durch Georg Kulenkampff und die Berliner Philharmoniker unter Karl Böhm) und die *Phantasie für Violine und Orchester C-dur* (op. 131; 1853) haben sich nicht durchsetzen können. Diese beiden Werke sind die letzten von sieben vollendeten konzertanten Kompositionen Schumanns, die zwischen 1841 und 1853 entstehen. Wohl aber hat sich das *Violoncellokonzert a-moll* (op. 129; 1850) einen festen Platz im Repertoire erobert. Ganz aus dem Geiste seines Soloinstrumentes geschrieben, ist es auf einen elegisch-kantablen Ton gestimmt, der gefangen nimmt: das Konzert gehört gleichsam dem Violoncello, das Orchester tritt hier zurück, jedenfalls nirgendwo in Rivalität, kurz, die musikalische Form ist hier nicht ins Symphonische geweitet – was aber den Rang des Werks keinesfalls mindert!

1841-51 Robert Schumann (1810-1856): 4 Symphonien

Der frühe Schumann ist der unvergleichliche, schnell einen eigenen Kompositionsstil ausprägende Klavierkomponist. Nach einer rund zehn Jahre währenden ersten Schaffensperiode kommen Um- und Neuorientierungen mit ihren Folgen, den bekannten »Jahren«: 1840 das »Lieder-Jahr«, 1841 das »Symphonien-Jahr«, 1842 das »Kammermusik-Jahr«, 1843 das Jahr des Oratoriums *Das Paradies und die Peri.* In vier Tagen des beginnenden Jahres 1841 entwirft Schumann seine *1. Symphonie* (B-dur, op. 38), angeregt durch ein (übrigens schwaches) Gedicht von Adolph Böttger und dessen letzte Zeile »Im Thale blüht der Frühling auf!«. Schumanns Verlangen nach großen Formen wird aber nicht erst hier wach. Am 15.11.1840 schreibt er: »Vorher möchte ich so gern noch ein Klavierkonzert und eine Symphonie schreiben. Der Lieder habe ich nun genug (über hundert) – komme aber nur schwer los.« Dieses Verlangen ist von Jugend auf lebendig und es drängt seit der Heidelberger Zeit 1829: »Aber wüßten Sie, wie es in mir drängt und treibt und wie ich mit meinen Symphonien schon bis zu op. 100 gekommen sein könnte, hätte ich sie aufgeschrieben, und wie ich mich so eigentlich im ganzen Orchester so recht wohl befinde, auch die Feinde gegenüberstellen könnte und sie führte und bändigte, einengte und zurücktrieb. Ich bin wenig Stolz, – aber ich bin manchmal so voll von lauter Musik und so recht überfüllt von nichts als Tönen, daß es mir eben nicht möglich ist, Etwas niederzuschreiben« (6.11.1829 an Wieck). In dieser Zeit vermag der junge Schumann die Probleme der symphonischen Formung indessen noch nicht konkret zu lösen; seine Phantasie arbeitet auf der Ebene einer abstrakten Vorstellung vom Orchester, andererseits im stärksten Einflußbereich Beethovens. Hinzu kommt, daß der symphonische Zug das Phantasieren auf dem Klavier auf Schritt und Tritt begleitet. Aber die erahnte Musik ideal-symphonischer Dimension vermag der junge Komponist noch nicht zu realisieren, während er seine Vorstellungen für das Klavier durchaus »in den Griff bekommt.« Zwischen beiden Welten kann er erst nach langen Jahren beharrlicher Arbeit eine Verbindung herstellen – die »nachtwandlerische Sicherheit«, mit der er seine *1. Symphonie* zu Papier bringt, ist es nur scheinbar: ihr geht viel »Kampf« voraus, und zum Durchbruch verhilft nur die Hochstimmung in der ersten Zeit der jungen, endlich geschlossenen Ehe mit Clara Wieck: »Ich schrieb die Symphonie, wenn ich sagen darf, in jenem Frühlingsdrang, der den Menschen bis ins höchste Alter und in jedem Jahre von neuem überfällt« (23.11.1842). – Die vier Sätze sind ursprünglich überschrieben: »1. Frühlingsbeginn; 2. Abend; 3. Frohe Gespielen; 4. Frühlingsabschied.« Schumann behält jedoch weder den Gesamttitel »Frühlingssymphonie« noch die Satzüberschriften bei, wohl in der Meinung, daß die unmittelbare Wirkung der Musik auf den Hörer doch besser nicht beeinflußt werden sollte, und sicherlich auch unter dem Einfluß Mendelssohns (der die Uraufführung am 31.3.1841 in Leipzig im Gewandhaus leitet).

Im September des Jahres 1841 fesseln Schumann neue symphonische Pläne. Er hat einen »Symphonieanflug« (»Haushaltbuch«) und ist wiederum schon nach vier Tagen »ziemlich ganz fertig.« Das Werk wird als »2. Symphonie in d-moll« am 6. Dezember 1841 unter Ferdinand Davids Leitung in Leipzig uraufgeführt, hat aber den »großen Beifall nicht gehabt wie die erste.« Schumann ist jedoch überzeugt, daß sie »gegen die erste keineswegs zurücksteht« und sich »früher oder später in ihrer Weise auch geltend« machen wird. Zehn Jahre später beginnt er mit der »Instrumentation der alten zweiten Symphonie.« Sie erklingt beim Musikfest 1852 in Düsseldorf und erscheint dem Komponisten jetzt »besser und wirkungsvoller, als sie früher war.« Die Wiederkehr gewisser Motive in den verschiedenen Sätzen und die sorgfältige Art, wie die Wiederkehr jeweils eingeleitet wird, läßt auf eine zugrunde liegende »poetische Idee« schließen, aus der das Ganze hervorgeht. Aus einer solchen Konzeption wäre erklärbar, daß Schumann sich 1851 kurze Zeit mit dem Gedanken trägt, das Werk »Symphonische Phantasie« zu nennen. Heute wird das Werk als *Vierte Symphonie* gezählt. Brahms, der das Autograph besaß, gab freilich der ersten Fassung entschieden den Vorzug.

Aus Dresden, wo Schumann nach der Übersiedelung aus Leipzig (1844) langsam Beruhigung seiner Nerven findet, schreibt er im September 1845 an Mendelssohn: »In mir paukt und trompetet es seit einiger Zeit sehr (Trombe in *C*), ich weiß nicht, was daraus werden wird.« Im Dezember kommen ihm dann »symphonische Gedanken«, und kurz vor Jahresende schon ist er mit der Skizze »fast ganz fertig.« Die Instrumentation zieht sich aber hin, so daß das Werk erst im November 1846 in Leipzig uraufgeführt werden kann. Der Reihenfolge nach ist die *C-dur-Symphonie* op. 61 Schumanns dritte, die heutige Numerierung reiht sie jedoch als die zweite ein. Über den Charakter dieser Symphonie äußert sich Schumann interessant: »Die Symphonie schrieb ich im Dezember 1845 noch halb krank; mir ist's, als müßte man ihr dies anhören. Erst im letzten Satz fing ich an, mich wieder zu fühlen; wirklich wurde ich auch nach der Beendigung des ganzen Werkes wieder wohler. Sonst aber erinnert sie mich an die dunkle Zeit.«

Ein viertes Mal holt Schumann zu einem großen symphonischen Werk aus. Die frohe Stimmung, die ihn 1850 in Düsseldorf in den ersten Monaten umfängt, und die Gehobenheit seines Selbstbewußtseins lassen einen neuen symphonischen Plan reifen: entstehungsgeschichtlich die vierte, in der Numerierung die *Dritte Symphonie* (Es-dur op. 97), der man den Beinamen »Die Rheinische« gegeben hat. Es ist kein Zufall, daß das »Haushaltbuch« in Düsseldorf gerade für diese Tage neben den täglichen Arbeitsberichten auch einmal die schöne Bemerkung enthält: »Früh mit Clara Spaziergang längs dem Rhein.«

Wegen ihres der damaligen Zeit stets evidenten Bezugs zu Außermusikalischem sind die *Ouvertüren* Schumanns seinerzeit von höchster Wichtigkeit. Heute findet nur noch die *Manfred-Ouvertüre* Interesse (zur Bühnenmusik für Byron's dramatisches Gedicht; 1848/9; op. 115): sie ist die einzig wirklich bedeutende, neben ihr verblassen die andern (Wörner 1949).

1842 Felix Mendelssohn Bartholdy (1809-1847): Schottische Symphonie a-moll op. 56

Mendelssohn erfährt immer wieder unmittelbar Anregungen für Kompositionen auf seinen ausgedehnten Reisen. Manche seiner Orchesterwerke sind eher symphonische Landschaftsbilder als Symphonien oder Ouvertüren im klassischen Sinne. Neben der *Hebriden-Ouvertüre* (»Die Fingalshöhle«, op. 26, 1830/40) ist sein symphonisches Hauptwerk, die dritte, die sogenannte *Schottische Symphonie,* aus der Begegnung mit der schottischen Landschaft heraus entstanden. Am 30. Juli 1829 berichtet er aus Edinburgh über einen Besuch im Palast, in dem einst Maria Stuart lebte, und der zerfallenen Kapelle, in der sie gekrönt worden war: »Ich glaube, ich habe heut da den Anfang meiner Schottischen Symphonie gefunden.« In Rom will er dann die Symphonie ausarbeiten, gesteht aber im März 1831: »Vom 15. April bis 15. Mai ist die schönste Jahreszeit in Italien – wer kann es mir da verdenken, daß ich mich nicht in die schottische Nebelstimmung zurückversetzen kann? Ich habe die Symphonie deshalb für jetzt zurücklegen müssen.« Statt dessen entsteht unter dem Eindruck der südlichen Landschaft zunächst eine *Italienische Symphonie* (A-dur, op. 90, 1833); die *Schottische* wird erst 1842 fertig.

Mendelssohn teilt die Neigung seines Jahrhunderts, die Großform der Symphonie enger zusammenzufassen: die Sätze gehen oft unmittelbar ineinander über, die Themen werden einander angeglichen. Zu Adolf Bernhard Marx, dem Jugendfreund und späteren bedeutenden Musiktheoretiker, äußert er einmal die Absicht, »ein ganzes Konzert« zu komponieren, also sämtliche Werke einer abendlichen Aufführung aufeinander abzustimmen. Aber in der Gestaltung der einzelnen Sätze entfernt er sich gerade in der *Schottischen Symphonie* vom klassischen Symphonie-Typus dadurch, daß der Themendualismus, ja überhaupt jede Kontrastwirkung zurücktritt vor der Fülle melodischer Einfälle, die wie Variationen über das Thema Schottland anmuten. Zu ihren ganz und gar unklassischen Formelementen gehört das dem Schlußsatz angehängte hymnische Finale. Von ihm schreibt Schumann anläßlich der Uraufführung: »Der Schluß der ganzen Symphonie wird widerstreitende Meinungen hervorrufen, es werden ihn manche im Charakter des letzten Satzes erwarten, während er, das Ganze gleichsam kreisförmig abrundend, an den Anfang des 1. Satzes erinnert. Wir können ihn nur poetisch finden, er ist wie der einem schönen Morgen entsprechende Abend.« Kann man die romantische Vorstellung von Symphonie schöner formulieren?

1842 **Giuseppe Verdi** (* Le Roncole bei Busseto/Parma 1813, † Mailand 1901): **Oper »Nabucco«** in Mailand

»Dieser Nabucco! Schön! Schön! Schön!« soll Donizetti nach der Uraufführung in Mailand gesagt haben, und: »Das ist Genie!« Der ursprüngliche Titel des überschwenglichen Librettos von T. Solera nach dem biblischen »Buch der Könige« (Kap. 24 und 25) ist: »Nabucodonosor«. (Otto Nicolai hatte den Text bereits als unkomponierbar abgelehnt.) *Nabucco* ist Verdis erste Oper, in der er, wie unbeabsichtigt, den hymnisch begeisternden Ton anschlägt – und sofort trifft, den Ton, der die nationale Begeisterung der Italiener entfacht, und das Publikum glaubt, eine Art von tieferer Bedeutung zu spüren beim großen Chor der Juden im Babylonischen Exil an den Ufern des Euphrat: »Va pensiero, sull' ali dorate.« Es ist das erste Mal, daß in der Oper einzig eine Idee, im Text recht und schlecht formuliert, die Musik beherrscht und sie befähigt, alles Typische in Text und Vertonung zurückzulassen, das die Oper in der Regel – und oft bis zum Überdruß – beherrscht. Anders als Rossini kommt Verdi zu einer persönlichen und zugleich nationalen, zu einer echten Konfession: *Nabucco* ist eine, ist seine erste Freiheitsoper. Und also bejubelt das italienische Volk nicht allein die Musik – und Rossini spottet: »Musicista con l'elmo« – »Ein Musiker mit dem Helm«.

1842-71 **Niels Wilhelm Gade** (1817-1890): **8 Symphonien**

Die wichtigste unter den Sammlungen dänischer Volkslieder ist jene, die A. P. Berggreen (1801-1880), ein Schüler von Chr. E. F. Weyse (1774-1842) zusammenträgt, und durch die er seinen Schüler Gade zu einer romantischen Musik anregt, die in einem engeren Sinne national-dänisch zu sein scheint. Aber Gade ist gleichsam vorbereitet durch einen anderen Schüler Weyses, durch Johann Peter Emilius Hartmann (1805-1900), den eigentlichen Begründer der dänischen Romantik. (Hartmanns Hauptwerke sind die Opern *Die Raben oder Die Probe der Brüder,* 1832, und *Die kleine Christine,* 1846, dänische Texte von H. Chr. Andersen.) Bei aller Abhängigkeit von Weber und Mendelssohn wird hier leise, aber unüberhörbar ein »nordischer Ton« der Musik angeschlagen. Diesen Ton, charakterisiert durch dänisch eigentümliche volksliedhafte Wendungen und Rhythmen, nimmt Gade auf. 1843 kommt er mit einem königlichen Stipendium nach Leipzig, wo er sich mit Mendelssohn und Schumann anfreundet und wohin er nach einem Italienbesuch wieder zurückkehrt, um Nachfolger Mendelssohns als Gewandhaus-Kapellmeister zu werden. Seit 1848 wirkt er in seiner Heimat. Er schreibt nicht weniger als *8 Symphonien,* von denen die erste in *c-moll* (1841/42, op. 5, 1843 durch Mendelssohn uraufgeführt) und die letzte in *h-moll* (1869/71, op. 47) am ausgeprägtesten »nordisch« anmuten, indessen die vierte in *B-dur* (1850, op. 20) als seine bedeutendste gilt.

seit 1842 **Wiener Philharmonische Konzerte**

Nach dem Vorbild von Spontinis musikalischen Soireen in Berlin beginnen in Wien die Mitglieder des Hofopernorchesters unter Georg Hellmesberger und Otto Nicolai die »Philharmonischen Konzerte«. Im Zusammenhang damit entsteht das Orchester »Wiener Philharmoniker«, das sich bis heute aus Mitgliedern des Orchesters der Wiener Hof- bzw. Staatsoper rekrutiert, aber ein Orchester mit eigenem Vereinsstatut ist: eines der Spitzenorchester der Welt – mit ursprünglich unverwechselbar wienerischem Klang und damit von vergleichbaren Spitzenorchestern, etwa den »Berliner Philharmonikern«, durchaus zu unterscheiden. In den letzten Jahrzehnten allerdings geht unter dem nivellierenden Einfluß der reisenden (fliegenden) Stardirigenten die klangliche Individualität der großen Orchester, und damit auch der Wiener Philharmoniker, zunehmend verloren: ein unersetzlicher Verlust.

1843 Gaetano Donizetti (1797-1848): Opera buffa »Don Pasquale« in Paris

Man spricht manchmal von dem »Dreigestirn Rossini-Donizetti-Bellini« und rechtet zugleich über eine Rangfolge: Wenn Donizetti auch an das Genie Rossinis nicht heranreiche, so beachte er doch den Text genauer und spanne weitere, schönere Melodiebögen als jener, ganz zu schweigen von Bellini, der sich vom neapolitanischen Erbe frei mache und sich melodisch in schrankenlos lyrischem Empfinden verströme. Oder: Wenn die Romantik in Rossini alle Formen der Neapolitanischen Oper erneuere und alle Opernbesucher mitreiße, wenn sie sich bei Bellini in ein zwar erregtes, aber aristokratisch lyrisches Pathos löse, so würde Donizettis romantisches Temperament durch seine außergewöhnliche Fähigkeit, das Ergreifende auszudrücken, doch noch überhöht, usw. usw. Wie dem auch sei, auf den Spielplänen der Opernhäuser, jedenfalls in Deutschland, haben sich gehalten: von Bellini *eine* Oper (*Norma,* 1831), von Rossini *zwei* Opern (*Il Barbiere,* 1816; *La Cenerentola,* 1817), von Donizetti aber *drei* (- freilich nur drei von über 70: *L'elisire d'amore,* 1832; *Lucia di Lammermoor,* 1835; *Don Pasquale*). Nicht, daß damit ein Qualitätsbeweis geführt wäre. Aber die Beliebtheit beim breiten Publikum ist auch nicht für nichts zu achten, weil sie ja doch anzeigt, was die Leute suchen, wenn sie ins Theater gehen. Und mit Donizetti hat die italienische romantische Oper offenbar ihre stärkste Resonanz vor Verdi gefunden.

Don Pasquale, zu dem Donizetti den Text selbst verfaßt hat, hat seine Vorfahren natürlich in Rossinis *Barbiere di Siviglia* (1816) und im Mozart-Theater, aber auch in Pergolesis *La Serva padrona* (1733) und also in der Commedia dell'arte: im Theater als Spiel. Und der Unterschied zu Pergolesi und Mozart? Zunächst meint man nämlich, es bestehe im Grunde gar kein Unterschied. Wer seinen Mozart kennt, kann bei Donizetti auf lange Strecken ohne Noten mitsingen; man traut seinen Ohren kaum, so ähnlich hört sich vieles an – und ist doch ganz anders: Christine Mielitz, die Regisseurin einer Münchener Aufführung (1988) hat einmal zum *Liebestrank* bemerkt: »Er gleicht den Horoskopen aus unseren Illustrierten: man benutzt das Nutzlose und glaubt an den Schwindel. Und der Glaube bewirkt, daß in unserem Stück die Liebe, die Adina [die weibliche Hauptrolle] schon immer für Nemorino [die männliche Hauptrolle] empfand, schließlich offenkundig wird. Der Liebestrank, bei Donizetti wie bei Wagner [im *Tristan*] ohne tatsächliche medizinische Wirkung, ist lediglich Impuls, dient nur als Vorwand, den Gefühlen endlich freien Lauf zu lassen.« *Die Gefühle* also sind bei Donizetti der Gegenstand der Musik, nicht wie bei Mozart *die Handlung,* und eben das gefällt den Leuten, genau wie es schon der Kritiker der Uraufführung des *Liebestranks* in Mailand 1832 beschrieben hat: »... Der musikalische Stil dieser Partitur ist lebhaft, glänzend und durchaus im *buffo*-Genre. Die Schattierungen von *buffo* bis *serio* lassen sich in überraschenden Abstufungen beobachten, und das Gefühlsmäßige wird mit der musikalischen Leidenschaft behandelt, für die der Komponist von *Anna Bolena* [Mailand 1830] berühmt ist.« – Internationalen Ruhm erlangt Donizetti durch Kompositionsaufträge des berühmten Théâtre Italien in Paris, wo *Don Pasquale* zum ersten Mal über die Bühne geht. Aber auch an den anderen Pariser Opernhäusern werden Werke von ihm zur Uraufführung gebracht, *Les Martyrs* (1840) an der Grand Opéra, die berühmte *Regimentstochter* (1840) an der Opéra comique. 1842 gelingt ihm der Sprung nach Wien: nach der Uraufführung von *Linda di Chamounix* im Kärntnertortheater wird Donizetti von Metternich zum Hofkapellmeister und Hofkomponisten ernannt – wohl das ehrenvollste Amt für einen Komponisten im Europa jener Zeit.

1843 Gründung des Konservatoriums in Leipzig durch Mendelssohn

Nachdem Mendelssohn 1840 mit einer ähnlichen Initiative in Berlin gescheitert ist, gründet er 1843 in Leipzig *die* deutsche Musikhochschule, an der die besten Musiker als Lehrer wirken, mit Mendelssohn selbst und Robert Schumann angefangen. Vorbild ist das Pariser Conservatoire – auch dessen normierte und normierende Ausbildung, die auf besondere Weise für ein neues Musikverständnis einer neuen Zeit spricht. Von Einfluß ist freilich auch Adolf Bernhard Marx mit seiner *Lehre von der musikalischen Komposition* (1837-1847) und allen seinen Streitschriften zur Musiklehre seiner Zeit.

1843 **Richard Wagner** (* Leipzig 1813, † Venedig 1883): **Romantische Oper »Der fliegende Holländer«** in Dresden

Wagner beginnt als Theaterkapellmeister (in Würzburg, Magdeburg, Königsberg, Riga), und dementsprechend sollen seine ersten Arbeiten seinen »Häusern« und seiner dortigen Reputation dienen. Zuvor allerdings entstehen noch *Die Feen* (1833; nach Carlo Gozzis *La donna serpente;* Uraufführung 1888 in München), eine »Romantische Oper« in der Tradition E. Th. A. Hoffmanns, Webers und Marschners. Doch garantiert die Romantik zu dieser Zeit noch keinen brauchbaren Stil für eine deutsche Oper sondern nur typische Möglichkeiten, und Wagner greift nach der Märchenoper. Bei seiner zweiten Oper, *Das Liebesverbot oder: Die Novize von Palermo* (Große komische Oper; nach Shakespeares *Maß für Maß;* Magdeburg 1836), versucht er die Möglichkeit, die Donizetti und Auber vorgemacht haben. Ob man darin einen Rückschritt zur italienisch-französischen Oper sehen muß, ist zu bezweifeln. Mit *Rienzi. Der letzte der Tribunen* (Große tragische Oper; nach einem Rienzi-Roman von Wagners englischem Zeitgenossen Edward G. Bulwer-Lytton; Dresden 1842) und seiner ehrgeizigen Konzeption hört Wagner auf, sich als komponierender Kapellmeister zu fühlen. *Rienzi* ist, als Große Oper im Sinne Meyerbeers und Halévys, für Paris bestimmt. Wagner ist überzeugt, daß es nur auf dem Umweg über Paris, die »Hauptstadt des 19. Jahrhunderts«, möglich ist, die deutschen Theater zu erreichen. *Rienzi* wird jedoch statt zu einem Pariser zu einem Dresdener Erfolg, der über den Ort der ersten Aufführung allerdings kaum hinausdringt. – Von seinen frühen Opern-Versuchen rückt Wagner später ab: »Soweit meine Kenntnis reicht, vermag ich im Leben keines Künstlers eine so auffallende Umwandlung, in so kurzer Zeit vollbracht, zu entdecken, als sie hier bei dem Verfasser jener beiden Opern sich zeigt, von denen die erste kaum beendigt war, als die zweite fast fertig schon vorlag. Gewiß aber dürfte der verwandtschaftliche Zug beider Arbeiten dem aufmerksam Prüfenden dennoch nicht entgehen. Das wirkungsvolle ›Theaterstück‹ liegt dem *Fliegenden Holländer* gewiß nicht weniger zugrunde als *Dem letzten Tribunen.* Nur fühlt wohl jeder, daß mit dem Autor etwas Bedeutendes vorgegangen war; vielleicht eine tiefe Erschütterung, jedenfalls eine heftige Umkehr, zu welcher Sehnsucht wie Ekel gleichmäßig beitrugen.« Zwischen *Rienzi* und dem *Fliegenden Holländer* liegen in der Tat Welten.

Ende März 1839 verliert Wagner seine Stellung am Theater in Riga. Er flieht nach London, von Pillau aus mit einem kleinen Segelschiff, das in einen Sturm gerät, an der norwegischen Küste Schutz sucht, wieder ausläuft und in neue Stürme gerät. Das Erlebnis dieser Seefahrt verbindet sich Wagner mit einer Geschichte, die er in Riga in der Fassung Heinrich Heines (*Memoiren des Herren von Schnabelewopski,* 1834) gelesen hatte: »Die Sage vom Fliegenden Holländer, wie ich sie aus dem Munde der Matrosen bestätigt erhielt, gewann in mir eine bestimmte, eigentümliche Farbe,« nämlich die einer »dramatischen Ballade«, also eines Stücks ohne tragischen Konflikt (Dahlhaus 1971). »Zwischen Senta und dem Holländer herrscht von Anfang an ein Einverständnis, das der Worte nicht bedarf und der Sprache, mindestens der rationalen, nicht zugänglich ist. In dem großen Duett des zweiten Aktes, dem Zentrum des Werkes, wird denn auch das Schweigen, in dem Senta und der Holländer sich gegenüberstehen, nicht eigentlich gebrochen, sondern zum Tönen gebracht,« das Schweigen, das sich der Sprechsprache verweigert aber der Musiksprache öffnet: was die beiden im Innersten bewegt und was sie schon immer wußten, bringt ihnen die Musik zum Bewußtsein. »Senta und der Holländer bilden, nicht anders als Tristan und Isolde, eine Welt für sich in einer fremden Umwelt, die den Holländer ausgeschlossen hat, und der Senta sich entzieht. Und wie im *Tristan* ist es der Gegensatz der Nacht zum Tag, zum grellen, banalen Licht, in dem die Handlung zu einem allegorischen Bild zusammengefaßt erscheint. Die Erlösung, die der Holländer sucht, besteht nicht darin, durch Senta in die Tageswelt, von welcher der Fluch ihn trennte, wieder aufgenommen zu werden; vielmehr ist es gerade umgekehrt Sentas Entschluß, in die Nachtwelt des Holländers hinabzusteigen, der die Erlösung herbeiführt.« Die zentralen Kategorien, die das Drama eigentlich konstituieren müßten, sind im *Fliegenden Holländer,* obwohl das Werk von Wagner als »Drama« im Unterschied zur »Oper« konzipiert ist, zur Irrelevanz verblaßt: Weder fassen die Personen Entschlüsse noch ist der Dialog das Medium, in dem sie zu sich selbst finden. An die Stelle der Entscheidung aus moralischer Autonomie tritt die Bestimmung durch ein Geschick, das die Menschen ergreift und dem sie sich unterworfen fühlen, so daß es ihr Inneres erfüllt, ihr Inneres, das die Musik als Tonsprache ausspricht.

In der *Mitteilung an meine Freunde,* einer autobiographischen Skizze, spricht Wagner 1851, also ein Jahrzehnt nach der Entstehung des *Fliegenden Holländers,* von Ansätzen zur Leitmotivtechnik, ohne den Terminus, den erst Jahrzehnte später Hans von Wolzogen prägen wird, zu gebrauchen: »Ich entsinne mich, noch ehe ich zu der eigentlichen Ausführung des *Fliegenden Holländers* schritt, zuerst die Ballade der Senta im zweiten Akte entworfen und in Vers und Melodie ausgeführt zu haben; in diesem Stücke legte ich unbewußt den thematischen Keim zu der ganzen Musik der Oper nieder; es war das verdichtete Bild des ganzen Dramas, wie es vor meiner Seele stand... Bei der endlichen Ausführung der Komposition breitete sich mir das empfangene thematische Bild ganz unwillkürlich als ein vollständiges Gewebe über das ganze Drama aus; ich hatte, ohne weiter es zu wollen, nur die verschiedenen thematischen Keime nach ihren eigenen Richtungen hin weiter und vollständig zu entwickeln, so hatte ich alle Hauptstimmungen dieser Dichtung ganz von selbst in bestimmten thematischen Gestaltungen vor mir.« Von einer Ausbreitung des »thematischen Bildes« über das »ganze Drama« zu sprechen, ist indessen eine Übertreibung. »Während im *Ring* die musikalische Entwicklung durch die Leitmotive getragen und bestimmt wird, haben im *Fliegenden Holländer* die Motive, die eher Erinnerungs- als Leitmotive sind, den Charakter von Interpolationen. Den musikalischen Zusammenhang verbürgt im *Fliegenden Holländer* nicht ein Gewebe von wiederkehrenden melodischen Motiven, wie es Wagner im Rückblick als das entscheidend Neue des Werkes erscheint, sondern das durchaus konventionelle Gerüst der musikalischen Syntax.«

In der Schule lernt man, der *Fliegende Holländer* sei keine »NUMMERNOPER« mehr, und das sei das Wichtigste an ihm. Das erste stimmt, das zweite nicht. Das Verfahren, einzelne Arien, Duette, Ensemblesätze und Chöre zu Komplexen zusammenzufassen, statt sie unverbunden nebeneinanderzustellen, ist ein Verfahren, das im späten 18. und frühen 19. Jahrhundert für Opernfinales ausgebildet worden ist. Es erstreckt sich im *Fliegenden Holländer* nun über das *ganze* Werk, ohne daß jedoch von einem »DURCHKOMPONIERTEN MUSIKDRAMA« die Rede sein könnte. »Sind im *Fliegenden Holländer* einerseits die ›Nummern‹ in ›Szenen‹ integriert, die einen Gesamtcharakter so drastisch ausprägen, daß die Gefahr eines Zerfalls in unzusammenhängende musikalisch-dramatische Augenblicke nicht entsteht, so heben sich andererseits, und zwar sowohl dramatisch als auch musikalisch, eine ›äußere‹ und eine ›innere‹ Handlung voneinander ab. In dieser Differenz zwischen ›äußerer‹ und ›innerer‹ Handlung aber verbirgt sich, allerdings verwandelt, ein Stück Operntradition: der Gegensatz zwischen dem Rezitativ, das dem dramatischen Fortgang dient, und der Arie, in der die Handlung stillsteht und lyrische Reflexion sich ausbreitet. Der stilistische Kontrast aber ist gleichsam ins Gegenteil verkehrt: Es sind die Träger der ›äußeren‹ Handlung, der Opernintrige im herkömmlichen Sinne, die zur Arienkonvention tendieren, während die musikalische Sprache der ›inneren‹ Handlung, die Sprache Sentas und des Holländers, aus der expressiven Deklamatorik des Recitativo accompagnato entwickelt ist. Das Innere ist, durch Trivialisierung, zum Äußeren geworden und das Äußere, durch Nobilitierung, zum Inneren.« So Carl Dahlhaus in *Richard Wagners Musikdramen* (1971), dem wir für Wagner überhaupt folgen, weil die Probleme nirgendwo so scharfsinnig, so einleuchtend und zugleich so knapp behandelt sind.

1843 und **1850** **Robert Schumann** (1810-1856): **Oratorium »Das Paradies und die Peri«** und **Oper »Genoveva«** in Leipzig

Schumann findet seinen dichterischen Vorwurf in Thomas Moore's Verserzählung aus der orientalischen Rahmennovelle *Lalla Rookh* (1817; deutsch 1826 von de la Motte Fouqué; für das Oratorium bearbeitet von Schumanns Jugendfreund Flechsig). Der Stoff begeistert ihn, weil »die Idee des Ganzen so dichterisch, so rein ist«: ein Oratorium »nicht für den Betsaal – sondern für heitere Menschen.« Er glaubt, in einer neuen Verbindung von Dichtung und Musik »ein neues Genre für den Konzertsaal« schaffen zu können. »Wie für Musik geschrieben«, scheinen ihm Stoff und Text, und so ist die Musik, die er darüber ausgießt, von dem gleichen »poetischen Lyrismus« wie die der Lieder des Liederjahres 1840. Die hochromantische Dichtung ist eine zwar dem christlich-religiösen Bereich entnommene, aber ins Weltliche umgedeutete Geschichte, deren Faszination für die damalige Zeit wir heute nicht mehr verstehen können, und die Musik Schumanns allein vermag die Ferne des Stoffs und seiner Bearbeitung nicht zu überbrücken. – Viele Jahre später schreibt Schumann mit *Der Rose Pilgerfahrt* (Märchen nach einer Dichtung von Moritz Horn; 1851) noch ein Werk ähnlicher Art.

Vom Oratorium aus tritt Schumann an die Oper heran (1842): »Wissen Sie mein morgen- und abendliches Künstlergebet? *Deutsche* Oper heißt es. Da ist zu wirken.« Und mehr als einmal fühlt man sich in der *Genoveva* (Oper in 4 Akten nach Tieck und Hebbel) an *Die Peri* erinnert. Insbesondere sind es die dort in der Erzählung verwandten Rezitative ariosen Charakters, welche in der Oper durchweg die Stelle des eigentlichen Rezitativs vertreten und den handelnden Personen einen epischen Zug verleihen, der der dramatischen Entfaltung im Wege steht (Abert 1903). Sieht man von diesen dramatischen Unzulänglichkeiten ab, so hat die Oper viele Schönheiten, vor allem musikalische. Und dennoch, musikalische Schönheit allein genügt nicht, um ein Werk auf der Opernbühne zu halten – schon Franz Schubert hat das erfahren müssen. – *Genoveva* geht am 25. Juni 1850 in Leipzig unter Schumanns Leitung in Szene. Nach der dritten Aufführung verschwindet es vom Spielplan, für immer.

1844 **Hector Berlioz** (1803-1869): **Instrumentationslehre**

Was ist das: Instrumentation? Eine Art von Antwort gibt Eduard Hanslick mit Bemerkungen, die er über Berlioz macht. Hanslick schreibt 1855 anläßlich einer Aufführung des Scherzos *La reine Mab* aus der Symphonie *Roméo et Juliette:* »Wenn es eine schöne Instrumentirung *an sich* gäbe – während doch immer etwas da sein muß, *was* instrumentirt wird – so wäre die *Fee Mab* die höchste Leistung der Orchester-Composition.« In einer anderen Kritik, aus dem Jahre 1866, über *La damnation de Faust,* drückt er sich noch deutlicher aus; er lobt Berlioz zunächst, nennt ihn eine »Specialität« in der »Instrumentirungs-Kunst« und sagt dann: »Aber eine Specialität in einem Gebiete musikalischer Technik zu sein, macht noch nicht den Componisten. Es gibt keine schöne Instrumentation ›an und für sich‹, die erste Frage bleibt doch immer: was wird denn instrumentirt?« Und von dem, was Hanslick da als von Berlioz instrumentiert zu sehen glaubt, ist er nicht entzückt. Sein Urteil beruht auf der scheinbar plausiblen Auffassung, man müsse in der Musik generell die Komposition, das Komponierte, und die Instrumentation, das klangliche Gewand, in das das Komponierte gleichsam gesteckt wird, als zwei verschiedene Dinge ansehen und voneinander trennen. Ein Komponist, der »instrumentiert« (oder »orchestriert«), tut im Grunde dasselbe wie ein Maler, der seine Zeichnung koloriert, – so jedenfalls meint der Laie, meinen allerdings auch viele Musiker. Und tatsächlich gibt es viele Musiken, für die dieses Verfahren zutrifft, aber eben auch viele, für die es *nicht* zutrifft. Bockholdt (1979) exemplifiziert an einem Beispiel von Mendelssohn: In dieser Musik ist etwas da, das instrumentiert wird; sie korrespondiert real mit der aus Hanslicks Worten sprechenden Musikvorstellung. Und Bockholdt zeigt am *Lohengrin*-Vorspiel, daß Hanslicks Kategorien auch hier stimmen. Gewiß sind Harmonik und Instrumentierung des *Lohengrin*-Vorspiels fortschrittlicher, und gewiß ist Wagners Zielsetzung, nämlich die größtmögliche Verschleierung der Konstruktion zwecks größtmöglicher direkter Ausstrahlung, Wirkung, eine andere als diejenige Mendelssohns. Das Verwirrende und Neue der *Lohengrin*-Musik ist, daß eine ausschließlich auf sinnvollen Tonrealitionen beruhende Konturiertheit durch – vor allem – Instrumentation grandios zugedeckt wird. Ein von Wagner in anderem Zusammenhang gebrauchter Ausdruck trifft auch hier zu: Zwischen der Satztechnik und dem Hörer schafft Instrumentation den »mystischen Abgrund« (wovon bei Mendelssohn keine Rede sein kann). Das verhindert nicht, sondern beinhaltet gerade, daß die Grundkonstellation, die Polarität Satz / Instrumentierung, in beiden Fällen gegeben ist. Die Annahme aber, daß diese Polarität immer und überall gegeben sei, stimmt ebensowenig wie die, jedem Gemälde gehe eine Zeichnung voraus. Strawinsky hat einmal auf die Frage »Was ist eine gute Instrumentation?« geantwortet: »Wenn man nicht merkt, daß es eine Instrumentation ist! Das Wort selbst ist eine Glosse. Es täuscht vor, daß man Musik zuerst komponiert und dann orchestriert«, und dies treffe nur zu für Komponisten, welche Klaviermusik schreiben, die sie nachher für andere Instrumente transkribieren.

Den historischen Verschiedenheiten entsprechend unterscheidet die neuere Musikwissenschaft zwischen struktureller und kolorierender Instrumentation und führt meist für die erste Art Musik der Wiener Klassiker und Schuberts an, für die zweite Musik der frühen und hohen Romantik von Gluck über Weber und Berlioz zu Wagner und Richard Strauss. Ob diese einfache Unterscheidung hinreichend ist, bleibe dahingestellt. Schon bei Berlioz selbst sind jedenfalls die beiden Möglichkeiten nicht immer auseinanderzuhalten, denn sie dienen eventuell auch gemeinsam der Realisierung jener neuen Art von Parameter musikalischer Komposition: dem Orchesterklang in vielfältiger Funktion.

Berlioz' *Traité d'instrumentation et d'orchestration modernes,* Paris 1844 (erweitert Paris 1856; deutsch: Leipzig 1843; neu bearbeitet von Richard Strauss: Leipzig 1905, 2. Aufl. 1955), ist *das* Lehrbuch für diesen Gegenstand der Komposition – der damit in den Rang eines Lehrfachs neben Harmonielehre, Kontrapunkt und Formenlehre rückt.

1845 **Richard Wagner** (1813-1883): **Romantische Oper »Tannhäuser und der Sängerkrieg auf der Wartburg«** in Dresden

In Paris (September 1839 - April 1842), wo es Wagner miserabel geht, lernt er wiederum bei Heinrich Heine einen Stoff kennen, der ihn fesselt: die Sage vom Tannhäuser. Wagner verbindet diese Sage mit der vom Sängerkrieg auf der Wartburg. Wie immer geht er dabei mit seinen Vorlagen völlig frei um, zieht alles mögliche weitere Material heran, sei es aus anderen Sagenkreisen, sei es aus der Geschichte, sei es aus der Antike, und spitzt das Ganze gerade auf das zu, was ihm wichtig ist. Das jungdeutsche literarische Glaubensbekenntnis wäre schon damit erfüllt, daß Tannhäuser zwischen der niederen und der hohen Minne schwankt oder zwischen Heidentum und Christentum und daß er sich in diesem Konflikt verzehrt. Wagner versteht den Tannhäuser-Konflikt aber anders und eigentümlicher. Nicht daß Tannhäuser im Venusberg weilte, begründet seine Tragödie, damit verfällt er bloß der Ächtung durch Papst und Kirche. Aber die Projizierung sinnlichen Begehrens auf Elisabeth, *das* begründet Tannhäusers Schuld. Welche sonderbare Übernahme klassischer Motive und Konflikte in die romantische Oper!

> 1883, wenige Wochen vor seinem Tod, sagt Wagner, er sei der Welt noch den *Tannhäuser* schuldig. Und das, obwohl er an keinem seiner Werke so oft und so viel umgearbeitet hat, schon für Dresden, erst recht für Paris. Dort war eine ganz neue Fassung nach 164 Proben am 13. März 1861 in der Großen Oper über die Bühne gegangen und hat einen unbeschreiblichen Theaterskandal hervorgerufen, der zwar unmittelbar eine Katastrophe war, indirekt aber ein Triumph, weil die deutsche musikalische Öffentlichkeit sich nun demonstrativ hinter Wagner stellt. Indessen, das kompositorische Problem, das Wagner an seinem *Tannhäuser* beschäftigt, war, wie Dahlhaus (1971) ausführlich dargelegt hat, durch Umarbeitungen nicht zu lösen. – Wie der *Fliegende Holländer* ist auch *Tannhäuser* noch kein »Musikdrama« wie die späteren Werke Wagners sondern durchaus eine Oper, wenn auch keine »Nummernoper« mehr sondern eine »Szenenoper«. Sein Tonsatz ist nicht über eine ausgeprägte Leitmotivtechnik organisiert; diese ist hier vielmehr noch durchaus rudimentär.

Die Uraufführung findet am 19. Oktober in Dresden statt unter Wagners Leitung und mit der Schröder-Devrient als Venus. Das Publikum verläßt verwirrt und enttäuscht die erste Vorstellung. Das Urteil der Fachleute ist geteilt. Schumann schreibt an Mendelssohn zunächst: »Da hat Wagner wieder eine Oper fertig… Er kann wahrhaftig nicht vier Takte schön, kaum gut hintereinander weg schreiben und denken.« Nachdem er die Aufführung gesehen hat, schreibt er aber: »Ich muss manches zurücknehmen… Von der Bühne stellt sich alles ganz anders dar. Ich bin ganz ergriffen gewesen.«

1845/46 **Louis Moreau Gottschalk** (1829-1869): **Klavierstück »Der Bananenbaum«** op. 5

Manchmal nennt man ihn den Chopin Amerikas. Das ist gewiß übertrieben, aber auch nicht ganz falsch. Als Gottschalk 1842 nach Paris zum Studium geht und dort 1845 sein erstes Konzert als Pianist und mit eigenen Werken gibt, findet er Beifall bei den besten Kritikern, bei Berlioz, Adam und vor allem auch bei Chopin. An dessen Klavierwerken sind seine eigenen orientiert, Salonmusik, gewiß, aber mit einem hinreißend südamerikanischen Ton und so herrlich virtuos, daß man die irrsinnigen Erfolge bei seinen Konzertreisen in den USA seit 1853 ebenso verstehen kann wie seine Wiederentdeckung in Europa in den 1960er Jahren. Von seinen über 300 Werken (fast ausschließlich für Klavier) ist das am bekanntesten geworden, das ein kreolisches Lied verarbeitet und den schönen Titel hat *Bamboula, Le Bananier, Der Bananenbaum.*

1846 **Vatroslav Lisinski** (1819-1854): **Oper »Ljuba i zloba«** in Agram/Zagreb, Kroatien

Das Erwachen des Nationalbewußtseins und der romantischen Bewegungen in Europa ruft auch in Kroatien, in unmittelbarer Nachbarschaft zu Österreich, eine Bewegung hervor, die sich auf politische und kulturelle Unabhängigkeit richtet. Sie stützt sich weniger auf den konservativ gesinnten Adel als auf das sich emanzipierende Bürgertum. Die Führer der »Illyrischen Bewegung« erkennen in der Musik eine ihren Zielen dienliche Macht: Kampf- und Freiheitslieder entstehen, die immer ehrliches Bemühen, aber oft dilettantische Mängel zeigen. Die musikgeschichtliche Bedeutung der »Illyrischen Bewegung« liegt indessen nicht in ihnen, sondern in dem Streben zur Entfaltung einer eigenen nationalen Kunstmusik, die aus dem Grunde der Volksmusik hervorkommen sollte. Im optimistischen Schwung der politischen Bewegung verspricht man sich von einer solchen Kunstmusik eine besondere nationale Physiognomie und ein untereinander verbindendes Verständnis bei den Hörern – eine Hoffnung, die sich nicht erfüllt. – Unter den »illyrischen« Musikern ist nur einer hervorragend, Vatroslav Lisinski (eigentlich Ignatz Fuchs), der erste kroatische Musiker, der den Wunsch hat, seine Fachausbildung in einem der großen *slawischen* Zentren, nämlich in Prag, zu vervollkommnen, und der erste, der das Ideal einer Kunstmusik auf der Grundlage der eigenen Volksmusik zu verwirklichen versucht. Lisinski schreibt die erste kroatische Oper: *Ljuba i zloba (Liebe und Bosheit),* zehn Jahre nach Glinkas *Ein Leben für den Zaren* und zwanzig Jahre vor Smetanas *Verkaufter Braut.* Lisinskis zweite *Oper »Porin«* (1847-1851) wird erst 1897 in Zagreb zum erstenmal aufgeführt.

Mit Ausnahme der Werke Lisinskis kann man die kompositorischen Leistungen im südslawischen Raum um die Mitte des 19. Jahrhunderts kaum bedeutend nennen; sie lassen sich nicht ohne weiteres mit denen der westeuropäischen Nachbarländer vergleichen. Als dort die Romantik bereits ihre Spätphase erreicht, sich eine geradezu leidenschaftliche Lebendigkeit der Ideen zeigt und die Suche nach Neuem in vollem Gange ist, scheint im südslawischen Raum die Zeit stehengeblieben zu sein. Dieser Zustand, der freilich gewichtige außerkünstlerische Gründe hat, erscheint vom Standpunkt der Kunstgeschichte aus als ein Niedergang. Aber man muß bei der Beurteilung der Entwicklung vor allem die nationalen Unabhängigkeitsbestrebungen und -bewegungen und damit die politischen und wirtschaftlichen wie allgemein gesellschaftlichen Veränderungen der Zeit berücksichtigen. Die Zunahme der Zahl der Musiker und ihr Verbleiben in der Heimat, schließlich die ersten eigenständigen, wenn auch bescheidenen kompositorischen Arbeiten sind dann Erfolge auf einem Wege der nationalen Findung und Begründung (Cvetko 1975).

1846-50 **Fanny Hensel geb. Mendelssohn** (1805-1847):
Ausgewählte Werke,
gedruckt in Berlin und Leipzig

Ihre Mutter findet bei der Geburt der Tochter, der ältesten der vier Mendelssohn-Geschwister, sie habe »Bach'sche Fugenfinger« – eine scherzhafte Prophezeiung, die für die Intensität und für die Art der Tradition der Musikpflege im Hause des Hamburger, seit 1812 Berliner Bankiers Abraham Mendelssohn (seit 1822 mit dem Doppelnamen Mendelssohn Bartholdy; die Kinder 1816 evangelisch getauft) höchst bezeichnend ist. Die musikalische Ausbildung der Kinder liegt in Berlin bei Ludwig Berger und Carl Friedrich Zelter, dieselbe intensive musikalische Ausbildung für Felix und für Fanny, wobei man ziemlich lange Fanny für die musikalisch Begabtere hält. Sie ist zunächst Felix' erklärtes Vorbild, später ist sie ihm eine Art musikalisches Gewissen, und bis zuletzt bleibt sie ihm die unbestrittene musikalische Autorität, deren Kritik er ernster nimmt als die aller anderen. Sie spielt exzellent Klavier, schon 1818 einen ganzen Band von Bachs *Wohltemperiertem Klavier* auswendig; seit 1830 genießt sie den Ruf der besten Pianistin Berlins, doch tritt sie nur ein einziges Mal (1838 mit des Bruders *g-moll-Konzert* op. 25) öffentlich auf. Ihre Wirksamkeit ist dennoch weit und groß, nämlich durch die »Sonntagsmusiken« (seit 1823) im Hause Mendelssohn in der Leipziger Straße in Berlin, in deren Mittelpunkt sie steht, vor allem seit sie nach des Vaters Tod 1835 die Leitung übernimmt, mit denen sie unbeabsichtigt eine Art Gegenposition zu den Berliner Salons und eine Ergänzung der verminderten Wirkung der »Singakademie« nach Zelters Tod 1832 schafft. Sie ist eine der interessantesten Frauen der deutschen Romantik und unter den Komponistinnen ihrer Zeit wahrscheinlich die bedeutendste. – Für die »Sonntagsmusiken« schreibt Fanny Hensel viele Werke und läßt sie aufführen, völlig ungehemmt neben denen ihres Bruders. Seit 1965 der Nachlaß zum größten Teil nach Berlin in die Staatsbibliothek gelangt ist, kann man den Umfang ihres musikalischen Schaffens einigermaßen abschätzen: es sind über 400 Werke, und keineswegs nur *Lieder* und *Lieder ohne Worte* sondern Werke fast aller musikalischen Gattungen von der Klaviersonate über die Kammermusik bis zu Chören und Oratorien. Dabei sind die Klavierlieder und die Chöre ebenso schön, wie sie gut komponiert sind: Werke vom selben Rang wie die meisten entsprechenden des Bruders – und von diesen nicht zu unterscheiden. Daß nur wenig gedruckt wird, hängt damit zusammen, daß es zu dieser Zeit nicht üblich ist, Werke von Nicht-Professionellen zu drucken. Darin liegt der Grund, daß Felix eine Anzahl von ihren Liedern unter Werken seines Namens publiziert: 2 Lieder und 1 Duett in seinem op. 8 (Nr. 2, 3, 12), 3 Lieder in op. 9 (Nr. 7, 10, 12) und 1 Lied in op. 34 (Nr. 4). Weil Fanny Hensel jedoch im Laufe ihres Lebens mit Können und Erfolg fast professionell komponiert, entschließt sie sich 1846 doch, eine Auswahl aus ihren *Liedern* und *Liedern ohne Worte* drucken zu lassen und damit zu veröffentlichen (Zusammenstellung im Werkverzeichnis des *Artikels »Fanny Hensel«* im *Supplement* zu MGG).

Wie Fanny Hensel als Frau ihrer Zeit an der Ausübung ihrer hohen Begabung und am Verfolg ihrer Neigung gehindert ist, mögen nur zwei Briefe belegen, einer ihres Vaters (vom 16. Juli 1820 aus Paris) und einer von ihr selbst (vom 15. Juli 1836 an Klingemann nach London). Der Vater: »Was Du mir über Dein musikalisches Treiben im Verhältnis zu Felix' ... geschrieben, war eben so wohl gedacht wie ausgedrückt. Die Musik wird für ihn vielleicht Beruf, während sie für Dich stets nur Zierde, niemals Grundbasis deines Seins und Thuns werden kann und soll; ihm ist daher Ehrgeiz,

Begierde, sich geltend zu machen in einer Angelegenheit, die ihm sehr wichtig vorkommt, weil er sich dazu berufen fühlt, eher nachzusehen, während es Dich nicht weniger ehrt, daß du Dich von jeher in diesen Fällen gutmüthig und vernünftig bezeugt, und durch Deine Freude an dem Beifall, den er sich erworben, bewiesen hast, daß Du ihn dir an seiner Stelle auch würdest verdienen können. Beharre in dieser Gesinnung und diesem Betragen, sie sind weiblich, und nur das Weibliche ziert die Frauen.« Und nun sie selbst: »Ich lege zwei Klavierstücke... für Sie bei, Sie mögen beurtheilen, ob sie sich eignen, meiner unbekannten jungen Freundin in die Hände zu kommen. Ich überlasse es ganz Ihnen, kann aber nicht unterlassen zu sagen, wie angenehm es mir ist, in London für meine kleinen Sachen ein Publikum zu finden, das mir hier ganz fehlt. Daß sich Jemand hier etwas abschriebe oder nur eine Sache zu hören verlangte, das kommt kaum einmal im Jahr vor, und seit Rebecka nicht mehr singen mag, liegen meine Lieder durchaus ungehört und ungekannt da, und man verliert am Ende selbst mit der Lust an solchen Sachen das Urtheil darüber, wenn sich nie ein fremdes Wohlwollen entgegenstellt. Felix, dem es ein Leichtes wäre, mir ein Publikum zu ersetzen, kann mich auch nur ein wenig aufheitern und so bin ich mit meiner Musik ziemlich allein. Meine eigene und Hensels Freude an der Sache läßt mich indeß nicht ganz einschlafen, und daß ich bei so gänzlichem Mangel an Anstoß von Außen dabei bleibe, denke ich mir selbst wieder als Zeichen von Talent. Und nun genug von diesem uninteressanten Gegenstande« (Weissweiler 1981).

1847 **Friedrich von Flotow** (1812-1883): **Oper »Martha oder Der Markt von Richmond«** in Wien

Der Mecklenburger Gutsbaron, der am liebsten in Paris lebt, komponiert an die 40 Opern. Im Repertoire halten sich zunächst *Alessandro Stradella* (Hamburg 1844) und *Martha* (Wien 1847, schon 1848 nachgespielt von Liszt in Weimar und auf elf weiteren deutschen Bühnen und in Budapest). Die erste ist in der Versenkung verschwunden, die andere macht kaum jemanden mehr neugierig – es sei denn, eine witzige Inszenierung brächte wieder zum Leben, was Flotow im Sinn gehabt hat: heitere Unterhaltung im Theater. Hierüber sind die Meinungen allerdings geteilt.

Auf beiden Seiten ist man sich bis heute einig. Die eine Seite: »Selbst den seichtesten Kleinmeistern der romantischen Schule war Flotow unterlegen... Seine Musik ist lediglich eine schwache Nachahmung des populären Italianismus seiner Zeit... Flotow besitzt ein gewisses Talent, Melodien zu erfinden, und die Musik der *Martha* hat den Vorzug eines ziemlich volkstümlichen Melodienreichtums! Aber die Partitur ist völlig ohne jedes wirkliche musikalische Interesse...« So die Kritik und – leider auch – die Musikwissenschaft. Nun aber die Meinung der Theaterleute und des Publikums: »Flotow hat mit seinen heiteren Schöpfungen großen und allgemeinen Beifall gefunden; es liegt also sicherlich Etwas in denselben, das auf die Menge Eindruck macht. Viele unserer sogenannten Kenner haben sich im Stillen auch an denselben erfreut, leider aber ist fast allen der Vorwurf zu machen, daß sie über die Opern Flotows entweder ganz schweigen oder wohl gar verächtlich sich aussprechen, wie man ja vorzugsweise in Deutschland und in der Musik zuweilen anders fühlt als man denkt und – schreibt. Auch die genialen unter den Komponisten sehen mit Geringschätzung auf Flotow herab, sehr mit Unrecht, denn es wäre für sie selbst und das Publikum besser, wenn sie seine Opern studierten, um zu lernen, wie man dem Publikum gefalle. Sie könnten und möchten immerhin ihr ›Höheres‹ bringen, wenn sie es nur entsprechender gestalten und allgemein genießbar machen könnten. Flotows Opern gehen über alle Bühnen, sie erfreuen und erheitern jedermann. Mit dem *Markt von Richmond* hat er den Leuten mehr wahrhaft vergnügte Stunden des Genusses bereitet, als die ganze Musik der Genialen zu geben vermag, selbst wenn man ihre schönsten und natürlichsten Stellen zusammen vorführen könnte« (Neumann 1855).

Die die ganze Oper durchziehende Hauptmelodie ist die eines alten irischen Volksliedes »Die letzte Rose«.

1847 **Clara Schumann geb. Wieck** (1819-1896): **Klaviertrio g-moll** op. 17

Aus Clara Schumanns Tagebuch vom 2.10.1846: »Es geht doch nichts über das Vergnügen, etwas selbst komponiert zu haben und dann zu hören. Es sind einige hübsche Stellen in dem *Trio,* und wie ich glaube, ist es auch in der Form ziemlich gelungen... natürlich bleibt es immer Frauenzimmerarbeit, bei der es immer an der Kraft und hie und da an der Erfindung fehlt.« Im September 1847 freilich findet sich daselbst: »Mein *Trio* erhielt ich heute auch fertig gedruckt; das wollte mir aber nicht sonderlich auf des Roberts [*d-moll, op. 63*] munden, es klang gar weibisch sentimental.« In vielen Briefen und Tagebuch-Eintragungen findet sich immer wieder, was diese beiden

Stellen eindrucksvoll sagen: Clara Schumann ist nicht allein die bedeutendste Pianistin ihrer Zeit, sie ist Musikerin durch und durch und eine Komponistin von Rang – von Rang und damit von hohem Anspruch und strenger Selbstkritik, und also kann sie an der Seite Schumanns, des Genies, das sie erkannt hat und hochhält, als Komponistin nie glücklich werden und mit sich zufrieden sein. Nun, so Eva Weissweiler (1981), von einer »Einschätzung« im Sinne sachlich begründeter Selbstkritik kann allerdings bei Claras Äußerungen nicht die Rede sein. Es sind unreflektierte Übernahmen des so beliebten Vorurteils, die freilich mit einer gewissen Kontinuität in ihren Selbstzeugnissen auftauchen. Schon vor ihrer Ehe hat sie sich über gelegentliche Ideenlosigkeit damit hinweggetröstet, daß sie ja »ein Frauenzimmer« sei, und die seien »nicht zum Componiren geboren.« Und über die Kompositionen von Fanny Hensel geb. Mendelssohn – sie präzisiert nicht, welche sie meint – schreibt sie einmal: »Frauen als Komponisten können sich doch nicht verleugnen; dies laß' ich von mir wie von anderen gelten.« Was aber führt Clara dazu, solche Gemeinplätze zu übernehmen und, was schlimmer ist, zu akzeptieren? Von Robert Schumann hat sie diese Einstellung jedenfalls nicht. Er schätzt die Situation durchaus realistisch ein, freilich ohne ernsthafte Absicht, etwas zu ändern: »Clara hat eine Reihe von kleineren Stücken geschrieben, in der Erfindung so zart und musikreich, wie es ihr früher noch nicht gelungen. Aber Kinder haben und einen immer phantasierenden Mann und komponieren, geht nicht zusammen. Es fehlt ihr die anhaltende Übung, und dies rührt mich oft, da so mancher inniger Gedanke verloren geht, den sie nicht auszuführen vermag.« Wenn sich im Mai 1853 in Claras Tagebuch diese Notiz findet: »Heute fing ich seit Jahren zum ersten Male wieder an, etwas zu componiren; das heißt, ich will dem Robert zum Geburtstag ein Thema aus den *Bunten Blättern* von ihm mit Variationen bearbeiten; es wird mir aber sehr schwer, – ich habe zu lange pausiert«, dann versteht man und kann doch nicht begreifen, daß sie in den langen Jahren ihres Lebens nach Schumanns Tod nichts mehr komponieren wird. Bis dahin freilich publiziert sie immerhin 23 Opera, darunter ein *Konzert (Premier Concert a pour le Pianoforte avec accompagnement d'Orchestre* op. 7, 1835, Louis Spohr gewidmet; ein zweites Konzert ist nicht mehr entstanden), viele Klavierstücke (meist unter damals üblichen Überschriften für Salonmusik), *Lieder* (darunter *Drei Gedichte aus Rückerts »Liebesfrühling«* op. 12, die auch in Robert Schumanns op. 37, 1840, als Nr. 2, 4 und 11 erscheinen) und schließlich dieses *Klaviertrio g-moll* (op. 17), von dem man sagt, es sei ihr bestes Werk, und in der Tat ist es ebenso hinreißend in den Ecksätzen wie schön im Mittelsatz. – Claras schon zitierter Satz: »Frauen als Komponisten können sich doch nicht verleugnen, dies laß' ich von mir wie von anderen gelten«, stimmt übrigens nicht. Wüßte man nicht, daß diese Komposition von einer Frau stammt, der Musik selbst kann man's nicht entnehmen.

Von hoher Qualität und besonders schön in einem eigentlich romantischen Sinne sind Clara Schumanns *Klavierlieder* und ihre *Chorsätze* – und sie sind entsprechenden Kompositionen Robert Schumanns zum Verwechseln ähnlich. Das schränkt die Qualität nicht ein, wohl aber das Urteil über ihre Originalität – das freilich wieder wegen des ausgeprägten Zeitstils einzuschränken ist.

1847 **Giuseppe Verdi** (1813-1901): **Oper »Macbeth«** in Florenz

Kühner (1961) gibt glänzend Aufschluß: In den 40er Jahren stellt Verdi eine Liste von »Argumenti d'opera« und von Autoren und Stücken zusammen. Victor Hugo und Shakespeare sind darauf die beherrschenden Autoren, ersterer mit *Le roi s'amuse, Marion de Lorme* und *Ruy Blas,* letzterer mit *King Lear, Hamlet* und *The Tempest.* In ihnen findet Verdi die Großartigkeit, Buntheit und Kühnheit der Stoffe, die er sucht. Obwohl neben Shakespeare auch Werke Schillers als Opernstoffe vorkommen, scheint es, daß Verdi an Schiller mehr das Repertoire an großen Stoffen als das besondere dramatische Vorbild anzieht.

1846 erhält Verdi einen Opernauftrag für das Teatro della Pergola in Florenz. Er wählt *Macbeth;* das Libretto schreibt F. M. Piave, doch den Entwurf dazu verfaßt Verdi selbst. »Diese Tragödie ist eine der größten menschlichen Schöpfungen. Wenn wir nichts Großes daraus machen können, dann versuchen wir wenigstens etwas zu machen, was außerhalb der Gemeinplätze liegt. Der Entwurf ist eindeutig, ohne Konvention, knapp, kurz: Je kürzer desto höher die Wirkung. Denke daran, daß in den Versen kein unnötiges Wort stehen darf, alles muß etwas aussagen, und Du mußt Dich einer gehobenen Sprache befleißigen, mit Ausnahme der Hexenchöre; die sollen zwar trivial, doch wunderlich und originell sein... Vernachlässige mir den Macbeth nicht, ich bitte Dich kniefällig, wenn nicht mehr. Umsorge ihn für mich und meine Gesundheit, die eben ausgezeichnet ist, aber sofort schlecht wird, wenn Du mich beunruhigst. Knappheit und Erhabenheit! – Wenige Worte, wenige, wenige, aber bezeichnende Worte!« Verdi versenkt sich in die Arbeit wie bisher noch bei keiner seiner Opern. »*Macbeth* wird etwas Großes«, schreibt er an Lunari, den Impresario in Florenz, »Ich bin begeistert. Ich glaube, daß diese Oper, wenn sie gefällt, unserer Musik eine ganz neue Richtung geben und den Komponisten von heute und in Zukunft neue Wege eröffnen wird.« Welcher Art die neuen Wege sind, beschreibt Verdi selbst, als er 1848 über die damals berühmte Sängerin Eugenia Savorini-Tadolini (welche die Lady Macbeth am Teatro San Carlo in Neapel sang) die für seine ästhetischen Vorstellungen höchst aufschlußreichen Gedanken äußert: »Die Tadolini verfügt über zu hohe Qualitäten, um die Rolle zu singen. Das muß Ihnen absurd erscheinen, ist es aber nicht. Die Tadolini hat eine stattliche, schöne Erscheinung, und ich möchte die Lady Macbeth ungestalt und häßlich haben. Die Tadolini singt vollendet, und ich möchte, daß die Lady überhaupt nicht – singt. Die Tadolini hat eine herrliche, helle, klare, mächtige Stimme, und ich möchte für die Lady eine rauhe, erstickte, hohle Stimme haben. Die Stimme der Tadolini hat etwas Engelhaftes an sich, die Stimme der Lady muß teuflisch klingen.« Und Verdi fährt fort: »Unterbreiten Sie diese Überlegungen der Direktion, der Tadolini selber, Maestro Mercandante, der meine Ideen mehr als alle anderen bejahen wird. Lassen Sie sie wissen, dass die Oper zwei Hauptstücke hat, das Duett zwischen der Lady und Macbeth und die Nachtwandlerszene. Mit diesen Stücken steht und fällt die Oper, und diese Stücke dürfen eben absolut nicht – gesungen werden; sie müssen gespielt und mit dumpfer verschleierter Stimme deklamiert werden; ohne dies können sie nicht wirken. Das Orchester mit Dämpfer. Die Bühne völlig dunkel.« Solches schreibt der Komponist, der angeblich immer nur »Gesangsopern« schreibt. Aber seine Maxime ist ja auch »inventare il vero«, also eine Art von »Verismo«, und das meint hier: die Sprache musikalisch zu ihrem eigenen Ausdruck, das Italienische in seine eigene Musikalität hineinzuzwingen, denn nur dann werden die handelnden Personen wirklich wahr, in den hohen Handlungen wirklich glaubhaft. *Macbeth* leitet Verdis zweite, unter neuen Gesetzen sich entfaltende Epoche ein – und *Macbeth* ist damit der Anfang vom Ende derjenigen Oper, die für Primadonnen oder Kastraten und zum Ohrenschmaus des Publikums geschrieben worden ist. 1864 entschließt sich Verdi, das Werk umzuarbeiten und in Paris zur Aufführung zu bringen. Aber Paris lehnt die Oper ebenso ab wie Florenz beim ersten Mal, denn keine Überarbeitung vermag die von Anfang an fehlende innere Geschlossenheit zu erzwingen. »Alles überdacht, abgewogen und zusammengefaßt«, resigniert Verdi, »erweist sich der *Macbeth* als eine Schlappe. Amen. Ich gestehe, daß ich das nicht erwartet hatte. Mir schien es, als hätte ich die Sache doch nicht ganz so schlecht gemacht – nun, vermutlich habe ich unrecht gehabt.«

1848 **Michael Glinka** (1804-1857): **Symphonische Phantasie »Kamarinskaja«**

»Die augenblickliche russische Symphonik ist gänzlich in *Kamarinskaja* enthalten wie die Eiche in der Eichel.« Diese Notiz in Tschaikowskys Tagebuch trifft ebensosehr die Wahrheit, wie eine Briefstelle an Frau von Meck, wo er schreibt, daß alle späteren russischen Komponisten, er selbst eingeschlossen, so oft sie russische Tanzmelodien verwenden, Kontrapunktik und Harmonik aus *Kamarinskaja* übernehmen. In der Tat versucht Glinka einen eigenständigen russischen Stil zu schaffen – in diesem Bestreben hatte ihn schon sein Lehrer Siegfried Dehn in Berlin bestätigt –, und dazu entwickelt er hier, gleichsam als Versuch einer Problemlösung, einen längeren symphonischen Satz in Form durchgängiger »Hintergrunds-Variationen«. Nun, der Titel heißt vollständig ja auch: »*Symphonische Phantasie Kamarinskaja über einen russischen Hochzeitsgesang und ein Tanzlied*«. Alle Elemente des Orchestersatzes sind die, die alle anderen Komponisten der hohen Romantik auch benützen, und trotzdem entsteht daraus ein musikalisches Idiom, das als Personalidiom Glinkas *und* als spezifisch russisch zu hören ist – eines der Rätsel romantischer Musik. Freilich, die jüngere russische Schule hat Glinka gerade den Vorwurf gemacht, sein Stil sei zu deutsch...

1848 **Johann Strauß, Vater** (1804-1848): **Radetzky-Marsch** op. 228

Er ist ein Wirtskind aus der Wiener Leopoldstadt, 1822 als Buchhändlergeselle freigesprochen, er ist aber vor allem ein musikalisches Genie. Bald spielt er im kleinen Ensemble des Michael Pamer mit, dann in dem des Freundes Josef Lanner, den er bei der Teilung des Orchesters als Vorgeiger vertritt, und dem er, der Autodidakt, mit Kompositionen von Tänzen aushilft. 1825 gründet er eine eigene Kapelle, für die er seine Tanztitel jetzt alle selbst komponiert, und nun beginnt, ausgehend von Wiener Ballsälen, in denen er die Leute schlechthin fasziniert, ein schier unglaublicher Aufstieg zur Weltberühmtheit. 1833 unternimmt er seine erste Konzert- und Ballreise nach Budapest, 1834/35 konzertiert er in österreichischen und deutschen Städten, 1836 reist er nach Deutschland, Holland und Belgien, 1837/38 nach Paris, wo ihn Paganini, Cherubini, Berlioz, Auber, Adam, Halévy, Meyerbeer bewundern. Zwar leuchtet sein Stern nicht weniger, aber er scheint doch verdunkelt, als 1844 sein Sohn mit einer 15-Mann-Kapelle debütiert und sofort Erfolg hat.

»Mein Vater war ein Musiker von Gottes Gnaden«, beginnt der Sohn das Vorwort zu einer Gesamtausgabe der Werke seines Vaters, der den Wiener Walzer mit 149 gedruckten Opera zu der »Vormachtstellung« – wie die Österreicher gerne sagen – gebracht hat, die er fast ein Jahrhundert lang innehaben sollte. Die stereotype Anlage – Introduktion, fünffache doppelgliedrige Walzerkette, Coda – beherrscht Strauß virtuos; so wie sie immer gleich ist, vermag er sie doch stets abwechslungsreich zu halten. Die Harmonik ist höchst einfach, um nicht zu sagen simpel; aber offenbar kommt ihr auch keine große Bedeutung zu; denn daß man Strauß deswegen tadeln könnte, scheint ausgeschlossen. Interessant ist hingegen, jedenfalls verhältnismäßig oft, die Rhythmik, die nicht nur mit Synkopen und betonenden Trillerketten auf schlechten Taktteilen arbeitet, sondern auch mit dem Kompositionselement Taktgruppen- und Binnenrhythmik gegen die Hörerwartung. Nun, die Zeit Beethovens und Schuberts ist noch nicht lange vorüber. Die Melodik ist wieder einfacher, nämlich ganz auf die gängige Achttaktigkeit hin ausgelegt, aber immerhin von erstaunlichem Erfindungsreichtum. – Die meisten Titel der Straußschen Walzerfolgen hängen mit Ereignissen des Zeitgeschehens, vor allem in Wien, zusammen, auch mit persönlichen Erlebnissen; mit der Musik haben sie – erstaunlich genug – meist nichts zu tun. Manche Quadrillen freilich lassen erkennen, wann welche Melodien neuer französischer oder italienischer Opern durch Wien schwirren. Die Siege des Feldmarschalls Radetzky schließlich werden mit dem *Radetzky-Marsch* verewigt, dessen musikalisches Material sich zwar schon in Tänzen und Märschen früherer Jahre findet, der also eine musikalische Kompilation ist – und doch zu den schönsten Märschen der Welt zählt.

In den 24 Jahren seiner Wirksamkeit konstituiert Strauß den Begriff Unterhaltungsmusik, und doch nimmt er in die Programme seiner Assembleen, Conversationen, Reunions und Soireen immer auch sogenannte ernste Musik auf: Ouvertüren und Sinfoniesätze von Mozart und Beethoven, von Spohr und Mendelssohn, Stücke aus Opern, aber auch Lied-Übertragungen, und selbstverständlich Charakter- und Virtuosenstücke. Gewiß, das ergibt im Einzelfall einen schlimmen Stilmischmasch – aber auf diese Weise kommen auch Musiken unter die Leute, die sonst den wohlhabenderen Besuchern der Symphoniekonzerte und der Opern vorbehalten geblieben wären. Und dann machen diese Programme deutlich, daß leichte Musik, wenn sie nur gut ist, sich mit ernster wohl vertragen kann, zumal Strauß sie in vollendet ausgefeilter Wiedergabe bietet. – Mag Strauß im Violinspiel von Lanner übertroffen worden sein, als Musiker war er nicht nur der temperamentvollere und einfallsreichere, er war einfach der bedeutendere.

1848/58 **Stanisław Moniuszko** (1819-1872): **Oper »Halka«** in Wilna und in Warschau

Zwar verliert gegen Ende des 18. Jahrhunderts Polen seine politische Selbständigkeit, aber das in drei Teile zerrissene Land entwickelt sich unter den verschiedenartigen kulturell-gesellschaftlichen Bedingungen der Teilungsmächte durchaus selbständig weiter. 1830/31 und 1863/65 kommt es zu Erhebungen, die zwar blutig niedergeschlagen werden, die aber das Bewußtsein der Eigenart der Polen und des Landes Polen erheblich stärken. Eben in dieser Zeit zwischen den beiden Aufständen entfalten sich Begabung und Schaffen von Stanisław Moniuszko (1837-1840 Studium bei Rungenhagen in Berlin). Chopin, sein großer Zeitgenosse, lebt und wirkt in dieser Zeit in Paris, so fällt Moniuszko allein die Aufgabe zu, im Lande selbst und unter den schwierigsten nationalen Bedingungen gerade eine national-polnische musikalische Sprache zu entwickeln. Seine erste Oper *Halka* (Text von W. Wolksi; erste Fassung in nur 2 Akten; bei der ersten Aufführung ohne Dekorationen!) geht 1848 und 1854 in Wilna, einer damals von den musikalischen Bewegungen in Europa abgeschnittenen und seiner besseren Sänger und eines stehenden Orchesters beraubten Provinzstadt, über die Bühne, bis man sich 1858 auch in Warschau entschließt, das Stück zu spielen, das schließlich zur polnischen Nationaloper werden soll.

Wahrscheinlich von derselben Bedeutung für Polen ist Moniuszko als Komponist von rund 360 Liedern, die er zwischen 1843 und 1859 unter dem Titel *»Hausliederbuch«* in 6 Heften herausgibt. (6 weitere Hefte erscheinen postum.)

Chopin und Moniuszko – die beiden Namen in einem Atemzug? »Daß jemand so töricht ist, sich nach dem Verlust Chopins mit mir brüsten zu können, ist nicht meine Schuld, und ich habe mich niemals neben irgendeine europäische Berühmtheit stellen wollen«, so Moniuszko selbst, der aber trotzdem, freilich auf seine Weise, zu den Schöpfern der neueren polnischen Musik gehört.

1848-61 **Franz Liszt** (1811-1886) **in Weimar. Die Neudeutschen und ihre Symphonischen Dichtungen**

Nicht nur als Wunderkind und als Schüler Czernys, sondern *im Grunde* ist Liszt Pianist, und als solcher verleiht er dem Klavier seinen einzigartigen Rang unter den Instrumenten, nämlich ebenso Partner für die Zwiesprache des Spielers mit sich selbst zu sein wie Partiturinstrument oder gar Orchesterersatz. Seit 1839 macht sich Liszt als durch ganz Europa, von Cádiz bis Schottland, von Kopenhagen bis Konstantinopel, reisender Klaviervirtuose bekannt und so berühmt, daß seine Triumphe selbst diejenigen Paganinis übertreffen. 1848 aber ist er des Reisens müde, schließt er sein Pianistenleben gleichsam ab (er komponiert fortan auch nur mehr wenig für Klavier), läßt er sich in Weimar nieder und wendet sich dem Orchester und der Orchesterkomposition zu. Aber Berlioz hatte schon von Liszts Klavierkonzerten (die Liszt selbst mehr scherzhaft »Soliloques«, die man seinerzeit allgemein »Pianorecitals« nennt) gemeint: »Du kannst frei nach Ludwig XIV. sagen: Das Orchester bin ich! Der Chor bin ich! Der Dirigent bin wiederum ich!«, und in der Tat, so wie Liszt Berlioz' *Symphonie fantastique* für Klavier bearbeitet, so kann man sich umgekehrt seine Symphonischen Dichtungen als Orchesterfassungen eigener großer Klavierphantasien vorstellen.

Liszts Tätigkeit in Weimar zwischen 1849 und 1861 ist von großer, man muß sagen von musikgeschichtlicher Bedeutung: Er leitet als Hofkapellmeister die Oper, pflegt als solcher neue Musik, schafft durch eigene Kompositionen von Symphonischen Dichtungen, geistlichen Werken und Liedern einen neuen Stil und gründet eine Schule, die man bald die »Weimarer« oder »neuromantische« nennt; Liszt setzt sich für Richard Wagner ein, indem er vier Jahre nach der Uraufführung *Tannhäuser* und 1850 zum ersten Mal *Lohengrin* (des dann aus Deutschland verbannten Komponisten) zur Aufführung bringt. Liszt ist ein Kapellmeister, wie man ihn sich nicht besser vorstellen kann. Neben den Opern des üblichen Repertoires führt er von neuen Opern auf: Spohrs *Faust* (1852), Schumanns *Manfred* (szenisch 1852), Schuberts *Alfonso und Estrella* (1853), Schumanns *Genoveva* (1855) und Cornelius' *Barbier von Bagdad* (1858). Wegen der Intrigen bei dieser letzten Aufführung freilich legt Liszt die Leitung der Oper nieder. (Die Orchesterverhältnisse sind übrigens nicht besonders günstig; es stehen nur 35 bis 39 Musiker zur Verfügung; Konzertmeister ist allerdings von 1850 bis 1852 Joseph Joachim.) Insgesamt werden unter Liszt 43 verschiedene Opern, darunter 25 zeitgenössische gegeben – und das bei einem höchst unwilligen Publikum, das er selbst »die große Null« nennt. Neben der Oper hat Liszt die Hofkonzerte zu leiten, in denen er nicht nur Mozart und Beethoven, sondern auch die meisten Werke von Berlioz und viele von Schumann zur Aufführung bringt. Schließlich ist er in hervorragender Weise als Lehrer tätig. Hier ist zuerst zu nennen sein bedeutendster Schüler und späterer Schwiegersohn Hans von Bülow, aber auch Raff, Cornelius, außerdem die Pianisten Bronsart, Klindworth, Jadassohn, Tausig, Reißmann und wie sie alle heißen, die über ihre Schüler und Enkelschüler mit der Schule Franz Liszts bis in unsere Zeit hinein wirken.

Sie alle, die der Partei der »Zukunftsmusiker« angehören, nehmen bei der ersten Tonkünstlerversammlung 1859 in Leipzig gewissermaßen offiziell den Namen »NEUDEUTSCHE SCHULE« an und provozieren damit eine Art Zusammenschluß auch der »Konservativen«, und so kommt es zur Parteiung und zur Entzweiung und 1860 gar zu einer öffentlichen Erklärung der »Konservativen« in der Berliner Zeitung *Echo*. Darin betonen die Unterzeichner, unter ihnen immerhin Brahms und Joseph Joachim, daß sie »die Produkte der Führer und Schüler der sogenannten ›Neudeutschen Schule‹... als dem innersten Wesen der Musik zuwider, nur beklagen und verdammen« können. Die Schroffheit des Parteiengegensatzes nimmt freilich seit den 1860er Jahren ab, und viele »Neudeutsche« werden durchaus auch der Gegenpartei gerecht; die Verehrung Brahmsens durch Hans von Bülow ist dafür ein schönes Beispiel. Dieser Parteienstreit, so wenig er uns heute mehr verständlich ist, ist seinerzeit von nicht geringem Gewicht. Noch 1838 hat Clara Wieck über Liszt notiert: »Er ist mit keinem Spieler zu vergleichen... sein Geist ist groß.« 1855 klagt sie aber über »bittere Enttäuschung« und sagt, »daß ein gemeiner Mißbrauch heiliger Formen, eine eklere Coquetterie mit den erhabensten Empfindungen zugunsten des Effektes nie versucht worden war«, und vom Dirigenten, daß »man die Lüge jeder Note anhört, jeder Bewegung ansieht«. Brahms spricht 1860 gar von einer »Pest«, und Joachim schreibt schon 1857 an Liszt selber: »Ich bin Deiner Musik gänzlich unzugänglich. Sie widerspricht allem, was mein Fassungsvermögen aus dem Geist unserer Großen seit früher Jugend als Nahrung sog.« Die Steine des Anstoßes sind vor allem anderen die SYMPHONISCHEN DICHTUNGEN von Berlioz bis Liszt und bis zu den »Neudeutschen«, und die dahinter stehenden Anschauungen von der Lösung des Problems, das das ganze Jahrhundert beherrscht, des Problems nämlich, wie die auslösende Empfindung des Komponisten durch die Musik zum Hörer zu übertragen und wie sie dort wahrnehmbar zu machen sei, anders ausgedrückt: ob die Musik als Mittel des Ausdrucks und als Verfahren der Übertragung von Ausdruck besser bei extensiver oder besser bei intensiver musikalischer Gestaltung (Paul Bekker) funktioniere, und ob für dieses Funktionieren Hinweise in »Programmen« nützlich oder hinderlich seien. Modern gesprochen ist das umstrittene Problem eines der Rezeption, genauer: das einer musikalischen Komposition, für die der Komponist in einer musiksoziologisch neuen Situation nicht mehr mit der selbstverständlichen Rezeption seiner Musik rechnen kann. Niemand hat dieses Problem schärfer gesehen und deutlicher beschrieben als Richard Wagner in seiner Schrift *Über Franz Liszts Symphonische Dichtungen* (1857).

Bei seinen Erörterungen muß Wagner, wo er Liszt mit Berlioz zusammenbringt, so etwas wie Stufen des Programmatischen einführen, die im Hinblick auf die Rezipierbarkeit dieser Musiken zu unterscheiden sind. Bei Berlioz' *Romeo und Julia-Symphonie* verliert Wagner trotz, oder vielmehr wegen des detaillierten Programms den musikalischen Faden so gründlich, daß ihm »die größte Hingerissenheit« in »unleugbares Mißbehagen« umschlägt. »Indessen ist soviel gewiß, daß es mit Liszts Anschauung eines poetischen Objektes eine grundverschiedene Bewandtnis von der Berliozschen haben muß«, denn Liszt wählt für seine Programme nicht »Vorgänge des gemeinen Lebens«, die erst »nach ihrem Konkreten Gefühlsgehalte zu sublimieren« wären, um musikalisch darstellbar zu werden, seine Programme führen vielmehr, was etwa in einer Szene liegt, »in durchaus konkreter idealer Form« vor, weil nur dies »musikabel« ist. Hier nun, bei solchem Stand der Überlegungen, kann und muß man, müssen wir heute fragen, ob der Weg wirklich so weit ist, wie die Zeit selbst ihn empfunden hat, der Weg vom Programm der »Neudeutschen« zu Schumanns und Brahmsens Poetischer Idee, ob Wagner mit der Behauptung »grundverschiedener Bewandtnis« wirklich recht hat.

Die Mittel zur SYMPHONISCHEN DICHTUNG, die Liszt verwendet, sind die im 19. Jahrhundert auch für die deskriptive Vokalmusik und das Melodrama erheblich gesteigerten der alten Tonmalerei, aber auch die Leitmotiv-Technik, und vor allem jene charakterisierende, assoziative Kunst des symphonischen Dichtens, an deren Ausbildung zu »sprechender Bestimmtheit« (Wagner) Liszt den entscheidenden Anteil hat, und die Richard Strauss zu einem Punkte führen wird, »von dem aus eine Weiterentwicklung in gleicher Richtung sich von selbst verbietet« (Klauwell).

Die wichtigsten der 17 Symphonischen Dichtungen Liszts sind: *Les Préludes* (nach Lamartine, 1848); *Tasso. Lamento e trionfo* (zur Goethe-Hundertjahrfeier 1849); *Prometheus* (1850); *Eine Faust-Symphonie in drei Charakteren* (1854); *Symphonie zu Dantes Divina Commedia* (1857).

1849 **Otto Nicolai** (1810-1849): **Oper »Die lustigen Weiber von Windsor«** in Berlin

»Deutsche Schule muß sein, das ist die erste Bedingung, aber italienische Leichtigkeit muß dazu kommen. So ist Mozart entstanden, und wenn ich seinen Geist hätte, so könnte ich auch was Gutes machen.« So Nicolai selbst. Neben früher Kirchenmusik und italienischen Opern, neben höchst erfolgreicher Tätigkeit als Hofkapellmeister in Wien 1841-48 (1842 Gründung der Philharmonischen Konzerte) und seit 1848 in Berlin hat er »was Gutes gemacht«, *Die lustigen Weiber von Windsor* (Text nach Shakespeare von H. S. Mosenthal) ein Meisterwerk der deutschen romantischen komischen Oper. Hier sind tatsächlich einmal deutsche romantische Gemütstiefe und italienische Leichtfüßigkeit, nordischer Humor und südlicher Witz glücklich vereint.

1850 **Richard Wagner** (1813-1883): **Romantische Oper »Lohengrin«** in Weimar

»Lohengrin suchte das Weib, das an ihn glaubte«, schreibt Wagner in der *Mitteilung an meine Freunde* 1851, »das nicht früge, wer er sei und woher er komme, sondern ihn liebte, wie er sei und weil er so sei, wie er ihr erschiene.« Die dramaturgische Schwierigkeit des Lohengrin-Stoffes färbt, wie Dahlhaus (1971) scharfsinnig beschreibt, auf die Musik ab. Als musikalisches Zentrum des dritten Aktes erscheint z.B. nicht Lohengrins Klage (»O Elsa! Was hast du mir angetan?«), ein melodisch eher uncharakteristisches Stück Opernmusik, sondern die Gralserzählung (»In fernem Land«), die als Wiederkehr des instrumentalen Vorspiels in vokaler Umformung das Ende der inneren, musikalisch ausgeprägten Handlung bezeichnet. »Dem Irdischen, in das Lohengrin durch Elsas Traumerzählung herabgezogen wurde, wird er durch die Gralserzählung wieder entrückt: Die episch-musikalische Darstellung erscheint als Verwirklichung dessen, was sie ausmalt; die Erzählungen, in denen die Handlung scheinbar stillsteht, enthalten in Wahrheit deren entscheidende Motive. Das aber bedeutet nichts Geringeres, als daß in der ›romantischen Oper‹ die Musik, durch die Lohengrins Erscheinung als Realisierung von Elsas Traum überhaupt erst glaubwürdig wird, begründende Funktion erhält«, begründende und zugleich Einheit stiftende.

Bei solchen Überlegungen mag man an einen Satz von E. Th. A. Hoffmann denken über die Komposition von Liedern wie aus einem Punkt: »Von dem tiefen Sinn des Liedes angeregt, muß der Komponist alle Momente des Affekts wie in einem Brennpunkt auffassen, aus dem die Melodie hervorstrahlt, deren Töne dann ... das Symbol aller der verschiedenen Momente des innern Affekts sind, die des Dichters Lied in sich trägt.« Verstehe ich den Satz richtig, dann ist für E. Th. A. Hoffmann und offenbar auch für Richard Wagner die poetische Grundsituation für das zu schaffende Werk samt seinen Einzelheiten wichtiger als die direkte Ausformung des Einzelnen. Das aber entspricht der Vorstellung der musikalischen Romantik vom organischen Werden aller poetischen Musik, und das Organische entwickelt sich in einem »symphonischen Gewebe«, wie Wagner sagt, in den »Metamorphosen der Themen« (M. H. Schmid 1988).

Den Prosaentwurf zum *Lohengrin* schreibt Wagner im Juli 1845 in Marienbad (übrigens gleichzeitig mit dem zu den *Meistersingern*); die Dichtung ist im November 1845, die Komposition im April 1848 abgeschlossen. Die Uraufführung findet am 28. August 1850 in Weimar statt in Zusammenhang mit einer Goethe-Feier an dessen Geburtstag. Die Leitung hat Franz Liszt. Der Erfolg ist groß. Wagner selbst kann nicht dabei sein; noch lebt er in der Schweiz in der Emigration. – Im Mai 1853 finden zum erstenmal »Wagner-Festspiele« statt: Im Stadttheater Zürich führt man in drei Sonderkonzerten unter Wagners Leitung Ausschnitte aus dem *Fliegenden Holländer,* aus *Tannhäuser* und aus *Lohengrin* auf. Zum Auftakt liest man das Vorwort zu den drei Dichtungen vor. Der Erfolg ist beispiellos; die Presse nennt Wagners Werke »mirakulös«. – Wie fast alle Werke Wagners wird auch der *Lohengrin* parodiert, brillant von Johann Nestroy (1859), der sich weitgehend an Wagners szenischen Duktus hält, scharf satirisch von Heinrich Mann im *Untertan* (1914).

1850-86 **Anton Rubinstein** (1829-1894): **6 Symphonien** und **5 Klavierkonzerte**

Gewiß, das kompositorische Werk Anton Rubinsteins hat, abgesehen von einigen Liedern und Klavierstücken (*Melodie F-dur,* op. 3, 4; *Romanze Es-dur,* op. 44, 1) und von der *Oper »Der Dämon«* (nach Lermontow, Petersburg 1875), die sich im Repertoire der russischen Bühnen gehalten hat, seine Zeit nicht überlebt. Trotzdem sollte man bei der Beurteilung des Komponisten Anton Rubinstein vorsichtiger sein, als man es üblicherweise ist. Sicherlich, er ist in seiner Wesensart konservativ und in seiner Tonsprache Mendelssohn und Schumann verpflichtet. Sicherlich vermißt man bei ihm alles das, was man seit Glinka von einem russischen Komponisten erwarten möchte. Und dennoch hat Rubinstein für die Entwicklung der russischen Musik eine nicht zu übersehende Bedeutung: Seine ersten *Symphonien* sind die ersten russischen Symphonien überhaupt; erst auf ihrer Grundlage kann das symphonische Werk von Tschaikowsky und von Borodin entstehen. Nicht anders verhält es sich mit seinen *Klavierkonzerten:* Von einem unvollendeten Versuch Balakirews abgesehen, hat sich vor Rubinstein kein russischer Komponist an die Komposition eines Klavierkonzerts gewagt. Tschaikowskys erstes *Klavierkonzert* entsteht erst 1875, ein Jahr nach dem letzten von Anton Rubinstein. Wenn die russische Musik in der zweiten Hälfte des 19. Jahrhunderts die Epoche des genialischen Halbdilettantismus überwindet, wenn in Rußland ein Berufsmusikertum entsteht, das Können mit Verantwortung verbindet, dann hat daran Anton Rubinstein entscheidenden Anteil, und zwar nicht nur auf organisatorischem Gebiet. Als Lehrer ist zwar Nikolai Rubinstein seinem Bruder Anton überlegen, aber dieser schafft die Grundlagen der Interpretation, die für die russische Pianistenschule im Ganzen auch heute noch gelten. Und wäre er als Pianist ein reiner Virtuose, als den man ihn mitunter ansieht, dann hätte er wohl kaum sagen können, was er gesagt hat: »Das Thema der *A-dur-Variationen-Sonate* von Mozart ist unendlich viel schwerer zu spielen als das ganze *Islamey* von Balakirew« (Waldmann 1963).

14. Daten von 1851 an

1851 **Giuseppe Verdi** (1813-1901): **Oper »Rigoletto«** in Venedig

Das Libretto nach Victor Hugos *Le roi s'amuse* stammt von F. M. Piave – »eines der schönsten Libretti, mit Ausnahme der Verse, aus denen es besteht«, meint Verdi ebenso spitz wie geistvoll. Jeder, dessen ist er gewiß, wird erkennen, daß er hier den Stab bricht über den Absolutismus, daß er das Problem der Freiheit aus der Tragödie eines einzelnen Menschen entwickelt, weil der fühlende, leidende, einsame Mensch nicht länger der Willkür, gar den Launen eines Mächtigen ausgesetzt sein darf. Mit dem *Rigoletto,* seiner sechzehnten Oper, betritt Verdi in gewisser Weise eine neue Ebene, und er ist sich dessen bewußt: »Die lange Erfahrung hat mir bestätigt, was ich von jeher von der Theaterwirkung gehegt habe, wenn ich auch in meinen Anfängen nie den Mut aufgebracht habe, es zu manifestieren. Ich hätte z.B. vor zehn Jahren nicht gewagt, den *Rigoletto* zu schreiben. Heute würde ich mich weigern, Themen wie *Nabucco,* wie *Due Foscari* und anderes mehr zu schreiben. Sie bieten höchst interessante szenische Möglichkeiten, aber ohne Vielfalt. Es wird immer nur eine Saite angeschlagen, vielleicht eine hoch gestimmte, aber immer dieselbe.« Und: »Nach der machtvollen Wirkung der Dramen Victor Hugos haben alle nach dem Effekt gesucht, ohne zu beachten, daß Victor Hugo stets ein Sinn vorschwebte: mächtige, leidenschaftliche, vor allem aber ursprüngliche Charaktere. Die großen Charaktere zeugen die großen Situationen, aus denen die Wirkung ganz natürlich erwächst.«

1852/59 **Charles Gounod** (1818-1893): **»Ave Maria« nach J. S. Bach**

1853 veröffentlicht der Verleger Huegel in Paris die *Méditation sur le Ier Prélude de Piano de S. Bach, composée pour Piano et Violon solo, avec Orgue ad lib: par Ch. Gounod:* eines der berühmt-berüchtigten Stücke des 19. Jahrhunderts. Feder (1969) hat das Stück untersucht und beschrieben. »Das Präludium selbst besteht im wesentlichen aus arrangierten Akkorden, deren Arpeggio ausgeschrieben ist und bildet damit in gewisser Weise einen Beleg für die schon seit dem 18. Jahrhundert geläufige Ansicht, daß Bach ein großer Harmoniker, aber kein Melodiker war. Völlig melodielose Kompositionen gibt es im 19. Jahrhundert nur in Form von Etüden. Für einen naiv empfindenden Musiker muß Bachs *Präludium* zu einem Kunstwerk daher das Wichtigste fehlen. Es mußte für ihn naheliegen, sich bei meditierender Versenkung in Bachs harmonische Wogen eine Melodie zu denken, und dies um so eher, als die den Akkordfolgen innewohnende Dynamik als ein Ringen nach Ausdruck, als ein Sehnen der Harmonie nach Erlösung in der Melodie verstanden werden konnte. Gounod tat den entscheidenden Schritt und schuf damit ein Musikstück, dessen Sprache dem Zeitalter z.B. aus Mendelssohns *Liedern ohne Worte* bestens vertraut war: eine expressive, kantable Melodie über einer motorischen, dynamischen, akkordischen Begleitung.« Dabei ist Gounods Melodie die Herrscherin, Bachs *Präludium* die dienende Begleiterin. Diese Degradierung dürfte es vor allem sein, die Gounods *Méditation* die Feindschaft der Bach-Freunde zugezogen hat, so daß es heute als unpassend gilt, das *»Ave Maria«* ohne Spott zu nennen, geschweige denn, es zu spielen.

So charakteristisch das Stück für seine Zeit ist, so charakteristisch sind seine Folgen: Arrangements aller Art und eine »Gattung Méditation«. Das eindrucksvollste Arrangement stammt von Gounod selbst, nämlich das eines »geistlichen Liedes« mit dem Text des »Ave Maria...« (1859). Der lateinische Text paßt sich im großen und ganzen der Melodie an, im Grunde aber gehen Wort und Ton eigene Wege. Bei der wahlweisen französischen Version steht es nicht besser, obwohl der Dichter (Paul Bernard) die Freiheit zu einem sich vollkommen anschmiegenden Text gehabt hätte. Kam es ihm nicht so genau darauf an? Es war ihm offenbar wichtiger, nur so allgemein eine Stimmung zu treffen, die von der Musik ausgeht und in Gottes Namen auch das Gebet umfaßt.

Daß Gounod mit seiner *Méditation* eine neue Gattung von Bach-Bearbeitungen heraufbeschwören würde, konnte er nicht ahnen. Aus dem Nachhinein der Geschichte aber erscheint gerade das nicht so erstaunlich, eher enthüllend: Nirgendwo zeigen sich die Schwierigkeiten des Zeitalters mit Kunst und Musik so wie in seinen Schwierigkeiten mit dem neuen Phänomen »Musik als Geschichte«, und Bachs *C-dur-Präludium* in Gounods Bearbeitung ist ein Stück »Musik als Geschichte«. Um so weniger dürfen wir dem Mißverständnis unterliegen, diese »Méditation« könne kaum ernst gemeint sein. Wiora betont mit Recht: »Sie ist aus musikalischen Denk- und Hörformen des 19. Jahrhunderts sowie aus französischer Religiosität dieser Zeit zu verstehen. Gounod hat zum Präludium Bachs nicht nur eine Zusatzstimme komponiert, sondern auch die Harmonik anders gedeutet, Pedal vorgeschrieben und Vortragszeichen hinzugefügt. Man muß zudem Gounods Kirchenmusik heranziehen, um seine Bach-Bearbeitung zu beurteilen. Freilich spielt in dieser ›Meditation‹ noch etwas Besonderes mit: das ›Religioso‹ als Ersatz für ursprüngliche Religion.«

1852-96 **Johannes Brahms** (* Hamburg 1833, † Wien 1897): **Lieder**

Wie keine andere Gattung zieht sich das Lied (mit über 200 Kompositionen, ohne die Volkslieder) durch Brahms' ganzes Schaffen, wie für keine andere Gattung hat er hier ein geliebtes Vorbild: das Volkslied (dem er auch selbst sammelnd nachspürt, ohne daß man sagen könnte, er sei ein Volksliedsammler); vom Volkslied sucht er den Ton, im Strophenlied sieht er sein Muster, Volkslieder faßt er immer wieder in eigene Sätze,

»Volkslieder« schreibt er gar selbst (*Deutsche Volkslieder,* 6 Hefte, 1894). Darf oder muß man nun daraus auf eine gewisse Nähe Brahmsens zu Reichardt schließen, der wie keiner sonst von den Liederkomponisten Volkslieder kunstmäßig zu schreiben versucht hat? Nein! Das Verhältnis von Text zu Deklamation und zu musikalischem Satz hat sich seit Reichardt fast umgekehrt. Musik entsteht keineswegs mehr wie von selbst aus dem Text; die Klavierstimme stützt keineswegs mehr nur die Singstimme, die eigentlich auch ohne sie auskommen könnte. Umgekehrt scheint es jetzt oft fast so, als gebe die Singstimme einem an sich autonomen Klavierstück durch Deklamation einen bestimmten Sinn, verdeutliche sie die instrumentalen Linien so, wie vielleicht eine Bildunterschrift graphische Linien verdeutlicht (Dürr 1984). – Ein anderer Teil von Brahms' Liedschaffen ist von einem Ton elegischer Besinnlichkeit oder pathetisch-melancholischer Gefühlsbetontheit bestimmt, von einem Ausdruckscharakter, der weder die Vielfalt Schubertscher noch die reiche Gefühlsskala Hugo Wolfscher Liedkunst zeigt, sondern ein auf dunkle Gefühlstöne sich beschränkendes Kolorit ausprägt. In diesem Ausdrucksbereich hat Brahms zeitlebens seine Meisterlieder geschaffen: *Die Liebestreu* in op. 3 (1852/53), *Von ewiger Liebe* in op. 43 (1864), *Sapphische Ode* in op. 94 (1884), *Immer leiser wird mein Schlummer* in op. 105 (1886). In Liedern wie den genannten kulminiert das romantische Lied schlechthin.

1853 **Giuseppe Verdi** (1813-1901): **Opern »Il Trovatore«** in Rom und **»La Traviata«** in Venedig

Am 2. Februar 1852 wird in Paris *La dame aux camélias* von Alexandre Dumas d. J. aufgeführt, eine Bühnenfassung des Romans von 1848. In Verdi, der schon von dem Roman beeindruckt war, beginnt sich eine zweite »Revolution« vorzubereiten, eine tiefere als beim *Rigoletto.* Wieder in Busseto wendet er sich aber zunächst dem *Trovatore* (Text von S. Cammarano und L. E. Bardare) zu. Die Uraufführung findet im Teatro Apollo in Rom am 19. Januar 1853 statt. »Es heißt«, schreibt Verdi der Gräfin Maffei, »die Oper sei allzu traurig, es gäbe zu viele Tote. Aber ist nicht im Leben schließlich alles tot? Was besteht?« Das klingt nach Shakespearescher Narrenweisheit, paßt aber durchaus auf den *Trovatore,* die trotzdem volkstümlichste Oper Verdis. Viel wird über den Unsinn des Librettos gesagt und geschrieben – und schon bald nach der Uraufführung werden in Neapel drei erfolgreiche Parodien beklatscht, eine vierte in Rio de Janeiro, eine fünfte in Lissabon, eine alle anderen wohl übertreffende sechste in London, eine siebente in Mailand. Verdi hört sie sich an, lacht, ist begeistert. Der *Trovatore* lebt nicht aus der Handlung, er lebt – abgesehen von der Zigeunerin Azucena, der eigentlichen Hauptrolle – nicht aus den Gestalten und ihrer fast puppenhaften Beziehungslosigkeit, er lebt aus der Musik, aus einer Musik von extremem, von extrem italienischem Ausdruck.

Schon vor der Uraufführung des *Trovatore* hat F. M. Piave die ersten Verse der *Traviata* geschrieben, »eines Stoffes der Gegenwart. Ein anderer hätte ihn wohl nicht behandelt, der Sitten, der Zeiten und zahlloser anderer tölpelhafter Skrupel wegen. Ich aber schreibe die Oper mit dem größten Vergnügen.« In der *Traviata* fehlen zum erstenmal die äußeren Gewalten des Bösen; das Schicksal spielt sich *in* den Menschen ab. Verdi steht im Zauberkreis der französischen Spätromantik – und im Bann der neuen Gesellschaftskritik. »L'art qui fait irruption dans la morale«, hatte Balzac geschrieben. Verdi greift ein Zeitstück auf. Am 6. März 1853 findet die Uraufführung im Teatro La Fenice in Venedig statt – und die Oper fällt durch. »La Traviata gestern Abend – ein Fiasko. Ist es meine Schuld oder die der Sänger? Die Zeit wird urteilen.«

1853-64 **Karl Proske** (1794-1861): **Sammlung »Musica Divina«**

Der musikalische Historismus, der mit der Romantik seit dem 18. Jahrhundert heraufzieht und am Beginn des 19. zu hochbedeutenden Ereignissen (Aufführung von Bachs *Matthäuspassion* in Berlin 1829) und Werken (Thibaut: *Über Reinheit der Tonkunst* 1825) führt, führt zugleich in eine merkwürdig restaurative musikalische Bewegung der Kirchenmusik. Diese erhält nach ersten Münchner Versuchen des Organisten Caspar Ett (1788-1847) ihren Mittelpunkt in Regensburg, wo der Kanonikus Carl Proske eine rege, auf umfassende historische Studien gegründete Tätigkeit entfaltet. Seit 1853 veröffentlicht er unter dem Titel *Musica Divina* 4 Bände einer großen Sammlung von Neuausgaben alter a cappella-Kirchenmusik, die unmittelbar für kultische Verwendung gedacht ist. Die Widerstände, die sich einer solchen Auswirkung des Historismus in der alltäglichen Praxis entgegensetzen, sind jedoch erstaunlich. Ihnen begegnet der »Allgemeine Deutsche Cäcilienverein«, den Franz Xaver Witt (1834-1888) 1868 gründet, und nun verbreitet sich zusammen mit alten Originalwerken auch eine Fülle von Neukompositionen in allen Schattierungen eines aus dem Geist des 19. Jahrhunderts erneuerten Palestrinastils – oder was man dafür hielt. Proske selbst hält übrigens »den Beruf eines Forschers der Musik zu seiner Zeit für wichtiger als die selbstschaffende Vermehrung praktischer Musikwerke.« – Ähnliche Sammlungen wie Proske hat schon vor ihm Franz Commer (1813-1887) aus hauptsächlich Berliner Beständen herausgegeben: *Musica sacra* (28 Bände 1839-1887) und *Collectio operum musicorum Batavorum saeculi XVI* (12 Bände 1844-1858). Zu nennen sind aber auch die ersten Bände der *Palestrina-Gesamtausgabe* (1862 ff.) und dann die historischen Arbeiten des Geheimen Obertribunalrats Carl von Winterfeld (1784-1852), eines Liebhaberforschers größten Stils. Neben ihm behauptet sich ebenbürtig nur August Wilhelm Ambros (1816-1876), der die Wiener Tradition des Barons van Swieten und R. G. Kiesewetters aufnimmt. In Ambros' *Geschichte der Musik* (5 Bände 1862-82) findet die von der deutschen Romantik unmittelbar angeregte musikhistorische Arbeit eine vorläufig abschließende Zusammenfassung.

1853-93 **Johannes Brahms** (1833-1897): **Klavierwerke**

»Brahms ist« – so versteht ihn jedenfalls Einstein (1950) – »der größte Repräsentant *der* musikalischen Romantik, die sich mit der Vergangenheit schöpferisch auseinandersetzen will, die sich nicht über Bach und Händel, Haydn und Mozart und vor allem nicht über Beethoven hinwegsetzen möchte.« Das ist aber nicht von Anfang an so. Genau wie Schumann beginnt Brahms mit ungestümer Jugendlichkeit. Die drei *Klaviersonaten* von 1853/54 (op. 1 C-dur; op. 2 fis-moll; op. 5 f-moll), seine einzigen, sind wahre Wunderhornromantik – und erinnern auf ihre Weise doch an Beethoven: ohne dessen op. 106 ist z. B. der erste Satz von op. 1 nicht denkbar. Und mit seinem ersten *Klavierkonzert* (op. 15 d-moll) wagt er den Wurf ins Große, ins Symphonische. Zu früh? Als Brahms am 27. Januar 1859 das Werk den Leipzigern vorführt (die Uraufführung fand am 22. Januar in Hannover statt), könnte der Mißerfolg nicht vollständiger sein. Brahms empfindet das tief. Aber es ist fraglich, ob gerade dieses Erlebnis, ob erst dieses Erlebnis ihn zum Nachdenken über seine historische Stellung veranlaßt hat. Wie dem auch sei, es ist ihm jedenfalls dies ganz klar: *er* kann keine Opern schreiben wie Wagner und keine Rhapsodien wie Liszt, und – er ist schon gegenüber Schumann ein Spätgeborener.

»Die Wandlung muß sich in ihm vollzogen haben, ehe er noch das vierundzwanzigste Jahr erreicht hat« (Einstein). Wandlung? Als Klavierkomponist bleibt Brahms zeitlebens der Romantiker, der er am Anfang ist, nicht gleich stürmisch, aber gleich innig. Die *Phantasien op. 116* und die berühmten *Intermezzi op. 117* (davon das erste mit einem Motto, wie es bei Schumann gestanden haben könnte) entstehen schließlich erst 1892, und gerade diese späten Kostbarkeiten sind es, die ihm in den Herzen der Musikfreunde den Platz des Romantikers der Klaviermusik schlechthin zugewiesen haben. Freilich, das hat auch seine geschichtlichen Gründe, wie man gerade auch bei Einstein (1950) nachlesen kann, – und die Stücke haben geschichtliche Folgen, wie die jüngere Musikwissenschaft nachgewiesen hat: *Hier* finden sich die Anfänge jenes kompositorischen Verfahrens, das Schönberg dann »entwickelnde Variation« nennt, »die künstlerische Ökonomie, die Entwicklung musikalischen Reichtums aus geringster Substanz« (Dahlhaus), *hier* auch die »entwickelte Zeit« (Torkewitz).

Eine Eigentümlichkeit des Zeitalters ist die Vorliebe für die Miniatur. Zwar gibt es musikalische Miniaturen auch früher, etwa die Charakterstücke der französischen Lautenisten des 17. Jahrhunderts oder die kurzen Programmstücke Couperins und Rameaus und noch C. Ph. E. Bachs. Aber auch hier macht Beethoven einen neuen Anfang mit seinen *Bagatellen* (op. 33, 119, 126) und die Romantiker folgen ihm wie begierig, freilich mit durchaus verschiedener neuer Intention: Es ist nicht mehr die Konzentration auf eine Art von musikalisch-gedanklicher Minimierung, nach der sie streben, sondern das Laut-werden-Lassen eines lyrischen Gefühls, das Festhalten eines musikalischen Augenblicks des Glücks. So entstehen die *Lieder ohne Worte* Mendelssohns, die dem Gefühl der Epoche so sehr entgegenkommen; so entstehen die *Kinderszenen* oder die *Bunten Blätter* Robert Schumanns (dessen beste Werke oft nichts anderes sind als kaleidoskopartige Reihungen solcher Miniaturen, die *Davidsbündler*, die *Kreisleriana*, der *Faschingsschwank aus Wien*, der *Karneval*). Daß Brahms das Größte im Kleinen schafft, daß die musikalische Romantik ihren eigentlichen Ausdruck in den kleinen Formen der Klavierstücke und Lieder findet, man sollte es vielleicht so zugespitzt nicht behaupten, aber Wahrheit steckt darin, wir wissen's: In den *Kinderszenen* hat man den ganzen Schumann, in den späten *Intermezzi* den ganzen Brahms – nicht aber in den *Bagatellen* den ganzen Beethoven, nicht in den *Moments musicaux* den ganzen Schubert!

1854 **Heinrich Wilhelm Ernst** (1814-1865): **»Le Roi des Aules« (»Erlkönig«)** für Violine solo

Paganini selbst war unnachahmlich. Aber in dem neuen Zeitalter der Instrumentalmusik, das er einleitet und für das er die spielerische Virtuosität zu einer Art musikalischer Qualität erhebt, findet er Nachahmer, vielmehr Fortsetzer, den einen oder anderen gar, der ihn übertrifft: etwa jenen Heinrich Wilhelm Ernst, dessen Bearbeitung für Violine solo von Schuberts *Erlkönig* oder dessen *Variationen über das irische Volkslied »Des Sommers letzte Rose«* (1865) erst Gidon Kremer unlängst wiederbelebt hat. – Unmusikalisches Virtuosentum? Nein, vielmehr Verselbständigung und Überhöhung einer aus dem verlorenen Gesamt der Musik herausragenden Möglichkeit des instrumentalen Spiels. – 1859 spielt Ernst in denkwürdigen Konzerten der Londoner Beethoven Quartet Society mit Brahmsens Freund Joseph Joachim, H. Wieniawski und A. Piatti zusammen, worauf Joachim sagt: »Ähnliches habe ich niemals wieder gehört; wie denn Ernst der Geiger war, der turmhoch über allen stand, denen ich im Leben begegnet bin.« Übrigens spielt Ernst auch Bratsche und trägt die ursprünglich für Paganini gedachte Solostimme in Berlioz' *Harold in Italien* unter Leitung des Komponisten in St. Petersburg (1847) und London (1855) vor.

1854 **Eduard Hanslick** (1825-1904): **»Vom Musikalisch-Schönen«**

Nicht »Vom musikalisch Schönen«, sondern »Vom Musikalisch-Schönen« lautet der Titel, das Buch handelt also nicht von einer besonderen Seite des Schönen, sondern von der Musik, und der Untertitel ist dabei höchst bedeutungsvoll: »Ein Beitrag zur Revision der Ästhetik der Tonkunst«. Offensichtlich war die musikalische Ästhetik um die Mitte des 19. Jahrhunderts in die Irre geraten, in die Irre freilich durch die Musik, die sie als Phänomen zu beschreiben hatte. Kein Geringerer als Friedrich Nietzsche hat das dann gegeißelt, zwar um einiges später, nämlich 1888, und in besonderer Hinsicht auf Richard Wagner, aber mit den treffendsten Formulierungen (*Der Fall Wagner*): »Nicht jede Musik hat bisher Literatur nötig gehabt; man tut gut, hier nach dem zureichenden Grund zu suchen. Ist es, daß Wagners Musik zu schwer verständlich ist? Oder fürchtet er das Umgekehrte, daß man sie zu leicht versteht – daß man sie *nicht schwer genug* versteht? – Tatsächlich hat er sein ganzes Leben *einen* Satz wiederholt: daß seine Musik nicht nur Musik bedeute! Sondern mehr! Sondern unendlich viel mehr!... ›Nicht nur Musik‹ – so redet kein Musiker. Nochmals gesagt, Wagner konnte nicht aus dem Ganzen schaffen, er hatte gar keine Wahl, er mußte Stückwerk machen, ›Motive‹, Gebärden, Formeln, Verdopplungen und Verhundertfachungen, er blieb Rhetor als Musiker – er *mußte* grundsätzlich deshalb das ›es bedeutet‹ in den Vordergrund bringen. ›Die Musik ist immer nur ein Mittel‹: das war seine Theorie, das war vor allem die einzige ihm überhaupt mögliche *Praxis*. Aber so denkt kein Musiker!« Nun, Wagner dachte so. Aber daß nicht alle Musik so und nur so zu denken sei, das mußte endlich gesagt werden, und es war Hanslick, der den Versuch gewagt hat, eben dies zu formulieren. »Endlich« und »Versuch« deshalb, weil das Selbstverständliche tatsächlich nicht nur lange nicht mehr, sondern im neuen Zeitalter der Ästhetik überhaupt noch nicht expressis verbis gedacht worden war: Daß Musik Musik ist und sonst nichts, daß es jedenfalls bis vor kurzem so gewesen ist (von besonderen, ihr Wesen kaum tangierenden Randerscheinungen abgesehen) und daß es auch jetzt noch so sein kann.

Die zentralen Sätze bei Hanslick lauten: »Frägt es sich nun, was mit diesem Tonmaterial ausgedrückt werden soll, so lautet die Antwort: *Musikalische Ideen.* Eine vollständig zur Erscheinung gebrachte musikalische Idee aber ist bereits selbständiges Schöne, ist Selbstzweck und keineswegs erst wieder Mittel oder Material zur Darstellung von Gefühlen und Gedanken, wenn sie gleich in hohem Grad jene symbolische, die großen Weltgesetze widerspiegelnde Bedeutsamkeit besitzen kann, welche wir in jedem Kunstschönen vorfinden.

Tönend bewegte Formen sind einzig und allein Inhalt und Gegenstand der Musik...

Die Musik will nun einmal als Musik aufgefaßt sein, und kann nur aus sich selbst verstanden, in sich selbst genossen werden...

In der Musik *ist* Sinn und Folge, aber *musikalische;* sie ist eine Sprache, die wir sprechen und verstehen, jedoch zu *übersetzen* nicht im Stande sind.

Es liegt eine tiefsinnige Erkenntniß darin, daß man auch in Tonwerken von ›Gedanken‹ spricht, und wie in der Rede unterscheidet da das geübte Urtheil leicht echte Gedanken von bloßen Redensarten...

Das Componiren ist ein *Arbeiten in geistfähigem Material...*«

Hanslicks Intention dabei ist, die seit der Aufklärung herrschende und in einer neuen »Ästhetik« formulierte Anschauung zu revidieren, der einzige »Zweck« der Musik sei es, Gefühle darzustellen, und statt dessen dem Gedanken einer autonomen Musik wieder zum Durchbruch zu verhelfen: Ihrer Natur nach habe Musik keinen Zweck und stelle nichts dar, man könne bzw. dürfe von Musik nur sagen: »Musik ist« (statt: »Musik bedeutet...«). Gerade zu Hanslicks Zeit nun ist die Musik aber beherrscht von Musiken, die etwas bedeuten, die also auf etwas hindeuten, das sie selbst nicht sind, die über sich hinausdeuten, vor allem die Opernmusiken Richard Wagners und die »Programmusiken« von Berlioz über

Liszt zu Richard Strauss und weiter. Im Gegensatz zu diesen Musiken beginnt man nun um 1850, alle andere Musik mit dem eigens als Gegenbegriff erfundenen Begriff »absolute Musik« zu benennen, der zunächst nichts anderes meinen soll und meint als Musik, die »losgelöst« ist von jeglicher Funktion und Bedeutung, die weder eines Textes noch eines Programms, nicht einmal einer Erläuterung bedarf, damit man sie verstehe. Dieser Begriff nun beginnt, leider, zu wuchern. Alsbald nennt man jede textlose Musik »absolut«, und auch der nächste Schritt folgt bald: nur »absolute Musik« kann »reine Musik« sein. Zwei bis heute sich hartnäckig haltende Irrtümer haben hier ihre Wurzel – wobei »hier« heißt: in den Pressefehden und Parteiungen der damaligen Zeit, in denen und durch die die Gegensätze jeweils so dargestellt sind, als sei das eine die echte, das andere eine falsche Kunst – die Irrtümer, daß jede reine Instrumentalmusik »absolute Musik« sei, und daß sich die »absolute Musik« des 19. Jahrhunderts von aller anderen Musik derselben Zeit prinzipiell unterscheide.

Zum ersten ist zu fragen: Absolut = losgelöst. Aber wovon gelöst, etwa bei *Brandenburgischen Konzerten?* Und zum zweiten ist zu sagen: Ja, Brahmsens Instrumentalmusik ist frei von sprachlich konkretisierbaren Inhalten, tatsächlich in keiner Weise programmatisch gebunden oder zu binden, also durchaus losgelöst = absolut, d.h. frei von all jenen, die anderen Musiken beherrschenden Bedeutungs-Vorstellungen. Aber, daß sie prinzipiell anders gedacht, zu spielen, zu hören, zu empfinden sei, als alle andere gleichzeitige Musik, das stimmt einfach nicht. Vielmehr ist, wie Paul Bekker (1926) schön formuliert hat, »der romantische *Gefühlskern*« Brahms und allen seinen Antipoden gemeinsam, sie entwickeln ihn nur auf verschiedene Art, »der eine durch intensive, die anderen durch extensive Entfaltung.« Übrigens, daß Brahms in der »Poetik« seiner Musik – wie Schumann gesagt hätte – ganz unliterarisch gewesen sei, ist doch nicht ohne weiteres zu akzeptieren, man denke nur für die frühe Zeit an die berühmte *Edward-Ballade* (op. 10, Nr. 1, 1854), für die späte Zeit an das erste der *Intermezzi* op. 117 (1892), und man denke – um auch ein »großes« Stück zu nennen – für den zweiten Satz der ersten *Klaviersonate* (C-dur, op. 1, 1853) an das zu Grunde liegende schlechthin romantische »altdeutsche Minnelied« (von Zuccalmaglio): »Verstohlen geht der Mond auf; blau, blau, Blümelein...«

1856 Tekla Badarzewska-Baranowska (1834-1861): Klavierstück »Gebet einer Jungfrau«

Das Stück, das unter dem Titel *Modlitwa dziewicy* 1856 zum erstenmal in Warschau im Selbstverlag, dann 1859 als *Prière d'une vierge* in einer Notenbeilage der *Revue et Gazette Musicale* in Paris, und dann in mehr als 80 Verlagen in aller Herren Länder (und in vielen Bearbeitungen) erscheint, ist wahrscheinlich das berühmteste Musikstück seiner Zeit überhaupt. Wie alle die insgesamt 35 Werke der Komponistin (die ausübende Konzertpianistin ist) zeigt es Beherrschung des Klaviersatzes aber bescheidene Einfallskraft und übertriebene Sentimentalität des Ausdrucks (Lissa 1973). Anders ausgedrückt: das Stück ist schlechthin trivial, jedenfalls scheint es uns heute für den Inbegriff von Kitsch in der Musik stehen zu können. Als solches freilich ist es nicht berühmt geworden, sondern als Lieblingsmusik ungezählter Menschen bis in die 20er Jahre unseres Jahrhunderts, vor allem ungezählter klavierspielender sogenannter Höherer Töchter. Also mangelt es diesen allen an musikalischem Geschmack? Ein solches Urteil wäre zwar anmaßend – aber es ist, »rein ästhetisch gesehen«, unumgänglich (Dahlhaus 1967). Und dennoch, eine rein ästhetische Betrachtungsweise ist eben hier – wie übrigens auch sonst bei historischer Kunst – aus verschiedenen Gründen unangemessen, vor allem aus diesem: sie verstellt die Möglichkeit des Verstehens eines ja doch nur scheinbar unverständlichen Phänomens.

Das *Gebet einer Jungfrau* ist ein sogenanntes SALONSTÜCK, zu spielen zur Unterhaltung im Salon. »Salon« heißen im 18. und 19. Jahrhundert Empfangsabende geistreicher Frauen der Gesellschaft, zunächst mehr der aristokratischen, später mehr der bürgerlichen, bei denen die Kunst in verschiedenen Erscheinungsformen im Mittelpunkt steht, die Künstler die Hauptrolle spielen, die Gespräche sich um Kunst und Künstler drehen. Diese, die Künstler, unterhält die Gesellschaft – negativ gesagt und schief dargestellt: diese hält sich die Gesellschaft –, weil der alten aristokratischen Gesellschaft die Verpflichtung zu Kunst und Kultur selbstverständlich war, und weil die neue bürgerliche Gesellschaft des Industriezeitalters die Pflege der Künste – wie man nun zu sagen pflegt – als eine, ihr historisch zugewachsene Aufgabe selbstverständlich akzeptiert und auf ihre Weise erfüllt. »Auf ihre Weise«: jetzt bekommt die Kunst, besonders die Musik, einen Wert, den sie *so* bis dahin nicht gehabt hat, den Unterhaltungswert. Die angedeutete Entwicklung der UNTERHALTUNGSMUSIK (die man im Anschluß an den Sprachgebrauch der Verwertungsgesellschaften seit etwa den 1920er Jahren umgangssprachlich »U-Musik« nennt) ist etwa so darzustellen (nach Wörner 1934):

Eine Musik, die ausschließlich oder auch nur vorwiegend dem Zweck der Unterhaltung eines Publikums dient, das eventuell gar nicht zuhört, weil es mit etwas anderem beschäftigt ist, vielleicht auch gar nicht zuhören will, gibt es, von Tafelmusiken abgesehen, vor dem 19. Jahrhundert nicht. Bis dahin unterscheidet man neben Gattungs- und Funktionsbestimmungen, die innerhalb der Technik der Komposition durchaus mit Bestimmungen auch des Rangs verbunden sein können, nur geistliche und weltliche Musiken, ja selbst die Tanzmusik der Wiener Klassiker unterscheidet sich nur stufenmäßig, nicht aber prinzipiell von den Tanzmusik-Stilisierungen in Einzelsätzen innerhalb der Orchester- und Kammermusik; Mozarts *Zauberflöte* etwa vereinigt bruchlos ernste und volkstümlich-heitere Elemente, ihr Untertitel »Operette« bezieht sich nicht auf den Rang des Werkes, sondern auf die Singspiel-Gattung. Erst nach dem Zusammenbruch einer geistig verbindlichen Gesellschaftsordnung im 19. Jahrhundert spaltet sich die Musik in zwei getrennte Bereiche: Während die Romantiker »ernste« Musik ideeller Zielsetzung schreiben, stellen sich Unterhaltungsmusiker, wie Lanner, J. Strauß Vater und J. Strauß Sohn und ihre Kollegen die Aufgabe, mit ihrer Musik nicht nur zum Tanz aufzuspielen, sondern allgemein der Lebensfreude und eben der Unterhaltung zu dienen. Nur selten berührt jetzt ein »ernster« Komponist (z.B. Brahms) oder ein Meister der leichten Muse (z.B. Offenbach) den anderen Bereich. Trotz steigender Tendenz zur Verselbständigung ist die Unterhaltungsmusik des 19. Jahrhunderts im wesentlichen noch Tanzmusik. Diese bestimmt die dramatische Gattung der Operette, die nun als Unterhaltungsmusik in Gegensatz zur Komischen Oper tritt. Selbständige Operettengesänge werden zu Schlagern, die sich dann als solche wieder verselbständigen. Auch »ernste« Musik kann durch Bearbeitungen (z.B. im Potpourri) und durch Verpflanzung aus dem Konzertsaal und aus der Oper in Veranstaltungen mit Salonorchestern oder mit Kurkapellen als Unterhaltungsmusik dienen.

Die spätere Entwicklung geht so weiter: Während Tanzmusik (der frühe Jazz inbegriffen), Operette und Tonfilmschlager funktionell faßbar bleiben, entsteht aus ihnen in der populären Rundfunkmusik mit sogenannten Unterhaltungsorchestern eine abstrahierte, mit symphonischer Technik aufgeputzte Unterhaltungsmusik, die allerdings nur noch als Geräuschkulisse im häuslichen Leben der Hörer dient oder aus dem Autoradio tönt. Im Gegensatz dazu tritt der Jazz, jedenfalls der spätere, mit Konzertanspruch auf und verläßt damit den Boden eigentlicher Unterhaltungsmusik. »Innerhalb der leichten Musik«, sagt Adorno, »hat der Jazz fraglos seine Meriten. Er hat gegenüber der Idiotie der von der Operette nach Johann Strauß abgeleiteten leichten Musik technische Fertigkeit, Geistesgegenwart, die sonst von der leichten Musik abgebaute Konzentration, auch klangliches und rhythmisches Differenzierungsvermögen geschult. Das Klima des Jazz hat die Teenager von dem sentimentalen Muff der Gebrauchsmusik ihrer Eltern befreit.«

Was nun die Salonmusik selbst anlangt, nämlich die wirkungsvoll aufgemachte und mit Virtuosität drapierte Musik des Salons der bürgerlichen Gesellschaft des 19. Jahrhunderts, so geht sie vor allem aus jener virtuos-populären Klaviermusik hervor, mit welcher der neue Stand des Virtuosen/Interpreten sich im bürgerlichen Salon vornehmlich zu produzieren pflegt. Eine unübersehbare Menge von Instrumentalstücken, die vor allem als kleinbürgerliche Hausmusik für Klavier, jedoch auch für die Geige und für andere geeignete Instrumente geschrieben wird, beherrscht das bürgerliche Musikleben »in den eigenen vier Wänden«. Dabei spielen Bearbeitungen mannigfachster Art eine beträchtliche Rolle, vom Klavierauszug (mit und ohne Text) der zeitgenössischen Opernproduktion bis zu Klavierfassungen und Arrangements aller möglichen anderen Musikarten, von Schuberts *Erlkönig* für die Violine allein (H. W. Ernst 1854) bis zum *Frühlingsrauschen* von Sinding (1896). Den Schwerpunkt dieser geschmacklich oft anfechtbaren Produktionen bilden zweifellos die einschlägigen Klaviermusiken, deren besondere Kennzeichen das schmachtend Gefühlvolle, zuweilen auch das kindisch Scherzhafte sowie die Vorliebe für primitive Tonmalereien sind. Die spieltechnischen Anforderungen der Stücke sind keineswegs immer so bescheiden, wie man vermuten möchte, gipfeln aber oft auch in Effekten, die man zu Recht als Schein-Virtuosität bezeichnet hat. Die Anfänge dieser Kompositions-Manier liegen bei Clementi und Hummel und den vielen anderen Virtuosen-Kleinmeistern der Zeit der Wiener Klassiker. Von größerer Bedeutung sind jedoch wohl die zur Nachahmung reizenden und oft mit die Phantasie lenkenden Titeln versehenen kleineren Klavierwerke Webers, Mendelssohns, Schumanns, Liszts – man denke nur an die *Lieder ohne Worte* oder an die *Liebesträume*. Wo bei diesen Meistern gelegentlich ein Hang zum Empfindungsüberschwang oder zu klangmalerischen Wirkungen sich kurz vordrängt, dort finden bescheidener begabte Nachfahren gleich einen Ansatzpunkt zu fragwürdigen musikalischen Manipulationen mit Empfindungs- und Stimmungswerten. So wie heute Schlagerfabrikanten den Tonfall treffen, der den Konsumenten willkommen ist, bedienen sich jene Komponisten der ihrem Publikum angenehmen Sprache und Ausdrucksweise. Neben einer Fülle von Werkchen, die mit mehr unbestimmten Stimmungstiteln wie Romanze, Rêverie, Berceuse, Caprice, Nocturne, Souvenir, Idyll, Cavatine, Pensée, Serenade, Méditation u. ä. versehen werden, und neben nicht zum Tanz bestimmten Gavotten, Mazurken usw. bereichern das Salonmusikrepertoire auch charakteristischer betitelte Stücke, die naiven Naturen Phantasieanregungen zu geben versprechen. Und eines der ältesten Erzeugnisse auf diesem Sektor ist nun eben das trotz seiner Trivialität bis heute nicht vergessene *Gebet einer Jungfrau.* Allerdings sind in diesem Umkreis auch Kompositionen zu nennen, die durchaus höheren Ansprüchen des Geschmacks genügen können. Um nur wenige zu nennen: *Cavatine* von Raff, *Humoreske* von Dvořák, *Poème* von Fibich, *Valse triste* von Sibelius, *Frühlingsrauschen* von Sinding, *Salut d'amour* von Elgar. (Würz 1966)

Je mehr Salonmusik das private Musizieren im 19. Jahrhundert beherrscht, desto geringer wird sie von ihren Kritikern geschätzt, wie neuerdings A. Ballstaedt und T. Widmaier (1989) gezeigt haben, sie galt als Paradigma von Trivialmusik. Wichtiger aber als die Bewertung ist aus dem historischen Blickwinkel die Frage nach der gesellschaftlichen Funktion dieser Musik, nach ihrem geselligen Zweck, nach den Bedingungen ihres Aufkommens, nach den Gründen ihres Erfolgs und den Ursachen ihres Verschwindens. Und die in solchen Fragen liegende Problematik hat unser Wissen und unsere Vorstellung vom musikalischen 19. Jahrhundert noch nicht erreicht.

Ein Wort noch zur m. E. zu Unrecht vielgeschmähten sogenannten Höheren Tochter. Zunächst ist nicht einzusehen, warum es ungut oder lächerlich sein soll, wenn Leute, die es sich leisten können, ihre Töchter das Klavierspiel lernen lassen. Dann ist zu bedenken, daß ein an der Musik seiner Zeit interessierter Mensch des 19. Jahrhunderts seine Neugier weder aus dem Radio noch mit Schallplatten oder Tonbändern und, wenn er auf dem Lande oder in einer Kleinstadt ohne Theater lebt, auch nicht in Theater und Konzert befriedigen kann. Er muß, wenn er etwa die Musik von dem so viel genannten Herrn Richard Wagner einmal leibhaftig hören will, sie sich selber spielen, sei es am Klavier, sei es im mehr oder minder zufällig zusammengesetzten kleinen Ensemble, oder er muß sich diese Musik vorspielen lassen – z.B. von seiner Tochter. Voraussetzung dafür ist freilich, daß diese Klavier spielen kann und daß sie sich um diese schwer zu spielende und noch schwerer zu rezipierende Musik bemüht. Und das kann sie, das tut sie. Also ist die höhere Tochter in hohem Maße mit verantwortlich dafür, daß die anspruchsvolle hohe Musikkultur des 19. Jahrhunderts auf einem so breiten Fundament in der bürgerlichen Gesellschaft ruht. Dafür sollte man sie nicht schelten – und wegen der Tatsache, daß sie als schwärmerisches junges Mädchen auch ein Faible für schön sentimentale Stücke wie das *Gebet einer Jungfrau* hat, sollte man sie nicht gleich verachten.

1856 **Peter Cornelius** (1824-1874): **Weihnachtslieder**

Cornelius (ein Neffe des Malers mit demselben Namen) schreibt in seiner Frühzeit vor allem Lieder, in der Mitte seines Lebens Bühnenwerke (*Der Barbier von Bagdad,* Weimar 1858; *Der Cid,* Weimar 1865), in seiner Spätzeit wieder Lieder und Chöre. Wie das mit der Tatsache zusammenhängt, daß sein Leben tief geprägt ist vom Einfluß durch Richard Wagner, ist nicht leicht zu sagen. Einerseits ist Cornelius, wie er 1861 selbst schreibt, ganz und gar ein »Neudeutscher«: »Nur und nur im Drama, im Wagnerschen Musikdrama ist unser Heil.« Andererseits betont er: »Heil mir, ich bin ein freier Mann!« und: »Ein Höriger schreibt keinen *Cid...*« So klingt denn auch seine Musik ganz anders als die seiner verehrten Vorbilder Berlioz, Liszt und Wagner. Das aber ist nur eine Sache des »Tons«, des Personalstils; die zu Grunde liegende Musikauffassung ist dort und hier dieselbe. Text und Musik sind auch hier, wo der Komponist zugleich ein Dichter ist, keineswegs gleichberechtigt und musikalisch kongruent, nein, hier hat die Musik eindeutig den Vorrang, jedenfalls den höheren Anspruch: »...meine Lieder und Duette zu fremden Dichtungen... ich sang sie bei Freunden... sie wurden gern gehört. Nur meine Verse bleiben die stillen Gebete im Kämmerlein, und niemals dacht' ich an den ›Dichterkomponisten‹. Der Ton herrschte – das Wort war *da,* aber es duckte sich.« Für den 1854 entstandenen Zyklus (nach eigenen Gedichten, op. 3) *Trauer und Trost* gilt dies ebenso wie für den der 6 *Brautlieder* (1856-58), wie überhaupt für Cornelius' Liedschaffen und also auch für die 9 *Vater unser-Lieder* (op. 2, 1854/55) mit gregorianischen Weisen und für die *Weihnachtslieder* (op. 8, 1856), in deren bekanntestem *Die Könige* der *Choral Wie schön leuchtet der Morgenstern* herrlich herrschaftlich eingearbeitet ist. »Die *Weihnachtslieder,* Cornelius' populärstes Werk, sind nach Dichtung und Musik Meisterwerke, einzigartig in ihrer Stimmung und bis heute durch keine andere weihnachtliche Hausmusik ersetzt« (Engel 1952).

1856 Ludwig Erk (1807-1883): Deutscher Liederhort

Im epochalen Übergang der europäischen Menschheit ins Industriezeitalter geht, verursacht vor allem durch die großen Bevölkerungsverschiebungen vom Land in die Städte und durch die ihnen folgenden sozialen Umschichtungen, den Menschen eines ihrer wichtigsten Mittel, Gemeinschaft zu stiften, verloren: die Selbstverständlichkeit des gemeinsamen Lieder-Singens. Herder hat das in der Mitte des 18. Jahrhunderts schon beobachtet und als erster Konsequenzen daraus gezogen. Seitdem sammelt man, sammeln viele, aber alles Sammeln hilft so gut wie nichts gegen den Untergang des Volkslieds, weil die Leute, aus allen sozialen Bindungen herausgerissen und an neuen Orten zusammengewürfelt, nicht mehr ohne weiteres miteinander singen *können,* zumal mit den Texten ohne ihre Weisen – und meist werden eben die Texte allein gedruckt – die Lieder nicht klingen. So setzt nach den napoleonischen Kriegen alsbald aus nackter Notwendigkeit, dann freilich auch unter den volkserzieherischen Ideen Pestalozzis und seiner Anhänger eine Welle der Stiftung von neuen Gemeinsamkeiten ein, nämlich eine Welle von Vereinsgründungen, also von neuen sozialen Bindungen, deren Ziel die Wiederbelebung des Singens und die Erhaltung des Volksliedes ist – des Volksliedes, an dem sich die Gemeinschaft des neuen Vereins erst bildet. Friedrich Silcher und Erk sind die Männer der Stunde, der erste, etwas früher, mehr was die Volksliedbearbeitung anlangt, der zweite, wenig später, mehr was die Sammlung anlangt. 1845-1854 gibt Erk (zusammen mit Rudolf Baier) die Neue Ausgabe von Arnims *Des Knaben Wunderhorn* in vier Bänden heraus, 1856 zum erstenmal den *Deutschen Liederhort. Auswahl der vorzüglichern deutschen Volkslieder der Vorzeit und der Gegenwart mit ihren eigenthümlichen Melodien,* das ist jene Sammlung, die Franz Magnus Böhme (1827-1898), auf drei Bände erweitert, dann 1893/94 als *»Erk/Böhme«* herausgeben wird und die bei aller Fülle doch nicht Erks Wunsch erfüllen und »alle in Deutschland vorkommenden Volkslieder enthalten« kann. Mit seinen zahlreichen, in mehreren Millionen Exemplaren gedruckten Sammlungen vermag Erk, bis zur Jahrhundertmitte allzu beliebte ältere Liederbücher mit überwiegend volksliedfernem, sentimentalem Inhalt, wie etwa das Mildheimsche (1799), zu ersetzen und viele in allen deutschen Landschaften aufgezeichnete, gemeinverständliche Lieder wieder in Umlauf zu bringen. Erk bringt das Volkslied und volkstümliche Lieder auch dem noch jungen Männergesang nahe – und in die Schulliederbücher und also wieder unter die Leute.

1856 und 1872 Alexandr Dargomyschski (1813-1869): Opern »Russalka« und »Der Steinerne Gast« in St. Petersburg

Michael Glinka hat, gerade als seine russische Nationaloper wieder unter einer italienischen Welle zu versinken droht, einen unmittelbaren Nachfolger in Dargomyschski, dessen *Russalka* (*Die Nymphe;* nach Puschkin) man als eine romantische Märchenoper etwa im Sinne der *Undine* von E. Th. A. Hoffmann und von Lortzing ansehen kann. Hier aber ist die musikalische Mischung zum Teil neu: Die Chöre des Landvolks sprechen russischen Dialekt, die hochzeitlichen Klänge sind lebhafter, und an die Stelle philiströser Komik wie bei Lortzing oder romantischer Sehnsucht wie bei Hoffmann tritt drastischer Humor und – vor allem in der Figur eines irrsinnigen alten Müllers – eine grausige Realistik. Wenn Glinkas Oper immer noch ein wenig »versetzt« war mit Italianismen, so entwickelt sich bei Dargomyschski ein neuer, charaktervoller, harmonisch frei untermalter Sprechgesang aus der russischen Sprache.

Diese neue Technik ist in *Der Steinerne Gast* (nach Dargomyschskis Tod von C. Cui und Rimski-Korsakow vollendet) mit letzter Konsequenz durchgeführt. Puschkins *Don Juan* ist Wort für Wort ohne Änderung und ohne symphonische oder leitmotivische Verknüpfung in einen absonderlichen Sprechgesang von außerordentlich dramatischer und psychologischer Differenziertheit übertragen, der »nach Art und Gestalt« der natürlichen Sprachintonation entspricht oder zu entsprechen scheint, jedenfalls entsprechen soll. Das Wort regiert die Musik in jeder Hinsicht, und jegliche schöne Melodie und alle Anwendung gliedernder musikalischer Formen werden der Absicht des Komponisten, einzig »das Wahre und Reale« darzustellen, zum Opfer gebracht. Die Intention ist, wie man sieht, ganz modern, und das 1872.

Übrigens ist Dargomyschski von Bedeutung auch in der Geschichte des europäischen Liedes. Es ist nämlich Rußland, wo das Lied sich gleichsam entromantisiert, jedoch nicht etwa mit A. Rubinstein oder Tschaikowski, bei denen, besonders bei dem ersten, die lyrische Ader eher überreichlich fließt, sondern bei Glinka, Dargomyschski und Mussorgski. Nicht, daß es auch bei ihnen nicht an Romantizismen fehle, die hier eine besondere russisch-düstere Färbung annehmen, aber bei Dargomyschski verändert sich das Verhältnis von Singstimme und Begleitung, konzentriert sich die Expression in der sorgfältig deklamierten Gesangslinie, und auch die Inhalte der Lieder ändern sich: neben Lyrischem und Balladeskem findet sich Humoristisches und Realistisches (Einstein 1950).

seit 1857 Gürzenich-Konzerte in Köln

Im Gürzenich, dem 1441-47 erbauten Fest- und Tanzhaus der Stadt Köln, finden seit 1888 die Konzerte des städtischen Gürzenich-Orchesters (zugleich Orchester der Kölner Oper) statt. Das Orchester geht zurück auf die durch Vereinigung der »Musikalischen Gesellschaft« und des »Singvereins« 1827 entstandene »Concertgesellschaft in Cöln«, deren Konzerte seit 1857 im Gürzenich stattfinden.

1858 Das Lahrer Commersbuch

In der Studentensprache bezeichnet »Kneipe« nicht nur das Lokal, sondern auch die abendliche gesellige Zusammenkunft, die nach bestimmten Traditionen und Regeln (»Kneipcomment«) stattfindet. Die feierlichere Form wird »Commers« genannt. Dabei wird viel gesungen. Ein »Präsidium« bestimmt die Reihenfolge und den Ablauf der Lieder. Die dafür verwendeten Liederbücher tauchen gedruckt in größerer Zahl erst in der zweiten Hälfte des 19. Jahrhunderts auf – allerdings erscheinen zwischen 1820 und 1914 insgesamt 280 Studentenliederbücher, doch mehr als die Hälfte davon fällt in die Zeit von 1880 bis 1914. In der älteren Zeit wurden die Texte – vielleicht nach gemeinsamem Diktat während der Fuchsenzeit – handschriftlich angelegt und je nach Geschmack und Talent künstlerisch ausgestaltet. Der Inhalt der Liederbücher reicht von vaterländischen Gesängen (z.B. »Landesvater«) bis zu Trinkliedern, die oft mit Spielen verbunden sind (z.B. »bayerischer Biersalamander«). Die größte Verbreitung und hohe politische Bedeutung, nämlich für die Einigung des deutschen Nationalstaates, erlangt das *Allgemeine Deutsche Commersbuch,* nach dem Verlagsort kurz das *Lahrer Commersbuch* genannt, das Friedrich Erk (1809-1878; der Bruder des Volksliedsammlers) und Friedrich Silcher (1789-1860; der Tübinger Universitätsmusikdirektor) herausgeben und Ernst Moritz Arndt widmen. – Für nicht unerheblich weite Kreise im Volk hat das *Lahrer Commersbuch* die Funktion eines Volksliederbuches angenommen und, jedenfalls bis 1914, behalten. Die Verbreitung ist nahezu unermeßlich: 1970 erscheint die 157. Auflage.

Man mag fragen, warum ein solches Liederbuch in einer Geschichte der Polyphonie behandelt wird. Weil das sogenannte Liedgut des Volks in der Zeit, in der es aus seiner mündlichen Tradition in die Schriftlichkeit übergeht, in einer Weise Einfluß auf die Komposition gewinnt, den Volksmusik in früherer so nicht hatte. Hinzu kommt, daß man in eben jener Zeit von seiten der Kunstmusik dem Volkslied die höchste Stufe der Kunst einzuräumen beginnt, ohne zu bemerken, in welchen Widerspruch man sich dabei verwickelt.

1858 und **1864** **Jacques Offenbach** (* Köln 1819, † Paris 1880): **Opéra bouffe »Orphée aux Enfers«** und **»La Belle Hélène«** in Paris

Ob Offenbach als der Begründer der Gattung Operette anzusehen ist oder nicht, hängt davon ab, ob man eher Entwicklungen und Vorformen oder eher Ideen und Vorstellungen oder eher schlagkräftigen Werken den historischen Vorrang einräumt. (Wurzeln der Operette liegen in den Parodien auf die ernste Oper, die fast so alt sind wie diese selbst; in den derben, grotesken Späßen der italienischen Intermedien; in der anspruchslosen Heiterkeit der französischen Opéra comique und der volkstümlichen Vaudevilles; im lustigen Singspiel und in der drastischen Gesangsposse.) Offenbach jedenfalls sieht als erster, daß und wie sich das Musiktheater seiner Zeit in der Oper selbst entfremdet hat, daß man es gleichsam nur noch in der Parodie ernst nehmen, nämlich auf die Menschen der Zeit, ihre Verhältnisse und ihr Bewußtsein von Tradition und Geschichte beziehen kann, und für ihn bietet sich dieser direkte Bezug in den Verhältnissen des französischen Zweiten Kaiserreichs und seiner Gesellschaft, vor allem der Pariser Gesellschaft, geradezu an. Also ist seine Operette *französische* Operette – und verliert sie ihren »Witz«, wenn nach der Beseitigung des Kaiserreichs die Steine des Anstoßes weggeräumt sind, es sei denn, die Satire von Sujet und Text könnte »an sich« wirken und auch die Musik wäre »an sich« witzig genug. Und tatsächlich ist dies der Fall, und so sind den besten Werken Offenbachs Beliebtheit und Erfolge erhalten geblieben bis heute, gute Inszenierungen vorausgesetzt. Freilich, Gegner der Operette Offenbachs und aller anderen gibt es auch, und nicht nur spießige und unmusikalische. A. W. Ambros etwa bezeichnet diese Art des Musiktheaters einmal als »musikalische Wasserpest«...

Betrachtet man die rund 100 Bühnenwerke Offenbachs, so finden sich hier alle Bedingungen der Satire erfüllt. Das Kolorit der Stücke ändert sich mit dem Ziel des Angriffs. Will er dem französischen Spießertum den Spiegel vorhalten, braucht er Zeit und Ort der

Handlung nicht zu verändern: das Publikum amüsiert sich über *Les deux Aveugles* (1855), *Mr. Choufleury restera chez lui* (1861) und *Pomme d'Api* (1873), ohne zu merken, daß es über sich selber lacht. Bei Parodien auf Institutionen muß er vorsichtiger sein. Um etwa die Armee und alle mit dem Kriegshandwerk verbundenen Lächerlichkeiten bloßzustellen, wird das Spektakel an den Hof der *Großherzogin von Gerolstein* (1867) verlegt und die Zeit auf 1720 zurückgedreht. Als Paris den Zauber der Exotik entdeckt, kann Offenbach à la mode in ferne Länder ausweichen.

Seine beiden genialen Opéra bouffe aber sind in aller Deutlichkeit gegen den Staat gerichtet: *Orpheus in der Unterwelt* (1858) und *Die schöne Helena* (1864) greifen die degenerierte Herrschaft Napoleons III. an. Dafür entschließen sich die Librettisten Meilhac und Hálevy, auf Mythen der griechischen Antike zurückzugreifen. Trotzdem ist jedem Zuschauer klar, daß mit dem liebestollen Jupiter des *Orpheus in der Unterwelt* der französische Kaiser gemeint ist, dessen amouröse Abenteuer ein offenes Geheimnis sind. Als der Welterfolg des *Orpheus* in einem Pendant eine Fortsetzung finden soll, verfällt Hálevy 1864 auf den Gedanken, Homers *Ilias* »auszuschlachten«. Offenbach hat eine Zeitlang sogar die Idee, den griechischen Dichter in persona auftreten zu lassen: »Da die Engländer in Kriegszeiten immer Korrespondenten schicken, kannst Du vielleicht dieses Mittel für unsere *Prise de Troie* benützen«, schreibt er an Hálevy, »Homer als Kriegsberichterstatter würde sehr gut als Nebenperson in den Rahmen passen.« Auch Wagners *Tannhäuser,* dessen Aufführung in Paris 1861 durch einen Skandal zum Tagesgespräch geworden war, soll parodiert werden. Schließlich wird aus der *Prise de Troie* die *Belle Hélène.* Die Premiere stellt den Erfolg des *Orpheus in der Unterwelt* noch in den Schatten.

Dem Genie Offenbachs gelingen auch Parodie und Karikatur musikalischer Art. In *Pariser Leben* (1866) komponiert er eine Parodie auf die Weitschweifigkeit der Ausstattungsoper Meyerbeers, nämlich eine große Ensembleszene über eine geplatzte Hosennaht, und damit erreicht die musikalische Karikatur ihren Höhepunkt: Pathetische Gesänge gehen unvermittelt in Jahrmarktsklänge über, zu trivialen Texten ertönt hochdramatische Musik, sinnlose Textwiederholungen oder Wortzerlegungen werden auf die Spitze getrieben. Andererseits genügt manchmal eine winzige skurrile Wendung, vielleicht eines einzigen Instruments, oder eine plötzliche geschraubte Koloratur am unerwarteten Platz, um spontan ausgelassene Heiterkeit hervorzurufen. Und alles macht Offenbach »bewußt« (1864 an Hálevy): »...nun versuchen drei oder vier Personen zu singen... dann erscheint Paris und singt seine Melodie. Man könnte den *Tannhäuser* ein wenig parodieren – das müßte drollig sein, und an so etwas fehlt es noch im Finale.« Nie allerdings karikiert Offenbach ein einzelnes Werk eines bestimmten Komponisten, immer bleibt er mehrdeutig – parodiert er die Gattung Oper.

1858-1887 Johannes Brahms (1833-1897): Die vier Solokonzerte

Man möchte meinen, das Solokonzert gehöre zum Urbestand musikalischer Gattungen. In Wirklichkeit entsteht es erst in der Epoche Vivaldi/Bach; deshalb ist es zu Mozarts und Beethovens Zeit auch keineswegs schon endgültig ausformuliert, ja Beethoven scheint »das Problem Solistenkonzert« als eines der großen Probleme seiner Komposition angesehen zu haben, für das er in gewisser Weise mit jedem seiner sieben Konzerte eine neue und eigene Lösung gesucht und gefunden hat. Worin besteht dieses Problem? Im Miteinander eines Solisten und eines Orchesters in einem umfassenden Ganzen eines sinfonischen Ensembles! Die musikalischen Intentionen sind ja doch zwischen solistischem Musizieren und Ensemble-Musizieren völlig verschieden. Der Solist will und muß sich selbst darstellen, sein Instrument und dessen Möglichkeiten vorführen, seine Virtuosität und seinen musikalischen Geschmack zeigen. Im Ensemble dagegen ordnet sich der Einzelne einem Ganzen ein: Freude am Spiel ist hier die Freude am Zusammenspiel. Diese musikalischen Grundintentionen schließen sich gegenseitig aus – und im Solokonzert müssen sie miteinander verbunden werden. Am deutlichsten zu erkennen ist dieses Problem an der Art, in der die Komponisten die für jedes Konzert besonders kennzeichnende Stelle behandeln, nämlich im ersten Satz den ersten Eintritt des Solisten. Hier nämlich entscheidet sich sein Verhältnis zum Ensemble: Vortrag mit Begleitung oder Dialog in musikalischer Sache; virtuose Vorführung oder Miteinander im musikalischen Diskurs. Beethoven hat in jedem seiner Konzerte den »Eingang« anders gemacht, aber stets hat er den Solisten in besonderer Weise herausgestellt, nicht als Primus inter pares, sondern eben als Solisten, und dies auch dann, wenn der Solist mit dem Orchester unmittelbar in Dialog tritt.

Ganz anders Brahms. Seine Konzerte sind Symphonien mit Klavier oder mit Violine. Dementsprechend kann das Werk auch vier Sätze haben wie eine Symphonie (z.B. im *2. Klavierkonzert*). Dem freien virtuosen Musizieren ist kaum Raum gegönnt; Orchester und Solist sind völlig zusammengewachsen, sie führen die musikalische Rede nicht gegeneinander, nicht einmal miteinander, sondern gemeinsam. Dem entspricht, daß neben dem Solisten auch ein Orchestersolist auftreten kann: so z.B. im langsamen Satz des *2. Klavierkonzerts* das Solo-Violoncello. Daß mit diesem neuen Konzerttypus das Prinzip preisgegeben ist, das Mozart und Beethoven beherrscht hat, nämlich das des musikalischen Diskurses, ist deutlich. Hier bei Brahms ist der Solist nun in der Tat der Primus inter pares, der die Empfindungen, durch die das Werk bewegt zu sein scheint und die es im Hörer hervorruft, am deutlichsten macht, vorspielt – fast möchte man sagen vor*lebt*. Und also kommt es beim Ausführenden in erster Linie auf die Ausdruckskraft, beim Hörer weniger aufs Mit*denken* als aufs Mit*fühlen* an: Nur dem, der sich dieser Musik hinzugeben vermag, erschließt sie ihren Reichtum. Dies gilt für alle Konzerte von Brahms gleichermaßen, so verschieden sie sind: Für das ernste und zugleich aufrührerische *1. Klavierkonzert* d-moll op. 15 (1854-1858), das ursprünglich als Sonate für zwei Klaviere konzipiert war und dann in eine Symphonie hätte umgearbeitet werden sollen; für das heitere, Italien-Erlebnisse spiegelnde *2. Klavierkonzert* B-dur op. 83 (1878-1881); für das dem Vorbild von Beethoven nachgebaute und davon im Grunde doch so verschiedene *Violinkonzert* D-dur op. 77 (1878 unter intensiver Beratung durch den Freund Joseph Joachim entstanden) und auch für das späte *Doppelkonzert für Violine und Violoncello* a-moll op. 102 (1887).

1859 **Charles Gounod** (1818-1893): **Oper »Faust«** in Paris

Von den nicht wenigen *Faust*-Opern (Spohr 1816, Boito 1868, Busoni 1925, Fragment von Eisler 1952) ist nur die von Gounod erfolgreich. Das liegt wahrscheinlich in erster Linie an der mutigen Umarbeitung der deutschen Faust- in eine französische Gretchen-Tragödie durch Jules Barbier und Michel Carré, weshalb sich auch in Deutschland der Titel *Margarethe* durchgesetzt hat. Dann freilich liegt es an der melodienreich schönen, manchmal vielleicht allzu schönen Musik und an der satten Ausnutzung aller Theaterwirkungen des Librettos. Zuerst ist das Werk nach Art der Opéra comique mit Dialogen komponiert; für die Wiederaufnahme 1869 in der Grand Opéra arbeitet Gounod selbst es zur »Volloper« um. – Gounods Platz in der französischen Musikgeschichte liegt zwischen Auber und Thomas; der Einfluß auf seine Landsleute ist beträchtlich, selbst auf Leute, die ihm weit überlegen sind, wie etwa Bizet.

1860 und 1879 **Franz von Suppè** (1819-1895): **Operetten »Das Pensionat«** und **»Boccaccio«** in Wien

Der Ort, an dem die OPERETTE aus verschiedenen Vorformen und vielfältigen Anfängen als Gattung auskristallisiert, ist Paris, die treibenden Kräfte bei ihrer Entstehung sind Satire und Parodie in Sujet, Text und Musik, ihr erster Meister ist Jacques Offenbach. Trotzdem scheint die Gattung in Deutschland eher anders, von wo anders her definiert zu sein, nämlich von Wien, und inspiriert eher vom heiteren Singspiel und vom lustigen Tanzvergnügen als von gesellschaftskritischen oder gar politischen Absichten in den Texten. – Die Geschichte der Wiener Operette beginnt nur wenige Jahre nach den ersten Manifestationen des neuen Genres in Paris. Ihre Anfänge sind mit den Namen Nestroy, Offenbach und Suppè verbunden: mit dem Dichter und Volksschauspieler Johann Nestroy, weil er mit seinen witzigen, oft auf französische Quellen zurückgehenden Lokalpossen und mit Parodien zeitgenössischer Werke (von Hebbel, Hérold, Meyerbeer und R. Wagner) die alte Lust der Wiener am Burlesken, Satirischen und Karikaturistischen neu belebt und für die Komik der kommenden Offenbachschen Operetten vorbereitet, dann aber vor allem, weil er es ist, der die ersten Werke nach Wien bringt; mit Offenbach, weil seine nun in rascher Folge erscheinenden, begeistert aufgenommenen Stücke die heimischen Autoren zu ähnlichen Produktionen anregen; mit Suppè endlich, weil ihm als erstem eigenständige kleine Bühnenwerke glücken, in denen sich Offenbachsche Operettenart mit charakteristischen Elementen des auf einen gemütlich-heiteren und leicht sentimentalen Ton gestimmten Altwiener Singspiels amalgamiert.

Der Einakter *Das Pensionat* bildet den Auftakt, die einfallsstarke, auch heute noch nicht verblaßte »komisch-mythologische Oper« *Die schöne Galathee* (1865, ein halbes Jahr nach der Wiener Erstaufführung der *Schönen Helena* von Offenbach) den Höhepunkt der Folge von Kleinoperetten aus dieser Schaffensperiode des Komponisten, trotzdem halten sie das Vordringen und dann die Prävalenz Offenbachs, von dem zwischen 1858 und 1870 gegen fünfzig verschiedene Stücke in Wien aufgeführt werden, zunächst nicht auf. Die Höhe seines Schaffens erreicht Suppè mit *Boccaccio* (1879), dem vielleicht überhaupt stärksten Werk der Wiener Operette in ihrer klassischen Zeit. Freilich fällt *Boccaccio* auch schon in die Zeit, in der Offenbachs Vorherrschaft zu Ende geht.

1861-68 Johannes Brahms (1833-1897): Ein deutsches Requiem

Die Bibel ist für Brahms ein wichtiges Buch, freilich nicht eines göttlicher Offenbarung, sondern eines der Dichtung und Philosophie, auch der Lebensweisheit und einer gewissen allgemeinen christlichen Frömmigkeit. Dementsprechend sind seine nicht wenigen geistlichen Werke für den Konzertsaal bestimmt und nicht für die Kirche, dementsprechend ist die verbreitete Meinung, die man sogar gedruckt lesen kann, »Brahms müsse neben Schütz und Bach als der protestantischste aller großen Meister gelten«, schlicht falsch, das Mißverständnis eines mißverstandenen Protestantismus. Brahmsens Freund Reinthaler, der das Werk (noch ohne den 5. Satz) im April 1868 in Bremen aufführen will (die Erstaufführung der ersten drei Sätze war schon am 1. Dezember 1867 in Wien durch Herbeck erfolgt), hat das als Theologe und Kirchenmusiker selbstverständlich sofort erkannt: »Für eine Aufführung schien mir hier [in Bremen] nur der schöne Dom der geeignete Ort... Ich sah Ihr *Requiem* darauf an, und, verzeihen Sie, mir kam der Gedanke, ob nicht eine Erweiterung des Werkes möglich sei, welche es einer Karfreitagsaufführung näher brächte; mir schien eine derartige Erweiterung in der Konsequenz der Idee des Werkes selbst zu liegen... Mein Gedanke war der: Sie stehen in dem Werk nicht allein auf religiösem, sondern auf ganz christlichem Boden. Schon die zweite Nummer berührt die Weissagung von der Wiederkunft des Herrn, und in der vorletzten wird das Geheimnis der Auferstehung der Toten ›und daß nicht alle entschlafen‹ ausführlich behandelt. Es fehlt aber für das christliche Bewußtsein der Punkt, um den sich alles dreht, nämlich der Erlösungstod des Herrn...«

Ein Konzertsaal-Requiem aus einem Christentum ohne Golgatha (Heinrich Buhr) wird zu einem der berühmtesten und am meisten ehrfurchtsvoll bewunderten Stücke geistlicher Musik des ganzen Jahrhunderts – kaum ein anderes Werk kann das Mißverständnis und Mißverhältnis von Musik und geistlichem Text und Liturgie deutlicher machen, in das das Abendland geraten ist. – Den Text, »der die Komposition inspiriert und gestaltet«, hat Brahms selbst aus den Worten der Heiligen Schrift »genial und eigenwillig zusammengestellt.« Seine Wirkung schöpft das *Deutsche Requiem* aus dem Formsinn und aus der Erfindungskraft, mit der Brahms die sieben Sätze zu einer Folge eindrucksvoller, gemütsergreifender Bilder verbindet, an denen Ernst und Tiefe der Gedanken und Schönheit und Großzügigkeit der musikalischen Gestaltung gleichermaßen Anteil haben. Brahmsens Wiener Freund Eusebius Mandyczewski erinnert sich, daß Brahms selbst manchem Detail im *Requiem* kritisch gegenüberstand – er sprach in diesem Zusammenhang besonders von den »lieblichen Wohnungen« –, daß er aber aus rein praktischen Gründen daran verzweifelte, Verbesserungen an einem Werk vorzunehmen, das schon damals so verbreitet war und dessen »erste Fassung« sich unmöglich hätte aus dem Verkehr ziehen lassen, hätte er eine »neue Fassung« versucht. Zudem hatte Brahms schon seit 1860/61 an dem Werk gearbeitet, die Arbeit unterbrochen und nach dem Tod der Mutter 1865 wieder aufgenommen. – Die große Sopran-Arie Nr. 5 *»Ihr habt nun Traurigkeit«* ist erst nach der Bremer Aufführung nachkomponiert.

1861-74 Aristide (1794-1865) und Jeanne-Louise (1804-1875) Farrenc: Le Trésor des pianistes

Von Haus aus sind die beiden Farrenc praktische Musiker, er Flötist, sie Sängerin und Pianistin. Beide aber wechseln, er ins Musikverlagswesen, sie zur Komposition. Von den Kompositionen der Jeanne-Louise (vor allem *Klaviermusik,* aber auch *3 Symphonien* und 1 *Nonett für Streicher und Bläser,* 1849) sind die meisten gar nicht, ist ein Teil unter dem Namen ihres Mannes, ein kleiner Teil unter ihrem eigenen Namen veröffentlicht. Sie ist nach Fanny Mendelssohn Bartholdy und Clara Schumann wohl die bedeutendste Komponistin des 19. Jahrhunderts. Zuerst gemeinsam mit ihrem Mann (Lieferung 1-4), nach dessen Tod allein gibt sie die größte und vielseitigste Sammlung von Klaviermusik heraus: *Le Trésor des pianistes. Collection des œuvres choisies des maîtres de tous les pays et de toutes les époques depuis le 16e siècle jusqu'à la moitié du 19e,* 23 Lieferungen, Paris 1861-1874. Das Verdienst dieser Sammlung besteht darin, sonst kaum oder gar nicht greifbare Noten der großen, aber durchaus auch der weniger bekannten doch guten Klaviermeister herauszugeben, also der Praxis zur Verfügung zu stellen, und damit die Aufmerksamkeit auf verborgene Reichtümer der Instrumentalmusik zu lenken. Merkwürdig genug, daß die vielen, vielen Pianisten unserer Zeit diesen Schatz (»Le Trésor«) so ganz verachten.

1862 Henryk Wieniawski (1835-1880): Violinkonzert d-moll op. 22

Vielleicht nicht allen Musikfreunden, wohl aber allen an der Violinmusik Interessierten ist Wieniawski, einer der großen Geiger seiner Zeit, ein Begriff, wenn nicht durch seine, der französischbelgischen Geigerschule zugehörenden *Etüdenwerke* (op. 10, op. 18), so durch das zweite seiner beiden *Violinkonzerte* (fis-moll op. 14, 1853; d-moll op. 22, 1862). Hier ist Paganinis Erbe aufs Schönste mit romantischer Phantasie und polnisch-slawischem Kolorit verbunden. Wieniawskis berühmtester Schüler ist Eugène Ysaye (1858-1931).

1862 und **1866** Gründung der Konservatorien in St. Petersburg und in Moskau

Leider ist es nicht so, daß gute und anerkannte Komponisten und die Erfolge ihrer Werke schon gleich ein Musikleben hervorrufen oder gar ausmachen. 1861 jedenfalls beklagt Anton Rubinstein in einem Artikel *Über die Musik in Rußland*, daß man trotz Glinka und dessen Einfluß von einem blühenden Musikleben *nicht* sprechen könne. Dem abzuhelfen, wird 1859 in St. Petersburg die Russische Musikgesellschaft gegründet, deren wichtigstes Organ seit 1862 das Konservatorium ist. Schon vorher war 1802 die St. Petersburger Philharmonische Gesellschaft gegründet worden, eine »Vereinigung von Berufsmusikern und Musikliebhabern, die sich die Aufgabe stellten, klassische Musik durch ihre Aufführungen populär zu machen.« In den Konzerten dieser Gesellschaft – von 1802 bis 1902 finden 205 Veranstaltungen statt – werden die *Kamarinskaja* Glinkas (1852) und die *5. Symphonie* Tschaikowskys (1888) erstaufgeführt; Glinka widmet der Gesellschaft die Ouvertüre *Eine Nacht in Madrid.* Die Tendenz nun der St. Petersburger Russischen Musikgesellschaft, an deren Spitze Männer wie Anton Rubinstein und Wl. Stassow, der berühmte Theoretiker, Kritiker, Ideologe und Mäzen, stehen, ist von vornherein patriotisch: nicht nur musikalische Bildung und Kultur sollen gefördert werden, sondern speziell die vaterländischen musikalischen Interessen. So ist es Bedingung, daß in jedem Konzert mindestens ein Werk eines russischen Autors aufgeführt wird.

In Moskau gründet Nikolai Rubinstein ebenfalls eine Russische Musikgesellschaft und betreut sie 21 Jahre lang als Dirigent. Zugleich gründet er (1866) das Moskauer Konservatorium und bleibt bis zu seinem Tode dessen Direktor. Stassow allerdings ist der Meinung, daß dieses Konservatorium ebenso wie die Moskauer Musikgesellschaft selbst eine antinationale Richtung verträten, daß sie »rein ausländische deutsche Anstalten« wären und den Vertretern des nationalen russischen Fortschritts höchstens herablassend gegenüberstünden. Um so wichtiger ist das Wirken der Gegen-»Partei«, der um das »Mächtige Häuflein«, »Die Fünf«, gescharte Kreis von Musikern. In diesem Zusammenhang ist die 1862 von M. Balakirew und G. Lomakin gegründete »Musikalische Freischule«, d.h. ein Konservatorium für das Volk mit freiem Zutritt, von besonderer Bedeutung (Laux 1963).

1864, 1866, 1867/68 Anton Bruckner (* Ansfelden/ Oberösterreich 1824, † Wien 1896): **3 Messen**

Die *d-moll-Messe* gehört zu den ersten bedeutenden und auch vom Komponisten später selbst anerkannten Werken Bruckners. Zugleich gehört sie, zusammen mit den beiden folgenden *Messen* in e-moll (1866) und in f-moll (1867/68), zu den letzten großen Kompositionen der Gattung Messe in der abendländischen Musikgeschichte; seither entstehen nur noch höchst selten herausragende Meß-Kompositionen.

> Ein Grund ist der, daß sich die Musik etwa seit der Zeit der französischen Revolution in neuer Weise zur autonomen Kunst entwickelt, daß sie selten mehr auftragsgebunden und meist nicht mehr funktionsbestimmt ist, daß statt dessen jedes Werk zur persönlichen religiösen Aussage des Komponisten wird. Diese Wandlung wird ermöglicht und befördert durch die Technik des symphonischen Stils, der sich in gewisser Weise gegen die Bindung an die Funktion in der Liturgie und in ihrem Ablauf sperrt. Die Folge ist, daß man für die Liturgie wieder eine mehr funktionsbestimmte Musik fordert. Die daraus resultierende Bewegung, der sogenannte Cäcilianismus, wird 1868 in der Gründung des »Allgemeinen Cäcilienvereins« institutionalisiert. Damit freilich wird die liturgische Musik und die Meßkomposition für ernsthaft zeitgemäße Komponisten uninteressant, die Meßkomposition bleibt gleichsam zurück.

Für Bruckner stellt sich bei der Komposition seiner *Messen* das Problem, die Tradition der Gattung, den liturgischen Anspruch und seine eigenen, mehr zur Symphonie hin tendierenden musikalischen Neigungen in Einklang zu bringen. Dem entsprechend spielen die Ausdrucksmöglichkeiten des symphonischen Stils auch in Bruckners *Messen* die Hauptrolle. Damit gelingen Bruckner Werke, die zugleich zeitgenössisch, nämlich symphonisch *und* liturgisch-religiös sind: Einerseits ist er der bedeutendste Fortsetzer der weltoffenen geistlichen Werke Joseph und Michael Haydns und Schuberts, andererseits tritt bei ihm ein stark mystischer Zug hinzu, der sich seine musikalischen Ausdrucksmittel in den harmonischen und orchestralen Errungenschaften Richard Wagners sucht. – Ob auch Bruckners Vokalkompositionen für Graduale und Offertorium der Messe, die Motetten der Zeit zwischen 1861 und 1892, wirklich »nicht weniger überwältigend groß als seine symphonischen Kirchenwerke« sind (Ursprung 1931), bleibe dahingestellt. – Während die *1.* und die *3. Messe* »normal« besetzt sind (4 Soli, 4-stimmiger Chor, symphonisches Orchester, Orgel), hat die *e-moll-Messe* eine höchst eigenartige Besetzung: 8-stimmiger Chor und 15 Bläser; sie ragt damit, jedoch nicht nur damit, aus sämtlichen kirchenmusikalischen Werken des Jahrhunderts heraus.

1865 Franz Liszt (1811-1886): Oratorium »Die Legende von der heiligen Elisabeth« in Pest

Franz Liszts *Legende von der heiligen Elisabeth,* komponiert 1857 bis 1862, wird 1865 in der ungarischen Hauptstadt Pest mit rund 500 Mitwirkenden uraufgeführt, in dem Jahr, in dem der Meister die niederen Weihen (zum Weltgeistlichen, zum Abbé) nimmt. Soutane und Uraufführungsort, sie stehen für zwei seiner Wesenszüge: Katholizismus und Hingezogenheit zur ungarischen Heimat. Um sie zusammenzufügen, benutzt Liszt für den Text (von Otto Roquettes) sinnigerweise die literarische Gattung der Legende. Denn in ihr greifen ein gewisser Historismus, der dem Nationalismus in der Rückbesinnung die Legitimation zu einem neuen Aufbruch verschaffen soll, und die Religiosität als Heiligenverehrung ineinander. Und musikalisch geschieht dieses Zusammen in der Gattung des Oratoriums, das zwischen weltlich und geistlich schwankt, hier zum Opern-Oratorium gerät. Religion unter der Ägide der Musik, ästhetisiert zum Theater? Für Liszt steht die Nähe dieser drei Elemente außer Frage. In einem fragmentarischen Aufsatz über zukünftige Kirchenmusik von 1834 kann man tatsächlich lesen: »Heutigentags, wo der Altar bebt und wankt, heutigentags, wo Kanzel und religiöse Zeremonien dem Spötter und Zweifler zum Stoff dienen, muß die Kunst das Innere des Tempels verlassen und sich ausbreitend in der Außenwelt den Schauplatz für ihre großartigen Kundgebungen suchen. Wie sonst, ja mehr als sonst muß die Musik Volk und Gott als ihre Lebensquelle erkennen, muß sie von einem zum anderen eilen, den Menschen veredeln, trösten, läutern, segnen und preisen. Um dieses zu erreichen, ist das Hervorrufen einer neuen Musik unumgänglich. Diese Musik, die wir in Ermangelung einer anderen Bezeichnung die humanistische [humanitaire] taufen möchten, sei weihevoll, stark und wirksam, sie vereinige in kolossalen Verhältnissen Theater und Kirche, sie sei zugleich dramatisch und heilig, prachtentfaltend und einfach, feierlich und ernst, feurig und ungezügelt, stürmisch und ruhevoll, klar und innig.« – Die lose Folge der sechs Szenen des Oratoriums beschreibt Liszts bedeutendster Schüler Peter Cornelius (1824-1874) folgendermaßen: »Liszt wurde zu der besonderen Form der *Heiligen Elisabeth,* zu dieser Folge von Bildern aus dem Leben der Heiligen, durch eine der unseren nahe verwandten Kunst angeregt, durch die Malerei. Es sind die poesievollen Kompositionen von Moritz Schwind [auf der Wartburg]... *Die heilige Elisabeth* von Liszt trägt vorwaltend den Eindruck des Malerischen an sich. Das Werk übt vornehmlich durch die Farbe, durch Licht und Schattengebung einen Zauber auf uns aus. Durch eine meisterhafte und völlig nur ihm persönlich eigene Feinheit in der Harmonisierung und in der Wahl der Klangfarben seiner Orchestration weiß Liszt jedem einzelnen Bilde einen Grundzug von Stimmung zu geben, der jeder einzelnen Abteilung in der Tat den Charakter eines Gemäldes aufprägt.« Cornelius' Beschreibung weist auf die Gefahr des Werkes hin, in Einzelbilder zu zerfallen. Einheit kann da nur ein musikalisches Element stiften, und Liszt benutzt dazu eine *Antiphon »In festo Sanctae Elisabethae«* als, wie er es nennt, »Hauptmotiv«, das er, vergleichbar einer Berliozschen »Idée fixe«, in mannigfachen Varianten immer wieder zitiert. In eben diesem »Elisabeth-Thema« fließen für Liszt offenbar das religiöse und das nationale Anliegen zusammen. Ein anderes verbindendes Element ist die ebenfalls gregorianisch inspirierte, schon aus der *Dante-Symphonie* (1857) bekannte Intonation *g-a-e,* die Liszt als »tonisches Symbol des Kreuzes« verstanden wissen will (Schibli 1986). – Nationales Flair verschaffen Zitate einer *ungarischen Volksmelodie* und, besonders eindrücklich, am Ende des 5. Bildes das aus dem 17. Jahrhundert stammende ungarische *Kirchenlied »Cantio de S. Elisabetha Hungariae Regis Filia«,* worauf Liszt selbst ausdrücklich hinweist. Seltsam werden hier Fürbitte und Litanei – eigentlich ja Elemente katholischer Liturgie – für das Oratorium vereinnahmt, worin sich, wie im Umgang mit den musikalischen Inspirationsquellen, ein gewisser Eklektizismus zeigt. Auch verzichtet Liszt zugunsten einer archaisierenden Herbheit auf eigenständige Melodik und auf kontrapunktische Durchstrukturierung der Komposition – schon das Fehlen der gattungsüblichen Chorfugen macht es ohrenfällig. Er legt vielmehr den Schwerpunkt, genau wie es Cornelius beschreibt, auf eine subtile, stellenweise geradezu impressionistische Instrumentation und auf eine ungewöhnliche, häufig nur zur »Färbung« des musikalischen Materials dienende Harmonik. Dennoch, gerade unter den malerisch empfundenen Stellen gehören das »*Rosenwunder*« und das folgende »*Dankgebet*« zum Schönsten, das Liszt und seine Zeit erfunden haben. – Gegen *Die heilige Elisabeth* ist Liszts anderes Oratorium *Christus* (1873), obwohl ähnlich intendiert – in den Seligpreisungen wagt er sogar eine Art von Neugregorianik –, geradezu monumental. (R. M.)

1865 **Richard Wagner** (1813-1883): »**Tristan und Isolde**« in München

1854, drei Jahre bevor er sich an den Text macht, schreibt Wagner an Franz Liszt: »Ich habe im Kopfe einen Tristan und Isolde entworfen, die einfachste, aber vollblutigste musikalische Konzeption; mit der ›schwarzen Flagge‹, die am Ende weht, will ich dann mich zudecken, um – zu sterben.« 1856 schreibt Wagner der Prinzessin Marie Wittgenstein, er sei während der Arbeit am *Siegfried,* »unversehens in den *Tristan*« geraten: »Vorläufig Musik ohne Worte. Zu manchem werde ich wohl auch eher die Musik als die Verse machen.« Und Anfang 1857 schickt er an Mathilde Wesendonck ein Stück *Tristan*-Musik ohne Text. Also die Musik vor dem Text? Im selben Sinne wie Mozart von der Entstehung der *Entführung* 1781 berichtet: »Die Aria habe ich dem Herrn Stephanie ganz angegeben, und die Hauptsache der Musik davon war schon ganz fertig, ehe Stephanie ein Wort davon wußte.« Nein! Den Primat hat bei Wagner weder der Text noch die Musik, sondern *das Ganze* »als Bild, in welches die thematischen Strahlen zusammenfallen.« Erst aus der musikalischen Realisierung des »Bildes«, dieses vorgestellten Ganzen, geht, so Wagner, das »Drama« hervor, das »Drama«, das mehr ist als die »Dichtung«, nämlich ein Zusammenwirken von Musik, Dichtung und szenischer Aktion, wobei alle drei nur Mittel zum Zweck des »Dramas« sind. Nun nennt Wagner seinen *Tristan* aber gerade nicht »musikalisches Drama«, sondern »Handlung«, obwohl dem Stück gerade Handlung fehlt, jedenfalls in dem Sinne, den man dem Wort beimißt, wenn man an ein Theaterstück mit tödlichem Ausgang denkt. Dieser Merkwürdigkeit entspricht eine andere, daß Wagner nämlich im *Vorspiel zum Tristan* eigentlich das Ganze musikalisch vorwegnimmt, ebenso wie er in seinen *Programmatischen Erläuterungen* zu diesem Vorspiel den ganzen textlichen Inhalt so erzählt, daß nicht der Eindruck einer Zusammenfassung, sondern eben der eines selbständigen Ganzen entsteht:

> »Ein altes, unerlöschlich neu sich gestaltendes, in allen Sprachen des mittelalterlichen Europas nachgedichtetes Ur-Liebesgedicht sagt uns von Tristan und Isolde... Nun war des Sehnens, des Verlangens, der Wonne und des Elendes der Liebe kein Ende: Welt, Macht, Ruhm, Ehre, Ritterlichkeit, Treue, Freundschaft – alles wie wesenloser Traum zerstoben; nur eines noch lebend: Sehnsucht, Sehnsucht, unstillbares, ewig neu sich gebärendes Verlangen, Dürsten und Schmachten; einzige Erlösung: Tod, Sterben, Untergehen, Nichtmehrerwachen! – Der Musiker, der dieses Thema sich für die Einleitung seines Liebesdramas wählte, konnte, da er sich hier ganz im eigensten, unbeschränktesten Elemente der Musik fühlte, nur dafür besorgt sein, wie er sich beschränkte, da Erschöpfung des Themas unmöglich ist. So ließ er denn nur einmal, aber im lang gegliederten Zuge, das unersättliche Verlangen anschwellen, von dem schüchternsten Bekenntnis der zartesten Hingezogenheit an, durch banges Seufzen, Hoffen und Zagen, Klagen und Wünschen, Wonnen und Qualen bis zum mächtigsten Andrang, zur gewaltsamsten Mühe, den Durchbruch zu finden, der dem grenzenlos begehrlichen Herzen den Weg in das Meer unendlicher Liebeswonne eröffne. Umsonst! Ohnmächtig sinkt das Herz zurück, um in Sehnsucht zu verschmachten, in Sehnsucht ohne Erreichen, da jedes Erreichen nur wieder neues Sehnen ist, bis im letzten Ermatten dem brechenden Blicke die Ahnung des Erreichens höchster Wonne aufdämmert: es ist die Wonne des Sterbens, des Nichtmehrseins, der letzten Erlösung in jenes wundervolle Reich, von dem wir am fernsten abirren, wenn wir mit stürmischester Gewalt darin einzudringen uns mühen. Nennen wir es Tod? Oder ist es die nächtige Wunderwelt, aus der, wie die Sage uns meldet, ein Efeu und eine Rebe in innigster Umschlingung einst auf Tristan und Isoldes Grabe emporwuchsen?«

Die »Handlung«, auf die der Untertitel des *Tristan* verweist, ist also eine innere: »Ein Blick auf das Volumen dieses Gedichtes«, schreibt Wagner 1860 in *Zukunftsmusik* über *Tristan,* »zeigt Ihnen sofort, daß ich dieselbe ausführliche Bestimmtheit, die vom Dichter eines historischen Stoffes auf die Erklärung der äußeren Zusammenhänge der Handlung zum Nachteil der deutlichen Kundmachung der inneren Motive angewendet werden mußte, nun auf diese letzteren einzig anzuwenden mich getraute... Die ganze ergreifende Handlung kommt nur dadurch zum Vorschein, daß die innerste Seele sie fordert, und sie tritt so an das Licht, wie sie von innen aus vorgebildet ist.« – Und wie tritt die Handlung ans Licht? In Text, Musik, Darstellung? Im Zusammenkommen von allen dreien! Und doch kommt der Musik ein Primat zu, weil das Wesentliche der inneren Handlung solcher Art ist, daß es nicht durch die Sprechsprache, wohl aber durch die Tonsprache ausgedrückt werden kann. Wagner an Mathilde Wesendonck: »Kind! Dieser *Tristan* wird was

Furchtbares! Dieser letzte Akt!!! Ich fürchte, die Oper wird verboten – falls durch schlechte Aufführung nicht das Ganze parodiert wird – ; nur mittelmäßige Aufführungen können mich retten! Vollständig *gute* müssen die Leute verrückt machen – ich kann mir's nicht anders denken.« Oder an anderer Stelle (im Dezember 1858): »Seit gestern beschäftige ich mich wieder mit dem *Tristan.* Ich bin immer noch im zweiten Akte. Aber – was wird das für eine Musik! Ich könnte mein ganzes Leben nur noch an dieser Musik arbeiten... So etwas habe ich denn doch noch nicht gemacht: aber ich gehe auch ganz in dieser Musik auf; ich will nichts mehr davon hören, wann sie fertig werde. Ich lebe ewig in ihr.«

Die Uraufführung unter Hans von Bülow am 10. Juni 1865 in München im Hoftheater in Gegenwart König Ludwigs II. von Bayern ist ein Erfolg. Die Kritik freilich beanstandet die »Schamlosigkeit« des Textes und die »Disharmonien« der Musik. Drei Wiederholungen. In der dritten Aufführung sitzt Anton Bruckner. – Kein Musikstück des 19. Jahrhunderts ist von vergleichbarer Wirkung und Nachwirkung. Von der *Tristan*-Harmonik ist die Richtung ablesbar, die zur Auflösung der Tonalität, zur Emanzipation der Melodik und des Kontrapunkts von vorgeformten Akkordzusammenhängen führt. *Tristan* ist eine der »Ursprungsurkunden« der musikalischen Moderne (Dahlhaus 1971).

Wagners bedeutendstes Werk findet erst spät Zugang zum »Grünen Hügel« in Bayreuth: 1886, 21 Jahre nach der Münchner Aufführung, drei Jahre nach dem Tod des Komponisten. »Die Erbwalter hatten ihre Gründe, den ekstatischen Ausbrüchen des Liebes-Todespaares reserviert gegenüberzustehen. Das dunkle Nachtstück paßte nicht in die Opernpathetik des frühen und nicht in die Mythologie des späten Wagners. Es wurde von Frau Cosima ebenso wie von ihrer aus England gebürtigen Nachfolgerin Winifred als ein Werk sui generis empfunden. Gleichwohl hat es bis 1939 eine besondere Reihe von *Tristan*-Interpretationen gegeben, deren Geist und Charakter immerhin die Breite des Feldes von Furtwänglers metaphysischer Gebärde und de Sabatas Glut erreichen. Auch an Abstraktionen der Regie, der Lichtregie, hatte es lange vor Preetorius und Tietjen schon bei Appia so erleuchtende wie einleuchtende radikale Rückführungen auf die Substanz des Werkes gegeben. – »Hier, mit einem kühnen Griff zurück über die nationalistischen Einengungsversuche der 20er und 30er Jahre, setzte der Enkelsohn Wieland [1917-1966], unbelastet von Historie und Historienmalerei, gleich im zweiten Jahr der Wiederbelebung der Bayreuther Festspiele an. Ihm mußte die Verlorenheit des unselig zwischen Liebessucht und Erlösungswille gekelterten Tristan als das Opus metaphysicum seines Großvaters schlechthin gelten.« Zehn Jahre trägt er das Werk mit sich herum, 1962 »erfährt es eine Darstellung und Deutung, die zu den überragendsten seiner Arbeiten zählt... Wieland Wagners *Tristan* von 1962 hebt die Handlung, das Seelendrama, in die Wesenheit, in die Wahrheit eines zeitlosen Existentialismus« (Lindlar 1965). Schade nur, daß so viel des Guten und Neuen im modernen Bayreuth wieder untergegangen ist.

1866 **Max Bruch** (1838-1920): **Violinkonzert g-moll** op. 26

Von den zahlreichen Violinkonzerten des 19. Jahrhunderts erfreut sich dieses erste von Max Bruch bis heute der größten Beliebtheit. Wie in keinem der anderen ist hier, obwohl durchaus konzertant gedacht und ausgeführt, ein schwärmerischer Ton getroffen, jedenfalls in dem berühmten *Adagio,* dem Mittelsatz des Werkes. Der Hauptsatz einer traditionellen großen Sonatenanlage, das »erste Allegro«, in dem bisher stets die eigentlich gewichtige, die mit- und nachdenkenswerte »musikalische Arbeit« geschehen ist, ist hier zum Vorspiel für den langsamen Satz herabgestuft, die Satzüberschrift lautet tatsächlich: *I. Vorspiel. Allegro moderato.* – Was die Wiener Klassiker eher als ein Prinzip des Musizierens denn als eine Form gebraucht haben, nämlich das Konzert, ist hier tatsächlich als »Form« verstanden, die man aus romantischem Geist nun mit neuem Inhalt füllen muß und kann. Und trotzdem, nein gerade auch deswegen ist es falsch, dieses Adagio für sich, also ohne sein »Vorspiel«, aufzuführen, zumal der Satz dann leicht in das keineswegs richtige Licht des Kitsches gerät.

1866 **Friedrich Smetana** (* Leitomischl/ Ostböhmen 1824, † Prag 1884): **Oper »Die verkaufte Braut«** in Prag

Zumindest eine von Smetanas 9 Opern soll von Anfang an eine Art Tschechischer Nationaloper werden, die »nationale Festoper« *Libussa,* welche bei der Eröffnung des tschechischen Nationaltheaters in Prag am 11. Juni 1881 aufgeführt wird. Eine andere Oper Smetanas aber ist es tatsächlich: Die komische Oper *Prodaná nevěsta (Die verkaufte Braut;* Text von Karl Sabina; zuerst zwei Akte mit gesprochenem Dialog, dann drei Akte mit Rezitativen; Ouvertüre 1863; Oper 1864 bis 1866, mit Zusätzen bis 1870), die am 30. Mai 1866 im tschechischen Interimstheater (seit 1862) in Prag, dem ersten national-tschechischen Theater, in Szene geht, zunächst aber nur wenig Anklang findet. Erst die umgearbeitete Fassung hat 1892 in Wien (in tschechischer Sprache; 1893 in deutscher Sprache) durchschlagenden Erfolg. Bei seiner ersten Oper *Die Brandenburger in Böhmen* (Prag 1866), ebenso bei *Dalibor* (zur Grundsteinlegung des Tschechischen Nationaltheaters in Prag 1868) wirft man ihm vor – für uns heute unverständlich –, seine Musik sei unnational und wagnerianisch, und dies, obwohl sein Ziel gerade ist, für das Theater eine national geprägte tschechische Musik zu schaffen. Freilich, Mozart, Beethoven, Schumann, Liszt und Wagner sind die Leitsterne, an denen er sich orientiert. Zu ihnen kommt Chopin, der den Klavierpoeten Smetana (*Böhmische Tänze*), überhaupt den Lyriker, beeinflußt. Von Liszt aber bekennt Smetana: »Er ist mein Meister, mein Muster, und für alle wohl ein unerreichbares Vorbild.« Daß ihn darum seine konservativen Landsleute aber als »Wagnerianer« und als Verräter dessen, was sie unter nationaler Kunst verstehen möchten, mißdeuten und bekämpfen, schmerzt ihn. Tatsächlich besteht Smetanas Größe gerade in der schöpferischen Kraft, mit der er die Anregungen der »neudeutschen Romantik« in ein unverwechselbar eigenes Idiom umschmilzt – das alsbald dann auch gerade als nationaltschechisches Idiom gehört wird, obwohl es de facto »nur« die Realisierung von Smetanas Vorstellung eines nationaltschechischen Idioms ist. Wie dem auch sei, *Die verkaufte Braut* ist musikalisch und als Spieloperntheater hinreißend und zudem in vielen Details von einer für ihre Zeit verblüffenden Neuheit, und sie hat bis heute nichts von ihrer Frische verloren. Die Direktheit des Musikalischen, etwa in der Ouvertüre (besonders am Anfang) oder in den Tänzen, ist für alle stilistisch-hochromantischen Interpretationen und Erwägungen – entwaffnend.

1866 **Ambroise Thomas** (1811-1896): **Oper »Mignon«** in Paris

Dieselben Textdichter M. Carré und J. Barbier, die für Gounod Goethes *Faust* bearbeitet haben, bearbeiten nun für Thomas den *Wilhelm Meister,* wobei ihnen Goethes Roman mehr als Stoffquelle denn als Vorwurf dient. Thomas, der in der Opéra comique schon Erfolge hat, mischt in den dort üblichen »Ton« und unter die dazu verwendeten Elemente einen neuen lyrisch-sentimentalen Ton, wie er dem Libretto entspricht, und schafft damit eine Art Opéra lyrique.

1866-68 **August Wilhelm Ambros** (1816-1876): **»Geschichte der Musik«**

Ambros ist der bedeutendste deutsche Musikhistoriker des 19. Jahrhunderts. Ungeachtet seiner geradezu schumannischen Jugendjahre – in jungromantischem Enthusiasmus bilden er und sein jüngerer Freund Hanslick als »Flamin« und »Renatus« eine zeitlang eine Art Prager Zweig von Schumanns »Davidsbündlern« –, dessen ungeachtet ist er ein Mann aus dem Geiste Goethes, allerdings stark beeinflußt von Jakob Burckhardt. Man versteht seine Persönlichkeit am besten aus der Rechtfertigung, die er seinen *Bunten Blättern* (1872/74) voranschickt: »Die bildenden Künste haben meinem Herzen von jeher fast ebenso nahegestanden wie die Musik... Man wird es wohl in meiner *Musikgeschichte* bemerkt haben, wie mir der Kunstgeist dieser oder jener Periode in seinem Zusammenhange klar zu sein, wie mir die Musik und die bildende und bauende Kunst nur Äußerung einer und derselben geistigen Strömung zu sein scheint.« Von hier aus wird verständlich, daß sein Hauptinteresse der Musik der Renaissance gilt. In Josquin, dessen Werk und Persönlichkeit er zum erstenmal umfassend und liebevoll darstellt, und in Palestrina sieht er die Gipfelpunkte der musikalischen Vergangenheit.

Mit dem um eine Generation älteren norddeutschen Musikhistoriker Carl von Winterfeld verbindet Ambros die klassizistische Grundhaltung und die Neigung zum 16. Jahrhundert. Von dem um eine Generation jüngeren Philipp Spitta, wie überhaupt von der jüngeren Musikforschung, trennt ihn die Abneigung gegen die Spezialisierung. Nur die drei ersten Bände gibt Ambros selbst heraus, den 4. Band (nach hinterlassenen Notizen) Gustav Nottebohm (1878), den 5. Band (aufgrund von hinterlassenen und eigenen Materialien) Otto Kade (1882: *Auserwählte Tonwerke der berühmtesten Musiker des 15. und 16. Jahrhunderts. Beispielsammlung zum 3. Band der Musikgeschichte von A. W. Ambros*).

1867 **Johann Strauß (Sohn)** (* Wien 1825, † das. 1899): **Walzer »An der schönen blauen Donau«** op. 314

Der Vater war ein Wirtskind der Vorstadt und musikalisch Autodidakt. Der Sohn, der gegen den Willen des Vaters Musiker wird, hat eine solide Ausbildung bei Professoren und beim Domkapellmeister vorzuweisen, als er 1844 um die Genehmigung eingibt, »mit einem Orchester von 12 bis 15 Personen in Gasthauslokalitäten Musikunterhaltungen abhalten zu dürfen«. Wie der Vater ist der Sohn ein musikalisches Genie, gleich begabt als Geiger, Orchesterleiter und Komponist – Komponist freilich nur des einen Genres, der Tanz- und Unterhaltungsmusik. Die Zeiten, da ein Musiker alles können mußte, Musik der hohen wie der niederen Gattungen, sind vorüber, jetzt ist die Zeit der Trennung zwischen E- und U-Musik angebrochen, in der es dort und hier »schwer« oder »leicht« gibt und gute und schlechte Musik. Freilich, ob Johann Strauß' Walzer niedere E- oder hohe U-Musik sind, darüber kann man streiten – und dabei einsehen lernen, daß die ästhetische Diskussion hoffnungslos verfahren ist, weil die Hierarchie der musikalischen Gattungen und Bereiche aufgehoben, weil die Vorstellungswelt des Menschen im Hinblick auf die Musik und ihre Ordnungen unsicher geworden ist.

Das künstlerische Wirken von Johann Strauß (Sohn) vollzieht sich in zwei fast gleich langen Abschnitten. Der erste von 1844 bis 1870 gilt mit 342 Werktiteln ausschließlich der Tanzmusik, der zweite von 1871 bis 1899 der Komposition von 16 Operetten. Mit dem *Morgenblätter-Walzer,* dessen Komposition dem Erscheinen Offenbachs in Wien 1865 zu danken ist, weil dieser mit einem Walzer *Abendblätter* herauskommt, hebt die Hoch-Zeit des Strauß-Walzers an. Von seinem ersten Auftreten an ist Strauß der populärste Musiker Wiens. Er beherrscht die fünf Tänze der Zeit wie kein anderer Musiker, und er bleibt bei diesen Tänzen durch 55 Jahre. Den nach Lanner nun auch ihm zuerkannten Titel »Walzerkönig« rechtfertigt er nicht nur durch die Menge der sein Schaffen überwiegend beherrschenden Walzer (168 *Walzer,* 117 *Polkas,* 73 *Quadrillen,* 43 *Märsche* und je 31 *Mazurkas* und *Galoppe*), sondern auch »durch die Erweiterung der Form und die geistige Erhöhung des Walzers« – was immer das meinen mag.

Im Februar 1867 veranstaltet der Wiener Männergesang-Verein statt des traditionellen Narrenabends wegen der Schatten des Nachkriegsjahres nur eine »Faschings-Liedertafel« mit buntem Programm. Strauß, um einen Beitrag gebeten, richtet den eben komponierten Walzer *An der schönen blauen Donau* – der Titel entstammt einem schwermütigen Gedicht aus Karl Becks *Stillen Liedern* – für Männerchor ein, und der Hausdichter des Vereins, Josef Weyl, hauptberuflich Polizeibeamter, übernimmt die Textierung – mit dem unglaublichen Text »Wiener seid froh! Oho, wieso?...« Das Stück wird jubelnd aufgenommen und muß »auf allgemeines stürmisches Verlangen wiederholt werden.« Seinen Welterfolg freilich erringt der Donau-Walzer in der um eine Coda erweiterten reinen Orchesterfassung (März 1867), die allein seinen Zauber enthüllt.

Georg Knepler (1961), selbst Kapellmeister, also Praktiker, Musikwissenschaftler und vor allem Wiener, zu Johann Strauß und zum Walzer: »In rührender Bescheidenheit meinte Johann Strauß noch als alter Mann, sein schwaches Verdienst sei nur die ›Erweiterung der Form‹, die er von seinen Vorgängern, vor allem von seinem Vater, übernommen habe. Er tat in Wirklichkeit weit mehr als das. Unter seinen Händen wurde der Übergang vom bäuerlich-ländlerartigen zum bürgerlichen Ballsaal-Walzer, vom langsamen Figurentanz zum geschwinden Rundtanz vollzogen. Der Funktions- und Tempowandel zieht einen Strukturwandel nach sich... Doch sind nicht alle Walzer, nicht alle Tänze, die Johann Strauß schrieb, Perlen. Die eilige Erfüllung einer seit Jahren festgelegten Schablone ist oft zu merken. Schon Vater Strauß pflegte sich erst am Morgen an die Komposition der sogenannten Walzerpartie zu machen, die am gleichen Abend zu erklingen hatte. Mit Hilfe seiner erprobten Helfer – Arrangeure, Kopisten und Orchestermusiker in einer Person – wurden im Laufe einiger Stunden Komposition und Vorbereitung der Aufführung gleichsam in einem Arbeitsgang erledigt. Der Sohn verfuhr ähnlich... Keine Frage, daß sich Elemente des Kommerzialismus in diese Arbeits- und Kompositionsweise einschlichen... Doch liegt die Problematik des Meisters der Wiener Walzer tiefer.« Eduard Hanslick hat Bedenkenswertes dazu gesagt (das Knepler zitiert), auch Alban Berg, auch schon A. W. Ambros: »Hätten unvermutet die Posaunen des Jüngsten Tages getönt, Strauß würde in Eile noch eine *Jüngstentag-Quadrille nach beliebten Motiven der Gerichtsposaunen* komponiert haben...«

1867 **Giuseppe Verdi** (1813-1901): **Oper »Don Carlos«** in Paris

Am 11. März 1867 findet in der Grand Opéra in Paris in Anwesenheit des Königs und des ganzen Hofes die Uraufführung statt (in französischer Sprache also; Text nach Schiller von Méry und Du Locle) – ohne Erfolg, jedenfalls bei der Premiere. Dann freilich hat die Oper 43 Pariser Aufführungen. Und trotzdem mäkelt Bizet: »Verdi ist kein Italiener mehr. Er macht Wagner... Er hat nicht mehr seine bekannten Fehler, aber auch nicht mehr eine einzige seiner guten Eigenschaften.« Und Verdi kontert: »Hätten die Kritiker nur ein bißchen aufgepaßt, hätten sie gemerkt, daß dieselben Absichten im Terzett des *Ernani,* in der Nachtwandlerszene des *Macbeth* und in vielen anderen Stücken vorhanden sind. Die Frage ist aber nicht, ob *Don Carlos* einem System zugehört, sondern ob die Musik gut oder schlecht ist.« Daß hier Neues zu hören ist, ist richtig. Aber das Neue, nämlich vor allem die weitreichende polyphone Arbeit und die weiterreichende Führung der melodischen Linie, das alles wirkt auf die Hörer damals eher befremdlich. – Als einzige seiner Opern arbeitet Verdi den *Don Carlos* mehrmals um; für die Aufführung in der Scala in Mailand 1884 faßt er das Werk in vier Akten neu, für eine Aufführung in Modena 1886 wieder in fünf Akten.

1867-1901 **Edvard Grieg** (* Bergen/Norwegen 1843, † das. 1907): **10 Hefte »Lyrische Stücke« für Klavier**

Grieg studiert zunächst am Konservatorium in Leipzig, dann bei N. W. Gade und bei J. P. E. Hartmann in Kopenhagen, die stärksten Eindrücke aber bekommt er von seinen Landsleuten Ole Bull (1810-1880), dem berühmten Geiger, und von Rikard Nordraak (1842-1866), dem Komponisten: »Es fiel mir wie Schuppen von den Augen; erst durch ihn lernte ich die nordischen Volkslieder und meine eigene Natur kennen. Wir verschworen uns gegen den durch Mendelssohn verweichlichten Skandinavismus und schlugen mit Begeisterung den neuen Weg ein, auf welchem sich noch heute die nordische Schule befindet.« »Die nordische Schule«: man hält Grieg vor, »diese fanatische, fast dämonische Liebe zur Heimat sei seine Stärke, aber auch seine Begrenzung«, ja hie und da fällt sogar das Wort von musikalischer Heimatkunst. Nun, das sagt sich aus der Perspektive der großen Musiknationen mit Jahrhunderte alten stabilen Traditionen leicht – und ist doch ungerecht und sachlich falsch. In Griegs Musik ist nicht bloß das Norwegische, sondern das Nordische überhaupt am stärksten ausgeprägt.

Grieg ist am eindrücklichsten als Miniaturist; in seinen Klavierstücken und seinen Liedern ist er der große Meister im Kleinen. Dabei knüpft er an das Charakterstück Schumanns an, und wie bei diesem steckt auch hier hinter dem Titel solcher Stücke immer ein Erlebnis. »Viele seiner Einfälle überschreiten in ihrer Kühnheit und Zartheit bereits die Grenzen der ›Impression‹, und eine Geschichte des nachwagnerischen Impressionismus hätte sich mit ihm als einem ihrer Stammväter oder zumindest einem ihrer Paten zu beschäftigen« (Einstein 1950). – Aus den zahlreichen anderen Sammlungen von Klavierstücken seien die hervorgehoben, die in besonderer Weise die Romantik charakterisieren, allein schon durch ihre Titel: *Klavierstücke nach eigenen Liedern; Stimmungen.*

seit 1867 **Der Balakirew-Kreis** (Gruppe der **»Fünf«**) und seit 1890 **der Beljajew-Kreis** in St. Petersburg

Als letztes der europäischen Länder gewinnt Rußland im 19. Jahrhundert eine nationale Musik fortschrittlichen Gepräges. Deren Protagonisten sind Alexander Borodin (1833-1887), César Cui (1835-1918), Mily Balakirew (1837-1910), Modest Mussorgski (1839-1881) und Nikolaj Rimski-Korsakow (1844-1908). Balakirew ist ihr Schulhaupt, ihr Hauptwirkungsort ist St. Petersburg. Zunächst war ja mit Glinka und seinem *Leben für den Zaren* (1836) und mit Dargomyschksi und seiner *Russalka* (1855) – um nur die wichtigsten Werke zu nennen – durchaus eine ebenso patriotische wie nationale russische Musik entstanden. Aber diese schien offenbar vielen nicht russisch genug. Das jedenfalls zeigen das Erscheinen der »Fünf« und ihr Gegensatz und ihr Kampf gegen die »Westler«, nämlich gegen Alexander Serow (1820-1871), Anton Rubinstein (1829-1894) und Peter Tschaikowski (1840-1893). Die »Fünf« sind sich einig in der Ablehnung der deutschen, besonders aber der italienischen und italianisierenden Musik, die sich auf den Bühnen zu jener Zeit wieder breitzumachen beginnt. Einig sind sie sodann in der Überzeugung, daß ihre Werke im Boden des Volkstums wurzeln müssen. »Nicht ziemt es den Erben Glinkas und Dargomyschskis, an fremden Schwellen das Knie zu beugen. Wir haben unserem echten russischen Lied in der großen Kunst Geltung verschafft. Es verzehnfacht unsere Kräfte, wenn wir es begreifen. Es klingt schon in unseren Opern und Symphonien. Wir verleihen ihm neue Flügel« (W. Stassow). Einig sind sie sich schließlich in dem Bestreben, Stoffe aufzugreifen, die die Geschichte des russischen Volkes behandeln und gleichzeitig Symbolkraft für die Gegenwart haben. Deshalb auch geht ihre stärkste Wirkung über die Oper. Zugleich bilden sie damit das Gegenstück zu der von Gogol und Ostrowski, Belinski und Herzen inspirierten »Morgenröte« einer realistischen und volksverbundenen russischen Kunst, die in den 60er Jahren die Kultur Rußlands beflügelt. Das künstlerische Programm der »Novatoren«, wie sie sich auch nennen, des »mächtigen Häufleins«, wie ihre Gegner sie verspotten, bedeutet – bei aller Anlehnung an Berlioz, Schumann und Liszt – im Wesentlichen eine Kampfansage an alle internationalen Bestrebungen im Musikleben Rußlands. Im Einzelnen gehen Borodin, Cui, Mussorgski und Rimski-Korsakow durchaus ihre eigenen Wege, gleichwohl aber erblicken sie in Balakirew ihren geistigen Führer. Der Grund liegt darin, daß Balakirew gegenüber den in einem gewissen Dilettantismus und einem ungezügelten Naturalismus befangenen anderen »Novatoren« der einzig wirklich durchgebildete Musiker ist. Freilich, darin liegt auch der Grund, daß er als einziger auf andere wirkt, etwa auf Tschaikowski, und damit in die russische Musik des 19. Jahrhunderts weit hinaus.

Seit etwa 1890 findet der Balakirew-Kreis in St. Petersburg Nachfolge in einem Kreis um den Verleger, Konzertunternehmer und Mäzen M. P. Beljajew (1836-1903/04). Der alte Stassow, Rimski-Korsakow, Glasunow und Ljadow bilden seinen Kern, die Fortführung der Tradition der Gruppe der »Fünf« und der Anschluß an die romantische Literatur Rußlands wie überhaupt Europas sind seine ersten Anliegen. Zu diesem Kreis gehört, wenn auch mehr am Rande, der Einzelgänger S. J. Tanejew (1856-1915), von dem Tschaikowski sagt, seine Symphonien seien »orchestrierte Abstraktionen«, und dann, wohl interessanter, gar bedeutender als die anderen, Anatol K. Ljadow (1855-1914), der sich den Tendenzen des Realismus entgegenstemmt und zu Impressionismus und Symbolismus tendiert, der freilich aus Selbstkritik und aus Einsicht in die geistige Situation der Zeit verstummt: »Mit jedem Jahr verliere ich mich weiter. Wie muß man komponieren? Was? Ich entferne mich schon schrecklich weit von Chopin. Ob das gut ist oder nicht, ich weiß es nicht.« Aus seinen wenigen Werken ragen zwei Orchesterstücke heraus: *Der verzauberte See* (1909) und *Kikimora* (1910). Es sind programmatische Tonbilder mit impressionistischem Klangzauber; unter einer glatten Oberfläche liegt verhüllte Traurigkeit: die merkwürdige Verbindung der Welt des russischen Märchens mit der symbolistischen Ästhetik M. Maeterlincks. – Auf Diaghilews Angebot, ein Ballett zu schreiben, reagiert Ljadow nicht. Der Auftrag geht weiter an Igor Strawinsky, und es entsteht der *Feuervogel* (1910): So bildet Ljadow eine Brücke zwischen der russischen Musik des 19. Jahrhunderts und der europäischen Neuen Musik.

1868 Gründung der ersten Gesellschaft für Musikforschung durch Robert Eitner

Das angebrochene historische Zeitalter der Musik bringt eine neue Möglichkeit der Beschäftigung mit Musik, nämlich die nach Art der »Kunstgeschichte«: die historisch interpretierende »Musikgeschichte«. Ihre Anfänge liegen im 18. Jahrhundert bei J. N. Forkel und am Beginn des 19. bei C. von Winterfeld, ihre Fortsetzung findet sie in den großen Monographien (z.B. Otto Jahns *Mozart*) und in Kritischen Gesamtausgaben (z.B. Bach) des 19. Jahrhunderts. Damit nun diese »Musikgeschichte«, die zunächst im Grunde eine musikalische Heroengeschichte ist, zu einer allgemeinen Musikwissenschaft werden kann, bedarf es der Systematik und der Organisationsform, und für beides macht Robert Eitner (1832-1905) den Anfang. Sein Hauptverdienst liegt auf dem Gebiet der Quellenerschließung und -verzeichnung. Hatten Forkel und Friedrich Chrysander die Notwendigkeit der Veröffentlichung von Denkmäler-Ausgaben als eine Hauptaufgabe der Musikforschung erkannt, so weist Eitner erstmals auf eine umfassend angelegte Quellen-Inventarisierung als Voraussetzung jeglicher historischer Musikforschung hin. Um sein Vorhaben auf breiter Basis entwickeln zu können, gründet er die erste *Gesellschaft für Musikforschung* mit Sitz in Berlin, gibt er seit 1869 die *Monatshefte für Musikgeschichte,* seit 1873 die *Publikationen älterer praktischer und theoretischer Musikwerke vorzugsweise des XV. und XVI. Jahrhunderts (PGfM;* 33 Bde.) heraus, so daß sich neben seinen bibliographischen Bemühungen auch diejenigen um die eigentliche musikwissenschaftliche Stoffverarbeitung fruchtbar auswirken können. Bleibt Eitners musikalisches Interesse besonders dem deutschen Lied des 15. und 16. Jahrhunderts und dem deutschen evangelischen Kirchenlied zugewandt, so regen ihn in bibliographischer Hinsicht besonders die Musiksammelwerke zu intensivem Studium an: 1877 gibt er die *Bibliographie der Musik-Sammelwerke des XVI. und XVII. Jahrhunderts* heraus und schließlich 1900 bis 1904 sein Hauptwerk, das zehnbändige *Biographisch-bibliographische Quellenlexikon der Musiker und Musikgelehrten.* Trotz vieler Mängel ist die Arbeit als Gesamtkonzeption und in ihrer Ausführung beispiellos, die Tatsache, daß das alles ein Mann allein gemacht hat, fast unbegreiflich. – Nach verschiedenen Ansätzen hat endlich im Jahre 1952 die Internationale Gesellschaft für Musikwissenschaft und die Internationale Vereinigung der Musikbibliotheken den Plan eines (nach zwei Weltkriegen dringend notwendigen) neuen *Internationalen Quellenlexikons (RISM)* aufgegriffen und die Arbeit begonnen, die jetzt nahezu abgeschlossen ist.

1868 Richard Wagner (1813-1883): »Die Meistersinger von Nürnberg« in München

Im Repertoire deutscher Opern nehmen die *Meistersinger* eine besondere Stellung ein, sie sind schlechthin *die* Festoper der Deutschen. Ein

Grund ist, daß das Element des Festes und des Festlichen hier Gegenstand des Ganzen ist, weil ein Musikfest – im engeren wie im weiteren Sinne – Handlung und musikalische Umsetzung bestimmt. Ein anderer Grund ist, daß diese Oper in besonderer Weise mit der Entstehung Deutschlands als eines Nationalstaates und mit dem daran gebundenen Nationalbewußtsein zusammenhängt, worauf Hans Mayer (1959) mit Nachdruck hinweist. Schon im Schillerjahr 1859 hat sich »die deutsche Kunst« als integrierender Faktor erwiesen, ja die deutsche Einigung vollzog sich im 19. Jahrhundert im Zeichen der Kunst, trotz aller Zersplitterung im Staatlichen und Politischen. Amnestie und Rückkehr aus dem Exil (1862) bringen Wagner mit diesen Strömungen in Verbindung. Freilich, diese deutsche Einigung ist eine Einigung »von oben«, das Volk bleibt Objekt – wie im *Rienzi* und wie im *Lohengrin*. Und nun wiederholt sich alles wie auf erhöhtem Podest und mit neuer geschichtlicher Aktualität in den *Meistersingern:* deutsches Einigungsstreben widergespiegelt in Dichtung und Musik. Nicht zu übersehen ist dabei auch das patriarchalische und autoritäre Moment: das Volk hat auch in Wagners *Meistersingern* nur »ja« zu sagen und »Hurrah!« zu rufen – und die Schlußansprache des Hans Sachs ist eine »Rede an die deutsche Nation« im Sinne Fichtes. Kein Zweifel, die Größe ebenso wie eine gewisse Zwiespältigkeit der *Meistersinger* hängt damit zusammen. – Die Uraufführung am 21. Juni 1868 in München wird ein Triumph, die erste Aufführung in Berlin 1870 ein Fiasko.

Die *Meistersinger*-Musik hat etwas ganz Eigenes, jedenfalls ist sie eingängiger als die der mittleren und späteren Werke Wagners. Mag es am häufigen, manchmal gar penetranten 4/4-Takt mit Marschcharakter liegen, ohne daß man es merkt, liegt es wahrscheinlich eher an der scheinbar einfachen Melodik, die in Wirklichkeit höchst vertrackt ist, wie Beckmesser mit Stoltzings Lied gleichsam beweist. »Die Diatonik stellt, als gleichsam geträumte Diatonik, die um 1860 nicht ganz real ist, weniger eine Restauration dar als eine Art von Rekonstruktion. Es handelt sich um zweite Diatonik in dem Sinne, in dem Hegel von zweiter Natur oder zweiter Unmittelbarkeit sprach. Nirgends, auch nicht im *Parsifal,* ist Wagners Musik so artifiziell wie in dem Schein von Simplizität, mit dem sie sich in den *Meistersingern* umgibt« (Dahlhaus 1971).

1868-77 Modest Mussorgski (* Karewo/Pskow 1839, † St. Petersburg 1881): Liederzyklen

Glinka und Dargomyschski schreiben die ersten russischen Lieder mit unverkennbar nationalem Kolorit, besser: mit der Tendenz zu einem nationalen Idiom auch für die lyrische Gattung Lied. Stärker ist diese Tendenz bei der folgenden Generation. Während Tschaikowski und auch César Cui eher am musikalischen Westen orientiert bleiben, schmilzt Borodin in seinen wenigen, aber bedeutenden Liedern die Einflüsse Liszts und Schumanns zu einem völlig eigenen Idiom zusammen. Weniger lyrisch, aber viel eigenständiger sind die Lieder und Liederzyklen Mussorgskis. Zwar ist auch ihm die russische Folklore, besonders mit bestimmten rhythmischen und melodisch-tonalen Elementen, die Hauptquelle seiner Inspiration, aber die visionären *Lieder und Tänze des Todes* (1874-77) und die eigentümlich »realistisch« klingenden Lieder aus der *Kinderstube* (1868-72) sind aus anderen Quellen gespeist und stoßen aus der Romantik hinaus in eine neue Richtung vor: Assimilierte Volks- und Kirchenmusik einerseits und die nach Tonfall und Deklamationsrhythmik musikalisch nachgeahmte Sprachintonation andererseits, Ausdrucks- und Charakterisierungskunst, melodische und sprachrezitativische Mittel, traditionelle und rein klanglich aufzufassende harmonische Mittel, all dies Gegensätzliche verbindet Mussorgski – wie an der Schwelle zweier Zeitalter – zu einer Art von »romantischem Realismus« (K. Kos).

1868-76 Freundschaft Richard Wagners (1813-1883) mit Friedrich Nietzsche (1844-1900)

Als Siebzehnjähriger in Schulpforta lernt Friedrich Nietzsche Wagners *Tristan* im Klavierauszug kennen. In *Ecce homo* 1888, das ist kurz vor dem Zusammenbruch, gesteht Nietzsche noch einmal: »Aber ich suche heute noch nach einem Werke von gleich gefährlicher Faszination, von einer gleich schauerlichen und süßen Unendlichkeit, wie der *Tristan* ist – ich suche in allen Künsten vergebens.« Die endgültige »Bekehrung« zu Wagner findet am 28. Oktober 1868 statt, als Nietzsche das *Tristan-Vorspiel* und das *Meistersinger-Vorspiel* zum erstenmal aufgeführt hört. »Jeder Nerv zuckt in mir«, schreibt er an Rohde. Und das ist Nietzsches innere Situation, als er wenige Tage darauf bei Wagners Schwager Brockhaus in Leipzig dem Meister selbst gegenübertritt: »Ich werde Richard vorgestellt und rede zu ihm einige Worte der Verehrung: er erkundigt sich sehr genau, wie ich mit seiner Musik vertraut geworden sei...« Wagner lädt Nietzsche nach Tribschen ein; Nietzsche folgt dieser Einladung dreiundzwanzigmal. Die Freundschaft vertieft sich. Im Januar 1872 schickt Nietzsche Wagner ein Vorausexemplar des Buches, das er auf Wagners Wunsch in einigen Abschnitten umgearbeitet hat, und das nun heißt *Die Geburt der Tragödie aus dem Geiste der Musik.* Im selben Monat schreibt er (an Rohde): »Ich habe mit Wagner eine Allianz geschlossen.« Seit 1874 wird Nietzsche jedoch mißtrauisch und formuliert zunächst 69 nicht zur Veröffentlichung gedachte Aphorismen, in denen zum ersten Mal vom »Schauspieler« und »Tyrannen« die Rede ist, von »Rohheit« der musikalischen Formen. Trotzdem erscheint 1876 das vierte Stück der *Unzeitgemäßen Betrachtungen* mit dem Titel *Richard Wagner in Bayreuth* – der Abgesang einer Freundschaft, die äußerlich wegen menschlicher Verschiedenheit, vielleicht auch wegen Wagners menschlicher Schwächen, nicht bestehen kann, die im Grunde aber wegen Nietzsches zunehmender Einsicht in das Wesen der Musik vergehen muß. Dieser Einsicht kommt im entscheidenden Moment das Erlebnis einer ganz anderen Musik zustatten: Nietzsche hört 1881 in Genua Bizets *Carmen* und er hört die Oper in den folgenden Jahren über zwanzigmal. Und nun weiß Nietzsche mit einem Mal, was das ist: Musik – und was Wagners Musik ist. In *Der Fall Wagner. Turiner Brief vom Mai 1888* heißt es (1. Abschnitt): »Hat man bemerkt, daß die Musik den Geist *frei macht?* dem Gedanken Flügel gibt? daß man um so mehr Philosoph wird, je mehr man Musiker wird? – Der graue Himmel der Abstraktion wie von Blitzen durchzuckt; das Licht stark genug für alles Filigran der Dinge; die großen Probleme nahe zum Greifen; die Welt wie von einem Berge aus überblickt. – Ich definierte eben das philosophische Pathos. – Und unversehens fallen mir *Antworten* in den Schoß, ein kleiner Hagel von Eis und Weisheit, von *gelösten* Problemen... Wo bin ich? – Bizet macht mich fruchtbar. Alles Gute macht mich fruchtbar. Ich habe keine andre Dankbarkeit, ich habe auch keinen andern *Beweis* dafür, was gut ist.« Und im 10. Abschnitt heißt es weiter: »Anbei noch ein Wort über die Schriften Wagners: ... Nicht jede Musik hat bisher Literatur nötig gehabt: man tut gut, hier nach dem zureichenden Grund zu suchen. Ist es, daß Wagners Musik zu schwer verständlich ist? Oder fürchtete er das Umgekehrte, daß man sie zu leicht versteht – daß man sie *nicht schwer genug* versteht? – Tatsächlich hat er sein ganzes Leben *einen* Satz wiederholt: daß seine Musik nicht nur Musik bedeute! Sondern mehr! Sondern unendlich viel mehr!... ›*Nicht nur* Musik‹ – so redet kein Musiker. Nochmals gesagt, Wagner konnte nicht aus dem Ganzen schaffen, er hatte gar keine Wahl, er mußte Stückwerk machen, ›Motive‹, Gebärden, Formeln, Verdopplungen und Verhundertfachungen, er blieb Rhetor als Musiker – er *mußte* grundsätzlich deshalb das ›es bedeutet‹ in den Vordergrund bringen. ›Die Musik ist immer nur ein Mittel‹: das war seine Theorie, das war vor allem die einzige ihm überhaupt mögliche *Praxis.* Aber so denkt kein Musiker.«

Im 11. Abschnitt heißt es dann: » – Ich habe erklärt, wohin Wagner gehört – *nicht* in die Geschichte der Musik. Was bedeutet er trotzdem in deren Geschichte? *Die Heraufkunft des Schauspielers in der Musik:* ein kapitales Ereignis, das zu denken, das vielleicht auch zu fürchten gibt.« Und weiter: »Damit kommt für den Schauspieler das *goldene Zeitalter* herauf – für ihn und für alles, was seiner Art verwandt ist. Wagner marschiert mit Trommeln und Pfeifen an der Spitze aller Künstler des Vortrags, der Darstellung, des Virtuosentums; er hat zuerst die Kapellmeister, die Maschinisten und Theatersänger überzeugt. Nicht zu vergessen die Orchestermusiker – er ›erlöste‹ diese von der Langeweile... die Bewegung, die Wagner schuf, greift selbst in das Gebiet der Erkenntnis über: ganze zugehörige Wissenschaften tauchen langsam aus jahrhundertealter Scholastik empor. Ich hebe, um ein Beispiel zu geben, mit Auszeichnung die Verdienste *Riemanns* um die Rhythmik hervor, des ersten, der den Hauptbegriff der Interpunktion auch für die Musik geltend gemacht hat (leider vermittelst eines häßlichen Wortes: er nennt's ›Phrasierung‹).« Und schließlich unter 12.: »Mit dieser Einsicht, daß unsre Schauspieler verehrungswürdiger als je sind, ist ihre Gefährlichkeit nicht als geringer begriffen... Aber wer zweifelt noch daran, *was* ich will – was die *drei Forderungen* sind, zu denen mir diesmal mein Ingrimm, meine Sorge, meine Liebe zur Kunst den Mund geöffnet hat?

Daß das Theater nicht Herr über die Künste wird.
Daß der Schauspieler nicht zum Verführer der Echten wird.
Daß die Musik nicht zu einer Kunst zu lügen wird.«

Mit dem 4. Hauptstück *Aus der Seele der Künstler und Schriftsteller* im 1. Band von *Menschliches, Allzumenschliches. Ein Buch für freie Geister,* das Nietzsche 1876 beginnt und 1878 herausgibt, ist der Bruch mit Wagner besiegelt. Wagners Name kommt zwar nicht vor, stets ist nur von »dem Künstler« die Rede, aber jedermann weiß, wer gemeint ist. In *Nietzsche contra Wagner* (1888) heißt es: »Schon im Sommer 1876, mitten in der Zeit der ersten Festspiele, nahm ich bei mir von Wagner Abschied. Ich vertrage nichts Zweideutiges; seitdem Wagner in Deutschland war [aus der Emigration zurück], kondeszendierte er Schritt für Schritt zu allem, was ich verachte – selbst zum Antisemitismus... Es war damals in der Tat die höchste Zeit, Abschied zu nehmen: alsbald schon bekam ich den Beweis dafür. Richard Wagner, scheinbar der Siegreichste, in Wahrheit ein morsch gewordener verzweifelnder Décadent, sank plötzlich, hilflos und zerbrochen, vor dem christlichen Kreuze nieder...« Nietzsche hört in Bayreuth nur die erste Aufführung des *Rheingolds* am 12. August 1876, bleibt dann aber allen weiteren Aufführungen fern. Wenige Wochen später kommt es zum Bruch. Man trifft sich in Sorrent, wo Nietzsche und Wagner mit Cosima den Winter verbringen wollen. Auf einem Spaziergang erzählt Wagner dem Freund ahnungslos vom *Parsifal,* dessen Ausführung er gerade begonnen hat. Nietzsche verstummt – und trennt sich grußlos von Wagner: Daß auf die *Götterdämmerung* ein christlicher (oder auch nur scheinchristlicher) Stoff folgen soll, kann Nietzsche nur als ungeheuerlich und als unverzeihlich empfinden. – Im Januar 1878 schickt Wagner wie nichtsahnend, richtiger: in ungebrochener Selbstüberheblichkeit, ein Exemplar des *Parsifal*-Textes an Nietzsche. Dieser sendet als Antwort das gerade eben erschienene Buch *Menschliches, Allzumenschliches.* Wagner versteht die Absage; der Bruch ist endgültig, der Bruch der Freundschaft zwischen zwei der größten Geister ihrer Zeit und der deutschen Kultur.

Muß man fragen, ob diese Freundschaft ein Mißverständnis war? Sie war es nicht! Noch einmal Nietzsche im *Ecce homo. Wie man wird, was man ist* (1888/89): »Ich denke, ich kenne besser als irgend jemand das Ungeheure, das Wagner vermag, die fünfzig Welten fremder Entzückungen, zu denen niemand außer ihm Flügel hatte; und so wie ich bin, stark genug, um mir auch das Fragwürdigste und Gefährlichste noch zum Vorteil zu wenden und damit stärker zu werden, nenne ich Wagner den großen Wohltäter meines Lebens. Das, worin wir verwandt sind, daß wir tiefer gelitten haben, auch aneinander, als Menschen dieses Jahrhunderts zu leiden vermöchten, wird unsre Namen ewig wieder zusammenbringen.«

1869-76 **Richard Wagner** (1813-1883): **Bühnenfestspiel in 4 Teilen »Der Ring des Nibelungen«** in München und Bayreuth

Wagner verfaßt die Texte aller seiner Bühnenwerke selbst. Dabei verfährt er mit seinen vielfältigen Quellen völlig frei – wie er etwa zum *Meistersinger*-Text selbst schreibt (an Mathilde Wesendonck 1862): »Lassen Sie sich übrigens nicht irre machen: was darin steht, ist alles von mir eigens gefertigt... Im Ganzen wunderts mich, was ich aus den wenigen Notizen machen konnte.« So auch mit den Vorlagen zu seiner *Nibelungen*-Trilogie bzw. Tetralogie (Vorabend zur Trilogie: *Das Rheingold,* Uraufführung München 1869; Erster Tag: *Die Walküre,* Uraufführung München 1870; Zweiter Tag: *Siegfried,* Uraufführung im Zusammenhang der ersten Gesamtaufführung des *Rings* 1876 in Bayreuth; Dritter Tag: *Götterdämmerung,* Uraufführung ebenfalls in Bayreuth 1876).

Im Herbst 1848 entwirft Wagner »Die Nibelungensaga« als Prosa-Vorstudie zum *Ring* und die Urfassung von »Siegfrieds Tod« (später *Götterdämmerung*) als »Große Heldenoper«. Der Nibelungen-Mythos ist darin nicht als neues Künstlerdrama eines Konflikts zwischen Genie und Gesellschaft gedacht, nicht einmal als künstlerische Selbstaussage, sondern als weltanschauliche Grundlegung schlechthin. Was ursprünglich beabsichtigt ist, formuliert Thomas Mann 1937 in seinem Züricher *Vortrag über den Nibelungenring:* »Man muß sich darüber klar sein, daß ein Werk wie *Der Ring des Nibelungen,* das Wagner nach dem *Lohengrin* konzipierte, im Grunde gegen die ganze bürgerliche Kultur und Bildung gerichtet und gedichtet ist, wie sie seit der Renaissance herrschend gewesen war, daß es sich in seiner Mischung aus Urtümlichkeit und Zukünftigkeit an eine inexistente Welt klassenloser Volklichkeit wendet.« – Vom Entwurf bis zur Vollendung des Ganzen 1874 vergehen 26 Jahre. – Zwischen 1857 und 1869 ruht die Arbeit allerdings, Jahre, in denen Wagner so vieles umdenkt und verändert, daß, wie Dahlhaus (1971) bemerkt, die Brüche und Risse, die das Werk durchziehen, nicht weiter erstaunlich sind, wohl aber die Einheit, die es dennoch hat.

Die beste und tiefsinnigste Analyse, Würdigung und Huldigung Wagners stammt von Thomas Mann, der seinen Essay *Leiden und Größe Richard Wagners* von 1933 im Jahre 1935 in das Buch *Leiden und Größe der Meister* aufgenommen hat. Ihm folgen wir in Auszügen zuerst zu den Texten, dann zur Musik und schließlich zu Wagners Genie.

> Zum Ersten: »Was erhebt das Werk Wagners geistig so hoch über das Niveau alles älteren musikalischen Schauspiels? Es sind zwei Mächte, die sich zu dieser Erhebung zusammenfinden, Mächte und geniale Begabungen, die man für feindlich einander entgegengesetzt halten sollte und deren kontradiktorisches Wesen man wirklich gerade heute wieder gern behauptet: sie heißen *Psychologie* und *Mythus.* Man will ihre Vereinbarkeit

leugnen, Psychologie erscheint als etwas zu Rationales, als daß man sich entschließen könnte, etwa *kein* unüberwindliches Hindernis auf dem Wege ins mythische Land darin zu erblicken. Sie gilt als Widerspruch zum Mythischen, wie sie als Widerspruch zum Musikalischen gilt, obgleich ebendieser Komplex von Psychologie, Mythus und Musik uns gleich in zwei großen Fällen, in Nietzsche und Wagner, als organische Wirklichkeit vor Augen steht.

Über den *Psychologen* Wagner wäre ein Buch zu schreiben, und zwar über die psychologische Kunst des Musikers wie des Dichters, sofern diese Eigenschaften bei ihm zu trennen sind. Die Technik des Erinnerungsmotivs, in der alten Oper gelegentlich schon verwandt, wird allmählich zu einem tiefsinnig-virtuosen System ausgebaut, das die Musik in einem Maße wie nie zuvor zum Werkzeug psychologischer Anspielungen, Vertiefungen, Bezugnahmen macht. Die Umdeutung des naiv epischen Zaubermotivs des ›Liebestrankes‹ in ein bloßes Mittel, eine schon bestehende Leidenschaft freizumachen – in Wirklichkeit könnte es reines Wasser sein, was die Liebenden trinken, und nur ihr Glaube, den *Tod* getrunken zu haben, löst sie seelisch aus dem Sittengesetze des Tages –, ist die dichterische Idee eines großen Psychologen. Wie geht das Dichterische bei Wagner von Anfang an übers Libretto-mäßige hinaus, – und zwar weniger sogar im Sprachlichen als im Psychologischen! ›Die düstre Glut‹, sagt der Holländer in dem schönen Duett mit Senta im zweiten Akt -

›Die düstre Glut, die ich hier fühle brennen,
Sollt' ich Unseliger sie Liebe nennen?
Ach nein, die Sehnsucht ist es nach dem Heil.
Würd' es durch solchen Engel mir zuteil!‹

Das sind sangbare Verse, aber nie war etwas so kompliziert Gedachtes, seelisch so Verschlungenes vordem gesungen oder für den Gesang bestimmt worden. Der Verdammte liebt dieses Mädchen auf den ersten Blick, aber er sagt sich, daß seine Liebe eigentlich nicht ihr gilt, sondern dem Heil, der Erlösung. Sie nun aber wieder steht ihm als die Verkörperung der Heilsmöglichkeit gegenüber, so daß er zwischen der Sehnsucht nach geistlicher Rettung und der Sehnsucht nach ihr nicht zu unterscheiden vermag und nicht unterscheiden will. Denn seine Hoffnung hat ihre Gestalt angenommen, und er kann nicht mehr wollen, daß sie eine andere habe, das heißt, er liebt in der Erlösung dies Mädchen. Welche Verschränkung eines Doppelten, welcher Blick in die schwierigen Tiefen eines Gefühls! Es ist Analyse – und dies Wort drängt sich in einem noch moderneren, noch kühneren Sinn auf, wenn man das frühlingshaft keimende und hervorsprießende Liebesleben des Knaben Siegfried betrachtet, wie Wagner es im Wort und mit Hilfe der deutend untermalenden Musik lebendig macht. Da ist ein ahnungsvoller und aus dem Unterbewußten heraufschimmernder Komplex von Mutterbindung, geschlechtlichem Verlangen und *Angst* – ich meine jene Märchenfurcht, die Siegfried erlernen möchte –, ein Komplex also, der den Psychologen Wagner in merkwürdigster, intuitiver Übereinstimmung zeigt mit einem anderen typischen Sohn des neunzehnten Jahrhunderts, mit Sigmund Freud, dem Psychoanalytiker. Wie in Siegfrieds Träumerei unter der Linde der Muttergedanke ins Erotische verfließt, wie in der Szene, wo Mime den Zögling über die Furcht zu belehren sucht, im Orchester das Motiv der im Feuer schlafenden Brünnhilde auf eine dunkel entstellte Weise sein Wesen treibt, – das ist Freud, das ist Analyse, nichts anderes; und wir wollen uns erinnern, daß auch bei Freud, dessen seelische Radikalforschung und Tiefenkunde bei Nietzsche in großem Stil vorweggenommen ist, das Interesse fürs Mythische, Menschlich-Urtümliche und Vorkulturelle mit dem psychologischen Interesse aufs engste zusammenhängt…«

»Wagner als *Mythiker,* als Entdecker des Mythus für die Oper, als Erlöser der Oper durch den Mythus, das ist das zweite; und wirklich, er hat seinesgleichen nicht an seelischer Affinität mit dieser Bild- und Gedankenwelt, nicht seinesgleichen in dem Vermögen, den Mythus zu beschwören und neu zu beleben: er hatte sich selbst gefunden, als er von der historischen Oper zum Mythus fand; und wenn man ihm lauscht, möchte man glauben, die Musik sei zu nichts anderem geschaffen und könne sich nie wieder eine andere Aufgabe setzen, als dem Mythus zu dienen…«

Zum Zweiten, zur Musik: »Wir, die wir der Wunderwelt dieser Klänge, ihrer intellektuellen Magie so viel Beglückung und Entrückung, so viel Staunen über ein selbstgeschaffenes, ungeheures Können verdanken, wir begreifen nur schwer diese Widerstände, diesen Abscheu; wir finden Ausdrücke, wie sie gegen Wagners Musik gebraucht wurden, Bezeichnungen wie ›kalt‹, ›algebraisch‹, ›formlos‹, entsetzlich mißverständlich und uneinsichtig, von einer dickhäuterischen Verständnisarmut und Unempfänglichkeit zeugend, und wir sind geneigt, zu glauben, nur aus ganz unmusischer und philisterhafter, gott- und musikverlassener Sphäre hätten solche Urteile kommen können. Aber dem war nicht so. Viele, die so urteilten, so urteilen mußten, waren keine Spießer, es waren künstlerische Seelen und Geister, Musiker und Liebende der Musik, Menschen, denen das Schicksal der Musik am Herzen lag und die mit Recht den Anspruch erhoben, zwischen Musik und Unmusik unterscheiden zu können – und sie fanden, daß diese Musik keine sei. Ihre Meinung ist vollkommen geschlagen worden, ihr war eine säkulare Niederlage beschieden. Aber wenn sie falsch war, war sie auch unentschuldbar? Wagners Musik ist so ganz und gar nicht Musik, wie die dramatische Unterlage, die sie zur Dichtung vervollständigt, nicht Literatur ist. Sie ist Psychologie, Symbol, Mythik, Emphatik – alles; aber nicht Musik in dem reinen und vollwertigen Sinn jener verwirrten Kunstrichter. Die Texte, um die sie sich rankt und die sie zum Drama erfüllt, sind nicht Literatur, aber die Musik ist es. Sie, die wie ein Geysir aus vorkulturellen Tiefen des Mythus hervorzuschießen scheint (und nicht nur scheint: sie tut es wirklich), ist in Wahrheit und außerdem – gedacht, berechnet, hochintelligent, von ausgepichter Klugheit, so literarisch konzipiert, wie ihre Texte musikalisch konzipiert sind. Aufgelöst in ihre Urelemente muß die Musik dazu dienen, mythische Philosopheme ins Hochrelief zu treiben. Die unstillbare Chromatik des Liebestodes ist eine literarische Idee. Das Urströmen des Rheines, die sieben primitiven Akkordklötze, die Walhall aufbauen, sind es nicht weniger. Ein berühmter Dirigent, der eben den *Tristan* geleitet hatte, sagte auf dem Heimweg zu mir: ›Es ist gar keine Musik mehr.‹ Er sagte es im Sinne unserer gemeinsamen Erschütterung. Aber was wir heute als bewunderungsvolles Ja aussprechen, wie hätte es nicht anfangs als zorniges Nein lauten sollen? Solche Musik wie die von Siegfrieds Rheinfahrt oder wie die Totenklage für den Gefällten, Stücke von unnennbarer Herrlichkeit für unser Ohr, unseren Geist, waren nie erhört worden, sie waren unerhört im anstößigsten Sinne. Dies Aneinanderreihen symbolischer Motivzitate, die wie Felsbrocken im Gießbach musikalischer Elementarvorgänge liegen, als Musik im Sinne Bachs, Mozarts und Beethovens zu empfinden, war zuviel verlangt. Es war zuviel verlangt, den Es-dur-Dreiklang, der das Rheingold-Vorspiel ausmacht, bereits Musik nennen zu sollen. Es war auch keine. Es war ein akustischer Gedanke: der Gedanke des Anfanges aller Dinge. Es war die selbstherrlich dilettantische Nutzbarmachung der Musik zur Darstellung einer mythischen Idee. Die Psychoanalyse will wissen, daß die Liebe sich aus lauter Perversitäten zusammensetze. Darum bleibt sie doch die Liebe, das göttlichste Phänomen der Welt. Nun denn, das Genie Richard Wagners setzt sich aus lauter Dilettantismen zusammen. Aber aus was für welchen!…«

Und drittens zu Wagners Genie: »Sein Genie ist eine dramatische Synthesis der Künste, die nur als Ganzes, eben als Synthese, den Begriff des echten und legitimen Werkes erfüllt. Den Bestandteilen, selbst der Musik als solcher und sofern sie eben nicht Mittel zum Gesamtzweck ist, eignet etwas Wildwüchsig-Illegitimes, das sich erst im erhabenen Ganzen aufhebt. Daß Wagners Verhältnis zur *Sprache* nicht dasjenige unserer großen Dichter und Schriftsteller war, daß es der Strenge und Delikatesse entbehrt, die dort walten, wo die Sprache als höchstes Gut und anvertrautes Mittel der Kunst empfunden wird, das zeigen seine Gelegenheitsgedichte, diese verzuckert romantischen Huldigungen und Widmungspoeme an Ludwig den Zweiten von Bayern, diese banausisch fidelen Reimereien an Freunde und Helfer. Jedes hingeworfene Gelegenheitsreimchen Goethes ist goldschwere Dichtung und hohe Literatur gegen diese Sprachphilistereien und versifizierten Männerscherze, bei denen die Verehrung nur etwas mühsam zu lächeln vermag. Sie halte sich dafür an Wagners Prosaaufsätze, diese ästhetischen, kulturkritischen Manifeste und Selbsterläuterungen – Künstlerschriften von erstaunlicher Gescheitheit und denkerischer Willenskraft, die man freilich als Sprach- und Geisteswerke nicht mit den kunst-philosophischen Arbeiten Schillers, etwa mit dem unsterblichen Versuch *Über naive und sentimentalische Dichtung,* vergleichen darf. Etwas schwer Lesbares, zugleich Verschwommenes und Steifes gehört zu ihnen, wiederum etwas wild- und nebenwüchsig Dilettantisches; sie gehören nicht eigentlich der Welt großer deutscher und europäischer Essayistik an, sind nicht eigentlich Werke eines geborenen Schriftstellers, sondern nebenbei, aus Not, entstanden. Wagner war alles Einzelne nur aus Not. Glücklich, berufen, vollkommen, legitim und groß ist er erst im Großen und Ganzen.

War er denn nicht auch *Musiker* nur aus Not, zum Zweck des überwältigen Ganzen und durch den Willen? Nietzsche bemerkt einmal, daß die sogenannte Begabung nicht das Wesentliche des Genies sein könne. ›Wie wenig Begabung zum Beispiel bei Richard Wagner‹, ruft er aus. ›Gab es je einen Musiker, der in seinem achtundzwanzigsten Jahr noch so arm war?‹ Wirklich wächst Wagners Musik aus zagen, kümmerlichen und unselbständigen Anfängen auf, und diese Anfänge liegen viel später in seinem Leben als bei großen Musikern sonst. Er selbst sagt: ›Ich entsinne mich, noch um mein dreißigstes Jahr herum mich innerlich zweifelhaft befragt zu haben, ob ich denn wirklich das Zeug zu einer höchsten künstlerischen Individualität besäße: ich konnte in meinen Arbeiten immer noch Einfluß und Nachahmung verspüren und wagte nur beklommen, auf meine fernere Entwicklung als durchaus originell Schaffender zu blicken.‹ Das ist ein Rückblick aus der Zeit der Meisterschaft, im Jahre 1862...«

Thomas Mann hatte seinen Essay übrigens so begonnen: »Leidend und groß, wie das Jahrhundert, dessen vollkommener Ausdruck sie ist, das neunzehnte, steht *die geistige Gestalt* Richard Wagners mir vor Augen.«

1870 **Léo Delibes** (1836-1891): **Ballett »Coppélia ou la Fille aux yeux d'émail«**

Eigentlich gehört Delibes als Schüler von A. Adam in die Tradition der französischen Opéra comique, zu der er auch Gutes beiträgt (*Le roi l'a dit,* 1873; *Lakmé,* 1883). Seine schönste Musik aber entfaltet er in seinen großen Balletten *Coppélia* (1870) und *Sylvia* (1876). Diese Werke frischen die im Lauf des 19. Jahrhunderts zur »Unterhaltungsmusik« heruntergekommene Gattung wieder auf: hier ist das Ballett als Drama ohne Text und zur Aufführung in Bewegung und Choreographie gesehen und dementsprechend musikalisch behandelt.

1870 **Ivan Zajc** (1832-1914): **Oper »Mislav«** in Agram/Zagreb, Kroatien

Erst um und nach 1870 kommt es mit der Tätigkeit von Ivan Zajc zu einem wirklichen Aufschwung des Musiklebens in Zagreb und der Kroatischen Musik. Zajc war zuvor in Wien als Komponist vor allem von Operetten tätig und durchaus erfolgreich, doch freilich in Konkurrenz zu Millöcker und Suppè. Jetzt wendet er sich in Zagreb auch der ernsten Oper zu, vor allem aber und zuerst organisiert er das Musikleben als äußerst geschickter Pädagoge, Dirigent und Komponist. Mit der Premiere der 3. Kroatischen *Oper »Mislav«* von Zajc am 2. Oktober 1870 (bis dahin sah Zagreb, von Ausnahmen abgesehen, nur Aufführungen italienischer Operntruppen, allerdings seit 1863 auch von Operetten in kroatischer Sprache) beginnt die Zagreber Oper ihre ständigen Darbietungen. Als Operndirektor (bis 1889) führt Zajc rund 50 Opern und Operetten auf, vorwiegend aus dem typisch deutschen und italienischen Repertoire. 1895 erhält Zagreb dann auch ein neues und repräsentatives Opernhaus. – War Lisinski der Begründer der Kroatischen Oper, so wird Zajc nun ihr Vollender – so jedenfalls hat man es seinerzeit empfunden. Sein Hauptwerk ist die *Oper »Nicola Šubić Zrinski«* 1876. Sonst sind nahezu 1200 Kompositionen von ihm bekannt. Zajc' Einfluß auf seine Epoche ist tief und nachhaltig, so daß er in gewisser Weise den Entwicklungen, die ins 20. Jahrhundert weisen, im Wege steht, so tief und nachhaltig, daß das »Historische Konzert« in Zagreb am 5. Februar 1916 in Kroatien wie ein Ausbruch aus der Epoche Zajc und als Durchbruch in eine neue musikalische Zeit empfunden wird.

1871 **Davorin Jenko wird Dirigent des Serbischen Nationaltheaters in Belgrad**

Auch in der serbischen Musik beginnt sich die Idee von einem nationalen Stil auszubreiten; in den 60er Jahren des 19. Jahrhunderts setzt sich auch hier die Romantik durch. Sie wird zunächst von Davorin Jenko (1835-1914) getragen, dessen Wirken anfangs der slowenischen, später vorwiegend der serbischen Musik gilt. Jenko läßt sich 1865 in Belgrad nieder, wo er von 1871 bis 1902 Kapellmeister des Serbischen Nationaltheaters ist. Obwohl gebürtiger Slowene, fühlt er sich in das serbische Leben ein und ist fähig, im Geiste serbischer Volksmusik zu komponieren: er gilt als der erste Komponist, der für die Orchester- und die Bühnenmusik einen national-serbischen Ton ausprägt, wenn vielleicht auch nicht bewußt. Beide Gattungen hebt er jedenfalls auf ein Niveau, das eine weitere Entwicklung erlaubt. – Jenko ist ein äußerst fruchtbarer Komponist, besonders von Opern und Singspielen (Cvetko 1975).

1871 **Giuseppe Verdi** (1813-1901): **Oper »Aida«** in Kairo

Im Herbst 1869 wird in Kairo mit Verdis *Rigoletto* eine Italienische Oper eröffnet. Zum Fest der Eröffnung des Suez-Kanals 1871 soll ebenfalls Verdi die Oper schreiben. Er willigt ein; seine Honorarforderung entspricht der Staatsrepräsentanz, die erwartet wird: 150 000 Franken, wahrscheinlich das höchste Honorar der Operngeschichte. – Mehr und glücklicher als bisher kümmert sich Verdi um den Text, schenkt er dem Wortakzent als Inspirationsquelle des musikalischen Dialogs, also der sinnvollen Wechselbeziehung von Prosa, Vers und Musik, Beachtung, und zwar bis in jede Einzelheit. Er kann Ghislanzoni, dem Librettisten, zwar nur Andeutungen machen, aber er sucht ihn davon zu überzeugen, daß es ihm weniger auf die Schönheit als auf die Wahrheit der Verse ankommt: »Die letzte Szene brennt nicht, sie ist kaltes Eisen... Sobald die Handlung es erfordert, würde ich sogleich Rhythmus, Reim und Strophe aufgeben... Wenn die Handlung sich erhitzt, scheint mir das Bühnenwort zu fehlen, womit ich das Wort meine, das plastisch macht und die Situation klar, evident hervorhebt.« – Im Dezember 1870 ist die Komposition abgeschlossen. Die Uraufführung verzögert sich wegen des deutsch-französischen Krieges bis zum 24. Dezember 1871. Der Erfolg ist unbeschreiblich, aber man muß annehmen, daß er weniger dem Kunstwerk als der Verherrlichung des alten Ägyptens und des neueren Pharaonentums gilt. Das freilich ist ein Irrtum, denn der vorgeführte Pharaonen- und Priesterkult ist nach Verdis Anschauung eher als Hintergrund von Inhumanität zu verstehen. Die Einstudierung an der Mailänder Scala behält Verdi sich selbst vor; *diese* Aufführung erst soll die »wirkliche« Uraufführung sein, am 8. Februar 1872. »Der alte und der neue Verdi verschmelzen in wunderbarer Weise; die Loslösung von Konventionen und Formeln ist absolut«, schreibt der seinerzeit bekannteste italienische Theaterkritiker Filippo Filippi. Verdi selbst aber ist nicht zufrieden – mit sich selbst: »Shakespeare, Shakespeare! Der große Meister des menschlichen Herzens! Aber ich werde es nie lernen.« Und wieder taucht – für uns heute schier unbegreiflich – der Vorwurf des Wagnerismus auf, und Verdi wettert: »Von Wagner ist nicht einmal im Traum die Rede!! Im Gegenteil, wenn sie nur hören und richtig verstehen wollten... Soll sich doch das Publikum nicht mit den Mitteln befassen, deren sich der Künstler bedient! Soll es doch die Vorurteile der ›Schulen‹ aufgeben! Ist eine Oper schön, soll es klatschen, ist sie schlecht, soll es pfeifen, das ist alles!« Und trotzdem ist zu fragen, wie steht es wirklich mit Verdi und Wagner?

Führt Verdis Weg, auf dem er, wie er sagt, die Wahrheit sucht, doch am Ende zu Wagner? Was kann das meinen: »Wahrheit!«, hier und dort? Kühner (1961) geht der Frage nach. Am 1. November 1871 wird in Bologna *Lohengrin* aufgeführt, das erste Werk, das die Italiener von Wagner kennenlernen. Der Erfolg ist außergewöhnlich. Zur zweiten Wiederholung kommt Verdi von Genua herüber. Seine Notizen im Klavierauszug (mit italienischem Text von A. Boito) und sein Urteil nach der Aufführung bezeugen sein Interesse: »Eindruck mittelmäßig. Musik dann schön, wenn sie klar ist und dabei auch etwas zu sagen hat. Die Handlung kommt nur langsam voran, ebenso der Text. Daher Langeweile. Schöne Instrumentaleffekte. Mißbrauch gehaltener Noten, wirkt schwerfällig.« Verdi nimmt Wagner also durchaus zur Kenntnis; er studiert sogar seine theoretischen Schriften, denen er allerdings verständnislos gegenübersteht: Weltanschauung in Sachen Musik ist ihm fremd. Wagner dagegen will Verdi nicht zur Kenntnis nehmen. Wenn von Italienern die Rede ist, spricht er nur von »Donizetti & Co«. Und dennoch ist beiden der Unterschied in der Grundintention sicherlich ebenso klar, wie unmöglich in Worte zu fassen. Wagners Musik ist, wie er selbst immer wieder betont, stets mehr als nur Musik, sie bedeutet etwas. Das aber kann Verdi nicht verstehen: »...Auch ich weiß, daß es ›Zukunftsmusik‹ gibt, doch im Augenblick denke ich – und auch im nächsten Jahre werde ich so denken – daß man, um einen Schuh zu machen, Leder braucht. Wie kommt Dir dieser dumme Vergleich vor, der besagt, daß man zu allererst Musik im Leibe haben muß, ehe man eine Oper schreibt?! Ich erkläre, daß auch ich ein Bewunderer der Zukünftler sein werde, unter der Bedingung, daß sie mir Musik machen! Was auch immer ihre Art, ihr System sei: es muß Musik sein!« So Verdi im März 1868, als Arrigo Boitos Oper *Mefistofele* in Mailand durchfällt, weil sie »nicht nur Musik« ist, sondern Widerspiegelung eines Goethe-Erlebnisses. »Inventare il vero!« ist für den Musiker Verdi dies: die dramatische Handlung, die Aktion auf der Bühne, *als solche musikalisch* zu fassen, nämlich die Sprache, die klingende Sprache des italienischen Volkes mit all ihrer ausgeprägten Gestik und Emphase theatralischen Sprechens, diese Sprache dort, wo sie in hohen Handlungen den Menschen auf dem Theater verwirklicht, so in die Musik hineinzutreiben, daß jeder in dieser Musik die Wahrheit finden und erkennen kann, wie sie gesungen gesagt ist. Wie der Text gesungen vorgetragen wird, ist er durch Verdi »zur Kenntlichkeit entstellt«, um ein Wort Ernst Blochs aus einem anderen Zusammenhang einmal für die Oper zu gebrauchen. Davon, daß Verdis dramatische Musik etwas »bedeute«, was sie nicht mit dem gesungenen Wort selbst ist, davon kann keine Rede sein. Und alle Annäherungen an Wagner sind rein äußerlicher Art.

Der Mißerfolg des *Macbeth* (obwohl er gerade hier endlich gefunden und getroffen zu haben glaubte, was er im Grunde immer gewollt hat) veranlaßt Verdi zum Überdenken seiner Vorstellung von Musiktheater. Bei der Arbeit an den Werken der sogenannten »lateinischen Trilogie« (*Rigoletto* 1851, *Il Trovatore, La Traviata* 1853) gewinnt eine Art neuer dramatisch-musikalischer Konzeption Gestalt, und für *Aida* steht sie zur Verfügung: »qualche cosa di più nuovo« (»etwas Neueres«). Das Orchester, früher oft genug kaum mehr als eine »gigantische Gitarre«, entwickelt sich einerseits zum »romantischen Orchester«, andererseits zu einem Instrument, das als solches einzusetzen ist, etwa zur besonderen Artikulation bestimmter musikalischer Verläufe, um für die Singstimmen, deren Primat dadurch jedoch nicht angetastet wird, freier zu sein – freier auch zur »bloßen Deklamation«. Dementsprechend wandelt sich die Vokalität in einen differenzierten »Stile misto«, in dem die Polarität zwischen »rezitativisch« und »arienhaft« aufgegeben wird. In der Behandlung der Singstimmen und der Gesangspartien tritt ein Wandel ein, nämlich weg von primadonnenhafter Gesangskultur, weg vom Koloraturwesen, oder anders gesagt: weg von der Koloratur als Selbstzweck oder Schmuck zur Koloratur als Ausdruck. Im *Rigoletto* gehört noch die Hauptrolle der Gilda einem Koloratursopran, im *Maskenball* nur mehr die Nebenrolle des Pagen, in *Aida* fehlt eine Koloraturpartie, im *Falstaff* steht alle vorkommende Koloratur im Dienste des Ausdrucks der Personen, der Sprache, der Handlung.

1871/88 Die Internationale

Am 4. September 1870 rufen die Volksmassen in Paris die Republik aus, und von März bis Mai 1871 errichten Arbeiter und radikale Kleinbürger die Commune: »Der erste Versuch einer proletarischen Revolution« (Marx). Aber der »Aufstand« wird blutig niedergeschlagen. Und da, unmittelbar nach der Niederlage, schreibt Eugène Pottier (1816-1887), ein Dichter und Kämpfer der Commune, die Verse der *Internationale.* Pierre Degeyter (1848-1932), Drechsler und Chormeister eines Arbeitergesangvereins in Lille, vertont sie 1888. Seit dieser Zeit begleitet das Lied alle bedeutenden Veranstaltungen und Demonstrationen der internationalen Arbeiterbewegung. – Die deutsche Nachdichtung *»Wacht auf, Verdammte dieser Erde!«* stammt von Emil Luckhardt (1910). – Bis 1943 war die *Internationale* zugleich die Hymne der Sowjetunion.

1872/73 Anton Bruckner (1824-1896): Symphonie Nr. 3 d-moll

Die ersten Skizzen zu Bruckners *3. Symphonie* stammen vom Herbst 1872; am 31. Dezember 1873 ist der Schlußstrich gezogen; Bruckner hat die Symphonie in verhältnismäßig kurzer Zeit zu Ende gebracht. Und doch ist die Geschichte dieser Symphonie eine nahezu unendliche Geschichte, die hier einmal skizziert sei.

Im Laufe des Jahres 1874 bringt Bruckner zahlreiche Verbesserungen an, und als die Wiener Philharmoniker 1874 und 1875 das Werk ablehnen, weil sie es für unspielbar halten, entschließt er sich zu einer grundlegenden Umarbeitung. Er beginnt sie kurz nach der ersten Niederschrift seiner *5. Symphonie* im Sommer 1876. Dabei greift er auf Erfahrungen zurück; er strafft und kürzt und streicht, vor allem die als naive Huldigung aufzufassenden Wagner-Zitate im 1. und 4. Satz; ebenso unterwirft er das streckenweise noch wie ungezähmt wuchernde Tonmaterial einem strengeren thematischen Durchführungsverfahren. Auch auf dem Felde der klanglich-dynamischen Gestaltung wirken sich die weiter reichenden Erfahrungen aus, vor allem hinsichtlich der Orchestrierung. Der typische Bruckner-Orchesterklang entsteht: orgelhaft füllige Klangmassive des vollen Orchesters mit einer dennoch klar hervortretenden thematischen Zeichnung, oder registerhaft wechselchorisch behandelte Instrumentengruppen, denen bei Verschärfung der dynamischen Kontraste ihrem Charakter entsprechende Ausdrucksbezirke zugewiesen werden. An der Neufassung arbeitet Bruckner – während er gleichzeitig die *5. Symphonie* nochmals revidiert – bis zum April 1877. Dann bemüht er sich zum dritten Mal um eine Aufführung durch die Wiener Philharmoniker, aber diese lehnen erneut ab. Dennoch gelingt es dem Dirigenten Johann Herbeck, dem damals einzigen einflußreichen Gönner Bruckners, die »Wagner-Symphonie«, wie sie Bruckner selbst nennt, auf das Programm eines für Dezember 1877 geplanten Gesellschaftskonzertes zu setzen. Doch Herbeck stirbt unerwartet Ende Oktober, und alles ist wieder offen. Nun erhält Bruckner auf Vermittlung des Reichsratsabgeordneten August Göllerich (des Vaters des späteren Biographen) eine Chance, die *Symphonie* mit den Philharmonikern einzustudieren und unter eigener Direktion der Öffentlichkeit vorzustellen. Aber Bruckner fehlt die Dirigenten-Routine und den Orchestermusikern der gute Wille. Im Konzert am 16. Dezember 1877 kommt es zum Debakel: die »Wagner-Symphonie« wird sowohl vom Publikum – es verläßt vorzeitig den Saal – als auch von der Presse abgelehnt. Ein Hoffnungsschimmer allerdings bleibt, denn der junge Verleger Theodor Rättig, der Proben und Aufführung aufmerksam verfolgt hat, verspricht Bruckner trotz des Fiaskos eine Drucklegung, die erste Drucklegung für eine seiner Symphonien: die *3. Symphonie* erscheint 1878 in Partitur und Stimmen, allerdings, um sie dem Zeitgeschmack anzupassen, in einer nochmals gekürzten Form, mit der sich Bruckner schließlich abfindet. Dann verfertigen Gustav Mahler (damals Schüler Bruckners) und Rudolf Kryzanowsky einen vierhändigen Klavierauszug, der gleichzeitig im Druck erscheint. Trotzdem beginnt Bruckner im Frühjahr 1888, wohl unter dem Einfluß seiner Schüler Josef und Franz Schalk, noch einmal mit einer Umarbeitung, unterbricht die Arbeit im Sommer auf Intervention Gustav Mahlers, setzt sie aber alsbald wieder fort, und zwar mit Unterbrechungen bis ins Frühjahr 1889. Ein Neudruck erscheint im November 1890, den Kaiser Franz Joseph finanziert. Nach Abschluß von Bruckners eigener Revisionsarbeit bringen die von ihm mit einer nochmaligen Redaktion beauftragten Schüler nochmals Änderungen an, die sich allerdings meist nur auf Aufführungsanweisungen beziehen. Am 21. Dezember 1890 findet die neue Uraufführung unter Hans Richter statt – und sie wird zum Erfolg.

Keine von Bruckners Symphonien hat wie die »Dritte« ein so wechselvolles Schisal »erlitten«, und so stehen wir ausgerechnet bei diesem, Richard Wagner gewidmeten Werk vor einer Fülle von Fassungen: Von den drei »endgültigen« Fassungen Bruckners ist die erste aus den Jahren 1872-1874 nur für die Forschung interessant, nicht für die Konzertpraxis. Die 2. Fassung von 1878 gewinnt seit ihrer von Fritz Oeser besorgten Neuveröffentlichung immer mehr Anhänger, die in ihr die ursprünglichen Intentionen Bruckners eher verwirklicht sehen als in der, seinem Spätstil – etwa der *8. Symphonie* – angeglichenen dritten Fassung von 1889. Dennoch wird die 3. Fassung für Konzertaufführungen noch immer bevorzugt.

Sind die Entstehungsgeschichte und die Probleme der Fassungen und der Drucke auch nirgendwo bei Bruckner so kompliziert wie bei der *3. Symphonie,* so gibt es diese Probleme doch bei allen seinen Werken und überall ähnlich, weswegen sie hier kein zweites Mal für ein Werk ausgebreitet werden sollen. Ähnlich sei jedoch an dieser *3. Symphonie,* mit der Bruckner sein musikalisches Denken und Wollen in einem eigenen Stil und unter Einsatz spezifischer kompositorischer Mittel zum ersten Mal gültig ausformuliert, das erörtert, was August Halm schon mit seinem Buchtitel *Die Symphonie Anton Bruckners,* statt »Die Symphonien Anton Bruckners«, ausgedrückt hat.

Der junge Franz Schubert hat einmal gesagt: »Heimlich im Stillen hoffe ich wohl selbst noch etwas aus mir machen zu können; aber wer vermag nach Beethoven noch etwas zu machen?« Schuberts Problem ist das Problem des ganzen 19. Jahrhunderts, das eigentliche Problem vor allem *der* Komponisten, die SYMPHONIEN schreiben wollen – gleichsam im Ernst SYMPHONIEN nach und trotz Beethoven. Viele scheinen zwar nicht eigentlich von diesem Gedanken beunruhigt zu sein. Spohr, Mendelssohn, Schumann etwa schreiben Symphonien, wie Schubert seine ersten sechs. Brahms hingegen schreibt seine erste Symphonie erst nach langem und schwerem innerem Kampf als 43jähriger. Anfang der 70er Jahre noch hatte er in einem Brief geschrieben: »Ich werde nie eine Symphonie komponieren. Du hast keinen Begriff davon, wie es unsereinem zumute ist, wenn er immer so einen Riesen hinter sich marschieren hört.« (Gemeint ist Beethoven.) Und Eduard Hanslick betont in seiner Rezension von Brahms' *1. Symphonie,* »daß man Brahms gerade in dieser höchsten und schwierigsten Form Ungewöhnliches zutraute, aber je größer die Erwartung des Publikums, je dringender das Verlangen nach einer Symphonie, desto schwieriger und skrupulöser zeigte sich Brahms.«

Auch Bruckner ist schon über 40 Jahre alt, als er 1865/66 die *1. Symphonie* schreibt. Die Skrupel freilich, die ihn so lange zögern lassen, sind keine aus historischer Reflexion oder aus Furcht vor hochgespannten Erwartungen, nicht einmal aus Entwicklungsproblemen, sie liegen allein in seiner Persönlichkeit. Deshalb versteht man auch Bruckners Anfang mit der *d-moll-Messe* und der *c-moll-Symphonie* immer als einen Ausbruch, als eine Eruption aus Tiefen, die wie unberührt von der Geschichte geblieben sind: »Es ist eines der geschichtlichen Wunder, daß mitten in der Hochblüte der musikalischen Romantik, die sich selber als zwiespältig, zerrissen, krank empfand, die zeitlose, ungebrochene, monumentale Symphonik Bruckners noch entstehen konnte« (Einstein). Immerhin ist in der 2. Hälfte des 19. Jahrhunderts die Meinung weit verbreitet, die Symphonie als autonom musikalisches Kunstwerk sei überlebt. Sie wird am nachdrücklichsten von denjenigen vertreten, welche die symphonische Arbeitsweise in außermusikalisch bestimmten Werken zu integrieren suchen: von den Komponisten symphonischer Dichtungen – und von Richard Wagner, der die Möglichkeit, die über die Klassik tradierte musikalische Autonomie symphonischer Strukturen weiterzuführen, bezweifelt. Aber gegen diese Meinung und gegen alle progressiven Strömungen der Zeit steht doch auch die Überzeugung, das tradierte Modell der Symphonie könne noch einmal neu belebt werden, und diese Überzeugung ist in Wien die Grundlage für Brahmsens wie für Bruckners Schaffen. Ihre Symphonien haben deshalb, so sehr sie sich unterscheiden, durchaus Gemeinsames: »den romantischen Gefühlskern der Musikauffassung« (wie man mit Paul Bekker, 1926, sagen kann), den beide nur auf verschiedene Weise entwickeln, der eine in eher extensiver, der andere in eher intensiver Entfaltung.

Auf der anderen Seite sind Bruckner und Wagner weiter auseinander zu sehen, als man die beiden bei Bruckners merkwürdig unterwürfiger (eher in der Biographie begründeter) Verehrung sehen zu müssen glaubt. Bruckner ist *kein* Wagnerianer. Das alte Mißverständnis kann und muß man wohl so aufklären (Tröller 1976): Bruckner, dessen musikalisches Denken und Fühlen auf Weiträumigkeit und übermächtige Wirkungen hinzielt, vollzieht (um nicht zu sagen: riskiert) in der Symphonik Erweiterungen bezüglich Orchestrierung, Harmonik, motivischer Entwicklung und Form, die durch Studien Wagnerscher Musikdramen angeregt sind. Daher gilt er als »Wagnerianer«, und er selbst fördert diese Meinung durch ständige Bekundungen seiner Verehrung, wie sie etwa auch im Widmungstext zur *3. Symphonie* zum Ausdruck kommt: »Symfonie in D moll Sr Hochwohlgeboren Herrn Herrn Richard Wagner, dem unerreichbaren, weitberühmten und erhabenen Meister der Dicht- und Tonkunst in tiefster Ehrfurcht gewidmet von Anton Bruckner.« Dennoch ist das Werk – vom Äußeren der Gattungen sowieso abgesehen – der beiden Komponisten im Grunde unvergleichbar, weil sowohl ihre Individualitäten als auch ihre Intentionen grundverschieden sind, und die Quintessenz eines jeden Vergleichs ist die, daß der Gegensatz zwischen beiden aufschlußreicher ist als die, sieht man genau hin, nur gelegentlichen Augenblicke stärkster Ähnlichkeit.

Eine merkwürdige, fast befremdliche Eigenart von Bruckners Schaffen ist, daß es keine eigentliche künstlerische Entwicklung zeigt. Es geschieht der Größe Bruckners kein Abbruch, wenn man sieht und mit Friedrich Blume (1952) ausspricht, daß von der *1.* bis zur *9. Symphonie* Grundriß, Anlage, Einzelformen, Instrumentation, Klangsprache, Tonalitätsverhältnisse einander grundsätzlich gleich bleiben, weil eine romantische »Originalität« des Ausdrucks, die ein Werk vom anderen unterschiede, gar nicht erstrebt ist. Die Symphonien Beethovens, Schumanns oder Brahms' stellen, jede für sich, unverkennbare Individualitäten dar: Ton und Sprache, Bewegungsform und Thematik, das Verhältnis der Sätze, all das ist jedesmal individuell und unverkennbar anders. Bruckners Symphonien hingegen wirken wie neun von Stufe zu Stufe weiter ausgreifende, kraftvollere, überzeugendere, immer eindringlicher und packender werdende Lösungen *eines* einmal gestellten Problems.

Bruckner durchbricht die Spielregeln der Tradition, das Neue auf der Basis direkt überlieferter Modelle zu gestalten. Zu der unmittelbar vor ihm liegenden musikalischen Produktion der Hochromantik hat er keine innere Beziehung, weder zum romantischen Klassizismus Mendelssohns noch zur mehr episodischen Symphonik Schumanns, und die von Berlioz und Liszt geschaffene Programm-Musik widerspricht seinen künstlerischen Zielen. Dagegen ist auch für ihn das auf Wiener Boden entstandene aber weiter zurückliegende symphonische Repertoire, sind ihm vor allem die Werke Beethovens und Schuberts zum Inbegriff einer zu bewahrenden Reinheit der Tonkunst geworden. Dabei glaubt er, die musikalische Autonomie könne durch die Übernahme der klassischen Formenwelt garantiert werden, die er allerdings nicht auf der Grundlage ihrer Satztechnik im engeren Sinne sondern eher aus der Sicht der damals praktizierten Formenlehre begreift, wie Tröller (1976) anschaulich gemacht hat. Im Gegensatz zu diesen Formvorstellungen entlädt sich seine schöpferische Phantasie in großräumigen, zu immer neuen Höhepunkten strebenden Steigerungen, die klassische Dimensionen sprengen und deren monumentaler Stil jener romantischen Richtung nahesteht, die, wie Ernst Kurth (1920) meint, keine »zurückschauende klassizistische Tendenz aufweist, sondern sich kühn ins Unendliche steuernd der Phantastik hingibt.« Und das »Unendliche« erfährt Bruckner in esoterischen Erlebnissen seiner religiösen Glaubenswelt. Indessen, wie soll die von solchen inneren Erlebnissen durchdrungene musikalische Eingebung, wie die Effizienz ihrer Suggestivkraft in die traditionellen symphonischen Formen umgesetzt werden, die auf anderen künstlerischen Grundlagen entstanden sind und, ihrer Basis entzogen, nur noch den Wert erstarrter Muster haben? Bruckner kann das Kontradiktorische dieses spezifisch spätromantischen Problems nicht aufheben, sucht aber nach einer für sein Schaffen praktikablen Lösung. Er bildet in Anlehnung an überlieferte Vorlagen ein tektonisches Gerüst und versteht dieses »Ganze als jederzeit anwendbares Modell, das von der Essenz des jeweiligen Einfalls relativ unabhängig ist« (Korte 1963). Doch hinter der tektonischen Außenseite entwickelt Bruckner aus der Substanz des musikalischen Materials eine symphonische Innenstruktur, die das eigentliche musikalische Geschehen ausmacht, indem sie Träger eines jeweils neu gestalteten dynamischen Formverlaufs ist. Für die Zeitgenossen Bruckners ist dies nicht durchschaubar. Die einen sprechen ihm die Fähigkeit sinnvoller musikalischer Formgebung ab, andere, selbst Freunde und Schüler, begreifen als Form nur die Außenseite der Werke, so daß Korte zurecht bemerken kann: »Nur so sind die erstaunlichen Eingriffe Schalks und anderer zu verstehen: Bruckners ›Form‹ war ihnen ›primitiv‹ und ein zurechtgelegtes ›Schema‹, über das der Meister ›offenbar niemals spekuliert‹ hat.«

1872-79 **Friedrich Smetana** (1824-1884): **Zyklus von 6 symphonischen Dichtungen »Má Vlast« (»Mein Vaterland«)**

Sein Verhältnis zur neudeutschen Schule seiner Zeit und zu Franz Liszt und Richard Wagner beschreibt Smetana mit den Worten, er gehöre ihr an, soweit sie »den Fortschritt predige, … im übrigen mir selbst.« Fortschritt bedeutet für ihn alles, was die Ausdrucksfähigkeit der Musik als Sprache bereichert, denn komponieren ist ihm nicht anders möglich denn als Dichten in Tönen, als Herzenssprache durch die Musik. So ist denn fast alles, was er an instrumentaler Musik schreibt, programmbedingt. Für den *Zyklus »Mein Vaterland«* mit seinen sechs einsätzigen, selbständigen, untereinander jedoch musikalisch verbundenen Teilen formuliert die Programme allerdings nicht Smetana selbst, sondern mit seinem Einverständnis sein Landsmann Zeleny. Dabei sind Stoffe aus dem heimischen Geschichts- und Sagenkreis mit musikalischen Landschaftsbildern höchst poetisch verbunden. – Von den 6 symphonischen Dichtungen des Zyklus *(Vyšehrad, Vlatava, Šárka, Z českých luhů a hájů, Tábor, Blaník)* gehört die zweite: *Vlatava, Die Moldau,* zu den bekanntesten und beliebtesten Orchesterwerken der gängigen Literatur überhaupt: kein Schulmusikunterricht, kein Volkshochschul-Musikkurs ohne ausführliche Behandlung dieses Stücks. Nun, dagegen wäre nichts zu sagen, wenn bei den Belehrten der Eindruck immer und mit Sicherheit *vermieden* wäre, daß *alle Musik* im Grunde so wie diese von Smetana »funktioniere«. Das jedoch ist nicht der Fall, nicht einmal bei aller vergleichbaren Musik seiner Zeit. Smetanas poetische Tonsprache ist in ihrer selten glücklichen Verbindung von musikalischer Malerei und Empfindung eher die Ausnahme als die Regel. Man muß das nämlich so sehen: Gemessen an vergleichbaren Werken der neudeutschen Schule, von der diese Musik abgeleitet ist, ist sie nicht deutlich genug, gemessen an Brahms und den Meistern seiner Nähe dagegen ist sie viel zu deutlich.

Das erste von Smetanas beiden *Streichquartetten* (e-moll 1876; d-moll 1882/83) trägt den Titel *»Z mého žirota«, »Aus meinem Leben«.* Den poetischen Inhalt beschreibt der Komponist selbst in einem Brief vom 12. April 1878. Das Werk gehört zu den großen Streichquartetten des Jahrhunderts.

1873 **Édouard Lalo** (1823-1892): **Symphonie espagnol** in Paris

Ob man Lalo tatsächlich als »Pionier der Bewegung betrachten darf, die beim Anbruch des 20. Jahrhunderts in den drei großen Namen Fauré, Debussy und Ravel endigt«, bleibe dahingestellt. Tatsache ist, daß ähnlich wie bei diesen eine durchaus französische Musik in gewisser Weise von spanischem Geist befruchtet zu sein scheint – ohne daß auch nur *ein* Element konkret als spanisch festzustellen wäre. Der allgemeine Charakter jedoch wirkt durch rhythmische und tänzerische, auch durch bestimmte melodische und besonders durch instrumental-virtuose Züge ganz und gar spanisch – jedenfalls außerhalb Spaniens – und von daher hat das Werk auch seinen allgemein charakterisierenden Namen *»Symphonie espagnol«,* obwohl es ein *Violinkonzert* ist und dem berühmtesten Geiger jener Zeit, dem Spanier Pablo de Sarasate, gewidmet, der es 1875 in Paris uraufgeführt hat.

1874 **Anton Bruckner** (1824-1896): **Symphonie Nr. 4 Es-dur** (»Romantische«)

Schon während der Umarbeitung der *3. Symphonie* schreibt Bruckner 1874 sein wohl am meisten lebensfreudiges Werk: die *Symphonie in Es-dur,* die er selbst – freilich ohne Begründung – seine »Romantische« nennt. Ein Versuch, das Werk 1877 in Berlin zur Uraufführung zu bringen, scheitert. Von Januar 1878 bis Sommer 1880 arbeitet Bruckner – obwohl jetzt tief mit der *6. Symphonie* beschäftigt – das Werk um und ersetzt das Scherzo durch ein anderes, neues. Auch das Finale ersetzt er durch eine neue Komposition – und nun bildet das Finale den Gipfel des Werks. Die Uraufführung (2. Fassung) am 20. Februar 1881 durch die Wiener Philharmoniker unter Hans Richter wird zum Erfolg, auch von der gegnerischen Kritik anerkannt.

In Zusammenhang mit der Umarbeitung tauchen für verschiedene Partien des Werks programmatische Überschriften auf, und Bruckner macht, wie später noch einmal zur *8. Symphonie,* gelegentlich auch einfache (ja man muß sagen: triviale) und inhaltlich wechselnde programmatische Bemerkungen. Ihn deshalb zum »Programm-Musiker« zu machen, ist trotzdem falsch. Ob es aber auf der anderen Seite richtig ist, seine Symphonien als »reinste Erzeugnisse absoluten Musikdenkens« aufzufassen, erscheint ebenso fraglich. Bei allem Bemühen, Bruckners Unabhängigkeit von der Gruppe der »Neudeutschen« zu demonstrieren, darf man doch nicht übersehen, daß er schließlich ein Kind seiner Zeit ist, daß auch er sich von Ideen und Bildern bestimmt fühlt, freilich ohne daß diese sich bei ihm gleich zu »Programmen« für seine Kompositionen verdichten. Viele Züge in Bruckners Kompositionen legen jedoch durchaus über »das Absolute« hinaus Sinndeutungen nahe. Er selbst macht ja gelegentlich Andeutungen, das enge Beieinander von Leben und Tod, das »Media in vita« sei etwas, das er ausdrücken wolle. Und in der Tat, daß das Adagio der *7. Symphonie* eine konkret gemeinte Trauermusik enthält, und daß das ihr folgende Zitat des »Non confundar« aus dem *Te Deum* etwas »bedeuten«, ist nicht zu bestreiten – und von hier aus gesehen werden Bruckners zahlreiche Selbstzitate plötzlich in neuer Weise wichtig: Im Adagio der *2. Symphonie* das Zitat aus dem »Benedictus« der *f-*

moll-Messe, im Finale das »eleison« aus derselben *Messe,* im ersten Satz der *3. Symphonie* das »miserere« aus der *d-moll-Messe* usw. Und nun ist zu bedenken, ob nicht auch die Wagner-Zitate in der Urform der *3. Symphonie,* das »Vertragsmotiv« und das »Schlafmotiv« aus *Walküre,* der »Liebestod« aus *Tristan* und anderes in diesem Sinne »Bedeutung« gehabt haben. So gesehen erhalten schließlich auch die »Choräle« in den Symphonien »Bedeutung«, gar den Charakter von Gebeten. – Freilich, all das ist weitgehend ungeklärt, und nur dies steht fest: man kann und darf Bruckner nicht in die Alternative Programm-Musiker / absoluter Musiker einspannen. Bruckners eigene Bezeichnung der *4. Symphonie* als »meine Romantische« scheint jedenfalls nicht mehr zu meinen als eine allgemeine Gestimmtheit, die sich in der pointierten Verwendung von Hörnern (Beginn des ersten Satzes) und von Hornmotiven (man hat das Scherzo »Jagdscherzo« genannt) und in Themen, die der Natur abgelauscht sein könnten (der Vogelruf im Seitenthema des ersten Satzes), also in der Verwendung allgemeiner musikalisch-romantischer Mittel kundtut.

1874 Modest Mussorgski (1839-1881): Oper »Boris Godunow« in St. Petersburg

Die erste Fassung, der sogenannte *»Ur-Boris«,* 1870 fertiggestellt, wird vom Direktor der St. Petersburger Oper verworfen. Gründlich umgearbeitet und um den »Polen-Akt« ergänzt, kommt das Werk – nach verschiedenen Intrigen – 1874 endlich auf die Bühne (der *»Original-Boris«*). Von der Fachwelt wegen seiner angeblichen Barbarismen abgelehnt, wird es jedoch nach 24 Aufführungen 1882 vom Spielplan wieder abgesetzt. Nun bedarf es der glättenden, allerdings auch der in die dramaturgische Disposition eingreifenden Hand Rimski-Korsakows, um das Werk wieder zum Leben zu erwecken. In dieser Bearbeitung (1896) und dann (seit 1904) mit dem berühmten Sänger Schaljapin als Boris tritt es einen Siegeszug um die Welt an. In jüngster Zeit allerdings greift man mehr und mehr wieder auf den *»Original-Boris«* zurück, weil sich gezeigt hat, daß das Werk in seiner originalen Form allen gutgemeinten Glättungen und instrumentatorischen Retuschen überlegen ist: Der Geniestreich eines Einzelgängers.

Die Zeit, da Opern entweder italienische oder französische Opern sein müssen, geht im 19. Jahrhundert endgültig zu Ende. Der mächtige nationale Impuls, der die Völker Europas ergreift, und die neue Teilnahme des Bürgertums am Musikleben in allen aufstrebenden Ländern rufen überall eigene nationale Opern in der Volkssprache hervor. – Es sind zumeist Dilettanten, Musiker nur im Nebenberuf, die sich in St. Petersburg zur Gruppe der »Fünf« zusammenschließen und aus ihrer Gegnerschaft zu den mehr in Moskau wirkenden »Westlern« Anton Rubinstein und Tschaikowski kein Hehl machen. Die russische Volksmusik mit ihren rhythmischen und melodisch-harmonischen Eigentümlichkeiten ist für sie ein Ausgangspunkt, die Eigenart der russischen Sprache ein anderer. Und daß man sich an die große russische Dichtung, an Puschkin und Gogol hält, daß man aber auch selbst dichtet, ist eine Selbstverständlichkeit. So auch Mussorgski im *Boris.* Das Libretto stellt er selbst nach Puschkins *Dramatischer Chronik »Boris Godunow«* und nach Nikolai Karamasins *Geschichte des russischen Reiches* zusammen. Daraus wird dann nicht das Drama des blutbefleckten Zaren Boris Godunow als vielmehr ein Volksdrama, ein Doppeldrama nämlich von der Einsamkeit des gewalttätigen Herrschers und vom russischen, aller Hingabe, aber auch aller Anarchie fähigen Volk. – Mussorgski ist ein Meister der Charakterisierung. Wie mit Strichen nur vermag er Typen zu zeichnen. Vor der Auflösung des Werks in Genreszenen bewahren die zahlreichen Volkschöre, bewahrt allerdings auch die Art, wie Mussorgski den Sologesang aus der russischen Sprache entwickelt: als musikalische Prosa, die das »korrespondierende« Prinzip der klassischen Melodik vermeidet, dafür aber verständlich ist und Handlung führen kann. Die Musik habe, so Mussorgski, »der Wahrheit gemäß mit dem Menschen zu reden« (Dadelsen 1985).

»Zu neuen Ufern!« ist Mussorgskis Leitwort. »Wann werden die Leute endlich aufhören, Fugen zu schreiben?« hört man ihn sagen. Daß er nicht eigentlich komponieren kann (und wohl auch gar nicht können will), hilft ihm ja doch, in musikalische Vokalität und instrumentale Klanglichkeit zu fassen, was er hört und wie er es hört, und zwar *unmittelbar,* nämlich uneingefärbt von den in der hochromantischen Ausdrucksmusik bedeutungsbelasteten gängigen Mitteln. Mussorgskis *Boris Godunow* ist zusammen mit Bizets *Carmen:* »Neue Musik 1874/75«. Freilich, auch das romantische Gemüt kommt auf seine Kosten, in den intimen Szenen am Zarenhof etwa. Aber dadurch ist das Neue und Eigentliche gleichsam nur mehr kontrapunktiert. In der Krönungsszene läuten nicht Glocken auf der Bühne, malt die Musik nicht, was die Volksseele bei einer solchen Feier empfindet, gibt das Volk nicht seinen Ausdruck durch einen Chor zu erkennen, nein, das Klangphänomen eines großen Glockengeläuts wird vom Orchester gespielt, ist als Klangphänomen schlechthin musikalisch realisiert, und in den die Menschen festlich zusammenfassenden, nämlich umhüllenden Klang singt das Volk nichts, das etwas »bedeuten« könnte, sondern es ruft sich selbst aus als Träger des Ganzen, indem es eines seiner alten Lieder anstimmt. Hier ist ein Volkslied weder zitiert noch verarbeitet, hier singt das Volk »tatsächlich« das, was es als Volk eben singt: Volkslied.

Merkwürdigerweise sind Mussorgskis andere Opern: *Die Chowantschina* (1872; unvollendet) und die Komischen Opern *Die Heirat* (1868) und *Der Jahrmarkt von Sorotschintzi* (1874-1880; beide nach Gogol, beide unvollendet) von *Boris Godunow* musikalisch sehr verschieden. Offenbar versucht Mussorgski auf *verschiedene* Weise musikalisch zu realisieren, was er als »Natur der Sprache« hört. In *Heirat* folgt er Dargomyschskis Idee einer dramatischen Musik in Prosa (*Der Steinerne Gast,* 1872) und greift zugleich Janáčeks Ideen vor: »In meiner ›Opéra dialogué‹ bin ich nach Möglichkeit bestrebt, diejenigen Intonationsschwankungen deutlich hervortreten zu lassen, die bei den handelnden Personen während des Dialogs anscheinend aus den geringsten Ursachen nach den allerunbedeutendsten Worten in Erscheinung treten, worin sich, wie mir scheint, die Kraft des Gogolschen Humors offenbart« (Brief an C. Cui). Mussorgski sucht also den Tonfall der Sprache realistisch wiederzugeben, jedoch durch musikalische Rhythmik und Melodik. »In der *Heirat* überschreite ich den Rubikon. Dies ist lebendige Prosa in Musik«, schreibt er 1868 an L. Schestakowa. Er ist sich also der Bedeutung des Versuchs, den er unternimmt, ebenso bewußt wie des Risikos, das mit der Idee der musikalischen Prosa verbunden ist, einer Idee, die sogar Balakirew als »verrückt« empfindet. Und daß Mussorgski die Komposition der *Heirat* nach dem ersten Akt abbricht, besagt keineswegs, daß er das Experiment als Fehlschlag ansieht: In der Widmung des Fragments an Stassow nennt er es noch 1873 ein »Stück seiner selbst«: »Vergleiche es mit *Boris Godunow,* laß 1868 und 1871 Seite an Seite stehen, und Du wirst erkennen, daß es unbestreitbar mein eigenes Selbst ist, was ich Dir gebe.« Ohne *Heirat* wäre *Boris Godunow* nicht entstanden – und ohne *Boris Godunow* ist Debussys *Pelléas et Mélisande* nicht vorstellbar. Der abgebrochene Versuch enthält also, obwohl er nicht an die Öffentlichkeit gelangt, ein Stück »Urgeschichte der Moderne« (Walter Benjamin).

Noch einmal variiert Mussorgski seinen »Stil« im *Jahrmarkt von Sorotschintzi,* einem heiteren Gegenstück zum *Boris:* hier glaubt er »die vom Leben gespeiste Melodie, ...die Verkörperung des Rezitativs in der *Melodie,* ...die durch den Sinn gerechtfertigte *Melodie...«* gefunden zu haben (Brief an Stassow 1876).

1874 **Modest Mussorgski** (1839-1881): **»Bilder einer Ausstellung«** für Klavier

»Kalte Gurkensuppe ist für den Deutschen ein Übel, wir aber essen sie gern. Uns widerstrebt dagegen die Milchsuppe, über die die Deutschen in Entzücken geraten. Kurzum: die symphonische Durchführung im technischen Sinne ist von den Deutschen ausgearbeitet worden wie auch ihre Philosophie.« Mussorgski hat nicht nur kein Interesse an symphonischen Durchführungen, er hat auch kaum eines für reine Instrumentalmusik; immer ist sein musikalisches Interesse an das Wort geknüpft, oder zumindest doch an Bilder, an Bilder musikalischer Programme, etwa für seine Orchesterphantasie (nach Gogol) *Eine Nacht auf dem Kahlen Berge* (1867; 1886 von Rimski-Korsakow bearbeitet), die, bei aller harmonischen und klanglichen Kühnheit, Berlioz' *Symphonie fantastique* in der romantischen Grundhaltung und bis ins Programm hinein nahe verwandt ist. Ebenso finden die Bilder einer Ausstellung von Zeichnungen und Aquarellen des kurz zuvor verstorbenen russischen Architekten und Malers Victor Hartmann Mussorgskis Interesse. Nach ihnen entstehen zehn kurze, durch Überschriften charakterisierte Klavierstücke, die durch eine variiert wiederkehrende *Promenade* suitenhaft verbunden sind. Was am Beginn dieser *Promenade* sich an melodischen Kräften staut, wächst wenige Takte später zu einer Linie, welche ohne Einschnitte und Gliederung in großem Atem ausströmt und den Eindruck einer ungeheuren Fülle vermittelt. Die zugehörigen Klänge sind äußerlich scheinbar an das harmonische Kadenzgeschehen gebunden, doch ist die Folge von deren »Funktionen« hier nicht mehr die treibende Kraft, es ist vielmehr eine Art selbständiger Kraft der Klänge; kein Wunder, daß die Impressionisten in Mussorgski ihr Vorbild sehen werden. Über der kühnen Behandlung von Form, Harmonik und Melodik und über der Treffsicherheit in der Übertragung bildhafter Eindrücke ins Musikalische vergessen manche, daß es sich um ein Klavierwerk handelt, denken viele an Orchestration. In der Tat hat Maurice Ravel das Werk 1922 höchst raffiniert instrumentiert – freilich nahezu ein neues Stück daraus gemacht.

1874 Giuseppe Verdi (1813-1901): Messa da Requiem

Kaum einen Menschen verehrt Verdi so wie Alessandro Manzoni, den ersten Dichter Italiens in seiner Zeit, das Haupt der italienischen literarischen Romantik. Als Manzoni 1873 stirbt, ist Verdi tief erschüttert. »Nach eingehenden Überlegungen und nachdem ich meine Kräfte gewogen«, beginnt er die Arbeit am *Requiem* – für das er das »Libera me Domine« freilich schon hat: Als Rossini 1868 gestorben war, hatte Verdi seinem Verleger Ricordi den Vorschlag gemacht, er möge anregen, daß eine Reihe italienischer Meister gemeinsam ein Requiem komponiere. Von allen Stücken dieses Requiems für Rossini ist das »Libera« Verdis allein lebendig geblieben, nämlich als Abschluß der Totenmesse, die er nun für Manzoni schreibt und die ein Jahr später in San Marco zu Mailand aufgeführt wird. So wenig wie Rossini in seinen geistlichen Werken denkt Verdi daran, für sein geistliches Werk die ihm »natürliche« musikalische Sprache »kirchlich« zu verändern oder zu stilisieren. Das *Requiem,* in dem die Solisten wie in einer Oper die hervorragende Rolle spielen, in dem das Orchester so ausdrucksvoll spricht wie nirgendwo in vergleichbaren Werken von Berlioz und Liszt, ja selbst in Verdis eigenen Opern nicht, es ist, wie manche Spötter sagen, – Verdis beste Oper. Merkwürdig ist trotzdem, daß ein so frommes, allerdings weder kirchliches noch liturgisches Werk seinen Platz nicht in der Kirche sondern im Konzertsaal findet, und daß der gewiß nicht gut katholische aber tief fromme Verdi mit dem *Requiem* reist und rauschende Erfolge erzielt wie mit einem Repertoirestück: eine Tatsache, die auf ihre Weise charakteristisch ist für die Religiosität, die Musik und die Musikauffassung im 19. Jahrhundert.

1874/75 Edvard Grieg (1843-1907): Musik zu Ibsens »Peer Gynt«

Grieg ist, wie gesagt, vor allem ein Meister der kleinen Form, des Liedes und des lyrischen Klavierstücks. Eine frühe Symphonie verwirft er, »da das Werk gar zu sehr einer längst verflossenen Schumannschen Periode« angehöre. Das frühe *Klavierkonzert* (a-moll op. 16, 1868) freilich, das Züge aus Schumanns Konzert mit solchen aus Chopins Konzerten verbindet (Hans von Bülow nannte Grieg den »Chopin des Nordens«), gehört zu den beliebtesten Werken der Gattung. Sonst aber sind auch Griegs Hauptwerke für Orchester solche mit kleinen, kurzen Teilen, die wunderschöne *Suite im alten Stile »Aus Holbergs Zeit«* (op. 40, 1884; ursprünglich für Klavier) und die beiden viersätzigen *Suiten zu »Peer Gynt«* (op. 46, 1888; op. 55, 1891/92), die der Komponist selbst aus seiner *Bühnenmusik* (op. 23, 1874/75) *zu Ibsens Schauspiel* (1867) zusammenstellt. Aus der ersten Suite ist der dritte Satz *»Anitras Tanz«,* aus der zweiten der letzte *»Solvejgs Lied«* besonders berühmt und allgemein beliebt.

1874 und 1885 Johann Strauß (Sohn) (1825-1899): Operetten »Die Fledermaus« und »Der Zigeunerbaron« in Wien

Als Franz von Suppè die Pariser Operette nach Wien verpflanzt, verändert sie sich nicht unwesentlich. Die dominierenden Züge von Parodie und Satire werden aufgegeben zugunsten heiterer Unterhaltung bei freundlicher Musik. Freilich, der viel belächelte »Operetten-Unsinn« ist oft genug nur noch (eigentlich unzumutbarer) Nonsens. Aber darüber trägt die Musik hinweg, und gute Darsteller machen aus schalen Figuren wirkliche Menschen. Auch tut eine glanzvolle Ausstattung und eventuell der Charme hübscher Sängerinnen ein Übriges zur Wirkung – und zur Überlistung des Zuschauers. – Mit der Wahl des *Fledermaus*-Textes (von K. Haffner und R. Genée nach einer französischen Komödie *Le Réveillon* von Meilhac und L. Halévy) tut Johann Strauß nun endlich einen guten Griff, und das unsentimentale, amüsant-frivole Stück beflügelt seine Phantasie zu einer überschäumenden Musik. Die Uraufführung am 5. April 1874 im Theater an der Wien ist ein rauschender Erfolg (48 Wiederholungen). Innerhalb weniger Jahre verbreitet sich Strauß' Meisteroperette – wie man nun zu sagen pflegt – über die ganze Welt, nur nicht nach Frankreich, wo die Rechte von Meilhac und Halévy an der Textvorlage einer Aufführung im Wege stehen. Strauß entschließt sich daher zu einer Umarbeitung: *La Tzigane* (Uraufführung am 30. Oktober 1877 im Théatre de la Renaissance in Paris), eine neue Operette mit der alten Musik. – Daß man einer, angeblich einen bestimmten Text vertonenden Musik einen anderen Text unterlegen kann, ohne die Musik um ihre Wirkung zu bringen und ohne dem neuen Text Gewalt anzutun, ist erstaunlich – doch nur scheinbar, denn die Musik kennt dieses Phänomen von jeher. Und was Strauß betrifft, so hat er ja bisher überhaupt noch keine Vokalmusik komponiert, und auch nun verhält er sich wie ein Instrumentalkomponist. In einem Brief über die Premiere von *Eine Nacht in Venedig* 1883 gesteht er, daß er von der Handlung der Operette keine Ahnung hatte: »Ich habe nie das Libretto mit seinem Dialog vor mir gehabt, nur die Gesangstexte.« Nun, damals bringt der *Lagunen-Walzer* mit dem Text »Nachts sind die Katzen ja grau, nachts tönt es zärtlich Miau« ja auch beinahe das Stück zu Fall. – Von Strauß' 16 Operetten behaupten sich nur zwei unangefochten, *Die Fledermaus* als der einmalige Glücksfall des ganzen Genres, und *Der Zigeunerbaron,* weitere drei werden nur von Zeit zu Zeit hervorgeholt, bearbeitet, mit Nummern aus anderen Operetten angereichert oder in film- oder revueartiger Aufmachung geboten: *Indigo und die vierzig Räuber* (Wien 1871), *Eine Nacht in Venedig* (Berlin 1883), *Wiener Blut* (Wien 1899).

1885 feiert Wien das 40-jährige Jubiläum von Strauß' erstem Auftreten, und es erlebt am 24. Oktober die Uraufführung des *Zigeunerbarons* (Text von Schnitzer nach einer ungarischen Novelle von Jókai). »Darin geht es einmal nicht um leichtsinnige Amouren, hier ist die Liebe ganz ernst gemeint. In breitem Unisono erklingt das Bekenntnis: ›Die Liebe, die Liebe ist eine Himmelsmacht!‹ Dieses Duett wird sogleich zum Hauptschlager des Stückes. Im Finale des Mittelaktes droht das Glück des in Liebe vereinten Paares zu zerbrechen. Damit ist ein Modellfall für die Entwicklung der Buchinhalte kommender Operetten geschaffen: der Trend zum Opernhaften.« (Nick 1965) Mit dem aber kehrt sich gleichsam alles um: jetzt kann das Wort »Operettentragik« aufkommen, das dem heiteren Musiktheater so gar nicht ansteht – und das tatsächlich den Anfang vom Ende der Gattung signalisiert.

1874-93 Peter Iljitsch Tschaikowski (*Kamsko-Wotkinsk 1840, † St. Petersburg 1893): 6 Symphonien, 1. Klavierkonzert, Violinkonzert

Zuerst eine Skizze der musikalischen Situation, in die Tschaikowski hineingeboren wird: Das Bild der russischen Geistesgeschichte des 19. Jahrhunderts allgemein und der Musikgeschichte insbesondere ist vielfältig, dabei von wenigen Hauptlinien durchzogen, die die Vielfalt bestimmen, ohne sie schon auszumachen. Die schweren Erschütterungen Russlands durch die napoleonischen Kriege 1805 und 1812 und dann durch den Dekabristenaufstand 1825 lösen einen ungeheuren Aufbruch aus, der die gesamten Verhältnisse im Lande ergreift, auf die Literatur überspringt und, durchaus vergleichbar, auch die Musik ergreift, und das gerade in der Zeit, in der die Völker Europas sich in neuer Weise ihrer nationalen Eigenarten und ihrer Nationalitäten bewußt werden. – Für das sich jetzt entfaltende öffentliche Musikleben in Russland sind mehrere Antagonismen von Belang, die die Entwicklung wesentlich beeinflussen: Tiefer als sonst in Europa ist hier die Kluft zwischen der Musikkultur der großen Städte und der des weithin urtümlich bäuerlichen Landes. (Erst 1861 wird in Russland die Leibeigenschaft aufgehoben.) Dementsprechend greift das erwachende Interesse des Bürgertums an nationalen musikalischen Elementen gleichsam weiter und tiefer als andernorts in Fremdes, Fremdländisches, zum Beispiel auch Asiatisches, Fremdsprachliches, was alles die Assimilation erschwert und jeglicher Stilisierung zur leichteren Anpassung Vorschub leistet: es scheint manchmal, als suche man im Grunde doch nicht mehr als eine Couleur locale, gar nur eine Art von Exotik.

Sodann unterscheiden sich die beiden großen Zentren St. Petersburg und Moskau erheblich. Die erste ist stärker nationalrussisch orientiert, auf der anderen Seite wegen des Hofes zugleich konservativer im musikalischen Geschmack. Moskau dagegen ist vom Bürgertum bestimmt, das ein lebhaftes, auch freieres Musikleben fördert, allerdings an Vorbildern westlicher Städte orientiert. Aus den verschiedenen sozialen Ausgangslagen und Tendenzen entsteht eine Art von Konkurrenz zwischen diesen Städten, die durch das ganze 19. Jahrhundert spürbar bleibt, weil sie auf die jeweils tätigen Künstler eigentümlich prägend wirkt. In Moskau bilden Nikolai Rubinstein, Tschaikowski und Tanejew eine Tradition, in St. Petersburg Glinka und seine Nachfolger bis Mussorgski. – Schließlich sind Weltanschauung und musikalische Tendenzen der russischen Komponisten im 19. Jahrhundert tief beeinflußt von den das Geistesleben aufwühlenden Ideen der Slawophilen einerseits und einem neuen Realismus andererseits. Mit seiner Abhandlung *Russland und Europa* (1852) formuliert Iwan Kirejewski, neben Chomjakow der bedeutendste Vertreter der slawophilen Philosophie Russlands, eine Art Programm, wobei er den Unterschied zwischen West- und Osteuropa auf die Verschiedenheit der Traditionen zurückführt, auf eine Verschiedenheit, die zugleich zu bewahren und aufzuheben sei. Die Ideen des Realismus hingegen formuliert der revolutionäre Schriftsteller und Literaturkritiker N. G. Tschernyschewski (*Die ästhetische Beziehung der Kunst zur Wirklichkeit,* 1855).

So tief die Spuren sind, die diese Ideen im musikalischen Denken etwa von Dargomyschski über Mussorgski bis Janáček ziehen, man muß mit Dahlhaus (1982_2) bedenken: »Von einer realistischen Stiltendenz zu sprechen, die als Teil eines gewissermaßen in Romantik und Realismus gespaltenen Zeitstils erscheint, wäre verquer und inadäquat. Denn die Merkmale, die man realistisch nennen kann, schließen sich, obwohl sie untereinander zusammenhängen, nicht zu einem fest umrissenen Komplex zusammen, der für eine bestimmte Gruppe von Werken charakteristisch wäre, die demnach ›den‹ Realismus in der Musik des 19. Jahrhunderts repräsentieren würden.« Aber in unserem Zusammenhang kommt es auch nicht in erster Linie darauf an, Stilmerkmale eines Realismus an Kompositionen russischer Komponisten des 19. Jahrhunderts festzumachen, sondern darauf, die Pole zu bezeichnen, zwischen denen sich deren musikalisches Denken hin- und hergerissen zeigt. Derjenige, der sich in den angedeuteten Spannungen so selbstverständlich und sicher entscheidet, als gebe es gar nichts zu entscheiden, ist Tschaikowski, der seine höchst solide kompositorische Ausbildung dem Konservatorium in St. Petersburg und Anton Rubinstein verdankt – und zwei Jahre später an das ebenfalls neu gegründete Konservatorium und zu Nikolai Rubinstein nach Moskau (als Professor für Harmonielehre) überwechselt.

Tschaikowski *hat* seinen Stil einfach, und der ist westlich und nicht oder kaum von russischer Volksmusik beeinflußt, zugleich aber ist seine Musik so eingängig, daß sie wie kaum eine symphonische Musik des Jahrhunderts Echo bei *allen* Kreisen des Publikums findet, bei einfachen wie bei differenzierten Hörern. Eine wichtige Rolle spielt dabei sicherlich der Grundton schmerzlicher Resignation und sehnsuchtsvollen Verlangens, der immer neu variiert und der im Ausdruck so eindeutig ist, daß Tschaikowskis Symphonien wie selbstverständlich zu verstehen sind, auch wenn, wie nach eigenem Eingeständnis, den letzten dreien Programme zugrunde liegen, die im höchst Subjektiven und Autobiographischen verborgen sind.

Schon beim ersten der berühmten großen Orchesterwerke Tschaikowskis, beim *1. Klavierkonzert* (b-moll op. 23, 1874/75, Hans von Bülow gewidmet; zwei weitere Klavierkonzerte haben sich nicht durchgesetzt), glaubt man den ganzen Tschaikowsky zu vernehmen, mit einfacher Melodik, romantischer Innigkeit des Ausdrucks, slawischem Einschlag in Kolorit und Rhythmik, russischem Temperament im Finale, ähnlich beim *Violinkonzert* (D-dur op. 35, 1878), und doch offenbaren erst die drei letzten *Symphonien* (4.: f-moll op. 36, 1878; 5.: e-moll op. 64, 1888; 6.: h-moll op. 74, 1893), mit welcher Gefühlslast er den Strom der Empfindungen belastet – bis fast zur Unerträglichkeit. – Man hat die *6. Symphonie,* die *»Pathétique«,* die Tschaikowsky selbst zunächst »Eine Programm-Symphonie« nennen wollte, den Gipfelpunkt romantischer Symphonik genannt. – Ob zutrifft, was Igor Strawinsky, Tschaikowskis Landsmann, gesagt hat: »Tschaikowski war von uns allen der russischste!«, bleibe dahingestellt; die Welt freilich teilt diese Meinung.

Ob die drei großen Ballettmusiken *Schwanensee* (op. 20, 1876), *Dornröschen* (op. 66, 1890) und *Der Nußnacker* (op. 71, 1892) ebenso bedeutende Musik sind, wie sie sich der Beliebtheit beim Ballett und seinem Publikum erfreuen, ist eine offene Frage, obwohl nicht zu bezweifeln ist, daß Tschaikowsky mit diesen Werken der Ballettmusik erst Rang unter den Gattungen der Musik verschafft hat. Manche meinen gar, dies sei seine eigentliche historische Leistung.

1875 **Georges Bizet** (* Paris 1838, † Bougival bei Paris 1875): **Oper »Carmen«** in Paris

Die Oper, die im 20. Jahrhundert die Liste der auf den Opernbühnen der Welt erfolgreichsten Werke anführt, fällt bei der Uraufführung in der Pariser Opéra comique am 3. März 1875 beinahe durch: *Carmen.* Der Text (von Meilhac und Halévy nach der Novelle von Prosper Mérimée, 1845) ist dem Publikum zu drastisch realistisch, die Musik zu wagnerisch. Dabei haben die Librettisten die bei Mérimée mit dem Unterton leiser Ironie behandelten Charaktere und die manchmal ans Triviale grenzende Handlung schon erheblich gemildert und idealisiert. Und Bizet hat mit Wagner wirklich nichts zu tun – außer daß er eine Art von Schicksalsmotiv (mit einer, weil auf einer »Zigeunertonleiter« beruhenden, eigenartigen und höchst einprägsamen Tonfolge) sich als Leitmotiv durch die ganze Oper ziehen läßt. Aber die Musik, so französisch sie ist, hat etwas so unerhört Neues, daß die Zeitgenossen davon tatsächlich überrascht, ja schockiert sind. Niemals zuvor gibt es eine so hart realistische Musik, die ihren »Gegenstand« doch zugleich so hoch »stilisiert«. Selbstverständlich sind Carmens Lieder keine Zigeunerlieder, ist ihr Tanz kein echter Zigeunertanz, ist der Beginn der Ouvertüre keine Arena-Musik. Aber die Vorstellung, die Bizets Musik erweckt, daß nämlich alle diese Stücke echte Originale seien, ist schlechthin zwingend. Wenn etwa in der letzten Szene vor dem Eingang zur Arena in Sevilla in das Duett (Nr. 26), besser: in die todbringende Auseinandersetzung zwischen Carmen und Don José, immer wieder die Musik aus dem Inneren der Arena wie ein Brecher herüberschlägt (ohne das Schicksalsmotiv zu überschwemmen oder es zu brechen), dann ist die musikalische Situation *nicht* vergleichbar jener, welche Busoni (1907/1916) so geißelt:

»Der größte Teil neuerer Theatermusik leidet an dem Fehler, daß sie die Vorgänge, die sich auf der Bühne abspielen, wiederholen will, anstatt ihrer eigentlichen Aufgabe nachzugehen, den Seelenzustand der handelnden Personen während jener Vorgänge zu tragen. Wenn die Bühne die Illusion eines Gewitters vortäuscht, so ist dieses Ereignis durch das Auge erschöpfend wahrgenommen. Fast alle Komponisten bemühen sich jedoch, das Gewitter in Tönen zu beschreiben, welches nicht nur eine unnötige und schwächere Wiederholung sondern zugleich ein Versäumnis ihrer Aufgabe ist.«

Aber auch Busonis Alternative ist hier nicht vergleichbar: »Wiederum gibt es ›sichtbare‹ Seelenzustände auf der Bühne, um die sich die Musik nicht zu kümmern braucht. Nehmen wir die theatralische Situation, daß eine lustige nächtliche Gesellschaft sich singend entfernt und dem Auge entschwindet, indessen im Vordergrund ein schweigsamer, erbitterter Zweikampf ausgefochten wird. Hier wird die Musik die dem Auge nicht mehr erreichbare lustige Gesellschaft durch den fortzusetzenden Gesang gegenwärtig halten müssen: was die beiden vorderen treiben und dabei empfinden, ist ohne jede weitere Erläuterung erkennbar, und die Musik darf, dramatisch gesprochen, sich daran nicht beteiligen, das tragische Schweigen nicht brechen.«

Hier prallen vielmehr zwei Welten, als Musik leibhaftig, aufeinander und begraben die Menschen unter sich. *Das* ist der Schluß der Oper, nicht eine Trauermusik, kein Empfindungsstück. Damit ist – wie ein Jahr zuvor in Russland durch Mussorgski jetzt in Frankreich durch Bizet – mitten in der musikalischen Hochromantik eine neue Möglichkeit von Musik aufgetan: Die Welt, nicht in der Seele des Menschen gespiegelt und als sein Ausdruck in die Musik aufsteigend, sondern die Musik ihm gegenüber als klingende Realität mit *eigenem* Ausdruck – wenn man das dann noch Ausdruck nennen will.

Man denke – um ein weiteres Beispiel zu beschreiben – an das im Mittelpunkt der Oper stehende Duett (Nr. 16) zwischen Carmen und Don José, das gar kein Duett ist, sondern eine Szene. Was handlungsmäßig geschieht, beschreiben die gängigen Opernführer so: Die Zigeuner drängen Carmen, Don José, den sie erwartet, zu überreden, daß er die Armee verlasse und zu ihnen übergehe. Doch der pflichtgetreue Bursche will sich beim Ertönen der Trompeten zum Zapfenstreich trotz aller verführerischen Einflüsterungen Carmens nicht abhalten lassen, zur Kaserne zurückzueilen. In diesem Augenblick kommt Zuniga zu einem heimlichen nächtlichen Besuch Carmens... Dem allem entspricht jedoch, was *musikalisch* geschieht, kaum. So kann z.B. keine Rede von »verführerischen Einflüsterungen« sein. Carmen tanzt vielmehr wortlos vor Don José, wobei sie sich ihre Tanzmusik mit der Stimme und mit Kastagnetten selber macht. Weder ein Lied noch gar eine Arie; es fällt kein Wort; der Tanz selbst ist die Verführung. In den Tanz hinein nun klingt das Trompetensignal, das Don José in die Kaserne zurückruft. Die Regieanweisung lautet: »Trompeten hinter der Szene von weit her, zunächst kaum hörbar. Sie ziehen am Haus vorbei und entfernen sich.« Don José will fort, Carmen bricht aus: »Ha! was bin ich für ein Dummkopf... Fast, Gott sei mir gnädig, fast liebte ich ihn.« Kein Duett also, vielmehr ein Zweikampf mit Worten, nicht in seinem Ausdruck vertont, sondern als solcher musikalisch gefaßt, etwa in geradezu bösartigen »Tonartendissonanzen«: dem entrückten Schluß von Don Josés »Blumenarie« in Desdur antwortet Carmen »Nein, du liebst mich nicht!« in der um einen Tritonus entfernten Tonart G-dur. Das ist *nicht* Ausdruck aus tiefster Seele, das ist – als Antwort auf die unsäglich liebevolle hochromantische »Blumenarie« – das nackte »Nein!«. *Das* ist die eigentliche Wendung in der Tragödie, und nicht erst die kurz darauf folgende Auseinandersetzung zwischen dem Leutnant Zuniga und seinem Untergebenen Don José. Dasselbe anders: Die Wende im Drama und, was sie durch die Charaktere und ihr Handeln herbeiführt, ist in der Musik weder psychologisch vorbereitet noch ausdrucksmäßig nachempfunden, sondern gleichsam nur vollzogen. Deshalb spielt auch hier in dieser entscheidenden Szene das Schicksalsmotiv *keine* Rolle – ganz anders, als es der von der romantischen Oper oder von Richard Wagner her kommende Hörer annehmen möchte.

Bis zu Bizets Tod im Juni 1875 finden 33 Aufführungen statt, meist vor halb leerem Theater. Im Februar 1876 wird das Stück nach 47 Aufführungen abgesetzt. Schon im Herbst 1875 interessiert sich die rührige Wiener Hofoper für *Carmen,* und tatsächlich findet das Werk in Wien Anklang, ja von hier aus beginnt es seinen Siegeszug über die Bühnen der ganzen Welt. Vielleicht auf Wunsch der Wiener Theaterleute, vielleicht auch auf eigene Initiative bearbeitet Bizets Studienfreund Ernest Guiraud (1837-1892) die Oper, indem er die ursprünglich nur gesprochenen Dialoge zwischen den Musiknummern zu Rezitativen umarbeitet. Ob dies schlimm ist, gar eine Verfälschung, bleibe dahingestellt. Die Rezitative sind jedenfalls hervorragend komponiert und sie fügen sich auch glänzend ein. So französisch allerdings sei Bizets *Carmen* dann nicht mehr, wie sie ursprünglich gewesen ist, sagen die Kenner.

Nach den mehr oder weniger erfolgreichen Opern *Die Perlenfischer* (Paris 1863), *Das Mädchen von Perth* (Paris 1867) und dem Einakter *Djamileh* (Paris 1872) erhält Bizet den Auftrag, zu Alphonse Daudets (1840-1897) Tragödie *L'Arlesienne* (1872) die Bühnenmusik zu schreiben. Er nimmt sofort an, handelt es sich dabei doch um das erste literarisch einigermaßen wertvolle Libretto seiner bisherigen Opernkomposition. Diese Bühnenmusik besteht aus 27 meist kurzen Instrumentalsätzen für ein fast solistisch zu besetzendes Ensemble. Die Uraufführung im Oktober 1872 wird ein Mißerfolg. Erst die *Suite für großes Orchester,* mit der Bizet einige Wochen nach der Uraufführung vier Teile aus der Bühnenmusik als selbständiges Werk vorstellt, wird vom Publikum begeistert aufgenommen und noch zu seinen Lebzeiten mehrfach wieder aufgeführt. 1879, vier Jahre nach Bizets Tod, stellt Guiraud eine neue Folge von *Arlesienne*-Stücken zusammen und bringt sie, an den Erfolg der ersten Suite anknüpfend, in weitgehend eigener Bearbeitung als *L'Arlesienne-Suite Nr. 2* neu an die Öffentlichkeit. – Im Februar 1935, rund 80 Jahre nach der Entstehung, führt Felix Weingartner in Basel eine *Sinfonie in C-dur* von Bizet auf, die der siebzehnjährige Student ohne Wissen seiner Lehrer J. F. Fromental Halévy und Charles Gounod geschrieben, aber nicht publiziert hat. Mag das Werk auch nicht gerade ein Meisterwerk sein, ein Geniestreich ist es allemal!

Bizets Neue Musik in *Carmen* öffnet Friedrich Nietzsche die Ohren und läßt ihn zur Erkenntnis der Musik Richard Wagners und der Problematik der Musik in seiner Zeit überhaupt kommen.

1875/78 **Anton Bruckner** (1824-1896): Symphonie Nr. 5 B-dur

Im Sommer 1876, während der Arbeit an der 5. Symphonie, wohnt Bruckner in Bayreuth den Proben und der Aufführung von Richard Wagners *Ring des Nibelungen* bei.

> Ob dieser neue starke Eindruck Wagnerscher Musik ihn freilich im Grunde als Komponisten beeinflußt, ist zu bezweifeln: Man muß sich klar machen, daß Bruckner in Wagner einen »absoluten Musiker« sieht und damit dessen künstlerische Absichten völlig verkennt. Es ist bezeichnend, daß er den für sein eigenes Schaffen grundlegenden *Tristan* in einem Klavierauszug ohne Text studiert. Bruckner ist der am wenigsten literarische, der gegenüber allen außermusikalischen Voraussetzungen einer musikalischen Komposition am tiefsten naive unter den großen Meistern des 19. Jahrhunderts. Wie kann er Wagner, dem Prototyp des »literarischen Musikers«, der Schopenhauer und Feuerbach gelesen hat und sich in eigenen Schriften vom eigenen Tun fortwährend Rechenschaft abzulegen sucht, wie kann er Wagner tieferes Verständnis entgegenbringen? Das beiden Meistern Gemeinsame ist im Grunde nur ein Zeitstilistisches, nämlich der gemeinsame Gebrauch bestimmter klanglicher und musik-farblicher Mittel. Aber schon in der Anwendung dieser Mittel scheiden sie sich. Alfred Orel (1925) hat den klugen Satz geprägt: »Bruckner erlöst den Orchesterklang Wagners aus den Fesseln des Konkreten.« Was bei Wagner an die einzelne Bildvorstellung der Szene, an den einzelnen seelischen Vorgang einer handelnden Person gebunden ist, benutzt Bruckner im Sinne absolut musikalischer Ideen. Nicht richtig daran ist freilich die Vorstellung, Bruckner habe den Orchesterklang Wagners gleichsam als Ganzes übernommen und nur umgewertet. In Wirklichkeit hat er zwar den technischen Apparat übernommen, ihn aber klanglich ganz anders verwendet – überdies hat er viele »Meistersinger-« und »Parsifal-Effekte« schon selbständig verwendet zu einer Zeit, als er diese Werke noch gar nicht kannte.

Die *5. Symphonie* ist die einzige, deren 1. Satz mit einer Adagio-Einleitung beginnt. An ihrem Finale hat Furtwängler (1939) gezeigt, daß gerade dort, wo die Sprünge in späteren Bearbeitungen besonders rücksichtslos sind – das Finale ist in der revidierten Fassung von 1877/78 um 122 Takte kürzer –, die größere Kraft, Klarheit und Wirksamkeit der Urfassung außer Frage steht: »Dieses monumentalste Finale der Weltliteratur ist uns dadurch [nämlich durch die Veröffentlichung der Urfassung] geradezu neu geschenkt!« – Die Uraufführung der *5. Symphonie* findet am 8. April 1894 unter Franz Schalk in Graz statt.

1876-85 **Johannes Brahms** (1833-1897): Die vier Symphonien

Daß Brahms nahezu eine Generation jünger ist als Schumann, hat in gewisser Weise verheerende Wirkung: der Jüngere kann sich über die Erkenntnis, daß die Musik in ihr historisches Zeitalter eingetreten ist, nicht mehr hinwegsetzen, wie es der Ältere noch einigermaßen konnte. Wozu eine Symphonie schreiben, mit einem neuen Werk die Gattung neu schaffen wollen, wenn mit Beethovens Sinfonien die Gattung doch ein für allemal definiert zu sein scheint? Und außerdem ist er überzeugt – und darob erfüllt von einer gewissen Resignation –, daß es ihm an Beethovens Unmittelbarkeit, Kraft und Fülle gebricht. Das wohl hat Nietzsche gemeint, wenn er in der zweiten Nachschrift zu *Der Fall Wagner* (1888) schreibt: »Die Sympathie, die Brahms unleugbar hier und da einflößt, ganz abgesehen von jenem Parteiinteresse, Partei-Mißverständnisse, war mir lange ein Rätsel: bis ich endlich, durch einen Zufall beinahe, dahinterkam, daß er auf einen bestimmten Typus von Menschen wirkt. Er hat die Melancholie des Unvermögens; er schafft *nicht* aus der Fülle, er *durstet* nach der Fülle. Rechnet man ab, was er nachmacht, was er großen alten oder exotisch-modernen Stilformen entlehnt – er ist Meister in der Kopie –, so bleibt als sein Eigenstes die Sehnsucht...« Das ist indessen für seine Zeit, für die Zeit der musikalischen Hochromantik, nicht wenig, und auf dem Felde der musikalischen Empfindung ist über Beethoven hinaus sehr wohl Symphonisches neu zu definieren.

Seit 1862 geht Brahms mit dem Gedanken einer Symphonie um und schreibt »bisweilen höchst unnütze Sachen, um einer Symphonie nicht in das ernsthafte Gesicht sehen zu müssen«, bis er sich 1874 endlich an die Arbeit für seine *1. Symphonie* (c-moll op. 68) macht, die er im September 1876 abschließt. Dann freilich ist der Bann gebrochen. Nachdem er sich in der *Ersten* mit Beethoven gleichsam auseinandergesetzt hat, schafft er mit seiner *Zweiten* (D-dur op. 73, 1877; manchmal auch »Pastoralsymphonie« genannt) den seiner Persönlichkeit entsprechenden Symphonietyp, der bei aller Strenge der motivisch-thematischen Arbeit und bei aller pathetischen Gefühlsaussprache doch intimer, lyrischer, beruhigter, weniger dialektisch ist – Merkmale, die im Grunde auch die *Dritte* (F-dur op. 90, 1883) und die *Vierte* (e-moll op. 98, 1884/85) bestimmen. Hierbei kommt nun die eher kammermusikalische Eigenart des Brahmsschen Symphonietypus' zur Geltung und damit das Übergewicht dieser Art über den mehr al fresco-haften Orchesterstil, wie er der symphonischen Gattung durchaus auch angemessen ist und im Gegensatz zu Brahms etwa von Bruckner verwirklicht wird.

Zwei Wesenszüge bestimmen den allgemeinen Charakter der Brahmsschen Musik. Auf der einen Seite ist es eine ruhige Kraft, die nicht voranstürmt, eher bedächtig und beharrlich vordrängt, eine Schwere, die in seinem kompakten Satz und fülligen Klangstil ebenso zum Ausdruck kommt, wie in den verhältnismäßig breiten Zeitmaßen seiner schnellen Sätze. Auf der anderen Seite ist es eine eigentümliche Zartheit und Verträumtheit, die sich nicht in romantischen Phantasieflügen aufschwingt, sondern sich eher resignierend oder melancholisch, oft auch sehnsüchtig, gleichsam durch Widerstände hindurchzwängt. Mehr als in langsamen Sätzen, wo man solches erwarten mag, gestaltet Brahms diesen Ausdruckstypus in Scherzosätzen, die er (nach gewissen Schumannschen Vorbildern) zu einem eigenen, ihm allein gehörigen Scherzotyp ausbaut. Es sind dies die elegischen Hell-Dunkel-Stücke, die in ruhiger Gangart, sinnend und träumend, eher wie Intermezzi dahingleiten, manchmal allerdings auch gespenstisch unwirklich dahinhuschen, den Zauber Theodor Stormscher Lyrik ins Musikalische übertragend (R. Gerber 1952). Ebenso wie diese Sätze ganz Brahms sind, stehen sie im Gegensatz zu entsprechenden Stücken Beethovens, und zwar nicht allein im Stimmungs- oder Empfindungshaften, sondern im Grund des Musikalischen, der hier und dort verschieden verstanden ist, und auch im Hinblick auf den Hörer, der sich hier mitfühlend hingeben, der dort in denkender Distanz bleiben muß.

Das Stimmungs- und Empfindungshafte bei Brahms hat niemand schöner, verstehender ausgedrückt als Clara Schumann, etwa wenn sie Brahms in einem Brief (11.2.1884) von ihrer ersten Begegnung mit der *Dritten Symphonie* schreibt: »Ich habe so glückliche Stunden in Deiner wunderbaren Schöpfung gefeiert (sie viele Male mit Elise [Claras Tochter] gespielt), dass ich Dir dies wenigstens gesagt haben möchte. Welch ein Werk, welche Poesie, die harmonischste Stimmung durch das Ganze, alle Sätze wie aus einem Gusse, ein Herzschlag, jeder Satz ein Juwel! – Wie ist man von Anfang bis zu Ende umfangen von dem geheimnisvollen Zauber des Waldlebens! – Ich könnte nicht sagen, welcher Satz mir der liebste? Im ersten entzückt mich schon gleich der Glanz des erwachten Tages, wie die Sonnenstrahlen durch die Bäume glitzern, alles lebendig wird, alles Heiterkeit atmet, das ist wonnig! Im zweiten die reine Idylle, belausche ich die Betenden um die kleine Waldkapelle, das Rinnen der Bächlein, Spielen der Käfer und Mücken – das ist ein Schwärmen und Flüstern um einen herum, daß man sich ganz wie eingesponnen fühlt in all die Wonnen der Natur. Der dritte Satz scheint mir eine Perle, aber es ist eine graue, von einer Wehmutsträne umflossen; am Schluss die Modulation ist ganz wunderbar. Herrlich folgt dann der letzte Satz mit seinem leidenschaftlichen Aufschwung: das erregte Herz wird aber bald wieder gesänftigt, zuletzt die Verklärung, die sogar in dem Durchführungs-Motiv in einer Schönheit auftritt, für die ich keine Worte finde...« – Der ganze Wortschatz der Romantik scheint hier ausgegossen, doch nicht für ein Stück »Programmusik«, sondern für den Empfindungsreichtum eines Stücks »absoluter Musik« – und also kann man begreifen, daß die angeblich so verschiedenen Musiken aus ein und demselben Wurzelgrunde hervorgehen, eben aus dem Geist der musikalischen Romantik.

1877 **Camille Saint-Saëns** (1835-1921): **Oper »Samson et Dalila«** in Weimar

Ob es richtig ist zu sagen – wie manche Franzosen –, Saint-Saëns sei neben Berlioz der größte französische Musiker des 19. Jahrhunderts, das bleibe dahingestellt. Daß er vieles anregt und die Bewegungen der musikalischen Erneuerung anführt, die sich in der 2. Hälfte des 19. Jahrhunderts in Frankreich vollzieht, ist unbestreitbar, ebenso eine gewisse internationale Wirkung. Es ist Franz Liszt, der *Samson et Dalila* in Weimar zur Uraufführung bringt. Zwar schimpft man Saint-Saëns seinerzeit in Frankreich einen »Wagnérien impénitent«, einen »verstockten Wagnerianer«, tatsächlich aber hat seine ein wenig französisch heroisch-pathetische Musik ihre Ahnherren nicht allein in Halévy und Meyerbeer, sondern durchaus auch in Weber, Mendelssohn und Schumann. *Samson et Dalila* (Text von F. Lemaire; eine von 13 Opern) ist schon 1867 geplant und teilweise komponiert, jedoch als Oratorium. – Außerhalb Frankreichs ist Saint-Saëns am meisten bekannt geworden durch seine, am Vorbild von Franz Liszt orientierte symphonische Dichtung *La danse macabre* (1875), in der er das oft bearbeitete Thema des Totentanzes, des Tanzes von Gerippen, den der Hahn mit seinem Morgenschrei beendet, höchst farbig und tänzerisch bewegt variiert.

1878 **Johann Joseph Abert** (1832-1915): **Oper »Ekkehard«** in Berlin

Der Musikhistoriker Theodor Kroyer hat das merkwürdige Phänomen, daß im 19. Jahrhundert in Deutschland viele Opern, darunter durchaus gute, ja bedeutende, entstehen und mit Erfolg aufgeführt werden, aber alsbald in der Versenkung verschwinden, das der »circumpolaren Oper« genannt (1919): Das Interesse der Musikwelt ist so sehr auf Richard Wagner wie auf einen Pol gerichtet, daß kein anderer Musiker mehr mit einem Werk in den Mittelpunkt des Interesses zu rücken vermag. Weil es nun im 19. Jahrhundert aber nach wie vor zu den Pflichten der Hofkapellmeister und Generalmusikdirektoren in den Städten mit aufblühender bürgerlicher Musikkultur gehört, Opern und Symphonien eigener Produktion aufzuführen, ist das Bild des Musiklebens damals weithin geprägt durch zeitgenössische Werke, für die man neben dem sich erst langsam verbreiternden Repertoire von Klassik und Barock lebhaftes Interesse hat, immer wieder neu, aber auch immer wieder rasch erlahmend über dem noch neugierigeren Interesse an der »polaren Oper«. Zu den »Circumpolaren« gehört der Stuttgarter Hofkapellmeister Johann Joseph Abert (böhmischer Herkunft; Vater des Musikhistorikers Hermann Abert), dessen vielleicht bestes Werk (neben 4 weiteren Opern, Symphonien, einem bemerkenswerten Streichquartett), die *Oper »Ekkehard«* (nach Viktor von Scheffels Roman) bei der Uraufführung 1878 in Berlin zwar nur einen Achtungserfolg hat, in Stuttgart (1880) und München (1882) aber in vollen Häusern Begeisterungsstürme auslöst. Die Eigenart von Aberts Opernstil hatte bereits bei der Uraufführung seiner Erstlingsoper *Anna von Landskron* 1858 ein Rezensent formuliert: »Während Wagner eine epische symphonische Oper erzeugt hat, finden wir Abert als den Schöpfer einer lyrischen symphonischen Oper, und das ist das große Verdienst, das sich dieser strebsame Künstler um die moderne Oper erworben hat.«

> Die meisten Versuche, zu Unrecht vergessene Werke von »Circumpolaren« wiederzubeleben, sind ebenso gut gemeint wie hoffnungslos. Trotzdem haben sie Berechtigung, ja sind sie notwendig. Denn unsere Kenntnis von Musik und Musikgeschichte des 19. Jahrhunderts ist so lange völlig unzureichend, wie wir nicht den Reichtum und die Vielfalt der Erscheinungen zur Kenntnis nehmen, die das Musikleben und das allgemeine musikalische Bewußtsein damals bestimmt haben.

1878/79 **Anton Bruckner** (1824-1896): **Streichquintett F-dur**

Im symphonischen Schaffen Bruckners entsteht zwischen den Jahren 1876 und 1879 eine kleine Pause; Bruckner ist mit Umarbeitungen beschäftigt; offenbar drängt es ihn nicht zu einem großen Werk. Dennoch entsteht in diesen Jahren eines seiner schönsten Werke, den Symphonien an Rang ebenbürtig, das *Streichquintett F-dur* (für 2 Violinen, 2 Violen und Violoncello), eine Art Quintessenz von Bruckners instrumental-musikalischen Vorstellungen. Auf Wunsch Hellmesbergers ersetzt Bruckner noch 1879 das Scherzo durch einen »Intermezzo« überschriebenen Satz, als dessen Trio das Trio des bisherigen Scherzos zu spielen ist. Ursprünglich stand das Adagio an zweiter, das Scherzo an dritter Stelle.

> Theodor Helm, einer der angesehenen Musikkritiker Wiens zu Bruckners Zeit, hat 1884 über das Adagio des *Quintetts* so geurteilt: »Dieses Adagio wirkt ungefähr so, als wäre es ein erst jetzt in Beethovens Nachlaß vorgefundenes, aus der letzten Zeit des Meisters stammendes und von dessen vollster Inspiration beseeltes Stück. Das ist wohl das höchste Lob, das über die Komposition eines lebenden Tonkünstlers gesagt werden kann, und wir scheuen uns nicht, es auszusprechen.« Das

hohe Lob wird man auch heute teilen. Aber Beethoven so in die Nähe Bruckners zu rücken, ist unbegreiflich – und kennzeichnend weniger für Bruckner als für die Musikauffassung seiner Zeit und für deren merkwürdiges Verständnis Beethovens und der Wiener Klassiker.

1878-81 **Franjo Kuhač** (1834-1911): **Sammlung Südslawischer Volkslieder**

Zur Festigung eines musikalischen Nationalstils in Kroatien trägt Kuhač zwar nicht als Komponist, aber als Etnomusikologe wesentlich bei: seine monumentale Sammlung *Južno-slovjenske narodne popie* (4 Bände; Band 5: 1941) mit rund 2000 Volksliedern Kroatiens und des gesamten südslawischen Gebiets ist eine der großen europäischen Volksliedersammlungen, zudem eine wichtige Quelle der Inspiration für viele südslawische Komponisten – und auch für andere, z.B. für Richard Strauss zu *Arabella.* Kuhač ist zugleich der Begründer einer kroatischen Musikwissenschaft – übrigens der erste, der darauf hingewiesen hat, daß Joseph Haydn kroatische Volkslieder aus Burgenland für Instrumentalthemen und auch für das sogenannte *Kaiserlied* (1797) verwendet hat (Andreis 1974).

1879 **Max Bruch** (1838-1920): **Oratorium »Das Lied von der Glocke«** (Schiller)

Im Musikleben heute begegnet man Max Bruch nur noch in seinem *1. Violinkonzert* von 1866, das sich wegen seines »romantischen Adagios« nach wie vor höchster Beliebtheit erfreut. Zu seiner Zeit ist Bruch aber nicht nur angesehen, sondern bekannt und berühmt durch Opern (*Hermione; Scherz, List und Rache; Loreley*) und durch Oratorien (*Odysseus; Achilleus;* dramatische Chorkantate *Fritjof*), von denen das über Schillers *Lied von der Glocke* das schönste ist. Mit diesen Werken setzt Bruch in gewisser Weise die Tradition Mendelssohns fort. Seine Musik nämlich rückt ihn eher in dessen Nähe als in die seiner Zeitgenossen – jedenfalls weg von den sogenannten Neudeutschen, denen er im Meinungsstreit seiner Zeit schroff ablehnend gegenübersteht.

1879 **Peter Iljitsch Tschaikowski** (1840-1893): **Oper »Eugen Onegin«** in Moskau

Keines der Sujets und kein Text seiner zehn (z.T. unvollendeten) Opern bewegt Tschaikowski so sehr wie *Eugen Onegin,* denn keine ist seiner eigenen Lebensgeschichte so nahe (Text von K. Schilowski nach einem Roman in Versen von Puschkin). Nirgendwo sonst komponiert er eigene Empfindung so warmherzig. Man hat das Werk gewiß mit Recht als sein schönstes, ja als vollkommenes Bühnenstück bezeichnet (bei keineswegs besonders bühnenwirksamem Stoff): Inbegriff der spätromantischen Empfindungsoper.

1881 **Jacques Offenbach** (1819-1880): **Oper »Hoffmanns Erzählungen«** in Paris

Seinen Wunsch, auch »richtige« Opern zu schreiben, erfüllt sich Offenbach, der König der französischen Operette, schon in den sechziger Jahren: *Große Romantische Oper »Die Rheinnixen«,* Wien 1864 (daraus in *Hoffmanns Erzählungen* die berühmte Barkarole und Hoffmanns Lied im zweiten Akt). Doch der Erfolg ist schwach. 1877 beginnt der Komponist ein Werk, das sich von allem, was er bisher geschrieben hat, unterscheidet, das er aber trotzdem – oder gerade deshalb – als sein musikalisches Testament versteht: *Hoffmanns Erzählungen (Les Contes d'Hoffmann;* Text von Barbier nach einem Bühnenstück von Barbier und Carré). Inwiefern Testament? Während der Arbeit veröffentlicht Offenbach 1879 im *Paris-Murcie* einen Artikel, in dem er seinem Glauben an eine von Melodie inspirierte Musik gegenüber der »Zukunftsmusik« Wagners geistreich und beredt Ausdruck verleiht. – *Hoffmanns Erzählungen* ist unvollendet; Offenbach hat das Werk nur im Klavier-Particell zu Ende komponiert; die Instrumentation stammt von Ernest Guiraud, demselben, der die Rezitative zu Bizets *Carmen* nachkomponiert hat. Die Uraufführung am 10. Februar 1881 in der Opéra comique erlebt der Komponist nicht mehr. Daß *Hoffmanns Erzählungen* Offenbachs wichtigstes Werk wären, muß man wohl bezweifeln; die Operetten sind sicherlich wichtiger.

1881-83 **Anton Bruckner** (1824-1896): **Symphonie Nr. 7 E-dur**

1881 bis 1883 komponiert Bruckner teils in St. Florian, teils in Wien die *7. Symphonie,* und er ist bis fast zum Ende des langsamen Satzes gelangt, als ihn die Nachricht erreicht, daß Richard Wagner gestorben ist. Nach eigenem Zeugnis beginnt er an diesem Tag und an dieser Stelle, eine Trauermusik für seinen verehrten Meister in den Satz einzufügen. Die Uraufführung der *Symphonie* findet am 30.12.1884 in Leipzig unter Arthur Nikisch statt, ihr »Siegeszug« aber nimmt erst von der Münchner Aufführung im März 1885 seinen Ausgang.

Von Bruckners Symphonien ist »Die Siebte« am bekanntesten geworden, ja sie als einzige hat eine gewisse Popularität erlangt – vielleicht weil Bruckner hier seiner in allen Symphonien gleichermaßen verfolgten Intention am nächsten kommt, und weil die Hörer dies in der Tat erfahren. Um so mehr ist befremdlich, daß seinerzeit so erfahrene und kritische Männer wie Hanslick und Hans von Bülow, die auf Beethoven schwören und aus ihm alle Formentwicklung ableiten, daß ausgerechnet diese Männer weniger wahrnehmen als das Publikum, daß sie für den klassizistischen Formenbau der *7. Symphonie* kein Ohr haben und dem äußeren Klangeindruck so völlig unterliegen: *sie* sind es, die Bruckner kurzerhand unter die Wagner-Epigonen rechnen. Dabei täuscht ja selbst dieser *Klangeindruck!* Zwar benutzt Bruckner Wagners Orchesterbesetzung und macht sich Wagnersche Klangeffekte zu eigen, harmonische wie modulatorische, und die mythisch-feierlichen Klänge des schweren Blechs (Wagner-Tuben kommen hier in der *7. Symphonie* zum erstenmal vor), die langen Steigerungszüge usw., usw. Aber von all dem macht Bruckner doch grundsätzlich verschieden Gebrauch. Während Wagner die Klangfarben der Instrumente nach der Inhaltsbedeutung seiner Motive verteilt und abwandelt, schließt Bruckner die Instrumente zusammen und arbeitet mit Gruppierungen, die nicht irgendwelchen verborgenen Inhalten entsprechen, sondern einer Klangvorstellung, die von den »Werken« der Orgel abgeleitet ist. Daß die Zeitgenossen schließlich einen Komponisten, dessen Klang- und Formenwelt von den klarsten Ordnungsprinzipien getragen ist, chaotisch nennen, kann man wohl nur als eine Art von Abwehr jeder »Zukunftsmusik« verstehen oder bestenfalls noch aus dem langen Atem seiner Symphonien, die mit ihren Ausmaßen freilich auch alles Gewohnte weit hinter sich lassen und in der Tat bis heute viele Hörer schrecken.

1881-84 Anton Bruckner (1824-1896): Te Deum

Das Signum »O.A.M.D.G.« (»Omnia ad majorem Dei gloriam«), das viele Werke Bruckners tragen, ist mehr als ein »Steinmetzzeichen«, es ist ein Bekenntnis. Nicht nur das *Te Deum* (C-dur, für Soli, Chor und Orchester), dessen Widmung bereits »An den lieben Gott« vergeben ist, als man Bruckner nahelegt, es Kaiser Franz-Joseph zu dedizieren, viele seiner Werke, ja im Grunde sein ganzes Schaffen, entstehen nach seiner Vorstellung im Dienst Gottes, und Bruckner betont immer wieder, daß und wie sehr ihm daran liegt. Man weiß das und bewundert es, und man weiß doch auch, daß damit weder die Größe noch die Wirksamkeit Bruckners und seiner Musik begründet sind, daß aber schon der Versuch einer Begründung schwierig, ja unmöglich ist. Näher, wenn auch nicht schon nahe, führt da die Erklärung, die Georgiades (1954) versucht hat, und die wir bereits zitiert haben, aber wiederholen, weil sie auch hier besonders hilfreich ist: »In der zweiten Hälfte des 19. Jahrhunderts entstanden aus dem neuen Geist bedeutende kirchliche Werke. Messen wie die von Liszt und Gounod möchten gleichsam das Kirchengewölbe heben und den Himmel herunter zaubern. Ihren Gegenpol bildet Bruckner. Auch er ist ein Romantiker. Da er jedoch ungebrochen in seiner christlichen Gläubigkeit nicht nur lebte, sondern auch wirkte, da er aus diesem Geist heraus seine Symphonien schuf und in demselben Geist als Organist tätig war, konnte er als Einziger wieder Messen [und ein solches Te Deum] schreiben, die den Rang selbständiger Kunstwerke wie seine weltlichen Kompositionen einnehmen und doch auch religiöse Musik im engeren Sinne sind.« Bruckner kehrt zur liturgischen Einstellung des Kirchenmusikers zurück – und ist und bleibt doch ganz und gar romantischer Symphoniker insofern, als er in seinen Kompositionen trotzdem von seinem Ich, von seiner Innenwelt, ausgeht: Bruckner ist vom Kultus zutiefst angesprochen, und das »führt ihn im Erfassen des Wortes zwar über die bloße Stimmung, die das Wort verbreitet, hinaus, aber vom Innerlichen her. Das Erklingen des Wortes hat bei Bruckner eine Verbindlichkeit, die wir bei den anderen Romantikern nicht finden.« Allein von daher ist zu verstehen, was man nicht so recht verstehen wollte: den Lobgesang des »Te Deum laudamus« und die Gewißheit des »non confundar in aeternum« als Zitat im Adagio der *7. Symphonie,* in der Trauermusik für Richard Wagner.

1881-1910 Alexander Glasunow (1865-1936): 9 Symphonien

Glasunows *1. Symphonie* (E-dur, op. 5, 1881-82), ein großes und großartiges Stück, ist das Werk eines Sechzehnjährigen, den Borodin ein »Glückskind«, Balakirew »einen kleinen Glinka« nennt, von dem Stassow, der gefürchtete Kritiker, sagt, er sei »eine musikalische Urkraft«. Rimski-Korsakow, Glasunows Lehrer, lobt das Werk als »jugendlich in der Eingebung, aber reif in Technik und Form«, und als Glasunow selbst sein Erstlingswerk nach 50 Jahren für eine Jubiläumsausgabe durchsieht, konstatiert er: »Ich finde keinen Ton zu ändern.« Erstaunlich wie dieses frühe sind alle seine Werke, in der Beherrschung von Technik (Kontrapunkt!) und Form, im Farbenreichtum seiner Orchesterpalette, in der romantischen Phantastik der Erfindung, im Reichtum der Empfindungsnuancen. Das russische Element freilich ist in dieser Art »westlicher Musik« eher ein Element des Kolorits als eines des Ursprungs. – Glasunow ist der bedeutendste russische Komponist zwischen der nationalrussischen Gruppe der »Fünf« und Strawinsky. Sein bedeutendster Schüler ist Schostakowitsch. Das bei uns am meisten gespielte Werk ist das eigenartige *Violinkonzert* (a-moll, op. 82, 1904).

1882 **Richard Wagner** (1813-1883): **»Parsifal«** in Bayreuth

Allen Gedanken über *Das Judentum in der Musik* (1850) zum Trotz holt Wagner sich Hermann Levi für die Uraufführung seines »Bühnenweihfestspiels« *Parsifal* am 26. Juli 1882 nach Bayreuth. Franz Liszt ist dabei; König Ludwig II. von Bayern ist nicht zu bewegen. 15 Wiederholungen. Wagner bestimmt, daß das Werk nur in Bayreuth gespielt werden darf (und während der Schutzfrist von 30 Jahren wird es auch nirgendwo sonst gespielt): »Ich habe nun alle meine noch so ideal konzipierten Werke an unsere, von mir als tief unsittlich erkannte Theater- und Publikumspraxis ausliefern müssen, daß ich mich nun wohl ernstlich fragen mußte, ob ich nicht wenigstens dieses letzte und heiligste meiner Werke vor dem gleichen Schicksale einer gemeinen Opernkarriere bewahren sollte«: eingefügt zwischen Opern würde das »Bühnenweihfestspiel« selbst zur Oper. »Eine entscheidende Nötigung hierfür habe ich endlich in dem reinen Gegenstande, in dem Sujet meines *Parsifal* nicht mehr verkennen dürfen.« Demnach unterscheidet Wagner das »heiligste seiner Werke« von den früheren zwar graduell, aber nicht prinzipiell, es scheint, als sei *Tannhäuser,* in manchen Zügen eine Vorform zu *Parsifal,* gleichfalls ein »heiliges Werk«, wenn auch in schwächerer Ausprägung. Oder ist *Parsifal,* das »Bühnenweihfestspiel«, religiöses Theater in einem Sinne, in welchem *Tristan* – in dessen Text der Name Gottes nicht vorkommt – es nicht ist? Niemand hat, wie mir scheint, so scharfsinnig analysiert, was hier vorliegt, wie Carl Dahlhaus (1971): »Wagners Glaube war ein philosophischer Glaube, eine Mitleids- und Entsagungsmetaphysik, deren entscheidende Motive aus Schopenhauers *Welt als Wille und Vorstellung* und – durch Schopenhauers Vermittlung – aus dem Buddhismus stammen und deren Grundzüge Wagner im Christentum wiedererkannte: insofern war er Christ. Die tradierte Religion aber verstand er – in Übereinstimmung mit dem herrschenden Geist des 19. Jahrhunderts, das der positiven Religion entfremdet war – geschichtsphilosophisch: als sich entwickelnde Wahrheit in wechselnden historischen Gestalten. Was einmal geglaubter, beim Wort genommener Mythos war, ist zur Metapher einer metaphysischen Einsicht geworden; und der Ritus früherer Zeiten, als solcher ausgehöhlt und substanzlos geworden, geht in Kunst über, um als Sinnbild eine Bedeutung und Triftigkeit zu retten, die er als magischer Vollzug eingebüßt hat. ›Man könnte sagen‹, schrieb Wagner 1880 in der Abhandlung *Religion und Kunst,* dem philosophischen Kommentar zu *Parsifal,* ›daß da, wo die Religion künstlich wird, der Kunst es vorbehalten sei, den Kern der Religion zu retten, indem sie die mythischen Symbole, welche die erstere‹ – die Religion auf der Stufe des Mythos – ›im eigentlichen Sinne als wahr geglaubt wissen will, ihrem sinnbildlichen Werte nach erfaßt, um durch ideale Darstellung derselben die in ihnen verborgene tiefe Wahrheit erkennen zu lassen.‹ *Parsifal* ist also unleugbar ein Dokument der ›Kunstreligion‹ des 19. Jahrhunderts. Der Begriff besagt jedoch weniger, daß Kunst als Religion – unter dem Gesichtspunkt des positiven Christentums: als Pseudoreligion – und das Kunstwerk als religiöser Ritus verstanden werde, sondern daß Religion – oder deren Wahrheit – aus der Form des Mythos in die der Kunst übergegangen sei. Und der Inbegriff der Kunst, deren geschichtsphilosophische Stunde geschlagen hat, ist für Wagner das ›Drama‹.«

Seit 1845 kreisen Wagners Gedanken um den *Parsifal*-Text, seit Karfreitag 1857 arbeitet er konkret daran. In vielen Jahren fließt ihm viel Fremdes und viel Eigenes hinein und zusammen, so viel, daß er eine zeitlang sogar überlegt, diesen Text *nicht* zu vertonen. »*Parsifal* ist ein Werk der Zusammenfassung, des sammelnden und verknüpfenden Rückgriffs; der innere Konnex mit *Tannhäuser* und *Lohengrin* ist offensichtlich« (Dahlhaus). Aber dramaturgisch wandelt sich das »Musikdrama« zum »Bühnenweihfestspiel«. Und die Sprache wandelt sich vom Handlungs- und Dramentext zur Erzählung, und mit dem Zug der Sprache zum Epischen und Zeremoniellen hängt die Verdrängung des Stabreims zum Endreim zusammen. Nur die Musik verändert Wagner nicht. Aber er zieht letzte Konsequenzen. Die »Quadratur der Tonsatz-Konstruktion« ist vollends in »musikalische Prosa«

aufgelöst, deren Zusammenhang Motivzusammenhänge garantieren, die sich als Netz über das Ganze ziehen – bei gleichzeitiger Vereinfachung auf den Gegensatz Chromatik/Diatonik für den Gegensatz Böse/Gut, für Reich des Klingsor/ Reich des Grals. Darin freilich, gerade darin, daß Wagner den Differenzierungen und Verzweigungen der dramatischen Dialektik einen einfachen und sinnfälligen Gegensatz zu Grunde legt, und zwar sowohl musikalisch als auch szenisch, bewährt er sich als Genie des Theaters. Indessen, es gibt schon auch Für und Wider, und man hat es oft erörtert, etwa Hans Mayer (1976).

Bereits unmittelbar nach der Bayreuther Uraufführung gibt es, selbst bei getreuen Wagnerianern, Gerede über die Frage der musikalischen Schöpferkraft des Meisters. Aber etwas anderes beschäftigt die Gemüter mehr: die von Grund auf neue Dramaturgie und die eigenartig neue Ästhetik. Was die Zeitgenossen für den Abgesang eines Zauberers halten, wird heute, und mit Recht, als Neubeginn verstanden. Thomas Mann wurde nicht müde, das letzte Werk Richard Wagners als Übergipfelung sogar von *Tristan und Isolde* zu interpretieren; die Gestalt der Kundry hielt er für Wagners größte Bühnenleistung. Auch die musikalische Innovation des *Parsifal,* sogar gegenüber der Musik zum *Ring,* wird verhältnismäßig früh verstanden und richtig gedeutet – freilich von einem genialen Musiker, der kein Wagnerianer ist noch sein will: 1903 schreibt Claude Debussy die Rezension zu einer konzertanten Pariser Aufführung. 1889 schon war er in Bayreuth, und nun hält er seinem *Parsifal*-Erlebnis bei aller Antipathie gegen Wagner die Treue. »Im *Parsifal,* dem letzten Kraftakt eines Genies, vor dem man sich tief verbeugen muß, versuchte Wagner, der Musik weniger Zwang anzutun; hier atmet sie freier. Da ist nicht mehr dieses nerventötende, atemlose Keuchen, um der krankhaften Leidenschaft eines Tristan auf der Spur zu bleiben, den tierisch-wilden Schreien einer Isolde sich anzugleichen; da ist auch nicht mehr der großsprecherische Kommentar zu den Unmenschlichkeiten Wotans. Nirgends erreicht die Musik Wagners eine so heitere Schönheit wie im Vorspiel zum dritten Akt des *Parsifal* und im ganzen *Karfreitagszauber,* obgleich sich selbst hier die persönliche Auffassung Wagners von der menschlichen Natur im Verhalten bestimmter Personen des Dramas kundtut.« Debussy schließt: »Man hört da Orchesterklänge, die einmalig sind und ungeahnt, edel und voller Kraft. Das ist eines der schönsten Klangdenkmäler, die zum unvergänglichen Ruhm der Musik errichtet worden sind.« – Was Debussy am *Ring* ärgert, am *Parsifal* jedoch entzückt, ist ein von Grund auf verändertes Verhältnis Wagners zur Zeit und damit zur Geschichte.

Und nun und im Hinblick darauf setzt Thomas Mann (Vortrag *Die Kunst des Romans*) Wagners Tetralogie als deutsches Gegenstück zum bürgerlichen Roman der außerdeutschen Literaturen in Beziehung – und der *Ring* spielt unverkennbar im 19. Jahrhundert. Das nun haben sich, wie man weiß, vor allem die neueren Interpreten nicht zweimal sagen lassen. Sie präsentieren das Werk heute fast alle als sozialkritisches Zeitbild, wenn auch im Gewande einer Mythologie, und sie berufen sich dafür auf Wagner selbst, auf Wagner, den Revolutionär. Aber vielleicht ist der *Ring* wirklich, wie Hans Mayer (1976) formuliert, eine konkrete Utopie. Das »Bühnenweihfestspiel« *Parsifal* hingegen negiert eben das, es negiert die Zeit und damit die Geschichte. Und Wagner formuliert es expressis verbis: Den Worten des Parsifal »Ich schreite kaum, doch wähn ich mich schon weit«, antwortet Gurnemanz »Du siehst, mein Sohn, zum Raum wird hier die Zeit.« Und wo die Zeit zum Raum wird, ist die Möglichkeit aufgegeben, ein zeitlich nachvollziehbares Geschehen als solches abzubilden. *Parsifal* ist nicht mehr ein zeitgeschichtliches Drama wie der *Ring des Nibelungen* sondern ein Mysterienspiel, das mit den Kategorien der Prädestination arbeitet. Das aber schließt die konkrete Utopie aus (H. Mayer).

seit 1882 Berliner Philharmoniker

Seit 1867 gibt Benjamin Bilse (1816-1902) in Berlin eigene Konzerte, die starke Beachtung finden. 1882 gliedert sich ein Teil seiner Kapelle aus und verselbständigt sich. Daraus entsteht das Berliner Philharmonische Orchester, eines der Spitzenorchester der Welt. Seine ständigen Dirigenten sind: H. von Bülow, A. Nikisch, W. Furtwängler, S. Celibidache, H. von Karajan, Claudio Abbado.

1882/83 und 1894/95 Richard Strauss (* München 1864, † Garmisch 1949): Klavierlieder op. 10 und op. 29

Diese beiden Opera sollen für das ganze reiche Liedschaffen von Richard Strauss stehen (dessen Schwerpunkt zwischen 1882 und 1901 liegt), beginnen sie doch beide mit Liedern, die schlechthin geniale Werke – und zudem für ihren Komponisten höchst charakteristisch sind: das hymnische *Zueignung* (Hermann von Gilm, op. 10,1) und das verhalten glühende *Traum durch die Dämmerung* (Otto Julius Bierbaum, op. 29,1). Wer das einmal gehört hat: »... durch Dämmergrau in der Liebe Land, in ein blaues mildes Licht«, der weiß, was das sein kann: Farbe in der Musik als Ausdruck. Richard Strauss setzt für die Gattung Lied im 19. Jahrhundert tatsächlich den End- und den Höhepunkt (Dürr 1984). Alles, was im Laufe eines ganzen Jahrhunderts sich herausgebildet hat, steht ihm gleichsam zur kompositorischen Verfügung. Er wählt aus, was ihm im konkreten Fall der Vertonung eines Textes geeignet erscheint, und dabei gerät ihm – was wunder in dieser historischen Situation – manches zum Zitat, absichtlich oder unabsichtlich, zur Reminiszenz von glücklich Gehabtem, Vergangenem. Man hat gesagt, in seinen Liedern gebe Richard Strauss sein Bestes, sein Eigenstes.

Im Gegensatz zu den meisten seiner Zeitgenossen läßt sich Strauss oft von Dichtungen seiner Zeit, seines Lebensgefühls, anregen, von Gilm, Henckell, Dehmel, Bierbaum, Liliencron, von Dichtern also des Jugendstils zu einer Musik des Jugendstils – wenn es das gibt. – Viele seiner Klavierlieder instrumentiert Strauss selbst. Zwar kann man sagen, sie gelangten dadurch erst zu ihren eigentlichen Möglichkeiten des Klangs und der musikalischen Farbe, man kann aber auch einwenden, sie wirkten dadurch wie nachträglich kolorierte Zeichnungen.

1883-1909 **Stevan Mokranjac** (1856-1914): **»Rukoveti«**

Unter den Komponisten der Südslawen gilt der Serbe Mokranjac als der Klassiker der Chormusik. Sein Hauptinteresse gilt nicht einmal der Komposition, sondern dem Aufzeichnen und Bearbeiten serbischer Volkslieder, und er versteht es meisterhaft, dem folkloristischen Material künstlerische Form zu geben. Dies bezeugen vor allem seine *15 Vokalrhapsodien,* die den unübersetzbaren Titel *Rukoveti* (wörtlich: »Eine Handvoll«) tragen. Sie enthalten viele Volksmelodien aus Serbien, Mazedonien, Bosnien und Montenegro. Der Komponist bearbeitet die Lieder einmal strophisch, einmal komponiert er sie durch. Dabei führt er die Melodik auf ihre »wesentlichen Bestandteile zurück«, vereinfacht auch die Rhythmik, in allem aber sucht er nach verborgenen Inhalten und harmonischen Determinanten und gewinnt so die schönsten vokalrhapsodischen Wirkungen (Kos).

1884 **Robert Franz** (1815-1892): **Liederheft op. 52**

Die rund 350 Lieder des Hallenser Universitätsmusikdirektors erscheinen fast alle in Heften zu je 6; dieses ist das letzte; das erste war 1843 erschienen. Unter den Dichtern steht Heine an erster, Wilhelm Osterwald, ein Hallenser Freund des Komponisten, an zweiter Stelle, die »echt romantischen Dichter« Eichendorff und Mörike folgen erst mit einigem Abstand. Franz' Lieder, von denen die eigene Zeit sagt, in ihnen »komme innige Empfindung schlicht und volkstümlich zum Ausdruck«, gehören bis in die zwanziger Jahre unseres Jahrhunderts zum selbstverständlichen Bestand des großen Lied-Repertoires – und sind doch ganz daraus verschwunden. Die neuere Zeit hat zwischen dem Ton echter Volkslieder und einem komponierten Volksliedton zu unterscheiden gelernt und ist gegenüber dem zweiten empfindlich geworden. Und Franz' Tendenz, aus seinem Interesse an alter Musik, vor allem an Bach und Händel, den musikalischen Satz im Klavierlied besonders solide zu machen, läßt manches sehr spröde erscheinen. »Man muß nicht Musik zu den Gedichten machen, sondern die Musik muß gleichsam aus dem Inhalt des Gedichtes herauswachsen«, sagt Franz einmal zu einem Freunde, bezeichnenderweise aber fügt er hinzu: »Das Gedicht muß in der Musik aufgehen.« Der Hinweis bedeutet nun nicht, daß die Musik allgemein aus dem Gedicht hervorwachse, sondern »aus dem *Inhalt* des Gedichtes«. Das sprachlich-deklamatorische Moment tritt also zurück, der *Inhalt* gibt den Anstoß zu einer dann autonomen musikalischen Entwicklung, die dann vom Klavierpart ausgeht.

1884-87 **Anton Bruckner** (1824-1896): **Symphonie Nr. 8 c-moll**

Die letzte Phase von Bruckners Schaffen beginnt mit der *»Achten«*. Ihre Architektur ist ins Riesige gesteigert, der innere Aufbau dementsprechend schwer zu überblicken: Bruckner stellt tatsächlich hohe Anforderungen an den Hörer! Trotzdem wird die Uraufführung 1892 in Wien ein Erfolg. Die Kritik und sogar Max Kalbeck, neben Hanslick der heftigste Gegner der Neudeutschen, Wagners und Bruckners, sind überzeugt. Hugo Wolf, der sich unter den Presseleuten befindet, schreibt einige Tage nach der Uraufführung an den ihm befreundeten Tübinger Universitätsmusikdirektor Emil Kauffmann: »Diese Symphonie ist die Schöpfung eines Giganten und überragt an geistiger Dimension, an Fruchtbarkeit und Größe alle anderen Symphonien des Meisters.« – Die kompositorische Problemstellung deckt sich zwar mit der aller Symphonien Bruckners, ist aber doch nicht unwesentlich variiert: Der erste Satz endet in ausweglos scheinender Niedergeschlagenheit, die auch das folgende Scherzo überschattet, denn Adagio und Scherzo sind umgestellt. Das Adagio nennt Bruckner selbst den »bedeutendsten Satz meines Lebens«, und tatsächlich ist es der wohl innerlichste langsame Satz seiner Symphonien, wie das Finale der am höchsten aufgetürmte ist: in seiner Coda sind die Themen aller vier Sätze übereinander geschichtet. Das seit der *3. Symphonie* begegnende Aufgreifen des ersten Satzes am Schluß des letzten kann man als einen für die Zusammenfassung notwendigen Kunstgriff ansehen, aber auch als Ausdruck einer neuen *Idee von einem Ganzen* trotz der oder gerade wegen der Monumentalität der Gesamtanlage: *ein Bogen* vom Anfang zum Ende soll das Riesenwerk zur Einheit zusammenspannen. Kaum sonst wo ist eine musikalische Vorstellung des 19. Jahrhunderts symphonisch so erfaßt und trotz ihres unerhörten Anspruchs ähnlich zwingend realisiert.

1885 Anthologie »Als der Großvater die Großmutter nahm«

Die Sammlung von etwa 850 volkstümlich gewordenen Gedichten aus den Jahren 1740 bis 1840 von unbekannten und bekannten Verfassern (der Titel ist die erste Zeile eines Gedichts *Das Großvaterlied* von A. F. E. Langbein, 1813), die Gustav Wustmann zum ersten Mal herausgibt, ist nicht eigentlich eine musikgeschichtliche Quelle und dennoch für die musikgeschichtliche Situation ihrer Entstehungszeit und der wichtigen Jahrzehnte danach höchst charakteristisch. Sie ist nämlich geradezu kurios, freilich weniger als Sammlung als in der Dokumentation der – so muß man geradezu sagen – Verwirrung, die sich darin spiegelt. Es sind zumeist Gedichte, also zum *Lesen* bestimmte Texte, aber sie werden allesamt *»Lieder«* genannt. Liest man das Vorwort, so muß man annehmen, diese *»Lieder«* seien um 1885 auch tatsächlich noch gesungen worden, was jedoch nur bei ganz wenigen der Fall gewesen ist. Auf der einen Seite ist für die Sammlung der Gedanke des Bewahrens von untergehendem Kulturgut maßgeblich, auf der anderen Seite werden Gedichte der Klassiker aufgenommen, als seien sie Volksgut. Kurz, das Wissen, was das überhaupt ist, ein »Lied«, und die Unterscheidung zwischen mündlicher Überlieferung und Dichtung, zwischen volksmäßig, volkstümlich und künstlich, zwischen gesprochener Sprache, auf musikalische Weise rezitiertem Text und einem Kunstlied, diese Unterscheidungen sind offensichtlich verloren – und aus der Trauer um diesen Verlust entsteht diese nostalgische Sammlung, just zur selben Zeit, da Gustav Mahler beginnt, in Symphonien diesen Verlust zu komponieren als Bruch im Bewußtsein dessen, was Musik sei.

1885 **César Franck** (1822-1890): **Variations Symphoniques** und **Prélude, Choral et Fugue** für Klavier

Bei der Suche nach neuen Möglichkeiten für den Ausdruck rücken die sogenannten musikalischen Formen immer wieder in den Vordergrund, weil jene des »Formenkanons klassischer Meisterwerke« als zu eng empfunden werden. Hier geht César Franck konsequent vorwärts, indem er in seinen *Symphonischen Variationen* für Klavier und Orchester die zyklischen Formen von Symphonie und Konzert einerseits und die Anlagemodelle von »Sonaten-« und »Variationenform« andererseits miteinander verbindet: dreiteilige Anlage mit zwei kontrastierenden Themen. Dabei entsteht zunächst der Höreindruck frei schweifender Phantastik, doch weicht dieser bald der Erkenntnis kunstvoller Arbeit in einem klaren Aufbau.

Ähnlich verbindet César Franck in *Präludium, Choral und Fuge* das alte Paar »Präludium und Fuge« durch einen »Choral«, dessen Geist – wie man vielleicht sagen kann – das Ganze durchdringt, der in die Fuge hineinreicht und diese so ausweitet, daß sich am Schluß die Elemente aller drei Teile zu einer höheren Einheit verbinden: das Muster einer romantisch gedachten Schlußapotheose.

1885 **Arthur Sullivan** (1842-1900): **Operette »The Mikado«** in London

Die Operette sowohl Pariser als auch Wiener Prägung findet mit ihren Hauptwerken rasch Verbreitung in ganz Europa. Das reizt zwar zur Nachahmung, aber zu einer eigenständigen Produktion von Operetten kommt es in der zweiten Hälfte des 19. Jahrhunderts nur in England. Hier beginnt Sullivan, der auch mit sogenannten ernsten Werken Ansehen gewinnt, 1867 mit der Komposition von Operetten. Unter 22 Werken dieser Art erzielt *The Mikado* (Text von W. S. Gilbert) den stärksten und einen dauerhaften Erfolg. Der weltweite Anklang erklärt sich freilich vor allem aus der Handlung, die mit dem damals noch unverbrauchten Reiz des Fernöstlichen spielt. Aber auch Sullivans originelle und fein gearbeitete Musik begeistert, und zwar durch Grazie und durch einen Humor von typisch englischer Art (Würz 1962).

Bei Georg Knepler (1961) kann man lesen: »In den vierziger und fünfziger Jahren kamen Musiker zur Welt – Arthur Sullivan (1842-1900), Hastings Hubert Parry (1848-1918), Alexander Mackenzie (1847-1935), Charles Villier Stanford (1852-1924), Edward Elgar (1857-1934) –, deren Arbeiten zu einer der merkwürdigsten Erscheinungen der neueren Musikgeschichte führten, zu einer Renaissance der englischen Musik, die in den beiden letzten Jahrzehnten des 19. Jahrhunderts einsetzte. Sie ist unverständlich für jeden, der von der irrigen (und von uns widerlegten) Auffassung ausgeht, große Musik habe in England nie eine Heimstätte gehabt... Verbindungslinien führen von der großen Zeit der englischen Musik im 17. und 18. Jahrhundert zu dem vielversprechenden, wenn auch komplizierten und widerspruchsvollen Wiederaufblühen der englischen Musik während der letzten siebzig oder achtzig Jahre. Es ist wahrscheinlich, daß eine Entwicklungslinie von der Ballad Opera und dem englischen Singspiel eines Arne und Dibdin über Balfe (und vielleicht auch andere Autoren) hinführt zu den Meisteroperetten von Arthur Sullivan.« – Zu den Verehrern Sullivans soll Igor Strawinsky gehört haben.

1887 **Giuseppe Verdi** (1813-1901): **Oper »Otello«** in Mailand

1879 zeigen Ricordi und Boito Verdi, der seit *Aida* (1871) und dem *Requiem* (1874) nichts mehr geschrieben hat, ein Szenarium und Textskizzen zu einer Othello-Oper nach Shakespeare. Der Entwurf gefällt Verdi, doch im Augenblick hat er keine Zeit, er ist, wie Kühner (1961) lebendig schildert, ganz Grundherr. Aber Boito schreibt, als er im Herbst das fertige Textbuch an Verdi schickt, im Begleitbrief: »Man entflieht seinem Schicksal nicht, und aus einem Gesetz der verstandesmäßigen Affinität ist diese Tragödie Shakespeares für Sie bestimmt!« Und tatsächlich läßt sich Verdi auf das Unternehmen ein: Der Beginn der Komposition ist wohl schon 1880 anzunehmen, aber erst im November 1886 ist sie vollendet. Die Uraufführung im Teatro della Scala in Mailand wird ein unbeschreiblicher Erfolg. Doch Verdi ist wieder skeptisch: »Solange ich mit meinen Phantomen allein in Sant' Agata war, konnte ich mir einbilden, es sei mir gelungen, ein leidlich gleichwertiger Interpret Shakespeares zu sein. Aber in dieser erhitzten Theaterwelt! Wieviel von dem Beifall gilt nun wirklich meiner Musik?«

Otello ist, entgegen der Communis opinio, nicht prinzipiell verschieden von Verdis anderen Opern zuvor, auch nicht näher an Wagner – außer in jenen Äußerlichkeiten, daß die geschlossene Nummer der alten Oper und die Trennung in Szenen nun fast ganz aufgegeben und die alte Unterscheidung zwischen Rezitativ und Arie gegenstandslos ist – *Otello* ist nur näher an »Verdis Wahrheit«: »Shakespeare war Verist, er wusste es aber nicht; er war Verist aus Inspiration, wir sind Veristen aus Programm und Berechnung.« Was Verdi hier Verismo nennt, hat mit dem »Verismo«, den dann Puccini, Mascagni und Leoncavallo realisieren werden, nichts zu tun; der ist für ihn »das kopierte Wahre«, nicht das ihm allein wichtige, »das er-fundene Wahre«. 1876 schreibt Verdi an die Gräfin Maffei: »Das Wahre kopieren, kann ganz gut und recht sein; aber das Wahre erfinden ist besser, sehr viel besser. In diesen Worten ›das Wahre erfinden‹ scheint ein Widerspruch zu liegen, aber fragen Sie doch Papà. Möglich, daß Papà einmal mit irgendeinem Falstaff zusammengekommen ist, aber schwerlich ist er einem so verbrecherischen Verbrecher wie Jago begegnet und nie, niemals Engeln wie Cordelia, Imogen, Desdemona. – Und doch sind sie so wahr! Das Wahre kopieren ist ganz schön, aber es bleibt Photographie, ist keine Malerei.« Und was ist das, »das Wahre er-funden«? »Fragen Sie doch Papà!«, nämlich Shakespeare: »Shakespeare analysierte die menschliche Seele so scharf und drang so tief in sie ein, daß das, was er seine Personen sagen läßt, offenbar gerade menschliche Gewohnheit ist, daß es wahr ist, daß manches wirklich so sein müsse.« Also kommt es darauf an, das, was Shakespeares Personen sagen, musikalisch zu er-finden, etwa so: »Desdemona ist eine Rolle, wo der Faden, die melodische Linie von der ersten bis zur letzten Note niemals abreißt; so wie Jago nur deklamieren und höhnisch grinsen darf; so wie Otello, hier Krieger, dort leidenschaftlicher Liebhaber, hier ermattet bis zur Feigheit, dort grausam wie ein Wilder, singen und brüllen muß, so muß Desdemona immer und immer singen. So habe ich sie gestaltet, so würde ich sie, allen gelehrten Ansichten der Kritik zum Trotz, wieder gestalten. Ich wiederhole, Desdemona singt von der ersten Note des Rezitativs, das auch noch melodische Phrase ist, bis zur letzten Note des ›Otello, non uccidermi ...‹, das gleichfalls noch immer melodische Phrase ist. Die vollkommenste Desdemona wird immer diejenige sein, die am besten singt« – und man darf gewiß fortfahren: der vollkommenste Jago, der am besten deklamiert. Man sieht, Verdi ist derselbe geblieben; der Zusammenhang mit seinen früheren Werken ist, jedenfalls was die musikalische Grundintention anlangt, gewahrt. Das Duett Otello/Jago etwa sitzt an derselben Stelle wie das Duett Gilda/Rigoletto; der dritte Akt endet wie üblich mit einem großen Finale; es gibt ein echtes »Rampenstück«, das berühmte »Credo« im zweiten Akt. Allerdings ist auch genug Neues »greifbar«, angefangen mit der Anlage: Der erste Akt setzt ohne Ouvertüre mit einer Sturm- und Chorszene ein und schließt mit einem Liebesduett; das Ensemble fungiert also dramatisch und nicht wie bisher meist als »Steigerung«. Für die Singstimmen ist – wie oben dargelegt – die personen- und handlungsgemäße Deklamation die einzige Maxime; dementsprechend weit reichen die Möglichkeiten vom Arienhaften (gar mit Koloratur) bis zu einer Parlando-Technik, wie sie bis dahin nur im heiteren Genre der Oper Verwendung gefunden hat. Die Vokalität ist überhaupt schlechthin frei behandelt, frei in flexiblen vokalen Phrasen.

Mit *Otello* hat Verdi – wie Einstein (1950) gesagt hat – das letzte Wort der GESCHICHTE DER OPERA SERIA gesprochen; *Otello* steht am Ende der Reihe, an deren Anfang Monteverdis *Orfeo* 1607 steht. Das bedeutet freilich auch und zugleich den Abschied von der »Musikoper«, oder einfacher ausgedrückt: von der Oper, die man bloß genießen, von der man Melodien mit nach Hause nehmen kann. Und also haben es von nun an die Komponisten und die Hörer schwer miteinander. – Zu Verdis Überlegungen auf der Suche nach der Wahrheit und zu seinem »Das Wahre er-finden« kann man an Paul Cézanne (1839-1906), den Maler, denken, der das Nämliche überlegt und das Problem einmal so formuliert hat: »Malen heißt nicht einfach die Natur nachzuahmen, sondern eine Harmonie unter zahlreichen Bezügen herzustellen, sie in ein eigenes Tonsystem zu übertragen, indem man sie nach dem Gesetz einer neuen und originalen Logik entwickelt.«

1888 Nicolai Rimski-Korsakow (1844-1908): **Symphonische Suite »Scheherazade«**

Aus der Gruppe der sogenannten Jungrussen um Balakirew (Cui, Borodin, Rimski-Korsakow, Mussorgski) ist der Name von Rimski-Korsakow vermutlich der im Westen am weitesten bekannte, wobei man nicht so recht weiß warum. Seine in Rußland viel gespielten Opern sind hierzulande jedenfalls nahezu unbekannt, und von seinen zahlreichen interessanten Orchesterwerken (darunter z.B. ein *Konzert für Posaune und Militärkapelle*) hört man nur die *Scheherazade* op. 35 öfter. Wohl aber weiß man von seiner virtuosen Orchester- und Instrumentationskunst, die u.a. Debussy und Ravel beeinflussen – wohl richtiger: die Debussy und Ravel sich für ihre Zwecke zunutze machen –, und man weiß, daß er zahlreiche Werke seiner unmittelbaren Vorgänger und Zeitgenossen neu instrumentiert und bearbeitet, und zwar in der guten Absicht, dabei Fehler auszumerzen, Mängel zu beheben und bessere Wirkungen zu ermöglichen. In der Tat mangelt es seinen Freunden ja manchmal an der im Westen so verbreiteten routinierten Kompositionserfahrung. Manchmal aber scheinen gerade darin musiksprachliche Möglichkeiten gegeben zu sein, deren faszinierende Ursprünglichkeit und Frische, oft auch Schroffheit, ja Härte, Rimski-Korsakow bei seiner Bearbeitung nivelliert. Dies gilt besonders für Mussorgskis *Boris Godunow, Chowantschina* und *Eine Nacht auf dem kahlen Berge,* die in den Originalfassungen wie neu zu hören sind. Bei seiner *Symphonischen Suite »Scheherazade«* aber ist der Meister gleichsam von Anfang an bei sich selbst, und dementsprechend wirkungsvoll, ja hinreißend ist hier seine Musik.

1888 Hugo Wolf (* Windisch-Gräz 1860, † Wien 1903): **Gedichte von Eduard Mörike für eine Singstimme und Klavier**

Trifft der Satz denn zu, mit dem die Würdigung im *MGG*-Artikel *»Hugo Wolf«* anhebt: »Unter den deutschen Liederkomponisten gebührt Hugo Wolf nächst Franz Schubert der höchste Rang,« und auch der Satz ein wenig später: »In der Tiefenwirkung seiner musikalischen Potenz als Lyriker konnte er Schubert mitunter übertreffen, wo es sich um vergleichbare Vertonungen derselben Texte handelte?« Dieselbe Gattung Lied in beider Komponisten Werk im Zentrum, Wolf nur »moderner«, weil gut zwei Generationen jünger. Also warum nicht vergleichen? Weil man nicht vergleichen soll, was nicht zu vergleichen ist. Denn die musikalischen Intentionen sind trotz derselben Gattung hier und dort so verschieden, jedenfalls für die wesentlichen Werke, daß der Vergleich in die Irre führt. Schubert hebt seine Texte gleichsam musikalisch auf; er schafft, vom Gedicht angeregt, ein musikalisch Neues, welches denselben Text hat wie das »Lied des Dichters«, das gleichsam zurückbleibt. Hugo Wolf dagegen spürt seinen Texten bis in ihre Hintergründe nach, wo er die Seele finden und ihre Regungen fühlen kann – und diese seelischen Regungen befreit er und faßt sie sensibel in Musik. Hier erschließt die Vertonung dem Gedicht seine Tiefendimension, während der Text das Geheimnis der Musik offenbart. Dementsprechend spielt auch die Qualität der Texte bei Wolf eine andere Rolle als bei Schubert. Wenn schon, dann ist nicht Schubert, sondern Richard Wagner Wolf kongenial zu nennen. *Dessen* Grundintention für das musikalische Schaffen adaptiert er auf die Gattung Lied, ohne das kompositorische Verfahren im einzelnen zu übernehmen. Dabei verlieren freilich Text und Melodie den Primat, den sie bei Schumann und Brahms gewonnen haben, und die Begleitung hört auf, lediglich interessant illustrierender Klavierpart zu sein, beide sind vielmehr neu miteinander verbunden, und zwar so, wie es Wagner einmal mit einem Bild beschreibt: Wie ein Boot die glatte Oberfläche des Sees schneidet, auf dem es schwimmt und sich fortbewegt, so schneiden Text und Melodie die verborgene Tiefe des musikalischen Satzes auf, der sie trägt. Was Wunder, daß der Hörer oft und immer wieder überrascht ist über die Hintergründigkeit – von Mörikes, Eichendorffs und Goethes *Gedichten* in Hugo Wolfs Vertonungen.

Trifft der Satz nun also nicht zu, daß Hugo Wolf nächst Schubert der höchste Rang unter den deutschen Liederkomponisten gebühre? Auch aus einem anderen Grunde nicht: weil nämlich Schumann und Brahms vergessen sind. Und trotzdem fällt die Zurückweisung dieser kühnen Behauptung nicht so ganz leicht. Wolfs hohe Sensibilität nämlich, schon für die Texte, sein Einfallsreichtum, etwa auch in klanglicher Hinsicht, die suggestive Eigenart seiner – übrigens in gewisser Weise »modern« wirkenden – Musiksprache, mit der er seine kleinen Liedszenen schafft, das alles ist so einzigartig und von so hoher Faszination, daß einer tatsächlich meinen könnte, Wolf sei Schubert gleichrangig so wie Wagner Mozart...

Von den über 300 Liedern Wolfs sind die meisten in Sammlungen (die keine Liederzyklen sind und trotzdem nicht x-beliebige Zusammenstellungen) vom Komponisten selbst publiziert; die wichtigsten sind: *Gedichte von Eduard Mörike* 1888, *Gedichte von Joseph von Eichendorff* 1889, *Gedichte von Goethe* 1890, *Spanisches Liederbuch nach Heyse in zwei Teilen* 1891 bis 1896.

Hugo Wolfs einziger Oper *Der Corregidor* (Text von Rosa Mayreder, Mannheim 1896) war kein dauerhafter Erfolg beschieden, wohl aber der *Italienischen Serenade* (1892, ursprünglich für Streichquartett, von Wolf für Kammerorchester bearbeitet): ein besonders liebenswürdiges Stück Serenadenmusik.

seit 1888 Concertgebouw-Orchester Amsterdam

1882 entschließt sich die Bürgerschaft von Amsterdam, einen großen Konzertsaal zu bauen, 1888 gründet sie für die darin zu veranstaltenden großen Konzerte ein eigenes Orchester, das Concertgebouworkest Amsterdam. In der Aufbauphase bis 1895 leitet Willem Kes das Ensemble. 1895 steht zum erstenmal Willem Mengelberg (1871-1951) am Pult, der es durch ein halbes Jahrhundert hindurch leiten und zu Weltruhm führen soll.

1889 Richard Strauss (1864-1949): Tondichtung »Don Juan«

Straussens Schaffen ist, wie Willi Schuh in *MGG* (1965) darstellt, bis etwa zur Jahrhundertwende durch ein Übergewicht der symphonischen Dichtungen bestimmt, danach durch eines der Opern. Dem ersten Teil geht ein umfangreiches Jugendwerk voraus, dem zweiten folgt eine kleine Gruppe von Alterswerken. Über diese Teile des Schaffens hinweg geht eine revolutionär wirkende Tendenz, die ihren Höhepunkt in den Opern *Salome* (1905) und *Elektra* (1909) hat, danach eine entgegengesetzte, die vom *Rosenkavalier* (1911) ihren Ausgang nimmt. Durch alles hindurch zieht sich das Bemühen des leidenschaftlichen Ausdrucksmusikers um die Ausbildung und Fortentwicklung der Mittel für seine Musik, vor allem im Bereich der Harmonik und der Klanglichkeit. Insofern bilden die TONDICHTUNGEN gleichsam Vorstufen für das musikdramatische Werk.

In Strauss' Entwicklungsgang findet der endgültige Durchbruch zum Personalstil statt mit der *Tondichtung »Don Juan«* (op. 20); hier kann Strauss sich zum erstenmal seine eigene Forderung ganz erfüllen: »Die poetische Idee muß formbildende Kraft entfalten, muß ›absolute‹ Musik werden.« Strauss wählt aus Nikolaus Lenaus dramatisch-epischem Gedicht *Don Juan* (1851 veröffentlicht) drei Abschnitte aus und entfaltet danach seine Musik geradezu bildhaft mit aufwendigen symphonischen Mitteln aus schlagend eingängigen Themen. An Hans von Bülow, den Dirigenten der Uraufführung 1889 in Weimar, schreibt er: »Will man nun ein in Stimmung und konsequentem Aufbau einheitliches Kunstwerk schaffen und soll dasselbe auf den Zuhörer plastisch einwirken, so muß das, was der Autor sagen wollte, auch plastisch vor seinem geistigen Auge geschwebt haben. Dies ist nur möglich infolge der Befruchtung durch eine poetische Idee, mag dieselbe nun als Programm dem Werke beigefügt werden oder nicht.« Der Schluß dieses Satzes anders formuliert: Die Musik muß auch ohne Kenntnis des Programms mit ihrer poetischen Idee zu verstehen sein, doch das Programm kann das Verstehen erleichtern. Man sieht, *dieselben* Probleme und *dieselben* Überlegungen dazu wie bei C. M. von Weber (*Konzertstück,* 1821) oder bei Hector Berlioz (*Symphonie fantastique,* 1830), bei Richard Wagner (*»Über Franz Liszts Symphonische Dichtungen«,* 1857) oder bei Arnold Schönberg (*Symphonische Dichtung »Pel-*

leas und Melisande«, 1902/03). – *Don Juan* eröffnet die Reihe der Symphonischen Tondichtungen, mit denen sich Strauss, wie man gesagt hat, an die Spitze des Schaffens seiner Generation stellt, heftig befeindet und stürmisch gefeiert. Er knüpft zwar an Berlioz und Liszt an, steht jedoch Wagner viel näher. Dessen harmonische Errungenschaften und Orchesterbehandlung erfahren hier eine Weiterbildung im Sinne psychologischer Differenzierung. – Die weiteren wichtigen Tondichtungen von Strauss, die sich entgegen allen Unkenrufen von Kritik und Moderne bis heute höchst lebendig im Repertoire halten, sind: *Tod und Verklärung* (op. 24, 1888/89), *Till Eulenspiegels lustige Streiche* (op. 28, 1894/95), *Also sprach Zarathustra* (frei nach Nietzsche, op. 30, 1895/96), *Don Quixote, Fantastische Variationen über ein Thema ritterlichen Charakters* (op. 35, 1896/97), *Ein Heldenleben* (op. 40, 1897/98).

1890 **Alexander Borodin** (* St. Petersburg 1833, † das. 1887): **Oper »Fürst Igor«** in St. Petersburg

Borodin ist ursprünglich Arzt und Chemiker, also wie die meisten Neuerer unter den russischen Komponisten seiner Zeit »nur Dilettant« – bis er 1862 Balakirew begegnet, bei dem er Unterricht nimmt, und der ihn zu jener Gruppe der »Fünf« bringt, der »Novatoren«, deren Künstlerideal Borodin nach der menschlichen Seite hin dann am reinsten verkörpern soll. Borodin hat zeitlebens zum Komponieren nicht viel Zeit. Viele Werke entstehen nur in langen Jahren, manche werden nicht abgeschlossen, vieles wird nicht zu seinen Lebzeiten veröffentlicht. Zu den Werken, die Rimski-Korsakow und Glasunow erst vollenden müssen, wobei sie »glättend« allerhand Schaden anrichten, gehört sein Hauptwerk, die *Oper »Fürst Igor«.* Dazu regt ihn das 1185-1187 entstandene *Lied von Igors Heerfahrt* an, eines der bedeutenden Denkmäler altrussischer Literatur. Nach ausgedehnten Studien verfaßt Borodin das Textbuch selbst; es wird eine romantische historische Oper. In der Vertonung schlägt er einen anderen Weg als Dargomyschski ein: ihm geht es weniger um eine rezitativisch-realistische Einkleidung des Wortes, ihn zieht es vielmehr, wie er selbst sagt, »zum Gesang, zur Kantilene, nicht zum Rezitativ...«, und außerdem zu abgerundeten, breit angelegten musikalischen Formen. Bei ihm liegen der Schwerpunkt des Ausdrucks und die charakterisierende Kraft in der Melodik – manchmal durchaus gegen die Operntradition. Trotzdem, wie hier in den großen Chorszenen der Chor des Volkes ohne das Vorbild russischer Volkslieder nicht zu denken ist, ist auch die (nicht nur in den *Polowetzer Tänzen* auftauchende) »Exotik« ein Kennzeichen, das nicht Borodin allein gehört, das vielmehr allen »Novatoren« gemeinsam ist.

Borodin ist außerdem ein Symphoniker und ebenso ein Kammermusiker von Rang: *Erste Symphonie Es-dur* (1867); *Zweite Symphonie h-moll* (1876). Mit seinem Bekenntnis zur programmlosen Symphonie – das in Satzüberschriften angedeutete Programm der *h-moll-Symphonie* ist nicht hinreichend verbürgt – und zur Kammermusik stellt er sich in offenen Gegensatz zu den übrigen »Novatoren«, und deshalb mag gerade ihn jener Vorwurf Mussorgskis getroffen haben, einige von ihnen schrieben Symphonien, ja sogar Kammermusik »in modo classico«. In der Tat zeigt die *Erste Symphonie,* wiewohl ihr erster und dritter Satz unüberhörbar einen nationalen Ton anschlagen, gegenüber dem bei den Jungrussen vielfach herrschenden Naturalismus starke Bindungen an die sogenannte klassisch-romantische symphonische Tradition. Die *Symphonische Dichtung »Eine Steppenskizze aus Mittelasien«* (1880; Franz Liszt gewidmet) allerdings hat ein ausführliches Programm, das den wichtigen Unterschied russisch/asiatisch und seine kontrastierende musikalische Thematik »nachempfindbar« machen soll. – Borodins *1. Streichquartett* (1879) ist eine Huldigung an Beethoven, auch konkret von einem Thema aus dessen Quartett op. 130 angeregt. Das *2. Streichquartett* (1881), obwohl ganz und gar russisch romantisch angelegt, hat wie in einem Vorgriff impressionistische Züge. Beide *Streichquartette* (mit denen Borodin fast als Außenseiter der »Fünf« erscheint) gehören zum Kernbestand der neueren Kammermusik-Literatur mit dem berechtigten Anspruch auf internationale Geltung.

1890 **Pietro Mascagni** (1863-1945): **Oper »Cavalleria rusticana«** in Rom
1892 **Ruggero Leoncavallo** (1857-1919): **Oper »Der Bajazzo«** in Mailand

Der Mailänder Verleger Sonzogno veranstaltet 1889 einen Concorso für einen Operneinakter. Mascagni reicht *Cavalleria rusticana* (Text von Targioni-Tozzetti und Menasci) ein und gewinnt den ersten Preis. Die Uraufführung im Teatro Costanzi in Rom wird ein Erfolg ohnegleichen. – Ebenfalls für Sonzogno und angestachelt von Mascagnis Erfolg schreibt Leoncavallo *I Pagliazzi* (eigentlich: *Die Bajazzi;* Text vom Komponisten). Die Uraufführung im Teatro dal Verme in Mailand unter der Leitung von Toscanini und mit Victor Maurel (Verdis erstem Jago im *Otello*) in der Titelrolle wird ebenfalls ein Riesenerfolg. Beide Komponisten werden mit einem Schlag weltberühmt; beiden bleiben aber vergleichbare Erfolge mit anderen Werken versagt. Immerhin rangiert Mascagni in der italienischen Opernstatistik unter den Komponisten des 20. Jahrhunderts nach Puccini an zweiter Stelle, ist *Der Bajazzo* 1938 in Deutschland die meistgespielte Oper. Da beide Werke nicht abendfüllend sind, müssen sie für die Theaterpraxis jeweils mit einem anderen kurzen Werk gekoppelt werden, und so hat es sich eingebürgert, gerade diese beiden zusammen zu spielen. Ob die Verbindung für die individuelle Aufnahme einer jeden der beiden Opern freilich günstig ist, muß man bezweifeln. Joachim Herz (1976) jedenfalls bestreitet dies, wobei er zugleich exemplarisch beschreibt, was das ist, »Verismo«:

> »Nur Gedankenlosigkeit kann die tiefe Kluft übersehen, die die beiden Hauptwerke des Verismo trennt... *Cavalleria rusticana* und *Der Bajazzo* führen uns nicht nur durch ihren Inhalt in weit auseinanderliegende Welten; auch die Art, wie diese Welten vom Künstler gestaltet werden, ist von Grund auf verschieden. Um es vorwegzunehmen: *Cavalleria* ist ein realistisches Kunstwerk, *Bajazzo* ein Dokument des Naturalismus. Eines Naturalismus freilich, wie ihn die italienische Oper für ihre Bedürfnisse umgeformt hatte... Vielleicht fassen wir den Unterschied dort am ehesten, wo im äußeren Geschehen wieder eine scheinbare Gemeinsamkeit sich auftut: Beide Werke spielen an einem Festtag, in beide klingt ein Moment des kirchlichen Lebens hinein. Aber während die Osterprozession der *Cavalleria* eine tiefe religiöse Bindung offenbart, ist die Vesperglocke des *Bajazzo* nur willkommener Anlaß zu vergnüglichem und ausgelassenem Chorgesang. Die bäuerlichen Menschen der *Cavalleria* sind ausgeliefert den Unbilden des Wetters, eine Mißernte kann ihnen den kärglichen Besitz rauben, in Regen oder Dürre sehen sie unmittelbare Handlungen göttlicher Macht, Lohn oder Strafe ihrer Schutzpatrone. Ausgeliefert sind auch die Menschen des *Bajazzo,* als Tagelöhner kaum einer Bindung mehr teilhaftig, ausgeliefert einer anderen Macht: den Schwankungen von Konjunktur und Krise. Der naturhaften Anmut und Kraft der Menschen der *Cavalleria* steht im *Bajazzo* die Vergnügungssucht gegenüber. Nur einmal im Jahre tritt der Misere des eigenen Lebens das Traumbild einer verzauberten, heiteren und schwerelosen Welt leibhaftig entgegen, einer Welt des Tanzes und des Lachens: wenn die Komödianten kommen und ihre alten Maskenspiele aufführen. *Cavalleria* hat die Wucht einer Tragödie und die Naivität eines Volksstücks, *Bajazzo* ist eine interessante Studie zwielichtiger Existenzen.«

Schon John Galsworthy hat den *Bajazzo* bezeichnet als »a fascinating hybrid, one of these rare operas in which the story takes complete possession of the music and fuses with it perfectly.« Ob man dasselbe von Mascagnis Oper auch sagen kann? Ob sich von diesem Eindruck die Behauptung ableitet, hier sei die Wirklichkeit des Alltags für die Opernbühne entdeckt? Ob man deshalb diese Kunst »Verismo« nennt? Mögen die Sujets, die Texte, die Handlungen auch in der Tat mit »Verismo« zu tun haben, wie Herz ja zeigt, die Musik jedenfalls ist spätromantisch in jedem Sinne. Man sieht, selbst bei den berühmtesten Stücken des Opernrepertoires sind wichtige und ernste Fragen des Theaters und der Kunst manchmal ungelöst oder nur unbefriedigend beantwortet.

1891-94 Johannes Brahms (1833-1897): Späte Kammermusik

Wie der Ausdruck einer melancholisch sehnsüchtigen Innerlichkeit, die sich am liebsten im Stillen entfaltet, etwas Wesenhaftes für Brahms ist, so bevorzugt er die intimeren Gattungen von Kammermusik und Lied, die nicht auf eine laute sondern auf eine gesammelte, innerliche Wirkung bedacht sind. Sie haben schon den jungen Brahms vor 1853 beschäftigt und sie beschäftigen ihn bis in seine letzte Schaffenszeit. – Zu seinen bedeutendsten Schöpfungen auf dem Gebiet der Kammermusik gehören die späten Werke mit Klarinette, die ihre Anregung 1891 in Meiningen einer Bekanntschaft mit dem Klarinettisten Richard Mühlfeld verdanken: *Trio a-moll* für Klarinette, Violoncello und Klavier op. 114 (1891), *Quintett h-moll* für Klarinette und Streichquartett op. 115 (1891), 2 *Klarinettensonaten* in f-moll und Es-dur op. 120 (1894). Hanslicks Bericht von der Wiener Aufführung des *Quintetts* im Dezember 1891 (die Uraufführung hatte einige Tage vorher in Berlin mit dem Joachim-Quartett stattgefunden) würdigt das Werk angemessen und weist – für Hanslick fast erstaunlich – Wege zum Verstehen zugleich der Epoche, für die die Werke repräsentativ sind:

> »Ungleich bedeutender als das *Klarinetten-Trio* op. 114 ist Brahms' neues *Quintett in h-moll* für Klarinette und Streichquartett. Lange hat kein Werk ernster Kammermusik im Publikum so unmittelbar gezündet, so tief und lebhaft gewirkt. Das *Quintett* ist ein breiter ausgeführtes, bedeutendes Seitenstück zu dem *Klarinetten-Trio in a-moll.* Wie dem bildenden Künstler ein gegebenes äußerliches Mittel, ein bestimmtes Material, Maß oder Lokal häufig zum künstlerischen ›Motiv‹ wird, ihm neue Ideen zuführt, so hat Brahms' jüngstes dankbares Adoptivkind, die Klarinette, ihn zu reizenden neuen Erfindungen und Kombina-

tionen angeregt... – Eine Stil-Eigentümlichkeit, die sich in fast allen neueren Kammermusiken von Brahms ausprägt, erscheint besonders auffällig in dem *h-moll-Quintett:* der viel engere Zusammenhang, das Einheitliche im Charakter aller vier Sätze. In dem *Quintett* gehört alles *einer* Farbenscala an, so mannigfaltiges Leben auch darin herrscht. Während bei Haydn und Mozart (anfangs auch bei Beethoven) die einzelnen Sätze sich hauptsächlich durch den Kontrast von einander abheben, indem sie auf ein schwermütiges Adagio ein umso fröhlicheres Scherzo setzen und jedenfalls mit einem rasch fortströmenden, heiter oder leidenschaftlich aufgeregten Finale schließen, sehen wir Brahms bemüht, die vier Sätze in leisen Stimmungsübergängen einander zu nähern... Daß manchem Hörer nach einem wenig bewegten ersten Satz ein herzhaft fröhliches Scherzo, nach einem düsteren Adagio ein feurig fortströmendes Finale erwünschter schiene, soll weder verschwiegen noch getadelt werden. Aber das Gefühl der Enttäuschung, wo es überhaupt eintrat, wird schnell verschwinden. Wer sich ernst und liebevoll mit Brahms beschäftigt hat, dem wird auch der maßvollere, abgeklärte Stil seiner späteren Epoche mit all seinen Eigenheiten bald lieb und vertraut werden.«

1891-94 **Anton Bruckner** (1824-1896): **Symphonie Nr. 9 d-moll**

Nach Vorarbeiten 1887 komponiert Bruckner drei Sätze der *Symphonie* zwischen Februar 1891 und November 1894. Am Finale arbeitet er von Mai 1895 an bis in seine letzten Tage und gelangt mit Skizzen bis zur Coda; bis zum Schluß und zu einer abschließenden Niederschrift des Ganzen kommt er aber nicht mehr. Zu Freunden soll Bruckner gesagt haben: »...und damit das unvollendete Werk einen Abschluß erhalte, möge man nach meinem Tode hierauf mein *Te Deum* aufführen, das ja für diesen heiligen Zweck besonders paßt...« Daß dies im Ernst gemeint sei, hat man immer bezweifelt; die Skizzen zum Finale jedenfalls zeigen, daß Bruckner an keinerlei Einbeziehung in die Komposition gedacht hat. – Man weiß, die *Symphonie* ist unvollendet, und doch stellt sich immer wieder nach dem pp-Schluß des Adagios (*nach* dem Scherzo) der Eindruck des Vollendeten ein, dem man sich kaum entziehen kann, des Schweigens nach einem Ende. Und unter diesem Eindruck gewinnt der Gedanke, daß in eben den Jahren der Entstehung von Bruckners letzter Symphonie Gustav Mahler seine ersten drei Symphonien schreibt, eine eigenartige Dimension. – Uraufführung (einer von Ferdinand Löwe stark bearbeiteten Fassung) des Fragments 1903 in Wien.

1891-1927 **Sergej Rachmaninow** (1873-1943): **4 Klavierkonzerte**

Weniger in Europa, wohl aber in den USA ist Rachmaninow ein vielgespielter, fast kann man sagen: ein vielgeliebter, jedenfalls ein für die Geschmacksbildung einflußreicher Komponist. Anders als etwa Skrjabin bleibt er der Tradition verhaftet; er bringt keine eigentlich neue Farbe in das Bild der russischen Musik des 19. Jahrhunderts, bereichert es aber sehr wohl durch die Neuprägung von Gedanken, die freilich vor ihm Tschaikowski und Anton Rubinstein geäußert haben. Man schilt ihn einen Klavierdespoten, der Scarlatti »vertausigt«, Mozart und Chopin vergröbert und Liszt donnernd verfälscht. Trotzdem gilt sein Spiel als beherrscht und sachbezogen: »Das gleiche kalte Licht der Analyse, der gleiche schneidende Anschlag, der gemeißelte Rhythmus, das intellektuelle Erfassen der musikalischen Idee. Dies und der Sinn für die relative Bedeutung der Phrasenzusammenhänge kennzeichnet Rachmaninow als einen Pianisten, der vom Hirn, nicht von der Emotion sich leiten lässt.« Das ist erstaunlich für einen Mann, der als Komponist so ganz dem Lyrismus der russischen Spätromantik verhaftet bleibt: »Die Musik eines Komponisten soll den Geist des Landes, in dem er geboren ist, ausdrücken, seine Liebe, seinen Glauben«, sagt er selbst. Alle vier *Klavierkonzerte* stehen in Moll. Der sich darin äußernde elegische (nicht tragische) Zug gibt ihnen zugleich ihren Reiz. Zarte Lyrik, Dahindämmern in dunkler Melancholie, so hat man gesagt (Renner 1976), andererseits wildes, etwas lärmend aufdringliches Pathos seien die Pole, zwischen denen der Gefühlsausdruck pendle. – Das bekannteste Stück von Rachmaninow überhaupt ist das *1. Klavier-Prélude cis-moll* op. 3, Nr. 2 von 1892.

1891/92-1924/25 **Carl Nielsen** (1865-1931): **6 Symphonien**

Was Johann Peter E. Hartmann und Niels W. Gade als erste angestimmt haben, einen nationaldänischen Tonfall, den nimmt Carl Nielsen auf, wobei er kräftiger und herber ist, ursprünglicher zu sein scheint. Von seinen *Symphonien* werden die zweite *»Die vier Temperamente«* (op. 16, 1901/02) und die dritte *»Sinfonia espansiva«* (op. 27, 1910/11) über Dänemark hinaus bekannt.

1892 Jules Massenet (1842-1912): Oper »Werther« in Wien

Goethes *Werther-Roman* (1774) prägt Generationen junger Menschen; bis in die sechziger Jahre des 19. Jahrhunderts hält das »Werther-Fieber« an. Dann aber wendet sich die Jugend Neuem zu und gewinnt ein realistischeres Verhältnis zu ihrer Welt; die junge Generation der Gründerzeit kann sich nicht mehr im *Werther* wiederfinden. Um so erstaunlicher, daß in eben dieser Zeit die Geschichte des jungen Werthers noch einmal zu einer Oper werden kann.

Mit seinen Opern *Hérodiade* (1881), *Manon* (1884), *Werther* (1892) und *Thais* (1894) prägt Massenet den TYPUS DER OPÉRA LYRIQUE und macht ihn zum Gegentyp der herrschenden Grand Opéra im Stil Meyerbeers und Gounods – und setzt damit zugleich Wagners Musikdramen ein eigenständig Französisches entgegen. Da sich für den *Werther* keine geeigneten Sänger finden, läßt Massenet die Partitur, die er schon 1886 abgeschlossen hat, liegen. Als *Manon* 1891 in Wien Erfolg hat und dort Interesse für Massenet weckt, gibt der Komponist die Oper nach Wien. So tritt das Merkwürdige ein (nach Cherubinis *Fanisca* zum ersten Mal wieder), daß eine *französische* Oper in *deutscher* Sprache uraufgeführt wird. Der Erfolg ist durchschlagend.

Dieser Erfolg gründet sich nicht allein auf die Musik, sondern auch auf das Phänomen der Vertonung von Literatur, wie Heinz Becker (1985) treffend beschreibt. Die Literaturoper gewinnt plötzlich das Interesse der Öffentlichkeit. Man mag es ruhig eine Modewelle nennen: *Carmen* (1875) nach Prosper Mérimée, *Hérodiade* nach Flaubert, *Manon* nach Abbé Prévost, *Thais* nach Anatole France. In Straussens *Salome* (1905) nach Oskar Wilde setzt sich diese Linie fort. – Massenet nennt den *Werther* ein »Drame lyrique«, ein lyrisches Drama, was ihn nicht hindert, eine französische Oper im besten Sinne des Wortes zu konzipieren, eine dialogische Oper zwar, aber dennoch eine Oper voller Clarté.

1892-1900 Enrique Granados (1867-1916): 10 Danzas espagñolas

Zusammen mit dem wenig älteren Isaac Albéniz (1860-1909) und dem wenig jüngeren Manuel de Falla (1876-1946) zählt man Granados zu den Gründern einer neuen, nun echt spanischen Musik. Trotzdem hat er das, was man jenseits der Pyrenäen einem Romantiker zuschreibt: »er lebt ein wenig außerhalb seiner Zeit.« Warum »trotzdem«, warum »außerhalb seiner Zeit«? Ein sensibles Empfinden, daß, wo und wie ein bestimmter musikalischer Ton angeschlagen ist, und ein ausgeprägtes Wollen, in Kompositionen diesen Ton zu treffen, wenn es denn ein nationaler Ton ist, dies kennzeichnet den Romantiker – freilich nicht nur den spanischen. Charakteristisch ist, daß Granados von Haus aus Pianist ist, am Klavier komponiert und seine Klaviersachen später instrumentiert. So sind auch die *10 Danzas espagñolas* (in 4 Heften) zunächst für Klavier komponiert; drei davon werden für ein Konzert in Barcelona 1892 orchestriert; eines davon, Nr. 5 *Andaluza,* gehört zu den am weitesten verbreiteten Musikstücken im internationalen Repertoire überhaupt.

seit 1892 Denkmäler Deutscher Tonkunst (DDT)
seit 1894 Denkmäler der Tonkunst in Österreich (DTÖ)

Mit der größten Selbstverständlichkeit sprechen Musiker und Musikwissenschaftler von »Denkmälern der Tonkunst«, als ob diese dastünden wie Denkmäler der bildenden Kunst aus Stein oder aus Bronze. Das aber ist nicht der Fall. Diesen Denkmälern vergleichbar wäre allein die erklingende Musik, nicht aber vergleichbar sind die Noten, aus denen man die Musik ja erst machen muß. Die alten Noten sind jedoch in der Regel nicht mehr ohne weiteres lesbar, auch meist nicht so notiert, daß die notwendigen Voraussetzungen zum Musikmachen selbstverständlich und vollständig daraus zu entnehmen wären. Deshalb muß die Musikwissenschaft in einer ihrer Haupttätigkeiten die Werke fürs Musikmachen zubereiten, nämlich die alten Noten in neuen Ausgaben herausbringen, aus denen man die Werke dann nach der (alten) Intention der Komponisten (neu) zum Klingen bringen kann. Solche Ausgaben nennt man »Musikalische Denkmäler-Ausgaben«. Mit dem gegen Ende des 18. Jahrhunderts erwachenden Interesse der Menschen im Abendland an der Geschichte auch ihrer Musik werden solche Ausgaben nötig. Die ersten, die diese Aufgabe so sehen und sich ihr dem entsprechend stellen, nämlich mit historisch-philologischem Interesse, sind Joseph von Sonnleithner in Wien und Johann Nikolaus Forkel in Göttingen. Um 1800 bereiten sie gemeinsam eine Reihe *Denkmale der musikalischen Kunst* vor, für deren ersten Band 270 Bleiplatten schon gestochen sind – als ein französischer Offizier der Napoleonischen Armee in Wien sie beschlagnahmen und zu Flintenkugeln umgießen läßt. Im Laufe des 19. Jahrhunderts und vor allem im Zusammenhang seiner kirchenmusikalischen Reformbestrebungen kommen verschiedene Denkmäler-Publikationen heraus (herausgegeben von Commer, Winterfeld,

Eitner, Chrysander u.a.). Die diesbezüglichen Bestrebungen gipfeln im neuen Deutschen Reich in Plänen zu einer Reihe *Denkmäler Deutscher Tonkunst,* die besonders das große Leipziger Verlagshaus Breitkopf & Härtel vorantreibt. »...Von Kaiser Wilhelm I. war in dessen letzter Zeit seitens der Firma die Erlaubnis zur Veranstaltung einer Ausgabe der musikalischen Werke Friedrichs des Großen erbeten worden. Die erste ausgeführte Ausgabe steht zur ausschließlichen Verfügung Sr. Maj. des Kaisers, doch ist neben dieser, im Zeitgeschmack des Großen Königs ausgeführten Kaiserausgabe, hg. v. Ph. Spitta und Paul Graf Waldersee, eine Ausgabe für weitere Kreise erschienen. Bei Überreichung der Kaiserausgabe bat der Verlagsleiter, Sr. Maj. den Plan zur Herausgabe von *Denkmälern Deutscher Tonkunst* vortragen zu dürfen. Der Kaiser billigte 1889 in lebhafter Würdigung musikalischer Denkmäler alter Zeit für die Kunstpflege der Gegenwart ›das vaterländische und künstlerische Ziel‹ dieser Veröffentlichung. Das kgl. preußische Kultusministerium trat dem Plane näher und berief eine Kommission. Als die Organisation nicht vorwärts rückte, verhalf der Vorschlag, im Frühjahr 1892 bei Eröffnung der großen Theater- und Musikausstellung zu Wien mit dem Beginne der Publikationen eine Morgengabe des Deutschen Reiches zu bieten, zu einem Probebande, Samuel Scheidts *Tabulatura nova,* hrsg. v. Max Seiffert. Ph. Spittas Wunsch, das Unternehmen aus einem preußischen in ein deutsches umzuwandeln, verursachte eine unerwünschte Krise... Um eine größere Stockung zu vermeiden, ließ die Firma im Frühjahr 1895 auf eigene Verantwortung einen zweiten, noch zu Spittas Lebzeiten vorbereiteten Band folgen: H. L. Haßlers *Cantiones sacrae,* hg. von Hermann Gehrmann. Infolge von Spittas Tod und Chrysanders Kränklichkeit stockte die Unternehmung abermals bis gegen Schluß des Jahrhunderts.« Soweit der Bericht des Verlegers (gekürzt).

Inzwischen hatte sich, berichtet Moser (1952), in Wien eine Parallelentwicklung vollzogen: Guido Adler war 1888 an das k. k. Kultusministerium mit einem internationalen Denkmälerplan herangetreten, der von England und Frankreich bis Italien und Spanien hätte reichen sollen, aber im nächsten Jahr schon auf vorbereitende Quellenaufnahmen innerhalb der habsburgischen Kronländer eingeschränkt werden mußte. Wie die Deutschen die Flötenwerke des Alten Fritz, so benutzten die Österreicher die Kompositionen der Kaiser Ferdinand III., Leopold I. und Joseph I., um für die Denkmäler-Idee bei ihrem Monarchen zu werben, und Franz Joseph nahm dann auch gern die zwei Foliobände der *»Kaiserwerke«* (verlegt bei Artaria) entgegen. Ein anderer günstiger Umstand kam zu Hilfe, der 1891 erfolgte Ankauf der Trienter Codices. So konnte sich 1893 eine »Leitende Kommission« für die Herausgabe der *Denkmäler der Tonkunst in Österreich (DTÖ)* bilden, und schon 1894 erschien der 1. Band mit *Messen* von Johann Joseph Fux, hrsg. von J. E. Habert und G. A. Gloßner.

Seit 1900 gibt es eine »zweite Folge« der *DDT,* die *Denkmäler der Tonkunst in Bayern (DTB).* Seit 1935 bzw. 1938 werden die *DDT* und die *DTÖ* zusammen unter einem neuen Namen fortgesetzt: *Das Erbe deutscher Musik* (mit zwei Reihen: *Reichsdenkmale* und *Landschaftsdenkmale*). – Ähnlich wie in Deutschland und Österreich erwacht mit dem im 19. Jahrhundert allgemein erstarkenden neuen Nationalgefühl und -bewußtsein der Wunsch nach nationalen musikalischen Denkmälerausgaben in allen Ländern, und dieser Wunsch führt dann im 20. Jahrhundert zu einer Vielzahl von Ausgaben. – Daß in den Reihen von Denkmälern der Tonkunst unbeschreiblich viele und herrliche Schätze von Musik liegen, wissen leider die wenigsten Musiker, sonst brächten sie ja doch viel mehr Abwechslung in ihre Programme. – Seit 1945 wird die Reihe der *DTÖ* wieder selbständig fortgeführt.

1893 **Anton Dvořák** (* Nelahozewes/ Mühlhausen bei Prag 1841, † Prag 1904): **Symphonie »Aus der Neuen Welt«**

Dvořák ist einfacher Leute Kind. Dementsprechend hart sind seine Anfänge, die Lehrjahre als Tanz- und Orchestermusiker, steil sein Aufstieg (mit Unterstützung von Brahms, Hanslick und Herbeck) bis zum Professor am Prager (seit 1891) und zum Direktor des New Yorker (1892-1895) Konservatoriums – zum Weltruhm. In seinen amerikanischen Jahren lernt Dvořák amerikanische Indianer- und Negermusik kennen, vor allem aber Folkmusik, die ihn wie die Volksmusik seiner Heimat in seiner eigenen melodischen Schöpferkraft ungemein inspiriert. Ähnlich wie bei Smetana, aber stärker ist seine Musik von einer allgemeinen Vorstellung von slawischer Folklore genährt; wirkliche Übernahmen kommen kaum vor. Und doch haben alle Hörer immer wieder neu den Eindruck, in Dvořáks Musik tatsächlich slawischer Musik zu begegnen und in ihr dem Ausdruck slawischen Fühlens und Denkens schlechthin. Daß sich dieser Eindruck besonders bei den in den USA entstandenen Werken einstellt, mag an einer Art von Potenzierung im Melodischen durch die amerikanischen Einflüsse liegen, vielleicht auch am Heimweh-Ton, den man zu vernehmen meint – vielleicht auch nur hineinhört. Wie dem auch sei, Dvořáks Musik lebt in der Tat am stärksten aus der Melodik, aus einem überwältigenden Reichtum und aus der starken Eigenart melodischer Erfindung: *Das* macht ihre Bedeutung aus, nicht das Festhalten an der klassischen Form-Tradition, nicht das Anknüpfen-Wollen oder sich Abheben-Wollen an oder von Smetana, nicht dieser oder jener Einfluß oder was immer die »Interpreten« heraus- und hineinhören.

Dvořák schreibt insgesamt *9 Symphonien,* von denen zu seinen Lebzeiten nur die fünfte bis neunte als Nr. 1 bis Nr. 5 gedruckt werden (auf Empfehlung von Brahms bei Simrock in Berlin).

Wie die *Symphonie »Aus der Neuen Welt«* entsteht auch das *Konzert für Violoncello und Orchester* (h-moll op. 104, 1894/95) in den USA, sicherlich das berühmteste Werk seiner Gattung – obwohl es an innerem Gewicht Dvořáks *Violinkonzert* (a-moll op. 53, 1879/80; Joseph Joachim gewidmet) nicht gleichkommt, vielleicht nicht einmal dem kaum bekannten *Klavierkonzert* (g-moll op. 33, 1876).

Im Ton der *Symphonie »Aus der Neuen Welt«* durchaus verwandt ist das 1893 in den Sommerferien in Spillville (Iowa) in knapp drei Wochen entstandene *Streichquartett F-dur* op. 96, eines der großen Werke der musikalischen Romantik.

Überlegt man einmal das erste Thema des Scherzo-Satzes dieses *Streichquartetts* und prüft es auf seine rhythmische Struktur: Notierung gegen Höreindruck, und auf die ausschließlich variative Art der Verarbeitung dieser Struktur im Satz, und vergleicht man diese Art der Verarbeitung eines Themas mit der Art, wie Beethoven sich in einem vergleichbaren Fall verhält, etwa im Allegretto des *Streichquartetts e-moll* op. 59 Nr. 2 (mit dem Thema eines russischen Volksliedes), so kann der Unterschied der musikalischen Denk- und Verfahrensweisen beim Klassiker hier und beim Romantiker dort evident werden.

1893 **Engelbert Humperdinck** (1854-1921): **Oper »Hänsel und Gretel«** in Weimar

Als »circumpolare Oper« hat der Musikhistoriker Theodor Kroyer (1919) die vielen Werke zusammengefaßt, die, so verschieden sie sind, auf ihre musikalische Anregungsquelle Richard Wagner zeigen, wie die Magnetnadel auf den Pol. Unter diesen Werken ist Humperdincks *Märchenoper* vielleicht das bedeutendste, weil der hochpoetische Text (von Adelheid Wette, der Schwester des Komponisten, in Anlehnung an das Grimmsche Märchen) zusammen mit den drei verwendeten originalen Volksliedern (*»Suse, liebe Suse, was raschelt im Stroh?«; »Ein Männlein steht im Walde«; »Schwesterlein, hüt' dich fein!«*) den Komponisten so wunderbar beflügeln, daß eine Art Wagnersche Oper (jedenfalls nach der Machart) entsteht, die jedoch einzuschwingen vermag in einen Volksmärchen-Ton, freilich in einen solchen des späten 19. Jahrhunderts. 1893 nehmen zugleich Hermann Levi in München, Felix Mottl in Karlsruhe und Richard Strauss in Weimar das Werk für ihre Opernhäuser an; die Uraufführung findet am 23. Dezember 1893 in Weimar statt. Der einem bergischen Kindergebet entstammende *»Abendsegen«* gehört zu Recht zu den berühmten Stücken der nachwagnerischen Opernliteratur.

1893 **Hugo Riemann** (1849-1919): **Lehre von den tonalen Funktionen der Akkorde**

Als gegen Ende des 18. Jahrhunderts der Generalbaß aus der musikalischen Praxis endgültig verschwindet, geht mit der Generalbaßbezifferung auch die Möglichkeit der Bezeichnung von Akkorden verloren. Deshalb wird eine neue Bezeichnungsweise der Akkorde und, wegen der Neuartigkeit des Zusammenhalts im homophonen Satz, von Akkordverbindungen nötig. Diese wird ausgebildet in Verbindung mit Versuchen um eine Systematisierung der Harmonielehre. Von den zahlreichen Versuchen und Ansätzen erlangen zwei Systeme der Harmonielehre weitreichende Bedeutung: die Fundamentaltheorie Simon Sechters (1853/54) und die Funktionstheorie Hugo Riemanns (seit 1872). Letztere erhält 1893 in *Vereinfachte Harmonielehre oder Die Lehre von den tonalen Funktionen der Akkorde* ihre abschließende Formulierung.

Riemanns Akkordbezeichnungen sind Chiffrierungen der Harmonien im funktionalen Zusammenhang eines musikalisch logischen Kadenzgeschehens; auch komplizierte dissonante Bildungen und Akkordfortschreitungen sind dann zu verstehen als mehr oder minder modifizierte Gestalten der drei allein wesentlichen Funktionsharmonien: Tonika- (*T*), Subdominant- (*S*) und Dominantdreiklang (*D*). »Funktion« ist (nach H. Grabner) »die Bedeutung des einzelnen Klangs für den harmonischen *Gesamt*verlauf des Stücks. Dieser wird bestimmt durch die Beziehung aller Klänge auf ein harmonisches Zentrum, die Tonika.« Umgekehrt ist nur *der* Klang Tonika, auf den sich alle übrigen Klänge beziehen. – Zur Behauptung der funktionalen Bindung aller harmonischen Erscheinungen im musikalischen Satz kommt Hugo Riemann aufgrund von Überlegungen, zu denen ihn die akustischen und tonphysiologischen Untersuchungen von Hermann von Helmholtz (*Die Lehre von den*

Tonempfindungen, 1863) und die Tonpsychologie Carl Stumpfs (*Tonpsychologie,* 1883-1890) angeregt haben. In den *Ideen zu einer Lehre von den Tonvorstellungen* (1914/15) formuliert Riemann: »... Daß gar nicht die wirklich erklingende Musik, sondern vielmehr die in der Tonphantasie des schaffenden Künstlers vor der Aufzeichnung in Noten lebende und wieder in der Tonphantasie des Hörers neu entstehende Vorstellung der Tonverhältnisse das Alpha und das Omega der Tonkunst ist.« – Wenn auch die von der jeweiligen Tonart unabhängigen Funktionsbezeichnungen Hugo Riemanns heute nicht mehr allen Anforderungen der Analyse genügen, so werden sie doch den Ansprüchen des Tonsatzunterrichts nach wie vor gerecht, und zwar besser als die sogenannten Stufenbezeichnungen (ein System der Akkordbezeichnung bzw. der Bezeichnung der Klangstufen, bei der die Dreiklänge auf den Stufen der Tonleiter mit römischen Ziffern, gegebenenfalls mit Zusatzzeichen, numeriert und bezeichnet werden). Die Funktionsbezeichnungen verdeutlichen die strenge Logik aller Harmoniebewegung. Einfache und schwerer verständliche Wendungen treten als solche auch in der Bezeichnung sofort hervor. Funktionsbezeichnungen sollten freilich nur auf dur/moll-tonale Musik angewandt werden – im wesentlichen also auf die Musik vom 18. bis zum Beginn des 20. Jahrhunderts, weil davor und danach Akkorde und Akkordverbindungen nicht im selben Sinne zu verstehen sind.

1893 Giuseppe Verdi (1813-1901): Oper »Falstaff« in Mailand

Die Idee zum *Falstaff* stammt zwar von Verdis Librettisten Boito, doch kommt sie Verdi offenbar entgegen. Schon im August 1889, als Boito noch am Textbuch arbeitet, ist die spätere Schlußfuge komponiert. Am 9. Februar 1893 geht die Uraufführung über die Bühne des Teatro della Scala in Mailand. Staat und Gesellschaft sind mit ihren höchsten Vertretern zugegen; im Parkett sitzen Puccini und Mascagni. Der Erfolg ist ohnegleichen. – Mit *Otello* hat Verdi, wie Einstein (1950) gesagt hat, sozusagen das letzte Wort zur OPERA SERIA gesprochen, oder wagnerisch gesagt: er hat die Opera seria (die am Anfang des Jahrhunderts z.B. noch den *Otello* von Rossini hervorgebracht hat) zum »Dramma in musica« »erlöst«, und das, ohne die Kontinuität der italienischen Operntradition zu stören. Mit *Falstaff* leistet er dasselbe für die OPERA BUFFA. Boito hat ihm drei Akte von strenger Symmetrie geliefert, jeder in zwei Teilen, der erste Teil »solistisch«, der zweite alle Figuren vereinigend. So schreibt Verdi, gleichsam wie es die Tradition verlangt, drei große Finali – aber mit dieser Oper als Ganzem und mit dieser Theatermusik läßt sich in der älteren italienischen Oper nichts vergleichen, allenfalls Mozart, jedenfalls in gewisser Weise. Mozarts *Figaro* (1786) und *Don Giovanni* (1787) sind auch nicht reine Opere buffe; Donna Anna, der Graf, die Gräfin sind keine Buffo-Figuren. Ähnlich im *Falstaff:* der Ausbruch des Mr. Ford, des Ehrenmannes, der sich betrogen glaubt, ist zum Beispiel keine Buffoszene, sondern eine Szene tragischer Leidenschaft. Ähnlich ist auch die Komik der anderen Figuren nicht buffonesk, sie hat nichts mehr zu tun mit der Commedia del'arte, sie ist Charakterkomik, wie die Theaterleute sagen. Verdi selbst beschreibt das so: »Falstaff ist ein böser Geselle, der schlimme Streiche vollführt, aber unter einer belustigenden Form. Er ist ein Typ. Sie sind so selten, diese Typen.« Verdi interessiert also etwas anderes als »nur der Spaßmacher«, als den er Falstaff noch bei Shakespeare sieht. Dazu schafft er sich wieder wie beim *Otello* im Rahmen der Tradition eine Art eigenen Stils. Die Stimmen bewegen sich als Grundhaltung im Parlando, das Orchester sorgt für Beweglichkeit und Witz. Alles Melodische ist als Melodisches weniger sinnlich als bisher, aber die sprachliche Präsenz des Musikalischen ist ohnegleichen. Und auch dort, wo es sich um Stimmung, etwa der zauberhaften Sommernacht im Park von Windsor, handelt, herrscht kein romantischer Überschwang sondern ein eher klar zu nennender musikalischer Liebreiz. »Im umgekehrten Sinne wie Wagner, der die Romantik übersteigert, hat Verdi sie gleichsam ad absurdum geführt«, formuliert Einstein (1950) zwar negativ, aber musikhistorisch treffend.

1896 Zdenek Fibich (1850-1900): Klavierstück »Poème«

Wie wenig tief unsere Kenntnis von Komponisten, gar von nichtdeutschen Komponisten, reicht, die – wie man versucht ist zu sagen: – nicht zur Oberliga der Kunstmusik gehören, kann man sich etwa an Zdenek Fibich klarmachen, einem der namhaftesten tschechischen Komponisten ($RLex^{12}$). Hierzulande kennt kaum jemand den Namen, geschweige denn ein Werk. Doch, wir alle haben eines im Ohr, nämlich das *Klavierstück »Poème«* (aus der *Idylle »Ein Sommerabend«* op. 41 Nr. 6), eines von 376 *Klavierstücken,* die 1896/97 in vier Opera erscheinen; die bekannteste Bearbeitung ist die für Violine und Klavier von J. Kubik), das zu den beliebtesten Stücken der gehobenen Unterhaltungsmusik gehört und in unzählig vielen Bearbeitungen auf der ganzen Welt immer und immer wieder gespielt wird. Fibich komponiert aber viele bedeutendere Werke: *Symphonien, Symphonische Dichtungen, Kammermusik* und *Klaviermusik,* auch *Lieder, Kantaten* und *Opern,* darunter 1884 *Die Braut von Messina* und 1895 *Hedy,* eine Art Gegenstück zu Wagners *Tristan.*

1896-1920 Gabriel Fauré (1845-1924) Lehrer am Conservatoire in Paris

»Fauré ist kein Romantiker, denn er hat die Formen (und zweifellos auch die Hoffnungslosigkeit) der Romantik überwunden. In seiner Musik lebt jedoch alle menschliche Leidenschaft. Man muß sie mit einer ganz geistigen und dennoch bis in die feinsten Nuancen empfindsamen Wärme nachzuerleben versuchen.« Wie dem auch sei, Fauré steht als Schüler von Saint-Saëns und als Lehrer von Ravel und Florent Schmitt mit einem ganz eigenen, poetisch nuancierten, in der Melodiebildung von der Gregorianik angeregten musikalischen Ton zwischen der älteren und der jüngeren Generation französischer Komponisten der (so nennt man die Epoche nun einmal) musikalischen Romantik – die mit dem 19. Jahrhundert nicht schon so ohne weiteres zu Ende geht. Somit ist Fauré als Lehrer am Conservatoire in den entscheidenden Jahrzehnten um die Jahrhundertwende eigentlich von tieferer Wirkung als durch seine Werke.

1897 Paul Dukas (1865-1935): Symphonisches Scherzo »Der Zauberlehrling«

Mit der *Moldau* von Smetana (1874) ist *L'Apprenti sorcier* von Dukas nach Goethes Ballade *Der Zauberlehrling* wahrscheinlich das bekannteste und verbreitetste Stück schildernder Programmmusik des 19. Jahrhunderts überhaupt. Nun, es ist auch ein Kabinettstück, wie man so sagt. Das Erwachen etwa des Hexenbesens ist von geradezu körperhaft zu erlebender Unmittelbarkeit des Rhythmischen: ein zweimaliges zaghaft ruckendes Sich-Regen, ein unbeholfenes Stolpern, das übergeht in klapprige Motorik. Und wenn dann das Wasser zu fließen beginnt – mancher Impressionist könnte neidisch werden. Warum aber heißt man diese Musik nicht »impressionistisch«? Wohl weil sie nicht *innere* Vorstellungen musikalisch anregt, sondern über die Brücken tonmalerischer und gestischer musikalischer Mittel *äußerlich* Bilder zum »Programm« assoziieren läßt.

1900 Edward Elgar (1857-1934): Oratorium »The Dream of Gerontius«

Man hat gesagt, Edward Elgar gelänge es zum ersten Mal seit Purcell und Händel, sich zum musikalischen Sprecher seines Volkes zu machen, und zwar mit einer Reihe von Werken betont englisch nationaler Prägung. Das mag verwundern, wenn man auf der anderen Seite feststellen muß, daß Elgars Musik trotz eines ausgeprägt persönlichen Tonfalls ihre Wurzeln doch in der deutschen Hochromantik hat, zwar nicht bei Mendelssohn oder Brahms, wohl aber bei Liszt und Richard Wagner, und diese Abhängigkeit betont geradezu das Fehlen einer nationalen Tradition (die sich bestenfalls in der Chormusik erhalten hatte). Elgars geschicktes Anknüpfen an das traditionell gepflegte englische Oratorium und die Verwandlung desselben in eine Art von geistlichem Drama ermöglichen seiner Musik den Zugang zur größten Hörerschaft seines Landes. Als Komponist religiös ausgerichteter Oratorien wie *The Dream of Gerontius* (1900; Text von Kardinal John Henry Newman), *The Apostles* (1903) und *The Kingdom* (1906; Texte nach der Hl. Schrift) gewinnt der Katholik Elgar die Herzen seines im wesentlichen doch anglikanischen Publikums. – Als Komponist von *Symphonien* (As-dur op. 55, 1907/08; Des-dur op. 63, 1909/11) vergleicht man Elgar gern mit Bruckner und mit Mahler – mit denen er jedenfalls die viel diskutierte »Exportunfähigkeit« gemeinsam hat, die nach wie vor verhindert, daß der bedeutendste Komponist der »Edwardian Epoch« auf dem Kontinent Resonanz findet. – Sein *»Salut d'amour«* für Orchester (1889) zählt freilich zu den bekanntesten Stücken der internationalen Unterhaltungsmusik.

1900 Giacomo Puccini (1858-1924): Oper »Tosca« in Rom

Puccini gilt als der bedeutendste italienische Opernkomponist nach Verdi; er ist jedenfalls der erfolgreichste. Ob man allerdings sagen kann, er setze Verdis Werk fort, das ist zu bezweifeln. Die Grundintention des Musikalischen ist hier und dort ganz verschieden. Von Verdis »Das Wahre er-finden!« (um das sich der Meister noch für seine späten Werke wie verzweifelt müht) ist Puccinis »Verismo« weit entfernt. Zwar faßt Puccini manche Partien der hart naturalistischen Handlung der *Tosca* (Text der als »Musikdrama« bezeichneten Oper nach V. Sardou von L. Illica und G. Giacosa) durchaus »veristisch«, etwa im ersten Akt die heiteren Szenen des Mesners und der Chorknaben oder im zweiten die schreckliche

Szenen des Mesners und der Chorknaben oder im zweiten die schreckliche Szene mit der Folterkammer. Aber im Grunde ist ihm wichtiger, mit Mitteln der Musik für die verschiedenen Szenen und ihre Wechsel den jeweils adäquaten atmosphärischen Hintergrund zu schaffen, und für die handelnden Personen den Ton ihrer Empfindung anzuschlagen, auch oder gerade dort, wo er mit der szenischen Atmosphäre dissoniert. – Die musikalischen Mittel stammen einerseits aus der italienischen Tradition des Belcanto, andererseits aus der französischen Oper etwa von Massenet, in der Art der Motivbildung und -behandlung auch von Richard Wagner. Puccini aber formt daraus einen unverwechselbar persönlichen Stil, dessen Süße in Melodik und Harmonik und dessen sinnlicher Klangzauber (Orchesterklang!) dem Komponisten beim Publikum der ganzen Welt den Erfolg garantiert.

Puccinis beliebteste Oper ist *La Bohème* (Text nach H. Murger von L. Illica und G. Giacosa; Uraufführung 1896 in Turin), seine berühmteste *Madama Butterfly* (Text von L. Illica und G. Giacosa; Uraufführung 1904 in Mailand), seine dramatischste aber sicherlich *Tosca* (Uraufführung am 14. Januar 1900 im Teatro Costanzi in Rom). Das *Lyrische Drama »Turandot«* (Text von G. Adami und R. Simoni) ist im dritten Akt unvollendet (Uraufführung mit der Ergänzung von Franco Alfano 1926 in Mailand). Kenner ziehen die drei Einakter aber allen anderen Werken des Meisters vor: *Der Mantel* (Text von G. Adami), *Schwester Angelica* (Text von G. Forzano) und *Gianni Schicchi* (Text von G. Forzano; Uraufführung des *»Trittico«*, wie man die Dreiergruppe nennt, 1918 in New York).

1904 Max von Schillings (1868-1933): Melodram »Das Hexenlied«

Der Stuttgarter Generalmusikdirektor (1908-1918) und spätere Intendant der Staatsoper Berlin (1919-1925), als Dirigent der Lehrer von Wilhelm Furtwängler und Robert Heger, er sieht sich selbst, entgegen der öffentlichen Meinung, ganz gewiß zuerst als Komponisten (Opern *Der Pfeifertag* 1899, *Mona Lisa* 1915; *Violinkonzert* 1910; *Melodramen; Lieder*). Man nimmt zwar als selbstverständlich an, daß Schillings *auch* komponiert, aber man sieht und anerkennt in ihm, genau wie später in Furtwängler, allein den großen Dirigenten und Interpreten. Das ist in diesem Falle eigentlich erstaunlich, weil Schillings ein seine Zeit in so hohem Maße charakterisierendes Werk musikalisch in Szene setzt (für Sprechstimme »mit begleitender Musik für Orchester oder Pianoforte«): *Das Hexenlied* von Ernst von Wildenbruch (1845-1909), und weil er damit großen und nachhaltigen Erfolg hat. In der melodramatischen Fassung der Erzählung des sterbenden Paters Medardus von der Liebe seines Lebens zu einem Mädchen, das, als man es als Hexe verbrennt, auf dem Scheiterhaufen anfängt zu singen, verwirklicht Schillings seine Maxime: »Wo das Wort, wo der Begriff aufhört, da beginnt die Musik persönliche seelische Geheimnisse zu enthüllen.« Ein Satz der hohen Romantik am Beginn des 20. Jahrhunderts.

1904/05 Frederick Delius (1862-1934): »Eine Messe des Lebens«

Mit seinen nahezu gleichaltrigen Zeitgenossen Strauss und Mahler gehört der Engländer Frederick Delius zu jenen Spätromantikern, deren musikalische Grundlagen zur Zeit ihrer Geburt in den reifen Werken Liszts und Wagners ausformuliert werden. Gewisse fundamentale Stilmerkmale sind dementsprechend allen drei Zeitgenossen gemeinsam. – Delius identifiziert sich zeitlebens mit Nietzsches prophetisch-philosophischer Zarathustra-Welt, die in *Eine Messe des Lebens* (für Soli, Chor und Orchester nach Worten aus Nietzsches *Zarathustra*) und in einem *Requiem* ganz eigener Art (für Soli, Chor und Orchester, 1914-1916; Worte vom Komponisten zusammengestellt nach Nietzsche) ihre musikalische Spiegelung erhält – nur wenige Jahre von Mahlers *3. Symphonie* und von Richard Strauss' *Also sprach Zarathustra* getrennt.

1904-13 Hugo Riemann (1849-1919): Handbuch der Musikgeschichte, 2 Bände in 5 Teilen

Riemann ist der größte europäische Musikforscher seiner Generation, vielleicht der bedeutendste Musikhistoriker überhaupt, und bestimmt die letzte universale Musikerpersönlichkeit: wie niemand sonst vereinigt er die Fähigkeiten des Historikers und des Pädagogen, des Komponisten und des ausübenden Musikers, des Theoretikers und des Grundlagenforschers. Es ist Hugo Riemann, der die Musikwissenschaft zu Ansehen und Gleichberechtigung bringt; auf ihn geht letzten Endes zurück, daß sie an den deutschen Universitäten allenthalben als akademische Disziplin anerkannt wird.

An die Stelle der romantischen poetisch-literarischen Deutung von Musik setzt Riemann eine autonom-musikalische. Darin berührt er sich zwar noch mit Hanslick, schafft aber doch die Grundlage für die heute allgemein gültige Ansicht, daß Analyse allemal vor Deutung zu gehen hat: Durch Riemann erst gelangt die Analyse des musikalischen Kunstwerks zur Bedeutung, er ist es, der systematisch eine musikalische Analytik und, daran anschließend, eine Kompositionslehre aufbaut, die vom Motiv zur Symphonie führt. So subjektiv diese uns heute auch zu sein scheint, und so sehr sie an das Stilideal der Wiener Klassiker anknüpft, sie durchdringt doch die gesamte neuere Musikforschung. Mit der großen Reihe seiner analytischen *Katechismen* beeinflußt Riemann überdies die Musikpädagogik und indirekt auch die Kompositionspraxis.

Statt einer auf dem »Heroenkult« basierenden Musikgeschichtsschreibung sucht Riemann, ähnlich wie die gleichzeitige Kunstwissenschaft, die Deutung der Geschichte »nach Formen und Stilprinzipien«; statt »biographischer Bagatellen« sucht er die Darstellung »der praktischen Entwicklung künstlerischer Ideen«, wobei ihm die Philosophen Lotze und Windelband Vorbilder sind, die zur selben Zeit eine Problemgeschichte der Philosophie anstreben. Riemann ist der erste Musiktheoretiker, der von systematischen Studien ausgeht und auf diesem Weg Erkenntnisse vom Wesen der Musik sucht, die dann, wie er meint, für alle Zeiten und Menschen Gültigkeit haben müßten. Damit bringt er sich allerdings in Gegensatz zur älteren Musikgeschichtsschreibung, welche die Musikgeschichte entweder aus dem Werk einzelner bedeutender Persönlichkeiten hervorgehen sieht (Spitta, Jahn, Chrysander) oder sie in enge Verbindung zur allgemeinen Geistes- und Kulturgeschichte setzt (Ambros, Kretzschmar). Riemann sucht vielmehr »allgemeingültige Funktionen des Hörens, um aus ihnen eine musikgeschichtliche Prinzipienlehre und synthetische Stilgeschichte zu schaffen« (Gurlitt). Aus diesem Zusammenhang gelangt er einerseits zu einer umfassenden Darstellung und Interpretation der allgemeinen *Musikgeschichte,* die bei aller Lückenhaftigkeit und Problematik ein Meisterwerk ist, andererseits zu einer Darstellung der *Geschichte der Musiktheorie* (1898), die zu ihrer Zeit, als die Musikgeschichte des Mittelalters und der Renaissance noch mehr oder minder unbekannt war, ein unerhört kühner Vorstoß ist, der trotz Unzulänglichkeiten bis heute nur in Teilen wiedererreicht ist.

Die Vielseitigkeit und der wahrhaft enzyklopädische Charakter seines Wissens machen Riemann sodann zum Lexikographen: »Der Riemann«, wie man das *Riemann Musik-Lexikon* seit 1882 nennt, ist *das* musikalische Standard-Lexikon bis heute. – Durch seine Tätigkeit als Klavierlehrer und Komponist ist Riemann eng mit der musikalischen Praxis verbunden. Mit seinen *Phrasierungs-Ausgaben* sucht er einer neuen »Interpunktion der Musik« den Weg zu bahnen – für die sich Nietzsche begeistert, vor der schon Hans von Bülow (dem die erste dieser Ausgaben gewidmet ist) wegen des Zuviels an Bogensetzung warnt. – Der Klavierunterricht wird durch Riemanns *Vergleichende theoretisch-praktische Klavierschule* (1883) auf eine neue Grundlage gestellt. – Das künstlerische Musikerlebnis sowie die praktische Wiederbelebung sind bei Riemann Grundforderungen für jegliche Beschäftigung mit alter Musik, und so gibt er dem an der Universität Leipzig von ihm geschaffenen Institut für Musikwissenschaft den Titel »Collegium musicum«. – Die Neuartigkeit der verschiedenen Tätigkeiten Riemanns findet am Konservatorium in Leipzig leider nur erbitterte Gegnerschaft, so daß er hier niemals unterrichtet. Freilich, an Musikhochschulen hat die Musikwissenschaft auch heute noch keinen hohen Stellenwert. Ob es an den Musikwissenschaftlern liegt, die die Verbindung zur Praxis verloren haben, oder an den Praktikern, die nicht mitdenken wollen? Wahrscheinlich an beiden, vielleicht aber auch an den in gewisser Weise überholten Strukturen der Musikhochschulen, die, unbegreiflicherweise, allerdings von Funktionären und Ministerialen mit Zähnen und Klauen verteidigt werden.

1906 »Kaiserliederbuch«

Auf Veranlassung Kaiser Wilhelms II. gibt eine Kommission unter Leitung des Freiherrn von Liliencron im Verlag Peters in Leipzig ein *Volksliederbuch für Männerchor* heraus, dessen Auflage bald die Millionengrenze überschreitet, das also weiteste Verbreitung findet und den deutschen Männergesang in seinem Repertoire für lange Zeit bestimmt (Fortsetzung: *Volksliederbuch für gemischten Chor,* 1915): anfangs des 20. Jahrhunderts ein Anachronismus mit weitreichenden Folgen.

1905 Jean Sibelius (1865-1957): Violinkonzert op. 47

Sibelius ist *der* große Komponist Finnlands, seine Musik gilt als *die* Finnische Musik. Dies ist sie auch in der Tat, freilich in eben der Weise, in der die Musiken Chopins, Griegs, Dvořáks polnisch, norwegisch, tschechisch sind. Daß aber die »Themen«, die Sibelius sich vornimmt, im Charakter spezifisch finnisch sind und daß dadurch ein Finnisches auch den Komponisten und seine Musik bestimmt, das ist nicht zu bestreiten, etwa in den frühen *Kalevala-Tondichtungen,* in der

Karelia-Suite op. 11 (1893) oder in der *Symphonischen Dichtung »Finlandia« op. 26* (1899). »Außerdem« ist Sibelius »überhaupt« einer der großen spätromantischen Symphoniker, und neben seinen *7 Symphonien* (zwischen 1899 und 1924) nimmt das *Violinkonzert* von 1903 (revidiert 1905) nicht den letzten Platz ein – in der Gunst der Geiger und des internationalen Publikums gar den ersten.

1908 **Isaac Albéniz** (1860-1909): **Iberia-Suite**

Außer dieser berühmten *Orchester-Suite,* die ursprünglich allerdings für Klavier geschrieben ist, kennt man hierzulande kaum etwas von Albéniz, ein paar Klavierstücke vielleicht noch, von denen ein eigentümlicher Zauber ausgeht: Man möchte meinen, das sei die spanische Musik schlechthin. So gilt denn Albéniz auch tatsächlich als »Schöpfer des spanischen Nationalstils«, und er wirkt damit nicht nur auf die Komposition in seinem Land ein, sondern auch in Frankreich (Debussy, Ravel). Der Reiz dieser Musik hat seinen Grund in der eigentümlichen Verbindung von spanischer musikalischer Folklore, kompositorischer Eleganz und klavieristischer Brillanz (Albéniz war in Weimar und Rom Schüler von Franz Liszt).

1911 **Richard Strauss** (1864-1949): **Komödie für Musik »Der Rosenkavalier«** in Dresden

Seit der Arbeit für *Elektra* steht Richard Strauss in Verbindung mit Heinrich von Hofmannsthal (1874-1929), dem bedeutenden Vertreter des österreichischen literarischen Impressionismus und Symbolismus, der jedoch gerade in der Komödie seine ihm gemäße literarische Form sucht und findet. Aus dieser Verbindung entsteht eine lebenslange enge und freundschaftliche Zusammenarbeit: Hofmannsthal wird für Strauss die Texte zu allen großen Opern schreiben bis zur *Arabella* (1933). Für die neue gemeinsame Oper wünscht Strauss sich jetzt einen Text, der für eine Mozart-Oper geeignet sein könnte, und Hofmannsthal entwirft frei eine dem entsprechende Komödienhandlung, wobei er auf bewährte Mittel der Opera buffa zurückgreift (Verkleidung, Verwechslung, Intrigenspiel), wobei er Typen der Commedia dell'arte auftreten läßt (die Zofe, den Notar), wobei er sich selbst des Stilmittels eines Wiener Dialekts bedient – eines Stilmittels, das wiederum Strauss zu dem musikalischen Stilmittel des Wiener Walzers anregt, mit dem er das Ganze wie dialekthaft durchtränkt. Die Uraufführung findet in der Hofoper in Dresden statt, die Leitung hat Ernst von Schuch, die Regie führt Max Reinhardt. Dazu Willi Schuh (1947), der beste Kenner von Richard Strauss: »Nichts sei schwieriger, als sich das Existierende als nichtexistierend vorzustellen, meinte Hugo von Hofmannsthal einmal mit Bezug auf den *Rosenkavalier.* Bei manchem an sich wertvollen Werk, vielleicht sogar bei diesem und jenem von Richard Strauss selber, möchte es uns immerhin einigermaßen gelingen, nicht aber bei diesem einen, weil es einzigartig ist in seiner musikalisch-dichterischen Atmosphäre, in der Mischung von Hofmannsthalscher Anmut und Strauss'scher Musizierlust – einer Musizierlust, die das Lyrische und das Charakteristische im musikalischen Komödienstil auf eine ganz neue Art verbindet... Was Geist und Sinne in diesem *Rosenkavalier* immer wieder gefangen nimmt, ist aber vielleicht nicht so sehr der Charme der Erfindung, wie er sich in den Figuren und Situationen ausdrückt, als vielmehr dies: daß diese unvergeßlichen Figuren nicht für sich da sind, sondern, einzeln und als Gruppen gegeneinanderstehend, auf eine unendlich feine und beziehungsreiche Weise miteinander verbunden sind. Hofmannsthal hat im ›ungeschriebenen Nachwort‹ zum *Rosenkavalier* auf dieses Fließende zwischen Gestalt und Gestalt, das die Verbundenen trennt und die Getrennten verbindet, selber hingewiesen und gesagt, sie gehörten zueinander und was das Beste sei, liege zwischen ihnen: ›...es ist augenblicklich und ewig, und hier ist Raum für die Musik.‹ In diesem Raum aber läßt Richard Strauss seine beglückendste, seine poetischste und inspirierteste Musik erklingen! – Im *Rosenkavalier* ist Hofmannsthal und Strauss das gelungen, was der Dichter an Shakespeares Dramen so sehr bewundert hat: die Erschaffung eines ›Ensembles‹, wie er es lieber nennen wollte, statt von Harmonie, von Durchseelung zu sprechen – eines Ensembles, ›worin der Unterschied zwischen Groß und Klein aufgehoben ist, insofern eins um des andern willen da ist, ...worin eines das andere sucht, eines das andere betont und dämpft, färbt und entfärbt, und für die Seele schließlich nur das Ganze da ist, das unzerlegbare, ungreifbare, unwägbare Ganze.‹«

1917 **Hans Pfitzner** (1869-1949): **Musikalische Legende »Palestrina«** in München

Bruno Walter plant für den Sommer 1917 in München eine Pfitzner-Woche, und für diese gibt der Komponist das Werk – das er selbst für den Höhepunkt seines musikalischen Schaffens hält – zur Eröffnung im Prinzregenten-Theater frei. Der Erfolg ist überwältigend, ebenso der im Herbst desselben Jahres in Basel, Bern und Zürich. – Pfitzners *Palestrina* ist ein nachdenkliches Stück und es macht nachdenklich. Heinrich Lindlar (1964) hat dies treffend formuliert: »Thema der verbrämt autobiographischen Opernlegende des letzten romantischen deutschen Dichterkomponisten ist die (angebliche) Vereinsamung Pierluigi da Palestrinas, des italienischen Kirchenkomponisten der römischen Spätrenaissance.« Was bewegt, ist »die ergreifende Leidgebärde der Einsamkeit, die tiefbeseelte Klage. Unmittelbar hinan- und forttragen kann der groß erschaute, dicht komponierte Eröffnungsakt, mit dem der Pfitzner-Apostel Alexander Berrsche 1917 die *Musikalische Legende* wollte abgeschlossen sehen. Ein beispielloser Doppelakt der schöpferischen Qualen und Aufschwünge, des Zweifels und der Euphorie; eine fast faustische ›Sympathie mit dem Tode‹, wie Thomas Mann nach der Uraufführung notierte, aber doch auch ihr dialektischer Kontrast mit dem Schöpfergeist, dem Weltenmeister und den Alten Meistern; ebenso mit dem Tagesauftrag, zu ›des Bewußtseins Licht, das störend aufsteigt wie der freche Tag‹, und das ›dem süßen Traumgewirk, dem Künste-Schaffen‹ feind sei. Pfitzner wähnt das wie Novalis und Schopenhauer, allromantisch und inzestig. Genie im Dunkeln. – Erstaunlich, wie diese ... einhundertundfünf langen, bangen Opernminuten rätselhaft rasch, rätselhaft zeitentrückt entschwinden. Nach den mystischen Zaubern des Wagnerschen *Parsifal,* neben den nächtigen Beschwörungen des Busonischen *Doktor Faust* (Textbuch aus dem *Palestrina*-Jahr 1917) und vor den Odenwaldträumen des Hindemithschen *Mathis* oder den Imaginationen des Křenekschen *Karl V.* (beide 1938, beide im Exil, in Zürich und Prag), zwischen ihnen allen bleibt dieser Pfitznersche Bekenntnisakt einer der deutschgründigsten, umschauertsten Wachträume der musikalischen Szene. Daß sie alle, von Wagner bis Křenek, in geistverwandter Klangosmose leben und weben, diese Erkenntnis dämmert uns, den Nachgeborenen, heute erst, diesseits der Scheitelmitte des voreilig als antiromantisch firmierten Jahrhunderts.«

> Man hat gesagt, wer in Pfitzner nur den »letzten Romantiker« sehe, werde ihm nicht gerecht. Pfitzner nutze nicht nur alle Möglichkeiten romantischer Harmonik, er stoße auch durch immer sublimere kontrapunktische Arbeit in ganz neue Bereiche des linearen Satzes vor. Aber gerade darin, scheint mir, daß Pfitzner für den individuellen Ausdruck seiner Musik weitere Möglichkeiten des musikalischen Satzes suchen und finden muß, gerade darin erweist er sich als Romantiker, denn in eben jenem Suchen und Finden ist er vielen, unter anderen Schönberg, den er wahrscheinlich gehaßt hat, nicht nur vergleichbar, sondern durchaus nah. Daß die musikalischen Personalstile von im Urgrund gleichgesinnten Komponisten während des 20. Jahrhunderts so weit auseinanderdriften, daß man meinen kann, es handle sich hier und dort um grundverschiedene Musiken, ist *keine* Besonderheit dieses Jahrhunderts – man denke nur zurück an die Doppelung Brahms/Wagner und wie das 19. Jahrhundert sie empfunden hat – es ist die Folge aus dem konsequenten Denken und Fortdenken jener musikalischen Ideen, die seit dem 18. Jahrhundert zunehmend und immer ausschließlicher (man verzeihe den falschen, aber anschaulichen Komperativ!) das Musikdenken der Menschen im Abendland bestimmen. Und Pfitzner ist nicht nur als »urmusikalische Natur«, sondern als musikalischer Denker von hohen Graden ein Exponent dieses Fortdenkens. Also nennen wir ihn einen späten Vertreter der musikalischen Romantik gerade nicht aus Verlegenheit oder mangels »echter Kategorien der Musikgeschichtsschreibung«, wie Rummenhöller (1989) meint, sondern umgekehrt: aus konsequenter Anwendung derselben.

Pfitzner ist nicht nur ein hervorragend guter Komponist sondern auch – durchaus in der Tradition der Meister des 19. Jahrhunderts – ein scharfsinniger Kritiker und brillanter Schreiber, ein scharfer Verteidiger seiner Positionen im Kampf der Geister bei der Frage »Musikdenken heute?«. Unter seinen Schriften – und er schreibt viel – schätzt Pfitzner die *Über musikalische Inspiration* (1940) besonders hoch. Das ist bezeichnend. Bei aller Sorgfalt der kompositorischen Arbeit, bei aller Askese, die Pfitzners musikalischen Satz kennzeichnet, geht ihm doch nichts über den musikalischen Einfall, den er geradezu verklärt; im »Einfall« sucht er die Keimzelle allen musikalischen Schaffens; der »Einfall« bewirkt für ihn die künstlerische Einheit des kleinsten Liedes wie ganzer Opernakte. Infolge dieser Haltung zeigen seine Werke von Anfang an eine erstaunliche Selbständigkeit und Unabhängigkeit bei aller konservativen Haltung. Seine bekannteste Schrift ist allerdings die gegen Busoni gerichtete *Futuristengefahr* 1917, der noch *Die neue Ästhetik der musikalischen Impotenz* 1920 folgte.

1938 **Franz Schmidt** (1874-1939): **Oratorium »Das Buch mit sieben Siegeln«** in Wien

Mag es auch ungerecht sein, Franz Schmidt ist, jedenfalls in Deutschland, weithin nur bekannt mit einem eher peripheren Werk in seinem Schaffen, mit der freilich noch immer hinreißenden Zwischenaktmusik aus seiner *Romantischen Oper in 2 Aufzügen »Notre Dame«* (nach Victor Hugo; Wien 1914). Sein Hauptwerk ist das spätromantische *Oratorium »Das Buch mit sieben Siegeln«* (Text nach der Offenbarung des Johannes vom Komponisten), ein reifes Spätwerk mit eigentümlich archaisierenden Zügen. Andreas Liess (1963) hat gleichsam die Summe gezogen: »Insgesamt hat Schmidt mit seinem kompositorischen Werk bestätigt, was er in einem Briefe an die Wiener Philharmoniker schrieb, ›daß die Wiener Kunst ihm von der ganzen deutschen die allerheiligste sei‹. Sein Stil kann als ›romantische Durchdringung der Klassizität‹ angesprochen werden.«

MODERNE MUSIK

XI.
Musik zwischen etwa 1890 und etwa 1920

1. Überlegungen zur »Moderne« und zu »Realismus«, »Verismus« und »Impressionismus« in der Musik

Die Zusammenfassung eines Teils der zwischen rund 1890 und rund 1920 entstehenden Musik unter der Überschrift »Moderne Musik« mag überraschen, zumal das folgende Kapitel, das der Musik nach 1920 gewidmet ist, unter der Überschrift »Neue Musik« steht. Doch gerade darauf kommt es an: einzusehen, daß *zwischen* die Musik, die in den 20er Jahren des 20. Jahrhunderts (und noch lange hin) als in besonderer Weise neu gehört und dementsprechend bezeichnet wird, und die Musik der späten Romantik sich Werke von Rang dazwischenschieben, die weder hier noch dort befriedigend unterzubringen sind, weil sie von so eigener Art sind, daß man sie auch eigens zusammenfassen muß. Für die Benennung schließe ich mich der Kunsthistorie an, die Kunststile und Kunstrichtungen in Malerei und Plastik seit etwa 1890 schon immer mit »Moderne Malerei und Plastik« bezeichnet, »soweit diese sich bewußt vom Herkömmlichen lösen und sich einer eigenwilligen, dem Publikum oft schwer verständlichen Formensprache bedienen; bei aller Verschiedenheit ist den einzelnen Richtungen die Abkehr von der bloß naturgetreuen Wiedergabe der Gegenstände gemeinsam.« Ähnlich wie es Hubert Schrade für die bildenden Künste formuliert hat, ist für die Musik zu sagen, daß viele Komponisten auf verschiedenen Wegen und mit unterschiedlichen Mitteln Neues suchen und dennoch eines gemeinsam haben, die Tendenz: weg von der romantischen Grundbestimmung der Musik, weg von der Musik als Tonsprache; hin zur Musik als Musik, zu alten Funktionalitäten und kompositorischen Verfahrensweisen; zu neuer Klanglichkeit, gar zu einer Musik, die nur mehr, oder jedenfalls in erster Linie, *Klang*phänomen ist. Was Robert Schumann gegeißelt hat: »Das wäre eine kleine Kunst, die nur Klänge und keine Sprache noch Zeichen für Seelenzustände hätte!«, das tritt nun ein. Wie es ein Kennzeichen der musikalischen Romantik ist, daß die *gemeinsame Grundbestimmung* des Musikalischen dennoch *verschiedene Ergebnisse* im Erscheinungsbild zeitigt, weil – trotz des immer beschworenen Vorbildes der Wiener Klassiker – die Verbindlichkeit einer Kompositionsweise fehlt, so ist es ein Kennzeichen aller »modernen« und später auch aller »neuen« Musik, daß dieselbe Tendenz: »Hinaus aus der Romantik!« in verschiedene Stilrichtungen auseinanderstrebt, in »Realismus«, »Impressionismus«, »Verismus«, und wie die »…ismen« alle heißen, mit denen man die sich auftuende Vielfalt der Erscheinungsformen zu bannen versucht. Seinerzeit hat man manche Unterschiede offenbar stärker empfunden, als wir heute nachempfinden können, allerdings auch Verschiedenes als einer einzigen Richtung zugehörig gesehen und gehört, das wir heute auseinanderhalten; über manches staunen wir heute noch, an anderes haben wir uns, manchmal zu gut, gewöhnt. Freilich, Kennzeichen aller »Modernen« von damals ist, daß sie alle gleichzeitig auch wie bisher weiterkomponieren. Einige Beispiele: Bis heute befremdet Janáčeks Sprachmelodik, obwohl sie in echt romantischer Aufgabenstellung »nur« die Vibrationen seelischen Erlebens in der Sprache musikalisch abbilden soll, während Mussorgskis nackter Realismus, seine Melodik etwa im Lied des Schwachsinnigen am Schluß des *Boris Godunow,* heute kaum mehr verwundert. Ähnlich staunt heute niemand mehr über die Krönungsszene im *Boris,* wo allein mit musikalischen Mitteln ein festliches Glockengeläute erklingt, wo die Musik aber trotzdem mehr ist als bloße Klangimitation eines Glockengeläutes, und wofür dennoch *nicht* die Rede sein kann, daß die Musik wiedergebe, was sich in den Herzen der Menschen während des Geläutes abspielt, die doch von dem Krönungsereignis berührt sind. Auf einer anderen Seite können vielleicht erst wir heute ein Stück wie Debussys *La Mer* tatsächlich als musikalische Impression der klingenden Natur hören, nämlich ohne den Ausdruck einer empfindsam schwingenden Seele mithören zu müssen. Für diese Art von Musik spricht man üblicher Weise von MUSIKALISCHEM IMPRESSIONISMUS. Dazu ein Wort:

In der Musik, die man in einer kaum ganz falschen Parallelität zum Impressionismus der Malerei als impressionistisch bezeichnet, suchen die Musiker den Eindruck der klingenden Natur im Subjekt festzuhalten und dabei eine Stimmung wie in einer Momentaufnahme einzufangen. Jede thematische Entwicklung wird daher vermieden, Kadenz und Tonalität werden aufgelöst, die Klänge ohne dynamischen und harmonischen Zusammenhang nebeneinander gesetzt. Dadurch wird eine statische Wirkung erreicht: der Melodie fehlt die Geschlossenheit, dem Rhythmus die Zielstrebigkeit. Die Konturen zerfließen, neue Klangfarben – durch neue Zusammenklänge und eine differenzierte Instrumentation erreicht – schillern und zerfließen. Durch Elemente außereuropäischer Musik (fremde Tonleitern, Pentatonik) werden fremdartige Reize erzielt. Den Werken liegen meist Stimmungsbilder aus der Natur als eine Art von Programm zugrunde. Ausgeprägte impressionistische Züge finden sich, wie gesagt, schon bei Mussorgski, doch ist der musikalische Impressionismus im engeren Sinne eine Erscheinung besonders der französischen Musik der Jahrhundertwende: Ihr eigentlicher Begründer und bedeutendster Meister ist Claude Debussy (1862-1918), neben ihm ist vor allen andern zu nennen Maurice Ravel (1875-1937). An weiteren Komponisten sind Paul Dukas (1865-1935), Albert Roussel (1869-1937) und außerhalb Frankreichs Frederick Delius (1862-1934), Cyril Scott (1879-1970) und Manuel de Falla (1876-1946) zu nennen. In der deutschen Musik findet der reine Impressionismus keinen Eingang, doch finden sich impressionistische Züge bei Richard Strauss (1864-1949) und bei Max Reger (1873-1916).

Mag man über den musikalischen Impressionismus streiten, er ist doch allgemein akzeptiert. Ein REALISMUS IN DER MUSIK indessen ist höchst problematisch – und doch mit guten Argumenten zu behaupten, wie Dahlhaus (1982) gezeigt hat: »Der Begriff des musikalischen Realismus ist, wie es scheint, eine ebenso unentbehrliche wie fragwürdige Kategorie: ein Begriff, den man von Zeit zu Zeit benutzt, aber gewissermaßen mit schlechtem Gewissen, weil man durch die Forderung, genau zu sagen, was man meint, in Verlegenheit gebracht würde.

> Daß es in der Musik – einer Kunst, von der man im 19. Jahrhundert glaubte, sie sei ›von Natur‹ romantisch – sinnvoll möglich ist, analog zur Literatur und zur bildenden Kunst von Realismus zu sprechen, steht keineswegs fest. Komponisten wie Busoni, Schönberg und Weill, denen eine schwärmerische Attitüde durchaus fernlag, stimmten in der Meinung überein, daß die Musik eine grundsätzlich unrealistische, der Wirklichkeit entrückte Kunst sei, daß also musikalischer Realismus einen Irrtum entweder in der Sache selbst oder in deren Bedeutung darstelle.
>
> Die Gewohnheit, die Musik des gesamten 19. Jahrhunderts, des späteren wie des früheren, als musikalische Romantik zu klassifizieren, ist im allgemeinen Bewußtsein fest eingewurzelt, erweist sich jedoch angesichts der Tatsache, daß die zweite Jahrhunderthälfte in der Literatur- und Kunstgeschichte als Zeitalter des Realismus figuriert, als befremdliche geschichtsphilosophische Anomalie, die dazu zwingt, das Prinzip der inneren Einheit der Epoche preiszugeben oder zumindest einzuschränken. Die Vorstellung einer Romantik in realistischer Zeit widerspricht der Idee eines ›Zeitgeistes‹, der in sämtlichen Künsten gleichen Wesens ist. Das Problem, das in dem Widerspruch steckt, ist allerdings, wenn man ausschließlich musikalische Romantik und realistische Literatur und Kunst miteinander konfrontiert, zu grob gefaßt, um lösbar zu sein. Denn zweifellos gab es im späteren 19. Jahrhundert auch romantische Dichtung neben der dominierenden realistischen und realistische Musik neben der romantischen, die im Vordergrund stand… und das Frappierende an der romantischen Musik der zweiten Jahrhunderthälfte ist nicht die schiere Tatsache, daß sie überhaupt existierte, sondern der unbezweifelbare Rang, den sie erreichte. Nicht, daß sie ›möglich‹ war, sondern daß sie glückte, ist erstaunlich; und man könnte argumentieren, daß die ›Einheit der Epoche‹ in nichts anderem bestand, als daß sie ein Nebeneinander gegensätzlich – romantischer und realisti-

scher – Tendenzen in der Literatur wie in der Musik überhaupt zuließ, daß aber das Problem, welche ästhetische Qualität in der einen wie der anderen Richtung erzielt wurde, außerhalb der Reichweite ideen- oder sozialgeschichtlicher Erklärungen liege, die sich auf das Deskriptive beschränken und das Normative zu vermeiden trachten (ohne es restlos ausschließen zu können).

Daß der Realismus in der Musik des 19. Jahrhunderts ein peripheres Phänomen blieb, ist unbestreitbar und soll nicht geleugnet werden, besagt jedoch keineswegs, daß es eine überflüssige Mühe wäre, die Tendenzen, die sich als realistisch charakterisieren lassen, aufeinander zu beziehen und nach einer Erklärung für die seltsame Tatsache zu suchen, daß im Zeitalter des Realismus eine musikalische Ausprägung zwar existierte, aber lediglich in verstreuten Ansätzen« – allzu leicht ist schon der Ansatz zu einem echten musikalischen Realismus in der meist nicht erkannten Unvereinbarkeit romantischer Intentionen mit dem Realismus der Mittel erstickt. Freilich, wo trotz allem die Synthese gelungen ist, mag der Begriff »romantischer Realismus« am Platze sein.

Hierhin gehört auch der VERISMUS, oder, wie man nach der italienischen Herkunft des Begriffs richtiger sagen sollte: VERISMO. Die Bezeichnung stammt aus der Literaturwissenschaft, wo sie eine Strömung in Italien benennt, die um die Mitte des 19. Jahrhunderts unter dem Einfluß des französischen Naturalismus entsteht und das Ziel hat, in realistischer und schonungsloser Darstellung insbesondere soziale Probleme der Zeit zu fassen, nämlich an menschlichen Konflikten darzustellen, die aus sozialen Gegebenheiten entstehen. Mit Verdis Suchen und Streben nach Wahrheit hat das nichts zu tun; mit diesem Verismo will Verdi nichts zu tun haben. Denn hier sieht er das kopierte Wahre, nicht das ihm für die Kunst allein gültige er-fundene Wahre. 1876 schreibt er (wir haben den Brief schon zitiert): »Shakespeare war Verist, er wußte es aber nicht; er war Verist aus Inspiration. Wir sind Veristen aus Programm [progetto] und Berechnung [calcolo] … Das Wahre kopieren ist ganz schön, aber es bleibt Photographie, ist keine Malerei.«

Als Reaktion auf die alte romantische Oper beginnen nun viele Musiker, in Anlehnung an den literarischen Verismo Libretti zu komponieren mit wie aus Holz geschnittenen Charakteren in scharf umrissenen Milieus und in Handlungen von schlagkräftiger Wirkung und oft krassem Schluß; sie machen sich damit, wie Hanslick gesagt hat, zu »Verfechtern der Natürlichkeit auf der Bühne«. In dem wahrscheinlich berühmtesten Stück des Opern-Verismo überhaupt, im *Bajazzo,* ist das programmatisch ausgesprochen, und zwar im Prolog (statt einer Ouvertüre): »Der Autor hat versucht, pingervi uno squarcio di vita, einen Ausschnitt des Lebens zu malen; er hat als Maxime allein: che l'artista è un uomo, daß der Künstler ein Mensch ist, e che per gli uomini scrivere ei deve, und daß er für die Menschen schreiben muß.«

Musikalisch bleiben die Veristen nach wie vor der fortdauernden musikalischen Grundtendenz der Zeit verhaftet, die die Spiegelungen dessen, was während der Bühnenhandlung in der Seele der Menschen sich abspielt, als erste und vornehmste Aufgabe der Musik sieht. Ob man die entstehenden Werke mit Recht zu den aufgezeigten Tendenzen bei Mussorgski und auch bei Bizet in Verbindung setzen kann, wie meist geschieht, ist fraglich, denn bei aller Steigerung der Mittel im Vokalen wie im Orchestralen, im Grunde bleiben diese doch die überkommenen Mittel, weil – wie gesagt – die Intention der Musik nach wie vor dieselbe ist wie bisher: Tonsprache menschlicher Empfindung. In diesem Verharren bei nur scheinbar fortschrittlicher Tendenz liegt der Grund für die oft wiederholte Kritik der Fachwelt selbst an den größten Werken des Verismo, so etwa im *Riemann-Lexikon:* »In vieler Hinsicht blieb der Verismo oberflächlich.« Darin liegt aber auch der Grund für den ungebrochen riesigen Erfolg dieser Werke beim Publikum.

2. Zum musikalischen »Expressionismus«

1987 waren in München kurz hintereinander zwei Ausstellungen zu sehen, die viel Anklang gefunden und lebhaftes Echo ausgelöst haben, eine von Werken Edvard Munchs (1863-1944) und eine von Werken August Mackes (1887-1914). Selten nur kann man, wie es hier möglich war, den tiefen Unterschied sehen und erkennen zwischen einem Maler des Ausdrucks und einem Maler des Eindrucks: Mit jedem Bilde war zu erleben, daß die Wahrheit des einen mit dem Ausdruck zur Geltung kommt, den das Bild aus seinem Inneren hervorbrechen läßt, die Wahrheit des anderen mit dem Eindruck der Welt auf Auge und Sinne, der zwar mit malerischen Mitteln in die Sprache der Kunst übersetzt ist, jedoch als solcher ungebrochen und nicht in besonderer Weise mit Ausdruck belastet wiedergegeben wird. Ob und wie mit dieser Beschreibungsweise die vielbenützten Epochenbezeichnungen oder auch nur Stilrichtungen »Expressionismus« und »Impressionismus« tangiert sind, bleibe dahingestellt; es kommt auch darauf hier nicht an. Wohl aber kommt es an auf die Einsicht, daß, was die beiden Maler jeweils im Grunde wollen, verschieden ist, und daß für beide der malerische Stil nur insofern in Frage steht, ob er zur bildnerischen Verwirklichung der Grundintention taugt oder nicht. Dasselbe anders: Für die Erkenntnis der Wahrheit dieser Kunst ist die Verschiedenheit der Stile sekundär, die man – wegen der fatalen Sucht nach Zuordnungen – meist in den Vordergrund rückt. Was Verdi zum Finden und Er-finden der Wahrheit für den Künstler gesagt hat, ist hier durch ein Wort Munchs vor dem Bild einer Landschaft zu ergänzen: »Recht gut. Aber so etwas kann man ja nicht nach der Natur malen. Man muß versuchen, es aus seinem Inneren heraus zu schaffen. – In der Malerei wie auch in der Literatur verwechselt man oft das Mittel mit dem Zweck. Das Mittel, nicht der Zweck, ist die Natur! Wenn man etwas erreichen kann, indem man die Natur verändert, soll man es tun. Eine Landschaft wird auf den Menschen eine gewisse Wirkung erzielen, wenn dieser sich in froher Gemütsstimmung befindet. Indem man diese Landschaft gestaltet, wird man ein Bild bekommen, das der eigenen Stimmung entspricht. Diese Stimmung ist die Hauptsache. Die Natur ist nur das Mittel. Inwieweit das Bild der Natur gleicht, hat nichts zu bedeuten.«

Entsprechendes gilt für die Kunst der Musik. Nicht zuerst an den eingesetzten kompositorischen Mitteln sind Anspruch, Rang, Aktualität, ja ich möchte sagen: die Wahrheit eines Werkes zu erkennen oder gar zu beweisen, sondern im Erlebnis der Evidenz, zu der, merkwürdig genug, die Kenntnis der Beschaffenheit der Komposition manchmal hilft, manchmal hinderlich ist. Niemand hat das Verhältnis, in dem Werk und Kompositionsweise zu stehen haben, so scharf formuliert wie Arnold Schönberg (Brief an R. Kolisch vom 27.7.1932): »... Die [Zwölfton-]Reihe meines Streichquartetts hast du richtig herausgefunden. Das muß eine sehr große Mühe gewesen sein und ich glaube nicht, daß ich die Geduld dazu aufbrächte. Glaubst du denn, daß man einen Nutzen davon hat, wenn man das weiß? Ich kann es mir nicht recht vorstellen. Nach meiner Überzeugung kann es ja für einen Komponisten, der sich in der Benützung der Reihen noch nicht gut auskennt, eine Anregung sein, wie er verfahren kann, ein rein handwerklicher Hinweis auf die Möglichkeit aus den Reihen zu schöpfen. Aber die ästhetischen Qualitäten erschließen sich von da aus nicht, oder höchstens nebenbei. Ich kann nicht oft genug davor warnen, diese Analysen zu überschätzen, da sie ja doch nur zu dem führen, was ich immer bekämpft habe: zur Erkenntnis, wie es *gemacht* ist; während ich immer erkennen geholfen habe: was es *ist!* Ich habe das dem Wiesengrund [Theodor W. Adorno] schon wiederholt begreiflich zu machen versucht und auch dem Berg und dem Webern. Aber die glauben mir das nicht. Ich kann es nicht oft genug sagen: meine Werke sind Zwölfton-K o m p o s i t i o n e n nicht Z w ö l f t o n -Kompositionen: hier verwechselt man mich wieder mit Hauer, dem die Komposition erst in zweiter Linie wichtig ist.« Niemand hat gegen diese Position so scharf polemisiert wie Adorno (1949): »Schönberg betrachtet in der Tat die Zwölftontechnik in der Komponierpraxis als bloße Vorformung des Materials. Er ›komponiert‹ mit den Zwölftonreihen; er schaltet mit ihnen überlegen, doch auch, als ob nichts geschehen wäre.«

Indessen, beide Zitate beziehen sich auf den späteren Schönberg, dessen Werke man zur Neuen Musik zu zählen pflegt. Aber sie sind, so scheint mir, durchaus auch schon hier am Platze, wo das merkwürdige Auseinander von Intention und Stil zum ersten Mal so in Erscheinung tritt, daß man es nicht mehr übersehen kann – vor allem nicht mehr übersehen darf, wenn man den Fortgang der Musik ins 20. Jahrhundert hinein recht sehen will. Woher aber kommt dieses Auseinander? Und wie ist es zu verstehen, daß gleichzeitig Kompositionen entstehen, für die bei der alten Intention der Musik (als Tonsprache der Empfindung) neue kompositorische Mittel gesucht und gefunden sind, und gleichzeitig solche, die bei Abkehr von eben dieser Intention durchaus mit traditionellen Mitteln auskommen? Wie ist es zu verstehen, daß die meisten Komponisten weiterarbeiten, als sei nichts geschehen, als stünde nach wie vor nichts grundsätzlich in Frage? Die Antwort ist schwierig, und sie muß vielschichtig sein. Die Menge der neueren Literatur über die Geschichte der Modernen und der Neuen Musik belegt es eindrücklich. Dem Musikfreund ist das Problem aber durchaus wahrnehmbar an Werken, nämlich vor allem an solchen von Mahler und Schönberg, den ältesten »Schöpfern der Neuen Musik« (Stuckenschmidt). Während Mahler aus Einsicht in die geistige Situation der Zeit, insbesondere in die geistige Situation der Musik, gleichsam das Ende der Musik komponiert, sieht Schönberg das Problem einzig im musikalischen Material und also lösbar, im Material, das überstrapaziert und verbraucht, gleichsam ermüdet, jedenfalls nicht mehr verwendbar sei zur zeitgemäßen Realisierung der alten Intention einer Musik als Tonsprache. Also wendet sich Schönberg dem Anfang eines neuen musikalischen Expressionismus zu: dem programmatischen Versuch, aus Tradition und überkommener Ästhetik der Erscheinungsformen auszubrechen und mit revolutionär neuen Ausdrucksformen und -mitteln künstlerisch ins Irrationale und Transzendente vorzudringen, gar ins Unterbewußte – es ist die Zeit Siegmund Freuds! –, womit er an Richard Wagner anknüpft. – »Der musikalische Expressionismus«, sagt das *Riemann Musiklexikon* (1967), »zog aus der Tonsprache der romantischen Musik die äußersten Konsequenzen. Die Dynamik reicht vom Flüstern bis zum Schrei. Die Klangfarbe emanzipierte sich. Die Rhythmik begann ihre neue Entwicklung als motorisches Element von starker Reizwirkung, andererseits als höchst differenzierbare, gestalt- und formgebende Faktur. Die Tonalität wurde zu Gunsten der Atonalität aufgegeben. Die traditionellen Formen wurden aufgelöst oder auf engsten Raum reduziert. Formung wurde Ergebnis eines Forminstinkts. Da jegliche Stilisierung dem Wesen des Expressionismus widerspricht, war er bei fast allen Künstlern eine vorübergehende Phase, der Tendenzen wie Motorik, Vitalismus, Folklore, Konstruktivismus, Neobarock oder -klassizismus folgen konnten.«

3. »Musikalischer Jugendstil«?

Jugendstil-Musik, gibt es das? Die Frage ist offen! Jedenfalls bringt man gern und immer wieder den Jugendstil-Begriff ins Gespräch, wenn von Richard Strauss (*Salome,* 1905) und Franz Schreker (*Der ferne Klang,* 1912), von Hans Pfitzner (*Die Rose vom Liebesgarten,* 1901) und Ludwig Thuille (*Lobetanz,* 1898) die Rede ist, aber auch bei Claude Debussy (*Pelléas et Mélisande,* 1902) und Gustav Mahler (*8. Symphonie,* 1910), bei Arnold Schönberg (*Verklärte Nacht,* 1899; *Gurre-Lieder,* 1901/1911) und Alexander Zemlinsky (*Sarema,* 1897). Auch wird gelegentlich von der Bildenden Kunst her argumentiert: Für Wassily Kandinsky (1866-1944) etwa, der in seiner Münchner Zeit um die Jahrhundertwende ganz und gar im Banne des Jugendstils steht, ist, wie er selbst sagt, Malen = Komponieren mit Farben. Ob aber eine Umkehrung möglich ist, ob man vom »Klang der Bilder« sprechen, gar ein Jugendstil-Bild mit einer bestimmten Musik so in Verbindung bringen kann, daß man dann tatsächlich eine Jugendstil-Musik vor sich hätte, das ist höchst fraglich. Dahlhaus hat das klargestellt (1980): »Wenn es… gelingen sollte, Kriterien zu entdecken, die einen Zusammenhang des Jugendstils mit wesentlichen musikalischen Entwicklungslinien des Zeitalters sichtbar werden lassen, so kann es sich weder um ideengeschichtliche Analogien noch um handgreifliche Ähnlichkeiten von Stilmerkmalen handeln. Man wird vielmehr Beziehungen, sofern sie existieren, in einer

Schicht suchen müssen, die man, vage genug, als die der ›Anschauungsformen‹ oder ›Sehweisen‹ bezeichnen kann«, etwa im Bereich des Sinnlichen – man denke an Gustav Klimt und Egon Schiele einerseits, an Richard Strauss andererseits. Wenn man diese »Anschauungsform« oder »Sehweise« als gemeinsames Lebensgefühl einer Epoche anspricht, das sich nach den bildenden Künsten und der Dichtung zuletzt in der Musik manifestiert, so kann man darin die Wahrscheinlichkeit sehen, »daß in die Begründung des Jugendstils musikalische Erfahrungen: Erfahrungen mit Wagnerscher Musik eingegangen sind, die durchaus fundamental waren.« Diese These »stützt sich auf Kriterien, die aus der Schicht der handgreiflichen Stilmittel in die der ästhetischen Prämissen hinabreichen: Einerseits die Auflösung von Sujets in Ornamente, die den Charakter bedeutsamer Gebärden erhalten, andererseits die Suggestion durch die Vorstellung einer fließenden Bewegung, die dadurch, daß sie ziellos bleibt, der Zeit enthoben zu sein scheint.« Man sieht, Fragen über Fragen: Musik einerseits als Anreger des Jugendstils; andererseits das Lebensgefühl des Jugendstils als Movens der Musik. Immerhin hat eine Münchner Ausstellung *Jugendstil-Musik? Münchner Musikleben 1890-1910* (1987) deutlich machen können, wie schon rein optisch die Verbindung zum Jugendstil durch die entsprechende Gestaltung von Musiktitelblättern und Musikplakaten »greifbar« ist. Und natürlich fällt auf, daß Richard Strauss und andere Komponisten unter den zeitgenössischen Schriftstellern diejenigen am meisten vertonen, die zugleich die deutschen Hauptvertreter des literarischen Jugendstils sind: Richard Dehmel, Otto Julius Bierbaum, Detlev von Liliencron. Was schließlich Gustav Mahler betrifft, so hat wiederum Dahlhaus (1973) die scharfsinnigsten Überlegungen angestellt: »Daß es gewaltsam wäre, bei Mahler von musikalischem Jugendstil zu sprechen (den es wahrscheinlich gar nicht gegeben hat), steht fest, ist aber nicht einmal entscheidend, denn in einer späteren Rezeption wachsen manchmal Tendenzen, die ursprünglich getrennt waren, zu einem Komplex zusammen. Wesentlicher ist, daß die Affinität, die innere Nähe zu Mahler, wie sie sich heute zeigt, anders motiviert ist als die zum Jugendstil. Mahlers Musik wird nicht als stilisiert, gewählt und beruhigend, als streng und zugleich angekränkelt empfunden, sondern wozu sich die Mahler-Enthusiasten hingezogen fühlen, ist gerade umgekehrt die Emanzipation von den Forderungen des ›Stils‹ (die ›Stillosigkeit‹ in einem unverächtlichen, positiven Sinne), das Ausbrechende und Unvorhersehbare, schließlich die Generosität, mit der Mahler, unbekümmert um den Vorwurf der Banalität, den Abfall der Musikgeschichte in die große symphonische Tradition aufnahm. Der Hang zum Jugendstil (dessen zweites Dasein länger zu dauern scheint als das erste) ist offenbar aus dem Bedürfnis nach einem Kontrast zur Gegenwart, nach einer Zuflucht, erwachsen, und politische Moralisten mögen von Eskapismus sprechen. Dagegen ist Mahlers Musik mit den Tendenzen der musikalischen Avantgarde in den sechziger Jahren unmittelbar, nicht durch Umkehrung, verbunden.«

4. Daten

seit 1870/1901 Urheberrechtsgesetzgebung und Vertretungsgesellschaften

Seit 1870 ist in Deutschland das Urheberrecht des Komponisten dann geschützt, wenn es in den Noten eingedruckt ist, seit 1901 überhaupt. Als Folge entstehen Vertretungsgesellschaften, als erste 1903 die »Genossenschaft deutscher Tonsetzer« (*GDT*). Seit 1930 ist das Nebeneinander verschiedener Gesellschaften durch einen Verbund aufgehoben; seit 1933 gibt es nur noch eine Gesellschaft (*STAGMA*), die seit 1945 (wieder) *GEMA* (»Gesellschaft für musikalische Aufführungsrechte«) heißt. Daß Staat und Gesellschaft am Ende des 19. Jahrhunderts den Komponisten (und entsprechend den in anderen Bereichen geistig Schaffenden) das Recht auf geistiges Eigentum einzuräumen geneigt sind und die Möglichkeit geben, für Aufführungen von Werken auch Geld einzutreiben, nämlich durch Vertretungsgesellschaften, hat zwei Voraussetzungen: erstens eine neue Auffassung vom Kunstwerk und vom Künstler und von seinen Rechten an seinem »Eigentum«, und zweitens die Hartnäckigkeit von zwei Männern, die sich dafür einsetzen, daß auch diese Art von »Eigentum« ihr Geld wert ist: Friedrich Rösch und Richard Strauss.

seit 1878/1887 Grammophon und Schallplatte

1878 läßt sich Thomas A. Edison (1847-1931) in den USA einen »Phonographen« patentieren, der im wesentlichen aus einer mit Staniol bespannten Walze besteht, in die mittels einer an einem Mikrophon befestigten Nadel die Schallschwingungen in Steilschrift (wellenförmige Erhebungen und Vertiefungen) eingeritzt werden. Seit 1887 benutzt Edison einen mit Wachsmasse überzogenen Zylinder. Zwar ist die Tonwiedergabe auf diesen Geräten ziemlich schlecht, aber das Problem der mechanischen Schallaufzeichnung ist prinzipiell gelöst. 1887 entwickelt der aus Deutschland nach den USA ausgewanderte Emil Berliner (1851-1929) einen Apparat für Schallschwingungen in Flachschrift (»Berlinerschrift«; schlangenförmige Windungen mit Ausschlägen nach links und rechts, außerdem auf einer flachen runden Platte eingeritzt). Dadurch werden bessere Tonwiedergaben und Vervielfältigungen möglich, außerdem bildet die Schallplatte die Vorteile eines einfach und billig zu produzierenden Massenartikels. Die von E. Berliner 1893 gegründete United States Grammophone Company kann mit ihren Tochtergesellschaften in London (Grammophone Company) und Hannover (Deutsche Grammophongesellschaft) schon um 1900 ein Schallplattenrepertoire von etwa 5000 Titeln anbieten. Die ersten Schallplatten haben einen Durchmesser von 17 Zentimetern, sind einseitig bespielt und kosten in Deutschland um RM 2,50. Mit dem Ausbau des klassischen Repertoires (25- und 30-cm-Platten von RM 5,-- bis 20,--) wird die Schallplatte, zunächst nur Kuriosität und Jahrmarktsattraktion, gesellschaftsfähig. 1906 liegt der Umsatz der deutschen Schallplattenindustrie bereits bei 1,5 Millionen Stück; 1930 erreicht er 30 Millionen. Entscheidende technische Verbesserungen folgen erst nach dem 2. Weltkrieg: 1950 Verlängerung der Spieldauer durch variable Rillenabstände; 1951 Einführung der Kunststoff-Langspielplatte mit 33 1/3 U/min; 1953-1958 Übergang von Schellack- auf Kunststoffplatten und auf 45 U/min für das gängige Schlager- und Tanzmusikrepertoire (Single-Platte); 1958 Beginn der Stereophonie. – Bereits um die Jahrhundertwende beginnt die Industrie mit dem Aufbau eines seriösen Repertoires für Schallplatten. Bevorzugt werden anfangs – aus aufnahmetechnischen Gründen – Opernarien und Kammermusik, später erst kommen Orchesterwerke hinzu. Die erste Aufnahme von Beethovens *Fünfter Sinfonie* unter Arthur Nikisch bei der Deutschen Grammophongesellschaft geschieht 1913.

Das U-MUSIKPROGRAMM besteht in der ersten Zeit vor allem aus Märschen und Volksliedern, erst später erobern sich die Wiener Operette und dann der Schlager das Plattenrepertoire. Dieses Repertoire mit seinen oft die Millionengrenze überschreitenden Auflagen ist selbstverständlich der wirtschaftlich bestimmende Faktor auf dem Schallplattenmarkt, das Geschäft mit E-Musik geht nur nebenher. Dementsprechend wird auch die Rolle der Schallplatte kulturell, soziologisch und wirtschaftlich verschieden beurteilt. Fest steht allerdings ihre Bedeutung als Dokument der Musik- und der Zeitgeschichte: die Geschichte des Jazz etwa ist nur anhand von Schallplatten aufzuzeigen.

1889-1912 Gustav Mahler (* Kalischt/ Böhmen 1860, † Wien 1911): 9 Symphonien

Zu seiner Zeit ist Mahlers Werk umstritten. Aber der Begeisterungstaumel seiner Anhänger, die in ihm einen gesteigerten Beethoven oder Bruckner sehen wollten, hat sich ebenso gelegt wie das Pathos der Entrüstung seiner Gegner. Während des Naziregimes ist Mahler in Deutschland verboten. Nach dem Zweiten Weltkrieg verbreitet sich seine Musik auffallend langsam, langsamer als die damals viel umstrittene und sich gegen traditionelles Hören doch unvergleichlich viel mehr sperrende von Paul Hindemith und von Strawinsky, und bis heute unterliegt das Für und Wider in der Hörerschaft starken Schwankungen. Ob dies den bis zum Überdruß breitgetretenen angeblichen Mängeln seiner Komposition zuzuschreiben ist (Aaron Copland, 1947, zählt die Hauptvorwürfe der Gegner einmal auf: »... langatmig, alltäglich, schwülstig; er läßt Geschmack vermissen, und zuweilen ist er ein schamloser Plagiator, indem er sein Material von Schubert, Mozart, Bruckner und einem halben Dutzend anderer seiner Lieblinge entnimmt. Daraus ist eine Musik entstanden, die zweifellos voller menschlicher Schwächen ist. Alle diese Musik hat aber etwas ungemein Rührendes.«), oder ob man nicht eher dem breiteren Publikum den Vorwurf machen muß, daß es einfach nicht hören will, was Mahler sagt, und ihn deshalb wie in einer allergischen Reaktion ablehnt, diese Frage ist nur scheinbar nicht entschieden. Eggebrecht (1986) ist dieser Frage sensibel nachgegangen. Im Epilog zu seinem Buch findet sich wie eine Summa des ästhetischen Urteils dies: »Diese Sprache, die usurpatorisch, antitraditionell und ahistorisch Kultur benutzt, als wäre sie Natur, hat jene Vorurteilslosigkeit zur Voraussetzung, die immun ist gegenüber den ästhetischen Verbotstafeln, die Kultur etabliert hat. Indem Mahler in solcher Freiheit dem ›Anderen‹ zustrebt, der selig erlösenden Nähe des Engels, dem nie Erreichbaren, ist seine Musik ein Inbegriff von Kunst, jener, die die Obdachlosigkeit, die Freiheit und das Unterwegssein des Menschen schlechthin zu ihrer Verursachung hat und zu ihrer Aussage erhebt. – Hierin, in dem Ausdruck des Leidens an der Welt und der Sehnsucht über sie hinaus, in dem Beschwören von Schönheit, die nie anders als gebrochen erscheint, in der Unverhülltheit des Mitteilens und Bewirkens von Vorstellungen und Empfindungen, Emotionen und Imaginationen, die in jedem Augenblick das Existenzielle berühren, und andererseits in dem Hörer, dem Menschen, der dieser Art der Berührung sich öffnete, sehe ich den hauptsächlichen Grund für die Entdeckung der Musik Mahlers seit den sechziger Jahren.« Und wenig weiter fährt Eggebrecht fort: »Ernst zu nehmen ist bei den Erörterungen über die Gründe der Entdeckung Mahlers die von Carl Dahlhaus in seinem Essay über *Die rätselhafte Popularität Gustav Mahlers* (1973) verfochtene These, daß man bei ›der Suche nach Voraussetzungen der Moderne‹ in Mahler ›ein Stück Vorgeschichte der Neuen Musik‹ der Wiener Schule entdeckt habe, in welchem zugleich einerseits das 19. Jahrhundert noch nahe ist und andererseits auch schon Tendenzen der Musik der sechziger Jahre vorauserscheinen. Heute könnte noch hinzugefügt werden, daß Mahler dann auch bei der neuen Ausdrucksmusik der siebziger Jahre Pate gestanden hat, die an Teilerscheinungen der sechziger Jahre anknüpfte, in ihrer Grundhaltung jedoch auf den intellektuellen Avantgardismus der Zeit nach 1950 reagiert. Zu fragen bleibt indessen, ob eine Geschichtsinterpretation hier ausreicht und inwieweit ein Interesse an Geschichte das Öffentlichkeitsbegehren und -bewußtsein zu leiten vermag. Auf eine einzige Formel zu bringen ist die nach 1960 einsetzende Aktualität Mahlers jedenfalls gewiß nicht.«

1892-1913 Alexander Skrjabin (* Moskau 1872, † das. 1915): 10 Klaviersonaten

Unter den musikalischen Neuerern zu Beginn unseres Jahrhunderts nimmt Skrjabin wegen der starken philosophisch-religiösen Bindung seiner Musik eine Sonderstellung ein. Seinen Hauptwerken gehen weltanschauliche Phantasien in Form von Tagebucheintragungen, gehobener Prosa und bekenntnishafter Dichtung voraus, die zugleich als Programme seiner musikalischen Konzeptionen verstanden werden wollen. Man hat seine Musik deshalb als »komponierte Weltanschauung« bezeichnet. Grundmotiv seiner zunächst vom »Solipsismus« geprägten Anschauungen ist, bei allem späteren Wandel, der Aufstieg des Menschen von Stufe zu Stufe durch einen dialektischen Läuterungsprozeß. Der Endpunkt von Skrjabins künstlerischer Entwicklung freilich ist in seinen Werken dann ein mystischer Expressionismus, der sich als ein die Grenzen der Musik überschreitender, isolierter Gedanke einer neuzeitlichen Musik darstellt. Besonders eindrucksvoll zu verfolgen ist dieser Prozeß anhand der Klaviersonaten, in denen Skrjabin seine eigenartige Harmonik und als deren Konsequenz eigene formale Strukturen entwickelt. Themen und Satzteile werden nämlich nicht einfach exponiert, sondern sie entstehen aus kleinsten motivischen und harmonischen Elementen durch »Evolution«, durch zielgerichtete Entwicklung. Jeder einzelne Satz setzt sich aus mehreren solcher »Evolutionsabläufen« zusammen. – Die Evolution der Skrjabinschen Harmonik führt den Komponisten 1910 zu einer Art eigenem tonalen System, das auf einem transponierbaren sechstönigen Quartenakkord (*c-fis-b-e-a-d*) beruht, den man als eine Art von Klangzentrum bezeichnet hat. – Ähnlich wie Klaviersonaten schreibt Skrjabin – der freilich von Haus aus auch in erster Linie Pianist ist – sein Leben lang *Études* und *Préludes* für Klavier und viele Einzelstücke jeweils als *Poème*...

1894 Claude Debussy (* Saint Germain en Laye 1862, † Paris 1918): Prélude à l'après-midi d'un faune in Paris

Selbstverständlich ist Debussy als junger Musiker von Richard Wagner tief beeinflußt. Alsbald aber regen sich die Gegenkräfte. Gegenkräfte? Nein, sondern Kräfte, die das eigene musikalische Denken und Schaffen aus der Abhängigkeit wieder in die eigene Freiheit und zu einer neuen Besinnung auf ein Französisches der Tonsprache führen sollen. Eindrücke auf die Sinne und auf die Seele des Menschen zu erfassen und die Reflexion im Spiegel der Seele als Musik wiederzugeben, *das* ist die neue Aufgabenstellung – wenn sie denn neu ist... Als musikalische Mittel dazu dienen vor allem solche des Klangs (einigermaßen frei von den Regeln der Harmonik) und der Klangfarbe (Anschlagsarten auf dem Klavier; Instrumentalfarben im Orchester), der offenen formalen Gestaltung und einer schwebenden Rhythmik, der assoziativen Melodik und Motivik. Von besonderer Bedeutung sind die Aufhebung der Zielstrebigkeit, ja schon einer Gerichtetheit tonaler Bezüge, wodurch gleichsam freischwebende Akkorde, Akkordverschiebungen und leittonlose Verbindungen möglich werden. Nicht ein »Inhalt« ist musikalisch wiederzugeben, nämlich hier in diesem *Prélude* der Eindruck des gleichnamigen Gedichts von Stéphan Mallarmé (1842-1898), sondern die Musik hat dem Eindruck des Gedichtes auf den Menschen in ihrer

Sprache Ausdruck zu geben. Wenn diese Intentionen und diese Mittel den »musikalischen Impressionismus« definieren, dann haben wir in Debussys *Prélude à l'après-midi d'un faune* das erste impressionistische Orchesterstück vor uns. – Die folgenden Werke Debussys setzen das hier Begonnene fort: *Trois Nocturnes* (*Nuages, Fêtes, Sirènes;* 1899), *La Mer* (1905), *Jeux* (1913). Für das letzte Stück berichtet Igor Strawinsky: »Debussy war während der Komposition seiner *Jeux* in ständiger Verbindung mit mir und hat oft meinen Rat über Probleme der Instrumentierung eingeholt. Ich betrachte *Jeux* als ein orchestrales Meisterwerk, obwohl die Musik für mein Gefühl teilweise allzusehr an Lalo anklingt.« Die Tatsache, daß Debussys *Jeux* und Strawinskys *Sacre de printemps* im selben Jahr 1913 in Paris uraufgeführt werden, ist sicherlich nicht ohne Bedeutung. – Als Debussy im März 1918 stirbt, glaubt selbst ein so wissender Kopf und die Musik so gut überschauender Kritiker wie Paul Bekker, seine Musik werde auf einen engen nationalen Kreis beschränkt bleiben, so wie die Hans Pfitzners auf Deutschland. Es kommt aber, wie Stuckenschmidt (1962) schön beschreibt, ganz anders. »Nicht allein, daß diese Musik in einem erstaunlichen Maße die Konzertprogramme aller Länder erobert hat und weder aus Klavierabenden noch aus Symphoniekonzerten wegzudenken ist«, sie gewinnt vielmehr tiefgreifenden Einfluß auf die schöpferische Musik vieler Generationen. »Ja, die höchst sensitive, verfeinerte, aristokratische Harmonik Debussys ist in einer verdünnten, harmloseren, aber dennoch unverkennbaren Form in die populäre Musik eingedrungen, und jeder kultiviertere Operetten- oder Filmkomponist bedient sich heute einiger Formeln, die ohne die sprachbereichernde Leistung des Impressionisten Debussy nicht existierten.«

1898-1900 Max Reger (1873-1916): Die großen Choralfantasien für Orgel

Gegen Ende des 19. Jahrhunderts vertieft sich auch in der Orgelmusik die Tendenz zum Sentimentalen einerseits, zum Monumentalen andererseits. Die beiden, scheinbar einander entgegengesetzten Tendenzen verbindet Max Reger so, daß man sagen kann, er sei es, der die gesamte Entwicklung dieses Jahrhunderts für die Orgelmusik zusammenfasse. Es gelingt ihm nämlich, die divergierenden Prinzipien in einer orgelgemäßen Satzstruktur miteinander zu verbinden und die kompakte Harmonik der Hochromantik polyphon zu durchdringen. Entscheidend wird dabei für ihn, den Katholiken, die Versenkung in den protestantischen Choral. Besonders seine Choralvorspiele, in denen die Trennung von liturgischer Gebrauchsmusik und sich frei entfaltender Kunstmusik aufgehoben ist, werden vorbildlich. Das konzertant-virtuose Moment seiner Komposition bleibt in der harmoniegezeugten Polyphonie gebunden (Langner 1962). Ob man deshalb schon gleich sagen kann, Regers Stellung im 19. Jahrhundert entspreche der Bachs im 18., bleibe dahingestellt.

> Regers große Werke dieser Zeit sind: *Fantasie über den Choral »Ein feste Burg ist unser Gott«* (op. 27, 1898); *Fantasie über den Choral »Freu' dich sehr, o meine Seele«* (op. 30, 1898); *2 Fantasien über die Choräle »Wie schön leucht' uns der Morgenstern«* und *»Straf mich nicht in deinem Zorn«* (op. 40, 1899); *Fantasie und Fuge über B-A-C-H* (op. 46, 1900); *3 Fantasien über die Choräle »Alle Menschen müssen sterben«, »Wachet auf, ruft uns die Stimme«, »Halleluja! Gott zu loben«* (op. 52, 1900).

1899 Paul Lincke (1866-1946): Operette »Frau Luna« in Berlin

Auch die Berliner lernen schon früh die Operetten Offenbachs und der großen Wiener Meister kennen. Sie bilden eine freudig angenommene Ergänzung des volkstümlichen Theaterrepertoires, für das man um die Mitte des Jahrhunderts noch ganz auf die heimisch-eigene Produktion angewiesen war, vor allem auf die Lokalpossen Kalischs und die solchen Werken entsprechenden Possenmusiken von Conradi, Steffen u.a. Wie andernorts weckt die Begegnung mit dem Neuen auch hier einen Bedarf, aber die Entstehung einer wirklich echten Berliner Operette läßt noch bis zur Jahrhundertwende auf sich warten; sie kommt mit den Werken von Paul Lincke zum Durchbruch. Nach dem burlesk-phantastischen Ausstattungsstück (Revue-Operette) *Venus auf Erden* (1897) bietet Lincke 1899 mit *Frau Luna* ein einfallsreiches Stück, das die Reihe seiner Hauptwerke eröffnet und damit als Auftakt der Berliner Operettengeschichte gelten kann. Linckes Operetten sind übrigens erstaunlich erfolgreich – und ebenso erstaunlich langlebig.

1899 Arnold Schönberg (* Wien 1874, † Los Angeles 1951): Streichsextett »Verklärte Nacht«

Aus einer gewissen Müdigkeit einer späten Kultur und aus einer gewissen Übersättigung des kulturellen Bodens gehen in den Hauptstädten Europas, je und je verschieden und doch parallel, Strömungen hervor, die in den Künsten teils nur scheinbar, teils tatsächlich verschiedene Arten von Neuem hervorbringen. In dieser »Europäischen Moderne« spielt die »Wiener Moderne« zwischen 1890 und 1910 eine besondere Rolle: »Das Junge Wien« meint Hofmannsthal und Klimt ebenso wie Altenberg und Adolf Loos oder Otto Wagner, wie Bahr, Kraus, Schnitzler oder Kainz. Broch und Musil stehen schon bereit; Hugo Wolf und Gustav Mahler gewinnen internationalen Rang. Joseph Maria Olbrich baut das Ausstellungsgebäude der »Wiener Sezession«. Ein besonderer Geist scheint die Welt zu beherrschen, vom Theater bis in die »Wiener Werkstätten«, vom Roman bis zur Buch-Illustration. In diesen Umkreis der »Wiener Moderne« gehören die frühen Werke Schönbergs, als erstes von Bedeutung und starkem Echo 1899 das *Streichsextett »Verklärte Nacht«* (1917/43 für Streichorchester bearbeitet). Das Werk, meint Manfred Gräter (1955), sei die Schöpfung eines von Richard Wagner im allgemeinen und von dessen *Tristan* im besonderen vergifteten jungen Mannes. Es ist ein Werk von großer Ausdruckskraft, mit Stimmungsbildern von höchster musikalischer Farbigkeit, zugleich lyrisch und schwärmerisch, verklärt und ekstatisch. Zugrunde liegt programmatisch das *Gedicht »Verklärte Nacht«* aus dem *Roman in Romanzen »Zwei Menschen«* (1903) von Richard Dehmel (1863-1920). – Als zweites Werk aus diesem Umkreis ist zu nennen: *Gurre-Lieder* für Sprecher, Solostimmen, Chor und Orchester (Text von Jens Peter Jacobsen; Uraufführung 1912).

1901 Gründung der Warschauer Philharmonie und »Das junge Polen«

1898 veröffentlicht der junge Publizist Artur Górski in einer Krakauer Zeitschrift eine Artikelserie, die auf die geistig-kulturelle Unruhe hinweist, die die junge Generation der schöpferischen Intelligenz damals erfüllt. Diese Serie ist betitelt *»Das junge Polen«*. Aus der Auflehnung gegen die herrschenden Verhältnisse rechtfertigt die neue Literatur die Freiheit des Künstlers und seinen Anspruch auf eine eigene Sicht und Darstellung der Welt. Ähnlich verwerfen die Komponisten die traditionalistische Haltung ihrer Vorgänger aus der zweiten Hälfte des 19. Jahrhunderts. Unter der Losung »Junges Polen in der Musik« setzen sie sich bereitwillig neuen Strömungen aus, um alles Zeitgenössische kennenzulernen und das restliche Europa in möglichst kurzer Zeit einzuholen. Ihre Vorbilder sind vor anderen die russischen Neuerer, besonders Skrjabin. Diese Schar besteht vornehmlich aus Schülern Zygmunt Noskowskis (1846-1909). Sie führen in die polnische Musik die symphonische Dichtung ein und das auf Hugo Wolf zurückgehende deklamatorische Lied, und sie suchen nach neuen harmonischen Mitteln und nach einer neuen Instrumentation. Als die (zum Teil aus privaten Mitteln gegründete) Warschauer Philharmonie 1901 ihre Tätigkeit aufnimmt, ist der Boden für die Rezeption symphonischer Musik durch neue Werke also schon vorbereitet. Die Eröffnung und der Beginn ihrer ständigen Tätigkeit gestatten nun einerseits die Aufführung vieler Werke der zeitgenössischen Musikliteratur und machen das Publikum mit ihnen vertraut, andererseits spornen sie die Komponisten *»Des jungen Polens«* zu schöpferischer Bemühung in einem neuen Sinne an.

> Als man Noskowski einmal fragt, welche Zukunft er den begabtesten Schülern seiner Kompositionsklasse prophezeie, antwortet er, er habe drei, von denen viel zu erwarten sei, darunter einen, von dem die Welt mit Sicherheit einmal reden werde, Apolinary Szeluto (1884-1966), der zweite sei Ludomir Rózycki (1884-1935), der dritte Karol Szymanowski (1882-1937). Letzterer könne sich zwar mit den beiden anderen nicht messen, aber auch aus ihm werde etwas werden. Nun, wir Nachgeborenen wissen, daß hier der erfahrene Musiker und Pädagoge irrt: Gerade der Dritte erringt den Ruf des nach Chopin größten polnischen Komponisten (Michalski 1988).

1901-1917 Maurice Ravel (1875-1937): Klavierwerke

Von *Jeux d'eau* 1901 über *Miroirs* 1904/05 und *Gaspard de la nuit* 1908 – um die wichtigsten Stationen zu nennen – bis zu *Le Tombeau de Couperin* 1914-1917 reicht Ravels Schaffen für das Klavier. Davon hat Walter Gieseking (1895-1956), der große Pianist, geschwärmt und mit der praktischen Spielanweisung zugleich Wesenselemente dieser Musik beschrieben wie niemand sonst: »Die Klavierkompositionen von Maurice Ravel gehören zu den interessantesten Werken der Klavierliteratur. Kein anderer Komponist, auch Debussy nicht, hat besser für die beiden Hände und die Pedale des Pianisten ›instrumentiert‹. Wenn Debussys Schaffen vielseitiger und vielleicht ausdrucksreicher ist, so hat Ravel eine so unerhörte Brillanz der Schreibweise erreicht, daß es müßig ist, darüber zu streiten, wer von den beiden großen französischen Meistern, die in der Klaviermusik des 20. Jahrhunderts bisher unübertroffen dastehen, die wertvollsten Werke geschaffen hat. Für mich bedeuten Debussy und Ravel die vollendete Ausnutzung der Möglichkeiten des modernen Klaviers. – Es ist nun eigenartig, daß manche Pianisten diesen differenzierten Anschlag und ebenso den richtigen Pedalgebrauch instinktiv anwenden, während andere, die oft technisch viel mehr können, der ›impressionistischen‹ Musik so ratlos gegenüberstehen, daß dieselbe, unter ihren Händen sinn- und klanglos bleibt. Erst durch diese ›anderen‹ habe ich erfahren, daß hier Probleme vorliegen, deren Lösung nicht jedem Klavierspieler geläufig ist... Die ›Impressionisten‹, die durch Einbeziehung entfernterer, ›dissonanter‹ Obertöne die Harmonie bereichern und die Illusion der Klangfarbe auf dem Klavier hervorrufen wollen, machen eine weitgehende Abstufung der Tonstärken innerhalb eines Akkordes notwendig, zumal wenn dieser wesentlich mehr Töne als die vorschriftsmäßigen drei bis vier enthält. Die richtige Klangmischung entsteht meist, wenn die konsonanten Töne stärker und die dissonanten – je nach dem Grad ihrer Verwandtschaft zum Grundton – schwächer zum Erklingen gebracht werden...«

1902 **Francesco Cilèa** (1866-1950): **Oper »Adriana Lecouvreur«** in Mailand

Wie Deutschland rings um Richard Wagner hat auch Italien seine »circumpolare Oper« (Kroyer), nämlich zahlreiche durchaus respektable Werke, die neben und trotz Verdi und dann Puccini entstehen, aber nicht aus dem Schatten herauskommen, den deren überragende Erscheinungen werfen. Freilich, das Problem ist damit nicht wirklich erfaßt: Auch nach Verdi und neben Puccini haben ja einige, wenn auch nur wenige Opern Welterfolg, z.B. von Mascagni und Leoncavallo, viele andere aber nicht, z.B. von Boito oder Cilèa. Warum nicht? Jedenfalls nicht nur deshalb nicht, weil sie, wie man gemeinhin sagt, »einfach viel schlechter« sind als jene berühmten Werke. Offenbar sind für Erfolg oder Mißerfolg auf dem Theater so viele Faktoren von Belang, daß selbst unter guten Bedingungen und mit beachtlichem Anfangserfolg der Erfolg auf Dauer nicht sicher ist, auch nicht für gute Werke. Cilèas *Adriana Lecouvreur* hat bei der Uraufführung am Teatro lirico in Mailand 1902 zunächst großen Erfolg bei ungeteiltem Beifall. Die Aufführung ist glänzend, Enrico Caruso singt die männliche, die Pandolfini die weibliche Hauptrolle. Dreizehn Wiederholungen an aufeinanderfolgenden Abenden, weitere Aufführungen in Italien, wenige im Ausland – und vergessen, trotz einzelner Wiederbelebungsversuche. Und das, obwohl die Story (ein Frauenschicksal im 18. Jahrhundert) faszinierend ist, das Libretto von A. Colautti (nach einem Roman von Scribe) vorzüglich, obwohl das Thema dem Komponisten zusagt, die Musik dem Stoff adäquat, ganz einfach gut ist. »Eine lyrische Variante zum Verismo«, hat man gesagt.

1902 **Claude Debussy** (1862-1918): **Oper »Pelléas et Mélisande«** in Paris

Der Stoff, den Maurice Maeterlinck (1862-1949) in ein Drama von 5 Akten (Paris 1892) gefaßt hat, geht auf eine flämische Sage zurück. Seine dramatischen Entwicklungen sind geheimnisvoll-unbestimmt, die Charaktere mit komplizierten Seelenhaushalten vieldeutig. Die Sehnsucht nach der Nacht als chthonischem Refugium wirkt als Triebkraft für die Personen und ihr Handeln; das Geschehen wird durch die Angst vor irgendeinem entsetzlichen zukünftigen Ereignis bestimmt. Das Mysterium, das in *Pelléas et Mélisande* enthüllt werden soll, ist jedoch nicht der Tod, sondern eine, die gewöhnliche irdische Dimension übersteigende erotische Liebe. Die Überwindung scheitert freilich – und insofern wirkt Maeterlincks Symbolismus wie ein Abbild der weltanschaulichen Situation seiner Zeit, des Endes des 19. Jahrhunderts. Trotzdem ist der Grundgedanke von Maeterlincks Werk lyrisch, und der lyrische Charakter findet, wie Stuckenschmidt (1958) schön gesagt hat, in der Musik Debussys sein vollkommenes Pendant. Beides ist freilich keinesfalls selbstverständlich, denn Maeterlincks Lyrik ist die eines extensiven Symbolisten, und Debussy ist der Meister einer unmittelbaren Kunst, dem ein Prinzip des ornamentalen und zugleich naturhaften Wachstums, des Spiels und Zusammenspiels von Melodien und Stimmen als Ideal vorschwebt. »Ich strebte für die Musik eine Freiheit an, die sie vielleicht mehr als jede andere Kunst in sich birgt, eine Freiheit, welche nicht mehr auf die mehr oder weniger getreue Wiedergabe der Natur eingeengt bleiben, sondern auf der geheimnisvollen Correspondance zwischen Natur und Imagination beruhen sollte.« Hier nun könnte man meinen, der Unterschied der Haltung Debussys zu jener der Romantiker sei der, daß es ihm nicht mehr um die Innerlichkeit des Menschen, um seine Empfindungen gehe, sondern um die Natur. Achtet man aber einmal darauf und überlegt man, wo »die wahre Musik eigentlich stattfindet«, dann relativiert sich diese Entgegensetzung. Denn die Musik (etwa die zu einem Sonnenuntergang) »ereignet« sich ja doch nicht nur im Erklingen, sondern im hörenden Menschen. Dieser hört ja keinen Sonnenuntergang, sondern er hört »ein Sonnenuntergangshaftes in sich selbst.« Nun, wer denkt bei solchen Überlegungen nicht an Ferruccio Busoni und seinen *Entwurf einer neuen Ästhetik der Tonkunst* (1916), wo es heißt: »Die Musik kann sich erhellen, sich verdunkeln, sich verschieben und endlich verhauchen wie die Himmelserscheinung selbst, und der Instinkt bestimmt den schaffenden Musiker, diejenigen Töne zu verwenden, die in dem Innern des Menschen auf dieselbe Taste drücken und denselben Widerhall erwecken, wie die Vorgänge in der Natur.«

Unter der Überschrift eines Wortes von Debussy »Die Kunst ist die schönste aller Täuschungen…« hat Florian Sauer (1987) einmal in Thesen gefaßt, was nur schwer zu fassen ist, weil es wie Bilder in einem Kaleidoskop unaufhörlich und scheinbar zufällig wechselt. Diese Thesen, obwohl eher aphoristisch, seien hier vorgestellt:

These 1: Debussys Musik gehört in den großen Umkreis der »romantischen Musik«, gesetzt, wir verstehen »Romantik« nicht nur als Oberbegriff, der die musikalischen Erscheinungen zwischen 1830 und 1920 subsumiert, sondern wir hören im »Begriff Romantik« vornehmlich eine musikalische Haltung, der ein spezifischer Weltbezug eignet, und die in ihrer Epochalität die Zeit seit der Mitte des 18. Jahrhunderts auszeichnet – und die womöglich noch immer andauert, obwohl man in der Zwischenzeit gelernt haben kann, auch musikalisch andere Haltungen einzunehmen. Diese romantische Haltung sei so gekennzeichnet: Musik ist Sprache (Ausdruck) der Empfindung (Empfindung im weitesten Sinn gefaßt, also nicht auf die Empfindung von Gefühlen reduziert). Der Akzent soll hierbei auf der der Musik zugewachsenen Eigenschaft liegen, »Medium« für etwas Nicht-Musikalisches zu sein. Erst solche Musik kann im eigentlichen Sinne des Wortes »bedeutend« sein.

These 2: Innerhalb dieses Musikverständnisses nimmt Debussy eine ausgezeichnete Stellung ein. Sie beruht darauf, daß er in einer radikalen Weise – darin mit nur wenigen Komponisten seiner Zeit vergleichbar – den Anspruch der romantischen Haltung aufnimmt, indem er das Komponieren von nahezu allen Elementen der »handwerklichen« Tradition befreit, die dem Vollzug dieses Anspruchs im Wege stehen (etwa Probleme der sogenannten Form oder Probleme der Dur-Moll-Tonalität): Musik als »Medium« kann sich um so besser den mitzuteilenden »Inhalten« anpassen, je freier sie von überkommenen äußeren Zwängen der Tradition ist, je mehr also der Komponist über die Musik verfügen kann.

These 3: Mit dieser Radikalität gewinnt Debussy einen musikalischen Ort, von dem aus der nächste Schritt ins Verstummen führen würde. Indem Debussy einen solchen Ort »weit draußen« einnimmt, macht er zugleich die Grenzen der Romantik sichtbar. Insofern liegt in Debussys Werk, wiewohl von ihm nicht bewußt vollzogen, auch ein Ansatz zur Überwindung der Romantik (vollzogen dann etwa vom jungen Freunde Debussys, Strawinsky).

These 4: Die geläufige Absetzung Debussys von der »Romantik« beruht auf einem Verständnis des »engeren« Begriffs von Romantik, der, primär an deutschen Musikern orientiert, sich auf die Tradition von Weber über Schumann bis zu Richard Strauss und Gustav Mahler bezieht. Sie hat ihr Recht nur, wenn man lediglich auf die Außenseite der jeweiligen Werke sieht anstatt auf die in ihnen sich aussprechende Haltung zur Welt. Innerhalb der epochalen Struktur von »Musik als Ausdruck« läßt sich jedoch sehr wohl ein spezifischer Unterschied zwischen Debussy und der deutschen Romantik zeigen, der sich vielleicht als Abkehr des Komponisten von der Innerlichkeit des Menschen mit seinen vielfältigen Regungen, Bestrebungen und Gefühlen bezeichnen läßt und damit verbunden als Hinwendung zur »Natur« als *Sujet* von Komposition. Möglicherweise liegt Debussys Verdienst darin, den *Täuschungscharakter der Kunst* (der Musik) eigens mitkomponiert zu haben. Damit, also mit der Möglichkeit der Schönheit einzig in etwas, das er dediziert als Täuschung (und gerade nicht als das »einzig Wahre«) bezeichnet, hält er den Schmerz über den Verlust der Schönheit des »eigentlich« Wahren, der *Welt,* aufrecht.

1904 Leoš Janáček (* Hukvaldy bei Příbor/Nordmähren 1854, † Mährisch-Ostrau 1928): **Oper »Jenufa«** in Brünn

Stuckenschmidt (1958) hat von einer lohnenden Aufgabe gesprochen, einmal den Einfluß des Städtertums, des sogenannten Urbanismus, auf die neueren Künste zu untersuchen. »Seit dem 19. Jahrhundert mit seiner rapiden Industrialisierung und der Massenkultur der großen Städte« ist der Urbanismus nämlich »aus der Literatur und der Malerei so wenig wegzudenken wie aus der Musik. Ja, gerade die romantische Musik, so sehr sie sich anfangs dem Naiven, Primitiven, Märchenhaften und Legendären zuwandte, mündet schließlich in eben die Verfeinerung der Mittel und Atomisierung des Gefühls, die das Signum urbanistischer Kultur ist. Chopin und Liszt, Schumann und Mendelssohn sind ebenso ausgesprochene Städter wie Wagner und Brahms, Tschaikowski und Rimski-Korsakow – von den Franzosen nicht zu reden. Nur wenige der Genies des 19. Jahrhunderts stellen sich diesem Urbanismus entgegen«, aber dann entsteht bisweilen »eine Kunst des doppelten, des kombinierten Erlebnisses«. Mussorgski und Smetana haben diese

Zwiespältigkeit überwunden. Aber es ist »gewiß kein Zufall, daß diese beiden Komponisten im slawischen Milieu leben und schaffen. Sie gehören Völkern an, die ihre nationale Kultur im 19. Jahrhundert neu entdecken und bewußt kultivieren – angeregt und geweckt durch den Einfluß deutscher romantischer Literaten und Folkloristen. Der Kreis dieser Völker ist nicht sehr groß, umfaßt aber den Osten, Südosten und Nordosten Europas sowie die Iberische Halbinsel. Es sind genau die Gebiete, aus denen die Impulse der anti-urbanistischen Moderne hervorgehen. Ihre Träger sind, neben den Spaniern Isaac Albéniz und Manuel de Falla, der Russe Igor Strawinsky, wenn er seinen eigenen Hyperurbanismus einmal verdrängt, und der Ungar Béla Bartók, der mit der synthetisierenden Kraft des Genies Elemente der ungarischen, bulgarischen und rumänischen Folklore den fortschrittlichsten Techniken moderner Komposition vermählt.« Und eben: Leos Janáček, der ähnlich Bartók Musiker, Komponist und Volksliedforscher zugleich ist. – Janáček hat 9 Opern geschrieben, darunter *Kátja Kabanowá* (Brünn 1921), *Das schlaue Füchslein* (Brünn 1924), *Aus einem Totenhaus* (Brünn 1930). Die bekannteste ist *Jenufa* (oder: *Ihre Ziehtochter;* Text von G. Preissowa; komponiert 1894 bis 1903; revidiert 1916), eine Bauerntragödie als realistisches Drama in slawisch-wirklicher Umgebung. Die Partitur ist musikalisch ohne Vorbild. Gewiß hat Janáček von Dvořák gelernt, hat er Mussorgski studiert, ist sein Orchester das der Generation nach Wagner. Die Singstimmen aber sind bestimmt von einer Art »Sprachmelodie«. Janáček selbst hat das so beschrieben: »Sprachmelodie? Für mich hat die Musik, so wie sie aus den Instrumenten klingt, wenig Wahrheit. Es war eigentümlich: wenn mich jemand ansprach, habe ich seine Worte vielleicht nicht verstanden, aber den Tonfall! Ich wußte sofort, was in ihm steckt: ich wußte, wie er fühlt, ob er lügt, erregt ist; und wenn so der Mensch mit dir sprach – es war ein konventionelles Gespräch – so fühlte ich: ich habe es gehört, daß der Mensch innerlich, sagen wir, weint. Töne, der Tonfall der menschlichen Sprache, jedes Lebewesens überhaupt, hatten für mich die tiefste Wahrheit. Das war mein Lebensbedürfnis. Sprachmelodien sammle ich seit 1879, ich habe davon eine riesenhafte Literatur, wissen Sie, das sind meine Fensterchen in der Seele. Und, was ich betonen möchte: Gerade für die dramatische Musik hat dies große Bedeutung.« Man sieht, was Janáček leitet, ist die Intention der hohen Romantik, und man ahnt, daß die resultierende Technik und das klingende Ergebnis hochmodern und im engeren Sinne expressionistisch sein werden. Hier rücken nämlich das Wort und seine Bedeutung, die in der Musik der Hochromantik so weit auseinandergedriftet waren, wieder näher zusammen, der musikalische Ausdruck wird wieder enger an das Wort gekoppelt. Wenn das so ist, dann müssen – so behaupten jedenfalls viele – Janáčeks Opern allerdings unübersetzbar sein. Einmal davon abgesehen, daß Janáček für das Deutsche in Max Brod den besten Übersetzer gefunden hat, der sich denken läßt, der Komponist denkt ja bei »Sprachmelodie« erst in zweiter Linie an das einzelne Wort als solches, in erster Linie dient ihm dessen »Sprachmelodie« als Wegweiser zum tondichterischen Ausdruck, und insofern kommt es nicht so sehr auf die Realität des Erklingens des Wortes an wie auf das, was dahinter steckt, auf das es hindeutet, auf seine »Bedeutung«. Und nun ist auch verständlich, daß derselbe Janáček einer der großen *Instrumental*komponisten unseres Jahrhunderts ist, berühmt vor anderen Werken mit den beiden *Streichquartetten* (1923 nach Tolstois *Kreutzersonate;* 1928 mit dem Titel *Intime Briefe*) und mit der *Sinfonietta* (1926), bei denen zum Beispiel die satztechnischen Mittel von Ostinato und Motiv-Reihen, die Janáček aus dem Sprachdeklamatorischen entwickelt, auf modernste Weise eingesetzt sind.

1905 **Franz Lehár** (1870-1948): **Operette »Die lustige Witwe«** in Wien

Kurz vor der Jahrhundertwende sterben die Meister Suppè, Strauß, Millöcker und Zeller, denen es gelungen war, der Wiener Operette künstlerischen Rang zu geben. Überblickt man die Endphase dieser bedeutenden Epoche der Gattung, so macht sich in textlich nicht stichhaltigen und musikalisch schwachen Werken ein Verfall bemerkbar, und es scheint deshalb tatsächlich nahezuliegen, das Ende der Gattung zu prophezeien. Diese Prophezeiung aber erweist sich als falsch, denn mit dem neuen Jahrhundert bricht vehement die sogenannte SILBERNE ÄRA DER WIENER OPERETTE hervor. Ihre Meister sind Franz Lehár, Oscar Straus, Leo Fall und Emmerich Kálmán, um nur die wichtigsten zu nennen. Den durchaus einfallsreichen und handwerklich versierten Musikern gelingt es in der Tat trotz aller Routine, in diesem und jenem Stück, und zwar vor allem in singspielhaften Werken, der Schablone auszuweichen, und manchmal ermöglicht auch der Griff in die Historie ein Abgehen von der in aller Regel mondänen Konfektionslinie, ja dann und wann findet sich im Umkreis der »in der Gegenwart« spielenden Stücke auch ein amüsantes oder gar spannendes Sujet.

Nun, da die Operette (neben dem aufkommenden Kino) für viele Menschen, nämlich für das sogenannte Volk, die wichtigste Quelle des eigenartigen Erlebens und Vergnügens im Theater ist bzw. wird, sind die Autoren bestrebt, nicht gerade nur die Lach- und Schaulust ihres Publikums zu befriedigen sondern auch das Verlangen nach Gemütsbewegendem, d.h. sie bemühen sich, einigermaßen ernst zu nehmende Geschichten und Gestalten auf die Bühne zu stellen. Freilich offenbaren sich gerade in diesem Bemühen die Schwächen der meisten Textbuchautoren – und die Schwächen der Musik: sie erweist sich zunehmend als untauglich zur auch nur einigermaßen akzeptablen Gestaltung seriöser Stoffe und echter Empfindungen. Der Endpunkt der Entwicklung der Gattung ist in den späten Operetten von Franz Lehár erreicht, die sich mit ihren »tragischen« Schlüssen vollends von den ursprünglich ja doch heiteren Anfängen der Operette entfernen, ohne das zu werden, was Lehár und seine Anhänger gerne hätten, nämlich Volksopern. Und trotzdem ist es gerade Franz Lehár, der 1905 mit der *Lustigen Witwe* der Silbernen Epoche der Operette zum Durchbruch verhilft. Läßt zwar schon das Libretto (V. Léon und L. Stein) noch einen Hauch von Offenbachschem Parodiegeist spüren, so entscheidet doch Lehárs Musik über den geradezu beispiellosen Erfolg, denn sie läßt im *»Vilja-«* und im *»Maxim-Lied«,* in serbischen Kolos und mit Pariserischen Cancans, am stärksten allerdings mit ihren weich flutenden *Ballsirenen-Walzern,* einen neuen Ton hören – den Lehár-Ton, dem alle Welt zu verfallen scheint: Mit der *Lustige Witwe* (deren Aufführungsziffern nur von denen der *Fledermaus* übertroffen werden!) legt Lehár den Grund für ein neues Zeitalter der totgeglaubten Gattung Operette. (Würz)

1905, 1909 Richard Strauss (1864-1949): Opern »Salome« und »Elektra« in Dresden

Seit 1901 schon befaßt sich Strauss (seit 1898 als Nachfolger von Felix Weingartner Erster Kapellmeister in Berlin) mit Oscar Wilde's in französischer Sprache verfaßtem Dramolett *Salomé* (1893), das auch auf deutschen Bühnen erhebliches Aufsehen erregt. Seit 1903 komponiert er den Wilde'schen Text in der deutschen Übersetzung von Hedwig Lachmann ohne wesentliche Änderungen. Die Uraufführung unter Ernst von Schuch in Dresden wird – *kein* Skandal, sondern ein Riesenerfolg: Strauss ist mit einem Schlag der große Musikdramatiker seiner Zeit. Wir folgen Strauss' persönlichem Freund, dem bedeutenden Theaterkritiker Willi Schuh (1947): »Salome ist Straussens kühnster Vorstoß in musikalisches Neuland, der extremste Pendelausschlag in Richtung des Unbürgerlichen, Abseitigen und erotisch Gewagten. Unter Straussens Opern ist *Salome* vielleicht nicht diejenige, die uns den höchsten und stärksten Begriff Strauss'schen Wesens vermittelt, wohl aber ist sie die faszinierendste. Sie wurde es ebenso durch die erregende Neuheit ihrer Klangatmosphäre wie durch das Raffinement einer Instrumentation, die diese meisterlich klar disponierte Partitur in unerhörter Farben-Sinnlichkeit aufsprühen läßt. Zudem aber wohl auch durch die seltsame Mischung (und oft auch Nichtvermischung) der Stilelemente. Im weiteren Bereiche der Strauss'schen Opernmusik prallen die Gegensätze nirgends schroffer aufeinander als in diesem Einakter. Mag die ›stilistische Rechnung‹ nicht restlos aufgehen und mögen zwischen der Strauss'schen und der Wilde'schen *Salome* Spannungen verbleiben, die nicht ganz so fruchtbar werden wie bei Hofmannsthal und Strauss –, dieses einzigartige, ungemein konzentrierte musikdramatische Gebilde, das der Komponist als ein ›Scherzo mit tödlichem Ausgang‹ zu charakterisieren liebte, hat bis heute jedenfalls nichts von seinem verführerischen Reiz verloren.«

1903 schreibt Hugo von Hofmannsthal (1874-1929) ein Sprechtheaterstück *Elektra,* in dem er, gleichsam mit den Augen Nietzsches und unter dem Einfluß Freuds, gegenüber den antiken Fassungen der Tragödie die dunklen Gewalten des Mythos stark hervorhebt. Strauss sieht das Stück in Berlin in einer Inszenierung von Max Reinhardt und entschließt sich zur Komposition, die er 1906 nach wenigen Textänderungen beginnt. Die Uraufführung findet wieder unter Schuchs Leitung in Dresden statt und ist wieder ein Erfolg. Noch einmal Willi Schuh (1947): »Wie jede von Strauss' Bühnenschöpfungen besitzt auch *Elektra* – und sie vielleicht am ausgeprägtesten – ihren eigenen Stil und ihre eigene, unverwechselbare Grundfarbe. Dieser Eigencharakter wird in besonderem Maße bestimmt durch eine Harmonik, in der die Tritonusspannung eine konstruktiv wesentliche Rolle spielt. Nie zuvor – auch bei Wagner nicht – ist mit ähnlicher Kraft und Entschiedenheit mittels der durch die orchestrale Farbe in ihrer Ausdrucksfähigkeit unendlich gesteigerten Harmonik das *Arrheton,* das Unsagbare, zum tönenden Ereignis geworden.«

1906 Blagoje Bersa (1873-1934): Oper »Oganj« (»Der Eisenhammer«) in Agram/Zagreb, Kroatien

Seit den Zeiten der Sezession (1890) ist die kroatische Kunst mit Literatur, Bildender Kunst und Musik durch synchrone Tendenzen und Erscheinungen gekennzeichnet, für die die Anregungen aus den Zentren der europäischen Kunstmetropolen kommen. Darum zeigen auch die Werke der Übergangsgeneration, in der Bersa und Dora

Pejačević (1885-1923) die bedeutendsten Komponisten sind, nicht nur die Bewältigung moderner Techniken sondern auch die Kraft zur Verwandlung der zeitgenössischen Stilrichtungen von der späten Romantik und dem Jugendstil bis zum Impressionismus, zur Verwandlung in einen national gefärbten Verismo und zu Ansätzen des Expressionismus. *Der Eisenhammer* ist nicht nur das erste moderne kroatische Opernwerk sondern überhaupt eine moderne Oper, international gesprochen: ein Avantgardstück vom Sujet bis zur Musik. – Weitere bedeutende Werke von Bersa sind die *Dramatische Ouvertüre* (1898), die *Symphonische Dichtung »Suncana polja«* (»Die Sonnenfelder«, 1919) und *Drei Landschaften* (für Chor ohne Text [!] und kleines Instrumentalensemble, 1921/22). Obwohl stark vom musikalischen Impressionismus beeinflußt (Instrumentation!), kann man – trotz aller Bedenken im Hinblick auf diese Bezeichnung – von all diesen Werken sagen, sie seien esondere Ausprägungen eines »musikalischen Jugendstils«.

1908 Charles Ives (1874-1954): Orchesterwerk »The Unanswered Question«

Ives' Werke entstehen zwischen 1887 und 1928, werden aber erst nach dem Zweiten Weltkrieg bekannt, und noch immer haben Musiker und Publikum ihre Mühe damit. Erscheint diese Musik auf der einen Seite als witzige Verdrehung von Gewohntem, als nicht ernstzunehmende Kauzigkeit eines Yankees, der überdies im Verdacht des Dilettantismus steht, so fängt man jetzt doch an, in Ives einen Vorläufer von Entwicklungen zu sehen, die sich bei der Avantgarde der Nachkriegszeit vollziehen. In der Tat ist zu sagen, daß Ives die Situation des Komponierens und des Komponisten am Beginn des 20. Jahrhunderts in höchst eigenartiger Weise reflektiert, und zwar in Werken und in schriftlichen Äußerungen zur Musik und zu seinen Werken. – Ives' Leben und Werk sind auf allen Betrachtungsebenen von Gegensätzen geprägt. Um nur die offenkundigen zu nennen: Ives' Entscheidung, nach einer musikalischen Ausbildung (der angebliche Dilettantismus ist ein Mißverständnis) eine berufliche Laufbahn im Versicherungswesen einzuschlagen; das Nebeneinander von bürgerlicher Existenz und sozialutopischem Idealismus; der Konflikt zwischen Verhaftetsein im Gedankengut des 19. Jahrhunderts und kompositorischer Experimentierfreude; zwischen »populistischer« Gebrauchsmusik und hohem Kunstanspruch; schließlich im kompositionstechnischen Bereich die Spannungen zwischen tonal und metrisch gebundener Komposition und ungebundener musikalischer Rede, zwischen offener Form und Durchrationalisierung, zwischen originärem und geliehenem musikalischem Material, zwischen hohem und niederem Tonfall. Zwar ist es üblich geworden, diese Paradoxien in der vagen Behauptung einer »transzendenten Einheit in der Vielfalt« aufzuheben, das aber trifft die grundlegende Intention gerade nicht. Diese ist vielmehr auf das Gegeneinander der Gegensätze, ja aufs Aufeinanderprallen dessen gerichtet, was der moderne Mensch zu trennen gewohnt ist: die Kunst in übersteigerter Expressivität, hypersensibel und extrem individualisiert, aber unempfindlich gegen die Welt, und die Welt, wie sie ist, jedenfalls wie sie am Beginn des Jahrhunderts erscheint, einem Großstädter jedenfalls erscheinen kann, nämlich ganz und gar unsensibel und unkünstlerisch.

> Konkret hat das Leonard Bernstein als Begleittext für die *2. Symphonie* (1902) beschrieben: »Das Interesse an Ives gründet sich vor allem auf seine Pionierleistungen, seine Experimente mit der Atonalität, sogar noch vor Schönberg, seine Experimente mit freien Dissonanzen vor einem halben Jahrhundert, mit seinen Experimenten mit kombinierten Rhythmen, mit zwei oder mehr gleichzeitig ablaufenden Musikstücken, mit neuen Klaviertechniken, bei denen man die Faust und die Handfläche verwendet, selbst Lineale. Aber seine wahre Größe beruht darauf, daß Werke, die sich *nicht* auf derartige Experimente stützen, in denen die Musik vielmehr normal abläuft, daß *solche* Werke die starke persönliche, originelle Botschaft überbringen. Die *2. Symphonie* ist solch ein Werk. Es enthält, wenn überhaupt, wenige Dissonanz-Probleme oder modernistische Techniken. Sein einziges Problem ist das der Haltung, *unserer Haltung* ebenso wie seiner... In gewisser Weise ist es Musik über Musik, jedenfalls eher das als irgend etwas Programmatisches. Wenn Sie in dieser Symphonie ›Turkey in the Straw‹ hören, dann erwartet man von Ihnen nicht, daß Sie sich einen Tanz im Stall vorstellen. Versuchen Sie vielmehr, sich die Bedeutung einer solchen Melodie für das Bewußtsein eines bestimmten Komponisten vorzustellen in einem Augenblick von Amerikas Kulturgeschichte, da alles, was es gibt, überhaupt jedes Gut, aus Europa kommen muß. Das ist es, was berührt: sein Gebrauch des Amerikanischen – es erreicht uns ganz in Ives' tapferem Entschluß, Amerikaner zu sein, amerikanische Musik zu schreiben, angesichts einer uninteressierten Welt ohne Selbstvertrauen. Freilich, auch alle tapferen Entschlüsse dieser Welt ergeben noch keine gute Musik, ebensowenig wie patriotische Gesänge oder auch Reverenzen gegen Bach. Am Ende zählt allein das Talent – und Talent ist es, was Ives hat.«

Das wohl bekannteste Werk von Ives, *The Unanswered Question* (1908; Uraufführung New York 1941), versteht Bernstein (1976) so – und wir schließen uns ihm direkt an: »...1908 also gibt Schönberg den Kampf um die Bewahrung der Tonalität auf, den Kampf um die Bändigung der nach-wagnerischen Chromatik. Im selben Jahr schreibt er sein *Zweites Streichquartett,* das offen Auflehnung verkündet, die Absage an die Tonalität. Im letzten Satz dieses Quartetts greift er auf eine menschliche Stimme zurück, einen Sopran, der Stefan Georges prophetische Worte singt: ›Ich fühle Luft von anderen Planeten‹. Schönberg fühlte diese Luft tatsächlich, und wir fühlen sie auch... Das ist Atonalität (um dieses gräßliche und häufig mißverstandene Wort zu verwenden); nicht die Atonalität der Ganztonleiter Debussys, die stets in tonalen Schranken war. *Diese* Atonalität kennt keine Schranken mehr, weder diatonische noch andere: auf Gedeih und Verderb hat nichttonale Musik das Licht der Welt erblickt. Die Musikgeschichte ist einem Gezeitenwechsel unterworfen worden. – Aber im selben entscheidenden Jahr 1908 wurde weit weg von all dem – einen Kontinent und einen Ozean entfernt, ausgerechnet in Connecticut – die schonungsloseste Bermerkung, der schärfste Kommentar zur Krise der Tonalität von einem ungehörten, ungeehrten und ungespielten Sonntagskomponisten namens Charles Ives gemacht. Auch er war ein Wissender. Auch wenn er keine Ahnung von Schönberg oder irgendeiner Auflehnung in Wien hatte, wußte er, daß etwas im Kommen war, und verkündete es auf seine halb scherzhafte, mystische, eigenartige Weise in einem wundervollen kleinen Stück, das er *›Die offene Frage‹* nannte. Diese Musik sagt alles und mehr, als tausend Worte vermöchten; sie ist eine beinahe graphische Darstellung dieser Auseinandersetzung. Natürlich ist die Frage, die Ives im Titel des Stückes anführt, nach seinen eigenen Worten keine im engeren Sinn musikalische, sondern eine übersinnliche. Ich möchte aus einem erklärenden Vorwort zitieren: ›Die Streicher spielen ohne Tempowechsel durchlaufend pianissimo. Sie stellen das ›Schweigen der Druiden‹ dar, die ›nichts wissen, nichts sehen, nichts hören‹. Die Trompete intoniert ›Die ewige Frage des Seins‹ und stellt sie jedes Mal im selben Ton, mit gleicher Stimme. Aber die Jagd nach der ›unsichtbaren Antwort‹ wird von Flöten und anderen Menschenwesen [typisch für Ives' kauzigen Humor] bestritten, sie wird immer drängender, schneller und lauter... [Diese] kämpfenden Beantworter spüren allmählich... eine Sinnlosigkeit heraus und fangen an, ›die Frage‹ zu verspotten – der Kampf ist vorläufig beendet. Nach ihrem Verschwinden wird ›die Frage‹ ein letztes Mal gestellt, und darüber ist das ›Schweigen‹ in ›regungsloser Einsamkeit‹ zu hören.«

Und Bernstein weiter: »Ein schöner Einfall, naiv und tief zugleich. Aber ich habe Ives' *›offene Frage‹* weniger als eine übersinnliche aufgefaßt denn als eine im engeren Sinn musikalische: ›Musik – wohin – in unserem Jahrhundert?‹ Ich möchte Ihnen das Stück noch einmal erklären, doch diesmal in ausschließlich musikalischen Begriffen. Es gibt drei Elemente im Orchester: die Streicher, die Solotrompete und ein Holzbläser-Quartett. Die Streicher spielen tatsächlich ›ohne Tempowechsel durchlaufend pianissimo‹, wie Ives es beschreibt, aber wichtiger als alles über die Druiden ist, daß sie in reinen *tonalen Dreiklängen* spielen. Und vor diesem langsamen, gehaltenen, rein diatonischen Hintergrund stellt die Trompete von Zeit zu Zeit ihre Frage – eine unbestimmte, nicht-tonale Phrase; und jedes Mal antwortet die Holzbläser-Gruppe in ähnlich unbestimmter, gestaltloser Art. Die Wiederholung der Frage ist mehr oder weniger stets gleich, aber die Antworten werden immer vieldeutiger und hektischer, bis die letzte Antwort in einem totalen Kauderwelsch endet. Aber die Streicher haben durchlaufend und unbeirrbar ihre diatonische Gelassenheit beibehalten; und wenn die Trompete ihre Frage ›Musik – wohin?‹ zum letzten Mal stellt, erklingt keine weitere Antwort, nur die Streicher verlängern in aller Ruhe ihren *G*-dur-Dreiklang in die Ewigkeit. – Ist dieser strahlende Schluß-Dreiklang die Antwort? Ist Tonalität ewig, unsterblich? Viele haben es geglaubt, und manche glauben es noch immer. Und dennoch hängt die Frage der Trompete in der Luft, unaufgelöst und unsere Ruhe störend. Sehen Sie, wie klar dieses Stück das Dilemma des neuen Jahrhunderts schildert? ...«

1908 **Alexander Skrjabin** (1872-1915): **Symphonische Dichtung »Le Poème de l'Extase«** in New York

Skrjabins *Poème de l'Extase* (»Poème...« kehrt bei ihm in Titeln vieler Werke wieder!), das in sechs zu einem großen Satz verbundenen Teilen ein sehnsüchtig-fieberndes Ringen um die geistige Zusammenfassung der die Endphase des 19. Jahrhunderts beherrschenden musikalischen Strömungen zeigt, steht an der Schwelle zur dritten Schaffensperiode des jung Verstorbenen, – an jener Schwelle, wo Sinnliches ins Übersinnliche umschlägt, um in einem theosophisch unterbauten »Mysterium« eine Art von Synthese zu vollziehen. Zugrunde liegt eine visionäre Dichtung *Poema ekstasa* des Komponisten. Die Entmaterialisierung des eine letzte Differenzierung gewinnenden Klanglebens, die Auflösung der Form in ein ewiges, die feste Gestaltung verschmähendes Aufglühen, in eine Art von Evolution des »tönend bewegten Stoffes«, gehört, so Willi Schuh (1947), zu den wesentlichen Merkmalen dieser mit hellem Bewußtsein überwachten und gelenkten Musik des Unbewußten und des Geheimnisses, deren leidend-sehnender Grundzug ebenso unverkennbar auf Wagners *Tristan*-Chromatik zurückweist wie die Reizsamkeit für harmonische Farben und Klangsublimierung auf Debussy. Trotz der Fülle der Bezüge steht man im Banne einer zwingenden, durchaus eigen- und einzigartigen Atmosphäre, die nicht eine reinmusikalische ist, sondern über das Reich der Künste hinausführende Assoziationen weckt – was der mythisch-religiösen Bedeutung entspricht, welche die Kunst in einem neuen »Daseinsplan« Skrjabins einnehmen soll.

1908 Gründung der Oper in Sofia/Bulgarien

Nach einem verfrühten Versuch, 1890 in Sofia eine Oper (anfangs mit Klavierbegleitung!) ins Leben zu rufen, gelingt es 1908 dem an der kaiserlichen Oper in Moskau berühmt gewordenen bulgarischen Tenor Michailov Stojan, eine staatlich subventionierte Operngesellschaft zu gründen, die regelmäßig Aufführungen veranstaltet; 1922 geht sie in die Bulgarische Nationaloper über. Ebenfalls 1922 wird die Staatliche Musikakademie in Sofia gegründet, an der seit 1948 Meisterklassen für Musiker, eine Opernschule und ein musikwissenschaftliches Institut existieren.

Daß aus früherer Zeit in Bulgarien Kunstmusik fehlt (von einstimmiger Kirchenmusik abgesehen), hat den einfachen, aber schlimmen Grund, daß Bulgarien durch Jahrhunderte unter Fremdherrschaft leben mußte, die keine »höhere« Nationalkultur aufkommen ließ. Umso mehr ist das Bewußtsein einer Sprache und Kultur und der Zusammengehörigkeit des einen Volkes an die »einfache« Volkskultur geknüpft, an Volkslied, Volksmusik, Volkstanz. Die Volksliedforschung, die seit dem Beginn unseres Jahrhunderts in Bulgarien fleißig sammelt, hat jetzt etwa 27000 Volkslieder notenschriftlich (und neuerdings auf Tonträger) aufgenommen: ein schier unermeßlicher Schatz – übrigens für *alle* Volksliedforschung und durchaus auch für die historische Musikwissenschaft.

1908/09 Arnold Schönberg (1874-1951): Fünfzehn Gedichte aus »Das Buch der hängenden Gärten« von Stefan George für Singstimme und Klavier

Zur Wiener Uraufführung im »Verein für Kunst und Kultur« im Januar 1910 schreibt Schönberg: »Mit den Liedern nach George ist es mir zum ersten Mal gelungen, einem Ausdrucks- und Form-Ideal nahezukommen, das mir seit Jahren vorschwebt. Es zu verwirklichen, gebrach es mir bis dahin an Kraft und Sicherheit. Nun ich aber diese Bahn endgültig betreten habe, bin ich mir bewußt, alle Schranken einer vergangenen Ästhetik durchbrochen zu haben; und wenn ich auch einem mir als sicher erscheinenden Ziele zustrebe, so fühle ich dennoch schon jetzt den Widerstand, den ich zu überwinden haben werde; fühle den Hitzegrad der Auflehnung, den selbst die geringsten Temperamente aufbringen werden, und ahne, daß selbst solche, die mir bisher geglaubt haben, die Notwendigkeit dieser Entwicklung nicht werden einsehen wollen.« In der Tat – so Adorno im Nachwort seiner Ausgabe (1959) – handelt es sich um das erste Werk in freier Atonalität. Indessen, »sprengen die *George-Lieder* auch die Tonalität, so sind sie doch allerorten von deren Bruchstücken durchsetzt. Dies Verhältnis aber ist keines von unreinem Stil, sondern das Spannungsfeld, in dem die Komposition selbst lebt. Ihre neuen Klänge leisten die bestimmte Negation der alten; diese aber sprechen in ihrem letzten Augenblick noch einmal selber. Die Spannung teilt auch dem Klaviersatz sich mit. Er ist, gegenüber Schönbergs ersten Klavierstücken, noch einigermaßen geschlossen; so selbständig sich das Melos der Singstimme macht, die ›Begleitung‹ des deutschen Liedes überdauert unverkennbar. Innerhalb dieses noch vielfach ungebrochenen Klangspiegels jedoch wird völlig umgedacht; es werden, wie Webern schon 1912 bemerkte, dem Klavier ›nie zuvor gehörte Klangwirkungen abgewonnen‹.« »Mit der Gewalt des Zum-ersten-Mal«, schließt Adorno, »formulieren die George-Lieder Möglichkeiten und Tendenzen aller authentischen Musik, die danach komponiert wurde; keine aber ist authentischer.« Diese Behauptung allerdings ist ebenso problematisch wie der Komparativ am Schluß des Satzes, auch wenn er nur rhetorisch gemeint sein sollte. – Zusammen mit der *Ersten Kammersymphonie op. 9* (1906), die Schönberg selbst als den Höhepunkt seiner ersten Stilperiode bezeichnet, und dem *Zweiten Streichquartett op. 10* (1907/08), gehören der *Liederzyklus nach George* und die *Drei Klavierstücke op. 11* (1909) zu der Werkgruppe, in der sich jener Umbruch in Schönbergs Schaffen anbahnt, der dann in den *Fünf Orche-*

sterstücken op. 16 (1909) erreicht ist. Dementsprechend rechnet Schönberg selbst dieses letztere Werk seiner dritten Periode zu.

1909 Diaghilew gründet die »Ballets Russes« in Paris

Als Sergej Diaghilew (1872-1929) im Jahre 1909 mit Tänzern des St. Petersburger und des Moskauer Hofballetts (darunter Anna Pawlowa und Vaclav Nijinski) in Paris eine neue Ballettkompagnie »Ballets Russes« gründet, beginnt eine neue, zwar kurze aber hochbedeutende Epoche der klassischen Tanzkunst. In Zusammenarbeit mit den Komponisten Debussy, Ravel, Strawinsky, Satie, de Falla, Poulenc, Prokofjew und mit den bildenden Künstlern Bakst, Larionow, Matisse, Derain, Rouault, Picasso versammelt Diaghilew ein solches künstlerisches Potential, daß die Reihe der großen Produktionen sich wie eine Perlenkette ansieht.

1909 Arnold Schönberg (1874-1951): Fünf Orchesterstücke op. 16

Schönberg selbst teilt sein Frühwerk in drei Perioden. Zur ersten zählt er seine dem Zeitgeist der Jahrhundertwende verpflichteten Werke wie *Verklärte Nacht* (1899) und *Pelléas und Melisande* (1902/03); zur zweiten die den Umbruch einleitenden Werke wie die *Kammersymphonie für 15 Soloinstrumente op. 9* (1906) und das *II. Streichquartett* (op. 10, 1907/08; mit Sopransolo; der letzte Satz ohne Tonartvorzeichnung: »Mit diesem Quartett, das Schönberg im Vollbesitz der Technik zeigt, verläßt er die traditionelle Form und wendet sich neuen Problemen zu«, so Egon Wellesz); zur dritten diejenigen, die als erste atonal sind, wie die *Fünfzehn Gedichte aus »Das Buch der hängenden Gärten« von Stefan George* (1908/09) die *Drei Klavierstücke op. 11* (1909) und die *Fünf Orchesterstücke op. 16.* Unter dem 14. Juli 1909, noch während der Arbeit an den *Orchesterstücken,* wendet sich Schönberg an Richard Strauss: »Es sind kurze Orchesterstücke (zwischen 1 und 3 Minuten Dauer) ohne cyklischen Zusammenhang… Da sie nicht zusammenhängen, kann man leicht drei bis vier aufführen. Drei, denke ich, wären wohl nötig, um als Ganzes nicht zu sehr zu verpuffen. Die Besetzung geht nicht über die ›landesübliche‹ hinaus – die Schwierigkeit wohl.« Strauss, mit dem Schönberg damals noch in kollegialem Kontakt steht, antwortet bald und bedauert, die »Partituren ohne eine Zusage der Aufführung zurückschicken zu müssen«, da sie seines Erachtens »inhaltlich und klanglich so gewagte Experimente« sind, daß er es vorläufig nicht wagen kann, sie seinem Berliner Publikum vorzuführen. Die Uraufführung der Stücke I, II und IV in einer Bearbeitung für 2 Klaviere zu 8 Händen findet im Februar 1912 in Berlin statt, die eigentliche Uraufführung am 3. September 1912 im Rahmen der Promenade Concerts in London unter Leitung des englischen Dirigenten Henry Wood. Verlegt werden die *Fünf Orchesterstücke* vom Musikverlag C. F. Peters in Leipzig.

> Im Tagebuch Schönbergs findet sich unter dem 27.1.1912 folgende Notiz: »Brief von Peters, der mir für Mittwoch in Berlin ein Rendez-vous gibt, um mich persönlich kennen zu lernen. Will Titel für die *Orchesterstücke;* aus verlagstechnischen Gründen. Werde vielleicht nachgeben, da ich Titel gefunden habe, die immerhin möglich sind. Im ganzen die Idee nicht sympathisch. Denn Musik ist darin wunderbar, daß man alles sagen kann, sodaß der Wissende alles versteht, und trotzdem hat man seine Geheimnisse, die, die man sich selbst nicht gesteht, nicht ausgeplaudert. Titel aber plaudert aus. Außerdem: was zu sagen war, hat die Musik gesagt. Wozu dann noch das Wort. Wären Worte nötig, wären sie drin. Aber die Kunst sagt doch mehr als Worte. Die Titel die ich vielleicht geben werde, plaudern nun, da sie teils höchst dunkel sind, teils Technisches sagen, nichts aus. Nämlich I. Vorgefühle (hat jeder), II. Vergangenheit (hat auch jeder), III. Akkordfärbungen (technisches), IV. Peripetie (ist wohl allgemein genug), V. Das obligate (vielleicht besser das ›ausgeführte‹, oder das ›unendliche‹) Recitativ. Jedenfalls mit einer Anmerkung, daß es sich um Verlagstechnisches und nicht um den ›poetischen‹ Inhalt handelt.«

Schönbergs *Fünf Orchesterstücke op. 16* sind faszinierende Klangimpressionen von großer Ausdruckskraft. Die Gesetze der Tonalität sind aufgehoben, ohne daß andere Gesetze wirksam würden. Rhythmische, klangliche und kontrapunktische Manipulationen resultieren vielmehr aus einer Atomisierung des musikalischen Materials, die an die punktuelle Kompositionstechnik Weberns gemahnt – jedenfalls uns heute, die wir den späteren Webern kennen. Die Reaktionen von Publikum und Presse sind erschreckt. Immerhin schreibt Heinz Tiessen zur deutschen Erstaufführung anläßlich des 50. Tonkünstlerfestes in Weimar 1920 in der damals neuen Musikzeitschrift *Melos:* »Nur in einem Falle ließ sich die Majorität doch noch nicht überzeugen…: bei den *Fünf Orchesterstücken op. 16* von Arnold Schönberg gab es Entrüstung und Begeisterung gemischt… Ich gäbe etwas darum, wenn mir jemand plausibel machte, warum in aller Welt so viele Leute diese Kompositionen übelnehmen… Das zweite der fünf Stücke ist durchaus im alten

Sinne ›schön‹; seine wehmütig-romantische Lyrik von feingesponnener Prägung in Liniengewebe, Harmonik, Farbe. Das dritte ist eine impressionistische Wasserflächen-Studie, ein in wechselnder Färbung schwebender Akkord, ein starkes, eigenartiges Gebilde. Das letzte Stück, ein leidenschaftlich tief schwingendes Bekenntnis, ist vielleicht das innerlich größte... Ein überragendes Werk, wie dieses auf jedem Tonkünstlerfest, es wäre ein Ziel, auf's Innigste zu wünschen.«

1909 »Der Zupfgeigenhansl« (Liederbuch der »Wandervögel«) und die **Jugendmusikbewegung**

Der breite Strom der Kulturkritik am Ende des 19. Jahrhunderts hat einen wichtigen – vielleicht seinen wichtigsten – Arm in der Jugendbewegung. Diese wiederum findet ihren wohl stärksten Ausdruck in der Jugendmusikbewegung. Deren Kritik am Musikbetrieb der Zeit und an der zunehmend schmerzlich empfundenen Abgehobenheit zeitgenössischer musikalischer Komposition findet kaum hinreichend Beachtung, wohl aber deren hochgestecktes Ziel eines neuen Lebensgefühls, dessen Hauptquelle neben der Natur die Musik ist, und zwar die Musik mit ihren gemeinschaftsbildenden Möglichkeiten im Singen und Musizieren, beim Wandern, in Musizierkreisen und auf Musikfreizeiten. Ihren ersten Kristallisationspunkt findet die Wandervogelbewegung in dem 1909 von Hans Breuer (1883-1918) herausgegebenen Wandervogel-Liederbuch mit dem hübschen Titel *Der Zupfgeigenhansl* und in seinen aus allen Gegenden Deutschlands, Österreichs, der Schweiz und aus dem Elsaß (mit Anleitungen für den begleitenden Gitarrenspieler; 10. Auflage bereits 1913; die Bearbeitung mit Klavierbegleitung hat 1922 ihre 20. Auflage: 73.-77. Tausend).

> Im Vorwort zur 1. Auflage heißt es: »Mit bloßem Wiedersingen des hier Gegebenen soll es aber nicht getan sein, das lehren dich die leeren Seiten im Anhang. Da schreibe hinein, was du dem Volke abgelauscht hast, wir müssen alle, alle mithelfen, aus dem Niedergang der schaffenden Volkspoesie zu halten, was noch zu halten ist. Noch lebt das alte Volkslied... Das Erbe ist groß und herrlich, aber die Erben können nichts mehr und wissen nicht, was sie besitzen. Auch heute noch gehen und kommen neue volkstümliche Lieder, ›Volkslieder‹, wem's gefällt, aber das trieft von Sentimentalität und verschwommenen Gefühlen. Wo ist das Schlichte, Innige, Liebenswürdige geblieben? – - -«

Aus der »Wandervogelbewegung« wird die »Singbewegung«, deren erster wichtiger Vertreter Fritz Jöde (1887-1970) 1917 die *Zeitschrift »Die Laute«* übernimmt, die 1922 programmatisch umbenannt wird in *»Die Musikantengilde«*. Offene Singstunden, Singtreffen und Schulungswochen vertiefen hier den Gedanken einer Jugendmusik, der wesentlich bestimmt ist durch die Erkenntnis von der Bedeutung elementaren Musizierens, von der Hoffnung auf die Wiederbelebung des Volksliedes und von der Antihaltung gegen die Musik des modernen Schlagers. Wenn die stark weltanschaulich geprägten pädagogischen Tendenzen dieses Zweiges der Jugendmusikbewegung in der Zwischenzeit auch aufgegeben worden sind, die pädagogische Initiative für die Musikerziehung innerhalb der allgemeinen Erziehung der Jugend hat die Folge des heutigen Booms der Musikschulen – bei denen freilich die allgemein menschenbildende Tendenz hinter der der Vermittlung von technischen Fähigkeiten zurückbleibt.

Ein dritter Zweig der Jugendmusikbewegung verbreitet sich vom Sudetenland aus. Sein Haupt ist Walther Hensel (1887-1956). 1923 veranstaltet er in der kleinen Waldsiedlung Finkenstein bei Mährisch-Trübau eine erste Singwoche. Hinter seiner Arbeit steht ein neues erzieherisches Konzept: Hier dominiert nicht mehr die Vorstellung von der Menschenbildung aus elementarem Musizieren und aus dem offenen Singen einfacher Volkslieder, sondern hier ist sie gespeist aus der Aufgabe des Suchens nach dem »echten Volkslied« und aus seiner Pflege, sowie aus einem lebendigen Umgang mit »alter Musik«. Das Volkslied betreffend steht Hensels »Wertlied«-Vorstellung nämlich in bewußtem Gegensatz zur Vorstellung des anderen Zweiges der Singbewegung und zu Gustav Wynekens »Vorkunst«-Begriff. 1923 gründen Walther Hensel und seine Freunde, darunter Karl Vötterle, dessen 1923 in Augsburg gegründeter »Bärenreiter-Verlag« zunächst der Verlag der Singbewegung ist, den »Finkensteiner Bund«. Dieser gewinnt, seiner Zielsetzung entsprechend, Einfluß auf die Volksliedpflege, auf die sich ausbreitende Pflege »Alter Musik« und nicht zuletzt auf die evangelische Kirchenmusik, und zwar vor allem durch die Verbreitung des Werkes von Heinrich Schütz. Außerdem erhält von hier aus die Orgelbewegung, das Posaunenchorwesen, der historische Instrumentenbau und nicht zuletzt die historische Musikwissenschaft wesentliche Anregungen. In der musikalischen Komposition schließlich ist die 1933 erschienene *Choral-Passion* von Hugo Distler (1908-1942) als ein Niederschlag – nicht der einzige, wohl aber der bedeutendste – des neuen Geistes zu sehen, den die evangelische Kirchenmusik von der Singbewegung erhält.

1933 freilich ist zugleich das Jahr des Anfangs vom Ende der Jugendmusikbewegung in allen ihren Zweigen. Die Nationalsozialisten bemächtigen sich ihrer Ideen wie ihrer Einrichtungen und richten sie durch Mißbrauch, Übertreibung und Verfälschung zur Ideologie so zu Grunde, daß nach dem Zweiten Weltkrieg trotz eifrigen Bemühens kein nachhaltiges Wiederaufleben mehr möglich ist. Mit der Jugendbewegung ist die Singbewegung in Faschismus und Krieg untergegangen.

1910 **Igor Strawinsky** (* Oranienbaum bei St. Petersburg 1882, † New York 1971): **Ballettsuite »Der Feuervogel«** in Paris

Zu den ersten Kompositionsaufträgen, die Sergej Diaghilew für seine neugegründete Ballettkompagnie »Ballets Russes« vergibt, gehört der an Igor Strawinsky für die Musik zu einem Ballett nach dem russischen Märchen vom Feuervogel. Zwar spiegelt die Musik stark den Einfluß von Rimski-Korsakow, Strawinskys Lehrer, doch fasziniert sie in ihrer höchst eigenen phantastisch-üppigen Farbenpracht, ihrer wunderbaren Klanglichkeit und einer höchst eigenartigen rhythmischen Spontaneität. Das ursprünglich für ein sehr großes Orchester geschriebene Werk instrumentiert Strawinsky 1919 für ein mittleres Orchester um, später noch einmal für eine Konzertfassung als *»Symphonische Suite«*. Die Choreographie für die Pariser Uraufführung am 25. Juni 1910 stammt von Michail M. Fokin.

1910-13 **Claude Debussy** (1862-1918): **Préludes I und II für Klavier**

In diesem wohl bedeutendsten Klavierwerk Debussys findet sich ein Stück, von dem man sagen kann, es sei so etwas wie die Essenz seiner Musik überhaupt: *La Cathédrale engloutie (Die verschlungene/versunkene Kathedrale)*. Der Verlauf des Stücks ist bestimmt durch eine Vision (auf einer alten Legende von Fischern beruhend), wie die Kathedrale einer versunkenen Stadt aus dem Meer emportaucht, wie im Glanz ihrer Herrlichkeit die Orgel eine an Gregorianik erinnernde Weise spielt, und wie sie dann wieder ins Meer zurücksinkt, im »Zuschauer« am Ende nur das Echo der Weise hinterlassend, bis das Meer sie wieder ganz aufgenommen hat. Beim Versuch einer näheren Betrachtung der Komposition versagen die Kategorien der herkömmlichen Analyse. *La Cathédrale engloutie* ist ohne Vorzeichen notiert, muß also in C-dur stehen, was die Notierung des Schlußklangs auch zu bestätigen scheint. Aber das Stück beginnt nur scheinbar mit einem G-dur-Akkord und endet nur scheinbar mit einem C-dur-Akkord, vielmehr beginnt es mit einem Klang, für den vor seinem tonalen Ort und seiner Intervallstruktur von Belang ist, daß sein tiefster Ton das tiefste *g* des Klaviers ist, sein oberster dessen höchstes *d*, die sich jedoch wegen der übergroßen Lagenentfernung nicht zum Intervall einer Quint verbinden können, sondern nur eigentümlich zusammenklingen; nicht eigentlich ein Anfang, kein Ende, als ob das Stück irgendwo begänne und dann wie unwirklich verschwände: die musikalische Realisierung einer Vision. – Von Debussy gehen viele Impulse für die Komposition Neuer Musik aus. Sein neuartiger Umgang mit dem Klang und mit Klängen jenseits der Probleme der Tradition der Dur-Moll-Tonalität (mit denen sich also offensichtlich nicht nur Schönberg herumschlägt) ist eine Quelle der Anregung für die Frage, wie für die Organisation des musikalischen Materials aus diesem selbst heraus eine neue einheitstiftende Funktion zu gewinnen sei.

seit 1910 **Die Orgelbewegung**

Um 1910 gehen von Albert Schweitzer, Émile Rupp und F. X. Matthias Bestrebungen aus, alte wertvolle Orgelwerke, besonders aus dem 18. Jahrhundert und vor allem von Andreas Silbermann, zu erhalten, und für den neuen Orgelbau sich von den Serieninstrumenten und Riesenorgeln der Jahrhundertwende abzuwenden (»Elsässische Orgelreform«). Eine zweite, stärkere Welle geht seit 1920 von den Überlegungen des Freiburger Musikhistorikers Wilibald Gurlitt aus, der zusammen mit dem Ludwigsburger Orgelbauer Walcker in der Universität in Freiburg im Breisgau eine »Praetorius-Orgel« baut. Zu den Anführern dieser Bewegung stoßen bald Hans Henny Jahnn und Christhard Mahrenholz, die von der Entdeckung norddeutscher Meisterwerke des Orgelbaus aus dem 17. Jahrhundert (Arp Schnitger u.a.) ausgehen. – Anliegen der Orgelbewegung sind neben der Erhaltung und Wiederherstellung alter Orgelwerke die Anwendung der als vorbildlich erkannten Grundsätze der alten Meister in Disposition und Mensuren, die Rückkehr zur mechanischen Traktur und zur Schleiflade und die Bevorzugung mittelgroßer Werke mit klarem Aufbau der Register. – Wichtige Impulse für die Orgelbewegung gehen von den Orgeltagungen in Hamburg (1923), Freiburg im Breisgau (1926) und Freiberg in Sachsen (1927) aus.

1911 Igor Strawinsky (1882-1971): Ballettsuite »Petruschka« in Paris

Petruschka ist die zweite der epochemachenden Ballettschöpfungen, die Strawinsky für Diaghilew und sein Russisches Ballett schreibt. Die beste Quelle für die Entstehung ist der Komponist selbst (*Erinnerungen*): »Der Gedanke, die Vision des *Sacre du Printemps* realisieren zu müssen, bedrückte mich sehr wegen der Länge und Schwierigkeit der damit verbundenen Arbeit. Um mich abzulenken, wollte ich vorher ein Werk für Orchester komponieren, in dem das Klavier eine hervorragende Rolle spielen sollte, – eine Art von ›Konzertstück‹. Bei dieser Arbeit hatte ich die hartnäckige Vorstellung einer Gliederpuppe, die plötzlich Leben gewinnt und durch das teuflische Arpeggio ihrer Sprünge die Geduld des Orchesters so sehr erschöpft, daß es sie mit Fanfaren bedroht. Als ich das bizarre Stück beendet hatte, suchte ich nach einem Titel, der in einem einzigen Wort den Charakter der Musik und damit zugleich die traurige Figur bezeichnen konnte. Eines Tages machte ich vor Freude einen Luftsprung. ›Petruschka‹! der ewig unglückliche Held aller Jahrmärkte in allen Ländern – ich hatte meinen Titel gefunden. – Kurz darauf besuchte mich Diaghilew. Er war sehr erstaunt, als ich ihm nicht Skizzen zum *Sacre* vorspielte, wie er erwartet hatte, sondern das Stück, das eben fertig geworden war und später das zweite Bild von *Petruschka* wurde. Es gefiel ihm so sehr, daß er nicht locker ließ und mich überredete, das Thema von dem Leiden der Gliederpuppe auszuspinnen und daraus ein großes Tanzspiel zu machen… Wir arbeiteten Thema und Disposition des Stücks nach meiner Idee in großen Linien aus.« Das Ergebnis ist *»Petruschka, burleske Szenen in vier Bildern von Igor Strawinsky und Alexander Benois«*. (Benois ist Diaghilews Bühnenbildner.) Die Uraufführung findet am 13. Juni 1911 in Paris statt mit Nijinski in der Titelrolle. Die musikalische Leitung hat Pierre Monteux. – In *Petruschka* löst sich Strawinsky vom impressionistischen Klangbild; zum ersten Mal macht er Gebrauch von einer Art Polytonalität; die Instrumentierung ist anders als bisher: anstelle von Klangverschmelzungen treten Kontraste, tritt auch zeichnerische Klarheit. – *Petruschka* gehört wegen der ungeheuren Vitalität und der gestischen Schlagkraft seiner Musik zu den hervorragenden und zu den erfolgreichsten Balletten der modernen russischen Schule.

1911/18 Béla Bartók (1881-1945): Oper »Herzog Blaubarts Burg« in Budapest

1910 liest Béla Balázs, ein damals in Ungarn bekannter Dichter des Symbolismus (Schüler von Maeterlinck), Kodály, zu dessen Kreis er ebenso wie Bartók gehört, sein neues Drama vor, das er als Operntext verfaßt hat: *Herzog Blaubarts Burg*. Bartók ist von dem alten Stoff in der neuen Fassung angetan, das dramatische Motiv der erlösenden Liebe fasziniert ihn: Aus Wagnerschem Geist und unter dem Einfluß von Debussy und Richard Strauss schreibt er eine spätromantische Oper. Deren Konzeption ist symphonisch, was besonders deutlich wird dadurch, daß das Stück neben den Themen der einzelnen Bilder ein Grundthema hat, dem als Symbol des Gegensatzes Mann/Frau dramaturgisch Schlüsselfunktion für das Ganze zukommt. Die Gesangsstimmen tragen den Text in einer Art von Parlando vor. Eigentliche Melodik entfaltet eher der Instrumentalpart, dessen Aufgabe es zu sein scheint, den Text musikalisch aufzuschließen. – Die Komposition ist 1911 in einer ersten, 1912 in einer zweiten, 1918 zur Uraufführung in einer dritten Fassung abgeschlossen.

1912 Gustav Mahler (1860-1911): 9. Symphonie D-dur in Wien

Man hat diese Symphonie verstehen wollen als einen Abschied von der Musik überhaupt, als das Ende der abendländischen Musik in dem Sinne, daß ihr Werden und Wechseln in Jahrhunderten, ihre Geschichte, nun zu Ende sei – zu Ende, weil auch für die Musik das Zeitalter einer anderen Geschichtlichkeit angebrochen, und Musik deshalb neu zu denken sei. Von nun an ist jede musikalische Gegenwart wegen der Präsenz der Vergangenheit neu zu definieren und in musikalische Wirklichkeit zu verwandeln. Wie? Das ist *The Unanswered Question,* die Charles Ives 1908 komponiert hat, die für alle nun immer wieder neu zu komponieren ist. Mahler hat diese Frage verstanden – aber nicht mehr beantworten wollen, es sei denn, diese Symphonie wäre seine Antwort. Jedenfalls hat er, so scheint es, in deren vier ergreifenden Sätzen Abschied genommen (viermal, und in den Teilen des letzten Satzes jeweils noch einmal auf je verschiedene Weise) von der Welt als von der Musik, wie sie gewesen ist. Alban Berg hat das so empfunden und so beschrieben: »Ich habe wieder einmal die 9. Symphonie Mahlers durchgespielt. Der erste Satz ist das Allerherrlichste, was Mahler geschrieben hat. Es ist der Ausdruck einer unerhörten Liebe zu dieser Erde, die Sehnsucht, im Frieden auf ihr zu leben, sie, die Natur, noch auszugießen bis in ihre tiefsten Tiefen – bevor der Tod kommt. Denn er kommt unaufhaltsam. Dieser ganze Satz ist auf die Todesahnung gestellt. Immer wieder meldet sie sich. Alles irdisch Verträumte gipfelt darin (daher die immer wie neue Aufwallungen ausbrechenden Steigerungen nach den zartesten Stellen) – am stärksten natürlich bei der ungeheuren Stelle, wo diese Todesahnung Gewißheit wird, wo mitten in die ›höchste Kraft‹ schmerzvollster Lebenslust, ›mit höchster Gewalt‹ der Tod sich anmeldet – dazu das schauerliche Bratschen- und Geigensolo und diese ritterlichen Klänge: der Tod in der Rüstung. Dagegen gibt's kein Auflehnen mehr. – Es kommt mir wie Resignation vor, was jetzt noch vor sich geht...«

1913 **Lili Boulanger** (1893-1918) **erhält den Prix de Rome**

Lili Boulanger entstammt einer Musikerfamilie, die schon im 18. Jahrhundert das Pariser Musikleben mit bestimmt hat. Auch ihre Schwester Nadja Boulanger (1887-1979) ist Musikerin, ja diese soll in einem langen Leben größere Berühmtheit erlangen, obwohl sie mit keiner ihrer Kompositionen den Rang ihrer Schwester erreicht. Aber Nadja Boulanger ist dafür eine begnadete Lehrerin der musikalischen Komposition, zu der in Jahrzehnten namhafte junge Talente geradezu pilgern, von Conrad Beck und Aaron Copland angefangen; auch ist sie mit den größten Geistern ihrer Zeit befreundet, von Igor Strawinsky bis Paul Valéry. Lili Boulangers musikalische Karriere hingegen ist durch eine früh einsetzende und bald zum Tode führende Krankheit behindert. Nach weniger bedeutenden, aber viel versprechenden Jugendwerken wird sie 1912 Schülerin von P.-A. Vidal, bekommt sie schon nach einem Jahr für die *Kantate »Faust et Hélène«* den vielbegehrten Rompreis des Pariser Conservatoire, der damit zum ersten Mal einer Frau zuerkannt wird, und der Lili über Nacht weltberühmt macht. Aber der erste Weltkrieg macht die Hoffnungen zunichte, und als er zu Ende ist, stirbt sie – elf Tage vor Debussy, den sie so sehr verehrt hat. Ihr Stil erreicht 1916 in drei großen *Psalmvertonungen* (Ps. 24, 129, 130) seine höchste Höhe. Dazwischen begegnet in dem Liederzyklus *Clairières dans le ciel* (nach Fr. Jammes; 1914) eine Welt intimerer musikalischer Gedanken, die ihre expressiv romantische Grundhaltung erkennen läßt (Chailly 1973). Die *Oper »La Princesse Madeleine«* (nach Maeterlinck), die ihr Hauptwerk hätte werden sollen, bleibt unvollendet.

1913 **Igor Strawinsky** (1882-1971): **Ballettmusik »Le Sacre du Printemps«** (»Das Frühlingsopfer«) in Paris

»Als ich in St. Petersburg die letzten Seiten des *Feuervogels* niederschrieb, überkam mich eines Tages – völlig unerwartet, denn ich war mit ganz anderen Dingen beschäftigt – die Vision einer großen heidnischen Feier: alte weise Männer sitzen im Kreis und schauen dem Todestanz eines jungen Mädchens zu, das geopfert werden soll, um den Gott des Frühlings günstig zu stimmen. Das war das Thema von *Sacre du Printemps.«* Dies ist zweifellos ein vergleichsweise abstrakter Stoff für ein Ballett. Seine Idee ist, das elementare Erlebnis des Frühlings in einzelnen Stationen darzustellen. »Ich möchte der ganzen Komposition das Gefühl der Verbundenheit des Menschen mit der Erde geben, und das versuche ich in lapidaren Rhythmen auszudrücken. Die ganze Sache muß von Anfang bis Ende im Tanz ausgedrückt werden; kein Takt pantomimische Darstellung.« – Die Premiere des *Sacre* am 29. Mai 1913 in Paris geht als einer der größten Skandale in die Musikgeschichte ein. Jean Cocteau erinnert sich: »Bei der Uraufführung des *Sacre* spielte der Saal die Rolle, die er spielen mußte: er revoltierte von Anfang an. Man lachte, höhnte, pfiff, ahmte Tierstimmen nach, und vielleicht wäre man dessen auf die Dauer müde geworden, wenn nicht die Menge der Ästheten und einige Musiker in ihrem übertriebenen Eifer das Logenpublikum beleidigt, ja tätlich angegriffen hätten. Der Tumult artete in ein Handgemenge aus ...« Auch die weitere Geschichte des Stücks ist schlimm: Den einen scheint Strawinsky mit dem Teufel im Bunde, andere tragen ihn nach der Aufführung im Triumphzug durch die Straßen. Jahrelang noch bleibt die Reaktion auch in der Presse zwiespältig. Als Wilhelm Furtwängler das Werk 1924 in Berlin aufführt, steht in der Kritik »... Stilistisch ebenso unmöglich wie nach künstlerischer Wertlosigkeit!... Endlich aber ein ernstes Wort an Wilhelm Furtwängler, den geistigen Träger und verantwortlichen dieser Veranstaltungen, die unter des unvergeßlichen Arthur Nikisch ästhetisch feinsinniger Führung das höchste Ansehen hatten. Identifiziert sich Furtwängler mit dieser Art von ›Erziehung zur Kunst‹, so wird er die Konsequenzen aus dieser Tatsache ziehen müssen und sich nicht wundern dürfen, wenn wir bekennen, daß wir uns in ihm und seiner Führung getäuscht hatten. Kommt es ihm aber nur darauf an, die Leute mit der grotesken Fratze des krankhaften Modernismus bekannt zu machen, so mag er mit den ›Kostproben‹ Strawinsky-Schönberg des graumsane Spiels genug sein lassen...« Allerdings gibt es auch andere Kritiken – nur laue, unverbindlich unentschiedene Kritiken finden sich nicht. Ein extremes »Werk des Bekenntnisses«, wie Strawinsky es selbst nennt, muß entweder Ablehnung oder Begeisterung provozieren; der Mittelweg kommt nicht in Frage. – Die großen Daten in der Geschichte des *Sacre* sind Konzertaufführungen und Schallplatteneinspielungen. Auf der Bühne wird das genuine Tanzwerk nie recht heimisch. Ist es auch konzipiert als Bilderfolge, so wird es bald, schon in den 20er Jahren, als eines der Hauptwerke absoluter Musik verstanden, nicht unbestritten zwar – Schönbergs bissiges Wort, es gäbe »keine sackere Gasse als *Sacre«* steht für eine ganze ästhetische Richtung – aber als epochales Werk auch von den Gegnern anerkannt. Eine breitere Rezeption beginnt freilich erst nach dem Zweiten Weltkrieg. – Wer den *Sacre* hört, hat den Eindruck einer Folge von in sich mehr oder weniger einheitlichen, gegeneinander aber deutlich unterschiedenen Abschnitten, und in einigen von ihnen werden Steigerungen von so mitreißender und aggressiver Gewalt aufgebaut, daß man sie nicht ohne Herzklopfen hören kann. Teils entlädt sich ihre Spannung, teils bricht sie plötzlich ab. In anderen Abschnitten herrscht friedliche Ruhe – freilich stets eine Ruhe vor neuen Ausbrüchen. Insgesamt entspricht der Höreindruck einer steigenden Spannungskurve mit retardierenden Zwischenstufen – so kann man vielleicht sagen.

Strawinsky erregt mit dem *Sacre* Anstoß. Hauptursache dafür ist das Klangmaterial, sind die Instrumente und – entscheidend – wie sie behandelt werden. Daß Strawinsky mit dem *Sacre* seine eigene Musiksprache gefunden und zugleich ein mögliches Idiom für Neue Musik geschaffen hat, steht außer Zweifel. Ob er jedoch schon mit diesem Werk einen Paradigmenwechsel in der musikalischen Komposition vollzieht, ist zu bezweifeln. Der große Einschnitt in Strawinskys Werk liegt nicht vor dem *Sacre*, sondern danach: Aus einer neuen Grundeinstellung zur Frage der Zeit nach dem, was Musik jetzt sein kann oder sein muß, sind neu erst *Die Geschichte vom Soldaten* (1918) und das *Ballett »Pulcinella«* (1919/20), um die beiden wichtigsten, die in der Tat Epoche machenden Werke zu nennen.

1914 **Max Reger** (1873-1916): **Mozart-Variationen**

Wahrscheinlich sind diese *Variationen und Fuge über ein Thema von Mozart* (aus der *A-dur-Klaviersonate* KV 331) für großes Orchester op. 132 Regers bedeutendstes, sicherlich sein bekanntestes Werk. Fraglich aber ist, ob es Reger in seinem Wollen und Wirken am besten charakterisiert. Sicherlich, wenn man in ihm den Spätromantiker sieht, gar den deutschen Impressionisten, der mit sensibel-nervösem Klang- und Akkordbewußtsein mit den Möglichkeiten des riesigen Orchesterapparats spielt, um durch Instrumentalfarben vor allem die Harmonik in ihrem Ausdruck zu stützen. Sicherlich auch dann, wenn man den Titanen höchst sensibel auf die Zeitenwende reagieren hört – obwohl das eher in der Kammermusik zu hören ist. Kaum allerdings, wenn man an den Kirchenmusiker und Organisten Reger denkt. Dann nämlich sind Orgelkompositionen seine Hauptwerke, dann auch ist sein Wirken als Universitätsmusikdirektor in Leipzig (seit 1907) und als Kompositionslehrer am dortigen traditionsbewußten Konservatorium von höherem Belang als seine Tätigkeit als Generalmusikdirektor in Meiningen (1911-1914).

5. Februar 1916 **Das sogenannte »Historische Symphoniekonzert«** in Agram/Zagreb, Kroatien

Ein neuer Abschnitt der Kroatischen Musikgeschichte beginnt mit diesem Orchesterkonzert (zweimal wiederholt), in dem unter Leitung von Fridrik Rukavina folgende Werke zur Aufführung kommen: K. Baranović: *Konzert-Ouvertüre,* B. Širola: *Notturno für Sopran und Orchester,* F. Dugan: *Symphonisches Andante,* S. Stančić: *Symphonisches Scherzo,* Dora Pejačević: *Klavierkonzert,* A. Dobronić: *Karneval.* Die Komponisten und ihre Werke (bisher pflegte man hier kaum Orchestermusik dieser Art!) lassen erkennen, daß mit einer neuen Generation eine neue Epoche angebrochen ist, und die Zeit, die von Ivan Zajc und seinen Zeitgenossen bestimmt war, versinkt. Zwar dominiert hier eine Art Neuromantik mit impressionistischen Anklängen, dennoch wirkt das Konzert wie eines mit »Neuer Musik« – es wirkt wie ein Signal zu einer neuen Kroatischen Musik. Was längst schon im Gange war, rückt mit einem Mal ins allgemeine Bewußtsein, und der Weg ins 20. Jahrhundert wird frei. Zwar sprechen die Kritik und später auch die Wissenschaft für diese Werke noch von Nationalstil und Rückgriff auf Folklore, doch kann von beidem hier im Grunde nicht mehr die Rede sein.

1916 **Erich Wolfgang Korngold** (1897-1957): **Operneinakter »Der Ring des Polykrates«** und **»Violanta«** in München

Wie weit weg in der Vergangenheit dünkt uns doch manchmal das Ende des 19. Jahrhunderts, die musikalische Spätromantik, und wie stark ist unser Jahrhundert ihr dennoch verbunden. Um dies wahrzunehmen, muß man nicht immer nur an Schönberg denken oder an Strawinsky, an Strauss oder Pfitzner. Auch weniger berühmte gute Musiker haben den Weg gehen müssen, für den es keine Wegweiser gab. Korngold etwa sagt 1946 von sich selbst: »First I was a prodigy, then a successfull opera composer in Europe..., and then a movie composer... I feal I have to make a decision now, if I don't want to be a Hollywood composer the rest of my life.« Mit den beiden heiteren Operneinaktern erregt Korngold 1916 in München Aufsehen. Daraufhin wird er nach Wien engagiert, wo diese beiden Werke 1919 für die Festaufführung zum 50jährigen Bestehen der Hofoper ausgewählt werden. Also hoffnungsvolle Anfänge eines, der im 20. Jahrhundert weiterhin offen die musikalische Sprache zu sprechen wagt, die er für sein spätromantisch denkendes Herz gelernt hat? Diese Position läßt sich *nicht* halten! Korngold geht nach Hollywood, wo solche Musik als Filmmusik allerdings durchaus gefragt ist. Für etwa 15 größere Filme der Warner Brothers Filmgesellschaft schreibt er die Musiken. Freilich, seine »main ambition is to write music to fit the picture, that will still be music without the picture. Writing for the films is like writing an opera.« Nicht einmal das schöne *Violinkonzert* (D-dur op. 35, 1945) und das *Violoncellokonzert* (C-dur op. 37, 1946) sind in das Repertoire aufgenommen worden.

1916, 1933 Karol Szymanowski (1882-1937): 2 Violinkonzerte

Bei nur wenigen Komponisten ist das Mißverhältnis zwischen künstlerischer Bedeutung und Rezeption so eklatant wie bei Szymanowski. In seiner Heimat verehrt als erster polnischer Komponist von Weltrang nach Chopin sowie als Vaterfigur des modernen polnischen Musiklebens und der bedeutenden polnischen Neuen Musik nach dem ersten Weltkriege, ist er im Westen meist nur dem Namen nach bekannt. Seine Werke sind, mit Ausnahme der beiden *Violinkonzerte* und des *Stabat Mater,* in unseren Konzertsälen nur spärlich vertreten und auch auf Schallplatten kaum zugänglich. Dies ist um so erstaunlicher, als Szymanowskis Musik, zumal seine avancierteste, keineswegs hermetisch ist, sondern im Gegenteil eine unmittelbare sinnliche Faszination auszuüben vermag. Die ästhetische Unerheblichkeit der Versuche vor Augen, unmittelbar aus Chopinschem Idiom und aus Volksmusik eine polnische Kunstmusik zu gewinnen, versucht er (wie viele andere Künstler seiner Zeit), der polnischen Kunst Profil zu verschaffen durch den umgekehrten Weg, nämlich den der individuellen Aneignung des fortgeschrittensten Standes der Komposition seiner Epoche. Und doch nutzt Szymanowski zunehmend Material aus der Volksmusik zur Bildung fester thematischer Gebilde (*Mazurken* op. 50, 1924/25) und großer Formen (*Ballett Harnasie* op. 55, 1923/31; *Stabat Mater* op. 53, 1925/26), die schließlich den höchsten Grad von Freiheit und klanglicher Differenzierung erreichen, dabei aber thematisch gestaltenreicher und formal prägnanter sind als die meisten Werke seiner früheren »dionysischen« Phase (zweites *Streichquartett op. 56,* 1927; zweites *Violinkonzert op. 61,* 1933). – Ohne Szymanowski sind viele Entwicklungen in der Musik unseres Jahrhunderts nicht denkbar. Die polnische Komponistengeneration nach dem Zweiten Weltkrieg beruft sich nahezu einhellig auf den »Vater der modernen Musik Polens«, doch auch Komponisten wie Aribert Reimann verweisen auf Szymanowskis klangästhetizistischen Stil als Vorbild (Zehentreiter 1987).

1917, 1924, 1929 Ottorino Respighi (1879-1936): Symphonische Dichtungen »Fontane di Roma«, »Pini di Roma« und »Feste romane«

Im 19. Jahrhundert ist das italienische Musikschaffen auf die Oper konzentriert. Rossini, Bellini, Donizetti, Verdi, um nur die wichtigsten Namen zu nennen, komponieren jeweils nur wenige Instrumentalsachen. Erst gegen Ende des Jahrhunderts regt sich das Interesse an Instrumentalmusik wieder, bei Giovanni Sgambatti (1841-1914) etwa und bei Giuseppe Martucci (1856-1909), dem Lehrer Respighis. – Der Hauptzug von Respighis Werken ist die Ausgeglichenheit zwischen den dominierenden traditionellen Elementen einerseits und den Ausdrucksmitteln moderner Musik andererseits. Man hat ihn deshalb einen Eklektizisten genannt, oder man zählt ihn, was eher zutrifft bzw. mehr über seine Musik aussagt, zu den Impressionisten. – Wie immer wieder im 19. Jahrhundert und bis tief ins 20. hinein taucht auch bei Respighi das Problem auf, ob er seiner »Ausdrucksmusik« »Programme« beifügen soll oder nicht. Respighi tut es. Das zur ersten seiner drei großen *Symphonischen Dichtungen* beginnt dann zum Beispiel so: »In dieser Symphonischen Dichtung hat der Komponist Empfindungen und Visionen ausdrücken wollen, die in ihm beim Anblick von vier römischen Brunnen wach wurden, und zwar jedesmal zu jener Tageszeit, in der ihre Eigenart am meisten mit der Umgebung übereinstimmt und ihre Schönheit auf den Betrachter den stärksten Eindruck macht.« Im dritten Satz der *Pini di Roma,*

»Die Pinien auf dem Gianicolo«, setzt Respighi übrigens den von einer Schallplatte einzuspielenden Originalton einer Nachtigall zum leise fortklingenden Orchestersatz: Inbegriff der impressionistischen Vorstellung einer Verbindung zwischen der erklingenden Natur und der hörenden Seele, die musikalisch widerklingt.

1918 **Dora Pejačević** (1885-1923): **Symphonie fis-moll op. 41**

Unter den wenigen komponierenden Frauen ist Dora Pejačević wahrscheinlich die bedeutendste, auch wenn sie mit anderen das Schicksal teilt, kaum beachtet worden und nahezu unbekannt geblieben zu sein. Ihre musikalische Sprache entwickelt sich von einem postromantischen, durch Schumann und Brahms beeinflußten Idiom über jugendstilhafte Gestik und impressionistische Bereicherung der Klangpalette zu expressionistischer Steigerung des Ausdrucks. In ihren großen Werken bleibt sie den traditionellen Formen verbunden, obwohl Tendenzen zu anderen Lösungen bemerkbar sind. In kleineren instrumentalen Formen und in Liedern fühlt sie sich offener gegenüber den neueren künstlerischen Tendenzen ihrer Zeit: an manchen Stellen durchbricht sie die Grenzen der traditionellen Ausdruckswelt und gelangt zu persönlichen, sehr differenzierten Formulierungen der musikalischen Sprache. Von den seit 1908 in dichter Folge entstehenden, sorgfältig gearbeiteten Werken (insgesamt 57) sind an Instrumentalkompositionen vor anderen zu nennen: *Klaviertrio* op. 29 (1910), *Slawische Sonate* für Violine und Klavier op. 43 (1917) und das *Klavierkonzert* op. 33 (1913), von den Liedern *Drei Gesänge* op. 53 (1920) nach Texten von F. Nietzsche (andere Lieder, auch Orchesterlieder, nach Texten von R. M. Rilke und Karl Kraus). Die *Symphonie fis-moll* (zwei Sätze 1918 in Wien, das ganze Werk 1920 in Dresden uraufgeführt; Arthur Nikisch plante eine Aufführung in Leipzig, doch starb der Dirigent während der Proben 1922, und das Konzert mußte ausfallen) gehört, zusammen mit den Orchesterwerken von B. Bersa, zu den ersten Beiträgen Kroatiens zur neueren symphonischen Musik europäischen Ranges – im Lande selbst freilich zunächst ohne Resonanz, weil der Stil der Pejačević nicht der herrschenden neo-nationalen Richtung in der musikalischen Komposition entsprach. Erst neuerdings erwacht mit dem allgemeinen Interesse an der Wiener Moderne um die Jahrhundertwende und am »musikalischen Jugendstil« auch das an dieser Musik. (Kos 1987)

1919 **Manuel de Falla** (1876-1946): **Ballett-Suite »Der Dreispitz«** in London

In seinen Gesprächen mit Robert Craft berichtet Igor Strawinsky: »Eines Tages im Jahre 1910 wurde mir ein Herr vorgestellt. Ich hielt ihn, diesen Manuel de Falla, für einen *Homme sérieux;* und in der Tat, nie bin ich einer kompromißloseren religiösen Natur begegnet als ihm – und nie einem Menschen, der weniger für Äußerungen des Humors übrig hatte. Ich habe niemand gekannt, der so scheu gewesen wäre wie er... Er hat indessen dirigiert, und auch Cembalo gespielt – in seinem *Concerto für Cembalo* (oder Klavier) und 5 Instrumente (1923/26), einem Stück, das ich bewundere und auch schon selbst dirigiert habe... Als ich ihm nach der Premiere seines *El Sombrero de tres Picos* (in London 1919 durch Diaghilews Ballets Russes, unter Leitung von Ansermet, mit der Ausstattung durch Picasso) sagte, das musikalisch Beste in seiner Partitur sei nicht unbedingt das am meisten ›Spanische‹, wußte ich, daß ihm dies Eindruck machen würde. Und er ist noch gewachsen, wenn auch sein Material so klein war, daß er nicht viel weiter wachsen konnte. Ich betrachtete ihn als den loyalsten aller meiner Musikerfreunde. Während beispielsweise Ravel mir nach *Mavra* den Rücken kehrte – von meinen späteren Werken hat er nur die *Psalmensymphonie* zur Kenntnis genommen –, hat Falla an allem, was ich noch schrieb, Anteil genommen. Er hatte ein sehr feines Ohr, und ich glaube, seine Anerkennung war echt.« Man sagt manchmal, die künstlerische Bedeutung von Falla für Spanien sei der Béla Bartóks für Ungarn vergleichbar. Nun, er verarbeitet in der Tat wie jener Melodik und altertümliche Harmonik von (andalusischer) Volksmusik und verbindet sie mit Anregungen des französischen Impressionismus (Debussy, Ravel) zu einem Stil von zugleich persönlicher und nationaler Prägung. Trotzdem stimmt der Vergleich nicht! Denn Bartók nutzt sein aufgenommenes Material anders als Falla, nämlich zu einer tatsächlich Neuen Musik, die das Ausgangsmaterial dann ganz zurückläßt.

seit 1920 **Salzburger Festspiele**

Es sind nicht zuletzt das Erlebnis des Kriegs und patriotische Gedanken, die 1917 zur Gründung einer »Salzburger Festspielhausgemeinde« führen, welche die Voraussetzungen für die Salzburger Festspiele schafft. Dann ist es das Bewußtsein der Verantwortung des Künstlers gegenüber der Tradition des Abendlandes, das die Literaten, Musiker und Interpreten für Salzburg verpflichtet, vor allen anderen Hugo von Hofmannsthal, in dessen alljährlich auf dem Domplatz aufgeführtem *Jedermann* (1911; Wiederbelebung eines mittelalterlichen Mysterienspiels) und in dessen *Salzburger Großem Welttheater* (1922; nach Calderon; eine Art von Fortsetzung des barocken Welttheaters in Salzburg) dieses Traditionsbewußtsein bis heute real wirkt. Daneben spielt die Salzburger Mozart-Tradition eine Rolle (Mozart-Feste 1877-1910) und, vor allem in neuerer Zeit, der Wunsch nach vorbildlich wirkenden Wiedergaben bedeutender Werke durch die besten Künstler. Nach der großen Zeit mit Max Reinhardt anfangs der 20er Jahre hat sich der Schwerpunkt der Festspiele ganz zur Musik hin verlagert. – Unter den vielen Festspielen der Gegenwart nehmen die Salzburger Festspiele wahrscheinlich noch immer den ersten Rang ein. Sie finden alljährlich im Sommer statt (Ausnahme 1924 und 1944). Seit 1967 gibt es auch Oster-Festspiele in Salzburg. Die Motivation für diese dürfte freilich mehr kommerzieller Art sein. – Trotz einer insgesamt mehr konservativen Programmpolitik haben doch auch immer wieder Werke der Moderne und Neuer Musik hier ihre Uraufführungen erlebt, z.B. 1947 Gottfried von Einems *Dantons Tod* (nach Büchner), 1949 Carl Orffs *Antigonae* (nach Sophokles), 1953 Einems *Der Prozeß* (nach Kafka), 1966 Hans Werner Henzes *Die Bassariden* (nach Euripides' *Bacchantinnen*), um nur die vielleicht wichtigsten zu nennen.

NEUE MUSIK

XII.
Musik zwischen etwa 1910 und etwa 1950

Noch einmal muß ich den Leser darauf hinweisen, daß die großen Abschnittsüberschriften »Mittelalter«, »Renaissance« etc. in dieser »Musikgeschichte« nur zur ersten und allgemeinen Orientierung verwendet sind, *nicht* als musikgeschichtliche Epochenbezeichnungen. Sie sind eingebürgert und scheinen unvermeidbar, deshalb sind sie auch hier nicht vermieden. Aber sie weisen allesamt nicht auf Musik-Spezifisches hin, denn sie sind aus anderen Gebieten der Geistesgeschichte und Kunstwissenschaft entliehen. Ähnliches gilt für die Begriffe »Moderne Musik« und »Neue Musik«. Auch sie sind von anderen Bereichen übernommen. Richtiger, weil weniger »tendenziös«, sind wahrscheinlich unsere hier mit römischen Zahlen durchnumerierten Kapitelüberschriften, die lediglich zeitliche Abgrenzungen geben. Aber diese »Neutralität« stimmt gerade nicht zur Sache der Musik im 20. Jahrhundert, weil sie für die Orientierung etwas Wesentliches unterdrückt, nämlich den Hinweis, der über eine Art von Charakteristik nicht nur nützlich sondern notwendig ist. Man bedenke einmal: Im selben Jahr 1918, in dem Debussy stirbt und Karl Straube in Leipzig Thomaskantor wird, erscheinen auf der Bühne von Richard Strauss *Ariadne auf Naxos* (2. Bearbeitung), von Giacomo Puccini *Gianni Schicchi,* von Franz Schreker *Die Gezeichneten,* von Igor Strawinsky *Die Geschichte vom Soldaten,* vier Werke, die gleichzeitig entstehen und aufgeführt werden, aber doch zu verschiedenen musikgeschichtlichen Epochen zu zählen sind, zur späten »Romantik«, zur »Moderne« und zur »Neuen Musik«. Bei dieser merkwürdigen Zuordnung ist *beides* wichtig und für die Zeit charakteristisch: die Gleichzeitigkeit *und* die Ungleichzeitigkeit. Der Leser ärgere sich also bitte nicht, wenn er eventuell zeitgleiche Werke in verschiedenen Kapiteln findet. – Daß man bei der Zuordnung im einen oder anderen Fall verschiedener Meinung sein kann, bleibt unbestritten!

1. Vorbemerkungen: Zur geistigen Situation der Zeit für die musikalische Komposition – und zu den Konsequenzen daraus für Produktion und Reproduktion von Musik der Gegenwart

Neue Musik heißt lateinisch Musica nova. Mehrmals hat es in der abendländischen Musikgeschichte Epochen gegeben, in denen Zeitgenossen von der neu entstehenden Musik den Eindruck hatten, sie sei völlig anders als die bisherige, nämlich Produkt einer Ars nova, durch welche alle bisherige Musik als die einer Ars antiqua in den Orkus der Vergangenheit verstoßen werde. Davon allerdings, daß neue Musiken von den Zeitgenossen nicht akzeptiert und alte Musiken statt ihrer über längere Zeit bevorzugt und absichtlich gegen die neue gebraucht worden seien, davon ist in der Musikgeschichte nirgendwo die Rede. Gewiß, Ewig-Gestrige hat es unter den Kunstliebhabern und den Kunstkritikern immer gegeben und wird es immer geben, andererseits werden anspruchsvolle Werke der ersten Komponisten nie und nirgendwo gleich beim ersten Hören verstanden und sofort allgemein rezipiert – ganz davon abgesehen, daß für nicht wenige hochbedeutende Kompositionen die Möglichkeit, ins große Repertoire zu gelangen, überhaupt nicht besteht, weil sie »zu schwer« sind, wie man so sagt. Niemals aber hat man, hat jedenfalls die überwiegende Zahl der Rezipienten, für eine zeitgenössische Musik die Frage gestellt, ob sie überhaupt Musik sei. Im 20. Jahrhundert aber kommt eben diese Frage auf, wird sie möglich, ja notwendig. So dumm und so böse, wie man oft behauptet, ist die Frage übrigens nicht, denn sie ist nur selten rein rhetorisch gemeint. Vielmehr zielt sie auf die Definition von Musik, weil sie aus einer bangen Ungewißheit kommt: »Wenn die Musik, mit der ich aufgewachsen bin, die ich als *meine Musik* betrachte, spiele, höre, empfinde, wenn diese Musik das definiert, was wir Musik nennen, dann ist tatsächlich zu fragen, ob die *neue* Musik nicht in der Tat neu ist derart, daß sie neu zu definieren versucht, was ich durch *›alte* Musik‹ für endgültig definiert halte.« Georgiades hat das Problem, um das es im 20. Jahrhundert geht, 1954 in der Einleitung zu *Musik und Sprache* knapp und bündig dargestellt: »Geht man von der Erfahrung aus und fragt sich, was wir heute unter Musik verstehen, so findet man, daß wir ihr anders begegnen als unsere Vorfahren. Denn noch bis vor kurzer Zeit, bis zu der Zeit Beethovens oder Schuberts, galt als Musik im allgemeinen Bewußtsein so gut wie ausschließlich die jeweils zeitgenössische und jüngstvergangene. Seitdem ist es aber anders geworden; nach den Wiener Klassikern hat sich die Situation geändert. Mendelssohn, Schumann und Brahms, Berlioz, Liszt und Wagner, später Richard Strauss, sie alle verkörperten im Bewußtsein ihrer Zeitgenossen nicht mehr die Musik schlechthin. Sie selbst widmeten sich auch der Interpretation der Musik der Vergangenheit. Von jetzt ab betrachtete und vermittelte man die älteren Werke als ebenso gültige, gegenwärtige Musik wie die neu entstehenden. So war schon die Musikpflege des späteren 19. Jahrhunderts stark durch die Vergangenheit mitbestimmt. Im Verlauf des 20. Jahrhunderts änderte sich abermals die Situation zugunsten der älteren Musik. Und dies nicht nur im Konzertsaal: Erscheinungen wie die Jugendbewegung, die Volksliedpflege, die Hausmusikpflege haben dazu verholfen. Auch die musikhistorische Forschung hat das Ihrige beigetragen. So ist im Verlauf der letzten 125 Jahre [das wäre heute wohl umzuformulieren: zwischen rund 1830 und 1960] eine grundlegende Wandlung im musikalischen Bewußtsein vor sich gegangen, es hat eine Umwälzung des Begriffs Musik stattgefunden. Für den Musiker und Musikfreund von heute, ja selbst für den Komponisten bildet das zeitgenössische Schaffen nur einen geringen Teil dessen, was man als aktuelle Musik bezeichnen könnte. Denn heute erheben die Werke der Vergangenheit Anspruch auf Erklingen; sie stehen als wirkende Macht da. Dieser Drang, die Musik der Vergangenheit in das Bewußtsein von heute einzubeziehen, ist so mächtig geworden, daß nicht mehr die Rede sein kann von einem eklektizistischen Verhältnis zu gewissen vergangenen Zeiten oder von einem willkürlichen Herausholen bestimmter großer Komponisten und berühmter Werke oder von einer bloßen Sehnsucht nach dem Vergangenen. Man will mehr; man hat das Bedürfnis, die Musik in ihrer Totalität als Einheit zu begreifen – die gesamte Musik, die in uns lebt, die in uns zu leben berechtigt ist. Das ist aber *unsere* Musik, die unserer eigenen Vergangenheit und Gegenwart. Man will sich nicht mehr nur mit den zufälligen, schon zugänglichen Ausschnitten bescheiden. Man möchte alle Glieder ohne Lücke wiederherstellen und diese Reihe als Werden und Wechseln begreifen. Man möchte in dieser Totalität, in dieser genetisch zu verstehenden Einheit, den Inbegriff der Musik erblicken. Für den Menschen von früher war Musik etwas in gewissem Sinn zufällig Bestimmtes: das, was in seiner eigenen Gegenwart entstand. Der Begriff von Musik war statisch, er enthielt in sich nicht die Dimension des Werdens, der Zeit. Es ist verständlich, daß, wer über das Musikalische nachdenken wollte, zwar von dem zufällig gegebenen Ausschnitt ausging, bald aber davon und somit von jeder historischen Gegebenheit abstrahierte, um möglichst auf dem Wege der reinen Spekulation, als Philosoph, das musikalisch Wesentliche aufzusuchen.

Wie anders wird das musikalische Bewußtsein heute bestimmt! Indem die Musik als eine genetische Reihe, als ein Ganzes verstanden wird, gewinnt sie die Dimension der Zeit. Von diesem nunmehr notwendigen Faktor kann man nicht mehr absehen. Verbindliches über Musik läßt sich von jetzt ab nur aussagen, indem man den eigentümlichen Beziehungen zwischen Bleibendem und Wechselndem nachgeht. Man entdeckt bald, daß Wesen und Werden inniger miteinander verquickt sind, als man in früheren, naiveren und, wenn man so will, begnadeteren Zeiten ahnte; daß sie unlösbar miteinander verbunden sind. Man entdeckt, daß in dem Wesentlichen viel mehr Historisches steckt als früher vermutet, daß Musik geradezu nur als Werden darstellbar ist.«

Man erlaube, daß ich das Gesagte praktisch illustriere: Man stelle sich vor, der Pastor einer großen evangelischen Kirche bespreche mit seinem Kantor, wie man ein bevorstehendes hohes Fest im Kirchenjahr, etwa den Karfreitag, musikalisch gestalten soll. Zu J. S. Bachs Zeit wäre da die Aufführung einer Passionsmusik zu beschließen und vorzubereiten gewesen, und, falls diese einmal nicht von Bachs Komposition sein sollte, so hätte man gewiß einen anderen Zeitgenossen gebeten, kaum aber wäre man auf die Idee gekommen, das Werk eines Meisters einer längst vergangenen Zeit zu nehmen, etwa von Heinrich Schütz. Sollte heutigen Tages bei einer solchen Besprechung dagegen der Kantor selbstverständlich eine eigene neue Komposition vorschlagen, so wird der Pastor zumindest denken: »Sollten wir nicht vielleicht doch besser eine der wunderbaren Passionen von Bach oder von Schütz aufführen? Es ist doch schon schwer genug, die Leute in die Kirche zu bekommen... Und einfacher aufzuführen sind die alten Sachen allemal!« Freilich, die Situation ist auch umgekehrt denkbar, daß nämlich der Kantor nicht zu einer eigenen Komposition zu bewegen ist, und das nicht, weil er eventuell nicht selbst komponieren kann, sondern weil er angesichts der vielen großen Werke und ihrer Beliebtheit – fast möchte man sagen: weil er angesichts des historischen Drucks – den Mut zur selbständigen Neufassung einer bestimmten kirchlich-musikalischen Aufgabe nicht aufbringen kann. Welcher von den beiden genannten Kantoren im Hinblick auf die geistige Situation der Zeit richtiger handelt, jener, der glaubt, seine Aufgabe wie die aller Kantoren seit eh und je erfüllen zu müssen, oder dieser, der den Mut zum Verzicht hat und die Apperzeption des Werkes aus einer anderen Zeit hier und jetzt als Aufgabe wagt, das ist keineswegs ausgemacht.

Auf die neue Situation im Musik-Denken reagieren – modern ausgedrückt – Produktion und Rezeption empfindlich, allerdings durchaus verschieden. Immerhin hat schon Franz Schubert gesagt: »... aber wer vermag nach Beethoven noch etwas zu machen?«, immerhin hat sich Johannes Brahms jahrelang nicht entschließen können, Symphonien zu schreiben, weil ihn gerade in dieser Gattung Beethovens Schatten bedrängte. Auf der anderen Seite ist ein Meister wie Hans Pfitzner als Komponist, Dirigent, Schriftsteller und Theaterregisseur zeit seines Lebens mit Entschiedenheit für die Rückbesinnung auf die Grundlagen der musikalischen Romantik eingetreten und hat aus tiefer Überzeugung nie aufgehört, gegen die Tendenzen seiner Zeit, die ihm durch Verfallserscheinungen gekennzeichnet schien (*»Futuristengefahr«*), anzugehen. Jedenfalls haben alle Komponisten, die mit ihren Werken die Epoche der Neuen Musik einleiten und dann als Hauptvertreter tragen sollten, in ihren Anfängen die musikalische Sprache der Spätromantik oder des musikalischen Impressionismus fortgesetzt und erst als reife und anerkannte Künstler mit der Vergangenheit gebrochen, so, um nur zwei zu nennen, Arnold Schönberg in den *Drei Klavierstücken op. 11* (1909), Igor Strawinsky in *Der Geschichte vom Soldaten* (1918).

2. »Neue Musik«

Der Begriff »Neue Musik« ist gebildet in Parallele zu dem Begriff »Neues Bauen«, den H. Häring 1926 für die Architektur und darin für eine seit 1900 zunehmend Anhänger findende »neue Gesinnung beim Bauen« geprägt hat. Keineswegs ist alle neu entstehende Musik unter den Begriff »Neue Musik« zu subsumieren, vielmehr bezeichnet man als »Neue Musik« die seit dem Beginn des 20. Jahrhunderts entstehende Musik, welche sich durch besondere Eigenart oder durch experimentellen Charakter von traditionsgebundenen Werken unterscheidet. Gepflegt wird »Neue Musik« hauptsächlich in eigenen Veranstaltungen, in »Musica viva-Konzerten« oder bei »Tagen Neuer Musik«, in eigenen Studios und speziellen Sendungen der großen Rundfunkanstalten, auch an bestimmten Orten in wiederkehrenden Konzert- und Veranstaltungsreihen. Sie führt also, weil die Übernahme in die traditionelle Musikpflege Schwierigkeiten bereitet – das Publikum sperrt sich nach wie vor –, abseits vom allgemeinen Musikbetrieb ein eigenes Dasein, erfreut sich dabei allerdings der Zustimmung eines eigenen Publikums, das alles versteht und das meiste goutiert, und sich gegen Nicht-Insider sorgfältig abschirmt. So berichten zwar alle besseren Tageszeitungen getreulich jeden

Herbst, was es zum Beispiel bei den »Donaueschinger Musiktagen« alles Neues gegeben hat, aber Resonanz finden die Berichte ebensowenig wie die Konzerte. Das freilich ist nicht immer so gewesen. Als nach dem 2. Weltkrieg und der Zeit der Verfemung der »Entarteten Kunst« in Deutschland endlich wieder Neue Musik zu spielen und zu hören war, da haben sich alle Musiker und ein zwar kleiner aber wichtiger Teil des Publikums für alles, was da geboten wurde, geradezu brennend interessiert. Karl Amadeus Hartmanns Münchener, Wolfgang Fortners Heidelberger »Musica viva-Konzerte« – um nur zwei der wegweisenden Konzertreihen zu nennen – hatten ihr Interesse und ihr Publikum. Und warum ist das nicht so geblieben? Weil der dort erhobene Anspruch, daß der Stand des Komponierens allemal über den Stand der Musik entscheide – wie es Adorno (1949) formuliert hat –, nicht mehr durch gültige Werke eingelöst worden ist. Wie die Musik im »historischen Zeitalter« einerseits in der Vielfalt der Musiken der abendländischen Geschichte immer schon und immer wieder neu definiert ist, so kann andererseits jede neue Komposition dieser Definition, nein: diesen Definitionen, immer nur neue *Aspekte* hinzufügen. *Die* zeitgenössische Tonkunst gibt es nicht mehr.

Das hat die fatale Folge, daß von nun an jeder Komponist für sich die Frage nach dem Stand der Musik stellen und aus der Antwort Konsequenzen für sein Komponieren ziehen muß, daß er anders als bisher (als eine gewisse Deckung durch den Zeitstil gegeben war) mit jedem Werk individuell Antwort auf die Grundfrage der Musik geben muß. Daß dem daraus resultierenden ungeheuren Verantwortungsdruck nur wenige Komponisten, und dem damit verbundenen Anspruch nur wenige Werke standzuhalten vermögen, ist nicht verwunderlich und sollte, wie man annehmen möchte, jeweils sofort evident werden. Das aber ist nicht der Fall. Vielmehr fallen die Entscheidungen über Gültigkeit und Rang der Werke schwerer denn je, scheint die Geschichte für ihr Urteil länger zu brauchen als früher. Der Musikfreund, der da ungeduldig fragt: »Was wird denn bleiben von der gegenwärtigen Produktion?«, ist, jedenfalls zunächst, auf sich selbst verwiesen, *er* hat zu entscheiden, ob er und wo er durch Werke Antworten findet, und ob sie richtig gegeben sind auf seine Grundfragen an die Musik. Doch welcher Musikfreund kann sich diese Entscheidung zutrauen? So schauen denn alle auf die Fachleute, die es wissen müßten – und die doch im selben Dilemma stecken, aber nicht einmal wie die Liebhaber auf das einfache Geschmacksurteil ausweichen dürfen (obwohl man dieses auch den Fachleuten nicht streitig machen sollte). Kurz, das Dilemma ist so groß, daß man manchmal an die Babylonische Sprachverwirrung glaubt denken zu müssen, zumal aus der geschilderten Situation eine unendliche Vielfalt der musikalischen und der kompositorischen Möglichkeiten zu resultieren scheint – von denen allerdings nur ein Teil genutzt wird. Welche Möglichkeiten genutzt werden, hängt überwiegend ab vom Stand der Experimente der führenden Komponisten und von der Erfahrung bei der Rezeption der resultierenden Werke.

Apropos Experimente: Jetzt nimmt das, was man bisher harmlos als historische Entwicklung der Kompositionstechnik verstanden hat, den Charakter der – an Entwicklungen im industriell-technischen Bereich orientierten – Entwicklung von Techniken zur Herstellung von Kompositionen an, wobei sich das Interesse beim Komponieren vom musikalischen Ergebnis, für das eine bestimmte Kompositionstechnik zu wählen ist, auf diese selbst verlagert. Entgegen den Beteuerungen von Komponisten und Fachleuten kann man sich in vielen Fällen des Eindrucks nicht erwehren, daß das kompositorische Verfahren nicht im Hinblick auf eine intendierte Musik gewählt wird, sondern daß das musikalische Ergebnis eine Nebensache ist, ja daß es in Kauf genommen wird, wenn nur das kompositorische Verfahren als solches interessant genug ist. Daß so entstandene Kompositionen wegen der Befremdlichkeit ihres Erklingens und wegen des Verdachts der Zufälligkeit in der musikalischen Erscheinungsweise bei der Hörerschaft Ratlosigkeit verursachen oder gar Widerstand hervorrufen, ist kaum erstaunlich, denn diese Ratlosigkeit macht sich ja selbst bei denen breit, die einsehen, daß Experimente nötig sind. Wo sich aber der Eindruck verbreitet, und wo dieser nicht weichen will, daß viele Komponisten im Bereich des Experiments verharren, statt endlich wieder zu echten Werken vorzustoßen, dort versickert das Interesse der Hörer, und es macht sich für die Zukunft der musikalischen Komposition Resignation breit.

Ist dagegen nichts zu machen? Nun, der Anreiz zur Beschäftigung mit »Neuer Musik« könnte vielleicht doch von Werken ausgehen. Vielleicht könnte die Fremdartigkeit auch einmal anlocken, zur Beschäftigung mit dem Ungewohnten reizen. Der Musikfreund, der wirklich die traditionelle Musik liebt, mag sich zwar zuerst fragen, warum »Neue Musik« fast immer so furchterregend kompliziert ist, warum sie durch ihre Fremdartigkeit mehr den Eindruck des Erforschungsbedürftigen macht, als spontan für sich einzunehmen. Aber er soll te dazu bedenken, daß ja nirgendwo geschrieben steht, Musik müsse immer spontan gefallen, sie müsse immer und überall Ausdruck der Lebensfreude sein. In einer Zeit, in der die Lebensfreude eher durch *un*künstlerische Veranstaltungen befördert wird, wird man von einem Künstler nicht so ohne weiteres verlangen können, daß er sich »an solchen Geschäften« beteiligt.

3. Schönberg, Hindemith, Strawinsky

Mit diesen Überlegungen bin ich über den für das Kapitel *Neue Musik* gesteckten zeitlichen Rahmen, etwa 1910 bis etwa 1950, hinausgeraten. Die geschilderte Resignation macht sich nämlich erst *nach* dieser Epoche der Musik des 20. Jahrhunderts bemerkbar, die den Begriff »Neue Musik« geradezu als Motto der Hoffnung getragen hat. »Wenn der Name *Neue Musik,«* meint Adorno (1955), »mehr als eine chronologische Bezeichnung ist, wenn in ihm wirklich etwas von Utopie mitschwingt, dann gebührt er jener Periode des emanzipierten Komponierens, die Schönberg ums Jahr 1907 inauguriert hat.« Ähnlich, aber anders bei Paul Hindemith: Hier trägt jene Hoffnung Züge der Jugendbewegung, des Aufbruchs in eine neue Freiheit. Hier blendet zwar keine Utopie des emanzipierten Komponierens, wohl aber besteht der Wunsch auch hier nach einem »Hinaus!« und herrscht die Devise »Vorwärts zu einer neuen Musik!« Ganz anders bei dem dritten Exponenten Neuer Musik, bei Igor Strawinsky. Hier dominiert die nüchterne Überlegung, was Musik überhaupt sei, was sie vermag, was sie soll (und was nicht), und wie man als Musiker seine Aufgabe in der Gegenwart erfüllen könne. Nur Strawinsky hat dazu die Bindungen an die jüngsten überkommenen Grundvorstellungen von Musik gelöst, er, der wie kein anderer Komponist die Tatsache der historischen Bestimmung der Musik in unserer Gegenwart ernst genommen und in Werken gültig formuliert hat.

Aus welchen Tatsachen **Arnold Schönberg** welche Konsequenzen glaubte ziehen zu müssen, hat niemand so gut beschrieben wie Theodor W. Adorno, dem wir hier in einer knappen und verständlichen Formulierung (1955) folgen: »... Eigentlich war der Schritt, dessen es bedurfte, um zur Atonalität zu gelangen, gering, und das Wesentliche ist schon in den tonalen Stücken enthalten. Schönbergs der Brahmsschen und Mahlerschen Liedtradition verbundene Musik« – Adorno exemplifiziert hier an dem *Lied »Lockung«* aus Schönbergs op. 6 (1903-1905) – »brauchte sich nur zu schütteln, um als das sich zu enthüllen, wofür sie heute gilt. – Schönberg bewies in seinem Verhältnis zur Tonalität selbst besondere Empfindlichkeit. Stets scheute er sich, den tonalen Schwerpunkt durch die üblichen und nun wirklich abgenutzten Mittel der Kadenz, also die Folge der vierten oder einer ihr entsprechenden Stufe, der Dominante und der Tonika, herzustellen. Diese Empfindlichkeit war in mehr oder minder hohem Grad vielen Komponisten seiner Generation gemeinsam, nur hat er die vollen Konsequenzen daraus gezogen. Er begnügte sich nicht, wie etwa Richard Strauss, mit überraschenden Effekten der Akkordfolge, mit Pointen anstelle von Kadenzen, sondern umschrieb die Tonalität, erzielte die Wirkung der Tonart mit konstruktiven harmonischen Mitteln, mit immer frischen kräftigen Stufen, wie sie bereits beim Diatoniker Brahms ihre Rolle spielen. Die tonalen Verhältnisse werden aufs äußerste angespannt, indem sie das Tonalitätsprinzip selbst aus den kompositorischen Ereignissen rein noch einmal hervorbringen. Damit aber werden diese so gekräftigt, daß sie der tonalen Haltepunkte bald überhaupt nicht mehr bedürfen. Wagnersche mit Brahmsschen Tendenzen vereinend, hat Schönberg die sogenannten Nebenstufen immer mehr hervortreten lassen, schließlich auch den chromatischen Akzidentien der Tonart den Charakter kräftiger Fundamentschritte verliehen. Am Ende wurde jeder Klang autonom, alle Klänge gleichberechtigt und die Vorherrschaft des tonischen Dreiklangs selber gestürzt. Die Innenspannungen der Musik zerreißen die Hülle der Tonalität und alles, was mit ihr verwachsen war...

Nachdem die Musik der Hülle aber einmal ledig ist, öffnet sich wirklich etwas wie das musikalische Reich der Freiheit. Es ist eines der Rätsel des musikalischen Bewußtseins der Menschen, daß nur die wenigsten dieser Freiheit sich zu freuen wagten. Kaum daß sie gelungen war, erhob sich ein fataler Ruf nach neuen Bindungen, als hätte nicht der offene Horizont des Möglichen, den Schönberg erschloß, der Musik das Glück einer vorher nie geahnten Fülle der Phantasie beschert, als hätte nicht erst eigentlich in dieser befreiten Musiksprache die Musik jene Jugend erlangt, die Busoni ihr nachrühmte, und die man dann gerade im Namen von Jugend so gerne verleugnete.

... Nun ist die Musik nicht mehr wie mit eisernen Klammern zusammengehalten, sondern atmet aus, und ihre Form komponiert sich aus dem unwillkürlichen Zusammenhang der Augenblicke. Das aber wiederum zeitigt Schwierigkeiten ungewohntester Art. Nicht nur fällt, geistig, das affirmative, bestätigende Element weg, sondern das sinnliche Ohr muß lernen, völlig Kontrastierendes, scheinbar aphoristisch Unverbundenes zusammenzuraffen, gleichsam mit der Musik mitzuspringen. Die einzelnen musikalischen Gestalten liegen viel weiter auseinander als je zuvor. Die Einheit wird eine Einheit von Extremen. Man muß das Formgefühl dafür schärfen, wie etwa eine geschlossene Melodieführung plötzlich von einer völlig aufgelösten Figur abgelöst wird, welche Notwendigkeit dabei waltet, wie aus den Kontrasten eine musikalische Phrase sich fügt. Mit dieser Verfahrensweise greift Schönberg, überraschend genug, auf Mozart zurück, der im Gegensatz zu Beethoven die einzelnen Themen oft aus völlig kontrastierenden Motiven addiert. Bei Mozart werden diese Kontraste durch Tonalität zusammengehalten, bei Schönberg fehlen die Brücken, und nichts hilft, als ohne Vorbehalte die innere Synthesis des einander Widersprechenden zu leisten. Diese Anforderung ist untrennbar verbunden mit der Idee des Expressionismus, welche den Werken dieser Periode zugrunde liegt. Schönberg setzt den Ausdruck eines Seelischen jenseits der mittleren Alltäglichkeit frei. Zwanzig Jahre, ehe man das Wort Grenzsituation erfand, dringt seine Musik dorthin, in einen Bezirk, den der Betrieb der verhärteten Kultur noch nicht beschlagnahmt hat. Schönbergs Musik ist kein Normalzustand. Sie trägt sich zu in einer Sphäre, über der sonst Tabus liegen und an welche die konventionelle Kunstsprache nicht heranreicht: jäh wechseln unbändiger Ausbruch und die Zartheit aus jener Legende, welche die entschwebende Seele dem aufflatternden Falter vergleicht. Nach Schönbergs eigener Formulierung sagt solche Musik etwas nur durch Musik Sagbares. Solchen Geistes ist etwa das letzte *Klavierstück aus op. 19,* das Schönberg 1911 am Tag des Begräbnisses von Gustav Mahler niederschrieb: zugleich Vorbild aller Musik seines Schülers Anton von Webern.«

Was **Paul Hindemith** bewogen hat, aus dem Schaffen der jüngsten Vergangenheit herauszutreten und sich doch in bestimmter Weise wieder der Vergangenheit zu verpflichten, hat er selbst trefflich formuliert, nämlich in der pädagogischen Absicht seines Lehrbuches *Unterweisung im Tonsatz* (1937). Dort heißt es in der Einleitung: »... Fühlt sich heutzutage ein Musiker zur Bewahrung und Weitergabe der Satzkunst berufen, so sieht er sich in dieselbe Stellung der Abwehr gedrängt wie damals Fux.« (Gemeint ist Johann Joseph Fux, der 1725 im Vorwort seines *Gradus ad Parnassum* ähnlich argumentiert.) »In erhöhtem Maße sogar, denn auf keinem Gebiete künstlerischer Arbeit ist nach einer Zeit virtuoser Überspitzung der Kunstmittel und ihrer Anwendungsformen eine derartige Verwirrung eingetreten wie gerade hier. Wir begegnen ihr häufig in einer Satzweise, welche die Töne nach keinen anderen Richtpunkten zusammenstellt als denen, die ein willkürlich schaltender Geist sich setzt, oder die ihm die leicht und trügerisch über die Tasten gleitenden Finger vorspiegelten. Was bei freigebigster Zubilligung persönlicher Eigenheiten dem Verständnis des Fachmannes nicht mehr zugänglich ist, kann unmöglich dem einfältigen Hörer überzeugender erscheinen. ... Wenn die Verwirrung der Satzkunst nicht noch weiter um sich greifen soll, wenn die zwiespältigen Ergebnisse einer überalterten Lehre zu der Unsicherheit nicht noch ärgeres Unheil bringen sollen, muß endlich wieder ein tragfähiger Unterbau geschaffen werden ... Ich kenne die Nöte des Lehrers wie das Streben des Komponisten. Ich habe den Übergang aus konservativer Schulung in eine neue Freiheit vielleicht gründlicher erlebt als irgendein anderer. Das Neue mußte durchschritten werden, sollte seine Erforschung gelingen; daß diese weder harmlos noch ungefährlich war, weiß jeder, der an der Eroberung beteiligt war ... Der Lehrer wird in diesen Blättern die Grundzüge des Tonsatzes finden, wie sie aus der natürlichen Beschaffenheit der Töne sich ergeben und deshalb allezeit Gültigkeit haben. Er soll versuchen, als Erweiterung seiner bisherigen Kontrapunkt- und Harmonielehrbücher, die ihm nur stilgeschichtliche Übungen boten – jene auf dem Vokalstil des 17., diese auf dem Instrumentalstil des 18. Jahrhunderts beruhend – sich eine neue Handwerkslehre anzueignen, die ihm von dem festen Grunde engster Naturverbundenheit aus Streifzüge in Bezirke des Tonsatzes erlaubt, deren gesetzmäßige Durchdringung ihm bis heute verwehrt geblieben ist. – Neben dem Lehrer wird das Buch dem schon geübten Komponisten Aufschlüsse über seine Baustoffe geben, ihn aufklären, daß er an den Platz einer gutgemeinten aber willkürlichen Aufreihung der Klänge eine Ordnung treten lassen muß, die nur dem Uneingeweihten als Schmälerung des freien Schaffens erscheinen kann... Gehört nicht ein ungeheures Maß bewußter Materialbeherrschung und -anwendung dazu, in Töne zu übertragen, was das Herz diktiert? Kann sich das geistige Bild einer Musik, das der Komponist erschaute, überhaupt dem empfangenden Gegenpart deutlich machen, wenn die Eigenkraft der Töne, die Selbstherrlichkeit der Klangverbindungen immer wieder zwischen die Eingebung des Komponisten und ihre hörbar gestaltete Ausdrucksform treten? Der Weg vom Kopf in die Hand ist weit, solange er noch spürbar ist. Wer nicht die Hand so abrichtet, daß sie in ständigem Kurzschluß mit dem Denken steht, der weiß gar nicht, was die Satzkunst ist. (Auch der weiß es nicht, dessen routinierte Hand ohne Antrieb des Gefühls läuft.) ... Der Eingeweihte weiß, daß in der größten Menge der täglich anfallenden Musik alles andere komponiert als der Komponist: die Erinnerung, die billige Zusammenstellung, die Gedankenträgheit, die Gewohnheit, die Nachäffung und am allermeisten der Eigenwille der Töne. Ihn hauptsächlich gilt es zu brechen. Dazu gehört die Kenntnis der Töne und der ihnen innewohnenden Kräfte, vermittelt durch eine Lehre, die weder ästhetisiert noch Stilübungen treibt wie ihre Vorgängerinnen, sondern den Tonsetzer durch Naturgesetz und Handwerkserfahrung leitet. Ich weiß mich mit dieser Einstellung einig mit einer Zeit, die weit vor dem liegt, was die Allgemeinheit heute als Blütezeit der europäischen Musik auffaßt...« – womit das 19. Jahrhundert gemeint ist.

Die Grundanschauungen, die ihn bei der Komposition bestimmen, formuliert **Igor Strawinsky** in seinen *Erinnerungen* (1935) mehr beiläufig aber dennoch eindrucksvoll eindeutig: »... All diese Mißverständnisse entstehen dadurch, daß die Leute in der Musik immer etwas anderes als Musik finden wollen. Für sie ist es wichtig zu wissen, was die Musik ausdrückt, was der Komponist wohl gedacht hat, als er sie schrieb. Sie können nicht begreifen, daß die Musik ›eine Sache für sich‹ ist und völlig unabhängig von den Gedanken, die sie in ihnen erweckt. Anders gesagt: die Musik interessiert sie nur, soweit sie an Dinge rührt, die zwar nicht in ihr enthalten sind, die aber bei ihnen gewohnte Gefühle erwecken. – Die meisten Leute lieben die Musik, weil sie in ihr Gemütsbewegungen finden, Freude, Schmerz, Trauer, Begeisterung an der Natur, einen Anlaß zum Träumen oder schließlich noch das Vergessen des ›prosaischen Lebens‹. Sie suchen in ihr Rauschmittel, ein ›Stimulans‹. Dabei kommt es gar nicht darauf an, ob sie diese Art, sie zu genießen, geradezu aussprechen oder hinter einem Schleier kunstvoller Umschreibungen verbergen. Wenn diese Leute doch lernen wollten, die Musik um ihrer selbst willen zu lieben! Wenn sie sie mit anderen Ohren anhören würden, wäre ihr Genuß größer, und sie wären imstande, ein Urteil abzugeben, das auf einer viel höheren Stufe steht: sie würden den wahren inneren Wert der Musik erkennen. Zweifellos setzt eine solche Haltung einen gewissen Grad musikalischer Entwicklung und geistiger Kultur voraus, doch dieser Grad ist nicht so schwer zu erreichen. Unglücklicherweise aber ist die musikalische Erziehung schon in der Wurzel verdorben. Man braucht nur an all die sentimentalen Albernheiten zu denken, die so oft über Chopin, Beethoven und selbst über Bach verzapft werden, vor allem in den Schulen, die dazu da sind, Berufsmusiker auszubilden. Diese langweiligen Erklärungen von Nebenumständen, die für die Musik gleichgültig sind, erleichtern das Verständnis durchaus nicht, im Gegenteil, sie bilden ein schwieriges Hemmnis für den Schüler, der Sinn und Wesen der Tonkunst begreifen will. (Ich erwähne das hier, weil Publikum und Presse gerade gegenüber der *Symphonie des Psaumes* die Haltung einnahmen, die ich eben geschildert habe. Zwar erregte das Werk starke Anteilnahme, aber ich mußte zugleich immer wieder eine Art Verblüffung feststellen, deren Ursache nicht die Musik war. Die Leute konnten sich nicht erklären, was mich getrieben hatte, die *Symphonie* aus einer Gesinnung heraus zu komponieren, die ihnen völlig fremd ist.)«

An anderer Stelle von Strawinskys *Erinnerungen* (1935) findet sich dies: »... Ich bin der Ansicht, daß die Musik ihrem Wesen nach unfähig ist, irgend etwas ›auszudrücken‹, was es auch sein möge: ein Gefühl, eine Haltung, einen psychologischen Zustand, ein Naturphänomen oder was sonst. Der ›Ausdruck‹ ist nie eine immanente Eigenschaft der Musik gewesen, und auf keine Weise ist ihre Daseinsberechtigung vom ›Ausdruck‹ abhängig. Wenn, wie es fast immer der Fall ist, die Musik etwas auszudrücken scheint, so ist dies Illusion und nicht Wirklichkeit. Es ist nichts als eine äußerliche Zutat, eine Eigenschaft, die wir der Musik leihen gemäß altem, stillschweigend übernommenem Herkommen, und mit der wir sie versehen wie mit einem Etikett, einer Formel – kurz, es ist ein Kleid, das wir aus Gewohnheit oder mangelnder Einsicht allmählich mit dem Wesen verwechseln, dem wir es übergezogen haben.

Die Musik ist der einzige Bereich, in dem der Mensch die Gegenwart realisiert. Durch die Unvollkommenheit unserer Natur unterliegen wir dem Ablauf der Zeit, den Kategorien der Zukunft und der Vergangenheit, ohne jemals die Gegenwart ›wirklich‹ machen zu können, also die Zeit stillstehen zu lassen. Das Phänomen der Musik ist uns zu dem einzigen Zweck gegeben, eine Ordnung zwischen den Dingen herzustellen und hierbei vor allem eine Ordnung zu setzen zwischen dem Menschen und seiner Zeit. Um realisiert zu werden, erfordert diese Ordnung einzig und allein und mit gebieterischer Notwendigkeit eine Konstruktion. Wenn diese Konstruktion vorhanden und die Ordnung erreicht ist, ist alles gesagt. Es wäre vergebens, dann noch etwas anderes zu suchen, etwas anderes zu erwarten. Und eben diese Konstruktion, diese erreichte Ordnung ist es, die uns auf eine ganz besondere Weise bewegt, auf eine Weise, die nichts gemein hat mit unseren üblichen Empfindungen, mit den Reaktionen, die die Eindrücke des täglichen Lebens hervorrufen. Man könnte die Empfindung, die die Musik weckt, am besten umschreiben, wenn man sie jener gleichsetzt, die in uns entsteht, wenn wir das Spiel architektonischer Formen betrachten. Goethe wußte das, als er die Architektur eine verstummte Tonkunst nannte.

Ich habe es für nötig gehalten, diesen kleinen Ausflug ins geistige Gebiet hier einzuschalten. Was ich über diese Materie zu sagen habe, ist damit noch keineswegs erschöpft...«

Eindeutig, wenn auch in der jeweils persönlichen Problembewußtheit »verschlüsselt«, beschreiben die drei epochemachenden Komponisten hier die Probleme von Musik und Komposition im 20. Jahrhundert, jedenfalls für dessen erste Hälfte. Nimmt man das zur Kenntnis, dann wundert man sich nicht mehr, daß ihre Musik so verschieden ist, ihre Werke so Verschiedenes sagen. Sagen? Man erlaube, daß ich das zuspitze: Schönbergs und Hindemiths Musiken sprechen zwar in verschiedenen neuen Sprachen, aber sie sagen beide eben das, was die Musik, verstanden als »Tonsprache«, angeblich immer gesagt hat und nach ihrer Meinung auch nach wie vor zu sagen hat: das menschliche Gefühl dort, wo die Wortsprache ihm nicht mehr Ausdruck zu geben vermag. Strawinsky hingegen spricht musikalisch in einem zwar verfremdeten, jedoch an Überkommenes und Allbekanntes anklingenden Idiom, aber er sagt nicht mehr, was alle »Tonsprache« angeblich immer sagen wollte und gesagt hat, nämlich im Grunde Außermusikalisches: Gefühl und Ausdruck. Seine Musik sagt nichts als Musik. Strawinsky schreibt – wie es Adorno formuliert hat (1949) – Musik über Musik. Der Paradigmenwechsel in der Musik vollzieht sich also nicht mit dem Übergang von der Moderne zur Neuen Musik, sondern erst bei der Trennung innerhalb der Neuen Musik zwischen Schönberg und Hindemith, die zur Fortsetzung der alten Intention neue Mittel suchen und finden, und Strawinsky, der mit aus alten Kompositionstechniken abgeleiteten Mitteln Werke schreibt, die insofern neu sind, als in ihnen die abendländische Musik als Geschichte gespiegelt erscheint.

4. »Schulen«

Nur **Arnold Schönberg** bildet eine Schule im engeren Sinne – die man heute oft die »Zweite Wiener Schule« nennt, was sachlich falsch und zudem geschmacklos ist: Eine erste Wiener Schule hat es nie gegeben (die drei Wiener Klassiker bilden keine Schule) und Schönberg, Berg und Webern sollte man, bei allem Respekt, nicht zu Haydn, Mozart und Beethoven in Parallele setzen, auch nicht um sie aufzuwerten; das haben sie nicht nötig. – Von 1904 bis 1910 ist **Alban Berg** in Wien Schüler von Arnold Schönberg. Aus dem Lehrer-Schüler-Verhältnis entwickelt sich eine tiefe Freundschaft. 1912 schreibt Berg in einem *Sammelband Arnold Schönberg* »Dem Lehrer«:

> »Das Genie wirkt von vornherein belehrend. Seine Rede ist Unterricht, sein Tun ist vorbildlich, seine Werke sind Offenbarungen. In ihm steckt der Lehrer, der Prophet, der Messias; und der Geist der Sprache, der besser als der Geist derer, die sie mißhandeln, das Wesen des Genies erfaßt, gibt dem schaffenden Künstler den Namen ›Meister‹ und sagt von ihm, daß er ›Schule macht‹. – Diese Erkenntnis allein könnte eine Zeit von der Prädestination Arnold Schönbergs zum Lehramt überzeugen, wenn sie eine Ahnung von der Bedeutung dieses Künstlers und Menschen hätte. Daß sie davon keine Ahnung hat, ist natürlich, denn hätte sie überhaupt die Fähigkeit zu ahnen, Sinn für etwas zu haben, was ihrem Wesen so widerspricht wie alles Unzeitliche: sie wäre nicht das Gegenteil der Ewigkeit. Und doch kann man nur, in Voraussetzung jener Erkenntnis von der Berufung des Künstlers zum Lehramt im allgemeinen, Schönbergs Art zu unterrichten im besonderen richtig beurteilen. Untrennbar von seinem Künstlertum und seiner bedeutenden Menschlichkeit, wird diese einzig berechtigte Art zu lehren noch durch den ausgesprochenen Willen zu diesem Beruf gefördert, der, wie jeder große künstlerische Wille – wende er sich dem eigenen Schaffen, der Reproduktion, der Kritik oder schließlich dem Lehrfache zu – das Höchste hervorbringen muß. – Dieses aus solchen Voraussetzungen und Bedingungen entstandene Wunderwerk erschöpfend zu würdigen, hieße das Rätsel der Genialität lösen…«

Umgekehrt schreibt Arnold Schönberg 1930 in einem Düsseldorfer Programmheft über seinen Schüler Alban Berg:

> »Mit Freuden benütze ich die Gelegenheit, mich zu dem Werk und Schaffen meines Schülers und Freundes Alban Berg zu bekennen. Bildeten doch er und unser gemeinsamer Freund und sein Mitschüler Anton von Webern die stärkste Bestätigung meiner Wirkung als Lehrer, und sind es diese beiden doch, die mir in Zeiten ärgster künstlerischer Bedrängnis eine Stütze waren, so fest, so verläßlich, so liebevoll, wie nichts Besseres auf dieser Welt zu finden ist. – Wer aber glauben möchte, daß nur Dankbarkeit, nur Freundschaft es ist, für die ich hier durch Anerkennung danken will, der vergesse nicht, daß ich Noten lesen kann: daß ich aus Noten, die damals noch allen anderen Musikern wie Hieroglyphen vorkamen, mir das Gedachte verlebendigen und einen Eindruck von diesem Talent verschaffen konnte. Und es ist mein Stolz, daß die Bestimmtheit dieses Eindrucks und ihre Richtigkeit mich instand gesetzt haben, diese hohe Begabung dorthin zu leiten, wohin sie sollte: zur wundervollsten Entfaltung ihrer Eigenart, zur größten Selbständigkeit.
>
> Ich möchte am liebsten sagen: Freundschaft über alles. Und ich muß dennoch sagen: Kunst über alles.
>
> Auch hier brauche ich nicht zu schwanken; hier vereinigt sich, was Freundschaft und Kunst fordern; hier kann der Freund

den Künstler und dieser den Freund überschwenglich loben; ja, beide müssen es, wenn sie gerecht sein wollen. Und ich will gerecht sein: Heil dir, Alban Berg!«

Mag der Stil dieser Äußerungen befremden, alles Gesagte ist ohne Zweifel ernst und ehrlich gemeint. Hier sind sich zwei Musiker ersten Rangs begegnet und sie beflügeln sich gegenseitig.

Seit 1902 ist **Anton von Webern** an der Universität Wien für das Fach Musikwissenschaft immatrikuliert, 1906 promoviert er bei Guido Adler mit einer Arbeit zu Heinrich Isaacs *Choralis Constantinus*. Den an Kompositionsunterricht Interessierten schickt Guido Adler 1904 zu Arnold Schönberg in Unterricht (bis 1908). Auch zwischen Webern und Schönberg entwickelt sich eine über das Lehrer-Schüler-Verhältnis hinausgehende Freundschaft. Zu Schönbergs 50. Geburtstag schreibt Webern: »20 Jahre ist es gerade her, daß ich Schüler Arnold Schönbergs geworden bin. Aber wie sehr ich mich bemühe, ich kann den Unterschied zwischen damals und jetzt nicht fassen. Freund und Schüler: Immer war der eine der andere.«

Die Verbundenheit Schönbergs mit seinen Schülern, jedenfalls mit Berg und Webern, und sein Einfluß auf diese zeigen schon in jener frühen Zeit eine gewisse Wirkung auf die Öffentlichkeit, jedenfalls auf die einschlägig interessierte. So heißt es 1912 in einem Programmheft zweier Wiener Konzerte, die lebenden österreichischen Komponisten gewidmet sind: »...Verdichteten sich bei Webern die Empfindungskomplexe im Innern, so drängen sie bei Berg stürmisch einer äußeren Lösung zu. Wurde dort der Moment der Ruhe im Affekt dargestellt, so ist hier der Affekt mit allen seinen Steigerungen, Höhepunkten, Nebenerscheinungen Objekt der Darstellung. Seelische Katastrophen entladen sich bei Berg mit elementarer Gewalt nach außen. In seinem am meisten mißverstandenen Lied (*op. 2, Nr. 4: ›Warm die Lüfte...‹*) wird das zu einem Naturereignis: Alles ist aufgerüttelt, wild drohend; aber alles geht einer Erlösung und Befreiung zu (bei Webern fühlt man sich immer tiefer in eine Empfindung hineingezogen). Ein Abklingen wie bei den Worten: ›Das macht die Welt so tiefschön‹, das zugleich in einen neuen Komplex von Gefühlen hineinführt, zeigt die Intensität der Ruhe nach einem Sturm am deutlichsten. Die Sensibilität seiner Empfindung bricht am Schluß hervor, nachdem alles von ihr genommen ist, was sie beschwert hatte. Das Große des Tages hatte die Empfindung getrübt und sie mußte durch einen Reinigungsprozeß in ihrer ursprünglichen Klarheit wieder hergestellt werden. Jedes seiner Musikstücke ist ein Ringen nach dieser Reinheit. – Die unbedingte künstlerische Ehrlichkeit in dem Suchen nach Ausdruck ist es, was Webern und Berg verbindet. Es ist undenkbar, daß etwas Ungefühltes oder äußerlich Angehörtes in ihre Kunst übergeht. Fast asketisch streng sind sie in ihren Äußerungen. Nur dem Zwange ihres Gefühls gehorchend entsteht ihre Musik. – Diese unerbittliche Strenge gegen sich selbst haben sie bei Arnold Schönberg gesehen... Webern und Berg sind die herrlichsten Beispiele dafür.«

Zu den späteren Schülern Schönbergs gehören unter anderen Hanns Eisler und Josef Rufer.

Wichtig ist festzuhalten, daß Berg und Webern Schönbergs Schüler sind, lange bevor dieser seine METHODE DER KOMPOSITION MIT 12 NUR AUF EINANDER BEZOGENEN TÖNEN erdacht und entwickelt hat, und daß beide diese Methode dann für sich übernehmen, als sie längst selbständige Komponisten sind. Sie kommt ihnen als Mittel zum Zweck offenbar gelegen, weil die zur Verfügung stehenden musiksprachlichen Mittel ihrem unbedingten Willen zum Ausdruck, ja zur Übersteigerung des Ausdrucks nicht mehr genügen wollen. Freilich wenden beide, ihrer persönlichen Verschiedenheit und ihren kompositorischen Interessen entsprechend, Schönbergs Methode verschieden an. »Von allen Werken Bergs seit der *Lyrischen Suite,*« sagt Adorno (1949), »gilt: das ganze Bestreben ist darauf gerichtet, die Zwölftontechnik nicht merken zu lassen... Weberns Standort liegt am andern Pol. Berg hat versucht, den Bann der Zwölftontechnik zu brechen, indem er sie verzauberte; Webern möchte sie zum Sprechen zwingen. All seine späten Werke dienen der Anstrengung, dem entfremdeten, verhärteten Material der Reihen selber das Geheimnis zu entlocken, welches das entfremdete Subjekt nicht mehr in sie hineinlegen kann. Seine ersten Zwölftonstücke, zumal das *Streichtrio,* sind bis heute wohl die gelungensten Experimente, die Auswendigkeit der Reihenvorschriften in die konkrete musikalische Struktur aufzulösen, ohne diese Struktur traditionalistisch zu versetzen oder durch Rückgriffe zu substituieren. Webern hat sich damit nicht zufrieden gegeben. Schönberg betrachtet in der Tat die Zwölftontechnik in der Komponierpraxis als bloße Vorformung des Materials. Er ›komponiert‹ mit den Zwölftonreihen; er schaltet mit ihnen überlegen, doch auch, als ob nichts geschehen wäre. Dabei ergeben sich ständig Konflikte zwischen der Beschaffenheit des Materials und der diesem auferlegten Verfahrungsweise. Weberns späte Musik zeigt das kritische Bewußtsein dieser Konflikte. Sein Ziel ist es, den Anspruch der Reihen mit dem des Werkes zur Deckung zu bringen. Er strebt danach, die Lücke zwischen regelhaft disponiertem Material und frei schaltender Komposition auszufüllen. Das aber bedeutet in der Tat den eingreifendsten Verzicht: Komponieren stellt das Dasein der Komposition selber in Frage. Schönberg vergewaltigt die Reihe. Er komponiert Zwölftonmusik, als ob es keine Zwölftontechnik gäbe. Webern realisiert die Zwölftontechnik und komponiert nicht mehr: Schweigen ist der Rest seiner Meisterschaft. Im Gegensatz der beiden ist die Unversöhnlichkeit der Widersprüche Musik geworden, in welche die Zwölftontechnik unvermeidlich sich verstrickt.«

Mehr als die anderen großen Komponisten seiner Zeit ist **Paul Hindemith** vom pädagogischen Eros bestimmt. Seine Lehrwerke vom *Lehrstück* (1929) über *Wir bauen eine Stadt* (1930) und *Plöner Musiktag* (1932) bis zur *Unterweisung im Tonsatz* (1937) beweisen das ebenso wie seine zahlreichen Schüler. »Zur Eigenart Hindemiths gehört sein Unterrichten-Müssen«, heißt es im *MGG*-Artikel (1957) von Preußner, und weiter: »In den zehn Berliner Jahren, bei der Reorganisation der Musikschule in Ankara und in den mehr als zehn Jahren an der Yale-University, dazu in zahllosen Kursen und in seiner Züricher Lehrtätigkeit hat er einen großen Schülerkreis um sich gesammelt.« Besinnt man sich freilich auf Namen, so fallen nur wenige ein, etwa Harald Genzmer, auch Wolfgang Fortner – aber dieser schon ist *nicht* Schüler Hindemiths, obwohl seine Werke aus den 30er Jahren vermuten lassen, er müsse es sein. Das ist charakteristisch! Wie kein Meister sonst beeinflußt Hindemith, vor allem in Deutschland, die jüngeren Komponisten seiner Zeit, die in Anlehnung an das Musikideal der Barockmusik einen neuen, vom subjektiven Ausdruckswillen der Romantik losgelösten Musizierstil erstreben. Als Hindemith aber nach der wilden Epoche seiner Experimente, die von der Jugendmusik bis zur mechanischen Musik (Musik für Oskar Schlemmers *Triadisches Ballett,* 1926) reichen, umkehrt und sich, als sei nichts gewesen – so jedenfalls muß es anmuten –, wieder in die Tradition der musikalischen Romantik einreiht, da wenden sich seine Jünger ab: Von einer Hindemith-Schule kann man nicht sprechen wie von der Schönberg-Schule. Und dennoch ist die Zahl derer, die Musik im Stile Paul Hindemiths schreiben, nicht gering.

Im Gegensatz zu Schönberg und Hindemith ist **Strawinsky** nie Kompositionslehrer an einer Musikhochschule. Nur einmal erteilt er kurze Zeit praktischen Kompositionsunterricht, nämlich im Winter 1935/36 an der École Normal de Musique in Paris gemeinsam mit Nadja Boulanger. Im Sommer 1939 wird er auf den Charles Eliot Norton-Lehrstuhl für Poetik an der Harvard-University in Cambridge/Mass. berufen, wo er sechs Vorlesungen hält, die 1942 unter dem Titel *Poétique Musicale* in französischer Sprache erscheinen. »Die kunstphilosophischen Leitsätze dieser Vorlesungen, die zu den gelungensten Schöpfungen Strawinskys in oft bemerkenswertem Gegensatz stehen, sind vielleicht zu ernst genommen worden. Strawinsky ist erst jüngst selbst von ihnen abgerückt« (Redlich 1965). Doch abgesehen davon, daß Strawinsky kein Lehrer war, man kann sich auch nicht vorstellen, was er wie hätte unterrichten sollen. Der kurze Bericht einer Teilnehmerin an jenem Kurs in Paris 1935/36 bestätigt diese Merkwürdigkeit. »Manchmal saß er selbst am Klavier und suchte bestimmte Passagen zu verbessern. In solchen Augenblicken erstaunte er mich am meisten. Er sagte nicht etwa: ›Nimm diesen oder jenen Akkord‹, nein, er spielte einen Akkord, lauschte, änderte eine Note, lauschte wieder, änderte eine andere Note, ging auf den früheren Akkord zurück, änderte wiederum eine bestimmte Note usw., immer mit angestrengtester Aufmerksamkeit hinhorchend; es war aber nie eine bloß intellektuelle Erwägung, die das entschied, sondern einzig das Vergnügen oder die Befriedigung des Ohres, die er durch die Versuche und die Fehler am Klavier erzielte. Akkorde gehörten für ihn nicht zu vorbestimmten Kategorien, auch hatten sie für ihn keine vorbelasteten Funktionen. Und ich kann versichern, daß das Resultat dieses Erprobens am Klavier uns mit Entzücken erfüllte: der vierte oder fünfte Versuch erbrachte einen so wunderbaren, so überraschend schönen Klang, daß niemand von uns ihn hätte ›erfinden‹ können (Strawinsky pflegte in solchen Fällen ausdrücklich von Erfindung, von ›invention‹ zu sprechen).« »Erfinden« scheint hier gebraucht zu sein im Sinne von »finden« als von Aufgreifen von etwas, das man schon hat, schon im Ohr hat, das man sich nur wieder er-hören muß, und das dann in die Komposition einzufügen ist. Inspiration, meint Scherließ (1983), der Strawinskys Denk- und Kompositionsweise behutsam eindringlich beschreibt, ist für den Komponisten vor allem Erarbeitung des Materials, Zurichtung für seinen Bedarf bei der bestimmten kompositorischen Aufgabenstellung. So gehört zur eigentlichen Arbeit des Komponierens bei Strawinsky selbstverständlich das ausgedehnte Studium von Partituren. Er bestellt sich etwa, um ein Beispiel zu nennen, als er 1931 die Arbeit am *Violinkonzert* beginnt, bei seinem Verleger alle erreichbaren Violinkonzerte zum Studium, das für ihn, wie gesagt, eine wesentliche Tätigkeit beim Komponieren – um nicht zu sagen *des* Komponierens – ist. Damit verändert sich freilich die Aufgabenstellung in gewisser Weise, nämlich vom Auftrag für ein Violinkonzert zur kompositorischen Reflexion über *das* Violinkonzert, und wenn man genau hinsieht, sind die meisten der Hauptwerke Strawinskys so zu sehen und zu verstehen.

Zurück zur Frage nach Strawinsky als Lehrer: Wäre bei dieser seiner Kompositionstechnik, die keine definierbare Technik und schon gar nicht ein System ist, die Komposition als Handwerk zu unterrichten? Nicht anders als der schöpferische Umgang mit der Musik als Geschichte! Dementsprechend gibt es auch keinen Schüler Strawinskys zu nennen, wie bisher Komponisten Schüler von Komponisten gewesen sind. In diesem Sinne tatsächlich keine! Und doch ist einer zu nennen: Carl Orff.

Carl Orff ist nie Schüler von Strawinsky gewesen. Ob man aus der Tatsache, daß bei ihm Partien begegnen, die stark an *Oedipus Rex* oder *Psalmen-Symphonie* erinnern, auf einen direkten Einfluß schließen muß, bleibe dahingestellt. Sehr wohl aber hat Orff wie Strawinsky aus der Tatsache eines neuen Begriffs von Musik im historischen Zeitalter Konsequenzen für sein Komponieren gezogen. Welche? Man ist versucht zu sagen: die Konsequenz, nicht mehr zu komponieren! Wie das, bei einem der wenigen wirklich bedeutenden deutschen Komponisten der Gegenwart? Orff stellt seine Musik konsequent in den Dienst der Sprache, nämlich in den Dienst historischer Sprachwerke, die nach Bedeutung und Rang das Abendland wesentlich bestimmen, deren »Leben« aber an Musik gebunden ist – an Musik, die es nicht mehr gibt, weswegen diese Werke auch nicht mehr »leben« können; man erinnert sich nur mehr an sie. So leiht Orff lyrischen Texten des Mittelalters und Dramen der Antike seine Musik, damit sie die intendierte Wirklichkeit des Erklingens wiedererlangen können. Diese Musik kann sich, weil die ursprünglichen Musiken sich gleichsam verflüchtigt haben – sie waren ja nur ein Faktor des Erklingens der Sprache und nicht die Sache selbst, also auch nicht als Musik an sich zu überliefern –, nicht auf historisches musikalisches Material stützen, sie ist vielmehr aus den musikalischen Möglichkeiten der Gegenwart neu zu schaffen. Daß bei diesem Unterfangen der Re-Musikalisierung alter Texte die Gefahr der Vertonung, das heißt der Vereinnahmung der Texte in die Musik der Gegenwart, besteht, ist klar. Orff hat dieser Gefahr indessen zu begegnen verstanden durch seinen Kompositionsstil, der allerdings nicht eigentlich ein Stil zu nennen ist, auch keiner sein soll, und an dem Bezeichnungen wie »moderner Primitivismus« völlig vorbeizielen.

Wörner (1954) hat auf das Dilemma der Beschreibung Orffscher Werke einmal hübsch hingewiesen und es zugleich gelöst: »Man kann *Die Bernauerin* und *Astutuli* vielleicht Schauspiele mit Musik nennen, nicht aber die

Vertonung der *Antigonae* von Sophokles in der Übersetzung Friedrich Hölderlins. Sie ist wiederum keine Oper. Begnügen wir uns mit einem Sammelnamen: Werke für das musikalische Theater.«

Apropos »Schule«: Kompositionsschüler hat Orff ebensowenig wie Strawinsky, kann er aus besagten Gründen nicht haben, jedenfalls nicht im ursprünglichen engeren Sinne des Begriffs. Und doch hat Orff mehr Schüler aus aller Welt als alle Komponisten aller Zeiten zusammen: mit dem *Orff-Schulwerk.* Auch dieses »Werk« ist eine Frucht der Reflexion über Sinn und Aufgabe von Musik in unserer Zeit. Hier nämlich ist im pädagogischen Bereich der Versuch unternommen, dem Verlust des Bewußtseins von dem, was das ist: Sprache, und was das ist: Musik, entgegenzuwirken dadurch, daß die wenigen Reste des MUSIKALISCH ELEMENTAREN in unserer Kultur aufgelesen und für eine (sonst vergessene) elementare Musikerziehung zubereitet werden (Thomas 1967). Allerdings gilt auch für dieses »Werk«, was für alle neue Musik in höherem Maße gilt als für alle anderen Musiken, daß es nämlich, um zur Geltung und zur Wirkung zu kommen, besonders engagierter und ausgebildeter Interpreten bedarf. In der Hand noch so gut meinender, aber mangelhaft ausgebildeter Lehrer verkommt es in der Regel zur Spielerei.

Wenn das mit der Neuen Musik im 20. Jahrhundert wegen der ganz und gar neuen historischen Situation so schwierig ist, wie wir darzustellen versuchen, wenn im Grunde jeder Komponist mit jedem neuen Werk immer wieder Grundfragen der Musik stellen und beantworten muß, was wunder, daß sich kein Zeitstil mehr bildet. Was wunder freilich auch, daß alle immer wieder Zusammenschlüsse suchen, Anlehnung aneinander. Diese Versuche der Annäherung beschränken sich jedoch in der Regel auf die Diskussion musikalischer Weltanschauungen, manchmal reichen sie allerdings auch bis zu Kompositionsverfahren: Kaum ein Musiker des 20. Jahrhunderts versucht nicht irgendwann einmal, nach Schönbergs Verfahren der Komposition mit 12 nur aufeinander bezogenen Tönen zu komponieren. Die wenigsten werden freilich glücklich damit, kaum einer erfolgreich. Weiter trägt indessen – natürlich – echte, ursprüngliche Originalität. Man denke vom Süden Frankreichs und Darius Milhaud über die vielen, vielen Einzelgänger in aller Welt bis nach Russland und zu Dimitrij Schostakowitsch: An guter Musik ist noch immer kein Mangel, auch wenn die geistige Situation der Zeit Neuer Musik gleichsam hartnäckig entgegensteht.

»Neue Musik« ist kein Stil, kein musikalisches Idiom, nicht und nirgendwo »die Sprache unserer Zeit«. Und dennoch gilt, daß derjenige, der da sagt, er lehne Neue Musik ab, im Grunde sagt, er lehne die Auseinandersetzung mit den Problemen unserer Gegenwart ab. Daß er Verstehensprobleme hat, sei ihm ja nicht bestritten. Aber die Auseinandersetzung bleibt als Aufgabe, die Stellungnahme als Forderung bestehen; davon entbindet auch kein »Das ist nicht mein Geschmack!«, auch dann nicht, wenn wir die Freiheit des Geschmacksurteils keinesfalls antasten wollen.

5. Béla Bartók

Wüßte man's nicht aus den Daten der Musikgeschichte, man könnte es auch aus Bartóks Lebensdaten entnehmen: wie vielschichtig Musik und Musikleben am Anfang des 20. Jahrhunderts sind. Der junge hoffnungsvolle Pianist Béla Bartók scheitert 1905 beim Rubinstein-Wettbewerb in Paris und widmet sich aus Enttäuschung intensiver als bisher der Komposition. In einem Konzert vom 29. November 1905 in Wien führt Ferdinand Löwe, der Schüler und Freund Anton Bruckners, Bartóks *Erste Suite für Orchester* op. 3 auf. Im selben Konzert dirigieren Hans Pfitzner und Siegfried Wagner eigene Werke, bildet die *Märchenballade »Fingerhütchen«* (für Baßbariton, 4 Frauenstimmen und Orchester) von Julius Weismann den Abschluß. Das wichtigste Ereignis des Jahres 1906 für die ungarische Musikgeschichte ist das Erscheinen des ersten Heftes ungarischer Volkslieder mit je 10 Volksliedbearbeitungen von Bartók und Zoltán Kodály. In Bartóks Selbstbiographie lesen wir dazu: »Ich erkannte, daß die irrtümlicherweise als Volkslieder bekannten ungarischen Weisen – die in Wirklichkeit mehr oder minder triviale volkstümliche Kunstlieder sind – wenig Interesse bieten, so daß ich mich im Jahre 1905 der Erforschung der bis dahin schlechtweg unbekannten ungarischen Bauernmusik zuwandte. Hiebei fand ich zu meinem großen Glück einen ausgezeichneten Musiker als Mitarbeiter, Zoltán Kodály, der mir mit Scharfsinn und Urteilskraft auf jedem Gebiete der Musik manchen unschätzbaren Wink und Ratschlag erteilte.« 1908 komponiert Bartók einen Zyklus *14 Bagatellen* op. 6 (ursprünglich *14 Klavierstücke* genannt), der einen höchst interessanten Einblick in die Werkstatt des Komponisten bietet: Das erste Stück ist bitonal; Bartók wendet zwei verschiedene Tonarten in einem Stück gleichzeitig an. Die zweite Bagatelle ist ein Versuch mit den Möglichkeiten der »tonalen Chromatik«; das Thema besteht aus 11 verschiedenen Tönen. Im fünften Stück experimentiert Bartók mit den form- und harmoniebildenden Möglichkeiten des einstimmigen ungarischen Volksliedes. 1908/10 schreibt Bartók sein erstes Meisterwerk, das *Erste Streichquartett* op. 7. Es bildet gedanklich wie thematisch die »Fortsetzung« des *Violinkonzerts Nr. 1* (1907/08), doch bedeutet es, wie Kodály wohl mit Recht darüber geschrieben hat, Bartóks »Rückkehr ins Leben«. Am 2. Januar 1909 dirigiert Bartók auf Einladung von Busoni in einem Konzert der Berliner Philharmoniker das Scherzo aus seiner *Suite Nr. 2 für Orchester*. »Die Aufführung war gut, jedenfalls besser, als hätten es die Pester hier unter der Leitung ihres Dirigenten gespielt. Aber danach – o weh – verwandelte sich der Konzertsaal in ein Schlachtfeld, das Beifallklatschen der Busoni-Anhänger kämpfte mit einem Schwall von Pfiffen und Zischen. Es gab also ein großes Durcheinander...« 1912 zieht Bartók sich vom aktiven Musikleben zurück und wendet sich der Forschungsarbeit auf dem Gebiet der Volksmusik zu. Die Wichtigkeit dieser Forschungen für seine eigene Entwicklung als Neuerer in der Musik unseres Jahrhunderts betont er selbst einmal so: »... Unsere Volksmelodien sind samt und sonders wahre Musterbilder höchster künstlerischer Vollkommenheit. Von dieser Musik können wir die unvergleichliche Gedrängtheit des Ausdrucks, das strenge Ausmerzen alles Unwesentlichen lernen – und gerade das war es, wonach wir uns nach der Weitschweifigkeit der Romantik vor allem sehnten.«

Man sieht aus den Schlaglichtern auf die Musikszene vom Jahrhundertbeginn, daß und wie Bartók ein im internationalen Musikleben bekannter Interpret und Komponist ist. Bei der Komposition, die er als Handwerk beherrscht und bei der er für die allgemeine Grundlage wie für die Idiomatik von der Musik des Fin de siècle ausgeht, stößt er jedoch bei fortschreitender Arbeit auf Probleme, die keine einfachen Lösungen zulassen, sondern prinzipielle Überlegungen und Entscheidungen verlangen. Jene führen ihn ganz andere Wege, diese trifft er aus einer völlig anderen Motivation als seine Zeitgenossen, die mit denselben Problemen kämpfen. Bartók nämlich entdeckt eine neue Musik, nämlich die alte Volks- bzw. Bauernmusik seiner Heimat und des Balkans, und er lernt, sie für seine hochdifferenzierte Neue Musik zu nutzen. Damit ist er der Spekulation um eine Neuformung des verbrauchten musikalischen Materials, der dialektischen Reflexion um historisches musikalisches Material, der Spannung Tradition/Neukomposition im historischen Zeitalter der Musik enthoben. Er allein hat die Möglichkeit des sonst nicht mehr für möglich gehaltenen Weitermachens ohne Bindung an alte Gleise, weil er allein der Grundproblematik des alten Materials in der Dur-Moll-Tonalität, der eingefahrenen Rhythmik und der übersteigerten Differenzierungen von Harmonik und Klanglichkeit entrinnen kann. In einer bis dahin kaum beachteten Tradition findet Bartók Rechtfertigung und Mittel für die grundsätzliche Erneuerung der musikalischen Sprache, die sich seiner Generation als unausweichliche Forderung stellt. Er verschmäht aber trotzdem den leichten Weg des folkloristischen Kunsthandwerks, er sieht vielmehr als sein Ziel, von den Elementen der Volksmusik her die Funktionen von Melodie, Harmonie und Rhythmus neu zu denken und neu zu gestalten. »In der Entwicklung der ungarischen Kunstmusik,« schreibt Bartók selbst 1921, »trat die bedeutendste Wendung Anfang des 20. Jahrhunderts ein... Das Interesse einiger Musiker der damaligen jungen ungarischen Generation – derjenigen, die um 1880 geboren wurden – wandte sich der ungarischen Bauernmusik zu, die bis dahin eine Terra incognita war. Eine großangelegte... Sammeltätigkeit der ungarischen Bauernmusik setzte ein, an der unter anderem Zoltán Kodály, Laszló Lajtha, Antal Molnár und der Verfasser dieser Zeilen teilnahmen... Dieses Musikmaterial... als die einzige ungarische Musiktradition, auf die man sich bei ernstem musikalischem Bestreben stützen konnte, wenn es sich um die Schaffung einer ungarischen Musiksprache handelte, war richtunggebend und von ›entschiedenem‹ Einfluß auf die Tätigkeit einiger der oben erwähnten Komponisten-Sammler.« Bartók ist, wie man sieht, also doch nicht allein. Aber im radikalen Sinne hat nur er Neues aus den alten Quellen geschöpft, die Neue Musik tatsächlich befruchtet.

6. Zur Auswahl

Ein Wort zur Auswahl der »Daten« in den beiden Kapiteln, die der Musik unseres Jahrhunderts gelten. Man kann durchaus fragen, wozu eine Auswahl überhaupt nötig sei, und warum eine »Musikgeschichte« nicht bis zur Uraufführung am Tag vor dem Erscheinen des Buchs reichen könne. Auf beide Fragen gibt es einfache Antworten, aber diese sind sachlich unzureichend. Gewiß ist die Tatsache zwingend, daß allein die Menge der Werke eine Auswahl nötig macht. Wichtiger aber als diese Tatsache ist die andere, daß über das, was bleibt, noch nicht entschieden ist – und nur das Bleibende kann und darf in einer »Musikgeschichte« aufscheinen, die für alle vergangenen Zeiten ja doch eine Auswahl (entweder nach der Größe eines Werks oder nach der historischen Relevanz) getroffen hat. Wenn der Leser und Musikfreund diese Entscheidung trotzdem vom Musikhistoriker verlangt, dann verlangt er nicht nur zuviel, er erwartet auch von einem anderen die Entscheidung, die er *selbst* zu treffen hat. Der Historiker hat nämlich *als solcher* das Urteil über die Gegenwart und ihre Erscheinungen *nicht* zu fällen. Dies obliegt den Zeitgenossen als Zeitgenossen. Wohl aber hat der Historiker für deren Urteil Voraussetzungen zu schaffen, indem er aufzeigt, welche Ströme der Entwicklung wo fließen und woher sie kommen, und er hat dies mit Hauptwerken zu belegen. Schon mit dem Urteil allerdings, welcher Strom ein Hauptstrom und nicht nur ein Nebenfluß sei oder umgekehrt, überschreitet der Historiker seine Kompetenz. In diesem Fall muß er jedoch das Risiko eingehen, denn schließlich will er ja haben, daß seine Geschichtsströme als lebendiges Wasser in die Gegenwart fließen – in die GEGENWART ALS EPOCHE, nicht aber bis ins Heute und bis vor die Haustür: Eine »Musikgeschichte der Gegenwart« ist ein Widerspruch in sich! Dem widerspricht nicht, daß wir schon heute von dem einen oder anderen Werk annehmen, es habe historischen Rang. Erstens kann es sich bei einer solchen Aussage nur um eine Vermutung handeln, und zweitens ist damit für die Menge der anderen Werke der Zeit ein Urteil ja noch nicht gesprochen, sind Verhältnisse der Orte von Werken im allgemeinen musikalischen Bewußtsein ja noch nicht festgestellt.

7. Daten

seit 1906 Béla Bartók (1881-1945) betreibt Vergleichende Musikfolklore

1904 hört Béla Bartók ein siebenbürgisches Dienstmädchen singen und notiert ihr Lied – und bemerkt, daß, was er da gehört und aufgeschrieben hat, nicht das ist, was er bis dahin für Volksmusik gehalten hat. Im Herbst 1905 lernt er Zoltán Kodály (1882-1967) kennen: der Anfang einer lebenslangen Zusammenarbeit und Freundschaft. Kodály betrachtet Volkslied aber anders als Bartók, nämlich nicht vom Standpunkt des Naturwissenschaftlers aus, sondern von dem des Literaten, des Sprachwissenschaftlers und des Historikers; für ihn ist das Volkslied ungeschriebene Menschengeschichte, mündlich überlieferte Literatur. Bartók dagegen »lernt« etwas ganz anderes aus der Folklore: die spontane Architektur dieser »Naturgebilde«, und – neben anderem –, daß in den Mikrostrukturen des Volksliedes phantastische Beispiele der völligen Freiheit und der strengsten Gebundenheit verborgen sind: Er lernt die architektonischen und nichtarchitektonischen Formationen; die fast unvorstellbaren Leistungen der variativen Konstruierung und Entwicklung, die Spannung der rhythmischen Asymmetrie kennen; Quarten-Melodien der Volksmusik veranlassen ihn, Quartenakkorde in den Harmonie-Raum zu projizieren; in der Eigenart fremder Melodiesysteme erkennt er harmonie-bildende Möglichkeiten (Bónis 1981). Kurz, Bartók entdeckt eine Quelle für eine, für seine Neue Musik.

Bartóks ethnologische Tätigkeit beginnt 1906 mit dem Sammeln und Ordnen von ungarischer Bauernmusik in der Ungarischen Tiefebene und in Nordungarn. Es folgen Reisen und Untersuchungen zu rumänischen, ukrainischen, südslawischen und bulgarischen Musiken. 1913 reist er nach Algerien, 1932 nach Kairo, 1936 nach Anatolien. In den 1940er Jahren arbeitet Bartók in New York eine Sammlung von serbo-kroatischen Melodien auf.

Im Dezember 1919 veröffentlicht Bartók im ersten Jahrgang der (in Wien erscheinenden und für die Neue Musik höchst wichtigen) Zeitschrift *Musikblätter des Anbruch* (Heft 3/4) einen grundlegenden *Aufsatz »Musikfolklore«,* in dem er erklärt, was das ist, und was man wissen und können muß, um auf diesem Gebiet zu arbeiten; gleichzeitig macht er Vorschläge (sogar mit einer überschlägigen Kostenrechnung) für die Erfüllung der Forschungsaufgabe »Vergleichende Musikfolklore«. Bartók erweist sich dabei als Fachmann schlechthin – der Komponist als Musikwissenschaftler, und das nicht getrennt sondern als Einheit.

Fragt man nach den Konsequenzen von Bartóks vergleichenden Folklore-Forschungen für sein Komponieren, so ergibt sich nicht das, was man gemeinhin annimmt, nämlich Anleihen beim Melodiengut, also für das, was nach der gängigen Meinung die Erfindungsgabe zu leisten hätte. Vielmehr erfahren die im Laufe der letzten zweihundert Jahre abendländischer Polyphonie stark eingeschränkten ursprünglichen Erscheinungsformen von Melodie, Klang/Harmonie und Rhythmus für Bartók eine erstaunliche Erweiterung durch Wiederentdeckung und Wiederbelebung eben eines Ursprünglichen. So erschließen sich ihm andere und neue, auch in der Kunstmusik nicht mehr gebräuchliche, in der Volksmusik jedoch bewahrte Möglichkeiten des Gebrauchs von Diatonik und Chromatik (die Pentatonik ist nur eine von vielen Möglichkeiten), der Harmonisierung und der Klangfassung von Melodien, der Rhythmik. So lernt Bartók, für die musikalische Zeitordnung ein altes rhythmisches System wieder anzuwenden, nämlich das der sogenannten Additiven Rhythmik (Georgiades 1949), das eine andere Zeitgliederung ermöglicht als der seit dem Ende des 18. Jahrhunderts in Europa alleinherrschende Akzentstufentakt. Damit bekommen, was bisher Taktwechsel und Synkope und Dissonanz in Abhängigkeit von Schwerpunkten gewesen sind, einen ganz anderen Stellenwert. Oder auf dem Gebiet der Melodik erweisen sich, um noch ein Beispiel zu nennen, reine Strophenbildungen nicht mehr als selbstverständlich einfache »Formen«, die man durch Variierung beleben kann oder zu beleben gelernt hat (oder lernen sollte) sondern umgekehrt als hochstilisierte Reduktionen. Keiner von Bartóks Volkssängern wäre ja doch auf die Idee gekommen, etwas, das er gerade gesungen hat, ein zweites Mal identisch zu wiederholen. Kurz, die Quellen, die sich Bartók als Komponisten mit der Volksmusik des Balkans erschließen, sprudeln nicht in erster Linie Material, das sich als solches verwenden läßt (wie z.B. in den *Klavierheften für Kinder*), sondern vor allem neue Erlebnisse mit einer ursprünglichen Musik, welche das eigene Musikdenken unerhört beleben und zu neuem Komponieren ermutigen.

1908-1939 Béla Bartók (1881-1945): Klavier-Lehrwerke

Bartók ist von Haus aus Pianist. Jahrelang verdient er sein Geld mit Konzertreisen, u.a. zusammen mit dem Geiger Joseph Szigeti. Außerdem ist er ein passionierter Klavierpädagoge, der nämlich mit der alten Idee Ernst macht, daß mit dem Klavierspiel die Musik, und zwar in der Gegenwartssituation, und die Grundsätze musikalischer Komposition zu erlernen seien. Für seine Lehrwerke greift er mit Vorliebe auf volksläufig ursprüngliches musikalisches Material zurück, das er als Volksliedforscher gefunden und gesammelt hat. Seine »Bearbeitungen« tasten dieses Material möglichst wenig an, fügen nur sparsam und mehr andeutend als interpretierend notwendige Ergänzungen hinzu. Von den 4 Heften (85 Stücke) *Für Kinder. Kleine Stücke für Anfänger (ohne Oktaven-Spannung) mit Benutzung ungarländischer Kinder- und Volkslieder* (1908/09; 1945 neu bearbeitet; die Texte der zugrundeliegenden ungarischen und slowakischen Lieder sind im Anhang abgedruckt) kann man mit Walter Georgii (1950) sagen, niemals seien leichte Stücke von größerer Genialität geschrieben worden. Dasselbe gilt für die anderen Sammlungen der frühen Zeit, darunter *Die erste Zeit am Klavier. 18 leichte Stücke* (erschienen 1929). Neben allen diesen Sachen, bei denen die spieltechnischen Schwierigkeiten bewußt niedrig gehalten sind, gehen schon früh andere einher, die sich an den virtuosen Spieler wenden, und bald auch diejenigen, in denen Bartók als der große Revolutionär erscheint. »Leicht« und »schwer« sind allerdings bei Bartók von durchaus eigener Art, weil seine Anforderungen in jedem Falle aus dem, was der Klavierspieler nach der gängigen Spielpraxis erwartet, herausschlagen: Wo etwa in einem »leichten« Stück nichts Formelhaftes vorkommt (etwa Alberti-Bässe), das die Finger der einen Hand wie von allein machen können, so daß dadurch die Aufmerksamkeit ganz für die andere Hand freiwürde, da ist »leicht« durchaus relativiert. Wenn Bartók betont, die Stücke seien auch als Übungen fürs Blattspiel neuer Musik geeignet, so trifft er dadurch fast Richtigeres als mit seiner Betonung, sie seien »leicht« (M. Feil 1990).

Das große Lehrwerk Bartóks für das Klavier ist der *Mikrokosmos* (1926-1939), eine in ihrer Vielseitigkeit und Konsequenz tatsächlich großartige Klavierschule. »Die ersten Hefte dieser Sammlung von Klavierstücken wollen dem Anfänger – ob jung oder alt – eine Handhabe bieten, die nach Möglichkeit alle Probleme, denen der zukünftige Pianist zu Beginn begegnet, in sich schließen. Die ersten 3 Hefte sind für das erste oder auch für die ersten beiden Jahre im Klavierspiel bestimmt. Sie unterscheiden sich von der klassischen Klaviermethode durch das Fehlen jeder technischen oder theoretischen Erklärung. Jeder Lehrer weiß, was zu diesem Thema zu sagen ist, und er versteht die ersten Anweisungen selbst zu geben, ohne sich auf ein Buch oder eine Methode beziehen zu müssen. – Einzelne Probleme sind hier oft in mehreren Stücken behandelt, um Lehrer wie Schüler die Auswahl zu ermöglichen. Es brauchen also nicht alle Stücke geübt zu werden...« Von ihrer Bedeutung für das moderne Klavierspiel abgesehen bieten Bartóks Klavier-Lehrwerke die beste Möglichkeit, sich seiner schwierigen Musik in den großen Werken zu nähern.

1908-1939 Béla Bartók (1881-1945): 6 Streichquartette

1908	Nr. 1, op. 7;	Uraufführung: Budapest 1910
1915-1917	Nr. 2, op. 17;	Uraufführung: Budapest 1918
1927	Nr. 3	Uraufführung: London 1929
1928	Nr. 4	Uraufführung: Budapest 1929
1934	Nr. 5	Uraufführung: Washington D. C. 1935
1939	Nr. 6	Uraufführung: New York 1941

Der Komponist Mátyás Seiber (1905-1960) leitet sein Büchlein *Die Streichquartette von Béla Bartók* (1954) so ein: »Die Streichquartette Bartóks sind wohl seine bedeutungsvollsten Werke. Sie stellen das Rückgrat seines gesamten Schaffens dar; sie zeigen mit eindeutiger Klarheit das Wachsen und den Entwicklungsgang des Komponisten auf. In dieser Hinsicht erinnert Bartók an Beethoven, dessen Quartettschaffen eine ebenso zentrale Position in seinem Lebenswerk einnimmt. In mehr als einer Hinsicht aber drängt sich der Vergleich mit Beethoven auf: auch Bartók hat allem Anschein nach das Medium des Streichquartetts gewählt, um seinen wesentlichsten Gedanken Ausdruck zu verleihen. Bartóks Schreibweise ist, wie die Beethovens, in seinen Quartetten von besonderer Konzentriertheit und Intensität; seine Ideen sind von größter Überzeugungskraft und werden mit letzter Klarheit und Ökonomie ausgedrückt. Ich bin überzeugt, daß noch Generationen die Streichquartette Bartóks als die überragendsten und bedeutsamsten Tonschöpfungen unseres Zeitalters ansehen werden.«

1916 (1907) Ferruccio Busoni (1866-1925): »Entwurf einer neuen Ästhetik der Tonkunst«

Schon 1907 veröffentlicht Busoni, der aus der Toskana stammende Deutsch-Italiener und Wahl-Berliner, der in den ersten Jahrzehnten des Jahrhunderts als Pianist umjubelt wird (aber als Künder einer »Jungen Klassizität« auch nicht unumstritten ist), der jedoch weiter bekannt wird als ebenso kundiger wie kühner Bearbeiter von Bachs *Wohltemperiertem Klavier,* – 1907 schon veröffentlicht Busoni in einem kleinen Verlag in Triest einen *Entwurf einer neuen Ästhetik der Tonkunst,* den er 1916 in Deutschland im Insel Verlag herausbringt: »Dem Musiker in Worten Rainer Maria Rilke verehrungsvoll und freundschaftlich dargeboten«. Es ist ein Manifest – um nicht literarisch zu sagen: ein Pamphlet – von hymnischem Schwung und geradezu beglückender Polemik, im Grunde jedoch eine romantische Vision. Um so merkwürdiger, daß dieser *Entwurf* gerade bei Hans Pfitzner, dem im Grunde Geistesverwandten, ein ätzend-nationalistisches Gegenpamphlet hervorruft: *Futuristengefahr* (1917).

> Busonis Entwurf beginnt so: »Der literarischen Gestaltung nach recht locker aneinander gefügt, sind diese Aufzeichnungen in Wahrheit das Ergebnis von lange und langsam gereiften Überzeugungen. In ihnen wird ein größtes Problem mit scheinbarer Unbefangenheit aufgestellt, ohne daß der Schlüssel zu seiner letzten Lösung gegeben werde, weil das Problem auf Menschenalter hinaus nicht – wenn überhaupt – lösbar ist. Aber es begreift in sich eine unaufgezählte Reihe minderer Probleme, auf die ich das Nachdenken derjenigen lenke, die es betrifft. Denn recht lange schon hatte man in der Musik ernstlichem Suchen nicht sich hingegeben. Wohl entsteht zu jeder Zeit Geniales und Bewunderungswertes, und ich stellte mich stets in die erste Reihe, die vorüberziehenden Fahnenträger freudig zu begrüßen; aber mir will es scheinen, daß die mannigfachen Wege, die beschritten werden, zwar in schöne Weiten führen, aber nicht – nach oben.

Der Geist eines Kunstwerkes, das Maß der Empfindung, das Menschliche, das in ihm ist, – sie bleiben durch wechselnde Zeiten unverändert an Wert; die Form, die diese drei aufnahm, die Mittel, die sie ausdrückten, und der Geschmack, den die Epoche ihres Entstehens über sie ausgoß, sie sind vergänglich und rasch alternd. Geist und Empfindung bewahren ihre Art, so im Kunstwerk wie im Menschen; technische Errungenschaften, bereitwilligst erkannt und bewundert, werden überholt, oder der Geschmack wendet sich von ihnen gesättigt ab. – Die vergänglichen Eigenschaften machen das ›Moderne‹ eines Werkes aus; die unveränderlichen bewahren es davor, ›altmodisch‹ zu werden. Im ›Modernen‹ wie im ›Alten‹ gibt es Gutes und Schlechtes, Echtes und Unechtes. Absolut Modernes existiert nicht – nur früher oder später Entstandenes; länger blühend oder schneller welkend. Immer gab es Modernes und immer Altes. – Die Kunstformen sind um so dauernder, je näher sie sich an das Wesen der einzelnen Kunstgattung halten, je reiner sie sich in ihren natürlichen Mitteln und Zielen bewahren...«

Man sieht – man kann jedenfalls sehen, wenn man will –, daß die Intention nicht auf Neues gerichtet ist sondern auf eine endlich durchzusetzende adäquate Realisierung eines vorgestellten Alten: »Solche Befreiungslust erfüllte einen Beethoven, den romantischen Revolutionsmenschen, daß er einen kleinen Schritt in der Zurückführung der Musik zu ihrer höheren Natur aufstieg; einen kleinen Schritt in der großen Aufgabe, einen großen Schritt in seinem eigenen Weg. Die ganz absolute Musik hat er nicht erreicht, aber in einzelnen Augenblicken geahnt. Neben Beethoven ist Bach der ›Ur-Musik‹ am verwandtesten. Was noch überstiegen werden soll, ist ihre Ausdrucksform und ihre Freiheit!« Zurück zum ursprünglich Intendierten!, heißt also das eigentliche Vorwärts. Dieses ist in keinem Vergleich so schön gezeichnet wie in diesem, den wir seiner Wichtigkeit halber schon einmal zitiert haben: »Der größte Teil neuerer Theatermusik leidet an dem Fehler, daß sie die Vorgänge, die sich auf der Bühne abspielen, wiederholen will, anstatt ihrer eigentlichen Aufgabe nachzugehen, den Seelenzustand der handelnden Personen während jener Vorgänge zu tragen. Wenn die Bühne die Illusion eines Gewitters vortäuscht, so ist dieses Ereignis durch das Auge erschöpfend wahrgenommen. Fast alle Komponisten bemühen sich jedoch, das Gewitter in Tönen zu beschreiben, welches nicht nur eine unnötige und schwächere Wiederholung, sondern zugleich eine Versäumnis ihrer Aufgabe ist. Die Person auf der Bühne wird entweder von dem Gewitter seelisch beeinflußt, oder ihr Gemüt verweilt infolge von Gedanken, die es stärker in Anspruch nehmen, unbeirrt. Das Gewitter ist sichtbar und hörbar ohne Hilfe der Musik; was aber in der Seele des Menschen währenddessen vorgeht, das Unsichtbare und Unhörbare, das soll die Musik verständlich machen.« Damit ist die Verpflichtung des Komponisten auf die Grundintention gleichsam definiert. Und nun kommt die Anweisung für den Weg dorthin: »Der Schaffende sollte kein überliefertes Gesetz auf Treu und Glauben hinnehmen und sein eigenes Schaffen jenem gegenüber von vornherein als Ausnahme betrachten. Er müßte für seinen eigenen Fall ein entsprechendes eigenes Gesetz suchen, formen und es nach der ersten vollkommenen Anwendung wieder zerstören, um nicht selbst bei einem nächsten Werke in Wiederholungen zu verfallen. Die Aufgabe des Schaffenden besteht darin, Gesetze aufzustellen, und nicht, Gesetzen zu folgen. Wer gegebenen Gesetzen folgt, hört auf, ein Schaffender zu sein... Der echte Schaffende erstrebt im Grunde nur die Vollendung. Und indem er diese mit seiner Individualität in Einklang bringt, entsteht absichtslos ein neues Gesetz.« Zum Einklang zwischen Vollendung und Individuum, zwischen Kunst und Künstler, ist also notwendig das Gesetz – das sich der Künstler selber schafft. Und »Schaffen heißt: aus Nichts erzeugen. Die Routine aber gedeiht im Nachbilden. Sie ist die ›Poesie, die sich kommandieren läßt‹. Weil sie der Allgemeinheit entspricht, herrscht sie. Im Theater, im Orchester, im Virtuosen, im Unterricht. Man möchte rufen: meidet die Routine, beginnt jedesmal, als ob ihr nie begonnen hättet, wisset nichts, sondern denkt und fühlet!« Wer hier die Überlegungen von Arnold Schönberg assoziiert und dessen selbsterfundene Methode der Komposition mit 12 nur aufeinander bezogenen Tönen, der tut das zu Recht, obwohl Busoni und Schönberg unabhängig voneinander denken und arbeiten. Schönberg setzt in die Tat um, was Busoni schon 1907 formuliert hat, ohne als Komponist freilich selbst Konsequenzen daraus zu ziehen.

Noch in einer weiteren Hinsicht ist Busoni in seinem *Entwurf* geradezu seherisch: »Wenn ›Schaffen‹, wie ich es definierte, ein ›Formen aus dem Nichts‹ bedeuten soll (und es kann nichts anderes bedeuten); – wenn Musik – dieses habe ich ebenfalls ausgesprochen – zur ›Originalität‹, nämlich zu ihrem eigenen reinen Wesen zurückstreben soll (ein ›Zurück‹, das das eigentliche ›Vorwärts‹ sein muß); – wenn sie Konventionen und Formeln wie ein verbrauchtes Gewand ablegen und in schöner Nacktheit prangen soll; – diesem Drange stehen die musikalischen Werkzeuge zunächst im Wege. Die Instrumente sind an ihren Umfang, ihre Klangart und ihre Ausführungsmöglichkeiten festgekettet, und ihre hundert Ketten müssen die Schaffenwollenden mitfesseln. – Vergeblich wird jeder freie Flugversuch des

Komponisten sein; in den allerneuesten Partituren und noch in solchen der nächsten Zukunft werden wir immer wieder auf die Eigentümlichkeiten der Klarinetten, Posaunen und Geigen stoßen, die eben nicht anders sich gebärden können, als es in ihrer Beschränkung liegt; dazu gesellt sich die Manieriertheit der Instrumentalisten in der Behandlung ihres Instrumentes, ... derart, daß in einem neuen und selbständigen Werke notgedrungen immer wieder dasselbe Klangbild sich zusammenformt, und daß der unabhängige Komponist in all dieses Unabänderliche hinein- und hinabgezogen wird... Wohin wenden wir dann unseren Blick, nach welcher Richtung führt der nächste Schritt? Ich meine, zum abstrakten Klange, zur hindernislosen Technik, zur tonlichen Unabgegrenztheit. Dahin müssen alle Bemühungen zielen, daß ein neuer Anfang jungfräulich erstehe. – Der zum Schaffen Geborene wird zunächst die negative, die verantwortlichgroße Aufgabe haben, von allem Gelernten, Gehörten und Scheinbar-Musikalischen sich zu befreien; um, nach der vollendeten Räumung, eine inbrünstig-asketische Gesammeltheit in sich zu beschwören, die ihn befähigt, den inneren Klang zu erlauschen und zur weiteren Stufe zu gelangen, diesen auch den Menschen mitzuteilen. Diesen Giotto eines musikalischen Rinascimento wird die Weihe der legendarischen Persönlichkeit krönen.« Wer nun hier die Überlegungen assoziiert, die zur elektronischen Musik führen, der tut auch das zu Recht, ja Busoni selbst sieht in diese Richtung. Am Schluß seines *Entwurfs* berichtet er: »Es trifft sich glücklich, daß ich während der Arbeit an diesem Aufsatz eine direkte und authentische Nachricht aus Amerika erhalte, welche die Frage in einfacher Weise löst. Es ist die Mitteilung von Dr. Thaddeus Cahills Erfindung. Dieser Mann hat einen umfangreichen Apparat konstruiert, welcher es ermöglicht, einen elektrischen Strom in eine genau berechnete, unalterable Anzahl Schwingungen zu verwandeln. Da die Tonhöhe von der Zahl der Schwingungen abhängt und der Apparat auf jede gewünschte Zahl zu ›stellen‹ ist, so ist durch diesen die unendliche Abstufung der Oktave einfach das Werk eines Hebels, der mit dem Zeiger eines Quadranten korrespondiert. – Nur ein gewissenhaftes und langes Experimentieren, eine fortgesetzte Erziehung des Ohres, werden dieses ungewohnte Material einer heranwachsenden Generation und der Kunst gefügig machen. – Welch schöne Hoffnungen und traumhafte Vorstellungen erwachen für sie! Wer hat nicht schon im Traume ›geschwebt‹? Und fest geglaubt, daß er den Traum erlebe? – Nehmen wir es uns doch vor, die Musik ihrem Urwesen zurückzuführen; befreien wir sie von architektonischen, akustischen und ästhetischen Dogmen; lassen wir sie reine Erfindung und Empfindung sein, in Harmonien, in Formen und Klangfarben (denn Erfindung und Empfindung sind nicht allein ein Vorrecht der Melodie); lassen wir sie der Linie des Regenbogens folgen und mit den Wolken um die Wette Sonnenstrahlen brechen; sie sei nichts anderes als die Natur in der menschlichen Seele abgespiegelt und von ihr wieder zurückgestrahlt.«

Busonis *Entwurf* von 1907 bzw. 1916 ist das Manifest der Neuen Musik. Und nach diesem Manifest ist und bleibt nicht nur die höchste sondern im Grunde die einzige Aufgabe der Musik die musikalische Darstellung der Empfindungen des Menschen und der Spiegelungen der Natur in seiner Seele. Diese Aufgabe aber ist *nicht* neu. Worauf alles hinausläuft, sind neue Mittel zu dem alten Zweck. Dies ist festzuhalten. Freilich ist dann, sieht man das Problem der Neuen Musik von hier aus, für das beginnende 20. Jahrhundert kein Paradigmenwechsel in der Musik mehr festzustellen. Tatsächlich nicht? Nun, er findet jedenfalls dort statt, wo Busoni und alle, die die Musik und ihre Aufgabenstellung für *ewig* halten, ihn *nicht* vermuten, nämlich dort, wo man eben die Musik für *anders* definiert hält. Ich zitiere dazu Strawinsky (*Erinnerungen* 1935/36) mit einem (ebenfalls schon einmal zitierten) Text, der nicht im selben Sinne programmatisch gedacht ist wie der Busonis, der dennoch den Gegensatz eklatant erscheinen läßt: »Ich bin der Ansicht, daß die Musik ihrem Wesen nach unfähig ist, irgend etwas ›auszudrücken‹, was es auch sei: ein Gefühl, eine Haltung, einen psychologischen Zustand, ein Naturphänomen oder was sonst. Der ›Ausdruck‹ ist nie eine immanente Eigenschaft der Musik gewesen, und auf keine Weise ist ihre Daseinsberechtigung vom ›Ausdruck‹ abhängig. Wenn, wie es fast immer der Fall ist, die Musik etwas auszudrücken scheint, so ist dies Illusion und nicht Wirklichkeit. Es ist nichts als eine äußerliche Zutat, eine Eigenschaft, die wir der Musik leihen gemäß altem, stillschweigend übernommenem Herkommen, und mit der wir sie versehen wie mit einem Etikett, einer Formel – kurz, es ist ein Kleid, das wir aus Gewohnheit oder mangelnder Einsicht allmählich mit dem Wesen verwechseln, dem wir es übergezogen haben.« Eine Musik, die von *dieser* Grundvorstellung ausgeht, wird – wie immer ihre klangliche Erscheinung sei – anders sein als jene, von der Busoni in seinem *Entwurf* träumt.

> Der utopische Ton von Busonis *Enwurf* – meint Stuckenschmidt (1962) in der knappsten, aber schönsten Würdigung Busonis – mit seiner Vorahnung von neuen Tonarten, dem Zwölftöne-Kaleidoskop, den Drittel- und Sechsteltönen, ja sogar der elektrischen Musikinstrumente, die heute für uns eine tägliche Erfahrung geworden sind, nimmt bei Busoni

selbst eine Krise voraus, der seine Musik auf dem Fuße folgt. Die Kompositionen, in denen sein Aufrührerwille ernst macht mit seinen Erkenntnissen, entstehen nämlich erst danach. Es sind 1907 die sechs *Elegien für Klavier,* 1909 die *Berceuse élégiaque* für Kammerorchester und die *Sonatina Seconda.* Besonders dies letzte Werk ist wahrhaft utopischer Art, ein visionärer Blick in Klangregionen, wie sie damals nur die Schule Schönbergs so unerschrocken aufgesucht hat, allenfalls noch in kurzen Exkursionen Bartók oder Skrjabin. Und doch ist in dieser Musik noch der Gestus einer klassischen Regelmäßigkeit gewahrt. Hält man ein Klavierstück Schönbergs dagegen, etwa das zweite aus *Opus 11,* so sieht man die Differenz. Bezeichnenderweise hat Busoni gerade dieses Stück, eine der ersten Musiken in freier Atonalität, einer Bearbeitung unterworfen, und man kann sagen, wenn irgendwo bei Busoni das Romanentum durchbricht, dann in dieser »konzertmäßigen Interpretation«, die übrigens ein Jahr vor der *Sonatina Seconda* entstanden ist und offenbar auf sie eingewirkt hat.

Busonis Hauptwerk, an dem er bis zu seinem Tode arbeitet, ist (nach einem eigenen Text im Anschluß an das Puppenspiel) die *Oper »Doktor Faustus«* (Dresden 1925). Daß die Struktur der Faust-Musik auf linearer Polyphonie beruht, hat Busoni selbst mehrfach betont; wichtiger als diese stilistisch-technische Beobachtung ist jedoch eine sozusagen dramaturgische. Busoni versucht nämlich, der Musik eine Funktion über das hinaus zu erwirken, was auf der Szene ohnehin sichtbar ist. Er schafft dadurch etwas, das er den »Klanghorizont« oder die »akustische Perspektive« nennt. Das Verfahren ist nicht zu verwechseln – obwohl im Grunde verwandt – mit dem von Wagner inaugurierten und von der neuromantischen Schule dann weiterentwickelten musikalischen Psychologismus.

1916/17 **Sergej Prokofieff** (1891-1953): »Symphonie classique«

Die Lehrer des hochbegabten und frühreifen Jünglings Prokofieff am Konservatorium in St. Petersburg sind Anatol Ljadoff (1855-1914) und Nikolaus Tscherepnin (1873-1945), hochbedeutende Musiker, die zu den wichtigsten Leuten der russischen Musik jener Zeit gehören. Aber Prokofieff glaubt den Bannkreis der St. Petersburger Schule durchbrechen zu müssen: Er geht nach Moskau, gleichsam zur »Konkurrenz«, nämlich zu Sergej Tanejew (1856-1915), dem Schüler und Nachfolger Tschaikowskis. 1914 schließt er ab und geht sofort auf Reisen. In London begegnet er Diaghilew, dem er sein 2. *Klavierkonzert* vorspielt. Entsetzt und zugleich hingerissen soll Diaghilew ausgerufen haben: »Aber das ist doch ein wildes Tier!« Indessen sind die wichtigsten Merkmale von Prokofieffs früher Zeit ja doch Grazie und heitere Ironie, allerdings auch ein gewisser Sarkasmus. Prokofieffs erste *Symphonie* mit dem schönen Titel *»Symphonie classique«* hat man als Programmwerk des Neoklassizismus etikettiert, weil sie wie eine Parodie auf Joseph Haydn wirkt, freilich eine freundliche Parodie. Es ist ein Werk in klassischer Form und Tonalität, zündend rhythmisiert, fein instrumentiert, übersprudelnd musikalisch witzig. Prokofieffs Affinität zur Klassischen Musik ist nämlich nicht wie bei Strawinsky das Ergebnis von stilistischer Reflexion, sie ist vielmehr naiv; das Vorbild Haydns ist hier mit knabenhafter Unbefangenheit abgewandelt, und nicht nur in der Gavotte (anstelle eines Menuetts) zeigt sich ein Zug zum Gefälligen und Unterhaltsamen, den Prokofieffs Musik auch sonst hie und da hat.

Während hier die Grazie als Grundzug überwiegt, dominieren in der *Oper »Die Liebe zu den drei Orangen«* (nach Carlo Gozzi; Chicago 1921) bei aller Heiterkeit doch Ironie und Sarkasmus – mit denen freilich ein Grundton Neuer Musik angeschlagen ist.

1918 Die Gruppe »Les Six« in Frankreich tritt an die Öffentlichkeit

Neben Deutschland erlebt Frankreich den Umbruch in der Kunst nach 1918 am intensivsten. In der allgemeinen Geistesgeschichte Frankreichs steht die Musik nicht an erster Stelle; der künstlerische Sinn der Franzosen gehört seit den letzten Jahrhunderten wohl eher der Malerei. So wird die Revolution des Lebensgefühls in Frankreich vor und nach dem Ersten Weltkrieg stärker in der Malerei als in der Musik ausgetragen, während in Deutschland umgekehrt das Schwergewicht auf der Musik liegt. Trotzdem ist Frankreich mit seiner musikalischen Entwicklung nicht ohne Bedeutung: Darius Milhaud (1892-1974) und Arthur Honegger (1892-1955) etwa gehören zu den führenden Persönlichkeiten ihrer Generation. Ihr Verbindungsmann zu Literatur und Malerei ist Jean Cocteau (1889-1963). Und der Musiker, um den sie sich sammeln, ist Eric Satie (1866-1925).

Satie ist als Mann der Ideen und als Anstifter von Zukunft nur Ferruccio Busoni vergleichbar. Busoni jedoch zieht in Deutschland keine Schule nach sich, so anregend und anziehend er als Persönlichkeit auch wirkt. Anders bei Satie. Was er für die neue Zeit bedeutet, fühlt die Jugend, die ihn als Fürsprecher gewinnt. Es entsteht in der Verbindung der »Nouveaux Jeunes« eine musikalische »Avant-Garde«, die sich im Januar 1918, noch ohne Milhaud, in ihren Werken der Pariser Öffentlichkeit vorstellt. Aus ihr bildet sich die »Groupe des Six«, auf die 1920 in der Pariser Presse aufmerksam gemacht wird. Ihre Mitglieder sind gleichzeitig die Vertreter der älteren Generationsgruppe der antiromantischen Opposition:

geboren 1888 Louis Durey († 1979);
geboren 1892 Milhaud († 1974), Honegger († 1955), Germaine Tailleferre († 1983);
geboren 1899 Georges Auric († 1983), Francis Poulenc († 1963).

Die Tendenz dieser »Neuen Jugend« ist vor allem antiromantisch. Man will eine einfachere, vom subjektiven Gefühl nicht belastete Musik, wobei Chromatik mit Romantik identifiziert wird und Romantik mit deutschem Pathos. Die Gegenwart wird als Alltag bejaht, die Vergangenheit als klassische Verpflichtung akzeptiert. Zirkus, Tanzboden, ländliche Kapellen stimulieren die Phantasie dieser jungen, des Raffinements satten Großstädter. Versachlichung um jeden Preis ist angestrebt bis zu dem Extrem der Satie'schen »Musique d'ameublement«, einer Kunst, die so wenig beachtet werden will wie das Muster einer Tapete: »Man braucht eine irdische Musik, eine Musik für alle Tage. Man muß eine Musik bauen, in der man wohnen kann wie in einem Haus.« Die Tendenz geht außerdem gegen den Internationalismus des Impressionismus, gegen die romantische Vorstellung vom Künstler und des Künstlerischen, und halt vor allem anderen gegen Wagner und Deutschland. Cocteau formuliert ein Programm für die Malschule der Zeit, und die jungen Musiker machen sich eben dies zu eigen. Verabscheut wird alles »Rhetorische«; Einfachheit, Schärfe, ja Brutalität des Ausdrucks ist gefordert; jede literarische, programmatische Wiedergabe wird abgelehnt. Der Kunst wird die Möglichkeit zugesprochen, etwas darzustellen, was als Absolutes in sich selbst ruht; sie ist das Mittel, abstrakte Gegenstände, Ideen wiederzugeben. Subjektiver Ausdruck hingegen, persönliches Erlebnis und Gefühl überhaupt haben keinen Platz mehr in der Kunst... – 1920 erscheint als Gemeinschaftsarbeit eine *Suite*, von der jeder Komponist der Gruppe einen der sechs Sätze komponiert. Ein Jahr später wird Cocteaus *Ballett »Les Mariés de la Tour Eiffel«* als einzige »Collaboration« der »Six« uraufgeführt. Die Individualitäten jedoch beginnen rasch hervorzutreten, und außerdem zeichnen Milhaud und Honegger sich bald als die führenden Köpfe ab. Die Gruppe löst sich daraufhin auf, ihre Aufgabe ist erfüllt: ein neuer Begriff des Künstlers ist entstanden. – Freilich sind die »Six« nur ein exponierter Ausschnitt aus dem französischen Musikleben um 1920 – und doch sind von den vielen anderen, jedenfalls aus deutscher Sicht, eigentlich nur noch zwei weitere Namen zu nennen: Jacques Ibert (1890-1962) und Lili Boulanger (1893-1918).

1920/22 Gründung der Musikakademie in Zagreb/Kroatien

Alsbald nach dem Ersten Weltkrieg nimmt das Musikleben in den aus der k.u.k. Monarchie gelösten Ländern und so auch in Kroatien und dort besonders in der Hauptstadt Zagreb einen ungeahnten Aufschwung. 1919 werden das »Zagreber Streichquartett« und die »Zagrebačka Filharmonija« gegründet. 1920 übernimmt der Staat die 1829 vom Musikverein gegründete Musikschule (seit 1916 bereits Konservatorium) und hebt sie 1921 in den Rang einer Musikhochschule, 1922 in den einer Musikakademie. Diese zeichnet sich durch den Rang ihrer Lehrer (u.a. Bersa, Šulek, Huml, Stančić) und durch hervorragende Absolventen aus und erwirbt binnen kurzem internationalen Ruf. – Die Zagreber Oper wird unter der künstlerischen Leitung von K. Baranović, M. Sachs, B. Papandopulo, J. Gotovac und M. Basić zum Zentrum des Operntheaters in Kroatien.

seit den 1920er Jahren Weltweite Verbreitung des Jazz

»Musikgeschichte« ist in diesem Buch verstanden als Geschichte der musikalischen Komposition und der Polyphonie (mit ihren Voraussetzungen) in Europa. Der Jazz beruht weder auf Komposition noch ist er polyphon; er ist, jedenfalls ursprünglich und noch immer weitgehend, Improvisation über Modellen. Das Ursprungsland ist Amerika, wo der Jazz nach seiner Funktion im Musikleben und nach der ethnischen Zugehörigkeit seiner wesentlichen Innovatoren als die afroamerikanische Kunstmusik des 20. Jahrhunderts zu bezeichnen ist. Insofern ist der Jazz hier in dieser »Musikgeschichte« nicht zu behandeln. Aber in den 1920er Jahren wird die europäische Musikkultur vom Jazz geradezu überschwemmt, ja dieser beginnt Einfluß nicht nur auf die Tanz- und Unterhaltungs- sondern auch auf die Kunstmusik zu gewinnen. Kaum ein Komponist Neuer Musik kann sich diesem Einfluß entziehen, von Kurt Weill und Ernst Křenek, die Elemente des Jazz gewissermaßen »live« übernehmen, bis zu Ravel, Strawinsky, Hindemith, Milhaud – mit Ausnahme freilich fast der ganzen Schönberg-Schule. Umgekehrt wachsen dem Jazz Elemente polyphoner Komposition zu, einerseits dort, wo in größeren Ensembles die Improvisation vor einer Art von Orchestersatz zurücktreten muß, andererseits dort, wo Jazzmusik ähnlich wie europäische Kunstmusik behandelt ist, wie etwa – um nur den größten von allen zu nennen – bei George Gershwin (1898-1937) von der *Rhapsody in Blue* (New York 1924) und dem *Klavierkonzert in f* (New York 1925) bis zur *Oper »Porgy and Bess«* (Boston und New York 1935). – Den Optimismus, der damals im Jazz eine frische Quelle für die europäische Musikkultur sehen will, entlarvt Adorno (1938) unbarmherzig: »Der Glaube an den Jazz als eine Elementarkraft, an der etwa die angeblich dekadente europäische Musik sich regenerieren könnte, ist eine bloße Ideologie.« Und auch zur Soziologie des Jazz macht Adorno die treffenden Bemerkungen: »Denn wollte man, wie es oft genug geschah, die Gebrauchsfähigkeit des Jazz, seine Eignung zum Massenartikel, als Korrektiv der bürgerlichen Vereinsamung der autonomen Kunst, als dialektisch fortgeschritten betrachten und gar seine Gebrauchsfähigkeit als Motiv zur Aufhebung des Dingcharakters der Musik akzeptieren, man geriete in jene jüngste Romantik... Soviel jedenfalls ist gewiß, daß die Gebrauchsfähigkeit des Jazz die Entfremdung nicht aufhebt, sondern verstärkt. Der Jazz ist Ware im strikten Sinn.« Diese letzte Feststellung verliert freilich seit den 60er Jahren an Gültigkeit, weil der Jazz nämlich von der übergroßen Menge von Unterhaltungsmusik minderer Qualität auf die Seite der E-Musik gedrängt wird und damit tatsächlich Züge elitärer Musik gewinnt. Trotzdem hat (und braucht) der Jazz wie keine andere Musik seine Fans – und trotzdem ist der Jazz die Musik, die wie keine andere sonst Freude macht, einfach Freude, und das ist nicht wenig.

1921-1927 Paul Hindemith (1895-1963): »Kammermusiken«

Zwischen 1921 und 1927 schreibt Paul Hindemith eine Reihe von Werken, die er, obwohl sie zu verschiedenen Opera gehören, unter dem Titel *»Kammermusiken«* zu einer Reihe zusammenfaßt und durchnumeriert:

- Nr. 1 Kammermusik für kleines Orchester (mit »Finale 1921«) op. 24 Nr. 1 (1922)
- nicht gezählt: Kleine Kammermusik für 5 Bläser op. 24 Nr. 2 (1922)
- Nr. 2 Konzert für Klavier und 12 Soloinstrumente op. 36 Nr. 1 (1924)
- Nr. 3 Konzert für Violoncello und 10 Soloinstrumente op. 36 Nr. 2 (1925)
- Nr. 4 Konzert für Violine und größeres Kammerorchester op. 36 Nr. 3 (1925) (daraus der zweite Satz »Nachtstück« auch für Violine und Klavier)
- Nr. 5 Konzert für Viola und Kammerorchester op. 36 Nr. 4 (1927)
- Nr. 6 Konzert für Viola d'amore und Kammerorchester op. 46 Nr. 1 (1927)
- Nr. 7 Konzert für Orgel und Kammerorchester op. 46 Nr. 2 (1927)

Wenn der Komponist Stücke so verschiedener Gattungstradition und Besetzung unter dem einen Titel *»Kammermusiken«* zusammenfaßt, dann muß das einen Grund haben. Offenbar geht es Hindemith darum, diese Werke schon gleich durch eine »falsche« Überschrift von entsprechenden Werken der scheinbar vergangenen, in Wirklichkeit aber noch immer dominanten und erst langsam versinkenden Epoche der musikalischen Spätromantik abzuheben: Diese Stücke sollen wie Hindemiths ganzes Schaffen der 20er Jahre Opposition sein, Opposition aus einer neuen alten Haltung des Musikers, nämlich der des Musikanten, was meint, eines Musikers, der zugleich Handwerker und Spielmann ist, der an das musikalisch Elementare als solide Grundlage aller Musik glaubt. Die Mittel, die Hindemith dabei einsetzt, sind leichter negativ als positiv zu beschreiben. Die Vorherrschaft etwa der Harmonik ist zu brechen; Folgen von Klängen sollen funktionslos funktionieren. Der Hörer darf nicht in Versuchung gebracht werden, die bisher gültigen Funktionsbeziehungen von Akkorden zu hören oder auch nur zu erwarten, er muß vielmehr auf all das verzichten, was bisher Harmonien ausgelöst haben, nämlich auf Empfindungs- und Farbwerte im klanglich-harmonischen Bereich der Musik. Jetzt kommt es auf etwas anderes an. Zuerst auf eine allgemeine musikalische Neugier! Was hören wir nicht alles in unserer Welt heute, und da sollte man ja doch fragen dürfen, wie die tönende Welt, die uns umgibt, sich zu unserer »ernsten Musik« verhält, der wir zu lauschen gewöhnt sind. Das Konzert als Institution des öffentlichen Musiklebens sei zu bekämpfen, meint Hindemith 1922, und er bekämpft es auf seine Weise. Vom Hämmern übers Trommeln und Pfeifen bis zur Sirene gerät ihm alles in seine Musik, unter all das gerät seine Musik, obwohl sie doch – vielleicht auch: gerade weil sie doch – an großen Vorbildern »Alter Musik« orientiert ist: Hinter nicht wenigen Sätzen gerade aus den *»Kammermusiken«* kann man den Ausgangspunkt der Intention bei Bach, etwa in *Brandenburgischen Konzerten,* hören. Allerdings benützt Hindemith nicht wie Strawinsky Strukturelemente alter Musiken, um mit ihnen oder aus ihnen Strukturen für neue Musiken zu bilden oder zu entwickeln, die ihre Geschichte und damit Werden und Wechseln musikalischen Denkens und Komponierens in der europäischen Musikgeschichte durchscheinen lassen. Hindemith sieht vielmehr im barocken Konzert und seinem spielfreudigen Gegen- und Miteinander der Stimmen bei gleichzeitiger kontrapunktischer Bindung ein

Vorbild für eine Art von Grundhaltung beim Musizieren, die er in der Musik seiner Zeit sonst vermißt (im Jazz allerdings wiederentdeckt). Freilich, was aufrüttelnd gemeint ist, hört sich nicht immer provozierend sondern oft genug nur frech an. Das haben die Gestrengen immer moniert, daran haben sich die Heiteren immer erfreut, darin liegt der Reiz dieser Werke bis auf den heutigen Tag. Was in einer Art von »Hindemith-Ton« dieser Werke flapsig und oft auch scheinbar beiläufig klingt, ist nicht nur aus Furcht vor Pathos so gesagt, es soll auch treffen – und es trifft offensichtlich bei aller Schnoddrigkeit. Kein Komponist steht bis in die 60er Jahre so oft im Brennpunkt des Streits um Pro oder Contra Neuer Musik wie Paul Hindemith.

Neben anderen Kammermusikwerken für verschiedene Besetzungen und Liedern entstehen in jener Zeit von Hindemith die Opern-Einakter *Mörder, Hoffnung der Frauen* und *Sancta Susanna,* das Weihnachtsmärchen *Tuttifäntchen,* und das Spiel für burmanesische Marionetten *Das Nusch-Nuschi* – alles Werke, in denen Hindemiths Vitalität über die Schwächen der (auch nicht immer bühnenwirksamen) Libretti hinwegmusiziert.

seit 1921 Donaueschinger Musiktage zur Förderung zeitgenössischer Tonkunst

Die 1913 in Donaueschingen gegründete Gesellschaft der Musikfreunde hat zunächst die Aufgabe, Noten aus den Beständen der Fürstlich Fürstenbergischen Hofbibliothek zu musikalischem Leben wiederzuerwecken. Nach dem Ersten Weltkrieg wendet sie sich außerdem neuen Zielen zu: »Aus der Erwägung heraus, auch ihrerseits in bescheidenem Maß für die Förderung des musikalischen Nachwuchses eintreten zu können, ist die Gesellschaft der Musikfreunde zu Donaueschingen dem Gedanken nähergetreten, durch eine musikalische Sonderveranstaltung, die dem Schaffen ausschließlich noch unbekannter oder umstrittener musikalischer Talente gewidmet sein soll, den Jungen den Weg zur Öffentlichkeit ebnen zu helfen.« Unter dem Protektorat des Fürsten von Fürstenberg und dem Ehrenvorsitz von Richard Strauss (und mit folgenden Mitgliedern im Ausschuß: Busoni, von Hausegger, Pfitzner, Schreker, Nikisch, von Pauer) finden 1921 die ersten »Kammermusikaufführungen zur Förderung zeitgenössischer Tonkunst« in Donaueschingen statt. Dabei kommen Werke von Ernst Křenek, Paul Hindemith und Alois Hába zur Uraufführung, außerdem werden Werke von Alban Berg und Philipp Jarnach aufgeführt. Es spielt u.a. das Amar-Quartett mit Paul Hindemith als Bratschisten. 1924 wird Hindemith in den Ausschuß berufen, und man beschließt, auf Werke Hindemiths und Křeneks zu verzichten: »Einige Begabungen, auf die wir hinweisen konnten, sind heute als repräsentativ für die neue Strömung anerkannt. Damit entfällt für uns der Grund, sie ferner zu berücksichtigen.« Schon 1923 kann man in der *Neuen Musikzeitung* lesen: »Donaueschingen bedeutet heute ein Programm, hat Schule gemacht und auch Nachahmer gefunden, Donaueschingen bedeutet für die jungen schaffenden Musiker eine soziale und kulturelle Tat.« Freilich, der Rahmen in Donaueschingen ist bald zu eng, andere Interessen mischen sich ein, im »Dritten Reich« wird alles anders. 1946 aber greift die Gesellschaft der Musikfreunde ihre alte Idee wieder auf, und von 1950 an finden wieder die »Donaueschinger Musiktage« statt, wobei der SÜDWESTFUNK Baden-Baden mit Heinrich Strobel und mit seinem Orchester unter Hans Rosbaud entscheidende Hilfen geben. Fortan ist »Donaueschingen« *das* Schaufenster für Neue Musik in Europa. Und wenn sein Ruf seit den 80er Jahren schwindet, so liegt das nicht an den Veranstaltern, es ist eher ein Indiz für den Stand der Neuen Musik.

1922/23 »Sammelbände für vergleichende Musikwissenschaft«

Carl Stumpf (1848-1936) und Erich Moritz von Hornbostel (1877-1935) beginnen 1922 die Publikation der *Sammelbände für vergleichende Musikwissenschaft* mit einem Band, in dem die wichtigsten »Abhandlungen zur vergleichenden Musikwissenschaft von A. J. Ellis, J. P. N. Land, C. Stumpf, O. Abraham und E. M. von Hornbostel aus den Jahren 1885 bis 1908« gesammelt sind. »Zur Einführung« schreiben die beiden Autoren – wohl die bedeutendsten Vertreter des jungen Fachs der vergleichenden Musikwissenschaft, das man heute in Anlehnung an den amerikanischen Sprachgebrauch allgemein Musikethnologie nennt:

> »Der Aufschwung, den die Studien über exotische Musik in den letzten Jahrzehnten, besonders durch die Einführung der phonographischen Methode, genommen haben, sowie der Wunsch, das weit zerstreute Material zur musikalischen Ethnologie in einem Rahmen zusammenzufassen, veranlassen die Unterzeichneten zur Herausgabe dieser *Sammelbände für vergleichende Musikwissenschaft,* die in zwangloser Folge erscheinen sollen. Es werden zunächst die bisherigen, in Reisewerken und Fachzeitschriften erschienenen Arbeiten aus dem Berliner Phonogrammarchiv gesammelt. Wenn sie auch nicht mehr in allen Punkten unseren gegenwärtigen Anschau-

ungen entsprechen, so sind doch auch diese selbstverständlich im Fluß begriffen, und es erschien uns richtiger, nichts Wesentliches zu ändern, um vor den Augen des Lesers zugleich ein Bild der Entwicklung der jungen Wissenschaft erstehen zu lassen, so weit sie sich eben in diesen Arbeiten vollzogen hat... – Das BERLINER PHONOGRAMMARCHIV, auf dessen Sammlungen sich auch die weiterhin zu veröffentlichenden Abhandlungen zum großen Teile gründen werden, umfaßt nach zwanzigjähriger Entwicklung gegenwärtig an zehntausend Aufnahmen aus allen Weltteilen. Der Wert dieser Aufnahmen wächst in einem Maße, als die exotische Musik an Ort und Stelle durch europäische verdrängt wird, und als die Naturvölker selbst dahinschwinden... – Mögen zahlreiche jüngere Kräfte an diesen für die Musikwissenschaft, die Psychologie, die Völker- und Volkskunde gleich verheißungsvollen Forschungen sich beteiligen. Die rein historische Erkenntnis der Ursprünge und Schicksale unserer eigenen Musik verdient gewiß auch in Zukunft die aufmerksamste Pflege; denn die abendländische Musik der letzten Jahrhunderte ist ein kostbarer Besitz der Menschheit und die Beteiligung der Deutschen an ihrer Entwicklung einer der schönsten Ruhmestitel unseres Volkes. Aber das Verständnis der europäischen Kunstmusik selbst kann nie und nimmer aus ihr allein gewonnen werden. Und schließlich muß man doch auch zugeben, daß wir Europäer nicht die einzigen Menschen sind und daß wir von anderen sogar gelegentlich etwas lernen können. Nur durch das Zusammenwirken der geschichtlichen mit der vergleichenden, der akustisch-psychologischen und der allgemein-ästhetischen Forschung kann die umfassende Theorie erstehen, die das gemeinsame Ziel all dieser Richtungen ist.«

Hier ist zweierlei knapp formuliert: erstens daß die Musikwissenschaft ein einziges Fach ist, das auch in seinen Teildisziplinen nur gedeihen kann, wenn diese zusammenwirken; und zweitens daß die Zeit vorüber ist, in der man die Frage, was das sei: die Musik, aufgrund der Erörterung allein des europäischen Musikphänomens beantworten kann, daß man dazu vielmehr alle Musiken aller Menschen zu berücksichtigen hat, jedenfalls prinzipiell. Die Beschäftigung vor allem mit den Musiken der außereuropäischen Hochkulturen darf nicht mehr nur beliebige Nebenaufgabe sein, sie muß vielmehr fortan zu den Hauptaufgaben der Musikwissenschaft gehören (Feil 1968). Leider haben bis heute weder die Musikwissenschaft noch die Schulmusik – von Ausnahmen abgesehen – realisiert, welche Konsequenzen aus diesen schon 1922 in aller Bescheidenheit aber mit der nötigen Bestimmtheit erhobenen Forderungen zu ziehen sind. – Außer dem ersten Band der *Sammelbände* sind nur noch erschienen der dritte: Georg Schünemann, *Das Lied der deutschen Kolonisten in Rußland,* München 1922, und der vierte: Béla Bartók, *Die Volksmusik der Rumänen von Maramures,* München 1923.

1922, 1924 Musik des Mittelalters in der Badischen Kunsthalle in Karlsruhe und in der Hamburger Musikhalle

Es gehört zu den bleibenden Leistungen des Freiburger Musikhistorikers Wilibald Gurlitt (1889-1963), den Gedanken der Eigenständigkeit historischer Musikepochen auch auf die Klanglichkeit der Musik selbst angewandt und nach den epochalen Klangstilen und -idealen gefragt zu haben, sowohl erkenntnistheoretisch-historisch als auch schließlich praktisch experimentierend. Hier erst wird mit dem Postulat der Treue gegen das Original, auch im Klangbild, Ernst gemacht. Der von Gurlitt begründete Zweig der Klangforschung mit seiner (in Analogie zu Wölfflins These von der Kunstgeschichte als einer Geschichte des Sehens erhobenen) Forderung nach einer Geschichte des Hörens soll für die wissenschaftliche Erkenntnis wie für die Wiederbelebung der alten Instrumente und Aufführungspraktiken von großer (heute freilich jedem Musikfreund bekannter) Bedeutung werden. Hinter ihr steht dabei nicht historische Pedanterie sondern die Erkenntnis, daß die Klanglichkeit einer Musik ihr wesensmäßig zugehört, daß sie nicht zufällig oder auswechselbar sein kann, daß der Klang, nämlich der historisch originale Klang, integraler Bestandteil des Stils ist. – Die bahnbrechenden Versuche und Vorführungen mittelalterlicher Musik, die Gurlitt mit seinem Freiburger Collegium musicum Anfang der zwanziger Jahre veranstaltet, sind in ihrer weitausstrahlenden Wirkung selbst ein Stück Musikgeschichte (Hammerstein 1964): Im Zeitalter der Neuen Musik bricht sich ein neues Verständnis von Musik endgültig Bahn. Von nun an ist Musik *zuerst* durch die Werke ihrer Geschichte definiert und dann erst durch die der jeweiligen Gegenwart. Das wird gleichsam manifest in den beiden Konzerten in Karlsruhe und Hamburg, freilich nicht nur in diesen, wohl aber hier mit der größten Resonanz im Musikleben.

1923 Arthur Honegger (1892-1955): Orchesterstück »Pacific 231«

»Lokomotiven habe ich immer leidenschaftlich geliebt... Was ich in diesem Stück zu schildern versucht habe, ist nicht die Nachahmung der

Geräusche einer Lokomotive sondern die Wiedergabe eines visuellen Eindrucks und eines physischen Wohlbefindens durch eine musikalische Konstruktion. Diese geht von der sachlichen Beobachtung aus: das ruhige Atmen der stillstehenden Maschine, die Anstrengung beim Anfahren, die allmähliche Steigerung der Geschwindigkeit bis zum ›lyrischen Zustand‹, zum Gewaltig-Pathetischen eines Eisenbahnzuges, der mit seinen 300 Tonnen Gewicht bei einer Stundengeschwindigkeit von 120 Kilometern durch die tiefe Nacht rast. Als Vorwurf wählte ich eine Lokomotive vom Typ ›Pacific‹, Modell 231, für schwere Schnellzüge.« – Dieses packende und mitreißende, mit Überlegung ganz auf rhythmische und dynamische Steigerungen angelegte Werk sprengt trotz eindeutig deskriptiver Momente (Fauchen des ausströmenden Dampfes, Startakzente der Kontrabässe, Abbremsen und Halt) den Rahmen der üblichen Programmusik (Gräter 1955). Denn »in Wirklichkeit bin ich in ›Pacific‹ einer sehr abstrakten, reinen Idee gefolgt, durch die ich das Gefühl einer mathematischen Beschleunigung des Rhythmus geben wollte, während die Bewegung selbst sich verlangsamt. Musikalisch habe ich einen großen figurierten Choral komponiert, der sich in der Form an Johann Sebastian Bach anlehnt.« – Ist dies vielleicht nicht das bedeutendste, so doch das bekannteste Stück des vielseitigen Komponisten aus der Gruppe der »Six« (zu nennen sind vor anderen Werken die *Szenischen Oratorien »Le Roi David«* und *»Jeanne d'Arc au bûcher«*, 1921 und 1928), jedenfalls das, mit dem er am meisten Furore macht. Denn hier ist tatsächlich vom Gefühl als Empfindung abgesehen, auch kein neues Lebensgefühl zum Ausdruck gebracht, sondern mit kompositorischen Mitteln, für die auch die Nähe des Geräusches nicht verschmäht ist, eine Sache abgebildet. *Das* hat man als Musik *noch nie* gehört.

1924 **George Gershwin** (1898-1937): **Musical »Lady Be Good«** am Broadway in New York

Nach Ursprung und Wesen ist das MUSICAL (eigentlich MUSICAL COMEDY) ein typisch amerikanisches Produkt. Eine locker und revuehaft geführte Handlung – übrigens oft nach »ernsten« Vorlagen, etwa von Shakespeare – wird in musikalisch anspruchslose, aber eingängige, in ernsten Situationen oft sentimentale, in heiteren stets schmissige Musiknummern gekleidet. Diese werden singspielartig, also mit gesprochenem Text, aneinandergereiht, mit Tanz- oder Ballettszenen garniert und mit aufwendig ausgestatteten Finali geschlossen. Daß für die Musik der Jazz, für das Ballett der Steptanz, für die Ausstattung das Showbusiness die wichtigsten Faktoren sind, ist selbstverständlich. Auf ihrer Mischung beruhen die zum Teil unglaublichen, alle Theatererfahrung der Welt weit überholenden Erfolge, mit diesen schlägt die Gattung nach Europa hinüber, wo sie im Londoner West End ihren Hauptstandort findet. – *Lady Be Good* ist der erste große Musical-Erfolg von George Gershwin zusammen mit seinem Bruder Ira Gershwin als Texter, das erste der Gershwin-Musicals und zugleich der erste Triumph für die Geschwister Fred und Adele Astaire. Der *Schlager »The man I love«*, Gershwins vielleicht größter Hit, wird für die Broadway-Produktion gestrichen, weil der Song den Szenenablauf bremse... *Lady Be Good* zeigt das Erfolgsmuster übrigens fast aller Musicals jener Zeit: Eine ziemlich bedeutungslose Story erhält Faszination durch vaudevilleartige Aufbereitung, ingeniöse Melodien, gekonnte Choreographie. So ist *Lady Be Good* wahrscheinlich das älteste Musical, das im europäisch-deutschsprachigen Bereich noch heute gespielt wird, weil Gershwins rhythmische Einfälle von »Fascinatin' Rhythm« und von der Titelnummer nach wie vor zünden. – Die Gebrüder Gershwin schreiben etwa 30 Musicals, alle große Erfolge, darunter *Tip Toes* (1925), *Oh Kay* (1926), *Funny Face* (1927), *Girl Crazy* (1930), *Of Thee I Sing* (1931).

Die große Zeit des Musicals setzt indessen erst in den 30ern ein. Der wahrscheinlich wichtigste Komponist ist Richard Rodgers (1902-1979), dessen *The Boys from Syracuse* nach Shakespeares *Komödie der Irrungen* seit 1938 Triumphe feiert. Gleichbedeutend wohl ist Cole Porter (1891-1964), der Komponist des vielleicht berühmtesten Musicals überhaupt: *Kiss Me, Kate* (1948) nach Shakespeares *Der Widerspenstigen Zähmung*. In die lange Reihe von Porters legendären Broadway- und Hollywood-Erfolgen gehören die Musicals *Anything Goes* (1934), *Can-Can* (1953) und *Silk Stockings* (1955).

1924 **George Gershwin** (1898-1937): **Rhapsody in Blue**

Die Tragödie Gershwins ist bis auf den heutigen Tag, daß ihm sein phantastisches Talent für populäre Lieder den Eintritt in den Olymp der Musik verwehrt: Gershwin findet keine gute Aufnahme bei der hohen Kritik. Nach der Uraufführung der *Rhapsody in Blue* mit Paul Whiteman als Dirigenten am 12. Februar 1924 in New York mäkelt zum Beispiel ein Kritiker: »Diese Leere in Melodie und Harmonik, alles so entlehnt, so altbacken, so ausdruckslos.« Der Komponist sieht das anders: »I heard it as a sort of musical kaleidoscope of America – of our vast melting pot, of our unduplicatet national pep, of our metropolitan madness.« Nun, das Publikum jedenfalls ist begeistert, hier ebenso wie dann nach der Premiere von *Porgy and Bess* am 10. Oktober 1935 in New York. In der *New York Times* freilich rümpft man die Nase: »Oper, dann wieder Operette und dann einfach Broadway-Klitsche«. Aber *Porgy and Bess* tritt einen Triumphzug um die Welt an. So hat denn eher Leonard Bernstein recht, wenn er in einem seiner »Concerts for young people« zum Thema »Was ist das Wesen amerikanischer Musik?« sagt: »Ich glaube, es gibt niemanden in der ganzen Welt, der nicht sofort wüßte, daß Gershwins Musik – etwa *Ein Amerikaner in Paris* [1928] – amerikanische Musik ist. Über der ganzen Musik steht ›Amerika‹ geschrieben – nicht nur im Titel und nicht nur deswegen weil Gershwin Amerikaner war. Es liegt in der Musik selbst: Sie klingt amerikanisch, riecht nach Amerika, und wenn man sie hört, fühlt man sich amerikanisch.«

1924 **Sigmund Romberg** (1887-1951): **Operette »The Student Prince«** (»Alt Heidelberg«) in New York

1901 erlebt in Berlin ein Theaterstück *Alt-Heidelberg* von Wilhelm Meyer-Förster (1862-1934) seine Uraufführung (die dramatische Fassung des Romans *Karl Heinrich* von 1899), das alsbald in 22 Sprachen übersetzt um die Welt geht. 1924 macht Sigmund Romberg, ein gebürtiger Ungar, in New York eine Operette daraus, die ebenfalls um die Welt geht. 1927 wird das Stück von Ernst Lubitsch verfilmt, zum erstenmal. *The Student Prince* ist wahrscheinlich eines der meistgespielten Theaterstücke der »Weltliteratur« überhaupt. Sein bis heute anhaltender Erfolg läßt sich nicht allein negativ mit Operettenschmalz und Chargenkomik erklären. Von der Untertanenseligkeit gegenüber dem angestammten Fürstenhaus über die Märchenvorstellung vom Prinzen, der einsam und unverstanden in seinem großen kalten Schloß sitzt, und von der »Alten Burschenherrlichkeit« bis zum treuliebenden schlichten Mädchen Kati ist alles versammelt, was in die Farblosigkeit des kommerzialisierten kleinbürgerlichen Alltags Kontrastbilder projiziert. Ist es ein Wunder, daß der Mensch dieses Alltags diese Kontrastbilder liebt, wenn sie ihm liebenswürdig serviert werden, wie es hier der Fall ist? In Heidelberg spielt man das Werk seit einiger Zeit wieder allsommerlich im Schloßhof, und die Fremden, vor allem aus den USA, weinen und jubeln. Übrigens soll die Beliebtheit dieser Operette in den USA Heidelberg im Kriege vor der Zerstörung bewahrt haben. Immerhin! Daß aber Deutschland vielen Amerikanern so operettenhaft wie *Alt-Heidelberg* erscheint, ist doch fast ein Unglück. Ob man das aber allein Sigmund Romberg anlasten darf, ist zu bezweifeln.

1924 **Josip Slavenski** (1896-1955): **1. Streichquartett** in Donaueschingen uraufgeführt

In der neueren kroatischen Musik ist Slavenski der erste, der polytonal und atonal komponiert und doch die Verbindung zur Volksmusik Kroatiens und des Balkans hält (*Balkanofonija,* 1927; *Symphonie des Orients,* 1934). Er ist der erste kroatische Komponist neuerer Zeit, der internationale Anerkennung findet und durch den die Aufmerksamkeit stärker auf die Musik in Kroatien gelenkt wird. Zu dieser Anerkennung trägt sicherlich der Erfolg bei, den sein *1. Streichquartett* (von vieren; 1923 entstanden) bei den Donaueschinger Musiktagen 1924 erringt (zur Aufführung ausgewählt aus 91 eingereichten Quartetten und mit einem 1. Preis versehen von der Jury, der Paul Hindemith angehört).

1924/25-1971 **Dimitrij Schostakowitsch** (1906-1975): **15 Symphonien**

Schostakowitschs *1. Symphonie* wird 1926 kurz nach Abschluß seines Musikstudiums in Leningrad uraufgeführt. Sie erhält spontane Zustimmung. Als »höchstmöglichen Ausdruck des Talents« bezeichnet sein Lehrer M. O. Steinberg (1883-1946) das Werk, das bald darauf den Weg ins Ausland findet und zum festen Bestandteil des internationalen Konzertrepertoires wird. Die folgenden Jahre stehen unter dem Zeichen des Suchens und Experimentierens. Schostakowitsch kommt erstmals mit der Musik Hindemiths, Bergs, Strawinskys und Schönbergs in Berührung, und bald wird der Einfluß westlicher moderner Musik in seinem Schaffen spürbar. »Ich scheue keine Schwierigkeiten. Es mag bequemer und sicherer sein, ausgetretenen Pfaden zu folgen, aber es ist langweilig, uninteressant und nutzlos,« schreibt er 1935. Doch bald soll es ganz anders kommen. Bereits 1930 wird Schostakowitsch im Hinblick auf seine *Oper »Die Nase«* (nach Gogol, 1927/28) der Vorwurf bourgeoiser Dekadenz, Überspanntheit und Deformierung gemacht, und anläßlich der Uraufführung der *Oper »Lady Macbeth von Minsk«* (nach Ljeskow, 1930-32) schreibt die *Prawda* am 26. Januar 1936 in einem »Wirrwarr statt Musik« betitelten Leitartikel offiziellen Charakters: »Vom ersten Augenblick an wird der Zuhörer von einer betont unharmonischen, wirren Flut der Klänge überschüttet. Melodiefetzen, Ansätze musikalischer Phrasen tauchen auf und verschwinden wieder im allgemeinen Getöse, Geknirsche und Gejaule. Dieser Musik zu folgen ist schwer, sie zu behalten, völlig unmöglich. Der Gesang wird durch Schreien ersetzt. Wenn der Komponist auf die Spur einer einfachen und einprägsamen Melodie gestoßen ist, stürzt er sich – erschrocken über solch Unheil – sofort in das Dickicht musikalischen Wirrwarrs, das sich zuweilen in Kakophonie verwandelt.« Schostakowitschs künstlerische Befähigung wird nicht in Abrede gestellt, aber »diese Musik ist mit Vorbedacht auf den Kopf gestellt, um in keiner Weise an die klassische Opernmusik zu erinnern, um nur ja nichts Gemeinsames mit symphonischem Klang, mit einfacher, allgemein verständlicher musikalischer Sprache zu haben.« – Bereits ein Jahr später gelingt Schostakowitsch die völlige Rehabilitierung. Seine *5. Symphonie* (1937) erfüllt alle ideologischen Anforderungen des »Sowjet-Realismus« und wird mit stürmischem Erfolg uraufgeführt. Freilich beginnt Schostakowitsch mit der *Fünften* einen Weg, der zu musikalischen Sprachformen vom Anfang des 20. Jahrhunderts, ja zur Mitte des 19. zurückführt; Mahler, Tschaikowski und die nationalrussische Schule der »Fünf« sind nun die Vorbilder: In Monumentalsymphonien wird wieder eine hochpathetische Romantik beschworen, die allerdings durchaus geeignet zu sein scheint, Massen zu faszinieren und vertraut zu berühren. Nun, die außerordentliche Begabung und die schöpferische Phantasie Schostakowitschs leben gewiß auch in diesen Werken, ebenso in der, ihnen Jahr für Jahr zugesellten Kammermusik wie etwa dem *2.* (1944) bis *5. Streichquartett* (1952). Technisch und stilistisch aber steht seine Entwicklung im Zeichen eines Revisionismus, und zwar eines vom politischen System erzwungenen, keines freiwilligen. Für das *Klavierquintett* (1940), eines seiner erfolgreichsten und besten Werke, erhält Schostakowitsch 1941 erstmals den Stalin-Preis. Der während der Belagerung Leningrads entstandenen *7. Symphonie* ist ebenfalls durchschlagender Erfolg beschieden. Weniger Anklang findet die *8. Symphonie* (1943), und nach der Aufführung der *9. Symphonie* (1945) werden wieder Stimmen laut, die dem Werk »ideologische Schwäche« vorwerfen. Im Februar 1948 findet sich Schostakowitsch – zusammen mit Prokofieff und anderen führenden Komponisten der Sowjetunion – auf einer schwarzen Liste des Zentralkomitees der Kommunistischen Partei. »Dekadenter westlicher Formalismus« und »Mangel an Allgemeinverständlichkeit« sind die Hauptbeschuldigungen einer öffentlichen Zurechtweisung. Und seine Antwort: »Ich weiß, daß die Partei im Recht ist, daß sie um die Zukunft der sowjetischen Kunst in Sorge ist... Ich will immer wieder versuchen, mit meiner Musik dem Herzen und Geist des Volkes nahezukommen,« und er krönt seine Versuche mit dem *Oratorium »Das Lied von den Wäldern«* (1949), für das er erneut den Stalin-Preis erhält. Im selben Jahr wird er als sowjetischer Delegierter der »Kulturellen und Wissenschaftlichen Weltfriedenskonferenz« für wenige Tage nach New York entsandt, wo er sich angeblich unwohl und überlegen fühlt (Stuckenschmidt). In der *New York Times* formuliert er seine künstlerische Sendung mit folgenden Worten: »Es gibt keine Musik ohne Ideologie. Auch die alten Komponisten waren – bewußt oder unbewußt – Träger einer politischen Idee... Gute Musik erhebt den Menschen und ermuntert ihn zur Arbeit. Sie kann tragisch, muß aber kraftvoll sein. Sie ist nicht länger Selbstzweck sondern ein lebenswichtiges Mittel zum Kampf.« Ob Schostakowitsch selbst glaubt, was er da sagt, ist zu bezweifeln, man kann es sich jedenfalls kaum vorstellen. Die Rezeption seines Lebenswerkes in der Sowjetunion ist jedenfalls ein ekelhaftes und abschreckendes Exempel kommunistischer Diktatur.

1925 und **1928/1935** — **Alban Berg** (1885-1935): **Oper »Wozzeck«** in Berlin und **Fragment der Oper »Lulu«**

Wörner (1949) hat wie niemand sonst zusammengefaßt, was in Kürze über Bergs *Wozzeck* zu sagen ist: »Man darf im *Wozzeck* das bedeutendste Werk des musikalischen Expressionismus sehen. Es ist also – um die große Linie unserer Betrachtung wieder zu berühren – ein spätes Dokument des romantischen Kunstwillens, der sich in die Tiefen des menschlichen Seelenlebens hineinbohrt; ganz anders jedoch als das feierliche metaphysische Gedicht der Liebe des Wagnerschen *Tristan.* Während Wagner idealisiert, macht Berg aus dem stark naturalistischen Torso von Georg Büchner (1813-1837) eine Tragödie des menschlichen Schicksals: Wozzeck, der einfache Mensch, den die Armut zwingt, den Sklavendienst des Soldaten zu tun, der von seinem Hauptmann erniedrigt wird, den ein untergeordneter militärischer Vorgesetzter mißhandelt und den ein gewissenloser Arzt für wissenschaftliche Experimente benutzt – dieser Wozzeck, der keine Klage über sein Schicksal laut werden läßt, hat seine eigene geistige Welt; er ist ein Gottsucher und flüchtet ins Metaphysische eines Wunderglaubens, wie es ihm seine bedrängte, grüblerische Seele eingibt. Seine Liebe zu Marie besiegelt sein Schicksal. Sie betrügt ihn mit dem Tambourmajor. Wozzeck, in seiner Verzweiflung, ermordet sie und ertrinkt selbst in einem Sumpf, als er das Messer, seine Tat zu verschleiern, versenken will.

Welche Welt der Charaktere in diesem Werk… Und die Welt ist eine einzige soziale Anklage, von Büchner gefaßt in das verbittert-resignierte Wort: ›Wir armen Leut‹.

Alban Berg hat die 26 Szenen der Bruchstücke des Büchnerschen Originals [dort Woyzeck geschrieben] auf drei Akte zusammengedrängt. In 15 knappen, durch symbolische Zwischenspiele verbundenen Bildern rollt die Handlung in atemberaubender, belastender Spannung ab. Dem Hörer, der sich dem Gesamteindruck hingibt, begegnet das Werk als nachwagnersches Musikdrama mit einer seiner charakteristischsten Eigenarten: die Musik vertieft die seelische Handlung, malt die äußere Aktion sehr lebhaft aus und geht auch sonst den Einzelheiten tonmalerisch, bis in Wortmalereien hinein, nach. Alban Berg weiß jedoch weitaus mehr zu geben als irgendein Komponist der Wagner-Nachfolge vor ihm. Seine überragende Stärke liegt in der Tiefe und zwingenden Kraft des Ausdrucks. Es sei aus der Erinnerung an die Berliner Aufführungen an einige Momente aus der Fülle des Werkes erinnert: die fast apokalyptische Vision des Sonnenunterganges, die leere Kälte der Restaurant- und Tanzszene, die Seelenangst der in der Bibel lesenden Marie, der Mord… Erschütternd ist die Intensität, mit der Berg dem seelischen Geschehen folgt. Überaus reich ist das Orchester an illustrierenden Einzelheiten, die sich oftmals schon an Nervenschwingungen einzelner Augenblicke oder Worte anhängen. Aber alles, was sogar zum Teil naturalistisch gedacht ist, etwa die Nachahmung der rufenden Unken in dem Sumpf, dient einzig dem Ausdruck. Expressionistisch sind die Klangbilder, expressionistisch ist jede Dissonanz und ihr Anteil an der Gesamtwirkung, aus dem Expressionismus rechtfertigt sich jeder Takt.

An schöpferischer Kraft überragt Alban Berg alle, die aus dem engeren Kreis der Wiener atonalen Schule heraus oder aus dem größeren der Einflußsphäre Schönbergs dem Zwölfton-System folgen. Seine Werke haben zum Teil auch einen viel nachhaltigeren Eindruck auf die breitere Öffentlichkeit gemacht als die Schönbergs. Die wenigen Kompositionen, die Berg schreibt, sind langsam gereift. Im Mittelpunkt seines Schaffens steht das Hauptwerk seines Lebens, die *Oper ›Wozzeck‹*, die etwa 1920 abgeschlossen ist. Die Arbeiten, die vorher zwischen 1907 und 1915 entstehen – eine *Klaviersonate*, ein *Streichquartett, Lieder* mit Orchester, *4 Stücke für Clarinette mit Orchester, 3 Orchesterstücke* – sind Beiträge zur Neuen Musik und laufen dem Entwicklungsgang Schönbergs parallel. Der Unterschied liegt darin, daß Berg den ersten *Tristan*-Einfluß viel rascher durchschreitet als Schönberg selbst.«

Die Musik des *Wozzeck* ist, einfach ausgedrückt, atonal aber nicht zwölftönig. Sie soll, so der Komponist, »den geistigen Gehalt von Büchners unsterblichem Drama auch musikalisch erfüllen und seine dichterische Sprache in eine musikalische umsetzen.« Dazu ist sie nicht nur mit der höchsten und schönsten musikalischen Sensibilität gedacht, komponiert und in Klang umgesetzt, dazu ist sie auch, wie zu einer Art von Sicherung in der Komposition, höchst differenziert durchkonstruiert. Dazu sagt der Komponist jedoch: »Mag einem noch soviel davon bekannt sein, was sich im Rahmen dieser Oper an musikalischen Formen findet, wie das alles streng und logisch gearbeitet ist, welche Kunstfertigkeit selbst in allen Einzelheiten steckt – von dem Augenblick an, wo sich der Vorhang öffnet, bis zu dem, wo er sich zum letzten Male schließt, darf es im Publikum keinen geben, der etwas von diesen Fugen und Inventionen, Suiten und Sonatensätzen, Variationen und Passacaglien bemerkt, keinen, der von etwas anderem erfüllt ist als von der weit über das Einzelschicksal Wozzecks hinausgehenden Idee dieser Oper.« In diesen Worten des Komponisten kommt der wesentliche Grundzug der Musik zum Ausdruck: ihre Fähigkeit, Ausdrucksmäßiges und Konstruktives so zu vereinen, daß der Hörer nie etwas von der Fülle architektonischer Elemente ahnt, sondern sich stets im Banne eines erregenden expressionistischen, ausschließlich durch seelisch-dramatische Vorgänge bestimmten musikalischen Geschehens glaubt (Gräter 1955).

Bereits 1924 führt Hermann Scherchen beim 53. Musikfest des Allgemeinen deutschen Musikvereins in Frankfurt am Main *Symphonische Bruchstücke aus »Wozzeck«* auf. Die Uraufführung der Oper durch Erich Kleiber findet am 14. Dezember 1925 in der Staatsoper in Berlin statt. Die Meinungen sind geteilt – höchste Begeisterung und das sichere Gefühl, einen historischen Augenblick erlebt zu haben, auf der einen Seite, auf der anderen Unverständnis und Ablehnung. Dabei ist zu trennen: einmal sachliche Berichterstattung, die manches anerkennt, dem ganzen Werk aber nicht folgen kann. (Es wäre ja auch ein Wunder, hätte man eine Oper sofort allgemein akzeptiert, von der Berg selbst sagt: »… einmal hören ist zu wenig. Das ist doch wahnwitzig schwer zu verstehen.«) Bei anderen Kritikern aber blinder Haß, blind auch für die auffallendsten Qualitäten des Werkes. Nach Prag 1926 und Leningrad 1927 führt Oldenburg (Generalmusikdirektor Johannes Schüler) das Werk 1929 auf: »Das Märchen von der Unaufführbarkeit des *Wozzeck* wurde hier in einer Weise widerlegt, wie Sie es nicht ahnen können. Die Aufführung war direkt ein Wunder. Ebenso die Aufnahme!« Von der »Provinz« tritt die Oper einen Siegeszug über die deutschen Bühnen an; überall gibt es »den gewohnten *Wozzeck*-Erfolg«. Wie keine andere Oper der Neuen Musik verbreitet sich Bergs *Wozzeck – Büchners Wozzeck,* denn bei jeder guten Aufführung verläßt der Hörer das Theater unter dem Eindruck der Tragödie, die er gesehen hat, und nicht unter dem Eindruck der Musik. Dies freilich spricht nicht gegen die Musik sondern gerade für sie: sie steht ganz im Dienst des Theaters.

1928 faßt Alban Berg den Entschluß, Frank Wedekinds (1864-1918) Schauspiele *Erdgeist* (erschienen 1895) und *Die Büchse der Pandora* (Uraufführung 1905 in Wien, veranstaltet und mit einem einleitenden Vortrag versehen von Karl Kraus, dem großen Moralisten; Alban Berg ist zugegen) für eine Oper *Lulu* einzurichten. Die Oper soll aus 7 Bildern mit einem Prolog bestehen, von dem aus sich alles Folgende erschließt. Sie ist hochstilisiert in die betont unrealistische Sphäre der Zirkus- oder Jahrmarktswelt gestellt. Die Arbeit der Komposition – das Werk ist jetzt durchgehend nach Schönbergs Methode der Komposition mit 12 nur aufeinander bezogenen Tönen gearbeitet – zieht sich bis zu Bergs Tod hin, unterbrochen nur durch die Arbeit am *Violinkonzert* (1935). Die Oper bleibt unvollendet. Die Uraufführung des Fragments findet 1937 in Zürich statt. Schon 1934 bringt Erich Kleiber *Symphonische Stücke aus der Oper »Lulu«* in Berlin zur Uraufführung. Nach Bergs Tod trägt die Witwe drei befreundeten Komponisten die Vervollständigung des Werkes an. Schönberg, Webern und Zemlinsky aber lehnen nach eingehenden Überlegungen ab. Dann verbietet die Witwe testamentarisch, daß überhaupt jemand die fragmentarische Partitur einsehe. Trotz des Verbots studiert der österreichische Komponist Friedrich Cerha (* 1926) sorgfältig Bergs bis zu etwa einem Drittel gediehene Arbeiten am 3. Akt und vollendet das Werk nach Skizzen und unter Verwendung von Material aus den beiden ersten Akten. Die Uraufführung findet 1979 in Paris statt (musikalische Leitung: Pierre Boulez; Inszenierung: Patrice Chéreau). Der Erfolg ist groß; die Meinungen sind geteilt. – Ob die *Oper »Lulu«* Bergs größtes und reifstes Werk ist, wie man oft lesen kann, wie auch Scherließ (1975) meint, bleibe dahingestellt. Dessen Überlegungen zum Musiktheater der Gegenwart sind allerdings höchst relevant.

1925/27 **Edgar Varèse** (1883-1965): **Orchesterstück »Arcana«** und
1929/31 **»Ionisation«** für Schlagzeug, Klavier und Sirenen

Es muß nicht schon gleich ein Spießer sein oder unmusikalisch, wer diese Stücke scheußlich findet und überflüssig. Nun, überflüssig sind sie bestimmt nicht, denn das mußte einmal probiert werden, was Varèse hier probiert, Kunst der Geräusche, und was er wagt, Komposition ohne Gesetz: »Ich weigere mich, mich schon bekannten Klängen zu unterwerfen.« Und »mit zwanzig Jahren habe ich begonnen, den Klang als ein lebendiges Material zu empfinden, das ohne willkürliche Einschränkungen zu formen sei... Von dieser Zeit an dachte ich an die Musik nur als im Raum existierend.« Ob man sagen kann, diese Musik sei mit der Malerei des Kubismus verwandt und wie keine andere Spiegelbild des industriellen Zeitalters (Helm 1966), bleibe dahingestellt. Wohl aber kann man sagen, daß hier einer sich in Grenzbereiche des Musikalischen wagt, lange bevor die Möglichkeiten der Elektronik solche Überschreitungen gleichsam vorschreiben. Freilich, Varèse experimentiert auch schon seit 1913 und zusammen mit einem Akustiker und einem Physiker. Erstaunlicher als *seine* Versuche ist deshalb eher, daß so viele in den 50er und 60er Jahren noch glauben, sich selbst experimentell erarbeiten zu müssen, was Varèse längst erprobt hat. Nicht zu Unrecht hat man ihn einen »unbegriffenen Propheten einer kosmischen Schallwelt« genannt (Steinhardt 1971).

1926 »Vereinigung der jungen polnischen Musiker in Paris«

»Szymanowski [1882-1937] war ganz einfach ein Mensch einer anderen Epoche als seine Schüler«, schreibt sein Schüler Stefan Kisielewski (* 1911) 1947, »er war ein in die Gegenwart übertragener Romantiker, aber sein scharfer Geist, seine großartige Intuition und Sensibilität wiesen ihm unfehlbar den Weg, den die Musik gehen würde.« Volle Unterstützung Szymanowskis findet daher die Ende 1926 ergriffene Initiative seines Schülers Piotr Perkowski (* 1901) und Feliks Roderyk Labuńskis (*1892), eine Vereinigung der jungen Polnischen Musiker in Paris zu organisieren. Bis 1939 registriert die Vereinigung 140 Mitglieder. Die »jungen Geister« beschränken sich nicht darauf, Eindrücke und Kenntnisse zu sammeln, sie widmen sich vielmehr der schwierigen und wichtigen Aufgabe, die polnische Musik in Frankreich zu propagieren, und sie streben danach, das polnische Schaffen in vollem Umfang zu präsentieren. Dank ihrer Bemühungen kann die musikalische Welt zum ersten Mal erfahren, daß die polnischen Traditionen sich nicht auf Chopin allein beschränken, sondern bis in das 16. Jahrhundert zurückreichen (heute ist diese Grenze erheblich weiter verschoben) und in der postchopinschen Periode keineswegs nur die Namen Moniuszko und Szymanowski umfassen. Am breitesten wird jedoch das Schaffen der zeitgenössischen Komponisten dargeboten. Von der Intensität dieser »Propagandaaktion« kann die Tatsache zeugen, daß in den Jahren 1926 bis 1939 über 70 Konzerte in Paris stattfinden, die ganz oder zum guten Teil mit Werken junger Polen ausgefüllt sind. Vor allem jedoch erringen die polnischen Künstler in Paris Wissen über die Neue Musik, studieren sie unter Leitung von Nadia Boulanger, Paul Dukas und anderen hervorragenden französischen Kompositionslehrern und gehen in ihrem Schaffen die Wege, die ihnen Debussy, Ravel, Roussel, Szymanowski und Strawinsky weisen (Michalski 1988).

1927 **Jakov Gotovac** (1895-1982): **Symphonischer Kolo**

Gotovac gehört zu den Komponisten Kroatiens, die bei durchaus traditioneller Schreibart die Ansätze einer neuen nationalen kroatischen Musik durch Rückgriff auf Volkslied und Volksmusik aufnehmen und befestigen wollen. Der *Symphonische Kolo* (»Kolo« ist ein volkstümlicher Rundtanz) setzt sich vor allen anderen seiner Werke im internationalen Repertoire durch.

1927 **Ernst Křenek** (1900-1991): **Oper »Jonny spielt auf«** in Leipzig

Křeneks musikalischer Stil erfährt im Laufe seines Lebens viele Wandlungen, immer aber steht dahinter ernsthaftes Suchen. Nur einmal setzt Křenek unernst (und ahnungslos über Amerika, wie er später selbst gesteht) eine Mischung aus Spätromantik und Jazz an – und das wird, auch gegen die schärfste Kritik, sein großer Erfolg: die *Oper »Jonny spielt auf«*. In der *Zeitschrift für Neue Musik »Melos«* schreiben im Januar 1928 Hans Mersmann, Hans Schultze-Ritter, Heinrich Strobel und Lothar Windsberger dies: »Es ist nötig, auf diese Oper noch einmal einzugehen, da sie, gegenwärtig an mehr als fünfzig Bühnen gespielt, für den größten Teil aller Theaterbesucher als der Typ der Zeitoper schlechthin angesehen wird. Wohl enthält das Werk eine Reihe von Merkmalen heutigen Lebens (Milieu, Maschine, Jazz), doch wirken diese Dinge in ihrer rein äußerlichen Stofflichkeit als Requisit. Zeit ist nicht gestaltet, sondern ihre aufdringlichsten Attribute werden skrupellos hingeworfen. Die sensationelle Wirkung der Uraufführung mußte daher bei einer Wiedergabe bald verblassen, welche (wie die Berliner) die Äußerlichkeiten bis zum plumpen Naturalismus und zur schlecht gemachten Revue vergröberte. Denn die Handlung der Oper ist trotz ihrer Häufung von Sensationen und reißerischen Effekten im Grunde durchaus langweilend, weil die dramatische Spannung sowohl innerhalb der Einzelbilder als auch zwischen den Szenen fortwährend abreißt. – Die Musik bezeichnet in der bis jetzt übersehbaren Entwicklung Křeneks einen Tiefpunkt. Sie ist ein schlechter Kompromiß zwischen romantisierender Oper und Jazz. Diesem fehlt jede ausgesprochene Haltung und Vitalität: die Tanzrhythmik bleibt stumpf. – Die formale Anlage ist von der gleichen Flüchtigkeit, welche die gesamte Tonsprache der Oper charakterisiert. Die Musik läuft unorganisch und stückweise dahin, ohne den Text von sich aus zu gestalten. Nur einzelne Szenen, wie die zwischen den Polizisten und zwischen Max und Yvonne, sind organisch gebaut und erreichen eine Verschmelzung zwischen Musik und dramatischer Situation. Das durchweg blasse Klangbild ist Resultat handwerklicher Unfertigkeit, die an der ganzen Partitur zu beobachten ist.« Diese herbe Kritik hat den Erfolg der Oper nicht geschmälert. Daß aber der Erfolg die Kritik Lügen strafe, das kann man auch nicht sagen.

1927 **Wiederaufführung von Perotins Organum »Sederunt principes« (um 1200)** in Wien

Man sollte sich das hie und da einmal wieder vergegenwärtigen: Zwar wissen wir heute verhältnismäßig viel über die Musik des Mittelalters, aber musikalische Vorstellungen davon haben wir kaum. Romanische Dome haben unsere Bewunderung, fremd sind sie uns keineswegs. Ein wenig fremd ist uns hingegen schon die Kapitellplastik, so sehr wir sie auch schätzen, fremder noch die Wand- und erst recht die Buchmalerei. Die Musik (nicht die Musik*anschauung!*) aber ist uns schlechthin fremd, jedenfalls wenn wir ehrlich sind – und musikalisch. Der Grund liegt darin, daß das Verhältnis Notenschrift-Musik für die Kompositionen des hohen Mittelalters nicht hinreichend geklärt bzw. zu klären ist, und weil deshalb für Aufführungen viele experimentell nachkomponierende Arbeit zu leisten ist, an die sich Historiker wie Praktiker gleichermaßen nur ungern wagen. Für den damaligen Innsbrucker (später Münchener) Musikhistoriker Rudolf von Ficker (1886-1954), einen Schüler Guido Adlers, ist aber die *Musik als Erklingen* so ausgesprochen das Ziel seines historischen Bemühens, daß er den Versuch – und das heißt hier: die kühne Bearbeitung – wagt und Perotins *Organum quadruplum »Sederunt principes«* aus der Zeit um 1200 bei der Beethoven-Zentenarfeier 1927 in Wien in der Hofburgkapelle (später auch in Paris und in München) aufführt. Der Erfolg und dann das Echo davon sind überwältigend. Wir zitieren dazu eine Musik- und zwei Tageszeitungen: (*Neue Musikzeitung*) »In stärkere Worte läßt sich der Eindruck kaum fassen, als wenn man sagt, daß diese Aufführungen im Rahmen des Beethoven-Festes neben Darbietungen erster Künstler und angesichts einer besonders verfeinerten Einstellung der Hörer ihren Platz behaupteten; die Wirkung dieser alten Mehrstimmigkeit wurde selbst von den Meisterwerken Beethovens nicht überboten.« Und: (*Berliner Tageblatt*) »Zuletzt noch ein stark aufwühlendes Ereignis: mittelalterliche Chormusik in der Burgkapelle. Das müßte man in Berlin hören... Es war die schönste Stunde in Wien. Man dankt Professor von Ficker, der die Stücke bearbeitete und die Aufführung leitete; er, Professor der katholischen Universität in Innsbruck, fühlt irgendwie noch die Kontinuierlichkeit jener Tradition; dabei muß er auch Sinn gehabt haben für die ungeheure Aktualität dieser Formenwelt.« Schließlich: (*FAZ*, 12. Mai 1927) »Hier ward mit Kühnheit und Besonnenheit, mit historischem Gewissen und künstlerischem Gefühl der Vorhang vor etwas Unbekanntem, Unerkanntem, weggezogen. Es war, wie wenn wir zum ersten Mal Überwältigendes der bildenden Kunst sähen...«

Als in den 1950er Jahren Karl Amadeus Hartmann dieses *Organum* Perotins im Rahmen eines Konzerts seiner Münchener Reihe MUSICA VIVA zur Aufführung bringt, ist der Eindruck blaß, der Erfolg schwach. Warum? Weil Fickers Bearbeitung überholt ist. Das freilich spricht nicht gegen, eher für sie: Eine musikalische Interpretation, die in den 20er Jahren gültig ist, *kann* nicht in den 50er Jahren auch noch gültig sein; das Werk muß neu bearbeitet, eine andere Art der Aufführung versucht werden. Alfred Deller mit seinem Ensemble hat dies z.B. geleistet; aber auch seine Interpretation wird eines Tages veraltet sein. Musikalische Interpretation muß sich immer erneuern, das gehört zum Wesen der Musik (sofern sie zu spielen, also nicht elektronisch zu erzeugen ist) – auch im Zeitalter ihrer technischen Reproduzierbarkeit.

1927 **Fred Raymond** (1900-1954): **Singspiel »Ich hab' mein Herz in Heidelberg verloren«** in Wien

Erfolgreich wie der Schlager von 1925 *»Ich hab' mein Herz in Heidelberg verloren«* wird die *Operette* mit demselben Titel, die 1927 in der Volksoper in Wien über die Bühne geht und 700 mal gespielt wird. Noch bekannter wird freilich Raymonds *Operette »Maske in Blau«* (Berlin 1937) – und werden die Schlager *»In einer kleinen Konditorei«* (1929), *»Und die Musik spielt dazu«* (1938) und schließlich *»Es geht alles vorüber, es geht alles vorbei«* aus dem Kriegsjahr 1942. Und diese Titel sind nur die wichtigsten von vielen.

1927 **Igor Strawinsky** (1882-1971): **Opern-Oratorium »Oedipus Rex«** in Paris

Man ordnet Strawinsky in der Regel als Klassizisten in die Musikgeschichte des 20. Jahrhunderts ein, auch spricht man oft davon, er habe in seinem Schaffen eine klassizistische Periode durchschritten. Ob mit diesem Etikett und mit dieser Beschreibung etwas sachlich Richtiges angesprochen ist, muß man indessen bezweifeln – obwohl gerade nicht zu bezweifeln ist, daß für Strawinskys Auffassung von Musik und für sein Schaffen nach dem *Sacre* (1913) seine Einstellung grundlegend wird zu jenem Phänomen, welches das musikalische Bewußtsein im 20. Jahrhundert dominieren wird, nämlich zu dem Phänomen »Alte Musik«. Kaum kann man das besser ausdrücken als Strawinsky selbst: »Die wahre Tradition ist nicht Zeuge einer abgeschlossenen Vergangenheit; sie ist eine lebendige Kraft, welche die Gegenwart anregt und belehrt... Man knüpft an eine Tradition an, um etwas Neues zu machen. Die Tradition sichert auf solche Weise die Kontinuität des Schöpferischen.« Diese Sätze lesen sich leicht. Wie allerdings aus der hier genannten Tradition, nämlich aus der Geschichte der Musik als Inbegriff von Musik, Neues schöpferisch hervorgehen soll, das ist nur schwer vorzustellen. Aber Strawinsky selbst beschreibt es höchst anschaulich und bis in die wichtigsten Details in seinen *Erinnerungen* (1935) anhand der Entstehung eines seiner Hauptwerke, des *Opern-Oratoriums »König Oedipus«:*

»Als die *Serenade in A für Klavier* (1925) beendet war, fühlte ich das Bedürfnis, ein Werk größeren Umfangs in Angriff zu nehmen. Ich dachte an eine Oper oder ein Oratorium über einen Text, dessen Handlung allgemein bekannt ist. Ich wollte auf diese Weise die ganze Aufmerksamkeit des Hörers, der ja die Anekdote kennt, auf die Musik konzentrieren, die sogleich Wort und Handlung wird. Dieser Plan beschäftigte mich sehr. – Ich war von jeher der Meinung, daß zu allem, was an's Erhabene rührt, eine besondere Sprache gehört, die nichts mit dem Alltag gemein hat. Daher suchte ich jetzt nach einer Sprache für mein geplantes Werk, und schließlich wählte ich das Lateinische. Es hat den Vorzug, ein Material zu sein, das nicht tot ist, aber versteint, monumental geworden und aller Trivialität entzogen. – Als ich wieder zu Hause war, fuhr ich fort, nach einem Thema für mein neues Werk zu suchen. Ich beschloß, es dem Umkreis der berühmten Mythen des klassischen Griechenlands zu entnehmen. Als Verfasser für das Textbuch schien mir niemand geeigneter als Jean Cocteau, mein langjähriger Freund. Ich hatte damals seine *Antigone* gesehen, und die Art, wie er den alten Mythos behandelt und in eine zeitgemäße Form kleidet, hatte mir sehr gefallen. Zwei Monate lang blieb ich in ständiger Verbindung mit Cocteau. Er hatte viel Gefallen an meinem Plan gefunden und sich sofort an die Arbeit gemacht. Als Thema hatten wir den Mythos vom König Oedipus gewählt, den gleichen Stoff also, den Sophokles in seiner berühmten Tragödie behandelt. Wir hielten unser Vorhaben streng geheim, denn wir wollten mit diesem Werk Diaghilew eine Überraschung bereiten zu seinem zwanzigjährigen Bühnenjubiläum, das im Frühjahr 1927 gefeiert werden sollte. Zu Beginn des neuen Jahres schickte mir Cocteau den Anfang des endgültigen Textes zum *Oedipus* in der lateinischen Übersetzung von Jean Daniélou. Die Hoffnung, die ich auf Cocteau gesetzt hatte, war glänzend in Erfüllung gegangen. Kein anderer Text hätte meinen Wünschen besser entsprechen können.

Während ich mich in das Buch vertiefte, entsann ich mich allmählich wieder der lateinischen Kenntnisse, die ich einst auf dem Gymnasium erworben, aber seitdem leider völlig vernachlässigt hatte. Mit Hilfe des französischen Textes machte ich mich bald darauf mit dem lateinischen Wortlaut vertraut. Was ich erwartet hatte, sah ich bestätigt: die Gestalten der großen Tragödie ebenso wie ihre Schicksale wurden durch die lateinische Sprache wundervoll lebendig. Dank ihrer erhielten sie das monumentale Maß und die erhabene Haltung, die dem majestätischen Charakter der antiken Legende entspricht. Welche Freude bereitet es, Musik zu einer Sprache zu schreiben, die seit Jahrhunderten unverändert besteht, die fast rituell wirkt und dadurch allein schon einen tiefen Eindruck hervorruft! Man fühlt sich nicht an Redewendungen gebunden oder an das Wort in seinem buchstäblichen Sinne. Die strenge Form dieser Sprache hat schon an sich so viel Ausdruckswert, daß es nicht nötig ist, ihn durch die Musik noch zu verstärken. So wird der Text für den Komponisten zu einem rein phonetischen Material. Er kann ihn nach Belieben zerstückeln und sich nur mit einfachsten Elementen beschäftigen, aus denen er besteht: den Silben. Und haben nicht auch die alten Meister des strengen Stils den Text auf diese Weise behandelt? So hat sich auch die Kirche seit Jahrhunderten der Musik gegenüber verhalten und sie dadurch davor bewahrt, sentimental zu werden und dem Individualismus zu verfallen.

Je mehr ich mich in die Arbeit am *Oedipus* vertiefte, um so ernsthafter wurde für mich das Problem der ›Haltung‹, die ein musikalisches Werk haben soll. Ich gebrauche hier den Ausdruck ›Haltung‹ nicht im engen Sinne des Wortes, ich gebe ihm eine viel größere, umfassendere Bedeutung. Ebenso wie mir das Lateinische, dessen man sich im täglichen Leben nicht mehr bedient, eine gewisse ›Haltung‹ aufzwang, so verlangte auch die musikalische Sprache selbst nach einer hergebrachten Form, die die Musik in strengen Grenzen zu halten vermag und den Komponisten daran hindert, sich Abschweifungen hinzugeben, die oft dem Werke schaden. Indem ich die Form einer Sprache wählte, die durch die Zeit bestätigt, sozusagen gebilligt ist, legte ich mir einen freiwilligen Zwang auf. Die Notwendigkeit eines Zwanges, einer freiwillig angenommenen ›Haltung‹, liegt tief in unserem Wesen begründet; sie erstreckt sich nicht nur auf die Kunst sondern auf alle bewußten Erscheinungsformen des menschlichen Daseins. Es ist das Verlangen nach einer Ordnung, ohne die nichts entsteht, während alles zerfällt, wenn sie aufgehoben wird. Jede Ordnung jedoch verlangt einen Zwang, aber man täte unrecht zu glauben, daß dadurch die Freiheit beschränkt wird. Im Gegenteil, die ›Haltung‹, der Zwang, tragen dazu bei, sie zu entfalten, sie hindern die Freiheit nur daran, Willkür zu werden. So wird auch der schaffende Künstler nicht gehindert, seine Persönlichkeit zum Ausdruck zu bringen, wenn er sich einer bereits vorhandenen altüberkommenen Form bedient. Ja, jede Persönlichkeit entwickelt sich sogar, sie prägt sich stärker aus, wenn sie sich nicht über einen hergebrachten und fest bestimmten Rahmen hinaus bewegt. Diese Überlegung veranlaßte mich damals, auf stille anonyme Formeln einer entlegenen Zeit zurückzugreifen und mich ihrer in starkem Maße bei meinem *Opern-Oratorium ›Oedipus‹* zu bedienen, zu dessen strengem und feierlichem Thema sie besonders gut passen.«

Und noch einmal Strawinsky selbst in seinen *Erinnerungen* (1935): »Am 14. März 1927 beendete ich die Partitur... Die erste Aufführung des *Oedipus* fand am 30. Mai 1927 in Paris im Théâtre Sarah Bernhard statt. Sie wurde damals noch zweimal unter meiner Leitung wiederholt. Abermals hatte ein Werk von mir darunter zu leiden, daß man ihm einen falschen Platz zugewiesen hatte: ein Oratorium zwischen zwei Akten Ballett! Das Publikum, das Tänze sehen wollte, wurde durch diesen Kontrast außer Fassung gebracht, es war unfähig, sich plötzlich vom Gesicht aufs Gehör umzustellen. Ich war daher von den späteren Aufführungen des *Oedipus* – als Oper unter Klemperer in Berlin (1928), im Konzert unter meiner Leitung in Dresden, London und Paris – weit mehr befriedigt.«

1927/1930 **Bert Brecht** (1898-1956) und **Kurt Weill** (1900-1950): **»Mahagonny«**

In eben den Jahren, in denen Brecht beginnt, sich mit dem Marxismus zu beschäftigen, beginnt er am Stoff »Mahagonny« zu arbeiten, arbeitet er intensiv mit Kurt Weill (einem Schüler von Ferruccio Busoni) zusammen, überlegt man gemeinsam eine Art von Theater, das sogenannte »epische Theater«, das man mit dem *Lustspiel »Mann ist Mann«* und mit der *Oper »Mahagonny«* erproben will. Die so wenig realitätsgerechte »kulinarische« Funktion der Oper soll, da sie die Stilisierung des äußerlich Unzusammenhängenden anbietet, zur gesellschaftsverändernden Funktion umgebogen werden. Musik, Wort und Bilder sollen nicht länger undurchsichtig verschmelzen, sondern sich gegenseitig auslegen, korrigieren, relativieren. Schließlich soll der offensichtliche »Warencharakter des Vergnügens«, der in besonderem Maße der großen Oper zukommt, zum Gegenstand der Oper selbst werden. Brecht und Weill gehen also daran, die im Blick verkürzte, scharf pointierte, fast groteske »Sittenschilderung« in die moderne Oper einzuführen. Und nun fällt das Stichwort ZEITOPER.

Als die erste Bearbeitung des Stoffs, das *Songspiel »Mahagonny«* (später *Das kleine Mahagonny* benannt) bei der Uraufführung auf dem Musikfest in Baden-Baden 1927 einen Skandal verursacht, fragt die Schriftleitung der *Zeitschrift für Neue Musik »Melos«* Kurt Weill nach »dem Begriff der ›Zeitoper‹ mit Beziehung auf sein *episches Opernspiel ›Mahagonny‹«* und veröffentlicht seine Antwort als Offenen Brief Weills an den Herausgeber im März 1928:

> »Sehr geehrter Herr Professor! Sie bitten mich, vom Standpunkt des Opernkomponisten zu dem Begriff der ›Zeitoper‹ Stellung zu nehmen, und ich kann dieser Aufforderung nachkommen, weil Sie hinzufügen, daß Sie in meinen jüngsten Werken diesen Begriff ›am intensivsten‹ verwirklicht finden. Denn nur so entschuldigt sich die deutliche ›Einseitigkeit‹ meines Standpunktes. – Auch dieses Wort ›Zeitoper‹ hat die unglückselige Wandlung vom Begriff zum Schlagwort durchmachen müssen. Es war ebenso rasch geprägt wie falsch angewandt. Diese rasch vorgreifende falsche Verwertung eines Begriffs ist nicht unbedingt schädlich, sie ist vielleicht nötig, weil sie eine womöglich nachfolgende richtige Anwendung mit jener Selbstverständlichkeit erscheinen läßt, die ihrer Aufnahme in der Öffentlichkeit die richtigen Voraussetzungen schafft. Das Zeitstück, wie wir es in den letzten Jahren kennengelernt haben, rückte die äußeren Lebenserscheinungen unserer Zeit in den Mittelpunkt. Man nahm das ›Tempo des 20. Jahrhunderts‹, fügte den vielgerühmten ›Rhythmus unserer Zeit‹ hinzu und hielt sich im übrigen an die Darstellung von Gefühlen vergangener Generationen. Die starken Reize, die die Verpflanzung von Begleiterscheinungen des täglichen Lebens auf die Bühne in sich birgt, sollen nicht unterschätzt werden. Aber es sind Reize, weiter nichts. Der Mensch unserer Zeit sieht anders aus, und das, was ihn außen treibt und innen bewegt, ist so nicht darzustellen, nicht so, daß man zeitgemäß um jeden Preis sein will, nicht so, daß man Aktualitäten gestaltet, die nur für den engsten Umkreis der Entstehungszeit Geltung besitzen. Die Aufgabe des Zeittheaters der letzten Jahre, an dem die meisten von uns in irgendeiner Form beteiligt waren, bestand darin, die Bühne endgültig zu technifizieren, das Theater in der Form, im Geschehen und im Gefühl aufzulockern. Diese Aufgabe ist erfüllt, und schnell ist das Mittel zum Selbstzweck gemacht worden. Jetzt erst, nachdem das bisherige Zeittheater das Material freigelegt hat, haben wir die Unabsichtlichkeit, die Selbstverständlichkeit erlangt, um das Weltbild, das wir – vielleicht jeder auf seine Weise – sehen, nicht mehr in einer Photographie sondern in einem Spiegelbild zu gestalten. Dabei wird es sich in den meisten Fällen um einen konkaven oder konvexen Spiegel handeln, der das Leben in der gleichen Vergrößerung oder Verkleinerung wiedergibt, wie es in Wirklichkeit erscheint.
>
> Sie werden mich fragen, ob diese Abgrenzung der ›Zeitoper‹ auf den Begriff eines ›Zeitspiegels‹ nicht eine Einengung der Stoffwahl mit sich bringt. Aber sehen Sie: die geistigen und seelischen Komplexe, die die Musik darstellen kann, sind ohnehin ziemlich eng umgrenzt und sind im Grunde seit Jahrhunderten immer die gleichen geblieben. Nur die Objekte und die Anwendungsformen haben sich geändert. Die großen Stoffe erfordern für ihre Darstellung in der Oper die große Form. Das neue Operntheater, das heute entsteht, hat epischen Charakter. Denn da die berichtende Form den Zuschauer niemals in Ungewißheit oder in Zweifel über die Bühnenvorgänge läßt, so kann sich die Musik ihre eigene, selbständige, rein musikalische Wirkung vor-

behalten. Die einzige Voraussetzung für ein solches ungehemmtes Ausmusizieren in der Oper besteht darin, daß eine Musik in ihrem innersten Wesen natürlich ›Theatermusik‹ (im Mozartschen Sinn) sein muß, um zu einer völligen Befreiung von den Akzenten der Bühne vorstoßen zu können.

Diese veränderte Grundeinstellung kann – wie wir gesehen haben – zu einem Anknüpfen an die Form des Oratoriums führen. Sie kann auch die Gattung Oper von Grund aus neu schaffen. Sie muß sich dann aber in jene auf allen Kunstgebieten festzustellende Entwicklung einreihen, die bereits heute das Ende der gesellschaftlichen, der ›aristokratischen‹ Künste ankündigt. Und wenn wir uns durch unser Werk hindurch das Bild unseres Publikums projizieren, so sehen wir den einfachen, naiven, voraussetzungs- und traditionslosen Hörer, der seinen gesunden, an Arbeit, Sport und Technik geschulten Sinn für Spaß und Ernst, für gut und schlecht, für alt und neu mitbringt.

Ihr ergebener Kurt Weill«

Die endgültige Fassung geht unter dem Titel *»Aufstieg und Fall der Stadt Mahagonny«* 1930 in Leipzig über die Bühne. Über den Text ist viel geschrieben worden, weniger über die Musik. »Offenbar geht *Mahagonny* in keiner seiner Deutungen ganz auf. Vielleicht wird man diesem faszinierenden Werk, in dem ein knapper Text und eine durch ihre Jazz-Elemente eigentümlich zeitgenössische Musik einander zu erzeugen scheinen, am besten gerecht, wenn man es nicht als einen einzigen und mißglückten Kalkül auffaßt sondern als eine Verschränkung jener offenen vielen Kalküle, mit denen die heutigen Verhältnisse und der Mensch in ihnen immer erneut analysiert werden« (K.B. bei Kindler 1986).

1927-1943 **Anton von Webern** (1883-1945): **Zwölftönige Werke op. 20** bis **op. 31**

Man nennt Webern den Espressivo-Musiker schlechthin; er selbst sieht sich in der Nachfolge der Wiener klassischen Musik. Aber ein allgemeines Publikum für seine Musik hat sich bis heute nicht gefunden, weil die Klassik-Nachfolge nicht wahrzunehmen, der Ausdruck kaum als Ausdruck zu verstehen ist. Als die Uraufführung seiner *Variationen op. 30* in Winterthur bevorsteht, schreibt er an seinen Freund Willi Reich: »Wenn man schon aufführt, dann muß es aber die richtige sinnliche Erscheinung geben. Schwelgt in Klängen, dann tut Ihr recht, Dirigenten!« 1928, unmittelbar nach Vollendung der *Symphonie op. 21* schreibt er an eine Freundin: »... Ich verstehe unter ›Kunst‹ die Fähigkeit, einen Gedanken in die klarste, einfachste, das heißt, ›faßlichste‹ Form zu bringen... Und deswegen habe ich nie verstanden, was ›klassisch‹, ›romantisch‹ und dgl. ist, noch habe ich mich in einen Gegensatz zu den Meistern der Vergangenheit gestellt, sondern mich immer nur bemüht, es diesen gleich zu machen: das, was mir zu sagen gewährt ist, so klar als möglich darzustellen. Was freilich etwas anderes ist, als etwa der heutige ›Klassizismus‹, der den Stil kopiert, ohne um dessen *Sinn* (und das ist das oben Angedeutete) zu wissen, während ich (Schönberg, Berg) diesen Sinn – und er bleibt *ewig* der gleiche – mit *unseren* Mitteln zu erfüllen trachte. Und da entsteht dann wohl keine Copie, sondern eben darum erst das *Ureigenste.* So bin ich also auch gänzlich Ihrer Meinung, wenn Sie sagen: ›Wir müssen zu glauben kommen, daß es nur weiter geht nach *Innen.*‹« In einem Brief an Alban Berg, seinen Freund und Mitschüler bei Arnold Schönberg, schreibt er von einer Bergwanderung und angesichts der schönen Bergblumen, die ihn entzücken: »Mein Motiv – nicht die Schönheit sondern – der tiefe Sinn.« Ob dieser Aussage Weberns der Text entspricht oder widerspricht, mit dem sein Verlag (Universal Edition) die *Symphonie op. 21* im Jahre 1930 in einer Anzeige anpreist, bleibe dahingestellt: »Klänge als Impression, als Farbe, als Spiegelung der erfüllten Natur, einer reinen Seele. Diese Klänge sind von einer Zartheit, einer Hoheit, einer Eindrucksmacht, die einem die Erinnerung an das Spiel des Gletscherwindes über die letzten Bergwiesen wiederbringt.« Jedenfalls stellt sich die von Webern provozierte Frage nach dem tiefen Sinn trotzdem, ja gerade, etwa bei dem hohen Titel »Symphonie« für op. 21 (1928) – bei nur zwei Sätzen, einer Aufführungsdauer von etwa 10 Minuten und einer kammermusikalischen Besetzung (Streicher ohne Kontrabaß, mehrfach oder auch solistisch besetzt; Harfe; 2 Hörner, Klarinette, Baßklarinette), etwa auch, wenn Webern für seine *Orchestervariationen op. 30* (1940), die in einer Aufführung durch Robert Craft 5'40" Minuten dauern, folgenden eingehenden Kommentar gibt: »Das ›Thema‹ der Variationen reicht bis zum ersten Doppelstrich; es ist periodisch gebaut, hat aber ›einleitenden‹ Charakter. – Es folgen sechs Variationen (je bis zum nächsten Doppelstrich). Die erste sozusagen das Hauptthema der Ouvertüre (Andante-Form) in voller Entfaltung bringend; die zweite die Überleitung, die dritte den Seitensatz, die vierte die Reprise des Hauptthemas – es ist ja eine Andante-Form! – aber in durchführender Art, die fünfte, Art der Einleitung und Überleitung wiederholend, führt zur Coda: sechste Variation.« Aber so einfach, nämlich mehr oder weniger historisch oder formal, ist Weberns Hinweis auf den »tiefen Sinn« kaum gemeint. Er denkt vielmehr an einen

»ewigen Sinn«, der »mit *unseren* Mitteln« »in die kleinste, einfachste, das heißt ›faßlichste‹ Form zu bringen« sei.

Was meint das? Strawinsky hat es so verstanden: »Unerschütterlich bleibt Webern dabei, seine blitzenden Diamanten zu schleifen, von deren Minen er eine so vollkommene Kenntnis hatte.« Adorno (1949) formuliert es – wie schon einmal zitiert –, nachdem er über Alban Berg und seine Auffassung von Komposition reflektiert hat, höchst eindrücklich so: »Weberns Standort liegt am andern Pol. Berg hat versucht, den Bann der Zwölftontechnik zu brechen, indem er sie verzauberte; Webern möchte sie zum Sprechen zwingen. All seine späteren Werke dienen der Anstrengung, dem entfremdeten, verhärteten Material der Reihen selber das Geheimnis zu entlocken, welches das entfremdete Subjekt nicht mehr in sie hineinlegen kann. Seine ersten Zwölftonstücke, zumal das *Streichtrio* [*op. 20,* 1926/27], sind bis heute wohl die gelungensten Experimente, die Auswendigkeit der Reihenvorschriften in die konkrete musikalische Struktur aufzulösen, ohne diese Struktur traditionalistisch zu versetzen oder durch Rückgriffe zu substituieren. Webern hat sich damit nicht zufrieden gegeben. Schönberg betrachtet in der Tat die Zwölftontechnik in der Komponierpraxis als bloße Vorformung des Materials. Er ›komponiert‹ mit den Zwölftonreihen; er schaltet mit ihnen überlegen, doch auch, als ob nichts geschehen wäre. Dabei ergeben sich ständige Konflikte zwischen der Beschaffenheit des Materials und der diesem auferlegten Verfahrensweise. Weberns späte Musik zeigt das kritische Bewußtsein dieser Konflikte. Sein Ziel ist es, den Anspruch der Reihen mit dem des Werkes zur Deckung zu bringen. Er strebt danach, die Lücke zwischen regelhaft disponiertem Material und frei schaltender Komposition auszufüllen. Das aber bedeutet in der Tat den eingreifendsten Verzicht: Komponieren stellt das Dasein der Komposition selber in Frage. Schönberg vergewaltigt die Reihe. Er komponiert Zwölftonmusik, als ob es keine Zwölftontechnik gäbe. Webern realisiert die Zwölftontechnik und komponiert nicht mehr: Schweigen ist der Rest seiner Meisterschaft. Im Gegensatz der beiden ist die Unversöhnlichkeit der Widersprüche Musik geworden, in welche die Zwölftontechnik unvermeidlich sich verstrickt. Der späte Webern verbietet sich die Prägung musikalischer Gestalten. Diese werden bereits als dem reinen Reihenwesen äußerlich empfunden. Seine letzten Arbeiten sind die in Noten übersetzten Schemata der Reihen. Er bemüht sich um die Indifferenz von Reihe und Komposition durch besonders kunstvolle Reihenauswahl. Die Reihen werden so strukturiert, als wären sie schon die Komposition, etwa in der Art, daß eine in vier Dreitongruppen zerfällt, die untereinander wiederum im Verhältnis von Grundgestalt, Umkehrung, Krebs und Krebs der Umkehrung stehen. Eine beispiellose Dichte der Beziehungen ist dadurch gewährleistet. Von selbst gleichsam fallen der Komposition alle Früchte der reichsten kanonischen Imitatorik zu, ohne daß diese zusätzlich bemüht werden müßte... – Das bloße Intervall, das als motivische Einheit fungiert, ist so uncharakteristisch, daß es die Synthese nicht mehr leistet, die ihm zugemutet wird, und es droht der Zerfall in disparate Töne, ohne daß dieser Zerfall als solcher stets zu sprechen vermöchte. In sonderbar infantilem musikalischem Naturglauben wird das Material mit der Kraft begabt, von sich aus den musikalischen Sinn zu setzen. Gerade darin aber schlägt das astrologische Unwesen durch: die Intervallverhältnisse, nach denen man die zwölf Töne anordnet, werden trüb als kosmische Formel verehrt. Das selbstgemachte Gesetz der Reihe wird wahrhaft fetischisiert in dem Augenblick, in dem der Komponist sich darauf verläßt, daß es einen Sinn von sich aus habe. In Weberns *Klaviervariationen* [*op. 27,* 1935/36] und dem *Streichquartett op. 28* [1936/38] ist der Fetischismus der Reihe eklatant. Sie bringen bloß noch einförmige, symmetrische Präsentationen der Reihenwunder, die in Stücken wie dem ersten Satz der *Klaviervariationen* der Parodie eines Brahmsischen *Intermezzos* nahekommen. Die Mysterien der Reihe vermögen über die Versimpelung der Musik nicht zu trösten: großartige Intentionen, wie die der Verschmelzung echter Polyphonie und echter Sonate, bleiben ohnmächtig, selbst wenn die Konstruktion sich realisiert, solange sie auf die mathematischen Relationen des Materials sich beschränken und nicht in der musikalischen Gestalt selber sich verwirklichen. Es spricht dieser Musik das Urteil, daß die Aufführung, um den einförmigen Tongruppen auch nur den Schatten von Sinn zu verleihen, unendlich weit von der starren Notation, zumal ihrer Rhythmik, sich entfernen muß, deren Kahlheit doch ihrerseits vom Glauben an die Naturkraft der Reihe diktiert wird, also der Sache selber zugehört. – Der Fetischismus der Reihe bei Webern jedoch zeugt nicht von bloßem Sektierertum. In ihm noch wirkt der dialektische Zwang. Es ist die verbindlichste kritische Erfahrung, die den bedeutenden Komponisten dem Kultus der reinen Proportionen zutrieb. Er gewahrte das abgeleitete, verbrauchte, belanglose Wesen alles Subjektiven, das die Musik heute und hier zu erfüllen vermöchte: die Insuffizienz des Subjekts selber. Daß die Zwölftonmusik, kraft ihrer bloßen Stimmigkeit, dem subjektiven Ausdruck sich verschließt, bezeichnet erst die eine Seite des Sachverhalts. Die andere ist, daß das Recht des Subjekts auf Ausdruck selber verfiel und einen Zustand beschwört, der nicht mehr ist. So fixiert scheint das Subjekt in der gegenwärtigen Phase, daß, was es sagen könnte, gesagt ist. So gebannt ist es vom Entsetzen, daß es nichts mehr sagen kann, was zu sagen sich lohnte. So ohnmächtig ist es vor der Realität, daß der Anspruch des Ausdrucks bereits die Eitelkeit streift, obwohl ihm ein anderer kaum überhaupt noch gelassen ist. So einsam ward es, daß es in allem Ernst auf keinen mehr hoffen darf, der es verstünde. Mit Webern abdiziert [dankt ab] verstummend das musikalische Subjekt und gibt sich dem Material anheim, das ihm doch mehr nicht gewährt als das Echo des Verstummens. Seine melancholische Versenkung ist noch im reinsten Ausdruck vor der Spur der Ware mißtrauisch zurückgeschreckt, ohne doch des Ausdruckslosen als der Wahrheit mächtig zu sein. Was möglich wäre, ist nicht möglich.

Die Möglichkeit von Musik selber ist ungewiß geworden. Nicht, daß sie dekadent, individualistisch und asozial wäre, wie die Reaktion ihr vorwirft, gefährdet sie. Sie ist es nur zu wenig. Die bestimmte Freiheit, in welche sie ihren anarchischen Stand umzudenken unternahm, hat sich ihr unter den Händen ins Gleichnis der Welt verkehrt, gegen die sie sich auflehnt. Sie flieht nach vorwärts in die Ordnung. Die aber will ihr nicht geraten. Indem sie der geschichtlichen Tendenz ihres eigenen Materials blind und widerspruchslos Folge leistet und sich gewissermaßen dem Weltgeist verschreibt, der nicht die Weltvernunft ist, beschleunigt ihre Unschuld die Katastrophe, welche die Geschichte aller Kunst zu bereiten sich anschickt. Sie gibt der Geschichte recht...«

Dasselbe, freilich mit anderen Worten, steht allerdings schon in einer *Besprechung »Neue Musik aus dem Schönbergkreise«,* die Hans Mersmann, Hans Schultze-Ritter und Heinrich Strobel in der *Zeitschrift für Neue Musik »Melos«* im September 1928 veröffentlichen: »Während *Alban Berg* in einem gewissen Sinn sich zurückgewendet hat, führt *Anton Webern* die gedankliche Abstraktion Schönbergs bis an die äußerste Grenze. Er knüpft an die aphoristische, expressiv verdichtete Schreibweise des mittleren Schönbergs an. Diese nur vom Geistigen her zu begreifende Musik gelangt zur völligen Auflösung der rhythmischen und melodischen Bindungen und preßt in einzelne, frei im Raum schwebende Klanggebilde alle inneren Spannungen. Sie endet in einer Negation und hebt gleichsam Musik überhaupt auf. Sie wirkt als eine zerfaserte Klanglichkeit, die wie letzter Impressionismus anmutet. Webern hat eine Entwicklungsphase Schönbergs, und vielleicht die radikalste, unerbittlich zu Ende geführt. Darin liegt seine Einmaligkeit, aber auch seine Grenze. – Das neue *Trio für Geige, Bratsche und Violoncello* (op. 20, 1926-1927) überrascht zunächst durch seine größeren Dimensionen. Webern versucht jetzt eine aphoristische Tonsprache durch motivische Kleinarbeit zu unterbauen, um auf diese Weise einen längeren Formverlauf zu umspannen. Aber hier zeigt sich das Tragische seiner Situation, er selbst hat die Elemente der Musik so zerspalten, daß sie keiner nachträglichen Bindung mehr fähig sind. Der Klang der Streichinstrumente wird durch fortwährende Verwendung von Pizzikato, Flageolett und Sordino völlig entmaterialisiert. Die weiten Intervallsprünge Schönbergscher Herkunft haben auch da, wo sie motivisch zusammengehalten werden, keine konstruktive Kraft und wirken nur noch als Arabeske. Es bleibt der Eindruck einer konturlosen Abfolge, der das Suggestive der früheren, mehr gedrungenen Werke Weberns fehlt.«

Und dennoch: In den mittleren fünfziger Jahren wird Anton von Webern der Abgott der musikalischen Jugend. Ein falscher Gott? Jedenfalls ein strenger – und einer mit einer geringen stilistischen »Bandbreite«. So jedenfalls zeigt er sich im Abbild seiner Exegeten, Schüler und Nachahmer, und diese sind in der Überzahl auf dem Parkett der musikalischen Produktion jener Jahre. Freilich, was man hier sieht und reflektiert, ist auch nicht der ganze Webern. Aber der Ausschnitt, den allein man gelten läßt, sei, so sagt man, der einzig musikgeschichtlich relevante. Ob das stimmt oder nicht, dieser eng gesehene Ausschnitt aus Weberns Werk und Wollen bleibt tatsächlich der folgenreichste für lange Jahre: »Vermutlich hat kaum ein Komponist nach dem Zweiten Weltkrieg bis zu John Cages europäischem Auftreten in den späten fünfziger Jahren so nachdrücklich auf die musikalische Produktion in Mitteleuropa eingewirkt wie Anton von Webern« (Ringger 1983).

1928 **Bert Brecht** (1898-1956): und **Kurt Weill** (1900-1950): **»Die Dreigroschenoper«** in Berlin

Die Idee zur *Dreigroschenoper* kommt Bert Brecht beim Studium der *Beggar's Opera* von Gay und Pepusch (1728). Er aktualisiert die Vorlage keineswegs behutsam, erweitert sie vielmehr durch Strophen von Villon und Stoffelemente von Kipling, experimentiert mit dem entstehenden Text seine noch neue Auffassung vom »epischen Theater« durch und bringt ihn schließlich in die Form eines Schauspiels mit kommentierenden Song-Einlagen. Das Stück und sein Erfolg beruhen auf einem merkwürdigen Widerspruch, auf der kühl und sicher voraus kalkulierten Wirkung der Antibürgerlichkeit und zugleich auf dem Mißverständnis des Publikums, das deren

Entschiedenheit und Ernsthaftigkeit nicht zur Kenntnis nimmt, nicht zur Kenntnis nehmen will. Trotz der revolutionären Gesellschaftstheorie, die hinter dem Stück steht, gerät es wegen seiner gewitzten Fabel, seiner eher zweideutigen als stechenden Schärfe und nicht zuletzt wegen der raffinierten und zündenden Musik immer wieder in die Nähe des Musicals (K. B. bei Kindler 1986) – und das Musical ist schlechthin »kulinarisches Theater«, übrigens nicht zuletzt durch die Musik. Daß Weills Musik als Musik für eine Oper eigentlich negativ gemeint ist, kann man zwar intellektuell nachvollziehen, nicht aber hörend, denn was man hört, hört man als Parodie, die Jazz-Elemente machen Spaß (– niemand sang den Song von Mackie Messer »schöner« als Louis Armstrong –), kurz: die Musik ist einfach zu gut, zu schmissig, zu frech. Und frech gefällt, selbst wenn man erst durch Musik der 20er Jahre und gerade von Kurt Weill lernt, daß freche Musik gute Musik sein kann, gar bessere als manche gute. »Gut« und »schlecht« als Wertung für Musik gerät, wie man hier an einem Werk mit Welterfolg sehen kann, in dieser Zeit in den Strudel der sich nun endgültig trennenden und sofort wieder sich mischenden Musiken, die man von nun an E- und U-Musik zu nennen und sorgfältig auseinanderzuhalten beginnt, obwohl das nicht so einfach geht, wie man es gerne hätte.

Noch einmal zum Moment der Parodie: In Brechts Text ist sogar das Finale (mit dem reitenden Boten auf dem Holzpferd) wie das Werk insgesamt durchaus *nicht* parodistisch gemeint. Brecht hat hier zum ersten Mal versucht, die bisherige »kulinarische Oper« durch eine Oper des Vorzeigens und Aufdeckens zu ersetzen und in der Fabel und in den trivialen oder märchenhaften Reaktionen seiner Gestalten tiefere gesellschaftliche Beziehungen abzubilden: das Elend als Ware, den Räuber als Bürger und umgekehrt, das Doppelleben des Beamten und Privatmanns. Brecht meint daher, die *Dreigroschenoper* befasse sich mit den bürgerlichen Vorstellungen »nicht nur als Inhalt, indem sie diese darstellt, sondern auch durch die Art, wie sie sie darstellt. Sie ist eine Art Referat über das, was der Zuschauer im Theater vom Leben zu sehen wünscht.« In dieser Form ist die Theorie offensichtlich aufgegangen. Das Referat wird nicht als Referat erkannt, das Vergnügen entspringt nicht allein der Einsicht in Sachverhalte sondern der Drastik und dem Jux, und die Komik, die erzeugt wird, ist kaum die Komik aufeinanderstoßender historischer Prozesse – sondern in erster Linie die der Musik, nämlich einer »falschen Musik«: Jazz als U-Musik und am falschen Platz, nämlich in der Oper bürgerlicher Tradition. Aber diese »falsche« – vielleicht könnte man sagen: diese musiksoziologisch dissonante Musik – macht, wir wiederholen es, hier in der genialen Fassung von Kurt Weill Spaß. – Brecht ist mit dem Ganzen alsbald nicht mehr zufrieden. Schon im Drehbuch für den *»Dreigroschenfilm« »Die Beule«* (1930) verdeutlicht und verschärft er die Fabel der Oper erheblich und greift eine Fülle neuer und aktuellerer Wirklichkeitselemente auf.

Die Oper tritt mit der Aufführung am 31. August 1928 im Theater am Schiffbauerdamm in Berlin (musikalische Leitung: Theo Mackeben; Regie: Erich Engel) einen Siegeszug um die Welt an: Diesen »Genuß« läßt sich niemand entgehen... In der Provinz allerdings gibt es auch Proteste. Aber, schreibt Kurt Tucholsky scharfsinnig analytisch, »was die Pfeifer reizt, die da pfeifen *Soldaten wohnen auf den Kanonen* oder die *Ballade von der sexuellen Hörigkeit* und natürlich *Und der Haifisch, der hat Zähne...*, ist unter anderem etwas, was sie ›Rohheit‹ nennen, und die ist lange nicht mehr echt, die ist gemacht. Das knallt, das stinkt, das knufft, das schießt; das jagt auf Mustangs durch die Wüste, das säuft und spielt, das flucht und das hurt... aber so schön weit weg, in Indianien, in Wo es gar nicht gibt.«

> Kurt Weill zur Komposition (1929): »... Wenn also der Rahmen der Oper eine derartige Annäherung an das Zeitalter nicht erträgt, dann muß eben dieser Rahmen gesprengt werden. Nur so ist es zu verstehen, daß der Grundcharakter fast aller wirklich wertvollen Opernversuche der letzten Jahre ein rein destruktiver war. In der *Dreigroschenoper* war bereits ein Neuaufbau möglich, weil hier die Möglichkeit gegeben war, einmal ganz von vorn anzufangen. Was wir machen wollten, war die Urform der Oper. Bei jedem musikalischen Bühnenwerk taucht von neuem die Frage auf: Wie ist Musik, wie ist vor allem Gesang im Theater überhaupt möglich? Diese Frage wurde hier einmal auf die primitivste Art gelöst. Ich hatte eine realistische Handlung, mußte also die Musik dagegensetzen, da ich ihr jede Möglichkeit einer realistischen Wirkung abspreche. So wurde also die Handlung entweder unterbrochen um Musik zu machen, oder sie wurde bewußt zu einem Punkte geführt, wo einfach gesungen werden mußte. Dazu kam, daß uns dieses Stück Gelegenheit bot, den Begriff ›Oper‹ einmal als Thema eines Theaterabends aufzustellen. Gleich zu Beginn des Stückes wird der Zuschauer aufgeklärt: ›Sie werden heute Abend eine Oper für Bettler sehen. Weil diese Oper so prunkvoll gedacht ist, wie nur Bettler sie erträumen, und weil sie doch so billig sein sollte, daß Bettler sie bezahlen können, heißt sie *Die Dreigroschenoper*‹. Daher ist auch das letzte ›Dreigroschenfinale‹ keineswegs eine Parodie, sondern hier wurde der Begriff ›Oper‹ direkt zur Lösung eines Konfliktes, also als handlungsbildendes Element herangezogen und mußte

daher in seiner reinsten ursprünglichen Form gestaltet werden. – Dieses Zurückgehen auf eine primitive Opernform brachte eine weitgehende Vereinfachung der musikalischen Sprache mit sich. Es galt eine Musik zu schreiben, die von Schauspielern, also musikalischen Laien, gesungen werden kann. Aber was zunächst eine Beschränkung schien, stellte sich im Laufe der Arbeit als eine ungeheure Bereicherung heraus. Erst die Durchführung einer faßbaren, sinnfälligen Melodik ermöglichte das, was in der *Dreigroschenoper* gelungen ist, die Schaffung eines neuen Genres des musikalischen Theaters.«

Nur ein paar Zahlen zur Rezeptionsgeschichte: In der Spielzeit 1991/92 hat im Bereich Schauspiel, wozu die *Dreigroschenoper* zählt, auf deutschen Bühnen das Stück die meisten Zuschauer: 184 100 (bei 364 Aufführungen in 20 Inszenierungen). Erst an vierter Stelle folgt ein Klassiker: Lessings *Nathan der Weise* mit 143 352 Besuchern (bei 348 Aufführungen in 20 Inszenierungen) (dpa).

1928 Maurice Ravel (1875-1937): Boléro

Man kann sich kaum einen französischeren Komponisten vorstellen als Ravel, und doch ist es schwer, ihn in die französische Musikgeschichte einzugliedern. Für deren *neuere* Entwicklung ist er übrigens wichtiger als Debussy, der voller romantischer Sehnsucht war und blieb, während Ravel dies ironisch zu verbergen weiß. Daß beide Meister wirklich in ihrer musikalischen Konzeption durch Welten getrennt seien, wie Strobel (1947) meint, ich bezweifle es. »Man pflegt Claude Debussy und Maurice Ravel als die Meister des ›Impressionismus‹ wie siamesische Zwillinge aneinander zu koppeln. Dabei haben sie in ihrem künstlerischen Wesen nicht mehr Gemeinsames als etwa Wagner und Brahms: sie lebten ungefähr um die gleiche Zeit. Während Debussys Musik stets eine poetische Bindung und einen geheimnisvollen, traumhaften Charakter hat, ist Ravels Musik voll rhythmischer und melodischer Anschaulichkeit, gegenständlich und diesseitig, selbst wenn sie symbolische Bereiche streift (wie im *Gaspard de la nuit*) oder das Zauberland des Märchens beschwört (*Ma Mère l'Oye* oder *L'Enfant et les Sortilèges*). Debussy kommt vom literarischen Symbolismus her; seine Ahnen sind Baudelaire und Wagner (und mochte er Wagner noch so sehr hassen, es war der Haß einer als unheilvoll erkannten Liebe). Ravel kommt aus den lebensfrohen Bezirken der iberischen Volksmusik. ›Spanien ist mein zweites Vaterland in der Musik‹, hat er selbst gesagt. Die spanischen Melodien und Rhythmen, die sein Werk durchziehen, überträgt er in eine spezifisch französische Klangsphäre, die zwar eine faszinierende Leuchtkraft, aber niemals die beschwörende Magie der Musik von Debussy hat.« Eine andere Art von Magie, zugegeben, aber sehr wohl Magie bestimmt nun gerade das Werk von Ravel, das wie kein zweites von ihm bekannt geworden ist und als für ihn charakteristisch angesehen wird, den *Boléro für großes Orchester*. Statt einer Sonate oder Suite erfindet Ravel eine seltsam gegliederte C-dur-Melodie von 16 Takten und leitet davon eine mehr pathetische und in Moll gefärbte Variante ab. Fünfzehn Minuten lang läßt er dann beide mehr oder weniger regelmäßig alternieren über dem unerbittlichen Trommel-Ostinato eines langsamen Boléro. Man gerät in den Bann einer Art musikalischer Beschwörung, die bis zur Unerträglichkeit anschwillt. Das ist Neue Musik schlechthin – bei allem Anknüpfen oder Hängenbleiben, auch per negationem – an der aus dem 19. Jahrhundert herüberreichenden Tradition.

Einige Jahre zuvor, 1919/20, entstand schon *La Valse,* »eine choreographische Dichtung für Orchester«, ganz anders als der *Boléro* und doch verwandt: »Ich dachte bei diesem Werk an eine Art Apotheose des Wiener Walzers, in die sich in meinem Geist die Vorstellung eines phantastischen Wirbels mischte, dem niemand entrinnen kann.« Diaghilew, der russische Ballettimpresario, für den Ravel 1909/12 schon die tänzerische Symphonie in drei Teilen für Chor und Orchester *Daphnis et Cloë* geschrieben hatte, hat das Werk bestellt – und ist nicht glücklich damit. Offenbar treffen sich seine choreographischen Vorstellungen nicht mit den Bildern, die Ravel vorschweben.

1928 Arnold Schönberg (1874-1951): Variationen für Orchester op. 31

Seit Schönberg in expressionistischem Drange den Schritt aus der Tonalität hinaus gewagt hat:

im letzten Satz des *II. Streichquartetts* (op. 10, 1907/08) mit dem geradezu programmatischen Text des Sopran-Solos »Ich fühle Luft von anderen Planeten« (George: *»Entrückung«*),

mit den *Drei Klavierstücken* (op. 11, 1909),

in den *Fünfzehn Gedichten aus »Das Buch der hängenden Gärten« von Stefan George* (op. 15, 1908/09) und

in den *Fünf Orchesterstücken op. 16* (1909),

seitdem kämpft er mit dem Problem der Ordnung des Tonmaterials für die Komposition und mit dem des inneren Zusammenhalts der Komposition – nicht aus Mutwillen sondern wie unter einem Zwang. Niemand hat dies deutlicher dargestellt als Theodor W. Adorno in seiner *Philosophie der Neuen Musik* (1949), die wir bereits mehrfach zitiert haben:

»Die expressionistische Musik hatte das Prinzip des Ausdrucks aus der traditionell romantischen so genau genommen, daß es Protokollcharakter annahm. Damit aber schlägt es um. Musik als Ausdrucksprotokoll ist nicht länger ›ausdrucksvoll‹. Nicht mehr schwebt über ihr das Ausgedrückte in unbestimmter Ferne und leiht ihr den Abglanz des Unendlichen. Sobald die Musik das Ausgedrückte, ihren subjektiven Gehalt, scharf, eindeutig fixiert, erstarrt er unter ihrem Blick zu eben dem Objektiven, dessen Existenz ihr reiner Ausdruckscharakter verleugnet. In der protokollarischen Einstellung zu ihrem Gegenstand wird sie selber ›sachlich‹. Mit ihren Ausbrüchen explodiert der Traum der Subjektivität nicht weniger als die Konventionen. Die protokollarischen Akkorde sprengen den subjektiven Schein. Damit aber heben sie schließlich ihre eigene Ausdrucksfunktion auf. Was sie, wie genau auch immer, als Objekt abbilden, wird gleichgültig: ist es doch die gleiche Subjektivität, deren Zauber vor der Genauigkeit des Blicks vergeht, den das Werk auf sie richtet. So werden die protokollarischen Akkorde zum Material der Konstruktion. Das ereignet sich in Schönbergs *Die Glückliche Hand* [Drama mit Musik op. 18, 1913]. – In der expressionistischen Phase hatte Musik den Anspruch der Totalität kassiert. Aber die expressionistische Musik war ›organisch‹ geblieben, Sprache, subjektiv und psychologisch.

Was danach möglich wäre, scheint unbeschränkt. Alle verengenden Selektionsprinzipien der Tonalität sind gefallen. Die traditionelle Musik hatte mit einer höchst begrenzten Zahl von Tonkombinationen, zumal in der Vertikale, hauszuhalten. Sie mußte sich damit abfinden, stets wieder das Spezifische zu treffen durch Konstellationen des Allgemeinen, welche es paradox als identisch mit dem Einmaligen vor Augen stellen... Demgegenüber sind heute die Akkorde den unauswechselbaren Forderungen ihres konkreten Einsatzes angegossen. Keine convenus verbieten dem Komponisten den Klang, den er hier, und bloß hier, braucht. Keine convenus zwingen ihn, dem alten Allgemeinen sich zu fügen. Zugleich mit der Entfesselung des Materials ist die Möglichkeit angewachsen, es technisch zu beherrschen. Es ist, als hätte die Musik dem letzten vermeintlichen Naturzwang sich entwunden, den ihr Stoff ausübt, und vermöchte frei, bewußt und durchsichtig über diesen zu schalten. Mit den Klängen hat der Komponist sich emanzipiert.« (Adornos Vorstellungen von Naturzwängen des Stoffes oder von Forderungen des Materials u.ä. scheinen, jedenfalls auf den ersten Blick, der Begrifflichkeit bei der Darstellung einer Art von Geschichte der Neuen Musik nützlich zu sein, sie sind es aber de facto nicht, weil sie sachlich so nicht zutreffen.)

In dieser Phase der Emanzipation experimentiert Schönberg mit Verfahren, die eine Art Vorordnung des in der Komposition dann zu verwendenden Tonmaterials erbringen und zugleich für die konzeptionelle Einheit des Ganzen eine gewisse Garantie geben sollen, nämlich mit Tonreihen und mit Ableitungen von denselben. Hauptwerke dieses Experimentierstadiums sind die *Fünf Klavierstücke op. 23* (1920/23), die *Serenade op. 24* (1920/23), die *Suite für Klavier op. 25* (1921/23) und das *III. Streichquartett op. 30* (1927). Der erste Versuch, das in Klavier- und Kammermusikwerken allmählich auskristallisierende »Verfahren der Komposition mit 12 nur aufeinander bezogenen Tönen«, die in einer »Reihe« angeordnet sind, auf ein Orchesterwerk anzuwenden, sind die *Variationen für Orchester op. 31*. Die Möglichkeiten der Verbindung eines großen Instrumentariums und eines weit ausgreifenden musikalisch klanglichen Raums mit den neuen Parametern der Zwölftonkomposition einerseits und die Möglichkeit der Anwendung der Zwölftontechnik (die im weiteren Sinne ein variatives Verfahren ist) auf einen Variationenzyklus, lassen das Werk in der Geschichte der Neuen Musik besonders bedeutsam erscheinen. Dahlhaus hat es eingehend beschrieben (1968). Wir übernehmen von seinen Überlegungen zuerst jene, welche die Form des Ganzen betrifft, und dann die, die Schönbergs Kompositionsverfahren unter dem Gesichtspunkt der musikalischen Analyse reflektiert.

Zum ersten: »Schönberg, dessen ›Emanzipation der Dissonanz‹ die Tonalität aufhob, war in seinem musikalischen Formgefühl Traditionalist. Und zwar begriff er die Tradition, die er verehrte und deren Mißachtung er nicht ertrug, als Kontinuität des Fortschritts: der Entdeckung von Neuem ohne Preisgabe des früher Erreichten. ›Ich persönlich hasse es,‹ schrieb er 1937 an Nicolas Slonimsky, ›als Revolutionär bezeichnet zu werden, da ich es nicht bin. Was ich getan habe, war weder revolutionär noch anarchistisch. Von meinen allerersten Anfängen an besaß ich einen gründlich entwickelten Formsinn und eine starke Abneigung gegen Übertreibung.‹ Doch überließ er sich nicht blind der Tradition, dem Vorbild Betthovens, Brahms' und Regers; die *Orchestervariationen op. 31* schließen nicht mit einer Fuge, denn eine dodekaphone Fuge wäre ein Widerspruch in sich gewesen: ein atonales Gebilde mit tonalen Voraussetzungen. Das Problem aber, das bis zur Aufhebung der Tonalität durch Fugen gelöst worden war, blieb bestehen: Ein Variationenzyklus symphonischen Stils und Anspruchs ist ohne Finale kaum denkbar; hört er mit der letzten Variation auf, so bricht er ab, statt zu schließen. Schönberg begegnete dieser Schwierigkeit durch Verwendung des *B-A-C-H*-Motivs, das einen Kontrast zum Variationenthema bildet, ohne fremd und beziehungslos aus dem Kontext hervorzustechen, und das zugleich als Zitat den Charakter einer musikalischen Sentenz hat, von der eine Schlußwirkung ausgeht. Mit dem Anfang des Variationenthemas ist es gleichsam unterirdisch verbunden.« Dagegen kann man freilich mit Adorno (1949) so argumentieren: »Die Unangemessenheit aller Wiederholungen an die Struktur der Zwölftonmusik, wie sie sich in der Intimität der imitatorischen Details bemerkbar macht, definiert die zentrale Schwierigkeit der Zwölftonform – Form im spezifischen Sinn der musikalischen Formenlehre, nicht im umfassenden ästhetischen verstanden… Die Rekonstruktion der großen Form durch die Zwölftontechnik ist nicht bloß fragwürdig als Ideal. Fragwürdig ist ihr eigenes Gelingen.« Und weiter in einer Anmerkung zu dieser Ausführung: »Die Zwölftontechnik richtet nicht einfach das Material her, daß es endlich zu den großen Formen sich schickt. Sie zerhaut einen gordischen Knoten. Alles, was in ihr geschieht, mahnt an die Gewalttat. Ihre Erfindung ist ein Handstreich von der Art, wie die *Glückliche Hand* ihn glorifiziert. Ohne Gewalt ging es nicht ab, weil die nach Extremen polarisierte Kompositionsweise ihre kritische Spitze gegen die Idee der Formtotalität kehrte. Dieser verbindlichen Kritik will die Zwölftontechnik sich entziehen.«

Zum zweiten, nämlich zur Reihentechnik unter dem Gesichtspunkt der musikalischen Analyse, wiederum nach Dahlhaus (1968): »Eine Zwölftonanalyse ist noch keine Analyse einer Zwölftonkomposition. Als ›Anregung‹ und ›handwerklicher Hinweis‹ ist denn auch die Reihenanalyse der *Orchestervariationen* in René Leibowitz' *Introduction à la musique de douze sons* zu verstehen: Das Buch erschien 1949, zu einer Zeit, als die ›Komposition mit 12 nur aufeinander bezogenen Tönen‹ noch im Schatten neoklassizistischer Praktiken stand. Inzwischen sind die Grundlagen der Methode ins allgemeine musikalische Bewußtsein gedrungen. Die Definition der Reihe als Anordnung der zwölf Töne der temperierten Halbtonskala – *as* und *gis* oder *e* und *fes* werden in der Dodekaphonie, in der Zwölftonkomposition, nicht unterschieden – ist ebenso bekannt wie das Verfahren, eine Reihe in vier Modi, als Grundgestalt (G), Umkehrung (U), Krebs (K) und Krebsumkehrung (KU) zu exponieren:

Die Zwölftonreihe der *Orchestervariationen:*

Grundgestalt ⟶ ⟵ Krebs Umkehrung → ← Krebsumkehrung

Die Modi wiederum sind auf sämtliche Stufen der Skala transponierbar, so daß eine Reihe dann für die eigentliche Komposition in 48 verschiedenen Formen verfügbar ist.

Die Terminologie, die in den Reihenanalysen üblich ist, stammt in ihren Grundzügen von Schönberg; dennoch ist sie, wenn man sie beim Wort nimmt, irreführend. Der Ausdruck ›Grundgestalt‹, der es nahelegt, die anderen Formen als ›Ableitungen‹ aufzufassen, verdeckt den Sachverhalt, nämlich daß eine ›Reihe‹ ein Abstraktum ist«, also gerade keine »Gestalt«. »Sie stellt nichts anderes als den Inbegriff der gemeinsamen Merkmale sämtlicher Formen dar. Entscheidend ist die abstrakte, als solche nicht notierbare Intervallstruktur, hier aus Tritonus und Ganzton, welche die Folge *b-e-fis* (der Anfang der Grundgestalt) mit *fis-e-b, b-e-d* und *d-e-b* teilt, nicht aber die Tonfolge *b-e-fis* als festes, notierbares, gar als melodisch zu verstehendes Gebilde.

Fragwürdig ist auch die Formulierung von Regeln. Denn die Verfestigung zum Rezept, an das man sich halten kann, um Fehler zu vermeiden, verfälscht den Sinn der Methode, für die man in den Jahrzehnten seit ihrer Entstehung einen kaum noch überschaubaren Reichtum an Möglichkeiten, an Modifikationen und Ergänzungen des ursprünglichen Schemas, erschlossen hat. Die Dodekaphonie ist kein fixiertes sondern ein offenes System, oder genauer: eine geschichtlich sich entwickelnde Form musikalischen Denkens.«

Dagegen kann man freilich mit Adorno (1949) argumentieren: »… Was einmal das nachhorchende Ohr gefunden hat, wird entstellt zum erfundenen System, an dem abstrakt Richtig und Falsch der Musik sich nachmessen lassen soll. Daher die Bereitschaft so vieler junger Musiker – gerade in Amerika, wo die tragenden Erfahrungen der Zwölftontechnik entfallen – im ›Zwölftonsystem‹ zu schreiben, und der Jubel, daß man einen Ersatz für die Tonalität gefunden habe, so als ob man es in der Freiheit nicht einmal ästhetisch aushalten könnte und diese unter der Hand durch neue Willfährigkeit zu substituieren habe. Die totale Rationalität der Musik ist ihre totale Organisation. Durch Organisation möchte die befreite Musik das verlorene Ganze, die verlorene Macht und Verbindlichkeit Beethovens wiederherstellen. Das gelingt ihr bloß um den Preis ihrer Freiheit, und damit mißlingt es. Beethoven hat den Sinn von Tonalität aus subjektiver Freiheit reproduziert. Die neue Ordnung der Zwölftontechnik löscht virtuell das Subjekt aus. Die großen Momente des späten Schönberg sind gegen die Zwölftontechnik so gut wie durch sie gewonnen. Durch sie: weil die Musik befähigt wird, so kalt und unerbittlich sich zu verhalten, wie es ihr nach dem Untergang einzig noch zukommt. Gegen die Zwölftontechnik: weil der Geist, der sie ersann, seiner selbst mächtig genug bleibt, um noch das Gefüge ihrer Stangen, Schrauben und Gewinde je und je zu durchfahren und aufleuchten zu machen, als wäre er bereit, am Ende doch das technische Kunstwerk katastrophisch zu zerstören. Das Mißlingen des technischen Kunstwerks aber ist nicht bloß eines vor seinem ästhetischen Ideal sondern eines in Technik selber…« Und Adorno weiter und noch mehr das Grundsätzliche reflektierend: »Gelähmt wird mit der Spontaneität der Komposition auch die Spontaneität der Komponisten. Sie sehen sich vor so unlösbare Aufgaben gestellt wie ein Schriftsteller, der für jeden Satz, den er schreibt, Vokabular und Syntax eigens beistellen muß. Der Triumph der Subjektivität über die heteronome Tradition, die Freiheit, jeden musikalischen Augenblick subsumtionslos ihn selber sein zu lassen, kommt teuer zu stehen. Die Schwierigkeiten der geforderten Sprachschöpfung sind prohibitiv. Nicht bloß wird dem Komponisten als Arbeit aufgebürdet, was vordem die intersubjektive Sprache der Musik weithin ihm abgenommen hatte. Er muß auch, sind seine Ohren scharf genug, in der selbstgeschaffenen Sprache jener Züge des Äußerlichen und Mechanischen gewahr werden, in denen die musikalische Naturbeherrschung notwendig terminiert. Er muß die Unverbindlichkeit und Brüchigkeit dieser Sprache im Akt des Komponierens objektiv einbekennen. Es ist nicht genug an der permanenten Sprachschöpfung und dem Widersinn, der einer Sprache der absoluten Entfremdung vorweg anhaftet. Der Komponist muß obendrein unermüdlich Akrobatenkünste vollführen, um die Prätention der selbstgemachten Sprache ins Erträgliche zu mildern, die sich steigert, je besser er sie spricht. Er muß die unversöhnlichen Postulate des Verfahrens in labiler Balance halten. Was solche Anstrengung nicht auf sich nimmt, ist verloren. Klappernde Wahnsysteme sind bereit, jeden zu verschlingen, der arglos etwa die selbstgemachte Sprache als bestätigte sich vorgeben wollte. Diese Schwierigkeiten sind um so verderblicher, als das Subjekt nicht mit ihnen wächst. Die Atomisierung der musikalischen Partialmomente, welche von der selbstgemachten Sprache vorausgesetzt wird, gleicht dem Stand jenes Subjekts. Es ist gebrochen von der totalen Herrschaft, die im ästhetischen Bilde der eigenen Ohnmacht beschlossen liegt. ›Das ist es, was uns an der Musik Schönbergs so neu und unerhört erschien: dieses fabelhaft sichere Steuern in einem Chaos von neuen Klängen‹ (Linke 1912). Dem überschwenglichen Vergleich ist bereits die Angst eingesenkt, wie sie wörtlich im Titel eines der Tradition zugehörigen Klavierstücks von Ravel notiert ist: *Une barque sur l'océan.*« Und schließlich Adorno noch einmal konkret zu den *Orchestervariationen:* »… Wie die Zwölftontechnik den Komponisten zu unterweisen scheint, so ist den Zwölftonwerken ein didaktisches Moment eigentümlich. Viele von ihnen, wie das *Bläserquintett* [op. 26, 1923/24] und die *Orchestervariationen* [op. 31] ähneln Mustern.«

1929 **Marij Kogoj** (1895-1956): **Oper »Crne maske«** (»Die schwarzen Masken«) in Ljubljana, Slowenien

Als Schüler von Franz Schreker (und wahrscheinlich auch von Arnold Schönberg) ist Kogoj der Vorkämpfer des musikalischen Expressionismus in Slowenien. Sein umfangreiches Gesamtwerk gipfelt in dieser Oper. Mit ihrer polymelodisch gearbeiteten, klangvollen und rhythmisch außerordentlich differenzierten Musik verursacht sie in Slowenien eine regelrechte Revolution und verhilft damit der expressionistischen Richtung zum Durchbruch. – Überdies greift Kogoj als scharfer Denker mit charakteristischen Beiträgen in die Musikkritik seines Landes und seiner Zeit ein.

1929 **Slavko Osterc** (1895-1941): **Suite für Orchester**

Wie im Grunde alle seine Zeitgenossen beginnt auch Osterc mit einem spätromantischen Idiom, wie die meisten stößt auch er auf der Suche nach neuen Möglichkeiten musikalischen Ausdrucks zu den Expressionisten, landet auch er auf dem Felde des Experimentierens, wo er von der Vierteltonmusik nach dem Vorbild seines Lehrers Aloys Hába über freie Atonalität bis zur Dodekaphonie vieles versucht – unter dem Eindruck Strawinskys sogar neobarock-polyphone Konstruktionsweisen. Osterc ist in der Zeit zwischen den beiden Kriegen eine der führenden Persönlichkeiten im Musikleben Sloweniens und von tiefem Einfluß auf eine moderne Orientierung der zeitgenössischen Musik seines Landes.

1929-1949 **Hanns Eisler** (1898-1962): **Politische Songs und Lieder**

Ausgangs der 20er Jahre schreibt Eisler unter Überschriften wie »Fromme Gesänge«, »An Preußischen Kaminen«, »He! Republik!«, »Na und...?« über *30 Songs* auf Texte von Kurt Tucholsky (1890-1935) für den Schauspieler und Kabarettisten Ernst Busch (1900-1935), der, wie Herbert Ihering einmal gesagt hat, »mit jedem Ton auf den Inhalt, den Sinn, in die Stoßrichtung der Verse trifft. Erfahrung und jungenhafter Humor, nüchterne Klarheit und zarte Lyrik, Phantasie und aggressives Pathos vereinen sich hier« in Dichtung, Musik und Vortrag: politisches Kabarett im besten Sinne. Mit Ironie und lächelnd-geistreichem Spott, manchmal aber auch versteckt liebevoll kritisiert Tucholsky seine Zeit und die Weimarer Republik und fordert sie heraus, und Ernst Busch macht die Verse singend lebendig, beflügelt von der den Versen kongenialen Musik Eislers.

Im April 1942 übersiedelt Eisler in der Emigration von New York nach Hollywood, wo er nach Jahren wieder auf Bert Brecht trifft. Auf beide wirkt Hollywood, das Zentrum der Unterhaltungsindustrie, gleichermaßen fremd, ja abstoßend. Was Brecht in seinem Arbeitsjournal notiert (März 1942), gilt ebenso für Eisler: »Hier kommt man sich vor wie Franz von Assisi im Aquarium, Lenin im Prater (oder Oktoberfest), eine Chrysantheme im Bergwerk oder eine Wurst im Treibhaus.« Hier nun beginnt Eisler sein *Hollywooder Liederbuch* (47 Lieder; Mai 1942 bis Dezember 1943; erste Aufführung als Zyklus 1982 in Leipzig). Dieses Liederbuch steht, worauf R. U. Ringger (1988/89) hinweist, in der Tradition der Liederzyklen seit Beethoven – und stellt sich doch entschieden dagegen. Für Brecht und Eisler ist nämlich Lyrik etwas Neues und Anderes. Brecht im Arbeitsjournal (April 1942): »Solche Lyrik ist Flaschenpost; die Schlacht um Smolensk geht auch um die Lyrik.« Auch in sogenannter reiner Kunst sehen Brecht und Eisler ein Moment des Widerstands. Im Zentrum des *Hollywooder Liederbuchs* stehen Gedichte von Brecht aus dem skandinavischen Exil und für Eisler 1942 in Kalifornien entstandene wie die *Hollywood-Elegien.* Dazu kommen Texte von Goethe, Hölderlin, Pascal, Rimbaud, Eichendorff, Berthold Viertel, auch Bibelworte und Texte von Eisler selbst. Aktualität an älteren Texten wird nicht einfach als »Überzeitlichkeit« hervorgeholt, sondern gegebenenfalls durch Kommentierung oder auch durch Eingriffe in den Text erreicht.

Nach einem Text von Johannes R. Becher (1891-1958) »Auferstanden aus Ruinen« schreibt Eisler 1949 die *Nationalhymne* des neuen Staates »Deutsche Demokratische Republik«: *die* Aufgabe für den politisch engagierten Musiker. Mit dieser Aufgabenstellung aber und mit der dafür durchaus gelungenen Hymne ist die Frage, ob es das überhaupt gibt, eine politische Musik, noch nicht beantwortet. *Ohne* Text jedenfalls nicht, und *mit* Text nur manchmal – etwa bei Eisler. »Aber mit dem fortschrittlichen Bewußtseinsstand ist dem modernen Komponisten noch nicht geholfen, wenn er es nicht versteht, diesen in seiner Musik zu konkretisieren.« Entscheidend ist weniger, daß Eisler proletarische Kampflieder schreibt, als vielmehr, daß er nicht nur die Arbeiterbewegung sondern die Arbeiter selbst ernst nimmt: Sie haben Anspruch auf einen Anteil an der überlieferten wie an der zeitgenössischen Musikkultur. »Die gesellschaftliche Umfunktionierung der Musik bietet die einzige Möglichkeit, die Qualität zu erhöhen und die neuen Methoden zur Entfaltung zu bringen. Der Versuch moderner Komponisten, durch künstliche Niveau-Senkung der Musik unter Beibehaltung der alten Rauschgiftfunktion neue Zuhörerschichten zu erreichen, ist keine Lösung.« Wie das freilich zu geschehen habe, »die gesellschaftliche Umfunktionierung der Musik«, das weiß man trotz Eisler und trotz all derer, die wie er gedacht haben und denken, bis heute nicht. Anscheinend gibt es doch keine politische Musik als Musik. (Albert 1991)

1930 **Igor Strawinsky** (1882-1971): **Psalmensymphonie**

1930 will das Boston Symphony Orchestra sein fünfzigjähriges Bestehen mit einer Reihe von festlichen Konzerten begehen. »Um diese Veranstaltungen besonders anziehend zu machen,« berichtet Strawinsky in seinen *Erinnerungen* (1935), »sollten symphonische Werke aufgeführt werden, die man zeitgenössischen Komponisten eigens für diese Feier in Auftrag gab. S. Kussewitzky, der seit mehreren Jahren das bewundernswerte Orchester leitete, forderte mich auf, auch daran teilzunehmen und zu diesem Zwecke eine Symphonie zu komponieren. – Der Gedanke, ein symphonisches Werk größeren Umfanges zu schreiben, beschäftigte mich bereits seit langem. Ich stimmte daher dem Vorschlag, der meiner Absicht entgegenkam, freudig zu. Man hatte mir in der Wahl der Form völlige Freiheit gelassen und ebenso auch in der Wahl der Mittel; ich war nur an die Frist gebunden, und die war ausreichend bemessen.

Die übliche Form der Symphonie ist im 19. Jahrhundert ausgebildet worden, in einer Epoche also, deren Sprache und deren Gedanken uns heute um so weniger liegen, als wir selbst aus dieser Zeit hervorgegangen sind. Daher fand auch ich in dieser Form der Symphonie nicht viel, was mich hätte reizen können. Wie bei meiner *Sonate für Klavier* (1924) wollte ich ein organisches Werk schaffen, ohne mich an die gebräuchlichen Muster zu halten, zugleich sollte mein Stück aber die Ordnung des Satzbaus bewahren, durch den sich die Symphonie von der Suite unterscheidet, die ihrerseits nichts weiter ist als eine Folge von Stücken verschiedenen Charakters. – Ich überlegte mir, aus welchem Klangmaterial ich mein symphonisches Gebäude aufführen sollte. Mir schwebte eine Symphonie mit großer kontrapunktischer Entwicklung vor, und so mußte ich auch die Mittel vergrößern, um in dieser Form arbeiten zu können. Ich entschloß mich daher, ein Ensemble zu wählen, das aus Chor und Orchester zusammengesetzt ist und bei dem keines der Elemente dem anderen übergeordnet, beide also völlig gleichwertig sind. Meine Ansicht über die Beziehungen zwischen den vokalen und instrumentalen Gruppen glich also genau dem Verfahren, das die alten Meister kontrapunktischer Musik anwandten...

Was den Text angeht, so suchte ich nach einer Dichtung, die eigens für Gesang geschrieben ist. Dabei dachte ich natürlich sogleich an den Psalter...« Mit diesen Andeutungen weist Strawinsky darauf hin, daß er seine Symphonie nicht mit musikalischen Mitteln des 19. Jahrhunderts gestalten will, sondern daß er kompositorische Vorstellungen zugrunde legt, die älteren Bereichen der Musikgeschichte entstammen. Dies prägt sich schon in der Wahl der Aufführungsmittel aus: er orchestriert nicht im Sinne der herkömmlichen Symphonie, er bezieht vielmehr einen Chor ein und fordert in Anlehnung an vergessene, aus alter Zeit stammende Aufführungspraktiken anstelle der Frauenstimmen Knabenstimmen. Auch die musikalisch-technische Anlage weist, wie Tröller (1957) gezeigt hat, eigentümlich zurück. Schon die ersten Takte lassen das erkennen: Ein Klang, nämlich ein Dreiklang über *E* (später ein Dreiklang über *G*), kehrt immer wieder und gewinnt dadurch die Bedeutung eines Zentralklanges. Dazwischen liegen Figurationen, die den Charakter von Klangzerlegungen haben. Man wird an eine Vorspieltechnik erinnert, die sich in Präambeln und Präludien des Generalbaßzeitalters ausgeprägt findet. Bei Strawinsky sind jedoch die den Figurationen zugrundeliegenden Klänge nicht wie die Akkorde im Generalbaßsatz funktional harmonisch gebundene Gebilde, sondern sie werden aus einem der Generalbaßzeit fremden Strukturprinzip gewonnen. Sie stehen nämlich zu dem immer wiederkehrenden Zentralklang über *E* im Verhältnis von Umspielungen. Das von Strawinsky hier benutzte Strukturprinzip Zentralklang-Umspielung-Zentralklang ist ein Merkmal allerdings der mittelalterlichen Musik. Man begegnet ihm sowohl in Organa der Pariser Notre Dame-Schule um 1200 als auch in Kanons des 13. Jahrhunderts. Strawinsky benutzt es nicht nur in den ersten Takten sondern im ganzen ersten Satz.

Wie man sieht, hat die Gestaltungsweise Strawinskys hier im ersten Satz der *Psalmensymphonie* vieles mit alter Musik gemeinsam. Strawinsky ahmt jedoch mit der Strukturierung Umspielung-Klangzentrum-Umspielung die mittelalterliche Musik nicht nach, er schafft vielmehr Neues. Der im ersten Takt isoliert auftretende und dann immer wiederkehrende Klang über *E* zum Beispiel hat wie im Mittelalter die Bedeutung eines statischen Zentralklanges, er erklingt aber nicht wie dort als leerer Quint-Oktav-Klang, sondern als Dreiklang mit Terz, in einer Gestalt also, die erst in der Generalbaßzeit als Akkord im modernen Sinne fundamentale Bedeutung erlangt. Die Figurationen resultieren aus einer der Generalbaßzeit eigenen Technik der Klangzerlegung, sie sind aber nicht wie in der Generalbaßmusik in die Fläche auseinandergelegte tonalbezogene Akkorde, sondern wie im Mittelalter aus Umspielung gewonnene Klanggebilde. Kurz, das mittelalterliche Gestaltungselement erklingt in der musikalischen Schicht der Generalbaß-Präludien und umgekehrt. – Ähnliches gilt für die weiteren Sätze. Bei der Komposition ist der gesamte, heute erfaßbare musikgeschichtliche Raum vom Mittelalter bis zu unserer Zeit latent gegenwärtig bzw. konkret in Strukturen gegenwärtig gemacht. Dies bezieht sich sowohl auf die Anlage der Teile im Ganzen als auch auf die Gestaltung der Einzelteile. So findet man die drei Sätze der *Psalmensymphonie* entsprechend drei Entwicklungsstufen unserer europäischen Kunstmusik gegliedert: Frühmittelalterlich organale, spätmittelalterlich polyphone und symphonische Strukturen sind zu einer Werkeinheit zusammengeschlossen. Gleichzeitig zieht Strawinsky, um nur wenige Takte einer Phrase verständlich zu machen, verschiedene historische Techniken heran und arbeitet sie zusammen. Er verpflanzt somit die für uns heute gültige geschichtliche Voraussetzung von Musik auf die Ebene der Komposition.

»Zwar erregte das Werk starke Anteilnahme, aber ich mußte zugleich immer wieder eine Art Verblüffung feststellen, deren Ursache nicht die Musik war. Die Leute konnten sich nicht erklären, was mich getrieben hatte, die Symphonie aus einer Gesinnung heraus zu komponieren, die ihnen völlig fremd ist...« (*Erinnerungen*)

Ein alter Text, ein Psalm, mit musikalischen Mitteln der europäischen Musikgeschichte in der Gegenwart komponiert und vorgetragen: das ist stattfindende Vergegenwärtigung. Strawinskys *Psalmensymphonie* schließt eine bloß ästhetische Hör- und Betrachtungsweise aus, jedenfalls bei Aufführungen in der Kirche und für den Hörer, der den Text als Text wahrnimmt und ernst nimmt. Denn hier wird die lateinische Psalmodie neu zur liturgischen Wirklichkeit und dies trotz des (die Geschichte gleichsam einarbeitenden) Artifiziellen der Komposition. Heute besitzt die Musik ja doch nicht mehr die stellvertretende Kraft, auch nicht mehr die einen Text in die liturgische Wirklichkeit aufhebende Kraft, sie entfaltet dafür aber eine neue, bis dahin unbekannte, eine *hinweisende Kraft*. Da die Musik, wie sie einmal war, ohnmächtig geworden ist, hat sie sich gleichsam mit innerer Weisheit auf die Funktion des Hinweisenden zurückgezogen und neue Kraft aus der Sammlung geschöpft. Georgiades (1954) hat das so formuliert: »Das Johanneisch-Hinweisende in der Musik wird jetzt hervorgekehrt. (Geschichte ist nicht ›das Licht und die Wahrheit‹, aber ein Suchen danach, eine Predigt darauf, eine Weihe dazu: dem Johannes gleich: ›er war nicht das Licht, sondern daß er zeugte von dem Licht‹, so Droysen im *Grundriß der Historik*.) Diese Geisteshaltung, die sowohl der neuen Kunst als auch der geschichtlichen Interpretation übergeordnet ist, scheint durch dieses Deutend-Hinweisende gekennzeichnet zu sein; sie begreift Geist als Geschichte, als Gedächtnis.« Strawinskys *Psalmensymphonie* bindet uns als liturgische Musik somit gleichsam doppelt: einmal als Verpflichtung auf das überlieferte Wort der Schrift und dann als Verpflichtung auf die überlieferte Musik. Nicht daß uns diese Musik durch eine Bedeutung bindet, die dahinter steht, nein, hier bindet das Hinweisende *als* Musik (als Musik der Vergangenheit *und* der Gegenwart), vergleichbar dem Johannes des Grünewald auf der Tafel des Isenheimer Altars, der jeden Menschen bindet, der dieses Bild, diesen Mann mit seinem hinweisenden Finger einmal wirklich gesehen hat (Feil 1978).

seit 1930 Carl Orff (1895-1982): Orff-Schulwerk

Im zweiten Buch von Goethes *Wilhelm Meisters Wanderjahren* kann man lesen:

»Was die Knaben auch begannen, bei welcher Arbeit man sie fand, immer sangen sie, und zwar schienen es Lieder jedem Geschäft besonders angemessen und in gleichen Fällen überall dieselben. Traten mehrere Kinder zusammen, so begleiteten sie sich wechselweise; gegen Abend fanden sich auch Tanzende, deren Schritte durch Chöre belebt und geregelt wurden.« Auf Wilhelms Frage folgt die Belehrung: »Bei uns ist der Gesang die erste Stufe der Bildung, alles andere schließt sich daran und wird dadurch vermittelt. Der einfachste Genuß, sowie die einfachste Lehre werden bei uns durch Gesang belebt und eingeprägt, ja selbst was wir überliefern von Glaubens- und Sittenbekenntnis, wird auf dem Wege des Gesangs mitgeteilt; andere Vorteile zu selbständigen Zwecken verschwistern sich sogleich: denn indem wir die Kinder üben, Töne, welche sie hervorbringen, mit Zeichen auf die Tafel schreiben zu lernen und nach Anlaß diese Zeichen sodann in ihrer Kehle wieder zu finden, ferner den Text darunter zu fügen, so üben sie zugleich Hand, Ohr und Auge und gelangen schneller zum Recht- und Schönschreiben als man denkt, und da dieses alles zuletzt nach reinen Maßen, nach genau bestimmten Zahlen ausgeübt und nachgebildet werden muß, so fassen sie den hohen Wert der Meß- und Rechenkunst viel geschwinder als auf jede andere Weise. Deshalb haben wir denn unter allem Denkbaren die Musik zum Element unserer Erziehung gewählt, denn von ihr laufen gleichgebahnte Wege nach allen Seiten.«

Diese Sätze zu zitieren, ist nicht neu. Aber es scheint, als habe sich seit dem Beginn der pädagogischen Reformbewegungen unseres Jahrhunderts noch kaum ein Erziehungswerk mit größerem Recht auf die Maximen von Goethes »pädagogischer Provinz« berufen als das *Orff-Schulwerk*. Und trotzdem müssen wir der Versuchung widerstehen, zwischen Goethes »pädagogischer Provinz« und dem *Orff-Schulwerk* konkret Parallelen nachzuweisen, so verlockend es auch wäre, etwa den Grundsatz zu verfolgen, daß aller Kunst das Handwerk vorausgehen müsse, welches nur in der Beschränkung erworben werde; oder das Verhältnis von Gesang und Instrumentalmusik zu untersuchen; oder Goethes Ansichten über das Verhältnis von Musik und Sprache nachzugehen und die Variationen der singenden Handwerker zu deuten; oder konkret die Sprachübungen der Knaben in der »pädagogischen Provinz« mit den, in ihrem Belang leider immer unterschätzten propädeutischen Sprechübungen des *Schulwerks* zu konfrontieren; oder schließlich eine geradezu verblüffende Parallele zu interpretieren:

»Schon von weitem hörten sie einen freudigen Gesang; es war ein Spiel, woran sich die Knaben in der Feierstunde diesmal ergötzten. Ein allgemeiner Chorgesang erscholl, wozu jedes

Glied eines weiten Kreises freudig, klar und tüchtig an seinem Teile zustimmte, den Winken des Regelnden gehorchend. Dieser überraschte jedoch öfters die Singenden, indem er durch ein Zeichen den Chorgesang aufhob und irgendeinen einzelnen Teilnehmenden, ihn mit dem Stäbchen berührend, aufforderte, sogleich allein ein schickliches Lied dem verhallenden Ton, dem vorschwebenden Sinne anzupassen. Schon zeigten die meisten viel Gewandtheit, einige, denen das Kunststück mißlang, gaben ihr Pfand willig hin, ohne gerade ausgelacht zu werden.« Die Anregung zu dieser Szene stammt wohl von früher üblichen musikalischen Gesellschaftsspielen. Aber vom *Schulwerk* her betrachtet meint man geradezu, Goethe habe bei einer Rondo-Spielimprovisation hospitiert! Doch wozu all dies in einer »Musikgeschichte« und in einem Kapitel, das der Musik des 20. Jahrhunderts gewidmet ist? Weil einer der Gründe – wahrscheinlich der *Haupt*grund – für das Elend unserer gegenwärtigen gespaltenen Musikkultur darin liegt, daß dem modernen Menschen der früher selbstverständliche Besitz musikalischer Elementarkenntnisse und Elementarerfahrungen verlorengegangen ist, und weil das *Orff-Schulwerk* auf eine höchst moderne – also keineswegs auf eine naiv pädagogisierende – Weise versucht, diesen Verlust und seine Folgen mit einer Art neuer musikalischer Elementarerziehung zu mildern. Unsere Kinder heute, zumal die der Großstädte, müssen ja doch erst mühsam lernen, was Kindern früher so selbstverständlich war wie Gehen und Sprechen: Spielen und Singen. Aber wer lehrt sie und wie, was sie früher durch Abschauen und Nachmachen und Mitmachen und durchs Hören und Mitsingen selbstverständlich, gleichsam natürlich, gelernt haben? Die moderne Schule? Es ist nicht einmal den Eltern beizubringen, daß wie viele Versuche vor allem in Ungarn und in der Schweiz gezeigt haben – Schüler bei mehr Unterricht in den sogenannten musischen Fächern in den sogenannten wissenschaftlichen Fächern mehr leisten, geschweige denn, daß ein Lehrplan für Gymnasien zu ändern wäre: Man weiß den Stellenwert der Kunst nicht einzuschätzen, obwohl man ihn kennen könnte, man unterschätzt das Grundbedürfnis des Menschen nach Selbstverwirklichung und Selbstbestätigung und den hohen Wert des Spiels zu dessen Befriedigung, des Spiels freilich, das nicht nur den Körper trainieren und zur Fairneß erziehen soll, sondern das auch den Geist beschäftigen muß, der im Spieltrieb beschäftigt sein will. »Der Mensch«, so heißt es in Martin Bubers *Rede »Über das Erzieherische«* von 1925, »will Dinge machen...: Wonach das Kind verlangt, ist der eigene Anteil an diesem Werden der Dinge; es will das Subjekt des Produktionsvorgangs sein... Eine hohe Äußerung dieses Triebs ist die Art, wie Kinder von geistiger Leidenschaft die Sprache hervorbringen, in Wahrheit nicht als etwas Übernommenes sondern mit den stürzenden Gewalten des Erstmaligen.« In diesen Elementarphänomenen sieht Buber auch die Fundamente des Künstlerischen: »Die Kunst ist... der Bezirk, in dem sich eine allen gemeinsame Fakultät der Hervorbringung vollendet; mit den Grundkräften der Künste, dem Zeichnerischen etwa, dem Musikalischen, sind alle elementar begabt; diese Kräfte sind zu entwickeln und auf ihnen, somit auf der natürlichen Selbsttätigkeit, die Erziehung der ganzen Person aufzubauen.« Heute, nach vielen Jahrzehnten, lesen sich diese Sätze wie ein Programm musischer Bildung, das seither hundertmal wiederholt und variiert worden ist. Nichts anderes meint Paul Hindemith mit seinem Leitsatz, Musikmachen sei besser als Musikhören. Allerdings scheint diese Formulierung keine fruchtbare Alternative zu sein. Sie führt in die Sackgasse, in die das Musische so oft gerät. Man könnte Hindemiths Forderung aber variieren: Musikmachen guter Musik auf der Basis technischen Könnens ist die notwendige Voraussetzung zu einem Musikhören als Verstehen von Sinn, denn beides ist gleichrangig. Und also lassen sich die Ziele einer recht verstandenen musischen und einer tragfähigen musikalischen Bildung aufeinander zuführen, wobei das *Orff-Schulwerk* wie kein anderes Lehrwerk helfen kann (Thomas 1962).

Das *Orff-Schulwerk* ist aus der praktischen Arbeit mit Kindern entstanden. Die erste Fassung erschien 1930, die Neufassung unter dem Titel *Musik für Kinder* liegt seit 1950-1954 vor. Mitautorin ist Gunild Keetmann (1904-1990); sie ist an der Ausgestaltung des elementaren Klangstils maßgeblich beteiligt.

1931 **Petar Konjović** (1883-1970): **Oper »Koštana«** in Belgrad, Serbien

Schöpferisch stark und originell spielt Konjović (zusammen mit Milojević und Hristić) in seiner Generation, die die Kunstmusik in Serbien aufleben läßt, die führende Rolle. Volkssprache und Volksmusik sind als Quellen für Melodik und Harmonik die Grundlagen seines Schaffens; sie beeinflussen nicht nur von den Themen her sondern vor allem aus ihrem Geist heraus die innere Struktur der Musik. Alle seine Kompositionen bezeugen das, von den Chören und Sologesängen über Kammermusik und Orchesterwerke bis zu den fünf Opern, von den *Koštana* wohl die wichtigste ist. Stilistisch und technisch entspricht sie der zentraleuropäischen Musik der ersten Jahrzehnte des 20. Jahrhunderts, doch ist sie zugleich ein Beweis für die Kraft einer individuell und serbisch-national geprägten musikalischen Ausdrucksweise. Teile dieser Oper fügt Konjović später zu einem reich instrumentierten schwungvollen *Symphonischen Triptichon* zusammen. (Cvetko 1975)

1931/32 Sergej Prokofieff (1891-1953): 5. Klavierkonzert

Weil Prokofieff ein ausgezeichneter Pianist ist, ist seine Klaviermusik nicht nur in musikalischer, sondern auch in instrumental-technischer Hinsicht von hohem Belang. In den fünf *Klavierkonzerten* kristallisiert ein neuartiger und eigenständiger Instrumentalstil aus, voller virtuoser Brillanz und zuweilen perkussiver Elementarkraft, aber auch durchaus lyrisch im Ausdruck. Geradezu »klassisch« in einem anspruchsvollen Sinne ist das *5. Klavierkonzert* (op. 55), das Prokofieff selbst 1932 in Berlin bei der Uraufführung unter Wilhelm Furtwängler spielt.

Wie alle russischen Komponisten seiner Generation steht Prokofieff als junger Mensch unter dem Einfluß von Skrjabin. Aber der Einfluß ist bald erkannt und bewußt überwunden. In einem Prozeß von fast gewaltsamer Überkompensation findet Prokoffieff seinen eigenen Stil. Stuckenschmidt (1958) beschreibt dies genau. Diatonik ersetzt die Chromatik, aber es ist eine vielfach und mehrschichtig eingesetzte Diatonik, bei der mehrere Tonalitäten einander ergänzen. Die scharfe Konturierung, die etwa Bitonalität im Bereich des Harmonischen bewirkt, tritt auch in den übrigen musikalischen Elementen hervor. Es gibt da keine zerfließenden, unbestimmten Rhythmen mehr, keine Promiskuität der Taktschwerpunkte, kein Tasten im Dämmer der Ametrik. Die Akzente sitzen scharf, genau, und eine mitunter brutale Dynamik sorgt dafür, daß man sie nicht überhören kann. – Wie bei keinem seiner Zeitgenossen ist bei Prokofieff das Werk vielfältig und vielschichtig und von Einfluß auf die Zeitgenossen, vor allem natürlich auf die russischen, aber auch auf die französischen und die angelsächsischen.

Zu den repräsentativen Werken der späteren Zeit des Komponisten gehören das *Ballett »Romeo und Julia«* (1938) und das *Cinderella-Ballett* (1945), sowie die *Oper »Krieg und Frieden«* (nach Tolstoi; 1946) und die berühmte *5. Symphonie* (1944). Kennzeichen des Spätstils sind Verzicht auf die Originalität der früheren Zeit, nämlich auf den Witz und auf die Ironie des musikalischen Kosmopoliten der Jahre 1914-1934.

Im Gegensatz zu Strawinsky kehrt Prokofieff im Ersten Weltkrieg nach Rußland zurück. Bei Ausbruch der Revolution 1917 sieht er sich plötzlich vor die Frage gestellt, in Rußland für eine Weile der »Musikpapst« unter fortschrittlichen Intellektuellen zu sein oder in Schaffensfreiheit zu leben. Er zieht das letztere vor und genießt, freilich mit seltenen Privilegien ausgestattet, daß er mit einem Paß und mit dem Segen der Regierung versehen 1918 ins Ausland reisen darf. Nach einem ersten Versuch 1927 kehrt Prokofieff 1936 endgültig in seine Heimat zurück. Er gehört dort zu der privilegierten Schicht, der der Staat alle denkbaren Erleichterungen gewährt, er gehört aber auch zu einem Kreis von Intellektuellen, gegen die eben dieser Staat seit 1936 vorgeht. 1948 erreicht die Spannung zwischen »Modernisten« und »Realisten« in der kommunistischen Parteispitze ihren Höhepunkt: Am 10. Februar veröffentlicht das Zentralkomitee eine Erklärung, in der Schostakowitsch, Katschaturian, Prokofieff und andere führende Komponisten der Sowjetunion beschuldigt werden, in ihren Werken einem »dekadenten westlichen Formalismus« zu huldigen und damit »antidemokratische Tendenzen« zu propagieren. Als Vergehen werden ihnen die Negierung klassischer Traditionen, der Mißrauch von Dissonanz und Atonalität, Mangel an Allgemeinverständlichkeit, sowie Sympathien für den »Geist der modernen bourgeoisen Musik Europas und Amerikas« vorgeworfen. Diese Vorwürfe sind freilich unberechtigt. Denn die Musik Prokofieffs, des bedeutendsten und einflußreichsten zeitgenössischen Komponisten Rußlands, ist gerade durch Elemente einer klassizistischen Haltung gekennzeichnet, und sie ist formal stets klar gegliedert, transparent in ihrer Struktur und weit entfernt von Atonalität. Außerdem ist Prokofieff einer der wenigen modernen Komponisten seiner Zeit überhaupt, denen es gelingt, mit einigen Werken einen relativ großen Hörerkreis zu erreichen. Daß Prokofieff die Zurechtweisung ernst nimmt, bezeugt ein *Artikel »Über mein Schaffen«,* in dem er sich von der »formalistischen Kunst des Westens« distanziert. Dort heißt es u.a.: »Die Millionen einfacher Menschen begreifen die formalistischen Verrenkungen nicht... Über die Frage der Bedeutung des Melodischen gab es für mich niemals Zweifel; ich liebe die Melodie, halte sie für das wichtigste Element in der Musik und arbeite viele Jahre lang an meinen Werken, um ihre Qualität zu verbessern... Ich habe mich unzweifelhaft der Atonalität schuldig gemacht, obgleich ich sagen muß, daß das Streben nach tonaler Musik sich schon ziemlich früh bei mir zeigte... Ich werde nach einer klaren musikalischen Sprache suchen, die meinem Volke verständlich und lieb ist.« Wer Prokofieff kannte, meint dazu Stuckenschmidt (1958), »den großen, schlanken, stets vergnügten Mann, der in seiner unbelasteten Liebenswürdigkeit an den jungen Hindemith erinnerte, kann dies nur mit Bewegung lesen. Es zeugt von schweren inneren Kämpfen und Entscheidungen, die gewiß nicht leichten Herzens und nicht freiwillig getroffen worden sind. Kein Zweifel, daß Prokofieff von der politischen Richtigkeit des sowjetischen Weges überzeugt war; daß dieser Weg zur Verurteilung von Dingen führte, auf denen seine künstlerische Existenz ruhte, muß ihm schwer zu schaffen gemacht haben.«

1933 »Gesellige Zeit«. Liederbuch für gemischten Chor

Erst spät kommt ihre eigentlich wichtigste Veröffentlichung heraus und ist trotzdem von nachhaltiger Wirkung – trotz der vordergründig einstimmenden, im *Grunde* aber entgegenstehenden Tendenz der im selben Jahr 1933 anbrechenden »neuen Zeit« des Nationalsozialismus: Das Chorliederbuch der SINGBEWEGUNG *Gesellige Zeit,* herausgegeben im Bärenreiter-Verlag von dem aus der Jugendbewegung kommenden Musikwissenschaftler und Gymnasiallehrer Walther Lipphardt (1906-1981). Ein zweiter Band mit anspruchsvolleren Werken erscheint 1935.

> Mag die eine oder andere Formulierung im Vorwort heute irritieren, die nach Wortwahl und Ausdrucksweise fatal an das Wörterbuch des Unmenschen erinnert – wobei zu bedenken ist, daß nicht die Jugendbewegung sich der Sprache des Nationalsozialismus bedient, sondern daß dieser jene usurpiert hat –, die Aufgabenstellung für eine bündische Bewegung und die Formulierung aus dem Wissensfundus, ja aus dem Geist einer zeitgenössischen Musikwissenschaft sind gut: »Mit Ausnahme weniger Sätze Walther Hensels enthält dieses Liederbuch vorwiegend Chorwerke des XVI. und XVII. Jahrhunderts. Das ist kein Zufall. Gewiß, auch das XIX. Jahrhundert hat eine Unmenge von Chormusik hinterlassen, und vielen dürfte das Fehlen dieser uns zeitlich näherstehenden Musik in einem Liederbuch für den praktischen Gebrauch ein Mangel scheinen. Daß die Auswahl aber so ausfiel, liegt letzten Endes nicht an einer historischen Voreingenommenheit des Herausgebers sondern an der Haltung, die die einzelnen Zeiten und Meister zur Frage des chorischen Musizierens überhaupt eingenommen haben, und da muß allerdings festgestellt werden, daß eine völlig dem Individualismus und dem Genietum ergebene Zeit, wie die von 1750 bis heute, nicht den Beruf hatte, Chormusik zu schreiben. – Die Zeit von 1500 bis 1700 umspannt stilistisch zwei verschiedene Epochen: die der Renaissance und des Barocks. Ganz abgesehen von den historischen Bindungen dieser einzelnen Stilepochen kann man sagen, daß diese verschiedenen musikalischen Willensrichtungen auf dem Gebiet der Chormusik die zwei Möglichkeiten erfaßt haben, in denen auch bis heute noch chorisches Musizieren allein gedacht werden kann. – Diese Musik will nicht nur im kleinen Kreis eifriger Musikliebhaber still und ohne merkbare Wirkung nach außen gesungen werden (wie das alte Cantus firmus-Lied), sie verlangt fast gebieterisch auch den Zuhörer, der das klangliche Erlebnis voll auskosten kann, voller als der Mitwirkende selbst, der in seiner Stimme einen viel bescheideneren Baustein zum Ganzen beisteuert als der Sänger des Cantus firmus-Liedes. Sie verlangt aber nicht den unbeteiligten Zuhörer unserer Konzerte, sondern den Zuhörer einer ›geselligen Zeit‹, d.h. einen solchen, der mit dem Chor in ideeller Gemeinschaft steht. Nicht umsonst enthält unser Abschnitt ›Fest und Feier‹ gerade Lieder dieser Gattung. In festlichem, geselligem Zusammensein mit frohen Menschen sollen sie erklingen.«

1933-1945 Schlager, Tanz- und Filmmusiken im »Dritten Reich«

In eine »Musikgeschichte«, die eine Geschichte der abendländischen Polyphonie ist, gehört dieses Kapitel wohl nicht. Falls aber Gottfried Benn recht haben sollte, dann gehört es doch hinein: »Ein Schlager von Klasse enthält unter Umständen mehr Jahrhundert als eine Motette.« Wenn außerdem musiksoziologische Phänomene für die Musikgeschichte wichtig sind, dann muß ein Phänomen von solcher Bedeutung doch eigens Erwähnung finden, auch oder gerade wenn es nur für eine bestimmte Zeit typisch ist.

In der Nazizeit und unter der schlimmen Diktatur der Goebbelsschen Kulturpolitik und -propaganda wachsen auf dem Feld der sogenannten leichten Muse rätselhafterweise die schönsten Blumen. In der Nachfolge von Walter Kollo (1878-1940) etwa, dem wahrscheinlich volkstümlichsten Komponisten von Berliner Operetten, Possen, Singspielen und Liedern (*»Es war in Schöneberg im Monat Mai«, »Die Männer sind alle Verbrecher«, »Kleine Mädchen müssen schlafen gehn«, »Das ist der Frühling in Berlin«*) schreiben Dutzende von Komponisten für Operetten und für Hunderte von Filmen Lieder – um nicht schon gleich zu sagen: Schlager –, die sofort durchschlagen, die ganz Deutschland singt, an denen man seine Freude hat in diesen schlechten Zeiten, selbst wenn man darüber lacht (wie etwa über die vielen »Schnulzen« darunter). Offenbar erfüllen diese Lieder eine Art von Entlastungsfunktion, und offenbar beflügelt das breite Echo die Komponisten – und durchaus auch die

Texter. Denn nahezu alle diese Schlager haben Texte, die weit über dem Niveau heutiger Texte liegen und sich weniger verlogen anhören, obwohl sie doch aus einer schlimm verlogenen Zeit stammen. Aber Schlager damals und Schlager heute, das ist auch zweierlei. Aus jenen wenigen Jahren leben viele, viele Evergreens bis heute, aus der riesigen Produktion der letzten 30 Jahre jedoch kann man kaum einem Stück eine längere Lebensdauer prophezeien. Das ist nicht als Wertung gesagt sondern als Feststellung einer Tatsache: Offenbar findet auch auf dem Feld der sogenannten U-Musik, jedenfalls auf dem des populären Schlagers, eine Veränderung statt, und die Vermutung liegt nahe, daß diese jener anderen Veränderung von der »Moderne« in der Musik zur »Neuen Musik« vergleichbar ist. Einige der wichtigsten Komponisten von damals seien mit jeweils einigen ihrer bekanntesten »Titel« genannt:

> Theo Mackeben (1897-1953): *»Bei dir war es immer so schön«*, *»Die Nacht ist nicht allein zum Schlafen da«*, *»Du hast Glück bei den Frau'n Bel ami«*. – Peter Kreuder (1905-1981): *»Sag beim Abschied leise Servus«*, *»Im Leben geht alles vorüber«*, *»Good bye, Jonny«*. – Peter Igelhoff (1904-1978): *»Der Onkel Doktor hat gesagt, ich darf nicht küssen«*, *»In meiner Badewanne bin ich Kapitän«*, *»Wir machen Musik«*. – Michael Jary (1906-1988): *»Das kann doch einen Seemann nicht erschüttern«*, *»Sing, Nachtigall, sing«*, *»Ich weiß, es wird einmal ein Wunder gescheh'n«*. – Gerhard Winkler (1906-1977): *»O mia bella Napoli«*, das *»Chiantilied«* und die *»Caprifischer«*. – Norbert Schultze (* 1911): »Lili Marleen« (1938).

Dieses zuletzt genannte Lied geht, gesungen von Lale Andersen, seit 1941 jeden Abend über den deutschen Soldatensender Belgrad und wird in schlimmen Kriegstagen »volkstümlich«, bei Freund und Feind. Wahrscheinlich muß es auch die Frauenkapelle im Konzentrationslager Auschwitz spielen. Und derselbe Norbert Schultze, dessen *»Lili Marleen«* dann nach dem Krieg in 27 Sprachen übersetzt über die ganze Welt geht, schreibt auf Goebbels' Geheiß zündende Märsche für die deutsche Wehrmacht, darunter das berühmt-berüchtigte *»Bomben auf Engelland«*. Was soll man dazu sagen? Prieberg hat es formuliert (1982): »Musik und Musiker lassen sich mißbrauchen wie eh und je. Für den Historiker ist diese Feststellung ebenso langweilig wie trostlos, denn sie beinhaltet die Antwort auf die Frage: ›Lernen Musiker eigentlich nie dazu?‹« Selbst wenn sie dazulernen könnten, die Musik können sie doch nicht ändern, die Musik, die so und so mißbraucht werden kann, weil sie unpolitisch ist. »*›Bomben, Bomben, Bomben auf Engelland‹*, da sagte der Goebbels, dem das dann vorgeführt wurde: ›Wie der kleine Moritz sich den Krieg vorstellt! Da kann man ja drauf singen (singt): Rosen, Rosen, Rosen schenkt man sich in Tirol‹. Und er hatte völlig recht. Es war an und für sich viel zu fröhlich. Ich hatte nur daran gedacht, ein lustiges Soldatenlied zu machen«, berichtet Norbert Schultze selbst.

Als »artfremd« ist im »Dritten Reich« selbstverständlich auch JAZZ verboten. »Negermusik« nennen es die Machthaber damals. Doch dieses Verbot ist 1933 in der Unterhaltungsbranche schon nicht mehr strikt durchzusetzen. Obwohl man in diesem Zusammenhang auch bedenken muß: Erst Hitler und Goebbels sorgen mit dem »Volksempfänger« dafür, daß in jedes Haus ein Radio kommt, durch den ein jeder für die nationalsozialistische Propaganda erreichbar wird. »Feindsender« kann man mit dem kleinen Gerät jedoch kaum hören, wohl allerdings mit den größeren Geräten, die gegen Ende der 30er Jahre auch in Deutschland auf den Markt kommen. Plattenspieler und Schallplatten sind indessen in den 30er Jahren noch kaum verbreitet. Also kann man in jener Zeit in Deutschland auch noch nicht mit einer weiter verbreiteten Kenntnis der damals neuen Musik des Jazz rechnen. Und trotzdem genügt, was die Leute aus den »goldenen Zwanzigern« noch im Ohr haben, um die völlige Unterdrückung unmöglich zu machen. Immerhin kann Willy Berking (1910-1979) in seiner damals unter Kennern berühmten *Spitzenserie* echten Jazz-Ton anschlagen und eine so berühmte Jazz-Nummer einschmuggeln wie *»Begin the Begin«*.

1935 **Alban Berg** (1885-1935): **Violinkonzert**

Im Frühjahr 1935 tritt der amerikanische Geiger Louis Krasner mit einem Kompositionsauftrag für ein Violinkonzert an Berg heran. Berg unterbricht – merkwürdiger Weise – die Arbeit an seiner *Oper »Lulu«*. Zwar ist er sich lange weder über die äußere noch über die innere Anlage des Werkes klar, doch sicher ist, daß es eine Zwölftonkomposition werden und daß es Krasner »auf den Leib geschrieben« sein soll. Da stirbt an Ostern 1935 Manon Gropius, ein 18jähriges Mädchen, die Tochter der Alma Mahler-Werfel aus ihrer Ehe mit dem Bauhaus-Architekten Walter Gropius. Der grausame Tod des Mädchens, das den Bergs seit langem freundschaftlich verbunden ist, erschüttert den Komponisten tief: das *Violinkonzert* ist »Dem Andenken eines Engels« gewidmet – und bringt ihn, der sonst langsam zu arbeiten pflegt, rasch voran. Am 16. Juli kann Berg Krasner mitteilen, er »habe gestern die Komposition... beendet. Ich bin darüber noch mehr erstaunt als Sie es vielleicht sein werden. Ich war allerdings so fleißig, wie noch nie in meinem Leben, und dazu kam, daß mir die Arbeit immer mehr Freude machte. Ich hoffe, ja ich glaube es zuversichtlich, daß mir dieses Werk gelungen ist.« Berg kann das Werk selbst nicht mehr hören. Er stirbt am 24. Dezember 1935 an einer Blutvergiftung. Die Uraufführung durch Krasner und unter der Leitung von Hermann Scherchen findet am 19. April 1936 auf dem Musikfest der Internationalen Gesellschaft für zeitgenössische Musik in Barcelona statt. Langsam aber sicher gelangt das Konzert von da an in das allgemeine internationale Konzertrepertoire aller Geiger – wie sonst kein Werk der Neuen Musik.

Das Werk trägt Züge eines »Spätwerks«. Man hat es deshalb immer wieder zu anderen Spätwerken in Beziehung gesetzt, oft genug zu Mozarts *Requiem*: beide Male ein Auftrag, beide Male Musik zur Ehre eines Toten, beide Male das letzte Werk, das eigene Requiem. Über den romantischen Aspekt dieser Parallele hinaus, der die Nachwelt natürlich besonders beschäftigt und der auch faszinierend ist, weil man glaubt, ihn in der Abgeklärtheit der Musik tatsächlich bestätigt zu finden, im Weg der Musik »durch Dunkel zum Licht«, in ihrer allmählichen Lösung von irdischer Schwere und schließlich in ihrem »Schon darüber hinaus« – über diesen Aspekt hinaus hat Berg tatsächlich im Herbst dieses Jahres Ahnungen des eigenen Todes: »Ich muß, ich habe nicht mehr lange Zeit.«

Die kurze Entstehungszeit drückt sich in der Partitur aus, insofern sie, alles andere als simpel, doch die am wenigsten komplizierte, die klarste und »eingängigste« ist, die Berg geschrieben hat. Dazu kommt als einleuchtende Idee der – das Wort recht verstanden – programmatische Gedankengang von Leben, Todeskampf und Verklärung eines engelgleichen Menschen.

Als Ausgangsmaterial für seine Komposition verwendet Berg drei Elemente, nämlich 1. eine Zwölftonreihe, die aus acht Terzsteigungen und einer Folge von drei Ganztonschritten besteht dergestalt, daß sich ohne Umstellungen die Dreiklänge von g-moll, D-dur, a-moll und E-dur (also Akkorde auf den leeren Saiten der Geige) und vier aufeinanderfolgende Töne ergeben. Dieses Prinzip, traditionelles Material mit dem Zwölftondenken zu verschmelzen, begegnet nicht nur hier, ist hier allerdings extrem ausgeprägt; 2. eine Liedmelodie, nämlich eine Kärntner Volksweise *»Ein Vogel auf'm Zwetschgenbaum«* mit dazugehörigem Jodler-Überschlag; 3. einen Choral (Text von Franz Joachim Burmeister, Melodie von Johann Rudolph Ahle, 1662) im vierstimmigen Satz von Johann Sebastian Bach aus dessen *Kantate 60 »O Ewigkeit, du Donnerwort«* (1723). Den beziehungsvollen Text hat Berg in der Partitur unter das Choralzitat eingetragen:

Es ist genug!
Herr, wenn es Dir gefällt,
So spanne mich doch aus!
Mein Jesus kömmt:
Nun gute Nacht, o Welt!
Ich fahr' in's Himmelshaus.
Ich fahre sicher hin mit Frieden,
Mein großer Jammer bleibt darnieden.
Es ist genug. Es ist genug.

Der an sich merkwürdige melodische Beginn des Chorals ist identisch mit den letzten vier Tönen von Bergs Zwölftonreihe für das Violinkonzert. Diese Übereinstimmung ist selbstverständlich kein Zufall, auch nicht nur konstruktive Absicht. Vielmehr erreicht Berg damit, daß der Hörer die Zwölftonreihe, wann immer er sie hört, wegen ihres »melodischen« Schlusses auch tatsächlich wahrnehmen kann, ja daß er diesen »melodischen Schluß« der Reihe hört wie ein Zitat – wie das musikalische Zitat von etwas, das er zwar noch nicht kennt, das er aber mit Bestimmtheit erwartet, und das sich ihm dann, wenn es in seinem Zusammenhang erscheint, nämlich als erste Zeile des zitierten Bach-Chorals, sofort als Sterbechoral offenbart und mit einem Mal die gesamten Implikationen von Sterben und Erlösung aufdeckt, welche die Komposition bis dahin bestimmt haben und bis zum Ende bestimmen werden. – Daß in dieser Verbindung von musikalischer Absicht und kompositorischem Verfahren ein ernstes Problem moderner Musik, vielleicht *das* Problem der Neuen Musik liegt, ist nicht zu bezweifeln. Niemand hat dies so deutlich gesehen (und so unbarmherzig aufgedeckt) wie Adorno (1949): »In der Simplizität des *Violinkonzerts* hat nicht etwa Bergs Stil sich abgeklärt. Sie kommt aus der Not der Eile und der Verständigung. Zu bequem ist die Transparenz, und die einfache Substanz wird überbestimmt durch ein ihr äußerliches Zwölftonverfahren. Die Dissonanz als Zeichen für Unheil, die Konsonanz als Zeichen für Versöhnung sind neudeutsche Relikte. Keine Gegenstimme reicht hin, den Stilbruch zwischen dem zitierten Bachchoral und dem übrigen zu schließen. Einzig Bergs außermusikalische Kraft konnte über diesen Bruch hinwegtragen. Wie nur je bei Mahler die Kundgabe das erschütterte Werk überfliegt, so verwandelt Berg dessen Unzulänglichkeit in den Ausdruck schrankenloser Wehmut.« Bei diesem Werk von Unzulänglichkeit zu sprechen, geht entschieden zu weit, kaum aber der Versuch, gerade an einem hohen Werk die Problematik kompositorischer Verfahren im Hinblick auf die einzig sinnvolle Intention, nämlich auf gute Musik hin, zu untersuchen.

1935 Jakov Gotovac (1895-1982): Oper »Ero s onoga svijeta« (»Ero der Schelm«) in Zagreb, Kroatien

In dieser Oper nach dem hervorragenden Libretto des bedeutenden kroatischen Dichters Milan Begović verwendet Gotovac für seinen eigenen Stil melodische und rhythmische Elemente kroatischer Folklore auf die glücklichste Art und schafft dabei eine Musik von so hinreißender Theaterwirkung, daß das Werk einen Platz im internationalen Opernrepertoire erwerben konnte.

1935/36 Martin Heidegger (1889-1976): Abhandlung »Der Ursprung des Kunstwerkes«

Obwohl Heidegger, der Philosoph, in diesem Vortrag von 1935/36 (zum ersten Mal publiziert in *Holzwege,* Frankfurt/Main 1950) nirgendwo von Musik spricht, kann man seine These vom Ursprung des Kunstwerkes in der Kunst selbst für die Musik in Anspruch nehmen. »Der Ursprung des Kunstwerkes, d.h. zugleich der Schaffenden und Bewahrenden, ist die Kunst.« Das so nur mit einem Satz belegte philosophische und musikhistorische Problem ist hier nicht zu erörtern. Aber der Hinweis ist notwendig, daß damit dem Verständnis von Musik als Kunst ein neuer Weg gewiesen ist. – Unabhängig von Heidegger und doch nicht ohne Kontakt stellt Thrasybulos G. Georgiades als Musikhistoriker verwandte Überlegungen an: *Nennen und Erklingen. Die Zeit als Logos* (1985).

1936 Samuel Barber (1910-1981): Adagio für Streicher

Mit Aaron Copland (1900-1990) und Virgil Thomson (*1896) gehört Samuel Barber zu den wichtigsten amerikanischen Komponisten Neuer Musik und durchaus zu denen, nach deren Vorstellung es eine in besonderer Weise »amerikanische Musik« geben soll und kann. In Europa wird Barber nach dem 2. Weltkrieg bekannt vor allem durch sein oft gespieltes *Adagio für Streicher,* eine Übertragung des zweiten Satzes aus seinem *Streichquartett.*

1936 Béla Bartók (1881-1945): Musik für Saiteninstrumente, Schlagzeug und Celesta

Zum ersten Mal 1923 und dann fast ausnahmslos seit Anfang der 30er Jahre entstehen Bartóks Kompositionen auf Anfrage oder auf Bestellung. So verdanken sämtliche 11 Instrumentalkompositionen vom *5. Streichquartett* (1934) bis zum fragmentarischen *Violakonzert* (1945) einem Auftrag ihre Entstehung. Die *Musik für Saiteninstrumente, Schlagzeug und Celesta* ist die erste von drei Kompositionen, die Bartók für Paul Sacher, Basel, schreibt. Das Werk soll neben Auftragskompositionen von Conrad Beck, Willy Burkhard und Arthur Honegger (dessen Werk allerdings dann nicht fertig wird) in einem Konzert des »Basler Kammerorchesters« erklingen, das aus Anlaß des zehnjährigen Bestehens am 21. Januar 1937 in Basel stattfinden soll. Die Uraufführung wird ein sensationeller Erfolg. Erstaunlicherweise setzt sich Bartóks Werk auch im internationalen Musikleben auf Anhieb durch, auch in Deutschland und Österreich, wo es trotz scharfer Ablehnung durch die nationalsozialistisch gelenkte Fachkritik zu mehr Aufführungen kommt als in jedem anderen Land.

> Die Besetzungsangabe »für Saiteninstrumente, Schlagzeug und Celesta« verrät in ihrer Vagheit Absicht. Obgleich vor allem auf das traditionelle Streichinstrumentarium gezielt ist, meint »Saiteninstrumente« mehr als Streichinstrumente, und »Schlagzeug« mehr als Pauken, Trommeln und Becken: zu zwei fünfstimmigen Streichergruppen gesellen sich Harfe und Klavier als Saiteninstrumente, und zum Schlagzeug gehört ein Xylophon. Für die Aufstellung sind die Streichinstrumente wie ein Doppelorchester in zwei Quintette geteilt. Von dieser Teilung macht Bartók im Interesse möglicher Stimmenvervielfältigung ausgiebig Gebrauch. Doch läßt er es dabei nicht bewenden, denn er schreibt dem Orchester eine Aufstellung vor, die konzertante, ja antiphonisch-dialogisierende Musizierpraktiken nach Art des Coro spezzato und des Concerto grosso begünstigt und darüber hinaus raumakustische bzw. stereophone Konsequenzen ermöglicht. So verstärken interne Gliederung und Aufstellung des Ensembles die klanglichen Differenzierungsmöglichkeiten, die sich bereits aus der Besetzung ergeben. Offensichtlich zielt Bartók auf einen spezifischen Klangkörper, d.h. auf ein Ensemble, das die instrumentale Rollenstereotypie negiert und klangliche Grenzüberschreitungen zum Programm erhebt. (Hunkemöller 1982)

Es scheint Paul Sacher gewesen zu sein, der Bartók auf die besonderen Klangmöglichkeiten seines Ensembles und einer solchen Besetzung aufmerksam gemacht hat. Maßgeblich dafür dürften allerdings auch Erfahrungen gewesen sein, die Bartók mit Musik des 16., 17. und 18. Jahrhunderts gemacht hat. Bartóks Verhältnis zu dieser Musik ist freilich, wie sich etwa in seinen Klavierbearbeitungen zeigt, verhältnismäßig naiv; er versteht sie in einem eher romantischen Sinne und ist sich der Problematik solcher Vergegenwärtigung alter Musiken über lange Zeit offenbar nicht so ganz bewußt. Zwar steht er ehrfürchtig vor der Erscheinung J. S. Bachs und ist gewiß ein gläubiges Mitglied dieser »Konfession unserer Zeit«, wie man gesagt hat, aber er fühlt sich ebenso sehr zu der instrumentalen Virtuosität der alten Italiener und Franzosen hingezogen. So ist der Einfluß dieser Jahrhunderte auf Bartók zweifach: er veranlaßt große Fugato-Konstruktionen, wie den 1. Satz der *Musik für Saiteninstrumente,* er wirkt andererseits klärend auf Bartóks Instrumentation.

> Interessanterweise zeigen auch früher Werke von Bartók Spuren seiner Beschäftigung mit alter Musik. Schon in den 20er Jahren hat er einen Band mit Sonaten von Domenico Scarlatti und 18 Stücke von Couperin herausgegeben. Bearbeitungen von Werken von Zipoli, Rossi, Frescobaldi, Marcello erscheinen dann in einem New Yorker Verlag. Außerdem gibt er im Lauf der Jahre Ausgaben von Klassikern des Klaviers heraus, mit u.a. Sonaten von Beethoven, Mozart und Haydn, aber auch mit Stücken aus Bachs *Wohltemperiertem Klavier.* 1928 äußert er sich einmal über den Einfluß dieser Arbeiten auf seine eigene Komposition: »In meinen neueren Werken verwende ich mehr Kontrapunkt als früher. So vermeide ich wieder die Formeln des 19. Jahrhunderts, die vorwiegend homophoner Art waren. Ich studiere Mozart. Vereinigt er nicht in wunderbarer Weise kontrapunktische und homophone Ideen in einigen seiner langsamen Sätze und vor allem in der *Jupiter-Sinfonie?* Ich habe die vorklassischen Kontrapunktisten studiert, die für Orgel und Cembalo geschrieben haben, und ich habe es vor, die Partituren der alten Vokalkontrapunktisten zu lesen. Denn ich beabsichtige, immer ein Lernender zu bleiben.«

Wie zu einer ganzen Reihe seiner Werke publiziert Bartók selbst eine »Analyse« seiner *Musik für Saiteninstrumente* (zur Philharmonia-Taschenpartitur; zwei andere Analysen des Werks an anderer Stelle; alle drei abgedruckt bei Hunkemöller, 1982). Ob der Begriff »Analyse« hier zu Recht gebraucht ist, muß man bezweifeln, denn es handelt sich um eine verhältnismäßig einfache Beschreibung der Anlage des Ganzen. Gerade das aber scheint Bartók zu wollen: »Ich glaube, es ist angebracht, bloß eine ganz sachlich trockene, aber sehr genaue Analyse der Form zu geben, ohne jeden Versuch einer Beschreibung.« Eingehendere Überlegungen zum Werk müssen darüber also wohl hinausgehen. Aber wie? Jedenfalls nicht, indem sie nach einem »Inhalt« für die beschriebene »Form« suchen. Wohl aber sind Überlegungen möglich, wie sie Hunkemöller (1982) zum »Werkcharakter« vorbildlich angestellt hat: Sie »zielen auf den Gattungsaspekt und die mit ihm verknüpfte Zyklusfrage. Waren für Gattungsklassifikationen bis ins 18. Jahrhundert funktionale Gesichtspunkte die Voraussetzung, so zerstört die Autonomieästhetik die Grundlagen. An die Stelle der Funktionsgebundenheit treten seit den Wiener Klassikern Besetzungskonventionen und strukturelle Typologien; im 20. Jahrhundert werden auch sie außer Kraft gesetzt. Der Prozeß totaler Individualisierung, der das einzelne Werk immer stärker prägt, führt den Gattungsbegriff also ad absurdum. So heißt ›Individualisierung‹ freie Verfügbarkeit über die in der Geschichte entfalteten Phänomene und Entwicklung innovatorischer Möglichkeiten. Die stillschweigende Übereinkunft zwischen Auftraggeber und Beauftragtem, Freizügigkeit walten zu lassen, ist das Resultat, denn der Auftraggeber darf und kann den ›Werkcharakter‹ nicht bestimmen. – Bartók konnte sich auf mehrere Vorgaben stützen: Der Hinweis auf ein Jubiläumskonzert suggeriert eine ›repräsentative‹ Musik; die Mitteilung, das ›Jubiläumskind‹ sei ein Streichorchester, das geringfügig erweitert werden dürfe, deutet auf eine verbindlich-unverbindliche Besetzung; der diskrete Wink, daß es sich um ein Ensemble handle, dessen virtuose Möglichkeiten Behutsamkeit verlangten, fordert einen begrenzten Schwierigkeitsgrad in der Ausführung; die Bemerkung, daß eine Komposition von etwa 15 Minuten Dauer erwartet werde, versteht sich aus der Gesamtprogrammfolge. – Diesen Vorgaben entsprach der Komponist dadurch, daß seine Vorstellungen den Rahmen in spezifischer Weise zugleich ausfüllen und dehnen, und zwar aufgrund autonomer Entscheidung: ›Musik‹, d.h. der Traditionszusammenhang bleibt offen; ›für Saiteninstrumente, Schlagzeug und Celesta‹, d.h. ein Ensemble ohne Vorbild in der Musikgeschichte; ›(in 4 Sätzen)‹, d.h. eine zyklische Komposition, ohne daß die Eigenart der Einzelsätze und das Verfahren ihrer Verklammerung erklärt würden; laut Partiturvermerk ca. 25'40" Minuten Dauer, d.h. die ungefähre Länge einer Haydn- oder Mozart-Sinfonie durch drastische Erweiterung der Zeitvorgabe. Die so skizzierbaren Tendenzen dürften dafür verantwortlich sein, daß Bartók bei der Suche nach einem ›Haupttitel‹ resignierte, denn ein solcher Titel konnte deshalb nicht gefunden werden, weil die Kluft zwischen Tradition und Neuem zu groß war. – Fazit: Bartóks *›Musik‹* indiziert auf exemplarische Weise, daß das Gattungsfundament und der dadurch gestiftete Erwartungshorizont ausgelöscht sind. Der ursprüngliche und dann definitiv beibehaltene Titel *Musik für Saiteninstrumente, Schlagzeug und Celesta (in 4 Sätzen)* trifft genau den historischen Sachverhalt.«

1936 **Carl Orff** (1895-1982): **»Carmina burana«** in Frankfurt am Main

»Carmina burana«, Lieder aus Benediktbeuren, nennt man eine (heute in München befindliche, nicht mehr ganz vollständige) Handschrift der Zeit um 1230 aus Süddeutschland. Sie enthält die umfangreichste, bedeutendste und (durch Carl Orff) berühmteste Sammlung vorwiegend weltlicher lateinischer, aber auch mittelhochdeutscher Lieder. Dem Charakter der Sammlung eines vermutlich klösterlichen Repertoires entsprechend, finden sich darin auch einige geistliche Spiele. Die Texte sind – für das 13. Jahrhundert ganz ungewöhnlich – nach Themenkreisen geordnet: Moralisch-satirische Dichtungen, Liebeslieder, Trink- und Spielerlieder, geistliche Dramen. Die etwa 320 Texte entstammen verschiedenen Teilen Europas und der Zeit des 12. und beginnenden 13. Jahrhunderts. Eine Reihe von Liedern (etwa 50) und die Texte von 4 der Spiele sind neumiert. Nach den linienlosen Neumen kann man die Weisen jedoch nicht lesen. Trotzdem sind etwa 50 Melodien nach Parallel-Überlieferungen der Stücke wiedergewonnen. Daß alle Texte zum Singen bestimmt sind und daß die geistlichen Spiele für den Vortrag mit einer melodischen Erklingensweise (Gregorianik) rechnen, ist eindeutig.

Aus diesen Texten wählt Carl Orff etwa 25 aus, »vertont« sie und verbindet sie unter dem Titel *Carmina burana* zu einer »szenischen Kantate«. Später stellt er die »Cantiones profanae« *Carmina burana* mit den »Ludi scenici« *Catulli carmina* und dem »Concerto scenico« *Trionfo di Afrodite* zusammen als »Trittico teatrale« unter dem Gesamttitel *Trionfi* (1953). Was meint das: »Orff vertont«, und: »Orff stellt zusammen«? Orff verwendet keine überlieferten Melodien; er historisiert nicht; wenn etwas von mittelalterlichen Elementen in seine Musik eingegangen ist, so ist sie doch ganz und gar Neue Musik. Damit ist das Wesentliche aber *nicht* gesagt! Dieses ist vielmehr so zu verstehen, wie es Thomas (1959/61, und andernorts) dargestellt hat: »Die Werke umfassen in einem Akt der ›Rückverwandlung‹ (Schadewaldt) verschiedene Räume, Zeiten, Haltungen und Formstrukturen. Sie vergegenwärtigen mit musikalischen Mitteln mythische, legendäre, religiöse, symbolische Bewußtseinslagen und typische Daseinsbereiche des Menschen in europäischen Ursprungs- und Wendezeiten und stellen sich somit als schöpferische Interpretationen dar. Daher läßt sich bei Orff zwischen ›Bearbeitung‹ (Monteverdi), ›Um-Fassung‹ durch musikalische Mittel (Shakespeare, Sophokles-Hölderlin), ›Inszenierung‹ lyrischer Dichtung aus visueller Bild- und Bewegungsvorstellung (*Trionfi*) und eigener Dichtung (*Mond, Kluge, Bernauerin, Osterspiel, Weihnachtsspiel,* Rahmenspiel der *Catulli carmina*) keine scharfe Grenze ziehen. In den *Carmina burana* wie überhaupt in den *Trionfi* ist zum Beispiel das Szenische nur skizziert; bildliche, gestisch-mimische und tänzerische Verwirklichung bleiben offen als letzte Stufe der Interpretation. Grundsituationen des Menschen und der Welt werden parabolisch und symbolisch figuriert. So stellt Orffs Bühne den Anspruch des ›Welttheaters‹.« Die Musik wirkt dabei gleichsam als Negativ der Sprache, sie ist weder deren Duplikat noch Surrogat, weder Ausdruck noch Untermalung, sie steht vielmehr in Funktion für den Klang, sie ist Klangregie für die Sprache, wo sie über das einfach gesprochene Wort hinaus erklingen soll: Die Musik leiht dem Wort ihre Möglichkeiten der rhythmischen Motorik, der psalmodierenden Rezitation, der Koloratur, des Arioso bis hin zur Arie. Hinzu kommt ein in seiner Zusammensetzung vom »Ausdrucksorchester« ganz verschiedener Instrumentalklangkörper, der eine Art von Klangraum zu schaffen hat, in den hinein das Wort erklingen kann, der die Sprache umfangen kann. Dieser Klangraum entsteht nicht wie sonst mittels einer entwickelnden, auf Fortspinnung oder auf thematischer Arbeit beruhenden musikalisch-kompositorischen Satztechnik, sondern über musikalisch-statische Fundamentaltechniken wie Bordun, Orgelpunkt, Tonwiederholung, Ostinato, Wechselklang, Dur-Moll-Wechsel als vorharmonischer Klangflächenkontrast, Mixturspaltung und -ballung u.ä. Der Klang wird dabei in der Regel aus Formeln oder Klangzellen entwickelt, und zugleich werden über erkennbar abschnittsweise gebildete Wiederholungen musikalische Formen gebildet (Rondo-Architektur). Dieselbe Klangtechnik bestimmt auch den Bau der Chorpartien und a cappella-Sätze. Als Folge des so entstehenden lebendigen – um nicht zu sagen: leibhaftigen – Erklingens der Sprache entsteht ein merkwürdiges Bedürfnis nach szenischer Ausführung, nämlich in einem Raum, der es gestattet, die Wirkung von Wort und Musik in der erklingenden Sprache durch optische Mittel zu unterstützen und so zu vertiefen. Freilich kann gerade ein Theaterraum den Zuhörer auch zu falschen Erwartungen und Einstellungen verführen, etwa als ob es sich hier wie bei einer Oper darum handle, einen Ablauf von äußeren Geschehnissen durch Musik mit- und nachzugestalten. Diese Auffassung würde die Bedingung einer »szenischen Kantate« jedoch verkennen, die niemals dramatisch-erzählend sondern nur zuständlich-schildernd sein darf, und deren erklingende Texte keine Vermengung mit »Handlungen« sondern höchstens ein bildhaftes Symbol vertragen: Keine Theaterwirkung ist beabsichtigt sondern die sich an alle Sinne wendende Raumwirkung erklingender Sprache.

Beim Erscheinen der *Carmina burana* zieht Orff alle seine bis 1935 erschienenen Werke zurück (mit Ausnahme vom *Schulwerk,* von den Monteverdi-Bearbeitungen *Klage der Ariadne* (1925/1940) und *Tanz der Spröden* (1925/1940) und von der *Entrata* nach William Byrds *The Bells* für 5 getrennte Orchester). Mit diesem Schritt zieht Orff für sein vergangenes Werk und für sein zukünftiges die Konsequenz aus der Tatsache eines neuen musikalischen Bewußtseins seiner Zeit. Fortan steht seine Komposition auf neue Weise im Dienst von Musik und Sprache, von Musik als Geschichte.

1936 Zum ersten Mal wird ein Konzert auf Tonband »mitgeschnitten«

Nach enger und langer Zusammenarbeit zwischen den Firmen BASF (verantwortlich für den Tonträger) und AEG (verantwortlich für das Aufnahme- und Wiedergabegerät) gelingt als erste Aufnahme auf Tonband (Magnetband): ein Konzert des London Philharmonic Orchestra unter Leitung von Sir Thomas Beecham am 19. November 1936 im »Feierabendhaus« der BASF in Ludwigshafen am Rhein. (Programm: Vaughan Williams: *Die Wespen des Aristophanes,* Ouvertüre; Mozart: *Sinfonie Es-dur* KV 543; Frederic Delius: *Zwei Stücke für kleines Orchester;* Rimski-Korsakow: *Einleitung* und *Festlicher Zug* aus *Der Goldene Hahn;* Dvořák: *Symphonie G-dur* op. 88)

1936-1962 Karl Amadeus Hartmann (1905-1963): 8 Symphonien

Im 20. Jahrhundert große Symphonien mit weitgespanntem Duktus und riesigen Melodiebögen zu schreiben, das ist gewiß außergewöhnlich – außergewöhnlich wie schon der Werdegang eines Künstlers, der seine Lehre in den 20er Jahren in München bei Joseph Haas beginnt, sie bei Hermann Scherchen und noch 1941/42 bei Anton von Webern fortsetzt, der im »Dritten Reich« als »entartet« Aufführungsverbot, im Ausland aber durchaus Erfolge hat. Hartmann macht sich die Kompositionsweise der Schönberg-Schule nie zu eigen – und wird doch von einem ihrer Hauptvertreter, von Luigi Nono, mit Entschiedenheit verteidigt: »Würde man sich tatsächlich auf eine abstrakte Betrachtung der expressiven Leidenschaftlichkeit und der kontrapunktischen Vielfalt der Musik K. A. Hartmanns und auf diese beiden eigentlich einander entgegengesetzten Pole beschränken, wäre einem die menschliche Fülle, die sie belebt, entgangen. Es geht also nicht um zwei entgegengesetzte Pole, sondern um den Niederschlag einer menschlichen Intentionalität in ihrer dynamischen Unaufhaltsamkeit von a) Unduldsamkeit für aktuelle Strukturen, die die Tendenz haben, sie zu unterdrücken; jene werden aber dann in einer sich ausbreitenden Klangmaterie entstellt und zerstückelt – nicht das Erreichen des ›Höhepunkts‹ aus einer symphonischen Entwicklung heraus, sondern seine Zerstörung – b) und darin Ausbreitung eines verschiedenartig tragischen Gesanges auf der Suche nach einer wirklichen Perspektive. Aus diesem Grunde stellt K. A. Hartmann in der heutigen deutschen musikalisch-menschlichen Problematik erregenderweise eine authentische Weise des Einens und des Suchens dar.«

1937 Paul Hindemith (1895-1963): »Unterweisung im Tonsatz« I

Wie alle seine Zeitgenossen stößt auch Paul Hindemith bei Überlegungen zu den Konsequenzen, die er als Musiker des 20. Jahrhunderts aus der geistigen Situation der Zeit zu ziehen hat, auf Fragen des »musikalischen Materials« und seiner Grundlagen. Diese sucht er aufgrund seiner kompositorischen Erfahrung zu beantworten, und zwar sogleich in einem *Lehrbuch »Unterweisung im Tonsatz«.*

> »Fühlt sich heutzutage ein Musiker zur Bewahrung und Weitergabe der Satzkunst berufen, so sieht er sich in dieselbe Stellung der Abwehr gedrängt wie damals Johann Joseph Fux [1725]. In erhöhtem Maße sogar, denn auf keinem Gebiete künstlerischer Arbeit ist nach einer Zeit virtuoser Überspitzung der Kunstmittel und ihrer Anwendungsformen eine derartige Verwirrung eingetreten wie gerade hier. Wir begegnen ihr häufig in einer Satzweise, welche die Töne nach keinen anderen Richtpunkten zusammenstellt als denen, die ein willkürlich schaltender Geist sich setzt, oder die ihm die leicht und trügerisch über die Tasten gleitenden Finger vorspiegelten. Was bei freigebigster Zubilligung persönlicher Eigenheiten dem Verständnis des Fachmannes nicht mehr zugänglich ist, kann unmöglich dem einfältigen Hörer überzeugender erscheinen. Es heißt zwar in den *Meistersingern,* daß der Tonsetzer sich selber die Regel zu stellen und ihr dann zu folgen habe. Das wird jedoch ausdrücklich einem *Meister* zugebilligt, und dazu einem, der die naturgegebenen Untergründe seiner Arbeit erschaut oder mindestens erfühlt… – Wenn die Verwirrung der Satzkunst nicht noch weiter um sich greifen soll, wenn die zwiespältigen Ergebnisse einer überalterten Lehre zu der Unsicherheit nicht noch ärgeres Unheil bringen sollen, muß

endlich wieder ein tragfähiger Unterbau geschaffen werden... – Der Lehrer wird in diesen Blättern die Grundzüge des Tonsatzes finden, wie sie aus der natürlichen Beschaffenheit der Töne sich ergeben und deshalb allezeit Gültigkeit haben. Er soll versuchen, als Erweiterung seiner bisherigen Kontrapunkt- und Harmonielehrbücher, die ihm nur stilgeschichtliche Übungen boten – jene auf dem Vokalstil des siebzehnten, diese auf dem Instrumentalstil des achtzehnten Jahrhunderts beruhend –, sich eine neue Handwerkslehre anzueignen, die ihm von dem festen Grunde engster Naturverbundenheit aus Streifzüge in Bezirke des Tonsatzes erlaubt, deren gesetzmäßige Durchdringung ihm bis heute verwehrt geblieben ist.«

Nun beruht Hindemiths *Unterweisung im Tonsatz* auf teilweise falschen Annahmen über die Natur der Töne und auf der ebenfalls falschen Annahme, daß alle Musik auf dieser Welt ihre Voraussetzungen einzig und allein in der Natur habe. Aufgrund dieser Annahmen glaubte Hindemith, Regeln für die Komposition formulieren zu können, die für alle Musik und alle Zeit gültig seien und bleiben könnten. Er ist deshalb oft und heftig kritisiert worden. Schwerer wiegt eine andere Kritik, wiegen andere Fragen: »Schon in seiner ungebärdigen Periode zog es den Ambivalenten zur Autorität im Ideal der Rekonstruktion einer wie einst die Tonalität allgemein verbindlichen Musiksprache. Die Unvereinbarkeit dieses Ideals mit den emanzipatorischen Momenten seiner eigenen Arbeit focht ihn nicht an... In Hindemiths Inflationsmusiken, der *Klaviersuite 1922* und dem Donaueschinger *Foxtrottfinale* ist das ›So kann es nicht weitergehen‹ gleichsam mitkomponiert.« An diese Bemerkung Adornos (1968) schließt sich die Frage an, die viele, die über Hindemith und seine Entwicklung schreiben, nicht stellen, jedenfalls nicht untersuchen. Ist wirklich das »So kann es nicht weitergehen!« von Anfang an mitkomponiert? Wie steht es überhaupt mit Hindemiths Stil und dessen Entwicklung, wie mit der Kompositionstechnik in Werken verschiedener Entwicklungsstufen? Ist seine *Unterweisung im Tonsatz* wirklich eine Konsequenz der Entwicklung seines Stils und seiner Kompositionstechnik? Sie ist es. (Zwink 1974) Und doch folgen ihm viele auf seinem Weg nach, ohne im engeren Sinne Schüler von ihm zu sein. Auf welchem Weg? Hindemith sagt es selbst (1963): »Ein Kompositionsstil, der sich nicht zu einfachsten Ausdrucksformen reduzieren läßt und nur für unsere musikalischen Luxuseinrichtungen der Symphonieorchester, Opernhäuser und überzüchtete Solisten arbeiten kann, hat in einer demokratischen Welt keine Daseinsberechtigung, er wird über kurz oder lang an seiner eigenen Nutzlosigkeit zugrundegehen.« Hier zeigt sich Hindemiths soziales und humanes Engagement – und *das* macht Schule, jedenfalls damals. Der *Plöner Musiktag* ist ihm so wichtig wie seine großen Orchesterwerke. Auch die Neue Musik soll für *alle* Menschen da sein. Dementsprechend richtet sich auch seine Kritik niemals gegen bestimmte Werke als solche oder gegen bestimmte Komponisten, sie bezieht sich immer nur auf Kompositionstechniken, und wenn wir heute seinen Text von 1963 nachlesen, dann können wir ihm kaum widersprechen: »Auf dem Papier sehen die dodekaphonen Anordnungen wunderschön aus. Jedes Kind kann die da herrschende bürokratische Ordnung erkennen und bewundern, aber selbst der beste Musiker fragt sich vergebens, warum bei dieser Organisationseuphorie ausgerechnet das so stabile Klangelement der Harmonie vom Zahlenwesen sozusagen nur notdürftig angekratzt wird, ja warum in einem das Ohr ansprechenden Ausdrucksmedium überhaupt Organisationsmittel angewendet werden müssen, die lediglich dem Auge erkennbar sind – es ist nämlich unmöglich, vom dodekaphonen Aufwand auch nur das Geringste im musikalischen Sinne hörend zu verstehen...« Tatsächlich ist diese Technik allzu leicht erlernbar. Herbert Eimert bringt es bei ihrer Darstellung auf ein dünnes Reclam-Büchlein (1950). Das scheint Hindemith wirklich zu wenig. Nun ist aber nicht zu leugnen, daß trotz dieser Technik oder gar mit ihrer Hilfe Schönberg, Berg und Webern großartige Werke zustande gebracht haben. Das hat auch Hindemith erkannt, sonst hätte er kaum Schönbergs Streichquartette in seinen Züricher Vorlesungen behandelt. Seine heftige Theorie-Kritik steht vielmehr mit der Tatsache in Zusammenhang, daß er glaubt, mit seiner *Unterweisung im Tonsatz* allgemein verbindliche Grundlagen für das Komponieren von heute geben zu können. Das kann es aber nicht mehr geben, weil wir heute keine gemeinsame musikalische Sprache (Syntax) mehr haben wie noch das vorige Jahrhundert, wo alle Komponisten mit der gleichen Handwerkslehre ausgerüstet waren. Heute gibt es nur Individualstile, und jeder Komponist muß seine Sprache selbst finden. Wir suchen das Besondere, das Originelle und Charakteristische einer Tonsprache. Wir können also auch im Unterricht nicht mehr »die« anwendbare Handwerkslehre vermitteln, sondern nur noch Fertigkeiten allgemeiner Art, die sich am besten an »erkaltetem Material« – an Fux und Palestrina – entwickeln lassen (Bialas 1988). Hindemiths *Unterweisung* erreicht ihr Ziel, nämlich allgemeine Gültigkeit, also gerade nicht, *weil* sie an einem Personalstil entwickelt und *obwohl* sie (schein-)historisch gedacht ist.

Eine zweite erweiterte Auflage der *Unterweisung* erscheint bei Schott in Mainz 1940, der zweite Band *Übungsbuch für den zweistimmi-*

gen Satz daselbst 1939, der dritte Band *Übungsbuch für den dreistimmigen Satz* daselbst 1970, ein vierter Band bleibt Fragment.

1937 **Glenn Miller** (1904-1944) **gründet seine Big Band**

Alle wirklich guten Tanzorchester und Jazzbands haben ihren eigenen Sound, aber keine hat damit ein so weltweites Echo, einen so modern-heiteren Widerhall wie die Big Band des Posaunisten Glenn Miller mit ihrem typischen (und oft vergebens nachgeahmten) »Glenn Miller-Sound«. Freilich, in den besten Titeln (*In The Mood, Moonlight Serenade, American Patrol, I Got Rhythm, Pennsylvania Six-Five Thousand*) ist die Verbindung zwischen moderner Unterhaltungs-Tanzmusik und Jazz auch geglückt wie selten sonst. Noch lange nach dem Zweiten Weltkrieg wirkt diese Musik – gewiß nicht die schlechteste Ausdrucksform des American Style of Live.

1938 **Ausstellung »Entartete Musik« bei den »Reichsmusiktagen« in Düsseldorf**

Am 19. Juli 1937 wird in München in der Galeriestraße eine Ausstellung »Entartete Kunst« eröffnet, die danach auch in anderen Städten gezeigt wird. Rund 600 Werke von 110 Künstlern werden in absichtlich chaotischer Aufhängung dargeboten und mit geifernden Parolen verhöhnt, darunter Werke von Barlach, Beckmann, Corinth, Kandinsky, Kirchner, Klee, Lehmbruck, Nay, Nolde, Schlemmer. Mehr als zwei Millionen Besucher sehen bis Ende November diese Schandschau. Einen Tag zuvor haben die Nationalsozialisten die erste »Große Deutsche Kunstausstellung« im neu errichteten »Haus der Deutschen Kunst« eröffnet. Hier wird mit 900 Werken die sogenannte »gesunde Kunst des deutschen Volkes« gefeiert, für die Breker, Peiner, Thorak, Ziegler vorbildlich sind. Die »Entarteten« erhalten Ausstellungs-, zum Teil Arbeitsverbot, ihre Werke werden aus den Museen entfernt; viele Bilder werden ins Ausland verkauft, einige sogar verbrannt. Die meisten der so verfemten Künstler entschließen sich zur Emigration.

Neben bildenden Künstlern werden auch Komponisten als »entartet« abgestempelt, vor anderen Arnold Schönberg und seine Schüler Webern und Berg, aber auch Hindemith, Křenek, Schreker und andere. Bei den »Reichsmusiktagen 1938« in Düsseldorf organisiert Hans Severus Ziegler eine Ausstellung »Entartete Musik«, durch die vor allem Werke jüdischer, damals bereits überwiegend verbotener, auf jeden Fall verfemter Künstler angeprangert werden sollen. Merkwürdigerweise ist die Ausstellung nahezu in Vergessenheit geraten, bis der Berliner Musikpublizist Albrecht Dümling und der Intendant des Düsseldorfer Symphonieorchesters Peter Girth die Ausstellung zu rekonstruieren und zu dokumentieren versuchen. Trübseliges Kernstück des rekonstruierenden Katalogs (1988) wie damals der Begleittexte ist der Wortlaut einer »Abrechnung« mit der »Entarteten Kunst« von H. S. Ziegler, böseste Hetze und Diffamierung Andersdenkender, »Andersrassiger«. Das Eiferertum feiert Triumphe. Ebenso schlimm allerdings und beschämend ist, daß viele von diesen Eiferern nach 1945 ungeschoren davonkommen und weiterarbeiten können, gar an Hochschulen.

»Dinge, die geschehen sind, können sich jederzeit wiederholen...«, meint Aribert Reimann in einem Kommentar. Ich glaube das nicht – aber ich kann mir heute auch tatsächlich nicht mehr vorstellen, daß ich damals als Gymnasiast und als Student an der Musikhochschule niemals ein Werk von Mendelssohn habe hören können oder gar spielen dürfen. Und ich sollte es mir vorstellen können! Mendelssohn war verboten. Warum? Mendelssohn war Jude und seine Musik »artfremd«. Alle Musik von Juden war verboten. Mag ein solches Verbot uns auch heute völlig unbegreiflich scheinen, wir sollten nicht vergessen, daß es auch bis vor kurzem einen deutschen Staat gegeben hat, der zwar nicht die Musik von Juden aber die Kunst von unliebsamen Bürgern verboten hat.

Daß große Musiker wie etwa Richard Strauss und Wilhelm Furtwängler sich mit dem Naziregime arrangiert haben, ist schlimm, vielleicht auch unverzeihlich, kaum aber ganz unverständlich. Der Künstler muß seinen Beruf ausüben, der Musiker muß Musik machen – und die Musik selbst hat, wie schon an anderer Stelle angedeutet, mit den politischen Entscheidungen ihrer Urheber nichts zu tun, sie läßt sie nicht einmal ahnen. Größe in der Musik ist mit politischem, ja mit charakterlichem Versagen durchaus vereinbar, wenn uns dies auch fatal dünkt.

1938 **Paul Hindemith** (1895-1963): **Oper »Mathis der Maler«** in Zürich

Am 25. November 1934 veröffentlicht Wilhelm Furtwängler in der *Deutschen Allgemeinen Zeitung* einen Artikel unter der Überschrift *»Der Fall Hindemith«*. Mit diesem Artikel versucht er, sich der verhängnisvollen nationalsozialistischen Kulturpolitik entgegenzustellen, jedenfalls für den Fall Hindemith. Der Artikel schließt mit einem Appell: »Zuerst auf Hindemith aufmerksam wurde die

Musikwelt im weiteren Sinne durch ein *Streichquartett op. 16.* Unter der Einwirkung dieses Werkes – das in gewisser Weise epochemachend wurde – und der ihm folgenden ähnlich gearbeiteten Werke erstand damals eine ganze Generation von Kammermusik-Komponisten, und wenn deren Arbeiten im allgemeinen über die Bedeutung von Experimenten schließlich nicht hinauskamen, so kann man dies nicht Hindemith zur Last legen. In seinen eigenen Veröffentlichungen dieser ersten Zeit verbindet sich angeborene satztechnische Meisterschaft, ein eigentümliches Maßhalten und Sinn für die Erfordernisse kammermusikalischen Stiles mit lebendiger Frische, Unbekümmertheit, ja Kühnheit und – zumal in den langsamen Sätzen – einer schlichten, nach innen gewandten, tiefen Empfindung. Auch das Ausland wurde damals auf ihn aufmerksam: und das nicht nur wegen seines musikalischen Könnens, sondern mehr wohl noch wegen des Vorwärtsweisenden, Zukunftsträchtigen, das in seinen Arbeiten, zum erstenmal auf deutschem Boden, sich Bahn brach: ein bewußt-entschiedenes Abrücken von der vorhergegangenen Epoche des ›Wilhelminischen Pathos‹, der falsch verstandenen Wagner- und Strauss-Nachfolge: Schlichtheit, Sachlichkeit, Einfachheit anstatt eines Vertonens philosophischer Ideen oder eines spätromantisch überhitzten Stimmungs-Musizierens, wie es um ihn herum vorwiegend getrieben wurde.

Wenn man nach diesen ersten Werken – zu denen auch noch aus späterer Zeit so manches zu rechnen wäre (z.B. das *Marienleben*) – ein Bild des Komponisten Hindemith zu umreißen versuchte, müßte man ihn, der ja auch blutsmäßig rein germanisch ist, als einen ausgesprochen ›deutschen‹ Typus bezeichnen. Deutsch in seiner schlicht-handwerklichen Gediegenheit und gerade-kernhaften Art ebenso wie in der Keuschheit und Zurückhaltung seiner relativ seltenen Gefühlsausbrüche. Das letzte bisher von ihm erschienene Werk, die *Symphonie* aus der *Oper ›Mathis der Maler‹,* hat diesen Eindruck von neuem bestätigt. Es hat überall, wo es seit seiner Uraufführung in Berlin im März 1934 erklang, sehr stark gewirkt, und zwar auch auf solche, die sonst nicht gerade seine Freunde waren. Es bedeutet, wie schon gesagt, keine konjunktursüchtige ›Umstellung‹ Hindemiths, sondern viel eher – wenn man so will – eine Rückkehr zu seinen Anfängen, eine Rückkehr zu sich selbst.

Vor acht Monaten, als dies Werk erschien, ließ man ihn – vielleicht aus unbewußter Scheu, in kulturelles Werden von außen her einzugreifen – noch so ziemlich in Ruhe. Heute versucht man, ohne daß er inzwischen etwas weiteres veröffentlicht hat, das Versäumte nachzuholen, ihn öffentlich zu diffamieren, ihn – worauf es schließlich hinauskäme – aus Deutschland zu vertreiben. Dazu scheint kein Mittel zu gering: man verschmäht es in diesem Zusammenhang nicht einmal, gelegentliche Persiflagen auf falsch verstandenen Puccini und Wagner, die es von ihm gibt, hervorzuholen – als ob Hindemith nicht wüßte, wer Wagner war! Natürlich lassen sich bei einem Komponisten, der so viel geschrieben hat, und dessen Werke gedruckt vorliegen und nur eingesehen zu werden brauchen, leicht nachträglich ›Jugendsünden‹ hervorholen. Hindemith hat sich niemals politisch betätigt: wo kämen wir überhaupt hin, wenn politisches Denunziantentum in weitestem Maße auf die Kunst angewendet werden sollte?

Sicher ist, daß für die Gestaltung deutscher Musik in der Welt keiner der jungen Generation mehr getan hat als Paul Hindemith. Im übrigen ist es heute natürlich nicht abzusehen, welche Bedeutung das Werk Hindemiths einmal für die Zukunft haben wird. Das ist es aber auch gar nicht, was hier zur Diskussion steht. Es handelt sich hier, viel mehr noch als um den besonderen ›Fall Hindemith‹, um eine allgemeine Frage von prinzipiellem Charakter. Und weiter noch, auch darüber müssen wir uns klar sein: wir können es uns nicht leisten, angesichts der auf der ganzen Welt herrschenden unsäglichen Armut an wahrhaft produktiven Musikern, auf einen Mann wie Hindemith so ohne weiteres zu verzichten.« So Wilhelm Furtwänlger 1934.

Hindemiths *Oper »Mathis der Maler«* entsteht 1934. Die Uraufführung findet 1938 in Zürich statt, die ersten deutschen Aufführungen 1946 in Stuttgart, 1948 in Berlin. 1959 schreibt H. H. Stuckenschmidt anläßlich einer neuen Aufführung in Berlin einen *»Rückblick auf Mathis der Maler«.* Diese Rezension für die *FAZ* enthält konzentriert alles, was zu Hindemiths zentralem Werk und zu seiner Stellung in der Geschichte der Neuen Musik zu sagen ist. Wir zitieren deshalb auch diese zweite – gleichsam ebenfalls authentische – Quelle ausführlich: »1938 gab es in Europa zwei Uraufführungen von Opern, deren Komponisten in ihren Heimatländern als unerwünscht galten: Paul Hindemiths *Mathis der Maler* in Zürich, Ernst Křeneks *Karl V.* in Prag. Die Zürcher Premiere hatte erstaunlich viele Menschen aus Deutschland angelockt; man traf Leute wieder, die in dem charakteristischen Zustand der inneren Emigration nördlich des Bodensees vorläufig weiterlebten. Hindemiths Person und sein Werk waren damals Magnetpole eines vorsichtigen kulturellen Widerstandes; die Schallplatten mit der *Mathis-Symphonie* kursierten als halb legale Konterbande im ›Dritten Reich‹. Um all das war eine Aura von melancholischer, aber harmloser Verschwörung, an der die Wirkung sich vertiefte.

Der politische Akzent des *Mathis*-Librettos war 1948, als die Berliner Staatsoper (nach der Stuttgarter) das Werk zur Diskussion stellte, noch sehr spürbar. Die Bücherverbrennung, die Auflehnung des Malers gegen Macht und Gewalt, die im Abschiedsbild symbolisierte Weltflucht: Es war alles erlebt worden, vom Autor wie von den Zuschauern. Diese Erlebtheit legitimiert das Stück, erhält es lebendig, macht es wichtig trotz seiner Schwächen. Hindemith ist durch die Erfahrung der dreißiger Jahre intellektuell und künstlerisch zu einer Vertiefung genötigt worden, die selbst seinen religiösen Musiken vor 1930 (etwa dem *Marienleben*) fehlt. Allerdings verbündet sich diese Wandlung mit einer immer bewußteren Renegation der früheren Aesthetik. Wie der *Mathis*-Text das politische Bekenntnis des Brechtschen *Lehrstücks,* das kabarettistische von Marzellus Schiffers *Neues vom Tage* und das artistisch-materialistische des Bennschen *Unaufhörlichen* liquidiert, so hält die Partitur Abstand von allem Modernismus der zwanziger Jahre.

Mathis der Maler hat Wagnersche Dimensionen, die Musik ist von einem symphonischen Geist getragen, der ganze Szenen und Akte als ›durchkomponiert‹ wirken läßt. Eine ›Idée fixe‹, ganz im romantischen Sinne der Begriffe, herrscht vom *Engelskonzert* bis zu dem dramatischen Höhepunkt des Versuchungsbildes: ein Volkslied des 16. Jahrhunderts *›Es sungen drei Engel ein süßen Gesang‹.* Aus den Intervallen, namentlich der fallenden Quint, deren Grundgestalt und Spiegelform nicht nur das Engelskonzert durchzucken, entwickelt Hindemith sein motivisches Material. In der Beschwörung solchen Volksliedgeistes, im Archaisch-Volkstümelnden, ist die Komposition so reich wie begrenzt. Hindemith beherrscht den Tonfall virtuos, und die artistische Freude, die man daran hat, gleicht der an alten Mundarten in modernen Dialogen. Das andere archaische Element, die Weihe-Aura der gregorianischen Melodien vom *›Lauda sion salvatorem‹* bis zum *›Hallelujah‹,* verbindet sich Hindemiths Personalstil nicht so ganz reibungslos. Hier tritt, namentlich in den letzten Takten des dramatisch so wirksamen Antonius-Bildes, die Absicht zu klar hervor. Wo echte Trauer herrscht, ist der Ton am überzeugendsten; in der *Grablegung,* den diffusen und zarten Stimmen, die das Verlöschen Reginas begleiten, hat Hindemith sich auch die inspirierte Freiheit des melodischen und harmonischen Erfindens bewahrt, die ihn als großen Komponisten ausweist.

Es gibt in der Oper nach *Wozzeck* nicht vieles, das den Vergleich mit den besten *Mathis*-Szenen aushält. Dabei ist das Stück nicht eigentlich dramatisch. Sein Tonfall [Text von Hindemith selbst] ist episch, erzählend, Bilderbogen illustrierend. Doch man könnte eine illustre Ahnenreihe berühmter Opern aufstellen, die solchen Mangel mit ihm teilen, von Händel über *Fidelio* bis *Palestrina*...

Der Abend hinterläßt geteilte Wirkung. Sein Erfolg steigert sich am Schluß langsam zu Ovationen für Fischer-Dieskau, den Hauptdarsteller, zu starkem Beifall für alle Mitwirkenden. *Mathis* ist und bleibt Dokument einer erregenden geschichtlichen Situation, aber auch Wendepunkt im Schaffen eines Musikers, der von den ihm offenstehenden Freiheiten die der Resignation gewählt hat.« Besser kann man die Wende in Paul Hindemiths Lebenswerk, wenn es denn überhaupt eine echte Wende ist, seine Position im Problemfeld der Neuen Musik des 20. Jahrhunderts und schließlich den *Mathis* selbst nicht beschreiben.

1938 **Boris Papandopulo** (1906-1991): **Sinfonietta für Streichorchester**

Wahrscheinlich der interessanteste und bestimmt einer der profilierten Komponisten Kroatiens in diesem Jahrhundert, ist Papandopulo zugleich einer der vielseitigsten. Er schreibt, formal klar, technisch elegant und im Ausdruck ansprechend, Werke für alle musikalischen Gattungen und durchaus auch in verschiedenen Kompositionsstilen, vom Neoklassizismus bis zur Dodekaphonie. Zu seinen besten Kompositionen gehören außer der *Sinfonietta für Streichorchester* das *2. Klavierkonzert,* das *Concerto da Camera,* einige Klavierwerke (*Kontradanca, Selo, Kolo*), die Kantate *Stojanka, majka Knežopoljka,* das Oratorium *Passion* und die *Hochzeitslieder.*

1938/39 **Hugo Distler** (1908-1942): **Mörike-Chorliederbuch op. 19**

Distler studiert in Leipzig bei Hermann Grabner Tonsatz, bei Carl A. Martienssen Klavier und bei Günther Ramin Orgel: nicht nur die bestmögliche Ausbildung sondern auch eine tiefe Prägung für den sensiblen, genial begabten Musiker. 1931 geht er als Organist an St. Jakobi nach Lübeck. Dort begegnet er der norddeutschen Orgelmusik in noch immer lebendiger kirchenmusikalischer Tradition. Hier entsteht der Großteil seiner geistlichen Werke, darunter *Deutsche Choral-Messe* (1931), *Der Jahrkreis* (1932/33), *Choral-Passion* (1933), *Die Weihnachtsgeschichte* (1933), *Geistliche Chormusik* (1934-1941). 1937 wird er als Kompositionslehrer an die Musikhochschule nach Stuttgart berufen, 1940 nach Berlin. Sein

Ruf in der deutschen evangelischen Kirchenmusik ist groß wie der keines anderen. Aber für die Nazis gehört er zu den »Entarteten«. An Allerheiligen 1942 setzt er seinem Leben selbst ein Ende. – Distler ist mit seinen Chor- und Orgelwerken, welche die motettische und konzertante Kunst des 16. bis 18. Jahrhunderts in einer herben, empfindungsstarken Tonsprache neu aufleben lassen, der bedeutendste Vertreter einer modernen evangelischen Kirchenmusik. Sein durchaus »zeitgenössischer« Chorstil in einer tonal und rhythmisch freien Schreibweise findet seine Vollendung in den den Texten ebenbürtigen Vertonungen seines *Mörike-Chorliederbuches* (1. Teil für gemischten Chor, 2. Teil für Frauenchor, 3. Teil für Männerchor). – Leider weniger bekannt ist sein *Cembalokonzert* op. 14 (1935/36), das freilich auch eher Hoffnungen macht auf einen neuen Instrumentalstil in Deutschland, als daß es selbst schon gültige Formulierung wäre.

1943 **Richard Rodgers** (1902-1979): **Musical »Oklahoma!«** in New York

Mitten im Kriege bricht ein neues Musical alle Rekorde am Broadway: in fünf Jahren und neun Monaten 2212 Vorstellungen und das erste Mal ein Musical in Originalbesetzung mit allen Songs komplett auf Schallplatte. Neu ist *Oklahoma!*, weil es gegen den Usus auf Stars und auf Sex-Chorusgirls verzichtet, dafür eine besondere Balance zwischen Dialog, Songs und Tanznummern wahrt (Text: Oscar Hammerstein II). Ist auch die Musik neu? Ebensowenig wie das Spiel eine neue Art von Theater ist. Und doch ist die GATTUNG MUSICAL eine neue Art von Theater und seine Musik eine eigene Art von Musik, weder modern noch neu, weder Jazz noch Tanzmusik, vielmehr das, was man moderne amerikanische Unterhaltungsmusik nennt, und was tatsächlich eben doch ein neues und eigenes musikalisches Idiom in unserem Jahrhundert bildet.

1946 **Danilo Švara** (1902-1981): **Oper »Veronika Deseniška«** in Ljubljana, Slowenien

Als jüngerer Komponist war Švara radikal im modernistischen Sinne, seine Frühwerke sind neoklassizistisch oder atonal. Später lehnt er sich an die Tradition und die Volksmusik Sloweniens an, noch später freilich kehrt er zu seinen ursprünglichen Modernismen zurück. Die auf eine historische Begebenheit zurückgehende *Oper »Veronika Deseniška«* stammt aus der mittleren Periode. In der Art und kompositorischen Anlage dem mittleren Richard Strauss verpflichtet, hat sie mit spezifisch slowenischen Zügen, vor allem in Melodik und Harmonik, den Charakter einer slowenischen Nationaloper angenommen.

1946-48 **Olivier Messiaen** (1908-1992): **Turangalîla-Symphonie**

Tiefe katholische Religiosität, hohe Sensibilität für das Sinnliche und Phantasie für das musikalisch Neue kennzeichnen Messiaen und sein Werk, den »Musikkomponisten und Rhythmiker«, wie er sich selbst nennt. Die Quellen seiner Intention sind zuerst dem Katholizismus entspringende metaphysische Vorstellungen, dann aus dem Bereich der Musikkultur Indiens aufgegriffene Vorstellungen von Musik und schließlich Experimente mit dem Parameter Rhythmus. »Das Wesentliche meines rhythmischen Systems liegt darin, daß es weder das Maß des Taktes noch der Zeit kennt. Ich studierte die Rhythmik der Hindus, Griechen, Rumänen, Ungarn, auch die Rhythmik in den Bewegungen der Sterne, Atome und der menschlichen Körper.« In der Tat ist die Rhythmik als Bauelement der musikalischen Architektur bei Messiaen von tragender Bedeutung. Er arbeitet mit »rhythmischen Individuen«, womit bestimmte rhythmische Gruppen gemeint sind, die nach Gesetzen der Diminution, Augmentation und rückläufigen Bewegung angelegt werden, sich differenzieren und sich in übereinanderliegenden Schichtungen zueinander fügen. Doch nicht nur in rhythmischer Hinsicht übt die Musikkultur des Fernen Ostens Anziehungskraft auf Messiaen aus, auch Harmonik und Melodik werden durch Abwandlungen indischer und chinesischer Tonskalen bestimmt. – Angesichts der Bereicherung der musiksprachlichen Mittel Europas und der wirklichen Originalität von Messiaens bedeutendsten Werken fallen, wie Gräter (1955) treffend bemerkt, gewisse musikalisch-ästhetische Vorbehalte, die man durchaus machen kann, kaum ins Gewicht. »Das musikalische Frankreich hat einen hohen Trumpf in seinem Spiel: Olivier Messiaen. Ich hege große Bewunderung und Sympathie für Messiaen. Gewiß steht er an der Spitze seiner Generation,« meint Arthur Honegger.

In der zehnsätzigen, fünfviertel Stunden dauernden *Turangalîla-Symphonie* entfesselt Messiaen eine klangliche Fülle und rhythmische Vielfalt, wie sie nie zuvor in Neuer Musik zu hören war. Die scheinbare Maßlosigkeit dieser orgiastischen Liebesmusik (Turangalîla ist ein indisches Wort mit dreifacher Bedeutung, nämlich ein Mädchenname, die Bezeichnung für einen Rhythmus und für ein Liebeslied) ist konstruktiv mit einer Art rhythmischer Reihentechnik unterfangen. Die *Symphonie* geht zurück auf einen Auftrag der Kussewitzky-Stiftung für das Boston Symphony Orchestra. Die Uraufführung der Sätze III-V findet 1948 in Paris statt, die der ganzen *Symphonie* 1949 in Boston. – In Deutschland ist Messiaen vor allem durch Orgelkompositionen bekannt.

Alle Verherrlichung einer Neuen Sachlichkeit und alle Vorstellungen einer neuen Art von »Gebrauchsmusik« (die man nach dem Vorbild von Eric Satie und Georges Braque nun auch gern »Musique d'ameublement« nennt) können doch die Neigung zur Religiosität, zur Mystik und zu romantischen Unendlichkeitsträumen, vor allem bei Musikern, nicht ausmerzen. Deshalb bilden sich auch immer wieder Vereinigungen, die immer wieder – endlich wirklich neue Musiken schreiben wollen. In den dreißiger Jahren, als schon die ersten Schatten der Gewaltherrschaft auf Europa fallen, finden sich in diesem Sinne in Paris vier Komponisten zusammen, um die Musik zu verändern. Sie nennen sich »La Jeune France« und treten 1936 mit einem Programm symphonischer Musik vor die Pariser Öffentlichkeit. Paul Valéry, Georges Duhamel, François Mauriac und Marcel Prévost, vier Hauptvertreter der französischen Literatur, übernehmen die Patenschaft für den Abend. Die Namen der Komponisten sind Yves Baudrier (*1906), André Jolivet (1905-1974), Daniel Lesur (*1908) und Olivier Messiaen. Der Zettel des Abends enthält ein Manifest mit folgender Erklärung: »Da die Lebensbedingungen immer härter und unpersönlicher werden, muß die Musik allen, die sie lieben, unablässig ihre geistige Gewalt und ihre mutigen Reaktionen vermitteln. Indem sie einen von Berlioz geschaffenen Titel wieder annimmt, folgt ›La Jeune France‹ dem Weg, den einst der Meister so unerschrocken eingeschlagen hat. Sie ist eine Gruppe von vier befreundeten jungen französischen Musikern. Sie wünscht die Verbreitung von Werken, die jugendlich, frei und von revolutionären Parolen so entfernt sind wie von akademischen. Die Tendenzen der Gruppe werden verschieden sein; bedingungslos stimmt sie nur in dem Wunsch überein, sich mit nichts anderem als Aufrichtigkeit, Edelmut und künstlerischem guten Willen zufriedenzugeben.« Der einzige auch außerhalb Frankreichs wirklich Erfolgreiche der Gruppe ist Messiaen. (Schweitzer 1982)

1947 Thomas Mann (1875-1955): Roman »Doktor Faustus«

Die Frage, ob ein Künstlerroman die Kunstanschauung der Epoche, in der er entsteht, prägen kann, muß man wohl verneinen. Aber die Frage, ob man in einem solchen Roman diese Anschauung eventuell tatsächlich abgebildet sehen kann, die ist wohl zu bejahen, zumal wenn der Autor Thomas Mann heißt (oder 150 Jahre früher Heinse oder Wackenroder). Es ist hier nicht der Ort, auf eines der großen Werke Thomas Manns hinzuweisen, auch nicht, seine Kenntnisse und sein Urteil in Sachen Musik zu bewundern oder gar zu loben. Wohl aber ist hier hinzuweisen auf die eigentümliche Verwerfung in der Musikgeschichte, die mit diesem *Doktor Faustus* und seiner Rezeption zutage tritt. Ein Leben aus dem Geist des 19. Jahrhunderts – jedenfalls was die Musikanschauung und die Anschauung vom Künstler und seinen Vorstellungen anlangt – gelebt im 20. Jahrhundert und 1947 so erzählt, daß der Leser geradezu in ein Aha-Erlebnis ausbrechen muß: »Ja, gerade so ist es mit der Musik, mit dem Musikertum, mit dem Genie!« Merkwürdig, vor allem die musikalischen Kenner und Liebhaber lesen diesen Roman wie eine »echte« Biographie, und sie nehmen kaum wahr – wollen wohl nicht wahrnehmen –, daß und wie Thomas Mann selbst sich eigentümlich distanziert, schon allein damit, daß er seine Geschichte einem Erzähler in den Mund legt. Der Titel des Romans heißt nämlich vollständig: *Doktor Faustus. Das Leben des deutschen Tonsetzers Adrian Leverkühn, erzählt von einem Freunde.*

1951 Paul Dessau (1894-1979): Musikalisches Schauspiel »Die Verurteilung des Lukullus« in Berlin

1939 schreibt Bert Brecht in Schweden ein *Hörspiel »Das Verhör des Lukullus«*. Nach verschiedenen Umarbeitungen macht er 1949 ein Libretto daraus und gibt es Paul Dessau zur Komposition. Das Libretto hält sich im wesentlichen ans Hörspiel, berucksichtigt aber die Erfordernisse der Bühne. Das Finale freilich wird tiefgreifend verändert: das Hörspiel überläßt die Urteilsfindung dem Hörer, die Oper verkündet das Urteil – Lukullus wird ins Nichts verstoßen. Auch andere spätere Änderungen erklären sich aus der Absicht, Fehldeutungen zu entgehen. So fügt Brecht nach einer Probeaufführung, die im März 1951 an der Deutschen Staatsoper Berlin (Ost) stattfindet, Verse ein, die zeigen sollen, daß bei Beurteilung der Kriegsschuld zwischen Angriffs- und Verteidigungskriegen zu unterscheiden ist: Lukullus hat seine Kriege und Raubzüge nicht unternommen für das römische Volk sondern für die Oberen; die gefallenen römischen Legionäre sehen ein, daß sie falschen Herren gedient haben. Brecht und Dessau wünschen sich den denkenden, den mit-denkenden, Urteile fällenden, Schlüsse ziehenden Zuschauer und Zuhörer. Der Komponist wählt deshalb solche musikalischen

Mittel, die vom Denkprozeß nicht ablenken sondern auf ihn hinlenken. Alles Rauschhafte, Kulinarische ist verbannt. Um es am Orchester zu zeigen: Die Geigen fehlen und damit die klangliche Wattierung, jeglicher Gefühlsüberschwang. Der Trauerzug des Lukullus etwa – der in der Tradition großer Trauermusiken in der Oper steht – ist hier von Widersprüchen durchwaltet. Großsprecherisch wird vom Ruhm des Verstorbenen gekündet, aber die Musik macht den Ruhm fragwürdig: gespenstisch jaulende verklexte Marschmusik, aufgedonnerte Pathetik, doch mit Makeln behaftet, sich als lügnerisch erweisend. Die Worte werden durch das verschlissene musikalische Gewand kritisiert, durch die Musik »zur Wahrheit entstellt.« – Dessau nennt seine Oper eine »Friedensoper«. Sie soll dem Frieden dienen, indem sie die Wurzeln des Krieges bloßlegt. Kriege sind keine Schicksalsfügungen sondern Menschenwerk. Der »Fall Lukullus« hat exemplarische Bedeutung. Es sollen die Kriegstreiber und Kriegsgewinnler aller Zeiten demaskiert werden. Man sieht, das Thema ist, besonders in der zweiten Nachkriegszeit, von höchster Aktualität. Dem entsprechen der Text und die hochsensible Musik gleichermaßen. Ob freilich diese Aktualität auch durch die Motivformel *Es-E-D* unterstrichen wird, die dem Nachspiel der Oper unterlegt ist, ist nicht erst heute fraglich und nicht nur politisch. Man ist fatal erinnert an die Ideologie, die ihren Ausdruck musikalisch trivial in dem menschenverachtenden Lied gefunden hat: »Die Partei, die Partei, die hat immer Recht!« Also ist Dessau dann zu verachten und seine Oper auf die Müllhalde der Operngeschichte zu werfen? Eben nicht. Der Zusammenhang zwischen Musik und Politik ist nicht so einfach, wie Dessau es vielleicht gedacht hat. Aber wir sollten auch nicht in denselben Fehler verfallen.

1953 **Boris Blacher** (1903-1975): **»Abstrakte Oper Nr. 1«** in Mannheim

Man muß auch das bedenken, und Ulrich Dibelius (1966) hat es mit Recht betont: »Man mag sich für einen Augenblick den protzigen Monumentalstil des ›Dritten Reiches‹ in Erinnerung rufen, die einfallslos prangende Erhabenheit der Architektur, den großformatigen Schwulst der Malerei oder die Kolossalstatuen der Thorak und Breker, um ganz zu ermessen, welchen Gegenpol eine Position wie die von Boris Blacher darstellt. In Blachers Musik gibt es spielerische Phantasie, Witz, Kürze, Zweckgebundenheit und eine bewußt aussparende Ökonomie. Genau dies hat ihn den Nazis verdächtig gemacht; und genau dies wurde zu seiner – wenn man so etwas bei Blacher überhaupt sagen darf – pädagogischen Mission in den Jahren nach dem Zweiten Weltkrieg. Denn es ist damals notwendig, sich der reinigenden Gegengifte zu versichern: wieder den Sinn für kompositorische Disziplin zu schärfen, ohne gleich an Marschmusik zu denken, und wieder die Farbigkeit einer neuen künstlerischen Impulsivität hervorzulocken, ohne gleich bei programmatisch aufgebauschter Symphonik zu landen. Blacher hat beides, Disziplin und Impulsivität, eine schnell reagierende Intelligenz und eine aufs Sachliche gerichtete künstlerische Unbefangenheit.« 1955 sagt Blacher in einem Rundfunkgespräch: »Ein Komponist soll im Grunde schreiben, was ihm Spaß macht. Dabei gibt es viele Arten von Musik, leicht und schwer faßliche, rein unterhaltende und experimentelle. Es gibt Komponisten, die nur den einen oder nur den anderen Weg gehen; das ist im Grunde eine Frage der schicksalhaften Bestimmung. Und es gibt wieder andere – zu ihnen rechne ich mich selbst –, die, je nachdem wie es ihnen Vergnügen macht, bald auf diese und bald auf jene Art komponieren.« »Auf diese und jene Art«: auch das Experiment eines musikalischen Dadaismus muß einmal durchgespielt werden. In Zusammenarbeit mit Werner Egk, seinem Schüler, der ihm abstrakte Lautfolgen bzw. assoziative Silbenfolgen (ohne Worte und ohne Text) für Grundsituationen des Menschen (Angst, Liebe, Schmerz, Panik) entwirft, entsteht die *Abstrakte Oper Nr. 1,* die bei der Uraufführung in Mannheim durchaus freundlich aufgenommen wird. Was Blachers Vorhaben von dem scheinbar ähnlichen Schönbergs in der *Begleitmusik zu einer Lichtspielszene* (mit ihren hochexpressiven Sätzen »Drohende Gefahr«, »Angst« und »Katastrophe«) unterscheidet, läßt sich am ehesten im Technischen fassen. Schönberg bindet seine Musik von innen her durch eine Zwölftonreihe. Blacher verwendet dagegen das mehr äußerliche, mathematisch-formale Bauprinzip der variablen Metren, das er sich wenige Jahre zuvor bei der Beschäftigung mit der Zwölftonmethode zurechtgelegt hat (Dibelius). Indessen, der Höreindruck ist merkwürdig: Weil man die – vom Musikalischen her gesehen ja willkürliche – Ordnung der Komposition nicht hören kann, entsteht der Eindruck nicht einmal der Abstraktion, sondern eines »abstrakten Zufalls«, der aber kaum heiter zu stimmen und nur kurz zu fesseln vermag. »Abstrakte Oper« – nicht nur der Titel, die Sache ist zweifelhaft.

MUSIK IN DER GEGENWART

XIII.
Die Musik im Zeitalter neuer technischer Möglichkeiten: Musik seit etwa 1950

1. Schallplatte, Lautsprecher und Tonband und ihre Folgen für das Hören, das Musikhören, das Musikmachen und für die musikalische Komposition

a) Die für den Menschen als Menschen schlimmste technische Erfindung unseres Jahrhunderts ist – trotz der mit Atom und Atomspaltung zusammenhängenden Erfindungen – die des Lautsprechers, bzw. der Kombination Mikrophon-Verstärker-Lautsprecher. Ihr nämlich ist es zu verdanken, daß man zwar ein übermenschlich großes Stadion beschallen kann, aber auch, daß die Menschen das Hören als Zuhören verlernt haben und nicht mehr lernen – und der Mensch ist, allen gegenteiligen Behauptungen zum Trotz, zuerst ein hörendes Wesen und dann erst ein sehendes. Früher zum Beispiel vermochte jeder gute Prediger selbst im weiten Raum eines großen Doms mit dem, was er zu sagen hatte und wie er es gesagt hat, vor allem aber mit seiner Stimme Leute zu fesseln und um sich zu scharen als eine Gemeinde. Die Leute freilich mußten zuhören, mußten ihre Aufmerksamkeit auf den Prediger und seine Predigt richten. Dieses Ausrichten nun der Aufmerksamkeit auf einen Menschen und auf das, was er zu sagen hat, hatte die Folge der Wahrnehmung. Heute ist hierzulande jede Dorfkirche mit einer Verstärkeranlage ausgerüstet, welche dem Prediger als Prediger allerdings keineswegs hilft, die ihn vielmehr in aller Regel daran hindert, mit erhobener Stimme zu sprechen (was früher nötig war, um auch die Entfernten zu erreichen), und welche die Hörer der Mühe des Zuhörens, nämlich des Hinhörens als eines Wahrnehmen-Wollens, enthebt. Weil man ohne Mühe alles hört, ja weil man der Lautstärke wegen alles hören muß, muß man jetzt nicht mehr, kann man eventuell nicht mehr zuhören. Der moderne Mensch lernt nämlich wegzuhören – als quasinatürliche Schutzreaktion gegen die Umwelt, die ihn in Form von Lärm umbrandet oder in Form von Musik berieselt (im Kaufhaus) oder bestürmt (im Autoradio). Freilich, wer so intensiv *weg*zuhören übt, der verlernt das *Zu*hören: Der Mann, der in der Früh' beim Rasieren Radio hört, um zu wissen, wieviel Uhr es genau ist, wird kaum wahrnehmen, daß die Musik, die er gleichzeitig »konsumiert«, eigentlich per se gehört und wahrgenommen sein will.

> 1992 berichtet ein Rezensent von einem großen Konzert innerhalb der Ludwigsburger Festspiele: »... Bis dahin hatten die Musiker freilich den anfangs proppenvollen Forumtheater-Saal schon halbleer gespielt – nicht, oh nein, weil sie so schlecht waren, aber sie hatten alles Maß verloren, was menschlichen Ohren zur Aufnahmefähigkeit zuzumuten ist... N. K. macht Musik für Halbtaube. Ein Streichquartett mit Riesenlautsprechern zu verstärken, das ist pervers!... – Die Musikwelt am Scheideweg und das nur begrenzt strapazierfähige Ohr am Ende seiner Aufnahmefähigkeit. Der künstlich hochgepulverte, phonverstärkte Künstler als Fallstudie für die Entsensibilisierung des Konzertpodiums, das zum Platten-Aufnahmestudio wird. Natürlich erzeugt sind die Töne zwar noch, aber unnatürlich elektro-aufgeblasen und verzerrt zur Nicht-mehr-Erkennbarkeit des Original-Geigensounds.« (Christoph Müller)

b) Daß die katastrophale Umweltverschmutzung durch Lärm und ungewollte Höreindrücke und die quasi-natürliche Abwehrreaktion des Menschen dagegen sein Verhalten auch dort beeinflussen, ja tief beeinträchtigen, wo er eigentlich zuhören *will,* es dann aber auf einmal nicht mehr richtig kann, nämlich beim Musikhören, ist deutlich. Selbstverständlich hat es immer gegeben und gibt es immer Musiken, die nicht im engeren Sinne zum Zuhören gedacht und dementsprechend gemacht sind, etwa Tanz- und Marschmusik, auch Tafelmusiken. Aber heute hört der moderne Mensch ja schon morgens auf dem Wege ins Geschäft im Autoradio Mozarts *g-moll-Sinfonie,* wenn nicht vom Rundfunksymphonieorchester, dann von der Gruppe »Ekseption« oder ähnlich. Daß er dann am Abend im Symphoniekonzert seine Schwierigkeiten mit sich und seinem Zuhören und Wahrnehmen hat, ist kaum mehr erstaunlich – aber musikalisch von hoher Relevanz: Die meisten Hörer registrieren nur mehr »die Qualität der Wiedergabe« und genießen ausschließlich »die Schönheit des unvergänglichen Meisterwerkes«, aber sie lassen sich nicht ergreifen, sie können sich nicht mehr ergreifen lassen, geschweige denn, daß sie den tiefen Sinn des Kunstwerks wahrzunehmen vermögen. Was Wunder, daß die Musik darauf reagiert.

c) Zwei berühmte Instrumentalisten, ein Violinist und ein Pianist, gehen auf Konzerttournee mit einem Werkzyklus, etwa den Violinsonaten von Beethoven, den sie schon auf Schallplatten bei einer bekannten und werbewirksamen Plattenfirma »eingespielt« haben. Die Platten sind weit verbreitet. Trotzdem strömt das Publikum in die Konzerte, um zu hören, ob... Und die Künstler müssen Abend für Abend so gut sein, wie sie auf ihren Platten sind (die in langwierigen »Produktionen« mit hunderten von »Schnitten« entstehen), und Abend für Abend gleich. Was früher verpönt war, ist heute Muß. Die musikalische Interpretation als jeweils neuer schöpferischer Akt des Musikmachens, als menschliches Tun im Spiel, verkümmert – nicht zur Routine sondern zur Perfektion (denn nur ganz wenige ganz große Künstler können/dürfen es sich leisten, hie und da einmal aus der Norm der Perfektion und der Erwartung des Publikums und der Produzenten herauszuschlagen). Für die Musik entartet damit das Spiel zur Reproduktion. Ob die Meisterwerke dabei Schaden nehmen, ist nicht ausgemacht. »An sich« kaum, wohl aber in der Rezeption. Nun, wenn Millionen von Menschen heute von Schallplatten Werke hören und ihre Freude daran haben können, die sie früher nicht hören konnten, dann ist schon diese Tatsache nicht nichts und schon gar nicht ästhetisch negativ zu beurteilen. Schallplatte und Tonband zu verdammen, wäre wirklich unsinnig. Aber zu überlegen, welche Folgen ihre Technik hat, und zwar durchaus auch für den einzelnen Menschen, das ist unbedingt notwendig – weswegen wir hier in einer »Musikgeschichte« solchen Überlegungen auch so viel Raum geben.

d) Was liegt bei dieser Sachlage näher als eine Produktion von Musik, die des Menschen als Interpreten nicht mehr bedarf, die der Gefahr der unvollkommenen Ausführung durch inkompetente Spieler auf eventuell unvollkommenen Instrumenten (der Gefahr der »Befleckung« oder »Verschmutzung«, wie Adorno meinte) enthoben ist, weil sie gar nicht mehr zu spielen ist? Busoni fordert das ja schon in seinem *Entwurf einer neuen Ästhetik der Tonkunst* (1907/16). Dabei formuliert er zwei verschiedene Vorstellungen. Die erste ist die einer »Musik, befreit von architektonischen, akustischen, ästhetischen Dogmen.« Busonis Vision ist in dieser Hinsicht real geworden in elektronischen Kompositionsverfahren und ihren Ergebnissen. Die Voraussetzungen dazu sind erstens die elektronische Tonerzeugung mit unendlichen Möglichkeiten, zweitens die Möglichkeiten der Speicherung von akustischen Vorgängen auf Tonträgern, und drittens die Möglichkeiten der Manipulation am Tonträger und mit dem Tonträger. Damit kann der Mensch zum ersten Mal tatsächlich Unerhörtes, nämlich noch nie Gehörtes, auf der Welt bisher noch nie Erklingendes, hervorbringen (etwa einen Ton ohne Obertöne: einen Sinuston) und Verklungenes wiedererklingen lassen. Wiederbeleben freilich kann er den ursprünglich belebten Ton nicht, der Lautsprecher strahlt ihn nur ab, weil er selbst kein Musikinstrument ist. Wenn somit die Möglichkeit gegeben ist, Musik zu »machen«, ohne dazu Menschen als Spieler zu benötigen, und wenn diese Musik beliebig oft identisch zu wiederholen ist, dann kann man von allen Beschränkungen in den menschlichen Bedingungen absehen, und zwar sowohl von denen seiner Natur als auch von denen seiner Kultur, nämlich von allen Ordnungen in den Grundlagen seiner bisherigen Musik, angefangen vom Tonsystem über die Zeitgliederung bis zur Tonbildung, um nur die drei wichtigsten der konstituierenden Parameter zu nennen. Statt dessen kann man Bedingungen einführen, die dem Menschen selbst nicht, wohl aber seiner Technik möglich sind. Was entsteht, ist, wie gesagt, un-erhört, aber eben auch un-menschlich, womit sich – ob wir wollen oder nicht – die Frage stellt, ob es sich bei elektronischer Musik im selben Sinne um Musik handelt wie bei aller Musik bisher. Wenn die Frage zu verneinen ist, und m. E. ist sie zu verneinen, dann muß der Begriff Musik geteilt oder neu gefaßt werden. Damit allerdings wird die Frage nach dem Menschen tangiert, zu dessen Definitionsmerkmalen die Musik ja bisher gehört hat – die *bisherige* Musik gehört hat.

e) Man sieht, die Problematik reicht tief, in welche die moderne Technik den Menschen und seine Musik stürzt, und doch, ja gerade deshalb muß der Mensch diese Problematik *als Musik* geistige Wirklichkeit werden lassen. Diesem Muß folgend haben alle ernstzunehmenden Komponisten, die die Möglichkeit hatten, an einem elektronischen Studio und mit Elektronik-Ingenieuren zusammenzuarbeiten, Versuche angestellt, ob und wenn ja, wie sich musikalische Vorstellungen im neuen Medium elektronisch erzeugter Klänge verwirklichen, oder ob sich aus diesen Klängen, vielleicht schon aus dem Verfahren zu ihrer Erzeugung, neue musikalische Vorstellungen gewinnen lassen. Das Dilemma, in dem diese Komponisten angesichts der Problematik steckten und bis heute stecken, hat Pierre Boulez in einem Aufsatz mit dem höchst bezeichnenden Titel *An der Grenze des Fruchtlandes* (1955) formuliert: »... Die Maschinen tun uns den Gefallen. Aber was soll man damit anfangen! Hier setzt die andere, die kritische Reaktion ein.« Bei der Anfang der 50er Jahre einsetzenden intensiven Beschäftigung mit elektronischer Komposition entstehen über viele, nur als Experimente zu wertende Stücke hinaus auch einige Werke, die im Grenzbereich der Musik tatsächlich Neuland erschließen. Mit diesen tauchen allerdings sofort neue Probleme auf, die Boulez in dem zitierten Aufsatz so formuliert: »Ist dort, wo der Interpret fehlt, der Konzertsaal noch notwendig? Ist er nicht unwiderruflich ans Instrument gebunden? Sind nicht neue Mittel des Hörens zu fordern? Oder soll man unbarmherzig an das Doppelgesicht einer ›künstlichen‹ Musik denken? Wir berühren dabei zwar den äußeren Einfluß des Interpreten auf die menschliche Kommunikation; aber der Wegfall des Interpreten führt zu anderen Konsequenzen, die sich auf das Innerste der Komposition eines Werkes auswirken. Was die Maschine vermag, ist sehr viel. Aber es ist wenig gegenüber den Fähigkeiten des Interpreten... Man würde sich nicht über die Preisgabe des Interpreten aufzuregen haben, wenn nicht mit ihr ein Teil des musikalischen ›Wunders‹ vernichtet würde.«

f) Doch noch einmal zurück zu Busonis (1907/16) Vorstellung von einer »Urmusik«. Sie kann, meint er, aus der Befreiung unserer musikalischen Vorstellungen von architektonischen, akustischen und ästhetischen Dogmen hervorgehen, wenn sie reine Erfindung ist und reine Empfindung. Wie ist – muß man sich nun allerdings fragen – diese Verbindung des schlechthin Revolutionären: reine Erfindung, mit der selbstverständlichen Übernahme der alten Bestimmung möglich: reine Empfindung? Wie ist der totale Bruch mit Tradition und Konvention beim Komponieren heute zu vereinen mit der aus dem 18. Jahrhundert stammenden und im 19. Jahrhundert hochstilisierten Vorstellung, daß »alle Künste, Mittel und Formen beständig das Eine erzielen, nämlich die Abbildung der Natur und die Wiedergabe der menschlichen Empfindungen«? Wenn hinter den Versuchen mit neuen Klang- und Kompositionsmöglichkeiten die ernste Absicht einer wirklich neuen Musik stünde, wirklich die Absicht einer anderen Musik für eine neue Zeit, dann wären »reine Erfindung« und »reine Empfindung« unvereinbar. Sollten sie dennoch für vereinbar gehalten werden, dann ist freilich anzunehmen, daß hinter allen Experimenten eben doch *keine* im Grund neue Vorstellung von Musik steht sondern die alte, zu deren Verwirklichung nur immer weiter neue Ausdrucksmittel gesucht werden. Ob die resultierenden Werke dann und damit als Ausdruck ihrer Zeit anzunehmen wären, ist eine Frage. Die Antwort kann lauten: vordergründig ja, meine ich jedenfalls. Ob sie indessen die Tiefenprobleme der geistigen Situation der Zeit verantwortlich reflektieren, das muß man bezweifeln. Noch einmal Pierre Boulez: »Das führt zu Gedanken über die ästhetischen Ziele der elektronischen Musik. Zu Beginn waren sie wirklich grandios, aber ebenso naiv: die Freiheit, die Präzision, die Unbegrenztheit fielen dem Komponisten als wahrhaft modernes, zivilisatorisches Geschenk zu; als ob jetzt erst die Musik ihr 20. Jahrhundert leben und atmen dürfe. Aber diese Freiheit, die sich der Komponist so sehr gewünscht hat, wird uferlos und muß eingedämmt werden, sonst werden seine Experimente sinnlos... Wir weigern uns ebenso, an einen ›Fortschritt‹ von der instrumentalen zur elektronischen Musik zu glauben; es gibt lediglich eine Verlagerung der Aktionsfelder. Was uns am meisten locken könnte? Sagen wir es noch einmal zum Schluß: die beiden Klanguniversen in multidimensionalen Konstruktionen zu konfrontieren, eine Entwicklung, die uns ohne Zweifel anziehen, ja sogar zwingend überzeugen würde, dem Titel gemäß, den Paul Klee für eines seiner Bilder wählte: ›An der Grenze des Fruchtlandes‹.«

2. Elektronische Musik

»Elektronische Musik« ist der um 1950 von Werner Meyer-Eppler (1913-1960) eingeführte Begriff für musikalische Phänomene, die ausschließlich auf elektrischem Wege entstehen. Seit Anfang der 50er Jahre richten verschiedene Rundfunkanstalten auf der ganzen Welt elektronische Studios ein, in denen Komponisten mit dem neuen elektronischen Klangmaterial experimentieren können. Das wichtigste dieser Studios ist das des Kölner Rundfunks. Hier experimentiert unter anderen Karlheinz Stockhausen (* 1928). 1958 hält er an amerikanischen Universitäten zwei Vorträge unter dem Titel »Elektronische und instrumentale Musik«. Aus diesen Vorträgen zitieren wir, gleichsam aus erster Hand von einem schlechthin Kompetenten: »Was macht den Unterschied zwischen den Instrumentaltönen, zwischen irgendwelchen wahrnehmbaren Schallereignissen aus: Violine, Klavier, der Vokal *a*, der Konsonant *sch*, der Wind? 1952/53 machte ich in der Gruppe der Musique Concrète in Paris viele Analysen von Instrumentalklängen – vor allem Schlagzeugklängen, die im Musée de l'Homme auf Tonband aufgenommen waren –, von Sprachklängen und Geräuschen aller Art. In verschiedenen Räumen (schalltoter Raum, normal gedämpfter Raum, Hallraum) wurden die Klänge und Geräusche aufgenommen. Elektro-akustische Apparaturen dienten zur Bestimmung der Schalleigenschaften: Filter, Oszillographen usw. Was man gewöhnlich in der Musik einen ›Ton‹ nennt – ohne zu fragen, was er eigentlich ist –, bestätigte sich als eine mehr oder weniger komplexe Schwingungsstruktur, die unser Ohr erreicht. Die Akustiker sprechen von ›Klangspektren‹ und beschreiben sie durch eine Reihe von Faktoren im Raum-Zeit-Diagramm. Die Klanganalyse mit elektrischen Filtern ist der Lichtanalyse mit Hilfe von Prismen vergleichbar. Die Physiker sind heute nur wenig an der Klangforschung interessiert. Für theoretische Studien auf diesem Gebiet ist schon seit längerem die Literatur der Phonetik am ergiebigsten. – So war der Musiker – für den die Frage der Klangforschung zum erstenmal akut wurde – weitgehend auf seine eigenen praktischen Untersuchungen angewiesen. Der Musiker mußte sein Metier erweitern und Akustik studieren, um sein Material besser kennenzulernen. Das wird für alle diejenigen Komponisten unerläßlich sein, die sich nicht damit zufriedengeben, die Klangphänomene als gegeben hinzunehmen, sondern die sich der Diktatur des Materials widersetzen und die ihre eigenen formalen Vorstellungen soweit wie möglich in die Klänge hineintreiben wollen, um zu einer neuen Übereinstimmung von Material und Form zu gelangen: von akustischer Mikrostruktur und musikalischer Makrostruktur.

Die vorhandenen Instrumentalklänge sind etwas schon Vorgeformtes, abhängig vom Bau der Instrumente und der Art, sie zu spielen: sie sind ›Objekte‹. Haben die Komponisten von heute das Klavier gebaut, die Violine oder Trompete? Haben sie bestimmt, wie diese Instrumente gespielt werden sollen? Was tut ein Architekt, wenn er eine freitragende Brücke, einen Wolkenkratzer oder einen Flugzeughangar bauen soll? Benutzt er noch Lehm, Holz und Ziegelsteine? Neue Formen verlangen Spannbeton, Glas, Aluminium – Aluminium, Glas, Spannbeton ermöglichen die neuen Formen. – So kam der Gedanke, die präformierten Instrumentalklänge aufzugeben und die Klänge für eine bestimmte Komposition selbst zu komponieren, sie künstlich zusammenzusetzen gemäß dem Formgesetz dieser und keiner anderen Komposition. Komponieren geht einen

Schritt weiter als zuvor. Die Struktur einer gegebenen Komposition und die Struktur des in ihr verwendeten Materials werden von einer einzigen musikalischen Idee abgeleitet: Materialstruktur und Werkstruktur sind eins. Kurz: es ist technisch möglich geworden, diese Absicht zu verwirklichen. Praktische Analysen und Studien brachten uns auf den Gedanken: wenn Klänge analysiert werden können, kann man sie vielleicht auch synthetisch erzeugen. Karel Goeyvaerts (* 1923) schrieb mir damals nach Paris, er habe sich in Brüssel erkundigt und etwas über Generatoren von Sinus-Schwingungen erfahren; ich solle doch einmal anfangen, mit Hilfe solcher Sinus-Generatoren Klänge zusammenzusetzen. Im Pariser Club d'Essay machte ich die ersten Versuche einer synthetischen Klangkomposition mit Sinus-Oszillatoren.

1953 begann meine Arbeit am Kölner Rundfunk. Unter den Klangquellen des Kölner Studios befanden sich zunächst elektronische Spielinstrumente – ein Melochord und ein Trautonium –, die bei einigen Versuchen als Klangquellen dienten, dann bald nicht mehr benutzt wurden, nachdem sich die Idee der Klangsynthese durchsetzte.

Schon die Kompositionen *Ionisation* (1929/31) von Edgar Varèse (1883-1965) und *Construction in Metal* (1939) von John Cage (1912-1992) haben in der ersten Jahrhunderthälfte eine völlig neue Entwicklung unabhängig von der Ton-Musik angebahnt. Die Anfänge der Musique concrète wurden ebenfalls von Varèse und Cage stimuliert.

Es ist aber auch klar, daß die Vielfalt der elektronisch erzeugbaren Klänge nicht unbegrenzt ist. Die Elektronische Musik als Gattung hat – all unseren anfänglichen Vorstellungen zum Trotz, ›Gattungen‹ im Bereich der Musik aufzuheben und alle möglichen Klangvorgänge einzuschließen – ihre eigene Klangphänomenologie, die nicht zuletzt durch die Lautsprecherwiedergabe bedingt ist. Nehmen wir als Beispiel die *Artikulation* (1958) von Ligeti (* 1923). Wenn dieses Stück vorgeführt wird, lachen die Zuhörer regelmäßig an drei Stellen; bei der ersten Stelle stark, bei der zweiten etwas weniger und bei der dritten schallend. Als an dem Stück im Studio gearbeitet wurde, lachten der Komponist und seine Mitarbeiter ebenfalls. Auch in neuer Instrumentalmusik stimulieren ungewöhnliche Klangverbindungen Gelächter. Zum Beispiel in den Werken des Amerikaners Cage. Was ist der Grund? Bestimmte Klangereignisse assoziieren die Orte und Umstände, wo sie normalerweise erklingen, und die ungewohnte Zusammensetzung solcher assoziierender Klänge und Geräusche in einem Musikstück wirkt zunächst komisch. Der Ton einer Trillerpfeife und der Ton eines Klaviers rufen – jeder für sich – kein Gelächter hervor; aber Klaviertöne und Trillerpfeifentöne zusammen in einer Komposition Cages machen auf die Zuhörer einen komischen Effekt.

Wie immer man auch heute die Elektronische Musik beurteilen mag: ihre Notwendigkeit besteht allein schon darin, daß sie der radiophonischen Musikproduktion den Weg weist. Elektronische Musik verwendet Tonband und Lautsprecher nicht länger zur Reproduktion, sondern zur Produktion. Die Hörer am Lautsprecher werden früher oder später verstehen, daß es sinnvoller ist, wenn aus dem Lautsprecher Musik kommt, die man nur am Lautsprecher und nirgendwo anders empfangen kann.« Soweit Stockhausen.

Eigentümlich ist, daß sich die Avantgardisten der 50er Jahre allesamt auf einen Meister berufen, auf Anton von Webern (1883-1945), der angeblich in genialem Vorgriff schon alles determiniert hat, selbst die elektronische Komposition. Einer ihrer Protagonisten, Herbert Eimert (1897-1972), der Gründer und erste Leiter des Kölner Studios für Elektronische Musik, formuliert das als *Die notwendige Korrektur* (1955) so: »... Je dünner, je magerer Weberns notwendig aufs äußerste reduzierter Tonsatz wird, um so mehr Struktur steckt in ihm. So wird zuletzt die ›Idee‹ der Struktur zum kompositorischen Einfall – das ist einer der Punkte dicht vor der Praxis der punktuellen und der elektronischen Musik, zugleich auch der zentrale Punkt im Innersten der Musik, der gegen die dialektischen Angriffe der musikalischen Untergangstheoretiker schon deshalb völlig geschützt ist, weil er ihnen als Ziel nicht bekannt ist. – Die im elektronischen Bereich so bedeutsam gewordene Klangkomposition kommt bei Webern in rudimentären Ansätzen vor. Daß sich Bestandteile der Reihe maßgerecht im Zusammenklang spiegeln, ist nur dort möglich, wo die Begriffe ›vertikal‹ und ›horizontal‹ aufgehoben und dahin erweitert werden, daß das ›Umklappen‹ in die eine oder die andere Dimension als ein zeitlicher Prozeß, als ein sich auffaltender Maßbereich der Intervalle und Rhythmen verstanden wird. – Bei Webern fällt das Musikalische nicht in ein Vorgeformtes und ein produktiv zu Bewältigendes auseinander, sein letztes Element ist das Intervall, nicht das mechanische, theoretische, vorgeformte, vorgegebene, sondern das sinnlich-gegenständliche, in Rhythmus und Raum geformte und selbst schon oktavlagenbewußte Intervall als lebendige Keimzelle der Musik – das ist der einzig echte und wirkliche Zugang zu Webern: nicht nur der kopernikanische Wendepunkt sondern auch der moralische in der Musik des 20. Jahrhunderts. – Durch die Gebundenheit an die zwölf Töne und die fixen Klangspektren der Instrumente muß das Verfahren der Klangkomposition bei Webern in der unrealisierbaren Idee steckenbleiben. Das nimmt ihm nichts von seiner Bedeutung. Wieder einmal begegnen sich da die ahnende Vorwegnahme und die seit Schönberg zum ethischen Inventar gehörende Ausrichtung des Komponisten auf das Unmögliche, mit der gewaltigen Variante freilich, daß der Komponist hier nicht am Widerstand sondern am Zustand der Materie scheitert.« Und diese Mangelhaftigkeit wird in elektronischer Musik aufgehoben, wodurch Weberns Werk gleichsam fortsetzbar wird, das Werk des »Propheten eines neuen musikalischen Weltbildes«, wie Ernst Křenek einmal gesagt hat.

3. Serielle Komposition

»Seit etwa 1949 haben, vor allem durch die pädagogische Wirksamkeit René Leibowitz', zahlreiche junge Komponisten die Zwölftontechnik übernommen, etwa Luigi Nono (1924-1990), Giselher Klebe (* 1925) und teilweise Hans Werner Henze (* 1926), andere wieder wie Pierre Boulez (* 1925) und Karlheinz Stockhausen (* 1928) versuchten, angeregt durch eine Klavieretüde Olivier Messiaens (1908-1992; *Mode de valeurs et d'intensités,* 1949) auch Tonhöhe, Tondauer, Lautstärke und Klangfarbe durch ›Reihen‹ zu regeln. Voraussetzung dieser modifizierten Reihentechnik ist die irrige Annahme, durch Zwölftontechnik werde die Tonhöhe vorherbestimmt, ferner die ebenfalls irrige These, die Zwölftontechnik garantiere an sich die formale Geschlossenheit eines Musikstücks, sie sei also ein ›Formprinzip‹. In der Tat ist aber das Verfahren der ›Komposition mit zwölf nur aufeinander bezogenen Tönen‹ lediglich eine Technik, mit deren Hilfe sinnvoll komponiert werden kann, nicht aber eine Garantie für musikalischen Sinnzusammenhang. Ferner ließ die Tatsache, daß hinter musikalisch sinnvollen Sachverhalten mathematische Entsprechungen stehen, bei einigen Musikanten die Vorstellung aufkommen, aus mathematischen Reihen resultierten unmittelbar einleuchtende musikalische Zusammenhänge« (Stephan 1957).

Nun, mag diese Vorstellung auch schon in den Fünfzigern als irrig erkennbar gewesen sein, sie hat sich doch als faszinierend erwiesen und ein Jahrzehnt lang die meisten der jungen Komponistengeneration, und nicht die Schlechteren, in ihren Arbeiten beherrscht. Das merkwürdig Abergläubische dieser herrschenden Vorstellungen und Hoffnungen hat Adorno (1956) enthüllt und, wie mir scheint, zutreffend kritisiert. »Die Entwicklung setzt bereits mit Schönbergs Schüler Anton von Webern ein. Dessen spätere, gerade in ihrer skeletthaften Einfachheit überaus schwierige Werke trachten, mit dem Widerspruch fertigzuwerden durch eine Verschmelzung des Fugen- und des Sonatenwesens. Der letzte Webern möchte die musiksprachlichen Mittel so ganz nach dem neuen Stoff, den Zwölftonreihen, richten, daß er dem Verzicht auf musiksprachliche Mittel zuweilen schon sehr nahe kommt und die Musik auf die nackten Vorgänge im Material, das Schicksal der Reihen als solcher reduziert, ohne freilich je den musikalischen Sinn vollends zu opfern. Diese Perspektive verfolgen neuerdings eine Reihe von Komponisten weiter. An ihrer Spitze steht Pierre Boulez, ein Schüler von Messiaen und Leibowitz. Er und seine Anhänger sind darauf aus, zugleich mit den Resten des traditionellen musikalischen Idioms auch jegliche kompositorische Freiheit als Willkür zu beseitigen: in der Tat ist jede

Regung des Subjekts in der Musik zugleich eine der musikalischen Sprache. Man hat also vor allem versucht, in die strenge Ordnung des Zwölftonverfahrens auch die Rhythmik hineinzuziehen und schließlich das Komponieren überhaupt durch eine objektiv-kalkulatorische Anordnung von Intervallen, Tonhöhen, Längen und Kürzen und Stärkegraden zu ersetzen – eine integrale Rationalisierung, wie sie wohl in der Musik kaum zuvor visiert worden ist. Die Willkür jener Gesetzlichkeit, der bloße Schein der Objektivität in einer dekretierten Systematik wird aber schon offenbar in der Unangemessenheit der Regeln an Strukturverhältnisse des musikalischen Verlaufs, die sie nicht aus der Welt zu schaffen vermögen. Das bloß Ausgedachte ist immer auch zu wenig durchdacht. Zugrunde liegt eine statische Vorstellung von der Musik: die genauen Entsprechungen und Äquivalenzen, welche die totale Rationalisierung anbefiehlt, basieren allesamt auf der Voraussetzung, daß das wiederkehrende Gleiche in der Musik auch tatsächlich gleich sei, etwa wie in einer schematischen räumlichen Darstellung. Das fixierte Notenbild wird mit dem Geschehen verwechselt, das es bedeutet. Aber solange Musik überhaupt in der Zeit verläuft, ist sie dynamisch derart, daß das Identische durch den Verlauf zum Nichtidentischen wird, so wie umgekehrt Nichtidentisches, etwa eine verkürzte Reprise, zum Identischen werden kann. Was man an der traditionellen großen Musik Architektur nennt, beruht eben darauf, nicht auf bloß geometrischen Symmetrieverhältnissen. – Nicht nur berauben die punktuellen Konstruktivisten sich solcher Möglichkeiten eigentlicher Formgestaltung, sondern sie verkennen, daß gegen ihren eigenen Willen die Zeitverhältnisse sich durchsetzen und dem, was auf dem Papier als Identisches steht, einen völlig veränderten Stellenwert verleihen. Das sichere Gleichgewicht, das sie auf dem Papier errechnet haben, realisiert sich nicht. Ihr überwertiges Sekuritätsbedürfnis zerstört die Sekurität: weil die Balance der musikalischen Elemente statisch allzu genau stimmt, wird sie von der immanenten Dynamik der Musik umgeworfen. Sie geht dem, worauf es künstlerisch allein ankäme, dem aktuellen musikalischen Verlauf, verloren.

Es will heute, nachdem einmal Material und Werk derart sich durchdrangen, nicht einleuchten, daß künstlerische Mittel zunächst mechanisch ausgedacht werden und dann später ihre Bestimmung finden, sowenig auch die Möglichkeit a priori ausgeschlossen werden kann. Eine solche Vorstellung verewigte jene Trennung musikalischer Sprache und musikalischen Materials, wenn nicht gar von klangsinnlichem Stoff und ästhetischem Zweck, an deren Berichtigung die Neue Musik sich gerade abgearbeitet hat. Das musikalische Material bewegt sich überhaupt nicht unabhängig vom Gehalt des Kunstwerks: sonst ist die Barbarei erreicht. Man sollte nachgerade die Begriffe Fortschritt und Reaktion in der Musik nicht länger automatisch nur aufs Material anwenden, das ja freilich lange genug Träger des Fortschritts des musikalischen Sinns selber war. Der Begriff des Fortschritts verliert sein Recht, wo Komponieren zur Bastelei, wo das Subjekt, dessen Freiheit die Bedingung avancierter Kunst ist, ausgetrieben wird; wo eine gewalttätige und äußerliche Totalität, gar nicht so unähnlich den politischen totalitären Systemen, die Macht ergreift.«

Angesichts dieser Kritik der wichtigsten musikalischen Bestrebungen in der hohen Zeit Neuer Musik nach dem Zweiten Weltkrieg könnte man fürchten, es wäre ein Reaktionär, der sie geschrieben hat. Aber es ist Adorno, der Vordenker und Vorkämpfer gerade der Neuen Musik, dem wir hier gefolgt sind. Also kann man weder ärgerlich sein noch triumphieren, man kann nur nachdenklich sein. Dabei freilich kann einem auch der Satz Goethes einfallen, »es werden jetzt Produktionen möglich, die Null sind ohne schlecht zu sein.«

4. Die Musik der sechziger Jahre

Im Rahmen seiner 25. Hauptarbeitstagung veranstaltete das Institut für Neue Musik und Musikerziehung Darmstadt 1971 einen Kongreß »Musik der sechziger Jahre«, bei dem führende deutsche Musikwissenschaftler, die sich auch mit der Musik der Gegenwart befassen, aufgrund von Werkanalysen den Stand des Komponierens am Ende der sechziger Jahre reflektiert haben. In seinem *Entwurf einer Musikgeschichte der sechziger Jahre* zieht Ulrich Siegele (1972) an einigen Punkten ein Fazit, für das er durchaus anerkennt, daß er damit Stellung bezieht, wo eventuell auch andere Stellungnahmen möglich sind. »Denn es gibt in den sechziger Jahren in Europa neue Musik, die – unter der Voraussetzung, daß Komposition und ihre Schriftlichkeit ein Spezifikum der abendländischen Musik sei – keine abendländische Musik ist. Sie beruft sich auf Cage – ob freilich zu Recht auf ihn, wie er sich in seinem Kontext versteht, oder vielmehr auf die Interpretation, die sie ihm in ihrem Kontext zugeeignet hat, das wäre erst noch zu zeigen. Der Entwurf leugnet ebensowenig die Existenz dieser wie jeder anderen Musik, die er verfehlt. Er verfolgt den Aspekt der historischen Kontinuität, der Geschichte musikalischer Probleme, soweit es geht, und bedarf der Ergänzung durch andere Aspekte. Seine Begrenzung wird deutlich an dem, was seinem Blickfeld entgleitet.« Auch unser Buch verfolgt den Aspekt der historischen Kontinuität, und so können wir Siegele ohne Vorbehalt folgen. »Die Musik der sechziger Jahre ist entworfen in der Musik der fünfziger Jahre, und zwar in einem prägnanteren Sinn als dem bloß postulierter historischer Kontinuität. So greift eine Musikgeschichtsschreibung, die über eine Chronik verläßlicher Daten und geordneter Fakten hinausgehen und eine Geschichte musikalischer Probleme geben will, in die fünfziger Jahre zurück, genau: ins Jahr 1949. Damals schrieb Messiaen in Darmstadt seine Klavieretüde *Mode de valeurs et d'intensités;* sie ist, wiewohl oft als Anfang der seriellen Musik apostrophiert, dennoch selbst kein serielles Stück, wohl aber ein Stück über ein vorgeordnetes Material, über ein nach Parametern vorgeordnetes Material.

Der BEGRIFF DES PARAMETERS ist der wichtigste musiktheoretische Begriff der fünfziger Jahre; wenigstens ist seither kein wichtigerer aufgetreten. Parameter ist ein Bereich des musikalischen Satzes, der für sich veränderbar und mit anderen Bereichen gleichberechtigt ist. Die klassischen vier Parameter, bei denen es freilich nicht geblieben ist, sind Tonhöhe, Tondauer, Intensität und Klangfarbe. Das Denken in Parametern, in distinkten Bereichen des musikalischen Satzes, vollzieht eine Umdeutung Weberns.« Damit ist ein »weg!« vom musikalischen Denken der 50er Jahre eingeleitet, und zwar schon in diesen 50ern selbst. »Hier setzt die Kritik ein, die Boulez mit den *Structures I* für zwei Klaviere von 1952 übt. Er löst die feste Verbindung der parametrischen Bestimmungen zum Toncharakter in der Vorordnung und läßt sie in der Komposition selbst wechselnd aufeinandertreffen, zur Struktur zusammenschießen. In der ungewohnten Situation, nicht mit musikalischen Gestalten, sondern mit Parametern zu komponieren, hilft das Modell der Zwölftontechnik. Boulez nimmt die erste Division von Messiaens Modus und betrachtet die Aufeinanderfolge der zwölf Töne als Reihe im Sinne der Zwölftontechnik.« Es folgt nun bei Siegele eine knappe Analyse, die in die Feststellung mündet: »Der Kompositionsvorgang selbst ist in die Vorordnung einbezogen. Dieses Verfahren bricht gründlich, wenn auch nicht gänzlich, mit den Traditionen der bürgerlichen Musik.«

Siegeles scharfsinnige Überlegungen führen dann zu dem Schluß: »An die Stelle der Vorstellung von Musik als Mitteilung, von Musik als Sprache tritt die Vorstellung von Musik als permutatorischem Spiel, von Musik als Spiel auf der Grundlage der Kombinatorik. Die Vorordnung des Materials nach Parametern, die in der Komposition zur Struktur zusammenschießen, vernichtet die Möglichkeit thematisch-motivischer Gestalten und damit diese Grundlage potentieller Allgemeinverständlichkeit. Das Spiel spielt sich ab im abgegrenzten Spielraum, den zu betreten jedem freisteht. Um jedoch das Spiel verfolgen und als in sich sinnvoll begreifen zu können, muß, wer den Spielraum betritt, die Spielregeln kennen, den Sachverstand des Spezialisten besitzen. Die Existenz in einem gesellschaftlichen Sonderbereich ist der seriellen Musik von ihrer Faktur einbeschrieben. Widerstreitend genug bleibt der Anspruch des autonomen Subjekts und des von ihm geschaffenen autonomen Werks unberührt. Hierin gründet die moralische Kraft der seriellen Musik. Die individuierte Vorordnung tritt an die Stelle der Tradition. Einst mußte eine ausgeführte Sonate die Übernahme des tradierten Begriffs der Sonate dadurch rechtfertigen, daß sie nicht bloß am

Inhalt dieses Begriffs partizipierte, sondern diesen Begriff innovierte.« Diese Umkehrung freilich hat, wie gesagt, die Folge des Abreißens auch des letzten Fadens zwischen Komponist und Rezipient, zwischen Musik und Hörer, und damit ist die Musik selbst in Frage gestellt. Denn es stimmt nicht – so formuliert Jean-Paul Sartre (1958) für die Literatur, was ebenso für die Musik gilt –, »daß man für sich selber schreibt: das wäre die schlimmste Niederlage; brächte man seine Regungen zu Papier, dann würde man sie gerade nur langatmig ausspinnen können. Der schöpferische Akt ist beim Erschaffen eines Werks nur ein unvollständiges, abstraktes Moment; wenn der Autor allein existierte, könnte er schreiben, so viel er wollte – das Werk würde nie als Objekt das Licht der Welt erblicken, er mußte die Feder niederlegen oder verzweifeln. Aber der Vorgang des Schreibens schließt als dialektisches Korrelativ den Vorgang des Lesens ein, und diese beiden zusammenhängenden Akte verlangen zwei verschieden tätige Menschen. Die vereinte Anstrengung des Autors und des Lesers läßt das konkrete und imaginäre Objekt erstehen, das das Werk des Geistes ist. Kunst gibt es nur für und durch den anderen.«

Und das nun wissen alle Musiker, daß sie sich den Ast absägen, auf dem sie sitzen, wenn sie ihre Musik un-hörbar machen. Dementsprechend ist die Reaktion in den Sechzigern! Ist sie wirklich so? Insofern ja, als alle mit ihren Überlegungen zu den Kompositionsmethoden aus dem Flaschenhals der in Reihen und seriellen Ordnungen eingeengten Möglichkeiten wieder hinaus in eine musikalische Freiheit drängen: Aleatorik heißt jetzt das Zauberwort, wobei kaum jemand zu bemerken scheint – oder: bemerken will –, daß Zufall mit Freiheit nichts zu tun hat, und daß das Kunstwerk, wie immer man es denkt, nicht dem Zufall überlassen bleiben kann. John Cage und Mauricio Kagel heißen die beiden, in ihrer neuen Art sich mit der Tradition auseinanderzusetzen, viel bewunderten Meister, deren Werke das Publikum zwar manchmal mit witzigem Titel anlocken (Cage: *Water Music,* 1952; Kagel: *Ludwig van,* 1969; *Staatstheater* 1971) aber kaum zum Lächeln, geschweige denn zum Lachen zu bringen vermögen. Was Kagels »Instrumentales Theater« mit Musik zu tun hat, wird einfach nicht deutlich, und so wird es auch nicht abgelehnt, sondern nur nicht zur Kenntnis genommen, jedenfalls nicht vom musikalischen Publikum – aus dem in der Zwischenzeit die »Kenner« allerdings ausgeschieden sind. Diese treffen sich nämlich in Donaueschingen, wovon die Kritik 1967, also noch zu einer Zeit hoher Blüte dieses Festivals Neuer Musik, allerdings zu berichten weiß (Helmut Weidhase): »Den Nur-Hörer, der im Adagio die Augen schließt, um Inwendigkeit vorzutäuschen oder Schläfrigkeit zu verbergen, gestattet die moderne Tonkunst nicht. Jetzt bietet die Musik mit Nachdruck auch Sichtbares. Posaunisten duellieren sich mit den Mundstücken, springen herum, legen sich auf den Rücken. Choristen wandern eurhythmisch übers Podium oder vollführen unerwartet einen Ruck nach links. Pianisten verlassen die Tastatur und beginnen zu dirigieren (einen Dirigenten an die Tastatur zu befehlen, wagte der Komponist noch nicht). Ein Rezitator tritt auf der Stelle, schnalzt mit den Fingern eine Coda, ein Schlagzeuger läßt ein Bündel Ketten fallen, die ohnehin die Hörer nicht zu fesseln vermochten. Jedenfalls war endlich mal wieder etwas los in Donaueschingen: Selten hatte man seit Jahren die Halle so bis auf den letzten Stehplatz besetzt gesehen, selten ein so munter kommentierendes, rufendes, pfeifendes, applaudierendes Publikum erlebt. Flüsterte man hinter der Hand, diese tönende Avantgardisten-Schau werde nicht mehr allzulange stattfinden, so bewies gerade in diesem Jahr die dissonante Prozedur an der Donauquelle, daß sie sich öffentlicher Aufmerksamkeit erfreut, lebensfähig und lebensnotwendig für die Kultur ist…« Freilich schließt der Rezensent dann so: »Die neue Musik hat sich diesmal demaskiert, die Larve des Erschreckenden ist gefallen. Dafür wird happeninghafte Aktion eingesetzt, auch wieder der parodistische Gag, um die Töne zu retten, um sie aus der Verborgenheit in Nachtsendungen herauszuholen. Der Programmgestalter Professor Heinrich Strobel war großzügig – und es hat sich gelohnt: er ließ Werke zu Ton kommen, die sich kaum mehr allein für akustische Verbreitung eignen.«

Und wie soll, wie kann es weitergehen? Schon 1963 hält Heinrich Strobel in Donaueschingen einen Vortrag »*So ging es weiter*« in dem er zugleich einen Rück- und einen Ausblick gibt. Als Beweis dafür, daß Donaueschingen noch keine »luftleere Retorte« sei (!), nennt er Erfolgswerke, die hier das Licht der Musikwelt erblickt haben, von Liebermann, Messiaen, Henze, Boulez und Strawinsky, die ja Paradestücke geliefert haben. Danach folgen in systematischer Aufzählung, mit klingenden Beispielen illustriert, die sechs Aspekte, welche die damals moderne Musik kennzeichneten:

1. Verwendung synthetischer Töne, die moduliert, und Verwendung konkreter Töne, die verfremdet werden;
2. Bereicherung und Differenzierung der Klangfarbe als konstruktiv angewandtes Element (Höhe- und Endpunkt dafür Ligetis *Atmosphères*);
3. zunehmende Bedeutung des Schlagzeugs, das nicht nur zur rhythmischen, sondern auch zur melodischen und klangfärbenden Verwendung herangezogen wird;
4. Einbeziehung des Raums in die musikalische Faktur;
5. Einbeziehung des Zufalls als herrschenden Prinzips (»aleatorische Technik« bei John Cage, »gelenkter Zufall« bei Stockhausen);
6. neue Beziehungen zur Tradition.

Schlußresumée: Nicht das Material sondern das Ingenium ist entscheidend. Nicht den »seriellen Rechenschiebereien« gehört die Zukunft, sondern... Und diese Frage können weder Professor Heinrich Strobel noch das Festival Donaueschingen 1963 beantworten. Natürlich geht es weiter, doch die Unkenrufe auch *wohl*meinender Kritiker sind nicht mehr zu überhören: »Sackgasse des musikalischen Avantgardismus«, »Die neutönerische Musik wird altersschwach«, und auch: »Jenseits von Null«. Wie immer man Zeitungsrezensionen wertet, in diesem Falle stehen sie nicht für nichts. Sie geben zu denken.

5. Und weiter...

Ausgangs der 60er Jahre lautet ein Bericht aus Donaueschingen (Weidhase): »Wenn diesmal Donaueschingen schockierte, dann durch Gemütlichkeit. Die Extremisten wandern zum Theater ab, die radikalen Neuerer erweitern entweder mit elektronischer Konstruktion das Klangmaterial oder flüchten ins happening. Die ›absoluten‹ Musiker haben sich gemäßigt, der mehrkanalige Lärm, die Sägegeräusche, die grimassenhaften Hohlklänge scheinen vorbei zu sein. Man hat die Konsonanz, die überschaubare Form, die strenge Bauweise ohne Spektakel aufs Panier erhoben. Wenn die Donaueschinger Musiktage sind, was sie sein wollen, nämlich ein ›Spiegel der Gegenwart‹, dann wurde offenbar, daß mit dem Wohlstand auch der Wohllaut wächst. Schon äußerlich machte sich bemerkbar, wie die Komponisten rückschauend vorankommen wollen. Waren in den vergangenen Jahren beim Orchesterkonzert stets größere Umbauten notwendig, um ein absonderliches Instrumentarium in absonderlicher Aufstellung zu installieren, so blieb es diesmal mit einigen Unterschieden in der Größe der Besetzungen beim spätromantischen Riesenorchester à la Richard Strauss. Im Kammerkonzert herrschte eine meist homogene Instrumentierung (Vorliebe für Bläser), die allerdings kaum nach kammermusikalischen Regeln gehandhabt wurde. Im Chorkonzert zeigte sich: man kommt wieder mit einfachem Chorklang aus, ohne Schlagwerkornamente oder gurgelnde Elektronikzusätze. Freilich bewies die Vokal-Ensemble-Matinee auch, daß Schönberg noch immer den Modernismus anführt!« Das, wie gesagt, ausgangs der 60er. Aber schon 1956 konnte man bei Adorno lesen: »Die gegenwärtige Lähmung der musikalischen Kräfte repräsentiert die Lähmung jeglicher freien Initiative in der verwalteten Welt, die nichts dulden will, was draußen bliebe, was nicht wenigstens als oppositionelle Spielart integriert wäre. All das ist schonungslos zum Bewußtsein zu bringen um der Möglichkeit des Besseren willen. Ob es nutzt, ist höchst fraglich; denn der Boden der Musik selbst, wie der jeglicher Kunst, die Möglichkeit, Ästhetisches ganz ernst zu nehmen, ist erschüttert. Nach der europäischen Katastrophe west die Kultur weiter wie zufällig von Bomben verschonte oder mit verwässerter Sachlichkeit zusammengeflickte Häuser in den Städten. Keiner glaubt mehr recht daran, dem Geist ist das Rückgrat gebrochen, und wer keine Notiz davon nimmt und sich verhält, als wäre nichts geschehen, wird kriechen, nicht gehen. Authentisch sind wohl heute überhaupt nur solche Werke, die der inneren Komplexion nach an der äußersten Erfahrung des Grauens sich messen, und kaum einer, der nicht Schönberg oder Picasso heißt, darf die Kraft dazu sich selber zutrauen. Dennoch ist zu fragen, ob nicht auch der Ernst, der auf Kunst lieber ganz verzichten möchte als sie in den wie immer gearteten Dienst der gegenwärtigen Realität zu stellen, abermals nur eine verkappte Form der Anpassung ist: der an jenen bereits universalen Geist einer Praxis, die im Bestehenden sich zufriedengibt, ohne irgend noch darüber hinauszugehen. So sehr alle Kunst heute ein schlechtes Gewissen hat und haben muß, wofern sie sich nicht dumm machen will, so falsch wäre doch ihre Abschaffung in einer Welt, in der immer noch das herrscht, was als seines Korrektivs der Kunst bedarf: der Widerspruch zwischen dem was ist und dem Wahren, zwischen der Einrichtung des Lebens und der Menschheit. Die Kraft des künstlerischen Widerstandes wiederzugewinnen aber vermag nur, wer auch davor nicht zurückschrickt, daß das objektiv, schließlich auch gesellschaftlich Geforderte zuzeiten in hoffnungsloser Vereinzelung aufbewahrt ist. Erst wer bereit wäre, es ganz allein, ohne Stütze bei irgendwelchen ihm vorgegaukelten Notwendigkeiten und Gesetzen, zu vollbringen, dem wird vielleicht mehr gewährt als die Spiegelung des hilflos Einsamen.«

Nun, ist das der Weisheit letzter Schluß? Wahrscheinlich nicht. Ich allerdings weiß dem dennoch nichts hinzuzufügen. Und die sogenannte Realität, nämlich die Tatsache, daß viele Musiker weiter komponieren und alle Musiker weiter Musik machen, vermag bis heute, bis 1993 jedenfalls, die Skepsis nicht zu verdrängen und die Hoffnung kaum zu stärken.

Ein anderer Schluß, wenn auch nicht gleich ein besserer: Elektronische Komposition hin, serielle Komposition her, man komponiert weiter auf die verschiedenste Weise, weil Musiker – ich sagte es schon – nun einmal Musik machen müssen. Bemerkenswert allerdings ist, daß Schönbergs Verfahren der Komposition mit 12 nur aufeinander bezogenen Tönen nach wie vor und allerorten und mit persönlichen Abwandlungen angewendet wird. Offenbar brauchen und suchen die Vielen den Halt, und sie finden ihn darin. Nur behält leider auch hierbei Adornos Kritik vor jeder anderen Kritik Recht, so alt sie ist (1956): »Allerdings geht es bei den meisten jüngeren Zwölfton-Komponisten minder anspruchsvoll her. Unvertraut mit den eigentlichen Errungenschaften der Schönberg-Schule und lediglich im Besitz der ohne jene Errungenschaften recht apokryphen Zwölftonregeln, begnügen sie sich mit dem Jonglieren der Reihe als Tonalitätsersatz, ohne daß überhaupt noch recht komponiert würde. Damit ist ein überaus paradoxer Sachverhalt berührt, das Schwinden der Tradition innerhalb der Neuen Musik selber. Die Innovatoren, Schönberg, Bartók, Strawinsky, Webern, Berg, auch Hindemith, waren allesamt noch in der traditionellen Musik aufgewachsen. Ihr Idiom, ihre Kritik, ihr Widerstand kristallisierten sich an ihr. Die Nachfolgenden haben sie nicht mehr lebendig in sich. Stattdessen wenden sie ein in sich selbst kritisches Musikideal ins falsch Positive, ohne die Spontaneität und Anstrengung aufzubringen, die es erheischt. Man kann ihnen daraus kaum einen Vorwurf machen... Sie halten sich auf der Suche nach Autorität an beliebige eindrucksvolle Vorbilder des Neuen, ohne in der eigenen Produktion abschätzen zu können, ob sie den inneren Anforderungen jener Vorbilder gerecht werden oder bloß die Fassade nachahmen und sich auf Mittel verlassen, die sich als wirksam bewährt haben und eben darum es meist schon nicht mehr sind. Während viele sogenannte Berufsmusiker selbst nicht mitkamen und nicht weitergeben können, was ihnen fremd blieb, ist die ältere Tradition, die tonale Musik, so durchlöchert, daß sie die jungen Musiker nur unzulänglich erreicht.«

Wie sich Adornos Kritik als Prognose anhört, genau so ist es gekommen: als Folge allzu starker Zwänge im musikalischen Denken und in den Systemen für die Komposition hat sich, als eine Art von Freiheit, eine gewisse Beliebigkeit ausgebreitet, die fatal einebnet und zugleich die Maßstäbe für das Urteil außer Kraft zu setzen scheint. Erlaubt ist, was gefällt; was gefällt, ist erlaubt und wird gemacht. Der moderne Musikbetrieb von »Jugend musiziert« bis zum Allerweltsfestival allerorten hat auch die musikalische Komposition erreicht – und verschlungen. Als sei nichts passiert, entstehen Werke über Werke, von denen gar nicht wenige, jedenfalls beim ersten Hören oder Hinsehen, interessant zu sein scheinen, was eher erstaunlich als natürlich scheint, obwohl es in Wirklichkeit doch eher natürlich als erstaunlich ist: es hat immer Musik gegeben und es wird immer Musik geben. Ob immer auf dem Niveau, das wir von den uns musikalisch tatsächlich überschaubaren Epochen der Musikgeschichte des Abendlandes seit der Renaissance gewöhnt sind, das freilich muß dahingestellt bleiben. Daß man deshalb gleich in Pessimismus verfallen muß, glaube ich nicht. Ein neuer Optimismus freilich sollte sich an ausgeprägten Tendenzen festhalten können, und die scheint es im Augenblick nicht zu geben. Deswegen schließt unsere »Musikgeschichte« dort, wo die letzten Werke für eindeutige Tendenzen stehen, und bevor der Zustand »an der Grenze des Fruchtlandes« als Dauerzustand zu befürchten ist.

6. Daten

1942 Pierre Schaeffer (* 1910) gründet in Paris ein akustisches Versuchsstudio

Schaeffer ist von Haus aus Ingenieur und als solcher beim französischen Rundfunk tätig (seit 1960 Chef du Service de la recherche de l'ORTF in Paris und seit 1968 Professor am Conservatoire für Musique expérimentale et appliquée à l'audiovisuelle). Bei seiner Arbeit kommt er auf die Idee, daß man die auf Tonträger aufgenommenen Musiken und Geräusche einerseits am Tonträger verändern, andererseits mit dem Tonträger als eine Art von Material für neu zu montierende Klänge und technisch auszudenkende Musiken verwenden kann. Die entstehende Musik nennt er seit 1949 »MUSIQUE CONCRÈTE«. Seine ersten »Kompositionen« entstehen 1948 *Concert de bruits (Etude aux torniquets, Etude aux chemins de fer, Etudes pour piano, Etude pathétique*). Mit der Bildung einer »Groupe de Musique concrète« kommt es zur Zusammenarbeit Schaeffers mit Pierre Henry (* 1927): *Symphonie pour un homme soul* (1950/53; 1955 als Ballett von M. Bejart). Studien und Versuche unternehmen zwischen 1951 und 1953 auch Messiaen (*Timbres-Durées*), Boulez (*Etude I* und *II*), A. Hodeir, Ph. Arthuys, M. Philippot, J. Barraqué, D. Milhaud in Zusammenarbeit mit J. E. Marie. 1953 stößt die Uraufführung von Schaeffers und Henrys *Spectacle lyrique »Orphèe 53«* bei den Donaueschinger Musiktagen auf heftigen Widerstand. – Schaeffers Methoden werden schnell zum Ausgangspunkt für allerhand andere Experimente in Paris selbst und im Ausland, etwa in Kranichstein, schließlich in Paris im Institut de Recherche et de Coordination Acoustique-Musique (abgekürzt IRCAM), das als Zentrum für akustische, speziell elektroakustische Grundlagenforschung in Verbindung mit neuer kompositorischer Praxis gedacht ist (Leitung seit 1977: Pierre Boulez; Ort: Centre Georges Pompidou).

seit 1946 Ferienkurse für Neue Musik in Kranichstein

1946 gründet der Kulturreferent der Stadt Darmstadt, Wolfgang Steinecke (1910-1961), ein promovierter Musikwissenschaftler, in dem Jagdschlößchen Kranichstein bei Darmstadt das Kranichsteiner Musikinstitut, das fortan alljährlich, seit 1970 alle zwei Jahre, »Ferienkurse für Neue Musik« veranstaltet, die Darmstadt und Kranichstein in der Musikwelt bekannt und berühmt machen. Dieser mutige Versuch, nach Diktatur und Krieg eine Plattform für geistig-künstlerischen Austausch zwischen jungen und alten, in- und ausländischen an der neuen Musik interessierten Musikern zu schaffen, erweist von Jahr zu Jahr mehr seine Bedeutung. Nach der Auseinandersetzung mit der Musik von Bartók, Strawinsky und Hindemith in den ersten Jahren – es war für die Jungen aus Deutschland ja ein erstes Kennenlernen – erscheint 1948 aus Paris René Leibowitz, Dirigent, Komponist und Lehrer der Zwölftontechnik, und führt seine Darmstädter Hörer in die Welt Schönbergs und Weberns ein. Die Resonanz ist außerordentlich. Im Grunde wird damals jener »Darmstädter Stil« geprägt, der fortwirkt und ungeheure Folgen hat: Kein Komponist, gleich welcher Nationalität, kommt seither mehr an den Phänomenen Schönberg und Webern vorbei, und sei dies auch in der negativen Auseinandersetzung, oder daß er, nach anfänglicher Beeinflussung, später die Notwendigkeit eines Ablösungsprozesses fühlt und vollzieht. Schönberg und Webern wirken nun schulebildend; ein didaktisches Moment ihres Schaffens wird sichtbar und zeigt Wirkung. Seit Leibowitz in Darmstadt Zwölftontechnik lehrt, beginnen sich die Verhältnisse allerdings zu ändern. Bisher war Darmstadt eine eher innerdeutsche Angelegenheit, Umschlagplatz alles dessen, woran die deutschen Musiker bis 1945 nicht haben teilnehmen können, und auch sonst richteten sich in Deutschland die Konzertprogramme, soweit man Modernes spielte, entsprechend aus. Von 1948 an wird der Zustrom aber geringer, der größte Nachholbedarf ist erfüllt. Steinecke erkennt als kluger Leiter dieser Ferienkurse, daß es notwendig wird, die Grenzen zu öffnen, wenn nicht ein neuer Provinzialismus sich breitmachen soll. Nach Leibowitz kommen 1949 Olivier Messiaen, 1950 Edgar Varèse und Ernst Křenek nach Darmstadt. Mit ihnen finden sich Vertreter einer jüngeren Komponistengeneration ein, von denen diese genannt seien: die Engländer P. R. Fricker und H. Searle, die Italiener Luigi Nono, Bruno Maderna, Luigi Dallapiccola und Luciano Berio, die Schweizer A. Schibler, R. Kelterborn und E. Staempfli, die Franzosen Pierre Boulez und André Jolivet, der Belgier Henri Pousseur, ferner Skandinavier und Niederländer und selbstverständlich auch viele Amerikaner. Für die meisten von ihnen wird Darmstadt zum Ausgangspunkt ihrer Arbeiten, für viele auch zum Ausgangspunkt ihrer Wirkung. Einen gewichtigen Anteil daran haben die bundesdeutschen Rundfunksender. Sie senden neue Werke nicht nur in ihren regelmäßigen Programmen, sondern organisieren und finanzieren periodisch öffentliche Veranstaltungen. Die Münchner Konzertreihe »Musica viva«, von Karl Amadeus Hartmann iniziiert und vom Bayerischen Rundfunk getragen, ist wahrscheinlich die bekannteste, doch keineswegs die einzige. Beim Norddeutschen Rundfunk Hamburg gibt es die Reihe »Das neue Werk«, beim Westdeutschen Rundfunk Köln die Reihe »Musik der Zeit«, beim Sender Freies Berlin die Reihe »Musik der Gegenwart«, beim Süddeutschen und beim Hessischen Rundfunk Entsprechendes. Auch die kleineren Stationen und die Regionalsender stehen nicht zurück, und bedenkt man ihre begrenzten Möglichkeiten, dann leisten beispielsweise auch Bremen, Saarbrücken, Heidelberg und Mainz ganz Erstaunliches (Vogt 1972).

Daß Gründung und Einrichtung des Darmstädter Instituts und seiner Ferienkurse nicht so einfach verlaufen sind wie hier dargestellt, daß sich dabei und damit vielmehr ein höchst bedeutungsvoller Abschnitt der europäischen Musikgeschichte abgespielt hat durch die Initiative einiger weniger Männer mit Ideen, Traditionsbewußtsein und Tatkraft, das sei hier nur am Rande vermerkt. Friedrich Hommel (1990) hat es dargestellt.

1949 **Carl Orff** (1895-1982): **»Antigonae. Ein Trauerspiel des Sophokles von Friedrich Hölderlin«** in Salzburg

Was Jean Giraudoux (1882-1944) mit *Elektra* (1937) versucht hatte, und was Jean Anouilh (1910-1987) mit *Antigone* (entstanden 1942; Uraufführung 1944; gedruckt erschienen 1946) und Jean-Paul Sartre (1905-1980) mit dem Orest-Drama *Die Fliegen* (1943) gelungen war, nämlich aus einem antiken Stoff ein modernes Schauspiel zu machen, warum sollte das nicht auch für eine Oper möglich sein? Die musikalische Gattung Oper ist doch Ende des 16./ Anfang des 17. Jahrhunderts gerade aus Versuchen hervorgegangen, die antike Tragödie wiederzubeleben. Aber eine Antigone-Oper mit Hölderlins Text? An dieser Übersetzung sind schließlich sogar Bert Brecht und Caspar Neher mit ihrem *Antigonemodell 1948* gescheitert, dem bekanntlich der Theatererfolg versagt geblieben ist. Aber Orff benutzt Hölderlins Text gerade *nicht* als Libretto. Orff schreibt weder eine Literaturoper noch denkt er an eine klassizistische Erneuerung des »dramma per musica«. Georgiades (1949) hat die Problematik von Hölderlins Text im Hinblick auf Orffs Oper treffend beschrieben; wir folgen ihm hier, zumal er als Schüler und Freund Orffs und als Musikhistoriker, der sich gerade mit dem Problem Antike/Abendland beschäftigt hat, wie niemand sonst kompetent ist: »Es ist daher ein naives Unterfangen, Hölderlins Übertragung als gewöhnliches abendländisches Sprechtheater aufzuführen. Hölderlin hat kein fertiges Theaterstück geschaffen, sondern lediglich eine ›Anlage‹, eine Voraussetzung zum abendländischen Verständnis der Sophokleischen *Antigone*. Das ist weniger, aber eben dadurch auch mehr als eine ausgeführte, hier und jetzt gültige Interpretation. Darin liegt Hölderlins schöpferische Tat. Richtig verstanden, als Anlage, eröffnet sie uns einen kostbaren Zugang von der abendländischen Geistigkeit her zum Sophokleischen Werk; sie ermöglicht eine *Interpretation* der *Antigone*.

Geistige Werte der Vergangenheit verbindlich zu interpretieren, ist wohl ein wesentlicher Zug unserer eigenen Zeit. Eine scheinbar bescheidene Aufgabe: Denn weder schafft man da frei noch baut man für die Ewigkeit, sondern man interpretiert ein bestehende Werk für seine eigene Zeit, und man weiß dabei, daß eine Interpretation der Erneuerung bedarf, von Generation zu Generation, daß sie beschränkte Gültigkeit hat. Die Aufgabe des Interpretierens, wenn auch bescheiden, trägt aber für uns heute den Charakter der Echtheit, der geistigen Aufrichtigkeit, des Verbindlichen; denn, wenn nicht alles trügt, scheint es, daß unsere heutige Erlebnisstruktur den Geist der Interpretation mit ungemeiner, sonst nie dagewesener Eindringlichkeit heraufbeschwört. Die heute gültige Sprache scheint die Fähigkeit des Hinweisenden, des Johanneischen, in einem bisher beispiellosen Maß entwickeln zu wollen.

Als mir Orff seine Absicht mitteilte, die Hölderlinsche *Antigone* zu vertonen, schien mir dies fast aussichtslos. Ich dachte, ein mit Ernst unternommener Versuch der Interpretation einer griechischen Tragödie vom abendländischen Geist her würde auf unüberwindliche Schwierigkeiten stoßen. Wie kann man die gewaltige Kraft, die durch die Verwandlung ins Dynamisch-Abendländische offenbar wird, bändigen? Wird man nicht erdrückt? Ich verfolgte Ton für Ton die Entstehung des Werkes: Das Erklingende überzeugte und gewann mich.

Was ist nun hier geschehen? Ich möchte sagen, Orff hat die Tat vollführt, aus der Hölderlinschen ›Anlage‹ eine für unser Hier-und-Jetzt gültige Interpretation zu machen. In ihrer scheinbaren Beschränkung liegt das Schöpferische dieser Tat. Orff hat die materielle Bindung der strengen Übersetzung – gleichsam als cantus firmus – bejaht und ernst genommen. Schon dies ist non prius auditum: einen antiken Tragödientext Wort für Wort zu vertonen. Er hat aber mit unfehlbarem Instinkt die Hölderlinsche Übertragung gewählt, deren Schwäche, bloße Anlage zu sein, ihre Stärke ausmacht: den Weg zu weisen. Er hat die üblichen Übersetzungen vermieden, die den unechten Anspruch erheben, in sich geschlossen zu sein, die sich somit als Sackgassen verhalten.

Den Hölderlinschen Text hat Orff«, wie schon gesagt, »aber nicht im Sinn eines Librettos für eine selbständige Komposition verwendet. Das Bewußtsein der Eigenständigkeit des Hölderlinschen Worts verbot ihm dies. Er hat aber auch nicht diesen Text als das geistige Äquivalent des antiken Wortes betrachtet und etwa musikalisch untermalt. Von seinem schon viel gerühmten Theaterinstinkt geleitet, ist Orff bis zur Lebensmitte der Sophokleischen *Antigone* vorgedrungen – einer Lebensmitte, die sich jenseits jeder Übersetzbarkeit durch Worte befindet. Andererseits zeigte ihm Hölderlin den Weg zur Interpretation vom abendländischen Geist her. Seine Fähigkeit zur Interpretation im weiteren Sinn, somit seine im Tiefen zeitnahe Geistigkeit, hat er ja nicht nur durch seine Bearbeitungen alter Musik sondern vor allem durch Werke wie die *Carmina Burana* (1936) oder die *Catulli Carmina* (1943) bewiesen. Hier in der Ausgestaltung heutiger ›Sprache‹, im Schaffen einer heute gültigen, verbindlichen Interpretation ist wohl der Kern von Orffs geistigem Antigone-Erlebnis zu suchen. Durch das Schaffen einer eigenartig strukturierten Musiksprache hat er versucht, neue Sinnbezüge herzustellen und somit das Hölderlinsche Wort zum Träger des für uns verbindlichen antiken Sinns, zu modernem, echtem Theater zu verwandeln. Die fast unerträglichen Spannungen, die durch das Wort der neueren abendländischen Sprache ausgelöst wurden, werden nicht ignoriert oder umgangen sondern bejaht. Sie werden aber durch die eigenartige musikalische Struktur aufgefangen, gleichsam versteinert und dadurch wieder schadlos gemacht; aber gleichzeitig werden sie zu greifbarem Vordergrund, zu leibhaftigem Theater verwandelt. Die strömende Kraft, die unwiderstehliche, hinreißende Gewalt der Orffschen Musiksprache – etwas, das, für sich genommen, dem antiken Geist widerspricht – wird hier als Mittel für das Schaffen einer heute gültigen *Antigone* verwendet.

Es ist hier wohl zwecklos, die technisch-musikalischen Mittel zu erörtern, womit Orff diesen Widerspruch überwunden hat. Ich möchte aber doch auf zwei Punkte hinweisen: das eigenartige Klangbild und das unnaturalistische Sprechen. Nicht, daß wir hier neue Klangkombinationen (Grundlage das Schlagwerk) finden, ist das Wesentliche, sondern daß diese Klänge in dem *Antigone*-Zusammenhang uns zutiefst ansprechen, daß sie eine antik-heidnische Geistigkeit heraufbeschwören. Sie sind unbarmherzig kraß und scheinen für das Erklingen im Freien wie geschaffen zu sein (u.a. das Steinspiel).« Die Uraufführung fand in Salzburg in der Felsenreitschule statt. »Eine eisige Starrheit und Klarheit des Klanges biegt den dynamisch-abendländischen Vorgang ins Antik-Heidnische um. Damit hängt aber der zweite Punkt zusammen: eine wie erstarrte Rezitation, die das Abendländisch-Spannungsmäßige in gewissem Sinn aufhebt und in Antik-Heidnisches umkehrt. Dadurch entstehen aber – freilich auf anderem Weg als in der Antike – maskenhafte Gebilde, maskenhaft als Erscheinungen und als Sprache. Der magische Faktor des Theaters wird uns wieder bewußt. Das eigenartige Doppelgebilde von Wirklichem und Unwirklichem, von geistiger, unnaturalistischer Wirklichkeit und leibhaftiger Gegenwärtigkeit, das in der Tragödie der Griechen geradezu gegenständlich faßbar war, wird wieder greifbar. Es versteht sich aber, daß dies auf anderem Weg als in der Antike geschieht. In der Antike bildete diese Haltung die selbstverständliche Voraussetzung des souverän entstehenden Werks; sie war mit dem Wesen der damals gültigen Theatersprache und des altgriechischen Wortes verknüpft. Heute, bei Orff, ist dies ein Ergebnis einer reifen geistigen Haltung, hat es Gültigkeit nur als Interpretation, sofern man also die Beziehung zum alten Werk voraussetzt; es hat ›nur‹ künstlerisch-interpretatorische Gültigkeit.

Aber innig damit ist das Neue verquickt, das Orffs Tat kennzeichnet: der Versuch der verbindlichen, als Theater verwirklichten Interpretation einer griechischen Tragödie; der Versuch, Sophokles' Geist über Hölderlins Hände unserem Hier-und-Jetzt als Gültiges zu vermitteln« (Vgl. auch W. Thomas 1980).

seit 1949 »Urtextbewegung«

In der Nachkriegszeit greift im Bereich der musikalischen Interpretation zunächst eine Art Neuer Sachlichkeit Platz. Mit ihr kommen Parolen auf wie »Keine Bearbeitungen!«, »Keine ›freien‹ Interpretationen!« »Alte Musik auf historischen Instrumenten!« und »Zurück zum Urtext!«. Wer sich jetzt Noten kauft, greift nach den »Urtextausgaben klassischer Meisterwerke«, so als ob er damit eine Garantie für Reinheit erhielte. Nun, gegen den Wunsch, für das Musikmachen sich zuerst einmal der Absichten und Anweisungen des Komponisten zu vergewissern und deshalb und dafür einen authentischen Notentext zugrunde zu legen, ist gewiß nichts zu sagen. Aber so einfach, wie die Liebhaber und auch die Kenner sich das vorstellen und wie die Verlagsreklamen es darstellen, liegt das Problem nicht, das Problem »Absicht und Anweisung des Komponisten«. Bei der Komposition schreibt der Komponist nämlich alles nieder, was als Voraussetzung für das Musizieren niedergeschrieben, nämlich festgelegt werden muß. Das heißt auch, daß er alles das *nicht* aufschreibt (nicht aufschreiben muß), was für den Ausführenden bei der Ausführung selbstverständlich ist. Wenn es z.B. für einen Geiger der Bach-Zeit eine Regel gibt, die ihm sagt, wie man üblicherweise in einem Allegro-Satz Sechzehntelgruppen zusammenzufassen bzw. auf Abstrich und Aufstrich zu verteilen hat, dann muß der Komponist keine zusammenfassenden Bögen setzen, sofern er die Artikulation der Regel entsprechend ausgeführt haben will. Das heißt andererseits, daß der Komponist nur dort Bögen schreiben muß, wo er die Artikulation anders haben will, als die Regel es »vorschreibt«. Wenn nun in sogenannten Urtextausgaben wirklich nur das gedruckt ist, was der Komponist geschrieben hat, dann ist damit die richtige Ausführung keineswegs gewährleistet, es sei denn, jene Regeln der Bach-Zeit wären noch immer allgemein bekannt und hätten noch Gültigkeit. Das aber ist nicht der Fall. Die Violintechnik und die Musik des 19. Jahrhunderts haben andere Strich- und Artikulationsgewohnheiten eingeführt, und darüber sind die älteren Gepflogenheiten in Vergessenheit geraten. Man spricht seit Hugo Riemann von »verlorengegangenen Selbstverständlichkeiten«. Also geben Urtextausgaben die Gewähr, die sie suggerieren, gerade *nicht,* nämlich die für historisch stilgerechtes Musizieren. Dafür muß man vielmehr musikwissenschaftlich-historisch-kritische Ausgaben heranziehen, sofern diese dem sogenannten Urtext hinzufügen, was dort aus den genannten Gründen fehlt, aber zum sinnvollen Musizieren notwendig ist. Dem »Zeitalter der Urtextausgaben« folgt deshalb seit den 70er Jahren ein »Zeitalter der historisch-kritischen Ausgaben«. Diese sollten nun freilich in öffentlichen Büchereien zur Verfügung stehen, damit Kenner und Liebhaber ihre Notentexte dort an wissenschaftlich-kritischen Ausgaben überprüfen können (Feil 1982).

Die wichtige (nur eben nicht ausreichende) Forderung nach Urtextausgaben als Grundlage verantwortungsvollen Musizierens ist selbstverständlich nicht neu, aber auch nicht so alt, wie man annehmen möchte. 1896 erscheinen J. S. Bachs *Klaviersuiten* in der Reihe »Urtext Classischer Musikwerke. Herausgegeben auf Veranlassung und unter Verantwortung der Königlichen Akademie der Künste zu Berlin« (ed. Ernst Naumann). Doch erst in den 1930er Jahren setzt sich der Urtext-Gedanke mit den Bach-Ausgaben des Peters-Verlages durch, namentlich mit denen von Ludwig Landshoff und von Kurt Soldan. (Dürr und Feil 1969)

seit 1950 Neue historisch-kritische Musiker-Gesamtausgaben

Was das junge Fach der Musikwissenschaft im 19. Jahrhundert, dem ersten seiner Existenz als kunstgeschichtlich-historisch-kritisches Fach geleistet hat, ist erstaunlich: Hier entstehen die ersten Gesamtausgaben, die ersten Quellen- und Werkverzeichnisse, die ersten »Musikgeschichten« und die Standardbiographien der großen Musiker. Vieles von der riesigen Menge dieses Materials können wir bis heute benutzen, vieles aber ist auch überholt, weil es den Stempel der Zeit so trägt, daß es für die Arbeit heute kaum mehr zu gebrauchen ist. Das betrifft am stärksten den Bereich, bei dem man es am wenigsten vermutet, den der Musik selbst, nämlich den der Notenausgaben. Ein Beispiel: Johannes Brahms hat als Mitherausgeber der Gesamtausgabe der Werke Franz Schuberts seine Aufgabe darin gesehen, die Kompositionen seines älteren großen und verehrten Zeitgenossen herauszugeben wie seine eigenen, nämlich bei der Übertragung aus der handschriftlichen und individuellen Notation Schuberts (und seiner Zeit) in den neuen normierenden Druck für die Richtigkeit der Musik und für die saubere Wiedergabe im Druckbild zu sorgen. Dementsprechend hat er in die Kompositionen berichtigend und verbessernd eingegriffen, wo es ihm sachlich nötig schien, und hat er das Druckbild in den Bezeichnungen für Dynamik und Artikulation gestaltet wie das seiner eigenen Werke. Also erscheinen uns heute Schuberts Kompositionen in der alten Gesamtausgabe im notenschriftlichen Gewand der Brahms-Zeit nicht der Schubert-Zeit, die *wir* heute von jener erheblich verschieden sehen. Also müssen wir, wenn wir Schubert tatsächlich in seiner eigenen Zeit und bei sich selbst begegnen wollen, seine Werke neu edieren und dabei für die heutige musikalische Praxis zu berücksichtigen versuchen, was das Notenbild der Schubert-Zeit für seine Musik als wesentlich angegeben hat. Der damit gestellten musikhistorisch-kritischen Aufgabe stellt sich die Musikwissenschaft zum ersten Mal entschieden, als man 1950 beim Bach-Gedenkjahr und im Mozart-Jahr 1956 die Initiative für die *Neue Bach-Ausgabe* und für die *Neue Mozart-Ausgabe* ergreift, und mit dieser Aufgabe ist die Musikphilologie bis heute beschäftigt. Es hat sich nämlich alsbald herausgestellt, daß die Problematik der sogenannten Urtextausgaben keineswegs nur die »alte Musik« betrifft, daß sie vielmehr bis in die Gegenwart reicht. War die Wirkung der wissenschaftlichen Ausgaben in die musikalische Praxis hinein zunächst auch gering, so hat sie doch langsam aber sicher zugenommen, und heute sind wir so weit, daß kein Musiker von Rang es sich mehr leisten kann, seine Noten unüberlegt zu benützen, auf die Erkenntnisse der historischen Wissenschaft gerade auch für die musikalischen Texte zu verzichten.

Mehr nebenbei sei bemerkt, daß im Zusammenhang der Bewußtwerdung einer historischen Problematik für die Musik, für die Noten und für das Musizieren das breitere Publikum auch aufmerksam geworden ist auf den Bereich der historischen musikalischen Aufführungspraxis, und daß sich damit die tiefgreifende Wandlung im allgemeinen musikalischen Bewußtsein weiter eintieft. Wer heute beim Plattenkauf, etwa von Bachs *Matthäuspassion,* nicht mehr nur nach weltberühmten Interpretennamen greift, sondern eigene Überlegungen anstellt, wer für eine »richtige« Interpretation dieses Werkes wohl eher »zuständig« sein könnte als diese oder jene Berühmtheit, der ist der Musik schon nahe – und in seinem Urteil gewiß stabiler, in seinem Urteil vielleicht dann auch für die Musik seiner Gegenwart.

1951 **Herbert Eimert** (1897-1972) gründet das erste Studio für elektronische Musik in Köln

Aufgrund eigener Überlegungen anhand von Zwölftonkompositionen und angeregt von Pierre Schaeffer in Paris gründet Eimert 1951 beim Westdeutschen Rundfunk in Köln das Studio für elektronische Musik, das erste seiner Art in Deutschland, und wohl auch das wichtigste, nämlich durch die Musiker, die da arbeiten, und durch deren Werke, vor allem durch die Experimente Karlheinz Stockhausens, der seit 1963 als Eimerts Nachfolger der künstlerische Leiter ist. 1965 wird Eimert Professor an der Musikhochschule in Köln und Leiter des dort gegründeten zweiten Studios für elektronische Musik. Zu den jungen, damals meist unbekannten Komponisten, die Eimert in die Materie einführt und deren Arbeiten er betreut, gehören: K. Goeyvarts, H. Pousseur, G. M. Koenig, G. Ligeti, Bo Nilsson, B. Hambraeus, Fr. Evangelisti, M. Kagel, H. Brün.

> 1964-66 sendet der WDR Köln eine Reihe »Kennen Sie Musik, die man nur am Lautsprecher hören kann?« Für die zweite Sendung lautet Karlheinz Stockhausens Einleitung: »Schon im ersten Programm dieser Sendereihe habe ich mehrmals darauf aufmerksam zu machen versucht, daß die Entdeckungen neuer Klangbereiche in der Elektronischen Musik den Entdeckungen in anderen Bereichen um nichts nachstehen: Entdeckungen neuer chemischer Verbindungen, neuer Lebewesen, neuer Sterne, neuer Energiequellen und so weiter erweitern unsere Welt. Die neue Klangwelt der Elektronischen Musik erweitert sie entsprechend. Wenn ich nur das im Verlaufe dieser Sendereihe klar machen könnte: daß nämlich Elektronische Musik zu entdecken, zu erforschen, zu enträtseln ist (nicht nur von denjenigen, die unmittelbar damit zu tun haben, sondern auch von Zuhörern) wie ein neues Land, in das Sie zum erstenmal eine Expedition machen; wenn das also deutlich würde, so hätten diese Berichte über 14 Studios für Elektronische Musik ihren Sinn erfüllt. Und wenn Sie dann die zweite, dritte, vierte Expedition in diese neuen Klanglandschaften gemacht haben, beginnen Sie, den einzelnen Klanggebieten, Klangerscheinungen Namen zu geben; Sie kennen sich dann hier und dort schon etwas genauer aus. Und wenn Sie eine Zeitlang erkundet, studiert, erforscht, also die bisher komponierte Elektronische Musik und einzelne ihrer Werke mehrfach gehört haben – womöglich noch mit den dazugehörigen Landkarten, den Partituren und graphischen Darstellungen –, so können Sie allmählich beurteilen, was Sie für besser, schlechter, für interessanter und weniger interessant halten. Ich möchte also wünschen, daß Sie diese Sendungen als Gelegenheit auffassen, sich über neue Entdeckungen auf dem Gebiet der Musik zu informieren. Dabei möchte ich wenig mit Worten beschreiben, sondern Sie möglichst viel von diesem musi-

kalischen Neuland erleben lassen, indem Sie sich diese Musik anhören – auch wenn Sie Teile oder vielleicht zunächst sogar alles als unheimlich, schrecklich, aufregend, komisch, verwirrend, chaotisch empfinden sollten...«

1951 **Igor Strawinsky** (1882-1971): **Oper »The Rake's Progress«** in Venedig

Um 1733 sticht William Hogarth (1697-1764) in London eine Folge von 8 Blättern, mit denen er das Leben eines faulen und haltlosen, durch eine Erbschaft reich gewordenen jungen Mannes als Weg in den Untergang darstellt: *The Rake's Progress.* (Dazu 1794-1799 Georg Christoph Lichtenbergs ausführliche *Erklärung der Hogarthschen Kupferstiche.*) Strawinsky sieht die Bilderfolge auf einer Ausstellung englischer Malerei in Chicago, und sie erscheint ihm in ihrer anekdotenhaften Reihung sogleich als eine Folge von Opernszenen, denn sie enthält eben das, was er für eine Oper schon lange sucht: eine episodenreiche aber einheitliche und klar fortschreitende Handlung, leicht faßlich, mit eher typischen als individuellen Figuren und Situationen in eher konventionellen als originellen Szenen. Wenn das Ganze an ältere Theaterformen erinnert, dann zuerst an die Commedia dell'arte und ihre Folgeerscheinung in der Oper, an die Opera buffa. – Seit langem schon hegt Strawinsky den Plan, eine abendfüllende Oper zu schreiben nach seiner Vorstellung von Musik und Musiktheater, also als Gegenstück zu jeder Art von Musikdrama. Er bespricht den Plan mit Aldous Huxley, dieser verweist ihn an den englischen Dichter Wystan Hugh Auden, und dieser verfaßt (zusammen mit Chester Kallman) das Libretto, wobei er über Hogarth hinaus eine Figur als treibende Kraft des Bösen einführt, Nick Shadow (einen Mephisto mit Zügen von Leporello), und eine halb komische, halb symbolische Figur, die Türkenbab. Strawinsky komponiert von 1948 an. Was entsteht, ist eine Nummernoper, deren Arien, Duette, Terzette und Chöre durch vom Cembalo begleitete Rezitative oder durch Accompagnati voneinander getrennt beziehungsweise textlich miteinander verbunden werden. Die Orchesterbesetzung ist die normale der Mozart-Zeit. In der Musik dominiert die Melodik (italienischen Stils; man denkt an Rossini und Bellini), die Harmonik ist einfach, die Rhythmik selten vertrackt, eine gewisse Kurzgliedrigkeit verbietet langatmige Steigerungen ebenso wie jedes emphatische Musizieren. Willi Schuh (1955), *der* kompetente Theaterkritiker für die Oper in jenen Jahren, faßt in seiner Besprechung der Uraufführung für die *Neue Zürcher Zeitung* so zusammen: »So wie das Libretto mit Figuren und Motiven spielt, die aus verschiedenen Epochen stammen, so auch die Musik. Ihr Eigenstes liegt in der intellektuellen Gespanntheit und der präzisen Ausformung der gewählten musikalischen Typen. Ihr ›Inhalt‹ ist das verhaltene Kräftespiel von führender Melodie und stockenden, pochenden Begleitrhythmen, von Hauptstimmen und kontrapunktischen oder ostinaten Gegenstimmen, die vielfach nicht nur rhythmische sondern auch funktionelle und tonartliche Spannungen ergeben. Es sind dämonische Kräfte, die unter der klassisch-geglätteten Oberfläche ihr Spiel treiben. Wer nur die Reminiszenzen, nur die scheinbaren Nachahmungen bemerkt, hört am reichen, am eigentlichen musikalischen Leben dieses Energie und Härte mit Zartheit paarenden Werkes vorbei. *The Rake's Progress* hat – um ein Wort von André Gide zu zitieren – ›cette beauté nécessaire et pure de la résolution d'un problème‹ (›jene notwendige und reine Schönheit, die das Ergebnis der vollkommenen Lösung eines Problems ist‹). Dieses Problem aber ist ein rein musikalisches, denn Strawinsky hält auch da, wo er sich dem Theater verbindet, streng daran fest, die Musik als eine autonome Sprache zu gebrauchen.«

In einem Münchener Vortrag »Strawinsky und die Tradition« kommt Willi Schuh 1952 noch einmal auf die Oper zurück: »... Der zarte Lyrismus, der *The Rake's Progress* durchzieht, und die nicht mehr gemiedene Anmut seiner streng periodisch gegliederten Melodien gehen mit der Distanziertheit, Kühle und intellektuellen Gespanntheit, die Strawinsky in dieser wunderbar transparenten Partitur zu wahren weiß, eine Verbindung ein, die eine neue, vielleicht die letzte Stufe in seinem Schaffen bezeichnet. Die engere Beziehung der Musik nicht nur zur kanonischen Ordnung der in dreimal drei Szenen gefaßten Handlung, sondern auch zur Figurenwelt und zum Sinngehalt des Spiels tritt nun mit aller Deutlichkeit hervor. *The Rake's Progress* ist ein aristokratisches Werk; es lädt zu aufmerksamem Hören, zum Erleben einer ›Harmonie von Mannigfaltigkeiten‹ ein, die sich in einer überlegen organisierten Einheit darstellt. Von den ›trüben Albernheiten der Kunstreligion‹, die dem rabiaten Anti-Wagnerianer Strawinsky verhaßt ist, hält es sich ebensoweit entfernt wie von einem nur-musikantischen Musizieren. Alles ist auf Harmonie ausgerichtet. Komik und Tragik sind im Gleichgewicht. Der Geist der Ordnung und des Maßes erscheint nun bewußt auf ein Opernspiel gelenkt, das Traditionalismus und Universalismus in einer *humanistischen* Sphäre verwirklicht.«

1952 Hans Werner Henze (* 1926): Lyrisches Drama »Boulevard Solitude« in Hannover

Ob man Hans Werner Henze zu den Schöpfern der Neuen Musik zählen sollte, wie es Stuckenschmidt (1958) tut, ist fraglich; m.E. gehört er zu den Anwendern: Wie kein anderer vermag er das Potential zu nutzen, welches die Generation seiner Lehrer (zuerst Wolfgang Fortner, wo er die Beherrschung des Handwerks lernt, dann René Leibowitz und Hermann Scherchen) geschaffen hat. Freilich ist er dazu auch begabt und phantasievoll, musikalisch einfallsreich und kompositorisch kompetent genug. Ob man sagen muß, daß er bis in die Mitte der 50er Jahre experimentiert und erst in *König Hirsch* zu sich und seinem Stil findet, oder ob man ihn schon in diesen Jahren charakteristisch sehen kann, nämlich anpassungsfähig und wandelbar, ist ebenfalls fraglich. Stuckenschmidt jedenfalls meint, »die strengste Observanz der seriellen Arbeit habe ihn (etwa in seinem *1. Streichquartett,* 1947) ebenso gefesselt wie der Klang elektronischer Instrumente, den er für seine Rundfunk-Oper nach Franz Kafkas *Ein Landarzt* (1951) benutzt. Die praktische Arbeit mit Ballettänzern hat ihren Reflex in Stücken von so ungewöhnlicher und verschiedener Art wie *Jack Pudding* (1951), *Der Idiot* (1952) und *Maratona* (1957) gefunden. Der Lyrismus einer Doppelform wie der Kantate *Apoll und Hyazinth* (1948) steht neben den charmanten Snobismen des Funkspiels *Ende einer Welt* (1953), das er mit Wolfgang Hildesheimer montiert. Doch das Ziel wird seit der Manon-Lescaut-Oper *Boulevard Solitude* klar. Es ist eine neue Gesanglichkeit, deren Geheimnis sich dem sensitiven Geist Henzes in Italien, seinem erwählten Land, enthüllt. Mit den *Neapolitanischen Liedern* (1956) mehr noch mit der Oper *König Hirsch* (1956) ist die Befreiung von den Fesseln der Technik vollzogen. Henze schreibt nun, wenn auch auf einer höheren Ebene, ›Naturmusik‹. Er ist damit dem Zustand der Krise entrückt, entfernt sich aber auch als bewußter Einzelgänger von den Gruppendogmen seiner Generation. So steht er isoliert in einer Phalanx, zu der Luigi Nono in Italien, Pierre Boulez in Frankreich, Giselher Klebe und Karlheinz Stockhausen in Deutschland gehören. *König Hirsch* bringt die Entscheidung.« Aber im Zusammenhang mit *Boulevard Solitude,* in dem Stuckenschmidt einmal das Wort »genial« gebraucht, bringt er auch Einwände zur Sprache, die ernst zu nehmen und musikalisch dem überaus großen Erfolg von Henzes riesiger Produktion entgegenzuhalten sind: »Von den sieben Bildern der *Boulevard Solitude,* die Henze in 24 Musiknummern unterteilt, ist die Kaschemmenszene das geschlossenste. Wie auf der zwölftönigen Reihe, die unaufdringlich aber konsequent die ganze abendfüllende Oper beherrscht, Jazzformen, ein cis-moll-Chanson, eine zart figurierende Pantomime der Rauschgifttänzer, ein Chorensemble entwickelt werden, das ist musikalisch wie dramaturgisch genial. Henze spielt manchmal vielleicht zu verdächtig-virtuos auf der Klaviatur des wurmstichig und geistreich Absurden. Aber er hat hier einen Ton grimassierender Tragik gefunden, den man bisher noch nie gehört hat.« Nun, Henze selbst hat gesagt: »Viele lesen über Musik statt sie zu hören; das mag vergnüglich sein, aber es ist nicht das Gleiche wie Hören und nicht immer unbedingt dem Verstehen der Musik dienlich.« Über Henze als Komponisten, dessen Musik das Opernpublikum offensichtlich mag, etwas auszusagen, ist also ein problematisches Unterfangen. Denn alles, was je über Musik geschrieben worden ist, trifft in irgendeinem Betracht auch auf seine Musik zu; nichts aber, was je sich über Musik sagen ließe, vermöchte der Breite der seinen gerecht zu werden. Aus diesem verwirrenden Sachverhalt haben freilich manche den Schluß gezogen, es sei Henze eben verwehrt geblieben, sich einen unverwechselbaren eigenen Stil auszuprägen. Tatsache aber ist, daß Henze sehr wohl zu einem Stil gefunden hat – dem alles verfügbar ist, weil nichts ihn mehr in seiner Eigenart zu gefährden vermag. (Pauli)

1988 initiiert Henze ein Internationales Festival für neues Musiktheater, das alle zwei Jahre in München stattfinden soll. Hier erscheint er als Anreger, Entdecker, Vermittler und Förderer für junge Komponisten – denen alles erlaubt ist. Henze selbst formuliert das 1992 so: »Die Erscheinungsformen der Postmoderne verblassen, neuartige Ideen melden sich zu Wort. Jeder Komponist erfindet seine eigene Welt... Es gelten die generellen Schulregeln nicht mehr, die Musik ist den Schulen entwachsen – es ist schulfrei!« Das hört sich witzig an, für manchen vielleicht sogar gut. Das musikalische Ergebnis allerdings klingt in den Ohren des Publikums, des normalen jedenfalls, musikalisch noch immer wie Neue Musik der 20er und 30er Jahre und also mitnichten neu.

1952 Rolf Liebermann (* 1910): Opera semiseria »Leonore 40/45« in Basel

1987 schreibt Liebermann nach über 30 Jahren wieder eine Oper *Der Wald* (nach Ostrowsky). In der Kritik einer großen überregionalen deutschen Zeitung kann man lesen: »Keine Rede von den Kompositionstechniken der Gegenwart. Liebermanns Stil ist der eines erfahrenen Routiniers. Natürlich ist er Opernfachmann genug, um die

Sänger nicht durch das Orchester zuzudecken, die Oper ist zart und durchsichtig instrumentiert, es gibt ganz hübsche Klangfarben-Effekte und einige witzige parodistische Elemente. Ohne Zweifel klingt das alles sehr schön. Aber mehr eben auch nicht. Die Kehrseite dieser Schönheit, die man ohne weiteres mit dem Etikett ›spätromantisch‹ charakterisieren kann, ist nämlich eine kaum mehr zu überbietende Harmlosigkeit und Belanglosigkeit. Liebermann hat musikalisch buchstäblich nichts riskiert, mit dieser Musik tut er ganz bestimmt niemandem weh. Und das ist eigentlich sehr schade. Damit bleibt Liebermann nämlich hinter seinen eigenen und durchaus politischen Forderungen an das zeitgenössische Musiktheater, die er in seinen blitzgescheiten Aufsätzen und Büchern niederlegte, allzu weit zurück. *Der Wald* in Liebermanns Musikalisierung gibt wirklich kaum mehr als eine ganz nette, aber wenig eindrückliche Abend-Unterhaltung her...« Man muß das zweimal lesen: »... tut niemandem weh, und das ist sehr schade«, und man muß es zu dem ersten zitierten Satz in Beziehung setzen: »Keine Rede von den Kompositionstechniken der Gegenwart.« Bei allem Respekt vor dem Theater als moralischer Anstalt und vor dem Ringen um eine Musiksprache des 20. Jahrhunderts, aber muß ernstes Theater, muß Neue Musik wehtun, um gutes Theater und gute Musik zu sein? Die Meinung ist, jedenfalls unter professionellen Intellektuellen, ebenso weit verbreitet – wie sie falsch ist, und keineswegs stiehlt sich der aus der Verantwortung, der sie als eine Art von Ideologie für falsch hält. Liebermanns *Leonore 40/45* jedenfalls ist gutes und ernstes Operntheater mit guter Musik – übrigens zumindest teilweise zwölftönig komponiert –, und das, obwohl »nur« Opera semiseria, und obwohl tatsächlich ein Stück, das den Leuten im Theater gefällt. Der Librettist ist übrigens Heinrich Strobel, damals Leiter der Musikabteilung des Südwestfunks Baden-Baden, Herausgeber der *Zeitschrift für Neue Musik »Melos«* und Wiederbegründer der Donaueschinger Musiktage für zeitgenössische Tonkunst, ein Mann also, der gewiß unverdächtig ist, unzeitgemäß, nämlich in den ersten Jahren nach der Diktatur und nach dem großen Kriege unernst zu sein.

Daß damals eine ganze Anzahl von Opern aus der aktuellen Situation entsteht und aus dem Zeitbezug Erfolg schöpft, der nicht lange anhält, sei nicht bestritten. Aber wenn Theater aktuell ist, dann ist es gerade das, was es sein muß, und die Frage nach der Beständigkeit des Erfolgs verliert an Bedeutung. Hier eine Auswahl damals wichtiger und erfolgreicher Werke:

Luigi Dallapiccola (1904-1975): *Volo di notte* (Florenz 1940) und *Il prigionero* (italienischer Rundfunk 1949, Florenz 1950);
Gottfried von Einem (* 1918): *Dantons Tod* (Salzburg 1947) und *Der Prozess* (das. 1953);
Rolf Liebermann: *Penelope* (Salzburg 1954);
Gian Carlo Menotti (* 1911) *The Telephone* (New York 1947) und *Der Konsul* (Philadelphia 1950);
Marcel Mihalowici (1898-1985): *Die Heimkehr* (Düsseldorf 1954).

1956 **Frederick Loewe** (1904-1988): **Musical »My Fair Lady«** in New York

Mit 2717 Vorstellungen schon der Erstproduktion auf dem Broadway gehört *My Fair Lady* zu den erfolgreichsten Musicals überhaupt. Freilich ist der Text (nach *Pygmalion* von G. B. Shaw) so gut wie keiner sonst in dieser Gattung, aber die Musik steht ihm auch nicht nach. Jedenfalls setzt sich mit diesem Stück die GATTUNG MUSICAL recht eigentlich in Europa erst durch. (Deutsche Erstaufführung: Berlin 1961)

1956 **Luigi Nono** (1924-1990): **»Il canto sospeso«**

»Il canto sospeso« (»Der aufgeschobene Gesang«) ist eines der ergreifendsten Werke Neuer Musik nach dem Zweiten Weltkrieg. Wie sonst nur selten fallen hier Text und Musik zusammen, sich gleichsam gegenseitig erhöhend. Nono wählt aus Abschiedsbriefen zum Tode verurteilter Widerstandskämpfer kurze Passagen, Fragmente, aus und vertont sie in einem Werk von neun kurzen Sätzen, wobei drei Sätze dem Orchester allein vorbehalten sind, zwei dem Chor allein (davon der zweite allerdings mit Pauken). Zur Textkomposition Nono selbst: »Ich habe dafür einen neuen Chorstil entwickelt, erstmals die Wörter aufgeteilt in Silben, oft nur in einzelne Laute, und diese durch den ganzen Chorsatz wandern lassen... Ich wollte eine horizontale melodische Konstruktion, die sämtliche Register ergreift; ein Schweben von Laut zu Laut, von Silbe zu Silbe: eine Linie, die manchmal aus der Abfolge von Einzel-Tönen oder Einzel-Tonhöhen entsteht und manchmal sich verdickt zu Klängen.« Diese Musik mit ihrer hochkomplizierten seriellen Kompositionsweise ist einerseits schwer zu hören, andererseits ist in ihr durch alle Schwierigkeiten hindurch wie kaum sonst eine tiefe Leidenschaftlichkeit zu spüren, die den Hörer ergriffen verstummen läßt, als sei das Werk ein Requiem – was es nicht ist noch sein will.

Wie kein anderer Komponist seiner Zeit vertritt Nono die Überzeugung, Musik und Komponieren seien in der Welt notwendig zu denken im Hinblick auf die Menge der Menschen, die in Armut und Unterdrückung leben und sich ihr Brot durch »Sklavenarbeit« verdienen müssen. Dementsprechend sei, meint er, die Tätigkeit des Musikers und gerade auch die des Komponisten auszurichten: Alle Musik müsse im Grunde politische Musik und Musik für Alle sein. Mit dieser utopischen Überzeugung steht Nono freilich zu seinem eigenen Tun als Komponist von hochkomplizierter Musik modernster Art, die nur wenige Eingehörte adäquat wahrnehmen können, in direktem Widerspruch, in einem unaufhebbaren, einem tragischen Widerspruch.

1956 Karlheinz Stockhausen (* 1928): Elektronische Komposition »Gesang der Jünglinge«

Der Komponist selbst schreibt zu dieser Komposition (1964): »Die Arbeit an der elektronischen Komposition *Gesang der Jünglinge* ging von der Vorstellung aus, gesungene Töne mit elektronisch erzeugten in Einklang zu bringen: sie sollten so schnell, so lang, so laut, so leise, so dicht und verwoben, in so kleinen und großen Tonhöhenintervallen und in so differenzierten Klangfarbenunterschieden hörbar sein, wie die Phantasie es wollte, befreit von den physischen Grenzen irgendeines Sängers. So mußten auch sehr viel differenziertere elektronische Klänge komponiert werden als bisher, da gesungene Sprachlaute wohl das Komplexeste an Klangstruktur darstellen – in der weiten Skala von den Vokalen (Klängen) bis zu den Konsonanten (Geräuschen) – und also eine Verschmelzung aller verwendeten Farben in einer Klangfamilie nur dann erlebbar wird, wenn gesungene Laute wie elektronische Klänge, wenn elektronische Klänge wie gesungene Laute erscheinen können. Die gesungenen Klänge sind an bestimmten Stellen der Komposition zum verständlichen Wort geworden, zu anderen Zeitpunkten bleiben sie reine Klangwerte, und zwischen diesen Extremen gibt es verschiedene Grade der Wortverständlichkeit. Einzelne Silben und Worte sind dem ›Gesang der Jünglinge im Feuerofen‹ (3. Buch Daniel) entnommen. Wo immer also aus den Klangzeichen der Musik für einen Augenblick Sprache wird, lobt sie Gott. – Ebenso wesentlich wie ein neues Erlebnis musikalischer Sprache ist auch das Folgende: In dieser Komposition wird die Schallrichtung und die Bewegung der Klänge im Raum erstmalig vom Musiker gestaltet und als eine neue Dimension für das musikalische Erlebnis erschlossen. *Gesang der Jünglinge* ist nämlich für 5 Lautsprechergruppen komponiert, die rings um die Hörer im Raum verteilt sein sollen. Von welcher Seite, von wievielen Lautsprechern zugleich, ob mit Links- oder Rechtsdrehung, teilweise starr und teilweise beweglich die Klänge und Klanggruppen in den Raum gestrahlt werden, das wird für dieses Werk maßgeblich.«

Stockhausen spricht hier von Komposition, jedoch von elektronischer Komposition, von Musik, jedoch von Klangzeichen der Musik, davon, daß der Musiker gestaltet, und davon, daß dem Hörer etwas erlebbar, daß ihm etwas für das musikalische Erlebnis erschlossen wird. Und schließlich ist selbstbewußt gesagt, daß, wo immer aus den Klangzeichen der Musik Sprache wird, diese Sprache nicht auf etwas verweist, sondern daß sie etwas tut: sie lobt Gott. Dem genau entsprechend ist der Titel des Werks zu verstehen. Die Komposition ist keine Vertonung des »Lobgesangs der drei Jünglinge im Feuerofen«, sie ist im engen Sinn des Wortes »Gesang der Jünglinge«. Wohin dabei die Intention des Komponisten geht, zeigt der folgende Abschnitt aus Erläuterungen, die er zur Komposition und ihrer Technik gegeben hat: »Primär handelt es sich im Text um drei Worte (›Preiset den Herrn‹), die ständig wiederholt und in deren Zusammenhang allerlei Dinge aufgezählt werden. Es ist klar, daß man diese Aufzählung beliebig fortsetzen oder auch nach der ersten Zeile abbrechen sowie Zeilen und Worte permutieren kann, ohne den eigentlichen Sinn zu ändern: ›alle Werke‹. Der Text kann also besonders gut in rein musikalische Strukturordnungen integriert werden (vor allem in die permutatorisch-serielle) ohne Rücksicht auf die literarische Form, auf deren Mitteilung oder anderes. Es wird mit den *Jünglingen* an ein kollektives Gedankengut erinnert: taucht irgendwann das Wort ›preist‹ auf und ein andermal ›Herrn‹ – oder umgekehrt –, so erinnert man sich eines schon immer gekannten Zusammenhangs: die Worte werden memoriert, und dabei geht es vor allem darum, daß sie überhaupt und wie sie memoriert werden, und sekundär um den Inhalt im einzelnen; die Konzentration richtet sich auf das Geistliche, Sprache wird rituell.

In der Komposition sollten nun gesungene Töne zusammen mit elektronisch erzeugten in ein gemeinsames Klangkontinuum eingeschmolzen werden: sie sollten so schnell, so lang, so laut und so leise, so dicht und verwoben, in so kleinen und großen Tonhöhen- und Klangfarbenproportionen hörbar sein, wie die gewählte musikalische Ordnung es wollte.«

»Gesungene Töne zusammen mit elektronisch erzeugten«: Was die Sprache, und zwar eine alte rituelle, eine erklingende Sprache, zur Verfügung hält, und was die Technik neuerdings zur Verfügung gestellt hat, das ist hier eingeschmolzen in eine neue Komposition. Für diese Komposition bedient sich Stockhausen einer selbst gesetzten musikalischen Ordnung, die ihm garantieren soll, daß dieses Zusammen hörbar wird. Und es geschieht tatsächlich, daß der Hörer die *alte* Erfahrung eines Erklingenden, das Wort und Musik *ein*schließt, mit der *neuen* Erfahrung eines Erklingenden, das Wort und Musik *aus*schließt, nämlich mit der hörenden Erfahrung der Welt, die von der Technik überwunden wird, verbindet. Von dieser neuen Erfahrung sagt Stockhausen: »Wir hören, hören, wie noch nie ein Musiker hat hören müssen. Jeden Tag. Wir ziehen Schlüsse aus unseren Selbst-Testen. Ob sie gültig sind für andere, müßte unsere Musik zeigen.« Mit diesem Satz und den dahinter stehenden Gedanken einerseits und der ausführlichen technischen Beschreibung andererseits deutet der Komponist das Werk als eine Reflexion der Identität von entgegengesetzten Kräften des Menschen, nämlich von unterbewußten und von bewußten, die beide hier »am Werk sind«. Solche Reflexion der Identität aber macht, wie Schelling lehrt, das Kunstwerk aus. Und dies erfahren wir Hörer dadurch, daß wir nichts hinter dem Werk suchen und finden müssen, um es zu verstehen, daß wir unser Hörerlebnis nicht mit irgend einer »Bedeutung« dieser Musik aufzufüllen genötigt sind. Wir erfahren, wie sich in dem Bereich unseres Lebens, den wir bisher Musik genannt haben und auch weiterhin Musik nennen wollen, ein neues Stück Wirklichkeit ereignet. Musik scheint nicht in erster Linie durch eine bestimmte musikalische Sprache und auch nicht durch alle musikalischen Sprachen definiert zu sein, sondern vor allem dadurch, daß sie uns Menschen Wirklichkeit im Bereich des Hörbaren als Kunst erfahren läßt. (Feil 1978)

seit 1956 Festspiele zeitgenössischer Musik »Warschauer Herbst«

Der Anschluß Polens an die Hauptströmungen der Weltmusik nach dem zweiten Weltkrieg ist kompliziert und erfordert Zeit. Man muß damit beginnen, sich mit all dem in den vergangenen Jahren in der Kunst Geschehenen, das nicht nach Polen gelangt war, vertraut zu machen. Diese Aufgabe sollen die zum ersten Mal im Oktober 1956 in Warschau stattfindenden Internationalen Festspiele der zeitgenössischen Musik, der »Warschauer Herbst«, unterstützen. Seine Organisatoren – eine Gruppe der aktivsten Komponisten mit Serocki und Baird – stellen dieser Unternehmung eine Reihe von Aufgaben, deren Dringlichkeit sich natürlich im Laufe der Jahre in dem Maße ändert, wie das Festival an Bedeutung gewinnt. Das programmatische Modell des »Warschauer Herbstes« basiert auf der umfangreichen Information über die neuen Errungenschaften der Musik in der Welt, der Präsentation von Werken der sogenannten Klassiker des 20. Jahrhunderts und schließlich auf der Darbietung von Werken polnischer Komponisten, um einerseits das internationale Publikum mit der polnischen Musik bekannt zu machen, andererseits ihren Charakter mit dem zu vergleichen, was im Ausland entstanden war und entsteht. Aus heutiger Sicht ist festzustellen, daß diese Musikfeste eine wichtige Rolle auf vielen Gebieten des Musiklebens in Polen gespielt haben und weiter spielen. Bereits im zweiten »Warschauer Herbst« (1958) erscheinen in den Programmen Werke, die von einer radikalen Änderung des Interesses zeugen, z.B. die *Trauermusik* (1958) von Witold Lutosławski (* 1913) und die *3 Sonette* (1958) von Bolesław Szabelski (1896-1979). Die Festspiele werden bald auch zur Tribüne der talentierten Jugend; hier eben schaffen Wojciech Kilar, Krzysztof Penderecki, Henryk Górecki, Zygmunt Krauze die Fundamente ihrer Karrieren – neue Namen tauchen übrigens jedes Jahr auf. (Michalski 1988)

1957 **Leonard Bernstein** (1918-1990): **Musical »West Side Story«** am Broadway in New York

Kein MUSICAL seit *My Fair Lady* (1956) hat auch nur einen ähnlichen Erfolg wie *West Side Story* von Leonard Bernstein (mit dem Libretto von Arthur Laurents und den Gesangstexten von Stephen Sondheim). Wahrscheinlich ist *West Side Story* das beste Stück des Broadwaytheaters überhaupt. Schon 1949 hat Bernstein das Werk begonnen als neue Version des *Romeo und Julia*-Themas, damals noch mit der Story von einem jüdischen Mädchen und einem katholischen Jungen. Die Schwierigkeiten und Gegensätze zwischen den eingewanderten Puertoricanern und den Einheimischen der New Yorker West Side um 1955 aber beeinflussen die Arbeit: an die Stelle der Religion tritt das Einwandererproblem, das im Stück am Beispiel der beiden Banden, der Sharks (Einwanderer) und der Jets (Einheimische), behandelt wird. Für die Musik nimmt Bernstein ebenso Elemente des Jazz wie der Symphonie auf, greift hinüber zum Stil der italienischen Oper des 19. Jahrhunderts und wird doch zugleich der Show gerecht, ohne den spanischen Charakter der Puertoricaner zu übersehen: Mit *West Side Story* setzt Bernstein für die Gattung musikalische Maßstäbe – und schadet ihr trotzdem nicht, obwohl sie sich deshalb und seitdem immer mit weniger zufrieden geben muß. Aber im Musical spielt das Vergnügen an der Show und am Schlager, also an Werten der Tagesmode, die wichtigere Rolle als die absolute Qualität der Musik. Wäre es nicht so, dann wären die jahrelang anhaltenden Erfolge mancher musikalisch erstaunlich schwacher Musicals nicht zu verstehen.

1957 **Pierre Boulez** (* 1925): **»Le Marteau sans maître«** (»Der Hammer ohne Meister«) für Alt und 6 Instrumente

Pierre Boulez spielt in der Musik der 2. Hälfte des 20. Jahrhunderts eine Schlüsselrolle: Als Komponist und kompositorischer Experimentator, als Organisator und Dirigent, als schreibender Vordenker der musikalischen Avantgarde und als Musikjournalist. Als Schüler von Olivier Messiaen und René Leibowitz liegt der Ausgang seines kompositorischen Arbeitens bei der Zwölftonkomposition in der Nachfolge Anton von Weberns und bei Überlegungen zum Komponieren, wie sie Messiaen anstellt. Seit den 50er Jahren findet man ihn unter den Experimentierern zwischen elektronischer Musik und serieller Komposition. Von *Le Marteau sans maître* sagt Boulez (1972): »Das Ganze besteht aus 9 Stücken, die bei 3 Gedichten von René Char anknüpfen und so 3 Zyklen bilden. Die Titel der drei Gedichte lauten: *L'Artisanat furieux, Bourreaux de solitude* und *Bel édifice et les pressentiments.* Aber nicht bei jedem Stück ist die Mitwirkung der Singstimme obligatorisch, im Gegenteil: ich mache einen Unterschied zwischen Stücken, in die das Gedicht unmittelbar eingegangen ist und durch die Stimme zum Ausdruck kommt, und zwischen Durchführungs-Stücken, bei denen die Stimme im Prinzip keinerlei Rolle mehr spielt. So enthält der Zyklus, der von dem Gedicht *L'Artisanat furieux* ausgeht, folgende Stücke *AVANT l'Artisanat furieux* (instrumental), den eigentlichen Satz *L'Artisanat furieux* (vokal) und *APRÈS L'Artisanat furieux* (instrumental). Der Zyklus, der auf *Bourreaux de solitude* fußt, besteht aus *Bourreaux de solitude* (vokal), dazu aus den Kommentaren I, II und III zu *Bourreaux de solitude* (instrumental). Der von *Bel édifice et les pressentiments* her aufgebaute Zyklus setzt sich aus einer ersten Fassung und ihrer Doppelgängerversion zusammen. Diese Zyklen folgen jedoch nicht einfach aufeinander, sondern durchdringen sich gegenseitig in der Weise, daß die Gesamtform ihrerseits eine Kombination der drei einfacheren Strukturen bildet... Das Werk verwendet die verschiedenen Mittel der vokalen Klangerzeugung vom Gesang bis zum Sprechen. Je nach den Erfordernissen der Umsetzung übt der Gesang seinen dekorativen Einfluß oder die Sprache ihre dramatische Wirksamkeit aus... Die Beziehungen zwischen Dichtung und Musik sind auf eine neue Art behandelt; und zwar dient die Dichtung der Musik als *Kern,* als Versteinerungszentrum. Zwei Stadien lassen sich unterscheiden: die direkte Präsentation und die indirekte Reflexion. Im übrigen läßt sich die Zeitdimension der Dichtung nicht mit der chronometrischen Zeit der Musik gleichsetzen; ich finde es bezeichnend, daß jedes der drei Gedichte aus nur wenigen Zeilen besteht – aber ist nicht René Char der Dichter konzentrierter Expression par excellence? Gerade die Dichte des poetischen Materials erlaubt es, ihm musikalische Strukturen aufzupfropfen, die zur Dehnung, ja Wucherung ausersehen sind, und zwar so, daß das eigentlich Deskriptive davon ausgeschlossen bleibt. Gerade deshalb läßt sich auch mit der Mehrdeutigkeit einer ästhetischen Situation spielen: kommen Zitate vor, so beziehen sie sich auf das Werk selbst, das sich solchermaßen selbst reflektiert. Es treten nur zwei ›abstrakte‹ – fremde – Zitate auf: die Kombination Singstimme-Flöte und der Wechsel der instrumentalen Zusammensetzung bei jedem Stück; beide leiten sich von Schönbergs *Pierrot lunaire* her.« *Le Marteaux sans maître* entsteht zwischen 1953 und 1955, eine Neufassung 1957, »in einer Zeit, als man in der Bemühung um allgemeinere und geschmeidigere Gesetze für die Hierarchie der Klangphänomene den rigorosen Serialismus hinter sich läßt.«

1957 **Wolfgang Fortner** (1907-1987): **Oper »Bluthochzeit«** in Köln

Nicht nur die junge Generation kann erst nach dem Zweiten Weltkrieg die Werke der Schönberg-Schule mit ihrem neuen Verfahren der Komposition mit 12 nur aufeinander bezogenen Tönen entdecken, auch die ältere, die bereits ausgereifte Opera vorgelegt hat. Unter den Deutschen ist da vor anderen Wolfgang Fortner, der aus der Leipziger Schule stammende Heidelberger (später Detmolder und Freiburger) Kompositionslehrer, zu nennen, von dem Werke bekannt geworden waren, in denen er auf moderne Weise komponierend der Frage nach der Musik als Geschichte nachgegangen ist, dabei vor allem Elemente des musikalischen Barocks aufgreifend. Aber schon das 1945 entstehende *Violinkonzert* überrascht durch Kühnheit und Eleganz. Fortner ringt offensichtlich um einen neuen musikalischen Stil, der dann in der *Symphonie* (1947) tatsächlich neue Klangräume und Ausdrucksbereiche öffnet und nach den Worten des Komponisten »auf jede Rechtfertigung durch ein kompositorisches System verzichtet und einzig von der Überzeugungskraft künstlerischer Aussage lebt.«

Somit ist Fortner einer der ersten Komponisten, die sich bemühen, den zwölf Jahre unterbrochenen Anschluß an das internationale Musikschaffen wiederherzustellen. Dem eigenwilligen Durchbrechen der Konvention folgt jedoch bald, nämlich im *3. Streichquartett* (1948), der Versuch einer Neuordnung des Tonmaterials durch Anwendung der Reihentechnik. Dazu bildet sich Fortner eine eigene Abwandlung dieser Technik, »das sogenannte Ausschneiden eines Modus aus den zwölf Tönen und das reihenfreie Verhalten innerhalb dieses Modus«, sowie »das Interpolieren von mehreren Reihenabschnitten auf verschiedenen Transpositionsstufen« zur Neuorientierung der melodischen und akkordlichen Struktur. Dabei ist seine ebenso farbige wie konzentrierte Tonsprache stark genug, um auch die konstruktivste Architektonik mit Vitalität zu durchdringen. – 1948 wird im Berliner Schloßparktheater die Tragödie *Bluthochzeit* des spanischen Dichters Federico Garcia Lorca (1898-1936) aufgeführt. Die Bühnenmusik stammt von Wolfgang Fortner. Anfang der 50er Jahre zeigt das Essener Opernhaus ein Fragment *Der Wald,* das einer noch im Entstehen begriffenen Opernkomposition Fortners über denselben Stoff entnommen ist. Das Stück bestätigt, was sich schon in dem *Ballett »Die weiße Rose«* (1950) von Oscar Wilde erwiesen hat: Hier findet ein Musiker auf ungemein subtile, ganz und gar von der Konvention abweichende Weise Zugang zu einer Zwischenschicht des Dramatischen. Im Rahmen der Festvorstellungen zur Eröffnung des neuerbauten Opernhauses in Köln findet 1957 die Uraufführung nun der ganzen Oper *Bluthochzeit* statt unter der musikalischen Leitung von Günter Wand. Damit liegt das Werk vor, eine lyrische Tragödie, zu der die Musik als integraler Bestandteil hinzutritt. Ein großartiger Stoff, zeitlos wie ein Mythos, eine spanische Ballade wie ein antikes Trauerspiel. Was hat Musik dabei zu tun? Fortner beantwortet diese Frage gleichsam nicht als Komponist sondern als musikalischer Dramaturg von hohen Graden: Vieles an Lorcas Text sperrt sich gegen den Gesang und will gesprochen werden; alles, was die Handlung weitertreibt, fordert den Dialog. Doch unversehens gerinnt ein Gefühl, ein Affekt, eine innere Vision zur lyrischen Station: Sprache geht über in Gesang, der rasch wieder dem Sprechen weicht. Und das ist so sensibel durchgeführt, daß man manchmal kaum spürt, wo und wie das Wort die Färbung des Tones annimmt. Ähnlich wie bei Büchner/Bergs *Wozzeck* verläßt der Hörer auch hier die Oper in dem Bewußtsein, einer tragischen Ballade beigewohnt, nicht aber eine Oper gehört zu haben – nicht, weil die Musik nichtssagend oder zu unscheinbar wäre, sondern weil sie völlig im Stück aufgeht und es zugleich aufhebt: Das ist Oper neu gedacht und neu realisiert! – Von Fortners zweiter Lorca-Oper *In seinem Garten liebt Don Perlimplim Belisa* (Schwetzingen 1962) schreibt Heinrich Lindlar, der strenge Kritiker (1965): »Daß die Dichtung jetzt aber in Musik, daß Fortners zweite Lorca-Oper ein vollkommenes Drittes, ein bestürzendes Neues geworden ist, bleibt der offenbar Kongenialität, der Geistesverwandtschaft von Dichter und Komponist zu danken.« Das ist kein geringer Satz!

1957 **Arnold Schönberg** (1874-1951): **Oper »Moses und Aron«** in Zürich

Am 2. Juli 1951, wenige Tage vor Schönbergs Tod, erklingt im Rahmen der Internationalen Ferienkurse für Neue Musik in Darmstadt unter der Leitung von Hermann Scherchen zum ersten Mal *Der Tanz um das Goldene Kalb,* ein Ausschnitt aus Schönbergs Oper *Moses und Aron,* die ihn seit Ende der 1920er Jahre beschäftigt und die er dennoch unvollendet hinterlassen hat. (Vom 3. Akt existieren nur der Text und wenige Skizzen.) Die erste vollständige Aufführung der beiden vollendeten Akte, allerdings konzertmäßig, bringt der NWDR Hamburg in der Hamburger Musikhalle im Rahmen seiner Reihe »Das Neue Werk« unter Leitung von Hans Rosbaud am 12. März 1954. Die erste szenische Realisierung (ebenfalls ohne den dritten Akt) wagt das Stadttheater Zürich im Rahmen seiner Juni-Festwochen am 6. Juni 1957, wiederum unter Leitung von Hans Rosbaud (drei Wiederholungen). Jedesmal ist das Echo – besser: der Eindruck – stark und tief. Aber niemand glaubt, daß sich das Werk auf den Opernbühnen der Welt verbreiten oder gar durchsetzen könnte; die technischen Schwierigkeiten sind viel zu groß, und niemand hält außerdem für möglich, daß ein breiteres Publikum diese Musik akzeptieren würde. Aber ähnlich wie bei Alban Bergs *Wozzeck* 1925 unterschätzt man auch jetzt die Möglichkeiten und den Willen kleinerer Theater. In der Zwischenzeit wird Schönbergs Oper, wenn auch nicht gerade oft, so doch nicht selten gespielt, und das Publikum beugt sich mit seinem Urteil gleichsam dem tiefen Eindruck, den das Werk jedesmal hinterläßt. »Was die *Matthäus-Passion* von Bach bedeutet, als künstlerisches Werk aus dem Geiste des Christentums, das bedeutet *Moses und Aron* von Schönberg als künstlerisches Werk aus dem Geiste des Alten Testaments: ein Glaubensbekenntnis. Und wie die *Matthäus-Passion* ist auch *Moses und Aron* eine religiöse Konfession im Medium des Künstlerischen. Im Künstlerischen offenbart sich das Werk, wie die *Matthäus-Passion,* auch dem, der nicht auf dem Boden der alttestamentarischen oder christlichen Religion steht. Moses' Schicksal in Schönbergs Oper, sein Kampf um die Wahrheit, um ihre Erkenntnis und ihre Weitergabe, ist ein Menschenschicksal, das zeitlos ist.« Ob man wie K. H. Wörner (1959) in Vergleich und Urteil so weit gehen kann, bleibe dahingestellt. Daß aber Schönbergs Oper ein Werk des Bekenntnisses ist, und zwar nicht nur eines religiösen, das steht außer Frage.

Die jüdische Gemeinschaftsidee, der sich der Aspekt des Auerwähltseins verbindet, spielt im Schönberg-Kreis eine wichtige Rolle. Zum Thema gemacht, tritt sie deutlich in dem 1922 oder 1923 konzipierten, 1926/27 fertiggestellten Drama *Der Biblische Weg* wie in der Oper *Moses und Aron* zu Tage. Gerade da aber impliziert diese Idee die Tendenz, den Künstler einer Verpflichtung zur gesellschaftlich wirksamen Aktivität zu unterstellen. In einem undatierten Brief (nach 1945) Schönbergs an Franz Werfel heißt es: »Ich war immer der Meinung, daß an dieses Stück nicht ein rein künstlerischer Maßstab anzulegen ist, denn es ist ein reines Tendenzstück, mit der Tendenz, Propaganda zu machen. Hier steht in der jüdisch-nationalen Frage der politische Effekt weit über dem künstlerischen Wert.« – Die Tatsache, daß das Werk, dessen dritter Akt die Utopie einer Einheit von Individuum und Gemeinschaft beschwört, Fragment bleibt, obwohl Schönberg sich die Fertigstellung immer wieder neu vornimmt, muß man wohl so verstehen, daß Schönberg im Grunde an die Einlösung dieser Utopie selbst nicht glaubt – wohl deshalb nicht, weil er spürt, daß das Problem der Wirkmöglichkeit und der Überzeugungsfähigkeit des Künstlers durch das Werk hindurch unabdingbar an das Problem des Verhältnisses von Geist und Macht gebunden ist. Wie Moses – in der Oper eine Sprechrolle, im Gegensatz zum Heldentenor des Aron – mangelt es Schönberg an Sprachfähigkeit, das meint auf die Zwölftonmusik bezogen, an »animalischer Wärme« (so Schönberg selbst), durch welche die Kommunikation hergestellt würde. In *Moses und Aron* fallen Geist und Wort – und das Wort zu haben, bedeutet Macht – auseinander; und dort, wo sich das Wort doch in den Dienst des Geistes, der Idee stellt, muß Moses die Erfahrung machen, daß der Gedanke ins Bild gehoben und damit verfälscht wird. Arons Belcanto und die Abweichungen von der Reihenstruktur bei seinem großen melodischen Hymnus in der zweiten Szene des ersten Aktes auf die Worte »auserwähltes Volk, einen einzigen Gott ewig zu lieben«, halten diese Verfälschung unmißverständlich fest – Verfälschung jedenfalls im Hinblick auf den Gedanken der zwölftönig durchkonstruierten Musik, in der das Gesetz bis in die letzte Notensetzung hinein wirken muß, ohne daß dies sinnlich erfahrbar wäre. (Rexroth 1978)

1958 John Cage (1912-1992) bei den Darmstädter Ferienkursen für Neue Musik

Der Erfolg seines Kurses über experimentelle Musik ist durchschlagend; nichts wird heftiger diskutiert als dieser Angriff auf die scheinbar geheiligten Kompositionsweisen Neuer Musik. In der Tat stößt Cage mit seinen radikal-revolutionären Ideen die gesamte europäische Avantgarde an – wie sie meint zur Abkehr von allen seriellen und abgeleiteten Kompositionsverfahren. Aber vielleicht denkt Cage viel weiter, gar an eine Abkehr vom Komponieren überhaupt. Man kann es jedenfalls für möglich halten, wenn man bedenkt, was er wohl gemeint haben könnte, als er sich 1990 wieder in Darmstadt zu eigenen Werken äußert, die man ihm zu Ehren aufführt:

> »Im ersten Teil des Portraitkonzertes sind fünf seiner Solostücke in einer Simultanaufführung zu hören. Was andere Komponisten als Frevel am Werk empfinden würden, ist für Cage selbstverständlich. Er hat seine Musik von allen Zwängen befreit, auch von denen der Aufführungspraxis. Ob es ihm denn wichtig sei, daß seine Partiturvorgaben präzise umgesetzt werden, wollte einer der Komponisten wissen. Nein, er sehe sich nicht in der Rolle eines Polizisten, der Forderungen stelle und Kontrolle ausübe, antwortete Cage. Die einzelnen Stimmen dürfe man durchaus als Vorschläge verstehen. Allerdings wünsche er sich, daß die Töne nicht zu laut gespielt würden, denn sie stünden in einem freundschaftlichen Verhältnis zueinander. Das Arditti-Quartett erfüllt ihm diesen Wunsch in *Four* aus dem Jahre 1989. Sie gaben es als mild vorbeiziehendes Klangband, das irgendwann aus der Stille emporgestiegen ist und irgendwann wieder in ihr versinkt. ›No ideas, nothing to say, no feelings, no taste, no variations, no repetitions.‹ Und doch wunderbare Musik« – meint Claus Spahn, der Rezensent (1990).

1991 arrangiert die Neue Pinakothek in München eine Ausstellung »Kunst als Grenzüberschreitung. John Cage und die Moderne«. In diese Ausstellung wird der Besucher so eingeführt (gekürzt):

»Der Amerikaner John Cage hat seit mehr als vierzig Jahren permanent seine Arbeitsfelder erweitert, wechselte vom Komponisten zum Performer [darin Mauricio Kagel verwandt], vom Dichter zum Vortragenden, vom Radierer zum Zeichner zum Aquarellisten und so fort. Seine Arbeitsweise entwickelte er vor dem Hintergrund eines intensiven Studiums europäischer Tradition – er war Schüler Arnold Schönbergs – und asiatischer Denkweisen. – Veränderungen und Zufälle, changes und chance, Anarchie und heitere Gelassenheit werden Merkmale dieser Arbeitsweise, die in ihrer Genauigkeit und überlegten Besonnenheit die Qualitäten hat, die langfristig überzeugen: So sind seit Cages Lehrtätigkeit an der Cornish School in Seattle, USA, im Jahre 1937 immer wieder Arbeiten entstanden, deren Bedeutung und Einfluß auf die Entwicklung der Kunst vergleichbar sind mit denen von Warhol und Beuys, Arbeitsansätze, die aufzunehmen sind, ›Konzepte wider den Zwang‹.« Aus der Zahl dieser Werke sind wohl vor anderen zu nennen: *Konzert für Prepared Piano und Kammerorchester* (1951), *Lecture on the weather* für Sprecher, Vokalisten und Instrumentalisten (1976), elektronisch gemachte Werke, jedenfalls im weiteren Sinne elektronisch, *Imaginary landscape* (seit 1939), *Audiovisuelle Komposition »Water music«* (1952). So stark der Wunsch ist, in allen diesen Versuchen Kunst und Leben wieder zu vereinigen, er führt nicht zum Ziel, nicht aus der Enge des Experimentierens heraus. Anregend ist Cage freilich für viele wichtige Komponisten geworden, für Boulez, Kagel, Ligeti, Schnebel, Stockhausen und für viele andere weniger wichtige – die sich von den wichtigen also darin nicht unterscheiden.

1958 Witold Lutosławski (* 1913): Trauermusik

Um 1955 den 10. Jahrestag des Todes von Béla Bartók würdig begehen zu können, gibt Jan Krenz, damals Leiter des Großen Symphonieorchesters des Polnischen Rundfunks in Kattowitz einen Kompositionsauftrag für eine Trauermusik an Witold Lutosławski. Aber der Komponist benötigt für die Arbeit nicht wie vorgesehen ein paar Monate sondern zwei Jahre, was, wie er selbst sagt, die »Folge ernster technischer Schwierigkeiten« ist. Dieses Bekenntnis aus dem Munde des Autors bekannter und hervorragender Werke wie der *Ouvertüre für Streicher* (1949) und des *Konzerts für Orchester* (1954) klingt zunächst überraschend, überrascht aber dann nicht mehr, wenn man das Stück hört und dem bisherigen Werk des Komponisten gegenüberstellt. Lutosławski bricht hier im Grunde mit allem, was seine Komposition bis dahin bestimmt hat: keine neoklassizistische Tendenz mehr, keine Elemente mehr der Folklore im Bartókschen Sinne, keinerlei Reminiszenzen mehr an das Dur-Moll-System, statt dessen eine neue, linear-kontrapunktische aber zwölftönige kompositorische Organisationsform. Und die Anlage des Ganzen hat vier attacca aufeinanderfolgende Abschnitte: »Prolog«, »Metamorphosen«, »Apogäum« und »Epilog«. – Schon nach der ersten Aufführung ist klar, daß dieses Werk nicht nur im Schaffen Lutosławskis sondern überhaupt für die polnische Musik einen Wendepunkt markiert, und daß es eines der großen Werke der Musik unseres Jahrhunderts ist, durchaus würdig dem Spätwerk Béla Bartóks, dessen Andenken es gewidmet ist.

In einem, bald nach der Uraufführung veröffentlichten Interview gesteht der Komponist: »Meine Arbeit hatte im Laufe langer Jahre oft einen doppelten Charakter: Studien an einer neuen Sprache und das Schaffen, in dem ich mich der Mittel bediente, die mir gut vertraut waren und die ich beherrschte. Deshalb würde ich gern einige meiner Werke zu einem ›Ersatzschaffen‹ zählen... Ein ›Ersatzschaffen‹ entsteht nach dem Grundsatz: Ich schreibe, wie ich es vermag, weil ich im Augenblick nicht so schreiben kann, wie ich es möchte. Der Grad der Engagiertheit eines Komponisten bei einem solchen Schaffen kann sogar sehr hoch sein, obwohl er etwas von einem Akt der Resignation an sich hat. Was das psychische Selbstgefühl bei einem solchen zweifachen Weg betrifft (ein gefährliches Thema!), habe ich es irgendwie ertragen, obwohl es von innerem Komfort weit entfernt war. Ich freue mich, daß ich davon in der Vergangenheitsform sprechen kann.« Was Lutosławski hier anhand seines Schaffens beschreibt, ist, worauf wir bei anderen Komponisten und Werken wiederholt hingewiesen haben, die Grundproblematik aller Komposition im 20. Jahrhundert, insbesondere allerdings die der polnischen Musik nach dem Zweiten Weltkrieg.

seit den 1960er Jahren: Rasche Verbreitung von neuen Schallplatten und Tonbändern

Die rasch fortschreitende technische Entwicklung der Tonträger und der Wiedergabegeräte (Schallplatte – Langspielplatte – CD-Platte; Tonbandgerät – Cassettengerät – Walkman; analoge – digitale Schallaufzeichnungen) sowie der wachsende Wohlstand im wirtschaftlichen Aufschwung der Industrieländer nach dem Zweiten Weltkrieg erlangen auch für die Musik und das Musikleben, ja für die allgemeine Bewußtseinslage in Sachen Musik erhebliche Bedeutung. Besaßen bis dahin fast nur ausgesprochene Musikliebhaber, vor allem Klassik- und Jazz-Freunde, Plattenspieler, so verwandelt sich mit den neuen und unvergleichlich besseren Geräten – vor allem mit Tonbandgeräten, die auch eigene Aufnahmen ermöglichen – der Wunsch des einzelnen, selbst Musik zu besitzen, zum Trend in der Gesellschaft: »Man« hat jetzt einen Plattenspieler und ein Tonbandgerät; Warenhäuser bieten Schallplatten zu bis dahin nicht für möglich gehaltenen niedrigen Preisen an, und »man« kauft, zum Beispiel Beethovens

»Appassionata« und »Pathétique«, auf einer Platte im Sonderangebot auf dem Supermarkt für DM 10,--. Warum auch nicht? Wie oft »man« die Platte dann hört, ist eine andere Frage. Keine Frage jedoch ist, daß sich das Standardrepertoire der klassischen Musik damit in kurzer Zeit unermeßlich verbreitet und daß diese Verbreitung tiefgreifende Rückwirkung hat auf das Verhalten der Menschen gegenüber der Musik: angefangen vom Programmangebot der Rundfunkanstalten (das nicht mehr »gestaltet«, sondern entsprechend den Einschaltquoten reguliert wird) über den Konzertbesuch bis zum Hörverhalten. Allerdings, wenn man ein Werk beliebig oft hören kann und tatsächlich oft hört, dann hat das fast unvermeidlich zur Folge, daß man meistens nicht mehr konsequent hinhört. Mit anderen Worten: die Allgegenwart von Musik verdirbt das der Musik angemessene Hörverhalten. Oft genug bemerken wir ja doch erst, daß »Musik spielt«, wenn sie, etwa wegen Stromausfalls, plötzlich aufhört. Und in dieser Hinsicht besteht zwischen E- und U-Musik kaum ein Unterschied.

1961 György Ligeti (* 1923): Orchesterstück »Atmosphère«

Bei den Donaueschinger Musiktagen 1961 bringt Hans Rosbaud mit dem Südwestfunk-Orchester ein verhältnismäßig kurzes Orchesterstück zur Uraufführung, das, so fremd es zunächst scheinen mag, seinen Komponisten bald weltberühmt macht: *Atmosphère* von György Ligeti (der 1956 aus seiner Heimat Ungarn geflohen und zunächst im elektronischen Studio des WDR in Köln untergekommen war). Aus einem Komponisten in der Nachfolge Béla Bartóks ist einer geworden, der den Stand der westeuropäischen Avantgarde reflektiert – und hinter sich läßt. Ligeti unterscheidet schärfer, als es damals im Zeichen eines gewissen Materialfetischismus üblich ist, zwischen effektiver kompositorischer Verantwortung und serieller Automatik im Verfahren, und er fragt unbefangen, ob die Umsetzung von der Intention über den Konstruktionsplan zum klanglichen Ergebnis ohne wesentlichen Verlust gelingen kann, wenn sich der Komponist weitgehend dem Steuerungsmechanismus außermusikalischer Verfahren überläßt. Dementsprechend sind die ersten Kompositionen, die Ligeti nach 1956 bis in den Anfang der 60er Jahre schreibt, Reaktionen auf den herrschenden Zustand der westeuropäischen Avantgarde-Musik, immer energischere Versuche, den Zirkel der darin etablierten Konventionen zu durchbrechen. Und womit und wie schafft Ligeti Neues? Er sagt es selbst in einem Interview (1967): »In *Atmosphère,* um tatsächlich ein extremes Beispiel zu nehmen, waren die Klangfarben primär formbildende musikalische Elemente. In *Lontano* [für Orchester, 1967] ist das nicht mehr so eindeutig der Fall. *Lontano* bedeutet für mich selbst eine Weiterentwicklung der kompositorischen Technik und auch der kompositorischen Konzeption von *Atmosphère* und *Volumina* [für Orgel, 1961-1966], und zwar in eine ganz bestimmte Richtung: In *Apparations* [elektronische Komposition 1958/59] und *Atmosphère* bin ich abgekommen von der Arbeit mit Harmonik, oder ganz allgemein: von der kompositorischen Arbeit mit Intervallen. Ich habe die Intervalle zerstört, das heißt ich habe so viele kleine Sekunden ineinandergehakt, bis selbst die kleinen Sekunden oder die Chromatik als etwas Harmonisches verschwunden sind. – Scheinbar ist es so, als ob ich in neuen Stücken, schon von dem *Requiem* [1963/65] an und dem *Cellokonzert* [1966] und im Chorstück *Lux aeterna* [für Chor a cappella, 1966] und noch viel deutlicher in *Lontano,* zurückgekehrt wäre zu einem früher schon verlassenen Standpunkt, und zwar zur Arbeit mit deutlichen intervallischen oder harmonischen Konfigurationen. Intervalle, bestimmte Tonhöhen, spielen hier tatsächlich eine wesentliche Rolle für die ganze Grundlage der Form und auch für die Erscheinung. – Die neutralisierte Harmonik – oder sagen wir: die eliminierte Harmonik, wie in *Atmosphère* und *Volumina* – hat sich indessen sehr schnell verbraucht. Fast alle diese Stücke sind in bestimmten Randbezirken angesiedelt, in denen man dann nicht mehr weitergehen kann. Das heißt: man könnte weitergehen, aber man würde nichts Neues finden. Es gibt irgendwo einen Rand, dann kommt eine Wüste. Man steht an diesem Rand, und wenn man in der Wüste weitergeht, findet man immer dasselbe: Sand.« – Wer denkt bei diesen Worten nicht an den Titel von Paul Klee und Pierre Boulez *»An der Grenze des Fruchtlandes«*? – Ligeti fährt fort: »Wenn ich jetzt meine *Atmosphère* und *Volumina* weiter komponieren würde und weiter mit der total neutralisierten Harmonik arbeiten würde, was würde ich finden? Ich würde immer dasselbe finden, das heißt ich würde Selbstkopien machen. – Nun wollte ich auch andere Ränder aufsuchen. Ich muß mich selbst fragen, warum unbedingt Ränder, warum eine extreme Position? Ich könnte sagen: etwas zu machen, was schon da war, ist für mich uninteressant. Wenn etwas Neues experimentiert wurde und man ein Ergebnis hat, dann lohnt es sich nicht, dasselbe Experiment wieder zu machen.« Dementsprechend ist *Lontano* in der Tat auch ganz anders: »Ich habe eine Vorstellung von einem ›vollen‹ Orchesterklang – ganz anders als in meinen bisherigen Stücken. Die im *Requiem* entwickelte kontrapunktische Technik will ich für ein dichtes Gewebe aus vielen Instrumentalstimmen weiterentwickeln. Das Stück wird ein sehr komplexes, sehr weiches Gebilde sein, mit sehr vielen Pianissimo-Tutti-Stellen, mit verästelten Bewegungen der Stimmen. Die ›Klangfarbe‹ wird nicht mehr die Hauptrolle spielen… Aber wesentlicher wird die interne Struktur des ›Riesengewebes‹ und Formgliederung. Etwas wie *Atmosphère* will ich nicht mehr schreiben – das kann man nicht wieder machen.« In der Tat arbeitet Ligeti hier nicht am Klang selbst sondern mit einer Art von Stimmenpolyphonie, bei der sich Intervall- und Akkordgestalten bilden, die aus harmonisch uncharakteristischen Feldern allmählich kristallisieren, dann aber wieder langsam abgebaut werden.

1961 Karlheinz Stockhausen (* 1928): Klavierstück X

»Im *Klavierstück X* habe ich den Versuch gemacht, zwischen relativer Unordnung und Ordnung zu vermitteln. Mit Hilfe einer Skala von Unordnungs-Ordnungsbeziehungen habe ich Strukturen in Reihen unterschiedlicher Ordnungsgrade komponiert. Höhere Ordnungsgrade zeichnen sich durch größere Eindeutigkeit (Mangel an Zufälligkeit) aus, geringere Ordnungsgrade durch größere Wahrscheinlichkeit und Ausgeglichenheit der Unterschiede (zunehmende Vertauschbarkeit, abnehmende Durchhörbarkeit). Größere Ordnung ist mit geringerer Dichte und stärkerer Vereinzelung der Ereignisse verbunden. Im Verlauf des Stückes werden extreme erreicht: Strukturen kristallisieren sich zu einmaligen individuellen Gestalten (Grad höchster Ordnung), oder Strukturen nivellieren sich zu massenhaften Komplexen. Im Verlauf des Vermittlungsprozesses zwischen Unordnung und Ordnung werden aus einem einheitlichen Anfangszustand großer Unordnung (Ausgeglichenheit) zunehmend mehr und konzentriertere Gestalten entfaltet. Der wachsenden Unausgeglichenheit bin ich dadurch begegnet, daß ich die Vereinzelung der Gestalten immer mehr aufhob und die im Verlauf des Stückes ausgebildeten persönlichen Gestalten am Schluß zu einer höheren, übergeordneten Gestalt vereinigt habe.« So Stockhausen selbst (1964). Die Eingeweihten sagen, das Stück gehöre zu den faszinierendsten der Musik der ausgehenden 50er Jahre. Dem Hörer allerdings, und durchaus auch dem mit neuer Musik nicht unerfahrenen, erschließt sich das Werk kaum, und zwar selbst dann nicht, wenn er durch Analyse und Einführung eingewiesen wird. Dann nämlich stellt sich der fatale Eindruck ein, entgegen allen anders lautenden Beteuerungen seien die Überlegungen zur Komposition das eigentlich Wichtige, die erklingende Musik hingegen nur eine Art von Nebensächlichkeit – ein Eindruck, der so falsch nicht ist, wenn man bedenkt, daß serielle Kompositionsverfahren eben dann nicht im selben Sinne Kompositionsverfahren sind wie alle anderen vorher, wenn das Mittel zum Zweck anstelle der Sache selbst ernst genommen wird.

1961 Gründung der Biennale für zeitgenössische Musik in Zagreb, Kroatien

Nach dem Zweiten Weltkrieg bestätigt sich Zagreb als musikalisches Zentrum Kroatiens, zu dem es im 19. Jahrhundert und besonders seit dem Ersten Weltkrieg geworden war, und als eines der Musikzentren Europas. Viele weltberühmte Künstler wirken oder wirkten in Zagreb, viele sind hier ausgebildet worden und dann ins Ausland gegangen. Mit der Zagreber Biennale für zeitgenössische Musik hat die Musikkultur Kroatiens und Südosteuropas überhaupt seit 1961 ein Forum von internationalem Rang, dessen Wirkung für Durchbruch und Entwicklung der Neuen Musik von wesentlicher Bedeutung ist, zumal ein Prozeß in dieser Richtung seit den 50er Jahren und der Befreiung vom Sozialistischen Realismus im Gange ist.

1962 Benjamin Britten (1913-1967): »War Requiem«

Die Zerstörung der Stadt Coventry und ihrer Kathedrale 1940 war gleichsam das Fanal der grauenvollen Luftangriffe, die den Zweiten Weltkrieg in seiner zweiten Phase kennzeichnen. Dadurch kommt dem Wiederaufbau dieser Kirche symbolische Bedeutung zu. Für die Einweihungsfeierlichkeit ergeht ein Kompositionsauftrag an Britten. Britten nimmt den Auftrag an und komponiert den Text der Römischen Totenmesse (ausgenommen Graduale und Tractus), außerdem als Kommentar und zur Gegenüberstellung neun Gedichte des kurz vor dem Ende des Ersten Weltkriegs in jugendlichem Alter gefallenen englischen Dichters Wilfred Owen. Diese leidenschaftlichen, in hochexpressiver Sprache verfaßten Anklagen gegen den Krieg sind erfüllt von Bitterkeit, Ironie und tiefer Enttäuschung über das Versagen der christlichen Kultur, von Schmerz über die geopferte Jugend und die unerfüllten Wirkungsmöglichkeiten der Gefallenen. Vom Inhalt und Ziel seines Dichtens berichtet Owen in einem Brief, von dem Britten einen Ausschnitt als Motto über sein Werk setzt: »Mein Thema ist Krieg und das Elend des Krieges. Meine Dichtung ist inmitten des Elends… Alles, was ein Dichter heute tun kann, ist zu warnen.« Britten trennt die lateinischen und die englischen Texte in Abfolge und Besetzung. Nur am Ende des Schlußsatzes »Libera me« werden die beiden Besetzungen und Texte zusammengeführt.

> Das ganze Werk durchzieht ein Intervall, das durch Klang, Symbol, Strukturmoment und harmonische Spannung historisch besonders qualifiziert ist, ein Tritonus. Dazu zitiert H. G. Bauer (1984) den Musikhistoriker Georgiades (1956): »Der Tritonus... ist ein eigentümliches Gebilde. Als einziger Zusammenklang kommt er nur an einer Stelle innerhalb der diatonischen Reihe vor. Er ist eine einprägsame, unverkennbare Gestalt, eine Einheit, die aber eindeutigen Fortschreitungstrieb besitzt. Er kann nicht in sich ruhen (er ist keine Konsonanz), sondern er ist zielstrebig. Er vereinigt in sich zwei Leittöne... der diatonischen Reihe... Der Tritonus wirkt wie ein Ferment. Er bringt in die leblose ›Natur‹ den Keim des ›Organischen‹. Er flößt auch den anderen Klängen Leben ein.« Und Bauer fährt fort: »Britten hat den Tritonus im ganzen 1. Satz seines *War Requiems* in seinen ›toten‹ Eigenschaften als Gebetsklang, Todessymbol und Reihenstrukturelement verwendet. Erst jetzt, am Schluß des Satzes, kurz vor der Schilderung der Schrecken des Jüngsten Gerichts im 2. Satz (Dies irae), deutet Britten mit der überraschenden Wendung nach F-dur die dem Tritonus innewohnenden ›lebenserweckenden‹ Kräfte an. Zugleich wird der Schlußakkord durch eine ›fehlerhafte‹ halbtönige Rückung (auflösungsgerecht wäre Fis-dur oder fis-moll) in ein weiches Licht getaucht, nämlich in F-dur. Mit der vierten Funktion des Tritonus, der tonalen, repräsentiert Britten schließlich den Vorschein des Lebens, welchen die tonale Musik des 17. bis 19. Jahrhunderts so wunderbar zur Blüte gebracht hat. Der Schluß deutet an, daß die tonale Organisation des musikalischen Materials nicht die Tonalität ablöst, sondern sich noch immer im zumindest imaginären Spannungsverhältnis zu ihr befindet. Musik soll sich für den Menschen noch einmal und anders erheben: Im Feld des ›Nicht mehr‹, des ›Noch nicht‹ und des ›Aber anders!‹, in der fehlenden Stringenz liegt die Authentizität des *War Requiems*.«

Adornos herablassendes Urteil über Britten: »auftrumpfende Dürftigkeit« und, gar in einem Atemzug mit Schostakowitsch, »Geschmack am Ungeschmack, Simplizität aus Unbildung, Unreife, die sich abgeklärt dünkt, und Mangel an technischer Verfügung« bedarf unbedingt der Korrektur. – 1947 ist Britten Mitbegründer der »English Opera Company« und 1948 des »Aldeburgh Festivals«. Bekannt wird er insbesondere durch seine *Opern »Peter Grimes«* (1945) und *»The turn of the screw«* (1954) sowie durch Lieder – wenn nicht noch mehr durch seine Konzerttätigkeit als Klavierbegleiter des Sängers Peter Pears.

1962 Mauricio Kagel (* 1931): Kammermusikalisches Theater »Sur scène« in Bremen

Kagel ist Argentinier aus Buenos Aires, ein erfahrener Musiker und Theatermann. Er kennt die großen Werke der europäischen Musik, auch des 20. Jahrhunderts. Als Nicht-Europäer hat er die Freiheit der Unbefangenheit gegenüber dem abendländischen Erbe, das diese Werke bilden, als das sie jedoch den Komponisten belasten. Dementsprechend nimmt Kagel sich als Komponist auch die Freiheit zu Experimenten mit und über Musik, in denen er das Auseinanderklaffen von Vergangenheit und Gegenwart und die auseinandergefallenen Spielmöglichkeiten von Musik und Theater in neuen Werkkonstellationen wieder zusammenzuführen versucht. Dazu setzt er nicht in erster Linie bei der musikalischen Komposition oder ihren Methoden an (nach anfänglichen Versuchen), nicht einmal bei der Musik als solcher, sondern – beim Hörer, den er aus den Geleisen seiner Hörgewohnheiten herausreißen und zu neuen Erfahrungen öffnen will. In seinem, von ihm selbst so genannten »instrumentalen Theater« setzt er alle Mittel der Musik, vor allem aber der Schauspielerei und des Theaters ein: Sprache, Musik, Geräusche, Bühnenbild, Beleuchtung, Bewegungsabläufe, Mimik, und all das mit der ganzen Bandbreite vom Ernst über die Ironie bis zum Klamauk. Dabei sind in der Regel alle Details der Aktion ausgearbeitet und festgelegt, und zwar durchaus im Sinne eines Gesamtkunstwerkes. Trotzdem entsteht beim Zuschauer/Zuhörer der Eindruck von improvisiertem Musik-Theater, in das er einbezogen ist, jedenfalls einbezogen sein soll, das ihn aber in jedem Fall zu eigenen Reflexionen über Musik und Theater und damit über sich als Menschen der Gegenwart und seine Kunst anregen will. Das freilich funktioniert nur, wenn die Hörer mitmachen, was sie meist nicht tun.

In *Sur scène* sind, wie Dieter Schnebel (1970) beschreibt, »vier Vorgänge synchronisiert, die sechs Männer ausführen: der Vortrag eines Sprechers, das Agieren eines Mimen, die Melodien eines Sängers und die Musik von drei Instrumentalisten. Einen durchgehenden Zusammenhang – wenn hier von so etwas wie Zusammenhang noch gesprochen werden kann – bildet am ehesten die Partie des Sprechers. Sie ist überdies zentral; insofern nämlich, als die Partien der übrigen Mitwirkenden, des Mimen und des Sängers zumal, sich als Reaktionen auf den Vortrag verstehen lassen... – Im Vortrag kommt wirklich Sprechen zur Geltung, so seltsam es oft zu Gehör gelangt. Meist ist, was gesprochen wird, sogar verständlich. Allerdings nur akustisch... – Der der Sprecherpartie zugrundeliegende Text ist Collage literarischer Materialien, wie sie das Musikleben liefert.« Nach Überlegungen zu Text und Handlung und zu den verschiedenen Rollen und ihrem Verhältnis zueinander kommt Schnebel zu diesem Schluß: »Was nimmt man also wahr? Man hört Gerede über Musik, das das ganze Stück durchzieht; eine Art Grundierung bildet. Die Clichés, die das Musikleben ständig produziert, sind ständig gegenwärtig. Dazu vernimmt man eine Musik, die aus dem Leim geraten ist, stellenweise gar eines gewissen Stumpfsinns nicht entrāt. Vom Vortrag sagt Kagel: ›Dieser Zustand des Sprechens ›über‹ vermeidet eine wahre zwischenmenschliche Kommunikation und überträgt sich auf fast alle theatralischen Situationen des Stücks.‹ Was sieht man also?: Welche Entfremdung zwischen denen herrscht, die am Musikleben beteiligt sind. Registriert sich dessen Zerfall, und gezeigt werden seine absurden Züge. Freilich will das Theaterstück keine bloße Reproduktion davon. Was auf der Bühne gebracht wird, ist eine Übertreibung ins Groteske, eine äußerst artistische und vergnügliche obendrein – Verwandlung in Musik. So verzogen gespiegelt aber werden die Schründe der Wirklichkeit erst recht deutlich. *Sur scène* ist das Musikleben ›comment c'est‹, und melancholisch demonstriert wird das Vergebliche daran.« – Was hier gesagt ist, gilt cum grano salis für alle Werke Kagels seitdem. Die wichtigsten sind wohl: *Film »Ludwig van«* (1969), *Staatstheater* (1971), *Die Erschöpfung der Welt* (1980) und *Sankt-Bach-Passion* (1985).

1962-1965 Krzysztof Penderecki (* 1933): Stabat mater und Lukas-Passion

Nach einer kurzen Phase heftigen Experimentierens (mit Spieltechniken, Geräuschen, Klängen, Clustern), aus der aber auch durchaus manifeste Werke hervorgehen (1958: *Emanationen, Psalmen Davids;* 1959: *Strophen;* 1960: *Streichquartett, Dimensionen der Zeit und der Stille, Threnos für die Opfer von Hiroshima;* 1961: *Polymorphia*), wendet sich Penderecki 1962 mit all den gemachten Erfahrungen einer traditionellen Aufgabe zu, nämlich der Vertonung eines *Stabat mater,* aus der dann die Vertonung einer ganzen, einer monumentalen *Passion nach Lukas* (für Soli, 3 Chöre und Orchester) hervorgeht. Damit greift Penderecki textlich und musikalisch ein Thema mit Jahrhunderte alter abendländischer Tradition auf: eine Wahnsinnstat, möchte man vermuten – und es wird ein Ausnahmewerk. Über die Musik kommt die Ungeheuerlichkeit der Passionsgeschichte wieder zum säkularisierten Zuhörer, etwa wenn die Menge in einem nicht mehr zu definierenden, den ganzen Tonbereich ausfüllenden »Akkord« ausbricht: »Crucifige! Crucifige illum!«; wenn dieser Schrei sozusagen kalt im Raum steht; wenn dann dieser »Akkord« wie ausgeschaltet abbricht und kalte Stille bleibt. Die Passion ist hier von einem komponiert, der von Hiroshima weiß und der Auschwitz gesehen hat, und das »Consummatum est« hat jetzt eine neue Bedeutung. – Wie selten ein Werk Neuer Musik findet Pendereckis *Lukas-Passion* trotz ihrer schroff eingesetzten Mittel neuer Kompositions- und Klangtechniken sogar beim breiten Publikum Anklang. Die Uraufführung hat gottesdienstlichen Charakter; man begeht mit ihr die Siebenhundertjahrfeier des Doms zu Münster in Westfalen; der liturgische Rahmen und eine fast liturgische Funktion geben dem Werk einen doppelten (für manchen freilich doppelt suspekten) Charakter, nämlich den eines religiösen Bekenntniswerkes und zugleich den eines überwältigenden Ereignisses Neuer Musik. Endlich einmal wieder ist die abendländische Musik aus dem Experiment ins Werk getreten.

1965 Bernd Alois Zimmermann (1918-1970): Oper »Die Soldaten« in Köln

1958 erteilt der Intendant der Städtischen Bühnen Köln, Herbert Maisch, Zimmermann den Auftrag für eine Oper nach dem Schauspiel *Die Soldaten* (1776) des Sturm und Drang-Autors Jakob Michael Reinhold Lenz (1751-1792). 1960 legt Zimmermann das Werk vor, aber Oskar Fritz Schuh, der neue Intendant, und Wolfgang Sawallisch, der Generalmusikdirektor, also zwei erfahrene Theatermänner, erklären das Stück »im Rahmen eines Opernbetriebes für unaufführbar«. Nach langem Zögern und nur widerwillig macht sich Zimmermann an eine Umarbeitung. Die neue Fassung geht nach langer und mühevoller Probenarbeit am 15. Februar 1965 über die Kölner Bühne; musikalische Leitung: Michael Gielen, Regie: Hans Neugebauer, Ausstattung: Max Bignens. Wider Erwarten wird die Uraufführung ein Riesenerfolg, der sich, wo immer man das Werk aufführt (Kassel 1968; München 1969; Düsseldorf 1971; Stuttgart 1987), wiederholt. Dieser Erfolg ist erstaunlich.

> Zimmermann folgt der Dramentheorie seines Autors (dessen Text er fast ungekürzt übernimmt), und diese beflügelt ihn zu einer Konzeption, welche die Vielfalt der Figuren und der Einzelereignisse auf das zugrunde liegende Eine zurückführt, und zwar im Bühnengeschehen wie in der Musik – dort als das sozial

bestimmte Schicksal, hier als eine fundamentale Allintervall-Reihe. Zimmermann selbst: »Was bedeuten nun jene Lenzschen Grundsätze, was seine dramatische Konzeption für den Komponisten? Die Antwort ist schon gegeben: Aufschlüsselung aus einem einzigen elementaren Ansatz. Damit ist die kompositorische Methode bestimmt, ja exakt beschrieben. Wir nennen sie ›seriell‹, und es bedeutet: ›put all space in a nutshell‹ (Joyce) und gleichermaßen ›hundert Einheiten will ich euch angeben, die alle immer doch die eine bleiben.‹ – Welche Möglichkeiten liegen überhaupt in einer so alten und so oft totgesagten Form wie in der Oper beschlossen in Hinsicht auf unseren Ausgangspunkt? Die Antwort ist schon gegeben. Mir wurde danach deutlich, daß der Aspekt des Seriellen der Oper neue Möglichkeiten eröffnet, die geradezu dafür geschaffen sind, dem vielschichtigen Gefüge, dem Monströsen der Oper, gerecht zu werden; ja es scheint, als sei jene stringente Einheit, von der ich sprach, diejenige, welche ehestens zu einer Identifikation, zu einer Erfüllung des von Lenz Geforderten zu führen vermag: Einheit der inneren Handlung – der Pendelschlag zwischen Sukzessiv und Simultan – das Hinabschießen in die Zeitspirale – Vertauschbarkeit der Dimensionen – Rotierungen und Schwebungen – der große Zeitklang, der ein ganzes Werk überwölkt und umfaßt: der Weg der Komposition und seine Richtung ist durch den Dichter gewiesen. Ein neuer Begriff der Oper, in der Schwebe gehalten zwischen zentripetaler Raum- und zentrifugaler Zeitvorstellung, zentripetaler Zeit- und zentrifugaler Raumvorstellung.«

Die Soldaten sind die schöpferische Umsetzung von Zimmermanns Idee von der »Einheit« und der »Kugelgestalt der Zeit« in eine »pluralistische Oper«. Pluralistisch meint dabei Verschiedenes, etwa die gleichzeitige Verwendung von Musiken verschiedener Stile und aller möglichen Arten von Gesangs- und Sprechtechniken, die Einbeziehung nicht nur von Tanz sondern auch von Pantomime und sogar Akrobatik, für das Auge die Einbeziehung von Filmen, für den Klang von Lautsprechermusiken und Tonbandkollagen. Zuweilen spielen auf der Bühne mehrere Szenen gleichzeitig, wobei sich Vergangenheit, Gegenwart und Zukunft durchdringen können: »totales Theater«, um den Zuschauer, der sich wie im Mittelpunkt einer Kugel als im Mittelpunkt des Geschehens fühlen soll, völlig in Bann zu schlagen. Musikalisch verfährt Zimmermann so, daß eine symmetrische Allintervall-Zwölftonreihe das Grundbauelement für die weitgehend seriell geplante Komposition bildet, gedacht als Widerspiegelung der Idee der Einheit.

Wenn nun all das phantastisch gemacht ist – und es ist phantastisch gemacht! –, warum ist dann der Erfolg erstaunlich? Weil der Hörer das meiste von dem, was musikalisch geschieht, genauer: was an musikalischen Strukturen abläuft, die direkt an das Bühnengeschehen geknüpft sind, nicht eigentlich musikalisch wahrnehmen kann, weil er etwa die gleichzeitig ablaufenden Musiken verschiedener Szenen weder auseinander- noch zusammenhören kann, weil er sich statt dessen viel öfter und immer wieder von Klangmassen überrollt fühlt, die ihn nun allerdings keineswegs in den Mittelpunkt alles Geschehenden versetzen, wie es die Intention des Komponisten ist, sondern die ihn auf Distanz gehen lassen – anders könnte er das Ganze auch nicht ertragen. Und dennoch ist der Eindruck tief und durchaus vergleichbar dem von Alban Bergs *Wozzeck,* nämlich der Eindruck des Stücks von Lenz, dem durch Zimmermanns Komposition die Kraft des Überwältigenden zuwächst.

1966 Isang Yun (* 1917): Orchesterstück »Réak« in Donaueschingen

Die Tatsache, daß die Kulturen des Fernen Ostens uns Europäern heute näher zu liegen scheinen, und die Tatsache der Omnipräsenz der Japaner im Musikleben der Westlichen Welt, ferner die Tatsache, daß die Musikethnologie und aufgrund von deren Arbeit Radio und Fernsehen auch dem (von Haus aus daran eventuell gar nicht interessierten) Hörer außereuropäische Musiken »näherbringen«, all das hat zur Folge... Was? Daß wir japanische Musik hören oder gar verstehen lernen, wie die Japaner europäische Kunstmusik hören und verstehen und zu spielen gelernt haben? Kaum. Der Umkehrschluß geht merkwürdigerweise nicht: Daß europäische Musiker bei traditioneller japanischer Musik mitwirken, ist undenkbar. Entsprechendes gilt für die musikalische Komposition. Zwar komponieren Komponisten des Fernen Ostens in westeuropäischen musikalischen Idiomen, aber das Umgekehrte kommt nicht vor – und von einer wesentlichen gegenseitigen Beeinflussung oder gar Annäherung kann nicht die Rede sein. Bei diesem Sachverhalt gewinnt das Werk von Isang Yun, einem Koreaner, der zunächst in Korea und Japan und dann in Paris und Berlin Musik und Komposition studiert, besondere Bedeutung. Hier ist nämlich im Ernst der Versuch unternommen, musikalische Vorstellungen und Seinsweisen Europas und Ostasiens einander anzunähern, und zwar in modernen Kompositionen hohen Anspruchs und hohen Ranges. Yun selbst beschreibt die ostasiatischen Elemente in seiner Musik so: »Während in der europäischen Musik der Begriff der Form eine entscheidende Rolle spielt und erst eine ganze Gruppe von Tönen horizontal melodischer oder vertikal harmonischer Ordnung aufeinander bezogen Bedeutung erlangt, steht in der jahrtausendealten Tradition der Musik Ostasiens der einzelne Ton, das Bau-Element, im Vordergrund. Wenn in der Musik Europas erst die Ton-Folge Leben gewinnt, wobei der Einzelton relativ abstrakt sein kann, lebt bei uns schon der Ton für sich. Man kann unsere Töne mit Pinselstrichen vergleichen im Gegensatz zur Linie des Zeichenstiftes. Vom Ansatz bis zum Verklingen ist jeder Ton Wandlungen unterworfen, er wird mit Verzierungen, Vorschlägen, Schwebungen, Glissandi und dynamischen Veränderungen ausgestattet, vor allem wird die natürliche Vibration jedes Tones bewußt als Gestaltungsmittel eingesetzt. Die Veränderungen eines Tones in der Tonhöhe werden weniger als melodiebildende Intervalle angesehen, sondern vielmehr in ihrer ornamentalen Funktion und als Teile des Ausdrucksregisters ein und desselben Tones begriffen.«

Für Donaueschingen 1966 schreibt Yun als Auftragswerk ein *Orchesterstück »Réak«.* Dem Werk eignet der Charakter des Zeremoniellen, einer rituellen Feiermusik, auf die auch der koreanische Titel hinweist. Mit europäischen Musikbegriffen ist einer Komposition wie dieser freilich nicht beizukommen. Form des Denkens und Material werden hier in völlig anderem Sinne angewendet; sie beziehen sich vor allem auf den Einzelton und gelten nur für ihn; seine Struktur ist außerordentlich differenziert, erfindungsreich und kunstvoll gestaltet; und jedes dieser Bau-Elemente unterscheidet sich deutlich von den anderen. Trotz dieser Verschiedenheit, die zunächst unüberwindbar zu sein scheint, spricht die Kritik und sprechen die Hörer von einem fesselnden, farbenreichen, vitalen Werk, hört der Kritiker Helmut Weidhase »profilierte Motivkürzel« und »fernöstliche Aulodien«, die zusammen einen einheitlichen Personalstil erkennen lassen und – eine Spur »exotischer Romantik«. – 1985 hat die Fakultät für Kulturwissenschaften der Universität Tübingen Isang Yun für sein in hervorragenden Werken dokumentiertes, ja gelungenes Bemühen um eine Zusammenführung europäischen und ostasiatischen musikalischen Denkens die Ehrendoktorwürde verliehen.

1967/68 **Galt MacDermot** (* 1928): **Musical »Hair«** in New York

Nach dem Kriege wandeln sich die Sujets und die Texte im MUSICAL. Sozialkritisches und Probleme der jungen Generationen, auch der Protestbewegungen drängen sich vor, außerdem eine gewisse Tendenz, die angeschnittenen Themen eher in kurzen Einzelszenen und in einzelnen Songs anzugehen und schlagkräftig zu charakterisieren als in geschlossenen Handlungsabläufen. Das erste Stück dieser Art mit Welterfolg ist *Hair,* dessen Handlung und Text nur so locker zusammenhängen, daß man fast beliebig kürzen, umstellen, verändern und neue Stücke einfügen kann. Ob und, wenn ja, wie weit *Hair* für »die« Jugend der 60er Jahre und ihr Lebensgefühl charakteristisch ist, bleibe dahingestellt. Jedenfalls ist es von starkem Einfluß auf die U-MUSIK der ganzen Welt und besonders auf die sogenannte ROCKMUSIK. Die späteren Musical-Welterfolge von A. Lloyd Webber (* 1948), *Jesus Christ Superstar* (1971) und *Cats* (1982), sind ohne den Vorläufer *Hair* nicht denkbar, übertreffen ihn aber andererseits: In der Spielzeit 1991/92 auf deutschen Musiktheaterbühnen hat Webbers *Musical »Das Phantom der Oper«* allein in Hamburg bei 414 Aufführungen 730 000 Besucher. An zweiter Stelle der Statistik folgt Mozarts *Zauberflöte* (506 276 Besucher bei 58 Inszenierungen), an dritter *Cats* (452 000 Besucher allein in Hamburg). (dpa)

1988 **Mikis Theodorakis** (* 1925): **Ballett »Alexis Sorbas«** in Verona

Nach dem Roman von Nikos Kasantzakis (1946) und dessen Verfilmung durch Michael Cacoyannis mit der Musik von Theodorakis (1965) schreibt der Komponist als Auftragswerk für die Festspiele in der Arena von Verona das zweiaktige *Ballett »Alexis Sorbas«.* Dazu er selbst im Gespräch mit Guy Wagner: »Zwar ist das Ballett ein Auftragswerk, gleichzeitig ist es mir aber auch ein wesentliches Anliegen… Ich habe sehr hart, fast ein Jahr lang, an der Struktur und der Gestaltung der Musik gearbeitet. Deshalb ist *Sorbas* ein für mein Schaffen sehr repräsentatives Werk geworden. Ich habe darin eine Vereinigung der drei hauptsächlichen Strömungen verwirklicht, die mein musikalisches Schaffen beeinflußt haben. Es sind dies die europäische Symphonik, die griechische traditionelle Musik und die kretische Volksmusik.

> Ich begann meine Karriere als europäischer, als westeuropäischer Komponist ernster Musik. Am Athener Konservatorium wurde ich nach den Kriterien der klassischen Musikausbildung geformt. Nur diese Maßstäbe zählten. Sie hatten aber nichts mit unserer Volksmusik zu tun. – In Griechenland hatte und hat zum Teil noch jede Region ihre spezifische Musik, die einen ganz authentischen und eindeutig bestimmten Charakter hat und zu jedem Fest, jeder Kundgebung von allen neu erlebt wird. Die Musik aber, die man vor allem hörte, war die geistliche Musik der griechisch-orthodoxen Kirche, die byzantinische Musik. Ich war

jeden Sonntag in der Kirche, und bei Volksfesten sah ich zu, wie die Menschen tanzten und ihren Gefühlen durch den Tanz und die Musik Ausdruck gaben. So nahm ich für mein späteres Leben sämtliche Strömungen der griechischen Musik in mir auf: die Musik der Kirche und die Musik der Straße, die Musik der Berge und die Musik der Inseln. Ganz wurde diese Musik mir aber erst bewußt, als ich in der Verbannung auf der Insel Ikaria lebte. Meine Leidensgefährten sangen dort die Lieder der Städte, und ich nahm die rembetischen Rhythmen in mir auf. Später versuchte ich, sie mit symphonischen Klängen zu verbinden. Ich dachte damals, auf diese Weise verschiedene Musikwelten miteinander vereinen zu können und so eine neue ›klassische‹ griechische Musik schaffen zu können. Der Versuch war zum Scheitern verurteilt. Er erschien mir bald als das, was er war: ein Weg in eine Sackgasse...

Mein kompositorisches Schaffen beruhte auf folgender Fragestellung: Wie konnte ich meine Bewunderung für die europäische Kultur, mit der ich mich schließlich doch nicht ganz identifizieren konnte, mit meinen griechischen und den spezifisch kretischen Wurzeln, für die es keine klassische Musiktradition gab, verbinden? – In all meinen Arbeiten drängte sich jeweils eine dieser Tendenzen nach vorne. Mein Schaffen war daher zu Beginn ausschließlich symphonisch; ab 1959/60 wandte ich mich exklusiv der griechischen Musiktradition zu. Der Höhepunkt dieses Wirkens lag in der von mir erfundenen und so benannten ›metasymphonischen Musik‹. Ich verstand darunter weniger die chronologische Verschiedenheit in Bezug auf die symphonische Musik als den qualitativen Unterschied zwischen der westlichen und der neugriechischen Musik.

Anfang der achtziger Jahre nahm ich dann im selbstgewählten Exil in Paris die Rückkehr zur symphonischen Periode vor. Sie hat den Charakter der Erneuerung dadurch, daß ich die Musik durch neue Sensibilitäten aber auch eine neue Erfahrung und eine neue Technik hindurchführte. Sie entsprach dem Bedürfnis, endlich mit den klanglichen Modellen der Vergangenheit zu brechen und ihnen eine abschließende, definitive Form zu geben, indem ich meine jetzige Möglichkeit ausnutzte, um mich von ihnen zu befreien und völlig frei mit den symphonischen Werken so voranzukommen, daß sie das Werk, das ich mit *Axion Esti* [nach Odysseas Elytis] und *Canto General* [nach Pablo Neruda] begonnen hatte, weiterentwickelten. Dies war möglich, weil ich in mir selbst die damit verbundenen Widersprüche sozusagen beherberge. *Mein Problem als griechischer Komponist besteht für immer darin, daß ich keine Vorgänger habe. Ich muß immer Formen aus dem Nichts erschaffen.* Jedes Werk ist für mich gleichzeitig Suche und Erfüllung, Auflösung und Neuauftrag. So aber hebt sich die Kontradiktion auf, daß ich an einem Tag ein Volkslied komponiere, eine Woche später an einer Symphonie arbeite und wieder sechs Monate danach eine byzantinische Messe schreibe. Meine Musik zum *Ballett ›Sorbas‹* ist daher so bedeutungsvoll für mich, daß ich sie sowohl als Suche, als Experiment, ansehe und gleichzeitig als eine Antwort, eine Lösung. Sie stellt die von mir beanspruchte ›Einheit im Widerspruch‹ vollkommen dar.«

So deutlich wie nur selten sonst beschreibt hier ein Komponist seine Situation zwischen Tradition und Gegenwart, musikalischer Verwurzelung und Ausbruch, Vereinzelung und Anspruch.

Der *Sirtaki* aus der Filmmusik – übrigens kein echter griechischer Tanz sondern ein vereinfachter Zeimbetiko – wurde ein Welterfolg, freilich als eine Art von Schlager. Er hat Theodorakis berühmt gemacht. »Schlimmer aber war, daß man mich ganz einfach mit der *Sorbas*-Musik identifizierte. Für die Musikwelt war ich der Mann, der *Sorbas* komponiert hatte. Darauf legte man mich fest, um mir ernsthafte Musikanliegen ganz einfach abzusprechen. Noch heute leide ich unter diesen Vorurteilen und stoße auf ungläubiges Erstaunen, wenn ich beispielsweise auf mein symphonisches Schaffen hinweise.«

XIV. Musik als Geschichte

1. Fakten der Musikgeschichte

Mehr als sonst in »Musikgeschichten« ist in diesem Buch die Darstellung auf Fakten gestützt, und zwar, wenn möglich, in deren einfacher zeitlicher Folge. Aber was sind denn die Fakten der Musikgeschichte? Die Jahreszahlen jedenfalls zeugen nur von ihnen; die Fakten sind in gewisser Weise aus den Daten rekonstruiert. Daß solche Rekonstruktion immer zugleich und notwendig Interpretation ist, mit der der Historiker sein und seiner Zeit Interesse an der Geschichte, an der »Sache«, einbringt, muß man einsehen und akzeptieren. Für eine »normale« Darstellungsweise der Musikgeschichte bietet sich das Modell der Biographik an, »die ›lebensgeschichtliche‹ Metaphorik, zu der die Historiker der Kunst seit Winckelmann und Herder unwillkürlich immer wieder greifen, weil die ›Lebensalter‹ einer musikalischen Gattung oder eines Stils als Analoga zu denen einer Person aufgefaßt werden können, wodurch die erzählte Geschichte Struktur und festen Umriß erhält« (Dahlhaus 1977). Solche Struktur ist indessen so oft als die der Sache selbst angesehen und dargestellt und die Relevanz der Darstellung mit der des Historischen verwechselt worden, daß ein allgemeines Mißtrauen gegen das Selbstverständliche traditioneller Geschichtsschreibung Platz gegriffen hat. Man möchte keine »Darstellung« mehr lesen, man möchte, daß die »Dokumente« selbst reden, – und man möchte glauben, die Chronologie spreche schon ihre eigene Sprache. Dokumentensammlungen und chronologische Werkverzeichnisse sind deshalb in der Musikwissenschaft oft an die Stelle repräsentativer Musikerbiographien getreten, und die Musikgeschichtsschreibung im engeren Sinne liegt im argen. Die Musikwissenschaft hat ihre philologische, das heißt textinterpretierende und geschichtlich darstellende Aufgabe vernachlässigt und sich weitgehend auf die nur *auch* zur Philologie gehörende Aufgabe des Sammelns von Quellen, der »Herstellung« von »Texten« und auf die Chronologie (und die Detailforschung dazu) zurückgezogen. Daß solche Musikwissenschaft schon »Musikgeschichte« ergebe oder gar sei, ist derselbe Aberglaube wie der, daß Quellensammlungen einen Wert *an sich* hätten und Dokumente und Chronologie *allein* etwas aussagten, nämlich über die Musikgeschichte, für die sie, wie gesagt, doch nur Quellen sind. Trotzdem bleibt ein Unbehagen gegenüber Darstellungen sowohl der Musikgeschichte als auch von »Leben und Werk« der großen Meister – es sei denn, sie würden enger und leichter durchschaubar an die Dokumente und Daten geknüpft.

Indessen, wenn auch die Darstellung der Fakten eng an die Dokumente und die Daten gebunden bleibt, was sind – man muß die Frage wiederholen – die Fakten der Musikgeschichte? Die Lebensdaten der Musiker, die Entstehungs- und Aufführungsdaten von Werken, das alles hat seine eigene, durchaus faktische Bedeutung jedenfalls erst in *zweiter* Linie; in erster Linie zeugt es, muß es zeugen von und für Musik. Sie aber, die Musik, ist der *erste* – früher hätte man gesagt: der vornehmste – Gegenstand der Musikgeschichte. Doch ist Musik überhaupt ein »Gegenstand«? Man sieht, die Frage nach dem Objekt der Geschichte stellt sich dem Musikhistoriker schärfer als jedem anderen Historiker; sie muß deshalb zuerst überlegt werden. Sodann gilt es, aufgrund der Besonderheit des »Gegenstandes Musik« gewisse Besonderheiten auch der Musikgeschichtsschreibung zu erörtern.

Festzuhalten ist jedenfalls dies: Eine adäquate Darstellung der Musikgeschichte muß zuerst und vor allem dahin führen, daß wir, die wir alle hören und Erfahrungen mit Musik und musikalischen Kunstwerken haben, wieder neu lernen, uns zum musikalischen Kunstwerk richtig zu verhalten, nämlich so, daß das, was den registrier- und fixierbaren Daten und Fakten ihren Daseinssinn verleiht, überhaupt zur

Wirkung kommt als Musik. Daß die Musik und ihre Wirklichkeit dann auch zur Sprache kommen, ist sekundär, doch kann das Zur-Sprache-Bringen wiederum den Lernprozeß befördern.

2. Über die Wirklichkeit von Musik

Musik muß, um Musik zu sein, erklingen. Erklingen ist an Gegenwart geknüpft. Musik verklingt wie Gegenwart verrinnt. Wie kann dann Musik Geschichte haben – nicht nur haben, sondern sein? Die Antwort ist schwierig und einfach zugleich: in der Gegenwart, in der sie erklingt, das heißt *in stattfindender Vergegenwärtigung.* Der Musiker macht, der Hörer hört Musik, auch der Vergangenheit, nur als *gegenwärtige* Musik. Wie, muß man dann fragen, ist Musik der Vergangenheit auf uns gekommen? In Kompositionen, das heißt in notenschriftlich niedergelegten Anweisungen zum Musik-Machen. Denn die Komposition ist für den Ausführenden im Grunde nichts anderes als die Aufforderung, das Notierte, das als solches nicht schon die musikalische Wirklichkeit sondern erst ihre Voraussetzung ist, ins Erklingen zu überführen; die Komposition verlangt den letzten, beim Komponieren intendierten Schritt auf dem Wege des Entstehens von Musik als Schritt zur Verwirklichung bei der Aufführung, das heißt im musikalischen Vortrag: Vergangenheit und Gegenwart müssen eine einzige Wirklichkeit werden und sein, wenn Musik verantwortungsvoll gemacht wird und erklingt und wahrgenommen wird, gleichgültig ob die Akte des Machens und Hörens, der Produktion (nicht der Re-Produktion, wie man fälschlich sagt) und der Rezeption bewußt vollzogen werden oder unbewußt.

Musikkulturen, die keine Notenschrift und keine Komposition kennen – und nur die europäisch-abendländische Kultur hat für ihre Kunstmusik eine Notenschrift entwickelt, die zur Komposition dient –, kennen dieses Interpretationsproblem *so* nicht, sie haben das Problem alte Musik/neue Musik, Musikgeschichte/Gegenwart der Musik nicht, ja sie haben in gewisser Weise überhaupt keine Musikgeschichte, weil all ihre Musik nur gegenwärtig existiert, weil sie im Moment des Zum-Erklingen-Kommens jeweils und immer wieder neu geschöpft wird, und zwar aus einem Repertoire, für das das Bewußtsein keine historisch triftige Scheidung in alt oder neu kennt. Eine »Geschichte der abendländischen Musik« hat also nicht nur im Denken von Geschichte und Geschichtlichkeit sondern im Gegenstand selbst prinzipiell andere Voraussetzungen, als sie jede »Musikgeschichte« einer anderen Kultur hätte.

Selbst für die europäisch-abendländische Kunstmusik galt, obwohl sie seit dem 12./13. Jahrhundert mit Notenschrift und Komposition Denkmäler ihrer Geschichte setzen konnte und gesetzt hat, bis zur großen Wende ins historische Zeitalter um 1800, daß eine jede Musik die vorhergehende verdrängt hat, und daß für den Musiker die Aufgabe des Musikmachens in aller Regel und selbstverständlich in Komposition und Aufführung neuer und eigener Werke bestand. Das musikalische Bewußtsein war also jeweils bestimmt von der Musik der *eigenen* Zeit, und zwar ausschließlich. Ungefährdet von aller Vergangenheit als geschichtlicher Realität war Musik zu definieren, war über Musik zu philosophieren; man konnte allein aus der eigenen Erfahrung wissen, was das ist: Musik. Seit aber Händels und danach Haydns Oratorien, seit vor allem Beethovens Sinfonien nicht mehr vergangen und durch die Werke ihrer Schüler und Nachfolger nicht mehr verdrängt worden sind, seitdem ist das anders, seitdem ist ein völlig neuer Zustand von Musik eingetreten. Von nun an kann Musik nicht mehr nur sein, was in der jeweiligen Gegenwart entsteht und erklingt, Musik ist vielmehr auch all das, was verklungen ist, aber wieder neu zum Erklingen gebracht werden will, weil das Bewußtsein von Musik jetzt *alle* Musik begreift. Jetzt hat die Definition von Musik alles einzuschließen, was Musik war und ist, in Geschichte und Gegenwart, innerhalb und außerhalb der eigenen Musikkultur.

Als Felix Mendelssohn Bartholdy am 11. März 1829 in Berlin mit der 1791 gegründeten »Singakademie« J. S. Bachs *Matthäuspassion* aufgeführt, nämlich der Vergangenheit entrissen und 100 Jahre nach ihrer ersten Aufführung als aktuelle Musik zu einer neuen Wirklichkeit und Wirksamkeit gebracht hat, war das neue Zeitalter der Musik endgültig angebrochen. Zugleich war damit aber auch, was für die europäische Kunstmusik realiter schon immer gegeben war, zum ersten Mal zum Problem geworden, nämlich die dreifache Daseinsform (Schering 1933) des musikalischen Kunstwerks, sofern es in Komposition schriftlich fixiert ist:

1. In Notenschrift ist das Werk unveränderlich fixiert, dem zeitlichen Verlauf enthoben, der sinnenden Betrachtung zugänglich.
2. Erklingend wird es veränderlich und muß es sein, fällt es der Zeitflucht und nach, ja *mit* jeder Aufführung wieder der Vergänglichkeit anheim, nur hier allerdings wird es sinnlich wahrnehmbar, wird es zur Wirklichkeit von Musik.
3. In unserem musikalischen Gedächtnis und Bewußtsein schließlich bleibt es haften als Eindruck (Abdruck) der klingenden wirklichkeit, nun der zeitlichen Dimension wieder enthoben, in gewisser Weise frei von den Bedingungen seiner fixierten Komposition, dafür aber der Arbeit und Verarbeitung des verstehenden Denkens und des Geistes im allgemeinen überstellt.

Die Interpretation von Werken der Musik hat stets alle drei Daseinsformen zu bedenken, in gegenseitiger Spannung zu halten und in den einen Prozeß des Interpretierens zu bringen, in den Prozeß, der sich immerzu erneuern muß, will er Wirklichkeit schaffen.

All dies hat auch zu bedenken, wer »Musikgeschichte« *schreibt,* Geschichte von Musik, von Werken, die wir als musikalische Denkmäler in Noten vor uns liegen haben, Geschichte auch von musikalischen Ereignissen, die immer wieder unzählig viele Menschen in der Musik Möglichkeiten von Welt haben erfahren lassen, von Eindrücken auch im Gedächtnis derer, die Musik machen und hören. All dies zu bedenken hat aber ebenso der, der »Musikgeschichte« *liest.* Denn der Autor, der in verständlicher Weise über Musik schreiben will, muß beim Leser musikalische Erfahrung voraussetzen. Es kann nur mitgeteilt und verstanden werden, was vom Schreibenden wie vom Lesenden gesehen, gehört, erfaßt – mit einem Wort: erfahren ist, sonst stehen Worte und Sätze im Leeren. Wenn das vorliegende Buch über Musikgeschichte, das ist: über die geschichtliche Wirklichkeit von Musik, konkret etwas aussagen soll, dann ist das nur möglich, wenn und soweit die Erfahrung des Lesers – sei es direkt, sei es indirekt – mit dieser Wirklichkeit in Fühlung steht. Der Leser wird also nicht umhin können, sich gegebenenfalls um eine Vorstellung von der Musik zu bemühen, zu deren Geschichte hier die Daten versammelt und zu einer, zu unserer »Musikgeschichte« ausgeschrieben sind.

3. »Mündliche Musik« und »schriftliche Musik«

Zu bedenken ist sodann dies: Die Musik, von der hier berichtet wird, ist vom Gesamt der Musik, das den Menschen jeweils zur Verfügung steht, von aller Musik, die sie haben und machen, nur ein Bruchteil. Man geht, wenn man von Musik und ihrer Geschichte spricht, in der Regel selbstverständlich von der sogenannten Kunstmusik aus und behandelt die sogenannte Volksmusik bestenfalls am Rande und nur dort, wo sie von Einfluß auf die Kunstmusik ist. Diese Trennung in Volks- und Kunstmusik ist in Wirklichkeit die Unterscheidung von zwei Bereichen der Musik. Am ersten haben alle Menschen teil, am zweiten nur diejenigen, die eine besondere musikalische Bildung erhalten. Diese beiden Bereiche, die hier nach einem musiksoziologischen Gesichtspunkt getrennt sind, korrespondieren mit zweien, die im engeren Sinne musikalisch zu definieren sind. Der erste Bereich ist zu beschreiben als der, dessen Musik in mündlicher Überlieferung entsteht, lebt und tradiert wird (und die in der Regel nur dann schriftlich fixiert wird, wenn die Überlieferung gefährdet ist oder beeinflußt werden soll); zu ihm gehört vor allem die Volksmusik aber auch die einstimmige vokale Kunstmusik etwa der Trouvères und Trobadors, des Minne- und des Meistergesangs, zu diesem Bereich gehören aber auch – nicht zu vergessen! – ursprünglich der Gregorianische Choral und das Kirchenlied. Der zweite Bereich ist der der »schriftlichen Musik«, das heißt der Komposition und damit der Polyphonie.

Man mache sich das bewußt: Kinderlieder, Wanderlieder, Straßenlieder, überhaupt Volkslieder und Volksmusik und heutzutage Songs und Schlager, aber auch Kirchenlieder, lernt man nicht und singt und spielt man nicht nach Noten, sondern man hört sie von anderen und lernt sie hörend und singt und spielt sie dann nach, wenn man sie kennt und kann; und wer dieses oder jenes Stück auch schriftlich haben will, der kann sich aufschreiben, was er im Ohr hat (Notation als *Nach*-Schrift). Im Bereich der schriftlichen Musik hingegen entsteht jedes einzelne Stück aus seinen Noten (Notation als *Vor*-Schrift), indem man, was da schriftlich von einem Komponisten verfaßt ist, abspielt oder absingt, wobei man nicht nur Noten lesen und nach Noten singen und spielen können sondern überhaupt im Bereich der Kunstmusik bewandert sein muß.

Diese für Musik und Musikleben grundlegende Tatsache der Verschiedenheit von Bereichen der Musik kann man sich auch an folgender Überlegung klarmachen. Daß die Kompositionen der Hofkapellmeister und Hofkomponisten im Wien des 18. Jahrhunderts nicht für die sogenannte Grundschicht des Volkes bestimmt waren, ist anzunehmen. Daß aber die Kaiserin Maria Theresia ihren vielen sehr geliebten Kindern keine Kinderlieder gesungen habe, ist höchst unwahrscheinlich. Und sollte sie wirklich nicht selbst Wiegen- und Kinderlieder gesungen und mit ihren Söhnen wenigstens hie und da *»Hoppe, hoppe, Reiter«* gespielt haben, so haben es die Ammen und Kindermädchen getan. Die kleinen Erzherzoge und Erzherzoginnen lernten sehr wohl »die lebendige Stimme des Volkes« (Herder), sie kannten sicherlich und konnten auch die Lieder des Volkes, die Sprüche und Abzählreime, die Jahreszeitenlieder und die Kirchenlieder, wenn nicht alle, so doch viele, wie alle Menschen des Volkes, zu dem auch sie gehörten. Denn nicht in erster Linie was das *niedere* Volk singt, macht das Volkslied aus, sondern was in mündlicher Überlieferung lebt und was lebendig ist in den »natürlichen« Bindungen, in Funktionen des Lebens. Das Volkslied entspricht in gewisser Hinsicht dem Dialekt der Sprache; es gehört zu jener Schicht des Analphabeten, die wir in uns haben und die in all dem Dialekt- und Umgangssprachlichen wie Reimen, Witzen, Spottversen, Schimpfwörtern und eben auch in Volksliedern nach außen dringt. Das für die europäische Musik grundlegend wichtige Gegensatzpaar lautet also nicht: Musik der Grundschicht und Musik der Oberschicht sondern Musik in mündlicher Überlieferung (auch wenn sie auf Komposition zurückgehen sollte) und komponierte Musik. Komponierte Musik zu verstehen ist zwar einem Teil der Gesellschaft vorbehalten, der eine besondere musikalische Bildung genießt, die mündlich überlieferte Musik aber ist, zumindest in ihren wichtigeren Gattungen, Musik des ganzen Volkes und nicht nur einer seiner Schichten.

Trotzdem ist es sinnvoll, wenn der Musikhistoriker heute wie seit Forkel stets und immer wieder »die Musik der unteren Volksschichten« aus der Musikgeschichte ausklammert, weil sie zu dieser ebensowenig gehöre wie »das Handwerk der Tüncher zur Kunstgeschichte« (*Allgemeine Geschichte der Musik,* 1788-1801, Einleitung). Wer »Musikgeschichte« schreibt, schreibt ja doch Geschichte der musikalischen *Kunst,* das heißt der komponierten polyphonen, der an Schrift gebundenen und durch »musikalischen Satz« gekennzeichneten Musik (auch ihrer Ausführung und Lebensweise) und nicht Geschichte der in mündlicher Überlieferung lebenden einstimmigen oder lediglich volkstümlich-vielstimmigen Musik – wie könnte man auch die Geschichte einer Erscheinung schreiben, die jeweils nur in der Gegenwart existiert, weil sie nichts Bleibendes hat – es sei denn, das immer nur Gegenwärtige wäre das Bleibende – und deshalb keine Zeugnisse der Vergangenheit aufweisen kann. (Wenn man den Bereich mündlicher Musik hingegen als den einer »niederen Kunst« bezeichnet und *deshalb* nicht in die Betrachtung der Musikgeschichte einbezieht, so offenbart sich darin ein Irrtum.)

All das ist hier nur kurz, vielleicht gar verkürzt dargestellt, aber es muß wenigstens angedeutet werden, weil derjenige, der sich mit Musikgeschichte denkend befaßt, das Umfassende der Musikkultur mitdenken muß, auch wenn er sich nur mit dem Teilgebiet der Kunstmusik befaßt.

4. »Entwicklung« in der Musikgeschichte?

Wer Geschichte betrachtet, gerät leicht in die Gefahr, nichts als Entwicklungen zu sehen, vielleicht sogar im Ganzen der Geschichte ein Gerichtet-Sein zu vermuten oder auch zu entdecken. Die Gefahr ist umso größer, wenn aus älteren Epochen nichts mehr oder nur wenig überliefert ist, und diese Epochen zudem ferngerückt sind, während jüngere durch ihre Nähe und aus der Lebendigkeit einer noch wirksamen Anschauung ihrer Überlieferung gleichsam natürlicher Weise von größerer Bedeutung zu sein scheinen. Etwa mit dem vielberufenen »finsteren Mittelalter« (im Kontrast zum emanzipatorischen Aufbruch und Anspruch der Humanisten so benannt) haben wir für die Musik noch immer unsere Schwierigkeiten, obwohl wir wissen und einsehen könnten, daß eine Zeit wie die Kaiser Friedrichs II. (1220-1250), deren Kunst und Kultur wir zu bewundern gelernt haben, kaum mit einem Stand der mehrstimmigen Musik vorliebgenommen haben dürfte, der gemessen an der Gesamtkultur primitiv zu nennen wäre und oft genug genannt wird, und das, obwohl die Musik als eine der sieben ARTES LIBERALES im Denken und im Bildungssystem jener Zeit bekanntlich von hoher Bedeutung gewesen ist. Wir kennen einfach die Musik des hohen Mittelalters nicht genügend und sind deshalb nur allzu schnell bereit, sie kurzerhand als noch nicht entwickelt zu beschreiben. Dieses »noch nicht« ist eine Gefahr für alle Geschichtsschreibung, ebenso das »schon«, und wir sollten skeptisch sein gegenüber Feststellungen, die man allerorten lesen kann und die durchaus lauten können: »Schon im Mittelalter gab es instrumentale Tanzmusik.« Hier wird an der Interpretation aus Nichtwissen infolge mangelnder Überlieferung mit einem Male deutlich, daß und wie wir Geschichte als Entwicklung und befangen im Fortschrittsglauben zu interpretieren geneigt sind. Daß alles Neue sich in gewisser Weise herausbildet und trotzdem oft genug wie aus dem Nichts zu entstehen scheint, ist damit nicht bestritten, wohl aber der Gedanke des Fortschritts in der Geschichte und erst recht der von Notwendigkeiten in – immer nur scheinbar – kausalen Zusammenhängen.

5. Das Problem der Epochengliederung der Musikgeschichte

Ein Problem besonderer Art, schwierig und nie befriedigend zu lösen, für ein Buch wie dieses indessen von besonderer Bedeutung, ist das der Epochengliederung der Musikgeschichte. Sicherlich ist es von geringerer Bedeutung, als man ihm gelegentlich zumißt, aber es ist keinesfalls nur ein Problem der Darstellung sondern eines der Geschichte selbst und unseres Bewußtseins von der Geschichte. Wenn ganze Epochen ihre Musik als die einer »Ars nova« verstanden und bezeichnet und die der vorangehenden Epoche als »Ars antiqua« in die Vergessenheit gestoßen haben, dann zeugt das nicht nur von Selbstbewußtsein sondern auch von Epochenbewußtsein. Und wenn für uns Menschen des historischen Zeitalters Musik gleichsam definiert ist durch die Musik in Geschichte und Gegenwart, so sehen wir nicht nur eine Notwendigkeit der Gliederung des Stoffes der Musikgeschichte, wir haben geradezu das Bedürfnis danach. Denn nur über eine sinnfällige Gliederung sind die notwendigen Bezüge in der Geschichte und zwischen Geschichte und Gegenwart herzustellen, die das Erlebnis einzelner Werke mit dem Bewußtsein von ihrem historischen Ort nicht selten erst ermöglichen.

Also: Epochengliederung ja, aber wie? Das Problem jeder Periodisierung, das der allgemeinen Geschichte wie der Musikgeschichte, liegt darin, daß es allemal darauf ankommt, wie man die Zeugnisse der Geschichte befragt – dementsprechend nämlich werden sie antworten. Das heißt, wir selbst sind es, die vorweg die Entscheidung treffen, welche Merkmale der historischen Fakten als wichtig hervortreten, welche Kategorien der Klassifikation und Gliederung uns entgegentreten, und dabei sind wir von der Aktualität der eigenen Zeit beeinflußt. Am Anfang jeder Geschichtsbetrachtung und besonders jeder Reflexion über den Lauf der Geschichte muß also die Reflexion der eigenen Position stehen, von der aus die Geschichte zu betrachten und gegliedert darzustellen ist, denn die eigene Position ist die einzige Bürgschaft einer Aktualität der Geschichte für uns. Daß sich damit die Notwendigkeit immer neuer Darstellungen der Geschichte begründet, ist deutlich; gewiß, die Daten ändern sich nicht, aber ihre Auswahl und ihre Interpretation ändern sich, die Darstellung der Geschichte muß sich erneuern mit den Menschen und den Zeiten.

Der Gefahr der Spezialisierung und Individualisierung, die dadurch gegeben ist, stehen einerseits die Daten selbst, die – zugegeben – in gewisser Weise schon auch ihre eigene Sprache sprechen, entgegen, andererseits die Notwendigkeit der Kommunikation vieler Menschen, die ihre gemeinsame Geschichte auch gemeinsam haben und verstehen und also beschrieben haben wollen. Und dieser Kommunikation kommt die Konvention der kurzen Bezeichnungen bestimmter Zeitabschnitte entgegen.

Die Reihe ANTIKE – MITTELALTER – RENAISSANCE – BAROCK – KLASSIK – ROMANTIK – NEUE MUSIK für die Gliederung der Musikgeschichte ist geläufig, und zwar so, daß sie sich kaum verdrängen läßt, obwohl sie für die Musik ja doch eine geborgte Reihe ist, dazu von merkwürdiger Inkonsequenz. Jede Bezeichnung ist woanders hergeholt, keine paßt ihrer Herkunft nach zur andern, keine läßt sich mit der andern vergleichen. Und doch trägt diese Reihe ihr Recht in sich. Denn jede Bezeichnung wurde in einer bestimmten historischen Konstellation auf die Musikgeschichte übertragen, und so ist diese Reihe selbst eine historische Quelle, ein Dokument der Wissenschaftsgeschichte (Siegele 1966/67). Sie spiegelt den kulturgeschichtlichen Aspekt, der der Musikwissenschaft ursprünglich einzig sinnvoll erschienen war, sie zeigt, daß die Begriffe »Renaissance« und »Barock«, »Klassik« und »Romantik« nicht zuerst die Erscheinungen sondern zuerst den Geist, der sich darin zu manifestieren scheint, benennen sollen. Und diese Ahnung vom Geist der Epochen übt wohl die Faszination aus, die solche Bezeichnungen allgemein haben, auch wenn sich diese Ahnung meist als durchaus undeutlich und oft genug als trügerisch herausstellt, sobald man sie hinterfragt. Der neueren Musikwissenschaft nun ist – als Folge einer neuen Neugierde unseres musikalischen Bewußtseins an der Musikgeschichte – weniger am Geist der Epochen gelegen, aus dem die Werke zu verstehen seien, als an den Werken selbst, weniger an einer Geschichte des Geistes als an der Geschichte der Musik. Deshalb bedrängen uns heute auch Fragen nach musikalischen Kriterien, etwa nach Kompositionsweisen und Gattungen oder nach Bedingungen des Musikmachens, mehr als die nach dem Geist der Epochen, selbst wenn dieser Geist als menschliche Grundverfassung zu verstehen und zu beschreiben und darin mit den Epochen zu vergleichen wäre.

In diesem Zusammenhang ist noch der Gedanke aufzugreifen, den Jacques Handschin überlegt und in seiner *Musikgeschichte* (1948) vorgetragen hat: »Zunächst muß ich – auf die Gefahr hin, der Äußerlichkeit und Pedanterie geziehen zu werden – die Frage stellen, wieviel Raum wir den verschiedenen Zeitabschnitten der Musikgeschichte relativ zuzubilligen haben. Diese Äußerlichkeit hängt nämlich mit etwas Nichtäußerlichem, mit der Idee einer *objektiven Musikgeschichte* zusammen... Objektiverweise müssen wir von der Annahme ausgehen, jede Epoche verdiene unsere Beachtung in gleichem Maße... Demnach sollte es nicht exorbitant erscheinen, wenn wir grundsätzlich dem einen Jahrhundert der Musikgeschichte so viel Platz einräumen würden wie dem anderen. Immerhin will ich nicht so ›unmenschlich‹ vorgehen. Ich glaube, daß wir das Musikliebhabertum, welches uns zu den nächstgelegenen Epochen der Musikgeschichte hinzieht, doch auch als einen positiven Faktor bewerten müssen, wenn es auch nicht ein eigentlich wissenschaftlicher Faktor ist. Es ist ein Moment der Verlebendigung, eines, das die Anteilnahme an der Sache aktiviert. Und die innere Anteilnahme müssen wir auch vom wissenschaftlichen Standpunkt aus schätzen. Wenigstens sehen wir, daß die musikgeschichtliche Disziplin im 19. und 20. Jahrhundert dadurch angetrieben worden ist; denn indem sie sich erst auf naheliegende Gegenstände wie Beethoven und Mozart konzentrierte und dann zu Bach, Palestrina und noch älteren Erscheinungen überging, bewegte sie sich parallel mit einer Ausdehnung des rein musikalischen Interesses.« Soweit Handschin. Für dieses Buch hier ist das Maß einer »objektiven Musikgeschichte« und das der Toleranz gegenüber »nächstgelegenen Epochen der Musikgeschichte«, zu denen »der Musikliebhaber in uns hinzieht«, wieder ein wenig verschoben, und zwar zugunsten von Gebieten, die sonst in »Musikgeschichten« nur am Rande oder gar nicht und oft genug dilettantisch behandelt werden. Unsere Kapitel »Die Liturgie der Kirche und die einstimmige liturgische Musik«, »Zur Musik des nördlichen Europas zwischen Antike und Mittelalter« und »Die Entstehung der Polyphonie: 800 – 1430« sind für die europäische Musik, die wir als ein Ganzes in den Blick bekommen wollen, von solcher Bedeutung, daß eine eingehendere Behandlung angemessen scheint, obwohl aus diesen Epochen kaum Daten bekannt, sie deshalb auch kaum chronologisch darzustellen sind.

I. Komponisten zwischen etwa 1756 (Mozart *) und 1828 (Schubert †)

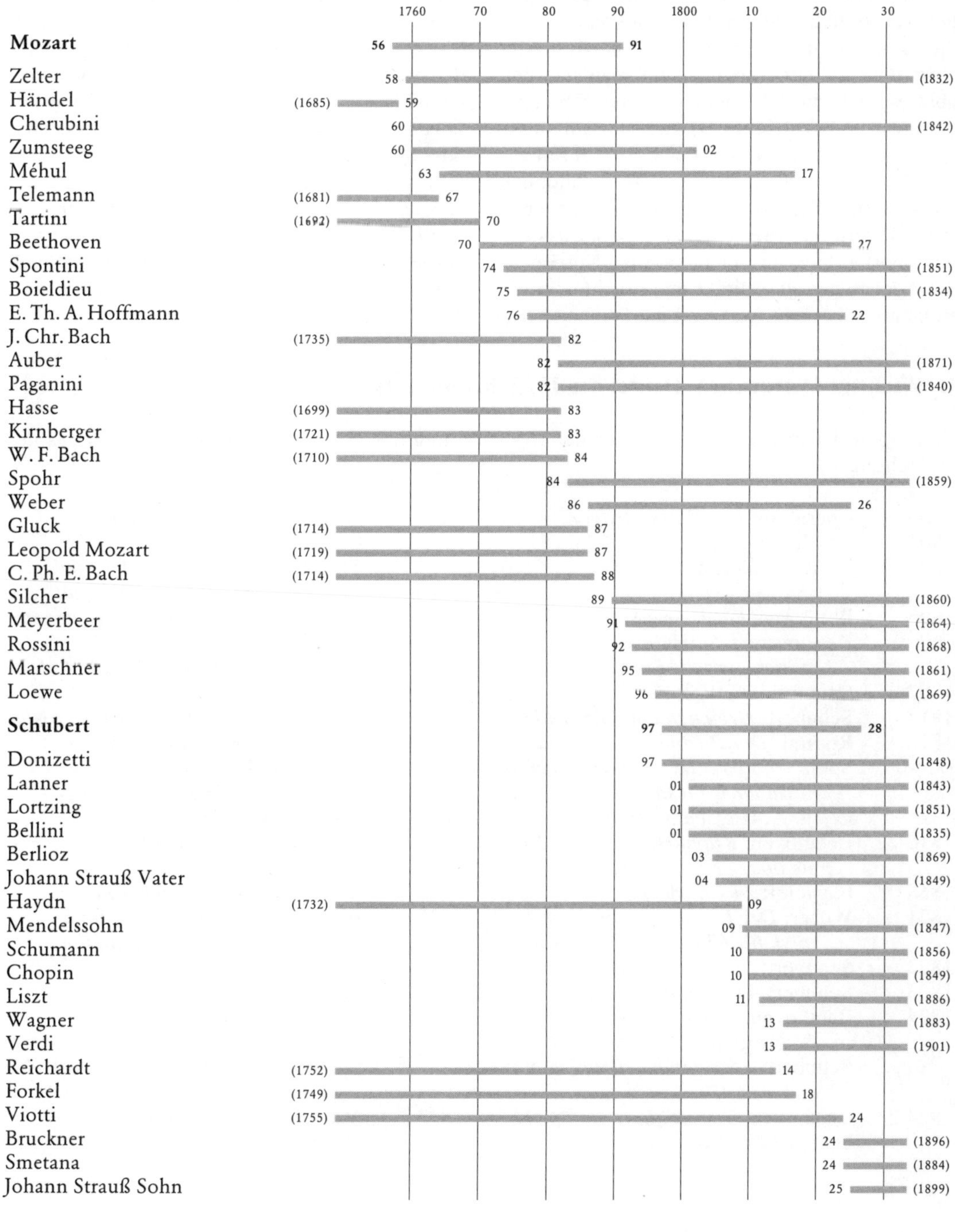

Ein schwieriges Problem jeder darstellend-interpretierenden »Musikgeschichte« stellt sich, wenn man wie wir hier eine Art chronologischen Abrisses zu geben versucht, weniger hartnäckig aber keinesfalls überhaupt nicht, das der Ordnung des Stoffes. Denn die Aufgabe ist auch hier durchaus die einer Darstellung und nicht die von Tabellen zur Musikgeschichte – die freilich sehr nützlich sein können, weil vieles allein in ihnen sichtbar, ja sinnfällig wird. Nur an der Tabelle kann man nämlich ablesen, daß etwa die beiden großen Epochen, die unser musikalisches Bewußtsein am stärksten bestimmen, keineswegs so aufeinanderfolgen, wie die gängigen Bezeichnungen Vorklassik – Klassik – Romantik es suggerieren, sondern daß die sogenannte Vorklassik – das Wort selber sei ein täppischer Notbehelf, hat Adorno gesagt – direkt und bruchlos in die Romantik übergeht, während die Wiener Klassiker Haydn, Mozart, Beethoven und in gewisser Weise auch Franz Schubert eine Art Insel bilden im großen Strom der Musikgeschichte, der gleichsam an ihnen vorbei direkt in die Romantik fließt. Man verdeutliche sich das an den Lebensdaten der wichtigsten Musiker und an ihrer üblichen Zuweisung zu den Epochen in den rund 70 Jahren von Mozarts Geburt bis zu Schuberts Tod, also in einem Zeitraum, den Mozart, wäre ihm ein längeres Leben beschieden gewesen, miterlebt hätte. Oder man verdeutliche sich dasselbe an einer Zusammenstellung von Werken, die Beethoven gesehen hat oder gesehen haben könnte, während er an den fünf großen Streichquartetten op. 127 bis op. 135 arbeitete. (Die »Daten« der Tabellen I, II und III sind selbstverständlich nicht willkürlich ausgewählt, doch können sie durchaus auch durch andere ersetzt werden – das Bild wird sich *nicht* ändern.)

II. Wichtige Werke im 1. Drittel des 19. Jahrhunderts

(Bei Opern ist in der Regel das Jahr der Uraufführung angegeben, bei anderen Werken das der Entstehung.)

1800	Cherubini: *Der Wasserträger*
1801	Haydn: *Die Jahreszeiten*
1802	Forkel: *Über J. S. Bachs Leben, Kunst und Kunstwerke*
1805	Beethoven: *Fidelio* und *Sinfonia Eroica*
1806	Beethoven: *4. Sinfonie, Violinkonzert, Streichquartette op. 59*
1807	Spontini: *Die Vestalin*
1814	Schubert: *Gretchen am Spinnrade*
1816	Rossini: *Der Barbier von Sevilla*
	Spohr: *Faust* und *Violinkonzert in Form einer Gesangsscene*
	E. Th. A. Hoffmann: *Undine*
1816-22	Beethoven: *Klaviersonaten op. 101* bis *op. 111*
1818	Paganini: *24 Capricci*
1821	Weber: *Der Freischütz* und *Konzertstück für Klavier und Orchester*
1822	Schubert: *Sinfonie h-moll*
1823	Schubert: *Die schöne Müllerin*
1824	Beethoven: *Missa solemnis* und *IX. Sinfonie*
	Schubert: *Streichquartette a-moll* und *d-moll*
1824-26	Beethoven: *Streichquartette op. 127* bis *op. 135*
1825	Boieldieu: *Die weiße Dame*
	Chopin: *Rondeau op. 1*
	Thibaut: *Über Reinheit der Tonkunst*
1826	Schubert: *Streichquartett G-dur*
	Mendelssohn: *Sommernachtstraum-Ouvertüre*
	Silcher: *1. Heft Volkslieder, für 4 Männerstimmen*
	Kiesewetter: *Die Verdienste der Niederländer um die Tonkunst*
1827	Schubert: *Winterreise*
1828	Auber: *Die Stumme von Portici*
1829	Rossini: *Wilhelm Tell*
	Mendelssohn: *1. Heft Lieder ohne Worte*
	Chopin: *Klavierkonzert f-moll*
1830	Berlioz: *Symphonie fantastique*
	Schumann: *Abegg-Variationen*
	Auber: *Fra Diavolo*
1831	Meyerbeer: *Robert der Teufel*
	Bellini: *Norma*
1832	Mendelssohn: *Hebriden-Ouvertüre*
	Spohr: *4. Symphonie »Die Welt der Töne«*
1833	Marschner: *Hans Heiling*
	Wagner: *Die Feen*

III. Die neueren musikgeschichtlichen Epochen und ihre Abfolge bis ins 20. Jahrhundert

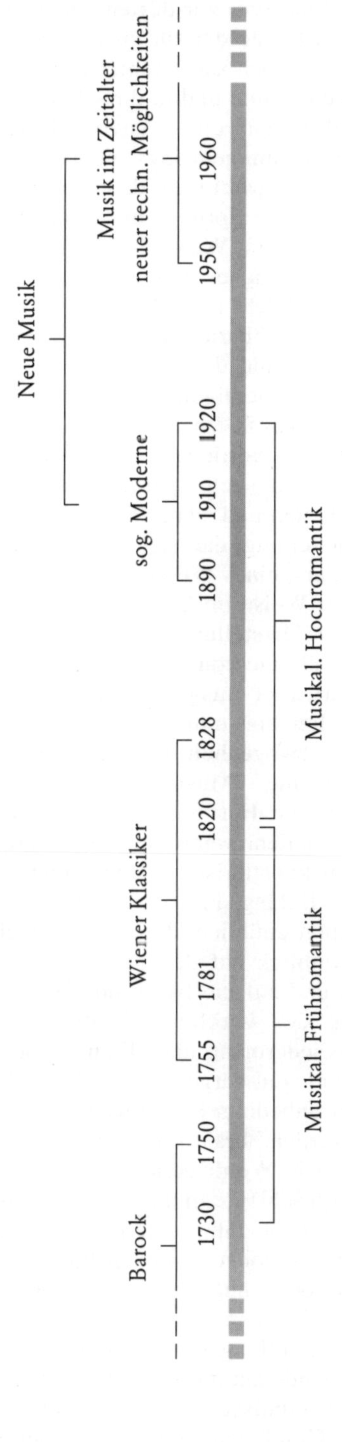

Der Versuch, die zeitlich parallel verlaufenden Epochen der Wiener Klassiker und der Romantik nur wegen der zeitlichen Parallelität als eine einzige zu beschreiben, scheint eher zu verdunkeln als zu erhellen, was hier und dort wichtig ist. Die grundsätzlich zu unterscheidenden musikalischen Vorstellungs-, Denk- und Kompositionsweisen müssen deshalb als solche getrennt dargestellt werden. Deshalb sind in diesem Buch die Jahrzehnte 1755 bis 1828 doppelt dargestellt.

Der hier verfolgte Gedanke, daß der Zeitraum zwischen etwa 1730 und dem Anfang unseres Jahrhunderts als *eine* Epoche zu verstehen sei, ist übrigens nicht neu. Er findet sich angelegt schon in Scherings *Tabellen zur Musikgeschichte* und ausgesprochen ebenda in der Auflage (1962), die Hans Joachim Moser besorgt hat. Der zweite Abschnitt im »Dritten Zeitalter« ist dort überschrieben: »Musik als gestalteter individueller Gefühlsausdruck: Romantik (von 1740-1912).« Freilich fehlt jetzt die Klassik. Ob dieser Mangel durch die neuere Erfindung einer »klassisch-romantischen Epoche« behoben ist, wage ich zu bezweifeln.

Und noch etwas ist hier zu bedenken. Seit die Renaissance mit einem neuen Bild vom Menschen auch den neuen Künstler geschaffen hat, der mit Werk und Persönlichkeit, individuell und je einmalig vor die Menschen und auch vor die Kunst tritt und sie bestimmt, scheint Kunstgeschichte nur als »Heroengeschichte« zu schreiben zu sein. Die erste Hälfte des 18. Jahrhunderts wäre dann darzustellen als das Zeitalter Bachs und Händels – jedenfalls für Deutsche und Engländer – auch wenn das, was man den großen und fortführenden Strom der Musikgeschichte nennen könnte, an diesen Heroen schon zu ihren Lebzeiten vorbei und in andere Bahnen geflossen war. Von der Vorstellung »Zeitalter Johann Sebastian Bachs« aus erscheinen die Werke Carl Philipp Emanuel Bachs oder der »Mannheimer Schule« und Johann Christian Bachs, auch der Wiener Meister und dann Glucks absonderlich, fast unbegreiflich. Von der Kompositions-, Vorstellungs- und Denkweise der Menge der Komponisten und Musiker dieser Zeit aus gesehen und aus der Kenntnis ihrer Werke ist hingegen J. S. Bachs Position absonderlich und sein Beharren fast unbegreiflich. Eine

»Musikgeschichte« hat beiden Seiten gerecht zu werden, dem 18. Jahrhundert *und* dem »Zeitalter Bachs«, weil unser Bewußtsein von der Geschichte dieser Zeit gleichsam den Standort zu wechseln vermag und, den Werken und der Überlieferung durchaus entsprechend, auch tatsächlich wechselt. Daß dadurch selbst der, der »Musikgeschichte« schreiben will allein so, wie sie geschehen ist, gefährlich zwischen Positionen geraten kann, leuchtet ein. Aber diese Gefahr ist unvermeidbar; sie muß vom Autor in Kauf genommen und sie sollte vom Leser berücksichtigt werden.

6. Die Geschichte und ihre Quellen. Das Problem der Bewertung und des »Urteils der Geschichte«

Die Überlieferung von Werken der Vergangenheit ist vielen Zufällen ausgeliefert, in älteren Zeiten vor allem äußeren, in jüngeren etwa auch dem Zufall, daß vielleicht einmal längere Zeit hindurch sich niemand für eine bestimmte musikalische Landschaft oder für bestimmte Gattungen oder Werke interessiert hat oder interessiert. Werden sie eines Tages wiederentdeckt, dann muß man eventuell feststellen, daß Quellen, die bis vor kurzem flossen, nun versiegt oder die Denkmäler zerstört sind. Die Musikgeschichte, insbesondere die ältere, ist deshalb oft durch die Überlieferung eingeschränkt und ihre Darstellung damit zur Unvollständigkeit verurteilt. Das bedeutet, daß auf dem zu bestellenden Felde weite Flächen unbearbeitet bleiben müssen, Flächen, die man dann leicht übersieht, zumal für das Wenige, das man trotzdem darstellen kann, dann die Gefahr der Überbewertung, zumindest der Überbetonung gegeben ist. Um ein Beispiel zu nennen: Weil die Quellen der italienischen Musik des 14. Jahrhunderts reich fließen, kennen wir Vieles und Schönes und können es gebührend bewundern und würdigen; von italienischer Musik des 13. und des 15. Jahrhunderts wissen wir dagegen wenig oder nichts. So entsteht der Eindruck, Italien sei vor und nach dem 14. Jahrhundert gleichsam stumm gewesen. Das ist höchst unwahrscheinlich. Aber zu belegen ist eben kaum etwas und keinesfalls genug, um diese Zeiten auch nur annähernd so detailliert zu schildern, wie jenes Trecento. Indessen, wir dürfen annehmen, daß für die Geschichte der europäisch-abendländischen Musik doch die wichtigsten Ereignisse und Werke bekannt und in ihrer Bedeutung erkannt sind, so daß eine sinnvolle Darstellung des Gesamtzusammenhangs möglich ist. Dennoch kann sehr wohl sein, daß die Darstellung hier und da mehr Sprünge und Szenenwechsel suggeriert, als in Wirklichkeit stattgefunden haben, und manches geschichtliche Ereignis erscheint vielleicht nur deswegen bedeutungsvoll, weil benachbarte und vergleichbare nicht mehr bekannt und deshalb in der Darstellung nicht zu berücksichtigen sind.

Wer so etwas in einer umfassenden Darstellung wie der vorliegenden angemessen zu berücksichtigen sucht, gerät in Konflikt mit der verbreiteten und sicherlich nicht unberechtigten Vorstellung, daß sich die Bedeutung eines Künstlers, eines Werkes, eines Ereignisses in gewisser Weise im Umfang zu spiegeln habe, der der Darstellung des Einzelnen innerhalb eines übergeordneten Ganzen eingeräumt ist; man erwartet Ausgewogenheit in der Darstellung. Hier nun muß ich den Leser enttäuschen. Ausgewogenheit in diesem Sinne schien mir für meine »Musikgeschichte« weniger wichtig als die Hervorhebung durchaus auch von Einzelheiten, wenn sie von innerem Gewicht, von künstlerischer Bedeutung, von historischem Belang sind. Und noch eines schien mir, obschon unüblich, durchaus zu rechtfertigen im Hinblick auf den begrenzten Umfang einerseits und auf die Notwendigkeit der Hervorhebung des wirklich Wichtigen andererseits: Was jedermann überall andernorts angemessen und gut dargestellt finden kann, das muß nicht unbedingt auch hier ausführlich behandelt werden. Praktisch bedeutet dies, daß man das viele Wohlbekannte – vor allem aus der Musikgeschichte und aus den Musikerbiographien des 19. Jahrhunderts, das man in jedem Konversationslexikon nachlesen kann, – hier nicht oder nur knapp behandelt finden wird.

Eine Darstellung der Musikgeschichte wie die vorliegende hat nicht nur große Werke und wichtige Ereignisse zu verzeichnen, sondern alles, was Geschichte gemacht hat, sei es auch von geringerem Gewicht, jedenfalls im Vergleich zu dem, was man bedeutend zu nennen gewohnt ist. Zum Beispiel: Die besten Sinfonien der »Mannheimer Schule« verblassen neben fast einer jeden von Mozart, der sie äußerlich durchaus ähnlich scheinen. Aber es sind die »Mannheimer« gewesen, die die neue Sinfonie ausgeprägt, fast möchte man sagen: erfunden und durchgesetzt und damit ein neues Zeitalter der Instrumentalmusik eingeleitet haben. Sind die Werke aus der Sicht derer, die Haydn und Mozart erfahren haben und kennen, auch erstaunlich naiv und bescheiden, sie haben Epoche gemacht, und dies ist im Gedächtnis zu bewahren. Allerdings muß man sich vor Augen halten, daß wir Stamitz Unrecht tun und Gefahr laufen, seine Musik nicht recht zu hören und zu verstehen, wenn wir in ihm allein den »Vor-Klassiker« sehen und seine Werke nur als Hintergrund der großen Werke der Klassiker. Aber wir können eben auch nicht vergessen, daß wir mehr wissen und kennen als Stamitz selbst, nämlich all das, was er und seine »Mannheimer Schule« angeregt haben, was nach ihm gekommen ist und ihn und seine Schule mit vielen anderen dann als sogenannten Vorklassiker in den historischen Hintergrund hat treten lassen.

In einer »Musikgeschichte«, die wie diese hier an Daten entwickelt ist, kann man die Unterscheidung des Wichtigen vom weniger Wichtigen, auch das Hervorstechende großer Werke, weniger deutlich machen, als das sonst in einer Darstellung der Musikgeschichte möglich ist. Solche Unterscheidungen und Hervorhebungen sind aber sachlich notwendig, denn sie berichten mit der Geschichte der Rezeption von den verschiedenen Erfahrungen, die die Menschen mit Werken der Musik gemacht haben und machen – Wahrnehmung erfaßt immer Bedeutung (Gadamer) –, ja sie berichten nicht nur, sie sind selbst Musikgeschichte und keineswegs *nur* ästhetische Urteile. Man kann die Tatsache einer Wertung durch die Geschichte weder übersehen noch übergehen noch sie aus der Kunstwissenschaft als »unwissenschaftlich« ausschließen. Zugegeben, Werte und das innere Gewicht von Wertungen kann man nur schwer begründen und nie beweisen wie die Ergebnisse der sogenannten exakten Wissenschaften. Aber selten genug ist ihre Evidenz, das ist die innere Gewißheit ihrer Gültigkeit, ernstlich zu bezweifeln, wenn es sich um Werke handelt, die im allgemeinen Bewußtsein von Kunst im Zentrum versammelt sind, weil zahllose Menschen sie erlebt und in ihrer Bedeutung erfahren haben. In Zweifel gezogen wird das Evidenzerlebnis ja immer nur dann, wenn der Versuch, es zu beschreiben, modern gesprochen: es zu verbalisieren, scheitert, weil die Sprache versagt. Da der moderne Mensch nun einmal glaubt, was nicht zu beweisen sei wie das Ergebnis eines naturwissenschaftlichen Experiments, das könne auch nicht wahr sein, zweifelt er sogar an seinen Erlebnissen – und stellt damit eben jene Evidenz des Belangs von Kunstwerken und von Kunst überhaupt in Frage. Dieser Gefahr sollte, wer sich mit Kunst befaßt und ihrer Wahrheit trauen möchte, widerstehen – freilich auch der Gefahr der Mißachtung ernsthafter Versuche, das Kunsterlebnis und Kunstverständnis erklärend-interpretierend einsehbar zu machen. Das Versuchsfeld, das hier und so erscheint, ist das Feld der Musikwissenschaft. Auch das vorliegende Buch ist ein Versuch auf diesem Felde, und so steckt es in der alten Problematik, daß historische Wissenschaft Ereignisse zwar im Nachhinein in ihrer Bedeutung oder nach ihrem Rang feststellen, die Ereignisse selbst jedoch mit ihren Mitteln oft genug nicht angemessen vergegenwärtigen kann.

7. Auftrag und Entstehung des einzelnen Werkes und die Bedingungen für die Entstehung besonderer Gattungen als Gegenstände der Musikgeschichtsschreibung

Zu bedenken ist, last not least, folgendes: Die Entstehung des Kunstwerks ist ein langer Prozeß, an dessen Ende der letzte Schritt, das Zum-Erklingen-Bringen, vom Interpreten zu tun ist. Am Anfang aber steht mitnichten gleich die Komposition, für den Anfang ist vielmehr auch und zuvor zu bedenken, was alles zur Komposition geführt hat: bei Johann Sebastian Bach etwa – um gleich Beispiele zu nennen – eine Art Kompositionsauftrag des preußischen Königs Friedrichs II. für das *Musikalische Opfer,* oder die Verpflichtung aus dem Amt des Thomaskantors zur Komposition von *Kantaten* und *Oratorien.* Im ersten Falle sind einmalige und also völlig andere Umstände und Bedingungen für die Entstehung des Werks maßgebend, als sie für den zweiten Fall üblich sind.

Und noch etwas anderes ist hier kaum darzustellen, obschon es in charakteristischer Weise Geschichte ist, nämlich der Zusammenhang zwischen besonderen Erscheinungsformen der Instrumentalmusik (und bestimmten Instrumenten und ihren Spielweisen) mit der Geschichte von bestimmten Gattungen, die daraus entstanden sind. Die Geschichte der Violinmusik etwa ist von größter Bedeutung für die allgemeine Musikgeschichte, aber im hier gesteckten Rahmen ist sie nicht in extenso auszuführen, kaum anzudeuten. Immerhin schien es mir wichtig und dem Sachverhalt angemessen, die Geschichte der Instrumentalmusik in ihren ersten Jahrhunderten, also die Geschichte ihres Aufsteigens in den Stand der komponierten Musik, eigens darzustellen. Deshalb enthält das Buch zwei Kapitel, die sich mit dem einen Zeitraum 1430-1600 befassen.

8. Einschränkungen

a) Die schwierige und niemals endgültig zu lösende Problematik des musikalischen Kunstwerkes schlägt sich mit Teilproblemen schon in der Anordnung des ganzen Buches, erst recht in vielen seiner Einzelangaben nieder. Was ist das, ein Werk? Das *1. Buch der Messen* Palestrinas oder die fünfstimmige *Huldigungsmesse »Ecce sacerdos magnus«* daraus? Bachs *Wohltemperiertes Klavier* oder ein einzelnes *Praeludium und Fuge* daraus? Beethovens *Opus 59* oder das einzelne *Streichquartett* daraus? Und weiter: Soll das Datum der Entstehung eines Werkes, das seiner ersten Aufführung oder das seiner Veröffentlichung für die Einordnung gelten? Wir haben uns entschieden, in der Regel ein Opus mit allen seinen Teilen als eine Ganzheit zu behandeln und für die Einordnung in der *älteren* Musikgeschichte das Datum der ersten Veröffentlichung, in der *neueren* das der Uraufführung gelten zu lassen – doch ist in einzelnen Fällen und aus jeweils besonderen Gründen auch anders verfahren. Hierbei ist außerdem zu beachten, daß das Datum eines »Libro primo« oder eines »Opus« ebensowenig eo ipso das Jahr der Entstehung angibt wie die Aufeinanderfolge der Opuszahlen die Reihenfolge der Entstehung der Werke. Und nicht jedem »Libro primo« folgt ein »Libro secondo«: Wo ein »Libro secondo« vermißt wird, kann er fehlen, weil er nicht erschienen ist, hier in diesem Buch aber auch, weil er nicht ebenso erwähnenswert schien.

b) Das Kunstwerk ist nur nebenbei ein »Dokument«, selbst für eine »Musikgeschichte«; zuerst ist es *selbst* ein Individuum, nicht ein Beispiel *für* etwas. Das darf man nie vergessen, das ist hoffentlich auch hier nie vergessen.

c) Dieses Buch hat ein deutscher Musiker und Musikhistoriker verfaßt. Man kann es bemerken. Indessen, hätte es ein Italiener, ein Franzose, ein Engländer verfaßt, man könnte es ebenfalls bemerken, und notwendig anders wäre das Buch ausgefallen, wenn es ein Musikhistoriker einer der kleineren Nationen Europas, etwa ein Slowene, geschrieben hätte. Mag das ein Mangel sein, er ist nicht zu beheben; darüber darf man sich nicht hinwegtäuschen, darüber sollte der Autor seinen Leser nicht im unklaren lassen. Wer Geschichte betrachtet, muß einen Gesichtspunkt haben; wer Geschichte schreiben will, muß Vorstellungen haben von dem, was er zu schreiben hat. Und die musikalischen Vorstellungen eines jeden Menschen sind geprägt von der Musik in seinem Leben, von seinen eigenen musikalischen Erfahrungen, von der Geschichte seiner Musikkultur; sie sind so tief eingeprägt, daß sie zu seiner Natur, zu seinem natürlichen Wesen zu gehören scheinen, und davon kann der Mensch nicht absehen, ob er es manchmal auch gerne möchte. Freilich, der Gefahr, daß man nur für wesentlich hält, was zum eigenen Vorstellungsbereich gehört, muß man deshalb nicht schon gleich erliegen.

d) Im Zeitalter der Spezialisierung aller Forschung und Lehre kann ein einzelner die Zusammenfassung eines Gebietes eigentlich kaum mehr wagen. Trotzdem muß das Ganze immer wieder als Ganzes dargestellt werden, und zwar aus der Fachwissenschaft selbst heraus. Eine Gesamtdarstellung kann aber nur ein einzelner leisten, weil hierfür *ein* Standpunkt zu verlangen ist. Ein Buch wie dieses fußt deshalb für die meisten Details auf Spezialstudien, also auf Arbeiten *vieler* Autoren, und trotzdem ist überall versucht, den Standpunkt des *einen* Autors erkennen zu lassen und durchzuhalten.

e) Die Zahl der Daten und Fakten, die in einer »Musikgeschichte«, wie sie hier versucht ist, aufzunehmen wären, ist unermeßlich. Man muß eine Auswahl treffen. Die Auswahl aber ist schon Interpretation, eventuell ohne daß es jemand bemerkt. Auf der anderen Seite sollte man bedenken, daß die Zahl der Fakten aus der älteren Musikgeschichte fast zu klein ist für eine abzusichernde Interpretation, aus der neueren aber zu groß. Deshalb sind für die älteren Zeiten der Musikgeschichte möglichst viele Fakten angeführt, um den roten Faden sichtbar knüpfen zu können, deshalb bleibt für die jüngere hingegen manches unerwähnt, damit der Faden nicht verloren gehe.

Bleibt die Frage nach den Auswahlkriterien. Wo hier eine Auswahl zu treffen war, ist, wie schon an anderer Stelle erörtert, in der Regel denjenigen Daten und Fakten der Vorzug gegeben, die für die Musikgeschichte als Ganzes mehr Durchblick und Einblick gewähren als andere, selbst wenn dieses oder jenes bedeutendere Werk dann unerwähnt bleiben muß. Dem *didaktischen Gesichtspunkt* ist also der Vorrang eingeräumt, weil das Buch eher ein »Lesebuch der Musikgeschichte« sein soll denn ein Nachschlagewerk.

f) Das Buch ist weder ein Konzert- noch ein Opernführer und kann und soll diese nicht ersetzen. Was bei den einzelnen »Werk-Artikeln« zu finden ist, ist stets im Hinblick auf die *Musikgeschichte als Ganzes* gesehen, geschrieben, zu lesen.

g) Die Intention für dieses Buch war nicht in erster Linie, den vielen Leuten, die sich für Musik interessieren, die Musikgeschichte wieder einmal neu aufzubereiten, sondern für die Musikgeschichte und ihren Reichtum neue Interessenten zu gewinnen.

Nachwort

Ein Buch wie dieses hat zahllose Einzeluntersuchungen vieler Autoren zur Voraussetzung, ohne daß jede einzelne zu nennen wäre. Das ist selbstverständlich – und doch nicht keines Wortes sondern allen Dankes wert. Hauptstütze im Sachlichen ist *DIE MUSIK IN GESCHICHTE UND GEGENWART,* die große *Allgemeine Enzyklopädie der Musik* (hrsg. v. Friedrich Blume, Bärenreiter Verlag Kassel, 1949/51 bis 1986). In gewisser Weise beruht das Buch auf *MGG,* weshalb auch nicht in jedem einzelnen Fall darauf verwiesen ist. Alle Daten sind jedoch zusätzlich nach neuerer Literatur überprüft und gegebenenfalls korrigiert. – Da ich natürlich viele Probleme nicht aus eigener Forschung kenne und also viele Fragen nicht selbst beantworten kann, habe ich viel und oft ausführlich zitiert, vor allem Quellentexte, aber durchaus auch sogenannte Sekundärliteratur. Davon erhoffe ich mir erstens Anregung für den Leser zum Nach-Denken und zweitens durchaus auch eine gewisse Relativierung meiner eigenen Ansichten und meiner Darstellung. Wo abweichende Meinungen verschiedener Autoren einander gegenübergestellt sind, hoffe ich gar, daß sich der Leser selbst eine Meinung bildet.

Viele Freunde, Kollegen und Studenten haben mir bei der Arbeit geholfen. Allen danke ich herzlich. Herausheben möchte ich meinen Tübinger Kollegen August Gerstmeier, der auf meinen Wunsch den Artikel über die Klaviermusik der Wiener Klassiker verfaßt hat, meine Studenten bzw. Kollegen Maria Bieler (M. B.), Robert Maschka (R. M.) und Holger Rapior, die kritisch, anregend und geduldig mitgearbeitet, einzelne Artikel verfaßt und das Register vorbereitet haben, und meine liebe Frau, die stets mit Rat und Tat geholfen und mich vor allem immer wieder ermutigt hat. Besonderer Dank gilt auch Frau Elselies Kohl, die in unermüdlicher Geduld das Manuskript geschrieben hat, und der Gerda Henkel Stiftung, die meine Arbeit durch ein Akademiestipendium im Sommersemester 1987 und durch einen Druckkostenzuschuß gefördert hat.

Tübingen, im Frühjahr 1993 *Arnold Feil*

Abkürzungen

Acta	Acta musicologica
AfMw	Archiv für Musikwissenschaft
BJb	Bach-Jahrbuch
CSS	Coussemaker: Scriptorum de musica medii aevi nova series
DDT	Denkmäler deutscher Tonkunst
DGG	Deutsche Gramophon Gesellschaft
DTÖ	Denkmäler der Tonkunst in Österreich
DVLG	Deutsche Vierteljahrsschrift für Literaturwissenschaft und Geistesgeschichte
EdM, RD	Das Erbe deutscher Musik, Reichsdenkmale
Fs	Festschrift
GA	Gesamtausgabe
GNTL	Gerber, Ernst Ludwig: Neues historisch-biographisches Lexikon der Tonkünstler
GSS	Gerbert: Scriptores ecclesiastici de musica sacra
GTL	Gerber: Historisch-biographisches Lexicon der Tonkünstler
GfMf	Gesellschaft für Musikforschung
Hb	Handbuch
HmT	Handwörterbuch der musikalischen Terminologie
JAMS	Journal of the American Musicological Society
Jb	Jahrbuch
JbP	Jahrbuch der Musikbibliothek Peters
KmJb	Kirchenmusikalisches Jahrbuch
Mf	Die Musikforschung
Mg	Musikgeschichte
MGG	Die Musik in Geschichte und Gegenwart
MVM	Münchner Veröffentlichungen zur Musikgeschichte
Mw	Musikwissenschaft
NHMW	Neues Handbuch der Musikwissenschaft
ÖMZ	Österreichische Musikzeitschrift
rde	Rowohlts deutsche Enzyklopädie, hrsg. v. Ernesto Grassi
RGG	Die Religion in Geschichte und Gegenwart
RLex	Riemann Musiklexikon
St. z. Mg. d. 19. Jhs.	Studien zur Musikgeschichte des 19. Jahrhunderts
StzMw	Studien zur Musikwissenschaft
TB	Musik-Taschen-Bücher, Musikverlag Hans Gerig, Köln
TBSt	Tübinger Bach-Studien
tmw	Taschenbücher zur Musikwissenschaft, Heinrichshofen's Verlag, Wilhelmshaven
VjfMw	Vierteljahrsschrift für Musikwissenschaft
ZfMw	Zeitschrift für Musikwissenschaft

Verwendete Literatur (Auswahl)

Abert, Anna Amalie: Die stilistischen Voraussetzungen der »Cantiones sacrae« von Heinrich Schütz, Wolfenbüttel 1935 (Kieler Beiträge zur Mw 2)
—: Artikel »Cavalli, Pier Francesco«, in: MGG 2, 1952, 926-931
—: Claudio Monteverdi und das musikalische Drama, Lippstadt 1954
—: Artikel »Hasse, Joh. Adolf«, in: MGG 5, 1956, 1771-1788
—: Artikel »Oper«, in: MGG 10, 1962, 1-59
—: Chr. W. Gluck: Orfeo ed Euridice, Klavierauszug nach der Gluck-Gesamtausgabe, Vorwort, Kassel 1962
—: Die Opernästhetik Claudio Monteverdis, in: Claudio Monteverdi e il suo tempo, Verona 1969, 35-44
—: Claudio Monteverdis Bedeutung für die Entstehung des musikalischen Dramas, Darmstadt 1979 (Erträge der Forschung 107)
Abert, Hermann: Robert Schumann, Berlin 1903
—: Paisiello's Buffokunst und ihre Beziehungen zu Mozart, in: AfMw 1, 1918/19, 402-431
—: W. A. Mozart. Neubearbeitete und erweiterte Ausgabe von Otto Jahns »Mozart«, 2 Teile, Leipzig 1923[6]
Aderhold, Werner: Zu Schuberts Quartettschaffen, in: Schubertiade Hohenems 1979, Programmbuch S. 112-122; ferner: in den weiteren Jahrgängen dieser Programmbücher Einführungen, besonders in Kammermusikwerke
Aderhold, Werner, Dürr, Walther und Litschauer, Walburga (Hrsg.): Franz Schubert. Jahre der Krise 1818-1823, Arnold Feil zum 60. Geburtstag, Kassel 1985
Adler, Guido (Hrsg.): Marc Antonio Cesti. Il Pomo d'oro. Bühnenfestspiel, in: DTÖ III, Wien 1896, und IV, 2, Wien 1897
—: Handbuch der Musikgeschichte, Frankfurt am Main 1924; 2. Aufl. in 2 Bänden Berlin 1930 (München 1975)
Adorno, Theodor W.: Über Jazz (1936), in: Moments musicaux, s.u.
—: Philosophie der Neuen Musik, Tübingen 1949
—: Zum Verständnis Schönbergs, in: Frankfurter Hefte X, 1955, 418-429
—: Das Altern der Neuen Musik, in: Dissonanzen. Musik in der verwalteten Welt, Göttingen 1956
Adorno, Theodor W. (Hrsg.): Robert Schumann. Liederkreis op. 39, Wiesbaden 1960
Adorno, Theodor W.: Einleitung in die Musiksoziologie. Zwölf theoretische Vorlesungen, Frankfurt am Main 1962
—: Moments musicaux. Neu gedruckte Aufsätze 1928-1962, Frankfurt am Main 1964
—: Ad vocem Hindemith: eine Dokumentation, in: Impromptus, Frankfurt am Main 1968
Adorno, Theodor W. (Hrsg.): Arnold Schönberg. Fünfzehn Gedichte aus »Das Buch der hängenden Gärten« von Stefan George für Gesang und Klavier. Mit einem Nachwort von Theodor W. Adorno, Wiesbaden 1959
Albert, Claudia: »Das schwierige Handwerk des Hoffens«. Hanns Eislers »Hollywooder Liederbuch«, Stuttgart 1991
Albrecht, Hans: Artikel »Dietrich, Sixt«, in: MGG 3, 1954, 447-451
—: Artikel »Glarean(us)«, in: MGG 5, 1956, 215-221
—: Artikel »Isaac, Heinrich«, in: MGG 6, 1957, 1417-1434
Alewyn, Richard, und Sälzle, Karl: Das große Welttheater. Die Epoche der höfischen Feste in Dokument und Deutung, Hamburg 1959 (rde 92)

Altenburg, Detlef: Haydn und die Tradition der italienischen Oper. Bemerkungen zum Opernrepertoire des Esterházyschen Hofes, in: Joseph Haydn. Tradition und Rezeption, Kongreßbericht Köln 1982 (Kölner Beiträge zur Mf 114, Regensburg 1985)
Ambros, August Wilhelm: Geschichte der Musik, 5 Bände, Breslau 1862-82
Ameln, Konrad: Artikel »Lechner, Leonhard«, in: MGG 8, 1960, 428-438
Ameln, Konrad (Hrsg.): Heinrich Schütz, Zwölf geistliche Gesänge 1657, Kassel 1988 (Heinrich Schütz, Neue Ausgabe sämtlicher Werke, Band 7)
Analysen. Beiträge zu einer Problemgeschichte des Komponierens. Fs H. H. Eggebrecht zum 65. Geburtstag, hrsg. von W. Breig, R. Brinkmann, E. Budde, Stuttgart 1984 (Beihefte zum AfMw 23)
Andreis, Josip: Music in Croatia, Zagreb 1974
Antonowytsch, Myroslaw: Renaissance-Tendenzen in den Fortuna-desperata-Messen von Josquin und Obrecht, in: Mf 9, 1956, 1-26
Apel, Willi: Geschichte der Orgel- und Klaviermusik bis 1700, Kassel 1967
Apfel, Ernst: Der klangliche Satz und der freie Diskantsatz im 15. Jahrhundert, in: AfMw 12, 1955, 297-313
— : Studien zur Satztechnik der mittelalterlichen englischen Musik, 2 Teile, Heidelberg 1959 (Abh. d. Heidelberger Akad. d. Wiss., Phil.-hist. Klasse, Jg. 1959, 5. Abh.)
— : Beiträge zu einer Geschichte der Satztechnik von der frühen Motette bis Bach, 2 Teile, München 1964/65
— : Anlage und Struktur der Motetten im Codex Montpellier, Heidelberg 1970 (Annales Universitatis Saraviensis. Reihe: Philosoph. Fakultät, Band 10)
— : Geschichte der Kompositionslehre. Von den Anfängen bis gegen 1700, 3 Bände, Wilhelmshaven 1981 (tmw 75-77)
Appel, Bernhard R.: Ein produktives Mißverständnis: Robert Schumanns »Kinderszenen« op. 15 in der Kritik Ludwig Rellstabs, in: Mf 40, 1987, 109-115
Arnold, Denis: Artikel »Gastoldi, Giovanni Giacomo«, in: MGG 4, 1955, 1437-1441
Arnold, Denis (Hrsg.): Andrea Gabrieli: Drei Motetten zu 8 Stimmen, in: Das Chorwerk, Heft 96, Wolfenbüttel 1965
Art Nouveau, Jugendstil und Musik, hrsg. v. J. Stenzl, Zürich und Freiburg im Breisgau 1980
Bach, Gottfried: Artikel »In nomine«, in: RLex[12], Sachteil, Mainz 1967, 398
Bach-Compendium. Analytisch-bibliographisches Repertorium der Werke J. S. Bachs (BC) von Hans-Joachim Schulze und Christoph Wolff, 5 Bände, Leipzig 1985 ff.
Badura-Skoda, Paul (Hrsg.): Carl Czerny: über den richtigen Vortrag der sämtlichen Beethovenschen Klavierwerke, hrsg. und kommentiert von Paul Badura-Skoda, Wien 1963 (Wiener Urtext-Ausgabe)
Balet, Leo, und Gerhard, E.: Die Verbürgerlichung der deutschen Kunst, Literatur und Musik im 18. Jahrhundert, Straßburg 1936 (Sammlung musikwiss. Abhdlgn. 18; Neudruck Dresden 1979)
Ballstaedt, Andreas, und Widmaier, Tobias: Salonmusik. Zur Geschichte und Funktion einer bürgerlichen Musikpraxis, Stuttgart 1989 (Beihefte zum AfMw 28)
Barblau, Guglielmo: Una donizettiana farsa di costume: »Le convenienze e le inconvenienze teatrali«, in: Accademia musicale Chigiana Siena, 20, 1963 (Übersetzung Jutta Schnürlein)
Bartha, Dénes, und Somfai, László: Haydn als Opernkapellmeister. Die Dokumente der Esterházy-Opernsammlung, Budapest und Mainz 1960
Baselt, Bernd: Thematisch-systematisches Verzeichnis, in: Händel-Handbuch, Bände 1-3, Leipzig 1978-1986
Bauer, Hans-Günther: Requiem-Vertonungen in Neuer Musik. Vergleichende Untersuchungen zum Verhältnis von Sprache der Liturgie und Musik (Dissertation Tübingen 1984), Darmstadt 1984
— : »Fehler im System« als Sinngebung in Neuer Musik, in: Musik und Bildung 1986, 459-464

Becker, Heinz: »... im blauen Frack mit gelber Weste«. Gedanken zu Massenets »Werther«, in: Programmbuch zur Stuttgarter Aufführung 1985

Bekker, Paul: Beethoven, Berlin und Leipzig 1911

—: Musikgeschichte als Geschichte der musikalischen Formwandlungen, Berlin und Leipzig 1926 (Neudruck: Hildesheim 1976)

Berg-Kotterba, Karin: Artikel »Schlick, Arnolt«, in: MGG 11, 1963, 1817-1820

Berke, Dietrich: »Gesang der Geister über den Wassern«: die mehrstimmigen Gesänge, in: Franz Schubert. Jahre der Krise 1818-1823, Fs Arnold Feil, Kassel 1985, 39-47

Bernstein, Leonard: The Unanswered Question. Six Talks at Harvard, Cambridge (Mass.) 1976 (deutsch: Musik – die offene Frage. Vorlesungen an der Harvard-Universität, München, Mainz 1981)

Besseler, Heinrich (Hrsg.): Joh. Ockeghem: Missa Mi-mi, in: Das Chorwerk, Heft 4, Wolfenbüttel 1930

Besseler, Heinrich: Die Musik des Mittelalters und der Renaissance, Potsdam 1931 (Handbuch der Musikwissenschaft, hrsg. v. Ernst Bücken)

—: Artikel »Ars antiqua« und »Ars nova«, in: MGG 1, 1948-51, 679-697 und 702-729, Nachdruck in: Epochen der Musik in Einzeldarstellungen, München und Kassel 1974

—: Bourdon und Fauxbourdon. Studien zum Ursprung der niederländischen Musik, Leipzig 1950, 2. veränderte Auflage hrsg. v. Peter Gülke, Leipzig 1974

—: Artikel »Ciconia, Johannes«, in: MGG 2, 1952, 1423-1434

—: Artikel »Dufay«, in: MGG 3, 1954, 889-912

—: Das Neue in der Musik des 15. Jahrhunderts, in: Acta musicologica, 1954, 75-85

—: Artikel »Franco von Köln«, in: MGG 4, 1955, 688-698

—: Artikel »Deutsche Musik«, in: RLex[12], Sachteil, Mainz 1967, 215-221

Besseler, Heinrich, und Gülke, Peter: Schriftbild der mehrstimmigen Musik, Leipzig 1973 (Musikgeschichte in Bildern, Band III: Musik des Mittelalters und der Renaissance, Lieferung 5)

Bialas, Günter: Sterbende Gewässer – Sterbende Musik? in: Neue Musikzeitung Oktober/November 1988

Biba, Otto: Franz Schubert und die Gesellschaft der Musikfreunde in Wien, in: Schubert-Kongreß Wien 1978, Bericht, Graz 1979, 23-36

—: Gott erhalte! Joseph Haydns Kaiserhymne (mit Faksimile des Erstdrucks 1797), Wien 1982

—: 175 Jahre Gesellschaft der Musikfreunde in Wien, in: ÖMZ 42, 1987, 518 f.

Bieler, Maria: Studien zu Mozarts frühen Konzerten: Die Bearbeitungen KV 107 nach Klaviersonaten Johann Christian Bachs. Konzert als Hörprotokoll einer Sonate, Magisterarbeit (masch.) Tübingen 1988

Birtner, Herbert (Hrsg.): Aulen: Missa zu 3 Stimmen, in: Das Chorwerk, Heft 50, Wolfenbüttel 1934

Blackburn, Bonnie J.: A lost guide to Tinctoris' teachings recovered, in: Early Music History 1: Studies in Mediaeval and Early Modern Music, Cambridge (Mass.) 1981

Blume, Friedrich (Hrsg.): Josquin des Prés: Missa Pange lingua zu 4 Stimmen, in: Das Chorwerk, Heft 1, Wolfenbüttel 1929

—: Josquin des Prés und andere Meister: Weltliche Lieder zu 3-5 Stimmen, in: Das Chorwerk, Heft 3, Wolfenbüttel 1930

—: Josquin des Prés: Missa da Pacem zu 4 Stimmen, in: Das Chorwerk, Heft 20, Wolfenbüttel 1932

—: Josquin des Prés: Missa De beata virgine zu 4 und 5 Stimmen, in: Das Chorwerk, Heft 42, Wolfenbüttel 1936, 1951[2]

Blume, Friedrich: »Bach, Wilhelm Friedemann«, in: MGG 1, 1949-1951, 1047-1056

—: Artikel »Bruckner, Anton«, in: MGG 2, 1952, 341-382

—: Artikel »Buxtehude, Dietrich«, in: MGG 2, 1952, 548-571

— : Artikel »Klassik«, in: MGG 7, 1958, 1027-1090, wieder abgedruckt in: Epochen der Musikgeschichte in Einzeldarstellungen, München und Kassel 1974, 233-306
— : Artikel »Renaissance«, in: MGG 11, 1963, 224-280, wieder abgedruckt in: Epochen der Musikgeschichte in Einzeldarstellungen, München und Kassel 1974, 104-167
— : Artikel »Romantik«, in: MGG 11, 1963, 785-845, wieder abgedruckt in: Epochen der Musikgeschichte in Einzeldarstellungen, München und Kassel 1974, 307-385
Bockholdt, Rudolf: Die frühen Messenkompositionen von Guillaume Dufay, Tutzing 1960 (MVM 5)
— : Die idée fixe der Phantastischen Symphonie, in: AfMw 30, 1973, 190-207
— : Musikalischer Satz und Orchesterklang im Werk von H. Berlioz, in: Mf 32, 1979, 122-135
— : Berlioz-Studien, Tutzing 1979 (MVM 29)
— : Ludwig van Beethoven: VI. Symphonie F-Dur op. 68, Pastorale, München 1981 (Meisterwerke der Musik 23)
— : Über das Klassische der Wiener Klassischen Musik, in: Über das Klassische, hrsg. von Rudolf Bockholdt, Frankfurt/Main 1987, 225-259
— : W. A. Mozart: Klavierkonzert D-dur KV 451, München 1991 (Meisterwerke der Musik 59)
Boettcher, Hans: Beethoven als Liederkomponist, Augsburg 1928
Boetticher, Wolfgang: Eine Frühfassung doppelchöriger Motetten Orlando di Lassos, in: AfMw 12, 1955, 206-214
— : Orlando di Lasso und seine Zeit 1532-1594, Repertoire-Untersuchungen zur Musik der Spätrenaissance, Band I, Monographie, Kassel 1958
Bónis, Ferenc: Béla Bartók. Sein Leben in Bilddokumenten, Budapest 1981[2]
Boulez, Pierre: An der Grenze des Fruchtlandes, in: die Reihe. Informationen über serielle Musik, hrsg. v. Herbert Eimert unter Mitarbeit von Karlheinz Stockhausen, Heft 1, Wien 1955 (wiederabgedruckt in: Kommentare zur Neuen Musik I, Köln o.J.)
— : Werkstatt-Texte, aus dem Französischen von Josef Häusler, Frankfurt/Main und Berlin 1972 (französisch bereits 1966)
Brandes, Heinz: Studien zur musikalischen Figurenlehre im 16. Jahrhundert, Berlin 1935
Brandl, Willy: Christoph Willibald Ritter von Gluck, Wiesbaden 1948
Braun, Werner: Artikel »Parodie«, in: RLex[12], Sachteil, Mainz 1967, 704-706
— : Antonio Vivaldi: Concerti grossi op. 8, Nr. 1-4, Die Jahreszeiten, München 1975 (Meisterwerke der Musik 9)
— : Britannia abundans. Deutsch-englische Musikbeziehungen zur Shakespearezeit, Tutzing 1977
— : Die Musik des 17. Jahrhunderts, Wiesbaden 1981 (NHMW, Band 4)
— : Vom Remter zum Gänsemarkt. Aus der Frühgeschichte der alten Hamburger Oper (1677-1697), Saarbrücken 1987 (Saarbrücker Studien zur Mw, NF 1)
Braunbehrens, Volkmar: Mozart in Wien, München 1986
Breig, Werner: Artikel »Walther, Johann Gottfried«, in: MGG 14, 1968, 202-212
Bridgman, Nanie: Artikel »Französische Musik, D. Renaissance«, in: MGG 4, 1955, 747-756
Briner, Andreas: Paul Hindemith, Zürich 1970
Brockhaus, Heinz Alfred: Europäische Musikgeschichte, 4 Bände, Berlin (Ost) 1982 ff.
Brockpähler, Renate: Handbuch zur Geschichte der Barockoper in Deutschland, Emsdetten 1964
Brook, Barry S.: Sturm und Drang and the Romantic Period in Music, in: Studies in Romanticism 9, 1970, 269-284
Brown, Maurice J. E.: Schubert. Eine kritische Biographie, Wiesbaden 1969
Brunner, Peter: Zur Lehre vom Gottesdienst, in: Leiturgia 1, 1932
Buck, August: Artikel »Camerata«, in: MGG 2, 1952, 719-722
— : Das Geschichtsdenken der Renaissance, Krefeld 1957
Bücken, Ernst: Die Musik des Rokokos und der Klassik, Wildpark-Potsdam 1927 (Handbuch der Musikwissenschaft, hrsg. v. Ernst Bücken)

— : Die Musik des 19. Jahrhunderts bis zur Moderne, Wildpark-Potsdam 1929 (Handbuch der Musikwissenschaft, hrsg. v. Ernst Bücken)
Büttner, Fred: Klang und Konstruktion in der englischen Mehrstimmigkeit des 13. Jahrhunderts. Ein Beitrag zur Erforschung der Stimmtauschkompositionen in den Worcester-Fragmenten, Tutzing 1990 (MVM 47)
Budday, Wolfgang: Grundlagen musikalischer Formen der Wiener Klassik. An Hand der zeitgenössischen Theorie von J. Riepel und H. Chr. Koch dargestellt an Menuetten und Sonatensätzen (1750-1790), Kassel 1983
Buhle, Edward: Das Glockenspiel in den Miniaturen des frühen Mittelalters, in: Liliencron-Festschrift 1910, 51-71
Bukofzer, Manfred F.: Geschichte des englischen Diskants und des Fauxbourdons nach den theoretischen Quellen, Straßburg 1936
— : Studies in Mediaeval and Renaissance Music, New York 1950
— : Artikel »Dunstable, John«, in: MGG 3, 1954, 949-957
Bulst, Walther: Das Daniel-Spiel, in: Gegenwart im Geiste. Fs für Richard Benz, Hamburg 1954, 82-94
— : Hymni Latini Antiquissimi LXXV, Psalmi III, Heidelberg 1956
Burckhardt, Jacob: Die Kultur der Renaissance in Italien, 1860
— : Historische Fragmente. Aus dem Nachlaß gesammelt von Emil Dürr. Mit Noten von Michael Bischoff, Nördlingen 1988
Burney, Charles: The Present State of Music in France and Italy, London 1771, 1773; ders.: ... in Germany, the Netherlands and United Provinces, London 1773; deutsch von C. D. Ebeling, Hamburg 1772, und von Ebeling und J. J. Chr. Bode, Hamburg 1773
— : A general History of music, 4 Bände, London 1776-1789
Busoni, Ferruccio: Entwurf einer neuen Ästhetik der Tonkunst, italienisch: Triest 1907, deutsch: Leipzig 1916 (Neue Ausgabe mit einem Nachwort von Hans Heinz Stuckenschmidt, Wiesbaden 1954)
Chailly, Jacques: Artikel »Boulanger«, in: MGG 15, Supplement, 1973, 1005 ff.
Chrysander, Friedrich: G. F. Händel, 3 Bände, Leipzig 1858-1867 (Fortsetzung: Walter Serauky: Georg Friedrich Händel. Sein Leben – sein Werk, 3 Bände, Kassel 1958 f.)
Chusid, Martin: Schubert's Ouverture for String Quintett and Cherubini's Ouverture to »Faniska«, in: JAMS 15, 1962, 78-84
Copland, Aaron: Unsere neue Musik, München 1947
Coussemaker, Edmond de: Scriptorum de musica medii aevi nova series, 4 Bände, Paris 1864-76 (Neudrucke Graz 1908, Mailand 1931, Hildesheim 1963) (abgekürzt: CSS)
Croll, Gerhard: Festmusiken der Renaissance, Salzburg und München 1969
Cvetko, Dragotin: Musikgeschichte der Südslawen, Kassel und Maribor 1975
Dadelsen, Georg von: Zu den Vorreden des Michael Praetorius, in: Kongreßbericht Wien 1956, 107-111
— : Robert Schumann und die Musik Bachs, in: AfMw 14, 1957, 46-59
— : Beiträge zur Chronologie der Werke Johann Sebastian Bachs, Trossingen 1958 (TBSt, Heft 4/5)
— : Die Johannespassion J. S. Bachs, Einführung zur Schallplattenkassette der Archiv-Produktion der Deutschen Grammophon Gesellschaft, Hamburg o. J. (1964)
— : Bach - Händel - Telemann, in: Musica 1981, 29-32
— : Bach und die katholische Kirchenmusik, in: Gedenkschrift Hermann Beck, Stuttgart 1982
— : Artikel »Mussorgski. Boris Godunow«, in der »Serie: 111 Schlüsselwerke der Musik« der Zeitung Rheinischer Merkur/Christ und Welt, 1985
— : Wenn Bach Opern geschrieben hätte, in: J. S. Bachs Spätwerk und dessen Umfeld, Kongreßbericht der Neuen Bach-Gesellschaft, Duisburg 1986, Kassel 1988, 177-183
— : Notation und abendländische Mehrstimmigkeit, in: Fs Martin Just, Kassel 1991, 267-271

Dahlhaus, Carl (Hrsg.): Studien zur Trivialmusik des 19. Jahrhunderts, Regensburg 1967 (St. z. Mg. d. 19. Jhs. 8)
Dahlhaus, Carl: Artikel »Theorie der Musik«, in: RLex[12], Sachteil, Mainz 1967, 954 f.
— : Arnold Schönberg: Variationen für Orchester, op. 31, München 1968 (Meisterwerke der Musik 7)
— : Richard Wagners Musikdramen, Velber 1971
— : »Si vis me flere ...«, in: Mf 25, 1972, 51-52
— : Die rätselhafte Popularität Gustav Mahlers. Zuflucht vor der Moderne oder Anfang der Neuen Musik, in: Musik und Bildung V, 1973, 590-592
— : Ethos und Pathos in Glucks »Iphigenie auf Tauris«, in: Mf 27, 1974, 289-300
Dahlhaus, Carl (Hrsg.): Das Problem Mendelssohn, Regensburg 1974 (St. z. Mg. d. 19. Jhs. 41)
Dahlhaus, Carl: Grundlagen der Musikgeschichte, Köln 1977 (Musik-Taschen-Bücher, Theoretica Band 15)
— : Zur Entstehung der romantischen Bach-Deutung, in: BJb 64, 1978, 192-210
— : Die Idee der absoluten Musik, München und Kassel 1978
Dahlhaus, Carl (Hrsg.): Neues Handbuch der Musikwissenschaft, Laaber 1980 ff.
Dahlhaus, Carl: Musik und Jugendstil, in: Art Nouveau, Jugendstil und Musik, Zürich 1980, 73-80
— : Musik und Romantik, in: Musik, Edition, Interpretation. Gedenkschrift Günther Henle, München 1980, 133-141
— : Europäische Musikgeschichte im Zeitalter der Wiener Klassik, in: Analecta musicologica 21, 1982, 1-20
— : Musikalischer Realismus. Zur Musikgeschichte des 19. Jahrhunderts, München 1982
— : La Malinconia (1973), in: Ludwig van Beethoven, hrsg. v. L. Finscher, Darmstadt 1983 (Wege der Forschung 178)
— : Vom Musikdrama zur Literaturoper. Aufsätze zur neueren Operngeschichte, München, Salzburg 1983
— : Besprechung von: Leon Plantinga: Romantic Music. A History of Musical Style in Nineteenth-Century Europe, New York 1984, in: Mf 40, 1987, 158-159
— : Ludwig van Beethoven und seine Zeit, Laaber 1987
Dahlhaus, Carl, und Zimmermann, Michael (Hrsg.): Musik – zur Sprache gebracht. Musikästhetische Texte aus drei Jahrhunderten, ausgewählt und kommentiert, München und Kassel 1984
Dahmen, Hermann Josef: Schwaben, die Heimat der deutschen Männerchorbewegung, in: Schwäbische Sängerzeitung 1987, Hefte 3-5
Damilano, Piero: Artikel »Oratorium, A. und B.«, in: MGG 10, 1962, 120-128
Dammann, Rolf: Spätformen der isorhythmischen Motette im 16. Jahrhundert, in: AfMw 10, 1953, 16-40
— : Zur Musiklehre des Andreas Werckmeister, in: AfMw 11, 1954, 206-237
— : Die Florentiner Domweihmotette Dufays, in: Braunfels, Wolfgang: Der Dom von Florenz, Olten, Lausanne, Freiburg im Breisgau 1964
Davison, Nigel (Hrsg.): Pierre de la Rue: Missa L'homme armé I, in: Das Chorwerk, Heft 114, Wolfenbüttel 1972
de Geer, Ingrid: Earl, Saint, Bishop, Skald – and Music. The Orkney Earldom of the Twelfth Century. A Musicological Study, Upsala 1985
Dent, Edward J.: Mozarts Opern, Berlin o.J. (1922)
de Ruiter, Jacob: Der Charakterbegriff in der Musik. Studien zur deutschen Ästhetik der Instrumentalmusik 1740-1850, Stuttgart 1989 (Beihefte zum AfMw 29)
Deutsch, Otto Erich: Franz Schubert. Thematisches Verzeichnis seiner Werke in chronologischer Folge, Neuausgabe in deutscher Sprache, Kassel 1978
Dibelius, Ulrich: Moderne Musik 1945-1965. Voraussetzungen, Verlauf, Material, München 1966

— : Reflexion und Reaktion. Über den Komponisten György Ligeti, in: Melos, Zeitschrift für Neue Musik 37, 1970, 89-97
— : Moderne Musik II 1965-1985, München, Mainz 1988
Dies, Albert Christoph: Biographische Nachrichten von Joseph Haydn, Wien 1810 (Neuausgabe hrsg. von Horst Seeger, Berlin 1962²)
Dobat, Klaus-Dieter: Musik als romantische Illusion. Eine Untersuchung zur Bedeutung der Musikvorstellung E. T. A. Hoffmanns für sein literarisches Werk, Tübingen 1984 (Studien zur deutschen Literatur, Band 77)
Dömling, Wolfgang: Hector Berlioz in Selbstzeugnissen und Bilddokumenten, Reinbek 1977 (rowohlts monographie 254)
— : Hector Berlioz. Die symphonisch-dramatischen Werke, Stuttgart 1979
Dorfmüller, Kurt: Studien zur Lautenmusik in der ersten Hälfte des 16. Jahrhunderts, Tutzing 1967 (MVM 11)
Dounias, Minos: Die Violinkonzerte Giuseppe Tartinis als Ausdruck einer Künstlerpersönlichkeit und einer Kulturepoche, Wolfenbüttel, Berlin 1935
Dürr, Albrecht: E. T. A. Hoffmanns »Undine«, Seminarreferat, Tübingen, Sommersemester 1984
Dürr, Alfred (Hrsg.): J. S. Bach, Magnificat BWV 243 in: NBA II/3, Kassel 1955
Dürr, Alfred: Zur Chronologie der Leipziger Vokalwerke J. S. Bachs, in: BJb 1957 (2. Aufl. mit Anmerkungen und Nachträgen versehen, Kassel 1976, Musikwiss. Arbeiten hrsg. v. d. GfMf, 26)
— : Einführung in eine Schallplattenaufnahme von 4 Motetten J. S. Bachs bei CANTATE 1960/61
— : Neues über Bachs Pergolesi-Bearbeitung, in: BJb 1968, 89-100
— : Die Kantaten von Johann Sebastian Bach, 2 Bände, München und Kassel 1971
Dürr, Walther: »Wer vermag nach Beethoven noch etwas zu machen?« Gedanken über Beziehungen Schuberts zu Beethoven, in: Beethoven-Jb 1973/77, und in: Musik-Konzepte. Sonderband Franz Schubert, München 1979, 10-25
— : Zur Dramaturgie des »Titus«. Mozarts Libretto und Metastasio, in: MJb 1978/79, 55-61
— : Luca Marenzio: »Zefiro torna«, in: Romania cantat. Lieder in alten und neuen Chorsätzen mit sprachlichen, literarischen und musikwissenschaftlichen Interpretationen, Band II: Interpretationen, hrsg. v. F. J. O. Arizcuren, Tübingen 1980, 49-55
— : Zwischen Liedertafel und Männergesangverein: Schuberts mehrstimmige Gesänge, in: Logos Musicae. Fs für Albert Palm, Wiesbaden 1982, 36-54
— : Dona nobis pacem. Gedanken zu Schuberts späten Messen, in: Bachiana et alia Musicologica, Fs Alfred Dürr, Kassel 1983, 62-74
— : Das deutsche Sololoied im 19. Jahrhundert. Untersuchungen zu Sprache und Musik, Wilhelmshaven 1984 (tmw 97)
— : Die Liederserie der Neuen Schubert-Ausgabe. Zu Schuberts Ordnung eigener Lieder, in: Musica 10, 1986, Heft 1
— : Johann Rudolf Zumsteeg und Schubert. Von der »schwäbischen Liederschule« zum romantischen Klavierlied, in: Baden und Württemberg im Zeitalter Napoleons, Ausstellungskatalog Band 2, Stuttgart 1987, 625-643
Dürr, Walther, und Feil, Arnold: Reclams Musikführer Franz Schubert, Stuttgart 1991
Dürr, Walther, und Siegele, Ulrich: Cantar d'affetto. Zum Vortrag monodischer Musik, in: Kongreßbericht Leipzig 1966, Kassel und Leipzig 1970, 208-215
Dürr, Walther, Aderhold, Werner, und Litschauer, Walburga (Hrsg.): Franz Schubert. Jahre der Krise 1818-1823, Arnold Feil zum 60. Geburtstag, Kassel 1985
Duhamel, Georges: La musique consolatrice, Monaco 1946
Dunning, Albert: Die Staatsmotette 1480-1555, Utrecht 1969
Eckle, Bertram: Studien zu Schuberts Orchestersatz. Das obligate Accompagnement in den Sinfonien, Neuhausen-Stuttgart 1988 (Tübinger Beiträge zur Mw 13)

Eco, Umberto: Nachschrift zum »Namen der Rose«. Aus dem Italienischen von Burkhart Kroeber, München und Wien 1984

Eggebrecht, Hans Heinrich: Das Ausdrucksprinzip im musikalischen Sturm und Drang, in: DVLG 29, 1955, 323-349

— : Arten des Generalbasses im frühen und mittleren 17. Jahrhundert, in: AfMw 14, 1957, 61-82

— : Artikel »Koch, Heinrich Christoph«, in: MGG 7, 1958, 1296-1299

— : Heinrich Schütz. Musicus poeticus, Göttingen 1959

— : Artikel »Monodie«, in: MGG 9, 1961, 475-479

— : Artikel »Toccata«, in: RLex[12], Sachteil, Mainz 1967, 957 f.

— : Musikalisches Denken. Aufsätze zur Theorie und Ästhetik der Musik, Wilhelmshaven 1977 (tmw 46)

— : Die Musik Gustav Mahlers, München 1982

Eggebrecht, Hans Heinrich, und Zaminer, Frieder: Ad organum faciendum. Lehrschriften der Mehrstimmigkeit in nachguidonischer Zeit, Mainz 1970 (Neue Studien zur Musikwissenschaft, Band 3)

Ehmann, Wilhelm: Artikel »Adam von Fulda«, in: MGG 1, 1949-1951, 79-81

— : Artikel »Altenburg, Johann Ernst«, in: MGG 1, 1949-51, 386-388

— : Vorwort zu: Psalmen Davids 1619, Kassel 1971 (in: Heinrich Schütz. Neue Ausgabe sämtlicher Werke, Band 23)

Eimert, Herbert: Lehrbuch der Zwölftontechnik, Stuttgart 1950

— : Die notwendige Korrektur, in: die Reihe, Heft 1, Wien 1955 (wieder abgedruckt in: Kommentare zur Neuen Musik, Köln o.J.)

Einstein, Alfred: Das Elfte Buch der Frottole, in: ZfMw 10, 1927/28, 613-624

— : Heinrich Schütz, Kassel 1928

— : Mozart. Sein Charakter, sein Werk, Stockholm 1947

— : Die Romantik in der Musik, Wien 1950 (Neudruck mit einem Nachwort von Arnold Feil, Stuttgart 1992)

Eller, Rudolf: Artikel »Pezel(ius)«, in: MGG 10, 1962, 1158-1162

Endler, Franz: Wien im Biedermeier, Wien 1978

»Entartete Musik«. Eine kommentierte Rekonstruktion der Düsseldorfer Ausstellung 1938 von Albrecht Dümling und Peter Girth, Düsseldorf 1988

Eppelsheim, Jürgen: Das Orchester in den Werken Jean-Baptiste Lullys, Tutzing 1961 (MVM 7)

Epochen der Musikgeschichte in Einzeldarstellungen. Mit einem Vorwort von Friedrich Blume, München und Kassel 1974

Faber, Rudolf, und Haug, Andreas: Einführungstexte für die Platten-Reihe »Musik in Oberschwäbischen Klöstern« (Leitung: Dr. Alexander Sumski) des Südwestfunks und des Attempto-Verlages Tübingen, 1984 ff.

Feder, Georg: Gounods »Méditation« und ihre Folgen, in: Die Ausbreitung des Historismus über die Musik. Aufsätze und Diskussionen, hrsg. v. Walter Wiora, Regensburg 1969, 85 ff. (St. z. Mg. d. 19. Jhs.)

Federhofer, Hellmut: Artikel »Muffat, Georg«, in: MGG 9, 1961, 915-919

Feil, Arnold: Satztechnische Fragen in den Kompositionslehren von F. E. Niedt, J. Riepel und H. Chr. Koch, Diss. (Heidelberg 1954) Heidelberg 1955

— : Zum Gradus ad Parnassum von J. J. Fux, in: AfMw 14, 1957, 184-192

— : Zur Satztechnik in Beethovens Vierter Sinfonie, in: AfMw 16, 1959, 391-399

— : Mozarts Duett »Bei Männern, welche Liebe fühlen«. Periodisch-metrische Fragen, in: Fs Walter Gerstenberg zum 60. Geburtstag, Wolfenbüttel 1964, 45-54

— : Studien zu Schuberts Rhythmik, München 1966

— : Musikmachen und Musikwerk, in: Mf 21, 1968, 7-17

— : »Abmessung (und Art) der Einschnitte«: Rhythmus in Beethovens Satzbau, in: Kongreßbericht Bonn 1970, Kassel 1971, 33-37

—: Volksmusik und Trivialmusik, Bemerkungen eines Historikers zu ihrer Trennung, in: Mf 26, 1973, 159-166
—: Zur Genesis der Gattung Lied, wie sie Franz Schubert definiert hat, in: Muzikološki zbornik (Musicological Annual) 11, Ljubljana 1975, 40-53
—: Franz Schubert. Die schöne Müllerin, Winterreise, Stuttgart 1975
—: Über Musik als Wirklichkeit, in: Fs Georg von Dadelsen zum 60. Geburtstag, Neuhausen Stuttgart 1978, 113-129
—: Zur Satztechnik in Schuberts VI. Sinfonie, in: Schubert-Studien, Festgabe der Österr. Akad. d. Wissenschaften zum Schubert-Jahr 1978, Wien 1978, 69-83
—: Schuberts musikalischer Text in der Übersetzung vom Autograph in den Druck, in: Schubert-Kongreßbericht Wien 1978, Graz 1979, 153-168
—: Die Musikkultur des Mittelmeerbeckens und die abendländische Polyphonie, in: Kongreßbericht Berkeley 1977, Kassel 1981, 402-405
—: Schuberts Rhythmik – ein aufführungspraktisches Problem, in: Zur Aufführungspraxis der Werke Franz Schuberts (Beiträge zur Aufführungspraxis, Band 4); München und Salzburg 1981, 24-47
—: Musikergesamtausgaben in öffentlichen Bibliotheken?, in: Bibliothekswissenschaft, Musikbibliothek, Soziale Bibliotheksarbeit. Fs Hermann Waßner zum 60. Geburtstag, Wiesbaden 1982, 269-275 (auch in: Musica 37, 1983, 338-341)
—: Rhythm in Schubert: some practical problems. Critical analysis, critical edition, critical performance, in: Schubert Studies. Problems on style and chronology, Cambridge 1982, 327-345
—: Die »Grande Serenade« von L. F. Schwerdt unter den Nachfolgekompositionen von Beethovens Septett op. 20. Zum Verhältnis Klassik - Klassizismus in der musikalischen Komposition um 1800, in: Muzikološki zbornik (Musicological Annual) 24, Ljubljana 1988
—: Goethes und Schuberts »Erlkönig«, in: Fs Rudolf Bockholdt zum 60. Geburtstag, München 1990, 339-351
—: Zum Rhythmus der Wiener Klassiker, in: Bericht über den Mozart-Kongreß Baden bei Wien 1991
—: Opus 20. Septett Es-Dur, in: Beethoven-Interpretation, hrsg. v. C. Dahlhaus, A. Riethmüller und A. Ringer, Laaber 1993
—: Figaros Arie »Non più andrai«, in: Mozart Studien, Band 3, Tutzing 1993
—: Anmerkungen zu Mozarts Satztechnik anhand von Beobachtungen am 1. Satz des A-dur-Violinkonzerts (KV 219), in: Fs Ludwig Finscher zum 65. Geb., 1995
Feil, Arnold, und Dürr, Walther: Die Neue Schubert-Ausgabe. Über einige Probleme des Herausgebens von Musik, in: ÖMZ 24, 1969, 553-563
Feil, Marion: Musikalische Erfahrungen für den Unterricht – Unterrichtserfahrungen für die Musik, Tübingen 1990 (ungedruckt)
Fellerer, Karl Gustav (Hrsg.): Geschichte der katholischen Kirchenmusik, 2 Bände, Kassel 1972/76
Felsenstein, Walter, und Herz, Joachim: Musiktheater. Beiträge zur Methodik und zu Inszenierungskonzeptionen, Leipzig 1976
Ficker, Rudolf von: Formprobleme der mittelalterlichen Musik, in: ZfMw 7, 1924/25, 195-213
—: Die Musik des Mittelalters und ihre Beziehung zum Geistesleben, in: DVLG 3, 1925, 501 ff.
—: Primäre Klangformen, in: JbP 1929, 21-34
—: Perotinus »Sederunt principes«, Wien 1930 (Universal Edition)
—: Der Organumtraktat der Vatikanischen Bibliothek (Ottob. 3025), in: KmJb 27, 1932, 65 ff.
—: Zur Schöpfungsgeschichte des Fauxbourdon, in: Acta 23, 1951, 93-123
Finck, Heinrich: Ausgewählte Werke, I Frankfurt/Main 1962, II ebd. 1970, hrsg. v. Lothar Hoffmann-Erbrecht (EdM, RD 57 und 70)
Finscher, Ludwig: Artikel »Obrecht, Jacob«, in: MGG 9, 1961, 1814-1822

— : J. S. Bach: Matthäus-Passion, Einführung zu einer Schallplattenkassette der Decca, Hamburg o. J. (1964)
— : Die nationalen Komponenten in der Musik des 16. Jahrhunderts, in: Kongreßbericht Salzburg 1964, Band I: Aufsätze zu den Symposia, Kassel 1964, 37-45; vgl. dazu: Band II: Protokolle von den Symposia etc., Kassel 1966, 81-87
Finscher, Ludwig (Hrsg.): W. A. Mozart. Die zehn berühmten Streichquartette, Taschenpartitur (Urtextausgabe) nach der Neuen Mozart-Ausgabe, Kassel 1964
Finscher, Ludwig: Zum Begriff der Klassik in der Musik, in: Kongreßbericht Leipzig 1966, Leipzig 1972, 103-127
— : Studien zur Geschichte des Streichquartetts I: Die Entstehung des klassischen Streichquartetts. Von den Vorformen zur Grundlegung durch Joseph Haydn, Kassel 1974
— : Aubers La muette de Portici und die Anfänge der Grand-opéra, in: Fs Heinz Becker zum 60. Geburtstag, Laaber 1982, 87 ff.
Fischer, Kurt von: Eine Neubearbeitung von L. Mozarts Violinschule aus dem Jahre 1804. Ein Stilvergleich, in: Mf 2, 1949, 187-192
— : Die Passionshistorien von H. Schütz und ihre geschichtlichen Voraussetzungen, in: Zeitschrift für evang. Kirchenmusik 20, 1966, 48-59
Flemming, Willi: Die Oper, Leipzig 1933 (Barockdrama Band V; Neudruck Hildesheim 1965)
Fock, Gustav: Artikel »Scheidemann, Heinrich«, in: MGG 11, 1963, 1621-1625
Forchert, Arno: Die Darstellung der Melancholie in Beethovens op. 18, 6 (1974), in: Ludwig van Beethoven, hrsg. v. L. Finscher, Darmstadt 1983 (Wege der Forschung 178), 212-239
Forkel, Johann Nikolaus: Musikalisch kritische Bibliothek; Gotha 1778-79 (Neudruck Hildesheim 1964)
— : Über Johann Sebastian Bachs Leben, Kunst und Kunstwerke, Leipzig 1802 (neu hrsg. v. Josef M. Müller-Blattau, Augsburg 1925)
Freyer, Hans: Theorie des gegenwärtigen Zeitalters, Stuttgart 1955
Friedenthal, Richard: Georg Friedrich Händel, in Selbstzeugnissen und Bilddokumenten, Hamburg 1959 (rororo-Monographie)
Friedlaender, Max (Hrsg.): Gedichte von Goethe in Compositionen seiner Zeitgenossen, Weimar 1896 (Schriften der Goethe-Gesellschaft 11)
Friedlaender, Max: Das deutsche Lied im 18. Jahrhundert. Quellen und Studien, 2 Bände in 3, Stuttgart und Berlin 1902 (Nachdruck Hildesheim 1962)
Frimmel, Theodor: Beethoven-Handbuch, 2 Bände, Leipzig 1926
Fröhlich, Hans J.: Schubert, München, Wien 1978
Fürstenau, Moritz: Zur Geschichte der Musik und des Theaters am Hofe zu Dresden, 2 Bände, Dresden 1861-62 (Nachdruck Leipzig 1971)
Furtwängler, Wilhelm: Anton Bruckner. Vortrag, gehalten anläßlich des Festes der Deutschen Bruckner-Gesellschaft in Wien 1939, Stuttgart 1952
Gadamer, Hans-Georg: Vom geistigen Lauf des Menschen. Studien zu unvollendeten Dichtungen Goethes, in: Kleine Schriften II, Tübingen 1967, 105-135
Gaul, Matthias: Zur Echtheit von Jean-Jacques Rousseaus *Le Devin du village,* Magisterarbeit im Fach Musikwissenschaft (masch.), Universität Tübingen 1989
Geck, Martin: Artikel »Rosenmüller, Johann«, in: MGG 11, 1963, 913-920
— : Artikel »Theile, Johann«, in: MGG 13, 1966, 277-281
— : Artikel »Tunder, Franz«, in: MGG 13, 1966, 975-979
— : Artikel »Kirchenlied«, in: $RLex^{12}$, Sachteil, Mainz 1967
— : Friedrich Schneiders »Weltgericht«. Zum Verständnis des Trivialen in der Musik, in: Studien zur Trivialmusik des 19. Jahrhunderts, hrsg. v. C. Dahlhaus, Regensburg 1967 (St. z. Mg. d. 19. Jhs.)
— : Artikel »Weckmann, Matthias«, in: MGG 14, 1968, 354-359

Geck, Martin, und Schleuning, Peter: »Geschrieben auf Bonaparte«. Beethovens »Eroica«: Revolution, Reaktion, Rezeption, Reinbek 1989

Geering, Arnold: Artikel »Senfl, Ludwig«, in: MGG 12, 1965, 498-516

Geering, Arnold, und Altwegg, Wilhelm (Hrsg.): Ludwig Senfl: Deutsche Lieder, Erster Teil, in: EdM, RD 10, Wolfenbüttel und Berlin 1938. Neudruck als Band II der GA, Wolfenbüttel und Zürich 1962

Gehlen, Arnold: Die Seele im technischen Zeitalter. Sozialpsychologische Probleme in der industriellen Gesellschaft, Hamburg 1957 (rde 53)

Geiringer, Karl (Hrsg.): G. B. Pergolesi: La Serva Padrona, Philharmonia-Taschenpartitur Wien 1925

Geiringer, Karl: Joseph Haydn, Potsdam 1932 (Die großen Meister der Musik, hrsg. v. E. Bücken)

Gennrich, Friedrich: Bibliographie der ältesten französischen und lateinischen Motetten, Darmstadt 1957

Georgiades, Thrasybulos: Englische Diskanttraktate aus der ersten Hälfte des 15. Jahrhunderts, München 1937

— : Zur Antigone-Interpretation von Carl Orff, in: ÖMZ 4, 1949, 191-194

— : Aus der Musiksprache des Mozart-Theaters, in: MJb 1950, 76-89 (wieder abgedruckt in: Kleine Schriften, Tutzing 1977, MVM 26)

— : Zur Musiksprache der Wiener Klassiker, in: MJb 1951, 50-59 (wieder abgedruckt in: Kleine Schriften, Tutzing 1977, MVM 26)

— : Die musikalische Interpretation, in: Studium generale 7, 1954, 389-393 (wieder abgedruckt in: Kleine Schriften, Tutzing 1977, MVM 26)

— : Musik und Sprache. Das Werden der abendländischen Musik dargestellt an der Vertonung der Messe, Berlin, Göttingen, Heidelberg 1954, 1974[2] (Verständliche Wissenschaft, Band 50)

— : »Das Wirtshaus« von Schubert und das Kyrie aus dem Gregorianischen Requiem, in: Gegenwart im Geiste, Fs Richard Benz, Hamburg 1954, 126-135

— : Schubert. Musik und Lyrik, Göttingen 1967

— : Heinrich Schütz zum 300. Todestag, in: Sagittarius. Beiträge zur Erforschung und Praxis alter und neuer Kirchenmusik 4, 1973, 57-70 (wieder abgedruckt in: Kleine Schriften, Tutzing 1977, MVM 26)

— : Kleine Schriften, Tutzing 1977 (MVM 26)

— : Nennen und Erklingen. Die Zeit als Logos, Aus dem Nachlaß hrsg. v. I. Bengen, Mit einem Geleitwort v. H.-G. Gadamer, Göttingen 1985

Georgii, Walter: Klaviermusik, Zürich und Freiburg im Breisgau 1950[2]

Gerber, Ernst Ludwig: Historisch-biographisches Lexicon der Tonkünstler, 2 Bände, Leipzig 1790-1792 (abgekürzt: GTL)

Gerber, Ernst Ludwig: Neues historisch-biographisches Lexikon der Tonkünstler, 4 Bände, Leipzig 1812-1814 (abgekürzt: GNTL)

Gerber, Rudolf (Hrsg.): Deutsche Meister des 15. Jahrhunderts. Heinrich Finck, Adam von Fulda u.a.: Zwölf Hymnen zu 3-5 Stimmen, in: Das Chorwerk, Heft 32, Wolfenbüttel 1935

Gerber, Rudolf: Christoph Willibald Gluck, Potsdam 1950

— : Artikel »Brahms, Johannes«, in: MGG 2, 1952, 184-212

Gerbert, Abt Martin, OSB: Scriptores ecclesiastici de musica sacra potissimum, 3 Bände, St. Blasien 1784 (Neudrucke: Graz 1905, Mailand 1931, Hildesheim 1953) (abgekürzt: GSS)

Gerhard, Anselm: Die französische »Grand Opéra« in der Forschung seit 1945, in: Acta musicologica 59, 1987, 220-270

Gerlach, Reinhard: Mendelssohns schöpferische Erinnerung der »Jugendzeit«, in: Mf 25, 1972, 142-152

— : Musik und Jugendstil der Wiener Schule 1900-1908, Laaber 1985

Gerstenberg, Walter: Die Klavierkompositionen Domenico Scarlattis, Regensburg 1933 (Forschungsarbeiten des mw. Instituts der Universität Leipzig, Band 2)
Gerstenberg, Walter (Hrsg.): Ludwig Senfl: Motetten, Erster Teil, in: EdM, RD 13, Leipzig 1939
Gerstenberg, Walter: Die Krise der Barockmusik, in: AfMw 10, 1953, 81-94
— : Besprechung von Musica Britannica I: The Mulliner Book, in: Mf 7, 1954, 119-121
— : Artikel »Willaert, Adrian«, in: MGG 14, 1968, 662-676
— : Die Musik im »Idomeneo«, in: W. A. Mozart. Idomeneo 1781-1981, München 1981, 122-133
Gerstmeier, August: Die Lieder Schumanns. Zur Musik des frühen 19. Jahrhunderts, Tutzing 1982 (MVM 34)
— : Robert Schumann: Klavierkonzert a-moll, op. 54, München 1986 (Meisterwerke der Musik 42)
— : Der Schlußsatz aus Beethovens zweiter Sinfonie. Ein Beitrag zum Formverständnis der Wiener klassischen Musik, in: Über das Klassische, hrsg. v. R. Bockholdt, Frankfurt a.M. 1987, 288-309
Geschichte der Musiktheorie, hrsg. im Auftrag des Staatlichen Instituts für Musikforschung Preußischer Kulturbesitz von Frieder Zaminer, 15 Bände, Darmstadt 1985 ff.
Ghisi, Federico: Artikel »Canti Carnascialeschi«, in: MGG 2, 1952, 764-769
Gieseking, Walter: Wie spielt man Ravels Klaviermusik? in: Melos 14, 1947, 412-414
Göllner, Marie Louise: Die Musik des frühen Trecento, Tutzing 1963 (MVM 9)
— : Eine neue Quelle zur italienischen Orgelmusik des Cinquecento, Tutzing 1982 (Münchner Editionen zur Musikgeschichte, hrsg. v. Theodor Göllner, Band 3)
Göllner, Theodor: Formen früher Mehrstimmigkeit in deutschen Handschriften des späten Mittelalters, Tutzing 1961 (MVM 6)
Goldschmidt, Harry: Franz Schubert. Ein Lebensbild, Leipzig 1976^6
Gombosi, Otto Hannes: Jacob Obrecht, Leipzig 1925
Gräter, Manfred: Konzertführer Neue Musik, Frankfurt a. M., Hamburg 1955 (Fischer-Bücherei 94)
Grass, Günter: Das Treffen in Telgte. Eine Erzählung, Darmstadt und Neuwied 1979
Grassi, Ernesto: Kunst und Mythos, Hamburg 1957 (rde 36)
Gregor-Dellin, Martin: Heinrich Schütz. Sein Leben, sein Werk, seine Zeit, München 1984
Greither, Aloys: Die sieben großen Opern Mozarts. Versuche über das Verhältnis der Texte zur Musik, Heidelberg 1956 (1977^3)
— : Wolfgang Amadé Mozart. Seine Leidensgeschichte, an Briefen und Dokumenten dargestellt, Heidelberg 1958
— : Wolfgang Amadé Mozart, in Selbstzeugnissen und Bilddokumenten, Reinbek 1962 (rororo Monographie)
Griesinger, Georg August: Biographische Notizen über Joseph Haydn, Leipzig 1810 (Neudrucke Wien 1954, Leipzig 1975 und 1979)
Gross, Werner: Anton Bruckner und der Barock. Versuch einer vergleichenden Künstlerbetrachtung, in: Fs Kurt Badt zum 70. Geburtstage, Berlin 1961
Gudewill, Kurt: Das sprachliche Urbild bei Heinrich Schütz, Kassel 1936
— : Artikel »Aich, Arnt von«, in: MGG 1, 1949-51, 175-177
— : Artikel »Schütz, Heinrich«, in: MGG 12, 1965, 202-221
Gülke, Peter: Die Verjährung der Meisterwerke, in: NZfM 1966, 6-12
Gülke, Peter (Hrsg.): A. E. M. Grétry: Memoiren oder Essays über die Musik, aus dem Französischen übersetzt von Dorothea Gülke, Leipzig 1973
Gülke, Peter: Neue Beiträge zur Kenntnis des Sinfonikers Schubert, in: Musik-Konzepte, Sonderband Franz Schubert, München 1979, 187-220
— : Mönche, Bürger, Minnesänger. Musik in der Gesellschaft des europäischen Mittelalters, Leipzig 1975, 1980^2 (auch als: Wiener Musikwissenschaftliche Beiträge, Band 4)

—: Rousseau und die Musik oder von der Zuständigkeit des Dilettanten, Wilhelmshaven 1984 (tmw 98)
—: Zwischen Ausgriff und Zurücknahme, Wagnis und Taktik. Die Fragmente D 615 und D 708 A, in: Franz Schubert. Jahre der Krise 1818-1823, Arnold Feil zum 60. Geburtstag, Kassel 1985, 48-56
—: Franz Schubert und seine Zeit, Laaber 1991
Gurlitt, Wilibald: Johann Sebastian Bach. Der Meister und sein Werk, Kassel und Basel 1949
—: Form in der Musik als Zeitgestaltung, Mainz 1954 (Abhandlungen der Mainzer Akad. d. Wiss., Geistes- und Sozialwiss. Klasse, Nr. 13)
—: Artikel »Schumann, Robert«, in: RLex^{12}, Mainz 1961, 651-656
Haack, Helmut: Anfänge des Generalbaß-Satzes. Die »Cento Concerti Ecclesiastici« (1602) von Lodovico Viadana, 2 Bände, Tutzing 1974 (MVM 22)
Haas, Robert: Die Musik des Barock, Wildpark-Potsdam 1928 (Handbuch der Musikwissenschaft, hrsg. von Ernst Bücken)
Händel-Handbuch, 4 Bände, Leipzig 1978-1986
Härtwig, Dieter, und Hennenberg, Fritz: Artikel »Stölzel, Gottfried Heinrich«, in: MGG 12, 1965, 1378-1388
Halbig, Hermann: Musikgeschichte – leicht gemacht. Hundert Merkblätter, Berlin-Lichterfelde 1942
Halm, August: Von zwei Kulturen der Musik, München 1913 (Stuttgart 1947^{3})
—: Beethoven, Berlin 1927
Hammerstein, Reinhold: Wilibald Gurlitt zum Gedächtnis, in: Mf 17, 1964, 105-110
Handbuch der Musikwissenschaft, hrsg. v. E. Bücken, 10 Bände, Wildpark-Potsdam 1927-1934
Handschin, Jacques: Die Rolle der Nationen in der mittelalterlichen Musikgeschichte, in: Schweizerisches Jahrbuch für Musikwissenschaft 5, 1932, 1-32
—: Musikgeschichte im Überblick, Luzern 1948 (1964^{2})
Handwörterbuch der musikalischen Terminologie, Im Auftrag der Komm. für Mw der Akad. der Wiss. und der Literatur zu Mainz hrsg. v. H. H. Eggebrecht, Wiesbaden 1971 ff.
Hanslick, Eduard: Vom Musikalisch-Schönen, Leipzig 1854 (Nachdruck Darmstadt 1973)
—: Geschichte des Concertwesens in Wien, 2 Bände, Wien 1869/70 (Nachdruck Hildesheim 1979)
—: Aus dem Tagebuche eines Musikers, Die moderne Oper VI, Berlin 1892^{2}
Harnoncourt, Nikolaus: Musik als Klangrede. Wege zu einem neuen Musikverständnis, Essays und Vorträge, Kassel und München 1985
Heartz, Daniel: Hat Mozart das Libretto zu »Idomeneo« ausgewählt? in: W. A. Mozart, Idomeneo 1781-1981, München 1981, 62-70
Helm, Everett: Artikel »Varèse, Edgar«, in: MGG 13, 1966, 1272-1274
Helm, Theodor: Beethovens Streichquartette, Leipzig 1885
Henkel, Arthur: Was ist eigentlich romantisch? in: Fs für Richard Alewyn, Köln und Graz 1967, 292-308
Herborth, Heinz J.: Natürliche Musik aus der Seele. Rezension der »Edition Carl Philipp Emanuel Bach«, in: DIE ZEIT vom 9.10.1987
Hermelink, Siegfried: Artikel »Bach, Johann Sebastian«, in: RGG 1, Tübingen 1957^{3}, 827-830
—: Artikel »Kirchenlied II. Musikalisch«, in: RGG 3, Tübingen 1959^{3}, 1474-1491
—: Dispositiones modorum. Die Tonarten in der Musik Palestrinas und seiner Zeitgenossen, Tutzing 1960 (MVM 4)
Herz, Joachim, und Felsenstein, Walter: Musiktheater. Beiträge zur Methodik und zu Inszenierungskonzeptionen, Leipzig 1976
Hiller, Johann Adam: Anweisung zum musikalisch-richtigen Gesange, Leipzig 1774
Hindemith, Paul: Unterweisung im Tonsatz. Theoretischer Teil, Mainz 1937
—: Sterbende Gewässer, Rede vor dem Orden »Pour le mérite«, gehalten 1963

Hoerburger, Felix: Musica vulgaris. Lebensgesetze der instrumentalen Volksmusik, Erlangen 1966 (Erlanger Forschungen, Reihe A: Geisteswissenschaften, Band 19)
Hoffmann-Erbrecht, Lothar: Artikel »Hiller, Johann Adam«, in MGG 6, 1957, 409-419
Hoffmann-Erbrecht, Lothar (Hrsg.): Heinrich Finck. Ausgewählte Werke, I Frankfurt am Main 1962, II ebd. 1970 (EdM, RD 57 und 70)
Hofmann, Klaus: Zwei Abhandlungen zur Weihnachtshistorie von Heinrich Schütz, in: Musik und Kirche 40, 1970, 325-330, und 41, 1971, 15-20
Hofmann, Klaus (Hrsg.): Heinrich Schütz, Zwölf geistliche Gesänge, Neuhausen-Stuttgart 1971 (Stuttgarter Schütz-Ausgabe, Band 15)
Holschneider, Andreas: Die Organa von Winchester. Studien zum ältesten Repertoire polyphoner Musik, Hildesheim 1968
Holschneider, Andreas (Hrsg.): Händels »Acis und Galatea« in Mozarts Fassung, in: Neue Mozart-Ausgabe X / 28 / 1, Band 1, Kassel 1973
Hommel, Friedrich: Trümmerlandschaft und ein ungewöhnlich schöner Frühling. Von den Anfängen der Darmstädter Ferienkurse für Neue Musik, in: Neue Zürcher Zeitung Nr. 155, 7./8. Juli 1990
Horn, Paul, u.a. (Hrsg.): Stuttgarter Schütz-Ausgabe, Band 8: Musikalische Exequien Opus 7, Neuhausen-Stuttgart 1973
Horn, Wolfgang: Die Dresdner Hofkirchenmusik 1720-1745. Studien zu ihren Voraussetzungen und ihrem Repertoire, Kassel und Stuttgart 1987
— : Carl Philipp Emanuel Bach: Frühe Klaviersonaten. Eine Studie zur »Form« der ersten Sätze nebst einer kritischen Untersuchung der Quellen, Hamburg 1988
Hornbostel, Erich Moritz von (Hrsg.): Sammelbände für Vergleichende Musikwissenschaft, München 1922 ff.
Hornbostel, Erich Moritz von: Aufsätze zur Musikethnologie und Musikpsychologie, Leipzig 1986
Hortschansky, Klaus: Glucks Sendungsbewußtsein. Dargestellt an einem unbekannten Gluck-Brief, in: Mf 21, 1968, 30-35
Hucke, Helmut: Pergolesi: Problem eines Werkverzeichnisses, in: Acta 52, 1980, 195-225
Hübsch, Lini: Ludwig van Beethoven: Die Rasumowsky-Quartette op. 59, München 1983 (Meisterwerke der Musik 40)
— : Modest Mussorgskij: Bilder einer Ausstellung, München 1990[2] (Meisterwerke der Musik 15)
Huizinga, Johan: Herbst des Mittelalters. Studien über Lebens- und Geistesformen des 14. und 15. Jahrhunderts in Frankreich und in den Niederlanden, München 1924 (holländisch bereits 1919)
Hunkemöller, Jürgen: Béla Bartók: Musik für Saiteninstrumente, München 1982 (Meisterwerke der Musik 36)
— : Bartók analysiert seine »Musik für Saiteninstrumente, Schlagzeug und Celesta«, in: AfMw 40, 1983, 147-163
Jähnig, Dieter: Welt-Geschichte: Kunst-Geschichte. Zum Verhältnis von Vergangenheitsbewältigung und Veränderung, Köln 1975
Jammers, Ewald: Artikel »Cantio«, in: MGG 2, 1952, 778-781
— : Der mittelalterliche Choral. Art und Herkunft, Mainz 1954 (Neue Studien zur Musikwissenschaft, Band 2)
— : Anfänge der abendländischen Musik, Straßburg und Kehl 1955 (Sammlung musikwissenschaftlicher Abhandlungen, Band 31)
Jeppesen, Knud: Der Palestrinastil und die Dissonanz, Leipzig 1925 (dänisch bereits 1923)
— : Kontrapunkt. Lehrbuch der klassischen Vokalpolyphonie, Leipzig 1935 (dänisch bereits 1930)
— : Die mehrstimmige italienische Laude um 1500, Leipzig und Kopenhagen 1935

Jeppesen, Knud (Hrsg.): Die italienische Orgelmusik am Anfang des Cinquecento. Die »Recerchari, Motetti, Canzoni. Libro primo« des Marco Antonio (Cavazzoni) da Bologna (1523) in Verbindung mit einer Auswahl aus den »Frottole intabulate da sonare Organi« des Andrea Antico da Montona (1517), Kopenhagen 1943 (2., neubearbeitete und wesentlich erweiterte Auflage in 2 Bänden, das. 1960)

Jeppesen, Knud: Artikel »Palestrina, Giovanni Pierluigi da«, in: MGG 10, 1962, 658-706

Johns, Susanne: Das szenische Liederspiel zwischen 1800 und 1830. Ein Beitrag zur Berliner Theatergeschichte, 2 Bde., Frankfurt/M. 1988 (Quellenstudien zur Musikgeschichte von der Antike bis in die Gegenwart 20)

Jungmann, Josef Andreas: Missarum sollemnia. Eine genetische Erklärung der römischen Messe, 2 Bände, Wien, Freiburg und Basel 1962[5]

Just, Martin (Hrsg.): Heinrich Isaac: Introiten I zu 6 Stimmen, in: Das Chorwerk, Heft 81, Wolfenbüttel 1960

—: Heinrich Isaac: Vier Marienmotetten zu 4 und 5 Stimmen, in: Das Chorwerk, Heft 100, Wolfenbüttel 1965

Just, Martin: Der Mensuralkodex Mus. ms. 40021 der Staatsbibliothek Preußischer Kulturbesitz Berlin. Untersuchungen zum Repertoire einer deutschen Quelle des 15. Jahrhunderts, 2 Bände, Tutzing 1975 (Würzburger musikhistorische Beiträge, Band 1)

Kahl, Willi: Das lyrische Klavierstück Schuberts und seiner Vorgänger seit 1810, in: AfMw 3, 1921, 54-82 und 99-122

Kalisch, Volker, und Kohlhase, Thomas (Hrsg.): Friedrich Schneider. Das Weltgericht, in: EdM 94, München 1981

Kantner, Leopold M.: Das Messenschaffen Joseph Haydns und seiner italienischen Zeitgenossen, in: Joseph Haydn. Tradition und Rezeption, Kongreßbericht Köln 1982 (Kölner Beiträge zur Mf 144, Regensburg 1985), 145-159

Keller, Hermann: Die Orgelwerke Bachs. Ein Beitrag zu ihrer Geschichte, Form, Deutung und Wiedergabe, Leipzig 1948

—: Das Wohltemperierte Klavier von Johann Sebastian Bach. Werk und Wiedergabe, Kassel 1965

Kempowski, Walter: Beethovens Fünfte und Moin Vaddr läbt. Handschriften und Materialien der Hörspiele, Hamburg 1982

Kerman, Joseph: Artikel »Madrigal II. Das englische Madrigal«, in: MGG 8, 1960, 1438-1445

Kindlers Literatur Lexikon im Deutschen Taschenbuch Verlag, München 1986

Kinkeldey, Otto: Orgel und Klavier in der Musik des 16. Jahrhunderts, Leipzig 1910

Kirkpatrick, Ralph: Artikel »Scarlatti, Domenico«, in: MGG 11, 1963, 1506-1518

Klauser, Theodor: Kleine abendländische Liturgiegeschichte. Bericht und Besinnung, Bonn 1949

Kloiber, Rudolf: Handbuch der Oper, 2 Bände, München und Kassel 1973[8]

Kneif, Tibor: Musiksoziologie, Köln 1971 (TB 262)

Knepler, Georg: Musikgeschichte des 19. Jahrhunderts, Band I: Frankreich und England, Band II: Österreich und Deutschland, Berlin (Ost) 1961

—: Zu Beethovens Wahl von Werkgattungen. Ein soziologischer Aspekt eines ästhetischen Problems, in: Beiträge zur Musikwissenschaft 12, 1970, 308-321 (wieder abgedruckt in: Ludwig van Beethoven, hrsg. v. L. Finscher, Darmstadt 1983. Wege der Forschung 178)

—: W. A. Mozart, Annäherungen, Berlin 1991

Költzsch, Hans: Franz Schubert in seinen Klaviersonaten, Leipzig 1927

Körte, Konrad: Die Orgel von Winchester. Rekonstruktionsversuch einzelner Teile, in: KmJb 57, 1973, 1-24

Kommentare zur Neuen Musik I, Köln o. J. (Aufsätze aus »die Reihe, Informationen über serielle Musik«, Hefte 1-7, Wien 1953-1960)

Konold, Wulf: Normerfüllung und Normverweigerung beim späten Haydn – am Beispiel des Streichquartetts op. 76 Nr. 6, in: Joseph Haydn. Tradition und Rezeption, Kongreßbericht Köln 1982 (Kölner Beiträge zur Mf 144, Regensburg 1985), 54-73

Korte, Werner: Bruckner und Brahms, Tutzing 1963

Kos, Koraljka: Appariran per me le stell' in cielo von O. di Lasso und J. Skjavetic. Stilkritischer Vergleich, in: Muzikološki zbornik (Musicological Annual) 11, Ljubljana 1975, 17-27

—: Die kroatische Komponistin Dora Pejačević und ihre Beziehung zu Karl Kraus, in: Kraus-Hefte, Januar 1979 (edition text + kritik), 1-7

—: Croatian Music Culture during the Period of the Renaissance, in: Arti Musices. Croatian Musicological Review, Special Issue 2, Zagreb 1979, 45-89 (mit Bibliographie)

—: Dora Pejačević. Leben und Werk, Zagreb 1987 (kroatisch bereits 1982)

Kretzschmar, Hermann: Führer durch den Konzertsaal, Leipzig 1887 u.ö. (neu bearbeitet Leipzig 1921-1939)

Kretzschmar, Hermann (Hrsg.): Ignaz Holzbauer, Günther von Schwarzburg, in: DDT 8-9, Leipzig 1902

Kretzschmar, Hermann: Geschichte des neuen deutschen Liedes, Band 1, Leipzig 1911 (Kleine Handbücher der Musikgeschichte nach Gattungen, Band 4)

Kreutzer, Hans Joachim: Proteus Mozart. Die Opern Mozarts in der Auffassung des 19. Jahrhunderts, in: DVLG 60, 1986, 1-23

Kroyer, Theodor: Die circumpolare Oper. Zur Wagnergeschichte, in: JbP 1919, 16-33

Krummacher, Friedhelm: Klassizismus als musikgeschichtliches Problem, in: Kongreßbericht Kopenhagen 1972, Copenhagen 1974, 518-526

—: »... fein und geistreich genug«. Versuch über Mendelssohns Musik zum Sommernachtstraum, in: Das Problem Mendelssohn, hrsg. v. C. Dahlhaus, Regensburg 1974, 89-117 (St. z. Mg. d. 19. Jhs., 41)

—: Mendelssohn – der Komponist. Studien zur Kammermusik für Streicher, München 1978

Kubik, Reinhard: Händels Rinaldo. Geschichte, Werk, Wirkung, Neuhausen-Stuttgart 1982

Kühner, Hans: Giuseppe Verdi in Selbstzeugnissen und Bilddokumenten, Hamburg 1961 (rororo Monographie)

Küng, Hans: Mozart – Spuren der Transzendenz, München 1991

Kugler, Michael: Die Tastenmusik im Codex Faenza, Tutzing 1972 (MVM 21)

—: Die Musik für Tasteninstrumente im 15. und 16. Jahrhundert, Wilhelmshaven 1975 (tmw 41)

Kunze, Stefan: Die Instrumentalmusik Giovanni Gabrielis, Tutzing 1963 (MVM 8)

—: Die Entstehung des Concertoprinzips im Spätwerk Giovanni Gabrielis, in: AfMw 21, 1964, 81-110

—: Die Vertonungen der Arie »Non si d'onde viene« von J. Chr. Bach und W. A. Mozart, in: Studien zur italienisch-deutschen Musikgeschichte II, hrsg. v. Helmuth Hucke, Köln und Graz 1965, 85-111

—: Vorworte zu den Bänden der Neuen Mozartausgabe II / 7 / 1-4: Arien, Szenen, Ensembles und Chöre mit Orchester, Kassel 1967-1972

—: Artikel »Gabrieli, Giovanni«, in: $RLex^{12}$, Ergänzungsband, Mainz 1972, 392

—: Die »wirklich gantz neue Manier« in Beethovens Eroica-Variationen op. 35, in: AfMw 29, 1972, 124-149

—: Don Giovanni vor Mozart, München 1976 (Münchener Universitätsschriften, Philos. Fakultät, Band 10)

—: Über Theorie und Praxis in der Musik, Vortrag, gehalten in Bern 1976 (masch.)

—: Mozarts Opern, Stuttgart 1984

Kunze, Stefan (Hrsg.): Ludwig van Beethoven. Die Werke im Spiegel seiner Zeit. Gesammelte Konzertberichte und Rezensionen bis 1830, Leipzig 1987

Kunze, Stefan: Kerkerszenen. Goethes »Egmont« und Beethovens »Fidelio«, in: Neue Zürcher Zeitung Nr. 36, 13./14. Februar 1988

Kuret, Primož: Die Rolle und die Tätigkeit der Philharmonischen Gesellschaft in Ljubljana, in: Fs Rudolf Bockholdt zum 60. Geburtstag, Pfaffenhofen 1990, 367-377
Kurth, Ernst: Die romantische Harmonik und ihre Krise in Wagners »Tristan«, Bern und Leipzig 1920
— : Anton Bruckner, 2 Bände, Berlin 1926
Kusche, Ludwig: Franz Liszt. Porträt eines Übermenschen, München 1961
— : Franz Schubert. Dichtung und Wahrheit, München 1962
Landmann, Ortrun: Die komische Italienische Oper am Dresdner Hof in der 1. Hälfte des 17. Jahrhunderts, in: Dresdner Operntraditionen, Teil 1: Die Dresdner Oper von H. Schütz bis J. A. Hasse, Konferenz-Bericht Dresden 1985 (Schriftenreihe der Hochschule für Musik, 9. Sonderheft)
Landon, Christa: Vorwort und »Kritische Anmerkungen« zu: Haydn, Sämtliche Klaviersonaten, revidiert von Christa Landon, 3 Bände, Wien 1964-1982 (Wiener Urtext-Ausgabe)
Landon, H. C. Robbins: Beethoven. Sein Leben und seine Welt in zeitgenössischen Bildern und Texten, Wien 1970
— : Haydn. Chronicle and Works, 5 Bände, London 1976-1980
Langner, Thomas M.: Artikel »Orgelmusik VI. 19. und 20. Jahrhundert«, in: MGG 10, 1962, 364-381
Larsen, Jens Peter, und Landon, H. C. Robbins: Artikel »Haydn, Franz Joseph«, in: MGG 5, 1956, 1857-1916
Laux, Karl: Artikel »Rußland, D.«, in: MGG 11, 1963, 1156-1168
Leichtentritt, Hugo: Geschichte der Motette, Leipzig 1908 (Kl. Hb. d. Mg. nach Gattungen)
Lenaerts, René Bernard: Die Kunst der Niederländer, in: Das Musikwerk, Heft 22, Köln 1962
Leopold, Silke: Claudio Monteverdi und seine Zeit, Laaber 1982
Liess, Andreas: Artikel »Schmidt, Franz«, in: MGG 11, 1963, 1853-1856
Lindlar, Heinrich: 77 Premieren. Ein Opern-Journal. Kritisches und Ketzerisches aus 7 Jahren, Rodenkirchen o.J. (1965) (Kontrapunkte. Schriften zur deutschen Musik der Gegenwart 8)
Linke, Karl: Arnold Schönberg, München 1912
Lipphardt, Walther: Abschnitt »Das katholische Kirchenlied seit der Reformation«, in: Artikel »Lied, C. Das Kirchenlied, IV.«, in: MGG 8, 1960, 846 ff.
— : Artikel »Leisen und Rufe«, in: MGG 16, 1979, 1105-1110
Lippmann, Friedrich: Artikel »Rossini, Gioachino Antonio«, in: MGG 11, 1963, 948-973
Lissa, Zofia: Beitrag zum Symposium »Die nationalen Komponenten in der Musik der ersten Hälfte des 16. Jahrhunderts«, in: Kongreßbericht Salzburg 1964, Band II, Kassel 1966, 85
— : Artikel »Badarzewska-Baranowska« in: MGG 15, 1973, 398 f.
Lobe, Joh. Christian: Fliegende Blätter für Musik. Wahrheit über Tonkunst und Tonkünstler. Von dem Verfasser der »Musikalischen Briefe«, I, Leipzig 1855
Löhlein, Heinz-Harald (Hrsg.): Bach, J. S.: Orgelbüchlein, in: Neue Bach-Ausgabe, Serie IV: Orgelwerke, Band 1, Kassel 1983
Lowinsky, Edward E.: Das Antwerpener Motettenbuch Orlando di Lassos und seine Beziehungen zum Motettenschaffen der niederländischen Zeitgenossen, Haag 1937
Ludwig, Friedrich: Repertorium organorum recentioris et motetorum vetustissimi stili, Band I: Catalogue raisonné der Quellen, Abt. 1: Handschriften in Quadratnotation, Halle 1910 (2., erw. Aufl., hrsg. v. Luther A. Dittmer, Hildesheim 1964), Abt. 2: Handschriften in Mensuralnotation. Die Quellen der Motetten ältesten Stils, besorgt von Friedrich Gennrich, Langen bei Frankfurt 1961; Band II: Musikalisches Anfangsverzeichnis des nach Tenores geordneten Repertorium, besorgt von Friedrich Gennrich, Langen bei Frankfurt 1962
Luther, Wilhelm Martin: Artikel »Dreßler, Gallus«, in: MGG 3, 1954, 801-806
MacClintock, Carol (Hrsg.): Giaches de Wert: Vier Madrigale und drei Kanzonetten, in: Das Chorwerk, Heft 109, Wolfenbüttel 1970

Mäckelmann, Michael und Arnold Schönberg: Fünf Orchesterstücke op. 16, München 1987 (Meisterwerke der Musik 45)
Mahrenholz, Christhard: Artikel »Gesangbuch«, in: MGG 4, 1955, 1876-1889
— : Artikel »Glocken. B. Abendland«, in: MGG 5, 1956, 276-291
— : Artikel »Scheidt, Samuel«, in: MGG 11, 1963, 1627-1640
Marschall, Wolfgang: Die Kunst ist die Wirklichkeit. Kunst und Gesellschaft in außereuropäischen Kulturen, in: Kunst in der Exklusivität oder »Jeder ein Künstler?«, Berner kulturhistorische Vorlesungen, Bern 1989/90
Martinez-Göllner, Marie Louise: Joseph Haydn: Symphonie Nr. 94 (Paukenschlag), München 1979 (Meisterwerke der Musik 16)
Mayeda, Akio: Schumanns Weg zur Sinfonie. Zu den Umrissen einer vielstufigen Entwicklung, in: Neue Zürcher Zeitung, Nr. 274, 24./25. 11.1979
— : Schumanns Gegenwart. Festvortrag anläßlich des 1. Schumann-Festes 1981 in Düsseldorf, in: Schumann-Studien Bd. 1, Mainz 1983
Mayer, Hans: Richard Wagner, in Selbstzeugnissen und Bilddokumenten, Reinbek 1959 (rororo Monographie)
— : Anmerkungen zum »Parsifal«, in: Programmheft zum Stuttgarter »Parsifal« 1976
Meier, Bernhard: Artikel »Musica reservata« (1976), in: HmT
— : Die Tonarten der klassischen Vokalpolyphonie. Nach den Quellen dargestellt, Utrecht 1974
Meier, Bernhard (Hrsg.): Thomas Crecquillon und andere Meister: Vier Motetten zu 5 Stimmen, in: Das Chorwerk, Heft 121, Wolfenbüttel 1976
Meier, Bernhard: Alte Tonarten. Dargestellt an der Instrumentalmusik des 16. und 17. Jahrhunderts, Kassel 1992
Melchinger, Siegfried: Theater der Gegenwart, Frankfurt am Main 1956
Mennicke, Karl: Hasse und die Brüder Graun als Symphoniker, Leipzig 1906
Merian, Wilhelm: Der Tanz in den deutschen Tabulaturbüchern. Mit thematischen Verzeichnissen, Beispielen zur Intavolationspraxis und einer Studie über die Anfänge des Klavierspiels, Leipzig 1927 (Nachdruck Hildesheim 1968)
Michalski, G., Obniska, E., Swolkień, H., und Waldorff, J.: Geschichte der polnischen Musik, Warschau 1988
Michels, Ulrich: dtv-Atlas zur Musik. Tafeln und Texte, 2 Bände, Kassel und München 1977-1985
Mönch, Walter: Frankreichs Kultur, Berlin und New York 1972
Moser, Hans Joachim: Geschichte der deutschen Musik, 2 Bände in 3, Stuttgart und Berlin 1920-1924
— : Paul Hofhaimer. Ein Lied- und Orgelmeister des deutschen Humanismus, Stuttgart 1929, Hildesheim 1966[2]
— : Musiklexikon, Berlin 1935 u. ö.
— : Heinrich Schütz, Kassel 1936
— : Das musikalische Denkmälerwesen in Deutschland, Kassel, Basel 1952
Motte, Dieter de la: Musikalische Analyse. Mit kritischen Anmerkungen von Carl Dahlhaus, Kassel 1968
Müller, Hans-Christian (Hrsg.): 18 weltliche Lieder aus den Drucken Christian Egenolffs zu 3 bis 5 Stimmen, in: Das Chorwerk, Heft 111, Wolfenbüttel 1970
Müller, Ruth E.: Erzählte Töne. Studien zur Musikästhetik im späten 18. Jahrhundert, Stuttgart 1989 (Beihefte zum AfMw 30)
Müller-Blattau, Joseph M. (Hrsg.): Die Kompositionslehre Heinrich Schützens in der Fassung seines Schülers Christoph Bernhard, Leipzig 1925
Müller-Blattau, Joseph M.: Georg Friedrich Händel, Potsdam 1933 (Die großen Meister der Musik, hrsg. v. E. Bücken)

Münchner Veröffentlichungen zur Musikgeschichte, hrsg. v. Thr. Georgiades (seit 1977 von Theodor Göllner), Tutzing 1959 ff.
Musikalische Edition im Wandel des historischen Bewußtseins, hrsg. von Thrasybulos G. Georgiades, Kassel 1971 (Musikwiss. Arbeiten, hrsg. von der GfMf, Nr. 23)
Die Musik in Geschichte und Gegenwart. Allgemeine Enzyklopädie der Musik, hrsg. von Friedrich Blume, 14 + 3 Bände, Kassel 1949/51-1986
Die Musik der sechziger Jahre. Zwölf Versuche, hrsg. v. Rudolf Stephan, Mainz 1972 (Veröffentlichungen des Institutes für Neue Musik und Musikerziehung Darmstadt, 12)
Das Musikwerk. Eine Beispielsammlung zur Musikgeschichte, hrsg. v. K. G. Fellerer, Köln 1950 ff.
Nationaler Stil und europäische Dimension in der Musik der Jahrhundertwende, hrsg. von Helga de la Motte-Haber, Darmstadt 1991
Neitzert, Lutz: Die Geburt der Moderne, der Bürger und die Tonkunst. Zur Physiognomie der ver-öffentlichten Musik, Stuttgart 1990
Neues Handbuch der Musikwissenschaft, hrsg. v. C. Dahlhaus, 12 Bände, Laaber 1980-1992
Neumann, Wilhelm: Friedrich von Flotow, Kassel 1855
Nick, Edmund: Artikel »Strauß, Familie«, in: MGG 12, Kassel 1965, 1449-1474
Niemetschek, Franz Xaver: Leben des K. K. Kapellmeisters Wolfgang Gottlieb Mozart, nach den Originalquellen beschrieben, Prag 1798
Niemeyer, Wilhelm: Artikel »Germanische Musik« (hierzu Tafeln 74-76), in: MGG 4, 1955, 1809-1819
Noack, Friedrich: Artikel »Graupner, Christoph«, in: MGG 5, 1956, 720-725
Nottebohm, Gustav: Beethoveniana (N. I) und Zweite Beethoveniana (N. II), Leipzig 1872 und 1887
Osthoff, Helmuth: Die Niederländer und das deutsche Lied 1400-1640, Berlin 1938
— : Rezension von: Rathgeber, »Tafelconfekt« (EdM, RD 19), in: Mf 1, 1948, S. 198-200
— : Vergils Aeneis in der Musik von Josquin des Prez bis Orlando di Lasso, in: AfMw 11, 1954, 85-102
— : Artikel »Josquin Desprez«, in: MGG 7, 1958, 190-214
Osthoff, Wolfgang: Das dramatische Spätwerk Claudio Monteverdis (Monteverdistudien I), Tutzing 1960 (MVM 3)
— : Antonio Cestis »Allesandro vincitor di se stesso«, in: StzMw 24, 1960, 13-43
— : Ludwig van Beethoven: Klavierkonzert c-moll, op. 37, München 1965 (Meisterwerke der Musik 2)
— : Theatergesang und darstellende Musik in der italienischen Renaissance (15. und 16. Jahrhundert), 2 Bände, Tutzing 1969 (MVM 14)
— : »Attilio Regolo« – Metastasios musikdramatische Konzeptionen und Hasses Ausführung, in: s. Landmann, Ortrun, 1985
Pätzig, Gerhard: Liturgische Grundlagen und handschriftliche Überlieferung von Heinrich Isaacs »Choralis Constantinus«, masch. Diss. Tübingen 1956
— : Heinrich Isaacs »Choralis Constantinus« – eine posthume Werksammlung, in: Kongreßbericht Kassel 1962, 114-116
— : Das Chorbuch Mus. ms. 40024 der Deutschen Staatsbibliothek Berlin. Eine wichtige Quelle zum Schaffen Isaacs aus der Hand Leonhard Pämingers, in: Fs Walter Gerstenberg zum 60. Geburtstag, Wolfenbüttel und Zürich 1964, 122-142
Palm, Albert: Mozart und Haydn in der Interpretation Momignys, in: Kongreßbericht Kassel 1962, 187-190
Petsch, Christoph: s. Salmen, W. (Hrsg.) 1972
Pfaff, P. Maurs, OSB: Der Gregorianische Gesang, in: Musik in Bayern, I: Bayerische Musikgeschichte, Überblick und Einzeldarstellungen, Tutzing 1972
Pilati, Mario: Francesco Cilèa. Ein zeitgenössisches Portrait (1932), in: Programmhefte der Bayerischen Staatsoper München 1990

Pirotta, Nino: Artikel »Italien, B. 14.-16. Jahrhundert«, in: MGG 6, 1957, 1476k-1500
Plamenac, Dragan: Artikel »Ockeghem, Johannes«, in: MGG 9, 1961, 1825-1838
Pohl, Carl Ferdinand: Die Gesellschaft der Musikfreunde des österreichischen Kaiserstaates und ihr Conservatorium, Wien 1871
—: Joseph Haydn, 3 Bände (Band 3 weitergeführt von Hugo Botstiber), Berlin und Leipzig 1875-1927
Preußner, Eberhard: Die bürgerliche Musikkultur. Ein Beitrag zur deutschen Musikgeschichte des 18. Jahrhunderts, Hamburg 1935
—: Artikel »Hindemith, Paul«, in: MGG 6, 1957, 440-451
Prieberg, Fred K.: Musik im NS-Staat, Frankfurt am Main 1982
Das Problem Mendelssohn, hrsg. v. C. Dahlhaus, Regensburg 1974 (St. z. Mg. d. 19. Jhs. 41)
Puetter, Hugo: Georg Friedrich Händel, in: Die großen Deutschen: deutsche Biographie, hrsg. v. H. Heimpel, Th. Heuss, B. Reifenberg, Band 2, Frankfurt, Berlin, Wien 1983, 92-104
Ravizza, Victor: Joseph Haydn: Die Schöpfung. München 1981 (Meisterwerke der Musik 24)
—: Ruffino d'Assisi. Der Begründer der venezianischen Mehrchörigkeit, in: Mf 42, 1989, 325-340
Reckow, Fritz: Artikel »Vulpius, Melchior«, in: MGG 14, 1968, 45-49
—: Artikel »Organum« (1971), in: HmT
—: Artikel »Conductus« (1973), in: HmT
Redlich, Hans Ferdinand: »Monteverdi-Gesamtausgabe«, in: Musikblätter des Anbruch 10, 1928
—: Artikel »Artusi, Giovanni Maria«, in: MGG 1, 1949-51, 747-749
—: Artikel »Monteverdi, Claudio«, in: MGG 9, 1961, 511-532
—: Artikel »Strawinsky, Igor«, in: MGG 12, 1965, 1499-1514
Reese, Gustave: Music in the middle ages. With an introduction on the music of ancient times, New York 1940, London 1941
—: Music in the Renaissance, New York 1954
Rehm, Wolfgang (Hrsg.): Die Chansons von Gilles Binchois (1400-1460), in: Musikalische Denkmäler Band II, Mainz 1957
Reiniger, Lotte: Mozart. Die großen Opern in Scherenschnitten, Tübingen 1987
Rexroth, Dieter: Der gestörte Glaube an den Glauben. Zu Arnold Schönbergs Weg in seine Oper »Moses und Aron«, in: Neue Zürcher Zeitung, Fernausgabe, Nr. 119 vom 27. Mai 1978
Riedel, Friedrich Wilhelm: Artikel »Kerll, Johann Kaspar«, in: MGG 7, 1958, 851-859
—: Artikel »Kuhnau, Johann«, in: MGG 7, 1958, 1878-1887
—: Artikel »Orgelmusik, IV.«, in: MGG 10, 1962, 346-364
Rieger, Eva (Hrsg.): Frau und Musik, hrsg. und eingeleitet von Eva Rieger, Frankfurt am Main 1980
Riehl, Wilhelm Heinrich: Musikalische Charakterköpfe. Ein kunstgeschichtliches Skizzenbuch, 2 Bände, Stuttgart 1853/60
Riemann, Hugo: Elemente der musikalischen Ästhetik, Stuttgart 1900
—: Geschichte der Musiktheorie im IX.-XIX. Jahrhundert, Leipzig 1898, Berlin 1921^2 (Neudruck Hildesheim 1961)
—: Handbuch der Musikgeschichte, 2 Bände in 4 Bänden, Leipzig 1904-1913
—: Kleines Handbuch der Musikgeschichte mit Periodisierung nach Stilprinzipien und Formen, Leipzig 1908
Riemann Musiklexikon, 12. Aufl. in 3 Bänden hrsg. v. Wilibald Gurlitt: Personenteil in 2 Bänden, Mainz 1959-1961; Sachteil hrsg. v. H. H. Eggebrecht, Mainz 1967; 2 Ergänzungsbände zum Personenteil hrsg. v. C. Dahlhaus, Mainz 1972-1975
Riemer, Otto: Artikel »Florilegium Portense«, in: MGG 4, 1955, 479-432
Riezler, Walter: Beethoven, Zürich 1951^7
Rijavec, Andrej: Slowenische Komponisten des 20. Jahrhunderts, Ljubljana-Köln 1975

Ringger, Rolf Urs: Anton Webern – später. Betrachtungen aus der Perspektive von drei Jahrzehnten, in: Neue Zürcher Zeitung 1983, Nr. 283
—: »Die Musik wird viel ausmachen ...« Hanns Eislers »Hollywooder Liederbuch«, in: Neue Zürcher Zeitung 31.12./ 1.1.1988/89
Ritzel, Alfred: Die Entwicklung der »Sonatenform« im musiktheoretischen Schrifttum des 18. und 19. Jahrhunderts, Wiesbaden 1968 (Neue musikgeschichtliche Forschungen 1)
Rognoni, Luigi: Rossini, Turin 1956 (1968[2])
Rolland, Romain: Händel, Paris 1910
Rosen, Charles: Sonata Forms, New York und London 1980
—: Der klassische Stil. Haydn, Mozart, Beethoven (englisch: New York 1971), München, Kassel 1983
Rousseau, Jean-Jacques: Musik und Sprache. Ausgewählte Schriften, übersetzt von D. und P. Gülke, Wilhelmshaven 1984 (tmw 99)
Rubsamen, Walter: Artikel »Frottola«, in: MGG 4, 1955, 1015-1036
Rufer, Josef: Die Komposition mit zwölf Tönen, Berlin 1952 (Stimmen des XX. Jahrhunderts, 2)
—: Das Werk Arnold Schönbergs, Kassel 1959
Ruiter, Jacob de: Wahre Kirchenmusik oder Heuchelei? Zur Rezeption des »Stabat mater« von Pergolesi in Deutschland bis 1820, in: Mf 43, 1990, 1-15
Rummenhöller, Peter: Die musikalische Vorklassik. Kulturhistorische und musikgeschichtliche Grundrisse zur Musik im 18. Jahrhundert zwischen Barock und Klassik, München und Kassel 1983
—: Romantik in der Musik. Analysen, Portraits, Reflexionen, München und Kassel 1989
Ryschawy, Hans, und Stoll, Rolf W.: Die Bedeutung der Zahl in Dufays Kompositionsart: Nuper rosarum flores, in: Musik-Konzepte 60. Guillaume Dufay, München 1988, 3-73
—: Werkverzeichnis Guillaume Dufay, in: Musik-Konzepte 60. Guillaume Dufay, München 1988, 97-108
Sälzle, Karl: s. Alewyn, Richard
Salmen, Walter: Artikel »Hermann von Salzburg«, in: MGG 6, 1957, 223-228
Salmen, Walter (Hrsg.): Das Lochamer-Liederbuch. Einführung und Bearbeitung der Melodien von Walter Salmen. Einleitung und Bearbeitung der Texte von Christoph Petzsch, Wiesbaden 1972 (DTB, Neue Folge, Sonderband 2)
—: Der Sozialstatus des Berufsmusikers vom 17. bis 19. Jahrhundert. Gesammelte Beiträge hrsg. im Auftrag der GfMf, Kassel 1971
Salmen, Walter: Musikgeschichte Schleswig-Holsteins von der Frühzeit bis zur Reformation, Neumünster 1972
Samuel, Harold E.: Artikel »Kindermann, Johann Erasmus«, in: MGG 7, 1958, 907-917
—: Artikel »Krieger, Johann Philipp«, in: MGG 7, 1958, 1791-1805
Sandberger, Adolf: Zur Geschichte des Haydnschen Streichquartetts (1900), in: Ausgewählte Aufsätze zur Musikgeschichte I, München 1921, 224-265
Sartori, Claudio: Artikel »Gaffurius, Franchinus«, in: MGG 4, 1955, 1237-1243
—: Artikel »Frescobaldi, Girolamo«, in: RLex[12], Mainz 1959, 547 f.
Sartre, Jean-Paul: Was ist Literatur. Ein Essay, Hamburg 1958 (rde 65)
Sasse, Dietrich: Artikel »Berlin«, in: MGG 1, 1949-51, 1705-1745
Scharnagl, August: Artikel »Gemeindegesang, C. Katholischer Gemeindegesang der Neuzeit«, in: MGG 4, 1955, 1680 ff.
Schenker, Heinrich: Beethoven, Fünfte Sinfonie. Eine Darstellung des musikalischen Inhalts unter fortlaufender Berücksichtigung auch des Vortrages und der Literatur, Wien 1925 (Neudruck Wien 1969)
Schering, Arnold: Geschichte des Instrumentalkonzerts, Leipzig 1905 (Kleine Handbücher der Musikgeschichte nach Gattungen)
—: Die Lehre von den musikalischen Figuren, in: KmJb 21, 1908, 106 ff.

—: Geschichte des Oratoriums, Leipzig 1911 (Kleine Handbücher der Musikgeschichte nach Gattungen)
—: Studien zur Musikgeschichte der Frührenaissance, Leipzig 1914 (Studien zur Musikgeschichte, Band 2)
—: Tabellen zur Musikgeschichte. Ein Hilfsbuch beim Studium der Musikgeschichte (1914), 5. Aufl. ergänzt von Hans Joachim Moser, Wiesbaden 1962
—: Die Erkenntnis des Tonwerks, in: JbP 1933, 13-27
—: Beethoven und die Dichtung, Berlin 1936 (mit einer Einleitung »Zur Geschichte und Ästhetik der Beethovendeutung«)
—: Das Symbol in der Musik, hrsg. von Wilibald Gurlitt, Leipzig 1941
Scherliess, Volker: Alban Berg, in Selbstzeugnissen und Bilddokumenten, Reinbek 1975 (rororo Monographie)
—: Igor Strawinsky: Le Sacre du Printemps, München 1982 (Meisterwerke der Musik 35)
—: Igor Strawinsky und seine Zeit, Laaber 1983
—: Gioacchino Rossini, mit Selbstzeugnissen und Bilddokumenten dargestellt von Volker Scherliess, Reinbek 1991 (rororo Monographie)
Schick, Hartmut: Studien zu Dvořáks Streichquartetten, Laaber 1990 (Neue Heidelberger Studien zur Musikwissenschaft, Band 17)
Schilling, Gustav: Enzyklopädie der gesamten musikalischen Wissenschaften oder: Universal-Lexikon der Tonkunst, 6. Bde., Stuttgart 1836-38
Schindler, Anton: Ludwig van Beethoven, Münster 1840 (Die weiteren Auflagen unterscheiden sich in vielen Berichten nicht unerheblich; Schindler gilt allgemein in seinen Angaben als unzuverlässig.)
Schleuning, Peter: Geschichte der Musik in Deutschland. Das 18. Jahrhundert: Der Bürger erhebt sich, Reinbek 1984
—: Das Uraufführungsdatum von Beethovens »Sinfonia eroica«, in: Mf 44, 1991, 356-359
Schlötterer-Traimer, Roswitha: J. S. Bach: Die Kunst der Fuge, München 1966 (Meisterwerke der Musik 4)
Schmalzriedt, Siegfried: Heinrich Schütz und andere zeitgenössische Musiker in der Lehre Giovanni Gabrielis. Studien zu ihren Madrigalen, Neuhausen-Stuttgart 1972 (Tübinger Beiträge zur Mw 1)
—: Artikel »Exposition«; »Durchführen, Durchführung«; »Reprise/ripresa (nach 1600)«, in: HmT
—: Charakter und Drama. Zur historischen Analyse von Haydnschen und Beethovenschen Sonatensätzen, in: AfMw 42, 1985, 37-66
Schmid, Ernst Fritz: Artikel »Bach, Carl Philipp Emanuel«, in: MGG 1, 1949-1951, 924-942
Schmid, Manfred Hermann: Mozart und die Salzburger Tradition, Tutzing 1976 (MVM 24)
—: Musik als Abbild. Studien zum Werk von Weber, Schumann und Wagner, Tutzing 1981 (MVM 33)
—: Metamorphose der Themen. Beobachtungen an den Skizzen zum »Lohengrin«-Vorspiel, in: Mf 41, 1988, 105-126
Schmidt, Bertram: Der ethische Aspekt der Musik. Nietzsches »Geburt der Tragödie« und die Wiener klassische Musik, Würzburg 1991 (Traditionserkenntnis und Zeitkritik. Philosophische Korrekturen. Hrsg. Dieter Jähnig, Bd. 3)
Schmitz, Arnold: Das romantische Beethovenbild. Darstellung und Kritik, Berlin und Bonn 1927 (Nachdruck Darmstadt 1978)
—: Die Bildlichkeit der wortgebundenen Musik Johann Sebastian Bachs, Mainz 1950 (Neue Studien zur Musikwissenschaft, Band 1)
Schnaus, Peter: Artikel »Galanter Stil«, in: RLex[12], Sachteil, Mainz 1967
Schnebel, Dieter: Mauricio Kagel. Musik, Theater, Film, Köln 1970

Schneider, Herbert: Chronologisch-thematisches Verzeichnis sämtlicher Werke von Jean-Baptiste Lully (LWV), Tutzing 1981 (Mainzer Studien zur Mw 14)
—: Das Ballet de cour als Einübung in höfisches Verhalten, in: Kongreßbericht Straßburg 1982
Schrade, Hubert: Verschiedene Lexikonartikel zur bildenden Kunst, in: Der große Brockhaus^{16}, Wiesbaden 1953-1958
Schrade, Leo: Die handschriftliche Überlieferung der ältesten Instrumentalmusik, Lahr 1931, Tutzing 1968^{2}
—: Die Messe in der Orgelmusik des 15. Jahrhunderts, in: AfMf 1, 1936, 129 ff.
—: Artikel »Landini, Francesco«, in: RLex^{12}, Mainz 1961
—: Monteverdi. Creator of Modern Music, London 1964^{2}
Schreiber, Ulrich: Die Überfülle des Wohllauts. Anmerkungen zur Musik G. Puccinis, in: Musica 4, 1977
Schröder, Inge-Maria: Artikel »Resinarius, Balthasar«, in: MGG 11, 1963, 308 f.
Schubert, Reinhold: Einführungstext in eine Schallplatten-Kassette von Beethovens Missa solemnis bei Columbia (1958)
Schuh, Willi: Über Opern von Richard Strauss, Zürich 1947 (Kritiken und Essays, Band 1)
—: Zeitgenössische Musik. Ausgewählte Kritiken, Zürich 1947 (Kritiken und Essays, Band 2)
—: Von Neuer Musik, Zürich 1955 (Kritiken und Essays, Band 4)
—: Artikel »Strauss, Richard«, in: MGG 12, 1965, 1474-1495
Schulze-Kurz, Ekkehard: Die Laute und ihre Stimmungen in der ersten Hälfte des 17. Jahrhunderts, Wilsingen 1990
Schwab, Heinrich W.: Sangbarkeit, Popularität und Kunstlied. Studien zu Lied und Liedästhetik der mittleren Goethezeit 1770-1814, Regensburg 1965 (St. z. Mg. d. 19. Jhs. 3)
Schwartz, Rudolph: Die Frottole im 15. Jahrhundert, in: VjfMw 2, 1886, 427 ff.
Schweitzer, Albert: J. S. Bach, Leipzig 1908 (französisch bereits 1905)
Schweizer, Klaus: Olivier Messiaen: Turangalîla-Symphonie, München 1982 (Meisterwerke der Musik 32)
Sedlmayr, Hans: Verlust der Mitte. Die bildende Kunst des 19. und 20. Jahrhunderts als Symptom und Symbol der Zeit, Salzburg 1948
—: Die Revolution der modernen Kunst, Hamburg 1955 (rde 1)
—: Kunst und Wahrheit. Zur Theorie und Methode der Kunstgeschichte, Hamburg 1958 (rde 71)
Sehnal, Jiri: Die Trompete vom Barock bis zur Klassik, in: Der europäische Klassizismus und sein Widerhall in Slowenien, Kongreßbericht Ljubljana 1988, 53-62
Seifert, Herbert: Die ersten Opern außerhalb Italiens, in: Bodensee Hefte Nr. 11, Kreuzlingen (Schweiz) 1980, 32-33
Seifert, Wolfgang: Christian Gottfried Körner. Ein Musikästhetiker der deutschen Klassik, Regensburg 1960 (Forschungsbeiträge zur Mw 9)
Serauky, Walter: Georg Friedrich Händel. Sein Leben – sein Werk, 3 Bände, Kassel 1958 (Fortsetzung von Chrysanders unvollendeter Händel-Biographie)
Shmueli, Herzl: The Glee: The Term and his Connotation. An Annotated Documentation, in: Orbis Musicae Nr. 8, Tel Aviv University 1982/83; Kurzfassung in: Neue Zürcher Zeitung Nr. 74, 30./31. März 1991, 67 f.
Siegele, Ulrich: Artikel »Osiander, Lucas«, in: MGG 10, 1962, 33-57
—: Artikel »Steigleder, Johann Ulrich«, in: MGG 12, 1964, 1227-1229
—: Epochen der Musik. Versuche musikgeschichtlicher Gliederung, 2 Vorträge im Deutschlandfunk, Dez. 1966 und Jan. 1967
—: Artikel »Vortrag«, in: MGG 14, 1968, 17-31
—: Lohengrin: Das Drama der Themen, in: Richard Wagner – Werk und Wirkung, Regensburg 1971 (St. z. Mg. d. 19. Jhs. 26), 41-51

—: Entwurf einer Musikgeschichte der sechziger Jahre, in: Die Musik der sechziger Jahre. Zwölf Versuche hrsg. v. Rudolf Stephan, Mainz 1972
—: Versuch einer musikalischen Lebensgeschichte Bachs (1965), in: Kompositionsweise und Bearbeitungstechnik in der Instrumentalmusik Johann Sebastian Bachs, Neuhausen-Stuttgart 1975 (Tübinger Beiträge zur Mw. 3), 162-168
Siegele, Ulrich, und Dürr, Walther: Cantar d'affetto: zum Vortrag monodischer Musik, in: Kongreßbericht Leipzig 1966, Kassel und Leipzig 1970, 208-215
Der Sinn der Geschichte. Sieben Essays von Golo Mann, Karl Löwith, Rudolf Bultmann, Theodor Litt, Arnold J. Toynbee, Karl R. Popper, Hans Urs von Balthasar, München 1961
Smend, Friedrich: Joh. Seb. Bach: Kirchenkantaten, erläutert von Friedrich Smend, 6 Hefte, Berlin 1949
Somfai, László: s. a. Bartha, Dénes, und Somfai, László
—: Joseph Haydn. Sein Leben in zeitgenössischen Bildern, Kassel 1966
Spahn, Claus: Kunst ist anwesend oder nicht. Zwischen Nostalgie und »Neuer Komplexität« (Darmstädter Ferienkurse für Neue Musik 1990), in: DIE ZEIT vom 3.8.1990
Speckner, Anna Barbara (Hrsg.): Alte englische Kontratänze. Für Tasteninstrumente gesetzt von Anna Barbara Speckner, Edition Schott 5584, Mainz 1967
Spitta, Philipp: Johann Sebastian Bach, 2 Bände, Leipzig 1873-1880
Sponheuer, Bernd: Das Bach-Bild H. C. Nägelis und die Entstehung der musikalischen Autonomieästhetik, in: Mf 39, 1986, 107-123
Stäblein, Bruno: Artikel »Frühchristliche Musik«, in: MGG 4, 1955, 1036-1064
—: Artikel »Gemeindegesang, A. Mittelalter«, in: MGG 4, 1955, 1636-1649
—: Artikel »Saint-Martial«, in: MGG 11, 1963, 1262-1272
—: Schriftbild der einstimmigen Musik, Leipzig 1975 (Musikgeschichte in Bildern, Band III: Musik des Mittelalters und der Renaissance, Lieferung 4)
Stainer, John (Hrsg.): Dufay and his contemporaries, London 1898
Steinen, Wolfram von den: Notker der Dichter und seine geistige Welt, 2 Bände, Bern 1948
Steinhardt, Arnold: Varése, unbegriffener Prophet einer kosmischen Schallwelt, in: Melos 38, 1971
Stephan, Rudolf (Hrsg.): Das Fischer Lexikon: Musik, Frankfurt/M 1957
Stephan, Rudolf: Warum ist die Neue Musik so schwer verständlich? in: Frankfurter Allgemeine Zeitung, Nr. 22, 26. Januar 1957
—: Neue Musik. Versuch einer kritischen Einführung, Göttingen 1958 (Kleine Vandenhock-Reihe 49)
—: Artikel »Epos«, in: RLex^{12}, Sachteil, Mainz 1967, 262 f.
Stephenson, Kurt: Artikel »Klassizismus«, in: RLex^{12}, Sachteil, Mainz 1967, 463 f.
Stern, Martin: Haydns »Schöpfung«: Geist und Herkunft des van Swietenschen Librettos, in: Haydn-Studien I, 1966, 121-198
Stockhausen, Karlheinz: Texte zur elektronischen und instrumentalen Musik, Band 1: Aufsätze 1952-1962 zur Theorie des Komponierens, Köln 1963
—: Texte zu eigenen Werken, zur Kunst Anderer. Aktuelles, Band 2: Aufsätze 1952-62 zur musikalischen Praxis, Köln 1964
—: Texte zur Musik 1963-1970, Band 3: Einführungen und Projekte, hrsg. v. Dieter Schnebel, Köln 1971
—: Texte zur Musik 1970-1977, ausgewählt und zusammengestellt von Chr. v. Blumröder, Köln 1978
Strawinsky, Igor: Chroniques de ma vie, Paris 1935 (deutsche Ausgabe 1937 und München 1958)
—: Musikalische Poetik (1939/40), deutsch: Mainz 1949
Strobel, Heinrich: Die Opern von E. N. Méhul, in: ZfMw 6, 1923/24, 362-402
Strohm, Reinhard: Die italienische Oper im 18. Jahrhundert, Wilhelmshaven 1979 (tmw 25)

Stuckenschmidt, Hans Heinz: Schöpfer der Neuen Musik, Frankfurt am Main 1958, München 1962
— : Artikel »Mendelssohn Bartholdy, Felix«, in: Die großen Deutschen, Band 3, Frankfurt/Berlin/Wien 1983, 152-162
Studien zur Trivialmusik im 19. Jahrhundert, hrsg. v. C. Dahlhaus, Regensburg 1967 (St. z. Mg. d. 19. Jhs. 8)
Sulzer, Johann Georg: Allgemeine Theorie der schönen Künste, 2 Bände, Leipzig 1771-1774, 4 Bände, Leipzig 1773-1775 u.ö.
Suppan, Wolfgang. Der musizierende Mensch. Eine Anthropologie der Musik, Mainz 1984 (Musikpädagogik. Forschung und Lehre, hrsg. von S. Abel-Struth, Band 10)
Tagliavini, Luigi Ferdinando: Artikel »Oratorium, B. Das Oratorium in Italien im 17. Jahrhundert«, in: MGG 10, 1962, 124-128
Tank, Ulrich: Joseph Haydns geistliche Musik in der Anschauung des 19. Jahrhunderts, in: Joseph Haydn. Tradition und Rezeption, Kongreßbericht Köln 1982 (Kölner Beiträge zur Mf 114, Regensburg 1985), 215-262
Thayer, Alexander W.: Ludwig van Beethovens Leben. Nach dem Original-Manuskript deutsch bearbeitet von Hermann Deiters, 5 Bände (Band 4 und 5 von H. Riemann), Leipzig 1866-1908; 2. Auflage: Mit Benutzung von hinterlassenen Materialien des Verfassers und Vorarbeiten von Hermann Deiters neu bearbeitet und ergänzt von Hugo Riemann, 5 Bände, Leipzig 1910
Thomas, Werner: »Der Doppelgänger« von Franz Schubert, in: AfMw 11, 1954, 252-267 (wieder abgedruckt in: Werner Thomas: Schubert-Studien, Frankfurt am Main 1990, Quellen und Studien zur Mg 21)
— : Artikel »Orff«, in: RLex^{12}, Mainz 1959/61
— : Das Orff-Schulwerk – eine pädagogische Provinz? in: Orff-Institut an der Akademie »Mozarteum« Salzburg, Jahrbuch 1962, 80-92
— : Das Problem des Elementaren in der Musikerziehung, in: Derbolav, Josef: Grundfragen der Musikdidaktik, Düsseldorf 1967, 55-85
— : Carl Orffs Antigonae. Wieder-Gabe einer antiken Tragödie, in: Werk und Wiedergabe. Musiktheater exemplarisch interpretiert, hrsg. v. S. Wiesmann, Bayreuth 1980 (Thurnauer Schriften 5), 349-367
— : Bild und Aktion in »Fierabras«. Ein Beitrag zu Schuberts musikalischer Dramaturgie, in: Franz Schubert. Jahre der Krise 1818-1823, Arnold Feil zum 60. Geburtstag, Kassel 1985, 85-112
— : Die fast verlorene Zeit. Zum Adagio in Schuberts Streichquintett in C. In memoriam Thr. Georgiades, in: Werner Thomas: Schubert-Studien, Frankfurt am Main 1990 (Quellen und Studien zur Mg 21), 137-158
— : Schillergedicht und Schubertlied, in: Werner Thomas: Schubert-Studien, Frankfurt am Main 1990 (Quellen und Studien zur Mg 21), 7-79
Tischler, Hans: Die Stilentwicklung der frühen Motette. Ein Überblick, in: Mf 40, 1987, 305-313
Tröller, Josef: Igor Strawinsky, in: Mitteilungen der Pfälzischen Musikgesellschaft, hrsg. v. A. Feil, Ludwigshafen am Rhein 1957, Nr. 3
— : Anton Bruckner: III. Symphonie d-moll, München 1976 (Meisterwerke der Musik 13)
Unger, Hans-Heinrich: Die Beziehungen zwischen Musik und Rhetorik im 16.-18. Jahrhundert, Würzburg 1941 (Musik und Geistesgeschichte. Berliner Studien zur Mw Band 4)
Ursprung, Otto: Die katholische Kirchenmusik, Potsdam 1931 (Handbuch der Musikwissenschaft, hrsg. von Ernst Bücken)
Väterlein, Christian (Hrsg.): Das Glogauer Liederbuch. Dritter Teil, in: EdM Band 85 (Abt. Mittelalter, Band 22), Kassel 1981
Vetter, Walther: Glucks Stellung zur tragédie lyrique und opéra comique, und: Gluck und seine italienischen Zeitgenossen, in: ZfMw 7, 1925, 321 ff. und 609 ff.

—: Der Klassiker Schubert, 2 Bände, Leipzig 1953
Viertel, Karl-Heinz: Untersuchungen zur vokalen Aufführungspraxis im 18. und 19. Jahrhundert, Habilitationsschrift Leipzig 1982 (masch.)
—: Anmerkungen zum Dresdner Opernpublikum während der Direktionszeit Johann Adolf Hasses, in: Dresdner Operntraditionen, Teil 1: Die Dresdner Oper von H. Schütz bis J. A. Hasse, Konferenz-Bericht Dresden 1985 (Schriftenreihe d. Hochschule für Musik, 9. Sonderheft)
—: Erfahrungen beim Inszenieren Hassescher Intermezzi. Versuch eines Reports, in: Hasse-Studien 1, 1990, 13-31
Vogt, Hans: Neue Musik seit 1945, Stuttgart 1972
Vossler, Karl: Vom Opfer zur Oper (1925), in: Aus der romanischen Welt, Karlsruhe 1948, 78-81
Wachinger, Burghart: 600 Jahre Liedgeschichte im Computer, in: Tübinger Universitätszeitung Nr. 32 vom 8.7.1987
Waeltner, Ernst Ludwig (Hrsg.): Meisterwerke der Musik. Werkmonographien zur Musikgeschichte, München 1965 ff. (seit Heft 18, München 1979, hrsg. v. Stefan Kunze unter Mitarbeit v. Gabriele Meyer)
Waeltner, Ernst Ludwig: Neuere Musik, Terminologie und Analysesprache. Reflexionen zur »Exposition« von Schönbergs op. 16, 1, in: Zur Terminologie der Musik des 20. Jahrhunderts, 1974
—: Die Lehre vom Organum bis zur Mitte des 11. Jahrhunderts, Band 1: Edition, Tutzing 1975 (MVM 13)
Wagner, Peter: Geschichte der Messe. 1. Teil: bis 1600, Leipzig 1913 (Kleine Handbücher der Musikgeschichte nach Gattungen, Band 11; Neudruck Hildesheim 1963)
—: Der Gregorianische Choral, in: Handbuch der Musikgeschichte, hrsg. von Guido Adler, Frankfurt am Main 1924, 65-105
—: Die Gesänge der Jakobusliturgie zu Santiago de Compostela aus dem sog. Codex Calixtinus, Freiburg/Schweiz 1931 (Collectanea Friburgensia, Veröff. d. Univ. Freiburg (Schweiz), NF, FASC. XX)
Wagner, Rudolf, und Blume, Friedrich: Artikel »Haßler«, in: MGG 5, 1956, 1798-1813
Waldmann, Guido: Artikel »Rubinstein, Anton«, in: MGG 11, 1963, 1043-1047
Walker, Daniel P.: Keplers Himmelsmusik, in: Hören, Messen und Rechnen in der frühen Neuzeit, Darmstadt 1987 (Geschichte der Musiktheorie, Band 6), 81-107
Walter, Friedrich: Geschichte des Theaters und der Musik am kurpfälzischen Hofe (Forschungen zur Geschichte Mannheims und der Pfalz, Band 1) Leipzig 1898
Wangermée, Robert: Artikel »Gossec, François-Joseph«, in: MGG 5, 1956, 539-547
Ward, John M.: Artikel »Milán, Luis«, in: MGG 9, Kassel 1961, 289-292
Weber, Horst: Die Opera seria und Jommellis »Fetonte«, im Programmheft zur Stuttgarter Aufführung 1986, 31-44
Wehmeyer, Grete: Carl Czerny und die Einzelhaft am Klavier oder Die Kunst der Fingerfertigkeit und die industrielle Arbeitsideologie, Kassel und Zürich 1983
Weissweiler, Eva: Komponistinnen aus 500 Jahren. Eine Kultur- und Wirkungsgeschichte in Biographien und Werkbeispielen, Frankfurt am Main 1981
Wendler, Josef: Artikel »Wolkenstein, Oswald von«, in: MGG 14, 1968, 830-834
Winterfeld, Carl von: Johann Gabrieli und sein Zeitalter, 3 Bände, Berlin 1834
Wiora, Walter: Historische und systematische Musikwissenschaft. Ausgewählte Aufsätze, hrsg. v. H. Kühn und Chr. H. Mahling, Tutzing 1972
—: Ideen zur Geschichte der Musik, Darmstadt 1980 (Impulse der Forschung, Band 31)
Wiora, Walter, und Salmen, Walter: Die Tanzmusik im deutschen Mittelalter, in: Zeitschrift für Volkskunde 50, 1953, 164-187
Wörner, Karl Heinrich: Salon-, Kaffeehaus- und Unterhaltungsmusik, in: Das Atlantisbuch der Musik, hrsg. v. Fr. Hamel und M. Hürlimann, Berlin, Zürich 1934
—: Musik der Gegenwart. Geschichte der Neuen Musik, Mainz 1949
—: Robert Schumann, Zürich 1949

—: Neue Musik in der Entscheidung, Mainz 1954
—: Geschichte der Musik. Ein Studien- und Nachschlagewerk, Zweite, neu bearbeitete und erweiterte Auflage (unter Mitwirkung von Arnold Feil), Göttingen 1956
—: Gotteswort und Magie. Die Oper »Moses und Aron« von Arnold Schönberg, Heidelberg 1959
Wolf, Ernst: Artikel »Abendland«, in: RGG 1, Tübingen 1957^3, 9 f.
Wolf, Johannes: Geschichte der Mensuralnotation von 1250-1460. Nach den theoretischen und praktischen Quellen bearbeitet, Leipzig 1904 (Neudruck Hildesheim 1965)
—: Handbuch der Notationskunde, 2 Teile, Leipzig 1913-1919 (Kl. Hb d. Mg nach Gattungen, Band 8; Neudruck Hildesheim 1963)
—: Die Tänze des Mittelalters. Eine Untersuchung des Wesens ältester Instrumentalmusik, in: AfMw 1, 1918/1919, 10-42
Wolff, Christoph: Conrad Paumanns Fundamentum organisandi und seine verschiedenen Fassungen, in: AfMw 25, 1968, 196-222
—: Lebensstationen und Wirkungsstätten, in: J. S. Bach. Zeit, Leben, Wirken, hrsg. v. B. Schwendovius und W. Dömling, Kassel 1976
Wolff, Hellmuth Christian: Die Venezianische Oper in der zweiten Hälfte des 17. Jahrhunderts. Ein Beitrag zur Geschichte der Musik und des Theaters im Zeitalter des Barock, Berlin 1937 (Theater und Drama, Band 7; Neudruck Bologna 1975)
—: Die Musik der alten Niederländer (15. und 16. Jahrhundert), Leipzig 1956
—: Geschichte der komischen Oper. Von den Anfängen bis zur Gegenwart, Wilhelmshaven 1981 (tmw 73)
Wotquenne, Alfred: Thematisches Verzeichnis der Werke von C. Ph. E. Bach, Leipzig 1905 (Nachdruck 1964) (abgekürzt: Wq)
Würz, Anton: Artikel »Operette«, in: MGG 10, 1962, 89-111
—: Artikel »Unterhaltungsmusik«, in: MGG 13, 1966, 1138-1152
Wyzewa, Téodor de, und Saint-Foix, Georges: W. A. Mozart. Sa vie musicale et son œuvre de l'enfance à la pleine maturité, 5 Bände, Paris 1912-1946
Zagiba, Franz: Artikel »Altslawischer Kirchengesang«, in: $RLex^{12}$, Sachteil, Mainz 1967, 33 f.
Zaminer, Frieder: Der Vatikanische Organum-Traktat (Ottob. lat. 3025). Organum-Praxis der frühen Notre Dame-Schule und ihre Vorstufen, Tutzing 1959 (MVM 2)
—: Einleitung zu: Hören, Messen und Rechnen in der frühen Neuzeit (Geschichte der Musiktheorie, Band 6), Darmstadt 1987
—: s. Eggebrecht, H. H., und Zaminer, F.
Zaminer, Frieder (Hrsg.): s. Geschichte der Musiktheorie
Zehentreiter, Ferdinand: Heimkehr aus der Welt in die Vereinsamung. Der Todestag von K. Szymanowski jährte sich zum 50. Mal, in: Neue Musik-Zeitung 1987
Zenck, Hermann (Hrsg.): Sixt Dietrich: Ausgewählte Werke, 1. Teil: Hymnen (1545), 1. Abteilung, in: EdM, RD, Band 23, Leipzig 1942
Zenck, Hermann: Adrian Willaerts »Salmi spezzati« (1550), in: Mf 2, 1949, 97-107
—: Die Musik in Deutschland von 1450-1550, in: Zenck, Hermann: Numerus und Affectus
—: Numerus und Affectus. Studien zur Musikgeschichte, hrsg. von Walter Gerstenberg, Kassel 1959 (Musikwiss. Arbeiten hrsg. von der Gesellschaft für Musikforschung 16)
Zimmermann, Michael: s. Dahlhaus, Carl, und Zimmermann, Michael
Zimmermann, Reiner: Stilkritische Anmerkungen zum Werk Ockeghems, in: AfMw 22, 1965, 248-271
Zöbeley, Hans Rudolf: Die Musik des Buxheimer Orgelbuchs. Spielvorgang, Niederschrift, Herkunft, Faktur, Tutzing 1964 (MVM 10)
Zuntz, Günther: Die Streichquartette op. 3 von Joseph Haydn, in: Mf 39, 1986, 217-239
Zwink, Eberhard: Paul Hindemiths Unterweisung im Tonsatz als Konsequenz der Entwicklung seiner Kompositionstechnik; Graphische und statistische Musikanalyse, Göppingen 1974 (Göppinger akademische Beiträge 81)

Namenregister